INTERCÂMBIO DAS PSICOTERAPIAS

Como cada Abordagem Psicoterapêutica compreende os Transtornos Psiquiátricos

O GEN | Grupo Editorial Nacional – maior plataforma editorial brasileira no segmento científico, técnico e profissional – publica conteúdos nas áreas de ciências da saúde, exatas, humanas, jurídicas e sociais aplicadas, além de prover serviços direcionados à educação continuada e à preparação para concursos.

As editoras que integram o GEN, das mais respeitadas no mercado editorial, construíram catálogos inigualáveis, com obras decisivas para a formação acadêmica e o aperfeiçoamento de várias gerações de profissionais e estudantes, tendo se tornado sinônimo de qualidade e seriedade.

A missão do GEN e dos núcleos de conteúdo que o compõem é prover a melhor informação científica e distribuí-la de maneira flexível e conveniente, a preços justos, gerando benefícios e servindo a autores, docentes, livreiros, funcionários, colaboradores e acionistas.

Nosso comportamento ético incondicional e nossa responsabilidade social e ambiental são reforçados pela natureza educacional de nossa atividade e dão sustentabilidade ao crescimento contínuo e à rentabilidade do grupo.

INTERCÂMBIO DAS PSICOTERAPIAS

Como cada Abordagem Psicoterapêutica compreende os Transtornos Psiquiátricos

Roberta Payá

Psicóloga e psicoterapeuta familiar e de casal. Especialista em Dependência Química pela Unidade de Pesquisa em Álcool e Drogas da Universidade Federal de São Paulo (Uniad-Unifesp). Mestre em Terapia Familiar Sistêmica pela Universidade de Londres e Doutora em Saúde Mental pela Unifesp. Educadora em Sexualidade pelo Centro Universitário Salesiano (UNISAL). Membro do Grupo de Pesquisa em Sexualidade (UNISAL/CNPq). Autora dos livros *Intervenções Familiares para Abuso e Dependência de Álcool e Outras Drogas* e *Dinâmicas de Grupo e Atividades Clínicas Aplicadas ao Uso de Substâncias Psicoativas*.

2ª edição

- A autora deste livro e a EDITORA ROCA empenharam seus melhores esforços para assegurar que as informações e os procedimentos apresentados no texto estejam em acordo com os padrões aceitos à época da publicação, *e todos os dados foram atualizados pela autora até a data da entrega dos originais à editora.* Entretanto, tendo em conta a evolução das ciências da saúde, as mudanças regulamentares governamentais e o constante fluxo de novas informações sobre terapêutica medicamentosa e reações adversas a fármacos, recomendamos enfaticamente que os leitores consultem sempre outras fontes fidedignas, de modo a se certificarem de que as informações contidas neste livro estão corretas e de que não houve alterações nas dosagens recomendadas ou na legislação regulamentadora.

- A autora e a editora se empenharam para citar adequadamente e dar o devido crédito a todos os detentores de direitos autorais de qualquer material utilizado neste livro, dispondo-se a possíveis acertos posteriores caso, inadvertida e involuntariamente, a identificação de algum deles tenha sido omitida.

- Direitos exclusivos para a língua portuguesa

  Copyright © 2017 by **EDITORA ROCA LTDA.**
  Selo integrante do GEN | Grupo Editorial Nacional
  Travessa do Ouvidor, 11
  Rio de Janeiro – RJ – CEP 20040-040
  Tels.: (21) 3543-0770/(11) 5080-0770 | Fax: (21) 3543-0896
  www.grupogen.com.br | editorial.saude@grupogen.com.br

- Reservados todos os direitos. É proibida a duplicação ou reprodução deste volume, no todo ou em parte, em quaisquer formas ou por quaisquer meios (eletrônico, mecânico, gravação, fotocópia, distribuição pela Internet ou outros), sem permissão, por escrito, da EDITORA GUANABARA KOOGAN LTDA.

- Capa: Bruno Sales

- Editoração eletrônica: Triall Editorial Ltda.

- Ficha catalográfica

I48
2. ed.

Intercâmbio das psicoterapias : como cada abordagem psicoterapêutica compreende os transtornos psiquiátricos / organização Roberta Payá. -- 2. ed. -- Rio de Janeiro : Roca, 2017.

950 p. ; 24 cm.

Inclui bibliografia e índice
ISBN: 978-85-277-3154-6

1. Psicologia clínica. 2. Psiquiatria. I. Payá, Roberta.

17-41642   CDD: 616.89
                 CDU: 616.89

Coordenadores

Álvaro Soares Pinto Fernandes
Psicólogo clínico. Diretor da Sociedade Brasileira de Análise Bioenergética de São Paulo.

Celina Giacomelli
Psicóloga e psicanalista. Membro efetivo do Departamento de Formação em Psicanálise do Instituto Sedes Sapientiae. Docente e Supervisora de Estágio do curso Fundamentos da Psicanálise e sua Prática Clínica do Instituto Sedes Sapientiae. Coordenadora de Equipe Clínica de Projeto no Instituto Sedes Sapientiae.

Guilherme Peres Messas
Médico. Especialista em Psiquiatria pela Universidade de São Paulo (USP). Mestre e Doutor em Medicina pela Faculdade de Medicina da Universidade de São Paulo (FMUSP). Pós-doutorado pelo Instituto de Psiquiatria do Hospital das Clínicas da Faculdade de Medicina da Universidade de São Paulo (IPq-HC-FMUSP). Professor coordenador do curso de Especialização em Psicopatologia Fenomenológica da Faculdade de Ciências Médicas da Santa Casa de São Paulo (FCMSCSP).

Liliana Liviano Wahba
Psicóloga. Mestre e Doutora em Psicologia Clínica pela Pontifícia Universidade Católica de São Paulo (PUC-SP). Pós-doutorado em Ciências Humanas pela Faculdade de Medicina da Universidade de São Paulo (FMUSP). Professora-assistente Doutora da disciplina Psicologia Analítica, do Departamento de Psicodinâmica da PUC-SP.

Marcia Almeida Batista
Psicóloga. Especialista em Psicodrama pela Federação Brasileira de Psicodrama (Febrap). Mestre e Doutora em Psicologia Clínica pela Pontifícia Universidade Católica de São Paulo (PUC-SP). Assistente Mestre e Diretora do Departamento de Psicodinâmica da Faculdade de Ciências Humanas e da Saúde da PUC-SP. Professora da disciplina Psicodrama e supervisora de atendimento de grupos na Clínica Psicológica Ana Maria Poppovic da PUC-SP.

Neide A. Zanelatto
Psicóloga clínica. Especialista em Dependência Química pela Unidade de Pesquisa em Álcool e Drogas da Universidade Federal de São Paulo (Uniad-Unifesp). Mestre em Psicologia da Saúde pela Universidade Metodista de São Paulo (Umesp).

Neliana Buzi Figlie
Psicóloga. Especialista em Dependência Química pela Unidade de Pesquisa em Álcool e Drogas da Universidade Federal de São Paulo (Uniad-Unifesp). Mestre em Saúde Mental e Doutora em Ciências pela Unifesp. Professora afiliada da disciplina Assistência do Departamento de Psiquiatria da Unifesp.

Colaboradores

Adriana Valeria Savio
Psicóloga. Especialista em Terapia de Família e Casal pela Pontifícia Universidade Católica de São Paulo (PUC-SP) e em Transtornos de Ansiedade pelo Instituto de Psiquiatria do Hospital das Clínicas da Faculdade de Medicina da Universidade de São Paulo (IPq-HC-FMUSP).

Amadeu de Oliveira Weinmann
Psicólogo. Especialista em Clínica Psicanalítica pela Universidade Federal do Rio Grande do Sul (UFRGS). Doutor em Educação pela UFRGS. Professor adjunto do Departamento de Psicanálise e Psicopatologia do Instituto de Psicologia da UFRGS e do Programa de Pós-graduação em Psicanálise: Clínica e Cultura da UFRGS.

Ana Carolina Schmidt de Oliveira
Psicóloga. Especialista em Dependência Química pela Unidade de Pesquisa em Álcool e Drogas da Universidade Federal de São Paulo (Uniad-Unifesp). Professora da disciplina Terapia Cognitivo-Comportamental e Saúde Mental, do Departamento de Pós-Graduação da Universidade Paulista (Unip).

Ana Cristina Canosa Gonçalves
Psicóloga. Especialista em Educação Sexual e Terapia Sexual pela Faculdade de Medicina do ABC (FMABC). Professora titular da disciplina Sexualidade, do Departamento de Pós-graduação *lato sensu* em Educação e Terapia Sexual do Centro Universitário Salesiano (UNISAL).

Ana Cristina Gomes Bueno
Psicóloga. Mestre em Ciências da Religião pela Pontifícia Universidade Católica de São Paulo (PUC-SP). Membro do Espaço Potencial Winnicott do Instituto Sedes Sapientiae.

Ana Lucia de Moraes Horta
Enfermeira. Especialista em Terapia Familiar e de Casal pela Universidade Federal de São Paulo (Unifesp). Mestre em Enfermagem Pediátrica pela Universidade de São Paulo (USP). Doutora em Enfermagem pela USP. Pós-doutorado em Psicologia Clínica pela Pontifícia Universidade Católica de São Paulo (PUC-SP). Professora adjunta da disciplina Saúde Coletiva, do Departamento de Saúde Coletiva da Unifesp.

Ana Lucia Rocha
Pedagoga. Especialista em Psicologia Formativa pelo Center for Energetic Studies (EUA), sob orientação de Stanley Keleman.

Ana Maria Martins Serra
Psicóloga. Especialista em Terapia Cognitivo-Comportamental pelo Institute of Psychiatry da Universidade de Londres. Mestre em Psicologia pela Universidade de Illinois (EUA). Doutora em Psicologia pelo Institute of Psychiatry da Universidade de Londres. Diretora clínica e pedagógica do Instituto de Terapia Cognitiva (ITC). Presidente fundadora honorária da Associação Brasileira de Psicoterapia Cognitiva (ABPC).

Ana Paula Sodero Saccani
Psicóloga. Especialista em Dependência Química pela Unidade de Pesquisa em Álcool e Drogas da Universidade Federal de São Paulo (Uniad-Unifesp) e em Terapia Comportamental e Análise do Comportamento pelo Hospital Universitário da Universidade de São Paulo (HU-USP).

Analise de Souza Vivan
Psicóloga. Especialista em Psicoterapias Cognitivo-Comportamentais pela Universidade do Vale do Rio dos Sinos (Unisinos). Mestre em Psicologia pela Pontifícia Universidade Católica do Rio Grande do Sul (PUCRS). Doutora em Psiquiatria pela Universidade Federal do Rio Grande do Sul (UFRGS).

Andrés Eduardo Aguirre Antúnez
Psicólogo. Especialista em Psicologia da Saúde pela Escola Paulista de Medicina da Universidade

Federal de São Paulo (EPM-Unifesp). Mestre em Psiquiatria e Psicologia Médica pela Unifesp. Doutor em Ciências pela Unifesp. Pós-doutorado em Ciências da Saúde pela Unifesp. Professor Livre-docente da disciplina Introdução à Psicopatologia e Atendimento Clínico: o Processo Diagnóstico, Psicoterapias e/ou Psicanálise, do Departamento de Psicologia Clínica do Instituto de Psicologia da Universidade de São Paulo (USP).

Antonio Geraldo de Abreu Filho
Psicólogo. Mestre em Psicologia Clínica pela Universidade de São Paulo (USP). Doutor em Psiquiatria e Psicologia Médica pela Universidade Federal de São Paulo (Unifesp).

Berenice Ferreira Leonhardt de Abreu
Pedagoga, psicopedagoga, psicomotricista e psicanalista. Especialista em Psicopedagogia pelas Faculdades Oswaldo Cruz.

Berenice Neri Blanes
Psicóloga. Especialista em Psicanálise pelo Instituto Sedes Sapientiae. Professora e coordenadora da disciplina Fundamentos da Psicanálise e sua Prática Clínica, do Departamento de Formação em Psicanálise do Instituto Sedes Sapientiae.

Cândido Fontan Barros
Médico psiquiatra. Especialista em Psiquiatria da Infância e Adolescência e Distúrbios da Aprendizagem pela Faculdade de Medicina de Ribeirão Preto da Universidade de São Paulo (FMRP). Membro didata no Instituto de Análise Bioenergética de São Paulo (IABSP). Local trainer e supervisor pelo International Institute for Bioenergetic Analysis (Barcelona, Espanha).

Carmita Helena Najjar Abdo
Médica. Residência em Psiquiatria pela Faculdade de Medicina da Universidade de São Paulo (FMUSP). Especialista em Psiquiatria pela Associação Brasileira de Psiquiatria (ABP). Doutora e Livre-docente em Psiquiatria pela FMUSP. Professora-associada das disciplinas Medicina Sexual e Aspectos da Sexualidade Humana do Departamento de Psiquiatria da FMUSP.

Celina Daspett
Psicóloga. Especialista em Terapia Familiar e de Casal pela Universidade Federal de São Paulo (Unifesp). Mestre em Psicologia Clínica pela Pontifícia Universidade Católica de São Paulo (PUC-SP) e Doutora em Ciências da Saúde pela Unifesp.

Ceres Alves de Araujo
Psicóloga. Especialista em Psicoterapia pela Pontifícia Universidade Católica de São Paulo (PUC-SP). Mestre em Psicologia Clínica pela PUC-SP. Doutora em Distúrbios da Comunicação Humana pela Universidade Federal de São Paulo (Unifesp). Professora pesquisadora do Programa de Estudos Pós-Graduados em Psicologia Clínica da PUC-SP.

Claudia Beatriz Stockler Bruscagin
Psicóloga. Especialista em Psicoterapia de Adolescentes pelo Instituto de Psicologia da Universidade de São Paulo (USP) e em Psicoterapia de Casais e Família pela Pontifícia Universidade Católica de São Paulo (PUC-SP). Mestre e Doutora em Psicologia Clínica pela PUC-SP. Professora do curso de Especialização em Psicoterapia de Casais e Família da PUC-SP.

Cristiane Stravino Messas
Fonoaudióloga. Mestre em Ciências pela Faculdade de Medicina da Universidade de São Paulo (FMUSP). Professora instrutora da disciplina Distúrbios da Comunicação, do Departamento de Fonoaudiologia da Faculdade de Ciências Médicas da Santa Casa de São Paulo (FCMSCSP).

Cristina Rocha Dias
Psicóloga. Especialista em Psicologia Hospitalar em Cardiologia pela Faculdade de Medicina da Universidade de São Paulo (FMUSP). Psicanalista pelo Departamento de Formação em Psicanálise do Instituto Sedes Sapientiae. Mestre em Psicologia Clínica pelo Instituto de Psicologia da USP. Professora das disciplinas Ética e História da Psicologia do Insti-tuto de Ciências Humanas da Universidade Paulista (Unip).

Cristina Telles Assumpção
Fonoaudióloga. Terapeuta certificada pela Sociedade Brasileira de Análise Bioenergética (SOBAB). Especialista em Terapia Familiar Sistêmica e Mediação de Conflitos pelo Instituto Familiae. Facilitadora de práticas restaurativas pela Escola Paulista da Magistratura. Mestre em Distúrbios da Comunicação pela Pontifícia Universidade Católica de São Paulo (PUC-SP). Professora da disciplina Mediação Educacional e Justiça Restaurativa, do Departamento de Resoluções Alternativas de Conflitos da Escola Paulista da Magistratura e Mediare.

Daniela Ceron-Litvoc

Médica psiquiatra. Especialista em Psiquiatria pelo Instituto de Psiquiatria do Hospital das Clínicas da Faculdade de Medicina da Universidade de São Paulo (IPq-HC-FMUSP). Mestre em Psiquiatria pela Universidade Federal de São Paulo (Unifesp). Professora do curso de Pós-graduação em Psicopatologia Fenomenológica da Faculdade de Ciências Médicas da Santa Casa de São Paulo (FCMSCSP).

Danielle Soares Bio

Psicóloga. Especialista em Neuropsicologia pelo Instituto de Psiquiatria do Hospital das Clínicas da Faculdade de Medicina da Universidade de São Paulo (IPq-HC-FMUSP). Mestre em Ciências pela FMUSP.

Dartiu Xavier da Silveira Filho

Médico psiquiatra. Doutor em Psiquiatria pela Universidade Federal de São Paulo (Unifesp). Professor Livre-docente da disciplina Psicopatologia, do Departamento de Psiquiatria da Unifesp.

Deborah Galvão Marques

Psicóloga. Especialista em Psicoterapia Reichiana pelo Instituto Sedes Sapientiae e em Orgonomia e Vegetoterapia Caracteroanalítica pela Sociedade de Orgonomia e Vegetoterapia de São Paulo (Sovesp).

Denise Gimenez Ramos

Psicóloga. Doutora em Psicologia Clínica pela Pontifícia Universidade Católica de São Paulo (PUC-SP). Membro analista da Sociedade Brasileira de Psicologia Analítica (SBPA) Professora titular do Programa de Estudos Pós-Graduados em Psicologia Clínica, do Núcleo de Estudos Junguianos e do Núcleo de Psicossomática e Psicologia Hospitalar da PUC-SP.

Denise Leite Vieira

Psicóloga. Terapeuta certificada pela Federação Brasileira de Terapias Cognitivas (FBTC). Especialista em Educação em Sexualidade pelo Centro Universitário Salesiano de São Paulo (UNISAL) e em Sexologia Clínica pelo Centro de Sexologia de Brasília/Escola Bahiana de Medicina e Saúde Pública (Cesex/EBMSP). Mestre em Ciências pelo Institute of Psychiatry, King's College, University of London. Doutora em Ciências pelo Departamento de Psiquiatria e Psicologia Médica da Universidade Federal de São Paulo (Unifesp). Professora afiliada do Departamento de Psiquiatria da Unifesp.

Diego Amadeu Batista Bragante

Psicólogo e psicodramatista. Especialista em Psicologia Hospitalar pela Pontifícia Universidade Católica de São Paulo (PUC-SP). Diretor de Psicodrama do Projeto Minha Rua Minha Casa.

Elisabeth Sene-Costa

Médica psiquiatra. Residência em Psiquiatria pela Universidade Federal de São Paulo (Unifesp). Especialista em Psicoterapia Psicodramática pela Sociedade de Psicodrama de São Paulo (SOPSP) e pelo Instituto de Psicodrama Jacob L. Moreno de Buenos Aires. Mestre em Psiquiatria pelo Instituto de Psiquiatria do Hospital das Clínicas da Faculdade de Medicina da Universidade de São Paulo (IPq-HC-FMUSP). Membro do Conselho Científico e Professora supervisora do curso para facilitadores dos Grupos de Apoio Mútuo (GAM), da Associação Brasileira de Familiares, Amigos e Portadores de Transtornos Afetivos (Abrata). Membro fundador da Associação Brasileira de Transtornos Bipolares (ABTB).

Erika Leonardo de Souza

Psicóloga. Mestre em Psicologia Clínica pelo Instituto de Psicologia da Universidade de São Paulo (USP). Doutora em Ciências pela Faculdade de Medicina da Universidade de São Paulo (FMUSP). Instrutora de *Mindfulness* para a Promoção da Saúde certificada pela Universidade Federal de São Paulo (Unifesp). Docente do curso de Especialização em Terapia Cognitivo-Comportamental do Centro de Educação Superior Capacitar.

Eulina Maria de Carvalho Ribeiro

Psicóloga e psicoterapeuta. Especialista em Psicoterapia Reichiana pelo Instituto Sedes Sapientiae e em Análise Bioenergética pelo International Institute for Bioenergetic Analysis (IIBA). Treinadora internacional de cursos de Análise Bioenergética.

Fabiana Hueb Abdala

Psicóloga clínica. Membro do Departamento de Formação em Psicanálise do Instituto Sedes Sapientiae.

Flavia Serebrenic Jungerman

Psicóloga. Mestre em Dependência pela Universidade de Londres e Doutora em Dependência Química pela Universidade Federal de São Paulo (Unifesp). Professora colaboradora do Instituto de Psiquiatria do Hospital das Clínicas da Faculdade de Medicina da Universidade de São Paulo (IPq-HC-FMUSP).

Gildo Angelotti
Psicólogo. Especialista em Terapia Racional Emotiva e Cognitivo-Comportamental pelo Albert Ellis Institute (Nova York, EUA). Mestre em Psicologia Clínica Comportamental pela Pontifícia Universidade Católica de Campinas (PUC-Campinas). Professor convidado da disciplina de Terapia Racional-Emotiva Comportamental, do Departamento de Psiquiatria da Faculdade de Medicina da Universidade de São Paulo (FMUSP).

Guilherme Alves da Silva Bueno
Médico psiquiatra. Especialista em Terapia Cognitivo-Comportamental pelo Centro de Terapia Cognitiva Veda.

Hamer Nastasy Palhares Alves
Médico psiquiatra. Especialização em Dependência Química pela Unidade de Pesquisa em Álcool e Drogas da Universidade Federal de São Paulo (Uniad-Unifesp). Doutor em Ciências pela Unifesp. Professor do curso de Especialização em Dependência Química (modalidade virtual) da Uniad-Unifesp.

Heloisa Junqueira Fleury
Psicóloga. Especialista em Psicodrama pelo Instituto Sedes Sapientiae. Mestre em Ciências pela Faculdade de Medicina da Universidade de São Paulo (FMUSP).

Hewdy Lobo Ribeiro
Médico psiquiatra. Especialista em Psiquiatria pela Universidade do Oeste Paulista (Unoeste) e em Psiquiatria Forense e Psicoterapia pela Associação Brasileira de Psiquiatria (ABP). Mestre em Estratégia Empresarial pela Universidade Paulista (Unip). Professor coordenador da disciplina Saúde Mental, do Departamento de Pós-Graduação da Unip.

Ilana Andretta
Psicóloga. Especialista em Psicologia Cognitivo-Comportamental pela Pontifícia Universidade Católica do Rio Grande do Sul (PUCRS). Mestre em Psicologia Clínica e Doutora em Psicologia pela PUCRS. Professora-assistente do Programa de Pós-graduação em Psicologia Clínica da Universidade do Vale do Rio dos Sinos (Unisinos).

Iraci Galiás
Médica psiquiatra e analista junguiana. Membro fundador da Sociedade Brasileira de Psicologia Analítica. Membro da International Association for Analytical Psychology.

Jaluza Aimèe Schneider
Psicóloga clínica. Mestre em Psicologia Clínica pela Universidade do Vale do Rio dos Sinos (Unisinos).

Jaqueline Andréa Malheiros da Silveira
Psicóloga. Especialista em Terapia Cognitivo-Comportamental pelo Instituto da Família de Porto Alegre (INFAPA). Professora convidada do Instituto WP – Centro de Psicoterapia Cognitivo-Comportamental e professora convidada e supervisora clínica do Instituto de Terapias Cognitivo-Comportamentais (InTCC).

Jéssica Limberger
Psicóloga. Mestre em Psicologia Clínica pela Universidade do Vale do Rio dos Sinos (Unisinos).

João Laurentino dos Santos
Psicólogo. Especialista em Terapia Familiar e de Casal pela Pontifícia Universidade Católica de São Paulo (PUC-SP). Mestre e Doutor em Psicologia pela PUC-SP. Pós-Doutorado em Práticas Dialógicas e Processos Colaborativos pelos Houston Galveston Institute e Taos Institute.

José Alberto Moreira Cotta
Psicoterapeuta. Especialista em Somato Terapia Biossíntese pelo International Institute of Biosynthesis. Mestre em Psicologia Clínica pela Pontifícia Universidade Católica de São Paulo (PUC-SP). Doutor em Psicologia Clínica pela Universidade de São Paulo (USP). Professor convidado da disciplina Atendimento Clínico, do Departamento de Psicologia Clínica do Instituto de Psicologia da USP.

José Ignacio Tavares Xavier
Médico. Especialista em Psiquiatria pela Associação Brasileira de Psiquiatra, em conjunto com a Associação Médica Brasileira (ABP/AMB). Mestre e Doutor em Psicologia pelo Instituto de Psicologia do Centro de Filosofia e Ciências Humanas da Universidade Federal do Rio de Janeiro (IP-CFCH-UFRJ). Professor de Psicoterapia Neurodinâmica e pesquisador independente.

Jucely Giacomelli
Psicóloga. Especialista em Psicanálise pelo Instituto Sedes Sapientiae.

Juliana Braga Gomes
Psicóloga e pedagoga. Especialista em Terapia Cognitivo-Comportamental pelo Instituto da Família de Porto Alegre (INFAPA). Mestre em Psiquiatria e Doutora em Psiquiatria e Ciências do Comportamento pela Universidade Federal do Rio Grande do Sul (UFRGS).

Juliane Haddad Fonseca
Psicóloga. Especialista em Biofeedback pela American Biotec Corporation, em Medicina Comportamental pela Escola Paulista de Medicina da Universidade Federal de São Paulo (EPM-Unifesp) e em Terapias Cognitivas pelo Ambulatório de Transtornos Alimentares (Ambulim) do Instituto de Psiquiatria do Hospital das Clínicas da Faculdade de Medicina da Universidade de São Paulo (IPq-HC-FMUSP).

Julio Cesar Menéndez Acurio
Médico. Especialista em Psiquiatria pela Faculdade de Ciências Médicas da Santa Casa de São Paulo (FCMSCSP). Professor convidado da disciplina Psicologia Médica, do Departamento de Psiquiatria da FCMSCSP.

Karina Barros Pellegrinelli Guedes
Psicóloga clínica. Especialista em Terapia Cognitivo-Comportamental e Construtivista pelo Núcleo de Terapia Cognitiva de São Paulo. Mestre em Ciências pelo Hospital das Clínicas da Faculdade de Medicina da Universidade de São Paulo (HC-FMUSP). Professora da disciplina Terapia Cognitivo-Comportamental nos Transtornos do Humor nos cursos de Especialização em Terapia Cognitiva da Federação Brasileira de Terapia Cognitiva (FBTC).

Laura Fernandes Vitucci
Psicóloga. Especialista em Psicopatologia e Saúde Pública pela Faculdade de Saúde Pública da Universidade de São Paulo (FSP-USP).

Liana Fortunato Costa
Psicóloga. Especialista em Terapia Conjugal e Familiar pelo Centro de Estudos da Família (Cefam). Mestre em Psicologia pela Universidade de Brasília (UnB) e Doutora em Psicologia Clínica pela Universidade de São Paulo (USP). Professora da disciplina Estágio em Psicologia Clínica, do Departamento de Psicologia Clínica da UnB.

Lorene Gonçalves Soares
Psicóloga. Especialista em Análise Bioenergética pelo International Institute of Bioenergetic Analysis. Mestre e Doutora em Psicologia Clínica pela Pontifícia Universidade Católica de São Paulo (PUC-SP). Professora do curso de Introdução à Análise Bioenergética da Sociedade Brasileira de Análise Bioenergética (SOBAB). Docente do Taller de Estudios y Análisis Bioenergético (TEAB) e da Escuela Latinoamericana de Bioenergética.

Lucia Helena Menezes Negri Nilson
Psicóloga. Especialista em Psicodrama pela Companhia do Teatro Espontâneo e em Violência Doméstica contra Crianças e Adolescentes pela Universidade de São Paulo (USP).

Luis de Moraes Altenfelder Silva Filho
Médico. Especialista em Psiquiatria pelo Instituto de Psiquiatria do Hospital das Clínicas da Faculdade de Medicina da Universidade de São Paulo (IPq-HC-FMUSP). Mestre em Psiquiatria pelo Instituto de Assistência Médica ao Servidor Público Estadual (IAMSPE). Professor supervisor de Psicodrama pela Federação Brasileira de Psicodrama.

Luiz Paulo Grinberg
Médico. Residência em Psiquiatria na Escola Paulista de Medicina pela Universidade Federal de São Paulo (Unifesp). Analista junguiano pela Sociedade Brasileira de Psicologia Analítica de São Paulo (SBPA-SP) e pela International Association of Analytical Psychology (IAAP). Especialista em História da Arte pela Fundação Armando Alvares Penteado (FAAP).

Luiza Rios Ricci Volpato
Psicóloga. Mestre e Doutora em História pela Universidade de São Paulo (USP).

Manuel Morgado Rezende
Psicólogo. Mestre em Psicologia Clínica pela Pontifícia Universidade Católica de Campinas (PUC-Campinas). Doutor em Saúde Mental pela Universidade Estadual de Campinas (Unicamp). Pós-Doutorado em Psicologia da Saúde pela Universidade do Algarve. Professor titular da Faculdade da Saúde e do Programa de Pós-Graduação em Psicologia da Saúde, da Universidade Metodista de São Paulo. Coordenador do Grupo de Pesquisa de Processos Psicossociais e Promoção de Saúde do CNPq. Coordenador do Programa Institucional

de Bolsas de Iniciação Científica (PIBIC). Membro da Associação Universitária de Pesquisa em Psicopatologia Fundamental. Presidente da Associação Brasileira de Psicologia da Saúde (ABPSA).

Marcelo Peixoto Gonçalves

Psicólogo. Especialista em Terapias Cognitivas pelo Ambulatório de Transtornos Alimentares (Ambulim) do Instituto de Psiquiatria do Hospital das Clínicas da Faculdade de Medicina da Universidade de São Paulo (IPq-HC-FMUSP). Especialista em Transtornos do Impulso pelo Programa Ambulatorial Integrado dos Transtornos do Impulso (PRO-AMITI) do IPq-HC-FMUSP. Professor e supervisor de estágio da disciplina Terapia Cognitiva do curso de Psicologia da Universidade Paulista (Unip). Colaborador do setor de Pesquisa e Tratamento para Compras Compulsivas do PRO-AMITI do IPq-HC-FMUSP.

Marcos Muniz de Souza

Psicólogo e psicanalista. Coordenador do Serviço de Saúde Mental na área de álcool e drogas do município de São Paulo.

Marcos Naime Pontes

Médico psiquiatra. Formador de Terapia Familiar e de Casal pelo Sistemas Humanos. Especialista em Família e Casal pelo Sistemas Humanos – Núcleo de Estudo e Pesquisa – Indivíduo, Família e Grupo. Sócio titular da Associação Paulista e Brasileira de Terapia Familiar.

Margareth de Mello Ferreira dos Reis

Psicóloga. Especialista em Sexualidade Humana pela Faculdade de Medicina do ABC (FMABC). Mestre em Educação, Arte e História da Cultura pela Universidade Presbiteriana Mackenzie. Doutora em Ciências pela Faculdade de Medicina da Universidade de São Paulo (FMUSP). Psicóloga coordenadora da disciplina de Urologia, da Unidade de Medicina Sexual da FMABC. Coordenadora do curso de Pós-Graduação em Sexologia: Novos Paradigmas em Saúde Sexual, da FMABC. Idealizadora e colunista do site "Conte com as 3".

Maria Aparecida Penso

Psicóloga. Especialista em Terapia Familiar e Conjugal e em Psicodrama pelo Centro de Estudos da Família (Cefam). Mestre e Doutora em Psicologia pela Universidade de Brasília (UnB). Professora titular do Programa de Pós-Graduação em Psicologia da Universidade Católica de Brasília (UCB).

Maria de Fátima Gaspar Vasques

Psicóloga. Especialista em Terapias Cognitivas pela Universidade Paulista (Unip).

Maria Olimpia Jabur Saikali

Psicóloga. Especialista em Terapia de Família e Casal pela Pontifícia Universidade Católica de São Paulo (PUC-SP). Mestre em Educação pela Universidade Estadual de Campinas (Unicamp).

Maria Salete Abrão Nunes

Psicóloga. Especialista em Formação em Psicanálise pelo Instituto Sedes Sapientiae. Mestre e Doutora em Psicologia Escolar e do Desenvolvimento Humano pela Universidade de São Paulo (USP).

Maria Tereza Viscarri Montserrat

Psicóloga. Especialista em Psicopatologia e Psicoterapia Psicanalítica pelo Instituto Sedes Sapientiae e em Psicologia Clínica e Psicologia Hospitalar pelo Conselho Regional de Psicologia de São Paulo (CRP-SP). Mestre em Psicologia Clínica pelo Instituto de Psicologia da Universidade de São Paulo (USP). Professora e Supervisora do Curso de Fundamentos da Psicanálise e sua Prática Clínica, do Departamento de Formação em Psicanálise do Instituto Sedes Sapientiae. Preceptora do Programa de Aprimoramento Profissional em Psicologia Clínica e Psicologia Hospitalar do Instituto de Assistência Médica ao Servidor Público Estadual (IAMSPE).

Maria Zeneide Monteiro

Psicóloga e psicoterapeuta reichiana. Coordenadora e Supervisora do Curso de Clínica Reichiana do Instituto Sedes Sapientiae. Membro Didata do Taller de Estudios y Análisis Bioenergético (TEAB) de Montevideo. Professora da Sociedade Brasileira de Análise Bioenergética (SOBAB).

Mariangela Bento

Psicóloga. Especialista em Formação em Psicanálise pelo Instituto Sedes Sapientiae. Mestre em Psicologia Clínica pela Universidade de São Paulo (USP). Psicóloga e preceptora de Aprimoramento no Hospital do Servidor Público Estadual "Francisco Morato de Oliveira" (HSPE-FMO).

Mariangela Bicudo

Psicóloga. Especialista em Psicodrama pelo Instituto Sedes Sapientiae, em Transtornos Alimentares pelo Hospital das Clínicas da Universidade de São

Paulo (HC-FMUSP) e em Psicoterapia Interpessoal pela Universidade Federal de São Paulo (Unifesp).

Marianne Ramos Feijó

Psicóloga. Especialista em Terapia Familiar e de Casal pela Pontifícia Universidade Católica de São Paulo (PUC-SP). Mestre e Doutora em Psicologia Clínica pela PUC-SP. Pós-doutorado em Psicobiologia pela Universidade Federal de São Paulo (Unifesp). Professora-assistente Doutora da disciplina Pensamento Sistêmico e Complexo, do Departamento de Psicologia, e do curso de Pós-Graduação em Psicologia do Desenvolvimento e Aprendizagem da Universidade Estadual Paulista (Unesp).

Marilene A. Grandesso

Psicóloga. Especialista em Terapia Familiar e de Casal pela Pontifícia Universidade Católica de São Paulo (PUC-SP). Doutora em Psicologia Clínica pela PUC-SP. Professora convidada da disciplina Especialização em Terapia Familiar e de Casal, do Núcleo de Família e Comunidade (NUFAC) da PUC-SP.

Marina Gusmão Caminha

Psicóloga. Especialista em Psicoterapias Cognitivo-Comportamentais pela Universidade do Vale do Rio dos Sinos (Unisinos).

Mario Eugenio Saiz Laureiro

Médico psiquiatra. Especialista em Psicologia Analítica pela Universidad Catolica del Uruguay (UCU) e em Psiquiatria pela Universidad de la Republica (Udelar). Mestre em Psicoterapia pela UCU. Professor titular da disciplina Psicologia Clínica, do Departamento de Clínica e Saúde da UCU.

Marisa Fortes

Jornalista e psicóloga. Especialista em Psicoterapias Cognitivo-Comportamentais pela Universidade Federal de São Paulo (Unifesp) e em Neuropsicologia pelo Instituto Nacional de Ensino e Pesquisa (Inesp). Psicoterapeuta em *Eye Movement Desensitization and Reprocessing* (EMDR) pelo EMDR Institute (EUA). Especialista em Terapia Racional Emotiva e Cognitivo-Comportamental pelo Albert Ellis Institute (Nova York, EUA). Mestre em Psicologia Social pela Universidade São Marcos (Unimarco). Professora da disciplina Teorias e Técnicas Psicoterápicas Cognitivo-Comportamentais e Supervisora Clínica do Departamento de Psicologia e Clínica de Psicologia do Centro Universitário Padre Anchieta (UniAnchieta).

Marlene Magnabosco Marra

Psicóloga. Especialista em Terapia de Casal e Família, Psicodrama e Práticas Colaborativas e Dialógicas pela Interfaci/Houston Galveston Institute/Taos Institute. Mestre em Psicologia pela Universidade Católica de Brasília (UCB). Doutora em Psicologia Clínica e Cultura pela Universidade de Brasília (UnB). Professora da disciplina Pesquisa em Psicologia Clínica, Psicologia Clínica e Saúde Mental e Estágio em Psicologia (Intervenções Psicossociais), do Departamento de Psicologia Clínica e Cultura da UnB.

Marta Quaglia Cerruti

Psicóloga. Especialista em Formação em Psicanálise pelo Instituto Sedes Sapientiae. Mestre em Psicologia Clínica pela Universidade de São Paulo (USP).

Melissa Garcia Tamelini

Médica. Residência em Psiquiatria pelo Instituto de Psiquiatria do Hospital das Clínicas da Faculdade de Medicina da Universidade de São Paulo (IPq-HC-FMUSP). Especialista em Psiquiatria pela Associação Brasileira de Psiquiatria (ABP). Professora convidada do curso de Especialização em Psicopatologia Fenomenológica, do Departamento de Psiquiatria da Faculdade de Ciências Médicas da Santa Casa de São Paulo (FCMSCSP). Membro da Sociedade Brasileira de Psicopatologia Fenômeno-Estrutural (SBPFE).

Mirela Pereira Duran Boccardo

Psicóloga clínica e hospitalar. Especialista em Psicologia Clínica em Psicodrama com Crianças, Adolescentes e Adultos pela Pontifícia Universidade Católica de São Paulo (PUC-SP), pela Sociedade Brasileira de Psicodrama de São Paulo (SOPSP) e pelo Instituto Sedes Sapientiae.

Nairo de Souza Vargas

Médico. Especialista em Psiquiatria pela Faculdade de Medicina da Universidade de São Paulo (FMUSP). Mestre e Doutor em Psiquiatria pela FMUSP. Professor Doutor da disciplina Psiquiatria, Departamento de Psiquiatria da FMUSP. Membro fundador da Sociedade Brasileira de Psicologia Analítica (SBPA).

Natalie Deyna Suplicy Vieira

Terapeuta ocupacional. Especialista em Gerontopsiquiatria pelo Hospital do Servidor Público Estadual. Especialista em Dependência Química pela Universidade Federal de São Paulo (Unifesp). Membro fundador da Sociedade Brasileira de Psicopatologia Fenômeno-Estrutural (SBPFE).

Nelson Ernesto Coelho Junior
Psicólogo. Mestre e Doutor em Psicologia Clínica pela Pontifícia Universidade Católica de São Paulo (PUC-SP). Professor Doutor da disciplina História e Filosofia da Psicologia, do Departamento de Psicologia Experimental do Instituto de Psicologia da Universidade de São Paulo (USP).

Nelson Iguimar Valerio
Psicólogo. Especialista em Psicologia Hospitalar pelo Conselho Federal de Psicologia (CFP), em Psicologia da Saúde pela Faculdade de Medicina de São José do Rio Preto (Famerp) e em Psicologia Clínica pela Pontifícia Universidade Católica de Campinas (PUC-Campinas). Doutor em Psicologia com Profissão e Ciência pela PUC-Campinas. Professor das disciplinas Psicologia Médica II e Fundamentos Epistemológicos e Históricos da Psicologia, do Departamento de Psicologia, Psiquiatria e Psicologia Médica da Famerp.

Patrícia França Proença
Psicóloga. Especialista em Promoção da Saúde e Prevenção às Drogas pela Universidade Federal de São Paulo (Unifesp).

Paulo Vicente Bloise
Médico. Especialista em Psiquiatria pela Universidade Federal de São Paulo (Unifesp). Mestre em Psiquiatria pela Unifesp. Analista junguiano pela Sociedade Brasileira de Psicologia Analítica (SBPA). Instrutor de *Mindfulness* pelo Center for Mindfulness (EUA).

Pedro Belarmino Garrido
Psicólogo. Psicanalista pelo Instituto Sedes Sapientiae. Colaborador da equipe multidiscilpinar do Instituto Garrido e do Centro de Obesidade do Hospital Leforte. Membro da Sociedade Brasileira de Cirurgia Bariátrica e Metabólica (SBCBM) e do Departamento de Formação em Psicanálise do Instituto Sedes Sapientiae.

Périsson Dantas do Nascimento
Psicólogo. Especialista em Psicologia Clínica com ênfase em Análise Bioenergética pelo Instituto de Análise Bioenergética de São Paulo (IABSP). Mestre em Psicologia pela Universidade Federal do Rio Grande do Norte (UFRN). Doutor em Psicologia Clínica pela Pontifícia Universidade Católica de São Paulo (PUC-SP). Professor adjunto da disciplina Abordagens Psicossomáticas do Departamento de Psicologia da Universidade Estadual do Piauí (UESPI).

Rafael Zeni
Psicólogo. Especialista em Educação em Sexualidade pelo Centro Universitário Salesiano de São Paulo (UNISAL). Tutor do curso SUPERA, da Universidade Federal de São Paulo (Unifesp).

Renata Fernandes Maransaldi
Psicóloga. Especialista em Terapias Cognitivas pelo Instituto de Psiquiatria do Hospital das Clínicas da Faculdade de Medicina da Universidade de São Paulo (IPq-HC-FMUSP).

Renato Maiato Caminha
Psicólogo. Especialista em Terapias Cognitivas pela Universidade do Vale do Rio dos Sinos (Unisinos). Mestre em Psicologia pela Pontifícia Universidade Católica do Rio Grande do Sul (PUCRS).

Roberta Amaral
Psicóloga. Especialista em Psicodrama pela Pontifícia Universidade Católica de São Paulo (PUC-SP). Psicodramatista Didata, Supervisora e Terapeuta de Alunos pela Sociedade Brasileira de Psicodrama de São Paulo (SOPSP). Professora do curso de Especialização em Psicodrama no Grupo de Estudos e Trabalhos Psicodramáticos (GETEP).

Ronaldo Pereira Beijo
Médico. Especialista reichiano pelo Instituto Sedes Sapientiae e em Vegetoterapia Caracteroanalítica pela Sociedade de Orgonomia e Vegetoterapia de São Paulo (Sovesp). Professor de Somatopsicodinâmica na Escola Contemporânea de Orgonomia e Somatopsicodinâmica (Ecos).

Rosa Maria Macedo
Pedagoga. Especialista em Psicologia Clínica pela Pontifícia Universidade Católica de São Paulo (PUC-SP). Doutora em Psicologia pela PUC-SP. Pós-Doutorado em Terapia Familiar pela Universidade de Illinois (Chicago, EUA) e pela Fundación Interfas (Buenos Aires, Argentina). Professora emérita da disciplina Família e Comunidade, do Departamento de Psicologia do Desenvolvimento da PUC-SP.

Rosalba Filipini
Psicóloga. Mestre e Doutora em Psicologia Clínica pela Pontifícia Universidade Católica de São Paulo (PUC-SP). Professora da disciplina de Psicodrama do Departamento de Psicodinâmica da PUC-SP.

Rosilda Antonio

Médica. Especialista em Psiquiatria pelo Instituto de Psiquiatria do Hospital das Clínicas da Faculdade de Medicina da Universidade de São Paulo (IPq-HC-FMUSP). Docente supervisora em Psicodrama (área clínica) pela Sociedade de Psicodrama de São Paulo (SOPSP). Diretora em Psicodrama pelo Instituto J. L. Moreno (Buenos Aires).

Selma Bordin

Psicóloga. Especialista em Dependências Químicas pela Universidade Federal de São Paulo (Unifesp) e Coach em Saúde e Bem Estar pela American College Of Sports Medicine.

Susan Meire Mondoni

Médica psiquiatra. Mestre em Psicologia pelo Instituto de Psicologia da Universidade de São Paulo (USP).

Tânia Bitancourt

Médica. Residência em Psiquiatria Médica no Hospital do Servidor Público Estadual "Francisco Morato de Oliveira" (HSPE-FMO). Mestre em Ciências da Saúde pela Universidade Federal de São Paulo (Unifesp).

Tatiana Zambrano Filomensky

Psicóloga. Especialista em Terapias Cognitivas pelo Instituto de Psiquiatria do Hospital das Clínicas da Faculdade de Medicina da Universidade de São Paulo (IPq-HC-FMUSP). Mestre em Psiquiatria pela FMUSP. Professora da disciplina de Cognitiva e Supervisão Clínica do Departamento de Psicologia da Universidade Paulista (Unip).

Ulisses Herrera Chaves

Psicólogo. Especialista em Terapia Familiar e de Casal pela Pontifícia Universidade Católica de São Paulo (PUC-SP). Doutor em Ciências pela Universidade de São Paulo (USP). Professor titular das disciplinas Estágio em Psicologia Jurídica e Terapia Familiar e de Casal, do Departamento de Ciências Humanas da Universidade Paulista (Unip – campus Bauru).

Valéria Maria Meirelles

Psicóloga. Especialista em Terapia Familiar e de Casal pela Pontifícia Universidade Católica (PUC-SP). Mestre e Doutora em Psicologia Clínica pela PUC-SP. Professora convidada do curso de Pós-Graduação em Intervenção Familiar: Psicoterapia e Orientação, na Universidade de Taubaté (UNITAU).

Victor Palomo

Médico psiquiatra. Mestre em Letras pela Universidade de São Paulo (USP). Analista junguiano e membro da Sociedade Brasileira de Psicologia Analítica (SBPA).

Vinícius Guimarães Dornelles

Psicólogo. Especialista em Psicoterapia Cognitivo-Comportamental pelo Instituto WP – Centro de Psicoterapia Cognitivo-Comportamental. Mestre em Cognição Humana pela Pontifícia Universidade Católica do Rio Grande do Sul (PUCRS).

Dedico este livro aos alunos, pacientes, clientes, colegas e amigos que compartilham os mesmos desafios e realizações deste campo de trabalho. O intercâmbio só é possível porque existe uma rede conectada.

Agradecimentos

Agradeço à Editora Roca, ao Grupo GEN e a todos os integrantes da produção e elaboração desta obra. O convite para a segunda edição representou um grande reconhecimento para todos.

Meu eterno agradecimento a todos os coordenadores dos módulos, pela imensa dedicação, compromisso, organização e parceria oferecidos desde o início deste projeto, possibilitando a realização desta edição: Guilherme Peres Messas, Celina Giacomelli, Liliana Liviano Wahba, Marcia Almeida Batista, Álvaro Soares Pinto Fernandes, Neliana Buzi Figlie e Neide A. Zanelatto.

Aos 105 colaboradores, que enriqueceram a composição deste intercâmbio com suas práticas e experiências, resultando em uma junção legítima dos saberes – profissionais que são referência nos temas abordados, muitos dos quais amigos queridos, colegas e professores que admiro muito.

A Mathilde Neder e Mauro Aranha de Lima, por terem presenteado, respectivamente, a primeira e a segunda edição desta obra com os prefácios elaborados conforme os eixos temáticos presentes: as psicoterapias, os diagnósticos e o intercâmbio entre eles.

Por fim, agradeço à milha filha Catarina, por encher meus dias de tanta alegria e amor, e à minha família, por representar minha base afetiva.

Roberta Payá

Prefácios à Primeira Edição

É uma honra para mim prefaciar este livro, organizado pela colega psicóloga Roberta Payá. Uma honra e uma satisfação, pela oportunidade de acompanhar de perto esta bela e oportuna realização.

Roberta escalou profissionais de destaque nas áreas de Fenomenologia, Psicanálise, Psicologia Corporal, Terapia Familiar Sistêmica, Terapia Cognitiva, tendo como coordenadores de cada módulo, nessa mesma ordem: Guilherme Messas, Celina Giacomelli, Liliana Liviano Wahba, Marcia Almeida Batista, Ana Lúcia Faria, ela mesma, a própria Roberta Payá, e mais Neliana Buzi Figlie e Raphael Cangelli Filho, em parceria.

Interessante a proposição. Intercâmbio e interação são previsões aproximativas entre diferentes tipos de psicoterapia. Essa parece ser também a previsão da organizadora desta útil e inteligente composição.

Encontramos nela pressupostos teóricos diferentes ou correspondentes, técnicas e recursos técnicos diferenciados, aproximados, podendo ser os mesmos adequados em contextos de psicoterapias breves.

Muito bem posta a distribuição dos temas em estudo, por abordagens como a fenomenológica, cognitiva, psicanalítica, psicologia analítica, psicodramática, corporal, sistêmica. Torna-se, assim, possível o estudo comparativo, com aquisições complementares, semelhantes ou distintas.

Importante é reconhecer que, por diferentes abordagens, podemos chegar ao fim desejado, no caso o psicoterápico, considerando não apenas a linha terapêutica escolhida, mas o terapeuta envolvido e a tendência aproximativa do paciente – cada terapeuta em sua posição, trabalhando segundo seus pressupostos teóricos, métodos e técnicas de seu domínio. Não diríamos que estes ou aqueles terapeutas estão certos ou errados por suas escolhas de linhas terapêuticas. Não diríamos: a minha é melhor, esta é a certa. Importante, sim, é a competência de cada terapeuta, em linha de sua escolha, a par do seu ajustamento pessoal.

Claro, faz-se necessário ao terapeuta o conhecimento, o domínio do campo teórico-prático da linha escolhida e também adequadas condições pessoais para prática profissional. Para isso é que cuidamos da boa formação teórico-prática dos futuros terapeutas.

Foi assim que, desde a formação de nossa primeira turma de psicólogos (Pontifícia Universidade Católica de São Paulo, 1963-1968), em curso de psicoterapia infantil sob nossa responsabilidade, cuidamos da diversificação informativa de nossos alunos, com recomendações para sua autoterapia. Considerávamos então que ao aluno era conveniente conhecer as diversificações de teorias, métodos e técnicas para depois fazer escolhas e formar-se especializadamente. Conhecer, para depois escolher e especializar-se. Conhecer também o necessário em psicopatologia, neurologia, filosofia, psicologia do desenvolvimento humano, sociologia, biologia e história da educação, pelo menos. Essa é a posição que continuamos defendendo cinco anos depois, em tese de doutorado (na Universidade de São Paulo, em 1972).

Muito caberia ainda predizer sobre esta preciosa produção, mas bastará sabermos que sua leitura nos abrirá caminhos, com elementos preciosos para discussão e aproveitamento.

Mathilde Neder
Professora Doutora do Programa de Estudos Pós-graduados em Psicologia Clínica da Pontifícia Universidade Católica de São Paulo (PUC-SP). Professora Coordenadora do Núcleo de Psicossomática e Psicologia Hospitalar do Programa de Pós-Graduação em Psicologia Clínica. Coordenadora, Professora e Orientadora do Curso de Especialização em Psicologia e Saúde-Psicologia Hospitalar da Coordenadoria Geral de Especialização, Aperfeiçoamento e Extensão (COGEAE) da PUC-SP. Professora e Orientadora do Curso de Especialização em Terapia de Família e Casal da COGEAE-PUC-SP. Psicóloga hospitalar do Instituto de Ortopedia e Traumatologia do Hospital das Clínicas da Faculdade de Medicina da Universidade de São Paulo. Ex-diretora da Divisão de Psicologia do Instituto Central do Hospital das Clínicas (1982-1999).

O campo semântico do vocábulo grego *diagnosis* vai desde a sua acepção como ato de discernir até aquela que o designa como ato de decidir. Assim o fazemos na prática clínica quanto ao diagnóstico psiquiátrico. Após a identificação do conjunto de sinais e sintomas coletados mediante a psicopatologia descritiva, faz-se necessário discernir a que categoria diagnóstica esse conjunto pertence: para fazê-lo, há que se antepor a esse ato do juízo uma decisão – uma dentre várias possíveis – motivada por um sem número de fatores, alguns deles ocultos.

O discernimento diagnóstico a que anteriormente me referi nos remete a Lineu e Kant e, portanto, ao século XVIII, apogeu do Iluminismo europeu, à constituição do conhecimento sobre a natureza como ciência.

Lineu, quando publica a primeira versão do *Systema Naturae* em 1735, o faz no âmbito taxionômico dos espécimes botânicos e animais, posto que a identificação e nomeação sistemáticas de cada um dos gêneros/espécies dos seres vivos significavam a subsunção de uma a uma das singularidades vivas (a de cada um dos seres concretos) a conceitos/nomes que os agrupavam pelas suas semelhanças e os distinguiam por suas diferenças, tornando possível o discurso próprio e necessário da ciência, qual seja aquele capaz de enunciar juízos universais e previsíveis do objeto em estudo, que, para isso, deve ser nivelado, afora suas idiossincrasias únicas e não compartilháveis, ao plano representacional da homogeneidade grupal, espécie-específica, ou, de outra forma, deve antes ser classificado (em um conceito que o enforma) para depois ser predicado pelo discurso que o informa à comunidade científica quanto à sua apresentação e comportamento ditos permanentes.

Kant, ao publicar a primeira edição da "Crítica da Razão Pura", em 1781, quer exatamente fundamentar as condições de possibilidade do pensamento científico e é no capítulo da "Doutrina Transcendental da Faculdade de Julgar" que enuncia a necessidade de o entendimento preparar a intuição sensível, captação cognitiva da experiência, para o conceito, assim como adaptar o conceito para a sua aplicação à realidade sensível. Ora, esse terceiro termo mediador que compatibiliza a variabilidade da experiência com a invariabilidade do conceito é o que permite ao intelecto humano ser um operador científico, faculdade que Kant denominou de "esquematismo" do juízo e, mais que isso, alocou a uma propriedade transcendental da imaginação. Vale dizer que a categorização de tudo quanto sensível, e o discurso que disso e a partir disso se enuncia, nos servirá como ficção heurística: ficção na medida em que o dito sobre o ser é o dizer que o representa, não é ele o ser mesmo de quem ele diz; e heurística porque o dito, ao dizer a invariância, universaliza e prediz (cientificamente) o andamento e as características essenciais dos seres concretos, como fossem isentos da variância e do tempo.

Se transportarmos o que até aqui foi dito para "cientifizar" a experiência sobre o transtorno mental em seus diagnósticos categoriais ou sindrômicos e, a partir de cada um destes, precisar a indicação do modelo psicoterápico que a cada um respectivamente melhor se aplica, eis então uma tarefa hercúlea, eis o desafio e o sucesso da presente obra – ainda que, muitas vezes, na clínica cotidiana, igual tarefa nos destine a repetidos fracassos.

Sem as categorias diagnósticas estaríamos cegos, sem referências ou marcos conceituais, para ver o fenômeno e para dizê-lo; mas os fenômenos sempre ultrapassam os limites conceituais que lhes impomos, porque estes limites serão sempre resultado da arbitrariedade de uma escolha e decisão, ainda que lastreada pela intenção da neutralidade, do distanciamento de nossos pressupostos ante a coisa viva (o sofrimento psíquico) que aqui se nos mostra. Ocorre, todavia, que ao se nos mostrar, mostra-se a uma consciência, consciência do observador, que sempre o há de anteceder (este, afinal, o sentido mais estrito de fenômeno). Além disso, o que se mostra nunca se mostra por inteiro, ou porque não alcançamos percepção ou palavras para vê-lo ou dizê-lo, ou porque, ainda que se mostrasse por inteiro, não poderia fazê-lo sempre em configuração estática e invariável, posto ser coisa viva entre vidas: alterem-se as condições e manifestações do entorno num dado ponto do tempo, e alterar-se-ão as suas próprias configurações internas tidas provisoriamente como estruturais; aplique-se à coisa viva o que lhe é intrinsecamente constitutivo, a passagem do tempo, e mais uma vez é o que veremos plasticidade clínica, caleidoscopia.

Posso ceder ao apelo da clareza e exemplificar: consigo distinguir, discernir, na experiência persistente e flutuante do humor depressivo de um paciente, coisas como angústia, medo, ansiedade, anedonia, instabilidade afetiva... mas não vivenciá-los exatamente como ele os sente. Ademais, posso vê-los numa tal configuração (patoplastia) que, no consultório, se expressa de um modo passivo e, em sua ambiência familiar, de forma agressiva. Posso, no início do tratamento, ver o prevalecimento de comorbidades fóbicas e, anos após, o de flutuações hipomaníacas. Ao fim e ao cabo, que categoria diagnóstica poderia me garantir a invariabilidade, a estabilidade do real na existência e no tempo, para que eu possa dizê-lo tal como ele é e, deste dito, inferir escolhas terapêuticas e possíveis prognósticos? Neurose depressiva, transtorno depressivo de personalidade, distimia, síndrome depressiva subsindrômica, ciclotimia, espectro bipolar, transtorno bipolar tipo II...?

Ainda não sabemos ao certo qual a melhor resposta. E é justamente tal desconhecimento o que torna bastante propícia a empreitada de livros como este. Para que possamos nos conduzir da melhor maneira rumo a um horizonte ainda indiscernível, em que a ciência da mente decerto não esgotará a complexidade e riqueza de seu objeto, mas que possa dizê-lo, por um lado, cada vez com maior precisão e pertinência, e, de outro, com a imprecisão sempre necessária de forma a permitir o espontâneo mostrar-se do homem, do homem existente e singular que subsiste e se recria, livremente, a cada dia, muito além de quaisquer conceitos que o possam imobilizar. Lembra-me Carlos Drummond de Andrade: "Um homem por trás dos óculos". Ao que eu acresço: um homem por trás do nome e de seu retrato diagnóstico. Porque, afinal, sempre será àquele único e irreproduzível homem que a psicoterapia, qualquer seja ela, haverá de contemplar.

Mauro Aranha de Lima
Psiquiatra e Presidente do Conselho Regional de Medicina do Estado de São Paulo.

Prefácio à Segunda Edição

Eis que estamos aqui, mais uma vez, ante o *Intercâmbio das Psicoterapias,* agora em sua segunda edição. Agradeço desde já o convite para prefaciá-la, pois, além do reconhecimento que me é oferecido, traz-me o desafio de pensar sobre – e dizer como – esse regresso editorial nos transporta a uma região incólume e compartilhada das psicoterapias: de um planalto se vê a convergência essencial do método que, mediante o trabalho da palavra e da consciência, vem significar e reorientar a potência a um só tempo destrutiva e fecunda do sofrimento humano.

Na primeira edição, afirmei que, a partir da classificação dos conjuntos sintomatológicos dos transtornos mentais, a obra oferecia o diálogo necessário entre as diversas visões e práticas das psicoterapias, mas insinuei que, a partir de classificações e abordagens distintivas de fenômenos, por sua vez já também classificados – e ambas submetidas, portanto, a reiterados desvios epistemológicos ante a *coisa mesma* (o real, "a coisa viva entre vidas") –, exigia-se ainda mais de nós, terapeutas, o serviço referenciador da pessoa a si própria, singularidade viva em situação de existência, vale dizer: consciência situada entre consciências (também situadas), multiplicada variância no seio mesmo de outras tantas variâncias. O que me leva, agora, a perguntar: qual a essência (invariante) da psicoterapia, se as mentes que supomos tratar configuram-se multifacetadas no tempo, assim como os nossos esquematismos mentais com os quais as tratamos? Entre a psicanálise, a fenomenologia, as psicologias analítica e corporal, a sistêmica e a cognitivo-comportamental, qual a sua realidade fundante e o vetor resultante comum a suas práticas?

Ainda que, para mim, seja mais familiar o uso da linguagem fenomenológica, proponho generalizar o conceito que unifica a definição e o sentido das psicoterapias, mesclando os seus léxicos diversos. Processo comunicativo, portanto, é aquele em que o terapeuta ou analista, sob a ética do cuidado e da abertura plena a toda alteridade como tal, se coloca como racional, a um só tempo compromissado e neutro, em possibilitar, detectar, nomear, reunir e significar o conjunto móvel e caleidoscópico das representações do analisando, visto e retratado como ente singular e situado nos poros permeáveis da espessura mente/mundo. No processo comunicativo, as representações relevantes e apodíticas do analisando são aquelas que, no plano sem avesso das ideias e da corporalidade, mostram-se como expressão materializada e cintilante dos afetos/pulsões, estes advindos do abismo inesgotável e imanente à consciência, do não ainda consciência, que não é substância ou região, mas potência indivisível e infinita, que em progresso irreversível impõe-se a (ex)istir na totalidade coesa e integrada entre o que se é – sendo e destruindo-se – e o que se deseja – construindo-se, vir a ser –, mediante angústias, decisões e atos da vontade, no embate permanente do ser si-próprio, entre o que se deve e o que não se deve, o que se pode e o que não se pode ser, dadas as coerções inevitáveis, afinal, de uma consciência responsável por si mesma e pelo outro, sempre à prova na incerta trajetória pelo espaço-tempo.

Psicoterapias – todas em uma só –, afinal: tratamento da mente, que sofre. Visto dessa maneira, e para além de pretensões hierárquicas, penso que esta obra pode nos dar respostas pertinentes, atuais e necessárias para a nobre tarefa a que se propõem as psicoterapias: a psicoterapia. Fusão de enfoques e de práticas que afinal cumprem o que, para Michel Henry, é preciso cumprir: "mover-se através de uma floresta de símbolos para intentar situar as grandes linhas ao longo das quais a pulsão intentou se descarregar – e a vida se desembaraçar de si."*

Mauro Aranha de Lima
Psiquiatra e Presidente do Conselho Regional de
Medicina do Estado de São Paulo.

---

*Henry M. Genealogia da psicanálise: o começo perdido. Curitiba: Editora UFPR; 2009.

Introdução

> *Somos vozes em um coro que transforma a vida vivida em vida narrada e que depois devolve a narrativa à vida, não para refletir a vida, mas sim para agregar algo, não uma cópia, mas uma nova medida da vida; Para agregar, com cada novidade, algo novo, algo mais, à vida.*
>
> Carlos Fuentes

Como cada abordagem psicoterapêutica compreende os transtornos psiquiátricos

A intenção de seguirmos dando vida a este livro, agora em sua segunda edição, é sustentada pela crença de que somos todos vozes e de que o processo psicoterapêutico ocorre por meios discursivos bilaterais e reflexivos. A continuidade da obra se dá por acreditarmos que este livro se mantém como a possibilidade de muitas conversas e do intercâmbio de muitos saberes e o agrupamento de vozes advindas não só das escolas, mas também da prática clínica dos profissionais que compõem esta obra.

Partimos do entendimento de que a prática da psicoterapia expressa o encontro de duas ou mais pessoas que criam juntas a possibilidade de uma conversa organizadora e de alcance significativo na vida de uma das partes. Conforme elucida Anderson:[1]

> *Uma das características mais importantes da vida é a conversa. Estamos continuamente em conversa com os outros e conosco. Com as conversas, formamos e reformamos nossas experiências e os eventos da vida, criamos e recriamos nossos significados e nossas compreensões e construímos e reconstruímos nossas realidades e nosso self. Algumas conversas aumentam as possibilidades; outras, as diminuem. Quando as possibilidades aumentam, temos uma sensação de autocomando, uma sensação de que podemos tomar a atitude necessária para tratar do que nos preocupa ou nos atormenta.*

Uma única definição de conversação é impossível. Conceitualizar conversas psicoterapêuticas também é, pois, dado o conjunto de procedimentos que são considerados "psicoterapia", chegar a uma definição completa do termo é difícil. A ênfase em diferentes componentes determina as distinções entre as várias escolas de psicoterapia. Ainda assim, é seguro definir a psicoterapia como um processo pelo qual os problemas psicológicos são cuidados por meio da comunicação e os fatores de relação entre um indivíduo (ou mais de um) e o terapeuta.[2,3] A psicoterapia é uma relação "conversacional" profissional entre um terapeuta e um cliente que se baseia em princípios terapêuticos, estrutura e técnica – diferindo-se das outras relações de várias maneiras.

Segundo Cordioli[4], existe grande controvérsia sobre até que ponto a psicoterapia se distingue de outras relações humanas, nas quais uma pessoa ajuda outra a resolver problemas pessoais. De qualquer modo, há um consenso de que a psicoterapia é um método de tratamento mediante o qual um profissional treinado, valendo-se de meios psicológicos, em especial a comunicação verbal e a relação terapêutica, realiza deliberadamente uma variedade de intervenções com o intuito de entusiasmar um cliente ou paciente, auxiliando-o a modificar problemas de natureza emocional, cognitiva e comportamental, já que ele o procurou com essa finalidade.[5]

A psicoterapia envolve, portanto, uma interação face a face. Na verdade, distingue-se de outras modalidades de tratamento por ser mais uma atividade colaborativa entre o paciente e o terapeuta do que uma ação predominantemente unilateral, exercida por alguém sobre outra pessoa, como ocorre em outros tratamentos médicos. A psicoterapia apresenta como características:

- É realizada por um profissional treinado, com o objetivo de reduzir ou remover problema, queixa ou transtorno definido de um paciente ou cliente que deliberadamente busca ajuda
- O terapeuta utiliza meios psicológicos como forma de abordar o cliente/paciente
- É realizada em um contexto primariamente interpessoal (a relação terapêutica)
- É uma atividade eminentemente colaborativa entre cliente/paciente e terapeuta.

Para que um modelo psicoterápico seja consolidado, são necessários os seguintes critérios:

- Deve estar embasado em uma teoria abrangente, que ofereça uma explicação coerente (racional) sobre a origem, a manutenção dos sintomas e a forma de eliminá-los
- Os objetivos devem ser claramente especificados
- Evidências empíricas da eficácia da técnica proposta
- Espera-se que os resultados se mantenham a longo prazo, mas inicialmente reconhecidos pelo cliente/paciente
- Relação custo-benefício favorável quando comparada com outros modelos ou alternativas de tratamento.[6,7]

Diversidade teórica

As últimas décadas foram marcadas por grandes mudanças sociais, com o advento de um mundo globalizado, um tanto quanto "provisório" e imediatista, em que tudo ou quase tudo é virtual, descartável e midiático. Tais eventos trouxeram repercussões no psiquismo dos indivíduos, colocando-os muitas vezes em situações difíceis, conflituosas e até traumáticas.

Diante desse novo contexto, a psicoterapia tem ampliado seu campo de trabalho, atuando, por exemplo, em situações traumáticas geradas por conflitos sociais, de ordem econômica, política ou até mesmo de desastres ambientais. Para conseguir trabalhar com as diversas demandas, a psicoterapia precisou adaptar o seu *setting*, deixando de atuar unicamente em consultório. Saiu a campo, olhou para as comunidades, fez novas conexões e, juntamente com outros profissionais, criou novas formas de atuação, mantendo, entretanto, conceitos e princípios que a embasam e validam.

Da pluralidade de pensamentos e abordagens podemos encontrar algumas similaridades entre as muitas teorias existentes. De certo modo, cada uma delas sugere que qualquer um de nós, criança ou adulto, está sob influências que nos levam a sentir ou agir de modo a aumentar ou diminuir as chances de nos sentirmos felizes ou infelizes. Conforme o embasamento teórico – seja por entendimento de impulsos inconscientes, esquemas disfuncionais, influências do meio, modelos internos de vinculação e/ou apego, expectativas ou pressões familiares –, as abordagens psicoterápicas apontam à ideia de que nossos sentimentos e comportamentos não são totalmente controlados por nós.

Os impulsos que reprimimos para o nosso inconsciente, os pensamentos irracionais que desenvolvemos por meio da interação com nossos pais, os padrões de comportamento moldados durante nossos primeiros anos, nosso modelo de relações e afeições interno, as regras e normas aprendidas com nossas famílias quando somos jovens, todos esses aspectos nos influenciam e nos moldam ao longo do tempo. Praticamente todas as teorias psicoterapêuticas mencionam o modo pelo qual sentimentos, pensamentos e eventos podem influenciar nosso comportamento. Nem sempre estamos cientes dos impulsos ou dos motivos que nos levam a agir de um modo ou de outro, ou de como o ambiente, nossos primeiros vínculos e, ainda, nossa estrutura familiar moldam nosso comportamento.[8]

Opondo-se aos que dizem "o que os olhos não veem o coração não sente", tais teorias proferem que o que não sabemos pode, sim, ter influência significativa sobre nós e, muitas vezes, nos machucar. De certo modo, independentemente da relação terapêutica estabelecida pela teoria/abordagem, outro ponto que parece estar presente em todas as escolas é o objetivo de criar estratégias que garantam o auxílio à liberdade: levar as pessoas a caminhos libertadores. Assim, o objetivo central é auxiliar para que estejamos livres de pensamentos disfuncionais, sentimentos ou experiências do meio que tenham paralisado nossos personagens e impedem a quebra do ciclo da infelicidade.[9]

Muitas abordagens se organizam de modo a levar as pessoas a contornar tais influências, tornando-as mais detentoras dos *scripts* de suas vidas, vivendo de modo mais autônomo e tendo maior controle sobre seus pensamentos, sentimentos e relacionamentos. Dessa forma, em torno da fundamentação teórica, o terapeuta dirige o processo terapêutico para o mesmo objetivo: promover suporte e gerar contextos orientadores.

Aproveitamento da diversidade teórica

O valor designado à produtividade ou à competitividade em nossa sociedade nos remete, muitas vezes, a pensar qual é a melhor teoria, qual é a abordagem mais adequada. No entanto, isso seria simplificar demais a contribuição de cada escola teórica quanto ao conhecimento do comportamento e da mente humana.

Inúmeras pesquisas esforçaram-se para determinar quais terapias seriam as mais eficazes em termos psicológicos.[10,11] Alguns dados revelaram que certos modelos teóricos são mais eficazes com determinado perfil de paciente/cliente ou com questões específicas. Por exemplo, problema de comportamento na infância seria mais adequadamente assistido por um modelo de terapia cognitiva em comparação a problemas de outras ordens, como depressão e transtorno de conduta.[2,3] Em tratamentos multimodais, cujos manuais incluem várias intervenções teóricas aplicadas em momentos diferentes, não se sabe se todas as intervenções causam melhora clínica.[12] No entanto, sabe-se que é possível a combinação de alguns modelos conforme a necessidade de cada caso. Por exemplo, com uma criança que tenha sido diagnosticada como hiperativa, acaba sendo fundamental focar na dinâmica familiar a fim de reatar os padrões de comportamento entre os membros que acabaram enfatizando os sintomas do comportamento da criança, de tal modo que o foco passe a ser a mudança de padrões parentais que estejam reforçando ainda mais o comportamento da criança e, por sua vez, tornando o olhar e a atenção dos membros fixados mais na hiperatividade do que nas habilidades sociais que a criança apresenta. Assim, uma combinação apropriada dos modelos oferece mais chances de o paciente/cliente ser compreendido em sua complexidade e totalidade.

Pessoalmente, acredito que cada modelo teórico tem seu fascínio, e todos, indiscutivelmente, nos presenteiam com valiosas contribuições. Mesmo que determinados conceitos teóricos de alguns modelos tenham surgido em oposição a outros, todos devem ser registrados como verdades em suas limitações e em seus complementos. Traçar uma linha comparativa entre as abordagens é percorrer o caminho do perigo, pois seria o mesmo que alocar o terapeuta como alguém melhor ou mais hábil que o próprio paciente/cliente. Organizar-se dentro de um pensamento comparativo é, no mínimo, correr o risco de iniciar uma relação e processos terapêuticos na desigualdade, partindo de uma questão implantada no poder.

Emergem nessa discussão pontos importantes, como a questão do poder da posição do profissional e das suas habilidades terapêuticas, bem como a possibilidade de se negligenciar a parte motivacional do paciente/cliente. Algumas abordagens podem ter criado estratégias positivas para explorar a motivação do cliente, a fim de buscar vias alternativas para o que até então entendíamos como defesa ou resistência. No entanto, nenhum modelo terapêutico poderia ser dado como "certo" diante de uma pessoa completamente desmotivada.

Entendo, assim, que bons terapeutas não podem ser avaliados por suas abordagens. Devem, sem dúvida, ter conhecimento e embasamento teóricos suficientes que sustentem suas escolhas terapêuticas e, sobretudo, organizar-se para olhar o outro com respeito e compaixão. Além disso, existem evidências de que terapeutas com mais treinamento e supervisão, nos moldes tradicionais, tendem a ter pacientes mais satisfeitos e com menores taxas de abandono.[13]

Aspectos definidores do papel do terapeuta e da psicoterapia

A terapia é composta de aspectos como: qualidade, intensidade e tipo de relação ou aliança terapêutica; frequência e duração da terapia; pessoas envolvidas e orientação terapêutica aplicada. O processo de alta, por exemplo, varia significativamente entre os modelos. A alta requer bastante atenção e cuidado, uma vez que faz emergir inúmeras questões na relação cliente/paciente *versus* terapeuta. Enquanto em um processo psicanalítico a alta deve ser trabalhada sob o enfoque transferencial, em abordagens breves ela é estabelecida como plano de ação. Segundo Zur[14], aspectos da psicoterapia englobam tanto fatores terapêuticos como fatores do relacionamento terapêutico. Os fatores terapêuticos incluem:

- Modalidade: individual, casal, família ou em grupo – de curto prazo, longo prazo ou terapia a longo prazo intermitente
- Intensidade/frequência: várias sessões por semana, semanais, quinzenais ou mensais
- População: crianças, adolescentes, adultos e grupos
- Orientação teórica: psicanalítica, humanística, terapia de grupo, psicoterapia corporal, terapia sistêmica, terapia cognitivo-comportamental ou eclética.

Os fatores de base do relacionamento terapêutico seriam compostos pela dinâmica relacional, que incluem:

- Qualidade e natureza da aliança terapêutica: segura, confiante, experimental; e envolvimento na base da neutralidade ou diretiva
- Duração: nova ou relacionamento de longo prazo
- Período: início da terapia, meio da terapia ou final do processo
- Condições da aliança terapêutica: se está em uma base transferencial psicanalítica, familiar ou mais igualitária
- Respeito: respeito mútuo (empatia e confiança) ou desrespeito mútuo (desprezo, antipatia, medo e desconfiança)
- Interatividade: se ocorre na comunidade, por exemplo, grupos em consultório ou locais religiosos como igreja.

Cada um desses aspectos estará fortemente ligado ao trabalho do terapeuta; sua composição determina o foco e os limites que serão traçados ao longo do processo.[2,15,16] Os terapeutas familiares tendem a definir os limites da psicoterapia incluindo aspectos da neutralidade e da colaboração a todos os membros da família de maneira mais ampla que a maioria dos terapeutas individuais, uma vez que a neutralidade, na terapia familiar, garantiria a possibilidade de aliança com todos os membros ao mesmo tempo, como mais uma tentativa de atenuar e, futuramente, deslocar o foco do paciente identificado.[17]

Psicanalistas, por motivos clínicos, são suscetíveis a evitar contato físico ou qualquer outra manifestação de dados pessoais a fim de garantirem neutralidade emocional. Essa neutralidade constitui, além disso, uma via que define um início relacional claro e consistente.[18,19] No outro extremo do espectro, uma abordagem humanística tende a ser mais flexível no que diz respeito ao toque físico, à troca de presentes e à estrutura das sessões, pois poderia até cogitar um atendimento fora do consultório como meio de estreitar a relação terapêutica.[20,21]

Ao mesmo tempo em que terapeutas humanistas enfatizam a importância da autodescrição para formação de uma relação terapeuta-paciente autêntica, terapeutas cognitivo-comportamentais podem revelar informações pessoais para fins terapêuticos.[22-25] Um terapeuta corporal (reichiniano ou bioenergético) utilizará amplamente o toque em vez das palavras.[26] Um terapeuta familiar ou comportamental pode optar por um plano estratégico, como, por exemplo, reunir uma cliente anoréxica em um jantar de família como parte do plano de tratamento.[17,27] Desse modo, os instrumentos terapêuticos advindos do embasamento teórico determinarão a visão do que constitui uma prática adequada e útil e, consequentemente, o que delineará os limites psicoterapêuticos.

Intercâmbio entre as escolas abordadas neste livro

O movimento da psicoterapia baseada em evidências refere-se ao esforço em identificar, testar, desenvolver e, sobretudo, estimular a disseminação e o uso de técnicas validadas em pesquisas científicas.[28] Estima-se em mais de 600 o número de técnicas psicoterápicas descritas, o que exige a avaliação criteriosa de sua eficácia. Vários termos semelhantes têm sido utilizados para definir tratamentos com base em evidências, incluindo terapias com validação empírica, tratamentos com suporte empírico, prática baseada em evidências e tratamentos que funcionam.[29]

Muitos fatores podem ser responsáveis pela eficácia dos tratamentos. Fatores não específicos, como psicoeducação, vínculo e postura de suporte, podem causar mudança de comportamento e melhora terapêutica.[30] A eficácia pode também estar relacionada com maior intensidade da intervenção, ainda mais quando comparada com lista de espera, abordagem familiar combinada com individual ou apenas individual.[31] Esses aspectos certamente se destacam ao pensarmos o que contribui para um desfecho terapeuticamente positivo dentro da diversidade encontrada nos modelos teóricos.

Hoje, há poucas dúvidas quanto à eficácia da psicoterapia em transtornos emocionais e comportamentais em crianças e adolescentes. Um foco de pesquisa recente é a busca por mecanismos que promovam mudança em psicoterapia, isto é, "Como a psicoterapia funciona?", uma vez que a escassez de estudos na área de fatores mediadores do tratamento é responsável pelo grande número de críticas sobre a real validade externa das psicoterapias baseadas em evidência.[2,12,32] Em estudo comparativo com efeito placebo, foi possível comprovar a eficácia da psicoterapia, pois 63 dos 100 pacientes alcançaram resultados positivos quando submetidos a psicoterapia sistemática, resultado maior que 38 dos 100 pacientes que receberam placebo. Além disso, observou-se que, uma vez que haja assiduidade dos atendimentos, pode-se estimular um bom arranjo de mudanças na vida do paciente em menos tempo que o previsto anteriormente.[33]

Outro aspecto importante é a alta taxa de comorbidade diagnóstica e problemas de caráter múltiplo que surgem com frequência na prática clínica, características que exigem alto nível de flexibilidade.[34] Com base nesses fatos, Piper[11] sugeriu temas que deveriam ser avaliados a fim de integrar aspectos de psicoterapia relacionados à pesquisa, ao treinamento de especialistas e ao envolvimento de outros profissionais, podendo ser o papel de conselhos, agências de saúde e instituições de formação.

O fato é que se engajar na prática da psicoterapia requer de nós, profissionais, um compromisso duradouro, seja ao se debruçar nos conhecimentos sobre a mente e o comportamento humano, seja ao explorar continuamente os significados de cada modelo.

Perante a amplitude e aplicabilidade das psicoterapias, convido-os a percorrerem as páginas deste livro, que somam os pensamentos das teorias fenomenológica, psicanalítica, analítica junguiana, psicodramática de Moreno, corporal de Reich e seus sucessores, sistêmica e cognitivo-comportamental.

Psicanálise

Foi pelo estudo de pacientes histéricos que Freud construiu sua teoria, a Psicanálise. As manifestações histéricas, além de dramáticas e espetaculares, eram enigmáticas. A intensidade, a relevância do sentido e o papel da energia levaram-no a ir além das influências externas, chegando à existência do inconsciente. Conceitos clássicos como o complexo de Édipo, a importância da sexualidade, o trabalho psicanalítico valorizado pelo instrumento exclusivo da escuta, a singular técnica da associação livre e os efeitos da transferência advieram de uma profunda elaboração e imersão de Freud a partir da "cura pela fala", segundo Josef Breuer em 1880.

Após décadas dedicando-se de modo grandioso à estrutura psíquica humana, Freud organizou o campo da psicopatologia psicanalítica de diferentes formas em sua obra. De início, investigou o campo das neuroses; posteriormente, dirigiu seu olhar acurado às perversões e às psicoses. As contribuições posteriores, das diferentes escolas pós-freudianas, enriqueceram e acrescentaram novos olhares e formas de abordar o que foi formulado por ele.

Fenomenologia

A fenomenologia, dentro de sua totalidade, buscou substituir os modelos inadequados de pensamento vigentes e antigos por uma atitude básica fundamental: a atenção minuciosa à realidade tal e qual efetivamente vivenciada pela experiência humana. Assim, é possível dizer que as fenomenologias são um conjunto de perspectivas científicas humanistas que se identificam por uma atitude geral, resumida nas palavras do filósofo fundador da fenomenologia filosófica Edmund Husserl, como "um retorno às coisas mesmas". Investigar a realidade última da vivência humana é, de maneira geral, fazer fenomenologia.

No decorrer de sua história, que parte do berço europeu, a fenomenologia definiu primeiramente a vinculação estreita entre a concepção de psicopatologia e o procedimento psicoterápico. Para o fenomenólogo, seria um risco manter uma concepção universal e abstrata do que venha a ser psicoterapia, pois a fidelidade à atitude básica fenomenológica exige que se deva compreender detalhadamente as características particulares e singulares do indivíduo em estado patológico ou de sofrimento psíquico para a constituição de um projeto terapêutico. A consequência dessa associação é a ausência de sentido de uma reflexão sobre psicoterapia que não seja, ao mesmo tempo, uma investigação psicopatológica. O projeto psicoterápico brota, então, como que naturalmente, do esforço de dissecção psicológico ou psicopatológico.

Além disso, as fenomenologias não deixam de identificar certas estruturas fundamentais de ser, que determinam a ideia de psicoterapia. A observação fundamental fenomenológica descreve a existência humana como situada em um arcabouço de temporalização e espacialização que é sua condição de possibilidade, os trilhos nos quais a vida humana decorre. Disso extraímos que existir é situar-se no tempo – que tudo muda – e no espaço, que acomoda as simultaneidades. As diversas formas psicopatológicas são, em última análise, deformações desses pressupostos básicos da consciência humana. Uma psicoterapia será, portanto, sempre um processo de auxílio inter-humano na temporalização e na expansão das potencialidades de um ser humano por meio do contato com outro.

Teoria analítica

Embora baseados nos mesmos preceitos teóricos, os objetivos da análise e da psicoterapia psicanalítica são claramente diferentes. Sem dúvida, Jung e Freud dedicaram-se intensamente à compreensão da psique. Como resultado disso, todos nós fomos presenteados por toda a produção teórica elaborada por ambos.

A proveitosa obra de Carl Gustav Jung em 19 volumes do *Collected Works*, além de seminários, conferências, memórias, entrevistas, cartas e escritos, dentre os quais muitos ainda não vieram a público, revelam um fervoroso estudioso da psique, um desbravador do mistério da existência e do fenômeno da consciência imersa no desconhecido, tarefa à qual dedicou sua vida inteira.

A teoria analítica foi desenvolvida como um modelo estrutural (complexos, arquétipos, *self*, ego, inconsciente pessoal e coletivo) e processual dinâmico (autorregulação, compensação, processo de individuação). Neste caso, a psique tem conteúdos representacionais e cria imagens simbólicas, nas quais interagem a experiência do indivíduo, a história de sua cultura e de outras, e a bagagem universal da humanidade.

De certo modo, a teoria de Jung sobre autorregulação da psique antecipa a teoria moderna da avaliação (*appraisal*). A experiência nova é constantemente organizada por modelos de trabalho internos inconscientes, em que o papel predominante das emoções vincula-se à cognição, ou seja, razão e emoção associam-se para a construção da subjetividade humana. A emoção seria gerada em razão de interpretação ou avaliação subjetiva de determinada situação ou evento.

Além de promover a tomada de consciência sobre si mesmo, a qual exige uma capacidade de abstração e simbolização que possibilite ao paciente pensar sobre as motivações inconscientes dos próprios pensamentos e sentimentos, tem na sua prática clínica fortes indicações para psicopatologias específicas, como transtornos de personalidade, histeria, drogadição, transtorno alimentar, bem como pacientes com algumas formas de perversão.

Psicodrama

Jacob Levy Moreno iniciou suas pesquisas buscando compreender o que chamava de espontaneidade e criatividade, fatores presentes nos seres humanos. Para ele, essa presença era o que permitia ao homem criar mesmo quando tudo era destruição, como no caso da Primeira Guerra Mundial, momento em que Moreno começa a ocupar-se com essa questão.

Ao pesquisar a espontaneidade e a criatividade presentes no homem, Moreno busca não um laboratório onde haverá a separação de variáveis controláveis, mas o teatro e o palco, espaço onde essas possibilidades estão presentes. Ele cria o teatro da espontaneidade, onde entende que é possível juntar em uma só pessoa as posições de ator e autor, criando peças de vários atores-autores que interagem sem um *script* predefinido. Moreno, então, percebe o efeito terapêutico dessa experiência, primeiramente pela vivência de um jovem casal que, ao atuar, passa a modificar-se e a modificar sua relação.

Moreno tinha uma visão do tratamento do ser humano não como indivíduo isolado, tampouco como um objeto a ser estudado. Nesse sentido, o objetivo não era descobrir um tratamento ou construir uma teoria da psicopatologia, mas entender o homem nas suas relações, em sua capacidade de, sendo espontâneo e criativo, buscar formas mais adequadas de viver.

Além da aplicação na área socioeducacional, o psicodrama começou a ser utilizado na psicoterapia por psiquiatras que viam nessa forma de trabalho uma resposta e uma abertura perante a hegemonia dos tratamentos medicamentosos e psicanalíticos da época, que obviamente não davam conta de todas as questões que o tratamento dos doentes mentais e da neurose apresentava. Sua aplicação foi revolucionária e focava principalmente os tratamentos grupais. Gradativamente, o psicodrama no Brasil foi sendo utilizado nos consultórios e se tornando também uma prática de atendimentos individuais.

Terapia corporal

Segundo Maria Zeneide Monteiro, não existe uma psicoterapia que não seja corporal, e o corpo é produto do contemporâneo. Portanto, o que acontece com nosso corpo pode ser entendido conforme o que Wilhelm Reich, precursor da terapia corporal, chama de barreiras, bloqueios, couraças que se expressam no caráter. Daí a contribuição da obra *Análise do caráter*: barreiras que são criadas para proteger e defender a vida humana; couraças que expressam nossas defesas psíquicas, mas que podem, ao longo do tempo, limitar a relação com o eu e com o outro de modo restrito, proporcionando uma condição de aperto, pequenez e aprisionamento em nossos dramas, dores, angústias e medos. Sob essa perspectiva, o corpo é produto social e político, sendo os sintomas e patologias criados a partir do que o contemporâneo produz. Reich, ao postular o conceito de unidade funcional, procurou justamente colocar a inseparabilidade corpo/mente como algo constituído no social, sem dicotomias na lente da corporeidade.

Terapia sistêmica

A teoria dos sistemas e a terapia familiar diferem das outras teorias e terapias em muitos fundamentos.[35] Primeiro, por não terem um único percursor que as fundamentasse, como outras escolas. Mais que levantar hipóteses sobre como o comportamento humano é influenciado pela cognição, por caminhos internos ou influências ambientais, o foco da terapia familiar sistêmica é voltado para o modo como o funcionamento da família se dá, em termos das relações que se estabelecem, de maneira que estas possam influenciar os membros a desenvolverem padrões específicos de comportamentos. Esses padrões são mantidos porque adquirem caráter de função para o sistema familiar, mesmo que sejam prejudiciais aos membros. Enquanto o pensamento tradicional foca a análise das partes, o pensamento sistêmico empenha-se em obter sínteses dialógicas a partir da totalidade das interações entre as partes para a existência de um "todo", considerando inclusive os aspectos de contradições, conflitos e paradoxos que comportam os fenômenos.

A terapia familiar sistêmica trouxe uma contribuição teórica importante para o tratamento das famílias. Atuando no contexto mais imediato do sujeito e podendo ser definida como uma "técnica de intervenção terapêutica cujo foco principal é a alteração das relações que se passam no sistema familiar, com o objetivo de alívio dos sintomas disfuncionais".[36] Segundo meu entendimento, a identidade é uma construção prioritariamente familiar, em que a família é compreendida como a "matriz de identidade", envolvendo os processos de separação e pertencimento ao longo do ciclo de vida familiar e da história transgeracional.[37] Desse modo, o sintoma de um dos membros da família é compreendido como um fenômeno relacional, que tem uma função no e para o sistema.

Autores sistêmicos modernos e pós-modernos seguiram ampliando recursos para a compreensão do funcionamento dos sistemas familiares. Temos, então, a possibilidade de compreender tal dinâmica pela organização de fronteiras, hierarquias entre pessoas e subgrupos por Minuchin, perguntas circulares do Grupo de Milão, discursos narrativos internalizados por Michael White às conversações colaborativas de Harlene Anderson. Essa rica combinação de recursos promove as conversações transformadoras e colaborativas, que segundo McNamee, objetivam essencialmente facilitar a construção colaborativa de novas realidades de modo ativo e em conjunto. A possibilidade de analisar, acompanhar e diagnosticar uma família ocorre a partir dessas lentes, recursos epidemiológicos.

Terapia cognitivo-comportamental

É uma abordagem estruturada, diretiva, ativa e de prazo limitado ou reacordado. Fundamenta-se na racionalidade teórica de que o afeto e o comportamento são determinados pelo modo como a pessoa pensa (cognições). As cognições baseiam-se em atitudes ou pressuposições desenvolvidas ao longo do histórico de vida. A terapia cognitivo-comportamental ocupa-se das cognições que geram ansiedade ou depressão oriundas de crenças disfuncionais. A melhora resulta na modificação dessas crenças disfuncionais. O foco principal é mudar o modo como as pessoas pensam, além de considerar as emoções resultado da interação entre os eventos no ambiente e as crenças e expectativas que temos.

Algumas dessas crenças são excessivamente fortes ou rígidas, como a crença de que "todos devem gostar de mim". Uma vez submerso no processo terapêutico, o cliente aprende a modificar essa crença de modo mais real e saudável, passando a pensar: "Eu gosto que as pessoas gostem de mim, mas percebo que nem todo mundo vai gostar".

Aaron Beck elaborou e desenvolveu a teoria e a metodologia da terapia cognitiva, que vêm ampliando significativamente sua área de atuação e ganhando novos adeptos desde a sua introdução, na década de 1960.

Considerações para a leitura e consultas

Transtornos psiquiátricos e temas recorrentes da atualidade da prática clínica serão discutidos por meio do intercâmbio entre as sete escolas apresentadas. Para esta segunda edição, além de os transtornos de depressão, ansiedade, fobias, perdas, violência, sexualidade, dependência química, alimentares, traumas, hiperatividade e perversões serem revistos de acordo com as normas diagnósticas e atualizados para o manejo clinico, foram inseridas questões de impulso.

Houve um progresso importante na pesquisa em psicoterapia na infância e adolescência, refletindo na quantidade de estudos e na identificação de tratamentos baseados em evidências. O desafio atual trata da generalização de tais achados para a prática clínica.[10] Nesta segunda edição, amplia-se o público de atendimento – os adolescentes –, complementando o quadro do público descrito em adultos, crianças, casais e para algumas escolas da terceira idade.

Cada módulo traz ressignificações importantes da prática, oferecendo possibilidades que estendem o *setting* terapêutico não apenas para a clínica, mas também para as comunidades e redes.

Com o intuito de melhor orientar a leitura, é apresentado, além do sumário, um índice cuidadosamente elaborado e revisado por Maria Carolina Pedalino Pinheiro e Alessandra Diehl, visando auxiliar o leitor a transcorrer pelos transtornos diagnósticos, e não necessariamente pelas abordagens. Ou seja, ao buscar, por exemplo, o transtorno de personalidade, será possível compreendê-lo pelas escolas que o descrevem neste livro.

Somado a isso, vale ressaltar que a estrutura dos 87 capítulos foi planejada para que tanto preceitos teóricos como discussões clínicas estejam alinhados, além de contemplar quadros ilustrativos de serviços específicos a cada tema e, em alguns casos, apresentar glossário, reforçando o caráter prático e conversacional desta obra.

Desfrutem, mais uma vez, do nosso convite de intercâmbio e tenham uma ótima leitura!

Referências bibliográficas

1. Anderson H. Conversação, linguagem e possibilidades: um enfoque pós-moderno da terapia. São Paulo: Roca; 2009.
2. Bond FW, Hayes SC, Baer RA, Carpenter KM, Guenole N, Orcutt HK, et al. Preliminary psychometric properties of the Acceptance and Action Questionnaire–II: a revised measure of psychological inflexibility and experiential avoidance. Behavior Therapy. 2011;42(4):676-88.

3. Barber JP, Gallop R, Crits-Christoph P, Frank A, Thase ME, Weiss RD, et al. The role of therapist adherence, therapist competence, and alliance in predicting outcome of individual drug counseling: results from the National Institute Drug Abuse Collaborative Cocaine Treatment Study. Psychotherapy Research. 2006;16(2):229-40.
4. Cordioli AV. Psicoterapias: abordagens atuais. 3. ed. Porto Alegre: Artmed; 2008. As principais psicoterapias: fundamentos teóricos, técnicas, indicações e contra-indicações. p. 19-41.
5. Strupp HH. Psychotherapy research and practice: an overview. In: Garfield SL, Bergin AE. Handbook of psychotherapy and behavior change: an empirical analysis. New York: John Willey & Sons; 1978.
6. Marks IM. The maturing of therapy: some brief psychotherapies help anxiety/depressive disorders but mechanisms of action are unclear. Br J Psychiat. 2002;180:200-4.
7. Wright JH, Beck AT, Thase M. Cognitive therapy. In: Hales RE, Yudofsky SC. Textbook of clinical psychiatry. 4. ed. Washington, DC: American Psychiatric Publishing; 2003. p. 1245-84.
8. Kendall PC. Cognitive-behavior therapies with young children: guiding theory, current status, and emerging developments. J Consult Clin Psychol. 1993;61:235-47.
9. Anderson H. Collaboration in therapy: combining the client's expertise on themselves and the therapist's expertise on a process. In: Keller T, Greve N, editors. Social psychiatry and systems thinking: cooperation in psychiatry. Bonn: Psychiatrie Verlag; 1996.
10. Serralta FB. O PQS (Psychotherapy Process Q-Set) e o exame da relação entre processo e resultado na Psicoterapia Psicodinâmica Breve [tese de doutorado]. Porto Alegre: Universidade Federal do Rio Grande do Sul; 2010.
11. Piper WE. Implications of psychotherapy research for psychotherapy training. Can J Psychiat. 2004;49(4):221-9.
12. Weersing VR, Weisz JR. Mechanisms of action in youth psychotherapy. J Child Psychol Psychiat. 2002;43(1):3-29.
13. Stein DM, Lambert MJ. Graduate training in psychotherapy: are therapy outcomes enhanced? J Consulting and Clin Psychol. 1995;63:182-96.
14. Zur O. Boundaries in psychotherapy. Ethical and clinical explorations. Washington, DC: American Psychological Association; 2007.
15. Lazarus AA, Zur O. Dual relationships and psycoterapy. New York: Springer; 2002.
16. Willians MH. Boundary violations: do some contended standards of care fail to encompass commonplace procedures of humanistic, behavioral, and eclectic psychotherapies? Psychotherapy. 1997;34:238-49.
17. Minuchin S. Families and family therapy. Cambridge, MA: Harvard University Press; 1974.
18. Langs R. Psychotherapy: a basic text. New York: Aronson; 1982.
19. Simon RI. Psychological injury caused by boundary violation: precursors to therapist-patient sex. Psychiatric Annals. 1991;21:614-9.
20. Jourard SM. The transparent self. New York: Van Nostrand Reinhold; 1971.
21. Zur O. Out-of-office experience: when crossing office boundaries and engaging in dual relationships are clinically beneficial and ethically sound. The Independent Practitioner. 2001;21(1):96-100.
22. Bugental JF. The art of the psychotherapist. New York: Norton; 1987.
23. Jourard SM. Self-disclosure: an experimental analysis of the transparent self. New York: Wiley-Interscience; 1971.
24. Dryden W. Self-disclosure in rational emotive therapy. In: Stricker G, Fisher M, editors. Self-disclosure in the therapeutic relationship. New York: Plenum Press; 1990.
25. Lazarus AA. How do you like theses boundaries? Clin Psychol. 1998;51:22-5.
26. Reich W. Character analysis. New York: Simon & Schuster; 1972.
27. Fay, A. The case against boundaries in psychotherapy. In: Lazarus AA, Zur O, editors. Dual relationship and psychotherapy. New York: Springer; 2002.
28. Ollendick TH, King NJ. Empirically supported treatments for children with phobic and anxiety disorders. J Clin Child Psychol. 1998;27:156-67.
29. Kazdin AE. Psychotherapy for children and adolescents: directions for research and practice. New York: Oxford University Press; 2000.
30. Kazdin AE. Developing a research agenda for child and adolescent psychotherapy. Arch Gen Psychiat. 2000;57:829-37.
31. Jensen PS, Weersing R, Hoagwood KE, Goldman E. What is the evidence for evidence-based treatments? A hard look at our soft underbelly. Ment Health Serv Res. 2005;7(1):53-74.
32. Kazdin AE. Evidence-based psychotherapies for children and adolescents: strategies, strengths and limitations. In: Remschmidt H, Belfer ML, Goodyer I. Facilitating pathways: care, treatment and preventioning child and adolescent mental health. Berlin: Springer; 2004.
33. Høglend P. Psychotherapy research: new findings and implications for training and practice. J Psychother Pract Res. 1999;8:257-63.
34. Herschell, A. D.; McNeil, C. B.; McNeil, D. W. Clinical child psychology's progress in disseminating empirically supported treatments. Clin. Psychol. Sci. Prac., v. 11, p. 267-288, 2004.
35. Nichols MP, Schwartz RC. Terapia familiar: conceitos e métodos. Porto Alegre: Artmed; 1998.
36. Tondo CT. (1998). Terapia familiar: bases, caminhos percorridos e perspectivas. In: Souza YS, Nunes MLT, organizadores. Família, organizações e aprendizagem. Porto Alegre: PUCRS; 1998. p. 37-104.
37. Costa LF. A perspectiva sistêmica para a clínica da família. Psicologia: Teoria e Pesquisa. 2010;26:95-104.

Transtornos Psiquiátricos | Diagnósticos

Maria Carolina Pedalino Pinheiro e Alessandra Diehl

Aspectos introdutórios, conceituais e diagnósticos das diferentes psicoterapias

Este bloco de capítulos apresenta aspectos introdutórios e conceituais das diferentes psicoterapias, além da visão diagnóstica de algumas abordagens para que o leitor possa ter uma visão geral sobre as diferentes psicoterapias.

- Psicanálise, Contemporaneidade e Grupos (p. 139)
- Fenomenologia e Psicanálise | A Contribuição de Binswanger (p. 225)
- Práticas Pós-Modernas | Que Lugar Ocupa o Diagnóstico? (p. 563)
- Conceitos Básicos na Terapia Cognitiva (p. 721).

Transtornos depressivos

As principais características dos transtornos depressivos são o humor triste e mudanças somáticas – alteração do sono, no apetite, na energia – e cognitivas, que interferem na vida diária, familiar, laboral e nas relações do indivíduo. Os transtornos depressivos podem ocorrer de maneira episódica ou recorrente.

- Depressão do Ponto de Vista Fenomenológico | Uma Abordagem Compreensiva (p. 147)
- Depressão na Visão Analítica (p. 237)
- A Depressão do Ponto de Vista Sistêmico | Uma Abordagem Relacional (p. 577)
- Transtorno Depressivo na Visão Cognitiva (p. 879).

Perdas e luto

O luto é um processo de sofrimento em geral relacionado à morte de um ente querido; é um fator estressor de força e, portanto, pode desencadear transtornos mentais graves. Desse modo, não se pode assumir que, por tratar-se de reação comum, não possa ser experimentado de maneira patológica.

- O Luto e a Morte Nossa de Cada Dia (p. 13)
- Psicodrama e Luto (p. 425)
- Perdas e Lutos sob o Olhar da Psicoterapia Corporal (p. 525)
- Morte e Luto no Contexto Familiar | Uma Visão Sistêmica (p. 639)
- Luto e Perdas | Uma Visão Cognitiva (p. 829).

Transtorno bipolar e transtornos relacionados

Trata-se de um transtorno mental caracterizado por oscilações importantes de humor, energia, níveis de atividade e habilidade de realizar tarefas. Há uma variação entre os polos da euforia (mania) e da depressão, em geral acompanhada por alteração na forma e no conteúdo do pensamento, com ou sem sintomas psicóticos associados. Apresenta curso recorrente e crônico, implicando em elevado grau de morbidade e incapacidade para seus portadores.

- Fenomenologia da Mania (p. 163)
- Transtorno Bipolar do Humor sob a Perspectiva da Psicologia Analítica (p. 249)
- Transtorno do Humor na Visão do Psicodrama (p. 325)
- Transtorno Bipolar e Psicodrama (p. 345)
- Transtorno do Humor | Depressão na Visão da Psicologia Corporal (p. 437)
- Transtorno Bipolar na Visão da Bioenergética (p. 445)
- Transtorno Afetivo Bipolar na Visão Cognitiva (p. 735).

Transtornos de ansiedade

A ansiedade é uma experiência natural, sendo um estado emocional com componentes psicológicos e fisiológicos e atuando como propulsora do desempenho. Ela é considerada patológica quando não é proporcional à situação que a desencadeia ou interfere negativamente no desempenho do indivíduo.
- Transtornos de Ansiedade na Visão Cognitiva (p. 759).

Transtorno do pânico e fobias

O transtorno do pânico caracteriza-se pela presença de ataques recorrentes e repentinos de ansiedade, seguidos de sintomas físicos e emocionais acompanhados de preocupações persistentes e modificações importantes de comportamento no intuito de evitar novos episódios. A fobia é um transtorno caracterizado pelo medo acentuado e contínuo de situações, animais ou objetos, gerando uma resposta imediata e desproporcional de ansiedade (muitas vezes, até mesmo ataque de pânico). Pessoas com fobia apresentam esquiva, medo e antecipação ansiosa quando se deparam com a causa fóbica.
- Fobias, Medos, Angústia de Aniquilamento e Angústias Impensáveis (p. 41)
- Compreensão Fenomenológica da Vivência de Pânico e Fobia Humana (p. 167)
- Psicodrama e Fobia (p. 409)
- Fobias (Pânico) na Visão da Psicologia Corporal (p. 463)
- Fobias e Pânico | Uma Conversação Transformativa (p. 591).

Transtorno obsessivo-compulsivo e transtornos relacionados

Transtorno obsessivo compulsivo (TOC) é uma morbidade caracterizada pela presença de obsessões, pensamentos intrusivos, ideias, impulsos e imagens invasivos e incômodos, além de compulsões, que são comportamentos ou atos mentais repetitivos geralmente utilizados para diminuir o incômodo ou desconforto causado pelos pensamentos obsessivos.
- Ou Isto ou Aquilo | Neurose Obsessiva segundo a Psicanálise (p. 91)
- Fenômeno Obsessivo-Compulsivo (p. 211)
- Toque | O Transtorno de um Obsessivo-Compulsivo (p. 457)
- Terapia Cognitivo-Comportamental do Transtorno Obsessivo-Compulsivo (p. 749).

Transtornos relacionados a substâncias e transtornos aditivos

Trata-se de uma ampla variedade de quadros psicopatológicos que diferem em gravidade, porém atribuíveis ao uso de uma ou mais substâncias utilizadas de maneira prescrita ou não, causando prejuízos físicos e comportamentais nas esferas social, ocupacional e familiar.
- Contribuições da Psicanálise para a Clínica da Toxicomania (p. 79)
- As Desmesuras da Embriaguez | Psicopatologia e Psicoterapia (p. 183)
- Dependência Química segundo a Psicologia Analítica (p. 261)
- Dependência Química e Psicodrama (p. 369)
- Dependência Química e Psicologia Corporal (p. 493)
- Abuso e Dependência de Substâncias na Visão Sistêmica | Contribuições das Escolas Modernas e Pós-Modernas (p. 603)
- Dependência Química na Visão Cognitiva (p. 783).

Espectro da esquizofrenia e outros transtornos psicóticos

Quadros psicopatológicos caracterizados principalmente pela manifestação de alterações do pensamento (curso, forma e conteúdo), predominantemente com ideias delirantes persecutórias, da sensopercepção (alucinações auditivas e visuais) e do afeto (rígido ou embotado).
- Psicose | Campo do Estrangeiro e o Lugar da Psicanálise (p. 51)
- Transtornos Psicóticos na Visão do Psicodrama (p. 355).

Transtornos da personalidade

São padrões de comportamento clinicamente caracterizados por um estilo de vida pessoal mal-adaptado, inflexível e prejudicial a si próprio e/ou a terceiros, que ocorrem de forma duradoura no adulto, refletindo o modo de se relacionar de um indivíduo com o meio social.

- Psicoterapia Neurodinâmica nos Transtornos de Personalidade (p. 471)
- Transtornos *Borderline* | Uma Abordagem da Corporeidade segundo a Teoria Winnicott (p. 485)
- Transtornos de Personalidade na Abordagem Sistêmica (p. 597)
- Terapia Cognitivo-Comportamental para os Transtornos de Personalidade (p. 769).

Transtornos disruptivos, do controle de impulsos e da conduta

A impulsividade é o sintoma-chave desse grupo de transtornos, caracterizados por reações rápidas e não planejadas, focadas em aspectos imediatos em detrimento de consequências a longo prazo.

- Transtorno de Impulso na Visão Sistêmica (p. 709)
- Terapia Cognitivo-Comportamental para Transtornos do Impulso (p. 889).

Transtornos do neurodesenvolvimento

Transtornos do espectro autista

Têm como principais características prejuízos qualitativos na capacidade de interação social e na comunicação verbal e não verbal, além de interesses restritos ou comportamentos repetitivos.

- Autismo na Visão da Psicologia Analítica (p. 309).

Transtorno do déficit de atenção e hiperatividade

Transtorno neurobiológico que ocorre na infância e frequentemente persiste na vida adulta, caracterizado por importante desatenção e falta de envolvimento persistente em atividades que requerem envolvimento cognitivo, com tendência a atividade excessiva (hiperatividade-impulsividade), desorganizada e pouco controlada.

- Transtorno do Déficit de Atenção na Visão do Psicodrama (p. 385)
- Transtorno do Déficit de Atenção com Hiperatividade na Abordagem da Psicoterapia Corporal (p. 515)
- Transtorno de Déficit de Atenção/Hiperatividade (p. 813).

Transtornos de sintomas somáticos e transtornos relacionados

Transtornos em que existe a proeminência de sintomas físicos associados a sofrimentos e prejuízos significativos. Há um foco predominante em preocupações somáticas, com sentimentos, pensamentos e comportamentos anormais em resposta a esses sintomas.

- Sintoma Conversivo e Fenômeno Psicossomático | Fronteiras e Interlocuções (p. 69)
- Fenômeno Psicossomático e os Transtornos de Sintomas Somáticos (p. 289).

Transtornos dissociativos

Caracterizados por perturbação e/ou descontinuidade da integração normal de consciência, memória, identidade, emoção, percepção, representação corporal, controle motor e comportamento.

- Histeria sob o Ponto de Vista Freudiano (p. 21).

Transtornos alimentares e a relação entre alimentação e corpo

Transtornos alimentares envolvem padrões alimentares disfuncionais na forma de bulimia e anorexia nervosa, que ocorrem de maneira repetitiva e duradoura. A relação doentia com a

comida é geralmente acompanhada por prejuízo e comprometimento na rotina pessoal, social, laboral e até mesmo sexual, resultando em sobrepeso, obesidade ou emagrecimento significativo.
- Um Corpo para Chamar de Seu (p. 101)
- Transtornos Alimentares na Visão Psicanalítica (p. 119)
- Transtornos Alimentares na Visão do Psicodrama (p. 375)
- Transtornos Alimentares | Uma Abordagem Sistêmica (p. 625)
- Transtornos Alimentares na Visão Cognitiva (p. 805).

Obesidade

Trata-se de uma condição multifatorial, em geral de evolução crônica caracterizada pelo acúmulo de gordura corporal em razão de ingestão alimentar maior que o gasto energético do indivíduo.
- Transtornos Alimentares | Obesidade na Visão Analítica (p. 279)
- Transtorno Alimentar | Obesidade na Visão Bioenergética (p. 509).

Transtornos relacionados a trauma, estressores e violência

Transtorno de estresse pós-traumático (TEPT)

É um transtorno de ansiedade precipitado por um trauma em que há revivescência, esquiva, entorpecimento emocional e hiperestimulação psíquica. O TEPT é diagnosticado após pelo menos quatro semanas do evento traumático, se ele ocasionar comprometimento social e ocupacional significativo.
- Transtorno de Estresse Pós-Traumático na Visão Fenomenológica (p. 177)
- Estresse Pós-Traumático (p. 269)
- Transtorno de Estresse Pós-Traumático na Visão do Psicodrama (p. 413)
- Transtorno de Estresse Pós-Traumático na Visão da Psicologia Corporal (p. 499)
- Transtorno de Estresse Pós-Traumático | Terapia Sistêmica com o Paciente e sua Família (p. 617)
- Transtorno de Estresse Pós-Traumático na Visão Cognitiva (p. 795).

Violência

Pode ser conceituada como toda ação danosa à vida e à saúde do indivíduo, caracterizada por maus-tratos, cerceamento da liberdade ou imposição da força, por meio de ameaça ou de agressão contra uma pessoa, um grupo ou uma comunidade, resultando (ou com grande potencial de resultar) em ferimento, morte, problemas de desenvolvimento ou privação.
- Impasses da Vitimização | Uma Visão Crítica com Base na Psicanálise sobre a Violência (p. 85)
- Violência Doméstica na Visão Psicanalítica (p. 129)
- Diante das Violências | Abordagem Psicodramática (p. 393).

Sexualidade

É uma forma de energia que motiva a procura de satisfação de um desejo ou de um impulso sexual por meio de toque, beijos, prazer, automanipulação, bem-estar, orgasmo, expressão do afeto e intimidade. É um importante marcador de qualidade de vida que influencia tanto a saúde física quanto a mental dos indivíduos.
- Desafios da Clínica Contemporânea | Manifestações da Sexualidade (p. 59)
- Perversão na Visão de Freud, Klein e Seus Seguidores (p. 111)
- Sexualidade na Visão do Psicodrama (p. 403)
- A Sexualidade e o Corpo (p. 537)
- Sexualidade na Visão Sistêmica (p. 649)
- Sexualidade na Visão cognitiva (p. 843).

Fases e ciclos vitais

Infância e adolescência

São períodos primordiais na formação do psiquismo, não somente pela gama de vivências fundamentais experimentadas nesses períodos, mas também pelo neurodesenvolvimento.

- Pacientes em Situação de Risco | Desafios e Impasses na Prática Clínica com Crianças e Adolescentes (p. 3)
- Fenomenologia e Infância (p. 195)
- Estado *Borderline* em Adolescentes na Visão Fenomenológica (p. 217)
- Adolescência | Transição ou Crise? (p. 321).

Senescência

É uma fase do ciclo vital que pressupõe alteração natural e gradual de aspectos físicos, psicológicos e sociais do indivíduo que, ao envelhecer, sofre com doenças crônicas, perdas e também com o preconceito, apesar de sua experiência pessoal de vida.

- Envelhecimento e Fenomenologia (p. 203).

Psicoterapias para casais e família

São formas de abordagem psicológica em que ambas as parcerias participam do processo terapêutico, tendo como foco a interação entre as partes e as dificuldades que ambas estão vivenciando.

- Transtornos das Relações Conjugais (p. 299)
- Terapia de Casal Sistêmica (p. 689)
- Terapia Cognitiva para Casais (p. 865).

Psicoterapias para crianças e adolescentes

Dos primeiros relatos de casos de psicoterapia na infância descritos por Freud e Mary Corey Jones em 1909 até hoje, diversas são as intervenções psicossociais para as principais formas clínicas dos transtornos emocionais da infância e da adolescência, as quais têm recebido crescente interesse na prática clínica e de pesquisa.

- Terapia Corporal Infantil (p. 545)
- Perspectiva Sistêmica de Intervenção na Violência contra Crianças e Adolescentes (p. 669)
- Terapia Narrativa e Colaborativa com Crianças (p. 677)
- Terapia Sistêmica em Diálogo com os Adolescentes (p. 701)
- Psicoterapia Cognitiva para Crianças e Adolescentes (p. 855).

Sumário

Parte 1 | Psicanálise 1

1. Pacientes em Situação de Risco | Desafios e Impasses na Prática Clínica com Crianças e Adolescentes 3
2. O Luto e a Morte Nossa de Cada Dia 13
3. Histeria sob o Ponto de Vista Freudiano 21
4. Fobias, Medos, Angústia de Aniquilamento e Angústias Impensáveis ... 41
5. Psicose | Campo do Estrangeiro e o Lugar da Psicanálise 51
6. Desafios da Clínica Contemporânea | Manifestações da Sexualidade 59
7. Sintoma Conversivo e Fenômeno Psicossomático | Fronteiras e Interlocuções 69
8. Contribuições da Psicanálise para a Clínica da Toxicomania 79
9. Impasses da Vitimização | Uma Visão Crítica com Base na Psicanálise sobre a Violência 85
10. Ou Isto ou Aquilo | Neurose Obsessiva segundo a Psicanálise 91
11. Um Corpo para Chamar de Seu 101
12. Perversão na Visão de Freud, Klein e Seus Seguidores 111
13. Transtornos Alimentares na Visão Psicanalítica 119
14. Violência Doméstica na Visão Psicanalítica 129
15. Psicanálise, Contemporaneidade e Grupos 139

Parte 2 | Fenomenologia 145

16. Depressão do Ponto de Vista Fenomenológico | Uma Abordagem Compreensiva 147
17. Fenomenologia da Mania 163
18. Compreensão Fenomenológica da Vivência de Pânico e Fobia Humana 167
19. Transtorno de Estresse Pós-Traumático na Visão Fenomenológica 177
20. As Desmesuras da Embriaguez | Psicopatologia e Psicoterapia 183
21. Fenomenologia e Infância 195
22. Envelhecimento e Fenomenologia 203
23. Fenômeno Obsessivo-Compulsivo 211
24. Estado *Borderline* em Adolescentes na Visão Fenomenológica 217
25. Fenomenologia e Psicanálise | A Contribuição de Binswanger 225

Parte 3 | Psicologia Analítica 233

26. Depressão na Visão Analítica 237
27. Transtorno Bipolar do Humor sob a Perspectiva da Psicologia Analítica 249
28. Dependência Química segundo a Psicologia Analítica 261
29. Estresse Pós-Traumático 269
30. Transtornos Alimentares | Obesidade na Visão Analítica 279
31. Fenômeno Psicossomático e os Transtornos de Sintomas Somáticos 289
32. Transtornos das Relações Conjugais 299
33. Autismo na Visão da Psicologia Analítica 309
34. Adolescência | Transição ou Crise? 321

Parte 4 | Psicodrama 331

35. Transtorno do Humor na Visão do Psicodrama 335
36. Transtorno Bipolar e Psicodrama 345
37. Transtornos Psicóticos na Visão do Psicodrama 355
38. Dependência Química e Psicodrama 369
39. Transtornos Alimentares na Visão do Psicodrama 375
40. Transtorno do Déficit de Atenção na Visão do Psicodrama 385
41. Diante das Violências | Abordagem Psicodramática 393

42 Sexualidade na Visão do Psicodrama 403
43 Psicodrama e Fobia 409
44 Transtorno de Estresse Pós-Traumático na Visão do Psicodrama 413
45 Psicodrama e Luto 425

Parte 5 | Psicologia Corporal 435

46 Transtorno do Humor | Depressão na Visão da Psicologia Corporal 437
47 Transtorno Bipolar na Visão da Bioenergética 445
48 Toque | O Transtorno de um Obsessivo-Compulsivo 457
49 Fobias (Pânico) na Visão da Psicologia Corporal 463
50 Psicoterapia Neurodinâmica nos Transtornos de Personalidade 471
51 Transtornos Borderline | Uma Abordagem da Corporeidade segundo a Teoria de Winnicott 485
52 Dependência Química e Psicologia Corporal 493
53 Transtorno de Estresse Pós-Traumático na Visão da Psicologia Corporal 499
54 Transtorno Alimentar | Obesidade na Visão Bioenergética 509
55 Transtorno de Déficit de Atenção com Hiperatividade na Abordagem da Psicoterapia Corporal 515
56 Perdas e Lutos sob o Olhar da Psicoterapia Corporal 525
57 A Sexualidade e o Corpo 537
58 Terapia Corporal Infantil 545

Parte 6 | Terapia Familiar Sistêmica 553

59 Práticas Pós-Modernas | Que Lugar Ocupa o Diagnóstico? 563
60 A Depressão do Ponto de Vista Sistêmico | Uma Abordagem Relacional .. 577
61 Fobia e Pânico | Uma Conversação Transformativa 591
62 Transtornos de Personalidade na Abordagem Sistêmica 597
63 Abuso e Dependência de Substâncias na Visão Sistêmica | Contribuições das Escolas Modernas e Pós-Modernas 603
64 Transtorno de Estresse Pós-Traumático | Terapia Sistêmica com o Paciente e sua Família 617

65 Transtornos Alimentares | Uma Abordagem Sistêmica 625
66 Morte e Luto no Contexto Familiar | Uma Visão Sistêmica 639
67 Sexualidade na Visão Sistêmica 649
68 Perspectiva Sistêmica de Intervenção na Violência contra Crianças e Adolescentes 669
69 Terapias Narrativa e Colaborativa com Crianças 677
70 Terapia de Casal Sistêmica 689
71 Terapia Sistêmica em Diálogo com os Adolescentes 701
72 Transtorno de Impulso na Visão Sistêmica 709

Parte 7 | Terapia Cognitivo-Comportamental 717

73 Conceitos Básicos na Terapia Cognitiva .. 721
74 Transtorno Afetivo Bipolar na Visão Cognitiva 735
75 Terapia Cognitivo-Comportamental do Transtorno Obsessivo-Compulsivo 749
76 Transtornos de Ansiedade na Visão Cognitiva 759
77 Terapia Cognitivo-Comportamental para os Transtornos de Personalidade 769
78 Dependência Química na Visão Cognitiva 783
79 Transtorno de Estresse Pós-Traumático na Visão Cognitiva 795
80 Transtornos Alimentares na Visão Cognitiva 805
81 Transtorno de Déficit de Atenção/ Hiperatividade 813
82 Luto e Perdas | Uma Visão Cognitiva 829
83 Sexualidade na Visão Cognitiva 843
84 Psicoterapia Cognitiva para Crianças e Adolescentes 855
85 Terapia Cognitiva para Casais 865
86 Transtorno Depressivo na Visão Cognitiva 879
87 Terapia Cognitivo-Comportamental para Transtornos do Impulso 889

Índice Alfabético 903

Parte 1

Psicanálise

Coordenadora: Celina Giacomelli

Objetivos

Ao receber o convite para coordenar este módulo de Psicanálise, pensei em reunir o que considero como alguns avanços teóricos e clínicos observados no campo psicanalítico na contemporaneidade. O objetivo é abordar tanto o que permanece como referência quanto algumas das novas perspectivas que surgiram no campo psicanalítico, resultado da ampliação de uma clínica não mais dirigida exclusivamente aos neuróticos. Nesta seção, conta-se com a colaboração de autores que, além de ter uma prática clínica consistente, têm o compromisso de aprofundar a reflexão acerca das questões com que nos deparamos na atualidade, seja em nossa prática privada, no trabalho clínico nas diferentes instituições ou em projetos de pesquisa dirigidos ao aprofundamento teórico-clínico psicanalítico. Alguns colaboradores deste módulo já haviam participado da primeira edição desta obra, enquanto os demais gentilmente aceitaram participar desta nova versão, todos contribuindo essencialmente e em sintonia com os avanços na abordagem teórica e prática da Psicanálise.

Psicanálise

Muito do que foi postulado por Freud em *A interpretação dos sonhos*, em 1900, até a publicação de "O esboço de Psicanálise", em 1940, conserva uma atualidade de tal importância que justifica um retorno ao autor sempre que se propõe abordar qualquer tema em Psicanálise. Para além da necessária consideração à obra freudiana, contudo, precisamos levar em conta que, até aproximadamente a década de 1950, a formação de um psicanalista pressupunha o preparo para aplicar sua prática de maneira privada – a chamada "cura-tipo". A expressão "cura-tipo" designa o trabalho realizado por meio de uma forma de intervenção que tem regras gerais específicas claras e definidas conjuntamente com o desenvolvimento da teoria: o número de sessões semanais, o uso do divã, uma certa postura do analista, um determinado tipo de intervenção, o atendimento individual a pacientes neuróticos. De lá para cá, foi possível observar uma constante ruptura deste modelo fundado por Freud, tanto no campo da psicopatologia como no da psicoterapia. Além disso, houve uma vasta difusão da Psicanálise, assim como sua inclusão nas mais variadas instituições, ampliando sua área de atuação, que passou a não mais se restringir a uma prática exclusivamente privada.

Assistimos também o desenvolvimento de diferentes escolas cujas propostas ampliaram as descobertas freudianas para aspectos importantes. Em uma videoconferência na Sociedade Brasileira de Psicanálise de São Paulo (SBPSP), em 2002, André Green comentou: "Talvez hoje tenhamos que nos apoiar em vários modelos de Psicanálise que se constituíram a partir de considerações diferentes e que resultaram em estruturas diferentes".

Para Green, o desafio da Psicanálise na contemporaneidade poderia ser resumido em quatro pontos essenciais: partindo de uma leitura crítica, histórica e que problematize a obra freudiana onde necessário, situando a metapsicologia e o método freudiano como fundamentos da Psicanálise; a síntese crítica e criativa das principais contribuições pós-freudianas; a abertura ao diálogo com as diversas correntes atuais, pela ampliação dos limites de analisibilidade para as "estruturas não neuróticas" e, consequentemente, do modelo teórico-clínico; e, finalmente, um esforço na busca de integração dos modelos freudianos e pós-freudianos.

De uma prática que era exclusivamente privada, dirigida essencialmente a alguns "privilegiados", é possível observar uma ampliação do campo teórico-clínico psicanalítico – a prática se estende para além do consultório particular, pode ser exercida em diferentes esferas institucionais e em projetos de pesquisa com foco na reflexão acerca das diferentes manifestações psicopatológicas e na reflexão de diferentes fenômenos observados na cultura.

Acerca do futuro da Psicanálise, Freud levantou a possibilidade da abertura de novos caminhos para o que, até aquela época, era acessível apenas a um número escasso de pacientes. Fez uma aposta. Ele parecia acreditar que, no futuro, seriam criadas instituições que qualificariam psicanalistas para tratar uma considerável parcela da população. Para isso, considerava necessário que o analista adaptasse sua técnica às novas condições.

É importante assinalar que, em sua obra, Freud defende de forma rigorosa o que definiu como fundamentos da Psicanálise. Contudo, em suas discussões sobre o método psicanalítico, predominam as indicações de que não há que se impor regras estritas e que a capacidade de submeter-se a variações seria própria ao exercício da Psicanálise.

Nesta edição, numa tentativa de nos aproximarmos do que tem sido tais avanços, são apresentados, em abordagem freudiana e pós-freudiana, temas que envolvem considerações sobre a constituição do corpo (como a sexualidade e a questão de gênero desde Freud até a atualidade, considerando as transformações sociais), o trabalho com o luto na doença orgânica, o trabalho psicanalítico com as neuroses, psicoses, perversões e toxicomanias, e um pouco do que vem sendo desenvolvido em diferentes tipos de instituição com pacientes graves, em situação de vulnerabilidade e/ou submetidos a situações de violência. Por fim, apresenta-se o dispositivo grupal como objeto e campo de práticas terapêuticas atuais, ao lado da já conhecida abordagem psicoterápica individual.

1 Pacientes em Situação de Risco | Desafios e Impasses na Prática Clínica com Crianças e Adolescentes

Celina Giacomelli

> *Sabemos que o terror emudece e trancafia a vítima na sua dor e no seu silêncio. Isto ocorre no horror quente da Guerra, do genocídio e da tortura ou no horror gélido da marginalização e da exclusão, que privam o sujeito do seu direito a ter direitos. A cura, que em medicina é o silêncio dos órgãos, no trauma é o retorno da vítima à sua condição de sujeito, à sua condição de ser falante (parlêtre) e cidadão. Percorrer palmo a palmo o caminho da reparação é sempre um caminho singular e diferente, mas invariavelmente passa por resgatar a palavra e restituir uma memória apta a configurar um presente e projetar um futuro.*
> Marcelo Viñar[1]

> *O fato de que o sujeito revive, rememora, os eventos formadores da sua existência, não é tão importante. O que conta é o que ele disso reconstrói. O de que se trata é de menos de lembrar do que reescrever a história.*
> Sigmund Freud[2]

Introdução

Ao nascermos, nossa imaturidade biológica nos marca com uma condição de desamparo que tem como consequência a dependência absoluta de um outro que garanta nossa sobrevivência. Animais imaturos que somos ao nascer, simplesmente não sobrevivemos sem o aporte de um adulto que nos garanta alguns cuidados básicos, sem os quais não temos como dar continuidade à nossa existência. Também não temos noção de como administrar a multiplicidade de excitações que nos atingem. Somos atravessados por excessos, estimulações internas e externas nos afetam desde o início, e não temos noção de como regulá-las. Essa condição inicial tem como consequência imediata uma experiência que pode ser chamada de "extremo desamparo". O aporte externo que promove a redução das tensões é nomeado "a ação específica", realizada pela mãe ou por alguém que ocupe essa função. A necessidade de descarga de um lado e resposta pela via do cuidado de outro acaba proporcionando uma via de comunicação entre a criança desamparada e quem exerce a função materna.

Essas primeiras experiências deixam importantes registros no psiquismo sem que necessariamente cheguem a produzir efeitos traumáticos. O que configura uma experiência como traumática é o fato de que envolve um afluxo de excitações que é excessivo em relação tanto à capacidade de tolerar como de dominar e elaborar psiquicamente tais intensidades. Os fenômenos do traumatismo colocam diretamente em questão a maneira pela qual o organismo e o aparelho psíquico recebem os estímulos e, sobretudo, como procuram neutralizar seus efeitos perturbadores.

No *Vocabulário da Psicanálise* o termo "trauma ou traumatismo (psíquico)" é descrito da seguinte maneira:[3]

> *Acontecimento da vida do sujeito que se define pela sua intensidade, pela incapacidade em que se encontra o sujeito de reagir a ele de forma adequada, pelo transtorno e pelos efeitos patogênicos duradouros que provoca na organização psíquica [...]. Em termos econômicos, o traumatismo caracteriza-se por um afluxo de excitações que é excessivo em relação à tolerância do sujeito e à sua capacidade de dominar e de elaborar psiquicamente estas excitações.**

Considerar como crianças abandonadas podem se constituir como sujeito é um dos desafios que se impõem, por exemplo, ao trabalho com crianças e adolescentes que sofreram o rompimento do laço com suas famílias de origem e vivem com famílias adotivas ou em instituições de acolhimento. Para além do afastamento efetivo da família de origem e sua consequente vivência traumática de abandono, uma questão fundamental que se coloca é a da impossibilidade de conferir sentido a essa situação.

O traumático

No início de seus estudos, Freud estava convencido – mudaria de opinião posteriormente – de que o histérico teria sofrido, durante sua infância, uma experiência traumática. Quando criança, teria sido vítima impotente de moléstia sexual efetuada por um adulto. A violência desse acontecimento se relacionava com um transbordamento pulsional: a invasão súbita da sexualidade de um adulto em uma criança. Esse excedente de afeto subsistia no *eu* como uma espécie de cisto, constituindo o núcleo mórbido gerador de futuros sintomas neuróticos.

Imatura, a criança não reagia, ficava paralisada e sem voz; não tinha tempo para apreender o que lhe havia acontecido nem para experimentar a angústia que teria sentido caso compreendesse o ocorrido. A violência do trauma consistia no surgimento de um excesso que a criança não tinha capacidade de "metabolizar", ou seja, a criança não conseguia suportar as intensidades que o acontecimento despertava e, a partir daí, instalava-se internamente um excesso tensional não assimilável e errante, que não encontrava uma via de escoamento, sob a forma de um grito de socorro ou de uma ação motora de fuga.

O termo freudiano *"nachträglichkeit"*, geralmente traduzido por *"a posteriori"*, "ação deferida", "ação retardada" e "efeito retardado", assim como o adjetivo ou advérbio *"nachträglich"*, que significa "posteriormente" ou *"a posteriori"*, recuperado e aprofundado na contemporaneidade e também chamado *"après-coup"*, "retroatividade" ou "ressignificação retroativa", era uma das partes constituintes do que Freud denominou "trauma psíquico em dois tempos" em suas primeiras formulações sobre o tema, e é um conceito fundamental para a compreensão do trabalho analítico. No trabalho psicanalítico, a ação *après-coup* é aquela que possibilita uma ressignificação ou ressimbolização do trauma. Como postula Viñar: "[a ação *après-coup*] configura o essencial do problema; é uma reparação ou cicatrização de longa duração".[1]

A noção de trauma teve um importante papel na concepção inicial de Freud acerca da etiologia das neuroses. O trauma ocorria em um determinado ordenamento sequencial de fatos psíquicos, em dois tempos: em um primeiro momento, a criança sofre passivamente uma ferida provocada por agente externo, uma sedução, e não compreende o sentido que tem tal cena para o adulto perverso ou a criança mais velha. O papel da criança é de alguém passivo, impotente, que consente por ignorância; em um segundo momento, *a posteriori*, pós-puberdade, ocorre um incidente que desperta a lembrança, por associação, do primeiro acontecimento. A criança pode, então, nesse segundo momento, fazer o que não havia conseguido antes, conferir à primeira cena vivida o sentido sexual. A reativação dessa lembrança provocaria um afluxo de excitação que ultrapassa a fronteira defensiva do ego. O aparelho psíquico se vê invadido por um afeto demasiado intenso, não consegue dominá-lo, tendo como consequência uma avassaladora angústia que impõe um estado de paralisia, imobilidade e desamparo.

Dois elementos, nesse momento da teorização, definem o que é a concepção freudiana de trauma: a questão sexual e a concepção de posterioridade. Freud chama de traumático o efeito *"après-coup"*, ou *"a posteriori"*: a cena traumática deixa uma marca que só terá efeito *après-coup*.**

---

* Freud usa o termo "econômico" para fazer referência a um dos pontos de vista de sua *Metapsicologia: econômico, dinâmico e topográfico*, o qual leva em consideração a hipótese de que "os processos psíquicos consistem na circulação e repartição de uma energia quantificável (energia pulsional), isto é, suscetível de aumento, de diminuição, de equivalências".

** A concepção freudiana, nos primeiros escritos, sobre o papel do traumático nas neuroses está centrada no conceito de traumatismo sexual precoce que envolve um determinado encadeamento temporal de fatos psíquicos. Em um primeiro tempo, uma cena de sedução na qual o que produz impacto vem de fora, não compreendendo a criança; o sentido que tal aproximação tem para o sedutor (o adulto perverso ou a criança mais velha), ou os meios utilizados por essa pessoa que faz parte, em geral, da própria família. O

Na carta 69 a Fliess, Freud enumera as razões do abandono da teoria da sedução, ou do trauma em dois tempos, entre elas: a surpresa diante do fato de que, em todos os casos, o pai ou um membro da família tinha de ser apontado como pervertido; a perversão teria de ser incomensuravelmente mais frequente do que a histeria, já que a doença aparece onde houve uma acumulação de eventos e onde incide um fator que enfraquece a defesa e a descoberta comprovada de que no inconsciente não há indicações de realidade, de modo que não se consegue distinguir entre a verdade e a imaginação que está investida com afeto, o que seria indicativo de que a fantasia sexual tem invariavelmente os pais como tema.[4]

Abandonando definitivamente a teoria construída com base na hipótese de que a sexualidade só era despertada quando o sujeito estivesse fisicamente pronto para procriar, Freud chega à conclusão de que a sedução é uma fantasia, e, sendo a fantasia uma construção desejante, a sexualidade infantil, portanto, é um fato. O abandono dessa teoria vai significar um avanço, pois abre caminho para a emergência de conceitos que vão constituir o eixo da psicanálise como tal: a sexualidade infantil; o complexo de Édipo e o importante papel da fantasia como fator etiológico da formação das neuroses.

Como a experiência traumática é da ordem de um excesso que não pode ser vinculado a representações e processado em uma cadeia associativa que lhe confira sentido, significação, fica como um excesso não elaborável que produz desprazer e angústia.

Em 1916, em *Conferências Introdutórias à Psicanálise*, Freud retoma a questão do trauma postulando que a expressão "traumático" não tem outro sentido senão o econômico.[5] Para ele, aplicamos essa expressão para a experiência que provoca em um curto período de tempo, no interior do aparelho psíquico, uma intensidade tal que sua resolução pelas vias normais fracassa:

> As neuroses traumáticas dão uma indicação precisa de que em sua raiz se situa uma fixação no momento do acidente traumático. Esses pacientes repetem com regularidade a situação traumática, em seus sonhos, onde ocorrem ataques histeriformes que admitam uma análise, verificamos que o ataque corresponde a uma completa transportação do paciente para a situação traumática. É como se esses pacientes não tivessem findado com a situação traumática, como se ainda tivessem enfrentando-a como tarefa imediata ainda não executada; e levamos muito a sério esta impressão. Mostra-nos o caminho daquilo que podemos denominar de aspecto econômico dos processos mentais. Realmente, o termo "traumático" não tem outro sentido senão o sentido econômico.[5]

Em 1920, Freud[6] revisita esse tema. Reflete sobre a função da repetição do que causou intenso desprazer, nos sonhos que reproduzem a situação traumática, aparentemente contradizendo sua primeira formulação sobre os sonhos como via de satisfação de desejos infantis, inconscientes. Levanta a hipótese de que esses sonhos, assim como as brincadeiras infantis repetitivas, tenham uma função: metabolizar o que não foi passível de elaboração quando experimentado. Nesse ensaio, Freud procura refletir sobre a constituição do aparelho psíquico e tenta demonstrar como nessa estruturação é fundamental o papel das defesas diante do que é percebido ou experimentado como desprazer ou perigo. Em nossa relação com os estímulos, construímos uma espécie de escudo protetor – as paraexcitações –, que tem como função reduzir ao máximo o impacto que nos causam os estímulos externos, o que não conseguimos realizar em relação aos estímulos internos, dos quais não conseguimos fugir pelo arco-reflexo ou pela ação motora.

Os fenômenos do traumatismo colocam em questão o modo pelo qual o organismo e o aparelho psíquico recebem os estímulos e, sobretudo, como procuram neutralizar seus efeitos perturbadores. Ainda em 1920, Freud[6] define o que entende por traumatismo, vinculando-o a uma excitação externa capaz de provocar uma falha na paraexcitação ou no escudo protetor:

> [Traumatismo] são as excitações externas, que são fortes o suficiente para romper a proteção, que nós denominamos traumáticas. Acho que o conceito de trauma exige essa referência a uma defesa contra estímulos que normalmente é eficaz. Um evento como o trauma externo vai

---

papel da criança é de alguém passivo, ignorante, impotente, que é submetido. Em um segundo tempo, o do *après-coup* ou *a posteriori*, acontece, no momento da puberdade, um incidente que lembra, a partir de uma traço associativo, o primeiro tempo. No segundo tempo, a criança poderia conferir o sentido sexual daquela cena, reorganizando e internalizando o cenário, em função da sua própria evolução intelectual e afetiva (e de seus próprios fantasmas, conforme Freud acrescentaria depois). A reativação dessa lembrança provoca um transbordamento de excitação que ultrapassa as barreiras defensivas do ego. O aparelho psíquico se vê invadido por um afeto demasiado intenso para suas possibilidades de domínio. Dizer algo se faz impossível, ao menos num primeiro momento. A fuga, presa de uma vivência de terror, se apresenta como única saída possível.

gerar uma enorme perturbação no gerenciamento de energia do organismo e pôr em movimento todos os meios de defesa.

Posteriormente, vinculando o traumático ao susto, ou à ausência de preparo para erigir defesas, ele escreveu:

Podemos nos arriscar a ver a neurose traumática ordinária como a consequência de uma vasta ruptura da proteção contra estímulos [...], o susto mantém sua importância para nós. A condição para ele é a ausência de preparação para a angústia, que implica o sobreinvestimento dos sistemas que recebem o estímulo.[6]

Freud vai opor o estranho, ou o que chama de inquietante estranheza, à angústia sinal e à angústia real. Segundo ele, procuramos, por meio de uma espécie de código interno, nos antecipar aos possíveis perigos a serem enfrentados criando sempre procedimentos para nos proteger. Construímos internamente uma espécie de cartografia do mundo e do outro que nos possibilita antecipar os perigos, uma angústia antecipatória dos possíveis perigos a enfrentar – a angústia sinal. Por outro lado, angústia real se dá quando somos atropelados por acontecimentos que não prevíamos, quando o aparelho de antecipação falha. E ele falha, frequentemente até, porque o mundo nos apresenta constantemente o inesperado, o que não está configurado em nossa cartografia mental. Para ser traumático, portanto, deve haver um elemento surpresa. Se há pânico, não houve qualquer preparação psíquica que possibilitasse a mobilização de mecanismos de defesa – uma preparação para que a angústia funcionasse como sinal de perigo e provocasse a mobilização de defesas – quando houve a ruptura do escudo protetor.

O valor da função materna

Em *Inibições, sintomas e angústia*, Freud[7] aborda o valor que o objeto assume no início de nossas vidas:

O fator biológico é o longo período de tempo durante o qual o jovem da espécie humana está em condições de desamparo e dependência. Sua existência intrauterina parece ser curta em comparação com a da maior parte dos animais, sendo lançado ao mundo em um estado menos acabado. Como resultado, a influência do mundo externo real sobre ele é intensificada [...]. Além disso, os perigos do mundo externo têm maior importância para ele, de modo que o valor do objeto que pode somente protegê-lo contra eles e tomar o lugar da sua antiga vida intrauterina é enormemente aumentado. O fator biológico, então, estabelece as primeiras situações de perigo e cria a necessidade de ser amado que acompanhará a criança durante o resto de sua vida.

E, a respeito da tentativa de exercer um domínio sobre o que se experimentou passivamente, resume o que postulou no mesmo ensaio:

Uma situação de perigo é uma situação reconhecida, lembrada e esperada de desamparo. A ansiedade é a reação original ao desamparo no trauma, sendo reproduzida depois da situação de perigo como um sinal em busca de ajuda. O ego, que experimentou o trauma passivamente, agora o repete ativamente, em versão enfraquecida, na esperança de ser ele próprio capaz de dirigir seu curso. É certo que as crianças se comportam dessa maneira em relação a toda impressão aflitiva que recebem, reproduzindo-a em suas brincadeiras. Ao passarem assim da passividade para a atividade tentam dominar suas experiências psiquicamente. Se isto é o que se quer dizer por "ab-reação de um trauma" não podemos ter mais nada a incitar contra a expressão. Mas o que é de importância decisiva é o primeiro deslocamento da reação de ansiedade de sua origem na situação de desamparo para uma expectativa dessa situação – isto é, para a situação de perigo. Depois disso vêm os deslocamentos ulteriores, do perigo para o determinante do perigo – perda do objeto e das modificações dessa perda com as quais já nos familiarizamos.[7]

Em 1926, portanto, o modelo freudiano do traumático será o do trauma do nascimento. Para o autor, este teria sido o primeiro momento de perigo na vida do indivíduo e a reação a ele é de acelerar os batimentos cardíacos e o funcionamento dos pulmões, manifestações fisiológicas que acompanharão as manifestações de angústia a partir de então.

O trauma do nascimento é o paradigma da angústia, a criança apresenta angústia quando percebe a falta daquela que garante sua sobrevivência. O perigo é, segundo o autor, "a perturbação econômica pelo crescimento das magnitudes de estímulo que exigem uma descarga". A percepção de um objeto exterior capaz de aplacar a necessidade faz o conteúdo do perigo deslocar-se do puro excesso intolerável para a condição que o determina, a perda do objeto.

Diante da falta do objeto que aplaca a necessidade, a angústia se torna antecipatória: a percepção do perigo de a mãe não estar presente no momento em que a tensão interna aumentar a níveis intoleráveis faz surgir a "angústia sinal". A angústia aparece como antecipação ou como resposta a um perigo, o da separação, não se reduzindo mais à pura manifestação fisiológica; passa a envolver agora uma relação com a fantasia e com o desejo.

A angústia é pensada como uma reação defensiva do *eu* diante de um perigo possível. A possibilidade de ocorrência de uma situação de perigo só pode ser estabelecida mediante uma analogia com uma situação anterior, na qual o perigo efetivamente se manifestou: é o que Freud chama de situação traumática. O ego, que já a experimentou, reconhece as similaridades entre uma e outra e desenvolve a expectativa, cuja função para evitar o pior, ou pelo menos estar preparado para quando este aparecer.

A angústia não é a única reação à perda do objeto amado. No apêndice de *Inibições, sintomas e angústia*, Freud[7] compara a angústia a dois outros estados afetivos: a dor e o luto. A questão que coloca é: quando a separação de um objeto produz angústia, quando produz luto e quando produz apenas dor?

O primeiro determinante da angústia é o perigo da perda do objeto; quando o bebê perde a mãe de vista, ele inicialmente não consegue distinguir entre o que é uma ausência temporária e uma perda permanente. Comporta-se como se nunca mais fosse vê-la e serão necessárias repetidas experiências consoladoras até que possa compreender que o desaparecimento da mãe é, em geral, seguido pelo seu reaparecimento.

> Em consequência da incompreensão dos fatos pela criança, a situação de sentir falta da mãe não é uma situação de perigo, mas uma situação traumática, [...] se acontecer que a criança no momento esteja sentindo uma necessidade que sua mãe seja a pessoa a satisfazer. Transforma-se numa situação de perigo se essa necessidade não estiver presente no momento.[7]

A experiência ensina à criança que o objeto pode estar presente, mas zangado ou aborrecido com ela; então, a perda do amor do objeto torna-se um novo perigo muito mais duradouro e determinante de angústia: "A situação traumática de sentir falta da mãe difere em um aspecto importante da situação traumática de nascimento. No nascimento não existia qualquer objeto e dessa forma não se podia sentir falta alguma deste"; ou seja, a angústia era a única reação que ocorria.[7] As repetidas situações de satisfação posteriores criam a representação do objeto, e é em relação ao objeto, agora discriminado de si mesmo, que a cada necessidade surge o anseio de rever, ou o anelo: "sempre que a criança sente uma necessidade, recebe uma intensa catexia que pode ser descrita como anseio".[7]

A dor é a reação à perda real do objeto, enquanto a angústia está relacionada com o perigo que essa perda pode acarretar. Quanto ao luto, Freud[7] escreve:

> O luto ocorre sob a influência do teste de realidade, pois a segunda função exige categoricamente da pessoa desolada que ela própria deva separar-se do objeto, visto que ele não mais existe. Ao luto é confiada a tarefa de efetuar essa retirada do objeto em todas aquelas situações nas quais ele foi o recipiente de elevado grau de catexia. Que essa situação deva ser dolorosa ajusta-se ao que acabamos de dizer, em vista da catexia de anseio, elevada e não passível de satisfação, que está concentrada no objeto pela pessoa desolada durante a reprodução das situações nas quais ela deve desfazer os laços que a ligam a ele.

Desamparo, amor e angústia

No *Vocabulário da Psicanálise*, o termo "desamparo" é definido como:

> estado do lactente que, dependendo inteiramente de outrem para a satisfação das suas necessidades (sede, fome), é impotente para realizar a ação específica adequada para pôr fim à tensão interna. [...] No quadro de uma teoria da angústia, o estado de desamparo torna-se o protótipo da situação traumática. É assim que, em Inibições, Sintomas e Angústia (1926), Freud reconhece uma característica comum aos "perigos internos": perda, ou separação que provoca um aumento progressivo da tensão, a ponto de, num caso extremo, o sujeito se ver incapaz de dominar as excitações, sendo submergido por elas – o que define o estado gerador do sentimento de desamparo.[3]

Desde 1905, Freud estabelece um vínculo entre desamparo, amor e angústia.[8] Na perspectiva da relação que estabelece entre o amor e a satisfação da pulsão sexual, o que está em questão para ele, no desamparo, é uma impossibilidade de acesso ao objeto que garante a satisfação. O objeto amado, nesse caso, é o da pulsão, já que se ama objetos que trazem prazer: "uma pulsão ama o objeto por meio do qual aspira obter satisfação".

O criador da Psicanálise propõe que todo vínculo amoroso tem como paradigma o elo inicial entre o bebê e a função materna. Esse modelo de vinculação mantém-se posteriormente na escolha dos objetos amorosos: "a criança aprende a amar a outras pessoas que remediam seu desamparo e satisfazem suas necessidades".[8] A própria angústia infantil explica-se, nessa ocasião, pelo que ocasiona a falta da pessoa amada: a impossibilidade de satisfazer sua libido.

"Amar e ser amado" é, em o *Mal-estar na civilização*, um dos métodos ao alcance do ser humano em sua busca pela felicidade.[9] Um método cuja eficácia é limitada, pois a ausência do objeto amado ou de seu amor deixa o sujeito na infelicidade e no desamparo.

Excessos

Em seus escritos, Freud (*apud* Braunstein[10]) utiliza a palavra alemã *genuss* para se referir ao prazer extremo. Ao longo de todo o seu trabalho, tentou mostrar a complexidade entre as relações de satisfação (*befriedigung*), prazer (*lust*) e outras sensações que de alguma maneira são da ordem do excesso. Para os prazeres extremos, a alegria intensa, o júbilo, o êxtase ou a volúpia, ele usa em geral o termo *genuss* (traduzido como *gozo*), mais do que *lust* (prazer). A diferença entre eles estaria exatamente no caráter excessivo do primeiro em relação ao segundo.[11]

No artigo "Além do Princípio do Prazer", de 1920, Freud define que o funcionamento do aparelho psíquico é regido por um princípio regulador, o princípio do prazer, cuja função é alcançar o prazer (*lust*), e evitar o desprazer (*unlust*).[12] Todo aumento de tensão no aparelho é percebido como desprazeroso, enquanto o prazer está relacionado à manutenção dos níveis de tensão no interior do aparelho psíquico, devendo ser o mais baixo possível.

Para Freud, "existe na mente uma forte tendência no sentido do princípio do prazer, embora essa tendência seja contrariada por certas forças ou circunstâncias".[12] Ele já havia percebido em sua prática clínica que o que havia estabelecido como objetivo inicial do tratamento analítico – tornar consciente o inconsciente –, nunca poderia ser completamente alcançado: "o paciente não pode recordar a totalidade do que nele se acha recalcado, e o que não lhe é possível recordar pode ser exatamente a parte essencial".[12] Assim, quando não é possível para o sujeito recordar, ele repete. Freud observa que seus pacientes muitas vezes repetiam na relação transferencial situações em que o conteúdo do repetido era essencialmente marcado pelo mais intenso desprazer. E não havia como relacionar tais repetições a vivências prazerosas anteriores. Ainda assim, mesmo com sua tonalidade desprazerosa, esses fenômenos eram reproduzidos "sob a pressão de uma compulsão".[12] Há, portanto, algo na repetição que exige uma satisfação que não é da ordem do prazer. A repetição na situação transferencial, exatamente por ser repetição da dor, mostra-se incompatível com o princípio do prazer.

Nos sonhos traumáticos, o sujeito é continuamente reconduzido à cena traumática. Freud conclui que esses sonhos têm o objetivo de colocar a impressão traumática novamente em cena, e o fazem a despeito do princípio do prazer. Os sonhos recorrentes ajudam o aparelho psíquico na tarefa de lidar com o estímulo excessivo, visando sua ligação a uma representação. Ele não desmente a função fundamental do desejo na formação do sonho, simplesmente apresenta uma nova função. Repetir para conservar, manter tudo como está de um lado, de outro e ao mesmo tempo, para buscar uma elaboração para o que foi experimentado sem qualquer possibilidade de elaboração.

A noção de compulsão à repetição é central em "Além do Princípio do Prazer", e é a partir desse ponto que os principais conceitos da teoria psicanalítica serão revistos. Freud é obrigado a reconhecer que não pode mais manter a suposição de que o aparelho psíquico é governado somente pelo princípio do prazer. Faz-se necessário considerar que, para além deste, há outro princípio, que pode ser inclusive mais potente. Conclui, dessa maneira, que a compulsão à repetição é algo "mais primitivo, mais elementar e mais pulsional do que o princípio do prazer que ela domina".[12]

Cada sujeito responde a uma situação traumática com sua singularidade, segundo a ressonância que a situação pode ter em sua própria história, mas também segundo a posição que adota diante dessa experiência.

No artigo "Trauma e dessubjetivação", Fuks[13] afirma que

> *as situações traumáticas se caracterizam pela emergência de um montante importante de angústia real, devida a acontecimentos que implicam uma ameaça para a vida da pessoa e uma fonte de enorme sofrimento psíquico. O efeito traumático é produzido pelo excedente de angústia não passível de simbolização e não representável por meio da palavra [...]. Impõe-se um padecimento impossível de suportar, incompreensível, impensável e indizível.**

---

* Fuks[13] continua: "Quando queremos descrever um acontecimento, podemos tentar levar nosso interlocutor a encenar mentalmente o acontecido, ou facilitar que possa transformar o que escuta em imagens visuais: 'imagine que...'. O que pedimos ao dizer 'imagine' é que o que dizemos possa ser representado mentalmente. O traumático é o que não pode ser representado".

Viñar[1], ao falar sobre o horror e o vazio representacional que o trauma pode ocasionar, afirma que o horror e a dor extrema não produzem experiência, mas, sim, espanto; não produzem representações nem relato, apenas vazio representacional, por isso é difícil transmitir e compartilhar o experimentado, e explica:

> Tornar representável – isto é, transmissível – o que suprimiu as condições de representabilidade, de produção de um relato compartilhável, é tarefa árdua [...] sabemos que as palavras se referem aos fatos e os representam, às vezes de perto, às vezes a uma distância inexorável. Posso dizer "estou enamorado", "estou horrorizado"... e posso dar a estas afirmações a maior trivialização, ou, ao contrário, ficar emocionadíssimo. Em outros termos, podemos fazer destas experiências uma palavra plena ou vazia. [...] é mister distinguir entre o afeto catártico da palavra evacuativa, da dura experiência interior e a palavra que exprime a dor psíquica. Transformar o discurso que é apenas evacuativo naquele que expressa verdadeiramente a dor psíquica, é o que é trabalhoso e prolongado no processo terapêutico.

A psicanálise na instituição

Em uma reflexão acerca do futuro da Psicanálise, Freud levantou a possibilidade da abertura de novos caminhos para o que, até aquela época (1919), era acessível apenas a um número escasso de pacientes: aqueles que podiam escolher como e com quem se tratar. Ele fez uma aposta. Parecia acreditar que, no futuro, seriam criadas instituições que qualificariam psicanalistas para tratar uma considerável parte da população. Para isso, considerava necessário que o analista adaptasse sua técnica às novas condições, enfatizando que os princípios psicanalíticos deveriam ser mantidos:

> [...] em algum momento a consciência da sociedade despertará, advertindo-a de que o pobre tem tanto direito ao auxílio psíquico quanto hoje em dia já tem a cirurgias vitais [...]. Então haverá para nós a tarefa de adaptar nossa técnica às novas condições. [...] Mas, como quer que se configure essa psicoterapia para o povo, quaisquer que sejam os elementos que a componham, suas partes mais eficientes e mais importantes continuarão a ser aquelas tomadas da psicanálise rigorosa e não tendenciosa.[6]

Até por volta da década de 1950, a formação de um psicanalista pressupunha sua preparação para aplicar em sua prática privada a chamada "cura-tipo": um modo de intervenção com regras gerais específicas, claras e definidas conjuntamente com o desenvolvimento da teoria – um número determinado de sessões por semana, com uma duração previamente estipulada, uma postura silenciosa do analista, um domínio dos métodos de intervenção, um *setting* relativamente fixo, que prevê poltrona e divã etc.

De lá para cá, pôde-se observar uma constante ruptura desse modelo fundado por Freud, tanto no campo da psicopatologia como no da psicoterapia. Além disso, observa-se uma ampla difusão da psicanálise e sua inclusão nas mais variadas instituições, abrangendo sua área de atuação, que passou a não mais se restringir a uma prática exclusivamente privada.

Sobre o que considera essencial no trabalho psicanalítico Freud[14] escreve:

> [...] a teoria da psicanálise é uma tentativa de explicar dois fatos surpreendentes e inesperados que se observam sempre que se tenta remontar os sintomas de um neurótico a suas fontes no passado: a transferência e a resistência. Qualquer linha de investigação que reconheça esses dois fatos e os tome como ponto de partida de seu trabalho tem o direito de chamar-se psicanálise, mesmo que chegue a resultados diferentes dos meus.

Ainda acerca dos fundamentos da psicanálise, afirma que:

> A pressuposição de existirem processos mentais inconscientes, o reconhecimento da teoria da resistência e repressão, a apreciação da importância da sexualidade e do complexo de Édipo constituem o principal tema da psicanálise e os fundamentos de sua teoria.[15]

Ao discutir a posição do analista, Freud[16] aponta que "o relacionamento analítico se baseia no amor à verdade – isto é, no reconhecimento da realidade – e que inclui qualquer tipo de impostura ou engano". Em outro trabalho, havia indicado que a "psicanálise já encerra em si mesma fatores revolucionários suficientes para garantir que todo aquele que nela se educou jamais tomará em sua vida posterior o partido da reação e da repressão".[17]

É importante assinalar que Freud defende rigorosamente o que definiu como fundamentos da psicanálise, porém, em suas discussões sobre o método psicanalítico predomina as indicações de que não se deve impor regras estritas, pois a capacidade de submeter-se a variações seria própria do exercício da psicanálise. A metapsicologia freudiana traduz não estritamente um rigor teórico, mas uma orientação para a sustentação de um campo.

O trabalho em instituição com crianças e adolescentes em situação de vulnerabilidade

> *Muitas vezes o inimaginável acontece. Supera nossa capacidade de prever o pior. Conduz-nos até a borda do real e nos abandona ali, pasmos, incapazes de representar mentalmente o atroz.*
> Maria Rita Kehl[18]

O Grupo Acesso – Estudos, Intervenções e Pesquisa sobre Adoção da Clínica Psicológica do Instituto Sedes Sapientiae (São Paulo, SP) foi criado em 1996 e destaca-se por ser um projeto cuja proposta é atender crianças e adolescente que vivem com famílias adotivas ou em instituições de acolhimento, pais adotivos, guardiões, candidatos a adoção e profissionais técnicos de Varas de Infância e Juventude e de abrigos. No projeto, desenvolve-se também a pesquisa sistemática sobre os efeitos do abandono, do abrigamento e da adoção nos diversos personagens implicados nesses processos.

O projeto conta com uma equipe de aproximadamente 36 psicanalistas que atendem em sessões de psicoterapia a criança e o adolescente em situação de vulnerabilidade social, bem como a complexa rede de relações que os envolve.

O trabalho em equipe tem como função principal oferecer um espaço para a metabolização do que se experimenta no atendimento aos que sofreram o traumático de diversas formas, buscando sustentar, assim, a posição subjetiva dos profissionais como "aprendizes da clínica", ou seja, uma posição, como afirma Figueiredo[19],

> *estrategicamente vazia de saber a priori, um saber em reserva; a organização coletiva da equipe a partir da "transferência de trabalho" que diz respeito ao trabalho com responsabilidade partilhada (e não simplesmente transferida para o outro), fazendo circular o saber que advém do sujeito e não do profissional; e, como corolário do processo, proceder à "construção do caso" que se dá a partir dos elementos fornecidos pelo sujeito, e não da convergência de saberes múltiplos dos profissionais que, no máximo, produzem um saber sobre o sujeito.*

Nessa clínica, os profissionais, acima de tudo, são atravessados pela natureza mesma das histórias que escutam, por isso, lhes é requerido frequentemente em seus atendimentos o que Lisondo chama de vitalidade psíquica, perseverança e tolerância para lidar com a dor mental, com o impensável.[20] O que na maioria das vezes está em jogo é o contato com a violência, que alcança dimensões concretas: abandono, negligência, violência física e sexual, pactos de silêncio e disputas com a família de origem, devolução de crianças.

Diante desse impasse, apenas a caminho da reflexão e da constante recriação do instrumental de trabalho pode socorrer o profissional. A reflexão é o instrumento por excelência para se combater a angústia e a impotência no trabalho. É ela que possibilita manter algum tipo de intervenção, ainda que possa estar muito distante da chamada prática clássica da psicanálise.

> *É a rede de sustentação que o trabalho em equipe oferece que apoia tal reflexão. Utilizamos uma montagem clínico-institucional que opera na própria equipe de psicanalistas, que, diante da intensidade e da qualidade das emoções que se colocam na cena analítica, comprometeriam sua escuta. A montagem de dispositivos grupais de discussão de casos que auxiliem na reflexão dos atendimentos psicoterápicos visa não só um afinamento das condutas clínicas de seus membros, mas principalmente um suporte à angústia que os psicoterapeutas vivenciam.*

No trabalho institucional o vértice psicanalítico pode oferecer um espaço de acolhimento, compreensão e verbalização que tem como efeito a possibilidade de transformar angústias, fantasias e ideais em projetos e perspectivas da equipe para pensar a complexidade dos vínculos.

Confrontado com situações-limite, de extrema vulnerabilidade, qual é a tarefa, então, do psicanalista? Penso que oferecer ao sujeito, como afirma Figueiredo[21], uma possibilidade de tematizar, ressignificar e elaborar sua "miséria".

> *[...] Quanto às histórias de vida, aí temos, ao invés do típico sentimento de "não há nada a fazer", um manancial de trabalho: como são contadas e recontadas; onde se situa o sujeito; que fantasia aí se tece; do que ele pode realmente se desfazer para dar um rumo minimamente diferente à sua vida.[22]*

Referências bibliográficas

1. Viñar M. O enigma do traumatismo extremo: notas sobre o trauma, a exclusão e seu impacto sobre a subjetividade. Percurso. 2014:52:9.
2. Freud S. Edição standard brasileira das obras psicológicas completas de Sigmund Freud. v. 23. Rio de Janeiro: Imago; 1934. Construções em análise. p. 21-2.
3. Laplanche J, Pontalis J. Vocabulário da psicanálise. São Paulo: Martins Fontes; 1991.
4. Freud S. Edição standard brasileira das obras psicológicas completas de Sigmund Freud. v. 1. Rio de Janeiro: Imago; 1976. Publicações pré-psicanalíticas e rascunhos não publicados (1886-1899). Carta 69. p. 350-1.

5. Freud S. Obras completas, volume 13: conferências introdutórias à psicanálise (1916-17). São Paulo: Companhia das Letras; 2014. Parte III: teoria geral das neuroses (1917); A fixação aos traumas, o inconsciente. p. 364-80.
6. Freud S. História de uma neurose infantil: ("O homem dos lobos"): além do princípio do prazer e outros textos (1917-1920). São Paulo: Companhia das Letras; 2010. p. 191.
7. Freud S. Edição standard brasileira das obras psicológicas completas de Sigmund Freud. v. 20. Rio de Janeiro: Imago; 1976. Inibições, sintomas e angústia.
8. Freud S. Edição standard brasileira das obras psicológicas completas de Sigmund Freud. v. 7. Rio de Janeiro: Imago; 1976. Um caso de histeria; Três ensaios sobre a sexualidade e outros trabalhos (1901-1905). p. 203.
9. Freud S. Edição standard brasileira das obras psicológicas completas de Sigmund Freud. v. 21. Rio de Janeiro: Imago; 1976. O futuro de uma ilusão; O mal-estar na civilização e outros trabalhos (1925-26). p. 95-101.
10. Braustein N. Gozo. São Paulo: Escuta; 2007.
11. Valas P. As dimensões do gozo. Rio de Janeiro: Zahar; 2001.
12. Freud S. Edição standard brasileira das obras psicológicas completas de Sigmund Freud. v. 18. Rio de Janeiro: Imago; 1976. Além do princípio do prazer.
13. Fuks MP. Trauma e dessubjetivação. Boletim Online. 2010;13.
14. Freud S. Edição standard brasileira das obras psicológicas completas de Sigmund Freud. v. 14. Rio de Janeiro: Imago; 1976. A história do movimento psicanalítico. p. 26.
15. Freud S. Edição standard brasileira das obras psicológicas completas de Sigmund Freud. v. 18. Rio de Janeiro: Imago; 1976. Dois verbetes de enciclopédia – (A) Psicanálise. p. 264.
16. Freud S. Edição standard brasileira das obras psicológicas completas de Sigmund Freud. v. 17. Rio de Janeiro: Imago; 1976. Análise terminável e interminável. p. 265.
17. Freud S. Edição standard brasileira das obras psicológicas completas de Sigmund Freud. v. 22. Rio de Janeiro: Imago; 1976. Novas conferências introdutórias – Explicações, aplicações e orientações. p. 149.
18. Kehl MR. Dezoito crônicas e mais algumas. São Paulo: Boitempo Editorial; 2011.
19. Figueiredo AC. Três tempos da clínica orientada pela psicanálise no campo da saúde mental. In: Guerra AMC, Moreira JO, organizadores. A psicanálise nas instituições públicas: saúde mental, assistência e defesa social. Curitiba: Editora CRV; 2010.
20. Lisondo AD. La clínica de la adopción en la contemporaneidad: possibilidad y nuevos retos. In: Rotenberg E, Wainer BA. Adopciones: cambios y complejidades, nuevos aportes. Buenos Aires: Lugar Editorial; 2014. p. 45.
21. Figueiredo AC. Vastas confusões e atendimentos imperfeitos: a clínica psicanalítica no ambulatório público. Rio de Janeiro: Relume Dumará; 1997.
22. Jacó-Vilela AM. Cerezzo AC, Rodrigues HBC. Clio-Psyché Hoje: fazeres e dizeres psi na história do Brasil [on-line]. Rio de Janeiro: Centro de Edelstein de Pesquisas Sociais; 2012.

2 O Luto e a Morte Nossa de Cada Dia

Antonio Geraldo de Abreu Filho

Sobre o luto

O luto acontece em diversos momentos de nossas vidas, de situações corriqueiras do cotidiano até a perda de um ente querido, do emprego, a saída de um filho de casa, o comunicado de alguma reprovação, perda do *status* social e econômico, aposentadoria, envelhecimento, separação conjugal, surgimento de uma doença e consequente perda da saúde etc. Desde que se nasce, depara-se com o luto: perde-se o útero materno para se ganhar a vida fora dele. Luto, perda e morte são temas que se entrelaçam.

Na cultura ocidental as pessoas enlutadas se vestem tradicionalmente de preto, no Japão de azul e na China de branco, segundo consta, para mostrar à sociedade o quanto reconhecem e sentem a perda do finado.

Pode-se entender ainda a palavra luto como advinda do verbo "lutar" (p. ex., "eu luto") com seus vários significados dicionarizados: enfrentar em corpo a corpo um adversário com vistas a derrubá-lo; bater-se com ou sem armas; brigar, combater, pelejar, pujar; despender todos os esforços para superar, vencer, conseguir alguma coisa etc.[1] Encarar o luto e elaborá-lo é, afinal, uma grande luta.

Desde que há investimento libidinal sobre o objeto, este passa a ter um significado importante; não é qualquer objeto, mas algo que tem investido nele uma parte da própria pessoa, ou seja, seus sentimentos amorosos. Diz-se, assim, do investimento narcísico sobre o objeto que doravante se torna especial e perdê-lo desencadeia sofrimento. Por isso, segundo Jackson[2], o luto pode ser definido como o conjunto de reações a uma perda significativa e enlutamento como o processo de adaptação a essa perda.

Pereira Franco[3] sintetiza a revisão histórica sobre o estudo do luto realizada por C. M. Parkes em *A Historical Overview of the Scientific Study of Bereavement* (2001), dando-nos uma visão cronológica do fenômeno entendido como causa potencial de doença física ou mental por seus principais autores, resumida aqui na Tabela 2.1.

Para Freud, "o luto é uma reação à perda de um ente querido, à perda de alguma abstração que ocupou o lugar de um ente querido, como o país, a liberdade, o ideal de alguém, e assim por diante."[4] E segundo Melanie Klein[5], "a perda de uma pessoa amada reativa a posição depressiva infantil [...] e a habilidade de entrar em luto e se recuperar depende da posição depressiva da infância."

Uma criança que foi devidamente amada e acolhida em suas angústias pelos seus pais (funções paterna e materna), que não usou em demasia os mecanismos de cisão, negação, idealização, onipotência, pode, no decorrer de sua vida, ir aproximando os objetos bons dos objetos maus, dirigindo, assim, a integração de sua percepção para uma visão total do objeto, e não parcial. Sendo suas experiências de gratificação superiores às de frustração, não se livrará destas totalmente, de modo que quando necessário elaborar o luto, a culpa, a ambivalência gerada por tal integração perceptual a levará a uma reparação autêntica e criativa, utilizando o mecanismo do recalque. Pode-se então esperar que essa pessoa consiga lidar com a espera da sua própria morte, bem como com a morte do outro, em melhores condições, sem grandes desesperos. Para aquele que perdeu um ente querido, uma vez elaborado o luto, em vez de restar o sofrimento intenso pela falta, fica a saudade.

Os traços mentais que aparecem no luto são: desânimo acentuado e penoso, desinteresse pelo mundo externo, perda da capacidade de amar, inibição de toda e qualquer atividade, rebaixamento da autoestima, chegando à autorrecriminação e ao autoenvilecimento. Todos esses traços também se aplicam à melancolia, exceto a autorrecriminação.

Tabela 2.1 Revisão histórica sobre estudo do luto segundo C. M. Parkes.

Autor	Ano	Abrangência
Robert Burton	1621	Em *The Anatomy of Melancholy*: pesar como sintoma e causa principal da melancolia. Nos séculos 17 e 18, o luto era causa de morte; prescreviam-se medicações para o luto patológico
Benjamin Rush	1835	Receitava ópio para enlutados; os que morriam de problemas cardíacos eram chamados "coração partido"
Charles Darwin	1872	Em *The Expression of Emotions in Man and Animals*: muitas espécies de animais choram quando separadas daqueles aos quais estão vinculados. Seres humanos enlutados tentam inibir o choro
Freud	1917	Em "Luto e Melancolia": diferenças e semelhanças entre pesar e melancolia; o luto tende a aparecer em relações ambivalentes; requer elaboração
Kardiner	1941	Em *Traumatic Neuroses of War*: sofrimento a situações contínuas de risco de morte, com consequências para saúde
Lindemann	1944	Define o que considerava normal para efeitos indesejáveis da repressão do luto; foi quem primeiro falou sobre luto antecipatório
Anderson	1949	Fala do luto crônico como distúrbio psiquiátrico mais frequente, além de estados ansiosos e depressão maníaca
Parkes	1949 e 1951	Confirmou os padrões de morbidade identificados por Anderson; índice de morte do cônjuge nos 6 meses anteriores à internação era seis vezes maior do que o encontrado em população não enlutada
Bowlby	1999	Sugeriu revisão da definição de luto normal complicado; o luto implica transformação radical do vínculo com o morto, desligamento e possibilidade de novos vínculos

A psiquiatra Kübler-Ross propôs cinco etapas pelas quais um paciente com diagnóstico de alguma doença fatal atravessa: negação e isolamento, raiva, barganha, depressão e aceitação. A cada etapa o paciente vai tendo que lidar com o luto, uma vez que tem consciência da progressiva evolução de sua doença, acarretando perdas sucessivas de sua autonomia de vida.[6]

Na primeira etapa, acontecem a negação e o isolamento, pois a reação inicial de um indivíduo diante de uma notícia trágica, como a de que está com uma doença fatal, é negar que isso esteja acontecendo com ele. A negação enquanto mecanismo de defesa tem como finalidade afastar do pensamento essa possibilidade e realidade tão dolorosa e sofrida, defendendo-se, negando-se dessa conscientização. Em psicanálise, esse processo também é chamado de escotomização, que significa negação da realidade psíquica.[5] O objetivo dessa defesa é fazer com que o aparelho mental não se desestruture e o indivíduo não venha a se desagregar psiquicamente. Com a negação da realidade psíquica, o ego tenta suportar a ameaça que a posição depressiva gera. A onipotência, a negação e a idealização possibilitam que o ego primitivo lide com seus perseguidores internos e contra uma dependência submissa e perigosa em relação aos objetos amados, o que possibilitará novos avanços em seu desenvolvimento. Já o isolamento não acontece só fisicamente, no sentido de afastar-se das pessoas, separar-se delas, evitando contato, se ensimesmando, se fechando, mas também no sentido de isolar o pensamento, de modo que as suas ligações com outros pensamentos e mesmo sua existência fiquem rompidas. Qualquer possibilidade de junção ou conexão que possa levar à consciência dessa informação passa a ser negada e isolada. A libido investida nos objetos externos é recolhida e investida, nesse momento, no próprio ego; os interesses pelo mundo externo deixam de existir, tamanha dor e sofrimento.

Na etapa seguinte, a da raiva, o paciente expressa suas emoções, o que possibilita que aconteça a ab-reação, pois, ao falar, ele libera seus afetos e ocorre a catarse (que em grego significa purgar, liberar um afeto estrangulado), fazendo com que ele purgue os afetos até então contidos e, com isso, tenha um alívio.[7] Uma vez que a negação não pode mais ser mantida, aparece então a raiva. Concomitantemente, pode aparecer o ressentimento e a inveja. Nesta fase, pode-se manifestar a identificação projetiva, funcionamento mental em que o paciente vai projetar toda sua angústia, desespero e raiva sobre o cuidador, familiares e profissional que o está atendendo. A maneira de ajudar o paciente nesse momento é manter-se no papel que ele projeta para o responsável, sem revidar, mas acolhendo-o; postura nada fácil de ser experienciada, pois, caso haja uma resposta a essa identificação projetiva por parte do profissional, ocorre a contratransferência, ou seja, por identificar-se com a carga nele projetada, responde de modo pessoal, saindo de seu papel profissional.[5] Esse também é o momento em que o paciente se questiona "mas por que eu?", o que demonstra o quanto ele se sente "o prejudicado", a pessoa eleita em detrimento a tantas outras que existem no mundo, como se com ela algo assim jamais pudesse acontecer. Vê-se aqui a questão do engodo da afirmação "isso nunca vai acontecer comigo", postura onipotente que encobre a impotência que fica subjacente como defesa. Em uma outra condição mental, possivelmente expressaria "por que não eu também?", entendendo que na vida se está sujeito a qualquer adversidade que o princípio de realidade venha a impor, sem qualquer privilégio ou isenção que nos retire de nossa condição humana.

Na terceira etapa, haverá uma tentativa de adiamento, incluindo-se um prêmio oferecido pelo paciente por ser bom, compreensivo e apresentar um comportamento exemplar, sem qualquer possibilidade de críticas. O próprio paciente tenta estabelecer uma meta que ele impõe a si mesmo, agregando uma promessa implícita. Para que ele melhore e fique curado, faz promessas no sentido de troca: "se eu sarar, em troca eu prometo.". Isso mostra que a barganha é a tentativa desesperada para livrar-se de algo do qual sabe que não voltará mais. É nessa etapa que, se a pessoa tiver uma religião ou crença, irá intensificar sua fé; caso não tenha nenhuma, ou não acredite em nada, poderá passar a crer de modo incondicional, canalizando sua libido na manutenção de uma crença que, na maior parte das vezes, é o que a mantém viva e em condições de enfrentar a situação.

Já na quarta etapa, a depressão, o paciente não pode mais esconder a doença de si próprio, começa a encará-la como algo irreversível e inevitável, o princípio de realidade se torna inquestionável. Seus isolamentos, seu estoicismo, revolta, raiva etc., vão cedendo lugar a um sentimento de grande perda: a perda da esperança de ficar curado e saudável novamente. Isso o leva a um grande sofrimento e muitas vezes ao desespero, pois sente como se não tivesse mais como lutar contra a doença. Sabe que está próximo de perder tudo e todos que estão à sua volta. Nesse momento, o paciente precisa falar sobre essas perdas, sobre seu desespero e desengano, e é muito importante e significativo que o profissional o escute, sem tecer comentários como "não fique triste", "não chore" etc., pois ele necessita justamente lamentar as perdas que já sofreu, está sofrendo e ainda sofrerá. Sua perspectiva de vida começa a ser redimensionada e ressignificada; a pessoa pode dar sequência ao processo de luto, ou desenvolver uma melancolia, dependendo da sua capacidade de lidar com frustrações e de como sua condição interna se mostra no momento.

Na aceitação, quinta e última etapa, o paciente já abriu mão de toda a sua esperança e as etapas anteriores já não se sustentam mais. Quanto mais ele estiver na defensiva, quanto mais as defesas estiverem arraigadas, mais difícil será alcançar o estágio final de aceitação. O paciente que melhor reage nessa etapa é aquele que, de alguma maneira, se encorajou a falar sobre seus sentimentos no decorrer de todo o processo, podendo, então, ab-reagir à angústia e ao sofrimento pelos quais passou, extrapolar sua raiva e, por fim, chorar.

Kübler-Ross[6] utiliza o termo "aceitação" para denominar essa quinta etapa pela qual o paciente terminal atravessa. Caberia, também, a palavra "resignação", entendida como "submissão paciente aos sofrimentos da vida", sendo "submissão", por sua vez, "obediência, sujeição, subordinação."[8] Aceitação seria, portanto, do âmbito da posição depressiva, algo muito mais evoluído e difícil de ser alcançado; já resignação, do âmbito da posição esquizoparanoide, pois é da ordem do aplacamento, ou seja: para que o indivíduo não continue em desespero, causado pela ansiedade persecutória desencadeada e vivenciada como aniquilamento do ego, que se sente ameaçado, ele utiliza o mecanismo de defesa denominado aplacamento, com o qual tenta conter a angústia, minimizando o que o está perseguindo e ameaçando.

O paciente que, durante sua vida, conseguiu trabalhar, vivenciou alegrias e tristezas, conquistas e decepções, perdas e lutos, se utilizou de mecanismos de defesa sem excessos e alcançou a posição depressiva, terá maior possibilidade de elaborar o luto. Para Melanie Klein, o ego fortalecido, dotado de maior confiança nas pessoas, pode avançar em direção à unificação de suas imagos (externas, internas, amadas e odiadas) e a uma maior mitigação do ódio pelo amor, atingindo um processo geral de integração.

Freud[4] já assinalara que durante o luto é preciso certo tempo para que o comando do teste de realidade seja executado em detalhes;

quando esse trabalho for concluído, o ego terá conseguido liberar sua libido do objeto perdido.

Quando se aborda o tema do luto é inerente falar também sobre a morte, uma vez que a sensação e a repercussão emocional que a pessoa tem quando se depara com qualquer perda (desinvestimento libidinal) é a de que algo morreu ou está em vias de. Nesse sentido, apresenta-se a seguir uma breve revisão histórica sobre o estudo da morte dentro da psicanálise.

Morte

Freud escreveu que o inconsciente não crê e desconhece sua própria morte, comporta-se como se fosse imortal, pois não há o que seja negativo ou qualquer tipo de negação dentro dele.[9] A lógica e a moral no inconsciente funcionam de modo diferente do que no consciente: desejamos matar pessoas que nos incomodam, ou mesmo nos atrapalham, e isso é diferente de operacionalizar esses atos. Como os desejos também passam pelo controle do ego e do superego, o resultado gera sentimento de culpa. Há um conflito em poder reconhecer que existe a morte, ou seja, a extinção da vida e a sua negação. O resultado dessa ambivalência leva à neurose. O homem primevo também funcionava assim; a ideia de sua própria morte lhe era inacessível, estava inclinado ao assassinato e era ambivalente para com aqueles que amava. Escreveu Freud: *Si vis vitam, para mortem* ("Se queres suportar a vida, prepara-te para a morte").

Weisman e Hackett[10] analisaram um grupo de pacientes que anteciparam suas próprias mortes, não apresentando conflito aberto, depressão profunda, pânico e nem intenção suicida. Uma avaliação psiquiátrica demonstrou alguns fatores que contribuíram para a convicção deles de que a morte era desejável e adequada, sem ser uma calamidade. Os autores estudaram e avaliaram, então, a importância psicológica, tanto para o médico como para o paciente, do ato de morrer e o fato de morrer. Duas classificações de morte foram descritas: a "racional", que se refere aos medos de doença, lesão, pobreza, desgraça; e a "irracional", que está no âmbito das fobias e da melancolia. Ambas são casos de morte psíquica potencializada, em que o paciente pode morrer por um sofrimento acentuado de isolamento emocional e de privação, mais do que de sua doença; e há relatos delas tanto em comunidades civilizadas como em primitivas. Na intervenção, o psiquiatra tenta averiguar qual o ideal de ego que os pacientes apresentam e conversa sobre isso com eles. O modo como a pessoa lida com a morte está relacionado com o como ela viveu sua vida.

Norton[11], por sua vez, relata o apoio psicoterapêutico a uma paciente com câncer terminal já próxima do óbito. A paciente teve uma regressão emocional apresentando negação, ansiedade, depressão, apatia e acentuada regressão narcísica, podendo ser uma antecipada perda de objetos internos, o que não significou, necessariamente, uma resposta psicológica à morte, mas, sim, a eclosão de seu histórico de vida, atualizando-se naquela circunstância. Ela relatava seus sonhos, suas fantasias sobre como seria a vida da terapeuta que a atendia, chegando a chamá-la de "mãe", e foi observado que sua ansiedade diminuiu, pois não falava mais em suicídio, e sua sensação de bem-estar e de esperança aumentou, fazendo com que suportasse melhor sua degeneração física. Houve ainda questionamentos sobre se a terapeuta ficaria com ela até o seu momento final de vida, pois tinha medo de morrer sozinha e desamparada, ao que foi respondido afirmativamente. A paciente viveu ainda momentos de raiva, inveja, competição, em decorrência de sua situação de doença e morte, gerando contratransferência na terapeuta, o que se tornou assunto a ser conversado, aliviando, assim, sua angústia, desespero e desesperança.

Para o terapeuta que trabalha com esse tipo de paciente é essencial avaliar constantemente sua disponibilidade, empatia e habilidade para responder de modo apropriado às necessidades do doente, bem como aceitar e saber lidar com a contratransferência nele projetada e as mobilizações decorrentes disso.

Cramond[12] relata sua experiência de psicoterapia com grupos de pacientes renais crônicos que sabem que estão em fase terminal e querem falar sobre isso. Apenas um pequeno número desses pacientes valeu-se do mecanismo de negação, alegando não estarem preparados para falar sobre a sua própria morte. Segundo Cramond, o médico tem a tarefa de ouvir o paciente relatar sobre o seu medo de morrer, que inclui o medo da dor, de não ser capaz de lidar e de conseguir alívio, às vezes, associado ainda ao medo do abandono e de ficar louco. O medo do abandono não deve ser excessivo, pois pode propiciar um reavivar no aqui e agora as situações reais ou de fantasias de separação da criança na maternagem.

No processo da revelação do diagnóstico, o paciente pode expressar ainda uma raiva direcionada ao médico, que se manifesta como reação contratransferencial ao médico-pai onipotente que não pode salvá-lo daquela situação. Por isso, os profissionais da saúde devem estar bastante cientes das questões transferenciais e contratransferenciais, tendo-as estudado de modo aprofundado em seus cursos de graduação. Com o passar do tempo o paciente vai apresentando fraqueza física e emocional, revelando regressão. Há também a necessidade de formação de grupos com os familiares em processo de luto, para que possam ser ouvidos e acolhidos em seus sofrimentos. No entanto, o terapeuta deve cuidar para não estar em uma relação intensa com mais de dois pacientes ao mesmo tempo nessas circunstâncias, pois isso exigiria muito dele.

Böttcher[13] realizou um estudo em seis indivíduos e em seis redes sociais analisando 12 itens para descrever aspectos da fase terminal da vida: atitude em relação à idade, conceito de morte, motivação para a sobrevivência, modo de lidar com a morte, modo de se relacionar com o parceiro, experiência de morte, grau de conexão, capacidade de suportar as situações, aceitação, comunicação do término da vida, acompanhamento na morte e trabalho de luto. Em seu artigo, o autor define a fase terminal da vida como maior probabilidade de morte, seja porque o indivíduo avançou a idade média de sobrevida, seja porque, mesmo jovem, sofre de uma doença que pode reduzir sua existência. Ressalta ainda a importância da idade psicofísica na fase terminal (i. e., a imagem psíquica construída pela pessoa em detrimento da sua imagem real).

Ainda segundo o autor, os indivíduos que têm um conceito mais superficial da morte podem se apresentar menos preparados quando com ela se defrontam, tentando dela se esquivar, o que ocorre mais frequentemente entre idosos, doentes e pessoas em fase terminal. Estas, por exemplo, podem reagir entregando-se tanto passivamente à morte como manifestar uma tendência suicida mais ativa, ou, ainda, lutar de modo desafiador para continuarem vivendo. Idosos e jovens em fase terminal podem expressar esses dois polos: uma grande vontade de viver ou, ao contrário, de morrer. Não se sabe ainda o que leva a tais reações, parece não haver um procedimento psicológico que aclare o ponto forte para a motivação de sobreviver, e questiona-se a validade das várias escalas do medo de morrer para tal avaliação, sobretudo porque médicos e psicólogos, no geral, acabam negligenciando a fé religiosa do paciente em fase terminal.

Selecionando relatos de pacientes em fase terminal sobre o processo de encarar o câncer, no período de 1950 a 2004, Bingley et al.[14] descrevem quatro temas recorrentes nessas narrativas: o momento do diagnóstico; a história do tratamento e do sofrimento; a experiência da interação com o médico; e o *self* como um indivíduo, com vida independente e relacionamentos fora da interação com o médico.

Já no Brasil, Rezende[15] descreve a questão da dor na abordagem de pacientes com câncer, tendo em vista que, a partir de 1979, o conceito de dor passou a ser compreendido e aceito universalmente. O autor investiga o relacionamento entre pacientes e profissionais, destacando a necessidade destes de conhecer cada fase da evolução da doença para não se irritarem, ou mesmo se impressionarem, com determinadas reações e atitudes dos pacientes, não correndo o risco, assim, de os abandonar, mas, ao contrário, os apoiar no momento em que mais necessitam de ajuda e compreensão. Poder admitir e lidar com a morte do outro requer em primeiro lugar saber admitir e lidar com a nossa própria morte e finitude.

Fernandes e Boemer[16] trazem importantes contribuições sobre o tema, direcionando a questão da enfermagem para os cuidados de pacientes com diagnóstico de câncer e as dificuldades enfrentadas pelos profissionais da saúde diante deles, de seus familiares e da equipe hospitalar. Para contextualizar o problema, os autores fazem um levantamento histórico evidenciando que no Brasil, em um primeiro momento, era mais comum o paciente de câncer receber cuidados e vir a morrer em sua própria casa, fato que muda a partir da década de 1950, quando esses casos passam a ocorrer mais frequentemente nos hospitais, em decorrência dos desdobramentos situacionais e culturais que acontecem ainda nos dias de hoje. Os autores seguem discutindo sobre o fato de que comumente, em nosso país, as decisões do doente são ignoradas, mesmo tendo ele a liberdade e o direito de participar das decisões sobre o seu processo de vida e de morte. Segundo os autores, há relatos de alunos do curso de auxiliar de enfermagem sobre suas dificuldades de lidar com a morte, até mesmo em razão de todo o contexto e dinâmica hospitalar: a autonomia médica, o anonimato das decisões da equipe, o entrave da burocracia de um hospital governamental, as terapias agressivas, os direitos dos pacientes, a crise atual da saúde e a ausência de um sistema formal de apoio ao paciente, à sua família e à própria comunidade hospitalar para lidar com situações angustiantes, como a de morte.[16]

Segundo Kovács[17], o homem é um ser mortal e, por isso, tem consciência de sua finitude, o que o diferencia dos demais animais. Há duas polaridades em que o homem vive: Eros (pulsão de vida) e Thanatos (pulsão de morte). A desfusão dessas duas pulsões acaba deixando livre a pulsão de morte, o que leva a um grande sofrimento. A revelação do diagnóstico de uma doença grave leva o indivíduo a vivenciar sua fragilidade, finitude, potencializando sua proximidade com a morte ao ter a impressão de que nos momentos anteriores de sua vida isso não pudesse acontecer. O modo de encarar e lidar com tais momentos dependerá de como a vida foi experienciada por cada indivíduo e se a ênfase foi colocada na vida ou na morte. Os registros mnêmicos das vivências do bebê, no que se refere a como aconteceu sua alimentação, conforto, acolhimento, amor etc., irão facilitar a introjeção de objetos bons, daí a sua importância. O homem tem dois grandes medos: o de viver e o de morrer. O medo do sofrimento, da degeneração e da dor pode levá-lo a preferir morrer a viver uma vida limitada e restrita. Muitas vezes se observa que há mais vida na morte de uma pessoa que está em paz do que em uma vida ligada a aparelhos, uma vez que a desesperança é a grande morte em vida.

Nas vivências em ambulatórios da dor e de cuidados paliativos e integrativos, os pacientes não imploram a cura de sua doença, mas, sim, que se importem e cuidem deles, o que acaba lhes propiciando maior autocompreensão e suportabilidade ao sofrimento. Nesse sentido, é importante que durante a assistência domiciliar a equipe multiprofissional saiba se comunicar e escutar para que ocorra empatia, sobretudo considerando os relatos dos pacientes sobre ansiedade, dor, abandono, morte etc. O objetivo da equipe sempre deve ser incentivar uma boa qualidade de vida e humanização no trato com o paciente.

Enfim, nota-se a ênfase que deve ser dada à escuta, ao olhar e ao acolhimento ante o paciente, evidenciando uma postura humanizada para que ocorra não um encontro entre profissional da saúde e paciente, mas entre seres humanos. Hoje, essa ênfase acabou mudando bastante a relação entre médico-paciente, ou entre profissional da saúde-paciente, colocando-os no mesmo patamar, ou seja, a hierarquia não precisa mais ser estabelecida, delimitando-se o lugar de cada um. O médico ou o profissional da saúde fica tão exposto quanto o paciente: o escudo de proteção e de defesa usado, até então, muitas vezes sem consciência por parte do profissional, passa a não mais existir, não mais o impede de se mostrar humano diante de outro ser humano.

Balint e Norell[18] comentam sobre um caso no qual, em uma terceira entrevista com uma paciente, certo médico teve um "flash" de compreensão do desespero e angústia vividos pela doente, sendo capaz de compartilhá-los com ela. Isso só foi possível por causa da quebra de barreiras na relação entre os dois. O médico pôde admitir suas limitações e a paciente permitiu-se chorar; com isso estabeleceu-se um novo tipo de relacionamento, uma vez que ambos estavam uníssonos no processo. Pode-se dizer que o médico intuiu o que se passava com a paciente e colocou em palavras aquilo que estava sendo mostrado e não dito. Isso nos remete ao conceito, já visto aqui, de identificação projetiva desenvolvido por Melanie Klein.

Projeto Tutor

Coordeno um trabalho denominado Projeto Tutor,* juntamente com outra colega psicóloga, Ana Luiza de Figueiredo Steiner, desde 2002, por meio do qual realizamos atendimentos domiciliares a pacientes com esclerose lateral amiotrófica (ELA) – doença degenerativa e progressiva do neurônio motor, até o momento sem prognóstico de cura, em que a pessoa vai perdendo os movimentos em decorrência da morte dos neurônios motores –, bem como aos seus cuidadores e familiares. Esses pacientes são devidamente cadastrados pela Associação Brasileira de Esclerose Lateral Amiotrófica (ABrELA).

A cada dia, tanto pacientes como familiares e cuidadores se deparam com perdas significativas (lutos diários), gradativas e progressivas, que potencializam a ideia da finitude, da morte. Nesse sentido, o Projeto Tutor prepara alunos de graduação e profissionais da área da saúde para exercerem a tutoria em atendimentos domiciliares, buscando poder amparar, acolher e amenizar o sofrimento psíquico dos pacientes, melhorando, assim, sua qualidade de vida. O objetivo principal é preparar os tutores para que tenham uma escuta e um olhar mais humanizados nesses encontros, visando o seu amadurecimento, bem como desenvolvam a pesquisa científica.

Durante todos esses anos, algumas falas de pacientes com ELA que receberam nossa tutoria ficaram marcadas, pois expressam bem a questão de como eles lidam com os seus lutos e com a proximidade da morte:

---

* A palavra *tutor* tem vários significados, sendo este o pensado para o Projeto: "estaca ou vara que se enterra no solo para amparar uma planta de caule frágil, flexível ou volúvel." Assim, o termo foi empregado no sentido de amparo, olhar, escuta e acolhimento dos tutores.[1]

- "Hoje eu estou pior do que ontem e melhor do que amanhã."
- "Não fui eu quem piorou, e sim a doença que evoluiu."
- "Não sei mais o que é sentir o gosto das coisas!"
- "Nem a água que eu tomo é como eu quero, e sim como o outro me dá."
- "Você tem ideia do que é ir ao banheiro e não ter mais autonomia nem para se limpar?"
- "Há anos não sei o que é o gosto de nada, pois toda minha alimentação é por sonda gástrica."
- "Eu não tenho nada, vou melhorar e voltar à vida que eu tinha antes."
- "Depois que eu morrer, como ficará minha família?"
- "Quero gritar e não consigo, minha voz me deixou, sinto minha vida se esvair a cada dia."
- "Vocês não me enviaram duas tutoras, e sim dois anjos."
- "Ainda bem que tenho vocês que me escutam, pois a pessoa que cuida de mim está exausta."

Nota-se nessas falas a vivência e a percepção, bem como os mecanismos de defesa, que os pacientes manifestam para que possam dar conta de lidar com a constatação do princípio de realidade que se impôs em suas vidas. Alguns, mesmo diante dessa situação, expressam gratidão, revelando uma proximidade com a posição depressiva, enquanto outros revelam estar em posição esquizoparanoide. Nessa circunstância específica, os tutores não fazem qualquer tipo de interpretação, pois isso poderia abalar a(s) defesa(s) apresentada(s) pelo paciente; e são exatamente elas que os mantém vivos e esperançosos para lidar com a manutenção de sua sobrevida.

Até o momento foi constatado que o desempenho dos tutores nas visitas domiciliares têm ajudado os pacientes com ELA a suportar o intenso sofrimento decorrente da doença, amparando-os, acolhendo-os em suas dores e angústias, bem como aos seus cuidadores e familiares, fazendo com que a sua sobrevida seja permeada com qualidade em todo o aspecto emocional. Esse trabalho acabou gerando várias pesquisas sobre psicologia na ELA, apresentadas em congressos nacionais, internacionais, capítulos de livros e artigos científicos.

Adquirir esse tipo de escuta, olhar e acolhimento, no entanto, demanda anos de percurso do profissional, especificamente para o psicanalista, ao qual é *sine qua non* a análise pessoal, a supervisão, o estudo de um aporte teórico e que esteja ligado a uma instituição, pois a somatória disso tudo possibilita seu amadurecimento profissional e pessoal.

A análise pessoal poderá propiciar que, primeiro, o profissional entre intimamente em contato com seu próprio mundo mental, pois só assim ele poderá adentrar no universo mental de seu paciente; a supervisão por um profissional mais experiente o ajudará a desenvolver o olhar e a escuta para que tenha condições de entender a dinâmica mental de seu paciente; o estudo de um aporte teórico se faz *mister* na medida em que há a necessidade de se saber sobre que enfoque o fenômeno com o qual está lidando é compreendido e fundamentado; e, por fim, estar ligado a uma instituição propicia um constante estudo e atualização de seus conhecimentos.

Os psicanalistas, psicólogos e demais profissionais da saúde devem sempre ter em mente uma frase dita por um médico da Universidade da Pensilvânia, em 1884: "Quando não se pode utilizar a terapia para ajudar um paciente terminal, a arte do médico para com o mesmo é livrar seu caminho de espinhos, caso ele não possa florescê-lo com rosas".[19]

Referências bibliográficas

1. Houaiss A, Villar MA. Dicionário Houaiss da Língua Portuguesa. Rio de Janeiro: Objetiva; 2001.
2. Jackson EN. Grief and religion. In: Feifel H, editor. The meaning of death. New York: McGraw-Hill; 1965.
3. Pereira Franco MH. Luto em cuidados paliativos. In: Conselho Regional de Medicina do Estado de São Paulo. Cuidado paliativo. São Paulo: Cremesp; 2008. p. 559-70.
4. Freud S. Edição standard brasileira das obras psicológicas completas de Sigmund Freud. v. 14. Rio de Janeiro: Imago; 1986. Luto e melancolia (1917[1915]); p. 271-75.
5. Klein M. Amor, culpa e reparação e outros trabalhos. Rio de Janeiro: Imago; 1996.
6. Kübler-Ross E. Sobre a morte e o morrer. São Paulo: Casa do Psicólogo; 2002.
7. Laplanche J, Pontalis JB. Vocabulário da psicanálise. São Paulo: Martins Fontes; 1998.
8. Ferreira AB. Novo dicionário básico da língua portuguesa Folha/Aurélio. Rio de Janeiro: Nova Fronteira; 1995.
9. Freud S. Edição standard brasileira das obras psicológicas completas de Sigmund Freud. v. 14. Rio de Janeiro: Imago; 1986.
10. Weisman AD, Hackett TP. Predilection to death. Death and dying as a psychiatric problem. Psychosom Med. 1961;23:232-56.
11. Norton J. Treatment of a dying patient. Psychoanal Study Child. 1963;18:541-60.
12. Cramond WA. Psychotherapy of the dying patient. Br Med J. 1970 Aug 15;3(5719):389-93.
13. Böttcher HR. Aspects of the psychology of the terminal stage of life. Z Alternsforsch. 1988;43(1):25-30.

14. Bingley AF, McDermott E, Thomas C, Payne S, Seymour JE, Clark D. Making sense of dying: a review of narratives written since 1950 by people facing death from cancer and other diseases. Palliat Med. 2006;20(3):183-95.
15. Rezende VL. Reflexões sobre a vida e a morte: abordagem interdisciplinar do paciente terminal. Campinas: Editora Unicamp; 2000.
16. Fernandes ML, Boemer MR. O tema da morte em sua dimensão pedagógica. Londrina: Universidade Estadual de Londrina; 2005.
17. Kovács MJ. Morte e desenvolvimento humano. São Paulo: Casa do Psicólogo; 1995.
18. Balint E, Norell JS. Seis minutos para o paciente. Barueri: Manole; 1976.
19. Simmons Z. Management strategies for patients with amyotrophic lateral sclerosis from diagnosis through death. Neurologist. 2005;11(5):257-70.

Bibliografia

Bromberg MHPF. A psicoterapia em situações de perdas e luto. São Paulo: Editora Livro Pleno; 2000.

Colognese Junior A. A trama do equilíbrio psíquico. A questão econômica e as relações objetais. São Paulo: Edições Rosari; 2003.

Freud S. Edição standard brasileira das obras psicológicas completas de Sigmund Freud. v. 14. Rio de Janeiro: Imago; 1986. Sobre o narcisismo: uma introdução. p. 89-119.

Klein M. Amor, culpa e reparação e outros trabalhos. Rio de Janeiro: Imago; 1996. O complexo de Édipo à luz das ansiedades arcaicas. p. 416-64.

Klein M. Amor, culpa e reparação e outros trabalhos. Rio de Janeiro: Imago; 1996. O luto e suas relações com os estados maníaco-depressivos. p. 385-412.

Klein M. Inveja e gratidão e outros trabalhos. Rio de Janeiro: Imago; 1991.

Klein M. Inveja e gratidão e outros trabalhos. Rio de Janeiro: Imago; 1991. Notas sobre alguns mecanismos esquizoides. p. 17-43.

Klein M. Uma contribuição à psicogênese dos estados maníaco-depressivos. In: Parkes CM. Luto: estudos sobre a perda na vida adulta. São Paulo: Summus Editorial; 1998.

3 Histeria sob o Ponto de Vista Freudiano

Berenice Neri Blanes

Introdução

Este capítulo trata da histeria e sua constituição psicopatológica no sujeito nos meandros do pensamento psicanalítico freudiano e pós-freudiano.

O ponto de partida serão as inquietações de Sigmund Freud, ainda estudante de neurologia, acerca da mente humana. Suas dúvidas e sua imensa curiosidade conduziram-no ao estudo das mais diversas disciplinas e ciências humanas que, de maneira mais expressiva ou tênue, o aproximaram do conhecimento e compreensão do Humano.

O processo germinal da Psicanálise tem início com a visita de Freud à escola Salpêtrière, em Paris, liderada por Charcot, onde desenvolviam-se estudos com a hipnose, seguida da amizade e experiências adquiridas com Breuer e Bernhein na escola de Nancy. Mesmo sob a influência e orientação desses teóricos, Freud dialogava e submetia suas inquietações e pensamentos a outros interlocutores acadêmicos, que lhe apontavam observações e críticas, mas nem sempre eram generosos, muitas vezes sendo rudes e o desacreditando de suas ideias. Freud estabelece também um diálogo fecundo com seus pares e amigos sobre literatura, filosofia, antropologia e outras áreas de conhecimento.

Várias mudanças percorreram o pensamento freudiano ao longo de anos de estudo, fazendo-se necessárias reformulações teóricas, embora nada se perdendo totalmente. Assim que, pela via de um árduo trabalho (não sem conflitos e dúvidas), se revela a neurose, em especial a histeria e sua metodologia de tratamento.

As cartas entre Freud e seu amigo mais íntimo, Wilhelm Fliess, de 1887 a 1904, são o mais importante conjunto de documentos da história da Psicanálise, registrando o nascimento e parte de seu desenvolvimento. Fliess foi fundamental para Freud: em sua autoanálise e interlocução para suas descobertas e revisões.[1]

Em 1896, no texto "A hereditariedade e a etiologia das neuroses", Freud batizou o novo método de tratamento de "psico-análise".[2] Entre o final do século 19 e início do 20, nasce a Psicanálise, no memorável trabalho *A interpretação dos sonhos*, no qual Freud organiza e formula a metapsicologia psicanalítica.[3]

Vale ressaltar que Freud não abandonou nada daquilo com o que se ocupava. Seu trabalho fora constante e incansável; conceitos pilares da teoria psicanalítica foram revisados, repensados, redefinidos, reaproveitados na evolução de seu pensamento. Assim foi, por exemplo, em relação a suas duas teorias tópicas (Ics/Pcs/Cs e Ego, Id, Superego), suas duas teorias das pulsões (1ª: pulsão autoconservação e sexual; 2ª: pulsão de vida e de morte) e os diferentes períodos na elaboração e formulação do complexo de Édipo; ou seja, todos esses conceitos que atravessam a Psicanálise e passam por grandes transformações ao longo de sua obra.

Não poderia ser diferente em relação a seus achados sobre a histeria, que também sofreram alterações quanto a sua gênese e determinação. As modificações e revisões em decorrência de novas descobertas e dúvidas eram acompanhadas de diferentes estados de humor em Freud, ora pelo ânimo (eufórico ou otimista), ora por um estado de desolação diante de contradições e fracassos pelas críticas obsedantes. Parte desse prelúdio está registrado nas correspondências enviadas a Fliess, documento instigante e curioso que nos faz *voyeurs* do surgimento da Psicanálise.[1]

Após uma síntese histórica da origem da Psicanálise, a histeria será discutida neste capítulo em sua articulação com a sexualidade infantil, o complexo de Édipo, o complexo de castração e a feminilidade. É com base nessas formulações que se propõe analisar a constituição do sujeito. Além disso, serão apresentadas a classificação das histerias (histerias de conversão e de angústia) e a formação dos sintomas, e também como a histeria se organiza, suas identificações, seus traços e as relações de objeto. A partir de uma perspectiva atual, são abordadas as histerias masculina e feminina. A análise de um caso clínico pretende exemplificar alguns dos conceitos abordados ao longo do texto.

Revisão histórica

Histeria deriva da palavra grega *hystera*, matriz, útero. Na Antiguidade era considerada uma doença orgânica de origem uterina, portanto, feminina. Já durante a Idade Média, convulsões eram tidas como expressão de prazer sexual, de origem pecaminosa, demoníaca, portanto, as histéricas eram feiticeiras. No século 18, tem início a passagem dessa concepção demoníaca para a concepção científica, e logo a histeria começa a ser vista como doença nervosa, mental. Duas correntes passam a pensá-la: uma organicista e uma psicogênica.[4]

Em 1878, Freud, já médico, especializado em neurologia, conhece o austríaco Josef Breuer (1842-1925), também neurologista, e tornam-se grandes amigos. Breuer foi uma figura importante no início da carreira de Freud, auxiliando-o financeira e profissionalmente, além de trocarem ideias sobre suas pesquisas intelectuais e clínicas. Exerceu, assim, grande influência na vida de Freud, sobretudo entre 1882 e 1895, em um período denominado "pré-psicanalítico".

A passagem em Freud do estudo biológico/médico para o estudo do psicológico até a fundação da Psicanálise se deu ao longo de cerca de 15 anos (1885-1900). Em 1885, Freud recebe uma bolsa de estudos e vai para Paris conhecer o trabalho de Jean-Martin Charcot (1825-1893), no Hospital Salpêtrière. Charcot, entre outras pesquisas, dedicava-se ao estudo da histeria e dos efeitos da sugestão hipnótica sobre os pacientes. Diferenciou a crise histérica da crise epiléptica e mostrou a possibilidade de se criar artificialmente, com o uso da hipnose, sintomas histéricos e em seguida removê-los, provando, assim, o caráter neurótico da doença. Definiu ainda a histeria traumática: os sintomas somáticos sucediam e estavam na dependência de um traumatismo físico; logo, as experiências traumáticas podem ter influência nos sintomas histéricos. Por sua vez, o hipnotismo demonstrava que as doenças somáticas poderiam ocorrer por influência mental (psicogenia), ser criadas artificialmente (e sua existência estava fora de um estado de consciência) ou, como se denominava na época, em um grupo psíquico separado – falava-se também de uma dupla ou segunda consciência. Observa-se que a consciência era um fator central, único.

Em 1888, Freud, mesmo sem conhecer Hippolyte Bernheim (1840-1919), publica a tradução que fez de seu livro *De la suggestion et de ses appilications à la thérapeutique*. No ano seguinte vai à Escola de Nancy, dirigida por Liebeault, escola culturalista pautada na medicina dos pobres e excluídos, encontrar-se com Bernheim, herdeiro da psiquiatria dinâmica, que definiu a hipnose como um estado de sugestionabilidade e acusava o mestre Charcot de manipular os doentes e fabricar artificialmente sintomas histéricos. Freud, então, aprofunda seus estudos sobre esse "método verbal de sugestão".

Breuer apresenta, então, a Freud o caso de uma paciente que chamou de Anna O. Tratava-se de Bertha Pappenheim, uma jovem muito inteligente, que sofria de histeria, tendo ficado enferma enquanto prestava seus cuidados ao pai, com o qual era ternamente ligada. Breuer explica seus sintomas relacionando-os a esse período de sua enfermagem. Anna O. ficou em tratamento de 1880 a 1882, e Freud se interessou pelo caso, observando a existência de uma forte relação entre Breuer e Anna O. No entanto, ainda estava bastante ocupado com a neurologia para que o caso tivesse alguma influência sobre ele.

Breuer utilizava no tratamento o método catártico, oferecendo a Anna "a palavra" durante o estado de hipnose. Ela valeu-se dessa "liberdade concedida" para realizar o que ela própria chamou de "limpeza da chaminé" ou "cura pela fala" (*talking cure*).

O método consistia, assim, na conjunção simultânea de investigar o mal e livrar-se dele, procedimento que foi conservado pela psicanálise posteriormente.[5] Daí que as contribuições do método catártico de Breuer foram importantes, pois a prática de investigar pacientes em estado hipnótico, conduzindo a sua atenção diretamente para a cena traumática na qual o sintoma surgira, implicava esforços para descobrir o conflito mental envolvido naquela cena, acabando por liberar a emoção nela estrangulada. A regressão foi de extremo valor para a descoberta do processo mental característico das neuroses, isto é, pelas associações os pacientes regrediam da cena que se tentava esclarecer até experiências mais antigas, conduzindo cada vez mais para trás as recordações, primeiro, até a puberdade, mais tarde, até a mais tenra infância.

Freud e Breuer escreveram a quatro mãos *Estudos sobre a histeria* (1893-1895), nos quais descrevem cinco casos clínicos ilustrativos do modo como entendiam e tratavam a histeria na época. Freud, já em alguns casos, não utiliza mais a hipnose, além de começar a investigar a possível etiologia sexual como determinante da neurose, fator que causou grande divergência entre ele e Breuer.

O primeiro texto desse período, intitulado "Sobre os mecanismos psíquicos dos fenômenos histéricos: uma comunicação preliminar", é resultado de uma conferência proferida em 1893. Nele, os autores procuram compreender o sintoma histérico pelo estrangulamento e impossibilidade de ab-reação, de um afeto ligado a uma ideia traumática. As histerias dizem respeito a uma memória patogênica, traumática, que não sofreu o desgaste afetivo necessário e ou suficiente. A ideia traumática/aflitiva é subtraída do pensamento consciente/pré-consciente. A hipnose, nessa época, era utilizada como meio de conduzir o paciente a tais ideias e situações ligadas a elas não ab-reagidas, e que permaneciam ativas nesse grupo psíquico separado suspendendo a consciência do processo. As ideias esquecidas, dissociadas de seu afeto e separadas do pensamento consciente eram então despertadas, lembradas, e os afetos que foram convertidos ou deslocados para o sintoma atual podiam, então, retornar à sua ideia original pela "ordem" do hipnotizador. As ideias podiam ser, assim, ab-reagidas. A conexão causal entre o fator desencadeante, a situação traumática e o fenômeno substitutivo, o sintoma, pode ser nítida ou apenas expressar-se por meio de uma relação simbólica.

Freud descreve ainda nesse texto que as causas envolvidas na maioria dos sintomas histéricos são traumas psíquicos, experiências que envolvem um conteúdo com emoções aflitivas que se incompatibilizam com o pensamento consciente, seja pelo seu conteúdo, o estado que o sujeito se encontra no momento do trauma, seja pela impossibilidade momentânea de ab-reação.

O que isso quer dizer e como se relaciona com a ausência de ab-reação? A histeria, na época, foi classificada em relação a seu estado e sua natureza, tendo-se, inicialmente, a histeria hipnoide e a de retenção, e, mais tarde, a histeria de defesa. A primeira resulta do fato de uma situação traumática ocorrer em um momento que o sujeito se encontrava em estado crepuscular, não havendo, portanto, como reagir ao trauma, pois o sujeito não se achava em um estado de consciência que possibilitasse a percepção da experiência e seu possível desgaste. Já na histeria de retenção o trauma se instala pela impossibilidade de o sujeito reagir à situação traumática, por ser a reação inapropriada para o momento ou pelo susto que dispara, mas, de qualquer modo, o sujeito retém a intensidade do afeto desprazeroso que teria que ser ab-reagido e estabelecer novas conexões. Posteriormente, Freud classifica toda histeria como sendo de defesa, pois, por estar na dependência do conteúdo, da natureza do trauma, a defesa põe em jogo uma tentativa de distanciar-se, esquecer a ideia incompatível. Aquilo que, de início, "voluntariamente" tem de ser afastado é de natureza desprazerosa. A classificação anterior, hipnoide e de retenção, deixa, então, de ter sentido, pois toda histeria, ou melhor, todo sintoma histérico resulta de uma defesa contra ideias e afetos desprazerosos, o estado crepuscular ou hipnoide no qual o sujeito se encontra constitui em si mesmo uma defesa, a retenção de um afeto se relaciona ao desprazer e à tentativa de defender-se dele.

Na última parte dos *Estudos sobre a histeria*, no texto "A psicoterapia da histeria", Freud abre caminho para a associação livre como método terapêutico. Os sintomas histéricos desaparecem quando vem à luz o agente provocador somado ao afeto que dele se dissociou. Esse afeto tem de ser devolvido à palavra e desgastado na relação com a ideia original a que pertenceu. Além disso, Freud postula a etiologia sexual dos fenômenos histéricos.

> Fui obrigado a reconhecer até o ponto onde [sic] pode-se falar de causas determinantes que levam à aquisição das neuroses, sua etiologia deve ser procurada em fatores sexuais. [...] Diferentes fatores sexuais produzem diferentes quadros de perturbações neuróticas.[6]

Freud e Breuer começaram, então, a divergir em vários aspectos relativos aos mecanismos específicos da histeria. Para Breuer, existia uma teoria fisiológica para entender a divisão mental nos pacientes histéricos explicada pela ausência de comunicação entre os vários estados mentais, tal como a teoria dos estados hipnoides. Já para Freud, tendências e motivos análogos aos da vida cotidiana estavam por trás da formação de sintomas. Nesse sentido, encarava a divisão mental como efeito de um processo de repulsão de ideias que eram incompatíveis com valores morais e civilizatórios, denominando defesa e, posteriormente, recalque ou repressão, o processo de expulsão dessas ideias do acervo mnêmico pré-consciente/consciente. A sexualidade como fator etiológico das neuroses, enfim, era um ponto de vista repudiado por Breuer e absolutamente importante para Freud.

As divergências foram muitas, mas eles também chegaram juntos a conclusões importantes. Uma delas foi a máxima: "os histéricos sofrem de reminiscências". Essa ideia jamais foi abandonada por Freud: os acontecimentos, lembranças, recordações se conservam na memória, e algumas dessas reminiscências são desagradáveis e violentas, de natureza traumática (do grego *trauma*, ferida). Tais recordações traumáticas são patogênicas, provocam doenças.

O recalcado não se apaga, não se dissolve, permanece com uma força ativa, inconsciente, que penetra no comércio associativo consciente/pré-consciente de forma disfarçada ou deformada, determinando as formações inconscientes entre elas. Para expulsar da consciência as recordações dolorosas, emocionalmente carregadas, é necessário que um mecanismo ativo de repressão opere no psiquismo. Como normalmente não se pode expressar as recordações negativas, inconscientes e penosas, recalcadas, sua energia emocional ou afeto sofrem uma mudança de destino, investem em novas ideias.

Os sintomas eram efeito do recalque, produzia-se uma dissociação entre uma representação e um afeto ligado a ela. A representação ou ideia era incompatível com valores sociais, morais, civilizatórios, portanto, tinha de ser esquecida, retirada do acervo consciente, e separá-la do afeto ligado a ela é uma maneira de entender a repressão. A ideia era então recalcada, enquanto o afeto, agora livre, era deslocado para uma falsa conexão, objeto fobígeno (histeria de angústia), ou convertido, localizando-se em uma zona histerógena de alguma maneira relacionada com a representação recalcada (histeria de conversão). Isso só é possível por Freud conceber o corpo como um "corpo erógeno". Quando o afeto deslocado ou convertido era liberado de suas falsas conexões pela ab-reação, ele era, então, devolvido à ideia original da qual se dissociara, e podia encontrar outro destino que não a neurose. Importante ressaltar que a repressão é da representação, e não do afeto (*quantum* de energia).

Nesse momento, a concepção e conceitualização do inconsciente como instância, com leis próprias, organização própria etc. ainda não estava desenvolvida. A ideia de um "corpo estranho", de "grupo psíquico separado" ou de "uma segunda consciência" era o que mais se aproximava daquilo que, posteriormente, seria o inconsciente, mas com um agravante: esse corpo estranho era ainda assimilado ao patológico. O "inconsciente" era, portanto, patológico.

O objetivo da terapia, então, era fazer com que o paciente revivesse a experiência traumática original, vinculando novamente o afeto a ela pertencente, liberando, assim, o sujeito de seu sintoma – representação deformada da ideia recalcada. A nova dificuldade, assim, consiste no fato de todo sintoma ser sobredeterminado, ele é provocado pela associação de vários processos/complexos psíquicos.

Freud acrescentará ao método catártico alguns fatores que abrem caminho e se aproximam mais das futuras formulações psicanalíticas: a teoria do recalque e da resistência, o reconhecimento da importância de fatores sexuais, posteriormente a sexualidade infantil, a interpretação e exploração dos sonhos como fonte de conhecimento do funcionamento da mente humana.

Entre 1895 e 1897, já distante de Breuer, Freud desenvolve a teoria da sedução: o fator traumático deixaria de ser definitivamente um trauma físico, mecânico, ou relacionado a ideias de cunho doloroso e passará a ser de etiologia sexual, um trauma sexual, experiência de sedução promovida por parte de um adulto próximo o que ocasiona pensamentos e ideias sexuais com consequências psíquicas traumáticas. Desse modo, apenas as "representações sexuais" são objeto de defesa e constituem a fonte de sintomas neuróticos. O fator etiológico principal na constituição das neuroses seria uma sedução sexual ocorrida na infância do paciente: um adulto, frequentemente um parente próximo, teria cometido abusos sexuais. Para Freud a investigação da gênese dos sintomas histéricos conduz a uma "cena de sedução". A experiência não era compreendida pela criança pelo fato de ela não ter acesso à sexualidade, portanto, as intensidades em jogo ficam sem sentido, sem significação. Freud, tal como seus contemporâneos, acreditavam, na época, que a sexualidade só irrompe na puberdade. Será somente com o desenvolvimento da sexualidade puberal que um evento fortuito poderá evocar a cena original e, nessa ocasião, ser compreendida. É por efeito retroativo *après-coup*, por posterioridade, que a significação traumática ocorre.

O "eu" se vê tomado por uma soma de excitação, uma intensidade até agora desconhecida, vinculada a uma ideia insuportável, e não encontra, em geral, outro caminho senão o da defesa patológica: o recalcamento deverá dissociar essas intensidades da ideia traumática dando a cada um desses dois elementos – soma de excitação e ideia – destinos distintos. A ideia, cena, será recalcada e a soma de excitação será convertida para o corpo ou deslocada para uma nova ideia, formando, assim, um sintoma em sua falsa conexão.

Essas concepções ocupam Freud não sem angústias e inquietações. Nesse sentido, vale transcrever aqui, quase na íntegra, duas cartas de Freud a Fliess que indicam a necessidade de transformar sua teoria:[1] Em 07/07/1897:

> [...] a defesa contra as lembranças não impedem que elas deem origem a estruturas psíquicas superiores, que persistem e depois são igualmente submetidas à defesa. [...] Aquilo com que somos confrontados são falsificações de memória e fantasias. [...] essas estruturas se agrupam e são mais fortes que as lembranças verdadeiras – são coisas novas que estou aprendendo sobre os processos inconscientes. [...] posteriormente, essas fantasias e impulsos são recalcados, aparecem as determinações superiores dos sintomas, já provenientes das lembranças, e novos motivos para manter a doença.

Freud começa a se ocupar da ideia de que as queixas e sintomas histéricos estariam vinculados a fantasias inconscientes, e de que a ideia de traumático possa estar vinculada ao desejo, diferentemente daquilo que postulara. A ideia de uma experiência traumática pela via da sedução sexual passa, então, a ser questionada.

Dois meses depois, em 21/09/1897, complementa:

> Não acredito mais em minha neurótica. Vários fatores são responsáveis por essa descrença em relação à teoria das neuroses, entre eles estão: o desapontamento em não conseguir levar nenhuma análise a uma conclusão real, a falta de sucessos e a possibilidade de explicar a mim mesmo os sucessos parciais, a surpresa de que na totalidade dos casos, o pai, sem excluir o meu, tinha que ser acusado de pervertido, [...] embora essas perversões tão generalizadas contra crianças não devam ser prováveis.
> A perversão teria que ser mais frequente do que os casos de histeria, porque a doença só ocorre quando há um acúmulo de acontecimentos e um fator que enfraqueça a defesa – o fato de não haver indicações de realidade no inconsciente e não poder diferenciar verdade de ficção que foram catexizadas pelo afeto e que a fantasia sexual se prende invariavelmente aos pais –, por fim, na psicose a lembrança inconsciente não vem à tona, de modo que o segredo da experiência infantil não é revelado, nem no mais confuso delírio. Se o inconsciente jamais supera a resistência da consciência, a expectativa de que no tratamento o inverso ocorra, a ponto de o inconsciente ser domado pela consciência também, diminuirá.

> Estava a ponto de desistir de duas coisas: da resolução completa da neurose e do conhecimento seguro de que sua etiologia está na infância. Não obtive êxito de alcançar uma compreensão teórica do recalcamento e do jogo de forças... Parece discutível que só as experiências posteriores deem ímpeto às fantasias, que remontariam à infância e, com isso, entraria novamente o fator hereditário que tanto questionei em prol do esclarecimento da neurose.

A teoria tem de ser transformada. A ideia sobre a etiologia sexual se mantém, mas de onde surgem as fantasias e desejos que estão em sua base? Freud faz mudanças fundamentais em seu método e suas concepções, utilizando tudo o que até então foi descoberto e, com crítica perspicaz, confronta suas ideias e as de seus antecessores com a clínica, abrindo caminho para novas possibilidades mais criativas e alinhadas às suas observações.

A hipnose e a técnica da pressão na fronte como método clínico liberaram o caminho para a descoberta do inconsciente, da associação livre reveladora, e a importância da sugestionabilidade, que, posteriormente, possibilitou o entendimento do fenômeno da transferência. Freud passa a ter um ponto de vista antagônico ao de Breuer acerca da etiologia da histeria. Contudo, sem as experiências e o auxílio deste, possivelmente Freud não teria como chegar aos seus avanços sobre a teoria da sexualidade e ao seu novo método, inaugurando, assim, a Psicanálise e o método da associação livre. Em 1899, termina a análise do caso Dora, que será publicado em 1905, e, em seus pós-escritos, começa a esboçar a teoria da transferência.

Do estudo sobre a histeria, dos sonhos e da psicopatologia da vida cotidiana (lapsos, esquecimentos, chistes), Freud extrai importantes hipóteses que vão organizar toda a teoria psicanalítica: a teoria do inconsciente, a ideia dos processos primários e processos secundários, os principais mecanismos do funcionamento mental, sua primeira teoria tópica, a teoria da sexualidade infantil, a noção de conflito psíquico, articulados ao complexo de Édipo. Seus primeiros estudos formam um conjunto de importantes avanços para a compreensão da constituição do sujeito.

Charcot deu o primeiro passo para um tratamento mais humano das neuroses. Hipnose e pressão na fronte eram métodos arbitrários e autoritários, mas não sem importância para aquilo que estava por vir: recordar eventos traumáticos pela técnica da associação livre era novo e revolucionário.

A chave para os sintomas neuróticos está "oculta" no sistema Inconsciente, que não é mais pensado como patológico, tem lógica (*lógica paraconsistente*, conforme conceitos de Newton da Costa), funcionamento e lei próprios. O recalcado é um infiltrado no Inconsciente, resultado da defesa, que passa a funcionar segundo as leis do Inconsciente. O paciente não sabe o que recalcou, mas pode conduzir o terapeuta para o encontro daquilo que está oculto por meio da associação livre. O conteúdo manifesto no discurso do paciente dá indícios dos pensamentos latentes, e a escuta clínica é o instrumento. Quando as ideias emergem, o sujeito cria barreiras, quer afastá-las novamente. São resistências ao tratamento. O paciente inconscientemente se opõe ao tratamento, sinalizando assim ao terapeuta os seus pontos de defesa, fator fundamental para a eficácia do trabalho de análise. O sujeito é dividido. É necessário paciência para acompanhar a invisibilidade das manipulações neuróticas, as resistências, que nada mais são do que as tentativas de desviar a emergência do desagradável, do recalcado. Com o abandono da teoria da sedução surgem três conceitos fundamentais para pensar a etiologia da neurose: a ideia de uma sexualidade infantil; o complexo de Édipo; e o papel superior da fantasia como fator etiológico das formações inconscientes, como a neurose. Se o fator determinante nas neuroses não é externo, fatores internos presentes na constituição do sujeito a sobredeterminam.

Os pais têm papel preponderante no desenvolvimento da sexualidade infantil e na vida anímica da criança. As relações de amor e ódio desde a mais tenra infância, dirigidas aos pais ou seus substitutos, determinarão a sintomatologia neurótica. Freud destaca que o desenvolvimento da sexualidade infantil das crianças que mais tarde se tornam neuróticas não difere integralmente das crianças que se tornam "normais".

Freud volta a pensar o papel da sedução, embora o reposicione de modo diametralmente diferente em comparação com a teoria anterior. Antes, ele a pensava como fato concreto produzido por um adulto a quem a criança estava submetida. Isso levava em conta a ausência da sexualidade infantil, que se acreditava anunciar-se somente na puberdade.

Freud reconhece a sexualidade infantil como efeito dos cuidados "maternos" ou daqueles que exercem essa função. Mas não só, reconhece também que é a pulsão sexual materna, o desejo materno, que possibilita a pulsão sexual no bebê. A sexualidade começa a se instalar desde os primeiros contatos do bebê com a exterioridade. As primeiras experiências com o objeto vão transformando o corpo biológico em um corpo erógeno, apoiado na preservação capaz de satisfazer as necessidades de sobrevivência. É a "mãe" que alimenta, acaricia; a mãe que higieniza o corpo, o excita. A mãe que ama, seduz; produz sensações físicas prazerosas, que poderão ser repetidas/lembradas mesmo em sua ausência. A criança passa a desejar ser seduzida, deseja o desejo materno. O seio materno é seu primeiro objeto erótico, a origem do amor está ligada à necessidade de nutrição que é satisfeita no contato seio/boca. A criança não tem, inicialmente, como discriminar o seio da mãe. Aliás, não tem como se diferenciar do outro. A criança começa por desenvolver uma sexualidade própria, "perversa polimorfa", que parece ser independente do objeto na medida em que se satisfaz autoeroticamente. Contudo, é a sedução e a sexualidade materna que inscreve a pulsão no corpo da criança, inaugurando assim o corpo erógeno, irrompendo a sexualidade infantil com um modo especial de satisfação.

Desde esses primórdios desenvolvem-se fantasias. Elas têm uma formação complexa na qual desejo e realidade (sedução materna) são concomitantes. A sedução é condição da fantasia. É nesse jogo complexo, sutil, em que diferentes ordens se encontram e se chocam – desejo da criança, desejo da mãe; sedução, fantasia etc. –, que se estrutura a sexualidade humana.

O bebê, biologicamente desamparado, é incapaz de sobreviver à ausência de um outro que cuide de suas necessidades básicas de conservação/preservação, que o ame em sua enorme fragilidade e se ofereça como objeto de satisfação incondicional, tanto no que se refere às suas necessidades biológicas, quanto em relação ao seu imperativo desejo de ser amado (pulsão sexual). Em última instância, é nos primórdios de suas relações objetais que ele começará a aprender sobre aquilo que precisa e sobre o que virá a desejar. Segundo Silvia Bleichmar:[7]

> O desamparo é o modo como Freud coloca esta dependência necessária dos primeiros tempos de vida. O fato de que o bebê está desamparado quer dizer que não tem possibilidade de resolução instintual de suas próprias necessidades.

Esse ser faltante, de longa dependência daqueles que o amparam, vive inicialmente do investimento libidinal materno ou daquele que exerce a função materna, inaugurando suas primeiras experiências de satisfação, primeiras expressões da pulsão em seu aparelho psíquico, isto é, primeiras formas de ligação e inscrição pulsional. Percorrerá várias experiências, prazerosas e desprazerosas, características das várias vicissitudes de suas relações primárias que deixarão marcas indeléveis em seu aparelho psíquico. Algumas delas jamais suscetíveis de serem recordadas, em sua inscrição e forma original, por sofrerem recalque originário, senão por meio de representações substitutivas que preencham as condições para representá-las. Outras são tão incipientes que mal conseguem alcançar estatuto representacional.

A pulsão de autoconservação e a pulsão sexual mantêm-se amalgamadas por um longo período, sem clara delimitação entre ambas. É impossível discriminar até que ponto a satisfação diz respeito ao desejo e ou à necessidade. Essa confusão interna é contemporânea da impossibilidade de diferenciar o *si mesmo* do *objeto*.

Freud descreve esse primeiro momento como autoerótico, o corpo biológico tem o estatuto de corpo erógeno, as pulsões parciais sexuais se satisfazem autoeroticamente nas zonas erógenas, apoiadas no autoconservativo que satisfaz às necessidades (boca, ânus, genitais, musculatura, pele etc.), fontes que se tornam autônomas de prazer e excitação sexual, o prazer envolvido é um prazer de órgão, não existe Eu. O autoerotismo é uma das características da posição oral da libido.

No texto "Sobre o narcisismo: uma introdução", de 1914; James Strachey, editor inglês, escreve e uma das notas:[8]

> Em 10 de novembro de 1909, em uma reunião da Sociedade Psicanalítica de Viena, Freud já havia declarado que o narcisismo era uma fase intermediária necessária entre o autoerotismo e a escolha objetal.
> [...] [O narcisismo] É considerado um dos fatores centrais na evolução de seus conceitos. Ocupa importante lugar no desenvolvimento sexual [...] penetra nos problemas mais profundos das relações entre o ego e os objetos externos, traça a distinção entre libido do ego e libido objetal [...]. Introduz os conceitos de ideal do ego e do agente auto-observador a ele relacionado, que constitui a base do que mais tarde chamará de supereu.

Do autoerotismo para a constituição do narcisismo primário, ocorre uma nova ação específica que Freud denomina identificação primária. Ela é responsável pela unificação das pulsões parciais e pelo surgimento de um Eu ainda indiscriminado dos objetos. Essa identificação, por alusão, diz respeito à incorporação do objeto primário "mãe", posição na qual a libido se concentra no Eu do Sujeito. O Eu é o objeto das pulsões, sua energia de investimento é a libido – libido de Eu. Desse ponto de vista, sujeito e objeto estão indiferenciados.

Em seu livro *Narcisismos*, Miguelez[9], além de apresentar a riqueza do conceito e suas múltiplas inserções na cultura e atualidade desde seu uso banalizado até diferentes situações nas quais cabe precisamente o uso do conceito, o analisa com profundidade em suas várias conjunções com o cotidiano. Escreve sobre a complexidade do texto de Freud, "um dos mais complexos textos da psicanálise", e sua importância na articulação com vários conceitos psicanalíticos.

Na introdução que faz ao narcisismo, Freud traz várias novidades, amplia a teoria das pulsões, com conceitos como: libido do eu (energia de investimento da pulsão sexual no Eu) e libido objetal (energia de investimento da pulsão sexual nos objetos), noções como ideal do Eu e Eu ideal. Articula o conceito com psicopatologia, psicoses, neuroses e melancolia. Com sonhos, doenças orgânicas, lutos, com as escolhas objetais, com os processos de sexuação, com o complexo de Édipo. O narcisismo está estreitamente relacionado com o complexo paterno, Superego, angústia e complexo de castração, identificações.

O texto freudiano nos auxilia a entender o social, a cultura, a hostilidade ao muito próximo, o "narcisismo das pequenas diferenças". Elucida e contextualiza a importância dos objetos primários para o bebê, embora este não possa nomeá-los e tampouco se discriminar deles, mantendo, durante um longo período, uma relação de profunda dependência deles. Freud referiu-se a esse período como a "longa pré-história edípica", quando o bebê ainda está fusionado com a mãe – não há o duplo, apenas o uno.

A mãe ama incondicionalmente, se oferece por inteiro, o libidiniza, o erotiza. Ele é "a majestade, o bebê", projeção do narcisismo materno, portanto, a ele nada deve faltar. Freud refere-se a esse período inicial, autoerotismo-narcisismo, como organização oral da libido. O Eu do bebê torna-se objeto de si mesmo, toda libido está concentrada no Eu, é o que se denomina libido do Eu, tem o estatuto de Eu ideal. Sua marca sela sujeito e objeto. A posição narcísica da libido caracteriza um momento constitutivo do Eu.

Para Freud, sexualidade está longe de ser sinônimo de genitalidade. A sexualidade apresenta-se desde muito cedo nas relações com os objetos primordiais e é marcada pela ambivalência amor e ódio antes mesmo de qualquer discriminação.

Nora Miguelez, em seu livro *Complexo de Édipo*, descreve os caminhos, as vicissitudes desse encontro mãe/bebê.[10] Aos poucos, essa relação fusionada sofre transformações. O bebê, até então ilusoriamente completo, não encontra em si mesmo a satisfação desejada, isto é, a lembrança de satisfação torna-se insuficiente para eliminar o desprazer provindo da necessidade. A tensão permanece, novas formas de descarga precisam ser encontradas.

O bebê, portador de um Eu ideal, se vê obrigado a reconhecer sua dependência do objeto. Inicia-se assim a discriminação entre um Eu, ainda bastante rudimentar, e um Outro, objeto capaz de proporcionar prazer. Essa relação é absolutamente ambivalente. Segundo Miguelez[10], a "mãe que o fez majestade, o destitui do trono". Ela deverá satisfazê-lo, passando a ter a condição de Eu ideal. Ela tem o que ele necessita e pode desejar. Sua história será atravessada pela busca em recuperar a condição de Eu ideal. De acordo com Nora, a busca por satisfazer o ideal do Eu possibilitará imagisticamente recuperar o Eu ideal. Em nome da obtenção do prazer desejado, isto é, do alívio da tensão interna, o princípio do prazer terá de submeter-se ao princípio de realidade. O modelo de satisfação anterior terá de ser recalcado.

A sexualidade infantil deverá sucumbir ao recalque, e nos damos conta dessa ação pela amnésia infantil. Quando Freud afirma que as "histéricas sofrem de reminiscências", está apontando para o recalque e a amnésia infantil relativa às experiências e aos desejos sexuais presentes na mais tenra infância. Segundo ele:

> [...] formamos a ideia de que há uma catexia libidinal original do ego, parte da qual é posteriormente transmitida a objetos, mas que fundamentalmente persiste e está relacionada com as catexias objetais, assim como o corpo de uma ameba está relacionado com os pseudópodes que produz.[11]

Pode-se dizer que narcisismo primário é um conceito mítico, inferido com base em suas formações secundárias. Há dificuldades para o estudo direto do narcisismo, as afecções como psicoses, esquizofrenias são os meios para compreensão daquilo que o envolve. É pela observação de manifestações sintomáticas que se percebe que a libido que investe o Eu, e posteriormente é dirigida aos objetos – libido objetal –, pode retrair-se novamente para o Eu, recuperando um estado narcísico (narcisismo secundário). Essa retração pode ser observada em estados normais e patológicos, além de referir-se a um estado inicial, constitutivo do sujeito e indispensável para a formação do Eu, que segue seu desenvolvimento psíquico investindo boa parte de sua libido nos objetos. Observa-se essa retração (regressão da libido ao Eu) em alguns processos normais como sonhos, doenças orgânicas, estados de luto, ou estados patológicos como melancolias, psicoses, hipocondrias, entre outros.

O Sujeito vai se constituindo pelas experiências com o outro, pela sua história relacional, pelos caminhos que sua libido vai percorrendo, suas inibições, fixações, renúncias. O narcisismo em suas formações secundárias atravessará toda a existência do sujeito. A libido caminha do autoerotismo para o narcisismo e para a escolha objetal.

Um desenlace desfavorável desses primeiros anos, falhas importantes de fixação ou aderência a essas posições iniciais de organização libidinal e determinarão organizações psicopatológicas primitivas, como a psicose, a melancolia e a esquizofrenia, esta última articulada a falhas no processo de estruturação ainda mais precoces.

Segundo Freud[11], ainda em seu texto sobre o narcisismo: "O valor dos conceitos de libido do Eu e libido objetal reside no fato de que se originam do estudo das características íntimas dos processos neuróticos e psicóticos."

E continua, dizendo que tanto o neurótico como o psicótico produzem um afastamento do mundo externo. Porém, a análise nos demonstra que:

> Um paciente que sofre de histeria ou neurose obsessiva, enquanto sua doença persiste, também desiste de sua relação com a realidade. Mas a análise demonstra que de modo algum corta suas relações eróticas com as pessoas e as coisas. Ainda as retém na fantasia, isto é, ele substitui, por um lado, os objetos imaginários de sua memória por objetos reais, ou mistura os primeiros com os segundos, e, por outro, renuncia à iniciação das atividades motoras para obtenção de seus objetivos relacionados àqueles objetos.[11]

A pulsão sexual gradualmente vai se tornando independente da pulsão de autoconservação. O bebê a mantém como objeto sexual vinculado àqueles mesmos objetos que o libidinizaram e foram protagonistas de sua longa pré-história edípica.

A organização anal ou sádico-anal, sucedânea da organização oral, introduz o conflito entre libido do Eu (narcísica) e libido objetal (Outro) – o sujeito está agora discriminado do objeto. Caracteriza-se por ser uma posição dual da libido. Surge uma forte ambivalência – amor/ódio – em relação ao objeto do qual a criança se vê dependente; há uma alternância identificatória, na tentativa de reestabelecer sua condição de Eu ideal e a observância em relação a um ideal do Eu. Assim, é marcada pela tentativa de oposição à interdição. Há uma relutância em relação à introjeção de uma condicional para o amor. O Eu oscila entre o investimento no Outro como objeto e no investimento do Eu como objeto. Levanta-se uma crítica ao Eu ideal: a mãe que investiu libidinalmente faz exigência para o amor, se insere um ideal de Ego a ser seguido, e satisfazer essas condições é uma tentativa de recuperar o Eu ideal, condição de amor completo.

A separação entre o Eu e o Outro não é um processo simples, havendo fluxos e refluxos da libido, de uma organização a outra. Podem surgir fixações pela dificuldade de superar posições libidinais. Expressam-se o ódio e o desejo de destruição pela perda da completude e da condição de domínio. Os pares antitéticos sadismo e masoquismo, a ambivalência amor/ódio pela perda do Eu ideal, são as marcas dessa posição da libido. O pai começa a se apresentar cada vez mais, e tem a função de interditar a díade mãe/bebê.

Em "O ego e o id", de 1923, Freud desenvolverá o conceito do complexo de Édipo completo, mantendo-o como universal, mas jamais volta a pensá-lo como natural. Em 1933, em "A feminilidade", faz sua formulação final, desenvolve diferenças importantes em relação ao Édipo do menino e da menina.

O final do Édipo resulta em identificações que vão constituir o núcleo do Superego, que é o "herdeiro do complexo de Édipo". A vivência edípica implica, tanto para o menino como para a menina, a experiência de duas posições, a heterossexual (Édipo positivo) e a invertida ou homossexual (Édipo negativo). Ambas são vividas intensamente. O amor edípico, incestuoso e proibido, terá de ser destruído, terá de ser renunciado, caso contrário entra em ação o recalcamento, ou a recusa como mecanismo de defesa próprio das neuroses e perversões. A sexualidade infantil desde muito cedo prepara o sujeito para o encontro com o objeto sexual.

Ainda em 1923, Freud introduzirá a organização fálica da libido em um texto intitulado a "Organização genital infantil". Além de fazer escolhas objetais durante a infância, a sexualidade infantil é muito próxima da sexualidade adulta. Essa organização caracteriza-se pela primazia do falo, para ambos os sexos. Freud[12] se refere a uma vivência de masculinidade tanto para a menina como para o menino: "a importância dessa posição é sua diferença com a organização genital adulta. Até esse momento só um órgão genital importa, o masculino, tanto para a menina como para o menino. O que está presente é a primazia do falo e não dos genitais".

O conflito que se instaura entre fálicos e castrados será trabalhado em textos de fundamental importância: a "Dissolução do complexo de Édipo" (1924), "Algumas consequências psíquicas das diferenças sexuais anatômicas" (1925), a "Sexualidade feminina" (1931), "A feminilidade" (1933). Freud trabalhará o Édipo como "o rochedo da castração", um "complexo nuclear" que estará na origem e no desfecho de tal complexo. A maneira como o pequeno infante suportará a perda narcísica que o complexo de castração envolve será determinada pelas vicissitudes de sua história edípica. Tais caminhos produzirão efeitos que serão decisivos na configuração das neuroses e perversões e no processo de sexuação.

Nesse período, Freud abandona o paralelismo entre o desenvolvimento de meninos e meninas, postulado no início de suas elaborações. Se nessas elaborações anteriores não se tinha o motivo para a renúncia edípica, agora se tem a *castração*. A angústia da ameaça de castração vivida pelo menino, e seu correspondente horror à castração vivido pela menina, põe em cena novamente os abalos narcisistas e a ameaça de perda de amor.

O "complexo de castração", com sua angústia iminente e inexorável em virtude da ameaça da perda do pênis, impulsiona o menino para fora da conflitiva edípica: "o pai" interditor do primeiro objeto de amor. "A mãe" (Édipo positivo do menino) é, então, seu novo objeto, mas essa posição também o ameaça na medida em que fica em uma relação passiva ao pai: pai como objeto de amor, uma posição fantasmaticamente homossexual. A ameaça de castração o impulsiona, na melhor das hipóteses, a abandonar o complexo, identifica-se com o pai e abre-se o caminho para escolha de mulheres como objetos de amor, que não a mãe objeto de amor do pai. É pela ameaça de castração que ele renuncia a seus objetos primários e sai da conflitiva edípica.

A questão para a menina se desenrola de maneira diferente, pois é pelo "complexo de castração", por reconhecer-se castrada, que ela entra na conflitiva edípica; antes disso, vive durante longo período seu idílio amoroso com a mãe. Sua primeira posição edípica será negativa. Inicialmente nega a castração e não sem resistências; ao reconhecer-se castrada, afasta-se com sentimentos de ódio, hostilidade em relação a mãe e sentimentos de inferioridade, perda, desamor. Entra, assim, na conflitiva edípica, no Édipo positivo em busca do objeto pai. O desejo de ter um pênis é transferido para o pai, apêndice do pênis/falo, apêndice da mãe. O desejo fica transferido ao desejo de ter um filho do pai. De qualquer maneira, é renegando a castração que pode passar à equação falo-filho, que é um desejo autêntico feminino. Abre-se a possibilidade de identificar-se com a mãe e caminhar em direção à feminilidade. Assim pensava Freud.

Esses objetos sexuais primários terão de ser abandonados, renunciados enquanto objetos de amor; sucumbirão diante das leis de interdição enunciadas pelo "pai", deixarão atrás de si identificações secundárias, edípicas, estruturantes que estão na base do surgimento do superego.

Para continuar constituindo-se, o sujeito precisa ser arrancado dessa díade narcísica mãe/bebê. O lugar de ser o desejo do desejo da mãe. Entra aí a castração simbólica nas mãos do pai. A função paterna é o que transformará o sujeito em um ser sexuado desejante.

O desenvolvimento do que é masculino e feminino é cultural, é a cultura incorporada.

Nem sempre o desfecho do complexo chega a termos que favorecem a masculinidade do menino e tão pouco a feminilidade na menina. Parte dos desejos investidos nesses objetos primários, pela impossibilidade de renúncia e intolerância à castração e por questões narcísicas, podem inibir a sexualidade do sujeito, dificultando a possibilidade de renúncia em algum ponto do processo de elaboração das vicissitudes edípicas. Esses desejos inibidos serão recalcados e estarão prontos a retornar.

Abrem-se os caminhos para as identificações secundárias, edípicas, estruturantes do sujeito; forma-se o Superego, com sua função crítica, de auto-observação, consciência moral que avalia o quanto o Eu está próximo ou distante do ideal do Eu. Sua finalização terá como resultado uma sexuação, isto é, abrirá caminhos para a feminilidade, para a masculinidade ou outras configurações sexuais. Resultará em uma estruturação psicopatológica da ordem das neuroses ou perversões, determinadas pelos desenlaces edípicos, fixações, renúncias e recalques das vicissitudes da sexualidade infantil.

É com a "dissolução" do complexo de Édipo, das vicissitudes experimentadas na relação com os objetos primários, ou melhor, suas experiências no Édipo positivo e negativo, fixações, renúncias, recusa à castração, rejeição, que se constituirá um Sujeito. Ser homem ou mulher (a sexuação) é dado pela história pessoal das identificações, não mais por uma tendência inata, assim como a psicopatologia, enquanto organização possível, é uma "escolha inconsciente", determinada pela constituição do Sujeito.

O complexo de Édipo tem três saídas possíveis, com pontos de intersecção entre si:

- Normalidade: possibilidade de ter suportado, tolerado a castração
- Neuroses: o recalque do desejo incestuoso que não pode ser satisfatoriamente renunciado e a consequente inibição da sexualidade, o recalcado retorna pelas formações substitutivas inconcientes. As neuroses, histeria e neurose obsessiva são suas manifestações psicopatológicas
- Perversões: tem como mecanismo de defesa a recusa. Importante recusa da castração que dividirá o Eu: parte que recusa para si a castração (parte perversa) e parte que reconhece e lida com as diferenças (parte neurótica).

Com relação às psicoses, elas estão na dependência da libido narcísica, da dificuldade da mãe conseguir separar-se do bebê e permitir que ele se separe dela, da impossibilidade de introduzir um pai, um terceiro na relação, que castre, proíba, interdite, que insira o simbólico através "do nome do pai"; há um fracasso do complexo de Édipo, pois ele é vivido de modo extremamente rudimentar.

Nora Miguelez[10] faz um minucioso estudo, tanto retrospectivo como contemporâneo, da conflitiva edípica – com o objetivo de pensar sua validade, suas transformações na cultura contemporânea –, e determinante de uma subjetivação, e tanto relacionando-o à psicopatologia como à sexuação, nos diz: "é necessário retomar a distinção feita entre complexo de Édipo em sentido estrito e em sentido amplo".

O complexo de Édipo, em *sentido estrito*, rege

> *as questões ligadas a novas formas de feminilidade e de masculinidade, assim como aquelas centradas nas psicopatologias contemporâneas, incluem-se na problemática relacionada com o complexo, já que é em seu interior que se decidem sexuações e "escolha" de psicopatologia.*[10]

É no sentido estrito que se ocupa aqui do complexo de Édipo para pensar a histeria, como resultante de uma estrutura paterna deficitária e uma dificuldade de aceitar a falta, a castração.

No que diz respeito ao *sentido amplo* do complexo de Édipo, Nora Miguelez[10] comenta:

O sentido amplo rege o tratamento das questões ligadas à proibição do incesto. Implica perguntar-se sobre sua vigência ou não na cultura contemporânea, as transições possíveis, as modalidades nas quais se faz ou não presente.

Histerias e a formação dos sintomas

Interessa aqui pensar a histeria e suas consequentes ligações com os objetos. O histórico e os primórdios das relações objetais constituem o Sujeito. Em decorrência disso, nos ocupamos longamente de sua história libidinal, que marca caminhos considerados como universais, porém, singulares no modo e vicissitudes de sua vivência. O estudo das manifestações psicopatológicas em psicanálise é feito com referência ao complexo de Édipo e de castração das neuroses. A ameaça da perda do amor dos objetos em função da castração e o deslizamento da pulsão por objetos possíveis, suas fixações, impossibilidades de sublimação e renúncia, são marcas que nos interessam para pensar a neurose e, em especial, a histeria. Cada organização psicopatológica deve ser entendida como "arranjo possível" do sujeito diante dessas conflitivas.

As perdas inerentes ao próprio Ego – que se reconhece como faltante –, a perda do amor a si mesmo (o narcisismo), a ameaça da perda do amor do outro, a intolerância a toda e qualquer experiência de frustração são determinantes estruturais da subjetivação.

Essas ideias estão presentes em "Além do princípio do prazer", de 1920, texto em que Freud[13] escreve:

> *O florescimento precoce da sexualidade infantil está condenado à extinção porque seus desejos são incompatíveis com a realidade... Esse florescimento chega ao fim nas mais aflitivas circunstâncias e com o acompanhamento dos mais penosos sentimentos. A perda de amor e o fracasso deixam atrás de si um dano permanente à autoconsideração, sob a forma de uma cicatriz narcisista, o que, em minha opinião, contribui mais do que qualquer outra coisa para o "sentimento de inferioridade", tão comum aos neuróticos.*

O sintoma é uma *repetição* da *sexualidade infantil*, logo, das vivências e vicissitudes do complexo de Édipo, que resultam em conflitos entre o desejo e proibições. Eles são os substitutos disfarçados do recalcado, que se adequam àquilo que possa ser suportável ao pensamento pré-consciente/consciente, considerando o princípio de realidade. São formações de compromisso entre o recalcado e a instância recalcante, a defesa. São maneiras de proteger o aparelho psíquico, manter o equilíbrio de forças, a homeostase. Durante muitos anos Freud entende o aparelho psíquico como um aparelho representacional,* regulado pelo princípio do prazer, no sentido de manter a intensidade de forças em ação o mais baixo possível, levando em conta o princípio de realidade. Nesse sentido, as formações do inconsciente visam à descarga, à satisfação.** Seu objetivo é diminuir tensões/intensidades em acordo com o princípio de prazer/desprazer, considerando o princípio de realidade.

Em 1920, com a publicação de "Além do princípio do prazer", Freud insere importantes acréscimos à teoria em que vinha trabalhando até então. Não descarta a compreensão anterior, referida acima, na qual os sintomas se formam com base nas representações recalcadas: são a expressão de fantasias inconscientes, o aparelho é regulado pelo princípio do prazer/desprazer. O sintoma é uma alusão simbólica disfarçada do reprimido, mas não somente isso. Freud reintroduz, então, a noção de trauma, agora de um ponto de vista econômico.

O traumático se relaciona a intensidades não simbolizadas, não ligadas, há uma demanda pulsional intensa que exige descarga. Essas intensidades são inapreensíveis, estão desligadas do circuito associativo, não alcançaram representabilidade, logo, não sofreram a ação do recalque originário, sua energia está *livre*, desligada do aparato representacional, não simbolizada. Esse *quantum* terá de ser descarregado, e será pela compulsão à repetição no sintoma que essas intensidades poderão encontrar uma maneira de serem processadas. O sintoma é uma maneira de proteger o aparelho do acúmulo de excitação.

Ainda em "Além do princípio do prazer", Freud postula a segunda teoria das pulsões: pulsão de vida, representada pelas *pulsões sexuais* e pelas *autoconservativas*, que fazem ao aparelho exigências de trabalho, em que a energia está ligada às representações que são capazes de significar, por simbolização, o recalcado; e a pulsão de morte, que tende a reduzir a zero as tensões no aparelho (ausência de tensão é ausência de desejo, ou seja, o que está em jogo é uma tendência ao inorgânico, um estado de silêncio pulsional). A pulsão de morte é insidiosa, disjuntiva e destrutiva.

---

* Ver "representação" e seus derivativos no *Vocabulário da psicanálise* (Laplanche J, Pontalis JB. São Paulo: Martins Fontes; 1970).

** Ver "vivência de satisfação" no *Vocabulário da psicanálise* (Laplanche J, Pontalis JB. São Paulo: Martins Fontes; 1970).

Freud trabalha com o conceito de compulsão à repetição de modo diferente daquele que introduziu em seu artigo "Recordar, repetir, elaborar", de 1914, onde pensava o aparelho como absolutamente representacional, no qual a repetição estava assimilada ao retorno do reprimido, repetir para recordar. A partir de 1920, a compulsão à repetição, por meio do sintoma, é uma tentativa de repetir inesgotavelmente, incansavelmente essas intensidades pulsionais que estão para além do prazer, são anárquicas, pura excitação não simbolizadas que não encontram uma possibilidade de ligação. Segundo Alonso e Fuks[14]:

> O sintoma passa a ser considerado a partir de duas perspectivas: se de um lado é mensagem do inconsciente recalcado, do outro é defesa contra intensidades pulsionais excessivas. Freud conceitualiza esse excesso como traumático, ideia presente no início de sua obra e retomada com força após a formulação da segunda teoria pulsional.

Histeria de angústia

Em 1926, Freud[15] escreve "Inibições, sintomas e ansiedade", onde sublinhou características importantes do Ego, Id e Superego que nos interessam, especialmente, para pensar a formação dos sintomas. Há uma dialética intersistêmica no aparelho psíquico.

> O sintoma é um sinal e substituto de uma satisfação pulsional que permaneceu em estado jacente; é consequência do processo de Repressão. [...] A repressão se processa a partir do ego, quando este – pode ser por ordem do superego – se recusa a associar-se com uma catexia instintual que foi provocada no id.

É função do Ego, então, impedir que ideia e impulso, procedentes do Id, tornem-se conscientes, utilizando-se do recalcamento para tal. Esse impedimento depende de um sinal de desprazer para que o princípio de prazer seja acionado, venha do Ego em seu auxílio, e consiga submeter o Id.

"O ego é a sede da angústia."[15] Ele serve a três "senhores" na dinâmica intersistêmica: deve obediência ao Superego, que lhe faz exigências de censura/defesa, levando em conta as experiências infantis, a observância moral e o cumprimento de um ideal para o Eu, como já dito anteriormente; é herdeiro do complexo de Édipo e, como tal, representante de todo modelo identificatório; além de representante da lei, das regras internalizadas. O Ego deve também conciliar as demandas pulsionais advindas do Id, encontrando uma maneira de satisfazê-las/descarregá-las de modo conveniente e, para tanto, se oferece como objeto, sem deixar de considerar o Superego e a realidade externa (com suas, leis, possibilidades, valores etc.). Isso não é pouco para o Ego que controla o acesso à consciência, que tem uma capacidade de percepção dos estímulos internos e externos e uma função adaptativa e de fuga diante dos perigos vindos tanto do interno como da exterioridade.

Ainda no mesmo texto, Freud retoma um artigo de 1909, "O caso do pequeno Hans", para falar de uma fobia histérica, ou melhor, de uma histeria de angústia. Hans tinha uma fobia a cavalos, não saía à rua por medo de ser mordido por esses animais. Freud toma o complexo de Édipo na tentativa de entender o caso. Deve-se lembrar que nessa época Freud ainda entendia o Édipo como natural (o menino tem um desejo originário pela mãe), embora nesse caso já muito se aproxime das questões relativas às diferenças anatômicas, como também de ideias que já apontavam para a *castração*, ainda que em 1909 não a entendesse como complexo nuclear das neuroses (essas ideias só seriam trabalhadas enquanto conceitos a partir de 1923).

Ao retomar o caso Hans, Freud[15] faz alusões à conflitiva edípica do garoto: seus sentimentos pelo pai eram ambivalentes, por um lado expressava uma atitude hostil e ciumenta, por outro expressava profundo amor. Esse embate fora resolvido por meio de uma formação sintomática. Recalcou o impulso hostil, agressivo – ativo em relação ao pai –, e intensificou a atitude terna, amorosa – passiva para com ele.

Freud escreve:

> O grau exagerado e compulsivo da afeição, por si só, trai o fato de que não é o único presente, mas está continuamente alerta para manter o sentimento oposto sob supressão, permitindo-nos postular a atuação de um processo que denominamos de repressão por meio da formação reativa *(no ego)*.

A atitude hostil se justificava pela interdição da mãe por parte do pai; o filho estava apaixonado pela mãe e desejava tirar seu pai do caminho:

> Ele vira um cavalo cair e também vira um companheiro de brinquedo, com quem brincava de cavalo, cair e ferir-se. A análise justificou a inferência de que ele tivera um impulso pleno de desejo de que o pai deveria cair e ferir-se, como seu companheiro e o cavalo haviam feito.

A hostilidade, agressividade tem que ser recalcada pela ameaça de castração.

Segundo Freud, sua reação emocional seria compreensível, mas transformou-se em neurose pela substituição do pai pelo cavalo, fez um deslocamento do afeto. Hans temia "cavalos/pai" pelo desejo parricida.

A fobia como sintoma tenta temporariamente dar conta do conflito. O Ego recalca a hostilidade, recebe um sinal de angústia pela presença de um perigo em função das exigências do Id, vê-se diante de uma ansiedade neurótica, o retorno do reprimido se apresenta como sintoma, medo de cavalos. A angústia denuncia a proximidade do recalcado, alerta o Ego, que produz recalque.

Os sintomas fóbicos podem estar presentes em diferentes neuroses e psicoses, como no quadro de *neurose de angústia* (a angústia procede de perturbações da ordem da excitação sexual). Nesse sentido, os sintomas fóbicos não podem ser considerados como uma estrutura psicopatológica independente. No caso do pequeno Hans, por sua semelhança com as histerias de conversão, Freud a isola como *histeria de angústia*.

Nas duas neuroses histéricas, o recalque dissocia a representação indesejável de seu afeto. A diferença está no fato de que, nas histerias de angústia, o afeto separado da representação é liberado em forma de angústia e deslocado posteriormente para um objeto fóbico com a finalidade de ligar a angústia que ficou livre a uma representação; já na histeria de conversão o afeto separado da representação será convertido.

Na histeria de conversão, como já visto, o afeto dissocia-se da representação, em função da exigência de recalque; o afeto desligado de sua representação de origem é convertido, sem liberar angústia.

O corpo é figura central na formação dos sintomas. E os sintomas apresentados pelas histéricas no início da Psicanálise tornavam o corpo cenário do desejo inconsciente, eram sintomas que obscureciam o desejo e a satisfação pelas paralisias motoras, contraturas musculares, ações involuntárias, cegueira, afasias, dores, alucinações. A histeria hoje, com a liberação da sexualidade, encontra na erotização do corpo uma via de expressão; diferentes sintomas entram em cena, resultado de novos "valores" culturais.

As fibromialgias, anorexias, bulimias relacionam-se com a necessidade de glorificação do corpo, da excessiva preocupação com a estética corporal. A frigidez se manifesta em atos de despreendimento sexual por meio de certa teatralidade; a impotência se oculta em certo "Dom Juanismo", condutas sedutoras. Cefaleias, depressões, síndrome do pânico, o politicamente correto implicando em parecer ser e parecer ter. Sintomas que denunciam a presença do recalcado por intermédio da simbolização ou do representacional. Ou ainda denuncia-se por meio de sintomas que, pelo transvasamento de intensidades pulsionais, seja pelo excesso ou falta de representação, não conseguem ser processadas simbolicamente, se expressando por vias mais imediatas de descarga.

Vê-se ainda o corpo em ação, um corpo que serve de palco para a expressão do psíquico. Não se trata aqui do corpo anatômico, biológico, mas do corpo simbólico que desde a mais tenra infância, pela sedução materna, foi erotizado; suas zonas erógenas serviram ao princípio de prazer, participaram das relações mais primárias com os objetos. O corpo tem linguagem própria, não obedece ao determinismo fisiológico/biológico de sua origem. É um corpo marcado pela história, com seus impedimentos, regressões, expressão de amor/ódio, sedução, desejo. Oferece-se como sintoma, por ser um corpo erótico, atravessado pela linguagem. Segundo Alonso e Fuks:[14]

> [O corpo] tem seus limites e seu mais além, o corpo erógeno. Este opera como corte simbólico a partir dos diversos discursos que se entrelaçam na constituição fantasmática do corpo vivente, do corpo no nível da realidade psíquica. Há um corpo-soma que é o corpo organismo ou corpo biológico; há, também, uma imagem do corpo, que será construída no processo de construção do próprio Eu: um corpo atravessado pelo simbólico, que é um corpo histórico, erógeno, sexual que se constitui à maneira da montagem de um quebra-cabeça, que vai sendo armado em cada história singular. É sobre este corpo fantasísticotico, construído em cima de uma anatomia simbólica, que a histérica estrutura seus sintomas e é justamente este corpo que muitos médicos teimam ainda em desconhecer.

O corpo na histeria é cenário daquilo que vem do inconsciente, do pulsional, do recalcado, está inscrito nas fantasias, na linguagem histórica das histéricas, que encenam uma imagística singular que, no corpo, encontra um lugar capaz de obscurecer e ao mesmo tempo revelar o desejo recalcado. As formações sintomáticas do inconsciente, retorno do recalcado, são tentativas de recuperar algo da ordem de um gozo perdido. Mas não é só pelo corpo que o desejo inconsciente recalcado se expressa na histeria. A histeria se apresenta na fala da histérica, no modo de se comunicar, nas relações que estabelece com os objetos, na expectativa que tem do outro, na tentativa de apropriar-se do saber do outro, no modo de operar e lidar com as exigências culturais, na neurose de transferência, no *acting out*. A associação livre do paciente, seu discurso, é a condição de possibilidade para a decodificação do inconsciente.

Caso clínico

A seguir, apresento o relato de uma paciente que atendi durante 3 anos.

Inicio contando um pouco de sua história, cujos dados foram modificados e, em seguida, uma vinheta clínica, para, por fim, discutir alguns aspectos em relação ao que foi visto anteriormente sobre histeria.

- Paciente: Lia, 23 anos, trabalha com educação, cursa uma graduação na área de humanas. Casada há aproximadamente 1 ano – durante esse período passou por uma separação e uma reconciliação. Procura análise nesse momento de reconciliação. Ela é a terceira filha de uma prole de cinco irmãos; a mãe teve o primeiro filho quando ainda solteira
- Família: os pais são comerciantes aposentados, e se mudaram para outro estado com os dois filhos mais novos. Passaram por sérias dificuldades econômicas. A paciente tem, atualmente, uma condição financeira e cultural privilegiada quando comparada à da família de origem
    - Pai: aproximadamente 10 anos mais velho que a mãe. Descrito como um sujeito carinhoso, amável, mas que ocupa um lugar desvalorizado na família. É uma pessoa passiva, de poucos recursos e pouca ambição para projetar-se profissional e socialmente
    - Mãe: "decidida, ativa, batalhadora". Queixa-se do marido e das condições familiares. "Ele não dá conta de nossas necessidades." "Minha mãe sempre teve as rédeas da casa"
- Alê: seu marido, 21 anos, é "ambicioso", bem posicionado profissionalmente. Mantém alguns hábitos de quando solteiro, que incomodam muito Lia; ele gosta de estar com amigos, frequentar bares. Era muito dependente da família, "bobinho, inseguro". Propõe a realização de suas fantasias sexuais a Lia, que "são difíceis de serem acompanhadas, finjo satisfação para satisfazê-lo e não colocar em risco nosso casamento."

Lia é ambiciosa, diz envergonhar-se das condições da família de origem, sente-se culpada por esse sentimento e pelas diferenças entre sua condição pessoal e a de seus pais e irmãos. Além disso, afirma: "Sou ciumenta me sinto ameaçada pelas relações de Alê, inclusive pela terapeuta dele". Traz situações de rivalidade com a sogra e a cunhada, embora afirme comportar-se sempre amistosamente. No trabalho o mesmo se repete, compara-se a colegas e chefia, é sempre muito autocrítica. A paciente vem às sessões queixando-se de muita angústia e ansiedade. Sente-se na iminência de perder o que tem. Em muitos momentos relata sentir raiva das pessoas com quem se relaciona, diz sentir-se injustiçada na vida.

Queixa-se de frigidez sexual, o prazer só é possível durante o sexo oral, fato que não a incomodaria a caso não incomodasse o parceiro. Relata ter muito medo de perder o marido, acha que Alê está sempre em posição privilegiada, "não era assim antes de nos casarmos, ele me ouvia em tudo, eu dava as cartas, era bobinho e inseguro. Sinto muita raiva de ser dependente dele".

> É difícil iniciar a sessão. Terapia deveria ser só quando se está com vontade e sem tempo determinado [procura isqueiro na bolsa]. Acho que não encontro o isqueiro para não ter que começar a falar...
> Tem horas que dá uma angústia! Tudo esquenta lá dentro e aí dá vontade de vir à terapia, senti isso ontem à noite... [silêncio]
> Com Alê tem horas que está tudo bem e tem horas que muda de humor. Será que é uma questão de humor? Tem coisas que gostaria de falar, que parecem generalizações, mas ocorrem comigo, vejo que ocorrem com outras mulheres também. Ontem, no jantar, os amigos de Alê estavam à mesa, falando, contando casos, são machistas, acham que mulher não pensa. Reúnem-se entre homens, mas querem mulheres...
> Falei com ele sobre o que penso. As mulheres têm sempre que ficar dependentes? Os homens sabem tudo e estão sempre bem; as mulheres são angustiadas e sempre dependentes. Por mais independentes que possam ser, são diferentes dos homens. Onde trabalho, 60% das mulheres são separadas, são eles que pedem a separação.
> Elas ficam ali, angustiadas, tremendo por dentro, podem ser lindas, mas angustiadas. As mulheres são mais frágeis, homens têm o poder, se colocam como se tivessem mais valor, e isso em nome de um pinto...
> Os ocidentais são diferentes dos orientais. Mulheres ocidentais são sempre submetidas, dependentes. As orientais têm uma igualdade.
> Por que é tão importante a sexualidade? O pinto? Se tivesse uma varinha mágica, eu tirava todos os pintos.
> Teria a sua volta só mulheres... Relações entre mulheres e a ilusão de não precisar lidar com as diferenças...

Às vezes, sinto que você é a favor dos homens, fico sem entender. Vejo você como uma mulher a favor dos homens. É como se me dissesse que tudo o que digo é um erro, o que as mulheres sentem e vivem é um erro.
Gostaria que você fosse uma junguiana, que vê a questão da sexualidade da mulher e do homem de forma diferente. Como as mulheres veem...

Bom, mas já está na hora...

Tá vendo? Quando começa a esquentar você diz que está na hora e tenho que ir embora.

O primeiro ponto que me ocorre discutir diz respeito à escuta psicanalítica, a diferença entre conteúdo manifesto, campo proposto pela paciente, e conteúdo latente, campo no qual o analista escuta. A paciente nos convida a pensar sobre algo, e nós faremos um convite para que se entre em outro campo que possivelmente possibilitará uma abertura e compreensão das ideias que não estão presentes senão por alusão simbólica, disfarce do recalcado.

A histeria é uma neurose e, como tal, os objetos estão investidos fantasmaticamente/imagisticamente. A neurose deverá se apresentar na transferência, configurando uma neurose de transferência.

Lia inicia a sessão com uma demanda transferencial, narcísica de incondicionalidade. Ela diz: "Sessões deveriam ocorrer só quando se tem vontade e sem tempo determinado". Fala de um desejo infantil de amor e exclusividade. Na medida em que as coisas, durante a sessão, não se dão dessa maneira, algo da ordem da negatividade – "ausência" – se apresenta, e em consequência uma hostilidade que marca o clima da sessão.

"Será que as coisas vão esquentar por aqui?" Esquentar pode dizer respeito tanto a hostilidade quanto a excitação. A ideia fica em meu pensamento aguardando associações que deem continuidade e deciframento.

Segue a sessão falando do "clima", do "humor de Alê", mas a qual clima se refere? Do que gostaria de falar e não fala? "Existem situações que ocorrem entre mulheres." Convoca-me: o que penso? Como vejo as coisas? Você vê como vejo? A transferência começa a se desenhar.

Lia traz de bandeja questões da castração, as diferenças entre homens e mulheres. Sua inveja dos homens, das mulheres fálicas que têm os homens sob suas rédeas, tal como sua mãe. Procura uma aliança, uma identificação com a mãe "fálica", identificação que tem por regressão uma raiz oral, pré-edípica, mãe narcisista. É o jogo fálico que oscila entre ter e não ter o falo, conflitiva sempre presente nas histerias.

Parece que seu discurso sobre as diferenças entre "orientais e ocidentais" alude simbolicamente sobre diferentes saberes, diferentes culturas. Antíteses como igualdade/desigualdade, superioridade/inferioridade. Alcançar a *igualdade* é poder apropriar-se falicamente do saber do outro, além de eliminar as diferenças. É possivelmente o que a menininha na díade com a mãe fálica desejava manter: igualdade, ausência de diferenças. Diferença que a torna menor, inferior, a põe sob ameaça de não ser amada.

A hostilidade em função da falta se mantém, seu ódio pelo objeto e observância das diferenças a leva a pensar em eliminá-la, já que reconhecê-las é insuportável – "Se tivesse uma varinha mágica, tirava todos os pintos. Homens só querem mulheres". Eliminar os homens significa ter uma relação só com mulheres, tal como acha que querem os homens. O fantasma da bissexualidade se apresenta pela via homossexual. Estar entre mulheres. Desejo que repete uma condição pré-edípica de amor e desejo na díade com a mãe, Édipo negativo da menina, hostil ao pai/homem. Desejo de repetição da relação com a mãe fálica, oral – narcísica –, pré-edípica, repete a ilusão de incondicionalidade, nada pode faltar. Inveja da feminilidade fálica da qual tenta se apropriar na aliança que faz com as mulheres. Por outro lado, desejo de querer o que querem os homens, em uma identificação com o homem/pai, aquele que tem o objeto mãe.

Ela não sabe o que penso, e isso parece ser insuportável. Teme mais uma vez a desqualificação, inferioridade, agora na relação comigo, lugar de demanda de amor, incondicionalidade e aliança. Na medida em que isso não se sustenta, vê-se mais uma vez diante da diferença, provocando sentimentos de inveja e rivalidade.

"O que penso? Como sou? Como são as mulheres? Como você conquista os homens? Você deseja homens? É desejada pelos homens?" São questões que Lia têm, mas que são caladas. "Tem coisas que gostaria de falar, que parecem generalizações, mas ocorrem comigo, vejo que ocorrem com outras mulheres também. Será que estou errada?"

Tenta uma aliança sedutora comigo, provocativa, pela vertente do gênero mulher; tenta me capturar para que dessa maneira possa se proteger de nossas diferenças – ela paciente/eu analista –; quer me cegar como analista, me tirar desse lugar para que eu não enxergue para além de seu discurso. Tenho que ser uma "bobinha".

Penso que o clima dessa sessão se esclarece, há ódio e desejo de amor. O manifesto traz a castração, mas o latente pontua o desejo de estar entre mulheres, ter uma relação com uma mulher, eliminar as diferenças e a inveja, uma mulher/mãe capaz de suprir o desamparo e a dor da falta.

Lia se aproxima de suas fantasias homossexuais, fantasias com características singulares por sua história, porém universais por estarem presente na constituição e no imaginário de todo e qualquer sujeito.

Algumas observações

Para finalizar, pretendo levantar alguns fatores que podem ser encontrados tanto na histeria masculina como na feminina. Não se deve universalizá-los ou generalizá-los: as formações histéricas são singulares e específicas de cada sujeito, estão relacionadas com uma história singular, pessoal, como toda patologia.

Jöel Dor[16], em seu livro *Estruturas e clínica psicanalítica*, levanta uma série de aspectos relativos à estruturação da histeria, discute a passagem da crença de ser o falo materno para ter o falo, a passagem do ser para ter, que é de fundamental importância como acontecimento geral da dialética edipiana, está presente e envolve todos os processos de organização psíquica. Na histeria, a dialética entre o desejo e a lógica fálica está centrada na problemática do ter. A histérica sabe não ser o falo materno, mas entra em uma busca incansável para ter ou conquistá-lo.

A patologia do histérico é resultante de uma insuficiência na elaboração do complexo de Édipo, o mecanismo de defesa predominante é o recalque.

A constituição da estrutura histérica está mais relacionada à retenção da relação pré-edípica do que ao conflito com o pai erotizado. O pai da histérica pode ser um pai fóbico ou ausente.

De todo modo, a função paterna na histeria é deficitária. As proibições e interdições não conseguem arrancar o sujeito da díade narcísica, pré-edípica, libera-o apenas parcialmente, deixa o sujeito em situação de desamparo. Diante do desamparo o histérico procura regressivamente voltar à díade narcísica com a mãe: ter o falo ou ser o falo. Ser o desejo do desejo do outro personifica o desejo do outro. Na díade narcísica o sujeito está capturado pelo desejo da mãe, não pode ser sujeito. Para tanto, precisaria se discriminar do desejo materno e poder desejar, e isso está vetado na histeria, que se mantém no circuito do desejo do outro.

A conversão histérica se faz acompanhar por certas condutas da ordem da sexualidade infantil, procura repor a falta do falo pelas condutas exibicionistas; o corpo transforma-se em um fetiche, é um corpo falo; a histérica precisa estar bela, esteticamente adornada para capturar o objeto, suas condutas são acompanhadas de certa teatralidade.

Joel Birman[17], em seu livro *Mal-estar na atualidade*, assinala que a atualidade preconiza a estetização da existência, as exigências de um Eu, a glorificação por sua beleza, por seu sucesso, por sua riqueza. É o resultado de uma cultura narcísica. Esses aspectos são encontrados na sintomatologia das neuroses, em especial nas histerias na qual se acentua a problemática do parecer ter, parecer ser.

A vivência de um corpo imperfeito está relacionada a uma ferida narcisista, a uma reivindicação narcisista corporal. Sem o pênis, procura constituir-se como falo e conservar elementos do período pré-edípico, quer ser amada como se fosse o falo. A angústia por temer não ser amada implica ser imperfeita. Nesse caso, a saída é ter o falo e ser admirada esteticamente.

Na "feminilidade", há pudor e vergonha pela castração, há uma transformação da agressividade em masoquismo, agressão voltada para dentro e erotizada; a mulher privilegia o amor ao gozo. A mulher histérica evita a sexualidade genital, que abre a ferida narcísica, em função da castração. O corpo da histérica é utilizado como um meio de despertar o desejo dos homens e manter esse desejo vivo. O desejo do outro deve estar vivo para assegurá-la permanentemente como não castrada. Essa ânsia por manter aceso o desejo do outro se refere ao contexto da fixação fálica.

O que justifica a fixação à falicidade?

- Na histérica o complexo de Édipo fica dominado pelas tendências ambivalentes ante o pai e a mãe, não pode se assumir em nenhum desses lugares e desfrutá-los isoladamente. É com o casal, pai e mãe, que realiza suas aspirações sexuais masculinas e femininas. A histérica é refém, ela "renuncia" à satisfação genital, nas relações que protagoniza só pode alcançar satisfação ou o cumprimento de seus desejos pelas fantasias, devaneios, sonhos, identificações histéricas. E é no máximo grau de alienação que a histérica cumpre seus desejos, o que é diferente de realizá-los

- A histeria está no meio do caminho do complexo de Édipo negativo e do complexo de Édipo positivo. O déficit da função paterna impede a

positivação do complexo de Édipo na mulher em razão de não poder separar-se completamente da mãe pela catexia hostil para identificar-se secundariamente com seu lugar simbólico. Vincula-se a uma função paterna representada por um pai que propõe a lei e ao mesmo tempo incita a transgredi-la – há uma ilusão de uma possível relação incestuosa
- O pai da histérica: frágil, escorregadio, ausente. Por outro lado, é um sedutor, seduz sua filha, "a princesinha do papai", mas ao mesmo tempo pode rechaçá-la, se ausenta. Comporta-se com a filha como se fosse uma menina-mulher, no lugar de menina-filha, dando a entender uma possível relação incestuosa.
- A histérica não se aceita, porque não internalizou um pai sem hesitação para representar a lei, fica fixada a uma equivalência: desejo sexual é desejo incestuoso, não se identifica com o lugar simbólico da mãe como mulher, tampouco se desliga da relação incestuosa com o pai, pois desligar-se possibilitaria encontrar outro homem substituto simbólico do pai
- Na histeria não se completaram as identificações secundárias com os genitores, tanto em relação ao feminino como ao masculino. O sujeito não se compromete, não se assume como sujeito desejante, nem como objeto de desejo, nem como homem nem como mulher, nem como ativo nem como passivo, nem como o que transgride a lei nem como o que a reconhece. Precisa estar em todos esses lugares, sem poder renunciar a nenhum deles
- A mãe da histérica: é retentiva, não demonstra a si mesma aceitação da castração. É ambivalente em relação à possibilidade de desejar seu homem, fala mal dele ou silencia a seu respeito. Funde-se a um ideal narcísico para completar-se, para evitar e/ou contornar a castração.

A histérica apresenta uma inveja fálica, ódio, rivalidade e disputa com o homem. Que se transformam em desautorização, desqualificação ou desprezo, como modo de negação da inveja. É eternamente insatisfeita.

Histeria masculina

A histeria masculina não difere muito da feminina, pois ambas lidam com o desejo de ser amado, ser reconhecido pelo objeto, e para garantir esse lugar a sedução é uma arma: a regra é ser agradável, como maneira de ser reassegurado com o desejo do outro. Como já visto antes, é uma conflitiva da ordem do ter o falo, não podem escolher, porque não podem renunciar, querem tudo, nada pode se perder. Nesse sentido, são eternamente insatisfeitos, nada é suficiente para promover a satisfação.

O exibicionismo é um de seus sintomas, tanto no que tange ao corpo quanto em relação à possibilidade de possuir objetos que possam engrandecê-lo: ter o melhor carro, a melhor roupa, a melhor casa, a mulher mais inteligente ou a mais bela são maneiras de mostrar-se como objeto valorizado e invejado por ter aquilo que provavelmente é desejado pelo outro. Além de uma tentativa de ofuscar o outro. Essas características, na verdade, procuram dar conta de sentimentos absolutamente opostos: em sua realidade vivencial invejam o outro, sentem-se inseguros, insatisfeitos, com o "pênis" mais insignificante, com uma mulher menos apropriada, inseguros em sua identidade sexual em função da bissexualidade e por estarem a meio caminho entre o Édipo positivo e o negativo.

O homem tem de demonstrar que tem o pênis. Ele tem o falo. Tem atitudes contrafóbicas que são exitosas: há uma exibição na tentativa de confirmação da virilidade, busca do gozo fálico. Os histéricos, conforme Hugo Mayer[18], valorizam narcisicamente o "pênis", equiparando-o ao falo: "Sou homem porque o tenho". Mas, de qualquer modo, se veem diante da angústia: "Se o tenho e há quem não o tem, posso perdê-lo". Os sintomas histéricos têm uma preferência pelo caminho da conversão, embora a histeria de angústia, formada por sintomas fóbicos conjugados com estados de angústia, seja também uma classificação, tal como a histeria traumática. De qualquer maneira, uma série de comportamentos se manifestam como forma de reassegurar, e não perder, o falo.

Considerações finais

Em Freud, a dinâmica edipiana desemboca em identificações resultantes da trama dos desejos edípicos em jogo. É por ser desejada e amada, completa e plenamente pela mãe que a criança a deseja em sua função fálica, e entra na dimensão narcísica, que será abandonada pela falta e mais tarde substituída por desejar tê-la como objeto amoroso – posição edípica que também deverá ser abandonada e renunciada na articulação do desejo e do falo. Essa posição amorosa inicial terá de ser renunciada tanto pelo menino em seu Édipo positivo, como mais tardiamente pela menina na sua posição negativa: é necessário a ruptura com esse vínculo materno para que se cumpra o vir a ser sujeito, sujeito da falta, sujeito da castração. A função paterna é fundamental na interdição da mãe, mas também joga na dialética fálico/castrado, amor/ódio, promovendo identificações que possibilitam a vivência e tolerância à castração ou o reforço da falicidade. São nessas relações onde o desejo é posto, com esses objetos primários, que se constitui o sujeito. Sua organização, sua estrutura estará na dependência das facilitações ou inibições desse processo.

Dor[16] propõe pensar a entrada do pai como um aspecto geral da passagem do ser para o ter na dialética da conflitiva, na relação dual mãe/bebê. A entrada do "pai" – pai imaginário – interdita, priva, frustra, proíbe. É um pai a quem a mãe tem que dirigir seu olhar e reconhecer. A criança perde sua condição inicial de ser o falo materno, se posiciona na dimensão do ter, desejo de tê-lo. O pai é o responsável por tirar a criança da dimensão do ser (ser o falo da mãe) e conduzi-la para o registro da castração. A criança descobre não ser – ela é tão castrada quanto a mãe –, mas também descobre não ter: o olhar materno se dirige ao pai. O pai tem, assim, uma função simbólica, além de mobilizar o desejo materno. Nessa cena, o pai passa a ser para criança o depositário do falo.

Aceitar que o pai tem o falo é engajar seu desejo para com ele à maneira de não tê-lo. Por outro lado, duvidar e contestar a posse do falo (o pai não o tem, só o tem por ter privado a mãe) aponta para a reivindicação da mãe poder tê-lo. Essa é uma ambiguidade sustentada pelos pais, durante a conflitiva edípica, quanto à inscrição exata da atribuição fálica, sendo um fator favorável à organização do processo histérico. O histérico interroga e contesta incansavelmente a atribuição fálica. O jogo histérico é a tentativa incansável de aceder ao falo, apropriar-se dele, tê-lo. Porém, o histérico interroga e contesta incansavelmente a atribuição fálica.

Agradecimentos

Agradeço a Roberta Payá, organizadora deste livro, e a Celina Giacomelli, responsável pela reunião dos textos sobre Psicanálise, por renovarem o convite feito a mim para esta nova edição e pela oportunidade de me permitirem desenvolver um tema plural e emblemático que está na origem da Psicanálise.

Referências bibliográficas

1. Masson JM, editor. Correspondência completa de Sigmund Freud para Wilhelm Fliess. Rio de Janeiro: Imago; 1986.
2. Freud S. Edição standard brasileira das obras psicológicas completas de Sigmund Freud. v. 3. Rio de Janeiro: Imago; 1980. A hereditariedade e a etiologia das neuroses (1896).
3. Freud S. Edição standard brasileira das obras psicológicas completas de Sigmund Freud. v. 4 e 5. Rio de Janeiro: Imago; 1980. A interpretação dos sonhos (1900).
4. Freud S. Edição standard brasileira das obras psicológicas completas de Sigmund Freud. v. 1 e 3. Rio de Janeiro: Imago; 1980. Publicações pré-psicanalíticas e esboços inéditos; Primeiras publicações psicanalíticas (1893-1899).
5. Freud S. Edição standard brasileira das obras psicológicas completas de Sigmund Freud. v. 2. Rio de Janeiro: Imago; 1980. Estudos sobre a histeria. Parte 2: Casos Clínicos, Fraulein Anna O. (Breuer).
6. Freud S. Edição standard brasileira das obras psicológicas completas de Sigmund Freud. v. 2. Rio de Janeiro: Imago; 1980. Estudos sobre a histeria. Capítulo 4: Psicoterapia da histeria.
7. Bleichmar S. In: Seminários Hospital de Niños. La sexualidad infantil: de Hans a John/Joan. 1999.
8. Freud S. Edição standard brasileira das obras psicológicas completas de Sigmund Freud. v. 14. Rio de Janeiro: Imago; 1980. A história do movimento psicanalítico. Artigos sobre a metapsicologia e outros trabalhos (1914-1916). Repressão.
9. Miguelez OM. Narcisismos. São Paulo: Escuta; 2007.
10. Miguelez NBS. Complexo de Édipo hoje: novas patologias, novas mulheres, novos homens. São Paulo: Casa do Psicólogo; 2007.
11. Freud S. Edição standard brasileira das obras psicológicas completas de Sigmund Freud. v. 14. Rio de Janeiro: Imago; 1980. Sobre o Narcisismo: uma introdução (1914).
12. Freud S. Edição standard brasileira das obras psicológicas completas de Sigmund Freud. v. 19. Rio de Janeiro: Imago; 1980. A organização genital infantil: uma interpolação à teoria da sexualidade (1923).
13. Freud S. Edição standard brasileira das obras psicológicas completas de Sigmund Freud. v. 18. Rio de Janeiro: Imago; 1980. Além do princípio do prazer (1920).
14. Alonso SL, Fuks MP. Histeria. 2. ed. São Paulo: Casa do Psicólogo; 2012. (Coleção Clínica Psicanalítica.)
15. Freud S. Edição standard brasileira das obras psicológicas completas de Sigmund Freud. v. 20. Rio de Janeiro: Imago; 1980. Inibições, sintomas e angústia (1926).
16. Dor J. Estruturas e clínica psicanalítica. Rio de Janeiro: Taurus-Timbre Editores; 1991.
17. Birman J. Mal-estar na atualidade: a psicanálise e as novas formas de subjetivação. 6. ed. Rio de Janeiro: Civilização Brasileira; 2007.
18. Mayer H. Histeria. Porto Alegre: Artes Médicas; 1989.

Bibliografia

Freud S. Edição standard brasileira das obras psicológicas completas de Sigmund Freud. v. 7. Rio de Janeiro: Imago; 1980. Um caso de histeria, três ensaios sobre a sexualidade infantil e outros trabalhos (1901-1905).

Freud S. Edição standard brasileira das obras psicológicas completas de Sigmund Freud. v. 9. Rio de Janeiro: Imago; 1980. Sobre as teorias sexuais das crianças (1908).

Freud S. Edição standard brasileira das obras psicológicas completas de Sigmund Freud. v. 10. Rio de Janeiro: Imago; 1980. Análise de uma fobia em um menino de 5 anos (1909).

Freud S. Edição standard brasileira das obras psicológicas completas de Sigmund Freud. v. 12. Rio de Janeiro: Imago; 1980. Recordar, repetir e elaborar (1914).

Freud S. Edição standard brasileira das obras psicológicas completas de Sigmund Freud. v. 13. Rio de Janeiro: Imago; 1977. Totem e tabu (1913 [1912-13]).

Freud S. Edição standard brasileira das obras psicológicas completas de Sigmund Freud. v. 14. Rio de Janeiro: Imago; 1980. Sobre o narcisismo: uma introdução (1914).

Freud S. Edição standard brasileira das obras psicológicas completas de Sigmund Freud. v. 14. Rio de Janeiro: Imago; 1980. Repressão (1915).

Freud S. Edição standard brasileira das obras psicológicas completas de Sigmund Freud. v. 19. Rio de Janeiro: Imago; 1980. O ego e o id (1923).

Freud S. Edição standard brasileira das obras psicológicas completas de Sigmund Freud. v. 19. Rio de Janeiro: Imago; 1980. A dissolução do complexo de Édipo (1924).

Freud S. Edição standard brasileira das obras psicológicas completas de Sigmund Freud. v. 19. Rio de Janeiro: Imago; 1980. Algumas consequências psíquicas das diferenças anatômicas (1924).

Freud S. Edição standard brasileira das obras psicológicas completas de Sigmund Freud. v. 21. Rio de Janeiro: Imago; 1980. Sexualidade Feminina (1931).

Freud S. Edição standard brasileira das obras psicológicas completas de Sigmund Freud. v. 22. Rio de Janeiro: Imago; 1980. Novas conferências introdutórias sobre psicanálise (1933[1932]); Conf. 33 Feminilidade.

Laplanche J, Pontalis JB. Vocabulário da psicanálise. São Paulo: Martins Fontes; 1970.

Mezan R. A trama dos conceitos. São Paulo: Perspectiva; 2006.

Miguelez Nora BS. Complexo de Édipo hoje: novas patologias, novas mulheres, novos homens. São Paulo: Casa do Psicólogo; 2007.

Nasio JD. A histeria: teoria e clínica psicanalítica. Rio de Janeiro: Jorge Zahar Editor; 1991.

Ocariz MC. O sintoma e a clínica psicanalítica: o curável e o que não tem cura. São Paulo: Via Lettera; 2003.

4 Fobias, Medos, Angústia de Aniquilamento e Angústias Impensáveis

Berenice Ferreira Leonhardt de Abreu

Quem tem olhos para ver e ouvidos para ouvir, convence-se de que os mortais não conseguem guardar segredos. Se os lábios estão mudos, eles tagarelam com as pontas dos dedos; a traição força seu caminho por todos os poros.
Peter Gay[1]

Introdução

Quem observa um fóbico vê a angústia escorrendo no suor do seu corpo, ou na manipulação constante das mãos, na movimentação das suas pernas, que não conseguem parar quietas, na preparação do corpo para uma fuga imediata de uma ameaça aparentemente iminente; ou ainda nos tremores, na gagueira, perda da fala, deslocamento para um animal, na rigidez que seu corpo adquire etc.

Quando ainda não havia iniciado minha formação em Psicanálise, mas já me interessava pelo assunto, li alguns livros que falavam de medos, fobias e angústias de sujeitos que pareciam revelar um sofrimento constante. Um desses livros foi *Medo da Vida*, de Alexander Lowen, no qual são descritos vários casos ilustrativos dos tipos de medos que, para o autor, fazem parte do enfrentamento da vida: medo de viver e de morrer; medo do fracasso; medo do sucesso; medo do sexo; medo da insanidade etc.[2] Todas as descrições desses medos são fundamentadas em teorias psicanalíticas e demonstravam que, para Lowen, não havia muita diferença entre medo e angústia.

Durante a minha formação, e mesmo depois, li muitos outros autores que também não distinguem muito bem a diferença entre os termos. Acredito, portanto, que o mais importante seja analisar e buscar maneiras de amenizar o sofrimento humano, sem se preocupar com terminologias. No entanto, o intuito deste capítulo é contribuir com aqueles que têm alguma dificuldade com esses conceitos, porque na história do estudo psicanalítico da fobia é comum se deparar com um quadro complexo que se forma da pesquisa feita em vários dicionários de Psicanálise, livros e artigos que abordam o assunto.

Confusão de línguas, de conceitos ou de termos?

Segundo o *Dicionário de Psicanálise*, de Roudinesco e Plon[3], a definição de *fobia* é a seguinte:

> Termo derivado do grego phobos *e utilizado na língua francesa como sufixo, para designar o pavor de um sujeito em relação a um objeto, um ser vivo ou uma situação.*
> *Tal como utilizado em psiquiatria por volta de 1870, como substantivo, o termo designa uma neurose cujo sintoma central é o pavor contínuo e imotivado que afeta o sujeito, frente a um ser vivo, um objeto ou uma situação que, em si mesmos, não apresentam nenhum perigo real.*
> *Em psicanálise, a fobia é um sintoma, e não uma neurose, donde a utilização da expressão* histeria de angústia *em lugar da palavra* fobia. *Introduzida por Wilhelm Stekel em 1908 e retomada por Sigmund Freud, a histeria de angústia é uma neurose de tipo histérico, que converte uma angústia num terror imotivado, frente a um objeto, um ser vivo ou uma situação que não apresentam em si nenhum perigo real.*
> *Entre os sucessores de Freud, a palavra tende a se sobrepor à ideia de histeria de angústia.*

A seguir, são apresentados os conceitos de angústia, aniquilamento e medo:

Angústia real (*realangst*). Termo utilizado por Freud (1856-1939) no quadro da sua segunda teoria da angústia: angústia perante um perigo exterior que constitui para o sujeito uma ameaça real.[4]

Angústia automática (*automatishche angst*). Reação do sujeito sempre que se encontra em uma situação traumática, isto é, submetido a um afluxo de excitações, de origem externa ou interna, que é incapaz de dominar. A angústia automática opõe-se para Freud ao sinal de angústia real.[4]

Aniquilamento. Melanie Klein (1882-1960), em 1946, assumiu a ideia de que, central à experiência mais arcaica, está o medo da aniquilação pessoal, semelhante ao que é sentido por pacientes psicóticos, sendo esta a maneira pela qual a pulsão de morte é experienciada como operando dentro da personalidade. O medo da aniquilação foi postulado por diversos psicanalistas; Alfred E. Jones (1927), por exemplo, afirmou a existência de uma perda catastrófica, a *afanisias*, um temor que se estendia, mais além da castração, a uma privação de todos os instrumentos possíveis de prazer e, portanto, da existência.[5]

Medo da loucura. Para Sándor Ferenczi (1873-1933), todo medo da loucura é o medo de reexperimentar o trauma, ou seja, o medo de reviver uma experiência de loucura já experienciada. A ausência de um registro consciente dessa vivência de enlouquecimento se deve exatamente ao fato de o paciente ter fracionado seu Ego no momento do trauma. Em outros casos, a situação traumática ocorre em um momento tão inicial do desenvolvimento emocional do sujeito que não existe ainda um Ego que possa registrar essa experiência. O que resta é apenas uma sombra de enlouquecimento pairando ameaçadora sobre o paciente.[6]

Medo do colapso. Donald W. Winnicott (1896-1971) fala de uma situação em que o medo é relacionado à loucura, "[...] um medo à *ausência de ansiedade na regressão* ao estado não integrado, ou à falta do sentimento de viver dentro do corpo etc. O medo, portanto, é de que não haja ansiedade, o que implicaria em uma regressão da qual não haja volta: a desintegração da organização do ego."[7] Segundo Lowen, "em linguagem leiga, o colapso significa o surto psicótico."[2]

Todas as definições pesquisadas apontam para um sofrimento mental que tanto poderá ser real como inexistente (fantasioso), o que não importa, pois, de todo modo, causa paralisações para um viver de maneira mais criativa, sem tantas dependências, gerando um círculo vicioso pernicioso. O sujeito não consegue se livrar do sofrimento, ou, se se livra, é apenas por certo período e logo o retoma. Desse modo, percebe-se pouco progresso na análise, porque o paciente permanece "inventando" situações conflitantes, situações ansiógenas, que possam justificar o seu medo, pois, para ele, as ansiedades já são velhas conhecidas e espera-se por elas, já que viver situações em que não há conflito parece ser um risco; ou seja, como diz Michael Balint: "Quanto pior, melhor".[8]

Vale exemplificar. Há muitos casos de pacientes que não conseguem se desvencilhar do cônjuge por causa do medo da solidão, por mais que já vivam na solidão a dois sem o perceber: vivenciaram na infância um ambiente hostil e permanecem na dependência um do outro, com medo de não darem conta da existência sozinhos, sentindo-se impotentes. Há casos também de crianças com medo de crescer e até mesmo de aprender, pois se conseguirem se integrar socialmente em sua evolução, suas defesas cairão por terra: nesses casos, também a primeira infância não foi tranquila, e elas não poderão dar "continuidade de ser", desenvolver ansiedades associadas a falhas nas técnicas do cuidar, ansiedades que as fariam sentir-se ameaçadas pela loucura. Jovens adolescentes geralmente querem escolher sua profissão baseados no seu interesse e não nas expectativas dos pais, mas têm medo de decepcioná-los, de deixarem de ser amados ou de não suportarem a pressão das expectativas deles.

Prestando-se atenção nas definições de angústia ou fobia dadas pelos autores citados acima, vê-se que há uma diferença entre a definição postulada por Freud e as de outros teóricos da Psicanálise. Para Freud, a questão reside no medo da castração, fase fálica. Ferenczi, Klein e Winnicott falam de uma ansiedade que se dá no início da história do indivíduo, na qual ainda não há o desenvolvimento do Ego nos primeiros registros mnêmicos. Há um caso de um paciente que entrava em fobia quando não sentia o cheiro característico de sua casa, porque ainda bebê fora deixado na casa dos avós para ser cuidado por eles, já que a mãe e o pai necessitavam trabalhar. Toda vez que ia de férias para a casa dos tios, por exemplo, telefonava para os pais solicitando que fossem buscá-lo porque estava angustiado: o cheiro da casa dos tios não era o mesmo da casa dele.

Outros autores, não psicanalistas, chamam a atenção para o atual momento contemporâneo vivido pelo homem, como Elio D'Anna:[9]

> A doença mais temida do planeta não é o câncer, nem a aids, mas o pensamento conflituoso do homem. É esse o esteio sobre o qual se apoia a habitual visão do mundo, o verdadeiro assassino planetário.

E prossegue dizendo que a dependência é medo: "A dependência é uma doença do ser!... Nasce de sua própria incompletude. Depender significa deixar de acreditar em si mesmo".[9]

Ora, qual será a origem do pensamento conflituoso do sujeito? O ser humano nasce totalmente dependente e necessita de outro ser humano para ampará-lo enquanto ainda não consegue se sustentar sozinho. Winnicott fala de uma dependência total, passando por uma dependência parcial até conseguir a independência. Então, o que deveria se tornar algo comum gera conflitos, e muitas vezes não se vive independência por medos. Mas medo do quê? O que no caminho para a independência, para o crescimento gera medo?

Autores que trabalharam com crianças apontam algumas direções para a descoberta desses conflitos geradores de dependência e de medo. Pais e mães que vivenciaram um conflito transgeracional transmitem para seus filhos esse mesmo conflito, infligindo dependência e medo? O que se poderá fazer quanto a isso, somente entender e acolher? Será que apenas essa atitude ajudará àqueles que sentem medo? Como será que se poderá desenvolver a confiança e a atitude positiva de acreditar em si, se muitas vezes na infância o sujeito só recebeu mensagens negativas e de autodestruição? Será que só a escuta e a compreensão bastarão?

Freud, Hans e Carlos

Histeria de angústia foi o nome dado por Freud a um tipo diferente de histeria, que também reprime, porém, no lugar de fazer uma conversão, desloca para outro objeto o afeto, causando uma fobia, transformando o afeto em ansiedade, angústia. Em um primeiro momento, até 1926, é a angústia que causa o recalque.

Analisando a semântica da palavra *ansiedade*, verifica-se que ela vem de *anseio*, desejar algo, ou alguém; a aflição de se separar do objeto, de ficar sem ele. A ansiedade é uma reação a uma situação de perigo. Criam-se sintomas a fim de evitar uma situação de perigo cuja presença foi assinalada pela geração de ansiedade.

Pela análise de uma fobia em um menino de 5 anos, o pequeno Hans, Freud vai descobrir e desenvolver toda a sua teoria sobre a histeria de angústia, e, como em todo o seu trabalho, ele irá construir, reformular e retornar ao que havia dito inicialmente. No texto "Inibição, sintoma e ansiedade", ele reformula o conceito, desenvolvendo uma segunda teoria de angústia. Freud se pergunta, então: qual é o motivo da angústia? A causa da angústia é o recalque, sendo necessário que haja um perigo para que o Ego recalque; um perigo vindo do exterior: a castração.[10]

Para melhor esclarecer os conceitos abordados por Freud, vamos comparar a análise do caso Hans com o de um menino de 6 anos, a quem atendi e chamarei aqui de Carlos.

Caso clínico

Os pais de Carlos vieram até o meu consultório por indicação da escola que o menino frequentava. Carlos nasceu depois de 14 anos de tentativas, tendo sido realizada uma inseminação, em uma reprodução assistida. O parto foi cesáreo e a mãe teve depressão puerperal durante 6 meses. Contrataram uma babá, mas a mãe ficava sempre por perto, porque tinha medo de a babá não "dar conta" do bebê.

Do 6º ao 12º mês, por recomendação do pediatra, a mãe colocava-o para dormir sobre o seu corpo, para que pudessem ter um contato maior de pele, já que não tinha sido gerado da maneira convencional, e também porque a mãe não o havia segurado suficientemente antes, em razão de sua depressão.

Depois, até os 3 anos, Carlos dormia em seu quarto. Quando se mudaram para o interior, em busca de qualidade de vida, o pai não os acompanhou, e os visitava apenas nos fins de semana e feriados, em função do seu trabalho. A mãe ficava muito insegura de dormir sozinha à noite e trancava-se com o filho no mesmo quarto. Mesmo quando o pai estava presente, dormiam os três juntos, pois o menino podia se ressentir de ser excluído por causa da presença do pai.

Carlos começou a ficar muito inquieto e a apresentar comportamentos inadequados: pegava uma faca e simulava que se mataria, tentou pular da janela da escola, do terceiro andar, e desenvolveu fobia a cães. Os pais tentaram "caras feias", dar maior atenção, palmadas e castigos, como contenção. O que pareceu surtir algum efeito foram os castigos.

A hipótese levantada pela escola era de hiperatividade. A mãe, porém, questionava, porque Carlos conseguia assistir a filmes inteiros, e quando se interessava por um brinquedo ou brincadeira, ficava entretido por um longo período. Mas a própria criança começou a pedir para ir a uma psicóloga.

Esse histórico chamou-me a atenção em alguns pontos:

- A ansiedade excessiva da criança
- A questão do casal
- A fobia a cães.

Também no caso do pequeno Hans, há alguns aspectos semelhantes que saltam aos nossos olhos:

- Uma criança muito vivaz e muito libidinizada, entregue a si mesmo
- A questão do casal
- A fobia a cavalos.

Quando vi Carlos pela primeira vez fiquei muito impressionada com o seu grau de ansiedade e com a dificuldade em estabelecer contato, ficando entre o querer se mostrar, se aproximar, e o medo de fazê-lo e ser rechaçado. Chegou perguntando se no consultório havia cachorro e, enquanto ficou na sala de espera aguardando o horário da sessão, assobiou e fez batucada na parede. No momento em que foi chamado para entrar em sessão, se esquivou, correndo para perto da mãe. Perguntei-lhe se sabia o meu nome e ele disse: "Berenice Hepatite", mas não veio comigo para a sala, solicitando à mãe que o acompanhasse. Quando consegui entrar, se mostrou muito arredio, não se interessando por nenhum brinquedo ou brincadeira proposta.

No final das sessões de observação, fiquei sem saber se concordava com a hipótese da escola e indicava um neurologista para medicar, ou se toda aquela atuação era fruto de uma angústia muito intensa. Acabei optando por indicar um trabalho emocional e apostar na segunda hipótese.

No geral, quando há dúvida no diagnóstico de um caso, é um alívio quando se encontra na literatura especializada algum caso parecido, que ajude a elucidar aspectos semelhantes. Foi assim que fui me sentindo ao ler os textos sobre histeria de angústia: o estudo do caso de Hans foi me trazendo tranquilidade e me amparando na confirmação da minha hipótese, pelos vários pontos em comum.

Iniciarei esta comparação pela questão que mais me chamou a atenção e pela qual Freud não se ateve: "os pais". Quem eram os pais? Como era a vida deles e o casamento? Qual a função desse filho na vida do casal?

Antes do nascimento da criança, os pais desenvolvem uma grande atividade imaginária. A imagem que cada um dos pais tem de si mesmo, a perspectiva educativa que concebeu – anterior até mesmo a qualquer encontro, casamento, ou ideia de um casal constituído – predetermina sua relação ulterior com a criança. Cada um dos pais, portanto, vive separadamente, muitas vezes à sua própria revelia, o porvir de sua descendência.

A espera de um filho é momento crucial na vida do casal e, em muitos aspectos, uma ocasião essencial para o futuro dessa criança. Colore, de fato, todos os desejos, propaga-se, irradia-se, ao mesmo tempo que, pela primeira vez, coloca os pais diante de dimensões temporais e das consequências de sua relação.

Se por um lado a criança se insere em uma expectativa – a expectativa do filho –, por outro lado, se instala muitas vezes como um desafio: um desafio ao tempo, um desafio à morte, perpetuação tão esperada. Para o adulto, trata-se principalmente de vencer o efêmero. Portanto, as pessoas "fazem" um filho também para suprir essa necessidade que há nelas. Em vários aspectos, apesar de desejar conscientemente que o filho se realize, os pais pedem-lhe que realizem a eles, pais; encarregam-no, muitas vezes, até de projetos pessoais abortados. É por essa razão que se observa com frequência nos comportamentos educativos dos pais aspectos desconcertantes, ambíguos e até contraditórios.

Max Graf era um dos integrantes do grupo de estudo de Freud. Em 1903, nasce seu filho, Herbert Graf (o pequeno Hans). Em 1905, Freud escreve *Três ensaios sobre a teoria da sexualidade*, escandalizando a sociedade vienense.[11] Ele precisava provar que a sua teoria não era mera ficção científica. Max passa, então, a observar seu filho, anotando tudo o que percebia no comportamento do menino que comprovava a teoria de seu professor e mestre, Freud, para o qual passava suas observações. Ele agrega ao papel de pai o de observador e de cientista, que tolera todas as pequenas perversões do filho em nome da ciência. A criança acaba ficando entregue à sua própria mercê. De um lado, havia uma mãe muito sedutora que "mimava" (fazer carinhos) seu filho e, de outro, um pai que não exercia a função de interditar essa ligação libidinosa entre mãe e filho para poder comprovar a teoria da sexualidade infantil – de que toda criança é um pequeno perverso polimorfo.

O pequeno Hans é, para o pai, a perspectiva de salvar o mestre, e para a mãe, a de completude, o falo que lhe foi negado pelo nascimento e adquirido, simbolicamente, com o filho. Contudo, como já dito anteriormente, há contradições no comportamento dos pais: a própria mãe, que tanto o desejava como representante de uma falta, é quem introduz a castração quando o flagra se masturbando e lhe diz que ele poderia ficar sem o seu pipi; o pai, que não exerce a função educativa paterna, fica preocupado quando o filho passa a não querer mais sair de casa e apresentar medo de cavalos.

Já no caso de Carlos, há um casal que espera um filho por 14 anos, lança mão de recursos não convencionais e, quando a criança nasce, a mãe entra em depressão, com medo de não dar conta de cuidar do filho que tanto queria. O pai, de origem oriental, vem de uma cultura na qual a educação da criança é responsabilidade da mãe, posicionando-se apenas como provedor. Acata todas as decisões da esposa, deixando que a família se mude para o interior sem que ele possa acompanhá-los. Não interfere quando a mãe resolve se trancar no quarto com o filho, mesmo quando ele está presente nos fins de semana. Começa a se preocupar somente quando o filho demonstra comportamentos inadequados, como querer se matar, e apresenta fobia a cães.

Em *Infertilidade e reprodução assistida*, Marina Ribeiro[12] discorre sobre o desejo narcísico de ter um filho:

> *Afinal, por que é importante gerar um filho? Por que é tão dramático quando um casal se vê impossibilitado de realizar esse desejo? A situação da infertilidade parece promover ou reativar uma profunda ferida narcísica nos casais, revelada por intensos sentimentos de inferioridade diante dos outros, de vergonha e baixa autoestima.*

O desejo de um filho, durante o período fálico feminino, é de que a mãe dê um filho para a menininha e de que esta também possa dar um filho para a mãe. O desejo que mobiliza a menina a voltar-se para o pai é o de possuir o pênis que lhe foi negado pela mãe. O desejo pelo pênis deve ser substituído pelo desejo de um bebê. Há uma primitiva equivalência simbólica pênis/bebê. Poder-se-ia dizer que, para Freud, o desejo da mulher de ter um filho é um tipo de compensação pelo fato de não possuir um pênis.

Se não ter um filho gera uma falta, tê-lo significa preenchê-la? Então por que esse casal, com a falta preenchida, não consegue contê-lo? Será que a espera foi tão longa que Carlos não pode dar conta de todas as expectativas desses pais? Ou o narcisismo deles é tão grande que o filho não pode preenchê-lo?

Tanto Hans como Carlos ficam à mercê de uma experiência científica com a qual não sabem lidar. Hans e Carlos ficam sem a função paterna, sem a interdição do incesto, criando uma angústia avassaladora. As mães dos meninos investem toda a libido nos falos que as complementam, os filhos, mas depois caem na própria armadilha, ao não saberem lidar com as angústias deles.

Outra questão é a ansiedade excessiva apresentada por essas duas crianças. De onde vem toda essa ansiedade? Freud vai dizer que a angústia tem a ver com a sexualidade. O mecanismo da neurose de angústia deve ser buscado em uma deflexão da excitação sexual somática da esfera psíquica e no consequente emprego anormal dessa excitação.

A neurose de angústia é produto de todos os fatores que impedem a excitação sexual somática de ser psiquicamente elaborada. As manifestações da neurose de angústia aparecem quando a excitação somática que foi desviada da psique é subcorticalmente despendida em reações totalmente inadequadas.

A psique é invadida pelo afeto de angústia quando se sente incapaz de lidar com uma tarefa (um perigo) vinda de fora; e fica presa de uma neurose de angústia quando se percebe incapaz de equilibrar a excitação sexual vinda de dentro –, ela se comporta como se estivesse projetando tal excitação para fora. O afeto e a neurose a ele correspondente estão firmemente inter-relacionados. O primeiro é uma reação a uma excitação exógena, e a segunda, uma reação à excitação endógena análoga. O afeto é um estado que passa rapidamente, ao passo que a neurose é um estado crônico, porque, enquanto a excitação exógena age em um único impacto, a excitação endógena atua como uma força constante, criando-se, assim, o círculo vicioso pernicioso.

Hans e Carlos ficaram presos em uma teia de excitação da qual não sabiam como se desvencilhar. De fora, toda a euforia de ter um objeto de amor só para eles: mães que os levam para a cama no intuito de protegê-los e "mimá-los". De dentro, todo um desejo e uma excitação sexual que acompanha esse ficar junto e com o qual não sabem lidar.

Uma histeria de angústia tende a desenvolver-se mais e mais para uma fobia (terceiro aspecto que me chamou a atenção). Nada lhe resta, a não ser cortar o acesso a todo possível motivo que possa levar ao desenvolvimento da ansiedade, erigindo barreiras mentais de natureza de precauções, inibições ou proibições; e são essas estruturas protetoras que aparecem sob a forma de fobias e que constituem a essência da doença.

Tanto Carlos como Hans se veem em uma trilha de mão única: ter quer cortar todo acesso possível que possa gerar ansiedade; já que não existe a castração vinda de fora, colocada pelos pais, eles têm que fazer um deslocamento para outro objeto que contenha a possibilidade de realização de seus desejos. Hans deslocou para o cavalo, com medo que este o mordesse e arrancasse o seu pênis; e Carlos deslocou para cães.

A reação ao perigo é uma mistura de afeto e ansiedade e de ação defensiva, causando um estado de preparação para o perigo, havendo um aumento da atenção sensória e da tensão motora. Esse estado de preparação termina gerando a ansiedade. Uma pessoa se protege do medo por meio da ansiedade. O que reúne a combinação descrita acima é a repetição de alguma experiência significativa determinada; sensações desprazíveis, perigo mortal, repetida como estado de ansiedade.

Se a angústia está sempre vinculada à repressão da sexualidade, Freud introduz o complexo da castração como fator que desencadearia o estabelecimento das diferenças sexuais (ausência ou presença do pênis): o menino evocaria e temeria a castração como a realização da ameaça paterna em resposta às suas atitudes sexuais; enquanto a menina se ressentiria da ausência do pênis como um dano sofrido que seria preciso negar, compensar ou reparar.

Sob a primazia do complexo da castração, operam-se reorganizações profundas na criança. Possibilitam, em particular, precisar as identificações maternas e paternas e organizar de outra maneira as trocas individuais; mas para que essas novas leis de circulação das trocas possam estabelecer-se convenientemente, para que todas essas operações sejam realmente organizadoras, para que deem à personalidade uma maior coerência e unidade, é preciso ainda que o indivíduo integre sua sexualidade e adquira, de alguma maneira, o sentido de seu sexo. Melhor dizendo, é preciso que ele consiga vencer o complexo da castração e que não reviva, sem cessar, a angústia da perda.

Carlos e Hans revivem sem cessar a angústia de perda, a perda do objeto amado, que lhes foi retirado subitamente, não por uma interdição paterna, mas por circunstâncias da vida. Hans, com o nascimento da irmã, é retirado do quarto dos pais de maneira repentina; e Carlos, com o retorno para São Paulo, também é retirado do quarto dos pais.

Ambos estavam respondendo às atitudes fálicas de suas mães e a uma aceitação passiva de seus pais em relação às esposas. Os pais eram quem tinham os pênis, porém, eram pais desvalorizados pelas mães.

A criança fóbica busca um objeto externo para tentar resolver seus conflitos. Diante da problemática conflitiva edípica, o problema em questão é aceitar a impossibilidade de realizar seu desejo e de afrontar sua raiva, seu ciúme, sua rivalidade e, acima de tudo, seu sentimento de ser incapaz.

O filho edípico é tanto um filho com o genitor do sexo oposto quanto um filho com o genitor do mesmo sexo. A bissexualidade é responsável pelo conflito edipiano dar-se tanto em sua forma positiva quanto em sua forma negativa, e pela ambivalência nas relações com os pais. Freud[13] escreve:

> Um estudo mais aprofundado geralmente revela o Complexo de Édipo mais completo, o qual é dúplice, positivo e negativo, e devido à bissexualidade originariamente presente na criança. Isto equivale a dizer que um menino não tem simplesmente uma atitude ambivalente para com o pai e uma escolha objetal afetuosa pela mãe, mas que, ao mesmo tempo, também se comporta como uma menina e apresenta uma atitude afetuosa feminina para com o pai e um ciúme e uma hostilidade correspondente em relação à mãe. É este [o] elemento complicador introduzido pela bissexualidade [...]. Pode mesmo acontecer que a ambivalência demonstrada nas relações com os pais deva ser atribuída inteiramente à bissexualidade.

Talvez por isso, por esse amor ao pai e hostilidade em relação à mãe, que Carlos e Hans precisaram deslocar o medo para animais, preservando o objeto bom internalizado, sendo o Superego a instância que não lhes permitiu se sentirem castrados pelos pais, pois um pai tão amoroso não pode ser odiado por ficar com o objeto que tanto queriam para eles, a mãe.

Dois garotos angustiados e fóbicos

A fobia de Hans a cavalos e a de Carlos a cães simboliza bem os conflitos enfrentados por duas crianças que temem animais que podem mordê-los, mas que ao mesmo tempo são admirados e, por seus sentimentos agressivos contra eles, podem castrá-los.

Em "Totem e tabu", Freud[14] escreve que as fobias de crianças do sexo masculino em relação a animais eram, no fundo, medo do pai, que havia sido deslocado para cavalos, cães e outros. Ao lado do caso do pequeno Hans, cita outros, como o apresentado pelo Dr. Wulf, no qual o medo que o menino sentia de cães era o medo do pai deslocado para esses animais e ligado à proibição de se masturbar.

Mas Freud não está falando apenas do pai de Hans e de outros casos aleatórios. O pai de "Totem e tabu" é o pai imaginário, o pai onipotente da horda primitiva que possui todas as mulheres, castra seus filhos e que, morto, dá origem à lei. A figura paterna passa a ser um elemento central da constituição do psiquismo humano, porque ao interditar a mãe e mostrar à criança a existência de regras e normas para a convivência entre as pessoas, ele a introduz na sociedade dos seres humanos. A criança deixa de ser um apêndice do corpo materno para tornar-se um indivíduo social, capaz de conviver com outros indivíduos sociais. Deixa de ser "falo" para transformar-se em gente.

Mas o complexo de Édipo em "Totem e tabu" também é visto como aquilo que dá origem à civilização. No antepassado mítico do clã repousa a lei. A refeição totêmica, que estava de alguma maneira rememorando o assassinato do pai violento, tirânico, é o ponto de partida da organização das sociedades e de toda a sua produção posterior. O animal totêmico, portanto, estaria substituindo o pai morto – a refeição totêmica serviria igualmente para reafirmar os compromissos firmados entre os irmãos assassinos. Para a sua própria segurança e continuidade, cada qual renuncia a uma parte de sua liberdade de exercer violentamente a força para que seja possível uma vida em comum. Em "Totem e tabu", Freud ancora o complexo de Édipo não apenas nas fantasias dos neuróticos, mas também no ponto de origem da civilização, propondo assim a universalidade do complexo de Édipo.

Está posta aí toda a angústia e o conflito dos meninos. Como podem se sentir seguros se o pai internalizado não é um pai tirânico que estabelece a lei? Pelo contrário, é um pai passivo, companheiro, a quem só podem dedicar amor, e, portanto, não há lugar para o ódio? Não há outra saída a não ser deslocar o seu medo para o animal totêmico, o cavalo ou o cão, dependendo da representação que ocupam dentro do imaginário de cada um. A angústia surge toda vez que buscam segurança no Superego e não encontram a lei estabelecida, porque a lei está fora, não foi internalizada.

Quanto sofrimento e quanta energia despendida desnecessariamente, pois a angústia vem sempre que um perigo externo assinala uma tensão motora, uma excitação vinda de dentro se junta em uma combinação que determina uma ansiedade constante. Por isso, o meu espanto diante da ansiedade exacerbada de Carlos, do seu querer se aproximar e antecipar um rechaço, pois a lei não fora instaurada e ele não sabia como se comportar socialmente, ainda se encontrava como um apêndice da mãe.

Estudar a histeria de angústia, pelo caso do pequeno Hans, ajudou-me a entender melhor o que se passava com Carlos e a acolhê-lo com maior facilidade, compreendendo o seu sofrimento e a sua angústia causada por pais que não sabiam como lidar com uma criança muito querida e desejada, mas que talvez não preenchesse as expectativas deles.

Ver e escutar

Talvez por não ter tido a experiência de atender crianças, Freud se baseasse nas fases do desenvolvimento infantil para poder formular alguns de seus conceitos e construir sua ciência. No caso da histeria de angústia, observou que é causada por um afeto convertido em um terror imotivado, ante um objeto, um ser vivo ou uma situação que não apresenta em si perigo real. Mais tarde, no quadro da segunda teoria da angústia, concluiu que ela surge ante um perigo exterior e que constitui para o sujeito uma ameaça real: a castração. No entanto, quando se fala em castração, está se falando em uma fase pré-genital, a fálica, quando a criança acha-se por volta dos 3 anos de idade.

Como Freud alerta: quem tem olhos para ver e ouvidos para ouvir pode observar o que o ser humano tenta esconder. Legado a todos os psicanalistas: privilegiar a escuta e a observação se se quiser perceber o latente que se desenrola concomitante ao manifesto, bem debaixo de seus narizes. E foi assim que outros teóricos da área, trabalhando com crianças, descobriram angústias mais precoces no desenvolvimento infantil.

Klein[15], por exemplo, descobre e passa a se interessar pelas fobias precoces, nas quais identifica angústias persecutórias e depressivas. Essas fobias seriam derivadas de angústias psicóticas, que têm sua origem no temor de ser devorado pelo Superego precoce, em decorrência de um aumento do sadismo oral canibalístico da posição depressiva.

Segal[16], discípula de Klein, concluiu, pela observação de um caso de fobia grave, que a formação da fobia tem como função evitar situações catastróficas relacionadas a angústias psicóticas.

Jorge M. Mom[17], outro autor kleiniano, observou a fobia pelo mecanismo de dissociação, postulando que a formação da fobia cria e recria uma dissociação por meio da externalização do objeto. Ele compreende a fobia como uma organização de defesa, porque o mecanismo fóbico se estrutura para evitar o fracasso da dissociação e para mantê-la e recriá-la. Sintetizando sua própria visão: o fóbico é um sujeito que, no plano histérico em que atua, controla obsessivamente suas angústias esquizoides.

Para Winnicott, a angústia nasce da falha do cuidado materno, que é a condição básica para acontecer à integração. E o que ele observou em decorrência da falha é o aparecimento de angústias particulares: não integração gerando um sentimento de desintegração; falta de relacionamento entre a psique e soma, causando um sentimento de despersonalização; e que o centro da gravidade da consciência é transferido do cerne para a superfície. Ele também desenvolve o conceito do medo do colapso. Alguns medos comuns, como o medo da morte, da loucura ou do sentimento de vazio, estão relacionados ao medo do colapso, que nos fenômenos psicóticos são defesas contra um colapso no estabelecimento do Self unitário.

Um último parêntese: se Freud talvez tivesse ficado mais atento, no caso do pequeno Hans, para o que se desenrolava no ambiente familiar dessa criança, teria visto as falhas no cuidado desse menino e observaria que o sintoma, a fobia, não era somente uma consequência de causa exógena, mas vinha da relação mãe-bebê, criança muito libidinizada e depois rechaçada pelo comportamento ambíguo da mãe.

Termino voltando à questão dos vários termos para um mesmo conceito: fobias, angústias persecutórias ou depressivas, de aniquilamento, angústias impensáveis ou medo de um colapso. O conceito ou o termo escolhido para representar simbolicamente um acontecimento na clínica vai depender do aporte teórico que para cada psicanalista faz mais sentido, ou esteja mais de acordo com a sua clínica. Só não se deve esquecer que, por mais interessante que possam vislumbrar tais fenômenos, estamos diante do sofrimento humano, e é preciso respeitá-lo e acolhê-lo. Quem sabe, assim, poder-se-á desenvolver outros conceitos, bastando ter olhos para ver e ouvidos para escutar.

Referências bibliográficas

1. Gay P. Freud: uma vida para o nosso tempo. São Paulo: Companhia das Letras; 1989.
2. Lowen A. Medo da vida: caminhos da realização pessoal; pela vitória sobre o medo. São Paulo: Summus Editorial; 1980.
3. Roudinesco E, Plon M. Dicionário de Psicanálise. Rio de Janeiro: Jorge Zahar Editor; 1998.
4. Laplanche J, Pontalis JB. Vocabulário da Psicanálise. São Paulo: Martins Fontes Editora; 1998.
5. Hinshelwood RD. Dicionário do pensamento kleiniano. Porto Alegre: Artes Médicas; 1992.
6. Kahtuni HC, Sanches GP. Dicionário do pensamento de Sándor Ferenczi: uma contribuição à clínica psicanalítica contemporânea. Rio de Janeiro: Elsevier; 2009.
7. Winnicott DW. Da pediatria à psicanálise. Rio de Janeiro: Imago; 2000. Ansiedade associada à insegurança; p.163.
8. Balint M. Friendly expanses; horrid empty spaces. Int J Psychoanal. 1955;36(4-5):225-41.
9. D'Anna E. A escola dos deuses: formação dos líderes da nova economia. São Paulo: Barany Editora; 2012.
10. Freud S. Edição standard brasileira das obras psicológicas completas de Sigmund Freud. v. 20. Rio de Janeiro: Imago; 1969. Inibições, sintomas e ansiedade. p. 130.
11. Freud S. Edição standard brasileira das obras psicológicas completas de Sigmund Freud. v. 7. Rio de Janeiro: Imago; 1969. Três ensaios sobre a teoria da sexualidade. p. 126.
12. Ribeiro M. Infertilidade e reprodução assistida. São Paulo: Casa do Psicólogo; 2004.
13. Freud S. Edição standard brasileira das obras psicológicas completas de Sigmund Freud. v. 19. Rio de Janeiro: Imago; 1969. O ego e o id. p. 47-8.
14. Freud S. Edição standard brasileira das obras psicológicas completas de Sigmund Freud. v. 13. Rio de Janeiro: Imago; 1969. Totem e tabu. p. 154
15. Klein M. Contribuições à Psicanálise. São Paulo: Mestre Jou; 1981. O desenvolvimento inicial da consciência na criança. p. 339.
16. Segal H. A obra de Hanna Segal. Rio de Janeiro: Imago; 1983. Mecanismos esquizoides subjacentes à formação de fobias. p. 194.
17. Mom JM. Consideraciones sobre el concepto de fobia en relación con algunos aspectos de la obra de Melanie Klein. Revista de Psicoanálisis. 1962;19:26-33.

Bibliografia

Freud S. Edição standard brasileira das obras psicológicas completas de Sigmund Freud. v. 1. Rio de Janeiro: Imago; 1969. Rascunho E: como se origina a angústia. p. 211-7.

Freud S. Edição standard brasileira das obras psicológicas completas de Sigmund Freud. v. 3. Rio de Janeiro: Imago; 1969. Sobre os fundamentos para destacar da neurastenia uma síndrome específica denominada "neurose de angústia".

Freud S. Edição standard brasileira das obras psicológicas completas de Sigmund Freud. v. 10. Rio de Janeiro: Imago; 1969. Análise de uma fobia em um menino de cinco anos.

Freud S. Edição standard brasileira das obras psicológicas completas de Sigmund Freud. v. 9. Rio de Janeiro: Imago; 1969. Sobre as teorias sexuais das crianças.

Freud S. Edição standard brasileira das obras psicológicas completas de Sigmund Freud. v. 14. Rio de Janeiro: Imago; 1969. Sobre o narcisismo: uma introdução.

Freud S. Edição standard brasileira das obras psicológicas completas de Sigmund Freud. v. 16. Rio de Janeiro: Imago; 1969. Conferência XXV (1917).

Freud S. Edição standard brasileira das obras psicológicas completas de Sigmund Freud. v. 19. Rio de Janeiro: Imago; 1969. A organização genital infantil.

Freud S. Edição standard brasileira das obras psicológicas completas de Sigmund Freud. v. 19. Rio de Janeiro: Imago; 1969. A dissolução do complexo de Édipo.

Freud S. Edição standard brasileira das obras psicológicas completas de Sigmund Freud. v. 23. Rio de Janeiro: Imago; 1969. Análise terminável e interminável.

Gurfinkel AC. Fobia. São Paulo: Casa do Psicólogo; 2001.

5 Psicose | Campo do Estrangeiro e o Lugar da Psicanálise

Jucely Giacomelli

> *Pense em alguém que não seja radicalmente outro para você, que lhe seja inteiramente transparente, constituído, de algum modo, com seus próprios raios do mundo [...]. Você não poderia amá-lo nem odiá-lo porque, por falta de resistência e opacidade, você o atravessaria sem encontrar ninguém: ele não seria. E se você mesmo estivesse lá em pessoa, como um homem de vidro tão transparentes quanto invisível, você não existiria. Para existir é preciso que haja em você – em uma profundidade variável – essa "tela opaca" que lhe envia de volta às suas próprias palavras, atitudes ou comportamentos [...] como "outros", de tal maneira assim deslocado de você mesmo, você desejaria novamente uma outra expressão sua nessa tela côncava que a refletirá novamente para você. Essa conjunção da alteridade com a realidade começa nesse encontro que é o sentir (humano) em que cada coisa, cada vez, de novo, se esclarece com o meu próprio dia, que só se levanta com ele. Novidade, realidade emergem através do outro em todo encontro.*
> Henri Maldiney[1]

Introdução

O presente capítulo tem como tema central os conceitos teóricos de Wilfred Ruprecht Bion (1897-1979) que fornecem sentido à clínica da psicose. O psicótico, especialmente na crise aguda, reproduz modos de defesa primitivos, colocando o analista diante de uma ruptura psíquica. As angústias primitivas, quando insuficientemente acolhidas e metabolizadas, conduzem o sujeito a um incremento dos mecanismos de projeção, de evacuação violenta e do agir. As respostas a indagações na observação do funcionamento psíquico do psicótico encontraram, nessa teoria, respaldo e compreensão na prática com a clínica da psicose. Os conceitos de *rêverie* materna e de função alfa, conforme postulou Bion, refletem sobre a função das primeiras experiências relacionais. É segundo esse "olhar", no qual a prática valida a teoria, que pretendo contribuir neste capítulo, a partir da observação de como se estabelece o vínculo com o analista no contato diário com pacientes em crise psicótica aguda. Os problemas com a linguagem psicótica, a origem e função dos pensamentos, sempre foram de grande interesse para a prática clínica. Bion aprofundou-se nessas questões no curso da análise de psicóticos, dedicando-se a pensar o que faz o homem ter tanta dificuldade no contato com a realidade. Na dualidade da natureza humana, coabitam forças de ligação e de desligamento, de construção e de destruição, de amor e de ódio, que são fundamentais na construção do psiquismo.

O cotidiano dos atendimentos clínicos

Descrevem-se aqui os atendimentos clínicos realizados durante a permanência do paciente em uma instituição particular localizada na cidade de São Paulo, na qual a autora deste capítulo trabalha. Quando chega para internação, o sujeito está marcado por um sofrimento anterior que já se perpetua há algum tempo. Sofrimento que, no limite do suportável, levou-o a um estado de desorganização psíquica, provocando uma sensação de caos interno e, consequentemente, prejudicando o relacionamento com o mundo externo. Alguns comentam sobre a impressão de "estar ficando louco"; outros dizem: "Sou Jesus e vou salvar o mundo" ou "Sou o demônio e vou destruir o mundo". Alguns ainda expressam a sensação de estarem sendo vigiados, filmados e perseguidos. Há os que chegam em estado de mutismo, os que verbalizam sensações de catástrofe iminente, os que chegam em intensa aceleração psíquica (falam sem contenção e sem poder escutar o outro), os que estão em depressão profunda com sensações de ruína iminente e ainda os que usaram drogas lícitas ou ilícitas que desencadearam o surgimento de um primeiro surto psicótico. Esses pacientes chegam psiquicamente fragilizados, regredidos e em situação de extremo desamparo. Os recursos psíquicos para lidar com a situação interna e externa estão ausentes, com perda da capacidade do exercício de alguma percepção de si e do outro, desesperançados e distanciados da realidade.

Os contatos com o paciente nesse serviço são diários e ocorrem em lugares diversos ao consultório, espaços que se configuram como um possível campo de escuta. Na prática, esses atendimentos exigem flexibilidade e disponibilidade do analista para além do atendimento convencional, no qual o divã é parte integrante, pois podem ocorrer no jardim, no quarto, nos corredores da clínica, em uma caminhada, na sala de artes, na quadra de esportes e, algumas vezes, na sala de atendimento individual. Esses encontros configuram-se pela possibilidade de manter a prática da subjetivação.

Nesse sentido, a presença do profissional facilita a abertura de um campo transferencial. Embasando-se em uma teoria que respalda esse trabalho, pode-se acolher o sofrimento desses pacientes, criando um ambiente propício para a escuta e o "olhar" psicanalíticos. Toma-se em consideração a existência de uma dupla – paciente-analista – com interesse na demanda do aqui/agora, criada por uma necessidade, por isso a escuta deve ser assegurada pela mesma postura ética e sigilo do analista.

Os pacientes chegam à clínica em surto agudo e em caráter de emergência, muitas vezes sem compreender o que está acontecendo, em que lugar estão, por que vieram e sem conhecer o médico que irá acompanhá-los durante a internação. Após anamnese realizada pelo psiquiatra, efetua-se uma hipótese diagnóstica. Então, segundo critérios psiquiátricos, verifica-se a necessidade de permanência no serviço e efetiva-se a internação.

Essa situação inicial é acompanhada por muito sofrimento para todos os envolvidos (familiares, amigos, parentes etc.). Alguns pacientes chegam intensamente drogados, outros em depressão profunda ou em agitação psicomotora intensa, outros passaram por tentativa de suicídio (de diversas maneiras) – às vezes acompanhada de delírios e alucinações. O trabalho de equipe é disponibilizado desde o início. O vínculo, assim que se entra em contato com o paciente, é rapidamente estabelecido. São pacientes que têm demanda de atenção e cuidados contínuos, desejam ser ouvidos, acolhidos. A partir do primeiro contato com o profissional, estabelecida alguma empatia, configura-se o que é chamado de transferência.

Os recursos emocionais, teóricos e técnicos, são importantes para que alguma ajuda possa haver na função de *rêverie* do analista. Poder ficar com o paciente, nesse campo de intensas atuações na expressão dos impulsos, somado à possibilidade de o analista trabalhar para ajudar o paciente na contenção desses impulsos, irá depender da disponibilidade interna do profissional.

O analista busca todas as formas de comunicação relacionadas com a experiência emocional do aqui/agora: quanto, quando, como comunicar e traduzir o que percebeu no trato com o paciente. Como aguardar o momento certo de abordar o paciente, sabendo ainda que esse momento pode não chegar. Suportar o silêncio e estar psiquicamente envolvido pode ser também de grande ajuda para o sujeito adoecido. Às vezes, o paciente logo recebe alta médica, ou sai a pedido da própria família, e o psicólogo só saberá disso, geralmente, no dia seguinte. Nesse sentido, é importante que a condição emocional do analista esteja boa o suficiente para lidar com frustrações e expectativas na relação com o paciente internado. Alguns poucos encontros com o analista podem ser vitais para o paciente. Devolutivas tornam-se possíveis quando intui-se que o paciente pode emocionalmente ouvir o profissional. Às vezes, o acolhimento do analista é de grande utilidade terapêutica. Por fim, é possível pensar o paciente do ponto de vista teórico e verificar na prática tal validade teórica.

O tempo do psicótico é diferente, atemporal, sem filtros ou censura. Abordá-los é como tentar "pegar um peixe vivo com a mão".

Do ponto de vista médico, o que contribui para as internações, entre outros fatores (riscos à integridade física, situações de conflito no convívio familiar, social e confronto com a realidade), é a não aderência ao tratamento medicamentoso, muitas vezes proposto anteriormente.

As internações na referida clínica se fazem necessárias por duas razões:

1. Alguns pacientes já faziam acompanhamento anterior e conhecem seu médico. Por motivos

diversos, abandonam o tratamento medicamentoso, a psicoterapia e por algum fator estressante desencadeiam-se novas crises, colocando em risco a sua integridade física e de outrem. Por essas razões, demandam contenção.
2. Outros chegam em caráter de urgência em uma primeira crise e primeira internação. Nesses casos, os familiares, o próprio paciente e/ou responsáveis também recebem a orientação da equipe multiprofissional.

Nessas duas situações, psicólogos que fazem parte da equipe multiprofissional se deparam com pacientes assustados com o que está acontecendo. São frequentes as reinternações, que geralmente ocorrem pela sistemática falta de aderência ao tratamento medicamentoso, proposto pelos psiquiatras, somada ao frequente abandono das indicações de psicoterapia. As construções delirantes e alucinatórias intensas os colocam em um estado de desamparo, encapsulamento, alienação, distanciamento da realidade, desorientação, voltados que estão para essa outra realidade que construíram e os deixam fora de contato com "a" realidade. A relação com o outro fica comprometida, visto que estão "contaminados" por fantasias de invasão, pela "sensação" de roubo de conteúdos internos e pouca ou nenhuma contenção de pensamentos; conteúdos que são "evacuados" (pensamentos que não servem para pensar, pensamentos/fezes) para dentro do analista pelo uso de identificações projetivas maciças. Nesse sentido, existe a possibilidade de transformação em palavras "nutritivas", quando esse fenômeno pode ser captado pelo analista, que devolve ao paciente o que foi "evacuado" com tanta intensidade. A identificação projetiva é uma fantasia e um instrumento de trabalho do analista na relação com o paciente.

Nessa prática com a psicose, o analista pode observar a dificuldade desses pacientes no contato com seu universo psíquico, na utilização de defesas primitivas, no uso da onipotência de pensamentos e na regressão a estados de mente primitivos.

Nos encontros entre paciente/analista, as histórias ou não histórias ocorrem ao vivo e têm forte componente visual real ou potencial. As coisas acontecem no aqui/agora das entrevistas, tanto em seu conteúdo como em sua forma. O paciente apresenta modos de funcionamento mental primitivos, e o analista é convocado a participar exercendo a função digestiva, modelo continente/contido.[2] A mente humana deve digerir, metabolizar elementos brutos, sensoriais e afetivos – chamados elementos beta –, que devem ser contidos (acolhidos e metabolizados) por outra mente, continente, e tornados passíveis de serem potencialmente pensados – elemento alfa. O continente apropriado capaz de efetuar essa complexa função, chamada alfa, não se deixa dominar ou destruir, propiciando, assim, uma relação intersubjetiva criativamente transformadora.

> A atitude do analista no sentido de acolher e notar esses estados tem um efeito sobre a disposição mental e emocional do paciente. É a partir da qualidade da relação com o paciente que o analista poderá determinar a natureza dos fenômenos. Processos doentios no funcionamento mental primitivo e nas relações de objeto exigem do analista uma abertura para a observação de fenômenos que não se reduzem a definições psicopatológicas estanques. Não basta ao analista saber que a cisão, a alucinação, o delírio e a identificação projetiva poderiam se direcionar para a busca de sobre a vida emocional. Uma vez que é a partir da qualidade da relação com o paciente que o analista poderá determinar a natureza dos fenômenos. [...] Diante de um objeto que é capaz de acompanhar o tipo de emprego de identificação projetiva de modo a poder contê-la em si e discriminar a sua natureza por meio de linguagem verbal, o paciente terá a chance de conhecer as suas sensações e seus sentimentos, como amor, ódio, medo, inveja e começar a forjar para si uma vida subjetiva até então renegada. O analista torna-se, assim, um pensador que passa a existir como uma espécie de órgão transformador de pensamentos primitivos e ansiedades insuportáveis, com a qual o paciente poderá se identificar.[2]

Observações sobre o funcionamento psicótico na perspectiva bioniana

A forte hostilidade e ataque à realidade interna e externa e a intolerância à frustração são responsáveis por intenso sofrimento psíquico. O sujeito sofre, mas repete essa dinâmica, fica às voltas com um funcionamento que sistematicamente o mantém afastado da realidade. Envolto em um desconhecido ou inconsciente prazer na dor, desconhece outra possibilidade de investimento de libido. Essa concentração de libido e consequentes distorções fazem com que a visão de mundo fique empobrecida, envolvida com fortes fantasias que contribuem para esse afastamento da realidade. Assim, a intervenção do analista pode ser útil para ampliar um novo olhar, um redirecionamento de libido, uma reconstrução biográfica do paciente, resgatando sua história, que de alguma maneira rompeu-se e perdeu-se quando houve uma ruptura catastrófica. Há uma clara dificuldade em aprender com a experiência, o contato com o outro está prejudicado pelas distorções efetuadas, possivelmente por desconhecimento de outra possibilidade de estar no mundo interno/externo. O paciente permanece em uma espécie de zona de conforto, utilizando-se de modos de defesa antigos, repetidos e primitivos, somados a uma precária compreensão na elaboração de pensamentos. O que fica claro para o analista é um ganho secundário no sintoma. Nesse sentido, o trabalho de escuta, o ficar junto com o paciente, o acolhimento, o estímulo para contar sua história, podem vir a ser terapêuticos e transformadores.

É útil que se tenha claro que, para o paciente, qualquer intervenção precoce é sentida como agressiva, pode ser desorganizadora. O caos assusta, persegue e é difícil de suportar. Interpretações fora de contexto e sem respeito ao tempo do sujeito adoecido são sentidas negativamente. Confrontar o paciente, dizendo que o que ele está vendo ou ouvindo não é "verdade", é inútil se feito precocemente. O que o paciente nos fala é sempre verdade, a verdade dele, mesmo que fantasiosa. É importante e necessário que o analista possa escutar as verbalizações intensas (evacuações) ou o silêncio (mortífero) do paciente: "ficar com", acolher, oferecer escuta e aguardar o momento propício. Nesse sentido, Bion fala do uso da intuição do analista. Suportar o silêncio do paciente, sem se antecipar, é de extrema continência. Digestões demandam um processo lento. Quando é possível fazer uma nova tradução do que está angustiando o paciente, ele chega a esboçar alívio, sente-se acompanhado. É necessário, assim, que o analista possa esperar a "autorização" do paciente, mantendo-se "vivo" psiquicamente e aberto para a escuta do sofrimento psíquico.

O analista precisa estar instrumentalizado para poder suportar o mergulho no mundo da fantasia psicótica e da experiência emocional. Os medos imaginários são tão reais para o paciente quanto os que de fato representam perigo a qualquer indivíduo. Perceber a falta de recurso psíquico, a incapacidade de compreender e tolerar frustração faz parte da compreensão do analista no exercício da escuta ao sujeito adoecido. Assim como observar o uso de defesas primitivas, do pensamento concreto, a dificuldade de abstração, a falta de crítica; as distorções daquilo que ouvem, do que veem, o que constroem (deliram ou alucinam) e quanto de dado de realidade suportam e conseguem assimilar, e, ainda, quais as transformações possíveis, considerando uma leitura do funcionamento psíquico e sua subjetividade. É como procurar um chapéu em uma caverna escura, é preciso tatear devagarzinho (metáfora da Caverna de Platão).

O aparato teórico desenvolvido por Bion, somado à observação e experiência clínica, possibilitam o contato com conceitos como transferência (positiva e negativa), identificação projetiva, cisão, ataques ao vínculo, *rêverie*, além de acolhimento, tolerância à frustração, competição, rivalidade, ambivalência, a evacuação de pensamentos, a projeção de conteúdos para dentro do analista e a consequente incapacidade de "pensar pensamentos", e a dificuldade de transformar pensamentos beta em pensamentos alfa. Conceitos que foram amparados pelo tripé da formação psicanalítica: supervisão, formação continuada por meio de grupos de estudo e análise pessoal.

Um olhar sobre a psicose

É pela experiência emocional nesse "campo" delimitado pelos espaços referidos acima e o espaço de uma sala de artes que se configuram a observação dos conceitos teóricos. O universo psíquico se abre para a expressão e contenção também com o auxílio do fazer artístico.

Seria a psicose uma explicação às diferentes maneiras de habitar o mundo? Uma verdade acerca do sujeito para dar conta de explicar aquilo que é diferente, aquilo que escapa do comum? O que o diagnóstico significa para o sujeito que o recebe, ajuda ou atrapalha? O diagnóstico serve para quem? Não seria mais uma maneira de se defender de possíveis transformações, usando desta prerrogativa – a diagnóstica? Esta não serviria para engessar seu estar no mundo e reduzir o sujeito à condição predeterminada? A criatividade não seria um dos caminhos, somados ao trabalho interdisciplinar, para alguma organização psíquica? Essas são perguntas que permeiam a prática no contexto psiquiátrico em que o trabalho interdisciplinar e inserção do analista são pertinentes. O universo psíquico se abre para a expressão do sofrimento com o auxílio do fazer artístico e da disponibilidade de um interlocutor para acolher. Escutar sem julgamento, valorizar e estimular a prerrogativa artística abrem possibilidade de contenção para a dor que inunda o sujeito. São essas as questões desenvolvidas neste capítulo, com base nas elaborações de Bion, como uma das possibilidades de pensar o sofrimento humano.

A fim de contribuir para que a experiência emocional torne possível a diminuição da turbulência interna do paciente diante do estranhamento e o consequente uso de um aparelho para "pensar pensamentos", é apresentado um caso clínico que ilustra alguns dos conceitos desenvolvidos por Bion.

Para ser útil, a ferramenta analítica precisa de um interlocutor. O processo de análise necessita sempre de uma dupla, de um par disposto a mergulhar nas profundezas da mente inconsciente, na busca da verdade de cada um. As emoções estão presentes e circulam entre ambos, cabe ao analista uma maior capacidade de contenção e transformação das emoções latentes. O paciente de ontem não é o mesmo de hoje, estamos em constante oscilação. Há um processo dinâmico, e não estático, de descoberta e ampliação da capacidade de sentir e de pensar.

A prática valida a teoria na medida em que podemos observar em nós mesmos o que vemos ocorrer com o paciente. Bion fala de partes psicóticas e não psicóticas da personalidade. Quantas vezes o desconforto interno surge e queremos nos livrar de pensamentos indesejáveis. O que marca diferenças no funcionamento psíquico é que há os que conseguem conter pensamentos, em vez de evacuá-los e atuá-los. O "pensar pensamentos" é fator de desenvolvimento, mas com o psicótico acontece o contrário: o aprender com a experiência está moldado por uma outra óptica. Ele pensa e fala o que pensa, ou não "pensa os pensamentos", fala sem filtrar.

A teoria de Bion está preocupada com a mente do analista e sua dinâmica. O paciente psicótico tende à concretude. Cabe ao analista sonhar a fala do paciente. Escutar a dor, o ódio, a carência, o sofrimento, a inveja. O paciente fala, por exemplo, do trânsito e o analista pensa o trânsito interno, a condição "sonhante" está em funcionamento. No encontro analítico, na experiência emocional, o que o paciente diz é uma comunicação. O analista faz primeiro uma identificação com a teoria já sonhada anteriormente, o que faz sentido quando já se abstraiu e a sonhou. A isso Bion chama de elemento alfa, ou seja, algo dentro do psiquismo que tem a capacidade de abstrair, capacidade "sonhante", ligado à capacidade de simbolização desde épocas muito primitivas. Um modelo possível para pensar a capacidade de simbolização é o modelo da criança. A criança na ausência da mãe passa a sonhar a volta da mãe (o *fort-da*). Se a mãe demora a voltar, o aumento de tensão é sentido como desconforto. Como o organismo adquire recursos para suportar a tensão? Essa função não é aprendida, não

é saturada, é uma função do desenvolvimento. Para Bion, o pensamento só se dá na ausência de tensão, aumento de tensão pode ser fonte de sentimentos persecutórios.

O elemento alfa se contrapõe ao elemento beta. Elementos beta estão disponíveis para evacuação; ao livrar-se do desconforto, estes elementos não estão mais disponíveis para o pensamento. Se o analista tiver a função alfa, pode transformar esses elementos beta. São fatos não digeríveis que com a condição de sonhar, vai-se dando representação, podendo-se interpretar. A linguagem do "se" não está disponível para o pensar, ela não tem fim. Se se puder observar o funcionamento de nossa mente, pode-se ficar em companhia desse funcionamento sem submeter-se à linguagem do "se". "E se eu for internado?" Esse questionamento pode servir para o paciente pensar ou ficar em um interminável movimento que o impede de pensar, ampliar possibilidades, alternativas, pensamentos alfa. Nesse sentido, a linguagem do "se" não está disponível para o pensar.

Elementos alfa estão disponíveis para o pensamento. A função alfa se alimenta do intuitivo e de áreas que não se alcança. Embora se sonhe uma teoria, temos de ter elementos que deem uma ideia de que o sonho não é alucinatório; temos de ter elementos de dedução científica. As associações são elementos que irão validar a teoria ou não. Freud fala da fé científica como a condição do analista ficar no escuro ou no desconhecimento, e a isso dá o nome de atenção flutuante. Bion chama esse momento em que estamos mergulhados no escuro de simetria. O analista se autorizou a estar em uma área de desconhecimento.

Bion se preocupava com a personalidade e funções da personalidade do analista. Quanto este sonha com base nas experiências dos fatos, quanto ele contém?

> O trabalho com pacientes difíceis mostrava que as impressões captadas da realidade interna ou externa, apesar de conscientes, poderiam não constituir as fantasias, a memória, os pensamentos oníricos e permanecerem, assim, indisponíveis ao pensar e ao conhecimento. Segundo Bion, era como se não houvesse separação entre os sistemas consciente e inconsciente e como se este último ainda tivesse que ser criado. Uma de suas principais questões era justamente compreender o que – e como – converteria os dados brutos e concretos de uma experiência emocional em matéria psíquica, isto é, em algo capaz de ser esquecido, sonhado, recordado, pensado. Parte dessa solução derivou da constatação de que a identificação projetiva – compreendida

como uma defesa da posição esquizo-paranoide – poderia ser, ao mesmo tempo, uma forma de comunicação pré e não-verbal.[3]

Interpreta-se segundo a personalidade, diante da condição "sonhante" do analisando. O princípio de realidade é tardio, há uma tendência de buscar o princípio de prazer, dificuldade de ficar com a frustração. O primeiro movimento é o de expelir, o aparelho mental é um aparelho reflexo, "bateu... levou", a grande dificuldade de ficar com a dor: é a base narcísica e a dor de não ser mais sua "majestade o bebê".

Busca-se na vida essas sensações. A angústia básica de aniquilamento ou de não dar conta da dor; entender, por exemplo, o choro como algo ruim. Esparramar o choro para fora em vez de para dentro. Bion fala da visão binocular do analista: o chorar do paciente e o analista com liberdade maior para ouvir o sintoma. Ao longo da vida aprende-se *ad infinitum*, e há nesse movimento de aprendizagem maior consciência e mais complexidade. Prazer e desprazer correlacionados com aumento de consciência. Notar, observar, olhar são condições do desenvolvimento.

As pessoas acreditam que é um problema ter dúvida, mas dúvidas são melhores que certezas. Certezas dizem respeito ao pensamento psicótico, e a ausência de certezas é angustiante, o psicótico quer se livrar da dúvida. O psicótico não suporta a dor que advém da dúvida, do não saber, quer se livrar da dor, evacuando pensamentos. A convicção psicótica, "todos estão querendo me destruir" (fala de uma paciente em crise), é vivida como uma certeza inquestionável. É a onipotência do pensamento, de se pensar tão melhor, tão poderoso, "todos querem me destruir".

Dúvidas são úteis, mas o que se faz com elas quando acodem a mente? A possibilidade de acolhimento desses pensamentos oferece condições de se pensar outros. A maioria dos pacientes não levanta hipóteses, toma esses pensamentos como verdades, e para Bion aí estariam os transtornos de pensamentos.

Bion fala de uma condição alfa sonhante no psiquismo que levantaria hipóteses. A capacidade de abstração mais a sua utilização é importante, é o recurso que se tem. A obra de arte, o cinema, a fotografia são telas de projeção. A emoção mobiliza a memória que vem condensada, deslocada. Entre o princípio de prazer e o princípio de realidade: ou o paciente enfrenta, ou se evade daquilo que o frustra.

O psicótico faz uso de mecanismos primitivos. A identificação projetiva observada em todos é especialmente utilizada de modo maciço no psicótico, e esse modo de funcionar comunica alguma coisa. A identificação projetiva é incontrolável, o outro projeta para controlar o objeto. Na identificação projetiva há cisão, não pode haver percepção. Aí reside a possibilidade de trabalho para o analista. A identificação projetiva é uma fantasia, serve como pista para o analista compreender o que está sendo comunicado, levantar hipóteses e, assim, retornar digeridos os pensamentos para o paciente.

O que o paciente quer comunicar? Freud postulou que o aparelho mental a todo aumento de tensão, de estímulos, tenderia a eliminar, a evacuar pensamentos (pensamentos beta). Bion amplia acrescentando que, se a realidade é muito difícil, ao aumento de tensão, alguns pacientes tendem à expulsão, só conseguem fazer isso. Cabe ao analista poder trabalhar esses conteúdos de intensidade tão primitiva.

Bion e a teoria do pensar

Wilfred Bion foi um psicanalista britânico que trouxe contribuições importantes para a clínica da psicose. Foi analista contemporâneo de Freud e de Melanie Klein, cujos postulados o influenciaram e serviram de base para ampliar sua teoria.

A biografia de Bion é extensa, e neste capítulo serão priorizados alguns de seus conceitos. Nesse sentido, faz-se uma breve apresentação sobre a teoria do pensar e da utilização da *rêverie*, conceitos de fundamental importância para o trabalho com a clínica da psicose.

A teoria do pensar diz sobre a inauguração de um espaço de autoria. Para Bion, o pensamento surge como uma solução para se lidar com a frustração. A teoria, portanto, possibilita um conhecimento sobre a formação do psiquismo, afinando a escuta para a aquisição da capacidade simbólica.

Em 1962, Bion elaborou sua teoria do pensar. Durante a análise de psicóticos, ficou fortemente interessado em se aprofundar nos problemas da linguagem e nos problemas da origem e função dos pensamentos. Para tanto, se inspirou nos postulados de Freud sobre o princípio de prazer e da realidade, além de ter sido influenciado pelas ideias de Melanie Klein.

Começando por Freud, sabe-se que o processo primário está ligado à satisfação imediata das necessidades básicas, logo, ligado ao princípio do prazer, gerando a capacidade de adiar a descarga pulsional e abrindo espaço para a capacidade simbólica.

Na teoria de Bion, a função alfa é a primeira que predominantemente existe no aparelho psíquico.

Isso significa que, para ele, existe um pensamento que é anterior à capacidade de pensar, denominado pensamento sem pensador. O próprio autor afirma que sua teoria difere de qualquer teoria do pensamento na medida em que considera o pensar um desenvolvimento imposto à psique pela pressão dos pensamentos, e não o contrário.

À luz dessa compreensão, apresenta-se a seguir uma vinheta clínica com base na experiência com a psicose.

Caso clínico

O paciente tem por volta de 48 anos, descuidado da aparência, sensações persecutórias intensas, apresenta-se como alguém que está sofrendo muito. Face tensa, choroso, desesperado por falar o que está sentindo, sem crítica e sem se importar com o entorno composto por outras pessoas presentes na sala, se dirige diretamente a mim falando:

— Será que você pode me ajudar?

Digo a ele que posso tentar.

— Acho que você não vai poder me ajudar. — E se coloca a chorar.

Pergunto por que está chorando. Ele me diz, com o olhar muito desconfiado, que não está suportando o que as vozes lhe dizem.

— Por que você não me conta o que está ouvindo — sugiro.

— Você não vai acreditar. — Então começa a chorar.

— Por que você não tenta me contar? Sem saber o que você está ouvindo, como vou poder compreender? Observo como você está sofrendo, por que não experimenta me contar.

Ele choraminga, baixa o olhar, me olha novamente e diz:

— Todos estão querendo me prejudicar, querem acabar comigo, me destruir, falam mal de mim, me odeiam. Eu também odeio. — Esboça um sorriso "tenso". — Querem me roubar. Dizem que pareço mulher. O homem que parece mulher. Que sou homossexual. As vozes estão me perseguindo.

Encontrei-me diariamente com esse paciente durante todo o período de sua internação (60 dias). Conversamos durante alguns dias a respeito de como estava difícil conviver com vozes que lhe falavam coisas tão perturbadoras e com o ódio que ele dizia ter das pessoas. Fui desenvolvendo alguma possibilidade de acolhimento do que ele escutava e de transformação do conteúdo das vozes. Seu olhar algumas vezes revelava desconfiança, outras, parecia estar mais tranquilo, menos angustiado. Por vezes propus outras alternativas de conversa, como uso de material artístico (sulfite, tela, pincel, tinta), para que ele direcionasse sua atenção para atividades que proporcionassem a expressão da sua angústia. Pudemos conversar a respeito de suas memórias de infância, viagem com os pais, irmãos, avó, amigos. Fez uma reconstrução biográfica, conversando comigo, enquanto trabalhava com o material de pintura. Os sentimentos persecutórios mais intensos foram diminuindo de intensidade, mas não completamente. Começou a se perguntar se não estaria enganado, demonstrando alguma crítica. Apesar da insegurança que permeava seu discurso, algumas reconsiderações do que pensava puderam ser operadas.

O paciente tem um diagnóstico psiquiátrico de esquizofrenia, com internações desde a adolescência. Passou por vários lutos, o mais recente sendo a perda da mãe. É ambivalente com relação à mãe, ora diz que ela foi boa, ora que ela também quis prejudicá-lo. Perdeu o pai perdeu muito cedo, aos 7 anos. Algumas vezes me olhava e dizia: "Acho que eu sinto falta de mãe". Nas crises se evidenciam sintomas persecutórios de intensidade insuportável, segundo seu próprio relato, ouve as pessoas falando mal dele, como acham ele feio, gordo. Outras vezes distorce os fatos, como quando afirmou que eu falei que ele parecia mulher. Refere desesperança, mas se beneficia gradualmente do acolhimento e da escuta oferecidos. A ambivalência que o acompanha é passível de conversa. Às vezes reconhece que algumas pessoas do círculo familiar (irmãos, avó, governanta, empregados) se preocupam com ele. Em outras, mais desconfiado, repete: "Não, não se preocupam, só querem meu dinheiro". Todas as defesas descritas, especialmente a identificação projetiva, são usadas de modo intenso por ele. A referência teórica pautada no conceito de *rêverie* do analista seria a possibilidade de transformação de emoções que acodem a mente do psicótico de maneira tão violenta.

Considerações finais

Este artigo é uma tentativa de responder às perguntas do início deste capítulo. Na experiência, no contexto e no campo de atuação na referida clínica, constatou-se que é possível haver alguma reaquisição da capacidade simbólica. O trabalho com a clínica da psicose nos coloca diante da consequência dolorosa de enfrentar o caos. O caos assusta, persegue, é difícil de tolerar. A teoria do pensar possibilita um conhecimento sobre a formação do psiquismo, oferece a compreensão de como se dá a aquisição da capacidade simbólica. A capacidade de pensar vai depender de uma dose de frustração e indica como o nascer, o crescer e o viver são experiências dolorosas em sua essência. O processo analítico, como se sabe, também é doloroso, na medida em que nos coloca em uma posição de maior consciência de nós mesmos. O processo de saber sobre nós mesmos também possibilita maior flexibilidade diante da vida, desfazendo nós que nos paralisam e nos aprisionam. No que diz respeito aos analistas, dispor da capacidade de *rêverie* possibilita conter a angústia e devolvê-la aos pacientes de maneira que possa ser transformada e nomeada. Como diz Hanna Segal:[5]

> Quando um bebê tem uma angústia intolerável, enfrenta-a projetando-a dentro da mãe. A resposta da mãe é a de aceitar essa angústia e de fazer o necessário para atenuar o sofrimento do bebê. A percepção da criança é então a de ter projetado qualquer coisa de intolerável dentro do seu objeto, mas que o objeto foi capaz de a conter e de a enfrentar. Pode então reintrojetar não a angústia originária, mas uma angústia modificada, porque foi contida. Introjeta simultaneamente um objeto capaz de conter e enfrentar a angústia. A contenção da angústia por um objeto interno capaz de compreensão é a base da estabilidade mental.

Referências bibliográficas

1. Maldiney H. Penser l'homme elá folie. A lá lumiere de L'analyse du destin. Grenoble: Jérôme Millon; 1991.
2. Bion WR. O aprender com a experiência. Jayme Salomão e Paulo Dias Correa, tradutores. Rio de Janeiro: Jorge Zahar; 1966. [Trabalho original publicado em 1962].
3. Salvitti A. Função-alfa e estilo de pensamento em Bion: uma aproximação por meio da experiência da alteridade. Percurso. 2006;37. Disponível em: http://revistapercurso.uol.com.br/index.php?apg=artigo_view&ida=251&ori=autor&letra=S
4. Bion WR. Estudos psicanalíticos revisados. Wellington M. de Melo Dantas, tradutor. 3. ed. Rio de Janeiro: Imago; 1994.
5. Segal H. Scritti psicoanalitici. Roma: Astrolabio-Ubaldini; 1984. Un approccio psicoanalitico al trattamento delle psicosi. p. 143-4.

Bibliografia

Bléandonu G. Wilfred R. Bion: a vida e a obra, 1897-1979. Laurice Levy Hoory e Marcella Mortara, tradutores. Rio de Janeiro: Imago; 1993.

Freud S. Pulsions et destins des pulsions (1915). Paris: Gallimard; 1972. (Collection idées).

Zimerman D. Bion da teoria à prática. Uma leitura didática. Porto Alegre: Artes Médicas; 1995.

6 Desafios da Clínica Contemporânea | Manifestações da Sexualidade

Maria Salete Abrão Nunes

A psicanálise e a sexualidade

Quando chocou a sociedade médica com seus escritos sobre sexualidade infantil em 1904, Freud não poderia prever os efeitos e a importância que suas ideias teriam para o pensamento ocidental e para mudanças de hábitos, costumes e valores. Mas talvez pudesse imaginar que, muitos anos depois, os psicanalistas que seguissem suas teorias estariam sempre diante de novos desafios relativos às manifestações da sexualidade, já que para ele, naquele momento, era claro que a sexualidade humana estava distante do que era o instintual, animal, previsível filogeneticamente.

No principal texto em que aborda o tema, "Três Ensaios para uma Teoria da Sexualidade", Freud expõe seu primeiro estudo sistemático sobre a questão[1], embora a sexualidade estivesse presente em sua obra desde o início, como base de sua proposta etiológica para a compreensão dos fenômenos histéricos.

O artigo de 1904 toma como ponto de partida um saber já existente sobre a sexualidade e faz uma proposta que praticamente "perverte" aquelas noções, abandonando o conceito de instinto sexual para propor o conceito de pulsão.

Freud trata das "aberrações sexuais" não para propor uma nova classificação ou para discorrer sobre alguma classificação já existente. A argumentação para essa proposta toma como referência o conceito de instinto que vem da biologia, para a qual a função dominante é a da reprodução. Por esse parâmetro, seria perversa toda conduta sexual que não levasse à reprodução, já que ela colocaria em risco a preservação da espécie.

Nesse texto inaugural sobre o tema, o autor analisa condutas sexuais humanas que fogem a essa regra. Ele questiona o sentido do conceito de perversão com essas referências, argumentando que a sexualidade humana supera muito esses limites. Propõe repensar o conceito de desvio ou de perversão. O estudo sobre desvios e perversões serve, então, a uma única finalidade: mudar a perspectiva, criar um novo paradigma.

Para categorizar a "perversão do instinto" no humano, Freud estuda os desvios da sexualidade quanto ao objeto do instinto (aquilo de que procede a atração), como a inversão, a pedofilia, a zoofilia, bem como os desvios quanto ao objetivo (ato que descarrega a tensão) das manifestações, como a significação privilegiada que passa a ter uma zona erógena (boca, ânus), além dos genitais, o fetichismo, a escopofilia, o voyeurismo, o exibicionismo. Tece, ainda, considerações sobre a ideia da bissexualidade, que existiria na base do desenvolvimento psicossexual humano.

O autor afirma que a conexão entre o objeto sexual e o instinto sexual não é predeterminada, mas contingente. Propõe, então, caracterizar a sexualidade humana pelo conceito de pulsão, e não de instinto. O conceito de pulsão sintetizado por Laplanche e Pontalis[2], com base nessa teoria, é assim descrito:

> Processo dinâmico, pressão ou força (carga energética, fator de motricidade) que faz o organismo tender para um objetivo. Tem sua fonte numa excitação corporal e seu objetivo é suprimir o estado de tensão.

O conceito de pulsão pode ser considerado uma ficção teórica. Com a invenção da pulsão, Freud faz um "furo" na teoria existente até então – uma abertura para um novo saber. Esse conceito fronteiriço – entre o somático e o psíquico – é o instinto que se "desnaturaliza".

Para entender o que ocorre, é preciso pensar no bebê humano biologicamente desamparado e considerar que não há determinação biológica que dê conta de suas necessidades. A partir do nascimento, a "mãe" (a figura que cuida) vai amamentar e cuidar da sua sobrevivência. Ela vai garantir o que é chamado de autoconservativo, mas ao mesmo tempo ama – investe libidinalmente, sexualiza, erotiza.

Ao oferecer o seio, a mãe produz a vivência de uma experiência de satisfação. Essa vivência está relacionada à diminuição de uma tensão interna, em relação à excitação de uma fonte corporal. Ao oferecer o alimento, a mãe satisfaz a pulsão de autoconservação relacionada a uma fonte corporal, boca-aparelho digestivo. O seio – objeto pelo qual se chega à satisfação – será internalizado. A satisfação das necessidades promove prazer, e é aí que surge o pulsional apoiado no autoconservativo. Um registro da experiência é feito. Um representante é memorizado no momento da satisfação do autoconservativo, e passa a funcionar como uma pilha permanentemente carregada. Surgem assim as pulsões sexuais apoiadas no autoconservativo.

A zona corporal, que foi a fonte da pulsão (boca) pela qual se liga a experiência de satisfação, transforma-se em zona erógena, fonte de uma pulsão sexual parcial. A pulsão é inicialmente independente do objeto. E a pulsão sexual passa por vários momentos em seu desenvolvimento. Algumas manifestações da sexualidade evidenciam a convergência de várias forças componentes, que Freud vai chamar de pulsões parciais.

As pulsões sexuais parciais se especificam por uma fonte (oral, uretral, anal, genital), que é um órgão do corpo, e por um objetivo, que é o prazer do órgão. Ao separar-se da pulsão de autoconservação, a pulsão sexual parcial oral distancia-se de seu objeto original – seio – e torna-se autoerótica. A pulsão é o representante psíquico de uma fonte endossomática e contínua de excitação. Diferente de um estímulo, que é estabelecido por excitações simples vindas de fora.

A natureza das pulsões em termos da vida psíquica pode ser considerada como uma medida de exigência de trabalho feita à mente. Sua fonte é um processo de excitação que ocorre em um órgão e seu objetivo imediato é a descarga, eliminação do estímulo.

O único determinismo que Freud considera para a sexualidade humana, a partir de então, é o da pulsão que faz exigência de trabalho para o psiquismo. A pulsão faz exigências, põe o aparelho psíquico para funcionar. Ela tem sua fonte no corporal, mas inicialmente não está ligada a nada fixo, ou seja, sem objeto e sem objetivo determinado.

Como a pulsão encontra satisfação em uma atividade marcada pela função vital que lhe serviu de apoio, mas "defasada", pode-se dizer que é nessa defasagem que se insere uma atividade psíquica fundamental para a sexualidade humana: a fantasia. E é com base nessa atividade que o desejo se constitui.

Para chegar a essas concepções, Freud estuda detalhadamente as manifestações sexuais da infância buscando entender os traços essenciais da pulsão sexual, sua evolução e sua composição com base em diversas fontes.

A criança passa a existir no mundo com um corpo vivenciado não como um todo que pulsa em uma direção, mas como várias pulsões funcionando de modo anárquico. O autoerotismo seria o estado original da sexualidade infantil, momento em que a pulsão vai encontrar satisfação sem recorrer a um objeto externo. Afirma ainda que o recém-nascido traz consigo os germes das moções pulsionais que se desenvolvem e sofrem sucessivas supressões, definindo a sexualidade com base nesse universo de pulsões parciais e daquilo que ele vai chamar de zonas erógenas.

- Pulsão parcial: "Esta expressão designa os elementos últimos a que chega a psicanálise da sexualidade. Cada um destes elementos se especifica por uma fonte (por exemplo, pulsão oral, pulsão anal) e por uma meta (por exemplo, pulsão de ver, pulsão de dominação). [...] As pulsões parciais funcionam primeiro independentemente, e tendem a unir-se nas diversas organizações libidinais."[2]
- Zonas erógenas: "Qualquer região do revestimento cutâneo ou mucoso suscetível de se tornar sede de uma excitação de tipo sexual de forma mais específica. De forma mais específica, certas regiões que são funcionalmente sedes dessa excitação: zona oral, anal, uretrogenital, mamilo."[2]

O autoerotismo marcaria o ponto de disjunção do pulsional em relação ao instintivo. Tendo perdido o instinto, o ser humano teria perdido também o objeto "natural", se lançando então no que Garcia-Roza[3] nomeia de "errância pulsional", em busca de uma satisfação impossível.

Com essas concepções, Freud[1] aponta a disposição perverso-polimorfa da criança, como uma aptidão quase inata, já que as barreiras mentais contra os excessos sexuais, com a repugnância, a vergonha e a moralidade ainda não foram construídas ou estão em processo de construção. Afirma: "torna-se impossível não reconhecer que essa mesma disposição para as perversões de toda espécie é uma característica humana geral e fundamental".

Complexo de Édipo | A questão da identidade e da escolha de objeto

Toda essa ampla pesquisa de Freud sobre a questão da sexualidade infantil foi embasada em sua experiência clínica e em hipóteses que fora construindo ao longo desse processo. Entre essas hipóteses, uma que começou a aparecer em seus textos desde 1897, mas que se firmou como conceito apenas a partir de 1910, refere-se ao complexo de Édipo.

Esse conceito surge ligado a pesquisas sobre fantasias e sexualidade infantil. Mas foram vários anos de trabalho para que os desejos incestuosos viessem a ocupar um lugar de central importância como conceito teórico e como elemento definidor para a construção das identificações e da estruturação do psiquismo.

É assim que, dessa criança perversa-polimorfa antes mencionada, assiste-se a um deslizamento teórico que traz para o foco os desejos incestuosos edipianos, e tem-se o complexo de Édipo ocupando um lugar central na construção da neurose.

É quando Freud abandona a sua ideia inicial de que o trauma na neurose histérica era sempre motivado por um fato concreto de cunho sexual vivido pelo paciente na infância e provocado por um adulto (primeira teoria da sedução presente nos textos do início da sua obra), passando a atribuir um grande valor à fantasia. Afirma, assim, que com universal frequência a fantasia infantil se ocupa das figuras parentais.

Atribui desejos incestuosos à criança, que fantasia, romanceia com seus pais. Nesse sentido, passa a entender que não eram os pais que na maioria das situações atentavam contra os filhos, mas, sim, a criança que fantasiava e desejava ser seduzida por eles.

Em 1910, o conceito do complexo de Édipo é formulado como o conjunto de sentimentos amorosos e hostis relativos às figuras parentais pelos quais toda pessoa passa na infância. Nesse momento, Freud toma como protótipo o mito de Édipo de Sófocles para desenvolver seu conceito, argumentando que toda criança em dado momento de seu desenvolvimento se sentiu como Édipo: nutre sentimentos amorosos por um dos pais e rivalidade em relação ao Outro.

Inicialmente, esses sentimentos de amor e hostilidade são considerados como inatos e naturais. Mas a partir de 1912, com o trabalho que desenvolve em "Totem e tabu", Freud continua nos textos sobre narcisismo até culminar no trabalho "O Ego e o Id", no qual irá desenvolver uma nova visão do conceito de Édipo, baseado no conceito de identificação.[4,5] O que importa da proposta do artigo "Totem e tabu" é o modelo básico da identificação nele apresentado.

Freud anseia provar a universalidade do complexo de Édipo. Para isso, constrói um mito de origem, fazendo um paralelo entre o horror ao incesto que estava manifesto nas falas de seus pacientes neuróticos e o horror ao incesto que é observado em muitas sociedades primitivas. O que é proibido é o que é intensamente desejado, como na neurose.

A hipótese é que, em determinado momento inicial de organização dessas sociedades, ocorrera o assassinato do pai da horda primitiva detentor de todo o poder e de todas as mulheres. Esse pai morto seria ingerido por cada um dos outros homens da tribo. O pai morto se transforma em um pai mais poderoso. Ingestão do pai significa identificação com ele. São criados os totens, animais totêmicos representantes do pai, e os tabus ligados ao incesto, não matar o animal totêmico; não usar nenhuma mulher que pertença ao totem, elas são proibidas. Há a origem da consciência de culpa: criam-se as proibições. Gênese da cultura (ética, moral e religião), o texto "Introdução ao Narcisismo" marca definitivamente a importância da identificação na constituição do psiquismo.[6] Apresenta a hipótese de uma nova fase de evolução da libido que ele vai denominar de narcisismo. Algo que ocorre entre o autoerotismo e a escolha do objeto. O primeiro momento de organização do Eu que vai se dar exatamente por um movimento de identificação primária. Isso só é possível porque o bebê se identifica com esse Outro (figuras parentais), que se apresenta a ele como um todo integrado. As pulsões parciais (autoeróticas) se unificam em torno do Eu, esse Eu resultante da incorporação/identificação do objeto que cuida e que libidiniza.

A pulsão sexual que irá se dirigir aos objetos surge sustentada pela pulsão autoconservativa. Os objetos aí apontados são os mesmos objetos incestuosos que serão encontrados no complexo de Édipo. Aqui Freud já não está mais operando com a noção de natureza inata para os objetos edípicos, mas com a história, sustentada pela noção de apoio. Contribuições importantes para firmar a identificação como um elemento fundamental na estruturação do psiquismo e sua ligação com a conflitiva edípica.

Inicialmente, todos estarão ligados ternamente aos pais. Mais tarde, esses vínculos entram em conflito. O menino descobre que o pai é um empecilho em sua relação com a mãe, e a identificação com o pai assume um tom hostil: quer eliminá-lo e ocupar seu lugar. Nesse sentido, o complexo de Édipo do menino seria: admira o pai/faz dele seu ideal/quer ser como ele. Escolhe a mãe de objeto por apoio. A identificação dá margem a se pensar na possibilidade de ocorrer também uma inversão no complexo de Édipo. No texto de 1923, "O ego e o id", isso será descrito de maneira completa.[5] As opções são apresentadas da seguinte maneira:

1. Menino ligado ao pai por uma identificação direta, anterior a qualquer escolha de objeto. A identificação na verdade é com os progenitores. Freud apresenta esse pai como pai da pré-história pessoal, em uma alusão à filogênese (espécie), ao pai proposto em "Totem e Tabu", poderoso e onipotente.
2. Com a mãe, o que ocorre é uma escolha de objeto por apoio (ela cuida e libidiniza, e apoiada nessas funções a ligação afetiva com ela se desenvolve).
3. Ambos os vínculos caminham paralelamente. Essa hipótese leva à asserção de que existem dois complexos simultâneos no sujeito. Um positivo e outro negativo, invertido (ligação com a mãe/ligação com o pai). Em um momento inicial, o menino estará identificado com seu pai e efetivará uma escolha do objeto mãe, e ao mesmo tempo estará identificado com sua mãe e realizará uma escolha do objeto pai.
4. Quando os desejos sexuais pela mãe se intensificam. A criança percebe que o pai é um obstáculo para a realização de seus desejos. A posição edipiana deverá ser então abandonada.
5. Quando isso ocorre, a criança deverá renunciar ao objeto incestuoso – a libido depositada nesse objeto deverá sofrer uma alteração de destino.
6. Dois caminhos são possíveis:
   – A identificação pai é reforçada. Isso se dá por duas fontes: renúncia ao objeto mãe do complexo de Édipo positivo (libido que era ligada à mãe se dirige para reforçar identificação primária com o pai); renúncia ao objeto pai do complexo de Édipo negativo (libido ligada ao pai se dirige para identificação com ele, intensificando-a). Como resultado, a masculinidade recebe reforço no caráter do menino
   – A identificação mãe fica reforçada. A libido é toda desviada para identificação com a mãe-objeto perdido (modo de identificação regredido, narcísico; pouca distinção sujeito/objeto), e o menino fica em uma posição feminina e pode se desenhar uma homossexualidade.

Freud descreve, assim, que a vivência desses conflitos processa a construção do "pai proibidor" dentro de si. O material que compõe essa construção é tanto a libido antes destinada à mãe quanto a força de interdição dada pelo pai. As duas identificações e as duas escolhas de objeto incestuoso do complexo de Édipo composto deixam como herança só as identificações.

Um precipitado se forma no Ego com esses componentes. Esse precipitado é herdeiro do complexo de Édipo, no sentido de que é um resultado dele, e é também uma formação reativa contra ele, que vai garantir a ética, a consciência moral, a censura permanente aos desejos incestuosos.

Está marcado o papel da conflitiva edípica na estruturação do psiquismo. Ela forma uma das instâncias do novo modelo de aparelho psíquico, composto por Id, Ego e Superego. Ser homem ou mulher é dado pela história pessoal das identificações, não mais por uma tendência inata. O que aparece como inato aqui é a bissexualidade.

Isso explica o porquê de duas escolhas e duas identificações. O elo que define a direção dessa balança aparece quando o complexo de castração é incluído como vetor fundamental na conflitiva edípica. O complexo de castração é, segundo Laplanche e Pontalis:[2]

> [...] centrado na fantasia de castração, que proporciona uma resposta ao enigma que a diferença anatômica dos sexos (presença ou ausência de pênis) coloca para a criança. Essa diferença é atribuída à amputação do pênis na menina. A estrutura e os efeitos do complexo de castração são diferentes no menino e na menina. O menino teme a castração como realização de uma ameaça paterna em resposta a suas atividades sexuais, surgindo daí uma intensa angústia de castração. Na menina, a ausência de pênis é sentida como dano que ela procura negar, compensar ou reparar. O complexo de castração está em estreita relação com o complexo de Édipo e, mais especialmente, com a função interditória e normativa.

Esse complexo determina os rumos do processamento da conflitiva edípica para meninos e meninas e completa as contribuições de Freud para o tema da escolha de gênero, no que pôde desenvolver até o final de sua obra. Ao final de seu trabalho, conclui que não existe paralelismo e analogia entre o complexo de Édipo do menino e da menina. Eles são muito diferentes. Os desejos edipianos em cada situação não têm origem "natural" ou constitucional, como pensou no início, mas têm para cada sujeito uma história, longa, única e complexa. A partir de um mesmo ponto, a bissexualidade e a escolha de um primeiro objeto por apoio (objeto mãe, que nutre e cuida) o menino e a menina seguirão percursos diversos.

O complexo de castração tem importante papel para o Édipo do menino, sendo a angústia de castração o principal motivo para buscar uma saída para tal. Com relação à menina o complexo de castração tem um papel importante também, mas completamente diverso, sendo que é pela constatação da castração que a menina ingressará em sua conflitiva edípica.

Muitas transformações sociais ocorreram desde que Freud trouxe suas contribuições para pensar a sexualidade humana e a questão da construção e escolha de gênero. Mas, a esse respeito, é válida a observação de Miguelez:[7]

> Decerto continua a existir a identificação tradicional com a mãe que alimenta, higieniza, ensina, protege e é desejada pelo pai, mas a isso vem se somar as recentes identificações com a mãe que trabalha fora, ganha dinheiro, tem ambições, presença pública etc. No âmago da constituição dos processos de subjetivação, ou seja, nos processos identificatórios egoicos e superegoicos, efeitos do processamento edipiano, já se instalaram os novos atributos femininos. Tudo isso não deixa de ter efeitos sobre a diferença entre as características culturais que definem os gêneros. Tal diferença tende a diminuir e, junto com ela, o peso da heterossexualidade compulsória e o tabu da homossexualidade. Não existem dúvidas em relação ao fato de que as causas psíquicas da assunção do posicionamento heterossexual ou homossexual processam-se no interior da problemática edipiana. Mas o menor grau de interdição da escolha homoerótica (uma vez produzida) propicia sua plena aparição no contexto social, sem os constrangimentos legais extra ou intrapsíquicos que a caracterizaram em outro momento histórico.

Psicanálise e família

A Psicanálise em vários momentos de seu desenvolvimento teórico precisou pensar na constituição e funcionamento dos grupos sociais, para compreender aspectos da construção da subjetividade que ocorre dentro de um contexto histórico, sociocultural.

Em seus trabalhos, Freud observa que os grupamentos sociais se submetem desde o início dos tempos à árdua tarefa de dar destino ao universo pulsional humano. A família é o representante por excelência desse movimento. Segundo Roudinesco, na concepção freudiana, a família deriva de um destino particular dado à pulsão sexual, que não remete à satisfação, mas à transformação da pulsão em ternura.[8]

Os textos freudianos, principalmente aqueles que se referem ao início da teorização do complexo de Édipo, indicam que a pulsão sexual não está originalmente ligada à ternura. No entanto, para que um ser humano possa incluir-se no mundo civilizado, suas escolhas sexuais terão de se unir às escolhas de afeto – uma tarefa nada fácil.

O pensamento psicanalítico alterou verdades então consagradas acerca da vida em família. Os principais marcos que propiciaram essas alterações envolveram os estudos sobre a sexualidade infantil, o entendimento do funcionamento psíquico com base na dinâmica pulsional e a ampliação do conceito da sexualidade.

No início do século 20, a Psicanálise acabara de surgir, e registrava-se uma diminuição da natalidade – reflexo provável de transformações nas práticas sexuais e do início de um novo processo que culmina no desenvolvimento dos métodos contraceptivos. Esses métodos acabam, mais tarde, por separar sexualidade de reprodução. Inaugura-se o registro do desejo sexual desvinculado da aspiração de engravidar. Essa distinção constituiu a chave que levou à transformação da organização familiar vigente.

A Psicanálise colaborou com esse processo de evolução cultural, que teve como consequência a separação entre o sexual e o reprodutivo, com suas contribuições sobre a compreensão do universo pulsional humano distanciado do instintual animal e, portanto, da finalidade reprodutiva. De modo quase paradoxal, ao mesmo tempo que apontava para essas questões, valorizou os afetos entre os membros componentes dos grupos familiares para a constituição do psiquismo. A contribuição da Psicanálise para a compreensão da família como grupo social e para seu desenvolvimento na cultura ocidental é marcada por essa interessante contradição.

No fim de século 19 assistia-se ao declínio do sistema patriarcal. Mas a Psicanálise propunha uma teoria do psiquismo humano na qual terão decisiva importância a figura paterna e as fantasias a ela associadas. Em "Totem e tabu", Freud apresenta o assassinato do pai como um ato necessário, fundador da civilização, ato que instaura a lei separando o homem do mundo da natureza e criando o mundo da cultura, o que possibilita a internalização dos interditos paternos.[4]

Trata-se de uma abordagem complexa, que considera a necessidade de assassinato simbólico do pai e, ao mesmo tempo, da permanência dele como represente da lei internalizada pelos filhos. Aponta a ambiguidade da relação entre pai e filho. Freud escolhe o mito de Édipo para simbolizar essa ambiguidade, e toma como base essa referência para construir sua compreensão da constituição do psiquismo resultante do complexo jogo de identificações relativas às figuras parentais.

Freud considerava que o grande mal das famílias vienenses de seu tempo era o número elevado de mulheres e homens frustrados em suas aspirações, como consequência da obsoleta tirania patriarcal. Em "A interpretação dos sonhos" (1900), considera salutar o declínio necessário dessa tirania.[9,10]

No fim do século 19 e início do 20, as teorias de igualdade e fraternidade nascidas da Revolução Francesa e a ausência do monarca absoluto colocavam homens e mulheres diante de novos modos de organização externa, que geravam uma sensação de falta de referência para organização interna de suas identidades.

Em sua releitura do Édipo, Freud procura respostas teóricas a esse temor que assolava seu tempo. Roudinesco[8] considera que a Psicanálise restabelece simbolicamente as diferenças necessárias à manutenção de um modelo de família ameaçado de desaparecer. O expediente da internalização no inconsciente do Deus-Pai soluciona a dificuldade e restabelece a lei da diferença entre as gerações e entre os sexos. A autora argumenta ainda que Freud "inventa a família edipiana", pedra fundamental da teoria psicanalítica que teve importante impacto na vida familiar dos séculos 19 e 20, e revalorizou as antigas dinastias heroicas, projetando-as na psique humana.

A teoria freudiana do inconsciente é centrada no desejo incestuoso do filho em relação à mãe. Nesse sentido, Roudinesco aponta para o papel definitivo do inconsciente dos pais e de toda a família ancestral na constituição do sujeito. Jacques Lacan[11] desenvolve esse pensamento destacando em especial o papel do inconsciente dos pais na constituição psíquica do filho. Define a família humana como estrutura cultural, grupo natural de indivíduos unidos por uma dupla relação:

> Entre todos os grupos humanos, a família desempenha um papel primordial na transmissão da cultura. Se as tradições espirituais, a manutenção dos ritos e dos costumes, a conservação das técnicas e do patrimônio são com ela disputados por outros grupos sociais, a família prevalece na primeira educação, na repressão dos instintos, na aquisição da língua acertadamente chamada de materna. Com isso, ela preside os processos fundamentais do desenvolvimento psíquico, preside esta organização das emoções segundo tipos condicionados pelo meio ambiente, é a base dos sentimentos, mais amplamente ela transmite estruturas de comportamento e de representação cujo jogo ultrapassa os limites da consciência.

Lacan (apud Jerusalinsky[12]) conclui que a mitologia familiar de cada sujeito é fundamental para compreender as expressões de sua subjetividade:

> As palavras fundadoras, que envolvem o sujeito, são tudo aquilo que o constituiu, seus pais, seus vizinhos, toda a estrutura da comunidade, que o constituiu, não somente como símbolo, mas no seu ser. São leis de nomenclatura as que determinam, ao menos até certo ponto, e canalizam as alianças a partir das quais os seres humanos copulam entre si e acabam por criar não só outros símbolos, mas também seres reais que, ao chegar ao mundo, logo possuem essa pequena etiqueta que é seu nome, símbolo essencial do que lhe está reservado.

As organizações familiares são estabelecidas fundamentalmente pelo simbólico. As relações de parentesco são assim legitimadas. Citando, ainda, Lacan:[11]

> Se com efeito a família humana nos permite observar, nas fases mais primevas das funções maternas, por exemplo, alguns traços de comportamento instintivo, identificáveis aos da família biológica, basta pensar no que o sentimento de paternidade deve aos postulados espirituais que marcaram seu desenvolvimento, para compreendermos que nesse domínio as instâncias culturais dominam as naturais, ao ponto de não se poderem considerar paradoxais os casos em que umas substituem as outras, como na adoção.

A Psicanálise realça a perspectiva simbólica da filiação. Os elos familiares se processam embasados na cultura por via simbólica. Tal como existe hoje, a família está desvinculada do casamento como instituição. Os homens assumem de modo crescente papéis antes exercidos exclusivamente pelas mães. As mulheres, por sua vez, não estão mais obrigadas a serem apenas mães; têm o controle sobre a procriação.

A filiação é perpassada pela ordem social. A reprodução biológica não fundamenta mais o campo da sexualidade. A sexualidade visa ao gozo e ao prazer, mas é por meio dela que o sujeito pretende também realizar a reprodução simbólica.

Os filhos herdam, em seu inconsciente, a infância de seus pais, seus desejos, sua história e mesmo sua diferença sexual. Isso realça que o ritual simbólico de nomeação e reconhecimento corresponde ao que é fundamental para a constituição psíquica da filiação.

A Psicanálise possibilitou saber que os filhos herdam seu inconsciente do inconsciente de seus pais. E isso significa colocar a família como eixo central da subjetividade. Freud sustentou a estrita necessidade da família como suporte para o desenvolvimento dos filhos e como núcleo organizador das civilizações do mundo.

A família constitui a fonte essencial das fixações e frustrações datadas na infância, que são elementos essenciais para o psiquismo. A fragilidade original do bebê é base para o que a Psicanálise aponta com respeito à importância das relações intersubjetivas e familiares.[13]

Freud toma como referência o grupamento familiar constituído do modo convencional, que se inicia em geral pelo vínculo entre dois sujeitos. Tal vínculo, cuja qualidade é inconsciente, ocorre em determinado nível do psiquismo de duas pessoas e inclui suas representações e desejos, criando uma forma peculiar de ligação entre elas.

Desde a época das primeiras publicações de Freud, o patriarcado tal como existia sofreu grandes transformações. As mudanças e as conquistas resultantes das lutas pela equidade entre os gêneros traduziram-se em importantes transformações nos costumes e nas leis. Além disso, a partir de 1975, as lutas em favor da descriminalização da homossexualidade trouxeram à tona as famílias homoparentais. Novas famílias, novas sexualidades.

Mesmo com todas as transformações de valores e com a crise relativa ao princípio de autoridade e ao logos separador em que era baseada, a família continua sendo reivindicada como o único valor seguro ao qual ninguém quer renunciar, segundo a maior parte das pesquisas sociológicas.[8]

Heterossexualidades, homossexualidades, transexualidades | O que é novo?

Muitas mudanças históricas, sociais e culturais conduzem a questionamentos necessários sobre os conceitos propostos pela Psicanálise para entender os modos de subjetivação e suas manifestações. Afinal, mais de 100 anos se passaram. O que continua válido e o que precisa ser reformulado?

O que parece não ter se abalado é a convicção de que o sujeito humano precisa de um Outro para se subjetivar. Quem é esse Outro? É necessariamente a mãe? O que persiste da função materna e da função paterna para a constituição do psiquismo nos moldes em que foi definida pela Psicanálise?

Essas são questões que se deve formular para continuar desenvolvendo a Psicanálise como teoria e como prática clínica coerente. Embora vários psicanalistas se debrucem sobre o tema na atualidade, essas questões são polêmicas e difíceis de responder; e pode-se afirmar que não há uma resposta que represente uma definição precisa e única. A opção aqui é apresentar as reflexões sobre o tema que possam contribuir para o pensar na clínica.

O título escolhido para desenvolver este tópico já define um posicionamento. Em Psicanálise pensa-se na constituição subjetiva como algo único que se constrói na história de vida de cada um, portanto, o uso dos termos no plural está ligado à ideia de que não existe uma única homossexualidade, uma única transexualidade, bem como uma única heterossexualidade, como modelos e fórmulas rígidas e definidas. Cada uma dessas construções é resultado de uma história subjetiva com vicissitudes e peculiaridades, nas quais pode-se até mesmo encontrar algumas semelhanças, mas há de se ter cuidado para não incorrer em generalizações e fórmulas.

Homossexualidade surge como termo em 1860, criado por um médico austro-húngaro, Karl-Maria Kertbeny, para designar as relações sexuais entre pessoas biologicamente pertencentes ao mesmo sexo.[13] O termo heterossexualidade, por sua vez, surge na Alemanha em 1880, em contraposição ao termo homossexualidade. Esses termos se impuseram definitivamente no século 20.

No discurso psiquiátrico desse período a homossexualidade era considerada uma inversão sexual, uma anomalia psíquica, mental, um distúrbio da identidade, da personalidade, ou seja, sempre uma patologia que podia ser considerada como constitucional ou contingente.

Freud, com os meios teóricos disponíveis, rompeu com esse discurso psiquiátrico ao introduzir sua visão de sexualidade humana ligada à ideia de pulsão e conceber que a homossexualidade era uma das possibilidades de construção identificatória do complexo de Édipo, partindo da bissexualidade constitucional humana. Mas foi só a partir de 1970, com os trabalhos de Michel Foucault e outros teóricos, que a homossexualidade começa a ser vista como prática sexual distinta e não como doença. A partir daí, pode se falar em homossexualidades, caracterizando-se mais como um componente da sexualidade com uma pluralidade de comportamentos variados.

Nesse sentido, é válido afirmar que muitos dos pesquisadores e teóricos da Psicanálise que se debruçaram sobre o tema da homossexualidade, em geral, promoveram avanços e retrocessos no caminho inicial proposto por Freud: uma trilha para encarar a homossexualidade como escolha identificatória inconsciente, e não como patologia.

Freud "introduziu a homossexualidade no universal da sexualidade humana e a humanizou, renunciando progressivamente a fazer dela uma disposição inata ou natural, isto é, biológica, ou então cultural, a fim de concebê-la como uma escolha psíquica inconsciente".[14] Ele defendia a ideia de que era inútil querer "curar" um sujeito de sua homossexualidade, e o tratamento psicanalítico jamais deveria se guiar por esse objetivo.

É importante aqui observar os avanços desde Ferenczi, que em 1906 toma abertamente a defesa dos homossexuais e desaprova os psicanalistas que tentam encontrar uma solução para o pretenso problema do homossexualismo, a Lacan, que em sua teoria e prática clínica adota uma postura de não preconceito em relação às diversas formas de manifestação da sexualidade humana.

Joyce McDougall, psicanalista de origem neozelandesa, em 1986 cunha o termo neossexualidades para descrever tipos de práticas sexuais que observava em sua clínica. O termo é definido com base na necessidade que certas pessoas manifestam de criar cenários eróticos específicos. Seu trabalho é de fundamental importância no caminho de despatologizar manifestações da sexualidade.[15-17]

Silvia Bleichmar, psicanalista argentina estudiosa da constituição do psiquismo, propõe que se entenda a produção de subjetividade como algo no qual intervém o social, o histórico e o cultural. Bleichmar[18] considera que a Psicanálise pode dar um salto importantíssimo como a única teoria capaz de entender os novos fenômenos que se estão produzindo com a sexualidade e acrescentar algo às situações-limite que hoje presenciamos na clínica. Ela apresenta uma evolução da teoria ao repensar a questão do complexo de Édipo por uma óptica que não remete exclusivamente à equação fálico/castrado, mas ressaltando a proibição de gozo intergeracional que existe no conceito e considerando essa proibição como constitutivo imprescindível do psiquismo. Define, assim, uma assimetria constitutiva, um lugar de diferença entre saber e poder, entre o adulto e a criança. E, com base nisso, redefine e amplia a problemática edípica como modo pelo qual a cultura exerce uma modulação que impede a apropriação por parte do adulto do corpo da criança como lugar de gozo.

Essas autoras fornecem referenciais teóricos para dar conta do universo de relações interpessoais e vinculares mais complexas resultantes das mudanças culturais que tornam mais frequentes as configurações de famílias homoparentais, por exemplo. Descentram a questão da homossexualidade como uma especificidade para colocá-la com a compreensão de quaisquer outros modos de subjetivação.

Para entender cada manifestação de escolha de objeto homossexual e suas peculiaridades é preciso buscar referências na história pessoal e na cultura na qual se insere o sujeito. Cada situação de escolha homossexual é diversa de outra e se manifesta de maneiras diferentes. A escolha é parte da construção subjetiva e o modo como ela se manifesta está relacionado com a história pessoal e a cultura. Por exemplo, o travestismo ou mesmo o transexualismo, podem estar dentro de escolhas homossexuais, mas não necessariamente estão.

Os estudos sobre a questão do transexualismo desenvolveram-se em tempos mais recentes. O termo foi introduzido pelo psiquiatra americano Harry Benjamin em 1953, designando um distúrbio puramente psíquico da identidade sexual, caracterizado pela convicção inabalável de um sujeito de pertencer ao sexo oposto.[14]

O psicanalista norte-americano Robert Stoller foi o primeiro a realizar um estudo sistemático sobre o tema e produziu em 1968 um trabalho intitulado *Sexo e gênero*. Stoller[19] fez uma distinção radical entre o transexualismo, o travestismo, a homossexualidade e o hermafroditismo. Ele introduziu na Psicanálise a noção de gênero para diferenciar sexo de identidade. O conceito de gênero reúne aspectos psicológicos, sociais e históricos associados à feminilidade e à masculinidade. Identidade sexual contrapõe-se ao termo sexo, que se refere a componentes biológicos do corpo. Stoller[19] trabalhava com a noção de núcleo de identidade de gênero, e para ele o gênero masculino e o feminino eram substâncias.

Suas pesquisas, com certeza, foram fundamentais para o avanço na compreensão das manifestações transexuais, bem como na escuta ao sofrimento de pessoas com tais manifestações. Mas suas ideias, tal qual as ideias de outros psicanalistas que refletiram sobre o tema, encontram uma forte oposição no pensamento da filósofa e feminista Judith Butler, que contesta o binarismo de gênero.

Para Butler[20], gênero é antes de tudo um ato performativo, e não um essencial universal. Tem caráter mutável e só existe quando posto em ato. Gênero é determinado pelo contexto histórico e pela estrutura de poder, ou seja, não é determinado pela natureza; gênero é antes de tudo, uma categoria política. A autora é expoente da teoria queer, que denuncia a instabilidade das identidades, desnaturaliza a binaridade dos gêneros masculino e feminino, visa legitimar as manifestações da sexualidade tidas como divergentes, revela a estrutura de poder que determina a aceitação ou não de identidades e práticas sexuais, e que, em última instância, vai contra qualquer demanda de identidade.[20,21]

Vários outros autores se dedicam ao estudo do transexualismo.[21-25] Ceccarelli apresenta a solução transexual como uma maneira de "sobrevivência psíquica", baseado nas ideias de McDougall. Segundo o autor, a representação psíquica do corpo não corresponderia à anatomia, pois aqueles que acolhem a criança no mundo e que despertam sensações e as significam para a criança produzem uma "informação libidinal" que exclui determinadas partes do corpo.[24]

O esforço de todos os autores vai no sentido de oferecer uma escuta a esses sujeitos. Esses esforços oscilam entre patologizar ou não a questão. Porchat[25] aponta:

> [...] creio ser útil manter a ideia de que a psicanálise enquanto teoria e a escuta psicanalítica enquanto técnica podem continuar a ser ferramentas potentes para levantar questões acerca dos processos de corporificação sem normatizar, patologizar, e ainda garantir a liberdade necessária para considerar alternativas para as pessoas transexuais. Tendo a concordar com essa autora [Butler] com relação ao lugar da psicanálise como recurso teórico e clínico para as questões ligadas às manifestações da sexualidade.

O documentário da psicanalista Miriam Chnaiderman sobre o tema da diversidade em relação às escolhas ligadas à sexualidade, intitulado "De gravata e unha vermelha", lançado em 2015, é bastante esclarecedor ao dar voz à manifestação da singularidade de cada escolha por meio de inúmeros depoimentos, distanciando-se da perspectiva de patologizar as escolhas e apontando para a importância do espaço para escuta de cada manifestação e suas peculiaridades.

Para finalizar, é importante ressaltar que esta apresentação não traz respostas, mas levanta questionamentos para o controverso e complexo tema da sexualidade humana. Freud ensinou que avanços teóricos são fruto de experiências clínicas que estimulam a reconhecer impasses e questionar os conceitos já existentes.

Referências bibliográficas

1. Freud S. Edição standard brasileira das obras psicológicas completas de Sigmund Freud. v. 7. Rio de Janeiro: Imago; 1977. Três ensaios sobre a teoria da sexualidade. p.123-238.
2. Laplanche J, Pontalis JB. Vocabulário da psicanálise. São Paulo: Martins Fontes; 2008.
3. Garcia-Roza LA. Introdução à metapsicologia. v. 3. Rio de Janeiro: Zahar; 1998.
4. Freud S. Edição standard brasileira das obras psicológicas completas de Sigmund Freud. v. 13. Rio de Janeiro: Imago; 1977. Totem e tabu. p. 13-125.
5. Freud S. Edição standard brasileira das obras psicológicas completas de Sigmund Freud. v. 19. Rio de Janeiro: Imago; 1977. O ego e o id. p. 13-64.
6. Freud S. Edição standard brasileira das obras psicológicas completas de Sigmund Freud. v. 14. Rio de Janeiro: Imago; 1977. Sobre o narcisismo: uma introdução. p. 85-119.
7. Miguelez NBS. Complexo de Édipo, hoje?: novas psicopatologias, novas mulheres, novos homens. São Paulo: Casa do Psicólogo; 2007.
8. Roudinesco E. A família em desordem. Rio de Janeiro: Jorge Zahar; 2003.
9. Roudinesco E. Genealogias. Rio de Janeiro: Relume-Dumará; 1995. p. 98-9.
10. Freud S. Edição standard brasileira das obras psicológicas completas de Sigmund Freud. v. 4 e 5. Rio de Janeiro: Imago; 1977. Interpretação dos sonhos. p. 543-625.
11. Lacan J. Os complexos familiares na formação do indivíduo: ensaio de análise de uma função em psicologia. Rio de Janeiro: Jorge Zahar; 2002.
12. Jerusalinsky A. Psicanálise e desenvolvimento infantil. Porto Alegre: Artes Médicas; 1989.
13. Abrão MS. Construindo vínculo entre pais e filhos adotivos. São Paulo: Editora Primavera; 2011.
14. Roudinesco E, Plon M. Dicionário de psicanálise. Rio de Janeiro: Jorge Zahar; 1998.
15. Muskat S. As neossexualidades e a discussão do modelo binário. Revista Brasileira de Psicanálise. 2014;48(4):106-14.
16. McDougall J. Em defesa de uma certa anormalidade: teoria e clínica psicanalítica. Porto Alegre: Artes Médicas; 1989.

17. McDougall J. Teatros do Eu: ilusão e verdade no palco psicanalítico. Rio de Janeiro: Francisco Alves; 1992.
18. Bleichmar S. A fundação do inconsciente: destinos de pulsão, destinos do sujeito. Porto Alegre: Artes Médicas; 1996.
19. Stoller R. Sex and gender: the development of masculinity and feminity. New York: Science House; 1968.
20. Butler J. Problemas de gênero: feminismo e subversão de identidade. Rio de Janeiro: Civilização Brasileira; 2003.
21. Cossi RF. Corpo em obra: contribuições para a clínica psicanalítica do transexualismo. São Paulo: nVersos; 2011.
22. Millot C. Extrassexo: ensaio sobre o transexualismo. São Paulo: Editora Escuta; 1992.
23. Elliot P. A pyschoanalytic reading of transsexual embodiment. Studies in Gender and Sexuality. 2001;2(4):295-325.
24. Ceccarelli PR. Transexualidades. São Paulo: Casa do Psicólogo; 2013.
25. Porchat P. A transexualidade hoje: questões para pensar o corpo e o gênero na psicanálise. Revista Brasileira de Psicanálise. 2014;48(4):115-26.

Bibliografia

Badinter E. Um amor conquistado: o mito do amor materno. Rio de Janeiro: Nova Fronteira; 1985.

Birman J. Cartografias do feminino. São Paulo: Editora 34, 1999.

Birman J. Mal-estar na atualidade: a psicanálise e as novas formas de subjetivação. Rio de Janeiro: Civilização Brasileira; 1999.

Birman J. Psicanálise, ciência e cultura. Rio de Janeiro: Jorge Zahar; 1994. (Coleção Pensamento Freudiano).

Castoriadis C. Los domínios del hombre: encrucijadas del laberinto. Barcelona: Gedisa; 1988.

Freud S. Edição standard brasileira das obras psicológicas completas de Sigmund Freud. v. 10. Rio de Janeiro: Imago; 1977. Análise da fobia de um menino de cinco anos. p. 13-153.

Freud S. Edição standard brasileira das obras psicológicas completas de Sigmund Freud. v. 1. Rio de Janeiro: Imago; 1977. Extrato dos documentos dirigidos a Fliess: carta 69, 71.

Freud S. Edição standard brasileira das obras psicológicas completas de Sigmund Freud. v. 14. Rio de Janeiro: Imago; 1977. Os instintos e suas vicissitudes. p. 129-64.

Freud S. Edição standard brasileira das obras psicológicas completas de Sigmund Freud. v. 14. Rio de Janeiro: Imago; 1977. Luto e melancolia. p. 271-92.

Freud S. Edição standard brasileira das obras psicológicas completas de Sigmund Freud. v. 18. Rio de Janeiro: Imago; 1977. Psicologia de grupo e análise do ego. p. 89-182.

Freud S. Edição standard brasileira das obras psicológicas completas de Sigmund Freud. v. 20. Rio de Janeiro: Imago; 1977. Inibição, sintomas e ansiedade. p. 95-204.

Freud S. Edição standard brasileira das obras psicológicas completas de Sigmund Freud. v. 21. Rio de Janeiro: Imago; 1977. O mal-estar na civilização.

Jerusalinsky A. Sintomas de infância. Boletim APPOA. 1991;2(5).

Kehl MR, coordenadora. Função paterna. Rio de Janeiro: Relume Dumará; 2000.

Kehl MR. A mínima diferença: masculino e feminino na cultura. Rio de Janeiro: Imago; 1996.

Perrot M. Minha história das mulheres. São Paulo: Contexto; 2007.

Perrot M. Mulheres ou silêncios da história. São Carlos: Ed. USC; 2005.

Rosa MD. A subjetivação nas configurações familiares da pós-modernidade. Psicanálise e Universidade. 1999;91:79-104.

7 Sintoma Conversivo e Fenômeno Psicossomático | Fronteiras e Interlocuções

Maria Tereza Viscarri Montserrat

Introdução

O tema deste capítulo surge das inquietações provenientes de uma prática realizada no Ambulatório de Psicologia do Hospital do Servidor Público Estadual Francisco Morato Oliveira (HSPE-FMO) e propõe-se a estabelecer linhas divisórias entre os chamados sintomas conversivos e os fenômenos psicossomáticos para situá-los em seus respectivos territórios, a partir do desenvolvimento de um do pensamento teórico-clínico.

Inicialmente, será realizada uma retomada à teoria psicanalítica em busca de delimitações conceituais para, dentro desse vasto campo, delinear a questão do sintoma. Desse modo, pretende-se situar o sintoma na sua importância enquanto fenômeno subjetivo, como expressão do inconsciente, de uma fantasia e um conflito, demarcá-lo como uma operação de defesa, estabelecê-lo no âmbito do estrutural e do constitutivo do psiquismo.

Procura-se estabelecer uma interface com a questão diagnóstica em Psicanálise para situar, assim, as estruturas com suas defesas prevalentes, valorizando um pensamento clínico mais abrangente, que considere a história do sujeito na sua constituição psíquica e não se encerre no sintoma como forma descritiva e classificatória de uma patologia.

Nesse sentido, segue-se com a trajetória original do sintoma conversivo no terreno da estrutura neurótica (formação de compromisso) com a proposta de circunscrever seus mecanismos em seus aspectos tópico (lugares, instâncias), dinâmico (conflitos) e econômico (intensidades, excitações). Dentro dessa equivalência pretende-se circunscrever a manifestação psicossomática em sua singularidade, que, por sua vez, também a posiciona em uma forma particular/arcaica de manifestação do psiquismo. Para seguir com esse propósito, recorre-se ao pensamento pós-freudiano voltado aos estudos desses fenômenos psicossomáticos, com base em uma clínica psicanalítica.

A importância desse tema dentro de um ambulatório em um contexto hospitalar se faz presente em função da solicitação de um cuidado no campo psíquico, que em grande parte tem como ponto de partida uma problemática orgânica, condição que coloca o psicanalista diante dos impasses dessas múltiplas relações entre o corpo e o psiquismo, fazendo revisitar sistematicamente a teoria, aspecto inseparável e inerente à prática.

O mapeamento desses singulares estados de sofrimento constitui-se, portanto, no disparador para a proposta de cultivar essas interlocuções, próprias a todo campo de pesquisa, e assim conduzir a reflexões sobre os possíveis processos de subjetivação nessas problemáticas com seus correspondentes efeitos clínicos.

A trajetória freudiana | Referências conceituais

Com Sigmund Freud (1856-1939) e seu rico legado de ideias, inaugura-se um novo campo de estudo denominado Psicanálise, no qual se articula um conjunto de teorias criadas para explicar o funcionamento do psiquismo tanto nos estados mais agudos de sofrimento como na sua manifestação comum da vida. Contudo, conta-se hoje com uma diversidade de modos de pensar a teoria psicanalítica, em virtude do surgimento de diferentes escolas nas quais prevalecem leituras pautadas na valorização de alguns conceitos freudianos que encaminham o leitor para desdobramentos diversos de acordo com os pontos conceituais destacados. Entende-se que desde o nascimento dessa obra inaugural, com vasto campo de discussões em torno de sua compreensão, traduções e leituras, torna-se necessário situar o eixo de pensamento para balizar qualquer reflexão teórica e seu correspondente trabalho clínico.

Em seu texto "Dois verbetes de enciclopédia", Freud postula que os pilares desse edifício teórico são os conceitos de inconsciente, sexualidade e complexo de Édipo, a teoria da resistência e do recalcamento.[1] No eixo do trabalho clínico, situa a transferência e sua correspondente "escuta clínica" (atenção flutuante ou imparcialmente suspensa) para balizar o lugar do sujeito a começar de sua demanda e seu sofrimento, condição que possibilita em um processo de análise circunscrever, pela via da regra fundamental (associação livre), o lugar atribuído ao analista na repetição dos antigos protótipos infantis das relações com o objeto e reviver, assim, os seus aspectos conflitantes, abrindo-se a possibilidade de uma nova experiência no campo relacional, com efeitos diversos em termos de arranjos psíquicos e potenciais reposicionamentos subjetivos.

Nesse sentido, desde a origem da Psicanálise há uma busca do entendimento do sintoma como portador de um sentido, cuja interpretação comporta potencialmente um efeito terapêutico na medida em que coloca em circulação novas ligações.

De acordo com os textos ainda inaugurais da Psicanálise, centrados no sofrimento neurótico, o "sintoma fala" e tem valor de gramática com leis próprias. Oculta e ao mesmo tempo revela algo sobre a história desse sujeito, as suas marcas no âmbito do constitutivo e entra em cena pela via da sobredeterminação inconsciente, tal como Freud define as formações de compromisso, ou seja, como expressão do inconsciente e suas manifestações substitutivas.

Do mesmo modo, Freud diz que a diferença entre a normalidade e a patologia não é uma questão qualitativa. Os mecanismos de funcionamento do psiquismo são os mesmos, portanto, há uma linha de continuidade entre ambos:

> A importância na causação de doenças que deve ser atribuída à quantidade de libido acha-se em concordância satisfatória com duas teses principais da teoria das neuroses a que a psicanálise nos levou; em primeiro lugar, a tese de que as neuroses derivam do conflito entre o ego e a libido e, em segundo, a descoberta de que não existe distinção qualitativa entre as determinantes da saúde e as da neurose, e que, pelo contrário, as pessoas sadias têm de avir-se com as mesmas tarefas de dominação de sua libido – simplesmente, saíram-se melhor nelas.[2]

Nesse sentido, apesar do ponto de partida freudiano ter se estabelecido na clínica e na patologia, esse cenário propiciou também estabelecer o funcionamento do psiquismo na normalidade, e os textos entre 1900 e 1905 – "A interpretação do sonho" (1900), "Sobre a psicopatologia da vida cotidiana" (1901), "Três ensaios sobre a teoria da sexualidade" (1905) e "O chiste e sua relação com o inconsciente" (1905) – contemplam plenamente esse aspecto no que tange à elaboração da primeira tópica, cuja construção hipotética dá origem ao modelo de um aparelho psíquico que está presente em uma concepção geral do funcionamento do psiquismo.

Freud propõe pensar que o trabalho contínuo do aparelho psíquico é transformar as excitações, intensidades e o caos pulsional em produtos: sonhos, sintomas, atos falhos etc. Segundo Garcia-Roza[3], "do ponto de vista energético, trata-se de explicar a transformação da energia somática em energia psíquica".

Com o conceito de pulsão, Freud se aproxima das interligações entre o somático e o psíquico, estabelecendo que a pulsão é composta de quatro elementos: pressão, fonte, objeto e finalidade, e ressalta a sua determinação ontogenética, diferente de uma condição filogenética *a priori* estabelecida, como ocorre no instinto. O autor define como pulsão a excitação, os estímulos provenientes continuamente do corpo e estabelece a sua ligação com a noção de representante, pela qual entende que há uma espécie de delegação enviada pelo somático ao psiquismo, referindo-se ao representante psíquico que, por sua vez, compreende o representante ideativo e o *quantum* de afeto. No texto "Os instintos e suas vicissitudes", Freud define a pulsão como o "conceito-limite entre o somático e o psíquico", a qual comporta a interligação (somático e psíquico) definida na psicossexualidade.[4]

Nesse sentido, está-se diante do inaugural e daquilo que resultará em constitutivo do psiquismo, que mais tarde se desdobrará nos campos intrapsíquico e intersubjetivo com a singularidade de um subjetivar-se.

Do ponto de vista do narcisismo, em que as pulsões sexuais se desdobram na balança "libido do eu/libido objetal", temos importantes contribuições do pensamento freudiano na referência desse conceito como constitutivo do eu. Na sua origem, um eu corporal, imagem refletida pelos pais de seu respectivo narcisismo projetado nos filhos, circunscrita como eu ideal, miragem necessária e protetora diante do desamparo, próprio de um psiquismo ainda não constituído.

A desilusão também necessária para a saída desse estado onipotente se encaminha pela via da castração originando a ferida narcísica, tendo como herdeiro desse corte o ideal do eu (uma das facetas do posterior supereu), que inaugura uma nova posição subjetiva necessária para os futuros investimentos exógenos e reguladores do laço social.

Freud explora algumas situações regressivas, além da patologia de ordem psíquica (referida aqui às psicoses/parafrenias), e refere-se aos processos no corpo, tais como o estado de sono e a doença orgânica que satisfaz as pulsões de autoconservação, remetendo-as a um estado regressivo e fazendo considerações sobre a distribuição da libido e de seu represamento no eu.

> No que tange à doença orgânica, seguirei a sugestão verbal de S. Ferenczi de que devemos levar em conta a influência da enfermidade orgânica sobre a distribuição da libido. Todos sabemos e consideramos normal que o sujeito atormentado por uma dor orgânica e por incômodos diversos deixe de se interessar pelas coisas do mundo exterior que não digam respeito ao seu sofrimento [...] recolhe seu interesse libidinal dos objetos de amor [...] tanto a libido quanto o interesse do eu têm o mesmo destino [...]. Analogamente ao que ocorre com a doença também o estado de sono implica um recolhimento narcísico da libido [...].[5]

Freud também faz algumas considerações sobre a hipocondria, equiparando-a às parafrenias na relação com a libido do eu em contraste com as neuroses que dependem da libido objetal.

Pensar nesses processos conduz à possibilidade de idas e vindas entre estes registros: somático e psíquico, especialmente quando nos remetemos ao ponto de vista econômico, ou seja, a presença de excitações excessivas. No que tange ao psíquico, estaríamos diante de uma angústia difusa, porém, essas intensidades que não são processadas no registro psíquico poderiam supostamente comparecer diretamente no corpo real.

Considerações sobre o lugar do sintoma e do diagnóstico em Psicanálise

A Psicanálise não é uma clínica pautada na supressão do sintoma, seu eixo está no sujeito e naquilo que ele nos diz sobre o seu sofrimento. O conceito de sintoma tem como ponto de partida uma referência no modelo médico, em que prevalecem as noções de diagnóstico, doença, tratamento e cura, definições presentes nos dias de hoje nesse campo, mas redefinidas com base na proposição de novos paradigmas. A estruturação de outras maneiras de pensar os processos psíquicos estabelece uma ruptura com os conhecimentos médicos e biológicos, impondo-se a tarefa de ressituar essas noções em outro campo.

Relativo ao teor do diagnóstico em Psicanálise, vale remeter ao pensamento de J. Dor.[6] De maneira clara, o autor recoloca essa questão com base no próprio conceito de inconsciente, que por si só não possibilita estabelecer algo linear, causal, como lógica de entendimento, pois considera "não existir uma solução de continuidade direta entre uma cartografia de sintomas e uma classificação diagnostica", sendo necessário estabelecer parâmetros com nova ancoragem. Nesse sentido, propõe estabelecer a distinção entre os sintomas e as referências diagnósticas estruturais.

Pode-se considerar ainda que os sintomas, embora característicos de alguns quadros psicopatológicos, por si só não permitem o diagnóstico de uma estrutura, comparecendo em diferentes patologias. Esse aspecto difere dos diagnósticos realizados hoje na Psiquiatria, de acordo com o Manual Diagnóstico e Estatístico dos Transtornos Mentais (DSM-V, 2013), da Associação Americana de Psiquiatria (APA), e com a Classificação de Transtornos Mentais e Comportamentais (CID-10, 2008), nos quais prevalece a ideia clínica de elencar os sintomas para que a quantidade identificada defina e caracterize a patologia.

Segue-se aqui, no entanto, o posicionamento que, segundo Dor[6], sintetiza o teor dessa problemática na sua amplitude:

> As condições que existem entre um sintoma e a identificação diagnóstica supõem a entrada em cena de uma cadeia de procedimentos intrapsíquicos e intersubjetivos, que dependem da dinâmica do inconsciente.

Assumir uma *posição diagnóstica* é um demarcador que torna possível dialogar com o conjunto dos aspectos psicodinâmicos que prevalecem tanto no terreno intrapsíquico como no intersubjetivo, em que a Transferência tem um papel fundamental para não ficarmos à deriva diante das múltiplas manifestações que o campo clínico comporta. Embora essa posição deva, é bom sempre lembrar, ser revista de acordo com o andamento do trabalho clínico e suas articulações.

Pode-se destacar na leitura do texto freudiano (seguido pela Escola Francesa) o delineamento de três estruturas com as suas correspondentes defesas:[7] neurótica (*verdrängung*/recalcamento), psicótica (*verwefung*/rejeição) e perversa (*verleugnung*/recusa da realidade).

Refletir sobre esses aspectos (o lugar do sintoma e o lugar da estrutura) possibilita retomar o tema aqui em discussão com base em pontos de apoio específicos no âmbito teórico-clínico.

A seguir, situa-se o sintoma conversivo dentro do território da neurose para estabelecer uma linha fronteiriça com o fenômeno psicossomático, conforme o propósito inicial estabelecido.

Considerações sobre o sintoma conversivo

Em diferentes momentos da obra freudiana pode-se considerar o sintoma em um permanente diálogo com os novos conceitos que longitudinalmente vão se estabelecendo dentro do aspecto metapsicológico que, por sua vez, possibilita balizar as diferentes áreas de conflito.

No texto "As neuropsicoses de defesa", Freud[8] define:

> A tarefa que o eu se impõe, em sua atitude defensiva, de tratar a representação incompatível como non-arrivé, simplesmente não pode ser realizada por ele. Tanto o traço mnêmico como o afeto ligado à representação lá estão de uma vez por todas e não podem ser erradicados. Mas uma realização aproximada da tarefa se dá quando o eu transforma essa representação poderosa numa representação fraca, retirando-lhe o afeto – a soma de excitação – do qual está carregada. A representação fraca não tem então praticamente nenhuma exigência a fazer ao trabalho da associação. Mas a soma de excitação desvinculada dela tem que ser utilizada de alguma outra forma. Até esse ponto, os processos observados na histeria, nas fobias e nas obsessões são os mesmos; daí por diante, seus caminhos divergem. Na histeria, a representação incompatível é tornada inócua pela transformação de sua soma de excitação em alguma coisa somática. Para isso eu gostaria de propor o nome de conversão.

No caso Elisabeth, no que tange à definição do sintoma conversivo, há uma referência freudiana sobre a "complacência somática", na qual fala das primeiras dores histéricas ao explicitar o conflito. Desse modo, tem-se o foco no eixo representativo dessa inaugurada zona histerógena pela via conversiva:[9]

> [...] o resultado deste conflito foi que a apresentação erótica foi recalcada para longe da associação e o afeto ligado a essa representação foi utilizado para intensificar ou reviver uma dor física que estivera presente simultaneamente ou um pouco antes. Assim, tratava-se de um mecanismo de conversão com finalidade de defesa.

Freud, assim, refere-se à perspectiva de dominar as excitações pela via da elaboração, conectando afeto e representação e originando as cadeias associativas.

O sintoma vai se constituir das leis do processo primário pela via da condensação e deslocamento, respectivamente, metáfora e metonímia, dos enunciados fundamentais sobre a vida de um determinado sujeito, portanto, ele é essencialmente composto. Daí pensa-se na circulação desses enunciados, que no corpo erógeno comparecem como via de expressão dos mais variados afetos, cenário no qual o conflitante se manifesta, cuja fala do paciente (seu "texto" para ser compreendido) requer uma tradução. Sabe-se que a busca de novos sentidos cria um fluxo e circulação de possibilidades enquanto novas ligações, com seu correspondente/possível efeito terapêutico.

Ao longo de uma análise, cabe uma importante ressalva referente a esses processos, conforme Freud[10] destaca: "O desvendamento e a tradução do inconsciente realizam-se sob uma resistência contínua por parte do enfermo".

Utiliza-se nesse primeiro momento o conceito de sintoma na sua equivalência conceitual como formação de compromisso, portanto, como um compromisso entre o desejo e as exigências defensivas, como retorno do recalcado e, sendo assim, expressivo de um conflito entre as diferentes instâncias, inconsciente e pré-consciente/consciente, respectivamente. O pensamento clínico situa-se aqui na primeira tópica, com seu arsenal de conceitos que valoriza os processos primário e secundário, que comportam leis e princípios reguladores do suceder psíquico, a saber: o princípio do desprazer/prazer e o princípio de realidade.

Ao longo da obra freudiana, a questão edípica ganha novos contornos no seu aspecto estrutural da personalidade, sendo que os conceitos de narcisismo, identificação e a nova dualidade pulsional (pulsão de vida e pulsão de morte) culminam na elaboração de uma segunda tópica, constituída pelo isso/eu/supereu, dispositivo conceitual que possibilita explorar um território novo, incluir algo da ordem do não representado, que no seu teor pulsional teria efeitos disruptivos, excessivos, tendendo à repetição contínua, sem possibilidade de contenção no âmbito psíquico e presente nas diferentes estruturas psíquicas com desenhos próprios.

Na estrutura neurótica, tem-se o recalque como eixo defensivo, portanto, o sintoma ou, mais especificamente, a formação de compromisso. No sintoma há a existência de um conflito entre o desejo (polo pulsional) e a sua interdição. Ainda nessa estrutura, pressupõe-se um atravessamento da castração na sua específica função limitante, introdutória da falta e, portanto, reguladora no que tange ao estabelecimento da alteridade e do laço social.

Nesse sentido, uma paciente de 49 anos, impossibilitada de andar sem um apoio, embora do ponto de vista orgânico nada justificasse essa disfunção, fala pela via do sintoma conversivo de seu conflito de caminhar pela vida após o falecimento de sua mãe, com a qual se manteve intensamente ligada desde pequena. O desprender-se do objeto incestuoso ora remete ao aspecto doloroso dessa impossibilidade, ora ao desejo de seguir pela vida à sua própria maneira imbuída de representações vingativas e agressivas em relação à figura materna.

Adentra-se, assim, no território da representação, no qual comparecem aspectos identificatórios, questões edípicas, que na sua passagem e configuração singular constituem as organizações das diferentes instâncias, tanto no eixo estrutural como defensivo.

O sintoma fala de algo que o sujeito não identifica como próprio, pois remete ao recalcado, ao inconsciente. No corpo comparece esse embate como campo de expressão dos elementos pulsionais pela via das representações *versus* a defesa, o elemento proibitivo, cerceador. O narcisismo inerente ao fator regressivo sustenta-se na fixação do elemento fálico como encobridor da falta e da castração, e há um endereçamento característico de uma libido objetal que prevalece em tal dinâmica. A fantasia, por sua vez, como expressão da realização do desejo, encontra-se velada, protegendo o sujeito de um transbordamento das intensidades em jogo.

Retoma-se aqui a questão do sintoma, sua importância enquanto fenômeno subjetivo, expressão de um conflito inconsciente, e sua operação de defesa para que o sujeito possa preservar-se de um determinado sofrimento. Porém, essa mesma condição paradoxalmente a encerra em uma impossibilidade de usufruir demais aspectos de sua vida que estabelecem algum tipo de ligação com esses conteúdos recalcados e, portanto, proibidos. Ainda no âmbito paradoxal do sintoma, Ocariz[11] fala da exigência pulsional que o sintoma não consegue plenamente atender, podendo ficar ancorado na subjetividade que, por sua vez, precisa dele para continuar estruturada.

Com a segunda tópica (isso, eu, supereu) e seu redirecionamento metapsicológico, passou-se para uma compreensão da estrutura histérica com ênfase na hierarquização das pulsões sexuais e na resolução do complexo de Édipo com seus encaminhamentos identificatórios.

Do ponto de vista terapêutico, a busca da circulação de novos sentidos com base em um eixo interpretativo inaugura possibilidades de ressignificação e abre a perspectiva de um reposicionamento subjetivo com os seus efeitos transformadores. Esse caminho é árduo, exige um considerável trabalho interno e não contempla os arranjos psíquicos que não se encontram representados, sendo necessário inaugurar intervenções no trabalho clínico para estabelecer uma condição de representação.

Essas pequenas revoluções no campo psíquico são brechas que apontam para a possibilidade de um sujeito se reposicionar subjetivamente diante da sua própria história.

Fenômenos psicossomáticos

O tema do corpo entra em questão desde o início na Psicanálise como objeto de investigações diversas, sendo que a via principal remete ao corpo erógeno, que foi constituído pelo investimento libidinal dos objetos cuidadores, e nesse sentido comparece no psíquico enquanto representação. Desse modo, a Psicanálise separa-se da Medicina criando um campo próprio, como já referido anteriormente, com um objeto de investigação que se encontra na esfera psíquica (diferentemente da Medicina, que trabalha com o corpo biológico).

Contudo, desde o início da Psicanálise, Freud já situava alguns quadros clínicos em um terreno distanciado do psíquico. Paralelamente às chamadas psiconeuroses, que incluíam as neuroses de transferência (histeria/neurose obsessiva), classificação que se estabelece até 1915, encontram-se as chamadas neuroses atuais (neurastenia e neurose de angústia) com manifestações clínicas acompanhadas de efeitos somáticos sem representação no campo psíquico. Dessa classificação inicial, a nomenclatura dos quadros psiconeuróticos redefinem-se como neuróticos até o momento atual, assim como as neuroses atuais configuram-se, a partir de 1924, nas chamadas afecções psicossomáticas.[7]

Assim como temos diferentes leituras na Psicanálise, contamos com diferentes abordagens no terreno da psicossomática. De modo inaugural, temos a medicina psicossomática com F. Alexander (Escola de Chicago) que, a partir de 1925, busca situar conflitos específicos na etiologia psicossomática; e H. F. Dunbar, em Nova York, que busca definir tipos de personalidade como fator etiológico, especialmente nas doenças psicossomáticas: asma brônquica, artrite reumatoide, colite ulcerativa, hipertireoidismo, hipertensão essencial, neurodermatite e úlcera péptica.

Entretanto, pretende-se aqui estabelecer um alinhamento à proposta da psicossomática psicanalítica que, segundo Ávila[12], se origina do pensamento freudiano, sustentando-se em seus pressupostos teóricos, trabalhando o corpo desde sua representação no psíquico e suas correlativas vicissitudes, cientes de que se expõe, assim, às inquietações próprias de um trabalho fronteiriço, em um esforço contínuo em busca de delineações.

Cabe observar que aqui se está, então, na fronteira e ao mesmo tempo em uma certa marginalidade ao se explorar esse território, pois remete-se à interface com a Medicina, convocada por essas manifestações no corpo e suas múltiplas expressões.

Embora a tônica dos estudos freudianos esteja em estabelecer uma distinção teórico-clínica entre o que seria objeto de estudo referido à realidade psíquica e o que seria da ordem do biológico, há passagens em que as interligações se estabelecem, nas quais as fronteiras abrem brechas, como se pode constatar em "Três ensaios sobre a teoria da sexualidade":

> [...] todas as vias de ligação que levam à sexualidade vindas de outras funções, devem também ser percorríveis na direção inversa. Por exemplo, se o fato da zonal labial ser patrimônio comum de duas funções é a razão por que a ingestão de alimentos gera uma satisfação sexual, esse mesmo fator nos permite compreender que haja distúrbios na nutrição quando as funções erógenas da zona comum são perturbadas.[13]

Historicamente, os precursores da psicossomática psicanalítica são Georg Walther Groddeck (1866-1934), médico alemão, "analista selvagem" (tal como ele se intitulava) que defendia a ideia da doença física como uma das expressões do isso, e Sándor Ferenczi (1873-1933), psicanalista húngaro que pensou na origem psíquica das doenças orgânicas propondo uma nova categoria de neurose denominada neurose de órgão. Ambos foram contemporâneos de Freud e seus interlocutores, e se dedicaram a entender as doenças físicas, enveredando-se na pesquisa psicanalítica dessas manifestações, embora com encaminhamentos e desfechos distintos.[14]

Posiciona-se aqui no terreno da psicossomática psicanalítica para compreender essas manifestações, recorrendo a alguns autores pós-freudianos para delimitar e contornar esse território.

A concepção da clínica psicossomática não médica não está organizada segundo as doenças tal como encontramos na medicina psicossomática, mas segundo a estrutura psíquica do paciente, alinhada à ideia das duas telas, psíquica e corporal, em que o inconsciente pode comparecer.

De modo pontual, o comprometimento orgânico remete à distribuição da libido na balança narcísica, sugerida por Freud no texto de 1914, no qual introduz o conceito do narcisismo. Trata-se nessas ocasiões da "balança libidinal", do aumento da libido do eu em detrimento da libido objetal. A condição de investimento está situada no corpo, no órgão, na lesão e prevalece a dor que captura o sujeito em detrimento de algum estado de sofrimento que inclua o outro no âmbito das trocas.

De acordo com J. Birman, a dor não engloba o outro, é solipsista. Para que algo da receptividade e da alteridade se estabeleça, o autor propõe pensar em uma passagem da chamada dor para o campo do sofrimento, possibilitando, assim, que o outro não fique coartado, como ocorre na dor, condição esta que pode "mortificar o corpo, minando intensamente o registro do somático".[15] Esse tema é abordado por Birman para mencionar a posição do sujeito na contemporaneidade, mas que de algum modo se entrelaça com as nossas inquietações, especialmente no que tange às questões narcísicas que prevalecem hoje no cenário subjetivo.

Nas manifestações psicossomáticas tem-se uma concretude bem diferente do terreno das representações, característico dos processos psíquicos vinculados à formação de compromisso.

Essa dimensão clínica, enquanto manifestação de um todo que comporta o corpo e aspectos psíquicos inconscientes, propicia um campo de trabalho com sua singularidade em busca de derivações, de pontos de passagem para o encontro com as palavras: em termos teóricos, a passagem da representação-coisa para a representação-palavra. O modelo proposto pela escola picossomática de Paris (na década de 1960-70), representada por Pierre Marty, M. Fain, Ch. David e M. M'Uzan, tem contribuído com suas formulações ao considerar um aparelho psíquico com dificuldade de processar em um nível pré-consciente essa passagem, com um empobrecimento da condição de fantasiar, sonhar, elaborar as vivências, as quais são relatadas de modo impessoal, desprovidas de tonalidade afetiva – condição esta denominada de *pensamento operatório* –, comprometimento que interfere diretamente nos processos de subjetivação e nas condições de elaboração.

Joyce McDougall ressalta que nessas manifestações psicossomáticas tem-se não algo representado, mas, sim, uma manifestação direta no corpo de uma "linguagem arcaica", "pré-verbal", considerando também as falhas no pré-consciente na sua possibilidade de gerar representação e sentido. Para a autora, ao referir-se aos fenômenos psicossomáticos: "há algo que se apresenta, mas não se representa."[16] Entre os aspectos teóricos propostos por McDougall, há no período inicial da relação mãe-bebê (quando se estabelecem as primeiras inscrições pulsionais) algo que se interpõe nesse momento constitutivo do sujeito, seja pela via do excesso ou da falta. Daí decorre a sua conceituação singular ao pensar em uma linguagem arcaica, pré-verbal em relação ao fenômeno psicossomático, que dessa maneira possibilita ao sujeito defender-se de algo doloroso insuportável que ainda necessita ser derivado e representado para operar em um campo psíquico. Essa manifestação psicossomática diferencia-se do retorno do recalcado, de modo mais específico, da sexualidade infantil recalcada, característica da neurose.

McDougall propõe ainda abrir um novo espaço interno de investimentos, desinvestimentos, deslocamentos das intensidades psíquicas em detrimento de uma "desafetação" (assim nomeada como mais um destino da pulsão) que prevalece nas vivências dos quadros psicossomáticos e no espaço intersubjetivo. Gerar conflitos onde o embate se dá nos órgãos e na concretude do corpo; erogenizar em detrimento de um estado desafetado. Nesse sentido, a autora fala da pulsão de morte, que com seu componente destrutivo (silencioso) impede esse sujeito de situar-se em um campo de trocas, próprio da pulsão de vida.

Nas pesquisas desses autores prevalece um domínio dessas manifestações psicossomáticas e, portanto, identifica-se uma precariedade do uso de dispositivos psíquicos, seja referente à insuficiência ou indisponibilidade das representações do pré-consciente – o chamado "pensamento operatório" da escola de Paris –; seja na dificuldade de identificar e nomear os afetos (referindo-se ao conceito de *alexitimia*, da escola de Boston, Nemiah e Sifneos, 1970); seja ainda na própria desafetação (defesa capaz de ejetar do psiquismo percepções e pensamentos relacionados a experiências traumáticas primitivas, proposta por McDougall), condições estas impeditivas de um processamento psíquico.

Assim, o fenômeno psicossomático é considerado como uma expressão direta no corpo das descargas da excitação, quando estas, não conseguindo uma saída simbólica por meio de uma ligação entre afeto e representação, tendem a desorganizar o funcionamento mental do sujeito. Ao contrário das psiconeuroses, não há um tratamento psíquico da excitação.[17]

McDougall também refere uma especial atenção para as manifestações psicossomáticas que surgem ao longo de um processo de análise. A autora pôde estabelecer uma escuta que lhe possibilitou explorar esse singular território na busca de situar "[...] uma sexualidade mais primitiva, dotada de aspectos sádicos e fusionais, que poderia estar na origem das regressões psicossomáticas consideradas como defesas contra vivências mortíferas."[16]

Desse modo, McDougall[16] se aproxima de angústias presentes nos quadros psicóticos, reveladoras de situações traumáticas no início da constituição do eu, um eu corporal, próprio de um narcisismo primário. De algum modo, sugere pensar na somatização como uma "demanda" de sentido: "podemos perceber que as manifestações psicossomáticas situam-se no contexto de uma história que é preciso reconstituir, ou de uma mitologia que é preciso construir".

Tem-se um vasto campo de pesquisa quando se situa no território da psicossomática psicanalítica, especialmente ao se pensar na diversidade que a prática contempla. Nem sempre as fronteiras são bem estabelecidas, especialmente quando se depara com as problemáticas orgânicas concomitantes à presença de vias psíquicas preservadas que favorecem a passagem para um terreno subjetivo.

No caso clínico relatado a seguir, apresenta-se um conteúdo distanciado/deslocado, porém com componentes aflitivos que possibilitaram a derivação e transformação dos estados de angústia.

Caso clínico

Paciente realizou colostomia definitiva (abertura criada cirurgicamente no cólon com o objetivo de criar um ânus artificial para a expulsão das fezes) em função de um câncer de reto, e foi encaminhada para o ambulatório de Psicologia. Detém-se no seu relato sobre um problema que nos últimos anos a atormentava: em sua casa havia um brechó, com cuja venda de roupas usadas conseguia manter-se e atender as suas necessidades básicas. Porém, havia um grande inconveniente: a sua casa não tinha portão e as pessoas entravam direto, às vezes de maneira imprevista, surpreendendo-a em muitos momentos. Por vezes ficava assustada, temia um assalto, sentia-se sem proteção. Desse modo, ao longo do período de atendimento transitou em torno dessa temática, dos impasses, da falta de recursos para comprar o portão e contratar as pessoas que pudessem instalá-lo, da sua vulnerabilidade. O final do processo culminou com o término dessa empreitada e com um reconhecimento por ter sido acompanhada em algo tão necessário para ela, permitindo se acalmar em relação às suas inquietações e mal-estar em decorrência dessas múltiplas invasões nessa casa/corpo, agora mais protegida.

Percorremos um trabalho realizado em outra cena para derivar algo da ordem do insuportável e promover efeitos da ordem da elaboração. Algo que se estabelece de uma distância e necessita de algum encaminhamento que poderá ser experimentado como uma maneira de subjetivação. Nesse caso clínico, temos a doença e os recursos psíquicos da paciente que permitem a expressão de um mal-estar deslocado para a casa/corpo, com todas as invasões e ameaças que esses tratamentos médicos comportam, especificamente nessas doenças. A vulnerabilidade da paciente, representada pela doença física, era expressiva de vivências de desamparo em sua história de vida. Curiosamente, a concretude estava na falta do portão em sua casa, lugar de fronteira, de troca, de entrada e saída do outro, de seus afetos, cujo palco desdobrou-se nas duas cenas casa/corpo.

Sabemos que essa dualidade pulsional (pulsão de vida *versus* pulsão de morte) está sempre presente nos processos dinâmicos (referimo-nos à segunda dualidade pulsional na obra freudiana a partir de 1920), especialmente na visão psicanalítica de sujeito, a saber, dividido, conflituado, tendo que sustentar-se psiquicamente, apesar de seu desamparo e vulnerabilidade, derivando e transformando em produtos psíquicos aquilo que insiste do seu mal-estar.

Ao falarmos de fenômeno psicossomático, buscamos situar uma linha de pensamento clínico que não se encerre como definição da estrutura psíquica desse sujeito, tal como referimos em relação ao sintoma conversivo. Compreende-se que possam existir áreas simbolizadas e partes não simbolizadas com descarga direta das excitações no soma, impedidas de um processamento pela via psíquica e pela via da simbolização. Desse modo, pode-se pensar que arranjos psíquicos distintos de ordem estrutural podem interferir nas vias alternativas de derivação dessas descargas, que podem dirigir-se ao soma.

Considerações finais

A delimitação dos territórios referidos – o sintoma conversivo e o fenômeno psicossomático, respectivamente – tem como proposta revigorar a clínica no seu modo de pensá-la e atuá-la, com muitas mãos e contribuições. Em especial, ao se pensar em uma clínica psicanalítica ampliada, dentro de uma instituição hospitalar, cujo corpo ocupa um lugar central, referindo-se não somente ao corpo orgânico, mas também ao corpo médico, institucional, que confronta com múltiplos desafios. Cabe ao psicanalista situar-se dentro de referências teóricas para desenvolver a sua escuta e o seu trabalho clínico. Este é o *setting*, necessário e imprescindível, para preservar um pensamento clínico e sustentar esse singular ofício.

Na trajetória deste artigo, retomou-se alguns pressupostos teóricos psicanalíticos, buscando na sua origem, o pensamento freudiano, encontrar dispositivos conceituais para nos situarmos em um pensamento clínico.

Percorreu-se esse campo para dialogar com o conceito de sintoma e um ponto de vista diagnóstico em Psicanálise como balizas para a prática psicanalítica, cientes que há na atualidade posicionamentos distintos de acordo com as diferentes leituras. Posicionar-se dentro da teoria possibilita a operatividade da clínica, desde que haja sempre uma inquietação de pano de fundo para se buscar novos instrumentos e dispositivos consistentes e criativos que possam nortear nosso trabalho.

Em todas as direções, tem-se um ponto comum que se refere ao investimento nos processos de subjetivação enquanto potencial terapêutico, a saber: a busca de novos sentidos, de circuitos de derivação do pulsional, a busca de novas palavras e ressignificações, para que uma trama psíquica possa revigorar os tecidos estagnados, promovendo algum tipo de retorno e transformação para o sujeito que se encontra em estado de sofrimento.

Ávila[12] define a questão subjetiva pelo fato de que uma pessoa não tem escapatória de um universo de significações no qual está mergulhada. Ainda quando não se interroga sobre a sua doença, sobre os seus sintomas, sobre a sua vida e sua morte, pergunta-se se a especificidade desta manifestação psicossomática (denominada por ele de sintoma) não seria exatamente a tentativa do indivíduo de ignorar a sua questão subjetiva.

Nesse sentido, as manifestações psicossomáticas situadas no âmbito da Psicanálise podem ser pensadas como uma modalidade arcaica desse psiquismo que demanda por ligações e pela possibilidade de representação e inclusão em uma cadeia associativa, além de promover a sua entrada em um circuito representacional, campo de trabalho do psicanalista, em direção aos singulares processos elaborativos.

Ao considerarmos o sintoma conversivo como um texto, apresentamos o fenômeno psicossomático como uma inscrição no corpo, característico de uma "protolíngua", que se apresenta como um desafio para a clínica na perspectiva de tornar-se palavra, para que possa articular-se ao restante da vida psíquica.[12]

As fronteiras possibilitam circunscrever os lugares, regulando as passagens. Ressalta-se a sua importância para o tema tanto do ponto de vista intrapsíquico, como no âmbito intersubjetivo, pois tornam possível demarcar os territórios já conhecidos, redefini-los se necessário, assim como inaugurar e constituir espaços novos.

Pode-se pensar em operações de defesa, modos de enfrentamento do desamparo, arranjos defensivos como maneira de sobrevivência do sujeito, que no cenário hospitalar compareçam com especial intensidade.

Conclui-se sobre a importância de manter, de sustentar na clínica (sejam quais forem as suas manifestações) algo da expressão do sujeito nas suas mazelas, sofrimento, conflitos e resgatá-lo na implicação de sua história para comprometê-lo na autoria de seu texto e acompanhá-lo na busca ou composição de suas palavras.

Como ponto comum, tem-se os processos de subjetivação, em pauta nos diferentes quadros clínicos. Pensar que os processos intrapsíquicos são distintos, enfocando-os de modo a buscar os traços estruturais, possibilita articular a clínica com diferentes aproximações e encaminhamentos para os singulares estados de sofrimento.

Para refletir sobre o lugar do corpo em Psicanálise, faz-se necessário pensar do que se trata. No contexto hospitalar, surge de modo concreto e urgente um pedido de cuidado, com todos os múltiplos efeitos dessa solicitação. Faz-se necessário, em um primeiro momento, retirar o paciente de um lugar impessoal, do mero caso no âmbito da instituição, para dar-lhe um nome, vesti-lo de uma história singular. Muitas vezes depara-se com a falta de palavras e de sentidos capturados pela concretude das situações, reféns de uma impotência absoluta para pensar ou derivar certas vivências extremas. Pode-se pensar que na fronteira, em uma situação-limite, de forma radical, o psicanalista está sendo convocado na sua escuta.

Referências bibliográficas

1. Freud S. Edição standard brasileira das obras psicológicas completas de Sigmund Freud. v. 18. Rio de Janeiro: Imago; 1996. Dois verbetes de enciclopédia (1923). p. 253-64.
2. Freud S. Edição standard brasileira das obras psicológicas completas de Sigmund Freud. v. 12. Rio de Janeiro: Imago; 1996. Tipos de desencadeamento de neurose (1912). p. 247-55.
3. Garcia-Roza LA. Introdução à metapsicologia freudiana. v. 3. 4. ed. Rio de Janeiro: Jorge Zahar; 2000.
4. Freud S. Edição standard brasileira das obras psicológicas completas de Sigmund Freud. v. 14. Rio de Janeiro: Imago; 1996. Os instintos e suas vicissitudes (1915). p. 117-44.
5. Freud S. Edição standard brasileira das obras psicológicas completas de Sigmund Freud. v. 14. Rio de Janeiro: Imago; 1996. Sobre o narcisismo: uma introdução (1914). p. 77-108.
6. Dor J. Estruturas e clínica psicanalítica. Rio de Janeiro: Taurus-Timbre; 1991.
7. Laplanche J, Pontalis JB. Vocabulário da Psicanálise. São Paulo: Martins Fontes; 1983.
8. Freud S. Edição standard brasileira das obras psicológicas completas de Sigmund Freud. v. 3. Rio de Janeiro: Imago; 1996. As neuropsicoses de defesa (1894). p. 51-66.
9. Freud S. Edição standard brasileira das obras psicológicas completas de Sigmund Freud. v. 2. Rio de Janeiro: Imago; 1996. Estudos sobre a histeria (1895) – Caso Srta Elisabeth Von R. p.161-202.
10. Freud S. Edição standard brasileira das obras psicológicas completas de Sigmund Freud. v. 7. Rio de Janeiro: Imago; 1996. Sobre a psicoterapia (1904). p. 243-54.
11. Ocariz MC. O sintoma e a clínica psicanalítica: o curável e o que não tem cura. São Paulo: Via Lettera; 2003.
12. Ávila LA. Doenças do corpo e doenças da alma: investigação psicossomática psicanalítica. São Paulo: Escuta; 1996.
13. Freud S. Edição standard brasileira das obras psicológicas completas de Sigmund Freud. v. 7. Rio de Janeiro: Imago; 1996. Três ensaios sobre a teoria da sexualidade (1905). p. 163-95.
14. Casetto S J. Sobre a importância de adoecer: uma visão em perspectiva da psicossomática psicanalítica no século XX. Psyche. 2006;10(17):121-42.
15. Birman J. O sujeito na contemporaneidade: espaço, dor e desalento na atualidade. Rio de Janeiro: Civilização Brasileira; 2012.
16. McDougall J. Teatros do corpo: o psicossoma em Psicanálise. São Paulo: Martins Fontes; 1996.
17. Rocha F. Sobre impasses e mistérios do corpo na clínica psicanalítica. In: Volich RM, Ferraz FC, Arantes, MAAC, organizadores. Psicossoma II: psicossomática psicanalítica. São Paulo: Casa do Psicólogo; 2013. p. 98.

8 Contribuições da Psicanálise para a Clínica da Toxicomania

Marcos Muniz de Souza

Introdução

O objetivo deste capítulo é elencar possíveis contribuições da Psicanálise para a clínica da toxicomania. Primeiramente será feito um recorte histórico sobre o uso de substâncias psicoativas, considerando a sua presença ao longo do percurso da humanidade. Também serão destacadas as políticas de assistência aos usuários no Brasil, que culminam nos atuais modelos de atenção em álcool e drogas e ao que se entende por toxicomania. Por fim, discute-se o entendimento da Psicanálise acerca da toxicomania e como a primeira pode operar nesse campo, tendo em conta a noção de gozo fálico e articulando com a atuação cotidiana em instituições de saúde mental que atendem esse público.

O ser humano e as drogas

O ser humano sempre fez uso de substâncias psicoativas. Formas de expansão da consciência por meio do uso de substâncias estiveram presentes ao longo da história em diferentes povos e culturas. Desde muito antes dos registros bíblicos, somos informados do uso de substâncias que alteram a consciência. Esse fenômeno remonta a todas as épocas, fazendo parte de rituais de diferentes crenças como uma maneira de entrar em contato com ancestrais e deuses, assim como em ritos de linhagens totêmicas.

Transcender a consciência significaria entrar em contato com algo superior ou com seu próprio "espírito", e as substâncias que levavam a esse estado de consciência alterada muitas vezes tinham um lugar de deferência e até mesmo sagrado para determinadas culturas – em alguns povos e culturas ainda é possível verificar posição semelhante em relação a alguma substância psicoativa inscrita em sua cultura; os povos andinos são um exemplo disso.

De outro modo, desde a Grécia antiga há referências acerca do *pharmakon* – que pode ser traduzido como remédio, mas também como veneno. Tem-se aqui, na raiz da medicina ocidental, o uso de fármacos para o tratamento de doenças. Hoje, esses fármacos ou remédios também são classificados como drogas, existindo vários tipos de abuso, tanto por parte de uma parcela considerável de médicos que tratam do sofrimento humano e que prescrevem drogas indiscriminadamente, quanto por parte de muitos dos pacientes, que se tornaram dependentes de remédios e necessitam deles para viver com um pouco menos de angústia e sofrimento – talvez o maior exemplo seja em relação aos benzodiazepínicos.

No mundo contemporâneo, as substâncias psicoativas têm outro nome: drogas. A partir do final do século 19, a droga começou a se tornar um fenômeno social marginal, que precisava ser reprimido a qualquer custo em uma proporção global. No Ocidente, pouquíssimos países adotaram modelos mais liberais no que se refere ao uso de drogas. A tradição holandesa de encarar essa temática de um modo mais liberal já está consolidada, mesmo com os problemas que isso possa ocasionar – como o turismo para uso de drogas e o tráfico internacional.

Recentemente, o Uruguai implantou uma política de regulação e descriminalização da maconha, em que o Estado tomou a responsabilidade pelo cultivo e distribuição da erva, sendo possível para os usuários terem sua cota mensal de *Cannabis* garantida por meio de um cadastro nacional, retirando seu produto em farmácias, ou pelo autocultivo, com o limite máximo de seis pés por moradia. Isso ocorreu pela constatação do quanto as políticas de combate às drogas por meios repressivos não obtiveram sucesso naquele país. Alguns estados americanos adotaram leis semelhantes à uruguaia.

Mesmo com as aberturas por parte de alguns governos em relação às drogas, sinalizando um caminho que deverá ser trilhado por outros países em médio prazo, o que predomina na cultura ocidental atual é o caráter repressivo sobre o tema. No Oriente, a repressão aos usuários de drogas é ainda mais forte, por conta de regimes totalitários ou Estados teocráticos. A chamada "Guerra às Drogas", termo alcunhado pelo ex-presidente norte-americano Richard Nixon na década de 1960 e adotado pela ONU no final da década de 1990, oferece todos os sinais de que fracassou.

Atenção em álcool e drogas no Brasil

Há no Brasil uma tradição na assistência ao usuário de drogas também com base em uma perspectiva repressiva. Quando alguém passa por um problema relacionado ao uso abusivo de drogas, é comum pensar em internação como primeira opção de tratamento – tanto o próprio usuário quanto a família. É uma tradição discursiva que perdura até hoje, apesar dos avanços conquistados na área. Há casos que, sim, necessitam de internação, como o de pacientes que apresentam intoxicações graves, complicações clínicas decorrentes do uso abusivo ou comorbidades psicopatológicas relacionadas ao uso. Existem pacientes que, em um primeiro momento, só conseguem procurar ajuda médica por meio da internação, isolando-se por meses para depois tentar dar um segundo passo. Todavia, o que se discute aqui é que historicamente os drogados foram tratados à margem da sociedade, tal qual os loucos. O "noia" de hoje é o louco de ontem. Os manicômios de um passado não muito distante, além de abrigar os loucos, também abrigavam os drogados, as prostitutas, os leprosos e os homossexuais. Esses "desajustados", grupos fora dos padrões sociais, não podiam conviver em sociedade, dentro da lógica higienista. Ou seja, não havia lugar para a diferença e o diferente; e os usuários de drogas, assim como os loucos, eram internados nos manicômios não como uma possibilidade de tratamento, mas sobretudo para serem excluídos da sociedade, que não admitia a convivência com as diferenças.

Mais recentemente, tem-se visto que as políticas voltadas para usuários de drogas no Brasil também foram na direção de uma "guerra às drogas", tendo o *crack* como o pior inimigo. Em 2011, o governo federal lançou o programa "Crack: é possível vencer", posicionando a droga como um inimigo a ser combatido por diferentes esferas do governo e sociedade (saúde, assistência social, segurança pública etc.). Mesmo que em uma perspectiva intersetorial, evidencia-se que essas políticas de enfrentamento foram mais focadas no tráfico de drogas, no âmbito da segurança pública e da justiça, e por vezes criminalizando o usuário ou internando-o involuntariamente.

Com o advento da Reforma Psiquiátrica Brasileira, que se iniciou no final da década de 1970, e a consequente descontinuação dos manicômios, consolidada com a outorga da Lei n. 10.2016/1988, outras propostas de tratamento são possíveis hoje no âmbito da saúde mental no país. Não à toa, a política de atenção em saúde para usuários de álcool e outras drogas é atrelada ao campo da saúde mental. Os Centros de Atenção Psicossocial (CAPS) têm sua modalidade Álcool e Drogas (AD), pela qual oferecem atenção integral aos usuários graves e crônicos, com equipe multiprofissional e estratégias daquilo que é chamado de reabilitação psicossocial, por meio de oficinas, projetos de geração de trabalho e renda, protagonismo do usuário e outras ações, além dos atendimentos da equipe técnica, sempre no sentido de tratamento no território onde o usuário está inserido, com apoio da rede comunitária como uma alternativa às internações – que só ocorrem quando não houver mais ações e, de preferência, de curto período em hospital geral.

Aos poucos, passa-se por uma transformação na atenção em álcool e drogas no seio do Sistema Único de Saúde (SUS). Outras estratégias têm sido criadas, invertendo a maneira de lidar com o usuário nas cenas de uso da cidade e atendimento direto no território. Em vez de repressão policial para expulsar os usuários, equipes multiprofissionais prestam assistência integral a eles, utilizando outros recursos para além da área da saúde com possibilidade terapêutica, tal como moradia e trabalho. Dois exemplos disso são os serviços de Consultório na Rua e Unidade de Acolhimento.

Os Consultórios na Rua (CR) são formados por equipes multiprofissionais, ligadas à atenção básica, que frequentam os locais de grande concentração de usuários e realizam uma primeira aproximação, na tentativa de estabelecer vínculo com os usuários e oferecer tratamento não só em relação ao uso de drogas como também à saúde geral. É comum essas equipes encaminharem usuárias de *crack* gestantes, por exemplo, para exames, consultas e acompanhamento da gestação na Unidade Básica de Saúde. Objetivamente, é a saúde indo ao encontro do usuário.

Já as Unidades de Acolhimento (UA) são residências terapêuticas chamadas transitórias, de acordo com a Rede de Atenção Psicossocial (RAPS). É um serviço ligado ao CAPS AD, que encaminha usuários em situação de extrema vulnerabilidade, com uso contínuo e abusivo de drogas que levaram ao rompimento de laços familiares e sociais, perda da capacidade de trabalho e geralmente em situação de rua. Os usuários ficam por um período de 6 meses nas UA, onde é fortalecida a adesão ao tratamento no CAPS AD e construído um novo projeto de vida pela equipe e pelo usuário, com objetivos a serem alcançados. O usuário tem liberdade de entrar e sair quando quiser, afinal, ali será sua casa durante 6 meses. Esse serviço também funciona como uma contraposição às internações em comunidades terapêuticas, que atuam na perspectiva da abstinência total em regime fechado e, muitas vezes, com um caráter religioso.

Os serviços CAPS AD, CR e UA trabalhar a partir da política de redução de danos, preconizada pelo Ministério da Saúde, em que o tratamento vai no sentido da diminuição do uso e não na lógica da abstinência, substituindo drogas mais prejudiciais por outras ditas mais leves, bem como foca na diminuição da frequência do uso estabelecendo outras ligações com o mundo externo, diminuindo, assim, paulatinamente o uso constante e exagerado de drogas pelo usuário. A abstinência pode ser uma meta ou o resultado ao final do tratamento, mas não pode ser uma condição imposta. Desse modo, começa-se a traçar um novo modo de atenção em álcool e drogas, baseado no respeito às escolhas de cada usuário.

Toxicomania e Psicanálise

Em "O mal-estar na civilização", Freud é taxativo ao se referir ao uso de drogas:[1]

> [...] os métodos mais interessantes de evitar o sofrimento são os que procuram influenciar nosso organismo. [...] O mais grosseiro, embora também o mais eficaz, desses métodos de influência é o químico: a intoxicação. Não creio que alguém compreenda inteiramente seu mecanismo; é fato, porém, que existem substâncias estranhas, as quais, quando presentes no sangue ou nos tecidos, provocam em nós diretamente sensações prazerosas, alterando, também, tanto as condições que dirigem nossa sensibilidade, que nos tornamos incapazes de receber impulsos desagradáveis.

Para Freud, então, o uso de drogas é uma maneira de evitar o desprazer e, acrescenta-se, a dor de existir. O uso de drogas pode ser uma maneira de lidar com os problemas, com os conflitos que nos angustiam. Por vezes, a realidade é demasiadamente dura e não se quer entrar em contato com aquilo que nos faz sofrer.

Todavia, ser usuário de drogas não é o suficiente para se nomear alguém como um toxicômano, o que leva a perceber que a toxicomania pode ser incluída no campo da psicopatologia, ao se seguir as origens das investigações médicas do fenômeno. Segundo Santiago (apud Gianesi, 2005):[2]

> O termo toxicomania advém do discurso proferido pela psiquiatria, que em meados do século XIX passa a considerá-lo isoladamente como categoria clínica específica, relacionada à inclinação impulsiva e aos atos maníacos [...]. O conhecimento médico emergente na época propôs-se a decifrar o fenômeno, e o que surgiu como resultante de tal processo foi o início da elaboração de critérios diagnósticos, que passaram a descrever a relação de dependência que determinado indivíduo estabelece com uma ou mais substâncias psicoativas. Os diferentes tipos de drogas também mereceram uma minuciosa descrição de seus efeitos químicos, cujo poder de causar dependência muitas vezes apareceu explicitado.

O toxicômano não é a pessoa que faz um uso ocasional, mesmo que para amortecer a angústia, ou recreativo em situações sociais. Mesmo pessoas que usam drogas com frequência não podem ser designadas como toxicômanos.

No trabalho com usuários graves, médicos, analistas e outros profissionais confrontam-se diariamente com uma realidade brutal ao lidar com pessoas que passam por essa problemática. Nos centros urbanos, vê-se o avanço dos estragos causados principalmente pelo *crack*. Não obstante, o uso de drogas pode tomar proporções inimagináveis para pessoas que não têm contato direto com esse público, cuja existência é lembrada apenas pelos noticiários, quando mostram alguma ação da polícia nas "cracolândias" espalhadas pelo país. É quando se destaca aquela concentração de usuários na via pública, parecendo zumbis e não seres humanos, tamanha a degradação daqueles seres que passam dias, semanas vagando pelas ruas, usando até a exaustão diversos tipos de drogas. Abdicam de tudo: de sua família, de seus amigos, de seu trabalho, de sua moral, de sua higiene, de sua roupa, enfim, de seu próprio desejo.

É com base nesse perfil de usuário, de pessoas que fazem uso extremo e compulsivo de drogas, que se inicia a caracterização do que aqui se entende por toxicomania. O fenômeno do uso constante e exclusivo de drogas apresenta diferentes terminologias para caracterizar o sujeito que faz esse tipo de uso. Comumente são designados como dependentes químicos, adictos ou toxicômanos. Aqui, foram adotados os termos toxicomania e toxicômano, por serem mais comuns na literatura psicanalítica ao tratar da questão.

Eles irão guiar desde então o caminho acerca do que a psicanálise pode oferecer para a clínica com tal sujeito.

Nesse sentido, delimita-se aqui o toxicômano como a pessoa que tem uma relação exclusiva com o objeto droga, vive para a droga e pela droga. É desse usuário que se fala: esses que têm dificuldade de acessar os serviços mais básicos de saúde e raramente chegam ao consultório de um analista. Na maioria das vezes não conseguem nem pedir ajuda. Procuram voluntariamente os CAPS geralmente após flertar com a devastação e a morte, ou quando há a busca ativa pelas equipes de saúde mental que ofertam tratamento no território.

O toxicômano é aquele que não consegue ter outra demanda a não ser a do uso de droga. Como já afirmado, geralmente são os familiares que procuram ajuda para ele, o que não significa que não existam aqueles que a buscam voluntariamente, em sua maioria com o pedido de internação. Isso em geral acontece quando ocorre uma ruptura extrema, sendo difícil o sujeito suportar tamanho sofrimento. Não raro, pacientes procuram ajuda após o término de um casamento, rejeição dos familiares etc., ou quando não aguentam mais os devastadores efeitos da intoxicação prolongada; mas raramente a procuram por desejo próprio.

Quando se pensa na noção de sujeito, com base na psicanálise, pensa-se no sujeito do inconsciente, castrado simbolicamente para que ganhe a condição de desejante. É o desejo que faz advir o sujeito. Só somos sujeitos a partir da nossa castração e do advento do desejo, que nos move em direção à eterna busca imaginária da completude; ficamos por toda a vida procurando o objeto perdido. Pode-se apontar aqui que o toxicômano, em geral, tem uma dificuldade em lidar com a própria castração, recorrendo ao objeto droga para suplantar sua falta estrutural.

O toxicômano tem poucos recursos para desejar. Fica preso em uma relação dual e simbiótica com o objeto droga, não tendo espaço para outra coisa que não seja usar droga. Muitas vezes usar droga não é mais da ordem do desejo, e sim uma necessidade física e psíquica. É como se estabelecesse uma relação de completude pela ilusão de ter encontrado o objeto perdido, com ele ali, literalmente em suas mãos. Em situações extremas, o indivíduo, em vez de ocupar o lugar de sujeito, paradoxalmente acaba ocupando o lugar de objeto ante a droga. É ela quem o domina, o que configure uma relação de escravidão. Ele é capaz de fazer qualquer coisa para manter o seu uso. Rouba, pede dinheiro nos faróis, começa a atuar no tráfico, se prostitui. Tudo pela droga.

Para a Psicanálise, porém, cada sujeito estabelece relações com o mundo e com o Outro de uma maneira particular, singular. Se se juntar vários usuários, todos em condições semelhantes, cada um irá apresentar uma história específica que culminou naquela situação, bem como uma relação particular com o objeto droga. A toxicomania é um fenômeno que se manifesta em todas as idades, gêneros e classes sociais, mas de uma maneira distinta para cada sujeito.

Pode-se fazer um paralelo sobre esse esfacelamento das várias vertentes da vida, no caso do toxicômano, com base na noção de gozo fálico estabelecida por Lacan. O gozo fálico é consequência da castração. De acordo com Ribeiro:[3]

> Nessa perspectiva, as drogas são concebidas como sendo uma das formas pelas quais o sujeito pode evitar de ter de voltar a confrontar-se com a castração, obturando, assim, a angústia que surgiria como resultado lógico do seu encontro com o desejo do Outro, desejo que, enquanto tal, é marcado pela impossibilidade da existência de um objeto que o satisfaça por completo. Daí o porquê de o gozo oriundo das práticas de intoxicação ser considerado um rompimento com o gozo fálico, já que este último é resultante da operação de castração e, portanto, tributário da Lei que ordena a todo sujeito essa perda estrutural de gozo. E consentir com esta Lei consiste em tolerar o fato de que nenhum objeto será capaz de proporcionar uma satisfação total ao sujeito. Sendo assim, o gozo fálico é o gozo regulado pela interdição ao incesto, a qual, por sua vez, funda a ordem social e simbólica.

Ribeiro continua avançando sobre a questão, citando Colette Soler (1998):[3]

> O toxicômano é um insubmisso ao gozo universalizado da civilização. [...] Ele não o sabe, ou seja, é alguém que se recusa a entrar no que chamamos de o gozo fálico, visto que o gozo fálico não é apenas o gozo do órgão, mas também o gozo que sustenta toda competição social, toda a circulação da competição no mundo social. Ele se põe de lado, não entra, não aceita correr como todos os demais para fazer uma carreira, para afirmar-se e alcançar algo na vida, ou seja, tudo o que em geral alguém sonha para seus filhos: uma realização social.

Vê-se aí um paralelo do entendimento da Psicanálise sobre o toxicômano, pelo viés do gozo fálico, com os usuários que costumam frequentar os serviços de álcool e drogas. Quando o toxicômano consegue chegar a esses serviços, é construído entre paciente e equipe aquilo que é chamado de projeto terapêutico singular (ou individual), em que é estipulado como será a inserção e o trânsito do paciente na instituição. Geralmente é agendada a consulta médica com outros profissionais (psicólogos, terapeutas ocupacionais etc.) e estabelecidos os grupos e oficinas dos quais o paciente irá participar. Também são traçados os objetivos a serem alcançados no tratamento. Em geral, esses pacientes têm por objetivos obter novamente seus documentos, retomar o contato com familiares, realizar um curso, ter uma fonte de renda – seja por meio de um benefício social ou pela reinserção no mercado de trabalho. Isso, que na saúde mental é chamado de reabilitação psicossocial, seria uma demanda que se pode chamar de recuperação do gozo fálico?

A reabilitação psicossocial se pauta pela ética do bem, daquilo que é entendido como o que é bom para o paciente, mesmo que construído um projeto em conjunto com o paciente, com base no cardápio de atividades e consultas na instituição. Nesse contexto, é entendido aquilo que é bom para cada paciente. Entretanto, a ética da Psicanálise é a ética do desejo. Nem sempre o que é entendido como bom ou positivo na recuperação de um toxicômano é o que de fato o paciente deseja. Trabalha-se com base no desejo do paciente, no desejo de saber sobre o seu sintoma, de saber sobre o seu inconsciente e sobre o que o leva a ter uma relação específica com o objeto droga. É dessa escuta analítica que se pode oferecer alguma contribuição para a clínica da toxicomania. Do entendimento da relação particular de cada sujeito com as drogas é que será possível haver uma ressignificação subjetiva. E com base nisso é que o sujeito vai estabelecendo uma nova relação com a droga, que não seja tão prejudicial. O que na saúde mental é entendido como redução de danos, na qual o profissional atua de maneira participativa, para a Psicanálise acaba sendo uma consequência da direção do tratamento. A partir do momento em que o sujeito começa a se questionar sobre sua responsabilidade em relação à sua dependência, é que a relação com o objeto droga muda, vai se transformando. Muitos diminuem o uso de drogas ou trocam por outras menos nocivas. Posteriormente, começam a buscar, sozinhos, outras ligações com o mundo. Tentam reatar os laços familiares, procuram uma recolocação profissional, deixam de morar na rua ou em albergues para ter sua própria moradia e ampliam seu leque de relações. Isso pode ser entendido pela clínica psicanalítica como uma reacomodação de gozo fálico por parte do sujeito. Claro que muitos casos não chegam a esse desfecho. A Psicanálise, diferentemente do SUS – que é um sistema de saúde universal para todos os cidadãos brasileiros – é da ordem do particular, do desejo de cada sujeito. Por fim, entende-se aqui que o analista operar com base nessa noção de gozo fálico com pacientes toxicômanos pode ser um caminho para o tratamento desses pacientes, e que a grande contribuição da Psicanálise para a clínica da toxicomania é justamente a própria clínica psicanalítica.

Referências bibliográficas

1. Freud S. Edição standard brasileira das obras psicológicas completas de Sigmund Freud. v. 21. O mal-estar na civilização. Rio de Janeiro: Imago; 1996. p. 85-6.
2. Gianesi APL. A toxicomania e o sujeito da psicanálise. Psychê. 2005;(15):125-35.
3. Ribeiro CT. Que lugar para as drogas no sujeito? Que lugar para o sujeito nas drogas? Uma leitura psicanalítica do fenômeno do uso de drogas na contemporaneidade. Ágora. 2009;12(2):333-46.

Bibliografia

Barreto IF. O uso da folha de coca em comunidades tradicionais: perspectivas em saúde, sociedade e cultura. História, Ciências, Saúde – Manguinhos. 2013 Abr-Jun;20(2):p. 627-41.
Brasil. Ministério da Saúde. Secretaria Executiva. Coordenação Nacional de DST/Aids. A Política do Ministério da Saúde para atenção integral a usuários de álcool e outras drogas. Brasília: Ministério da Saúde; 2003.
Brasil. Ministério da Saúde. Portaria GM/MS n. 336, de 19 de fevereiro de 2002. CAPS – Centros de Atenção Psicossocial. Brasília: Ministério da Saúde; 2002.
Brasil. Ministério da Saúde. Portaria nº 3.088, de 23 de dezembro de 2011. RAPS – Rede de Atenção Psicossocial. Brasília: Ministério da Saúde; 2011.
Relatório da comissão global de políticas sobre drogas. 2011. [Acesso em 14 jul 2016] Disponível em: http://www.globalcommissionondrugs.org/wp-content/uploads/2012/03/GCDP_WaronDrugs_PT.pdf.

9 Impasses da Vitimização | Uma Visão Crítica com Base na Psicanálise sobre a Violência

Marta Quaglia Cerruti

Introdução

O objetivo deste capítulo é analisar criticamente, por meio de conceitos psicanalíticos, as políticas públicas voltadas para a questão da violência entre homens e mulheres no ambiente doméstico, sobretudo naquilo que se refere às mulheres. O que se observa é que as atuais políticas públicas, em sua maioria, vêm contemplando a questão da violência entre homens e mulheres pautadas em uma visão dicotômica vítima/agressor, priorizando uma assistência judiciária exclusiva às mulheres. Tal abordagem, advinda de importantes lutas políticas do movimento feminista a partir da década de 1970, acaba por difundir uma interpretação para o fenômeno sob uma perspectiva que define o masculino como agressivo e o feminino como passivo, reproduzindo uma lógica adversarial que confere à mulher a posição de vítima de circunstâncias desfavoráveis.

Tal abordagem pode conduzir a uma visão arriscada, pois além de poder incorrer no equívoco de conjugar masculinidade e feminilidade a um caráter anatômico – deixando opacas as importantes conquistas do movimento feminista –, acaba por devolver à mulher a condição que justamente visa combater: um ser fraco e vulnerável, e por isso merecedora de proteção.

É importante deixar claro que essa análise não implica dizer que há, por parte das mulheres, a expectativa de gestos e manifestações agressivas da parte dos homens. Tal leitura apenas as desvitimizaria com o intuito de legitimar a agressão deles. A pretensão, aqui, não é, em absoluto, converter os versos da canção "Mil perdões", de Chico Buarque, "Te perdoo/ Por te trair" em "Te perdoo por te bater, te humilhar, te ofender". O propósito é, sim, fazer forte oposição à violência. A questão a ser percorrida, contudo, se refere a questionar se o caminho mais fecundo para combater a violência é perpetuar uma visão dicotômica vítima/agressor, na qual o primeiro termo expressa passividade, e o segundo, agressão e destruição.

Essa inquietação é fruto da experiência de atender mulheres de baixa renda que sofrem violência física e/ou moral por parte de seus companheiros, ou ex-companheiros, em uma organização não governamental, a Pró Mulher, Família e Cidadania, sediada na cidade de São Paulo.

A entidade foi fundada em 1977 por um grupo de feministas e, nos primeiros anos de seu funcionamento, oferecia um serviço de assistência prioritariamente às mulheres, mediante ações judiciais. Assim, a atuação da instituição voltava-se basicamente para a luta contra preconceitos e discriminações que as mulheres sofriam, e seu objetivo era a garantia dos direitos delas.

A assistência prestada pela instituição estava marcadamente voltada a um atendimento jurídico especializado, cujo enfoque era a defesa da mulher como vítima. Para tanto, contava-se com uma equipe de advogados que atuava junto ao Poder Judiciário, e o atendimento prestado era exclusivo às mulheres. Contudo, ao longo dos anos verificou-se que havia um alto índice de evasão do atendimento, seja pelo fato de elas desistirem do processo judicial, seja porque, muitas vezes, elas reincidiam em relações violentas.

A entrada de psicanalistas na instituição, somada aos estudos da teoria de gênero sexual, foi tornando claro para a equipe da Pró Mulher, Família e Cidadania que a condição de opressão da mulher não se modifica realizando apenas um trabalho de conscientização, que teria como consequência a sua separação do homem violento. Isso porque ficou evidenciado que as mulheres vivem das mais variadas maneiras o fato de serem oprimidas, revelando o equívoco de supor a existência de uma prática pautada em uma categoria por demais abrangente: a opressão. As mulheres vivem em relação, e sua identidade se cria e se recria em múltiplos espelhamentos e contrastes. Reconhecer esse fato implica reconhecer que não há como definir uma categoria que molde o perfil dessa identidade.

Foi assim que, a partir da década de 1990, a equipe passou a incluir os homens em seu atendimento. Essa abordagem mostrou-se prontamente mais eficiente, pois o nível de evasão caiu significativamente após a sua implantação: de uma média anual de 79% de desistência, ocorreu uma queda para 18% em apenas 1 ano.

Esses dados indicam a importância de que novas práticas, alternativas às vias estritamente jurídicas, sejam equacionadas. Uma proposta que, em absoluto, não pretende eliminar as vias jurídicas, mas que aponta para a validade de que seja realizado um trabalho interdisciplinar. E isso tendo em conta buscar identificar, com base na Psicanálise, quais podem ser os agenciamentos discursivos necessários e decisivos que colaboram para que a vitimização de mulheres se perpetue. Ou seja, a intenção é ressaltar os efeitos que um discurso socialmente compartilhado, a mulher tida como vítima da arbitrariedade masculina, pode ter na vida das mulheres. Nesse sentido, no decorrer da argumentação aqui apresentada, a intenção não é detectar o que da constituição subjetiva da mulher, ou do homem, ou ainda qual particularidade de uma determinada dinâmica conjugal, podem ser considerados como elementos que desembocam em uma relação violenta. Ou, o mais importante, negar que existam vítimas.

Opressão | Uma categoria muito abrangente

Ainda hoje são as teorizações iniciais do conceito de gênero, no campo feminista, que prevalecem como norteadoras da maioria dos serviços de assistências às mulheres que sofrem violência física e/ou moral de seus companheiros, ou ex-companheiros. Tais teorizações buscavam explicar a subordinação da mulher como efeito da dominação patriarcal; dominação historicamente construída, vale lembrar. Já as feministas de tradição marxista não só admitem a importância histórica do patriarcado, como consideram a subordinação feminina como um efeito da divisão sexual do trabalho. O que é importante detectar para o propósito desta argumentação é que a ênfase de tal entendimento está ancorada em uma explicação ideológica: a subordinação da mulher como algo historicamente construído.

Com certeza é equivocado afirmar a existência de um movimento feminista único e homogêneo, tal o número de tendências e concepções nele hoje presente. Contudo, o que se pode afirmar é que o cerne da preocupação do conjunto dessas tendências, para além de suas diferenças, é o fato de as práticas propostas se basearem na necessidade que sejam eliminadas as relações de poder e autoridade que incidem sobre as mulheres. As mulheres, nessa perspectiva, devem ser convocadas a questionar os valores e costumes que mantêm a relação hierárquica entre os sexos, o que implica um amplo trabalho de conscientização das discriminações que elas sofrem. Além disso, a mulher deve receber ajuda e orientação para que se separe do homem violento, bem como deve ter a garantia de que ele será punido pelos atos de agressão.

Sem negar as importantes contribuições que o movimento feminista pôde oferecer ao cenário das humanidades no mundo ocidental, a proposta é tentar avançar mais nessa discussão, pois o que se constata é que essas reivindicações acabaram por desembocar em uma intervenção articulada em termos de uma resposta às condições impostas pela hegemonia masculina. Trata-se de uma representação da mulher que, como foi apontado, paradoxalmente lhe devolve a posição que visa combater: a mulher tida como ser fraco e vulnerável e, por isso, merecedora de proteção. Um paradoxo importante a ser deslindado, uma vez que suscita o risco de que da necessidade de liberação da mulher se retroceda à visão de que ela deve ser protegida.

A pergunta recai, então, em saber se há como estabelecer uma linha de continuidade entre a identidade e seu submetimento a identificações culturalmente normativas, conferindo à cultura um caráter patologizante.

Como bem aponta Costa[1], a formação da identidade está submetida a identificações culturalmente normativas, uma vez que toda cultura confere, em um determinado período histórico, padrões de conduta e aspirações ao ser humano. Contudo, ele adverte que é necessário haver cautela em tal suposição, pois ela pode induzir ao equívoco de afirmar que toda cultura é um fator patológico em si, e estar ou não em consonância com os padrões normativos de uma época não pode ser traduzido como ter uma conduta normal ou patológica. Ou seja, a cultura se apresenta como uma cartografia que modela os sujeitos, e faz com que estes assumam diferentes posições em suas relações com outros sujeitos e com o mundo. O que irá modular aquilo que pode ser considerado como sendo da ordem do patológico é a existência de uma assimetria entre, de um lado, as exigências culturais e, de outro, os recursos que a cultura coloca à disposição para o cumprimento de tais exigências.

O percurso eleito é o de tentar discorrer sobre essa assimetria, pois o que se verifica é o quanto as atuais políticas públicas, em sua tentativa de dar autonomia à mulher, com base em medidas jurídicas específicas, acabam justamente por confiná-la novamente a um lugar de ser frágil e vitimizado.

Sendo assim, tem-se aqui a preocupação de tentar deslindar quais os efeitos que um discurso socialmente compartilhado – o da mulher tida como vítima – carrega. A argumentação proposta tenta percorrer aquilo que da Psicanálise é o avesso do discurso jurídico que, como foi visto, é o discurso que hoje prepondera nas políticas públicas que atendem a questão da violência entre homens e mulheres.

Não se trata, em absoluto, de negar que existam vítimas. Tampouco se trata de negar a extrema importância que o movimento feminista promoveu na reconfiguração política da mulher, e a importância desse movimento nas transformações históricas e políticas no Ocidente nas últimas décadas, e a consequente inauguração de novos paradigmas. É notório que é o corpo da mulher que sofre os maiores danos, o que revela a arbitrariedade e a desigualdade de forças. E isso se dá pela ruptura de um pacto simbólico que supõe a igualdade de direitos. As mulheres que são agredidas física e/ou moralmente por seus companheiros, ou ex-companheiros, se encontram em uma situação na qual se veem privadas de garantias às quais teriam, antecipadamente, direito. Há uma dimensão fortemente plausível na denúncia de discriminações, humilhações e injustiças. A pretensão aqui é, contudo, ressaltar o quanto a resignação a uma condição vitimizada, acompanhada de uma proteção dos dispositivos judiciários que reforça uma posição maniqueísta, pode acarretar uma situação da qual justamente as mulheres procuram sair: a de serem tratadas como objeto. Se é o corpo da mulher que padece, sua vitimização, de modo paradoxal, é o que a aprisiona a uma queixa infinita.

A construção da vítima

Partindo em busca de uma compreensão psicanalítica de como se pode considerar a construção da vítima do ponto de vista subjetivo, tem-se a radicalidade do questionamento que a Psicanálise realiza quanto à solidez do conceito de identidade. A concepção da realidade psíquica implica o deslocamento de um ser naturalizado para um ser de desejo, motor de toda afetividade humana. A identidade, para a Psicanálise, é entendida como uma ficção necessária à ação; assim, o que ela coloca em evidência é a impossibilidade de que se possa estabelecer uma verdade última acerca do sujeito. Daí o risco da tentativa de definir uma identidade específica às mulheres de vítimas, estabelecendo um discurso socialmente compartilhado que limita, e muito, a capacidade de ação das mulheres que vêm sofrendo violência.

A experiência mostrou que as cenas de vitimização são incansavelmente relatadas pelas mulheres. Na narrativa dessas cenas, as mulheres, na maioria das vezes, expõem um contexto, por meio de uma descrição minuciosa de fatos, no qual os personagens implicados se encontram em posições diametralmente opostas: há um Eu vitimado e um Outro culpado. Os fatos são evocados frequentemente com o intuito de que se reconheça a verdade do relato do narrador, a de que existe uma relação dual cujos termos estão em posições opostas. O narrador, vítima de circunstâncias que se armam e baseado na integridade de seu ser, tenta compor um cenário no qual atos arbitrários e agressivos se contrapõem à perfeição de sua conduta. É frequente que o paradigma da virtude se expresse em declarações do quanto são boas mães, dedicadas ao lar, ou ainda dos enormes sacrifícios feitos em nome da harmonia conjugal. As queixas são infinitas, os relatos são dramáticos, e a cena se constrói independentemente de sua ação. Tais cenas são evocadas inúmeras vezes, e o pedido é que se reconheça todo o dano que o Outro foi capaz de realizar.

Não se trata de questionar a verdade factual do relato, mas sim de apontar a maneira particular pela qual se arma essa narrativa, e quais as consequências disso para as próprias mulheres. Isso porque, ao falarem sempre de si mesmas pelas cenas de vitimização, acabam por encobrir qualquer outro traço de sua singularidade. É terrível ser vítima de um infortúnio, como também o é agir para reiterar uma situação tão danosa. A tentativa de reduzir a dor do sujeito a uma condição vitimizada corre o risco de vir a cooperar na produção de um sujeito que, fixado e enrijecido em uma posição, fique apartado de qualquer implicação subjetiva com sua própria narrativa.

O conceito de narcisismo confere ao Eu, pela própria natureza deste, o caráter de ser um depósito de mal-entendidos. Pelo pronome pessoal "eu" o sujeito designa algo que o identifica enquanto uma imagem ideal específica, imagem necessária diante de qualquer exigência pragmática. Uma vez diluído o pragmatismo, o que se revela é a precariedade do enunciado "Eu sou isso". É para esse aspecto que Freud adverte mediante o estudo dos sonhos, dos atos falhos, dos chistes e dos sintomas.

As contribuições lacanianas, que enunciam a não coincidência entre o Eu e o sujeito do inconsciente, bem podem auxiliar na compreensão do caráter imaginário da posição da vítima. Uma vez que o Eu é uma produção imaginária, uma cristalização de imagens do próprio corpo do sujeito e de autoimagens refletida para ele por outros. As relações imaginárias não são relacionamentos ilusórios, é necessário pontuar, mas sim relações em que tudo se passa em termos de uma oposição: igual ou diferente.

A relação das mulheres com as cenas que elas relatam parece obedecer a essa lógica, por oscilar entre, de um lado, a posição de se fazer objeto submetendo-se ao homem, ancoradas em sua integridade moral e sacrifícios em nome do amor, ou ainda na dedicação incondicional aos filhos, e, de outro, uma posição adversarial e ressentida, que pretende punir e eliminar quem lhes causou tanto mal. Isso revela tratar-se de um cenário que se constrói sobre a base de um ou outro.

Em síntese, tanto a concepção freudiana, de que o Eu é uma projeção da superfície do corpo, como a lacaniana, de que o Eu é uma imagem especular, tal como uma miragem, comportam a radicalidade do campo fictício que o enunciado "Eu sou isso" comporta. Nesse sentido, o Eu não pode ser considerado o lugar da verdade do sujeito.

Aqui se pode vislumbrar a hipótese de que a condição de vítima carrega em si o risco de levar o sujeito a buscar uma proteção absoluta, obedecendo à gramática do narcisismo primário. Busca que Freud condensa na construção da fantasia "bate-se em uma criança", na qual o filho se assujeita à imagem do pai soberano em nome da garantia ilusória de ser mais amado que os irmãos.

O passo seguinte, então, é buscar elucidar o que pode levar um sujeito a assumir uma posição de assujeitamento. Questão que, já no século 16, La Boétie[2] colocava:

> Por ora gostaria apenas de entender como pode ser que tantos homens, tantos burgos, tantas cidades, tantas nações suportam às vezes um tirano só, que tem apenas o poderio que lhe dão [...] que monstro de vício é esse que ainda não merece o título de covardia, que não encontra um nome feio o bastante, que a natureza nega-se a ter feito, e a língua se recusa nomear?

Para tanto é preciso retomar, no âmbito das conceitualizações psicanalíticas, o fenômeno do masoquismo e sua possível articulação com o fenômeno da servidão.

A partir de 1920, Freud partirá em busca de uma conceitualização do aparelho psíquico consoante à segunda tópica, ou seja, sua busca será incluir o fenômeno da repetição nas instâncias do sujeito. Dizendo de outra maneira, trata-se de incluir, nas instâncias do sujeito, o princípio dessa dinâmica, perseguindo suas conexões com a pulsão de morte. Vemos o Eu descrito em "O ego e o id" como uma "pobre criatura que deve serviços a três senhores e, consequentemente, é ameaçado por três perigos: o mundo externo, a libido do id e a severidade do superego".[3]

É assim que o masoquismo passa a ser considerado por Freud em seu estatuto originário e constituinte. O que se assiste é o quanto o masoquismo vai se distanciando de um fenômeno que se refere apenas ao pacto perverso para revelar, em termos da fantasia inconsciente, uma forma de satisfação pulsional paradoxal.

Por um lado o masoquismo encontra sua expressão erógena radical no dispositivo de gozo que é próprio da perversão. Por outro, o masoquismo primário revela a posição de cada sujeito em um caráter originário, e não apenas sintomático.

Para Lacan, o masoquismo em seu estatuto primário e constituinte revela a alienação radical do sujeito na linguagem, ou seja, na ordem simbólica.

O que vai se tornando claro é o fato de que o masoquismo se equaciona no cerne da constituição do sujeito, referindo-se a uma modalidade de relação que o sujeito irá estabelecer com o Outro, uma vez que o masoquismo se inscreve na própria constituição do campo fantasístico no qual o sujeito irá operar as suas relações. Trata-se de uma distinção fundamental para essa discussão, pois interroga frontalmente a versão de que a mulher é vítima de violência por parte do homem porque, ao fim e ao cabo, gosta de apanhar. Considerar o masoquismo como algo que revela uma condição de estrutura, pelo fato de o sujeito ceder diante da antecedência do simbólico, torna evidente que algo bastante valioso se perde quando se considera o fenômeno da violência entre homens e mulheres sempre circunscrito a uma modalidade patológica perversa.

Dessa maneira, depreende-se o risco presente em um discurso que coloca o sujeito em uma condição passiva do que lhe fizeram, e que a lei soberana irá reparar. Isso porque essa condição acaba por confinar o sujeito a um laço alienante.

Resta, ainda, indicar como um discurso que modula uma interação social apresenta seu testemunho sobre o sujeito. Ou seja, indicar como uma trama discursiva, mais particularmente uma trama discursiva de ordem jurídica, pode reforçar uma dicotomia vítima/agressor que, como foi visto, pode produzir efeitos deletérios no sujeito.

A dor cabe na norma?

Desde Foucault é sabido que o discurso jurídico, por ser normativo, trabalha sempre com categorias preexistentes, e por isso consegue escutar, da parte do demandante, apenas aquilo passível de ser inscrito em seu próprio código, em seu próprio discurso. A emergência da época do biopoder, segundo Foucault, implica a integração do campo biológico ao campo político. Isso porque a vida, sua promoção e controle passam a ser alvo do desenvolvimento de um saber cada vez mais específico. A consequência histórica de um poder que se centra na vida é o surgimento de uma sociedade normalizadora, a qual, longe de deixar de lado as leis, vai proliferá-las com a intenção de distribuir os corpos vivos em termos de seu valor e de sua utilidade.

Assim, o discurso jurídico, por ser normativo, trabalha sempre com categorias preexistentes, e se operacionaliza de um saber sobre o sujeito já de antemão inscrito em seu próprio código. Trata-se de um saber que procura ordenar aquilo que se apresenta como puro não senso. Segundo Kelsen (*apud* Clauvreul[4]), é um discurso que se dirige a uma categoria do dever-ser. Nesse sentido, ao se dirigir ao dever-ser esse discurso parte da premissa da existência de um homem capaz de ser razoável, segundo uma determinada norma. Vê-se um campo no qual a dor de existir não é considerada, uma vez que esse discurso é endereçado ao futuro homem são, e não endereçado para aquele que sofre.

Há, nessa configuração, uma armadilha que pode ser advertida pelo psicanalista: o discurso jurídico se pauta em uma crença de que existe uma uniformização possível, na qual o sujeito pode caber. Uma configuração tal que os operadores da lei podem se acreditar aptos a fornecer condições que podem promover a sutura de um sujeito estruturalmente dividido.

Como psicanalistas, devemos acreditar que é a palavra que oferece uma possibilidade de saída de uma relação dual imaginária: o campo simbólico, ao aprisionar o imaginário a uma cadeia metonímica infindável, é o que gera condições para que o objeto do desejo possa vir a assumir as mais variadas formas. Isso evidencia a importância de que se busque uma abordagem para o fenômeno da violência de gênero na qual a palavra recupere seu caráter polissêmico e cambiante e, nesse sentido, em nada atrelada ao empirismo da imagem.

Uma nova narrativa para além do dano

Poder vislumbrar a construção de uma nova narrativa para as mulheres que sofrem violência caminha no avesso daquilo que é considerado pela maioria das políticas públicas que definem *a priori* vítimas e culpados. Isso porque tal definição já preestabelecida revela seu caráter normativo, na medida em que estabelece um ordenamento imaginário no qual a vítima se vê destituída de ferramentas que possam propiciar uma reflexão sobre o que lhe aconteceu e, diante desse quadro, recorre à justiça demandando o que lhe é devido. A imagem funciona, em tal ordenamento preestabelecido, e por isso imaginário, como um atestado de virtude: há apenas uma única versão possível para o que ocorreu, e essa certeza, do ponto de vista da Psicanálise, perverte o circuito pulsional, pois a satisfação inalcançável deixa de funcionar como causa que coloca o desejo em marcha.

A proposta de que cada cena relatada possa ser escutada em sua função significante, ou seja, pela relação que essa cena tem com outras palavras, e não presa a uma única possibilidade de significação, abre brecha para que se possa produzir a dúvida onde só havia a certeza. Trata-se de oferecer uma escuta que possa possibilitar que a mulher se interrogue nos pontos em que, presa na dimensão imaginária da vítima, supunha tudo saber. Em suma, trata-se de instaurar a dúvida no campo das certezas que regem a vida imaginária. A Psicanálise nos adverte que a demanda de amor, a demanda de um olhar soberano e protetor, acaba por se revelar como uma maneira de sucumbir ao beco escuro da repetição, descortinando os efeitos deletérios do masoquismo originário. É necessário, então, partir em busca de uma prática na qual a palavra possa circular, criando campo para uma constante construção e reconstrução de uma narrativa individual, pela interrogação sobre o lugar que se ocupa na cartografia de poderes que modulam o laço social.

A assimetria entre as exigências de emancipação da mulher e a oferta de um serviço de assistência que lhe confere uma posição vitimizada é um dos campos no qual a Psicanálise pode e deve se pronunciar. Isso não se traduz em pregar que apenas a Psicanálise está habilitada a enfrentar a questão da violência entre homens e mulheres, tampouco pregar a exclusão das vias jurídicas, mas sim dar ênfase para a importância de que seja realizado um trabalho interdisciplinar.

Nesse sentido, a Psicanálise pode ser parceira dos operadores jurídicos, sustentando a definição de um sujeito marcado pela falta, que o define em sua condição desejante. E também alertando para os riscos da pretensão de suturar essa falta com modos uniformizados de resposta. No que se refere ao tema aqui desenvolvido, questionando a eficácia de políticas públicas que conferem à mulher uma posição vitimizada.

O reconhecimento da condição de vítima não se esgota em si mesmo, mas é o início de um percurso que busca, com base em abordagens alternativas, as vias jurídicas, que cada mulher possa reconhecer as raízes da violência; ou, quando isso não for possível, que elas possam reconhecer as consequências que a violência tem para a mulher. Trata-se de uma proposta interdisciplinar que tem como meta criar a possibilidade de que o âmbito privado possa migrar para o público, convertendo o testemunho dos danos sofridos em ferramentas contra outros danos que possam vir a se produzir.

Nesse sentido, o apelo à lei, a depender da escuta oferecida, mostra duas saídas possíveis: ou a adesão a um discurso jurídico incondicional, no qual o sujeito do desejo se perde, pois a oferta de uma resposta possível à dor de existir – no caso, o nome "vítima" – aparta o sujeito de sua condição desejante e o afasta de qualquer possibilidade de se separar de uma solução fantasmática repetitiva, limitada e previsível; ou a saída que a Psicanálise oferece, possível desde um saber que não é mais que suposto: o encontro com essa ausência de um significante unívoco, para que se possa contorná-la com as palavras, com um objeto inventado, nas realizações amorosas e na realização dos, ainda que ilusórios e cambiantes, ideais.

Referências bibliográficas

1. Costa JF. Violência e psicanálise. Rio de Janeiro: Graal Editora; 1984.
2. La Boétie E. Discurso da servidão voluntária. São Paulo: Brasiliense; 1982.
3. Freud S. Edição standard brasileira das obras psicológicas completas de Sigmund Freud. v. 19. Rio de Janeiro: Imago; 1980. O ego e o id (1923).
4. Clavreul J. A ordem médica: poder e onipotência do discurso médico. São Paulo: Editora Brasiliense; 1983.

Bibliografia

Assoun P-L. Lecciones psicoanalíticas sobre el masoquismo. Buenos Aires: Nueva Vision; 2005.

Barbieri T. Psicanálise e contexto cultural: imaginário psicanalítico, grupos e psicoterapia. Rio de Janeiro: Campus; 1989.

Barbieri T. Sobre la categoria género: una introducción teórico-metodológica. Revista debates en sociología. 1993;(18):145-169.

Fink B. O sujeito lacaniano: entre a linguagem e o gozo. Rio de Janeiro: Jorge Zahar Editor; 1995.

Foucault M. A verdade e as formas jurídicas. Rio de Janeiro: Nau Editora; 2005.

Foucault M. História da sexualidade. v. 1. A vontade de saber. São Paulo: Edições Graal; 1988.

Freud S. Edição standard brasileira das obras psicológicas completas de Sigmund Freud. v. 14. Rio de Janeiro: Imago; 1980. Sobre o narcisismo: uma introdução (1914).

Freud S. Edição standard brasileira das obras psicológicas completas de Sigmund Freud. v. 17. Rio de Janeiro: Imago; 1980. Uma criança é espancada: uma contribuição ao estudo das origem das perversões sexuais (1919).

Freud S. Edição standard brasileira das obras psicológicas completas de Sigmund Freud. v. 19. Rio de Janeiro: Imago; 1980. O problema econômico do masoquismo (1924).

Gregori MF. Cenas e queixas: um estudo sobre mulheres, relações violentas e a prática feminista. Rio de Janeiro: Paz e Terra; 1993.

Gregori MF. Função e campo da fala e da linguagem em psicanálise. Rio de Janeiro: Jorge Zahar editora; 1995.

Mackinnon C. Feminism, marxism, method and the state: an agenda for theory. Signs. 1980;7(3):515-544.

Petchesky RP. Direitos sexuais: um novo conceito na prática política internacional. In: Parker R, Barbosa R, organizadores. Sexualidades brasileiras. Rio de Janeiro: Relume-Dumará; 1996.

10 Ou Isto ou Aquilo | Neurose Obsessiva segundo a Psicanálise

Cristina Rocha Dias

Introdução

A associação livre como método de tratamento da Psicanálise propõe que o paciente diga o que lhe vier à cabeça, mesmo que o tema pareça desagradável, pouco importante ou aparentemente sem sentido.

Este capítulo aborda a neurose obsessiva do ponto de vista psicanalítico, com o intuito de ver que, nela, o tormento do sujeito está situado justamente no fato de que esse "sem sentido", essa fala vazia dita ao analista e investida da maior seriedade, é o que dá notícias de seu desejo, a despeito de todo o esforço e investimento que faz para livrar-se dele, para produzir um certo esquecimento.

Se a ambivalência se faz presente na neurose, a especificidade da sintomática obsessiva está marcada pela concomitância de afetos contraditórios diante do desejo, experimentado como uma dupla realização e, portanto, como uma experiência de horror à qual o sujeito deve constantemente se precaver e estar atento.

Diante desse cenário, vê-se uma infinidade de sintomas que se organizam em torno do dilema obsessivo e que tem, para o sujeito, a função de protegê-lo não apenas de buscar, mas, sobretudo, de realizar seu desejo. A contradição presente nessa empreitada remete à ambivalência que tem lugar na experiência de separação e, ao mesmo tempo, de constituição do objeto, promovendo uma dupla significação com a qual ele precisa se haver.

Nesse sentido, podemos pensar que as primeiras vivências, que marcam a origem do sujeito e que vêm constituir a cadeia de significações (ou representantes), se articulam e se estruturam no laço com o Outro, cuja função de suporte se apresenta como um aspecto fundamental na construção e reconhecimento do Eu, bem como na relação de objeto.

É importante destacar que embora a presença do Outro seja necessária e vital para a constituição do sujeito, ela também coloca em questão o caráter de unicidade e completude presente no imaginário da origem, experiência primeira marcada pela perda: estamos diante da descontinuidade, do desencontro e da impossibilidade, na medida em que não há encontro absoluto e muito menos uma separação definitiva do objeto. Assim, temos aqui a presença do Outro como representante que suporta um investimento desejante do sujeito, a quem se dirige a demanda de amor, mas que, ao mesmo tempo, vem lembrar a diferença que diz respeito a ambos, explicitada nesse encontro.

Partindo desse campo comum presente na estruturação neurótica, aborda-se aqui o tema da neurose obsessiva, seus destinos pulsionais e sua sintomática, percorrendo, justamente, os caminhos e saídas que o sujeito constrói para lidar com essa espécie de circuito fechado, no qual está aprisionado e que, ao mesmo tempo, serve de testemunho para o conflito, pelo qual se apresenta. Os traços, repetições, rituais e ordenamentos do obsessivo acabam ocupando a função de representante do desejo, que se impõe absoluto e se dá a ver nas variadas expressões e ações do cotidiano, confrontando uma certa falta de sentido, com a estranheza que se produz no próprio sujeito, diante da intensidade de seu sintoma.

Esse excesso, que resulta do conflito e da ambivalência que experimenta, toma boa parte de sua vida psíquica e, à medida que se ocupa permanentemente de manter inacessível o acesso ao desejo, mais este se faz presente pela via da própria negação, produzindo, muitas vezes, um efeito de paralisia nos laços amorosos e de esvaziamento em sua posição desejante.

Assim, tomando como exemplo o poema "Ou isto ou aquilo?", de Cecília Meireles, é possível problematizar não apenas a dúvida em jogo na neurose obsessiva, mas também a insistência do desejo, que mantém o sujeito em constante negociação interna, cuja ameaça reside em seu próprio conflito.

Neurose obsessiva e a construção da clínica

A especificidade do saber clínico que marca o nascimento da Psicanálise pode ser observada quando Freud, para além de um exame físico das histéricas e de seus sintomas conversivos, lhes dá a palavra. A partir daí, propõe que tudo o que o sujeito possa dizer (ou não dizer) sobre o que o afeta toma parte no tratamento psicanalítico e constitui uma clínica, na qual irá, justamente, buscar resposta para os impasses e desafios colocados na escuta de seus pacientes.

Se inicialmente, no exame da enfermidade, a fala do paciente é considerada pouco objetiva, vacilante e não confiável para estabelecer o diagnóstico, pode-se supor, nesse caso, que a verdade sobre seu sofrimento parece estar em outro lugar, externo a ele.

Pensar uma clínica do sofrimento psíquico, no entanto, implica considerar que as experiências relacionadas à vida afetiva, à sexualidade, à constituição da identidade e aos modos de engajamento no laço social produzem efeitos na vida psíquica dos sujeitos, sejam eles de adoecimento ou de cura. Nesse sentido, não é possível escutá-lo com base em uma prescrição ou uma generalização, mas atentar para o sentido que atribui ao próprio sofrimento e que toma parte no sintoma, entendido aqui como aquilo que expressa, por excelência, sua história desejante, com as contingências e conflitos que lhe são singulares. Tal como aponta Lacan, refere-se aqui, portanto, a uma clínica que não é "precisa", mas que incide no sujeito e depende dos avanços na compreensão do que se passa no interior da experiência analítica.[1]

Assim, diante de uma prática que se fundamenta na ideia de que há uma implicação subjetiva no sofrimento humano, é preciso fazer referência ao desejo, à historicidade e à paixão dos afetos. Esse é um aspecto fundamental para se pensar o campo do sofrimento psíquico e da neurose, como uma das formas de estruturação do sujeito, sem reduzi-lo a um organismo que "falha" na sua regulação.

No trabalho intitulado "Notas sobre um caso de neurose obsessiva (1894)", Freud relata o caso clínico do homem dos ratos e apresenta uma continuidade de suas elaborações sobre o tema, desde "As neuropsicoses de defesa".

No texto de 1894, o autor propõe uma investigação sobre as representações e a divisão da consciência observadas na histeria, a fim de formular uma teoria das neuroses, incluindo as obsessões e fobias. Ao problematizar a relação entre afeto e representação (ideia), descreve uma série de mecanismos observados nos pacientes, entre eles a conversão (pelo recalque de uma ideia incompatível à consciência), e o que denomina "falsa ligação", termo que será retomado nos estudos da neurose obsessiva e sobre o qual faz a seguinte observação:[2]

> Quando alguém com predisposição à neurose carece de aptidão para a conversão, mas ainda assim, parece rechaçar uma representação incompatível (sexual), dispõe-se a separá-la de seu afeto, esse afeto fica obrigado a permanecer na esfera psíquica. A representação, agora enfraquecida, persiste ainda na consciência, separada de qualquer associação. Mas seu afeto, tornado livre, liga-se a outras representações.

Assim, produz-se uma falsa ligação, uma vez que a representação é incompatível com o grau de angústia apresentado pelo sujeito. Entretanto, diante disso, desse falso que engana, o que se escuta, afinal, na fala singular dos pacientes que contam de seu sofrimento?

Aquilo que leva o paciente a buscar a ajuda de um analista, o motivo de sua consulta, não deve ser confundido com a razão da análise ou com o que motivou o início de sua neurose, mas pode ser considerado como algo que porta uma verdade legítima do sujeito, na medida em que atualiza sua história pulsional e gera angústia.

Nesse sentido, o paciente que chega à clínica e se endereça ao analista é um sujeito com seu sofrimento, que descreve a própria história, sintomas e as razões pelas quais imagina padecer, seja buscando alívio, seja buscando compreender o sentido do que lhe acontece. Quando descreve, narra, conta sobre o seu sofrimento, o faz de maneira particular, atravessado pelos afetos que marcam as experiências vividas e que se apresentam no encontro com o analista (Outro), a quem demanda a cura. Nesse sentido, é fundamental atentar para o que se passa quando alguém toma a palavra para descrever sua dor, incluindo a escuta daquilo que se situa para além das informações fornecidas sobre a sintomática. O que se vê surgir então, nessa clínica, nos coloca diante da subjetividade que se apresenta na sua historicidade, nas paixões de ódio, tristeza e medo, nos conflitos permeados por culpa e desejo, que escapam dos códigos de normalização e da ilusão de liberdade do homem contemporâneo, tão alardeados na cultura e nos dispositivos sociais.

Diante disso, destaca-se o tema do afeto na neurose, cuja importância pode ser verificada desde as primeiras observações de Freud, quando em vez de tomar a loucura, o inquietante e o irracional como algo suspeito e incoerente, ou ainda como negatividade, lhes dará a dimensão de "produção autêntica do sujeito, inseridas num campo de sentido."[3]

Assim, marcados pela ambivalência, amor e ódio se apresentam enquanto afetos fundantes do psiquismo, atravessando as primeiras experiências do sujeito, desde a dependência fundamental do Outro à necessidade de reconhecimento nas relações de objeto, que configuram certo modo de estruturação psíquica. Por isso, refere-se aqui à neurose obsessiva em sua categoria clínica, e não à sua nomeação como transtorno, pois entende-se que a diagnóstica se dá menos pela definição com base no sintoma, mas, sobretudo, pela lógica psíquica que vem interrogar um determinado quadro sintomático.

Pode-se pensar que o que está em causa na neurose é uma relação antecipada que o sujeito estabelece com a própria realização de seu desejo, retornando a uma posição de insuficiência e de fratura, a uma experiência de perda; na neurose obsessiva é necessário considerar, além disso, que há uma modalidade de relacionamento especial com o outro, que se apresenta como equivalente à situação original (relativa à ameaça de perda do objeto de amor) cuja realidade se impõe, gerando um tormento infindável, na medida em que a posição desejante será sempre acompanhada de um temor, medo de que algo possa acontecer.

A iminência desse "acontecimento" dá notícias da realização de um desejo, tomado pelo sujeito como algo possível, mas que instaura um conflito, na medida em que se liga à sua interdição e impossibilidade. Em outras palavras: há uma duplicidade em questão, pelo desejo e sua evitação; pelo desejo e pelo medo diante do que se deseja.

Ou isto ou aquilo? Que dilema se encerra nessa pergunta?

Nesse jogo poético, tal como aponta Freud ao abordar o tema do conflito neurótico, estamos francamente confrontados à dúvida.[4] Porém, logo em seguida, a poeta anuncia certa resignação: "É uma grande pena que não se possa estar ao mesmo tempo nos dois lugares!"

Curiosamente, esse lamento não quer dizer exatamente uma renúncia, pois, se há uma escolha, há que se incluir a dimensão da perda. Mas, afinal, por que essa questão diz respeito à temática obsessiva?

De algum modo, essa interpelação é deslizada ao infinito na neurose obsessiva e permanece acompanhando o sujeito nos diferentes âmbitos de relação que estabelece na vida, revelando uma posição subjetiva da qual se apresenta e se estrutura no laço com o Outro. Além disso, mantém sob a forma de dúvida a ambivalência que experimenta em relação aos objetos, em um conflito que se apresenta infindável e insolúvel. Nesse caso, em vez de "Ou isto ou aquilo?", o que se coloca na neurose obsessiva é justamente o conflito que decorre de uma impossibilidade de separação, e que se apresenta em uma outra proposição: isto e aquilo!

Para o obsessivo, há um duplo registro em que os representantes permanecem enquanto equivalentes de uma mesma questão: o respeito à lei e seu desejo de transgressão. Ora, ante a incapacidade de responder a essa dúvida, uma lógica particular orienta o sujeito e revela uma escolha que permanece como condição impossível de ser realizada, embora a ameaça de sua realização esteja sempre presente: se, de um lado, o respeito o coloca em uma posição de submissão à lei e, portanto, sujeito da castração, de outro, o desejo de transgressão abre caminho para um intenso sentimento de culpa, reduzindo o sujeito a um representante, por excelência, do mais profundo sofrimento moral.

Assim, como aponta Lacan[1], uma série de mecanismos defensivos entram em cena, tal qual um roteiro imaginário, na tentativa de solucionar a angústia que decorre da crise que experimenta, e "tudo se passa como se os impasses próprios da situação original se deslocassem para outro ponto, [...] como se o que não é resolvido em um lugar se reproduzisse sempre noutro".

Quando o paciente durante o processo de análise relata, ou melhor, faz questão de destacar que irá contar algo que certamente "não tem nenhuma relação com o que lhe aconteceu", vem corroborar a ideia de que as experiências permeadas por conflitos e repressões, embora marcados por uma espécie de amnésia da vida infantil, ainda conservam resíduos que reaparecem, seja sob a forma de um medo obsessivo, seja pela autocensura exagerada. Neste caso, o horror muitas vezes relatado diante do prazer do Outro e do próprio nas cenas de submissão, humilhação e desprezo, fornece notícia de seu próprio gozo, ainda inadmissível, mas que se faz presente sob a forma de tormento, revelando que o afeto e o seu conteúdo ideativo estão marcados pela descontinuidade quanto à intensidade (muitas vezes o afeto se justifica, mas diz respeito a outro contexto, a outra cena que não pode ser admitida pelo paciente).

Está-se, portanto, diante da impotência do pensamento lógico e de uma certa racionalidade ineficaz no combate a uma ideia atormentadora, que faz da *mésalliance*, ou falsa ligação, uma saída protetora diante do conflito que experimenta, tal como Freud[4] observa:

> Não estamos acostumados a sentir fortes afetos, sem que eles tenham algum conteúdo ideativo; e, portanto, se falta o conteúdo, apoderamo-nos, como um substituto, de algum outro conteúdo que seja, de uma ou de outra forma, apropriado, com a mesma intensidade com que a nossa polícia, não podendo agarrar o assassino certo, prende, em seu lugar, uma pessoa errada.

Essa espécie de "drible" inconsciente, que trabalha na tentativa de afastar a representação incompatível e de mantê-la apagada, será revelado nos modos de relação do sujeito e nas saídas sintomáticas que se organizam na neurose obsessiva, como será visto adiante.

O sujeito dividido

Se até aqui se entendeu a ambivalência como efeito da divisão do sujeito, no sentido de um conflito inconciliável, sendo essa própria divisão algo que o constitui e, portanto, inevitável, resta saber que caminhos levam a uma organização psíquica como a neurose obsessiva.

Lacan lembra que, no momento inicial da constituição, está-se marcado pela condição de prematuração específica do nascimento, ao mesmo tempo que se precisa dominar o pulsional que se impõe. Anatomicamente falando, chegamos ao mundo inacabados, e disso implica que o desenvolvimento subsequente coloque em cena o problema de uma dialética temporal, vivida como marca singular, desde o encontro entre o prematuro e a cultura.

> Esse desenvolvimento [...] projeta decisivamente na história a formação do indivíduo: o estádio do espelho é um drama cujo impulso interno precipita-se da insuficiência para a antecipação – e que fabrica para o sujeito, apanhado no engodo da identificação espacial, as fantasias que sucedem desde uma imagem despedaçada do corpo até uma forma de sua totalidade, que chamaremos de ortopédica.[5]

Para situar a ambivalência, é preciso levar em conta que essa condição de dependência inicial, essa prematuração da criança, faz com que a antecipação promovida pelo Outro (adulto) adquira uma função fundamental: fornecer um conjunto de significações que lhe possibilite transitar no mundo pela via da linguagem, no encontro com o Outro e com os objetos do mundo. Além disso, é preciso destacar que o Outro, que insere a criança no laço social, o faz do seu próprio narcisismo, quando dá seu testemunho, pela via da castração, da renúncia à posição antes privilegiada (da infância), em favor dos ideais da cultura.

Com base nesse cenário inaugural das relações do sujeito, Freud destaca a neurose obsessiva como exemplar da experiência humana, uma vez que contempla e dá a ver boa parte dos fenômenos que constituem a subjetividade. Nela pode-se observar o sexual em sua extensão, a relação entre o pensamento e o orgânico do corpo, a experiência de perda narcísica, o luto pelo objeto, o conflito presente na demanda e nos ideais.[4]

Nesse caso, a questão que interessa é marcar que a ambivalência, que toca tão intimamente o amor e o ódio, está ligada de modo contundente ao narcisismo, tempo primeiro de amor objetal, no qual o Eu se apresenta como imagem totalizante. Esse apaixonamento pela própria imagem, fundante da constituição, se dá, paradoxalmente, na relação com o outro semelhante, indicando a divisão fundamental que opera nas primeiras experiências do sujeito e que o insere no laço social e nas marcas da cultura, atravessado pela ordem inconsciente.

Na neurose obsessiva, esse laço com o Outro será marcado pela contradição, na medida em que o mesmo objeto será tanto alvo do ódio e do desejo de aniquilação, quanto do investimento amoroso, que deve permanecer intacto em sua função de proteção e reconhecimento. Essa estreita ligação entre o Eu, dependente do olhar do Outro para confirmar a si mesmo como total, exclusivo e suficiente, e o objeto, marcado pela contingência e nem sempre disponível, explicita a violência da angústia de morte diante da possibilidade de perda.

A constatação de que o objeto é, ao mesmo tempo, completo e faltante, marcado pela falta nele mesmo, mas também pode faltar, constitui o drama subjetivo da neurose. Assim, diante da linha tênue que separa amor e ódio, a agressividade ganha contorno e importância, justamente por seu retorno sobre o sujeito, que nega o ódio e o desejo de destruição do objeto, produzindo dor e sofrimento pela via de um tormento infindável.

Desse modo, está-se diante de um forte componente sadomasoquista, que deriva da dimensão fantasmática que o Outro ocupa: sendo aquele que falta e que abandona, submete o sujeito ao desamparo. Tal qual um reflexo, o sujeito dirige para fora o ódio e o desprezo que supõe infligidos pelo Outro e inaugura a criação do objeto que, expulso do Eu, leva consigo em forma de projeção todo o mal, excitação e prazer que vêm perturbar sua existência. A questão que se coloca é que, se o nascimento do objeto carrega consigo a promessa de um ideal de prazer sem limites e sem falta, essa espécie de garantia é igualmente ilusória e provisória.

A oposição que se apresenta no Eu (Ego) diante da ambivalência acaba por instaurar medidas protetivas como forma de defesa contra a ameaça de morte e também diante do desejo, que entram em cena na qualidade de uma compulsão, acompanhada por um afeto aflitivo. Esse afeto que, à primeira vista, parece alheio e estranho ao sujeito, vem responder ao imperativo de realizar determinadas ações para evitar a ameaça de um mal iminente.

É nesse primeiro tempo de divisão que se organizam modos singulares de estruturação do sujeito, marcando a relação com o outro, com os objetos e, sobretudo, com os elementos que delimitam seus próprios conflitos internos. Entre eles, o sujeito se vê diante de tensões que necessita dominar, ao mesmo tempo que se depara, inevitavelmente, com representações que provocam medo, estranhamento e angústia.

O estranho familiar

Detendo-se na relação entre o afeto e a ideia temida, presente na neurose obsessiva, constata-se, na fala dos pacientes que aquilo que parece soar estranho e sem sentido contém, em si, a raiz do desejo que o ameaça. Por outro lado, isso também implica pensar que tal temor só se justifica na medida em que a ideia incompatível não estaria em si tão apagada como se supunha. Ao contrário, ela anuncia sua presença constante pelos mecanismos que o sujeito coloca em marcha, diante do conflito que experimenta.

Ao abordar o tema do estranho, Freud propõe uma investigação semântica da palavra, em variadas acepções e diferentes idiomas, revelando aproximações e combinações possíveis de sentido, mas, sobretudo, buscando os fatores de sua origem. Assim, argumenta que, seja por seu significado, seja pela experiência que nos desperta o sentimento de estranheza, "o estranho é aquela categoria do assustador que remete ao que é conhecido, de velho, e há muito familiar".[6]

Se, de um lado, o estranhamento pode ocorrer por um acréscimo particular, já que nem tudo que é novo torna-se assustador, de outro, também poderia advir da incerteza e da impossibilidade de esclarecer de imediato o incompreensível que se apresenta. Contudo, em uma análise mais detida de Freud sobre os sentidos da palavra *Heimlich*, observamos que *Unheimlich* coincide, em vez de se opor, a um desses significados. Assim, "*Unheimlich* é o nome de tudo que deveria ter permanecido [...] secreto e oculto mas veio à luz", tal como *Heimlich* corresponde àquilo que está oculto e se mantém fora da vista.[6]

Esse movimento de retorno e de uma certa correspondência, em que seria esperada uma oposição, aponta para a ordem da repetição que tem sua origem na natureza da pulsão. Freud[6] destaca que

> [se] podemos reconhecer na mente inconsciente a predominância de uma "compulsão à repetição", procedente de impulsos instintuais – uma compulsão poderosa o bastante para prevalecer sobre o princípio do prazer, emprestando a determinados aspectos da mente o seu caráter demoníaco, e ainda muito claramente expressa nos impulsos das crianças pequenas [...]; o que quer que nos lembre esta íntima "compulsão à repetição" é percebido como estranho.

Nesse sentido, tem-se, com efeito, o estranho como o reprimido que, particularmente, se transforma em ansiedade. Portanto, o elemento amedrontador é algo reprimido que retorna e que, curiosamente, não se refere a nada de novo ou alheio, mas familiar e há muito estabelecido, que se alienou pela repressão e deveria ter permanecido oculto.

Sobre essa condição familiar do estranho, há no texto Freudiano uma outra observação interessante e útil para se fazer uma articulação com o tormento a que se submete o obsessivo. Quando aponta que *Heim*, de *Unheimlich*, significa *Lar*, como "entrada para o antigo [...] para o lugar onde cada um de nós viveu, certa vez, no princípio", o autor revela que o estranho (*Unheimlich*) também contém o que foi, em algum momento, conhecido e familiar (*Heimisch*), mas marcado pelo sinal da repressão (*un*).[6]

Assim, é importante lembrar que, embora nem todo conteúdo ideativo seja por si só pertencente à categoria do estranho, sem dúvida remete à realidade psíquica e seus mecanismos (repressão, castração, fantasia) o que "implica em uma repressão real de algum conteúdo de pensamento e em um retorno desse conteúdo reprimido".[6] Pode-se afirmar, com isso, que o reprimido se constitui das experiências que promovem (ou promoveram, em algum momento) uma restrição nos modos de satisfação, seja pelas exigências da cultura como modo de derivação, seja pela renúncia e supressão de sua incidência, derivada do erotismo que marca o pulsional nas relações de objeto.

Nesse sentido, pode-se dizer que essa ideia de estranhamento e, portanto, da repressão, está presente na construção progressiva do objeto na neurose obsessiva, cuja significação desliza da parcialidade como condição primeira, até as variadas significações que ele pode vir a ter enquanto objeto de amor. Essa dupla condição do objeto possibilita pensar que o sujeito, uma vez inserido no laço com o Outro, vive um impasse inescapável, seja tomando-o como ideal e completo em sua função imaginária de satisfação plena e de acesso ao gozo, seja incluindo a possibilidade de perda e sofrimento que advém da falha e do desencontro, presente nas relações.

Se se entende que aquilo que engana na neurose obsessiva remete ao inconsciente, vê-se que, justamente no lugar de falhar, de enganar, esse estranho mostra um ato bem-sucedido por meio do sintoma, cuja significação dirá respeito ao enigma que não cala e que insiste em circular. O caráter de inadequação presente na mensagem veiculada pelo sintoma e por toda sorte de mecanismos e rituais, que ao mesmo tempo seguem endereçadas ao Outro, é o que possibilita o acesso aos efeitos dessa mesma representação e da posição do sujeito diante do Outro.

A relação de objeto e a construção do sintoma

A noção de divisão do sujeito, resultado de sua própria constituição psíquica, está marcada pelo estranhamento, bem como pelos efeitos da não completude, pois ser sujeito do conhecimento e reconhecer-se enquanto tal não é suficiente para possa se estruturar. Além disso, se estamos marcados pela linguagem, por algo que vem do Outro e que não é possível de ser apreendido em sua totalidade, estamos diante de uma experiência que é sempre parcial, a despeito da ilusão de unidade dos primeiros encontros.

Esse tempo de estruturação, que possibilita denominar um "sujeito de desejo", inclui justamente aquilo que vem articular-se enquanto dimensão inconsciente, ou seja, o próprio desejo. Assim, atravessado pela condição desejante, o sujeito passa do corpo biológico e do campo da necessidade para um "mais além", que vem inaugurar a relação com o Outro, esse objeto investido cuja representação e significado são articulados de uma dada posição desejante.

Nesse sentido, pode-se afirmar que o inconsciente é o infantil, não no sentido de uma ordem no desenvolvimento, mas de algo, nesse tempo primeiro, que diz respeito à significação se construiu com os impasses na relação com o outro, instaurando o desejo e um modo particular de implicação com a própria história e com os conflitos que lhe são inerentes.

A intrincada experiência com o objeto faz com que o sujeito se situe e constitua esse outro em lugares muito específicos, embora não se possa dizer de uma correspondência direta, objetiva e sem percalços, mas de um deslizamento significante que dará notícias dos caminhos e desvios do desejo em sua função inconsciente, configurando diferentes modalidades de relação de objeto.

Detendo-se na construção do sintoma, pensado como aquilo que se dá a ver da relação de objeto e da posição ocupada pelo sujeito, serão encontrados aspectos bastante particulares para circunscrever a neurose. Como lembra Lacan, a histeria se estrutura pela via da sedução, que surge subitamente e opera uma espécie de invasão, fazendo irromper o sexual. Nela, há ainda uma conciliação ou solução de compromisso, possibilitando que certas tendências opostas possam se expressar ou mesmo serem reconhecidas simultaneamente. Assim, nesse embate com o objeto, as dificuldades estão colocadas justamente em como opera a relação desde o desejo do outro e da imagem que representa.[7]

No entanto, na neurose obsessiva, cuja marca psíquica remete justamente à posição ativa do sujeito do qual obteve prazer, a satisfação, que se organiza *a posteriori*, se dá isoladamente, uma após a outra, e toda tentativa de conexão lógica ou de racionalização dessa oposição estabelece um antagonismo. Do ponto de vista clínico, ainda que se possa delimitar e indagar a posição do sujeito, está-se diante de uma variedade de aspectos que marcam a sintomática obsessiva.

Nesse sentido, não é suficiente dizer que o obsessivo, tal como a histérica, também se estrutura pelo desejo. Diferente desta, no obsessivo a repressão que opera ante o desejo não se efetua pela amnésia, mas atua destituindo a catexia afetiva da experiência traumática, restando apenas seu conteúdo ideativo, aparentemente sem sentido, que no cotidiano do sujeito dá testemunho do que foi apagado da consciência. Isso implica que o traumático incide na posição do outro, na medida em que este permanece vinculado ao desejo enquanto condição absoluta, o que nega qualquer elemento de alteridade que possa distingui-lo do próprio sujeito.

Essa condição de negação do outro é o que aponta para sua destruição, quando vem articular-se a uma espécie de imperativo do sujeito diante da demanda de satisfação do desejo.

Nesse caso, essa exigência se reveste de uma dimensão incondicional, que faz passar a uma forma absoluta de necessidade e, portanto, de anulação do Outro.

Disso decorre a complexidade das relações afetivas do obsessivo, permeada por uma diversidade de aspectos que atravessam o modo pelo qual o sujeito orienta o seu desejo. O conflito entre amor e ódio, por exemplo, dirigidos à mesma pessoa (em geral a um objeto de amor), se passa como estranheza, como algo inconciliável, na medida em que o ódio é reprimido. Essa contradição faz com que o obsessivo tome seu desejo como algo que se sobrepõe a tudo, que "passa na frente", e nisso reside seu impasse.

Se se considerar que a realização de seu desejo ultrapassa o outro e está colocada para além da demanda de amor, tal qual uma necessidade em seu caráter absoluto, tem-se, de um lado o campo das identificações e, de outro, a exigência que permitiria a satisfação, mas que se transforma, no momento seguinte, em culpa moral.

Ora, sabe-se que necessitar do apoio do outro é algo que marca toda e qualquer constituição em seu começo, constituindo-o como via privilegiada de acesso ao desejo. Porém, se o Outro não pode ser tomado como um caminho para o desejo, pois está ameaçado pela destruição, resta ao sujeito neutralizá-lo enquanto objeto, o que faz com que seu desejo mesmo desapareça.

A relação entre essas intensidades leva o sujeito a uma certa paralisia da vontade, sendo incapaz de tomar uma decisão. Diante disso, sair em busca do seu objeto de desejo significa, em alguma medida, suspender o investimento nos objetos ritualizados que o protegem da falta, da incerteza e do confronto com um certo desencontro, que marca o enlace com todo objeto. Assim, do mesmo modo que deseja a completude e a exclusividade na relação amorosa, o obsessivo deseja também a morte do objeto, que não se apresenta onipotente o suficiente para protegê-lo da ameaça de perda, explicitando a falta que o constitui.

Pode-se dizer que o dilema em questão está justamente na dificuldade de o sujeito suportar ser habitado por um desejo tal, sem que possa prescindir da coisa única, da totalidade, encontrando apoio fora da referência fálica na qual busca situar o objeto. Esse lugar do outro, enquanto objeto primordial, pressupõe uma articulação fundamental, na medida em que ocupa um lugar que ordena o desejo e que vem marcar as primeiras relações do sujeito, respondendo por sua entrada no sexual.

A questão que convém destacar é que essa inserção traz consigo a formulação de uma demanda, que se encontra invariavelmente para além da satisfação da necessidade, mas também ultrapassa todos os apelos de satisfação, quando está endereçada como demanda amorosa e supõe que o Outro forneça a si mesmo enquanto objeto de amor. Nesse caso, está-se diante do território no qual o desejo se organiza ou, em outras palavras, no espaço entre essas demandas.

Vale destacar que nesse duplo movimento desejante, a hostilidade e agressividade – intensidades que permeiam a ambivalência na relação com o outro –, apontam para a separação precoce de duas correntes libidinais dirigidas ao objeto (amor e ódio), tal como Lacan observa, ao destacar que essa desvinculação pode ter ocorrido em um tempo precoce, marcando o desenvolvimento do sujeito, bem como sua subjetividade.[8]

Nesse sentido, tem-se o cenário no qual o desejo se estrutura: o outro é, ao mesmo tempo, aquele a quem se dirige a demanda e o lugar onde o desejo se formula enquanto tal. O impasse reside no fato de que o outro é também desejante, o que no campo do sujeito se apresenta como estranho, como um enigma. Para o neurótico obsessivo, essa contradição se apresenta constantemente e se traduz na dificuldade de formulação do desejo, estruturando uma posição de dependência do outro como via privilegiada de acesso, embora invariavelmente marcada por seu caráter enigmático.

De todo modo, essa função imaginária que sustenta aquilo que o sujeito supõe encontrar no outro, a saber, a chave de seu desejo, é o que constitui a fantasia e que, na neurose obsessiva, desempenha um duplo papel, operando tanto na relação agressiva como na relação erótica. Assim, aquele que o sujeito busca como alvo da satisfação da necessidade também ocupará a posição de semelhante, contradição que produz uma significação fundamental na economia desejante do sujeito e da qual se desdobra toda a variedade da sintomática obsessiva.

Desse modo, uma articulação possível dessa função significante surge, por exemplo, por meio de ordens e proibições, na tentativa de controle do impulso hostil e da conciliação entre sentimentos antagônicos dirigidos ao objeto. Por outro lado, o processo de pensamento, superinvestido e sexualizado sob a forma de rituais, vem cumprir a função de expiar a culpa pelo ódio ante o desejo de destruição do objeto e que, uma vez realizado, é sentido com um misto de prazer e alívio.

Nesse caso, está-se diante da dúvida comumente observada nos neuróticos obsessivos que, diante do dilema subjetivo que experimentam, acabam explicitando as condições de sua inibição, em vez de escondê-las. Pode-se dizer que esse movimento constante, marcado pela repetição, se organiza na tentativa de reequilibrar duas correntes afetivas distintas referidas ao mesmo objeto, o que mantém o sujeito em alerta. O que interessa, portanto e acima de tudo, é reconhecer-se pelo objeto, no que toca o seu desejo.

Curiosamente, diante de um paciente obsessivo na clínica, escuta-se uma variedade de sintomas que, à primeira vista, nada indica da ordem inconsciente ou que diga respeito às fantasias que o estruturam. Ao contrário, descrevem um roteiro de proibições bem construídas, medos, dúvidas e inibições que ocupam grande parte de sua vida psíquica, bem como de suas experiências cotidianas mais ordinárias.

Essa espécie de dedicação ritualística, que concentra boa parte dos investimentos libidinais do neurótico obsessivo, foi descrita por Freud como uma "religião privada", que põe em causa o tema da morte e da origem. Nesse caso, o ato de transformar em ritual um determinado ato sem importância acaba gerando o efeito contrário ao que o origina, destacando justamente o que pretendia esconder,

> [...] o que era invisível acaba se mostrando. Diríamos mesmo que é o ritual que dá materialidade a algo antes não representado. O gesto de apagar é o que cria um traço antes invisível. É assim que se registra e se dá materialidade a um representante, de tal forma que se torna impossível livrar-se dele, compondo o padecimento daqueles que se queixam dessa forma de expressão.[9]

Desse modo, o reprimido, impossível de ser banido ou apagado no sujeito, diz respeito à ordem inconsciente, na medida em que se produz da experiência com o semelhante, com o Outro, também atravessado pelo pulsional; algo que resulta da experiência de articulação entre o corpo e o psíquico. Lacan define essa experiência específica como um registro que produz saber, mas que não deve ser confundido com informação ou conhecimento.[8] Dela, o que resulta é uma representação enigmática, marcada pelo inconsciente.

A possibilidade de que uma ideia inadmissível, que sempre permaneceu deslocada na sintomática obsessiva, possa entrar em uma cadeia associativa e ser inserida em uma significação o torna possível a possibilidade de ser reconhecida com um desejo, e não simplesmente como uma corrente de pensamento ou como uma ideia destituída de sentido, como muitas vezes o sujeito se esforça em afirmar. A questão que se coloca, nesse caso, é considerar de qual maneira o sujeito rearranja os termos do conflito, estruturados pelo seu desejo.

Desejo e proibição

Se se considerar as inibições, medos e proibições a que o sujeito se submete, estar-se-á diante de uma posição muito particular no que diz respeito à questão da lei, como uma das faces da construção do supereu.

Ligado ao reconhecimento e à proibição, ao privilégio e à ordem coletiva, bem como à diferenciação Eu/Outro, o supereu se situa no limite entre público e privado, entre o sujeito e os códigos da cultura, o que nem sempre consegue-se delimitar ou distinguir claramente. Essa diferenciação, nunca concluída, se traduz em duas experiências impossíveis e sem resposta: a origem e a morte. Diante disso, o que se coloca para todo humano marcado pela linguagem, e que se traduz em diferentes modos de estruturação, na neurose adquire um caráter particular, dada sua relação com a lei, seu reconhecimento e sustentação.

Para o obsessivo, portanto, a dificuldade de separação e discriminação de um registro em sua função de duplo, encena e produz uma espécie de língua única, de sentido irrevogável, na tentativa de anular a diferença, como se isso lhe possibilitasse comunicar o incomunicável. Esse impossível de nomear, abordado por Lacan no seminário sobre as formações do inconsciente, diz respeito à busca do sujeito por uma imagem unificada e originária, de tal modo que possa ser reconstituída.[8] Ora, se se entende que o trabalho se dá em um esforço de reconstrução de algo que foi perdido, todo esse investimento revela que, se de um lado há um certo reconhecimento da perda, de outro existe uma recusa permanente a renunciar ao objeto e sua representação, o que significa dizer de uma perda que, no fim das contas, não se realiza.

Nesse sentido, o obsessivo está sempre no limite, mas também na ameaça de seu desaparecimento, se desculpando ou pedindo uma certa autorização, uma permissão, como se pode observar em seus sintomas, de modo que se mantém dependente do outro em uma espécie de dedicação que inclui tanto a exigência de amor (sob a forma da autorização que demanda), como o ódio e a destruição (sob a forma de recusa).

A presença do outro nesse duplo registro (o que julga e observa/a quem se endereça a demanda de amor) é justamente o que sustenta a proibição e que supõe, no sujeito, a ilusão de desaparecimento e de anulação do desejo. Por outro lado, pode-se pensar que a proibição tem como função afirmar o desejo que o sujeito pretende esconder, ou seja, para que algo seja considerado proibido, é necessário que se apresente o tempo todo, o que problematiza a ideia de consentimento, de permissão dirigida ao outro, sob a forma de demanda.

O engodo dessa condição de dependência na qual o obsessivo se coloca inclui a agressividade, que se mostra pela via da moralidade extrema e que faz dele um juiz implacável diante de qualquer diferença que ameace sua sustentação lógica (refere-se aqui à lógica singular, da qual estrutura seu sintoma, em busca de uma solução para o problema do desejo). Disso decorre que a permissão que ele demanda nada mais é que o reconhecimento pelo mérito alcançado após inúmeros atos de sacrifício a que se submete em nome do outro.

O caminho fácil, suave e sem esforço é quase uma ofensa para o obsessivo, tal sua dedicação ritualística em nome do benfazer, o que possibilita pensar que, no campo do supereu, a satisfação obtida advém, sobretudo, do enorme esforço em tarefas árduas e desgastantes que, de algum modo, tem endereço certo.

Nesse ponto, como lembra Freud, vê-se retornar a questão da angústia para o obsessivo, na medida em que o julgamento, o veredicto e a coroação pelo sucesso obtido estão no desafio dirigido ao Outro, mas além disso e, mais ainda, na própria crítica presente no olhar que ele aponta para si mesmo, do qual julga, rumina castigos e busca toda sorte de falhas e deslizes em seu desempenho, na medida em que o outro se constitui como presença fundamental e absoluta.[10] Nesse sentido, pode-se dizer que o obsessivo faz para si um juramento e estabelece um compromisso baseado em um equívoco, em que transforma culpa em dever neurótico, e o faz com base em condições bastante precisas.

É nesse caminho que o sujeito conta sua história e se inscreve.

Considerações finais

Mais que esgotar o tema da neurose obsessiva, é intenção aqui tomá-lo a partir da clínica e de elementos fundamentais para uma abordagem desse modo singular de organização psíquica, do ponto de vista da Psicanálise.

Entender a constituição do sujeito como algo que opera desde o Outro e que vem marcar sua divisão enquanto experiência fundante serviu de base para delimitar a estrutura neurótica, bem como para caracterizar a neurose obsessiva em sua particularidade, seja em relação aos modos de organização do sujeito, seja sobre a sintomática que se apresenta e dá notícias desse arranjo.

Um ponto importante e que, de alguma maneira, norteou o desenvolvimento dos temas em torno da neurose obsessiva, se refere à angústia. É pelo relato, aquilo que conta o paciente no encontro analítico, que se testemunha a repetição e a atualização de uma série de conflitos, os quais o sujeito luta para apagar. Pode-se dizer ainda que a angústia surge pela via de uma representação aparentemente desprovida de sentido, mas que porta algo da verdade sobre o desejo, e que se apresenta como assustador. Nesse caso, está em sua própria fala, em seu próprio discurso, aquilo que o sujeito tanto teme e busca esconder: a estrutura de seu desejo, marcada pela ordem inconsciente.

Quando Lacan aborda em seu seminário sobre a angústia a questão do engano que habita o sujeito, está lembrando que o que se pode identificar como mais familiar é a chave para o que vem se constituir como sentido daquilo que se apresenta como estranho, indizível, e que se pode nomear como motor e causa da angústia.[11]

No campo da clínica, depara-se justamente com a duplicidade e ambivalência que toca o obsessivo, como algo que não pode passar a outra coisa e que insiste, um tormento que não cessa de lembrá-lo do que gostaria de esquecer. Assim, tem-se, de um lado, a satisfação oriunda do próprio sofrimento e que atua como uma maneira bastante eficaz de resistência ao tratamento analítico, e, de outro, o prazer derivado da autocensura e do constante julgamento de seus atos, como meio de autopunição. Esses mecanismos, que atuam no sentido de restaurar, de restituir a falha do objeto, colocam o sujeito em uma posição de insuficiência que lhe é insuportável, pois seguem como memória viva de uma fratura que remete à sua origem.

Pode-se dizer que todo investimento nas soluções sintomáticas construídas pelo obsessivo, na tentativa de restaurar uma certa unicidade pela via da demanda de amor, também o coloca diante da morte, no sentido da perda e destruição do objeto. Mais que um impasse, está-se diante da duplicidade que constitui a estrutura obsessiva e que, curiosamente, se manifesta no paciente por meio de um profundo sofrimento, na medida em que experimenta a angústia constante, presente no sacrifício, no benfazer, nos protocolos que circundam as relações com o Outro, na demanda de reconhecimento e na falta.

E na impossibilidade de restaurar o dano inevitável, de realizar a perda como admissível, constrói uma variedade de ritos, ações e procedimentos que, ilusoriamente, instrumentalizam a realização de algo que nunca chega a acontecer.

Referências bibliográficas

1. Lacan J. O mito individual do neurótico ou Poesia e verdade na neurose. Rio de Janeiro: Jorge Zahar; 2008.
2. Freud S. Edição standard brasileira das obras psicológicas completas de Sigmund Freud. v. 10. Rio de Janeiro: Imago; 1996. As neuropsicoses de defesa.
3. Delorenzo R. Neurose obsessiva. São Paulo: Casa do Psicólogo; 2014. p. 35.
4. Freud S. Edição standard brasileira das obras psicológicas completas de Sigmund Freud. v. 10. Rio de Janeiro: Imago; 1996. Notas sobre um caso de neurose obsessiva.
5. Lacan J. Escritos. Rio de Janeiro: Jorge Zahar; 1998. O estádio do espelho como formador da função do eu. p. 100.
6. Freud S. Edição standard brasileira das obras psicológicas completas de Sigmund Freud. v. 17. Rio de Janeiro: Imago; 1996. O estranho. p. 238-65.
7. Lacan J. O seminário, livro 5: As formações do inconsciente (1957-1958). Rio de Janeiro: Jorge Zahar; 1999. O desejo do outro. p. 411.
8 Lacan J. O seminário, livro 5: As formações do inconsciente (1957-1958). Rio de Janeiro: Jorge Zahar; 1999. O obsessivo e seu desejo.
9. Costa AM. Corpo e escrita: relações entre memória e transmissão da experiência. Rio de Janeiro: Relume Dumará; 2001. p. 87.
10. Freud S. Edição standard brasileira das obras psicológicas completas de Sigmund Freud. v. 20. Rio de Janeiro: Imago; 1996. . Inibição, sintoma e angústia. p. 102.
11. Lacan J. O seminário, livro 10: A angústia (1962-1963). Rio de Janeiro: Jorge Zahar; 2005. O que não engana. p. 84.

11 Um Corpo para Chamar de Seu

Ana Cristina Gomes Bueno

Introdução

O corpo que pretendo discutir neste capítulo não é apenas o corpo enquanto lugar de identificação, como propõe Ferreira Gullar em seu "Poema sujo", ainda que seja uma de suas funções.[1] O corpo além do lugar da identificação também é o lugar de maior intimidade que todos nós podemos ter. É o lugar das necessidades se manifestarem e dos desejos se alojarem e inundarem nosso ser. É o lugar da vivência dos maiores conflitos, certamente, dos maiores prazeres e de algumas grandes dores. No entanto, é preciso, antes de qualquer coisa, ter um corpo para chamar de seu.

A compreensão do que é corpo pode parecer óbvia, porém é complexa e multifacetada. Como veremos adiante, muitas formas de olhar o corpo se configuraram ao longo da história da humanidade. Inicialmente, apresentarei as variações epocais e culturais, tendo como ponto de referência a Europa ocidental. Nesse item, estabeleci uma conversa com David Le Breton, mais especificamente com seu livro *Antropologia do corpo e modernidade*.

Em seguida, apresentarei uma breve visão psicanalítica freudiana do corpo, dando continuidade com a teorização extensa feita por Donald W. Winnicott e sua parceira Marion Milner. Decorrente dessa aproximação, falarei sobre as questões emocionais acarretadas pela alimentação e sua relação com a constituição corporal com base no conceito winnicottiano de elaboração imaginativa do corpo. Para finalizar a parte teórica, darei uma ideia de como corpo e criatividade se relacionam. E, como conclusão, apresentarei um caso clínico no qual a questão central é o corpo: a ausência do corpo materno, a ausência do corpo da filha e uma relação indiscriminada no corpo familiar. A proposta é arrojada, mas sem nenhuma pretensão de esgotar o assunto, que é vasto, complexo e implica muitas possibilidades teóricas e clínicas.

Uma antropologia do corpo

O corpo, por sua própria natureza, distingue e identifica o humano. Sem corpo, como nos diz Ferreira Gullar, não existiria Ferreira Gullar. O ser homem implica haver uma existência corporal. No entanto, o que entendo por corpo é atravessado por olhares diversos, por vezes extremamente enigmáticos. Pode-se encontrar na história sentidos muito diferentes em sociedades espalhadas pelo planeta.

O corpo é um valor inserido na cultura – cada povo e cada época constitui seu corpo conferindo a ele sentido e significado próprio. Em cada sociedade o corpo adquire um simbolismo específico. Como diz Le Breton: "o corpo é uma construção simbólica, não uma realidade em si", como costuma-se pensar.[2]

Entre muitas etnias na África e na Malásia, por exemplo, não existe, ainda hoje, esse conceito de corpo como uma forma isolada do mundo e da natureza. Entre os canaques não há um corpo como uma forma isolada do mundo, o homem é referido dentro do meio ambiente e suas características corporais são nomeadas com os mesmos termos usados no reino vegetal. Não há "meu corpo". A palavra para se referir à casca da árvore e a pele humana, por exemplo, é a mesma.[2]

Le Breton narra que o corpo enquanto individualidade só apareceu no mundo ocidental no Renascimento. O corpo medieval era parte de um coletivo. Há um quê de indiscriminação, se se olhar com os olhos da contemporaneidade. O carnaval, por exemplo, é uma festa medieval em que a indiscriminação, com componentes incestuosos e transgressores, não se parece em nada com o corpo da moral burguesa. No entanto, essas características profanas vêm acompanhadas em paralelo por um corpo sagrado, que não pode ser retaliado ou dissecado, baseado em crenças religiosas. Sagrado, religioso e profano caminham em sintonia. O corpo mutilado não teria acesso ao reino de Deus. Não se permitia o estudo anatômico ou seu conhecimento, o estudo do corpo fazia parte do interdito. Era pura transgressão. Com o advento do Renascimento essa mentalidade sofre profundas alterações, assentadas em muitos vetores que confluem nesse momento propício. O corpo enquanto posse é uma construção que se desenvolve a partir do Renascimento e toda forma de individualidade coincide com o surgimento da burguesia: "Meu Corpo" é uma afirmação burguesa. O corpo enquanto a primeira posse.

> A burguesia e os protestantes são os propagadores mais ardentes da visão de mundo nascente, que põe em seu centro o indivíduo, e olha a natureza com olhos cheios de uma racionalidade nascente.[2]

Nas artes, a partir do século 15, o retrato e, portanto, o rosto, adquirem importância como reflexo das mudanças em curso. Os olhos passam a ser privilegiados em lugar da boca. A visão assume o centro da sensorialidade e passa a ser o centro das atenções, e os espelhos assumem um lugar de destaque. E a relação das mães com seus bebês inicia um processo de mudança que pode ser visto nos retratos das madonas. Vejam-se os palácios construídos nesse período, com imensas salas espelhadas. É a parte que representa o todo, o rosto toma o corpo. O retrato pintado tem seu descendente direto na fotografia. Com destaque, introduz o humano na era da reprodutibilidade, que terá consequências diversas e diretas na forma de se relacionar com o corpo. Primeiro, ela facilita o acesso ao retrato, representação do rosto e do olhar aos mais pobres, não só a nobreza terá seu retrato pintado. Por outro lado, é a gênese da reprodutibilidade enquanto criação da cultura de massa, que no seu bojo traz consequências bem posteriores que não estavam completas naquele momento (vide análise de Walter Benjamin).[3]

Inicia-se aqui a preocupação com a subjetividade. É possível ainda complementar que, no Renascimento, as obras de arte, seja na pintura, seja na música, começam a ser assinadas e, portanto, refletem a existência e a necessidade de um reconhecimento da individualidade e da singularidade.

Na modernidade o corpo adquire nova organização com o advento da cesura. O corpo passa a ser separado em pedaços. Passa a ser objeto da ciência. Já na contemporaneidade, esse esfacelamento é levado às últimas consequências. Homem e corpo já não fazem uma unidade. A medicina ocidental convencional, de um modo geral, quando fala de saúde ou doença, refere-se a partes de um sistema físico-anatômico. Saúde e doença são entendidas, nesse modelo, com base na disfunção do sistema ou de uma de suas partes. Como disse anteriormente, o esfacelamento estava no bojo da reprodutibilidade da obra representativa do corpo. A fragmentação atual é também decorrente de múltiplos fatores, de uma visão equivocada do que seja corpo. Evidentemente, há um descompasso entre o tempo social, cultural e pessoal nos dias atuais, jogando os homens em uma condição de profundo desamparo. Há, inequivocamente, uma interdependência da atomização do social/cultural e daquela que ocorre no corpo, no qual ambos os atores dessa cena alternam papéis de animadores desse processo. Vide o número de especialistas médicos que se consulta hoje. Há, de modo observável, um desencontro entre o tempo social e a capacidade de integração simbólica do humano. Vê-se claramente uma fragmentação, um estilhaçamento corporal e, simultaneamente, uma tentativa de manter uma unidade pelos excessos de preocupação fisiculturistas, alimentares e de uma estética "fashion". Se o corpo é um símbolo, posso pensar que há uma dificuldade de se constituir um simbólico.

O corpo na Psicanálise segundo Freud

> Nascemos, crescemos, fazemo-nos adultos e depois velhos. Não habitamos ao longo da vida um único corpo, sim inúmeros, um diverso a cada instante. A essa corrente de corpos que uns aos outros se sucedem, e aos quais correspondem também diferentes pensamentos, diferentes maneiras de ser e de estar, poderíamos chamar universo – mas insistimos em chamar indivíduo.[4]

Um dos temas mais discutidos em Psicanálise é o lugar do corpo; corpo enquanto sexualidade, desejo, pulsão etc. Muito se tem falado, e mesmo assim não se pode deixar de falar, assumindo o risco de ser repetitivo e de nada acrescentar de novo. Embora talvez não tenha sido o tema que mais se alterou perante o olhar freudiano, o corpo perpassou por muitas construções ao longo de sua obra. Freud apresenta a temática em "Três ensaios sobre a teoria da sexualidade", texto publicado pela primeira vez em 1905, e fez inúmeras modificações em reedições ao longo dos 20 anos seguintes. A grande maioria das mudanças importantes é datada de 1915 e 1924, ainda que apareçam outras esparsas em outras datas.

É no texto "O ego e o id", no entanto, que Freud fala da formação do ego em relação ao corpo físico: o ego é a "projeção da superfície corporal". Ele afirma categoricamente: "Todas as percepções que são recebidas de fora (percepções sensórias) e de dentro – o que chamamos de sensações e sentimentos – são Cs. desde o início".[5]

Mais adiante, afirma que o verbal é resíduo derivado das percepções auditivas (grifo nosso):

> Também a dor parece desempenhar um papel no processo, e a maneira pela qual obtemos novo conhecimento de nossos órgãos durante as doenças dolorosas constitui talvez um modelo da maneira pela qual em geral chegamos à ideia de nosso corpo. O ego é, primeiro e acima de tudo, um ego corporal; não é simplesmente uma entidade de superfície, mas é, ele próprio, a projeção de uma superfície.[5]

Em uma nota de rodapé afirma:

> [...] o ego em última análise deriva das sensações corporais, principalmente das que se originam da superfície do corpo. Ele pode ser assim encarado como uma projeção mental da superfície do corpo, além de, como vimos acima, representar as superfícies do aparelho mental.[5]

Ao rastrear o conceito de elaboração imaginativa de Winnicott, de suma importância no atendimento especialmente de pacientes com graves sofrimentos mentais, foi inevitável me deparar com os indícios de sua possível conexão com o conceito de ego corporal.

Essas afirmações de Freud sugerem um elo que se conecta com a contribuição de Winnicott sobre a elaboração imaginativa, já que este autor quase nunca usa as categorias e os conceitos do modo referido, mas sempre a seu próprio modo.

Elaboração imaginativa e localização no corpo

O desenvolvimento é uma das bases da teoria winnicottiana, mas não é a única. O desenvolvimento, pela sua própria natureza, se assenta no conceito de tempo. É importante que essa clareza, ainda que só este tema – tempo – mereceça uma reflexão mais aprofundada e detalhada. A elaboração imaginativa, por sua vez, tema que Winnicott abordou e deixou como legado do aprofundamento das premissas, cuja descrição ele mesmo considera insuficiente, é ela mesma assentada na linha do tempo. Organiza as imagens sensoriais por meio das fantasias e simultaneamente localiza a psique no corpo. Talvez se pudesse pensar (foi o que pensei, e lanço isso como hipótese a ser discutida) que a elaboração imaginativa é um instrumento que auxilia na constituição do ego corporal, já que se utiliza das imagens sensoriais disponíveis desde sempre, inclusive no útero materno para o bebê.

Winnicott diz isso apenas uma vez, no trecho reproduzido a seguir; em textos posteriores a este, não há mais tal referência. No texto "Natureza humana", no qual ele fala explicitamente sobre a elaboração imaginativa, não há nenhum indicador de algo *a priori* como nesta passagem (grifos nossos):[6]

> [...] devemos considerar que existe **desde o início uma forma rudimentar** do que mais tarde chamaremos **imaginação**. Isso nos habilita a dizer que o bebê recebe e assimila não só com a boca, mas também com as mãos e a pele sensível do rosto. A experiência de alimentação imaginativa é muito mais ampla do que a experiência puramente física.

A elaboração imaginativa tem uma função que atravessa toda a nossa vida, e não só pontual, como se poderia inicialmente acreditar, na medida em que a integração psique-soma não é definitiva. Ela atinge e compõe todos os níveis de funcionamento físico, mas desenvolve-se em uma linha crescente do mais físico ao mais psíquico, circulando constantemente como um fluido integrador e constitutivo, atendendo às necessidades das tarefas emocionais que estão sendo demandadas na manutenção da integração psicossomática.

O primeiro lugar que conhecemos no mundo é o corpo da mãe. É o primeiro lugar de alojamento. Alojamento na vida, em um espaço, em uma morada. Em primeira instância, a nossa primeira morada é o corpo materno, tanto morada psíquica como física. O olhar materno é um dos fatores preponderantes na integração psique-soma. A instalação da psique no soma, como propõe Winnicott, começa com as funções somáticas sendo elaboradas imaginativamente.

Para Winnicott, o corpo é a integração da psique ao soma. Essa vinculação é precária e nunca uma conquista definitiva – é um processo contínuo durante a existência humana. Nesse sentido, a elaboração imaginativa está constantemente em atividade. O corpo é sempre um processo.

Recorri a uma metáfora usada por Gaston Bachelard[7] que complementa perfeitamente a ideia que se quer aqui transmitir:

> Para um estudo fenomenológico dos valores de intimidade do espaço interior, a casa é, evidentemente, um ser privilegiado; isso é claro, desde que a consideremos ao mesmo tempo em sua unidade e em sua complexidade, tentando integrar todos os seus valores particulares num valor fundamental. A casa nos fornecerá simultaneamente imagens dispersas e um corpo de imagens.

A casa é o nosso canto no mundo: ela é a representação das nossas paredes, o que nos impede de cair no infinito e o que nos protege e acolhe. A casa fala de uma poética espacial, narra a nossa intimidade. Ela nos conta do baldrame ao telhado, das paredes, dos encanamentos; em cada pedaço da casa encontramos uma possibilidade psíquica e uma singularidade. Não há duas casas iguais. A casa é o lugar do habitar, do nosso enraizamento, mas pode ser também o lugar do terror, da loucura, das paredes tão grossas e rígidas que não deixam penetrar a luz e nos asfixiam. Ela tem qualidade de textura, cor, luminosidade, temperatura, entre outras tantas. A casa não pode perder as qualidades de nossa sensorialidade. Não é por acaso que este capítulo se chama "Um corpo para chamar de seu". Virginia Woolf escreveu um livro chamado *Um teto todo seu*, e Marion Milner, parafraseando Woolf, escreveu *Uma vida para chamar de sua*. A casa pode ser vista em sua maternidade, casa/útero.

No desenvolvimento normal, a integração e a coexistência entre psique e soma depende tanto de fatores pessoais referentes à vivência das experiências funcionais, quanto do cuidado fornecido pelo ambiente. A ênfase recai, algumas vezes, sobre o primeiro elemento, e em outras sobre o último.[8]

Nas palavras de Gilberto Safra:[9]

> Há, inicialmente, uma organização de self, decorrente dos registros estético-sensoriais: de sons, de calor, de tato, de ritmos e de motilidade, entre outras. Estes inúmeros registros são presenças de vida, de ser. São fenômenos em que a presença da mãe é o self da criança. São formas que são significadas pelas diferentes qualidades afetivas do encontro entre mãe e bebê. O importante é que este caleidoscópio de sensações capacita a criança a ter um corpo, que paradoxalmente é presença de um outro. Não é um corpo coisa, mas torna-se um corpo humano: é o soma com pegadas da passagem de alguém devotado.

Em algum nível, é como se a mãe emprestasse sua atividade de elaboração imaginativa para que o bebê pudesse utilizá-la, formar seu próprio Ego corporal. Assim, cada um de nós constitui uma unidade que se pode chamar de corpo. Ou seja, um corpo subjetivado, um soma com marcas das pegadas da mãe e de outros seres emocionalmente significativos.

Mas o que acontece quando não há um alojamento adequado no corpo materno? O que acontece quando a mãe ataca seu próprio corpo? O que acontece quando o espelho apresenta uma imagem muito distorcida? Seria possível o espelho apresentar a imagem sem distorção? Essas são algumas questões que subjazem a este trabalho, dúvidas que acompanham meu trabalho constantemente e que frequentemente me deixam jogada em um caos que espero poder ser criativo.

Corpo, alimentação e questões emocionais

Abordo aqui apenas um aspecto da função imaginativa que se liga diretamente com o caso que será narrado e analisado adiante: a alimentação e o olhar materno.

O estado de estar com fome é um estado excitado. O leite entra pela boca e vai para o estômago. O estômago, segundo Winnicott[10], é como uma "miniatura interna da boa mãe". A digestão se processa sem maiores problemas, desde que o ambiente tolere os estados tranquilos do bebê. O pós-amamentação é um período que deve ser seguido de conforto, silêncio e devoção. Durante a amamentação, o bebê precisa não só do leite, mas principalmente da vivacidade materna, pois só assim a mãe será capaz de entrar em contato com as necessidades do bebê. As experiências que circundam o processo de amamentação fazem parte do fortalecimento da integração psique-soma. O ato de alimentar, sendo ato entendido como a ação com significado, é a "prática da relação de amor entre dois seres humanos", e não se está falando apenas da oferta do seio.[11] É um enorme aglomerado de circunstâncias, interferências e fatores, muitos dos quais podem minar essa relação de amor, fragilizando o fio que tece a confiança, muitas vezes levando até mesmo ao seu esgarçamento. O vínculo afetivo está diretamente conectado com as questões da alimentação. Não é uma questão de penalizar ou culpabilizar as mães, mas de entender o que ocorre nessa relação na qual o alimento é o principal personagem que faz a ponte entre a mãe e o bebê, entre o externo e o interno.

> A experiência total de alimentação pode rapidamente envolver um fecundo relacionamento com o seio da mãe, ou com a mãe na medida em que vai sendo gradualmente percebida, e o que o bebê faz com as mãos e os olhos amplia a extensão do ato de alimentar.[12]

Não poderia ficar mais claro o que Winnicott pensa a respeito da alimentação, e penso que isso ainda se confirma na clínica contemporânea. Impressiona como soa familiar, no século 21, a frase a seguir:

Isso que é uma norma fica ainda mais evidente quando vemos a refeição de um bebê ser ministrada de um modo mecânico. A mamada em tais condições, longe de constituir uma experiência enriquecedora para o bebê, interrompe nele a sensação de continuar sendo.[11]

A boca é o órgão pelo qual entra o alimento e cria uma primeira noção de dentro e fora; o que entra pela boca é o alimento que a mãe ou substituto materno oferece para o bebê. No meu entender, o alimento não deixa de ser uma apresentação de objeto, que, dependendo de como é oferecido, pode acarretar sérios problemas no processo de alimentação e subsequente digestão, ou seja, no desenvolvimento da função imaginativa. Algumas relações mães/bebês podem ser muito tóxicas na contemporaneidade em decorrência dos excessos que a tecnologia propicia: por exemplo, em um aumento da ausência ou da falta de presença corporal da mãe na relação, com uma crença equivocada de presença. A presença virtual não substitui a presença corpórea.

Mães aflitas, ansiosas, desconectadas de seus bebês e conectadas nas tecnologias. Mães solitárias construindo uma carreira profissional, mães adictas em algum nível: todas elas podem gerar bebês aflitos e ansiosos ou, paradoxalmente, bebês apáticos. Mães que certamente amam e querem o melhor para seus filhos e que, por uma série de circunstâncias pessoais e da própria vida contemporânea, sofrem as injunções dos nossos tempos.

No artigo "Necessidades ambientais: os estágios iniciais; dependência total e independência essencial", Winnicott[13] mostra uma associação sobre a alimentação tóxica extraída de Shakespeare:

Ele [Shakespeare] nos diz que a mãe de Julieta tinha por volta de 13 anos e a ama 14, e que o bebê da ama morreu ao nascer e que ela amamentou Julieta [...] A ama não pode desmamá-la até ela estar com quase 3 anos [...] E quando desmamou a criança, ela não o fez da maneira habitual, mas com ervas amargas.

Winnicott afirma que a morte de Julieta só poderia ser trágica e por envenenamento, já que o envenenamento é colocado desde a experiência do seio, conforme exemplificado no trecho a seguir.

*Faz onze anos que a terra tremeu
E ela desmamou – nunca me esqueço
De todos os dias do ano, bem naquele
Eu passei ervas amargas no meu peito
[...]
Quando sentiu no seio as ervas amargas
A pombinha achou ruim, achou amargo
Fez cara feia e largou meu peito.*

E logo em seguida, quando a sra. Capuleto anuncia o casamento a Julieta e esta diz que: "É uma honra com que nunca ousei sonhar". E a ama replica:

*Uma honra. Não fosse eu sua ama,
Diria que juízo vem do que se mama.*[13]

Michael Eigen, ao relatar um caso de nutrição tóxica, afirma:[14]

Toxina e nutrição emocionais frequentemente estão misturadas a ponto de serem indistinguíveis. Mesmo que possamos distingui-las, pode ser impossível receber uma sem a outra. Para nutrirem-se emocionalmente, algumas pessoas precisam ingerir toxinas emocionais.

Uma vida pode ser tão ácida e uma pessoa tão acostumada a níveis tão altos de toxinas, que pode desenvolver reações de aversão a oportunidades menos poluídas para a nutrição. A vida não poder ser sentida como real sem largas doses de toxinas emocionais. Certas pessoas não podem se nutrir se os alimentos não estiverem embebidos em venenos psíquicos.

Agora é possível ver como a alimentação tóxica está presente desde o seio. O juízo, ou seja, a sanidade vem com o seio. O seio dos primeiros momentos de vida, o seio da dependência absoluta. A toxidade nem sempre vem com as palavras, pode vir com o toque, com o olhar. Winnicott nos diz que a coisa mais importante que as mães fazem com seus bebês não vem por meio das palavras, pelo menos nos primeiros tempos de vida do bebê. Ferenczi diz que as lembranças ficam marcadas no corpo e é apenas por meio dele que poderíamos acessá-las. Marion Milner afirma que a construção da sensorialidade é feita com tijolos não verbais.

Corpo e criatividade

A percepção não é uma fase primária da consciência; é uma função ulterior adquirida por um sonho que se tornou simbólico de suas próprias condições externas e, portanto, relevante para seu próprio destino.[14]

Ao pensar o tema criatividade, comecei por Freud. No artigo "Escritores criativos e os devaneios", de modo perspicaz e agudo, ele alça questões que serão desenvolvidas e aprofundadas por Donald W. Winnicott e Marion Milner.

Criatividade, para Freud, está a serviço da sublimação e atrelada às questões do desejo e da sexualidade e seus interditos. Em última instância, movida pelo reprimido. A criatividade não passaria de um acessório corretivo da realidade insatisfatória – evidentemente com um caráter curativo. Do mesmo modo, para Melanie Klein a criatividade está ligada à posição depressiva e a questões reparatórias. Tanto Winnicott como Milner em absoluto negam as possibilidades sublimatórias e reparadoras da criatividade. Mas eles olham para algo mais primário da vida psíquica, dando uma importância ontológica para a criatividade, que para eles é fundante e constitutiva.

> Para ser criativa, uma pessoa tem que existir, e ter um sentimento de existência, não na forma de uma percepção consciente, mas como uma posição básica a partir da qual operar.[15]

Brincar e criar andam juntos. É preciso que um outro facilite a manifestação da criatividade, ou pelo menos não atrapalhe. "Somente sendo criativo que o indivíduo descobre o Self."[16] Portanto, o Self paradoxalmente se constitui a partir do gesto criativo: aquele que cria está simultaneamente sendo criado. A criatividade gera condições de compartilhamento, retirando o indivíduo de seu estado de isolamento ou de comunicação apenas direta, no sentido que Winnicott a emprega.

Segundo Winnicott, há que haver *um ser* que impulsionará *um fazer* – a criatividade, o gesto criativo –, um paradoxo que não se pode e não se deve resolver, sob o preço de empobrecer a riqueza que ele nos proporciona. A criatividade é ligada à possibilidade de se criar a realidade, de se criar o mundo desde o ponto de uma unidade primordial. É bem verdade que existem vários tipos de fazeres, e pode-se pensar pelo menos em dois: um fazer relacionado ao ser, ao estar vivo, e um fazer compulsivo, reativo.

Isso posto, fica a indagação que flutua: o que a criatividade tem a ver com o corpo?

Autores e artistas de áreas diversas, como Igor Stravinsky na música, depoimentos de Eli Heil nas artes plásticas, e os psicanalistas citados anteriormente, trouxeram algum alento e luz para uma estrada árdua e sombria.

Aqui apresento apenas algumas ideias a esse respeito. Para um estudo sobre a criatividade é preciso considerar incontáveis facetas e vínculos em diferentes áreas do conhecimento da natureza humana, por isso será necessário um recorte que lhe confere um corpo contornado. Algumas indagações figurarão apenas como indagações; outras serão usadas como pauta nesse contraponto das várias melodias e frases musicais encontradas nos autores acima citados com a minha clínica e, por que não, com a minha história de vida e corporeidade. Um trabalho implicado, no sentido que João Frayser-Pereira confere a esse termo.

Ao tropeçar na obra de Igor Stravinsky e seus escritos sobre criatividade, um frescor atingiu minha face. Fiquei boquiaberta com a similaridade entre as coisas que lia e ouvia de um compositor russo, e do qual tinha pouquíssima referência, com o que diziam Winnicott e Milner. Li freneticamente o que encontrei e, em determinado ponto da minha busca, já não conseguia diferenciar o que era meu do que era de Stravinsky, de Winnicott ou de Milner. Nem mesmo sei se conseguirei fazer essa distinção entre aquilo que foi dito por um, por outro, e o que é meu, tendo em vista que sinto o entremeado, o costurado, o tecido e a tessitura em meu corpo.

Apesar da "com-fusão" vivida por mim, vou tentar fazer algumas separações. Tentar conferir algum contorno a cada autor, tendo em vista que as noções de criatividade, tanto no sentido winnicottiano como no milneriano, são bem diferentes do senso comum e também apresentam diferenças entre si.

Ao colocar Winnicott na linha de frente, pode-se dizer que ele fala em duas criatividades: uma ligada à produção artística e outra ao viver criativo.

> Na busca pelo Self, a pessoa interessada pode ter produzido algo valioso em termos de arte, mas um artista bem-sucedido pode ser universalmente aclamado e, no entanto, ter fracassado na tentativa de encontrar o Self que está procurando.[17]

Para ele, a produção da obra de arte exige um talento que não é exigido no viver criativo, e nesse segundo sentido a criatividade teria um caráter universal. Viver em submissão é o oposto do viver criativo. A criatividade se liga ao gesto espontâneo e a sua manutenção está ligada à vida imaginativa, logo, às imagens sensoriais.

Para Winnicott, o bebê cria o mundo o qual nós sabemos estar lá para ser criado, formando-se o que Milner chamada de *ilusão criativa*. O que o bebê encontra tem seu sentido como tendo sido criado por ele; só isso dá realidade ao mundo e à mãe ambiente. Mas é bem verdade que a mãe precisa estar presente com sua corporeidade.

A criatividade no sentido que Winnicott a usa implica não só ser original, mas a sensação de que a realidade e ser real são constituídos pela experiência de criar, configurando-se como ato significado. A realidade e a criatividade, em última instância, são simultaneamente matéria-prima e produto.[8]

Já Marion Milner nos coloca na trilha do corpo (grifo nosso):[18]

> Vinculada a essa questão da descoberta do Self encontra-se, com toda certeza, a descoberta do corpo. E assim surge a questão, qual é a relação do sentido de ser, que Winnicott diz precisar ter precedência à descoberta do self, à consciência do corpo? Penso que há uma indicação a respeito disso quando ele fala do "somatório" ou reverberação de experiências de relaxamento em condições de confiança baseadas em experiência. Para mim, essa frase incita ecos através dos anos de observação de como relaxamentos corporais trazem, caso a pessoa possa aguardar, reverberações do interior, algo espraiando-se em ondas, algo que traz um sentimento de resposta intenso daquele fragmento do mundo externo que é, ao mesmo tempo, a própria pessoa: **o corpo que ela tem**.

Infiro dessa fala de Milner o quando a corporeidade é participante e constitutiva do Self e paradoxalmente do próprio corpo.

Em "A sagração da primavera", Igor Stravinsky subverte a tradição da música russa conhecida no ocidente e paradoxalmente resgata a música folclórica de sua terra mãe, a mãe ambiente. Traz em seus movimentos uma trama que brinca com a violência orgânica da erupção da primavera e da criatividade, permeadas por um fio de gentileza. Tanto em Stravinsky como em Milner há um encontro fusionado com a mãe natureza ou mãe ambiente. O processo criativo retoma a fusão originária e possibilita um acontecer inédito.

Milner diz que quando o paciente percebe o "estado de vacuidade" há um enorme salto na análise e "o encontro do observador interno com a experiência interna também é um encontro de corpo e mente."[19] Há assim um processo de modificação que atinge o corpo ao mesmo tempo que produz mudanças psíquicas.

A criatividade psíquica está diretamente conectada a aspectos pré-verbais, estando tecida e emaranhada nos níveis mais profundos da psique. E nesse sentido ela é primária. Eu poderia dizer que a manifestação artística, seja na música, nas artes plásticas ou em qualquer forma, está não só conectada às ansiedades associadas à criatividade, mas também posso pensá-la em termos das várias funções corporais relacionadas ao desenvolvimento emocional.

A criatividade implica na unidade entre uma organicidade e a subjetividade sem a qual a criação é oca, ou seja, não é a criatividade de que falamos. Igor Stravinsky relata tal concepção sobre criatividade ao falar de seu próprio processo criativo:[20]

> O próprio ato de colocar a minha obra no papel, ou, como dizemos, de trabalhar a massa, é para mim inseparável do prazer de criação. No que me diz respeito não consigo separar o esforço espiritual do esforço físico e fisiológico; eles me parecem no mesmo nível, e não se apresentam numa hierarquia.

Paul Cézanne[21], em carta a Émile Zola (20 de maio de 1881) a respeito, provavelmente, de uma impossibilidade de Zola trabalhar criativamente, escreveu (grifo nosso):

> Empreendi vários estudos com tempo cinzento e com sol. – Espero que você encontre logo seu estado normal no trabalho, que é, acho eu, apesar de todas as alternativas, o único refúgio onde se pode encontrar real autossatisfação.

Tanto Winnicott como Milner e Stravinsky reconhecem que o estudo da criatividade é um fio delicado e sutil de dificílima observação. Todos afirmam, cada um a seu modo, que a observação externa ao processo é inútil e impossível, e que a observação dos movimentos internos não é algo que se faça com superficialidade, é preciso mergulhar em águas abissais. Coragem e honestidade são alguns dos pré-requisitos, mas não os únicos.

A artista plástica Eli Heil, com a qual estive e gravei uma entrevista que deu origem a dois trabalhos em parceria com Angela May, relata de forma totalmente despida o uso que faz do corpo no processo criativo. A fragmentação que se reflete em uma perna para lá, um braço para cá, como ela mesma diz.

> Eu não queria ter mais **corpo** para não sentir aquela barbaridade. Depois eu tive a fase da decomposição. Parecia que eu tinha um braço para lá, uma perna para cá. Eu fiz quadro também. Braço para cá, perna para lá.[22]

Ao me basear nos depoimentos de Stravinsky e Eli Heil, e no atendimento de pacientes esquizofrênicos e psicóticos, penso que se pode dizer que o artista, bem como todos nós, temos o nosso corpo requisitado a serviço do processo do criativo. Ao mesmo tempo que há um empréstimo compulsório do corpo, este empréstimo, paradoxalmente, é constitutivo de um corpo. Colocar a música na pauta, a tinta na tela, dar forma a uma pedra, confere finitude e produz uma pele/membrana, criando um contorno de corpo.

Caso clínico | Montagem ficcional

Imaginemos uma família como tantas outras, comum, semelhante a diversas famílias contemporâneas. A questão que a mãe, inicialmente, apresenta é referente à escola em que a filha, Julieta, estuda. Logo se percebe que a questão não é a escola, mas o corpo da filha. A mãe afirma constantemente que Julieta está obesa, não faz dieta nem pratica esportes. A mãe não gosta dos amigos da filha e acha que ela se submete excessivamente às regras do grupo de amigos para poder ser aceita.

Proponho uma série de quatro encontros com Julieta, com base nos quais elaborarei um relatório a fim de discutirmos os procedimentos a serem adotados. Convido também o pai, que vem de bermudão com chinelos tipo havaiana. Parece estar se divertindo com a situação. A impressão que eu tenho é que por ele nada disso seria necessário. Parece ficar mais tranquilo com as transgressões, não parece ter culpa ou conflito. Não vê problema nisso. Penso em "Julieta no país das transgressões". Ele também acha que Julieta está gordinha, mas isso não é um problema. Tem um olhar mais benigno para a filha. Pai e mãe discutem muito durante a sessão. Há claramente um problema de alojamento nessa família. Há uma ironia tóxica que permeia as relações.

Os quatro encontros com Julieta passaram como uma rajada de vento. De fato, fiz um relatório para os pais com indicação de uma terapia, alertando que com maior contato poderia perceber outros aspectos que não estavam tão visíveis naquele momento.

Chega a personagem principal desta narrativa. Nada obesa, só gordinha. Muito bonita. Um cabelão lindo, um sorriso doce. Tipo *mignon*. Muito intelectualizada, fala de política e reconhece saber pouco a respeito, fala sobre a situação da mulher no mundo contemporâneo. Gosta muito de música e escreve com muita sensibilidade. Fala da dificuldade com os colegas, os quais considera fúteis e ligados apenas em aparências, e "que julgam logo sem saber qual é a real". Demonstra preocupação com o que os colegas pensam a respeito dela. Ela estava andando com uma colega que fumava maconha, todos já pensavam que ela também estava nessa balada. Demonstra grande preocupação com julgamentos precipitados. Comentei que talvez ela estivesse preocupada com o que eu estaria pensando sobre sua família e a respeito dela. Afinal, eu também poderia ser uma "julgadora".

Conta-me que não tinha uma escova de dente só para ela. Podia reclamar, xingar, comprar outra escova – todos usam a escova de dente de todos, principalmente seu irmão, mas o pai e a mãe também. Há relato de uma família em que impera um corpo indiscriminado. Todos têm a mesma boca. Não há ainda uma boca para cada um. Há uma impossibilidade de se ter um corpo próprio.

Preocupa-se com a mãe e diz que fica muito orgulhosa de ela se esforçar para ser cada dia melhor. Admira a mãe pela sua capacidade profissional. Mas faz ressalvas importantes – não quer ser como a mãe. A mãe é triste, deprimida, infeliz.

Aos poucos os dragões do mundo real e do mundo imaginário surgem na sessão. Um corpo cheio de defeitos, obeso, que impede os meninos de quererem namorá-la. Um corpo gordo, cheio de celulite – a mesma fala da mãe sobre ela.

A busca por um corpo para chamar de seu convoca meu olhar e minhas memórias. Memórias do meu próprio corpo na adolescência, como se fosse o dela. *Bubbles* de pensamentos que nos colocam fusionadas. Ela e eu somos a mesma pessoa. A necessidade premente ou talvez a denúncia de que ela precisa de outro corpo para ajudá-la a constituir o seu próprio.

Tenho convicção de que essa mãe ama muito sua filha, mas seu olhar é absolutamente tóxico, é como a erva amarga no peito da ama de Julieta, que ao mesmo tempo que alimenta, envenena. Amor e veneno foram tramados em um mesmo tear e fazem um só fio, o resultado é um tecido gorduroso e sem possibilidade de sustentação, com consequências em toda a vida psíquica dessa Julieta.

Essa menina vai mal na escola, apresenta dificuldades nos relacionamentos, e o pior: vive em busca de um olhar de amor não tóxico e que a veja como ela é, até mesmo para que possa constituir um corpo que seja dela e não o corpo que a mãe almeja para ela. Ao mesmo tempo que não percebe o quanto o veneno está em sua própria maneira de se alimentar: frituras, carboidratos em excesso, doces e guloseimas são os alimentos tóxicos. Ela, possivelmente, não fuma maconha como a amiga, mas se intoxica do mesmo modo.

A alimentação de Julieta denuncia simultaneamente toxidade do ambiente e a sua própria toxidade já incorporada. Para a mãe, e em um certo sentido também para a filha, a felicidade está em ter um corpo *fashion*. "Todo o resto é baboseira". A felicidade fica colocada em ideal de consumo de uma época sem nenhum respeito pela subjetividade e inclusive pelo biotipo de Julieta. A toxidade está presente no olhar materno, um olhar distorcido e envenenador, que gera uma autoestima muito comprometida e um ambiente interno muito tóxico. Como esta Julieta poderia se alimentar de modo saudável e ter um corpo? Como esta Julieta poderá encontrar um Romeu, sem a forma trágica?

Talvez, se esta Julieta puder, em vez de morrer envenenada, usar o olhar da analista, usar a experiência emocional que ela e a analista estão vivendo juntas, o ambiente envenenado poderá ser destilado e transformado, oferecendo a possibilidade de Julieta desintoxicar-se e abrir caminhos para constituir um *corpo para chamar de seu*. E reescrever a história de Julieta.

Ela acabou de me passar uma mensagem... "Estou com piolho. Você acha que devo ir?" Respondi: "Pode vir; eu não pego piolho e ainda vou te ensinar como dar um fim neles". Ela respondeu: "Ha! Ha! Ha!".

Estamos cuidando do corpo e fazendo as separações do que é um ataque a ele e como nos livramos disso. Julieta está ficando muito divertida e com muito senso de humor. Acho que Shakespeare vai se virar no túmulo, mas o que posso fazer?

Referências bibliográficas

1. Gullar F. Poema sujo. Rio de Janeiro: José Olympio; 2013.
2. Le Breton D. Antropologia do corpo e modernidade. Petrópolis: Vozes; 2011.
3. Benjamin W. Magia e técnica, arte e política: ensaios sobre literatura e história da cultura. v. 1. São Paulo: Brasiliense; 1994. A obra de arte na era de sua reprodutibilidade técnica. p. 165-96.
4. Agualusa JE. A rainha Ginga. Rio de Janeiro: Foz; 2015.
5. Freud S. Edição standard brasileira das obras psicológicas completas de Sigmund Freud. v. 19. Rio de Janeiro: Imago; 1976. O ego e o id. p. 40.
6. Winnicott DW. Conversando com os pais. São Paulo: Martins Fontes; 1999.
7. Bachelard G. A poética do espaço. São Paulo: Martins Fontes; 2008.
8. Winnicott DW. Natureza humana. Rio de Janeiro: Imago; 1990.
9. Safra G. A face estética do self: teoria e clínica. São Paulo: Unimarco; 1999.
10. Winnicott DW. A criança e seu mundo. Rio de Janeiro: Guanabara Koogan; 1982. Para onde vai o alimento?
11. Winnicott DW. A criança e seu mundo. Rio de Janeiro: Guanabara Koogan; 1982. A alimentação do bebê.
12. Winnicott DW. Conversando com os pais. São Paulo: Martins Fontes; 1999. O que sabemos dos bebês que chupam pano?
13. Winnicott DW. Pensando sobre crianças. Porto Alegre: Artes Médicas; 1997. Necessidades ambientais: os estágios iniciais; dependência total e independência essencial. p. 51-6.
14. Eigen M. Toxic Nourishment. London: Karnac; 2005.
15. Santayana G. Little essays. In: Milner M. A loucura suprimida do homem são. Rio de Janeiro: Imago; 1991. p. 276.
16. Winnicott DW. Tudo começa em casa. 3. ed. São Paulo: Martins Fontes; 1999. Vivendo de modo criativo. p. 23-39.
17. Winnicott DW. O brincar e a realidade. Rio de Janeiro: Imago; 1975.
18. Milner M. A loucura suprimida do homem são. Rio de Janeiro: Imago; 1991.
19. Milner M. A loucura suprimida do homem são. Rio de Janeiro: Imago; 1991. A concentração do corpo. p. 233-9.
20. Stravinsky I. Poética musical em 6 lições. Rio de Janeiro: Jorge Zahar; 1996.
21. Cézanne P. Correspondência. São Paulo: Martins Fontes; 1992.
22. Heil E. [Depoimento a Kátia Klock]. Rio de Janeiro: Contraponto.

Bibliografia

Anzieu D. O Eu-pele. São Paulo: Casa do Psicólogo; 1989.
Costa JF. O vestígio e a aura. Rio de Janeiro: Garamond; 2005.
Jackson M. Creativity and psychotic states in exceptional people. London: Routledge; 2015.
McDougall J. Um corpo para dois. In: McDougall J, Gachelin G, Aulagnier P, Marty P, Loriod J, Caïn J. Corpo e história. São Paulo: Casa do Psicólogo; 2001. p. 9-46.
Merleau-Ponty M. Conversas – 1948. São Paulo: Martins Fontes; 2004.
Merleau-Ponty M. Fenomenologia da percepção. Rio de Janeiro: Freitas Bastos; 1971.
Milner M. On not being able to paint. London: Routledge; 2010.
Milner M. The hands of the living god: an account of a psycho-analytic treatment. London: Routledge; 2011.
Winnicott C, Sheperd R, Davis M, organizadores. Explorações psicanalíticas. Porto Alegre: Artes Médicas; 1994.
Winnicott DW. Textos selecionados: da pediatria à psicanálise. Rio de Janeiro: Francisco Alves; 1993.

12 Perversão na Visão de Freud, Klein e Seus Seguidores

Berenice Ferreira Leonhardt de Abreu

Introdução

A falta de amor é a mola propulsora de tudo aquilo que é contrário ao que deveria fazer parte da natureza humana: o amor. Porque vai contra todos os princípios que se acredita serem benéficos: inteligência, justiça, diplomacia, riqueza, docilidade, beleza, autoridade, trabalho, simplicidade, oração, lei, fé, vida, afeto. Todos, contraponto ao que nos leva à falta de sensibilidade para com o Outro: perverso, implacável, hipócrita, avaro, servil, orgulhoso, ridículo, tirano, escravo, depreciativo, introvertido, egoísta, fanático, torturador e cruel.

Segundo André Green, perverso não é aquele que é sadomasoquista, fetichista, voyeurista ou exibicionista, porque todos nós, na relação com o objeto, lançamos mão de um ou outro tipo de funcionamento, com permissão do objeto, para nos satisfazer sexualmente. Porém, o perverso é aquele que usa desse tipo de funcionamento com a finalidade de "gozar", sem se importar com a condição do Outro, sem se importar com o desejo do Outro. Para ele, o perverso é desde o que não segue as éticas de conduta com o Outro, como aquele que se despe na frente de uma criança com a finalidade de se excitar, por exemplo. Nesse sentido, o perverso é aquele que passou pelo processo de castração, curvou-se a ele mas recusa-se a aceitá-lo.[1]

Assim, falar sobre perversão é tentar seguir o caminho trilhado por Freud, suas descobertas, seus avanços e retrocessos, e complementar com outros autores que também partiram dele.

Quando Freud começou a estudar a histeria, percebeu que havia algo mais que a dor física expressa pela paralisação de algum membro: por exemplo, existia a volúpia nas dores mais atrozes do sofrimento humano. Os sintomas entrelaçados pela dor mostravam ao mesmo tempo a paixão que estava por detrás e que possuía o sujeito e o colocava contra a parede. A proibição psíquica e o medo da discriminação social faziam com que os indivíduos não pudessem ver o que havia de mais repugnante em seu desejo.

Freud percebeu que os sintomas eram formações de compromisso do sujeito, procurando arrumar um modo de transitar entre os desejos e as proibições dadas pela sociedade da qual fazia parte, recalcando. Como formação de compromisso, o sintoma ficava em uma situação insustentável, fazendo parte das exigências que não poderiam ser conciliadas. Porém, mesmo assim, o sintoma revelava uma força, uma energia, denunciando o que muitas vezes era negado pelo discurso do indivíduo (briga sempre presente entre o manifesto e o latente, as formações de compromisso).

Em "A interpretação dos sonhos", Freud comenta que o sonho é a realização de um desejo inconsciente que se manifesta pelas formações de compromisso, como: condensações, figurabilidade, deslocamentos e elaborações secundárias. Começa também a perceber que há uma semelhança entre os sonhos e os sintomas que aparecem na clínica, fornecendo dados para a interpretação.

Essas percepções acabaram por se transformar em elaborações teóricas, fazendo-o pensar nas pulsões e na sexualidade humana. As pulsões seriam essa força, esse desejo, que emana dos limites do corpo e que invade o aparelho psíquico, em busca de um meio de realização. Nessa sua pesquisa, descobre que a criança, em sua sexualidade, seria essencialmente um pequeno perverso polimorfo formado por pulsões parciais e anárquicas, buscando de maneira constante o prazer. A finalidade da sexualidade seria o gozo. Assim, a reprodução da espécie seria algo secundário, o primário visaria o gozo e o prazer.

Em sua escuta na clínica, e na observação constante do ser humano, Freud vai percebendo que a sexualidade não é instintiva, mas vai sendo dada e desenvolvida na relação mãe-filho e nas relações com as demais pessoas que fazem parte do universo da criança; e a perversão não é um modo de degeneração.

No deslocamento do conceito de instinto para o de pulsão, a sexualidade sai da inscrição orgânica do sexo e da necessidade, passando para o campo psíquico. Em consequência, o corpo passa a ser pensado, por Freud, no registro do imaginário e do simbólico.

Ao afirmar que a sexualidade humana seria perversa em sua essência, não existindo a sexualidade sem estar atravessada pelas pulsões parciais e pelas formas polimorfas de gozar, Freud retira a perversão do negativismo. Formula então o importante enunciado: "a neurose é o negativo da perversão".[2] As construções neuróticas seriam maneiras de defesas, formações de compromisso, contra as demandas imediatas de gozar, cujos produtos seriam os sintomas, presos entre a cena perversa fantasiada e os recalques do sujeito.

Entretanto, somente 20 anos depois, com a apresentação de seu artigo sobre o fetichismo, é que se pode estabelecer significativamente a diferença fundamental entre a teoria perverso polimorfo e uma leitura psicanalítica da perversão. Assim, o fetichismo foi elevado à condição de maneira de ser mais importante da experiência psíquica fundamentalmente perversa. O fetichismo é o modo pelo qual o sujeito se recusa a entrar em contato com a experiência de castração e a reconhecer a diferença sexual. A castração faz com que o sujeito lance um olhar sobre a figura materna, sendo destituída de sua falicidade e reconhecida em sua diferença sexual.

Se a diferença sexual não se constitui no indivíduo, este não é propriamente um sujeito, pois o desejo não se constitui como tal. Falar da existência do sujeito aceitando a diferença é dizer que este só pode ser constituído se o sujeito do desejo também se formar ao mesmo tempo. A consequência é que a intersubjetividade e a experiência da alteridade se constituem quando o sujeito é permeado pela diferença e pelo desejo.

Isso seria evitado pela individualidade regulada pelo funcionamento perverso. O fetiche seria um objeto que recusaria a perceber o corpo materno, preferindo falicizar a figura materna. O reconhecimento da castração materna é algo da ordem do horror.

O não poder perceber a diferença sexual e o terror provocado quando reconhecido têm efeitos devastadores no psiquismo do sujeito: fragmentação do Ego, excesso de investimento narcísico para fazer contraponto à fragmentação e à impossibilidade de reconhecimento de qualquer Outro.

No funcionamento perverso, o desejo do Outro não pode ser reconhecido nem valorizado, porque a individualidade perversa seria lançada na devastação psíquica, sendo impedida de colocar em ação sua voracidade de poder. Como exemplo, tem-se o livro O retrato de Dorian Gray, de Oscar Wilde,[3] no qual um jovem desafortunado recebe uma herança e é inserido em uma sociedade frívola e cheia de si, esnobe. Ele é muito bem recebido pela sua beleza e acaba por seduzir a todos que dele se aproximam. Dorian se apaixona por uma atriz de teatro e com promessas de casamento enreda a moça a ceder a seus caprichos. Ela engravida e pede-lhe que cumpra suas promessas, mas por medo de perder a influência que exerce sobre as figuras mais nobres dessa sociedade, ele se nega a cumprir o que havia prometido e a moça se suicida. Dorian Gray começa a acumular muitos outros crimes sobre os seus ombros, porém não é ele quem sofre ou se transforma em um monstro, mas o seu espelho, o retrato que havia sido pintado por um artista muito conceituado dentro dessa mesma sociedade, a quem ele mata, para que seus segredos não fossem revelados. Pode-se pensar que Dorian tem um triste destino, precisa reafirmar a sua potência, necessita crer que sua força de sedução é maior do que qualquer princípio, o desejo é maior do que qualquer outra coisa. É essa a máxima da perversão. O desejo é maior do que a dor, do que os valores, do que qualquer outra coisa. A vida do perverso está voltada para provar a teoria de que nada barra seu próprio desejo. Por que ter que provar essa teoria? Será que é só disso que se trata?

Talvez se possa responder a essas questões com base no texto da Piera Aulagnier-Spairani[4], "A perversão como estrutura", em que fala de três componentes que fazem parte do funcionamento do perverso (segundo Aulagnier-Spairani, não é funcionamento, mas estrutura perversa): recusa, lei e desafio. Para a autora, existe a lei do desejo que envolve toda uma dialética pré-genital mãe-filho e que se resume no binômio ser o falo/ter o falo, com a condição de se lembrar que os dois enunciados se dirigem ao desejo do Outro (ser o falo da mãe/recebê-lo dela como prova de sua impossível castração). No entanto, essa lei do desejo é somente um dos fatores que fazem parte do funcionamento do perverso, portanto, há que se levar em conta também a recusa em aceitar a castração e o desafio que é escandalizar aqueles que o julgam pela ofensa aos costumes.

Além de Freud | Aulagnier-Spairani, Clavreul, Saleme e Lanteri-Laura

Falar de perversão é ter que olhar para a feminilidade e reconhecer ou não as diferenças sexuais, as diferenças de gênero, a oposição entre feminilidade e falicidade; já que a perversão está baseada no fetichismo, na recusa à castração, na recusa às diferenças sexuais. Freud teve muita dificuldade em desvendar o feminino; quando olhava para ele era sempre pensando e confrontando com o masculino, mesmo porque o sexo feminino, como é conhecido atualmente, só foi concebido no século 18, com o aparecimento da palavra "vagina". Segundo Saleme, o útero era chamado de "falo negativo".[5]

> Segundo Freud, de "Feminilidade" e de "Análise terminável e interminável", podemos dizer que a feminilidade é da esfera dessa primeira ligação da criança com a mãe e que está especialmente relacionada com a histeria. A histeria é uma neurose de defesa, pela qual o sujeito se protege da feminilidade por meio da falicidade. O corpo pode ser tomado pelo psíquico em uma tentativa insuficiente de representação, sendo a conversão uma tentativa de expressão desse excesso sem representação e, portanto, uma tentativa de autocura. A histeria é uma feminilidade fálica.[6]

Como a "neurose é o negativo da perversão", o perverso não faz sintoma, não fica comprimido entre o seu desejo e o recalque, ele simplesmente se recusa a aceitar a não falicidade materna e a substitui por um objeto qualquer que lhe possibilita prosseguir com o seu desejo, sem se importar com o desejo do Outro. Aliás, cabe imaginar que para o perverso o desejo do Outro nem existe. O que será isso? O Outro tem desejo?

Para Aulagnier-Spairani[7], citando Freud:

> A descoberta da castração marca uma etapa decisiva na evolução da menininha. Três caminhos são oferecidos a ela: o primeiro desemboca na inibição sexual ou na neurose; o segundo, numa modificação de caráter, na formação de um complexo de virilidade; e o terceiro numa feminilidade normal [...]. O ponto indicado por Freud como aquele de onde devemos partir para nos interrogarmos sobre a feminilidade coincide com o ponto de onde se origina o fetichismo. Ora, que é que vê aquele que poderá tornar-se o futuro fetichista? Não que ele seja privado de algo, mas que a mãe não tem falo. A descoberta da castração tira daí sua determinante. Seu amor se dirige a uma mãe fálica e não a uma mãe castrada. [...] Qualquer que seja o sexo do sujeito, essa descoberta obriga-o a um requestionamento de tudo que faz parte do desejo com relação à falta que constitui seu objeto.

Em uma nota de rodapé, Aulagnier-Spairani[7] explica melhor o que chama de requestionamento:

> A angústia de castração tal como é geralmente definida pelo homem – "medo de perder seu pênis" – não passa de uma outra maneira de formular essa verdade. Se o objeto de desejo por excelência não tem o falo, objeto privilegiado de seu desejo, então nada poderá garantir ao sujeito que ele como objeto do desejo materno não possa da mesma forma tornar-se carente dele.

Um exemplo disso é dado quando Freud tenta analisar o comportamento sexual de Leonardo da Vinci, em seu texto "Uma lembrança infantil de Leonardo da Vinci", de 1910. Embora não tenha ficado clara a sua homossexualidade, Da Vinci se cercava de garotos que eram tomados como ajudantes e discípulos, em uma tentativa de reviver o amor da mãe que lhe foi dedicado quando ainda menino e rapaz. Para Freud, o artista se recusa a enxergar a castração materna e a vê investida de emblemas fálicos, então seu objeto de amor só poderia ser alguém tão fálico quanto sua mãe.

Como já citado na introdução, Aulagnier-Spairani[4] se faz a pergunta: "pode-se falar da perversão como uma estrutura?" E irá ressaltar os pontos que serviram de referência para justificar a sua resposta: "recusa, lei e desafio". Quanto à recusa ela falará do desejo da criança que tem como dimensão identificatória o desejo materno, de ser o único representante do desejo da mãe. O pensamento onipotente infantil é acreditar-se o desejo da mãe e que a força do seu desejar possa também influenciar o desejo materno. Assim, o menino recusa-se a reconhecer que o objeto do desejo materno está em outro lugar que não ele mesmo. Em um outro momento, com o princípio de realidade, a descoberta do sexo feminino, ele irá se defrontar com um mundo de gozo do qual está excluído e ao qual a mãe tem acesso somente por meio do pai, aparecendo nesse momento o fantasma da castração; fantasma que só poderá ser elaborado no momento em que percebe a diferença entre o corpo sexuado e o poder do gozo.

Para a menina essa descoberta tem um efeito de fascinação, no momento em que descobre que não há jeito de desfazer a diferença, transformando o que poderia se tornar em horror (permanecendo para o perverso) em algo fascinante. A inveja do pênis se transforma em "inveja de um filho do pai". É nisso que reside, para a mulher, a sua relação com a feminilidade.

Aceitar a castração é sair do paradigma – "a mãe foi castrada pelo pai" – e substituí-lo por outro: "a mãe é desejada pelo pai e é desejante dele". É esse ponto que falha no perverso, ele não faz a passagem de um paradigma para o Outro, fica fixado no primeiro.

Já a lei na estrutura perversa, segundo Aulagnier-Spairani, está claramente explicada no contrato estabelecido entre o perverso e o seu companheiro ou companheira; nada nesse contrato lembra uma declaração de amor, o imperativo imposto ao sujeito é o do gozo, o gozo como um dever, como um sacrifício. O estatuto que o perverso tenta se dar enquanto sujeito da lei é que se deve ter que desejar. A lei sempre estará em lugar diferente daquele onde se coloca para o Outro; ela é o seu saber secreto, a razão de ser de seu desafio.

O desafio aparece explicitamente no comportamento do perverso, pois o seu objetivo é o escândalo, chocando aos que tentam observar "os bons costumes". O que é escandaloso para o espectador é trazer à luz algo que compartilha com o perverso. O que o perverso desafia sem saber é o real. E se ele desafia esse real pelo viés da lei é porque a lei vem, em nome do saber, designar e codificar a realidade. Toda lei está baseada sobre um postulado de um saber que se quer verdade porque esse saber tem a pretensão de encontrar suas fontes no real.

O perverso desafiará a realidade do sexo feminino, seja pelo fetiche em sua função de véu, seja disfarçando a mulher como agente da castração, dando-lhe esse poder absoluto, tornando-se o mestre que lhe proporcionará o prazer, o gozo; e do lado da mulher, encontraremos as noções de escravo e de dor. Porém, há uma diferença: se o masoquista se propõe a sentir dor, o sádico demanda que o Outro sofra. Ao masoquista, como ao sádico, pouco importa o lugar de partida do sujeito; postula que o Outro, sujeito de uma demanda, é aquele que ignora o que é o objeto do seu desejo e que é ele, o próprio perverso, o único que sabe a verdade a respeito do gozo do Outro; ponto importante da temática perversa.[7]

Georges Lanteri-Laura[8], em seu livro *Leitura das perversões*, discute exaustivamente se a perversão, no parecer psiquiátrico e psicanalítico, em vários autores no decorrer da história, é vista como uma estrutura, como constituição ou como conduta de comportamentos. E conclui dizendo:

> Da primeira revolução russa até a crise mundial, o discurso psicanalítico afigurou-se, a princípio, subversivo e escandaloso: fez do perverso alguém próximo do normal e lembrou ao normal que ele não passava de um perverso honorário. Vimos que, posteriormente, esse discurso evoluiu através de múltiplos meandros, primeiro os de Freud e, depois, os de seus discípulos, dos ortodoxos e dos outros, fazendo advir a noção de estrutura perversa, que desempenhou, quarenta anos depois de E. Dupré, exatamente o mesmo ofício da noção de constituição, e também restaurando um neomoralismo em que o acesso ao estádio genital garantia uma função normativa, da qual a cultura não parece poder libertar-se.
> Assim, elucidamos de que maneiras a apropriação dos comportamentos perversos pelo discurso psiquiátrico acarretou, ao mesmo tempo, a elaboração parcial de um certo conhecimento da sexualidade e o fornecimento permanente à cultura de regulamentação das condutas, assegurada por um referencial admissível. Está fora de dúvida que, sem essa função social, esse conhecimento jamais teria encontrado condições eficazes de realização. Aliás, a única perversão autêntica talvez seja apenas a inibição do gozo.

Jean Clavreul vai chamar a atenção para outro modo de funcionar a formação do par perverso, ou do casal perverso. Nesse sentido, aponta os mesmos componentes já citados por outros autores, que acabam atraindo e ligando o casal, porém, o mais significativo para ele é a importância dada ao olhar do Outro:

> Voltando mais diretamente a nosso assunto, iremos nos perguntar o que acontece com o outro no caso, ou seja, com o parceiro do jogo perverso. É claro que é como portador de um olhar que o Outro será o parceiro, ou seja, antes de qualquer coisa o cúmplice do ato perverso. Aqui tocamos naquilo que distingue radicalmente a prática perversa em que o olhar do Outro é indispensável porque é necessário à cumplicidade, sem o que não existiria o campo da ilusão, e o fantasma do perverso, que não somente se adapta muito bem à ausência do olhar do outro mas exige, para concluir, satisfazer-se na solidão do ato masturbatório. Se o ato perverso distingue-se sem equívoco do fantasma que age, é portanto nessa linha em que se inscreve o olhar do Outro que distinguimos suas fronteiras, olhar cuja cumplicidade é necessária para o perverso, enquanto é denunciador para o normal e para o neurótico.[9]

Um exemplo da necessidade desse olhar fica claro quando no filme *Dogville* (2003), no último ato (o filme é apresentado como uma peça de teatro), a personagem principal, filha de um gângster, concorda com o pai em exterminar os moradores da vila que haviam abusado sexualmente dela, tornando-a uma escrava também. Um dos participantes da gangue pede aos dois, pai e filha, que abram as cortinas do carro, para que eles, os componentes da gangue, possam também participar, com a observação, do ato da chacina. Em outro momento, a protagonista dá a ordem para matar os filhos de uma das habitantes da cidadezinha em sua presença e só parar se a mãe conseguir ficar olhando e não chorar.

Compreensão do psiquismo perverso em Klein, Steiner e Rosenfeld

Em seus textos "Tendências criminais em crianças normais" (1927) e "Sobre a criminalidade" (1934), Melanie Klein fala da perversão como desvios sexuais das ansiedades primitivas. Deixa de lado a teoria da libido e constrói a teoria das posições. Os desvios das ansiedades primitivas eram os sintomas; o que importa é a organização psíquica que se constituiu. A questão da castração tem importância trazida à luz do Édipo primitivo. O mecanismo da recusa da realidade é usado para o desenvolvimento de identificação projetiva (o bebê introjeta na mãe as suas ansiedades). O sadismo infantil, tão ressaltado por Klein, não tem nada a ver com a perversão, por estar desvinculado do sadismo adulto. A perversão é um desvio das ansiedades primitivas, ligado a um Superego sádico. Perversão é uma doença do Superego; é um mau funcionamento do Superego que pode gerar essa organização psíquica. Na criminalidade há o sentimento de culpa, mas ele não se sustenta, o sujeito parte para o *acting out*. Todo ato criminal é um ato violento da persecutoriedade pela atuação. Klein dá o exemplo da criança que "pede" para apanhar. Se os pais continuam batendo e a criança continua desafiando, é porque os pais foram enredados pela perversão da criança. O perverso necessita de um par perverso.

John Steiner[10], em seu texto "O equilíbrio entre as pulsões esquizoparanoide e depressiva" mostra o funcionamento psíquico dentro de cada posição, suas angústias e defesas, e como há um jogo entre as posições, o sujeito oscila entre as duas, como se estivesse em uma dança de vai e vem constante, o que lembra uma lei biológica que rege o desenvolvimento humano, chamada de "lei da diferenciação", em que para cada conquista do indivíduo há uma regressão, como se tivesse que tomar um impulso, fazendo um retrocesso, para depois tornar a se desenvolver. Na posição esquizoparanoide, a angústia principal é a de aniquilamento do Ego e suas defesas principais são: cisão, identificação projetiva e idealização. As relações de objeto são vivenciadas de maneira cindida, não há integração entre o objeto bom e o mau, os dois são mantidos separados, divididos. Na posição depressiva a angústia principal é de aniquilamento do objeto, começando a aparecer uma integração do objeto, surgindo a ambivalência, sentimentos de perda e de culpa, podendo ocorrer o luto e, em consequência, o desenvolvimento da função simbólica e a capacidade de reparar. A ideia de uma inter-relação entre as posições esquizoparanoide e depressiva é ampliada para incluir subdivisões em cada uma delas. Assim, na posição esquizoparanoide pode ocorrer desde uma fragmentação patológica, evoluindo para uma cisão normal, e na posição depressiva pode ocorrer a cisão normal, evoluindo para o medo da perda do objeto, para a experiência da perda do objeto e depois para o luto. Cada posição pode ser pensada como estando em equilíbrio com as que estão em cada um de seus lados e observa-se o movimento entre elas se manifestar nos pacientes no curso de uma sessão, no decorrer de semanas, meses e anos dentro da análise, dependendo de suas organizações psíquicas. O diferencial entre o movimento sadio e o patológico é o predomínio da maior parte do tempo de uma ou de outra angústia e das defesas que caracterizam as posições.

Herbert Rosenfeld[11] mostra, pelos textos de Freud, Abraham e Klein, como a pulsão de morte, entre alguns sujeitos, captura a pulsão de vida e a coloca sob o seu julgo, aprisionando-a, libidinizando a pulsão de morte; não havendo o predomínio da cisão, mas um tipo de integração, aglomeração da pulsão de vida com a pulsão de morte, o que ele denomina de fusão patológica, cujo objetivo é tirar força da pulsão de vida para dar à pulsão de morte. Considera ainda a fusão patológica uma característica da perversão, criando um tipo de funcionamento "mafioso", em que existe uma sedução, mas não uma subjugação ao poder. Nesse tipo de dinâmica, certos estados onipotentes narcísicos são dominados pelos mais violentos processos destrutivos, de tal modo que o Self libidinal fica quase completamente ausente ou perdido.

John Steiner[12], no seu artigo "O interjogo entre organizações patológicas e as posições esquizoparanoide e depressiva", de 1985, mostra os modos como as defesas podem ser reunidas em organizações patológicas que têm um profundo efeito sobre a personalidade e podem levar a estados mentais que se tornam fixados, de modo que o paciente em análise não apresenta *insights* e tem resistência a mudanças. Como no seu artigo anterior, citado acima, continua insistindo no movimento contínuo entre as posições, de maneira que nenhuma delas prevalece em qualquer grau de completude ou permanência. Somente quando os estados mentais se tornam fixados é que acontece a organização patológica, e é nas transições que elas ocorrem, tanto no interior da posição esquizoparanoide como na depressiva, pois o sujeito parece estar mais vulnerável à influência dessa organização. Por exemplo, na passagem da cisão do objeto para a dor, perda do objeto, ocorre esse tipo de organização patológica.

Constrói-se, assim, com esses autores a compreensão do psiquismo perverso. Klein contribui mostrando como a angústia de aniquilamento do Ego não permite a integração do objeto, identificando-se com o objeto persecutório para dar conta dele. Cria-se um Superego mau para dar conta do objeto mau. O sentimento de culpa não se sustenta e o sujeito atua. A organização psíquica fica presa em um círculo vicioso do mal. Steiner apresenta a necessidade de equilíbrio entre as posições e nesse constante interjogo podem acontecer organizações patológicas, principalmente nas transições que ocorrem entre as posições, ou dentro de uma mesma posição, quando o sujeito se encontra mais vulnerável. Rosenfeld cria o conceito de fusão patológica, quando a pulsão de morte captura a pulsão de vida e coloca-a sob o seu julgo, sendo então libidinizada por ela. E essa fusão patológica é uma das características da dinâmica da perversão.

Ansiedades primitivas | Manifestações na sexualidade

Em seu texto "Observações sobre a relação da homossexualidade masculina com a paranoia, a ansiedade e narcisismo", Rosenfeld[13] demonstra como as ansiedades muito intensas da posição esquizoparanoide favorecem o desenvolvimento de tendências homossexuais como defesas; porque a homossexualidade está relacionada com a idealização do pai bom, como recurso para se defender contra o pai perseguidor; é um recurso usado pelo sistema de defesa maníaca cuja tríade é: o controle, o triunfo e o desprezo. Descreve a importância dos processos projetivos, em que há a homossexualidade do tipo narcísico, na qual outro homem se identifica com o seu Eu por meio da projeção. E esse mecanismo de identificação projetiva busca suas raízes nos impulsos infantis mais primitivos de forçar o Eu para dentro da mãe. A fixação nesse nível primitivo, posição esquizoparanoide, é responsabilizada pela combinação frequente da paranoia com a homossexualidade.

Betty Joseph[14], no artigo "Uma contribuição clínica para a análise de uma perversão", conta o caso de um paciente que na transferência atuava da mesma maneira que agia com a sua esposa e com as demais pessoas com quem mantinha contato, principalmente com as mulheres; ficava em silêncio, descaracterizava o que a analista dizia, intelectualizava, levando a analista a atuar. Esse paciente tinha uma espécie de fetiche, usar uma roupa de borracha no contato sexual. Esse seu "artifício" era, na realidade, para evitar contato, uma forma de proteção, um desligamento. Ele seduzia para em seguida frustrar, criando situações em que as pessoas necessitariam dele e experimentariam a dor de depender dele. O intuito era exercer o sadismo, o prazer subordinado à dor, o desejo era negado e o Superego agia de modo sádico; toda vez que retornava o que era recusado, sentindo-se frustrado, erotizava a dor para evitar a angústia.

Em seu texto "Uma fantasia necrofílica", Hanna Segal[15] apresenta o caso de um paciente necrófilo, demonstrando por meio desse exemplo que na dinâmica do perverso aparece a fusão patológica, o sadismo e a sexualidade, isto é, a forma desse caso se expressa na sexualidade. A autora mostra que a intenção não é só tirar a vida e devolvê-la, em um constante liga-desliga, mas evitar o vínculo, porque em uma relação sadia o risco é o estabelecimento do vínculo. No momento em que aparece o narcisismo, ponto mais frágil do paciente, ele se mostra moribundo, porque a relação que estabeleceu com o seio é de sadismo, o sugar muito para matar; para reavivar o seio precisa se identificar com ele. A relação com a analista ocorre na mesma linha, ou ela ou ele tem que morrer, como funcionava nas primeiras relações objetais.

Meltzer[16], por sua vez, vai introduzir um novo elemento dentro da dinâmica perversa: a ética adoece, o paciente perverso fica fixado na sexualidade infantil polimorfa, em que aparece a imaturidade, o exibicionismo e o lúdico, para terminar em uma "festa", a masturbação; surgindo a onipotência para dar conta do sentimento de impotência, o aniquilamento do Ego. Quando a ética está doente, o Superego, que deveria tolher, passa a ser permissivo. No adulto, quando a ética predomina, a sexualidade polimorfa só aparece nas preliminares; a sexualidade adulta é marcada pela privacidade, modéstia e humildade, o contrário da sexualidade infantil e a do perverso.

Colognese Jr.[17], em "Um estudo sobre a perversão", contribui para a compreensão do psiquismo perverso, levantando a questão de que a única forma de sexualidade perversa é a sadomasoquista: primeiro porque perverte a pulsão, transformando a dor em prazer; segundo porque, na fusão patológica, a genitalização se desenvolve precocemente em uma tentativa de defender-se de uma angústia anal, tendo um prazer genital.

Ansiedades primitivas | Em direção ao fracasso das manifestações na sexualidade

Joseph[18] em "O vício pela quase morte", de 1981, fala de um tipo de paciente no qual existe uma destruição maligna de natureza de um vício à quase morte. Meltzer[16], Rosenfeld[11] e Steiner[19] falam da escravidão da parte do Self que domina esses pacientes e não os deixa escapar, por mais que vejam a vida chamando-os lá fora. O paciente não fica dominado apenas por sua parte agressiva, que tenta controlar e destruir o trabalho do analista, mas esta parte é ativamente sádica em relação à outra parte do Self, que é masoquistamente capturada nesse processo, e isso se torna um vício, que faz nos pensar em um funcionamento psíquico sadomasoquista. É muito difícil para esses pacientes pensar que é possível abandonar esses terríveis deleites pelos prazeres incertos dos relacionamentos reais.

Outra característica da organização psíquica do perverso é descrita por Eric Brenman:[20] a manutenção da prática da crueldade por meio de uma estreiteza mental que é posta em operação e tem a função de esvaziar a humanidade e impedir que a compreensão humana modifique a crueldade. Nas primeiras relações objetais, quando o bebê começa a perceber a separação existente entre ele mesmo e o objeto, bloqueia o conceito de mãe humana inteira, o que restringe a imagem do mundo a um lugar cruel e sem amor.

Em 1971, Joseph[21] escreve sobre a agressividade e a passividade que aparecem em alguns pacientes. De premissa nota-se o paciente muito passivo, mas essa aparente passividade esconde uma agressividade intensa. O que está latente nessa passividade é uma amálgama pulsional, a pulsão de morte não é mitigada pela pulsão de vida, ocorrendo a fusão patológica. O perverso apresenta duas articulações: o que eu apresento e o que eu realmente sou. O falso Self assume o espaço potencial e não dá espaço para o verdadeiro Self. Na análise com o perverso somente a tolerância, a indiferença e a interpretação quebram o círculo do mal.

O perverso diante de Freud, Klein e seus seguidores

Se se ler atentamente os pressupostos da construção de sujeito perverso em Freud, Klein e seus seguidores, se verá que não há grandes diferenças entre as duas teorias.

Freud, por ser o primeiro a observar e tentar descrever a organização psíquica desse sujeito, mostra um histórico das suas pesquisas e descobertas, desde a histeria, com a volúpia nas dores mais atrozes do sofrimento humano, passando pelas pulsões e a sexualidade humana. As pulsões que invadem o aparelho psíquico em busca de um meio de realização de desejo e a sexualidade humana essencialmente perversa polimorfa, em que o gozo seria a finalidade. Dessa maneira, as construções neuróticas seriam os modos de defesas contra as demandas imediatas de gozar, cujos produtos seriam os sintomas presos entre a cena perversa e os recalques do sujeito.

Quando descobre o fetichismo, percebe que é a maneira do sujeito recusar a entrar em contato com a experiência de castração e a reconhecer a diferença sexual. O reconhecimento da castração materna é algo da ordem do horror, apresentando um efeito devastador no psiquismo: fragmentação do Ego, excesso de investimento narcísico para fazer contraponto à fragmentação.

No funcionamento perverso, o desejo do Outro não pode ser reconhecido nem valorizado, porque a individualidade perversa seria lançada na devastação psíquica, sendo impedida de colocar em ação sua voracidade de poder.

Klein, quando constrói a sua teoria das posições, percebe que há momentos em que o Ego do sujeito está completamente estilhaçado e em outros há a integração do Ego, podendo lidar melhor com a realidade. Chama a primeira posição de esquizoparanoide e a segunda de depressiva. Uma das angústias da primeira posição é a angústia de aniquilamento do Ego, identificando-se com o objeto persecutório, criando um Superego mau para dar conta do objeto mau. O sentimento de culpa não se sustenta e o sujeito atua.

Vê-se que nas duas teorias aparece a desintegração do Ego ou um investimento narcísico exacerbado para dar conta da recusa em aceitar a castração.

No exemplo de *O retrato de Dorian Gray*, o personagem principal faz uma identificação projetiva, como defesa, ao projetar toda a sua culpa e perversidade no seu retrato, que é a fidedigna representação de si mesmo.

Aulagnier-Spairani remete a uma estrutura psíquica, fundamentando esse seu parecer com três elementos que para ela aparecem no aparelho psíquico do sujeito perverso. A "recusa" é ser o único representante do desejo da mãe; a "lei" é o contrato estabelecido entre o perverso e seu companheiro(a), sendo o gozo um dever, um sacrifício; o "desafio" é o escândalo que ele provoca, desafiando o real.

Como já visto, Rosenfeld cria o conceito de fusão patológica. Está-se falando aqui de fusão patológica em Klein, mas também em pulsão de vida e de morte em Freud.

Há ainda a alusão ao casal perverso, no qual a importância é dada ao olhar do Outro, observado por Jean Clavreul, como o cúmplice do ato perverso. Para ele, a cumplicidade é necessária para a criação do campo da ilusão.

Perversão, para as duas teorias, é uma doença do Superego; é um mau funcionamento do Superego que pode gerar essa organização psíquica.

Flávio Carvalho Ferraz vai ainda chamar a atenção para a recusa ao tempo, na qual o sujeito se recusa a aceitar o conceito de temporalidade, porque o conceito de tempo é o que nos insere na realidade. Aceitar que se está inserido dentro de um espaço de tempo é aceitar que envelhecemos e que não seremos para sempre o falo da mãe.

Referências bibliográficas

1. Calich JC, Berlim GI. Sobre psicanálise e psicanalistas: primeiro livro de entrevistas da Revista de Psicanálise da SPPA. São Paulo: Casa do Psicólogo; 2003.
2. Freud S. Edição standard brasileira das obras psicológicas completas de Sigmund Freud. v. 7. Rio de Janeiro: Imago; 1976. Três ensaios sobre a teoria da sexualidade. p. 155.
3. Wilde O. O retrato de Dorian Gray. Rio de Janeiro: Irmãos Pongetti; 1955.
4. Spairani PA. A perversão como estrutura. Revista Latino Americana de Psicopatologia Fundamental. 2003;VI(3).
5. Saleme MH. Perversão: algumas reflexões. São Paulo: s.d.
6. Saleme MH. Sobre a analisabilidade da histeria: um pouco de história. São Paulo: s.d.
7. Aulagnier-Spairani P. Observações sobre a feminilidade e suas transformações. In: Clavreul J. O desejo e a perversão. Campinas: Papirus; 1967. p. 83-4.
8. Lanteri-Laura G. Leitura das perversões. Rio de Janeiro: Jorge Zahar; 1994. p. 146.
9. Clavreul J. O desejo e a perversão. Campinas: Papirus; 1967. O casal perverso. p. 132.
10. Steiner J. O equilíbrio entre as posições esquizoparanoide e depressiva. In: Anderson R. Conferências clínicas sobre Klein e Bion. Rio de Janeiro: Imago; 1992. p. 62.
11. Rosenfeld H. Uma abordagem clínica para a teoria psicanalítica das pulsões de vida e morte: uma investigação dos aspectos agressivos do narcisismo. In: Spillius EB, editor. Melanie Klein hoje. v. 1. Rio de Janeiro: Imago; 1998. p. 249-54.
12. Steiner J. O interjogo entre organizações psicopatológicas e as posições esquizoparanoide e depressiva. In: Spillius EB, editor. Melanie Klein hoje. v. 1. Rio de Janeiro: Imago; 1998. p. 329.
13. Rosenfeld H. Os estados psicóticos. Rio de Janeiro: Zahar Editores; 1968. Observações sobre a relação da homossexualidade com a paranoia, a ansiedade paranoide e o narcisismo. p. 41-50.
14. Joseph B. Equilíbrio psíquico e mudança psíquica. Rio de Janeiro: Imago; 1992. Uma contribuição clínica para a análise de uma perversão. p. 63-4.
15. Segal H. A obra de Hanna Segal. Rio de Janeiro: Imago; 1982. Uma fantasia necrofílica. p. 226-8.
16. Meltzer D. Estados sexuais da mente. Rio de Janeiro: Imago; 1979. Sexualidade polimorfa adulta, sexualidade polimorfa infantil, sexualidade perversa. p. 104-5.
17. Colognese Jr A. A trama do equilíbrio psíquico. São Paulo: Edições Rosari; 2003. Um estudo sobre a perversão. p. 80-1.
18. Joseph B. O vício pela quase morte. In: Spillius EB, editor. Melanie Klein hoje. v. 1. Rio de Janeiro: Imago; 1991. p. 316.
19. Steiner J. Perverse relationships between parts of the self: a clinical illustration. Int J Psychoanal. 1982;63 (Pt 2):241-51.
20. Brenman E. Crueldade e estreiteza mental. In: Spillius EB, editor. Melanie Klein hoje. v. 1. Rio de Janeiro: Imago; 1991. p. 260.
21. Joseph B. Equilíbrio psíquico e mudança psíquica. Rio de Janeiro: Imago; 1992. Sobre passividade e agressividade: sua interrelação. p. 78.

Bibliografia

Birman J. Mal-estar na atualidade. Rio de Janeiro: Civilização Brasileira; 2003.
Clavreul J. O desejo e a perversão. Campinas: Papirus; 1990.
Ferraz FC. Perversão. São Paulo: Casa do Psicólogo; 2001.
Ferraz FC. Tempo e ato na perversão. São Paulo: Casa do Psicólogo; 2005.
Freud S. Edição standard brasileira das obras psicológicas completas de Sigmund Freud. v. 11. Rio de Janeiro: Imago; 1969. Uma lembrança infantil de Leonardo da Vinci (1910). p. 59-75.
Freud S. Edição standard brasileira das obras psicológicas completas de Sigmund Freud. v. 14. Rio de Janeiro: Imago; 1969. Uma introdução ao narcisismo (1914). p. 89.
Freud S. Edição standard brasileira das obras psicológicas completas de Sigmund Freud. v. 18. Rio de Janeiro: Imago; 1969. Breve resumo da Psicanálise. p. 287.
Freud S. Edição standard brasileira das obras psicológicas completas de Sigmund Freud. v. 21. Rio de Janeiro: Imago; 1969. Fetichismo (1927). p. 179.
Saleme MH, Perdomo MC. Sedução – perversão – instituição: ligações perigosas. São Paulo: s.d.

13 Transtornos Alimentares na Visão Psicanalítica

Pedro Belarmino Garrido e Fabiana Hueb Abdala

Introdução

A incidência dos transtornos alimentares aumentou a partir de 1950 e ocupa lugar de destaque na psicopatologia da atualidade, principalmente em virtude das profundas transformações engendradas pela cultura pós-moderna, em que grupos sociais que detêm o poder de manipular a informação definem parâmetros de conduta que acabam por anular o sujeito na sua singularidade.

O mal-estar na cultura apresenta suas formas contemporâneas, e um dos objetivos da Psicanálise é compreender os fatores socioculturais que podem atuar como desencadeantes de patologias.

O presente capítulo aborda as questões que envolvem a psicopatologia psicanalítica dos transtornos alimentares (anorexia, bulimia e obesidade mórbida), apelidadas e tratadas como "doenças da moda". Quando se fala em psicopatologia psicanalítica é necessário esclarecer que há diferenças em relação à psicopatologia psiquiátrica, da qual a Psicanálise empresta o termo "transtornos alimentares". Em 1994, a American Psychologic Association (APA) lançou a quarta edição do Manual Diagnóstico e Estatístico de Transtornos Mentais (*Diagnostic and Statistical Manual of Mental Disorders IV* – DSM-IV), que descreve os sintomas segundo critérios estatísticos e fenomenológicos específicos, sem discutir as causas dos transtornos. De maneira distinta, a Psicanálise é sensível às expressões do sentido humano contido em todas as formações psíquicas; perfura a superfície orgânica dos fenômenos do homem, acolhendo sua natureza conflitiva e paradoxal, cujas motivações são de ordem inconsciente.

Considera-se aqui, inicialmente, a importância de apresentar uma descrição do quadro clínico da anorexia, da bulimia e da obesidade e um breve histórico da evolução do entendimento dessas patologias pelo viés psicanalítico.

A fundamentação teórica que se segue baseia-se na metapsicologia freudiana, com especial atenção à teoria das pulsões e ao estatuto do objeto nessa teoria. Assim, são utilizados os conceitos derivados da contingência do objeto pulsional e das vicissitudes da experiência de satisfação na produção do sintoma clínico.

A compreensão metapsicológica dos transtornos alimentares é muito ampla e complexa, podendo alcançar dimensões narcísicas (melancolia), neuróticas (histeria), somáticas (neuroses atuais) e compulsivas, esboçadas apenas minimamente nos limites deste capítulo.

Enquadre clínico

Obesidade mórbida

A obesidade é uma doença crônica caracterizada por acúmulo excessivo da gordura corporal, que varia de um ligeiro aumento desse acúmulo até a incidência de graus altíssimos. A Organização Mundial da Saúde (OMS) classifica a obesidade com base no índice de massa corporal (IMC = peso/altura^2) e no risco de mortalidade associado:

- IMC normal: 19 a 25 kg/m^2
- Excesso de peso: 25 a 30 kg/m^2
- Obesidade: 30 a 40 kg/m^2
- Obesidade com morbidez associada: 35 a 40 kg/m^2
- Obesidade mórbida: > 40 kg/m^2.

A gravidade desse último tipo de obesidade implica situações de morbidez, levando frequentemente ao desenvolvimento de hipertensão, diabetes, câncer, doenças cardiovasculares etc., por isso a denominação *obesidade mórbida*. É uma doença desencadeada por múltiplos fatores inter-relacionados: hormonais, hereditários, psíquicos, nutricionais e sociais, e implica risco de morte iminente. Em vista dessa situação, indica-se tratamento cirúrgico para pacientes com obesidade mórbida.

Anorexia

A anorexia caracteriza-se por recusa de alimentação motivada pelo medo de ganhar peso, aliada a uma percepção distorcida do próprio corpo. O paciente anoréxico pode estar muito abaixo de seu peso normal, mas insiste em ver-se como gordo. Isso leva a pessoa a recorrer a estratégias para perda de peso, ocasionando importante emagrecimento. A pessoa se isola da família e dos amigos, ficando cada vez mais irritada e ansiosa. Dificilmente admite ter problemas e não aceita ajuda de maneira alguma. A família, muitas vezes, demora a perceber que algo está errado. Assim, as pessoas com anorexia nervosa podem não receber tratamento médico até que tenham se tornado extremamente magras e desnutridas. As complicações envolvem diferentes órgãos e sistemas. Os riscos clínicos podem levar à morte por desnutrição. Em 90% dos casos, a anorexia acomete mulheres adolescentes e adultas jovens, na faixa de 12 a 18 anos. Apesar da incidência quase maciça em mulheres, estatísticas apontam de 5 a 15% dos casos de anorexia em homens, uma vez que a preocupação com a estética e valorização do corpo passou a fazer parte também do universo masculino.[1]

Bulimia

Refere-se à ingestão compulsiva e exagerada de alimentos seguida da utilização de métodos compensatórios, como vômito autoinduzido, uso de laxantes e/ou diuréticos, obsessão por exercícios físicos, como maneira de evitar o ganho de peso. Os bulímicos geralmente estão dentro do seu peso e tentativas de dieta estão sempre sendo realizadas. A fobia de engordar é o sentimento motivador de todo o quadro. As pessoas com bulimia evitam comer em público e em lugares onde precisam mostrar o corpo, o que contribui para seu isolamento social e para a dificuldade da família de detectar o problema. Nos bulímicos não há perda excessiva de peso, como acontece nos anoréxicos, e por isso leva-se tempo para perceber a doença em uma pessoa. A bulimia não constitui uma completa perda de controle, como pode parecer, pois algumas vezes os pacientes conseguem planejar seus episódios e podem até guardar alimentos para esse fim. O diagnóstico de bulimia requer que esses episódios aconteçam, em geral, duas ou três vezes por semana, embora o paciente lute constantemente contra eles. Decorrem da bulimia problemas físicos graves com alto fator de morbidade que abarcam vários sistemas do corpo, afetando o coração, causando feridas no esôfago, um possível rompimento do estômago, vômitos com sangue, cáries dentárias, desidratação, constipação intestinal, hemorroidas, dores musculares e cãibras. Acomete predominantemente adolescentes do sexo feminino um pouco mais velhas, em torno dos 17 anos.

Como a anorexia e a bulimia eclodem na adolescência em 95% dos casos, é provável que as crises características dessa etapa do desenvolvimento sejam apenas um dos vários fatores identificáveis capazes de desencadear algum transtorno alimentar ou influenciar seu desenvolvimento. A adolescência é um processo complexo que se caracteriza por fenômenos progressivos e regressivos que abarcam todas as áreas da personalidade. É um período com características muito particulares, de fortes exigências pulsionais difíceis de dominar, que variam de acordo com as circunstâncias em que se encontra cada adolescente. Os fatores de risco e/ou desencadeantes são múltiplos e, até o momento, tanto a anorexia como a bulimia não tem uma etiologia definida. Causas multifatoriais como fatores genéticos, biológicos, psíquicos, familiares e ambientais estão envolvidos em sua gênese. Situações traumáticas em geral, como acidentes, separação dos pais, dificuldades escolares e de relacionamento social, mudanças de casa ou escola e situações de luto também já foram relacionadas às causas que podem precipitar o surgimento dessas patologias.

Implicações psíquicas associadas aos transtornos alimentares e o nascimento da Psicanálise

Segundo Éric Bidaud[2], psicanalista contemporâneo, já no século 17 era possível encontrar na bibliografia médica esclarecimentos sobre distúrbio alimentar. Em 1689, Richard Morton descreveu os três sintomas do que ele chamou de consunção ou atrofia nervosa: perda do apetite, amenorreia e emagrecimento importante. No final do século posterior, Naudeau (1789) acrescentou em seus trabalhos uma doença nervosa acompanhada de uma repulsa extraordinária pelos alimentos. Entre 1868 e 1873 surgiu o termo anorexia histérica e, depois, anorexia nervosa nos trabalhos de William Gull.

As implicações psíquicas associadas aos transtornos alimentares surgiram praticamente juntas com o nascimento da Psicanálise no final do século 19 e início do século 20. Freud fez poucas referências diretas em relação aos transtornos alimentares; porém, já nos seus primeiros estudos publicados sobre a histeria, ele relacionou quadros de repulsa alimentar e vômitos a recordações repugnantes. Freud esteve em contato com Charcot no período de 1885-1886, em Paris, e com ele reconheceu a especificidade do sintoma histérico, que não podia ser reduzido a uma categoria geral de sugestão. Freud propõe uma perspectiva diferente ao não incluir a singularidade do sintoma histérico à ordem racional da anatomopatologia. Nesse início de trabalho, o autor compreendia que a incapacidade de descarregar o afeto ligado a uma determinada impressão psíquica é o que tornava a lembrança desse fato um trauma, causando sintomas histéricos como a anorexia. Para Freud, a magreza extrema decorrente da restrição alimentar estava ligada à estrutura histérica. Pouco depois, em "Rascunho G" (1895), cita novamente a anorexia, relacionando-a com a melancolia:[3]

> a neurose nutricional paralela à melancolia é a anorexia. A famosa anorexia nervosa de moças jovens, segundo me parece (depois de cuidadosa observação), é uma melancolia em que a sexualidade não se desenvolveu. A paciente afirma que não se alimenta simplesmente porque não tem nenhum apetite; não havia qualquer outro motivo. Perda de apetite – em termos sexuais, perda da libido.

Freud estabelece então uma associação entre frigidez, melancolia e anorexia com a perda da libido comum entre esses quadros. Diferentemente da anorexia, que aparecia ligada a quadros histéricos e melancólicos, Freud associou a bulimia à neurose de angústia, colocando assim o modelo das neuroses atuais como uma maneira de encarar a problemática da bulimia pela passagem às atitudes compensatórias como formas de evitar o sofrimento.

A herança freudiana inspirou e possibilitou o prosseguimento das pesquisas de autores pós-freudianos, ampliando a compreensão dessas patologias em diversas direções teóricas. Estabeleceu, desse modo, uma ruptura com a neurologia organicista e com a psiquiatria clássica.

Sobre a Psicanálise, o que se pode dizer, antes de tudo, é que pôde considerar a existência de um saber no sintoma. O discurso freudiano desde os seus primórdios considerou o sintoma como um enigma, em que o sujeito diz alguma coisa sobre o que lhe ocorre, mas o faz de maneira indireta e velada.[4]

Freud, inclusive, no início de seu trabalho, dizia que as histéricas sofriam de reminiscências: não podendo lembrar, elas construíam um sintoma no corpo. O que estava velado eram representações psíquicas. Com isso, ele queria dizer que o sofrimento histérico e seus sintomas associados provinham da lembrança – sobretudo da lembrança – de um acontecimento traumático associado ao afeto. Portanto, a lesão (carga, afeto) da histérica seria na associabilidade (subconsciente).

As lembranças subjacentes aos ataques histéricos relacionam-se com traumas psíquicos que não foram eliminados pela ab-reação ou pela atividade associativa do pensamento. Trata-se de uma ideia de trauma psíquico (presente nos casos relatados em "Estudos sobre a histeria") associado à ideia de que há uma representação psíquica ou um conjunto de representações psíquicas patogênicas dissociado de representações que tenham livre acesso à consciência do sujeito. Essas representações psíquicas ficam dissociadas; porém, o afeto a elas associado ganha nova forma de expressão: converge para o corpo, na criação de um sintoma.

A operação do método catártico (ainda não nomeado de psicanalítico) consistia justamente em promover a recondução da excitação da esfera somática para a psíquica e, assim, a resolução da contradição por meio da atividade de pensamento e da descarga da excitação por meio da fala. Freud, inclusive, definiu a divisão da consciência na histeria como deliberada e intencional, e esclareceu que esse processo implica um núcleo e centro de cristalização para a formação de um grupo psíquico divorciado do Ego. A intenção é eliminar a representação traumática, deixando-a inconsciente, como se jamais tivesse existido. Porém, a histeria (neurose) isola (não elimina) a representação psiquicamente, adquirindo, como se fosse uma troca, uma conversão física que impõe ao sujeito um sofrimento de ordem física, e não psíquica. É como se o sofrimento físico camuflasse o psíquico, como se o primeiro fosse mais suportável que o segundo.

Psicanálise e obesidade mórbida

No que diz respeito às questões da obesidade mórbida, o que implica pensar no prazer imediato da ingestão e no sofrimento adquirido com as morbidezes associadas, vale a pena se debruçar aqui sobre o desenvolvimento freudiano de conceitos como o princípio do prazer e a pulsão de morte.

Até 1920, data em que Freud publicou "Além do princípio de prazer", a teoria psicanalítica não hesitava em supor que o curso tomado pelos eventos mentais estaria regulado pelo princípio do prazer. Isso implica que o curso desses eventos seria invariavelmente colocado em movimento por uma tensão desagradável e que tomaria uma direção tal que seu resultado final coincidiria com uma redução dessa tensão, isto é, com uma evitação de desprazer ou uma produção de prazer.[5]

O princípio do prazer decorre do princípio de constância, que se define pela tendência do aparelho psíquico de manter constante a excitação intracerebral. Assim, o princípio de prazer relaciona o prazer e o desprazer à quantidade de excitação presente na mente: o desprazer corresponde a um aumento da quantidade de excitação; logo, precisa ser evitado para manter a quantidade de excitação no limiar adequado. O prazer corresponde a uma diminuição da quantidade de excitação; portanto, a repetição dessa satisfação deve ser providenciada.

Contudo, Freud questiona essa lógica de funcionamento psíquico com base em sua experiência clínica e em evidências cotidianas. Constata não ser uma verdade a dominância do princípio do prazer sobre o curso dos processos mentais.

> Se tal dominância existisse, a imensa maioria de nossos processos mentais teria de ser acompanhada pelo prazer, ou conduzir a ele. O máximo que se pode dizer, portanto, é que existe na psique uma forte tendência no sentido do princípio do prazer, embora essa tendência seja contrariada por certas outras forças ou circunstâncias, de maneira que o resultado final talvez nem sempre se mostre em harmonia com a tendência no sentido do prazer.[5]

Eis a questão: quais, então, seriam as circunstâncias, os mecanismos psíquicos que impedem a soberania do princípio do prazer? Em um primeiro momento, Freud aponta para a influência da pulsão de autoconservação do Ego: o princípio de prazer é substituído pelo princípio de realidade. Este último não abandona a intenção fundante de obter prazer; entretanto, exige e efetua o *adiamento* da satisfação, o abandono de uma série de possibilidades de obtê-la, e a tolerância temporária do desprazer como etapa no – assim nomeado por Freud – *longo* e *indireto* caminho para o prazer.[5]

Freud ilustra e elabora a questão com o episódio de um menino de 1 ano e meio de idade que brincava de atirar para longe da cama os pequenos objetos que estivessem em seu alcance. Esse gesto era realizado repetidamente e sem sentido aparente, mas vinha acompanhado por uma expressão de satisfação e pelo som o-o-o-ó. Certo dia, Freud articulou o-o-o-ó por semelhança sonora com *fo-o-o-o-órt* (*fort*).* Trata-se de um processo de apresentação: o menino encenava a partida da mãe, que iria embora. Em outro momento, utilizando-se de um carretel, a criança apresentou seu recurso de adiamento da satisfação ao permitir, sem maiores berreiros, que a mãe partisse: o-o-o-ó; e jogou o carretel. A seguir representou: *da*.** Puxando o barbante, fazia com que o carretel voltasse. O retorno do carretel representava o desejo: retorno da mãe, *da*; e era acompanhado de uma expressão de alegria. Portanto, reconhece-se o princípio do prazer a partir do segundo movimento *da*. Restava nomear teoricamente o primeiro movimento *fort*. O que já se esclarecia era a existência de um processo psíquico – a apresentação o-o-o-ó – anterior à representação. Fala-se aqui de um aquém do princípio de prazer, também traduzido por além do princípio de prazer.

O desejo presente no processo completo (*fort-da*; princípio de prazer) foi definido como desejo de que a mãe retornasse: o carretel que retornava representava o reencontro com a mãe. Um ano mais tarde, Freud observou que esse menino costumava agarrar um brinquedo e, mostrando-se zangado com este, jogava-o ao chão, exclamando: "Vá para frente!". Seu pai, na ocasião, estava ausente de casa e presente na *frente* de batalha. Dessa maneira, expulsando o pai por meio do objeto (transferência – representação), o menino realizava o desejo de manter a mãe sob sua posse exclusiva. Isso Freud já trabalhava em 1900, em "A interpretação dos sonhos": o desejo era definido como uma força psíquica que procura recatexizar a imagem mnêmica da percepção e reevocar a própria percepção, isto é, restabelecer a situação de satisfação original. O reaparecimento da percepção *da* (mãe, aqui), de *fort-da*, é a realização do desejo. O objeto carretel faz aqui o papel que os restos diurnos fazem no sonho: "o desejo inconsciente se liga aos restos diurnos e efetua uma transferência para eles", assim como o menino transfere para o carretel (objeto) sua relação com a mãe (objeto original), realizando a apresentação e representação do desejo inconsciente.[6]

Logo, a questão original desse trabalho de 1920 não é elaborar a articulação lógica *desejo--princípio de prazer*, mas analisar o movimento *fort* do processo de apresentação-representação *fort-da*, ou seja, investigar que processo psíquico é esse que se apresenta repetidamente não em

---

* O termo alemão *fort* é traduzido para o português como *embora*, no sentido de "ir embora".
** O termo alemão *da* é traduzido para o português por *aqui*.

função do prazer ou evitação do desprazer, e sim por meio de uma encenação aflitiva, em função da separação da mãe – a mãe vai embora: o-o-o-ó.

O que Freud observa é que esse processo psíquico não se restringe ao universo das brincadeiras de crianças: há um processo análogo presente no tratamento psicanalítico com pacientes adultos, que Freud denomina compulsão à repetição.

> Essas reproduções que surgem com tal exatidão indesejada, sempre têm como tema alguma parte da vida sexual infantil, isto é, do complexo de Édipo, e de seus derivados, e são invariavelmente atuadas (acted out) na esfera da transferência, na relação do paciente com o analista.[5]

Freud sustenta, nesse ponto, que o processo psíquico repetitivo não contradiz o princípio de prazer; funciona independentemente dele, parecendo ser – assim diz ele – um processo mais primitivo, mais elementar e mais pulsional que o intuito de obter prazer e evitar o desprazer.[5] Ele localiza o processo psíquico mais primitivo e mais pulsional no *aquém do princípio do prazer*, como demonstrado no movimento de apresentação fort do jogo do carretel.

Quando se fala em processo ou sistema psíquico mais primitivo, isso implica a presença, por distinção lógica, de pelo menos dois sistemas. De uma maneira simples, poder-se-ia nomeá-los: a) *processo primitivo* e b) *processo elaborado*. Freud, articulando suas observações com a teoria econômica da libido, distingue dois tipos de catexia: uma *catexia que flui livremente* e pressiona o aparelho psíquico no sentido da descarga (os processos mais primitivos estariam aqui contidos) e uma catexia quiescente, que procura ligar a energia Q a uma representação psíquica (processos psíquicos mais elaborados). Nesse instante de reflexão, Freud acrescenta que essa vinculação da energia (catexia quiescente, ligada) que flui para dentro do aparelho mental representacional consiste justamente em uma mudança de um estado de fluxo livre inicial (*fort*) para um estado quiescente (*fort-da*), ligado à representação.

Mantendo o dualismo, Freud articula, enfim, a teoria da pulsão a esses processos psíquicos. A repetição, de início, fica associada à pulsão de autoconservação do Ego, e a pulsão sexual fica associada às tendências que impulsionam no sentido do progresso e da produção de novas formas. A seguir, em uma passagem mais avançada, Freud formula a ideia de que há um grupo de pulsões cujo objetivo é atingir o final da vida (morte – descarga total) tão rapidamente quanto possível, e outro grupo de pulsões que faz oposição e procura efetuar nova saída e prolongar, assim, a jornada da vida (descarga parcial ligada).

Tendo como suporte a filosofia de Schopenhauer, que compreende a morte como o verdadeiro resultado e propósito da vida, Freud define conceitualmente sua visão dualística da vida pulsional: a pulsão de vida, que é a corporificação da vontade de viver, e a pulsão de morte, que procura descarregar todo o fluxo de energia livre. Citando também Barbara Low e o princípio de Nirvana, ele define a tendência dominante da vida mental e, talvez, da vida nervosa em geral: esforço para reduzir, para manter constante ou para remover a tensão interna.[5] O estado de não tensão é a volta ao inorgânico.

A manutenção do dualismo pulsional é fundamental para pensar o tratamento psicanalítico na clínica. Em casos de compulsão (comida, sexo, jogo, droga, compras etc.) – no presente estudo, a articulação se faz com a obesidade mórbida –, a descarga de energia se efetiva sem ligação com qualquer representação simbólica. De modo repetitivo, a pulsão alcança sua finalidade, que é a satisfação em função da descarga: a regulagem econômica do aparelho "psíquico" exige a descarga. O trabalho psicanalítico impõe à pulsão a necessidade de ligação à representação, e é por intermédio dessa liga simbólica que o aparelho agora definitivamente psíquico (sem aspas) poderá dar conta da finalidade pulsional (descarga) via construção de sentido (*da*) e, portanto, via princípio de prazer – o que implica o sujeito desejante. É essa a grande dificuldade que se enfrenta na clínica dos grandes obesos: a falta do sujeito desejante; o que há é o predomínio da pulsão de morte.

Psicanálise, obesidade mórbida e equipe multiprofissional

Em julho de 2005, o Conselho Federal de Medicina (CFM) publicou uma nova Resolução (1.766/05) estabelecendo normas para esse tratamento. No que se refere à equipe, o CFM considera que, além do cirurgião com formação específica, ela deve ser composta de psicólogo e/ou psiquiatra, assim como clínico, nutricionista e/ou nutrólogo e fisioterapeuta. Assim, o psicólogo recebe, antes da cirurgia, pacientes que, em sua maioria, não apresentam questão ou demanda para análise. A demanda é para cirurgia.

A entrevista de uma paciente candidata à cirurgia exemplifica bem essa problemática na clínica. Diz ela: "Comida é minha droga, não consigo deixar. Sabe, adoro chocolate. Comer o doce é uma forma gostosa de se matar... [pequeno silêncio] de se matar aos pouquinhos". Então ri com intensa satisfação. Ela não traz ao longo da entrevista nenhum tipo de questionamento; não se pergunta por que come chocolate com frequência, apesar de apresentar problemas graves de saúde em função do excesso de peso. Nem tampouco se interessa com o que lhe ocorrerá, já que não consegue deixar de comer o chocolate. "Comida é minha droga, não consigo deixar": ela não se dá conta de que, se essa lógica continuar, ela poderá voltar a ganhar peso após a realização da cirurgia.*

A lógica pode mudar se a pessoa realiza a cirurgia, mas não faz análise? Pode. O que não muda é o funcionamento psíquico compulsivo. Há casos de pacientes que se tornaram alcoólatras, bulímicos, compulsivos por jogo etc. depois da realização da cirurgia. O que justifica a cirurgia são questões de ordem médica. No que se refere ao psiquismo, a equipe multiprofissional estimula e facilita a inserção dos pacientes, operados ou em vias de, em um tratamento psicológico a longo prazo. No meio científico, é uma constatação a dificuldade desses pacientes obesos de se engajarem em um tratamento psicanalítico (ou psicoterapêutico). Isso só confirma as inquietações e reflexões de Freud de que o princípio do prazer não se sobrepõe aos demais processos mentais. Nesses casos de obesidade mórbida, a pulsão de morte fala alto e o sujeito pode padecer novamente: silencia-se, não ligando a pulsão a qualquer representação.

Dessa maneira, operado e sem tratamento psicanalítico, o paciente fica vulnerável ao deslocamento da pulsão de fluxo livre. Essa é a razão pela qual a equipe multiprofissional de cirurgia bariátrica indica análise a seus pacientes.

De outro modo, com o paciente compulsivo (operado ou não) em análise, pode-se pensar que o trabalho seria, de início, essencialmente de nomeação e visaria à transformação de uma quantidade de energia de fluxo livre e sem representação (pulsão de morte) em energia ligada a uma representação (pulsão de vida). O analista ocuparia esse lugar nomeador e isso diminuiria a vulnerabilidade do paciente diante da questão pulsional. A interpretação viria apenas em um momento mais avançado da análise.

Psicanálise, anorexia e bulimia

O bebê humano não é capaz, sozinho, de dar conta de suas necessidades; necessita de Outro que cuide dele, que o alimente. Essa ação de alimentar o bebê é chamada de *ação específica* e deixa uma marca psíquica que funda o psiquismo. Assim, o aparelho psíquico nasce apoiado na biologia, para logo em seguida se separar dela. Quando o bebê sente fome, novamente investe energia psíquica nesse traço de memória em relação ao objeto que saciou sua fome, mas essa energia investida no seio que o alimentou não é suficiente para satisfazê-lo e, desse modo, surge o *desejo* no sujeito. Essa lógica do surgimento do desejo será a mesma para todo desejo do sujeito. Assim, a sexualidade começa a se expressar desde a infância, percorre um longo caminho e sua primeira expressão surge por meio da alimentação. Isso mostra a extensão que o conceito de sexualidade adquiriu em Freud para muito além da sua definição genital. O relacionamento que a criança estabelece com sua mãe no período inicial de sua vida tem importância fundamental no modo como ela vai se relacionar com o mundo. Distúrbios no desenvolvimento nessa fase geralmente se evidenciam mais tarde por traços de dependência excessiva de pessoas, de alimentos, de drogas etc.

Para a Psicanálise, os transtornos alimentares devem ser observados na teoria do desenvolvimento afetivo e sexual e na condição de desamparo, que ganha outro contorno com o conceito de pulsão de morte. Quando Freud introduz uma nova força que vai além do sentir prazer, fica evidenciada a importância do conceito de repetição, considerado constitutivo do próprio conceito de inconsciente, na medida em que revela o movimento da pulsão. Ao se deparar com a compulsão à repetição e com a pulsão de morte, a Psicanálise passa a lidar com aquilo que surge na clínica sem representação; sobre a forma de *passagem ao ato*. Por esse viés, o mais essencial que o conceito de pulsão de morte traz para a teoria psicanalítica e para a prática clínica é a possibilidade de se pensar uma região concebida como o caos pulsional, oposto à ordem do aparato psíquico. A clínica convoca constantemente a lidar com a repetição nos caminhos do sofrimento, levando-se em conta as injunções sociais que produzem subjetividades inseridas em uma cultura de consumo, midiática, saturada de "objetos

---

* Segundo os trabalhos apresentados anualmente nos congressos nacionais organizados pela Sociedade Brasileira de Cirurgia Bariátrica e Metabólica (SBCBM), 10% dos pacientes operados ganham peso entre 5 e 10 anos após a realização da cirurgia. Em geral, o reganho de peso acontece com pessoas que consomem chocolate, leite condensado, sorvete etc. – alimentos hipercalóricos e que se tornam liquefeitos, burlando a contenção física promovida pela cirurgia.

de satisfação", que suprimem a formação de angústia e confrontam o sujeito com a situação de desamparo. Diversos quadros psicopatológicos da nossa era apontam nessa direção na qual, muitas vezes, parecem estar inseridos os transtornos alimentares.

Pelo estudo de trabalhos de autores psicanalíticos que tratam da anorexia e da bulimia amparados por esses fundamentos teóricos, pode-se destacar algumas características marcantes dessas patologias. Inicialmente, é enfática a importância dos aspectos orais presentes, entendidos como um modo de relação que aponta para os primeiros investimentos objetais do Eu. Na fase oral ainda não há diferenciação entre o Eu e o objeto, e a dependência desse objeto é total. Os distúrbios da oralidade são provenientes dessa relação entre o Eu e o objeto, na qual essa extrema dependência e a destrutividade aparecem por meio do sintoma.

Deutsh contribui para a compreensão dos componentes orais presentes tanto na anorexia quanto na bulimia quando aponta como fator característico *o repúdio da sexualidade e a fantasia de fecundação*.[7] Essa fantasia inconsciente consiste no seguinte: a sedução é exercida pelo pai, que engravida a menina pela boca. A mãe se torna a rival e é eliminada pela menina ao fundir-se com ela. A agressividade então dirigida à mãe volta-se para ela. Nesse contexto, a comida também ingerida torna-se venenosa e passa a ameaçá-la de morte. A autora destaca também traços muito frequentes de *voyeuristas e exibicionistas*. Os sintomas se manifestam de uma ausência de olhar materno, do olhar que nutre não só para saciar a fome, mas que, investido de amor, alimenta o bebê de nutrientes psíquicos e lhe transmite a sensação de segurança. A autora pensa que advém daí a necessidade de *olhar as pessoas comer e serem olhadas enquanto comem*.

Para Fenichel[8], nos casos de anorexia, as fixações decorrentes de outras fases regrediram a um momento oral, o que seria potencializado no caso de haver fixações orais que desencadeassem conflitos nessa área. Isso demonstra que ele relacionou a problemática anoréxica à fase oral, mas não excluiu a presença da anorexia em outros momentos do desenvolvimento libidinal. Quando a recusa do alimento tem caráter obstinado, pode estar exprimindo a atitude *como o que quero e quando quero*. Esse aspecto, claramente controlador, denuncia a presença de aspectos anais envolvidos na dinâmica dessas patologias. Essa dificuldade com o controle é até destacada por diversos autores como sendo o principal sintoma da anorexia.

Jeammet[9] entende que o que traria satisfação ao sujeito seria a ilusão de domínio do objeto, já que, com o esvaziamento do corpo, o sentimento de perda se apaziguaria. Esse apaziguamento está diretamente ligado ao triunfo de não precisar satisfazer uma necessidade. Esse autor francês, estudioso da adolescência, sustenta a tese de que, na base das patologias alimentares, estaria uma indiferenciação sujeito-objeto, uma organização extremamente primitiva, que geraria um sentimento de ambivalência, de amor e de ódio em relação ao objeto. Assim, poderíamos dizer que o funcionamento inconsciente de uma anoréxica segue a seguinte lógica: *preciso do objeto para existir e, ao mesmo tempo, me sinto aniquilada por essa necessidade que me impede de ser um sujeito desejante e singular*.

A relação com o alimento também é ambivalente e reproduz o que é vivido com a mãe. Hilde Bruch[10], psicanalista americana, em décadas de trabalho clínico, relacionou diversos aspectos psicopatológicos característicos da anorexia e localizou sua origem na relação *mãe-filha*. Sua tese principal é de que a mãe da adolescente anoréxica não soube interpretar e prover as necessidades psíquicas de sua filha quando bebê. Ela interpretou as necessidades de seu bebê segundo as suas próprias necessidades. Em consequência disso, essa criança não poderia responder adequadamente às próprias necessidades alimentares, não teria um contorno corporal, ocasionando *falhas no processo identificatório e distorções na imagem corporal*. A imagem do corpo é, a cada momento, memória inconsciente das relações vivenciadas e, ao mesmo tempo, é narcísica e interrelacional. Dolto[11] diz a respeito:

> É graças à nossa imagem do corpo sustentada pelo nosso esquema corporal que podemos entrar em contato com o outro. Todo o contato com o outro, quer o contato seja de comunicação ou para evitá-la, é subentendido pela imagem do corpo, pois é na imagem do corpo, suporte do narcisismo, que o tempo se cruza com o espaço, e que o passado inconsciente ressoa na relação presente.

Maria Helena Fernandes[12] salienta que a despreocupação da anoréxica com a perda de peso está diretamente relacionada com a distorção da sua própria imagem corporal, o que parece significar uma dificuldade de discriminação entre dentro e fora, entre o Eu e o Outro, evocando assim a noção de fronteira, de limite, de contorno.

O estar anoréxico diz respeito à busca de um ideal absoluto, de restrição quase absoluta que triunfa sobre a necessidade de alimentação, sobre a sexualidade e sobre as regras de bom senso, evidenciando aí o valor do fundamento narcísico como possibilidade de sustentação subjacente ao conflito psíquico. O anoréxico nada come e deriva daí um gozo oral que é elevado até o nível de ser letal: até o nível da pulsão de morte. A anorexia representa o máximo do gozo oral, do ataque invejoso à mãe e ao seio materno, com objetivo de negar a dependência e a possibilidade de perda do objeto.

É sabido que, sem a função materna adequada, o aparelho psíquico fica à mercê das forças pulsionais. A anoréxica é capaz de consumir-se totalmente a fim de obter o amor do Outro. Nessa sua relação com a mãe, por exemplo, pode-se constatar um viés especular, no qual a mãe investe na filha como sua saída narcísica, para não se haver com sua própria falta, e a filha tende a assumir esse lugar, oferecendo-se como objeto para a falta de sua mãe.

Em função da dependência extrema da filha com a mãe, acredita-se que a adolescência seja um período privilegiado para a eclosão dessas patologias, já que nessa época se inicia um processo de diferenciação e autonomia que exige um desgrude da figura materna. Nesse sentido, recusar o alimento pode significar uma tentativa de descolar da mãe, já que, curiosamente, as anoréxicas/bulímicas possuem um pai fraco que não pode desempenhar sua função de corte da relação da menina com sua mãe. É comum a anoréxica se sentir atrelada ao Outro, pois não reconhece seu desejo e se esconde atrás de uma postura desafiadora e arrogante – um sentimento de impotência.

Psicanálise, anorexia, bulimia e equipe multiprofissional

A anorexia e a bulimia reivindicam cuidados urgentes pelo alto grau de morbidade. É nessas condições de quase morte que os sujeitos se apresentam ou são apresentados à Psicanálise. O trabalho analítico deve visar à transposição para a esfera psíquica da força pulsional que busca a descarga imediata na esfera somática, sem levar em conta a realidade. As construções em análise são oportunidades de oferecimento de representações simbólicas para experiências vividas. Isso requer condições específicas no manejo transferencial, exige criatividade e experiência do analista para estabelecer condições especiais de contato. Em outras palavras, é necessário que se crie um vínculo continente para possibilitar intervenções de caráter mais *ativo*. Algumas tendências médicas marcantes da atualidade utilizam preferencialmente para esses males da contemporaneidade tratamentos medicamentosos. Como já visto, para a Psicanálise, os males que afetam a esfera psíquica não podem ser dissociados da sociedade que os produz. Soma-se a isso o enorme arcabouço teórico-clínico que retira a Psicanálise do âmbito reducionista de simples instrumento de apoio ao tratamento médico e a posiciona ao lado de outros saberes que podem ser mobilizados para atuar sobre as causas desses males promotores de sofrimento dos sujeitos, nos vários âmbitos que esses tratamentos requerem.

A análise de cada caso aponta para uma configuração própria e deve mobilizar esforços de uma equipe multiprofissional pela quantidade e complexidade de variáveis que interagem entre si, evidenciando as especificidades metodológicas inerentes a cada terreno, que devem funcionar de modo complementar.

Considerações finais

Transtornos alimentares fazem parte de uma espécie de moda – e a moda pode ser definida como um padrão que visa à grande massa, algo que vem e vai muito rápido. É uma maneira de estar globalizado, conectado com o mundo. Em 2006, o estilista francês Jean-Paul Gaultier colocou na passarela uma modelo de 132 kg, ironizando a decisão do governo espanhol de proibir modelos muito magras de desfilar. O rígido padrão das passarelas tem levado várias adolescentes à morte, o que desencadeou uma verdadeira "caça à magreza extrema", com projetos de lei e códigos de regulamentações para punir a incitação à anorexia.

Sabe-se que a indústria da moda é uma das grandes impulsionadoras da economia mundial e, por isso, dita os padrões estéticos a serem perseguidos, exercendo uma verdadeira tirania do ideal de beleza. Essa é uma das armadilhas da contemporaneidade que captura adolescentes altamente influenciáveis pelo apelo midiático, colocando a incidência dos transtornos alimentares em patamares altíssimos. Sinais dos tempos atuais, despovoados de palavras e de sentido em que, paradoxalmente, a sociedade pune e tenta conter com regras ineficazes a loucura que ela própria criou.

Quando se fala do aumento veloz de casos de anorexia, bulimia e obesidade, deve-se considerar a grande oferta de produtos de uma cultura narcísica que, ao mesmo tempo que expõe a falta, não tolera a imperfeição. Apesar das inúmeras maneiras pelas quais se apresenta o sofrimento psíquico, a abordagem e a compreensão desses transtornos permanecem ainda um mistério em razão das diversas implicações subjetivas presentes no comportamento alimentar. É preciso lembrar que uma análise é uma ação de saúde mental e o seu objeto é o sujeito em sofrimento. É com a utilização de seus instrumentais – da transferência e da interpretação – que se pode criar condições de um contato mais criativo e mais vivo com esses pacientes, a fim de torná-los sujeitos desejantes implicados em seu tratamento e em sua vida.

Referências bibliográficas

1. American Psychiatric Association. Diagnostic and Statistical Manual of Mental Disorders (DSM-IV). 4. ed. Washington, DC: American Psychiatric Association; 2000.
2. Bidaud E. Anorexia. Rio de Janeiro: Companhia de Freud; 2008.
3. Freud S. Edição standard brasileira das obras psicológicas completas de Sigmund Freud. v. 1. Rio de Janeiro: Imago; 1996. Publicações pré-psicanalíticas e esboços inéditos. Rascunho G – melancolia (1895). p. 246-53.
4. Birman J. A psicopatologia na pós-modernidade: as alquimias do mal-estar na atualidade. Rev Latinoam Psicopatol Fund. 1999;2(1):35-49.
5. Freud S. Edição standard brasileira das obras psicológicas completas de Sigmund Freud. v. 18. Rio de Janeiro: Imago; 1996. Além do princípio do prazer (1920-1922).
6. Freud S. Edição standard brasileira das obras psicológicas completas de Sigmund Freud. v. 5. Rio de Janeiro: Imago; 1996. A interpretação dos sonhos (1900-1901).
7. Deutsch H. Anorexia nervosa. In: Uribarri R, organizador. Anorexia e bulimia. São Paulo: Escuta; 1999. p. 9-19.
8. Fenichel O. The psychoanalytic theory of neurosis. New York: W.W. Norton; 1945.
9. Jeammet P. A abordagem psicanalítica dos transtornos das condutas alimentares. In: Uribarri R, organizador. Anorexia e bulimia. São Paulo: Escuta; 1999.
10. Bruch H. Eating disorders: obesity, anorexia nervosa and the person within. New York: Basic Books, Harper Torchbooks; 1973.
11. Dolto F. A imagem inconsciente do corpo. São Paulo: Perspectiva; 1992.
12. Fernandes MH. Transtornos alimentares. 2. ed. São Paulo: Casa do Psicólogo; 2006. (Coleção Clínica Psicanalítica).

Bibliografia

Ambulatório de bulimia e transtornos alimentares da USP. Produzido por HCFMUSP [Acesso em 1 fev 2016]. Disponível em: www.ambulim.org.br.
Brusset B. A Bulimia. São Paulo: Escuta; 2003.
Freud S. Edição standard brasileira das obras psicológicas completas de Sigmund Freud. v. 7. Rio de Janeiro: Imago; 1996. Três ensaios sobre a teoria da sexualidade (1905).
Freud S. Edição standard brasileira das obras psicológicas completas de Sigmund Freud. v. 14. Rio de Janeiro: Imago; 1996. Sobre o narcisismo: uma introdução (1914-1915).
Instituto Garrido. [Acesso em 9 nov 2016]. Disponível em: ww.institutogarrido.com.br.
Laplanche J, Pontalis JB. Vocabulário da psicanálise. São Paulo: Martins Fontes; 2001.
Lasch C. A cultura do narcisismo. Rio de Janeiro: Imago; 1983.
Miguelez O. Narcisismos. São Paulo: Escuta; 2007.
Weinberg C, organizador. Transtornos alimentares na infância e adolescência. São Paulo: Sá Editora; 2008.

14 Violência Doméstica na Visão Psicanalítica

Patrícia França Proença

Todo homem mata aquilo que ama.
Oscar Wilde

Introdução

Este capítulo tem como objetivo compreender a violência doméstica com fundamento em conceitos desenvolvidos pela Psicanálise e discutir as estruturas inconscientes dessa dinâmica, considerando se tratar de uma questão muito ampla e que atinge – de uma maneira terrivelmente silenciosa e dramática – crianças, adultos (homens ou mulheres) e idosos, e atravessa todos os grupos sociais, independentemente de classe, idade, etnia, religião, cultura ou região.

O estudo desse tema é extremamente relevante em virtude do imenso sofrimento a que suas vítimas ficam suscetíveis e que impede seu adequado desenvolvimento mental, emocional e físico. Torna-se necessário, além de entender a questão da vítima da violência, também buscar o entendimento sobre o agressor e como foi seu desenvolvimento psíquico, seus conceitos e valores para que culminassem em determinados comportamentos violentos.

Para se pensar a violência doméstica de maneira mais ampla, há que se considerar "as bases e o desenvolvimento histórico que determinam as formas que a violência assume ao longo da organização das sociedades".[1]

Raggio[2] propõe "concentrar nossa atenção no bosque, antes que nas folhas":

> As raízes histórico-sociais da violência, o bosque, e o inconsciente individual, as folhas, formado por fantasias edípicas, desejos e alicerçado por um superego de características variantes são processos inerentes ao sujeito social. A análise do sujeito e a análise da família consistem em inserirmos a discussão do homem como um sujeito em que a história e a violência imprimiram suas marcas.[1]

Psicanálise e violência doméstica | Breve histórico

De acordo com Freud[3], o inconsciente é a expressão manifesta do *pathos* (que significa sofrimento e origina as palavras paixão e passividade), e a Psicanálise nasce e se desenvolve da investigação do psiquismo inerente à noção da psicopatologia.

A violência doméstica, desde a origem da Psicanálise, é investigada e abordada por Freud, pois o artigo "Totem e tabu" busca explicar as questões da Psicologia Social, relacionando o totemismo (sistema que seria a base da organização social de todas as culturas, marcado por relações de respeito e proteção entre os integrantes do clã e o totem, com base em normas de costume) aos vestígios da infância, e procura compreender a passagem do clã totêmico para a família.

> A partir do mito da horda primeva, Freud descreve uma situação em que os filhos expulsos matariam e devorariam o pai tirânico, colocando fim à horda patriarcal – o fato de devorarem o pai fazia com que se identificassem com ele (adquiriam parte de sua força).
> O autor destaca a presença de sentimentos ambivalentes dos irmãos perante o pai: ao mesmo tempo que o odiavam (por representar um obstáculo aos seus desejos), o amavam e o admiravam.[4]

Essa ambivalência levaria a um sentimento de culpa, tornando o pai morto mais forte do que fora vivo. Nesse texto, Freud dá grande ênfase à proibição do incesto e destaca que houve a necessidade do veto para preservar a vida em grupo, uma vez que os desejos sexuais dividiriam os homens, impedindo sua união (os irmãos desejavam assumir o lugar do pai e queriam todas as mulheres para si).

Oliveira e Araújo[5] apresentam um questionamento sobre a crença de que a cultura tem sua origem na e pela violência, que nasceu em "Totem e tabu", em que Freud propõe a gênese da cultura criando o "mito das origens" da proibição do incesto e do assassinato do pai primitivo. No entendimento das autoras, a violência é o emprego desejado da agressividade, com fins destrutivos, e esse desejo pode ser voluntário, deliberado, racional ou inconsciente, involuntário e irracional; diferente do instinto e da agressividade dos animais, que possuem um objeto fixo (a presa) e biologicamente predeterminado, sendo a violência com fins de destruição algo especificamente humano.

Já para Costa[6], "nos revoltamos contra a violência porque sabemos que nada que o homem fez e que o torna humano nasceu da violência e sim contra ela". O autor entende ainda que a ação agressiva ganha o significado de ação violenta a partir do momento que a pessoa violentada percebe no violentador o desejo de destruição (desejo de morte e de fazer sofrer). A violência, portanto, não é uma propriedade do instinto e somente existe quando há um desejo de destruição comandando a ação, e que é percebida pelo sujeito que a sofre.[5]

A ideia de pulsão agressiva foi considerada por Freud em 1920 em "Além do princípio do prazer", pelos conceitos das pulsões de vida e de morte, estudando também as relações que podem existir entre o narcisismo e a agressão.[7] A violência natural ou fúria narcísica primitiva corresponderia ao potencial imaginário reparador, graças ao poder experencial que resulta dele. Os transtornos da negociação relacional constituem um perigo posterior.[8]

Em "O mal-estar na civilização" (1930), Freud afirma que o sofrimento nos ameaça de três formas: pelo nosso corpo (condenado à decadência e à dissolução), pelo mundo externo, que pode voltar-se contra nós, e pelos nossos relacionamentos com os outros seres humanos, sendo esta última a forma de sofrimento mais penosa de todas.[9]

Nesse texto, Freud aponta os "instintos destrutivos" dos seres humanos, porém, é necessário ter muita cautela ao ponderar sobre a violência e a agressividade na teoria freudiana, pois há uma confusão entre os termos empregados pelo autor.[9] Em "Reflexões sobre os tempos de guerra e morte" (1915), por exemplo, Freud se refere à agressividade como "instintos maus e egoístas"; já em "O mal-estar na civilização", menciona uma "agressividade constitucional" ou "pulsões humanas de agressão"; e somente em "Por que a guerra?"(1933) vai dizer que a violência não é uma "pura impulsão irracional", mas um meio que os indivíduos encontram de instaurarem o direito, a lei e a justiça.[9-11]

Com base nesse entendimento, Costa[6] conclui que "não existe um 'instinto de violência', e sim um instinto agressivo que pode coexistir perfeitamente com a possibilidade do homem desejar a paz e ao mesmo tempo empregar a violência".

Compreender a violência na perspectiva da Psicanálise é importante para ampliar a discussão e para pensar nas articulações possíveis com a perspectiva de sua ética, que exige que se olhe a "mulher", o "homem", o "sujeito", como uma construção mutante, segundo Kehl.[12]

Melanie Klein[13] vê a agressão como a manifestação da pulsão de morte que apresenta certas derivações, como sadismo, ódio e inveja (inatas). Já Winnicott[14] acredita que é o ambiente externo que exerce influência sobre o modo como o bebê irá lidar com a sua agressão inata:

> [...] em um ambiente bom, a agressão passa a integrar a personalidade individual como energia proveitosa relacionada ao trabalho e ao brincar, ao passo que em um ambiente de privação a agressão pode vir a se tornar carregada de violência e destruição.

Para Winnicott[14], a sociedade está ameaçada não tanto pelo comportamento agressivo em si, mas, sobretudo, pela repressão que o indivíduo faz de sua própria agressividade. O autor se refere amplamente aos mecanismos de identificação com o agressor e ao conceito de controle onipotente dos fenômenos interiores.

Fundamentos teóricos

Bion[15] entende a violência como a expressão física tanto do amor quanto do ódio, desvinculados do interesse pela vida e pela verdade. Já segundo La Violette e Barney[16], normalmente a violência na família é conhecida como violência doméstica, pois se encontra no espaço onde se entrelaçam as relações de intimidade e de afetos, sendo muitas vezes justificada na cultura, nas tradições e na socialização. Pode ser "encorajada" pela família, pelos grupos de pares, pelas instituições, pela literatura dos contos de fadas e pela religião, que incentivam as vítimas a terem esperança, a acreditarem que elas podem transformar os seus agressores e que devem ser perseverantes para alcançarem êxito.

De acordo com Adamo[17], logo que um bebê nasce, necessita urgentemente sentir que pertence a uma família. Porém, se um ambiente não se ajusta adequadamente a esse contexto específico, contribui para o desenvolvimento de indivíduos que sofrerão constantes ameaças de desintegração do Ego, por este não propiciar a discriminação de fatos e de fantasias. O Ego, com o objetivo de se proteger da ansiedade excessiva produzida pelo contato com experiências que não podem ser assimiladas, desenvolve um sistema de defesas altamente organizado e vigorosamente mantido, no qual predomina a negação e a repressão, distorcendo o contato do indivíduo com a realidade, obstruindo o acesso à consciência e eliminando os conteúdos mentais afetivos e ideativos, favorecendo, dessa maneira, a estruturação de um campo fértil para a disseminação da violência.[17] Adamo[17] defende ainda a hipótese de que, quando os acontecimentos primordiais da vida são negados e distorcidos, consequentemente acabam se desenvolvendo distúrbios afetivos e de personalidade.

> *A psicanálise tem relacionado a incapacidade de reconhecimento da existência e do valor do outro com patologias narcísicas, com a ferida narcísica, aos ressentimentos associados a ela e às defesas utilizadas para evitar qualquer experiência de separação.[17]*

A autora enfatiza também que o desenvolvimento de um "psiquismo capaz de distinção e integração de mundo interno e externo" constitui-se por meio de um "processo intersubjetivo" e do mecanismo que Klein denominou identificação projetiva, ou seja, o processo pelo qual estados emocionais provenientes da fantasia inconsciente de uma pessoa passam para outra, o que é visto como um fenômeno patológico (defesa contra conteúdos mentais intoleráveis).[17]

Bion[14] postula uma identificação projetiva realista em que o bebê não consegue metabolizar, sozinho, conteúdos mentais intoleráveis; porém, à medida que o objeto externo é capaz de acolher suas fantasias, decifrá-las, nomeá-las e devolvê-las à criança de modo menos virulento, esta consegue introjetar esse objeto externo e desenvolver suas funções mentais.

> *Quando a realidade externa se torna uma réplica da realidade interna, a identificação projetiva deixa de ser [...] instrumento de experimentação e passa a ser utilizada como defesa, uma forma de se livrar de conteúdos mentais intoleráveis.[17]*

De acordo com Newman[18], Winnicott considera que amor e ódio são os principais elementos que constroem as relações humanas; porém, esses sentimentos muitas vezes despertam o medo e o consequente sintoma da agressividade, sendo uma tarefa difícil identificar suas origens, pois se trata de um sintoma escondido, disfarçado, desviado e atribuído a agentes externos. Winnicott[14] afirma que "quando as forças cruéis ou destrutivas ameaçam dominar as forças de amor, o indivíduo tem de fazer algo para salvar-se", e ele põe para fora o seu íntimo, dramatiza exteriormente o mundo interior, representa ele próprio o papel destrutivo, fazendo, dessa maneira, com que o seu controle seja realizado por uma autoridade externa.

Klein[13] investigou a destrutividade existente na natureza humana e começou a dar-lhe sentidos psicanalíticos, pois pode parecer simples entender a destrutividade quando diretamente ligada à raiva resultante de uma frustração, ao ódio de alguma coisa reprovada ou em reação ao medo; o difícil é assumi-la em relação ao objetivo sentido como bom, relacionado com o amor.

A Psicanálise, segundo Raymond[19], utiliza amplamente a noção de violência como força brutal para dominar alguém e também como o ato pelo qual se exerce essa força. A agressividade é conceituada como um estado, uma tendência, uma qualidade dos seres vivos, sobretudo do sujeito.

Para Lorenz[20], a análise da violência no indivíduo implica em uma dupla distinção entre agressividade e agressão. Agressividade é um instinto normal do ser, a serviço da vida individual e de sobrevivência da espécie; como qualquer outro instinto, possibilitando a progressão profissional e social, é uma disposição útil e reguladora do ser social. A agressividade só é perigosa quando se converte em agressão (que é um ato caracterizado por violência), quando existe o desejo de prejudicar o Outro.

Bergeret[21] defende que a capacidade de violência da natureza humana existe pelo simples fato de que o homem é o que é: um ser dotado de paixão, cólera, ciúme e também um ser com necessidades. A concepção de Bergeret compreende a existência de quatro aspectos que devem ser considerados para representar seu ponto de vista sobre a violência:

- A agressividade corresponde a um objeto definido no registro da identificação secundária e se trata de um objeto edípico. A violência fundamental, ao contrário, se centra no esforço da identificação da identidade primária narcisista. O objeto exterior está apenas no curso da individuação – pulsões de autoconservação que se remetem ao medo e ao terror
- A agressividade busca fazer dano ao objeto de maneira muito específica, eventualmente

destruindo-o ou pelo menos o fazendo sofrer, mesmo que a violência fundamental se interesse, sobretudo, pelo sujeito e sua conservação
- A agressividade põe em jogo as vicissitudes da união e desunião das pulsões amorosas com as tendências hostis que as acompanham e a noção de angústia referida aos registros da sexualidade. A violência fundamental não pode ter nenhuma ambivalência afetiva, como amor e ódio, já que constitui a entrada imaginária pré-ambivalente com os fantasmas primitivos (são os primeiros a reagir com relação ao Outro, com o entorno e com a relação objetal)
- A agressividade resulta da pulsão de morte, mesmo que a violência fundamental no conceito de Bergeret permaneça como marco narcisista dos instintos. Essa violência se situa ao lado do grupo das pulsões chamadas de autoconservação, segundo as teorias instintivas de Lorenz.[20,21]

Desse ponto de vista, pode-se ver como as pulsões se estruturam, sendo necessário considerar as diferenças que existem entre a energia libidinal e dinamismo, destinado, sobretudo, a garantir o domínio do entorno e a formação do capital psicoafetivo do indivíduo. As carências patológicas futuras conduzirão, porém, a desordens de violência e desequilíbrios emocionais.

Segundo Raymond[19], o ponto de vista psicodinâmico e psicanalítico afirma a existência de uma agressividade primária, original, bastante universal e mais específica, que se diferencia de uma agressividade secundária, que envolve uma elaboração bastante complexa e vinculada com a relação. O autor propõe que os fantasmas agressivos também são agredidos e têm a mesma natureza, tal como o homicida pode constituir o outro lado do suicida.

Princípios básicos

A violência doméstica aponta não somente para uma "dinâmica viciosa de privação e traumas", mas essencialmente para uma "falta de experiências emocionais que possam ser significadas e alcançar representações em símbolos", indicando uma "profunda incapacidade de seus membros para viverem as emoções e pensá-las de forma a propiciar uma integração permanente de novas experiências que ampliam a possibilidade de conhecimento".[17]

May[22] conclui que as atividades humanas mesclam formas positivas e negativas de agressão.

O autor compara, citando Anthony Storr, a luta com o ato de fazer amor nos humanos e pontua que, frequentemente, as brigas entre amantes terminam em relações sexuais, configurando uma estranha relação entre combatentes e amantes.

Winnicott[14] diz que a energia reprimida constitui um perigo potencial para o indivíduo e para a comunidade, pois a violência impera e torna-se um caminho de explosão e descarga tensional na busca de um senso de significação do sujeito, em situações nas quais a agressão se torna ineficaz. Por outro lado, para Winnicott[14], a agressão tem dois significados: constitui, direta ou indiretamente, uma relação à frustração e é uma das muitas fontes de energia do indivíduo, pois toda agressão que não é negada é aproveitável para dar força ao trabalho de reparação e restituição. Por trás de todo o jogo, trabalho e arte, está o remorso inconsciente pelo dano causado na fantasia e um desejo de começar a corrigir as coisas.

Segundo Gerald Chrzanowski, citado por May[22], a agressão está associada a um objeto ao qual é direcionada a fúria e, na violência, a relação com o objeto é danificada. "O modo como o indivíduo é capaz de interpretar o mundo à sua volta é decisiva na disposição para rivalizar com o Outro."[1] A violência, dessa maneira, constitui-se em uma organização dos poderes da pessoa, visando provar o seu próprio poder e estabelecer o valor do Eu, porém omitindo a racionalidade. May pontua ainda que

> [...] violência e comunicação são excludentes e que quando uma pessoa tem um acesso de cólera a capacidade de falar é bloqueada e a energia é transferida para os músculos, no preparo primitivo para o ataque e a luta. Significa que foram desfeitas e desorganizadas as possibilidades de comunicação e entram em cena a agressão e a violência. A linguagem, quando utilizada para despertar emoções de origem agressiva nas pessoas, pode ser tão violenta quanto a força física, de forma que a incapacidade de comunicar-se denuncia a deterioração dos vínculos entre as pessoas.[1]

Guerra[23] descreve a violência doméstica como violência intersubjetiva e interpessoal, com abuso do poder disciplinador, originando um processo de vitimização e imposição de maus-tratos.

Segundo Koller[24], na cena da violência doméstica, o sujeito transgride não somente as normas sociais, mas invade a intimidade e a organização afetiva e corporal do Outro, utilizando-se da persuasão e do controle para manter a vítima na condição de dominado e subjugado.

Para investigar a origem da agressividade, Winnicott tentou entender desde as primeiras "pancadas" infantis (no ventre materno) que atenderam ao impulso de explorar e contribuir, levando o bebê a descobrir um mundo que não é o seu "Eu", descobrindo o "Outro"; começa aí, portanto, uma relação com os objetos externos. O que se transforma em agressividade é, no início, uma inclinação e um desejo de juntar-se, conforme aponta Newman.[18]

Segundo Abram[25], Winnicott entende que, posteriormente, para ser "digna" de amor, a criança busca obter algo fora de si mesma por meio da voracidade (fusão original de amor e agressão), que pode ser cruel e dolorosa (pois põe em risco o que ama) mas, ao mesmo tempo, acarreta gratificação e paz. Essa ambivalência de sentimentos faz com que o bebê busque uma conciliação e permita-se ter satisfação, evitando ser excessivamente perigoso. Tal mecanismo, por sua vez, o frustra e, para evitar odiar alguma parte de si mesmo, procura encontrar alguém para frustrá-lo e que suporte ser odiado. Outro recurso utilizado pelo bebê é separar o que pode causar dano daquilo que é menos provável que o cause; por exemplo, morder pode ser desfrutado em objetos que não podem sentir. Desse modo, os elementos agressivos do apetite podem ser isolados e poupados para serem utilizados quando a criança está furiosa, e mobilizados para combater a realidade externa percebida como má.

Todo esse complexo processo, se não for elaborado adequadamente, poderá desencadear reações e comportamentos violentos, pois não houve a elaboração desses mecanismos.

Analisar o comportamento do bebê, porém, deixa de fora a riqueza da personalidade, que é produto do mundo de relações internas que o indivíduo está construindo o tempo todo por meio do dar e receber psíquicos. Deve haver, assim, um entendimento global de todos os mecanismos envolvidos.

Outro importante fator a ser considerado é que o ódio ou frustração ambiental desperta reações controláveis ou incontroláveis no indivíduo, conforme o montante de tensão que já existe na sua fantasia inconsciente. Portanto, responsabilizar somente o ambiente externo pela violência configura-se em um argumento sem maiores fundamentos. Pode-se considerar também, de acordo com Winnicott[14], as características individuais de cada criança, pois um indivíduo mais ousado tende a obter alívio na manifestação aberta de agressão e é feliz por descobrir que a hostilidade manifestada é limitada e consumível.

Já a criança tímida encontra essa agressividade não no Eu, mas em outro lugar, o que a leva a sentir medo ou ficar apreensiva na expectativa de que o mundo externo se volte contra ela.

Essa sensação jamais alcança um termo satisfatório, fazendo com que a criança continue à espera de dificuldades e mantenha a agressividade dentro dela, o que a torna tensa e excessivamente controlada (com possíveis surtos periódicos de sentimentos e condutas agressivas e explosões de raiva), além de ter um certo grau de inibição de todos os impulsos e da sua capacidade criadora.

Algumas crianças tendem a demonstrar a agressão como autodefesa contra ataques imaginados, sentindo que o suprimento de proteção poderá esgotar-se e terá de ser fornecido por ilusões, ficando sempre na expectativa de perseguição.

Monahan[26] desenvolveu uma tabela de evolução clínica da violência e da periculosidade constituída por nove pontos:

- Acontecimentos que provocaram a violência anterior ou ameaças de violência e seu contexto específico
- Características demográficas relativas ao indivíduo (verificar se o indivíduo provém de meios desfavorecidos ou abastados)
- História de violência anterior do indivíduo (violência com animais, com brinquedos, permanência das imagens parentais)
- Probabilidade de encontrar a violência entre os indivíduos que apresentam as mesmas características dos sujeitos implicados
- Tensões atuais de toda natureza
- Fatores cognitivos e afetivos que denotam uma propensão à reação violenta (ou não) e ao estresse (egocentrismo cognitivo e fontes de impulsividade)
- Semelhança do ambiente de vida atual com o meio anterior em que a violência se manifestou
- Disponibilidade futura das vítimas eventuais
- Disponibilidade dos meios que permitem cometer atos de violência.

O autor destaca ainda que a probabilidade da violência futura aumenta a cada ato de violência.

A partir de 1960, o incesto foi considerado abuso sexual, e o alcoolismo era considerado a causa desse tipo de agressão e das disfunções das relações intrafamiliares. Na Idade Média, até o período compreendido entre as guerras mundiais, era frequente compartilhar a cama com as crianças: havia uma promiscuidade massiva que favorecia o incesto. Atualmente, a maioria dos estudiosos está de acordo ao afirmar que o abuso sexual pode ocorrer em qualquer tipo de família.

Vários autores se dedicaram a descrever a relação positiva que une o agressor e sua vítima em uma situação de redução dos perímetros de autonomia respectivos, conhecida como síndrome de Estocolmo, que inclui a ideia da identificação das vítimas com seus agressores.

Com base nos trabalhos de Bigot[27], alguns autores preferiram ver esses esquemas de comportamentos paradoxais (cujo extremo se manifesta no casamento da vítima com seu sequestrador) como efeitos de reorganizações de uma situação de estresse não patológica.

A ideia geral é que, se a situação extraordinária pode fabricar indivíduos do mesmo tipo, é necessário lembrar que, na síndrome geral de adaptação, essa solidariedade com o agressor é uma atitude normal, simplesmente para conservar a vida. Essa solidariedade ou identificação é considerada, portanto, um fenômeno normal de adaptação a uma agressão, tida, porém, como paradoxal pelo sujeito fora dessa situação, segundo Raymod.[19]

Se a síndrome de Estocolmo se caracteriza pela identificação da vítima com o agressor ou com a sua solidariedade, considerando os mecanismos de sobrevivência confusamente conscientes por parte do refém, Bigot[27] levantou a hipótese de persuasão coercitiva, que consiste na ideia de que o agressor pode causar danos físicos ao refém e este pode provocar lesões no narcisismo do agressor. Essas são facetas de um mesmo fenômeno da relação entre agressor e agredido que dependem de múltiplos fatores.

Fases do tratamento

Adamo[17] aponta que o reconhecimento da realidade, a certeza da morte e da perda (que todas as coisas e pessoas têm um fim), leva à experiência do luto, que confronta os limites do ser humano. Essa elaboração é necessária para que os valores do indivíduo não se tornem distorcidos e perversos, pois à medida que não se é capaz de realizar o reconhecimento de ter sido ferido e danificado ou de se ter ferido um Outro, a violência não pode ser interrompida.

Segundo Fonagy e Target[28], há modos de percepção da realidade psíquica que se tornam cada vez mais integradores, estabelecendo um modo reflexivo de experiência psíquica, na medida em que tornam possível a distinção e a integração entre espaço interno e externo, constituindo um importante componente do processo de individuação. Amplia também a comunicação, pois torna viável a representação clara do estado mental do Outro e ajuda o indivíduo a alcançar um nível mais elevado de intersubjetividade, possibilitando-lhe ter experiências mais profundas com os outros e uma vida sentida como mais significativa.[17] Ao externalizar o mundo interno, pode-se também percebê-lo e reconhecê-lo.

> À medida que o modo reflexivo propicia o reconhecimento de que uma representação é somente uma representação, que uma ideia é só uma ideia, e que um sentimento é só um sentimento, apresenta-se como o alicerce para o pensamento simbólico.[17]

Winnicott[14] diz que, se na vida instintiva existe esperança, o indivíduo pode usufruir de impulsos instintivos (agressivos) convertendo-os em bem na vida real (brincar e trabalhar) por meio da sublimação. Se a destruição for excessiva e incontrolável, a criança pode negar a propriedade de fantasias más ou dramatizá-las.

Deve-se desenvolver no indivíduo a capacidade de colocar-se no lugar do Outro, gerando um benefício na medida em que o autodomínio começa a se desenvolver ao lado de certo respeito pelos outros e uma proteção contra aquilo que seria crueldade.

Raymond[19] supõe que a aparição de um episódio de fúria narcisista durante o tratamento pode significar uma progressão do trabalho analítico. O *acting out* agressivo no comportamento deve temer quando a negociação imaginária é irrealizável.

A periculosidade se constitui na incapacidade da pessoa de manejar os imperativos e as vicissitudes da realidade, as exigências do seu entorno e as pressões da sua organização pulsional. Alguns indivíduos, por outro lado, podem ser perigosos para si mesmos, porque o valor autoagressivo não tem as mesmas consequências que o heteroagressivo.

Conforme apontam Oliveira e Araújo[5], a partir dos conceitos apresentados por Nasio[29], "a reconstrução da memória seria uma implicação que se volta contra a saturação e a indiferença", e tornaria possível a "transformação dos resíduos das marcas mnêmicas, sem que estes precisem ser recalcados, possibilitando o verdadeiro desligamento das cargas libidinais fixadas às representações das vivências traumáticas".

> Além disso, a dor do agravo cometido fica marcada no inconsciente, e seus retornos podem assumir outras formas além da lembrança do(s) episódio(s). A pessoa que sofreu um trauma pode se lembrar das circunstâncias em que ele ocorreu, reencontrar sensações insuportá-

veis que experimentou e viver com o medo de um novo traumatismo. [...] A dor provocada pela violência pode surgir [...] numa lesão psicossomática e também na consciência, transfigurada em outro tipo de afeto (como a culpa, que é uma angústia opressora), como um ato impulsivo ou pela compulsão à repetição do afeto não elaborado.[5]

Tendo em vista essa realidade, o psicanalista deve levar em conta todo o contexto em que o indivíduo está inserido e avaliar sua possibilidade de ressignificar inúmeros conceitos e sentimentos que o restringem a reagir de maneira violenta ou de se submeter a situações de agressão constante.

O grande desafio da violência doméstica, de acordo com Neves e Romanelli[1], é fazer com que a vítima seja claramente identificável e consiga sair de sua posição inerte e de sofrimento, superando a dificuldade de encontrar alternativas de apoio, seja pela ameaça sofrida, seja pela ausência de elementos norteadores de auxílio.

Relação terapêutica

Adamo[17] aponta que a complexidade da tarefa exigida do profissional que trabalha com a violência doméstica "pressupõe muito estudo teórico, supervisão e autoconhecimento", pois ele acaba sendo alvo das identificações projetivas da família. O profissional terá de ser "capaz de acolhê-las, decifrá-las, nomeá-las, propiciando, assim, que as experiências emocionais provenientes das fantasias inconscientes possam ser pensadas e evoluídas", em vez de "'encenadas' com violência".

É difícil recorrer a todas essas informações na prática clínica; porém, alguns elementos são fundamentais para nortearem o manejo da análise, tornando-se evidente a importância da transferência e contratransferência, a avaliação da desabilidade social, verificar os mecanismos de projeção e entender adequadamente o jogo de atitudes da dinâmica familiar.

Principais técnicas

Winnicott[14] sugere que a agressividade é a dramatização da realidade interior que é ruim demais para ser tolerada como tal e não pode ser usada na sublimação; essa relação só pode ser reconstruída por tratamento psicanalítico.

Por meio do tratamento analítico os indivíduos podem alterar seus "eus" internos por novas experiências de incorporação e projeção e encontrar formas seguras de eliminar a agressividade.

A utilização de jogos ou trabalhos que envolvam ações diferentes do indivíduo, para que possam ser desfrutadas com prazer, provoca a eliminação do sentimento de frustração e ofensa, sentindo inconscientemente que está expulsando a agressividade pelos movimentos do corpo.

Perfil do paciente que se beneficia da abordagem psicanalítica

De maneira geral, a vítima de violência doméstica apresenta baixa autoestima e se encontra ligada à relação com o agressor, demonstrando aceitação e incapacidade de se desvincular daquele ambiente em razão de uma dependência emocional ou material, de acordo com La Violette e Barney.[16] Esses autores também postulam que o agressor comumente acusa a vítima de ser responsável pela agressão. A vítima, por sua vez, toma para si uma enorme culpa e vergonha, apresentando também o sentimento de traição, pois o agressor promete que não repetirá esse tipo de comportamento, porém sempre o faz. Adamo[17] destaca que

A violência, ao invés de ser reconhecida, passa a ser representada como um "benefício", como punições que são exercidas para o "bem". A realidade pode ser distorcida sob o efeito do ciúme, inveja e sentimentos de exclusão experimentados em estado bruto.

Raymond[19] sugere um perfil da pessoa potencialmente violenta, elencando as características de sua personalidade demonstradas por ela:

- Impulsividade
- Instabilidade emocional
- Excitabilidade
- Intolerância à frustração
- Necessidade de gratificação imediata
- Impossibilidade maior de programar o futuro
- Não há fixação da experiência (a repetição é a regra do jogo)
- Relação objetal difícil e instável
- Egocentrismo cognitivo e afetivo acentuado
- Baixa autoestima, muitas vezes mascarada com uma aparência de maior segurança
- Ausência de autocrítica.

Há interferência de outros aspectos que podem alimentar o imaginário no agressor, como o consumo de álcool e drogas, instabilidade geral de uma pessoa em diferentes modos de funcionamento com relação à sua existência, ameaças verbais de violência, transtornos de personalidade tipo paranoide ou narcisista e semelhança entre acontecimentos passados, presentes ou futuros (noção de trauma) relativos ao contexto da violência.

Também é interessante destacar que nas investigações de Tyrode e Bourcet[30] são descritos os tipos de famílias incestuosas, ou seja, em que a violência predominante é a sexual:

- Família rígida e totalitária na qual o pai assume a posição de tirano doméstico e sua mulher é submissa e está conforme à sua autoridade. As transações familiares são rígidas e a norma é o isolamento e a ausência de comunicação. O pai racionaliza o incesto e as filhas são submetidas ao terror. Às vezes, a mãe suspeita do abuso e, no caso de denúncia das filhas, as acusa de mentirosas. Na biografia desses pais tirânicos podem ser encontradas práticas incestuosas familiares transgeracionais. Alguns negam a fragilidade afetiva e sua escassa autoestima, adotando uma posição de onipotência
- Família fusional, em que os membros se confundem entre si e se entregam com abnegação uns aos outros. O pai se dedica muito a seus filhos, em certo modo é seu escravo, mas em contrapartida espera que se fusionem cada vez mais. As relações se sexualizam pouco a pouco em um clima afetivo no qual a mãe cede seu lugar ao marido. Esse tipo de pai não resolveu seu complexo de Édipo e a relação com sua própria mãe aconteceu em um ambiente incestuoso. Se há a denúncia do incesto, o pai não negará e se sentirá culpado
- Família caótica na qual a instabilidade e a insegurança são a norma. Não existem regras permanentes. A carência é educativa e cognitiva. Esse tipo de família tende a isolar-se socialmente em razão da desconfiança do entorno e de um sentimento de vergonha de seu modo de vida. Em geral, os mais jovens sofrem assaltos incestuosos dos mais velhos e, caso o abuso seja descoberto, há dificuldade para reconhecer que cometeram um delito. Em geral, o pai é imaturo e impulsivo e não integrou as regras sociais.

As mães participam do incesto em menos de 10% dos casos (metade são deficientes mentais). As mães incestuosas têm os diagnósticos psiquiátricos de distimia, alcoolismo, psicose e estado limítrofe (*borderline*), além de relatarem sofrer de problemas afetivos e solidão. Em suas biografias, pode-se encontrar a rejeição dos pais e/ou abusos sexuais sofridos na infância. Dificilmente assumem o papel de mãe. Algumas parecem onipotentes, coisificando seus filhos, que podem ser objeto de seus desejos. Outras mães, deprimidas, participam das práticas incestuosas de seus maridos ou mantêm relações incestuosas com seu filho deficiente físico, por exemplo (o ato é induzido em virtude da frustração sexual de seu filho – ajuda na masturbação inicial, que pode conduzir a outras atividades genitais).

No que se refere à personalidade dos agressores, os traços psicológicos mais frequentes dos pais incestuosos são a insatisfação com si mesmos, o autoritarismo, a onipotência, a perversão e a reprodução do vínculo edípico por intermédio do filho.

Contexto de atendimento

O atendimento psicanalítico individual, tanto para o agressor como para a vítima, é muito importante; porém, deve-se considerar o nível de violência em que eles estão envolvidos, pois se a agressividade os coloca em situações nas quais há risco iminente, essa abordagem deve ser cuidadosamente avaliada, em virtude do tempo de *insight* de cada pessoa.

Adamo[17] afirma que trabalhar a questão da violência em grupo favorece a possibilidade de estarem todos juntos, sendo ao mesmo tempo testemunhas e participantes do relato de cada um. Isso abre um "espaço profícuo para o reconhecimento de um modo de funcionamento grupal", no qual o Outro é "uma réplica do próprio Eu", "o externo espelha o interno", e "fantasia e realidade estão embaçadas e distorcidas".

Considerações finais

É necessário, conforme destaca Adamo[17], reconhecer a importância da formação adequada de profissionais no sentido de que haja uma recuperação das vítimas desse relacionamento patológico, bem como das funções mentais que propiciam vincular experiências emocionais com desenvolvimento e crescimento. Deve-se também mostrar o quanto essas famílias podem ser ajudadas na recuperação das suas funções mentais suprimidas, de modo a interromper o circuito vicioso de violência e de defesas contra reconhecê-la.

Winnicott[14] afirma que uma das grandes dificuldades humanas, como também um dos importantes objetivos dos indivíduos, consiste em tornar-se capaz de tolerar tudo o que encontra em sua realidade interior e estabelecer relações harmoniosas entre as realidades pessoais internas e as exteriores. É nesse sentido que os profissionais devem trabalhar essa problemática da violência doméstica.

O enfoque analítico faz uma contribuição interessante; contudo, trata-se de um ponto de vista entre as muitas abordagens possíveis. Seu destaque consiste em investigar a origem da agressividade do indivíduo e sua relação com o Outro, fazendo com que se possa obter um entendimento mais profundo e, ao mesmo tempo, amplo desse fenômeno complexo e que mobiliza a sociedade como um todo.

Referências bibliográficas

1. Neves A, Romanelli G. A violência doméstica e os desafios da compreensão interdisciplinar. Estud Psicol (Campinas). 2006;23(3):299-306.
2. Raggio V. Concepção materialista da história, psicanálise e violência. In: Amoretti R, organizador. Psicanálise e violência: metapsicologia-clínica-cultura. Petrópolis: Vozes; 1992.
3. Freud S. Edição standard brasileira das obras psicológicas completas de Sigmund Freud. v. 13. Rio de Janeiro: Imago; 1996. Totem e tabu.
4. Lima L. Totem e tabu (1913): resenha. [Acesso em 10 nov 2016] Disponível em: http://www.palavraescuta.com.br/textos/totem-e-tabu-1913-resenha
5. Oliveira ECS, Araújo MF. Violência contra a mulher e teatro do oprimido: um diálogo inicial. Revista de Psicologia da Unesp. 2010;9(2):105-14.
6. Costa JF. À guisa de introdução: Por que a violência? Por que a paz? In: Costa JF. Violência e psicanálise. Rio de Janeiro: Edições Graal; 1986. p. 9-61.
7. Freud S. Edição standard brasileira das obras psicológicas completas de Sigmund Freud. v. 18. Além do princípio do prazer. Rio de Janeiro: Imago; 1976. p. 13-85.
8. Bénézech M, LE Bihan P, Bourgeois ML (2002). Criminologie et psychiatric. Encyclopédie Médico-Chirurgicale, Psychiatrie. 2002;37-906-A-10.
9. Freud S. Edição standard brasileira das obras psicológicas completas de Sigmund Freud. v. 9. Rio de Janeiro: Imago; 1996. O mal-estar na civilização.
10. Freud S. Edição standard brasileira das obras psicológicas completas de Sigmund Freud. v. 14. Rio de Janeiro: Imago; 1974. Reflexões para os tempos de guerra e morte. p. 129-62.
11. Freud S. Edição standard brasileira das obras psicológicas completas de Sigmund Freud. v. 22. Rio de Janeiro: Imago; 1976. Por que a guerra? (Einstein e Freud). p. 236-59.
12. Kehl MR. A fratria órfã. São Paulo: Editora Olho d'Água; 2008.
13. Klein M. Notas sobre alguns mecanismos esquizoides. In: Klein M, et al. Os progressos da psicanálise. Rio de Janeiro: Zahar; 1978.
14. Winnicott DW. Privação e delinquência. São Paulo: Martins Fontes; 1995.
15. Bion WR. Aprendendo com a experiência. Rio de Janeiro: Imago; 1991.
16. La Violette A, Barnett O. It could happen to anyone: why battered women stay. Londres: Sage; 2000.
17. Adamo VLCL. Violência doméstica: uma contribuição da psicanálise. Ciência e Saúde Coletiva. 1999;4(1):153-159.
18. Newman A. As ideias de D. W. Winnicott: um guia. Rio de Janeiro: Imago; 2003.
19. Raymond S. Atos violentos e predisposição de comportamento. Enciclopédie Médico-Chirurgicale. Paris: Editions Scientifiques et Medicales Elsevier SAS; 2001.
20. Lorenz K. On agression. New York: Harcourt, Brace & Cy; 1966.
21. Bergeret J. La violence fondamentale. Paris: Dunod; 1985.
22. May R. Poder e inocência: uma análise das fontes de violência. Rio de Janeiro: Zahar; 1972.
23. Guerra V. Violência de pais contra filhos: a tragédia revisitada. São Paulo: Cortez; 1998.
24. Koller SH. Violência doméstica: uma visão ecológica. In: Associação de Apoio a Criança e ao Adolescente – Amencar; Unicef, editores. Violência doméstica. Brasília: Unicef; 2000. p. 32-42.
25. Abram J. A linguagem de Winnicott – dicionário das palavras e expressões utilizadas por Donald W. Winnicott. Rio de Janeiro: Revinter; 1996.
26. Monahan J. Predicting violent behavior: an assessment of clinical techniques. Londres: Sage Library of Social Research; 1981.
27. Bigot T, Bornstein S. Schème paradoxal de comportement lors de prises d'otages (syndrome de Stockholm). Ann de Psychiatrie. 1998;3:196-205.
28. Fonagy P, Target M. Brincando com a realidade I: teoria da mente e o desenvolvimento normal da realidade psíquica. Livro Anual de Psicanálise. 1996;XII(11):11-26.
29. Nasio JD. Lições sobre sete conceitos cruciais da psicanálise. Rio de Janeiro: Jorge Zahar Editor; 1997.
30. Tyrode Y, Bourcet S. Conduites de transgression. Enciclopédie Médico-Chirurgicale. Paris: Elsevier; 2000.

15 Psicanálise, Contemporaneidade e Grupos

Mariangela Bento

Psicoterapia de grupo em instituições de saúde

A psicoterapia de grupo, muitas vezes, é apreendida como uma técnica capaz de resolver apenas a demanda dos pacientes em uma instituição, outras vezes é entendida como um meio de alcançar metas quantitativas.

Atualmente, as psicoterapias de grupo expandiram-se e existem muitas escolas com diferentes objetivos e orientações terapêuticas. Consequentemente, observa-se uma confusão conceitual e um campo de difícil delimitação. Além disso, a prática da psicoterapia de grupo também está sob influência de muitas disciplinas, como a psiquiatria, a Psicologia, a sociologia, a educação, entre outras.

Especificamente no campo da Psicanálise, a psicoterapia de grupo durante muitos anos ocupou o lugar de aplicação dos conceitos psicanalíticos, sendo o ponto de muitos questionamentos, na medida em que seu dispositivo de cura – o grupo – não corresponde ao *setting* necessário para se oferecer o referido tratamento. Desmerece-se, assim, importante prática clínica, reduzindo-a a um modo de apresentar pseudorresoluções à demanda institucional.

Desse modo, serão questionadas essas acepções da psicoterapia de grupo, recorrendo-se a autores contemporâneos para sustentar e discutir os problemas epistemológicos e metodológicos que se interporão no decorrer deste capítulo.

A concepção da intersubjetividade é absorvida de diferentes modos dentro da Psicanálise: como relação objetal, como o discurso dirigido a um Outro e como um espaço intersubjetivo entre um Eu e um Outro. Observa-se aqui a influência das correntes kleiniana, lacaniana e winnicottiana, respectivamente. Pode-se extrair dessa afirmação a complexidade da questão histórica, isto é, os trabalhos vinculares estão no centro de um cruzamento de saberes.

O objetivo aqui não é reduzir a prática da Psicanálise às relações intersubjetivas, quer sejam nos grupos, na família, quer nas instituições, mas elucidar os mecanismos que confirmam o grupo como objeto e campo de práticas terapêuticas. O propósito é o de valorizar a dimensão do grupo como lugar intermediário entre o individual e o coletivo e como espaço transicional entre o intrapsíquico e o intersubjetivo; enfim, o grupo como um dispositivo e um meio de captura do inconsciente. Desse modo, os grupos terapêuticos deixam de ser o lugar de informação ou de vazão institucional para ser um espaço de mudanças psíquicas em face da intersubjetividade.

Por fim, será feita uma incursão sobre o atendimento grupal e sua importância na atualidade, considerando as características da constituição da subjetividade contemporânea.

A hipótese sustentada reside no estudo das relações humanas e na capacidade que essas relações têm de operar mudanças nos arranjos intrapsíquicos do sujeito.

O sujeito e o outro na Psicanálise

Desde o nascimento, a criança tem como característica fundamental algo que se pode denominar como dependência originária do Outro, ou seja, se algum de seus semelhantes não cuidar de suas necessidades básicas, como fome ou frio, ela não dispõe de recursos internos ou externos para sobreviver. Esse é o protótipo da situação traumática geradora de angústia, da qual decorre o conceito de desamparo: é um estado inicial do sujeito, correlativo à dependência da mãe para a sobrevivência, que pode ser disparado novamente por situações extremas.

Os cuidados primários são desempenhados pela mãe ou, na sua ausência, por um substituto que desempenhe essa função de maternagem.

Essa condição inerente à situação do ser humano recém-nascido é, para a Psicanálise, o início de sua constituição subjetiva, de seu mundo interior, denominado intrapsíquico — e a isso se convencionou chamar realidade psíquica. Observa-se que é constitutivo do tornar-se humano, do ponto de vista psicanalítico, a função do Outro na determinação desse sujeito, que será sujeitado ao seu inconsciente fundado nessas relações primárias. Assim, conclui-se que o campo psíquico se constitui, em parte, pela grupabilidade e, em parte, pela corporeidade. O sujeito do inconsciente é um sujeito de um grupo que o constituiu.

Discutir o conceito de narcisismo nesse momento se torna fundamental, pois possibilita interpretar a importância do Outro na constituição do intrapsíquico, proporcionando a abertura do campo das relações intersubjetivas e as possibilidades da constituição de uma estrutura psíquica na qual se dá a grupabilidade e os vínculos intersubjetivos. Além disso, o conceito de narcisismo se encontra cunhado em um momento histórico decisivo da Psicanálise, a saber: na articulação entre as duas teorias tópicas e as duas teorias pulsionais.

Narcisismo é definido como o complemento libidinal do egoísmo da pulsão de autoconservação, ou seja: essa pulsão recebe uma intensidade a mais, advinda do estabelecimento de uma pulsão sexual, tendo esta última o Eu do sujeito como objeto. Para Freud, existe uma fase narcísica no desenvolvimento do ser humano, precedida pela fase de autoerotismo e anterior à escolha de objeto.[1] O narcisismo pode então ser compreendido como um destino possível para a libido, bem como sua função, em princípio, é a de organizar as pulsões parciais, dirigindo-as ao Eu.

O conceito de narcisismo está estreitamente vinculado à progressão da libido em relação a um objeto. Está precedido pelo autoerotismo – estado anárquico pulsional – e é anterior à escolha de objeto. Assim, a constituição do Eu é uma ação psíquica que organizará as pulsões em torno dele, o que o promoverá a um objeto interno.

Pode-se dizer que o narcisismo infantil não é totalmente superado, mas sim transformado. Mesmo sendo a escolha de objeto o destino final da libido, isso não supõe necessariamente o abandono do narcisismo.

Assim, a inserção do sujeito na cultura e na sociedade oferece encontros com diferentes objetos que, por terem objetivos e desejos próprios, confrontam as expectativas de realização narcísica.

A cultura é parte integrante da subjetividade humana, quer seja constitutiva, quer seja como um meio em que a pulsão encontra os seus objetos de satisfação. Mas, justamente por esse mesmo motivo, é o lugar onde nos defrontamos com as manifestações pulsionais dos outros.[2]

É possível observar que a noção de alteridade tem adquirido importância na filosofia moderna e, especialmente, contemporânea. Tal fato está ligado à percepção das sociedades que cultuam os ideais narcísicos em detrimento do reconhecimento da diferença, do Outro e da própria finitude.

Sobre o conceito de objeto em Psicanálise

As concepções teóricas da Psicanálise introduzem uma ruptura epistemológica com o saber e a prática da medicina, da filosofia e da Psicologia, na medida em que modifica a posição do objeto. Assim, para a Psicanálise, objeto é considerado sob o aspecto daquele em que é investido pela pulsão e pela fantasia do sujeito.[3]

Deve-se lembrar que, conforme explicitado, a discriminação do Eu se dá como um processo de diferenciação do Outro, e que o próprio Eu pode ser tomado como um objeto interno. Portanto, o papel do objeto se torna imperativo e articulado com a definição de sujeito na Psicanálise.

Observa-se que a ênfase deixa de ser da ordem da representação – relação de objeto – para se tornar da ordem da estrutura psíquica, o que equivale a dar ao objeto um estatuto interno estruturante do sujeito e das relações intersubjetivas, e não meramente representacional.

O objeto mantém com o sujeito diversas ordens de relação. Enquanto objeto da percepção, trata-se de um objeto externo e real, captado pelo sujeito e capaz de ser acessível a ele. O objeto é também o objeto do desejo, ou seja, objeto da pulsão a fim da satisfação pulsional e, finalmente, o objeto será mnêmicamente fixado, produzindo uma representação do objeto no sujeito. A partir de então, o objeto assume o estatuto de objeto interno.

O grupo enquanto objeto é, como qualquer outro objeto, constituído pelos investimentos libidinais e representado psiquicamente pelo sujeito.

As relações e os investimentos que são dirigidos de um sujeito aos grupos aos quais pertence são desdobramentos dos investimentos nos grupos internalizados. Esses grupos são originados nas primeiras experiências em grupos de pertencimento, tais como as famílias.

Depois da Segunda Guerra Mundial, a análise das relações objetais deixou de visar unicamente à realidade psíquica ou fantasmática, estendendo-se ao estudo de todas as formas de ambiente. A ampliação do âmbito da expressão relação objetal acompanhou a expansão da própria Psicanálise, tratando de compreender as modalidades de inserção do Eu na cultura.[4]

A contribuição de René Kaës

René Kaës é um autor que pretende manter uma fidelidade aos conceitos freudianos, a fim de explicitar mecanismos psíquicos no dispositivo grupal. Porém, também não se restringe ao âmbito dos grupos, detendo-se na compreensão da intersubjetividade no contexto analítico. Procura estabelecer um campo de pesquisa e prática cuja especificidade reside no estudo das correlações das organizações intrapsíquicas e das formações do vínculo intersubjetivo.[5] Sua preocupação se refere a construir uma metapsicologia, a fim de que possa abordar o grupo como um objeto psicanalítico.

Para compreender alguns conceitos, é preciso deixar explícita uma premissa básica desse autor: o grupo antecede e constitui o sujeito singular. Ao grupo, no caso o familiar, caberia a tarefa de instalar a alteridade no sujeito.

Desse modo, o conceito de realidade psíquica não se aplicaria restritamente ao espaço individual constituído no apoio corporal, mas sim postularia uma realidade psíquica nos grupos, disparada pelo encontro intersubjetivo.

Assim, cabem algumas palavras sobre o conceito de apoio. Quando se discorreu aqui sobre a constituição do sujeito, foi abordado o conceito de apoio pela formulação freudiana de que as pulsões sexuais se originam apoiadas na satisfação das pulsões de autoconservação. Kaës explicita que o apoio modela e transforma o que sustenta. Assim, postula que o grupo, ao qual um sujeito pertence, também dará essa sustentação ao psiquismo.[5]

Para Kaës (apud Bernard[6]):

> El registro intrapsíquico, coincidente con el comienzo de un aparato psíquico que lo contiene, implica entonces um primer bosquejo de diferencia adentro-afuera. Todos estos surgimientos son simultáneos. En la estructura de esta primera fantasía encontraremos la marca de un doble apuntalamiento: en el cuerpo del niño (la sexualidad se apuntala sobre la autoconservación) y en el grupo (a través de su porta-voz, la madre).

Para articular o conceito de grupo à hipótese do inconsciente, Kaës propõe algumas designações: a forma e a estrutura paradigmáticas de uma organização de vínculos intersubjetivos, sob o prisma de que as relações entre vários sujeitos do inconsciente produzem formações e processos psíquicos específicos; designa também uma organização intrapsíquica caracterizada por ligações mútuas entre seus elementos e pelas funções que desempenha no aparelho psíquico; e, finalmente, designa um dispositivo de investigação e de tratamento das formações e dos processos de realidade psíquica envolvidos na reunião de sujeitos em um grupo.[5]

Isso significa que para ele o sujeito intrapsíquico é constituído e apoiado na sua estrutura familiar, no corpo e na relação com o corpo do Outro, ou seja, na condição de grupabilidade.

O grupo familiar é o grupo real de pertencimento primário, no qual uma criança se desenvolve. Esse grupo é, portanto, constitutivo e por essa razão chamado de grupo interno, que vem a ser a internalização dos personagens do grupo de pertencimento primário. O grupo primário contém as primeiras figuras de identificação. Assim, por via da transferência, esse grupo será deslocado para os grupos de pertencimento secundários. Consequentemente, pode-se afirmar que qualquer processo psíquico individual ocorrerá dentro de algum tipo de pertencimento grupal, quer seja em uma clínica psicanalítica tradicional, quer seja em uma instituição. "Como Freud sublinhou em 'Psicologia das massas e a análise do ego', o Eu, para pensar e se pensar, deve romper com o grupo que o precede [...]."[5]

Assim, os conceitos de realidade psíquica e trabalho psíquico são fundamentais. Entende-se por trabalho psíquico um gasto de energia intrapsíquico e intersubjetivo, na medida em que envolve um vínculo e se desencadeia pelo Outro. A energia psíquica é sempre intrapsíquica, mas depende dos vínculos ou laços intersubjetivos. O trabalho psíquico na intersubjetividade conduz a uma ruptura e, consequentemente, a uma transformação e a um trabalho de criação.

Assim, para esse autor, o trabalho psíquico da intersubjetividade diz respeito às condições nas quais o sujeito do inconsciente se constitui:

> Admite como hipótese fundamental que cada sujeito na sua singularidade adquire em diversos graus a aptidão de significar e interpretar, de receber, conter ou rejeitar, ligar e desligar, transformar e representar(-se), de representar com – ou destruir – objetos e representações, emoções e pensamentos que pertencem a outro sujeito, que transitam através de seu próprio aparelho psíquico ou vem a tornar-se, por incorporação

ou introjeção, partes enquistadas ou integrantes e reutilizáveis. Essa noção admite como consequência do conceito do sujeito do grupo a ideia de que cada sujeito é representado e procura fazer-se representar nas relações de objeto, nas imagos, nas identificações e nas fantasias inconscientes de um outro e de um conjunto de outros: assim também, cada sujeito liga entre eles e se liga numa das formações psíquicas desse tipo com os representantes de outros sujeitos, com os objetos que hospeda dentro de si.[5]

Esse trabalho psíquico se daria por via de renúncia, porque um sujeito só se liga a outro caso tenham em comum aspectos excluídos, para que se possa dar o laço. A renúncia comum compartilhada nos remete ao mecanismo de recalque ou às figuras do negativo em Psicanálise.

Concluindo, o laço ou vínculo se constitui por meio da negatividade, já que esta não se dá pelo que é singular no sujeito, mas sim por áreas negadas em comum com o objeto com o qual se identifica.[7]

Novos dilemas técnicos ou velhos conhecidos reeditados?

No tratamento de grupos, o *setting* psicanalítico deixa de ser respeitado em vários aspectos: por ser um grupo de pessoas e pela ausência do divã, que faz com que o olhar esteja em jogo na cena, entre outros. Porém, Freud caracterizou o método psicanalítico não só pela utilização do divã, mas, principalmente, pela associação livre por parte do paciente e a atenção flutuante por parte do analista.[8]

Nos grupos não é apenas a palavra que está em jogo, mas também o corpo, o que remete a estruturações psíquicas mais primitivas. Os grupos podem ser pensados como dispositivos para se trabalhar inscrições psíquicas que não foram estruturadas no campo simbólico e da linguagem. Assim, é possível se capturar cenas por meio do olhar que não seriam perceptíveis no dispositivo tradicional e sequer estavam registradas no campo intrapsíquico do sujeito.

O olhar adquire um estatuto metapsicológico, pois ele marca o afastamento intersubjetivo e a alteridade dos objetos. O que está colocado em pauta não é a ausência ou a falta do analista, mas sim sua presença e sua inegável alteridade.

A associação livre é substituída pela interdiscursividade, ou seja, a fala de cada sujeito constrói um discurso do grupo que será escutado com a atenção flutuante do analista. A fala no grupo implica um sujeito que fala e um sujeito que escuta; essa fala é tomada como a dramatização de cenas intrapsíquicas dentro de um cenário intersubjetivo. A atenção do analista deverá ser focada nas formações nodais, intermediárias e sintomáticas partilhadas pelos sujeitos. Assim, a fala de um sujeito será reconhecida como portadora de um valor psíquico por outro sujeito, que poderá reconhecer nela significantes que ele não tem disponível em si mesmo. Desse modo, a escuta do sujeito e do analista não se constitui apenas como uma escuta do Outro e tampouco pela escuta de si mesmo, mas, principalmente, pela escuta do efeito da associação do Outro. Supõe a pluralidade, a diversidade e, acima de tudo, o reconhecimento de diferentes linguagens e implica abrir mão da ideia de unidade.

A exigência metodológica da Psicanálise é construir um dispositivo capaz de manifestar o inconsciente e seus efeitos de subjetividade. É possível construir tal dispositivo em uma instituição e, mais especificamente, em grupo? Encontra-se aqui com Racamier *apud* Kaës *et al.*[9], que faz lembrar que o psicanalista não inventou seu campo de ação nas instituições. O campo é preexistente e o psicanalista deve conhecê-lo para poder atuar de acordo com as modalidades inteiramente psicanalíticas em uma situação ainda inexistente no âmbito do trabalho clínico.

O sujeito da Psicanálise precisa do Outro para decifrá-lo pela interpretação – instrumento intersubjetivo –, tendo como objetivo o desvelamento do inconsciente, seu objeto de estudo.

O dispositivo face a face mobiliza a comunicação não verbal e os efeitos do olhar, mas a relação permanece no registro da palavra, uma vez que a regra fundamental e a interpretação da transferência continuam sendo as ferramentas de trabalho.

Freud descreve em seus artigos sobre a técnica uma série de recomendações e considerações sobre o *setting* e o início do tratamento psicanalítico.[8] Assim, na cura tradicional, o *setting* definir-se-á pelo dispositivo divã/poltrona e pelo rigor quanto à regularidade e duração das sessões. Mas o mobiliário não estaria tomando o lugar de destaque em detrimento da associação livre e da atenção flutuante? Conforme alerta Quinet, divã é um termo persa que designa efetivamente um lugar de fala.[10] O inconsciente e suas manifestações não se localizam estritamente dentro de um consultório corretamente mobiliado, mas onde existe um sujeito que fala e um outro com uma escuta específica.

O dispositivo grupal polemiza a questão da técnica psicanalítica, mas não se tem aqui a pretensão de menosprezar o enquadre tradicional em prol do dispositivo grupal, nem tampouco qualificar o trabalho intersubjetivo como mais imprescindível que o trabalho intrapsíquico.

Assim, tomamos as palavras de André Green citado por Gibeault:[11]

> A causalidade psíquica não pode mais se satisfazer de uma teoria das pulsões dentro de um solipsismo inaceitável, da mesma maneira que ela não encontra soluções satisfatórias numa teoria das relações de objeto que pretende deixar de lado a fonte dinâmica pulsional como motor do investimento e do desenvolvimento. Esta causalidade não é nem intersubjetiva, nem intrapsíquica, ela nasce da articulação da relação entre os dois.

Importância dos grupos na atualidade

A sociedade atual é marcada pela exaltação narcísica, que põe em risco o importante sentimento de pertença, comprometendo a singularidade no sentido da individuação do sujeito, na medida em que há um esvaziamento da relação de responsabilidade com o semelhante. Assim, os grupos podem indiretamente lembrar que o sujeito desenvolve seus próprios valores, considerando a existência dos outros, e não independente dela.

Cada vez mais o encontro libidinal com os semelhantes está sendo substituído por métodos mais modernos de comunicação, levando o sujeito à busca frenética e desenfreada de informações novas e de possuir os últimos lançamentos de objetos que o mantenha conectado ao mundo externo. O mundo interno tem perdido sua relevância e sua significação. Consequentemente, a linguagem e a palavra já não são os únicos veículos de acesso ao inconsciente, levando-se em consideração que, principalmente nas novas formas de subjetivação, o inconsciente não pode ser apreendido como sinônimo do recalcado. Pode-se pensar que a modernidade tem imposto ao psicanalista decifrar uma subjetividade cada vez mais ausente de sujeito.

Nota-se um crescente índice de violência gerada, principalmente, por movimentos de intolerância com aquilo que se apresenta diferente de nós. Por outro lado, encontros nos quais o Outro é tratado apenas como um corpo, um objeto de gozo e não um sujeito desejante e, portanto, semelhante. O imediatismo propõe como resolução à descarga pulsional em direção ao *acting out*.

> O desamparo, sinal ostensivo da fragilidade humana [...] é um marco da experiência contemporânea. Num mundo sem garantias e certezas asseguradas, a existência torna-se para o sujeito uma aventura de riscos insuportáveis e as soluções construídas para enfrentar o mal-estar, sempre provisórias, não eliminam a ameaça do desamparo.[12]

A castração também põe em cena o desamparo, mas desempenha importante papel na constituição do sujeito psíquico: a possibilidade de destituição de posições narcísicas; a abdicação dos ideais de totalidade, de plenitude e de onipotência; a constatação dos frágeis limites do possível, no confronto incessante com os desejos que aspiram com soberania, à impossível plenitude.[12]

O trabalho com grupos pode contribuir para o tratamento psíquico dos pacientes ligados a uma instituição, visto que se caracteriza como um método terapêutico que tem por objetivo promover mudanças intrapsíquicas por meio da intersubjetividade. Nesse sentido, é válido observar que as relações do sujeito psíquico com o Outro semelhante podem propiciar alterações psíquicas que contribuem para o tratamento do sofrimento humano.

Por conseguinte, os fatores inerentes à grupabilidade humana expressam sua presença nas manifestações sintomáticas físicas e/ou psíquicas. A abordagem terapêutica grupal pode facilitar o acesso a essas manifestações. Os efeitos da terapêutica grupal são efeitos de estruturação simbólica de relação de semelhantes, efeitos de subjetivação e de interdependência subjetivantes.[13]

Referências bibliográficas

1. Freud S. Edição standard brasileira das obras psicológicas completas de Sigmund Freud. v. 14. Rio de Janeiro: Imago; 1987. Sobre o narcisismo: uma introdução. p. 85-119.
2. Kehl MR. Função fraterna. Rio de Janeiro: Relume Dumará; 2000.
3. Laplanche J, Pontalis JB. Vocabulário da psicanálise. São Paulo: Martins Fontes; 1986. Objeto. p. 407-12.
4. Roudinesco E, Plon M. Dicionário de psicanálise. Rio de Janeiro: Jorge Zahar; 1998.
5. Kaës R. O grupo e o sujeito do grupo. São Paulo: Casa do Psicólogo; 1997.
6. Bernard M. El psicoanálisis de las configuraciones vinculares. FLAPAG – Federação Latino-Americana de Psicoterapia Analítica de Grupo, Buenos Aires, Argentina. [Acesso em 13 jan 2003] Disponível em: http://www.psinet.com.ar
7. Kaës R. Os espaços psíquicos comuns e partilhados: transmissão e negatividade. São Paulo: Casa do Psicólogo; 2005.
8. Freud S. Edição standard brasileira das obras psicológicas completas de Sigmund Freud. v.

12. Rio de Janeiro: Imago; 1987. Recomendações aos médicos que exercem a psicanálise. p. 147-59.
9. Kaës R, Bleger J, Enriquez E, Fomari F, Fustier P, Roussillon R, et al. A instituição e as instituições. São Paulo: Casa do Psicólogo; 1991.
10. Quinet A. As 4 + 1 condições da análise. Rio de Janeiro: Jorge Zahar; 2000.
11. Gibeault A. Do processo analítico em psicanálise e psicoterapia: do interpessoal ao intrapsíquico. In: Green A, organizador. Psicanálise contemporânea: revista francesa de psicanálise, número especial, 2001; p. 65-84. Rio de Janeiro: Imago; 2003.
12. Cavalcanti EA, Cardoso C, Rocha SP. Reflexões sobre a instituição psicanalítica na contemporaneidade. In: Kehl MR, organizadora. Função fraterna. Rio de Janeiro: Relume Dumará; 2000. p. 124.
13. Kaës R. La invención psicoanalítica del grupo. Buenos Aires: Asociación Argentina de Psicología y Psicoterapia de Grupo; 1994.

Parte 2

Fenomenologia

Coordenador: Guilherme Peres Messas

Breve histórico

A transição do século 19 para o 20 fez surgir uma grande insatisfação com os modelos científicos hegemônicos das décadas anteriores, sobretudo nas ciências humanas. Uma das reações ao domínio positivista no campo do pensamento humano foi a Fenomenologia. A rigor, no entanto, não se pode dizer ser a fenomenologia – no singular – um movimento enfeixado em uma única ideia geral capital ou passível de ser sintetizado no espaço de um manifesto. Mais corretamente, se estaria diante da verdade dos fatos se fosse dito que as fenomenologias – no plural – buscaram substituir os modelos inadequados de pensamento então vigentes por uma atitude básica fundamental: a atenção minuciosa à realidade tal e qual efetivamente vivenciada pela experiência humana.

Assim, pode-se dizer que as fenomenologias são um conjunto de perspectivas científicas humanistas que se identificam por uma atitude geral, resumida nas palavras do filósofo fundador da fenomenologia filosófica, Edmund Husserl, como "um retorno às coisas mesmas". Investigar a realidade última da vivência humana é, de maneira geral, fazer fenomenologia. Mas o interesse aqui não passa pela apresentação da Fenomenologia como um todo, em todos os desdobramentos, nas diversas ciências humanas; deve-se restringir ao campo da psicopatologia e, a partir dele, ao da psicoterapia, objeto desta obra coletiva.

A partir da década de 1920, um pequeno círculo de autores publicou, na Europa, artigos que podem ser registrados como os trabalhos iniciais da psicopatologia fenomenológica. Eugène Minkowski, Erwin Straus, Ludwig Binswanger e Viktor von Gebsattel foram os autores que deram a partida da corrente fenomenológica em psicopatologia – corrente que não cessou de expandir seus limites desde então, ampliando-se em diversas escolas, pontos de vista e escolhas temáticas, assim como influências filosóficas. No que tange especificamente às relações entre Psicopatologia, Psicologia e Filosofia, uma nota histórica faz-se digna. Pode-se dividir a Psicologia e a psicopatologia fenomenológica em dois grandes grupos: os trabalhos motivados diretamente pela filosofia e aqueles que realizam um procedimento psicopatológico sem intermediação filosófica. No primeiro grupo, destacam-se, no período clássico, dois autores: o já mencionado Ludwig Binswanger, cuja extensa obra foi inspirada inicialmente por Martin Heidegger e, posteriormente, por Edmund Husserl e por Medard Boss, psiquiatra suíço de grande e salutar peso no meio brasileiro, cuja influência por Martin Heidegger é notória e frutuosa. O segundo grupo tem como nomes capitais Minkowski e Straus, cuja obra clínica toma rumos independentes das suas próprias ensaísticas de cunho filosófico. Contudo, recensear toda a história das fenomenologias na psicopatologia e na psicologia exorbita largamente os propósitos introdutórios deste texto.

Psicoterapia segundo a fenomenologia

Limitemo-nos agora a indicar a concepção geral de psicoterapia que emana de uma visada de conjunto da tradição fenomenológica – concepção geral que, dado o caráter do texto, não é capaz senão de captar o essencial da corrente fenomenológica e, portanto, terá de passar ao largo de importantes elementos de diferenciação individual entre os autores.

A primeira anotação relevante refere-se à estreita vinculação entre a concepção de Psicopatologia e o procedimento psicoterápico. Para o fenomenólogo, é algo perigosa e traiçoeira uma concepção universal e abstrata do que venha a ser psicoterapia. A fidelidade à atitude básica fenomenológica exige que se compreendam detalhadamente as características particulares e singulares do indivíduo em estado patológico ou de sofrimento psíquico para a constituição de um projeto terapêutico. A consequência dessa associação é a ausência de sentido de uma reflexão sobre psicoterapia que não seja, ao mesmo tempo, uma investigação psicopatológica. O projeto psicoterápico brota como que naturalmente do esforço de dissecção psicológico ou psicopatológico.

Em segundo lugar, embora as fenomenologias procurem evitar uma concepção abrangente e abstrata do humano, não deixam de identificar certas estruturas fundamentais de ser que determinam a ideia de psicoterapia. A observação fundamental fenomenológica descreve a existência humana como situada em um arcabouço de temporalização e espacialização que é sua condição de possibilidade, os trilhos nos quais a vida humana decorre. Disso extrai-se que existir é situar-se no tempo, que tudo muda, e no espaço, que acomoda as simultaneidades. As diversas formas psicopatológicas são, em última análise, deformações desses pressupostos básicos da consciência humana. Uma psicoterapia será, portanto, sempre um processo de auxílio inter-humano na temporalização e na expansão das potencialidades de um ser humano por meio do contato com outro ser humano.

As potencialidades e as dificuldades na realização desse projeto inter-humano são descritas em algumas de suas diversidades regionais nesta seção. Essas diversidades contemplam uma região que vai além do núcleo patológico das doenças mentais, mostrando como o instrumento fenomenológico – e a sua crença na interpessoalidade como instrumento de temporalização – serve a um amplo escopo de objetos de conhecimento e intervenção. Talvez não fosse exagero afirmar que sirva a todos os setores nos quais o humano existe.

Quatro categorias de observação sobre o fenômeno humano estão representadas neste módulo. Em primeiro lugar, com maior representatividade (seguindo a tradição fenomenológica, na qual este foi o campo mais investigado), a doença mental em seu sentido mais estrito. João Laurentino dos Santos apresenta os trajetos que levam ao entendimento das características da depressão e às estratégias para contorná-la. Melissa Garcia Tamelini e Daniela Ceron-Litvoc refletem sobre as particularidades da mania e dos limites que sua essência impõe a um projeto psicoterápico.

Em um plano de gravidade clínica maior, examinam-se, em segundo lugar, as condições psicopatológicas que, não podendo ser registradas como doenças mentais propriamente ditas, levam a impedimentos do florescimento total da existência. Andrés Eduardo Aguirre Antúnez faz brotar diante dos olhos os modos pelos quais a fobia e o pânico assombram a existência. Daniela Ceron-Litvoc e Melissa Garcia Tamelini refletem acerca das experiências traumatizantes e de suas consequências no psiquismo humano. O autor desta introdução examina as características nocivas que pode assumir um hábito em si saudável e incorporado na cultura: a embriaguez. Susan Mondoni apresenta as particularidades da agitação e da agressividade na infância, seguida por Cristiane Messas e Natalie Deyna Suplicy Vieira, que examinam as particularidades do envelhecimento.

Em terceiro lugar, o olhar fenomenológico pode igualmente aprofundar-se na compreensão de alterações humanas de modo algum creditáveis a doenças ou sofrimento, mas unicamente próprias do destino de existir. O trabalho de Julio Cesar Menéndez Acurio discorre sobre as obsessões e as compulsões. Em seguida, apresenta-se a análise de Laura Vitucci sobre o estado *borderline* na adolescência. A seção se encerra com o importante estudo de Nelson Ernesto Coelho Junior, que aborda um tema que, lamentavelmente, ainda recebe escassa atenção em nosso meio: as relações da psicologia fenomenológica com a psicanálise.

Espera-se, com essa coleção de estudos, viabilizar ao leitor uma noção geral dos temas da psicopatologia e da psicoterapia fenomenológicas, tal qual como elaborados em nossa sociedade nos dias atuais. Em coerência com as pretensões da tradição fenomenológica, que sejam esses estudos recebidos antes como um estímulo à discussão sobre a aventura humana de existir do que como a consolidação de um saber já estabelecido.

16 Depressão do Ponto de Vista Fenomenológico | Uma Abordagem Compreensiva

João Laurentino dos Santos

Introdução

Ao abordar o tema da depressão, é importante levar em conta a existência de três áreas do conhecimento: a fenomenologia, a psiquiatria clássica e a psiquiatria fenomenológica.

A depressão é tida como uma enfermidade ligada a um transtorno do humor e tem sido tratada pela psiquiatria e pela psicologia. Considera-se a fenomenologia uma área do conhecimento que busca a compreensão dos fenômenos, bem como o desvelo de seus possíveis significados. Constitui um método de compreensão da construção do real.[1-3] Do ponto de vista do comportamento, a fenomenologia se coloca como método de análise da existência humana, que se desdobra em uma miríade de comportamentos. Assim, procura compreender os modos de existência das pessoas e como os significados são construídos por elas a partir do percurso que constroem ao longo da vida, fruto do exercício de sua liberdade, que se expressa pelas escolhas que realizam.

A psicopatologia tem sido, fundamentalmente, uma disciplina referenciada na psiquiatria e que estuda as perturbações, as desordens e as alterações mentais e os seus reflexos no comportamento humano. Faz parte de uma ciência maior, a Medicina, que tem desenvolvido seus conhecimentos a partir dos modelos e dos critérios das ciências médicas clássicas, cujo enfoque é organicista ou biomédico, ou seja, tende a ver o psíquico subordinado ao orgânico ou dependente dele.

A psiquiatria fenomenológica vem se distinguindo da psiquiatria clássica (entre outros aspectos) porque se orienta por uma compreensão de ser humano diferente da concepção da medicina e também por fazer uso de outra metodologia. A primeira procura compreender, a segunda busca explicar.

Compreender consiste em estabelecer as relações de sentido que um evento, uma vivência, um comportamento ou uma expressão possam implicar, considerando a relação com espaço, tempo, contexto e significados. Explicar relaciona-se com o estabelecimento de uma relação de causa e efeito entre variáveis em uma lógica de relação linear.

Nesse sentido, uma abordagem fenomenológica não implica a exclusão ou a desconsideração dos pressupostos de outras ciências ou campos de conhecimento. Ao contrário, busca o exercício constante do diálogo e prima pela busca da compreensão do *ser* das coisas.

Uma psicologia ou psicopatologia fenomenológico-existencial, ao lidar com "as desordens" do comportamento, parte do conhecimento já produzido pela psiquiatria, fazendo um empréstimo dela para, então, lhe atribuir um cunho compreensivo sem desprezar seu teor explicativo. Foi o que fez Karl Jaspers (1883-1969) em sua obra *Psicopatologia geral*, editada pela primeira vez em 1913, com várias edições posteriores, a última de 2003. Essa obra tem resistido à corrosão do tempo, e essa permanência não é gratuita. Sua aparição marca um hiato na história dessa disciplina. Foi se aperfeiçoando nas sucessivas edições, até se transformar em uma obra rica e complexa, fundamental ainda hoje para aqueles que desejam um conhecimento sistemático e firme nessa área do saber.

Reconhecer os méritos de uma obra em termos de valor e importância não significa ignorar as limitações e as eventuais insuficiências que possa ter. Uma de suas virtudes foi introduzir o método fenomenológico na psicopatologia. Sua proposta é abordar os fenômenos da psicopatologia a partir de três perspectivas: em primeiro lugar, oferecer uma descrição fenomenológica das principais funções e disfunções psíquicas; em segundo, oferecer os fundamentos de uma psicologia compreensiva; e, em terceiro, estabelecer conexões causais da vida psíquica, o que chamou também de psicologia explicativa.

O objetivo deste capítulo é fazer uma abordagem fenomenológico-existencial do fenômeno da depressão. Para isso, apresentam-se os principais pressupostos da psicoterapia fenomenológico-existencial: ser-no-mundo (ser temporal e finito); ser-com (relacional); humano como um ser de possibilidades; liberdade, responsabilidade e angústia; além de algumas dimensões da vida humana.

Ao longo da apresentação dos principais pressupostos, serão feitas considerações sobre alguns possíveis modos de ser e estar no mundo da pessoa com depressão. Também serão descritas as características centrais do fenômeno depressivo, bem como alguns possíveis sentidos, e destacadas as principais dimensões da existência em que a pessoa é afetada. Além disso, são considerados alguns aspectos de seus desdobramentos em termos de como a pessoa vivencia seu cotidiano, a partir das reflexões que têm sido realizadas ao longo da minha trajetória profissional.

Ser-no-mundo

Segundo a perspectiva fenomenológico-existencial, pensar sobre o ser humano é ocupar-se em compreender sua estrutura constitutiva. Para Santos[4], isso implica colocar o ser humano como o centro de sua existência, refletindo sobre seu existir, seu viver e sua interioridade, construídos a partir do princípio de que humano e mundo se evocam mutuamente. Um não existe sem o outro.

O *ser-no-mundo* é uma das estruturas básicas da existência do ser humano, por meio da qual a realidade humana se exprime e se configura ao longo do seu fluir. Para Augras[5], isso significa existir para si e para o mundo – não apenas o mundo da natureza, configurado em termos humanos, mas também o mundo social, em que o ser com os outros assegura a realidade no modo da coexistência. Na perspectiva de Heidegger[6], significa "o ser, entendido como infinito de 'eu sou', isto é, como existencial, significa morar junto a, ser familiar com". Para ele, a expressão "ser-no-mundo", ou ainda melhor, "sendo-no-mundo", corresponde ao modo básico de o ser humano existir. Diz respeito às várias maneiras que o existir humano – o *dasein* (estar aí, no mundo) – está possibilitado a viver e implica familiaridade e estar confiante. É, então, o fluir existencial que se dá no toque com o mundo e as coisas nele contidas.

A depressão constitui-se como um modo de estar aí, no mundo, que revela o estado decadente em que a pessoa se encontra; um estado de queda e prostração diante da vida, seja pela perda de um objeto amado, pela frustração de um desejo ou porque, a certa altura da vida, os projetos não aconteceram como planejados e esperados; enfim, são infinitas as possibilidades de razões da depressão.

Como já afirmado, o modo depressivo de existir expressa um modo de estar no mundo cuja afetação compromete a atitude de abertura diante da vida, interferindo na disposição da pessoa para criar, enfrentar e explorar novas possibilidades, uma vez que existir caracteriza-se por "estar voltado para suas possibilidades [...] seu jeito mais próprio e subjetivo de ser".[4]

Ser-com | Relações

Ser-com significa dizer que o ser humano está sempre "em relação com" e se faz presente no mundo atuando nele, constituindo-o e constituindo-se na presença dos objetos e de outros humanos.[4] É estar referido a, estar com, conviver com pessoas, circunstâncias e consigo mesmo.

Para Heidegger[7], "ser-com" ou "sendo-com" é um constitutivo fundamental do existir humano. "Com", que tem origem no latim *cum* e no grego *syn* (simbiose, sincronizar etc.), significa *junto*, algo ou alguém na presença do outro. Sem essa característica fundamental e genuína do ser humano, que Heidegger chama de *existenciália* – maneiras características de se relacionar e de viver –, a vida humana não teria sentido para nós. É a dimensão por meio da qual construímos nosso pertencimento, possibilitando nos relacionar, atuar, sentir, pensar, viver. Se esses aspectos e tudo mais que os possa envolver se derem segundo essa estrutura básica e ontológica da existência humana, vale pensar que essas relações podem vir a se constituir em sistemas de significados e representações.

Assim, uma das temáticas centrais na vivência da depressão se revela nessa dimensão relacional, que é o sentimento de culpa por acontecimentos com os outros ou a tendência a relações dependentes, com apego excessivo, que resultam em quadros depressivos em casos de perda ou ruptura. Essas tendências serão descritas com mais detalhes ao longo deste capítulo.

Esse aspecto relacional também se constitui como fundamental na construção da realidade que fazemos a respeito do mundo, uma vez que se dá na trama relacional que tecemos. Há sempre um entrelaçamento em que a coisa e o olhar se amalgamam. Assim, posicionando-se em um lugar que possibilita um olhar fenomenológico, Critelli[1] afirma:

> Para a fenomenologia, o ser, assim, não está na coisa, mas na trama de significados que vão se articulando entre os homens, articulando os homens entre si e com a própria coisa. É nesse entrelaçamento entre os homens, no seu falar a respeito do mundo e no seu relacionar-se com todas as coisas, que um ente ganha a possibilidade de ser aquilo que é e como é.

Assim, cabe considerar que a fenomenologia é fundamentalmente relacional e intersubjetiva. Aqui, fala-se da concepção de real. O movimento de desvelamento vem do encontro do humano, que é plural, porque é estruturalmente coexistente, uma vez que não existe o humano sozinho. O ser humano é plural na sua singularidade. Assim, o fenômeno significa o encontro do humano com um ente. Este se põe diante do ser humano, e esse encontro ao mesmo tempo é um lugar de desvelamento e um olhar que desvela o ente. O fenômeno, que em si já carrega seu significado, no sentido daquilo em que se acredita, não é algo em que se acredita por causa da razão em si. Acredita-se que determinada coisa seja como é, mas esse acreditar não é oriundo do ser humano em seu isolamento, mas sim originário do humano enquanto vive com os outros, que vão testificando os significados.

Assim, cabe argumentar que se tem uma fé adquirida em coisas das quais os outros dão testemunho. Os seres humanos vivem em conjunto e, nessa condição, eles dão *testemunho*, de alguma maneira, uns aos outros daquilo que as coisas são.[1] É isso que possibilita dizer o que as coisas são. Há uma força no compartilhamento da realidade que lhe confere o caráter de verdade.

O humano como um ser de possibilidades

Na construção da trama cotidiana, na qual todos travam uma batalha pela sobrevivência, fundem-se as necessidades e as possibilidades. O humano é um ser de necessidades, como já apontou Maslow (1908-1970) quando fundou a psicologia da autoatualização e apresentou a escala de necessidades humanas. Isso é um dado indiscutível, mas o que também acontece e nem sempre é lembrado é que, ao tecer a trama de sua existência, cada um de nós se revela na sua dimensão de seres de possibilidades. Assim, todos os nossos projetos e planos – tudo isso que chamamos de futuro – revela simplesmente nossa inclinação e nossa projeção no horizonte do tempo por vir – nos lançamos nas possibilidades. Tudo o que fantasiamos, idealizamos e desejamos se movimenta no campo do meramente possível –provável ou utópico.

Em geral, dá-se uma ênfase muito grande à importância da necessidade como um fato que compele as pessoas na procura do objeto que satisfaça uma carência biológica ou motive sua realização psíquica e existencial. Fala-se de necessidades e motivações; as primeiras têm um caráter predominantemente biofísico, e as segundas uma natureza psicossocial e existencial, sendo diretamente relacionadas e interdependentes.

O ser humano não é movido simplesmente por carências e desejos; é um ser cuja condição ontológica é a da abertura; está no mundo, aberto aos seus apelos e a suas possibilidades. Por estar em uma condição de abertura, nunca está determinado e pronto – como acontece com o animal, que não tem futuro nem passado, é sem possibilidades e completamente imerso na natureza.

A importância dessa característica se mostra também no âmbito do psicopatológico: cada pessoa vivencia a depressão de modos muitos variados, sem, no entanto, se generalizar os sintomas. Em geral, três características básicas precisam ser consideradas: sofrimento moral, inibição global e estreitamento vivencial.

Na depressão, o sentimento de falta de possibilidades é muito acentuado. Na ansiedade, o que emerge são possibilidades negativas ou conflitantes. Nas psicoses, o possível e o impossível perdem seus limites – e também quando se ingressa totalmente no plano do imaginário.

A pessoa deprimida sente-se paralisada, sem força, sem vontade. Não consegue se projetar no horizonte das possibilidades de suas realizações. Isso acontece porque também não sabe o que quer, então se sente totalmente sem motivações. A pessoa passa a sentir um certo estreitamento da vida, em que se percebe encurralada e sem saída. Sente-se insegura, perdida e sem rumo, muitas vezes sem saber o que quer ou o que deve desejar.

Com frequência, a inibição global que se apresenta na depressão está relacionada ao fato de a pessoa não saber o que desejar. Esse é um dos grandes problemas do ser humano contemporâneo. Anteriormente, as pessoas se deprimiam porque desejavam, mas seus anseios eram proibidos por serem passíveis de julgamentos morais, exclusão e rejeição; assim, elas sufocavam seus desejos. Hoje, as pessoas "podem tudo", no plano do que é passível de se compartilhar abertamente, em suas redes de relações no campo do mundo público ou no plano da privacidade, nos guetos, em grupos específicos ou lugares cujo foco desses desejos é possibilitado com relação a suas realizações.

Muitas vezes, o trabalho nos consultórios não é mais no sentido de que as pessoas possam se liberar ou elaborar suas culpas, resultantes dos processos de contenção ou supressão de seus desejos. Hoje, trabalha-se no sentido de ajudar as pessoas a realizarem o desvelamento de seus sentidos de vida (liberdade, responsabilidade, rumos, projetos e possibilidades) para que possam se desenvolver de maneira mais segura, realizando sua dimensão de possibilidades à medida que escolhem o que desejar e o modo de materialização desses desejos, de maneira ética e responsável.

Então, na depressão, é comum a pessoa não saber o que desejar. Paralisada e angustiada, tem a sensação de inibição global da vida, sem poder se expressar minimamente, experimentando um certo sentimento de morte. O sentido de possibilidades existenciais é percebido como cada vez mais reduzido, culminando em pensamentos suicidas, porque a pessoa não vê mais sentido em viver – assim, pensa em tirar a própria vida como possibilidade de resolver o problema da paralisia existencial em que se encontra.

É importante considerar que, quando se chega à conclusão de que o paciente está em depressão, é bom verificar se ele corre o risco de suicídio. Se ele faz alguma referência à morte ou algum tipo de comentário sobre dar cabo da própria vida, é recomendável conversar com ele sobre isso durante a terapia, explorando ao máximo esse tema e buscando compreender seu significado, estimular a busca de outras possibilidades de saída para suas questões e encaminhá-lo a um psiquiatra.

Outro aspecto importante é considerar as narrativas a respeito da morte – não necessariamente como um desejo em si, mas como um modo de revelar aspectos da vida que foram descuidados, deixados de lado, suprimidos, frustrados, não alcançados etc.

Vale fazer perguntas como: "Desde quando você pensa em se matar?"; "Que razões, segundo o seu ponto de vista, o fazem pensar nisso?"; "Você já fez algum tipo de tentativa nesse sentido?"; "Qual foi?"; "Quando?"; "Como estava a sua vida?"; "O que o fez desistir da ideia?"; "Você já tentou fazer algo diferente para superar esse sentimento?" etc.

É muito importante que o terapeuta não fuja dessa conversa. Popularmente, a ideia que se tem é de que falar muito com a pessoa sobre isso vai estimulá-la à ideia de se matar. Essa crença tem mais a ver com o tabu da morte, que é maior que o tabu do sexo. Basta observar que é mais comum os pacientes no consultório falarem sobre suas estranhas preferências sexuais, os tipos de relações sexuais que realizam, suas fantasias e desejos, que sobre seus medos e temores a respeito da morte. Ao falar com os clientes sobre esse assunto, é muito importante que ele esteja ligado ao tema da vida. Isso implica conversar estrategicamente sobre a iminência de ruptura como abertura para a possibilidade de continuidade da vida, embora escolher morrer seja uma opção possível que deve ser respeitada. Não cabe intervir para dissuadir o paciente dessa ideia, mas trabalhar junto com ele para que possa desvelar o sentido daquilo que vivencia naquele determinado momento da vida.

Quando se utiliza o termo *desvelar o sentido*, se quer dizer construir o significado a partir de uma experiência (fenômeno) que já se deu na vida da pessoa e que está lá, no campo do vivido, em sua história, em sua imaginação, sem, no entanto, ter sido submetida a um processo de reflexão ou ter vindo à tona, se tornando presente pela linguagem.[3]

Assim, deve-se atentar para as próprias coisas (fatos, ideias, sentimentos, imagens, memórias, desejos, palavras etc.); esse é um valor (uma regra) primeiro e fundamental do pensamento fenomenológico. Por "coisas", entenda-se simplesmente o dado, aquilo que se vê ante a consciência; não significa que algo desconhecido se encontre por trás do fenômeno. A fenomenologia não se ocupa disso; só visa o dado, sem querer decidir se esse dado é uma realidade ou uma aparência: haja o que houver, a coisa está aí, é dada, tem presença. Cabe ao terapeuta, em uma relação dialógica e reflexiva, explicitar ao paciente os núcleos narrativos de sua fala, descobrindo junto com ele os possíveis significados e as possibilidades que abrem.

Nesse sentido, o método fenomenológico consiste em *mostrar* (descrever) o que é dado e *esclarecer* esse dado. Não explica mediante leis nem deduz a partir de princípios, mas considera imediatamente o que está perante a consciência: o dado, ou seja, o significado que é atribuído em função do tempo e do espaço em que nos encontramos, fruto do acúmulo de nossas vivências. Consequentemente, tem uma tendência orientada totalmente para o objetivo. Não se fala de uma objetividade concreta e estática, de uma essência no sentido de uma substância, porque isso implica que se situe diante da realidade, dotando-a de sentido, possibilitando, assim, que possa ter uma orientação de vida (sentido/rumo). Pode-se situar na realidade em uma direção rumo ao futuro, realizando o ser de possibilidades à medida que nos colocamos no horizonte da existência, projetando-nos e fazendo nossas escolhas.

Liberdade, responsabilidade e angústia

A liberdade é outra condição ontológica do ser humano. Ele é um ser livre, apesar de todos os determinismos e os condicionamentos que o limitam e programam. Ele pode renunciar à sua liberdade, submeter-se, alienar-se, tornar-se escravo e dependente; mesmo assim, é uma opção sua.

Por serem livres, são também responsáveis. Sua responsabilidade se afirma, assim, na liberdade de decisão e escolha que realiza. Afirmar que são responsáveis não significa negar a importância dos maniqueísmos sociais e dos diversos tipos de governos soberanos que os controlam ideologicamente, criando demandas e necessidades para a gestão da vida contemporânea.

Na afirmação de que são livres, implica-se o fato de que sempre têm alguma possibilidade de escolha, certa margem de opção, por mais restringida que esteja a sua vida ou por mais alienados que se encontrem.

Nesse sentido, pode-se afirmar que o ser humano é suas escolhas e suas circunstâncias. Isso significa dizer que toda escolha é feita em determinada situação, com muitas nuances que definem seu contexto. Assim, as escolhas nunca são feitas no campo abstrato, senão perante um conjunto de exigências e limitações concretas formando, muitas vezes, uma situação que se impõe à pessoa e perante a qual têm sentido somente determinadas preferências.

Ser livre e responsável é um postulado que deriva da ênfase na responsabilidade da pessoa, tanto nos princípios que orientam sua existência quanto nas ações que concretizam seu projeto de vida. Pode-se fazer o que se quiser desde que se assuma o que se faz, sabendo que toda ação tem suas consequências e implica algum fator ético.

Assim, por sermos livres e responsáveis, precisamos inventar nossas vidas – sabendo que nada fica consolidado definitivamente, pois o passado não é uma garantia que assegure o presente e, menos ainda, um futuro.

É desse modo que a ansiedade e a angústia surgem de maneira inevitável. É importante pensar que a angústia não é uma vivência puramente negativa, que necessariamente leve à tensão e ao desespero. Ela é o dado estrutural da condição humana, pois revela o caráter de abertura existencial e o quanto tudo na vida é provisório. Ela também alerta para os riscos e os desafios das situações que nos inquietam.

Na vivência depressiva, a pessoa está doente, e esse adoecer implica sentir-se presa, sufocada por conflitos, impulsos e afetos; implica um sentimento de perda da liberdade pessoal.

É comum que as pessoas fiquem muito presas às experiências do passado, somente se lamentando e reclamando da vida. Perdem a noção de que seu estado de descontentamento resulta do conjunto de escolhas que realizaram. Muitas vezes, alegam ignorância, ingenuidade ou inocência, o que não serve como justificativa. O que quer que tenha havido, ela foi corresponsável.

A vivência do tempo tende a ser no passado e o foco fica voltado para as circunstâncias negativas que originaram sua queda, ficando explícita uma vivência muito intensa dos sentimentos de culpa, faltas (carências), autoestima rebaixada, profundo vazio e, por vezes, saudosismo ininterrupto. Há extrema falta de conexão com o tempo presente, com ausência de noção de futuro e contato vital com o imediato.

Esse ciclo do sentimento de culpa é alimentado pelo movimento que a pessoa faz de ficar pensando no que fez e no que deixou de fazer. Quando isso acontece, a pessoa deprimida fica ainda mais paralisada por essa culpa, recriminando-se, remoendo, desqualificando-se. Sua autoestima fica negativamente afetada.

Dimensão espaço-temporal | O humano como ser-no-tempo e finito

Há, na experiência humana, duas maneiras de experimentar o tempo. Por um lado, existe um tempo dentro de cada um que flui para diante em um ritmo mais ou menos irregular, constituindo uma espécie de espiral de instantes que se ligam e articulam uns aos outros, formando uma corrente contínua estendida na direção do futuro e dando uma sensação de coerência e continuidade.

Essa espiral que dá a sensação de sequência e organização mergulha suas raízes na personalidade, principalmente na dimensão biopsicológica, marcada por ritmos internos que são privativos de cada pessoa em suas singularidades. Cada um tem um compasso que é significativamente influenciado pelos diversos fenômenos da vida e por todos os acontecimentos do mundo pessoal (subjetividade) ou do mundo externo (social) que, direta ou indiretamente, tocam o ser no seu curso existencial.

Cada instante se transforma, perpetuamente, no instante seguinte, compelindo o ser humano a projetar-se para diante, para essa dimensão existencial que se chama devir. Ele é convocado a cada instante do seu presente, mergulhando no futuro que se abre à sua frente, abraçando ininterruptamente os momentos imediatos e lançando-se na possibilidade da promessa – uma promessa que acaba por incentivar e animar o sujeito na tarefa existencial de prosseguir rumo ao futuro.

A vida se apresenta, então, como um incessante renovar-se, um perpétuo tornar-se futuro, alicerçada em uma dádiva que nos transcende e que se consubstancia nesse fenômeno: o instante que se atravessa agora se articula, seguramente, com o tempo que há de chegar. A vida progride por um movimento cujo fluir desliza inexoravelmente na direção do futuro, que faz com que cada instante seja diferente do instante anterior. Na depressão, ocorre um certo tipo de inibição vital que se expressa em um retardamento do evoluir da própria vida. A pessoa experimenta uma sensação de cristalização e densidade ao redor do eu, tornando cada momento mais custoso e mais pesado no seu natural desembaraçar-se.

No momento presente, coloca-se sempre diante de nós a promessa do instante que há de vir e tornamo-nos outro (embora, evidentemente, enxertado no mesmo ser) com aquele instante já vivido, assimilado e expurgado para o passado. Essas descrições caracterizam o tempo íntimo: pessoal e privado.

Também é possível vivenciar o tempo de outro modo. Pode-se chamá-lo de tempo do mundo – impessoal, externo –, um tempo que flui de modo mais objetivo. Trata-se de um tempo substantivo, cronológico, matemático, regulado principalmente pela eterna sucessão dos acontecimentos. Esse tempo flui no mesmo ritmo para todos, condicionado pela sucessão dos acontecimentos naturais, e é assumido, no seu registro regular, como coordenada básica sobre a qual se estrutura a convivência humana e se organiza a vida cotidiana em sua práxis. E, tal como acontece com o tempo íntimo, puxado adiante, para o terreno que ainda é nada, mas que em breve será tudo, ao compasso da tal promessa transformada em certeza pela transcendência (o instante que há de vir virá para mim), também o tempo do mundo escorre na mesma direção, orientado, portanto, para o futuro.

Em condições psicológicas adequadas, os dois tempos (o tempo íntimo e o tempo do mundo) movem-se de modo paralelo, embora o tempo íntimo esteja sujeito às diversas circunstâncias que o influenciam e o tempo do mundo flua matemática e regularmente sobranceiro ao querer e não querer de cada um. Na depressão, com a inibição do fluxo vital, a consciência fica densa e pesada, empasta-se de resistências, tem dificuldade de desembaraçar-se do presente e carrega-se de vivências de arrastamento da vida e de dificuldades produzidas pela travagem no natural fluir para diante. A pessoa fica aprisionada no presente, deixando que o passado constitua mais um peso (amortecido pelas cores do pessimismo) a agravar e complicar a caminhada para adiante. Porém, do lado de fora, corre o tempo do mundo, regular, matemático, previsível no seu compasso, indiferente aos sentimentos dolorosos e ao arrastamento da vida da pessoa que está deprimida. Os ponteiros de fora continuam a girar absolutamente certos, frios, insensíveis, enquanto os ponteiros de dentro, sujeitos à inibição do fluxo vital, circulam penosamente para adiante, revelando a característica mais nuclear da depressão: a perda de movimento interno e a incapacidade de assimilar o instante imediato; em suma, o doente fica privado de futuro.

Esse fenômeno torna ainda maior a dificuldade do paciente, acentuando o sofrimento, cavando (nas depressões profundas) ainda mais os sulcos do pessimismo, da inferioridade, da inutilidade e da culpa, sobretudo quando confrontados com o fluir normal do tempo dos outros. Do lado de fora, a vida parece correr a uma velocidade fantástica que aumenta até limites que podem chegar a ser insuportáveis, configurando o atrito doloroso da vida interior.

Um dos modos de expressar a vivência do tempo em sua dupla modalidade pode ser, entre muitos outros, o sentimento de *culpa*, que tende a ser cristalizada porque a vivência do tempo da pessoa deprimida não flui. Para ela, os fatos de sua vida também estão cristalizados. Há certa generalização e a pessoa não tem mais a vivência de que as coisas *estão* ruins ou algo *aconteceu* de ruim e que se pode modificá-los. O sentimento é de que não há mais jeito, não há mais nenhuma saída e nada pode ser feito; que viver é muito difícil e não há nada em que seja possível basear-se a fim de realizar algum tipo de mudança para sair da situação.

O sentido de liberdade da pessoa fica comprometido, pois ela não enxerga outras possibilidades. Explicita-se a vivência de uma espiral cada vez maior na direção de um fechamento para a vida. Perde-se a sensação de sincronismo, organização e continuidade existencial, deixando a pessoa estremecida em seu sentido de identidade. A sensação é de ruptura. A situação desagradável que experimenta é como um muro que se estabelece intransponível, que não se consegue ultrapassar. O tempo cristalizou, o espaço paralisou e a pessoa se vê cercada, com a sensação de tempo e espaço diminuídos, engessados, sem mais o fluir e a expansão a seu favor.

A indecisão é muito grande. Para a pessoa, a vida está totalmente paralisada. Como ela vai resolver as coisas se, em cada resolução, em geral haverá culpa, e certamente haverá algum problema e nada dará certo?

Coloca-se para o terapeuta a necessidade de transitar nos diversos tempos da vida com o paciente, levantando possibilidades do que deveria e poderia ter sido feito e o que poderia ter sido diferente. Deve-se colocar a pessoa no centro das situações e fazer diversos exercícios reflexivos com ela para que se explicite que a realidade não é independente dela, mas sim coconstruída; portanto, há uma corresponsabilidade nos acontecimentos de nossas vidas. Focalizar a compreensão da necessidade do desenvolvimento de atitudes que tenham a disposição de reparar e não de condenar, com vistas ao desenvolvimento de um senso de autonomia, torna-se de fundamental importância.

Outro aspecto importante é explicitar que tudo na vida tem duração quando tem algum sentido. Se as coisas já não são mais como antes, se tudo se transformou e a pessoa sente o mundo ruir aos seus pés, é porque algo novo aconteceu e é necessário construir um novo sentido. Busca-se então desvelar o significado da ruptura.

Nessa direção, espera-se que, aos poucos, na medida em que o paciente vá construindo novos significados e redefinindo seu sentido de vida, possa também desconstruir, junto com o terapeuta, o emaranhado de confusão que construiu e no qual ficou preso. O foco deve ser a abertura de novas possibilidades pelas quais possa compreender seu percurso de vida, assumir sua responsabilidade e se libertar dos domínios dos sentimentos negativos que construiu, oriundos de sua baixa autoestima e da falta de autoconfiança, o que está na base das oscilações entre desânimo e ansiedade, presente nos quadros depressivos.

O foco terapêutico deve estar no sentido de compreender e aceitar que o insucesso ou fracasso é uma experiência possível e inerente à empreitada humana. Deve ser uma oportunidade para avaliar potencialidades, projetos e metas.

Existe, ainda, outra característica da vivência da depressão que é a sensação de inutilidade. Conforme já aventado, essa sensação pode estar relacionada à ideia de morte, que aparece como algo que revela à pessoa sua condição de paralisia diante da vida – um tipo de morte existencial. É importante não esquecer um duplo espectro possível nessa vivência: a consciência de morte é também algo que pode resultar no fato de a pessoa dinamizar ou paralisar a sua vida.

Se você sabe que vai morrer, é possível tomar sua vida para si e tentar vivê-la da melhor maneira possível, de modo criativo, transformando-a em algo realmente gratificante enquanto vive. Essa é outra janela que pode ser explorada pelo terapeuta.

É comum que essa sensação de morte esteja ligada à paralisia que a pessoa sente na vida porque não consegue se perceber produtiva e motivada. Trata-se da inibição do impulso para a ação.

O ser humano, independentemente da circunstância, está sempre implicado em uma situação de escolha. Está, portanto, sempre diante da possibilidade de experimentar, optar, decidir e, inescapavelmente, agir. Não é possível concebê-lo mergulhado na inação, pois isso contradiz a condição ontológica do ser humano. Ser humano significa estar no mundo, e estar no mundo significa estar diante das coisas, sendo tocado e convocado por elas a tomar uma posição. Significa, em última instância, agir, escolher.

A depressão pode alcançar o nível vital, retardando o fluxo da vida, resultado do arrastamento penoso do pensamento. Uma ação sempre sucede outra e precede o que está à frente. Se o sujeito está impedido de agir e a ação envolve todas as esferas da vida psicológica, desde a vertente cognitiva até a afetiva, a vida torna-se dolorosamente pesada e inútil. Diante disso, levanta-se então o espectro da pequenez, da insignificância e da ruína final, particularmente quando o mundo dos outros, que ao redor continua a vibrar, é um mundo de movimento e de ação.

Portanto, sentindo-se parado no meio de um tempo que teimosamente o atraiçoa e abandona, sente-se incapaz de agir em uma atmosfera que, no exterior, palpita em movimento e ação, percebendo-se perdido na escuridão do mundo pessoal, sem projeto e sem sentido (o futuro lhe está vedado). O sujeito inclina-se, reverente, para a última solução, aquela que marca o inexorável destino de cada um. É a partir da morte que a vida se torna uma verdadeira totalidade.[7]

A pessoa também pode ter uma vivência do sentimento de morte iminente tão presente e intensa de modo que seja possível acreditar ser absolutamente tolo fazer qualquer coisa, porque a morte está aí. É como se a vivência de morte revelasse a total paralisação da pessoa: não há o que fazer. Pensar em qualquer coisa que venha a ser feita é absolutamente inútil. Assim, baseando-se nesse tipo de crença, chega-se à conclusão de que nada mais na vida tem significado.

A sensação pessoal é de que aquela situação é definitiva, imutável, sem saída. Em geral, a pessoa pensa em se matar porque acredita ser essa a maneira que lhe possibilita parar de sofrer. A vivência do sofrimento é tão intensa que a faz crer que, se morrer, parará de sofrer e de causar o sofrimento daqueles que estão ao seu redor – cônjuges, filhos, amigos, namorados etc. O sujeito sente que é responsável pela má sorte da família, sente-se cada vez mais culpado. A partir da lógica de que todo réu merece uma sentença, a sua deve ser a morte.

É possível que alguns comecem a procurar evidências de que estão doentes, sentindo inclusive sintomas físicos. A pessoa pode alcançar um grau de desorganização cognitiva e afetivo-emocional tão intenso a ponto de distorcer a realidade e se culpar por situações de um passado muito distante. Por exemplo, ela pode pensar que está com AIDS porque, há mais ou menos cinco anos, teve uma relação extraconjugal e não usou preservativo. Ou, então, mesmo usando preservativo durante as relações sexuais, começa a sentir ardores nos órgãos genitais, achando que adquiriu algum tipo de doença sexualmente transmissível.

Assim, tem início uma escalada na qual se começa a pensar e experimentar um sentimento cada vez maior de culpa, pelo qual começam a vir coisas péssimas a seus pensamentos e lembranças. Ela atribui a si tudo de ruim que aconteceu ou está acontecendo na família, por acreditar que a culpa é sua.

Se o filho usa drogas, é porque foi incompetente como mãe. Ela é a verdadeira culpada, porque não foi capaz de conduzir a família. Como chefe de família, o pai começa a se sentir uma pessoa fracassada se os familiares passam por privações caso ele tenha perdido emprego, não trabalhou mais, deixou a família passar necessidades.

Os fatos, os motivos e as lembranças vão se constituindo em significados negativos que tomam um aspecto de nuvem negra, invadindo cada vez mais a pessoa que está em depressão. Parece haver uma certa fixação no sentimento de queda e prostração pela perda de objetos queridos, amados, desejados.

Nesse sentido, o foco terapêutico também deve estar voltado para a explicitação e a compreensão desse movimento existencial, ajudando o paciente a desenvolver certa disponibilidade para as exigências e os desafios do fazer e do agir humanos. Há de se explicitar que ideias suicidas e sensações e pensamentos relacionados à morte iminente constituem um movimento existencial que anuncia o sentido das rupturas no horizonte da temporalidade da vida – a vida que se desdobra em um novo tempo da existência e clama por novos sentidos (novos rumos e significados).

Isso não dispensa o encaminhamento para avaliação e abordagem conjunta com um médico psiquiatra, tendo em vista cuidar dos aspectos bioquímicos envolvidos no processo.

Tristeza e depressão

Tristeza e depressão são muito parecidas. Por isso, é importante realizar uma distinção muito clara entre ambas para que se possa planejar e organizar as intervenções de modo adequado. Isso inclui, entre outros fatores, esclarecer a pessoa sobre as características de suas vivências, explicitando como é vivenciado o sentimento em termos de intensidade, profundidade e duração. É necessário fazer as consideradas "distinções finas", porque a fronteira entre tristeza e depressão é muito tênue, mais relacionada à forma que aos conteúdos relatados das vivências, que são mais de natureza qualitativa.

Como já visto, do ponto de vista fenomenológico-existencial, a depressão se apresenta como reveladora da ruptura do senso de continuidade existencial. A pessoa apresenta falta de interesse, ânimo, encantamento e entusiasmo diante da vida. Além disso, sua conexão com passado, presente e futuro fica descompassada.

A depressão aparece de maneira insidiosa porque se instala de modo lento, quase imperceptível. Em geral, as pessoas não sabem muito bem quando ela se deu e seus motivos são desconhecidos. Também têm a sensação de que viverão o resto da vida nesse estado.

O sujeito que diz estar sofrendo com a tristeza pode apresentar as mesmas características da depressão, porém não demonstra desconexão temporal e, em geral, tem consciência das razões que o levaram a ficar triste e sabe que logo vai superar esse estágio.

Outro fator a ser observado é o tempo em que se encontra nesse estado. Por isso, deve-se avaliar o quanto a duração do quadro é proporcional ao fator desencadeante para se avaliar e distinguir o quadro de depressão ou de tristeza. Em geral, considera-se que, em qualquer situação que desencadeie determinado quadro afetivo que permaneça por um tempo que o consulente e o terapeuta avaliem juntos como um evento que já deveria ter passado, pode-se suspeitar da possibilidade de um quadro depressivo.

As pessoas se mostram apáticas, chorosas, desgostosas, queixando-se do desempenho insatisfatório em alguma área da vida. Podem também se queixar da falta de interesse em sair de casa. Quando se pergunta por que isso está acontecendo com ela, a resposta pode não parecer convincente. Por exemplo: "Não sei, acho que depois que meu filho disse que não gosta de mim, eu fiquei assim".

Nos quadros depressivos, como o paciente está profundamente afetada em sua capacidade de julgamento, também é comum haver certa desproporção entre o evento ocorrido e a reação a ele. É importante perceber se o fator desencadeante é realmente significativo do ponto de vista do valor atribuído e estar atento a se constrói a lógica desse significado. Assim, a partir do exemplo dado, se o filho disse que não gosta da mãe, é importante solicitar que a pessoa faça descrições mais detalhadas sobre a situação: qual a idade do filho, por que ele disse isso, qual era a situação, o que ela respondeu, como costuma ser a relação entre eles, como era seu estado de humor no dia etc. A partir disso, seria importante pensar se o motivo alegado para o início dos seus sintomas de tristeza é realmente compatível ou se é uma justificativa mais racional. Nesse sentido, pode-se avaliar se a explicação dada é coerente e proporcional ao que aconteceu ou se a pessoa apresenta algum grau de distorção sobre o que lhe está acontecendo.

Em relação à tristeza, é interessante observar que, embora a pessoa passe por um evento que a afeta profundamente, ela não altera seus compromissos e suas atividades. Talvez estabeleça uma relação com o mundo sem muita garra, vontade e motivação para viver, porém não perde a energia vital. Continua fazendo o que tem de fazer, tentando resolver os problemas e os desafios da vida dentro do possível, com a esperança de que, em algum momento, tudo vai passar. Sua perspectiva quanto ao futuro é otimista.

Dimensão corporal e processos de somatização

Não há modo de existência mental independente da existência física de uma pessoa. Assim, não existe distúrbio mental que também não seja físico. A pessoa deprimida está física e mentalmente deprimida. Trata-se de duas dimensões de cunho sistêmico interligadas, e não se sabe – provavelmente nunca se saberá – os limites exatos das interfaces entre elas, bem como o ponto em que termina uma e começa outra.

O corpo é a forma materializada de nossa existência e é por meio dele que nos expressamos em nossas múltiplas dimensões. Somos e temos um corpo e fazemos dele nosso principal instrumento de ação e expressão ao nos movimentarmos no mundo. O movimento acontece em uma esfera física, mas sua percepção ocorre na esfera mental. Um distúrbio emocional envolve ambos os níveis da existência de uma pessoa – e, uma vez que o espírito a move, ele também está envolvido em todo o conflito emocional. Pode-se, assim, afirmar que a pessoa na condição depressiva sofre de uma depressão do seu espírito.*

O que ocorre é uma interconstituição que comporta o caráter de relação e complexidade dos fenômenos e situa o ser humano em um enraizamento biológico e existencial, o que resulta de uma síntese dialógica entre cérebro, linguagem, cultura e espírito, que se entrelaçam e se relacionam entre si, recursivamente, no que o espírito emerge do cérebro humano, com e pela linguagem, dentro da cultura.[8,9]

Morin[10] afirma:

> Os três termos, cérebro, cultura, espírito, são inseparáveis. Uma vez que o espírito emergiu, retroage sobre o funcionamento cerebral e sobre a cultura. Forma-se um circuito entre cérebro – espírito – cultura, no qual cada um desses termos necessita dos outros. O espírito é uma emergência do cérebro que suscita a cultura, a qual não existiria sem cérebro.

Então, para evitar os reducionismos psíquicos e biológicos, conforme já salientado, é preciso

---

* Para Morin[10], a utilização desse termo não significa o que se entende por "espiritual" no sentido religioso, mas tem a conotação de *mens, mind, mente* (espírito cognoscente, aptidão combinatória, inventiva). Nessa acepção, o espírito constitui a emergência mental nascida das interações entre o cérebro humano e a cultura. É também dotado de uma autonomia relativa, retroage sobre o seu produto de origem e tem, ainda, o caráter de organizar o conhecimento e a ação humanos.

pensar nos fenômenos como não isolados em sua gênese. Isso implica reconhecer que a verdadeira espiritualidade tem também uma base física e biológica.

No entanto, é preciso distinguir fé de convicção. Adota-se, aqui, a posição de que a convicção tem mais a ver com a atividade mental, enquanto a fé constitui um fenômeno mais arraigado nos processos biológicos profundos do corpo. Assim, pensa-se que a pessoa deprimida é o ser que perdeu a sua fé na condição existencial em que se encontra. Nesse sentido, segundo Arendt:[11]

> [...] deve haver uma capacidade espiritual no homem, pela qual ele é capaz de transcender tudo que lhe é dado, e de transcender, portanto, a própria factualidade do Ser. [...] Seu intelecto está em sintonia com este Ser e seus órgãos sensoriais são talhados para a percepção de aparências [...] compelido pela evidência do objeto.

A partir dessa perspectiva de sintonia dos órgãos sensoriais inscritos em um corpo biológico que é talhado para perceber tudo que se manifesta ao ser humano diante de seus olhos, colocam-se os processos de somatização como possibilidades de expressão da existência.

Somatização significa passar para o somático, físico ou corporal. Essa expressão não deve ser tomada exclusivamente como se tratasse de alguma categoria diagnóstica específica. A somatização aparece na medicina em geral e na Psiquiatria, em particular, muito mais como um sintoma encontrado em diversos estados emocionais do que como uma doença específica.

Na doença psicossomática, diferentemente do que costuma ser dito, pode haver alteração orgânica confirmada por exames clínicos, embora tais alterações tenham sido desencadeadas, determinadas ou agravadas por motivos emocionais. Na doença psicossomática, o sistema nervoso autônomo (SNA)* é o mais mobilizado. Alguns autores aceitam a ideia de que a doença psicossomática acontece quando há prejuízo da manifestação afetiva típica, ou seja, quando há alguma dificuldade de a pessoa reconhecer e verbalizar sentimentos e emoções.

---

* O sistema nervoso autônomo está estrutural e funcionalmente organizado para constituir a "interface" entre o meio interno orgânico e o meio ambiente externo, pois coordena a interação do funcionamento dos diferentes sistemas, assegurando toda a homeostase interna, como controle cardiovascular, regulação térmica, motilidade gastrintestinal, funções excretoras, reprodução, fisiologia endócrina e normalidade metabólica, bem como as adequadas respostas ao estresse e às variações térmicas ou do exercício físico.

Desse modo, há uma integração psicofísica muito estreita, mas o psíquico não pode ser reduzido ao biofísico e vice-versa. As funções psíquicas pressupõem um substrato biofísico, mas as vivências e as disposições a elas inerentes mantêm uma autonomia relativa do corpo.

A vida é um fenômeno biológico submetido a programações genéticas e a leis que regem seu funcionamento de um modo bastante preciso. Está organizada em termos de uma sintonia, apesar de envolver um sistema de funções muito complexas que possibilitam sua autonomia e sua subsistência.

Em contrapartida, a existência é o ser do humano – nunca inteiramente precedida pela programação dos antecedentes da espécie, mas orientada por propósitos e finalidades que ela mesma se coloca como razão de ser de si. A existência precisa ser feita e refeita continuamente, permanecendo sempre em aberto até o momento da morte. É um acontecer individual, embora fundado nas relações estabelecidas com o mundo e com suas afetações. Nunca é propriamente natural, senão cultural, dimensão com a qual mantém relações simbólicas pela construção dos significados.

Assim, os modos como somos afetados se expressam em termos dessa interação entre o psíquico e o físico-biológico na emoção por meio dos fenômenos psicossomáticos. Estes podem ser considerados o registro corporal das atitudes vivenciais. À guisa de inúmeras e infinitas considerações que se podem fazer sobre a dimensão corporal, o corpo pode ser concebido como o centro expressivo do estar-no-mundo (dasein).

Existem pessoas que apresentam maior dificuldade de entrar em contato com os próprios sentimentos. Quando o grau de comunicação com seu universo pessoal (emoções, sentimentos etc.) é insuficiente, elas podem ficar propensas a somatizar conflitos que geram sofrimentos psíquicos. Como sabem pouco ou nada sobre o que acontece com elas mesmas, isso pode dar abertura para que desenvolvam determinados sintomas físicos que, na maioria das vezes, não apresentam causas clínicas – ou seja, esses indivíduos podem apresentar uma enfermidade desencadeada por um fator psicológico.

Existem pessoas que, depois de algum evento na vida, apresentam quadro de gastrite, úlceras nervosas, problemas de pele, dores na coluna etc., e há quem desencadeie quadros depressivos. Esses quadros depressivos podem ser percebidos de duas maneiras: pode-se notar uma mudança no estado de humor ou a manifestação de sintomas somáticos. Nesse sentido, é importante estar atento porque esses sintomas são muito comuns e, na maioria das vezes, ignorados. Existem pessoas que, muitas vezes, apresentam queixas de dores na coluna, problemas estomacais, cardiológicos e outros tipos de mal-estar. É possível que façam uma "via sacra", passando de médico em médico, com queixas de ordem somática. É preciso prestar atenção a como isso se organiza para compreender seu sentido em nível mais amplo, incluindo outros elementos. Em geral, ela se queixa muito de sintomas, mas os diagnósticos médicos são negativos.

Todos esses sintomas "psicorreativos" são reversíveis e não obedecem à realidade orgânica ou à fisiologia médica conhecida. Eles obedecem, sim, ao significado emocional que a pessoa tem de seus conflitos, de seu corpo e de seu funcionamento. Por meio dessa representação sintomática nada fisiológica, pode-se, por exemplo, observar uma perda total da visão sem que o reflexo fotomotor se encontre alterado, uma lombalgia com exames neurológicos normais, tonturas com exames otoneurológicos normais e assim por diante.

Vale acrescentar que, salvo algumas exceções, na classe médica, ainda é muito forte a ideia de que o "paciente somatizador" tenta enganá-los ou procede de má-fé. Às vezes, na intimidade das conversas que se tem para trocar informações sobre o paciente que procura outra indicação de especialista, alguns médicos se mostram aborrecidos porque as queixas não obedecem ao que eles aprenderam nos livros tradicionais de medicina. Então, por constituírem casos tão diferentes, passam a representar um desafio a seus conhecimentos científicos e fisiopatológicos. Essa situação configura a oportunidade para alguns deles recomendarem a psicoterapia como alternativa (isolada ou conjunta) para a busca de solução do problema trazido pelo paciente. Também é importante ressaltar que nenhum desses sintomas tem algo a ver com simulação, mas sim com a comunicação corporal de um conflito ou uma mobilização emocional.

Então, do ponto de vista fenomenológico-existencial, consideram-se os fenômenos psicossomáticos como a expressão de uma necessidade existencial (falta) que precisa ser cuidada, cujos sintomas não são voluntariamente produzidos e não podem ser explicados após investigação apropriada, por qualquer mecanismo clínico conhecido. Compreende-se sintoma como uma condição do ser humano que indica que sua vida não está mais em ordem; não há mais harmonia, equilíbrio. Isso pode estar sendo comunicado pelo corpo com um sintoma, que adquire o *status*

de transmissor ou porta-voz da informação, pois, com seu aparecimento, ele interrompe o fluxo costumeiro da vida e rouba toda a atenção para si. Assim, o sintoma informa que está faltando alguma coisa, que se perdeu o controle e que deve haver algo errado. Então, compreende-se que, por meio dele, vive-se a experiência da quebra, da ruptura existencial que se anuncia e se expressa por meio dos fenômenos psicossomáticos.

É como se, intuitivamente, a pessoa tivesse a percepção de que a realidade vivenciada por ela é muito penosa, desagradável ou traumática, que no fundo não aceita e/ou não se sente capaz de suportar. Então, ele retira essa informação do seu campo de consciência e sua energia psíquica é deslocada para alguma zona do corpo, convertendo-se em sintoma. São essas pessoas que, na maioria das vezes, são suspeitas de ter algum tipo de "depressão camuflada".

Faz-se necessário refinar a observação no sentido de como se expressam seus sintomas. Em geral, eles não aparecem em conjunto com o estado de humor depressivo. A experiência mostra que, quando a pessoa melhora da depressão, os sintomas somáticos desaparecem automaticamente. Tais pacientes são candidatos a baterias de exames intermináveis, pois os resultados costumam ser normais e os médicos pedem exames cada vez mais complexos e sofisticados.

Também não se pode perder de vista que a manifestação dos fenômenos psicossomáticos não respeita a posição sociocultural do paciente, como podem suspeitar alguns, e também não guarda relação com seu nível intelectual.

A experiência clínica tem mostrado que o único fator capaz de atenuar as queixas é a capacidade para expressar melhor os sentimentos verbalmente. Quanto maior a capacidade de fazer referência ao mal-estar emocional por meio de discursos narrativos sobre o que se sente – por exemplo, relatando angústia, frustração, depressão, falta de perspectiva, insegurança, negativismo, pessimismo, carência de carinho etc. –, menor será a chance de representar tudo isso por meio de palpitações e pontadas no peito, dores, falta de ar, entre outros sintomas. É aí que se coloca a tarefa terapêutica de ajudar a pessoa a desvelar o sentido de seus sintomas.

Dando continuidade à ideia do corpo como centro expressivo do ser- e estar-no-mundo, há outra característica importante percebida, em geral, nos quadros depressivos mais crônicos: as alterações psicomotoras. Considera-se que, por meio delas, se expressam os modos pelos quais a dimensão espaço-temporal é vivida pelas pessoas que se encontram em estados depressivos. Em geral, elas ficam lentas, com a sensação de que não conseguem render. As descrições comuns expressam um amortecimento generalizado nas atitudes, na capacidade de raciocínio, nas reações emocionais, no andar, na gesticulação etc. O espaço é percebido como muito amplo, longo, vago, escorregadio; os percursos a serem trilhados ou explorados são percebidos como amplificados demais. Tudo fica distante e demorado.

Assim como existem pessoas que experimentam o tempo com ritmos muito alentecidos, há também aquelas que ficam agitadas e inquietas o tempo todo, mesmo estando deprimidas. Isso pode até mesmo confundir.

Então, se apresenta um tipo de depressão ansiosa em que as atividades ficam descoordenadas. Várias atividades são realizadas ao mesmo tempo, mas nenhuma é finalizada. Podem sair de casa com uma intenção definida e acabar ficando pelas ruas; perdem o foco. Muitas vezes, gastam dinheiro comprando objetos e quinquilharias; frequentemente, vão para casas de jogos (bingos). Também podem se ocupar com outros tipos de atividades que, em um primeiro momento, parecem não ter sentido para elas. Podem, por exemplo, se tornar compulsivas por sexo – experiências buscadas em prostíbulos, cinemas pornográficos, ou em casas de massagem, com garotos e garotas de programa etc. – ou, ainda, fazer uso de drogas. No significado da pessoa, o que ela busca, por meio dessas escolhas, é diminuir a sensação de ansiedade e inquietude que a acompanha na vivência de sua depressão. Analisar e refletir sobre o sentido de suas escolhas ajuda muito a diminuir o sentimento de culpa que sente.

Cabe explicitar que é muito importante considerar que a intensidade dessas vivências e os significados atribuídos a elas têm estreita relação com o grau de depressão em que se encontra o paciente. Isso deve ser avaliado, sempre que possível, em conjunto com o médico psiquiatra que acompanha o caso. Além disso, é imprescindível ter informações sobre os tipos de medicamentos aos quais a pessoa está submetida, considerando a hipótese de que muitas dessas características podem estar relacionadas com os efeitos colaterais produzidos por tais medicamentos.

Além disso, deve-se acrescentar que a inibição vital que vemos se expressar por essas alterações psicomotoras parece ser o elemento mais primário da depressão endógena. Reforçando: elas surgem quase sempre acompanhadas de um sentimento de retardamento da vida interior.

A depressão se reflete, na consciência do paciente, como uma experiência subjetiva (dolorosa) marcada pela lentidão do pensamento, pela sensação de estar com a ação emperrada e pelas atividades psicomotoras alentecidas. Esses fenômenos são sintomas básicos da depressão e, no contexto da psicoterapia, devem ser mais bem compreendidos a partir da exploração da temática relacionada com a temporalidade da vida. Em geral, exploram-se as experiências de rupturas que marcam o fechamento e a abertura de novos ciclos na vida, como a saída da infância e a passagem para a adolescência, a vida adulta, a paciência, a ansiedade etc.

Dificuldades de raciocínio e concentração são outra característica marcante das pessoas que sofrem de depressão. Em alguns casos, embora tenham o hábito da leitura, elas passam a não mais fixar e compreender o que leem. Muitas vezes, se queixam de que é necessário ler três vezes ou mais para compreender e fixar e captar a mensagem. É, novamente, o tempo que está em jogo. Não mais conseguem realizar certas tarefas na mesma medida de tempo de antes. Percebem-se mais lentas, vagarosas e demoradas no desempenho de atividades intelectuais e cognitivas.

As alterações do sono são a característica mais precoce e intensamente percebida na depressão. A primeira janela de oportunidade para começar a compreender a queixa trazida pela pessoa com depressão é, em geral, avaliar a qualidade do sono – a tal ponto que se deve colocar em dúvida o diagnóstico de depressão caso ela diga que está dormindo bem. A insônia da pessoa deprimida tende a caracterizar-se pelo fato de acordar bem antes do horário habitual e não dormir mais. Se relata ter insônia, é importante perguntar se tem dificuldades para adormecer ou costuma acordar de madrugada. Se acordar de madrugada e não conseguir dormir novamente, essa insônia pode indicar um quadro de depressão.

No entanto, também é bom atentar ao fato de que alguns pacientes podem apresentar dificuldades de conciliar o sono ao se deitar. Em geral, as alterações do sono provocam um certo grau de ansiedade, isto é, a pessoa já vai dormir com a preocupação e a crença de que não conseguirá pegar no sono ou não dormirá a noite toda. Essas preocupações, em si, já dificultam o sono.

Também vale perguntar se ela está tendo algum tipo de dificuldade no trabalho. Quando as alterações do sono estão mais agravadas, é muito comum que a pessoa comece a chegar atrasada no emprego ou a desmarcar compromissos com clientes. Por exemplo, em vez de chegar às 8 h, chega às 10 h, pois acordou às 4 h, voltou a cochilar e despertou depois das 9 h. Ao se levantar, sente-se esgotada, irritada, impaciente, tem explosões emocionais repentinas etc. Fica inquieta por todo o período da manhã; e muitas pessoas melhoram na parte da tarde. Alguns profissionais afirmam que isso é uma característica da depressão porque, à tarde, em geral, a pessoa se sente um pouco melhor e consegue realizar algumas poucas tarefas.

Não se pode deixar de considerar que os hábitos ficam totalmente alterados em função da mudança dos horários de sono, uma vez que o relógio biológico funciona em "outro fuso horário". Além disso, é bom evitar fazer considerações generalizadas porque, embora existam características muito típicas e comuns nos quadros depressivos, cada pessoa se deprime de um modo singular.

Outro fenômeno a ser observado nos quadros depressivos são as alterações alimentares. Elas podem se manifestar como anorexia ou perda de apetite, o que faz com que as pessoas não queiram se alimentar. Ao ouvir as descrições, tem-se a impressão de uma fonte de prazer que "secou".

Se se entende que a comida está ligada à vida e ao prazer e que, na depressão, nada é prazeroso, essa apatia pode ter o significado dessa perda de vínculo com o valor positivo da alimentação e da vida. Isso pode fazer com que a comida seja percebida como tendo um gosto desagradável ou insípido, podendo até causar náuseas e vômitos, resultando na perda de peso. Por melhor que seja o alimento, não há interesse nele.

Já outras pessoas sentem uma vontade muito grande de comer e fazem o inverso: comem demais. Algumas passam o dia comendo e dormindo, o que resulta em aumento do peso. Há também quem sofra de insônia e "ataque" a geladeira por toda a madrugada, durante a qual a pessoa fica acordada, esperando amanhecer o dia e comendo. Além disso, não se pode desconsiderar a possibilidade de distúrbios hormonais e metabólicos, que também podem ser concomitantes aos quadros depressivos.

Muitas vezes, essas perdas de sono acompanhadas de certa tendência compulsiva para comer durante as madrugadas aparecem em termos da vivência depressiva relacionada com as preocupações e com a ansiedade que delas resulta. São fenômenos que revelam a vivência do tempo e do espaço de modo descompassado.

A noite fica longa demais e a pessoa se sente cheia ou vazia.

Em primeiro lugar, pensa-se que as preocupações surgem relacionadas a alguma espécie de temor, ao qual é atribuído um caráter de antecipação da possibilidade de ser que faz com que a pessoa passe a se preocupar. São as preocupações que aparecem na vivência das pessoas deprimidas que expressam, em determinado momento, o modo como elas estão cuidando da existência. São muito comuns narrativas que descrevem ficar a noite inteira pensando na vida – em fatos ou experiências vividos, em algo que deixaram de fazer, nas expectativas dos outros em relação a si e nas suas próprias, nas pressões que exercem sobre si, muitas vezes se culpando e remoendo experiências de frustração do passado.

Na perspectiva de Heidegger[7], esse modo de existência tem a ver com a ideia do cuidado, no sentido de acentuar as realizações concretas do exercício da presença* (estar-no-mundo) em seu ser cotidiano.

Nesse sentido, compreendem-se as crises vivenciadas na depressão como algo da vida com que as pessoas precisam se haver: suas dívidas existenciais. Neste "se haver", entende-se que está explícita a tarefa de dar conta, responder e se responsabilizar pelas escolhas que realizou em seu percurso de vida, cuidando do aqui e do agora, com desvelo. Ao realizar esse cuidado, podem experimentar uma espécie de temor, que é um dos muitos modos pelos quais é possível colocar-se no mundo. As preocupações enquanto temores podem ser compreendidas como uma experiência do cotidiano em que se é afetado por causa da consciência da responsabilidade de dar conta da existência.

Assim, pode-se entender que, do ponto de vista da experiência daquele que sofre de depressão, o que é temido pode estar relacionado a ideias, objetos, acontecimentos, emoções, fantasias, pessoas etc. que sente vir na direção de si de modo ameaçador. Isso tem a ver com o encontro do humano em seu ser-no-mundo. Esse encontro tem o modo de ser da copresença, do ser-com, das relações, do atrelamento, enfim, da coexistência.

Pode, ainda, se mostrar em um determinado contexto – nesse caso, o momento em que a pessoa se sente deprimida e muito vulnerável, precisando responder pela tarefa de superar tal

---

* Evoca o processo de constituição ontológica do ser humano e da humanidade. É na presença que o humano constrói o seu modo de ser, a sua existência, a sua história etc.

vulnerabilidade, pois ainda sente, mesmo que ocasionalmente e em um grau bastante diminuído, que precisa dar conta das tarefas da vida, com seus compromissos, suas promessas e seus planos.

Do ponto de vista de como é experimentada, essa ameaça, que pode gerar dano, tem uma direção determinada com relação àquilo que pode encontrar – algum projeto de vida no qual a pessoa estava engajada (p. ex., terminar de criar os filhos que ainda são pequenos), expectativas ou valores que eram importantes (p. ex., o casamento, a vida profissional, os amigos, os princípios morais), enfim, tudo aquilo que, na experiência depressiva, se vê e se sente em estado de perda, ruptura e descontinuidade.

A própria situação e o "estranho" proveniente da preocupação podem se tornar, de algum modo, conhecidos. Pode-se explorar isso a partir da estimulação da pessoa para que fale de seus sentimentos, que podem ter suas raízes em histórias que ouve, significados construídos pelas conversações cotidianas, acontecimentos da vizinhança, valores impostos pela família ou pela religião. Podem também ter origem em outros grupos de pertencimento, na mídia ou nos jornais diários, ou ainda nas lembranças de fatos ou acontecimentos de sua história de vida.

Assim, parece ser uma experiência em que o que gera dano, enquanto ameaça, não se encontra ainda em uma proximidade (dimensão espacial) dominável e concretamente visível e palpável; essa ameaça é percebida como se aproximando ou capaz de se aproximar, vindo na direção do sujeito, podendo, assim, aparecer na experiência de cada um como um parecer-ser.[1]

A aproximação daquilo que gera ou pode gerar dano é pressentida se irradiando, e seus raios representam o caráter de ameaça. Essa aproximação é experimentada pelas pessoas com depressão como possibilidade iminente; por isso, segundo a maioria delas, perde-se o sono e come-se em demasia para atenuar a ansiedade resultante. O que, na verdade, pode gerar dano em seu mais alto grau tende a ser experimentado como algo que se aproxima continuamente, embora se mantendo a distância, ou seja, não ocorrendo de fato, uma vez que pode acontecer ou não. Daí a pessoa sentir estar sempre na iminência dos fatos.

Em outras palavras, ao se aproximar de sua condição de passível de acontecimento (o que é experimentado como proximidade), o dano traz consigo a possibilidade de uma atenção perene, de cuidado e alerta, que, por causa disso, pode fazer com que seja percebido como podendo ausentar-se ou passar ao largo. Isso não diminui nem extingue o temor. Ao contrário, é exatamente esse movimento de aproximar-se e distanciar-se, do parecer estar perto, mas ainda estar longe, que o constitui. A própria possibilidade de aproximação é liberada pela espacialidade essencialmente existencial do ser-no-mundo.

Desse modo, por exemplo, "estar cheio", "vazio no estômago", "vigiar", "remoer" "passar o dia pescando", "em sentinela", "ficar com a cabeça cheia", "minha cabeça não para de pensar" são metáforas que podem ser compreendidas como medidas de cuidado, restringindo e delimitando o espaço de vida durante a noite e o controle do tempo por acreditarem que podem antecipar os fatos ou retardá-los, tendo o controle. Tudo isso pode ter o significado de a pessoa acreditar que pode afastar do espaço de possibilidades de acontecimento aquilo que sente como ameaçador. Para Heidegger[7], "o temer abre esse ente no conjunto de seus perigos [...] Pois a presença enquanto ser-no-mundo é um ser em ocupações junto a".

Assim, essas preocupações acabam por constituir uma experiência de abertura para as pessoas que estão deprimidas no sentido de pensarem no conjunto dos perigos, uma vez que se ocupem da tarefa de cuidar de si. Nesse sentido, evidencia-se a dimensão afetiva da existência humana, em que a pessoa se mostra profundamente afetada pelos fatos e pelas percepções de sua vida nessa condição existencial de estar depressiva.

Dimensão afetiva e condição depressiva

Como as pessoas gastam muita energia nesse processo, tudo as afeta de modo a gerar confusões emocionais, dúvidas, inseguranças, rebaixamento do senso de valor pessoal (autoestima), além de perda do sono, que as tornam sensíveis a variações de humor, ficando irritadas facilmente, entre outros.

O ser humano, em sua estrutura ontológica, é sempre relação-com. Tal condição é fundada na possibilidade do encontro, que é a condição de abertura do humano para se relacionar, de alguma maneira, com as coisas do mundo que vêm a seu encontro e ser tocado por elas.

Portanto, de um ponto de vista fenomenológico-existencial, pode-se considerar que as relações que estabelecemos com o mundo e os outros são permeadas por sentimentos e significados, o que, por sua vez, interfere em nossos comportamentos. Isso remete a considerar a presença de outra estrutura ontológica no ser humano, que é a dimensão afetiva, a qual pode ser vista como a dimensão pela qual somos afetados, considerada fundamental em toda e qualquer análise que se possa fazer sobre o ser de cada um.

Essa condição de abertura do ser humano é o que possibilita a ele relacionar-se, interferindo e ao mesmo tempo sofrendo as interferências, carregando consigo a possibilidade de receber o que vem ao seu encontro, vivenciando e significando.

Nesse sentido, as relações constituem o lugar das significações e das vivências, que são afetações, ou seja, vinculações afetivas. É o estar sempre em relação interferente com alguma coisa que possibilita a afetividade.

Há, no entanto, outro aspecto que se considera importante esclarecer nesse modo de compreender a afetividade: se o ser afetado por alguma coisa inclui todas as dimensões da existência, não pertencem à afetividade somente os sentimentos e as emoções. Incluem-se também todas as outras dimensões: corporal, mental, valorativa, práxis (ações e agir humanos), social, interpessoal, motivacional, temporal e espacial. Assim, ao tentar uma aproximação conceitual da dimensão afetiva, se quer considerar três fatores:
- Primeiro: pode-se ser tocado e afetado por algo a partir de muitos modos específicos
- Segundo: existe sempre uma ampla multiplicidade de possibilidades desses modos de ser afetado. O sentimento é um deles e, a partir daí, o ser humano pode experimentar suas relações. Embora a afetividade inclua os sentimentos, ela não pode ser exclusivamente atrelada a eles
- Terceiro: pode haver muitos modos de ser afetado e, na maioria das vezes, eles são a conjunção de vários fatores relacionados entre si.

Portanto, a afetividade precisa ser vista como um fenômeno muito amplo e complexo, que vai além de somente sentir algo por alguém ou alguma coisa. É também o fundamento do existir humano na sua dimensão mais essencial, já que é por meio dela que se atribui significado às experiências.

A palavra afeto vem do latim *affectu* (afetar, tocar) e constitui o elemento básico da afetividade. Apesar de seu significado amplo, a dimensão afetiva deve ser entendida no contexto deste capítulo como termo genérico utilizado para designar sentimentos e emoções, que se inscrevem em nosso corpo como reações psicossomáticas e como atitudes corporais.

Entre outros fatores, como já mencionado, os afetos permeiam o relacionamento como sentimentos que nos vinculam de maneira positiva ou negativa com os entes do mundo ou com o próximo. Revelam nossa maneira predominante de estar-no-mundo e nossos estados de ânimo, que são os climas afetivos que nos impõem toda uma visão peculiar do mundo segundo o ânimo dominante. Nessa direção, a afetividade "é o nome que damos a esta capacidade que temos de afetar-nos subjetivamente com o que nos acontece".[12]

Falando de depressão e seus muitos modos de afetação e expressão, considera-se a irritabilidade um modo possível de afetar e ser afetado na relação com o mundo, e isso inclui as relações interpessoais. Trata-se de outra característica que, na maioria das vezes, se faz presente nos quadros depressivos. Algumas pessoas ficam irritadas quando estão de mau humor e brigam por qualquer motivo, o que é considerado muito tolo e irracional pelas pessoas mais próximas. Somado a outros fatores, isso ajuda a aumentar ainda mais o ciclo de culpa no qual a pessoa está imersa porque, em geral, ela se julga inadequada e fica se recriminando, isolando-se cada vez mais.

Esse estado de irritação também influencia a perda de interesse pelas atividades habituais, prejudicando o senso de prazer com as mínimas coisas. Tudo fica sem gosto. A pessoa apresenta queda geral no âmbito das tarefas e dos hábitos prazerosos que são mais básicos na vida. Por exemplo, se gostava de música e tem vários discos dos cantores preferidos, não quer mais ouvi-los. Se alguém quiser fazê-lo, ela fica irritada e isso pode ser até motivo de briga.

Há também o choro fácil, muitas vezes por motivos que nada justificam tal atitude. O humor pode se manifestar de modo muito oscilante, alterando-se com muita facilidade. De repente, a pessoa fica triste porque caiu um botão da camisa ou da blusa de que mais gosta ou por causa de uma cena de novela.

Outra característica é a diminuição da libido e consequente diminuição da atividade sexual, resultante da perda de energia e da fadiga. O relacionamento com a pessoa que sofre de depressão fica muito difícil, o que pode refletir no afastamento entre parceiros em função de conflitos que decorrem desse estado de irritabilidade fácil. Essa diminuição da libido, e até mesmo a perda total do desejo sexual, pode "estar a serviço" da regulação da intimidade do casal ou dos parceiros. No decorrer do tempo, esse afastamento com perda de intimidade adquire outros significados, do ponto de vista do relacionamento, porque se acumulam sentimentos de mágoa, rejeição e incompreensão, entre outros.

O estresse é outra situação que pode ser considerada um fator desencadeante dos quadros depressivos. Pode se manifestar após uma sequência de eventos que, em geral, envolvem situações que consomem muita energia, com níveis intensos de carga emocional. Pode estar relacionado ao trabalho ou ao acúmulo de situações em que é necessário tomar decisões, e a pessoa é pressionada por si própria e pelos outros a fazê-lo. As situações se acumulam de modo que não consegue resolvê-las, o que faz com que ela se sinta cada vez mais pressionada e ansiosa. Após algum tempo, chega-se a um limite e a pessoa cai em depressão por esgotamento. Ela sente que não tem mais condições de reagir diante de uma situação e tudo se torna cada vez mais difícil.

O mais importante é avaliar, analisar e refletir, junto com o paciente, a maneira como se lida com o estresse. Cabe buscar os sentidos de suas afetações a partir das relações que estabelece com o trabalho e as pessoas que dele fazem parte. Muitas vezes, é preciso considerar a perspectiva de se conviver com ele, principalmente quando determinadas situações precisam ser mudadas e não dependem exclusivamente do sujeito.

A experiência tem mostrado que é menos difícil resolver essas depressões quando a pessoa aprende a lidar com as situações. Ela passa a conhecer, avaliar e respeitar seus limites e suas possibilidades, sabendo o que pode esperar realmente. Isso é muito importante porque, frequentemente, essas situações de depressão têm ligação com o fato de se tentar ultrapassar e não respeitar os próprios limites. Em geral, as pessoas sentem que, por mais que elas façam, não conseguem.

Considerações finais

Falar de todas as características prováveis nos quadros depressivos seria uma tarefa impossível, uma vez que cada pessoa se deprime de modo muito singular. Além disso, a depressão pode se manifestar como um fenômeno relacionado a muitos outros. Pode estar associada ou se manifestar concomitantemente a: manias, fobias, ataques ou síndromes do pânico, quadros agudos de ansiedade, uso de álcool e drogas ou outras adicções, histeria, entre outros.

O objetivo, aqui, não foi escrever um tratado sobre depressão. Procurou-se circunscrever o fenômeno a partir das características mais comuns e, mesmo assim, considerando a possibilidade de variação em suas nuances, de modos às vezes tão sutis a ponto de tais diferenças serem imperceptíveis. Além disso, também procurou-se dar uma ênfase mais descritiva e compreensiva, que é a proposta da abordagem fenomenológica. O desejo é que se tenha propiciado algumas reflexões e contribuído para ampliar a visão acerca do fenômeno da depressão.

Referências bibliográficas

1. Critelli DM. Analítica do sentido: uma aproximação e interpretação do real de orientação fenomenológica. São Paulo: EDUC/Brasiliense; 1996.
2. Turato ER. Tratado de metodologia da pesquisa clínico-qualitativa: construção teórico-metodológica, discussão comparada e aplicação nas áreas de saúde e humanas. Petrópolis: Vozes; 2003.
3. Santos JL. "Transformando" – "nós" em "laços": um estudo compreensivo dos valores parentais nas práticas educativas em famílias de baixa renda [dissertação de mestrado]. São Paulo: Pontifícia Universidade Católica de São Paulo; 2006.
4. Santos JL. O duelo entre ser e ter: uma aproximação do sentido da dependência de drogas na adolescência. In: Castro DSP. Fenomenologia e análise do existir. São Paulo: Universidade Metodista de São Paulo/Sobraphe; 2000.
5. Augras M. O ser da compreensão: fenomenologia da situação de psicodiagnóstico. 7. ed. Petrópolis: Vozes; 1997.
6. Heidegger M. Ser e tempo. 5. ed. Petrópolis: Vozes; 1995.
7. Heidegger M. Todos nós... ninguém: um enfoque fenomenológico do social. São Paulo: Moraes; 1981.
8. Maturana HR, Verden-Zöller G. Amor y juego: fundamentos olvidados de lo humano desde el patriarcado a la democracia. 5. ed. Santiago: Editorial Instituto de Terapia Cognitiva; 1997.
9. Maturana HR, Verden-Zöller G. A ontologia da realidade. Belo Horizonte: Editora UFMG; 2002.
10. Morin E. O método 5: a humanidade da humanidade – a identidade humana. Porto Alegre: Sulina; 2002.
11. Arendt H. A vida do espírito: o pensar, o querer, o julgar. 5. ed. Rio de Janeiro: Relume Dumará; 2002.
12. Romero E. O inquilino do imaginário: formas de alienação e psicopatologia. São Paulo: Lemos; 1994.

Bibliografia

Lowen A. O corpo em depressão: as bases biológicas da fé e da realidade. São Paulo: Summus; 1983.

17 Fenomenologia da Mania

Melissa Garcia Tamelini e Daniela Ceron-Litvoc

Considerações psicopatológicas sobre a mania

A psicopatologia fenomenológica clássica elegeu as psicoses e, posteriormente, a melancolia como seus temas maiores, competindo à mania um espaço fortuito na tradição. A despeito do modesto volume de trabalhos, encontram-se passagens notáveis sobre a estrutura maníaca. As considerações deste texto partem de uma pequena compilação a respeito do tema na obra de autores como Minkowski, Binswanger, Tellenbach, entre outros.

A concepção nosológica de mania pela agenda psiquiátrica contemporânea remete a um conjunto de sinais e sintomas, como humor eufórico, aceleração do pensamento, logorreia, ideias grandiosas e excitação psicomotora. Essa abordagem semiológica privilegia, eminentemente, a esfera dita "objetiva" da experiência maníaca, reduzindo-a à simples somatória do corrompimento de funções psíquicas autônomas. Tal loteamento da consciência ignora a própria essência da mania, aquilo que lhe define, concebendo-a de maneira epidérmica e inespecífica.

À psicopatologia fenômeno-estrutural cabe, mais que a simples enumeração de sintomas, a preocupação com os fenômenos genuinamente maníacos e a elucidação das determinações estruturais da consciência maníaca. O ponto de partida heurístico será a concepção da consciência como estrutura: "A forma geral da consciência é a de uma estrutura hierarquizada, uma articulação orgânica entre diversos níveis ou estratos constituintes de uma totalidade", cujo "arcabouço mais íntimo para sustentação e viabilização da experiência consciente" será uma "**estrutura tripartite**, composta pelos elementos **espaço**, **tempo** e **contato vital** com a realidade".[1]

Somente a partir do desvendamento das particularidades essenciais da mania se poderá pensar sua articulação com a proposta de uma psicoterapia.

Tempo, espaço e contato interpessoal na mania

A sintonia, que é a capacidade de vibrar com o ambiente, considerada um dos princípios vitais da consciência, vincula-se de maneira umbilical ao presente. Para Minkowski[2], o contato maníaco era "deformado em relação à verdadeira sintonia", ou seja, não estaria autorizada a concepção da mania como píncaro da sintonia ou como auge da apropriação do presente pela consciência. A consciência maníaca não se revelaria apenas como um simples exagero ou um desvio quantitativo do normal. Antes, a experiência na vigência da patologia seria própria de um presente inautêntico, graças ao descolamento duplo, tanto da historicidade do passado como da abertura do futuro.

A psicopatologia fenomenológica iça o tempo vivido ao patamar de categoria fundamental para o conhecimento das formas patológicas. A desarticulação dos constituintes de uma temporalidade hígida implica uma experiência de consciência distinta, balizada pela mínima determinação do patrimônio biográfico, pela não sedimentação das vivências atuais e pela insuficiência na propulsão para o futuro.

Tal insulamento no presente, fato que não é exclusividade da mania, desenha-se, formalmente, de modo peculiar no âmbito maníaco. Neste, a experiência pauta-se pela voracidade e pela amplitude na relação com a realidade, simultaneamente determinando um contato fugaz e superficial e inviabilizando um anseio legítimo de temporalização.

Assim, no rol de possibilidades da consciência, a miríade maníaca emerge a partir da operação qualitativamente diversa dos estratos fundamentais da consciência. A excitação e outros fenômenos, como a fuga de ideias (alçada à máxima expressão desta estrutura por Binswanger), ecoariam as imposições à consciência de um presente excessivo e desmembrado, que ocupa integralmente seu perímetro.

A alteração de humor, norteadora da nosologia dos manuais diagnósticos contemporâneos, seria também apenas mais um comemorativo das especificidades têmporo-espaciais. O dito "otimismo do humor", a festividade e a jocosidade características da vivência maníaca, brota de um mundo de horizontes acessíveis e amplos, que oferta mínima resistência e que está desarticulado da significação conferida pela implantação no tempo.[3]

Entretanto, a alegria maníaca é um júbilo não genuíno, que encerra em si possibilidades opostas:

> Entregue a um presente inautêntico, porque descentrado da estrutura global do tempo pessoal, o ser-no-mundo maníaco é existência lúdica ou festa fora do tempo e do espaço sério da vida propriamente pessoal. Mas como em toda festa, a morte se esconde sob a exaltação da vida e, aqui, o ser-no-mundo melancólico sob o ser-no-mundo maníaco.[3]

A alteração do tempo vivido também estaria na base do fenômeno melancólico e, para Minkowski[2], a íntima articulação entre a mania e a melancolia dever-se-ia justamente ao fato de ambas repousarem sob uma "idêntica subdução no campo da sintonia normal" ou ainda uma "subdução no tempo".

Os mundos melancólico e maníaco poderiam ser contemplados como possibilidades opostas de uma mesma matriz estrutural, ainda que se devam evitar tentações reducionistas. A contemplação de ambas as estruturas iluminaria a vinculação inata entre a melancolia e a mania, apesar de evidentes distinções fenomênicas. A alteração da temporalidade, por exemplo, explicita, no melancólico, um presente "desmesuradamente estendido", vivenciado a partir da própria paralisação e do esgotamento vital, que vislumbra um "futuro inatingível".[3] Essa estagnação do presente associa-se a uma hipertrofia do passado, privilegiando os temas e os fenômenos inerentes a este retorno. Já no maníaco, há "um agora pontual que ele já ultrapassa", ou seja, um presente transbordante, apesar de não transcendente, que culmina em um desenraizamento biográfico proeminente (dito de outra maneira, em geral, o espólio individual não subsidia a experiência corrente).[3]

Ao tratar da desconexão histórica da vivência maníaca, autoriza-se um pequeno diálogo com as categorias biográficas jasperianas.[4] A descontinuidade biográfica impediria o acesso aos fenômenos da consciência maníaca pela via da compreensividade e exigiria o recurso explicativo. A incompreensividade, de caráter reversível, aliada à duração das manifestações psicopatológicas, caracterizaria a forma temporal de ocorrência da mania, as chamadas fases. As fases estão colocadas dentro das séries típicas de curso e estas, por sua vez, nas categorias biológicas. Para Jaspers, a mania e a melancolia são paradigmáticas das alterações fásicas da consciência e implicariam, necessariamente, os desígnios do biológico.

Retornando mais uma vez à coordenada da temporalidade, encontra-se na mania um presente dilatado, expandindo-se ao limite do espaço atual e esgotando aí suas possibilidades. Em uma sucessão de instantes sem conexão, o maníaco vive entregue a um "agora" no qual tudo se apresenta instantâneo e acessível. O momento é levado até as últimas consequências e a autonomia do instante oprime qualquer esboço de duração ou prolongamento da temporalidade ("inabilidade de transformar cada momento em um presente real").[5] Formalmente, a experiência maníaca não possibilita sedimentação biográfica, obstruindo a maturação existencial.

A visada maníaca contempla um mundo que se abre de modo complacente, vasto e sem relutância. Há um excesso de leveza e imprecisão, e o maníaco "salta" circularmente sobre esse mundo, sem direção definida nem avanço concreto.

> Um espaço "tão fácil" não pode ser abordado a não ser no otimismo do humor, porque perfeitamente não problemático: tudo é aí luminoso, colorido, com tons alegres, tudo aí é ligeiro, volátil, fugaz.[3]

Entretanto, essa exuberância é apenas aparente, e o que se sustenta de fato é a indiferenciação e a impessoalidade. A ampliação das zonas de diálogo da consciência com o mundo se dá à custa do desnivelamento da realidade e da perda de suas sutilezas e seus contornos. A ocupação do espaço pelo maníaco é incondicional ("exuberante participação vital no espaço"), nada lhe escapa, e ele oscila rapidamente entre os objetos, buscando o novo de maneira insaturável.[5] O espaço, "às vezes muito vasto e muito pequeno vista a proximidade potencial de tudo o que é aí encontrado", oferta-se sem fronteiras e sem obstáculos.[3]

Não seria exagero afirmar que o maníaco submete-se ao entorno e confunde-se com ele e que a articulação de relações tão proximais com o mundo exige o trânsito fundamentalmente no espaço público. Há um excesso de visualidade e nitidez e uma hipotrofia da profundidade no espaço vivido. O espaço social, ou "espaço claro" nos termos de Minkowski[2], propicia as condições essenciais para a experiência maníaca, assim como para a melancólica, apesar das ocupações mundanas serem de estilos diversos. Apesar de joguetes do espaço compartilhado, o melancólico vivencia tal submissão de maneira concreta e supliciada, enquanto o maníaco, com sua fugacidade predicativa, perde-se em múltiplas direções e na novidade permanente.

O contato maníaco oferta-se na interpessoalidade sob a aparência de "facilitação e aceleração".[6] A consciência apresenta-se mais permeável ao outro e o maníaco pode ser invasivo, violando a intimidade alheia. Trata-se de um contato categoricamente raso, no qual não se detectam mais que resquícios de uma verdadeira intimidade.

Binswanger[7] analisa a mania ou a "existência por fuga de ideias" por meio da concepção de "desproporção antropológica". Para ele, a consciência se projetaria tanto na "largura" como na "altura", cabendo a ambas as direções características fenomênicas diversas. A ideia de proporção não estabelece diálogos com parâmetros sociais, culturais ou comportamentais, mas com a "estrutura total da existência humana".[7] Para o autor, a desproporção entre altura e largura serviria de base para a mania:

> Aqui a existência faz de sua aparição um saltar ao infinito; portanto, amplia-se ilimitadamente o horizonte ou a esfera de visão, mas o subir às alturas segue sendo um puro voo imaginário, um ser levado até em cima sobre as asas de meros desejos e fantasias, de modo que não é capaz de chegar nem a uma visão de conjunto no sentido da experiência, nem a um aprofundamento na problemática da situação respectiva (a elevação é ao mesmo tempo altura e largura), e deste modo, a uma decisão própria, que toma atitude. Esta desproporção entre altura e largura na qual descansa o mundo do maníaco, tão extremamente volátil, se amplia desproporcionalmente na ordem da nivelação da altura própria (ou profundidade), quer dizer, da altura penosamente escalável, no sentido da decisão e maturação.[7]

Tal citação já anuncia a discussão do tópico seguinte acerca das possibilidades de estabelecimento de psicoterapia na mania. Antes, porém, são necessárias algumas assunções a respeito das relações entre mania e biografia. Tellenbach, em seu clássico livro sobre a melancolia, delimita um tipo característico de personalidade, o chamado "typus melancholicus", que estaria intimamente implicado no potencial endógeno de surgimento de fases melancólicas.[8] Não há a circunscrição de um "typus maniacus", mas algumas características da personalidade dos melancólicos parecem se repetir nos maníacos, como a vinculação excessiva (ou uma "superidentificação") ao papel social e ao espírito de ordem.[9]

Ainda se ambiciona a iluminação das zonas de diálogo entre a natureza e a história, como adverte Blankenburg:[3,10]

> Ainda que antes o que importava era destacar a relativa falta de significação dos momentos biográficos, para assim garantir o respeito pelo endógeno como força que rompe a destacada normatividade de sentido de nossa vida, nossa tarefa consiste agora em ver como tais fatores são capazes de influir e ainda de romper as regras próprias do endógeno.

A delimitação das situações tipicamente implicadas no surgimento de mania é bem menos expressiva que a já produzida no campo da melancolia. Há a descrição de que situações de sobrecarga ou pressão seriam pré-maníacas:

> [...] esta poderosa iniciativa no sentido de uma contrapressão superante ou uma aceleração propulsiva do fluir é de grande importância para a direção que a modificação endógena torna até a mania.[3,10]

Assim, a estrutura maníaca decorreria da constelação típica formada a partir de determinado endógeno e certas situações.

Como foi exposto, impera-se ir além das alterações de humor para a compreensão da mania, devendo-se buscar suas determinações estruturais. Sintetizando-as, pode-se dizer que, na estrutura maníaca, se está diante de um espaço que "se alarga e se torna infinito" e um tempo encurtado e restrito ao presente, no qual o "ritmo vivido é rápido, o mundo é volátil, fugaz, ligeiro, ágil, móvel".[3]

Considerações sobre as (im)possibilidades de psicoterapia na mania

Após essas breves apreciações psicopatológicas, compete-nos o propósito de explorar as articulações da estrutura maníaca com a proposta psicoterápica, mas não sem antes tecer algumas considerações a respeito da própria psicoterapia.

Um amplo retorno ao tema extrapolaria o mérito do texto, mas algumas reflexões são imprescindíveis. Sob a rubrica de psicoterapia, será extrapolado o suporte psicológico que se crê inerente ao compromisso firmado quando do tratamento de um paciente. Mesmo que se admita, com gosto, o impacto terapêutico proporcionado pelo contato interpessoal, aqui, sob a égide de psicoterapia, estará um projeto de ambição maior.

Psicoterapia nomeará o processo de exploração das potencialidades existenciais, sejam elas quais forem, e exigirá a integridade do contato interpessoal. Dito de outra maneira, almejará a expansão do eu a partir da abertura da consciência ao contato dual. Trata-se de um projeto direcionado ao futuro, voltado à delimitação, à proteção e à hipertrofia das zonas de crescimento da consciência humana. Ou seja, franquear os limites do eu e promover a maturação existencial.

Assim, o empreendimento psicoterápico exige alguns pressupostos estruturais, que, em última análise, são as condições de possibilidade de tal projeto. Primeiro, é absolutamente indispensável a integridade do contato interpessoal ou do "encontro".[6]

> Pois o encontro é um estar um com o outro no presente próprio, quer dizer, em um presente que se sazona totalmente a partir do passado e que também leva em si, de uma forma absoluta, a possibilidade de futuro.[6]

As particularidades do contato maníaco foram abordadas anteriormente e, sinteticamente, pode-se dizer que se trata de um contato aberto, amplo, de uma facilidade aparente, mas com um aniquilamento da profundidade. Ao mesmo tempo em que se diz em excesso e sem restrição, a ausência de densidade e a fugacidade dos conteúdos não autorizam a sua concepção com propriedade. O maníaco fala instantaneamente, mas não há elaboração na sua fala: "Há um impulso ao falar e não um impulso ao pensar".[6]

Além disso, deve-se ressaltar o clássico postulado psicopatológico da submissão do conteúdo à forma: "O maníaco realiza uma forma de ser particular e tudo que teremos que dizer em seguida deverá respeitar esta forma de ser e em sua especificidade".[3] Os conteúdos do discurso maníaco emergem em grande medida das ordenações estruturais e expressam o aqui-agora vivido; assim, sua compreensão desembocará na forma e não no aprofundamento histórico. Esse engessamento nas estruturas apriorísticas da consciência opõe-se à modalidade de contato interpessoal, necessária à psicoterapia.

Além disso, a estrutura maníaca, como foi visto, por apoiar-se totalmente no presente e esgotar as suas possibilidades nos seus limites, não se projeta no sentido da única zona de verdadeira expansão, ou seja, na abertura inerente ao futuro vivido, em seus projetos e indeterminações. Os planos maníacos mais refletem arroubos imaginários do que uma palpável expansão do eu.

> Trata-se de um si mesmo que não vive para o futuro, que se move apenas jogando no aqui e agora; é um si mesmo momentaneamente ambientado, mas não constantemente progressivo que se desenrole e madure, com uma palavra, não é um si mesmo existencial. Em consequência disto, é impossível toda comunicação existencial.[6]

Assim, a impossibilidade de um verdadeiro projeto do que aqui é denominado psicoterapia deriva diretamente da ausência de uma temporalidade hígida. O imediato e a leveza, fenômenos próprios da mania, contrapõem-se à verdadeira visitação da problemática humana e levam a uma "impossibilidade do próprio decidir, atuar e maturar".[7] A estrutura maníaca inviabiliza a realização das aspirações mais nobres da psicoterapia, e a esta restaria contemplar o indivíduo na fase pré-maníaca, na tentativa de ofertar condições menos favoráveis ao sucesso do projeto maníaco.

Referências bibliográficas

1. Messas GP. Psicopatologia e transformação: um esboço fenômeno-estrutural. São Paulo: Casa do Psicólogo; 2004.
2. Minkowski E. El tiempo vivido. Ciudad de México: Fondo de Cultura Económica; 1973.
3. Tatossian A. Fenomenologia das psicoses. São Paulo: Escuta; 2006.
4. Jaspers K. Psicopatologia geral. São Paulo: Atheneu; 2000.
5. Alonso-Fernandez F. Space and time for the manic person. In: De Koning AJJ, Jenner FA. Phenomenology and psychiatry. London: Academic Press; New York: Grune & Stratton; 1982.
6. Binswanger L. Artículos y conferencias escogidas. Madrid: Editorial Gredos; 1973.
7. Binswanger L. Tres formas de la existencia frustrada: exaltación, excentricidad, manerismo. Buenos Aires: Amorrortu; 1972.
8. Tellenbach H. La melancolia. Madrid: Ediciones Morata; 1976.
9. Kraus A. La intolerancia a la ambigüedad como variable de personalidad y rasgo estructural de los fenómenos de enfermedad de los maníacos depresivos. Anales de Psiquiatría. 1990;6(4):153-8.
10. Tellenbach H. Estudios sobre la patoténesis de las pertubaciones psíquicas. Ciudad de México: Fondo de Cultura Económica; 1969.

18 Compreensão Fenomenológica da Vivência de Pânico e Fobia Humana

Andrés Eduardo Aguirre Antúnez

Introdução

Este capítulo se orienta pela reflexão fenomenológica sobre o ser humano e pela clínica assentada no registro ético e ontológico.[1,2] A fenomenologia como escola filosófica nos auxilia a aprofundar o conhecimento do objeto de nossos estudos, e a psicologia clínica põe em prática a vivência real da relação humana.

O rigor fenomenológico é útil ao processo psicoterápico, pois possibilita ampliar o conhecimento de uma pessoa a partir de seu vértice singular e seu idioma pessoal e do sentido da existência, ou da falta dele.[2,3] A clínica revela as experiências humanas vividas na relação terapêutica e nas relações do cotidiano.

Assim, a análise fenomenológica e a ética-ontológica assentada na situação clínica reposicionam a clínica psicoterapêutica e possibilitam compreensões originais e inéditas aos distintos modos de ser e estar das pessoas em psicoterapia.[2,3] O paciente procura encontrar no psicoterapeuta uma testemunha para suas aflições e/ou um interlocutor para auxiliá-la a transformar suas vivências e alcançar um sentido para seu existir.

Do ponto de vista de Edmund Husserl, o foco de estudo fenomenológico do ser humano é a essência do existir e não a existência em si mesma; essa é uma das principais diferenças com a filosofia de Martin Heidegger, que coloca a existência em primeiro plano.[4] O objetivo de buscar, por meio de um método, o sentido ou a essência da vivência de pânico e da fobia é um trabalho que articula concepções filosóficas e psicológicas relacionadas à essência do existir.

A metodologia usada neste ensaio, portanto, é a reflexão fenomenológica e clínica das vivências humanas de pânico e fobias e as possibilidades para empreender um processo terapêutico assentado na ética e na ontologia.[2,5,6] Ética deve ser compreendida como reconhecimento de si, refletido pelo olhar e pelo cuidado do outro. Ontologia é a compreensão da condição humana, cuja visão de homem é a de um ser ontologicamente em precariedade, sempre aberto à compreensão, que busca responder às questões da sua origem e do seu fim.[2]

Fundamentos teóricos

Os filósofos alemães Edmund Husserl e Edith Stein desenvolveram a fenomenologia pura em íntima relação com a psicologia de meados de 1915. Por exemplo, podem ser citados os trabalhos das conferências de Amsterdã ministradas por Husserl e o interesse de Edith Stein pela psicologia, anterior ao interesse pela fenomenologia. Stein só não continuou com seus estudos em psicologia porque percebeu que, na época, por ser experimental, era uma *psicologia sem alma*. Cem anos depois do desenvolvimento intelectual desses autores, um dos sonhos de Edith Stein se realizou no Brasil, e a fenomenologia pôde, enfim, contribuir com os fundamentos da psicologia.[7] Não há nada de antigo ou ultrapassado nessa interdisciplinaridade, já que quem tece esse tipo de crítica, ora pejorativa, imbuída de preconceitos e desconhecimento, jamais ousou se debruçar sobre obras volumosas e complexas, como as de Husserl e Stein. Não é complexo o próprio viver humano?

Do ponto de vista teórico da psicologia clínica, nos assentamos nos desenvolvimentos autorais do psicólogo brasileiro Gilberto Safra, especificamente em sua trilogia: *A face estética do self: teoria e clínica, A po-ética na clínica contemporânea* e *Hermenêutica na situação clínica: o desvelar da singularidade pelo idioma pessoal*. Três obras cunhadas em um longo e delicado desenvolvimento intelectual e interpessoal de cerca de três décadas de trabalho clínico e no ensino em universidades, especificamente a PUC e a USP, em São Paulo.

Da filosofia fenomenológica, captamos o que é universal no ser humano e na psicologia clínica: como se processa o universal no pessoal, na semântica peculiar de cada pessoa. Há uma *estrutura da pessoa humana* comum aos pacientes que sofrem com vivências de pânico e fobias; por outro lado, se se adentram suas vivências íntimas, com atenção e interesse genuínos e desprovidos de qualquer conhecimento que possa tamponar ou não permitir a expressão livre do outro, percebe-se que cada um porta em si uma biografia e uma historicidade próprias, o que faz de cada ser humano um exemplar único na vida.

Princípios básicos do método fenomenológico

Husserl elaborou e empregou pela primeira vez o método fenomenológico no tomo II de suas "Investigações Lógicas".[8] O princípio fundamental desse método é *fixar a atenção nas coisas mesmas*. Algumas premissas devem ser rigorosamente seguidas, como não fazer interrogações teóricas sobre as coisas, não usar o que se tenha ouvido ou lido sobre o fenômeno a estudar e aproximar-se das coisas livre de preconceitos, para beber da intuição imediata. De acordo com Stein, se se quer saber quem é o homem, é preciso se colocar do modo mais vivo possível na situação em que se experimenta a existência humana, isto é, o que dela experimentamos em nós mesmos e em nossos encontros com outros homens.[1]

O segundo princípio do método fenomenológico é dirigir-se ao *essencial*. Em toda ação humana, existe uma intuição do que a coisa é por essência, e isso tem dois significados: o que a coisa é por seu ser próprio e o que é por sua *essência universal*. O ato que capta a essência é uma percepção espiritual, que Husserl denominou *intuição*.[1] Intuição da essência singular e comunitária do ser humano.

Ao fixar a atenção nas coisas como elas são e como se apresentam, o método fenomenológico aproxima-se do essencial por meio da intuição ou da percepção espiritual. Na perspectiva fenomenológica, a concepção de homem é compreendida por meio da estrutura tripartida do ser humano em corpo, psique e espírito.[3] Essas dimensões acontecem e se entrelaçam de modo dinâmico. A corporeidade é o que nos dá a constituição do ser que nos localiza. O corpo faz referência ao objeto físico e ao espaço. O espaço vivido está na base de todos os conceitos de espaço, distinto do espaço geométrico e idealizado da física.

O registro dos atos do corpo é um momento que supera a interioridade e a exterioridade e possibilita se ter consciência das coisas. Pode-se controlar o corpo e a psique, porém esse registro do ato de controle não é de ordem psíquica ou corpórea, mas de ordem espiritual ou, dito de outro modo, de ordem humana.[3,9]

Husserl usava a palavra espírito – *Geist*, em alemão – porque, na filosofia que o antecedeu, o que não era corpo era considerado da ordem da alma. Ele analisava a alma em duas partes:

- Uma formada por atos de caráter psíquico, cujo representante é o impulso psíquico não desejado ou incontrolável. Não somos nós as origens desses impulsos, nem os provocamos, mas os encontramos. Se sentirmos um grande rumor, todos terão medo, e o medo não vem desejado por nós, ele é uma reação e acontece
- A outra parte é a que reflete, decide e avalia e está ligada aos atos da compreensão, da decisão, da reflexão e do pensar, sendo denominada parte do espírito ou da dimensão humana. Todo ser humano tem potencialmente essas três características, umas mais, outras menos desenvolvidas.[4]

Os sujeitos acontecem em três distintos graus de presença e realização das suas atividades. Primeiro, há pessoas que alcançam alto grau de desenvolvimento da estrutura comum a todo ser humano, ou seja, uma plena atividade corpórea, psíquica e espiritual/humana, e se mostram sujeitos educados corpórea, psíquica e espiritualmente. Quem está no segundo grau apresenta um baixo desenvolvimento espiritual ou humano e traz dificuldade para refletir, avaliar e decidir e, consequentemente, para controlar os impulsos e as emoções. Já a impossibilidade de efetivar plenamente a estrutura humana, o terceiro grau, mostra alguém com pouca realização da estrutura comum, típica em estados de coma.[4]

Assim, tem-se a dimensão do corpo, que veicula os atos corpóreos, nos quais encontramos os instintos em geral, como a fome e a sede, comuns a todos os seres humanos; a segunda dimensão, composta pelos atos psíquicos, que inclui as reações emocionais de atração e repulsão, simpatia e antipatia, amor e ódio, e os impulsos para beber e comer; e a terceira dimensão, composta pelos atos espirituais, isto é, atos de reflexão, tomada de decisão, avaliação e controle.

Conhecemos essas três dimensões porque temos *consciência*, conceito fundamental em fenomenologia e dimensão fundante em psicologia.

A consciência não é um lugar físico ou específico, nem é de caráter espiritual ou psíquico. Ela é um ponto de convergência das operações humanas, que torna possível dizermos o que estamos dizendo ou fazermos o que estamos fazendo. Somos conscientes da realidade corpórea, da atividade psíquica e de uma atividade espiritual e temos consciência de que registramos esses atos. A distinção entre esses atos ocorre intuitivamente.[4]

Todos os seres humanos têm, potencialmente, a mesma estrutura humana, embora não a ativem da mesma maneira nem tenham os mesmos conteúdos, seja do ponto de vista psíquico ou do espiritual. Assumindo essa hipótese, as dificuldades ocorrem porque existem diferenças. Como exemplos, há pessoas que podem ouvir e outras que não; existem aquelas que podem ver e aquelas que não podem, há pessoas que conseguem se controlar e outras que não conseguem.[4]

Diante dessa concepção de homem, pode-se conhecer de modo mais íntimo a subjetividade humana. De acordo com Ales Bello[4], essa elucidação é importante para a psicologia na aplicação clínica a cada pessoa, tomada singularmente. Isso significa que todo ser humano registra atos psíquicos, como os impulsos que o movimentam para fora ou para dentro de si, e os psicólogos, com este saber, podem compreender algo que uma pessoa específica está vivendo. Compreender não significa sentir o que o outro sente, mas sentir, em sua corporeidade, o que vem da vivência do outro.

Ales Bello[4] afirma que, nos campos da psicologia, da psiquiatria ou da psicopatologia, ao considerar a complexidade do ser humano como corpóreo, psíquico e espiritual, é preciso se perguntar: o que é a psique? O questionamento é se a psicologia, como área de estudo da psique, pode ou não cobrir este vasto campo definido como espiritual ou humano. É nesse ponto de intersecção que a psicologia vem a se unir à fenomenologia, resgatando uma relação interdisciplinar ainda em vias de se solidificar.

A seguir, descreve-se o método clínico em psicoterapia. O método clínico utilizado neste capítulo se orienta para além do psíquico, se dirige aos fenômenos imagéticos, à ética do encontro e ao conhecimento do outro a partir de seu idioma pessoal.[4-6] Nesta abordagem terapêutica, é fundamental o conceito de compreensão como modo de saber e conhecer o outro, além do reconhecimento ético das necessidades do paciente e da atenção ao modo como o paciente guia o terapeuta para que este acesse as essências ou os núcleos de sua personalidade.

A intuição na clínica psicológica é a capacidade de apreender e compreender os símbolos que apresentam o modo de ser de alguém. Compreender alguém pelo registro ético-ontológico é procurar conhecimento que brota da relação e dos fenômenos imagéticos que o terapeuta cria espontaneamente diante do contato com o paciente e seus conteúdos. A intuição na clínica é tratada como um saber. Cada paciente tem um saber de suas experiências, e é o processo terapêutico que garantirá que ele possa se apropriar deste saber para poder alcançar o domínio do eu e de sua própria biografia e para colocar em marcha seu vir-a-ser.[5]

Com confiança e crença metodológica, busca-se a verdade do paciente e oferta-se o bem como ação que enriquece aquele que acompanhamos. O vínculo é marcado pela solidariedade diante do reconhecimento das agonias alheias, de modo que o espaço de experiência se transforma em lugar de cognição. Para Safra, o viver humano não pode ser plenamente dito.[6] Entre o dizer e o indizível, emerge a fala poética, na qual a palavra não se fecha, mas se abre para o não dito.

Colocar a técnica em primeiro lugar joga o paciente em direção ao conceituável, roubando-lhe o indizível e os mistérios de seu ser. Ele se torna homem-coisa e não mais ser, não mais presença.[6] É essa presença, sentida na continuidade de um processo psicoterápico, que ampliará os potenciais adormecidos no âmago de cada ser.

A psicoterapia é uma atividade clínica que, situada no registro ético-ontológico, poderá acolher a dor de seu paciente no registro de seu aparecimento, sustentar e compartilhar experiências revividas, vividas e aquelas do porvir, em revelação fenomenológica pura.[6] Frente a alguém ou a um poema, por exemplo, apoia-se um pé na revelação e outro no não saber.[6] Aceitar e tolerar o não saber são condições éticas. Na ética, é fundamental estar posicionado no não saber para que a revelação da singularidade possa aparecer em algum momento do processo.

Nesta clínica, o terapeuta está diante de seu paciente não só como outro subjetivo, mas como Outro (Outro compreendido como *Sobórnost*[*] implica simultaneamente o contemporâneo, os

---

[*] *Sobórnost* é um substantivo russo que significa comunidade ou "pan-unidade". Esta palavra abole a concepção de indivíduo ontologicamente isolado dos demais, mas assinala que cada ser humano é a singularização das vidas de muitos. "Compreender o ser humano como a singularização da vida de muitos implica dizer que cada ser humano é a singularização da vida de seus ancestrais e é o pressentimento daqueles que virão."[6]

ascendentes, os descendentes, a coisa, a natureza, o mistério). O terapeuta como Outro poderá, em vários momentos do processo psicoterápico, representar, para o paciente, seus ancestrais, seus descendentes, a humanidade, um representante da cultura. Há sempre um desespero vivido na expectativa de um encontro que transforme o insuportável em uma experiência que possa vir a ter um sentido e possa vir a ser um sofrimento e não só uma dor, uma agonia ou uma aflição.[6]

É preciso ter confiança no método empregado e no benefício do contato com esta realidade: a do contato interpessoal entre terapeuta e sujeito.[5] Ao acompanhar terapeuticamente alguém, não raras vezes se percebe que, no início dos encontros, as queixas sintomáticas, como as de pânico ou de fobias, são os principais assuntos, mas, com o passar do tempo, da continuidade e da relação interpessoal, tais sintomas deixam de ser o centro das atenções. A atenção vai se direcionando a outros campos da existência, de acordo com a singularidade do paciente e da vivência experimentada na inter-relação.

Há pessoas que não alcançaram a possibilidade de sofrer, vivendo suspensas em um estado de agonia. Sofrer implica devir, pressupõe destinar o vivido. Assim, a fenomenologia e a clínica que se norteiam por essa vertente poderão auxiliar o paciente a alcançar a potencialidade de sua vida reflexiva, a responsabilidade e a liberdade e ajudá-lo a tomar decisões mais adequadas e encontrar significados para seu viver em atos de realização consciente.

Se a maneira de se inscrever no mundo não pôde ser realizada pela comunicação com alguém significativo, certamente tenderá a acontecer de maneira impulsiva e desorganizada, expressando um desespero sem nome vivido pelas pessoas que não tiveram aqueles acontecimentos em suas vidas.[5]

De acordo com Safra, ao lidar com humanos, estamos diante de seres que buscam intensamente, com os meios disponíveis, a possibilidade de humanizar-se.[5] Assim, todo ser humano necessita acontecer nos registros singular e coletivo, o que é fundamental na realização do si-mesmo. Na ausência de um desses registros, há um sofrimento pela vivência de não existência e de não realização de si.

Do ponto de vista fenomenológico, o terapeuta não se guia pelos sintomas, nem mesmo deseja que desapareçam, mas auxilia o paciente a encontrar um sentido para essas vivências, desde que se estabeleça um vínculo de confiança significativo.

As vivências de pânico, assim como as de fobia, têm para cada paciente um significado, mesmo que os comportamentos sejam universalmente parecidos. O que interessa nessa vertente é como cada indivíduo vive a doença que o afeta. Por vezes, esses sintomas são sinais de alerta para que se possa iniciar uma relação humana, uma verdadeira interlocução baseada em uma relação ética que vise à compreensão e ao reconhecimento, uma comunicação humana almejada.

Fases do tratamento

A primeira fase do tratamento, em uma abordagem que une a prática empírica e clínica às reflexões filosóficas, especificamente a fenomenologia pura, é receber a pessoa que está diante de nós em uma posição de ignorância absoluta, uma posição de humildade e abertura ao desconhecido. O clínico sabe que tal pessoa tem um diagnóstico de pânico ou fobia, que faz tratamento em medicina psiquiátrica, mas não conhece ainda a pessoa, não sabe o que ela quer dizer e expressar. A primeira fase vai nos mostrar como a pessoa se apresenta e seu modo de ser diante dos primeiros contatos com um estranho, o clínico.

Uma pessoa que sofre diante de um pânico ou de determinada fobia demonstra que o sintoma é bastante angustiante, no entanto familiar e conhecido a ele como vivência pessoal. A pessoa vive e sofre com esse transtorno, e ninguém conhece mais o sofrimento que o próprio paciente. Assim, é exatamente essa vivência que a pessoa tem que interessa ao clínico, não tanto os sintomas de pânico ou fóbicos, de interesse da psiquiatria. Desse modo, o clínico – na medida do possível – deve confiar no oferecimento dessa compreensão atenta ao que o paciente exprime, pois é algo que provoca alívio, decorrente do fato de o paciente poder expressar seus medos, seus pânicos e suas fobias, de expressar algo a alguém que, espera-se, esteja atento e interessado. Esse alívio pode não ser imediato, pode não resultar em cura imediata, mas a possibilidade de acontecer um trânsito de informações e expressões verbais e não verbais não é um acontecimento sem ressonância na vida de alguém, seja na do paciente, seja na do clínico. Todo ser humano deixa marcas no outro, quer tenha consciência disso ou não. Terrível para o ser humano não é apenas a angústia diante de seu pânico e de sua fobia, mas não encontrar uma medida humana que possa acolhê-lo e acompanhá-lo para atravessar esse mal-estar, transformando o sofrimento que paralisa em sofrimento que provoca movimento.

Assim, é provável que as fases de um tratamento possam caminhar de modo positivo, como são comuns também os impasses. Isso ocorre não por falhas técnicas diante da situação, mas por acontecimentos que devem ser rigorosamente compreendidos e não precipitadamente julgados como tratamentos eficazes ou ineficazes. Nesse segundo caso, mesmo uma abordagem como esta, que prioriza o contato interpessoal, deve admitir que tem restrições e pode não servir para determinada pessoa ou situação. Mas isso ocorre em virtude de muitos fatores ou variáveis, que, na maioria das vezes, não são investigados para se obter um entendimento real do ocorrido.

Em suma, nessa perspectiva, não é tanto a técnica utilizada que poderá reverter ou ajudar a transformar vivências, mas os potenciais recursos humanos do terapeuta em contato com os recursos – ainda não desenvolvidos – do paciente. Antes das técnicas e das teorias que os clínicos têm em si, é a pessoa que se revela em primeiro plano, com seus saberes, suas vivências e seus valores pessoais. Isso é o que há de mais originário e fundamental em toda relação humana.

Se ocorrer uma aliança entre a dupla, uma relação que possa levar ao desenvolvimento de uma confiança nessa parceria, muito pode ocorrer para melhor; caso contrário, deve-se admitir que tal confiança não foi possível, que não se estabeleceu não por uma falha técnica, mas pelas impossibilidades humanas de transformar uma situação difícil em si, no outro e, principalmente, na relação entre os dois. Isso pode ocorrer com qualquer terapeuta e qualquer paciente, independentemente da perspectiva teórico-clínica.

Se pensarmos que um pânico ou uma fobia é uma vivência subjetiva desconcertante, ainda mais desconcertante é não encontrar outro humano para ajudar, acompanhar e cuidar do paciente. É assim que ocorre o desenvolvimento psicológico do ser humano: ele é acompanhado desde cedo por um adulto (a mãe ou um substituto) que cuida, ampara, dá carinho, compreensão, comida, água e moradia (concreta e no coração do cuidador), mas que também exige, briga, dá broncas etc. Assim, pode transformar angústias e colocá-las sob domínio de seu eu, e não ficar à mercê do que surge em si, só e desamparado. A possibilidade de conseguir equilíbrio é algo a ser conquistado, e acredita-se que só é possível alcançar essa fase se formos realmente acompanhados por alguém.

Como ocorre no desenvolvimento infantil, no início o ser humano é dependente absoluto; com o passar do tempo, vai conquistando uma independência relativa e, por fim, uma independência em todos os sentidos (econômica, social, política), principalmente pessoal. Pode-se compreender que o terrível sofrimento humano de pânico e fobia é expressão de um genuíno pedido de ajuda. Temos de estar atentos para se será realmente possível receber ajuda por um tempo difícil de precisar, já que não lidamos com máquinas desprovidas de emoções, mas com seres humanos em busca de companhia e ansiosos por alcançar um domínio de si, de suas emoções e de seus afetos e sentimentos, que só pode ser alcançado em relação humana significativa, não apenas com medicamentos, que evidentemente auxiliam, com uma qualidade de relação que toque profundamente o acompanhado. Isso só poderá ocorrer em relação pessoal, social e cultural, e não de modo rápido. Todo médico sabe a complexidade da vida de alguém, daí a indicação da psicoterapia como uma retaguarda ao tratamento médico, da qual o autor discorda: o tratamento medicamentoso é a retaguarda a uma psicoterapia.

Processo terapêutico/relação terapêutica

Toda relação demanda um processo, que pode ser breve ou mais prolongado. O que define o tempo de uma relação terapêutica é o quanto a dupla está disposta a seguir tal processo, por vezes difícil para ambas as partes.

Técnicas principais e específicas

Não há, nessa perspectiva clínico-fenomenológica, técnicas principais, específicas ou secundárias. Não é possível saber de antemão o que se pode realizar com uma pessoa que sofre de pânico, ou com uma pessoa com queixas de fobia. Não é a teoria que guiará o psicoterapeuta, mas as vivências que acontecerão na relação. As vivências do outro, as nossas vivências e as que acontecem nesse encontro. O saber não está apenas no terapeuta, mas também no paciente. O saber é fruto do sofrimento do pânico e de outros que acometem a vida humana, das vivências de fobia. É possível que um paciente demonstre horror diante de determinada fobia e queira uma solução imediata, dados os prejuízos que acarreta, mas toda pessoa que já fez tratamento para isso sabe que essa solução rápida e imediata pode ou não ocorrer.

Nessa perspectiva clínico-fenomenológica, os sintomas não são negligenciados, mas, antes deles, há uma pessoa que precisa ser conhecida, acessada e compreendida, não explicada. Tal pessoa não pode ser reduzida aos sintomas que se apresentam. Há uma riqueza maior na vida de qualquer ser humano, mesmo que o paciente se sinta empobrecido dessas potencialidades, que dormem no âmago de seu ser e esperam para despertar.

Perfil e características do paciente que se beneficia dessa abordagem

O perfil e as características da pessoa que poderia se beneficiar dessa abordagem se voltam para o quanto essa pessoa tem interesse em compartilhar suas vivências com alguém, o quanto está motivada (apesar de seus sofrimentos, que, muitas vezes, a incapacitam de mover-se por motivação) e o quanto está demandada a se encontrar com um terapeuta disposto a acompanhar e viver a aventura – por vezes difícil – de auxiliar alguém a dominar seus pânicos, compreender suas fobias e amadurecer suas potencialidades.

Considerações de diversidade | Aspectos culturais, de gênero e de idade

O ser humano tem algo de estrutural em sua organização, que nos torna não iguais, mas semelhantes uns aos outros. Cada cultura faz parte do ambiente no qual se insere a pessoa que procura ajuda. Sabe-se que o povo americano é bastante objetivo e que seus governos político, científico e econômico ditam as regras de determinada ciência na atualidade. A cultura europeia, em oposição natural e genuína a essa cultura, apresenta possibilidades de reflexão e crítica mais amplas que a cultura americana, da qual nós, sul-americanos, fazemos parte. Mas algo na nossa cultura traz uma contribuição pouco reconhecida mundialmente. A cultura brasileira tem uma significativa diversidade de nacionalidades e possibilidades relacionais e afetivo-emocionais mais desenvolvidas que as racionalidades americana e europeia. É fato que tais culturas têm uma história mais antiga e desenvolveram nossa cultura, mas também são fatos nossa peculiaridade e nossa sensibilidade.

Do ponto de vista das difíceis vivências de pânico e/ou de fobia, estas são sintomas universais, ocorrem em qualquer cultura. Historiadores, antropólogos e sociólogos poderiam trazer dados interessantes sobre certas vicissitudes de cada cultura, mas aqui se trata de aspectos pessoais e estruturais da personalidade humana. Sobre o gênero, dados epidemiológicos em nosso país poderiam responder qual dos sexos apresenta mais casos com fobias ou pânicos, mas essas vivências tendem a ser independentes do sexo. Pode-se refletir sobre as diferenças biológicas entre homens e mulheres: os primeiros têm mais força física, as segundas mais sensibilidade, características típicas de cada sexo; mas sabe-se que um homem pode se apresentar cuidadoso e com aspectos da feminilidade, assim como a mulher pode apresentar força para determinadas ações superior à dos homens e desenvolver sua masculinidade. Essa relação não tem a ver com orientações sexuais.

Para conhecer a prevalência da idade, também se pode recorrer a dados epidemiológicos, para maior precisão da faixa etária na qual o pânico ou a fobia aparecem mais. Dos pontos de vista clínico e psicológico, esses sintomas podem aparecer em qualquer idade. O importante é levar em conta a totalidade de variáveis, e não apenas a idade isolada. Uma criança está inserida em um lugar e pode ter pais biológicos presentes, mas emocionalmente distantes, ou pais distantes por causa do trabalho, mas emocionalmente próximos, a ponto de poderem dialogar sobre o pânico ou a fobia logo que começam a aparecer. Caso não tenham sucesso, auxílio profissional pode ser procurado. Seja na adolescência, na vida adulta ou na velhice, o importante ao ser humano que sofre com pânicos ou fobias é poder dialogar sobre essas experiências e não simplesmente encontrar um profissional de saúde que prometa alívio dos sintomas sem se aproximar do conhecimento do modo de ser da pessoa em sofrimento e das possibilidades de transformações. Sabe-se que trabalhos interdisciplinares são recomendados. Neles, o trabalho clínico demanda reconhecer a complexidade na intervenção terapêutica, pois o terapeuta tem de se implicar no processo, já que sua personalidade é o maior instrumento de auxílio.

Locais e contextos de atendimento

Em nossa sociedade, a saúde pública é precária, exceto em hospitais universitários de excelência, que também não podem dar conta da alta incidência de pessoas que procuram ajuda. Não ao acaso, as religiões são bastante procuradas para acolher esses sofrimentos. A palavra religião decorre, em sua etimologia, da união do que é humano a aspectos divinos. Isso ajuda em certo sentido, mas não dá conta da angústia que um pânico ou uma fobia cria. Trabalhos particulares são custosos, apenas uma pequena parcela mais abastada da população pode arcar com os honorários de médicos e psicoterapeutas. Trabalhos em grupo em instituições públicas são comuns e tendem a originar bons resultados, mas chega um momento em que a pessoa em foco tomará a decisão de seguir em comunidade ou tentar um trabalho dual. Em essência, do ponto de vista fenomenológico, todo ser humano vive e sofre em comunidade e, a partir dela, pode transformar seus sofrimentos, desde que encontre em profissionais da saúde possibilidades de estabelecer alianças terapêuticas sérias e rigorosas ao longo do tempo.

Evidências de eficácia

Evidências de eficácia servem para algumas perspectivas – política, social, econômica e científica – e devem ser mais compreendidas que imediatamente reproduzidas.

A experiência no contato diário com a psiquiatria mostra que há tendências de algumas áreas da psicologia a procurarem emprestar da medicina uma ideologia, defendida por algumas vertentes da medicina psiquiátrica, na qual apenas o que é baseado em determinadas evidências científicas pode ser considerado verdadeiro.

Cabem questionamentos: seria essa procura da psicologia pelas evidências uma tentativa de diálogo entre essas perspectivas relacionadas ao estudo da humanidade – corpo e mente – que distanciaram a psicologia da possibilidade de realmente contribuir com o conhecimento em psiquiatria? O diálogo que deveria ser complementar se transforma em idêntico, e a riqueza da interdisciplinaridade fica reduzida.

A quais evidências nos referimos? É possível, de fato, excluir a interferência do observador naquilo que foi observado no outro? Mesmo que um examinador esteja aparentemente ausente diante da apresentação de uma escala de avaliação diagnóstica, sabe-se que o paciente pode ocultar dados e mascarar respostas; no entanto, quem avalia os resultados? O examinador! Que é passível de erros, porque é humano.

Historicamente, na medicina, no início dos anos 1990, chegava a nosso meio e de modo determinante e ideológico uma psiquiatria baseada em evidências. Movimento compreensível, já que estamos diante de um ser humano extremamente complexo, cujas dúvidas poderíamos responder selecionando aspectos, sintomas e diagnósticos, acalmando a percepção de que o ser humano sempre apresentará o inédito e o não controlado pelas teorias ou práticas existentes. De fato, é difícil para o médico, e também para o psicólogo que procura a evidência, se aproximar daquilo que não foi dito, que não pode ser comparado, que não pode ser claramente associado como causa e efeito, com o mistério do que existe de singular em cada um. Isso não quer dizer que a generalização seja apenas um refúgio ou um preconceito; ela também teve sua função, e continua tendo, em muitas pesquisas, auxiliando imensamente na descoberta de associações físicas ao observado no comportamento dos pacientes.

O avanço da psicofarmacologia tem possibilitado tratamentos efetivos, menos sequelas diante das repetidas crises não medicadas anteriormente e melhoria substancial nos prognósticos daqueles que são acometidos pelos transtornos psiquiátricos. Nessa área médica, critérios de evidência são úteis e desejáveis. Mas o que importa para reflexão neste capítulo é que os transtornos psicopatológicos como a fobia e o pânico não estão apenas em uma pessoa, mas fazem parte de uma família ou um grupo de pessoas de uma cultura e em determinado ambiente, que devem ser levados em conta.

Não está em questão se existe ou não uma boa ou uma má ciência definida pelo método valorizado no momento: a questão é que uma ciência séria e criteriosa transcende o método. Há uma tendência de alguns pesquisadores a acreditar que exista uma única ciência com critérios de evidência a ser seguida, desvalorizando várias outras.

A contribuição da fenomenologia pura, desenvolvida por Edmund Husserl em oposição ao positivismo, é que não cabe uma qualidade de quantitativo ou qualitativo. Quando a assistente de Husserl, Edith Stein, escreveu "Psicologia e ciências do espírito" (ou ciências humanas), ela foi elaborando as diferenças entre psique e espírito, explicitando a direção de todo o percurso da pesquisa fenomenológica. Nos textos clássicos e atuais em filosofia fenomenológica, não cabem os termos quantitativos ou qualitativos, nem mesmo se a compreensão humana necessita de uma evidência que a comprove, mas sim o percurso das análises das vivências, identificando o que significa a dimensão humana, para verificar as importantes consequências que os resultados alcançam e indicam no campo de toda experiência humana e no campo científico, em particular.[10]

O psiquiatra suíço Binswanger[11] esclarece que não devemos buscar o conhecimento da psicopatologia fenomenológica na ciência, em nossa linguagem contemporânea ou nas evidências científicas, mas onde se conserva o que é vivo e o que se reproduz, na linguagem popular e em suas caracterizações dos homens, nos provérbios, nas expressões da linguagem popular, nos chistes, nas burlas, nos insultos e nas figuras e comparações.

Seria essa observação menos válida ou evidente do que a procura do conhecimento nos grandes e respeitosos compêndios classificatórios? O quanto é preciso caminhar para nos aproximarmos do humano ou do que ainda não foi humanizado na relação? Inquietante é o momento em que se acabam as discussões com juízos de valor (boa ou má ciência; há ou não há evidência de eficácia) ou prevalecem as relações de poder determinadas pela ideologia dominante de um determinado momento histórico, pois, assim, perdemos a chance de nos aproximar de fato da essência do humano! Desse modo, evidência está no sentido ou na essência da existência, que só é vivida de modo peculiar e singular no íntimo de cada pessoa.

Contraindicações

Não há contraindicações, mas, se determinada pessoa quer resultados rápidos ou cura imediata, estando a questão do tempo envolvida, é possível que essa perspectiva clínica e fenomenológica seja preterida em favor de outras abordagens. A experiência tem mostrado que não há uma vertente mais indicada que outra, pois o que indica que uma relação terapêutica pode caminhar a contento é a empatia e a confiança que podem ou não se estabelecer.

Considerações finais

É possível ajudar os pacientes a entrar no espaço da pessoalidade. Para Safra[5], percorrer os territórios do mundo com criatividade é um modo de desconstruir o mundo para torná-lo próprio. Já a impossibilidade de realizar esse trabalho faz com que o espaço do mundo seja lugar de estranhamento, angústia agorafóbica e ansiedades paranoides.

O encontro clínico mostra que, no transtorno de pânico, o indivíduo vive angústias de dispersão e aniquilação. O ser humano tem vivências de espaços fechados desde o aconchego até a claustrofobia. Já o espaço aberto é vivido com sentimentos que variam entre a liberdade e a agorafobia. Os quadros somáticos, o pânico e a fobia demonstram a busca desesperada pela humanização de um corpo-coisa que ameaçam com o não ser, com as ansiedades impensáveis.[5]

Os pacientes que apresentam pânico ou fobias têm dificuldades em encontrar sentido para suas vivências. A vivência de pânico se refere a uma experiência que o ser humano comunica não só com sintomas corporais, mas, antes de tudo, com temor de um colapso, com medo da morte, de não conseguir dar continuidade à própria vida.

A vivência fóbica mostra um temor direcionado a certo objeto e desperta no ser humano uma ansiedade terrível. A fobia também está intimamente relacionada com a vivência espacial. Se diante de um lugar muito estreito, a ação impulsiva será a de fuga. Em lugar amplo, a busca desesperada por um lugar mais protegido. Se tais relatos são entendidos ou explicados em perspectiva outra que não aquela que o sujeito expressa em seu idioma pessoal, não será possível conhecer a essência do sujeito que vive o pânico ou a fobia de um modo singularizado.

O ser humano que vive essas experiências com frequência busca alguém para ajudá-lo a enfrentar tal vivência que o assalta por dentro, mesmo que justifique como vinda de fora. Em ambos os casos, o da pessoa que expressa o pânico e o da pessoa que apresenta alguma fobia, há um estreitamento da vivência passível de encontrar significado na existência, um aprisionamento em experiências que ainda não encontraram um sentido humano. Não há possibilidade de abertura, mas um aprisionamento em si mesmo.

Todo ser humano está voltado para seu próprio fim. Para tanto, vai elaborando as diversas situações e etapas da vida na presença de outrem, da sua comunidade e da sociedade na qual está inserido. Tanto os sintomas de pânico quanto os fóbicos mostram impedimentos que estancam o uso da liberdade e do livre arbítrio.

Mas, afinal, o que é o pânico? Qual o sentido do pânico? Façamos uma breve reflexão a partir do estudo da intropatia.[12] Um paciente conta sobre suas vivências de pânico; o terapeuta não pode sentir do mesmo modo o pânico que ele sente, mas presencia uma série de fenômenos imagéticos que se configuram na sua corporeidade, mais especificamente na sua memória. Mas, se o terapeuta não sente de fato o pânico de seu paciente, ele tem um registro e um saber sobre o que é pânico, a partir de suas próprias experiências ou de seus conhecimentos. Nesse momento, tem uma intuição do que é o pânico. Assim, à medida que uma pessoa expressa sua história ao terapeuta, possibilitará que ele compreenda a essência de seu pânico.

Nesta vertente fenomenológica e clínica, o pânico relatado a alguém é uma tentativa de encontrar um sentido para si. O assunto e os fenômenos imagéticos estão presentes nas vivências entre o terapeuta e o paciente durante a sessão, sendo parte essencial do campo vincular. Como o terapeuta manejará a situação clinica dependerá da relação que estabelecerá com a pessoa no processo de continuidade e descontinuidade da condição humana.

Do mesmo modo, indaga-se: o que é a fobia? Qual a essência da fobia? Uma repulsa, um medo, um terror ou um horror, vivências universais; entretanto, para cada sujeito, o conteúdo é singular. Como no pânico, as áreas sintomáticas são comuns a muitos, no entanto os conteúdos são singulares. É isso que torna a clínica um espaço potencial para que o sujeito possa se encontrar, refletido no olhar do outro.

O paciente que conta suas fobias passa a doar ao terapeuta parte de sua história, que passa a habitar a memória do terapeuta. Tal experiência, ao ser relatada, não deve ser entendida como repetitiva ou estereotipada, mas acolhida como gesto genuíno à espera de significados. Salvo em quadros psicopatológicos graves, e mesmo nestes, o potencial humano para encontrar alguém que ajude a percorrer as intempéries da existência humana pode estar adormecido ou em espera, mesmo que nunca se realize.

Se o terapeuta nunca sentiu sintomas semelhantes, não quer dizer que não possa acessar essas experiências humanas por meio dos relatos de seus pacientes. Esses relatos não tocam apenas a mente do terapeuta, mas o tocam em toda a sua corporeidade. Cada paciente marca-o de modo único. Nessa perspectiva, ele não detém um saber que o paciente não tem, o saber entre eles é construído a cada sessão e, daí, aflora material clínico para ser trabalhado. O terapeuta é um interlocutor que oferece continuidade e cuidado diante da complexidade humana, arando terreno para o desenvolvimento da área espiritual.

Assim, o pânico diante do medo de um colapso e o medo fóbico diante de algum objeto ou alguma situação põem em risco o ser. Com tempo, paciência e tolerância, os sintomas poderão ser transformados em companheiros dominados pelo eu; isso, *per se*, seria a cura almejada de uma psique que passa a ser refletida e elaborada pela área espiritual ou humana. O paciente ganharia novas interpretações para os sinais que nascem em sua interioridade, mesmo que justificados como vindos do exterior.

Nessa breve reflexão fenomenológica e clínica, conclui-se que os estudos fenomenológicos se tornam úteis e necessários para fundamentar uma clínica do cuidado da psique, possibilitando assim mergulhar, parafraseando a arqueologia, em uma escavação humanológica rumo à essência dos diversos modos de expressão humana, auxiliando os pacientes a *descobrirem* e estimularem os potenciais adormecidos de seu ser.

Referências bibliográficas

1. Stein E. La estructura de la personalidad humana. Madrid: BAC; 2007.
2. Safra G. Hermenêutica na situação clínica: o desvelar da singularidade pelo idioma pessoal. São Paulo: Edições Sobornost; 2006.
3. Ales Bello A. Fenomenologia e ciências humanas: psicologia, história e religião. Bauru: EDUSC; 2004.
4. Ales Bello A. Introdução à fenomenologia. Bauru: EDUSC; 2006.
5. Safra G. A face estética do self. Teoria e clínica. São Paulo: Unimarco; 1999.
6. Safra G. A po-ética na clínica contemporânea. Aparecida: Ideias & Letras; 2004.
7. Ales Bello A. Prefácio. In: Mahfoud M, Massimi M, organizadores. Edith Stein e a psicologia: teoria e pesquisa. Belo Horizonte: Artesã; 2013. p. 9-13.
8. Husserl E. Investigações lógicas. Segundo volume, Parte I. Investigações para a fenomenologia e a teoria do conhecimento. Lisboa: Edição Centro de Filosofia da Universidade de Lisboa; 2007.
9. Ales Bello A. Edith Stein: a paixão pela verdade. Curitiba: Juruá; 2014.
10. Ales Bello A. Fenomenologia e ciências humanas: implicações éticas. Memorandum. 2006;11:28-34.
11. Binswanger L. Artículos y conferencias escogidas. Madrid: Editorial Gredos; 1973.
12. Stein E. Escritos filosóficos. Etapa fenomenológica. Obras Completas II. Madrid: Editorial Monte Carmelo; 2005.

19 Transtorno de Estresse Pós-Traumático na Visão Fenomenológica

Daniela Ceron-Litvoc e Melissa Garcia Tamelini

Trauma e diagnóstico de transtorno de estresse pós-traumático

Até o século 19, a palavra "trauma" era usada predominantemente para descrever ferimentos ou rompimentos de tecidos orgânicos. A descrição da "Railroad Spinal Syndrome" em 1860 por Eric Erichsen iniciou um debate em relação às duas possibilidades de alteração dos sujeitos afetados por acidentes (no caso, na construção e na utilização das linhas de trens): um modelo somático que relacionava as manifestações a lesões na espinha neural e outro modelo que pressupunha manifestações provenientes de uma disfunção do sistema nervoso, sem lesões físicas identificáveis. Em 1861, Waller Lewis, médico da Coroa Britânica, descreveu um conjunto de sintomas que se desenvolveram de forma gradual em empregados da ferrovia que haviam se exposto a acidentes ou colisões sem lesões físicas aparentes. Esses sintomas incluíam alterações no sono, pesadelos com colisões, zumbido, instabilidade pressórica arterial e intolerância às viagens de trem.[1]

A Primeira Guerra Mundial (1914-1918) intensificou a aceitação da possibilidade de alterações provenientes de um trauma psíquico sem correlativos orgânicos. Jaspers[2] descreve alterações em soldados da Primeira Guerra Mundial muito próximas às observadas atualmente:

> Quando submetido a uma experiência de proximidade com a possibilidade de morte, por vezes, ocorre perda completa de todos os estímulos adequados, com notável apatia. Logo após vivências traumatizantes, ocorrem sonhos muito vívidos, além de uma compulsão a ver, ouvir e pensar sempre a mesma coisa, ocupando inteiramente a psique do indivíduo, que chora, se sente abatido, transformado, tenso e inquieto.

López Ibor[3] descrevia as reações psíquicas anormais dos feridos da Guerra Espanhola (1936-1939) também com características muito semelhantes ao que chamamos hoje de transtorno de estresse pós-traumático (TEPT): soldados que apresentavam reatividade depressiva exagerada, com reações vasomotoras e de hipervigilância, e quadros dissociativos, como a Síndrome de Ganser (pseudodemência). Schneider[4] também observou e descreveu quadros decorrentes de traumas de guerra:

> No fronte de guerra encontrava tipos como simples excitação e confusão angustiadas, tensão e exaltação patéticas e solenes, estupor apático e pseudodemência com respostas absurdas e pueris.

Também descreve quadros reacionais aos distúrbios que decorrem de sustos:

> [...] são fixações de estados somáticos reflexológicos que incluem afasia, gagueira, tremores, tiques, desmaios e até convulsões. Isso acontece quando a sensação do susto se associa ao medo de recorrência do evento.

A criação do conceito de TEPT nos moldes que conhecemos hoje foi propulsionada pela prevalência e pela divulgação de sintomas nos veteranos da Guerra do Vietnã.

O conceito atual, como diagnóstico baseado na descrição de sintomas, aceito para essa entidade nosológica, inclui que o indivíduo tenha experimentado ou testemunhado, ou tenha sido confrontado com um ou mais eventos que estejam relacionados com ameaça ou possibilidade real de sua integridade física ou psíquica, desencadeando sensações de intenso medo, horror e impotência. A partir desse evento traumático, ocorrem manifestações de revivência (pensamentos, imagens, sensações físicas, sonhos), manifestações de esquiva persistente de qualquer estímulo associado ao trauma, excitabilidade aumentada e entorpecimento dos estímulos em geral (dissociação afetiva).

Vivência traumática

Tão importante quanto a história externa, o acontecimento traumático, é decifrar a história interna, a vivência.[3]

Um evento traumático é uma situação em que o indivíduo experimenta como eminente a possibilidade de ruptura física ou de estruturas do aparelho psíquico. As características de desestabilização individual estariam relacionadas à intensidade e a peculiaridades da vivência que o evento provoca.

Que tipo de trauma causaria uma reação patológica? Essa pergunta é cara aos estudiosos do TEPT. Primeiro, as sucessivas tentativas de definição de que tipos de traumas teriam possível configuração patológica. Desde as primeiras descrições do quadro nos manuais diagnósticos até as últimas, as definições variaram da exigência restritiva de uma vivência direta do trauma até uma visão mais ampla, que abrange o conceito subjetivo do trauma, incluindo características de gravidade e subjetividade.[5]

Ao longo das tentativas de definição, independentemente do tipo de evento externo, manteve-se como núcleo a vivência interna: a resposta individual ao evento traumático com sensações de intenso medo, desamparo e horror. Prevalece o conceito de trauma para o indivíduo e não uma categorização do trauma em si para sua noção de gravidade. Segundo López Ibor[3]: "Não importa que a ameaça seja objetivamente certa, basta que ela pareça como tal".

A segunda questão frequente é por que todos os indivíduos submetidos à mesma experiência suficientemente traumatizante não desenvolverão o quadro patológico, questionando conceitos como fatores de vulnerabilidade e resiliência individual. Essa discussão é extremamente promissora, pois abre espaço para se olhar o trauma como um evento transversal intenso em uma construção longitudinal com suas características estruturais prévias. Jaspers[2] coloca as diferentes possibilidades de reação e suas relações de compreensibilidade possíveis de se avaliar de forma individual. Assim, além do evento traumático em si, além da vivência provocada, abre-se a necessidade para o olhar da personalidade afetada.

Na história biográfica, tanto a vivência do evento quanto suas repercussões na estrutura psíquica serão determinantes como caracterizadores do início da manifestação da reação patológica.

Biografia

A biografia, como descrita inicialmente por Jaspers, é o todo existencial do indivíduo situado em um fluxo temporal, em que os eventos se ordenam de forma qualitativa. A associação da sucessão de eventos em uma história biográfica com as características constitucionais daquele que recebe os eventos promoverá o desenvolvimento de uma personalidade. Assim, em uma visão estrutural, "os dados factuais, os rendimentos e a obra de vida são oferecidos ao psicopatologista já filtrados por uma totalidade".[6]

A ressonância de um evento histórico traumático em uma biografia terá características peculiares em cada constituição. Um exemplo arquitetônico facilitador para a compreensão do conceito seria a avaliação das consequências de um terremoto em diferentes estruturas de edificação. Parece lógico que algumas desmoronarão, outras desmoronarão parcialmente e outras sofrerão o abalo, mas manterão sua estrutura íntegra.

Assim, é preciso fazer uma análise de mão dupla: tanto um olhar para a vivência traumática quanto para suas repercussões em uma estrutura que já existia em sua totalidade antes desse impacto transversal. Essa associação de dois fatores distintos, mas associados ao acaso, promoverá desdobramentos biográficos que poderão alterar a configuração da essência.

Toda vivência promoverá um novo relevo de significado à linha biográfica, será absorvida pela história individual e promoverá repercussões. As vivências provocam traços que promovem alterações na disposição do indivíduo. Uma vez realizado certo desenvolvimento, o retrocesso é impossível.[2] Algumas promoverão relevos mais ou menos determinantes na história e poderão ou não determinar desvios das trajetórias previamente determinadas, mas, dentro da possibilidade de síntese psíquica, estarão assimiladas à história individual.

Por exemplo, após uma experiência de assalto, o indivíduo, ao se sentir ameaçado, tenderá a rever seus planos e hábitos para tentar se proteger. Dessa possibilidade, ele poderá tanto promover alterações que possibilitem uma sensação de proteção quanto perceber que ainda se manterá em situação de desproteção, independentemente do que realize. Ambas as possibilidades são absorvidas pela história biográfica, provocam modificações na forma de ler e de se comunicar o mundo e trazem novos sentimentos para o cotidiano. A síntese final desse processo de adaptação trará modificações para essa personalidade.

Os abalos provocados pelo trauma podem ser descritos psicopatologicamente como reações vivenciais.

Reações vivenciais

As reações vivenciais são as respostas emocionais provocadas por uma vivência.[4] Elas diferem de quadros patológicos endógenos na biografia, pois, se esses podem ter uma conjectura de espontaneidade e aleatoriedade, as reações pressupõem um fator desencadeante que promova as alterações a partir daquele momento na linha biográfica. A forma da reação pode compreender elementos referentes à vivência, ou seja, não patológicos, ou pode ser o primeiro ponto de desencadeamento de um quadro patológico. O TEPT será pensado neste capítulo como uma reação vivencial com aspectos patológicos.

Em um quadro reativo, espera-se que as apresentações formais das alterações psíquicas obedeçam a algumas características. Segundo Jaspers[2], as vivências serão consideradas normais se se mantiverem sob o controle do indivíduo, se não apresentarem consequências perturbadoras obscuras ou quando forem possíveis (mais ou menos) em todos os seres humanos. O conteúdo tem uma relação compreensível com a causa. Seu curso temporal está diretamente relacionado com a causa e desaparecerá concomitantemente à vivência e a suas conexões.

Um exemplo clássico de uma reação não patológica é o luto. Temporalmente, ele tem uma relação causal clara com um evento desencadeador. Apesar de todos os comemorativos afetivos desencadeados, o indivíduo mantém um certo controle, uma autonomia psíquica em relação à reação, de forma que coexistem em seu psiquismo as estruturas alteradas pelo luto (p. ex., intensa tristeza afetando as atividades do cotidiano) e as estruturas saudáveis (manutenção dos projetos individuais, ainda que abalados pela perda), de maneira que os processos reativos não sobrepujem ou anulem os movimentos psíquicos normais. As reações de luto têm clara continuidade de conteúdo com o evento desencadeador: a perda. Mesmo um quadro reativo com características eufóricas pode ser observado como um modo de ressoar à perda, negando-a. O luto será amenizado pelo tempo, pois novas experiências trarão novas sínteses aos movimentos psíquicos, possibilitando o desenvolvimento de projetos já em uma esfera em que o objeto de apego perdido pode ser circunscrito ao passado.

Nessa descrição, temos os qualificadores de um quadro reativo, mas com manutenção das estruturas psíquicas e a possibilidade de projetação para movimentos de expansão. Dessa maneira, o psiquismo se restabelecerá com a manutenção da linha de continuidade das experiências e o papel terapêutico será tanto de expectador como de mantenedor das estruturas possíveis que facilitarão o processo de recuperação.

No desenvolvimento do TEPT, algumas características da reação vivencial adquirem uma transposição formal para o patológico que já não poderão ser qualificadas como uma reação que se dissipará por si tão logo o impacto da vivência e suas conexões esvaeçam como o tempo. Na patologia psíquica, a capacidade de síntese ou assimilação em um fluxo de modificações é perdido. Nesse ponto, citamos Jaspers:[2]

> Quando a elaboração é inibida, quando as cargas afetivas são "engolidas", produzem pós-efeitos intensos com evocação associativa e deslocamento afetivo de forma mais forte e intensa.

Adoecimento | Reação vivencial patológica

O adoecimento psíquico aqui descrito refere-se a uma reação patológica. Mesmo a reação sendo compreensível a partir do evento traumático, a transposição para o patológico e sua automatização adquirirão características de incompreensibilidade, ou seja, características já não explicáveis pelo quadro reativo, mas que apresentam em sua estrutura alterações formais. O patológico pode ser reconhecido segundo sua imobilidade, sua intensidade e sua cisão em relação à história biográfica.[2]

Se um indivíduo sofre, por exemplo, um acidente de carro, podemos pensar em algumas possibilidades de reações. Uma, compreensível, é a evitação e revivência do acidente enquanto suas consequências estão presentes e dentro de uma pequena distância temporal. Ao realizar as primeiras experiências de estar em um carro após o trauma, o psiquismo é capaz assimilá-las e contrabalanceá-las com a traumática, criando uma nova síntese. Essa possível mutação a partir de uma linha de experiência possibilitará que o trauma seja circunscrito ao passado e o carro adquira mais associações de significados além do acidente.

Porém, se o objeto carro desencadeia a vivência de todos os eventos traumatizantes do acidente e se cenas do sofrimento invadem a mente de forma intensa o suficiente para impossibilitar que uma nova experiência se estabeleça após o trauma, já não se pode pensar em uma linha compreensível para a experiência psíquica. As possibilidades de mobilidade, como experimentar os significados do objeto sem a necessária repercussão catastrófica parece perdida, assim como a intensidade da repetição dos estímulos frente ao estímulo real.

Uma das características da reação patológica a um evento traumático é a distorção do contato da realidade, com dificuldade a partir de então de se discriminar a fantasia. O trauma assume uma feição de interminável repetição. Assim, a própria possibilidade biográfica se rompe, pois não existe mais a possibilidade de aquisição, na experiência temporal, de novas experiências (estar em um carro sem o evento traumatizante) que possam repercutir e alterar a experiência anterior. A possibilidade de uma história em progressão com agregação de novos conteúdos é cindida.

Nas reações patológicas do TEPT, podem-se observar algumas categorias fenomenológicas. Uma delas é a experiência de paralisação do fluxo temporal. Uma característica estrutural do psiquismo é o movimento estabelecido em uma linearidade, em que o presente promove as bases para a construção de um futuro que pressupõe novidades, ancorado pelas experiências do passado que caracterizam o indivíduo. Esse movimento de reavaliação e síntese permanente mantém uma abertura de movimento para novidade, para o indeterminado. Esse seria o movimento natural e saudável do psiquismo.

Ao ser assolado pelo adoecimento, esse movimento de continuidade é interrompido. O paciente com TEPT vivencia a repetição da angústia, do medo, da incerteza, da ameaça, continuamente. Toda nova atividade é perpassada pela insegurança, o psiquismo autonomamente é invadido pelas experiências de atos que estão no passado. O passado perde as características de base histórica para o presente, mas se fragmenta em cenas carregadas afetivamente e invade o presente, anulando que ele se revitalize em novas experiências. Não são mais possíveis sínteses, vivências novas, mas apenas representações do que já foi. Retomando o exemplo do assalto, nenhuma síntese com aquisição de novas formulações à totalidade biográfica poderá ser realizada; nenhum movimento, apenas a repetição sem fim de cenas fragmentadas de um passado restrito à vivência afetiva desagradável.

A vivência de espacialidade também é alterada. O espaço psíquico é o "onde" a vida pode desenvolver sua amplitude e sua oposição em relação ao interno e ao externo. Os elementos sensoriais e representativos e as significações aparecem na estrutura psíquica em hierarquias espaciais distintas, em um movimento centrípeto em relação ao eu. A autonomia da consciência realiza-se no espaço vital interno, apesar de sofrer as consequências tanto expansivas quanto restritivas do externo, seja em relação ao meio estático, seja em relação ao externo advindo das relações interpessoais. O distanciamento promovido pela percepção estrutural espacializada, hierarquizada de acordo com a proximidade com o núcleo de identificação da consciência em uma unidade, determina as modalidades para a movimentação e a interlocução entre categorias situadas em lugares espaciais diferentes. Essa mobilização aceitaria as leis de movimento regidas pelo espaço vital individual. Assim, por exemplo, pessoas mais sintônicas com o meio externo poderiam ter leis mais promovedoras para o tráfego de influências externas que personalidades mais esquizoides, que estruturalmente colocam um distanciamento maior de aferências externas ao eu.

Na patologia, as leis espaciais individuais são rompidas, configurando-se um espaço particular, novo e degenerado. Quando se rompe a experiência espacial, rompe-se a capacidade de diferenciação do movimento centrípeto de proximidade do eu. Sem proteção pelo distanciamento, a consciência torna-se apta a ser invadida. Os espaços de intimidade e restritos à individualidade (espaços escuros) são invadidos e corrompidos pelo espaço claro, das influências externas. Assim são as experiências de revivência dos eventos traumáticos. Em qualquer momento, a consciência poderá ser invadida pelas mesmas experiências indesejadas, desencadeadas por qualquer estímulo que tenha qualquer possibilidade de ligação com o objeto temido ou simplesmente de forma autônoma. O espaço como possibilidade de autonomia para a expansão do psiquismo é perdido.

As possibilidades da personalidade

A enfermidade é um acontecer histórico que quebra e perturba o programa vital até um ponto em que, na recuperação, se instala um novo projeto na história de vida.[3]

Mesmo nas reações anormais que sejam reversíveis, ocorre um pós-efeito, que, pela repetição e somação de vivências, leva, por fim, ao desenvolvimento anormal da personalidade.[2]

A história biográfica sobre uma constituição psíquica promoverá um desenvolvimento único, característico do indivíduo, que é chamado de personalidade. Esse desenvolvimento pressupõe o contato com o externo, moldando-se a partir das experiências oriundas da aquisição consciente da realidade filtrada pela estrutura psíquica. Esta é observada por meio da resistência ao eu feita pelo externo, das possibilidades e da desenvoltura do eu em relação ao outro. Ela promove a identificação dos espaços coletivos e individuais e suas caracterizações peculiares.

As relações de segurança, confiança e estabilidade em relação ao externo são assim construídas. O trauma, como um evento aversivo e desestabilizador, influencia na construção da percepção do mundo, podendo fragilizar essa relação e construir um indivíduo com uma visão de mundo peculiar.

A experiência de uma reação vivencial patológica ou não após um evento traumático pode alterar a percepção do externo, mas essa alteração será bastante moldada a partir da história prévia individual e de sua capacidade de ressoar sem romper suas características estruturais. Caso o indivíduo consiga acessar a sua memória como uma chave de estabilização, se o fluxo temporal não estiver demasiadamente interrompido pela doença, um passado de relações estáveis com um meio não tão aversivo como foi no momento do trauma poderá influenciar positivamente na relativização do evento e na sua elaboração. O horror, por pior que tenha sido, pode ficar como um ponto transversal em uma história longitudinal de base mais estável.

Porém, se o trauma ocorre continuamente ao longo do tempo, se está misturado com as estruturas sociais que seriam os pilares da promoção de segurança e estabilidade ou se ocorre em uma fase precoce em que ainda não existe uma história longitudinal positiva relacional com o externo, o impacto na formação da personalidade e nas possibilidades de resiliência individual será negativamente intensificado.

Eventos traumáticos na infância

Quanto mais precoce o trauma, menor é a possibilidade de compreensão e de estabelecimento de medidas de defesa, transformando o indivíduo em alguém ainda mais vulnerável. O evento traumático na infância relaciona-se com a biografia individual de forma duradoura e deletéria. Vários estudos epidemiológicos relacionam o trauma, quanto mais precoce, como fator de risco para adoecimento psíquico ao longo de toda a vida.[7]

A criança, ao contrário do adulto, é um relator pior dos eventos traumáticos. Isso se dá pela imaturidade psíquica, por exemplo, a linguagem em formação, assim como pela alta incidência de eventos traumáticos oriundos das relações intrafamiliares. Para o adulto que acompanha uma criança, o fato de ela ser um relator pior do evento e, em algumas circunstâncias, guardar silêncio, pode dar a falsa impressão de que ela se esquece dos eventos negativos. Para o profissional que atende uma criança que pode ter sido vítima de alguma situação traumática, é importante ter em mente que a forma de expressão da criança, diferentemente da do adulto, é muitas vezes mais sutil e caótica.

Os traumas na infância estão relacionados muitas vezes com o ambiente familiar, o que promove uma mistura patológica de identificação dúbia das estruturas sociais responsáveis pelo cuidado e pela segurança. Essa identificação, que envenena a capacidade de confiança em conformações do externo capazes de proteção, pode perdurar ao longo da formação da personalidade, deformando-a.

Psicoterapia

O olhar fenômeno-estrutural possibilita a observação da trama da consciência, seus movimentos e suas rupturas. Possibilita que se possa observar a simultaneidade de fenômenos que, olhados de cima, perderiam suas características individuais, fundindo-se na pintura clínica global.[8] A fenomenologia procura individualizar a observação e evitar que o que é observado seja submetido à apreciação de pressupostos teóricos, a fim de que o observador possa ficar empaticamente o mais próximo possível do fenômeno.

O método fenômeno-estrutural na psicopatologia pretende apegar-se às coisas tais e quais vivenciadas, efetiva e imediatamente, na consciência do paciente. O pensamento indutivo, com as nossas referencias teóricas pré-concebidas, deve ser inibido, privilegiando a observação mais próxima possível da realidade observada. A manifestação dos fenômenos é determinada pela estrutura endógena. Essa estrutura é identificada não diretamente, pois se encontra em um arcabouço não alcançável pela consciência, como a estrutura de um prédio, que não é visível, mas identificável por meio da estabilidade da construção. A observação dos fenômenos é feita a partir do relato do paciente e da experiência produzida no observador (psicopatologista), dada a ressonância empática interpessoal. A análise estrutural é realizada a seguir, buscando destilar a essência de cada situação.

O primeiro passo para uma terapêutica seria identificar as entidades de alteração formal não passíveis de manejo no contato interpessoal por falta de abertura.

A interpessoalidade é a possibilidade de, por meio do contato vital, uma estrutura de uma consciência estar em contato com outra. É pelo contato dual entre duas mentes que podemos experimentar empaticamente o outro, sua complexidade e as reações que ele provoca no observador. Apenas nas deformações psicopatológicas o espaço de compartilhamento do contato vital se fechará, produzindo um encarceramento da consciência.[9]

A psicoterapia é um movimento em dialética, uma síntese constante de vetores de orientação díspares, que ocorre na interpessoalidade. Esse espaço promovido pelo contato dilata o espaço necessário para que um conteúdo possa ser amadurecido e assimilado à consciência, acomodando seu impacto inicial e diminuindo fragmentações e distorções. A abertura para os movimentos propostos em psicoterapia só será possível nas zonas em que a possibilidade de contato estiver mantida.

Ao observar um paciente, o olhar atento de suas estruturas pela ressonância empática promovida pela interpessoalidade revelará ao psicopatologista as zonas de abertura com manutenção de estruturas saudáveis e as zonas de encapsulamento da consciência. Ao identificar as zonas de abertura no contato, delimitam-se as possibilidades propícias para a promoção de mudanças.

Os quadros patológicos serão reconhecidos pelo enclausuramento patológico. Tanto o contato vital quanto a percepção de tempo e espaço, que são os alicerces da estrutura psíquica, poderão estar alterados. Empaticamente, no contato, a estrutura consciente do psicopatologista encontrará zona em que a ressonância cairá no vazio, no negativo, pela falta de estruturas paralelas. O mesmo ocorre com o paciente, enjaulado em uma consciência automatizada pela patologia, na qual os conteúdos já não pertencem às possibilidades que construiu em sua biografia, mas surgem na mente fraturada, como erupções de um solo fragmentado.

Assim, podemos avaliar o radical comum das manifestações do TEPT. A revivência do evento traumático, tanto em pensamento quanto em imagens, sensações ou sonhos, adquire a conformação de automatismo criado pela fratura. A memória torna-se paralisada, circular e repetitiva, o tempo é fixo, a recordação é infinita do mesmo conteúdo. Faz-se do passado um destino. Essa zona não encontra abertura para o contato.

Porém, em paralelo, o psicopatologista encontrará outras zonas de abertura. Por exemplo, uma mãe que perdeu seu filho de uma forma traumática, que revivencia o trauma de forma repetitiva, pode perder outras memórias do filho além da patológica. Quanto maior a fratura psíquica, maior a memória de paralisação deformada. Ao conseguir levar para a consulta conteúdos do filho que sejam independentes do trauma, ela pode conseguir uma abertura na interpessoalidade em estratos da estrutura menos comprometidos.

O ato psicoterapêutico em sua instrumentalização da interpessoalidade deve se orientar pela possibilidade de incubação de conteúdos que protagonizam o germe de movimento de um psiquismo parcialmente deformado pela patologia. A promoção de condições estáveis para o movimento, mesmo em terrenos muito irregulares, é a possibilidade encontrada para que o movimento possa dissolver os eventos traumáticos e incorporá-los à biografia. Dessa maneira, em uma nova síntese, não mais aquela de antes do trauma, como uma negação, mas uma que carrega inclusive em si as cicatrizes dos percalços amargos, é que se pode criar uma totalidade psíquica pós-trauma.

Referências bibliográficas

1. Cohen ML, Quintner JL. The derailment of railway spine: a timely lesson for post-traumatic fibromyalgia syndrome. Pain Reviews. 1996;3:181-202.
2. Jaspers K. Psicopatología general. 2. ed. Ciudad de México: Fondo de Cultura Económica; 1993.
3. López Ibor JJ. Neurosis de guerra (psicología de guerra). Barcelona, Madrid: Editorial Científico Médica; 1942.
4. Schneider K. Psicopatologia clínica. 7. ed. São Paulo: Mestre Jou; 1968.
5. Schoedl AF, Lacaz FS, Mello MF, Costa MCP, Braga RF. Psicoterapia interpessoal: teoria e prática. São Paulo: Livraria Médica Paulista; 2009.
6. Terr LC. Childhood traumas: an outline and overview. Focus. 2003;1(3):322-34.
7. MacMillan HL, Fleming JE, Streiner DL, Lin E, Boyle MH, Jamieson E, et al. Childhood abuse and lifetime psychopathology in a community sample. Am J Psychiatry. 2001;158(11):1878-83.
8. Messas GP, organizador. Psicopatologia fenomenológica contemporânea. v. 1. São Paulo: Roca; 2008.
9. Messas GP, organizador. As formas da alteração mental. v. 1. São Paulo: Casa do Psicólogo; 2007.

Bibliografia

Arseneault L, Cannon M, Fisher HL, Polanczyk G, Moffitt TE, Caspi A. Childhood trauma and children's emerging psychotic symptoms: a genetically sensitive longitudinal cohort study. Am J Psychiatry. 2011;168(1):65-72.

Messas GP. Psicopatologia e transformação: um esboço fenômeno-estrutural. São Paulo: Casa do Psicólogo; 2004.

20 As Desmesuras da Embriaguez | Psicopatologia e Psicoterapia

Guilherme Peres Messas

Introdução

O tema "autoprodução de estados de embriaguez" transcende qualquer barreira cultural ou histórica: é um assunto irremediavelmente humano. Para além de qualquer determinismo histórico ou geográfico, de quaisquer variantes na técnica de produção do estado de saída de si, mesmo via utilização de substâncias psicoativas, permanece incólume um dos núcleos indenes da existência humana: a embriaguez como alternativa. A utilização de um agente externo à consciência como instrumento de manipulação das próprias disponibilidades vivenciais perpassa todos os momentos da História da humanidade, transbordando largamente a discussão psicopatológica.[1]

Cada cultura procurou estabelecer para si as fronteiras de aceitação da manipulação do eu. Essa contínua, incontornável e polimórfica tensão entre a força sedutora da embriaguez e a tração limitante da cultura (ou do próprio indivíduo) faz-nos suspeitar que o assunto se embrenha na estrutura mais profunda da existência humana. Examinar as formações da embriaguez é, desse modo, examinar as fundações da estância humana no mundo. Contudo, este ensaio não deverá se orientar pelo exame da multiplicidade das formas culturais mencionadas. Essa riqueza múltipla revela, antes, os poderes modeladores de cada cultura ou época; não revela, no entanto, a irredutibilidade humana que a eles subjaz e que lhes possibilita a atuação. É nesse ponto, anterior às formulações da multiplicidade, que se pretende inserir esta contribuição fenomenológica.

A proposta será, portanto, em primeiro lugar, investigar os significados da embriaguez para a estrutura básica da consciência humana, tomada, neste momento, em caráter genérico. Com isso, procurar-se-á fundamentar as exposições empíricas que seguirão. Em segundo lugar, dado que a existência se afirma necessariamente na concretude frugal do cotidiano, se esboçará uma tipologia fundamental para capturar e moldar as modalidades básicas de significação da embriaguez. Esses tipos, de caráter ideal, devem ser entendidos não como realidades em si mesmos, mas como instrumentos cognitivos os mais adequados possíveis para a apreensão das existências individuais reais históricas. Por motivos estritamente de espaço, não serão analisados casos individuais neste texto. Em terceiro lugar, avançando pelo território da patologia, no qual as fronteiras com o não patológico jamais deixam de ser obscuras, sendo antes determinadas por usos e costumes, dar-se-á ensejo a uma reflexão acerca das formas da patologia da embriaguez. Por último, respeitando o intuito do livro, o capítulo se acercará da questão da psicoterapia dos fenômenos ligados à embriaguez. Apesar de o tema "psicoterapia" ser o fio condutor dessa reflexão, a radicalidade existencial do fenômeno embriaguez exige que a atitude psicoterápica venha a ser abordada apenas no final. Sem as considerações que o antecedem, o exame de uma agenda psicoterápica para a embriaguez se tornaria uma insossa bula de preceitos comportamentais ora óbvios, ora inúteis, por passarem ao largo da espessura do assunto – espessura tal que possibilitará que apenas considerações de ordem geral sobre a psicoterapia possam ser formuladas.

Antes de nos lançarmos no percurso anteriormente assinalado, há que se aportar por um momento na questão conceitual. Como em todo terreno das ciências mentais, uma ampla terminologia procurou circunscrever o tema de estudo. Essa diversidade parece refletir a variedade de perspectivas com que se pode iluminar o campo temático. Assim, para ficar em um exemplo histórico da seara da embriaguez, uma visão mais racionalista denominou os problemas com a embriaguez de "intemperança", enfatizando a capacidade do indivíduo – e seu dever também – de reger-se pela têmpera ética. No extremo oposto, a visão determinista extrema de fins do século 19 identificou nos fenômenos da embriaguez o germe indelével da degenerescência, classificando os seus portadores como tarados hereditários. No primeiro caso, a embriaguez é índice de falta de força da razão; no segundo, de dinamismo deformado e decadente da própria natureza.

Tem-se, portanto, que a busca da delimitação da perspectiva a partir da qual se fala é não apenas um exercício de rigorismo intelectual, mas um passo fundamental para a manifestação de filiação epistemológica do autor. Esta, por sua vez, é um convite para que o leitor procure se abster de pretensas visões absolutas e definitivas da ciência. Ciência é sempre uma questão de perspectiva e, portanto, contempla um quinhão de opção existencial que deve sempre ser explicitado. Cumpre, consequentemente, a partir dessa perspectiva fenomenológica, apresentar qual círculo de fenômenos deverá interessar e expor ao leitor com quais categorias podem ser esclarecidos e investigados. Esse exercício nos leva de volta ao primeiro passo da trilha expositiva: as categorias fundamentais fenomenológicas de apreensão do mundo e sua relação com a embriaguez.

A estrutura da consciência e a embriaguez

A consciência é, necessariamente, um fenômeno de situação. Entrelaçada no mundo de modo inseparável, a existência humana é essa estância espraiada em um mundo do qual não consegue se subtrair e no qual ocorre e decorre, do qual se estofa e se nutre e no qual se enraíza, se aprisiona e se liberta. A consciência é, assim, uma ambiguidade incontornável, lançada obrigatoriamente em um palco que é simultaneamente sua alforria e seu desterro, sua glória e seu inferno. Encetar o exame da condição derradeira e verdadeira humana é começar pela descrição de sua condição de possibilidade. A temporalidade e a espacialidade, mais aquela que esta, são os condicionantes primeiros do existir. Há algo de truísmo nessa afirmação, já que pode ser recolocada em termos mais simples: toda consciência, para ser consciência de algo, tem de se situar em um tempo e em um espaço. Tempo (tecnicamente designado temporalidade, indicativa desse tempo primitivo e fundador) como condição de possibilidade da sucessão, e espaço (espacialidade, pela mesma razão) como viabilizador das tramas da coexistência. Temporalidade, pois, desdobrada em uma retenção pretérita, uma atualidade presente e uma protensão futura rumando à indeterminação (em termos de Husserl), e espacialidade designadora da simultaneidade, da composição e do arranjo do mundo para a ação humana.

Essa afirmação da sustentação têmporo-espacial da consciência permanece incompleta, contudo, se não for acrescida da presença da atmosfera de humanidade, conferida pela interpessoalidade constituinte do humano. Ainda que em um estado de solidão (ou mesmo na fratura da patologia mental), o humano revela sempre sua seiva inter-humana. A própria linguagem é o grande exemplo da radicalidade dessa condição. Mesmo que seja tomada em um uso idiossincrático e particular, a linguagem sempre recupera as formas da língua; formas que são, inelutavelmente, dobras da cultura e do coletivo humano sobre a individualidade.

A consequência mais imediata para os propósitos dessa concepção de mundo é, ao mesmo tempo, a justificativa do título do artigo. Se a estrutura mais íntima da consciência – e, portanto, seus temas mais medulares – deve ser rastreada até sua articulação têmporo-espacial-interpessoal, resta que, antes das suas expressões comportamentais ou afetivas, deve-se buscar a compreensão do humano nessa camada inicial.[2] Assim, o comportamento expressivo, a camada da afetividade ou os elementos do rendimento objetivo humano são fenômenos secundários para a investigação do ser. Em consequência, não será a observação comportamental do embriagado o objeto seminal a ser perseguido pelo fenomenólogo, dado seu caráter superficial e secundário. Por extensão lógica, categorias habituais como toxicomania, dependência química ou mesmo abuso de substâncias não podem ser consideradas por um pensamento fenomenológico como foco de atenção epistemológica. São epifenômenos de uma realidade mais profunda; somente desta recebem seu significado e a partir desta devem ser investigadas.

O objeto por excelência do fenomenólogo é a própria embriaguez, entendida como modificação da estrutura fundamental da consciência, voluntariamente procurada pelo agente, mas produzida de maneira involuntária pela força exógena da substância química. Todo e qualquer problema relacionado ao uso das substâncias embriagantes deriva, portanto, do significado da embriaguez na consciência. Sem essa primeira etapa modificadora, nenhuma outra teria significado, já que mesmo o mais grave quadro clínico terminal da chamada dependência ou toxicomania depende exclusivamente da compreensão longitudinal da embriaguez, ou seja, da sedimentação biográfica do estado de embriaguez.

Impõe-se, portanto, a pergunta: qual o significado da embriaguez para a consciência individual situada no mundo? Em caráter geral, pode-se dizer que seu significado é a possibilidade de modificação das proporções básicas da estrutura consciente. Mas essa primeira resposta traz um novo problema, pois incorpora uma nova categoria conceitual, a "proporção". Discorrer-se-á sobre ela o minimamente necessário para a constatação de sua relevância e de seu protagonismo. A herança helênica da fenomenologia recupera o conceito grego de proporção, ou seja, da preocupação com as relações internas de uma estrutura composta de partes individuais, mas inseparáveis.[3] Expliquemos como isso opera neste caso. A estrutura fundamental da consciência é trinária, composta de temporalidade, espacialidade e interpessoalidade (temporalidade, lembra-se, como fundamental). Como estrutura que é, não pode ser entendida a partir da decomposição de suas partes integrantes: apenas o todo faz sentido. Assim, para a compreensão do estado de uma consciência individual, tem-se de levar em consideração as relações proporcionais recíprocas entre a dimensão temporal, a espacial e a interpessoal. Mas não nos adiantemos aqui, pois esse tema será desenvolvido melhor mais adiante. Por ora, retenha-se que cada consciência individual é composta de uma particular proporção desses elementos e que a visão dessas proporções é tarefa precípua do investigador fenomenológico.

Retomando o fio de interesse, tem-se que a embriaguez tem o condão de modificar, por uma ação externa à vontade do sujeito consciente (embora a ação de embriagar-se se origine na atividade desse sujeito), essas proporções fundamentais. Basta um exemplo banal para ilustrar essa condição. O presente mostra-se como opaco e desinteressante, sem qualquer perspectiva, como nos quadros depressivos. A embriaguez pode servir como um ampliador da consciência, elevando o otimismo e possibilitando uma visão de novos horizontes que faça olhar para além do muro que nos cerca. As substâncias embriagantes são, pois, agentes das forças naturais capazes de servir à composição ponderal do indivíduo e de sua existência – e é a partir dessa última sentença que se deve reter o significado global da embriaguez.

O desafio intelectual do psicopatologista fenomenológico desloca-se, em segunda instância, da relação embriaguez-sobriedade para outra dialética, mais nuclear ainda: "proporção saudável *versus* desmesura insalubre". Já não será, portanto, a embriaguez o alvo a ser atacado (ou o acusado a ser defendido), mas as formas proporcionais individuais e as suas relações com a embriaguez. Insiste-se: para o percuciente exame dos problemas relacionados à embriaguez, uma vez entendida a função essencial desta na estrutura fundamental da existência, não basta o impedimento da embriaguez ou a promoção da sobriedade, entendidas ambas em um sentido universal abstrato. É unicamente a partir do reconhecimento das condições estruturais do receptor individual da embriaguez e, portanto, dos significados particulares que recebe ao modificar a sua estrutura de ser que se pode proferir algum diagnóstico a respeito de riscos, vantagens ou desvantagens das múltiplas formas da embriaguez. O interesse reside, acima de tudo, nos estados de desmesura provocados pela embriaguez. Desmesura que, a partir de certa fronteira, como será visto, passa a ser entendida como patológica. O desenvolvimento deste tema leva ao segundo item do capítulo.

Os tipos ideais e a função da embriaguez

O exame por tipos ideais é, como foi dito, o melhor substituto possível do exame infinito das condições particulares em que cada existência, em cada momento biográfico, recebe os influxos da embriaguez. O tipo ideal cumpre bem esse papel de substituto por sua qualidade de modéstia epistemológica. Em lugar de pretender revelar fatos definitivos da realidade, serve apenas como sugestão para o início da investigação particular; portanto, está sempre à disposição de correções por parte do investigador. De certo modo, toda ciência psicológica que não seja do particular somente pode operar por meio de tipos ideais, como já afirmou Karl Jaspers. Eles são, acima de tudo, um convite à reflexão e devem ficar ao abrigo de desvios reificadores, tomando por realidade o que é apenas hipótese heurística.

A lógica na delimitação de tipos ideais deve obedecer às condições da estrutura da consciência e reproduzi-las, ou seja, deve levar em consideração as coordenadas de temporalidade e espacialidade do psiquismo.[4] Em nome de uma simplificação necessária à esquematização aqui proposta, a categoria fundamental *interpessoalidade* não constará do princípio classificatório, sendo assimilada na temporalidade-espacialidade, mas será investigada mais adiante no trabalho. Considerando esse ponto, será apresentada uma tipologia na qual os efeitos da embriaguez atuam predominantemente na temporalidade ou na espacialidade. É preciso dizer, contudo, que a separação entre temporalidade e espacialidade é meramente didática e que, nos fenômenos em questão, a ocorrência de uma modificação temporal é sempre acompanhada de uma mudança espacial, e vice-versa.

Na temporalidade

Nesta modalidade de ação da embriaguez, a alteração de consciência modula – em geral ampliando – o horizonte existencial do indivíduo, como já mencionado. As pressões circundantes provenientes tanto do cotidiano quanto de si mesmo tendem a se afrouxar e se observa uma libertação afetivo-temática da existência, que passa a se interessar, durante o período de embriaguez, por uma amplitude maior de possibilidades existenciais. Afetivamente, do ponto de vista saudável, o fenômeno que colore essa vivência é a esperança. A esperança é a capacidade inata do humano de se lançar acima dos determinantes do imediato para identificar, nas potências virtuais do futuro, o embrião da possibilidade de uma alteridade. Do ponto de vista afetivo negativo, o fenômeno associado a essa vertente da embriaguez temporalizada é a euforia. A euforia é uma experiência igualmente de transcendência do peso da realidade imediata. Contudo, é uma transcendência que peca pelo excesso de leveza, pela incapacidade de elevar-se sobre a realidade sem tirar o pé dela.[5] A exaltação eufórica despreza as âncoras da realidade e paira temporariamente sobre o mundo circundante sem que seja capaz de, ao retornar à dimensão da imediatez, fornecer o horizonte que a esperança propicia. Nesse sentido, a esperança amplia o ser, ao passo que a euforia o anestesia.

Dessas observações pode-se inferir que, em duas condições, uma consciência situada se vulnerabiliza diante do uso de embriagantes. Seja pela necessidade de ampliar os horizontes existenciais, seja pela facilidade constituinte, inata, de elevar-se ficticiamente acima da realidade circundante, o elemento embriagante torna-se uma alternativa premente quando a relação entre a existência e o peso da realidade torna-se fortemente pendente para a supremacia deste sobre aquela.

Do ponto de vista químico, a substância mais voltada à facilitação temporal em nosso meio é o álcool; alternativamente, de acordo com a constituição individual, também a maconha pode exercer essa função.

Na espacialidade

Dois movimentos, que se relacionam entre si de modo dialético, podem ser efetuados pela embriaguez em relação à espacialidade fundamental da consciência: aproximação e afastamento. A seguir, será explorado apenas o movimento de aproximação, por ser mais relevante para a fundamentação de uma psicoterapia. A aproximação da consciência, por sua vez, se dá em dois âmbitos: da interpessoalidade ou do campo de interesses laborais. No primeiro âmbito, ocorre um acréscimo das disponibilidades do indivíduo para as qualidades dos semelhantes. Nesse estado de consciência, a existência se coloca muito próxima da coletividade e de seus encantos e repúdios. Afetivamente, destacam-se os aspectos eróticos ou agressivos das relações: há um acréscimo da carnalidade inter-humana, uma tendência à fricção da humanidade corporal, seja na fusão do erótico ou no júbilo grupal e de amizade, seja no arrebatamento da agressividade. Ainda outra vez, o instrumento mais frequente da produção fictícia dessa fusão primitiva em nossa cultura é o álcool, ainda que a cocaína ou mesmo a maconha exerçam igualmente essa função em alguns indivíduos.

No segundo âmbito, a embriaguez reduz de modo focal a distância entre consciência e mundo, fazendo deste um objeto a ser recortado e dominado por aquela. Nessa modalidade de existência, a consciência afirma-se como soberana de um mundo que lhe é, sobretudo, objeto de subjugação. Operacionalmente, observa-se um acréscimo da atenção aos detalhes da realidade, forjando-se uma atitude de espreita. Nas modulações saudáveis, essa atitude é a atitude científica por excelência, a de recortar o mundo para reconhecê-lo em suas minúcias e entranhas. Esse olhar hipervigilante de microscópio deságua, nas suas derivações patológicas, no fenômeno da paranoia. Excessivamente colada ao mundo, sem distanciamento necessário para sobre ele refletir, a consciência hipervígil passa de predador a presa, interpretando todos os sinais do mundo como voltados contra ela. Em suma, a consciência demasiadamente colada à realidade torna-se o centro compulsório desta, malogrando na forma paranoide de existência.

Sem dúvida, são os estimulantes os agentes implicados nessa maneira de aproximação redutora de mundo; em nosso meio, de modo mais dramático, a cocaína.

Tem-se, assim, de modo bastante esquemático, que a embriaguez atua modificando estruturas fundamentais do ser. Essas modificações do arcabouço da existência assumem, em suas atualizações pessoais ou culturais, uma miríade de formas cujo estudo transbordaria em muito o escopo deste trabalho. Tem-se também que as estruturas individuais estão naturalmente propensas a serem levadas a uma modificação mais temporal ou mais espacial, e que essas tendências estruturais devem ser entendidas como fatores fundamentais para o estabelecimento do significado da embriaguez. A estrutura que recebe a embriaguez é, na maioria das vezes, mais importante que o agente embriagante, a despeito da insistência quase inocente da contemporaneidade em afirmar o contrário. Contudo, a exuberância de possibilidades e funções da embriaguez não pode ser tratada neste capítulo. Aqui, devemos nos limitar às formas patológicas que a embriaguez produz em sua ação sobre o arcabouço do ser. É a indagação que segue.

Patologias da embriaguez

Como afirmado anteriormente, a identificação do ponto a partir do qual o hábito de embriagar-se passa a ser catalogado na categoria de patológico não é uma tarefa corriqueira. Ou melhor, é um exercício fadado a alcançar uma resposta definitiva e tranquilizadora. Apenas um furor classificatório neoiluminista, injustificado e tardio, poderia almejar a constituição de uma tabela classificatória das chamadas alterações patológicas ligadas à embriaguez definidas formalmente, ou seja, desligadas da consciência típica ou particular na qual ocorrem. O pensamento fenomenológico busca perseguir as funções e os significados da embriaguez em suas aparições nos recônditos da consciência individual, procurando sempre, hipoteticamente, sugerir um momento no qual as formas fundamentais do existir possam estar sob um estado interpretável como patológico. Talvez as únicas afirmações de caráter genérico justificáveis sejam: a) que as alterações patológicas são resultantes da gradual sedimentação das modificações da consciência devidas à contumácia da embriaguez; e b) que algumas alterações patológicas surgem mesmo com uma prática incipiente de embriaguez, como em alguns casos de intoxicação canábica geradora de psicoses.

Assim, devem-se entender essas formas patológicas da embriaguez como obstáculos gerais ao florescimento da existência consciente situada no mundo, é preciso resignar-se ao fato de que, embora tais formas patológicas possam ser vinculadas causalmente aos hábitos de embriaguez, não há nelas nenhuma especificidade. Em outras palavras, as formas patológicas que a embriaguez contumaz promove não são obras exclusivamente suas, podendo ser igualmente ocasionadas por outros fatores vitais ou biológicos, ainda que apresentem certas marcas de tipicidade. Por exemplo, uma paranoia anfetamínica pode apresentar o mesmo quadro clínico que uma endógena ou motivada psicologicamente; um quadro de *delirium* por abstinência também pode se assemelhar àquele provocado por um grave quadro infeccioso ou por um quadro tumoral. A embriaguez, enfim, percorre os caminhos da natureza humana e será, portanto, nos obstáculos ao desenvolvimento desta que se deverão recolher as marcas patológicas daquela.

Colocados esses problemas, tem-se de circunscrever em que pontos da consciência se deverão identificar as patologias da embriaguez. Esses pontos são condições extremas dos fenômenos típicos descritos. O fato de se ter mencionado que uma classificação do tipo neoiluminista, uma lista de quadros clínicos clara e formalmente definidos, não será o escopo dessa análise faz com que se tenha de explicar com que categorias se operará. Ora, consonantemente com o modo fenomenológico de investigação da consciência, o objetivo é ir além das variações sintomatológicas manifestadas na consciência para alcançar seu arcabouço estrutural. As patologias da embriaguez deverão ser identificadas pelas modalidades de alteração nas estruturas fundamentais já assinaladas. É o que será feito.

Temporalidade

Antes de tudo, será retomada a temporalidade. Essa é a primeira análise, pois fundamenta as demais, ou seja, ficará entendido que todo transtorno remete, no fundo, a uma modificação da temporalidade.[6] A existência temporaliza-se, fluindo incessantemente para um futuro aberto e prenhe de possibilidades que, contudo, só é capaz de açambarcar as suas próprias possibilidades à medida que se articula intimamente com suas dimensões pretéritas e presentes. Apenas atada à âncora do passado, lastro a dar continuidade e densidade à existência e voltada face a face para o presente, matéria-prima a ser trabalhada pelo cinzel da futuração, a consciência é capaz de transformar a potencialidade de suas relações primeiras com o mundo em efígie de existência autoconstruída. A temporalização fundamental do humano não pode prescindir, deste modo, da presença concomitante e entrelaçada de todas as dimensões da temporalidade. Depreende-se daí que fica definida, de modo geral, a patologia como a impossibilidade, produzida por ou vinculada com a embriaguez, de toda e qualquer articulação das três dimensões constituintes da temporalidade que tenha suficiente flexibilidade para dar vazão ao devir da personalidade ao longo da história vital.

Assim, empiricamente indicado, o ponto fundamental em que a embriaguez contumaz distorce patologicamente a consciência se dá pela supressão da temporalidade individual histórica (supressão da sedimentação da temporalidade).[7]

Temporalizados, vivemos em um mundo que dialoga continuamente conosco. E, a partir desse diálogo umbilical, nosso ser expande-se sobre o mundo, recebendo simultaneamente material desse mundo. Nessa troca de substâncias com o mundo circundante, vamos sedimentando historicamente nossa forma fundamental de existir. Tecnicamente, pode-se dizer com Husserl que a existência se estriba sobre a retenção dos fenômenos vividos. A estrutura existencial individual é, por conseguinte, uma forma consistente e durável – ainda que mutável – assentada sobre os trilhos da temporalidade. É por estarmos apoiados na temporalidade que encontramos diariamente nossa identidade e projetamos nosso devir.

A embriaguez problemática rompe a articulação tridimensional da temporalidade, liberando, uma das dimensões e dando-lhe uma especiosa autonomia, responsável pela desestruturação do ser. Vejamos como isso pode ocorrer.

A embriaguez pode liberar a dimensão pretérito-retencional de seu encadeamento tripartite. Nessa condição, a consciência naufraga em um saudosismo idealista dos tempos idos, no qual não mais há espaço para a abertura do agora ou do devir. Congelada no passado, a consciência se manter por um efeito de exaltação (ainda será examinado o valor desse conceito) dado pela embriaguez. O grande exemplo cultural desse modo de desarticulação temporal é dado pelo Romantismo do século 19, no qual uma associação entre ideias escapistas e embriaguez assumia uma função essencial de retroalimentação.

Também pode a consciência destemporalizar-se no presente. O meio mais eficaz para essa destemporalização é dado pela força de fusão proporcionada pela embriaguez. Por força de fusão se quer indicar aqui o impulso dado pela embriaguez para a aproximação exagerada do humano em relação ao mundo, de modo a apenas consagrar a existência à fruição do presente. Os impulsos e os instintos prazerosos e instantâneos assumem papel majestoso e mesmo ditatorial nesse gênero de consciência patologizada. O mundo torna-se um imenso agora, sem passado nem futuro.[8] O fenômeno clinicamente demonstrável mais significativo desse estado é a mentira patológica do alcoolista. Segundo Sonenreich, esse frequente achado clínico não pode nem mesmo ser chamado de mentira no sentido usual da palavra, no qual está em jogo o binômio verdade-mentira, em que a existência de um determina a do outro.[9] No alcoolista, a suposta mentira brota, antes, de uma desarticulação com o mundo, de uma irresponsabilidade patológica na qual qualquer afirmação tem o mesmo valor, já que isolada de seu contexto temporal natural. Como consequência, o passado como fonte de verdade e o futuro como local das responsabilizações não fazem mais nenhum sentido. O alcoolista mente porque sua fala é vaporosa e leve tanto quanto uma onda de embriaguez.

Foi na pintura, sobretudo, que esse modo de dissolução do ser nas atrações do presente recebeu maior atenção e maior expressão plástica. As representações dos bacanais por diversos pintores (Rubens, Velásquez, Guido Reni, Picasso) apresentam, em cores fortes, como o humano pode dissolver todas as suas formas históricas particulares nas formas da natureza, ou seja, substituir um projeto individual de vida por um coletivo a-histórico, contido nas potências naturais instintivas que o preenchem.

Por fim, a embriaguez pode dar preeminência à dimensão futura da consciência, lançando-a em um circuito de esperanças despregadas do solo, descompromissadas de sua raiz contemporânea e desprezadoras da densidade do presente. Nessa situação, a vida se transforma por decreto no ideal imaginado, passando ao largo das composições complexas e árduas que a tradução de um ideal em realidade exige. O fenômeno sociológico que melhor exemplifica essa desarticulação é o movimento *hippie* da década de 1960, estabelecendo um ideal na periferia da temporalidade acumulada da cultura e da história. Parece óbvio, com as considerações sugeridas, que tal movimento tenha tido a intoxicação canábica como um dos seus instrumentos primordiais.

Em todos os três modos apresentados de desarticulação da estruturatemporal fundamental tripartite da existência humana, depara-se com o mesmo resultado. A vida individual histórica, com seu perfil de sedimentação da experiência e abertura para novas vivências e projetos, obtura seus canais de trânsito com o mundo, fechando-se em uma temporalização insípida e encerrada. A existência deixa de ser temporalidade e passa a flutuar mortalmente no ar ou colar-se no real, insuflada pelo cântico da sereia do prazer e do ideal. Ainda voltaremos a isso.

A supressão da temporalidade individual histórica, patologia por excelência dos estados continuados de embriaguez, pode ser examinada também na sua operacionalidade cotidiana. Isso é feito pela investigação das características do processo de "historicização". Esse processo não ocorre de modo linear. Para o crescimento da consciência, é fundamental – ou inevitável, o que dá na mesma – que ela tenha de lidar com uma ampla tessitura de experiências, sejam de caráter positivo-prazeroso, sejam de perfil negativo-desagradável. A consciência no mundo, para expandir-se, deve acomodar em seu trajeto sucessivas e alternantes experiências, bem como alojá-las em uma linha musical de variações tonais que, ao fim e ao cabo, tenham como resultado a ampliação do poderio da existência na sua sustentação mundana.

A embriaguez problemática secciona essa musicalização dos tons da relação com o mundo, estreitando a tessitura vivencial e dando excessiva e tirânica primazia aos elementos prazerosos.* A existência passa de composição harmônica a mantra monocromático, estiolando gradualmente a magnitude de sua potência. A temporalização deixa de ser fonte de alargamento existencial para ser vivida como manancial de riscos, como ameaça ao anseio de imutabilidade contido na redução da amplitude vivencial. O mundo, por fim, deixa de ser indeterminação e experimentação de proporções para ser monotonia, unidade e rigidez. Nessa transformação da relação da consciência consigo mesma, com o mundo inter-humano e com o mundo circundante, no sentido de uma perda das potencialidades de diferenciação individual, reside o núcleo da patologia dos problemas ligados à embriaguez, do qual derivam as demais instâncias patológicas que serão examinadas a seguir.

---

* Ainda que, no decorrer de um hábito de embriaguez, esse elemento prazeroso tenda a desaparecer, o princípio sugerido mantém-se válido. Por exemplo, um cocainômano pode, ao cabo de algum tempo, embriagar-se apenas para reduzir o desconforto causado pela ausência da droga. Contudo, essa redução de desconforto também pode ser entendida como uma busca pelo prazer, ainda que pela via da redução do desprazer.

Espacialidade e corporeidade

Analisemos a espacialidade da embriaguez problemática. Para o propósito dessa análise, a espacialidade será considerada de modo bastante amplo, ou seja, como tudo aquilo que se doa à consciência não como sucessão temporal, mas como presença atual, material ou imaginária, a preencher a textura temporal da existência. Serão consideradas suas formas patológicas básicas, relacionando-as com as formas essenciais da temporalidade anteriormente sugeridas.

O acréscimo da materialidade

Vimos como a embriaguez pode aproximar excessivamente a consciência do mundo, à medida que esta se reduz à dimensão presente da experiência. Essa aproximação pode transformar gradualmente o mundo em uma massa compacta, da qual a consciência não mais consegue se afastar efetivamente para obter um exame sereno sobre a vida e constituir um projeto autêntico. Ora, não há instância da consciência mais compacta e presente que a corporeidade. Consequentemente, é nesta que se devem procurar as formas patológicas da embriaguez. A compactação da existência via corporeidade identifica-se em três âmbitos.

Em primeiro lugar, no já mencionado acréscimo das projeções do corpo sobre o mundo, via instintiva, por meio da adesão da consciência a uma vida forjada na sexualidade desmesurada, na irritação ou na violência. Desaparece o espaço de liberdade entre sujeito e mundo, fenda responsável pela capacidade humana de subtrair-se aos fins exigidos por seus impulsos, visando a um horizonte mais amplo forjado no campo dos valores abstratos. A existência passa a variar à mercê dos fatores constitucionais instintivos, perdendo liberdade e caindo em um círculo vicioso no qual, a cada novo recrudescimento da embriaguez, observa-se maior aproximação espacial com o mundo, fazendo com que a única saída para escapar desse excesso de aproximação seja uma nova embriaguez. Estreiteza vivencial e embriaguez retroalimentam-se, rumando sempre a uma maior corporificação da consciência.

Em segundo lugar, no setor afetivo, essa corporificação exagerada também é visível. Basta lembrar-se da diferença de espécie existente entre um sentimento e o humor. O primeiro remete à esfera do psiquismo ligada ao eu, à história pessoal e ao espaço privado de separação e distinção em relação às imposições mundanas provenientes da cultura ou do ambiente físico. O humor, por sua vez, revela-se mais próximo do fundo natural que existe dentro de cada consciência e é mais determinado por fatores constitucionais ou pela ação exógena, como a das drogas. Em uma sentença, o humor é mais corporal, ao passo que o sentimento transita mais no espírito. Assim, a prática da embriaguez contínua empurra a consciência para um acréscimo proporcional do humor na totalidade da vida consciente. Com isso, novamente a existência fica à mercê das flutuações do humor, dando figuração aos frequentes quadros depressivos observados nos alcoolistas, assim como às experiências paranoides irritáveis dos cocainômanos, por exemplo.

Mas é na terceira forma de hipercorporificação da consciência por meio da embriaguez continuada que se evidencia com mais clareza a noção de patologia – ou, ao menos na nossa cultura contemporânea, tem-se o hábito de registrar o fenômeno que segue como francamente patológico. Pensa-se aqui nas alterações descritas como síndrome de abstinência. Tome-se o quadro associado ao alcoolismo. Neste, na ausência da droga responsável pela manutenção do acréscimo de corporeidade, o próprio corpo, via tremores, náuseas, sudorese, tonturas ou, em casos dramáticos, crises convulsivas, toma a frente da existência, praticamente banindo a liberdade da consciência. Durante um período de abstinência, inexiste liberdade de ação ou reflexão: toda a consciência torna-se corpo exagerado, transfigurado, uma monstruosidade existencial tomada por todos os lados pela solidez. Esse estado demonstra cabalmente a alteração formal, nessa altura já independente da própria embriaguez. Mesmo sem a substância, a consciência já se tornou demasiadamente material. O anseio pela droga é, portanto, desejo de apenas uma variação temática, de superfície, sobre o mesmo fundamento alterado; de preferência, pela forma embriagada de materialização em detrimento da forma de hiperatividade autonômica. Apenas o costume rege a eleição entre dois polos igualmente sórdidos, já que, nesse momento da evolução vital, a mesma embriaguez passa a não mais ter a efusão prazerosa que oferecia inicialmente (o mesmo vale para os quadros avançados de uso de cocaína ou opiáceos). Aqui, temos o exemplo mais cabal da transformação da existência em solidez, da mente livre em escrava do corpo.

No entanto, o leitor conhecedor das abstinências alcoólicas poderá sentir um incômodo diante dessa exposição. Esse incômodo pode ser assim sintetizado: como falar em acréscimo da materialidade do mundo se uma das características da abstinência grave do alcoolista, o delirium tremens, se manifesta exatamente pela alteração redutora da realidade, ou seja, pela perda da materialidade do mundo e sua substituição por um mundo alternativo e imaterial, repleto de fantasmas e visões? Cumpre, portanto, examinar essa contradição, dando vazão à próxima característica da espacialidade alterada na embriaguez problemática. A abstinência e o delirium tremens possibilitam mostrar como se articula, se sobrepõe ou se diferencia essa modalidade da seguinte, variando de acordo com a fundamentação da temporalidade.

A deformação essencial

O acréscimo da materialidade deriva, como foi visto, da hiperpresentificação da experiência. Isso consegue justificar boa parte de uma síndrome de abstinência, porém não consegue dar lógica para os achados alucinatórios nela frequentes: eles não podem ser vistos integralmente como um acréscimo de materialidade. Para o seu entendimento, assim como de outros comemorativos das toxicomanias, há de se atentar para as consequências espaciais do descolamento da dimensão futura da experiência em relação às suas raízes no passado e no presente. Inspira-se, para esse exercício, na obra Três formas da existência malograda, de Binswanger.[5]

Nesse trabalho, o autor disseca a existência humana a partir de suas relações espaciais, traduzindo-as nas coordenadas horizontal e vertical. Interessa-nos agora o eixo vertical, onde perfilam as ambições do indivíduo em sua trajetória ascensional, em sua subida rumo a uma diferenciação particular em detrimento das imposições horizontais provenientes da cultura. Ora, nesse movimento ascensional, o indivíduo pode se perder, divergir da sua própria trajetória pessoal, andando pelos descaminhos da inautenticidade. Na tradução para o português, essa espécie de distorção recebeu o nome de "exaltação" (Verstiegenheit). A palavra será desmembrada por meio de um hífen indicativo de seus componentes semânticos: ex-altação. Tem-se, pois, que a consciência individual pode se perder no seu caminho para o alto, desvio marcado pela partícula "ex", entendida como saída de si mesmo.

Ao desencaminhar-se de si mesma nas alturas, a consciência desgoverna-se em um mundo etéreo, distante da solidez do mundo horizontal. Esse mundo etéreo manifesta-se por meio de representações, desejos e anelos. Portanto, a exaltação é uma excessiva doação da existência a um mundo imaginário desprovido de raízes na realidade nua e crua da materialidade e da cultura.

Ora, nada parece retratar melhor um estado de embriaguez que o mesmo termo "exaltação". A literatura clássica – tanto greco-romana quanto iluminista, ou mesmo positivista – jamais deixou de enxergar essa realidade, qual seja, a da proximidade entre a embriaguez e a loucura.

Assim, a modalidade sob análise das patologias espaciais da embriaguez enfeixa o fenômeno da exaltação no sentido binswangeriano, da saída desvairada de si mesmo rumo a um mundo etéreo refratário ao diálogo com a mundanidade sólida, a um mundo, em termos de temporalização, aprisionado na futuração vácua, sem laços com as demais dimensões da temporalidade. Perdida no espaço sideral, orbitando no nada, a consciência habita uma espacialidade cuja característica fundamental é a deformidade. O espaço da virtualidade futura, perdendo seus estribos na realidade, torna-se manancial de terror desfigurado e disforme.

Essa deformidade da espacialidade justifica o achado anteriormente assinalado do *delirium tremens*, agora entendido como transformação monstruosa do mundo. Nesse dado semiológico, a realidade espacial se vê invadida por seres deformados – em geral as micropsias, animais ou humanos pequenos e amedrontadores – ameaçando o indivíduo.

Contudo, essa deformidade essencial merece investigação algo mais minuciosa, fazendo revelar as peculiaridades da patologia da embriaguez. Vale repetir que inexiste uma patologia típica da embriaguez. No entanto, certos achados, como esse que se está investigando, guardam características indicativas de sua gênese tóxico-farmacológica. Um dos fenômenos mais presentes no *delirium tremens* são as ilusões, ou seja, vivências alucinatórias visuais baseadas em um objeto realmente presente na realidade espacial. O exemplo mais banal disso, no paciente internado, é a transformação do equipo do soro em uma serpente contra a qual o paciente, excitado e transtornado, tenta se defender com todo o restante de suas forças. Embora também alucinações visuais puras ou auditivas possam estar presentes, tipicamente são as ilusões os achados exuberantes na clínica.

Analisemos a espacialidade das ilusões e veremos brotar a confluência das duas características atribuídas à espacialidade patológica da embriaguez continuada. As ilusões retêm, simultaneamente, um espesso perfil de materialidade e uma volatilidade indomável, na qual todas as formas e distorções são possíveis, já que ancoradas em nada. São, ao mesmo tempo, matéria e deformidade, como o afirmam também as alucinações da presença de parasitas sob a pele em patologias do uso de cocaína. Mantém a particularidade do excesso de materialidade típica do presente inautêntico, associando-a à deformidade virtual e etérea característica do futuro perdido nas alturas. Um filme de terror, enfim, sumariza a experiência da alteração da espacialidade do delirante alcoólico.

Acréscimo de materialidade e deformação essencial podem, em uma mirada rápida, parecer em contradição, já que uma radica na presunção de um exagero de enraizamento mundano, ao passo que a outra depende da ausência de pé na superfície do mundo. Procurar superar essa contradição, identificando um ponto comum entre ambas, ensinaria algo a respeito das situações avançadas de consagração da existência à embriaguez? A resposta positiva a essa indagação parece ser a mais adequada. A embriaguez conduz, seja pela via do mundo, seja pela via do etéreo, à redução da temporalidade "protentiva" da existência. Aqui, reencontra-se o colapso da temporalidade fundamental, já examinado. A "escolha" do caminho, pela adesão ao mundo ou pelo descarrilamento em relação a ele, parece ser ditada por fatores secundários, sobretudo constitucionais, ou seja, há consciências mais dadas a se aproximar do mundo e outras a desviar-se dele. No entanto, o próprio fato de ambas as modalidades de colapso da temporalidade poderem ocorrer simultaneamente – além da similitude clínica interindividual que apresentam – indica que a força avassaladora de desmembramento que a embriaguez tem é potente o suficiente para produzir toda e qualquer fratura do ser, para além dos condicionantes constitucionais. Aniquilando o tempo, enfim, a embriaguez abre a caixa de Pandora das masmorras humanas, liberando todos os demônios residentes no fundo intemporal comum da humanidade.

Interpessoalidade

Uma reflexão sobre psicoterapia não poderia deixar de alocar espaço diferenciado para a noção de interpessoalidade. É sobre ela que radica a possibilidade de uma psicoterapia. Examinemos brevemente, pois, o papel da interpessoalidade na estrutura da existência. A inspiração mais fecunda será a obra de Emanuel Lévinas, *Le temps et l'autre*, de 1983.[10] Nesse pequeno, porém denso e imortal ensaio, o autor desenvolve a tese de que a temporalização fundamental do humano recebe sua seiva justamente da interpessoalidade.

É no contato com a alteridade humana que a consciência vitaliza sua temporalidade. No comércio com o outro, o si-mesmo desprega-se da sua situação e vê-se lançado nas potências da expansão.

Considerando essa tese, é preciso lidar com um emaranhado problema. Se acabamos de ver como a temporalidade fundamental da existência desmembra seus vértices de maneira patológica na embriaguez problemática, impõe-se a questão: resta algum espaço para a interpessoalidade, essa refinada, mas dolorosa modalidade do existir humano? Qualquer pessoa que já tenha precisado lidar com um problema vinculado à embriaguez desmesurada tem, a tiracolo, a memória das enormes dificuldades interpessoais implicadas no manejo da situação. O embriagado problemático consagra sua vida à saída do tempo – por meio do passado, do presente ou do futuro. Ora, se a interpessoalidade opera como um galvanizador forte da temporalização, tem-se que o embriagado contumaz não coloca as aberturas e as ranhuras do contato inter-humano como primazia em sua vida. A interpessoalidade é antes um óbice para o projeto atemporal do embriagado que um atrativo, e, consequentemente, as alternativas para a constituição da interpessoalidade serão difíceis e escassas, como mostra fartamente a experiência clínica. Identificar essas alternativas, assim como fomentá-las, é o tema do próximo e último tópico.

Psicoterapia nas formas problemáticas da embriaguez

Retomemos o núcleo psicopatológico dos problemas da embriaguez. Todas as suas formações patológicas derivam, em última análise, da desarticulação do composto temporal típico da existência humana, dividido em uma síntese de presente, passado e futuro, ou de retenção, apresentação atual e desejos e aspirações. Desarticulado, o embriagado contumaz existe em um mundo desprovido das feições do humano temporalizado, ora perdido nos encantos do presente corporal, ora alienado nas alturas rarefeitas da imaginação. Pensar em uma psicoterapia para essa constelação existencial passa por identificar como cada instância temporal asilada e desfigurada possibilita e tonaliza suas configurações interpessoais. Em outras palavras, trata-se de observar como se dá a interpessoalidade em situações tendendo ao presente ou ao futuro exaltados e, a partir dessas considerações, apresentar o perfil possível ou desejável de um projeto psicoterápico para os problemas da embriaguez.

A primeira configuração meritória de registro – aquela que se dá na exaltação do presente inter-relacional – identifica a festa como o modo fundamental de interpessoalidade do embriagado.[11] A festa é a exaltação do coletivo, o deslizamento da solidão típica e inarredável do indivíduo rumo à fusão celebratória. A vitória do dionisíaco sobre o apolíneo. O afeto fundamental a informar a festa é a euforia, que, como ensina Aristóteles, transforma o homem em todos os homens.[11] Dado ser a festa uma espécie de comunhão, de coletividade irreversível, tem-se que uma via de acesso importante para o programa terapêutico do embriagado, logicamente, passe pelos exercícios de coletividade. Terapias de grupo de diversas orientações técnicas ou grupos de autoajuda reproduzem essa atmosfera primordial do embriagado, a conjunção celebratória. Nessa forma ampla de terapia, o indivíduo transita pela via que melhor conhece, permitindo-se a síntese do afeto de euforia coletiva com a proteção caucionada pelo grupo.

O fato desse gênero de tratamento privilegiar a coletividade do encontro, em detrimento da interpessoalidade dual mais íntima, não deve ser visto como uma limitação técnica. Pelo contrário, deve ser catalogado como um respeito às características estruturais dos indivíduos cujo perfil de personalidade favorece a embriaguez continuada. Todo tratamento deve procurar seguir os trilhos existenciais preferenciais do paciente, pois essa opção alcança um melhor resultado clínico. Assim, pode-se ressignificar a notória dificuldade na realização de uma psicoterapia individual nos casos de toxicomania (como o igualmente elevado índice de recaídas e desistências do tratamento). Podem-se até mesmo sugerir novos critérios para a avaliação dessas propostas terapêuticas. No lugar de medir o avanço do tratamento exclusivamente pelo número de recaídas – tendo como alvo a abstinência completa – ou pelo avanço na psicoterapia, sugere-se que, respeitando a estrutura típica do paciente, seja observado como ele é capaz de manter-se em um circuito de exaltação coletiva sem a presença de uma euforia farmacologicamente provocada. É função, portanto, do responsável pelo projeto terapêutico observar, antes de tudo, as modalidades de produção de bem-estar exaltatório do paciente nas opções terapêuticas, principalmente as grupais. É óbvio que essa preocupação não deve deixar de lado o interesse pela emancipação biográfica particular – a individuação. Contudo, diferentemente de muitas outras formações de personalidade (mas, de modo algum, como já visto, exclusiva do embriagado contumaz), esse tema não é o fundamental, já que a condição prévia a ser garantida para esse processo solitário do indivíduo não está dada. Tal condição é um distanciamento da realidade espacial fincado na capacidade de futuração da consciência. O tratamento da embriaguez problemática é, assim, em primeiro lugar, a recolocação das relações de fusão eufórica do indivíduo com o coletivo.

Mas essas observações contemplam apenas o tipo mais colado ao presente vivido. Cumpre refletir sobre a formação típica da exaltação característica do futuro descolado do chão. Neste caso, a embriaguez forja, na consciência embriagada, uma ampliação do imaginário, mas com pouca propensão a ancorar-se no solo biográfico. Essa constelação, já a princípio, reduz o campo das possibilidades inter-humanas, tanto coletivas como individuais. O retiro para a solidão das alturas não parece ser vulnerável aos calores da presença humana. Nesses casos, a primeira preocupação do responsável pela condução do tratamento psicológico será manter as amarras da biografia na realidade. Isso não se faz sem bastante dificuldade, já que o condutor do tratamento não terá muito auxílio do paciente. A própria volatilidade da consciência do paciente faz com que seus projetos de vida não se mantenham sempre acessíveis a ele mesmo. É necessária, pois, a participação de uma consciência externa a registrar tais projetos, operando como uma memória auxiliar – muitas vezes, também, como uma força psíquica extra – sobre a qual repousa a chance da manutenção do carril biográfico. Tomemos um exemplo. O paciente tem sua história de vida, determinado lastro biográfico e certo projeto de futuro. Esses, entretanto, desaparecem o tempo todo de sua visada, lançados aos céus pela embriaguez contínua. Saber quais são os elementos dessa historicidade privada significa, de imediato, conhecer as potencialidades da existência e, simultaneamente, decidir os melhores caminhos a serem tomados. Como o paciente dispõe apenas de modo intermitente desse patrimônio vivencial, essa função acaba sendo delegada para outra consciência. Habitualmente, um membro da família exerce essa importante função, lanhando-se pela aspereza dessa responsabilização que, no limite, é inautêntica, já que lhe é estrangeira.

Como tal quadro estrutural carece de flexibilidade e, portanto, não consegue ser modificado em curto prazo, a tarefa fundamental do condutor do tratamento nesses casos é suportar o papel de representante solitário e compulsório dos temas existenciais de seu paciente. Para o exercício desse mister, a presença de familiares é fundamental, possibilitando a divisão dessa difícil tarefa e reduzindo a sobrecarga existencial sobre os ombros de cada membro individual envolvido no labor. Contudo, não devemos ter essa divisão de trabalho como objetivo derradeiro do tratamento. Não parece ser função legítima de uma terapêutica – nem mesmo do exercício do papel de familiar – viver na vicariância de uma existência que não encontra sua autenticidade profunda. O alvo do tratamento segue sendo a individualização das potências da existência. No entanto, durante todo o período em que vicejar a exaltação patológica, esse exercício supletivo deve estar no horizonte do tratamento.

Do mesmo modo que no caso anterior, o processo natural de auxílio na individuação – típico de uma psicoterapia interpessoal – só pode ser tomado ou retomado à medida que as condições de possibilidade de uma interpessoalidade estejam dadas. Entretanto, como, por definição, os estados patológicos da embriaguez identificam-se com uma situação de perda da temporalização fundamental e, consequentemente, de perda da abertura para a disponibilidade interpessoal, depara-se com uma contradição em termos, contradição que caracteriza todo este pequeno ensaio. Ao examinar as patologias da embriaguez, depara-se com uma configuração psicológica praticamente alheia ao contato psicoterápico profundo. Ora, há ainda sentido em se falar sobre psicoterapia dos problemas da embriaguez, entendido o conceito em termos fenomenológicos, ou seja, uma psicoterapia cravada na esfera da relação entre duas pessoas? Sim e não. Não se a noção for limitada às modificações que a dualidade interpessoal possa promover, já que, como visto, essa é parcialmente impotente na embriaguez. Sim, contudo, se for ampliada a noção de psicoterapia humanista para toda e qualquer ação de um ser humano sobre outro que leve em consideração as possibilidades e as limitações últimas da situação desse ser no mundo. É com essa última acepção que se fecha esta reflexão, indicando que, para o ataque inter-humano da embriaguez problemática, é preciso, em primeiro lugar, entender psicoterapia como a oferta – por meio de qualquer técnica disponível – das condições mínimas para a temporalização essencial do humano. Tão somente com a garantia dessas premissas, pode-se passar a gerir o processo no âmbito da interpessoalidade dual, marca da psicoterapia humanista no sentido clássico do termo.

Referências bibliográficas

1. Escohotado A. Historia de las drogas. v. 3. Madrid: Alianza Editorial; 1998.
2. Messas G. Psicopatologia e transformação: um esboço fenômeno-estrutural. São Paulo: Casa do Psicólogo; 2004.
3. Blankenburg W. A dialectical conception of anthropological proportions. In: De Koonig A, Jenner F, editores. Phenomenology and psychiatry. London: Academic Press; 1982.
4. Messas G. Álcool e drogas: uma visão fenômeno-estrutural. São Paulo: Casa do Psicólogo; 2006.
5. Binswanger L. 1956. Drei Formen missglückten Daseins. Verstiegenheit. Verschrobenheit. Manieriertheit. In: Ausgewählte Werke. Band 1. Heidelberg: Roland Asanger Verlag; 1992.
6. Minkowski E. Le temps vécu. Paris: Presses Universitaires de France; 1995.
7. Zutt J. Zur Anthropologie der Sucht. Der Nervenarzt. 1958;29:439-45.
8. Santos JL. O duelo entre ser e ter: uma aproximação do sentido da dependência de drogas na adolescência. In: Castro D, Ázar F, Piccino J, Josgrilberg R, organizadores. Fenomenologia e análise do existir. São Bernardo do Campo: Universidade Metodista de São Paulo; 2000.
9. Sonenreich C, Estevão G, Silva Filho L. Alcoolismo e toxicomanias. In: Psiquiatria: propostas, notas, comentários. São Paulo: Lemos Editorial; 1999.
10. Lévinas E. Le temps et l'autre. Paris: Presses Universitaires de France; 1983.
11. Kimura B. Scritti di psicopatologia fenomenologica. Roma: Giovanni Fioriti Editore; 2005.
12. Aristóteles. O homem de gênio e a melancolia: o problema XXX, 1. Rio de Janeiro: Lacerda Editores; 1998.

21 Fenomenologia e Infância

Susan Meire Mondoni

Introdução

Na fenomenologia, descreve-se um fenômeno psíquico tal qual vivido pelo indivíduo, ou seja, aproxima-o empaticamente do que é sentido, dando forma e linguagem a esse fenômeno. Entretanto, descrever um fenômeno psíquico tal qual vivido por uma criança é uma tarefa bastante complexa. Dependendo da idade, a criança ainda não tem vocabulário para expressar o que sente. Além disso, muitas vezes, o que se passa em nível psíquico é indiscriminado e vivido no corpo. Discriminar as diversas formas de vivenciar corporalmente os sofrimentos psíquicos em uma criança é o desafio maior dos terapeutas infantis. Aqui, tentaremos discorrer a respeito do olhar da fenomenologia sobre tais aspectos.

Para isso, discutiremos algumas apresentações da agitação infantil e da agressividade, duas das principais queixas trazidas pelos pais aos consultórios de psicólogos e psiquiatras da infância. Essas queixas provêm dos sinais observados pelos pais, pela família e/ou pela escola, sendo menos frequente o relato de percepção da própria criança.

Utilizando-se o método fenomenológico, discorreremos sobre algumas formas do adoecer psíquico infantil manifestado nesses sintomas corporais de agitação e agressividade. Esses aspectos psicopatológicos servem de base para a discussão da indicação terapêutica e de sua condução. Dentro deste modelo fenomenológico, esta análise se dará principalmente pela atitude da criança em relação ao mundo – como o recebe e como atua sobre ele. Assim, buscaremos diferenciar os "subtipos fenomênicos", ou seja, crianças que apresentam a mesma manifestação exterior final – agitação ou agressividade –, mas com motivações e constituições completamente diferentes.

Subtipos fenomênicos

A criança agitada

Quanto menor for uma criança, menos diferenciados serão os recursos psíquicos de que disporá para manifestar o que sente. A agitação é o principal sinal de boa parte dos sofrimentos emocionais infantis. Muitos desses sofrimentos são reativos a determinados aspectos ambientais e relacionais.

Na fenomenologia, é fundamental a distinção entre o que é reativo e o que é endógeno. Schneider define a reação vivencial como "a resposta emocional, motivada por um sentido, a uma vivência".[1] Assim, a reatividade se refere a uma mudança brusca do psiquismo, refletida no comportamento, nos sentimentos e/ou nas ideias, sempre relacionada a um evento desencadeante externo, o que promove entre essas duas entidades, reação e evento, uma relação de compreensividade, de agente motivador e efeito.

Essa mudança do psiquismo pode ser global ou parcial, respectivamente, afetar o psiquismo na sua totalidade ou alterar algumas de suas "funções" (estruturas), enquanto outras se manteriam preservadas. Assim, quando acometido globalmente, o indivíduo transformará toda a sua maneira de agir, sentir e pensar. Muitas vezes, as mudanças parecem tão profundas que é como se toda a sua personalidade tivesse se transformado. Porém, na reatividade, tem-se uma busca do psiquismo por se rearranjar, para dar conta do sofrimento psíquico imposto pelo meio e, tão logo quanto possível, voltar à sua situação de saúde mental (embora isso nem sempre seja possível e muitas pessoas acabem evoluindo para um estado crônico de adoecimento psíquico). Do ponto de vista psicológico, nunca mais serão os mesmos, mas a integridade de suas estruturas psíquicas poderá ser reconquistada.

Ainda a respeito da reatividade, pode-se citar Jaspers[2], que estabeleceu critérios para essas reações vivenciais:

- O estado reativo não surgiria sem a vivência motivadora
- O conteúdo, o tema do estado, acha-se em uma relação compreensível com o seu agente provocador
- Em seu curso temporal, depende do motivo e cessa quando este desaparece.

Já as manifestações endógenas não estão vinculadas aos eventos externos, embora estes possam funcionar como desencadeantes do quadro. A definição de endógeno não é simples, mas nos ateremos aqui à ideia de que seria algo proveniente do *endon*, que, como explica Tellenbach[3], seria "um terceiro campo de causas", diferenciando-se das causas somáticas puras e das causas psicógenas, mas que entre elas se encontra e se manifesta. O endógeno seria então tudo aquilo que se determina a partir de dentro do indivíduo e que, aliado à história de vida e não sendo organicamente determinado, estrutura, nesse indivíduo, seu modo de ser. Quando a endogenicidade passa a produzir sinais e sintomas patológicos, ou seja, quando adoece, pode-se estar diante daquilo que se chama de "processo": uma "quebra" no psiquismo, que modificará irreversivelmente sua maneira de ser. Dado o processo, haverá uma tentativa de reestruturação psíquica global, no sentido de "acolher" aquela nova estrutura que acaba de surgir – a estrutura patológica. Assim, há um rearranjo psíquico que nunca mais retornará ao *status* anterior. De fato, há uma transformação definitiva no funcionamento do indivíduo, na sua personalidade.

As crianças são especialmente suscetíveis ao adoecimento reativo, pois seus psiquismos ainda são bastante "frouxos" e pouco estruturados. Isso, por um lado, é ruim, porque as vulnerabiliza a adoecerem mais facilmente, diante dos inúmeros eventos estressores, que na fase adulta. Por outro lado, as estruturas mentais mais flexíveis possibilitam menor chance de "quebra" (processo patológico irreversível) e maior chance de reversibilidade. Assim, por exemplo, a morte ou a ausência prolongada de um dos pais pode levar uma criança a mudar seu comportamento, ficando, por exemplo, mais agitada, sem, entretanto, manifestar verbalmente a falta que sente. Aqui, a cronologia dos fatos é fundamental: a mudança comportamental ocorre após o evento, sendo, portanto, reativa a ele. Tende a perder força com o passar do tempo ou remitir com a cessação do evento desencadeante (retorno do pai ou da mãe).

Já os quadros endógenos associados à hipercinesia (ou agitação), como transtorno do déficit de atenção e hiperatividade, transtorno de ansiedade ou sintomas maniformes do transtorno afetivo bipolar, comumente desencadeiam agitação na população infantil, acometida de maneira duradoura e independente de fatores externos, embora muitas vezes estes mesmos funcionem como desencadeantes. Mondoni[4] apresenta um relato de caso de uma criança de 7 anos, cuja agitação era o principal motivo da busca pelo atendimento, e essas três patologias foram aventadas. No relato desse caso, não se verificam fatores externos desencadeantes do quadro, bem como não se verifica a "perda de força" dos sinais e sintomas ao longo do tempo e antes da instituição do tratamento. Assim, afastada a hipótese de um quadro reativo, todas as estruturas psíquicas devem ser avaliadas para um correto diagnóstico. No caso em questão, aspectos de grandiosidade e elação do humor destacavam-se junto à agitação, corroborando o diagnóstico de transtorno bipolar em detrimento dos demais.

A título de exemplificação, citaremos alguns trechos desse caso, nos quais se podem observar melhor essas questões:

> *A criança se apresenta consciente, orientada têmporo-espacialmente e hiperatenta (embora mexendo com os brinquedos, prestava atenção a tudo o que eu e sua mãe estávamos conversando, contra-argumentando o tempo todo). Grande agitação, impulsividade, pressão de discurso, "inadequações" (interrompia-nos o tempo todo com outros assuntos, gritava, "interpretava" personagens de desenhos animados, fora do contexto). Pensamento acelerado, porém organizado. Inteligência normal: demonstrou ser uma criança bastante crítica e argumentadora. À observação lúdica, tanto nas brincadeiras como nos trabalhos gráficos, sempre havia conteúdos grandiosos: as personagens eram milionárias, iam viajar para o Caribe, sempre estavam em férias e tudo era "pura curtição". Quando algo relacionado às dificuldades da realidade era-lhe colocado, sempre "mágica e impositivamente" saía da situação, ignorando regras ou, até mesmo, destruindo a proposta. Normalmente não conseguia dar vez ao outro e se entediava rapidamente com atividades de ritmo mais calmo. Suas propostas de brincadeiras tinham sempre as características de serem vibrantes e engraçadas; mudava rápido de ideia e, quando se entediava, destruía a brincadeira. Seu interesse era o de se divertir e dar risadas. Aparentemente, não tinha qualquer interesse no vínculo: chegava, brincava à sua maneira e quando acabava o horário ia embora, sem demonstrar qualquer interesse pelo terapeuta.*[4]

Um mês após iniciado o tratamento com estabilizador de humor e psicoterapia:

> [...] a paciente apresentou uma brusca mudança de postura e de comportamento durante as sessões: passou a ficar mais tranquila e centrada. Houve uma súbita desaceleração do pensamento e da psicomotricidade: sua chegada ao consultório, por exemplo, mudou drasticamente, tanto na sala de espera – onde chegava gritando, falando muito alto, mexendo nas coisas da secretária e conversando com todos que lá se encontravam – quanto na sala de terapia, onde, espontaneamente, passou a se sentar logo que chegava e a conversar um pouco, antes de irmos brincar. Menos impulsiva e muito mais amável. Nos conteúdos das brincadeiras, passaram a aparecer mais elementos do seu dia a dia e da sua realidade: ir para a escola, mãe que cuida da casa, pai que vem visitá-la, amiguinhos, irmão bagunceiro etc. Passou a ser capaz de aceitar "negociações" nas brincadeiras e a demonstrar interesse sobre mim e sobre o tratamento. Perguntas do tipo: "Por que a gente brinca?"; "Você quer ficar com este telefone (o mais bonito!) hoje?"; "Seus outros pacientes também brincam com estes brinquedos?" passaram a ocorrer espontaneamente.[4]

Após quase um ano de tratamento:

> Ao passar a euforia, pôde aprofundar suas vivências sentimentais. Após quase um ano de tratamento, percebo que, na verdade, trata-se de uma menina tímida. Mudou-se de escola desde o início da 2ª série; na nova escola foi se "enturmando" aos poucos com as meninas (diferente do início da primeira série, embora também tivesse ingressado numa nova escola). Os comportamentos de antes, como imposição de liderança, gritar no meio da sala, no meio da aula, sugerindo uma brincadeira a todos, não foram observados até o presente momento. Outros sentimentos também ficaram mais claros: é uma menina bastante insegura, curiosa e muito amável, embora com bastante dificuldade de demonstrar estes sentimentos amorosos.[4]

Do ponto de vista fenomenológico, experimentar a forma de conexão afetiva durante a relação terapêutica é parte fundamental do método para se chegar ao diagnóstico. Uma criança portadora de transtorno afetivo bipolar com produções maniformes está totalmente conectada ao mundo; está tão aderida às relações que não há "espaço" entre ela e o outro. Chega, portanto, a ser invasiva nas suas relações, incluindo aquela com seu terapeuta: faz perguntas indiscretas e pessoais, apontamentos jocosos e algo agressivos, em um *timing* diferente de qualquer outra criança que, por curiosidade, pudesse também formular tais perguntas no intuito de conhecer o terapeuta. Daí nasceria uma sensação de intimidade, construída de maneira mais ou menos rápida, velocidade determinada pelo ritmo de funcionamento da dupla. No maníaco, por outro lado, há uma discrepância na sensação de intimidade vivida entre ele e o terapeuta. Vale aqui a ressalva de que o diagnóstico de quadros maniformes em crianças é bastante complexo. Como discorre Ceron-Litvoc em seu texto, o fator mais abalado nas patologias do humor é a estabilidade do psiquismo.[5] Entretanto, a criança é um ser em desenvolvimento, e isso pressupõe, por si só, uma instabilidade permanente. Assim, no adoecimento de suas estruturas humorais, misturam-se as instabilidades, produzindo quadros polimorfos.

Na criança portadora de algum transtorno de ansiedade, a agitação está normalmente associada a um sofrimento psíquico de mais fácil empatia. Ela não está eufórica e radiante como a criança em fase maníaca. Demonstra angústias, medos, agonia, ainda que não consiga referi-los. É no contato afetivo interpessoal que se sente isso; em geral, é uma criança que demanda mais cuidados. Intuitivamente, escolhe-se melhor as palavras, tenta-se assegurar a ela de que receberá ajuda e de que aquilo vai passar; enfim, sente-se a criança como mais frágil e psiquicamente mais retraída.

Já as crianças hiperativas, que também apresentam como queixa prevalente a agitação, demonstram outra forma de conexão afetiva: são crianças afetivamente mais distanciadas, mais indiferentes. O déficit de atenção não lhes possibilita discriminar, dar relevo afetivo aos diferentes estímulos do meio. A criança com déficit de atenção e hiperatividade não está com sua consciência focada no mundo, captando-o e assimilando-o; geralmente escolhe algumas atividades das quais gosta mais (programas específicos na televisão, *videogame*, jogos no computador etc.) e é somente nessas atividades que realmente se envolve. No contato terapêutico, sentimo-las pouco interessadas pelo terapeuta ou pelo que estão fazendo ali.

Em resumo, na abordagem fenomenológica da criança agitada, deve-se em primeiro lugar distinguir aquilo que é reativo a determinado evento daquilo que é endogenamente determinado. Essa distinção inicial é fundamental para se definir uma primeira decisão diante do processo terapêutico: na vivência reativa, é fundamental a tentativa de exclusão ou minimização do fator externo, além de uma abordagem terapêutica que visará ao restabelecimento do sistema psíquico como um todo. Quando a agitação provém de uma condição endógena, é necessário primeiro determiná-la para então estabelecer a estratégia de tratamento a ser utilizada, buscando a remodelagem do psiquismo em uma nova configuração, posto conter agora certa estrutura que, "imposta" à mente, restringe certas formas de existir para aquela criança. Ou seja, uma criança hiperativa, por exemplo, não consegue ser calma.

A criança agressiva

Com relação aos aspectos psicopatológicos da agressividade infantil, deve-se atentar inicialmente para algumas questões fundamentais: em primeiro lugar, tem-se que, enquanto a finalidade da agitação encerra-se em si mesma, a agressividade é sempre dirigida a algo ou alguém. Analisar a agressividade da criança é, então, analisar suas relações com o mundo (interno ou externo), ou seja, seu contato vital com a realidade. Assim, é aqui muito mais complexo fazer-se a distinção entre a agressividade provinda de uma reação vivencial e outra endogenamente determinada, posto ser a agressividade o "produto" da interação entre esses dois aspectos: um evento, captado no contato da criança com o mundo (interno ou externo), e seus fatores constitucionais endógenos, facilitadores ou não das reações agressivas. Muitos autores tendem a denominar esses fatores "intrínsecos", que seriam os responsáveis pela determinação da modelagem final da ação do meio na personalidade.[6]

Por que uma criança agitada pode tornar-se também agressiva?

A agitação motora, em geral, é acompanhada de uma agitação psíquica. As crianças podem responder diferentemente a esse estado de agitação psíquica, produzindo sintomas como ansiedade, aceleração do pensamento, euforia ou irritabilidade. Basicamente, a manifestação sintomática externa dependerá de como aquele psiquismo absorve os fatores criadores da instabilidade. A maneira como ele os absorve está estritamente ligada aos seus constituintes endógenos e aos modelos de reações absorvidas durante sua vida. De qualquer maneira, todos esses estados implicam uma instabilidade daquele psiquismo, que procurará então se reorganizar, levando o indivíduo a manifestar os mais diferentes comportamentos. Entre eles, interessa aqui a agressividade.

Caso clínico

Pedro, 15 anos, é portador de paralisia cerebral e retardo mental moderado. Sua atividade principal é ir à escola. Adora a escola e fica feliz durante a semana toda; entretanto, nos finais de semana, fica aborrecido porque acaba ficando em casa. Toda iminência de chegada das férias escolares é vivida com intensa ansiedade antecipatória: passa a ficar agitado, dormir mal, perguntar a todo o momento por que terá férias, quando vão acabar etc. Esta ansiedade antecipatória faz com que Pedro passe a morder seu braço. Assim, em todas as férias escolares, seus pais tomam atitudes preventivas para que o filho não se machuque gravemente, colocando meias em seus braços e levando-o bastante para passear e se distrair.

No caso relatado, vê-se que um estado de ansiedade leva o paciente a um comportamento de autoagressividade. Com poucos recursos psíquicos, não consegue encontrar maneira mais adaptada e menos lesiva para lidar com seus sentimentos ansiosos.

Marcos, 12 anos, é trazido à consulta pelos pais, que dizem que ele sempre foi um garoto muito inteligente e extremamente responsável com a escola. Entretanto, neste ano (7º ano), não está dando conta das atividades escolares. Todos os dias reclama e chora, dizendo que tem muita lição, que não aguenta mais e que não dará conta; sempre acaba dando, mas as tardes passaram a ser um tormento para ele e sua mãe, que o auxilia com as lições. Marcos passou a demonstrar grande nervosismo e perda de controle; há um mês passou a ficar agressivo verbalmente com os pais, dizendo que eles são incompetentes para auxiliá-lo nas tarefas. Desde então, vem demonstrando piora importante destes comportamentos agressivos: passou a ser ríspido com os amigos na escola e a responder aos professores, e chegou até a tentar agredir fisicamente sua mãe. Ao entrar para a consulta e ouvir a primeira frase da terapeuta, "Quero saber o que está acontecendo para poder te ajudar", Marcos começa a gritar, dizendo à terapeuta que ela e todos os outros são iguais, são a mesma coisa: ficam com "conversa mole" para ganhar dinheiro, mas que ninguém poderá ajudá-lo; somente a escola, não passando mais lição de casa. Não permite qualquer abordagem, qualquer aproximação, atacando o tempo todo. Demonstra um forte sentimento de raiva. Após 10 minutos, sai da sala.

Nesse caso, vê-se uma heteroagressividade importante, porém sem foco específico. Embora refira que sua raiva provém da existência de lições de casa, facilmente percebe-se que esse fato não explica tudo, parecendo mais uma tentativa de Marcos de dar nome à raiva que sente. Ou seja, a oposição e o ataque são dirigidos a qualquer um que se coloque à sua frente. Pode-se supor haver intenso sofrimento psíquico nesse garoto, que faz com que todos sejam vistos como inimigos e incapazes de ajudá-lo. Essa agressividade nasce de um sentimento de raiva e se demonstra incontrolável e imprevisível.

A heteroagressividade também pode ter um foco específico, como uma criança que, por ciúme do irmão mais novo, sistematicamente bate nele; com outros familiares ou com outras crianças, demonstra comportamento dócil e normal. Aqui, o comportamento agressivo contra o irmão nasce de um sentimento de ciúme deflagrado pela existência, pelas atitudes do irmão mais novo ou pela relação entre ele e seus pais. De certa maneira, há também uma agressividade incontrolável e imprevisível, mas desencadeada por um tipo de sentimento específico e dirigido a um único foco: o irmão mais novo.

Algumas crianças agressivas, de outro modo, podem apresentar esses comportamentos em situações específicas, "escolhidas". Aqui, percebe-se um comportamento voluntarioso que nasce de um desejo de praticar a agressividade, mas que é controlado.

> Fernando, 11 anos, é trazido à consulta por seus pais. Eles referem que se assustam com as atitudes do filho. Fernando não é um garoto agitado nem opositor; sempre aceita as críticas dos pais e concorda com eles, quando supostamente faz algo errado. Entretanto, não demonstra aprendizagem com seus erros, mesmo sendo colocado de castigo e privado das coisas de que mais gosta. De 1 ano para cá, os pais passaram a dar falta eventual de dinheiro em suas carteiras. O filho sempre negou, até ser visto "em flagrante", pegando dinheiro da carteira da mãe. No último final de semana, os pais foram ao supermercado, deixando Fernando e seu irmão mais novo, de 7 anos, sozinhos em casa. No meio do caminho, a mãe se deu conta de ter esquecido a carteira e eles voltaram para casa. Ao chegarem, entraram ser fazer barulho, para observar o que os filhos estavam fazendo. Viram então Fernando afogando o irmão menor na piscina. Se não gritassem, acham que o menor teria morrido.

Este é um exemplo de agressividade articulada, possivelmente, às questões de formação de caráter e aquisição de valores. Vários autores estudam de que maneira se dá a constituição da moralidade na criança.[7-9]

Conforme afirma Marmorato[7], é "na afetividade-contato e nesta, através da empatia, que estados de consciência forjariam formas iniciais de moralidade". Assim, é compreensível que crianças que recebem violência contínua ao longo de seu desenvolvimento devolvam violência, pois sua moralidade, ou seja, sua noção do que é certo ou errado, está se formando por meio da identificação empática com seu agressor. Entretanto, por que certas crianças, também vítimas de violência, não se tornam agressivas ou, ainda, por que certas crianças que não sofreram nenhum tipo de violência são agressivas? Nos casos citados, por exemplo, nenhuma das crianças era vítima de violência e, no entanto, elas apresentavam comportamentos agressivos e violentos.

Voltando à questão dos "fatores intrínsecos", pode-se supor que representariam as manifestações agressivas impelidas pelas forças endógenas que, aliadas à educação que se recebe e à história de vida de cada um, influenciariam importantemente o modo de atuação de cada um no mundo e a maneira de pensá-lo e de dar relevância aos seus objetos. O recorte singular que cada um faz do mundo que o rodeia passa, necessariamente, pelo crivo das estruturas endógenas.

Grünspun[6], em seu tratado, postula que haveria uma escala evolutiva de atos antissociais praticados por crianças e adolescentes e que envolveriam diferentes psicopatologias. Nessa evolução dos atos antissociais, a criança passaria de comportamentos menos graves, como desobediência, mentiras e pequenos furtos, até atos mais graves, como fuga e destruição, evoluindo para atos delinquenciais, como abuso de drogas, crueldade e violência.

Correlacionando o ato antissocial à psicopatologia, Grünspun[6] ressalta que uma criança que rouba uma borracha colorida de um amiguinho porque gostaria de tê-la é bastante diferente de outra que pega dinheiro da carteira dos pais com a finalidade de lucro imediato. Na primeira, vê-se certa falta de consequência no ato, permeado pelo pensamento mágico: "Quero. Então pego e passa a ser meu". Já no segundo exemplo, há uma intenção deliberada de conseguir algo sem o consentimento dos pais. No primeiro caso, a criança pode não ter clareza do ato de furto, mas com certeza a tem no segundo.

Assim, a agressividade infantil é um sintoma que, associado ou não à agitação, pode apresentar inúmeras facetas. Foram citados aqui apenas alguns de seus modos de manifestação. As mais diversas situações do curso da vida podem agir nas diferentes constituições psíquicas, produzindo inúmeros subtipos fenomênicos. Os fatores endógenos modelam a apresentação dessas manifestações, que, na maioria das vezes, são apreendidas da interação da criança com o mundo, seja este interno ou externo. Aspectos como direcionamento (foco), controle e previsibilidade são fundamentais para análise dessa agressividade, bem como a formação da moralidade infantil. Também a análise do ato antissocial pode ser útil para a definição de diferentes perfis psicopatológicos.

De qualquer modo, toda essa discussão tem a função de exemplificar possibilidades terapêuticas direcionadas pelos subtipos fenomênicos que passarão a ser discutidos.

Abordagem terapêutica

Crianças agitadas e agressivas representam sempre um desafio para os profissionais que atuam com essa população, sejam da área de saúde ou da área pedagógica. Em geral, a necessidade de atendimento é multidisciplinar e a correta orientação aos pais é fundamental. Muitos pais não entendem o comportamento de seus filhos e atribuem a eles altas doses de voluntariedade. Assim, essas crianças são interpretadas erroneamente já em casa, o que faz com que o quadro se agrave cada vez mais, posto que seu desenvolvimento compreende também a estruturação de sua personalidade, que, então, absorverá todos esses olhares, devolvendo a eles o que buscavam enxergar.

Seguindo a sequência proposta anteriormente, inicia-se a discussão da terapêutica com os quadros de agitação reativos a determinado evento. Como propõe Jaspers, esses quadros apresentariam três características fundamentais, já vistas no início deste capítulo.[2]

No exemplo citado, uma criança passa a ficar agitada após afastamento ou perda de um dos pais. Segundo o primeiro critério apresentado por Jaspers – o estado reativo não surgiria sem a vivência motivadora –, deve-se pensar que a agitação não seria algo esperado na vida dessa criança, ocorrendo apenas pela presença do evento desencadeante; não estava "programado" em sua natureza tal desfecho e não fazia parte de suas características até então. Pelo segundo critério, o tema do estado encontra-se em uma relação compreensível com o fator desencadeante; assim, quando um ente querido morre, é compreensível que seus parentes e amigos desenvolvam uma reação congruente ao tema morte – sintomas depressivos, por exemplo. Mas como compreender que uma criança desenvolva uma reação à morte ficando agitada? Por fim, na última característica citada pelo autor, tem-se que, nos quadros reativos, estabelece-se uma relação temporal entre evento e reação. Essa relação temporal é responsável pelo início do quadro e também por seu fim: a reação cessa quando o evento cessa. Entretanto, no caso da morte de um genitor, não é possível a cessação do evento. Como então "cessar" o quadro?

De maneira geral, a primeira e mais importante medida a ser tomada nas situações reativas é, de fato, a cessação ou minimização da vivência motivadora. Essa medida poderá reverter completamente ou, pelo menos, minimizar o desequilíbrio psíquico-emocional desencadeado, diminuindo as chances de evolução para um adoecimento clínico. No exemplo citado, como entender e abordar uma criança que, não contendo previamente em sua natureza uma tendência à agitação, passe a apresentá-la como uma reação estreitamente ligada à morte de um de seus genitores, fato que não poderá ser sequer minimizado?

Sabe-se que a reação perde força à medida que se afasta temporalmente do evento desencadeante. Assim, espera-se que, com o tempo, a agitação dessa criança diminua. O tempo é uma ferramenta fundamental na fenomenologia, que o diferencia entre tempo vivido e tempo vivenciado. O tempo vivenciado é aquele que acessamos a todo momento, que organiza nosso dia a dia e nossas atividades; é a nossa sensação de passagem do tempo. O tempo vivido é aquele que estrutura nossa consciência, que lhe dá fluxo e conexão entre passado, presente e futuro. Quando se diz que a agitação da criança diminuirá com o passar do tempo, diz-se que ela deverá vivenciar essa passagem do tempo. O que se deve então fazer além de esperar o tempo passar?

O terapeuta tem aqui uma função importantíssima: ajudar a criança a reorganizar seu tempo. Uma reação vivencial é sempre algo que desestrutura o equilíbrio previamente existente. Assim, alguém que proporcione uma organização externa estará auxiliando na reconstrução da organização interna.

Embora uma reação vivencial não costume alterar a estrutura do tempo vivido, é fundamental que o terapeuta avalie isso, pois reações vivenciais podem "travar" a pessoa no passado ou no presente, impedindo sua consciência de avançar em direção ao futuro. Este seria um indício de evolução para um possível adoecimento clínico, que demandaria maiores cuidados.

Portanto, de maneira prática, a psicoterapia de base fenomenológica terá como focos, para esse caso, a reorganização do tempo vivenciado e o acompanhamento do tempo vivido. Para isso, pode-se propor à criança que juntos montem uma agenda, repassem as atividades feitas na semana e as que serão feitas na próxima; pode-se também ajudá-la a pensar suas relações de amizade e quais as diferenças afetivas entre elas; enfim, atividades que a auxiliem na reorganização de suas atividades, de seus pensamentos e de seus afetos. Quanto ao acompanhamento do tempo vivido, o terapeuta deverá ajudar a criança a articular os "tempos" em sua consciência: ajudá-la a pensar no passado como lembrança (e não ficar vivenciando-o no presente) e no futuro como possibilidade construtiva.

Outros casos de agitação discutidos neste capítulo se referem aos quadros endógenos. Foram citados como exemplos os quadros de transtorno do déficit de atenção e hiperatividade, os transtornos de ansiedade e crianças com alterações de humor que fazem pensar em um diagnóstico de transtorno afetivo bipolar. A condução terapêutica desses casos é mais complexa e, muitas vezes, demanda associação com a abordagem medicamentosa.

De qualquer modo, tanto intervenções químicas quanto terapêuticas tentarão "suavizar" a distorção das estruturas mentais acometidas. O endógeno se apresentará sempre com toda a força do biológico e, como tal, lutará para se manifestar. Assim como a cor dos olhos de certo indivíduo já está determinada a priori, também certos traços de seu funcionamento psíquico já estão dados e surgirão cada vez mais claros ao longo do seu desenvolvimento. Assim, por exemplo, uma criança hiperativa com déficit de atenção apresenta distorções na capacidade de foco e de eleição das suas prioridades no mundo, já que grande parte dos objetos é experimentada por ela sem muita discriminação afetiva. Além disso, a criança hiperativa também apresenta desinibição nos centros responsáveis pela inibição psicomotora e comprometimento das capacidades de planejamento, organização e manipulação mental de dados. No trabalho com essa criança, o terapeuta deve conhecer suas limitações e trabalhar no sentido de ampliar suas possibilidades. Assim, auxiliar a criança a discriminar suas preferências entre amigos, comida, cores etc., ajudá-la a perceber sua impulsividade e como tentar controlá-la, auxiliá-la com questões de planejamento e montagem de estratégias para alcançar seus objetivos são alguns exemplos de técnicas utilizadas nesses casos.

Com respeito à abordagem de crianças agressivas, a primeira coisa da qual o terapeuta deve se assegurar é que a própria criança ou aqueles que convivem com ela estejam em segurança, ou seja, atentar para a preservação da integridade física dela e de outros.

Nos exemplos do capítulo, tem-se um caso de autoagressividade em Pedro, um garoto com paralisia cerebral e retardo mental importante. Sua incapacidade de compreender o que se passa ao redor e seus rudimentares mecanismos psíquicos fazem dele alguém frágil para lidar, por exemplo, com frustrações. Assim, quando tomado de determinada emoção intolerável, passa a se autoagredir, trazendo para o corpo a dor que não pode ser vivida psiquicamente. Nos casos de autoagressividade em pacientes muito comprometidos, a contenção e a proteção deverão ser, na maioria das vezes, externas. Para casos de autoagressividade em pacientes não comprometidos do ponto de vista intelectivo e cognitivo, a terapêutica deve ser encaminhada no sentido de ampliar a tolerância que a mente tem para o sofrimento emocional.

Nos casos de heteroagressividade incontrolável, medicações que promovam certa contenção comportamental poderão ser úteis no início da abordagem, possibilitando que a criança participe efetivamente da terapia. A agressividade pode ser entendida como um mecanismo de proteção, no sentido de esvaziar a enorme pressão interna e manter o mais íntegro possível o sistema psíquico como um todo. Ao se opor e desestabilizar o mundo externo, a criança está tentando, na verdade, estabilizar o mundo interno. É necessário, portanto, que o terapeuta tenha certa tolerância com esses "ataques", auxiliando a criança a se organizar internamente. Ter tolerância não significa ser vítima de violência, mas ter uma postura de entendimento do sofrimento emocional representado por ela.

Nos casos de heteroagressividade controlada e dirigida a determinado foco, outras estratégias deverão ser utilizadas. Aqui se observam, em geral, uma intencionalidade e uma premeditação do ato agressivo, como no exemplo citado do garoto Fernando. Questões relacionadas à estruturação da personalidade deverão ser investigadas e, a formação da moralidade, estimulada e trabalhada. Aqui, a questão do limite deverá ser colocada de maneira mais firme e clara, para que essas crianças entendam o quão invasivas são suas condutas.

A inclusão da família no tratamento de crianças é sempre importante e necessária para uma abordagem mais completa. Também a aproximação com a escola poderá fornecer elementos bastante ricos sobre outros aspectos do funcionamento daquela criança que não são acessados na sala de terapia ou mesmo pelos pais. Por ser ainda um ser em desenvolvimento, a criança não tem integradas todas as suas possibilidades de existir. Será nos diferentes ambientes que ela manifestará suas diversas facetas. Cabe ao terapeuta coletar essas "formas de ser" e "montá-las", como em um quebra-cabeça, para que seu entendimento possa se aproximar ao máximo da complexidade do todo de um universo infantil.

Considerações finais

A abordagem fenomenológica da criança agitada propõe a compreensão desse sinal em uma interação complexa entre fenômenos internos e eventos externos. Assim, ela poderá decorrer de um acontecimento na vida daquela criança (reativa) ou da manifestação de fatores endógenos determinantes de tal comportamento. Já a agressividade pode estar ou não associada à agitação. Pode decorrer de uma incontinência emocional da criança, levando-a a manifestar comportamentos auto ou heteroagressivos (com ou sem foco definido), ou ser fruto de alterações na formação da personalidade, apresentando-se como comportamento articulado e premeditado. A implicação da família no tratamento de crianças é sempre necessária para uma boa evolução do quadro, bem como a análise de todas as suas formas de existir, nos mais variados ambientes. A junção de todas essas "peças" proporcionará uma visão mais complexa do universo infantil, necessária para o sucesso terapêutico.

Referências bibliográficas

1. Schneider K. Psicopatologia clínica. 3. ed. São Paulo: Mestre Jou; 1978. Reações vivenciais anormais.
2. Jaspers K. Psicopatologia geral. São Paulo: Atheneu; 1987.
3. Tellenbach H. La melancolía. Visión histórica del problema: endogenidad, tipología, patogenia y clínica. Madrid: Ediciones Morata; 1975.
4. Mondoni SM. A análise fenomenológica das alterações comportamentais da criança: relato de caso de uma criança hipomaníaca. In: Messas GP. As formas da alteração mental – estudos psicopatológicos. São Paulo: Casa do Psicólogo; 2007.
5. Ceron-Litvoc D. Patologia do humor na infância. In: Messas GP. Psicopatologia fenomenológica contemporânea. São Paulo: Roca; 2008.
6. Grünspun H. Distúrbios psiquiátricos da criança. 3. ed. São Paulo: Atheneu; 2000. A criança delinquente.
7. Marmorato PG. Jovens antissociais: questões psicopatológicas sobre a estruturação moral. In: Messas GP. Psicopatologia fenomenológica contemporânea. São Paulo: Roca; 2008.
8. Giorgi A. An exploratory phenomenological psychological approach to the experience of the moral sense. J Phenomenol Psychol. 1992;23(1):50-86.
9. Vinha TP. O educador e a moralidade infantil: uma visão construtivista. Campinas: Mercado das Letras, São Paulo: Fapesp; 2000.

22 Envelhecimento e Fenomenologia

Cristiane Stravino Messas e Natalie Deyna Suplicy Vieira

Introdução

Examinar a velhice sob o enfoque da psicopatologia fenômeno-estrutural pode se traduzir em tomar os vários aspectos que contemplam o tema e extrair deles as essências constituintes da estrutura mental existente nessa fase da vida. É olhar diversos elementos fragmentados a partir de um mesmo prisma.

A temática que cerca as preocupações e as indagações sobre o envelhecimento em nossa cultura na atualidade engloba a saúde física, mental e social, considerando cada uma dessas esferas separadamente, com especificidades próprias e com o intuito geral de prolongar ao máximo o estado do ser humano não velho ou pré-velho. Basta notar o apelo e o desejo pela manutenção da aparência jovem nos modelos estéticos que se apresentam. O corpo é velho, mas não se deixa aparentar como tal: a postura é ereta e os movimentos são ágeis e precisos. Não é diferente na esfera mental: vende-se um idoso ativo, dinâmico e com um tipo de expressividade de alegria que destoa de sua natureza. As imagens de mídia deixam o incômodo da superficialidade, fazendo parecer que os idosos oferecidos como ideais de consumo sejam seres pré-fabricados: almas jovens, com toda a energia que lhes é própria, em um corpo lamentavelmente envelhecido. Na esfera social, vê-se o mesmo padrão: as relações pessoais são abundantes e a fase da vida apresentada como aposentadoria vem impregnada de valores de prazeres típicos da juventude (viagens pela natureza, esportes etc.). Tudo, sempre, com muito prazer e desfrute. O conceito de velhice no senso comum, aqui apresentado como idealização, prefere a terminologia "terceira idade" ou "melhor idade", que afasta a ideia de envelhecer.

Contudo, não se trata aqui de desenvolver um elogio à velhice, tampouco de se travar um combate às atitudes que promovem a chamada "qualidade de vida". Trata-se de examinar quem é o velho a quem estamos nos referindo. Temos acesso a inúmeras pesquisas acadêmicas que dão conta de aspectos específicos dos vários campos do conhecimento a respeito do idoso. Podemos nos informar sobre as características das perdas ósseas e de massa muscular que acometem os idosos, bem como sobre os aspectos neurofisiológicos envolvidos, por exemplo, na memória e na linguagem. Esse conhecimento permite que intervenhamos no processo do envelhecimento, proporcionando melhor saúde (no modo mais abrangente que o termo pode conter). Porém, apesar do avanço incontestável desse conhecimento e, por conseguinte, da atuação na área clínica direcionada aos idosos nos últimos anos, temos de admitir que a construção desse bem-vindo conhecimento ocorre de maneira absolutamente fragmentada. Tal modelo de fazer ciência não passa incólume. Uma das maiores consequências da fragmentação talvez resida nela mesma: a impossibilidade de se examinar o envelhecimento por inteiro. E a maior vantagem da visão do todo é a possibilidade de, por meio dela, direcionar, relevar e ponderar nossas atitudes, ou seja, agir conscientemente. A visão de totalidade alavanca, inclusive, a aplicabilidade dos conhecimentos específicos e fragmentados. Optar com embasamento pelo momento de se usufruir de uma técnica avançada da medicina (um novo medicamento para a memória, por exemplo) ou escolher aquela mais pertinente para o momento (utilizar somente a medicação e/ou a terapia) são exemplos de como a visão de totalidade pode contribuir para a clínica do idoso. Encontra-se aí a aproximação do pensamento fenômeno-estrutural na psicologia e na psicopatologia do envelhecimento.

Para aproximarmo-nos do prisma das essências fenômeno-estruturais, serão consideradas, principalmente, duas das estruturas fundadoras da mente: a temporal e a espacial, subordinadas aos elementos da consciência.[1] Acompanhando o trabalho de Eugène Minkowski, serão vistas as peculiaridades com que o tempo e o espaço vivenciais se apresentam e se desdobram nas várias dimensões da vida do ser humano na velhice.[2]

Veremos de que modo a psicopatologia da velhice se desprende da velhice normal a partir do exame do estado demencial do idoso. A diferenciação das estruturas mentais envolvidas na velhice normal e na demencial poderá contribuir para fundamentar a construção de intervenções clínicas e vivenciais específicas às duas situações distintas.

Por fim, a reflexão a respeito da velhice deixa questões ainda não esclarecidas sobre o desenvolvimento das estruturas mentais. Pensar em linearidade ou evolução da estrutura mental em suas bases fundantes é um desafio que este texto não pretende encerrar, mas incitar.

Envelhecimento normal

O termo "envelhecimento" traz o conceito relativo a processo, continuidade. O ser humano envelhece. Sabe-se que, ao considerar os estados processuais, lida-se com transformação, sendo esta, no caso deste tema, o foco de interesse. Há a passagem de uma forma a outra. O estado antigo deixa gradualmente de existir e dá lugar a outro, novo. Essa ideia de haver algo de novo acontecendo, que é o próprio processo de envelhecimento, deixa um rastro paradoxal na ideia de envelhecer. Quando nos remetemos ao novo, os traços de significado que nos invadem são relativos à renovação, à transformação que torna novo. No envelhecimento, o que se torna novo é a transformação constituinte da própria velhice. O paradoxo revela-se quando depara-se com o conceito de velhice, o qual é intimamente relacionado a perdas. Não é possível relacionar algo novo quando se pensa em perda. Perder é subtrair de um todo e a referência é esse todo anterior. A remissão a envelhecer é referenciada ao estado anterior, mais jovem. O que está em jogo é um processo de subtração, privação. O que há de novo, então, no envelhecimento? Deve-se indagar se o fenômeno que se apresenta como ser humano velho é um estado inédito ou apenas o mesmo estado anterior submetido a privações. Acredita-se que o exame do fenômeno da velhice a partir da análise da estrutura mental poderá auxiliar na constituição de uma opinião sobre o tema. Como estratégia para construção destes pensamentos, será tomada a velhice bem estabelecida como fonte de análise. Tratar-se-á do protótipo do velho, acreditando que o uso de casos típicos facilite a apreensão dos conceitos.

No estudo a respeito da "psicologia da velhice", Minkowski partiu da valiosa descrição sobre a psicologia da velhice do estudioso P. Courbon para tecer suas reflexões.[2] Nesta apresentação, não se poderia deixar de relatar as iluminadoras proposições desse pensador, que será o suprassumo desta contribuição. Serão acrescentadas ainda ideias de outros pensadores fenomenológicos a respeito do tema.

Courbon (*apud* Minkowski[2]) anuncia a diferenciação entre a velhice normal e a velhice demencial. Parte, desde o início, da tomada de posição da perda, referindo-se às características das faculdades mentais dos idosos como debilitação não demencial, e diferenciando-as da demência senil propriamente dita. Considera que a velhice consiste em uma

> restrição da afetividade, da atividade intelectual, da memória, e a mentalidade da velhice está constituída, afinal de contas, pelo desapego completo dos seres e das coisas, pelo esquecimento instantâneo do passado na medida em que este vai se formando e pelo desinteresse pelo futuro.[2]

A exposição do caso de uma senhora de 80 anos pelo autor facilitará a compreensão desses traços descritivos da velhice (tradução nossa):[2]

> A mentalidade desta velha senhora está constituída pela mescla paradoxal de uma formidável perda de memória e de uma desconcertante conservação do juízo (o qual exclui sua debilidade psíquica do caráter demencial). Ignora sua idade, a data atual, a de seu nascimento, o nome de sua residência, o tempo que está lá. Não só esquece o nome das pessoas que a rodeiam, mas também não as reconhece de um momento para outro. Ignora se sua irmã e sua sobrinha vivem. Não encontra seus objetos, sem saber onde os colocou. E, no entanto, sua conduta está muito adaptada às circunstâncias momentâneas em que vive. Sua conversação tem um delicioso gracejo, cheia de réplicas e acertos. Consciente das perturbações de sua memória, jamais profere absurdos.

Pode-se perceber nesse relato o contraste das perdas específicas, como a falta de conhecimento autobiográfico (p. ex., a sua idade), conhecimento de fatos ocorridos (se vivem sua irmã e sua sobrinha), manutenção de informações recentes (onde guardou seus objetos) e reconhecimento (de pessoas conhecidas), com a conservada habilidade de adaptação às regras de funcionamento social, nomeada por Courbon (*apud* Minkowski[2]) como a manutenção do juízo. O autor descreve as corretas atitudes de cobrir a cabeça na capela e o modo conveniente como ela se comporta na sala e no refeitório.

Muitos desses aspectos também aparecem no estudo de Vieira quando, ao apresentar uma idosa de 93 anos, destaca a adaptabilidade às situações rotineiras em contraste com o conhecimento de mundo, informações recentes e orientação temporal. "Todos os dias pergunta sobre novidades. Diz que não pode sair e por isso desatualiza-se. Embora assista todos os dias à televisão e ao jornal (notícias), não apreende dados novos."[3]

Na colocação dos dois autores apresentados, encontra-se a soberania das generalidades sobre as particularidades. Courbon (*apud* Minkowski[2]) explica: "Pode-se dizer que vive no geral, porque não identifica numa situação dada mais do que as características que a aproximam a situações análogas. Assim, reconhece a categoria social e física das pessoas, mas não os indivíduos particulares". A adaptabilidade às rotinas referidas pelos autores parece relacionar-se à maneira de apreensão do mundo pela generalidade. Viver a partir do geral traz desvantagens se nos colocamos em uma realidade diferente a cada momento, situação na qual precisamos identificar, comparar e diferenciar para, a partir daí, nos adaptarmos. A rotina isenta os idosos de realizar processos específicos de apreensão do mundo, que lhes são dificultados. O conhecimento dado pelo hábito é que prevalece. É como se o idoso tivesse repertório para operar em um mundo já conhecido, já constituído pelo seu hábito. Para sair desse padrão, seria necessário que pudesse apreender o novo ambiente, lançando mão de instrumentos que lhe são débeis.

Mas como essa vivência habitual e dada pela generalidade é sentida por eles? Continuemos com a descrição da anciã de Courbon: "Seu humor raramente se altera pelos pequenos incidentes da vida diária [...] Habitualmente está serena".[2] Se pensarmos que a apreensão do mundo é feita pela generalidade e, portanto, que os detalhamentos novos da realidade não são sequer levados em conta, o mundo vivido pelo idoso evidencia-se sem turbulências, o que contribuiria para esse estado de serenidade. O que é apreendido nutre o que é já conhecido e habitual, encorpando o lastro da vivência presente.

Em relação a esse modo de apreender o mundo, Otto Dörr Zegers[4], em sua elaboração sobre a espacialidade e a temporalidade vividas no idoso, relata ideia similar. Evidencia que o idoso tem a capacidade de captar o essencial das situações, embora, paradoxalmente, atue seletivamente, no intuito de concretizar pequenos detalhes significativos de sua biografia. Para o autor, os idosos manejam o mundo tanto com o que é essencial quanto com esse tipo seleto do que é acessório. A serenidade colocada anteriormente pode ser compreendida, como coloca Dörr Zegers, pelo tipo de espacialidade vivida pelo idoso. O próprio distanciamento em que se coloca, como se vivesse observando um cenário, a favorece. Além desse distanciamento, tendendo para a transcendência, como coloca o autor, o espaço é também restrito, pequeno. Esse aspecto pode ser evidenciado ao se observar a imobilidade do idoso. Os movimentos são poucos, faz-se uma ação de cada vez, e também são amenos, tendendo à rigidez. Novamente, um contraste examinado pelo autor: a expansão do distanciamento do espaço vivido e, no entanto, a vivência de um espaço extremamente limitado. A quietude corporal favorece o viver restrito ao presente, já que a ausência de intencionalidade em relação ao futuro dispensaria, de acordo com o autor, toda a movimentação e os excessos motores do jovem. Além disso, o passado não tem o mote de impulsioná-lo ao futuro.[4]

O passado não é aquele que acabou de ocorrer e que influenciará o presente. O passado trazido pelo idoso é longínquo, não interfere no presente como consequência e continuidade. "As evocações do passado não tardam em revestir-se de uma forma de atualidade", ou seja, constituem mais uma forma do presente.[2] Sobre essa presentificação, Vieira ilustra: "(A senhora A.) não se conforma de não se tratar mais alcoolismo com remédio para vermes; segundo A., 'papai tratou muita gente assim'". Ou ainda: "Não usa vermelho, embora goste muito da cor, pois sua mãe dizia não combinar com seu tom de pele".[3]

Courbon (*apud* Minkowski[2]) ainda ressalta que o presente vivido do idoso não traz antecipações do futuro e as atitudes habituais do presente não o contemplam.

Tem-se em mãos o quadro apresentado sobre as características da mentalidade dos idosos: vivem das generalidades, serenamente, desapegados de seres e coisas, em um presente isolado do passado e descomprometido com o futuro.

Diante dessas características, Minkowski[2] extrapola e esclarece, fazendo uma leitura da essência da estrutura mental de tempo. A presentificação de que fala o autor é especialmente relacionada à especificidade da mente do idoso. Não se trata da presentificação puntiforme, como é vista nos maníacos, na qual o aqui-agora é vivido intensamente. O presente é isolado e, ao mesmo tempo, estendido.

> [...] esta extensão não está determinada pela organização contínua de acontecimentos ou de estados de consciência, mas unicamente por situações exteriores que são captadas, não por fragmentos, mas em seu conjunto e às quais o sujeito se adapta com ajuda de lugares comuns ou de generalidades das quais ainda dispõe.[2]

A característica estendida do presente vivido do ancião é, então, construída pelo modo típico de recortar a realidade: os elementos se constituem da generalidade e do hábito. É ao largo desse tipo de experiência que se dá o presente.

O autor evidencia que a maior dificuldade apresentada pela idosa descrita por Courbon é relativa à memória. Porém, lembra que essa debilidade não abarca o comportamento em seu conjunto. Ele desenvolve a ideia de que a mente opera de maneira tal que o funcionamento da memória não cabe, colocando a questão do seguinte modo:[2]

> deixando de lado as concepções correntes, até nos veríamos levados a perguntar-nos se não seria mais legítimo dizer que não se serve da memória porque não tem nada o que fazer com ela, a qual, no fundo, a molesta, mais que outra coisa.

O próprio desligamento dos seres e das coisas é examinado sob a óptica da estrutura. Não se trata do desligamento que conhecemos, no qual podemos nos abster das coisas e nos transportar para outras esferas, ou mesmo quando soltamos a imaginação. O desligamento vivido pela idosa diz respeito ao desvanecimento de tudo que indica vida ao seu redor. Minkowski[2] completa esse pensamento examinando o que ocorre no ato de não reconhecer as pessoas:

> Reconhecer alguém não é, como ordinariamente nos ensinam, um simples ato de memória, mas, no fundo, reconstruir, ainda que não seja mais que virtualmente, todo o período da história, é fazer viver ante nossos olhos a imagem virtual de toda uma vida, de uma vida que, ao mesmo tempo que é nossa, se desenvolveu no passado e, como ela, se prolonga no futuro.

O autor revela que não há possibilidade de haver reconhecimento se o fluxo da vida não opera. A debilidade do não reconhecer é atribuída a esse modo de agir da mente, não à perda de traços mnemônicos. Segue, então, fazendo uma comparação entre os tipos de memória. Indaga sobre a dificuldade de fixar elementos do passado recente em contraste com a permanência dos eventos antigos.

> A memória de fixação que nos impõe o pesado dever de continuidade da vida em seu avanço ao futuro não tem que intervir ali onde este avanço parece ter chegado aos seus últimos limites, enquanto as recordações antigas podem ainda intervir, não porque estão melhor fixadas que as recordações recentes, mas porque, em razão de seu próprio distanciamento, estão como desligadas do presente e o permitem, por assim dizer, flutuar, abandonando a si mesmo, sem perturbá-lo. Somente a este preço parece poder-se adquirir a serenidade contínua da vida.[2]

Cabe dizer, nesse modo de conceber a mente, se certas operações cognitivas são pertinentes ou não a ela naquele momento da vida. É a forma mental que orquestra os vários aspectos da funcionalidade psíquica, que é tida como integrada e submetida a ela.

Envelhecimento patológico

A demência senil, também chamada de envelhecimento patológico ou senilidade, carrega consigo, acrescidas às perdas do envelhecimento normal, acentuadas perdas em temporalidade, espacialidade e consciência, a ponto de fazer com que o indivíduo perca a capacidade de ser e de fazer história.

Para Minkowski, a demência traz uma desorientação mais acentuada no tempo e no espaço, aliada às grandes perturbações da memória e à perturbação do juízo.[2] O juízo, que no idoso senil é preservado, no demenciado é alterado e acarreta uma série de dificuldades de lidar com o mundo e consigo.

Na demência, acentuam-se as perdas decorrentes do envelhecimento. O alentecimento comum no idoso vai se transformando em paralisação do devir temporal, a contemporaneidade de elementos essenciais e triviais se transforma em presentificação e o presente enriquecido se dilui a um vazio sem conexão alguma com o passado e o futuro. Para Dörr Zegers, a temporalidade tende à presentificação, ao imediato, sem projeção futura e sem ligação passada.[5] Minkowski[2] acrescenta que a noção do aqui-agora se mantém intacta na temporalidade do demente, e é por intermédio dela que é feita a manutenção no tempo. Ele ressalta, porém, como Dörr Zegers, que esse tempo não tem ligação com a história:[2,5]

Inventam sempre de certa forma, inventam unicamente no tempo e traduzem, assim, a existência de um fator particular, capaz de evocar e de manter a noção do passado e do tempo em geral, completamente independente da memória, no sentido ordinário da palavra.

Para exemplificar, trechos de um relato de caso de uma senhora de 74 anos, moradora há poucos dias de uma instituição, trazida por seus familiares após ter abandonado o apartamento em que viveu por muitos anos, segundo relato de Minkowski[2], em entrevista:

Pergunta: Há quanto tempo deixou seu apartamento?
Resposta: Há dois anos.
Pergunta: Quanto tempo faz que você está aqui?
Resposta: Há dezoito meses ou dois anos.
Pergunta: Onde você está?
Resposta: Onde habito agora.
Pergunta: Quem sou eu?
Resposta: Não me recordo seu nome.
Pergunta: Você me conhece?
Resposta: Há muito tempo te conheço.
Pergunta: De onde?
Resposta: Daqui e de outras partes. Vamos, não estou louca, tenho toda a minha memória.
Pergunta: De quem é esta casa?
Resposta: Aqui, não sei. Creio que é dos meus filhos.
Pergunta: Desde quando está aqui?
Resposta: Há dois meses.

Como apontado nos exemplos, a demência traz uma perturbação profunda na temporalidade a ponto de, em uma conversa, a mesma pergunta ser respondida diversas vezes considerando períodos diferentes, com prejuízo também da espacialidade. O idoso é incapaz de saber onde está. Acredita, a cada instante, estar em um lugar diferente.

Segundo Dörr Zegers[5], no que se refere à espacialidade, a tendência ao distanciamento do idoso se transforma em indiferença; a redução da mobilidade, em imobilidade; e a coexistência entre o que é essencial e o que é acessório, em mera ocupação sem fundamento. O demente restringe cada vez mais seu espaço e seu tempo, a ponto de estar no mundo e vivenciá-lo como realidade corporal.

Falta, na demência, a visão de conjunto. Há um transtorno na orientação superior quando comparada aos procedimentos cotidianos de uma vida normal e do próprio idoso senil. Para Fuchs[6], a demência deve ser descrita como um "transtorno da objetivação, a ponto de configurar-se uma perda da posição excêntrica".

O demenciado seria capaz, então, de manter uma "boa fachada" nas situações que não exigissem dele a orientação reflexiva, relacionada ao tempo ou ao espaço, uma vez que lhe falta o conhecimento de suas condições gerais. Essa "boa fachada" é garantida pela ligação com coisas, lugares, rostos e caminhos familiares, que o corpo estabelece pelos hábitos e por sua memória implícita ou procedural.

O demenciado precisa, então, manter a espacialidade para conservar, dentro do possível, seu psiquismo. De acordo com Fuchs[6], a mudança do idoso de local deflagra, muitas vezes, uma súbita descompensação, pois a nova e não mais familiar situação não pode ser vivida pela disposição corporal. Como não há, no idoso demenciado, a possibilidade de reflexão na orientação, a mudança de ambiente resulta na total perda de referência, causando um grande transtorno.

O corpo passa a ser peça fundamental no idoso demenciado. É por intermédio dele que o demente se mantém no espaço e também por ele que o aqui-agora é vivenciado. As situações pretéritas que, no idoso senil, são trazidas pela lembrança como de presentificação, no idoso demenciado não mais se apresentam como lembrança, e sim como realidade corporal. Não há neles a consciência de lembrar, como nos senis; não há a possibilidade de dirigir-se intencionalmente ao conteúdo da memória. A representação torna-se uma vivência imediata.

Tal exemplo pode ser observado, em Vieira[3], nos trechos de respostas de uma senhora de 89 anos, moradora de uma instituição há dez anos, quando feita a pergunta diária: "Como vai?".

"É o primeiro dia que eu estou aqui."
"Meu pai me trouxe aqui para estudar e não ficar idiota como ele."
"Eu sou muito maltratada aqui, não por você, mas pelas outras pessoas."
"O que você está fazendo aqui no meio desse mato todo? É perigoso! Muito perigoso! Tem um monte de gente tentando me matar e eles estão nesse mato. Você avisa a irmã? E toma cuidado. Eu não sei por que eles querem me matar, eu fui muito bondosa e nunca fiz mal a ninguém, e um monte de gente tentando me matar..."
"Eu quero sair deste pensionato..."
"Sabe, meu pai veio hoje me visitar. Ele falou que vai me levar pra casa."
"Tô preocupada porque ele [irmão] não sabe que eu tô aqui..."

O demente perde a capacidade de saber o que sabe e o que não sabe, é escravo de um mundo enquanto estímulo. Zutt (*apud* Fuchs[6]) pensa que a capacidade de reflexão sobre si mesmo, que para ele constitui a função mais elevada e mais própria da inteligência humana, é perdida na demência e, com isso, a vida se torna um pleno vazio.

Seguindo esse raciocínio, quando não há mais a possibilidade de reflexão, apontada também por Minkowski como juízo, não há mais a capacidade para a memória.[2] Para Brinck (*apud* Fuchs[6]), como a memória depende da função de atualização, fundamental para a constituição do eu, sem atualização, a memória desaparece e perde-se a capacidade de abarcar a situação como totalidade. As emoções perdem seu nexo essencial com o ato inteligente para reduzir-se a expressões fragmentadas e desproporcionais. Fuchs[6] ressalta, então, que o demente não tem mais a função mnemônica, que possibilitaria uma relação regressiva do sujeito com sua história de vida.

Em virtude desse grave transtorno de orientação superior, o idoso demenciado, sem memória e sem juízo, passa a ter um tempo voltado para o aqui-agora, desconectado de história; um espaço desordenado no qual configurações de objetos e pessoas conhecidos ajudam a manter uma "certa fachada" – e, acrescido a esse psiquismo em pedaços, está o suporte na disposição corporal. Segundo Vieira[3],

> [...] o presente é estendido de forma ilimitada e rouba toda a atualidade. É um presente que não é atual. É um presente construído e combinado, com o intuito de manter a estabilidade da mente durante a situação vivida. O passado exerce seu domínio e o futuro é a ele subordinado.

Fuchs[6] acrescenta: "A impossibilidade de antecipação do futuro, que dá aos saudáveis a possibilidade de orientação autônoma de sua ação, em vez de pura reação, se expressa pelo desespero e desamparo". Por fim, ainda em Fuchs[6]: "O homem perde finalmente a capacidade pessoal central de relacionar-se consigo mesmo".

Pensar em diferenciar senilidade de demência vai muito além de identificar sinais e características de cada uma. Significa entender o quanto essas mudanças repercutem na vida desses indivíduos e das pessoas que convivem com eles.

Independentemente do tipo de demência (Alzheimer, demência vascular, demência alcoólica) e sabendo que cada uma delas tem suas particularidades – e não é pretensão deste capítulo explorá-las –, em todas há perda importante do papel do indivíduo consigo e com o mundo circundante, como exposto anteriormente.

Com a perda gradual da espacialidade, o corpo fica cada vez mais restrito a um espaço limitado e garantidor de um mínimo de segurança. De modo análogo, a perda gradual da temporalidade leva à quebra das relações com as coisas e as pessoas. Com a falta de consciência de que tudo isso está acontecendo pela perda da capacidade de refletir e atualizar, o caminho da demência segue o fluxo do desconhecimento. Nessa trajetória, abordagens específicas devem ser adotadas com idoso, familiares e cuidadores.

Considerações finais

A apresentação da visão da psicopatologia fenômeno-estrutural a respeito do envelhecer normal ou patológico procurou seguir o formato habitual das elaborações do pensamento na área: examinaram-se as manifestações observadas no indivíduo para, a partir delas, extrair as reflexões pertinentes. O texto comprometeu-se com o relato dos casos dos autores e as consequentes elaborações do tema. Contudo, pode-se indagar sobre os conteúdos que os autores revelaram sobre os idosos para tecerem suas reflexões psicológicas, as quais constituem o foco de interesse deste capítulo. Obviamente, o recorte adotado nesta descrição já estabelece o modo teórico de abordagem do tema. É natural e esperado que se tenha utilizado uma descrição obtida pelo olhar fenomenológico para desenvolver a reflexão. Porém, cabe uma ressalva que gostaríamos de apontar: se as observações partissem de um olhar não fenomenológico, as reflexões sobre a estrutura mental poderiam ser desenvolvidas?

Para responder a tal questão, volta-se o olhar ao corpo do texto. Foi mantida, nas descrições dos autores clássicos da fenomenologia estrutural, a terminologia original empregada para descrever as características do envelhecimento. Como os autores escolhidos foram selecionados em virtude de sua relevância e sua especificidade no tema dentro da tradição fenomenológica, lidamos com a heterogeneidade cronológica de suas publicações. Assim, assistimos ao emprego de diferentes termos relacionados a vários aspectos descritivos dos idosos, como aqueles relacionados ao comportamento e aos aspectos da cognição e da afetividade. A terminologia vem acompanhada da conceituação correspondente, desenvolvida conforme o contexto histórico e cronológico dos autores. Pode-se verificar que coexistem, em suas descrições, as colaborações de outras áreas do conhecimento. Estas, por sua vez, influenciam o modo de se construir paralelos ao olhar fenomenológico.

Se fosse feita uma análise comparada sobre os conhecimentos a respeito dos idosos constituídos na atualidade, talvez se construíssem maiores diversificações nas ilustrações descritivas dos idosos e, assim, a redução às essências da mente desenvolvida pela fenomenologia poderia se desdobrar a aspectos concebidos na atualidade.

Apenas para exemplificação, recordemos de quando Minkowski mencionou memória de fixação para fatos do passado e utilizou essa manifestação para construir a temporalidade que regia a idosa de seu estudo de caso.[2] Se fosse utilizado o modelo cognitivo predominante no meio acadêmico atual, talvez outros aspectos, mais específicos, fossem considerados utilizando termos como funções executivas, memória de curto ou longo prazo, entre outros. Mesmo partindo de manifestações diversas, se poderia chegar a construir as mesmas noções estruturais da mente. Ainda que não se tenha a pretensão de desenvolver tais analogias, fica um convite para tanto.

A compreensão do pensamento fenômeno-estrutural pode servir para reflexões originárias de várias manifestações do existir humano. Uma significante contribuição do pensamento fenômeno-estrutural reside na maleabilidade de suas aplicações. Desse modo, reafirma-se a atualidade do pensamento fenômeno-estrutural, que, ao lidar com a essência das coisas, possibilita a integração dos conhecimentos construídos em nossa contemporaneidade.

Referências bibliográficas

1. Messas G. Álcool e drogas: uma visão fenômeno-estrutural. São Paulo: Casa do Psicólogo; 2006.
2. Minkowski E. El tiempo vivido: estudios fenomenológicos y psicológicos. Ciudad de México: Fondo de Cultura Económica; 1973.
3. Vieira NDS. Psicopatologia comparada da demência e direcionamento específico na terapia ocupacional. In: Messas GP. Psicopatologia fenomenológica contemporânea. São Paulo: Roca; 2008.
4. Dörr Zegers O. Espacio y tiempo vividos: estudios de antropología psiquiátrica. Santiago: Editorial Universitaria; 1996.
5. Dörr Zegers O. Aspectos fenomenológicos y éticos del envejecimiento y la demencia. Rev Méd Chile. 2005;133:113-20.
6. Fuchs T. Psychopatologie von Leib und Rraum. Phänomenologische-empirische Untersuchungen zu depressiven um paranoiden Erkrankungen. Steinkopp: Darmstadt; 2000.

23 Fenômeno Obsessivo-Compulsivo

Julio Cesar Menéndez Acurio

Introdução

O objetivo deste capítulo é compreender o fenômeno obsessivo-compulsivo a partir de uma perspectiva fenomenológica, ou seja, sem uma teoria prévia e sem estabelecer relações causais. A discussão se dá pela essência da obsessão. Primeiramente, nos ocuparemos das definições operativas dos sintomas, para então, com o auxílio de exemplos clínicos, discutir o adoecer obsessivo-compulsivo.

O transtorno obsessivo-compulsivo (TOC) é um quadro com manifestações clínicas extremamente heterogêneas e, ao mesmo tempo, muito semelhantes em diferentes culturas. Muitas vezes secreto, envolve medos excessivos, dúvidas insolúveis e comportamentos irracionais repetidos incontáveis vezes na busca de um alívio, sempre fugaz.[1]

Enquanto no Manual Diagnóstico e Estatístico de Transtornos Mentais (DSM-V) o TOC é categorizado separadamente, na Classificação Internacional de Doenças (CID-10) o termo encontra-se sob a rubrica dos "transtornos neuróticos relacionados ao estresse e somatoformes". Conceitualmente, a CID-10 mantém a distinção tradicional, que considera as obsessões como eventos mentais e as compulsões como comportamentos observáveis, ao passo que o DSM enfatiza sua função, em vez da sintomatologia.[2] Desse modo, obsessões seriam pensamentos, impulsos ou imagens mentais recorrentes, invasivos e desagradáveis, reconhecidos como próprios, que causam ansiedade ou mal-estar, tomam tempo e interferem negativamente na vida. Já as compulsões são comportamentos ou atos mentais repetitivos, que o indivíduo é levado a executar voluntariamente em resposta a uma obsessão ou de acordo com regras rígidas, para neutralizar ou reduzir a ansiedade e o desconforto, ou evitar (de maneira excessiva e não realística) algum evento temido.

Comparados aos demais transtornos "neuróticos", os sintomas do TOC têm maior interferência nas atividades laborais e sociais, assim como na qualidade de vida dos portadores. O risco de suicídio no TOC também parece ser maior do que se supunha até poucos anos atrás, por isso, merece consideração. Portanto, os ônus de uma doença mental vão muito além dos custos com serviços de saúde (gerais e especializados), e são de difícil mensuração.[3]

A tarefa compreensiva

Compreender constitui-se como ato fundamental na função de cuidar, considerada uma conduta básica metodicamente consciente segundo as ciências do espírito; e esse conceito tem sido assunto central em indagações psicopatológicas. Na compreensão empática inerente à atitude natural, tenta-se captar relações causais, e é aqui que os sintomas obsessivos se constituem ininteligíveis.

Jaspers desenvolve essa ideia tendo em conta uma pergunta atual: como é possível a intersubjetividade, isto é, entender a vida interior uns dos outros em sua complexidade e sua sutileza, na sua gênese, na sua diferença e também na sua patologia, seja ela comunicada ou não, como se muito tivesse de ser adivinhado, porque encoberto? É nesse caminho que ele chega à noção de compreensão, ou "intuição do psíquico adquirida pelo interior do psíquico".[4]

Para compreender, é necessário coexperienciar, atualizando as vivências do outro dentro de nós, na nossa interioridade. Existem limites para a compreensão, já que nem todas as vivências, em particular as mais patológicas, se podem atualizar dentro de nós. Nesse caso, há que se fazer um esforço de comparação com as nossas próprias experiências, aumentando a intensidade (imaginar uma dor que já sentimos, mas em muito maior grau) ou diminuindo-a (imaginar uma percepção que para nós é clara, mas que para o doente é esbatida e sem cor).[5]

É importante ressaltar a distinção rigorosa que se pode fazer entre explicar e compreender, pois a explicação, em uma concepção racionalista, quer dar conta das causas dos fenômenos (conhecer o seu "porquê"), adequando-as aos efeitos; enquanto a compreensão, em uma concepção fenomenológica, quer dar conta de entender interpretando os sentidos e as significações dos fenômenos (conhecer "como"), captando as relações entre eles.

Enquanto a explicação constitui um modo de conhecimento analítico e discursivo, procedendo por decomposições e reconstrução de conceitos, a compreensão é um modo de conhecimento de ordem intuitiva e sintética: uma procura determinar as condições de um fenômeno, a outra leva o sujeito cognoscente a identificar-se com as investigações intencionais.[6]

Na tradição, encontra-se a primeira descrição de um obsessivo, realizada por Esquirol (apud Schneider)[7], como délire du toucher, ressaltando duas caraterísticas: a contínua luta contra conteúdos próprios da consciência e a natureza desses conteúdos considerada como absurda. Posteriormente, Whestphal (apud Schneider)[7] explica o fenômeno como imagens no primeiro plano da consciência (em indivíduos com inteligência normal e sem estados emocionalmente afetados) que se apresentam contra a vontade da pessoa e que não podem ser eliminadas, interferindo, assim, com outros conteúdos da consciência.

Já na tradição alemã, Schneider, em uma linguagem descomplicada, alcança o núcleo do transtorno: "Obsessão é quando alguém não pode reprimir conteúdos da consciência, embora sejam julgados como sem sentido e dominados pela sem razão" (tradução livre).[7]

Outras definições têm sido pouco específicas. O fenômeno obsessivo já foi apontado como alucinações obsessivas, emoções obsessivas e afetos obsessivos, inclusive Kraepelin[8] considerou delírio e catatonia como fenômenos obsessivos, assim como Bleuler[9] incluiu o TOC dentro do grupo das esquizofrenias.

Os sistemas de classificação diagnóstica ganham em confiança, mas perdem em precisão. O DSM-V e a CID-10 situam pensamentos obsessivos e atos compulsivos em um mesmo nível diagnóstico; na codificação americana, o transtorno obsessivo-compulsivo ganhou agrupação nosológica específica e, na classificação precedente, foi considerado entre os transtornos ansiosos. Fenomenologicamente, será observado que as obsessões precedem os atos compulsivos e a ansiedade representa um efeito secundário a pensamentos obsessivos.

Compreensão fenomenológica da obsessão

Seguindo o método fenomenológico de Jaspers, o pensamento obsessivo e o ato compulsivo serão descritos, respectivamente, como fenômeno primário e fenômeno secundário, sendo o estudo da obsessão a chave para a compreensão do TOC.

Jaspers (apud Bürgy[10]) analisou a estrutura da consciência e a classificou de acordo com o grau de diferenciação do fenômeno:

1. Intimidade da experiência (as experiências próprias do eu e o objeto são inseparáveis).
2. Consciência objetiva (a experiência separada do objeto).
3. Autorreflexão (o eu como objeto de observação).

A reflexividade se anuncia, aqui, como transição para modificar a experiência imediata. Desse modo, interrompe o fluxo normal do acontecer vital abrindo-se para duas possibilidades: primeiro, para uma nova maneira de se representar; no outro polo, para fenômenos psicopatológicos espúrios como o fenômeno histérico, o descarrilamento de instintos (presente nos fenômenos dissociativos e somatoformes) e o fenômeno obsessivo.

Na explanação de Jaspers (apud Bürgy[10]):

> O eu vive em harmonia com as percepções que são dadas em determinado ponto do tempo, na experiência da ansiedade o eu escolhe o objeto e coloca esse no centro dos afetos. Se o eu não consegue mais controlar essa escolha, se ele não decide por ele mesmo qual objeto vai identificar como conteúdo próprio da consciência, o teor da consciência continua a ser conteúdo de um dado momento mesmo contra a vontade do eu, então o eu enfrenta este conteúdo e ao não ser suprimido adquire o caráter de obsessão.

Neste ponto, faz-se obrigatório definir o fenômeno obsessivo em relação à consciência. Em um sentido amplo, as obsessões seriam conteúdos que o eu não pode suprimir ou não pode deixar de lado; até aqui, a obsessão não pode ser separada das ideias sobrevaloradas e dos delírios. Em um sentido estrito, obsessão seria quando o eu toma postura sobre esses pensamentos, considerando-os estranhos e incompreensíveis e se defendendo deles.

Na tradição, Loewenfeld, Störring e Schneider (apud Schneider)[7] concordam em diferenciar a obsessão primária da obsessão secundária; em um primeiro passo, o conteúdo da consciência se forçaria sobre o eu e, em um segundo passo, o eu teria uma postura de reação, se defenderia.

Binder (*apud* Bürgy[10]) apropriadamente denomina a obsessão de alteração psíquica (primária), reforçando a ideia do surgimento, no fluxo da consciência, de conteúdos estranhos, sem sentido, perturbadores e assustadores. A compulsão (obsessão secundária) é chamada de defesa psíquica, isto é, tentativas de proteção do eu para reduzir sua ansiedade.

Schneider englobou ideias, sentimentos e imagens como pensamentos obsessivos; seguindo essa tradição, o DSM manteve a dita denominação. Compulsão seria definida como uma reação ao pensamento obsessivo, como processo de defesa secundário. Essa posição foi defendida por Schneider e mantida no DSM, mas traz uma dúvida: todos os atos compulsivos serão derivados de experiências obsessivas?

Os atos compulsivos exprimem proximidade temporal com os impulsos, por exemplo, os impulsos que surgem abruptamente nas psicoses, como atirar-se na frente de um carro ou saltar de uma ponte, podendo ser realizados no mesmo momento do seu surgimento.

A seguir, essa discussão será exemplificada com dois casos clínicos, nos quais a ênfase no relato foi dada aos atos compulsivos, produzindo um ocultamento do fenômeno primário; o objetivo é alcançar o acontecimento originário. Só uma investigação do fenômeno primário pode mostrar a essência obsessiva por trás das manifestações compulsivas.

Caso clínico | A dissolução de Alberto

Alberto, 30, traz queixa de obsessões desde os 14 anos, diz que seus pais nunca o deixaram jogar futebol e, por esse fato, começou a odiar a mãe. Ele não vestia mais as roupas lavadas por ela por medo de que pudessem ter sido infectadas; assim, começou a ele mesmo lavar suas roupas e desinfetá-las. Gradualmente, o medo de pegar uma infecção estendeu-se para parentes, vizinhos e, posteriormente, qualquer pessoa da cidade. Desde os 20 anos, ele tem se mudado de casa, cada vez com frequência maior, por não se sentir seguro em lugar nenhum. Alberto começou a morar no carro, e verifica várias vezes a porta do automóvel para ter certeza de que ninguém da família possa ter entrado e o contaminado. "A tensão e o medo são tão grandes que eu poderia matar qualquer possível intruso", diz.

Por momentos, dizia-se livre dos pensamentos e voltava para a casa dos pais, em virtude de estar com ânimo deprimido. Depois disso, o medo voltava e ele saía de casa. Com 27 anos, iniciou terapia psicanalítica durante alguns meses, mas não foi efetiva, pois ele declarava-se incapaz de superar o medo e o ódio de não conseguir mudar de comportamento.

Em entrevistas posteriores, Alberto foi questionado sobre como poderia ser infectado. Ele não respondeu a esta pergunta, mas, de maneira estereotipada, insistia em seu medo de ser infectado. Quando indagado sobre possíveis consequências de uma infecção, ele, hesitando, descreveu um modo difuso de "medo de ser dissolvido em si mesmo". Essa convicção parece ser realista para ele e não precisa de sustentação. Medo e angústia são evidenciados quando esse tópico é levantado, e eles parecem bloquear a comunicação verbal.

Três meses depois, Alberto diz se sentir perseguido pela Polícia Militar e acredita que uma comunicação sobre ele foi realizada pelo rádio. Ele passa a ouvir a voz do diabo, para de comer e beber e começa a ficar cada vez mais enfermo, momento no qual é internado em enfermaria psiquiátrica, em virtude de quadro catatônico na admissão.

Em uma primeira aproximação, evidenciou-se que o paciente exibia atos compulsivos de lavar e checar por ter medo de se infectar, mesmo sem ser capaz de identificar a substância infecciosa. Uma cuidadosa observação fenomenológica da experiência interior revela que os atos compulsivos são expressão da assustadora ideia de autodissolução. Para ele, a experiência primária não é carente de significado, estranha ou incompreensível. Portanto, os atos compulsivos não são resultado de ideias obsessivas, mas sim de ideias delirantes que, posteriormente, adotam as caraterísticas de uma síndrome paranoide alucinatória.

Delírio e distúrbios do eu podem produzir atos compulsivos. Só observar o comportamento pode ser enganador, porque esconde experiências primariamente psicóticas. Já na visão fenomenológica, pode-se dizer que os pensamentos obsessivos se percebem emergindo do fluxo natural da consciência, e a vontade só pode escolher entre esforçar-se para reprimir ou liberar essas imagens ou contraimagens, entre liberar e dificultar.

Os pensamentos obsessivos podem ser vistos de duas perspectivas diferentes: na primeira, eles se destacam excessivamente do fluxo da consciência; na outra, o eu é insuficiente para combatê-los. Para esclarecer de melhor maneira essa segunda perspectiva, são necessárias algumas palavras sobre a interação de personalidade, repertório afetivo e situação liberadora.

Personalidade, afetividade e situação

É bastante conhecida a relação entre o estilo de personalidade e a manifestação de pensamentos obsessivos. Dentre as descrições clássicas, ressaltam-se o tipo sensitivo de Kretschmer[11], descrito como perceptivo e impressionável, contido, que esconde uma grande tensão, tem o desejo permanente de autoafirmar-se e é inseguro de si. Outro autor, Schneider[7], caracteriza o anancástico, portador de um profundo sentimento de insegurança, habitando um cativeiro interno, tímido, tudo isso mascarado por autoconfiança, escrúpulos, sentimentos de insuficiência e dúvidas que terminam em desespero, com medidas compensatórias de precaução e proteção. Exageradamente limpo e sisudo, apresenta falta de desejos e culpa permanente. Confiança só existe na forma de ambição moral.

Anteriormente, havia-se ressaltado o valor que Jaspers encontra na reflexividade como precondição. Essa caraterística encontra-se exacerbada nos inseguros, que permanentemente fazem uma reflexão consciente de sua própria insuficiência.

Bronish (apud Bürgy[10]) atualiza as caraterísticas estudadas e define esse estilo como temeroso, magoado facilmente por crítica e rejeição, exagerador de problemas potenciais, permanentemente preocupado e tenso, com sentimentos de desamparo e dependência, muito consciencioso e inflexível, mostra agressão passiva. Com essas caraterísticas de personalidade, o elemento dominante é a tensão apreensiva.

Em relação ao fenômeno obsessivo e a seu contexto afetivo, sobressai a leitura de Gebsattel quando descreve o fenômeno obsessivo como um traço estranho na experiência normal, que se destaca como evento isolado e traz interrupções no fluxo das emoções e do experienciar; a continuidade da vida e da experiência própria é perdida.[12] Neste ponto, a compreensão antropológica se aproxima da comportamental identificando afetos não diferenciados como matriz do transtorno obsessivo-compulsivo. A relação estreita entre conteúdo e percepção afetiva é gradualmente perdida. Se o transtorno persistir, pensamentos e atos compulsivos tornam-se rígidos e estereotipados e destacam-se do afeto.

Com o estilo apreensivo e inseguro profundamente enraizado na personalidade, no qual os afetos aparecem escassamente diferenciados, e em situações com afetos contraditórios como raiva, tristeza, medo de ser abandonado, desespero, solidão e desgosto, a consciência adotaria uma postura reflexiva, estabelecendo distância do eu e da vida afetiva, ao mesmo tempo em que uma reduzida capacidade de perceber os afetos, diferenciá-los e verbalizá-los, trazendo sentimentos de impotência e desamparo, em situações em que o eu não sabe integrar e contextualizar essas vivências, poderia se constituir em uma "situação liberadora" de pensamentos obsessivos.[10]

Caso clínico | A contaminação de Sofia

Sofia, 26, conta que seu pai sempre foi rígido e egoísta, descontente com sua própria vida, indiferente à família. A mãe, uma mulher estrita e organizada, sempre trabalhou muito, estava constantemente impaciente e reagia com irritação. Sofia tentou sem êxito ganhar o coração dos pais, por isso sempre manteve o medo e a insegurança. Na infância, ela era isolada; na escola, nunca entendiam o que ela tinha para dizer, ela foi muitas vezes incomodada até perder a paciência. Quando Sofia tinha 16 anos, a assustaram dizendo que iriam publicar fatos constrangedores sobre ela no jornal da escola. Ela correu para casa sentindo-se muito furiosa; com raiva e desesperada, esperou para conversar com a mãe, mas esta foi irônica e respondeu com irritação, como em geral fazia. Agora, Sofia estava muito furiosa com a mãe e começou a vivenciar imagens estrangulando-a e esfaqueando-a. Ela imaginou que o ferro de passar iria explodir. Acidentalmente, a mãe de Sofia esqueceu o ferro ligado e o apartamento quase pegou fogo. Sofia não podia parar de pensar que havia sido culpa dela, e sentia muito medo de que pudesse perder a mãe. Os pensamentos focaram no fato de que os aparelhos eletrônicos poderiam pegar fogo e explodir e ela não poderia mais se livrar disso; então, passou a verificar tudo. Sofia começou a ficar cada vez mais insegura e pensar que alguém poderia invadir a casa, trazer uma bactéria em suas mãos e infectar a família. Ela começou a incessantemente checar as portas e lavar as mãos, mas sempre teve dúvidas sobre o sucesso das suas ações. Ela sabia que seus pensamentos eram sem sentido, mas não era capaz de parar por medo, a prática só era interrompida quando Sofia esgotava-se fisicamente.

Ela perguntava a seus pais e à irmã se o fogão estava corretamente desligado, se a porta estava perfeitamente trancada e se suas mãos estavam impecavelmente limpas. As respostas, inicialmente, deixavam sua mente em paz, mas as dúvidas não pararam. Insistir nessas questões provocou conflitos na família.

Em uma análise da biografia, a relação com os pais deixou profundos sentimentos de insegurança, tornando-a incapaz de assumir e diferenciar sentimentos. A relação com os pais é ambivalente entre amor e furiosa rejeição; emergem em Sofia sentimentos que ela não pode enfrentar, e a mãe não é competente em acalmá-la. Ela não consegue criar uma distância reflexiva entre si mesma e a situação, não consegue distinguir entre suas fantasias de raiva e o fato externo de o ferro ter pegado fogo. Os pensamentos mágico-obsessivos cegam essa confusão. Mediante os atos compulsivos, tenta afastar os pensamentos obsessivos de prejudicar sua mãe e reduz a tensão afetiva; as perguntas dirigidas à família servem ao mesmo propósito.

Nessa segunda situação clínica, tem-se transformações de mundo que irão ser esclarecidas à luz das categorias próprias e inerentes a todo fenômeno humano, como é o caso da espacialidade e da temporalidade.

Espacialidade e temporalidade do fenômeno obsessivo

Primeiro, iremos nos debruçar sobre a categoria da espacialidade. Na tentativa de compreensão da vivência espacial do fenômeno da obsessividade, retoma-se a descrição de Dörr[13] em relação à angústia na experiência fóbica, que ressalta como traço universal do espaço angustioso a "opressão" e destaca a origem etimológica da palavra *angústia*: estreitamento, opressão, asfixia.

É evidente como, nas fobias, o espaço se estreita e os objetos vêm para cima do paciente. O objeto fóbico se desprende do contexto de outros objetos do mundo e captura a atenção do paciente até o grau de ameaçar sua própria identidade. Na obsessão, em que a angústia ocupa um papel importante, também o espaço se torna estreito, opressor e invasor, mas de modo bastante mais complexo que no caso das fobias. Primeiro, aqui não se trata de um objeto (avião, animal, rua) isolado, como nas fobias, mas de um conjunto de objetos vinculados entre si por um significado comum, e que passam por um processo de emancipação do resto dos objetos do mundo, capturando toda a atenção do paciente até o ponto de paralisá-lo. Outro aspecto é que o significado comum que se anuncia por meio desse conjunto de objetos não é qualquer, muito pelo contrário, está limitado a temas bastante precisos, como a sujeira, a desorganização, a decomposição e os temas relacionados, por exemplo, a putrefação, a impureza e o caos.[12,14] No caso da paciente Sofia, os temas que se anunciam nas suas obsessões são a sujeira e o pavor de contaminação, expressando-se nos rituais de limpeza e de constante verificação.

O que podemos observar em relação à paciente Sofia e aos objetos que a rodeiam? Lembrando o que Sartre diz: "Perceber uma coisa como real é colocá-la no seu lugar entre outras coisas" (tradução livre).[15] O paciente obsessivo, pelo contrário, não percebe o campo de inter-relações a que pertence o objeto que ocupa sua atenção. Assim, na paciente Sofia, o ferro de passar ou a maçaneta da porta não deveriam ter sentido em si mesmos; ao contrário, eles somente existem no uso que deles fazemos cotidianamente. Mas esses objetos se emancipam do restante e crescem, invadindo o espaço vital oprimido de Sofia. Esse seu modo de se relacionar com os objetos representa, simultaneamente, uma peculiar deformação de uma particularidade essencial que, segundo Heidegger, caracteriza a espacialidade humana: o dis-tanciar (*Ent-fernen*) significa essa natural tendência do ser humano de reduzir distâncias, conhecer as coisas e familiarizar-se com elas.[13] No obsessivo, os objetos que capturam sua atenção e que, como visto, estreitam seu espaço, irão se tornar desconhecidos e, de algum modo, todo-poderosos.

Sobre a temporalidade na paciente Sofia, pode-se observar que ela repete uma e outra vez o ato de verificar e limpar, o qual só termina por esgotamento físico ou por intervenção enérgica de familiares. Janet (*apud* Dörr[13]) afirmava que um dos elementos essenciais do neurótico obsessivo era sua incapacidade para realizar a "*action de terminaison*", o ato de concluir. Todo ato humano deve ser terminado, abolido, para dar início a outro. Isso vale, também, para as distintas etapas da vida: para ser adolescente, tem-se que deixar de ser criança; para ser adulto, tem-se que deixar de ser jovem; para poder ser ancião, tem-se que deixar de ser adulto etc. Assumir uma nova tarefa implica deixar a anterior no passado, ou seja, ser humano significa estar sempre antecipando o futuro, deixando atrás o passado. O tempo na vida humana é, como visto, linear e ascendente; no obsessivo, encontra-se um tempo que não progride, um tempo circular e, de certa maneira, sem fim. Sofia tem de verificar uma e outra vez suas mãos e outros objetos para ter certeza de que estão limpos, mesmo sabendo que estão. Isso porque não se trata de um problema de conhecimento; trata-se, contrariamente, de uma profunda alteração da temporalidade, no sentido de uma detenção da temporalidade imanente, a qual von Gebsattel chama de *Werdenshemmung*, que quer dizer a inibição do chegar-a-ser. Todo chegar-a-ser tem como meta a realização da figura vital, essa especial síntese do individual e o geral no Eidos. Essa não realização do Eidos leva a uma mudança na direção do chegar-a-ser para o anti-Eidos, o *sem-forma*. Possíveis apresentações do anti-Eidos são a sujeira, a sordidez, a putrefação, o pecaminoso e outras temáticas do *sem-forma*.

No mundo do obsessivo, desapareceu não só a esperança (o futuro), mas também a fé (passado). Um mundo no qual não há certezas (fé vinda desde o já passado) nem plenitude (consumação ou realização no presente do que se espera no futuro) e cujo único destino é a repetição. Essa é a razão pela qual a paciente Sofia parece haver se esquecido de que, alguns minutos antes, já comprovou que tudo estava limpo e asseado e foi para o futuro sem outra expectativa que não evitar uma angústia maior. O fluxo do tempo fica substituído pela supremacia do ato voluntário da repetição, pontualidade no presente, quebrando com a fluente transição do passado para o futuro.

Aproximação psicoterápica

Uma ressalva inicial: considera-se fundamental para qualquer intervenção psicoterápica a claridade diagnóstica do fenômeno a ser abordado. As obsessões e os atos compulsivos não têm o mesmo nível diagnóstico. Como visto, as compulsões podem ser decorrentes de experiências primariamente psicóticas.

É mister observar o fenômeno primário por trás dos atos compulsivos. Pensamentos obsessivos seriam o sintoma-chave; o método antropológico e a analítica existencial partem da premissa de que o ser adoecido representa uma maneira particular de configuração de estar-no-mundo. A estrutura de suas reações, suas vivências, seus pensamentos e suas ações forma um todo em uníssono com um projeto de mundo correspondente a este vivenciar alterado. Desse modo, se apresenta a tarefa de iluminar o mundo, que, em comparação com o acontecer sadio, está transformado radicalmente em seus caracteres fisionômicos como um *antimundo* repleto de potências anticonfigurativas (sujeira, sordidez, putrefação, pecaminoso), assim como a de captar o surgimento desse cenário como consequência da atitude anticonfigurativa do obsessivo, na qual se manifesta sua dificuldade de formação, ou seja, a transformação de sua vida temporal e a luta impotente contra suas amarras.

Uma adequada exploração transmite ao paciente a sensação de terapia competente, promovendo confiança e esperança em uma situação de insegurança afetiva e caos emocional. Os atos compulsivos visam reduzir a angústia associada aos pensamentos obsessivos e, geralmente, são acompanhados do desejo de ser acalmado por outros, inclusive o terapeuta. É na experiência interpessoal que o obsessivo pode revigorar sua temporalidade, como nos avisa Messas: "no comércio com o outro, o si-mesmo desprega-se da sua situação e vê-se lançado nas potências da expansão".[16]

Referências bibliográficas

1. Hetem AB, Graeff FG. Transtornos de ansiedade. 2. ed. São Paulo: Atheneu; 2012.
2. Torres AR, Hoff NT, Padovani CR. Dimensional analysis of burden in family caregivers of patients with obsessive-compulsive disorder. Psychiatry Clin Neurosci. 2012;66(5):432-41.
3. Knapp M. Cost of obsessive-compulsive disorder: a review. In: Maj M, Sartorius N. Obsessive-compulsive disorder. WPA-Series. Hoboken: John Wiley & Sons; 2002.
4. Jaspers K. Psicopatología general. 2. ed. Ciudad de México: Fondo de Cultura Económica; 1993.
5. Pio Abreu JL. Introdução à psicopatologia compreensiva. Rio de Janeiro: ABP; 2009.
6. Japiassú H, Marcondes D. Dicionário básico de filosofia. 3. ed. Rio de Janeiro: Jorge Zahar; 1993.
7. Schneider K. Patopsicología clínica. 3. ed. Madrid: Paz Montalvo; 1970.
8. Kraepelin E. Psychiatrie: lin lerbuch für studierende und Ärtze. Leipzig: Barth; 1896.
9. Bleuler E. Dementia praecox, oder Gruppe der Schizophrenien. Leipzig: Deuticke; 1911.
10. Bürgy M. Psychopathology of obsessive-compulsive disorder: a phenomenological approach. Psychopathol. 2005;38(6):291-300.
11. Kretschmer E. Delirio sensitivo. Madrid: Labor; 1954.
12. Gebsattel E. Antropología médica. Madrid: Rialp; 1966.
13. Dörr O. Psiquiatría antropológica. Contribuciones a una psiquiatría de orientación fenomenológico-antropológica. Santiago: Editora Universitária; 1995.
14. Straus E. Psicología fenomenológica. Buenos Aires: Paídos; 1966.
15. Sartre JP. L'être et le néant. Paris: Gallimard; 1943.
16. Messas G. Ensaio sobre a estrutura vivida. Psicopatologia fenomenológica comparada. São Paulo: Roca; 2010.

24 Estado *Borderline* em Adolescentes na Visão Fenomenológica

Laura Fernandes Vitucci

> *Só receio uma única coisa neste mundo – os momentos em que a vida se congela dentro de mim.*
> Marina Tsvetáyeva

Considerações sobre o transtorno *borderline*

O transtorno de personalidade *borderline* vem sendo estudado pela Psicologia, pela Psiquiatria e pela Psicanálise, que apresentam descrições, etiologias e tratamentos diversos para esse fenômeno. Na clínica e nos serviços de saúde mental, ele vem ganhando destaque pela prevalência e pelos desafios que impõe aos profissionais e às equipes.

Na obra *Entendendo a estrutura da personalidade no processo clínico*, a psicanalista Nancy McWilliams[1] apresenta um importante histórico desse fenômeno:

> *No século XX, Adolph Stein (1938) notou que pessoas com traços que ele chamou de borderline pioravam, ao invés de melhorarem, quando tratadas de forma psicanalítica tradicional. Em 1968, Roy Grinker e colaboradores (Grinker, Werble e Drye, 1968) realizaram um estudo seminal documentando a "síndrome borderline" como inerente à personalidade, com graus de gravidade mais próximos da linha da neurose até graus de severidade que chegavam ao limite da psicose. Graças a elucidações de escritores como Kernberg (1975, 1976), Masterson (1976) e M. H. Stone (1980, 1986), o conceito de organização de uma personalidade de nível borderline alcançou larga aceitação na comunidade psicanalítica. [...] Em 1980, o termo tinha sido suficientemente pesquisado para aparecer no DSM (DSM-III; American Psychiatric Association, 1980) como um transtorno de personalidade. Já no final do século XX havia, tanto na tradição psicanalítica quanto fora dela, uma vasta literatura sobre a psicopatologia borderline, apresentando uma grande divergência de conclusões sobre sua etiologia.*

No que se refere aos quadros *borderline* na adolescência, uma revisão bibliográfica foi efetuada por Jordão e Ramires[2], que explicitam que:

> *A literatura revisada insere-se no campo da teoria psicanalítica, em especial no que diz respeito à psicodinâmica dos adolescentes com organização borderline e suas famílias, bem como as vicissitudes dos seus vínculos afetivos, em particular os de apego.*

Tendo em vista o predomínio de estudos psicanalíticos sobre o tema, verifica-se que um novo olhar sobre ele se faz necessário, possibilitando que outras perspectivas sejam observadas e, com isso, novas abordagens terapêuticas sejam discutidas.

A fim de compreender o transtorno *borderline*, parte-se da descrição nosológica do DSM-IV (*Manual Diagnóstico Estatístico de Transtornos Mentais*, publicado pela American Psychiatric Association) para uma compreensão das características e dos comportamentos considerados essenciais nesse quadro, afastando-se teorizações, interpretações e explicações que interfeririam na observação do fenômeno.[3]

Segundo o Manual,

> *A característica essencial do transtorno de personalidade borderline é um padrão invasivo de instabilidade dos relacionamentos interpessoais, autoimagem e afetos, e acentuada impulsi-*

vidade que começa no início da idade adulta e está presente em uma variedade de contextos.³

No que diz respeito à prevalência,

> é estimada em cerca de 2% da população geral, cerca de 10% dos indivíduos vistos em clínicas ambulatoriais de saúde mental, e cerca de 20% dos pacientes psiquiátricos internados. A prevalência varia de 30 a 60% entre as populações clínicas com Transtornos de Personalidade.³

Esse diagnóstico só pode ser efetuado na vida adulta, dado o fato de os adolescentes estarem em constante formação e transformação, o que impossibilita uma visão definitiva sobre sua personalidade e, da mesma maneira, seu adoecimento. Por essa razão, será utilizado aqui o termo "estado *borderline*" como um modo de estar no mundo, uma condição transitória que está sendo vivenciada na adolescência e carrega semelhanças importantes com o transtorno de personalidade *borderline*, mas não necessariamente progredirá para ele.

As especificidades do estudo da personalidade e seus transtornos

Além da transitoriedade dessas características na adolescência, o estudo de transtornos de personalidade mostra-se um desafio, dada a impermanência e a dificuldade de avaliá-los.

Dörr Zegers[4] faz uma importante discussão sobre essa dificuldade. O autor postula que personalidade aponta para algo global, integrador, que pode ser confundido com a totalidade da pessoa. Por isso, dizer que se "tem uma personalidade" é focar apenas em uma característica dela, que é a consciência de si, pois o ser humano é uma personalidade mais que um *tem*.

Ele retoma a origem de *persona*, que, em grego, era a máscara que os atores usavam no teatro para identificar as personagens que representavam e que era diferente do ator como indivíduo. A partir disso, discute a dialética entre a identidade de si e a identidade de papel, e entre facticidade e transcendência. Ele conclui que "o ator é ele mesmo e ao mesmo tempo é o personagem representado".[4]

Diante disso, o estudo da personalidade envolve olhar para o todo do ser e, ao mesmo tempo, para os papéis que ele representa, sem deixar de ser si-mesmo.

Nas palavras de Castellana:[5]

> Discutir a existência, a validade ou a definição dos transtornos da personalidade implica em caminhar por um terreno arenoso, já que esbarramos invariavelmente em um tema caro aos estudiosos de psicopatologia: o conceito do que é normal e do que é patológico. Os transtornos de personalidade parecem ocupar um lugar privilegiado nesta polaridade, já que expressam dentro da própria psiquiatria os transtornos em que estes limites estão ainda mais borrados.

Estado *borderline* na adolescência

Observando os critérios diagnósticos para transtorno de personalidade *borderline* do DSM-IV, saltam à vista tantas semelhanças com as vivências e os comportamentos na adolescência, fase marcada por impulsividade e por crises de identidade e de autoimagem.³ Segundo Jordão e Ramires:[2]

> [...] o período da adolescência, por si só, já se configura como uma situação-limite, tendo em vista todos os enfrentamentos necessários e todas as reorganizações subjetivas daí decorrentes. Por caracterizar-se como um período emocionalmente turbulento, marcado por ressignificações e movimentações pulsionais intensas, entende-se que das derivações dessas turbulências é que serão definidas as características mais fixas e estáveis da personalidade.

Os autores pontuam que:

> Há muitas controvérsias no que se refere às definições de "condições psicopatológicas" no período da adolescência, já que é muito sutil a barreira que separa o "normal" e o "patológico" neste momento evolutivo. O adolescente está ainda em processo de formação de sua personalidade, bastante atravessado pelo contexto em que se encontra – portanto torna-se difícil falar em "estrutura" ou "transtorno de personalidade".[2]

Apesar da impossibilidade do diagnóstico, alguns comportamentos desses adolescentes confirmam os traços de personalidade *borderline*. Segundo a pesquisa de Chabrol *et al.* de 2001 (*apud* Jordão e Ramires[2]), alguns sintomas frequentes encontrados em adolescentes com esse quadro foram:

> ideação paranoide ou sintomas dissociativos (97,1%), instabilidade afetiva (88,6%), sentimento intenso de raiva (85,6%), comportamentos autodestrutivos ou suicidas (82,9%), esforços imensos para evitar o abandono (77%), impulsividade (65,7%), relacionamentos instáveis e intensos (62,9%), distúrbio da identidade (60%), e o sentimento de vazio (57,1%).

Esses sintomas e comportamentos foram observados em adolescentes do sexo feminino que participavam de um grupo terapêutico em um Centro de Atenção Psicossocial (CAPS), no qual estavam inseridas para tratamento devido a comportamentos impulsivos e de automutilação, sentimento de vazio e dificuldades nas relações. As descrições que seguirão sobre adolescentes "em estado *borderline*" foram retiradas desse acompanhamento.

Para a compreensão desse modo de estar no mundo, serão utilizados o método fenomenológico e as categorias de apreensão da psicopatologia fenômeno-estrutural.

Fenomenologia e psicopatologia fenômeno-estrutural

O método fenomenológico será utilizado como referencial teórico no presente texto e como base e fundamentação para as reflexões e discussões propostas.

Segundo Tatossian:[6]

> A fenomenologia se define, com efeito, por uma mudança de atitude que é o abandono da atitude natural e "ingênua", quer dizer, uma certa atitude onde, psiquiatras ou não, apreendemos isto que encontramos como realidades objetivas, subsistindo independentemente de nós, quer sejam realidades psíquicas ou materiais. A fenomenologia não se interessa pelas realidades como tais, mas pelas suas condições de possibilidade e, portanto, não começa senão depois de ter, sob uma ou outra forma, praticado a redução fenomenológica que suspende a atitude natural e suas afirmações, ou melhor, suas teses implícitas ou explícitas de realidade.

Sem buscar explicações, a investigação desse texto tem início em uma pergunta para a qual somente o próprio fenômeno do "estado *borderline* em adolescentes" tem a resposta.

> Investigar é sempre colocar em andamento uma interrogação. É perguntar. Não se sai em busca da compreensão de um fenômeno tentando aplicar sobre ele uma resposta já sabida sobre ele mesmo. Investigar não é, assim, uma aplicação sobre o real do que já se sabe a seu respeito. Ao contrário, é a ele que perguntamos o que queremos saber dele mesmo.[7]

De acordo com a Sociedade Brasileira de Psicopatologia Fenômeno-Estrutural (SBPFE):[8]

> A característica fundamental da psicopatologia fenômeno-estrutural é a busca pela compreensão da estrutura das vivências psíquicas tais e quais realmente experimentadas pelos pacientes. Suas categorias procuram expressar uma visão do universo mental a partir de dois pontos básicos:
> 1. A delimitação e o estudo das estruturas subjacentes às vivências psíquicas (patológicas ou não), que lhes servem como condições de possibilidade; as principais são a temporalidade e a espacialidade.
> 2. A identificação do fenômeno patológico como a ruptura da linha de continuidade do desenvolvimento psicológico individual.

Para uma investigação sobre os adolescentes em "estado *borderline*" buscaremos uma compreensão sobre suas condições de possibilidades, ou seja, sobre a base ou o ambiente no qual suas vivências se formam e ocorrem, condições pré-reflexivas que possibilitam, impedem ou delimitam as vivências de cada ser.

Para tal investigação, serão utilizadas algumas categorias de apreensão da psicopatologia fenômeno-estrutural, a saber: espacialidade, interpessoalidade e temporalidade, que, imbricadas e concomitantes, fundamentam a existência humana e sua identidade. Da mesma maneira, essas categorias serão utilizadas como lentes pelas quais o fenômeno "estado *borderline* em adolescentes" será observado.

Interpessoalidade e espacialidade no estado *borderline* na adolescência

A interpessoalidade é a categoria que possibilita o movimento psíquico, pois "situa-se nas fontes originárias dele, atuando como um catalisador continuado e vigoroso".[9]

Esta categoria diz respeito à inserção do ser no mundo, é constituinte do ser humano e possibilita o seu vibrar com o mundo e com os outros. É a matriz de qualquer terapêutica.

No contato com adolescentes em "estado *borderline*", elas eram receptivas e descreviam suas angústias com clareza e detalhamento, discorrendo sobre a intensa dor que o mundo lhes impunha e sua tentativa de diminuí-la por meio da automutilação. Participavam de espaços terapêuticos diversos, tanto individuais como grupais, dependendo do projeto terapêutico singular elaborado pelo profissional que as acompanhava. Contudo, elas pareciam utilizar os espaços como palco para exposição de seus cortes ou de suas dores intensas, explanando apenas essas questões, sem que reflexões fossem feitas. Além disso, identificações entre elas eram facilmente construídas, levando a imitações e agrupamentos em torno do tema doentio que traziam.

O contato era marcado pela instabilidade, que o tornava ora intenso ora superficial. Do mesmo modo, as relações com amigos, familiares ou parceiros pareciam obedecer a mesma lógica de aproximação e distanciamento intensos, marcados pela dualidade amor e ódio, implicando sentimentos de abandono, rejeição, dependência e profunda solidão.

O vazio que essas adolescentes referiam parecia relacionado a esses sentimentos e à sensação de que o contato com o outro nunca era suficiente para preenchê-lo. É possível dizer que elas tinham uma interpessoalidade vazada, impreenchível.

Essas características, muitas vezes, levavam ao abandono do tratamento após exigências de afeto e atenção que ultrapassavam os limites da clínica. Essas demandas implicavam dificuldade de adesão ou abandono do tratamento, e constante mobilização da equipe para a busca dessas adolescentes e o recomeço do acompanhamento, dificultando, assim, a formação de vínculos.

Essa intensidade nas relações aparecia também na maneira como ocupavam os espaços do serviço. A categoria da espacialidade possibilita uma compreensão dessa ocupação.

Segundo Messas[9], a categoria possibilita

> a determinação de fronteiras de um eu, núcleo a partir do qual este, por assim dizer, troca informações com as diversas modalidades do não-eu, ou do ambiente. Ambiente composto seja pelas influências da cultura, num extremo, até a presença vivenciada do corpo biológico, no outro extremo. A fronteira do eu espacializado determina, assim, a vivência de intimidade com a realidade, daquilo que nos pertence como identidade e patrimônio básico e daquilo que nos atinge como exterioridade, como algo distinto de nós mesmos.

Minkowski[10] trabalha com as ideias de espaço claro e espaço escuro para a compreensão da espacialidade vivida. Segundo ele, o espaço claro é espaço de evidências, onde os objetos aparecem e são confirmados pela coletividade. Nele aparecem os valores do coletivo, já que é um espaço de domínio público, socializado. Nesse espaço, podem-se ver as coisas do mundo, mantendo uma distância entre elas e as pessoas.

Essa distância, que ele nomeia distância vivida, é um espaço livre, no qual cada um pode se expandir. Porém, em algumas vivências e patologias, essa distância diminui ou inexiste, causando uma proximidade excessiva e, muitas vezes, insuportável das coisas e pessoas.

Binswanger[11], no caso clínico intitulado "O caso Jürg Zünd", trata da "mundanização do si-mesmo, ou seja, da retirada progressiva de sua liberdade e de sua dominação pela necessidade (mundana) ou pelos acontecimentos (mundanos)". Embora essa análise corresponda a um caso de esquizofrenia, ao longo desse texto, muitas reflexões desse caso serão utilizadas para descrição das vivências das adolescentes "em estado *borderline*", por meio de uma livre associação da autora.

A impressão no contato com as adolescentes em "estado *borderline*" era que desejavam mostrar sua dor por meio dos cortes ou da descrição detalhada dos seus sofrimentos, o que aponta para uma vivência no espaço claro, um espaço socializado, de exposição total, no qual a visibilidade é garantida.

> O espaço social é a ágora para a qual confluem as percepções de uma determinada sociedade em um determinado momento do fluxo histórico. [...] No espaço vivido agórico, a clareza é aquela determinada pelo consenso pré-reflexivo da totalidade dos membros da sociedade.[12]

Serem vistas nos espaços coletivos, na "ágora" dos serviços de saúde mental, possibilitava uma autenticação de suas dores pela coletividade.

Da mesma maneira, as "fronteiras do eu" pareciam frágeis e, em alguns momentos, inexistentes, tendo em vista essa exposição e, ao mesmo tempo, uma excessiva porosidade aos conteúdos do mundo, principalmente do ambiente circundante.

Essa hiperporosidade parece explicar o modo como essas adolescentes atuam, devolvendo a mesma intensidade com a qual recebem as informações do mundo, sempre amplificadas e próximas demais. Parece faltar a elas um contorno, uma delimitação do eu que impeça que os conteúdos externos as penetrem com tanta violência e, ao mesmo tempo, impossibilite que os conteúdos internos sejam explicitamente expostos.

A impressão é de que elas

> [...] ficam à mercê do mundo, tanto do mundo próprio como do mundo compartilhado e do circundante. O mundo torna-se então o poder que consome as suas forças – e de tal forma que eles se mundanizam mais e mais, ou seja, de pessoas independentes, amorosas e livres eles se transformam em criaturas amarradas ao mundo, que vivem do precisar se comparar, não-livres, castigadas pelo medo, tornam-se um joguete de um esboço de mundo – do mundo como perigo – reduzido a um mero mecanismo ou "pulsão" e, com isso, reduzido ao repentino e ao imediato.[2]

E nessa luta entre o eu e o mundo, parece que somente a dor física (automutilação) possibilita uma sobreposição do primeiro ao segundo, impedindo que ele o engula ou implode.

Laing[13] descreve, em sua obra *O Eu Dividido*, essa ansiedade ou esse temor de ser implodido pelo mundo ou pelos outros, que parece ilustrar a vivência das adolescentes em estado *borderline*:

> O Indivíduo sente que, como o vácuo, está vazio. Mas esse vazio é ele próprio. Embora de outros modos anseie para que o vazio seja preenchido, teme a possibilidade de que isso aconteça porque passou a achar que a única coisa que ele pode ser é o medonho nada desse mesmo vácuo. Qualquer contato com a realidade é sentido em si mesmo como terrível ameaça, porque a realidade sentida naquela posição é necessariamente implosiva e [...] em si mesma uma ameaça àquilo que a identidade do indivíduo supõe possuir.

Temporalidade e identidade

Messas[9] explica que a categoria da temporalidade

> determina a abertura simultânea da consciência e de seus conteúdos às três dimensões, de passado, presente e futuro. A combinação geométrica destas três dimensões faculta à consciência a experiência de fluxo, de uma corrente que a atravessa, partindo do passado, atingindo sua coloração máxima no presente e dirigindo-se inexoravelmente a um horizonte sempre inatingível, o futuro.

A existência humana se dá na trama do tempo e nas movimentações que ocorrem a partir dele.

Contudo, segundo Fuchs[14], o paciente com transtorno de personalidade *borderline* vivencia uma fragmentação temporal do eu, o que possibilita uma esquiva da necessidade de tolerar as incertezas e ambiguidades ameaçadoras nos relacionamentos interpessoais. O preço disso é o vazio crônico da inabilidade de integrar passado e futuro em um presente e, portanto, estabelecer um senso coerente de identidade.

Nos relatos e no contato com as adolescentes em "estado *borderline*", a temporalidade parece estar focada na urgência do agora, que atravessa a necessidade de cuidado imediato, o medo do abandono iminente, a superação do vazio e o uso do corpo como alívio para isso tudo.

Segundo Binswanger,[11]

> a expressão psicológica da urgência manifesta-se no constante e tenso estar à mercê dos outros, pela irritação contra eles e pelo sofrimento diante deles, ou seja, pela falta de indiferença. [...] a urgência é o "modus" de temporalização da aflição, do perigo constante do repentino ser levado pela orelha ou pelo ponto fraco.

Da mesma maneira, essa temporalidade da urgência leva a sintomas que Fuchs[6] descreve como dificuldade de conter e regular afetos e humores emergentes, impulsos emergentes, adição, compulsões e automutilação. Ele refere que esses pacientes não têm a capacidade de formular volições de segunda ordem, ou seja, não selecionam os impulsos que surgem, apenas respondem a eles.

Essa urgência se manifesta em "agudas descontinuidades, rápida alternância de papéis e relações e um sentimento de vazio interno". O autor diz que não há senso de continuidade, apenas uma repetição sem fim dos mesmos estados afetivos, criando esse particular e atemporal modo de existir.[14]

E essa temporalidade focada na urgência afeta intimamente a formação de identidade dessas adolescentes.

Identidade pode ser entendida como a unidade de características (físicas e mentais) que compõe cada ser humano e o faz singular e único, constituindo o que se chama de "eu". A partir dela, pode-se dizer que um "eu" é o mesmo "eu" através do tempo, mesmo sofrendo diversas mudanças. O fato de não se tornar "outro" ao longo da vida, apesar de tantas mudanças, está relacionado à identidade. Para Tatossian et al.[6], identidade é "uma permanência que o homem possa dizer sua".

Fuchs[14] utiliza o termo *identidade narrativa*, como a continuidade de um passado, um presente e um futuro pessoais. Citando Ricouer, ele postula que esse conceito fala de *quem* a pessoa é e não do *que* ela é. Trata-se de uma identidade temporal ou histórica, que é diferente da mera consciência das coisas.

Ainda embasado na obra de Ricouer, Fuchs[14] refere que a essência da personalidade humana se dá na relação temporal que o humano tem consigo mesmo. A mera constância de seus nomes, corpos e características justifica essa relação com o passado.

A partir desse conceito de identidade, Fuchs[14] infere que o transtorno de personalidade *borderline* implica uma falta de capacidade de estabelecer um conceito coerente de si mesmo, possibilitando apenas a adoção do que se poderia chamar de uma postura pós-moderna diante da vida, alternando entre um presente e o próximo presente, ficando-se identificado com esse presente estado de afeto.

O autor descreve um distúrbio de identidade que leva a uma sensação dolorosa de incoerência e inautenticidade. Como se eles se sentissem representando o que são e fraudassem suas identidades. Sentem-se como se estivessem enganando os outros que acreditam neles. Parecem adotar identidades diferentes em tempos diferentes, o que Fuchs[14] nomeia "personalidade camaleônica".

As adolescentes em "estado *borderline*" são, muitas vezes, classificadas como instáveis, inconstantes e imprevisíveis, dadas as mudanças de humor, de ideias e de comportamentos. A ideia de "personalidade camaleônica" parece agrupar essas características e explicitar o que ressoa no contato com elas.

Seus projetos de vida parecem seguir a mesma lógica, pois elas desejam estar em tudo, mas não "grudam" de fato em nada. Os projetos parecem surgir do nada e ir para lugar nenhum.

Segundo Fuchs[14], essa fragmentação da identidade é resultado de uma incoerência de memória autobiográfica, ou seja, dificuldade de relembrar experiências autobiográficas específicas; por isso, as narrativas dessas pacientes ocorrem com grandes lapsos ou inconsistências.

O discurso das adolescentes em estado *borderline* trazia essas inconsistências, que o tornavam superficial e soavam ao terapeuta, muitas vezes, como inverdade ou representação.

Quando descreviam suas constantes crises, nas quais ficavam agressivas e "perdiam a noção", pareciam perder também o tempo presente. Ficavam assim "sem tempo". Estando fora do tempo, a automutilação acontecia como uma maneira de presentificar sua consciência pelo corpo. A dor trazia de volta um contato com a realidade que havia sido perdido. Como se

> [...] as únicas manifestações objetivas apresentadas sejam a autoagressividade e a heteroagressividade, como forma de prender-se ao real, corporificando e vivenciando sua angústia de uma forma que lhe permita tanto pedir ajuda quanto tentar compreender o que lhe assusta.[15]

Novamente, a sensação de vazio surgia como uma falta de passado, de origem, a falta de um local para onde retornar. Pareciam não ter o apoio necessário para darem o salto para o futuro. A dor dos cortes parecia oferecer esse apoio, do qual não podem saltar, mas onde podem pelo menos pousar.

A psicoterapia com adolescentes em estado *borderline*

Tanto a literatura quanto a clínica mostram que o processo terapêutico com adolescentes em estado *borderline* implica o abandono ou a não adesão ao tratamento, além de mobilizar sentimentos de frustração, impotência e incompetência nos profissionais que os acompanham.

Stone (*apud* Tanesi *et al*.[16]), em um estudo de revisão sobre tratamentos psicológicos, descreve os seguintes comportamentos com os quais os terapeutas que atendem esses casos costumam lidar:

> [...] no início do processo: suicídio e automutilações, ameaças de interrupção precoce do tratamento, depressão, abuso de substâncias, manifestações de ansiedade e pânico e dissociação. [...] outras questões que surgem depois de superados esses problemas: raiva injustificada, mordacidade, manipulação, reivindicações, ciúmes, pensamento do tipo tudo ou nada, atitudes extremas como idealização e desvalorização, e traços masoquistas.

Esses comportamentos confirmam um modo de estar no mundo que envolve uma hiperporosidade às coisas do mundo, uma "mundanização" do si mesmo, uma busca intensa pela visibilidade, uma interpessoalidade que coloca o outro como ameaça ou plateia, uma temporalidade focada na urgência e uma "personalidade camaleônica". Diante dessa complexidade, o projeto terapêutico deve abarcar essas condições e buscar "zonas de abertura no contato" para, a partir delas, promover as mudanças necessárias.[11]

Esse processo deve ser construído a partir da ressonância empática ou afetiva.

> No contato interpessoal, o autorrelato do paciente nos conduz por uma trilha biográfica até então desconhecida, e seus contornos e cores só serão acessíveis a partir de uma ressonância empática com o seu relato. Nesse movimento, apreenderemos o caminho pelo qual estamos sendo conduzidos, e só a partir de então podemos refletir sobre nosso pensamento e estabelecer estratégias terapêuticas que possam beneficiar o paciente.[17]

Essas estratégias precisam envolver "um outro que entenda suas ações e projetos, com quem ele poderia falar sobre sua história de vida pessoal".[2]

Para tanto, Fuchs[14] sugere um modelo de terapia que possa abarcar um conceito de sustentabilidade interpessoal. Assim, seu objetivo poderia ser estabelecer ligações interpessoais de longa duração, inclusive a relação terapêutica. A terapia serviria como base psicobiológica de desenvolvimento e estabilização de um eu coerente.

Ainda segundo o autor, no transtorno de personalidade *borderline*, a fé em si mesmo e nos outros é necessária para reobter a coerência temporal perdida e subjugar a fragmentação do eu. Por meio da fé, o sujeito projeta-se em um futuro incerto para descobrir-se a si mesmo.[14]

Na psicoterapia com as adolescentes em estado *borderline*, possibilitar esse "adentramento" na trama temporal e uma temporalidade que vá além da urgência do agora parece essencial. Isso acontece por meio da interpessoalidade e da intersubjetividade, que são a base do processo terapêutico, propiciando que haja uma coerência da identidade e uma permanência do eu.

No espaço da psicoterapia, a continuidade dos comportamentos, das ideias e dos projetos deve ser possibilitada pela presença constante do terapeuta e pelo vínculo estabelecido entre eles.

Somente permitindo que os intensos conteúdos que partem dos adolescentes em estado *borderline* vibrem, ressoem nos terapeutas que os acompanham, torna-se possível construir um vínculo ou uma interpessoalidade que não seja violenta, que não seja vazada ou que não sugira um abandono iminente, abandono que parece ser, contraditoriamente, evitado pelo abandono do tratamento. Ou seja, um abandonar para não ser abandonado.

Segundo McWilliams,[1]

> [...] aprende-se que é necessário primeiro acalmar as tempestades afetivas que parecem estar em curso, tentando um comportamento que o paciente sinta como distante de qualquer das influências, sejam elas quais forem, que formaram alguém tão problemático e resistente à ajuda. Apenas depois que a terapia tiver trazido alguma mudança estrutural, o paciente se sentirá diferente o bastante para começar a entender que o terapeuta está do seu lado.

Sendo os limites entre o normal e o patológico borrados, isso parece mais significativo no estado *borderline* no qual a dualidade é parte fundamental do quadro e as polaridades são ainda mais evidentes. Entre a neurose e a psicose; a superficialidade e a intensidade; o vazio e a impulsividade; a dor física e a emocional; o ódio e o amor. Vivendo entre extremos, saltando de um lado para outro de modo repentino, despertando em quem os acompanha o desejo de cuidado e, ao mesmo tempo, a repulsa diante de suas atuações. Diante de tanta ambiguidade, como definir o que eles são e o que deve ser tratado dentro disso?

Somente por meio da interpessoalidade e da ressonância empática oriunda dela essa questão poderá ser individualmente respondida e um processo terapêutico poderá ser construído. E devemos, como terapeutas, nos dispor a, "[...] com nossa falta de poder, compartilhar a vida de uma pessoa, procurar ajudá-la nessa coisa complexa, arriscada e transitória que é existir".[18]

Referências bibliográficas

1. McWilliams N. Diagnóstico psicanalítico: entendendo a estrutura da personalidade no processo clínico. 2. ed. São Paulo: Artmed; 2011.
2. Jordão AB, Ramires VRR. Adolescência e organização de personalidade borderline: caracterização dos vínculos afetivos. Paidéia. 2010;20(47):421-30.
3. American Psychiatric Association. Manual diagnóstico e estatístico de transtornos mentais (DSM-IV). Porto Alegre: Artes Médicas; 2000.
4. Dörr Zegers O. Psiquiatría antropológica: contribuciones a una psiquiatria de orientación fenomenológico-antropológica. 2. ed. Chile: Editorial Universitaria; 1995.
5. Castellana GB. Dialética da psicopatia. Psicopatologia Fenomenológica Contemporânea. 2012;1(1):106-23.
6. Tatossian A, Freire C. A fenomenologia das psicoses. São Paulo: Escuta; 2006.
7. Critelli DM. Analítica do sentido: uma aproximação e interpretação do real de orientação fenomenológica. 2. ed. São Paulo: Brasiliense; 2007.
8. Sociedade Brasileira de Psicopatologia Fenômeno-Estrutural [internet]. Apresentação [Acesso em 30 maio de 2015]. Disponível em: http://www.fenomenoestrutural.com.br/apresentacao
9. Messas GP. Psicopatologia e transformação: um esboço fenômeno-estrutural. São Paulo: Casa do Psicólogo; 2004.
10. Minkowski E. El tiempo vivido: estudios fenomenológicos y psicológicos. Ciudad de México: Fondo de Cultura Económica; 1973.
11. Binswanger L. O caso Jürg Zünd. São Paulo: Escuta; 2009.
12. Messas GP. Ensaio sobre a estrutura vivida: psicopatologia fenomenológica comparada. São Paulo: Roca; 2010.
13. Laing RD. O eu dividido. Estudo existencial da sanidade e da loucura. 4. ed. Petrópolis: Vozes; 1982. (Coleção Psicanálise).
14. Fuchs T. Fragmented selves: temporality and identity in borderline personality disorder. Psychopathology. 2007;(40):379-87.
15. Hencsey AC. Esquizofrenia encapsulada: um estudo de caso. In: Messas GP, organizador. Psicopatologia fenomenológica contemporânea. São Paulo: Roca; 2008. p. 86.
16. Tanesi PHV, Yazigi L, Fiore MLM, Pitta JCN. Adesão ao tratamento clínico no transtorno de personalidade borderline. Estud Psicol. 2007;12(1):72.
17. Castellana GB. O contato interpessoal na perspectiva fenomenológica. In: Messas GP, organizador. Psicopatologia fenomenológica contemporânea. São Paulo: Roca; 2008. p. 166.
18. Sapienza BT. Do desabrigo à confiança: Daseinsanalyse e terapia. São Paulo: Escuta; 2007. p. 17.

Bibliografia

Tsvetáieva M. Vivendo sob o fogo: confissões. São Paulo; Martins Fontes; 2008.

25 Fenomenologia e Psicanálise | A Contribuição de Binswanger

Nelson Ernesto Coelho Junior

Introdução

Herdeiro de uma longa tradição em psiquiatria, o suíço Ludwig Binswanger (1881-1966), criador da *Daseinsanalyse* (termo que pode ser traduzido como "analítica existencial"), foi o principal elo entre a filosofia fenomenológica e a Psicanálise freudiana no século 20. Ao longo de sua vida, embora tenha se dedicado fundamentalmente à clínica psiquiátrica, Binswanger sempre recorreu às concepções filosóficas para ampliar o escopo de suas formulações clínicas e teóricas. Buscou na filosofia os fundamentos para uma antropologia existencial que possibilitasse a criação de uma nova ciência psiquiátrica. Ao lado de sua paixão pela filosofia, Binswanger manteve um grande fascínio pela obra de Freud. Assim, paradoxalmente, mesmo tendo desenvolvido concepções bastante originais sobre o trabalho psicoterapêutico, sempre se considerou um psicanalista.

Binswanger iniciou seus estudos de medicina em Lausanne, para depois continuá-los na Universidade de Heidelberg, na Alemanha, e, por fim, em Zurique, onde se formou em 1906. Foi em Zurique que ele iniciou o trabalho como psiquiatra, tendo sido assistente de Eugen Bleuler, na Clínica Burghölzli. Foi também nessa cidade que Binswanger recebeu o título de doutor em medicina, sob a orientação de Carl G. Jung, em 1907. A aproximação e o rápido interesse pela Psicanálise datam do mesmo ano. Vale lembrar que, nessa época, Bleuler e Jung coordenavam um sólido grupo de estudos e divulgação das ideias de Freud em território suíço. Freud tinha grandes esperanças no desenvolvimento do trabalho psicanalítico na Suíça, em particular pelas mãos de Jung, que estrategicamente indicou como seu "príncipe herdeiro", em grande medida pelo medo de que a Psicanálise fosse estigmatizada como uma ciência judaica. Sendo filho de um pastor protestante, Jung daria nova credibilidade ao projeto freudiano. Foi, portanto, nesse contexto que Binswanger tomou contato com as ideias de Freud, que tanta importância teriam no desenvolvimento de sua própria trajetória profissional. Durante 45 anos, Binswanger comandou a Clínica Bellevue, que antes pertencera a seu avô (também chamado Ludwig Binswanger) e a seu pai, Robert, como ele, eminentes psiquiatras. A clínica, em Kreuzlingen, quase na fronteira da Suíça com a Alemanha, notabilizou-se pela qualidade do atendimento a pacientes psiquiátricos, mas acima de tudo pela prática da *Daseinsanalyse*, particular proposta terapêutica construída na fronteira do pensamento fenomenológico com a Psicanálise freudiana. Além de receber na Clínica Bellevue os mais importantes psiquiatras de sua época para seminários e encontros, Binswanger também recebeu eminentes músicos, poetas e os filósofos Edmund Husserl, Martin Heidegger e Max Scheler (o criador da fenomenologia e seus dois maiores discípulos). Em 1956, como coroação por seu grande percurso e como reconhecimento por seu trabalho inovador no campo da psicoterapia com pacientes psicóticos, Binswanger recebeu a mais alta distinção outorgada em psiquiatria, a medalha Kraepelin.

No que diz respeito especificamente à sua relação com a Psicanálise, é preciso lembrar que a admiração pelas descobertas clínicas de Freud e por sua incontestável genialidade não impediu que Binswanger mantivesse uma forte crítica à teorização freudiana e à visão de homem embutida em suas concepções. Amigos desde 1907, Binswanger e Freud mantiveram importante correspondência marcada por mútuo respeito. Mais para o final de sua vida, em um texto de 1956, por ocasião do centenário do nascimento de Freud, Binswanger soube rever sua crítica antropológica à teoria freudiana, por reconhecer que, para compreender a visão de Freud sobre a natureza humana, seria antes necessário compreender a sua concepção de natureza. Essa reconsideração final revela a difícil tarefa intelectual imposta para muitos dos que trabalharam e procuraram desenvolver suas obras à sombra do grande legado freudiano. De um lado, cabia diferenciar-se criticamente da obra de Freud, para que fosse possível construir um pensamento próprio; de outro, não havia como evitar o respeito e o reconhecimento a um pensamento que transformou e revolucionou o campo da psicoterapia como nenhum outro havia feito anteriormente.

Neste breve histórico, que busca ilustrar as relações de Binswanger com a fenomenologia e com a Psicanálise, cabe recordar o diálogo entre ele e Freud, quando da terceira visita do psiquiatra suíço a Viena. O encontro ocorreu em abril de 1913 e Binswanger estava acompanhado do filósofo Paul Häberlin. Binswanger relata que Freud declarou, talvez de uma maneira que não devesse ser levada completamente a sério, que a filosofia era uma das formas mais convenientes de sublimação de uma sexualidade recalcada, nada além disso.[1] Binswanger, então, teria colocado a Freud a questão inversa, ou seja, o que era a ciência e, em particular, a psicologia psicanalítica? Freud, visivelmente surpreso, teria respondido de maneira evasiva: a psicologia tem, ao menos, uma utilidade social, talvez!

No âmbito do diálogo citado, ao que tudo indica, a filosofia fica associada à pura especulação (um ato que, aparentemente, não era plenamente valorizado por Freud) e, mais que isso, a figura do filósofo fica associada a uma sexualidade que não teria podido ganhar sua plena expressão. Binswanger, de sua parte, não esconde a paixão pela filosofia. Resta saber, de fato, como Binswanger teria respondido se tivesse sido confrontado com a mesma questão. O que se sabe, historicamente, é que as diferenças em torno da função e da importância da filosofia não afastaram esses dois autores originais, formuladores de perspectivas psicoterapêuticas. Ao contrário, entre todos que o criticaram, Freud manteve-se próximo e amigo apenas de Binswanger. E o respeito deste por Freud jamais perdeu sua força.

Fundamentos teóricos

Os fundamentos teóricos do trabalho de Binswanger devem ser procurados tanto na filosofia como na tradição psiquiátrica e, em particular, nas inovadoras contribuições da Psicanálise a esse campo. No âmbito da filosofia, Binswanger interessou-se, inicialmente, pelo pensamento crítico de Immanuel Kant, que deixou grandes marcas em suas formulações teóricas. A segunda grande influência foi a da filosofia fenomenológica de Edmund Husserl, da qual retirou as bases para a proposição de uma psiquiatria que não se reduzisse a uma ciência biológica, mas que pudesse buscar seus fundamentos em uma nova visão das relações entre os seres humanos e seu meio. A terceira grande influência veio da ontologia de Heidegger, como será visto a seguir.

A proposição da *Daseinsanalyse* por Binswanger era realizar uma crítica, no seio da psiquiatria, às bases técnico-científicas que caracterizam a visão objetivista e naturalista do ser humano. É uma crítica ao determinismo mecanicista dos modelos explicativos da tradição científica. Trata-se, assim, da crítica e do consequente abandono dos métodos científicos clássicos que procuram explicar o adoecimento mental humano, em benefício da análise das estruturas do *Dasein* (ser-aí, ou presença) propostas por Heidegger em sua maior obra, *Ser e Tempo*, publicada em 1927. A fenomenologia heideggeriana é uma fenomenologia do ser-no-mundo. O entrelaçamento fundamental ser-mundo indica o rompimento com a oposição sujeito-objeto e procura revelar a existência como um *Dasein*, um ser-aí. Para Heidegger, o *Dasein* é uma potencialidade expressa por meio da temporalidade. Assim, o ser humano passa a ser concebido em sua unidade existencial com o mundo e, como ser, deve ser concebido como um horizonte de possibilidades, um vir a ser que se efetiva no ato existencial, em sua temporalidade.

De maneira um pouco simplificada, pode-se dizer que a *Daseinsanalyse* de Binswanger é a tentativa de estabelecer uma psiquiatria que pudesse ser uma ciência humana, e não uma ciência natural. Pode-se afirmar que a *Daseinsanalyse* foi, ao mesmo tempo, uma tentativa de superação do cientificismo biológico e da metapsicologia freudiana, que Binswanger sempre considerou a dimensão mais problemática da obra de Freud. Nesta direção crítica cabe, inicialmente, destacar aquela que é uma das maiores contribuições de Binswanger para o campo das práticas clínicas, ou seja, a proposta de superação da oposição clássica externo-interno na análise do existir humano. Um dos impasses recorrentes nas formulações teóricas sobre o psiquismo humano diz respeito à identificação do psíquico com o "interno", ao qual se oporia, por exemplo, a realidade "externa" – impasse presente na metapsicologia psicanalítica, por exemplo. Apoiado na original proposta fenomenológica de Husserl para a superação da polaridade sujeito-objeto por meio da noção de intencionalidade, Binswanger procura explorar a experiência da espacialidade rompendo com a oposição interno-externo. Assim, em suas investigações, ele buscou encontrar a experiência originária da espacialidade, aquela do contato sensível de um corpo vivido com um mundo no qual ele se entrelaça. Em sua extensa obra, recorrentemente, procurou traçar o caminho que reconduz à compreensão dessa experiência originária do espaço, que é anterior, que está "atrás", que é fundante com relação à experiência de um espaço realista ou empírico em suas expressões geográficas e geométricas. Recuperando concepções presentes em sonhos relatados na Odisseia de Homero, Binswanger coloca-se diretamente a questão sobre a dualidade interno-externo: "Quem poderá decidir se há que se buscar aqui a verdade no interior da subjetividade ou no exterior da objetividade? Todo 'interior' é aqui 'exterior', como todo 'exterior' é também 'interior'".[2]

Para Binswanger, a experiência do espaço, a relação com o meio, com o mundo, com os outros e com os objetos faz com que se tenham as mais diferentes sensações e experiências vividas. Estar sufocado ou arejado, aberto ou fechado, sentir-se em queda ou em elevação reflete estados de ânimo, mas reflete também modos de experiência da espacialidade ou de estruturação da experiência espacial. Não são experiências puramente subjetivas nem puramente objetivas. Elas não acontecem "dentro" do sujeito, mas também não ocorrem "fora", no mundo. Ou como propõe Binswanger[3]: "Não se deve perder de vista que o espaço (neste sentido bastante amplo) não pode ser encontrado 'no sujeito', nem no mundo...".

Nos quadros psicopatológicos que Binswanger soube descrever tão bem, o espaço deixa de ser familiar e seguro, lugar de acolhimento e morada, para se tornar estranho, perigoso e ameaçador. Para ele, o espaço é um e muitos ao mesmo tempo. Do ponto de vista fenomenológico, depara-se com muitas variações e expressões da experiência da espacialidade. É possível, no entanto, afirmar que vivemos em um só e mesmo espaço. Mas esse espaço precisa ser entendido como um espaço vivido. Espaço da experiência vivida em seu nível originário. Experiência da espacialidade que revela a forma de presença absolutamente originária. Habito o espaço, não o possuo, nem posso circunscrevê-lo. Nesse espaço vivido, não há dentro e fora, interno e externo. Há, se se quiser, expansão e retraimento, queda e elevação. Essas experiências compõem o plano das experiências pré-reflexivas não reconhecidas pelo pensamento objetivo, mas que nem por isso deixam de existir.

Com relação às noções de exterior e interior entre os gregos antigos, presentes em *Traum und Existenz* ("Sonho e Existência"), escreve Binswanger[2]: "O indivíduo, a raça, o destino e a divindade estão entretecidos aqui em um único espaço e, no entanto, é tão mais descritivo e instrutivo o fato de que também nesta esfera da existência, tão diferente da nossa, apareça com tanta clareza a estrutura ontológica da ascensão e da queda". Logo a seguir prossegue: "Em lugar de nosso 'dentro' e 'fora', oposição neoplatônica, cristã e romântica, aparece nos antigos gregos a contraposição entre o dia e a noite, a escuridão e a luz e entre a terra e o sol".

Acima de tudo, deve-se, aqui, reter a concepção binswangeriana de um espaço único onde se manifesta uma estrutura do ser. Vale lembrar que, para o autor, o ser, em seu existir, a partir do modelo kantiano, é determinado por estruturas *a priori*. Binswanger, em *Traum und Existenz*, apresenta o eixo vertical da espacialidade, da ascensão e da queda, como uma estrutura ontológica essencial que precede e determina cada experiência existencial particular do espaço. Neste tema, Binswanger está mais próximo do idealismo transcendental kantiano e dos momentos da obra de Husserl que revelam seu idealismo transcendental que das posições imanentes de Heidegger, que determinarão alguns dos princípios básicos propostos em sua concepção sobre o trabalho psicoterapêutico, que serão apresentados a seguir.

Princípios básicos do trabalho em psicoterapia

Autor de uma obra de grande impacto na esfera da psicopatologia, Binswanger é menos conhecido por suas proposições para o campo da psicoterapia. O objetivo central deste capítulo é situar suas ideias fundamentais para o trabalho psicoterapêutico, enfatizando as tensões com o caráter propriamente psicanalítico de suas intenções clínicas. A partir dos fundamentos teóricos oferecidos pela filosofia fenomenológica, a *Daseinsanalyse* de Binswanger é, acima de tudo, uma análise das estruturas espaciais e temporais da presença humana singular no mundo. Nas relações psicoterapêuticas, a presença se revela por meio dos eventos instituídos pelo *encontro* entre paciente e analista. Em certa medida, Binswanger procura apresentar a noção de encontro como uma extensão da noção freudiana de transferência, ao menos no que diz respeito ao caráter instaurador, propiciador e produtivo da transferência no âmbito da clínica psicanalítica.

Em um artigo de 1954, Binswanger[4] procurou estabelecer resumidamente cinco diretrizes do trabalho em psicoterapia segundo sua concepção (nos itens que seguem, procura-se acompanhar o mais de perto possível o texto de Binswanger e, em seguida, propõem-se aproximações interpretativas para cada um dos itens):

1. Parte-se, inicialmente, da exploração da história de vida do paciente. Procura-se *compreender* essa história de vida em suas singularidades patológicas, não a partir de uma teoria psicoterapêutica qualquer, mas como flexões da estrutura total do ser-no-mundo.

Aproximação interpretativa. a) Imbuído das posições fenomenológicas, Binswanger implicitamente opõe a noção de *compreender* à de *explicar*, seguindo a tradição inaugurada pelo filósofo alemão Wilhelm Dilthey, que entendia que às ciências da natureza cabia sob medida o método explicativo, enquanto nas ciências do espírito (ou humanas) deveria ser usado o método compreensivo, que para ele remetia ao trabalho hermenêutico, ou seja, interpretativo; b) para compreender as singularidades patológicas não a partir de uma teoria, mas como flexões da estrutura total do ser-no-mundo, Binswanger busca enfatizar a experiência patológica do paciente como formas possíveis de presença a partir de seu singular contato com os outros e com o mundo.

2. Busca-se fazer com que, por intermédio da psicoterapia, o paciente possa, por meio de uma subversão existencial, *aprender pela experiência* quando e em que medida faltou estruturação de seu ser-homem-no-mundo.

Aproximação interpretativa. No encontro com o analista, espera-se que o paciente possa, por meio dessa nova experiência de relação com um outro, transformar sua forma de presença no mundo e, com isso, compreender o que até então eram limites (ou, se assim se quiser, flexões demasiadamente rígidas) de sua estruturação como ser-homem-no-mundo-com-os-outros.

3. O psicoterapeuta se colocará sempre com seus pacientes em um mesmo plano de compartilhamento do ser-aí. Não fará do paciente um objeto diante do qual ele seria um sujeito; mas verá, no paciente, um parceiro em sua experiência de ser-aí. Aquilo que a partir de Freud se denominou transferência é, também, no sentido analítico-existencial, um modo de encontro.

Aproximação interpretativa. Como no primeiro ponto, aqui também há uma referência crítica à metodologia das ciências da natureza, em que a oposição sujeito-objeto é condição de toda possibilidade de conhecimento. Ao modelo de origem positivista Binswanger opõe o compartilhamento do ser-aí. Entende-se que a ênfase na concepção de *encontro* não anula por completo a suposta assimetria na relação analista-paciente, mas acrescenta à assimetria uma forma de simetria de base, ou seja, coloca a exigência ética e ontológica do colocar-se no mesmo plano de compartilhamento do existir, entre seres humanos, como condição para o contato terapêutico.

4. Já o sonho deve ser entendido como um modo particular de ser-no-mundo – em outros termos, como um mundo particular e como um modo particular de existir.

Aproximação interpretativa. O que, de certa maneira, está implícito nessa concepção do sonho é a recusa em concebê-lo como algo que só ganha sentido por meio de uma interpretação, que revelaria uma significação até então oculta. Para Binswanger, o sonho apresenta o modo singular de presença do paciente no mundo, em suas dimensões espaciais e temporais. Com isso, ele não recusa a dimensão simbólica dos sonhos, nem que um conflito psíquico não possa ser revelado em um sonho. Afirma, apenas, que o sonho apresenta sempre um tema em perfeita consonância com o modo particular de o paciente viver sua presença no mundo com os outros e revela uma experiência de si a si que até então se mantinha desconhecida. E, como sugere Binswanger, em seu já clássico artigo sobre os sonhos: "Sonhar significa: 'Eu não sei o que se passa comigo'", em que o "Eu" e o "comigo" referem-se, quase simultaneamente, ao sujeito que sonha e ao sujeito para quem o sonho se revela.[2]

5. O analista existencial, como psicoterapeuta, não deve apenas dispor de uma compreensão da *coisa* ou competência que englobe tanto a análise existencial quanto o trabalho psicoterapêutico, mas sim, em sua luta pela liberdade do parceiro no ser-aí, deve ser capaz de ousar colocar em jogo sua própria existência.

Aproximação interpretativa. Talvez esse último ponto seja o mais surpreendente de todos. O analista que ousar colocar em jogo sua própria existência radicaliza a exigência ética do cuidado e da luta pela liberdade do paciente. Aqui, Binswanger apresenta uma posição que não precisa ser oposta às regras clássicas da neutralidade e da abstinência propostas por Freud. É, novamente, em outro nível que a exigência ética se coloca: para além da técnica, a ética; para além de determinado saber, certa maneira de engajamento, um estar junto com o paciente em sua busca pela liberdade.

Espera-se que a aproximação interpretativa de cada um desses cinco pontos tenha possibilitado não só trazer à tona as posições críticas de Binswanger às proposições canônicas da Psicanálise freudiana, mas, acima de tudo, antecipar aquilo que se pretende demonstrar a seguir, ou seja, a afinidade do pensamento binswangeriano com algumas formulações clínicas da Psicanálise contemporânea.

Relações com a Psicanálise contemporânea

O psicanalista francês Pierre Fédida, em seu livro *Par où Commence le Corps Humain – Retour sur la Régression* ("Por onde Começa o Corpo Humano – Retorno sobre a Regressão"), comenta uma primeira conferência de Binswanger sobre o tema da psicoterapia, publicada em 1935.[5] A conferência tem como ponto de partida a questão "Como a psicoterapia age sobre o ser humano?". Com essa questão em mente, Fédida retoma a clássica proposição psicanalítica sobre a necessária "ausência" do analista na prática clínica. A necessária "ausência" (ou seja, a não imposição na análise dos dados biográficos e de aspectos da vida pessoal e "real" do analista) é concebida como condição para o movimento transferencial dos analisandos e suas necessidades de "colocar" o analista no "lugar", na "posição" propiciadora para a singularidade de cada análise. Colocada nesses termos, a posição de Fédida parece estar em contradição com a proposta de Binswanger de uma presença implicada do analista no trabalho clínico. No entanto, isso só acontece aparentemente. Insistindo no valor paradigmático da psicopatologia do autismo para a compreensão do campo da análise e das comunicações em análise, Fédida reafirma a exigência de que o analista perceba e compreenda a vida psíquica do outro a partir de sua própria. O autor aponta que o efeito da "estrangeiridade" do psiquismo do outro impede que o analista possa trabalhar fundamentalmente a partir de identificações. Não há como compreender "diretamente" a vida psíquica do paciente. Essa situação, em seu extremo, impõe a não comunicação e a não compreensão. Assim, Fédida sugere: "Pode-se dizer que é precisamente assim que se instaura a situação psicoterapêutica [...] No máximo e no mais intenso da estrangeiridade do outro, trata-se de construir um espaço para um *encontro*. A psicoterapia começa com a difícil construção deste espaço".[5] Os ecos das proposições de Binswanger são agora evidentes, o que era de se esperar, já que Fédida deve sua formação inicial no campo das psicoterapias a um longo estágio realizado na clínica dirigida por Binswanger. Um pouco mais surpreendentes são as aproximações dessas concepções sobre o trabalho clínico com as do psicanalista norte-americano Thomas Ogden, formado na encruzilhada das tradições da Psicanálise inglesa pós-kleiniana (em particular, as obras de Bion e Winnicott) com as tradições da Psicanálise norte-americana.

Ogden[6], em seu livro *Subjects of Analysis* ("Os Sujeitos da Psicanálise"), propõe um conceito inovador, o do *terceiro analítico*, assim definido:

> *O processo analítico reflete a inter-relação de três subjetividades: a subjetividade do analista, a do analisando e a do terceiro-analítico. O terceiro-analítico é uma criação do analista e do analisando, ao mesmo tempo em que ambos (na qualidade de analista e analisando) são criados pelo terceiro analítico. (Não há analista, analisando ou análise na ausência do terceiro.)*

Para Ogden[6], o problema que sempre se apresentou aos analistas quanto a diferenciar, em suas próprias reações emocionais, os elementos que pertenciam exclusivamente à sua própria subjetividade daqueles que eram despertados nele pelo analisando, recebe agora uma solução fundamentalmente diferente das que puderam ser identificadas em outros autores:

> *Tanto na relação entre a mãe e o bebê quanto na relação entre o analista e o analisando, a tarefa não é desembaraçar os elementos constitutivos da relação, num esforço para determinar que qualidades pertencem a cada indivíduo que participa dela; pelo contrário, do ponto de vista da interdependência entre sujeito e objeto, a tarefa analítica envolve uma tentativa de descrever o mais completamente possível a natureza específica da experiência de interjogo da subjetividade individual e da intersubjetividade.*

É assim que Ogden realiza uma interessante inversão no problema da comunicação e da relação analíticas. Ainda que, de um ponto de vista realista e/ou empírico, a situação analítica nunca deixe de ser a situação de dois sujeitos separados e distintos, em comunicação um com o outro, o que Ogden propõe é que se abandone esse ponto de vista na tentativa de compreender os fenômenos analíticos. Dessa maneira, aquilo que antes se identificava como sentimentos e pensamentos *comunicados* de modo inconsciente, ou *induzidos* inconscientemente pelo analisando no analista, Ogden descreve como sentimentos e pensamentos que são simplesmente *sentidos* e *pensados* pelo terceiro sujeito intersubjetivo. O problema deixa de ser, assim, o da natureza e dos meios de uma comunicação qualificada de inconsciente para se tornar o problema da natureza desse "sujeito intersubjetivo". A relação entre analista e analisando enquanto sujeitos plenamente constituídos e separados continua a ocorrer em nível verbal e consciente. Por outro lado, ao se considerar a intersubjetividade conforme concebida por Ogden, não se encontram mais *relação* nem *comunicação* envolvidas. A intersubjetividade, compreendida como um "terceiro sujeito intersubjetivo", não é uma *relação entre dois sujeitos*, mas justamente um *novo sujeito*. Aquilo que, de um certo ponto de vista, ocorria na relação entre os sujeitos, agora ocorre como *experiência* de um terceiro sujeito.

Também não parece justificado dizer que simplesmente se transferiu o problema da relação e da comunicação entre analista e analisando para o problema de uma mesma relação e comunicação entre analista e o terceiro sujeito. É a situação como um todo que se transfigura quando se passa a considerar a criação do terceiro: analista e analisando não existem mais puramente como sujeitos isolados, passando a se constituir a partir da relação dialética (ou melhor, suplementar, para Derrida, ou então de *uma dialética sem síntese*, como propõe Merleau-Ponty) entre subjetividade e intersubjetividade. Essa relação dialética é uma relação de *mútua constituição*, em que não faz sentido falar em comunicação ou em qualquer modo de relação entre polos puramente exteriores um ao outro. É aqui que se encontra claramente a possibilidade de uma reinterpretação da noção binswangeriana de *encontro* e da superação da oposição sujeito-objeto no trabalho de Ogden.

O que está envolvido na formação da intersubjetividade para Ogden é um nível da existência e da experiência ainda pré-representacional e até mesmo pré-pessoal (a partir do qual o sujeito é criado), no qual não se pode e não se deve tentar "determinar que qualidades pertencem a cada indivíduo". Na experiência do terceiro analítico, estão em jogo "formas simbólicas e protossimbólicas (baseadas em sensações) atribuídas à experiência não articulada (e muitas vezes ainda não sentida) do analisando, quando estas estão ganhando forma na intersubjetividade do par analítico (*i. e.*, no terceiro-analítico)".[6]

Concepções como as de Fédida e as de Ogden revelam uma "afinidade" entre certas ênfases do pensamento de Bisnwanger e algumas das ênfases presentes em formulações clínicas da Psicanálise contemporânea. Binswanger, possivelmente por sua inserção na tradição fenomenológica, mostrou uma sensibilidade pioneira em relação a uma dimensão do encontro analítico que, bem mais tarde, veio a aflorar na clínica psicanalítica. O que se encontra em psicanalistas contemporâneos como Fédida e Ogden (mas não só neles) é a "insistência de um tema", captado e teorizado por Binswanger. Com isso, indica-se que o legado deixado por Binswanger é considerado aqui muito mais bem "aproveitado" por psicanalistas que por psicoterapeutas que se incluem no que se convencionou chamar de "abordagens fenomenológico-existenciais em psicoterapia" (a discussão mais detalhada desta afirmação requereria, no entanto, outro capítulo). Limita-se aqui a constatar que são raras as referências a Binswanger e às suas concepções sobre o trabalho terapêutico entre os terapeutas fenomenológico-existenciais, possivelmente pela maior aceitação de uma outra perspectiva também oriunda da filosofia heideggeriana, a saber, o trabalho do psiquiatra suíço Medard Boss.

Sobre a eficácia da análise existencial de Binswanger

Como bem indicou Jacques Schotte, não há como contestar que, durante mais de 40 anos, em sua clínica, Ludwig Binswanger tratou diversos tipos de pacientes (neuroses, casos limites, drogaditos e, sobretudo, psicóticos) com reconhecido sucesso, como atestam suas inúmeras publicações de casos clínicos.[7] Entretanto, o próprio Binswanger considera que suas publicações sejam mais a explicitação de um método de pesquisa ou de análise de casos patológicos (visando a uma contribuição aos estudos psicopatológicos) que a explicitação de um método terapêutico. Além disso, é interessante lembrar que o próprio Binswanger considerava que seu método terapêutico era, por excelência, a própria Psicanálise.

Considerações finais

Diante do exposto, cabe reafirmar a importância do trabalho pioneiro de Binswanger na estreita fronteira que, ao mesmo tempo, separa e aproxima a filosofia fenomenológica da Psicanálise. Mais que um psiquiatra que "aplicou" a fenomenologia em sua prática clínica, entende-se que Binswanger foi um criador que soube ampliar o diálogo entre campos específicos do saber que costumam se manter afastados: de um lado, costumam estar o conjunto Psiquiatria-Psicoterapia-Psicanálise e, de outro, a filosofia. Se, em muitos momentos, pode-se questionar a "fidelidade" de Binswanger às teorizações, seja de Heidegger, seja de Husserl, não há como colocar em dúvida a importância de sua contribuição para o desenvolvimento de uma psiquiatria genuinamente fenomenológica. Quanto à Psicanálise, talvez ele se mantenha como o dissidente menos rejeitado, o que está longe de ser uma posição que faça jus às suas contribuições. Assim, curiosamente, Binswanger é um autor de certo modo marginal, tanto no campo da fenomenologia quanto no da Psicanálise, mas, ao mesmo tempo, consegue se manter como um autor *cult* em certas esferas da psiquiatria e da Psicanálise.

Referências bibliográficas

1. Binswanger L. Analyse existentielle et psychanalyse freudienne. Discours, Parcours et Freud. Paris: Gallimard; 1970. p. 265-77. (Souvenirs sur Sigmund Freud).
2. Binswanger L. Artículos y conferencias escogidas. Madrid: Editorial Gredos; 1973. p. 75-98. (Ensueño y existencia).
3. Binswanger L. El problema del espacio en la psicopatología. In: Artículos y conferencias escogidas. Madrid: Editorial Gredos; 1973. p. 340-89.
4. Binswanger L. Analyse existencielle et psychotérapie. In: Analyse existentielle et psychanalyse freudienne. Discours, Parcours et Freud. Paris: Gallimard; 1970. p. 115-20. (Souvenirs sur Sigmund Freud).
5. Fédida P. Par où commence le corps humain. Retour sur la régression. Paris: Presses Universitaires de France; 2000.
6. Ogden T. Subjects of analysis. Northvale; New Jersey: Jason Aronson; 1994.
7. Schotte J. Entre Freud et Heidegger: Binswanger à la recherché d'un statut scientifique pour la psiquiatrie. In: Études phénoménologiques. Ousia: Louvain; 1995. n. 21, p. 23-40.

Parte 3

Psicologia Analítica

Coordenadora: Liliana Liviano Wahba

Life is crazy and meaningful at once.
C. G. Jung

Introdução

A profícua obra de Carl Gustav Jung – são 19 volumes dos *Collected Works*, além de seminários, conferências, memórias, entrevistas, cartas e escritos, dentre os quais muitos ainda não vieram a público – revela um fervoroso estudioso da psique, um desbravador do mistério da existência e do fenômeno da consciência imersa no desconhecido, tarefa à qual dedicou sua vida inteira.

De formação psiquiátrica, colaborador de Eugen Bleuler em Burghölzi, Jung compreendia a profundidade do sofrimento psíquico e foi precursor da atribuição de sentido simbólico às produções delirantes, em uma época ainda influenciada pela predominância orgânica que explicava a degeneração mental.

Antecipou a abordagem biopsicossocial da doença mental e desenvolveu um modelo estrutural (complexos, arquétipos, Self, ego, inconsciente pessoal e coletivo) e processual dinâmico (autorregulação, compensação, processo de individuação). A psique formata conteúdos representacionais e cria imagens simbólicas, nas quais interagem a experiência do indivíduo, a história de sua cultura e de outras e a bagagem universal da humanidade.

Segundo Samuels,[1] em sua teoria, apesar de incompleta em alguns desses aspectos, Jung inseriu os temas do século 21: gênero, raça, nacionalismo, análise cultural, religiosidade e importância do significado.

Suas formulações foram desbravadoras na psicologia, como o postulado finalista segundo o qual as leis psicológicas não seguem somente a causalidade, mas há um direcionamento da energia psíquica e um processo de organização da psique.

A psique é dinâmica e mobiliza um fluxo constante de informações e representações. Estas têm caráter pessoal, coletivo histórico e coletivo universal. A energia psíquica, ou libido, tem natureza neutra e será investida nas distintas motivações humanas, das quais a sexualidade é certamente uma das mais poderosas, mas não a única. A canalização da libido é, em última instância, direcionada à finalidade pautada por um sistema de autorregulação.

A dinâmica psíquica consiste em constante fluxo de interação de opostos, uma tensão vital na qual se operam divisão e síntese, diferença e identidade, um movimento dialético de união e de separação. Em virtude dessa capacidade autorreguladora, para Jung, no cerne da psique e do inconsciente há uma disposição criativa, e não somente destrutiva e desintegradora.

Pesquisas atuais corroboram o postulado de Jung. Estudos de Stern demonstram que o significado emerge em interações dinâmicas.[2] Segundo esse autor, a organização da psique depende da dinâmica de sistemas que se auto--organizam. Ele assinala que a teoria do desenvolvimento segue a teoria de sistemas dinâmicos: uma sucessão de contextos mais amplos que se interpõem em sistemas dinâmicos. No caso de criança e cuidador, o sistema da cultura contém o sistema de representações dinâmicas. Também Ilya Prigogine,[3] Nobel de Química, postula que há fenômenos da natureza não meramente causais, mas que provêm da dinâmica do sistema em que se encontram e que, por sua vez, ajudam a formá-lo.

Pesquisas das neurociências demonstram a possibilidade de unir informação e memórias explícitas com o trabalho interno de memórias implícitas, entendido pela psicologia como constituintes do inconsciente. Consciente e inconsciente não seriam atributos fixos, mas dinâmicos, e há um constante registro de experiências que são avaliadas para determinar seu significado e sua importância.

De certo modo, a teoria de Jung sobre autorregulação da psique antecipa a teoria moderna da avaliação (*appraisal*). A experiência nova é constantemente organizada por modelos de trabalho internos inconscientes, em que o papel predominante das emoções vincula-se à cognição, ou seja, razão e emoção associam-se para a construção da subjetividade humana. A emoção seria gerada em função de interpretação ou avaliação subjetiva de determinada situação ou evento. A neurociência contemporânea aponta os processos de comparação e integração de informação no cerne do processo de construção do conhecimento, e estuda uma base neurofisiológica para a capacidade de metaforizar e para o papel das emoções na autorregulação. O cérebro está totalmente envolvido no processo de avaliação do significado da experiência e, via emoção, integra processos distintos, desde ação motora até abstração.[4]

Na teoria junguiana clássica, esse complexo sistema se estrutura em função de arquétipos, ou seja, a psique não é uma tábula rasa e, assim, existe a possibilidade de contar com predisposições inatas no desenvolvimento finalista. O Self é mais amplo que o ego, definido como centro da consciência, e configura a totalidade jamais plenamente alcançada e o seu centro impulsionador. Atualmente, um modelo emergencial, com princípios epigenéticos, é bastante enfatizado.

A concepção de um centro que transcende o ego é embasada em religiões e filosofias orientais, mas Jung formula o conceito para a psicologia quando oferece uma compreensão da atividade do inconsciente, que, se não deixa de ser primitiva e dominada por impulsos contraditórios, tem também a capacidade de contenção e de centralização a favor do desenvolvimento. Trata-se do percurso da vida – e estamos nos referindo à vida psíquica, com sua conflagração entre os opostos integração-desintegração, sempre atuantes. Ou seja, haveria um fator semelhante a um instinto que "busca" a totalidade.

No entanto, seria um equívoco entender um deus interior que dirige todas as ações humanas, apesar de ser a imagem divina quem melhor representa o Self. Trata-se de uma força que impulsiona a psique para seu pleno desenvolvimento, desprovida de racionalidade, a qual só pode ser conferida pelo ego.

Símbolo

Os princípios assinalados conduzem a um postulado emergencial simbólico. Jung era avesso a interpretações redutivistas e via no símbolo a união de consciente e inconsciente em que, por meio da função transcendente (termo provindo da matemática), a consciência adquire conhecimento e sentido. O significado independe de um tipo de decodificação: ele é múltiplo e interativo e, para configurá-lo, a razão por si é insuficiente. A riqueza da fantasia e a sua inerente pluralidade revelam-se para a consciência, que, por sua vez, as insere na temporalidade e na espacialidade. Desse modo, há especial consideração pelas fantasias espontâneas, pelos sonhos e pelos produtos da imaginação, mediante técnicas como a imaginação ativa ou a amplificação simbólica, e, assim, o símbolo é passível de ser integrado à consciência.

Jung entendia que a "natureza transcendental do simbólico", provinda de sua origem arquetípica, compunha para o ser significados que, ao mesmo tempo que ligam a psique à sua origem universal, inscrevem a história passada e a direcionam para o futuro. De certo modo, antecipa o desconstrutivismo pós-moderno, já que nada pode ser traduzido, "interpretado" e tão somente reconstituído em sua essência e transmutado a cada momento de vida.

> Como a experiência demonstra, os arquétipos possuem a qualidade de "transgressividade"; podem às vezes se manifestar de tal forma que parecem pertencer tanto à sociedade como ao indivíduo; são, consequentemente, numinosos e contagiosos em seus efeitos. [...] Em certos casos, essa transgressividade também produz coincidências significativas, isto é, fenômenos acausais sincronísticos.[5] [Tradução nossa]

O símbolo tem um poder de unificação em prol de uma totalidade que transcende a consciência e a sua fragmentação. "É o portador da salvação e do desastre ao mesmo tempo. O que ocorrerá, para o bem ou para o mal, depende da compreensão e da decisão ética do indivíduo."[6]

A fantasia é sempre simbólica, assim como a fantasia do incesto, que remete à libido de relacionamento e à fusão do consciente com o inconsciente. A fantasia somente seria patológica se concretizada. Jung também antecipa a importância da mãe no desenvolvimento, o que seria desenvolvido por Bowlby[7] com a teoria do apego, a qual também se alinha – ainda que não seja esse um construto do autor – com a teoria dos arquétipos.

Destaca-se em sua teoria o processo de individuação. Jung antecipou, na psicologia profunda, o estudo da personalidade saudável e das etapas da vida, com interesse no desenvolvimento da personalidade de modo harmônico, ainda que enfrentando embates e dicotomias.

O inconsciente é formado no seu aspecto pessoal – em grande parte – via repressão e fixação, também decorrentes da tendência à dissociabilidade de conteúdos que formarão complexos. O mesmo ocorre com os grupos, que podem constituir uma espécie de complexo grupal derivado, principalmente, de trauma coletivo (p. ex., guerras, catástrofes naturais). Mas, além de conteúdos subliminares, não necessariamente contraditórios, existe um potencial que se funde ao inconsciente pessoal e grupal e que nasce da condição universal da psique humana.

De acordo com o modelo de autossustentação via mecanismos de autorregulação psíquica, há um movimento finalista cujo objetivo, por assim dizer, seria a atualização das potencialidades do indivíduo, a fim de constituir o ser único que ele é. O processo de individuação faz parte da natureza humana e, assim como os demais afetos e emoções, tem papel impulsionador, ou seja, mobiliza imagens, sentimentos e ideias que aparecem via símbolos de centralidade, de união, de totalidade. Desse modo, o componente religioso e espiritual da psique seria primário, e não derivado de repressão ou de sublimação.

Análise

Perspectivas atuais em psicanálise focam a análise na relação com o analista, em que se daria a internalização de um novo modelo relacional trazendo uma mudança de estrutura, com dissolução de fixações.

Jung foi o pioneiro no reconhecimento do papel fundamental do analista em um processo dialético, assim como priorizou a compreensão da contratransferência e o seu emprego como instrumento analítico. Enfatizou que a mudança na análise não provém primariamente da interpretação, mas de uma relação interativa constante entre dimensões conscientes e inconscientes do paciente e do analista, tanto internas como externas. Ou seja, apesar de restritamente a transferência evocar repetição de modelos familiares, ela é eminentemente simbólica e dialética e deve ser compreendida como tal.

Por considerar limitante a interpretação redutiva, na qual os componentes são desmembrados até sua causa pregressa, Jung introduziu a formulação denominada prospectiva. Ou seja, toda análise deve ser seguida de uma síntese, pois, caso contrário, provoca um tipo de fragmentação e uma aparência de cura. Mais que o termo "cura" – apesar de se poder curar uma neurose obsessiva, por exemplo, ou uma depressão –, trata-se de realinhar a personalidade, de encontrar o sentido de vida que corresponda à autenticidade intrínseca do ser.

O sintoma precisa ser entendido em seu aspecto prospectivo, simbólico, apesar de fixado no momento. A terapia utiliza-se de recursos de imaginação e de fantasia, posto que nela se encontra uma vertente salutar.

A análise cria condições que possibilitam mobilizar o processo de desenvolvimento interno do paciente. A pessoa distingue-se como uma unidade autorreflexiva em interação com um outro e com seu mundo interno. É um processo de transformação mútua em que o analista está engajado plenamente, apesar de manter o fio condutor. Importa que o paciente continue em contato com seu inconsciente após finalizar a análise, já que se trata de "uma arte, uma técnica, uma ciência da vida psicológica" cujo domínio pertence à pessoa, e não ao terapeuta.[5]

Em uma descrição de um processo analítico com crianças, Denise Gimenez Ramos[8] refere-se à necessidade de cultivar um "espaço psíquico", tarefa essencial a toda análise, pois a restrição imposta por adversidades externas e por pressões internas coíbe um espaço onde se possa habitar com plenitude e vigor existencial.

Psicologia analítica

Os analistas que colaboram neste módulo são experientes clínicos e professores e, nos capítulos a seguir, abordam temas atuais de interesse teórico e aplicabilidade clínica, demonstrando a riqueza e a consistência da abordagem.

Mario Eugenio Saiz Loureiro realiza uma revisão atualizada do transtorno depressivo e tece a interface entre neurociências e psicologia profunda. A teoria e a prática da psicologia analítica são empregadas para propor uma organização de quadros depressivos de acordo com os distintos sistemas arquetípicos. A depressão é entendida como uma disfunção que a psiquiatria, isoladamente, não consegue alcançar via psicofarmacologia. A morte simbólica e o restabelecimento do eixo ego-Self necessitam ser compreendidos para que a integração psíquica se viabilize e o sofrimento se atenue.

Luiz Paulo Grinberg faz uma consistente revisão sobre o transtorno bipolar do humor, enfocando, principalmente, o diagnóstico de alguns subtipos, como os estados mistos. Discorre sobre distintas abordagens psicodinâmicas e se detém na abordagem da psicologia analítica e na leitura do mito de Dioniso, que remete à eterna busca humana por superar seus limites e ir ao encontro do divino. Por outro lado, é considerada a ferida narcísica primária. Assim como os outros autores, Grinberg assinala que a abordagem terapêutica deve, em alguns casos, ser mista: psicofarmacológica e psicoterápica.

Dartiu Xavier da Silveira Filho e Victor Palomo abordam a dependência química, os padrões de consumo de substâncias psicoativas e os limites da patologia. Esclarecem os estados alterados de consciência, o seu significado na cultura e nos ritos iniciáticos e a trajetória mítica do herói. A adição e a droga são amplificadas enquanto símbolos, e a delicada atuação do psicoterapeuta equilibra-se na árdua tarefa de diferenciação que os pacientes requerem.

Iraci Galiás e Nairo de Souza Vargas descrevem o estresse pós-traumático, a diferença entre crise e trauma e as pesquisas em neurociências que ajudaram a elucidar tal transtorno, acentuado na atualidade em decorrência de tensões e conflitos nos distintos espaços geográficos e culturais. A compreensão psicodinâmica simbólica é sublinhada com endosso do substrato arquetípico, principalmente com foco no herói, na criança divina, nos dinamismos parentais e no processo de individuação, quando cabe ao terapeuta o discernimento dos limites de sua intervenção.

No capítulo de minha autoria, trato da obesidade inserida nos transtornos alimentares, com uma revisão desses transtornos, das terapias empregadas e dos fatores subjetivos que costumam ser atrelados a tais quadros. Uma análise simbólica é realizada e a intervenção terapêutica vislumbrada mediante a metáfora da fome existencial.

Denise Gimenez Ramos trata da complicada nosologia dos transtornos somatoformes em uma perspectiva psicossomática junguiana e de sua polêmica distinção até os dias atuais. Apesar dessa dificuldade, a autora aponta a compreensão psicodinâmica simbólica para lidar com sintomas que, na maioria dos casos, causam graves limitações psicológicas e funcionais. O conceito de transdução é empregado para compreender tais sintomas e sua remissão ou sua atenuação mediante a inserção simbólica de uma "psique do corpo".

Nairo de Souza Vargas debruça-se sobre as relações conjugais e familiares, a sua vertente criativa e os transtornos decorrentes da relação paralisada, extenuada. A partir da estrutura e da dinâmica da personalidade, demonstra o papel do relacionamento íntimo que, além de externo, reflete um relacionamento interior. O processo terapêutico emprega a teoria dos vínculos e a análise simbólica e dos ciclos arquetípicos para enfrentar o desafio do conviver nesta época da pós-modernidade, quando padrões estabelecidos foram rompidos e os novos ainda estão em formação.

Ceres Alves de Araujo discorre sobre o autismo enquanto distúrbio do desenvolvimento, o conceito geral desse transtorno e a perspectiva arquetípica simbólica. Particularmente notório é o alerta para o reconhecimento de um desenvolvimento de "identidades diferentes", de um padrão arquetípico distinto do desenvolvimento normal, para o qual o terapeuta precisa empregar sua capacidade de reconhecer o diferente. Poderá, assim, ajudá-lo a conviver com a família e a sociedade, sem o desejo ilusório e pernicioso de trazê-lo à "normalidade".

Junto a Paulo Bloise, abordo a adolescência sob o enfoque do desenvolvimento normal e de suas crises, trazendo autores que tecem uma interface entre a psicologia analítica e a psicanálise. O simbolismo do ritual de passagem e de suas emoções inerentes é enfatizado.

Em suma, os capítulos oferecem uma leitura enriquecedora e um diálogo científico em termos do paradigma inovador criado pelo fundador da psicologia analítica, acrescidos de descobertas posteriores e da prática clínica dos autores.

Referências bibliográficas

1. Samuels A. New developments in the post-jungian field. Junguiana. 2008;26:19-30.
2. Stern D. The present moment in psychotherapy and everyday life. New York: W. W. Norton; 2004.
3. Prigogine I, Nicolis G. Self-organization in non-equilibrium systems. New Jersey: Wiley; 1977
4. Knox J. Who owns the unconscious? Or why psychoanalysts need to "own" Jung? In: Casement A, editor. Who owns Jung? London: Karnac; 2007. p. 315-8.
5. Jung CG. Two essays on analytical psychology. v. 7. Princeton: Princeton University Press; 1966. (Collected works of C. G. Jung).
6. Jung CG. Flying saucers: a modern myth. In: Civilization in transition. v. 10. Princeton: Princeton University Press; 1978. (Collected works of C. G. Jung). p. 307-436.
7. Bowlby J. Attachment and loss. v. 1. New York: Basic Books; 1969.

26 Depressão na Visão Analítica

Mario Eugenio Saiz Laureiro

Introdução

A história da depressão é tão antiga quanto a própria humanidade. A depressão como experiência está presente não apenas nos humanos, mas também em todos os primatas que desenvolveram um sistema límbico. Ela é uma estratégia adaptativa e individuante que evoluiu com a emergência do sistema cérebro-mente e que, em vista da plasticidade e da capacidade de criar consciência a partir da inter-relação com os contextos simbólicos, participa da criação do Ser e da configuração de uma cultura propriamente humana. Nesse contexto, a depressão é uma estratégia emocional estruturadora do desenvolvimento e da elaboração simbólica que caracteriza todo o processo de individuação, tanto pessoal como coletivamente.

De acordo com os estudos clínicos atuais, sentir-se deprimido ou triste não é suficiente para um diagnóstico de depressão. A depressão, entendida como sintoma, está presente na maioria dos transtornos psicopatológicos (esquizofrenia, obsessões, ansiedade) e também em transtornos médicos ou por abuso de substâncias. É o conjunto de sintomas e sinais, bem como suas relações, que constitui a *síndrome depressiva*, ou seja, um conjunto covariante de sintomas relacionados (tristeza, insônia, abatimento, falta de energia etc.). Portanto, se se emprega o termo *temperamento depressivo* como único critério para definir a depressão, incorrer-se-ia em um excesso de falsos diagnósticos positivos.

Cartografia diagnóstica e psicopatológica

Atualmente se dispõe de dois sistemas de classificação diagnóstica: a Classificação Internacional de Doenças – décima revisão (CID-10), da Organização Mundial da Saúde (OMS), e a quinta edição do Manual Diagnóstico e Estatístico de Transtornos Mentais (DSM-5), da American Psychiatric Association.[1] Neste último, a chave para compreender o sistema diagnóstico é o conceito de *episódio*, base sobre a qual se fundamenta toda a árvore nosológica das depressões. A combinação de um ou outro episódio, como atender ou não aos critérios diagnósticos, é o que vai configurar a definição dos diferentes tipos de transtornos depressivos, tendo como eixo o diagnóstico de *episódio depressivo maior*.

Esse critério embasa-se no requisito cronológico de duas semanas e o acréscimo de pelo menos cinco sintomas de uma lista de nove.[1] Trata-se, definitivamente, de um consenso entre psiquiatras para possibilitar intercâmbio e pesquisa.

Sob a perspectiva da psicologia analítica, a atitude epistemológica de Jung[2] foi visionária para a sua época, e chega até nós por meio desta primeira afirmação: "O critério segundo o qual estudamos a doença não deve e não pode se limitar à doença em si mesma [...] Deve basear-se na variação do normal" (tradução nossa). Portanto, a proposta de uma psicopatologia simbólico-arquetípica deve, necessariamente, ser construída a partir do conhecimento do desenvolvimento normal, já que a psicopatologia é uma variação desse conhecimento. Jung[3] também diz: "Toda vida individual é, ao mesmo tempo, a vida eterna da espécie" (tradução nossa), antecipando uma psicopatologia centrada na teoria da evolução, ou seja, uma psicopatologia evolutiva. Para essa psicopatologia, as emoções são sistemas de resposta ou modos especiais de funcionamento prefixados geneticamente e produtos da evolução, que possibilitam a adaptação ao ambiente, a suas ameaças e a suas oportunidades.

Os padrões arquetípicos de organização do comportamento são experiências típicas da espécie cuja evolução ocorreu da mesma maneira que a evolução da anatomia e da fisiologia humanas: são programas muito básicos que, mesmo estando contidos no genoma humano, não podem ser separados das variáveis ambientais para a sua expressão. As contribuições de MacLean[4] e as pesquisas dos etopsiquiatras Wenegrat[5], Gardner[6] e Stevens e Price[7] confirmam a proposição de Jung de que os arquétipos tinham um substrato neuronal relacionado a antigas partes filogenéticas do cérebro.

Stevens e Price[7] mostram que os transtornos psicopatológicos mais importantes podem ser concebidos como expressões inadequadas ou desordens das tendências evolutivas relacionadas a comportamentos adaptativos gerados por estratégias evolutivas compartilhadas por todos os membros da espécie, sejam eles saudáveis ou doentes. Os processos psicopatológicos são definidos, segundo Montañés e de Lucas[8], como processos não adaptativos, ainda que estejam organizados a partir de mecanismos desencadeadores inatos que inicialmente são adaptativos.

A inadaptação aparece quando a emergência do programa arquetípico se torna disfuncional na interação genoma-ambiente em etapas-chave da vida, e especialmente quando o ambiente, de modo parcial ou total, não satisfaz uma ou mais necessidades arquetípicas básicas para o desenvolvimento individual. Essas necessidades fazem referência a padrões de organização arquetípicos que são cruciais à espécie (apego, cuidado, proteção, alimento, *status*, sexualidade) e que evoluem em cada ambiente em particular, para otimizar a sobrevivência do organismo e a perpetuação dos genes.[7]

As necessidades arquetípicas são sustentadas em programas arquetípicos, os quais se desenvolvem na interação genoma-ambiente e são modulados pela polaridade *ansiedade-depressão*. Normalmente, ansiedade e depressão são *estratégias emocionais* que evoluíram, modulando o processo de adaptação. Em termos gerais e como exemplo, pode-se dizer que a depressão e a ansiedade são experiências universais e naturais que nós, humanos, compartilhamos com todas as espécies mamíferas. Quando a necessidade arquetípica não é satisfeita porque o programa não se desenvolve adequadamente na interação genoma-ambiente, a adaptação não é alcançada e a modulação ansiedade-depressão, que era adaptativa, torna-se des-adaptativa (rígida, repetitiva, compulsiva), ou seja, torna-se um *sintoma*. O ser fica des-centrado, des-organizado, e emerge em uma nova organização patológica, com uma estratégia autônoma que se expressa como ansiedade ou depressão patológica.

Na perspectiva de construir uma nova cartografia psicopatológica, as diferentes modalidades clínicas da depressão unipolar são a expressão de uma organização disfuncional de necessidades arquetípicas que alteram ou desorganizam nossa capacidade de funcionar ou, como propõe Beck[9], de nos relacionarmos com o mundo, conosco e com o futuro. As modalidades clínicas da depressão unipolar constituem um *continuum* entre personalidade e patologia, um espectro depressivo unipolar que compreende *personalidade depressiva, transtorno depressivo da personalidade, transtorno distímico* e *transtorno depressivo maior*.

No ser humano, essas estratégias adaptativas evoluíram com o processo de psiquização e, portanto, não abrangem somente as alterações neuroimunoendócrinas, mas também aquelas dos processos psíquicos de elaboração simbólica da relação eu-outro e de elaboração do significado pessoal e do sentido existencial. Nesse contexto, propomo-nos a continuar analisando a depressão como uma estratégia evolutiva que modula os processos em direção à *adaptação e*, também, à individuação.

Depressão como estratégia evolutiva

Os sentimentos de abatimento ou de depressão são velhos companheiros dos seres humanos e, em suas formas menos graves, têm, segundo Gilbert[10], funções filogenéticas *adaptativas*, como exigir a atenção e o cuidado dos demais ou constituir um modo de comunicação de situações de perda ou separação, ou uma maneira de conservar *energia* para poder fazer frente a posteriores processos de adaptação, conforme ressaltado por Whybrow et al.[11] Contudo, por sua duração, frequência, intensidade ou aparente autonomia, esses sentimentos podem interferir intensamente na capacidade adaptativa da pessoa, tornando-se patológicos. A causa imediata de muitas condições psicopatológicas dos transtornos depressivos é a previsão subjetiva de um provável fracasso na competência de dois recursos sociais altamente valorizados na adaptação, como o *apego* e o *status*.[7]

Em outras palavras, a depressão é arquetípica como estratégia emocional moduladora do desenvolvimento das estratégias evolutivas necessárias à adaptação. Além de ser uma estratégia *adaptativa*, é também uma estratégia *individuante*, especificamente humana e que, portanto, tem de ser compreendida na dinâmica do *processo de individuação*, descrito por Jung[12] como o processo que gera um "indivíduo" psicológico, ou seja, uma unidade, uma totalidade independente, indivisível. Em outras palavras, a *individuação* consiste na realização o mais completa possível do programa arquetípico de ser um só, uma unidade, uma totalidade, contanto que isso seja compatível com a responsabilidade ética.

A depressão como estratégia adaptativa participa da modulação homeostática do programa arquetípico que se desenvolve na inter-relação genoma-ambiente, da qual também participa a polaridade resiliência-vulnerabilidade. A experiência mostra que há quem tenha maior *resiliência*, entendida como a capacidade de superar a adversidade de determinadas situações e sair fortalecido delas. Outras pessoas apresentam maior fragilidade, maior *vulnerabilidade*, que não vem predeterminada no genoma, mas resulta da participação de aspectos filogenéticos e da história ontogenética do indivíduo, isto é, das contingências ambientais que configuram sua biografia e dos fatores epigenéticos que acompanham seu neurodesenvolvimento.

Seguindo essa linha de pensamento, Kandel[13] propôs o desenvolvimento de uma nova neuropatologia das doenças mentais, com base no conhecimento da maneira como determinadas moléculas, em regiões específicas do cérebro, tornam as pessoas vulneráveis a certos tipos de doença mental.

Na emergência dos programas arquetípicos, pode-se encontrar uma *vulnerabilidade genética* que, diante de eventos adversos precoces (traumas, abuso infantil, estresse cotidiano, eventos aversivos), configurará um *fenótipo vulnerável*. Esse fenótipo caracteriza-se pela hiperatividade do eixo adrenal e do sistema noradrenérgico e pela liberação de hormônio liberador de corticotrofina pelo hipotálamo, bem como por alterações na neurogênese e na neurotoxicidade no hipocampo.

Esse modelo das estruturas nervosas produzidas pelas experiências vitais mostra como as experiências do mundo externo modificam moléculas e circuitos biológicos determinados geneticamente e nos quais o fenótipo resultante configura distintos modos de processar e responder às frustrações, às dependências e ao próprio estresse da vida cotidiana. É esse fenótipo que produz, posteriormente, mudanças biológicas na ativação do eixo adrenal e do sistema nervoso autônomo, assim como mudanças de comportamento e do significado pessoal que são características da depressão.

A descentralização do eixo neuroimunoendócrino observada na depressão emerge, em parte, como resultado de um apego desadaptativo (ansioso, evitativo ou desorganizado) que acarreta biologicamente um aumento da secreção de glicocorticoides com repercussões sistêmicas, que produzem especialmente degeneração cognitiva por alterações e interrupção do crescimento e do trofismo neuronal. Esses fatores modelam também os aspectos psicodinâmicos e cognitivos dos diferentes traços de personalidade. Aqui influem, de maneira determinante, por um lado, as características e a duração do estímulo, e por outro, as estratégias de enfrentamento dos sistemas biológicos e psicológicos de que dispõe o indivíduo ameaçado.

A depressão como estratégia individuante caracteriza-se por contribuir para a modulação homeostática do programa arquetípico em desenvolvimento, participando da interação entre o consciente e o inconsciente, entre o individual e o coletivo, entre o ego e o Self.* Em outras palavras, participa da modulação dos processos de elaboração simbólica necessários à individuação.

A depressão pode ser considerada arquetipicamente um processo afetivo tão antigo quanto a própria vida. O transtorno depressivo é um processo dentro de outro processo, um processo psicopatológico no contexto do processo de individuação. Um processo que requer a elaboração simbólica como estratégia individuante para produzir a transformação do sentido existencial que toda depressão reclama. Isso requer que se possa transitar pela experiência da morte simbólica dos aspectos negativos do ego e de seu posterior renascimento, a partir de seu retorno da centroversão para o Self, possibilitando a reemergência do Eros profundo e, com ele, a transformação da personalidade e da vida.

No estado atual da neurociência, um dos horizontes de pesquisa que permanece inalcançável é precisamente o processo de elaboração simbólica no desenvolvimento pessoal e coletivo e, em consequência, a elaboração hermenêutica daquilo que é propriamente humano como universo simbólico. Possivelmente, esse é um caminho difícil de percorrer, por sua diversidade e grande complexidade, mas é crucial para a construção de uma dimensão integral da vida humana. Esse é o desafio para o futuro. É preciso construir, entre todos, um caminho aberto e criativo de diálogo entre neurociências e psicociências. É preciso cooperar com o desenvolvimento de um domínio especial do saber: a *psiconeurociência simbólica*.

---

* De acordo com Jung, o termo Self (Si mesmo) pode ser entendido como Totalidade e como Arquétipo Central enquanto princípio ordenador e regulador de todo o processo da psique em direção à totalidade. Em relação à denominação eixo ego-Self de Neumann[14], a expressão Self corresponde a Arquétipo Central.

Em suma, a iniciativa de estudar, a partir da psiconeurociência simbólica, os padrões que intervêm na psicopatologia simbólico-arquetípica responde à proposta de Jung de ter uma visão sistêmica ou de totalidade em relação ao fenômeno da vida, da psique e do corpo. Comenta Hillman:[15] "Sem psicopatologia não há totalidade; de fato, a psicopatologia é uma diferenciação dessa totalidade". A alma vê por meio da aflição, e nossa proposta de desenvolver uma nova cartografia psicopatológica é contribuir também para um novo olhar da alma sobre o humano, em que a depressão não é apenas um fenômeno desadaptativo, mas também adaptativo, no sentido de um fenômeno que responde a uma estratégia individuante.

Se, ontologicamente, o modo humano de ser no mundo consiste em buscar e criar significados, em ser uma possibilidade dentro da dimensão intersubjetiva, o desafio atual é poder identificar a permanência de padrões de organização do significado pessoal como base para a psicopatologia, da mesma maneira que se identificam diferentes constituições físicas na constância morfológica do corpo humano.

Mathers[16] fala de quanto pode ser importante chegar a se compreender a psicopatologia como uma *desordem do sentido*. A psicologia analítica, ao conceber os símbolos como estruturas estruturadoras que dinamicamente tecem a trama psíquica do significado pessoal, confere ao símbolo, de acordo com Jung, uma função transformadora de vital importância para o equilíbrio e a criatividade, que se desenvolve no sistema cérebro-psique. Os símbolos, como estruturas estruturadoras, emergem da atividade intersticial daquilo que Saiz[17] define como a fronteira entre consciente-inconsciente, individual-coletivo, saúde-doença, cérebro-psique, para configurar os diversos padrões do significado pessoal. A atividade geradora do simbólico está na função transcendente descrita por Jung[18] como a função responsável, em suma, pelas mudanças que ocorrem a partir da dimensão neuropsíquica dos modelos representativos e dos complexos, até a dimensão da construção simbólica de um novo sentido existencial, próprio de cada processo de individuação.

Construção de uma cartografia psicopatológica da depressão

A consideração psicopatológica dos transtornos depressivos requer, antes de qualquer coisa, que nos situemos no modelo antropológico de como se concebe o ser humano e, consequentemente, o humano doente. De uma perspectiva antropológica, sistêmica e analítica, o humano como uma totalidade que abrange sua diversidade e sua complexidade pode ser conceituado como um sistema cuja organização inteligente é aberta, dialética e simbólica. Podem-se diferenciar, pelo menos, três dimensões interativas, que se denominam *biológica*, *psicológica* e *existencial*. Por sua vez, enquanto ser humano, ele é um ser-no-mundo e não se pode dissociá-lo de seus ambientes estruturadores: *familiar*, *educativo*, *sociocultural* e *ecoambiental*. As interações entre essas dimensões e seus contextos possibilitam a emergência da quarta dimensão, a *dimensão de totalidade*.

A depressão como transtorno pode se expressar, inicialmente, em qualquer das três dimensões contextualizadas, na qualidade de constitutivas do ser humano. Em qualquer das dinâmicas da depressão (matriarcal, patriarcal, de alteridade ou de totalidade), encontra-se uma alteração – uma descentralização – de todo o ser, ou seja, de sua dimensão de totalidade. *Biologicamente*, apresenta uma alteração do eixo bioneuroendócrino proposto por Bonet;[19] *psicologicamente*, uma descentralização do eixo definido por Neumann como eixo ego-Self ou, nas palavras de Byington[20], como eixo simbólico, o qual inclui a descentralização daquilo que Vargas[21] denomina eixo tristeza-alegria. Por fim, *existencialmente*, Saiz[22] o define em termos de uma alteração do eixo axiológico. A depressão se expressa como uma perda da harmonia do corpo psíquico, do equilíbrio, do centro; nas palavras de Binswanger[23], uma verdadeira descentralização da existência.

A psicopatologia da depressão caracteriza-se por uma descentralização da relação ego-Self, muitas vezes originada na persistência de situações de estresse crônico, causado por faltas ou por excessos, em relação às polaridades frustração--gratificação, apegos-desapegos ou dependências-independências, e que a pessoa não pôde confrontar ou elaborar simbolicamente no transcorrer de sua individuação.

Na dinâmica das inter-relações genoma-ambiente ou vulnerabilidade-resiliência, o paciente não encontra o caminho para elaborar os símbolos do Self ou do Si mesmo, os quais ficam aprisionados nas estruturas defensivas da sombra, impedindo uma adequada estruturação da relação Eu-Outro e Eu-Si mesmo.[24] Essa descentralização do Ser pode ser compreendida psicodinamicamente como um movimento dual, o ego que se des-centra do Self, e o Self criando um movimento de transformação a partir da própria enfermidade, para abrir as portas a uma realidade que permanece fechada para a saúde. Os complexos não são somente feridas que causam dor e vozes que narram mitos, mas também olhos que veem o que as partes sãs e normais não podem vislumbrar: os novos caminhos de reintegração do fluxo axial ego-Self e as possibilidades de elaborar criativamente a depressão como um chamado à transformação do Ser.

A elaboração criativa ou defensiva dessas alterações, de acordo com Byington,[25] determina a modalidade como o processo da doença é vivido pelo paciente. A modalidade defensiva implica estreitamento da consciência em torno do que é velho e estabelecido. A modalidade criativa supõe, pelo contrário, uma ampliação de consciência que possibilite a construção de uma nova atitude e um novo estilo de vida, para os quais é necessária a elaboração simbólica do próprio sofrimento. Isso possibilita que os transtornos depressivos evoluam em direção a uma nova compreensão na qual o próprio desejo da morte física pode ser elaborado simbolicamente como uma experiência de morte-renascimento no sentido da individuação.

Portanto, saúde e doença podem ser vistas, como propôs Ramos, como representações simbólicas da relação ego-Self – a saúde como harmonia e a doença como ruptura, fracasso ou carência, que reclama atendimento para restabelecer a homeostasia não só no sentido biológico, mas em todas as dimensões do ser.[26]

Depressão e sistemas arquetípicos

Nessa perspectiva analítica, a depressão é a configuração de um modo de estar no mundo que emerge como uma descentralização da totalidade do ser na qual, sistemicamente, estão implicados processos *biológicos*, *psicológicos* e *existenciais*. A partir da psicopatologia simbólica-arquetípica, essa descentralização pode ser analisada como uma alteração que se expressa na dinâmica dos sistemas que Byington[27] chama de *matriarcal*, *patriarcal*, *de alteridade* e *de totalidade*. Será descrita, de maneira sintética, a dinâmica depressiva prevalente em cada um desses sistemas, com o propósito de aproximar o leitor de uma compreensão psicopatológica da organização depressiva.

Depressão na dinâmica matriarcal

Quando o sistema arquetípico comprometido pela patologia depressiva se configura de acordo com o padrão de organização matriarcal, dá-se ao transtorno a denominação psicopatológica *depressão matriarcal*. Sua alteração estrutural neuropsicoexistencial expressa uma disfunção na dinâmica do sistema arquetípico que gira em torno do padrão matriarcal de *apego*, em resposta às necessidades precoces e básicas de *cuidado*, *contenção*, *proteção* e *segurança*.

Psicopatologicamente, a organização defensiva no sistema matriarcal se expressa, disfuncional e simbolicamente, em nível de corporalidade, sensualidade e afetividade, assim como no mundo imagético e do desejo. Esse sistema arquetípico matriarcal correlaciona-se à atividade do *hemisfério cerebral direito*, do *sistema límbico* e do *sistema neuroimunoendócrino*. De acordo com MacLean,[4] pode-se relacioná-lo à mente *paleomamífera* que emerge das estruturas subcorticais que compõem o sistema límbico (hipotálamo, tálamo, hipocampo, amígdala, corpo caloso e septo) e a hipófise, onde estão presentes emoções como apego, raiva, ódio e amor com seus sistemas comportamentais associados, de união e pareamento.

Bowlby[28,29] introduz a ideia de *apego* na psiquiatria evolutiva para conceituar a tendência dos seres humanos a estabelecerem fortes laços emocionais com outras pessoas. O apego provém da necessidade de *proteção*, *segurança* e *contenção*, desenvolve-se precocemente, dirige-se a pessoas específicas e tende a perdurar ao longo do ciclo vital. A conduta de apego tem um valor de sobrevivência, proteção e segurança, está presente nos filhos de quase todas as espécies de mamíferos e, quando a figura de apego desaparece ou se vê ameaçada, a resposta é de intensa ansiedade e de forte reação emocional.

Quando os pais proporcionam à criança uma base de atuações seguras, isso determinará a capacidade da criança de estabelecer, na idade adulta, laços afetivos seguros. Se a meta do apego for manter o vínculo afetivo, as situações que põem em risco essa relação ativam condutas de apego mais poderosas: agarrar-se, chorar e coagir por meio de aborrecimento. Quando suas ações são bem-sucedidas, o vínculo é restabelecido, as atividades cessam e aliviam-se os estados de estresse e mal-estar. Se o perigo não desaparecer, sobrevém a rejeição, a apatia e o desespero. Quando os pais frustram ou gratificam em excesso as necessidades arquetípicas básicas para o desenvolvimento, surge uma criança ansiosa, insegura, que vivencia a si mesma como carente de confiança, tímida, inadequada e incapaz. Muitas vezes, apresenta dificuldades para manter relações duradouras e, diante de situações de estresse crônico, desenvolve transtornos de ansiedade, fóbicos e depressivos.

Portanto, a depressão matriarcal é vivenciada como uma disfunção ou uma alteração nas relações de apego, proteção, segurança e contenção, que se expressa nos níveis de afetividade, sensualidade e corporalidade. Em síntese, a depressão matriarcal é uma descentralização do eixo ego--Self em relação às estratégias afetivas de adaptação, do sentir-se contido, amado, seguro afetivamente e, em consequência, capaz de alcançar um desenvolvimento afetivo-cognitivo adequado às necessidades de cada individuação.

Depressão na dinâmica patriarcal

Quando o sistema arquetípico comprometido na patologia depressiva se configura de acordo com o padrão de organização patriarcal, dá-se ao transtorno psicopatológico a denominação *depressão patriarcal*. Sua alteração estrutural neuropsicoexistencial expressa uma disfunção na dinâmica do sistema em torno do padrão de *domínio*, que responde às necessidades de *status*, *posse* e *posição*. A organização depressiva defensiva, no sistema patriarcal, expressa-se psicopatologicamente de maneira disfuncional e simbólica em relação a delimitação, ordem, planejamento, hierarquia, uso do poder e modo de pensar e fazer.

A dinâmica do sistema patriarcal corresponde à atividade do *hemisfério cerebral esquerdo e dos sistemas volitivo-sensorimotor e associativo cortical*. Na descrição de MacLean,[4] esse sistema arquetípico encontra suas bases mais arcaicas no cérebro *archypallium* que abrange as estruturas da *medula*, do *tronco encefálico*, dos *núcleos da base* e do *bulbo olfatório*. Essas estruturas possibilitam comportamentos instintivos e automáticos, como a necessidade de domínio, *status*, competência por intimidação e ligação. Nesse nível, tem-se uma avaliação instintiva e inconsciente do perigo, a estratégia escolhida para se defender é inconsciente e, em muitas situações, consiste em queda do humor (depressão) quando se prevê um fracasso.

Desde a época ancestral, nossos antepassados competem por recursos básicos de comida, território e parceiro. Os animais podem medir sua capacidade de manter o poder em relação ao potencial de seus adversários, o que lhes possibilita perceber se devem fugir, atacar ou submeter-se a outros. Quanto mais êxitos tiverem, maior será a capacidade de manter o poder e a otimização reprodutiva. O equivalente humano da capacidade de manter o poder é a *autoestima*, e o fracasso tem efeitos similares na autoestima tanto nos seres humanos como nos répteis, nos mamíferos e nos primatas.

Evolutivamente, a competição pelo domínio territorial diminuiu para dar lugar à competição pelo *status*, o qual, uma vez adquirido, possibilita o acesso aos recursos desejados. A ativação desse mecanismo adaptativo pode se expressar como sintoma, ao atuar com estratégia autônoma. Muitas vezes, o desenvolvimento da depressão patriarcal está ligado a características de personalidade, como orgulho, perfeccionismo, ambição, tendência à culpa ou necessidade de voltar a raiva sobre si mesmo para preservar o objeto amado. Na depressão patriarcal, como destaca Vargas[21], são ativadas estruturas defensivas obsessivas, sentimentos de culpa e autoacusações.

Em suma, a depressão patriarcal expressa-se em uma descentralização do eixo ego-Self vinculado a estratégias basicamente cognitivo-afetivas de adaptação, de *status* de domínio, de delimitação e ordem e de hierarquia. Essa descentralização caracteriza-se por uma unilateralidade na discriminação das polaridades, especialmente da função avaliadora pensamento-sentimento. Isso conduz a uma desvalorização de si mesmo, uma queda na autoestima, uma alteração na hierarquia dos valores, com tomada de decisões inadequadas que geram conflitos e pensamentos/sentimentos de culpa, de ruína, de castigo e de suicídio.

Depressão na dinâmica de alteridade

As duas modalidades de depressão anteriormente descritas, uma caracterizada pelo dinamismo *matriarcal* configurado em torno de *apego, sensualidade, afiliação* e *cuidado*, e a outra caracterizada pelo dinamismo *patriarcal* organizado em torno de *domínio, posição, status* e *ordem*, respondem precisamente a dois dinamismos que, inicialmente e evolutivamente, são excludentes. É necessário um novo passo no processo de psiquização, o desenvolvimento de uma consciência relacional que possibilite a dialética das polaridades, isto é, a emergência daquilo que Byington[25] descreve como o Arquétipo de Alteridade, em que, dinamicamente, essas polaridades se relacionam, se complementam e se integram.

Portanto, quando o sistema arquetípico comprometido na patologia depressiva é configurado pelo Arquétipo de Alteridade,* o transtorno

---

* O Arquétipo de Alteridade é a principal contribuição da psicologia simbólica junguiana desenvolvida por Carlos Byington.[25] Implica o desenvolvimento da posição

psicopatológico é chamado de *depressão em alteridade*. Sua alteração estrutural neuropsicoexistencial expressa uma disfunção ou uma alteração na dinâmica do sistema arquetípico em torno do padrão de alteridade, entendido como *coniunctio*, como padrão *vinculante* ou relacional das polaridades, que se reúnem em resposta às necessidades de estabelecer relações simétricas entre o ego e o alter ego, ou seja, encontros autênticos, íntimos e profundos com o Outro, tanto em nível intrapessoal (ego-*Anima/Animus*) quanto em nível interpessoal (Eu-Você).

Essa modalidade depressiva configura-se psicopatologicamente em uma organização defensiva do sistema de alteridade, que se expressa simbolicamente em nível de encontro, de relações com o outro, com o mundo e consigo mesmo. Esse sistema arquetípico de alteridade correlaciona-se com a atividade coordenada dos hemisférios direito e esquerdo por meio do corpo caloso, em sua função vinculadora, intermediadora e conectiva entre ambos os hemisférios. Essa função relacional corresponde ao que MacLean[4] denomina mente *neopallium*, que emerge da conectividade cortical entre ambos os hemisférios e da conectividade cortical-subcortical. Também se reconhece essa função relacional na conectividade entre o sistema psiconeuroimunoendócrino e os sistemas associativos correspondentes, em diferentes níveis do sistema nervoso central.

Esse dinamismo promove o diálogo e a confrontação das polaridades em direção ao reencontro dessa unidade subjacente à emergência de toda polaridade. Portanto, a depressão na alteridade é vivenciada como uma disfunção na conectividade da vida, no vínculo amoroso, na conexão com o corpo, na relação com a ecologia profunda; em síntese, como uma descentralização, como um enfraquecimento na conectividade do viver.

Viver é conhecer, e conhecer é relação. A capacidade transformadora desse dinamismo de alteridade resulta desse relacionar ou *coniunctionar* as polaridades por meio da força vinculadora de Eros, possibilitando, como descreve Byington,[27] a criatividade profunda na arte, na ciência, na sociopolítica, na religiosidade e no amor. Os distúrbios desse dinamismo estão em torno do encontro com o outro e consigo mesmo, e podem se apresentar sob a forma do *desencontro*,

___
dialética ego-Outro e Outro-Outro na consciência, e representa o que há de mais complexo e profundo na elaboração simbólica, dando a todas as polaridades direitos iguais de expressão em um espectro que vai desde a oposição radical dos polos até a igualdade entre eles.

do *pseudoencontro*, da *falsidade* e do *engano*, assim como na falta de criatividade relacional e na incapacidade de dar-se a si mesmo e ao outro em suas mais diversas modalidades.

Quando uma relação perde sua força vital e não provoca nenhuma transformação, encontramo-nos diante de uma disfunção na criatividade relacional, que se expressa por vivências de desânimo, desinteresse, desmotivação e sensação de que a relação está morta e que morreu por falta de Eros. A alteração da própria relação ou seu sacrifício podem ser necessários para o resgate do sentido da vida, uma vez que não há perda maior, escreve Vargas[21], que a de uma vida não vivida.

Depressão na dinâmica de totalidade

Quando o sistema arquetípico comprometido pela patologia depressiva configura-se de acordo com o Arquétipo de Totalidade, dá-se ao transtorno psicopatológico a denominação *depressão existencial* ou *depressão no dinamismo de totalidade*. Sua alteração estrutural expressa uma disfunção do sistema em torno do padrão de totalidade, em resposta às necessidades de sentido vital, existencial e cósmico, de transcendência e completude, de encontro com o Si mesmo.[24]

Psicopatologicamente, a organização defensiva no sistema de totalidade expressa-se disfuncional e simbolicamente no construir-descobrir o sentido existencial, na contemplação da trama transcendente e misteriosa da vida como um todo, assim como no sentir a conectividade das partes com esse todo.

Na psicodinâmica desse sistema, a alteração no exercício do desapego, a contemplação e a função sacrificial na relação – por exemplo, na velhice – podem causar, como descreve Byington,[25] um apego desesperado, uma ansiedade patológica diante de uma existência vivenciada como vazia ou uma depressão niilista como experiência defensiva diante do nada.

O mundo é vazio e distante, a vida não se sustenta por meio da atenção das necessidades mais simples. É difícil suportar a vida quando ela se transforma em uma realidade de morte, em que a morte não é vivenciada como símbolo de transformação, mas como o nada, como algo sem sentido. Prevalece a atitude niilista que sustenta que o mundo, e em particular a existência humana, não tem nenhum significado, propósito, verdade ou valor essencial superior a que nos apeguemos.

Há desvalorização dos valores supremos, na qual o contato com o absoluto é impossível porque, como escreve Nietzsche,[30] "Deus está morto"; consequentemente, surge uma crise do sentido e a convicção de que a existência é absolutamente insustentável, vazia e carente de significados. Essa é uma atitude niilista defensiva, passiva, que não crê em nenhum valor, visto que considera que este só é possível se Deus existir e, como não existe, acaba em desespero, inação, renúncia ao desejo, suicídio. Jünger e Heidegger[31] descrevem isso como um estado em que nada resta do Ser em si; é um niilismo que se apoia na redução do Ser a um mero valor.

Por outro lado, o niilismo criativo, ativo, tenciona a destruição completa dos valores vigentes e propõe sua substituição por outros valores radicalmente novos. Esse é o polo criativo do niilismo, que não se encerra no fato de que tudo termina no suicídio, mas se abre a um novo momento na história da cultura, a um reencontro com o sentido de terra, ao aparecimento de uma nova moral e de um novo ser humano.[32]

O resgate da relação com a totalidade implica a possibilidade de reencontrar, de acordo com Vargas[21], um sentido maior para a existência e o profundo sentido que a morte tem para a vida. Para Byington,[27] nessa dimensão, o ego e o Outro têm de encontrar o caminho para se reaproximar, para que as polaridades sejam diluídas pela emergência de uma unidade diferenciada que possibilite que a consciência vivencie o Todo.

Por fim, surge a questão: em que contribuem essas diferentes modalidades do depressivo (matriarcal, patriarcal, alteridade e totalidade) para a compreensão psicopatológica da organização depressiva subjacente a essas modalidades e a suas manifestações clínicas?

As distintas modalidades psicopatológicas da depressão mostram que, segundo o padrão arquetípico predominante (matriarcal, patriarcal, alteridade, totalidade), ainda que a organização depressiva que se configura possa ser definida conforme a predominância das relações de apego (matriarcal), de *status* de domínio (patriarcal), de relação com o Outro (alteridade) ou de sentido com o Todo (totalidade), sempre e em cada uma das modalidades encontra-se uma descentralização de todo o Ser, na qual todas as suas dimensões são afetadas e todos os seus sistemas são alterados.

Em outras palavras, a depressão é uma estratégia arquetípica, *adaptativa* e *individuante*, que, mesmo tendo sua expressão inicial em uma modalidade específica determinada pelo dinamismo arquetípico prevalente, quando se torna uma alteração (desorganização) patológica, compromete todas as dimensões e contextos do Ser, além de ter uma expressão própria de acordo com a história evolutiva individual.

Portanto, o que define o padrão arquetípico dessa organização depressiva? Em um primeiro esboço, pode-se dizer, uma descentralização do ser na qual estão comprometidas as relações ego-Self, expressando-se nas relações de apego, de *status* de domínio e de autoestima, assim como nas relações com o alter ego e com a totalidade, ou seja, com a própria vida. Caracteriza-se essa organização depressiva como uma descentralização, por insuficiência ou por excesso, na dinâmica do Eros como força vital, como poder vinculante, entre o Eu e o Outro, entre o Eu e o Mundo, entre o Eu e o Si mesmo.

Essa dinâmica expressa-se no fato de que a pessoa deprimida não pode se sentir amada e não é capaz de amar; por isso, muitas vezes, desespera-se ou se culpa por não alcançar a intimidade emocional, por se sentir vazia ou por ter perdido o sentido existencial de sua vida. Essa desvitalização do Eros expressa-se em um estado de ânimo triste, abatido, pessimista, desesperançoso e vazio. Reconhecem-se diferentes maneiras de expressão dessa depressão, tanto nas dimensões biológica, psicológica e existencial como em seus contextos, e também reconhece-se outra maneira de se apresentar, aquela das modalidades que formam o *continuum* do espectro depressivo unipolar que compreende personalidade depressiva, transtorno depressivo da personalidade, transtorno distímico e transtorno depressivo maior.

Modalidades de intervenção

Há três modalidades de intervenção para o tratamento da depressão: *psicofarmacológica*, *psicoterapêutica* e *tratamento combinado*. De todo modo, as indicações são específicas para cada paciente, de acordo com diagnóstico, evolução, comorbidade e características da personalidade. Por sua vez, os melhores resultados são obtidos, como mostra a pesquisa, combinando-se a psicofarmacologia com a psicoterapia. Balon,[33] Kaplan[34] e a revisão sistemática de Pampallona et al.[35] sobre tratamentos combinados de psicoterapia e psicofarmacoterapia em depressão confirmam o benefício do tratamento combinado; no entanto, em vista do espaço aqui disponível, limitamo-nos ao campo específico da psicoterapia dos transtornos depressivos.

Psicoterapia

Na perspectiva da psicologia analítica, os símbolos são a linguagem em que se expressa a psique e, portanto, a modalidade em que a própria depressão pode ser compreendida e trabalhada. Por conseguinte, o trabalho com os símbolos revela em que sentido se dirige a transformação do ser. O transtorno depressivo como emergente do fluxo ego-Self configura-se como uma descentralização do processo normal de elaboração simbólica cuja finalidade, além de transformar a identidade do Eu e do Outro, é criar uma ampliação da consciência e do sentido de vida que conecta cada um, por sua vez, com a dimensão existencial, em seus níveis axiológicos e transcendentes; em suma, com a *dimensão de totalidade* do ser humano.

Esse desvio do processo se deve, segundo Byington,[27] à ativação das estruturas defensivas sobre as estruturas criativas, que se organizam como sombra patológica ou cronificada. Por sua vez, o domínio do Self faz com que o símbolo igualmente se expresse a partir da sombra patológica, sob formas de conduta inadequadas ou sintomáticas próprias da depressão. Não é suficiente suprimir o sintoma, isso é a redução do tratamento em detrimento do enfermo. As expressões de tristeza, dependência, frustração, perda e morte, em sua estruturação defensiva ou patológica, estão na gênese da depressão e precisam ser transformadas significativamente para que o paciente se recupere.

Essas vivências simbólicas podem ser trabalhadas mediante diferentes técnicas expressivas – verbais, corporais, psicodramáticas, imaginativas, psicoplásticas, caixa de areia e outras – que possibilitem a amplificação necessária a todo processo de elaboração simbólica.

Se essas vivências simbólicas não são elaboradas, passam a se organizar como estruturas depressivas defensivas e se apresentam, por exemplo, como desânimo, desinteresse, desesperança, isolamento, decepção, indignidade, fúria, raiva, hostilidade e agressividade, contra si mesmo e contra os outros e, muitas vezes, como culpa e morte.

A pessoa deprimida vive em função do passado, um passado de saúde, de menor dependência, de maior vitalidade. Vive na negação do presente como possibilidade de criar uma nova experiência existencial a partir da compreensão do sentido de sua doença. E vive, por fim, carente de um futuro real, já que só persiste um futuro irreal, cheio de frustrações, incertezas e autodestruição.

Depressão como morte física | Suicídio

Os pacientes com transtornos depressivos fazem uma imperiosa tentativa de *retornar à situação passada, ao velho núcleo de sentido egoico.* A depressão aparece como um distúrbio específico do *eu* vinculado ao processo de *introjeção.* Para Byington,[36] o eu vê negativamente o outro, o mundo, mas isso se deve ao fato de ver a si mesmo como muito pior do que, na realidade, é. Culpa-se, critica-se e, muitas vezes, a autodestruição aparece como única opção.

A prevalência de estruturas defensivas depressivas tem sua expressão extrema no suicídio como morte física. Em uma personalidade com predomínio do dinamismo *matriarcal*, a morte é valorizada como uma maneira de acabar com o sofrimento e a dor. Prevalece um sentimento de descansar e se aliviar. Por outro lado, se o dinamismo dominante é *patriarcal*, predomina a crítica a si mesmo, o paciente se sente condenado a uma vida de recriminações, se sente injustamente castigado e, portanto, a morte é valorizada como resposta à culpa e à necessidade de castigo.[20]

A alternativa criativa é dada pela elaboração simbólica dos diferentes sintomas, em especial pelos sofrimentos gerados de dependências, frustrações, perdas e mortes. Isso possibilita que os transtornos depressivos evoluam para uma nova compreensão, em que o desejo da morte física pode ser elaborado simbolicamente como uma experiência de morte-renascimento no sentido da individuação.

Depressão como morte simbólica | Egocídio

A partir da psicologia analítica, considera-se, de modo breve, esta segunda alternativa como um caminho eficaz para o tratamento dos pacientes deprimidos e, muitas vezes, com risco de suicídio. Pode-se descrever esse enfoque, segundo Rosen,[37] como morte do eu e transformação.

A pessoa deprimida não tem por que morrer completamente, só uma parte de sua psique deve morrer: o aspecto negativo do eu que sente falta da vida passada. O paciente deve renunciar, sacrificar ou transformar essa parte destrutiva da psique correspondente ao seu velho eu. A imagem do eu dominante e a identidade negativa devem morrer para possibilitar a *transformação* psíquica. A identidade consciente do eu morre. Os pacientes, simbolicamente, sacrificam ou matam as perspectivas que tinham de si mesmos e da vida. Não obstante, seu Si mesmo não é destruído. Dessa maneira, o paciente pode desenvolver uma nova identidade do eu, possibilitando que o seu Si mesmo o conduza a um novo sentido existencial. A pessoa transita por uma série de etapas, que passam a ser descritas, de acordo com Rosen,[37] como uma experimentação de morte simbólica, a morte do eu ou egocídio, mas não a morte do ser.

Na primeira etapa, o paciente quase sempre mostra resistência ao tratamento e à transformação que isso implica, e expressa muita negatividade e raiva. É um comportamento que põe à prova o terapeuta em sua capacidade de aceitá-lo e construir um vínculo de confiança consigo mesmo que, por sua vez, possibilite uma construtiva regressão a serviço do ego. O regresso a um ego positivo, no qual sejam enfatizadas todas as vantagens, capacidades e talentos do paciente, para assim criar um lugar seguro no qual possam se identificar, confrontar, compreender e elaborar os medos, os temores e os aspectos negativos de seu estar deprimido.

Alcançado esse primeiro objetivo, é igualmente importante considerar as introjeções negativas do ego para confrontá-las com suas partes negadas (transtorno mental, perdas, dependências) e poder realizar a morte simbólica: o egocídio. Durante a parte final dessa primeira etapa, o paciente tem uma vivência muito intensa e, ainda que a morte do eu baseie-se em deixar morrer somente uma parte dele, sente-se morto. Por isso, o paciente deprimido deve viajar por um processo de pesar, pesar pela perda da imagem e da identidade do eu.[37]

Na segunda etapa, o paciente se sente geralmente "morto" e extremamente dependente. Torna-se ansioso, confuso, abatido e retraído. Tem uma importante dependência do profissional, do tratamento ou de algum familiar, os quais funcionam como se fossem uma grande mãe nutriz. O ego começa a reconstituir-se, reintegrar-se e fortalecer-se, à medida que faz uma regressão a serviço do Self, ou seja, uma volta a um nível mais profundo de contato com o seu centro: o Si mesmo. No final dessa segunda etapa, o paciente começa a ter a esperança de uma mudança significativa em sua vida e, como resultado, a depressão diminui.

Em uma terceira etapa, produz-se a separação simbólica do paciente dessa relação de dependência criada com o terapeuta, com a família ou com o próprio tratamento multidisciplinar. É uma experiência de morte-renascimento, na qual se trabalha para pôr fim à dependência, mediante a morte simbólica do ego-dependente. A adição à vida anterior se tornou uma adição à irrealidade, própria do deprimido, e deixa pouco espaço para uma vida nova e com um sentido diferente.

Qualquer que seja a causa a impelir uma pessoa a buscar a morte, existe sempre uma alternativa melhor que o suicídio. Contemplar a morte do eu é um ato de transformação criativa; humilhante, mas curativo. Em conclusão, observa-se que existe uma ampla diferença entre a morte do eu – egocídio – e a morte física – suicídio.

De qualquer maneira, essas experiências são semelhantes em um aspecto crucial: ao longo do caminho, é preciso atravessar, tanto no suicídio como no egocídio, uma mesma angústia e uma mesma e intensa dor. Dizer que o egocídio é um suicídio simbólico não o torna um ato menos desafiante e violento.[37] A chave para compreender essa transformação reside em poder apreciar a função estruturadora do sofrimento humano como símbolo de transformação.

Uma das chaves de todo o tratamento dos transtornos depressivos, sob essa perspectiva psicológica e existencial, é que a vida do paciente deprimido implica um sofrimento que se quer compreender simbolicamente a partir de sua própria história. Nenhum ser humano pode viver e superar seu próprio sofrimento se, de algum modo, não conseguir dar um sentido ao que padece.[38] Nessa atribuição de sentido realiza-se a função sacrificial da psique: elaborar o sofrimento como sacrifício como experiência de morte-renascimento – a experiência da morte de uma vida que é necessário abandonar, que se perde, e o renascimento de um novo modo de existência, de um novo sentido ético-transcendente da vida e da morte, que vai sendo elaborado e descoberto a partir do sofrimento.

Surge então um novo sentido existencial que dignifica a vida ao integrar, de maneira humanizada, a doença e seu tratamento ao processo de individuação do paciente, no qual o depressivo é somente um momento constitutivo na crise de transformação da vida.

Sob a perspectiva mitológica, o mito de Cronos-Saturno introduz o caminho arquetípico da individuação, mostrando quatro momentos constitutivos na transformação do ser que busca renascer para uma nova vida a partir de seu estar deprimido.

Trata-se de compreender o processo arquetípico implicado nesse desenvolvimento mitológico, o qual começa com o nascimento do filho (Cronos) a partir da morte do pai (Urano); colocado de outra maneira, é a emergência do *puer* a partir da morte do *senex*. Logo, consolidado em seu poder, o *puer* se transforma em um pai-*senex* (Cronos-Rei) que resiste a toda possibilidade de mudança, a todo nascimento do que é novo, porque não quer perder o conquistado; porque se sente ameaçado, em seu poder constituído, precisamente pelos filhos de uma nova geração (Zeus-Olímpico). Esses dois estágios iniciais do desenvolvimento mostram psicologicamente a ruptura radical entre as forças conservadoras, socialmente estabelecidas, e as forças de uma nova ordem heroica, entre o núcleo do velho ego e a renovação proveniente do Self.[32]

O ciclo de morte-renascimento perpetua-se. As dificuldades do crescimento e o medo de Cronos de aceitar a transformação necessária para seu desenvolvimento, para sua individuação pessoal e coletiva, constituem a base para a queda da ordem estabelecida e para o seu próprio desterro, que dará origem a uma nova geração de deuses olímpicos.

Cronos, desterrado na profundidade da terra, em contato com as forças arquetípicas inconscientes, renasce transformado e se torna um soberano sábio e benéfico dos homens. O ego renasce, a depressão conclui seu ciclo e a resposta criativa expressa a unificação dos polos opostos – ou, pelo menos, o reencontro entre o velho e o novo, entre o *puer* (menino) e o *senex* (velho), entre o ego e o Self.[39] Nasce simbolicamente um novo filho: Cronos, "o semeador". Nasce um novo ego, um alter ego. A temporalidade é restabelecida.[40] A criatividade da vida volta a fluir sob a forma de Eros.

Considerações finais

Amézaga e Saiz[41] propõem a importância de pesquisar o padrão de organização do depressivo como padrão arquetípico que tem sua expressão na organização de estratégias evolutivas que servem para a adaptação ou podem se transformar em des-adaptativas e, finalmente, patológicas. Posteriormente, considera-se a depressão não apenas em sua função adaptativa, mas também na individuante. Nesse sentido, a conferência do professor Carlos Byington[42] introduz o conceito de depressão como uma função estruturadora muito importante no desenvolvimento da elaboração simbólica, podendo se tornar patológica quando se torna rígida, fixa, repetitiva e, portanto, não elaborada.

Retomando esse conceito de depressão como função estruturadora normal, vê-se que se torna ativa diante do sofrimento e faz com que o ego, de acordo com o dinamismo prevalente, se des-apegue (dinamismo matriarcal), se des-potencialize (dinamismo patriarcal), se des-una (dinamismo de alteridade) ou se des-integre no sentido de experimentar o vazio, o nada, a perda da integridade (dinamismo de totalidade) em relação a outras funções estruturadoras da elaboração simbólica. Essa retirada da libido das funções estruturadoras em curso "desanima" a personalidade de qualquer outro projeto em curso. Ou seja, a ativação da função estruturadora da depressão diminui o entusiasmo e instala o desânimo, o abatimento, a tristeza, o pessimismo, a falta de energia. É um procedimento normal, necessário e imprescindível para elaborar e integrar o sofrimento oriundo dos símbolos feridos. A função estruturadora do sofrimento, isto é, a dor psíquica, está presente em toda elaboração simbólica.[42]

A transformação no trabalho pessoal requer que o velho possa morrer para dar lugar ao nascimento, à criação do novo; por isso, a função sacrificial, que é a função estruturadora da transformação e do intercâmbio, está presente em toda elaboração simbólica junto à função transcendente que possibilita a emergência dos novos símbolos. O ego velho morre (egocídio) para dar lugar ao ego que renasce transformado. Da mesma maneira que, para um médico, a queixa de dor é um pedido de ajuda do organismo ferido, a depressão deve ser considerada um símbolo do organismo psíquico que pede um novo sentido, o qual emerge a partir da reconexão com a sombra e com a qualidade recreativa do inconsciente.

Byington[25] destaca, com muita ênfase, a relevância de que o terapeuta aceite a depressão e a acolha, pois estará admitindo que foi solicitado a atender a um pedido de ajuda e a cooperar na elaboração simbólica das vivências de um ser humano que sofre. Recorde-se o que Jung escreve no prólogo do livro de Víctor White, *God and the Unconscious*:[43] o objeto de nossos esforços é constituído pelo ser humano que sofre e se encontra enfermo em termos anímicos, e que precisa tanto de uma atenção somática, ou seja, biológica, quanto de uma espiritual, isto é, religiosa. Uma neurose não é um fenômeno encerrado em uma cápsula e circunscrito a alguns limites precisos, mas uma reação do ser *integral*.

Ao perceber a depressão como uma função estruturadora que é ativada no sofrimento e nas frustrações humanas, vê-se seu potencial para confrontar a alienação do Ser e propiciar a busca da integridade.[25] A depressão, como a própria vida, é a expressão de um paradoxo: pode tanto levar ao suicídio como à transformação criativa; submerge-nos na introversão para alcançar uma centroversão profunda na direção do encontro com o Self. Com isso, a vida volta a brotar, a emergir com um novo sentido que, uma vez mais, no dinamismo da psique, terá de morrer para continuar renascendo. É claro que isso só é possível se Eros estiver presente como força vinculadora que nos reconecta de uma nova maneira aos outros, à vida, ao próprio mistério do amor, no qual o sofrimento é a experiência mais profunda de sua transformação e de sua morte.

Referências bibliográficas

1. American Psychiatric Association. DSM-5: manual diagnóstico e estatístico de transtornos mentais. 5. ed. Porto Alegre: Artmed; 2014.
2. Jung CG. Transformations of dream problems from romanticism to the present. v. 18. New Jersey: Princeton University Press; 1980. (Collected Works.)
3. Jung CG. Psicología y religión. v. 11. Madrid: Trotta; 2008. (Obras Completas.)
4. MacLean P. The triune brain, emotion, and scientific bias. New York: Schmitt; 1970.
5. Wenegrat B. Sociobiology and mental disorder. Menlo Park: Addison-Wesley; 1984.
6. Gardner R. Psychiatric syndromes as infrastructure for intraspecific communication. In: Chance MRA, editor. Social fabrics of the mind. New Jersey: LEA; 1988. p. 197-226.
7. Stevens A, Price J. Evolutionary psychiatry: a new beginning. London: Routledge; 2000.
8. Montañés F, de Lucas MT. Aspectos evolucionistas de los trastornos afectivos, revisión crítica y propuesta de un nuevo modelo. Actas Esp Psiquiatr. 2006;34(4):264-76.
9. Beck AT. Cognitive therapy of depression: new perspectives. In: Clayton P, Barret J, editors. Treatment of depression. New York: Raven Press; 1983. p. 265-84.
10. Gilbert P. Depression: the evolution of power-lessness. New Jersey: LEA; 1992.
11. Whybrow PC, Akiskal HS, McKinney WT. Mood disorder: toward a new psychobiology. New York: Plenum; 1984.
12. Jung CG. Conciencia, inconsciente e individuación. v. 9. Madrid: Trotta; 2002. (Obras Completas.)
13. Kandel E. Psychiatry, psychoanalysis and the new biology of mind. Washington, DC: American Psychiatric Publishing; 2005.
14. Neumann E. The child. New York: Putnam's Sons; 1970.
15. Hillman J. Re-imaginar la psicología. Madrid: Siruela; 1999.
16. Mathers D. An introduction to meaning and purpose in analytical psychology. London: Brunner-Routledge; 2001.
17. Saiz ME. Latin America: cartography of frontiers and symbolic intersticies. In: Proceedings of the 15th International Congress for Analytical Psychology. Cambridge: Daimon Verlag; 2003. p. 501-13.
18. Jung CG. La función trascendente. v. 8. Madrid: Trotta; 2004. (Obras Completas.)
19. Bonet L, Luchina C. Dossier: Psiconeuroinmunoendocrinología. Vertex. 1995;1:21-3.
20. Byington C. Arquétipo da vida e arquétipo da morte. Junguiana. 1996;14:92-115.
21. Vargas NS. Teorias psicodinâmicas: a visão da psicologia analítica. In: Lafer B, Almeida OP, Fraguas R, Miguel Filho E, organizadores. Depressão no ciclo da vida. São Paulo: Artes Médicas; 1999. p. 102-8.
22. Saiz ME. Depresión: ¿un camino de transformación? Prisma. 2002;18:118-47.
23. Binswanger L. El caso de Ellen West, estudio antropológico-clínico. In: May R, Angel E, Ellenberger H, editores. Existencia. Madrid: Gredos; 1973. p. 288-434.
24. Jung CG. La función de lo inconsciente. v. 7/I. Madrid: Trotta; 2007. (Obras Completas.)
25. Byington C. Psicologia simbólica junguiana: a viagem de humanização de cosmos em busca da iluminação. São Paulo: Linear B; 2008.
26. Ramos D. A psique do corpo: uma compreensão simbólica. São Paulo: Summus; 1994.
27. Byington C. A construção amorosa do saber: o fundamento e a finalidade da pedagogia simbólica junguiana. São Paulo: Religare; 2003.
28. Bowlby J. The making and breaking of affectional bonds. Brit J Psych. 1977;130(1):201-10.
29. Bowlby J. The making and breaking of affectional bonds. Brit J Psych. 1977;130(2):421.
30. Nietzsche F. Así habló Zaratustra. Madrid: Alianza Editorial; 1988.
31. Jünger E, Heidegger M. Acerca del nihilismo. Barcelona: Paidos; 1994.
32. Stein M. Devouring father. In: Hillman J, Neumann E, et al. Fathers & mothers. Dallas: Spring Publications; 1973.
33. Balon R. Developments in treatment of anxiety disorders: psychotherapy, pharmacotherapy, and psychosurgery. Depress Anxiety. 2004;19(2):63-76.
34. Kaplan M. Psychoanalysis and psychopharmacology: art and science of combining paradigms. In: Panksepp J, editor. Biological psychiatry. New York: Wiley-Liss; 2004.
35. Pampallona S, Bollini P, Tibaldi G, Kupelnick B, Munizza C. Combined pharmacotherapy and psychological treatment for depression: a systematic review. Arch Gen Psychiatry. 2004;61(7):714-9.
36. Byington C. Arquétipo e patologia: introdução à psicopatologia simbólica. Junguiana. 1987;(5):79-126.
37. Rosen D. Transforming depression. New York: G. P. Putnam's Sons; 1993.
38. Saiz ME. Tecnología, depresión y transformación. Aportes epistemológicos en clínica. Junguiana. 1998;(1):7-17.
39. Saiz ME. Arquetipos, mitos y depresión. Prisma. 2002;18:217-31.
40. Saiz ME. Simbolicidade e temporalidade. Junguiana. 1986;(4):79-97.
41. Amézaga P, Saiz ME. Depresión, arquetipos y neurociencia: construyendo un diálogo entre psicología analítica y neurociencia. In: Cowan L, editor. Proceedings of the 16th International Congress for Analytical Psychology. Einsiedeln: Daimon Verlag; 2006. p. 1012-32.
42. Byington C. La depresión normal y el futuro de la civilización – un estudio de la función estructurante de la depresión por la psicología simbólica junguiana. In: Conferencia Presentada en el V Congreso Venezolano de Psicoterapia, realizado por la Asociación Venezolana de Psicoterapia (AVEPSI); 15 de junio de 2007; Caracas.
43. Jung CG. Prólogo al libro de Víctor White – God and The Unconscious. v. 11. Madrid: Trotta; 2008. (Obras Completas.)

27 Transtorno Bipolar do Humor sob a Perspectiva da Psicologia Analítica

Luiz Paulo Grinberg

> *Nós que pertencemos ao ofício*
> *somos todos loucos*
> *Alguns são afetados pela alegria,*
> *outros pela melancolia,*
> *Mas todos somos mais ou menos tocados.*
> Lord Byron

Introdução

George Gordon, conhecido como Lord Byron (1788-1824), era descrito como um sujeito mercurial e extravagante, e apresentava episódios recorrentes de melancolia agitada que pioraram progressivamente com o tempo. Seu temperamento era volátil, acompanhado de ataques ocasionais de raiva.

Em sua família, havia fortes antecedentes de suicídio e instabilidade emocional que remontavam à sua bisavó paterna, Frances, que teve cinco filhos com William, Lord Byron IV. A filha mais velha desse casal era considerada altamente excêntrica, além de ter passado por muitas dificuldades financeiras. William, seu irmão, ficou conhecido como *wicked lord* – o "lorde perverso". Era de temperamento violento, tinha comportamentos bizarros, cometia extravagâncias financeiras e foi julgado pelo assassinato de um primo. O quinto Lord Byron, avô de George, tornou-se vice-almirante da marinha britânica e sofria de crises durante as quais perdia a razão. Casou-se com uma prima de primeiro grau, Sophia Trevanion, hipersensível e de temperamento mercurial, que apresentava altos e baixos de humor. Sophia, avó de George, era sobrinha de Frances, a bisavó.

O pai de George, John Byron, era conhecido como "Mad Jack" por suas extravagâncias financeiras no jogo e seu estilo de vida sombrio. Era de temperamento inflamável e selvagem, sofria de alcoolismo e, provavelmente, cometeu suicídio.

Após a morte de sua primeira mulher, John Byron casou-se com uma escocesa, Catherine Gordon de Gight, cuja fortuna ele rapidamente dilapidou.

O lado materno da família de George era mais comprometido que o lado paterno. Sua mãe, Catherine, foi descrita como uma mulher de temperamento violento e apresentava intensas alterações de humor que iam da oscilação à loucura. O avô materno, de quem Byron herdou o primeiro nome, George Gordon, provavelmente se suicidou, morrendo afogado, assim como seu bisavô. Finalmente, a filha de Byron, Ada ou condessa de Lovelace, apresentava delírios de grandeza, também foi uma jogadora compulsiva e tinha episódios recorrentes de melancolia grave. Lord Byron morreu aos 36 anos, de uma febre inexplicável, enquanto servia na guerra da Grécia contra os turcos, em 1824.

Essa breve descrição a respeito de cinco gerações da família de um famoso poeta romântico inglês – baseada no livro de Kay Redfield Jamison, *Touched with fire – manic-depressive illness and the artistic temperament* – aponta diversas peculiaridades do que hoje é considerado transtorno bipolar, denominado até a década de 1980 como psicose maníaco-depressiva (PMD).[1] Nesse livro, Jamison faz um interessante estudo sobre algumas árvores genealógicas de artistas sabidamente maníaco-depressivos a fim de demonstrar a distribuição do espectro bipolar em famílias de artistas. A rigor, constata-se apenas uma associação entre criatividade e bipolaridade, não sendo possível afirmar que exista uma relação causal entre tal associação e fatores genéticos. Ou seja, não é possível demonstrar, ao menos retrospectivamente, se o temperamento artístico simplesmente se desenvolveu por influência do meio familiar.

Mesmo assim, na descrição anterior, percebem-se, nitidamente, três elementos fundamentais:

- A inclinação genética da doença. Conforme demonstrado em estudos de agregação familiar, o risco de um filho apresentar transtorno afetivo quando um dos pais é portador é de 27%, e de 74% quando ambos os pais apresentam o transtorno.[2] Este, muito provavelmente, foi o caso de Byron
- O grave problema do suicídio. Pelo menos 80% dos pacientes bipolares exibem comportamento suicida e 51% tentam suicídio ao longo da vida (15% com sucesso), particularmente os bipolares tipo II (depressões recorrentes + hipomania) durante as fases de episódios mistos (ver "Os estados mistos", a seguir), em virtude da impulsividade associada à depressão.[3,4] Viu-se que o próprio Byron apresentava episódios mistos de "melancolia agitada" (mista) e houve, pelo menos, três suicídios em sua família (o pai, o avô e o bisavô maternos)
- As inúmeras alterações de *temperamento* e flutuações de humor, presentes tanto em seus familiares quanto ao longo do curso de sua doença: excentricidade, extravagância, temperamento sombrio, inflamável, selvagem, volátil, mercurial, violento.

Conhecer o conjunto de expressões da doença bipolar – como foi visto a partir desse breve relato sobre a biografia de Lord Byron – é muito importante, pois essas peculiaridades apontam algumas implicações terapêuticas que serão discutidas ao longo deste texto.

Seguindo a perspectiva enfatizada pelo psiquiatra e filósofo alemão Karl Jaspers em seu tratado *Psicopatologia geral* – obra na qual organiza o campo dos fenômenos do adoecer da alma humana –, por uma questão metodológica, será abordada, em primeiro lugar, a descrição da *fenomenologia* do transtorno bipolar – a evolução histórica do conceito e algumas das controvérsias atuais em relação ao diagnóstico.[5] Em seguida, serão esboçadas algumas tentativas de *compreensão* do significado da vivência desse transtorno, tanto a partir da perspectiva da psicologia analítica e da psicanálise quanto do ponto de vista existencialista, correlacionando o transtorno bipolar com alguns mitos da cultura. Por fim, serão traçados comentários sobre o tratamento terapêutico do paciente bipolar, com ênfase na importância da associação entre farmacoterapia e psicoterapias.

Histórico do conceito de bipolaridade

Todas essas manifestações – hoje englobadas sob a moderna denominação de *espectro bipolar* – vêm sendo descritas desde a Antiguidade. O estudo dos temperamentos afetivos remonta aos escritos hipocráticos (século 4º a. C.), que consideravam a melancolia um tipo de doença causada pelo desequilíbrio da bile negra e o temperamento melancólico como um tipo de personalidade pré-mórbida associada à doença.[6] As primeiras descrições da mania e da melancolia como fenômenos da mesma enfermidade remetem-nos a Areteu da Capadócia, médico grego que viveu no século 1º.[7]

Embora o moderno conceito de bipolaridade tenha nascido em meados do século 19 com os médicos franceses Jean Falret, que descreveu a *folie circulare* (tipo de doença mental caracterizado pela reprodução sucessiva e regular de um estado maníaco, um estado melancólico e um intervalo lúcido mais ou menos prolongado), e Jules Baillarger, que, na mesma época, descreveu a *folie a doble forme*, foi Emil Kraepelin quem, em 1913, unificou essa diversidade de expressões da doença sob o rótulo de "insanidade maníaco-depressiva".[8,9] Essa concepção abrangia uma gama variada de quadros clínicos que incluíam não apenas a alternância entre episódios de tristeza patológica (melancolia) e períodos de euforia, exaltação ou alegria exageradas (mania), mas uma série de ocorrências mais sutis de flutuações do humor que englobavam desde traços normais de temperamento afetivo até quadros de mania e/ou hipomania crônica, além dos chamados estados mistos, quer dizer, a concomitância de sintomas depressivos e maníacos.

A síntese realizada por Kraepelin enfatizou não apenas a questão da *polaridade* – ou seja, a alternância dos episódios de mania e depressão –, mas, principalmente, a *ciclicidade*, ou seja, a *recorrência* dos episódios.[9] Com base na similaridade dos sintomas nucleares, na presença de histórico familiar e no padrão de recorrência, na sexta edição de seu tratado, publicada em 1899, Kraepelin empregou o termo *maníaco-depressivo* para se referir tanto aos quadros de mania simples (ou seja, as formas monopolares da doença) quanto às psicoses circulares (formas bipolares).

Na oitava edição (1909), ele incluiu também grande parte dos quadros de melancolia (tipo monopolar). De acordo com Goodwin e Jamison, o principal *insight* de Kraepelin – de que todos os transtornos maiores recorrentes pertenceriam, juntos, à rubrica doença maníaco-depressiva – ainda prové o melhor modelo para a compreensão de dados clínicos, farmacológicos e genéticos que se conhece hoje acerca do transtorno bipolar.[10]

Os estados mistos

Diversos autores (Hagop Akiskal, de San Diego; Athanasios Koukopoulos, de Roma; Nassir Ghaemi, de Atlanta; Frederick Goodwin, da George Washington University) têm resgatado a ideia clássica de que, embora a fenomenologia maníaco-depressiva se manifeste por meio da recorrência dos ciclos de sintomas depressivos e/ou maníacos/hipomaníacos, existiria uma "conexão natural intrínseca entre mania e depressão" que não se deve perder de vista.[11]

De acordo com Del Porto, o conceito de "estados mistos" pode ser considerado a pedra angular para a formulação da concepção unitária de Kraepelin sobre a doença maníaco-depressiva.[7] Ao sistematizarem seu estudo, Kraepelin e seu discípulo Weigandt basearam-se na clássica divisão da atividade psíquica nos domínios de humor, intelecto e psicomotricidade (volição).[9] Assim, nos estados maníacos ou depressivos "puros", as três esferas se encontrariam alteradas na mesma direção. Na *mania típica*, ocorre aceleração do pensamento (até fuga de ideias), exaltação/elação do humor e agitação psicomotora enquanto, na *melancolia*, ocorre humor deprimido, inibição do pensamento e alentecimento psicomotor.

Já nos *estados mistos*, podem surgir inúmeras combinações. Trata-se de quadros que tanto podem ser considerados modos de transição (da mania para a depressão ou vice-versa) quanto episódios de duração prolongada que se iniciam e terminam com a simultaneidade dos dois grupamentos de sintomas. Assim, partindo-se da excitação maníaca, passando pelo polo oposto da depressão para, novamente, se alcançar um novo episódio de mania cheia, podemos encontrar, segundo Kraepelin, pelo menos seis modos principais: três quadros clínicos fundamentados na sintomatologia fundamental da mania (mania depressiva-ansiosa, mania com inibição do pensamento e depressão excitada/agitada) e três modos baseados na sintomatologia fundamental da depressão (estupor maníaco, depressão com fuga de ideias e mania inibida).[9,12]

A importância desses quadros tem sido bastante enfatizada, principalmente, porque o que se tem visto na prática médica são inúmeros quadros de "depressão agitada" refratários ao tratamento os quais, em realidade, foram erroneamente diagnosticados como "depressão unipolar" e, por conseguinte, inadequadamente medicados com antidepressivos *sem a proteção de um estabilizador do humor*. De fato, hoje se sabe que até 50% dos pacientes "deprimidos" – principalmente aqueles que não respondem ou respondem mal a antidepressivos – pertenceriam, em realidade, ao espectro bipolar.[13]

Como evidenciaram Goodwin e Jamison[10], essas hipóteses têm sido confirmadas por alguns estudos familiares que demonstram que tanto o transtorno bipolar como alguns tipos de depressão unipolar altamente recorrentes (mais de três episódios, segundo alguns autores) poderiam representar uma diátese comum que levaria a características clínicas semelhantes em ambos os quadros, como menor idade de início, histórico familiar de mania, características *atípicas* da depressão (hiperfagia, hipersonia, fadiga) e resposta profilática ao lítio.

Diagnóstico

Um problema que tem permeado a questão diagnóstica em psiquiatria é o fato de muitos profissionais, mesmo os especialistas, basearem-se nos manuais oficiais de classificação das doenças mentais para diagnosticar as síndromes (conjunto de sinais e sintomas) psiquiátricas.[14,15] Entretanto, essas publicações, que pretendem ser ateóricas, prestam-se mais à pesquisa do que propriamente ao diagnóstico – que, em psiquiatria, se faz, fundamentalmente, observando todo o quadro da alteração de comportamento ao longo do tempo. Embora se tenha evoluído em relação à técnica de avaliação de imagens e do funcionamento cerebral, ainda nenhum método veio substituir a abordagem clínico-evolutiva, inaugurada por Karl Kahlbaum (1863) e desenvolvida e levada a cabo por Kraepelin (*apud* Jaspers).[5] Ou seja, não se dispõe, até o momento, de marcadores biológicos em psiquiatria.

Uma segunda crítica que se faz ao uso dos manuais de classificação para diagnóstico diz respeito à limitação dos critérios propostos, que acabam por restringir sua aplicabilidade na prática clínica. Segundo a quinta edição do Manual Diagnóstico e Estatístico de Transtornos Mentais (*Diagnostic and Statistical Manual of Mental*

Disorders – DSM-5), para se caracterizar um episódio misto, seria necessária a presença de um episódio depressivo maior. Isso quer dizer: humor deprimido na maior parte do dia, acompanhado de perda ou diminuição de interesse ou prazer, mais quatro sintomas de uma lista que inclui três alterações na esfera do intelecto (sentimento de inutilidade ou culpa excessiva; diminuição da capacidade de pensar ou concentrar-se/indecisão; ideação ou tentativa de suicídio) e quatro alterações na esfera da volição/corpo (alterações de peso, apetite e sono, além de retardo ou agitação psicomotora, fadiga ou diminuição de energia), concomitantes a um episódio de mania aguda, isto é, humor expansivo ou irritável, e três ou quatro dos seguintes sintomas: autoestima inflada/grandiosidade; fuga de ideias; distração; diminuição da necessidade de sono; logorreia; hiperatividade/agitação; comprar/gastar em excesso; indiscriminação sexual. Ou seja, um episódio cheio de mania e de depressão simultâneas – o que é quase impossível de se observar na prática.

Por essa razão, diversos autores têm proposto critérios clínicos menos estreitos tanto para discriminar feições depressivas em um episódio de mania (mania mista ou disfórica) como para diagnosticar um episódio misto depressivo. Desse modo, Suzan McElroy et al.[16] propuseram critérios para mania mista, definida como um episódio cheio de mania (como vimos anteriormente) e a presença concomitante, nas 24 h, de pelo menos três sintomas depressivos (sintomas estes que, obviamente, não se superpõem aos de mania): humor deprimido; marcada diminuição de interesse ou prazer em quase todas as atividades; ganho de peso substancial ou aumento do apetite; hipersonia; retardo psicomotor, fadiga ou perda de energia; sentimentos de desvalia ou culpa excessiva ou inapropriada; desesperança ou desamparo; pensamentos recorrentes sobre morte, ideação suicida ou planos específicos de cometer suicídio.

Já o estado misto depressivo, ou seja, o episódio depressivo com sintomas hipomaníacos, tem sido menos estudado. Athanasios Koukopoulos considera que uma depressão com agitação motora (hiperatividade não dirigida a um objetivo) seria suficiente para diagnosticar um estado misto depressivo – uma vez que a agitação motora confirmaria a presença de agitação psíquica (ou intensa tensão interna).[17] Entretanto, se não houver agitação motora, para diferenciar "agitação" de "ansiedade", o autor propõe que pelo menos três dos seguintes sintomas devam estar presentes em um episódio depressivo maior: curso do pensamento acelerado ou profusão de pensamentos; irritabilidade ou sentimento de raiva não provocada; ausência de sinais de retardo psicomotor; logorreia; descrições dramáticas de sofrimento ou crises de choro; labilidade emocional e marcada reatividade emocional; insônia terminal.

Temperamentos afetivos

Além dos variados estados típicos, de transição e mistos que acabamos de abordar, fazem parte da discussão atual sobre o espectro bipolar os chamados temperamentos afetivos.

Kraepelin observou que muitos casos de doença bipolar remitiam, mas não voltavam totalmente ao normal, retornando a um temperamento basal já presente em sua história pré-mórbida.[9] A partir dessa constatação, ele postulou a existência de quatro tipos básicos de temperamento ou predisposição da personalidade (*Konstitution*) dos quais emergiria a doença afetiva. Esses tipos de constituição poderiam afetar, também, alguns parentes desses pacientes de modo mais atenuado, quer dizer, subclínico, conforme viu-se na família de Lord Byron.

A esses quatro tipos de temperamento Kraepelin denominou estados fundamentais: o depressivo, que praticamente se sobrepõe ao que hoje conhecemos como distimia (depressão crônica); o *maníaco* (hipertimia); o ciclotímico, que se sobrepõe ao "transtorno ciclotímico" (perturbação crônica e flutuante do humor); e, por fim, o irritável, que seria uma combinação de feições depressivas e hipertímicas.

Uma importante implicação clínica dessa concepção diz respeito à formulação feita por Akiskal de que os estados mistos emergiriam quando um episódio de humor se interpolasse sobre o pano de fundo de um temperamento afetivo oposto.[18] Desse modo, se um episódio maníaco se instalar sobre um temperamento depressivo, ter-se-á um quadro misto psicótico com feições incongruentes com o humor, ou seja, euforia (aceleração do pensamento, grandiosidade e hipersexualidade) acompanhada de irritação, raiva, agitação psicomotora, insônia grave, crises de choro e ideação suicida associadas a delírios de perseguição, alucinações auditivas e perplexidade. No caso de um episódio depressivo maior irromper sobre um temperamento ciclotímico, se estará diante de um quadro grave e de difícil tratamento: depressão com características atípicas (hiperfagia, hipersonia, fadiga) associada à hipomania (aceleração do pensamento, jocosidade, hipersexualidade impulsiva e outras manifestações de desinibição do comportamento). Finalmente, quando um episódio depressivo maior se instala sobre um temperamento hipertímico, vê-se um quadro de agitação (disforia, irascibilidade, aceleração de pensamento, insônia e excitação sexual) associado a inibição motora e extrema fadiga.

Outra vertente interessante de pesquisas que derivam dessa ampliação do conceito de espectro bipolar diz respeito à discussão em relação ao polo criativo de alguns traços de temperamento de caráter adaptativo. Sob essa ótica, sugere-se que determinadas "classes" de temperamento desempenhariam papéis-chave nos processos de comunicação e sobrevivência.[19] Por exemplo, em sua função criativa, o temperamento depressivo facilitaria a dedicação ao trabalho e a permanência em casa para cuidar da prole e da sobrevivência; o temperamento hipertímico estaria mais relacionado a comportamentos de exploração e liderança; o ciclotímico seria mais envolvido em romances e na criatividade. Segundo essa perspectiva, determinados indivíduos nasceriam com disposição mais ou menos criativa da distribuição de alguns traços de temperamento afetivo que, combinados, poderiam levar a maior ou menor adaptação.

Psicologia da compreensão

Segundo Jaspers, no campo da psicologia da compreensão, por meio da empatia, estabelecem-se conexões compreensíveis, buscando penetrar dinamicamente na situação psíquica a fim de compreendê-la a partir de dentro, ou seja, de que modo um evento psíquico é produzido por outro.[5] Assim, atribuem-se nexos de sentido ou significado a determinadas experiências.

O método que será utilizado é o *método da amplificação*, desenvolvido por Jung – o qual nada mais é que uma hermenêutica do símbolo.[20] Como o próprio nome diz, a técnica visa a

> ampliar o símbolo-texto adicionando a ele uma riqueza de [...] correspondências e paralelos pessoais, coletivos, históricos e culturais [...], [e] envolve o desenvolvimento de uma exegese flexível, pluralística, comparativa e interdisciplinar que busca possibilidades de interpretação – e não conclusões.[21]

Jung estava ciente de que todo fenômeno psíquico tem um "caráter irracional que prova ser refratário a qualquer tipo de sistematização filosófica".[22] Dada sua irracionalidade, o fenômeno psíquico não deve, portanto, ser compreendido em sua totalidade apenas pelo intelecto, pois, diz Jung, a dimensão psíquica "consiste não apenas de significado, mas também de valor – e isto depende da intensidade da tonalidade afetiva que o acompanha".[23] O objetivo do método de amplificação é, por conseguinte, iluminar o núcleo psíquico central (arquétipo dotado de uma carga afetiva), relacionando-o a uma trama de significações interligadas que se manifestam por meio de uma grande variedade de símbolos. É o que se pretenderá quando a experiência maníaco-depressiva for relacionada com a mitologia.

Jung aborda o tema da psicose maníaco-depressiva em dois artigos. No primeiro, publicado em 1903, "Sobre o transtorno de humor maníaco", ele relaciona a mania crônica com uma identificação do ego com o complexo, embora ainda não houvesse desenvolvido esse conceito. Entretanto, já àquela época, ele intuía a noção de arquétipo: nos estados maníacos, diz, "o intelecto é levado a reboque pelas emoções [...] e por um excesso de drives instintivos e inclinações positivas [...] evidenciando o *elemento afetivo primário*".[24] Além desse ensaio, há também um pequeno texto escrito à guisa de prefácio para um relato autobiográfico de um paciente maníaco-depressivo.[22,25] A interpretação de Jung é bastante semelhante à psicanalítica (como será abordada a seguir) – baseada, obviamente, em um constructo diferente:

> [...] durante a fuga de ideias, uma vez removidas as restrições da consciência, ou seja, no estado maníaco desinibido, o inconsciente se desnuda, revelando algumas de suas estruturas típicas e fundamentais, particularmente, o simbolismo dos opostos, o arquétipo da anima e o encontro com a própria realidade da psique.[22]

Portanto, a explicação de Jung para o transtorno bipolar, tanto no artigo de 1903 quanto nesse texto escrito quase 50 anos depois, é bastante genérica, aludindo somente a uma possessão pelos *complexos* e a um inconsciente que se revela.

A psicanálise baseia-se nessa dinâmica de um inconsciente que se desnuda para tentar explicar a recorrência cíclica dos episódios maníacos e depressivos. Fenichel[26] traça um paralelo entre os episódios de mania e os festivais, como o carnaval, em que as proibições do superego são suspensas e as represadas tendências hostis às instituições vigentes são extravasadas. "Na mania, uma vez abandonadas as inibições", diz o autor, "todas as atividades são intensificadas e impulsos agressivos, sensuais ou de ternura transbordariam para a consciência, já que, desimpedidos, buscariam toda possibilidade de descarga, como se um dique houvesse sido rompido".[26]

O modelo é o freudiano clássico: os sintomas maníacos seriam a resultante de um jogo de forças entre ego, id e superego. O próprio Freud (apud Fenichel[26]) afirmou que, aparentemente, no estado maníaco, desapareceria a diferença entre o ego e o superego, levando a um aumento da autoestima (inflação) e a uma diminuição do grau de consciência – embriaguez.

Conhecemos o célebre artigo "Luto e melancolia", em que Freud diferenciou a tristeza normal, associada, por exemplo, à perda de um ente querido, da melancolia, um distúrbio do Self.[27] Nesse caso, o paciente se identifica com o objeto perdido e busca incorporá-lo dentro de seu eu. À pressão psicológica segue-se uma clivagem e os ataques e as autorreprovações de um superego sádico, como se o próprio eu fosse o objeto perdido. Dessa maneira, poder-se-ia compreender a extrema baixa autoestima presente na melancolia, em uma situação na qual o paciente se encontra inteiramente impotente, subjugado diante do superego e massacrado pela sombra e pela hostilidade do objeto perdido dirigidas contra seu próprio eu.

Segundo essa perspectiva, na mania, o ego celebra o triunfo da recuperação de sua onipotência narcísica graças ao alívio repentino da pressão exercida pelo superego, emergindo, então, no polo oposto de sua ambivalência – ou seja, o extremado amor a si mesmo. Em seguida, advém a culpa e a depressão, após a liberação. Sob essa ótica, o triunfo narcísico do maníaco é ilusório: a mania surge meramente como decorrência da descarga da energia que, antes, estava sendo empregada na luta depressiva. Não é à toa que o paciente maníaco se queixa da eutimia e nega sua patologia. Kahn sugere que a psicanálise pode ser eficaz na diminuição de recorrências, assim como na melhoria da adaptação dos pacientes bipolares durante as intercrises (conforme se discutirá a seguir).[28] Em interessante trabalho, descreve-se o tratamento psicanalítico de sete pacientes bipolares em uso de lítio, durante o qual eles se conscientizaram de uma exacerbação de seus impulsos sexuais em uma espécie de pródromo que antecedia a irrupção de um episódio maníaco e, em consequência disso, foram capazes de evitar novas crises, aumentando naquela fase a dosagem de lítio (que pode ser monitorado por meio de dosagens plasmáticas regulares).[29]

Essa alternância entre os estados de inflação de um ego grandioso (mania) e de um que se sente arruinado (depressão) demonstra, empiricamente, o mecanismo de compensação inconsciente descrito por Jung. Como afirma Vitale[30], na melancolia, é como se

> a atividade incessante da fase maníaca [...] [fosse] revertida para dentro, manifestando-se como lucidez exagerada na percepção dos aspectos negativos da existência [...] Assim, a inatividade melancólica [exterior] associa-se a uma hiperatividade interior bloqueada em suas possibilidades de manifestação. Isso provoca uma estagnação da libido [...] e, ao mesmo tempo, um aumento na tensão endopsíquica.

À semelhança da psicanálise, Jung, assim como vários autores, também considera a mania uma vivência narcísica por excelência, em que não se estabelece nenhuma relação dialética nem com o outro, nem consigo mesmo, por meio da reflexão. Como resultado, estão ausentes as indicações claras de um processo de individuação, cujo requisito se baseia em um relacionamento intenso com um outro. Aqui, diz Jung[22], não há diálogo; apenas um "monólogo confessional dirigido a um círculo anônimo de ouvintes".

Perspectiva existencial

Uma terceira abordagem que será bastante útil na compreensão do fenômeno bipolar é a perspectiva desenvolvida por Ludwig Binswanger, que, durante a década de 1920, aplicou à psiquiatria a nova visão de ser humano formulada pela filosofia fenomenológico-existencial, considerando que, na compreensão do paciente, é fundamental se entender o seu mundo e a estrutura que condiciona sua existência. Para Binswanger, o ser humano, em seu ser, estrutura seu próprio mundo em conformidade com *categorias existenciais universais*, matrizes formadoras de significado que organizam a experiência de acordo com a intencionalidade e o sentido. Essa ideia, com o devido cuidado, poderia ser aproximada ao conceito de arquétipo de Jung, que, em diversas passagens de sua obra, definiu arquétipo como "princípio", "protótipo" inconsciente e ativo, "estrutura *a priori*" que pré-forma e influencia pensamentos, sentimentos e ações.[31]

Binswanger (apud McCurdy[32]) denomina essas categorias existenciais universais ou matrizes formadoras de significado que organizam a experiência de *transzendentale Kategorien*. Para ele, a mais importante dessas categorias é, *a priori*, o *tempo* – como base da experiência e da intencionalidade – e a sua função de *temporalização* (estruturação temporal) – que condiciona a historicidade da existência humana, caracterizando uma continuidade sempre projetada em direção ao futuro. Desse modo, ser é um processo contínuo de autoatualização, à semelhança do processo de individuação descrito por Jung.

Em seu artigo "Sobre a forma maníaca de vida", Binswanger[33] descreve a perda do fio da estruturação temporal como o distúrbio fundamental na psicose maníaco-depressiva. No deprimido, esse fio se enfraquece até a dissolução; no maníaco, a temporalização se fragmenta em inúmeros pedaços, obrigando-o a viver um *presente isolado*, desconexo, sem evolução, sem a possibilidade de ordenar o tempo em uma continuidade biográfica. Desse modo, o sentido da historicidade individual é perdido, existiriam apenas momentos isolados. O maníaco viveria, assim, um eterno presente, desconectado de sua história passada ou de seu futuro, ao passo que o melancólico tornar-se-ia prisioneiro do passado.[34]

Não estando mais em contato com o sentido de uma biografia interna, de identidade e consistência, o ego se encontra sem direção ou intencionalidade. Por essa razão, torna-se difícil tentar fixar ou agrupar suas vivências – o que confere à experiência maníaca sua característica de superficialidade, mutabilidade, simples excitação e descarga imediata, como demonstrou a psicanálise. Por isso, o contato torna-se praticamente impossível. Daí, só ser possível, durante a fase aguda, uma intervenção farmacológica com estabilizadores do humor (lítio ou anticonvulsivantes) em monoterapia ou em associação com antipsicóticos atípicos, como concorda a maioria dos autores.

Como princípio de compreensão da desordem no plano da existência maníaca, Binswanger aponta uma "alegria existencial festiva", um estilo de vida oscilante e brincante. Esse ser-no-mundo otimista e truão refletiria, segundo o filósofo, uma defesa diante das dificuldades e da seriedade tanto dos objetos como dos problemas, "um assustar-se com os contornos e limites das coisas [...] [e] dos pensamentos".[33] Tal concepção se aproxima da noção de *defesa maníaca* da escola kleiniana.

Do ponto de vista criativo, essa alegria festiva constante que não pode ser prejudicada representaria a "afirmação *natural* e despreocupadamente otimista com a existência".[33]

Dioniso

Praticamente todos os autores revisados neste capítulo associam esse otimismo despreocupado com a existência, essa "alegria existencial festiva"

e a falta de limites do maníaco com Dioniso, por sua ligação com os ritos de fertilidade que originaram o carnaval. O analista junguiano Jole Cappiello McCurdy[32] considera que descrever os aspectos de Dioniso – surgimentos e desaparecimentos, peregrinações, oposições e contradições – é fornecer uma descrição fenomenológica da psicose maníaco-depressiva.

De acordo com o professor Junito de Souza Brandão[35], as mais antigas e importantes festas em homenagem ao deus são as Antestérias ("festas das flores"), celebradas durante três dias no mês de *Antestérion* (oitavo mês do calendário ateniense, correspondente a fim de fevereiro e início de março). Ainda hoje, em Atenas, esses rituais costumam ser celebrados a cada ano por ocasião da vindima, durante a festa do vinho novo, na qual os participantes cantam e dançam freneticamente, embriagando-se até cair.

O próprio ritual de celebração a Dioniso contém os aspectos de *vida* (êxtase, hierogamia, fertilidade, panspermia) e de *morte* (sacrifício, sangue, desfalecimento). Deus das polaridades e desorganizador da vida, Dioniso é, portanto, "um símbolo apto à natureza paradoxal do sofrimento do maníaco-depressivo", fornecendo tanto alegria imensa, excitação, frenesi, paixão, música, dança e barulho – mania – como sofrimento terrível, morte e desmembramento – depressão.[32]

A experiência extática de uma possessão mais ou menos violenta (*manía*) encontrava-se sempre, de certo modo, no centro do ritual dionisíaco. Segundo Mircea Eliade[36], as orgias (de *órgia*, "inflação anímica incontrolável") do culto frenético e extático de Dioniso refletiam o elemento mais original e, provavelmente, mais arcaico do deus: um tipo particular de experiência religiosa ou ato de devoção. O verbo *bakkheúein*, que deu origem a "bacantes", significa "agitar-se internamente, ser tomado de delírio ou de um transporte divino".[37]

O mistério era constituído pela participação das mênades na epifania total do deus. Os ritos eram celebrados à noite, longe da cidade, nas montanhas e nas florestas. A vítima era sacrificada por despedaçamento (*spargamós*) e, com o consumo da carne crua (*omophagía*), realizava-se a comunhão com o deus.

A falta de consciência provocada pela embriaguez orgástica, diz McCurdy[32], é semelhante à *negação* absoluta do paciente maníaco, assim como a energia que se transformou em violência. Tanto que, na prática clínica, é bastante comum os pacientes, principalmente os bipolares tipo II (depressões recorrentes + hipomania), demorarem a receber um diagnóstico, pois só procuram tratamento quando se encontram em um quadro de depressão ou, o que costuma ser muito frequente (como se aponta), após piorarem com antidepressivos.

Como visto nas descrições dos estados mistos, vários autores reconheceram a presença frequente de sintomas depressivos que surgem em meio ao torvelinho de vida crescente do maníaco. E, aqui, diz Binswanger[33], se coloca o problema da morte e do suicídio diante do desmoronamento da alegria existencial festiva – a estrutura essencial do modo maníaco de vida. Para o filósofo, existiria, portanto, uma coerência essencial entre o modo antitético de vida maníaco e depressivo, que refletiria essa contradição imanente da vida e da morte. Quanto mais alto, rápida e selvagemente ascende a vida, mais próxima se encontra a morte. "O que denominamos delírio maníaco-depressivo nada mais é que o aumento e configuração patológicos deste princípio geral da vida e da morte, de imbricação geral da morte na vida e da vida na morte".[33]

Encarada simbolicamente, a morte, nesse contexto, também poderia ser interpretada como transformação, metamorfose. A própria "loucura" dionisíaca era valorizada como experiência religiosa, pois tinha o sentido de cura pela comunhão com as forças vitais e cósmicas promovidas pela possessão divina – desde que o ego suporte tamanha pressão e consiga voltar e integrar essas experiências em seu dia a dia.[33]

Segundo Eliade[36], Baco se transformou no "único deus grego que, se revelando sob diferentes aspectos, deslumbrava e atraía tanto os camponeses quanto as elites intelectuais, políticos e contemplativos, ascetas e os que se entregam às orgias". Seus devotos sempre quebravam a norma, indo além de si mesmos e ultrapassando o *métron*, a medida humana. Em suas celebrações, conta Brandão[35], buscava-se, essencialmente, o conhecimento divino (*gnosis*), a purificação da vontade (*kátharsis*) e a imortalidade (*atanasía*). Pelo processo de *ékstasis* ("sair de si mesmo"), a condição humana era superada, advindo a descoberta de uma total libertação dos interditos e regulamentos institucionais: eu saio de mim, deus entra em mim. Após a ultrapassagem do *métron* – a medida humana –, o ser humano comum transformava-se em herói (*anér*). Porém, ao se identificar com a divindade (*enthusiasmós* – de *en*, "no âmago", e *théos*, "deus", ou seja, "ter deus dentro de si", estar possuído), ele cometia uma violência (*hýbris*) que provocava uma espécie de ciúme divino (*némesis*). O preço era pago com a cegueira da razão (*áte*), que lançava o herói embriagado de Dioniso nos braços de ferro da Moira, o destino cego. Dessa maneira, o herói passava para o "outro" lado para conhecer a verdade. Assim, arrebatado pelo deus e transportado para seu reino por meio do êxtase, o ser humano cotidiano sofria uma metamorfose.

Eis, segundo o analista junguiano James Hillman[37], a principal característica de Dioniso: "um *deus da transformação*, da transposição do sensível através da própria sensibilidade". Um novo modo de encarar a vida: o ser humano passaria a ser tão divino quanto os deuses.

Um último aspecto que possibilita uma associação entre Dioniso e a psicose maníaco-depressiva diz respeito aos seus *ciclos* de surgimentos e desaparecimentos. Dioniso é um deus ligado à agricultura, aos ritmos da natureza, e, conforme afirma Eliade[36], por suas ocultações periódicas, ele se situa entre os deuses da vegetação. É, portanto, um deus que surge e desaparece, vai e vem; seu desaparecimento e sua retirada em silêncio são tão importantes quanto sua epifania.[32] Se, por um lado, ele traz vida, energia criativa e força ilimitada – mania –, ao partir, deixa um silêncio de profundo desespero – melancolia. Assim, a energia da mania se transforma em vazio desesperado.

Disfunção do eixo ego-Self | Ferida primária

Assim como Jung, Freud e Binswanger, outros autores consideram que a experiência maníaco-depressiva é narcísica por excelência. O analista junguiano Wolfgang Kleespies[38] cita o fato encontrado em famílias bipolares em que o julgamento do outro funciona por meio de categorias mutuamente exclusivas, do tipo ou/ou. Consequentemente, a autoimagem do paciente se mostra totalmente danificada e ruim, em virtude dos autoataques e das imposições de um superego sádico e primitivo, como no caso da melancolia, ou completamente grandiosa, idealizada e abençoada, como na mania. Nessa mesma linha, McCurdy[32] propõe a hipótese de que a psicose maníaco-depressiva seria decorrente de uma disfunção do eixo ego-Self em consequência de uma falha na relação primal. Para ele, tanto na mania como na melancolia, a função executora do ego se encontraria desconectada das funções organizadoras do arquétipo central, que, por sua vez, estaria desorientado.

Como consequência dessa ruptura, observa McCurdy:[32]

> *O Self não pode mais se atualizar através do ego e fica incapaz de satisfazer sua função diretiva*

ou produzir símbolos ou uma síntese através da consciência humana. O ego permanece suspenso entre dois opostos de totalidade, entre seu lado escuro e luminoso, oscilando entre os dois pólos da depressão e elação [da inferioridade e da grandiosidade.

Na mania, portanto, a inflação e a onipotência resultariam de uma hipercompensação dessas vivências de um narcisismo primário ferido. Para ilustrar esse fato, Kleespies[38] lança mão da metáfora do deus Hefesto, expulso do Olimpo por sua mãe Hera por haver nascido defeituoso. Hefesto passa a viver em um vulcão que, psicologicamente, representaria a energia psíquica informe e descontrolada, ligada à fúria oriunda de um narcisismo ferido pela rejeição ao nascer.

Assim como a ideia de que, na mania, emergiria o material inconsciente (arquetípico) antes bloqueado pelas restrições do superego, a explicação de uma disfunção no eixo ego-Self ou de um narcisismo primário ferido também parecem um tanto abrangentes e pouco específicas e, igualmente, poderiam se aplicar a diversas outras patologias psiquiátricas. De qualquer maneira, essas amplificações podem servir como pontos de reflexão e ser bastante úteis no trabalho analítico com os pacientes bipolares, que, como enfatizado, precisam estar medicados para se beneficiar de um trabalho psicoterapêutico.

Perspectivas terapêuticas

Os dois lados complementares de Dioniso – criação e destruição – levantam difíceis questões éticas na clínica, sobretudo quando se está diante de evidências que demonstram a sobreposição entre o transtorno bipolar, os temperamentos afetivos e a criatividade artística. Muitos artistas e escritores consideraram seu sofrimento e sua intensa experiência emocional, bem como a própria enfermidade, como parte integral de si e, mais, como fonte de sua inspiração. Além disso, não é incomum escutar no consultório, principalmente entre pessoas muito criativas e artistas, o temor de que o tratamento psiquiátrico os torne medíocres, ajustados ou apáticos. Como disse Virginia Woolf (*apud* Jamison[1]), "como experiência, posso garantir que a loucura é terrível e não deve ser aspirada; e em sua lava ainda encontro a maior parte das coisas sobre as quais escrevo".

Esses temores, atualmente, derivam tanto de uma incompreensão acerca dos mecanismos de ação dos psicofármacos e dos seus efeitos colaterais quanto de um preconceito romântico em relação à doença mental (muitas vezes, por parte até dos próprios médicos), que não considera a gravidade e as consequências de um transtorno bipolar não tratado. Hoje, se conhece o fenômeno do *kindling* – mecanismo de autossensibilização que leva a doença, se não tratada, a uma piora progressiva ao longo do tempo, com aumento da frequência dos episódios, maior gravidade e menor intervalo livre de sintomas. Foi o que aconteceu com diversos artistas, como Byron, Coleridge, van Gogh, Poe, Schumann e Woolf.[1]

O uso do lítio está consagrado há mais de meio século como tratamento farmacológico de primeira linha para a maioria dos pacientes bipolares, tanto por seus efeitos antimaníacos e antidepressivos quanto por suas propriedades na profilaxia de novos episódios e na diminuição das taxas de suicídio.[39] Como afirmou van Gogh (*apud* Jamison[1]), "se eu pudesse ter trabalhado sem esta abominável doença – que coisas eu teria feito [...] seguindo o que o agreste me contou".

A presença de um *fator biológico* no transtorno bipolar é incontestável. As explicações e as interpretações, como visto, é que variam de acordo com as diferentes abordagens psicodinâmicas. Como afirmam Goodwin e Jamison[10] e Wehr[40], o caráter episódico e a própria ciclicidade definem a doença, que se constitui em um *tipo anormal de ritmo do relógio biológico circadiano* (diário) ou *infradiano* (que se perpetua por semanas, meses ou anos).

Esse fato obriga a considerar que o esquema terapêutico ideal no transtorno bipolar consiste na associação entre psicofármacos e psicoterapias. Estas englobam desde os processos analíticos profundos até as abordagens psicoeducativas – cujos objetivos visam tanto à reabilitação de dificuldades no relacionamento intra e interpessoal, como o tratamento das consequências psicossociais da doença, quanto à facilitação do aumento da adesão ao tratamento medicamentoso. Hoje, se sabe que os índices de não adesão ao tratamento medicamentoso no transtorno bipolar costumam variar entre 32 e 45%, o que aumenta a vulnerabilidade a recorrências.[41] Esses dados reforçam a necessidade de se educar o paciente em relação ao transtorno e a importância da medicação de longo prazo.

Além da falta de conhecimento sobre a medicação e os efeitos colaterais, bem como a negação da doença, Frank *et al.*[42] discutem alguns fatores psicológicos que podem propiciar não adesão, como a sombra do estigma trazido pelo transtorno, o luto pela perda de um sentimento saudável de identidade, o medo de perder a autonomia e as consequentes necessidade de autoafirmação e agressão (inconsciente) à família. Portanto, uma boa comunicação, dentro de um enfoque mais abrangente que inclua as dimensões psicológica e social, possibilitará que o processo terapêutico promova o papel do próprio paciente como colaborador ativo no tratamento, explorando as fantasias ligadas à medicação e facilitando o reforço de seus sentimentos de autocontrole. Como visto, Kleespies[38] apresenta a transformação sofrida por Hefesto, que se tornou um ferreiro, um mestre da fornalha e, assim, das energias vulcânicas, como uma possível proposta terapêutica. O paciente bipolar deve poder desenvolver uma capacidade de *controlar os próprios impulsos*, que, durante a crise, arrastam o ego no torvelinho da exaltação.

Vale lembrar que, muitas vezes, o terapeuta se deparará com questões nas esferas social, familiar, conjugal, financeira e até mesmo judicial, em razão dos comportamentos abusivos e/ou de risco presentes na doença. Tais situações obrigarão a abertura de um trabalho multidisciplinar, a fim de que o paciente possa ser ajudado não apenas a se adaptar a sua nova condição, mas a manejar problemas concretos decorrentes do transtorno, buscando objetivos de vida realísticos e tangíveis.

Esses aspectos têm sido bastante estudados por autores como Goodwin e Jamison, que propuseram um "modelo de instabilidade" no transtorno bipolar, postulando que determinados fatores psicossociais, em interação com a vulnerabilidade genética, produziriam três vias interligadas que levariam à recorrência dos episódios: eventos estressores, quebra dos ritmos sociais e não adesão ao tratamento medicamentoso.[10,42,43]

Segundo Miklowitz, diferentes fases da doença requerem estratégias psicoterápicas distintas, que, por sua vez, deverão acompanhar o estratagema farmacológico.[44] Um planejamento terapêutico deve considerar a condição clínica atual do paciente, ou seja, uma avaliação de suas capacidades emocionais e cognitivas para receber determinada intervenção, de acordo com a fase da doença. Durante a fase aguda, os focos principais serão a construção de uma aliança terapêutica, o reasseguramento e o apoio emocional. Na fase de estabilização, é importante contar com a participação ativa do paciente, tanto em relação às dúvidas e às questões de adaptação ao esquema medicamentoso quanto ao planejamento de tarefas. Por fim, durante a fase de manutenção, a psicoterapia pode se aprofundar e voltar-se para exploração do *insight*, resolução de problemas ou modificação dos estilos de comunicação intrafamiliar, dependendo da estratégia proposta.

Com base nesse modelo cronobiológico do transtorno bipolar que postula a existência de uma vulnerabilidade a qual levaria a *anormalidades no ritmo circadiano*, que, por sua vez, contribuiriam para o desencadeamento dos episódios, Frank et al.[43] desenvolveram a *terapia interpessoal e do ritmo social* (TIPRS): uma psicoterapia individual que combina algumas técnicas comportamentais, como automonitoramento e regularização das rotinas diárias, estabelecimento de objetivos realísticos e planejamento gradual de tarefas. Note-se a importância do que foi visto sobre a alteração da função estruturante da temporalização como distúrbio básico no transtorno bipolar, conforme proposto por Binswanger[33] e também por Goodwin e Jamison[10], e à sua ênfase nesse modelo terapêutico.

A hipótese dos autores consiste no fato de que, ao regular os fatores sociais que modulam os ritmos circadianos, a TIPRS possivelmente "alteraria a circuitaria neuronal envolvida na patogênese da sintomatologia bipolar".[43] Desse modo, os relacionamentos interpessoais, assim como as demandas sociais e as tarefas do dia a dia, funcionariam como fatores de proteção (*Zeitgebers*) para a manutenção do relógio biológico.[45] A perda de um desses reguladores poderia levar a rupturas nos padrões de ritmo social e, indiretamente, dispararia o gatilho da crise. Assim, ajudar o paciente medicado a modular sua rotina diária, principalmente horários de sono e refeições, pode funcionar para evitar novas crises, em especial os episódios maníacos.

Para isso, se utiliza o *Social Rhythm Metric* (SRM), um inventário autoaplicável com 17 itens onde o paciente registra suas atividades diárias, se elas foram realizadas individualmente ou em companhia de outras pessoas, a qualidade do contato e o humor.[42,43] A partir do SRM, é possível mapear as conexões entre possíveis padrões de sono, ritmo social e flutuações do humor. Determinados padrões de atividade e interação social poderão se tornar tópicos de discussão durante o processo terapêutico, visando que o paciente tenha maior controle sobre a doença.

Esse modelo tem sido testado em alguns trabalhos científicos. Em estudo randomizado e controlado, Frank et al.[46] verificaram significativa melhora do ponto de vista da estabilização das rotinas diárias em 18 pacientes submetidos a TIPRS por um período de aproximadamente 52 semanas, quando comparados a 20 pacientes submetidos a um tratamento clínico padronizado (*Clinical Status and Symptom Review Treatment*), sugerindo que a TIPRS pode trazer algum benefício na prevenção de recaídas e recorrências.

Passada a fase de estabilização da crise (episódio maníaco ou depressivo), os objetivos de uma psicoterapia profunda seriam, conforme visto, a reparação e a estabilização do eixo ego-Self, como atestam Kleespies[38] e McCurdy[32].

Uma abordagem complementar que combine estabilizadores do humor em longo prazo, suporte familiar e social que possibilite intervenção apropriada durante as crises, modulação dos ritmos sociais diários e trabalho psicoeducativo, associados a um trabalho analítico que exigirá um confronto do ego com imagens arquetípicas de grandiosidade e de inferioridade, pode funcionar como um esquema terapêutico suficientemente adequado para o tratamento das variadas manifestações do chamado espectro bipolar.

Referências bibliográficas

1. Jamison KR. Touched with fire: manic-depressive illness and the artistic temperament. New York: Simon & Schuster; 1994.
2. Gershon ES, Hamovit J, Guroff JJ, Dibble E, Leckman JF, Sceery W, et al. A family study of schizoaffective, bipolar I, bipolar II, unipolar, and normal control probands. Arch Gen Psych. 1982;39(10):1157-67.
3. Valtonen H, Suominen K, Mantere O, Leppämäki S, Arvilommi P, Isometsä ET. Suicidal ideation and attempts in bipolar I and II disorders. J Clin Psych. 2005;66(11):1456-62.
4. Balázs J, Benazzi F, Rihmer Z, Akiskal KK, Akiskal HS. The close link between suicide attempts and mixed (bipolar) depression: implications for suicide prevention. J Affect Disord. 2006;91(2-3):133-8.
5. Jaspers K. General psychopathology. London: The Johns Hopkins University Press; 1997.
6. Angst J, Marneros A. Bipolarity from ancient to modern times: conception, birth and rebirth. J Affect Disord. 2001;67(1-3):3-19.
7. Del Porto JA. Evolução do conceito e controvérsias atuais sobre o transtorno bipolar do humor. Rev Bras Psiquiatr. 2004;26(Supl 3):3-6.
8. Haustgen T, Akiskal HS. French antecedents of "contemporary" concepts in the American Psychiatric Association's classification of bipolar (mood) disorders. J Affect Disord. 2006;96(3):149-63.
9. Kraepelin E. Manic-depressive insanity and paranoia. Bristol: Thoemmes Press; 2002.
10. Goodwin FK, Jamison KR. Manic-depressive illness – bipolar disorders and recurrent depression. 2. ed. New York: Oxford University Press; 2007.
11. Akiskal HS, Tohen M, editors. Bipolar psychopharmacotherapy: caring for the patient. West Sussex: John Wiley & Sons; 2006.
12. Marneros A. Origin and development of concepts of bipolar mixed states. J Affect Disord. 2001;67(1-3):229-40.
13. Akiskal HS, Maser JD, Zeller PJ, Endicott J, Coryell W, Keller M, et al. Switching from "unipolar" to bipolar II. An 11-year prospective study of clinical and temperamental predictors in 559 patients. Arch Gen Psych. 1995;52(2):114-231.
14. American Psychiatric Association. DSM-5: manual diagnóstico e estatístico de transtornos mentais. Porto Alegre: Artmed; 2014.
15. Organização Mundial da Saúde. Classificação internacional de doenças – décima revisão (CID-10). Classificação de transtornos mentais e de comportamento – descrições clínicas e diretrizes diagnósticas. Porto Alegre: Artes Médicas; 1993.
16. McElroy SL, Keck PE Jr, Pope HG Jr, Hudson JI, Faedda GL, Swann AC. Clinical and research implications of the diagnosis of dysphoric or mixed mania or hypomania. Am J Psych. 1992;149(12):1633-44.
17. Koukopoulos A. Agitated depression as a mixed state and the problem of melancholia. Psychiatr Clin North Am. 1999;22(3):547-64.
18. Akiskal HS. Delineating irritable and hyperthymic variants of the cyclothymic temperament. J Pers Disorder. 1992;6(4):326-42.
19. Akiskal KK, Akiskal HS. The theoretical underpinnings of affective temperaments: implications for evolutionary foundations of bipolar disorder and human nature. J Affect Disord. 2005;85(1-2):231-9.
20. Grinberg LP. C. G. Jung, psicopatologia e hermenêutica. Junguiana. 2006;(24):25-34.
21. Barnaby K, D'Acierno P, editors. C. G. Jung and the humanities – toward a hermeneutics of culture. London: Routledge; 1990.
22. Jung CG. The symbolic life. New Jersey: Princeton University Press; 1989. Foreword to Custance: wisdom, madness and folly. p. 349-52. (Collected Works; v. 18).
23. Jung CG. Aion – researches into the phenomenology of the Self. New Jersey: Princeton University Press; 1990. (Collected Works; v. 9/II).
24. Jung CG. Psychiatric studies. New Jersey: Princeton University Press; 1983. On manic mood disorder. p. 109-34.
25. Custance J. Wisdom, madness and folly: the philosophy of a lunatic. New York: Pellegrini & Cudahy; 1952.
26. Fenichel O. Teoría psicoanalítica de las neurosis. Buenos Aires: Editorial Paidos; 1966.
27. Freud S. Edição standard brasileira das obras psicológicas completas de Sigmund Freud. v. 14. Rio de Janeiro: Imago; 1974. Luto e melancolia. p. 275-96.
28. Kahn DA. The use of psychodynamic psychotherapy in manic-depressive illness. J Am Acad Psychoanal. 1993;21(3):441-55.
29. Loeb FF Jr, Loeb LR. Psychoanalytic observations on the effect of lithium on manic attacks. J Am Psychoanal Assoc. 1987;35(4):877-902.
30. Vitale A. O arquétipo de Saturno ou a transformação do pai. Vitale A, et al. Pais e mães – seis estudos sobre o funcionamento arquetípico da psicologia da família. São Paulo: Símbolo; 1979.

31. Jung CG. Psychological types. New Jersey: Princeton University Press; 1974. p. 437-47. (Collected Works; v. 6).
32. McCurdy JC. Manic-depressive psychosis – a perspective: Binswanger, Jung, Neumann, and the myth of Dionysus. J Anal Psychol. 1987;32(4):309-24.
33. Binswanger L. Artículos y Conferencias Escogidas. Madrid: Editorial Gredos; 1973. Sobre la forma maníaca de vida. p. 413-22.
34. Binswanger L. Melanconia e mania – studi fenomenologici – a cura di Eugenio Borgna. Torino: Universale Bollati Boringhieri; 2006.
35. Brandão JS. Apostila do curso de mitologia grega (Pontifícia Universidade Católica), São Paulo. 1983 Ago. p. 10-16.
36. Eliade M. História das crenças e das ideias religiosas. Rio de Janeiro: Zahar, tomo I, v. 2; 1978. p. 204-6.
37. Hillman J. O mito da análise. São Paulo: Paz e Terra; 1984. Sobre a feminilidade psicológica.
38. Kleespies W. Manic-depressive psychoses and analytic concepts. In: Matton MA, editor. Open questions in analytical psychology. Proceedings of the 13th International Congress for Analytical Psychology. Zurich: Daimon; 1995. p. 598-611.
39. Baldessarini RJ, Tondo L, Davis P. Decreased risk of suicides and attempts during long-term lithium treatment: a meta-analytic review. Bipolar Disord. 2006;8(5 Pt 2):625-39. Erratum in: Bipolar Disord. 2007;9(3):314.
40. Wehr TA, Sack DA, Rosenthal NE. Sleep reduction as a final common pathway in the genesis of mania. Am J Psych. 1987;144(2):201-41.
41. Rothbaum BO, Astin MC. Integration of pharmacotherapy and psychotherapy for bipolar disorder. J Clin Psych. 2000;61(Suppl 9):68-75.
42. Frank E, Hlastala S, Ritenour A, Houck P, Tu XM, Monk TH, et al. Inducing lifestyle regularity in recovering bipolar disorder patients. Biol Psych. 1997;41(12):1165-73.
43. Frank E, Swartz HA, Kupfer DJ. Interpersonal and social rhythm therapy: managing the chaos of bipolar disorder. Biol Psych. 2000;48(6):593-604.
44. Miklowitz DJ. Psychotherapy in combination with drug treatment for bipolar disorder. J Clin Psychopharmacol. 1996;16(2 Suppl 1):56S-66S.
45. Ehlers CL, Frank E, Kupfer DJ. Social Zeitgebers and biological rhythms. A unified approach to understanding the etiology of depression. Arch Gen Psych. 1988;45(10):948-52.
46. Frank E, Swartz HA, Mallinger AG, Thase ME, Weaver EV, Kupfer DJ. Adjunctive psychotherapy for bipolar disorder: effects of changing treatment modality. J Abnorm Psychol. 1999;108(4):579-87.

28 Dependência Química segundo a Psicologia Analítica

Dartiu Xavier da Silveira Filho e Victor Palomo

Introdução

O consumo de substâncias psicoativas constitui um fenômeno frequente. Um considerável contingente de pessoas experimenta tais produtos, e uma parcela delas passa a fazer uso dessas substâncias de modo ocasional sem consequências danosas, na maioria das vezes. Uma pequena proporção desses usuários ocasionais parte para padrões de uso de risco e alguns deles tornam-se dependentes.

O que faz com que alguns indivíduos experimentem substâncias psicoativas ou as consumam apenas ocasionalmente, enquanto outros se tornam usuários de risco ou mesmo dependentes?

Existe ampla variabilidade de padrões de consumo de substâncias, envolvendo distintos graus de risco e correspondendo a diversos graus de dano potencial. O padrão de consumo decorre da interação de diferentes fatores, entre os quais se destacam o tipo de droga utilizada, as características biológicas e psicológicas do usuário e o contexto em que acontece o uso.

A perda do controle do consumo da substância é um dos elementos essenciais na diferenciação entre uso recreacional e dependência. Essa incapacidade de *gerenciar* a relação com um produto indicaria, para alguns, a instalação de uma dependência.

Entretanto, o próprio conceito de dependência abrange uma gama tão ampla de comportamentos que muitos especialistas questionam se a dependência química pode ser considerada uma entidade nosológica distinta e autônoma. Assim, a dependência poderia ser considerada apenas uma manifestação comportamental inespecífica, um sintoma de desarranjo psíquico, frequentemente relacionado a outros transtornos, como depressão, ansiedade, transtornos neuropsicológicos e de personalidade. Assim, a dependência química não seria considerada uma patologia associada a outro transtorno psíquico (comorbidade), mas um possível sintoma acessório dessa condição mórbida.

O dependente químico pode ser descrito como um indivíduo que se encontra em uma situação vivencial insuportável que não consegue resolver ou evitar, restando-lhe como única alternativa alterar a percepção dessa realidade intolerável por meio da droga. Essa maneira de compreender o dependente se coaduna com a concepção de dependência enquanto sintoma de um mal-estar psicológico mais amplo.

Mesmo na ausência de uma condição psíquica diagnosticável, depara-se com situações existenciais em que a droga pode, igualmente, ser utilizada como alívio do sofrimento. É o caso dos contextos ambientais patogênicos, como famílias disfuncionais e situações sociais desfavoráveis, propiciando o uso indevido de substâncias psicoativas. Os próprios grupos de autoajuda identificam a existência de membros da família de dependentes químicos que, por suas atitudes, reforçam o comportamento do dependente de álcool e de outras drogas: os chamados codependentes.

Saindo do campo da patologia, é preciso reconhecer a existência de diversos padrões de consumo de substâncias que não podem ser considerados prejudiciais e que não necessariamente levam à dependência. Os usuários tanto de álcool quanto de maconha são, em sua maioria, usuários ocasionais, gerenciando o consumo desses produtos sem consequências danosas e sem graves riscos para a saúde. O uso contextualizado de uma substância psicoativa configura uma situação relativamente protegida, oferecendo, potencialmente, poucos riscos. São exemplos disso o uso de álcool em contexto de celebração, amplamente difundido no Ocidente; o uso de maconha entre grupos de jovens perfeitamente adaptados; e o uso de alucinógenos em contexto de ritual religioso (Santo Daime e União do Vegetal, entre outros).

Ao longo da história, percebe-se nas diversas sociedades e culturas uma tendência à alternância entre movimentos de caráter mais repressivo e outros de caráter mais tolerante. Essas tendências tendem a ficar polarizadas em situações de extrema intolerância ou, alternativamente, de injustificada liberalidade com relação às drogas. Um aspecto que complica ainda mais essa questão é que, muitas vezes, os próprios profissionais de ajuda que trabalham com dependentes também perdem de vista o cabedal de conhecimento científico disponível e passam a agir de acordo com essas tendências, o que resulta, por exemplo, em propostas de intervenção terapêutica extremamente repressivas ou em modelos preventivos excessivamente tolerantes em relação aos possíveis riscos do uso de drogas. Assim, a intervenção repressiva não é capaz de tratar o dependente e a prevenção liberalizante não é suficiente para evitar o uso de indevido de drogas. Ambas as situações são ineficazes.

O grande limite, então, é discriminar tendências ideológicas e conhecimento cientificamente embasado. Cabe a cada um avaliar, com a maior isenção possível, a serviço de quê se assumem determinadas posturas. O que nos leva a ser liberais ou radicais em relação ao uso de drogas? O quanto nossa formação, nossa história de vida, nossas experiências passadas influenciam nossas atitudes em relação ao usuário ou dependente de drogas? Que recursos podem ser disponibilizados para agir com discernimento e isenção diante de um problema dessa esfera?

Seja qual for a saída que cada um conseguir encontrar, não se devem perder alguns fatores de vista. O conhecimento científico é mutável e transitório. Em medicina e em psicologia, as verdades de hoje serão relativizadas amanhã. Os paradigmas atuais não necessariamente servirão no futuro. Somos, portanto, seres humanos falíveis e criamos modelos provisórios que devem ser constantemente questionados e reformulados; caso contrário, estaremos defendendo apenas uma crença pessoal. Além disso, não se pode esquecer de que cada ser humano é único em sua busca e em sua trajetória de vida, e que seu encontro com a droga também configura uma situação singular que adquire um significado específico para sua existência. Antes de mais nada, diante do uso de drogas, ocasional ou não, cabe investigar junto ao usuário qual o significado maior da relação que se estabeleceu entre ele e o produto em determinado contexto sociocultural.

Psicologia analítica

A predisposição de um indivíduo para procurar estados alterados de consciência aparece em diversos mitos, sejam os antigos ou os mais próximos da contemporaneidade. O contato com regiões desconhecidas da psique desperta uma fascinação inquestionável pelo aspecto numinoso da experiência. A droga atuaria como facilitadora dessa vivência anímica, como mensageira e condutora para esse mundo desconhecido, para tudo aquilo que transcende a consciência.

Jung descreve essa descida ao inconsciente de maneira poética quando fala da imersão na água e da travessia noturna do mar como uma espécie de *descensus ad inferos* (descida ao inferno). Seria uma descida ao Hades, uma viagem ao país dos espíritos, portanto a um outro mundo que fica além deste, ou seja, da consciência, sendo, assim, uma imersão no inconsciente.[1] Diversos relatos míticos, em diferentes culturas, legaram às gerações subsequentes imagens análogas de rituais de entrada no reino das profundezas como rito iniciático, de confronto com o desconhecido.

Nessas, o ego rende-se a uma força maior, inconsciente, significando sua morte simbólica, em que se morre para um tempo para propiciar o renascimento para outro dinamismo psíquico, e a consciência é transformada.

O mito deve ser vivenciado e posteriormente formulado. Vive-se um mito por meio de um ritual, não compreendido como uma comemoração ou uma festa, mas como vivência subjetiva, que possibilita abolir o tempo profano (linear), recuperando o tempo sagrado (eterno). Essa libertação do temporal colocaria o humano em contato com o novo, daí os diversos rituais iniciáticos presentes em diversas culturas serem utilizados para a estruturação de novos padrões de consciência. Esses rituais são sempre descritos como descida a cavernas, labirintos ou profundezas, *regressus ad uterum*, catábases, em que um personagem heroico empreende uma viagem para realizar tarefas, transformando-se durante a empreitada e modificando a realidade que deixou quando retorna ao lugar de origem. É importante enfatizar que, etimologicamente, a palavra "herói" significa guardião, defensor, aquele que nasceu para servir.

Observa-se que, geralmente, nos relatos míticos, o herói tem nascimento conturbado, sendo filho de um mortal e um imortal. Afastado do núcleo familiar, cumpre tarefas nobres e grandiosas, às vezes consideradas impossíveis, como matar monstros, conquistar territórios, lutar, sofrer. Cumprida essa missão iniciática, retorna a sua tribo de origem para destronar a figura masculina de poder, anunciando um novo tempo para o seu grupo. E, por ter como atributos uma honorabilidade pessoal (*timé*) e uma excelência, uma superioridade (*areté*), sua morte é sempre trágica e abrupta. Seu descomedimento e a transgressão dos limites (*hybris*), necessários ao bom cumprimento de seu destino, são também responsáveis por sua morte, como se esta constituísse sua última prova iniciática, transformando-o em um intermediário entre o mortal e os deuses, entre o ego e o inconsciente.[2]

A problemática da dependência química remete a uma analogia com esse herói que, na tentativa de impulsionar o ego no sentido da transformação, aprisiona-se quando do contato com o numinoso. A experiência do numinoso acontece por intermédio da religiosidade, entendida como *religare*, uma condição universal que modifica o sujeito por ocasião do contato com aquilo que é desconhecido e, por conseguinte, fascinante. A experiência religiosa, de contato com "potências" que transcendem as fronteiras do ego, pode ocorrer de diversas maneiras. Dizendo de outro modo, os rituais de catábase, de descida do espaço luminoso da consciência em direção à penumbra do inconsciente, acontecem de maneira repetitiva em diversas etapas da vida, como movimento arquetípico de estruturação e ampliação da própria consciência. O uso de substâncias químicas constitui um importante facilitador de tais vivências, podendo ser compreendido como um modo contemporâneo de ritualizá-las. De fato, é preciso considerar que muitos adolescentes experimentam as primeiras formas de socialização, de abandono necessário de uma forma endogâmica de funcionamento da consciência para uma exogâmica, pelo sentimento de pertinência a grupos externos ao grupo familiar. Muitas vezes, o contato com a droga está presente nesse momento, facilitando e catalisando essa tentativa de ampliação do campo vivencial.

Evidentemente, podemos considerar que outras vivências são facilitadoras para o conhecimento de até então obscuras regiões da alma: a tristeza, o cansaço, a prática de exercícios rigorosos, a meditação, a literatura, o cinema, a alegria, a vergonha... Poderíamos propor que todas essas funções contribuem, criativa ou defensivamente, para a estruturação egoica, ou seja, toda experiência humana contribui para o desenvolvimento do conhecimento de si mesmo.

No entanto, qual seria a especificidade da droga?

Para Zoja[3], a lacuna está justamente no fato de praticamente inexistirem, na contemporaneidade, rituais de passagem. O desaparecimento dos ritos de iniciação marca uma das grandes diferenças entre o mundo arcaico e o mundo moderno, acrescentando que "o voltar-se para as drogas pode ser visto como uma tentativa de iniciação, falha já de início por falta de consciência". O autor pontua que, nas sociedades primitivas, a iniciação conferia ao adolescente uma identidade adulta, e que nosso adulto contemporâneo é "perdido, passivo, consumista". Também, o que é mais dramático, ele não viveria no seu desenvolvimento uma morte iniciática, a qual consistiria em uma renúncia ao estabelecido, permeada pela angústia inerente a esse processo, em direção a um renascimento iniciático, qual seja partilhar com outros a experiência do novo. O abuso e a dependência na nossa sociedade existiriam porque o indivíduo salta a experiência de "morte iniciática", que se constituiria em um estado de depressão, renúncias etc. Haveria a inexistência de uma interioridade continente para os rituais exteriores, a serviço da renovação.

Fala-se, portanto, de um herói inflado, identificado com o poder transformador, que glorifica a façanha, esquecendo-se do sacrifício necessário para obtê-la. É como se, ao enfrentar monstruosidades e conquistar territórios, ele achasse que poderia dispensar espada, capacete, sandálias aladas, barbantes e os ensinamentos da natureza. Fala-se de um ego que se identifica com o arquétipo do herói, negando as etapas necessárias e difíceis para a transformação na busca de si mesmo, tema central na psicologia de Jung quando se refere ao processo de individuação.

Jung[4] entende a individuação como o caminho para a realização do Self, um sistema cuja função principal é estruturar a consciência, constituindo um sistema coordenador central que não faz parte do consciente, mas o inclui e afeta:

> [...] visto que o ego é apenas o centro do meu campo de consciência, ele não é idêntico à totalidade da minha psique, é apenas um complexo entre outros complexos. Por isso eu discrimino entre o ego e o Self, já que o ego é apenas sujeito da minha consciência, enquanto o Self é o sujeito da minha totalidade.

Self, em psicologia analítica, não é sinônimo de ego, mas o inclui; abrange também, além do material pessoal reprimido, o potencial comum a toda a humanidade, o qual foi denominado inconsciente coletivo. Este seria uma configuração energética ativada pelo desenvolvimento biológico, pela dimensão interpessoal, pela própria conflitiva pessoal, constelando seu conteúdo na tentativa de organizar a consciência, que seria regida por padrões arquetípicos que se expressam tanto biológica quanto psicologicamente. Os sonhos, os mitos (sonhos de uma época) e as vivências psicóticas seriam explicitações desse constructo. Seriam sistemas de prontidão que coordenariam a atividade psíquica, possibilidades herdadas para representar imagens similares, matrizes arcaicas resultantes de impressões residuais de vivências comuns a todos os humanos.

Uma vez que, ao atualizar seu potencial, nem todo conteúdo arquetípico cabe na consciência, forma-se progressivamente uma instância denominada sombra, composta basicamente de todo o material que é incompatível com a atitude consciente, o que corresponderia à noção de inconsciente pessoal. A sombra seria composta de conteúdos inativos e reprimidos que Jung conceituou como complexos. Dotados de forte carga energética, atuariam de modo autônomo na consciência, consistindo em núcleos pouco elaborados da experiência pessoal, porém regidos arquetipicamente. O arquétipo não se expressaria à consciência na sua forma "em si", mas por meio de imagens típicas ou símbolos, que funcionariam como ponte entre o inconsciente e a consciência. Como traduziu, com muita propriedade, Jacobi[5], o símbolo é a visibilidade do arquétipo. Sendo a manifestação da própria energia psíquica, trata-se do novo, do estrangeiro, daquele que chega indiscriminado à consciência e, ao ser elaborado, ganha sentido: "ele só é único enquanto está prenhe de sentido. Mas, após o nascimento do sentido... O símbolo está morto".[5]

A droga atuaria então como símbolo, tendo diferentes expressões na vida psíquica, dependendo basicamente do grau de diferenciação da consciência e do arquétipo subjacente a ele. Antes de compreender essa especificidade, contudo, é necessário enfatizar que diferentes padrões arquetípicos organizam a consciência em diferentes fases da vida. Jung não escreveu sobre o desenvolvimento do ego na primeira metade da vida, cabendo a Erich Neumann e, posteriormente, a Carlos Byington[6] postularem que os arquétipos parentais estruturam a consciência desde o nascimento, por meio dessa ação coordenadora do Self.

Observa-se inicialmente um estágio formado pela psique da mãe e da criança, como em um todo indiferenciado. Neumann formulou o importante conceito de eixo ego-Self, pelo qual mecanismos arquetípicos coordenam a expressão simbólica. Byington[6] ampliou essa noção ao sugerir a existência de quatro dimensões simbólicas estruturantes da consciência, motivadas pelas interações eu-eu, eu-corpo, eu-outro (social) e eu-meio (natureza). De modo gradativo, símbolos se apresentam à consciência, regidos primordialmente pelo arquétipo da Grande Mãe, o que foi denominado estágio matriarcal do desenvolvimento. Carinho, proteção e cuidado são símbolos desse dinamismo, que tem como princípios a sensualidade (o desejo) e a fertilidade. É uma configuração que se ocupa da sobrevivência e se estrutura de maneira insular, com intervalos de inconsciência e amnésia.[6]

Progressivamente, o ego começa a adquirir uma separação maior do inconsciente, com a socialização e a necessidade de submissão a leis e normas que regem a organização e a orientação coletivas. Regido pelo arquétipo do Pai, o dinamismo patriarcal tem como princípios a hierarquia, a abstração e a causalidade. O ego já discrimina as polaridades do símbolo, escolhendo um desses polos ("o certo") e reprimindo o outro ("o errado").

Os dinamismos matriarcal e patriarcal não organizam a consciência somente na primeira metade da vida, mas durante todo o seu curso:

> Apesar do ciclo matriarcal, por exemplo, ceder em muitos casos sua dominância ao patriarcal já nos primeiros anos de vida, ele nunca terminará, pois o ego, na medida em que se estrutura matriarcalmente, passa a participar ativamente na estruturação matriarcal de si próprio.[6]

Assim, continuaremos a estruturar nossa consciência de maneira produtiva ou destrutiva quando nos posicionarmos mais e mais matriarcalmente em função da nossa cultura ou da natureza à nossa volta.[6]

Os princípios matriarcal e patriarcal podem ser conflitantes. A consciência inicia um diálogo entre os opostos, regida pela entrega, pelo conhecimento, pelo encontro. O arquétipo da alteridade (alter, outro) luta pela interação livre e igualitária dos dois dinamismos parentais, vivenciando o desejo e a norma sem se identificar com nenhum desses polos. É o arquétipo da criatividade em uma busca pela transcendência por meio de uma síntese.[6]

O quarto grande arquétipo seria o da sabedoria, que tende a predominar em fases mais avançadas da vida e consistiria em uma atitude contemplativa e meditativa a respeito da existência.

Todas as modificações dos estágios da consciência são mobilizadas pela ativação do arquétipo do herói, sobre o qual já se discutiu aqui. Mas é na adolescência, quando se explicita a necessidade progressiva de deslocamento da libido – até então predominantemente endogâmica, para exogâmica -, que esse arquétipo tem função estruturante fundamental. Utiliza-se a noção de adolescência a partir dos conceitos postulados por Hall, segundo os quais o amadurecimento dos órgãos sexuais marca o início de transformações consideráveis tanto do ponto de vista biológico quanto do psicológico e do social.[7] Os limites dessa fase e a fase adulta são absolutamente imprecisos, até porque se considera a inexistência, no mundo contemporâneo, de rituais iniciáticos que delimitem essa passagem.

Mas é na vulnerabilidade desse momento humano transitório que devemos nos focar e atentar para o que é descrito em outro texto:

> O adolescente precisa aprender a deixar sua identidade infantil morrer para poder assumir uma outra identidade da qual pouco conhece […] À exigência de eternidade que acompanha a tarefa heroica do adolescente contrapõe-se o princípio tanático. Os fracassos e frustrações são essenciais para propiciar o amadurecimento estruturante. Entretanto, a angústia de morte inerente às múltiplas perdas vivenciadas pode levar o indivíduo à procura de algo que o proteja de todo esse sofrimento. Esse algo pode ser a droga, embora essa proteção possa significar a própria morte.[8]

Voltamos ao ponto em que estamos diante de um herói que quer chegar a sê-lo sem vivenciar as dificuldades das provas iniciáticas, ou que se lança a elas desprotegido. De fato, dissolver-se nos conflitos impostos pela necessidade de elaboração simbólica inerente ao processo de individuação é um caminho tentador. E aqui estamos diante do que talvez diferencie o uso de drogas – um comportamento possível em qualquer fase da vida, se considerarmos que experimentar estados alterados de consciência é um atributo arquetipicamente determinado, uma possibilidade da psique – do caminho em direção ao abuso e ao estado de dependência.

O que se impõe ao dependente é um movimento imperativo de retorno a uma posição insular de consciência, em uma tentativa de evitar a angústia que a polarização patriarcal da consciência mobiliza. A superação desses conflitos, por meio de uma forma dialética de enfrentamento das diferenças e incongruências da realidade característica do dinamismo de alteridade, levaria à integração gradativa de símbolos dominantemente matriarcais em uma consciência polar patriarcalmente estruturada.

Ao dependente, porém, tal tarefa parece impossível. Faz-se com a droga um casamento aparentemente insolúvel; um duo indissociável, como descreve Olievenstein, no qual o divórcio será vivido como uma experiência de morte, de aniquilamento da própria identidade.[9] É como um turista que viaja para a Terra Prometida e, fascinado com a diferença, com o estrangeiro, perde seu passaporte, seu direito de ir e vir. O ego é aprisionado em uma vivência de êxtase e entusiasmo.

Muitas são as expressões mitológicas desse fenômeno, mas talvez o mito de Dioniso seja sua melhor representação.

Do relacionamento de Zeus e Perséfone nasceu o primeiro Dioniso, o Zagreu, que iria suceder o pai no reino do mundo. Para protegê-lo da esposa Hera, Zeus decidiu ocultá-lo, mas a ciumenta deusa, ao descobrir seu paradeiro, ordenou que os Titãs o matassem. Estes "fizeram-no em pedaços; cozinharam-lhe as carnes em um caldeirão e as devoraram".[2] Zeus fulminou os Titãs e, segundo algumas variantes do mito, Atena – para outros, Deméter – teria salvo o coração de Dioniso ainda vivo e feito com que a princesa tebana Sêmele o engolisse. Para outros, Zeus, após engolir o coração, fecundou Sêmele. Hera, atenta, decidiu matá-la. Travestida de ama, estimulou a princesa a solicitar ao amante que se apresentasse em todo o seu esplendor. Zeus, para não contrariá-la, apresentou-se em sua forma epifânica, ou seja, como raios e trovões. O palácio de Sêmele se incendiou, mas o pai conseguiu salvar o feto e colocá-lo na sua própria coxa, para que se completasse a gestação normal. Após o nascimento do filho, a perseguição de Hera continuou, razão pela qual Zeus transformou-o em bode e encarregou Hermes de levá-lo para ser criado pelas Ninfas e pelos Sátiros no monte Nisa. Nesse monte, o então jovem deus descobriu maduros cachos de uva, de onde espremeu o vinho. Todos em sua corte começaram a tomar a bebida e dançaram embriagados, sob o comando do deus. Por onde andou, Dioniso cultivou o vinho. Uma passagem que merece registro é que ele desceu ao Hades para resgatar sua mãe, Sêmele. Juntos subiram para o Olimpo, onde ela se tornou imortal.

Os cultos a Dioniso na Grécia Antiga eram realizados, basicamente, por mulheres em regiões selvagens das montanhas: "Com vinho ou outros líquidos sagrados inebriantes e com danças rítmicas acompanhadas pelos sons frenéticos das flautas de bambu, dos tambores e címbalos, os celebrantes entravam em estado extático, e se sentiam unos com o deus".[10] A experiência religiosa com esse deus punha em risco todo um sistema de valores previamente estabelecidos, principalmente se se atentar para os aspectos do desmembramento (dificuldade de sintetizar, de manter junto, de conservar a coesão egoica) ou, traduzindo simbolicamente, a emergência de uma consciência insular, de incorporação do deus (entusiasmo), da embriaguês, do descomedimento. Vê-se que a tradução psicológica desse arquétipo é vida, energia, transformação, êxtase, em contraste com o racional, formal com o limite. Pode-se inferir que o estado de dependência seria uma identificação com esse princípio dionisíaco, uma dificuldade de elaboração dos símbolos, predominantemente matriarcais, mobilizados por esse arquétipo.

Convém retornar ao conceito de símbolo como precaução diante de uma interpretação reducionista do mito para enfatizar que a vivência dionisíaca, quando estruturante, abre caminho inquestionável para a criatividade e a ampliação da consciência. Ao dependente, no entanto, isso parece negado. Descrevemos o dependente como alguém que vive uma realidade objetiva ou subjetiva insuportável, o que o leva a encontrar na droga a sua única possibilidade de ser e existir. Acrescenta-se ainda que um estado depressivo em qualquer fase da vida pode conduzir a uma atitude drogaditiva que, não elaborada, pode evoluir para um estado de dependência.[8]

Estamos diante de uma clínica em que a disposição do paciente para se tratar é de fundamental importância para a formação da aliança terapêutica. Esse aspecto é também importante na abordagem de outros transtornos mentais; porém, para que seja possível empatizar com a angústia do paciente que procura tratamento, é necessário que se desconstrua o estereótipo do sofrido, da vítima ou do esperto, do que consegue driblar quaisquer riscos inerentes ao consumo de substâncias tóxicas, na busca do específico, do singular em cada indivíduo. E, nessa "vontade de se tratar", a busca da singularidade do drogadito configura uma primeira matéria em uma clínica igualmente particular, onde a "cura" pode ser compreendida como a mudança da relação do indivíduo com o produto, da sua motivação pessoal para o consumo.

Uma dada experiência terapêutica tem difícil reprodutibilidade, daí a dificuldade de se criarem modelos ou protocolos eficazes que se apliquem a todos que procuram ajuda. Metaforizando, a função do terapeuta seria, gradativamente, ajudar o paciente a procurar "autoridades competentes", refazer sua foto, recuperar seu passaporte, legitimá-lo no país estrangeiro em que se encontra e legitimar-se enquanto alguém digno e competente para se movimentar livremente.

Olievenstein[9] faz referência a esse vai e vem, ao movimento próprio da clínica do toxicômano, em que empatizar, "ocupar o lugar da droga", inicialmente, torna-se mais importante que imprimir um ritmo rígido na relação transferencial. E é no exercício da paciência atenta e acolhedora, na repetição, na intuição (atributos do dinamismo matriarcal) que, aos poucos, se introduzem leis e códigos nessa tarefa de rematrizar o que foi inicialmente rachado. A arte do analista, nessa delicada tarefa de rematrização, é mobilizar ambas as polaridades dos arquétipos – matriarcal e patriarcal - na tentativa de aquisição de uma consciência de alteridade. Alertamos para esse detalhe, quando descrevemos o risco de substituição da dependência da droga pela dependência do tratamento (e do terapeuta), fato observado principalmente em instituições de caráter religioso que utilizam estratégias normatizadoras e repressivas na base de sua abordagem. Desloca-se, nesse caso, a dependência. Na verdade, o trabalho do analista é reencaminhar o paciente em busca de si mesmo e do sentido da sua existência. É mostrar-lhe que navegar é preciso (e possível), mas que viver também é preciso.

Algumas estratégias podem ser úteis nessa árdua tarefa. A coterapia é, em alguns casos, bastante mobilizadora, uma vez que cada terapeuta pode desempenhar papéis diferentes na relação transferencial, desenvolvendo um campo dialógico enriquecedor e criativo. O acompanhamento terapêutico pode também ser eficaz em muitas situações, ao tentar promover a reinserção social do dependente em uma perspectiva de respeito às especificidades de cada caso. O grupo terapêutico pode ser igualmente criativo. Entretanto, um caminho terapêutico dificilmente terá êxito, em uma perspectiva de alteridade, caso não haja empatia por parte do analista e não se instale, talvez, uma considerável dose de empatia, afeto e humor na relação.

O humor é um dos atributos mais sublimes do contato humano, mas não é domínio de muitos; pode caminhar para posições dissociadas, até hipomaníacas, tanto no analista quanto no paciente. Quando criativamente invocado, no entanto, colabora para mobilizar o ego fixado em uma posição unilateralizada, facilitando a integração daquilo que habitualmente causa vergonha, tristeza, dor, embaraço etc. Trata-se de uma proposta e um desafio – ou da busca por um caminho para a compreensão do mistério do prazer que um produto químico promove quando encontra um indivíduo, uma busca do específico sem o qual é impossível tratá-lo.

Considerações finais

Ao examinar a história da humanidade, constata-se que o ser humano sempre procurou estados alterados de consciência. São conhecidos registros de uso de drogas nas mais diversas culturas desde a Antiguidade. A necessidade de transcender a experiência imediata parece ser arquetípica, assim como a curiosidade humana que levou ao conhecimento e ao desenvolvimento do humano enquanto humano, ao desenvolvimento da cultura e dos meios de sobrevivência.

A utilização de drogas psicotrópicas é bastante difundida em rituais, sendo um meio privilegiado de transcendência e de busca de vivência de totalidade. Tradicionalmente, essas drogas eram empregadas nos rituais de passagem, que marcam etapas de transição da vida: a criança torna-se adulta em um processo iniciático, marcado por morte e renascimento. Zimberg[11] aponta a importância do rito para preservar o indivíduo do risco de dependência quando consome drogas psicotrópicas. O rito circunscreve o uso a um contexto determinado e lhe confere significado. Entretanto, a sociedade atual perdeu a maioria de seus ritos iniciáticos e essas substâncias vêm sendo utilizadas indiscriminadamente. Zoja[3], conforme mencionado anteriormente, aponta essa ausência de rituais iniciáticos como fator responsável pelo abuso de drogas na sociedade contemporânea. Em vez de estar inserida em um contexto de transformação, a substância é veiculada e utilizada apenas como fonte de prazer imediato. Nenhuma frustração é tolerada. A tensão decorrente de conflitos inerentes à existência humana não é suportada, sendo imperativo seu alívio instantâneo, dificultando ou impedindo transformação e transcendência. Caracterizada fundamentalmente pelo consumismo, a sociedade atual não permite espaço para a falta.

Esses fatores contribuem para o aumento do consumo de drogas, assim como de outros transtornos de controle dos impulsos. Perder o controle em apostas de jogos, passar horas a fio na internet e diante da televisão, jogar *videogames*, praticar exercícios físicos, comer ou trabalhar compulsivamente são alguns exemplos de comportamentos que provocam alterações fisiológicas, que propiciam sensações físicas prazerosas e são estimulados pela nossa cultura. Trata-se de comportamentos passíveis de um padrão repetitivo e compulsivo que tornam-se meios de anestesiar e postergar, quando não impedir, a elaboração de conflitos. Na dependência, o indivíduo, em vez de enfrentar a realidade e lidar com suas vicissitudes, apenas altera sua percepção da realidade.[8] Dessa maneira, o uso da substância ou certos comportamentos deixam de ser exercidos de maneira criativa, levando o indivíduo à embriaguez e à intoxicação, alienando-se.

Referências bibliográficas

1. Jung CG. Ab-reação, análise dos sonhos e transferência. Petrópolis: Vozes; 1971. (Obras Completas; v. 16/2.)
2. Brandão J. Mitologia grega. v. 3. Petrópolis: Vozes; 1989.
3. Zoja L. Nascer não basta. São Paulo: Axis Mundi; 1992.
4. Jung CG. Tipos psicológicos. Petrópolis: Vozes; 1991. (Obras Completas; v. 6.)
5. Jacobi I. Complexo, arquétipo, símbolo. São Paulo: Cultrix; 1995.
6. Byington C. O desenvolvimento simbólico da personalidade junguiana. Petrópolis: Vozes; 1983.
7. Hall J. Adolescence: its psychology and its relations to physiology, anthropology, sociology, sex, crime, religion and education. New York: D. Appleton & Co.; 1904.
8. Silveira D. Drogas: uma compreensão psicodinâmica das farmacodependências. São Paulo: Casa do Psicólogo; 1995.
9. Olievenstein C. O destino do toxicômano. São Paulo: Almed; 1985.
10. Bolen JS. Os deuses e o homem. São Paulo: Paulus; 2002.
11. Zimberg S. Diagnosis and treatment of the elderly alcoholic. Alcoholism: clinical and experimental research. 1978;2(1):27-30.

29 Estresse Pós-Traumático

Iraci Galiás e Nairo de Souza Vargas

Introdução

Com a crescente procura de vítimas de violência criminal, como assaltos e sequestros, e de perdas familiares traumáticas por psicoterapia, o psicoterapeuta precisa estar atento à questão do trauma e dos efeitos do estresse. A violência doméstica também é um tema cada vez mais estudado e que tem recebido maior atenção dos profissionais de ajuda.

A reflexão sobre a violência prepara o psicoterapeuta para oferecer uma assistência mais apropriada, além de ser útil para a sua própria proteção. Aliás, um fator é indissociável do outro. A intensa ansiedade dos clientes, bem como a própria convivência do profissional com violência e perdas inesperadas, aumenta a chance de contaminação pelas dolorosas emoções das vítimas. Ou seja, o risco de uma identificação com os pacientes é alto. Portanto, a reflexão, associada à troca de experiências entre profissionais, é um dos mais eficientes instrumentos para evitar o envolvimento excessivo entre psicoterapeuta e paciente.

Breve resenha histórica

Trauma e estresse são dois conceitos que despertam dúvidas. Em 1936, Selye usou a palavra *stress* para caracterizar qualquer agente, nocivo ou benéfico, capaz de desencadear no organismo mecanismos endócrinos de adaptação.[1] Etimologicamente, vem do latim *strictus* – estreito, apertado. Em português, usava-se o termo estricção--pressão e, atualmente, usa-se estresse – reações do organismo à agressão, de ordem física, psíquica, infecciosa e outras, capazes de perturbar a homeostase.

Cada vez mais, somos atingidos por situações de intenso impacto emocional, diretamente ou pela informação. Nosso mundo às vezes cruel, competitivo e violento e conflitos de toda ordem assumem crescente dimensão em nosso cotidiano. Isso pode levar a um "estado de alerta" para muitas pessoas, que se veem ameaçadas e desenvolvem mecanismos de defesa contra toda essa agressão.

Selye falava do estresse fisiológico, ou seja, da adaptação normal entre indivíduo e meio.[1] Em indivíduos mal adaptados, a resposta é patológica, com distúrbios transitórios, doenças graves ou agravamento de doenças preexistentes.

O termo trauma, da cirurgia, foi introduzido na Psiquiatria por Oppenhein (*apud* Santos[2]), que atribuía as "neuroses traumáticas" a lesões cerebrais.

Freud propõe que, em um local da mente, o inconsciente, poderiam ficar registradas experiências desagradáveis, os traumas, que desencadeariam as neuroses, principalmente a histeria. Chamou de "traumáticas" quaisquer excitações suficientemente fortes para atravessar nossas barreiras, provocando grande distúrbio e possíveis defesas.[3]

Situações que caracterizam um trauma são agentes estressores e estresse, a resposta do organismo, física e/ou psíquica, ao evento traumático. Jacobson define crise como um estado em que a pessoa, diante de um obstáculo (trauma) para alcançar uma meta de sua vida ou seguir adiante na sua trajetória cotidiana, vê-se paralisada, impossibilitada de transpor tal obstáculo com os métodos habituais para a resolução de problemas.[4]

O estudo das crises, chamadas reações de ajustamento, e o estudo das "neuroses de guerra" assinalaram uma série de sintomas que, com frequência, apareciam em conjunto. Neurologistas defendiam que as "neuroses de guerra" tinham um substrato anatômico e Freud as via como "neuroses traumáticas", como reativação de conflitos anteriores, ressaltando a importância da intensidade dos estresses traumáticos e a ausência de "descargas" apropriadas para aliviar o ego das tensões e do despreparo dos indivíduos para enfrentar tais situações.[5]

Vários estudos surgiram descrevendo quadros clínicos semelhantes, nomeados de acordo com o agente estressor: síndrome do campo de concentração, trauma da criança abusada etc. Não havia consenso na medicina para a classificação dos transtornos mentais até que a Organização Mundial da Saúde (OMS) incluiu na sexta revisão da Classificação Internacional de Doenças (CID-6) uma seção para transtornos mentais para fins de estudos clínicos e estatísticos, sem a possibilidade de uma classificação etiopatogênica geral.

Em 1980, foi introduzido o diagnóstico de Transtorno do Estresse Pós-traumático (TEPT) na terceira revisão do Manual Diagnóstico e Estatístico de Transtornos Mentais (DSM-III), resultante de listagens de sintomas mais comuns nas "neuroses traumáticas" e em veteranos de guerra, correlacionando-os com a gravidade do estressor. Estudos mostraram que vítimas de crimes, quando há séria ameaça à vida, têm grande possibilidade de apresentar o TEPT. Nos EUA, constatou-se uma prevalência de 7,8% ao longo da vida. A natureza do trauma em si variou: guerra e testemunho de ferimento ou morte de alguém para os homens e ataque ou ameaça física para as mulheres. Em pesquisa com pessoas com TEPT, o evento desencadeante mais relatado foi a morte súbita e inesperada de uma pessoa amada, sugerindo ser esse o estressor mais frequente. Parece também que as mulheres são mais propensas a desenvolverem TEPT.

A CID-10 da OMS coloca o TEPT não junto aos transtornos de ansiedade, como o DSM, mas junto aos transtornos relacionados ao estresse. Com frequência, pacientes com TEPT não são reconhecidos em atendimentos primários. Há um crescente consenso de que o TEPT depende mais de fatores subjetivos do que da gravidade do estressor.

Crise e trauma

A crise é um fenômeno de duração limitada, com resultado não predeterminado, com papel importante para o futuro reajustamento da pessoa envolvida. Etimologicamente, vem do latim *crisis* - momento difícil, de decisão. É interessante lembrar que o ideograma chinês que representa crise é formado pela combinação pictográfica de "perigo" e "oportunidade", sugerindo as duas alternativas possíveis para a saída da crise: um fortalecimento pelo aprendizado ou um fracasso em sua elaboração e sua superação com o consequente agravamento do estado psíquico do sujeito da crise.[2]

A ansiedade surge como resultado da situação de conflito, pois um obstáculo só resultará em uma crise quando dificultar o manejo da problemática envolvida.

As crises podem ser acidentais (incidentes claros) ou de desenvolvimento (adolescência, senescência etc.), sendo estas potencialmente críticas e não necessariamente crises, pois são fases de transformação.

Na crise propriamente dita, há falência intensa dos mecanismos de adaptação e de defesa do indivíduo. Os resultados variam em amplo espectro, desde a solução criativa do problema até manifestações neuróticas ou psicóticas.

Considera-se, psicodinamicamente, trauma como a vivência que mobiliza uma intensidade simbólica superior à que a força egoica seja capaz de suportar. Assim, naturalmente, a vivência traumática não depende, até certo ponto, do evento ocorrido – este é relativo. Depende de como esse fato foi vivenciado. Obviamente, há fatos de tamanha contundência que funcionarão como fator traumático para qualquer ser humano. Somos uma espécie gregária, portanto, com um lado coletivo ao lado das variações individuais.

É frequente que a vivência traumática seja associada a dor, sofrimento dramático ou trágico. Porém, é importante considerar que também prazer e alegria intensos podem complicar a vida. Imaginemos um eixo com as polaridades dor-prazer e alegria-sofrimento. Cada vivência polar muito profunda pode mobilizar símbolos com intensidade tal que o ego não tolere. Às vezes, é muito difícil lidar com sucesso, principalmente se for muito grande. Também pode ser complicado lidar com situações em que, inesperada ou subitamente, ganha-se muito dinheiro ou se conquista algo muito desejado. São conhecidas as experiências de ganhadores de altas somas da loteria que perdem tudo rapidamente, ou de outros modos de ascensão social ou econômica muito rápida que não se sustentam. É bastante difícil tolerar uma alegria muito grande sozinho, a alegria pede um *compartilhar*. Ou seja, o ego precisa dividir o peso de vivências muito intensas, mesmo agradáveis, o que pode se tornar delicado. É conhecida a história de que Jung, jocosamente, costumava dar os pêsames (e não os parabéns) a quem "sofria" um sucesso, pelo risco da inflação ou de outras defesas consteladas diante do peso desses eventos e do consequente trabalho psíquico que eles acarretam. Assim, não é preciso ser masoquista para que alegria e prazer muitos intensos sejam, às vezes, complicadores do equilíbrio emocional. O peso dessas vivências também pode funcionar como fator traumático.

Seja como for, o mais frequente é que as diferentes conceituações de trauma estejam mais associadas a vivências de dor, sofrimento e desprazer.

Fatores desencadeantes

O evento traumático pode estar relacionado ao meio ambiente físico (p. ex.: desastre natural), à esfera socioafetiva (p. ex.: perda de pessoa significativa), à esfera biológica (p. ex.: doença grave) ou à esfera evolutiva (p. ex.: adolescência, senescência). Então, quanto ao fator traumático, pode-se considerá-lo como sendo desencadeado pelo outro, pelo meio, pelo corpo ou pelo próprio desenvolvimento, sempre havendo, com isso, uma mobilização da sombra.

O outro

O *outro* provocador do trauma pode ser conhecido (próximo) ou desconhecido. Se *conhecido* e afetivamente próximo, pode funcionar como fator traumático por *perda* (ruptura de um relacionamento, afastamento, morte etc.) ou por *abuso* (afetivo, de poder, sexual etc.). Aqui, situa-se a violência doméstica. Quanto mais intensa a relação afetiva, mais potencial traumático ela contém. Assim, as relações familiares são fonte importante de estresse. As relações pai-filho, conjugal, fraterna e com a família maior estão presentes desencadeando o trauma tanto por perda como por abuso. São conhecidas as dificuldades de se lidar com orfandade precoce, perda de um filho, conflitos conjugais, viuvez precoce, ruptura abrupta de uma relação conjugal etc. Também não são raras as situações de filhos abusados por pais, seja pelo exercício arbitrário do poder (principalmente com crianças e jovens), seja sexualmente. Com o aumento da longevidade e a relativização muito intensa do poder patriarcal dos pais sobre os filhos, também vemos, com frequência, pais (geralmente mais velhos) serem afetivamente abusados por filhos (comumente adolescentes ou adultos) – em uma espécie de "filhocracia"; ou, ao contrário, pais velhos abusando (via poder ou chantagem afetiva) dos filhos – em uma espécie de "gerontocracia".

A doença grave ou crônica de um filho, principalmente se for criança, costuma ser bastante estressante para os pais – por isso, é frequente que o diagnóstico de um filho que aponte para um prognóstico mais difícil seja negado pelos pais (como autismo, deficiências, doenças crônicas ou terminais etc.).

Os filhos, já crescidos, podem desenvolver quadros como o de "adolescência tardia", abusando de seus pais, podendo chegar a ameaças e concretizações de matricídios e/ou parricídios, como discutido no artigo "Relação pais filhos: uma rua de mão dupla".[6]

Quanto ao outro *desconhecido,* o fator traumático é sempre por *abuso,* como a violência contida em qualquer crime. Destes, violência urbana, estupros, assaltos e, principalmente, sequestros, desempenham importante papel.

O meio

Nosso psiquismo interage e depende bastante do meio para seu bom funcionamento. Assim, eventos que atinjam o meio podem funcionar como fator traumático, com maior potencial estressor quanto mais próximo ocorre de onde vivemos (ou de onde vivam nossos "outros" afetivamente importantes). As catástrofes são conhecidas como altamente estressantes, pela trazida súbita à consciência do risco de vida. Fenômenos como tsunamis, acidentes ecológicos etc. atestam esse fato.

As guerras, com seus desdobramentos, funcionam como outro importante fator desencadeante de estresse.

O corpo

O corpo, dimensão natural de acesso de símbolos à nossa consciência, pode atuar como fator estressante e traumático. Doenças graves, crônicas ou agudas, que trazem intenso sofrimento ou risco de vida (como câncer, AIDS etc.), bem como acidentes, trazem dificuldades às vezes tão insuportáveis ao ego que desencadeiam quadros de estresse.

Todos esses fatores mobilizam intensamente símbolos, muitas vezes contidos na sombra, que invadem o campo da consciência sem que o ego tenha a força necessária para integrá-los.

Desenvolvimento

Durante nosso processo de desenvolvimento, ou seja, durante nosso processo de individuação, existem períodos mais críticos e que, portanto, nos deixam mais sujeitos a estresse.

O próprio nascimento, a adolescência, o casamento, a gravidez, o parto, o tornar-se mãe e/ou pai, a senescência etc. são eventos que, por um lado, são muito criativos e, por outro, podem ser traumáticos.

Reações normais ao trauma

A avaliação psicodinâmica das vulnerabilidades psicológicas específicas do indivíduo é necessária para a compreensão do TEPT. A maioria das pessoas não desenvolve TEPT mesmo quando enfrenta terríveis traumas, porque nossa psique conta com recursos adequados para lidar com situações traumáticas. Assim, felizmente, a maior parte reage normalmente, apresentando sintomas passageiros.

Insônia, irritabilidade, cansaço e memórias intrusivas costumam aparecer com intensidade decrescente com o passar do tempo, durante aproximadamente quatro semanas.

Diagnóstico

O TEPT é especificado como o desenvolvimento de sintomas característicos após exposição a um extremo estressor traumático (critério A). O diagnóstico não será difícil se houver história clara de exposição a evento traumático, seguida por sintomas de ansiedade intensa durante pelo menos um mês, com excitação e estimulação do sistema nervoso autônomo (SNA), torpor e esquiva da reexperiência dos sintomas do evento traumático. É fundamental estabelecer claramente o início dos sintomas subsequentes ao trauma. Há alta taxa de comorbidade com depressão, pânico e transtorno de ansiedade generalizada (TAG), sendo estes transtornos fatores de risco para o TEPT. Há muita justaposição, em especial com transtornos importantes do humor. Depressão maior é uma complicação frequente e traz risco aumentado de suicídio. Com frequência, sintomas distímicos são secundários ao TEPT, mas, se forem graves, são considerados comorbidade.

Os critérios para o diagnóstico de TEPT são:
- Exposição a um extremo agente estressante traumático
- Revivência do evento traumático: lembranças intrusivas, pesadelos, *flashbacks* etc.
- Presença de sintomas de entorpecimento e esquiva de tudo que se ligue ao trauma
- Presença de sintomas de reatividade: hiperestimulação, insônia, irritabilidade, dificuldade de concentração
- Duração superior a um mês
- Sofrimento clinicamente significativo e comprometimento da performance social.

É necessário fazer o diagnóstico diferencial com transtorno de ajustamento (CID-10), cuja origem se deve a fatores que não têm a gravidade de ameaça real à integridade física da pessoa, e também com transtorno de estresse agudo (TEA), se os sintomas ocorreram e se resolveram dentro de um mês depois do evento estressante. É necessário diferenciá-lo também de quadros de simulação e de outros quadros que não tenham correlação direta com eventos traumáticos ou que tenham início anterior a esses eventos.

Os transtornos de ajustamento são reações mal adaptadas a pressões psicossociais identificáveis. Sinais e sintomas são muito variáveis e emergem nos três meses seguintes ao evento estressante. Esse quadro difere do TEPT porque é menos grave, está dentro do âmbito da experiência comum e não apresenta sintomas típicos do TEPT, como a revivência e a duração. Surge em períodos de adaptação a uma mudança significativa de vida ou como consequência de evento estressante. O estressor pode afetar relações sociais (perdas, separações) ou o sistema de suporte e valores sociais. A plena recuperação é o mais esperável nesses casos.

Após traumas físicos agudos (trauma cranioencefálico – TCE), o transtorno mental orgânico deve ser descartado ao se diagnosticar TEPT, pois há importantes implicações terapêuticas. Concussões leves podem não trazer sinais neurológicos aparentes, mas levar a efeitos residuais em longo prazo sobre o humor e a concentração. Mudanças na vida podem provocar certo nível de estresse, que pode ser positivo – *eustress* – ou negativo – *distress*.

A ocorrência de TEPT é maior em crianças que em adultos que sofreram estímulos estressantes. A influência parental é grande e amplia as implicações sobre vítimas primárias e secundárias de um trauma grave, por exemplo, sequestro de pais e mães vitimando crianças.

Conforme o estímulo estressante, a incidência de TEPT varia, indo da maior (perda de pessoas afetivamente importantes, por exemplo, mães que perdem seus filhos em sequestros) para a menor (incêndio). O sequestro é uma das injúrias mais associadas com medo de morte, assumindo magnitude maior que abuso sexual e violência parental.

A investigação sobre TEPT deve incluir questões da natureza humana, como os traços de personalidade, a resiliência ao estresse, a necessidade ou não de o estímulo ser extremo e o próprio papel da cultura definindo o que é considerado transtorno.[7]

Assim, pode-se compreender o fato de que algumas pessoas, mesmo expostas ao agente traumático, apresentem poucas alterações ou desenvolvam um TEA que logo se resolve. A resiliência pode explicar porque, para alguns, o trauma produz crescimento e reformulações de vida e, para outros, graves transtornos.

O TEPT será agudo se a duração dos sintomas for inferior a três meses, crônico se superior e com início tardio, se o início ocorrer pelo menos seis meses após o estressor.

Psiconeurociências | Aspectos neurológicos

Ainda são incipientes as pesquisas que procuram mostrar o vértice neurobiológico que seria a base para a ocorrência de TEPT. Alterações têm sido mostradas na fisiologia e na anatomia cerebral, sendo a redução volumétrica do hipocampo o achado mais consistente. A neuroimagem funcional tem revelado uma hiperativação do corpo amidaloide e uma resposta atenuada do córtex pré-frontal medial, do córtex orbitofrontal e do giro do cíngulo anterior. São estruturas que integram circuitos potencialmente relevantes para a fisiopatologia do TEPT.[8]

Estudos com gêmeos homozigóticos, dos quais um foi à guerra e o outro não, parecem apontar para a redução hipocampal como um dos fatores predisponentes e não uma consequência do transtorno.

Em virtude da semelhança entre os sintomas do TEPT e de depressão e ansiedade, os modelos biológicos existentes para a descrição destas últimas são os mais adotados para explicar as manifestações do TEPT, envolvendo os mecanismos de neurotransmissão realizados pelas catecolaminas e o papel do eixo hipotálamo-hipófise-adrenal (HHA).

A resposta neurobiológica ao estresse envolve a liberação de vários hormônios do estresse (catecolaminas e cortisol) proporcional à sua intensidade, o que possibilita que o organismo reaja adaptativamente. Sob trauma grave ou repetido, estabelece-se uma hiperatividade autonômica crônica. Esse processo dá origem aos sintomas positivos do TEPT (invasivos e de hiperexcitação). Em pacientes com TEPT, reações fisiológicas autônomas, aumentadas sob os estímulos estressantes, são bastante documentadas (aumento de pressão arterial (PA), frequência cardíaca (FC), frequência respiratória (FR) etc.). São alterações envolvidas na preparação do organismo para reações de luta ou fuga e consequências da estimulação simpática mediada pela excitação noradrenérgica.

Redução dos níveis de cortisol e aumento do fator de liberação de corticotrofinas (CRF) são reações consistentes e parecem ser um dos marcadores biológicos de tal condição, indicando uma deficiência para inibir respostas naturais de adaptação e defesa ao trauma.

Resposta exagerada de catecolaminas e neuropeptídeos na época do trauma levaria a uma superconsolidação de memórias relacionadas a ele, facilitando o desenvolvimento do TEPT. Um número aumentado de receptores periféricos de glicocorticoides está presente.

O sistema noradrenérgico (organizador das reações de ansiedade), que tem sua origem no *locus ceruleus*, regula a excitação. Sabe-se que esta estrutura do tronco cerebral tem papel central no estado de alerta e é altamente responsiva a estímulos eliciadores de estresse. Hiperatividade noradrenérgica com aumento da epinefrina e da norepinefrina urinárias tem sido constatada no TEPT. Irritabilidade e acessos de raiva podem estar relacionados a déficit serotoninérgico. A eficácia dos inibidores seletivos de recaptura de serotonina (ISRS) no TEPT comprova a desregulação serotoninérgica. Uma desregulação do eixo HHA é altamente característica do TEPT. Ele se torna hiper-reativo ao estresse e aos efeitos do cortisol.

Diversos achados de neuroimagem começam a delinear um modelo que sugere sensibilização límbica e menor inibição cortical, com disfunção específica em áreas cerebrais envolvidas em memória, emoção e processamento visoespacial.

Curso e prognóstico

Diante do trauma, pessoas não suscetíveis podem experimentar uma onda adrenérgica de sintomas, que, no entanto, não persistem. Indivíduos predispostos têm níveis de ansiedade mais altos e sintomas de dissociação, preocupação e respostas exageradas ao trauma. Persistindo esses sintomas, podem surgir sentimentos de desamparo, perda de controle e revivência do trauma com sintomas de ativação autonômica. Pode surgir esquiva fóbica, hipersensibilidade e explosões de raiva, com alterações na personalidade e no funcionamento social e profissional. É possível que se desenvolva, então, o TEPT crônico com incapacitação, desânimo e desmoralização. Existe a possibilidade de sintomas somáticos e depressão, assim como uso abusivo de substâncias. A recuperação do TEPT crônico em segmentos de cinco anos foi de apenas 18%, mostrando a importância do treinamento prévio para enfrentar situações difíceis como guerra, terremotos, catástrofes etc., e também no tratamento precoce do TEPT. Em pelo menos um terço dos indivíduos com TEPT, o quadro tem evolução crônica, persistindo por muitos anos.[2]

Aspectos psicodinâmicos arquetípicos do TEPT

Morte, luto e transformação

A ameaça de morte, própria ou de alguém querido, ou de perda do outro, traz sempre para a consciência a *ameaça da perda da identidade*, característica da vivência traumática. A vivência da morte sempre trará o processo do luto para sua elaboração. Esse luto, se vivido, carrega a possibilidade da transformação. Porém, as defesas contra o doloroso processo de luto, pela problemática da sombra, produzem o *luto patológico* e a consequente *melancolia*, impeditiva do processo de transformação, que implica vivência da morte e renascimento, como discutiram Jung, em *Símbolos da transformação*, e Vargas, em "Abordagem do paciente terminal: a morte como símbolo de transformação".[9,10]

Arquétipo do herói

Sempre ativado diante da vivência traumática, aplica uma energia "*plus*" para que o ego encare a batalha de enfrentamento do trauma. Em uma imagem, é como se, diante da necessidade de um investimento financeiro maior e inesperado, às vezes não planejado, fosse necessário "entrar" temporariamente na poupança. Essa energia/força "*plus*" pertence ao Self e não ao ego, sendo preciso voltar ao Self depois de um tempo para evitar perigosas identificações e fixações – como Jung discute em seu conceito de personalidade-mana, em que chama atenção para os perigos da "inflação".[11]

Quanto à força arquetípica do *herói*, é possível relacioná-la à mobilização do arquétipo da *grande-mãe*. Essa ativação prepara para a *ação* necessária para lidar com o atendimento de necessidades básicas, como fome, sede, sono, sexualidade etc. Também é ela que ajuda a lidar com as próprias vivências dolorosas relacionadas a esse arquétipo, como o abandono. As ameaças dessa ordem mobilizarão o herói ligado à grande-mãe, um herói de ação.

Tem-se um *herói* ligado ao arquétipo do *pai*, ativado quando a ordem patriarcal é ameaçada, sendo necessário que se estabeleça ou se reestabeleça. Esse herói organiza o caos. É, portanto, também um herói ligado à ação e sempre mobilizado diante de vivências traumáticas desorganizadoras.

O *herói* ligado aos arquétipos de *animus* e *anima* também prepara para a ação, a de "oferecer a outra face", mediante a interação simétrica e dialética com o outro, com a possibilidade de troca de lugar com esse outro, no caso, o agressor.

Porém, o *herói* ligado ao arquétipo da *sabedoria* é o herói não da ação, e sim da contemplação, da interação com o todo. É o que traz à consciência a percepção de limitações e limites diante do Todo, da participação do indivíduo como pequena parte da imensidão do Todo. Enfim, conduz a possibilidade de troca da ação pela contemplação. Esse aspecto é bastante importante para o enfrentamento da vivência traumática, diante da qual, às vezes, há pouco o que "fazer".

Arquétipo da criança divina

No processo de transformação, no qual acontece a vivência da morte, o arquétipo da *criança divina* é mobilizado para que haja o renascimento, como discutido por Jung em "A psicologia do arquétipo da criança".[12] É com a "morte" do arquétipo do herói para a consciência, ou seja, com a volta para o Self dessa força/energia "*plus*", que os símbolos trazidos pelo arquétipo da criança podem vir para a consciência, levando a renovação e o renascimento. Esse é, porém, um processo. Não é possível haver o renascimento sem que haja a morte simbólica, sendo estes exatamente os ingredientes, por assim dizer, do processo de transformação.

Estresse e trauma

O trauma, mediante o estresse provocado, ativa o sistema nervoso autônomo, nos preparando para as reações de luta ou fuga, em decorrência da ação do sistema nervoso simpático, que ativa nossas reações adrenérgicas, como já discutido. Neurofisiologicamente, assim se está preparado para a ação. Após algum tempo, graças à ativação do sistema nervoso parassimpático, tem-se o relaxamento e, consequentemente, volta-se ao estado de equilíbrio fisiológico. O problema se dá quando esse ciclo não se completa, estacando no estado de *ação*. Estudiosos do assunto falam cada vez mais em *eustresse*, quando o ciclo é completo (simpático e parassimpático), e *distresse*, quando o processo estaciona na aceleração pelo simpático por cerca de mais de trinta minutos.

Contudo, em muitas situações traumáticas, o problema é que se fica impotente ou muito pouco potente, seja pela ordem do fator traumático (como morte de outro querido, perda de alguém) ou pelo impedimento da ação pelo outro, o agressor (torturas, sequestro etc.). Esse fenômeno traz enorme sobrecarga ao ego, pois, por um lado, tem-se a ativação para a ação e, por outro, seu impedimento.

É em função dessa sobrecarga que o risco de se formarem as defesas aumenta. A fixação nesse ponto do evento traumático é como se compreende o TEPT. Defesas como sentimento de culpa (ou falsa culpa) e identificação com o agressor (síndrome de Estocolmo) são frequentes contra a impotência.

A transcendência dessa situação acontece pela ativação do herói contemplativo, ligado ao arquétipo da sabedoria; mobilizado diante da ameaça de morte, catástrofe ou perda. Pensando no mito cristão, é esse o herói mobilizado em Maria ao ver seu filho sendo torturado e morto, ao assistir e nada poder fazer (ou quase nada).

Imaginando simbolicamente, o que Maria pode fazer para "salvar" seu filho é nada, ela está impedida de práticar uma "ação" para protegê-lo. Porém, Maria tem ali muito "o que fazer" por meio da contemplação desse Todo. Ou seja, muito o que entender sobre os limites e as limitações de uma mãe humana. Naquele contexto, Maria pode compreender como é não ter condições de salvar o filho, mesmo sendo, provavelmente, o que ela mais quisesse naquele momento. Naquela situação extrema, talvez possa perceber muitas coisas que acontecem em um âmbito menor e que, por isso mesmo, não são compreendidas. Ou seja, talvez consiga entender que, muitas vezes, as "ações" e a proatividade são, em certa medida, ilusórias. Também, é possível que ela compreenda que, muitas vezes, se "distrai", em razão de tantas ações, da percepção maior do sentido da vida e da morte. Isso significa que Maria, se pouco pode "agir", muito pode "refletir" ao contemplar. Esse é o herói contemplativo, e é esse o herói que, em situações traumáticas, com todos os riscos citados, pode, ao ser mobilizado, transcender essa mobilização/impotência.

Após a vivência do herói contemplativo, pode-se ativar o arquétipo da criança divina, que trará o novo, a nova possibilidade, a renovação. E, apenas assim, pode-se chegar ao renascimento, como discutido por Jung em *Símbolos da transformação*.[13]

É desse modo que poderemos ter, em vez do TEPT, o quadro de crescimento pós-traumático (CPT), no qual, após um trauma, a personalidade vive um crescimento, uma ampliação.

Um fator muito importante a ser considerado neste ponto é a resiliência, conceito bastante discutido pela Dra. Ceres Araujo e por Boris Cyrulnick.[14,15] Conforme a resiliência, ou seja, a capacidade de reagir ao estresse, será maior ou menor a possibilidade de desenvolver TEPT ou CPT.

Correlação com os conceitos de Jung

É interessante notar que, sob outras denominações, esses conceitos tão atuais já foram, de certa maneira, elaborados por Jung.[16]

Assim, quando ele descreve *restauração regressiva da persona*, podemos fazer um paralelo com o conceito psicodinâmico de TEPT. Ou seja, após um trauma, a personalidade fica "encolhida" passando a operar em níveis anteriores de funcionamento, de maneira fixada.

Seu conceito de *regressão simbólica*, ou seja, diante de uma dificuldade maior, "há que se recuar para melhor saltar", conforme a expressão, é correspondente ao conceito atual de CPT, no qual ao "recuo" induzido pelo trauma (conceito de centroversão de Neumann) segue-se um crescimento da personalidade.[17,18]

Quando Jung fala em *potencial de individuação*, referindo-se às diferenças individuais com relação a esse processo, crê-se que é possível fazer um paralelo com o atual conceito de *resiliência*.[19] Isso quer dizer que as pessoas têm diferentes potenciais para lidar com as questões existenciais, podendo "aproveitá-las" ou não para acelerar seu processo de individuação.

Tratamento do TEPT

Podem-se considerar três tipos de tratamento: psicofarmacológico, psicoterápico e misto, sendo este o mais indicado.

Tratamento psicofarmacológico

Os ISRS configuram a primeira linha de medicamentos para o TEPT.

Propranolol (betabloqueador) e clonidina (agonista noradrenérgico) apresentaram bons resultados em ex-combatentes com TEPT, o que comprova a hiperatividade noradrenérgica na manutenção dos sintomas de ativação autonômica.

Vários medicamentos foram usados para tratamento do TEPT, sendo os ISRS aqueles que têm apresentado melhores resultados, principalmente quanto aos sintomas de embotamento e hiperatividade. Especificamente para sintomas intrusivos e aumento da impulsividade, a carbamazepina tem sido usada com sucesso. Para pesadelos e *flashbacks*, tem ajudado o uso da clonidina.

Tratamento psicoterápico

Quanto ao tratamento psicoterápico, há várias propostas, como o método de dessensibilização e reprocessamento por meio de movimentos oculares (EMDR), criado por Francine Shapiro nos anos 1980; a experiência somática (SE), de Peter Levine; e as terapias breves ou focais com enfoque psicodramático, comportamental ou psicodinâmico.

Quanto à abordagem junguiana, é importante que se foque a cadeia simbólica mobilizada pelo trauma. Ou seja, os símbolos, ou a cadeia simbólica, que aparecerem em vivências, emoções, sonhos etc. poderão ser associados ao trauma, visando à sua elaboração. A tentativa é evitar que a vivência traumática, ou parte dela, vá para a sombra e propiciar que seus símbolos sejam integrados ao campo da consciência.

É preciso tomar cuidado com o *timing* das diferentes emoções que surgem durante o processo psicoterápico: dor, desesperança, tristeza, medo, raiva, vingança etc. Há um longo caminho até a aceitação, e é importante que os tempos não sejam apressados, porque se trata de um processo.

O trabalho com a família é importante, havendo, porém, ao ver do autor, riscos a serem evitados, como o de que cada pessoa da família possa estar em um momento emocional diferente em relação ao fator traumático. Por exemplo, diante da morte súbita de alguém na família, enquanto a mãe pode estar ainda muito tomada por emoções dolorosas, os irmãos já podem estar sentindo raiva (p. ex., pela má sorte), o que torna a elaboração conjunta (terapia familiar clássica), às vezes, muito complicada.

No trabalho psicoterápico, em resumo, deve-se tentar evitar duas situações opostas: de um lado, trabalhar a vivência traumática (relato, recordação etc.) para evitar que ela vá para a sombra e, de outro, tomar cuidado para que o próprio trabalho não reedite o trauma. Entre uma extremidade e a outra, caminha a "arte" psicoterápica.

É frequente que a vivência traumática mobilize a sombra, na qual traumas anteriores são mobilizados, e é importante que sejam trabalhados. Exemplo: a morte traumática de um ente querido pode trazer à tona vivências de perdas anteriores também dolorosas. O medo de que se reedite o fator traumático é comum.

O trabalho com as defesas, naturalmente, é necessário. Repetidas vezes, encontra-se a negação. Em alguns casos, a vivência traumática não é negada, mas sua importância é relativizada como defesa. Os deslocamentos são também frequentes, ou seja, fatos de menor importância são sobrecarregados com a força do fator traumático.

A formação de bode expiatório atende às projeções de vítima (a vítima é sempre o outro: a família, até mesmo o agressor etc.) ou de culpado (a culpa é de outro que não o agressor: família, sociedade etc.).

Kalsched, em seu *The inner world of trauma*, e Jerome S. Bernstein, em *Living in the borderland*, discutem o ponto de vista junguiano sobre esses fenômenos.[20,21]

Como um fenômeno complexo, em que todas essas defesas estão presentes, encontra-se a "síndrome de Estocolmo", na qual existe a identificação perigosa com o agressor. Dessa maneira, o agressor é inocentado, passando, às vezes, na vivência do indivíduo traumatizado, de agressor para vítima. Em situações de resgate de vítimas de sequestro, a síndrome de Estocolmo pode até mesmo dificultar a ação da polícia, pois o sequestrado tenta proteger o sequestrador. A vítima, ocasionalmente, se sente culpada (porque se descuidou etc.), sendo esta falsa culpa uma maneira de lidar com a impotência. A culpa, ainda que falsa, implica certa potência para desencadear ou evitar o evento.

Também é frequente a esquiva, ou seja, evitar o tema, transformado, às vezes, em tabu, o que dificulta a discussão terapêutica com o indivíduo traumatizado.

Assim, a situação traumática, cercada de tantas defesas, torna-se objeto de preconceitos, trazendo sua discussão, ou mesmo sua lembrança, uma sensação de vergonha para o indivíduo. Os indivíduos sequestrados ou abusados, por exemplo, se sentem muitas vezes "envergonhados" por terem sido incapazes de resistir ou evitar o acontecido. Vê-se o mesmo fenômeno com famílias de suicidas.

Considerações finais

A importância clínica do diagnóstico de TEPT parece grande, pois ajuda a propiciar instrumentos terapêuticos. A intervenção precoce é fundamental para evitar que as defesas fiquem muito estruturadas.

A tentativa é tratar ou evitar, após o trauma, o desencadeamento do TEPT; é ajudar a ativar a resiliência por meio do trabalho com as defesas e com a prospecção dos símbolos, promovendo o CPT com a ativação dos arquétipos de herói da ação e da contemplação e a consequente mobilização do arquétipo da criança divina.

Evidentemente, dada a intensa mobilização de ansiedade contratransferencial, já mencionada, e dado o risco de contaminação contratransferencial, também já mencionado, é preciso ter cuidado com o furor terapêutico, que pode atrapalhar. Bom senso e a lembrança do *primum non nocere* (antes de tudo, não prejudique) podem ajudar.

Por fim, é fundamental que seja lembrado o potencial curativo do Self, que sempre ajudará o processo terapêutico.

Referências bibliográficas

1. Selye H. The stress of life. New York: McGraw Hill; 1976.
2. Santos EF. Avaliação da magnitude do transtorno do estresse em vítimas de sequestro [tese de doutorado]. São Paulo: Universidade de São Paulo, Faculdade de Medicina; 2007.
3. Freud S. Edição standard das obras psicológicas completas de Sigmund Freud. v. XVIII. Além do princípio do prazer (1920). Rio de Janeiro: Imago; 1969.
4. Jacobson GF. Crisis-oriented therapy. Psych Clin North Am. 1979;2(1):39-53.
5. Freud S. Edição standard das obras psicológicas completas de Sigmund Freud. v. XVII. Introdução à psicanálise e às neuroses de guerra. Rio de Janeiro: Imago; 1969.
6. Galiás I. Relação pais filhos – uma rua de mão dupla. Junguiana. 2003;21:69-82.
7. Galiás I. Trabalhando com famílias de sequestrados. Conferência proferida na Pontifícia Universidade Católica de São Paulo; 2006; São Paulo.
8. Bernik M, Corregieri F, Corhs F. O medo, os transtornos ansiosos e sua fisiopatologia. In: Busatto GF, editor. Fisiopatologia dos transtornos ansiosos. São Paulo: Atheneu; 2007.
9. Jung CG. Símbolos da transformação. Petrópolis: Vozes; 1986. Morte simbólica. p. 433. (Obras Completas; v. 5)
10. Vargas NS. Abordagem do paciente terminal. A morte como símbolo de transformação. Junguiana. 1987;5:63-8.
11. Jung CG. O eu e o inconsciente. Petrópolis: Vozes; 1981. A personalidade-mana. p.118-32. (Obras Completas; v. 7/2)
12. Jung CG. Os arquétipos e o inconsciente coletivo. Petrópolis: Vozes; 2000. A psicologia do arquétipo da criança. p. 151-81. (Obras Completas, v. 9/1)
13. Jung CG. O eu e o inconsciente. Petrópolis: Vozes; 1981. A função do inconsciente. p. 63-77. (Obras Completas, v. 7/2)
14. Araújo CA. Novas ideias em resiliência. Hermes. 2006;(11):85-95.
15. Cyrulnik B. Resiliência. Lisboa: Piaget; 2001.
16. Jung CG. O eu e o inconsciente. Petrópolis: Vozes; 1981. Restabelecimento regressivo da persona. p. 52-60. (Obras Completas, v. 7/2)
17. Jung CG. Símbolos da transformação. Petrópolis: Vozes; 1986. Sentido simbólico da regressão. p. 644. (Obras Completas, v. 5)
18. Neumann E. A criança. São Paulo: Cultrix; 1995.
19. Jung CG. Símbolos da transformação. Petrópolis: Vozes; 1981. Morte e renascimento. p. 363-4. (Obras Completas, v. 5)
20. Kalsched D. The inner world of trauma. London: Routledge; 1997.
21. Bernstein J. Living in the borderland. The evolution of consciousness and the challenge of healing trauma. London: Routledge; 2005.

30 Transtornos Alimentares | Obesidade na Visão Analítica

Liliana Liviano Wahba

> *Você tem sede de quê?*
> *Você tem fome de quê?*
> Trecho da canção "Comida", de Arnaldo Antunes,
> Marcelo Fromer e Sérgio Britto.

Introdução

De modo amplo, entende-se por transtorno alimentar um desvio do comportamento que pode levar ao emagrecimento extremo (caquexia) ou à obesidade, entre outros problemas físicos e incapacidades. Estudos epidemiológicos demonstram aumento de incidência de alguns transtornos alimentares concomitantemente à evolução do padrão de beleza feminino para o corpo magro, ou seja, em parte, esses transtornos estariam ligados à cultura. Há de se levar em conta também a mudança de hábitos na sociedade ocidental, que favorece o consumo de alimentos prontos, repletos de gorduras e açúcares.

Os principais transtornos são a anorexia e a bulimia e, entre outros, existem a obesidade mórbida, a falta de apetite e a crise do comer compulsivo (*binge eating disorder*), que consiste em episódios de voracidade fágica, mas sem uso de método purgativo como na bulimia. Esse transtorno acomete três mulheres para cada dois homens, com prevalência de 2% na população geral e de 30% entre obesos que procuram tratamento para emagrecer.[1] O *Diagnostic and Statistical Manual of Mental Disorders*, da American Psychiatric Association, classifica como EDNOS (*Eating Disorder Not Otherwise Specified*) os transtornos alimentares não especificados, cujo principal sintoma é a *binge*. A obesidade em si, na quarta edição do Manual Diagnóstico e Estatístico de Transtornos Mentais (DSM-IV, *Diagnostic and Statistical Manual of Mental Disorders IV*), é reconhecida como condição clínica e não faz parte dos transtornos alimentares.

O centro da fome e da saciedade fica no hipotálamo, foco central do sistema límbico no cérebro. Ocorre, no transtorno alimentar, uma provável alteração no nível hipotalâmico, assim como a interação com mecanismos mais complexos do córtex cerebral relacionados à alimentação.[1-3] Principal integrador dos sistemas reguladores básicos do corpo (fome, sede, sexo, temperatura, batimento cardíaco, pressão sanguínea), o hipotálamo recebe sinais de todas as partes do sistema nervoso, funcionando como intercâmbio central de informações voltadas para o bem-estar do corpo como um todo. A experiência do comer relaciona-se com vivências prévias, como sentimentos de segurança ou insegurança, afeto e amamentação, bem como o aspecto social de convívio e de comunicação. O processo de alimentação é regulado por fatores múltiplos, desde constitucionais até ambientais.

Herscovici e Bay[2] consideram que a ingestão excessiva é acompanhada do medo de engordar, e que a compulsão alimentar se generaliza como um recurso para aliviar transitoriamente o mal-estar emocional – que pode ter diversas origens, desde o aborrecimento até a depressão, junto à ansiedade ou à irritação. Depois do comer compulsivo, a pessoa se sente culpada e se atormenta pela sensação de perda de controle; ao produzir perda de peso e fome, rompe-se o circuito natural de fome-comida-saciedade, desencadeando nova compulsão, e assim sucessivamente.

Aparece com frequência um sentimento de culpa vinculado ao afeto da culpa primordial descrita por Neumann[4], proveniente da ativação do arquétipo da Grande Mãe negativa sintetizado na avaliação de que "eu devo ser muito ruim, por sentir algo ruim". Outro aspecto da culpa associa-se ao animus crítico e perseguidor, diante do qual sempre se falha. A tentativa de expurgar, de livrar-se da culpa, pode ocorrer compulsivamente no ritual dos vômitos na bulimia.

Obesidade e riscos

Etimologicamente, *obesitas*, em latim, significa gordura, corpulência; *obesus/obedere* significa que comeu até engordar, comer, devorar; *ob-* significa sobre; e *-edere*, comer (Online Etymology Dictionary).

A prevalência de sobrepeso já é considerada problema de saúde pública, com números impressionantes: de mais de 7 bilhões de habitantes no mundo, de acordo com estimativa da Organização Mundial da Saúde (OMS), 1 bilhão de adultos teriam excesso de peso e 300 milhões seriam considerados obesos. Há incidência crescente também em crianças. Uma multiplicidade de fatores contribui para essa condição, entre os quais fatores de predisposição genética, fatores ambientais e estilo de vida. Pesquisas têm sido realizadas em epigenética, que é o estudo de fatores ambientais que influenciam a expressão gênica.

Ainda de acordo com a OMS, a obesidade é o principal componente de incidência de doença crônica e de incapacidade, oferecendo risco de doenças crônicas graves, como diabetes tipo 2, hipertensão, acidentes vasculares cerebrais e certos tipos de câncer. A Sociedade Brasileira de Cardiologia aponta que, no Brasil, 80% da população adulta é sedentária, 32% tem sobrepeso e 8% sofre de obesidade.

Kaufman[5] esclarece que há dois tipos de obesidade: reativa e de desenvolvimento. Esta última é observada desde a infância, e a pessoa tende a vivenciar desejos variados relacionados com a necessidade de alimentos. A obesidade mórbida é identificada quando o peso é pelo menos 100% acima do ideal (índice de massa corporal maior que 40). A depressão e a ansiedade podem decorrer da rejeição que esses pacientes sofrem, mas há transtorno do humor e quadros fóbicos associados. De acordo com o autor, em termos físicos, os riscos constituiriam uma autoagressão via hipertensão, afecção coronariana, diabetes, acidentes, entre outros. O obeso tem uma imagem negativa de si; luta contra seu corpo, o que é mais grave quando o quadro se inicia na adolescência; o ego é frágil e as pulsões agressivas e eróticas são canalizadas para a oralidade.

Kahtalian[6] descreve "traços psiconeuróticos" do comer em excesso: desejo hostil de erradicar um inimigo, medo de privação, necessidade afetiva, reação a separação ou perda, desejo de incorporar oralmente o outro. O paciente obeso é geralmente regredido e narcísico, com defesa de proteção e de isolamento atuada no excesso de peso. O paciente tem dificuldade de se desapegar da imagem corporal introjetada e procura certo controle da dor emocional por meio da comida. Quando a obesidade é estabelecida, o paciente vive em função das dificuldades que esta lhe acarreta: falta de energia, limitação da exposição social, dificuldade sexual, vergonha, sentimento de inferioridade. É importante perceber em que momento o transtorno se instala, geralmente em fases importantes da vida: desmame, puberdade, casamento, perda, mudança.

Terapias

Uma combinação de medicação e psicoterapia é adequada, mas há quadros, como a anorexia, em que a medicação pouco influi. Considerando-se que a interface entre mente e cérebro, psicologia e biologia, seja o diferenciador das neurociências no novo milênio, os tratamentos para esse e outros tipos de transtornos devem ser multidisciplinares.

Questiona-se se os transtornos alimentares e do humor seriam produtos de uma diátese comum ou se seriam comorbidades. De qualquer modo, em ambas as situações, o clínico opta pela terapêutica farmacológica, em geral associada a outras abordagens psicoterápicas. Na anorexia e na bulimia, os transtornos do humor podem ser comórbidos e iniciam, na maioria das vezes, na adolescência. A obesidade costuma ser acompanhada de depressão, mas é difícil dizer se seria reativa, isto é, secundária a uma alteração da autoimagem e à baixa autoestima. Diversos neurotransmissores associados aos transtornos do humor parecem estar também relacionados aos transtornos alimentares: serotonina, norepinefrina, opioides endógenos e melatonina.[7]

A depressão costuma associar-se a essas síndromes. Segundo Saiz[8], ela deve ser compreendida como uma síndrome na qual intervêm os microssistemas biológico, psicológico e existencial, em interação com o contexto familiar, sociocultural e ecológico-ambiental. Esses pacientes vivem uma tríade simbólica de cronicidade, dependência e perdas. Se essas vivências simbólicas não são elaboradas no decorrer do processo de individuação, elas passam a se organizar como estruturas depressivas defensivas; a raiva se volta para a própria pessoa. A pessoa deprimida vive em função do passado, na negação do presente e carente de um futuro real, persistindo em um futuro irreal carregado de frustração, incerteza e autodestrutividade.

Byington[9] assinala que, na depressão, a introjeção de conteúdos negativos faz com que o indivíduo tenha uma autoimagem negativa.

A partir de uma revisão da literatura, conclui-se que uma abordagem mista é mais adequada, compreendendo medicação (quando necessária), educação alimentar, apoio social e familiar, exercícios físicos e psicoterapia.[10-12] As psicoterapias mais reconhecidas pela classe médica são as interpessoais (terapias focais breves que tratam de relacionamentos) e as cognitivo-comportamentais. Reconhece-se que as terapias psicodinâmicas lidam com estruturas profundas de constituição da identidade e da autoestima; no entanto, poucas pesquisas com resultados comprovados realizaram-se com essas terapias. Embora, em geral, o resultado seja mais rápido e imediato com a terapia cognitivo-comportamental, a terapia psicodinâmica é eficaz em longo prazo quando o paciente aceita o processo mais demorado. Ressalta-se a necessidade de mais estudos, dado o alto índice de recorrência do comer compulsivo.

Autoestima, vergonha e raiva

Nos transtornos alimentares, há distorção da imagem corporal. A imagem de si reflete-se na imagem corporal e, quando há imagem corporal distorcida, o indivíduo pensa de modo exagerado e muito autocrítico, com atenção seletiva, focando somente alguns aspectos e considerando que todos pensam sobre ele da maneira como ele se vê.[13] A seguir, serão abordados componentes da personalidade que influenciam negativamente na constituição da autoestima e da imagem corporal. Apesar de não serem exclusivos do transtorno estudado, constituem fatores psicológicos que ajudam a compreendê-lo e a tratá-lo.

De acordo com Gilbert e Miles[14], sustenta-se a hipótese de que perturbações na imagem corporal e na autoestima corporal enraízam-se em processos relacionados à vergonha. Gilbert infere, a partir de estudos, que a vergonha na infância e na adolescência é passível de efeitos profundos na imagem corporal e no funcionamento psicológico em geral. A vergonha corporal pode se ligar a uma série de patologias que incluem transtorno alimentar, ansiedade social e transtorno do humor. Particularmente, a vergonha internalizada consiste em uma "constelação particular de pensamentos e sentimentos negativos sobre si mesmo, frequentemente associados a memórias e cenas afetivas". Gilbert assinala que, além da experiência pessoal de um afeto perturbador, há modificações fisiológicas, em parte decorrentes de sentimentos de hostilidade e de rejeição que impactam os hormônios de estresse e o grupo de neurotransmissores, como dopamina e serotonina.

Segundo Gilbert, a vergonha ainda provoca autocrítica e autoataques que influenciam a psicopatologia com sentimentos de autodesprezo e de raiva dos quais o paciente quer se livrar, desejando remover ou destruir o aspecto odiado de si mesmo. Nesse sentido, a purga seria uma das formas – o sintoma – de um ato inconsciente para se livrar do mal-estar.

A vergonha é uma experiência dolorosa e aguda, tipicamente acompanhada pelo sentimento de ter falhado em algum ideal, de ser pequeno, de alguma desvalia ou incapacidade; é considerada um afeto primário. Surge, no desenvolvimento, com o aumento da consciência de si, uma consciência de ser visto cuja função seria salvaguardar a intimidade individual.[15] As pessoas teriam suscetibilidade à vergonha, que é ligada ao senso de autoestima.[16] A autoestima retrata o valor ou a dignidade que alguém atribui a si mesmo e liga-se à autoimagem, não necessariamente consciente, e arraigada em avaliações recebidas no início da vida. O denominado complexo de inferioridade liga-se à baixa autoestima e à vergonha.

De acordo com as premissas da teoria junguiana, a autoestima positiva está atrelada à ligação do ego com a abrangência psíquica da personalidade mais ampla, o Self*, e à disposição básica de cada indivíduo para a integração da personalidade.

Schmitt[15], em sua revisão sobre o tema, assinala quatro tipos de estratégias defensivas para lidar com a vergonha, as quais são vividas de modo peculiar pelas pessoas com transtornos alimentares, em particular as obesas: retirada, evitação, ataque a si próprio e ataque ao outro.

---

* É frequente utilizar a grafia "Self", com maiúscula, para o termo junguiano que se refere à totalidade da psique (consciente mais inconsciente), e "self", com minúscula, para o sentido de eu, da identidade.

Jacoby[17] descreve o transtorno de personalidade narcísica como autoimagem distorcida, baixa autoestima e falso self (conceito enganoso de si mesmo). Complexos parentais são ativados: a imagem materna negativa e o pai que dificulta a idealização positiva. O arquétipo rejeitador ou devorador da Grande Mãe predomina no inconsciente: "Tais pessoas são geralmente hipersensíveis a cada nuance do comportamento de outros, prontos a interpretar a menor dissonância como rejeição ou ofensa".[17]

Haveria, na infância, uma fixação no Self grandioso e um posterior sentimento de inferioridade, com sintomas como dificuldades sexuais, inibição social e dificuldade de manter relações, com características de personalidade como falta de humor, falta de empatia, tendência à raiva incontrolável e mentira patológica. A raiva associa-se à presença de sentimentos de inveja e defesas contra esta, como controle onipotente e retirada narcísica. Isso não significa que a pessoa seja identificada como narcisista, já que pode parecer tímida, adaptada e autocrítica. Como sintomas psicossomáticos, aparecem hipocondria, preocupação com a saúde e distúrbios vegetativos em vários órgãos. Frequentemente, associa-se à vergonha também a depressão: oscilação entre grandiosidade e depressão com necessidade constante de reconhecimento. "As pessoas narcisicamente feridas permanecem famintas, pois a comida oferecida pelo outro nunca corresponde a suas expectativas e é, consequentemente, rejeitada."[17]

Teria havido nessas pessoas uma falta de reconhecimento e de espelhamento na infância, com decorrente experiência de vergonha e de embaraço e necessidade enorme de atenção do outro, ao mesmo tempo em que existe temor de rejeição e de humilhação.

De acordo com Neumann[4], quando não há modelo positivo na relação primal, a agressão, fundamental à luta pela independência, não pode ser integrada e desenvolve-se o narcisismo. O ego estressado da criança registra impotência e raiva, desamparo, alarme e ameaça, o que provoca uma reação compensatória egocêntrica, narcísica. A raiva e a agressão no estágio alimentar transformam-se no "desejo sádico de devorar a mãe". O ego estressado da criança, sob a ação da imagem de mãe terrível, desenvolve uma experiência de si, do mundo e do outro marcada e caracterizada pela *fome*, pela insegurança e pelo desamparo.

Quando o ego já adquiriu estabilidade e consolidação, torna-se defensivo e rígido. Forma-se um círculo vicioso em que a rigidez do ego, a agressão e o negativismo alternam-se com sentimentos de desvalia, inferioridade e desamor.

Apesar de não se poder caracterizar o transtorno alimentar como narcisismo de modo geral, percebe-se que há uma interface entre ambos e que muitas pessoas que sofrem do transtorno alimentar têm traços semelhantes aos descritos no transtorno de personalidade narcísica. Trata-se, certamente, de abalos que ocorrem nos primórdios do desenvolvimento.

As noções de complexo e de trauma, apresentadas a seguir, ajudam a compreender esses abalos psicológicos.

Complexos e trauma

Jung desenvolveu a teoria dos complexos a partir de experimentos de associação mediante os quais pesquisou o papel perturbador de emoções inconscientes. A causalidade traumática deve ser compreendida junto a fatores estruturantes interiores e da fantasia, em que a influência externa alia-se à interna para constituir o feixe de associações traumáticas ou dolorosas. Os primeiros complexos derivam da experiência dolorosa com os pais. Assim, um complexo materno negativo ocasiona um sentimento de abandono que seria compensado pelo alimento de uma mãe nutridora, na tentativa de apaziguar a ansiedade, o medo e a solidão.

> Transtorno nervoso consiste primariamente em uma alienação com respeito aos próprios instintos, uma dissociação da consciência em relação a certos fatos básicos da psique.[18]

Kalsched[19], reconhecido teórico no campo da psicologia analítica, descreve o impacto do trauma e dos afetos insuportáveis na personalidade. Observa a ansiedade primitiva e suas defesas personificadas em sonhos e produtos imaginários da psique mediante temas e imagens arquetípicas demoníacas. O autor postula que a integração constitui uma ameaça insuportável e um Self primitivo toma conta via violência arquetípica que, paradoxalmente, protege o ego imaturo que não consegue uma mediação adequada. Quando a ferida narcísica atinge o cerne da personalidade, a morte se associa à devastação dos instintos primários e seu campo arquetípico. Houve uma quebra da autoestima e da autovalorização, sem capacidade de autoasserção e autoconfiança do ego em razão de uma falha no desenvolvimento da criança, que não encontrou um continente materno em momentos de angústia. O desespero traz sentimentos regressivos de dissolução e autoabandono, e o inconsciente ativa imagens aterradoras. No entanto, essas fantasias inconscientes de desmembramento, desintegração e até de morte seriam também uma tentativa desesperada de não sucumbir novamente à aniquilação outrora vivenciada.

Feldman[20] postula que, no desenvolvimento, quando há forte sensação de ameaça, um sistema defensivo emerge espontaneamente do Self primal:

> Essas defesas do Self são designadas a preservar o senso de segurança individual e proteção, mas também criam uma barreira impenetrável entre o Self da criança e seu ambiente num período quando a criança começa a desenvolver uma função simbólica.

Como consequência duradoura, o desenrolar da experiência simbólica e arquetípica é distorcido.

O assinalamento dado é importante pois a função simbólica possibilita o emprego da experiência psicológica interna e a criação de significado a partir dela, a fim de promover a integração emocional e o desenvolvimento no processo de individuação.

Bromberg[21] considera que pacientes com transtornos alimentares sofrem de dissociação em decorrência de um trauma que abalou sua capacidade de confiar em si e nas relações, e ocasiona impossibilidade de fazer escolhas. O desejo se torna inimigo e estabelece-se uma luta entre seu controle e soltura. Comer se torna mais autoproteção que apetite. No ato de comer compulsivo há um estreitamento cognitivo, um padrão para escapar da consciência e, nesse sentido, protetor, ou melhor, defensivo. O autor parte das formulações de Pierre Janet para compreender estados dissociativos, em que a dissociação seria uma maneira de sobreviver ao sentido de aniquilação ocasionado pelo trauma.

Sintomas que revelam estados dissociativos são esquecimentos, faltar a compromissos, distúrbios de atenção, assim como falta de contato com o corpo e atos compulsivos. Em decorrência dessa dissociação, há prejuízo na capacidade de regulação dos afetos e insegurança nas relações afetivas. O desejo torna-se desregulado e acentua-se a voracidade compensatoriamente: em última instância, uma solução não humana para compensar a experiência de perda. Em vez de voracidade, pode ocorrer renúncia, como modo de antecipar e se proteger de reviver o trauma. O autor embasa-se na teoria do apego, que estipula que as primeiras relações de vínculo possibilitam que, neurologicamente, se estabeleça a capacidade de regulação de afetos e de sentimento de vínculos humanos seguros.

Uma autora que trabalha com o enfoque junguiano dentro das teorias psicossomáticas é Ramos[22], que vê no sintoma uma forma arcaica de simbolismo, com regressão a formas mais primitivas de relacionamento entre corpo e mente. Ela infere, a partir de estudos clínicos, que os complexos podem se expressar simbolicamente na polaridade corporal como sintomas, uma vez que mecanismos inconscientes impediriam que eles fossem integrados à consciência. A partir da teoria dos complexos, o sintoma pode ser considerado um símbolo na sua escala inferior de possibilidade de conscientização. De acordo com essa teoria, ocorre uma integração na psique por meio da conscientização via símbolos, diferenciando-se da forma mais arcaica, que seria o sintoma.

Os pesquisadores atuais estão de acordo com o que Jung enunciou sobre a função transcendente, ampliando o conceito para o campo da psicossomática, por exemplo, com o conceito de transdução de Rossi.[3,23]

Oralidade e alimentação são a base do desenvolvimento psicofísico e o primeiro contato com o outro na relação primal, quando ainda não existe diferença entre um eu e um tu. O distúrbio alimentar costuma sinalizar uma regressão e a fixação em uma etapa pregressa, talvez do início da vida. Deve-se admitir, contudo, que um novo complexo se origine da situação traumática emergente em qualquer etapa do desenvolvimento.

A psicoterapia analítica do transtorno alimentar

Bromberg[21] assinala que o paciente deve tolerar a vergonha e suportar a emoção e o afeto trabalhando aqui e agora. A obesidade não pode ser encarada meramente como uma patologia da qual se livrar. Os pacientes estimulam no analista suas próprias experiências dissociativas e, por isso, são considerados difíceis. Uma asserção interessante do autor é que esses pacientes, por não poderem desejar, querem ser desejados pelo outro. No entanto, são destinados à frustração, posto que, inconscientemente, repelem o contato, acrescenta-se aqui, como um Tântalo que jamais satisfaz sua sede.

Brink e Allan[24] compararam sonhos de mulheres com bulimia e anorexia com um grupo-controle e encontraram nelas temas recorrentes: desfecho negativo, ser atacada e observada, atitude de fracasso. Aparecem conteúdos de ineficiência, raiva contra si, emoções negativas, inabilidade de se autonutrir, obsessão com peso. Os autores concluem que, na terapia, o foco nos sonhos favorece a mudança e a transformação positiva de defesas mais que a insistência em uma mudança de comportamento.

Siegelman[25] pergunta-se por que alguns pacientes estão fixados em um nível oral em vez de desenvolver outro tipo de neurose. Na anorexia, percebe-se uma experiência de maternagem inadequada e não empática. O sintoma alimentar seria decorrente da privação do atendimento a necessidades básicas. Os pacientes sofreriam de um desejo de amor insaciável e o sintoma alimentar seria uma tentativa, ainda que patológica, de adquirir alguma identidade e algum sentido. Quando se empanturram, o enorme vazio é temporariamente melhorado com a comida.

A autora descreve sintomas de enxaqueca e tontura como uma regressão do desejo de autonomia e como medo de separação da mãe. A interpretação é que o paciente tenta se tornar indestrutível e onipotente comendo demais ou procura acabar consigo via inanição, configurando um símbolo de possível ressurreição. O trabalho analítico foca os complexos parentais e as vivências regressivas inconscientes.

Cancilla[26] também considera que o foco no comportamento não leva a resultados duradouros e que o paciente está dissociado: a dieta é uma luta consigo mesmo fadada ao fracasso. O autor assinala que a mudança deve ser feita internamente, mediante uma mudança psíquica e a compreensão de complexos e imagens arquetípicas, assim como de uma reorientação do ego e da imagem corporal em conexão profunda com o inconsciente.

Feldman[20] relata um caso de uma jovem bulímica que sofria de confusão a respeito da identidade e medo de intimidade. Com base na teoria de Fordham, tece interpretações a partir de uma relação materna deficitária. O sentimento de vazio, a depressão e a despersonalização necessitaram ser contidos pelo analista, que ajudou a paciente a reconhecer emoções das quais se defendia e encapsulava autisticamente em um universo dominado pela sensação restrita à alimentação e a preocupações com o corpo. O autor descreve estados de regressão, com raiva e destrutividade aumentadas quando a transferência atingia a relação mãe-criança.

Galiás e Sampaio[27] referem na anorexia e na bulimia um núcleo de distúrbio na estruturação arquetípica da Grande Mãe, responsável pela nutrição e pela fertilidade; psicodinamicamente, um comprometimento na estruturação matriarcal, às vezes na relação primal. A compulsão alimentar representaria uma dependência de gratificação materna. O arquétipo do pai, por sua vez, é hipertrófico, trazendo frieza, rigidez, controle, hiperexigência, obstinação, compulsão e ambiguidade. Encontra-se com frequência um sistema familiar disfuncional no qual a portadora do transtorno assume o papel de paciente identificado. O arquétipo do herói necessita ser fortalecido para estruturar a alteridade, ou seja, psicodinamicamente, superar a fixação edípica pela constelação da alteridade.

Wieland-Burston[28] também considera que a anorexia às vezes é desenvolvida como resposta a uma procura pela individualidade e por querer se separar do controle familiar. Na bulimia, haveria uma dependência de gratificação materna. A terapia procura conscientizar os papéis familiares e a dependência, assim como ativar a autonomia mediante a conexão com o fundamento arquetípico da personalidade. Outro sentimento subjacente é a solidão, que, segundo a autora, é síndrome recorrente da sociedade pós-industrializada, com acréscimo de pessoas desenraizadas, sem lugar na vida familiar, que procuram atividades compensatórias – como televisão, vídeos, internet, drogas e álcool – que as ajudem a manter sob controle o sofrimento decorrente do isolamento. Desenvolve-se um quadro semelhante ao transtorno de personalidade narcísica, com baixa autoestima, falta de empatia, sentimento de esvaziamento, sentir-se incompreendido, mal-amado e muito sensível a críticas, com expectativas ingênuas a respeito dos outros e sempre desapontadas. A autora também descreve o circuito reforçador da rejeição e da retração e se refere à metáfora arquetípica de João e Maria, em que a bruxa usa o alimento para atrair as crianças: "a necessidade faminta de se fusionar ao materno".

Woodman[29,30] atribui, em parte, o transtorno alimentar à predominância patriarcal de nossa cultura e ao consequente afastamento das mulheres de suas raízes instintivas, assim como a uma relação inadequada com suas mães, que, por sua vez, sofreram com o modelo vigente. A mulher pode se tornar perfeccionista e obsessiva ou passiva e deprimida. O resgate do feminino reprimido é buscado em imagens de integração com o Self e no simbolismo de divindades femininas, assim como na valorização do corpo e dos sentimentos relacionados com o feminino, na maternagem, no cuidado de si e na sensualidade. A autora procura desvendar na análise a fixação nos complexos, basicamente os parentais. A obesidade seria uma resposta de inflação à rejeição materna e a introjeção de um componente demoníaco destrutivo, em que a inflação representa o transcender de limites defensivamente, assim como um desafio às normas. De certa maneira, o corpo deformado é um apelo para uma necessidade de conscientização do feminino não reconhecido e da falta primal.

Um caso de bulimia foi descrito por esta autora no qual se assinala – assim como em Feldman – que a compulsão alimentar e a purga seriam uma maneira de expelir o mal sentido em si mesmo, como raiva, agressão e pensamentos autodestrutivos.[20,31] Mediante a análise de complexos e dos sintomas e seus símbolos subjacentes e por meio de uma relação transferencial provedora de segurança, possibilitou-se a integração e o fortalecimento do ego, assim como a valorização da imagem corporal e o aumento da autoestima, com resultados positivos na eliminação do sintoma bulímico, alívio da depressão, retomada da sexualidade e renovação de perspectivas de vida.

A letra de "Comida", canção do grupo brasileiro de rock Titãs, que abre este capítulo, retrata o significado do sintoma fome confundido com apetite, ou a falta de fome enquanto negação da vida. Os versos "A gente quer a vida como a vida quer" e "A gente quer inteiro e não pela metade" representam o anseio e a grande dificuldade de concretizá-lo em pacientes que desenvolvem algum transtorno alimentar. A voracidade é uma compensação para aquilo que não pode ser assumido por inteiro e, ao devorar a comida avidamente, exorciza-se o pavor da privação e do abandono. Quadros diferenciados de transtornos alimentares revelam motivos inconscientes e determinantes arquetípicos semelhantes no que tange ao distúrbio alimentar.

O simbolismo subjacente é precisamente a fome – exagerada ou negada –, entendida de modo extensivo, com o significado atribuído pelo afeto e pelo processamento da fantasia e de sua intrincada conexão com a história individual e familiar e pelo contexto social. Considera-se fantasia o produto do imaginário humano mobilizado pelo inconsciente, individual e arquetípico, comum à espécie humana. O sistema límbico tem conexões com o córtex, que é prejudicado, nesses casos, em sua capacidade discriminatória. As crises de compulsão alimentar são indiscriminadas e dissociadas. Tudo aquilo que falta confunde-se com a comida, necessidade básica do primórdio da vida, a qual é incorporada vorazmente. Incapaz de se cuidar e maternalizar, o paciente engole comida com a fantasia primitiva de que saciará uma falta e recuperará o bem-estar.

Há uma alienação e um afastamento, um recuar que Jung[32] denominou medo da vida; e, quanto mais a pessoa recua em se adaptar à realidade, maiores a paralisação e o temor. Forma-se um círculo vicioso: o medo da vida e das pessoas faz com que se recue e se regrida ao infantilismo e à dependência da mãe, esta simbolizada e não necessariamente concreta. Jung aponta que o verdadeiro medo é do ser interior, que não é vivido por se alienar da realidade.

Os pacientes com algum transtorno alimentar literalizam o que outros experienciam, sem que estes últimos desenvolvam necessariamente o transtorno. Plaut[33] descreve o que entende por pacientes famintos com temas recorrentes de comida, ainda que não seja o alimento concreto, e caracterizados por personalidades imaturas, com fraqueza de ego. Uma paciente tinha fantasias de devorar o analista. De acordo com o autor, são pacientes fixados em objetos parciais, que não apreendem a imagem completa do outro. Seu estado é de ansiedade constante, pois temem perder sua identidade e indiferenciar-se. Têm núcleos de desenvolvimento muito vulneráveis que estariam fixados em estágios primitivos do desenvolvimento, como a relação boca-seio. Para proteger-se da ameaça de desintegração, desenvolvem um falso self ou negam a vida. Quando um ego arcaico é ativado, este reage sem ser capaz de focar com nitidez e de sentir a continuidade espaço-tempo.

A ponderação apresentada ajuda a compreender a dificuldade desses pacientes de se situarem no mundo, como se o que ocorre ao redor deles estivesse marcado por tempo distinto, alheio à vivência temporal de cada um. Pacientes obesos chegam a estranhar sua imagem refletida e, além de sentirem o corpo alheio, o lugar e a época lhes parecem estranhos; uma sensação de irrealidade é frequente em pacientes com transtorno alimentar e traços de personalidade narcisista.

Em pacientes da clínica, observou-se que a obesidade associada a feridas narcísicas costuma ser acompanhada de compulsão alimentar e crises de raiva explosiva, assim como estados dissociativos. Tais pacientes costumam "vomitar" verbalmente na sessão e dificilmente digerem o que lhes é oferecido na análise. É necessário conter antes a angústia e o medo de fragmentação e de rejeição. Um sentimento de vazio e de impotência está sempre presente.

Notam-se homens obesos que apresentam defesas paranoicas de intrusão e ameaça a sua masculinidade, assim como fantasias eróticas tidas como perversas. Imagens introjetadas de pais persecutórios e de mães vitimizadas e controladoras afetam a identidade e a potência. O corpo arredondado carece, para eles, de virilidade, o que muitas vezes é uma proteção contra impulsos destrutivos e agressivos.

Observam-se também pacientes mulheres cuja obesidade se associa a desamparo e a querer ser alimentada pela mãe. Há *puellas* com autonomia afetiva reduzida, que sofrem de frio e de fome quando a mãe não as alimenta. Elas procuram os outros de modo extrovertido e amável, mas cumprem papéis preestabelecidos, sem diferenciação.

Pode haver, ainda, tendência à obesidade em mulheres que sofreram algum abalo na puberdade, na época de maturação, e permanecem inseguras com respeito aos atributos femininos. São, às vezes, profissionais extremamente competentes e bem quistas socialmente, mas com dificuldade de relacionamento afetivo profundo e de parceria.

Em todos esses pacientes, nota-se a ansiedade de ser e de pertencer, o temor de não ser visto de fato, a precariedade da identidade e da autoimagem e a falha no sentido de integração do eu, isto é, a falha na integração de afetos, de imagens, de pensamentos autênticos.

O sentimento de solidão os acompanha ainda que sejam extrovertidos, já que se sentem frequentemente desempenhando papéis para agradar aos outros. Às vezes, a raiva é reativa contra a passividade e a submissão.

Quando a invasão de humores explosivos carregados de afetos, como a inveja e o sentimento de inferioridade, é contida por um ego coeso, a agressividade canaliza-se para efetivar o protesto enérgico de autoafirmação. Para possibilitar a elaboração de emoções (afetos) indiferenciadas, é necessário um continente para a vergonha e a percepção da imagem de si, transformando o desprezo em observação atenta e cuidadosa.

Para lidar com a raiva atrelada às explosões narcísicas, são necessárias a contenção e a análise posterior da dissociação e do trauma. A teoria dos complexos oferece o instrumento terapêutico para essa análise, que incorpora a relação transferencial com o terapeuta e o processamento simbólico interno desse vínculo.

Quanto ao sintoma neurótico de disfunção alimentar, possibilita-se sua integração na consciência por meio do símbolo do alimento materno primordial, elaborando a necessidade de aprender a alimentar-se afetivamente e a fortalecer o ego, combatendo o sentimento de inferioridade, a baixa autoestima e a vergonha. A simbiose, aliada à oralidade insatisfeita e à permanente sensação de vazio e de fome existencial, sem poder enfrentar a vida e adquirir independência, vai cedendo quando uma conexão se faz com um sentido único de ser, com fantasias e símbolos pessoais e universais que resgatam a história de cada um.

Restituir a imagem corporal saudável requer tratar do orgulho ferido, da vergonha do corpo, do desapontamento e de valores relegados. O paciente aprende a ver na vergonha o desejo escondido e as suas necessidades além da persona social; aprende a lidar com expectativas e com o tempo e o espaço vividos, que foram suspensos. Adquire confiança em um relacionamento seguro mediante a transferência, possibilitando recompor imagens internas de suporte.

A mordida da maçã

A partir do momento em que Eva mordeu a maçã, o desejo encorpou e não pôde mais ser ignorado. O mito fundador da cultura ocidental monoteísta repousa nesse primeiro ato de apropriação e de incorporação. Coube à mulher efetivá-lo, já que nela o corpo era inalienável. Coube ao homem a abstração; à mulher, a concretude. Primeiro como mãe, depois como interlocutora de alteridade, ela representou para o homem o corpo matriz, em que residia o pecado arquetípico da transgressão a Deus, que deixava de ser o todo-poderoso nutridor perante o qual uma atitude passiva de eterna receptividade embalava a humanidade no seu berço dourado. Mito, certamente, já que essa beatitude não se sustenta na antropologia. Sustenta-se, quiçá, na ontogênese individual nos primórdios da fase uterina, registrando-se na atualidade uma possibilidade de sofrimento fetal a partir do quarto mês de gestação.

A fé cega é resquício desse mito, quando orações ao divino, olhos semicerrados e bocas entreabertas aguardam o maná celestial.

De acordo com Jung, a atitude religiosa é ativa e receptiva ao mesmo tempo: ativa na busca e no reconhecimento, receptiva na entrega. Cabe ainda diferenciar o que é dos deuses e o que é do humano.

O corpo, constituinte de nossa identidade histórica e terrena, só podia ser da alçada de seu habitante, homem ou mulher. Aos deuses, o corpo celestial; aos humanos, o material. Compreendeu-se, no entanto, como: à mulher, o material.

Assim, a mulher tomou a dianteira e apossou-se de seu corpo e, junto a ele, de seu desejo.

A ousadia valeu-lhe o estigma patriarcal. Viu-se perante um paradoxo: trair a si e a sua materialidade ou trair a dominância do espírito cego e surdo a apelos humanos.

A metáfora da mordida transpõe-se à oralidade e a sua satisfação básica ou impossibilidade de fazê-lo: o estado de fome. Para compensar o vazio, viu-se que a ingestão excessiva compensa, ainda que muito mal, tudo aquilo que está em falta, insatisfeito.

A obesidade é uma condição que atinge de modo semelhante homens e mulheres. A anorexia e a bulimia incidem mais em mulheres, ainda que, nos últimos tempos, cada vez mais homens manifestem esses transtornos. Sinais de igualdade de gêneros, talvez. A mulher é castigada pela culpa e mortifica seu corpo. Deprimida e impotente; engole todas as maçãs para depois vomitá-las ou se nega a mordê-las. Introjeta o castigo por ter ousado querer algo que não devia ou não podia: ser atraente, desejada, amada, admirada, conquistar e ser conquistada – em todos os sentidos.

Afastada do deus todo provedor, já que não se volta facilmente para trás após o ato da primeira mordida, restou-lhe a culpa por ter falhado em nutrir-se de modo satisfatório, por não ter digerido e incorporado a promessa contida naquela primeira maçã. O castigo se perpetua, de mãe para filha.

Outro mito da cultura ocidental é o mito grego das Danaides. Os irmãos Egito e Danao são, respectivamente, rei do Egito e rei da Líbia. O primeiro tem 50 filhos, e o segundo, 50 filhas. Há uma disputa e uma guerra entre ambos. Danao exila-se em Argos, onde se torna rei. Após aparente reconciliação, os primos querem se casar com as primas, mas Danao convence as filhas a matar os cônjuges na noite de núpcias. Quarenta e nove matam os maridos; só uma se apaixona e o poupa: Hipermnestra ama Linceu. As 49 são condenadas a encher eternamente um tonel furado. Esse mito inspirou a tragédia *As suplicantes*, de Sófocles.

Somos condenados a ter uma sede insatisfeita de nossos anseios, mas, apesar de humano, esse castigo é das mulheres. O homem é sacrificado pela vingança, a mulher, condenada; a culpa de Eva, o corpo desejante e suplicante. Nesse mito, o resgate possível se dá pelo amor que rompe com a tirania paterna, ainda que em proporção de 1 para 50. Na terapia desses transtornos, o amor e a autoestima, quando despertados, auxiliam a recompor um corpo desorganizado e destruído; de fato, em proporção longe da ideal.

Considerações finais

O tratamento da obesidade requer equipes multidisciplinares para compreender a nosologia de extrema complexidade na qual intervêm variáveis multifatoriais, incluindo a genética. As descrições psicodinâmicas apontadas certamente não cobrem todas as manifestações, permanecendo à margem muitas pessoas que não se enquadram nelas. Trata-se de descrições recorrentes na clínica, que não podem ser compreendidas de maneira isolada ou genérica. O intuito é aliviar sofrimento e auxiliar a integrar a imagem que a pessoa tem de si de modo condizente com a saúde psíquica.

Leituras míticas são aproximações, metáforas a serem assimiladas conscientemente, desde que apropriadas ao contexto existencial. Os mitos da cultura e os imperativos imbuídos nela intervêm nessas batalhas que dificilmente se vencem individualmente.

Referências bibliográficas

1. Ballone GJ. Transtornos alimentares: geral. [Acesso em 29 fev 2016] Disponível em: http://www.psiqweb.med.br/site/?area=NO/LerNoticia&idNoticia=82.
2. Herscovici CR, Bay L. Anorexia nervosa e bulimia. Porto Alegre: Artes Médicas; 1997.
3. Rossi EL. A Psicobiologia da cura mente-corpo. São Paulo: Psy II; 1994.
4. Neumann E. The child: structure and dynamics of the nascent personality. London: Hodder & Stoughton; 1973.
5. Kaufman A. Fatores psicodinâmicos e psicossociais da obesidade. In: Betarello SV, organizador. Perspectivas psicodinâmicas em psiquiatria. São Paulo: Lemos Editorial; 1998. p. 62-73.
6. Kahtalian A. Obesidade: um desafio. In: Mello Filho J, Burd M, organizadores. Psicossomática hoje. Porto Alegre: Artes Médicas; 1992. p. 273-8.
7. Messias E. Relações entre transtornos alimentares e transtornos de humor. [Acesso em 21 abr 2009] Psychiatry On Line Brasil. Disponível em: www.polbr.med/br/arquivo/mess0500.htm.
8. Saiz M. Tecnología, depresión y transformación. Junguiana. 1998;(16):7-17.
9. Byington CA. A perspectiva simbólica do espectro obsessivo-compulsivo. Junguiana. 1995;13:90-121.
10. Yager J, Devlin MJ, Halmi KA, Herzog DB, Mitchell JE III, Powers P, et al. Practice guideline for the treatment of patients with eating disorders. [Acesso em 6 jun 2016] APA; 2006. Disponível em: http://psychiatryonline.org/pb/assets/raw/sitewide/practice_guidelines/guidelines/eatingdisorders.pdf.
11. Francischi RPP, Pereira LO, Freitas CS, Klopfer MM, Santos RC, Vieira P, et al. Obesidade: atualização sobre sua etiologia, morbidade e tratamento. Rev Nutr. 2000;13(1):17-28.

12. Wilson GT. Psychological treatment of eating disorders. Annu Rev Clin Psychol. 2005;1:439-65.
13. Saikali CJ, Soubhia CS, Scalfaro BM, Cordás TA. Imagem corporal nos transtornos alimentares. Rev Psiquiatr Clin. 2004;31(4):164-6.
14. Gilbert P, Miles J, editors. Body Shame: conceptualisation, research and treatment. New York: Brunner-Routledge; 2002.
15. Schmitt A. O limite como potência: um estudo das relações entre vergonha e criatividade [dissertação de mestrado]. São Paulo: Pontifícia Universidade Católica; 2006.
16. Jacoby M. Shame and the origins of self-esteem: a jungian approach. London: Routledge; 1994.
17. Jacoby M. Individuation and narcissism: the psychology of self in Jung and Kohut. New York: Routledge; 1991.
18. Jung CG. The structure and dynamics of the psyche. Princeton: Princeton University Press; 1978. The soul and death. (Collected Works, v. 8.)
19. Kalsched D. The inner world of trauma: archetypal defenses of the personal spirit. London: Routledge; 1996.
20. Feldman B. Bulimia in adolescent women: an exploration of personal and archetypal dynamics in analysis. In: Sidoli M, Bovensiepen G, editors. Incest fantasies and self-destructive acts in adolescence: jungian and post-jungian psychotherapy in adolescence. New Jersey: Transaction Publishers; 1995. p. 173-86.
21. Bromberg PM. Reflections on shame, dissociation and eating disorders. [Acesso em 24 abr 2009] Disponível em: http://www.cgjungpage.org/learn/articles/analytical-psychology/778-reflections-on-shame--dissociation-and-eating-disorders.
22. Ramos DG. A psique do corpo: uma compreensão simbólica da doença. São Paulo: Summus; 1994.
23. Jung CG. The structure and dynamics of the psyche. Princeton: Princeton University Press; 1978. The transcendent function. (Collected Works, v. 8.)
24. Brink SG, Allan JA. Dreams of anorexic and bulimic women: a research study. J Anal Psychol. 1992;37(3): 275-97.
25. Siegelman E. A Psychological study on anorexia nervosa: an account of the relationship between psychic factors and bodily functioning. In: Samuels A, editor. Psychopathology contemporary jungian perspectives. New York: Guilford Press; 1991.
26. Cancilla D. The psychology of weight loss and the war against the self: why diets fail. [Acesso em 30 mar 2009] Disponível em: http://www.cgjungpage.org/learn/articles/analytical-psychology/249-the-psychology-of-weight-loss-and-the-war-against-the-self-why-diets-fail.
27. Galiás I, Sampaio SMD. Psicopatología psicodinámica simbólico-arquetípica. Montevideo: Prensa Médica Latinoamericana; 2006. Transtorno alimentar. p. 79-106.
28. Wieland-Burston J. Contemporary solitude: the joy and pain of being alone. York Beach: Nicolas Hays; 1996.
29. Woodman M. A coruja era filha do padeiro: obesidade, anorexia nervosa e o feminino reprimido. São Paulo: Cultrix; 1995.
30. Woodman M. O vício da perfeição. São Paulo: Summus; 2002.
31. Wahba LL. Do sintoma ao símbolo: um caso de bulimia. Junguiana. 2000;(20):67-74.
32. Jung CG. Symbols of transformation. Princeton: Princeton University Press; 1976. (Collected Works, v. 5.)
33. Plaut A. Hungry patients: reflections on ego structure. J Anal Psychol. 1959;4(2):161-8.

31 Fenômeno Psicossomático e os Transtornos de Sintomas Somáticos

Denise Gimenez Ramos

Introdução

O estudo da influência das emoções sobre as alterações somáticas percorre as ciências da saúde desde seus primórdios. Platão, em 380 a.C, já dizia:

> [...] assim como não é possível tentar a cura dos olhos sem a da cabeça, nem a da cabeça sem a do corpo, do mesmo modo não é possível tratar do corpo sem cuidar da alma, sendo essa a causa de desafiarem muitas doenças o tratamento dos médicos helenos, por desconhecerem estes o conjunto que importa ser tratado, pois não pode ir bem a parte quando vai mal o todo... O grande erro de nossos dias no tratamento do corpo humano é que o médico separa a alma do corpo.[1]

Com o passar dos séculos, posições contrárias e a favor dessa afirmação marcaram a história da Medicina. Em 1808, o médico alemão Heiroth, ao cunhar o termo "psicossomática", abriu, no mundo acadêmico, uma nova área de investigação, culminando, em 1935, com a formação da American Psychosomatic Medicine.[1]

À medida que a investigação desse campo se desenvolveu, os conceitos que subsidiaram os manuais de diagnóstico de doenças também passaram por grandes transformações. Entretanto, esses sistemas classificatórios sofrem, no que se refere aos transtornos que implicam no fenômeno psique/corpo, grande dificuldade, em virtude da falta de uma conceituação básica que subsidie o conhecimento da área.

Essa questão estava presente no confuso capítulo "Transtornos somatoformes" do DSM-IV, substituído agora pelo capítulo "O transtorno de sintomas somáticos e transtornos relacionados" no DSM-5.[2,3]

Embora a nova versão seja mais clara na descrição da sintomatologia envolvida, sua conceituação baseia-se ainda em uma antiga distinção entre doenças somáticas e psíquicas, ultrapassada hoje pelas novas descobertas no campo, por exemplo, da psiconeuroimunoloiga ou da psicocardiologia.

Originalmente, a categoria de transtornos somatoformes foi introduzida no DSM-III, em 1980, para indicar algumas condições caracterizadas por sintomas médicos inexplicáveis, as quais prejudicavam significativamente a qualidade de vida do paciente.[4] Desde então, essa categoria sofreu críticas contínuas tanto pelos pacientes quanto pelos profissionais de saúde.[5] As últimas versões sobre esse transtorno, escritas no final do século 20 – CID-10 em 1993, DSM-IV em 1994 e DSM-5 em 2013 –, pouco acrescentaram no sentido de dar maior precisão a sintomas, diagnóstico e tratamento.[6,7]

A acepção clássica dos transtornos somatoformes (TS) afirma que eles se definem pela presença de sintomas físicos os quais não podem ser explicados por uma condição médica nem pelo efeito de uma substância ou qualquer outra doença mental. Considera-se, aqui, que as queixas são involuntárias, isto é, estão além do controle do paciente, e devem ser graves o suficiente para prejudicar seu bem-estar e suas atividades.[8] A característica básica desses transtornos é, portanto, "a presença repetida de sintomas físicos associados à busca persistente de assistência médica, apesar dos médicos nada encontrarem de anormal e afirmarem que os sintomas não têm nenhuma base orgânica".[8]

Desse modo, além de ser uma categoria de doença definida por um critério negativo, ela afirma que esses transtornos seriam de qualidade *exclusivamente* psicológica. São incluídos aqui os pacientes que, depois de muitas visitas a diferentes médicos, ouvem pela enésima vez: "Meu senhor, o senhor não tem nada!" Como o paciente sente que tem (e tem mesmo *algo que dói*), ele se retira com seu sofrimento e sua frustração até que, finalmente, algum de seus sistemas *visíveis* – pode ser o imunológico – concretize para o médico o seu sofrimento, por exemplo, com uma doença imunológica, tornando-o, assim, *tratável*.

No DSM-5, a categoria "transtornos somatoformes" foi substituída pela categoria "transtorno de sintomas somáticos e outros transtornos com sintomas somáticos".

O pano de fundo dessa situação é a dicotomia mente-corpo, que cindiu a formação dos profissionais de saúde nas categorias médico/psicólogo e alimentou várias escolas de "psicossomática", como a de Franz Alexander, médico fundador da Escola de Psicossomática de Chicago. Alexander, na década de 1930, descreveu sete "doenças psicossomáticas", cada uma delas correspondendo a um tipo de personalidade ou a um quadro emocional. Sua escola caiu no esquecimento à medida que causas orgânicas atribuídas aos sintomas psicológicos foram descobertas.[9]

Atualmente, o paciente queixoso "somático" (sem "causa orgânica") é frequentador assíduo de consultórios médicos de diferentes especialidades, pois sua queixa básica é que "*há algo de errado com meu corpo*". Esse "errado" pode ir de dores inexplicáveis (transtornos da dor) até pequenas manchas de pele vistas como melanomas terminais (hipocondria). Nesse sentido, surge a primeira problemática desse tipo de classificação. À medida que a tecnologia diagnóstica fica mais sofisticada, começa-se a descobrir "causas orgânicas" para sintomas anteriormente classificados como somatoformes. Mesmo que o paciente possa mudar para a categoria de doença orgânica, muitas vezes continua com suas queixas, a despeito do tratamento "concreto", medicamentoso e/ou cirúrgico adequado.

Um caso famoso na literatura médica ilustra essa polêmica. Trata-se de um grupo de cerca de 150 mulheres do Camboja, vítimas de abuso físico e sexual. Forçadas ao trabalho escravo durante o regime comunista do Khmer Vermelho, essas mulheres foram obrigadas a assistir a cenas de tortura e morte por fogo e desmembramento de amigos e familiares. Ao se refugiarem nos EUA, pediram ajuda ao Serviço Social, por não conseguirem trabalhar. A queixa era que estavam cegas. Enviadas a um grande centro oftalmológico de referência, constatou-se que estavam absolutamente saudáveis do ponto de vista orgânico. Entretanto, vários especialistas observaram que todas estavam legalmente cegas. Em sua pesquisa, Rozée *et al.*[10] constataram, em uma amostragem, que 57% tinham acuidade visual subjetiva de 20/200 (cegueira legal) e 43% tinham acuidade visual entre 1/400 e "sem percepção de luz"; portanto, estavam dentro da categoria de cegueira legal. As entrevistas revelaram que todas haviam perdido pelo menos um ente querido, torturado e assassinado na sua frente, além de elas mesmas terem sido vítimas de violência sexual. A fala de uma delas exemplifica a unidade psicossomática: "eu chorei, chorei e chorei e, quando parei de chorar, meus olhos estavam tão inchados que eu já não podia mais enxergar" (após ter testemunhado a morte dos filhos e do marido); outra: "quando me sinto feliz, meus olhos estão normais, quando penso no Camboja e na minha família, vejo clarões de luz e escuridão".[11]

Na época, a classificação dessas pacientes e seu tratamento foram objetos de grande debate. Estariam elas sofrendo da síndrome de estresse pós-traumático? Seus sintomas indicariam histeria, somatização ou transtorno somatoforme? Ou um pouco de cada? Um tratamento psicoterapêutico, ao evocar memórias traumáticas, poderia retraumatizar as pacientes ou libertá-las de suas memórias aterrorizantes? Ou estariam elas, simplesmente, somatizando sua dor?

A seguir, veremos a conceituação básica dessa nomenclatura e sua problemática diagnóstica e teórica.

Somatização

De acordo com Lipowski[12], somatização é "uma tendência para experimentar e comunicar estresse somático em resposta a um estresse psicológico e procurar ajuda para ele, provocando um grave problema econômico, médico e social". É frequentemente associada a transtornos de ansiedade e depressão e constitui o cerne dos transtornos somatoformes. Segundo Barsky *et al.*[13], de 20 a 84% das vezes em que um paciente procura um clínico não se encontra nenhuma causa para seu sofrimento somático, sendo os sintomas mais comuns dores de cabeça, tontura, fadiga e palpitações. Pacientes persistentes, que continuam a procurar uma causa para seus sintomas, correm o risco de sofrer procedimentos cirúrgicos invasivos e desnecessários ou de intoxicação medicamentosa ao consultar vários médicos simultaneamente. Não é incomum observar pacientes hospitalizados por *superdosagem* de medicamentos prescritos por diferentes médicos que desconheciam tal comportamento.

Assim, os processos de somatização são considerados um desafio na fronteira entre o clínico e o psiquiatra. Esgotados todos os recursos diagnósticos, o paciente é encaminhado para o psiquiatra, o qual, por sua vez, tem dificuldade para classificá-lo em um padrão básico. Sabe-se que cerca de metade dos pacientes que, no final, recebem um diagnóstico psiquiátrico, apresentam, no início, exclusivamente sintomas somáticos, e que 75% daqueles com quadros depressivos graves ou transtorno do pânico se queixam, na anamnese, basicamente de sintomas somáticos. Mesmo na população geral, pesquisas indicam que de 60 a 80% dos saudáveis experimenta um ou mais sintomas somáticos durante a semana.[14]

Por conseguinte, a somatização parece comum na prática clínica e é mais prevalente que a depressão e a ansiedade. Segundo Clarke et al.[15], a maioria dos pacientes com depressão e ansiedade tem grau significativo de somatização, o qual, entretanto, pode passar despercebido, camuflado pela queixa somática. Mesmo quando essa queixa é relativa a um estado de estresse, em 30% dos casos ela não é diagnosticada.

Hipocondria

Segundo os manuais referidos, a característica essencial desse transtorno é uma preocupação constante com a presença eventual de um ou mais transtornos somáticos graves e progressivos. Os pacientes manifestam queixas somáticas persistentes ou preocupação duradoura com sua aparência física.[8] Em geral, essa preocupação excessiva baseia-se na distorção de um ou mais sinais corporais normais, sem que haja qualquer justificativa médica para eles. Considera-se que a prevalência desse transtorno esteja entre 4 e 9% nos pacientes da clínica geral.[2]

Apesar de não muito clara, a diferença básica entre o diagnóstico de hipocondria e o de transtorno dismórfico corporal está no *locus* de projeção da doença. Na hipocondria, ele está nos órgãos internos; na dismorfia corporal, está no órgão externo – na pele e na aparência geral.

Transtorno dismórfico corporal

Segundo o DSM-5, inclui-se aqui a preocupação excessiva com um defeito na aparência, que pode ser imaginário ou estar relacionado a uma pequena anomalia. Esses pacientes podem se tornar excessivamente autoconscientes e evitar lugares públicos, trabalho e escola. As preocupações mais comuns referem-se à perda de cabelo, marcas na pele, acne, hirsutismo, assimetria ou inchaço faciais. Rituais constantes e prolongados para "acertar" a aparência podem causar sérios danos ao corpo, à adaptação social e ao relacionamento familiar.

Embora não haja índices de prevalência estabelecidos mundialmente, nos EUA, Koran et al.[16] observaram na população adulta prevalência de 2,4% para transtorno dismórfico corporal, o que excede a prevalência para esquizofrenia e transtorno bipolar. Notaram também que 90% dos sintomáticos preenchem o critério de estresse e que, embora esse transtorno tenda a diminuir após os 44 anos de idade, provoca sofrimento substancial e está associado à baixa qualidade de vida. Uma pesquisa mais ampla possibilitou verificar que 5 a 40% dos pacientes com esse transtorno sofrem de ansiedade e depressão.[17]

Um estudo feito com adolescentes na Alemanha revelou que os primeiros sintomas aparecem antes dos 15 anos, podendo durar cerca de 20 anos.[18] Eventos de vida negativos, doença psiquiátrica dos pais e depressão estão entre os principais fatores envolvidos no desencadeamento desses sintomas, os quais podem se tornar crônicos. Os autores concluem que, em geral, esses transtornos na adolescência não são autorresolvidos e se associam a outros transtornos psicológicos. Provavelmente, as grandes transformações corporais da adolescência a tornam um momento propício para a emergência de insatisfações generalizadas com o corpo, podendo algumas delas se tornarem patológicas, com graves prejuízos ao desenvolvimento do jovem. Aqui seria possível questionar se fatores socioculturais, além dos desenvolvimentistas, não estariam presentes nesse alto índice de prevalência.

Na fase adulta, são as equipes multiprofissionais em cirurgia plástica que provavelmente têm detectado maior número de casos entre os pacientes que desejam se submeter a sucessivas cirurgias "corretivas". Mesmo quando realizadas, a satisfação costuma durar pouco e, logo a seguir, o paciente exige nova intervenção. Há relatos de indivíduos que se submeteram a mais de 20 intervenções corretivas em busca de um perfeccionismo "divino". A cirurgia plástica é usada, por alguns, como antidepressivo quando as motivações para tal intervenção não são examinadas mais a fundo.

Mesmo que não seja possível diagnosticar somente com base em notícias da mídia, um caso trágico, de repercussão mundial, pode ter sido fruto desse tipo de sofrimento. Inconformado com a forma e a cor de seu corpo, o cantor afro-americano Michael Jackson submeteu-se a diversas transformações, aparentemente em busca de uma aparência que o desvinculasse de sua origem. Talvez, a busca excessiva pelo "corpo perfeito", ou seja, um transtorno dismórfico corporal, tenha sido a *causa mortis* primária desse jovem ídolo.

A mídia tem sido pródiga em exemplos de "celebridades" que atribuem grande valor a qualquer pequeno "defeito", aspirando incessantemente a um corpo idealizado, onde as menores "imperfeições" são vistas com lente de aumento e devem ser rapidamente eliminadas. A superexposição e a supervalorização desse corpo são, então, transmitidas para os jovens como valores sociais, induzindo-os a uma insatisfação com seu próprio corpo, o qual está "fora do padrão". Jovens sofrem por terem "seios ou pênis pequenos" e, precipitadamente, tentam aumentá-los, pensando estar "consertando" um defeito ou preenchendo um vazio. Contam, é claro, com a conivência de alguns médicos, que, sem pesquisar a fundo, tratam uma dismorfia corporal com cirurgia. Assim, os limites entre os transtornos dismórficos e as imposições culturais sobre o corpo nem sempre são claros.

Nesse ponto, seria pertinente até mesmo perguntar se as transformações por meio *piercings* e tatuagens em excesso, quando uma pessoa descontente com seu corpo tenta aproximá-lo da forma de uma vaca ou de um tigre, não poderiam ser classificadas como sintomas de uma patologia. As fronteiras são tênues e exigem constante reflexão.

O importante aqui é analisar o simbolismo envolvido na parte do corpo que precisa ser "aperfeiçoada". Pode-se, por exemplo, observar que a busca de um afrodescendente por uma pele branca é, provavelmente, a expressão de um trauma intergeracional decorrente da escravidão. Pele negra, em uma cultura escravagista, é sinônimo de inferioridade e submissão. Será patológico o desejo de se branquear? O paciente não estaria expressando um complexo que é muito mais cultural que pessoal? Nos casos em que o cuidado psicoterápico se faz necessário, não se pode deixar de lado o fator cultural como coadjuvante desse transtorno.

A cultura também é predominante no apreço a "seios grandes e fartos". Assim, jovens ainda adolescentes se torturam até conseguirem um implante que as promova à categoria de mulheres "fatais e sedutoras". Seios pequenos viram sinônimo de infantilidade e baixa feminilidade. A imaturidade as leva a entrar em cirurgias prematuras e sem retorno, muitas vezes com sequelas psicológicas pouco divulgadas pela mídia – como uma paciente que, ao retornar da anestesia, entrou em surto psicótico: negando a cirurgia, foi tomada por pensamentos obsessivos e mórbidos.

Um exame mais apurado dos pacientes com esse transtorno evidencia conflitos inconscientes profundos, complexos pessoais que se expressam projetados sobre o corpo. A parte "perturbada", em vista de sua forma e sua função, é a tela onde sofrimentos indizíveis se expressam na fala simbólica do inconsciente reprimido. Desse modo, não se pode pensar em um transtorno dismórfico sem se referir a um conflito psicológico ou até mesmo neurótico. Esses transtornos são muito mais a expressão psicodinâmica de uma disfunção psicossomática que um quadro patológico em si e, portanto, devem ser considerados sintomas e não causas de sofrimento emocional em si mesmos.

Ao olhar o paciente como uma unidade psicossomática, fica difícil cindir sua sintomatologia em diversos transtornos, sobretudo quando se trata de pacientes cuja expressão de sofrimento é somática, mas não orgânica.

As mesmas observações são válidas para os transtornos da dor e os transtornos de conversão. Nestes últimos, os sintomas afetam, principalmente, o funcionamento motor ou sensorial, sugerindo uma condição médica ou neurológica. Podem incluir déficits motores, paralisias, afonia, dificuldade de engolir, retenção urinária, entre outros.[2]

A ignorância de fatores psicodinâmicos por parte da equipe médica pode levar a situações críticas, como no caso de um idoso hospitalizado em decorrência de uma diabetes descontrolada e que, desde a sua internação, passou a sofrer de retenção urinária. Tentou-se tratá-lo com vários procedimentos, inclusive o cirúrgico. Os médicos acreditavam que, em virtude de um alargamento da próstata, o paciente perdera o controle voluntário do ureter. Não foi considerada a observação da família de que, em casa, ele estava normal, nem se considerou seu terror quanto à hospitalização. Quando ele voltou para casa, a retenção urinária desapareceu imediatamente. Um pensamento psicossomático teria poupado muito sofrimento e trabalho.

Também são comuns, nesses transtornos, altos índices de ansiedade e depressão, como será visto a seguir.

Epidemiologia dos transtornos de sintomas somáticos e comorbidade com ansiedade e depressão

Maier e Falkai[19], em seu estudo de revisão, concluem que depressão, transtorno de ansiedade generalizada e transtorno somatoforme (hoje transtorno de sintomas somáticos) são os transtornos psiquiátricos mais frequentes nos cuidados primários de saúde da população geral. Esses transtornos também mostram excessiva comorbidade entre si, a qual é substancialmente mais comum que o esperado na base dos índices de prevalência, tanto nos cuidados primários quanto na população geral. Os autores chamam a atenção para as múltiplas consequências dessas comorbidades, entre as quais estão o risco elevado de tentativas de suicídio e a resistência a qualquer tipo de tratamento.

A epidemiologia desses transtornos aponta a necessidade de maior atenção a casos nos quais os sintomas se sobrepõem a ansiedade e depressão. Estudos realizados em diferentes países, com população de clínica geral médica, revelam resultados bastante semelhantes.

Na Noruega, em estudo com 1.046 pacientes com idades variando entre 25 e 80 anos, Waal et al.[20] descobriram prevalência de 21,9% desses transtornos com a presença de sintomas físicos, depressivos e limitações funcionais. Índices aproximados foram detectados na Inglaterra, com prevalência de 10,2%, podendo chegar a 24,6% quando o critério de prejuízo psicossocial foi excluído. Como em outros estudos, a comorbidade com ansiedade e depressão chegou a 45%. Análises do uso do sistema de saúde e de medicação mostraram que a presença de uma comorbidade psiquiátrica era mais importante que a presença do transtorno de sintoma somático em si. Os autores concluem que sintomas somáticos (sem comorbidade psiquiátrica) não devem ser considerados um transtorno psiquiátrico.[21]

Mergl et al.[22], em suas pesquisas na Alemanha, também observaram que, nos cuidados primários, a comorbidade entre depressão, ansiedade e transtorno somatoforme é muito mais frequente que o esperado. Clarke et al.[15], na Austrália, observaram que 18,5% dos pacientes do serviço de clínica geral foram classificados como somatizadores e 9,5% como casos prováveis de depressão e ansiedade. Enquanto 29,6% dos somatizadores tinham notas altas para ansiedade ou depressão, 57,9% dos sujeitos com ansiedade ou depressão também eram somatizadores.

Na China, Li et al.[23], do Departamento de Psiquiatria de Taiwan, ao estudarem uma população de 1.068 pacientes, observaram que, entre aqueles que tinham sintomas sem explicação médica, a prevalência de transtornos de sintomas somáticos era de 9,9%. Entre estes, o índice para depressão chegava a 35,6% e, para ansiedade, 29,7%. Os autores chamam a atenção para a importância do exame desses fatores na entrevista psiquiátrica, principalmente por serem sintomas duradouros e indutores de comportamentos autodestrutivos. Dados bastante semelhantes aos encontrados por outros pesquisadores e pela Organização Mundial da Saúde detectaram 20% de somatizadores entre os atendidos no serviço básico de saúde.[24,25]

Essas pesquisas mostram as significativas prevalência e importância desses transtornos na prática médica e na saúde da população geral.

Juntando-se esses estudos à visão analítica junguiana, pode-se levantar alguns questionamentos relativos a esses transtornos.

Questões gerais sobre os transtornos de sintomas somáticos

Não obstante as porcentagens e as conclusões variarem em função do método de diagnóstico utilizado e da população estudada, pode-se concluir que:

- Os chamados transtornos de sintomas somáticos têm alto nível de comorbidade, com ansiedade e depressão, e podem causar sérios prejuízos ao equilíbrio emocional e à adaptabilidade psicossocial do paciente
- A classificação atual da patologia do paciente refere-se mais à durabilidade, à localização e à dinâmica de seus sintomas, internos ou externos, estéticos ou funcionais, que à psicodinâmica envolvida
- A definição desses transtornos é problemática na medida em que a detecção da presença ou não de uma doença orgânica depende, em parte, da tecnologia e do desenvolvimento da medicina da época
- A queixa somática do paciente é, geralmente, consequência de um transtorno maior no seu dinamismo psicodinâmico, que pode envolver ou não estruturas neuróticas. Além disso, esses transtornos são relativamente comuns na vida diária e podem acompanhar outros tipos de diagnósticos, psiquiátricos ou não
- Pode-se observar que todos os pacientes analisados sob essa categoria têm um transtorno no fenômeno psique/corpo, isto é, uma alteração na percepção de seu corpo, sentindo-o doente (na ausência de uma causa orgânica), sentindo-o mais doente do que está (na presença de uma causa orgânica) ou interpretando sinais somáticos normais como patológicos
- A falta de uma teoria sobre o fenômeno psique/corpo impede um raciocínio integrador e único que possibilite analisar os diferentes sintomas sob uma mesma perspectiva.

Ainda que a nova nomenclatura no DSM-5 seja mais coerente no que se refere a questões somáticas, a falta de um corpo teórico que subsidie suas classificações a torna incompleta e hesitante. A confusão conceitual dessa área só será sanada com uma teoria consistente que possibilite a compreensão do fenômeno psique/corpo com base em uma moderna conceituação psicodinâmica e psicossomática. A ausência de uma teoria abrangente, integrada e multifatorial impede que certas questões básicas trazidas pelos pacientes sejam diagnosticadas, respondidas e atendidas.

Quanto, por exemplo, uma pequena alteração somática justifica uma enxaqueca excruciante e frequente? Até que ponto uma dor lombar pode ser explicada por uma estenose de canal? E quando o próprio paciente relata que a dor aumenta muito quando está "nervoso" ou que os seus sintomas somáticos pioraram desde que perdeu o emprego? Aumenta-se a medicação para dor? Prescreve-se um antidepressivo ou recomenda-se psicoterapia? Como se sabe, atualmente, se prescrevem medicamentos antidepressivos para certos quadros de dor, como fibromialgias.

Se tentarmos delimitar claramente os níveis somáticos dos psicológicos, iremos na contramão da nova conceituação psicossomática, a qual usa o termo transdução para explicar os diferentes níveis de atuação de um transtorno – do celular ao mais sofisticado processo mental –, exigindo uma formação profissional muito mais compreensiva que a somente causal e racionalista.

Embora não caiba aqui a descrição completa da psicossomática junguiana, será descrita, na sequência, sua conceituação principal. Aos interessados, sugere-se a leitura do livro *A psique do corpo: a dimensão simbólica da doença*, no qual a teoria está completa e amplamente referendada.[1]

A psicossomática junguiana

De acordo com a teoria psicossomática junguiana, os sintomas dos transtornos de sintomas somáticos, em todas as suas subclassificações, podem ser observados como a melhor expressão de um complexo pessoal e/ou cultural: um sofrimento indizível ou inconsciente, independentemente de sua causalidade, isto é, podendo ou não estar presente uma doença de fundo orgânico.

A cegueira das mulheres do Camboja não é somente causal, mas também finalista, isto é, tem uma função. Corresponde à melhor expressão simbólica encontrada pelo organismo, o qual, enquanto expressa por onde "entrou" seu trauma (a visão das torturas), constrói a melhor defesa contra um sofrimento insuportável ("não mais verei cenas semelhantes"). O organismo reagiu psicossomaticamente ao evento traumático, como sempre reage a qualquer evento que o atinja.

Do modo como se compreende hoje o funcionamento dos organismos humano e animal, a palavra "psicossomática" passou a referendar um campo de estudos que abrange todo e qualquer fenômeno psique-soma. Hoje, ela aponta não um tipo de transtorno ou doença, mas uma área do saber cujo enfoque é uma visão integrada do ser humano. A ideia de que haveria "doenças psicossomáticas" foi ultrapassada, no século 21, por uma visão integradora na qual a psique está presente em todo e qualquer fenômeno orgânico e vice-versa. Nessa visão, todas as doenças são psicossomáticas, na medida em que a psique está sempre presente, reagindo aos acontecimentos que acometem o corpo, e na medida em que o somático interfere em todos os processos psicológicos. Raciocina-se em termos de fenômenos sincrônicos e não causais, isto é, uma depressão não é causa de uma neoplasia maligna, mas pode ser concomitante a ela. Portanto, hoje, não mais se discute se há relação entre psique e soma, mas como ela acontece.

As dificuldades observacionais e a falta de uma teoria holística que possibilite um raciocínio único entre os vários planos do ser têm sido os grandes obstáculos nessa área. A esperança de que a genética ou as neurociências dessem conta da situação foi, sem dúvida, uma nova forma redutivista de enfrentar o problema. Sem desconsiderar a importância dos novos descobrimentos da área, percebe-se que reduzir a psique a uma cadeia de reações fisiológicas é bastante insatisfatório. Corresponderia a dizer que a música e o piano são da mesma ordem de grandeza. Usando essa metáfora, a música depende de um instrumento, mas não é redutível à matéria da qual ele é feito. Do mesmo modo que o piano não faz a música, a matéria do cérebro não faz a psique, embora uma não tenha expressão sem a outra. Assim como a música, poder-se-ia dizer que toda produção humana é produto de um fator que transcende a matéria e a própria consciência, isto é, o símbolo, fator básico na construção do ser humano e da cultura.

As produções criativas humanas doentias ou saudáveis são produções simbólicas, pois trazem à tona material desconhecido, provocador de emoções não controladas pela consciência. Emoções positivas e/ou negativas sempre implicam uma alteração psicofisiológica, a qual pode ocorrer em vários níveis do organismo. Por exemplo, uma cena violenta e ameaçadora provoca uma emoção e, ao mesmo tempo, uma alteração no organismo como um todo. Essa visão ameaçadora é transduzida em diferentes sistemas, ou seja, há uma alteração dos sistemas visual e auditivo (visão e som da cena), junto com a do sistema cardiorrespiratório (alteração respiratória e taquicardia) e assim por diante, de modo sincrônico, até a percepção da sensação do medo, de sentimentos e de pensamentos associados.

Entende-se por transdução a conversão ou a transformação de informação de uma forma para outra. Observando-se o corpo humano como uma rede de sistemas informativos, genético, imunológico, hormonal, entre outros, veremos que cada um tem seu código. A transmissão de informação entre os sistemas requer que algum tipo de transdutor permita que o código de um sistema seja transladado para o código de outro sistema. A mente, por ser capaz de simbolizar no modo linguístico ou extralinguístico, pode também ser considerada um meio de codificação, processamento e transmissão de informação entre organismo, psique e soma.

A dificuldade de transduzir uma cena conflitiva em palavras e mantê-la na consciência pode fazer com que ela fique estagnada em um dos sistemas somáticos, repetindo-se compulsivamente. O paciente que tem sintomas na polaridade somática, com ou sem doença orgânica, codificaria seu conflito, preferencialmente, em um sistema somático que corresponderia à expressão simbólica de seu conflito. Por exemplo, uma paralisia sem base orgânica seria o código pelo qual um organismo expressaria sua "paralisia" geral, isto é, um conflito inconsciente estabelecido como complexo que estaria expressando uma impossibilidade de se locomover. Na realidade, locomover-se pode ser extremamente ameaçador. Por isso, argumentos lógicos e racionais não curam sintomas dessa espécie. Pode-se falar, aqui, que houve um transtorno no funcionamento psicossomático.

Se uma mancha de pele é vista como um melanoma é porque há um "melanoma", algo obscuro e ameaçador, em algum nível do paciente, que merece ser cuidadosamente tratado. "Melanoma", no caso, pode ser um símbolo que expressa um conflito ainda sem palavras.

Uma paciente me procurou após três internações hospitalares, em uma das quais foi submetida a laparoscopia exploratória. Após vomitar várias vezes ao dia durante alguns meses, com todos os exames normais, por falta de um diagnóstico, os médicos optaram por um procedimento cirúrgico como última esperança para salvá-la. Nada encontrando, encaminharam-na para psicoterapia, à qual a paciente resistia bravamente. Sentia que seu problema era orgânico e que, um dia, finalmente descobririam o que ela tinha de errado. Alta e pesando 48 kg, parecia bastante enfraquecida, com dores generalizadas e deprimida. Tomar antidepressivo era impossível, pois lhe provocava mais vômitos. Segundo os manuais referendados, a paciente enquadrava-se histérica, somatizadora e com transtorno de sintomas somáticos generalizado.

A questão central, nesse caso, era como transduzir esse vômito concreto para a polaridade abstrata, psíquica e verbal. O que a paciente vomitava, o que era indigesto e impossível de ser engolido a que nem ela mesma tinha acesso? E por que ela resistia ao tratamento psicoterápico? A manutenção de sua doença tinha uma finalidade? Uma rápida investigação possibilitou observar a necessidade da paciente de ter seu marido por perto demonstrando afeto e preocupação com seu estado. O medo de melhorar estava inconscientemente associado ao medo de perdê-lo. A psicoterapia teria de fortalecê-la antes de lidar com seus medos e complexos mais profundos; caso contrário, a paciente certamente interromperia o tratamento. O vômito teria de ser paulatinamente transduzido de sua polaridade somática à sua polaridade verbal. Nenhum outro remédio poderia curá-la; estava aprisionada em um complexo que a tomava por completo. Ela "vomitava" a traição conjugal não confrontada e bem escondida pela vergonha, humilhação e medo de abandono.

> Os complexos são os grandes responsáveis pela formação de sintomas. Jung os definiu como "uma coleção de várias ideias, as quais, em consequência de sua autonomia, são relativamente independentes do controle central da consciência e a qualquer momento capazes de cruzar ou contrariar as intenções do indivíduo".[26]

Todo complexo tem uma polaridade psíquica, abstrata, e outra concreta, corporal. Assim, quando determinado complexo se constela, há alteração emocional e fisiológica, uma transformação na estrutura corporal total, quer o indivíduo a perceba ou não. Essa transformação pode ser sentida como um mal-estar indefinido ou expressar-se em uma sintomatologia mais clara, associada, por vezes, a uma doença de fundo orgânico. Como a excitação de um complexo, geralmente, vem acompanhada de ansiedade e/ou depressão, os dados epidemiológicos descritos confirmam a presença de fatores inconscientes na etiologia dos transtornos de sintomas somáticos.

Pode-se pensar então que, nos pacientes com este tipo de transtorno, um complexo não é reconhecido no nível abstrato e, portanto, não pode ser expresso em fantasia, imaginação ou sonho. Contudo, esse conflito pode assumir uma expressão orgânica. Desse modo, o sintoma orgânico conteria mensagens psíquicas que não teriam representação abstrata.

Se uma neurose cria uma estrutura protetora na forma de sintoma neurótico para lidar com o conflito ou a dor emocional, nos transtornos de sintomas somáticos haveria uma regressão a formas mais primitivas de relacionamento entre corpo e mente. A comunicação verbal dos estados afetivos estaria, em geral, desconectada de seus sintomas, de seu corpo. Aqui, estaria presente um tipo arcaico de simbolismo no qual o corpo fala.

Qualquer tratamento que promova a cura tem de atuar nos vários sistemas envolvidos; a abordagem em somente um nível pode levar à recorrência dos sintomas, como se vê tão frequentemente na prática clínica.

> Assim, a compreensão do fenômeno psique--corpo é a base fundamental para uma atuação clínica eficaz. Ela permite o trabalho de equipes interdisciplinares, as quais desenvolvem práticas de saúde holísticas vindas de diferentes campos do saber científico. Um exemplo é a medicina integrativa, a qual enfatiza a capacidade inata de recuperação do organismo, propondo uma abordagem transdisciplinar e transcultural.[27]

A psicossomática junguiana, ao promover um raciocínio holístico condizente com teorias de outros campos do saber, dá sustentação a uma reflexão psicodinâmica profunda sobre os fenômenos que se referem ao funcionamento saudável do ser humano. Desse modo, os chamados transtornos de sintomas somáticos são, aqui, considerados sintomas de um processo psicopatológico, não uma doença em si mesma.

Sem menosprezar a necessidade ainda vigente de rotulação das doenças, Ziegler, já em 1983, dizia que a compreensão de uma doença seria completa quando se deixasse de categorizar patologias de acordo com entidades de doença, as quais não possibilitariam uma apreciação da dinâmica mútua entre saúde e doença.[28]

> Pode-se falar de imagens de doenças e não de constructos empíricos onde os sintomas são mais ou menos juntados arbitrariamente, na base da frequência estatística e, se possível, relacionados a um agente causal particular.

Considerações finais

Todas as doenças são psicossomáticas, independentemente de sua causalidade física, orgânica ou emocional. Como o indivíduo vai reagir a um vírus, por exemplo, dependerá da complexidade de seu organismo e do seu equilíbrio psicossomático. Vale lembrar que, quando um vírus invade um organismo, receberá uma resposta psicossomática ao mesmo, a qual poderá alterar o resultado dos mecanismos de defesa em vários níveis. Portanto, a ênfase é no doente, e não na doença.

Desse modo, quando mecanismos de desadaptação provocam sofrimento no indivíduo, ele pode adoecer, expressando seu sofrimento de modo mais acentuado na polaridade orgânica ou na polaridade psíquica. Somente um diagnóstico integral pode fornecer um tratamento não à doença, mas ao doente, àquele que sofre.

Referências bibliográficas

1. Ramos DG. A psique do corpo. São Paulo: Summus; 2005.
2. American Psychiatric Association. Diagnostic and Statistical Manual of Mental Disorders – DSM-IV. Washington, DC: American Psychiatric Association; 1994.
3. American Psychiatric Association. Diagnostic and Statistical Manual of Mental Disorders – DSM-5. Washington, DC: American Psychiatric Association; 2013.
4. Organização Mundial da Saúde. Classificação Estatística Internacional de Doenças e Problemas Relacionados à Saúde – CID-10. 7. ed. São Paulo: Edusp; 1999.
5. American Psychiatric Association. Diagnostic and Statistical Manual of Mental Disorders – DSM-III. 3. ed. Washington: American Psychiatric Association; 1980.
6. Kroenke K. Physical symptom disorder: a simpler diagnostic category for somatization-spectrum conditions. J Psychosom Res. 2006;60(4):335-9.
7. Kroenke K, Sharpe M, Sykes R. Revising the classification of somatoform disorders: key questions and preliminary recommendations. Psychosomatics. 2007;48(4):277-85.
8. Mayou R, Kirmayer LJ, Simon G, Kroenke K, Sharpe M. Somatoform disorders: time for a new approach in DSM-V. Am J Psych. 2005;162(5):847-55.
9. Alexander F. Medicina psicossomática. Porto Alegre: Artes Médicas; 1989.
10. Rozée P, Boemel E, Gretchen V. The psychological effects of war trauma and abuse on older Cambodian refugee women. Women & Therapy. 1989;8(4):23-50.
11. Smith A. Eyes that saw horror now see only shadows. Long Beach Journal; 1989. [Acesso em 20 ago 2008]

Disponível em: http://www.mekong.net/cambodia/women.htm.
12. Lipowski ZJ. Somatization: the concept and its clinical application. Am J Psychiatry. 1988;145(11):1358-68.
13. Barsky A, Stern TA, Greenberg DB, Cassem NH. Functional somatic symptoms and somatoform disorders. In: Stern TA, Fricchione GL, Cassem NH, Jellinek M, Rosenbaum JF, editors. Massachusetts General Hospital Handbook of General Hospital Psychiatry. 4. ed. St. Louis: Mosby; 1997. p.173-88.
14. Kellner R. Psychosomatic syndromes, somatization and somatoform disorders. Psychother Psychosom. 1994;61(1-2):4-24.
15. Clarke D, Peterman L, Byrne C, Austin D. Somatic symptoms, hypochondriasis and psychological distress: a study of somatisation in Australian general practice. Med J Aust. 2008;189(10):560-4.
16. Koran LM, Abujaoude E, Large MD, Serpe RT. The prevalence of body dimorphic disorder in the United States adult population. CNS Spectr. 2008;13(4):316-22.
17. LaFrance C. Somatoform disorders. Seminars in Neurology. 2009;29(3):234-49.
18. Essau C. Course and outcome of somatoform disorders in non-referred adolescents. Psychosomatics. 2007;48(6):502-9.
19. Maier W, Falkai P. The epidemiology of comorbidity between depression, anxiety disorders and somatic diseases. Int Clin Psychopharmacol. 1999;14(Suppl 2):S1-6.
20. Waal MW, Arnold IA, Eekhof JA, van Hemert AM. Somatoform disorders in general practice: prevalence, functional impairment and comorbidity with anxiety and depressive disorders. Br J Psychiatry. 2004;184:470-6.
21. Leiknes KA, Finset A, Moum T, Sandanger I. Current somatoform disorders in Norway: prevalence, risk factors and comorbidity with anxiety, depression and musculoskeletal disorders. Soc Psychiatry Psychiatr Epidemiol. 2007;42(9):698-710.
22. Mergl R, Seidscheck I, Allgaier AK, Möller HJ, Hegerl U, Henkel V. Depressive, anxiety, and somatoform disorders in primary care: prevalence and recognition. Depress Anxiety. 2007;24(3):185-95.
23. Li CT, Chou YH, Yang KC, Yang CH, Lee YC, Su TP. Medically unexplained symptoms and somatoform disorders: diagnostic challenges to psychiatrists. J Chin Med Assoc. 2009;72(5):251-6.
24. Toft T, Fink P, Oernboel E, Christensen K, Frostholm L, Olesen F. Mental disorders in primary care: prevalence and co-morbidity among disorders. Results from the functional illness in primary care (FIP) study. Psychol Med. 2005;35(8):1175-84.
25. Gureje O, Simon E, Ustun B, Goldberg DP. Somatization in cross-cultural perspective: a World Health Organization study in primary care. Am J Psych. 1997;154(7):989-95.
26. Jung CG. Experimental researches. Princeton: Princeton University Press; 1973. (Complete Works; v. 2.)
27. Lima PT. Medicina integrativa – saúde além da cura. São Paulo: Summus; 2009.
28. Ziegler AJ. Archetypal medicine. Dallas: Spring Publications; 1983.

32 Transtornos das Relações Conjugais

Nairo de Souza Vargas

Breve histórico sobre o desenvolvimento da psicoterapia de casais

De maneira bastante ampla, é possível dizer que a terapia de casais tem seus primórdios em tempos muito remotos. Praticamente em todos os antigos livros sagrados e de sabedoria, das mais diferentes culturas, podem-se encontrar referências ao tema do aconselhamento e recomendações para se ter um bom casamento. Eles trazem, junto com canções e textos clássicos da literatura, recomendações com as marcas da época. O casamento, como órgão vivo, muda conforme a cultura e a época e pode evoluir, transformando-se, ou ficar paralisado, desgastando-se e podendo até morrer.

Em nossa cultura, o casamento tem passado por muitas transformações, principalmente para a mulher, que antes era considerada a grande sustentadora do vínculo conjugal e quase única responsável pela vida afetiva e social do casal. Era a "senhora do lar". Com autonomia cada vez maior, a mulher hoje compartilha, de modo um pouco mais simétrico, as obrigações e os deveres do casamento com o homem.[1] É cada vez mais frequente a profissionalização da mulher e seu ganho vem sendo crescentemente representativo para a manutenção da família. O papel do homem no casamento também vem se transformando, talvez menos que o da mulher, mas hoje ele é muito mais presente na vida afetiva da família, nos seus cuidados e no convívio.

Aquelas recomendações tradicionais, bastante diretivas e expressivas das concepções de cada época, não guardam, entretanto, muita relação com a moderna noção de psicoterapia. É verdade que aconteciam intercâmbios entre casais com problemas e sacerdotes ou pessoas destacadas na sociedade, como o médico ou o homem tido como culto e sábio. Consultas com médicos (exames pré-nupciais) ou com instituições religiosas, privadas ou estatais, aconteciam de modo não sistemático.

O trabalho de Oberndorf (*apud* Sager)[2] pode ser considerado o primeiro sobre psicoterapia de casais. Foi apresentado no encontro da American Psychiatric Association de 1931, e posteriormente ampliado e publicado, em 1938. Atendia, porém, os cônjuges separadamente. Moreno[3] publicou, em 1937, o tratamento psicodramático de um casal. Em busca de entender de maneira mais completa o comportamento humano, vários autores na Europa e nas Américas ampliaram a clássica visão freudiana, e novas propostas psicodinâmicas surgiram a partir do começo do século 20. A visão de Jung da psique como um sistema autorregulador arquetípico, com seus conceitos de individuação, ego e Self, assim como a descrição dos dinamismos da anima e do animus, estruturadores arquetípicos da conjugalidade, constituem bases sólidas e trazem orientações clarificadoras para o trabalho psicoterápico com casais.[4] Seu trabalho "O Casamento como um Relacionamento Psicológico", de 1925, é um estímulo para a terapia de casais. Apesar de não ter trabalhado com o tema, deixou as bases para o seu desenvolvimento prático, o que veio a ocorrer na década de 1950, por intermédio de vários autores.

Após a Segunda Guerra Mundial, a demanda por terapia de casais e de família aumentou de modo significativo, provavelmente em decorrência das grandes transformações desagregadoras e estressantes da guerra, com intensos confrontos de valores até então bem-estabelecidos.

Houve, então, a partir dessa época, grande desenvolvimento da terapia de casais e de família, em particular na Tavistock Clinic, na Inglaterra, com Ackerman, nos EUA, e, posteriormente, com toda a escola sistêmica norte-americana.[5-7] Eles contribuíram muito para esse desenvolvimento, com proposições técnicas derivadas da cibernética e das interações familiares, muitas delas também já propostas pela psicologia analítica.

O campo das psicoterapias de grupo desenvolveu técnicas para o tratamento de pequenos grupos, que enriqueceram o trabalho com casais e famílias. Muitos sociólogos, psicólogos e antropólogos, por meio de estudos sobre o casamento e a família, trouxeram, a partir da década de 1950, valiosas informações para o trabalho com casais.

Nunca é demais reafirmar a sábia atitude de se ver nos transtornos mentais o resultado da junção de diferentes fatores, sem cair na unilateralização de se atribuir somente a razões biológicas ou psicológicas, ao sociocultural ou ao meio ambiente a existência desses transtornos.

Fundamentos teóricos

A primeira e fundamental afirmação da psicologia analítica sobre o casamento é a de que seu sentido e sua razão de ser são poder ser um estimulante e rico caminho para a individuação de seus membros. Esse é um conceito central para Jung, que concebe o ser humano como um ser que nasce para individuar, ou seja, para "tornar-se si-mesmo".[4] Os caminhos para esse processo são tão variáveis quanto são os indivíduos. O fato de o casamento ser uma opção tão frequente em nossa espécie talvez decorra de sua potencial riqueza como caminho para a individuação.

É importante distinguir individuação de individualismo. Jung dizia que o individualismo acentua e dá ênfase deliberada a supostas peculiaridades em oposição a considerações e obrigações coletivas, ao passo que a individuação significa a realização melhor e mais completa de potenciais coletivos e individuais do ser humano.[8] A adequada consideração da individualidade do outro é mais mobilizadora para um melhor desempenho social que a negação das peculiaridades desse outro.

Existem, porém, muitos casamentos cujo sentido está traído e abandonado. Esses casamentos estão paralisados e são paralisantes, portanto, sem vida, sendo nesse sentido doentios e mórbidos. Guggenbühl-Craig[9] os chama de "casamentos de acomodação". O ponto central de um casamento não é o bem-estar ou a felicidade constante, mas a realização profunda dos potenciais dos cônjuges. Casamento e estrutura familiar são modos de se humanizarem os arquétipos. Assim, há maneiras bem diversas de casamento e de estrutura familiar em diferentes culturas e no decorrer da história.

Usa-se o termo "casamento" como o relacionamento entre dois seres humanos que tenham amor e vida sexual entre si e que estejam motivados a compartilhar a vida em conjunto, sendo, portanto, "aliados". Essa relação pode começar de diferentes maneiras e por diferentes motivos; mas, para ser válida e criativa e ter sentido de vida, deve subentender uma relação conjugal que inclua, além da vida sexual, companheirismo, solidariedade, alguns ideais de vida e valores em comum, além de respeito e admiração mútuos. Assim, cada cônjuge pode ser inspirador e enriquecedor para a vida do outro. Estar casado não significa concretamente viver na mesma casa, nem ter uma relação legal, mas viver simbolicamente "na mesma casa", compartilhando a vida de maneira íntima e plena, "na alegria e na tristeza, na saúde e na doença", como afirmado no ritual religioso do casamento.

O terapeuta de casais, na psicologia analítica, pode trabalhar com os mais diversos casais, seja preventivamente, como cônjuges que pretendem se casar ou se separar, ou com aqueles não publicamente assumidos e aqueles já separados, sobretudo se têm filhos em comum e, portanto, são eternamente vinculados como genitores. A terapia de casais se norteia, de um lado, pelas capacitações do terapeuta e, de outro, pelo processo de individuação do casal. É, assim, um trabalho muito próprio e específico para cada um.

Do mesmo modo que, em uma terapia individual, se está a serviço do "processo de individuação" do indivíduo, na de casal se está a serviço da "individuação conjugal", no sentido da realização dos potenciais que aquele casamento tem para a realização de um "nós mesmos" – o casamento, assim, promovendo a individuação dos cônjuges. A psicoterapia do casal não visa manter o casamento, mas ajudar os cônjuges a encontrarem o melhor caminho para eles, o que poderá implicar a resolução de muitos entraves doentios do relacionamento que estejam impedindo a realização válida desse casamento ou mesmo a separação, quando o casamento estaria acabado, sem sentido para a vida dos cônjuges, por não haver mais amor conjugal.

Princípios básicos

O trabalho com casais, na psicologia analítica, fundamenta-se teoricamente nas proposições de Jung, que, de maneira sucinta, concebe o ser humano como nascendo com arquétipos que, em seu conjunto, "residem" no Self. Esses diferentes arquétipos estruturarão o desenvolvimento da personalidade desde a gestação até a morte. Nosso desenvolvimento não é, pois, aleatório, mas visa alcançar a individuação, que é possível para cada indivíduo.

O conceito de arquétipo, difícil de ser descrito porque engloba consciente e inconsciente, é mais abrangente que o de instinto, que está mais restrito à biologia. Freud já observara que, nos sonhos, às vezes encontram-se elementos, denominados "resíduos arcaicos", que não são individuais nem podem fazer parte da experiência pessoal do sonhador.[10]

Jung verificou que ocorria o mesmo nas fantasias e nos sintomas de muitos neuróticos e psicóticos.[4] Tais imagens apareciam também em contos de fadas, mitos e símbolos religiosos. Essas representações próprias da espécie humana, já que aparecem de modo universal, seriam imagens que reproduziriam padrões arcaicos organizadores de nossa psique, que Jung denominou arquétipos e, as imagens deles oriundas, arquetípicas.

Para a psicologia analítica, o ser humano não nasce uma *tabula rasa*; nasce com potenciais próprios da espécie, coletivos e que participarão da estruturação de sua personalidade, agindo em todas as suas dimensões: corpo (biológica), sociocultural (em especial, a família), ideações e emoções (psicológica) e meio ambiente (ecológica), como descreve Byington.[11]

A realização completa de nosso ser é sempre um ideal inalcançável, pois a vida busca sempre uma contínua realização de potenciais que se renovam. Sempre há o que realizar até chegar a morte, quando então se completa o ciclo da vida, e cada um alcança seu objetivo final.

Ao chegar a ocasião, assinalada por solicitações biológicas, socioculturais, psicológicas ou ecológicas, o arquétipo referente a determinada dinâmica se constela e passa a atuar em todas as dimensões da personalidade, promovendo mudanças no sentido de uma busca de individuação. Por exemplo, com a chegada da adolescência, pela ativação do que Jung chamou de "arquétipo do herói", o indivíduo é impulsionado exogamicamente a depender menos de seus pais, em busca de seu próprio caminho. Na vida adulta, graças ao predomínio da constelação do que Jung denominou arquétipos do animus (para a mulher) e da anima (para o homem), é ativada a busca da identidade profunda – de especial interesse para o terapeuta de casal, pois é ela que leva a buscar "o outro", aquele que nos completa, em quem projetamos nossos ideais de conjugalidade e/ou nossos conteúdos reprimidos, que poderão ser vivenciados de modo criativo ou defensivo.[4]

Sempre que um novo dinamismo é implantado, constela-se junto o arquétipo do herói, aquele que mobiliza toda a dinâmica da renovação, substituindo o antigo pelo novo.

Assim, no caso da adolescência, somos chamados a deixar o universo parental, descrito nas suas vicissitudes por Galiás de maneira clinicamente muito útil, e a vivenciar a morte simbólica do pai e da mãe: deixar de ser "filho de alguém" e passar a ser os próprios "pai e mãe".[12] Como dizem os adolescentes, "sou mais eu".

Esse processo é próprio do ser humano e, portanto, arquetipicamente determinado. Tem peculiaridades para cada indivíduo que o vivencia, mas sempre há um padrão comum a todos, que é o de "sair do mundo dos pais e se estruturar como indivíduo", mais autônomo. Essa demanda é arquetípica. Caso não se realize, trará problemas, limitações e sofrimento para a pessoa. Representa, pois, um padrão próprio da espécie.

A implantação de todo dinamismo arquetípico novo como dominante pode causar confusões. Antes do início da adolescência, constatam-se indícios desse dinamismo conjugal (*anima-animus*), mas é nela que ele assume o papel principal, preponderando sobre os outros dinamismos. A personalidade fica fascinada pelo arquétipo da conjugalidade, mobilizando-se então novas ideias e emoções, novos comportamentos socioculturais e em relação ao meio ambiente, além de grandes mudanças corporais. Esse dinamismo trará todas as mudanças que expressam o dinamismo da busca do outro, do lado oposto ao que está na consciência de cada um, que o completará como um ser mais pleno, um indivíduo.[13]

Os dinamismos arquetípicos, uma vez surgidos, permanecem atuando de maneira adequada e equilibrada entre si, constelando-se um ou outro conforme as circunstâncias de vida, se estiverem bem estruturados naquela personalidade. Por exemplo, se um cônjuge ficar enfermo e tiver limitações, é esperável que se constele mais no seu companheiro o dinamismo matriarcal, em detrimento do conjugal, que cuida, protege, alimenta e acolhe o necessitado desses cuidados.

Há, porém, períodos normais ou patológicos motivados por exagero, inadequações e fixações, em que a personalidade se vê tomada por um dos dinamismos arquetípicos em detrimento dos outros. A fase de paixão, de possessão pelo arquétipo, pode ser vivida de modo doentio, paralisante, ou trazer uma rica vivência transformadora e criativa, enriquecendo o processo de individuação.[1] A paixão por outro ser vivo ou mesmo por uma atividade ou um objeto – por exemplo, a paixão exagerada e fixada por uma atividade profissional – pode trazer sérios transtornos para a vida conjugal.

Um período de especial interesse para o terapeuta de casal é a chamada segunda adolescência.

Situações mal vividas na adolescência pelos cônjuges podem vir à tona na época em que seus filhos vivem a adolescência, frequentemente no início da segunda metade da vida do casal.

Assim, o psicoterapeuta de casais trabalhará como analista individual, levando em conta os conceitos básicos da psicologia analítica, ou seja, o princípio dos opostos, o processo de individuação, os conceitos de ego, Self, mecanismos de defesa, transferência e contratransferência e, sobretudo, o conceito de símbolo, unidade básica da psicologia de Jung.

Mais fácil de reconhecer que de ser explicado, o símbolo era entendido por Jung como "a melhor expressão de si mesmo", ou seja, a melhor expressão de algo que não pode ser completamente entendido, apenas pressentido e ainda não totalmente consciente.[14] O símbolo é um intermediário entre consciente e inconsciente. Por meio dele, potencialidades inconscientes podem alcançar o ego e promover seu crescimento. O símbolo é o grande guia e iluminador do processo de individuação e, consequentemente, do processo terapêutico. É primordial que o terapeuta propicie vivências simbólicas de diversas maneiras para seu cliente.

Qualquer ação, objeto, imagem ou palavra será simbólica desde que encerre, além de seu significado imediato e perceptível, outros aspectos inconscientes, ainda não perceptíveis, mesmo que possam ser pressentidos. O símbolo, enquanto vivo, comporta todo um significado impossível de ser melhor expressado. Por intermédio dele, poderão surgir defesas e dificuldades, mas também potenciais criativos do inconsciente, trazendo novas luzes para a consciência.

Diferentes pessoas têm diferentes caminhos para vivenciar seus símbolos. Qualquer material trazido pelo cliente – sintomas, sonhos, fantasias, acontecimentos, problemas, dificuldades etc. – poderá ser trabalhado simbolicamente e de diferentes modos, conforme as capacidades do terapeuta e as possibilidades do cliente. Técnicas variadas, como interpretações, dramatizações, associações livres, ampliações míticas ou históricas, fantasias dirigidas, desenhos, imaginação ativa etc., poderão ser usadas pelo terapeuta de modo redutivo (a vivências da vida pregressa do cliente) ou prospectivo. A transferência é especialmente importante como mobilizadora de símbolos dentro do *setting* terapêutico. Ela pode ser trabalhada em perspectivas defensivas ou de maneira criativa, sendo vista ora como regressiva, ora como prospectiva.

Enfim, como já se havia assinalado, o analista junguiano poderá utilizar variadas técnicas psicoterápicas, desde que as conheça bem e julgue serem as mais apropriadas para aquele determinado cliente, naquele momento da terapia.

É da relação do ego com o inconsciente, por intermédio das vivências simbólicas, que se podem ter criatividade ou fixações, estas sim contrárias à vida, que é transformação.

Fala-se, portanto, de uma condição patológica somente quando ocorre fixação da libido, em maneiras de funcionamento que se tornam rígidas e repetitivas. Para a psicologia analítica, libido é igual a energia, no mesmo sentido conceitual da física, podendo aparecer sob inúmeras formas: sexual, espiritual, biológica, artística etc.

Essa posição de Jung já estava claramente expressa em 1906, antes de seu relacionamento com Freud, para quem a libido era energia do instinto de vida.[15]

Embora Jung não tenha descrito, ele mesmo, o processo de desenvolvimento egoico da criança, deixou referências básicas para isso, o que foi feito por dois de seus seguidores: Erich Neumann e Michael Fordham.[16,17]

Estruturas e dinâmicas da personalidade

Ego, sombra, Persona

Jung propôs, no início do século 20, a psique como um sistema dinâmico, em movimento constante e de autorregulação, englobando consciente e inconsciente, a consciência brotando (nascendo) do inconsciente.[18]

Os relacionamentos conjugais têm muitas oposições e, por isso mesmo, podem ser carregados de energia de vida (libido). A libido é canalizada pelos símbolos que funcionam como intermediários entre consciente e inconsciente. O inconsciente, na sua dimensão coletiva ou arquetípica, é a matriz da consciência, e é nele que surgem os gérmens de novas possibilidades de vida. O ego, como já foi dito, é para Jung o centro da consciência.

O processo de desenvolvimento e de estruturação egoica não se faz aleatoriamente nem depende somente de vivências pessoais, mas é coordenado pelos arquétipos e auxiliado por duas estruturas, também arquetípicas, que funcionam de maneira complementar, formando uma polaridade: a Sombra e a Persona, descritas por Jung em 1916.[4]

Persona é o nome latino da máscara usada no teatro grego para melhor expressar e caracterizar um personagem. Essa é a função essencial da Persona que, por meio de papéis socialmente aceitos, acentua e caracteriza o desempenho de uma pessoa, estruturando a consciência por meio do melhor desempenho de determinado papel. Por intermédio dela, condicionamentos sociais podem influir de maneira muito significativa na formação de uma personalidade. Como exemplo de inadequação de Persona, podem ser citadas aquelas Personas rígidas e fixas (máscara colada na face). Fala-se em Persona adequada quando ela está a serviço da estruturação egoica, quando faz parte da consciência, sendo flexível a serviço, criativamente, do ego.

Outra estrutura arquetípica fundamental para a psicologia analítica é a Sombra. Ela é constituída pelas partes de nossa personalidade não admitidas pela consciência, porque são aceitas ou malvistas por nosso ego e/ou nossa cultura. Seus conteúdos são expressos de maneira inconsciente, mais ou menos indiscriminada (projeções, atos falhos, fantasias, sonhos etc.). Eles já poderiam ser conscientes, mas, por dificuldades de integração, estão negados ou reprimidos. Um exemplo clássico de Sombra e Persona intensamente dissociados está expresso na obra *O Médico e o Monstro*, de Robert Louis Stevenson. A Persona exageradamente bondosa do Dr. Jekyll esconde a terrível sombra do Mr. Hyde.

Outro referencial teórico útil no trabalho com casais é a tipologia psicológica e dinâmica proposta por Jung em 1920, na qual ele descreve duas atitudes da consciência: a extrovertida e a introvertida, conforme predomine de maneira preferencial a direção da libido para o mundo externo ou interno.[14] Jung descreveu também quatro funções da consciência: duas racionais (pensamento e sentimento) e duas irracionais (sensação e intuição). Os tipos resultariam da combinação de atitudes e funções preponderantes. Na terapia de casais, a consciência ajuda na compreensão de conflitos repetitivos e típicos, muitas vezes relacionados à tipologia.[19] É apenas uma orientação útil para explicar o modo preferencial de funcionar de um marido à sua mulher e vice-versa.

Jung[20] descreveu o funcionamento arquetípico no adulto e seus seguidores descreveram a atuação desses arquétipos desde o início da vida, por meio de dinamismos que vão surgindo e permanecem atuando estruturalmente durante toda a vida. Galiás descreveu os dinamismos parentais (arquétipos da mãe e do pai) de maneira clinicamente muito útil, com base nas posições ativa e passiva do ego.[12] Vargas[1], de modo sucinto, descreveu os dinamismos de alteridade e de sabedoria (Velhos Sábios) atuantes nas relações conjugais. A psicologia analítica subentende o ego sempre como um "eu-outro", podendo esse "outro" estar presente em qualquer das dimensões da personalidade e ser vivenciado ativa ou passivamente em qualquer dos ciclos arquetípicos.[11] Ele existe "para alguém ou para alguma coisa", sendo, portanto, uma díade.

Assim, entende-se que o trabalho da Sombra, tanto quanto o da Persona, é fundamental no trabalho com o casal.

A teoria dos vínculos é outro referencial teórico muito importante no trabalho com casais. O ser humano é fundamentalmente gregário e sempre necessita do outro para desenvolver-se. Um cônjuge infeliz, insatisfeito e paralisado no seu processo de individuação não poderá ser, com o tempo, uma companhia criativa e adequada para o outro. O vínculo de casal ou é bom para os dois ou é ruim para os dois, mesmo que os cônjuges não tenham consciência disso.

A teoria dos papéis se inter-relaciona com a teoria dos vínculos e é outro referencial muito usado no trabalho com casais. Os potenciais arquetípicos são determinantes apenas quanto às formas e ao padrão, mas particularizados individualmente nos conteúdos pelos "humanizadores" desses potenciais, que só assim, e especificamente para cada ser humano, poderão ou não se desenvolver. Nossas personalidades se estruturam de maneiras muito próprias e individuais sempre diante de um "outro". São, portanto, "humanizadores" de determinado arquétipo tudo o que estabeleça com aquele ser humano uma relação de funcionamento no dinamismo próprio daquele arquétipo, ou seja, que o simbolize, seja um ser ou "alguma coisa". Assim, quando se fala em determinado papel, ele subentenderá o campo específico de funcionamento daquela dinâmica no nível do ego, com as partes da Sombra e da Persona próprias daquele dinamismo, sejam normais ou patológicas.

Um potencial arquetípico (p. ex., do arquétipo do pai) sempre conterá as polaridades padrão (p. ex., filho do pai-pai), que interagirão com as vivências individuais por intermédio dos símbolos próprios dessa dinâmica (humanizadores do arquétipo), estruturando os papéis complementares dessa polaridade, primeiro de maneira passiva (filho do pai), depois de maneira ativa (pai). Assim, a partir do potencial arquetípico, os diferentes papéis vão se estruturando dentro das dimensões da personalidade (corpo, natureza sociocultural, ideias e emoções), sempre de modo específico e próprio para cada ser. Faz parte do papel de pai tudo que, a partir do arquétipo do pai, é humanizado pelo pai pessoal e outras pessoas que exercem essa função ou funções equivalentes em qualquer das dimensões da personalidade.[12]

O primeiro papel que se estrutura é o de filho do matriarcal (FM) por meio do complementar Mãe (M), desempenhado mais frequentemente pela mãe pessoal, mas também por todas as pessoas e equivalentes que exercem essa função (alimentar, acolher, fertilizar) em qualquer das dimensões da personalidade. Como o arquétipo contém as polaridades, por exemplo, a que alimenta e aquela que não alimenta, cada uma delas tem sua vez e seu momento de funcionar, conforme as circunstâncias. Se consteladas e exercidas nos momentos e nas circunstâncias de vida em que são necessárias e pertinentes, elas serão boas estruturadoras do papel; do contrário, poderão causar distúrbios e malefícios nesse papel. Assim, por exemplo, a mãe que alimenta o filho enquanto ele não é capaz de fazê-lo por sua conta exerce esse papel como "boa mãe". Caso ela continue alimentando esse filho quando ele já for capaz de aprender a se alimentar sozinho, configurar-se-á uma superproteção que prejudicará o funcionamento matriarcal do filho. Nos animais, esse comportamento estruturante é fortemente determinado pelo instinto, que é rígido e limitado. Em nossa espécie não é assim, pois, ao termos uma consciência tão desenvolvida, gozamos de grande livre-arbítrio, o que é uma riqueza, mas pode, quando mal usado, prejudicar o desenvolvimento.

Todo comportamento subentende duas polaridades: um polo passivo (saber pedir e receber) e outro ativo (saber dar). É por intermédio da dialética entre as polaridades arquetípicas que flui e caminha o desenvolvimento pessoal – fundamentalmente da dialética entre o ego (centro da consciência) e o inconsciente, onde estão as polaridades que se contrapõem àquelas que estão na consciência, que poderão criar, quando bem articuladas, uma posição de equilíbrio, adequação e plenitude dinâmica.

Cada papel tem seu complementar; contudo, para que eles funcionem, é necessária a consciência de algo que os una e, ao mesmo tempo, os diferencie, ou seja, o vínculo. Assim, os conceitos de vínculo e de papel, tão úteis no trabalho com casais, interpenetram-se e se misturam.

Na psicologia analítica, analisam-se e tentam-se compreender não só as situações vinculares passadas (retrospectivas), mas também as "procuradas e buscadas" (prospectivas), visando à resolução de dificuldades, entraves e fixações e em busca de desenvolvimento e evolução. Assim, uma personalidade é mais rica e desenvolvida quanto maior o número de papéis bem estruturados e flexíveis disponíveis para o comportamento escolhido livremente pelo ego. Moreno[3] já afirmara ser o papel (vínculo) a primeira unidade ordenadora e estruturante do ego, embora não formulasse, entre os componentes coletivos do papel, a sua dimensão arquetípica. Quanto mais papéis bem estruturados, variados e flexíveis, maior será o arsenal de opções de comportamentos adequados e espontâneos da personalidade.

O dinamismo arquetípico de alteridade (animus-anima) que deve predominar nas saudáveis relações conjugais subentende, para sua boa estruturação, uma equilibrada e adequada estruturação dos dinamismos parentais precedentes.[12] Só assim pode-se ter bem desenvolvidos os papéis criativamente simétricos e complementares entre os cônjuges. Embora não tão importantes, os papéis ligados à dinâmica arquetípica de sabedoria podem assumir, principalmente para casais mais idosos, uma importância muito significativa, já que visões filosóficas, religiosas e transcendentes podem resultar em companheirismo ou conflitos que poderão ser vividos de maneira criativa ou defensiva.

Processo terapêutico

A enorme complexidade dos vínculos de casal, em que muitas variáveis estão presentes, leva a procurar diferenciar, por meio de parâmetros próprios da psicologia analítica, as principais características psicodinâmicas desses vínculos. Assim, pode-se ter mais discriminação e clareza sobre as perturbações existentes nesse complexo vínculo sem pretender uma classificação abrangente, mas apenas uma identificação mais fácil dos aspectos mais importantes e significativos na maneira de se relacionar do casal. O vínculo de casal é sempre único, mas podem-se encontrar distorções comuns a vários vínculos de casal.

Nesse sentido, aplica-se a visão teórica de que os quatro dinamismos arquetípicos, estruturantes da personalidade, estão sempre presentes; portanto, esse vínculo terá sempre uma dimensão parental (arquétipos de mãe e pai), uma dimensão conjugal e outra cósmica.[1] Assim, as perturbações vinculares poderão ser discriminadas como preponderantemente provenientes de qualquer um desses dinamismos.

A psicopatologia mais clássica dos vínculos de casal centra-se nos dinamismos parentais, na visão de que situações mal resolvidas nas vivências parentais pregressas na vida dos cônjuges se repetem por mecanismos de defesa, causando transtornos. Acredita-se, porém, que muitos distúrbios do casal serão mais bem compreendidos se forem consideradas as problemáticas da criatividade da vida adulta e da busca da individuação. Essa visão do vínculo de casal também se enriquecerá se forem consideradas, além da perspectiva regressiva, a prospectiva, pesquisando não só os "porquês", mas também os "quês" e os "para quês".

Anima e animus são os arquétipos que presidem os casamentos na sua dimensão de alteridade, que busca criatividade e desenvolvimento. Há casais que se mantêm por complementações mórbidas, rígidas e defensivas, e não pelas realizações e transformações criativas. Esses casais "acomodados" e que frequentemente não procuram ajuda podem, às vezes, fazê-lo por problemas dos filhos ou fatores estressantes.

Um casamento pode validamente acabar quando não existirem razões significativas para que continue ou para que possa se transformar em um novo vínculo. Quando existem filhos, é muito importante a preservação do casal parental. O que pode ser muito lesivo para os filhos não é a separação do casal parental em si, mas o comportamento dos genitores.

O encontro amoroso pode acontecer nas mais variadas situações, às vezes até muito adversas. Em nossa cultura, frequentemente inicia-se pelo apaixonamento. Com o convívio, porém, as paixões acabam, e, se o casal não for capaz de construir uma relação amorosa, o casamento pode terminar.

É fundamental não esquecer que o amor não se deixa aprisionar por nenhuma análise ou interpretação. Sempre haverá algo de misterioso e inescrutável em toda relação amorosa, além de certo grau de imprevisibilidade. É, portanto, indispensável que o terapeuta de casal tenha sensibilidade e humildade para respeitar essas características dos casais.

Com o crescente aumento da sobrevida e do que se espera do casamento, é cada vez mais difícil que um casamento seja a única relação de casal, de modo válido, por toda a vida. Vidas em comum precisam se harmonizar em um complexo processo de individuação a dois. É um processo riquíssimo, mas difícil, no qual renúncias e sacrifícios são necessários, porém sem lesões às individualidades dos cônjuges.

É fundamental que o casamento dure enquanto houver amor e vida. Um casamento não deixa de ter "dado certo" por não ter durado toda a vida.

O que caracteriza fundamentalmente um casamento é o vínculo conjugal. Aquele que se reduz a um vínculo parental ou a uma parceria religiosa, política ou filosófica não configura um casamento pleno. Poderá ser uma boa sociedade, com grande companheirismo, mas não será um casamento pleno e válido como tal. É importante ressaltar que, em se tratando de casais, o terapeuta deve estar sempre atento às variadas situações transferenciais que ocorrerão no *setting* terapêutico, não só entre casal e terapeuta, mas também entre os cônjuges.

Em geral, trabalha-se com uma sessão por semana. As sessões costumam ser muito mobilizadoras, de fortes emoções, pois os envolvimentos são grandes. Em situações de crises conjugais, a frequência pode ser maior, bem como o período da sessão, normalmente de 50 minutos. A duração da terapia é variável, em geral com poucas sessões. Pode-se, eventualmente, fazer um contrato com prefixação do número de sessões. Às vezes, a terapia pode se estender por mais tempo, quando se tornar muito produtiva para os processos de individuação dos cônjuges, quando então estes funcionam como fatores terapêuticos mutuamente, reforçando seu companheirismo e sua aliança.

Indicações

É fundamental que haja uma demanda, reconhecida ou não pelo casal. A procura pode vir do próprio casal, da recomendação de analistas individuais de seus membros, de psicoterapeutas conhecidos, de médicos, de antigos clientes do terapeuta, da escola ou dos terapeutas dos filhos etc.

A primeira consulta deve servir para um diagnóstico da situação e para a indicação ou não de terapia de casal. Caso um cônjuge compareça sozinho à primeira consulta, se a indicação for para casal, deve-se oferecer ao outro cônjuge a mesma possibilidade, ficando claro para ambos, porém, que tudo que for revelado nessas circunstâncias não será sigilo entre terapeuta e cliente. Na terapia de casais, é sagrado não haver segredos entre um cônjuge e o terapeuta, preservando-se a postura de igualdade do terapeuta perante os cônjuges e não se comprometendo seu papel de intermediador entre eles.

Na hipótese de um ou ambos os cônjuges não desejarem continuar casados, poderá haver indicação de terapia de casal para que possam se separar da melhor maneira possível. Muitas vezes, a separação é dolorosa e difícil, principalmente quando existem áreas de interesse comum com grandes divergências e conflitos, por questões familiares, profissionais e/ou econômicas. É o caso, por exemplo, da existência de filhos, quando é muito importante a preservação do vínculo parental em bons termos, às vezes com grande melhora dos papéis de cada um. O vínculo conjugal pode e muitas vezes deve ser rompido, mas o vínculo parental com os filhos é eterno. Não há ex-pai e ex-mãe; somente ex-cônjuge. Crianças precisam de pai e mãe que funcionem bem nesses papéis, sendo de menor relevância se eles são ou não casados. Genitores que vivem juntos, mas vivem mal e, consequentemente, perdem a condição de serem bons e adequados genitores, podem lesar mais seus filhos que aqueles que se separam mas conseguem desempenhar bem seus papéis de pais.

A busca pela terapia de casal pode existir por uma situação de crise ou porque os cônjuges desejam ajuda para viver melhor ou resolver seus problemas e desentendimentos repetitivos e desgastantes. Às vezes, uma terapia individual paralisada ou pouco frutífera pode ser indicação para terapia de casal, na qual a participação do cônjuge pode mobilizar e trazer à tona dificuldades e feridas que não estão sendo tratadas para a individual.

A relação de casal costuma ser a relação mais importante, íntima e profunda que se constrói na vida e na qual mais se deve investir. É importante cuidar dela e protegê-la. Muitas vezes, no entanto, é a relação na qual menos se investe e da qual menos se cuida, pois nos sentimos "em casa", inconscientemente comportando-nos de maneira inadequada, assegurados por um amor pretensamente incondicional e garantido.

Como também é frequente em psicoterapia individual, com casais idosos, é comum se trabalharem mais os aspectos prospectivos, de buscas, que retrospectivamente, com questões do passado e de infância.

Contraindicações

As contraindicações absolutas são as psiquiátricas. Um cônjuge muito deprimido, delirante, com muitas defesas psicopáticas ou muito fragilizado não suportaria um confronto igualitário ou poderia fazer mau uso dele. Pode-se, eventualmente, usar o atendimento do casal como estratégia para tratar o cônjuge mais comprometido que, muitas vezes, se recusa a um tratamento individual, mas concorda em ir ao terapeuta desde que esteja na companhia de seu cônjuge. Não se trataria, nesses casos, de uma terapia de casal, mas de uma terapia individual com sessões vinculares em que um cônjuge é auxiliar terapêutico.

Entre as contraindicações relativas, podem-se destacar aquelas em que há risco de revelação de segredo, falta de motivação ou transferência muito forte, que não se consegue transpor, de um dos cônjuges com o terapeuta.

O atendimento costuma ser feito no consultório ou em instituições de assistência. O trabalho com casais em grupo pode ser útil quando se tratam casais que buscam prevenção ou preparo (p. ex., para o casamento, como lidar com filhos etc.) ou que tenham um problema em comum (p. ex., alcoolismo). Para casais com dificuldades e problemas mais íntimos, porém, o *setting* mais adequado e continente é o proporcionado especificamente para eles. É muito importante a preservação da intimidade e da aliança do casal, pois revelações da individualidade de cada um podem ser muito destrutivas por ferirem muito o outro e, se ampliadas para o social, podem se tornar mais difíceis de se reparar. É importante esclarecer para o casal que não se espera, nesse tipo de terapia, total entrega de todas as vivências dos cônjuges, como na análise individual. É, porém, esperável que tudo que diga respeito ao relacionamento seja trazido para a terapia, uma vez que é esse o sentido maior da terapia de casal, na qual se utiliza seu vínculo como instrumento terapêutico. Há dimensões da individualidade de cada cônjuge que devem ser respeitadas no casamento e também na terapia de casal, para que não sejam sufocadas e castradas. Contudo, é dever conjugal que tudo que diga respeito ao relacionamento entre eles seja comunicado o mais cedo possível, de maneira adequada e no momento oportuno, para que o outro tenha, ao ter consciência das vivências de seu companheiro, a possibilidade de lidar com elas da melhor maneira que for capaz, investindo na melhoria do relacionamento.

Como já afirmado, o trabalho do analista junguiano não se caracteriza por uma técnica específica, mas pelos pressupostos teóricos da psicologia analítica, por sua visão do ser humano. O analista trabalhará com o casal utilizando as mais variadas técnicas psicoterápicas que conheça e domine, desde que as empregue com sabedoria e adequação para aquele casal específico e naquele momento, assumindo plena responsabilidade pelo seu uso. Elas serão praticamente as mesmas que ele poderá usar nas sessões de psicoterapia individual e grupal. Pressupõe-se, porém, no caso de casais, uma escuta cuidadosa de ambos os cônjuges, e o trabalho com um deles deverá ser referenciado ao outro. Ao relato feito por um cônjuge deve-se, quase sempre, seguir a escuta do outro sobre o mesmo fato. A "verdade de cada um" precisa sempre ser levada em conta com o intuito de que haja respeito e compreensão para "diferentes verdades" e, se possível, encontrar-se de onde provêm as diferenças.

É também muito importante analisar e identificar as distorções na comunicação entre os cônjuges, procurando-se reconhecer problemas na emissão ou na recepção de mensagens, como mensagens contraditórias, seleção de mensagens, chantagens etc.

O terapeuta buscará propiciar vivências simbólicas ao casal por meio de interpretações (redutivas e/ou prospectivas), ampliações, esclarecimentos, recursos de mobilização (dramatizações, imaginações estimuladas, fantasias dirigidas, trabalho com sonhos etc.) e trabalho com transferência e contratransferência. Ele será guiado pelo processo de individuação do casal e estará a serviço dele, usando os recursos que conhecer e julgar convenientes para seu trabalho com aquele casal e naquela ocasião.

A discriminação do vínculo de casal como parental, conjugal e de sabedoria, a tipologia e a perspectiva do casamento como possível caminho de individuação ajudam o terapeuta de casal a discriminar características vinculares que se relacionarão com os comportamentos dos cônjuges.

Considerações finais

A terapia de casal vem se expandindo e se desenvolvendo muitíssimo nas últimas décadas. Espera-se e exige-se muito mais do casamento e este, além de poder ser a relação mais íntima e importante da vida, pode durar mais tempo, pois a expectativa média de vida não para de aumentar, demandando mais cuidados e investimentos. O casamento está, também, menos padronizado. É cada vez menos comum o casamento com papéis conforme o gênero previamente determinados e definidos socioculturalmente para os cônjuges.

Cada casal deve construir o casamento que é adequado para si. Com o passar do tempo, os cônjuges sofrem mudanças em todos os níveis de suas personalidades, sendo necessário, para que possam continuar caminhando juntos, muito investimento e integração contínua de diferenças. Daí a importância que se atribui à necessidade de diálogo frequente e verdadeiro, para que as transformações não sejam vividas de modo divergente ou antagônico e para que se consiga permanecer lado a lado.

Tudo isso enriquece e cria muitos desafios para o casamento, que se torna, cada vez mais, possível fonte de desenvolvimento, realização e individuação. É claro que tudo isso leva o casamento a ser campo de muitos conflitos, atualizações de problemas mal resolvidos e questionamentos sobre sentidos da vida para os cônjuges. Não é, pois, de se estranhar que tenha aumentado tanto a demanda pela terapia de casal – e o mesmo se pode dizer da terapia de família.

Referências bibliográficas

1. Vargas NS. Terapia de casais. São Paulo: Madras; 2004.
2. Sager CG. The development of marriage therapy: an historical review. Am J Orthopsychiatric. 1966;36:458-67.
3. Moreno JL. Psicoterapia de grupo y psicodrama. Ciudad de México: Fondo de Cultura Económica; 1966.
4. Jung CG. O desenvolvimento da personalidade. 2. ed. Petrópolis: Vozes; 1981.
5. Dicks HV. Object relation theory and marital studies. Brit J Med Psychol. 1963;36:125-9.
6. Ackerman NW. Psicoterapia de la familia neurótica. Buenos Aires: Hormé; 1969.
7. Bateson G, Ferreira AJ, Jackson DD, Lidz T, Weakland J, Wynne LC, et al. Interaccion familiar. Buenos Aires: Ediciones Buenos Aires; 1980.
8. Jung CG. O eu e o inconsciente. Petrópolis: Vozes; 1978. (Obras Completas; v. 7/2).
9. Guggenbühl-Craig A. O casamento está morto. Viva o casamento. São Paulo: Símbolo; 1980.
10. Freud S. Edição standard brasileira das obras psicológicas completas de Sigmund Freud. v. 12. Rio de Janeiro: Imago; 1980. Totem e tabu.
11. Byington CAB. O desenvolvimento simbólico da personalidade. Junguiana. 1983;1:8-63.
12. Galiás I. Psicopatologia das relações assimétricas. Junguiana. 2000;18:113-32.
13. Byington CAB. A identidade pós-patriarcal do homem e da mulher e a estruturação quaternária do padrão de alteridade da consciência pelos arquétipos da Anima e do Animus. Junguiana. 1986;4:5-69.
14. Jung CG. Tipos psicológicos. Rio de Janeiro: Zahar; 1967.
15. Jung CG. Psicogênese das doenças mentais. Petrópolis: Vozes; 1986. (Obras Completas; v. 3).
16. Neumann E. A criança. São Paulo: Cultrix; 1981.
17. Fordham M. A criança como indivíduo. São Paulo: Cultrix; 1994.
18. Jung CG. A energia psíquica. Petrópolis: Vozes; 1983. (Obras Completas; v. 8/1).
19. Vargas NS. O masculino e o feminino na interação homem-mulher. Junguiana. 1986;4:117-26.
20. Jung CG. Os arquétipos e o inconsciente coletivo. Petrópolis: Vozes; 2000. (Obras Completas; v. 9/1).

Bibliografia

Jung CG. Estudos sobre psicologia analítica. Petrópolis: Vozes; 1981.
Vargas NS. A importância dos tipos psicológicos na terapia de casais [dissertação de mestrado]. São Paulo: Faculdade de Medicina da Universidade de São Paulo; 1981.

33 Autismo na Visão da Psicologia Analítica

Ceres Alves de Araujo

Histórico

Ao estudar o histórico do autismo, Assumpção Jr.[1] relata que, em 1942, Kanner[2] descreve, sob o nome "distúrbios autísticos do contato afetivo", um quadro que ele caracteriza por isolamento extremo, obsessividade, estereotipias e ecolalia. Em trabalho de 1956, Kanner[3] continuou descrevendo esse quadro como uma "psicose infantil", referindo que nenhum exame clínico e laboratorial fornecia dados consistentes naquilo que se relacionava à sua etiologia, porém o diferenciava dos quadros deficitários sensoriais, como afasia congênita, e dos quadros ligados às oligofrenias; assim, novamente, considerava-o uma "verdadeira psicose". Com o passar do tempo, o quadro foi descrito melhor, com maior fidedignidade diagnóstica e conceitual, sendo, em meados da década de 1960, denominado, de maneira vaga, "psicose infantil".

Ao final da década de 1960, foi incluído entre as psicoses da primeira e da segunda infâncias, fato que permeou algumas confusões conceituais até o momento presente. E isso porque, segundo esse pensamento, descreve-se o autismo infantil enquanto problema primário, a ser distinguido do autismo secundário devido a dano cerebral ou retardo mental, bem como do distúrbio simbiótico interacional, englobando as chamadas psicoses simbióticas, com dependência incomum à mãe no modo de um prolongamento da ligação, e outras psicoses, correspondendo às crianças com desenvolvimento atípico, alguns comportamentos autísticos e indiferença emocional.[4]

Alterações importantes nessa grande variedade de nomenclaturas surgem a partir de Ritvo[5], autor que relaciona o autismo a um déficit cognitivo, considerando-o não mais uma psicose, e sim um distúrbio do desenvolvimento caracterizado por distúrbios de percepção, de desenvolvimento, de relacionamento, de linguagem e de motilidade, com a relação autismo-deficiência mental passando a ser cada vez mais considerada com a classificação americana e a da Organização Mundial de Saúde enquadrando-a na categoria "Distúrbios Abrangentes do Desenvolvimento" e enfatizando a relação autismo-cognição.[6,7] Na tradução para o português, esses distúrbios, muitas vezes, são colocados como distúrbios globais do desenvolvimento ou distúrbios invasivos do desenvolvimento.

Conceito

Pontos de vista psiquiátrico e neurobiológico

Atualmente, pela quinta edição do Manual Diagnóstico e Estatístico de Transtornos Mentais (DSM-5), o autismo é classificado como Transtorno do espectro do Autismo. Critérios diagnósticos:

A. Déficits persistentes na comunicação social e na interação social em múltiplos contextos, conforme manifestado pelo que segue, atualmente ou por história prévia:
  1. Déficits na reciprocidade socioemocional.
  2. Déficits nos comportamentos comunicativos.
  3. Déficits para desenvolver, manter e compreender relacionamentos.

B. Padrões restritos repetidos de comportamento, interesses ou atividades:
  1. Movimentos motores, uso de objetos ou fala estereotipados e repetitivos.
  2. Insistência nas mesmas coisas, adesão inflexível a rotinas ou padrões ritualizados de comportamento verbal ou não verbal.
  3. Interesses fixos e altamente restritos que são anormais em intensidade ou foco.
  4. Hiper ou hiporreatividade a estímulos sensoriais ou interesses incomuns por aspectos sensoriais do ambiente.

C. Os sintomas devem estar presentes precocemente no período do desenvolvimento.

D. Os sintomas causam prejuízo clinicamente significativo no funcionamento social, profissional ou em outras áreas importantes da vida do indivíduo no presente.
E. Essas perturbações não são mais explicadas por deficiência intelectual ou por atraso global do desenvolvimento.

Considerando-se a Classificação Internacional de Doenças – décima revisão (CID-10), essa categoria diagnóstica encontra-se no grupo dos transtornos globais do desenvolvimento definida como um grupo caracterizado por alterações qualitativas das interações sociais recíprocas e das modalidades de comunicação e por um repertório de interesses e atividades restrito, estereotipado e repetitivo.[7] Essas anomalias qualitativas constituem uma característica global do funcionamento do sujeito, em todas as ocasiões.

Sob o ponto de vista funcional e etiológico, mesmo a escola francesa, com sua tradição psicodinâmica, hoje prefere ver o autismo vinculado à questão cognitiva com Lebovici[8], sendo textual quando diz que, "para os clínicos, o autismo é uma síndrome relativamente precisa", sendo "altamente improvável que existam casos de autismo não orgânico", e que "o autismo é uma disfunção orgânica – e não um problema dos pais". Gillberg[9] mostra que o novo modo de ver o autismo é biológico.[1,10]

Sua ligação com a deficiência mental parece ser clara, estabelecendo-se a noção de um "*continuum* autístico" em função da variação de inteligência, com características sintomatológicas decorrentes desse perfil de desempenho, o que, de acordo com os trabalhos de Frith e Baron-Cohen, faz com que se questione o conceito primitivo de Kanner e a própria noção de psicose.[11-16]

O conceito dessa condição modificou-se muito desde a sua descrição inicial em 1943, quando foi considerada uma doença com causas parentais, dentre as quais se enfatizava a maternagem inadequada. Hoje, a condição é entendida como fazendo parte de um *continuum* de características próprias do espectro do autismo com causas biológicas, congênitas.

Assim, segundo Gillberg[9], o autismo tem de ser considerado uma síndrome comportamental com etiologias múltiplas, em consequência de um distúrbio de desenvolvimento. Caracteriza-se por um déficit na interação social visualizado pela inabilidade de relacionar-se com o outro combinado com déficits de linguagem e alterações de comportamento, sendo associado a uma vasta gama de condições pré, peri e pós-natais. Assim, o autismo é um distúrbio do desenvolvimento com bases neurobiológicas que se caracteriza por prejuízos nas áreas de interação social, comunicação e comportamento. Schwartzman[17] mostra que fica cada vez mais claro que se trata de um quadro inespecífico, ou seja, que não tem uma única causa e que não decorre da disfunção de uma mesma estrutura neural.

A prevalência do autismo era estimada em cerca de 10 afetados para cada 10.000 indivíduos da população geral. Quando os autores passaram a se referir aos transtornos invasivos ou globais de modo geral, chegou a ser estimada em 1:1.000, 1:350 e mesmo 1:160.[9,17] É alta a probabilidade de quadros de autismo associado a inúmeras condições médicas, sendo as mais frequentes a deficiência mental, a epilepsia, a síndrome do X frágil, a síndrome da rubéola congênita, as infecções pré-natais, a síndrome de Down, a síndrome de Angelman, a síndrome fetal alcoólica, entre muitas outras. O eletroencefalograma (EEG) foi um dos primeiros exames neurofisiológicos estudados no autismo. Sabe-se que há elevado índice de anormalidades bioelétricas e de epilepsia em casos de autismo.[17]

Fatores genéticos estão presentes em boa parte dos casos de transtornos globais do desenvolvimento, podendo-se apontar três diferentes argumentos nesse sentido:

1. A concentração familiar de casos de autismo: o autismo é mais comum entre irmãos de crianças afetadas.
2. A concentração de outras condições e/ou características em familiares de autistas: há uma série de alterações discretas, mas possivelmente relacionadas com o autismo, em parentes próximos dos indivíduos afetados.
3. A conhecida associação entre autismo e várias condições de origem genética.

A prevalência de autismo entre irmãos, excluídos os casos em que ele acompanha outra condição de base genética, é estimada em cerca de 2 a 3%. Esse número, apesar de pequeno em valores absolutos, é, ainda assim, 50 a 100 vezes maior que a prevalência estimada na população geral.[17]

Não é possível falar em um marcador biológico específico nos quadros de autismo, uma vez que vários marcadores têm sido identificados. Deve-se considerar que o mesmo marcador não está presente em todos os casos e, por outro lado, nem todo indivíduo que tem um desses marcadores é, necessariamente, autista; no entanto, a associação entre o quadro dos transtornos globais do desenvolvimento e alguns desses marcadores é tão frequente que não se pode considerá-la simples coincidência.

O chamado autismo de Kanner é o mais grave na classificação dos transtornos globais do desenvolvimento. Pertencem às condições menos graves a síndrome de Asperger e o autismo de alto funcionamento, sendo essas duas últimas condições difíceis de serem diferenciadas. São os quadros nos quais a inteligência está preservada.

Ponto de vista simbólico-arquetípico

Do ponto de vista da psicologia junguiana, acredita-se que a organização do desenvolvimento é arquetípica, isto é, o desenvolvimento se processa sob a ordenação do Self, arquétipo central como princípio de totalidade. O conceito contemporâneo de arquétipo, descrito por Knox[18], equaciona os arquétipos com esquemas de imagens, modelos espaciais que são formados precocemente no desenvolvimento mental e armazenam informações essenciais sobre as relações espaciais dos objetos do mundo ao redor. Os arquétipos não são estruturas genéticas inatas, como se acreditou por tanto tempo, embora o próprio Jung acreditasse que eles eram matrizes herdadas enquanto espécie, isto é, comuns à espécie humana. Atualmente, postula-se que existem mecanismos genéticos de orientação específica, sendo o gene entendido como um catalizador. Assim, o arquétipo deve ser entendido não como uma estrutura inata, mas como uma estrutura emergente, derivada do desenvolvimento auto-organizado do cérebro. As primeiras estruturas psíquicas, esquemas de imagens, oferecem um modelo atual para os arquétipos, no sentido de que organizam a experiência, enquanto eles próprios permanecem sem conteúdo e aquém do domínio da consciência. O esquema de imagem parece corresponder ao próprio arquétipo e a imagem arquetípica pode ser equacionada com as extensões metafóricas inumeráveis, que derivam dos esquemas de imagem. Os arquétipos são *Gestalten* que funcionam como base para a elaboração de padrões no mundo simbólico.

Diferentes trajetos de desenvolvimento podem ser traçados em função da interação dos mecanismos genéticos de orientação específica com a circunstancialidade envolvente de cada ser humano. As primeiras estruturas psíquicas, os arquétipos, organizarão a experiência do ser humano no mundo.

Jung[19] define individuação como "o processo de constituição e particularização da essência individual, especialmente o desenvolvimento do indivíduo, segundo o ponto de vista psicológico, como essência diferenciada do todo da psicologia coletiva".

Ao longo do processo de individuação, observa-se a regência de diferentes arquétipos: o arquétipo da Grande Mãe, o arquétipo do Pai, o arquétipo da anima-animus e o arquétipo da sabedoria. A integração de todos, ordenados pelo Self, o arquétipo da totalidade, possibilita o processo de individuação.

Galiás[20] relaciona o arquétipo da Grande Mãe ao primeiro tipo de amor vivenciado, o amor de mãe; o arquétipo do Pai, ao amor de pai; o arquétipo da *Anima-Animus*, ao amor de alteridade; e o arquétipo da sabedoria ao amor espiritual. Postula-se que a integração de todos os arquétipos e as possibilidades de vivenciar as diferentes formas amorosas na relação consigo mesmo, com os outros e com o mundo parecem estar muito alteradas nas pessoas com autismo, o que constitui um impedimento importante ao processo de individuação.

Postula-se também que o autismo pode ser considerado uma agenesia da estruturação matriarcal da consciência, portanto, uma atipia do desenvolvimento humano.[21]

As pessoas com autismo não seguem os trajetos típicos da estruturação da consciência. Elas têm uma maneira diferente de estruturação da mente e parecem estar privadas do processo de individuação.

Processo de individuação peculiar

Dinamismos matriarcais

Há uma hipotrofia, senão mesmo uma atrofia, do papel "filho da mãe" descrito por Galiás[22] na estruturação da consciência, o que impede a filiação plena à maternagem humana. Os dinamismos matriarcais – carinho, cuidado, aconchego, continência – não se mostram eficazes. O amor de mãe, primeiro modo de amor que deveria ser vivenciado, não consegue ser compreendido nem correspondido. As experiências emocionais de estar em ligação com o outro não são representadas. O impedimento para o funcionamento dos dinamismos matriarcais faz com que a trajetória do desenvolvimento da criança com autismo seja muito peculiar.

No desenvolvimento típico, o esquema de imagem de continente caracteriza a constelação do arquétipo materno. O componente inato pode ser tão simples como um mecanismo para focar a atenção em específicos padrões perceptivos. Tais padrões podem ser armazenados em uma forma esquemática também simples, a qual, então, possibilita que todos os padrões semelhantes sejam reconhecidos. Assim, podem ser justificados a atenção e o reconhecimento do bebê em relação ao padrão básico da face humana, desde os primeiros dias de vida. Os bebês não têm um modelo da face humana armazenado em seus genes, mas têm instrução genética para prestar atenção particular a qualquer padrão do tipo face que apareça em seu campo visual. Não se postula que exista inata representação de faces. As estruturas inatas não contêm conteúdos simbólicos: são apenas simples sequências de respostas a estímulos, processadas em um nível subcortical, que asseguram que a atenção do bebê vá para os aspectos-chave no seu ambiente que são essenciais para seu desenvolvimento psicofísico.

A experiência da criança com a mãe como continente físico e psicológico é uma extensão metafórica desse esquema de imagem ou arquétipo. A *Gestalt* de continente é simples, mas pode fazer surgir uma riqueza de significados na medida em que é expressa na abrangência da intimidade física e na compreensão e na contenção, pela mãe, das necessidades e das emoções de seu bebê. É assim que, sob a regência do arquétipo da Grande Mãe, surge o primeiro tipo de amor vivenciado: o amor de mãe, que é um amor que precisa ser correspondido.

No trajeto do desenvolvimento do bebê com autismo, não se observa a vivência e a representação da relação com o cuidador. Os dinamismos matriarcais – cuidado, carinho, aconchego, continência – estão alterados, do mesmo modo como não existe a vivência e a representação da separação. Parece não se criar o espaço da falta, o espaço da separação e, consequentemente, o espaço da fantasia. O bebê e a criança com autismo podem aprender a necessitar do outro, mas não desenvolvem a noção de pertencer a um outro. Não se cria, segundo as maneiras usuais, a relação eu-outro, para que, em decorrência dela, seja possível criar a relação eu-mundo. São crianças, em geral, amadas, mas o amor de mãe não consegue ser correspondido.

Essas crianças apresentam déficit nos processos afetivos-sociais básicos desde idade muito precoce. Carecem das habilidades cognitivas sociais necessárias a uma teoria da mente. Acredita-se, atualmente, que a impossibilidade de adquirir uma teoria da mente possa ser resultante de um déficit na capacitação básica para interação.

Baron-Cohen et al.[23], estudiosos da "teoria da mente" nos transtornos globais do desenvolvimento, interpretam os déficits da capacidade para atenção conjunta como evidências da inabilidade para ler outras mentes. Ao se aceitar, porém, o problema afetivo-social como primário, poder-se-ia interpretar a falha da criança em dividir suas experiências com o outro significativo como um déficit motivacional, como propõem Volkmar et al.[24]

Se o déficit motivacional para a interação está presente desde o início da vida, haverá prejuízo importante para a aquisição da intersubjetividade, determinando uma série de alterações ao longo do processo do desenvolvimento, incluindo prejuízos na interação afetiva, na sociabilidade e na cognição.

O bebê, nessa condição atípica, tem uma percepção anormal e, por conseguinte, uma reação anormal aos "significados" das expressões emocionais das pessoas. Há alteração na comunicação não verbal e na coordenação interpessoal corporal e mental. Existem, em decorrência disso, prejuízos na noção de crença, no estabelecimento de distinção entre aparência e realidade e na compreensão da orientação subjetiva em relação a pessoas, objetos e situações, como mostra Hobson.[25]

O bebê no espectro do autismo pode não buscar o conforto físico de seus pais e/ou pode apresentar reações tônicas de desprazer ao ser colocado no colo ou ao ser acariciado. Postura rígida, alterações no tônus e neutralidade das expressões faciais são queixas frequentes dos pais. O bebê pode parecer mais calmo quando deixado sozinho. Quando algumas crianças com autismo apresentam apego a alguns objetos, esses apegos são, em sua maioria, "estranhos". Os objetos de apego são duros, pontudos, ou a classe dos objetos é mais importante que a escolha específica. Os clássicos objetos transicionais parecem ser trocados pelos objetos autísticos.

Do mesmo modo que a face humana pode ser de pouco interesse para esse bebê, ele também pode demonstrar pouco interesse pelos sons da voz humana, o que faz com que se acredite, com frequência, na possibilidade de surdez. A falta de motivação para a interação e a falta de atratividade pelo estímulo social, presentes desde o nascimento, podem resultar em uma falha para iniciar e integrar os padrões básicos interpessoais, que se acredita serem as fundações para o desenvolvimento da comunicação.

A grande maioria dessas crianças não desempenha troca pelo olhar, não fixa ou mantém o olhar no outro. Stone[26] mostra que análises de vídeos dessas crianças, em suas famílias, revelam contato visual muito limitado por parte da criança e, compensatoriamente, elevado nível de energia da mãe para sustentar a interação.

Diferente das crianças ditas normais ou mesmo das crianças que nascem com outras deficiências, a criança no espectro do autismo parece viver em outro mundo. Mãe e criança estão em mundos separados, sem a possibilidade da comunicação desejável, pois, por mais que tente, por mais capaz de continência que seja, a mãe não consegue entender e atender adequadamente às necessidades do filho. Não há condição de estabelecer o código-padrão para a comunicação. A relação de maternagem não se constela nos padrões próprios da espécie humana.

Os comportamentos de ausência ou desvio do olhar, associados a outras alterações das trocas não verbais precoces, prejudicam a emergência da intersubjetividade, isto é, da construção de uma experiência emocional compartilhada entre a criança e quem cumpre a maternagem. Sabe-se que tal construção é condição para o desenvolvimento das funções mentais.

A falha no emergir da subjetividade é derivada, também, da falta de aquisição da atenção conjunta, que é uma habilidade pré-verbal da comunicação, a qual possibilita que a criança divida com outra pessoa a experiência de um terceiro objeto ou de um evento. A falha no adquirir da atenção conjunta pode ser considerada um dos maiores e mais persistentes problemas no desenvolvimento da criança com autismo. As representações triádicas não se formam, os gestos da criança permanecem protoimperativos e não surgem os gestos protodeclarativos, aqueles que pedem atenção da outra pessoa para compartilhar as coisas do mundo.

Os distúrbios da comunicação, as reações sensoriais atípicas e as estereotipias comportamentais mantêm a criança isolada do mundo dos outros. No ser humano típico, emoções e estados fisiológicos levam a desejos. Crenças e desejos estão intrinsecamente relacionados no padrão da ação humana. A percepção e a integração dos estímulos levam a crenças sobre o outro, sobre as situações. Crenças e desejos se combinam e determinam a ação que leva à reação de certeza ou surpresa, caso a crença se confirme ou não, e ao prazer e à alegria ou ao desprazer e à tristeza pela satisfação ou não do desejo. Todo esse processo está alterado no ser humano com autismo.

No bebê com autismo, já se observa a falta do desejo pelo outro e a falta do desejo pelo desejo do outro, o que acarreta o impedimento para a aquisição da percepção de si e do outro. Tal desejo não ocorre pela ausência do espaço da falta, mas sim porque não se cria o espaço da falta entre eu e outro para que se por essa falta do outro, para que se entristeça por essa falta e, em função dela, se deseje o outro.

Essa ausência de desejo impossibilita a emergência da fantasia em relação a esse outro, que conduziria à capacidade cognitiva de atribuir sentimentos e intenções para conferir significado às interações humanas.

As pessoas com autismo parecem seres fora da possibilidade de seguir o padrão humano na sua totalidade. Seria possível falar de uma sobrevivência psicológica em condições atípicas. O eu se estrutura em termos de outras codificações, isolado, privado das vivências relacionais primordiais. A não introjeção das experiências eu-outro e das experiências matriarcais impede a vivência de separação e de falta. Há, nessa fase, praticamente a agenesia da possibilidade de desejar. Não há, portanto, nesse momento, espaço para a intersubjetividade. Além disso, a subjetividade que vai se desenvolver no bebê na condição desse espectro parece ser alterada, ficando diferente demais do padrão comum, o que dificulta o entendimento e o atendimento de suas necessidades.

Esse bebê vive o processo de maturação biológica relativo a suas necessidades de sobrevivência. Mostra comportamentos de apego, mas parece ser apenas por segurança, não por filiação. Diferente dos demais bebês, para ele, o apego não conduz às vivências afetivas, não leva ao fortalecimento da capacidade de amar.

Para esse bebê, não é possível a continência, a proteção, o apaziguamento matriarcal. Provavelmente, assim possam ser justificados o não apego a objetos transicionais, macios, fofos e a sua substituição pelos objetos autísticos, duros, pontudos.

A impossibilidade da constelação do arquétipo matriarcal coloca em risco a própria sobrevivência da criança. Ela não consegue ser atendida por não poder ser compreendida nas suas necessidades. A vivência de uma angústia que não pode ser nomeada provoca desespero, difícil de ser aplacado por uma mãe que se vê sem meios e que também se desespera. A busca do isolamento, muitas vezes acompanhada da movimentação estereotipada, não funcional, parece ser o meio que essa criança encontra, sozinha, para lidar com sua crise de angústia. Mas, diferente das demais crianças, esta não vive a ansiedade pela separação, pela sensação do abandono. Ela vive o medo, a angústia pela incompreensão e a insatisfação pelo não atendimento às suas necessidades básicas, o que provoca as crises de desorganização.

É a mãe pessoal que, muitas vezes, se sente abandonada e, com frequência, tende a projetar sua ferida matriarcal sobre o filho. A maioria das pessoas, aliás, repete essa atuação e, em função da projeção do dinamismo matriarcal ferido, forma-se uma sombra que, colocada sobre a pessoa com esse transtorno, a faz ser vista com pena, como "anormal" ou como "coitadinha", tratamentos que sempre a desprestigiam como pessoa. Isso pode dificultar a compreensão dessa maneira tão diferente de ser e inviabilizar a possibilidade da sua individuação, ainda que peculiar. O filho precisa ser visto do jeito que é, e não de modo idealizado.

Dinamismos patriarcais

As pessoas com autismo, privadas do papel de relação da função afetiva, característica da dinâmica matriarcal, na impossibilidade da estruturação matriarcal da consciência, podem adquirir tal estruturação via dinamismo patriarcal. Os dinamismos patriarcais são os dinamismos da lei, da ordem, das normas e do código. Ao arquétipo do Pai relaciona-se o amor de pai, que é uma maneira de amor que também dirige o desenvolvimento e pode ser compreendida e correspondida pela pessoa com autismo. As pessoas com autismo que têm a inteligência preservada funcionam com outro tipo de mente, que se desenvolve sob um padrão diferente, fazendo com que esses indivíduos durante sua vida inteira, também necessitem de estimulação diferente. Eles precisam ser entendidos na sua peculiaridade para que possam ser atendidos no que necessitam. Essas pessoas parecem ficar subordinadas às funções da informação, da coerência e da lógica: ser compreendido, ser aceito, ser recebido é ser gostado. O confiar no outro surge da experiência relacional que acontece ao longo do tempo e leva à percepção da reciprocidade. Cultiva-se a tradição, a previsibilidade, a ética e a honestidade.

Dessa maneira, pode nascer uma intersubjetividade baseada na correspondência, na comunicabilidade inteligente, na honra, na história do relacionamento e na confiança. No desenvolvimento padrão, são as trocas afetivas que favorecem as trocas cognitivas; de modo oposto, as pessoas com autismo desenvolvem as trocas afetivas a partir da possibilidade das trocas cognitivas com os outros.

Se, para os indivíduos ditos normais, durante toda a vida, mas especialmente na infância, a aflição e a ansiedade provêm da vivência de sensações de abandono, para as pessoas nessa condição esses sentimentos surgem em face da constatação da desordem, do imprevisível, do não computável, determinando crises que podem ser nomeadas como crises de desorganização, difíceis de serem controladas.

Com o aprimoramento das funções lógicas e racionais, da primazia do uso do pensamento, sob a dominância patriarcal, a criança com autismo ganha uma possibilidade melhor de adquirir conhecimento sobre o mundo das pessoas, ainda que o mundo objetivo – das coisas, do conhecimento, do processamento, do estímulo cognitivo – lhe seja, sem dúvida, muito mais motivador. Evoluindo na competência de estabelecer relações de causa e efeito, o mundo pode passar a ser mais previsível e, portanto, menos assustador.

A constelação do arquétipo do Pai tende a ordenar o mundo da criança. Ela busca claramente rotinas e situações que possa decodificar, pois a possibilidade de antecipar o que ocorrerá lhe dará maior controle sobre a angústia. A literalidade tende a dominar seu pensamento e a determinar sua ação. Muitas crianças mostram evidência de prodigiosa memória. Com a função integradora da mente comprometida, sem a função da coerência central, os eventos são engramados segundo padrões atípicos, desprovidos, também, da qualidade emocional do momento, o que facilita a evocação praticamente ponto por ponto – daí, muitas vezes, a memória prodigiosa.

Em casos nos quais a inteligência está preservada, a criança costuma se alfabetizar com relativa facilidade. Ela pode se sentir atraída, precocemente, para letras e números. Algumas crianças aprendem a ler sozinhas, aos 2 ou 3 anos, sem qualquer aprendizado formal, apesar do atraso e/ou da alteração no desenvolvimento da linguagem e no desenvolvimento perceptomotor. A alfabetização costuma trazer considerável alívio para os pais, pois, além de significar melhor comunicação com o mundo, tende a abrir uma nova possibilidade para a criança, que, progressivamente, via leitura, adquire novos interesses, ainda que, em geral, com características obsessivas ou estereotipadas.

Abre-se então um período de um pouco mais de estabilidade. Os pais pessoais, humanizadores do arquétipo do Pai, têm a possibilidade de ajudar a ordenar, a organizar o conhecimento das relações entre o mundo externo e o mundo interno da criança. O desenvolvimento crescente das representações mentais auxilia a adaptação. No entanto, é uma adaptação parcial: o outro, no relacionamento, só é considerado na medida em que atende aos interesses específicos da criança.

Quanto à conduta social, observa-se também a atipia. Inserida no grupo da escola, podendo participar das atividades grupais, a criança com autismo inclina-se a permanecer em uma posição marginal ao grupo de referência e, por suas peculiaridades, na maioria das vezes mal compreendidas pelos demais, pode se tornar vítima de bullying.

O desempenho acadêmico pode ser bem-sucedido. Os testes de desempenho intelectual mostram aumento consistente nos quocientes ao longo da vida – no início da vida adulta, mostram-se melhores quando comparados aos realizados na infância e na adolescência. O armazenamento de informações, favorecido nas faculdades, quando dirigido aos interesses específicos, pode ser muito motivador e até atraente, ainda que sempre sofrido, dadas as dificuldades de trabalho em equipe, de precisar ceder diante das atividades fora dos interesses específicos e de regular as emoções nas relações com os demais. Alguns conseguem seguir o aprendizado-padrão, mas a maioria ainda necessita do auxílio das leis de inclusão e prossegue como aluno especial. Não raro, os jovens cursam uma faculdade após a outra ou se dedicam a cursos de pós-graduação, uma vez que a inserção no mercado de trabalho é extremamente difícil. Mesmo nas empresas com vagas para trabalhadores com deficiências, as pessoas com autismo raramente se beneficiam das cotas de inclusão previstas pela lei. Elas são entrevistadas, têm suas habilidades e seus currículos reconhecidos, mas são percebidas como pouco autônomas, necessitando de acompanhamento próximo; mas o mundo do trabalho dos tempos hipermodernos, mais antropofágico que nunca, não tem espaço nem tempo para o adulto pouco autônomo.

Sob a égide do arquétipo do Pai, as relações cuidadores-criança são assimétricas. Constituem-se os papéis parentais, o papel filho – "filho do pai" –, e tem-se o amor de pai. Este pode ser correspondido, sendo um forte propulsor para o desenvolvimento na vida adulta. Entretanto, observa-se uso abusivo do papel de filho, muitas vezes ao longo da vida inteira, o que retira toda a possibilidade de autonomia da pessoa. O filho do pai tende a perpetuar-se, comprometendo as relações de trabalho e também as relações sociais e amorosas.

Alteridade

Sob a constelação do arquétipo da anima-animus, que é o arquétipo da "ágape", da comunhão, o ser humano típico, no projeto do seu processo de individuação, ganha a possibilidade da relação simétrica. Adquire os papéis relacionados à amizade, à fraternidade e à conjugalidade. Vivencia uma maneira de amor que implica amar o outro como a si mesmo, sendo os dinamismos da alteridade a troca, a dialética, o fascínio e a paixão.

Os indivíduos no espectro do autismo nasceram diferentes e vão desenvolver uma identidade diferente, talvez a identidade daquele a quem falta algo, possivelmente uma estruturação sob a constelação do arquétipo do Inválido, no sentido que Guggenbuhl-Craig[27] considera ao discorrer sobre os limites da cura.

Na própria história dos estudos sobre o autismo, vê-se a projeção da psicose por anos. O autismo pertence ao capítulo das psicoses infantis. Tal projeção talvez tenha contaminado a história do autismo e continua contaminando a relação dos não autistas com os autistas, provocando mais isolamento, agora como defesa.

Não se sabe se a alteridade seria possibilitada às pessoas com autismo. Observa-se a grande dificuldade de se colocar no lugar do outro, para que possa sentir o outro como se estivesse dentro de sua própria pele ou como se o outro estivesse dentro de si. Na vida adulta, a teoria da mente já se mostra adquirida e muito desenvolvida em seu componente cognitivo, pois existe o esforço do preenchimento do que não se sabe pelo elaborado raciocínio lógico dedutivo dessas pessoas. Falta, contudo, a capacidade natural da empatia, que é a sintonização espontânea e natural com as ideias e os sentimentos do outro, via linguagem dos olhos, entonação da voz e sutilezas de mímica corporal. Não ocorre o sentir a atmosfera emocional que se instala no contato com o outro nem o administrar, com sensibilidade, uma interação que não machuque nem ofenda os sentimentos alheios. Possivelmente, o componente afetivo da empatia, que é a resposta apropriada ao sentimento do outro, compreendendo as reações de compaixão e misericórdia, não pode ser adquirido. Ao contrário, o que se observa é a permanência de um abusivo papel de filho, impedindo o altruísmo, a amizade, a fraternidade e a conjugalidade.

Pessoas com autismo se casam e constituem família. A literatura tem mostrado pesquisas a respeito de casais em que um ou ambos os cônjuges têm essa condição. Aston[28] trabalha como conselheira e pesquisadora no campo dos relacionamentos de casais com síndrome de Asperger. Suas pesquisas mostram que a comunicação é o problema maior, mesmo quando os dois parceiros têm autismo. Todas as mulheres em relacionamento com homens com autismo, tenham elas ou não o distúrbio, dizem que não são ouvidas ou levadas em conta. Uma das razões para as complicações do relacionamento parece estar na dificuldade de ler os sinais não verbais da comunicação. A expressão de sentimentos é muito difícil e a falta de empatia do parceiro com autismo pode fazê-lo parecer insensível e descuidado com o outro. A negação ou o desconhecimento do diagnóstico pode ser catastrófico ao casal, mas a consciência das peculiaridades do parceiro que tem o transtorno global do desenvolvimento pode ser um facilitador à vida do par, pois o parceiro poderá colocar suas expectativas em relação ao outro de modo mais realista. Quando um dos parceiros tem autismo, a relação será sempre assimétrica.

Espiritualidade

Sob a égide do arquétipo da sabedoria, o ser humano típico, encaminhado em seu processo de individuação, pode viver *caritas*, o amor espiritual. É uma maneira de amar que implica o amor ao todo, o amor aos outros maior que a si mesmo, e que pode conduzir à busca do sentido da própria existência. É um ideal sempre buscado, jamais alcançado. Funciona como um indicador de caminho.

A totalidade psíquica, representada pelo arquétipo do Self, que pode ser figurado como a imagem de Deus, contém opostos e aponta para uma meta ainda não alcançada de superação de conflitos, de integração. As questões transcendentais do ser humano são primariamente experimentais e totalmente subjetivas.

Nas pessoas com autismo, encontramos a percepção de Deus pela lógica e pelo intelecto. Pode-se observar o apego às instituições religiosas, mas as relações que se estabelecem ligam-se mais às regras, muitas vezes seguidas de maneira rígida e estereotipada, que às relações constituídas. A noção do sentido da própria existência parece não ser formulada pela mente pragmática e pouco flexível das pessoas com essa condição. Assim, existe a possibilidade do processo religioso, mas ele parece ser sempre peculiar. Grandin,[29] ao relatar sua experiência pessoal de uma pessoa com autismo, fala em Deus como força última, fundação e mistério, como é evidente nas teorias cosmológicas de física quântica.

Psicoterapia

Na criança com autismo com inteligência preservada, o eu pode se estruturar e se diferenciar, mas em bases muito diferentes do padrão arquetípico humano. Pela agenesia da estruturação matriarcal da consciência ou pela hipotrofia dos dinamismos matriarcais, compensatoriamente, pode ocorrer uma precoce e hipertrófica estruturação patriarcal da consciência. O eu se diferencia parcialmente do Self e se estrutura em função do arquétipo do Pai, que é codificável. Pela sua humanização, há a possibilidade do apaziguamento, da continência, da proteção e do suporte.[30]

O eu que se estrutura em função da ativação desse arquétipo é um eu parcial e atípico. O dinamismo patriarcal, que é o da ordem, da lógica, do planejamento, da previsibilidade, da inteligibilidade, confere "suporte ao eu"; caso contrário, esse eu, provavelmente, voltaria ao abandono primordial da inviabilidade do ser, sem a possibilidade do processo da individuação.

As funções estruturantes para a expansão da consciência e a diferenciação do eu vão entrar em funcionamento via dominância patriarcal. Assim, é provável que a elaboração simbólica possa ocorrer via arquétipo do Pai. A elaboração simbólica via *Eros* com características matriarcais não acontece, mas, de modo parcial, pode-se verificar a elaboração simbólica acontecendo via *Logos*.

Mais cedo que para as demais crianças, o pensamento e o conhecimento lógico podem ser adquiridos e, quando o são, auxiliam significativamente a adaptação. O pensamento mágico, de ordem matriarcal, não pôde ser desenvolvido e nem mesmo adquirido, mas o pensamento de ordem patriarcal surge e tem, primordialmente, a função de compensar a alteração da função sensação, a qual determinou defasagem importante no aprendizado perceptivo-motor, impedindo a aquisição da noção do esquema corporal e distorcendo a imagem de si mesmo.

Como se monta um quebra-cabeças, pela lógica da relação de suas partes, a criança na segunda infância e o adolescente podem adquirir uma noção de seu corpo, parte por parte, e, desse modo, representar internamente a imagem de si mesmos, base para a sua identidade.

Existe a possibilidade de o Self, determinando a organização arquetípica do desenvolvimento, suprir a função transcendente (a que estabelece a ligação do inconsciente com a consciência) e suprir a alteridade para esses seres que precisam buscar seu processo de individuação sem o funcionamento matriarcal ou na extrema limitação dele, que faz pensar até mesmo em agenesia.

Na impossibilidade da estruturação matriarcal da consciência, de modo substitutivo, pode ocorrer uma estruturação da consciência via dinamismo patriarcal. O papel filho do pai pode vir a ficar hipertrófico para vicariar a hipotrofia do papel filho da mãe.

Prática psicoterapêutica e orientação à família

Em função de suas condições tão peculiares e por viverem sob os determinantes de uma cultura na qual não são adequadamente compreendidas, as pessoas com autismo têm um processo de desenvolvimento psicológico bastante difícil e penoso. É provável que apenas uma minoria, a que tem a inteligência preservada, possa chegar a um processo de individuação, com a possibilidade de descobrir o próprio modo de ser e, talvez, o sentido de sua existência.

Assim, após uma primeira infância caótica, em que a desorientação permeia os contatos da criança com seu ambiente e vice-versa, e uma segunda infância em que a aquisição das operações lógicas do pensamento auxiliam a adaptação, o indivíduo com funcionamento autista e inteligente chega à adolescência, quando, de fato, ele se percebe muito diferente dos demais e, muitas vezes, se deprime, pois essa consciência acarreta um novo tipo de sofrimento.

A adolescência e o início da vida adulta caracterizam-se por uma luta titânica: uma luta pelo direito à existência. Serve muito bem a imagem dos titãs, a segunda geração divina – seres primordiais, tão intensos na sua expressividade, mas desprovidos ainda de caracteres humanos. Alvarenga[31] mostra que as figuras titânicas podem ser consideradas, simbolicamente, representantes de todas as estruturas da consciência, pois é desse mundo primordial que nasce um sistema organizado no qual as coisas têm corpo e forma. A especificidade, porém, só é possível, do ponto de vista da mitologia, na terceira geração divina, em que pai e mãe estruturam o corpo e o herói estrutura o psiquismo. A luta dos titãs, porém, é uma luta pela sobrevivência, muito diferente e anterior à luta do herói, que é dirigida pelo direito de ser ímpar.

A partir da adolescência, as pessoas com autismo que têm a inteligência preservada tendem a empreender uma luta para se tornarem iguais aos seres considerados neurotípicos. Essa é a luta titânica, luta reforçada e potencializada pela sociedade e pela cultura. Quanto mais semelhantes eles se tornarem, quanto mais seguirem os moldes padronizados de conduta, mais poderão ser aceitos ou, pelo menos, tolerados.

Na vida adulta das pessoas com autismo, pode surgir a percepção de uma diferença irreversível em relação aos outros seres humanos. O espaço construído para a subjetividade continua sendo pequeno e a intersubjetividade possível é, em geral, baseada na lógica, na correspondência, na comunicação inteligente, na confiança, na fé, na reciprocidade e na estabilidade das relações. A função do relacionamento fica subordinada ao dinamismo patriarcal.

É possível que se observe uma fase de automatização das conquistas na segunda metade da vida. Mas o que poderá continuar a humanizar o arquétipo do Pai? Poderá a função transcendente operar para conseguir garantir um processo de individuação em moldes tão peculiares? É provável que haja a necessidade não só de uma luta titânica, mas de uma luta heroica, a luta dirigida pelo direito de ser ímpar. A ajuda a essa luta deve ser o objetivo da psicoterapia às pessoas com quadros de autismo. Esse objetivo, porém, precisa ser colocado desde o início do atendimento às crianças mais jovens e na orientação a seus pais. A ajuda à adaptação ao mundo dos chamados neurotípicos é necessária à sobrevivência neste mundo, mas ganhar a consciência do direito de funcionar como diferente é igualmente necessário.

Hoje, o indivíduo com autismo tem uma sobrecarga. Ele carrega as dificuldades e as limitações trazidas por suas próprias condições e, ainda, o estigma de uma outra anormalidade que não tem. Os autistas, com o passar do tempo, aprendem a descobrir pelo olhar dos outros que são diferentes, estranhos e não viáveis como humanos.

A cultura tende a projetar nos portadores de autismo sua infelicidade ao vê-los, e eles passam a ser lamentados e discriminados. Não compreendendo a função de estruturação da organização patriarcal, a cultura projeta o matriarcal ferido nessas pessoas, projeta a ferida matriarcal em quem não tem imagens matriarcais e, por isso, não pode ter fixações matriarcais.

Desde o início de sua vida, a pessoa com autismo deve ser entendida e atendida na necessidade de ativação precoce do arquétipo do Pai e deve ter o respaldo de que ela é diferente. Não se trata de negar a "anormalidade" dessa pessoa, porque isso seria uma defesa que impossibilitaria ajudá-la. Trata-se, sim, de reconhecer essa "anormalidade" como agenesia da estruturação matriarcal e não como matriarcal ferido.

Tal agenesia precisa ser elaborada onde ela realmente ocorre. Caso seja trabalhada, querendo melhorar o dinamismo matriarcal, a pessoa com autismo adquire, sim, uma anormalidade, além da alteração com a qual nasceu.

As pessoas ditas normais, ao sentirem que o indivíduo com funcionamento autista é desprovido do dinamismo matriarcal, esforçam-se por cuidá-lo e melhorá-lo. Este pode ser o erro fundamental no tratamento desse indivíduo, pois cria e reforça o sentimento da inviabilidade. O indivíduo com autismo não quer e não precisa do dinamismo matriarcal, pois simplesmente não tem o que fazer com ele. Pena, colo, aconchego, carinho, lágrimas, mimos, superproteção emocional e dedicação afetiva esmerada, tão necessários à enfermagem do arquétipo matriarcal ferido, aqui, são dispensáveis. Além de inúteis, fazem esse indivíduo experimentar fracasso e culpa, pois ele é incapaz de, nesses termos, corresponder à ajuda recebida.

O bebê, a criança, o adolescente e o adulto com autismo podem e devem receber carinho e aconchego, desde que se tenha consciência de que não é disso que, de fato, eles mais necessitam. Pois o que eles necessitam, e muito, é de compreensão e ajuda para organizarem seu mundo e aprenderem a viver nele. Não tendo a capacidade de estruturar consciência pelo arquétipo matriarcal, se apoiam totalmente na capacidade estruturante e organizadora do arquétipo do Pai.

Considerações finais

A partir do processo evolutivo, sob o ponto de vista conceitual, deve-se considerar a desordem do espectro do autismo como uma entidade clínica, com características, hoje, razoavelmente definidas, principalmente no nível cognitivo. É um quadro de extrema complexidade, que exige abordagens multidisciplinares visando não somente à questão diagnóstica, mas também à educacional e à da socialização, na tentativa de se poder estabelecer etiologias e quadros clínicos definidos, passíveis de prognósticos precisos e abordagens terapêuticas eficazes.

Normalidade é a possibilidade de se ter como característica, no nível individual, o que a humanidade conquistou e a sociedade valorizou, reforçou, estimulou e possibilitou à maioria. Diferente não é necessariamente anormal, mas é o menos provável e o menos comum. São, nesse sentido, diferentes as pessoas com autismo.

Em termos da psicologia junguiana, parece, nas desordens do espectro autístico, ocorrer uma alteração no processo de desintegração do Self. Tem-se, possivelmente, um distúrbio desde a fase intrauterina, na qual as vivências matriarcais não se constelam. No entanto, como a organização do desenvolvimento é arquetípica, a função estruturante da organização patriarcal se torna dominante. Com um funcionamento autista, o indivíduo tem, consequentemente, os papéis referentes à filiação dupla alterados, são filhos ou filhas do pai, são filhos ou filhas de uma "mulher-pai" e de um "homem-pai". Mas, sob a ordenação do Self como princípio de totalidade, poder-se-ia ter a integração de todos os demais arquétipos entre si, propiciando uma trajetória peculiar no processo de individuação para aquela pessoa, provavelmente, até mesmo, na falha da humanização do arquétipo da Grande mãe.

Referências bibliográficas

1. Assumpção Jr FB, Kuczynski E. Autismo infantil: novas tendências e perspectivas. São Paulo: Atheneu; 2007.
2. Kanner L. Autistic disturbances of affective contact. Nerv Child. 1942;2:217-50.
3. Kanner L. Early infantile autism, 1943-1955. J Orthopsychiat. 1956;26:55-65.
4. Group for Advancement of Psychiatry. Distúrbios psicopatológicos na infância: teoria e classificação. Porto Alegre: Artes Médicas; 1990.
5. Ritvo ER, Ornitz EM. Autism: diagnosis, current research and management. New York: Spectrum; 1976.
6. American Psychiatric Association. Manual Diagnóstico e Estatístico de Doenças Mentais – DSM-5. Porto Alegre: Artmed; 2014.
7. Organização Mundial da Saúde. Classificação das Doenças Mentais – CID-10. Porto Alegre: Artes Médicas; 1993.
8. Lebovici S. Autismo e psicose na criança. Porto Alegre: Artes Médicas; 1991.
9. Gillberg C. Infantile autism: diagnosis and treatment. Acta Psychiatr Scand. 1990;81(3):209-15.
10. Lellord G, Sauvage D. L'autisme de l'enfant. Paris: Masson; 1991.
11. Wing L. The autistic continuum. In: Wing L, editor. Aspects of autism: biological research. London: Royal College of Psychiatrists & The National Autistic Society; 1988. p. 5-8.
12. Frith U. Autism, explaining the enigma. Oxford: Blackwell; 1989.
13. Frith U. Autism: possible clues to the underlying pathology. Psychological facts. In: Wing L, editor. Aspects of autism: biological research. London: Gaskel Eds. & Royal College of Psychiatrists & The National Autistic Society; 1988.
14. Baron-Cohen S. Autism, a specific cognitive disorder "mind-blindness". Int Rev Psychiat. 1990;2:81-90.
15. Baron-Cohen S. Social and pragmatic deficits in autism: cognitive or affective? J Autism Dev Disord. 1988;18(3):379-402.
16. Baron-Cohen S. The development of a theory of mind in autism: deviance and delay? Psychiat Clin North Am. 1991;14(1):33-52.
17. Schwartzman JS. Autismo infantil. São Paulo: Memnon; 2003.
18. Knox J. Archetype, attachment and analysis. Junguian psychology and the emergent mind. London: Routledge; 2003.

19. Jung CG. Tipos psicológicos. 4. ed. Rio de Janeiro: Zahar; 1981.
20. Galiás I. Do amor na saúde à saúde do amor. Junguiana. 2005;23:107-18.
21. Araujo CA. O processo de individuação no autismo. São Paulo: Memnon; 2000.
22. Galiás I. Reflexões sobre o triângulo edípico. Junguiana. 1988;6:149-65.
23. Baron-Cohen S, Leslie AM, Frith U. Does the autistic child have a "theory of mind"? Cognition. 1985;21(1):37-46.
24. Volkmar FR, Carter A, Groosman J, Klin A. Social development in autism. In: Cohen DJ, Volkmar FR, editors. Handbook of autism and pervasive developmental disorders. 2. ed. New York: John Wiley & Sons; 1997. p. 173-94.
25. Hobson P. On psychoanalytic approaches to autism. Am J Orthopsychiatry. 1990;60(3):324-36.
26. Stone WL. Autism in infancy and early childhood. In: Cohen DJ, Volkmar FR, editors. Handbook of autism and pervasive developmental disorders. 2. ed. New York: John Wiley & Sons; 1997.
27. Guggenbuhl-Craig A. O arquétipo do inválido e os limites da cura. Junguiana. 1983;1:97-106.
28. Aston M. Aspergers in love. London: Jessica Kingsley Publishers; 2003.
29. Grandin T. A personal perspective on autism. In: Cohen DJ, Volkmar FR, editors. Handbook of autism and pervasive developmental disorders. 2. ed. New York: John Wiley & Sons; 1997. p.1032-42.
30. Araujo CA, Assumpção FB Jr, Perissinoto J, Schwartzman JS. Autismo infantil. In: Saiz M. Psicopatología psicodinâmica simbólico-arquetípica. Montevideo: Prensa Médica Latinoamericana; 2009. v. 2. p.35-62.
31. Alvarenga MZ. Psicologia analítica e mitologia grega. Junguiana. 1999.

Bibliografia

Araujo CA. Teorias cognitivas e autismo. Novas tendências e perspectivas. In: Assumpção FB Jr, Kuczynski E. Autismo infantil: novas tendências e perspectivas. São Paulo: Atheneu; 2007. p. 91-103.

Assumpção FB Jr. Transtornos Invasivos do Desenvolvimento. São Paulo: Lemos Editorial; 1997. Distúrbios globais do desenvolvimento. p. 13-27.

34 Adolescência | Transição ou Crise?

Liliana Liviano Wahba e Paulo Vicente Bloise

Introdução

Sexta-feira à noite em um shopping de São Paulo. Garotas corriam de um grupo de meninos. O uniforme colegial denunciava que eram amigos da escola. No mesmo momento em que as meninas brincavam como crianças, algumas paravam e mudavam de atitude. Arrumavam os cabelos, ajeitavam a roupa de maneira provocativa enquanto observavam seus companheiros de folia. Em meio à bagunça e os gritos de excitação, destacava-se uma voz mais rouca e esganiçada que as outras. Que idade eles têm? O que estão vivendo quando incluem na brincadeira de esconde-esconde um jogo bem mais complexo, o de atração e sedução?

A cena descrita, tão corriqueira, leva a discutir a adolescência, compreendida como a transição entre a infância e a vida adulta. O marco inicial seriam as mudanças corporais da puberdade, e o término seria sinalizado pela conquista de um senso de autonomia e integração em seu grupo social. A partir dessa ideia, entende-se que delimitar esse período não é tão "matemático". Por exemplo, para a Organização Mundial da Saúde (OMS)[1], os limites cronológicos da adolescência são definidos entre os 10 e 19 anos (*adolescents*), enquanto para a Organização das Nações Unidas (ONU) estão entre os 15 e 24 anos (*youth*). No Brasil, o Estatuto da Criança e do Adolescente (ECA)[2], de 1990, considera criança aquele com até 12 anos de idade incompletos e define a adolescência pela faixa etária entre 12 e 18 anos de idade.

Mas será essa delimitação importante para todos ou se trata apenas de um interesse de pesquisadores? Tome-se o Brasil como exemplo. O adolescente aqui já tem a garantia do voto opcional, podendo exercer a sua cidadania como eleitor a partir dos 16 anos. O conceito de *menor*, com toda a implicação legal que isso acarreta, fica subentendido para os menores de 18 anos. Usa-se também o termo "jovens adultos" para englobar a faixa etária de 20 a 24 anos de idade (*young adults*).[3]

Para descrever esse período, Wilkinson[4] aponta que o cérebro do adolescente funciona como "um trabalho em progresso", e cita Alan Schore[5], que o demarca como um segundo momento de aceleração do desenvolvimento (após o período neonatal). Em ambos os períodos, há um rápido crescimento biopsicossocial e amplas mudanças nas características ambientais e nas demandas do meio.

Há na adolescência uma segunda onda de produção de células nervosas seguida por poda neural, em que o princípio de "use ou perca" se manifesta pela segunda vez, semelhantemente ao processo de desenvolvimento que ocorre nos primeiros 18 meses de vida. O adolescente gradualmente se torna capaz de reconhecer seu efeito nos outros e de inibir seus comportamentos impulsivos. Havendo tempos distintos do desenvolvimento de lobos frontais – responsáveis pelo julgamento e pela razão – em relação às áreas límbicas – que regulam respostas emocionais –, muitas dificuldades enfrentadas decorrem desse desnível.

Entendendo que se trata de um período de intensas mudanças, desperta curiosidade o fato de ter-lhe sido atribuída uma conotação quase patológica, uma crise no desenvolvimento. Abre-se, portanto, a questão: deve-se considerá-la sempre uma "crise" ou uma poderosa e turbulenta transição que, inicialmente desprovida de desajuste, pode se tornar uma crise? Serão vistos aqui alguns autores que aportam tais perspectivas.

Adolescência deriva do latim *adolescere*, que significa "crescer" e, mais precisamente, do seu particípio presente, aquele que "está em crescimento". De igual origem, o particípio passado do verbo, *adultus*, significa aquele que parou de crescer. Apesar de a adolescência começar com a puberdade, ela é um fenômeno psicossocial, exclusivo da espécie humana. Já a puberdade se caracteriza como um fenômeno biológico que alcança outras espécies.[6]

Autores como Lyard[7] e Kiepenheuer[8] a consideram um momento de crise. Partindo do fato de que a puberdade seria análoga aos primeiros anos da vida quanto à amplitude das modificações biológicas e ao impulso de crescimento, Lyard[7] destaca que o indivíduo se torna um estranho a si mesmo e uma nova carga de libido arquetípica impulsiona existencialmente a reconsideração da relação às *imagos* parentais. Kiepenheuer[8] atribui a crise, em grande parte, às mudanças físicas radicais do período. Nessa revolução, o medo de deparar com o mundo externo ao lar e a sensação de perder a segurança parental são frequentes. O autor refere-se aos padrões arquetípicos recorrentes na puberdade e na adolescência, como o ímpeto para desafiar, a busca espiritual e a necessidade de aceitação em uma comunidade. Junto a esses padrões, há sentimento de solidão, morte e renascimento, que revelam a necessidade de separação do que era conhecido e familiar.

Frankel[9] concorda com a relevância de tais padrões junto à polarização entre regressão e progressão em direção ao mundo e às responsabilidades adultas. Ele é um dos que diferencia a transição da crise, esta última entendida quando a polarização é extrema. Lançando mão de conceitos de Jung e Winnicott, pergunta-se sobre o porquê da patologização de uma etapa do desenvolvimento e critica teorias psicanalíticas que reforçam a regressão sem a ela acrescentar a função prospectiva da psique, o "para quê" a ser revelado. Em suma, o adolescente deseja uma afirmação de seu ser.

Quando o ego torna-se pronto a agir e distanciar-se da inconsciência infantil, há uma experiência de solidão. Neumann[10] assevera que o medo de morrer marcaria a transição entre a inconsciência infantil e a adolescência, pois o ego, ainda em desenvolvimento, sentiria a supremacia dessa inconsciência como um grande perigo. No adolescente, imagens de morte, atração pela morte e ideação suicida simbolizam a experiência ritualizada de morte e renascimento e a urgência de uma transformação radical.[9]

Sexualidade e alteridade

Segundo Jung[11], o nascimento psíquico na puberdade ocorre com a erupção da sexualidade. Novos aspectos da personalidade irrompem na adolescência e a busca de uma relação sexual costuma ser empreendida, muitas vezes, carregada de conflitos e desencontros. Ciúmes intensos, paixões violentas e trocas sucessivas de parceiros fazem parte do início da vida amorosa.

No ser humano, a sexualidade é mobilizada não somente fisiologicamente, mas por forte componente ideacional. Jung[12] descreveu no homem e na mulher uma contrassexualidade psíquica que desperta qualidades projetadas no outro. Denominou-as anima e animus. Superar a dependência infantil vincula-se à capacidade psíquica de desprender tais imagens dos pais de origem ou, dito de outro modo, dos arquétipos parentais. Neumann[10] complementa salientando o interesse consciente aplicado nos objetos pelo ego junto à projeção intensa de conteúdo arquetípico da anima e do animus.

Portanto, a aquisição da sexualidade genital e a intensidade do desejo sexual são aspectos centrais da adolescência. Kiepenheuer[8] e Byington[13] atentam para um fato comum no início desse período: a aproximação entre indivíduos do mesmo sexo, ou homoafetividade. Byington[13] esclarece que, no início da puberdade, a anima e o animus tenderiam, predominantemente, à homoafetividade, e só mais tarde, durante a adolescência, haveria um aumento gradual da heteroafetividade. Meninos e meninas andam juntos, estabelecem amizades de fidelidade, têm segredos entre si e ciúmes dos demais. Essa compreensão sobre o desenvolvimento normal é importante para orientar o jovem com queixa de indefinição de gênero e ajudá-lo a constituir sua identidade e suas escolhas sexuais.

A busca e a escolha de parcerias demarcam a passagem de infância para adolescência, anunciada por Jung[14] com a interdição de incesto e a busca pela independência junto à procura de relações amorosas fora da família. Sidoli[15], que também considera a conquista da identidade genital a maior tarefa do desenvolvimento psíquico, aponta que é frequente os pais ficarem angustiados pela identificação com o adolescente ou graças à reativação de seus conflitos inconscientes não resolvidos na adolescência, tornando o jovem ansioso e preso a eles.

A luta pela separação

A aquisição da autonomia é um desafio de grande importância na adolescência. O ingresso no mundo adulto requer a conquista progressiva da autonomia econômica, intelectual e emocional que, em parte, depende de uma boa estruturação arquetípica materna e paterna. A separação é um processo gradual desde o início da adolescência até a etapa mais tardia e se prolonga pela juventude. Tal processo envolve diferenciações contínuas: "O grau de independência simboliza uma nova habilidade de se separar internamente e, ao fazê-lo, valorizar o outro de uma nova forma".[4]

Sidoli[15] esclarece que não há autorrealização sem se enfrentar o conflito entre união e separação que, desde a primeira infância, modula via relação mãe-filho o padrão para as uniões e separações futuras. Entende-se que a aquisição de independência e de capacidade de se autoguiar constitui transformação fundamental no processo de individuação, compreendido como o desenvolvimento, e de expansão da personalidade.

O período de preparo para que o adolescente ingresse no mundo adulto e lá se mantenha às próprias custas parece ter se alongado nas últimas décadas em algumas classes sociais. Nas sociedades pré-industriais, os garotos caçavam e guerreavam e as meninas ocupavam-se do lar e da colheita. As sociedades modernas oferecem uma grande diversidade de escolhas e demandam, cada vez mais, um preparo acadêmico longo. Se, há algumas gerações, poucos frequentavam universidades, hoje são exigidos cursos de extensão e pós-graduação. Uma nova mudança parece estar em curso e é difícil, no momento, perceber exatamente para onde aponta.

Separar-se dos pais, principalmente da mãe, representa psiquicamente a necessidade da criança de se libertar do mundo imagético e misterioso do inconsciente coletivo. A agressividade, às vezes desenfreada, do adolescente estaria ligada a esse movimento de ruptura: "É na puberdade que a quebra decisiva da identificação com os conteúdos da psique coletiva ocorreria e com ela, a entrada no mundo do ego individual".[16] A tarefa inicial seria suplantar a fascinação produzida por essas forças inconscientes e construir a personalidade desenvolvendo o ego que ainda está pouco estruturado. A adolescência marcaria um renascimento e teria como simbolismo o herói, "que se regenera através da luta com o dragão".[10]

Em contraposição ao impulso para a independência, haveria um modo sutil e invisível de criar dependência entre a criança e seus pais: o incesto psicológico. Sidoli[17] refere que Jung[18], em *Símbolos de transformação*, descreveu a regressão da libido na adolescência usando a metáfora do incesto. Esse tipo de incesto prejudicaria a diferenciação psicológica, mantendo o jovem dependente dos pais depois da adolescência.

Valores coletivos podem reforçar essa permanência, por exemplo, nas culturas em que a separação é vivida como traição à família. De modo geral, a maturidade dos pais é decisiva para que o adolescente se separe gradativamente da família. Lapsos no desenvolvimento parental,
expectativas frustradas, fases não vividas e conflitos não elaborados por eles no passado podem obstruir o processo.[9,10,19,20] Uma dificuldade de os pais suportarem a tensão ocorre quando eles viveram mal a sua própria adolescência e formaram uma sombra invejosa defensiva significativa que é projetada nos filhos com defesas intolerantes, competitivas e repressivas. Segundo Byington[20], a crise de adolescência põe à prova o amadurecimento psicológico do Self familiar, quando a polarização necessita ser mediada pelo padrão de consciência da alteridade. A estratégia defensiva da repressão acarreta o risco de atuações sombrias e perigosas fora de casa.

Ao descrever a passagem da adolescência, Byington[20] inclui dois grandes eventos psíquicos: a elaboração das identificações infantis e a intensificação das características ligadas à identidade profunda. Se o primeiro fenômeno envolve a atitude de contestar e a experiência da perda, o segundo liga-se à criatividade e à inovação. Uma das explicações apontadas pelo autor para se andar em grupos na adolescência seria, justamente, reforçar a implantação dessas inovações: auxiliar a luta individual e coletiva do novo contra o velho, do revolucionário contra o tradicional.

Transição e rituais de passagem

Mitos e metáforas expressam a passagem do mundo infantil para o adulto com suas peripécias, nas quais surge a figura do herói como símbolo da afirmação da consciência. Sociedades tribais mantinham a tradição de marcar as transições importantes com rituais, que propiciavam apoio comunitário e espiritual para enfrentar dificuldades inerentes a elas e promover o fortalecimento da consciência. O nascimento, o casamento, a menopausa, o envelhecer eram ritualizados.

Segundo Neumann[21], o indivíduo que consegue identificar-se com as tradições do grupo a que pertence entende melhor seu papel na vida e encontra com maior facilidade uma função na sociedade. Ele detecta a perda desse apoio na sociedade moderna, pois, se os momentos de transição eram vividos no passado como um problema grupal, agora tornaram-se um problema individual. A pessoa, além de se esforçar para compreender com o que depara, precisa encontrar, solitariamente, uma solução:

> *Antigamente, todos os estágios da vida eram pontos numinosos nos quais a coletividade intervinha com seus ritos; hoje em dia, são pontos de distúrbios psíquicos e de ansiedade para o indivíduo, cuja percepção consciente não é suficiente para habilitá-lo a viver a própria vida.*[21]

Wickes[19] e Neumann[10] enfatizam a importância dos rituais coletivos e sugerem que, ao se individualizar a transição, torna-se mais difícil para o jovem libertar-se das amarras conscientes e inconscientes parentais, já que os rituais coletivos forneciam o meio para um deslocamento e uma projeção dos arquétipos parentais para a sociedade. Por exemplo, o arquétipo paterno projetado na figura dos mestres e professores e o materno projetado nas comunidades e nas igrejas, que auxiliam a se desprender da importância e dos valores dos pais e adquirir os próprios.

Nos rituais de passagem da adolescência, surgem o símbolo do arquétipo do herói e a luta por ele enfrentada. Tanto Jung como Neumann referem-se a esta como a batalha com a "mãe dragão". No entanto, essa mãe não seria reduzida à mãe pessoal, mas, em seu sentido mais amplo, à fonte geradora da vida – A Grande Mãe, ou seja, o estado de inconsciência original a partir do qual se desenvolveria a consciência. No plano mítico metafórico, o simbolismo do dragão a ser assassinado representa, segundo Wickes[19], o abandono do jovem da condição de filho para poder emergir às suas próprias custas como adulto:

> A "mãe terrível" dos mitos antigos é a força regressiva inconsciente que conduz o homem para caminhos mais seguros (porém) mais infantis [...] O dragão deve ser assassinado, o herói deve descer às cavernas escuras maternas para destruir o monstro, a jornada noturna sob o mar deve ser empreendida.

Campbell[22] amplifica esse drama psíquico expresso nos mitos de diferentes culturas. Inicialmente, o herói deixa o ambiente familiar e chega a um limiar, como a margem de um lago. Então, ele pode ser tragado e ressuscitado, como Jonas engolido pela baleia, ou irá se defrontar com o poder das trevas e matá-lo, como São Jorge. Só então o herói estará apto a seguir uma nova vida. Hoje, sagas de sucesso como Harry Potter e Percy Jackson descrevem simbolicamente a passagem e suas peripécias, atraindo jovens de diversas idades que com elas se identificam.

Neumann[10] analisa a metáfora do inconsciente com suas características de dominação, castração e devoração, que representa um perigo a ser enfrentado pelo herói. O inconsciente aparece nos mitos como um monstro, um gigante ou outra figura normalmente bissexual, como o *ouroboros*. Esses mitos indicariam que o herói teria ambos os pais originais para enfrentar. A estabilização final do ego, que é uma conquista gradual, dependeria dessa luta contra a mãe dragão/inconsciência na puberdade.

O herói e o assassinato dos pais

Etimologicamente, o herói seria o guardião, o defensor, o que nasceu para servir. Na linguagem contemporânea, ele tem o sentido de guerreiro, está ligado à luta e a outras funções, como a adivinhação e a fundação de cidades, além de ofertar novas invenções aos homens, como a escrita e a metalurgia.[23]

Jung[18] descreve o herói como símbolo proeminente da energia psíquica (libido), a idealização de um ser física e espiritualmente superior aos homens, que o representariam em sua totalidade arquetípica.

A função do arquétipo do herói, segundo Vargas[24], é fundamental para a estruturação da consciência, pois, quando algo novo e transformador se implanta na consciência pessoal e coletiva, o dinamismo heroico é ativado. O autor defende que a adolescência seria um período típico de ativação do arquétipo do herói para realizar a batalha da libertação do mundo parental e da inconsciência. Sidoli[15] concorda que a busca adolescente por um estilo original de vida e a tentativa de estabelecer a identidade segundo valores próprios estariam ligadas à constelação do arquétipo do herói. Eles buscam nos heróis idealizados uma identificação que os impulsione a deixar para trás os antigos modelos idealizados paternais. Nessa fase, consolidam-se grupos de fãs admiradores de bandas, esportistas e artistas, e o uso de mesmas roupas e adereços de personagens admirados, configurando um movimento muito mais intenso que uma mera curiosidade.

O padrão arquetípico do herói inclui o simbolismo do sacrifício, da morte e do renascimento, constelado em muitos rituais de iniciação, sonhos e fantasias de adolescentes. Considera-se que *videogames* e histórias em quadrinhos, que tanto fascinam os jovens, abordam repetidamente os mesmos conflitos: batalhas contra o mal, morte, abandono, perdas e desafios.

As situações de conflito que surgem nas fantasias e nos sonhos adolescentes podem ativar imagens arquetípicas inconscientes da morte da criança e do assassinato dos pais. Essas imagens expressariam a luta para se terminar a infância e se entrar na adolescência. Nesse momento, se o jovem não operar no plano simbólico, isto é, se não perceber que o que deve morrer é a sua atitude infantil, surge o perigo real de suicídio, considerado um grande risco na adolescência.[15]

A este respeito, Winnicott[25] complementa:

> Se o que existe na fantasia do crescimento primitivo (infantil) é morte, então na fantasia adolescente existe assassinato. Mesmo quando o crescimento no período da puberdade continua sem

maiores crises, a pessoa pode precisar lidar com problemas graves, pois crescer significa tomar o lugar dos pais. E realmente o faz. Na fantasia inconsciente, a agressividade é inerente ao crescer.

Assim como Frankel[9], embasado na compreensão prospectiva do processo de individuação proposto por Jung, Byington[13,26] enfatiza que na adolescência não haveria somente a morte simbólica dos pais na infância, mas também da criança, para emergir o arquétipo da criança com sua vitalidade e sua criatividade. A ativação do arquétipo da vida e da morte de maneira criativa tem a função estruturante do sacrifício que envolve o renascimento. Morre a posição passiva da infância e nasce um ego ativo, com os pais se deixando morrer na posição ativa. Quando a patologia se instala junto a tamanha intensidade de transformações, irrompem atos de violência desmedida, como incesto, parricídio e filicídio.

O herói e a reparação maníaca

Os aspectos positivos do arquétipo do herói assinalam a instância psíquica que realiza a batalha de desprendimento do estado de inconsciência original, que luta para se diferenciar dos valores parentais e estabelecer uma identidade própria. Tal função pode ser idealizada e é possível o arquétipo de herói adquira características patológicas, imbuído de fortes defesas perante o temor da aniquilação.

O herói pode surgir na criança por uma necessidade de lidar com inimigos na figura de pais abandonadores ou rejeitadores e, ao entrar na adolescência, reativa-se a cena primária negativa, fazendo com que as experiências de abandono e rejeição voltem à tona. Outra característica ligada ao herói é o estar sempre em ação. Esse mecanismo de defesa típico do adolescente tenta afastar a tristeza, a culpa e a preocupação, mas destrói a capacidade de reflexão, trazendo, segundo Sidoli, sensação de "triunfo onipotente e arrogância".

Davies[27] concorda que determinadas atitudes heroicas funcionam como uma defesa a dependência, impotência, depressão e desamparo. A autora faz uma relação entre os mitos de herói estudados por Jung em *Símbolos de transformação* e o jogar maníaco que observa em seu consultório: garotos passando-se por Batman, Super-Homem etc. "Se um garoto usa muito esse mecanismo quando frustrado e ansioso, ele tende a entristecer-se e perceber-se mal equipado para lidar com a realidade".

Um analista que estudou as dependências em adolescentes e jovens como substituição maníaca de rituais de passagem é Zoja[28], para quem a falta de tais rituais necessários ao desenvolvimento psíquico faz com que eles sejam procurados em experiências de êxtase e transcendência, havendo ainda no mundo atual, a possibilidade de pequenos rituais individualizados, quando há suporte e o ego não está fragmentado. O grau extremado sob esse simbolismo é demonstrado por Silveira[29] no tratamento das adições, endossando a necessidade de recuperação de um sentido existencial que a droga oferece substitutivamente a uma realidade intolerável. Byington[26], por sua vez, alerta para os riscos da sombra na entrada para o sexo favorecida pela liberalidade e pelo uso de anticoncepcionais, junto a uma falsa impressão de maturidade, desencadeando aumento de doenças sexualmente transmissíveis e gravidez precoce. Quanto à diferenciação saudável que inclui desacato para autoafirmação, a atuação sombria desanda em comportamentos antissociais e transgressões violentas.

O fim da adolescência

O final da adolescência acontece quando o jovem se sente seguro e não precisa mais do seu grupo para autoafirmação. Isso, normalmente, ocorre com o estabelecimento do primeiro amor estável, quando a libido presa aos pais foi transferida para um companheiro ou uma companheira.[6] É fundamental reconhecer que tal transferência torna o adolescente protagonista de seu desejo, ele/ela escolhe agora quem vai amar, por quem ou pelo que vai se apaixonar.

A função inibitória foi desenvolvida e a maturidade neurológica foi adquirida. O adolescente viveu os conflitos descritos e supostamente conseguiu adquirir consciência a respeito de si mesmo e dos outros. Para Bosnak (*apud* Frankel)[9], ocorre a mudança de uma moralidade passiva para uma consciência dinâmica, o que é essencial ao desenvolvimento. Estar apto a trabalhar e se sustentar são condições fundamentais para o indivíduo tornar-se adulto, assim como a capacidade de escolher por si mesmo.

A transição, com seus riscos, suas inseguranças e suas intensas paixões, adquire um grau de estabilidade que acompanha a maturidade neuronal, psíquica e social. Estabilidade que é também transitória, sujeita a ciclos.

Adquire-se um senso de "agência do eu", de ser-com-o-outro, contribuindo ao senso de identidade que pode se sentir razoavelmente estável em distintos contextos. [...] Agência do eu significa a experiência de que podemos influenciar nosso meio físico e relacional, de que nossas ações e intenções têm um efeito e produzem respostas daqueles que nos rodeiam.[30]

Vislumbres da terapia

Desesperança e fatalismo podem ser recorrentes, um sinal da liminaridade e da intensa polarização entre vida e morte. Tudo é absoluto. O jovem, na verticalidade do existir, relativiza o passado e o futuro, e conselhos e bons propósitos tendem à ineficácia. Segundo Frankel[9], o adolescente em terapia precisa de um guia para estimular a função inibitória autorreguladora, e aprende a controlar seus impulsos se existir confiança em sua capacidade reparatória, em vez de mera proibição. A sintomatologia patológica não deixa de ser uma tentativa de ligação com uma ordem transcendente de significado.

Na adolescência, a inibição de respostas emocionais, como foi visto, é ainda incompleta, posto que, no desenvolvimento do ser humano, a área límbica amadurece antes do córtex frontal, o que resulta em dificuldade de dominar estados emocionais, desejos e raiva, que surgem intempestivamente.

Em vista de tais condições, Wilkinson[4] enfatiza que é importante que pais e terapeutas compreendam que o modo prioritário de lidar com o adolescente é via relacionamento e associação, encorajando a conectividade; as intervenções interpretativas racionais deveriam servir de apoio, mas não ser predominantes. Frankel[9] complementa essa visão ao destacar os recursos plásticos e literários como instrumentos importantes para ajudar o adolescente a regular as emoções emergentes, profundamente enraizadas no corpo. Tais expressões são também veículos para conter manifestações sombrias destrutivas e possibilitar que a agressividade se potencialize em autoafirmação. A fantasia é material rico na análise, cujo espaço possibilita a interação dela com a proposta de ordem e reconhecimento de objetivos e da vocação. Note-se que fantasia difere de literalização e de objetivação, é linguagem do desejo a ser apropriado. Bovensiepen[31] destaca o espaço simbólico na terapia com adolescentes para transformar a experiência emocional mediante a relação diádica.

Lidar com defesas – sempre uma arte – nessa etapa requer maior sutileza, e o fechamento é proteção necessária: o adolescente, segundo Winnicott (*apud* Frankel[9]), necessita se esconder para se fortalecer.

A distinção entre transição e crise talvez se expresse na procura de ajuda terapêutica, quando a passagem de limiar se transforma em crise pessoal e familiar.

Caso clínico 1

Um garoto de 17 anos preocupava os pais devido a sua apatia sem queixas – "estava tudo ótimo" – e às muitas horas diárias dedicadas a um treino para se tornar ninja. Lá ele aprenderia a "superar obstáculos e atacar silenciosamente". O garoto fracassava nos estudos, tinha pouca interação social e tornava-se indiferente a tudo que não estivesse ligado à luta: corria diariamente, nadava, fazia musculação.

Sua mãe havia acabado de se casar pela segunda vez. Do primeiro ano de vida – quando os pais se separaram após muitos conflitos – até o momento, ele morara só com a mãe. Ela, apesar de disponível e próxima, não conseguia colocar-lhe limites. Já o pai manteve-se abandonador, pois, nos poucos contatos que fizera, era distante afetivamente, exigente nos deveres e agressivo quando contrariado. Além das figuras parentais pouco continentes e ameaçadoras, a adolescência exacerbava-lhe o conflito edípico, pois se deparou com um rival quando teve que aceitar o padrasto em sua casa.

O rapaz, desvitalizado e sem poder conquistar o que se esperaria na sua idade, como atrair uma garota ou vencer nos estudos, dedicava-se com afinco a ser um samurai moderno. Negava a sua dependência e a sua impotência e utilizava esse tipo de recurso contra as ameaças que sentia. O herói estava exacerbado unilateralmente, pois somente assim se sentia potente.

No processo analítico, foi necessário desmobilizar gradualmente as defesas, ao mesmo tempo em que se fortaleciam o ego e a identidade. No primeiro momento, por meio de recursos expressivos como desenhos, histórias e relatos minuciosos de suas atividades, o rapaz encontrou uma escuta para tal necessidade. O símbolo ninja foi examinado de diversas maneiras e aos poucos aparecia o inimigo, contra quem se devia lutar. Primeiro sob a forma de histórias e, depois, espelhado na relação com o analista, ora figura materna, ora figura paterna. O momento de transição na análise ocorreu quando ele pôde verbalizar, pela primeira vez, sua insegurança perante colegas e sua raiva da mãe que o havia "substituído" e do pai que o abandonara. A análise finalizou quando a obsessividade com os treinos amainou e ele começou a praticar mais atividades sociais e apresentar maior interesse na escola.

Caso clínico 2

Uma moça, que desenvolveu um transtorno de anorexia aos 16 anos, frequentava sites que ensinavam a fazer dietas restritivas e a enganar os adultos. O médico recomendou terapia, à qual ela se negava. A confiança foi conquistada aos poucos pela terapeuta, com o acordo tácito de que não se falaria em comida. A terapeuta entendeu que sua paciente era devorada por um monstro interno que a impedia de ingerir alimento, um complexo se alimentava de seu potencial psíquico de desenvolvimento saudável.

A história familiar de três irmãs, ela a do meio, mostrava uma mãe alheia e narcisista e um pai rígido e demandativo, impossível de agradar. A mãe tinha crises de pânico e a paciente era a única que cuidava dela e lhe fazia companhia, até para sair de casa, desde pequena. Pai e mãe mantinham um relacionamento distante e frio, com discussões principalmente devido a problemas financeiros. As irmãs se afastavam dos conflitos familiares, a mais velha com uma independência precoce e a menor, de 11 anos, envolvida com a escola.

Ela não tinha espaço psíquico para se desenvolver: a heroína se mostrava submissa perante uma mãe que a devorava, sem perceber as necessidades da filha. Com autoestima rebaixada e uma autoimagem distorcida, a púbere que era considerada "quase gordinha" deu lugar a uma fiscalização demoníaca ao corpo como modo de controlá-lo. Mantinha supostamente sob controle fortes emoções absolutamente caladas. Sem namorado, vinculava-se a garotas especializadas em dietas. Na escola, tinha boas notas, mas pouco interesse genuíno em atividades, e participava do que era minimamente indispensável. Por exemplo, em uma feira de ciências, os colegas, entusiasmados com seus projetos, os exibiam orgulhosos no dia da apresentação, e ela se mostrava indiferente diante de uma maquete que fizera. Somente o pai foi à mostra, sem dar maior importância; a mãe ficou em casa com uma recorrente enxaqueca.

Como tratar essa garota que desconfiava da terapeuta – inconscientemente tida como devoradora e exigente? Note-se que casos de anorexia requerem frequentemente internação, o que não chegou a ser necessário, mas houve acompanhamento clínico e psiquiátrico durante todo o processo. A jovem pouco se interessava por contos, histórias ou desenhos, mas estava muito interessada em sites de dietas e relatos de outras garotas com pavor de engordar. Este foi o início da terapia: não propriamente desvelar o segredo dos tais sites, mas acumular imagens de modelos perfeitos e magros e manequins esguios. Revistas, recortes, fotos. Uma série era trazida e manuseada, combinada. Faziam colagens, às quais se dava títulos, sem crítica, deixando que ela fosse falando, ora com admiração, ora com decepção por ser tão difícil manter o corpo ideal: subnutrido!

A paciente nada dizia sobre sua dieta, até que, um dia, se referiu à prima grávida, "tão gorda!". Associações sobre o corpo surgiram, e uma primeira memória da gravidez da mãe com a irmã menor. O mundo imaginal estava se abrindo, a partir do qual, em momentos de avanços e recuos, outras lembranças e emoções se apresentavam.

O tema da dependência dos pais e de querer permanecer menina – anoréxica –, com estranheza perante menstruação, seios e como seria vista, assinalava um patamar de autonomia e de sexualidade que era desconhecido e temido. Surgia devagar o protesto diante do pai que somente exigia e não elogiava e a simbiose com a mãe doente, pela qual ela se sentia responsável. Desenvolver uma doença, que leva em última instância à morte, era uma maneira de se eximir da responsabilidade que a família comodamente jogara para ela.

O monstro devorador de vidas começou a se configurar em colagens abstratas e relatos de medo e tristeza. Grande avanço para quem relegava qualquer envolvimento emocional para um corpo a ser dominado e impedido de desabrochar. O tratamento conjunto, interdisciplinar, após três anos, possibilitou que a moça se desenvolvesse em uma heroína para efetuar a passagem com maior prazer com o corpo, dieta normalizada e amizades ampliadas. Conseguiu estabelecer uma transferência materna com a terapeuta, confidente de suas primeiras aproximações a garotos.

O processo terapêutico com adolescentes pode finalizar de modo abrupto, surpreendendo o terapeuta. Isso acontece nos percursos ditos positivos, pois, como mostra Frankel[9], na adolescência, quando a vida favorece de novo o desenvolvimento, a terapia não é mais necessária.

Considerações finais

No presente capítulo, procurou-se ressaltar alguns aspectos do desenvolvimento considerado normal e alguns limites do desajustamento, dando ênfase à aquisição da independência e da autonomia, em parte vinculadas às figuras cuidadoras parentais, mas que seguem um percurso guiado intrinsecamente pela força motriz do desenvolvimento humano. Deve-se lembrar também que pai e mãe não se limitam a relações biológicas, mas estendem-se às pessoas que exercem funções maternas ou paternas e à internalização de tais imagens.

Alguns fatores, como o abandono materno e paterno, condições ambientais adversas e uma estrutura geneticamente desfavorável, podem bloquear a aquisição da autonomia. Na adolescência, ocorrem tendências regressivas, com a reativação dos antigos padrões de dependência. Quando há um bloqueio, uma ação de fortes complexos familiares e a revivência de conflitos edípicos não resolvidos, a transição se transforma em crise a ser superada.

A psicologia analítica dá ênfase ao polo espiritual psíquico que penetra no biológico/instintivo. Ou seja, considera que o ser humano é impulsionado por forças instintivas e simbólicas, que não podem ser independentes. Assim, foram abordados os arquétipos materno, paterno e do herói. O símbolo do herói instiga a consciência a se defrontar com o inconsciente, a Grande Mãe simboliza a retenção na matriz de inconsciência e, eventualmente, no estado infantil; o arquétipo paterno reduz o poder incipiente do filho, trava a luta entre *puer* e *senex*, o novo e o velho, tão recorrente nas famílias com adolescentes.

É importante mencionar que esses aspectos foram destacados para enfatizar os movimentos de separação e de independência, mas há manifestações mais ricas e variadas deles. Assim, o arquétipo materno é inspirador de cuidados com o corpo, de apego seguro, de intimidade e de confiança. E o arquétipo paterno, modulado por um pai atento e presente, oferece o guia auxiliador para estabelecer o domínio da razão e do controle sobre a impulsividade e o risco. Ou seja, ajuda na maturação do córtex frontal.[4,5]

O arquétipo do herói é fundamental para se realizar essa passagem, mas ele pode ser ativado de maneira defensiva e até mesmo patológica, por exemplo, via adições ou comportamento transgressor. Excesso de ação e atos de bravura evitam o sofrimento e a culpa, mas podem impedir o desenvolvimento, como no caso mencionado do "jovem ninja", que reativava o drama adolescente da luta entre vulnerabilidade e sonhos grandiosos, ambos autênticos e necessitando de validação. Era um jovem guerreiro que procurava combater o obstáculo do padrasto e a dependência materna com socos e armas brancas.

Em outros casos, há uma visível retração do herói, como no exemplo da jovem anoréxica que se mantinha menina para não se defrontar com as necessidades da vida adulta e era incapaz de se desligar da simbiose parental. A ativação da heroína assinalou uma separação necessária para seu crescimento e sua autonomia, com apropriação do corpo e da sexualidade.

Sexta-feira à noite em um barzinho da cidade. Uma mesa de cinco moças, cabelos longos e bem tratados, que bebem cerveja e conversam animadas, risos e olhares rápidos em torno. Uma delas levanta, vai até o balcão confiante, ciente de que é admirada. Na mesa ao lado, quatro rapazes tomam cerveja e falam de futebol. Eles olham com interesse para a mesa das moças, cochicham, empinam os ombros e brindam. Um dos jovens se dirige à outra mesa... Que idade eles têm?

Referências bibliográficas

1. World Health Organization. Young People's Health – a Challenge for Society. Report of a WHO study group on young people and health for all. Technical Report Series 731. Geneva: WHO; 1986.
2. Brasil. Lei n. 8.069, de 13 de julho de 1990. Estatuto da Criança e do Adolescente. Brasília: Ministério da Justiça; 1990.
3. Eisenstein E. Adolescência: definições, conceitos e critérios. Adolesc Saúde. 2005;2(2):6-7.
4. Wilkinson M. Coming into mind. The mind-brain relationship: a jungian clinical perspective. London: Routledge; 2006.
5. Schore A. Affect regulation and repair of the Self. New York: W. W. Norton & Company; 2003.
6. Dadoorian D. Pronta para voar. Rio de Janeiro: Rocco; 2000.
7. Lyard D. Les analyses d'enfants. Paris: Éditions Albin Michel S.A.; 1998.
8. Kiepenheuer K. Crossing the bridge. Illinois: Open Court Publishing Company; 1990.
9. Frankel R. The adolescent psyche. Jungian and winnicottian perspectives. London: Routledge; 1998.
10. Neumann E. The origins and history of consciousness. Princeton: Princeton University Press; 1973.
11. Jung CG. The stages of life. In: The structure and dynamics of the psyche. Princeton: Princeton University Press; 1978. p. 387-403. (Complete Works; v. 8).
12. Jung CG. The relation between the ego and the unconscious. In: Two essays of analytical psychology. Princeton: Princeton University Press; 1977. (Complete Works; v. 7). p. 123-314.
13. Byington CAB. O arquétipo da vida e da morte. São Paulo: publicação independente; 2002.
14. Jung CG. The theory of psychoanalysis. In: Freud and psychoanalysis. Princeton: Princeton University Press; 1979. p. 83-226. (Complete Works; v. 4).
15. Sidoli M. The unfolding Self. Boston: Sigo Press; 1989.
16. Adler G. Studies in analytical psychology. New York: G. P. Putnam's Sons; 1966.
17. Sidoli M. Oedipus as a pre-oedipal hero. In: Bovensiepen G, Sidoli M. Incest fantasies & self

destructive acts. London: Transaction Publishers; 1995. p. 43-54.
18. Jung CG. Symbols of transformation. Princeton: Princeton University Press; 1976. (Complete Works; v. 5).
19. Wickes FG. The inner world of childhood. Boston: Sigo Press; 1978.
20. Byington CAB. As sete fases da vida e a crise da adolescência. Estudo da psicologia simbólica junguiana. In: Castanho GMP, Dias ML, organizadores. Terapia de família com adolescentes. São Paulo: Roca; 2014. p. 52-63.
21. Neumann E. A criança. São Paulo: Cultrix; 1995.
22. Campbell J. O poder do mito. São Paulo: Palas Athena; 1990.
23. Brandão JS. Mitologia grega. Petrópolis: Vozes; 1987.
24. Vargas NS. Prefácio. In: Brandão JS. Mitologia grega. Petrópolis: Vozes; 1987. p.9-11.
25. Winnicott DN. Tudo começa em casa. São Paulo: Martins Fontes; 1989.
26. Byington CAB. A viagem do ser em busca da identidade e do infinito. São Paulo: publicação independente; 2013.
27. Davies M. Heroic deeds, manic defense, and intrusive identification. In: Bovensiepen G, Sidoli M, editors. Incest fantasies & self destructive acts. London: Transaction Publishers; 1995.
28. Zoja L. Nascer não basta. São Paulo: Axis Mundi; 1992.
29. Silveira DX, Palomo VD. Dependência química a partir da psicologia analítica. In: Payá R, organizadora. Intercâmbio das psicoterapias. São Paulo: Roca; 2011. p. 228-34.
30. Knox J. Self-agency in psychotherapy. Attachment, autonomy and intimacy. New York: W. W. Norton & Company; 2011.
31. Bovensiepen G. Symbolic attitude and reverie. J Anal Psychol. 2002;47(2):241-57.

Bibliografia

Fordham M. The self and autism. London: William Heinemann Medical Books; 1976.
Montecchi F. Il processo di individuazione nelle fasi dello sviluppo infantile. In: I simboli dell'infanzia. Roma: La Nuova Italia Scientifica; 1995.
Stroufe LA. Relazioni, sé e adattamento individuale. In: Sameroff AJ, Emde RN. I disturbi delle relazioni nella prima infanzia. Torino: Bollati Boringhieri; 1991. p. 82-108.
Tocci AM. Ritrovando il bambino nel pensiero de Jung. In: Montecchi F. I simboli dell'infanzia. Roma: La Nuova Italia Scientifica; 1995.

Parte 4

Psicodrama

Coordenadora: Marcia Almeida Batista

Teoria psicodramática

A presença da teoria psicodramática neste livro reafirma o crescimento e o reconhecimento que essa abordagem vem tendo no país. O Brasil constitui um dos mais importantes polos de desenvolvimento da teoria e da prática psicodramática no mundo, e a produção brasileira tem sido reconhecida também no âmbito acadêmico. Entendida inicialmente como uma prática alternativa, utilizada sem muita fundamentação teórica, vem ganhando o respeito dos profissionais que lidam com o sofrimento psíquico.

Para os assuntos aqui abordados, foram convidados profissionais com reconhecida atividade clínica e que se preocupam em discutir teoricamente suas práticas. Pretende-se, aqui, apenas um percorrer sintético dos conceitos que serão citados ao longo dos capítulos.

Para falar de Psicodrama, é preciso situar que seu criador, Jacob Levy Moreno, iniciou suas pesquisas buscando compreender o que chamava de espontaneidade e criatividade, fatores presentes nos seres humanos. Para ele, essa presença era o que possibilitava ao ser humano criar mesmo quando tudo ao redor parecesse destruído, como no caso da Primeira Guerra Mundial, momento em que Moreno começou a se ocupar dessa questão. Associou-se a isso um estudo religioso que tem como principal vertente o hassidismo, que vê o ser humano como "Deus", uma vez que Deus está em todas as coisas. Segundo suas próprias palavras, ele poderia fundar uma religião ou fazer ciência, e optou pela segunda posição.[1]

Influenciado por suas experiências anteriores, sua posição como cientista não é a do positivista que busca isolar variáveis e compreender objetivamente o fenômeno. Para ele, essa não é uma posição possível quando se trata de seres humanos. Moreno entende que ser pesquisador e pesquisado são posições intercambiáveis: ao mesmo tempo que se pesquisa, se é sujeito da relação do pesquisado consigo.

Desse modo, ao pesquisar a espontaneidade e a criatividade presentes no ser humano, busca não um laboratório onde irá separar variáveis controláveis, mas o teatro e o palco como espaços onde essas possibilidades estão presentes.

Cria o teatro da espontaneidade, no qual entende ser possível juntar, em uma só pessoa, as posições de ator e autor, criando peças de vários atores-autores que interagem sem um *script* predefinido. É então que Moreno se dá conta do efeito terapêutico dessa experiência, pela vivência de um jovem casal que, ao atuar, modifica a si mesmo e à sua relação.

Outras experiências fazem com que Moreno compreenda a interdependência que existe entre os que se relacionam, tornando-os responsáveis uns pelos outros e construindo uma cadeia de relações que compõe uma rede sociométrica.

Esse preâmbulo tenta mostrar que Moreno tinha uma visão do tratamento do ser humano não como indivíduo isolado, tampouco como objeto a ser estudado. Nesse sentido, não tinha por objetivo descobrir um tratamento nem construir uma teoria da psicopatologia, mas entender o ser humano nas suas relações e na sua capacidade de ser espontâneo e criativo, buscando maneiras mais adequadas de viver.[1]

Psicodrama no Brasil

No Brasil, o Psicodrama começou a ser estudado e praticado de modo mais efetivo na década de 1960 e teve suas primeiras atividades importantes na década de 1970: o V Congresso Internacional de Psicodrama e o I Congresso de Comunidade Terapêutica.

Além de sua aplicação na área socioeducacional, o Psicodrama começou a ser utilizado na psicoterapia por psiquiatras que, nessa maneira de trabalho, viram uma resposta e uma abertura mediante a hegemonia dos tratamentos medicamentosos e psicanalíticos da época, que, obviamente, não davam conta de todas as questões que o tratamento dos doentes mentais e da neurose apresentava.

Se, de início, sua aplicação se pretende revolucionária e afeita sobretudo aos tratamentos grupais, gradativamente, o Psicodrama no Brasil vai sendo utilizado nos consultórios e se tornando também uma prática de atendimentos individuais. É nesse momento que alguns profissionais se ressentem do que entendem ser uma falta de teoria e passam a pesquisar mais o Psicodrama, tentando construir uma teoria de desenvolvimento e uma referência psicopatológica, bem como associá-lo a outros referenciais teóricos, como a própria Psicanálise, a teoria junguiana e outros.

Criam-se, assim, outros modos de trabalhar com o Psicodrama que, a meu ver, foram e são importantes para beneficiar aqueles que procuram tratamento. Se o início do trabalho moreniano foi a busca do ser humano espontâneo criativo, acredita-se que essas e outras mudanças realizadas no sentido de dar conta do que o cliente apresenta a cada momento são, em si mesmas, uma postura psicodramática. O que se vê nos capítulos que seguem são experiências de psicodramatistas com temas que mostram essas outras influências.

Este texto, portanto, trará a definição de alguns conceitos presentes nos textos de psicodramatistas deste livro que são fundamentais para a compreensão da teoria. Toma-se essa liberdade porque, ao contrário de outras teorias que têm seus conceitos-chave mais conhecidos, esse não é o caso do Psicodrama. O conceito de espontaneidade é central no Psicodrama. Moreno[2] a define como "um grau variável de resposta satisfatória que uma pessoa manifesta em uma situação em grau variável de situações novas". Segundo Martín[1], a doença tem suas raízes na falta de espontaneidade, e a função da terapia é devolvê-la ao paciente. O atendimento no enfoque psicodramático possibilita ao indivíduo o desbloqueio de forças que, por determinadas circunstâncias, se cristalizaram impedindo o fluir da espontaneidade. Ele restabelece canais de comunicação, facilita a aprendizagem e o desempenho de papéis e o estabelecimento de novos vínculos. Ou seja, o objetivo do trabalho psicodramático é o resgate desse ser espontâneo no sujeito adoecido.

Para que o indivíduo passe a agir espontaneamente, é preciso criar uma relação télica com as pessoas que o cercam, uma vez que o ser humano moreniano é concebido como um ser em relação. É por intermédio delas que ele se constitui como sujeito.

Para Moreno[3], "tele é empatia recíproca. Como um telefone, ela tem duas pontas". Os autores deste livro concebem *tele* como fenômeno interpessoal, associado à espontaneidade. Aguiar (*apud* Perazzo[4]) a compreende como um encontro de espontaneidades em torno de um projeto dramático comum – portanto, um conceito relacional que se verifica na ação. De acordo com Perazzo[4], para se definir tele, deve-se focar a cocriação e o projeto dramático, tendo o campo sociométrico para desenvolver a complementaridade de papéis. Ou seja, é no exercício das relações humanas que se verifica a presença da tele.

Altenfelder ressalta, na definição de Moreno, a capacidade de perceber, de modo objetivo, o que ocorre nas situações e o que se passa entre as pessoas. Trata-se de um fator inato que se desenvolve gradativamente. Em condições favoráveis ao seu desenvolvimento, possibilita a experiência subjetiva profunda entre as pessoas e pode ser observada por um terceiro, já que é algo objetivo.[5]

Porém, essas relações, como observa Moreno, se dão por meio de papéis sociais. Ele entende que: "Todo papel é fusão de elementos particulares e coletivos; é composto de duas partes – seus denominadores coletivos e seus diferenciais individuais".[3]

Essa definição interconecta a concepção de papel, conceito social, com a concepção de espontaneidade, de conteúdo individual, e evidencia a visão psicossocial que Moreno tem do ser humano. Por meio dos papéis desempenhados, o indivíduo revela o grau de diferenciação que uma cultura específica alcançou dentro dele, ou seja, sua interpretação dessa cultura. É ainda a representação simbólica de modos de funcionamento que o indivíduo assume no momento específico em que reage a uma situação específica, na qual outras pessoas e outros objetos estão envolvidos e atuam como contrapapéis.

O conceito moreniano de papel ou *role* vem da união de duas concepções: a primeira, do ser humano como gênio, que se desenvolveu por meio da espontaneidade; a segunda, do ser humano como átomo social, ou seja, como membro de um grupo e que, portanto, se desenvolveu a partir de telerrelações positivas e negativas com seus companheiros.[6]

Para Alves[6], uma especificidade do conceito de papel é a diferença entre percepção e desempenho. Segundo Moreno[7], um alto grau de percepção pode vir acompanhado de baixa habilidade para o seu desempenho, ou o inverso. Isso pode decorrer do fato de que a percepção é cognitiva e antecipa as respostas que estão por vir; já o desempenho do papel consiste na habilidade de execução.

O ser se constitui na relação e se transforma por meio dela. Essas relações estão mais ou menos fundamentadas em pautas sociais que Moreno chamará de conservas sociais. Uma vez que o ser humano se relaciona por meio de papéis, são estes que se mostram em uma interface entre o social e o pessoal. Quanto mais cristalizado nas expectativas sociais do papel, menos criativo ele se apresenta, adoecendo pela ausência da espontaneidade. Relações que ocorrem por intermédio de papéis cristalizados tendem, portanto, ao adoecimento.

Moreno estuda o ser humano em uma constante tensão entre o individual e o social, sendo o social um grupo, uma relação, uma sociedade ou toda a humanidade.

Como visto, esses conceitos estão inter-relacionados e são importantes para a condução de um tratamento fundamentado na teoria psicodramática. Outros são também necessários, mas destacou-se, aqui, os que estão referenciados nos textos que seguem.

Sobre os capítulos que compõem esta seção

O trabalho psicodramático não se fundamenta, especificamente, em uma psicopatologia, mas vários psicodramatistas utilizam sua teoria e aplicam sua prática no tratamento de situações específicas. Neste livro, veem-se algumas das situações em que isso ocorre.

Os autores fazem referências às técnicas clássicas utilizadas, que são a tomada de papéis, o espelho, o duplo e o solilóquio, que podem ser entendidas na própria descrição dos autores, bem como a outras técnicas criadas por eles.

Ressalta-se que cada uma delas se dá no contexto do *como se*, caracterizando a possibilidade de dramatização como um processo transformador que está na base dos questionamentos iniciais de Moreno, os quais possibilitaram que ele construísse a teoria e a técnica psicodramáticas.

Rosilda Antonio inicia uma contextualização histórica a partir dos séculos 4º e 5º a.C. e descreve a etiologia do transtorno do humor como multifatorial, o que a leva a discutir o tratamento biológico e a psicoterapia centrando-se, mais especificamente, na teoria psicodramática. Inclui um levantamento bibliográfico do que se escreveu sobre o tema e termina com o relato de um caso.

Elisabeth Sene-Costa fala dos transtornos mentais ao longo da História e sua função no tempo, já que nem sempre foram entendidos como doença. Detém-se na apresentação das classificações atuais e em diferentes propostas de atendimento, apresentando com mais vagar como são tratados no Psicodrama. Ao final, apresenta um caso clínico.

Luis de Moraes Altenfelder Silva Filho relata, de maneira sistematizada, sua experiência com grupos abertos de psicóticos em uma enfermaria psiquiátrica e com a reabilitação social de pacientes com transtornos graves e prolongados. Traz a experiência de Moreno com psicóticos e como ele estrutura seu modo de atendimento a essa população. Nesse capítulo, encontra-se uma descrição detalhada de como se realiza a sessão de Psicodrama e os instrumentos utilizados.

Diego Amadeu Batista Bragante, em um texto mais coloquial, apresenta sua experiência pessoal no atendimento de pacientes drogaditos. Traz exemplos de casos, justificando suas atuações com os conceitos e as técnicas de Moreno. As definições desses conceitos, bem como a descrição das técnicas, estão presentes no próprio relato.

Mariangela Bicudo, falando dos transtornos alimentares, salienta a necessidade de uma abordagem interdisciplinar e situa as técnicas e os conceitos psicodramáticos que utiliza, como matriz de identidade e *cluster*, bem como sua visão de desenvolvimento na teoria psicodramática. Discute também as questões de gênero presentes no tema. Traz a psicoterapia psicodramática como possibilidade de trabalhar o corpo e cita autores do Psicodrama que trabalham com o tema.

Mirela Pereira Duran Boccardo opta por definir o que entende por transtorno do déficit de atenção e hiperatividade (TDAH), sua classificação e a descrição dos sintomas. Apresenta seu modo de tratamento centrado na teoria psicodramática, descrevendo os conceitos em que se apoia e as técnicas que utiliza preferencialmente. Por último, relata dois casos clínicos.

Marlene Magnabosco Marra fala sobre violência e Psicodrama apresentando definições de violência e discutindo a violência na família. Entende a família como matriz transgeracional, na qual estão presentes tanto a violência como sua possibilidade de tratamento. Apresenta o Psicodrama como possibilidade de tratamento interventivo se apoiando em conceitos morenianos, em especial o da espontaneidade. Também entende o Psicodrama tanto na sua dimensão terapêutica quanto socioeducacional.

Heloisa Fleury e Carmita Abdo, falando sobre disfunções sexuais, reforçam a necessidade de se valorizar os aspectos biopsicossociais e culturais e demonstram como essa perspectiva está presente nos fundamentos da teoria e da prática do Psicodrama. Discutem as aplicações do Psicodrama individual e de grupo e colocam a perspectiva terapêutica e socioeducativa presente no tratamento das disfunções sexuais. Apresentam o modelo de 16 sessões que utilizam no tratamento dessas disfunções.

Junto com Lucia Helena Nilson abordo a fobia, valorizando a perspectiva da dramatização como recurso importante ao lidar com ela. Ao final do texto, apresentamos alguns autores que teorizam sobre Psicodrama e fobia.

No capítulo sobre estresse pós-traumático, Roberta Amaral coloca a posição de Moreno contrária a um tratamento calcado em uma teoria de psicopatologia e enfatiza a verdade pessoal e subjetiva do paciente, calcada na teoria do momento como base filosófica que fundamenta a prática.

Rosalba Filipini afirma que a relação terapêutica proposta pelo Psicodrama acrescenta aos modos verbais e cognitivos de terapia uma profundidade do sentimento, integrando elementos de emoção, imaginação e corpo. Apresenta autores que trazem o conceito de Psicodrama antropológico e procuram recuperar os ritos antigos, que, segundo eles, emprestam maior significado à vida e também aumentam habilidades e recursos por meio da recriação. Traz o conceito de convalidação existencial proposto por Moreno e a ideia de que os papéis vividos fazem parte da rede social e intrapsíquica do indivíduo. Entende que o diretor de Psicodrama necessita de muita sensibilidade e discernimento para acompanhar o enlutado nessa trajetória desafiadora de trazer no *como se* a pessoa que se foi.

Em alguns desses capítulos, repetir-se-á a definição de conceitos morenianos que são essenciais, bem como a descrição de algumas técnicas clássicas. Em cada um deles, contudo, está presente o entendimento dos autores e o relato de casos que tornam mais viva a explicitação de como psicodramatistas trabalham essas questões. Para alguns, explicita-se a necessidade de utilizar outras teorias que ampliam seu conhecimento; outros focam-se essencialmente no Psicodrama. Em todos, acredita-se, está presente a possibilidade de diálogo com os leitores deste livro.

Referências bibliográficas

1. Martín EG. Psicologia do encontro: J. L. Moreno. São Paulo: Ágora; 1996.
2. Moreno JL. Psicodrama: terapia de ação e princípios da prática. São Paulo: Daimon; 2006.
3. Moreno JL. Quem sobreviverá? – Fundamentos da sociometria, psicoterapia de grupo e sociodrama. Goiânia: Dimensão; 1992.
4. Perazzo S. Ainda e sempre psicodrama. São Paulo: Ágora; 1994.
5. Gonçalves CS, Wolff JR, Almeida WC. Lições de psicodrama: introdução ao pensamento de J. L. Moreno. 4. ed. São Paulo: Ágora; 1988.
6. Alves S. A psicologia social de J. L. Moreno [dissertação de mestrado]. Goiânia: Pontifícia Universidade Católica de Goiás; 2008.
7. Moreno JL. Psicodrama. São Paulo: Cultrix; 2002.

Bibliografia

Fernandes E. Atalho e vinheta: uma proposta de entendimento [monografia]. São Paulo: Sociedade de Psicodrama de São Paulo; 2007.

35 Transtorno do Humor na Visão do Psicodrama

Rosilda Antonio

Breve histórico dos transtornos do humor

Muito se tem falado sobre transtornos do humor na atualidade e, não raro, ocorrem discussões acaloradas sobre a questão de serem, ou não, a depressão e o transtorno bipolar "doenças da moda". No entanto, os transtornos do humor são conhecidos desde a Antiguidade. Encontram-se descrições de estados melancólicos na Ilíada de Homero e no Antigo Testamento, como a história do Rei Saul, que alternava estados de ânimo, grande força e bravura e momentos da mais profunda tristeza e tormenta, culminando no suicídio por não ver solução para seu sofrimento.[1]

Hipócrates, nos séculos 4º e 5º a.C., afirmava que o medo ou a depressão prolongados significavam melancolia (*melan*: negro; *cholis*: bile) e a descrevia como uma condição de falta de apetite, desânimo, insônia, irritabilidade e inquietude. Na sua concepção, as doenças mentais eram derivadas de distúrbios humorais subjacentes. Nessa visão, que sobreviveu até o Renascimento, a saúde seria o resultado do equilíbrio dos quatro humores: sangue, bile amarela, bile negra e fleuma.

Até os primórdios da Idade Média, a doença mental era tratada principalmente por médicos. Mas, após a queda do Império Romano e a ascensão da Igreja Católica, a doença mental passou a ser considerada fruto da magia e do demônio, e a ser alvo da Santa Inquisição.

Durante o Renascimento, retoma-se o conceito da melancolia ligada ao desequilíbrio dos humores. Na metade do século 19, Jules Falret e J. F. Baillarger formularam a ideia de que mania e depressão se referiam a diferentes manifestações de uma única doença, o que corresponde às primeiras concepções da doença maníaco-depressiva como entidade nosológica única.

No final daquele século, Esquirol associou a "depressão" a um distúrbio primário das emoções e a um rebaixamento do estado de espírito de pessoas que padeciam de alguma doença. Em 1899, o psiquiatra alemão Emil Kraepelin agrupou todas as psicoses descritas anteriormente sob a denominação de doença maníaco-depressiva, considerada por ele uma afecção endógena e constitucional. Sua importância reside no fato de ter sido o primeiro a desenvolver completamente um modelo de doença em psiquiatria, por meio de observações extensas e descrições criteriosamente organizadas.

Em meados do século 20, Leonhard criticou a concepção kraepeliniana por considerá-la abrangente demais. A partir da observação de que havia pacientes com história de depressão e mania e outros somente com história de depressão, ele concebeu a dicotomia entre psicoses bipolares e psicoses unipolares, provocando uma diferenciação até hoje utilizada na classificação dos transtornos afetivos, baseada na polaridade do humor. As formas verdadeiramente bipolares seriam caracterizadas por serem quadros polimorfos, com características mistas, ou seja, sintomas tanto do polo depressivo como do polo maníaco.

Nos anos 1960, as ideias de Kraepelin são retomadas com duas das mais importantes publicações nessa área em toda a história da psiquiatria: os trabalhos de Jules Angst ("Sobre a etiologia e a nosologia de psicoses depressivas endógenas") e de Carlo Perris ("Um estudo de psicose bipolar (maníaco-depressiva) e a psicose depressiva recorrente unipolar").[2] Ao mesmo tempo, estudos com familiares de indivíduos afetados por transtornos afetivos ajudam a separar as entidades clínicas segundo fatores genéticos e clínicos e validam a diferenciação entre unipolar e bipolar até as classificações atuais.

No entanto, a distinção entre transtorno unipolar e bipolar continua acirrada até hoje. Por um lado, existe uma tendência a se buscar subtipos da doença bipolar, compreendendo-a inserida em um *continuum*, conhecido como espectro bipolar, que engloba desde as formas mais clássicas da doença – a mania plena alternando-se com a melancolia – até formas sutis em que se mesclam temperamento e sintomas, compondo as diferentes formas mistas do transtorno. Foi o trabalho de Hagop Akiskal e seus colaboradores que difundiu o conceito do espectro bipolar, estendendo-o aos limites dos temperamentos.[3]

Fundamentação teórica

O que é humor?

Humor é definido como um tônus emocional abrangente e constante, que colore a vida psíquica do indivíduo. A pessoa está sempre envolvida em uma tendência afetiva, que acompanha seus processos intelectuais (percepções, representações e conceitos).[4] O humor tem uma função adaptativa e interfere na capacidade do indivíduo de interpretar de maneira adequada os estímulos ambientais. Com humor normal, a pessoa consegue perceber com clareza se o ambiente lhe é favorável ou hostil e criar a resposta mais adequada para a situação. Nos transtornos de humor, a interpretação do significado da situação fica distorcida, tendendo para o otimismo exagerado, nos casos de exaltação, ou para o acentuado pessimismo, nos casos de depressão.

O humor normal oscila entre os diversos estados de alegria, tristeza, ansiedade e raiva. Essa oscilação é considerada saudável quando a variação do humor acompanha circunstância e quando a intensidade e o tempo de reação são proporcionais ao fato, dando a impressão de tratar-se de um fenômeno adequado.

Considera-se que há um transtorno do humor quando as respostas emocionais são desproporcionais, em intensidade e duração, ao fato que as desencadeou; também pode acontecer de a alteração do humor acontecer sem estímulo prévio. Nos transtornos do humor, o comportamento emocional sempre afeta a qualidade de vida do indivíduo, acarretando ônus em diversos níveis, como econômico, social, familiar e psicológico.

O que são transtornos do humor ou transtornos afetivos?

Segundo a décima revisão da Classificação Internacional de Doenças (CID-10), os transtornos do humor, ou afetivos, são aqueles nos quais se considera como perturbação fundamental uma alteração do humor, na forma de uma depressão, com ou sem ansiedade, ou de uma elação.[5] Frequentemente, ocorre alteração do nível global de atividade, além de outros sintomas que secundários. A maioria desses transtornos tende a ser recorrente e os episódios individuais podem, não raro, estar relacionados a situações ou fatos estressantes.

Etiologia multifatorial

Atualmente, trabalha-se com uma hipótese predominantemente neurobiológica, com expressão psicológica. Isso significa que a pessoa com transtorno do humor tem uma vulnerabilidade biológica que a torna suscetível a desencadear episódios de transtorno do humor na presença de fatores estressantes de natureza psicológica e/ou ambiental. O que se pensa é que a pessoa portadora de um transtorno do humor tem mais dificuldade para apresentar respostas adequadas a situações de estresse.

Estudos em famílias e gêmeos demonstram a existência de um importante componente genético nos transtornos do humor, sendo esse componente mais importante no transtorno bipolar que no transtorno depressivo. Os episódios de humor podem ser desencadeados por estressores diversos: biológicos, químicos, físicos, psicológicos etc., em uma interação entre fatores genéticos e ambientais. A Figura 35.1 ilustra a hipótese multifatorial da etiologia dos transtornos do humor.

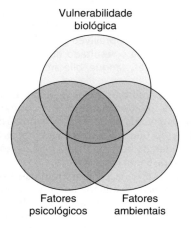

Figura 35.1 Modelo multifatorial dos transtornos do humor – as áreas de intercessão dos círculos corresponderiam à maior chance de desenvolvimento de episódios de humor pela presença de mais de um fator de risco atuando no momento.

Classificação e critérios diagnósticos

Segundo a CID-10, os transtornos do humor são chamados de transtornos do humor ou afetivos, e as categorias diagnósticas usadas são resumidas na Figura 35.2.

Outro sistema diagnóstico amplamente utilizado em pesquisas científicas e cada vez mais difundido é o Manual Diagnóstico e Estatístico de Transtornos Mentais, da Associação Psiquiátrica Americana, atualmente na sua quinta edição (DSM-5).[6] O DSM-5 trouxe mudanças importantes no diagnóstico da depressão e do transtorno bipolar, agrupados em edições anteriores sob a denominação "transtornos do humor". Nessa quinta edição, essa denominação desaparece e se separam os quadros unipolares dos bipolares em dois diagnósticos distintos: "transtornos depressivos" e "transtorno bipolar e transtornos relacionados". Os transtornos depressivos continuam tendo a alteração do humor como característica fundamental, enquanto o transtorno bipolar requer, além da alteração do humor, a presença de um aumento persistente da atividade ou da energia para o diagnóstico de mania e hipomania. Além disso, o transtorno bipolar passa a ser reconhecido como uma ponte entre a esquizofrenia e a depressão, por sua sintomatologia, sua história familiar e seus fatores genéticos. A Tabela 35.1 resume a classificação dos transtornos do humor segundo o DSM-5, enquanto a Tabela 35.2 descreve os sintomas necessários para diagnosticar os episódios de humor.

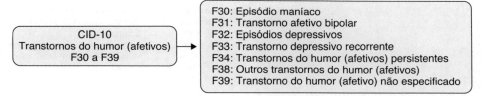

Figura 35.2 Categorias diagnósticas da CID-10 para os transtornos do humor (afetivos).

Tabela 35.1 Classificação dos transtornos do humor segundo o DSM-5.

	Transtornos bipolares
296.89 (F31.81)	Transtorno bipolar tipo I
	Transtorno bipolar tipo II
301.13 (F34.0)	Transtorno ciclotímico
	Transtorno bipolar e transtorno relacionado induzido por substância/medicamento
296.83 (F06.3)	Transtorno bipolar e transtorno relacionado devido a outra condição médica
296.89 (F31.89)	Outro transtorno bipolar e transtorno relacionado especificado
296.80 (F31.9)	Transtorno bipolar e transtorno relacionado não especificado
	Transtornos depressivos
296.99 (F34.8)	Transtorno disruptivo da regulação do humor
	Transtorno depressivo maior, episódio único
	Transtorno depressivo maior, episódio recorrente
300.4 (F34.1)	Transtorno depressivo persistente (distimia)
625.4 (N94.3)	Transtorno disfórico pré-menstrual
	Transtorno depressivo induzido por substância/medicamento
293.83 (F06.3)	Transtorno depressivo devido a outra condição médica
311 (F32.8)	Outro transtorno depressivo especificado
311 (F32.9)	Transtorno depressivo não especificado

Tabela 35.2 Sintomas dos episódios de humor segundo o DSM-5.

Episódio depressivo (TB tipo I ou II)	Episódio maníaco (TB tipo I)	Episódio hipomaníaco (TB tipo II)
Humor deprimido e/ou interesse ou prazer diminuídos mais pelo menos quatro dos seguintes sintomas: • Perda ou ganho de peso significativos • Insônia ou hipersônia • Agitação ou retardo motor • Fadiga ou perda de energia • Sentimentos de inutilidade ou culpa • Capacidade de pensar e se concentrar diminuída • Pensamentos recorrentes de morte, ideação suicida	Humor elevado, expansivo ou irritável e aumento anormal e persistente da atividade ou da energia por pelo menos uma semana, mais três dos seguintes sintomas (quatro se o humor for somente irritável): • Autoestima inflada ou grandiosidade • Menor necessidade de sono • Mais loquaz que o habitual • Fuga de ideias (os pensamentos "correm") • Distraibilidade (atenção se desvia facilmente) • Aumento da atividade ou da agitação psicomotora • Aumento do envolvimento em atividades prazerosas com potencial para consequências dolorosas • Grave, com prejuízos, internação ou sintomas psicóticos	Humor elevado, expansivo ou irritável e aumento anormal e persistente da atividade ou da energia por pelo menos quatro dias, mais três dos seguintes sintomas (quatro se o humor for somente irritável) • Autoestima inflada ou grandiosidade • Menor necessidade de sono • Mais loquaz que o habitual • Fuga de ideias (os pensamentos "correm") • Distraibilidade (atenção se desvia facilmente) • Aumento da atividade ou da agitação psicomotora • Aumento do envolvimento em atividades prazerosas com potencial para consequências dolorosas • Alterações notadas por terceiros • Menos grave, sem internação ou sintomas psicóticos

Tratamentos

O tratamento dos transtornos do humor envolve abordagens direcionadas aos fatores relacionados à sua etiologia multifatorial, ou seja, tratamentos biológicos e tratamentos psicossociais.

Tratamentos biológicos

A vulnerabilidade biológica requer abordagens biológicas, e a mais fundamental envolve o uso de psicofármacos. Outras abordagens possíveis, dependendo da situação, são a eletroconvulsoterapia (ECT) e a estimulação magnética transcraniana (ainda em fase de estudos). O tratamento medicamentoso, ou biológico, é considerado básico e indispensável, pois visa manter sob controle a tendência do indivíduo de desenvolver episódios de humor diante de fatores ambientais estressantes.

Outra função do tratamento medicamentoso é promover a remissão dos sintomas do paciente e oferecer-lhe melhores condições de aproveitar o processo psicoterápico. O tipo de medicamento utilizado depende de qual transtorno de humor se deseja tratar. De maneira geral, o transtorno depressivo unipolar é tratado com medicamentos antidepressivos, enquanto o transtorno bipolar do humor é tratado com estabilizadores do humor, em associação ou não com outras substâncias.[7]

Tratamentos psicossociais

Apesar de ser prioritário, o tratamento medicamentoso não é suficiente, pois, uma vez controlados os fatores biológicos, é necessário trabalhar com o indivíduo para que ele recupere sua capacidade funcional e lide com os prejuízos acarretados pelas consequências de seu transtorno (perdas de emprego, de relacionamentos, de oportunidades e da autoestima e construção de uma visão negativa da vida, entre outros). Para tratar das consequências psicológicas e sociais dos transtornos de humor, são indicados os tratamentos psicossociais, ou seja, as diversas modalidades de psicoterapias. Um fator importante, qualquer que seja o tipo de abordagem psicossocial, é que o terapeuta tenha conhecimento do transtorno e possa reconhecer os seus sintomas e sinais significativos, a fim de orientar-se na condução da psicoterapia.

As abordagens psicossociais mais pesquisadas em ambiente acadêmico para o tratamento dos transtornos do humor são mostradas na Tabela 35.3 e, como descreve Roso[8], apesar de suas diferenças, todas elas têm como objetivos comuns:

Tabela 35.3 Abordagens psicossociais mais estudadas em pesquisas acadêmicas.

Transtorno depressivo unipolar	Transtorno bipolar
• Terapia cognitivo-comportamental (TCC): baseia-se no pressuposto de que os pacientes com depressão abrigam pensamentos patologicamente negativos acerca de si, suas experiências e seu futuro • Terapia interpessoal (TIP): uma forma de psicoterapia breve, que se utiliza de técnicas cognitivas para abordar as relações interpessoais. Busca melhorar padrões de comunicação interpessoal que sejam disfuncionais	• Terapia cognitivo-comportamental (TCC) • Psicoterapia familiar: psicoeducação da família e tratamento dos padrões de comunicação disfuncionais • Terapia interpessoal e do ritmo social (TIPRS): uma forma da TIP acrescida do treinamento de rotinas de sono, alimentação e atividades sociais • Intervenções psicoeducacionais: palestras sobre os diversos aspectos do transtorno seguidas de discussões e depoimentos dos participantes

- O controle dos fatores de risco associados à ocorrência e à recorrência de episódios, especialmente a não aderência ao tratamento farmacológico
- A diminuição dos prejuízos e das consequências psicossociais causados pelos transtornos, que não melhoram apenas com a redução da sintomatologia.

Psicodrama e transtornos do humor

Aspectos teóricos do Psicodrama

O Psicodrama foi criado pelo médico romeno Jacob Levy Moreno a partir dos seus estudos sobre criatividade e grupos. Moreno integrou influências do existencialismo heroico, do hassidismo e da filosofia do encontro, de Martin Buber, para dedicar-se ao estudo do ser humano como ser em relação, dotado de potencialidades que lhe são indissociáveis: espontaneidade, criatividade e uma sensibilidade relacional denominada fator tele.

Moreno iniciou sua pesquisa sobre a criatividade pelo teatro, por considerá-lo dotado de possibilidades ilimitadas para a investigação da espontaneidade. Foi criado, então, o teatro da espontaneidade, no qual cada ator era também o autor do drama e a história era criada espontaneamente, no aqui e no agora, com a participação da plateia. Essa experiência mostrou que, ao dramatizar sua própria história, o ator saía transformado da experiência, muitas vezes melhorando comportamentos patológicos prévios.

Surgiu, então, o teatro terapêutico, que evoluiu para o Psicodrama – um método de abordagem de grupos com diversas aplicações. Nessa abordagem, os participantes do grupo utilizam o espaço cênico para tratarem questões individuais ou grupais emergentes, temas sociais, conflitos familiares ou de casal e questões da comunidade.

A teoria da espontaneidade e da criatividade é um dos três eixos da teoria moreniana, ao lado da teoria dos papéis e da teoria sociométrica. Derivada da expressão latina *sua sponte* (que significa "de livre vontade"), a espontaneidade é um recurso inato do indivíduo que lhe possibilita transformar uma situação antiga ou nova, de maneira adequada, por meio de uma resposta inédita. O ato de criar refere-se à criatividade, enquanto a espontaneidade é o catalisador que "aciona" o recurso criativo.

A noção de saúde, para Moreno, está intimamente relacionada à perspectiva da liberação da espontaneidade criativa, e a utopia moreniana, denominada revolução criadora, consiste em uma proposta de resgatar a espontaneidade e a criatividade para toda a sociedade. Moreno[9] afirma que a ansiedade é inversamente proporcional à espontaneidade: aquela surge quando esta decresce, e aí se instalam o sofrimento e a doença. Bustos[10] estuda a relação da espontaneidade com a saúde dos vínculos. Esse autor considera a espontaneidade a pedra fundamental da obra de Moreno e aprofunda o estudo da relação entre angústia e espontaneidade para uma compreensão da dinâmica dos vínculos. Ele afirma que, apesar de emergir individualmente, a espontaneidade se realimenta na dinâmica vincular. Nesse sentido, a saúde de um vínculo dependeria da capacidade das pessoas de estimularem reciprocamente o surgimento da espontaneidade, possibilitando, a cada um, construir junto ao outro o seu crescimento pessoal.

O Psicodrama abre possibilidades nas situações em que a palavra não é suficiente, favorece a expressão, a investigação e a elaboração de elementos não verbais dos conflitos individuais e grupais e articula o desenrolar da ação dramática ao desenvolvimento da espontaneidade e da criatividade no trabalho grupal, que tem como base as inter-relações dos participantes e o desempenho de seus diversos papéis. O importante é que esse trabalho desenvolve no grupo a capacidade para identificar conflitos e lidar com eles de maneira espontânea e criativa. Castello de Almeida[11] afirma que a vivência de papéis imaginários e dos papéis sociais de sua realidade capacita o indivíduo a realizar mudanças e transformações na sua vida real, na relação com as outras pessoas e na vida comunitária.

A concepção básica de ser humano no psicodrama é um ser em relação. Não existe o ser humano isolado, ele está sempre inserido em um meio social através de vínculos intermediados por papéis e seus contrapapéis. É por meio da ação, do desempenho de papéis que se chega à consciência de si mesmo. Além de experimental, o papel é um conceito relacional, de modo que, para cada papel, há um contrapapel. Assim, para o papel de mãe, há o contrapapel de filho; para o de médico, o de paciente, e assim por diante. Pode-se deduzir, então, que, para investigar um papel, há de se investigar a relação na qual ele é desempenhado.

A teoria dos papéis tem grande importância no Psicodrama. É pelo papel que o eu se torna tangível, ou seja, o acesso ao indivíduo sempre se faz por uma relação papel/contrapapel. Entre as decorrências desse fato, tem-se que:

- O estudo dos papéis é uma das maneiras de se investigar o indivíduo e os grupos
- Para acessar um indivíduo, é necessário estabelecer com ele uma relação (estar em um contrapapel); portanto, o investigador psicodramático sempre participa do seu experimento e a investigação é sempre intersubjetiva.

Outro eixo da teoria de Moreno refere-se à sociometria, que estuda e avalia as relações interpessoais e tem como instrumentos o teste sociométrico e o estudo do átomo social. Considerando o conjunto de laços que um indivíduo apresenta, seja por escolha ou por determinações familiares e socioeconômicas, chega-se a um núcleo de todos os relacionamentos aos quais a pessoa está emocionalmente ligada, ou seja, seu átomo social. As pessoas a quem o indivíduo não está ligado emocionalmente são meros conhecidos e não fazem parte do átomo social. Para Moreno[9], o indivíduo está ligado ao seu átomo social da mesma maneira que está ligado ao seu corpo, e esta estrutura é a menor unidade social viva, impossível de ser dividida. O átomo social pode revelar muito sobre como um indivíduo se relaciona e pode ser um instrumento poderoso de mudança psicológica na prática psicoterapêutica.

O átomo social de um indivíduo se liga a outros átomos sociais de outros indivíduos, configurando as chamadas redes sociométricas, que, por sua vez, se unem a outras redes sociométricas por meio do fator tele ou de fatores socioeconômicos determinantes, formando uma espécie de geografia social de uma comunidade. É por meio das redes sociométricas que fluem os afetos e as informações em uma sociedade. Deve-se acrescentar, também, que o elemento que mantém a coesão das relações nos grupos e possibilita a fluência dos afetos entre os indivíduos é o fenômeno denominado tele, um tipo de comunicação a distância que possibilita a percepção dos estados mentais do outro e a capacidade de se colocar no lugar da outra pessoa, e reciprocamente. Quanto mais intensa a capacidade télica em uma relação, mais saudável ela tende a ser.

Um dado importante em relação aos laços entre as pessoas é que eles não se estabelecem sempre por escolhas. Não se escolhe nascer em uma determinada família, em um país ou em uma classe social. Também não se escolhe ser homem ou mulher, ter determinada aparência física, ter este ou aquele talento ou ter esta ou aquela doença. As características biológicas, assim como a família de origem, com sua classe socioeconômica, são determinadas sem a participação do indivíduo e delimitam o escopo de escolhas que ele pode fazer.

Carlson-Sabelli et al.[12] afirmam que as causas físicas, biológicas, sociais e econômicas têm prioridade sobre a escolha, ou seja, delimitam o campo em que as escolhas podem ser feitas; enquanto isso, o fator tele, que determina o tipo de escolha que o indivíduo faz, tem supremacia sobre o estabelecimento ou o rompimento dos vínculos, na medida em que é possível criar, modificar ou romper os vínculos. Para esses autores, o Psicodrama é um método psicoterapêutico que tem o objetivo de promover as escolhas pessoais e proporcionar a consciência dos processos físicos, biológicos e socioeconômicos que as predeterminam.

Moreno[13] diz que os papéis semelhantes tendem a se aglutinar, formando cachos de papéis que funcionariam como um "eu parcial". A experiência do eu total dependeria da formação, ao longo do desenvolvimento, de vínculos operacionais entre esses cachos de papéis. Bustos[10] desenvolve extensamente o estudo dos cachos (ou *clusters*) de papéis, tomando como referência o desenvolvimento do bebê na matriz de identidade (a matriz dos vínculos nos quais o bebê nasce, cresce e se desenvolve). Segundo esse autor, o desenvolvimento emocional do bebê se estrutura, inicialmente, no *cluster um* de papéis, que corresponde à dinâmica de incorporação passiva e dependência; em seguida, desenvolve-se o *cluster dois* de papéis, que corresponde à dinâmica de busca ativa do que se deseja e do desenvolvimento da autonomia; e, por fim, ocorre o desenvolvimento do *cluster três* de papéis, que se refere à dinâmica de compartilhar, competir e rivalizar e que visa à construção do conceito de "nós".

Os fatores relacionados ao agrupamento dos papéis decorrem da maturação neurológica do bebê e também da internalização dos climas emocionais presentes nas relações interpessoais estabelecidas entre a criança e seus cuidadores, em cada etapa do desenvolvimento. O entendimento da dinâmica dos agrupamentos de papel pode indicar caminhos de investigação psicoterapêutica que venham a desvelar padrões relacionais profundamente arraigados no indivíduo, que contribuem para a manutenção de grande parte de sua sintomatologia e seu sofrimento. Essa investigação pode ser feita pelo estudo dos vínculos do átomo social do indivíduo. Os padrões de relacionamentos revelados podem ser flexíveis e apresentar mudanças adaptativas, quando necessário, ou ser estereotipados, levando a respostas relacionais repetitivas, que demandam trabalho psicoterapêutico para resgatar a espontaneidade no vínculo.

O Psicodrama no tratamento dos transtornos do humor

A maioria dos estudos envolvendo pesquisas com tratamentos psicossociais (incluindo as psicoterapias), em ambiente acadêmico, utiliza abordagens inspiradas na terapia cognitivo-comportamental (TCC). São métodos terapêuticos que visam informar sobre: a natureza do transtorno, como reconhecer e lidar com sua sintomatologia, como aderir ao tratamento para evitar recaídas e como lidar com situações de estresse que possam favorecer recaídas.

Na literatura acadêmica, existem poucos estudos que utilizam o Psicodrama nas pesquisas em psicoterapia. No campo dos transtornos do humor, destaca-se como pioneira a dissertação de mestrado na Universidade de São Paulo "Psicoterapia psicodramática com grupo de deprimidos", da psiquiatra e psicodramatista brasileira Elisabeth Sene-Costa.[14] Outros dois estudos envolvendo a abordagem psicodramática com portadores de transtornos do humor, realizados em clínica privada, são de minha autoria:[15,16]

- "Ação dramática e intersubjetividade: psicodrama bipessoal com uma paciente deprimida",

trabalho apresentado para a obtenção do título de psicoterapeuta de aluno junto à Sociedade de Psicodrama de São Paulo, em 2001
- "Psicoterapia psicodramática grupal breve para pacientes bipolares – um diálogo entre o psicodrama e a psiquiatria", realizado para obtenção do título de psicodramatista didata supervisora junto à Sociedade de Psicodrama de São Paulo, em 2007.

O estudo de Sene-Costa[17] envolveu uma pesquisa com um grupo de psicoterapia psicodramática de dez pacientes com transtorno depressivo maior (TDM), que estavam em tratamento psiquiátrico ambulatorial e sob tratamento medicamentoso, durante 28 semanas. O estudo apresentou um grupo-controle com dez pacientes com TDM, todos em tratamento ambulatorial e apenas sob tratamento medicamentoso.

A autora criou um método de avaliação dos resultados ao qual denominou inventário socionômico. Tal inventário constituiu-se de uma análise do átomo social e do desempenho de papéis dos pacientes do grupo psicoterapêutico, da aplicação de questionários e da análise de duas sessões do grupo. A aplicação do inventário socionômico possibilitou analisar detalhadamente as relações dos indivíduos dentro do grupo de psicoterapia, como o universo social no qual cada um se inseria e o impacto da depressão nos papéis e nas relações. O Quadro 35.1 resume os resultados obtidos pelo grupo de Psicodrama, no final do estudo, em comparação com o grupo-controle.

No segundo estudo citado, de minha autoria, analiso os efeitos da relação terapêutica e da ação dramática como fatores de mudança em uma paciente deprimida unipolar em atendimento com Psicodrama bipessoal.[15] A paciente em questão era uma mulher de cerca de 40 anos casada com um homem vinte anos mais velho que ela, sem

Quadro 35.1 Psicodrama com grupo de deprimidos: principais resultados.[15]

- Diminuição dos sintomas depressivos
- Melhora no funcionamento social em geral
- Diminuição do nível de estresse nas relações conflituosas
- Aumento do número de papéis
- Menor impacto da depressão nos diversos papéis
- Melhora na autoestima
- Pacientes lidam melhor com fatores de risco para recaídas
- Pacientes lidam melhor com dificuldades psicológicas

filhos. Tinham uma relação simbiótica na qual ele representava o homem forte e protetor e ela se comprometia a jamais o frustrar. À medida que ela demonstrou interesse em ampliar sua formação acadêmica, ele passou a se opor fortemente e ela ficou com intensa ansiedade, pois precisava sair do personagem de "vítima frágil e boazinha" para lidar de maneira adequada com a conjuntura. O estresse da situação induziu a eclosão da sintomatologia depressiva, a qual remitiu rapidamente, sem sequer necessitar de antidepressivos. Aliás, em depressões leves, é comum acontecer a melhoria da sintomatologia apenas com psicoterapia.

Ocorre que o modo como a paciente se relacionava consigo mesma e com o seu meio não melhorou logo no início. O trabalho necessário para reconhecer padrões de relacionamento inadequados para uma mulher adulta e para o desenvolvimento de autonomia, autoestima e capacidade de suportar frustrações e perdas só aconteceu ao longo de meses de processo psicoterápico. Ela se deu conta de que não tivera "colo suficiente da mãe" e que procurava, na proteção do marido, esse colo ausente.

A paciente não conseguia desempenhar adequadamente o papel de mulher porque não havia desenvolvido a contento o próprio papel de filha, não havia vivido satisfatoriamente a relação de dependência e simbiose neste papel e, consequentemente, não tinha referências de como entrar e sair inteira de uma relação de encontro, que pressupõe entrega sem se perder e distanciamento sem abandono. Apresentava, portanto, dificuldades relacionadas à fase de simbiose da matriz de identidade e, desse modo, problemas relativos ao desenvolvimento de sua identidade nos papéis do *cluster um*, também chamado materno-dependente.

O trabalho psicoterapêutico com essa paciente envolveu dois elementos fundamentais da prática psicodramática: a relação terapêutica, na qual houve continência para o reconhecimento e a elaboração dos fenômenos intersubjetivos relacionados aos temas da paciente, e a utilização da ação dramática, com todo o seu potencial expressivo e vivencial. Neste caso específico, as dramatizações apresentaram características específicas: a dramatização de cenas de conflito conjugal e de papéis agressivos viabilizou um resgate do material projetado no marido e um reconhecimento de seu mundo interno. A produção de metáforas (personagens) criou uma linguagem por meio da qual ela aprendeu a nomear suas sensações. As dramatizações sem cenas estruturadas foram um recurso de grande valia para trabalhar sensações parciais que mobilizavam grande angústia na paciente. A ação dramática como um todo a ajudou a reconhecer e integrar partes de sua personalidade que estavam alienadas de sua identidade e a pensar em cenas sobre si mesma. No Quadro 35.2 estão resumidas as conclusões desse estudo.

O terceiro estudo mencionado foi inspirado no trabalho de Sene-Costa[14], do qual participei como ego-auxiliar.[16] Tratou-se de uma pesquisa com um grupo de seis pacientes bipolares atendidos no seu consultório particular durante 16 sessões semanais, cujos métodos de avaliação também utilizaram um inventário socionômico, por ela modificado, mas envolveram o estudo do átomo social, o estudo dos papéis da vida atual, um questionário do papel de portador de transtorno bipolar e comentários dos pacientes. O Quadro 35.3 resume os principais resultados desse estudo, e o capítulo "Transtorno Bipolar do Humor e Psicodrama", deste livro, traz mais comentários sobre algumas estratégias psicodramáticas utilizadas na condução desse grupo.

Quadro 35.2 Psicodrama bipessoal com uma paciente deprimida: principais resultados.[16]

- Melhora rápida da sintomatologia depressiva
- Reconhecimento do mundo interno da paciente
- Resgate das projeções dirigidas ao marido
- Diminuição da simbiose na relação conjugal
- Reconstrução da história de vida da paciente
- Relação terapêutica foi o sustentáculo do processo psicoterapêutico

Quadro 35.3 Psicodrama grupal com pacientes bipolares: principais resultados.[17]

- Aumento do número total de relacionamentos
- Diminuição do nível de estresse nas relações do átomo social
- Desenvolvimento da sensação de pertencimento ao grupo
- Diminuição da autocrítica em relação ao próprio desempenho
- Melhora na autoaceitação
- Melhora na aceitação do tratamento e do diagnóstico
- Diminuição do preconceito e do estigma em relação ao transtorno
- Maior controle dos fatores de risco para recaídas

Considerações finais | O ponto de vista psicodramático

Comparados com as abordagens cognitivas, esses três trabalhos têm em comum, além do uso do método psicodramático, o fato de não serem abordagens centradas no papel de portador de transtorno do humor. Em outras palavras, o Psicodrama não se ocupa de explicar ou tratar a doença do indivíduo, mas de tratar o indivíduo e suas relações. O Psicodrama é um método que enxerga além do controle da doença. Não exclui nem se contrapõe aos benefícios proporcionados pelos métodos cognitivos: amplia-os.

Para Moreno, o criador do Psicodrama, o adoecer é relacional e aparece nos vínculos como conflito e no indivíduo como falta de espontaneidade. O objetivo da psicoterapia psicodramática não é o desaparecimento dos sintomas (porque isso é com os psicofármacos), nem será ela encerrada quando a sintomatologia desaparecer. A psicoterapia busca fazer o indivíduo criar novas maneiras de reagir às situações que favoreçam o aparecimento de episódios. A pretensão do psicodramatista é que o indivíduo consiga mudar uma maneira de relacionar-se insatisfatória a partir de um modelo relacional saudável com o terapeuta e/ou com o grupo.

O psicodramatista não trabalha apenas na situação desencadeadora do sofrimento atual; ele procura desvelar a trama de relações significativas da vida nas quais o indivíduo criou os padrões de resposta disfuncionais que causam o seu sofrimento atual. O paciente pode rever os diversos papéis e relações de sua vida e promover mudanças a partir de uma nova ética e de novos valores co-construídos no processo individual ou grupal. Quando isso acontece, em geral, a pessoa consegue perceber que o sofrimento não se deve apenas ao sintoma do transtorno, mas também ao tipo de resposta disfuncional que não lhe possibilita ser espontâneo e criativo nas relações de vida atuais.

Ao se pensar na visão do Psicodrama em relação aos transtornos do humor, vê-se que o problema está na semântica: melhor do que pensar em como a teoria psicodramática pode explicar tais disfunções é enfatizar a atitude do psicodramatista ao tratar de pessoas com transtornos do humor.

Como já foi dito, o Psicodrama vai além da doença, sem negá-la. Se necessário, trabalhará a relação do paciente com sua doença, lidando com ela como se fosse um personagem com quem o paciente se relaciona. Mesmo que seja necessário falar sobre os aspectos objetivos de tal doença, o psicodramatista não perde de vista como é a relação de seu paciente com tudo isso e, assim que for demandado, abordará essa relação. A Figura 35.3 ilustra uma compreensão de como pode se dar o trânsito do olhar psicodramático para o olhar psiquiátrico, e vice-versa.

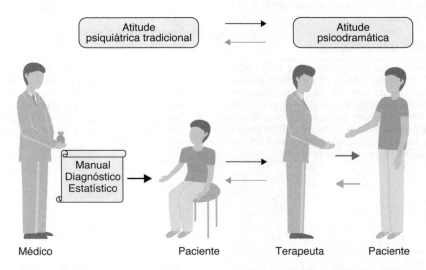

Figura 35.3 O trânsito entre o olhar psiquiátrico e o olhar psicodramático.

No tratamento psicodramático dos transtornos do humor, o indivíduo ou o grupo constroem um trânsito do ponto de vista psiquiátrico, no qual cada um se vê a partir do conceito da doença (para conhecê-la melhor, se isso for necessário), para o ponto de vista psicodramático, em que cada participante constrói sua identidade a partir da intersubjetividade grupal. Diante do médico, o paciente enxerga a si mesmo a partir do olhar que lhe é dirigido, um olhar diagnóstico: sua identidade se define, principalmente, pelo papel de portador, e sua subjetividade é substituída pela doença; diante do psicoterapeuta que trabalha sob a perspectiva da intersubjetividade, a relação é concebida como de mútua troca e coconstrução, e o raciocínio envolvido é complexo, com múltiplos sentidos, envolvendo estados coconscientes e coinconscientes. Nesse tipo de relação, a identidade do paciente se define como um eu diante de um tu.

O diálogo entre esses dois olhares não é fácil, pois eles tendem a brigar por espaço, com um questiona o outro em sua atitude e seus resultados. O desafio é não se deixar cegar por nenhum desses olhares, sob pena de perder o que outro tem a mostrar, o que é necessário para realizar o trabalho de co-construir com o paciente uma relação de cuidado com sua doença e com sua vida. Estabelece-se, assim, um trânsito do olhar psicodramático, subjetivante, para o olhar psiquiátrico, objetivante, sem se aprisionar em uma atitude ou noutra, mas tentando coconstruir em cada momento, junto com o paciente, o conhecimento mais adequado para aquilo que o momento requer.

Referências bibliográficas

1. Alcantara I, Schmitt R, Schwarzthaupt AW, Chachamovich E, Sulzbach MFV, Padilha RTL, et al. Avanços no diagnóstico do transtorno do humor bipolar. Rev Psiquiatr Rio Gd Sul [online]. 2003;25(Suppl 1):22-32.
2. Wang Y-P, Demétrio FN. Evolução da dicotomia unipolar/bipolar. In: Moreno RA, Moreno DH. Da psicose maníaco-depressiva ao espectro bipolar. 3. ed. São Paulo: Segmento Farma; 2008. p. 49-86.
3. Del Porto, JA. Evolução do conceito e controvérsias atuais sobre o transtorno bipolar do humor. Rev Bras Psiquiatr [online]. 2004;26(Suppl 3):3-6.
4. Lara D. Temperamento forte e bipolaridade: dominando os altos e baixos do humor. Porto Alegre: Armazém de Imagens; 2004.
5. Organização Mundial de Saúde. Classificação de transtornos mentais e de comportamento – CID-10. Porto Alegre: Artes Médicas; 1993.
6. American Psychiatric Association. Manual diagnóstico e estatístico de transtornos mentais – DSM-5. 5. ed. Porto Alegre: Artes Médicas; 2014.
7. Antonio R, Moreno R, Roso M. Transtorno depressivo. In: Abreu CN, Salzano FT, Vasques F, Cagelli Filho R, Cordás TA. Síndromes psiquiátricas: diagnóstico e entrevista para profissionais de saúde mental. Porto Alegre: Artmed; 2006. p. 39-45.
8. Roso MC, Moreno RA. Aspectos psicossociais da terapêutica. In: Moreno RA, Moreno DH. Da psicose maníaco-depressiva ao espectro bipolar. 3. ed. São Paulo: Segmento Farma; 2008. p. 457-78.
9. Moreno JL. Fundamentos de la sociometria. 2. ed. Buenos Aires: Paidós; 1972.
10. Bustos DM. Perigo... Amor à vista! Drama e psicodrama de casais. 2. ed. São Paulo: Aleph; 2001.
11. Castello de Almeida, W. O que é psicodrama. São Paulo: Brasiliense; 1990. (Coleção Primeiros Passos).
12. Carlson-Sabelli L, Sabelli H, Hale AE. Sociometria e sociodinâmica. In: Holmes P, Karp M, Watson M, organizadores. O psicodrama após Moreno: inovações na teoria e na prática. São Paulo: Ágora; 1998. p. 189-233.
13. Moreno JL. Psicodrama. São Paulo: Cultrix; 1975.
14. Sene-Costa EM. Psicoterapia psicodramática focal: análise qualitativa e quantitativa no transtorno depressivo maior [dissertação de mestrado]. São Paulo: Universidade de São Paulo, Faculdade de Medicina; 2005.
15. Antonio R. Ação dramática e intersubjetividade: psicodrama bipessoal com uma paciente deprimida. Rev Bras Psicodrama. 2002;10(20):23-52.
16. Antonio R. Psicoterapia psicodramática grupal breve para pacientes bipolares: um diálogo entre o psicodrama e a psiquiatria [monografia]. São Paulo: Sociedade de Psicodrama de São Paulo – SOPSP; 2007.
17. Sene-Costa EM. Universo da depressão: histórias e tratamentos pela psiquiatria e pelo psicodrama. São Paulo: Ágora; 2006.

36 Transtorno Bipolar e Psicodrama

Elisabeth Sene-Costa

Doença mental e transtorno bipolar

A loucura humana é fonte de ódio, crueldade, barbárie, cegueira. Mas sem as desordens da afetividade e as irrupções do imaginário, e sem a loucura do impossível, não haveria élan, criação, invenção, amor, poesia.[1]

A frase de Morin[1], embora genuína, causa certa inquietação, pois, em geral, falar sobre loucura, palavra popularmente empregada para designar qualquer doença mental, é algo muito difícil para grande parte da sociedade: a tendência é fugir do assunto ou ignorá-lo.

O transtorno mental, independentemente de qual seja a característica dos sintomas e do diagnóstico, muitas vezes pode desencadear diversos tipos de reação naquele que está, aparentemente, do outro lado da fronteira.

A história da Psiquiatria conta que, entre os séculos 17 e 18, muitos casos absurdos levaram à estigmatização da doença mental. Alguns livros foram escritos no intuito de identificar bruxas possuídas pelo demônio e, com isso, várias "Joanas d'Arc" foram queimadas. A classe social mais abastada se incomodava com os miseráveis que circulavam pelas ruas, entre os quais os doentes mentais, as crianças sem-teto, os criminosos etc. Para que eles não continuassem a perturbar a convivência social, foram criadas várias instituições, nas quais todos permaneciam juntos. Andreasen[2] comenta que, infelizmente, esses agrupamentos aleatórios devem ter ocasionado uma confusão entre maldade e doença.

Muito tempo se passou até que o estigma da doença mental diminuísse entre as pessoas. Isso se deveu, particularmente, ao desenvolvimento de pesquisas clínicas, epidemiológicas e terapêuticas, nas três últimas décadas do século 20, que proporcionaram à Psiquiatria um importante e robusto avanço científico.[3]

Sinopse histórica do transtorno bipolar

A palavra grega "mania" foi usada durante muitos séculos como sinônimo de loucura, demência, insensatez, *élan* inspirador. O próprio Platão (428-348 a.C.) descreveu em Fedro a inspiração dos poetas como mania ou "fúria divina".[3] Wang[3] cita que, durante o Renascimento, os melancólicos continuavam sendo vistos como doentes, mas também, às vezes, como pessoas com certas aptidões, apresentando "clareza da mente".

No tempo de Hipócrates de Cós, o denominado "pai da Medicina" (460-370 a.C.), a palavra "mania" também foi usada como "impulso, loucura alegre, agitada e pitoresca".[4] Os médicos gregos começaram, então, a tratar a mania, assim como a melancolia, segundo a "teoria dos humores", que explicaria as causas do desequilíbrio humano por meio de quatro fluidos (humores): sangue, fleuma, bile negra e bile amarela. Qualquer alteração em um deles provocaria uma doença: a depressão e a melancolia se deviam, por exemplo, a um excesso de bile negra; a irritabilidade, a explosividade ou a mania seriam um excesso de bile amarela; a calma ou a serenidade implicariam fleuma aumentada. Essas ideias continuaram a ser citadas por Aristóteles (384-322 a.C.) e Galeno de Pérgamo (128-201 d.C) e exerceram influência até aproximadamente o século 19.

Até o Renascimento, as doenças denominadas mania e melancolia eram consideradas entidades separadas. Areteu de Capadócia, médico grego, no final do século 1º a.C., foi o primeiro a associar os sintomas da mania aos da melancolia, descrevendo, de maneira prenunciativa, o transtorno bipolar.

Nos séculos 18 e 19, na França, o conceito de mania começou a se modificar e Esquirol (1772-1840), em 1810, introduziu o conceito de "monomania", dividindo-o em dois tipos, conforme o humor triste ou alegre. Criou ainda o termo *lypemanie* (em português, lipemania) para designar as monomanias tristes, em substituição à melancolia.[5]

Em 1854, os psiquiatras franceses Jules Baillarger (1809-1890), com seu trabalho "La folie à Double Forme", e Jean-Pierre Falret (1794-1870), com "La folie circulaire", lançaram, quase que simultaneamente, a concepção de que a mania e a melancolia faziam parte de uma única doença.[6]

Posteriormente, em 1896, o psiquiatra alemão Emil Kraepelin (1856-1926) nomeou a doença "psicose maníaco-depressiva", independentemente de suas fases (mania ou depressão), concepção que persistiu até por volta de 1960.[5]

Em 1957, Karl Leonhard (1904-1988) propôs a separação da doença maníaco-depressiva em "bipolar" (episódios de mania e depressão) e "monopolar" (somente depressão). Em 1966, Jules Angst e Carlo Perris fortaleceram o conceito de "transtorno bipolar"; Winokur (1969) reforçou a distinção entre "unipolar e bipolar" e Dunner et al. (1976) propuseram a subdivisão de "bipolares tipos I e II".[3]

Classificação dos transtornos bipolares

As definições e os critérios diagnósticos de todos os transtornos psiquiátricos são apresentados por dois manuais. O primeiro é o ICD-10 (*International Statistical Classification of Diseases and Related Health Problems*), traduzido e conhecido no Brasil como CID-10 (Classificação Estatística Internacional de Doenças e Problemas Relacionados à Saúde, na sua 10ª revisão), publicado pela Organização Mundial de Saúde (OMS), em 1993. O segundo manual é o DSM-5 (*Diagnostic and Statiscal Manual of Mental Disorders*), traduzido como Manual Diagnóstico e Estatístico de Transtornos Mentais e publicado pela Associação Psiquiátrica Americana (APA), em 2014.[7,8]

O DSM-5 abriu um capítulo exclusivo para "Transtorno bipolar e transtornos relacionados", cujos critérios diagnósticos incluem alterações de humor e na atividade ou na energia (Figura 36.1).[8]

Na CID-10, o TB está incluído na sessão "Transtornos do humor (afetivos)" e não houve alterações recentes nos critérios diagnósticos (Figura 36.2).

A síntese descritiva dos TB é apresentada a seguir:

1. Transtorno bipolar tipo I: um ou mais episódios maníacos, em geral acompanhados por episódios depressivos maiores, os quais não são exigidos, junto com os sintomas psicóticos, como experiência no curso da vida, para formar o diagnóstico.
2. Transtorno bipolar tipo II: um ou mais episódios depressivos maiores e pelo menos um episódio hipomaníaco no curso da vida. Não é mais considerado uma condição "mais leve" que o TB I.
3. Transtorno ciclotímico: pelo menos dois anos (um ano em crianças) de períodos hipomaníacos e depressivos (não atende aos critérios para um episódio maníaco, hipomaníaco ou depressão maior).
4. Transtorno bipolar e transtorno relacionado induzido por substância/medicamento: os sintomas são semelhantes a um episódio maníaco e se desenvolvem durante ou logo depois de intoxicação ou abstinência da substância, ou após exposição ao medicamento.
5. Transtorno bipolar e transtorno relacionado devido a outra condição médica: os sintomas se assemelham aos de um episódio maníaco com características fisiopatológicas de outra condição médica.
6. Outro transtorno bipolar e transtorno relacionado especificado: esta categoria é usada em situações nas quais o clínico opta por comunicar a razão específica de sintomas que não satisfazem os critérios para qualquer TB e transtorno relacionado específico.
7. Transtorno bipolar e transtorno relacionado não especificado: esta categoria é utilizada em situações nas quais o clínico opta por não

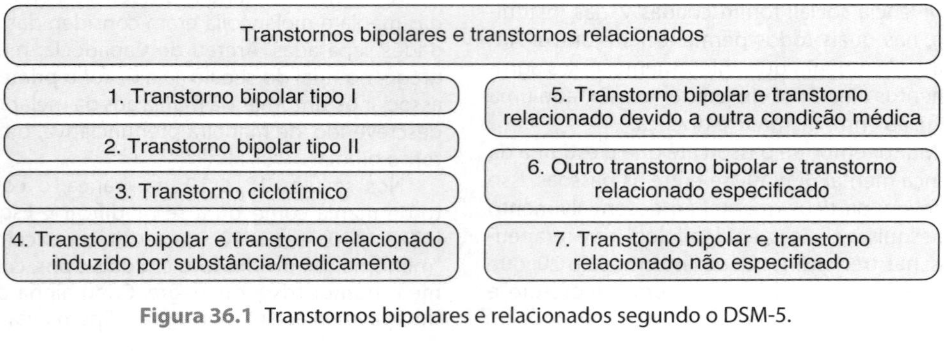

Transtornos bipolares e transtornos relacionados

1. Transtorno bipolar tipo I
2. Transtorno bipolar tipo II
3. Transtorno ciclotímico
4. Transtorno bipolar e transtorno relacionado induzido por substância/medicamento
5. Transtorno bipolar e transtorno relacionado devido a outra condição médica
6. Outro transtorno bipolar e transtorno relacionado especificado
7. Transtorno bipolar e transtorno relacionado não especificado

Figura 36.1 Transtornos bipolares e relacionados segundo o DSM-5.

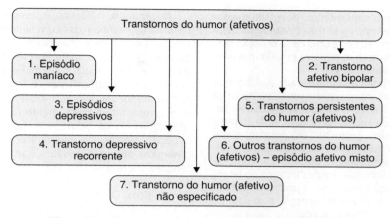

Figura 36.2 Transtornos do humor (afetivos) segundo CID-10.

especificar a razão pela qual os critérios para TB e transtorno relacionado específico não são satisfeitos e não há informações suficientes para um diagnóstico mais específico.

Além disso, há os especificadores dos TB e dos transtornos relacionados:

- Com sintomas ansiosos
- Com características mistas
- Com ciclagem rápida
- Com características melancólicas
- Com características atípicas
- Com características psicóticas: congruentes e incongruentes com o humor
- Com catatonia
- Com início no periparto
- Com padrão sazonal
- Em remissão parcial
- Em remissão completa
- Gravidade: leve, moderada e grave.

A seguir, estão relacionados os especificadores do TB:

- Leve, moderado e grave
- Sem ou com sintomas somáticos
- Sem ou com sintomas psicóticos
- Em remissão
- Não especificado.

Conceito e caracterização do transtorno bipolar

O transtorno bipolar (TB), também conhecido como transtorno afetivo bipolar (TAB), é uma doença muito antiga e, portanto, não pode ser considerada a "loucura da moda". Apesar de bastante comentada pela mídia nos últimos tempos, a força do estigma e o medo da doença não diminuíram. Muitos séculos se passaram, mas, lamentavelmente, ainda é grande o preconceito em relação à doença bipolar, pelo descrédito do diagnóstico pelo próprio portador (quando toma conhecimento do seu diagnóstico) ou pela família e pelas pessoas do seu convívio social. Hoje, não existem mais compêndios de "caça às bruxas", mas, cada vez mais, livros e manuais científicos que difundem as últimas pesquisas e explicam vários aspectos da doença, bem como intervenções psicoeducacionais e grupos de apoio mútuo que têm como proposta informar e esclarecer dúvidas sobre o TB.[9]

O transtorno bipolar é uma doença para a vida toda e é a sexta causa mais comum de incapacidade entre jovens e adultos de todas as idades.[10] Segundo a National Comorbity Survey[11], a prevalência durante a vida para o TB I é de 1%, e para o TB II, é de 1,1%. Os sintomas se manifestam em qualquer fase da vida, mas são mais comuns no final da adolescência e no início da fase adulta (entre 18 e 22 anos). Costuma ser de difícil tratamento para aqueles que não se cuidam adequadamente ou cujos quadros já se apresentam potencialmente graves e crônicos. É uma doença devastadora do ponto de vista psicossocial e, se não for tratada, pode levar a sérias consequências na vida profissional, econômica e familiar do indivíduo. A prevalência é a mesma para mulheres e homens, e o risco de suicídio é mais comum que na depressão maior. A chance de transmissão familiar também é maior.

O estado normal de humor é denominado eutimia. Todas as pessoas apresentam, em muitos momentos de suas vidas, sentimentos de alegria, euforia, tristeza ou "fossa", que são considerados dentro da normalidade. No entanto, nenhum desses sentimentos deve ultrapassar determinado tempo ou se manifestar de maneira inadequada em relação a uma dada situação real, pois, caso contrário, se pensará em alguma alteração psicopatológica.

O termo *bipolar* ou bipolaridade significa que o humor do indivíduo assume uma característica oscilante, instável, com variações para os dois polos extremos da escala emocional: o da depressão e o da mania (euforia).* No entanto, como explica Tung[12], não é somente o humor que se altera. Várias outras funções podem ficar comprometidas, como aquelas ligadas à cognição (atenção, concentração, memória), à psicomotricidade (atividade motora corporal, energia) e ao sistema vegetativo (sono, apetite, libido).

É como se a pessoa estivesse em uma "montanha-russa emocional", na qual, lá no alto, apresentaria sintomas de mania caracterizados por humor exaltado, hiperatividade, aceleração do pensamento, distraimento, irritabilidade, impulsividade, euforia, "tagarelice" exagerada ou pressão por falar, diminuição da necessidade de sono, exacerbação da sexualidade, grandiosidade, sensação de ser "o dono do mundo", entre outros sintomas do polo positivo.[2] Na hipomania, os sintomas são menos intensos e, muitas vezes, passam despercebidos pelo paciente e até mesmo pelo psiquiatra. O paciente refere, em geral, que se sente muito bem, e seus sintomas não são tão exagerados e não chamam tanto a sua atenção e a do outro (porém, se não forem tratados em tempo, podem desencadear um novo episódio de mania ou de depressão, muitas vezes confundida com depressão unipolar).

Na parte baixa da montanha-russa, os sintomas seriam os de depressão: tristeza, apatia, desânimo, falta de energia, baixa autoestima, diminuição do prazer, falta de concentração, indecisão, insônia ou hipersônia, lentificação do pensamento, sentimentos de desesperança, vontade de morrer e demais sintomas do polo negativo.

Há alguns anos, tem sido muito utilizada a expressão *espectro bipolar*, uma visão dimensional dos transtornos do humor, caracterizada pelas formas clássicas (mania e depressão), passando pela eutimia (variação normal) e indo até os transtornos mais leves (hipomania, ciclotimia).[13]

No entanto, o TB não é sempre expressão de uma montanha-russa com sintomas em potencial. Lara[14] expõe que parte importante da população, cada vez mais, apresenta oscilações de humor maiores que o normal e que não são corretamente diagnosticadas e tratadas: são as formas atenuadas de bipolaridade. Os indivíduos que apresentam temperamento forte, como os hipertímicos e os ciclotímicos, fazem parte do espectro bipolar. Os hipertímicos são pessoas dinâmicas, otimistas, versáteis, que têm vários interesses e fazem várias coisas ao mesmo tempo; são curiosos, criativos, alegres, entusiasmados e carismáticos. O termo ciclotimia é empregado ora como temperamento, ora como transtorno ciclotímico. Nesse caso, segundo o DSM-5, é caracterizado por uma doença oscilante e crônica do humor, com episódios de hipomania e depressão por no mínimo dois anos.

É importante enfatizar que todos esses sintomas são apenas uma amostra das características do TB. Vários outros fatores devem ser considerados para se chegar a um diagnóstico adequado, que só deve ser realizado por um profissional habilitado, o psiquiatra.

Tratamento do transtorno bipolar

Os tratamentos do TB envolvem uma série de fatores (biológicos, psicológicos, sociais, econômicos, éticos) que devem ser monitorados com cuidado pelo psiquiatra (e pelo psicoterapeuta e/ou pela equipe que cuida do paciente) junto com a família. Todos devem formar uma aliança a favor de uma boa evolução do quadro. São eles:

- Tratamento biológico (farmacológico): representado principalmente pelos medicamentos denominados estabilizadores de humor, anticonvulsivantes e antipsicóticos
- Outros tratamentos biológicos: eletroconvulsoterapia (ECT) e estimulação magnética transcraniana (EMT). A primeira é utilizada, mais comumente, em casos refratários, idosos e grávidas, e a segunda em bipolares mais leves (embora ainda em fase experimental e pouco utilizada)
- Tratamento psicoterápico: nas últimas décadas, a psicoterapia para os TB tem exercido uma influência muito grande como tratamento coadjuvante ao farmacológico, e seus resultados têm sido bastante importantes, não somente no alívio e na remissão dos sintomas e na diminuição das recaídas, mas também fundamentalmente no processo de transformação interior do indivíduo, promovendo mudanças

---

* Enfatiza-se, para quem não tem conhecimento mais apurado sobre o tema, que o termo "mania" é utilizado aqui como sinônimo de "euforia" e não de "mania exagerada" (obsessiva) de fazer algo, como mania de lavar várias vezes as mãos (mesmo sabendo que elas estão limpas), de ver se a porta da casa está fechada (mesmo sabendo que ela está), de limpeza etc., o que levaria, provavelmente, a outro diagnóstico: transtorno obsessivo-compulsivo (TOC).

psicológicas expressivas. As psicoterapias mais empregadas, por terem mais estudos científicos (em razão da metodologia ser mais facilmente aplicada), são: a terapia cognitivo-comportamental (TCC), a interpessoal (TIP) e de ritmo social, a terapia familiar e conjugal e a terapia psicodinâmica.[15] No entanto, todas as abordagens psicoterápicas têm, na prática, grande valor, assim como demonstra o método psicodramático. Para o bom andamento do processo psicoterápico, é de fundamental importância que o profissional esteja habilitado, isto é, tenha recebido informação/formação a respeito do TB para poder lidar com o portador (e a família) conforme a necessidade da situação

- Psicoeducação: é muito importante que os pacientes e suas famílias aprendam o máximo possível sobre a doença. Os encontros psicoeducacionais têm esse objetivo, informando e respondendo a dúvidas, o que favorece a adesão ao tratamento*
- Grupos de apoio mútuo: esses grupos são de vital importância tanto para os portadores como para os familiares, porque, em síntese, promovem:
  – Para os portadores: a consciência da doença e, como resultado, a adesão ao tratamento, a sensação de pertencimento, identificação e reintegração ao convívio social; a busca de solução de problemas e de apoio; a troca de experiências, a melhoria no relacionamento com seus familiares etc.
  – Para os familiares: a compreensão do sofrimento alheio, a aceitação da doença, a tentativa de resolução das dificuldades, o aprendizado do suporte psicológico aos familiares portadores da doença, o compartilhamento de vivências e o planejamento da vida.

Psicodrama

Histórico e conceitos

Jacob Levy Moreno, criador do psicodrama, judeu sefardita da seita hassídica, nasceu em 6 de maio de 1889 em Bucareste, Romênia. Em 1917, tornou-se médico em Viena e, no final de 1925, emigrou para os EUA. Sua vida foi preenchida por diversas histórias, muitas delas fantásticas, as quais chegaram a influenciá-lo na criação de uma rica e robusta metodologia teórico-prática. Faleceu em 14 de maio de 1974 em Beacon, EUA.

A palavra *drama* provém do grego e significa ação ou uma coisa feita. O Psicodrama é, portanto, a ciência que pesquisa a realidade dos fatos por métodos dramáticos.[16] É a psique em ação, já que não se limita unicamente à expressão verbal. Utiliza o palco psicodramático imaginário, no qual acontecem as dramatizações com o denominado protagonista (seja ele de uma psicoterapia individual, de casal, de grupo ou de família).

O termo *protagonista* é utilizado para o principal ator no palco dos teatros da Antiguidade. Também é empregado para um ser frenético ou louco, ou o primeiro a agonizar. Moreno lança mão da mesma expressão para designar todo indivíduo em sofrimento, que retrata, no palco psicodramático, seu mundo privado. É a tentativa, por meio da dramatização, de expurgar o conflito que o angustia e resgatar o seu equilíbrio psíquico perdido.

Em termos históricos, o Psicodrama se originou dos princípios do jogo e das brincadeiras que Moreno realizava com as crianças nas ruas e nos jardins de Viena.[17] Essa vivência deu origem, posteriormente, ao teatro da improvisação, que, mais tarde, se transformou em teatro terapêutico e, depois, em Psicodrama.

Moreno sempre se preocupou com os fenômenos sociais e fez muitos trabalhos no campo social. A partir desses estudos, criou a psicoterapia de grupo, cujo princípio fundamental é valorizar cada indivíduo como agente terapêutico dos demais membros do grupo. Além disso, considerava necessário um método de ação que tratasse das relações intergrupais e dos fatores coletivos, criando, assim, o sociodrama.

O arcabouço teórico moreniano é extenso e complexo. Serão descritos aqui, de maneira abreviada, apenas aqueles conceitos que guardam maior importância conceitual e que são mais comumente empregados na situação psicodramática.

Na dimensão científica, Moreno criou um sistema que denominou sociononia, que representa a ciência das leis sociais. Ela se divide em três ramos que estão fundamentalmente interligados, com cada um tendo série de métodos. As subdivisões da socionomia são assim denominadas:

1. Sociometria: se ocupa das relações sociais e das escolhas que os indivíduos fazem na vida.
2. Sociodinâmica: estuda a dinâmica das relações interpessoais nos grupos.[19]

---

* Em São Paulo há pelo menos dois Encontros Psicoeducacionais sobre TB: um é organizado pela Associação Brasileira de Familiares, Amigos e Portadores de Transtornos Afetivos (ABRATA); o outro, pelo Grupo de Estudos de Doenças Afetivas (GRUDA) do Instituto de Psiquiatria do Hospital das Clínicas da Faculdade de Medicina da Universidade de São Paulo (IPq-HC-FMUSP).

3. Sociatria: está ligada ao tratamento dos sistemas sociais.

A sociometria foi a subdivisão que historicamente se firmou. Tomando como ponto de partida a origem grega, *metrein*, que significa medir, esta seria para Moreno a ciência da medida das relações humanas, ressaltando que o mais importante é a relação interpessoal e não propriamente a medida. Para ele, o estabelecimento de vínculos entre as pessoas é de total importância, pois toda natureza humana necessita do outro para se relacionar, para desenvolver a capacidade de escolher, para compartilhar, enfim, para consolidar sua existência. Todos são interagentes e necessitam de interlocutores, porém, dependendo da relação, o sujeito pode correr o risco de adoecer psiquicamente. Um dos métodos mais comumente utilizados para estudar as escolhas e as interações que ocorrem no encontro humano é o átomo social, configuração sociométrica do conjunto de vínculos que constituem a rede de relacionamentos de um indivíduo. Essas relações se modificam conforme as escolhas e o momento vivenciado pela pessoa, e se apresentam como uma constelação de forças compostas de escolhas positivas (atrações), negativas (rejeições) ou neutras (indiferenças). É assim que os indivíduos interagem uns com os outros.[18,19]

Fundamentos teóricos do Psicodrama

Na filosofia moreniana, para melhor compreender o domínio relacional é essencial citar três teorias que estão intimamente ligadas: teoria da espontaneidade-criatividade e conserva cultural, teoria de papéis e teoria sociométrica.

Teoria da espontaneidade e da criatividade e conserva cultural

A espontaneidade, do latim *sua sponte*, significa do interior para o exterior, ou de livre vontade (livre-arbítrio), e é uma força primária no comportamento humano. Para Moreno[16], o nascimento é o primeiro ato espontâneo na vida das pessoas. Essa ação é também um ato de liberdade e de criação. A espontaneidade deveria acompanhar a pessoa pela vida toda, fornecendo respostas adequadas às situações novas e respostas novas às coisas antigas. Muitas vezes, porém, não é isso o que acontece. À medida, por exemplo, que a criança cresce e se torna adulta, ela se cristaliza pela influência do meio e a espontaneidade tende a ser uma função esquecida e/ou bloqueada. Portanto, a saúde física, psíquica e relacional do indivíduo está aderida, fundamentalmente, à saúde da espontaneidade. Ela está intimamente aderida à criatividade e ambas promovem o movimento criador dentro do ser humano. Se esse processo de criação se repete, se mostra rígido, paralisado e não se transforma, tem-se aquilo que Moreno designou como conserva cultural.[16]

Teoria de papéis

O papel é uma condição psicossocial que nos é imposta pela sociedade desde antes do nascimento, e é por isso que Moreno afirma que o desempenho de papéis é anterior ao surgimento do eu. A criança já nasce com alguns papéis (filho, neto, sobrinho etc.) e, no desenrolar de sua existência e de seu crescimento, ganha e perde outros, desenvolve e muda outros tantos e assim por diante. A partir da relação mãe-filho, pode-se dizer que todos os demais papéis da vida apresentam um complementar, que, no psicodrama, é denominado contrapapel.

Para Moreno, todo indivíduo desempenha inúmeros papéis na vida e desenvolve o chamado efeito de cacho, mais comumente conhecido como cacho de papéis ou *clusters*. Para maiores detalhes, é importante tomar contato com a leitura psicodramática sobre a depressão unipolar baseada na teoria dos *clusters*, proposta por Bustos (ver Capítulo 35).

Teoria sociométrica

Outro conceito fundamental considerado como a dimensão social da relação humana é o fenômeno denominado tele (que significa, em grego, à distância, longe). A tele é a essência do encontro humano; é a energia que se move entre as pessoas, dando força às relações. Na relação télica, o indivíduo tende a perceber o outro de uma maneira mais próxima da realidade, e também é percebido pelo outro da mesma maneira. Ambos caminham em uma direção de mão dupla, promovendo um movimento afetivo-emocional que dinamiza o funcionamento relacional. A saúde do vínculo depende essencialmente desse fator (tele), o qual possibilita uma relação mais saudável entre os sujeitos.

Todos os aspectos que alicerçam essas três teorias acontecem, segundo o momento existencial de cada ser humano, no chamado aqui e agora (*hic et nunc*), denominado por Moreno categoria do momento.

Publicações em Psicodrama sobre transtorno bipolar

Sabe-se, na prática, que cada vez mais o Psicodrama tem sido aplicado para o tratamento de vários tipos de transtornos mentais. Desde 1930, vários trabalhos nacionais e internacionais são publicados em revistas especializadas, mas não com o caráter científico exigido nas academias médicas.[20]

Ainda em pouca escala, não se conhecem estudos controlados realizados em instituições médicas com pacientes bipolares. No entanto, não se pode deixar de citar a monografia de Rosilda Antonio.[21] O trabalho foi inspirado na dissertação de mestrado de Sene-Costa[18], da qual Antonio participou como ego-auxiliar. A pesquisa foi realizada no seu próprio consultório, com um grupo de 6 pacientes bipolares, por 16 semanas. Os métodos de avaliação envolveram um inventário socionômico modificado, inspirado no inventário socioeconômico da referida autora, representado pelos estudos do átomo social, dos papéis da vida atual, de um questionário do papel de portador de transtorno bipolar e de comentários dos pacientes.[18] Do trabalho psicodramático realizado, destaca-se o uso de dramatizações com personagens, que ajudou a discriminar o papel de portador do transtorno do restante da personalidade. No início do tratamento, os pacientes se identificavam como "bipolares" nas suas apresentações. À medida que puderam caracterizar o "bipolar" como personagem, foram descobrindo a parte deles e dos outros que não era bipolar, a ponto de um paciente comentar, ao final de uma sessão: "Nossa, mas o grupo nem parece de bipolares". Isso foi fundamental para que eles pudessem tratar o próprio estigma, libertando-se dele, e desenvolver maneiras mais construtivas de lidar não apenas com o transtorno, mas com os demais aspectos da vida.

Outro trabalho que vale ser citado é o de Carlson-Sabelli et al.[22] Esses autores criaram a teoria dos processos a partir da crença na supremacia das escolhas pessoais, e passaram a trabalhar com pacientes psiquiátricos, incluindo os bipolares.

Psicodrama com uma paciente bipolar

Cida tem 55 anos e apresentava TB tipo I havia, aproximadamente, 30 anos. Passou por diversas internações, tendo recebido outros diagnósticos anteriormente. Quando foi ao meu consultório, há 15 anos, estava desacompanhada e em franca crise maníaca, sem crítica alguma sobre seu estado mórbido. Queria apenas "um remedinho para dormir, que já estava acostumada a tomar e que havia acabado". Mostrava-se visivelmente irritada e queria terminar logo a consulta. Apresentava-se com maquiagem facial exagerada, vestia-se com roupas extravagantes, uma saia muito curta, e sentou-se na poltrona de modo a mostrar a calcinha. Tinha uma pressão por falar. Foi difícil o diálogo. Apesar disso, consegui saber que estava dormindo apenas três horas por noite, que ficava cozinhando e cuidando da casa de madrugada e que se sentia muito agitada e ansiosa durante o dia. Saía muito à rua e frequentava diversos templos religiosos, pois achava que tinha um dom para ajudar os outros. Estava muito bem e feliz porque o seu amado (o cantor Frank Sinatra) vinha todos os dias conversar e cantar para ela pela TV. Chegou a me dizer, com expressão apaixonada: "Ele canta canções de amor para mim!". Ainda consegui saber que seus pais moravam em uma cidade do interior, que estava separada há muitos anos e que tinha três filhos.

A partir da observação e dos dados da história de Cida, pude confirmar seu diagnóstico como TB tipo I. Mas como fazer para que ela aceitasse o tratamento? Coincidentemente, o tal "remedinho" que havia acabado era exatamente um antipsicótico (cuja dose aumentei e ela aceitou). Consegui convencê-la a retornar e, quando voltou, era notável como se apresentava mais adequada, menos loquaz, embora ainda delirante. Disse-me que só tinha vindo para me dizer que já estava dormindo bem (o que, na realidade, poderia ter feito por telefone, se não quisesse mesmo continuar o tratamento). De qualquer modo, eu precisava fazer algo que a tocasse e a fizesse perceber que ainda não estava bem. Acionei o meu papel de psicodramatista (com uma grande esperança de que desse certo) e resolvi lhe propor o seguinte:*

– Cida, você me disse que o Frank Sinatra vem sempre cantar para você. O que acha de trazê-lo hoje aqui?

Cida me olhou surpresa, pestanejou algumas vezes e me respondeu de modo balbuciante:

– Mas aqui não tem televisão... – Olhou para os lados procurando por uma.

– É, realmente não tem. Em que lugar da sua casa ele canta e fala com você?

– No meu quarto.

– Então você pode fazer de conta que este espaço aqui – e delimito um espaço na sala – é o seu quarto. Daí, por meio de sua imaginação, tudo aquilo que for importante, sua TV, sua cama etc., você poderá trazer para cá, como se essas

---

* Vale ressaltar que, a fim de não estender o relato demasiadamente, não serão abordados todos os detalhes de orientação utilizados na dramatização com a paciente. Afinal, além de estar com sintomas psicóticos, era a primeira vez que ela dramatizava.

coisas estivessem mesmo aqui, e usar as almofadas para representá-las. O que acha?

– Ah, tá bom... – disse, meio desconfiada. – Mas pra que vamos trazê-lo aqui? Acho que ele não vai conseguir cantar.

– Não? Por quê?

– Ah, porque ele só canta pra mim. Só gosta de mim... – Cida responde de maneira arrogante e um pouco hostil.

A arrogância, a hostilidade e a desconfiança de Cida poderiam fazer, nesse momento, com que eu tentasse outra técnica psicodramática, ou mesmo parasse com o recurso da dramatização, porém resolvi persistir um pouco mais. Eu sabia que corria um risco. Nosso vínculo era extremamente frágil. Contudo, algo me dizia que ela me aceitava e estava gostando daquele "jogo", pois por meio dele eu demonstrava que "admitia a existência de sua paixão" – eu aceitava seu delírio e não o contestava, como posteriormente fiquei sabendo que seus filhos faziam.

– Será que ele aceita conversar um pouco sobre vocês?

– Não sei.

– Podemos tentar?

– Tá bom, vamos!

Orientei Cida e ela foi montando o cenário do seu quarto: cama, TV, rack para a TV, cômoda e armário. Aos poucos, ficou mais solta e começou a achar certa graça naquilo tudo. Colocou uma grande almofada, toda colorida, atrás da televisão imaginária, dizendo ser o Frank, e explicou que era como se ele estivesse dentro da TV. Sentou-se à frente do aparelho. Era a minha oportunidade de "entrevistá-lo". Solicitei que ela assumisse o papel dele, o que ela compreendeu facilmente.

– Oi, Frank. Boa tarde!

– Boa tarde. O que estou fazendo aqui?

– Nós, Cida e eu, lhe trouxemos aqui para que você nos fale um pouquinho sobre ela. Parece que todo dia você canta e conversa com ela pela TV.

– É. É ela que fica atrás de mim. Eu não tenho nada com essa história. Ela já me mandou cartas, telegramas, até já me telefonou. Não sei como ela descobriu meus endereços e telefones. É uma obsessão! Todo dia tem de me ouvir! E fica me dizendo que me ama. De que jeito? Ela nem me conhece!

Cida, no papel do cantor, mostra-se um tanto irritada. Até então, Cida não havia comentado nada sobre este fato.

– Você não gosta que ela faça isso, de ficar escrevendo declarações de amor, dando telefonemas?

– Claro que não!

– O que você acha que é isso?

– Isso é uma doença! E não é a primeira vez! – Cida diz, mais irritada. – Todas as vezes que ela para de tomar o remédio, ela volta a ficar assim e começa a infernizar a minha vida e a vida dos filhos dela. Não para de tocar os meus discos e de me procurar na TV. E, às vezes, coloca o meu retrato na tela e conversa comigo, ou põe o disco e pensa que eu estou lá cantando para ela.

Cida está visivelmente transtornada: olhos arregalados, rosto rubro e feição de raiva. Peço que volte ao seu papel e, quando retorna à frente da TV, fica alguns minutos em silêncio, com a aparência de ter passado por um grande impacto. Parece que vai chorar, mas logo se recompõe. Quando se acalma, comenta:

– É, acho que preciso me tratar. Quando teremos uma nova consulta?

Essa maneira de "se recompor" tão rapidamente mostra a sua enorme defesa se colocando em posição de guarda. Afinal, a dramatização desse dia foi surpreendente e serviu para que ela conhecesse coisas demais.

Cida voltou e continuou seu tratamento. Nunca consegui conhecer seus pais, porém falei com eles ao telefone algumas vezes e obtive uma série de informações a seu respeito e de sua família. Seus filhos, bem mais adiante, vieram ao consultório me conhecer e saber sobre a doença da mãe, hoje controlada. Ela nunca mais apresentou nenhuma crise maníaca, mas teve alguns episódios depressivos leves.

Vale ainda a pena destacar outra dramatização que ocorreu por ocasião da tomada de consciência do seu preconceito em relação à doença. Diversas vezes, ela contestou o diagnóstico e quis parar de tomar a medicação. Como não estava mais psicótica, era muito difícil aceitar que tivesse "aquela" doença, embora já tivesse se informado a respeito e soubesse do risco que se ficasse sem tratamento. Nessa dramatização, ora ela toma o papel do transtorno bipolar, ora é ela mesma. Cria-se um diálogo. No seu próprio papel, em uma das vezes, insulta a doença; depois, em outro momento, chora e solta uma pergunta que ficou calada, provavelmente, por muito tempo: "Por que eu?". As respostas que ela mesma concede, no papel do TB, são emocionantes e, a esta última pergunta, diz baixinho: "Porque, já que você é bipolar, como tanta gente, então que aceite, para você não sofrer mais ainda".

Depois da primeira dramatização, que foi um salto na vida de Cida, ela passou a aceitar melhor a doença e a não fazer mais questionamentos intermináveis.

A força do psicodrama é mostrada nessas dramatizações. A agonia dentro de Cida, acompanhada por seus personagens (Frank Sinatra e o TB) mobiliza e dá intensidade à ação dramática, fazendo com que ela, psicótica ou não, se aproprie de um processo interno genuíno, até então aparentemente desconhecido. Na primeira dramatização, em pleno episódio delirante, quando tomou o papel do outro, algo se manifestou dentro dela de modo efervescente, e lhe deu sinais de que o que fazia "estava errado", ou de que aquilo era uma doença; a crítica, até então inexistente, ressurgiu, e ela passou a ser capaz de admitir que precisava se tratar. Na segunda dramatização, expurgou seus sentimentos de tristeza, raiva, decepção e tantos outros em relação ao fato de ter uma doença mental e sofrer com ela. Contudo, admitiu que teria de conviver com o transtorno de uma maneira menos tumultuada para não se atormentar ainda mais na vida.

Considerações finais

Moreno, segundo Bustos[23], não aceitava rótulos e diagnósticos fechados para os seus pacientes, e dizia que o essencial era poder olhar para as suas almas. Para ele, o ser humano doente, em conflito, representava uma complexidade em constante mudança. Os psicodramatistas, em geral, atentam para os aspectos subjetivos e a intersubjetividade inerente a cada relação humana, sobretudo quando as pessoas do vínculo estão em sofrimento e em confronto direto com um transtorno mental.

Entretanto, é absolutamente necessário, nos tempos atuais, que nós, médicos psiquiatras e também psicodramatistas, nos aprofundemos no conhecimento científico de todas as doenças mentais. Os manuais, os compêndios e os artigos científicos de psiquiatria mostram os avanços das neurociências, e as pesquisas médicas tentam produzir novos meios para mitigar o sofrimento alheio (embora ainda longe do que se poderia chamar de *cura,* inclusive para o transtorno bipolar).

A palavra *diagnóstico* significa conhecimento, cognição e percepção. O psicodramatista se propõe, exatamente, a perceber o paciente e a conhecê-lo profundamente na sua integridade, com todo o seu potencial, e não simplesmente a categorizá-lo, a observá-lo como um padrão exclusivo de sintomas e sinais.

O psicodrama, como explica Moreno[24] é o teatro do perdão, pois é o lugar no qual se pode encontrar o amor e a aceitação diante daquilo que se considera ser o pior aspecto de si mesmo.

Cada ser humano que leva consigo o estigma de uma doença deve ser tratado com atenção e humanidade, justamente para que esse fardo se alivie no decorrer do tratamento. Apesar das desordens da afetividade, o paciente bipolar tem condições de viver sua vida naturalmente, exercendo suas funções de maneira adequada e produtiva, desde que siga corretamente as orientações e não tenha um quadro com alterações e consequências muito graves.

O tratamento não vai lhe tirar as qualidades, muito pelo contrário, vai poder auxiliá-lo a descortinar outro mundo, menos transtornado e passível de novas criações que expressem sua poesia e seu amor pela vida. E o psicodrama, ao seu lado, espera favorecer esse caminho, assim como o de sua família, dando existência a esses novos sonhos e significados.

Referências bibliográficas

1. Morin E. Amor, poesia, sabedoria. 2. ed. Rio de Janeiro: Bertrand Brasil; 1999.
2. Andreasen NA. Admirável cérebro novo: vencendo a doença mental na era do genoma. Porto Alegre: Artmed; 2005.
3. Wang Y-P. Aspectos históricos da doença maníaco-depressiva. In: Moreno RA, Moreno DH, et al. Da psicose maníaco-depressiva ao espectro bipolar. São Paulo: Segmento Farma; 2005. p. 13-45.
4. Nobre de Melo AL. Psiquiatria. v. 2. 3. ed. Rio de Janeiro: Guanabara-Koogan; 1981.
5. Wang Y-P, Louzã Neto MR, Elkis H. História da psiquiatria. In: Louzã Neto MR, Elkis H, et al. Psiquiatria básica. 2. ed. Porto Alegre: Artmed; 2007. p. 21-31.
6. Kaplan HI, Sadock BJ. Compêndio de psiquiatria. Ciências Comportamentais. Psiquiatria Clínica. Porto Alegre: Artes Médicas; 1993.
7. Organização Mundial da Saúde. Classificação de transtornos mentais e de comportamento da CID-10: descrições clínicas e diretrizes diagnósticas. Porto Alegre: Artes Médicas; 1993.
8. American Psychiatric Association. Manual Diagnóstico e Estatístico de Transtornos Mentais – DSM-5. Porto Alegre: Artes Médicas; 2014.
9. Roso M, Moreno RA, Sene-Costa EM. Intervenção psicoeducacional nos transtornos do humor: a experiência do Grupo de Estudos de Doenças Afetivas (GRUDA). In: Carta aos editores. Rev Bras Psiq. 2005;27(2):165.
10. Berk M. Apresentação. In: Kapczinski F, Quevedo J, et al. Transtorno bipolar: teoria e clínica. Porto Alegre: Artmed; 2009. p. 11.
11. Kapczinski F, Quevedo J, organizadores. Transtorno bipolar: teoria e clínica. Porto Alegre: Artmed; 2009.
12. Tung TC. Enigma bipolar: consequências, diagnóstico e tratamento do transtorno bipolar. São Paulo: MG Editores; 2007.

13. Katzow JJ, Hsu DJ, Ghaemi SN. The bipolar spectrum: a clinical perspective. Bipolar Disord. 2003;5(6):436-42.
14. Lara D. Temperamento forte e bipolaridade: dominando os altos e baixos do humor. 4. ed. Porto Alegre: Armazém de Imagens; 2004.
15. Knapp P, Isolan L. Abordagens psicoterápicas no transtorno bipolar. Rev Psiq Clínica. 2005;32(Supl.1):98-104.
16. Moreno JL. Psicodrama. São Paulo: Cultrix; 1975.
17. Moreno JL. Psicoterapia de grupo e psicodrama: introdução à teoria e à praxis. São Paulo: Mestre Jou; 1974.
18. Sene-Costa EM. Psicoterapia psicodramática focal: análise qualitativa e quantitativa no transtorno depressivo maior [dissertação de mestrado]. São Paulo: Faculdade de Medicina, Universidade de São Paulo; 2005.
19. Sene-Costa EM. Universo da depressão: histórias e tratamentos pela psiquiatria e pelo psicodrama. São Paulo: Ágora; 2006.
20. Sene-Costa EM, Antonio R, Macedo-Soares MB, Moreno RA. Psychodramatic psychotherapy combined with pharmacotherapy in major depressive disorder: an open and naturalistic study. Rev Bras Psiq. 2006;28(1):40-3.
21. Antonio R. Psicoterapia psicodramática grupal breve para pacientes bipolares: um diálogo entre o psicodrama e a psiquiatria [monografia]. São Paulo: Sociedade de Psicodrama de São Paulo – SOPSP; 2007.
22. Carlson-Sabelli L, Sabelli H, Hale AE. Sociometria e sociodinâmica. In: Holmes P, Karp M, Watson M, organizadores. O psicodrama após Moreno: inovações na teoria e na prática. São Paulo: Ágora; 1998. p. 187-233.
23. Bustos DM. Prefácio. In: Sene-Costa EM. Universo da depressão: histórias e tratamentos pela psiquiatria e pelo psicodrama. São Paulo: Ágora; 2006. p. 13-14.
24. Moreno ZT, Blomkvist LD, Rützel T. A realidade suplementar e a arte de curar. São Paulo: Ágora; 2001.

37 Transtornos Psicóticos na Visão do Psicodrama

Luis de Moraes Altenfelder Silva Filho

Introdução

Barão Ernst von Feuchtersleben (1806-1849), médico austríaco, publicou três livros importantes no campo da psiquiatria, entre os quais *A higiene da alma*, de 1838, que foi traduzido para vários idiomas e teve 40 edições em 25 anos. Ele considerava que a existência devia ser uma luta sem fim para evitar os gérmens da loucura que todo humano carrega em si. Em 1845, publicou *Questões judiciais a propósito da loucura* e o *Manual de psicologia médica*, com o qual introduziu o termo *psicose* na medicina.[1] Com o passar dos anos, o conceito de psicose passou por muitas modificações. Atualmente, a maioria dos psicopatologistas conceitua a psicose como "a ruptura das regras e limites que presidem o intercâmbio entre a realidade percebida e pensada pelo sujeito, e a realidade comum, acessível aos demais, sendo as manifestações esquizofrênicas, num sentido amplo, o modelo mais representativo desse fenômeno".[2] Suas manifestações sintomatológicas consistem na alteração da comunicação lógica, em associações de ideias e no rompimento da barreira entre fantasia e realidade, incluindo ainda sintomas afetivos e alteração da vontade e da atividade.

Na *Classificação de transtornos mentais e de comportamento da CID-10*, o termo psicose permanece, e, no DSM-5, o capítulo que aborda o assunto tem o título "Espectro da Esquizofrenia e Outros Transtornos Psicóticos".[3,4]

No estado agudo de um surto psicótico, a relação com o outro pode estar distorcida, E sua noção de realidade é particular, impossibilitando, em algumas situações, o compartilhamento. As relações estabelecidas pelo indivíduo portador de quadro delirante ou persecutório se fazem quase exclusivamente por meio de mecanismos transferenciais, constituindo relações projetivas, pois o paciente psicótico não consegue vivenciar o papel do outro, não tem a plena capacidade para o encontro, fica refugiado e isolado em seu *eu*, e nessa solidão pode fabricar um *tu* delirante para acompanhá-lo. "A doença mental, neste enfoque, é a patologia do encontro, uma patologia entre o *eu* e o *tu*, uma patologia da comunicação, uma patologia relacional."[5]

O psiquismo pode ser compreendido como uma expressão da atividade do cérebro e da cultura. Nessa interface de cérebro e cultura/mundo, múltiplas combinações e consequentes funções que formam circuitos de excitação e inibição são estabelecidas, originando atividade cerebral específica para cada ato e seu contexto. Essas redes se modificam ou desaparecem, sempre em interação com outras redes. Os estímulos captados, tanto do meio interno como do externo, pelo sistema nervoso, são processados, identificados e categorizados por essa complexa rede. Um estímulo decodificado determina uma ação que, por retroalimentação, o inativa. Por exemplo: o organismo com necessidade de água desencadeia um estímulo, decodificado pelo cérebro como sede (necessidade específica). A ação determinada para cessar esse estímulo é fazer com que a pessoa identifique a necessidade, e o desejo consequente é realizado pela ação de tomar água. Isso fecha um circuito de atividade cerebral, pois cessam a necessidade e o desejo específico; essa é considerada uma ação de sucesso realizada pelo sujeito.

O êxito das atividades faz com que elas sejam repetidas e resultem em aprendizado. As ações são realizações de decisões mentais, como mapas cerebrais que correspondem às atividades psíquicas, incluindo a tomada de consciência. Tais estímulos, associados a expressões simbólicas da linguagem, ganham significados e constituem-se em representações das mensagens. Os pensamentos formam padrões de uma atividade complexa dessas redes, que se interconectam, resultando em uma lógica que determina a comunicação e a ação.[6]

Caso haja algum impedimento na decodificação correta do estímulo, o circuito não se completa. Isso pode provocar atividade cerebral disfuncional incessante, e sua tradução significa uma experiência fracassada no plano corporal e no psíquico.

O acúmulo de experiências fracassadas ocasiona uma atividade dopamínica descontrolada nas redes e nos sistemas neuronais, o que leva a disfunções que originam, no sujeito, desconfortos e sintomas que, em conjunto, podem ser entendidos e traduzidos como transtornos mentais. Portanto, a relação da pessoa com o mundo pode ser tanto patogênica como saudável, pois, assim como o estímulo desarranja o psiquismo, a resposta adequada e espontânea a ele volta a arranjá-lo. Passa-se a viver um sentido de existência pautado pelo insucesso.

O indivíduo cuja existência seja pautada por incerteza, insucesso e fracasso passa a viver um estado no qual sua subjetividade é prejudicada. Assim, é comum que a pessoa vá em busca de soluções mágicas para encontrar algum sentido no que vive: procura explicações para sua sensação de estranheza na cultura popular, na superstição, nos espíritos, na tecnologia, na religião, na mídia, na influência telepática de pessoas famosas etc. Naturalmente, esse indivíduo se utiliza de vários mecanismos de defesa – no entanto, o conflito permanece. Por isso, pode-se refletir sobre o fato de que "quem tem sintomas não tem problemas", pois, refugiado nessa forma de vida, o sujeito se isola e seu sofrimento é maquiado por manias, compulsões, medos, ideias delirantes ou outros sintomas que o levem a se relacionar com o mundo e com os outros por meio deles ou de outros aspectos diagnosticados nas doenças mentais.

Uma vez que isso ocorra, o sistema lógico fica prejudicado, e o delirante deixa de se adequar ao entendimento do outro. Não porque se projete fora ou acima da realidade, mas porque para de funcionar como sistema aberto. As interações e trocas com o real e com os outros passam a se limitar e, quando são empobrecidas, o sujeito passa a ser nutrido por um só canal de comunicação, resultando na perda da comunicação lógica.[6]

Essa sensação de fracasso também pode ter origem em uma vulnerabilidade em fatores de estrutura ou funcionamento do sistema nervoso. Por exemplo: focos inertes de excitação no encéfalo ou lesões localizadas perturbam a dinâmica cerebral e alteram não só a formação de redes neuronais ativas, mas também a relação entre o processamento de estímulos e a organização de atividades-resposta.

O tratamento, tanto com psicofármacos quanto com psicoterapia, visa a corrigir essa invasão indiscriminada do sistema neuronal e também a promover identificação e processamento corretos dos estímulos, resultando em ação satisfatória. Com essas abordagens, torna-se possível restabelecer experiências de sucesso, que reconstituirão a pessoa como ser íntegro, contribuindo, entre outras metas, para preencher a lacuna entre fantasia e realidade e para resgatar a subjetividade, a comunicação adequada com o outro e o desempenho eficiente de papéis.

É papel do psicoterapeuta ajudar o paciente a compreender o delírio como fruto de sua vivência; como um colapso da comunicação lógica, que, portanto, muito mais que um sintoma, é uma característica da relação do delirante com o seu mundo. O processo psicoterápico reorganiza redes neuronais à medida que ajuda o indivíduo a reajustar seu pensamento, a buscar opções de vida mais autênticas, a restabelecer valores e a desenvolver a capacidade de fazer escolhas e assumir responsabilidade pessoal.

Psicodrama

A visão da psicose instrumentalizada pelo método psicodramático tem sua essência na dramatização de cenas do mundo interno. Em outras palavras, a cena psicodramática nada mais é que a representação do espaço interior, ou seja, a externalização de processos mentais interiores.

Por meio da psicoterapia psicodramática, procura-se compreender como um fenômeno é produzido por outros. Vinculam-se fatos e buscam-se conexões psíquicas como objeto de compreensão, a fim de chegar à "causalidade de dentro". O psicodrama, ao atuar como um estímulo externo estruturado, ajuda a corrigir crenças equivocadas, procura causalidades internas e busca explicações que possibilitem controlar o investimento afetivo, desvendadas e construídas no decorrer das dramatizações de sintomas, que levam a cenas de situações reais de vida, corrigindo experiências fracassadas.

O psicodrama contribui para a espontaneidade e a criatividade, com consequente aumento da capacidade de restabelecer escolhas. O trabalho com psicodrama ajuda o paciente a entender vivências emocionais e ligá-las a situações de vida que tenham provocado o colapso do sistema; em última instância, ajuda a promover a regulação de redes neuronais que promovem mudanças na neurofisiologia cerebral, levando a uma melhora do psiquismo. Assim, as manifestações psíquicas podem ser compreendidas e levadas à consciência.[6]

Garrido Martin[7], reinterpretando Moreno, assinala que "o Psicodrama proporciona ao paciente uma experiência nova e mais ampla da realidade, um '*plus* de realidade'". Moreno ressalta que é na cena do psicodrama que é possível encontrar-se consigo mesmo.

No trabalho psicodramático com o paciente psicótico, a alucinação apresentada pode adquirir uma existência "real", tornando-se uma percepção com objeto. Na dramatização, é grande a possibilidade de o mundo interno ser ouvido e despertado, como reflexo de um mundo interno que passa a ser real para todos. Por meio de técnicas psicodramáticas, o paciente vivencia seu sintoma e o personifica em sucessivas cenas. Nesse jogo de cenas, desempenhando papéis de pessoas importantes em sua vida, a vivência alucinatória/delirante pode vir a ser compreendida. Com esse método, procura-se entender a formação do sintoma e se estabelece o nexo do sintoma com a vida do paciente, de modo a desnudar o mundo interno.

Por meio do psicodrama, o delírio ou alucinação passa a ter uma existência real, então o paciente não se sente desacreditado, não há a necessidade de argumentação lógica para confrontar a ideia delirante ou a realidade da alucinação. Dessa maneira, os componentes do grupo e os terapeutas podem acompanhá-lo e também entrar nessa intimidade psicótica, e, nesse momento, a solidão, comum ao paciente psicótico, se ameniza, pois sua comunicação pode ser compreendida, havendo uma interação com o outro e com o grupo.

Bustos[8] faz uma interessante comparação entre a dramatização de cenas encadeadas e a caixa chinesa (brinquedo que consiste em um cubo com uma das faces aberta, que contém outro cubo, que contém outro, até chegar ao menor cubo com todas as faces completas). Na dramatização, a caixa chinesa seria a cena nuclear, que esclareceria o sintoma e desnudaria o conflito, estabelecendo o nexo do sintoma com a vida do paciente. As cenas intermediárias revelam outros aspectos do conflito.

Jacob Levy Moreno foi quem criou as bases da teoria psicodramática, e desde então vários autores contribuíram para complementá-la. Em relação ao corpo teórico, são fundamentais as noções de: teoria do momento; teoria da espontaneidade/criatividade; tele e encontro; teoria do desenvolvimento infantil com base na matriz de identidade; teoria dos papéis; e catarse de integração.

Segundo Moreno, a catarse de integração é o fenômeno que dá verdadeiro sentido terapêutico ao psicodrama. Ela promove um desbloqueio da espontaneidade e uma transformação das relações sujeito-mundo.[9] Ocorre na ação dramática e o paciente experimenta sensação de alívio, relaxamento, poder, equilíbrio e integração na realidade por meio de uma compreensão de sua situação real.[10] Para Bustos[8], o objetivo da dramatização está na abertura à ordem simbólica de conflitos que se encontravam fora do alcance da consciência, em busca da catarse que elimina tensões não necessárias e reordena e reintegra experiências divididas. A catarse de integração representa um momento no qual ocorre uma reorganização existencial, resultante da consciência de uma estrutura oculta que influencia a experiência atual.

Técnicas e métodos auxiliares do psicodrama

O psicodrama é um método de psicoterapia que se utiliza de caminhos, por meio de técnicas de ação específicas, para promover a superação de dificuldades ou sintomas ou para modificar modos desfavoráveis de relacionamento interpessoal. Os meios, os caminhos constituem o método, que inclui técnicas. Moreno, acompanhando seus pacientes, viu nessas técnicas uma maneira de trabalhar com o mundo interno de cada um.

Javob Levy Moreno e Zerka T. Moreno[11], em *Psicodrama: terapia de ação & princípios da prática*, estabelecem algumas normas e descrevem algumas técnicas para o procedimento psicodramático. Eles escrevem que o psicodrama não é uma simples técnica, mas uma metodologia, um método sintético no qual muitas dimensões da experiência são mobilizadas a favor do paciente. Nesse livro, há um capítulo sobre regras, técnicas e métodos auxiliares psicodramáticos, alguns dos quais são reproduzidos a seguir.

Uma regra fundamental é a de que "o paciente encena seus conflitos, em vez de só falar deles". Os autores enfatizam que "o paciente atua no aqui e agora independentemente da condição, se o incidente ocorreu ou poderia ocorrer no presente, no passado ou no futuro, ou se o incidente foi fantasiado, ou ainda se a situação crucial que deu origem à dramatização ocorreu de fato".[11] No palco psicodramático, o tempo é do protagonista. Passado, presente e futuro adquirem uma existência no *aqui e agora*. O paciente fala e atua no presente, como se o fato estivesse acontecendo no *agora*.

É importante frisar que "o paciente deve encenar 'sua verdade' como a sente e a percebe, de maneira inteiramente subjetiva (sem se importar com quão distorcida ela possa parecer ao espectador)". No psicodrama, com o paciente psicótico, essa regra é fundamental para que se possa adentrar seu mundo delirante/alucinatório, então "o paciente é encorajado a ampliar ao máximo toda expressão, ação, comunicação verbal, em vez de resumi-la [...] com essa finalidade, delírios, alucinações, solilóquios, pensamentos, fantasias, projeções são todos permitidos como parte da produção".[11]

Deve-se lembrar sempre que "o processo de aquecimento caminha da periferia para o centro". O aquecimento geralmente começa no nível mais superficial e caminha em cenas encadeadas para acontecimentos mais profundos e traumáticos.

O psicodrama é ao mesmo tempo um método de contenção e um método de expressão. Essa regra é particularmente importante quando aplicada a pacientes acelerados e agitados (em estado de mania) ou com comportamento inadequado devido ao quadro psicótico, pois possibilita ao paciente enxergar seu comportamento, espelhado pelo ego-auxiliar, podendo desenvolver uma visão crítica de si mesmo, propiciando o retorno a uma conduta adequada ao grupo e a sua vida. De maneira semelhante, o paciente deprimido ou catatônico, com dificuldade para se expressar, é estimulado pelas técnicas psicodramáticas a falar de si e a dramatizar situações de sua vida. Quando aplicada a pacientes com psicopatia, a técnica de inversão de papéis possibilita que tenham a noção do que sua conduta causa aos outros.

Para Moreno, "a interpretação e a aquisição de *insight* no psicodrama são de naturezas diferentes das obtidas de terapia verbal".[12]

Na ação psicodramática, pode ocorrer a "catarse de integração", um processo integrativo produzido pela síntese de numerosas técnicas no clímax do aquecimento do paciente. Pode-se comparar esse processo à ação do ferreiro quando incandesce uma barra de ferro para mudar sua forma e, assim, moldá-la e encaixá-la em um todo.

"É importante realizar as sessões de psicodrama com as três etapas: aquecimento, dramatização e o compartilhamento do grupo após a dramatização."

Não seguir essa sequência pode refletir na dramatização como um todo. Na etapa de compartilhamento, "nunca se deve deixar o protagonista com a impressão de que ele é o único a ter esse tipo de problema". Nela, o diretor deve estimular a troca de experiências e de conflitos semelhantes aos do protagonista, buscando identificações com a situação dramatizada. Essa intervenção pode aumentar a coesão grupal e ampliar as percepções interpessoais. Para o paciente, ela traz a sensação de que ele não está só.

Técnicas do psicodrama

Para a aplicação do psicodrama, utilizam-se algumas técnicas básicas: *duplo, espelho, solilóquio* e *inversão de papéis*, das quais surgem todas as outras, pois qualquer outra técnica contém ao menos o princípio de alguma destas. São descritas mais de 500 regras para a realização da dramatização. Blatner e Blatner[13] afirmam que o leque de técnicas psicodramáticas é potencialmente infindável, e é quase certo que todo psicodramatista experiente já tenha criado, em seu trabalho, alguma nova técnica.

Duplo

Requer habilidade por implicar grande sintonia entre o ego-auxiliar e o protagonista. Promove ao paciente a identificação de aspectos internos pelo outro (ego-auxiliar) e, nessa sintonia, encontra-se o que não consegue ser dito, o *insight* de aspectos internos reprimidos.

Moreno utilizava a técnica do duplo com psicóticos, pacientes solitários e crianças isoladas, visando a proporcionar um vínculo facilitador de comunicação.

Espelho

A técnica consiste em que o paciente possa se ver por meio da atuação do ego-auxiliar, realizando seu papel como se olhasse em um espelho. Moreno transformava, com essa técnica, o paciente em um espectador de si mesmo, fazendo-o permanecer na plateia e assistir à cena em que um ego-auxiliar o representava, da maneira mais fiel possível, em seus relacionamentos representados por outros egos-auxiliares. Esta técnica pretende fazer com que o protagonista reconheça a si mesmo e também se reconheça pelo olhar dos outros membros do grupo, que lhe devolvem a sua imagem. Ajuda, ainda, o protagonista a ter uma visão crítica de sua atuação. O uso de vídeo no psicodrama está fundamentado nesta técnica.

Em minha prática, solicito ao paciente que permaneça no espaço da dramatização e apenas ligeiramente afastado da cena, observando a situação que se deseja espelhar.

Solilóquio

Nesta técnica, o diretor solicita ao paciente que compartilhe com o grupo sentimentos e pensamentos ocultos que podem ser importantes para a cena a ser dramatizada. Por exemplo: em uma cena na qual o paciente esteja demonstrando algum embaraço ou constrangimento, o diretor solicita que dê voz ao seu pensamento, e então o que pensa e sente deixa de ser oculto aos componentes do grupo. É um monólogo do protagonista, um "falar com seus próprios botões".

Inversão de papéis

É a técnica em que o protagonista toma o papel do outro e este toma o seu papel. Só há uma verdadeira inversão de papéis quando o outro está presente. Utiliza-se em situações de confronto no grupo. Quando o papel a ser representado é do mundo interno do protagonista, a técnica é chamada de *tomar o papel do outro*. Com esta técnica, o paciente pode se conscientizar do distanciamento em que se encontra das pessoas com quem tem relacionamentos significativos. Fonseca[14], em sua tese de doutoramento, relaciona a capacidade de inverter papéis com a saúde mental. Afirma: "Não conseguir inverter papéis na vida adulta significa um corte na comunicação com o *tu* do momento. Há que se averiguar se essa incapacidade é para um *tu* específico, para vários, ou se é mais global, como observamos nos quadros psicóticos".[15]

Em minha prática, observo que os pacientes não conseguem inverter papéis com pessoas nas quais depositam grande carga transferencial e projetiva, ou seja, pessoas com quem o vínculo estabelecido é patológico. Preservam, no entanto, essa capacidade de inverter papéis com pessoas não incluídas em seu quadro delirante.

Este exercício de inversão de papéis pode proporcionar uma correção da percepção do outro, contribuindo para o tratamento do paciente com ideação delirante/paranoide e/ou daquele que se utiliza de mecanismos projetivos na interação com as pessoas, estabelecendo relações interpessoais quase exclusivamente transferenciais. Como esses pacientes funcionam como sistemas fechados, não aceitando contrapontos, o exercício de tomar o papel do outro pode funcionar como uma abertura desses sistemas.

Técnicas auxiliares do psicodrama

Entre as técnicas auxiliares à realização do psicodrama, estão: choque psicodramático, psicodrama didático e *role playing*, psicodrama familiar, improvisação para a avaliação da personalidade, psicodrama interno, psicograma etc.[5,11,16]

- Choque psicodramático: após a remissão do surto psicótico, e enquanto ainda é recente essa vivência, o diretor encena com o paciente cenas desse período psicótico, visando ao entendimento dele. A intenção é fazer com que o quadro psicótico não fique como uma presença e uma ameaça de perda de controle permanente na vida
- Psicodrama didático e *role playing*: funciona como um treinamento de papéis para situações da vida diária e para situações temidas
- Psicodrama familiar: membros da mesma família dramatizam situações conflitantes da convivência e, com esse psicodrama, buscam-se uma maior compreensão entre os familiares e uma harmonia maior entre eles
- Psicograma: técnica auxiliar desenvolvida por Silva Filho, trata-se do psicodrama realizado por meio do jogo de cenas desenhadas e utilizando-se as técnicas clássicas: tomar o papel do outro, solilóquio, duplo, espelho etc. É utilizado quando o paciente apresenta dificuldade ou inibição para a dramatização, assim como em pacientes impossibilitados fisicamente de dramatizar.[16]

Instrumentos básicos

Para realização do psicodrama, Moreno descreveu cinco instrumentos básicos:

- Protagonista: é o sujeito foco da sessão e que tem seus problemas explorados pela dramatização
- Diretor: é o terapeuta que dirige o grupo e a dramatização
- Egos-auxiliares: constituem um dos instrumentos básicos na construção do mundo psicodramático de um paciente. Têm a função de representar pessoas ausentes, delírios, alucinações, símbolos, ideais, animais e objetos. Eles fazem com que o mundo do protagonista se torne real, concreto e tangível. O termo foi originalmente utilizado por Moreno para designar os assistentes terapêuticos do psicodrama. Pode ser ego-auxiliar qualquer membro do grupo, desde pacientes a terapeutas com experiência em psicodrama
- Plateia: constituída pelos membros do grupo que não participam diretamente da dramatização, mas estão presentes na sessão de psicodrama
- Palco: trata-se de um espaço onde ocorre a dramatização, como o círculo delimitado pelos pacientes presentes no psicodrama.

Contextos

O psicodrama apresenta três contextos:

- Social: correspondente à realidade social, de onde vêm os componentes do grupo
- Grupal: constituído pelo próprio grupo
- Dramático: no qual ocorre a dramatização.

Estrutura da sessão

A estrutura da sessão de psicodrama é relativamente simples, constituída por três etapas: aquecimento, dramatização e conclusão ou compartilhamento.

Aquecimento

Etapa em que o terapeuta, também chamado de diretor, investiga a preocupação grupal, formula hipóteses e promove a interação entre os membros do grupo, criando um clima de confiança e integração. Tem também como finalidade promover uma atmosfera que favoreça a espontaneidade e a criatividade. O aquecimento tem a função de construir, no grupo, um continente para receber o protagonista. Nesta etapa, podem ser usados também exercícios de dinâmica de grupo e jogos dramáticos a fim de investigar a sociometria grupal, o que ajuda a descobrir o "verdadeiro" protagonista, que será o paciente mais aquecido, motivado e com o maior apoio do grupo, cujo tema a ser dramatizado terá relação com todos.

Dramatização

Consiste na representação de cenas das vivências trazidas pelo protagonista. Em um psicodrama, é possível ter uma cena estruturada, contendo personagens em interação, em determinado lugar e determinado tempo, como uma cena de almoço de família montada no palco; em outras vezes, a cena é menos estruturada, não há personagens da vida do paciente, somente a expressão do sintoma. Escolhida a cena inicial, o que é descrito passa a ser vivido, adquirindo uma existência real, e o espaço subjetivo interno do paciente se mostra a todos. A plateia pode enxergar ou ouvir o que é alucinado, ou ainda tomar contato com os "perseguidores", personagens de seu delírio.[17]

Com muita robustez e frequência, as falas alucinatórias podem ser dramatizadas por egos-auxiliares convidados ao palco. Nesse jogo de cenas, há um momento em que o sintoma é substituído por figuras reais da vida do paciente, podendo então ser identificadas patologias associadas. Então, não é mais a voz alucinada que fala, mas personagens de seu mundo real. Relembrando: há uma analogia entre o clima emocional vivido no psicodrama e o calor do fogo que incandesce o ferro para que possa ser moldado e ter sua estrutura modificada. As mudanças, no protagonista, ocorrem mais facilmente quando acompanhadas de um clima emocional intenso. Daí a afirmação de Moreno de que a segunda vez verdadeira liberta a primeira. É a catarse de integração.

Conclusão ou compartilhamento

Na terceira etapa, o diretor abre um rico debate dialógico entre todos os presentes para a partilha das vivências de cada um. Essa etapa conclui a sessão e é aquela na qual ocorre, para Moreno, a verdadeira psicoterapia de grupo. Para Mascarenhas[18], o psicodrama promove ressonância de cenas na plateia. Ele chama de *consoar* a cena realizada durante o compartilhamento ou *sharing* – e ocorre nessa partilha a ressonância de significados e experiências de cada um, vividos a partir da multiplicação dramática criada pelo grupo.

Mecanismos de cura do psicodrama

Zerka T. Moreno, em comunicação pessoal a Kellermann[19], diz que os fatores terapêuticos do psicodrama são: fator relacionamento real (tele), autoexposição, catarse de integração e *insight* de ação. Zerka considera o psicodrama "um laboratório não punitivo, onde se aprende como viver".

Para Bustos[20], são principalmente quatro os mecanismos de ação do psicodrama: introjeção do modelo relacional, *insight* dramático, catarse de integração e elaboração verbal. O aspecto terapêutico do psicodrama, para a maioria dos autores, tem como fatores centrais: catarse, *insight* e relações interpessoais.[21]

Kanas[22] realizou uma revisão da literatura entre 1951 e 1991 para avaliar a eficácia da psicoterapia de grupo para pacientes esquizofrênicos. Entre outras conclusões, percebeu que 67% dos estudos com pacientes internados revelaram que a psicoterapia de grupo era significativamente melhor para os pacientes esquizofrênicos que (na respectiva condição) para um grupo-controle. As abordagens orientadas para a interação foram mais eficazes que as orientadas para o *insight*.[21]

Fuhriman e Burlingame, citados por Dies[23], concluíram, a partir de uma análise comparativa, que, apesar de existirem muitos paralelos entre as modalidades de tratamento grupal, há propriedades inerentes às intervenções de grupo que criam um ambiente terapêutico de aprendizagem com qualidades únicas: *insight* e catarse, esperança e revelação, além de prova de realidade e identificação.

Psicodrama na enfermaria psiquiátrica

Utilizo o psicodrama há 43 anos com pacientes portadores de psicose, tanto em atendimento individual quanto em grupo na enfermaria psiquiátrica.

Na enfermaria, encontram-se pacientes portadores de diferentes quadros psiquiátricos: descompensação de transtornos neuróticos, surtos esquizofrênicos, transtornos delirantes, transtorno bipolar (maníacos ou depressivos), quadros psicóticos decorrentes de substâncias psicoativas, transtornos de personalidade, quadros psiquiátricos de etiologia orgânica e outros portadores de transtorno mental grave e prolongado. A internação, de modo geral, ocorre por um período médio de 2 semanas, e raramente dura mais de 2 meses, de modo que a rotatividade de pacientes é alta.

O psicodrama fazia parte da rotina de tratamento na enfermaria psiquiátrica e era por mim realizado, até 2003, na enfermaria psiquiátrica do Hospital do Servidor Público Estadual (HSPE) e, até 2008, no Centro de Reabilitação e Hospital-Dia (CRHD) do Instituto de Psiquiatria do Hospital das Clínicas da Faculdade de Medicina da Universidade de São Paulo (IPq-HC-FMUSP). Utilizavam-se todos os tipos de tratamentos preconizados pelos conhecimentos atuais da psiquiatria: tratamentos psicofarmacológicos, tratamentos biológicos, entrevistas individuais com enfoque psicoterápico, entrevistas familiares, terapia ocupacional, grupo operativo, grupo de psicodrama etc.

No CRHD e no programa de reabilitação psicossocial do Serviço de Psiquiatria do HSPE, o grupo era aberto, também, a pacientes que tivessem recebido alta e que apresentassem interesse em participar do psicodrama.

A sessão de psicodrama na enfermaria

As sessões de psicodrama ocorrem como atos terapêuticos psicodramáticos, ou seja, cada sessão é considerada independentemente de qualquer outra, por isso tem que ter começo, meio e fim, e muitas vezes é a única sessão de que o paciente participa, pois sua permanência na enfermaria psiquiátrica pode ser muito curta.

Não há uma sala destinada exclusivamente a sessões de psicoterapia de grupo. Por isso, utiliza-se uma das salas que servem como sala de estar e também como local para as atividades da terapia ocupacional. A sala retangular tem cerca de 50 m² e há cadeiras encostadas nas paredes.

O grupo é aberto a todos os pacientes internados, cuja participação é voluntária. Não há critério de seleção por diagnóstico, idade, nível sociocultural ou sexo. Contraindica-se que participem do psicodrama pacientes com alto nível de descontrole, principalmente quanto à agressividade, e também crianças, deficientes mentais e pacientes severamente demenciados. Não há necessidade de qualquer preparação prévia para a participação no grupo. Diferentemente de outros autores, não contraindico a participação de pacientes com agitação maníaca ou francamente delirante, pois se observa, nesses casos, benefício terapêutico do psicodrama.

As sessões são semanais e têm duração de 1 h 30 min. Como a rotatividade de pacientes na enfermaria é alta, o grupo tem sempre uma composição diferente e a média de participação de um mesmo paciente no psicodrama é de duas sessões.

Quarta-feira é o dia do psicodrama e todos são convidados a participar da sessão. A maioria dos internados se interessa por essa atividade da enfermaria. Por vezes, durante a semana, há um "conchavo" de alguns pacientes para a escolha do protagonista da sessão de psicodrama. O grupo, quase sempre, é composto por mais de 30 pacientes, praticamente a capacidade total da enfermaria. Participam também, como egos-auxiliares, residentes e estagiários do Serviço de Psiquiatria, aprimorandos da psicologia e da terapia ocupacional e egos-auxiliares voluntários, que são psiquiatras ou psicólogos psicodramatistas. Para Saks[24], a presença de uma grande plateia pode ter um efeito positivo para muitos protagonistas, porque essa autoexposição pública alivia sentimentos de culpa e vergonha.

O contrato para participação da sessão é bastante simples:

- Participação voluntária
- Pode-se entrar e sair da sala a qualquer momento da sessão
- Não é permitido fumar.

Na primeira etapa da sessão, acontece o processo de aquecimento, que visa a criar uma estrutura integrada para que o grupo possa atuar, além de uma área de interesse, que ocupará a atenção do grupo durante a sessão.

Geralmente, no início da sessão, há um "entra e sai" da sala, e aos poucos os pacientes se organizam e se sentam, restando alguns mais desorganizados que permanecem entrando e saindo, ou então ocupam o centro da sala com condutas bizarras, ora deitados, ora em franca atividade delirante ou confusional.

Na maior parte das vezes, inicio a sessão perguntando o nome dos participantes e formulando também uma pergunta sobre seu estado atual ou sobre os motivos de sua internação. Essas perguntas, aparentemente banais, buscam proporcionar maior integração e criar o grupo que funcionará nessa sessão. Para alguns, funcionam como uma reafirmação de identidade diante do grupo e como uma espécie de permissão para que a pessoa seja ela mesma e para que sinta a importância de sua participação e ainda estimule um processo crítico em si mesma e no grupo, além de propiciar identificações e curiosidades entre os participantes. Qualquer tema pode ser trazido ao grupo, que será trabalhado tendo como prioridade a abordagem no "*aqui e agora*". O enfoque é trabalhar com o indivíduo no grupo, e não com o grupo como um todo.

Dependendo das psicopatologias apresentadas pelos pacientes, e principalmente quando predominam pacientes acelerados ou em fase maníaca, o grupo inicia de uma maneira bastante caótica. Portanto, o aquecimento é fundamental para promover a organização grupal.

Em uma dessas sessões, em que não conseguíamos um modo de organização, pois predominavam pacientes em fase maníaca, com o grupo completamente caótico, usamos, como estratégia, eleger um dos pacientes acelerados para organizar a sessão. O clima de perplexidade promovido fez com que os integrantes do grupo acalmassem uns aos outros e solicitassem que eu retomasse a direção na busca de uma referência mais segura. Outras vezes, a própria conduta bizarra apresentada por um dos pacientes fez com que toda a atenção ficasse voltada a ele, tornando-o protagonista. No trabalho psicodramático, então, buscamos, na medida do possível, desvendar e compreender a razão desse comportamento.

Em outras ocasiões, o próprio relato do paciente prende a atenção de todos, ocasionando um grande número de identificações e tornando-o um protagonista natural. Quando, por qualquer motivo, o clima da enfermaria é tenso, o grupo torna-se protagonista; então, realizo a sessão como um sociodrama, para investigar e trabalhar a tensão grupal.

De modo geral, o grupo de enfermaria não necessita de exercícios ou de jogos dramáticos para a etapa de aquecimento. O aquecimento inicial depende sempre do tipo de grupo que se forma no dia da sessão, e o tipo de grupo depende do predomínio de determinadas patologias apresentadas pelos pacientes internados. Quando há algum paciente delirante, com uma história fantástica ou um comportamento bizarro que domina a atenção do grupo, este costuma ser o protagonista. Em outras ocasiões, o tema da sessão são aspectos teóricos da doença mental ou o estigma social causado pela doença e pela internação psiquiátrica, ou ainda o tratamento psiquiátrico (a medicação, como ela age, seus efeitos colaterais etc.). Trata-se nesse caso de um grupo com enfoque mais educacional, em que a dramatização fica centrada nesses temas.

Dou por terminada a fase de aquecimento quando o grupo está organizado e atento, ouvindo o paciente que realizará seu psicodrama; ou, se o tema for de todo o grupo e o trabalho for realizado com a participação de todos, o grupo se constitui como protagonista.

Na fase do aquecimento específico, preparo o protagonista e o grupo para a dramatização. As pessoas ficam atentas ao relato do paciente e, eu, como diretor, escolho a cena inicial do psicodrama.

Monto o cenário seguindo as indicações do protagonista. O círculo central, delimitado pelos participantes, constitui o palco, que aos poucos é preenchido por objetos simbolizando elementos do cenário onde ocorrerá a cena. Por exemplo, uma cadeira da sala de psicodrama pode representar uma cama, um sofá, uma pia de cozinha, um carro, um caixão etc. O cenário pode ser a sala de jantar, o quarto de dormir, uma sala de parto, uma cela, o céu etc. Qualquer objeto ou lugar pode ser imaginado e colocado na cena psicodramática.

Podem ser utilizadas técnicas auxiliares do psicodrama, como o *choque psicodramático*, que consiste em solicitar a um paciente que se situe novamente em uma vivência psicótica (alucinatória/delirante) significativa para ele, enquanto essa experiência está ainda viva em sua memória. "Não se lhe pede que a descreva; ele deve representá-la e o faz."[25] Trata-se de um procedimento psicodramático que busca reconduzir um paciente que saiu de um surto psicótico para uma segunda psicose, agora experimental, no ambiente protegido da dramatização, a fim de ajudá-lo a compreender esse quadro.[21] Qualquer uma das técnicas do repertório psicodramático pode vir a ser usada, ou então o diretor pode criar alguma, em função da necessidade da dramatização.

Para Yalom[26], "o término é mais do que um ato significativo do final da terapia; é a parte integral do processo terapêutico e, quando adequadamente compreendido e administrado, pode constituir um importante fator para a realização de mudanças". Para Moreno[25], nessa etapa os pacientes alcançam um novo tipo de catarse, uma "catarse de grupo". Aos poucos, a catarse pode alcançar todos os presentes. Esse processo possibilita ainda que o diretor identifique membros do grupo que ainda estão emocionados e aquecidos e lhes proporcione apoio e, por vezes, pequenas dramatizações, centradas no foco da emoção mobilizada. Estimulo os participantes a trabalharem com o médico que os assiste na enfermaria as questões levantadas no psicodrama.

Quase sempre, nessa etapa, o grupo se mostra completamente organizado, diferentemente do início da sessão. Pode-se afirmar que é outro grupo, resultante desse trabalho psicodramático. Alguns residentes de psiquiatria e aprimorandos de psicologia ou terapia ocupacional que participaram do grupo mencionaram que aquele nem parecia um grupo de psicóticos internados, mas mais se assemelhava a um grupo de pacientes neuróticos e sem patologia psicótica, como os que existem no ambulatório ou que participavam de suas próprias psicoterapias.

Muitas vezes, na enfermaria, depois de realizar dramatizações com pacientes psicóticos, percebemos a diminuição da intensidade dos sintomas. Em alguns casos, o surto psicótico chega a remitir – principalmente quando os fatores psicogenéticos são os essenciais para a gênese do transtorno mental.

Vieira[27] escreve que, com as técnicas psicodramáticas, procura-se transformar o drama interior do psicótico em um drama exterior mais "leve" e operacionalizável. Zerka Moreno salienta que, no palco psicodramático, o paciente psicótico é encorajado a dar substância ao seu mundo, encenar sua forma e percebê-lo. Os membros do grupo podem participar desse "mundo alucinatório" e, por isso, tal mundo passa a ser menos ameaçador. Essa relação entre paciente e grupo e entre o grupo e o "mundo alucinatório" é o agente terapêutico.[28]

Valcarce[29], que aplica o psicodrama em uma unidade de pacientes psiquiátricos agudos no Hospital Psiquiátrico Nacional em Leganés (Madrid) escreve que o psicodrama é um elemento que possibilita ao paciente entender sua crise e aceitá-la como algo próprio, em oposição ao paciente tratado somente com psicofármacos, que tende a viver a crise como alheia a si, estranha e de origem inexplicável. Por isso, sente-se vulnerável e, a qualquer momento, pode apresentar os sintomas que se constituirão no surto psicótico. Assim, fica inseguro, estigmatiza-se e isola-se dos outros e do mundo, comprometendo sua capacidade de relacionamento e seu pragmatismo.

Psicodrama na reabilitação psicossocial

No IPq-HCFMUSP, passou a funcionar em abril de 1996 o Centro de Reabilitação e Hospital-Dia (CRHD). No CRHD, apliquei o psicodrama aos pacientes que participaram do programa de reabilitação psicossocial até o ano de 2008, quando parei de exercer minhas atividades no IPq.[21]

O CRHD oferece um tratamento amplo para pacientes com transtorno mental grave e prolongado (TMGP), que necessitam de uma atenção mais intensiva e coordenada, como alternativa à hospitalização total. Além de servir como transição entre o hospital e a comunidade, trata-se de um programa de reabilitação psicossocial.[21]

A população atendida no CRHD é composta de adultos de ambos os sexos com diferentes transtornos psiquiátricos, todos portadores de TMGP. A maioria dos pacientes é constituída por psicóticos com grave comprometimento psicossocial, e predominam pacientes com diagnóstico de esquizofrenia residual, a maior parte deles com pragmatismo comprometido e com sintomas negativos.[21]

No programa do CRHD, são realizadas várias atividades em grupo, como grupo de cidadania, de conscientização, de terapia ocupacional, de literatura, de atividade física, de desenho e pintura, de musicoterapia, de vídeo, de psicoterapia verbal e de psicodrama.[21]

Grupo de psicodrama com pacientes portadores de transtorno mental grave e prolongado

O psicodrama faz parte do programa de atividades do CRHD e é realizado 2 vezes/semana, em sessões de 1 h 30 min de duração. Como a permanência no programa do CRHD é de cerca de 6 meses, os grupos têm características diferentes dos grupos de enfermaria, nos quais a permanência do paciente é muito mais curta. Aqui, é possível realizar o psicodrama também como um processo, pois há continuidade na abordagem dos assuntos levantados de uma sessão para outra. Por isso, nem sempre utilizo dramatizações. Algumas vezes trabalho de modo verbal, outras vezes com trabalhos dramáticos grupais, utilizando jogos dramáticos, sociodramas, *role playing* ou psicodrama tradicional com protagonista.

Na etapa de aquecimento, no início da sessão de psicodrama, faço perguntas a cada paciente sobre seu estado ou a respeito de algum tema relatado ou trabalhado em sessão anterior, ou ainda sobre a convivência no CRHD. O tema que despertar o maior interesse do grupo será o trabalhado na sessão, podendo ser desde um tema geral, com a participação de todos, até uma sessão centrada em um protagonista, ou até uma sessão que verse sobre o tratamento, sobre aspectos da doença mental ou sobre os medicamentos utilizados.

Como a maioria dos pacientes apresenta sintomas negativos e tem suas habilidades comprometidas, assim como seu pragmatismo, realizo a sessão de maneira bastante diretiva.

Em uma das sessões em que a apatia e a falta de assunto predominavam, propus ao grupo uma dramatização: todos estavam em um barco, que bateu em uma pedra, furou o casco e estava afundando como o Titanic, então eles teriam que se organizar para que se salvassem. Eu os estimulava com comandos como "vocês têm pouco tempo, a água já invadiu todo o barco e ele vai virar e afundar"; os mais ativos tomavam iniciativas, comandando os mais apáticos. O clima era de descontração, faziam piadas, davam risada. O navio afundou, pegaram um bote salva-vidas e então tiveram que se organizar para a sobrevivência; pescando, armazenando água da chuva e remando até encontrar um porto seguro e um socorro. Esse tipo de dramatização, bastante simples, contribui para a integração grupal e a melhora da apatia, com consequente melhora do pragmatismo e do ânimo, fazendo com que os pacientes se sintam mais capazes de superar suas dificuldades.

Em outras sessões, trabalho com a técnica do *role playing* para habilidades: situações do cotidiano, entrevistas de emprego, situações de "paquera", timidez para conhecer pessoas, travessia de ruas, reencontro com parentes e amigos após a alta hospitalar, preconceito e estigma em relação à doença mental, insegurança na locomoção pela cidade, valor e uso de bens e dinheiro etc. Em outras sessões, ainda, trabalhamos a doença mental e seus sintomas, como alucinações ou delírios, fobias e obsessões, apresentados na fase aguda da doença ou persistentes.

Na terceira etapa da sessão, os pacientes compartilham no grupo pensamentos, emoções e situações de vida levantados pela dramatização.

Grupo de psicodrama com familiares e pacientes

Uma vez ao mês, eu realizava, no CRHD, um psicodrama no qual reuníamos familiares e pacientes em um grande grupo, objetivando discutir aspectos da convivência familiar e compartilhar dificuldades comuns, além de fornecer informações sobre a doença mental, os medicamentos utilizados no tratamento, sua importância, sua ação e seus efeitos colaterais.

A inclusão dos familiares de pacientes é importante no processo de reabilitação psicossocial. É quando se tem a oportunidade de tratar no "*aqui e agora*" os conflitos familiares, além de possibilitar o entendimento da doença e da formação dos sintomas no contexto da história de vida do paciente. Esse trabalho pode desmistificar o sintoma, fazendo com que perca sua importância tanto para o paciente como para seus familiares, além de atuar nas famílias, que, inadvertidamente, contribuem para a manutenção da doença por meio do clima criado pela alta emoção expressada.

Para o trabalho com esse grande grupo, utilizo a sala de estar, um enorme saguão de cerca de 150 m^2, onde os pacientes realizam atividades e descansam. Compareciam pais e/ou irmãos de quase todos os participantes do programa de reabilitação, resultando em um grupo com mais de 60 pessoas. Os pacientes sentam-se, em círculo, ao lado de seus familiares.

Costumo iniciar a sessão perguntando sobre o relacionamento familiar: como estão passando, como cada um dos membros está com o outro, como vai a convivência em casa, se têm alguma proposta de trabalho para a sessão etc.

Na etapa de aquecimento, é comum ouvirmos queixas dos familiares em relação a comportamentos que atrapalham a convivência: paciente que não quer levantar da cama, que perde a hora, que tem preguiça de tudo, que toma muito café e fuma exageradamente, que não ajuda nas tarefas da casa, que não quer tomar o remédio etc. Outros falam da evolução do paciente. Às vezes, ainda, os pacientes queixam-se de seus familiares, que os prendem muito em casa, que não os deixam sair, que ficam o tempo todo "em cima", que os chamam de preguiçosos e vagabundos. Queixas existem dos dois lados, pois a convivência com o doente costuma ser difícil, assim como a convivência dos pacientes com os familiares. Alguns vivem uma realidade particular, diferente daquela compartilhada pelos membros da família, o que os leva a desentendimentos.

São criticados por apresentar comportamentos bizarros e não entendidos ditados pelas alucinações, pelos delírios ou por maneirismos. Outros apresentam alterações de pensamento, o que torna seu discurso ininteligível, resultando na incompreensão e em conflitos familiares. Da mesma maneira, surgem sentimentos de rejeição e críticas em relação à maneira como o paciente se comporta em casa.

O sintoma representa o modo como a doença se apresenta. Assim, o paciente com muitos sintomas é visto apenas como uma doença, muito mais que como uma pessoa com características pessoais e singularidades.

A dramatização, por si só, já estimula aspectos críticos quanto à doença. Outros grupos familiares que vivenciam situações semelhantes ficam muito atentos, por vezes até mesmo interferindo com contribuições. A dramatização exerce para os familiares um papel explicativo, estabelecendo o nexo do sintoma com a vida do paciente.

Os vários grupos familiares participantes desse grande grupo compartilham dificuldades com a família protagonista, e muitos pacientes têm a sensação de finalmente serem compreendidos. Procuramos dramatizar em todas as sessões, pois a dramatização tem força e estimula a participação de todos.

Os familiares no grupo solicitam também informações sobre a doença, sobre seu curso e principalmente sobre o tratamento e o prognóstico. Todas essas questões são discutidas em relação a situações reais, a casos concretos vivenciados pelos familiares e pelos pacientes.

Utilizo o método psicodramático montando também cenas que retratem a convivência, como a hora da refeição, com a família à mesa, a hora de assistir à televisão, com todos na sala etc.

O psicodrama oferece a possibilidade de trabalhar relacionamentos e conflitos familiares, além de possibilitar que cada membro da família experimente o papel do outro e até mesmo tenha uma ideia aproximada do que é vivenciar a doença mental.

Avaliações

Venho aplicando o psicodrama no tratamento com pacientes internados desde 1972, e, ao longo desse tempo, observo sua contribuição para o tratamento dos pacientes psiquiátricos.

Essa avaliação é subjetiva, pois vem de minha observação e das observações de outros profissionais de saúde participantes da equipe do psicodrama nas enfermarias psiquiátricas. Os próprios pacientes também avaliam o tratamento e, na maioria das vezes, enfatizam que o psicodrama contribuiu para sua melhora, para a compreensão da doença e para assumir o tratamento como uma necessidade.[21]

Não estabeleci avaliação com grupo-controle pois todos os pacientes internados podem participar do psicodrama, não havendo a possibilidade de pensar a evolução do paciente, na enfermaria, sem essa participação. Além do psicodrama na enfermaria, o paciente é submetido a diversas outras intervenções terapêuticas: entrevistas individuais diárias com o médico, tratamento farmacológico ou biológico, terapia ocupacional, grupo operativo, entrevistas conjuntas com familiares ou qualquer outra intervenção que seja necessária. Então, avaliar isoladamente o resultado do psicodrama realizado na enfermaria não é possível, pois várias outras intervenções terapêuticas são realizadas simultaneamente.

Acompanho o resultado do psicodrama por meio da evolução da doença, observando o comportamento dos pacientes e a maneira como se relacionam na enfermaria, e por meio das supervisões dos residentes que cuidam dos pacientes internados. Outras vezes, entrevisto, durante a semana, o paciente que foi protagonista, avaliando o resultado em termos do entendimento de sua doença, de seus sintomas, da compreensão que teve da sessão de psicodrama e da evolução de seu quadro psiquiátrico.

Se o paciente que foi protagonista ainda permanecer internado na semana seguinte à sua sessão de psicodrama, solicito que conte na sessão seguinte sua experiência e o que pensou a respeito de sua dramatização.

Alguns pacientes, após a alta hospitalar, mostram interesse em comparecer às sessões de psicodrama. Outros não retornam, e por vezes seu médico de ambulatório conta sobre sua evolução; outros são reinternados; e de outros, ainda, nunca mais se sabe.

O psicodrama contribui também para o estabelecimento de um ambiente amistoso na enfermaria e para uma continência afetiva para quem necessita dela. Os comportamentos agressivos se tornam exceção e a agitação psicomotora restringe-se a poucos pacientes, principalmente aos recém-internados. O paciente que foi protagonista de uma das sessões de psicodrama e que teve seu quadro psicótico compreendido passa a receber maior atenção e carinho tanto de seus companheiros de enfermaria como da equipe multiprofissional que trabalha nesse setor. Há também na enfermaria uma continência maior para pacientes com conduta bizarra ou outros distúrbios, ou seja, tanto a equipe de enfermaria como a maioria dos pacientes passam a ter maior tolerância para com as alterações de conduta e o relacionamento inadequado dentro da enfermaria. A sessão de psicodrama pode ser o único tipo de psicoterapia a que o paciente internado tem acesso.

Não aferi dados por meio de resultados estatísticos, mas a prática desse processo tem credibilidade junto aos pacientes, aos residentes e aos médicos da enfermaria e do Serviço de Psiquiatria.

Referências bibliográficas

1. Postel J, Quétel C, coordenadores. Nueva historia de la psiquiatría. Ciudad de México: Fondo de Cultura Económica; 2000.
2. Ramadan ZBA. Psicoses vinculadas: estruturas psicopatológicas inaparentes. Temas. 1978;8(15):11-13.
3. Organização Mundial da Saúde. Classificação de transtornos mentais e de comportamento da CID-10: descrições clínicas e diretrizes diagnósticas. Porto Alegre: Artmed; 1993.
4. American Psychiatric Association. Manual diagnóstico e estatístico de transtornos mentais (DSM-5). 5. ed. Porto Alegre: Artmed; 2014.
5. Fonseca J. Psicoterapia da relação: elementos de psicodrama contemporâneo. São Paulo: Ágora; 2000.
6. Sonenreich C, Estevão G. O que os psiquiatras fazem: ensaios. São Paulo: Casa Editorial Lemos; 2007.
7. Martín EG. Psicologia do encontro: J.L. Moreno. São Paulo: Ágora; 1996.
8. Bustos DM. Novos rumos em psicodrama. São Paulo: Ática; 1992.
9. Naffah AN. Psicodrama: descolonizando o imaginário. São Paulo: Brasiliense; 1979.
10. Wolff JR. Sonho e loucura. São Paulo: Ática; 1985.
11. Moreno JL, Moreno ZT. Psicodrama: terapia de ação & princípios da prática. São Paulo: Daimon; 2006.
12. Moreno ZT. Psychodramatic rules techniques, and adjunctive methods. Group Psychotherapy. 1969;22:213-9.
13. Blatner A, Blatner A. Uma visão global do psicodrama: fundamentos históricos, teóricos e práticos. São Paulo: Ágora; 1996.
14. Fonseca EM. Bibliografia brasileira corrente: evolução e estado atual do problema. Ci Inf. 1972;1(1):9-14.
15. Fonseca Filho JS. Psicodrama da loucura: correlações entre Buber e Moreno. São Paulo: Ágora; 1980.
16. Silva Filho LMA. Psicograma: utilização do desenho em psicoterapia psicodramática. Temas. 1981;21:101-27.
17. Moreno JL. El psicodrama: terapia de acción y principios de su práctica. Buenos Aires: Hormé; 1995.
18. Mascarenhas P. Multiplicação dramática. Rev Bras Psicodrama. 1996;4(1):13-21.
19. Kellermann PF. O psicodrama em foco e seus aspectos terapêuticos. São Paulo: Ágora; 1998.
20. Bustos DM. Psicoterapia psicodramática. Buenos Aires: Paidós; 1975.
21. Silva Filho LMA. Transtornos psicóticos na visão do psicodrama. In: Payá R, organizadora. Intercâmbio das psicoterapias: como cada abordagem psicoterapêutica compreende os transtornos psiquiátricos. São Paulo: Roca; 2011. p. 310-26.
22. Kanas N. Group therapy for schizophrenic patients. Washington, DC: American Psychiatric Press; 1996. (Clinical Practice Series).
23. Dies RR. Investigación en psicoterapia de grupo: perspectiva general y aplicaciones clínicas. In: Alonso A, Swiller HI. Psicoterapia de grupo en la práctica clínica. Ciudad de México: Manual Moderno; 1995. p. 463-507.
24. Saks JM. Psicodrama. In: Kaplan HI, Sadock BJ, organizadores. Compêndio de psicoterapia de grupo. 3. ed. Porto Alegre: Artmed; 1996. p. 180-91.
25. Moreno JL. Psicoterapia de grupo e psicodrama. São Paulo: Mestre Jou; 1974.
26. Yalom ID. The theory and practice of group psychotherapy. 4. ed. New York: Basic Books; 2000.
27. Vieira R. Histórias de vida e identidades: professores e interculturalidade. Porto: Edições Afrontamento; 1999.
28. Moreno AR. Wittgenstein: os labirintos da linguagem: ensaio introdutório. São Paulo/Campinas: Moderna/Editora Unicamp; 2000.
29. Valcarce AP. El psicodrama en la unidad de agudos del hospital psiquiátrico: aspectos técnicos diferenciales. Informaciones Psiquiátricas. 1984;95:75-82.

Bibliografia

Aguiar M. O teatro terapêutico: escritos psicodramáticos. São Paulo: Papirus; 1990.
Alexander FG, Selesnick ST. História da psiquiatria: uma avaliação do pensamento e da prática psiquiátrica desde os tempos primitivos até o presente. 2. ed. São Paulo: Ibrasa; 1976.
Almeida WC. Conceitos fenomenológicos e existenciais na teoria e na prática do psicodrama [dissertação de mestrado]. São Paulo: Faculdade de Medicina da Universidade de São Paulo; 1981.
Almeida WC. Psicoterapia aberta: formas do encontro. São Paulo: Ágora; 1988.
Battegay R. Psychotherapy of schizophrenics in small groups. Int J Group Psychother. 1965;15(3):316-20.
Bettarello SV, Greco F, Silva Filho LMA, Silva MCF. Fundamentos e prática em hospital-dia e reabilitação psicossocial. São Paulo: Atheneu; 2008.
Espina Barrio JA. La práctica del psicodrama en las instituciones. Informaciones Psiquiátricas. 1986;106:355-60.
Espina Barrio JA. Psicodrama: nacimiento y desarrollo. Salamanca: Amarú; 1995.
Fonseca Filho JS. Ainda sobre a matriz de identidade. Rev Bras Psicodrama. 1996;4(2):21-34.
Fonseca Filho JS. Psicoterapia da relação: um psicodrama minimalista. Temas. 1991;21(40/41):113-25.
Goffi Jr FS. Sessões abertas de psicoterapia: os benefícios do ponto de vista do público. In: Fonseca Filho JS. Psicoterapia da relação: elementos de psicodrama contemporâneo. São Paulo: Ágora; 2000. p. 323-37.

Gonçalves CS, Wolff JR, Almeida WC. Lições de psicodrama: introdução ao pensamento de J. L. Moreno. São Paulo: Ágora; 1988.
Holmes P, Karp M, Watson M, organizadores. O psicodrama após Moreno: inovações na teoria e na prática. São Paulo: Ágora; 1999.
Holmes P. A exteriorização do mundo interior: o psicodrama e a teoria das relações objetais. São Paulo: Ágora; 1996.
Holmes P. Psicodrama clássico: uma revisão. In: Holmes P, Karp M, organizadores. Psicodrama: inspiração e técnica. São Paulo: Ágora; 1992. p. 27-34.
Kadis AL. Psicoterapia de grupo. 3. ed. São Paulo: Ibrasa; 1976.
Kanas N. Group therapy with schizophrenic and bipolar patients: integrative approaches. In: Schermer VL, Pines M, editors. Group psychotherapy of the psychoses: concepts, interventions and contexts. London: Jessica Kingsley; 1999. p. 129-47.
Kibel HD. Inpatient group psychotherapy. In: Alonso A, Swiller HI, editors. Group therapy in clinical practice. Washington, DC: American Psychiatric Press; 1993. p. 93-112.
Klein RH. Inpatient group psychotherapy: practical considerations and special problems. Int J Group Psychother. 1977;27(2):201-14.
Marineau RF. Jacob Levy Moreno 1889-1974: pai do psicodrama, da sociometria e da psicoterapia de grupo. São Paulo: Ágora; 1992.
Moreno JL. Las bases de la psicoterapia. Buenos Aires: Hormé; 1967.
Moreno JL. Psicodrama. 2. ed. São Paulo: Cultrix; 1968.
Moreno JL. Psychodramatic treatment of psychoses. New York: Beacon House; 1945. (Psychodrama Monographs, v. 15).
Ramadan ZBA. Esboço de uma fenomenologia do psicodrama. Psicodrama. 1970;1(1):41-46.
Sadock BJ, Sadock VA. Compêndio de psiquiatria: ciência do comportamento e psiquiatria clínica. 9. ed. Porto Alegre: Artmed; 2007.
Silva Filho LMA, Lima MOB, Kato ES. Grupo de psicodrama em um hospital psiquiátrico: descrição de uma experiência. Temas. 1982;12(22):107-14.
Silva Filho LMA. Doença mental, um tratamento possível: psicoterapia de grupo e psicodrama. São Paulo: Ágora; 2011.
Silva Filho LMA. Psicodrama na enfermaria psiquiátrica [dissertação de mestrado]. São Paulo: Iamspe; 2000.
Silva Filho LMA. Técnicas exclusivas para psicóticos. In: Monteiro RF, organizadora. Técnicas fundamentais do psicodrama. 2. ed. São Paulo: Ágora; 1998. p. 102-11.
Sonenreich C, Estevão G, Silva Filho LMA. Psiquiatria: notas, propostas e comentários. São Paulo: Lemos; 1999.
Sonenreich C, Estevão G. O que psiquiatras fazem. 2. ed. São Paulo: Leitura Médica; 2012.
Vinogradov S, Yalom ID. Manual de psicoterapia de grupo. Porto Alegre: Artmed; 1992.
Williams A. Temas proibidos: ações estratégicas para grupos. São Paulo: Ágora; 1991.
Wollf JRAS. Onirodrama: contribuição ao estudo dos sonhos em psicoterapia psicodramática [dissertação de mestrado]. São Paulo: Faculdade de Medicina da Universidade de São Paulo; 1981.
Yalom ID. Inpatient group psychotherapy. New York: Basic Books; 1983.

38 Dependência Química e Psicodrama

Diego Amadeu Batista Bragante

Introdução

Após assistir a uma palestra de Márcia Karp, terapeuta inglesa, recebi um convite dela para trabalhar como seu ego auxiliar em uma clínica de dependentes químicos de heroína, localizada ao norte de Bergen, na Noruega. Aceitei o convite prontamente. O objetivo do estágio era acompanhar pacientes que já estavam "limpos" havia mais de 2 anos, além da equipe que trabalhava na clínica. Esse foi o meu primeiro contato com o tema.

Lembro-me até hoje, com muita emoção, das dramatizações com pacientes e equipe. Foi nesse estágio que escolhi trabalhar com dependentes químicos. Na volta ao Brasil, percebi que, infelizmente, poucos profissionais do psicodrama trabalhavam especificamente com dependentes químicos, o que causava uma deficiência bibliográfica sobre o tema.

Neste capítulo, será descrito, de maneira simples e prática, o modo como trabalho com meus pacientes, internados ou não. A discussão do tema é feita a partir do aporte teórico moreniano, em que o ser humano é visto sob a perspectiva da fenomenologia existencial, segundo a qual ele se constrói nas suas relações com outros indivíduos e com o mundo.

Ser em relação

Moreno entende o ser humano como um ser em relação, que tem como recursos inatos a espontaneidade, a criatividade e a sensibilidade. Para ele, o ser humano se constitui, vive e se transforma a partir das relações com os outros e consigo e, portanto, deve ser compreendido como tal. Ainda segundo Moreno, o ser humano é um indivíduo social porque nasce em sociedade e necessita dos outros para sobreviver. A relação entre as pessoas constitui, então, o eixo fundamental da teoria moreniana.

A dependência química pode ser explicada, principalmente, de três maneiras: por meio da genética, do átomo social do paciente e de uma comorbidade de papéis. A justificativa acerca da genética não será abordada neste capítulo por se tratar de uma abordagem mais médica que psicológica do problema.

Átomo social

Quanto ao átomo social, Moreno o define como:

> um núcleo de todos os indivíduos com que uma pessoa está relacionada emocionalmente e que, ao mesmo tempo, estão relacionados com ela. Compreende-se como um núcleo mínimo de um padrão interpessoal emocionalmente acentuado no universo social. O Átomo Social alcança tão longe quanto a própria tele chega a outras pessoas.

Outro modo como Moreno define átomo social é "a configuração social das relações interpessoais que se desenvolvem desde o instante do nascimento". Esse átomo engloba a mãe, inicialmente, e a criança progressivamente, estendendo-se às pessoas que entram no círculo de familiares da criança, que lhe são agradáveis ou desagradáveis ou, ao contrário, a quem ela é agradável ou desagradável. Hoje, o modo mais simples de explicar isso é fazer um paralelo com as ferramentas modernas de interação social virtual, como o Facebook. O átomo social seriam todas as pessoas que você adicionou ao seu grupo de amigos. Contudo, no átomo social, você incluiria também todos aqueles com quem convive, mas não tem necessariamente afinidades, ou mesmo aqueles de quem não gosta.

Existem fatores importantes referentes ao átomo social no tratamento do dependente químico. É por meio dele que podemos demonstrar ao indivíduo o quanto sua dependência muda a dinâmica familiar, o quanto as pessoas ao seu redor sofrem ao vê-lo preso a uma substância e como a sua vida afetiva é prejudicada. Para tal tarefa, uso diversos jogos dramáticos, dois dos quais exemplificarei aqui.

O primeiro jogo tem o nome de *átomo social no papel*. Nesse jogo, que pode ser trabalhado em grupo ou em terapia bipessoal com pacientes internados ou não, entrego uma folha de papel em branco para o paciente e peço que ele faça um desenho de suas relações afetivas, colocando-se no centro e, ao redor, as pessoas com quem convive, gostando ou não delas. Ressalto que é importante a distância entre o paciente e as pessoas, pois é por meio dela que ele nos mostrará seu nível de relação. Não importa a distância física, mas sim a distância afetiva. Sempre dou o exemplo de que posso ter um amigo morando em Londres com quem falo bastante e de quem me sinto muito próximo e, ao mesmo tempo, ter um irmão no quarto ao lado com quem não divido nada de minha vida e estou muito bravo. O amigo estaria desenhado próximo a mim e o irmão, mais longe.

Em um segundo momento, peço que incluam nesse átomo social animais, pessoas que faleceram, mas ainda estão presentes em sua vida, e instituições (igreja, sinagoga, faculdade, escola, clube etc.). Assim, posso trabalhar também como a droga ilícita influencia seu relacionamento com o mundo, afastando-o de suas obrigações acadêmicas, esportivas ou mesmo religiosas.

O terceiro passo do exercício é o que chamo de ação e reação. A instrução ao paciente é: quero que você escolha três lápis de cor; uma cor para representar relação ruim, uma cor para relação neutra e outra para relação boa. Com essas cores, faça duas flechas, uma na sua direção e uma na direção do outro. (Lembro o paciente de que podemos estar bravos com alguém que não esteja bravo conosco e vice-versa.) Com esse passo, posso analisar como estão as relações de meus pacientes.

A quarta etapa é pedir que o paciente desenhe uma garrafa em cima das pessoas que fazem uso abusivo ou costumeiro de álcool e escreva um D, de drogado*, em cima das pessoas que usam drogas ilícitas esporádica ou frequentemente. Dessa maneira, posso trabalhar o quanto a droga e o álcool fazem parte da vida do paciente.

O quinto e último passo é discutir o desenho com o paciente, ou com o grupo de pacientes. Primeiro, pergunto ao paciente o que ele vê; assim, tento implicá-lo o máximo possível no seu próprio tratamento. Depois, faço uma leitura do que vejo, referente ao estado das relações sociais e institucionais, e questiono o quanto a droga está presente e como ela influencia essas relações.

Quando trabalho em grupo, acrescento o passo de comparar os átomos sociais. Isso pode mostrar como a droga não atrapalha só o indivíduo em questão, mas todos que fazem parte de seu círculo – direta ou indiretamente –, em suas relações sociais e institucionais. Esse exercício serve também como aquecimento para futuras sessões, pois os pacientes tendem a falar sobre fatos ocorridos em sua vida quando explicam seu átomo social.

O segundo exercício que uso com muita frequência é o *no lugar do familiar*, inspirado na teoria de jogo de papéis de Moreno: "quando um indivíduo assume o papel de médico, de policial, de vendedor, ou o papel de seu pai ou de sua mãe, para 'aprender' como eles funcionam nessas situações, chamamos isso de jogo de papéis".[1] Esse jogo também pode ser praticado em grupo ou em terapia bipessoal com pacientes internados ou em consultório.

A primeira instrução desse jogo é pedir que o paciente, com os olhos fechados (alguns pacientes, principalmente no início do tratamento, não conseguem fechar os olhos; nesses casos, peço que olhem para baixo), inicie um inventário das pessoas que têm importância em sua vida. Então, digo: "Com todas as pessoas importantes em sua cabeça, quero que escolha apenas uma. Lembre quantos anos essa pessoa tem. Para que time ela torce? Em que partido ela vota?". Essas, entre outras perguntas, possibilitam que o paciente forme uma boa ideia da pessoa que ele escolheu. As próximas instruções têm o intuito de fazer com que o paciente entre no papel. Questiono se o paciente se lembra do modo como a pessoa escolhida fala, que palavras ela usa e o modo como se senta. Então, continuo: "Agora, você vai virar essa pessoa. A partir do momento em que abrir os olhos, você será a pessoa escolhida!". Quando trabalho em grupo, nesse momento da atividade, separo uma cadeira para que o paciente se sente como sua pessoa escolhida, a fim de ser entrevistado por mim e pelo grupo. O grupo passa a desempenhar os papéis de "médicos" e "psicólogos" questionadores.

Sempre começo a entrevista reforçando o papel escolhido pelo paciente, perguntando: "Qual é o seu nome? Quantos anos tem? Por que o paciente está aqui?". Isso é muito importante, pois asseguro uma entrevista com a "pessoa escolhida", e não com o próprio paciente. Esse distanciamento de si mesmo torna mais fácil falar sobre

---

* Nesse caso, uso a palavra "drogado" porque acredito ser de maior impacto que "dependente químico", além de possivelmente suscitar uma discussão sobre o uso esporádico de drogas ilícitas, tema importante na manutenção da abstinência.

seus defeitos e dificuldades, além de promover uma visão mais ampla da relação entre o paciente e a pessoa escolhida.

Sigo com perguntas sobre a vida do paciente, seus relacionamentos, o que as pessoas pensam dele, seus defeitos e suas qualidades e o que faz da vida, com o intuito de obter informações sobre o paciente e possibilitar que ele faça o mesmo sobre si próprio. Assim, pode ter uma ideia melhor de como se relaciona com seu átomo social e pensar em uma maneira mais espontânea e criativa de lidar com as pessoas e com a substância. De acordo com Naffah Neto[2], "a dramatização tem por finalidade levar o indivíduo a uma expressão espontânea e criativa, que possibilite a recriação dos papéis rigidamente desempenhados na situação real, análoga à da representação".

É importante ressaltar que, em grupo, temos de tomar cuidado com a vitimização do paciente e com conselhos que o grupo possa querer passar para ele "por intermédio" de seu escolhido. Isso tem muito pouco de terapêutico e passa a ser uma "aulinha" de autoajuda.

Esses dois exemplos demonstram de que modo uso o psicodrama para trabalhar o átomo social com dependentes químicos. O átomo social também tem muita importância na manutenção da abstinência do paciente. Falarei sobre esse aspecto mais adiante neste capítulo.

Comorbidade de papéis

Outro aspecto muito importante para o trabalho em psicodrama com dependentes químicos refere-se à comorbidade de papéis. Para se entender o que é isso, é preciso, primeiro, entender o conceito de papel no psicodrama.

Uma definição de papel que aparece na obra de Moreno é: "o papel é a forma de funcionamento que o indivíduo assume no momento específico que reage a uma situação específica, na qual outras pessoas ou objetos estão envolvidos".[3] Ele complementa: "o papel pode ser definido como uma unidade de experiência sintética em que se fundiram elementos privados, sociais e culturais".[3] Ou seja, papel é a menor unidade do ser.

Após anos de trabalho como psicoterapeuta em consultório, clínica e casa de detenção, percebi que, em alguns pacientes, um papel acabava por "colar" em outro. Um exemplo disso são algumas viúvas cujo papel de mulher-amante está unido ao papel de mulher-esposa: como o papel de esposa está "morto", o papel de amante também morre, o que dificulta a possibilidade de uma nova relação amorosa ou sexual. Outro exemplo é o papel de homem-provedor colado ao de homem-amante. Quando o homem perde seu emprego e, com isso, a possibilidade de prover o sustento de sua parceira ou sua família, apresenta também dificuldades no papel de amante, chegando, em alguns casos, a não conseguir manter a ereção e a relação sexual com sua parceira.

No caso do dependente químico, percebo que o papel de dependente também se cola a alguns papéis. Já o observei colado aos papéis de macho, malandro, amigo, torcedor de futebol, divertido, amante, entre outros. Assim, o dependente reluta em deixar o vício para não perder papéis que lhe são gratos.

A esse fenômeno de dois papéis colados, impossibilitando sua atuação saudável, criativa e espontânea, dei o nome de comorbidade de papéis.

A função do psicoterapeuta, quando detecta a comorbidade de papéis em um de seus pacientes, é trabalhar como uma cunha para separá-los e promover seu desempenho saudável. Assim, no caso do dependente químico, ele pode deixar de ser usuário para, por exemplo, ser "divertido".

Psicodrama interno

Para me auxiliar no trabalho de "cunha", lanço mão de uma técnica chamada psicodrama interno. Essa técnica consiste em dramatizar dentro de sua própria mente, isto é, toda a ação dramática toma como palco a própria cabeça do paciente, na qual serão montadas as cenas, os cenários e as inversões de papel. Um dos psicodramas internos que uso é recriar as cenas de lazer realizando-as sem o uso da substância de abuso de escolha do paciente.

No início do processo, falo para o paciente assumir uma posição confortável, caso o local da sessão comporte. Proponho que se deite.

Essa abertura do psicodrama interno com um relaxamento corporal objetiva desligar o paciente do mundo exterior, o que auxilia a conexão com seu mundo interior. Isso, no psicodrama, tem o nome de aquecimento. De acordo com Aguiar:[4]

> O aquecimento é apresentado, em geral, como a primeira fase de uma sessão. Todo diretor sabe, entretanto, que ele é mais do que isso, porque na medida em que é condição sine qua non para o ato espontâneo, constitui uma necessidade permanente, ao longo de todo o trabalho.

Um exemplo de relaxamento corporal é pedir que o paciente comprima uma parte do corpo por vez e, depois, a relaxe. Inicio pelo pé e trabalho no sentido da cabeça, comprimindo e relaxando pé, joelho, coxa, períneo, abdome, mãos, braços, ombros, boca, face e, por fim, o corpo todo, de uma só vez.

Com o paciente já relaxado, com voz serena, inicio a montagem da cena que trabalharemos no caso. Vale ressaltar a grandeza da cena para o psicodrama. Nas palavras de Massaro[5], "a cena nos desmascara, colocando-nos contra e a favor a nós mesmos". O autor acredita que a cena não é apenas um instrumento importante para a psicoterapia psicodramática, mas seu fundamento primeiro. Pode-se encontrar, na cena, a essência metodológica do psicodrama. Fala-se muito em teoria da técnica, mas qual o objeto que, ao mesmo tempo, é a essência de nossa prática e o ponto de organização de nossas teorias?

A cena a ser trabalhada, nesse caso, é uma em que o paciente se diverte com ou sem o uso de drogas ilícitas. Explora-se a cena de várias maneiras, colocando o paciente no papel de outros personagens, como observador externo etc. Como diriam Araújo et al.:[6]

> A função da representação é esta retomada do vivido no plano simbólico. Na proposta do relato espontâneo para a ação dramática, um ato do passado é evocado e na representação torna-se atual, permitindo o prazer de dominar o real. Esse jogo modifica a dimensão espaço-tempo, mobiliza o corpo e faz presente o imaginário a ser desdobrado. A dinâmica das sessões leva ao encontro e ao confronto de personagens encarnados, os personagens ausentes ganham vida nova, os sentimentos se ampliam e na ação o analisando tem uma fala.

Ou seja, possibilitam-se um novo pensar sobre o uso de drogas ilícitas e um novo modo de sociabilizar e se divertir.

Considerações finais

No trabalho com dependentes químicos usando o psicodrama, é possível usar inúmeros jogos dramáticos e dramatizações. Neste capítulo foram exemplificados aqueles de mais fácil reprodução. Um aspecto muito importante desse trabalho é a razão pela qual dramatizar pode ser favorável. Para alguns não psicodramatistas, a dramatização pode superficializar a discussão.

O entendimento moreniano de uma posição humana de corresponsabilidade favorece que essa atitude também esteja presente nas ações sociátricas. Um espaço terapêutico propício para a ação possibilita a ressignificação das emoções por meio do reconhecimento de seus papéis (lembrando-se de que os papéis são a menor unidade do ser). A entrada na cena torna possível mergulhar em um único papel a cada vez, o que identifica melhor cada um dos papéis que o indivíduo exerce e suas implicações na relação com os outros.

Uma dramatização não é uma produção do psicodramatista que dirige a sessão. A relação terapeuta-cliente beneficia tanto um quanto o outro, cada um dentro do seu papel. Terapeuta e cliente podem, juntos, montar uma cena no "como se" (lugar onde o simbólico toma conta da ação, plano distinto do "como é") e recriar uma situação para se chegar a novas saídas, o que pode facilitar uma catarse de integração ("Onde o eu tem a oportunidade de se reencontrar e se reordenar"[3]), resgatando, assim, a espontaneidade e a criatividade como possibilidades humanas.

Gonçalves[7], enfocando a questão do inconsciente, afirma que, quando conduzida favoravelmente, a dramatização pode ser uma segunda via de acesso ao inconsciente, por seu caráter de expressão do imaginário, possibilitando a manifestação da fantasia. Ela entende que "a atenção ao que é dito permite localizar, na própria fala do cliente, momentos ótimos para se propor a dramatização, partindo-se de uma palavra ou de uma frase-chave, que pode pontuar seu discurso ou escapar de um blá-blá-blá monótono e defensivo".

Ou seja, à medida que o cliente traz uma situação e o terapeuta, junto com ele, a explora e encena, guiando-o e auxiliando-o a percorrer esse caminho que é, ao mesmo tempo, traçado e vivido, cria-se uma experiência conjunta e vivencia-se um processo de cocriação.

Não se trata de repetir uma cena já vivida. Como observa Moreno, toda dramatização é sempre uma primeira vez, pois esta deve ser vivida no *aqui e agora* da ação, possibilitando sair do verbal e entrar em outra dimensão: o drama.

Referências bibliográficas

1. Moreno JL. Psicoterapia de grupo e psicodrama. São Paulo: Editorial Psy; 1993.
2. Naffah Neto A. Psicodrama: descolonizando o imaginário. São Paulo: Plexus; 1997.
3. Moreno JL. Psicodrama. São Paulo: Cultrix; 1997.
4. Aguiar MR. Teatro espontâneo e psicodrama. São Paulo: Ágora; 1998.
5. Massaro G. Esboço para uma teoria de cena: propostas de ação para diferentes dinâmicas. São Paulo: Ágora; 1996.
6. Araújo LRT, Lopes J. O drama em cena. Rev Bras Psicod. 1998;6(2):95-9.

7. Gonçalves CS, Wolff JR, Almeida WC. Lições de psicodrama: introdução ao pensamento de Jacob Levy Moreno. 4. ed. São Paulo: Ágora; 1988.

Leitura complementar

Almeida WC. Conceitos fenomenológicos e existenciais na teoria e na prática do psicodrama [dissertação de mestrado]. São Paulo: Faculdade de Medicina da Universidade de São Paulo; 1981.
Almeida WC. Psicoterapia aberta: formas de encontro. São Paulo: Ágora; 1998.
Bouquet CM, Moccio F, Pavlovsky EA. Psicodrama: cuando y por qué dramatizar. Buenos Aires: Proteo; 1971.
Bustos DM. El psicodrama: aplicaciones de la técnica psicodramática. Buenos Aires: Plus Ultra; 1974.
Bustos DM. Encontro em psicoterapia psicodramática [monografia]. São Paulo: Sociedade de Psicodrama de São Paulo – SOPSP; 1982.
Bustos DM. Psicoterapia psicodramática. Buenos Aires: Paidós; 1975.
Dias VRS. Psicodrama, teoria e prática. São Paulo: Ágora; 1987.
Duran MP. O processo de construção cênica na psicoterapia psicodramática individual bipessoal [monografia]. São Paulo: Sociedade de Psicodrama de São Paulo – SOPSP; 2000.
Fonseca JS. A psicoterapia da relação. São Paulo: Ágora; 2000.
Fonseca JS. Psicodrama da loucura. São Paulo: Ágora; 1980.
Martim EG. Psicologia do encontro: J. L. Moreno. São Paulo: Ágora; 1996.
Menegazzo CM, Tomasini MA, Zuretti MM. Dicionário de psicodrama e sociodrama. São Paulo: Ágora; 1995.
Mezher A. Esboço de uma teoria de cenas [monografia]. São Paulo: Sociedade de Psicodrama de São Paulo – SOPSP; 2005.
Moreno JL. Fundamentos do psicodrama. São Paulo: Summus; 1983.
Moriconi I, organizador. Os cem melhores poemas brasileiros do século. Rio de Janeiro: Objetiva; 2000.
Perazzo S. Ainda e sempre psicodrama. São Paulo: Ágora; 1994.
Perazzo S. Que teoria, de que psicodrama? São Paulo: Sociedade de Psicodrama de São Paulo – SOPSP; 1999.
Santos GS. Ação dramática: seu sentido ético e suas roupagens ideológicas. In: Aguiar M, organizador. J. L. Moreno: o psicodramaturgo. São Paulo: Casa do Psicólogo; 1990.

39 Transtornos Alimentares na Visão do Psicodrama

Mariangela Bicudo

Introdução

Não há como abordar transtornos alimentares sem se pensar nos desafios que a complexidade da doença traz, no que diz respeito tanto à compreensão como ao tratamento. É importantíssimo que o tratamento seja realizado por uma equipe multiprofissional, pois fazem parte do quadro prejuízos orgânicos provocados por desnutrição, compulsões, purgações, enemas e comorbidades psiquiátricas. Acrescenta-se ainda o grande impacto na qualidade de vida tanto dos pacientes quanto das respectivas famílias.

Atualmente, segundo critérios do DSM-5, existem os seguintes transtornos alimentares: pica, transtorno de ruminação, transtorno alimentar restritivo/evitativo, transtorno da compulsão alimentar, anorexia nervosa e bulimia nervosa. Este capítulo apresenta uma breve definição de cada um, mas pretende desenvolver considerações teóricas mais detalhadas em torno dos diagnósticos de anorexia e bulimia, já que toda a experiência clínica da autora concentra-se nesse segmento.

Apesar dos sinais e sintomas, um transtorno alimentar pode ser de difícil identificação, pois os comportamentos e as atitudes dos pacientes em relação a alimentação, prática de exercícios e preocupações com o corpo podem ser socialmente aceitos e até difundidos pela mídia.

Noventa por cento dos casos de anorexia nervosa são encontrados na população feminina. De acordo com o DSM-5, a prevalência desse transtorno é de 0,4% entre jovens do gênero feminino, enquanto, para a bulimia, a prevalência é de 1 a 1,5%.

Embora a maioria dos casos se encontre nessa população, atualmente observa-se um aumento entre indivíduos do gênero masculino.

Em relação às mulheres, sabe-se que há muito elas vêm sendo pressionadas pela busca do corpo perfeito, sendo cada vez mais expostas a modelos esquálidas, atrizes em capas de revista com corpos "malhados" e sem imperfeições, o que reforça a insatisfação com os próprios corpos. Contudo, Pope et al.[1] falam sobre a insatisfação crescente dos homens em relação aos seus corpos como uma epidemia silenciosa. Os autores atribuem esse fato à constante exposição dos homens às imagens de "supermachos", homens musculosos e cada vez mais magros. O resultado de suas pesquisas é a constatação do aumento da preocupação masculina com a imagem corporal, dos rituais secretos de dietas acompanhados de uma grande dificuldade masculina em falar sobre sentimentos e, como consequência, a dificuldade em buscar ajuda. Observa-se que a maioria dos homens que sofrem de distúrbios alimentares se mantém calada, o que levanta a seguinte questão: está havendo um aumento dos distúrbios alimentares na população masculina, ou será que simplesmente estamos nos tornando mais conscientes da existência deles? A pressão pelo corpo ideal, então, persegue hoje todas as pessoas quase como condição básica para a felicidade e o sucesso.

Ressalta-se, contudo, que o fator sociocultural é apenas um dos fatores etiológicos dos transtornos alimentares, já que todos estamos expostos aos mesmos estímulos e nem por isso desenvolvemos um desses distúrbios. Acrescentam-se ainda os fatores genéticos, biológicos, familiares e psicológicos.

Neste capítulo, pretende-se desenvolver uma leitura psicológica desses transtornos por meio da compreensão psicodramática do desenvolvimento psíquico. Ao longo do texto, serão utilizados trechos de casos clínicos, todos femininos e com nomes fictícios.

Critérios diagnósticos

De acordo com o DSM-5:[2]

> transtornos alimentares são caracterizados por uma perturbação persistente na alimentação ou no comportamento relacionado à alimentação que resulta no consumo ou na absorção alterada de alimentos e que compromete significativamente a saúde física ou o funcionamento psicossocial.

A seguir é apresentada uma síntese dos transtornos e de suas principais características:

- Pica: ingestão persistente de substâncias não nutritivas, não alimentares, por pelo menos 1 mês, com gravidade suficiente para merecer atenção clínica. Por exemplo: papel, cinzas, terra, giz, pedra etc. Sua prevalência é pouco estudada, mas é aumentada em indivíduos com deficiências intelectuais. Ocorre em ambos os sexos e pode acontecer com mulheres durante a gestação, mas pouco se sabe a respeito do período pós-gestacional
- Transtorno de ruminação: regurgitação repetida de alimento após ingestão persistindo por um período mínimo de 1 mês. O alimento é trazido de volta à boca após ser ingerido e até parcialmente deglutido sem causar reações de náuseas, ânsia de vômito ou repugnância. Pode ser remastigado e cuspido ou novamente deglutido. Seus dados de prevalência são inconclusivos, mas é comumente encontrado em indivíduos com deficiência intelectual
- Transtorno alimentar restritivo/evitativo: esquiva ou restrição da ingestão alimentar com perda de peso e deficiência nutricional significativas. Há dependência de alimentação enteral ou suplementos nutricionais orais, e ainda interferência marcante no funcionamento psicossocial. Contudo, não há evidências de perturbação na maneira como a forma ou o peso corporal são vivenciados. O impacto na saúde física se assemelha ao encontrado na anorexia nervosa
- Transtorno da compulsão alimentar: episódios recorrentes de compulsão alimentar que devem ocorrer, em média, ao menos uma vez por semana por pelo menos 3 meses. Esses episódios são definidos como a ingestão, em um período determinado (dentro de 2 h), de uma quantidade de alimento definitivamente maior do que a maioria das pessoas consumiria em um mesmo período sob circunstâncias semelhantes. São características desses episódios: comer mais rápido que o usual, comer até sentir-se desconfortavelmente cheio, ingerir grandes quantidades de alimento sem estar com fome e comer sozinho por vergonha do quanto se come. Os episódios são acompanhados de sensação de falta de controle, ou seja, sentimento de não conseguir parar de comer ou controlar o que ou quanto se come e também sentimentos de desgosto sobre si mesmo, depressão e culpa. A compulsão alimentar não está associada ao uso de comportamentos compensatórios inapropriados (vômitos, laxantes etc.)
- Anorexia nervosa: restrição persistente da ingestão calórica; medo intenso de ganhar peso ou engordar, mesmo estando com peso significativamente baixo; perturbação no modo como o próprio peso ou a forma corporal são vivenciados; influência indevida do peso ou da forma corporal na autoavaliação e ausência persistente de reconhecimento da gravidade do baixo peso
- Bulimia nervosa: episódios recorrentes de compulsão alimentar seguidos de comportamentos compensatórios inapropriados a fim de evitar o ganho de peso (vômitos autoinduzidos, laxantes, diuréticos ou outros medicamentos, jejum prolongado e excesso de exercícios físicos). Para fins diagnósticos, esse tipo de comportamento deve ocorrer em média uma vez por semana durante 3 meses. Autoavaliação indevidamente influenciada pela forma e pelo peso corporais.

É importante acrescentar que a anorexia é uma doença egossintônica, isto é, as pacientes anoréxicas em geral não acham que estão doentes ou que há algo errado com sua alimentação ou seu peso; portanto, são resistentes ao tratamento. Já a bulimia é uma doença egodistônica, em que as pacientes reconhecem o sofrimento em relação aos seus comportamentos e sentem necessidade de tratamento.

Contextualização histórica

A literatura vem citando práticas alimentares diversas desde séculos antes de Cristo, mas nem sempre essas práticas tiveram conotações patológicas. Era o caso das orgias alimentares realizadas pelo povo romano com posteriores vômitos autoinduzidos no *vomitorium* ou as prescrições de Hipócrates, na Grécia Antiga, de jejuns, vômitos e enemas para tratamento de várias doenças. Ao longo da história, encontram-se também descrições de comportamentos que, mesmo não fazendo nenhuma alusão à patologia, trazem relações diretas com a anorexia e a bulimia como hoje são conhecidas.

Mesmo sem qualquer associação com transtornos alimentares, desde a Idade Média encontram-se várias descrições de comportamentos anoréxicos nas santas jejuadoras. Bucaretchi e Weinberg[3] citam alguns exemplos destas santas, entre as quais Santa Catarina de Siena (século 14), que entrou para o convento, passando a jejuar e se autoflagelar até a morte, após a recusa de um casamento arranjado por sua mãe. Pela mesma razão, Santa Wilgefortis foi crucificada a mando de seu pai. Sua recusa foi manifestada por meio do jejum até a perda dos contornos femininos e o crescimento de penugem sobre o corpo. Rudolph Bell (apud Bucaretchi e Weinberg[3]) acredita que esse comportamento era uma forma de essas mulheres se rebelarem contra um mundo que tentava dominá-las. Somente no século 17 apareceram os primeiros relatos científicos a respeito da doença, que passou a ser considerada uma entidade clínica apenas no final do século 19.

O termo bulimia é derivado do grego – *bous* significa boi e *limus* significa fome –, o que indicaria uma fome tão grande quanto a de um boi ou uma fome tão grande que a pessoa seria capaz de comer um boi. Ainda segundo Bucaretchi e Weinberg[3], algumas descrições de bulimia foram encontradas ao longo da história, como no *Dictionnaire d'Edinburg*, de 1807, onde ele aparece como uma afecção crônica caracterizada pela ingestão de uma grande quantidade de comida seguida por vômitos. Apesar desses e de outros achados, ela foi classificada como uma síndrome pela primeira vez somente em 1979, quando Russel (apud Azevedo e Galvão[4]) publicou seu trabalho intitulado "Bulimia nervosa: an ominous variant of anorexia nervosa", no qual propõe três critérios que caracterizam a síndrome: um impulso irresistível de comer excessivamente; a evitação dos efeitos engordativos da comida por meio de vômitos e/ou abuso de purgativos; e a presença de um medo mórbido de engordar.

Psicodrama

Teoria da espontaneidade e da criatividade

Moreno[5] considera a espontaneidade e a criatividade recursos inatos e favoráveis ao desenvolvimento psíquico:

> Ao nascer, o bebê transfere-se para um conjunto totalmente estranho de relações. Não dispõe de modelo algum, de acordo com o qual possa dar forma aos seus atos. Defronta-se com uma nova situação, mais do que em qualquer outra época de sua vida subsequente [...] Um mínimo de espontaneidade já é requerido no primeiro dia de vida.

Espontaneidade é a capacidade de agir de modo "adequado" diante de novas situações e também a capacidade de transformar situações já vivenciadas. A adequação deve ser entendida como o ajustamento do ser humano a si mesmo e, nesse sentido, "ser espontâneo significa estar presente às situações, configuradas pelas relações afetivas e sociais, procurando transformar seus aspectos insatisfatórios".[6]

Espontaneidade e criatividade estão associadas, sendo a primeira o fator essencial para que a criatividade se manifeste.

Esses recursos inatos podem ser prejudicados pelas vivências do indivíduo ao longo da vida, causando prejuízos a seu desempenho e a suas respostas ao cotidiano.

Matriz de identidade

Para Moreno[5] a matriz de identidade é o lugar em que a criança se insere ao nascer, e é ela que lança os alicerces para o primeiro processo de aprendizagem emocional da criança, que culmina na formação da identidade.

A matriz de identidade é, ao mesmo tempo, um espaço físico e virtual, isto é, físico no sentido concreto de mãe, pai e outros que a recebem, e virtual no sentido do clima estabelecido ao seu redor (afetos, expectativas, emoções etc.), no qual a mãe tem o papel de um ego auxiliar, de alguém que seja capaz de apreender as necessidades da criança e satisfazê-las, auxiliando seu desenvolvimento físico e psíquico. O bebê forma seu mundo baseado em zonas corporais fragilmente relacionadas, e é a partir do exercício dessas zonas que ele estabelece uma relação com a mãe ou a substituta. Assim, inicialmente a criança se relaciona com o mundo por meio de seus papéis psicossomáticos (comedor, defecador, urinador etc.).

> A mãe, ao dar alimento, aquece-se em relação ao filho para a execução de atos de uma certa coerência interna. O bebê, por seu lado, ao receber o alimento, aquece-se para a execução de uma cadeia de atos que também desenvolvem um certo grau de coerência interna. O resultado dessa interação é que se estabelece, gradualmente, uma certa e recíproca expectativa de papéis nos parceiros do processo. Essa expectativa cria as bases para todo o intercâmbio futuro de papéis entre a criança e os egos auxiliares.[5]

Portanto, a identidade é formada a partir da vivência subjetiva que a criança tem das relações familiares. Conforme Wechsler[7], a relação que a criança estabelece com a mãe e, posteriormente, com o pai e com outras figuras, a auxilia no processo de reconhecimento de si e do outro até a conquista da inversão de papéis.

Inicialmente, na matriz de identidade, a criança vive a experiência de co-ação, co-existência e co-experiência, em que tudo é vivido como extensão dela mesma, o eu e o tu ainda não existem. Gradualmente, por meio dos registros inter-relacionais vividos dentro da matriz, ela caminha para a diferenciação de pessoas, de objetos e, por fim, dela mesma.

Dentro da matriz de identidade, o desenvolvimento acontece em cinco fases e dois universos. As fases são definidas da seguinte maneira:
1. Fase da indiferenciação: a criança vivencia o mundo como extensão dela, ou seja, mãe, criança e mundo são uma coisa só.
2. Fase em que a criança concentra sua atenção no outro, esquecendo-se de si mesma.
3. Fase em que a criança concentra sua atenção em si, esquecendo o outro.
4. A criança e o outro estão presentes simultaneamente; ela já se arrisca a *tomar* o papel do outro, mas não suporta o outro no seu papel.
5. Na última fase, pode haver concomitância na troca de papéis entre a criança e o outro, ocorrendo a *inversão de papéis*.

Os universos são definidos a seguir:
- Primeiro universo, o qual acontece em dois tempos:
  - Primeiro tempo: a criança não diferencia pessoas de objetos ou real de imaginário, e, consequentemente, não existem sonhos ou possibilidade de registros; só existe o tempo presente; todas as relações são de proximidade; a criança tem fome de atos. É a matriz de identidade total indiferenciada
  - Segundo tempo: há decréscimo da fome de atos; início da diferenciação entre pessoas e objetos; surgimento de alguns registros e, portanto, possibilidade de sonhos; as relações começam a ter um distanciamento. É a matriz de identidade total diferenciada
- Segundo universo: no início do segundo universo acontece a brecha entre fantasia e realidade, ou seja, formam-se dois conjuntos de processos, um de atos de fantasia e outro de atos de realidade. Moreno relata que não se trata de abandonar o mundo da fantasia em favor do mundo da realidade, mas de se estabelecerem meios que possibilitem ao indivíduo ganhar completo domínio de ambos e, consequentemente, transferir-se de um ao outro. A transição do primeiro para o segundo universo acarreta uma transformação na sociodinâmica do universo infantil, e surgem, além dos papéis psicossomáticos, os papéis sociais (relacionados ao mundo social) e os psicodramáticos (relacionados ao mundo da fantasia). Inicialmente, Moreno propõe cinco fases para a formação da Matriz de Identidade, as quais são posteriormente resumidas em três:
  - Fase do duplo, ou fase da indiferenciação, na qual o outro é vivenciado como uma extensão da criança, do qual ela depende e necessita para dar continuidade à sua existência. Seu ego auxiliar
  - Fase do espelho: na relação com o outro, ora a criança concentra sua atenção em si mesma, esquecendo-se do outro, ora concentra sua atenção no outro, esquecendo-se dela mesma
  - Fase da inversão: a criança inicia tomando o papel do outro e, em seguida, torna-se capaz de inverter o papel, isto é, colocar-se no lugar do outro.

A cada fase corresponde uma técnica psicodramática:
- Fase do duplo: na técnica do duplo, adota-se a postura corporal do paciente e se estabelece uma sintonia emocional com ele expressando questões, ideias e/ou sentimentos que são percebidos pelo terapeuta, propiciando o *insight* do paciente. Essa técnica pode ser apenas verbal e, nesse caso, utilizam-se frases como: "Em seu lugar, eu sentiria que..."
- Fase do espelho: na técnica do espelho, amplia-se a visão que o paciente tem de si. O terapeuta espelha o comportamento e/ou a postura do paciente, que assiste a si mesmo. No contexto dramático, o terapeuta retira o paciente da cena para assistir seu comportamento sob outra perspectiva. Essa técnica amplia a visão sobre si e/ou da situação em que está inserido
- Fase da inversão: nessa técnica o paciente toma o lugar do outro, e vice-versa. A real inversão acontece somente quando as duas pessoas estão presentes. Na situação em que o papel a ser representado é do mundo interno do paciente, o que ocorre é uma inversão incompleta, por isso a denominação adequada é "tomar" o papel do outro.

Essas são as técnicas básicas do psicodrama, e, a partir delas, outras foram criadas, mas não é o caso citá-las aqui.

Teoria dos papéis

Em síntese, por meio das inter-relações, inicialmente entre mãe-bebê e seus papéis psicossomáticos e, posteriormente, com os papéis sociais e psicodramáticos, acontece o processo de formação de identidade. Para Moreno[5], o eu emerge desses papéis.

Ele também conceitua papel como "a forma de funcionamento que o indivíduo assume no momento específico em que reage a uma situação específica, na qual outras pessoas ou objetos estão envolvidos" (*apud* Gonçalves *et al*.[6]). São as características observáveis de uma pessoa. Para exemplificar, uma pessoa exerce diversos papéis na vida, como papéis familiares (filho(a), pai, mãe etc.), profissionais (advogado, médico, padeiro etc.), entre outros, tendo cada um desses suas características específicas.

Definem-se, então, os três tipos de papéis:
* Papéis psicossomáticos: por meio desses papéis a criança é atendida em suas necessidades básicas e, embora esses esboços de papéis não possibilitem um relacionamento de pessoa a pessoa, "já há relação, numa certa medida, nas respostas que os papéis psicossomáticos recebem do ego auxiliar (obviamente incluindo o clima afetivo-emocional)"[6]
* Papéis sociais e papéis psicodramáticos: formam-se na entrada do segundo universo, quando se instaura a brecha entre fantasia e realidade e, como consequência, são adquiridas as condições para a separação entre esses dois mundos.

Aos papéis sociais correspondem a dimensão da interação social e a predominância da função de realidade, e aos papéis psicodramáticos (também chamados psicológicos) correspondem a dimensão psicológica, a vida psíquica e a predominância da fantasia.

Ao desempenho de cada papel vão sendo aglutinados outros novos papéis, formando um aglomerado ou um *cacho* de papéis que vão se transformando ao longo da vida do indivíduo. "Da dinâmica entre aglomerados de papéis, que são comunicantes entre si, através de 'vínculos operacionais', constitui-se o ego."[6]

Por volta dos 3 anos de idade, com a integração desses papéis, a criança dispõe de um ego e de uma identidade, podendo se relacionar como indivíduo.

É importante acrescentar que todos os papéis são complementares, isto é, para cada papel existe um contrapapel. Em outras palavras, só há mãe se houver um filho, só há esposa se houver esposo e assim por diante.

Possíveis correlações entre a teoria moreniana e aspectos psicológicos da anorexia e da bulimia

Em geral, a anorexia e a bulimia têm início na adolescência, após um período de dieta restritiva associado a eventos de vida estressantes, como perdas, separações, mudanças etc., o que resulta em graves prejuízos na vida cotidiana. As pessoas com transtorno alimentar apresentam um constante estado de angústia, muitas vezes "aliviado" por atitudes autodestrutivas como se automutilar, se bater, não comer ou comer e vomitar. Não é incomum ouvir que a dor do corte da lâmina é menor que a dor interna. Os pensamentos ficam tomados por preocupações com peso e forma corporal, comer ou não comer, vomitar, fazer exercícios. Às pessoas com bulimia nervosa acrescentam-se ainda a tendência ao abuso de álcool e drogas ilícitas e a impulsividade sexual. Sentem-se tão aprisionadas a esses comportamentos que acabam negligenciando outros aspectos, tanto da vida cotidiana quanto em relação aos próprios sentimentos. Pode-se dizer que não se trata de negligência, mas da impossibilidade de lidar com as demandas internas e externas. As demandas internas sequer são percebidas, a identificação e a nomeação dos sentimentos encontram-se bastante prejudicadas, quando não inexistentes. Apesar do grande sofrimento e do prejuízo, parece que a doença está a serviço de evitar um sofrimento ainda maior, que é a vivência do vazio interno e da inabilidade de lidar com a vida. Nesse momento, então, a única saída é preenchê-lo com as preocupações com o corpo.

A permanência no mundo concreto parece ser a única alternativa possível. Iniciam-se então as possíveis correlações com a teoria de Moreno.

Ao nascer, o bebê apresenta-se neurologicamente imaturo e totalmente dependente, relacionando-se com o mundo por meio de seus papéis psicossomáticos. Inicialmente, é a mãe, seu primeiro ego auxiliar, a responsável por olhar para essa criança, decodificar suas necessidades e supri-las. Nesse sentido, o olhar tem um aspecto amplo, que é o de olhar, enxergar e conseguir fazer um investimento nessa relação, ou seja, não basta cumprir a tarefa de cuidar. À função de cuidar acrescenta-se o prazer de cuidar e de compartilhar o desenvolvimento e as descobertas do bebê.

Tanto a experiência clínica quanto a literatura mostram que as pacientes com transtornos alimentares têm uma relação comprometida com suas mães, que tiveram dificuldades em ler, interpretar e satisfazer as necessidades de suas filhas. McDougall[8] afirma que:

> certas mães sentem seu bebê como um corpo estranho a elas mesmas. Outras, ao contrário, não querem de forma alguma abandonar essa unidade "fusional" mãe-bebê. Nos dois casos, a criança corre o risco de ter dificuldade em adquirir o sentimento de sua identidade separada que lhe dá, ao mesmo tempo, a posse de seu corpo, de suas emoções e de sua capacidade de pensar.

Fernandes[9] afirma que "a mãe intrusiva é tão nociva quanto a ausente, denotando assim os efeitos nefastos da mãe de extremos". Para Moreno[5], o eu emerge dos papéis. Pois bem, se o início da relação da criança com a mãe acontece por meio dos papéis psicossomáticos e ela, por sua vez, não consegue interpretar adequadamente as necessidades do bebê, falhando na sua função de duplo, certamente estará comprometendo a estruturação e o "reconhecimento do eu" desse bebê. A criança precisa de um tu para estabelecer os contornos do seu eu. Se essa criança tem um tu que, por alguma razão, teve dificuldade de interpretá-la, terá poucos recursos para o reconhecimento do seu eu.

Como exemplo, podemos citar o caso de Eva, uma garota de 24 anos que alterna momentos de bulimia e anorexia desde os 12 anos. Ao entrevistar sua mãe, Maria, para iniciar o atendimento familiar, percebi que ela também tinha um transtorno alimentar, uma bulimia nervosa, a qual negava veementemente. Maria disse que sempre se achou gorda e que vomitava muito, mas porque tinha gastrite e não por qualquer problema alimentar. Não queria que a filha fosse gorda e, por isso, sempre teve alimentos saudáveis em casa, como integrais, verduras, frutas etc. "Nunca levei ela ao McDonald's", disse. Maria não quer que a filha coma nas festas de aniversário, e quando Eva participa dessas festas, inclusive sem a mãe, come grandes quantidades de doces e vomita em seguida, repetindo esse ritual várias vezes no mesmo evento. Quando vai à casa dos tios e come pizza e sorvete, por exemplo, também vomita logo depois. A mãe diz que "pessoa gorda não é feliz", e vigia o tempo todo o comportamento da filha. Eva já foi internada algumas vezes, em momentos de baixo peso e risco de morte, e sobre isso, Maria diz: "Ela engordou na internação... Também, lá eles dão pão, bolo, acho que é porque tem outros pacientes e todos precisam comer de tudo, né?".

Outra paciente, Denise, diz que só se sente bem quando está com a mãe, com uma amiga íntima ou namorando; afirma que só assim se sente normal e consegue aguentar o dia a dia com menos angústia.

Uso esses exemplos para ilustrar concretamente a impossibilidade de contorno do eu e a indiferenciação entre mãe e filha, na qual a co-ação, co-existência e a co-experiência estão presentes. Provavelmente, seus egos auxiliares foram incapazes de propiciar vivências relacionais em que desenvolvessem a capacidade de se reconhecerem e contarem consigo próprias.

Nesse sentido, quando se fala dessas pacientes, pode-se pensar que é como se muitos aspectos de seu desenvolvimento psíquico permanecessem "aprisionados" nas primeiras fases da matriz de identidade, ou seja, fossem anteriores à brecha entre fantasia e realidade. A consequência seria a precariedade no exercício dos papéis sociais e psicodramáticos e ainda a "impossibilidade" de acesso aos processos de simbolização e elaboração.

A resposta às angústias e ao mundo é fortemente dada por ações concretas que envolvem o corpo, como se bater, se cortar, ter compulsão e vomitar. Relaciona-se com o mundo através dos papéis psicossomáticos. Essas características são facilmente identificadas tanto no comportamento de Eva quanto nas palavras de Janaína, paciente com bulimia nervosa: "Eu não chorava, acordava com vontade de dormir, ficava irritada muito facilmente e aí me batia no rosto e me arranhava e também me mordia". Posteriormente, descreverei o caso de Janaína para ilustrar alguns aspectos do seu processo terapêutico.

A continuação do desenvolvimento psíquico ocorre baseada na maneira como as primeiras experiências foram registradas, ou seja, esses primeiros registros interferirão na vivência das fases posteriores. Comparativamente, seria como um exército que sai para a guerra com cem soldados e que os perde gradativamente ao longo das batalhas: ele continuará lutando, mas cada vez mais enfraquecido até, talvez, entrar em falência. Portanto, se as inter-relações dentro da matriz de identidade não estão favorecendo o desenvolvimento psicológico e muitos aspectos permanecem "aprisionados" na fase de indiferenciação, seguramente haverá dificuldades ou comprometimentos no *reconhecimento do eu,* no *reconhecimento do tu,* na *passagem pela brecha entre fantasia e realidade* e no *desenvolvimento de novos papéis*. Como consequência, serão prejudicadas a capacidade de simbolização, de elaboração psíquica e também a capacidade de distinção entre desejo e possibilidade de realização (fantasia e realidade). Talvez isso explique por que as pacientes estão sempre perseguindo o corpo ideal, o trabalho ideal, a maneira de se expressar ideal, o "infinito ideal". Sentem necessidade de alcançar o inalcançável e isso as leva, na maioria das vezes, a terem atitudes extremas, algumas tentando ultrapassar seus limites, se exigindo cada vez mais, e outras desistindo de tudo que começam, pois "apenas o bom" nunca é suficiente (se não podem ter o perfeito, então não podem ter nada). Esses aspectos podem ser ilustrados em dois casos:

- Denise: 27 anos, bulímica, cumpre tudo o que precisa cumprir, mas não há "investimento afetivo" em nada que realiza. Já fez dois intercâmbios, é formada em Administração, faz pós-graduação, fala inglês e espanhol e mudou-se para São Paulo com o objetivo de trabalhar em uma multinacional. Afirma o tempo todo que essa doença não vai impedi-la de realizar nada, "nem que para isso eu me acabe de tanta angústia", principalmente pelo afastamento dos pais. Repete inúmeras vezes que precisa agradá-los para compensar todo o sofrimento que passam com a doença dela e, embora eles já tenham dito que sentem orgulho dela, Denise não consegue reconhecer suas conquistas; diz que até vê, mas não sente, e ainda se sente devedora aos pais. Não consegue se apoderar de suas conquistas e se exige cada vez mais, sempre buscando um ideal; é como se as coisas estivessem distantes dela, é mera espectadora de sua vida. Está concentrada o tempo todo na expectativa, real ou não, que os pais têm dela. Não questiona, nem sequer percebe seus desejos, seus limites. Parece que o tu define sua vida e o eu não é percebido. Denise é uma pessoa que busca suas referências no outro e permanece no polo da realização
- Janaína ilustra o outro extremo: o excesso de exigência, que faz com que inicie muitas coisas e não finalize nada. É muito inteligente, fala português, japonês e inglês. Sempre teve bom desempenho escolar, já fez curso técnico de Administração, iniciou faculdade de Moda e curso de cabeleireira, mas não conseguiu concluir os dois últimos. Apesar de ser bem avaliada pelos outros em tudo o que faz, em alguns momentos entra em um período de ansiedade e desiste. Seu desempenho nunca alcança o que ela considera bom, pois seu referencial é sempre o ideal e, portanto, inalcançável, e o resultado é a desistência. Os contornos entre o desejo e a possibilidade de realização estão pouco delineados.

Como já foi dito, os transtornos alimentares geralmente eclodem no início da adolescência, um marco na passagem da vida infantil para a vida adulta. É um período em que mudam o corpo, a relação com a família e as exigências internas e externas. Trata-se do momento em que a adolescente terá que iniciar o rompimento da dependência dos pais e caminhar para uma crescente autonomia, e é aí que os problemas podem começar. Weinberg[10] descreve que o medo vivenciado nesse período faz com que a menina se aproxime da mãe de uma forma ambivalente, pois, ao mesmo tempo em que busca a mãe nutriz e protetora da infância, sente necessidade de se diferenciar e se separar dela. A figura paterna é de fundamental importância no auxílio do processo de separação entre mãe e filha, mas na clínica de transtornos alimentares, geralmente encontram-se pais muito frágeis no cumprimento dessa função. Instala-se o conflito entre dependência e independência, entre ficar na segurança oferecida pela proteção, mas que ao mesmo tempo limita o ser individual ou, arriscar-se e buscar a ampliação do mundo, enfrentar os medos, crescer e se individualizar.

Voltando às correlações teóricas, sabe-se que as vivências relacionais dentro da matriz de identidade podem facilitar ou dificultar o processo de desenvolvimento psíquico do indivíduo, e que os recursos inatos, espontaneidade e criatividade, podem ser perturbados por tais vivências. Nesse sentido, parece haver um bloqueio da espontaneidade e da criatividade nessas pacientes e, portanto, a capacidade de responder aos novos momentos e às respectivas demandas fica prejudicada. Talvez esse possa ser um olhar para a compreensão do desenvolvimento dos transtornos alimentares na entrada na adolescência. Nessa fase, surgem novas demandas externas e, para lidar com elas, é necessário que novos papéis sejam desenvolvidos. Se se preconiza que houve "aprisionamentos" nas fases iniciais da matriz de identidade, se há um bloqueio da espontaneidade e da criatividade, o desenvolvimento de novos papéis e mesmo o desempenho dos já existentes tornam-se tarefas difíceis. A consequência nessa clínica é o aprisionamento aos sintomas alimentares, o isolamento e a sobrevivência dentro de um número reduzido de papéis, entre os quais o de anoréxica ou bulímica.

O comprometimento no exercício dos papéis é proporcional à gravidade da doença. Alguns pacientes preservam um número razoável de papéis, mas a maioria não o faz.

Essas são algumas reflexões a respeito do tema, e muitas outras podem ser acrescentadas, mas, no exercício do trabalho desta autora, isso já orienta a compreensão de quão delicado é lidar com as dores do vazio e com alguém que solicita ajuda de uma maneira tão regredida. O trabalho do psicoterapeuta acontece no sentido de ser um ego auxiliar cujo papel principal é reconhecer o paciente em sua singularidade, possibilitando a construção de aspectos que não puderam ser construídos e que necessitam de significação corporal e, posteriormente, simbólica.

Ação do psicodrama no tratamento dos transtornos alimentares

O trabalho psicodramático é pautado não só na postura terapêutica, mas também no uso de técnicas específicas e da ação dramática, auxiliando o paciente na percepção de si e propiciando *insights*. Optou-se aqui por desenvolver correlações teóricas a respeito de desenvolvimento, mas vale citar algumas considerações sobre a ação do psicodrama no trabalho com transtornos alimentares. Diamond-Raab e Orrel-Valente realizaram um trabalho com pacientes anoréxicas e bulímicas integrando arteterapia, psicodrama e terapia verbal, e afirmam que a vivência dramática, além de trazer à tona pensamentos e sentimentos reprimidos, proporciona ao paciente a oportunidade de visualizar a situação sob vários aspectos, facilitando a percepção de si e do outro e oferecendo a oportunidade de uma vivência reparadora. Dizem também que, por meio desse processo, os pacientes podem:

> (1) alcançar uma melhor compreensão dos sentimentos que foram somatizados, (2) obter insights *sobre suas maneiras inadequadas de lidar com as situações, (3) aprender e praticar estratégias adaptativas de enfrentamento (4) aprender e praticar novos papéis, e (5) alcançar um grau de resolução psíquica do evento ou da experiência.*[11]

Fernandes[9] destaca a facilidade com que se podem observar as posturas e as expressões do corpo da paciente em cena. Acrescenta que a possibilidade da escolha das cenas, dos egos auxiliares e dos papéis a estes atribuídos indiretamente trabalha com a necessidade que essas meninas têm de se determinarem por si mesmas. Continua dizendo que:

à medida que a terapia caminha, um melhor conhecimento delas mesmas aumenta o sentimento de estar na iniciativa de suas emoções e de seus pensamentos, o que faz com que elas possam experimentá-los como muito mais reais.

Contudo, é necessário ressaltar que, dentro da clínica dos transtornos alimentares, nem sempre é possível lançar mão da ação dramática propriamente dita, pois muitas pacientes encontram-se tão debilitadas fisicamente que até falar demanda um grande esforço. Além disso, a vivência do vínculo terapêutico dentro da postura psicodramática por meio de um clima de aceitação, proteção e continência oferece a possibilidade às pacientes de vivenciarem uma maneira diferente de se relacionar, em que são vistas e compreendidas em sua singularidade. Essa vivência possibilita a percepção de si, a sensação e a nomeação de emoções próprias e, nesse sentido, o exercício de existir psiquicamente.

Caso clínico

Janaína era uma menina aplicada, dócil, responsável, carinhosa, sociável e obediente. De uma hora para outra, começou a ter comportamentos que nunca tivera, pensando em dieta, peso e calorias. Preferia pular corda ou subir e descer escadas a brincar com os amigos. Isolava-se e ficava horas no supermercado comprando ou até roubando comida, comendo escondida no banheiro e vomitando.

Morava com os pais no Japão desde os 5 anos de idade e, em um período de férias no Brasil, a tia, que a vira um ano antes, percebendo o crescimento da sobrinha, fez o seguinte comentário: "Você está ficando coxuda". Isso imediatamente desencadeou em Janaína o seguinte pensamento: "Pois você vai ver, vou voltar um palito nas próximas férias". Estava com 12 anos quando a tia fez o comentário, o qual parecia evidenciar a mudança corporal do início da adolescência e, indiretamente, tudo o que isso significaria. Desenvolveu inicialmente um quadro de anorexia nervosa, migrando posteriormente para bulimia e, após tentativas de tratamento no Japão, os pais retornaram ao Brasil para tratá-la. A postura deles em relação à doença era divergente: enquanto a mãe se mostrava acolhedora e tentava atender às demandas da filha, o pai tornava-se cada vez mais impaciente em relação aos sintomas alimentares, tendo atitudes muito inadequadas, como fazê-la lavar todo o banheiro após vomitar, quebrar seu prato quando apresentava compulsões etc. Ele não conseguia compreender a complexidade e a gravidade do quadro. Nenhuma das posturas favorecia a melhora, pois, de um lado, a mãe tentava realizar todas as demandas da filha sem nenhum limite; de outro, o pai agressivo e exigente aumentava ainda mais as ansiedades da menina. Essas atitudes propiciavam o crescimento do "papel de doente", já que ambos praticamente passaram a se relacionar com a filha focando a doença. Janaína conta que se sentia próxima dos pais, apesar de eles trabalharem o dia todo, mas que observou um afastamento do pai quando começou a crescer. Ela conta também que, no Japão, ficava na escola até as 15h00 e, depois, era cuidada por uma senhora junto com outras crianças cujos pais encontravam-se na mesma situação dos seus. Via os pais somente à noite.

Aos 18 anos, após 6 anos de doença e alguns tratamentos anteriores, iniciou o tratamento ambulatorial no Programa de Atenção aos Transtornos Alimentares (Proata). Iniciamos acompanhamento psiquiátrico, nutricional e psicológico. Nesse momento, apresentava um quadro de bulimia com grandes compulsões acompanhadas de abuso de laxantes, vômitos diários várias vezes ao dia e extrema preocupação com peso e calorias. O clima da casa estava muito ruim, com muitas brigas entre ela e o pai, o qual ficava longos períodos sem falar com ela, causando-lhe muito sofrimento. A mãe não conseguia se posicionar diante dessas atitudes e chorava muito. Ambos foram encaminhados para o grupo de orientação de pais, mas somente a mãe aderiu.

Serão descritos resumidamente alguns momentos centrais do trabalho com Janaína, já que é um longo processo e seria impossível descrevê-lo na íntegra.

No início do trabalho terapêutico, as queixas giravam em torno do medo de engordar e de assuntos relacionados a alimentação, peso e calorias. Aos poucos, fomos abordando algumas correlações entre as situações vivenciadas e suas compulsões, e fazendo ainda algumas tentativas de acesso aos sentimentos envolvidos. Muitas vezes eu dizia: "Acho que, no seu lugar, eu teria sentido medo ou raiva, tristeza ou qualquer sentimento que eu achasse pertinente". Em linguagem psicodramática, me valia da técnica do princípio do duplo, em que, no papel de ego auxiliar, tentava expressar algum sentimento que percebesse estar envolvido em seu relato. Em dado momento do processo, Janaína iniciou a correlação entre a bulimia e seu estado emocional. Percebeu que havia períodos em que se sentia bem, não tinha compulsão e realizava tarefas, mas que, em outros, mesmo sem ter compulsão, sentia medo e tristeza, e então sentia falta de comer e vomitar. Começou a perceber que, muito mais que a conexão com o "estar gorda", a função da compulsão e principalmente do vômito era a busca de um alívio na esfera emocional. A compulsão vinha em resposta imediata ao estado de angústia e, o vômito, como alívio. Começamos então o acesso ao simbólico e à possibilidade de elaboração. Enveredamos pelo caminho dos seus medos, da impossibilidade de falhar e, portanto, da proteção advinda de seu isolamento e sua inatividade, já que a exigência sobre si era demasiada.

Gradativamente, fomos trabalhando o quanto o seu papel de "bulímica" lhe era limitador e ao mesmo tempo protetor, pois a afastava de tudo o que tinha medo de enfrentar. Um momento crucial para esse entendimento foi quando, em uma das sessões em que falávamos sobre isso, eu a convidei à cena dramática em que a bulimia poderia ser concretizada: montamos uma cena na qual ela pôde ter uma conversa com a bulimia, na qual se alternavam momentos em que Janaína assumia seu próprio papel e outros em que assumia o papel da bulimia, clareando muitos aspectos de sua função. Após a cena, discutimos sobre os aspectos que se evidenciaram: a relação de amor e ódio em relação à doença, o desejo de se livrar dela *versus* o medo de que isso acontecesse, além do sentimento de proteção oferecido, apesar da consequente alienação sentida pelo aprisionamento aos episódios. Disse que às vezes achava que queria melhorar e às vezes achava que não, pois reconhecia que ultrapassar a barreira da bulimia significaria ter que contar consigo mesma e seguir o caminho da independência, objetivo mais temido que desejado.

Notamos a similaridade entre esses sentimentos e aqueles vivenciados na relação com a mãe, uma relação de dependência extrema, a ponto de uma vez ter iniciado um trabalho como vendedora em uma loja de shopping e conseguido trabalhar apenas alguns dias até desistir do trabalho. Durante o expediente, chorava e sentia necessidade de ligar para a mãe diversas vezes, tendo que voltar para casa porque só precisava ficar perto dela. Abrimos a possibilidade de trabalhar essa relação.

Outro momento importante do processo aconteceu quando solicitei, em acordo com Janaína, a presença dos pais. A proposta não era terapia familiar, mas apenas aliviar alguns ruídos na comunicação e alinhar expectativas em relação à doença, já que precisamos ter expectativas bem modestas e valorizar cada passo na direção da melhoria sem que isso signifique a remissão completa dos sintomas. Compreensivelmente, a expectativa dos pais sempre caminha nessa direção, o que não era diferente neste caso. O ponto alto desse momento foi quando conseguimos trabalhar a separação, aos olhos dos pais, entre Janaína e a bulimia. Por meio da criação e da visualização de uma imagem da doença, os pais puderam se dar conta de que a filha era algo além do distúrbio. Puderam perceber que a bulimia representava apenas um aspecto de Janaína. A preocupação com a sintomatologia e o desejo de controlá-la era tão intensa que se esqueciam de que podiam se relacionar de outras maneiras, falar de outros assuntos e realizar atividades diversas. Em termos psicodramáticos, a relação acontecia somente por meio do papel de doente, o que não favorecia que outros papéis fossem preservados ou desenvolvidos.

Durante a psicoterapia Janaína alternava momentos em que ficava assintomática, outros em que espaçava os episódios e outros ainda em que havia recaídas. Após um longo período de introspecção e isolamento, aprisionada em seus episódios bulímicos, houve momentos em que conseguia namorar e ter contatos sociais esporádicos, e eventualmente realizava algum trabalho operacional, embora apresentasse recursos intelectuais para realizar trabalhos mais complexos. Reconheceu racionalmente que houve mudanças, mas dizia que ainda era muito difícil senti-las como conquistas, e que não sabia quem era, o que queria, o que era capaz de fazer. De qualquer modo, considero que demos pequenos passos em direção a alguma simbolização, pois, ao final do período de atendimento, as questões com o corpo haviam se dissipado e os reais conflitos aconteciam em outra dimensão. Os próprios questionamentos de "quem sou", "o que quero", o reconhecimento de seus medos e de suas dificuldades de relacionamento mostram isso. Janaína pôde entender que as questões ligadas ao corpo, ao peso e à forma estavam a serviço de não entrar em contato com suas dores mais profundas.

Janaína teve avanços consideráveis, mas conversamos sobre o fato de a bulimia ser seu "calcanhar de Aquiles", ou seja, nos momentos de dificuldade emocional, os sintomas poderiam retornar; contudo, agora ela teria condições de acessar as prováveis razões e buscar ajuda. A paciente permaneceu em atendimento de 2007 a 2011, e os sintomas de distúrbio alimentar foram controlados. Por essa razão, julgou-se concluído o trabalho no ambulatório de transtornos alimentares. Indicou-se a necessidade de continuidade do trabalho psicodinâmico, pois muitas questões ainda precisavam ser elaboradas.

Considerações finais

Moreno postula que o indivíduo adoece na relação e, portanto, se cura na relação.

A experiência clínica sugere que a pessoa com transtorno alimentar apresenta muitos aspectos aprisionados nas primeiras etapas do desenvolvimento psíquico.

É função da relação terapêutica, através do olhar singular do paciente, propiciar uma relação onde aspectos que não puderam ser vivenciados nas relações dentro da matriz de identidade possam ser construídos ou reconstruídos, possibilitando uma percepção mais saudável de si enquanto ser corporal, psíquico e social.

Referências bibliográficas

1. Pope HG, Phillips KA, Olivardia R. O complexo de Adônis: a obsessão masculina pelo corpo. Rio de Janeiro: Campus; 2000.
2. American Psychiatric Asssociation. Manual Diagnóstico e Estatístico de Transtornos Mentais (DSM-5). 5. ed. Porto Alegre: Artmed; 2014.
3. Bucaretchi HA, Weinberg C. Um breve histórico sobre transtornos alimentares. In: Bucaretchi HA, organizadora. Anorexia e bulimia nervosa: uma visão multidisciplinar. São Paulo: Casa do Psicólogo; 2003. p. 19-26.
4. Azevedo AM, Galvão AL. Bulimia nervosa: classificação diagnóstica e quadro clínico. In: Nunes MA, Appolinario JC, Galvão AL, Coutinho W. Transtornos alimentares e obesidade. Porto Alegre: Artmed; 1998. p. 31-9.
5. Moreno JL. Psicodrama. 2. ed. São Paulo: Cultrix; 1984.
6. Gonçalves CS, Wolff JR, Almeida WC. Lições de psicodrama: introdução ao Pensamento de J.L. Moreno. São Paulo: Ágora; 1988.
7. Wechsler MPF. Relações entre afetividade e cognição: de Moreno a Piaget. 2. ed. São Paulo: Annablume; 2002.
8. McDougall J. Um corpo para dois. In: McDougall J, Gachelin G, Aulagnier P, Marty P, Loriod J, Caïn J. Corpo e história. São Paulo: Casa do Psicólogo; 2001.
9. Fernandes MH. Transtornos alimentares: anorexia e bulimia. São Paulo: Casa do Psicólogo; 2006. (Coleção Clínica Psicanalítica).
10. Weinberg C. Geração delivery. 2. ed. São Paulo: Sá Editora; 2001.
11. Diamond-Raab L, Orrel-Valente JK. Art therapy, psychodrama, and verbal therapy. An integrative model of group therapy in the treatment of adolescents with anorexia nervosa and bulimia nervosa. Child Adolesc Psychiatr Clin N Am. 2002;11(2):343-64.

Bibliografia

Bustos DM. Perigo... amor à vista! Drama e psicodrama de casais. 2. ed. São Paulo: Aleph; 2001.
Camargo I. Anorexia e bulimia: o negativo do corpo – um colar de pérolas sem fio. In: Bucaretchi HA, organizadora. Anorexia e bulimia nervosa: uma visão multidisciplinar. São Paulo: Casa do Psicólogo; 2003. p. 111-23.
Pini BA. Psicodrama e repouso: contradição e desafio em uma clínica de saúde mental [monografia]. São Paulo: Sociedade de Psicodrama de São Paulo; 2004.

40 Transtorno do Déficit de Atenção na Visão do Psicodrama

Mirela Pereira Duran Boccardo

Introdução

Neste capítulo, será discutido como, por meio da psicoterapia psicodramática, indivíduos com transtorno do déficit de atenção e hiperatividade (TDAH) são vistos e trabalhados.

Mas, afinal, o que é o TDAH? O TDAH é uma condição de base orgânica na qual a estrutura cerebral (área do lobo pré-frontal no córtex cerebral localizada na parte posterior do crânio) não trabalha como esperado.

Em indivíduos com TDAH, observa-se hipofunção do córtex pré-frontal, ou seja, os neurônios dessa região tendem a pulsar mais devagar que o esperado, fazendo com que essa parte tenha seu funcionamento mais alentecido. Portanto, os sintomas mais significativos são problemas de concentração e de memória, impulsividade e hiperatividade.

A base orgânica, sem dúvida, interfere em tudo o que fazemos; porém, cabe destacar que ela sofre influência do ambiente em que vivemos.

A intensidade dos sintomas do TDAH depende diretamente da história de vida do indivíduo, da qualidade de suas relações afetivas e dos hábitos que desenvolve ao longo da vida. Portanto, ao se pensar no tratamento do TDAH, deve-se considerar não só a base orgânica, mas também os aspectos comportamentais, psicoemocionais e do ambiente desse sujeito.

De acordo com a quarta edição do Manual Diagnóstico e Estatístico de Transtornos Mentais (DSM-IV)[1], existem basicamente três subcategorias de TDAH: desatento, hiperativo-impulsivo e combinado.

- Desatento: o sujeito tende a desviar facilmente a atenção do que está fazendo e comete erros por prestar pouca atenção a detalhes. Apresenta dificuldade de manter a atenção em aulas, palestras, leitura de livros e, durante uma conversa, pode se distrair e prestar atenção em outras coisas. Tende a relutar a iniciar tarefas que exijam esforço mental e tem dificuldade para seguir instruções e se organizar com aspectos do ambiente em que vive e/ou trabalha, assim como para planejar o tempo. Problemas de memória recente e perda e/ou esquecimento de objetos, nomes, prazos e datas também são comuns
- Hiperativo-impulsivo: nessa subcategoria, a inquietação física (mexer as mãos e os pés, incessantemente, quando sentado) e fazer várias coisas ao mesmo tempo, sempre de maneira acelerada, como ler, ver televisão e ouvir música, são características comuns. Os indivíduos apresentam tendência ao vício (álcool e outras drogas, jogos, internet) e também a comportamentos compulsivos, em especial com comida e compras. São pouco tolerantes; em geral, não sabem lidar com frustrações e erros, sentindo, muitas vezes, raiva excessiva em situações irrelevantes. A impaciência, o temperamento explosivo, a sexualidade instável e a instabilidade de humor (ora está ótimo, ora está péssimo) acontecem com certa facilidade. Têm dificuldade de receber críticas e se expressar. Muitas vezes, a velocidade de pensamento é muito maior que a articulação da fala
- Combinado: os sujeitos dessa subcategoria apresentam as características combinadas de desatenção, hiperatividade e impulsividade.

Psicodrama e sua metodologia na prática psicoterápica

Para que o leitor possa compreender melhor como os sujeitos com TDAH são trabalhados em psicoterapia com suporte psicodramático, o psicodrama e sua metodologia na prática psicoterápica serão descritos sucintamente a seguir.

Psicodrama é o universo teórico e prático no qual, por meio da ação dramática, busca-se desvelar os conflitos inter e intrapsíquicos, com todos os seus aspectos emocionais e psicodinâmicos, sejam eles conscientes e/ou inconscientes.

O criador do psicodrama foi Jacob Levy Moreno, nascido em Bucareste, em 1889, e falecido em 1974, em Beacon (EUA). Considerado espontâneo e criativo por muitos e excêntrico por alguns, tinha uma característica incontestável: foi um homem à frente de seu tempo.

Criou, em 1921, o teatro espontâneo, em que não havia um roteiro predeterminado, mas cujas principais características eram a espontaneidade e a criatividade dos atores. A partir dos "disparadores" emocionais que essa experiência promovia nos atores e na plateia, que era convidada a subir ao palco e participar, Moreno percebeu que o teatro espontâneo era também terapêutico. Ao viverem seus dramas pessoais em cena, os atores muitas vezes tinham *insights* sobre questões e conflitos pessoais e, a partir de então, podiam ressignificar muitos aspectos emocionais de suas vidas. Portanto, considera-se o teatro espontâneo a origem do psicodrama.

O que se pratica com os pacientes nos consultórios, nas sessões de psicoterapia psicodramática, é uma adaptação, consequência de um desdobramento criativo e adequado à nossa cultura e à nossa realidade atual – sem perder, porém, a essência da teoria psicodramática, que considera cada indivíduo um ser espontâneo e criativo, e que, por meio da ação dramática e do desempenho de papéis, busca novos modos de ser e estar no mundo e com os outros.

No universo psicodramático, pode-se cocriar personagens e assumir papéis muitas vezes impossíveis no plano real, inimagináveis, mas capazes de, por meio dessa ação, promover uma nova percepção de nós mesmos. Como consequência, pode haver novas atitudes e compreensões de nossa história de vida, de nossos relacionamentos interpessoais e de nossos conflitos intrapsíquicos, que muitas vezes nos prendem em condutas cristalizadas e pouco espontâneas, fazendo com que repitamos atitudes e comportamentos que nos trazem aprisionamento, angústia e sofrimento. Uma vez identificado esse aspecto no processo psicoterápico, temos a chance de assumir novas atitudes e comportamentos.

Um conceito importante na teoria psicodramática, portanto, é o de *papel*. No psicodrama, papel é uma espécie de conduta que o sujeito assume e desempenha no universo da ação psicodramática, que lhe possibilita experimentar outros personagens do seu mundo psicoemocional.

Ao assumir e desempenhar outros papéis, há sensações e percepções do universo psicodinâmico do indivíduo interpretado que podem auxiliá-lo a compreender melhor o outro e também si mesmo. Além disso, quando o paciente assume outro papel e o psicoterapeuta assume o do sujeito-paciente, é possível que ele se "olhe de fora" e se dê conta (*insight*) de como age, sente e percebe o mundo.

Vale destacar que a psicoterapia, nos moldes psicodramáticos, não considera o paciente um objeto de estudo, mas alguém com quem o psicoterapeuta se compromete ativamente, em um processo de coconstrução da compreensão e de intervenção da realidade psicoemocional daquele que o procura. Para tanto, o psicoterapeuta realiza uma escuta ativa que o leva à construção de cenários imagináveis, feitos a partir do discurso do outro, e o convida à ação dramática, visando buscar novas percepções sobre si mesmo e o desempenho de novos papéis e condutas.

Partindo do pressuposto de que, nas sessões de psicoterapia psicodramática, psicoterapeuta e paciente coconstroem, ativamente, o percurso psicoterápico, cabe ressaltar a importância do clima terapêutico.

Considera-se clima terapêutico o vínculo coconstruído entre paciente e psicoterapeuta. Neste, confiança e transparência são elementos básicos para que o terapeuta adentre o universo psicoemocional do sujeito com sintonia e, consequentemente, seja psicoterapêutico.

A relação terapeuta-paciente pressupõe desigualdade de papéis e funções; porém, ambos devem estar sintonizados e comprometidos na busca pelo crescimento e pelo conhecimento do universo psicoemocional do sujeito-paciente.

Além disso, para "captar" o universo psicoemocional do sujeito, o psicoterapeuta deve estar em um clima de abertura, respeito, transparência e conexão, para propor o percurso a ser trilhado mutuamente. Esses são os "disparadores" da relação terapeuta-paciente, fundamentais para que ambos possam se aquecer e, juntos, partir para a ação dramática.

A partir de técnicas específicas fundamentadas no conceito de ser espontâneo e criativo, o terapeuta coconstrói com o sujeito um percurso dialógico imaginário que busca transcender o *status* de cristalização do conflito e conquistar novos modos de ser e se relacionar no mundo.

Alguns "instrumentos" técnicos importantes são utilizados com frequência nas sessões de psicoterapia de metodologia psicodramática, especialmente com pacientes com TDAH. Entre eles, merecem destaque a troca de papéis, o duplo, o espelho e o solilóquio.

Troca de papéis

O sujeito assume e desempenha o papel de outra pessoa. Em geral, o psicoterapeuta pede que o paciente assuma o papel da pessoa sobre quem ele está falando. Ele é ajudado a assumir e desempenhar o papel do outro à medida que o psicoterapeuta faz a proposta e o aquece, fazendo perguntas e considerando que o sujeito, nesse momento, já "não é mais ele", e sim o personagem assumido.

Muitas vezes, o psicoterapeuta também "joga" papéis com o intuito de auxiliar o paciente. Ou seja, assume o papel do próprio paciente, "deixando de ser psicoterapeuta" por instantes, e conversa com o personagem que o paciente assumiu. Esse método visa ajudar o sujeito a "se ver de fora" e, consequentemente, torna possível ao psicoterapeuta ter maior percepção de seu paciente ao assumir o lugar dele.

Há ainda a possibilidade de, ao longo do diálogo psicodramático, alternarem-se os papéis e até mesmo novos personagens adentrarem esse universo, a partir do que está sendo coconstruído na ação dramática.

Indica-se a troca de papéis para o paciente toda vez que o psicoterapeuta percebe que o sujeito está falando de alguém cuja relação é importante para ele.

De acordo com Bustos[2], existem três oportunidades para a indicação da troca de papéis:

- Quando o sujeito faz alguma pergunta importante sobre si mesmo, mas para o outro responder e se comprometer por ele. A troca faz com que ele mesmo tenha de refletir e pensar sobre a resposta
- Quando se quer mostrar para o paciente como o outro vê suas ações. Isso contribui para uma maior percepção de si mesmo. É o "olhar-se de fora"
- Quando se inicia uma dramatização para que o paciente se aqueça naquele universo dramático.

Duplo

O psicoterapeuta assume o papel do paciente e "dá voz" para o que não foi verbalizado por ele, seja por mecanismos de defesa, como resistência e/ou negação, seja simplesmente porque ainda está muito inconsciente. Por meio do duplo, o psicoterapeuta traz à consciência o que está latente e torna possível ao paciente acessar esse conteúdo.

De acordo com Cukier[3], o objetivo maior do duplo é entrar em contato com a emoção não verbalizada do paciente, a fim de auxiliá-lo a expressá-la. Em geral, são verbalizações assertivas e precisas.

Espelho

O psicoterapeuta assume a postura física do paciente para que este se veja de fora e, com isso, perceba coisas que ainda não notou. É uma espécie de comportamento imitativo. Muitas vezes, essa técnica é utilizada para auxiliar o paciente a se dar conta de aspectos corporais (tiques, trejeitos, postura etc.) que geralmente não são notados por ele e que, ao serem percebidos, podem ser disparadores de *insights*.

Solilóquio

Consiste em pedir para que o paciente "pense alto". Pode ser utilizado quando o paciente fica algum tempo em silêncio, para que se comprometa com o que estava pensando ao falar alto, e possibilita que o psicoterapeuta se conecte com ele em suas reflexões, abrindo a possibilidade de novos desdobramentos a partir do que foi pensado.

Método de trabalho

Atendo meus pacientes com TDAH em sessões de psicoterapia individual com duração de 50 min e frequência de 1 vez/semana. Essa modalidade de trabalho é chamada por nós, psicodramatistas, de psicoterapia psicodramática bipessoal.

Nessa abordagem psicoterapêutica, de acordo com Cukier[3], não se usa egos auxiliares (psicoterapeuta auxiliar ou paciente que tem a função de ser agente terapêutico do sujeito-paciente, ao lado do psicoterapeuta) e atende-se apenas um paciente de cada vez, configurando uma situação de relação bipessoal, ou seja, um paciente e um terapeuta.

Utilizo técnicas do psicodrama clássico (já descritas anteriormente), mas também o método utilizado na *psicoterapia da relação*, modalidade criada e desenvolvida pelo psiquiatra e psicodramatista Dr. José Fonseca.

A psicoterapia da relação, de acordo com Fonseca[4], destaca dois polos de importância: um é o da relação terapeuta-paciente; o outro, o trabalho das relações do mundo interno do paciente, que se caracteriza pelo olhar nas relações *eu-tu* e *eu-eu*.

A psicoterapia da relação tem o intuito de trabalhar o paciente, basicamente, a partir de três enfoques:[4]

- O próprio paciente (suas relações interpessoais)
- A relação terapeuta-paciente
- O terapeuta: que recebe, sente e emite terapeuticamente.

O psicoterapeuta da relação desempenha não só o papel de terapeuta, mas também o de ego auxiliar, pois, por meio de diálogos dramáticos (nos quais paciente e terapeuta assumem papéis e personagens importantes da vida do paciente), os dois constroem, no momento da sessão, situações psicodramáticas de conflitos existenciais que deixam aparecer as tramas ocultas desse sujeito, buscando não apenas desvelar os conflitos, mas também ajudar o paciente a descobrir uma nova possibilidade de compreender sua existência, seus sintomas e suas relações interpessoais.

Considero as três primeiras sessões do processo psicoterápico, as quais chamo de entrevistas iniciais, o período de *aquecimento*. Nelas, busco compreender o sujeito que se apresenta, ou seja, que sensações e percepções tenho sobre ele a partir de seu discurso e de sua presença diante de mim.

Além disso, é o momento de entender suas queixas: a principal, as secundárias e, consequentemente, os sintomas. Portanto, é também o momento de fazer o psicodiagnóstico.

Nessa fase, estabelecemos o contrato de trabalho, ou seja, a frequência e a duração das sessões, bem como pagamento, faltas, férias etc., para que o compromisso seja mútuo na construção de nosso percurso psicoterápico.

Nos casos específicos de pacientes com TDAH, há duas possibilidades ainda nessa fase inicial:

- Se o paciente vier encaminhado pelo médico (psiquiatra ou neurologista) e já tiver o diagnóstico realizado, iniciamos o processo psicoterápico e, a partir da terceira sessão, faço uma avaliação específica do TDAH, com perguntas mais direcionadas aos sintomas. Muitas vezes, aplico também um questionário para verificar se o paciente tem a compreensão diagnóstica do quadro e como cuida ou não disso
- Se o paciente não veio encaminhado pelo médico e não sabe sobre o diagnóstico, aplico, a partir da terceira sessão, um questionário e faço perguntas mais direcionadas, buscando compreender melhor o caso. A partir do resultado e de minhas percepções, converso com o paciente, deixando claro o que estou observando e diagnosticando, para poder sensibilizá-lo e encaminhá-lo para o médico responsável (seja psiquiatra ou neurologista), a fim de que o diagnóstico específico possa ser feito e, caso o seja, verificarmos o uso da medicação.

Muitas vezes, no caso de crianças, passadas as sessões iniciais de psicodiagnóstico, marco uma sessão com os pais, na qual dou um retorno do que observei até o momento. Aproveito para sensibilizá-los sobre a importância do tratamento (não apenas da psicoterapia, mas também do acompanhamento médico) e orientá-los com relação a algumas condutas a serem tomadas em relação à criança, como levá-la ao médico, participar da vida escolar, ter organização pessoal, entre outras.

Ainda no caso das crianças, comunico aos pais que entrarei em contato com a escola com o objetivo de orientar o professor e o coordenador pedagógico para o acompanhamento adequado desse aluno.

Acredito também na importância de um trabalho multiprofissional. Para o processo psicoterápico ser bem-sucedido especificamente nesses casos, é fundamental que tenhamos um bom canal de comunicação com os outros profissionais envolvidos no suporte e no tratamento do sujeito, sejam eles médicos, professores, coordenadores da escola, nutricionistas e outros.

Cabe destacar ainda que, muitas vezes, pelo próprio quadro do TDAH, o paciente passa a ter muitas dificuldades nos relacionamentos interpessoais, o que possibilita que, em algumas situações, de acordo com o desejo e a necessidade do paciente, façamos algumas sessões com seu parceiro (marido, esposa etc.) e até mesmo com seus pais.

Isso também tem o objetivo de orientá-los e, muitas vezes, sensibilizar o "parceiro-cuidador" da importância e do "peso" de seu papel, refletindo, inclusive, sobre a possibilidade de ele também receber suporte psicoterápico (caso deseje), obviamente de outro profissional e em outro *setting*.

Exemplos de casos clínicos

Serão destacados dois casos clínicos a seguir, com o objetivo de ilustrar como a abordagem psicodramática trabalha com a questão do TDAH em pacientes na psicoterapia.

Nesses casos, um é um sujeito adulto, do gênero masculino, e o outro, uma criança. Os nomes são fictícios para preservar a identidade dos pacientes e respeitar o sigilo ético.

Caso clínico 1

Victor, 32 anos, busca a psicoterapia porque sente que "sozinho não está dando conta das coisas". Não consegue se concentrar por muito tempo e, profissionalmente, ainda não se encontrou. No trabalho, tende a iniciar várias tarefas ao mesmo tempo e não conclui a maioria delas. Começou vários cursos superiores, mas não concluiu nenhum. Apresenta-se agitado e mexe os pés incessantemente enquanto fala. Sua fala é acelerada e quase ininterrupta. Quando questionado, tende a dar respostas evasivas e as associa imediatamente a outros pensamentos. Está casado há cerca de três anos e afirma que sua esposa tem se queixado de seu comportamento, muitas vezes egoísta, desorganizado e ansioso. Além disso, a vida sexual está instável. Ora sente muito desejo sexual, ora basicamente "é como se sexo não existisse". Outra queixa comum é ser esquecido e desligado. Sua esposa reclama, muitas vezes, por ter a sensação de "falar sozinha". Tem dificuldades para fazer planos futuros e se organizar, desde as tarefas simples e cotidianas (agenda, cronograma, armário, mesa de trabalho) até financeiramente. Tende a gastar compulsivamente e, depois, nem sabe ao certo em que gastou. Reconhece que, muitas vezes, é intolerante e impaciente, ficando irritado com facilidade em situações adversas. Com relação a tratamentos anteriores, afirma já ter consultado psiquiatras e tomado antidepressivos e ansiolíticos, mas costuma abandonar os tratamentos com frequência – característica marcante de sua personalidade, aliás.

A partir dessa descrição, fica claro que o paciente apresenta TDAH da subcategoria 3 (combinado). Fizemos as entrevistas iniciais, nas quais observei a psicodinâmica de Victor e ouvi sua queixa principal e as queixas secundárias. A partir da segunda sessão, já passei a trabalhar dramaticamente com ele. Estabelecemos um diálogo para que eu pudesse compreender sua história, pontos de conflito significativos e perfil de personalidade. Victor chega e, após instantes, começa a falar de sua relação com a esposa, que, de acordo com ele, está feliz porque ele resolveu fazer terapia, afinal a relação deles está difícil.

Posto isso, capto que o tema "relação com a esposa" é um foco de conflito e, portanto, proponho que façamos um trabalho dramático. Sugiro que, por alguns instantes, serei ele e ele será sua esposa (técnica da troca de papéis e psicoterapia da relação), e que, à medida que formos "caminhando", poderemos alternar os personagens.

Victor mostra-se surpreso, mas também curioso, e aceita a proposta.

> Terapeuta como Victor (V): Então, M. Você sabe que estou em terapia e é porque quero ficar melhor, "sozinho não estou dando conta" [repito essa frase que Victor usou como queixa na primeira sessão], como já conversamos... O que você acha disso?
> Victor como terapeuta (M): Acho bom! Finalmente você resolveu admitir e fazer alguma coisa... Só espero que, dessa vez, não largue!
> V: Você não acredita que eu possa mudar? (Já ficando irritado.) É isso?
> M: Iiih... Já começou, tava demorando...
> V: O quê?
> M: A ficar nervoso... É sempre assim, ninguém pode falar nada pra você...
> V: Puxa! Sou tão difícil assim?

Faço essa pergunta e, antes que Victor responda (como sua esposa), peço que façamos a troca de papéis para que ele se comprometa com a resposta, sendo ele mesmo, e perceba sua dinâmica.

> Victor como ele mesmo (V): É que pra mim é difícil... Sempre foi assim... Ninguém entende, nem você mais...
> Terapeuta (M): Entendo, mas também é muito difícil pra mim conviver com você... Sempre irritado, intolerante. Fico insegura. Não sei se posso confiar em você, na nossa relação... Às vezes, nem sei mais se você gosta de mim... Você gosta de mim?
> V: Claro! Eu é que acho, às vezes, que você não gosta mais de mim...
> M: Então, estamos no mesmo pé: nós dois nos gostamos, mas não estamos conseguindo viver isso. É por isso que penso que procurar ajuda é importante, pra que nosso casamento não acabe. Quero poder confiar em você, mas também tenho medo. Me sinto insegura...
> V: Também me sinto assim... Muitas vezes, quero mostrar que dou conta de tudo, mas no fundo não dou conta de nada...

Nesse momento, sugiro para Victor que, a partir dali, eu seja Victor e ele continue sendo Victor também. Será Victor conversando com ele mesmo.

O objetivo dessa técnica é colocá-lo frente a frente consigo mesmo, para poder falar para si mesmo sobre suas percepções e suas dificuldades e se comprometer com elas. Ao mesmo tempo, ao assumir o papel de Victor, também posso ter novas percepções sobre ele, por estar em seu lugar.

Terapeuta como Victor (TV): Então! É isso, a gente no fundo se sente impotente e confuso.
V: É! Queremos fazer as coisas, mas tudo sai atrapalhado.
TV: E o que precisamos fazer, então, para não ficarmos tão atrapalhados?
V: Não sei...
TV: Ah! Precisamos pensar... Caso contrário, olha lá, acabaremos perdendo nosso casamento. Já não basta tudo que perdemos até hoje? Perder o casamento será muito cruel...
V: É! Nosso casamento é muito importante para nós.
TV: Então... Vamos lá, me diga, me ajude, quais são as coisas, mesmo que sejam pequenas, que podemos nos comprometer a fazer para tentarmos não perder nossa relação?
(Insisto para que Victor possa se comprometer consigo mesmo e perceber que, por meio de pequenas atitudes, já poderá mudar as condutas de comportamento até então cristalizadas que vem tendo e, ao mesmo tempo, "quebrar" a sensação de impotência, tornando-o um pouco mais seguro e potente.)
V: Hmm... Ah! Talvez ouvir mais quando ela fala comigo...?
TV: Bom! Já é um começo... Tentar prestar atenção quando ela fala, e também combinar com ela momentos para que ela nos fale as coisas, né? Por exemplo, quando estivermos em casa, sem muita agitação do dia a dia, pedir para que ela sempre fale conosco olhando nos nossos olhos e dizendo claramente o que está sentindo e pensando. Ou até mesmo o que precisa da gente.
(Isso é um tipo de orientação. Ou seja, nos casos de pacientes com TDAH, a desorganização e a confusão são muito comuns. Portanto, a orientação é um aspecto comum e importante na psicoterapia com esses pacientes. Deve ficar claro que o papel de psicoterapeuta não é ser conselheiro, mas um orientador nesses casos específicos.)
V: Puxa! Pode ser uma boa!

Interrompo a dramatização e aviso que, a partir daquele momento, serei eu mesma e conversaremos para refletirmos juntos sobre o que fizemos ali e como ele está se sentindo.

Nessa etapa final da sessão, em que conversamos sobre o que vivemos dramaticamente, é fundamental que falemos também, como terapeutas, não apenas o que percebemos do paciente em relação a ele, mas também o que nós sentimos no papel dele e dos personagens que "habitamos". Isso o ajuda a perceber, muitas vezes, sensações e emoções que ainda não vieram à tona, mas que, por meio disso, podem surgir. Ao aparecerem, o paciente pode se comprometer com elas e, do ponto de vista comportamental, fica até mesmo mais fácil mudar.

O processo psicoterapêutico com Victor envolveu muitos aspectos impossíveis de relatar aqui, mas cabe destacar alguns pontos de sua dinâmica:

- Desorganização: realizamos algumas sessões trabalhando esse ponto. Em algumas, eu pedia para Victor fechar os olhos e lembrar situações de sua vida em que se sentia desorganizado e confuso. Em uma delas, por exemplo, ele trouxe uma situação em que pensava em mil coisas ao mesmo tempo. Entreguei a ele várias folhas de papel em branco e canetinhas coloridas e pedi que, em cada uma delas, escrevesse um pensamento. Depois, para que montasse uma imagem ou escultura com todos aqueles pensamentos, mas ele também deveria estar nessa imagem. Ele fez uma grande rede embaralhada na qual quase não conseguíamos enxergá-lo. Pedi, na sequência, que fosse entrando no lugar de cada pensamento e "sendo" cada um deles (com o objetivo de ajudá-lo a perceber quais sensações e emoções cada um daqueles pensamentos mobilizava nele e também se, ao captar isso, era possível fazer algumas associações e estabelecer prioridades). Assumi, então, seu papel. Conversávamos, trocando de papéis à medida que eu percebia o momento certo. Ao final, conversamos, e essa sessão serviu como "aquecimento" para várias outras em que Victor trazia o que estava conseguindo modificar no cotidiano com relação à organização e à ansiedade
- Medicação: voltamos a trabalhar dramaticamente, em algumas sessões, sobre sua sensação de impotência e sobre a dificuldade de dar conta de tudo sozinho, o que me levou a refletir com ele não apenas sobre a psicoterapia, mas também sobre a necessidade da medicação. Depois disso, ele procurou um psiquiatra e iniciou o tratamento medicamentoso
- Modos de organização: passamos algumas sessões construindo dramaticamente e visualizando seu quarto, seu armário, sua casa e pontos que poderiam ser organizados, de modo prático, para que ficasse mais funcional e menos confuso. Passou também, com o auxílio da esposa (em um primeiro momento), a escrever tarefas e compromissos na agenda, muitas vezes usando o recurso do despertador para se lembrar deles.

Considerando a dificuldade de concentração de pacientes com TDAH, como Victor, minhas frases nas sessões são sempre assertivas. Trabalhar dramaticamente, utilizando as técnicas psicodramáticas, é de grande auxílio, pois entrar nesse universo e assumir o papel de outras pessoas, ou até mesmo deles próprios, mas em outro contexto que não o plano real vivido, os ajuda a se manterem conectados e concentrados no que estamos fazendo. É como se fosse um jogo ao qual precisam estar atentos para poderem participar. A consequência é uma maior percepção de si mesmos, de suas condutas e do que isso mobiliza nos outros, ajudando-os a ressignificar e mudar hábitos e comportamentos.

Caso clínico 2

Pedro, 8 anos, foi levado pela mãe "porque a escola pediu". A partir de conversa com os pais e observação da criança, nas entrevistas iniciais, notei que Pedro é muito agitado. Tende a mexer em tudo. É muito curioso e apresenta dificuldade de ficar parado. Sua fala, muitas vezes, é pouco articulada e, quando falo com ele, presta atenção por pouco tempo, depois tende a se desligar ou começa a fazer alguma outra coisa. Seu desempenho escolar está ruim e ele corre o risco de repetir o ano. A escola queixa-se de seu comportamento. Afirmam que tem dificuldade de ficar sentado na carteira, tende a conversar muito durante as aulas e, muitas vezes, não segue as instruções da professora. Frequentemente, não faz as lições de casa e esquece os trabalhos escolares. A mãe afirma que, em casa, também é bagunceiro. Seu quarto e seus armários têm sempre roupas e brinquedos esparramados e os momentos em que fica mais quieto é quando joga *videogame*, passando horas em frente à TV.

Na primeira sessão com Pedro, deixei-o livre, para poder observá-lo. Ele explorou a sala, brincamos com objetos e brinquedos que estavam lá e, enquanto brincávamos, observava sua concentração, sua ansiedade e sua fala. Perguntei coisas básicas, já em uma tentativa de avaliá-lo cognitivamente, como se sabia quem eu era e o que estava fazendo ali, quantos anos tinha, data de nascimento, escola em que estudava, série, nome de amigos e familiares, se tinha irmãos, o que gostava de fazer (com o objetivo de pesquisar interesses para reproduzi-los em sessão).

Além disso, meu foco na primeira sessão com crianças, em geral, é estabelecer um vínculo de confiança com elas, considerando que não me conhecem e podem se sentir inseguras, e também que a decisão de me procurar não foi delas, mas dos pais. Para isso, brincar e promover o lúdico, com o objetivo de proporcionar uma experiência inicial prazerosa, é minha maior preocupação nesse primeiro contato.

Outro aspecto de meu trabalho com crianças com TDAH é que procuro não oferecer ou mostrar todos os brinquedos da sala. Faço isso aos poucos e escolho jogos e brinquedos de acordo com o perfil da criança ou do que pretendo avaliar. Como as crianças costumam ser muito ansiosas e irrequietas, ao verem muitos brinquedos, ficam mais estimuladas e excitadas, o que dificulta um trabalho mais profundo.

Outro ponto é que dou prioridade a jogos não estruturados, ou seja, que não tenham regras muito definidas, para que possamos cocriar e construir, a partir daí, personagens e um cenário dramático.

Nas sessões subsequentes, trabalhei com Pedro reproduzindo situações cotidianas de sua vida, muitas delas conflitivas; por exemplo, discussão com a mãe porque não fez a lição de casa. Assumi o papel de mãe e começamos o "teatro":

> Terapeuta como mãe (TM): *Outra vez você não fez a lição de casa? Olha aqui, já vi na sua agenda, outra advertência... Assim não é possível! Você quer repetir de ano?*
> Pedro (P): *Não!*
> TM: *Só que, se continuar assim, é o que vai acontecer... E sabe o que mais? Eu me preocupo com você* (com voz mais afetiva), *se você está conseguindo aprender as coisas. Às vezes, fico aqui em casa, pensando se você está precisando de ajuda, mas não consegue falar, e também fico nervosa porque não sei o que fazer para te ajudar... Entende?*
> (O objetivo dessa fala é mostrar para a criança aspectos da vida dos pais que ela não tem condições de saber, até porque não tem maturidade suficiente para isso; então, ao mostrar aspectos latentes dessa dinâmica, ela pode se sentir mais segura.)
> P: *Aham...*
> TM: *O que você pode fazer, então, para não receber tantas advertências?*
> P: *Minha lição...*
> TM: *E por que você não faz, então? Já que sabe que, se não fizer, vai receber aviso?*
> P: *Porque me esqueço...*
> TM: *E se eu te lembrar? Você faz?*
> P: *(Faz que sim com a cabeça.)*

As dramatizações com crianças são mais breves e o objetivo é sensibilizá-las a perceberem a si próprias e também perceberem o que o seu comportamento mobiliza nos outros.

Reproduzimos dramaticamente várias situações em sessão: sala de aula, relação com amigos ou com irmãos, entre outros, sempre com o cuidado de mobilizar Pedro para perceber o ambiente e o que suas atitudes provocam nos outros, além de estimulá-lo e orientá-lo com condutas práticas para utilizar no dia a dia.

Com relação aos pais, realizei algumas sessões de orientação, nas quais, muitas vezes, assumia dramaticamente o papel de Pedro com eles e/ou sugeria que entrassem no papel do menino, para compreendê-lo melhor. Isso trouxe desdobramentos importantes: eles decidiram procurar um médico para acompanhar a avaliação diagnóstica de Pedro. A mãe passou a destinar um período do dia para ajudá-lo na organização da mochila, ver a agenda e até ajudá-lo nas lições.

Fui à escola e conversei com a coordenadora pedagógica. Passei o diagnóstico de Pedro e também algumas orientações, como a importância de ele se sentar mais à frente da sala e ser convidado com frequência pela professora para ser seu ajudante. O objetivo disso é fazer com que se "rompa" com a sensação e com o rótulo de "bagunceiro" ou "lerdo" para ganhar uma função e, portanto, potência – aspectos fundamentais para a motivação e a autoestima.

Considerações finais

A psicoterapia psicodramática vê o ser humano não apenas como um objeto de estudo a ser trabalhado. Por meio desse processo, há um encontro de subjetividades que, em papéis e funções desiguais, buscam uma sintonia e o compromisso de cocriar um vínculo capaz de trazer crescimento e transcendência de conflitos para o sujeito-paciente.

Este, até então prisioneiro de uma vida cristalizada, pode, por meio desse processo, assumir novos papéis e situações até então inimagináveis e, com isso, descobrir potências, percepções e emoções que, se não tivesse se lançado na aventura pela busca de si mesmo, jamais poderia encontrar.

Como psicodramatista, penso que uma das riquezas desse trabalho é ser instrumento para auxiliar nesse percurso de crescimento não apenas de meus pacientes, mas, com certeza, de meu próprio universo existencial.

Referências bibliográficas

1. American Psychiatric Association. Manual Diagnóstico e Estatístico de Transtornos Mentais (DSM-IV). 4. ed. Porto Alegre: Artmed; 2002.
2. Bustos D. O psicodrama: aplicações da técnica psicodramática. 2. ed. São Paulo: Summus; 1982.
3. Cukier R. Psicodrama bipessoal: sua técnica, seu terapeuta e seu paciente. São Paulo: Ágora; 1992.
4. Fonseca J. Psicoterapia da relação: elementos de psicodrama contemporâneo. São Paulo: Ágora; 2000.

Bibliografia

Almeida WC. Psicoterapia aberta: o método psicodrama, a fenomenologia e a psicanálise. São Paulo: Ágora; 2006.

Barkley RA. Transtorno de Déficit de Atenção/Hiperatividade (TDAH): guia completo e autorizado para pais, professores e profissionais de saúde. Porto Alegre: Artmed; 2002.

Cukier R. Palavras de Jacob Levy Moreno: vocabulário de citações do psicodrama, da psicoterapia de grupo, do sociodrama e da sociometria. São Paulo: Ágora; 2002.

Fonseca J. Psicodrama da loucura: correlações entre Buber e Moreno. 4. ed. São Paulo: Ágora; 1980.

Marineau RF. Jacob Levy Moreno, 1889-1974: pai do psicodrama, da sociometria e da psicoterapia de grupo. São Paulo: Ágora; 1992.

Martín EG. Psicologia do encontro: J. L. Moreno. 2. ed. São Paulo: Ágora; 1996.

Massaro G. Esboço para uma teoria de cena: proposta de ação para diferentes dinâmicas. São Paulo: Ágora; 1996.

Moreno JL. Fundamentos do psicodrama. São Paulo: Summus; 1983.

Moreno JL. Psicodrama. 12. ed. São Paulo: Cultrix; 1997.

Moreno ZT. A realidade suplementar e a arte de curar. São Paulo: Ágora; 2001.

Perazzo S. Ainda e sempre psicodrama. São Paulo: Ágora; 1994.

Silva ABB. Mentes inquietas: entendendo melhor o mundo das pessoas distraídas, impulsivas e hiperativas. 17. ed. São Paulo: Gente; 2003.

41 Diante das Violências | Abordagem Psicodramática

Marlene Magnabosco Marra

Introdução

O quadro atual de violência e desagregação social é, provavelmente, o maior desafio a ser enfrentado pela sociedade brasileira neste início do século 21. São numerosos os desafios e as dificuldades sobre o que ainda deve ser feito em matéria de direitos humanos no Brasil, resultando em interfaces com temas mais abrangentes, como a que engloba, de maneira especial, a promoção e a defesa dos direitos da cidadania. Os processos de convivência e participação mostram a qualidade política e ética do indivíduo e o fazem sujeito de direito. Os direitos humanos ora têm sido incluídos e defendidos por movimentos e entidades nacionais e internacionais, ora têm sido banalizados e racionalizados como um compromisso de todos os cidadãos.

Direitos humanos são direitos fundamentais, um conjunto de valores e princípios que devem estar presentes na vida das pessoas e que podem ser traduzidos em gestos simples do cotidiano que incentivam o respeito e a liberdade. Esses direitos fundamentais são parte da vida de todos: mulheres, homens, crianças, adolescentes, negros, brancos, amarelos, homossexuais, índios, pessoas portadoras de deficiência, estrangeiros, migrantes, refugiados, idosos, presidiários, trabalhadores sem terra, grupos étnicos, ricos, populações em vulnerabilidade social e tantas outras possibilidades quantas são as naturezas de vida das pessoas. A existência de limites para o exercício da cidadania por parte de amplos setores da população brasileira se manifesta pela dificuldade de acesso ao mercado formal de trabalho, à escola, à creche, à alfabetização, aos serviços de saúde e aos produtos culturais valorizados socialmente. A violência aparece como privação desses direitos em sua diversidade. A vulgarização da violência é, muitas vezes, manifestada por uma ausência de indignação, embora seja considerada um fenômeno de natureza social e um produto de intercâmbios entre as pessoas, que se origina na convivência dos grupos e nas estruturas da sociedade, inserido na complexidade das relações sociais.[1-3]

Atualmente, incluem-se e nomeiam-se como violência fatos e ocorrências que passavam, anteriormente, por práticas costumeiras de regulamentação das relações sociais, como a violência intrafamiliar contra a mulher e contra crianças, a violência doméstica, a violência simbólica contra grupos, categorias sociais ou etnias, as ofensas contra os direitos humanos etc. A violência urbana se apresenta como prioridade na agenda das políticas públicas de assistência social, sendo a pobreza seu modo mais dissimulado. A violência contemporânea é uma situação que tem diversas causas e expressões; sua persistência mostra que não há soluções mágicas, rápidas e definitivas e, portanto, o envolvimento do Estado, em parceria com a sociedade civil, em programas de ação de defesa dos direitos humanos faz-se necessário e importante, sobretudo no combate à violência.[4]

O conceito de violência apresenta dimensões fundamentalmente negativas, quando priva dos valores presentes na cultura e quando atenta contra a vida. Constitui-se como uma ameaça de negação da existência física ou simbólica do sujeito, dos grupos e da comunidade e, portanto, a consequência sugere sempre uma punição. O contínuo incremento da violência cotidiana configura-se como aspecto representativo e problemático da atual organização da sociedade, especialmente nos grandes centros urbanos, tornando-se visível nas diversas esferas da vida social. Soma-se a esses aspectos um desconhecimento por parte das pessoas que mais carecem desses direitos humanos elementares à vida.[1-3,5]

A manifestação e os modos de organização dessas vivências de violência estão presentes nas sociedades atuais, variando apenas em intensidade e maneiras de expressão. São configurações que não estão atreladas a classe social, etnia ou gênero, mas à construção social das famílias ou à comunidade, ou dizem respeito à dissonância na estrutura familiar. Em relação aos países de língua inglesa, como Canadá, Austrália e EUA, a violência, a partir da década de 1990, apresenta os índices mais elevados na incidência de diferentes modos de manifestação.[6] O Canadá, em um estudo realizado em três grandes províncias, Ontário, Quebec e Alberta, com dados primários de uma amostragem em 51 instituições de atendimento a crianças vitimadas, totalizou 7.672 investigações, apontando 25% de casos de abuso físico como modo primário de violência, falta de supervisão familiar e exposição indevida da criança a riscos ambientais, incluindo violência sexual. A Unicef estudou a morte de crianças por maus-tratos em 30 países considerados ricos, incluindo 25 Estados europeus, e calculou que a cifra anual de mortes de crianças menores de 15 anos como consequência de agressões físicas e/ou negligência era de 3.500.[6,7] Essas violências se produzem a cada semana na Alemanha e no Reino Unido e a cada duas semanas na França. A cada dia, a violência familiar cobra a vida de quatro crianças menores de 15 anos na Europa.

No Brasil, estudos realizados com atos violentos e maus-tratos intrafamiliares apresentam um expressivo crescimento nas taxas de mortalidade de pessoas na faixa etária de 0 a 19 anos, à semelhança de outros países.[8] As causas violentas foram responsáveis por aproximadamente 120 mil mortes em 2001, representando cerca de 20% dos óbitos registrados no país, sendo as crianças as mais atingidas.[9] Nas décadas de 1990 e 2000 no Brasil, a violência sexual contra crianças e adolescentes ganhou maior atenção e passou a ser notificada como uma questão social e como um desafio público que demanda investimentos e intervenções.[10] A violência na contemporaneidade, com todos os seus modos de manifestação, tem sido debatida incluindo-se o âmbito da família. A violência tem uma lógica social e territorial diferenciada, que não obedece aos mesmos princípios de produção e reprodução da desigualdade.

A violência estrutural responsável pela desigualdade no Brasil contribui para o desenvolvimento da violência interpessoal nos diferentes segmentos sociais, especialmente nas interações familiares, influenciando o comportamento de seus membros. Diversas temáticas contemporâneas de grande relevância têm sido debatidas no contexto da família, dentre elas a violência em todas as suas manifestações. Violação dos direitos de crianças e adolescentes, das mulheres e dos idosos são frequentes, tanto nas famílias de baixa renda como nas demais classes sociais. Os atos violentos vão desde atos de omissão, não garantia de acesso aos serviços de saúde e educação, submissão a trabalhos forçados, métodos disciplinares violentos e agressões psicológicas, até abusos sexuais deliberados e exploração sexual.[11]

Esses atos violentos desencadeiam sintomas de traumas, prevalência de fatores de risco e consequências associadas à negligência e aos maus-tratos. Eles também são considerados, pela literatura, indicadores críticos para a instalação de situações que impedem o cuidado, a saúde e o desenvolvimento, e demonstram que a família não está envolvida na proteção de seus membros e utiliza tais atos para justificar as ações dos agressores e como modo de educar e corrigir transgressões de comportamento.[5,11-14]

Os elementos que configuram a situação de violência se organizam, portanto, de maneira complexa e, por isso, devem ser analisados a partir de seus contextos, das narrativas construídas em torno deles e de circunstâncias mais amplas. Este capítulo se propõe a descrever, discutir e indicar possibilidades de intervenção que acenam para a constituição de novas relações entre as pessoas da família, buscando uma interface com o indivíduo, a família, a sua história, e a violência vivida. O Psicodrama apresenta-se como uma referência na articulação da violência familiar com os contextos interventivos.

Violência | Fenômeno contemporâneo

A ênfase na satisfação pessoal, as grandes exigências por uma vida melhor, o novo lugar assumido pela mulher na sociedade público associado à pouca tolerância com relação à divisão das tarefas domésticas, a necessidade cada vez maior de obtenção de lucros, a crescente responsabilidade das famílias pela qualidade de vida de seus membros e o desgaste da autoridade dos pais, por conflitos de geração, são fatores que provocam crises e mudanças, nem sempre acordadas entre todos os membros da família. Essas mudanças sociais têm impactado as relações interpessoais tanto de famílias de classe média, no Brasil e no mundo, quanto de famílias em situação de risco e vulnerabilidade social, agravadas pelo processo de modernização, urbanização e migração, que causa isolamento relacional na família nuclear. Acrescenta-se que as famílias, ao buscarem oportunidade de educação e emprego, afastam-se de suas origens, suas redes sociais e seus grupos familiares. Esses avanços urbanos têm produzido desigualdades sociais que acabam por marginalizar milhões de pessoas nas cidades, enfrentando desafios e privações diariamente.[15-18]

O fenômeno da desigualdade social tipicamente urbana tem consequências diretas para as famílias, pois estas são consideradas grupos sociais dinâmicos em constante transformação, por processos demográficos e socioeconômicos.[19] Aliados a esses fenômenos, apontam-se aspectos psicossociais, socioculturais e políticos que interferem na vida familiar, tornando-a vulnerável a situações de violência, vivências de diversos fatores de risco, exploração e outros abusos, expressos de diversas maneiras. A vida atual apresenta um descompasso entre novos e velhos modelos, o que provoca o surgimento de conflitos na vida familiar.[15,20]

Ao mesmo tempo em que a família é o contexto no qual ocorre a maior parte de maus-tratos a crianças, adolescentes e mulheres, é também onde a sociedade deposita a crença de um grupo privilegiado para o enfrentamento e o tratamento dessas situações. A família se constitui, portanto, como um grupo com potencialidades e competências para responder às exigências dessas questões. As habilidades para lidar com situações de tal natureza são aprendidas pelas famílias, desde que os responsáveis decidam proteger-se e seus filhos encontrem serviços especializados (políticas públicas) que os ajudem nessa construção. [21-24]

Percebe-se que, antes mesmo do acontecimento das situações de violência expressas, crianças, adolescentes e demais membros da família já vivem em ambientes de risco dentro da organização familiar ou da comunidade. São famílias protagonistas de múltiplos modos de violência, como negligência, desrespeito aos direitos humanos fundamentais, falta de comunicação entre seus membros e estresse causado por fatores situacionais e contextuais. [14,25-27]

Família | Matriz transgeracional

Toda prática que restringe a pessoa à condição de objeto, levando-a a exclusão social e política, dominação e desigualdades econômicas, sociais e culturais, é considerada uma forma de violência. O sofrimento humano e a ausência de direitos são combinações complexas, que não podem ser reduzidas a um único paradigma. Aspectos individuais e coletivos se constroem em uma realidade histórico-político-social, a qual determina a aquisição de uma identidade que influencia e é influenciada por éticas diversas. A intersubjetividade do grupo familiar é um espaço-tempo para a construção da dimensão grupal e comunitária.

A família é considerada a placenta social da criança, como expressa Moreno[28-30], psicodramatista e médico psiquiatra nascido na Romênia. O amor por uma criança – vivido na família – desempenha papel determinante na definição de seus relacionamentos futuros. O relacionamento entre a criança e seus pais é a pedra angular da vida social. Toda a referência do indivíduo será dada com base nas experiências primeiras que consistem em satisfação e privação e/ou frustração. A convivência relacional se organizará com aqueles que vivem junto dela, prevalecendo vivências de amor, respeito e cuidado ou agressão, hostilidade e desesperança. A matriz de ação registra atos e eventos tornando-os narrativas que compõem a vida de modo a construir alternativas preferíveis ou discursos dominantes que transformam a vida em dificuldades e riscos.[31] O sistema de ação está baseado em um consenso que existe somente dentro de uma coletividade de atores, trabalhando com potenciais de interação, como espontaneidade/criatividade.

De acordo com a teoria da espontaneidade, Moreno[29,30] concebe o desenvolvimento humano pela matriz de identidade, berço psico-sócio-cósmico da criança. Ele ressalta que o bebê não é lançado ao mundo sem sua participação. Esta depende do vínculo estabelecido com seus familiares, uma vez que, desde muito cedo, necessita-se do outro para impulsionar e motivar sua existência e construir sua identidade. A família, matriz de identidade, é o universo inteiro da criança no momento do nascimento, o *locus* em que mergulha suas raízes, portanto, a existência é única e total. Compreende-se a família como representante do mundo circundante da criança em desenvolvimento, vivendo no presente as marcas transgeracionais de um passado e prospectando para o futuro, com base em como lida, no presente, com as motivações dessa matriz de identidade geradora. Essa matriz geradora concentra todos os fatores materiais, sociais, linguísticos, psicológicos e culturais – pontos de partida – para o processo de construção do indivíduo, que se faz, a partir daí, nas inter-relações. Esse processo de construção é o *locus* e o *status nascendi* das futuras relações sociais e de desempenho de papéis. Nesse processo relacional de construção, a pessoa se converte em ator espontâneo de sua própria história, relacionando-se por meio de seus papéis, organizando seus vínculos e liberando ou não sua espontaneidade e sua criatividade para a vivência de realidades preferíveis ou narrativas que se estabelecem como discursos dominantes e que vão estimular vivências de violência.

A espontaneidade e a criatividade são fatores que impulsionam o ser humano à evolução, a agir transformando as situações e garantindo sua sobrevivência e a construção de suas relações sociais. É no desempenho de seus papéis que manifesta sua espontaneidade e sua criatividade e cria seus vínculos. Papéis, para Moreno[29], são modos reais e tangíveis que o "eu" toma para expressar sua coexistência, sua coexperiência e sua co-ação no contexto, tornando-se uma ponte constante entre o indivíduo e o coletivo. A família vista por Moreno[29] é um sistema relacional no qual são transmitidas as necessidades individuais e as exigências sociais, um sistema que funciona imbricado em uma teia relacional em constante transformação. Essas contínuas mudanças e transformações só podem ser compreendidas no contexto, na situação, com o ator *in situ*, pois é o contexto que oferece a compreensão e o significado do aqui e do agora.[29,32] No entender de Moreno[29] e Bateson[32], a família é um grupo social complexo, formado por diversos agrupamentos ou subsistemas que interagem, podendo, daí, originarem-se diversos conflitos inter-relacionais.

As construções e/ou as movimentações vividas e expressas pelo grupo familiar e por outros grupos em torno da família, como motivações, emoções, sentimentos, percepções, significados e escolhas, possibilitam organizar sentidos e narrativas que tomam formas linguísticas. Essa movimentação espontânea, ou construção de narrativas dos atores sociais em seus átomos sociais, visa à compreensão dos processos interativos.

Átomos sociais são o núcleo de interações que se estabelece em torno do indivíduo, isto é, todas as pessoas com as quais ele se relaciona emocionalmente e vice-versa. Esse núcleo é constituído pela expressão de afeto (amor ou desamor). A dimensão interativa desses aspectos possibilita o entendimento do grupo como geração de conhecimento e a ampliação da ressonância dessa construção em todas as interseções do sistema ou grupo.[33] Vivem-se com essas pessoas papéis e relações complementares, que também podem ser chamadas de intercâmbios relacionais. Essa conjuntura afetiva que o átomo social configura nada mais é que o universo social da pessoa, sua complexidade relacional e sua singularidade, suas redes de comunicação, ou seja, sua rede sociométrica.[34] Redes sociométricas são cadeias complexas de interação dos átomos sociais, e essas interações são vias por meio das quais os afetos e os desafetos circulam, organizando conjuntos de interações que possibilitam aproximações, distanciamentos e interferências nos intercâmbios entre as pessoas.[28]

Para Moreno[30], a violência parece residir nas dificuldades relacionais e de convivência, como se as pessoas estivessem apegadas a um discurso dominante, à conserva cultural. O discurso dominante, como a conserva cultural, cria um campo de sentido que passa a moldar a vida da pessoa, uma visão de si mesmo e dos relacionamentos fechada e reduzida, impedindo que outras e novas maneiras de organização de vida sejam exploradas.[35,36] Essa conserva cultural restringe alguns significados em detrimento de outros, dificultando o encontro de novas compreensões de si mesmo. O discurso dominante ou conserva cultural é a ausência da espontaneidade e da criatividade. A criação ou a atitude criativa seria o não sintoma, a não doença, a não catástrofe, o não mal, a não desigualdade e a não violência. A espontaneidade e a criatividade são a construção de realidades alternativas e preferíveis, que anunciam possibilidades e potencialidades em contextos de compartilhamento.

Consequentemente, observa-se a família como um sistema relacional e linguístico, uma organização social variável que se constrói dentro da imensa teia de relações, com contornos e limites imprecisos e variáveis, e que se configura socio-historicamente, criando seus significados e seus sentidos no transcurso de seu ciclo de vida. Essa proposta de construção da realidade entende que a família não é independente nem está lá fora, mas é construída a partir de uma produção coletiva de significados entre seus membros. A família vivida atualmente tende a propostas e modelos menos rígidos e preestabelecidos: todos os seus membros estão envolvidos na construção de um compromisso social de mudança, com cultura própria, com sua marca especial de comunicação e interpretação de regras e ritos marcados pelas relações de classe, etnia e gênero. Assim, cada membro é diferenciado por sua identidade plural no sentido dos contextos sociais e culturais a que pertence.[35-42]

Nesse movimento de construção, nem sempre a família representa um espaço de proteção ou cumpre a expectativa da sociedade sobre proteger seus membros. Muitas famílias revelam modos de relacionamento marcados por interações abusivas a partir de significados, sentidos, crenças e mitos que levam à violência física, psicológica, sexual e tantas outras. Na convivência familiar, são muitas as situações que resultam na construção de diferentes tipos e gravidades de atos violentos, entre os quais o desrespeito à individualidade, a desigualdade e a diferença de poder, a pobreza, a falta de informação e instrução, entre muitos outros, perpetuando o círculo vicioso da violência e cristalizando os papéis de agressor e vítima. A literatura aponta que, universalmente, todas as famílias têm problemas, no sentido de que nem todas as vivências ou os empreendimentos são bem-sucedidos.[43-45]

Embora a família seja considerada, por muitos, um "mal necessário" – ora negligenciada, ora enaltecida –, é entendida como mediadora das relações entre seus membros e a coletividade. O indivíduo torna-se sujeito no espaço da família e insere-se na diversidade de formas e arranjos familiares. A família compartilha do processo de construção da realidade que se faz nas vivências de rotina, interações e trocas sociais, ao longo do seu ciclo de vida e de muitas gerações. Ela necessita ser considerada e entendida como "a família de cada um" e vista como especial e específica enquanto objeto da prática psicodramática. Considera-se que a saúde coletiva, isto é, as forças de cooperação entre as pessoas, são biologicamente mais importantes que as forças de destruição.

Psicodrama | Abordagem interventiva em contextos de violência familiar

Várias linhas de pesquisa têm se preocupado com o impacto do trauma da violência e dos maus-tratos no desenvolvimento humano e com os avanços das intervenções para o enfrentamento adaptativo das vítimas e de seus familiares, no sentido de preparar a família para lidar com situações dessa natureza. Algumas dessas pesquisas estão baseadas em práticas narrativas, terapias breves, terapias orientadas para solução, dessensibilização do trauma, terapia cognitiva comportamental e neurociências – que têm demonstrado, por meio de neuroimagens, os efeitos dos maus-tratos no cérebro infantil.[46] Como uma proposta para resgatar a complexidade do campo da família e priorizar o contextual, o relacional e o psicossocial, tem-se a abordagem psicodramática. Trata-se de uma perspectiva teórica e prática de Jacob Levy Moreno que evidencia os efeitos positivos da compreensão do ser humano como um ser livre, uma pessoa a ser compreendida na ação e na concretude de suas experiências, e que oferece instrumentos para intervenção nos contextos de violência e para transformação da realidade.

A abordagem psicodramática mostra que a influência mútua, ou o "princípio de interação terapêutica", confirma que a interdependência dos indivíduos participantes de um grupo não se dissolve, como uma massa, mas suas capacidades terapêuticas são aproveitadas e desenvolvidas para a construção de um espaço pluridimensional.[29,30] Nesse sentido, pode-se citar Hoffman[44], que fala da importância de se "falar com e não para ou sobre o outro". Portanto, a violência, ao ser construída na interação com as pessoas, deverá ser desconstruída no grupo a partir de uma prática participativa e conjunta, em uma ação interventiva que postule a integração de fatores pertinentes à compreensão da complexidade dos sujeitos e de suas tramas, de maneira integrada aos seus contextos, tal qual a metodologia psicodramática.

A socionomia (psicodrama na linguagem mais corriqueira) caracteriza a ação humana como espontânea e livre da repetição e da conserva cultural ou dos discursos dominantes. A harmonia da liberdade espontânea autoriza a ação adequada, isto é, quando está em ajustamento com a pessoa e com o contexto no qual se situa a ação. Nesse sentido, a ética moreniana é um conjunto de princípios que emerge do grupo e da consonância das relações grupais. É no palco psicodramático que esse modo de atendimento e seus instrumentos podem ser explorados e utilizados, quando o sofrimento da pessoa pode se transformar em possibilidades e a abrangência dos recursos relacionais se converte para o protagonista. A metodologia psicodramática leva à compreensão da complexidade relacional de grupos, junto com a percepção da singularidade do sujeito, e as redes de afeto e comunicação do grupo.[34]

Trabalhar com famílias utilizando a metodologia psicodramática, nos mais diversificados contextos, quer seja na comunidade, na instituição pública, na clínica, na escola ou no hospital, exige do profissional uma ampliação da escuta e da visão para poder organizar sua prática, transitando entre o microcontexto do universo particular de cada família e o macrocontexto de uma sociedade em constante mudança. A perspectiva psicodramática estimula os membros da família a criticarem e refletirem sobre suas ações, construírem um novo olhar para sua interação com os demais membros e não verem o mundo, as situações e as relações como algo já estabelecido.

O movimento do grupo, as descrições de suas narrativas e suas histórias de vida, contadas por meio dos diálogos, darão as diretrizes, os procedimentos, os princípios e as modalidades de intervenção. As escolhas iniciais dos modos de intervenção correm o risco de, a cada momento, serem atropeladas pelos acontecimentos do processo. Os participantes chamados a realizar essa prática rompem com o constituído e buscam pesquisar maneiras de resolver os problemas e as vivências que os afetam intensamente, como as situações de violência na família.

Moreno[28,30] apresenta a importância e a força do protagonismo grupal na transformação da realidade e mostra caminhos possíveis, como o role playing, o teatro espontâneo, o sociodrama, o axiodrama e a psicoterapia de grupo, de intervenção na comunidade e nas instituições públicas ou privadas, articulando novos sentidos e significados na vida relacional e diminuindo as forças destrutivas da violência. Mostra também a dimensão da reflexividade e da ressignificação de experiências e dissonâncias que aparecem na clínica, transformando ou dissolvendo os problemas humanos e transcendendo o papel que, muitas vezes, já é dado e prescrito por ideologias e culturas limitantes e por um repetitivo repertório de ações.

Embora se saiba que tanto os aspectos clínicos quanto os socioeducativos e socioterapêuticos têm suas especificidades e particularidades de aplicação, eles transitam em diferentes contextos. Esses últimos requerem do profissional atitude transdisciplinar, compreensão dos processos, conversação entre diferentes áreas do saber e capacidade de articular em diferentes culturas que, reunidas, atendem a um campo de significados para todos da família.

Nesse sentido, a família é considerada recurso metodológico para a exploração de perspectivas existentes na criação de contextos favoráveis e alternativos de vida, mais justos e adequados. O grupo é considerado a matriz de aprendizagem. Todos os participantes são objetos e sujeitos na investigação de suas demandas e seus sentidos de vida e na reconstrução das responsabilidades funcionais e de seus desdobramentos. Construir junto exige troca de experiências, respeito mútuo pelo saber do outro e aceitação do modo de expressão e da cultura do outro. Essa prática tem uma expectativa de construção e organização do mundo interno dos participantes, uma vez que promove um processo social crítico. A finalidade do trabalho com as famílias em situação de violência é ajudá-las a partilhar e transformar as situações de sofrimento e as dificuldades em ações mais favoráveis e catalisadoras de saúde, tanto do ponto de vista individual quanto do grupo familiar e da coletividade. Essa ação partilhada e conjunta de corresponsabilidade é a grande perspectiva da abordagem psicodramática.

Os aspectos socioeducacionais e socioterapêuticos da experiência de atendimento com famílias em espaços públicos, comunitários ou institucionais foram incorporados à clínica e vice-versa. Os resultados desse entrelaçamento, dado pela metodologia psicodramática, apontam para uma clínica mais revitalizada e potencializada, de relações mais horizontalizadas e rompendo com a fragmentação das especificidades – uma clínica mais pontual, que trata de situações emergentes e pode incluir todas as famílias, independentemente de suas demandas. Assim, as dificuldades das famílias puderam ser acolhidas e incluídas em um modo de atendimento que as contempla, cabendo ao profissional encontrar o referencial que dará mais sustentação ao seu pedido de ajuda. Os aspectos socioeducacionais possibilitam que as famílias tenham e compreendam modos de ação mais concretos e relevantes para suas demandas do aqui e do agora, bem como a diminuição de suas ansiedades.

Bateson[32], assim como Moreno[30], propõe que as fronteiras do indivíduo não estão limitadas pela pele, mas abarcam tudo aquilo com que o sujeito interage. Esse espaço social, que é o universo relacional do sujeito e constitui sua rede pessoal e social, está presente no contexto psicodramático da experiência de intervenção. Essa intervenção tem a peculiaridade de converter modos de poder, presentes nos contextos de violência, em modos de autoridade partilhada, construindo, assim, um círculo de reciprocidade. Os membros da família, ao identificarem um dos dois grandes valores – conservadorismo ou mudança social –, assumem uma posição no contexto psicodramático e expressam seus sentimentos e suas ações, passando a dirigir suas vidas, conectadas com os eventos através do tempo e refletindo sobre a dimensão temporal da existência. Essas ações e esses relatos culturais, que restringem a experiência, são liberados, possibilitando que a pessoa comece a sair de seu sofrimento e identifique os modos de violência pelos quais está passando. Buscar um sentido para a violência sofrida é aprofundar-se nos significados que os atores sociais compartilham, é ultrapassar a mensagem explícita e alcançar os significados ocultos que constituem o contexto sócio-histórico do grupo familiar na busca da compreensão.

Todas essas possibilidades nascem da circularidade da interação presente em uma intervenção psicodramática.

A proposta metodológica psicodramática para contextos interventivos com famílias violentas tem a finalidade de favorecer o desenvolvimento de papéis e suas funções conectados ao âmbito familiar, e possibilita, ao mesmo tempo, investigar e intervir. A ação expressa coloca a família em condição de perceber a espontaneidade criativa de cada um, ao lidar com questões de sua vida. Ao mesmo tempo, capacita-a a avaliar seu amadurecimento com relação às vivências dos imprevistos. Contribui para o reconhecimento dos valores éticos e sociais e das competências relacionais e culturais do grupo familiar. Possibilita ainda que a família conheça, por meio da ação dramática, o projeto existencial dos membros do grupo, ou seja, o sentido que imprimem à vida como pessoa nos diferentes papéis e níveis de comprometimento com a família. Por ser uma metodologia de intervenção e pesquisa, o psicodrama orienta o trabalho com as famílias passando pela organização e pela apreensão do conhecimento, que ficam potencializadas ou diminuídas na mesma correspondência que a organização das relações e o funcionamento da pessoa na estrutura sociométrica do grupo – dimensão da estrutura e integração grupal.[30]

A proposta moreniana passa por etapas como aquecimento, ação propriamente dita e comentários. Para essa materialização, situa-se nos três contextos da ação dramática o social, o grupal e o dramático, e ampara-se em instrumentos como diretor, egos auxiliares, protagonistas, cenário e plateia. O psicodrama tem um viés teatral e a busca dessa teatralidade tem como objetivo a desconstrução das conservas culturais, dos preconceitos e dos discursos dominantes, que reduzem a ação espontânea e criativa da proposta. Aqui, atores, autores e público são a própria família, dispensando situações violentas que interferem em suas interações familiares e com outros, deixando marcas e sofrimentos, e reciclando situações e narrativas que querem incorporar à sua experiência.

Considerações finais

Ao incluir uma vertente social à psicoterapia, esse conceito passa a ser reinventado e apreendido como uma socioterapia. É considerada uma ação situada, uma vez que tem efeitos concretos. Esta ação dramática, por ser concreta, promove uma revisão da postura da família e da comunidade/instituição diante da vida. A partir da ampliação da consciência crítica, por meio da ação-reflexão, a família confirma a construção de práticas dialogadas, respeito pelas diferenças e valorização de maneiras de convivência solidária. A socioterapia vai além dos limites da prática clínica tradicional, situando sua ação como social e política. Tem seus alicerces no empoderamento e na resiliência dos grupos, ampliando suas possibilidades existenciais, reforçando as vivências dos desafios e reinserindo o sujeito em uma relação de intercâmbio com as demais pessoas com as quais relaciona, em direção à reconstrução e à ressignificação das situações de violência sofridas.[42] De acordo com Sawaia[47], a ética nas relações só aparece no ser humano quando ele se dá conta de que o que mais lhe faz bem é o outro, e essa relação passa a se constituir como um instrumento de transformação social.

A contribuição da metodologia psicodramática possibilita a explicitação da afetividade entre os participantes pela expressão de necessidades, expectativas e preocupações. Essa abordagem explora as questões trazidas no espaço coletivo como um fator de aproximação entre todos. Outra possibilidade diz respeito à importância dos recursos psicodramáticos na construção de um contexto de trabalho. Eles possibilitam que as pessoas profundamente perturbadas e tensas, que têm dificuldade para desconstruir os aspectos constitutivos do contexto de violência, possam dar um sentido às suas experiências considerando a relevância social desse contexto e a urgência de mudar a situação, o que minimiza seus sofrimentos e suas inquietações e contribui para uma mudança dessa realidade.

Referências bibliográficas

1. Mioto RCT. Novas propostas e velhos princípios: a assistência às famílias no contexto de programas de orientação e apoio sociofamiliar. In: Sales MA, Matos MC, Leal MC, editores. Política social, família e juventude: uma questão de direitos. São Paulo: Cortez; 2006. p. 43-59.
2. Pereira-Pereira PA. Mudanças estruturais, política social e papel da família: crítica ao pluralismo de bem-estar. In: Sales MA, Matos MC, Leal MC, editores. Política social, família e juventude: uma questão de direitos. São Paulo: Cortez; 2006. p. 35-41.
3. Ferreira FHG. Os determinantes da desigualdade de renda no Brasil: luta de classes ou heterogeneidade educacional? In: Henriques R, editor. Desigualdade e pobreza no Brasil. Rio de Janeiro: Ipea; 2007. p. 131-58.
4. Ministério da Saúde. Estatuto da Criança e do Adolescente. 3. ed. [Acesso em 1 jul 2016]. Brasília: Ministério

da Saúde; 2006. Disponível em: http://bvsms.saude.gov.br/bvs/publicacoes/lei_8069_06_0117_M.pdf.
5. Waiselfisz JJ. Mapa da violência dos municípios brasileiros 2008. [Acesso em 16 set 2014]. Brasília: RITLA, Instituto Sangari, Ministério da Saúde, Ministério da Justiça; 2008. Disponível em: http://www.mapadaviolencia.org.br/publicacoes/Mapa_2008_municipios.pdf
6. United Nations Children's Fund. Situação mundial da infância 2012: crianças em um mundo urbano. [Acesso em 4 out 2014]. New York: Unicef; 2012. Disponível em: http://www.unicef.org/brazil/pt/PT-BR_SOWC_2012.pdf.
7. United Nations Children's Fund. Together for girls: sexual violence fact sheet. [Acesso em 4 out 2014]. New York: Unicef; 2012. Disponível em: http://www.unicef.org/protection/files/Together_for_Girls_Sexual_Violence_Fact_Sheet_July_2012.pdf.
8. Moura ATM, Reichenheim ME. Estamos realmente detectando violência familiar contra a criança em serviços de saúde? A experiência de um serviço público do Rio de Janeiro, Brasil. Cad Saúde Pública. 2005;21(4):1124-33.
9. Ministério da Saúde. Violência intrafamiliar: orientações para prática em serviço. [Acesso em 12 nov 2014]. Brasília: Ministério da Saúde; 2002. Cadernos de Atenção Básica nº 8, série A. Disponível em: http://bvsms.saude.gov.br/bvs/publicacoes/cd05_19.pdf.
10. Faleiros VP, Faleiros ES. Escola que protege: enfrentando a violência contra criança e adolescente. Brasília: Ministério da Educação, Secretaria de Educação Continuada, Alfabetização e Diversidade; 2007.
11. Moura, ACAM, Scodelario AS, Camargo CNMF, Ferrari DCA, Mattos GO, Miyahara RP. Reconstrução de vidas: como prevenir e enfrentar a violência doméstica, o abuso e a exploração sexual de crianças e adolescentes. São Paulo: Secretaria Municipal de Assistência e Desenvolvimento Social, Instituto Sedes Sapientae; 2008.
12. Habigzang LF, Streber F, Corte FD, Hattzenberger R, Cunha RC, Ramos M et al. Integrando os cuidadores, a rede e os terapeutas: potencializando a melhora clínica de crianças e adolescentes vítimas de abuso sexual. In: Leal MLP, Leal MFP, Libório RMC, organizadores. Tráfico de pessoas e violência sexual. Brasília: Violes, SER, Universidade de Brasília; 2007. p. 263-74.
13. Lebowitz ER, Omer H, Holly H, Lawrence S. Parent training for childhood anxiety disorders: the SPACE program. Cogn Behav Pract. 2013;21(4):456-69.
14. Costa LF, Penso MA, Rufini BR, Mendes JAA, Borba NFF. Família e abuso sexual: silêncio e sofrimento entre a denúncia e a intervenção terapêutica. Arquivos Brasileiros de Psicologia. 2007;59(2):245-255.
15. Diniz GRS. O casamento contemporâneo em revista. In: Féres-Carneiro T, editor. Casal e família: permanências e rupturas. São Paulo: Casa do Psicólogo; 2009. p. 135-55.
16. Giddens A. O mundo em descontrole: o que a globalização está fazendo de nós. Rio de Janeiro: Record; 2005.
17. Jablonski B. O país do casamento segundo seus futuros habitantes: pesquisando atitudes e expectativa de jovens solteiros. In: Féres-Carneiro T, editor. Casal e família: conjugalidade, parentalidade e psicoterapia. São Paulo: Casa do Psicólogo; 2011. p. 27-42.
18. Omer H. Nonviolent resistance: a new approach to violent and self-destructive children. New York: Cambridge University Press; 2004.
19. Bruschini C, Ridente S. Família, casa e trabalho. Cad Pesq. 1994 fev;(88):30-6.
20. Omer H. The new authority. Family, school and community. New York: Cambridge University Press; 2011.
21. Habigzang LF, Koller SH. Intervenção psicológica para crianças e adolescentes vítimas de violência sexual: manual de capacitação. São Paulo: Casa do Psicólogo; 2011.
22. Penso MA, Neves VL. Abuso sexual infantil e transgeracionalidade. In: Penso MA, Costa LF, organizadores. A transmissão geracional em diferentes contextos: da pesquisa à intervenção. São Paulo: Summus; 2008. p. 123-42.
23. Santos SS. Uma análise do contexto de revelação e notificação do abuso sexual: a percepção de mães e de adolescentes vítimas [tese de doutorado]. Porto Alegre: Universidade Federal do Rio Grande do Sul; 2011.
24. Costa LF, Almeida TMC, Ribeiro MA, Penso MA. Grupo multifamiliar: espaço para a escuta das famílias em situação de abuso sexual. Psicol Estud. 2009;14(1):21-30.
25. Esber KM. Autores de violência sexual contra crianças e adolescentes. Goiânia: Cânone Editorial; 2009.
26. Santos VA, Costa LF, Granjeiro IACL. Intervenção no abuso sexual intrafamiliar: ingerência invasiva ou proteção devida. Psico. 2009;40(4):516-24.
27. Santos SS, Pelisoli C, Dell'Aglio DD. Desvendando segredos, padrões e dinâmicas familiares no abuso sexual. In: Habigzang LF, Koller SH, organizadores. Violência contra crianças e adolescentes: teoria, pesquisa e prática. Porto Alegre: Artmed; 2012. p. 55-69.
28. Moreno JL. Fundamentos do psicodrama. São Paulo: Summus; 1959.
29. Moreno JL. Psicodrama. São Paulo: Cultrix; 1972.
30. Moreno JL. Quem sobreviverá? Fundamentos da sociometria, psicoterapia de grupo e sociodrama. Goiânia: Dimensão; 1992.
31. Andersen T. Reflexões sobre a reflexão com as famílias. In: McNamee S, Gergen KJ, editores. A terapia como construção social. Porto Alegre: Artes Médicas; 1998. p. 69-85.
32. Bateson G. Steps to an ecology of mind. New York: Ballantine Books; 1972.
33. Elkaïm M. Terapia familiar em transformação. São Paulo: Summus; 2000.
34. Marra MM. O agente social que transforma: o sociodrama na organização de grupos. São Paulo: Ágora; 2004.
35. Gergen KJ. An invitation to social construction. London: Sage; 1999.
36. Gergen KJ. La construcción social: emergencia y potencial. In: Pakman M, editor. Construcciones de

la experiencia humana. Barcelona: Editorial Gedisa; 1996. p. 139-182.
37. Carrijo R, Rasera EF. Mudanças em psicologia de grupo: reflexão a partir da terapia narrativa. Psicol Clín. 2010;22(1):125-40.
38. Féres-Carneiro T, editor. Casal e família: conjugalidade, parentalidade e psicoterapia. São Paulo: Casa do Psicólogo; 2011.
39. Maturana HR. Emoções e linguagem na educação e política. Belo Horizonte: Palas Athenas; 2002.
40. McNamee S, Gergen JK, editores. A terapia como construção social. Porto Alegre: Artes Médicas; 1998.
41. Sluzki CA. A rede social na prática sistêmica: alternativas terapêuticas. São Paulo: Casa do Psicólogo; 1997.
42. Marra MM. El construccionismo social como abordaje teórico para la comprensión del abuso sexual. Rev Psicol. 2014;32(2):219-42.
43. Nichols MP, Schwartz RC. Terapia familiar: conceitos e métodos. 4. ed. Porto Alegre: Artmed; 2007.
44. Hoffman L. Foundations of family therapy. New York: Basic Books; 1981.
45. Minuchin S, Fishman CH. Técnicas de terapia familiar. Porto Alegre: Artes Médicas; 1990.
46. Deblinger E, Helfin AH. Abuso sexual infantil. In: Dattilio FM, Freeman A, editores. Estratégias cognitivo-comportamentais para intervenção em crise: tópicos especiais. São Paulo: Editorial Psy; 1996. p. 229-53.
47. Sawaia B. Ao sofrimento ético-político como categoria de análise da dialética exclusão/inclusão. In: Sawaia B, organizador. As artimanhas da exclusão. Análise psicossocial e ética da desigualdade social. Petrópolis: Editora Cortez; 2011. p. 99-119.

42 Sexualidade na Visão do Psicodrama

Heloisa Junqueira Fleury e Carmita Helena Najjar Abdo

Introdução

A experiência sexual é complexa, envolvendo fatores biopsicossociais e relacionais.[1] A medicina sexual vem trazendo importantes contribuições para o diagnóstico e o tratamento das disfunções sexuais e para a compreensão dos fatores de risco relacionados às comorbidades físicas e a seus tratamentos.

Sexo é importante durante toda a vida para a maioria (80% dos homens e 60% das mulheres) de uma população de 27.500 indivíduos, entre 40 e 80 anos, segundo estudo que envolveu 29 países.[2] No estágio atual do desenvolvimento dessa área, o foco terapêutico tem privilegiado as questões emocionais e sexuais pertinentes aos relacionamentos, visto que aspectos mais subjetivos, como um histórico de satisfação (garantindo a valorização da atividade sexual), têm papel protetor na manutenção da vida sexual ativa no envelhecimento.[3]

Nesse contexto, a terapêutica preconizada precisa integrar aspectos biológicos, psicossociais e culturais do comportamento sexual.[4] O Psicodrama é uma abordagem teórica e metodológica fundamentada em um paradigma biopsicossocial das relações humanas. Essa característica e o caráter vivencial de sua prática têm sido valorizados na psicoterapia, no desenvolvimento de indivíduos e grupos e, mais recentemente, no tratamento das disfunções sexuais.

Breve histórico da abordagem do tema/transtorno

O Psicodrama foi introduzido no Brasil como uma alternativa para o trabalho psicoterápico e socioeducacional. Na área da sexualidade, os primeiros relatos de atividades psicodramáticas são do início da década de 1980.[5] Em 1993, Abdo[6] criou o Programa de Estudos em Sexualidade (ProSex) no Instituto de Psiquiatria do Hospital das Clínicas da Faculdade de Medicina da Universidade de São Paulo, dedicado à assistência, ao ensino, à pesquisa e à prevenção dos transtornos da sexualidade. O programa ganhou destaque nacional e internacional pelos estudos epidemiológicos que mapearam as práticas sexuais do brasileiro e pelos que comprovaram a eficácia do tratamento de disfunções sexuais femininas e masculinas em todas as faixas etárias.[7]

Fundamentos teóricos

A psicoterapia psicodramática baseia-se nos postulados de Jacob Levy Moreno, médico romeno radicado nos EUA. Ainda no início do século 20, fundamentou-se em uma visão de ser humano espontâneo e criativo inserido em um contexto sociocultural, em interação consigo mesmo e com o mundo externo. Moreno explicou a constituição dessa dimensão relacional por meio da teoria do desenvolvimento emocional da criança, denominada matriz de identidade.[8] Esse primeiro processo de aprendizagem emocional, pela interação da criança com seu ambiente, define padrões de complementaridade que influenciarão interações sociais na vida adulta, inclusive relacionamentos amorosos e sexuais.

No Psicodrama, o indivíduo isolado é uma abstração. Isso porque, desde seu nascimento, relaciona-se com o meio social pelo desempenho de papéis que integram as dimensões biológica, social e psicológica. A teoria de papéis considera o papel a primeira unidade ordenadora e estruturante do eu.[8] O papel tem seus diferenciais próprios (constituídos pela subjetividade e pelo nível de desenvolvimento) e seus componentes coletivos (produtos da experiência sociocultural), havendo contínua influência recíproca entre eles.[8] Essa característica favorece a abordagem das questões socioculturais relevantes no comprometimento da função sexual.

A interação de um papel com seu complementar, como mãe-filho (no início do desenvolvimento emocional) ou parceiros amorosos/

sexuais, resulta em um vínculo, que é foco da investigação e do tratamento psicodramáticos.

Princípios

No tratamento das disfunções sexuais, o Psicodrama tem sido utilizado como psicoterapia individual e grupal. A Psicoterapia de Grupo Tematizada e de Tempo Limitado (PGTTL), idealizada por Abdo[6], tem sido extensivamente aplicada e comprovada no ProSex. Baseia-se em um referencial biopsicossocial para a compreensão do ser humano e de suas dificuldades sexuais, caracterizando-se como uma intervenção multidisciplinar, tematizada e de tempo limitado, com a utilização da metodologia psicodramática. Favorece o desenvolvimento pessoal e os vários domínios sexuais.[9]

Em sua dimensão vivencial, própria do psicodrama, a PGTTL aborda padrões disfuncionais do relacionamento conjugal e bloqueios para a expressão de emoções. O desenvolvimento de padrões ativos na busca de experiências relacionais mais satisfatórias, especialmente em mulheres, aumenta o desejo sexual, um fator protetor para a saúde sexual em relacionamentos estáveis de longa duração.[10] Padrões desenvolvidos nas experiências relacionais precoces com cuidadores tendem a permanecer fora do campo da consciência, influenciando os relacionamentos íntimos na vida adulta. A identificação desses padrões relacionais na dramatização de conflitos e bloqueios na expressão de emoções pode favorecer a qualidade do relacionamento, o que facilita a expressão do erotismo necessário para a saúde sexual.[11]

Os principais mecanismos de ação do Psicodrama envolvem a utilização de linguagem simbólica (metáforas e representações simbólicas), a vivência no *aqui e agora* de situações vivenciadas, imaginadas ou antecipadas como problemáticas ou difíceis e a focalização em estados emocionais, facilitando a autorreflexão e o reconhecimento de conteúdo interno.[12]

O comprometimento sexual de um dos indivíduos do casal impacta a parceria, tornando necessária a atenção individualizada e no casal.[13] Na população masculina madura, a disfunção erétil é o distúrbio mais frequente, seguido da ejaculação precoce e do transtorno do desejo sexual masculino hipoativo. Com o tempo, provoca um cenário de apatia ou de evitação sexual em um ou nos dois membros do casal, devido a constrangimento, medo do fracasso, expectativas irreais, conflitos relacionais e inibição do desejo em um ou em ambos.[14]

Nesse contexto, também se torna necessária a abordagem dos principais fatores de risco para as disfunções sexuais e das informações para o fortalecimento do papel de parceiro sexual, caracterizando a dimensão tematizada da PGTTL. Devido à interação dos participantes no grupo, o potencial de apreensão de temas específicos, como resposta sexual e orientações básicas relativas à função sexual, é amplificado nos atendimentos grupais, pela maior possibilidade de troca de vivências e experiências sexuais. Nesse sentido, a experiência grupal ganha também uma função psicoeducativa.[15]

Em modelo de intervenção de tempo limitado, a PGTTL promove benefícios máximos com o menor investimento financeiro e psicológico, pois tem um número estimado de sessões previamente planejadas. A limitação do tempo intensifica o trabalho e estimula novas possibilidades de comportamento.[16] Os grupos são homogêneos, para facilitar o processo de identificação de um membro com os demais. Os critérios utilizados para a homogeneização estão relacionados aos tipos de disfunção sexual.[4]

Fases do tratamento

A PGTTL é composta de 16 sessões em intervalos semanais, com 2 h de duração, caracterizando-se como grupo fechado (não é permitida a entrada de novos participantes) e homogêneo, por ser constituído unicamente por portadores de disfunções sexuais.[9]

O programa desenvolve-se em quatro etapas:

1. Seleção e preparação dos participantes para o processo a ser iniciado.
2. Constituição do grupo (oito sessões iniciais).
3. Trabalho com as questões emergentes do grupo e finalização do processo grupal (sete sessões finais).
4. Encerramento e encaminhamento, quando necessário (última sessão).[6]

Há dois níveis de intervenção: o processo grupal psicodramático, essencialmente psicoterápico, e a função psicoeducacional, fundada no planejamento temático baseado em temas selecionados e relacionados à sexualidade.

O critério de seleção dos participantes é a capacidade para se envolver em relacionamentos, observar a si próprio e ao outro, vivenciar e relatar sentimentos. A preparação envolve informações relativas ao contrato de funcionamento do grupo e aspectos técnicos, como informações sobre expectativas e atitudes que podem otimizar participação, sigilo, observação e participação sem julgamento, interação no *aqui e agora*. Convém antecipar dificuldades, visando aumentar a chance de a pessoa permanecer e ter contato com o efeito terapêutico da experiência, assim como buscar desenvolver normas terapêuticas desde o início do grupo, porque os padrões iniciais são difíceis de mudar.[16]

Na intervenção grupal de tempo limitado, a otimização dos recursos é garantida por meio da definição de estratégias de coordenação. Cabe ao psicoterapeuta zelar pela cultura do grupo e desenvolver bom nível de coesão, para que este se constitua com identidade própria e com capacidade para a promoção da saúde.

O foco principal de trabalho está nos temas selecionados com base em evidências apontadas pela literatura científica, na experiência profissional da equipe e em dados levantados em pesquisas prévias.[15] Podem ocorrer sessões com temas emergentes do próprio grupo, mas o psicoterapeuta deve considerar aspectos como a duração da intervenção e a necessidade do grupo, pois essa modalidade deve manter o foco estabelecido previamente.

O encerramento visa à integração do que foi construído e ao empoderamento de cada participante pela concretização do que é levado dessa experiência para a sua própria vida.

Processo terapêutico e relação terapêutica

A psicoterapia de grupo psicodramática favorece experiências interpessoais corretivas e o fortalecimento do funcionamento interpessoal e da identidade pessoal. A resolução de questões emocionais dolorosas nas dramatizações é facilitada pela prontidão do participante para o envolvimento no processo terapêutico, garantindo a ação de quatro fatores terapêuticos principais: revivência da experiência com maior oportunidade de *insight*, ativação de recursos próprios, reparação de vínculos afetivos com a descarga emocional e integração dos conteúdos abordados.[17]

A terapêutica deve ser orientada para a ampliação do conceito de função sexual, garantindo maior aceitação da função e da satisfação sexuais com características variáveis e flexíveis e foco no erotismo, no prazer e na satisfação sexual dos parceiros e do casal.[18] Para evitar recidivas, é essencial definir expectativas sexuais positivas e realistas durante todo o processo.[19]

A recomendação atual é de abordagem interdisciplinar, em que o tratamento medicamentoso (especialmente para a população masculina) pode ser concomitante ao psicoterápico para atenção aos componentes psicológicos e relacionais, que têm sido reconhecidos como os mais importantes na manutenção da saúde sexual.[20]

Técnicas principais e específicas

A prática psicodramática ocorre em três etapas: aquecimento, atividade dramática e comentários. Inicia-se com o aquecimento, que visa à "grupalização" por meio da aproximação dos pacientes para constituírem o contexto grupal, com a intimidade necessária para o propósito psicoterápico, além de aproximar o grupo para o levantamento e a ampliação de conteúdo do tema grupal a ser abordado. Moreno[8] define o aquecimento como uma etapa da sessão que oferece "novas formas de organização de conteúdos cognitivos, emocionais, físicos e comportamentais".

No psicodrama tradicional, a atividade dramática refere-se a uma ou várias cenas focadas em um indivíduo ou no grupo. Na PGTTL, os recursos metodológicos utilizados são jogos dramáticos tematizados, relacionados ao tema específico que será trabalhado. Os jogos facilitam a ampliação do contexto grupal, abrindo espaço para a integração de conteúdos cognitivos, emocionais e psicossociais.

Cada sessão tem um tema, com o objetivo de levantar conclusões e ampliar o conhecimento proposto. Essa prática começa pela identificação e pela focalização da conceituação do sujeito sobre o tema, buscando que o grupo estabeleça sintonia com tal conceito. Após a construção do referencial do grupo, o diretor fornece esclarecimentos baseados em dados da realidade e conhecimentos prévios, criando desafios à consistência das conceituações do sujeito, pela sugestão de alternativas e pela inserção em novos contextos. Inspiradas nesse modelo, algumas sessões buscam a reconstrução de referenciais pessoais sobre temas abordados.[15]

Técnicas de expressão simbólica favorecem, muitas vezes, o acesso a conteúdos inconscientes, ampliando o espaço para novas reflexões sobre o tema pesquisado.[21] Nessa etapa da sessão psicodramática, a dramatização de sentimentos, de pensamentos, do modelo relacional do casal e de outros aspectos subjetivos da problemática sexual enriquece os recursos de ação dessa modalidade psicoterápica.

A etapa dos comentários possibilita a avaliação dos resultados, facilitando a elaboração do conteúdo abordado e a criação de novos referenciais sobre o tema. A transformação do grupo é mensurada por aquisição de conhecimento, tomada de decisões e redirecionamento de posições de vida e de relacionamento sexual.

Em relação à variedade de técnicas de ação, Kipper e Ritchie[22] identificaram os melhores resultados com as técnicas de inversão de papéis (dramatização em que um passa a desempenhar o papel de outro presente na sessão, com a possibilidade de tomar o papel de alguém ausente, representado por um auxiliar) e duplo (dramatização em que um representa si mesmo e é acompanhado por um auxiliar que assume alguns aspectos de sua personalidade, atuando como se fosse um duplo).

Quando necessário, o tratamento pode ter um caráter psicoeducativo, abordando a resposta sexual, a anatomia e a fisiologia genital básicas. Também pode incluir orientações sobre atividades de estimulação sexual e técnicas que facilitem a excitação, com ênfase no fortalecimento do estímulo e do contexto sexual.[1]

Perfil do paciente

O Psicodrama, como abordagem psicoterápica, aplica-se ao tratamento de dificuldades sexuais em geral. Dependendo do perfil do paciente, o psicoterapeuta privilegia determinadas técnicas ou define a predominância de recursos de ação (jogos dramáticos, dramatização, representação de imagens ou emoções por meio de esculturas, desenhos etc.), ou de recursos verbais (informações, orientações específicas ou mesmo aprofundamento da compreensão de determinadas situações, buscando novos *insights*). Qualquer que seja a escolha técnica, os referenciais básicos são mantidos.

Considerações de diversidade

Aspectos culturais

O comportamento sexual ocorre em determinado contexto cultural, que pode exercer forte influência sobre o modo de expressão de cada indivíduo. Além de atenção a esses aspectos, geralmente inibitórios, o Psicodrama também tem sido utilizado na formação de profissionais nessa área para provocar maior conscientização sobre o impacto cultural em suas práticas.

Aspectos de gênero

O Psicodrama tem uma presença marcante em atividades voltadas para a conscientização sobre a diversidade de motivações e práticas sexuais e sobre o desenvolvimento de políticas públicas para atenção à população LGBT.

A identidade de gênero é uma categoria da identidade social e refere-se à identificação do indivíduo como homem ou mulher, ou, ocasionalmente, com alguma categoria diferente de homem ou mulher. Quando há angústia por uma incongruência entre o sexo de nascimento e como ele é percebido e manifestado no comportamento do indivíduo, caracteriza-se a disforia de gênero. Transgênero refere-se ao espectro de indivíduos que, de modo transitório ou persistente, não se identifica com o seu sexo de nascimento. Entre os transgêneros, o transexual é aquele que não se identifica com o seu sexo de nascimento e procura se adequar ao gênero desejado, o que pode ou não envolver transição somática por tratamento hormonal e cirurgia de redesignação sexual.[23] Com essa referência, o Psicodrama foca o trabalho na adequação ao gênero desejado.

Aspectos de idade

Com o aumento da estimativa de vida e o advento do citrato de sildenafila na década de 1990, ocorreu grande mudança na expectativa de vida sexual ativa. Esse cenário proporcionou, nas décadas de 2000 e 2010, maior número de idosos e portadores de comorbidades físicas buscando reabilitação sexual.[20] Na PGTTL, a homogeneidade nos grupos respeita as etapas da vida, ou seja, o equilíbrio na presença de representantes de todas as faixas etárias (jovem adulto, meia-idade e pós meia-idade) ou apenas de idosos com comorbidades específicas dessa população.

Aplicação do Psicodrama

As intervenções psicodramáticas têm demonstrado uma tendência crescente de aplicação nos mais variados contextos. Na saúde pública, predominam grupos com função terapêutica, embora sejam frequentes grupos psicoeducativos ou de desenvolvimento pessoal e/ou grupal. Essas intervenções atendem aos novos paradigmas de saúde, que buscam oferecer melhores condições de vida, utilizando todos os recursos materiais, culturais, sociais e psicológicos disponíveis.

Evidências de eficácia

A aplicação e eficácia do Psicodrama no tratamento da disfunção erétil e no fortalecimento da saúde sexual em mulheres climatéricas é um dos aspectos estudados.[9,15]

Em relação ao Psicodrama como método, predominam os estudos qualitativos no Brasil. Revisões da literatura avaliando a eficácia do Psicodrama na prática clínica têm sido publicadas principalmente em inglês. Kipper e Hundal[24] levantaram 34 artigos, alguns inclusive baseados na avaliação de estudos experimentalmente controlados, com destaque para a meta-análise empreendida por Kipper e Ritchie.[22] Todos apontam resultados positivos. Não há contraindicações para essa modalidade de atendimento.

Considerações finais

Recomendações para o diagnóstico e o tratamento das disfunções sexuais preconizam a abordagem da dimensão biológica (geralmente mais fortalecida na medicina tradicional) e também de dimensões mais subjetivas, que permitem maior atenção às complexidades biopsicossocial, cultural e relacional da função sexual humana.

Estudos populacionais vêm demonstrando que os aspectos subjetivos desempenham papel muito importante na etiologia e na manutenção das disfunções sexuais, ampliando a demanda por intervenções psicoterápicas com evidência de eficácia. Nesse contexto, os profissionais da área têm sido desafiados a desenvolver o papel de pesquisadores e, assim, garantir interlocução criativa em equipes interdisciplinares. O ProSex tem sido um território fértil para esses avanços.

Na atualidade, as disfunções sexuais, a disforia de gênero e os transtornos parafílicos têm sido intensamente estudados. A tendência atual é de aprofundamento nas especificidades das diferentes faixas etárias, levando a um melhor entendimento dessas condições no ciclo vital.

O aspecto vivencial do Psicodrama tem trazido novas contribuições para a transformação de modelos relacionais disfuncionais, ampliando os recursos individuais e do relacionamento para a saúde sexual.

Referências bibliográficas

1. Fleury HJ, Abdo CH. Tratamento psicoterápico para disfunção sexual feminina. Diagn Tratamento. 2012;17(3):133-7.
2. Laumann EO, Paik A, Glasser DB, Kang JH, Wang T, Levinson B, et al. A cross-national study of subjective sexual well-being among older women and men: findings from the Global Study of Sexual Attitudes and Behaviors. Arch Sex Behav. 2006;35(2):145-61.
3. Fleury HJ, Abdo CH. Importância do apoio psicoterapêutico para disfunção sexual no envelhecimento. Diagn Tratamento. 2013;18(4):161-3.
4. Abdo CHN. Sexualidade humana e seus transtornos. 4. ed. São Paulo: Leitura Médica; 2012.
5. Pamplona R, Borba C. Sexualidades contemporâneas. Rev Bras Psicodrama. 2010;18(1):123-7.
6. Abdo CHN, organizadora. Sexualidade humana e seus transtornos. 2. ed. São Paulo: Lemos; 2000.
7. Abdo CHN. Descobrimento sexual do Brasil. São Paulo: Summus; 2004.
8. Moreno JL. Psicodrama. São Paulo: Cultrix; 1975.
9. Abdo CH, Afif-Abdo J, Otani F, Machado AC. Sexual satisfaction among patients with erectile dysfunction treated with counseling, sildenafil, or both. J Sex Med. 2008;5(7):1720-6.
10. Impett EA, Strachman A, Finkel EJ, Gable SL. Maintaining sexual desire in intimate relationships: the importance of approach goals. J Pers Soc Psychol. 2008;94(5):808-23.
11. Impett EA, Kogan A, English T, John O, Oveis C, Gordon AM, et al. Suppression sours sacrifice: emotional and relational costs of suppressing emotions in romantic relationships. Pers Soc Psychol Bull. 2012;38(6):707-20.
12. Fleury HJ, Khouri GS, Hug E, organizadores. Psicodrama e neurociência. São Paulo: Ágora; 2008.
13. Fleury HJ, Alves M, Abdo CH. Desejo sexual em mulheres jovens em relacionamentos estáveis. Diagn Tratamento. 2014;19(3):144-7.
14. Althof SE. When an erection alone is not enough: biopsychosocial obstacles to lovemaking. Int J Impot Res. 2002;14(Suppl 1):S99-S104.
15. Fleury HJ, Abdo CH. Psicoterapia para a saúde sexual: resultados com um grupo de mulheres na transição menopáusica. Diagn Tratamento. 2011;16(3):184-7.
16. Fleury HJ. A intervenção grupal socioeducativa de tempo limitado. In: Marra M, Fleury HJ, organizadores. Grupos: intervenção socioeducativa e método sociopsicodramático. São Paulo: Ágora; 2008. p. 179-92.
17. McVea CS, Gow K, Lowe R. Corrective interpersonal experience in psychodrama group therapy: a comprehensive process analysis of significant therapeutic events. Psychother Res. 2011;21(4):416-29.
18. Meana M, Jones S. Developments and trends in sex therapy. Adv Psychosom Med. 2011;31:57-71.
19. McCarthy B, McDonald D. Sex therapy failures: a crucial, yet ignored, issue. J Sex Marital Ther. 2009;35:320-9.
20. Fleury HJ, Abdo CH. Envelhecimento, doenças crônicas e função sexual. Diagn Tratamento. 2012;17(4):201-5.
21. Barberá EL; Knappe PP. A escultura na psicoterapia: psicodrama e outras técnicas de ação. São Paulo: Ágora; 1999.
22. Kipper DA, Ritchie TD. The effectiveness of psychodramatic techniques: a meta-analysis. Group Dynamics: Theory, Research and Practice. 2003;7(1):13-25.
23. Spizzirri G, Pereira CA, Abd2o CHN. O termo gênero e suas contextualizações. Diagn Tratamento. 2014;19(1):42-4.
24. Kipper DA, Hundal J. A survey of clinical reports on the application of psychodrama. J Group Psychother Psychodrama Sociom. 2003;55(4):141-57.

43 Psicodrama e Fobia

Marcia Almeida Batista e Lucia Helena Menezes Negri Nilson

A palavra fobia origina-se do grego *phobia*, que significa medo. O medo é um sentimento universal, inerente ao ser humano, que possibilita sua defesa frente a perigos reais ou à sensação de que algo ruim pode acontecer. Quando esse medo é desproporcional, excessivo e irracional em relação à ameaça, seguido de sintomas físicos que incomodam bastante e acompanhado de comportamento de evitação quanto às situações que o causam, é chamado pela ciência de fobia. A fobia se caracteriza como uma crise de pânico desencadeada em situações específicas. Encontram-se definições de fobia a partir de diferentes perspectivas teóricas e a maioria se refere à relação entre o indivíduo e situações, objetos ou pessoas, sendo entendida como uma patologia. Segundo Moreno:[1]

> [...] a denominação de "patológico" não tem para nós um sentido absoluto. Do ponto de vista do universo não existe "patologia", mas apenas do ponto de vista da ciência humana. Pensamos em desvios das normas culturais e leis sociais ou em vazio espiritual que muitas vezes contribuem para uma piora do status sociométrico do indivíduo. É preciso salientar, entretanto, que, por exemplo, o status sociométrico de isolamento nem sempre está ligado a desvantagens; em certas culturas os isolados são tratados com particular consideração.

Assim, coloca-se um entendimento das patologias diverso dos assinalados pelos manuais de psiquiatria e psicologia, que definem a doença a partir de sintomas do indivíduo. Para Moreno, certos comportamentos, mesmo os apontados como patológicos pela ciência, são possibilidades humanas que devem ser vistas em seu contexto social, cultural e histórico.

Ao falar de sua proposta terapêutica com um grupo e por meio da dramatização, Moreno[1] oferece um exemplo antropológico do que propõe em sua teoria. Nele, cita o relato de um antropólogo sobre um indígena, aparentemente à beira da morte, trazido para ser tratado pelo curandeiro da aldeia. Este, ao saber que o outro ficara doente após se assustar com um peru selvagem, realizou uma encenação, junto com seus auxiliares, repetindo minuciosamente a cena vivida entre o paciente e a ave. Após a encenação, o indígena melhorou visivelmente, curando-se do que o fazia estar em estado de angústia extrema.

Nesse exemplo, estão presentes alguns dos elementos daquilo que Moreno entende por fobia: o contexto em que se apresenta a doença e a implicação do grupo. Também se coloca uma proposta de tratamento: a exposição ao fator ansiogênico por meio da encenação, que é vivida com a mesma intensidade do real.

O autor se refere ainda à ausência ou à diminuição da espontaneidade como fator de adoecimento, que paralisa ou impede a reação a determinadas situações.

Posto isso, pode-se falar de conceitos considerados fundamentais para o entendimento da fobia em Psicodrama. Moreno[2] concebe o ser humano como um "ser em relação", com capacidade para ser cocriador do mundo em que vive. São os papéis e as relações entre eles que sustentam o desenvolvimento de qualquer cultura. Para ele, mesmo considerando a multiplicidade de sentidos e fatores interferentes, a essência do adoecer psicossocial humano está no adoecer da espontaneidade.

Um dos conceitos centrais do arcabouço teórico construído por Moreno é o de papel, que trata de como acontecem os relacionamentos. Para ele "o papel é a unidade da cultura", ou seja, pode ter características muito diferentes de uma cultura para outra: "papel pode ser definido como uma unidade de experiência sintética em que se fundiram elementos privados, sociais e culturais".[2] Como conservas culturais, os papéis tendem à rigidez e ao automatismo, sem a flexibilidade de conduta exigida em cada nova situação; por isso, necessitam ser reatualizados pela espontaneidade e pela criatividade.

Aguiar[3] afirma que

> [...] quando se aprende um papel, o que é assimilado é o conjunto todo e não apenas uma parte dele. Isto é, papel e contrapapel constituem um conjunto de dois elementos que se intercomplementam e é esse conjunto, indivisível, que constitui o conteúdo da aprendizagem.

Para Fernandes[4], a consciência que cada um tem de si mesmo só acontece pelo desempenho de papéis, quer dizer, em relação e a partir de características ou pautas familiares, sociais e culturais específicas. Assim, os papéis possibilitam saber quando e como se relacionar.

Um espaço terapêutico propício para a ação viabiliza a ressignificação das emoções por meio do reconhecimento de seus papéis. A entrada em cena, a cada vez, em um único papel pode evidenciar cada um dos papéis do indivíduo e suas implicações na relação com os outros. A fobia, por sua vez, é uma situação de cristalização de papéis que independe de com quem ou com o que se está relacionando.

Outro aspecto da teoria tem início quando Moreno se dedica a pesquisar a Espontaneidade, isto é, a compreender como o ser humano é capaz de criar coisas novas mesmo quando tudo ao seu redor se encontra destruído. Um dos principais conceitos morenianos, a palavra *espontaneidade* tem origem latina – *sua sponte* – e significa do interior para o exterior. Ou seja, a capacidade de agir adequadamente diante de situações novas, criando uma resposta inédita, renovadora ou transformadora a aspectos insatisfatórios. Resposta indissociável da criatividade, já que a modificação de uma nova situação ou uma nova resposta a uma situação antiga implicam no ato de criar. São conceitos que estão relacionados à concepção de saúde.

Moreno entende que a espontaneidade, condição inata do ser humano, já está presente no ato de nascer, mas pode ser bloqueada pelo indivíduo quando ele não consegue enfrentar a instabilidade do momento. Desse modo, tende a cristalizar os valores e as ações que "dão certo" em determinados contexto ou tempo.[5] Na fobia, tudo que se refere a um objeto, uma pessoa ou uma situação é vivido e sentido como a mesma situação já vivida.

Para lidar com essas questões no paciente fóbico, o Psicodrama tem como metodologia básica a dramatização, que não é uma produção do psicodramatista que dirige a sessão. Juntos, terapeuta e cliente montam uma cena no *como se* (lugar em que o simbólico toma conta da ação; plano distinto do "como é") e recriam uma situação para se chegar a novas saídas, podendo facilitar uma *catarse de integração* (mobilização de afetos e emoções ocorridos na inter-relação, télica ou transferencial, de dois ou mais participantes durante uma dramatização) e resgatando, assim, a espontaneidade e a criatividade como possibilidades humanas. De maneira mais ampliada, é realizar um processo semelhante ao proposto pelo pajé referido no início do texto.

Para quê, então, se dramatiza? Araújo e Lopes[6], falando da dramatização nas sessões, afirmam que

> [...] a função da representação é esta retomada do vivido no plano simbólico. Na proposta do relato espontâneo para a ação dramática, um ato do passado é evocado e na representação torna-se atual, permitindo o prazer de dominar o real. Esse jogo modifica a dimensão espaço-tempo, mobiliza o corpo e faz presente o imaginário a ser desdobrado. A dinâmica das sessões leva ao encontro e ao confronto de personagens encarnados, os personagens ausentes ganham vida nova, os sentimentos se ampliam e na ação o analisando tem uma fala.

Ou seja, como diz Bragante[5], na medida em que o cliente traz uma situação e o terapeuta, junto com ele, a explora e encena, guiando e auxiliando nesse caminho que é, ao mesmo tempo, traçado e vivido, cria-se uma experiência conjunta e vivencia-se um processo de cocriação, que libera a espontaneidade. Ao propor uma imitação do real no imaginário e exteriorizar seu objeto delirante, a cena serve de caminho, de passagem, entre esses dois universos distintos. Realizando essa montagem a partir do vivido, pode-se evidenciar o que está presente como drama na relação entre o sujeito fóbico e aquilo que o amedronta, impedindo-o de mudar o vivido. Na dramatização, utilizam-se o espaço, o tempo, o corpo, a fala e as relações entre os personagens da cena.

De acordo com Naffah Neto:[7]

> [...] a dramatização tem por finalidade levar o indivíduo a uma expressão espontânea e criativa, que possibilite a recriação dos papéis rigidamente desempenhados na situação real, análoga à da representação.

Entre os teóricos do Psicodrama que falam sobre fobia, Vasconcelos[8] apresenta as causas para o seu desenvolvimento. Afirma que há uma associação do perigo a coisas ou situações que não se podem prever ou controlar, como um raio em uma tempestade ou o ataque de um animal. Pacientes acabam desenvolvendo fobia às suas próprias crises e, em consequência, evitando lugares ou situações em que possam se sentir embaraçados ou não possam contar com ajuda imediata. Ressalta, ainda, a influência social, como a fobia chamada *taijin kyofusho*, comum apenas no Japão. Ao contrário da fobia social (em que o paciente sente medo de ser humilhado ou desconsiderado em situação social) tão comum no ocidente, o *taijin kyofusho* é o medo de ofender as outras pessoas por excesso de modéstia e consideração. O paciente tem medo que seu comportamento social, ou um defeito físico imaginário, possa ofender ou constranger as outras pessoas.

Segundo Vasconcelos[8], seis em cada dez pessoas com fobia conseguem se lembrar quando a crise de medo aconteceu pela primeira vez e, para elas, há uma ligação muito clara entre o objeto e a sensação de medo. A dramatização possibilita o controle da situação, a percepção em perspectiva tridimensional da relação e o resgate, no *aqui e agora*, do vivido na construção da fobia. O que, na fantasia, foi atribuído ao que causa medo pode, então, ser ressignificado.

Já para Carezzato[9], o fóbico seria dotado de pouca espontaneidade, com papéis que refletem a conserva: "Seus papéis são roteiros pré-escritos para serem seguidos sem questionamento e sem emoção".

Os próprios recursos espontâneos, como afirma Fernandes[4], não são reconhecidos ou percebidos como possibilidades pessoais, como potencial próprio. Com a recuperação da espontaneidade, se obteria a expansão do Self, o reconhecimento do próprio valor e o desenvolvimento de novos projetos. Essa mesma autora, a partir do relato de um atendimento, afirma que se poderia compreender a fobia como uma forte reação em conserva com a adição de cargas transferenciais que distorcem a percepção do momento presente vivido, no qual as angústias são atribuídas a perigos externos. Para ela, o processo de coconstrução é fundamental.

O tratamento pode ser tanto individual quanto em grupo – em que pese o fato de que, nos processos grupais, além de favorecer a dramatização, o grupo é também eco para a compreensão social e cultural daquilo que é vivido como assustador e, portanto, fóbico. Entende-se, então, que o Psicodrama é uma metodologia adequada ao tratamento da fobia, ainda que não haja uma descrição específica dessa patologia.

Referências bibliográficas

1. Moreno JL. Psicoterapia de grupo e psicodrama. Campinas: Livro Pleno; 1999.
2. Moreno JL. Psicodrama. São Paulo: Editora Cultrix; 1993.
3. Aguiar M. O teatro terapêutico: escritos psicodramáticos. Campinas: Papirus; 1990.
4. Fernandes E. O psicodrama agindo em um caso de fobia. Rev Bras Psicodrama. 2011;19(1):55-72.
5. Bragante DA. Retramatização ágrafa [trabalho de conclusão de curso]. São Paulo: Pontifícia Universidade Católica; 2002.
6. Araújo LRT, Lopes J. O drama em cena. Rev Bras Psicodrama. 1998;6(2):95-9.
7. Naffah Neto A. Psicodrama: descolonizando o imaginário. São Paulo: Plexus; 1997.
8. Vasconcelos SA. Fobia e ansiedade [acesso em 5 jul 2016]. Disponível em: www.saskiapsicodrama.com.br/fobia.html.
9. Carezzato MC. Uma leitura psicodramática da síndrome do pânico. Rev Bras Psicodrama. 1999;7(2):97-108.

Bibliografia

Aguiar M. O teatro terapêutico: escritos psicodramáticos. Campinas: Papirus; 1990.

Aguiar M. Teatro da anarquia: um resgate do psicodrama. Campinas: Papirus; 1988.

Batista MA. Valorização dos avós na matriz de identidade. Rev Bras Psicodrama. 2009;17(1):13-9.

Martim EG. Psicologia do encontro: J. L. Moreno. São Paulo: Ágora; 1996.

Massaro G. Esboço para uma teoria de cena: propostas de ação para diferentes dinâmicas. São Paulo: Ágora; 1996.

Merengué D. Poderes, papéis: um estudo preliminar sobre gêneros na contemporaneidade [trabalho apresentado para obtenção do título de professor supervisor da Febrap]. Campinas: Instituto de Psicodrama e Psicoterapia de Grupo; 2009.

Mezher A. Esboço de uma teoria de cenas. In: Anais do 1º Congresso Ibero-Americano de Psicodrama. Salamanca: Universidade de Salamanca; 1997.

Mezher A. Fundamentos do psicodrama. São Paulo: Summus; 1983.

Mezher A. Psicodrama. São Paulo: Cultrix; 1997.

Moreno JL. Fundamentos do Psicodrama. São Paulo: Summus; 1983.

44 Transtorno de Estresse Pós-Traumático na Visão do Psicodrama

Roberta Amaral

Introdução

Neste capítulo, será feita uma leitura psicodramática do transtorno de estresse pós-traumático (TEPT) e será apresentada a maneira pela qual, por meio do psicodrama, pacientes com esse transtorno são vistos e tratados.

Antes de iniciar, quero enfatizar que Jacob Levy Moreno (1889-1974), criador do Psicodrama, tinha como referência um modelo de saúde, e não de patologia. Ele não acreditava em rótulos e, por isso, apesar de ser psiquiatra por formação, sempre utilizava aspas quando usava, em seus textos, a categorização diagnóstica da psiquiatria.

Zerka Moreno, que foi uma das esposas de J. L. Moreno e que muito o ajudou a sistematizar sua teoria, ressalta o fato de que a palavra *diagnóstico*, de origem grega, pode ser dividida de duas maneiras: "dia-gnóstico" e "di-agnóstico". *Gnosis* quer dizer "conhecimento, cognição e percepção". *Agnosis* quer dizer o contrário. A primeira versão significa, portanto, o "conhecimento por meio da percepção", enquanto a segunda poderia ser entendida como "retirar o não saber".[1]

O "di-agnóstico" psiquiátrico nasce pela igualação do não igual. Trata-se de um recorte da realidade e do abandono das singularidades. Nesse sentido, embora seja um instrumento útil de comunicação aos fins práticos, é incompetente para exprimir qualquer verdade que não seja convencional.

O psicodrama é definido por Moreno[2] como a ciência que "explora a verdade por meio da ação dramática". Embora não tenha definido o que entende por "verdade", está implícito em sua teoria que se trata de uma verdade espontânea e criativa, fundamentada no aqui-agora, e que não deve ser conservada. Portanto, o diagnóstico em psicodrama se revela por meio da ação, cabendo ao terapeuta/diretor apenas iluminá-lo.

Moreno trabalhou como administrador de saúde pública por cerca de 6 anos em dois hospitais psiquiátricos diferentes: primeiro em Kottingbrunn e, posteriormente, em Bad Vöslau. Anos depois, comprou um imóvel em Beacon e o transformou em seu próprio hospital, o *Beacon Hill Sanatorium*, que se tornou um laboratório para suas ideias e hipóteses. Para Moreno, ter seu próprio hospital significou, em suas palavras, uma libertação do sistema, porque foi onde pôde tratar seus pacientes por meio do psicodrama.[3]

Segundo Zerka[1], Moreno foi um excelente diagnosticador em ambas as acepções da palavra. Em sua prática, quando rotulava um paciente com um diagnóstico psiquiátrico, em geral tinha razão, e era fiel ao significado original da palavra "di-agnóstico" ao "retirar o não saber".

Moreno foi precursor dos métodos vivenciais e da psicoterapia de grupo, e pioneiro ao valorizar o tempo presente, opondo-se às teorias que fundamentavam a atitude de procurar esclarecer o passado do indivíduo. Esses métodos e essa postura de enfatizar a verdade pessoal, subjetiva, em detrimento da verdade objetiva ou histórica são suas principais contribuições para o tratamento do trauma.

Considerações sobre o conceito de trauma, o estresse e o "di-agnóstico" de TEPT

A palavra trauma origina-se no grego *traûma* e significa "ferida". O trauma é definido por Levine[4] como um evento que sobrecarrega a capacidade de sobrevivência do organismo, deixando uma marca impressa no sistema nervoso. Acontece em decorrência de experiência vivida de maneira precoce, rápida ou intensa demais, que ultrapassa a capacidade de enfrentamento e de resposta ativa do indivíduo.

A palavra inglesa *stress*, traduzida para a língua portuguesa como "tensão" ou "pressão", foi incorporada ao nosso idioma, por seu uso frequente, como *estresse*.

O termo foi inicialmente utilizado pela física para se referir ao grau de deformidade sofrido por uma estrutura submetida a esforço ou pressão. Foi incorporado à medicina por Hans Selye na década de 1930, para nomear um conjunto de reações fisiológicas desenvolvidas por um organismo ao ser submetido a situações que exigem esforço adaptativo.

O estresse ajuda a lidar com desafios e novas situações, e por isso é importante e essencial para respostas imediatas. Entretanto, se o indivíduo não tem condições de agir frente a uma situação estressante, o sistema nervoso se desorganiza e congela a resposta, intalando-se o trauma. Curá-lo ou transformá-lo passa necessariamente por possibilitar que padrões de ação não consciente e biologicamente determinados aconteçam no corpo, seguidos pela descarga gradual da energia armazenada.[4]

De acordo com a décima versão da Classificação Internacional de Doenças (CID-10), o TEPT se enquadra como um transtorno mental e comportamental que surge como uma resposta tardia a um evento estressante (de curta ou longa duração) de natureza excepcionalmente ameaçadora ou catastrófica, o qual provavelmente causaria angústia invasiva em quase todas as pessoas.[5] Trata-se de uma resposta não adaptada que interfere nos mecanismos adaptativos e no funcionamento social do indivíduo.

O estresse começou a ser pesquisado de modo mais sistemático na década de 1960, durante a Guerra do Vietnã. Nesse período, psiquiatras americanos fizeram um levantamento dos sintomas mais comuns observados nas "neuroses de guerra" – denominação dada anteriormente para os quadros de estresse pós-traumático.

Com base nessa investigação, o Manual Estatístico e Diagnóstico de Transtornos Mentais (DSM-III), da American Psychiatric Association, inclui pela primeira vez, em 1980, o Diagnóstico de Desordem do Estresse Pós-Traumático (DEPT) para descrever um complexo de sintomas que ocorrem após exposição a eventos traumáticos graves, como torturas, estupros, experiências de combate e desastres naturais.[6]

Atualmente, os critérios diagnósticos foram ampliados, e traumas como os decorrentes da exposição a acidentes automobilísticos, transtornos clínicos agudos e crônicos e desastres ocasionados pelo ser humano foram incluídos.[7]

Conforme descrito na CID-10, aspectos típicos incluem episódios de repetidas revivescências do trauma sob a forma de memórias intrusas (*flashbacks*), memórias vívidas, sonhos ou pesadelos recorrentes e sentimentos de angústia frente a circunstâncias que se assemelhem ou estejam associadas ao estressor. Estímulos associados ao trauma são evitados, o que causa prejuízos funcionais ao indivíduo.

Sintomas persistentes de sensibilidade e excitação psicológica podem se expressar por meio de: dificuldade para adormecer ou permanecer dormindo, resposta de susto exagerada, irritabilidade ou explosões de raiva, dificuldade de concentração e hipervigilância. Como critério diagnóstico, pelo menos dois dos sintomas relatados devem estar presentes, sendo os três últimos dentro do prazo de seis meses após o evento estressante ou o final de um período de estresse.

O diagnóstico abarca ainda proteções defensivas, como a incapacidade de relembrar parcial ou completamente alguns aspectos importantes do período de exposição ao estressor. Essas proteções são chamadas de mecanismos de dissociação.

Se nos detivermos apenas ao conceito da CID-10, podemos considerar o TEPT como uma reação normal frente a um acontecimento anormal. No entanto, tendo em vista que nem todas as pessoas expostas ao mesmo evento traumático desenvolvem TEPT, pode-se afirmar que o acontecimento traumático é necessário, mas não sua causa exclusiva, e que fatores biopsicossociais devem ser investigados e tratados. Os fenômenos psicofisiológicos podem ser semelhantes, mas a experiência traumática é subjetiva e seu caráter individual deve ser considerado acima de tudo.

Breve histórico do uso do Psicodrama para tratamento de trauma

Moreno teve um papel inovador no campo da psicoterapia ao propor a mudança dos métodos verbais para os métodos de ação – nos quais o aspecto verbal do comportamento é apenas um dos fenômenos – e a mudança dos métodos psicológicos individuais para o método grupal – no qual a conduta individual é colocada em um contexto delimitado por marcos referenciais mais amplos.[8]

Sigmund Freud criou a Psicanálise com base em suas investigações sobre os traumas que se expressavam na história de vida do indivíduo, que ocorriam, normalmente, no contexto familiar. Em contraposição, Moreno analisou o trauma em um contexto mais amplo, não apenas intrapessoal, mas também interpessoal. Ele se propõe a tratar o trauma de maneira pública e em escala mais abrangente por meio do psicodrama como método de psicoterapia de grupo.[9]

Moreno não fala especificamente sobre o conceito de trauma, embora tenha vivenciado duas guerras mundiais e trabalhado com refugiados e sobreviventes. Essa postura é coerente com sua visão de que "do ponto de vista do universo, não há 'patologia' alguma; ela só existe do ponto de vista das ciências humanas".[8]

Durante a Primeira Guerra Mundial, Moreno, ainda estudante de medicina e depois como médico recém-formado, trabalhou em dois campos de refugiados de guerra, um na Áustria e o outro na Hungria. No campo austríaco de Mitterndorf, onde viviam pessoas que precisaram abandonar o Tirol do Sul em razão da invasão dos italianos, ele vivenciou uma experiência que foi a base para sua teoria sociométrica. Diante de um ambiente tenso, repleto de brigas e disputas, Moreno observava, dialogava e propunha soluções participativas que auxiliaram as pessoas a enfrentar melhor as dificuldades. Com isso, ele percebeu a importância de considerar as preferências e as afinidades das pessoas na hora de agrupá-las, para diminuir os conflitos e "torná-las mais felizes em situações onde sofrimento e dificuldade lhes fossem inerentes".[3]

Também há relatos de que Moreno trabalhou com sobreviventes da Segunda Guerra Mundial em diversos países, como Estados Unidos, Rússia e Finlândia, deixando evidente o poder sociátrico (terapêutico) do psicodrama por seus efeitos catárticos e transformadores.[9]

Desde que o Psicodrama foi criado, há cerca de 90 anos, houve importantes descobertas científicas que ampliaram a compreensão dos mecanismos subjacentes às intervenções psicodramáticas. Com isso, os pressupostos teóricos morenianos foram detalhados por seus seguidores.

Hug e Fleury[10] baseiam-se na neurociência para afirmar que, na fase da ação psicodramática, operam tanto o cérebro dominante (esquerdo), que constrói narrativas e é a base da identidade declarativa, quanto o cérebro recessivo (direito), que é conectado à memória emocional predominante nas vivências precoces e nas experiências traumáticas.

A psicoterapia vivencial vem sendo cada vez mais recomendada para tratamento de TEPT, tendo em vista que muitos dos sintomas são inconscientes, não verbais, ou seja, experiências ligadas ao lado direito do cérebro, que não podem ser acessadas por meio da terapia verbal.[11]

Embora não tenham sido encontrados relatos de estudos controlados que avaliem sua eficácia, o psicodrama tem sido aplicado com sucesso em numerosos clientes traumatizados há mais de meio século.

Diversos autores apresentam o uso do psicodrama para tratar grande variedade de traumatizados, como sobreviventes de abuso físico, sexual e emocional, de experiências de guerra (Baumgartner *apud* Burge, 2010)[12], de desastres naturais, como terremotos, de acidentes de trânsito, de perdas de entes queridos, entre outros.[13-22] Há também trabalhos realizados com familiares de veteranos de guerra que desenvolveram TEPT secundariamente.[12]

No entanto, o psicodrama tem sido menos usado no tratamento do estresse pós-traumático que outras abordagens. Isso pode estar relacionado ao fato de que ele não foi suficientemente investigado e documentado, já que os psicodramatistas, até o momento, não dispõem de muitos meios para demonstrar se o que fazem é mais ou menos eficaz que outras abordagens.

Fundamentos teóricos

Uma leitura psicodramática do TEPT

Para tecer uma leitura psicodramática possível sobre o TEPT, baseei-me nos conceitos de espontaneidade, aquecimento preparatório (ou melhor, na falta deles), conserva cultural e transferência.

Moreno[23] afirma que ser espontâneo é fator primordial de uma existência saudável. Por essa razão, ele acredita que grande parte das psicossociopatologias estão relacionadas à falta de espontaneidade, ou seja, à incapacidade de se adequar a situações novas ou à tendência a lidarmos com essas situações como se fossem experiências passadas.[24]

Ele comparou o processo espontâneo de aquecimento preparatório de um papel com o aquecimento preparatório dos sintomas e evidenciou que o "papel neurótico" (sintomas) é criado da mesma maneira que o papel sadio, e que a "doença" é causada por um processo de aquecimento deficiente, principalmente "a rapidez do aquecimento preparatório e a rápida oscilação de associações e eventos no decurso dos estados espontâneos".[23]

Nessa perspectiva, pode-se dizer que o TEPT surge como uma resposta tardia e conservada, desencadeada pela impossibilidade de atuação frente a algo repentino, inesperado e potencialmente ameaçador, e que ocorre em consequência da falta de aquecimento preparatório e/ou pela impossibilidade de resposta adequada.

Moreno[23] entende por *aquecimento* um conjunto de técnicas intencionais e persuasivas que formam a base psicológica para todos os processos de desempenho de papéis. Ele afirma que, quanto menos aquecido ou preparado o indivíduo está, menos é incorporado seu papel e mais fraca será sua espontaneidade. Em contraponto, quando um indivíduo está aquecido e absorvido por seu papel, nenhuma parte de seu ego está livre para observar os fatos e registrá-los na memória.[8]

O indivíduo que sofre de TEPT passa a repetir de maneira estereotipada (conservada) a mesma conduta assumida no momento do trauma, pelo cruzamento de cenas da vivência traumática pré-fixadas na memória com cenas vivenciadas no contexto presente e pela incapacidade de se adequar espontânea e criativamente a elas; assim, prejudica suas relações interpessoais. Moreno afirmou que a espontaneidade diminui em virtude das repetições de respostas conservadas e, com isso, a dimensão relacional do ser humano é prejudicada, produzindo a "patologia do papel".[24]

Ele define a "patologia do papel" como um modo de funcionamento no qual o comportamento "regressivo" impera.[23] Trata-se de uma maneira de desempenho inconsciente de papéis que faz com que o sujeito reproduza uma conduta estereotipada e cíclica, ou seja, faz com que seus papéis atuem de maneira repetitiva, cristalizada e conservada. Essa repetição que bloqueia a espontaneidade e o esforço criador é o que constitui o movimento que Moreno denominou *conserva cultural*.

Vale ressaltar que essa sobreposição de uma cena já vivenciada ou fantasiada à vivência presente é uma experiência de ordem inconsciente. Esse fenômeno subjetivo é definido como *transferência*. Trata-se de um conceito utilizado no psicodrama em oposição ao conceito de *tele*, que consiste em uma relação espontânea, não cristalizada, que pressupõe uma abertura para o outro e para a realidade presente.[25]

Tanto a transferência quanto os estados espontâneos emergem por meio de dispositivos de arranque, denominados por Moreno *iniciadores*, os quais podem ser físicos, mentais ou psicoquímicos e são os responsáveis pelo processo de aquecimento.

Assim, estímulos internos e externos podem evocar os sintomas do TEPT. A recuperação da espontaneidade frente a esses estímulos e a consequente adequação ao aqui e agora são os principais objetivos do tratamento psicodramático do TEPT.

Teoria do momento

Moreno propôs a teoria do momento como base filosófica para orientar a postura do psicodramatista em sua prática.

Ele dá ênfase ao momento presente, ao aqui-agora, à situação como ela está ocorrendo, e critica o termo "revivência", já que cada momento é único e não existe a possibilidade de ser revivido. Entretanto, reconhece que vivências do passado se manifestam de alguma maneira nas vivências atuais ao afirmar que a matriz de identidade – *locus* onde o bebê se insere ao nascer – "lança os alicerces do primeiro processo de aprendizagem emocional da criança", que "representam a base psicológica para todos os processos de desempenho de papéis e para fenômenos como a imitação, a identificação, a projeção e a transferência".[23]

Com base nessas colocações de Moreno, Bustos[26] afirma que, na teoria do momento, são importantes as noções de *locus*, *status nascendi* e matriz.

Bustos[26], psicodramatista argentino que tem influência psicanalítica, mas que foi um dos discípulos de Moreno responsáveis pela propagação do psicodrama no Brasil, atesta que, para se entender a estrutura de um fenômeno como a doença ou um sintoma, deve-se localizar a situação primária (*locus*) e investigar seu nascimento (matriz) e o momento em que nasceu (*status nascendi*).

Para Bustos, o *locus* são as circunstâncias desencadeantes de um conflito. A sua matriz seria a resposta do sujeito a essas circunstâncias, que resulta em um mesmo "mecanismo de defesa" que passa a ser utilizado e reutilizado, repetitivamente, em outros papéis sociais (efeito cacho), quando as circunstâncias se assemelham à inicial, portanto, em outros *locus*.

O autor afirma que o *locus* é um referencial diagnóstico; já a matriz é a conduta criada como resposta aos estímulos do *locus* que constitui o elemento originador do sintoma. Vale ressaltar que é para a matriz que se dirigem os procedimentos terapêuticos, e ela é o único aspecto passível de ser modificado por meio da "rematrização". O termo rematrização foi utilizado por Bustos (1998) para designar o procedimento terapêutico que visa criar uma resposta nova (espontânea) que, impressa no sujeito, serviria como uma nova matriz relacional.

Na rematrização, opera-se sobre as respostas produzidas pelo indivíduo, já que as circunstâncias (*locus*) das quais elas se originam não são produzidas pelo paciente e, portanto, não são modificáveis por ele.[26]

Nessa perspectiva, ao abordar um paciente com TEPT, é preciso localizar onde seu sintoma teve origem e de que ele se alimenta, assim como os fatores condicionantes presentes e passados que nutrem essa conduta. Em outras palavras, não basta ter localizado seu *locus* e reconhecido sua matriz, é importante conhecer o desenvolvimento e as vivências provocadas pelo sintoma, ou seja, o *status nascendi*.

Perazzo[27] critica o termo rematrização alegando que Moreno utiliza a palavra "matriz" para designar o lugar onde algo se cria, e não é ela que se modifica, mas a resposta.

Cukier[28], discípula de Bustos e que também foi influenciada pela Psicanálise, aponta a necessidade de investigar vivências da infância dos pacientes, pois acredita que eles repetem ativamente aquilo que sofreram passivamente quando crianças e, mesmo compreendendo racionalmente a repetição, é muito difícil mudar sua conduta. Ela afirma que, quando sugere que os pacientes dramatizem suas cenas, em uma situação em que ela pesquisa o *locus*, o *status nascendi* e a matriz das dificuldades atuais deles, percebe que essas cenas ocorreram na primeira infância, em geral antes dos 7 anos. Quanto ao conteúdo do drama, é com frequência ligado a situações de abuso físico, sexual ou emocional.

Princípios metodológicos básicos do Psicodrama

O Psicodrama, apesar de estar inserido na metodologia fenomenológica e no pensamento existencialista, traz em si um corpo teórico, técnicas e métodos auxiliares.

Como já foi abordado, a proposta metodológica moreniana trabalha com fatos e situações trazidos pelo paciente, levando em consideração principalmente o tempo presente – o "aqui e agora" – e opondo-se às teorias que fundamentam a atitude de procurar esclarecer o passado do indivíduo. Enfatiza a importância de se pensar a respeito da interação humana buscando promover a superação de dificuldades ou sintomas, e modificando situações desfavoráveis de relacionamento interpessoal.

Kellermann[29], após fazer uma ampla revisão da literatura psicodramática em busca de uma definição abrangente do que é Psicodrama, faz a seguinte afirmação:

> O psicodrama é um método psicoterápico no qual os clientes são estimulados a continuar e a complementar suas ações, por meio da dramatização, do role-playing e da auto-apresentação dramática. Tanto a comunicação verbal como a não verbal são utilizadas. No "aqui-agora", são representadas várias cenas que retratam, por exemplo, situações vividas de maneira incompleta, conflitos íntimos, fantasias, sonhos, preparação para futuras situações de risco ou expressões improvisadas de estados mentais. Essas cenas tanto se aproximam de situações reais da vida como representam a externalização de processos mentais interiores. Quando necessário, os papéis podem ser desempenhados pelos demais membros do grupo ou por objetos inanimados. São empregadas várias técnicas, tais como a inversão de papéis, o duplo, o espelho, a concretização, a maximização e o solilóquio.

O método psicodramático tem um campo de ação em que se destacam os contextos, os instrumentos e as etapas, que constituem seus alicerces.

Contexto

Contexto é o espaçotemporal em que sujeitos se inter-relacionam. Nele, ocorrem vivências coletivas e privadas. Três são os contextos do psicodrama: social, grupal e dramático.

O contexto social é constituído pela realidade social tal "como é", ou seja, regido pelas regras e normas sociais de determinada comunidade, que interferem na maneira como os sujeitos que a ela pertencem pensam, sentem e agem. Tais características estão relacionadas a fatores culturais, antropológicos, econômicos, políticos e educacionais, entre outros.

O contexto grupal também é constituído pela realidade grupal tal "como é". Esse contexto é criado pelo grupo e, portanto, tem suas regras e seu funcionamento próprio. Articula-se por meio dos membros de um grupo e de suas inter-relações, nas quais estão inclusos o terapeuta e o ego-auxiliar.

Já o contexto dramático é constituído pela realidade do "como se", isto é, a entrada no mundo da fantasia, no qual tudo é possível. Nele, as identidades tomam novas formas em personagens e textos criados a cada momento. Nesse contexto, podem se tornar mais claras vivências intrapsíquicas e do contexto social, o que é possibilitado pelo caráter protegido e concretamente delimitado desse contexto.

Instrumentos

São cinco os instrumentos do psicodrama: cenário, diretor, ego-auxiliar, protagonista e plateia.

O cenário, primeiro instrumento, é um espaço multidimensional e móvel onde ocorre a ação dramática, projetado de acordo com as necessidades terapêuticas. Trata-se de um espaço real e virtual co-construído pelo protagonista e pelo diretor. É onde se concretiza o drama, a cena presente no íntimo do protagonista.

O diretor é o segundo instrumento. A ele Moreno atribui três funções: produtor, terapeuta principal e analista social. Como produtor, tem como dever buscar conteúdo para a ação dramática nas falas, no corpo ou mesmo na plateia. Como terapeuta, tem o papel e a responsabilidade de que o ato seja terapêutico, e não apenas uma ação descomprometida. Sua função de analista social se releva no olhar sociométrico sobre o grupo e nas interferências do contexto social sobre o tema trabalhado.

O ego-auxiliar representa o terceiro instrumento, e a ele Moreno delega duas funções: a de retratar papéis e a de guia. A primeira função é a de "retratar o papel de uma pessoa *requerida* pelo sujeito; a segunda é a de guiar o sujeito, mediante o aquecimento preparatório, para suas ansiedades, deficiências e necessidades, com o objetivo de orientá-lo no sentido da melhor solução de seus problemas".[23] Configura-se como um terapeuta auxiliar, que facilita a catarse mais diretamente.

O protagonista é o quarto instrumento. Consiste no sujeito que emerge para a ação dramática, representando os sentimentos comuns que permeiam o grupo e recebendo, por parte deste, consentimento para representá-lo a partir da dinâmica sociométrica.

A plateia configura o último instrumento, cuja função no psicodrama é ajudar o protagonista a expor seus sentimentos e as reflexões pessoais suscitadas pela cena dramática e, ao mesmo tempo, ser ajudado por ele ao enxergar seu drama sendo representado por ele. Além disso, é um excelente banco de egos-auxiliares.

Etapas

A sessão psicodramática se divide em três etapas: aquecimento, dramatização e compartilhamento.

O aquecimento é o momento do início da sessão e constitui uma necessidade permanente ao longo de todo o trabalho. Divide-se em inespecífico e específico. O primeiro tem como objetivo a construção do próprio grupo, a entrada na nova tarefa e o emergir do tema protagônico e/ou de um protagonista. O segundo é a preparação para a ação dramática; é a passagem do "como é" para o "como se".

Na dramatização, ocorre a ação dramática propriamente dita. Nela, trabalha-se no "como se", que favorece o diagnóstico e/ou a resolução de conflitos expressos pelo protagonista ou pelo grupo. Suspendem-se as regras sociais e grupais, assim como as regras da física. Isso possibilita aos participantes regressar ou se adiantar no tempo, além de poder falar com pessoas que não estão presentes. São ativados o imaginário e a fantasia.

Por último, dá-se o compartilhamento, uma etapa na qual cada elemento do grupo pode expressar aquilo que os tenha tocado na dramatização, os sentimentos e as emoções despertados e sua própria vivência de conflitos semelhantes.

Técnicas psicodramáticas

A teoria psicodramática tem como técnicas básicas o duplo, o espelho e a inversão de papéis, as quais têm embasamento nos estágios do desenvolvimento da matriz de identidade.

A primeira delas é a técnica do duplo, que corresponde ao estágio de identidade total, no qual a criança depende de alguém que a auxilie para sua sobrevivência e faça tudo aquilo que ela ainda não consegue fazer por si mesma. Essa técnica é desempenhada pelo ego-auxiliar, que assume a postura corporal do protagonista e procura ter com ele uma sintonia emocional para então revelar por ele o que ele não está conseguindo expressar.[8] Vale ressaltar que se trata de uma hipótese que pode ou não ser confirmada pelo protagonista.

A segunda técnica é a do espelho, embasada no estágio de reconhecimento do eu, no qual a criança concentra a sua atenção no outro e esquece parte de si mesma.[8] Essa técnica tem como objetivo que o paciente se veja como em um espelho, o que favorece *insights*.[23]

Moreno[23] propõe dois modos de utilização do espelho. Na primeira, o ego-auxiliar entra no contexto dramático e passa a espelhar o protagonista. Na segunda, o diretor retira o protagonista de cena e solicita ao ego-auxiliar, após observar o protagonista cuidadosamente, que assuma o seu lugar, enquanto o protagonista assume o papel de espectador de si mesmo.

A terceira técnica básica é a inversão de papéis, que tem como estágio correspondente o reconhecimento do outro, em que a criança é capaz de sair de si mesma e colocar-se no lugar do outro, e este, por sua vez, coloca-se no lugar da criança. No Psicodrama, a técnica da inversão de papéis consiste em o protagonista tomar o papel do outro, e este tomar o seu papel.[8]

Outras técnicas bastante utilizadas no tratamento de indivíduos traumatizados são:

- Solilóquio: técnica verbal embasada no estágio de reconhecimento do Eu, usada no contexto dramático, quando o diretor solicita ao protagonista que se concentre e fale de si mesmo e de seus sentimentos com intuito de alcançar níveis mais profundos do seu mundo interpessoal[2]
- Concretização: trata-se da representação de entidades abstratas (emoções, conflitos, pensamentos), partes corporais e doenças orgânicas por meio de imagens, movimentos e falas dramáticos, o que é feito pelo próprio paciente ou pelo ego-auxiliar (Moreno *apud* Gonçalves *et al.*[30])
- Realidade suplementar: consiste na dramatização do "não acontecido". Esta técnica tem a finalidade de desvelar o sentido e o significado dessa "realidade" para o protagonista. (Moreno *apud* Gonçalves *et al.*[30]). No tratamento do trauma, é uma técnica amplamente utilizada para, no "como se", "desfazer o que foi feito e para fazer o que precisa ser feito".[11]

Utilizando como princípio a realidade suplementar, Blatner[20] criou a técnica do encontro final para o tratamento do luto. Essa técnica consiste em propor uma cena na qual uma pessoa enlutada conversa com quem partiu, sendo este representado por uma cadeira (auxiliar) vazia. Blatner propõe um prazo para a ação (técnica do tempo limite).

Figusch[19], inspirado em Blatner e em um relógio com ponteiros móveis de que dispunha em seu consultório, criou a "técnica do relógio mole" para o tratamento de TEPT decorrente de perdas de entes queridos. Ela difere da proposta de Blatner[20] pois é o paciente que comanda o tempo necessário para o trabalho, o qual é simbolizado por um relógio. Por meio da realidade suplementar, é possível reevocar a pessoa falecida e re-vivenciar cenas do passado, bem como experimentar cenas não vividas. O trabalho pode se estender por muitas sessões.

Princípios básicos para o tratamento do trauma

Com base em Kellermann[11], autor israelense e referência importante no trabalho psicodramático com vítimas de traumas, e em outros autores citados ao longo deste capítulo, fiz um levantamento de princípios básicos do psicodrama com traumatizados. São eles:

- Propiciar um clima de acolhimento e segurança para a dramatização de experiências reprimidas relacionadas ao fato traumático
- Proporcionar uma nova compreensão da vivência traumática e a elaboração de conflitos inconscientes que possam emergir durante a ação dramática
- Facilitar a emersão de catarse para drenar resíduos emocionais do trauma
- Introduzir elementos imaginários de realidade suplementar para ampliar a visão de mundo do paciente e propiciar experiências de poder, controle, sentido e alívio emocional, entre outras contrárias à vivência traumática
- Focalizar os impactos do trauma nas relações interpessoais e os recursos para evitar ou reverter o isolamento.

Esses princípios não devem ser considerados etapas para o tratamento de indivíduos que sofrem de TEPT, e raramente acontecem em uma mesma sessão. Devem ser vistos como partes de um processo.

Processo terapêutico psicodramático para tratamento de TEPT

Moreno criou o psicodrama para ser realizado em uma única sessão. Ele trabalhava nos moldes do que chamamos atualmente de atos terapêuticos, ou seja, sessões com começo, meio e fim, em que os participantes não têm o compromisso de continuar na sessão posterior. Ele procurava, em um único ato, penetrar o mais profundamente no mundo interno dos pacientes.

Quanto à configuração dos grupos, Moreno dizia que grupos homogêneos, em geral, facilitavam o tratamento, mas tinha preferência pelos heterogêneos, por configurarem uma amostra mais próxima das relações humanas e de como elas acontecem no contexto social, uma vez que o grupo terapêutico pode funcionar como uma miniatura da família e da sociedade.[8]

Entretanto, embora ainda existam locais onde ocorram atos psicodramáticos com configuração heterogênea, como no Centro Cultural São Paulo, na capital paulista, onde ocorrem psicodramas públicos todos os sábados, o uso do psicodrama nesses contextos e com essa configuração não é o mais usual, sobretudo com a proposta de tratar indivíduos traumatizados.

No contexto brasileiro, o mais comum hoje é a psicoterapia bipessoal, uma modalidade de atendimento que se originou do psicodrama clássico, não utiliza egos-auxiliares e atende apenas um paciente por vez, o que configura uma relação bipessoal. Essa modalidade de atendimento, por ser uma adaptação da metodologia proposta por Moreno para a relação dual, demanda ajustes e obriga os psicodramatistas a serem mais criativos no uso dos recursos técnicos.

A psicoterapia psicodramática de grupo é atualmente mais utilizada em sua forma processual, em que os membros se mantêm por certo tempo, facilitando o estabelecimento de vínculos de confiança, segurança e continência, necessários para o tratamento do trauma. Os relatos de trabalhos psicodramáticos com vivências de trauma em atos públicos demostram que, nesses contextos, o mais usual é se trabalhar perdas e lutos pessoais ou decorrentes de tragédias coletivas (desastres naturais).[13,16,18]

A psicoterapia psicodramática grupal e o psicodrama bipessoal têm vantagens e desvantagens no tratamento de indivíduos traumatizados, bem como indicações e contraindicações para cada paciente em um dado momento. Ao abrir mão do grupo, perde-se a riqueza da vivência grupal, do papel terapêutico exercido pelos demais membros do grupo e, consequentemente, da possibilidade de ressignificação das vivências traumáticas de maneira coletiva. O psicodrama bipessoal, no entanto, possibilita atenção, acolhimento e continência maiores por parte do terapeuta, que repete o modelo mãe-bebê de importância reconhecida por diversas linhas teóricas da psicologia.

Apesar de a psicoterapia grupal ser considerada por muitos autores (van der Kolk e Fisler *apud* Burmeister[17]) como a maneira mais eficiente para o tratamento de vítimas de trauma, sua indicação depende, entre outros fatores, da capacidade de vinculação do paciente, sendo necessário, muitas vezes, um processo bipessoal anterior.[15]

Relação terapêutica

A relação terapêutica é fundamental para qualquer processo psicoterapêutico. No tratamento do trauma, em especial, ela precisa ser estabelecida cuidadosamente.

O terapeuta deve auxiliar no estabelecimento do clima terapêutico, que requer sua capacidade de aceitação, proteção e continência e, no caso da psicoterapia psicodramática grupal, dos demais membros do grupo.

Para isso, é necessário que o terapeuta tenha uma capacidade télica bem desenvolvida, pois esta é condição para que ele consiga inverter seu papel com os pacientes e, assim, ver, sentir, perceber e analisar como eles.

A capacidade de continência do terapeuta é fundamental, pois, ao entrar em contato com uma parte que, embora sentida, ainda é desconhecida, como no caso da vivência traumática, o paciente (protagonista) vivencia momentos de descontrole. Nesses momentos, o terapeuta deve suportar o descontrole e ajudá-lo a encontrar uma saída. Para isso, necessita de uma estrutura psicológica organizada e uma identidade firmemente estabelecida, a fim de conter dentro de sua estrutura psicológica a do seu paciente, para evitar o risco de "retraumatização" e "revitimização", citado por muitos autores.[11,14,31]

Vale ressaltar que, na psicoterapia psicodramática de grupo, não é só o terapeuta que atua como agente terapêutico para o protagonista, mas todos exercem função terapêutica uns para os outros.

Kellermann[11] enfatiza a importância de tratar os traumatizados com delicadeza, em função das vivências anteriores de perda de controle, e ressalta que o protagonista deve ter total controle sobre o grau de emoção que expressa em cada cena e ser informado sobre cada etapa do processo.

Burmeister[17] atenta para o fato de que a diferença de poder entre terapeuta e paciente pode reproduzir a vivência de impotência experimentada no trauma. O cliente, além de regular a velocidade do processo terapêutico, deve se sentir seguro e confiante. Para isso, é necessário haver escuta ativa por parte do terapeuta e atribuição de poder ao protagonista.

O terapeuta/diretor deve ser guiado pelo protagonista, e jamais manipulá-lo a fazer algo que não queira.

Considerações sobre a utilização das técnicas psicodramáticas no tratamento de traumatizados

Hug e Fleury[10] baseiam-se na neurociência para afirmar que, para que a ação psicodramática atue tanto na memória corporal quanto na emocional, é necessário que o psicodramatista utilize recursos afetivos e reflexivos de maneira equilibrada. Para isso, dispõe de técnicas que facilitam os processos de expressão emocional e de racionalização. Eles afirmam que, havendo predomínio da racionalização, devem-se utilizar técnicas psicodramáticas que favoreçam a ativação do hemisfério direito (memória afetiva) e a inibição do hemisfério esquerdo, como o solilóquio. Da mesma maneira, quando há emoção em excesso, devem-se utilizar técnicas que favoreçam o distanciamento necessário para a reflexão sobre a experiência, como a técnica do espelho.

A técnica do duplo pode ser usada tanto para expressar emoções como para contê-las (ao dar sentido para uma experiência até então não nomeada).

A inversão pode auxiliar na recuperação de vivências dissociadas em função da experiência traumática, bem como na ampliação da visão do protagonista em relação à vivência do trauma. Além disso, a vivência de outros papéis auxilia no aumento do repertório de atuação, que, muitas vezes, fica limitado em decorrência da experiência traumática.

A utilização da técnica de realidade suplementar, como já foi visto, possibilita vivenciar finais mais fortalecedores, que ajudam o paciente a ressignificar sensações, "redecidir" e/ou descobrir novas maneiras de resolver problemas.

Métodos específicos para tratar vítimas de traumas

Kellerman[11] propõe um modelo para o tratamento de traumas que consiste em: "reencenação" (atuação), reprocessamento cognitivo (*insight*), descarga de energia excedente (catarse), realidade suplementar ("como se"), apoio interpessoal (*tele*) e ritual terapêutico (magia). Enfatiza que esse modelo considera os elementos universais da vivência traumática, bem como os fatores terapêuticos do psicodrama em geral.

Existem outros métodos para tratar indivíduos traumatizados, alguns mais estruturados – como o modelo de "espiral terapêutica" proposto por Hudgins[31] para tratamento de TEPT, que se configura em um roteiro e objetiva a prevenção da "retraumatização" –, outros um pouco menos.

Entretanto, o objetivo deste capítulo não é descrevê-los de maneira detalhada, mas aprofundar o estudo sobre algumas etapas e alguns aspectos terapêuticos do processo psicodramático de tratamento de vítimas de trauma a partir do reconhecimento do que há em comum no trabalho de diferentes autores, muitos dos quais citados ao longo deste capítulo.

Os diferentes métodos para tratamento de vítimas de traumas utilizam a dramatização da vivência traumática objetivando o reprocessamento cognitivo da experiência do trauma. Outro aspecto comum é a utilização da realidade suplementar como técnica para propiciar experiências de poder, segurança, controle, sentido e alívio emocional, entre outras experiências contrárias às do trauma. Os aspectos terapêuticos do psicodrama, para a maioria dos autores, têm como fatores centrais a catarse de integração e as relações interpessoais (apoio interpessoal), além dos *insights* favorecidos pela ação dramática.

Etapas e aspectos terapêuticos do processo psicodramático de tratamento de vítimas de trauma

Dramatização da vivência traumática

Consiste em um processo intencional de "re-vivenciar" a vivência traumática, verbalizar lembranças e sensações em detalhes e mostrar, por meio da ação, aquilo que é impossível verbalizar. Existe uma grande polêmica no psicodrama em relação a como nomear a dramatização de cenas do passado vividas no contexto dramático. Dentre os nomes propostos, estão: cenas regressivas, reversivas, nucleares e de "re-vivência".

Contudo, adoto aqui o termo *cenas de "re-vivência"*, por concordar com Almeida[32], que afirma que a presença do hífen recupera o sentido de renovação, de viver novamente, e condensa o sentido dado por Hussel de uma experiência vital interna, subjetiva, originada de percepções internas e/ou externas vividas pelo sujeito.

Atuar fatos do passado é um recurso para retornar ao ponto em que se originaram as conservas (posições fixadas) e buscar meios de abrir novos caminhos espontâneos e criativos, para assim libertar o sujeito da tendência interior de reprimir o impacto emocional do acontecimento traumático. Nas palavras de Moreno:[33] "[...] toda e qualquer segunda vez verdadeira é a libertação da primeira".

Entretanto, a re-vivência em si talvez não consiga proporcionar essa resolução, sendo necessário trabalhar conflitos inconscientes e algum reprocessamento cognitivo do acontecimento.

Reprocessamento cognitivo

Consiste em um esforço ativo, por parte do terapeuta, de auxiliar o paciente a integrar informação conflitante e construir novos significados tanto para as antigas como para as novas informações.

O reprocessamento cognitivo visa transformar uma recordação puramente sensorial em uma experiência mais integrada com uma narrativa – uma história pessoal do que aconteceu. Esse reprocessamento cognitivo dos acontecimentos traumáticos, algumas vezes, leva a *insights* por meio da ação. O aumento da consciência é frequentemente acompanhado de descarga emocional.

Catarse

Por catarse entende-se a experiência de alívio emocional que ocorre pela libertação de um estado duradouro de mobilização interior por intermédio da expressão afetiva.

Vale ressaltar que ela não é induzida, mas ocorre como consequência espontânea do próprio processo dramático e do uso de recursos (técnicas) de que o psicodramatista dispõe.

A catarse representa um momento de reorganização interior oriunda da expressão e da explicitação de uma estrutura oculta, que persiste modulando vivências atuais e cuja revelação possibilita o desbloqueio da espontaneidade e a transformação da relação sujeito-mundo.[25]

No tratamento de vítimas de traumas após a catarse, com frequência o paciente é estimulado a ter algum tipo de experiência emocional corretiva encenada no contexto dramático.

Realidade suplementar

Consiste na dramatização do "não acontecido" para, assim, transformar simbolicamente cenários trágicos da vida.

O objetivo não é distorcer a realidade, mas enfrentar a realidade externa reforçando o mundo interno (subjetivo) do traumatizado, seja para mudar o fato em si ou para possibilitar uma reação emocional diferente.

Apoio interpessoal

A vivência grupal pode ajudar na reinserção social, além de oferecer ao paciente a oportunidade de receber apoio não somente do terapeuta, mas também de seus companheiros, e descobrir que suas vivências emocionais são compartilhadas por muitos que vivenciam fatos traumáticos semelhantes. Os grupos estimulam interações mais saudáveis e experiências de aprendizagem interpessoal corretivas, na medida em que proporcionam sensações de segurança e intimidade. A experiência grupal estimula o desenvolvimento de diversos papéis, já que fornece múltiplos modelos de conduta, abrindo maiores oportunidades de identificação.

Considerações finais

A abordagem psicodramática considera o sistema multidimensional orgânico-emocional, intra e interpessoal e social que faz parte de toda vivência traumática.

Os aspectos terapêuticos do psicodrama consideram os principais sintomas da vivência traumática: a compulsão, a repetição, a incapacidade do traumatizado de processar novas informações e de armazená-las na memória, a tendência a dissociar, a fragilidade, a vulnerabilidade, a tendência a adotar defesas mais primitivas para se proteger de sentimentos avassaladores e o isolamento social.

Os sintomas provocados por uma experiência traumática podem ser devidamente tratados pelos métodos psicodramáticos.

É importante que o indivíduo traumatizado "re-experiencie" a emoção sentida no ato traumático no presente, além de "re-memorá-la" cognitiva e verbalmente. Para isso, é necessário um processo de aquecimento no qual o paciente se sinta acolhido, respeitado, disponível e aquecido para a ação dramática. Deve-se proporcionar espaço seguro para ele "re-vivenciar" conscientemente o trauma e, desse modo, ressignificá-lo.

O psicodrama ativa a memória do medo, sem traumatizar o paciente, por meio da utilização de recursos psicodramáticos para aquecimento e manejo técnico. Assim, cenas perturbadoras préfixadas na memória podem ser mobilizadas pela ação dramática.

A realidade intrapsíquica, quando concretizada, passa a ser vista de maneira mais clara tanto pelo cliente quanto pelo terapeuta e pelos demais membros do grupo, para então ser trabalhada. Em decorrência disso, busca-se vivenciar finais mais fortalecedores que substituam culpa, desamparo, impotência, terror, medo, raiva, vergonha e outros sentimentos comuns a vítimas de traumas.

A ação dramática proporciona ao sujeito que está cristalizado em uma vivência traumática e/ou em um estado de humor negativo e persistente a oportunidade de ressignificá-los. Por meio da ação dramática e do resgate da potencialidade espontânea, podem-se aliviar os impactos psicológicos do trauma.

Proporcionar experiências de poder, segurança, criatividade, controle, alívio emocional e contenção, exatamente contrárias à experiência traumática, constitui parte fundamental do processo terapêutico e pode ser uma proposta realizada pela técnica psicodramática da realidade suplementar.

A ressignificação, o desenvolvimento de estratégias de enfrentamento e a orientação do pensamento e do comportamento para o momento presente são táticas utilizadas por várias abordagens que tratam vivências traumáticas, entre as quais o psicodrama.

O psicodrama não é usado somente como meio de expressão e catarse, mas também como um método de reintegração interpessoal. Assim, possibilita que indivíduos cristalizados no papel de vítima se transformem em sobreviventes ajustados.

Referências bibliográficas

1. Moreno ZT. O diagnóstico no psicodrama. In: Moreno ZT, Blomkvist LD, Rützel T. A realidade suplementar e a arte de curar. São Paulo: Ágora; 2001. p. 99-101.
2. Moreno JL. Fundamentos do psicodrama. São Paulo: Summus; 1983.
3. Marineau RF. Jacob Levy Moreno – 1889-1974: pai do psicodrama, da sociometria e da psicoterapia de grupo. São Paulo: Ágora; 1992.
4. Levine PA, Frederick A. O despertar do tigre: curando o trauma. 3. ed. São Paulo: Summus; 1999.
5. Organização Mundial da Saúde. Classificação Estatística Internacional de Doenças e Problemas Relacionados à Saúde: CID-10. Centro Colaborador da OMS para a Classificação de Doenças em Português. 10. ed. São Paulo: Edusp; 2007.
6. American Psychiatric Association. DSM III: Diagnostic and Statistical Manual Disorders. Washington, D.C.: APA; 1980.
7. American Psychiatric Association. DSM-5: Manual Diagnóstico e Estatístico de Transtornos Mentais. 5. ed. Porto Alegre: Artmed; 2014.
8. Moreno JL. Psicoterapia de grupo e psicodrama. São Paulo: Mestre Jou; 1974.
9. Moreno ZT. Prefácio. In: Kellermann PF, Hudgins MK, organizadores. Psicodrama do trauma: o sofrimento em cena. São Paulo: Ágora; 2010. p. 7-9.
10. Hug E, Fleury HJ. O psicodrama transformador na mudança terapêutica: diretrizes e recomendações. In: Fleury HJ, Hug E, Khouri GS, organizadores. Psicodrama e neurociência: contribuições para a mudança terapêutica. São Paulo: Ágora; 2008. p. 211-36.
11. Kellermann PF. Aspectos terapêuticos do psicodrama com traumatizados. In: Kellermann PF, Hudgins MK, organizadores. Psicodrama do trauma: o sofrimento em cena. São Paulo: Ágora; 2010. p. 23-37.
12. Burge M. Psicodrama com veteranos do Vietnã e suas famílias. In: Kellermann PF, Hudgins MK, organizadores. Psicodrama do trauma: o sofrimento em cena. São Paulo: Ágora; 2010. p. 286-301.
13. Zampieri AMF. Morte e tragédia pública: sociodrama construtivista de desastres com EMDR. In: Monteiro RF, Wechsler MPF, organizadores. Psicodrama em espaços públicos: práticas e reflexões. São Paulo: Ágora; 2014. p. 43-9.
14. Karp M. Psicodrama do estupro e da tortura: dezesseis anos de acompanhamento de um caso. In: Kellermann PF, Hudgins MK, organizadores. Psicodrama do trauma: o sofrimento em cena. São Paulo: Ágora; 2010. p. 61-80.
15. Bannister A. Prisioneiros da família: psicodrama com crianças abusadas. In: Kellermann PF, Hudgins MK, organizadores. Psicodrama do trauma: o sofrimento em cena. São Paulo: Ágora; 2010. p. 94-110.
16. Altinay D. Abordagem psicodramática do trauma de terremoto. In: Gershoni J, organizador. Psicodrama no século 21: aplicações clínicas e educacionais. São Paulo: Ágora; 2008. p. 181-7.
17. Burmeister J. Psicodrama com sobreviventes de acidentes de trânsito. In: Kellermann PF, Hudgins MK, organizadores. Psicodrama do trauma: o sofrimento em cena. São Paulo: Ágora; 2010. p. 190-214.
18. Fonseca J. Psicoterapia da relação: elementos de psicodrama contemporâneo. São Paulo: Ágora; 2000.
19. Figusch Z. O relógio mole: uma técnica para a resolução do luto no psicodrama individual. Rev Bras Psicodrama. 2006;14(2):65-76.
20. Blatner A. Métodos psicodramáticos de facilitação do luto. In: Kellermann PF, Hudgins MK, organizadores. Psicodrama do trauma: o sofrimento em cena. São Paulo: Ágora; 2010. p. 41-50.
21. Bouza MF, Barrio JAE. Psicodrama breve e luto. In: Kellermann PF, Hudgins MK, organizadores. Psicodrama do trauma: o sofrimento em cena. São Paulo: Ágora; 2010. p. 51-58
22. Zampieri AMF. Violência sexual intrafamiliar: tratamento com psicodrama e EMDR. Rev Bras Psicodrama. 2007;15(1):101-24.
23. Moreno JL. Psicodrama. 12. ed. São Paulo: Cultrix; 2009.
24. Moreno JL. Quem sobreviverá? Fundamentos da sociometria, psicoterapia de grupo e sociodrama. v. 1. Goiânia: Dimensão; 1992.
25. Naffah NA. Psicodrama: descolonizando o imaginário. São Paulo: Plexus; 1997.
26. Bustos DM. Locus, matriz, status nascendi e o conceito de agrupamento: asas e raízes. In: Holmes P, Karp M, Watson M, organizadores. O psicodrama após Moreno: inovações na teoria e na prática. São Paulo: Ágora; 1998. p. 91-106.
27. Perazzo S. Fragmentos de um olhar psicodramático. São Paulo: Ágora; 1999.

28. Cukier R. Sobrevivência emocional: as dores da infância revividas no drama adulto. São Paulo: Ágora; 1998.
29. Kellermann PF. O psicodrama em foco e seus aspectos terapêuticos. São Paulo: Ágora; 1998.
30. Gonçalves CS, Wolff JR, Almeida WC. Lições de psicodrama: uma introdução ao pensamento de J. L. Moreno. São Paulo: Ágora; 1988.
31. Hudgins MK. A espiral terapêutica: tratamento do TEPT por meio da ação. In: Kellermann PF, Hudgins MK, organizadores. Psicodrama do trauma: o sofrimento em cena. São Paulo: Ágora; 2010. p. 217-42.
32. Almeida WC. Formas do encontro: psicoterapia aberta. São Paulo: Ágora; 1982.
33. Moreno JL. O teatro da espontaneidade. São Paulo: Summus; 1984.

45 Psicodrama e Luto

Rosalba Filipini

Breve histórico

Ao longo da vida, muitas vezes, as perdas se fazem presentes e desencadeiam a experiência do luto. Essas experiências, geralmente dolorosas e inesperadas, têm sido objeto de estudo de várias linhas teóricas e, no psicodrama, encontram-se alguns autores que se dedicaram ao trabalho e à compreensão desse processo.[1-6]

Os psicodramatistas afirmam que a teoria socionômica desenvolvida por Moreno traz subsídios técnicos e teóricos para o trabalho psicoterápico tanto individual quanto grupal do processo de luto. Formiga[3] apresenta a interface entre duas áreas de conhecimento, teoria psicodramática e teoria do apego, e mostra que a psicoterapia psicodramática bipessoal com pacientes enlutados traz algumas vantagens, pois a relação terapêutica proposta tem como característica a proximidade e o afeto. Para a autora, o psicodrama vem conferir ação à teorização e sugerir intervenção coerente à teoria do apego.

Além da relação terapêutica proposta, acrescentar aos modos verbais e cognitivos de terapia uma profundidade do sentimento, integrando elementos de emoção, imaginação e corpo, é prerrogativa da psicoterapia psicodramática.[4]

A literatura sobre o tema aponta a importância de se favorecer ritos no processo do luto, e isso também é citado por Bouza e Barrio.[5,7,8] Os autores trazem o conceito de psicodrama antropológico, que procura recuperar os ritos antigos que emprestam maior significado à vida, aumentando habilidades e recursos por meio da recriação. No psicodrama antropológico, procura-se desbloquear o processo normal do luto por meio de intervenções técnicas de psicoterapia breve.

Parkes[7], um estudioso do tema, amplia a compreensão de qualquer processo de luto ao chamar a atenção para a necessidade de se analisar a influência da cultura e da sociedade. Considerando que a concepção de ser humano, para Moreno, é de um ser social que tem a formação do eu fundada na inter-relação, o psicodrama, com sua teoria e suas técnicas, oferece os subsídios necessários ao trabalho com enlutados. Perazzo[1] justifica como uma das causas da busca de ajuda psicoterápica nos processos de luto o fato de o século 20 ter banido a morte da convivência humana. Na maior parte das culturas, o luto é reprimido e a morte, isolada. Esse fato leva o autor a trazer o conceito de transferência nos papéis, pontuando que "nossos mortos insepultos ora nos mantêm atrelados à sua sombra, ora nos acusam ou nos impõem pesados encargos que não podemos cumprir".[1] Haverá sofrimento e não elaboração do luto enquanto a carga transferencial estiver embasando a relação do morto com o enlutado.

Considerando os aspectos anteriormente citados, Franco[2] desenvolveu um trabalho de grupo com mães enlutadas e verificou a capacidade das participantes de elaborarem seus lutos por meio da sociatria. O trabalho psicoterápico com as mães possibilitou a emersão de aspectos coconscientes e coinconscientes, a espontaneidade se fez presente nas relações e um novo *status nascendi* se promoveu. A rede relacional dessas mães se ampliou e o papel de mães enlutadas pôde ser vivido de maneira mais favorável.

Para compreender o trabalho dos psicodramatistas, é necessário fundamentar a metodologia psicodramática, mostrando como esse instrumental teórico pode atender às demandas do processo do luto.

Fundamentos teóricos

O psicodrama é um método de ação profunda que trabalha com as relações interpessoais e as ideologias particulares – penetra a verdade da alma por meio da ação.[9] Moreno[9-11] traz ideias de coparticipação, complementaridade e interdependência total entre todos os seres, cada um sendo um cocriador do/no universo.

O indivíduo é um ser social que se constrói nas relações com o outro e, para investigá-las, Moreno criou a socionomia.* Os fatores *e* (espontaneidade) e *t* (tele) são conceitos fundamentais no psicodrama. Espontaneidade pode ser definida como a capacidade de agir diante de situações novas, criando uma resposta inédita, renovadora ou transformadora a situações preestabelecidas. A criatividade é indissociável da espontaneidade, ou seja, é o fator que possibilita ao potencial criativo atualizar-se e manifestar-se. Paralelo ao processo espontâneo e criativo, há outro que lhe opõe: as conservas culturais, que são objetos, comportamentos, usos e costumes que se mantêm idênticos em uma dada cultura e que podem interferir nesse processo espontâneo/criativo.[12] No processo de luto, as emoções que se fazem presentes, geralmente, levam o indivíduo a dor e sofrimento intensos, desfavorecendo qualquer aspecto espontâneo e criativo. O enfrentamento dessa perda demanda a substituição de um papel internalizado ou de outros relacionamentos de papéis sociais em decorrência do relacionamento perdido.

O fator tele possibilita distinguir pessoas sem distorcer seus aspectos essenciais, ou seja, características e qualidades desse indivíduo. Moreno[9] esclarece também que a tele é empatia recíproca, compreendendo a empatia como captação, pela sensibilidade, de sentimentos e emoções de alguém ou contidas, de algum modo, em um objeto. Na contemporaneidade, em especial, a morte e o culto ao morto têm sido afastados do cotidiano e, quando o indivíduo se vê diante dessa realidade, nem sempre esse processo de perda e separação ocorre de maneira natural, isto é, percorre as etapas esperadas do luto. O afastamento ou a negação da inevitabilidade da morte é um dos fatores que podem favorecer uma relação transferencial com o relacionamento perdido, o que dificulta a vivência das etapas do luto normal. Assim, em vez de se encontrar uma relação em que prevaleça o fator tele, tem-se o transferencial.

Nesse aspecto, outros conceitos precisam ser considerados: os estados *co-consciente* e *co-inconsciente*. Eles se referem a vivências, sentimentos, desejos e até fantasias comuns a duas ou mais pessoas e se dão em "estado inconsciente".[1] Esse estado não é propriedade de um único indivíduo, mas sim produzido na relação. Segundo Merengué:[13]

> [...] é na intersubjetividade das situações que ele se instala. Mas, longe de ficar confinado a vínculos atuais e suas horizontalidades, dispõe-se também a buscar em outras gerações, em seus mitos, tabus, ordens, prescrições, a vigência desse inconsciente.

Esses aspectos deveriam emergir no processo psicoterápico para poder produzir novo *status* na relação com o morto, levando-o a ocupar outro lugar na rede relacional de afeto – seu átomo social** e sua rede sociométrica.***

Psicodrama e luto | Princípios básicos

Moreno compreendeu o ser humano como um indivíduo espontâneo/criativo capaz de manter relações télicas. Ao mesmo tempo, esse sujeito, diante das circunstâncias da sua história, o que Moreno chama de processo de *matrização*, e da presença das conservas culturais, poderá ou não utilizar seu potencial espontâneo e télico nas relações. Como tratado anteriormente, o processo de luto pode ser dificultado e a elaboração da perda pode envolver outros componentes, como a identificação de áreas irracionais ou residuais de culpa ou a luta contra tendências ao isolamento social ou à negação patológica.[4]

Os métodos da sociatria criados por Moreno[11] – psicodrama, sociodrama e psicoterapia de grupo – pressupõem uma teoria da ação: a ação livre e espontânea do indivíduo. Essa ação espontânea equivale à criação e ao desempenho de papéis que correspondem a modelos próprios de existência; é a busca do que Moreno chamou de *convalidação existencial*.

No luto, tanto por falecimento quanto por meio de outras perdas (separação, perdas funcionais em caso de doenças, mudanças etc.), os papéis vividos fazem parte da rede social e intrapsíquica do indivíduo. Assim, o luto não se dá apenas pela ausência da pessoa ou da situação, mas também pela função que aquilo que foi perdido tinha para o enlutado – o seu papel pode ter sido parte de sua identidade, mais que um mero sentimento de proximidade.[4]

---

* O termo *socionomia* deriva do latim (*sociu*: companheiro, grupo) e do grego (*nomos*: regra, lei) e significa, portanto, a ciência que se ocupa das leis que regem o comportamento social e grupal.[12]

** Átomo social é um conceito da sociometria que se refere à menor unidade relacional do indivíduo.
*** Rede sociométrica corresponde à rede relacional social do indivíduo.

O psicodrama é o caminho pelo qual se dá o tratamento – a terapêutica das relações –, e o grande objetivo desse método é alcançar a catarse ou a catarse de integração para libertar o indivíduo das conservas culturais, resgatando sua espontaneidade.

Na abordagem psicodramática, o trabalho terapêutico com enlutados terá como objetivo provocar uma "cura psicológica", que significará auxiliar e acompanhar o indivíduo nas fases do processo de luto, ou seja, pressupor determinado grau de aceitação da perda e seguir em frente, ressignificando vínculos e o lugar que cada um ocupa na rede sociométrica do indivíduo. Para se alcançar isso, existem etapas a serem seguidas e elaboradas.

Fases do tratamento

Para compreender as fases do tratamento do luto, é importante considerar que o processo do luto também tem etapas. Elas são apontadas pela maior parte dos autores que trabalham com o tema e, inclusive, ficaram popularizadas por meio de vinhetas, histórias em quadrinhos e outros meios de divulgação, em especial da mídia eletrônica. A seguir, as fases descritas por Bouza e Barrio[5] (grifo nosso):

> 1. **Choque e entorpecimento:** caracterizada por reação de confusão, sentimento de vazio e explosões emocionais, ou de muita calma, ao receber a notícia. Dura entre algumas horas e uma semana.
> 2. **Negação e isolamento:** a pessoa não consegue acreditar no que aconteceu ("Não é possível, não é verdade!"). Ela se isola do ambiente.
> 3. **Raiva:** explosões de agressividade e acusações contra as pessoas próximas. Começa duas ou três semanas depois da perda. O enlutado identifica razões em quase tudo para se queixar e se irritar, mostrando uma tentativa de recuperar o objeto perdido ("Por que isso foi acontecer comigo?", "Por que ele/ela me abandonou?") e, às vezes, de autoacusação ("Por que eu não fiz mais alguma coisa por ele/ela?").
> 4. **Pacto ou negociação:** o desaparecimento começa a ser levado em conta, mas o indivíduo busca um modo de minimizar ou compensar a situação por meio de barganha, promessa ou adiamento ("Só alguns meses mais", "Leve-me com ele/ela", "Se ele/ela voltar, eu prometo que...").
> 5. **Depressão, desorganização e desesperança:** é a fase do sofrimento mais intenso. À medida que se dá conta da irreversibilidade da situação, o indivíduo começa um choro desconsolado; surgem lembranças persistentes e um sentimento de proximidade em relação à pessoa morta, que pode, em alguns casos, evoluir para alucinações. Esse período pode ir de um mês após a perda até vários meses depois.
> 6. **Aceitação:** consciência do óbvio, com maior serenidade.
> 7. **Esmaecimento da catexia, separação e resolução:** diz-se adeus à pessoa perdida, rompendo os vínculos com ela. O sujeito pode, ainda, ter alguma esperança de recuperar aquela pessoa, mas constata que é impossível.
> 8. **Recuperação:** volta progressiva à funcionalidade.
> 9. **Reconexão com o meio:** estabelecimento de novos vínculos com as pessoas.

Os autores também colocam que essas nove etapas podem ser sintetizadas em três:

> 1. Não! Não é verdade, isso não aconteceu.
> 2. Sim, mas não. Aconteceu, mas eu não consigo aceitar ou lidar com isso.
> 3. Sim, aconteceu, e eu preciso aceitar e lidar com isso.[5]

Acredita-se que o processo de luto normal, como um todo, tem a duração de aproximadamente um ano e, entre as pessoas que enfrentam uma perda de pessoa próxima, algumas desenvolvem luto complicado.[4,5,7,8,14-16] A distinção entre luto complicado e normal é feita em termos de duração de sintomas. Alguns aspectos podem ser destacados quanto aos sintomas do luto:

- Estacionamento em alguma das fases, em geral na negociação da perda
- Exacerbação dos sintomas esperados de dor
- Aparecimento de modos alterados de comportamento que podem, inclusive, ser perigosos para a saúde do paciente (descuido, tentativa de suicídio etc.)
- Falta de consciência e de perspectiva de um adeus, que deixa um grande número de temas em suspenso: tudo que o sujeito gostaria de ter feito, mas não fez, com a pessoa que morreu.

No luto patológico, os principais sintomas são a negação da perda e a repressão de sentimentos.

Para Franco,[17] existem diferentes dimensões no processo de luto, as quais estão relacionadas a seguir:

- Dimensão intelectual: desorganização, falta de concentração, desorientação e negação
- Dimensão emocional: choque, entorpecimento, raiva, culpa, alívio, tristeza, medo e confusão

- Dimensão espiritual: sonhos, perda ou aumento da fé
- Dimensão social: perda da identidade, isolamento, perda da habilidade e do interesse em se relacionar socialmente.

A autora destaca que cada pessoa vivencia o luto à sua maneira, sendo uma experiência única e particular em virtude de características subjetivas de personalidade e modo de vinculação com a pessoa perdida.

Processo terapêutico e suas técnicas

No Psicodrama, o trabalho psicoterápico considera todos os aspectos das fases do luto e os profissionais trazem experiências diversas.

Bouza e Barrio[5] dão ênfase ao trabalho de psicoterapia breve e ao psicodrama antropológico, que procura desbloquear o processo normal do luto, e estimulam o protagonista a escolher a cena com a qual deseja começar o trabalho. Pressupõem que essa cena engloba a pessoa que morreu e o primeiro objetivo será fazer com que o enlutado reconheça a separação entre ele e a pessoa querida que se foi. No contexto psicodramático, o "como se" possibilita o encontro, bem como a chance de poder dizer ao morto a falta que ele faz e tratar de assuntos que ficaram em aberto.

O contexto psicodramático, que possibilita que se interpretem os papéis psicodramáticos, é a etapa de uma sessão de psicodrama ou sociodrama que possibilitará que os conteúdos coinconscientes venham à tona. Perazzo[1] afirma que a morte não elaborada pelo indivíduo se apresenta como um "nó" transferencial, ou seja, dependerá do papel que o falecido tinha na sua rede relacional. E completa: "De qualquer modo, enquanto esses mortos estiverem insepultos, ou seja, enquanto uma carga transferencial estiver embasando essa relação, haverá sofrimento e não elaboração do luto".[1] Dessa maneira, interpretar papéis psicodramáticos possibilita que a espontaneidade e a criatividade transformem e reorganizem essa rotina existencial.[2]

Porém, o tema morte não é um facilitador de espontaneidade; ao contrário, os sentimentos presentes são intensos e o diretor de psicodrama necessita de muita sensibilidade e discernimento para acompanhar o enlutado nessa trajetória desafiadora de trazer no "como se" a pessoa que se foi. As técnicas básicas do psicodrama* auxiliam no processo do trabalho. Poder inverter papéis com o morto, entrar em contato com seus sentimentos e compreender a separação compõem um dos objetivos do trabalho. A técnica do espelho possibilita que cada um tome distância para observar sua situação existencial.[5]

Desse mesmo modo, Blatner[4] apresenta uma técnica que denominou "encontro final", que visa promover a emergência de elementos internalizados de papel. Conforme o autor:

> Essa abordagem é uma variante da técnica da cadeira vazia semelhante a outra técnica, dela derivada: a "técnica das duas cadeiras", popularizada por Fritz Perls na terapia gestáltica. Consiste em criar uma cena na qual a pessoa enlutada conversa com quem partiu, representada pela cadeira auxiliar (vazia). Dado que, na realidade, o outro morreu, foi embora ou se tornou inatingível por outras razões, essa cena utiliza o princípio que Moreno chamou de "realidade suplementar".[4]

O autor destaca que a técnica pode ser utilizada dentro de um psicodrama clássico ou fora de contextos terapêuticos grupais, por exemplo, dentro da família ou de um grupo de apoio. Salienta a importância de não se forçar ou confrontar a pessoa enlutada, exigindo uma aceitação da perda – o percurso de cada um é único; ao mesmo tempo, observa que, ao marcar elementos específicos das lembranças e sair do discurso vago e das ideias abstratas, o diretor intensifica a cura significativamente, sem sobrecarregar o enlutado. Blatner[4] descreve sua técnica sugerindo que esse "encontro final" se encerre quando ocorrer alguma queda da tensão, em que conteúdos da relação foram trazidos, podendo culminar em um ato efetivo de carinho, como o abraço.

O psicodrama oferece as técnicas da sociatria com o intuito de favorecer o trabalho de elaboração do luto, e Andrade e Nogueira[6] usam o *role playing* – técnica de interpretar papéis – para acolher o adolescente em luto. As autoras afirmam que o *role playing*, no contexto da realidade suplementar, auxilia na elaboração e na ressignificação do luto. Formiga[3] destaca que, no psicodrama bipessoal, não é muito diferente do que os outros autores colocam. Apresenta como técnicas o psicodrama interno, a criação de personagem e o jogo de papéis, que proporcionam a presentificação do falecido.

Favorecer a aceitação da realidade da perda por meio do contar e do recontar histórias que englobam circunstâncias anteriores à perda, à morte e aos momentos finais da vida – a recordação do falecido, as histórias vivenciadas com ele,

---

* Moreno apresenta três técnicas básicas que se originam nas fases da matriz de identidade: duplo, espelho e inversão de papéis.

o relacionamento de ambos etc. – é um momento importante do trabalho de luto por morte ou separação.[3,18]

Também é importante que o psicoterapeuta funcione como um ego-auxiliar continente, capaz de acolher e suportar a dor e o sofrimento. É necessário adotar uma postura de legitimação e reconhecimento de todos os sentimentos, em especial tristeza, raiva, medo, angústias e impotências, que necessitam de validação para que possam ser, posteriormente, elaborados.

Como vários autores afirmam, há a necessidade de compreender o papel do falecido no sistema familiar.[1-3,18] Para tal, a técnica da apresentação do átomo familiar, ou "escultura familiar", possibilitando espelhá-lo e tomar dele alguns papéis, promove as articulações necessárias para a reorganização sociométrica que ocorreu após a separação ou a morte de um ente querido. Da mesma maneira, os rituais com cunho terapêutico que auxiliam na elaboração do luto podem ser realizados por meio da psicoterapia psicodramática, seja trazendo ao contexto psicodramático o falecido ou desenhando, escrevendo e recordando aspectos da relação com ele.

Na psicoterapia psicodramática em grupo ou nos trabalhos de grupo com a metodologia psicodramática, outro aspecto importante pode ser oferecido ao enlutado – a geração de uma nova rede relacional que pode funcionar como uma rede de apoio nesse difícil momento da vida. A reorganização da rede sociométrica do enlutado é fundamental para que ele siga em frente sem a presença física dessa pessoa significativa; esse vínculo teve de ser transformado e, consequentemente, a vida se transformou.

A seguir, veremos o caso de uma mulher que participou de um grupo aberto de psicodrama.*

Caso clínico

V., 45 anos, vem acompanhada de uma amiga que frequenta o grupo aberto de psicodrama há um tempo. Apresenta-se como alguém que está sofrendo muito, não consegue trabalhar ou alimentar-se direito. Conta que seu ex-namorado se suicidou há 2 meses. Eles tinham uma relação complicada e estavam juntos havia cerca de 2 anos. Nesse período, romperam diversas vezes em função do ciúme de ambos. No último rompimento, realizado por ela, o namorado disse que se mataria caso ela se afastasse; como ela já vinha compreendendo que a relação era demasiadamente complicada, estava certa de que deveria se afastar e seguiu em frente. Eles moravam em cidades diferentes, o que facilitou o processo de afastamento. Retomou amizades, investiu no trabalho e na família e sua vida seguia mais tranquila. Passados 4 meses, soube, por intermédio de um conhecido comum, que o ex-namorado havia morrido há mais de 1 mês. Sua reação inicial foi de torpor e muita angústia; procurou saber detalhes de sua morte, mas pouco conseguiu pela relação difícil que tinha com a família dele. Ninguém atribuía sua morte a um suicídio, mas ela estava convicta de que se tratava disso. V. foi a protagonista do dia e a proposta foi construir uma cena em que pudesse ter um encontro com o ex-namorado. Ela construiu o cenário, escolheu alguém do grupo para representá-lo e iniciou um diálogo. O conteúdo dizia respeito à morte em si, à relação de ambos e, principalmente, à culpa que trazia. As técnicas de duplo, espelho, solilóquio ("pensar alto") e inversão de papéis foram utilizadas. O diretor seguiu cuidadosamente cada passo, guiado pela própria protagonista, que ditava os limites possíveis para um primeiro trabalho. Por meio do psicodrama, no contexto psicodramático, ela pôde "presentificar" o ex-namorado e conversar com ele sobre o medo, a culpa e a angústia que a acometiam. O grupo teve uma participação importante como acolhimento e como o papel de um coletivo, que trouxe outros parâmetros de compreensão do episódio da morte e do rompimento da relação. A cena se encerrou quando a tensão estava diminuída e os conteúdos trazidos tinham sido trabalhados. Esse primeiro acolhimento à protagonista foi importante e se repetiu em sessões posteriores, mobilizando outros aspectos dela e do grupo em si. O grupo de psicodrama, nesse momento, também funcionou como uma rede de apoio para V., auxiliando-a no processo de elaboração desse luto complicado.

Perfil do paciente que se beneficia da abordagem psicodramática

A abordagem psicodramática não distingue perfis de pacientes: todos os que procuram pela ajuda psicoterápica podem se beneficiar dela. É exatamente a possibilidade de se trabalhar nas modalidades individual ou grupal, em grupos processuais ou não, abertos ou fechados, que

---

* O grupo aberto de psicodrama funciona proporcionando a entrada de indivíduos novos a cada encontro, já que não tem, necessariamente, cunho processual. Cada sessão tem o objetivo de trabalhar os conteúdos apresentados pelo grupo presente, que constrói um projeto dramático comum para aquele encontro.

preenche uma grande demanda de indivíduos em processo de luto.

Também não há distinção de gênero, cultura ou idade. Os psicodramatistas têm investido em diferentes modalidades de atendimento, as quais foram abordadas anteriormente. Considerando-se o público apresentado (adulto, adolescente ou criança), o processo psicoterápico ocorrerá com as características necessárias. Com o público infantil, algumas características, como idade, capacidade cognitiva, nível de desenvolvimento, contexto familiar e outras devem ser consideradas no processo psicoterápico.[19]

Considerações de diversidade | Crianças enlutadas

Ao contrário do que a maioria das pessoas pensa, as crianças vivem o processo do luto de maneira semelhante à dos adultos. No entanto, é preciso esclarecer que existe uma diferença entre a compreensão de morte pela criança e os efeitos e as reações à perda, ou seja, a sua capacidade de enlutar.

Os autores que trabalham com o tema afirmam que os efeitos da perda na criança dependem da idade, do nível de desenvolvimento cognitivo, do relacionamento anterior com a pessoa perdida; de a criança estar ou não preparada para a perda e, especialmente, da reação ao redor dela e da oportunidade de receber ajuda e/ou acompanhamento profissional.[18,20-23]

Toda perda provoca reações na criança, mas a morte dos pais é uma das perdas mais fundamentais pela qual uma criança pode passar. Além da grande perda afetiva e do prejuízo que esta falta lhe acarretará, a vida como um todo precisa ser reorganizada, o que leva alguns autores a afirmarem que a perda da figura materna acarreta dificuldades especialmente para as crianças pequenas, pois estas ainda necessitam de cuidados diretos que, geralmente, são desempenhados pela mãe.

A habilidade para o luto é um tema controverso entre alguns profissionais. Em geral, acredita-se que ela é adquirida pela criança com a maturidade da função do ego.[25] Pode ser realizada uma diferenciação da compreensão e das reações a separação e perda na infância segundo algumas faixas etárias, conforme Black:[23]

- 0 a 5 anos: bebês e crianças pequenas reagem à separação de uma pessoa querida protestando vigorosamente. Se o choro não recupera o adulto, a criança, eventualmente, protesta por desespero; em alguns casos, se sua figura de apego não for restaurada, podem ocorrer patologias de desapego e indiferença
- 5 anos: nessa idade, muitas crianças já podem entender a diferença entre uma separação temporária e a morte. Elas sabem que a morte é irreversível, universal, tem uma causa e envolve separação permanente
- 5 a 11 anos: mudanças físicas importantes podem trazer a morte. A morte já é compreendida em sua forma real e as reações ocorrerão de acordo com: idade, capacidade cognitiva, relação anterior com a pessoa perdida, reações ao luto ao seu redor e apoio e/ou aconselhamento disponíveis.

É preciso distinguir entre a compreensão da morte e a capacidade de enlutar, sendo que a última dependerá, especialmente, da presença de outras pessoas que fazem parte da vida da criança e que não só a encorajam a expressar seus sentimentos, mas também o fazem de maneira sincera e espontânea.

Parkes[7] relaciona algumas características familiares que acentuam as dificuldade do luto infantil, como:

- Tratar a morte como um tabu que não pode ser mencionado
- Culpar um de seus membros pela morte
- Parar de expressar calor e afetividade
- Fingir que as coisas podem prosseguir como se nada tivesse acontecido
- Desorganizar-se e cair no caos.

Esses padrões familiares atuam como dificultadores do luto infantil e, quando a morte é de um dos pais, as dificuldades se acentuam ainda mais.

Quando um dos pais morre, a vida como a criança a conhece é interrompida e sofre irrevogáveis mudanças.[24,25] Os rituais familiares funcionam como importantes mediadores que influenciam o curso e o efeito do luto. Um bom ritual familiar é o funeral, e ele dá às crianças a oportunidade de honrar, por exemplo, seu pai morto. Diferentemente do que costuma abordar nossa cultura, o funeral pode prover suporte e conforto para a criança. Desse modo, elas devem ser incluídas na cerimônia, que varia de acordo com a cultura local. A não participação da criança pode desencadear dificuldades comportamentais e/ou emocionais; então, mesmo sem forçá-las, é preciso encorajá-las.

As reações da criança diante da morte de um dos pais podem variar em termos de intensidade e duração. A experiência psicoterápica mostra que algumas categorias contribuem para tais reações:

- A morte e o ritual do ambiente
- O relacionamento da criança com o pai falecido e o outro, antes e depois da morte
- O funcionamento do pai sobrevivente e sua habilidade para parentar a criança
- As influências familiares, como estrutura, estilo, suporte e comunicação, estressores familiares, mudanças e interrupções no cotidiano da criança
- O suporte para a criança e outros membros da família
- As características da criança, incluindo idade, gênero, autopercepção e entendimento da morte.

Logicamente, as crianças enfrentam outros tipos de perdas de entes queridos, como irmãos, avós e tios. E todos esses enfrentamentos estarão diretamente relacionados a: capacidade cognitiva e emocional, relacionamento que tinha com o falecido e entorno relacional, que poderá ou não lhe dar suporte.

Diante de uma cultura que tende a isolar o tema morte e o sofrimento, algumas atitudes são importantes para ajudar a criança a enlutar, e a prática psicoterápica em psicodrama tem demonstrado que essas atitudes favorecem o processo de elaboração do luto. Algumas delas: encorajar a criança a participar de funerais familiares, mas sem forçá-la; falar sobre a pessoa morta e sobre seus sentimentos e suas reações; fazer um pequeno livro contendo fotos, desenhos, cartas, canções; realizar brincadeiras simbólicas; reviver a cena da morte etc.

Seguem alguns casos da prática psicoterápica como ilustração do processo de luto infantil.

Caso clínico 1

N., 6 anos, é filha única e seu pai havia falecido há cerca de 8 meses quando chegou à psicoterapia. Sua morte foi repentina: foi acometido de um aneurisma abdominal. N. estava muito triste e questionava se era a causadora da morte do pai. Contava que tinham uma brincadeira em que ela, quando menor, dava as mãos a ele e ficava pulando em sua barriga. Divertiam-se muito com isso; no entanto, agora era motivo de angústia e sofrimento, em razão da culpa que sentia. No processo de seu tratamento, especialmente duas ações estiveram presentes: primeiro, um jogo em que ela pedia para ser "enterrada" com as almofadas e era importante que não houvesse nenhuma fresta de luz. Ficava em silêncio por um tempo e, depois, contava as sensações que tal estado lhe ocasionava. Invertíamos o papel e ela passava a ser a que "enterrava" o outro (psicoterapeuta), que repetia o mesmo procedimento: silêncio e sensações. Poder experimentar esse lugar e entrar em contato com as sensações que variavam entre medo, solidão e bem-estar a auxiliou no processo de elaboração do luto. Emoções foram trazidas e trabalhadas nesse período. Em seguida, outro jogo se repetiu por um longo período: realizava uma brincadeira que fizera apenas com seu pai. Escolheu uma pequena borracha, já bastante usada e velha, que era escondida na sala – o jogo era encontrá-la. Brincava disso com seu pai e, agora, repetia o mesmo jogo como um modo de resgatar a história que havia vivido com ele, as emoções e o carinho. Na medida em que isso foi sendo realizado, pôde resgatar sua espontaneidade e rever sua relação com o pai, livrando-se da culpa que não lhe pertencia (transferência). Interpretar esses papéis no contexto dramático favoreceu o enfrentamento das emoções do pesar. O vínculo com o pai foi trabalhado revivendo cenas de sua morte e do seu cotidiano, podendo ela, novamente, vivenciar afetos positivos com o vínculo ressignificado e o papel do pai reorganizado em seu átomo social.

Caso clínico 2

L., 10 anos, estava em processo psicoterápico quando seu pai faleceu. Os pais haviam se separado havia alguns anos e, quando a mãe iniciou um novo relacionamento, achou que L. se beneficiaria da psicoterapia. O pai adoeceu meses depois e faleceu. Sob orientação, a mãe de L. a incentivou a acompanhar, por meio de algumas visitas, o processo de adoecimento e estado terminal do pai. Ficava triste com a situação e o sofrimento dele, mas demorou para considerar a ideia de que ele poderia morrer. Apesar da angústia que sentia, ia visitá-lo com frequência e enfrentava sua tristeza. Em sua morte, participou um pouco do velório, mas não quis ir ao enterro. O processo psicoterápico consistia em auxiliá-la a entrar em contato com essa perda à qual ela resistia. Nos meses subsequentes, realizou inúmeros desenhos, cartas e jogos que eram destinados a ele. Escrevia e desenhava as comidas preferidas dos dois, filmes, músicas, personagens etc. Vivenciar o processo de luto dessa maneira lhe foi favorável: pôde elaborar os sentimentos de tristeza, medo e raiva. Entrar em contato com a figura paterna após sua morte por meio de jogos de papéis e símbolos a auxiliou a resgatar sua espontaneidade e estabelecer um novo *status nascendi* de sua relação com ele. O pai passou a ocupar outro lugar na sua vida e no seu átomo social, agora já sem angústia e dor.

Caso clínico 3

P., 7 anos, acompanhou a doença e o falecimento de sua avó. Os pais o levaram junto com seu irmão ao velório e ele procurou ficar a uma distância favorável – que, para ele, foi ver o caixão de longe. Na psicoterapia, seu jogo preferido era construir um "esconderijo" em que cabíamos nós dois. De modo semelhante a outras crianças enlutadas, insistia na importância desse local ficar o mais hermeticamente fechado e sem luz possível. Entrávamos no "esconderijo" e, lá, ele falava da avó, de sua doença e de sua morte. Questionava sobre todo esse processo, as emoções e as sensações vividas pelo doente e pelo morto. Não entrávamos em papéis psicodramáticos, era necessário apenas um cenário que possibilitasse a vivência das emoções do luto e a proteção e o acolhimento do psicoterapeuta. Esse jogo também se repetiu até que o vínculo com a avó ocupasse um novo lugar em sua rede de relações afetivas.

Considerações finais

A separação e a morte levam ao processo de luto e exigem uma reorganização geral da vida. A contemporaneidade, dialeticamente, traz para o cotidiano a possibilidade da vivência de perdas constantes, já que a mudança é sempre esperada. Ao mesmo tempo, a morte e as dores que ela ocasiona têm sido evitadas, privando e reprimindo sentimentos de infelicidade. Distanciar-se da inevitabilidade da morte pode dificultar os processos de luto que, compulsoriamente, surgirão no decorrer da vida.

A morte não repentina possibilita que haja um tempo para se antecipar e se preparar para a perda, até para dizer adeus; já a morte violenta ou repentina (acidentes, homicídios e suicídio) tem um impacto devastador em todo o sistema familiar.

A sociatria, por meio do psicodrama e do sociodrama, tem possibilitado o trabalho psicoterápico dos enlutados, inclusive de modo profilático, trabalhando com população vítima de violências.[2] Os chamados lutos complicados ou patológicos, com seus sintomas de negação e repressão de sentimentos, também encontram atenção no psicodrama por meio de tratamento que busca prevenção, apoio, assistência social e reconstrução sociométrica.[5]

Adolescentes e crianças, ao contrário do que a cultura, por vezes, pressupõe, sofrem com as perdas e as mudanças ocasionadas por elas e precisam de cuidado tanto quanto os adultos.

Seu modo de compreender o luto e reagir a ele tem características próprias; no entanto, os sentimentos e as etapas do processo de luto não se diferenciam significativamente da população adulta. Compartilhar sentimentos e autorizá-la a tê-los é uma das maneiras de ajudar a criança a elaborar o luto, bem como incentivá-la a participar dos rituais que envolvem a pessoa que morreu.

No trabalho psicodramático, a teoria de papéis e a sociometria possibilitam compreender os processos intrapsíquicos e inter-relacionais pelos quais passa o indivíduo no processo de luto. O psicodrama, com sua metodologia e suas técnicas, favorece a elaboração dos sentimentos presentes em cada etapa do enlutado e é um bom instrumento para a recuperação de ritos perdidos: ajuda a desbloquear situações de luto mal resolvido por meio da elucidação de conteúdos co-inconscientes e transferenciais e possibilita a ressignificação do vínculo com o que partiu e a reorganização sociométrica, favorecendo, inclusive, novas relações afetivas.

> A morte é capaz de modificar a rede sociométrica de várias pessoas, de todos com quem o morto se relacionava. [...] A ausência definitiva obriga a uma acomodação da rede daquele indivíduo e da rede particular de cada um que pertencesse à primeira, assim como a um tremor de terra localizado se seguem movimentos geológicos circundantes de intensidade cada vez mais decrescente.[1]

É preciso transformar o vínculo com o que se foi para que não se torne um impedimento para o desempenho dos diversos papéis que a vida ainda oferecerá. É essa elaboração do luto que possibilita que se siga em frente, apesar da ausência que ficou.

Referências bibliográficas

1. Perazzo S. Descansem em paz os nossos mortos dentro de mim. São Paulo: Ágora; 1995.
2. Franco VF. Psicoterapia psicodramática com grupo de mães enlutadas por violência. Rev Bras Psicodrama. 2007;15(1):41-54.
3. Formiga MNR. O processo do luto no psicodrama bipessoal [dissertação de mestrado]. São Paulo: Pontifícia Universidade Católica; 2009.
4. Blatner A. Métodos psicodramáticos de facilitação do luto. In: Kellermann PF, Hudgins MK, organizadores. Psicodrama do trauma: o sofrimento em cena. São Paulo: Ágora; 2010. p. 41-50.
5. Bouza MF, Barrio JAE. Psicodrama breve e luto. In: Kellermann PF, Hudgins MK, organizadores. Psicodrama do trauma: o sofrimento em cena. São Paulo: Ágora; 2010. p. 51-8.

6. Andrade CAS, Nogueira MC. O role-playing no psicodrama bipessoal: acolhendo o adolescente em luto: apresentação de dois casos clínicos. In: 19º Congresso Brasileiro de Psicodrama, Foz do Iguaçu, 2014.
7. Parkes CM. Luto: estudos sobre a perda na vida adulta. São Paulo: Summus; 1998.
8. Bromberg MHPF. A psicoterapia em situações de perda e luto. Campinas: Livro Pleno; 2000.
9. Moreno JL. Psicodrama. São Paulo: Cultrix; 1975.
10. Moreno JL. Fundamentos do psicodrama. São Paulo: Summus; 1983.
11. Moreno JL. Psicoterapia de grupo e psicodrama. Campinas: Livro Pleno; 1999.
12. Moreno JL. Quem sobreviverá? Fundamentos da sociometria, psicoterapia de grupo e sociodrama. Goiânia: Dimensão Editora; 1992.
13. Merengué D. Sobre o inconsciente moreniano. Leituras. 1996; (Número especial).
14. Crenshaw DA. Bereavement: counseling the grieving throughout the life cycle. New York: Crossroad Press; 1998.
15. McGrae RR, Costa PT. Psychological resilience among widowed men and women: a 10 year follow-up of national sample. Cambridge: Cambridge University Press; 1993.
16. Stroebe MS, Stroebe W. Determinants of adjustment to bereavement in younger widows and widowers. In: Stroebe MS, Stroebe W, Hansson RO, editors. Handbook of Bereavement: theory, research and intervention. Cambridge: Cambridge University Press; 1993. p. 208-26.
17. Franco MHP. Estudos avançados sobre o luto. Campinas: Livro Pleno; 2002.
18. Filipini R. Grupo de apoio para crianças em situação de divórcio ou separação parental [dissertação de mestrado]. São Paulo: Pontifícia Universidade Católica; 2003.
19. Filipini R. Psicoterapia psicodramática com crianças: uma proposta socionômica. São Paulo: Ágora; 2014.
20. Gauderer EC. A criança, a morte e o luto. J Pediat. 1987;62(3):82-94.
21. Torres WC, Guedes WG. A criança terminal: vivência no luto antecipado. Arq Bras Psicol. 1990;42(1):31-6.
22. Knijnik J, Zavaschi MLS. Fatores de risco associados à perda parental na infância que dificultam a elaboração do luto. Rev Psiquiat Rio Gd Sul. 1994;16(2):171-5.
23. Black D. Bereavement in childhood. In: Parkes CM, Markus A. Coping with loss. London: BMJ Books; 1998.
24. Ward B. Grieving children. In: Healing grief: a guide to loss and recovery. London: Verni Olion; 1993.
25. Worden JW. Children and grief: when a parent dies. New York: Guilford Press; 1996.

Bibliografia

Bowlby J. Formação e rompimento dos laços afetivos. 3. ed. São Paulo: Martins Fontes; 1977.

Kellermann PF, Hudgins MK, organizadores. Psicodrama do trauma: o sofrimento em cena. São Paulo: Ágora; 2010.

Holmes P, Karp M, Watson M, organizadores. O psicodrama após Moreno. São Paulo: Ágora; 1998.

Parte 5

Psicologia Corporal*

Coordenador: Álvaro Soares Pinto Fernandes

Introdução

Ao nos referirmos à psicologia corporal faz-se necessário partir de Wilhelm Reich (1897-1957). As chamadas psicoterapias corporais são desdobramentos da obra de Reich, psicanalista discípulo de Sigmund Freud que a partir da Psicanálise desenvolveu uma nova abordagem terapêutica, a qual, além das intervenções verbais, de fundamentação psicanalítica, inclui um olhar sobre o corpo e intervenções corporais. Reich criou o conceito de unidade funcional, em que a energia vital se expressa tanto na psique como no soma. Desse modo, desenvolveu o conceito de caráter, que consiste em uma mudança crônica do ego possível de descrever como um "endurecimento" e "um mecanismo de defesa narcisista".

Reich define caráter como uma defesa narcísica contra o mundo externo, o ambiente, as relações pessoais. O caráter é, portanto, a forma por excelência de comportamento, se expressando do mesmo modo tanto na couraça muscular como na psíquica. A cronificação da couraça é o que vai definir o caráter, isto é, o modo como o indivíduo se defende interna e externamente, independente da situação em que se encontra.

Reich desenvolveu a abordagem terapêutica que inicialmente foi chamada "vegetoterapia caractereoanalítica" e, posteriormente, "orgonoterapia". Hoje é comumente chamada psicoterapia reichiana. São consideradas psicoterapias neorreichianas as várias abordagens que se desenvolveram a partir de Wilhelm Reich: análise bioenergética, de Alexander Lowen; biossíntese, de David Boadella; biodinâmica, de Gerda Boyesen; terapia craniosacral, de John Upledger; massagem reichiana, de Blanca Rosa Añorve; psicologia formativa, de Stanley Keleman; análise psico-orgânica, de Paul Boyesen; radix, de Charles Kelley; e vegetoterapia caractereoanalítica, de Federico Navarro. Nos capítulos que compõem este módulo podemos ver a influência dessas vertentes na maneira como cada autor apresenta e lida com as diferentes patologias.

Sobre os capítulos que compõem esta seção

Esta seção traz diferentes maneiras de abordar a psicoterapia corporal na atualidade, de modo a elucidar essa área por meio do pensar e fazer clínicos. Além de nos brindar com importantes e diversificadas contribuições teóricas sobre o trabalho com o corpo na psicoterapia, preenche uma lacuna na literatura corporalista, tendo como referência o campo reichiano. Os artigos propõem a inseparabilidade corpo-mente e a relação do corpo com sua dimensão psíquica articulada com o *socius*, e apostam na potência dos encontros e na diversidade de ser e estar no mundo.

Luiza Rios Ricci Volpato apresenta a questão da depressão no contemporâneo, articulada com a teoria e prática clínicas. Tânia Bitancourt traz a compreensão do transtorno bipolar do humor, relacionando seu tratamento com a análise bioenergética. O relato de uma passagem clínica do encontro entre paciente e terapeuta se revela poeticamente no texto de Amadeu de Oliveira Weinmann. Eulina Ribeiro fala do medo como parte integrante de nossas vidas e questiona os rótulos e diagnósticos com que a psiquiatria reveste o ser

---

* Texto introdutório por Maria Zeneide Monteiro.

humano. José Ignácio Xavier apresenta a abordagem neurodinâmica enquanto linha mestra do pensamento clínico e da forma de atuação na clínica corporal. José Alberto Moreira Cotta nos traz o funcionamento *borderline* e faz uma importante reflexão teórica aliada à prática clínica, analisando o sofrimento pela impossibilidade de o indivíduo morar em seu próprio corpo. Manuel Morgado Rezende, Deborah Galvão Marques e Ronaldo Pereira Beijo colocam a questão da dependência química como fenômeno de massa em nossa sociedade e as possibilidades de tratamento desse alto circuito aprisionador do prazer efêmero, que fomenta a onipotência e a recusa à realidade. Périsson Dantas do Nascimento apresenta um amplo panorama das contribuições reichianas e neorreichianas no trabalho com o transtorno de estresse pós-traumático e afirma que esse estudo pode apontar um novo paradigma para compreender o homem contemporâneo. Álvaro Soares Pinto Fernandes analisa a obesidade enquanto questão psicológica, corporal, social e energética na visão da análise bioenergética. Cândido Fontan Barros busca, no contexto das abordagens corporais, atualizar as possibilidades de trabalho com relação ao transtorno do déficit de atenção e hiperatividade e mostra a importância da relação terapeuta-cliente enquanto fundamento para que se dê a constituição do ser. Ana Lucia Rocha articula poeticamente experiências e autores com relação à temática perdas e lutos, afirmando que "lidar com as finalizações não se faz em uma sequência evolutiva". Lorene Soares apresenta uma análise da teoria da sexualidade sob a óptica corporal reichiana, trazendo aspectos históricos e o seu desenvolvimento, com contribuições clínicas para a liberação do fluxo para uma vida mais afirmativa. Por fim, Cristina Assumpção ressalta a importância da terapia corporal infantil e afirma "que é por intermédio do corpo e sua linguagem que a criança sente e se relaciona com o mundo ao seu redor".

Foi uma satisfação imensa ter trabalhado com essa equipe tão notável de profissionais que pesquisam, atuam e têm como foco o sujeito que sofre – e não seus sintomas –, possibilitando, com essa aposta, que as relações se transformem.

46 Transtorno do Humor | Depressão na Visão da Psicologia Corporal

Luiza Rios Ricci Volpato

> *A depressão é atualmente comum porque muitas pessoas perseguem objetivos irreais que não têm uma relação direta com suas necessidades básicas.*
> Alexander Lowen[1]

Depressão na contemporaneidade

A importância dos fatores ambientais na formação da personalidade dos indivíduos foi salientada por Sigmund Freud ao conceber a psicanálise. Enfatizando a relevância das relações parentais como eixo central nesse processo, ele valorizou também as relações mais amplas, que constituem o ambiente social no qual as pessoas estão inseridas.[2] Para Freud, a personalidade histérica de suas pacientes era a maneira como conseguiam se expressar diante da rígida repressão sexual à qual estavam submetidas.

Essa concepção ganhou cores ainda mais fortes nos textos de Wilhelm Reich. Este era um jovem estudante de medicina quando entrou em contato com as ideias de Freud, entusiasmando-se com suas concepções teóricas. O fato de Freud colocar a questão da sexualidade como núcleo central de sua teoria empolgou e ecoou em Reich.[3] A valorização dos aspectos sociais na formação da personalidade dos indivíduos também foi levada mais a fundo pelo jovem médico. Reich passou a fazer parte do grupo de psicanalistas que se formava em torno de Freud, mas aliava seus estudos de metapsicologia com reflexões sociopolíticas do materialismo histórico, incorporando concepções marxistas na busca de compreensão do universo mental. Para Marx, uma sociedade se supera apenas quando suas relações sociais de produção esgotam suas possibilidades de rearranjo e passa a enxergar somente os problemas que consegue enfrentar. Reich traz essas concepções para o mundo mental, considerando que cada sociedade cria os tipos caracteriológicos necessários para sua sobrevivência.

As sociedades ocidentais do século 19 e da primeira metade do século 20 tinham o espaço da lei muito definido em seu contexto. O esforço, a perseverança e a disciplina eram valores enaltecidos e caminho considerado legítimo para a obtenção do sucesso. A riqueza deveria ser resultado do trabalho cotidiano e da economia de dinheiro. As sociedades eram estruturadas nas instituições, responsáveis pela transmissão e pela preservação desses valores. Michel Foucault[4] designou esse modelo como "sociedade disciplinar", ou seja, sociedades repressivas que tinham como tipos caracteriológicos mais típicos os mais próprios a esse ambiente social.

Desde a segunda metade do século 20, esse modelo de sociedade vem sendo desmontado e, hoje, é perceptível o enfraquecimento da lei e das instituições. O alto grau de desenvolvimento tecnológico, o consumismo exacerbado, calcado em um aprofundamento do individualismo, e a valorização excessiva da imagem são algumas das características das sociedades atuais. O mundo ligado por redes internacionais de produção e consumo, que se comunicam em tempo real, vende e compra de maneira virtual. São sociedades nas quais a privacidade e a individualidade são supervalorizadas, mas em que câmeras de filmagem são espalhadas nos mais diversos ambientes e a integração de redes de informação possibilita que se desvendem dados pessoais de um indivíduo pelo simples acesso à internet. Esse modelo de sociedade foi designado pelos filósofos

Gilles Deleuze e Félix Guattari[5] como "sociedade do controle".

A sociedade disciplinar, apoiada nas diversas maneiras de repressão, teve sua expressão nos sintomas que produziu – sujeitos neuróticos que tinham, no cerne da estruturação de sua personalidade, a repressão sexual angustiavam-se contrapondo o desejo à culpa e ao medo de punição. As sociedades contemporâneas, por sua vez, têm produzido outras maneiras de adoecer.[6,7]

Embora as angústias humanas sejam perenes, muitas das dores expressas nas mitologias antigas ainda povoam o mundo afetivo contemporâneo. O modo de expressão desses sofrimentos é histórico, ou seja, varia de uma sociedade a outra e na mesma sociedade em períodos diferentes. Atualmente, no mundo ocidental, em que prevalecem o controle e os excessos, as maneiras como o adoecer tem se apresentado são: a violência e a drogadição, nas suas diversas formas; as doenças ligadas ao corpo, como anorexia nervosa, bulimia, obesidade e vigorexia (musculação em excesso); as somatizações; e também a síndrome do pânico e a depressão.

Presente na Classificação Internacional de Doenças (CID), a depressão não é um problema novo, mas sua incidência tem aumentado muito nos últimos anos, atingindo indivíduos de diversas idades, desde crianças até idosos. Esse aumento da incidência do transtorno depressivo está, em certa medida, conectado às condições sociais contemporâneas, que supervalorizam o sucesso e transformaram a felicidade em uma obrigação. Valores como o esforço e a dedicação passaram a ser vistos como retrógrados, devendo o sucesso, portanto, ser alcançado de maneira rápida, sem demandar muito empenho, tempo e energia.

Por outro lado, o indivíduo contemporâneo perdeu a ilusão de apoio e proteção oferecida pelas instituições que lhe davam a sensação de pertencimento. O membro de uma família, uma escola, uma igreja, um sindicato ou um partido político sentia-se integrado a um coletivo que, sem dúvida, cobrava-lhe obediência, mas transmitia a sensação de apoio e reciprocidade. A individualidade tão buscada nas últimas décadas confere a ilusão de liberdade, mas traz consigo o risco do isolamento e da sensação de solidão. Os textos de Deleuze e Guattari[5] apontam para as possibilidades de novos agenciamentos e novas maneiras de constituição de grupos, menos estruturados, institucionalizados e opressores, mas a fase de transição vivida pelo conjunto das sociedades contemporâneas dá origem a novos modos de expressão de angústias antigas: o medo – medo da vida, do futuro, do convívio com o outro – e o desejo de se sentir acolhido, acalentado, protegido. Hoje, quando o mundo se encontra às voltas com uma crise econômica de grandes proporções, cujas possibilidades de desdobramento ainda não foram dimensionadas, a sensação de medo do futuro e de empobrecer, bem como a ameaça de fracasso presente nos indivíduos que sofrem do transtorno de depressão, expandem-se, atingindo a maioria das pessoas.

As condições sociais podem justificar o aumento da incidência de transtorno de depressão na atualidade, mas não explicam a história de cada sujeito: além das condições sociais, é necessário que o sujeito traga em si elementos que propiciariam o surgimento do transtorno.

A compreensão do aumento da incidência de depressão no mundo atual é favorecida pelas reflexões de Alexander Lowen, que considera que, além das questões relativas à sexualidade, existe sempre uma grande decepção no núcleo de uma depressão. Em um mundo no qual se diz a todo instante "você só não é feliz se não quiser", as frustrações são sentidas e vivenciadas como profundo fracasso. Tais sentimentos, em conexão com dores e mágoas da infância, abrem espaço para a manifestação do transtorno depressivo.

A depressão pela ótica da análise bioenergética

A análise bioenergética foi criada nos EUA, a partir da década de 1950, pelos médicos Alexander Lowen e John Pierrakos. Teve como ponto da partida as reflexões de Wilhelm Reich – discípulo de Sigmund Freud que, no início de sua carreira, incorporou concepções sobre a constituição do inconsciente próprias da psicanálise. As divergências entre Reich e Freud, inicialmente, referiam-se à técnica, uma vez que o primeiro enfatizava sempre as possibilidades de acesso ao inconsciente propiciadas pelo corpo, não se atendo apenas à escuta da fala do paciente.[8] Lowen prossegue com as concepções de Reich e desenvolve exercícios próprios para a prática terapêutica. Direciona seu olhar, preferencialmente, para o corpo, considerando que este *não mente*, enquanto a fala, em grande medida fruto de racionalizações, pode estar a serviço da preservação dos sintomas. Em vários momentos de sua obra, Lowen enfatiza os limites da *cura pela fala* e coloca a bioenergética em contraponto à psicanálise.[9] É dessa concepção teórica, contudo, que ele apreende a construção do inconsciente, valorizando as relações parentais como eixo central na formação da personalidade dos indivíduos e incorporando as conceituações relativas ao complexo de Édipo, ou seja, privilegiando as questões concernentes à sexualidade e às relações parentais nesse processo. Diferindo dos teóricos anteriores, entretanto, Lowen salienta a importância de outros fatores na vida dos seres humanos: as relações afetivas e a autoexpressão, vistas por ele como necessidades básicas.

> Toda pessoa precisa de amor, e precisa sentir que seu amor é aceito e, em certa medida, retribuído. [...] A autoexpressão é uma outra necessidade básica de todo ser humano e de todas as criaturas.[1]

Esse aspecto, o atendimento das necessidades básicas do indivíduo, para Lowen, é fundamental na constituição de sua personalidade, ou seja, na sua maneira de se relacionar com o mundo.[10,11] Parte da história do indivíduo, o atendimento ou não dessas necessidades básicas em seus primeiros anos de vida está expresso em seu corpo e constitui elemento fundante de sua forma de se relacionar com o mundo.[10,11] Esse modo-padrão de se relacionar consigo mesmo, com o outro e com a vida, tanto social como material, Reich designou como *caráter* – o conjunto das defesas do indivíduo –, ou seja, os modos de reação de **uma** personalidade específica.[12]

Lowen incorpora essas reflexões de Reich e enfatiza a necessidade de afeto nos primeiros anos de vida como básica. A criança acolhida e bem-amada terá mais chance de se tornar um adulto autoconfiante que aquela que vivenciou a dor da rejeição ou da frieza materna.

O estudo da depressão recebe destaque na obra de Lowen, que dedicou um livro especificamente ao tema, *O corpo em depressão: as bases biológicas da fé e da realidade*. A compreensão dos sintomas típicos da depressão não difere da visão da psiquiatria clássica:

> A reação depressiva imobiliza uma pessoa. Ela torna-se incapaz de comandar o desejo ou a energia para manter suas atividades habituais. Sente-se derrotada, minada por uma sensação de desespero, e enquanto a reação depressiva continuar, não vê razão para nenhum esforço.[1]

É interessante comparar essa descrição com a elaborada por Freud[13] sobre a melancolia:

> Os traços mentais distintos da melancolia são um desânimo profundamente penoso, a cessação do interesse pelo mundo externo, a perda da capacidade de amar, a inibição de toda e qualquer atividade, e uma diminuição dos sentimentos de autoestima a ponto de encontrar expressão e autoenvilecimento, culminando numa expectativa delirante de punição.

Para Freud, o melancólico sofre "uma perda de natureza ideal".[13] Lowen, por sua vez, considera que o indivíduo deprimido, envolvido em suas ilusões, busca objetivos irreais, mas salienta que efetivamente irreais são as recompensas que acredita que seriam obtidas a partir dessas conquistas. Seguindo essa linha de reflexão, Lowen considera objetivo irreal aquele ao qual são atribuídas expectativas irreais.[1] As metas a serem alcançadas são aprovação, autoestima e autoexpressão, embora o indivíduo esteja se dedicando a obter os elementos que lhe dariam a sensação de sucesso – na cultura ocidental, seriam fama, riqueza e poder. O autor chama ainda a atenção para o fato de que esse objetivo é, em geral, definido na infância e a aprovação desejada é a da mãe.[1]

Essa ideia é reforçada a seguir, quando Lowen afirma que toda *reação* depressiva "tem como base a perda do amor da mãe".[1] O autor enfatiza que as pessoas que sofrem de depressão têm necessidades insatisfeitas – ser segurado no colo, experimentar contato corporal e ser aquecido –, necessidades consideradas orais pela análise bioenergética, pois são próprias do período em que as atividades orais dominam a vida.[1] Isso significa que esse sujeito não experimentou, em seus primeiros momentos de vida, a satisfação que um amor incondicional e seguro proporciona. O indivíduo adulto com características orais tem dificuldade de ficar sozinho e medo da separação e busca, frequentemente, chamar a atenção.[10,11]

Seu objetivo, no entanto, pode ser considerado irreal, porque as necessidades orais estabelecidas na infância não podem ser satisfeitas na vida adulta. O vazio que o indivíduo traz dentro de si não será saciado por uma ação externa a ele próprio, embora seu discurso o leve sempre para o passado, na busca de reviver a experiência precoce refazendo o caminho percorrido.

No aspecto corporal, a depressão é percebida como uma grande perda de energia. "A depressão é uma perda da força interna do organismo, comparável, em certo sentido, com a perda de ar de um balão ou uma câmara de pneu".[1] Lowen vai além e faz uma afirmação contundente: "A depressão é uma forma de morte emocional e psicológica".[1]

A baixa energia que caracteriza o indivíduo em depressão é percebida pelo seu desinteresse pelo mundo que o cerca, mas pode, até mesmo, ser visível na lentidão dos movimentos, na languidez de sua aparência e na flacidez de sua pele. O olhar é sem brilho e os movimentos próprios da expressão facial são mínimos ou mesmo ausentes, já que o rosto não se move para expressar sentimentos e emoções. Olhos, boca e sobrancelhas parecem imobilizados, movimentando-se o mínimo possível quando o indivíduo fala ou ouve. A respiração é fraca e superficial, a pele é pálida e as extremidades são frias.

O paciente depressivo, na maioria das vezes, deseja ser ouvido e referendado em sua avaliação do passado. É importante que ele se sinta acolhido pelo terapeuta e, nesse momento, não cabe confrontá-lo com dados de realidade, pois ele não vai conseguir apreender essas considerações e vai se sentir, mais uma vez, rejeitado e incompreendido. Se uma bela jovem afirma que se sente mais feia que suas amigas, inadequada e incapaz de atrair o interesse masculino e, por isso, sua vida afetiva é um fracasso, o que ela espera é ser acolhida nesse sentimento de inadequação e amparada na dor de se sentir rejeitada.

Caso clínico

Sandra (nome fictício) tinha por volta de 35 anos quando me procurou. Separada havia poucos anos, criava os dois filhos ainda crianças. Tinha uma bela carreira na área técnica e era valorizada por seus colegas e superiores. No entanto, sentia-se profundamente rejeitada pela mãe, sentimento que trazia desde a infância. Considerava-se inadequada e incapaz de produzir sentimentos positivos nos outros. Qualquer elogio era recebido com intensa desconfiança, como uma atitude falsa de quem o proferia. Essa convicção incorporava até mesmo seu pai: quando ele a tratava com afeto, sua interpretação era de que o genitor, percebendo a rejeição materna, fingia que a amava para compensá-la.

A paciente oferecia grande resistência pelo lado psíquico ou de interesses. Suas crenças estavam fortemente enraizadas. Então, o caminho a seguir foi o lado físico ou energético da personalidade.

O caso de Sandra foi interessante e muito penoso. Uma atividade corporal em uma sessão, por mais sutil que fosse, era seguida de falta na sessão seguinte. Depois de obter alguns ganhos, ela se afastou da terapia. Retornou anos depois, desta vez por sugestão dos pais, o que a ajudou a acreditar na preocupação deles. Mas foi de modo lento que ela conseguiu obter uma vibração interna. Nessa segunda fase, sugeri que ela participasse de um grupo de terapia; minha ideia era que, vendo e ouvindo relatos semelhantes aos seus, dores parecidas, ela se sentisse parte daquele pequeno coletivo e pudesse, posteriormente, expandir essa experiência. Nos primeiros meses, ela estava ali, mas participava pouco; sentia-se olhada e valorizada à medida que todos do grupo ouviam e se interessavam por seus relatos. Em uma ocasião, afirmou que lhe dava segurança perceber que a terapeuta se lembrava de histórias contadas já havia algum tempo e sabia os nomes dos membros de sua família, o que significou para ela que estava sendo ouvida com atenção e respeitada em seus sentimentos.

Mas a depressão tem também outra roupagem que não aparenta falta de energia: a agressividade, a fácil irritabilidade, a atitude julgadora. Veiga[14] caracteriza a depressão como *império do superego* – conceituação que se aproxima da de Lowen quando este afirma que toda pessoa deprimida carrega uma enorme carga de culpa.[1] Essa carga de culpa se conecta com um imenso medo de uma reação destrutiva por parte da mãe.[1]

O conteúdo destrutivo possível na relação mãe-filho foi analisado por Lowen e pode ter várias origens, desde o ódio das mães por suas próprias mães até sua dificuldade em se reconhecerem como fêmeas. Em alguns casos, o choro do filho é insuportável para a genitora, que terá, em relação a ele, atitudes muito agressivas.[1]

O caso relatado a seguir traz, de maneira clara, esses componentes: a intensa raivosidade direcionada ao mundo em geral, mas especialmente à mãe; o ressentimento; a ação julgadora; a compulsão para o trabalho e o medo do sucesso.

A vingança como objetivo irreal | Estudo de um caso de depressão

Quando entrou em meu consultório, Silene (nome fictício) não conseguia falar. Seu choro era ininterrupto e silencioso; as lágrimas rolavam por sua face e ela tentava enxugá-las rapidamente com as mãos, como se não quisesse que eu as visse. Aceitou o lenço de papel que lhe ofereci, mas, até então, não havia me olhado de frente. Quando conseguiu falar, disse apenas: "Estou péssima". Deixei que chorasse sem interrompê-la, buscando oferecer-lhe um pouco de *grounding*, olhando-a atentamente, tentando ver seu rosto, pois ela estava de cabeça baixa. Procurei respirar no mesmo ritmo que ela, sentada bem à sua frente, tentando estabelecer alguma sintonia. Sua frase seguinte foi: "Nada dá certo para mim". A dor e o desespero eram visíveis.

De estatura baixa e peso compatível com a altura, parecia realmente muito frágil. Pele clara, bastante abatida, só tinha a cor do pranto, que coloria seu rosto com a vermelhidão dos olhos e da face. "Vim porque eu preciso, porque não aguento mais, não sei como vou fazer, eu não tenho grana", foi sua colocação seguinte. Ali, estavam expressos a derrota e o fracasso.

Devagar, um pouco nessa sessão e também nas que se seguiram, foi contando sua história. Tinha pouco menos de 40 anos. Havia se casado pouco depois dos 20 com um jovem que a amava, mas não era correspondido. Por imposição da mãe, havia desistido de se casar com o rapaz que amava e vivia em outra cidade. Contra a vontade materna, havia se separado havia alguns anos. Não se queixava da dedicação do ex-marido, mas não o admirava e achava que ele contribuía pouco para o orçamento doméstico. Ela o via como acomodado e essa impressão reforçou seu desamor por ele. Depois da separação, o ex-marido passou a colaborar menos ainda com as despesas da criação dos três filhos, fazendo com que ela se sentisse oprimida e injustiçada.

Segunda de uma família de sete filhos, sendo a primeira mulher, sentia muita raiva de sua mãe, que via como uma déspota. Considerava o pai gentil e amoroso, mas sem forças para conter os desmandos da esposa. Criada em uma cidade de interior, vivendo próxima às famílias de origem dos pais, Silene afirmava que havia sido privada da maioria dos prazeres da infância. Desde cedo, teve de assumir responsabilidades nas atividades domésticas. Tivera a obrigação de lavar louças antes de ter altura para usar a pia da cozinha. Na sua visão, essa opressão era desnecessária, pois não era compatível com as condições materiais da família. De acordo com seu relato, a mãe restringia todas as possibilidades de prazer, por mais simples que fossem, como brincar na rua com outras crianças. Também eram reprimidos os gastos considerados supérfluos.

Sua raiva e sua indignação se avolumavam quando se referia a sua história escolar. Ainda muito pequena (entre 8 e 9 anos), foi colocada em um internato que, na sua avaliação, era pouco mais que um orfanato. Trazia dessa experiência lembranças muito dolorosas de opressão e humilhação. Quando chegou à adolescência, a mãe considerou que ela não precisava mais estudar e colocou-a para aprender atividades domésticas. Em uma época em que as jovens eram estimuladas pela família a estudar, Silene teve de abandonar esse sonho, ganhou uma máquina de tricô e passou a confeccionar peças que criava. Obtinha algum prazer na atividade, mas se viu novamente humilhada quando a mãe a obrigava a vender as peças que fazia.

No início de sua juventude, sua família mudou-se para outra região do país, para uma cidade onde seus pais acreditavam ter mais futuro. Passou a trabalhar fora e buscou ficar independente, mas, pouco tempo depois, se casou. Afirmava que havia se casado cedendo à imposição materna; o medo que sentia da genitora impedira que se rebelasse.

Quando o processo terapêutico teve início, Silene estava concluindo o curso superior, mas afirmava que não conseguia se entusiasmar com essa conquista, pois era algo que havia chegado muitos anos depois de ter sido desejado. Via sua mãe como responsável por todas as suas dores e por todos os seus fracassos. Alimentava a ilusão de que ser forte era ser capaz de enfrentar a mãe, dizendo-lhe frente a frente todo o mal que lhe havia causado. Acreditava que essa atitude lhe daria um alívio libertador e tornaria a mãe consciente de seus erros, pois se arrependeria. Queria que a mãe se sentisse responsável por todo o seu sofrimento, acreditando que, daí, viria seu bem-estar. Nutria pela genitora um grande ódio e também um medo profundo que a impedia de ter uma atitude adulta diante de qualquer crítica ou mesmo de um comentário que viesse dela.

Pela ótica da análise bioenergética, Silene trazia muitas características da estrutura oral: a busca por amparo, a falta de energia, a sensação de vazio. Fisicamente, a paciente aparentava um aspecto quase infantil. Características da estrutura esquizoide também estavam presentes, como a falta de sentimento positivo, o medo paralisante, a raiva intensa. A paciente, porém, era incapaz de externar essa raiva com atitudes agressivas. Em ocasiões de confronto, sentia-se paralisada e sem ação. Tinha dificuldades de defender seus limites, tanto no campo afetivo como no profissional. Sentia-se constantemente abusada e desrespeitada. As características da estrutura esquizoide se expressavam em seus pés, que pareciam não aderir ao chão, e em sua cabeça, sempre pendente para o lado.

Na primeira fase do processo terapêutico, ela foi estimulada a olhar para a sua criança interna, tão rejeitada e sofrida. Sentia-se acolhida quando as críticas que fazia à mãe não eram rebatidas, mas aceitas. Os exercícios visavam aprofundar a respiração, aumentando sua carga energética e ampliando sua noção de si mesma.

Silene sentia-se comprometida a defender seus filhos adolescentes das críticas e das desvalorizações de sua mãe. Qualquer comentário era recebido como afronta aos jovens e a ela própria. Lentamente, a paciente percebeu que não devia mais obediência à sua genitora: residia em sua casa em companhia de seus filhos e não dependia economicamente de ninguém. Embora fosse autônoma em seu sustento e em suas tomadas de decisão, não havia, ainda, incorporado essa realidade e se posicionava como se a autoridade materna continuasse prevalecendo sobre ela e ameaçando sua prole.

À época do processo terapêutico, os pais de Silene já haviam conquistado uma condição econômica favorável; tinham uma empresa lucrativa de médio porte e, ainda, uma propriedade rural que era usada para lazer, mas também contribuía para as condições materiais da família. Dona de uma casa ampla, com churrasqueira e piscina, a mãe promovia almoços familiares todos os domingos. Silene sentia muita raiva de participar dessas reuniões, percebidas por ela como obrigação e como cenário privilegiado das disputas familiares. Foi lentamente que se apossou do seu direito de escolha – ir ou não ir; participar das conversas mais agressivas ou manter-se à parte.

No campo profissional, reconhecia sua habilidade para os negócios: anos antes, tivera uma confecção de roupas femininas que chegou a alcançar algum sucesso. Nesse momento, foi tomada por uma grande culpa, que ela não entendia de onde vinha, e acabou fechando a empresa. Durante o processo terapêutico, trabalhava como gerente em uma empresa ligada ao agronegócio e afirmava não gostar de seu trabalho. Quando externou seu desejo de se demitir, seus patrões lhe propuseram trabalhar apenas um expediente, sem prejuízo do salário. Foi difícil para ela entender essa atitude como reconhecimento de seus méritos e respeito por sua pessoa.

No campo afetivo, Silene repetia a relação com o ex-marido: envolvia-se com homens gentis, porém dependentes. Esse modelo da relação homem-mulher repetia aspectos da relação conjugal de seus pais, ou seja, mulher forte e decidida, homem gentil e dependente. Quando essa semelhança foi apontada, Silene a enxergou e compreendeu, mas buscava argumentar de vários modos, negando que pudesse haver em si aspectos que a aproximassem de sua mãe.

Nesse processo terapêutico, foram usados vários exercícios de bioenergética criados, especificamente, para as situações de medo, em especial aquelas que dão ao paciente a sensação de continência. Com isso, o medo de enlouquecer ou desintegrar foi sendo enfrentado.

Foi um longo percurso até Silene compreender que sua luta não era contra a senhora idosa com quem convivia, mas com a figura materna que havia introjetado em si mesma na infância. Quando aceitou que a mãe poderia ter opinião diferente da sua própria em relação à vida e que essa diferença não obrigava nenhuma das duas a nada, começou a olhar para a genitora com um pouco mais de aceitação. Continuou discordando da sua rigidez de comportamento e criticando o modo duro como havia criado os filhos, mas desistiu da ideia de que, para ser feliz, precisava convencê-la de que estava errada.

Durante anos, Silene havia se mantido na posição infantil, mantendo a mãe como figura máxima em sua vida. Lentamente, percebeu que cada uma tinha sua própria vida e fazia suas escolhas. Voltou-se para outros interesses e relativizou a força das opiniões da genitora. Os filhos, a casa e ela própria – o cuidado de si, seu lazer – passaram a ter outro sentido. Dedicada à prole, Silene havia exercido a maternidade como contraponto a sua mãe, buscando ser amorosa, gentil e cuidadora, não só por si própria e pelos filhos, mas também na expectativa de que a genitora tomasse consciência de seus erros. Ao abandonar essa posição, ela pôde desfrutar, de maneira mais livre, de sua conquista de ter formado uma família amorosa.

Conseguiu olhar a sua família de origem um pouco a distância, percebendo cada um com suas fragilidades e limites, mas também com potencialidades. Durante toda a vida, havia enxergado o pai como vítima; chegava a achar que sua mãe a odiava porque era amada por ele. Compreendeu que, na história do relacionamento conjugal e da vida familiar, o pai havia sido tão sujeito como sua esposa e as experiências vividas eram frutos também de escolhas dele. Continuou vendo sua mãe como rígida e autoritária, mas já conseguia flexibilizar essa visão, compreendendo que ela tinha fragilidades e enxergando, em atitudes como os almoços de domingo, uma maneira de atenção e até de carinho em relação aos filhos e a suas famílias.

Quando interrompeu o processo terapêutico, Silene estava consciente de que muito havia ainda para ser trabalhado, mas estava satisfeita com as conquistas obtidas até então. Estava envolvida em novos projetos profissionais, acreditando que poderiam ser bem-sucedidos.

Seus olhos voltavam a ter brilho e seu corpo, movimento. O riso tornou-se fácil e sonoro e o futuro, embora preocupante, não era mais visto como ameaçador.

Referências bibliográficas

1. Lowen A. O corpo em depressão: as bases biológicas da fé e da realidade. 3. ed. São Paulo: Summus; 1983.
2. Freud S. Edição standard brasileira das obras psicológicas completas de Sigmund Freud. v. 7. Rio de Janeiro: Imago; 1974. Três ensaios sobre teoria da sexualidade (1905). p. 118-216.
3. Reich W. A função do orgasmo. 16. ed. São Paulo: Brasiliense; 1990.
4. Foucault M. História da sexualidade: a vontade de saber. 10. ed. Rio de Janeiro: Graal; 1988.
5. Deleuze G, Guattari F. Mil platôs: capitalismo e esquizofrenia. v. 1. São Paulo: Editora 34; 1995.
6. Costa JF. O vestígio e a aura: corpo e consumismo na moral do espetáculo. Rio de Janeiro: Garamond; 2004.
7. Forbes J. Você quer o que você deseja? 4. ed. São Paulo: Best Seller; 2004.
8. Wagner CM. Freud e Reich: continuidade ou ruptura? São Paulo: Summus; 1996.
9. Cipullo MAT. Falando do corpo: o papel do verbo na bioenergética. São Paulo: Summus; 2000.
10. Lowen A. O corpo em terapia: a abordagem bioenergética. 9. ed. São Paulo: Summus; 1977.
11. Lowen A. Bioenergética. 7. ed. São Paulo: Summus; 1982.
12. Reich W. Análise do caráter. São Paulo: Martins Fontes; 1989.
13. Freud S. Edição standard brasileira das obras psicológicas completas de Sigmund Freud. v. 14. Rio de Janeiro: Imago, 1974. Luto e melancolia (1917). p. 275-91.
14. Veiga FD. O aprendiz de liberdade. São Paulo: Companhia das Letras; 2000.

47 Transtorno Bipolar na Visão da Bioenergética

Tânia Bitancourt

Histórico

Em uma busca nas principais bases de dados de revistas científicas (LILACS, MEDLINE e SciELO), encontramos algumas pesquisas de interesse sobre a psicoterapia do transtorno bipolar do humor (TBH), apresentadas a seguir.

Em uma revisão sistemática[1] sobre o papel da psicoterapia no tratamento do TBH, os autores colocaram que, no início, existiu grande expectativa de que a psicanálise teria papel fundamental na busca da cura. O pensamento psicodinâmico baseava-se na etiologia centrada na biografia e em causas psicológicas, mas, com o desenvolvimento dos conhecimentos neurobiológicos e farmacológicos, houve uma fase de descrédito das abordagens psicoterapêuticas na psiquiatria ao longo dos anos de 1970 e 1980, com poucos estudos e perda de interesse. Na década de 1990, a psiquiatria demonstrou interesse por novas intervenções psicológicas, como a psicoeducação, a terapia de grupo, as técnicas cognitivo-comportamentais e a terapia interpessoal, e surgiram diversos trabalhos.[2]

Recentemente, em revisão sistemática com estudos controlados, chegou-se à evidência de que a psicoterapia associada a estabilizadores de humor melhora os sintomas depressivos e, em menor intensidade, a mania, e dobra o período de tempo entre dois episódios seguidos.[1]

Estudos influenciados pelo aumento do interesse na literatura sobre o papel do estresse em precipitar um episódio depressivo ou maníaco mostraram os benefícios da terapia cognitivo-comportamental, da terapia interpessoal, da terapia familiar focada e da terapia de psicoeducação em grupo, junto a estabilizadores de humor, em diminuir a recorrência, estabilizar os sintomas e aumentar a adesão ao tratamento medicamentoso.[3]

Outro autor refere-se a um obstáculo enfrentado pela farmacoterapia: pelo menos metade dos bipolares não se recupera durante o tratamento; psicoterapias estruturadas ajudam a preencher essa lacuna, constituindo um efetivo tratamento adjunto que apresenta diferentes resultados, dependendo de quando e sob quais condições são administradas.[4]

Mas várias questões permanecem em aberto. Não há evidência da relativa vantagem de uma abordagem sobre a outra, não se sabe se há algum subgrupo de pacientes que responda melhor a um determinado tipo de intervenção, nem o impacto da psicoterapia no funcionamento ou como medir os efeitos do tratamento, nem se intervenções precoces atrasam o surgimento ou a gravidade do distúrbio.[3]

Não se sabe tampouco quais são os indicadores e preditores de bons resultados, a intensidade e a duração propostas ao tratamento, e não há seguimento de longo prazo nem estudos sobre prevenção do TBH em grupos de alto risco.[1]

A utilidade da psicoterapia é inquestionável quando se trata das consequências psicossociais da doença, da atividade social, do trabalho, das relações familiares, da qualidade de vida e do bem-estar.[2]

Não foi encontrado nenhum trabalho científico que avaliasse a eficácia da abordagem corporal como uma proposta de intervenção, fosse isoladamente, fosse associada a tratamento medicamentoso.

As psicoterapias corporais ainda não encontraram lugar de destaque no âmbito da psiquiatria, pois falta aos terapeutas realizar pesquisas que comprovem a eficácia de sua abordagem para serem aceitos e quebrarem algumas resistências que ainda existem no meio acadêmico.

Fundamentos teóricos

Por ser o TBH uma patologia médica psiquiátrica, o psicoterapeuta precisa conhecer bem a psicopatologia da doença e, caso não seja psiquiatra de formação, necessita trabalhar em parceria com um profissional que possa medicar.

A bioenergética, que tem uma base psicodinâmica, integra conceitos da psicanálise e trabalha o indivíduo, seus traumas e os conflitos oriundos de sua biografia, indo além da conscientização e do tratamento da doença, embora não desconsidere a importância de esses aspectos serem trabalhados. Além disso, ao fazê-lo, incorpora em sua prática o conhecimento de resultados positivos já bem estabelecidos das psicoterapias ditas estruturadas, citadas nas referidas pesquisas.

Alexander Lowen[5], em seu livro *Bioenergética*, afirma:

> Embora como psiquiatra focalize minha atenção nos sintomas ou queixas que o paciente traz no momento, não encaro tão limitadamente o objetivo terapêutico em relação apenas a essa problemática. Se não consigo ajudá-lo a entrar mais em contato consigo mesmo (ou seja, com seu corpo e, através deste, com o mundo que o circunda) sinto que meus esforços para superar sua alienação não tiveram êxito e que a terapia acabou mal.

Na psiquiatria uma rica discussão ocorre acerca da existência de predisposição ao desenvolvimento do TBH.

A classificação diagnóstica atual (Quadros 47.1 e 47.2) baseia-se em uma fenomenologia descritiva dos sintomas; os critérios diagnósticos são feitos a partir de sintomas presentes ou ausentes. É preciso ter uma quantidade determinada de sintomas apresentados de um limiar, que é teórico, para ser considerado doente.

A doença é vista como uma ruptura da normalidade, podendo manifestar-se em qualquer indivíduo. Fala-se em um sistema categorial cujos sintomas mais leves, subliminares e subsindrômicos que ficam abaixo desse limiar não são considerados.

A outra proposta de classificação, elaborada por Akiskal[6,7], importante pesquisador da área, vê o precipitar da doença como uma intensificação de sintomas já presentes, sendo as pessoas com essas determinadas características (temperamento) os sujeitos vulneráveis a esse tipo de adoecimento. Essa classificação não oficial, mas muito utilizada em pesquisa, é considerada não categorial e introduz o conceito de um *continuum* (espectro bipolar) no qual, em um extremo, se tem a depressão grave e, no outro, a mania, passando por todas as possibilidades de alteração do humor.

Akiskal[8] retoma a tese kraepeliniana de disfunção temperamental. A hipótese é de que os tipos de temperamentos (hipertímico, ciclotímico, depressivo, ansioso e irritável) seriam fenótipos de conduta mais próximos do curso pré-mórbido da doença. O temperamento seria herdado geneticamente.

O pensamento genético atual considera a expressão gênica em interação com o ambiente, isto é, a manifestação de um gene responsável por determinado fenótipo (temperamento) seria decorrência de fatores ambientais.

Já existem diversos estudos com resultados positivos associando experiências traumáticas na infância e risco de desenvolvimento de depressão e de transtorno de estresse pós-traumático, entre outros.[9]

É importante analisar a história de vida desde a gestação, passando por possíveis tentativas de aborto, rejeição materna ou paterna, dificuldade de relacionamento da criança com os pais, abuso físico e sexual, enfim, tudo o que possa violar o ser, pois tais acontecimentos devem estar

Quadro 47.1 Transtornos do humor segundo a CID-10.

Episódio de mania: fase de humor eufórico ou exaltado, aceleração motora, insônia e aceleração do pensamento
Transtorno bipolar: episódios de mania recorrente, alternando com fases depressivas e períodos de eutimia
Episódio depressivo: fase de humor excessivamente triste, com distúrbios do sono e do apetite, dificuldade de concentração, alentecimento motor etc.
Transtorno depressivo recorrente: mais de um episódio depressivo
Transtorno persistente do humor/distimia: depressão crônica com sintomas leves
Ciclotimia: fases de hipomania

Quadro 47.2 Transtornos do humor segundo o DSM-IV.

Transtorno depressivo maior ou depressão maior: equivalente ao episódio depressivo da Classificação Internacional de Doenças – décima revisão (CID-10)
Transtorno bipolar tipo I: equivalente ao transtorno bipolar da CID-10
Transtorno bipolar tipo II: episódios de depressão periódicos com hipomania
Distimia
Ciclotimia

relacionados ao tipo de temperamento que se formará e ao adoecimento do indivíduo.

A importância da terapia corporal de orientação analítica, como a bioenergética, não está apenas em fazer essa elaboração verbal, mas em conectar o indivíduo com sua história, com seu passado, com suas emoções e sentimentos, com a percepção da manifestação corporal desses afetos.

Os traumas precoces do desenvolvimento muitas vezes não têm uma representação mental, mas encontram-se enraizados no corpo.

Permitir o contato com emoções profundas de raiva, tristeza, abandono e medo, dentro do ambiente protegido da terapia, é extremamente valioso. Ao expor esses afetos, é como se o paciente tirasse o trauma de dentro de si. Ao ser dividido com o terapeuta, o trauma ganha uma representação e o paciente se sente visto e, principalmente, compreendido e aceito na sua dor, o que proporciona a integração e a aceitação de si mesmo, com o consequente resgate da autoestima.

Na prática clínica, o evento traumático na primeira infância é uma realidade, principalmente os traumas precoces da fase pré-edípica. Segundo Lowen[10], o trauma na fase oral do desenvolvimento estaria associado ao desenvolvimento da bipolaridade. Ele afirma que "toda reação depressiva tem como base a perda do amor da mãe [...] e a esperança em sua restituição, geralmente inconsciente, proporciona a motivação para o fluxo ascendente da energia, que resulta em euforia".

Princípios

O humor oscila entre a euforia (mania) e a tristeza (depressão). Euforia e tristeza são emoções humanas normais, que todos nós já experimentamos.

O sentimento de euforia ou alegria ocorre quando o ego se vê ganhando nas experiências de vida. Passar no vestibular, vencer uma concorrência em um trabalho ou conquistar uma medalha esportiva são momentos que proporcionam muita euforia. Já o sentimento de tristeza decorre das perdas e desvantagens que o ego enfrenta. Todos nós já experimentamos tristeza profunda com a perda de um ente querido, com uma separação indesejada, com derrotas nos negócios, nos esportes etc.

A oscilação de humor também ocorre com todos nós, em maior ou menor grau. Temos quatro fases, análogas às estações do ano.

Passamos por um período de "inverno", em que estamos mais introspectivos. É uma fase de recolhimento na qual estamos mais analíticos, fazendo uma revisão de nossas vidas, uma varredura no ego em busca dos nossos erros e acertos. Preocupados com o futuro, revendo metas e em uma tendência um pouco mais depressiva, incluindo certo isolamento social, embora sem nos ausentarmos do mundo – como o depressivo faz, e simultaneamente dando continuidade ao nosso dia a dia.

Em nosso "verão", estamos mais impulsivos, fazendo loucuras, atos não programados, nos deixando levar pelos desejos mais materiais, cometendo excessos, como descontrole na alimentação, nas compras, entre outros. Com evidente falta de limites, em uma tendência mais eufórica, comunicativos e sociais, nos expomos a vivências que, em grande parte, trazem arrependimento pelo caráter não reflexivo dos nossos atos.

A "primavera" é um período de fertilidade, no qual estamos mais equilibrados, em que essas duas polaridades de comando do ego atuam em sintonia. Estamos mais centrados, mais ativos, colocamos nossos planos em ação, agimos com direcionamento; é uma fase de realizações, na qual nos sentimos inteiros.

Por fim, temos um momento de "outono" com certa neutralidade. Nele, não existe um comando claro, e alternamos os dois estados de humor dentro de um mesmo período, que acaba por não adquirir uma tendência nem eufórica nem depressiva.

No ego normal, essas fases comunicam-se entre si, e falamos de tendência em uma direção mais eufórica (verão), eutímica (primavera e outono) ou depressiva (inverno), mas não ocorre uma ruptura.

Pessoas que têm essas fases mais acentuadas são as consideradas ciclotímicas: o hipertímico oscila entre a hipomania e a normalidade, e o distímico, entre a depressão leve e a normalidade.

No paciente bipolar, ocorre um desequilíbrio mais profundo entre essas fases, e fica evidente que o ego, sob a influência de um estado afetivo ou outro, fica dividido, não ocorrendo a comunicação nem a integração desses aspectos.

O paciente em mania lembra-se do período depressivo, mas não se reconhece nele. É o aspecto que aceita como doença, mas, com certeza, não é ele. Quando em depressão, é 100% niilista e ignora os momentos em que ama a vida. Um dos grandes desafios da psicoterapia é tentar estabelecer esse diálogo.

A compreensão energética do TBH, segundo Lowen[10], é a seguinte:

Há um aumento da excitação na condição maníaca, mas esta excitação ou carga energética amplificada se limita à cabeça e à superfície do corpo, onde ativa o sistema muscular voluntário produzindo a característica hiperatividade e exagerada volubilidade. Essa orientação do fluxo para cima, em vez de ser para baixo, não leva a uma descarga, que é uma função da parte inferior do corpo.

Mais adiante, o autor coloca que:

Então a ilusão de autoconfiança e autoestima que acompanhava o sentimento de euforia sofre um colapso e uma reação depressiva aparecerá. O colapso é um fenômeno bioenergético. A carga energética que tinha hiperexcitado as estruturas periféricas se retira para o centro do corpo, a região do diafragma, estômago e plexo solar. A onipotência do ego se transforma em impotência.[10]

O estado maníaco é, de fato, ilusório. O paciente encontra-se invadido pelas energias (estímulos) do externo, sem filtro, sem proteção, como uma antena parabólica que tudo capta e realiza, dando vida às energias sem passar pelo crivo do ego. Não avalia se, de fato, quer ou não realizar o ato, se é bom ou não para sua vida. Esse comportamento impulsivo não tem base em necessidades reais. Por exemplo, passa por uma vitrine e compra uma roupa de que não precisa e que possivelmente nunca usará.

No estado depressivo, a falta de energia e a incapacidade de contato com o externo são os aspectos predominantes. Assim, não ocorre a troca de energia de interatividade com o mundo, e o indivíduo não estabelece comunicação, encontrando-se preso no mundo interno.

Energeticamente, um estado é oposto ao outro. É preciso, no trabalho corporal, realizar o movimento oposto desse fluxo energético. Voltar o maníaco para dentro, diminuindo o contato com os estímulos do externo, e trazer o depressivo para fora.

Psicopatologia do TBH

O diagnóstico do TBH é feito com base na história do paciente, em seus sintomas e na história familiar. Não existem exames laboratoriais ou complementares que possam dar o diagnóstico. Por isso, se diz que o diagnóstico é eminentemente clínico.

Os exames são necessários para afastar outras doenças. Quando estes apresentam resultados normais, confirma-se então o quadro de TBH.

Muitas vezes, uma crise depressiva ou maníaca inicia-se com um evento ruim, um fator estressante, uma crise em algum setor da vida, seja no trabalho, na família, no relacionamento amoroso ou com os filhos.

Depois, a perpetuação do estado alterado não mais pode ser explicada pelo fator precipitante, pois se toma como comparação que a maioria das pessoas que passou por situações similares superou a crise e voltou à vida considerada normal.

O transtorno se manifesta geralmente no início da vida adulta, embora hoje se saiba que as depressões que se manifestam na infância estão associadas a um quadro de bipolaridade. Esse é um período de formação das capacitações sociais, e, muitas vezes, ocorre a ruptura de uma trajetória de vida que não se desenvolve dentro do esperado.

O TBH é um quadro de evolução crônica e deteriorante, isto é: com o passar dos anos, as crises vão se tornando mais intensas e frequentes. Ocorre prejuízo nas funções cognitivas, que ficam alteradas mesmo nos períodos de eutimia. Esse prejuízo é tanto maior quanto maior o número de crises, sejam depressivas, sejam maníacas.

Normalmente, apesar do tratamento, o paciente sempre apresenta alguma sintomatologia; e muitas vezes o tratamento apenas aumenta o intervalo entre as crises e diminui a intensidade delas.

O TBH, em comparação com a depressão maior, é relativamente raro. A estimativa dos índices de indivíduos adultos afetados no Brasil aponta a prevalência, para toda a vida, de 0,6 a 1,4%, enquanto a prevalência da depressão maior varia de 5,1 a 15,7%.[11]

A fase depressiva da doença é mais frequente que a fase maníaca. Os pacientes passam três vezes mais tempo com sintomas depressivos agudos e subsindrômicos que com sintomas maníacos e/ou hipomaníacos, o que leva a um subdiagnóstico do transtorno.[12] Hoje se sabe que cerca de 50% dos casos diagnosticados como depressão unipolar possivelmente são casos de depressão bipolar.[13]

Na prática clínica, esses pacientes dificilmente se enquadram em um único diagnóstico; no caso do TBH, são frequentes as comorbidades, que são outras doenças associadas.[14] A principal é o abuso de substâncias, que, nas pesquisas, variou de 30 a 60%.[15]

As demais doenças, como transtorno de ansiedade, pânico, fobia social, transtorno obsessivo-compulsivo, transtorno de estresse pós-traumático e personalidade *borderline*, alcançam cerca de 20% dos casos.[16]

O risco de suicídio é maior na fase depressiva do TBH, mesmo quando os sintomas não atendem ao critério de um episódio de depressão maior. Tal risco também aumenta na presença de comorbidades como ansiedade e abuso de substâncias, entre outras.[17]

As comorbidades clínicas também apresentam alta prevalência. Sobrepeso e obesidade são encontrados em 58 a 68% dos indivíduos com TBH e estão entre os fatores mais comuns no desenvolvimento de hipertensão e diabetes. A enxaqueca tem prevalência de cerca de 24 a 44%.[18]

Fases do tratamento

O porquê de ser portador de TBH

Grande parte do processo terapêutico gira em torno da compreensão e da aceitação da doença.

Os estados alterados, as crises, sejam depressivas ou maníacas, causam um impacto profundo: são momentos muito desorganizadores e que implicam prejuízos e perdas no desenvolvimento do ego e na consequente formação da personalidade. O trabalho, os estudos, as relações amorosas, familiares e sociais sofrem um abalo. Muitas vezes, o paciente é internado, e, de fato, sua vida social é interrompida por um período; quando retomada, é preciso lidar com as perdas.

O porquê de se ter e ser um portador de TBH é um tema central na terapia: não é fácil aceitar as consequências da doença.

Também é um grande conflito aceitar o diagnóstico, pois fica implícita a discussão de o paciente "ser louco" ou não.

O paciente vivencia o medo do estigma ao se sentir rotulado e chega a ter raiva do terapeuta, como se ele fosse responsável pelo seu adoecimento. Não aceita a necessidade do uso contínuo da medicação, pois precisa lidar com o sentimento de impotência por não conseguir controlar as próprias oscilações emocionais. Por outro lado, quando essas questões estão mais resolvidas, o diagnóstico "cai como uma luva", pois se encontra uma explicação para um mundo interno tão conturbado.

Saber que ele não é o único a ter esse problema, participando de terapia de grupo ou grupos de autoajuda de portadores de TBH, é muito continente. O adoecimento faz parte da história de vida desse paciente. Sabe-se que algumas mudanças de rota na vida têm um aspecto bastante positivo.

Uma paciente precisou se afastar do trabalho, pois o comprometimento da atenção, da concentração e da memória afetava seu desempenho como controladora de informações de segurança em uma empresa multinacional. Hoje, no entanto, ela encontra muito mais satisfação em coordenar um grupo de autoajuda para pacientes portadores de esquizofrenia e transtorno bipolar.

A possibilidade de "linkar" o processo do adoecimento à história de vida do indivíduo traz o sentido do adoecimento, o que facilita a aceitação das dificuldades pelo paciente e o ajuda a desculpar-se de sua fragilidade.

Tratamento das crises

Fase de mania

No primeiro contato, a aparência chama a atenção. Normalmente, o paciente se apresenta vestido com roupas chamativas e coloridas, muitos acessórios, adornos e maquiagem exagerada.

O quadro é de excitação psíquica. Ocorre aumento da atividade motora, com gestos exagerados e disposição e energia excessivas.

Há aumento do interesse e da atividade sexual. O paciente relata diminuição da necessidade de dormir e, mesmo com poucas horas de sono, não apresenta cansaço.

A autoestima fica demasiadamente elevada. Porta-se de maneira egocêntrica, agressiva, hostil, impaciente, irritadiça, prepotente e arrogante. Exigente, faz ameaças, desqualifica o outro e não se preocupa em esconder o sentimento de superioridade.

A característica predominante é a impulsividade: só existe o aqui e o agora. São frequentes os gastos excessivos.

O foco da atenção não se mantém, os interesses mudam constantemente e ele se envolve em diversas atividades que raramente consegue concluir, mostrando grande desorganização.

A fala fica acelerada, as ideias tornam-se dispersas, difíceis de compreender, e ocorre a chamada fuga de ideias.

O conteúdo do pensamento expressa vários planos, geralmente superficiais, inconsistentes, frutos da falta de capacidade analítica e reflexiva. Ocorrem as ideias de grandeza, que alcançam, em alguns casos, o nível de delírio. Quando expressa delírios de conteúdo religioso, mantém o aspecto de grandeza, vendo-se como salvador da humanidade. Embora sem crítica, esse estado alterado leva ao sentimento subjetivo de se estar em situação de risco. O paciente fica autorreferente, vendo ameaças e perigo onde não existe, com ideias paranoicas.

No estado maníaco ou hipomaníaco, o paciente apresenta dificuldade de se perceber doente e, comumente, é levado para o tratamento por familiares.

O terapeuta precisa ajudar o paciente a perceber o quanto ele se encontra animado e acelerado além do normal. Deve apontar o aumento de energia, a necessidade de menos horas de sono e o quanto está em uma vivência desenfreada, impulsiva e sem medir as consequências dos seus atos.

É necessário mostrar o quanto não é bom confiar demais e realizar todos os planos que tem em mente, explicar os riscos de se andar mais depressa que o próprio passo e as consequências das atitudes mais impulsivas.

Caso não seja a primeira crise de mania, é importante lembrar o paciente as inconsequências passadas, as decisões errôneas, o excesso de gastos etc.

O trabalho com os familiares é fundamental. Muitas vezes, é necessário retirar os cartões bancários e os cheques. É preciso manter vigilância e evitar deixar a pessoa desacompanhada.

Essa fase é a ideal para se incentivar a interiorização, a busca de uma prática religiosa ou de meditação.

Também é importante remetê-lo à fase depressiva, lembrando que, depois, ele ficará se culpando pelas "loucuras" cometidas.

Como já foi citado, é importante estabelecer a comunicação entre os dois comandos do ego.

Fase depressiva

A pessoa deprimida apresenta aparência descuidada e desleixada, tem dificuldade para tomar banho e manter o asseio pessoal, deixa de se arrumar, veste-se frequentemente de preto e evita roupas coloridas.

Ocorre importante diminuição da atividade motora, o andar e os gestos são lentos. Tem pouca expressão facial e os olhos se apresentam distantes, sem brilho, sem vida, o que confere um aspecto visivelmente triste.

Uma das queixas mais frequentes é o desânimo, a falta de coragem e energia para realizar as atividades da vida diária. Ocorrem diminuição da libido e perda do interesse sexual. O apetite fica diminuído, com consequente emagrecimento.

Normalmente, apresenta a chamada insônia terminal, isto é, concilia o sono com facilidade, mas acorda de madrugada e perde o sono, demorando a dormir novamente, ou desperta precocemente, horas antes do horário habitual.

Constantemente irritado, impaciente, não suporta barulho e locais com muita gente e movimento; busca o isolamento e mantém o menor número de atividades sociais possível. Muitas vezes, só realiza o estritamente obrigatório – consegue ir de casa para o trabalho e do trabalho para casa, por exemplo. O que antes era prazeroso passa a ser um transtorno. Evita festas, reuniões e visitas a amigos. Deixa de ir ao cinema, de ir a *shows*, de viajar.

Sentimentos de vazio, inutilidade, desvalia, baixa autoestima e tristeza imotivada ocorrem na maioria dos casos, quase sempre acompanhados de choro fácil e incontrolável. A memória também é afetada, e só as lembranças dos acontecimentos ruins vêm à tona.

O pensamento se apresenta lento, negativo, pessimista, com preocupação excessiva, ruminando culpas, fechado em um ciclo de pensamentos repetitivos e, nos casos graves, com ideias delirantes de ruína e doença e pensamentos suicidas. A característica predominante é o paciente ficar extremamente analítico e reflexivo, com a autocrítica elevada, paralisado diante do mundo.

As funções executivas, que incluem planejamento, seleção de informações importantes, tomada de decisões e resolução de problemas, encontram-se alteradas; portanto, a capacidade e o rendimento para o trabalho ficam bastante reduzidos.

O início da crise geralmente é insidioso, com sintomas leves e subclínicos. Como consequência, o paciente busca tratamento após um período de vários meses adoecido, pois precisa piorar muito para se perceber e se aceitar doente.

O paciente atribui sua tristeza e sua insatisfação consigo mesmo e com a sua vida como parte de um contexto de realidade, decorrente de dificuldades verdadeiras que possa estar enfrentando.

Adota uma postura queixosa e de vítima ou se imputa uma culpa desmerecida diante dessas dificuldades, mostrando uma autocrítica destrutiva, sentindo-se um derrotado. Nutre, em ambos os casos, sentimento de autopiedade. Sentir pena de si mesmo é o pior sentimento, já que a pessoa fica passiva ante a sua dor, sentindo-se injustiçada pela vida.

Não identifica o quanto o seu estado adoecido é causador desses sentimentos e o quanto a análise que faz da sua situação de vida é tendenciosa e errônea. Quando não se responsabiliza por seu estado, não se implica na busca da recuperação.

Cabe ao terapeuta clarear esses aspectos e ajudar o paciente a fazer a crítica do seu estado alterado: apontar o pessimismo, a tendência de só enxergar o negativo, de ficar remoendo culpas, preso ao passado e no mundo interno, alheio à vida.

É necessário incentivar o contato com o mundo externo, a importância de hábitos saudáveis, a prática de exercícios e a busca por, no mínimo, sair de casa e andar todos os dias.

É fundamental também o trabalho com familiares, no sentido de apoiarem e tentarem ao máximo tirar o paciente de seu isolamento, trazendo oportunidades de estímulo a situações prazerosas de vida. Não é um momento para mais introspecção.

No decorrer de uma nova crise depressiva, vale lembrar que outras vezes houve a melhora, mesmo que o paciente, no momento, não acredite.

É importante ainda confrontar o paciente e lembrá-lo do período de mania, quando se apresentava de maneira oposta perante a vida.

É um paradoxo, como terapeuta, trabalhar com o paciente a ideia de que ele não é confiável, de que ele não pode acreditar nas próprias percepções e sensações, apontando as distorções e a falta de crítica e remetendo ao estado alterado, seja o motivo depressivo ou maníaco, trabalhando a noção de doença.

Felizmente, nos períodos de normalidade, pode-se e deve-se fazer o trabalho inverso de autorizar e possibilitar ao paciente a autoavaliação de seu estado emocional e das circunstâncias da sua vida, incentivando-o para o fato de que agora é a hora das tomadas de decisão.

Medicações

É importante motivar a pessoa a tomar as medicações corretamente. Trabalhar a noção da doença implica falar da importância dos medicamentos. Sabe-se que os estabilizadores de humor ajudam a controlar as oscilações e que é possível tirar a pessoa de uma crise de depressão ou mania com os recursos dos medicamentos.

Por se tratar de um transtorno crônico e que piora com a evolução e com o maior número de crises, é necessário tentar minimizar os prejuízos, evitando as crises e tratando-as o mais rápido possível.

O profissional de saúde mental precisa estar consciente de que existem doenças e tratamentos medicamentosos; foi-se o tempo em que se discutia que as depressões de origem psicogênica poderiam ter tratamento apenas psicoterapêutico. Mesmo os quadros leves, como a distimia ou a ciclotimia, têm seus sintomas minimizados com o uso dos medicamentos.

A questão da medicação é um tema recorrente na terapia, pois é muito difícil, para qualquer pessoa, aceitar a ideia de que é necessário medicar-se para o resto da vida.

Com uma medicação que atue no psiquismo, o processo é ainda mais complexo, pois, como já mencionado, a pessoa atribui a si mesma a responsabilidade de resolver os seus estados emocionais.

Sempre se busca a analogia com o tratamento clínico de doenças crônicas, como hipertensão e diabetes, que também requerem o uso contínuo de medicações, o que ajuda bastante.

Deve-se indagar ao paciente se ele tem como controlar a taxa de açúcar no seu sangue ou o nível de sua pressão arterial, mesmo estando consciente de que seu estado emocional afeta o seu diabetes ou a sua pressão arterial.

Os mitos e preconceitos em torno dos medicamentos devem ser elucidados. A maioria dos motivos de abandono de tratamento medicamentoso tem mais a ver com medos irracionais e desconhecimento que com os efeitos colaterais, embora existam dificuldades reais indesejáveis, muitas vezes incontornáveis, como ganho de peso e diminuição da libido e da potência sexual.

No decorrer do tratamento, o paciente percebe o benefício de estar mais estável, mas sente falta de certa oscilação a que estava habituado, se sente "normal" demais, principalmente quando ocorre diminuição do estado hipertímico e hipomaníaco, no qual se sentia cheio de vitalidade, criativo e com mais iniciativas.

Essas questões levam a reflexões profundas. O que de fato é a pessoa e o que faz parte da sua personalidade e da sua identidade, e quais aspectos são decorrentes do adoecimento; isso sempre traz confusão, dúvida e avaliações errôneas a respeito de si mesmo.

A interrupção das medicações e a reagudização do quadro são comuns e fazem parte do processo de tomada de consciência do transtorno. Com a evolução da doença, ocorre o aprendizado: a experiência das crises anteriores sempre ajuda no enfrentamento das atuais.

Um paciente do gênero masculino que se queixava muito da perda de libido e da ereção com o uso das medicações, e que também acreditava em uma anestesia de suas emoções, decretou, em certa ocasião, que sua oscilação e sua intensidade emocionais eram seu verdadeiro eu, e que preferia correr o risco de ter crises, mesmo já tendo passado por mais de uma internação por crise de mania, decidindo parar de usar os medicamentos.

A meta do tratamento é alcançar a maior estabilidade possível, seja a eutimia ou mesmo os períodos de sintomatologia leve, pois são quando o paciente consegue ser produtivo nas suas relações familiares e sociais, no estudo e no trabalho.

Processo terapêutico

Vínculo

O vínculo é, sem dúvida, o grande alicerce da relação terapêutica.

O paciente é marcado pelo seu adoecimento, sentindo muito medo de vir a ter novas crises. Fica bastante vulnerável quando percebe a sua fragilidade, a sua inadequação, a exposição social a que se submeteu.

O terapeuta é a grande referência, é o "porto seguro", é em quem o paciente precisa confiar. É o orientador de caminhos, o apoiador.

Ele tem o papel de influenciar o paciente a acreditar na vida, vender esperança, incentivar e reconhecer os aspectos positivos do paciente, fortalecer o seu ego. Precisa ajudá-lo a acreditar que pode lidar com as dificuldades que a vida lhe apresenta, inclusive com sua doença.

A influência possibilita ao paciente rever seus conceitos e sua postura perante si mesmo e a vida, mas cabe a ele deixar-se influenciar ou não.

O livre-arbítrio e a direção a seguir cabem ao paciente, e o terapeuta precisa aceitar que nem sempre será ouvido e considerado. Existe sempre um limite a ser respeitado: o terapeuta não é onipotente e não pode solucionar todas as questões.

Ele tem de ter consciência de seu papel, precisa entender que ser apoiador não significa ser vivenciador; isto é, não pode tomar para si e querer resolver a vida de seu paciente, pois é responsabilidade deste lidar com seus conflitos e com as consequências de seus atos, seja no período de normalidade ou no de crise.

Muitas vezes, o primeiro contato acontece durante uma crise. O paciente se aproxima de maneira muito desconfiada. Ele está suficientemente mexido com seu desequilíbrio; o estado alterado é muito intenso de se vivenciar. Está ressabiado, assustado, desconfiado de tudo e de todos.

O terapeuta deve se colocar de maneira franca, aberta, amigável, verdadeira e o mais humana possível. Precisa confrontar o paciente e dizer exatamente o que está percebendo e o que sabe sobre ele, pois, ao recebê-lo, já ouviu parte de sua história e dos acontecimentos recentes; por exemplo, "sua mãe me disse ao telefone que você não está dormindo".

É necessário falar de modo direto e seguro, mostrando suas certezas.

Diante de um paciente deprimido, é preciso perguntar sobre pensamentos suicidas sem constrangimento, transmitir que é possível compreender que se possa ter o desejo de morrer, tratar com naturalidade e, ao mesmo tempo, considerar que isso demonstra o quanto o paciente não está bem e precisa se tratar. É possível propor uma internação como proteção e explicar, na frente dos familiares, o risco de suicídio e os cuidados necessários para evitá-lo.

Na crise de mania, a arrogância e o ar de superioridade do paciente podem despertar sentimentos contratransferenciais de raiva, o que também é interessante revelar: "É difícil lidar com você!".

Se o paciente sente segurança de que o terapeuta não tem receio de lhe dizer o que pensa, fica mais seguro ao saber com quem está lidando, em que "terreno" está pisando, o que facilita a possibilidade de abertura.

É claro que nem tudo pode ser dito e, mesmo se o fosse, o paciente não escutaria ou *entenderia*. Deve-se, então, dizer: "Você hoje não está bem, não vou aprofundar estas perguntas nem tentar entender tudo hoje, é melhor continuarmos em outro momento".

Quando já existe o vínculo, lidar com as crises torna-se muito mais fácil. Se já houve a vivência de uma crise anterior, relembrar esse acontecimento ajuda o paciente a fazer a crítica de seu atual estado alterado e aceitar as propostas de intervenção do terapeuta.

O grande diferencial do terapeuta corporal é exatamente esse contato direto: colocar-se de pé em frente ao paciente, a meio metro de distância, propor um contato das palmas das mãos e interagir de maneira lúdica, exercendo leve pressão nas mãos e experimentando afastar e aproximar o contato. Sentir o toque e a temperatura das mãos, olhar dentro dos olhos, tentar enxergar a alma. Perceber os sentimentos, revelar o olhar que se manifesta, que pode ser de alegria, exaltação, medo, raiva ou tristeza.

Essa atmosfera íntima cria a a possibilidade de se confiar no outro. Com essa conduta, o terapeuta realmente se expõe, ao colocar seu corpo em frente ao do paciente e mostrar que está ali de fato para ajudar; ao se aproximar e tentar entender quem se coloca à sua frente. Suas emoções estão em jogo na forma de sua capacidade de perceber o estado emocional do paciente que reverbera dentro de si. Sua sensibilidade possibilita a troca, o reconhecimento do outro e a aceitação, frutos de um olhar que se propõe não julgar. Isso é o que significa colocar-se de maneira empática.

Trabalho corporal

Convém lembrar que, para realizar o trabalho corporal, o terapeuta deve passar por uma formação e habilitar-se para essa prática. Nas crises, não são aconselháveis as técnicas expressivas.

Na depressão, além da tristeza, o medo se encontra em níveis anormais, e na mania, além da euforia, a raiva está elevada.[19] Essas emoções mais básicas, quando alcançam uma intensidade doentia, inundam o indivíduo. O sentimento é de que ele não vai suportar, somando-se a isso o medo de enlouquecer ou de morrer.

Todo trabalho expressivo se propõe a trazer essas emoções à tona e à consciência, mas não se pode colocar mais carga onde já existe inundação. Muitas vezes, acredita-se que, com a pressão, ocorrerá uma descarga, mas o que acaba acontecendo é uma sobrecarga totalmente desorganizadora e psicotizante. As emoções presentes na depressão faltam na mania e vice-versa, mas é muito difícil aumentar a carga das emoções ausentes, como a raiva, na depressão, ou o medo, na mania.

Fora da crise, também é preciso ter cautela. No início de um tratamento, convém evitar trabalhos mais intensos. Deve-se lembrar que a hipótese diagnóstica é a de que ocorreu um trauma precoce no desenvolvimento, e de que este é um território de feridas profundas, que devem vir à tona da maneira mais natural possível. O organismo é sábio e precisa ser respeitado; a seu tempo, a hora mais apropriada se apresentará. Quando afoitos, antecipamos esse momento e transformamos esse contato em um fator estressante, o que pode precipitar uma crise.

Principais técnicas utilizadas

Uma das principais técnicas utilizadas é trabalhar o assentamento (*grounding*), ou seja, colocar o paciente sobre seus próprios pés, fazendo com que a energia desça. Os pés precisam criar raízes, grudar no chão. A área de apoio onde o peso do corpo deve ser concentrado é a região atrás dos dedos, no terço anterior do pé. O terapeuta deve dar o comando para o paciente empurrar o chão com os pés.

A partir dos pés, que devem estar paralelos e separados aproximadamente 15 cm, de preferência descalços, orienta-se a posição dos joelhos, que devem estar ligeiramente inclinados e levemente voltados para fora. O paciente deve deixar a barriga naturalmente para frente, mostrando a posição correta do quadril – nem hiperestendido para frente nem para trás. O quadril deve ser alinhado ao meio para dar passagem à energia, pois as posturas anteriores travam o fluxo energético. O paciente deve alinhar os ombros e a cabeça olhando para frente, abrindo ligeiramente a boca para facilitar a respiração. Essa é uma postura básica, o jeito correto de se ficar em pé.

O terapeuta então pede ao paciente para girar o peso do corpo na área de apoio referida, que nomeia-se a "bolinha do pé", e realizar movimentos lentos de deslocar o eixo do corpo, fazendo um círculo na área de apoio.

Depois trabalha-se o peso nas bordas externa e interna do pé. O paciente deve caminhar lentamente, explorando todas as possibilidades de apoio dos pés no chão.

No exercício do *grounding* invertido, orienta-se o paciente a curvar o corpo para frente e permanecer apoiado sobre seus pés, soltando o peso da cabeça e dos ombros, respirando profundamente e depois reerguendo a coluna, de maneira que ela vá se desenrolando, e, por último, a cabeça se alinhe ao corpo. Existe uma variação dessa técnica em que o terapeuta ajuda o paciente a realizar o *grounding* invertido, segurando o peso da cabeça do paciente com as duas mãos, na cabeça e na testa, e só soltando quando este concluir o movimento, depois novamente sustentando quando o paciente voltar à postura ereta. Durante toda a realização do movimento, o paciente deve ser orientado a concentrar o peso do corpo nos próprios pés, a não perder o equilíbrio. Ele experimentará uma sensação de alívio, como se "tirasse um peso das costas". Assim, o terapeuta mostra ao paciente que aceitar ajuda não implica deixar todo o peso sobre o outro e abrir mão da possibilidade de se autossustentar, perdendo o próprio eixo.

O foco de todo o trabalho corporal é buscar a autonomia do paciente, ancorá-lo no próprio corpo e em sua vida, incentivando-o a dar conta de suas emoções e de suas vivências.

Os trabalhos de *grounding* podem e devem ser realizados em todas as fases do TBH.

Na mania, a inquietação do paciente não permitirá um tempo mais longo de trabalho. É interessante realizar os exercícios com os olhos fechados, para que o paciente estabeleça contato com o seu mundo interno. Na depressão é preciso dar mais incentivo, pois o paciente tende a desistir do exercício, alegando cansaço, e então deve realizá-lo de olhos abertos, estabelecendo contato com o terapeuta.

Vários trabalhos podem ser realizados sobre um colchonete.

Na mania e na hipomania, é necessário acalmar, desacelerar, propiciar a interiorização. São conhecidas diferentes técnicas de relaxamento: dar comando de soltar o peso do corpo no colchão; sentir o peso da cabeça, dos ombros, do quadril, dos pés, e ir subindo, observando o peso dos ossos da perna, as partes da coluna que tocam o colchão, os ossos do braço; soltar as rugas de expressão e a tensão do maxilar; observar a respiração, o ar entrando e expandindo a caixa torácica, a expiração; colocar o foco da atenção nos batimentos cardíacos, nos sons abdominais, conscientizar-se do pulsar da vida dentro de si. Pode-se também trabalhar a respiração abdominal juntamente com a percepção dos movimentos da coluna:

- Na inspiração, puxar o ar até o abdome, comprimindo o final da coluna, os ombros e a cabeça no colchão, abrindo os canais de entrada do ar
- Na expiração, elevar o cóccix, comprimindo a coluna lombar no colchão e curvando o pescoço para a frente. O paciente realiza um movimento de onda com a coluna. Repetir essa respiração profunda pelo menos dez vezes, lentamente, parando para descansar.

Além disso, é possível trabalhar o contorno corporal com toalhas, deitando o paciente sobre uma toalha e, segurando suas pontas pelo lado direito, rola o corpo do paciente lentamente para a esquerda, mudando de lado depois. Outro exercício isolado com a cabeça: levantar sutilmente a cabeça do chão com a toalha e virá-la de um lado ao outro delicadamente. Pode-se também trabalhar as pernas, abaixando-as e levantando-as, soltando os membros. É importante sempre orientar o paciente a fechar os olhos e buscar contato com o interior. Depois, é importante ouvi-lo sobre o conteúdo das imagens que vierem.

Na depressão, é preciso ativar a energia do corpo, como repetidas vezes já foi proposto, e forçar o paciente a fazer contato com o externo. Lowen[10] entendia que, pela oxigenação, a carga energética do depressivo poderia ser aumentada.

Outra técnica é chutar o colchão. O paciente deita-se com suas pernas estendidas e chuta, levantando e abaixando as pernas ritmicamente, podendo incorporar os braços ao movimento, batendo-os alternadamente no colchão. Lowen[5] recomendava um total de 50 a 200 chutes por dia, e acreditava que a prática trazia a sensação de vida, de mais energia e relaxamento. O autor dizia que chutar é protestar e que todos temos algo contra o que protestar. Normalmente, esse exercício é associado à expressão de palavras do tipo: "não" ou "não quero", entre outros sentimentos. Não se recomenda esse trabalho para pacientes em mania, pois existe uma raiva desbalanceada, mas a técnica é bem-vinda para pacientes em eutimia e depressão.

O trabalho com o banco de bioenergética (no qual o paciente se deita de costas, apoiando-se na altura do diafragma) promove, basicamente, a respiração profunda, e mexe com todo o fluxo energético e com os bloqueios no nível de quadril e diafragma. Essa técnica deve ser utilizada durante a eutimia e na depressão em uma fase mais avançada do processo terapêutico, pois traz o choro e a ansiedade ao mobilizar emoções profundas.

Em resumo, é possível um trabalho mais profundo durante a eutimia, mas deve-se evitar exercícios expressivos na fase de mania e ter cautela na depressão. O mais importante é saber dosar a intensidade dos trabalhos – de preferência, realizá-los em níveis pouco intensos – e, lentamente, em acordo com a evolução do processo terapêutico, alcançar níveis mais intensos, de acordo com a capacidade do paciente.

Deve-se lembrar da importância de sempre correlacionar essas emoções com vivências passadas, com memórias e sentimentos reprimidos, pois só assim elas se integrarão ao ego e se tornarão libertadoras.

Considerações finais

Como exposto, o TBH é uma patologia complexa, que requer tratamento por uma equipe multiprofissional.

Os locais de tratamento dependem da escolha do paciente e dos familiares, podendo-se utilizar toda uma rede de recursos públicos ou privados.

Dependendo da fase do adoecimento e da gravidade dos sintomas, a recomendação será atendimento emergencial, atendimento ambulatorial, hospital-dia ou internação.

É preciso, para qualquer dos casos, enfatizar a importância dos grupos de autoajuda para pacientes e familiares.

Referências bibliográficas

1. Hautzinger M, Meyer TD. Psychotherapy for bipolar disorder: a systematic review of controlled studies. Nervenarzt. 2007;78(11):1248-60.
2. Colom F, Vieta E, Martínez A, Jorguera A, Gastó C. What is the role of psychotherapy in the treatment of bipolar disorder? Psychother Psychosom. 1998;67(1):3-9.
3. Miklowitz DJ. An update on the role of psychotherapy in the management of bipolar disorder. Curr Psychiatry Rep. 2006;8(6):498-503.

4. Rizvi S, Zaretsky AE. Psychotherapy through the phases of bipolar disorder: evidence for general efficacy and differential effects. J Clin Psychol. 2007;63(5):491-506.
5. Lowen A. Bioenergética. 7. ed. São Paulo: Summus; 1982.
6. Akiskal HS. The prevalent clinical spectrum of bipolar disorders: beyond DSM-IV. J Clin Psychopharmacol. 1996;16(2 Suppl 1):4S-14S.
7. Akiskal HS. Validating "hard" and "soft" phenotypes within the bipolar spectrum: continuity of discontinuity? J Affect Disord. 2003;73(1-2):1-5.
8. Akiskal HS. Characterologic manifestations of affective disorders: toward a new conceptualization. Integr Psychiatr. 1984;2(3):83-8.
9. Ressler K. Neurobiologia da depressão: interação entre genética e estressores precoces na depressão em adultos. In: Congresso da American Psychiatric Association (APA) 2008. Anais do 161º Encontro Anual da Associação de Psiquiatria Americana, 2008. Washington, DC.
10. Lowen A. O corpo em depressão: as bases biológicas da fé e da realidade. v. 2. 8. ed. São Paulo: Summus; 1972.
11. Mello MF, Mello AAF, Kohn R, organizadores. Epidemiologia da saúde mental no Brasil. v. 5. Porto Alegre: Artmed; 2007.
12. Judd LL, Akiskal HS, Schettler PJ, Coryell W, Endicott J, Maser JD, et al. A prospective investigation of the natural history of long-term weekly symptomatic status of bipolar II disorder. Arch Gen Psychiatry. 2003;60(3):261-9.
13. Akiskal HS, Benazzi F. Optimizing the detection of bipolar II disorder in outpatient private practice: toward a systematization of clinical diagnostic wisdom. J Clin Psychiatry. 2005;66(7):914-21.
14. McElroy SL. Diagnosing and treating comorbid (complicated) bipolar disorder. J Clin Psychiatry. 2004;65(Suppl 15):35-44.
15. Strakowski SM, DelBello MP. The co-ocurrence of bipolar and substance use disorders. Clin Psychol Rev. 2000;20(2):191-206.
16. Kessler RC, McGonagle KA, Zhao S, Nelson CB, Hughes M, Eshleman S, et al. Lifetime and 12-month prevalence of DSM-III-R psychiatric disorders in the United States: results from the National Comorbidity Survey. Arch Gen Pschiatry. 1994;51(1):8-19.
17. Dilsaver SC, Chen YW, Swann AC, Shoaib AM, Tsai-Dilsaver Y, Krajewski KJ. Suicidality, panic disorder and psychosis in bipolar depression, depressive-mania and pure-mania. Psychiatry Res. 1997;73(1-2):47-56.
18. Angst F, Stassen HH, Clayton PJ, Angst J. Mortality of patients with mood disorders: follow-up over 34-38 years. J Affect Disord. 2002;68(2-3):167-81.
19. Lara D. O modelo de medo e raiva: para os transtornos de humor, do comportamento e da personalidade. Porto Alegre: Revolução de Idéias; 2006.

Sites indicados

- ABRATA. Associação Brasileira de Familiares, Amigos e Portadores de Transtornos Afetivos. Disponível em: http://www.abrata.org.br.
- FÊNIX. Associação Pró-Saúde Mental. Disponível em: http://www.fenix.org.br.
- Instituto de Psiquiatria da Universidade de São Paulo. Disponível em: http://www.ipqhc.org.br/.
- PRODAF. Programa de Distúrbios Afetivos e Ansiosos. Disponível em: http://www.psiquiatria.unifesp.br/d/prodaf/.

48 Toque | O Transtorno de um Obsessivo-Compulsivo

Amadeu de Oliveira Weinmann

Era uma sexta-feira chuvosa, típica do inverno gaúcho, e eu devaneava com o fim de semana na serra. Provavelmente, seria recebido com uma sopa de *capeletti* e um bom vinho, degustado próximo à lareira, em uma conversa tranquila com pessoas queridas. Porém, ainda tinha um último compromisso profissional, que me reteria no consultório até um pouco mais tarde que o previsto. Havia recebido a ligação de um homem, que solicitava ser atendido com urgência. Seu psiquiatra, conhecido meu, me indicara. Dele, só tinha o registro do tom de voz monocórdio, que me pareceu em total desajuste com a urgência que dizia ter. Seu nome era Fernando.

Fernando chega ao meu consultório pontualmente às 19h, desculpando-se pelo atraso. Estende a mão – o cotovelo duro, de quem quer manter distância – e pede licença, cerimonioso. Uma ideia me vem à mente: morte emocional. A expressão facial denota angústia; os olhos, um vazio aterrador; seu olhar esquivo parece perturbado com o contato; uma fina gota de suor desce pelo lado direito da face: "Foi difícil chegar aqui", me diz. Convido-o a entrar. Senta-se, percorre rapidamente com o olhar o consultório, ajeita-se mais uma vez na poltrona, tosse, muda de posição, arruma o cabelo, a gola da camisa, tosse novamente. Pergunto o que o traz a mim: "Meu médico diz que sofro de transtorno obsessivo-compulsivo, TOC, e que, além da medicação, seria bom eu fazer psicoterapia".

Questiono-o sobre seus sintomas: em que consistem e quando apareceram. Informa-me que sempre foi um indivíduo ansioso, que desde a infância tinha uns "tiques nervosos", mas que o TOC havia surgido quando tinha 24 anos, e agora estava com 28. Pergunto o que ocorria na época do diagnóstico: "Olha, estava tudo normal. Já estava empregado na empresa em que trabalho hoje e morando com meu irmão, aqui em Porto Alegre". "Mais alguma coisa, talvez ligada aos afetos?", pergunto eu. "Bem, pouco tempo depois minha namorada rompeu comigo, mas não acho que isso tenha a ver com o surgimento do TOC". Respondo-lhe: "Talvez tua namorada tenha te deixado por não suportar tua ansiedade. Mas, nesse caso, somos obrigados a supor que algum outro fato tenha deflagrado teus sintomas obsessivos-compulsivos". "Ah", diz ele, "não sei se isso pode ter alguma relação, mas uns meses antes meu pai teve um infarto e, desde então, estive bastante angustiado com a possibilidade de que ele viesse a morrer".

Enquanto escuto Fernando, eu o observo. Que capacidade de dissociar ideia e afeto! Que estupendo bloqueio emocional! Peço-lhe que me conte um pouco de sua história: "Sou o sexto filho de uma família de agricultores. Nasci em Guaporé, região de colonização italiana. Em casa, essa era a língua falada. Só vim a conhecer o português aos 7 anos, quando ingressei na escola. Meus pais são pessoas muito boas, sérias, honestas e trabalhadoras. Nunca passamos fome e eles sempre se preocuparam com nosso estudo, embora sejam analfabetos". Fico intrigado. Há algo que parece não poder ser dito. Ah, se eu soubesse falar sua língua materna... Tento sondar sua experiência emocional anterior à escolarização, mas as imagens que vêm à sua mente já estão repartidas entre a casa e a escola, o italiano e o português: "Desde criança, tenho um sonho recorrente. Sonho que atravesso um pequeno córrego, que existia no trajeto de casa para a escola. Quando ia da colônia para a cidade, a água me parecia cristalina e eu me sentia empolgado; quando fazia o percurso inverso, a água era turva e eu ficava angustiado".

Tento encaixar as peças. É depois que Fernando muda-se para Porto Alegre que aparece o TOC – e isso não é congruente com o sonho de infância. Porém, é depois dessa mudança que o pai infarta. Será que Fernando se culpa por esse infarto? Talvez o TOC expresse seu aprisionamento emocional ao ambiente familiar, reforçado pela ameaça de morte do pai. Observando a partir da psicanálise, é provável que os sintomas do TOC, com todo o seu ritualismo, seu caráter obstinado e repetitivo, suas dúvidas e hesitações, seus atos e contra-atos, simbolizem o confronto de duas tendências da vida anímica de Fernando: a que o arremete à vida pública, à cidade, à língua em que se alfabetizou, e a que o traz de volta à vida familiar privada (de prazeres, penso eu), à colônia, à língua materna.

Temporariamente, deixo a infância de lado, mas apenas para reencontrá-la logo adiante. Pergunto como ocorreu sua mudança para Porto Alegre: "Há muito tempo sonhava em sair da colônia. Na verdade, desde criança. Mas como sou o filho homem mais novo, coube a mim cuidar da mãe, protegê-la, além de ajudar o pai na roça. Não que me obrigassem, mas eu sentia que era esse meu dever. Nossa família tem um senso moral muito forte. Todos cumprem seus compromissos". Interrogo quem determina os papéis individuais: "Na cultura italiana, as funções são fixadas pela tradição. Romper com a tradição é visto como um grave defeito de caráter, é algo imperdoável". Começo a entrever a dimensão da culpa de Fernando. Assinalo: "Tua saída de Guaporé não deve ter sido fácil!", ao que ele me responde: "Por um lado, meus pais até gostaram. Há tempos não fazia as coisas direito, estava sempre com a cabeça longe e frequentemente ia à bodega tomar um trago". Há resistência, reflito, mas que preço se paga por ela!

Insisto um pouco mais em perscrutar os vínculos familiares. Retomo que seus pais são pessoas boas, corretas e trabalhadoras, mas avanço, não sem algum temor: "E como é a expressão dos afetos, o contato corporal, a intimidade entre os pais?" "Sempre senti falta de carinho em casa. Na minha família, as pessoas não se tocam. Nunca vi meus pais se beijando". Toque-TOC. Aí tem coisa! Comento que a abordagem com que trabalho – a psicoterapia reichiana – inclui a possibilidade de algumas intervenções corporais, como o toque em regiões específicas do corpo e a proposição de movimentos. Indago como seria isso para ele. Fernando diz não ter problemas com isso, mas, evidentemente, não dou o menor crédito a essa informação. De todo modo, resolvo testá-lo.

Proponho que Fernando fique de pé, com os pés paralelos, com a distância entre eles correspondente à largura de seus ombros e a ponta dos pés levemente para dentro, a fim de criar uma pequena tensão em suas pernas, enquanto realiza o movimento de abaixar-se o máximo possível e levantar-se inteiramente, sem tirar o calcanhar do chão e sem curvar a coluna. Não tenho outra intenção senão pôr Fernando em movimento, ampliar um pouco sua respiração e verificar seu embasamento postural. Apesar disso, sua reação me surpreende. Desajeitado, embaraçado, visivelmente perturbado, Fernando interrompe bruscamente o trabalho. Sua angústia não me impede de perceber o ódio que emerge. Fernando foi tocado.

Talvez cedo demais. Ele retorna para a poltrona e diz que nada daquilo tem sentido. Quer curar seu TOC, e não fazer ioga, e só está ali porque seu psiquiatra insistiu. Comenta que nunca acreditou em psicoterapia e que não vai continuar o tratamento. Arrependo-me mil vezes de minha precipitação. Como um principiante, deixei-me iludir pelo desenrolar de um atendimento que parecia não encontrar fortes resistências. Agora, só resta reparar. Porém, como um raio, um problema epistemológico me atravessa. O dispositivo psiquiátrico nomeia TOC uma modalidade de (des)organização subjetiva que se caracteriza por uma luta constante, sempre fracassada, contra tudo que possa transtornar, perturbar, inquietar, desalojar.

Instigado por esse pensamento, arrisco: "Apesar de teres ficado muito incomodado, o fato é que finalmente pude perceber em ti uma expressão emocional intensa. Fico feliz em saber que não és uma máquina!" Fernando para e sua agitação cede lugar a uma atitude reflexiva. Pergunta: "O que queres dizer com isso?" Respiro: ele me deu uma chance. Mas imediatamente me dou conta de que caí em uma armadilha. Fernando agora está na defensiva. *Ele* faz as perguntas, me põe a falar. A agitação psicomotora sai de cena. Ele não está mais perturbado, pois retomou o controle da situação. E a racionalização, como modo de reter toda expressão emocional espontânea, assume o primeiro plano em seu sistema de resistências – em termos reichianos, de seu caráter neurótico.

A partir desse momento, a fala de Fernando – o tom de voz monótono e queixoso – se desloca para o que denomina autoritarismo do irmão mais velho, com quem mora, e de seu chefe, na empresa onde trabalha. É difícil reconhecer a autoridade de um homem mais velho, cogito, uma vez que seu pai não usou de seu poder no sentido de possibilitar que Fernando saísse da colônia; ao contrário, em nome da tradição, estreitou o laço que o prende à terra, à família: a língua e o corpo maternos. Pontuo isso, mesmo supondo que a revolta contra o pai, em transferência, poderia impedi-lo de atribuir valor à interpretação. Bingo! Sinto-me atado. Nesse instante, descubro que essa é a percepção que o paciente tem de si: amarrado a seus sintomas obsessivos-compulsivos, no registro da consciência; inexoravelmente ligado a sua inscrição cultural originária, inconscientemente.

Resolvo compartilhar essa impressão, mas também ela retorna, como se tivesse se chocado contra uma muralha intransponível. Perco a paciência e digo, um pouco exaltado: "Absolutamente nada vai mudar na tua vida enquanto perdurar essa blindagem contra a expressão dos afetos!" Não sei o que mais o toca, se o sentido de minha fala ou meu tom de voz. Fernando olha-me, perplexo, e, durante algum tempo, permanece calado. Finalmente, pronuncia estas palavras: "*Porco Dio*! Quando criança, decidi que nunca mais alguém iria me fazer sofrer. Eu era muito humilhado. Em casa, por ser o caçula, todos abusavam de mim. No colégio, os meninos me chamavam de colono. Eu morria de ódio, mas não podia reagir". Observo que ele disse um xingamento em sua língua materna. Fernando ri e comenta, como se não fosse um homem de 28 anos: "Se estivesse na casa de meus pais, certamente minha mãe poria pimenta na minha boca. Ela não admite essas blasfêmias".

A partir desse episódio, a couraça contra a irrupção emocional afrouxa. Retomo os trabalhos corporais. Peço a Fernando que se deite em um colchão que tenho no consultório e que aprofunde a respiração. Seus movimentos respiratórios são mecânicos e limitados. Pergunto se posso tocar seu diafragma, pois percebo que o abdome quase não se mexe com a respiração. Ele me autoriza. Gradualmente, aprofundo a pressão sobre a região diafragmática, que se encontra tensa e dolorida. Fernando mostra-se incomodado. Questiono se posso continuar, ao que ele responde afirmativamente. Após um tempo sustentando essa pressão no limite do que o paciente suporta, o diafragma parece soltar-se, e uma onda de movimentos suaves invade seu abdome. Algo se transforma em sua expressão facial. Fernando exprime alívio e uma tênue sensação de prazer.

Sigo observando e solicito que o paciente aprofunde ainda mais sua respiração. Agora é o tórax que, em comparação com o abdome, parece estar imóvel. Noto que sua capacidade inspiratória é muito restrita. Com a mão aberta sobre o peito de Fernando, exerço uma pressão constante, que favorece a expiração e dificulta a inspiração. Sustento essa situação por um tempo, com o objetivo de que o paciente mobilize sua musculatura inspiratória. Quando percebo que isso acontece, começo a exercer uma pressão irregular, alternando momentos de maior e menor pressão e variando as regiões do tórax sobre as quais a exerço. Meu intuito é desorganizar o automatismo respiratório, a fim de que se torne mais espontâneo. Subitamente, em um momento em que o paciente inspira e estou pressionando fortemente o centro do peito, retiro inteiramente a pressão. O resultado é uma inspiração muito profunda – e totalmente fora de seu padrão.

Fernando surpreende-se: "O que houve?" Está pálido, tem o olhar assustado e a voz trêmula. Mantenho a mão em seu peito e o tranquilizo. Ele fecha os olhos e relaxa. Uma onda de calor espalha-se por seu corpo. Sua pele está corada e sua expressão facial despida de imobilidade e da dureza que antes conferiam à sua fisionomia a impressão de uma máscara sinistra. E sua respiração está mais profunda e espontânea. Após um período em estado de relaxamento, ele abre os olhos e comenta: "Uma série de lembranças me veio à mente. Me vi menino, próximo ao córrego que havia no caminho da escola. Estava só, mexendo na terra, quando ouvi vozes. Me escondi no mato. Eram vizinhos que voltavam da cidade. Não gostava deles. Na realidade, não gostava de estar com pessoas. Aquele lugar era meu refúgio. Ficava nele horas a fio e só voltava para casa quando o dia já ia longe".

Fernando se emociona: "Minha infância não foi feliz". Permaneço em silêncio, mas observo que lágrimas vertem de seus olhos fechados. Ainda deitado, o paciente murmura: "Na verdade, nunca fui feliz". Tomado por lembranças carregadas de afeto, Fernando deixa-se ficar no colchão, livre das amarras do tempo. A agitação psicomotora que o caracteriza – seus maneirismos e tiques nervosos – como que se interioriza. Porém, não é mais um movimento truncado, signo de tendências inconciliáveis, mas uma suave pulsação, emocionalmente expressiva. Solicito que abra os olhos. Seu olhar é o de quem esteve em outro mundo, denota um misto de ansiedade e euforia. Peço que descreva o que experimentou: "A sensação é agradável, mas me sinto muito exposto".

Fernando segue a narrativa de seus sofrimentos, mas com outra tonalidade afetiva. Tudo parece mais vívido. Sobretudo, incomodam-lhe os sintomas obsessivos-compulsivos, especialmente sua compulsão por ordem e limpeza. Em casa e no trabalho, os objetos – roupas, louça, discos, documentos, livros, quadros, móveis etc. – têm de estar sempre limpos, cada um no lugar designado por Fernando, e organizados de maneira simétrica e harmoniosa; as atividades são realizadas de um modo rigidamente sequencial.

Além disso, o paciente evita tocar objetos "contaminados", como diz, e lava as mãos a todo momento. Tais rituais acarretam prejuízos a seu convívio social e a sua produtividade profissional – e qualquer perturbação a um deles implica uma irrupção de angústia.

Inúmeras vezes, Fernando queixa-se de seus sintomas. Aliás, não exatamente deles, mas de seu irmão e seu chefe constantemente desfazerem a ordem em que coloca os objetos em casa e no trabalho. Essa é a razão de sua revolta contra esses homens. Pergunto se autoritário não é o intento de impor um ordenamento que não é compartilhado pelos demais. O paciente se incomoda. Uma mescla de angústia e ódio invade seu olhar, e o seu rosto alterna palidez e rubor. Por um instante, Fernando parece vacilar entre me incluir entre seus algozes e dar ouvidos a seu terapeuta. Por fim, balbucia: "Eu não consigo fazer diferente". Sua impotência me comove.

Proponho que fique de joelhos no colchão e que soque com força uma almofada que coloco à sua frente. Fernando olha-me desconfiado, como se não visse sentido nisso. Porém, aos poucos, se entrega ao trabalho. Finalmente, entre socos, choro e palavrões, irrompe uma raiva assassina, que parece ter permanecido engasgada por muitos anos. Observo seu descontrole emergir no ambiente protegido do *setting* terapêutico. Quando, extenuado, o paciente se larga sobre a almofada, abraçando-a, me aproximo. Sua respiração, ainda acelerada, é profunda. Aguardo um contato. Por fim, Fernando dirige-se a mim: "Tenho muita raiva de meu pai. Por que ele me prendeu na colônia? Por que meus irmãos mais velhos puderam sair de lá e eu não? Quando ele infartou, senti uma culpa enorme, como se a minha mudança para Porto Alegre fosse responsável pelo infarto dele".

Pontuo que, ao final do trabalho, ele abraçou o objeto alvo de sua expressão agressiva. Fernando comenta: "Meu pai nunca me abraçou. Eu tinha o desejo de abraçá-lo, mas sentia que havia um gelo entre nós. Via os meninos da escola abraçarem e serem abraçados por seus pais e morria de inveja. Não entendia por que minha relação com ele tinha que ser assim". Assinalo que o trabalho corporal possibilitou o degelo dos dois afetos primordiais que nutria pelo pai – o ódio e o amor. Fernando silencia. Quando retoma a palavra, diz: "Por muito tempo, pensei que não sentia nada pelo meu pai. É como se eu fosse frio e indiferente em relação a ele. Foi quando ele infartou que me culpei por meu desamor". Sublinho que a palavra *desamor* contém os dois lados da moeda amorosa, mas o paciente retruca: "É, mas eu não sentia nem ódio, nem amor. Era como se eu fosse de pedra". Indico que havia se tornado duro como uma pedra a fim de se proteger da frieza afetiva do pai. Fernando mostra-se perplexo: "Sempre me senti um menino mau por não amar meu pai".

A expressão de ódio suscitada pelo trabalho de socar a almofada conectou a revolta contra o irmão mais velho e o chefe à raiva infantil de Fernando contra o pai, a qual fora suprimida – em sintonia com o recalque dos pensamentos a ela associados – por culpa. Ao ser reativado o ódio infantil, a demanda de amor elevou-se ao primeiro plano. Por meio da elaboração verbal dos afetos irrompidos, foi possível trabalhar o sentimento de culpa que mantinha Fernando prisioneiro de um estado de torpor emocional. Porém, o "amoródio" – como falou o paciente, em um desses tropeços da língua tão comuns em uma psicoterapia – pelo pai não foi facilmente assimilado. Fernando reconhece esses sentimentos, mas reluta em integrá-los. Em dado momento, comenta não conseguir encontrar lugar para eles em sua mente. Remeto-me aos sintomas do TOC, especialmente sua compulsão por ordem. E interpreto: "O rígido ordenamento dos objetos espelha tua impossibilidade de incluir o amoródio pelo pai entre os elementos da tua vida psíquica. Nada pode sair do lugar, para que não se abra uma brecha para a entrada desse sentimento".

Fernando é tocado por essa experiência. Seu olhar exprime um brilho novo, sua expressão facial está mais aberta, seu gestual adquire uma espontaneidade que eu ainda não havia visto nele. Porém, as forças de reação de seu psiquismo anunciam que irão vender caro a derrota. Um sonho de angústia torna-se recorrente: vindos de todos os lados, vermes aproximam-se do paciente e o envolvem, até sufocá-lo. Fernando acorda ofegante, em pânico. É preciso analisar o sintoma de compulsão por limpeza, reflito. Peço que me diga a que associa o sonho, mas Fernando nada consegue dizer, senão que tem muito nojo de vermes, de coisas gosmentas, de tudo que se move de um modo rastejante e imperceptível a olho nu. Pergunto se teve experiências desagradáveis nesse sentido. Tal tema, porém, parece consistir em um tabu, pois nada consigo extrair a respeito.

Mudo a estratégia. Se a via da palavra se fecha, vou ao corpo. Proponho que Fernando se deite no colchão e, com a sala toda escura, acompanhe a luz de uma pequena lanterna, que movimento próximo a seu rosto. Em um ritmo suave, exploro distintas regiões de seu campo visual:

aproximo e afasto a lanterna da ponta de seu nariz, visando testar a convergência binocular; trabalho as regiões laterais, assim como as diagonais superiores; promovo movimentos circulares, mas também caóticos, com o intuito de evitar a habituação; e termino fazendo círculos pequenos em frente a seu rosto. Ao longo do trabalho, solicito que Fernando mantenha a respiração profunda, o que ele nem sempre consegue, e que fale o que lhe vier à cabeça – o que não acontece.

Após aproximadamente 20 minutos de aplicação dessa técnica, Fernando começa a se cansar. Seus olhos já não acompanham a luz o tempo todo e tendem a se fechar. O paciente resiste e torna a abri-los. Porém, em determinado momento, eles se fecham em definitivo. Desligo a lanterna e o observo. Fernando aparenta ter mergulhado em um sono profundo. Os olhos, ainda que fechados, em alguns momentos parecem se mover involuntariamente. A face está serena e a respiração é profunda. Sua expressão é de relaxamento. Quando desperta, o paciente comenta: "Acho que sonhei!" Peço que descreva o sonho: "Estou na colônia, naquele lugarzinho próximo ao córrego, onde costumava me refugiar. Mexo na terra. Agora me lembro! Eu gostava de brincar com bichinhos – minhocas, tatus-bola, caramujos – e era até um pouco sádico com eles. Gostava de vê-los estrebuchar. Lembro também que, um pouco maior, levei uma menina para lá e nos tocamos. Fiquei muito excitado, mas também senti muita culpa".

Pela primeira vez, Fernando toca – se me permitem a redundância – no tema sexualidade. Não pude deixar de pensar que o asco a meter a mão em uma coisa "molenga", que se move por meio de músculos involuntários e da qual, ao fim e ao cabo, escorre algo gosmento, deveria ser uma formação reativa contra fantasias de masturbação, que provavelmente teria de ser imperceptível, posto que proibida. Sutilmente, enuncio essa interpretação. Fernando desconcerta-se. Corado, tenta desconversar. Diz que nunca teve muito interesse por sexo, que esse é um assunto no qual praticamente não pensa: "Inclusive, minha ex-namorada se queixava muito disso. Acho até que foi por isso que ela me deixou". Permaneço em silêncio. Fernando angustia-se. Inquieto, não acha posição na poltrona. Sua tensão parece beirar o insuportável. De repente, seu rosto se ilumina: "Lembro que eu era pequeno – uns 7 anos – e estava na cama mexendo no meu pinto, quando a mãe entrou no quarto. Ela percebeu o que eu estava fazendo. Arrancou os lençóis e os cobertores e expôs o meu "tico" duro. Fiquei constrangido, sem saber o que fazer. Tentei levantar o pijama, mas ela me impediu. Se pôs a berrar, no dialeto italiano em que falávamos, chamou o pai e disse que, se isso acontecesse outra vez, iria cortar meu pinto e dar para os cachorros. Por muito tempo, toda vez que me tocava, enxergava aquele olhar ameaçador da mãe. Com o tempo, fui desistindo de me tocar".

Narrar essa história – e tantas outras – não na língua materna de Fernando, mas em português, teve efeitos duradouros nele. Não que tenha deixado de ser um obsessivo-compulsivo, mas já consegue driblar suas manias – e acha graça nisso. Em dado momento, satisfeito com os resultados da psicoterapia, decide encerrá-la, com o que me ponho de acordo. Paga o que me deve e, na despedida, surpreende-me com um vigoroso abraço. Ligeiramente emocionado, me pego a pensar: "Ah, se todos os casos fossem bem-sucedidos como esse!". Nesse momento, o toque do celular interrompe meu devaneio: "Alô! Doutor Amadeu? Doutor, é o Fernando, o paciente que marcou horário com o senhor às 19h. Desculpa, mas não consegui comparecer à sessão. Falei que sofro de transtorno obsessivo-compulsivo, né? Pois é, ao sair de casa ocorreu novamente o que vem acontecendo cada vez mais frequentemente. Ao chavear a porta, fico em dúvida se desliguei o gás. Volto, confiro o gás, saio e, novamente, uma dúvida cruel me impede de seguir. Sou obrigado a retornar para conferir outra vez se desliguei o gás. E isso acontece milhares de vezes. Já não consigo mais sair de casa. Acho que estou enlouquecendo!" Não titubeio. Pego o carro e subo a serra. Um bom vinho me espera em Canela.

Bibliografia

Foucault M. História da loucura na Idade Clássica. 8. ed. São Paulo: Perspectiva; 2005.

Freud S. Notas sobre um caso de neurose obsessiva. Rio de Janeiro: Imago; 1996. (Edição standard brasileira das obras psicológicas completas de Sigmund Freud; v. 10).

Organização Mundial da Saúde. Classificação Internacional de Doenças – décima revisão (CID-10). 8. ed. São Paulo: Edusp; 2008.

Reich W. Análise do caráter. 3. ed. São Paulo: Martins Fontes; 2001.

49 Fobias (Pânico) na Visão da Psicologia Corporal

Eulina Maria de Carvalho Ribeiro

Introdução

Em 1980, foi apresentada a classificação oficial de síndrome do pânico com a publicação, pela American Psychoanalytical Association (APA), da terceira edição do Manual Diagnóstico e Estatístico de Transtornos Mentais (DSM-III). Naquele período, os ataques de pânico eram concebidos fundamentalmente como uma manifestação direta de uma disfunção neurobiológica, de caráter provavelmente genético. Nessa classificação, a subjetividade de quem sofre com tais sintomas era menos importante que o controle farmacológico dos ataques.

Com a revisão do *Manual Diagnóstico e Estatístico de Transtornos Mentais*, o DSM-5, a percepção de que ataques de pânico – comuns no Transtorno do Pânico – podem aparecer como sintoma, como um especificador, em qualquer dos transtornos. Transtorno do Pânico e Agorafobia foram separados, embora possam continuar apresentando a usual comorbidade.

Desde as primeiras descrições psiquiátricas modernas do referido transtorno de pânico (*panic disorder*), já se podia entrever a participação decisiva de alguns elementos de natureza emocional e de um histórico de ansiedade de separação.

Donald Klein[1] estudou pacientes que, na infância, tiveram dificuldades para se afastar de seus pais, apresentando quadros de desespero frente à separação. Esses dados fizeram Klein pensar o transtorno de pânico como um quadro clínico de origem nos registros cerebrais das respostas atávicas à separação da mãe.

Partindo do ponto de vista de Klein[1], outros pesquisadores sustentaram a hipótese de que a angústia poderia, em uma de suas formas mais contundentes – a da crise aguda de ansiedade – ser reduzida ao estatuto de uma alteração de caráter biológico, geneticamente transmissível, sem que a subjetividade, a história ou a cultura tivessem qualquer relevância em sua manifestação. Houve uma aceitação mundial dessa concepção, levando as pessoas a acreditarem que seria possível abordar as crises de angústia de uma pessoa sem considerar sua própria singularidade. Assim, acreditou-se que medicamentos eficientes seriam a solução rápida para sanar esse mal.

Apesar de o medo ser nosso conhecido desde tempos remotos, só recentemente ele foi classificado em uma categoria específica. O medo e a angústia, que são elementos da fobia, fazem parte do nosso cotidiano; historicamente, o problema da angústia é indissociável de um questionamento do indivíduo sobre sua existência.

Foram classificadas diferentes modalidades de angústia, como medo, terror, susto etc., cada uma descrita com suas respectivas particularidades. Assim, o terror representa uma ameaça constante levando a um estado de angústia intenso, prolongado e paralisante; já o susto é descrito como o medo acompanhado de um impulso à fuga e de manifestações somáticas. O pavor é caracterizado como um medo tão intenso que impede a fuga, e o pânico evoca a dimensão de desordem da crise ansiosa que leva a uma grande agitação. A psiquiatria brasileira considera o pânico uma emoção primária que pode ser observada desde o nascimento e que está diretamente ligada à vida afetiva.

O medo é um estado emocional inerente a qualquer pessoa, principalmente àqueles que atualmente vivem em grandes cidades, onde a violência produz um estado permanente de alerta.

Freud define a fobia como um quadro mais amplo, que vai da neurose de angústia à histeria de angústia, mas que também pode ser um sintoma encontrado na neurose obsessiva e em quadros psicóticos.

Segundo Laplanche e Pontalis[2], Freud chamou de histeria de angústia uma neurose cujo sintoma é a fobia para assinalar sua semelhança com a histeria de conversão. No entanto, existe uma neurose cujo sintoma central é a fobia, que ele chamou de neurose fóbica.

Quando Freud elabora sua primeira teoria da angústia, a fobia é colocada ora como uma patologia que tem um mecanismo psíquico, ora ao lado da neurose de angústia, uma neurose sem mecanismo psíquico.

O caso do pequeno Hans marca uma direção no estudo das fobias: o medo do menino de ser mordido por um cavalo foi compreendido por Freud como angústia de castração: a angústia de Hans está ligada à separação da mãe e ao temor do castigo do pai (complexo de Édipo).

Em "Inibições, sintomas e ansiedade", Freud[3] define a angústia da fobia como uma angústia de castração, considerando a fobia como uma tentativa de solucionar um conflito de ambivalência.

Já em 1926, ao apresentar a segunda teoria da angústia, Freud define a angústia da fobia como uma angústia de castração.

> Quando a ameaça de castração se efetiva, ela engendrará a angústia de castração, cujas consequências serão mais ou menos patogênicas, conforme as relações que esta angústia mantiver com o superego mais ou menos rigoroso. Será função deste cuidar da ameaça citada e pressionar inconscientemente o ego.[4]

Nas fobias simples e nos casos mais complexos, há a força motriz do recalcamento e o temor da castração iminente; na fobia, o ego reconhece o perigo da castração, emite um sinal na forma de angústia e inibe, por meio da regulação prazer-desprazer, o investimento do id. Forma-se, então, o sintoma fóbico: a angústia distorcida se dirige a um objeto diferente. Isso é chamado formação substitutiva, por evitar o conflito e libertar o ego da angústia.

> Uma fobia geralmente se estabelece após um primeiro ataque de ansiedade ter sido experimentado em circunstâncias específicas, tais como na rua, em um trem ou em solidão [...] A conclusão a que chegamos, portanto, é esta. A Ansiedade é uma reação a uma situação de perigo. Ela é remediada pelo ego que faz algo a fim de evitar essa situação ou para afastar-se dela. Pode-se dizer que se criam sintomas de modo a evitar a geração de ansiedade. [...] seria mais verdadeiro dizer que se criam sintomas a fim de evitar uma situação de perigo cuja presença foi assinalada pela geração de ansiedade.[3]

Walter Trinca, psicanalista e pesquisador, vem desenvolvendo trabalhos sobre fobia e pânico há mais de 15 anos. Segundo ele, os dois quadros estão relacionados ao que ele chama "personalidade fóbica".

Trinca[5] utiliza o conceito de self para explicar essa problemática, entendendo que a personalidade fóbica apresenta um modo específico de funcionamento mental, cuja característica principal é a fragilidade do self: "a fragilidade do self permeia todo o drama da fobia, sendo um processo ativo insistentemente reproduzido nos achados clínicos".

Com relação à origem da personalidade fóbica, Trinca acredita que a referida fragilidade do self remete à relação mãe-bebê na comunicação primitiva entre a mãe e a criança, na qual a mãe realiza, para o seu bebê, uma metabolização psíquica da angústia advinda das experiências de contato com o mundo interno e com o externo.

Histórico da análise bioenergética

Alexander Lowen[6] desenvolveu a análise bioenergética a partir de seus estudos e de sua terapia com Wilhelm Reich entre os anos de 1940 e 1952. Essa terapia postulava a entrega aos processos involuntários do corpo e a capacidade de ampliar a potência orgástica.

Naquela época de pós-guerra, uma nova cultura estava se formando, influenciada pelas práticas orientais, questionando os saberes da vida universitária e hospitalar e incentivando as experiências dentro de grupos independentes que foram fundamentais para o desenvolvimento da formulação de teorias e práticas corporais.

Lowen, fruto dessa geração, inquieto, conhecedor dos benefícios das práticas físicas e dos esportes, se surpreendeu com a oferta de um curso que relacionava a identidade funcional do caráter de uma pessoa com sua atitude corporal ou couraça muscular. Ele vinha desenvolvendo um estudo sobre a relação mente-corpo baseado em sua experiência como diretor de esportes em acampamentos de verão, onde experimentava uma melhoria tanto na saúde física quanto na mental depois de um programa regular de atividades físicas.

Estudando o conceito de eurritmia de Jacques-Dalcroze e o conceito de relaxação progressiva de Jacobson, Lowen confirmou sua tese de que o indivíduo poderia ter suas atitudes mentais influenciadas por um trabalho com o corpo.

O estudioso ficou fascinado pela perspicácia de Reich ao compreender a neurose como a supressão das sensações sexuais somada a uma atitude caracterológica, isto é, defensiva, e compreendendo o sintoma como uma expressão. Para ele, o comportamento e a atitude do paciente em relação à sexualidade mostravam um fator econômico no problema da neurose. Nesse contexto, entendia por "fator econômico" as forças que predispõem um indivíduo ao desenvolvimento de sintomas neuróticos. A economia de energia ou a economia sexual de um indivíduo se referem ao equilíbrio mantido entre a carga e a descarga de energia ou entre a excitação sexual e sua respectiva liberação.

Outra postulação de Reich é que a couraça muscular ou as tensões musculares servem para manter a economia em equilíbrio, retendo a energia que não pode ser descarregada.

No início do curso com Reich, Lowen permaneceu cético com relação à supervalorização do papel do sexo nos problemas emocionais. Dois anos mais tarde, em sua terapia com Reich e lendo os "Três ensaios sobre a Teoria da Sexualidade" de Freud, teve um *insight* sobre sua ansiedade inconsciente a respeito da própria sexualidade durante sua infância.

Nessa época, Reich chamava sua terapia de *vegetoterapia caracteroanalítica*, buscando a mobilização dos sentimentos e das sensações por meio da respiração e de outras técnicas corporais que ativam os centros vegetativos e liberam energias vegetativas.

O objetivo do tratamento era aumentar a possibilidade de o cliente se entregar aos movimentos espontâneos e involuntários do corpo por meio de uma respiração mais profunda e, pelas ondas respiratórias, produzir um movimento de ondulação do corpo conhecido como reflexo do orgasmo.

O movimento livre dessa onda denotava a ausência de tensão muscular crônica e era considerado sinal de saúde.

Lowen começou a desenvolver uma abordagem terapêutica que combinasse um trabalho analítico com uma prática corporal mais ativa. Chamou essa abordagem de *bioenergética*, porque sempre acreditou que a energia fosse a chave para o processo de vida.

Para entender melhor o processo analítico de cada cliente, classificou os padrões de comportamento no que chamou *tipos de caráter*. O caráter reflete o padrão de comportamento, de sentimento e de raciocínio de uma pessoa.

Lowen entendia a estrutura de caráter como um mecanismo de sobrevivência, portanto, muito resistente a mudanças. Entendia também que, para flexibilizar essa forte estrutura muscular, era necessário um grande esforço do paciente para mobilizar seu corpo, aprofundar sua respiração e – de posse de mais energia, que antes era usada para manutenção da neurose – ter mais liberdade para se apossar de seus sentimentos e expressá-los.

O caráter é uma resultante de forças opostas: o impulso e as defesas do ego. Lowen acreditava que, se pudermos separar o ego da estrutura de caráter na qual está enraizado, o caminho estará livre para a mudança da estrutura. Para que o paciente se dê conta de que seu caráter é uma formação neurótica que o limita e interfere nas funções vitais do ego, é necessário vencer primeiro as defesas egoicas. Reich[7] escreveu em seu livro *Análise do caráter*:

> *a couraça de caráter forma-se como resultado crônico de choque entre exigências pulsionais e um mundo externo que frustra essas exigências. É em torno do ego que essa couraça se forma, em torno precisamente daquela parte da personalidade que se situa na fronteira entre a vida pulsional biofisiológica e o mundo exterior. Por isso a designamos como caráter do ego.*

Nessa visão, o caráter é somente o modo pelo qual o indivíduo neurótico experiencia seu ego. Quando, na terapia, a estrutura de caráter começa a se quebrar, surge um novo modo de ser, mais espontâneo e mais saudável, porém percebido como estranho.

Para manter um corpo vibrante e saudável, em uma cultura que nos leva à massificação e à negação de nossos desejos, Lowen criou exercícios bioenergéticos que, quando praticados em uma rotina, possibilitariam maior contato com o próprio corpo e com suas necessidades.

O autor desenvolveu uma série de exercícios, como o arco e o arco invertido, pelos quais se aumenta a atividade vibratória involuntária da musculatura sob estresse, quebrando a tensão e a rigidez e ajudando o indivíduo a manter o funcionamento e a integridade do corpo sob pressão.

Ele introduziu o conceito de *grounding*, ou enraizamento, que mostra a capacidade da pessoa de entrar em contato consigo mesma e com o mundo exterior. Para Lowen, o *grounding* é um processo energético em que um fluxo de excitação percorre o corpo da cabeça aos pés. Buscando técnicas que aumentassem as vibrações e com o objetivo de liberar as tensões, desenvolveu a percepção corporal com o chão: o enraizamento.

Além do aprofundamento da respiração e do *grounding*, Lowen foi desenvolvendo outros exercícios que favoreciam a motilidade do corpo em busca de mais espontaneidade e menos rigidez. Para ele, sempre que controle e espontaneidade estão integrados em um movimento, ocorre a coordenação, que reflete o grau de identificação do ego com o corpo.

A leitura corporal é mais um importante recurso da análise bioenergética para a agilização e a confirmação do diagnóstico. Segundo Lowen[8], "o corpo não mente".

Trata-se de perceber, no corpo, onde a energia flui livremente e onde ela permanece estagnada; no segundo caso, impedindo a motilidade e a vivacidade e indicando uma tensão que provavelmente está segurando um conteúdo emocional, já que se acredita na unidade mente/corpo.

Sobre o medo

À análise bioenergética falta ainda uma teoria que dê conta de todos os aspectos da fobia. No entanto, em *Medo da vida*, Lowen[9] faz uma análise de como a angústia de morrer pode ser o grande impeditivo de uma vida mais vibrante. O autor considerou este seu livro mais importante, pois nele faz uma profunda reflexão sobre o medo de ser, questionando a civilização que rouba do ser humano o senso pleno de ser. Esse estado natural e espontâneo nos é tirado com a educação e é consequência da situação edípica que força o ego a assumir uma postura antitética ao corpo e à sexualidade.

Lowen relata que encontrou em quase todos os seus clientes um desejo de morrer proporcional ao grau de medo que sentiam de viver, compreendendo, em sua prática, que toda tensão crônica no corpo é um medo da vida, um medo de se soltar, um medo de ser, que se diferencia do instinto de morte freudiano.

Ainda sobre o medo, Lowen adverte sobre o medo do sexo que, da mesma maneira que a vida, nos assusta por ser imprevisível e estar fora do controle do ego. O sexo é a mais intensa manifestação do processo vital e, controlando o sexo, a pessoa controla a vida.

O ser humano usa o controle para se defender de seus surpreendentes impulsos, e por isso tem tanto medo de "perder a cabeça": estar no controle significa submeter o corpo ao comando do ego.

Perder a cabeça pode ser entendido como enlouquecer. A insanidade também é sentida como uma grande ameaça à vida e como uma perda de si mesmo, uma aniquilação do ego. Para Lowen, as duas sensações que mais ameaçam a personalidade são a raiva e o sexo, porque ambas estão intimamente relacionadas ao medo e à culpa.

Lowen classificou os três principais medos do ser humano como: medo da vida, medo da sexualidade e medo da loucura. É necessário entrarmos em contato com esses medos, senti-los e, aos poucos, por meio da expressão deles, sairmos da paralisia e recobrarmos nossa força de vida. Quem passou por essa experiência sabe o poder que nos dão o autoconhecimento e o contato com nosso verdadeiro self.

Novos paradigmas

A análise bioenergética também foi se desenvolvendo com a brilhante contribuição de seus afiliados, que foram incorporando novos e importantes paradigmas. Não se pode deixar de lembrar de Robert Hilton, Robert Lewis, David Finlay, Bill White, Virginia Wink, Helen Resneck, Guy Tonella e outros tantos que vêm pesquisando e ensinando sobre a importância de uma abordagem relacional que enfatiza a relação terapeuta/cliente. Esse tipo de relação favorece uma ressonância entre a díade, fortalecendo uma qualidade de vínculo que passa a representar um lugar seguro para o paciente.

A importância do vínculo terapeuta/cliente no processo terapêutico é vital para que seja possível restaurar os possíveis danos a que somos expostos durante nosso desenvolvimento. A teoria do apego de John Bowlby[10] é relevante para conhecermos os padrões que foram originados durante a primeira infância.

No processo de crescimento, as crianças atravessam várias fases do amor, precisando organizar os sentimentos e o self organísmico associado a essas fases. O bebê precisa sentir que está sendo cuidado, protegido e alimentado e, assim, se sentir seguro o suficiente para continuar o processo de crescimento.

O vínculo seguro entre a criança e seu cuidador favorece e aprofunda a experiência pessoal de construir uma interioridade e uma subjetividade capazes de usufruir mais plenamente de sua vitalidade.

Guy Tonella[11], um dos pesquisadores da teoria do apego, afirma que o desenvolvimento do self é encarado na aquisição das funções energéticas, sensoriais, tônico-emocionais e de representação e, principalmente, na integração mútua dessas funções. Quando um vínculo entre a mãe e a criança não é capaz de regular e servir de homeostase para as diferentes experiências vividas pela criança durante seu desenvolvimento, e sempre que a repetição e o acúmulo de experiências não puderem ser reguladas, provavelmente isso levará ao desenvolvimento de um trauma, que é chamado trauma de desenvolvimento.

Tonella compara as funções referidas à construção de uma casa, em que a fundação é energética: o metabolismo é produtor de fluxos de energia e de estados de excitação que criam estados de vitalidade e "afetos de vitalidade".[12]

Nesse paralelo com uma casa, Tonella[13] explica:

> O térreo é sensorial: ele produz os estados de consciência de existir fisicamente e de estar vivo (sensações de cansaço/excitação, de fome/sede, de quente/frio, dor/prazer, tensão/relaxamento etc.). Estas sensações nos informam sobre nosso estado homeostático e como regulá-lo;
> O primeiro andar é tônico: a distribuição do tônus muscular em todo o corpo, feita a partir dos 2 anos, permite delimitar (as fronteiras do Self), conter e regular a expressão de si. Ela permite também agir e interagir;
> O segundo andar é emocional: as sensações, sejam provenientes de dentro do corpo ou provenientes de fora, produzem variações no estado emocional. Estas emoções (ternura, medo, tristeza, raiva, alegria etc.) auxiliam na consciência de si e no comportamento de tomada de decisão e de adaptação aos outros e ao mundo;
> Por fim, o terceiro andar é cognitivo e representacional. A partir da idade de 2 a 3 anos, o córtex órbito-frontal, agora funcional, permite traduzir os estados corporais (de vitalidade, sensoriais, tônicos e emocionais) em representações.

Para que se compreenda melhor o que foi exposto, apresenta-se a seguir o relato clínico de uma paciente que apresentou graves sintomas fóbicos durante seu processo de terapia e como a análise bioenergética foi fundamental em seu tratamento.

Um caso de fobia

Maria (nome fictício), 24 anos, chegou ao consultório tão assustada e encolhida que me parecia um coelhinho fora de seu hábitat. Nascera em uma pequena cidade do interior paulista e pertencia a uma família extremamente religiosa. Ao terminar o curso de Psicologia, mudou-se para São Paulo, a fim de fazer um curso de especialização. Foi morar com os tios e, na ocasião, conheceu um amigo dos primos, por quem se apaixonou.

Maria relatou que, durante a infância, sofria de uma doença cardíaca denominada comunicação intraventricular, popularmente conhecida como "sopro", que a estigmatizou como frágil e com pouca saúde até hoje. A doença foi vivida pela família como constante risco de morte.

Outro fato significativo contado por ela foi o alcoolismo do pai, que, quando bebia, se tornava agressivo e extremamente severo com as filhas. Maria é a segunda filha de quatro irmãos; ela e seu único irmão são mais apegados ao pai, e a irmã mais velha, à mãe. A outra, caçula, foi cuidada e protegida por Maria, apesar de terem uma diferença de apenas 8 anos.

Durante o processo terapêutico, Maria foi percebendo seus sentimentos ambivalentes pelo pai, em quem buscava o suporte que nunca havia tido da mãe; ao mesmo tempo, temia sua reação descontrolada pela bebida ou quando, na adolescência, saía com amigos ou namorado.

Chegar à cidade grande, ter de vencer todos os obstáculos que a nova vida lhe trazia, mais o fato de ter se apaixonado e começado a viver mais livremente sua sexualidade foram, em minha opinião, situações que ativaram sintomas fóbicos, impedindo-a de aproveitar o momento com mais intensidade.

Maria passou a temer tudo: seus professores, andar sozinha pelas ruas de São Paulo, lugares com muita gente, incomodar seus tios, ter relação sexual com seu noivo etc. Quando passava por esses momentos, começavam as tonturas, suava frio e tinha uma sensação de desfalecimento. Seu sofrimento era tão intenso que tive de encaminhá-la a um psiquiatra de minha confiança, para aliviar um pouco os sintomas que a acometiam frequentemente, para que pudesse dar conta de sua vida. Seu diagnóstico foi síndrome do pânico.

Ao refletir sobre a intensidade desse medo, lembrei-me do "Pequeno Hans", paciente de Freud que sentia medo de ser mordido por um cavalo. A análise desse caso levou o psicanalista ao entendimento do deslocamento dos sentimentos: o medo dos cavalos correspondia a uma ansiedade referente a um forte anseio reprimido. Por outro lado, pode-se também pensar esse medo com base no impedimento de Hans ir para a rua e para a vida.

Ao compreender a raiz do medo de Maria, fui, primeiro, construindo um vínculo de confiança e um ambiente acolhedor, para que ela se sentisse segura o suficiente, a fim de, aos poucos, apossar-se de seus sentimentos. Sentir a intensidade de seu medo e de sua desconfiança foi uma questão essencial no primeiro momento do processo.

Nosso trabalho, durante muitos anos, tem sido construirmos, juntas, a possibilidade de Maria primeiro poder sentir para depois expressar o medo do desfalecimento. Na língua portuguesa, desfalecer significa perder as forças, mas a raiz é a mesma de "falecimento" ou morte. Muitas vezes, ela chegava às sessões tremendo de modo incontrolável e completamente congelada, sendo preciso muito acolhimento e trabalho corporal para que seu queixo parasse de tremer. Era então tomada por um choro profundo e convulsivo, chegando a berrar como um carneirinho na hora do desmame – aliás, sua boca lembrava-me um bebê procurando pelo seio materno. Nessas sessões em que eu percebia sua excitação e seu medo expressos por um tremor contínuo em sua boca e seu olhar assustado, o principal instrumento foi a maternagem, pois eu acreditava que ela precisava de um colo confiável para descansar, podendo, assim, aceitar o *holding* de que havia sido privada. Aos poucos, fui introduzindo o *reach out* para que ela pudesse buscar o que lhe faltava, assim como uma nova aprendizagem de poder buscar o que precisa.

Nosso vínculo foi se tornando cada vez mais forte, de modo que pudemos aprofundar seu sofrimento até chegar ao medo da "loucura". Em algumas sessões, durante trabalhos de descontrole, ela se permitiu perder a cabeça e viver a intensidade de sua dor: a dor de não ter sentido o amor da mãe por estar sempre ocupada com a demanda de filha mais velha; a dor da frustração de não ter podido chegar mais perto do pai, com medo de seu descontrole; a dor por não ter tido a coragem de viver mais intensamente, sempre com medo de um ataque cardíaco.

Para trabalhar essas questões, utilizei técnicas de aprofundamento da respiração e trabalhos de expressão, com o objetivo de que Maria experimentasse a perda do controle e da "cabeça" sem enlouquecer. Estava certa de que o contato e o vínculo de confiança criado e sustentado a cada sessão possibilitavam esse trabalho.

Nesses anos de terapia em análise bioenergética, Maria foi se fortalecendo o suficiente para realizar seus desejos: casou-se, comprou um apartamento com o marido, teve uma filha muito querida e construiu uma clínica bem-sucedida, tendo se especializado em terapia familiar.

Uma constatação da importância de sua terapia como fortalecimento de suas estruturas emocional e corporal foi ela ter podido enfrentar uma tragédia sofrida por sua irmã: um estupro acompanhado de muita violência. Nessa ocasião, Maria pôde confortá-la com coragem e dedicação, e até mesmo tratar dos assuntos práticos que uma situação desse teor requer, como acompanhá-la à delegacia para fazer exame de corpo de delito. Esse acontecimento de muita exposição foi vivido com vergonha e humilhação, pois elas tiveram de suportar olhares maliciosos dos policiais, que pareciam culpá-las pelo abuso.

Para essa jovem, que trazia como principal queixa o medo de sentir medo, esse triste episódio exigiu muitas sessões de terapia para que ela não ficasse paralisada pelo trauma vivido por sua irmã. Atendendo a seu pedido, recebi sua irmã no consultório, também abalada por meus próprios medos. Foi um momento de muita intensidade emocional, em que, juntas, choramos a violência sofrida. Esse período foi relevante para o processo de Maria, porque ela dividiu os cuidados que sempre teve com a irmã caçula, permitindo minha ajuda e aceitando minha indicação para uma terapeuta de minha confiança.

Considerações finais

Minha compreensão dos sintomas da atualidade, como fobias, depressões inespecíficas, anorexias, bulimias etc. refere-se às perdas da capacidade inerente ao ser humano de sonhar e criar, pois ele perdeu sua ligação com a natureza, com o seu corpo e, principalmente, com a sua singularidade, tornando-se escravo da cultura da imagem, que impõe um padrão preestabelecido de felicidade.

Reich já avisava que a sociedade industrial ameaçava a liberdade dos humanos, escravizando-os a serviço da produção.

Atualmente, o capitalismo perverte a natureza criativa do ser humano, impingindo-lhe valores éticos e ideais de vida. A sociedade contemporânea é definida como a cultura da imagem, em que o instantâneo e a busca pela satisfação imediata e contínua dos desejos são os valores predominantes. Os sofrimentos, como a ansiedade, a angústia e a tristeza, que fazem parte da condição humana, são aplacados pela medicação, em uma busca desenfreada pelo prazer e pela alegria, não se aceitando mais a dor e a frustração como estados naturais que fazem parte do desenvolvimento humano.

Em uma tentativa de alcançar a plenitude e a satisfação, abolindo a falta e o vazio, e vulneráveis à publicidade que traz promessas de felicidade e de satisfação, busca-se a glorificação do eu, mesmo que, para isso, os caminhos sejam os bioquímicos e os farmacológicos. Assim, as drogas lícitas ou ilícitas e os medicamentos prescritos pelo psiquiatra visam a tornar o eu apto à estetização da existência e da performance.

Esse movimento explica os rumos tomados pelo psiquiatra da pós-modernidade, que atende aos interesses clínicos das mudanças e perturbações do humor, sejam elas depressão ou síndrome do pânico, que impedem o sujeito de fazer parte da vida em sociedade. O terror que atrapalha os fóbicos e a apatia dos deprimidos os impedem de fazer parte desse mundo, porque lhes falta o élan vital ou o narcisismo necessário para a inflação do eu. Portanto, é nesse contexto que a psicofarmacologia fornece os instrumentos básicos para a inserção nas demandas do mundo social.

Pensar a clínica bioenergética na atualidade implica problematizar as questões com as quais a prática psi se depara, alicerçada em um compromisso ético e ciente da responsabilidade do psicoterapeuta como formador e agente de saúde. Entendo que toda prática clínica é política, porque está sempre em transformação e, portanto, necessita constantemente de uma ampla discussão a respeito de sua produção política.

Parafraseando Hélio Pellegrino, acredito que, quando resolvemos cuidar de uma pessoa, já tomamos seu partido, ou seja, o que consideramos ser útil para a restauração de sua saúde. Não existe neutralidade nem distanciamento, mas consentimento, aceitação e amor. A pessoa adoece por carência de verdadeiras relações pessoais, portanto aquilo de que realmente precisa é a construção do encontro, e não há encontro que seja impessoal.

Tal encontro propicia que os clientes que apresentam quadros sérios de angústia, ansiedade, fobias etc. possam reparar o desencontro de que foram vítimas no passado, o qual fortaleceu a fragilidade e os danos de sua personalidade.

Embora eu não deixe de acreditar na eficácia da farmacologia para aliviar o sofrimento causado pelos sintomas citados, não acredito que ela possa explicar a origem nem mesmo curar os pacientes.

No relato deste capítulo, Maria, ao chegar à cidade grande, sentiu-se ameaçada pela quantidade de estímulos que intensificavam seus fortes impulsos, os quais sentia como ameaça de vida. Em sua história, havia aprendido que seu corpo não aguentaria muita excitação, como, mais tarde, no auge de seus 20 e poucos anos, apaixonada e livre, suportaria o pulsar da vida.

Nosso trabalho seguiu o seguinte fluxo: fortalecer e dar estrutura a esse corpo para que pudesse dar conta da demanda de sua vida.

Com Reich e Lowen, aprendemos a acreditar na força do organismo e no princípio da autorregulagem sexual como as grandes ferramentas para combater o estrago que nossa civilização tem produzido nos jovens, tornando-os frágeis bonecos ou robôs sem alma.

> *O prazer e a alegria da vida são inconcebíveis sem luta, sem experiências dolorosas e desagradáveis auto-avaliações. A saúde psíquica se caracteriza não pela teoria do Nirvana dos iogues e budistas, nem pelo hedonismo dos epicuristas ou pela renúncia do monasticismo; caracteriza-se pela alternância entre a luta desagradável e a felicidade, entre o erro e a verdade, entre a derivação e a volta ao rumo, entre o ódio racional e o amor racional, em suma, pelo fato de se estar plenamente vivo em todas as situações da vida. [...] A capacidade de suportar o desprazer e a dor sem se tornar amargurado e sem procurar o refúgio no encouraçamento caminha lado a lado com a capacidade de receber a felicidade e dar o amor.[14]*

Para finalizar, gostaria de contar sobre o desenvolvimento da análise bioenergética no Brasil. Em 1980, a convite de Myrian de Campos, iniciamos nossa formação em bioenergética em São Paulo, sendo que muitos de nós já haviam concluído o curso de Reich no Instituto Sedes Sapientiae.

A Sociedade Brasileira de Análise Bioenergética (SOBAB), fundada em São Paulo em 1981, é a primeira instituição brasileira a formar analistas bioenergéticos com certificação internacional. Atualmente, existem no Brasil mais seis instituições com a mesma finalidade, todas filiadas ao International Institute for Bioenergetic Analysis (IIBA) e à Federação Latino-Americana de Análise Bioenergética (FLAAB). O IIBA, as federações e os afiliados vêm trabalhando em conjunto em uma ampla discussão sobre questões referentes à formação, sobre novas pesquisas e publicações e, principalmente, sobre novos rumos a serem tomados, preocupados com a inserção dessa abordagem junto à comunidade científica e aos novos paradigmas que possam contribuir para a eficiência de nossa prática clínica.

Referências bibliográficas

1. Klein D. Anxiety reconceptualized. Comprehensive Psychiatry. 1980;21(6):411-27.
2. Laplanche J, Pontalis JB. Vocabulário da psicanálise. 5. ed. Santos: Martins Fontes; 1970.
3. Freud S. Inibições, sintomas e ansiedade. In: Um estudo autobiográfico, Inibições, sintomas e ansiedade, Análise leiga e outros trabalhos (1925-1926). Rio de Janeiro: Imago; 1969. (Edição standard brasileira das obras psicológicas completas de Sigmund Freud; v. XX).
4. Green A. O complexo de castração. Rio de Janeiro: Imago; 1991.
5. Trinca W. Fobia e pânico em psicanálise. São Paulo: Vetor; 1997.
6. Lowen A. Bioenergética. São Paulo: Summus; 1982.
7. Reich W. Análise do caráter. São Paulo: Martins Fontes; 1989.
8. Lowen A. O corpo em terapia. São Paulo: Summus; 1977.
9. Lowen A. Medo da vida: caminhos da realização pessoal pela vitória sobre o medo. São Paulo: Summus; 1986.

10. Bowlby J. Apego e perda. v. 1. São Paulo: Martins Fontes; 2002.
11. Tonella G. Gagner à en mourir, une civilisation narcissique. Paris: Éditions Hommes et Groupes; 1987.
12. Stern DN. O mundo interpessoal do bebê: uma visão psicanalítica. Porto Alegre: Artes Médicas; 1992.
13. Tonella G. O trauma e a tripla regulagem terapêutica: neurobiológica, relacional e informacional. Revista Latino-Americana de Psicologia Corporal. 2014;1(1):8-27.
14. Reich W. A função do orgasmo. São Paulo: Brasiliense; 1975.

Bibliografia

Birman J. Mal-estar na atualidade: a psicanálise e as novas formas de subjetivação. 6. ed. Rio de Janeiro: Civilização Brasileira; 2007.

Bowlby J. Apego e perda. v. 2. Separação: angústia e raiva. São Paulo: Martins Fontes; 2004.

Bowlby J. Apego e perda. v. 3. Perda: tristeza e depressão. São Paulo: Martins Fontes; 2004.

Bowlby J. Formação e rompimento dos laços afetivos. São Paulo: Martins Fontes; 2015.

Fernandes MH. Transtornos alimentares: anorexia e bulimia. São Paulo: Casa do Psicólogo; 2006.

Freud S. Conferências introdutórias sobre Psicanálise (parte III). Rio de Janeiro: Imago; 1969. (Edição standard brasileira das obras psicológicas completas de Sigmund Freud; v. XVI).

Freud S. Um estudo autobiográfico, Inibições, sintomas e ansiedade, Análise leiga e outros trabalhos (1925-1926). Rio de Janeiro: Imago; 1969. (Edição standard brasileira das obras psicológicas completas de Sigmund Freud; v. XX).

Gurfinkel AC. Fobia. São Paulo: Casa do Psicólogo; 2001. (Coleção Clínica Psicanalítica).

Lowen A. Narcisismo. São Paulo: Cultrix; 1985.

Lowen A. O corpo em depressão. São Paulo: Summus; 1983.

Pelegrini MRF. Abuso de medicamentos psicotrópicos na contemporaneidade. Psicol Cienc Prof. 2003;23(1):38-41.

Pereira MEC. Psicopatologia dos ataques de pânico. São Paulo: Escuta; 2003.

Ribeiro E. Construção e desconstrução: alternativas no tratamento de conflitos. Revista Reichiana. 2008;17.

Stern DN. A construção da maternidade: o panorama da psicoterapia pais/bebê. Porto Alegre: Artes Médicas; 1997.

Tonella G. Trauma et résilience: le corps convoqué. In: Aïn J, éditeur. Résiliences: réparation, élaboration ou création? Paris: Éditions érès: 2007. p. 55-9.

Weigand O. Grounding e autonomia: a terapia corporal bioenergética revisitada. São Paulo: Edições e Produções Person; 2006.

50 Psicoterapia Neurodinâmica nos Transtornos de Personalidade

José Ignacio Tavares Xavier

Introdução

O presente capítulo apresenta o estado atual da evolução dos conceitos básicos da teoria neurodinâmica (ND) e suas implicações para a clínica dos transtornos da personalidade por meio da psicoterapia neurodinâmica (PN). Assim, ele pode e deve ser lido como complemento ao material publicado na primeira edição de *Intercâmbio das Psicoterapias* (2011).

O psiquiatra norte-americano J. Allan Hobson[1] alerta que a alternativa para os psiquiatras e psicólogos do século 21 é "neurociência ou morte". Hobson sugere uma abordagem "neurodinâmica" para a psicoterapia, algo inicialmente proposto em 1925 por A. R. Luria (o avô da neuropsicologia), e que só agora começa a se tornar possível, com o estado atual do conhecimento nas neurociências. Nosso projeto é um esforço nessa direção.

A PN consiste em uma evolução das contribuições pioneiras de Wilhelm Reich reprocessadas à luz das neurociências, do cognitivismo linguístico e da física contemporânea. Agregando o trabalho simultâneo sobre o corpo, a mente e as relações, a PN cria as condições para a emancipação do sujeito por meio das suas próprias vivências, tornando-o o protagonista do processo de mudança.

O que é neurodinâmica?

É o ramo da neurociência que se dedica ao estudo e à compreensão da atividade em curso na rede de neurônios a partir de eventos dependentes da experiência atual. A ND apresenta um caráter eminentemente temporal e dinâmico e concentra-se no estudo das interações ente o ser e o ambiente, bem como das interações entre os diversos segmentos e estruturas que constituem o sistema nervoso.

Ao longo da filogênese*, o sistema nervoso emerge como uma especialização de parte do organismo no sentido de modular a atividade dos órgãos e sistemas do corpo em sintonia com as variações do ambiente exterior. Do ponto de vista funcional, o sistema nervoso se ramifica em domínios especializados em constante retroalimentação, conforme ilustrado na Figura 50.1.

A ND é um ramo relativamente recente das neurociências.[2] Seu objetivo é identificar, rastrear e compreender a dinâmica cerebral em consonância com a experiência do sujeito em interação com os seus ambientes físico, social e simbólico. A natureza do sistema nervoso é "aberta" ao mundo, o que enfatiza a sua condição de agenciador da própria subjetividade em vez da condição de mera "máquina biológica" subalterna, operando nos bastidores da vida.

A perspectiva ND é a chave de acesso para compreender as complexas relações entre o passado vivo (as memórias emocionalmente ativas), a sensopercepção (o presente) e o imaginário (as possibilidades de futuro do sujeito).

---

* Os seres vivos, mesmo os mais primitivos, devem ajustar-se continuamente ao meio ambiente para sobreviver. Para isso, três propriedades do protoplasma são especialmente importantes: irritabilidade (ou sensibilidade), condutilidade e contratilidade. Em um organismo unicelular simples, como, por exemplo, a ameba, o protoplasma de uma única célula é capaz de exercer essas três propriedades básicas. Entretanto, à medida que os organismos se tornam mais complexos, as células vão se especializando em cada uma dessas propriedades e dando origem a um sistema nervoso progressivamente mais complexo e segmentado.

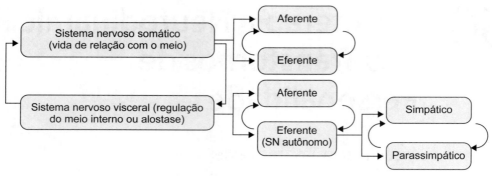

Figura 50.1 Organização funcional do sistema nervoso.

Dada a sua condição monista* e emergentista, o paradigma ND viabiliza a apreensão, em um único movimento, da dinâmica cerebral entre as memórias, os usos e os costumes do corpo, a dimensão mental da experiência e a própria dinâmica relacional do sujeito no aqui e agora da sua existência.

Entendem-se por dinâmica relacional as interações intersujeitos livres das armadilhas das relações de poder ou de falso contato. Nas relações de poder, existe uma dinâmica de dominação/submissão (p. ex., as relações entre guru e discípulo) e, nas relações de falso contato, a interação se dá entre um sujeito e a imagem que ele faz *do* Outro, e não *com* o Outro em si (p. ex., as relações em que predominam os estereótipos de racismo, sexismo ou intolerância religiosa).

O que é psicoterapia neurodinâmica?

A teoria ND possibilita o surgimento de uma nova modalidade de prática clínica, a PN. Em termos gerais, a PN é um dispositivo psicoterapêutico que trabalha os atos de linguagem e os agenciamentos** corporais da experiência em uma moldura clínica balizada pela interação da dupla terapêutica.

Nesse dispositivo, paciente e psicoterapeuta engajam-se em uma relação entre "iguais com funções distintas". Não existe um poder previamente outorgado ao psicoterapeuta sobre a realidade do Outro. Assim, a construção de novos sentidos para a experiência é uma tarefa a quatro mãos, duas consciências e duas inconsciências.***

A missão do psicoterapeuta ND consiste em evitar interpretações preestabelecidas acerca da realidade do sujeito, características das diversas tradições psicológicas do século 20. Também não lhe cabe a prescrição de pautas de reorganização comportamental ou de gerenciamento de emoções e cognições. Trata-se, portanto, de uma prática não interpretativa e não diretiva que busca a abertura da atenção consciente**** para as novas possibilidades contidas na experiência do presente. A PN é uma psicoterapia da atenção e do presente.*****

---

* Aplicado às ciências da interface mente/cérebro, o termo *monismo* implica que tanto a atividade mental como a cerebral são constituídas da mesma substância, isto é: pertencem à mesma ordem de fenômenos, embora elas possam constituir aspectos distintos de uma mesma coisa (ou monismo de dupla face). A perspectiva monista difere da perspectiva dualista, que considera que mente e cérebro são fenômenos distintos e expressam duas ordens de coisas ontologicamente distintas.
** Capacidade de interação de uma pessoa, ou de qualquer ser vivo, com um dado ambiente.

*** No paradigma ND, a distinção consciente/inconsciente é um processo que independe do mecanismo atencional. A consciência é um campo muito mais amplo que a atenção, e a reportabilidade (ou o "dar-se conta") depende da flutuação da atenção, que captura conteúdos no campo da consciência e possibilita a sua reportabilidade, isto é, sua transcrição em termos de linguagem. Em suma, nem tudo o que é consciente é atendido, e só aquilo que é objeto da atenção consciente pode se transformar em palavra.
**** Refere-se à capacidade de os conteúdos privilegiados pela atenção alcançarem um estado de reportabilidade linguística consciente. A reportabilidade não é a consciência em si, mas a sua articulação com as propriedades de agenciamento (*agency*), autoposse (*ownership*) e discursividade sobre alguns dos aspectos da consciência; esta, por sua vez, constitui o campo de colheita dos atos de atenção.
***** No paradigma ND, a atenção é o elemento que promove a seleção de campos para o potencial conteúdo da consciência reportável (i. e., capaz de ser transcrita como discurso linguístico) em estado de fluxo. O processo atencional emerge da necessidade evolucionária de se

Para assegurar tal posição, a teoria e a observação devem interagir dinamicamente, a fim de evitarem as armadilhas do reducionismo impessoal dos modelos estritamente científicos, bem como das meras observações emocionais e autoconfirmatórias – típicas dos sistemas pré-científicos de conhecimento.

São objetivos imediatos da PN a otimização da vitalidade orgânica (pulsação) e o incremento da consciência corporal e da capacidade de sentir, reconhecer e lidar com as próprias emoções.

A partir da detecção de padrões estereotipados do comportamento emocional e cognitivo que "engessam" a atenção consciente, a PN tem como objetivo final promover a capacidade de emancipação do sujeito frente às repetições neuróticas que sequestram a sua capacidade de elaborar novas alternativas existenciais para os "problemas de sempre".

Ao descrever a perspectiva reichiana, Cozolino[3] enfatiza que as organizações precoces (os traços de personalidade e suas consequências para o funcionamento da rede neural) tomam forma em todos os níveis do sistema nervoso, tornam-se codificadas em todo o nosso ser e são – como o ar que respiramos – invisíveis ao próprio indivíduo. Segundo Cozolino, as defesas (um termo de época) identificadas por Reich refletem memórias emocionais das experiências pré-verbais primitivas que estão armazenadas nas redes das memórias sensoriais, motoras e emocionais precoces. Assim, a mera compreensão intelectual de um problema psicológico não resulta em mudança, a menos que venha acompanhada de uma maior integração com as emoções, com as sensações e com o comportamento. Por isso, "a evocação da emoção acoplada à atenção consciente é o que mais parece resultar em redução de sintomas e crescimento pessoal".[3]

É desejável, portanto, que o processo terapêutico utilizado no tratamento das desordens da personalidade envolva tanto o afeto *quanto* a dimensão cognitiva e o comportamento psicomotor, a fim de criar o ambiente apropriado para a integração de circuitos neurais dissociados.

---

selecionar um aspecto ambiental para processamento sustentado enquanto se descartam outros aspectos. A atenção responde pela sustentação de conteúdos na memória de trabalho e viabiliza o ato de "dar-se conta" (*awareness*) que torna declarável, em termos verbais, aquele aspecto da experiência que alcançou a condição de objeto do foco da atenção consciente.

Conceitos-chave da neurodinâmica

A seguir, serão apresentados alguns conceitos-chave para a apreensão e a construção da realidade de acordo com a teoria ND.

Membrana plasmática e monismo impulsional

Em dado momento da evolução do planeta, as condições ambientais possibilitaram que a vida se constituísse a partir das combinações entre elementos inorgânicos. A composição de formas orgânicas de vida se caracteriza pela presença do fenômeno de membrana, um divisor de águas entre os domínios orgânico e inorgânico do mundo natural.

A membrana plasmática é a estrutura que delimita todas as células vivas. Formada pela combinação de moléculas de lipídios, proteínas e açúcares, ela estabelece uma fronteira permeável entre dois meios aquosos: o intracelular e o extracelular.

Para a manutenção da vida no nível celular, é necessário que haja o trânsito de moléculas iônicas entre os dois lados da membrana. Assim, a célula deve importar do meio externo os nutrientes para a respiração e para o seu metabolismo – isto é, a produção de energia – e liberar as substâncias produzidas em seu interior (tóxicas ou não) para que o ciclo vital se mantenha.

O trânsito de partículas iônicas (i. e., com cargas elétricas positivas ou negativas) entre os dois lados da membrana cria diferenças de densidades e de potencial elétrico entre os meios líquidos, o que ocasiona uma variação na tensão de superfície entre os dois lados da membrana.

A tensão superficial pode ser facilmente reconhecida na formação das gotas de chuva, por exemplo. Ela é um fenômeno que emerge na interface entre o ar e a água em função de suas diferentes composições químicas e respectivas densidades. Assim, a diferença de tensão entre a água e o ar faz com que a água se feche sobre si mesma, assegurando sua coerência intrínseca e formando o pingo de chuva. Caso os padrões de organização molecular e densidade fossem idênticos em ambas as substâncias, o ar se misturaria com a água e os poetas não teriam a chuva e nem as lágrimas como fonte de inspiração.

No nível celular, a tensão superficial confere um formato ovoide às células, que, de outro modo, seriam completamente circulares. Assim, o movimento de respiração celular apresenta uma "pulsação": a célula se expande ao incorporar nutrientes e água ao meio intracelular e, em seguida, se esvazia e diminui de volume ao eliminar água, catabólitos e secreções.

Reich[4] postulou uma origem biológica para a energia libidinal e sua dinâmica impulsional no âmbito da teoria psicanalítica, articulando-a com a biofísica de Hartmann. Transpondo o modelo para o plano psíquico, Reich advogava que os movimentos de expansão e contração da célula seriam o substrato biofísico dos impulsos de autoconservação (IAc) e dos impulsos sexuais (ISex).

O risco de morte celular aparece com maior intensidade nos pontos extremos do ciclo da pulsação celular, seja por rompimento (na inturgescência) ou por colapso (na deturgescência). Assim, tanto a diminuição quanto o aumento excessivos da tensão superficial exigem a expressão do IAc e do ISex para que o ciclo inverta sua fase e a célula siga vivendo.

Reich correlacionou os protótipos do IAc com a inturgescência (aumento do volume citoplasmático) e os do ISex com a deturgescência (redução do volume citoplasmático). Assim, o modelo científico-natural da teoria psicanalítica sustenta que:

- A impulsão libidinal é monista (IAc e ISex são funções de um único impulso vital; Figura 50.2)
- O domínio psíquico é uma extensão operacional do plano biológico
- O aparelho psíquico opera sob a égide do algoritmo dialético IAc ↔ ISex.

Ao longo de todo o ciclo de pulsação, o contato com o mundo exterior é um fato; porém, do ponto de vista funcional, a expansão celular implica *consumo* para o suprimento das demandas internas necessárias à vida e *diminui o desprazer*. Apenas a *produção* de trabalho (via eliminação de substâncias ou divisão celular) é que poderia dar origem às expressões de *prazer propriamente dito*, que aparecem na dimensão psicobiológica como experiência da sexualidade e suas sublimações produtivas.

O modo de relação com o mundo expressa o viés do ciclo libidinal

O corpo humano vivo é delimitado por uma grande membrana porosa – pele e órgãos dos sentidos – que pulsa em interação com os eventos exteriores, ora em modo de consumo (IAc), ora em modo de produção e prazer (ISex).

A existência da membrana é um fato que engendra uma resistência, que se expressa como pulsação. O grau de vitalidade de um organismo é proporcional à sua capacidade para a pulsação.

A função IAc assegura a sobrevivência pelo consumo, e a função ISex responde por todos os tipos de produção de amor, trabalho e conhecimento – fontes da vida e que deveriam também governá-la.

Porém, em face do processo civilizatório inerente à condição humana, o ciclo sofre distorções que desequilibram o seu balanço ideal, e o exame das estruturas de personalidade revela um predomínio do modo IAc ou do modo ISex na interação com o mundo. A estrutura geral da personalidade é o correlato psíquico da resistência imposta à pulsação biológica.

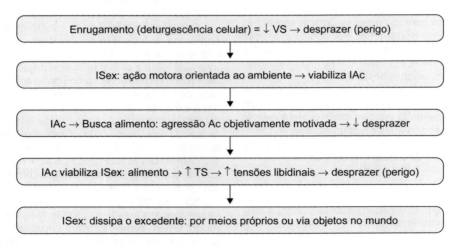

Figura 50.2 Dialética impulsional da energia libidinal.[4] TS: tensão superficial; IAc: impulso de autoconservação; ISex: impulso sexual.

As aparências podem iludir o observador pouco treinado na identificação da dinâmica vital, pois o caráter monista e dialético do impulso pode "mascarar" o objetivo real das interações com o mundo.

No contexto da PN, cabe à dupla terapêutica identificar o modo prevalente de operação do ciclo impulsional para além da aparência imediata de suas interações com o mundo, que podem sugerir uma posição de prazer e produção quando, na realidade, o que impera é a mera satisfação de necessidades no afã de eliminar o perigo, como no caso que será descrito a seguir. Todos os casos clínicos deste capítulo contam com nomes e profissões fictícios, mas as idades e as datas são reais.

Caso clínico | Rocco

Rocco, um jovem escritor de 27 anos, procurou terapia em maio de 1998, para lidar com a sua compulsão sexual. Bonito, sedutor e com uma conversa interessante, Rocco acumulava casos amorosos, embora estivesse em uma relação estável havia mais de 2 anos. Ele e a namorada moravam em casas separadas, e ela tinha uma filha de 10 anos.

Em uma das sessões iniciais, Rocco revelou que costumava ir até a casa da namorada ao final do dia; brincava com a enteada antes do jantar e, após a refeição, costumava ficar um pouco com a namorada e depois ia para a sua própria casa. Lá, ficava lendo e escrevendo enquanto esperava pelo telefonema de boa noite da namorada. Após a ligação, aguardava mais alguns minutos até que a namorada desse um segundo telefonema, para assegurar-se de que ele estava mesmo em casa. Após o segundo telefonema, Rocco aguardava mais alguns minutos e então saía para as suas conquistas noturnas, mesmo com certo grau de remorso e angústia pelo comportamento compulsivo (o motivo que o levara a buscar ajuda profissional).

Passados alguns meses de terapia, Rocco começou a revelar mais detalhes, informando que a sua compulsão por mulheres era ainda maior do que havia me contado anteriormente. Ele revelou: "sabe, não me basta pegar novas mulheres bonitas a cada semana... Eu *preciso* fazer sexo com qualquer tipo de mulher: velhas, feias, gordas, estranhas". Interroguei o motivo dessa atividade frenética e praticamente obrigatória, ao que ele respondeu: "Acontece que, se não for desse jeito, eu não me sinto homem... Sentir tesão por mulher bonita é muito fácil, até viado sente."

Assim, progressivamente, foi ficando claro que o que estava em jogo para Rocco não era o hedonismo à disposição de um homem jovem, belo e talentoso, e que ele, na realidade, vivia terrificado com a possibilidade de sua identidade de gênero não ser tão confiável quanto ele precisava que fosse. Assim, o que parecia ser uma grande atividade vital em forma de ISex, na verdade escondia um frenesi alarmado movido às custas do IAc, o que provocava o comportamento compulsivo para a mera sobrevivência da sua identidade sexual no plano psicobiológico.

Pulsação

Oscilação e vibração são características inerentes ao movimento das partículas atômicas e subatômicas que compõem o universo natural conhecido. No tópico anterior, vimos que, nos seres vivos, a matéria se organiza a partir do fenômeno de membrana. A membrana biológica impõe uma resistência ao movimento universal das partículas e implica um fenômeno original, a pulsação, que foi definida por Reich como a função vital básica.

A pulsação difere dos fenômenos de oscilação/vibração universais por apresentar um padrão de onda de fase assimétrica, ao contrário da oscilação/vibração, que se caracteriza por padrões de onda simétrica ou em curva de sino.[5]

Nos seres humanos (e nos seres vivos, em geral), a pulsação pode ser identificada com maior clareza na expressão pulsátil da onda respiratória, cuja fase inspiratória ocorre em um período mais curto que a fase de expiração, configurando um padrão de onda de fase assimétrica. A pulsação constitui o índice por excelência do grau de vitalidade de cada organismo em particular.

Na PN, a pulsação é objeto da atenção da dupla terapêutica, com o objetivo da máxima restauração possível do padrão vital original da pessoa. A pulsação é sempre restringida em algum grau pelos bloqueios impostos à fisiologia natural do corpo por demanda da "educação" emocional (p. ex., a exigência comum de "engolir o choro", que implica contenção da respiração e contração da musculatura fonatória).

Os bloqueios à capacidade original para a pulsação expressam os efeitos continuados das tradições, da cultura e da sociedade que se instauram no sujeito por meio do regramento dos usos e costumes do corpo e, por extensão, da sua subjetividade, conforme o modelo impulsional reichiano.

Caso clínico | Camilo

Camilo, um funcionário público de 33 anos, casado, procurou tratamento por conta de taquicardia persistente e episódios recorrentes de falta de ar e vivências de estranhamento de si mesmo ou da realidade à sua volta. Certa vez, ao sair de uma reunião em Copacabana, sentiu-se momentaneamente desorientado em relação a que caminho tomar de volta ao seu escritório no centro da cidade. Na semana seguinte, Camilo fez o seguinte relato do episódio: "Quando saí do elevador e cheguei na calçada, me senti perdido, não sabia para que lado ficava o centro do Rio; meu coração disparou, achei que fosse desmaiar. Então, fiz um tremendo esforço mental e 'rodei' mentalmente o mapa da cidade em minha cabeça, até que consegui me localizar e tomar o rumo certo para pegar a condução de volta ao trabalho. Mesmo assim, passei o dia me sentindo estranho e com sensações esquisitas no corpo; ficava o tempo todo pensando em doenças".

O processo psicoterapêutico de Camilo se desenrolou em boa parte no plano das experiências corporais, e ele sempre se mostrava atraído e, ao mesmo tempo, temeroso em relação aos estímulos corporais. Ao longo do processo terapêutico, Camilo foi descobrindo que gostava de homens e, progressivamente, se abrindo em relação a essa realidade (embora tenha mantido o casamento com uma mulher), o que lhe trouxe grande alívio.

Porém, toda uma vida vivida sob ansiedade e tensão emocional persistentes (o histórico familiar de Camilo foi eliminado dessa vinheta) havia criado novos padrões de interpretação da realidade para ele. Certa vez, durante uma sessão corporal, ele subitamente parou o movimento, me olhou assustado e começou a tomar o próprio pulso. Perguntei o que se passava, e ele me respondeu, com jeito de menino assustado: "Acho que morri, não estou sentindo o meu coração bater..." O abrandamento dos bloqueios somestésicos* e da ansiedade crônica promovida pela PN havia produzido uma redução significativa dos seus sintomas somáticos de ansiedade e ajudado a recuperar a sua capacidade de pulsação respiratória, mas Camilo ainda interpretava os sinais de alívio das tensões somáticas como um perigo de morte. O desparecimento da taquicardia crônica era um indicador de melhoria parcial do seu quadro clínico, mas ainda havia um descompasso entre as sensações corporais e a respectiva interpretação mental dos eventos corporais, o que demandou um tempo adicional de psicoterapia até que ele perdesse o medo de não sentir mais as palpitações que lhe davam a certeza de estar vivo.

Dinâmica relacional

A constante evolução no campo da física vem produzindo um novo entendimento da própria *dinâmica*, cujas relações unidirecionais de causa-efeito vêm sendo paulatinamente substituídas por uma dinâmica relacional de tipo *interativo* (Barbour *apud* Haldane[5]).

Todo acontecimento, desde a criação de uma estrela até a germinação de uma semente, passando pelos acontecimentos da vida de uma pessoa, é uma interação multidirecional *entre* partículas, corpos, sistemas e substâncias, e implica modificações mútuas das condições iniciais de cada elemento envolvido na interação. Os efeitos dessas interações ocorrem no ambiente próximo ou à distância, tanto no espaço como no tempo.

A interação entre os genes e o ambiente é uma via de mão dupla. A biologia afeta o ambiente, mas o meio também interfere nas funções biológicas e na própria expressão gênica. O surgimento de uma fêmea no ambiente eleva os níveis de testosterona nos ratos machos, e a hipoperfusão crônica do fluxo sanguíneo regional produz uma hipoativação (i. e., uma depressão) dos córtices pré-frontais.

A formação da personalidade acompanha o neurodesenvolvimento – em particular dos hemisférios cerebrais –, cuja maturação das funções cognitivas e executivas carrega a cultura para o interior do corpo vivo. A maturação dos hemisférios cerebrais implica formação de conexões sinápticas inibitórias *top-down*** via alça

---

* Somestesia (bloqueios somestésicos): refere-se ao sistema sensorial geral do corpo (ou sistema somatossensorial), responsável, como o próprio nome indica, pelas experiências sensoriais detectadas por órgãos sensitivos que não pertencem aos sentidos especiais (visão, audição, paladar, olfação e equilíbrio), restritos à cabeça e ao contato primordial com o ambiente. Os receptores sensitivos do sentido somático geral encontram-se espalhados por todo o corpo e evocam as modalidades perceptuais de tato, dor, propriocepção (sentido de posição geral do corpo e movimentos corporais) e sensações térmicas.

** Também conhecidos como processos *global to local* ou de *causalidade descendente*. Nesse caso, as características globais do sistema governam ou constrangem as interações locais. Os efeitos descendentes apresentam uma forma diferente dos efeitos ascendentes, manifestando-se tipicamente por meio de modificações dos parâmetros de controle e das condições de fronteira, isto é: os limiares de parâmetros que definem pela mudança dos padrões, abrindo ou fechando uma fase e respondendo pelo fluxo da atividade em seus diversos e simultâneos níveis: cognitivos, emocionais, somatossensoriais e autonômicos mais que por meio da simples interação dinâmica das variáveis em curso.

frontossubcortical*, que modificam as condições naturais das funções corporais e das emoções.

A "colonização" cultural das funções do corpo e das emoções emergentes implica segregação de informação no sentido *bottom-up***, que agencia um "recorte" seletivo dos estímulos ascendentes do ERTAS***, formando a couraça sensitivo-visceral (*i. e.*, as informações sensoriais viscerais, somestésicas e dos sentidos especiais – visão, audição e tato – que constroem a vida de relação; ver Figura 50.1). O resultado é o sujeito da estrutura da personalidade, com a criação de um novo filtro AT dependente das interações durante os anos formadores da infância e da adolescência.

A apresentação global da personalidade é uma formação ND constantemente atualizada na rede neuronal; é uma espécie de *fluxo online* que pode ser identificado (e abordado) por meio da postura axial, da dinâmica corporal no espaço, dos bloqueios à pulsação vital, da linguagem verbal e das memórias emocionais de procedimento.

Portanto, o termo "caráter" (que deriva do grego e implica o ato de gravar algo sobre uma superfície) utilizado por Reich soa hoje como uma metáfora inapropriada e obsoleta, pois retrata a pessoa como um ente passivo diante de um agenciamento "de fora para dentro" que a marca de modo indelével.

Do ponto de vista dos sistemas de classificação e diagnóstico, o item sensível é o fato de o ponto de corte entre normalidade e patologia ser extensivamente arbitrado pela cultura. Esse é outro tópico que merece ser revisto: até que ponto uma característica individual sobrevive em ambientes e circunstâncias diversas? É necessário, portanto, observar a interação da pessoa em ambientes distintos (p. ex., em casa, na escola e no clube) antes de se atribuir a condição de traço problemático a qualquer uma de suas características de funcionamento.

É mandatório, portanto, conferir e tornar a revisar a impressão inicial que uma pessoa nos provoca antes de formar um juízo clínico a propósito de sua estrutura, pois a impressão clínica – ainda que embasada em dispositivos estruturados, como um inventário de personalidade – decorre sempre de uma *interação relacional singular*.

O funcionamento saudável requer a participação mútua da experiência corporal, dos sentimentos e da cognição. No contexto da PN, as "resistências" contidas nos "traços de personalidade" não configuram fenômenos defensivos ou patológicos: elas apenas expressam as propriedades emergentes**** das memórias emocionais ativas em longo prazo e da tríade inerente ao desenho da rede de neurônios, descritas por Franco[6] como filtros de omissão, generalização e distorção.

Atenção

A atenção (AT) é uma função mental superior, cuja descrição psicológica original foi objeto da obra de William James. Segundo James[7], a AT apresenta um foco e uma franja, e sua principal característica é o fato de operar "aos puxões". Assim, ora o foco da função AT é "puxado" pelos eventos mentais (a concentração focal exigida para a leitura deste texto), ora é "puxado" pelos eventos ambientais (o celular que vibra indicando que chegou uma mensagem).

A propriedade alternante da AT foi posteriormente elucidada em termos neurofisiológicos por Posner (*apud* Lent[8]) e expressa a dualidade característica da função AT, cujo foco se atrela, alternadamente, entre os eventos ambientais (AT sensorial) e os eventos mentais (AT psíquica ou mental). Analogamente, pode-se dizer que o regime AT apresenta uma "pulsação" alternante

---

* Termo genérico que se refere ao conjunto de estruturas, regiões e rotas do sistema nervoso que dão suporte aos mecanismos efetores e possibilitam a ação do organismo em interação com o ambiente. Subdivide-se em três circuitos principais: o circuito pré-frontal dorsolateral possibilita a organização da informação de modo a produzir uma resposta global coerente; o circuito cingulado anterior é fundamental para a motivação; e o circuito orbitofrontal torna possível a integração da informação emocional e sua expressão como respostas de comportamento. Disfunções executivas, apatia e impulsividade são os achados mais característicos de disfunção da alça frontosubcortical.

** Processos que emergem como resultado de atividade local (p. ex., processamento unissensorial de um estímulo visual) e apresentam suas próprias características, duração temporal e domínios de interação; também conhecidos como processos *local to global* ou de *causalidade ascendente*.

*** Extended Reticulo-Thalamic Activation System: conceito proposto por Newman e Baars em ampliação ao conceito original de Sistema Ativador Reticular (SAR) de Moruzzi e Magoun. O ERTAS é considerado o conjunto neurodinâmico responsável pelo grau de atividade das distintas regiões cerebrais, pela flutuação entre os estados de sono e vigília e pelo próprio regime basal da função AT. Agenciamentos inibitórios no âmbito do ERTAS podem se refletir no funcionamento da atenção e na própria constituição do campo da consciência.

**** Emergentismo (ou propriedades emergentes): teoria filosófica que afirma a existência de níveis de realidade com propriedades distintas: o mental surge, emerge e depende dos processos biofisiológicos, porém, as suas propriedades apresentam diferenças qualitativas. Os processos mentais são uma propriedade emergente dos processos cerebrais subjacentes. A relação mente/cérebro é uma relação entre diferentes subsistemas cerebrais ou entre estes e outros subsistemas do organismo.

entre os domínios mental e sensorial, pois a clínica da PN identifica uma *assimetria de fase* entre os tempos de captura da atenção.

Nos seres humanos, a AT mental normalmente prevalece sobre a AT sensorial, dada a extensão do ambiente cognitivo viabilizado pela encefalização.* A encefalização cria um espaço mental amplo tanto para a *distração* do foco mental – evitando o contato com os conteúdos emocionais incômodos e criando uma condição de falso contato AT – quanto para a permanência ativa (i. e., emocionalmente carregada) das memórias autobiográficas de longo prazo.

O trabalho clínico sobre a função AT é um dos eventos-chave na clínica da PN. Os modos de "engessamento" do regime AT expressam uma singularidade da personalidade tanto quanto qualquer um dos traços do Big Five.** Ao longo das interações infantis entre o indivíduo e o seu ambiente físico, emocional e social, cria-se – forçosamente, em resposta ao tipo de educação emocional recebido – um nível adicional de seletividade AT dependente da experiência, que se automatiza sob a forma de *couraça atencional*.

"Desnaturado" pela interação persistente com o meio, o regime AT fisiológico sofre alterações no seu padrão de "pulsação basal" (a alternância entre a AT mental e a AT sensorial) decorrentes da necessidade de se desviar o componente emocional da experiência. Isso explica as sequelas ND cognitivas e atencionais decorrentes da automatização das manobras corporais exigidas para se "engolir o choro", por exemplo, pois não basta conter o impulso muscular que viabiliza a expressão emocional: é preciso também *distrair* a AT com outra coisa.

Como observa Haldane[5], a perda do contato decorre da redução da pulsação psicobiológica e constitui uma consequência de uma interferência, de um "entre" agudo (*a strike between*) que separa a pessoa de si mesma (separação Eu/Self), como será visto no caso clínico a seguir.

Caso clínico | Betina

Betina, 44 anos, casada, alta executiva, procurou tratamento em fevereiro de 1993 após um processo terapêutico prévio. Era uma mulher alta e de aparência jovem, de pele fosca e sempre com uma expressão facial impassível e movimentos corporais rígidos. Formal, contida e sempre elegantemente vestida no melhor figurino "mulher de negócios", foi objetiva quanto ao motivo da consulta: "Estou aqui para elaborar o luto da morte da minha mãe, há 6 anos. Vim por indicação da minha antiga psicóloga". Estimulada a falar um pouco mais, Betina disse que perdeu o olfato após a morte da mãe e que não conseguia chorar a sua perda, apesar das frequentes e perturbadoras lembranças do sofrimento materno que a emocionavam em diversos momentos ao longo dos dias.

Abrindo-se um pouco, contou ter perdido a virgindade tardiamente (aos 25 anos) com o seu chefe, de quem fora amante por um período até que ele se divorciasse da primeira esposa. Betina revelou então, com uma ponta de amargura, que era incapaz de ter orgasmos e que não se sentia envolvida com as coisas boas da vida; comentou que não ligava muito para isso, mas sentia falta de saber dançar, embora tivesse feito aulas de dança de salão algumas vezes.

Exceto pelas entrevistas iniciais, Betina pouco falava e o processo psicoterapêutico aconteceu exclusivamente no plano das experiências corporais, por meio do uso das MeSAs.*** Três meses após o início do processo (ela fazia uma sessão por semana), surgiu o primeiro sinal de reentrada de conteúdos emocionais na AT consciente (*conscious awareness*), quando, durante um dos estímulos de sensibilização ocular (alternando o ponto de mirada visual entre um ponto imaginário no teto e a ponta do próprio nariz), ela começou a apresentar sobressaltos (reflexos de susto). Após o estímulo, relatou: "Sensação de estar com

---

* Encefalização (coeficiente de): a razão de proporção entre o tamanho cerebral real e o tamanho esperado em função do tamanho do corpo. Valores de quociente de encefalização inferiores a 1,0 indicam cérebros menores que o esperado; valores superiores a 1,0 indicam cérebros maiores que o esperado.

** O Big Five é um conhecido sistema de classificação dos traços de personalidade (McRae e John, 1992) e encontra-se sumariamente explicado na versão de 2011 do presente capítulo.

*** Metáforas somáticas ativadoras ou invariantes do comportamento emocional humano: também conhecidas como *actings* pela escola de Navarro. Os invariantes não verbais do comportamento emocional humano são comportamentos instintivos de ligação emocional identificados por diversos autores (Darwin, Eibl-Eibesfeldt, Spitz, Mahler, Bowlby, Piaget e outros), sendo utilizados na PN com o intuito de promover facilitações da experiência subjetiva pela via *bottom-up*. Presume-se que a ativação de padrões inatos do comportamento de ligação emocional acione – a partir de uma ação inicialmente voluntária – memórias emocionais "encapsuladas" pela ação inibitória da alça frontossubcortical (alça executiva pré-frontal), responsável pela inibição do comportamento, pela seleção atencional e pela manutenção de um cenário interno que faz projeções futuras (expectativas, imaginação) para a sequência dos acontecimentos.

o corpo todo retesado... A sensação é maior na barriga... parece que vai sair algo daqui".

Semanas se passaram e ela voltou a apresentar sinais de recuperação da pulsação e da AT consciente emocional durante a sensibilização do segmento oral (movimentos de mastigação ativa, mordendo uma toalha): movimentos espasmódicos do diafragma, com expirações fortes e bruscas. Ao final, relatou: "Me vieram duas imagens à mente: a minha mãe mastigando era contra mim, o meu pai mastigando dava sensação de segurança".

Na sessão seguinte, Betina rompeu o seu habitual silêncio e comentou que haviam surgido manchas roxas nas pernas e que havia tido muitas dores de estômago ao longo da semana, mas que se sentia menos anestesiada e que tivera um episódio de choro, precedido de muita tensão e dor na nuca.

Uma semana depois – sob o mesmo estímulo –, ela apresentou um movimento de choro diafragmático convulsivo, porém "travava" a boca firmemente e não deixava escapar qualquer som. Ao final, comentou, apontando para a própria barriga: "Parece que tem um boi aqui dentro".

O processo de Betina caracterizou-se pela alternância de períodos de até 3 meses em que aconteciam apenas respostas motoras e viscerais, sem significado aparente, intercalados com episódios de recuperação da atenção consciente ao conteúdo emocional traumático. Um mês depois do relato acima, ela voltou a apresentar contraturas abruptas do diafragma, com eructações violentas, e comentou: "É a presença da minha mãe... apenas a imagem dela".

Outro mês se passou e o trabalho corporal mudou de fase.* As sessões com o estímulo do sorriso social mantiveram o mesmo padrão de resposta motora durante 2 meses, até que ela voltou a exibir sinais de restauração da pulsação respiratória, da sensibilidade e da atenção aos conteúdos emocionais relevantes: observei uma enorme tensão, visível, na região submentoniana (abaixo do queixo). Betina começou a balançar violentamente a cabeça e a fazer movimentos bruscos de sobressalto com os braços vindo para diante do rosto, em um gesto de se esconder. Ao final, emitiu alguns sons fortes e a respiração tornou-se mais profunda. Betina relatou: "Senti a minha vagina viva (faz um movimento de pulsar com a mão). Vi o perfil de minha mãe, os olhos evidentes. Não sei dizer qual era a expressão do olhar".

Passaram-se 8 semanas e, na primeira sessão de janeiro de 1994, a imagem da mãe voltou à cena da atenção consciente de modo breve e parcial, junto com o bloqueio da pulsação respiratória. Na ocasião, o estímulo corporal consistia em manter o olhar atento a um ponto imaginário no teto, sustentando a boca completamente aberta por um período longo de tempo. Observei as usuais respostas motoras (balanços violentos da cabeça) e autonômicas (arrotos persistentes), mas o tórax de Betina permanecia inflado e imóvel. Ao final do estímulo, ela comentou: "Sinto que fico sem movimento aqui (aponta o tórax)... Alguma coisa, minha mãe no meio, mas não sei o que é".

O trabalho corporal mudou de fase** e provocou nova ressurgência do drama materno na AT consciente, porém a denegação e a racionalização presentes sugeriam a presença de dissociação entre os sentimentos e a cognição: "Me veio a imagem de minha mãe... a sua aparência era calma; era bom para mim... eu nunca me lembro das coisas de que não gostava em minha mãe ou dela mal".

Em maio de 1994, depois de novo período sem conteúdos mentais significativos, passei a utilizar outra MeSA (integração dos segmentos ocular e oral, utilizando-se a mímica do sorriso social combinada com o movimento de circular os olhos perscrutando o ambiente) para a sensibilização da estrutura de Betina, e ela começou a apresentar discretas e constantes vibrações no queixo, acompanhadas de eructações persistentes e violentos balanços da cabeça em sinal de "não", com um olhar rápido e desatento ao ambiente. "Lembrei-me de minha mãe; ela não merecia morrer, assim como o [Ayrton] Senna".

Três meses depois, subitamente, ela ameaçou explodir em choro: as palavras "embolavam" na boca como se quisessem sair todas ao mesmo tempo – causando a impressão de uma censura de última hora –, mas Betina permaneceu absolutamente silenciosa ao final do estímulo.

Até que, em novembro de 1994, ocorreu algo dramático: ela interrompeu bruscamente o estímulo (mordedura ativa da toalha de proteção

---

* O estímulo corporal agora consiste em afastar os lábios completamente e mostrar os dentes (como em um sorriso de propaganda de creme dental) e manter a postura durante alguns minutos.

** Fase de integração dos segmentos faciais, com o estímulo simultâneo dos segmentos ocular e oral, consistindo – nesse momento – em alternar o ponto de mirada entre um ponto imaginário no teto junto com o movimento de projetar os lábios à frente, como um bebê mamando.

dentária com o olhar alternante de soslaio para a direita e para a esquerda), sentou-se no divã como um boneco de mola e exclamou horrorizada: "Gosto de merda na boca!". Com expressão de nojo, Betina cuspiu várias vezes nos lenços de papel oferecidos. Depois de alguns segundos – ainda abalada com o ocorrido –, contou ter lembrado que a mãe vomitava fezes quando o câncer já estava avançado. Betina a socorria durante os episódios (de modo idêntico ao que fiz com ela durante a sessão) e, quando os vômitos cessavam, ela e a mãe permaneciam em absoluto silêncio, agindo como se nada houvesse acontecido.

Algumas semanas depois, Betina comentou ter recuperado o olfato e contou – com um discreto sorriso no rosto – que finalmente estava aprendendo a dançar. No período subsequente ao episódio da recordação dos vômitos da mãe, Betina mostrou-se capaz de chorar abertamente em algumas sessões, e apresentou uma sutil mudança de comportamento, com a dinâmica corporal exibindo um aspecto mais leve e fluido.

Psicoterapia neurodinâmica vista por seus protagonistas

Os protagonistas do possível processo de emancipação são os próprios interessados e a singularidade de cada processo fica explícita quando eles expõem os seus próprios pontos de vista. Em junho de 2015, oferecemos à clientela atual um questionário genérico e meramente ilustrativo, de onde foram pinçados alguns registros que revelam a diversidade de caminhos – e a importância relativa que cada um dos eixos de interação clínica da PN pode tomar, dependendo do protagonista. Todos os relatos aqui publicados contam com o consentimento dos respectivos protagonistas. Trechos sensíveis foram omitidos e alguns termos foram substituídos por correlatos próximos, a fim de preservar o compromisso de confidencialidade.

> Pergunta: Quais motivos te levaram a buscar o atual tratamento psicoterápico?
> Aurora (31 anos, geógrafa): Comecei a sentir um vazio que me incomodava, mesmo estando com a vida relativamente estável e tendo alcançado meus objetivos profissionais e muitos dos pessoais. Embora estivesse realizando as coisas que eu havia me proposto a realizar, eu tinha dificuldades de conviver com os períodos em que não havia muitas transformações. Nesse meio tempo, terminou um dos projetos nos quais eu trabalhava e no qual me realizava muito e fiquei com mais tempo para pensar, sentir e fa-
>
> zer coisas diferentes. Nesse momento, me senti mais ansiosa e insatisfeita: achava que queria ir embora... Mas algo me dizia que havia muito por vir e que não era a hora de deixar o Rio de Janeiro. Na primeira fase da terapia, chegamos a um espaço em que me sentia bem comigo mesma, realizei uma viagem que planejei e me senti em paz. Foi quando tivemos uma primeira "alta" e nos víamos uma vez por mês. No segundo momento, em que voltei e pedi mais sessões (primeiro quinzenalmente e, depois, semanalmente), eu havia conhecido meu atual marido e estávamos começando o relacionamento. Depois de mais de 3 anos solteira e perfeitamente adaptada à minha realidade, encontrei dificuldades em aceitar o vínculo como algo bom, frutífero, mesmo entendendo que havia algum tempo era por isso que eu esperava: pela possibilidade de me envolver e ter uma história de amor. Tive crises de ansiedade que prejudicaram o meu sono, o meu convívio com as pessoas e, principalmente, como eu me sentia comigo mesma. Cheguei a ter uma crise de pânico no trabalho. Nesse período, paramos com o trabalho corporal terapêutico. Eu sentia muitas coisas físicas: tontura, aperto no peito e na garganta, arritmia cardíaca, dores pelo corpo, sensação de não pertencimento e de estar mais aérea. Sentia muitos medos: de morrer, de me machucar, de que meus estados de humor não pudessem ser controlados, de não ser capaz de realizar coisas em conjunto, de não permitir que o vínculo fosse fortalecido. Aos poucos, fomos desmanchando a "ilusão fantasiosa" de questões da minha infância, como o vínculo entre meus pais e como as coisas aconteceram na minha família. Foi um período de reassumir minha autonomia perante minhas escolhas e meus desejos. Quando muitas amigas próximas engravidaram, tive uma "recaída" e meus medos voltaram como fantasmas, me assombrando. Foi mais uma maneira de testar as mudanças dentro de mim, especialmente entender que também quero viver isso e entender como uma das maiores transformações na vida de uma mulher que deseja gestar um bebê. Vinda de uma tradição de militante feminista que não queria ter filhos/as, percebi o desejo dentro de mim não como uma prisão, mas como uma nova possibilidade de vida e de ter ainda mais amor. Como já estava "treinada" para lidar com essas coisas, isso foi sendo incorporado em mim e eu pude ver beleza na aceitação desse desejo.
> Carlos (40 anos, estudante): Preocupação excessiva com determinada doença crônica (pressão alta) mais um agravante emocional por ter sido dispensado do emprego por pessoas pelas quais tinha uma grande amizade.
> Irene (72 anos, tradutora): Acho que sempre tive

consciência de minhas dificuldades emocionais. Na universidade, tinha uma colega que achava participativa, equilibrada. Perguntei com quem fazia terapia. Ela conversou com a terapeuta dela, que indicou dois nomes. Naquela época, não se chamava PN.

Pergunta: Em comparação com o início da psicoterapia, você se sente diferente hoje? O que mudou (para melhor ou para pior) e o que continua igual em você?
Aurora (início em julho de 2013, com frequências diversas; atualmente semanal): Me sinto infinitamente melhor, porque eu me conheço mais. Entendi que o processo de pararmos com o trabalho corporal foi importante para que, em vez de buscar catarses – com as quais eu me sentia "viciada" depois do processo de [...] como foi conduzido –, eu precisava entender meus sentimentos, meus padrões e minhas ações para que então eu pudesse transformar o "mosaico" que estruturava minha vida [...]. Era isso que eu sentia: que precisava me ver de outra maneira e realizar as coisas de maneira diferente, que me satisfizesse. Acredito que melhorei no sentido de ser mais amorosa e menos rude comigo, me aceitar mais e me julgar menos. Entendi que a exigência que tenho comigo mesma foi algo construído desde minha infância e que eu ser mais compreensiva comigo mesma envolve aceitar as coisas que se passam comigo com mais compaixão. Se tem algo que pareceu ser pior – hoje não acredito que tenha sido, mas na época eu senti: o fato de eu passar por um processo que destruiu, em certa medida, crenças que eu tinha sobre ser uma "mulher forte" e descobrir a beleza de estar vulnerável e com os sentimentos à mostra. E o processo de me reconstruir levando em consideração aspectos que eu negligenciava antes, como outros interesses além dos meus e a confiança de que sou capaz de realizar toda e qualquer coisa a que me propuser. O que ainda permanece igual são minhas alterações de humor e de percepção causadas pela tensão pré-menstrual, embora minha tolerância a elas tenha se transformado nesse processo. Apresentar-me e me aceitar mais vulnerável fizeram com que eu estivesse mais presente para observar o feminino em mim: os ciclos, a menstruação, o desejo de maternidade latente, o relacionamento mulher-homem com todas as suas dores e delícias, a tolerância e o amor por minha mãe, meu pai e meus irmãos.
Carlos (início em abril de 2014, frequência semanal): Com relação ao abalo pela perda do emprego e de alguns amigos, creio que já esteja superado. Mas em relação às preocupações sobre a minha saúde, creio que agora estão ainda maiores, até por causa da demora do tratamento em dar uma resposta.

Irene (início em 1989, com um intervalo de 3 anos; sempre com frequência semanal): As diferenças são de grau. Sinto-me menos ansiosa, um pouco mais segura. Durmo melhor. Mais consciência corporal. Dei-me conta de que um ponto final, livre de todos os problemas, é uma ficção.

Pergunta: Que aspectos da sua mudança pessoal podem ser atribuídos à PN?
Aurora: Creio que, especialmente, a nova maneira como me vejo e me relaciono com as pessoas. É como se eu tivesse construído uma nova trama sobre a qual possa me desenvolver e investir no que eu quero fazer e ser. É entender com a cabeça as emoções e também deixar que as emoções possam levar os pensamentos e as ações de maneira mais pacífica, mais suave. Eles não parecem mais brigar, pelo contrário, me sinto mais capaz de misturá-los, deixando novamente uma coisa só: eu enquanto unidade, completa.
Carlos: Nenhuma diferença significativa.
Irene: Aqueles mencionados [na resposta anterior] podem ser atribuídos à PN.

Pergunta: Do seu ponto de vista, como funciona a PN e o que a torna diferente de outras psicoterapias?
Aurora: Acredito que ela funciona modificando a "trama" sobre a qual vivemos. Compreendemos, por meio dela, modos como até então nos entendemos e nos relacionamos, identificamos a raiz do que nos perturba (ou seja, como lidamos com isso) e ficamos aptos/as a criar outras maneiras de agir e pensar para transformar a situação. A analogia do mosaico é a que me vem à mente: a gente constrói um novo se aquele a que estamos acostumados/as não nos serve mais.

Pergunta: Se você já teve experiência prévia com outros tipos de psicoterapia, o atual processo tem diferenças em relação aos tratamentos anteriores? Quais as diferenças percebidas?
Aurora: Sim, tem bastante. Em comparação com a análise bioenergética [...], acho que a neurodinâmica é mais lenta, ela demora mais para que possa fazer algum sentido, mas é muito mais duradoura, é permanente. É como se ela desse o panorama da realidade: como você vê, sente ou faz as coisas, e como elas podem ser vistas, sentidas ou feitas de maneiras diferentes. Ela dá mais autonomia sobre o que pensamos estar determinado e ser impossível de se transformar, nos deixando livres para escolher o que faremos dali em diante.
Carlos: Considero que o profissional aguarda uma resposta do paciente às medicações para criar uma situação mais propícia para a assimilação da terapia em si.

Pergunta: Qual o efeito percebido das experiências corporais? Elas contribuíram para o tratamento? Pode dar um exemplo do efeito produzido pelas experiências de corpo no processo psicoterápico?
Aurora: Fiz durante pouco tempo, não percebi muitas modificações na época. Apenas sentia meu corpo mais acordado, mais presente.
Carlos: Ainda não tive essa experiência.
Irene: O trabalho corporal é um diferencial. Como trabalho com a palavra, em certa medida era possível controlar a produção linguística; não, porém, as reações corporais. No início do tratamento, as reações eram intensas e persistiam por 24 h: um certo "alheamento", uma dificuldade de concentração.

Pergunta: A atitude do psicoterapeuta é diferente nessa linha de tratamento? Em caso positivo, descreva a diferença percebida.
Aurora: Sim. Como mencionei, o processo terapêutico anterior era muito dirigido: "você TEM DE se envolver, TEM DE deixar quem você era para trás, sua história, seus padrões... e seguir o que temos para você", e não havia como encontrar uma verdade diferente daquela aceita pelo grupo. Quando resolvi procurar outra terapia, queria algo que me deixasse ser e me descobrir, e foi justamente o que aconteceu. Sinto que meu terapeuta é muito mais uma companhia para me ajudar a ver o caminho quando os momentos são difíceis e para eu me sentir apoiada para seguir caminhando e construindo coisas do que alguém que me julga ou me indica o que fazer. Isso me agrada muito e faz com que eu me "emancipe" de verdade.
Irene: Sim, comparada à dos outros que conheci. Mais próxima, mais pessoal.

Considerações finais

Os transtornos de personalidade são padrões crônicos de comportamento de início precoce e insidioso, e se tornam evidentes apenas no final da adolescência e no início da vida adulta. A quinta edição do DSM preservou a definição para transtornos de personalidade da versão anterior, enfatizando o grau de prejuízo que eles possam causar ao funcionamento do indivíduo ou ao meio social em que está inserido. A novidade no atual sistema de classificação (a CID-10 não sofreu revisão até o momento da publicação deste livro) é a eliminação do antigo sistema multiaxial, com os transtornos de personalidade sendo alocados na seção III, que agrupa "as desordens que requerem estudos adicionais".[9]

O DSM-5 introduz um novo modelo híbrido, reduzindo a seis os tipos de transtornos da personalidade (*borderline*, obsessivo-compulsivo, evitativo, esquizoide, antissocial e narcisista), incluindo um modelo de avaliação dos prejuízos de funcionamento da personalidade – o modo típico como uma pessoa reconhece a si mesma e os outros – agregado ao modelo do Big Five. No novo modelo proposto, os clínicos podem avaliar e, eventualmente, diagnosticar um problema de personalidade baseando-se tanto nas dificuldades individuais do funcionamento da personalidade como nas características marcantes de cada uma das linhas que formam o conjunto da estrutura da personalidade.

As linhas de força da personalidade não configuram síndromes circunscritas e permeiam todos os domínios da existência. Portanto, uma intervenção efetiva em qualquer uma das áreas (cognição, emoções, comportamento, relações interpessoais) tende a se generalizar para as demais esferas da subjetividade.

Não obstante a extrema dificuldade para obter-se modificações duradouras e consistentes em qualquer uma das cinco linhas descritoras da personalidade, algumas mudanças podem ser alcançadas e as psicoterapias de *insight* parecem as mais apropriadas, pois visam à estrutura, e não aos complexos sintomáticos isolados.

Para a PN, a experiência da vida ocorre nos três ciclos que a compõem, mutuamente interligados, todos igualmente importantes para o funcionamento geral da personalidade:

- Regulação organísmica: ciclo que diz respeito ao modo atual de organização dinâmica das funções orgânicas e às suas implicações no funcionamento da personalidade. Vimos que a pulsação é o padrão-ouro para o rastreio dos efeitos da PN e que a cultura se insere no modo de produção e funcionamento da corporeidade via injunções *top-down*, que modificam o funcionamento vegetativo do organismo. Os efeitos da PN nesse ciclo também podem ser observados e rastreados pela observação das mudanças no padrão das respostas autonômicas, como no caso clínico de Camilo
- Acoplamento sensorimotor com o ambiente: estamos sempre em contato com algum objeto do mundo físico ou interagindo com ele. Isso inclui o próprio corpo. A dinâmica relacional se manifesta nas características de movimentação, postura e ações psicomotoras do indivíduo consigo mesmo e com o meio. No *setting* clínico, a PN se vale das MeSAs como instrumentos indutores

da restauração da capacidade de sentir o próprio corpo, reconhecer sensações e emoções e estimular novos agenciamentos *bottom-up* que favoreçam a reentrada de conteúdos emocionais significativos no campo da AT consciente, como vimos no caso de Betina e sua mãe
- Interação intersubjetiva: a dinâmica relacional engendra um ciclo que se subdivide em dois eixos: o intrasubjetivo, que expressa as relações do sujeito consigo mesmo ou as relações *Sujeito/Selves* e o eixo intersubjetivo propriamente dito, em que se encontra a relação do indivíduo com os outros e com o mundo.

O campo das interações intrasubjetivas pode ser identificado e trabalhado pelo campo da linguagem, com o psicoterapeuta identificando as metáforas mais utilizadas pelo indivíduo nas suas comunicações. Por meio do estudo das produções de linguagem verbal, Lakoff[10] identificou a presença de uma relação transcultural entre o *Sujeito* – o lugar da consciência, detentor da experiência subjetiva, da razão e da vontade e identificado por nós como a nossa "essência" – e distintos *Selves* (identificados com os nossos corpos, nossos papéis sociais e nossa memória autobiográfica). Assim, dependendo do contexto ambiental, o indivíduo pode "trocar" de *Self*.

Em qualquer idioma, as distinções entre *Sujeito* e *Selves* dependem das estruturas metafóricas da linguagem; elas não são arbitrárias e expressam os universais da "vida interior". As metáforas-base (sem as quais é impossível falar ou mesmo pensar) são inevitáveis e emergem espontaneamente da experiência comum de nossas vidas; isto é, das nossas interações corpóreas com o ambiente.

Cada metáfora conceitualiza o *Sujeito* como uma *persona* com uma existência independente dos distintos *Selves*, que podem se desdobrar em uma pessoa (si mesma ou outra), um objeto, um lugar ou uma ação motora.

Além dos agenciamentos de linguagem verbal entre a dupla terapêutica, as interações não verbais também constituem instrumento de rastreio e ação clínica da PN.

A PN atua no âmbito geral da personalidade – da pulsação à atenção –, buscando restaurar e otimizar a integração entre os três ciclos agenciadores da existência, conforme a dinâmica de cada caso em sua singularidade.

Agradecimentos

A Daniele Lua, pela revisão e pelos comentários ao longo da construção do texto. A todos os protagonistas dos processos terapêuticos que contribuíram com os relatos sobre suas experiências com a PN. À Profa. Dra. Virgínia Kastrup e ao Prof. Dr. Carlos Alberto Franco, pela interlocução privilegiada em torno da cognição inventiva e das neurociências, respectivamente. À Profa. Dra. Maria Luiza Braga, por ter me apresentado às obras de Lakoff e Johnson. Aos Profs. Drs. Jadir Machado Lessa e Alexandre Marques Cabral, pelo generoso convite a compor o Grupo de Pesquisa em Psicoterapias Existenciais e Humanistas, sediado na Universidade Federal do Maranhão (UFMA). E, finalmente, mas não por último, meus agradecimentos especiais a Jaak Panksepp e Seán William Haldane, sem os quais nada disso teria sido cometido.

Referências bibliográficas

1. Hobson JA, Leonard JA. Out of its mind: psychiatry in crisis. New York: Basic Books; 2001.
2. Freeman WJ. Mass action in the nervous system. New York: Academic Press; 1975.
3. Cozolino LJ. Neuroscience of psychotherapy: building and rebuilding the human brain. New York: W. W. Norton; 2002.
4. Reich W. Character analysis. 3. ed. New York: Simon & Schuster; 1972.
5. Haldane SW. Pulsation: from Wilhelm Reich to neurodynamic psychotherapy. Cork, Ireland: Parmenides Books; 2014.
6. Franco CAS. Comunicação pessoal em 03/03/2009.
7. James W. Psicología pedagógica: sobre algunos ideales de la vida. Madrid: Daniel Jorro Editor; 1924.
8. Lent R. Cem bilhões de neurônios: conceitos fundamentais de neurociência. São Paulo, Rio de Janeiro, Belo Horizonte: Atheneu/Faperj; 2001.
9. Grohol JM. DSM-5 changes: personality disorders (axis II). [Acesso em 15 set 2016]. Disponível em: http://pro.psychcentral.com/dsm-5-changes-personality-disorders-axis-ii/005008.html.
10. Lakoff G, Johnson M. Philosophy in the flesh: the embodied mind and its challenge to western thought. New York: Basic Books; 1999.

Bibliografia

Lakoff G, Johnson M. Metaphors we live by. Chicago: The University of Chicago Press; 1980.

Xavier JIT. Atenção a si e psicoterapia corporal: efeitos da auto-estimulação somatossensorial e suas implicações para o corpo, as emoções e a cognição [tese de doutorado]. Rio de Janeiro: Universidade Federal do Rio de Janeiro; 2004.

Xavier JIT. Linguagem e corporeidade: uma perspectiva neurodinâmica (pós-reichiana). Boletim Interfaces da Psicologia da UFRRJ. 2010;3(1):48-67.

51 | Transtornos *Borderline* | Uma Abordagem da Corporeidade segundo a Teoria de Winnicott

José Alberto Moreira Cotta

Introdução

Neste capítulo, o distúrbio *borderline* será abordado segundo uma visão da corporeidade baseada na teoria de D. W. Winnicott, assim como serão apresentados alguns aspectos históricos da maneira de se compreender esse transtorno. Para além de questões pulsionais, etiologicamente, o sofrimento desse tipo de paciente diz respeito à impossibilidade de o indivíduo morar em seu corpo, e tal hipótese será elucidada por meio de exemplos clínicos.

Historicidade

Pode-se dizer que, na clínica contemporânea, o fenômeno predominante é o que se chama de *borderline* ou fronteiriço. Tal hipótese é compartilhada por diversos profissionais, entre os quais Correa Netto[1], que, inclusive, identifica a prevalência de três tipos de distúrbios ao longo da história da Psicanálise:

- A histeria, que teria apresentado dominância desde o nascimento da Psicanálise, no final do século 19, até meados do século 20
- O sofrimento narcísico, predominante entre as décadas de 1950 e 1970/1980
- O transtorno *borderline*, a partir do último quarto do século 20 até os dias de hoje.

Afirmar a supremacia do transtorno *borderline* na clínica contemporânea não exclui o fato de que esse tipo de distúrbio já aparece nos consultórios em tempos bem anteriores ao de sua prevalência. Nathan Schwartz-Salant[2] indica que o termo aparece, pela primeira vez, em um artigo de 1938, de autoria de Adolf Stern, denominado "Psychoanalytic investigations of and therapy in the borderline group of neuroses". Ainda segundo Schwartz-Salant[2], outros termos foram usados para explicar o fenômeno, entre os quais "esquizofrenia ambulatorial", "psicose latente" e "esquizofrenia pseudoneurótica".[3-5]

Em 1949, Germaine Guex, psicanalista suíça de origem francesa, publicou *Le syndrome d'abandon*, obra que posteriormente influenciou alguns importantes autores, como Otto Kernberg, que anos mais tarde pesquisaram e teorizaram sobre o estado-limite.[6] Nesse trabalho, a autora identifica o que seria uma nova patologia: a "neurose de abandono", datando-a etiologicamente em uma fase pré-edípica: sua origem estaria na profunda sensação de abandono vivida pelo indivíduo na tenra infância. Segundo Guex, não se trata, necessariamente, de um abandono real, mas da sensação de ter sido abandonado. Para ela, o que está em jogo é uma dupla necessidade da pessoa: sentir-se amada e a segurança desse amor. O sentimento abandônico resultaria em um prejuízo ao desenvolvimento do ego, tornando-o frágil. Em seu texto, a psicanalista refere-se a uma "mãe falsa". A "falsidade" da mãe estaria relacionada a um cuidado materno operativo, desprovido de acolhimento psíquico/emocional do lactente: ela não teria a necessária capacidade de devoção a seu bebê, fundamental para ajudá-lo a constituir seu si-mesmo e a desenvolver e fortalecer seu ego, como ensina Winnicott.[7] Guex discorre sobre uma maternagem asséptica, típica de uma "mãe administrativa", como determinado paciente meu, muito adequadamente, nomeou sua genitora.[8] Os sintomas e as características da patologia que a autora nomeia "neurose de abandono" assemelham-se aos que, na atualidade, são identificados como inerentes ao distúrbio *borderline*.

No campo da psicanálise junguiana, um belo trabalho é o livro do citado Schwartz-Salant[2], *The borderline personality: vision and healing*, no qual o autor, como não poderia deixar de ser tratando-se de um seguidor de Jung, utiliza arquétipos para fundamentar sua teorização.

Já na tradição freudiana, o autor *par excellence* do transtorno *borderline* é Otto Kernberg.[9] Seu texto *Borderline conditions and pathological narcissism* é o que se poderia chamar de livro-bíblia da psicanálise sobre o tema.

Sintomatologia do distúrbio segundo Kernberg

No texto mencionado, Kernberg enumera e descreve minuciosamente diversos sintomas inerentes ao distúrbio. Entre eles: persistência de primitivos estados psicóticos do ego e clivagem de imagens parentais entre objetos bons e maus; psicose de transferência; tendência ao uso do funcionamento do processo primário; organizações defensivas do tipo de processos de cisão; ansiedade crônica, difusa e flutuante; múltiplas fobias, especialmente as que envolvem sérias inibições sociais; traços paranoides; traços esquizoides; pensamentos obsessivos de naturezas paranoide e hipocondríaca; traços de perversão sexual polimorfa; neurose impulsiva e adições; sintomas bizarros de conversão e alucinações corporais; e tendência crônica à erupção de afetos primitivos.

O autor austríaco observa que, para o paciente *borderline*, a relação com o outro é precária e eivada de defesas e projeções. Ele tem capacidade reduzida para avaliar realisticamente o outro, bem como dificuldade de estabelecer relação empática com o outro; desenvolve relações emocionais fracas, como modo de se defender, e tem tendência a se retirar (*withdraw*) de envolvimentos emocionais muito próximos, como modo de proteger-se de projeções primitivas, especialmente as de natureza da identificação projetiva, e medo do ataque do objeto que tornou-se importante para si.

Segundo Kernberg, haveria nesses indivíduos "baixo nível" de desordens de caráter, que seria responsável pela formação de personalidades narcisistas, infantis, "como se", antissociais e alguns tipos de personalidade histérica. Exisitiria também o que chama de "não específicas manifestações de ego fraco: ausência de tolerância com relação à ansiedade; ausência de controle da impulsividade; ausência de desenvolvimento de canais de sublimação".

Com relação à internalização de relações de objeto, uma diferenciação entre o *self* e a imagem de objeto teria ocorrido em um grau suficiente, em contraste com os obtidos na psicose, para possibilitar uma relativa diferenciação entre o *self* e as representações de objeto e a concomitante integração de *boundaries* do ego na maioria das áreas.

Uma das principais características da organização defensiva desse distúrbio é a cisão, um processo ativo de manter à parte introjeções e identificações de qualidade oposta. Para o autor, a cisão é a causa fundamental da fraqueza do ego. De acordo com Kernberg, como a cisão também requer menos contracatexia que repressão, um ego fraco facilmente cai em uma cisão. Assim, um círculo vicioso é criado pelo ego fraco, e a cisão o reforça. O autor destaca que a maneira mais conhecida de cisão é aquela que divide objetos externos em *todos bons* e *todos maus*, podendo ocorrer, concomitantemente, uma mudança completa e abrupta de um objeto de um extremo compartimento ao outro, ou seja, o objeto bom passa a ser considerado mau e vice-versa.

Outra organização defensiva apontada por ele é a idealização primitiva, que diz respeito à tendência a ver os objetos como totalmente bons, como uma maneira de proteger-se contra os objetos maus e de não ser contaminado, estragado ou destruído pela agressão da própria pessoa ou por objetos externos sobre os quais os elementos internos maus foram projetados. Nesse mesmo contexto, outra tendência é a de manipular o outro como um modo de tentar manter controle sobre ele, a fim de se prevenir de ser atacado pelos medos paranoicos primitivos.

O autor destaca a proeminência daquilo que Erikson chamou "difusão de identidade", ou seja, a ausência de um conceito de *self* integrado, bem como a não existência de um conceito estável e integrado de objetos totais em relação ao *self*. Na perspectiva kernbergiana, além de ser uma síndrome típica do *borderline*, a difusão de identidade é fruto direto de uma cisão ativa daquelas introjeções e identificações que a síntese normalmente aporta como consequência de uma identidade de ego estável.

O comportamento *borderline* é entendido ora como da ordem da neurose, ora como da ordem da psicose. Procurando facilitar um diagnóstico mais preciso, o autor define assim cada uma dessas categorias: o psicótico sofre de uma séria ausência de desenvolvimento do ego, a qual é comumente acompanhada de uma indiferenciação do *self* de imagens de objeto e concomitante ausência do desenvolvimento dos *boundaries* do ego; já o *borderline* tem um ego mais integrado que o psicótico, com diferenciações entre o *self* e as imagens do objeto e desenvolvimento de firmes *boundaries* do ego, com exceção das áreas de envolvimento interpessoal, e existência de identificação difusa. Por sua vez, o neurótico apresenta um ego forte, com completa separação entre o *self* e as imagens de objeto e concomitante delimitação dos *boundaries* do ego, e não apresenta a síndrome de identificação difusa.

Para Kernberg, a presença de dois a três dos inúmeros sintomas que descreve caracterizaria o diagnóstico *borderline*. Já Correa Netto entende que a presença do sintoma de psicose de transferência, mesmo que isolado, é o que caracteriza, *per se*, o distúrbio *borderline* (informação verbal).*

A questão diagnóstica

A experiência clínica mostra que, ainda que se conheça a literatura especializada**, no dia a dia do consultório o diagnóstico *borderline* nem sempre é claro, sendo muitas vezes confuso e até mesmo difuso; seu tratamento é bastante complexo e, comumente, delicado. É comum ouvir profissionais se referirem a esse tipo de paciente como "difícil". Realmente o é. Inclusive, "pacientes difíceis" era justamente uma das nomeações oficiais que se lhes dava na década de 1930.

Como o próprio nome revela, *borderline* significa fronteira, o que implica trânsito. Sua transitividade está presente em distintos aspectos, por exemplo, no fato de que esse tipo de patologia bordeja a neurose e a psicose, como uma condição flutuante, ainda que alguns autores, como Kernberg[9], entendam que o fenômeno é, em si mesmo, uma condição estrutural. Já Susana Volosin, psicanalista argentina radicada em Mallorca e há muito pesquisadora do fenômeno fronteiriço, afirma que, à exceção dos esquizofrênicos e psicóticos, por mais que haja diferentes tipos de defesa neurótica, na essência "somos todos *borderline*" (informação pessoal)***, querendo dizer com isso que, na contemporaneidade, a neurose é apenas sintoma encobridor da problemática *borderline*, que seria o mesmo distúrbio que afetaria todos nós.

Outro aspecto da transitividade do *borderline* é o fato de que o paciente passa de um amor idealizado ao ódio profundo pelo mesmo objeto em questão de segundos. Essa maneira típica de se comportar pode ser atribuída, entre outras possibilidades, a uma psicose de transferência. Não se desconsidera aqui essa hipótese, no entanto é preciso observar que se deve, também, a que o indivíduo fronteiriço tende a lidar com o outro que lhe é afetivamente significativo como um "objeto subjetivo".****[7] Daí que, ao perceber que esse outro não é fruto de sua criação subjetiva, a pessoa cai na desilusão de sua onipotência e se enfurece, projetando seu furor delusional em direção a esse outro.

Algumas considerações etiológicas

Etiologicamente, Kernberg[9] atribui esse distúrbio à natureza excessiva de agressão primitiva ou agressão secundária derivada de frustração, para a qual, segundo ele, provavelmente contribuem certas deficiências no desenvolvimento do aparato primário do ego e a falta de tolerância à ansiedade.

É importante, aqui, fazer algumas considerações sobre a visão etiológica de Kernberg. A primeira é a de que tanto ele, reconhecidamente um rigoroso pesquisador freudiano, bem como Freud e seus seguidores, além de certos autores não freudianos, inclusive do campo corporalista, partem do pressuposto de um eu autoconstituído. Tal pressuposição é rebatida por Winnicott, para quem o indivíduo nasce com um potencial para constituir seu si-mesmo e desenvolver e fortalecer seu ego, mas que, para tanto, necessita de

---

* Informação fornecida por Correa Netto, em 1996.
** Além dos citados, outros sintomas clássicos e características *borderline* podem ser encontrados nos já referidos livros de Kernberg e Schwartz-Salant.[2,9]
*** Informação fornecida por Susana Volosin, em Palma de Mallorca, em 1992.

**** Sucintamente, a ideia de Winnicott sobre "objeto subjetivo" é a de que, no início da vida, o bebê vive a ilusão de onipotência, na qual é ele quem cria o mundo e seus objetos. Segundo o autor, nessa fase do desenvolvimento emocional, a mãe devotada se adapta à ilusão do bebê, colocando seu corpo onde o bebê necessita criar ilusoriamente o mundo. De acordo com essa teoria, nos meses subsequentes, o lactente entra na fase de desilusão, ou seja, passa a se perceber desprovido de tal onipotência. Winnicott fala que a desilusão do bebê só não será traumática se a mãe, anteriormente, pôde ajudá-lo a se iludir. Nesse período do amadurecimento humano, estão em jogo a questão do que é externamente percebido com o que é internamente concebido, a criação de objetos transicionais e os fenômenos transicionais, bem como o teste de realidade. Daí que situações traumáticas experienciadas nas fases de ilusão/desilusão podem causar sérios transtornos e impedimentos para o desenvolvimento do eu e da noção de realidade externa, como mostra a clínica com pacientes fronteiriços. Para o conceito de objeto subjetivo, remete-se o leitor ao texto "From dependence towards independence in the development of the individual"[7]; com respeito ao conceito de objetos e fenômenos transicionais e às fases de ilusão e desilusão, sugere-se, respectivamente, a leitura dos artigos "Transitional objects and transitional phenomena" e "Psychoses and child care".[10]

um ambiente suficientemente bom que facilite essas, que são, para o autor britânico, tarefas a serem trabalhadas e adquiridas pelo indivíduo durante seu desenvolvimento emocional. Dizendo de outra maneira, de acordo com o pensamento winnicottiano, o indivíduo não nasce com um eu autoconstituído, mas necessita de um ambiente que facilite sua constituição.[11]

A segunda consideração refere-se ao fato de que Kernberg vê no distúrbio fronteiriço problemas de ego frágil. Ainda que concorde com ele quanto ao fato de o paciente fronteiriço ter um ego frágil, do ponto de vista do autor deste capítulo a questão central não é se o ego é frágil ou não, mas se há ou não o nascimento de um eu: na clínica contemporânea, constata-se a existência de diversos indivíduos cujo eu não nasceu, fato muitas vezes explicitado pelo próprio paciente.

Outro ponto a ser ressaltado é que a etiologia do distúrbio *borderline* acontece em razão daquilo que Winnicott[12] chama de "quebra na continuidade da linha da existência" (tradução nossa) e que Safra[13,14] denomina "fraturas éticas". Quando a continuidade da linha da existência se quebra, mormente em função de um ambiente invasivo e/ou abandônico, o sujeito cai no vazio, e lhe são causadas as chamadas "angústias impensáveis". Winnicott[7] identifica quatro tipos de "angústias impensáveis": partir-se em pedaços; cair para sempre; ter nenhuma relação com o corpo; ter nenhuma orientação. A clínica mostra que, no paciente fronteiriço, a quebra de que fala Winnicott e as fraturas no *éthos* humano referidas por Safra ocorrem, em geral, até o primeiro ano de vida, período em que está ocorrendo o início da constituição do si-mesmo, bem como o desenvolvimento e o fortalecimento do ego. Por essas razões, o mecanismo de defesa que se erige é o da cisão*, organização defensiva própria da psicose, e não o do recalque, defesa inerente à neurose.

Outro aspecto importante refere-se à ansiedade tipicamente vivida pelo paciente fronteiriço e seus mecanismos de defesa: ainda que possa ter mecanismos de defesa do ego relacionados a ansiedades derivadas de tensão instintual ou da perda objetal, ou seja, ansiedade de castração ou de separação, que são da ordem da neurose, o *borderline* vive massivamente ansiedade relacionada ao pavor de ser aniquilado.[7] Diante da ameaça de aniquilamento – emocional, egoico, físico e/ou psíquico –, só mesmo a cisão como defesa. E é onde entra toda a questão do alojamento ou não da psique no soma e da moradia ou não no corpo, como veremos adiante.

Uma visão da corporeidade

Morar ou não morar no corpo, eis a questão básica da problemática *borderline*. Em trabalhos anteriores, referiu-se que pacientes fronteiriços são como casas vazias, das quais o morador se foi. De quando em vez, ele volta, reabita a casa, para depois se esvair novamente.[8,11,15] Nessa condição, os pacientes são como corpos sem alma, sem mente, sem psique. Ou, contrariamente, só há a alma, a mente, a psique. Aí é o corpo que se vai, ainda que sua mente possa ser brilhante e criativa. Em qualquer um dos casos, é sempre uma condição *homeless*.

Os pacientes *borderline*, muitas vezes, referem-se a si mesmos como pessoas que não têm identidade própria, que reportam sensações de viver fora do corpo, de não ter um corpo, de viver o corpo como algo estranho ao si-mesmo, ou, ainda, de se perceberem falando de fora do corpo, como se fossem outra pessoa. Diante de situações em que se sentem ameaçados, utilizam uma defesa típica: se vão de seus corpos.

Promiscuidade sexual**, drogadição*** e certas manifestações psicossomáticas, em especial a bulimia e a anorexia****, são também sintomas

---

* Aqui, a cisão mais frequente é da ordem do que Winnicott[12] chamou de *split-off intellect*, que vem a ser o início precoce do processo de mentalização, uma maneira de o bebê dar conta, mentalmente, da falha do ambiente e do próprio ambiente. Dessa maneira, passa a *tomar conta* do ambiente. Ele sai da condição natural de *ser cuidado* (*care-taken*) para a de ser *quem cuida* (*care-taker*). Cindida do soma e em aliança com a mente, a psique não será capaz de elaborar imaginativamente as funções corporais, impedindo o bebê de habitar seu corpo, de vivê-lo como seu, de apoderar-se dele. Winnicott[12] observa que, como resultado desse tipo de cisão, "o bebê começa a desenvolver, na mente cindida, um *falso self* em termos de vida, sendo verdadeiro o *self* psicossomático, que fica escondido e talvez perdido".

** Comumente, na promiscuidade sexual, o indivíduo que se sente vazio estabelece uma relação fugaz com o corpo do outro – e não com o eu do outro –, o que faz com que, após a relação sexual, continue a se sentir vazio e, em geral, mais vazio ainda. Sentindo-se novamente vazia, a pessoa busca novo encontro vazio, o que a fará voltar a se sentir vazia, e assim por diante, estabelecendo um padrão *a la* Sísifo de comportamento.

*** Certa feita, no ano de 2009, em conversa pessoal, o professor titular Gilberto Safra contou ao autor do capítulo sua hipótese de que o vício seja uma ilusão da presença do outro em si. A droga funciona também como uma espécie de cola que junta os fragmentos do eu, como entende Claude Olievenstein (1985).

**** A bulimia e a anorexia, faces de uma mesma moeda, costumam ser formas inconscientes de rejeição, na corporeidade, da presença do outro – em geral, de uma mãe abandônica e/ou invasiva. As hipóteses típicos do distúrbio fronteiriço, identificadas aqui como patologias *psicóticas*.

Os sintomas e comportamentos descritos são criações defensivas para fazer frente ao fracasso do alojamento da psique no soma. Tais defesas são erigidas como tentativa do indivíduo de não voltar a vivenciar aquilo que Winnicott chamou "ansiedades arcaicas ou impensáveis" (outro nome que o autor dá às já citadas "angústias impensáveis"), as quais, se efetivamente revivenciadas, poderiam comprometer, até mesmo em definitivo, sua sobrevivência.[7]

Em outros trabalhos, mencionei que se poderiam denominar personalidades *pré-eu* os pacientes que carregam consigo a problemática do desalojamento da psique no soma.[8,11] Dei um sentido winnicottiano ao termo pré-eu: pessoas que, durante o início do seu processo de amadurecimento, sofreram traumas, *quebras*, *descontinuidades na linha da existência*, talvez já mesmo durante a vida intrauterina, porém, certamente, antes de terem alcançado o estágio do "EU SOU".[12] Ou seja, antes de poderem ser pessoas inteiras, com uma realidade interna e uma realidade externa, e podendo relacionar-se com os demais, como pessoas separadas e externas ao eu. Essa possibilidade de alcançar o estágio do "EU SOU" proporcionaria ao indivíduo a *assunção* de seu eu. Daí a denominação *pré-eu* àqueles que sofreram *gaps* nos estágios de amadurecimento anteriores ao do "EU SOU".

Formular a expressão "EU SOU" implica poder dizer que a pessoa é alguém, um indivíduo singular. Ser si mesmo implica morar no próprio corpo. Habitar o corpo subentende o alojamento da psique no soma. No início da vida, o bebê necessita ser acolhido pelo corpo materno ou um substituto para poder morar no próprio corpo, para poder criar a pele, invólucro do eu. Essa visão é compartilhada por Winnicott[16], para quem a pele é a "membrana limitante" do eu.

Winnicott também aponta que o alojamento da psique no soma depende do manejo (*handling*) do corpo do bebê pela mãe. Nessa perspectiva, o alojamento da psique no soma é *dado* pela mãe do bebê. Ele chama esse processo de personalização. Em pacientes *borderline*, muitas vezes, a psique existe fora do corpo. Nesse caso, há um desalojamento da psique no soma.*

O "útero frio"

A experiência com pacientes fronteiriços levou à constatação da existência de uma defesa muito própria desse tipo de distúrbio, que foi chamada de "útero frio".**[18] Refere-se ao fato de que muitos desses pacientes comunicavam que se refugiavam em um espaço de sua interioridade, que seria como uma bola de água ou algo semelhante a isso. Esse espaço interno era comumente frio, porém protegido do mundo externo. Ali, nada nem ninguém os ameaçava. Foi a partir de relatos desse tipo que surgiu uma analogia: os pacientes entravam em um "útero frio", cuja função era igual à de um *freezer*, qual seja a de conservar o alimento – no caso, o verdadeiro si-mesmo –, ainda que congelado. Simbolicamente, o "útero frio" faz o papel inverso de um útero quente, na medida em que este último favorece o desenvolvimento embriogênico e leva o sujeito a nascer e a se arriscar no mundo externo.

A primeira situação clínica em que essa defesa apareceu de maneira cristalina para mim: conheci Graziela (nome fictício) em um *workshop* terapêutico. Em geral, no início desse tipo de terapia em grupo, utilizo o que é genericamente conhecido como "exercícios de aquecimento"; terminada essa etapa do trabalho, solicito aos participantes que reportem o que se passa com eles. Quando chegou a vez dela, a paciente relatou encontrar-se sentada no fundo de uma piscina cheia, encostada em um de seus quatro cantos. Disse-nos que se sentia perfeitamente bem, em paz e protegida naquele lugar. Inicialmente, pensei se tratar de um delírio. Mas não o era. Não interpretei aquela fala, até porque nada que me vinha à mente como interpretação era satisfatório. Fiquei muito curioso para entendê-la. Foi somente durante a clínica mallorquina*** que vim a compreender que ela estava dizendo que se encontrava, defensivamente, em seu "útero frio".

A seguir apresento uma síntese do que foi relatado em outro estudo de minha autoria:[8] André contou-me que, certa vez, havia tido um sonho que

---

apresentadas nesta nota de rodapé, bem como nas duas anteriores, merecem maior espaço de elaboração, o que não caberia nos propósitos do presente capítulo.

* Uma descrição mais pormenorizada do tema do alojamento da psique no soma e da importância do *handling* e do *holding* maternos para a constituição do si-mesmo poderá ser encontrada no artigo "Some notions of embodiment and theoretical modes".[11] Ver também o artigo "Localização da psiquê no soma".[17]

** Após descobrir, pela prática clínica, tal tipo de defesa e assim nomeá-la, constatei que tanto Guntrip[18] como Little[19] e Schwartz-Salant[2] haviam teorizado sobre defesas muito arcaicas, do tipo intrauterinas, que são formulações muito próximas e análogas à minha.

*** Durante 10 anos, de 1992 a 2002, trabalhei também em Palma de Mallorca, ocasião em que me defrontei com uma clínica massivamente de pacientes *borderline*. Tais pacientes muito me ensinaram a respeito desse distúrbio.

jamais entendera, mas que, intuitivamente, achava que tinha a ver com uma situação que vivera em uma sessão de análise com determinado profissional.

Anos antes, ele vivia uma paixão platônica por uma colega de profissão; no entanto, o fato de ser casado e de se sentir extremamente culpado em relação à esposa não lhe permitia arriscar aproximar-se corporalmente da moça. Um congresso na Europa lhe apareceu como a grande oportunidade para materializar seu apaixonamento. Nas sessões que precederam o embarque, André relatou com minúcias seus desejos e as fantasias amorosas e sexuais que gostaria de realizar com a moça em terras europeias. Incentivado por seu psicoterapeuta a pôr fim ao platonismo de seu enamoramento, André viajou decidido a viver uma deliciosa lua de mel. Na primeira sessão após o retorno da viagem, antes de dizer qualquer palavra a seu analista, este lhe perguntou: "Então, comeu a mulher?". Diante da negativa de André, o analista lhe diz: "Você não passa de uma bicha enrustida!". Ao ouvir isso, André sentiu como se, naquele momento, o mundo se lhe tivesse escapado. Sentiu-se "só e desamparado, como nunca havia me sentido antes".

Na noite daquele dia, teve um sonho que considerou um marco em sua vida:

> Eu estava no mar. Havia ondas enormes. Não conseguia nadar. Estava me afogando. Eu estava apavorado, com medo de morrer. Era uma sensação horrível. Até que avistei o Antônio [nome fictício de seu então analista] na praia. Era minha única salvação! Comecei a acenar para ele e gritar para que ele viesse me socorrer. Ele me via. Eu acenava para ele, continuava a gritar para ele. Mas ele não entrava no mar, nem tomava nenhuma providência para me salvar. Ficava ali, parado, me olhando e me ouvindo pedir socorro. Até que ele se virou e foi embora da praia. Eu fiquei desesperado. Aí, só me lembro que fiz a única coisa que achei que podia fazer por mim: submergir. Submergi, afundei no mar. Mas era estranho, pois, apesar de eu estar submerso, eu continuava respirando. E fiquei assim, por um bom tempo: submerso e respirando, que era a única coisa que eu podia fazer para me salvar. Até que acordei, muito assustado, mas com a estranha sensação de que havia me salvado quando submergi.

André me disse que esse sonho foi decisivo para ele, porque lhe deu forças para, na sessão de análise seguinte, fazer o que há muito tinha vontade: interromper o tratamento.

Referindo-se ainda ao sonho, disse-me que achava estranho que a única maneira de sobreviver à situação fosse afundar no mar e continuar respirando. Fazendo considerações sobre o paradoxo entre submergir e continuar a respirar normalmente, perguntou-me: "Você não acha isso estranho, não? O que você acha disso?".

Respondi-lhe que, efetivamente, não achava estranho nem via nenhum paradoxo, pois entendia que, diante de tantos ataques à sua pessoa, sentindo-se tão só e desamparado, inclusive tendo se sentido atacado e abandonado pelo próprio analista, como defesa para sobreviver a tudo isso, a ele só restara isolar-se em algum lugar interno para prosseguir sobrevivendo. Disse-lhe que ele havia "entrado" no que chamo de "útero frio". Expliquei-lhe essa minha ideia teórica, lembrando-lhe que o único lugar em que uma pessoa consegue respirar e sobreviver, estando completamente submersa em água e sem a ajuda de aparelhos, é dentro do útero. E que, muitas vezes, quando o indivíduo vivencia uma forte ameaça à sobrevivência de seu ser, uma das defesas disponíveis é regredir a um estado intrauterino, onde não há nenhum outro sujeito e a pessoa se sente protegida do meio ambiente pelo isolamento e pela salvaguarda que essa condição oferece.

Essas minhas palavras o tranquilizaram, porque, depois de certo tempo calado, que me pareceu um silêncio meditativo, respondeu-me: "É, faz sentido. Porque, por mais que pareça estranho, ao afundar e ficar ali respirando, eu me sentia salvo. E porque, também, a partir desse sonho, minha relação com as pessoas, minha confiança nelas, ficou abaladíssima. Foi a partir daí que eu fiquei ainda mais fora do mundo, mesmo!".

O corpo que se esvai

Ao longo do trabalho com pacientes fronteiriços, fui me dando conta de que havia outro tipo de defesa muito utilizado por eles: como referido, seus corpos se esvaíam, seus eus vazavam pelo corpo, mormente, quando estavam diante de situações em que sentiam que sua integridade egoica e psíquica estava ameaçada. Constatei que tal vazamento ocorria não só e não exatamente porque não conseguiam suportar um aumento de carga emocional e psíquica – fato muito corriqueiro tratando-se de *borderlines* –, mas, isto sim, para se defender da intrusão do outro. Novamente, recorro ao trabalho com Graziela, que, depois do referido *workshop*, se tornou minha paciente individual, para ilustrar não só esse tipo de defesa, mas também a maneira como a invasão do outro pode se dar no corpo e na subjetividade do indivíduo.

Segundo Graziela, sua mãe havia sido muito exigente, rígida e emocionalmente fria. Acima de tudo, extremamente invasiva. Em determinada sessão, sentindo-a bastante "sem corpo", pedi-lhe permissão para tocar-lhe a barriga. Minha ideia era fazer-lhe o que, em biossíntese, se chama de *Earth Touch* – ou Toque Terra, em tradução nossa –, com o intuito de ajudá-la a se ancorar no corpo.[20] Ela recusou o toque, dizendo: "Tenho medo de expor minha barriga. É como se alguém pudesse pegar o que eu tenho como a parte mais profunda de mim, e que está localizada na minha barriga: meu ser".

Ao final de outra sessão, estava muito diferente daquilo que costumava aparentar. Mostrava-se radiante, seus olhos brilhavam, as maçãs do rosto estavam arredondadas e rosadas. Sugeri-lhe, então, que se olhasse no espelho da sala de trabalho. Inicialmente, hesitou. Por fim, concordou. Ao olhar-se no espelho, sua expressão mudou completamente: seu rosto, antes vitalizado e leve, transformou-se em uma máscara rígida. Virou-se para mim e disse: "Não gosto de me olhar no espelho". "Por quê?", perguntei. "Porque, quando olho no espelho, vejo a face de minha mãe".

Em outra sessão, falou-me: "O movimento do trabalho não é de dentro para fora? É que eu sinto como se o meu ser estivesse vindo de dentro de mim até alcançar minha pele. É um lugar muito fundo em mim. No entanto, é como se minha mãe ocupasse todo o meu corpo e eu estivesse muito longe. Então, para prevenir que ela ocupe todo o meu corpo, eu o abandono. É o único jeito de eu salvar meu ser. É por isso que eu saio do meu corpo: para salvar meu ser".*

A saída do corpo a que se refere Graziela nada tem a ver com psicose ou viagem astral, a que se referem muitas pessoas após terem experimentado estados de meditação ou místicos. Ela saía do corpo como defesa. Muitas vezes, falava comigo como se estivesse acima de seu corpo, o que me dava a sensação de sermos três na sala de trabalho: eu, seu corpo e ela, como uma presença espectral falante.

---

* É possível que se veja tal tipo de fala como uma racionalização da paciente ou como uma maneira de seduzir, agradar o terapeuta etc. Afirmo que não o é. Graziela – como muitos outros – me leva a dizer que há indivíduos com tal nível de sensibilidade e de consciência de si e de seus sofrimentos que são capazes de falar de si mesmos com plena lucidez e pertinência "teórica". Não estão teorizando sobre si, no mau sentido. Mas estão fazendo isso, sim, no bom sentido. Não considero privilégio do terapeuta a capacidade de reflexão clínica. O analisando, mesmo não sendo da área psi, como Graziela, é capaz também de fazer reflexões "teóricas". Afinal de contas, o paciente está falando dele, e, em certo sentido, ninguém melhor que ele mesmo para falar de si, não é mesmo?

Outros pacientes, também diante de situações de ameaça de fragmentação egoica, diziam que seu eu se esvaía pelos pés ou pelas mãos. Era muito frequente o relato de que o corpo também se esvaía por essas extremidades corporais. Falas como essa me instigaram a desenvolver manejos corporais que dessem ênfase ao trabalho com as juntas, como modo de ajudar a conter (*contain*) o eu dentro dos limites da corporeidade, evitando, assim, sua evasão.

Do vazio psíquico à possibilidade de concepção

Há pacientes fronteiriços com uma atitude, para com a vida e com os outros, muito próxima do autismo, embora não sejam autistas. Lara é um caso típico. Seu diagnóstico era o de uma clássica *borderline* com traços marcadamente autistas. Sua progenitora havia sido muito fria e dominadora, e ela tinha o pai como um homem fraco e perverso, inclusive com histórias de abuso sexual na família. A seguir, apresenta-se uma sessão que foi determinante em seu processo terapêutico.

Lara chegou a essa sessão profundamente mobilizada. Estava bastante fragilizada e, ao mesmo tempo, com muito ódio de sua mãe e de seu pai. Seu ódio era profundo e intenso, e sua fala, desconexa. Além de não querer aproximação, fazia imprecações de ódio a mim, ao pai, à mãe, ao namorado, ao mundo. Seu caos interno foi emergindo e a sessão foi sendo contaminada por ele. A certa altura, consegui convencê-la a se sentar sobre o colchonete que havia na sala de trabalho. Após pedir e obter sua permissão, toquei a base de sua coluna lombar. Tecnicamente, fiz o já referido Toque Terra. Toquei sua coluna lombar, exercendo pequena e contínua pressão com minha mão direita. Imediatamente, ela começou a se balançar para a frente e para trás, em um movimento tipicamente autista. Inicialmente, ainda proferia suas imprecações, mas, posteriormente, entrou em um mutismo absoluto, que só era quebrado ocasionalmente, quando emitia grunhidos ininteligíveis. Essa movimentação durou algo próximo de 1 hora. Somente após esse longo período em que permiti, digamos assim, e acolhi sua necessidade de se refugiar em seu mundo autista, tive condição de ir trazendo-a de volta a seu corpo e à situação real em que nos encontrávamos, com algumas perguntas do tipo: "Como está se sentindo?". Quando, por fim, ela conseguiu sair de sua defesa autista, tivemos a possibilidade de elaborar muito de seu enorme terror de estabelecer vínculos.

Essa sessão, que durou duas horas ou mais, foi um grande marco na vida de Lara: quando voltei a Mallorca, após 12 semanas, ela estava grávida. Meses depois, formou uma família com seu então namorado e pai do filho que esperava.

Clinicar o acolhimento | Considerações finais

Em razão da tremenda fragilidade egoica e dos tipos de defesa próprios dos pacientes *borderline*, bem como da necessidade de estes se exporem verdadeiramente e em segurança para poderem desenvolver seu processo de singularização, procurou-se criar na clínica um espaço de acolhimento que ajudasse o analisando a trazer seu verdadeiro si-mesmo de volta do esconderijo em que se encontrava, ajudando-o a sarar o *self* ferido. Para tanto, concordando com Winnicott, é necessário que o terapeuta esteja vivo em sua corporeidade, além de, como aponta Guntrip[18], poder ser vivido como uma figura parental totalmente diferente das figuras parentais originárias. Essa espécie de "útero" terapêutico permite e encoraja que o *self* ferido seja restabelecido com segurança, calor e afeto.[21] Possibilita, também, um estado de relaxação em direção ao crescimento do si-mesmo do paciente.

Referências bibliográficas

1. Correa Netto PA. Psicanálise dos casos limítrofes: conceituação e tratamento na clínica de hoje. Rio de Janeiro: Nau; 1996.
2. Schwartz-Salant N. The borderline personality: vision and healing. New York: Chiron; 1989.
3. Zilboorg G. Ambulatory schizophrenias. Psychiatry. 1941;4:149-55.
4. Bychowsky G. The problem of latent psychosis. J Am Psychoanal Assoc. 1953;1(3):484-503.
5. Hoch PH, Cattell JP. The diagnosis of pseudoneurotic schizopherenia. Psychiatr Q. 1959;33:17-43.
6. Guex G. La Neurosis de Abandono. Buenos Aires: Eudeba; 1962.
7. Winnicott DW. The maturational processes and the facilitating environment. Madison: International Universities Press; 1994.
8. Cotta JAM. O alojamento da psiquê no soma, segundo Winnicott [dissertação de mestrado]. São Paulo: Departamento de Estudos Pós-Graduados em Psicologia Clínica, Pontifícia Universidade Católica de São Paulo; 2003.
9. Kernberg O. Borderline conditions and pathological narcissism. New Jersey: Jason Aronson; 1999.
10. Winnicott DW. Through paediatrics to psycho-analysis: collected papers. New York: Brunner/Mazel; 1992.
11. Cotta JAM, Safra G. Some notions of embodiment and theoretical models. Body, Dance and Movement in Psychotherapy. 2009;4(3):239-50.
12. Winnicott DW. Home is where we start from. New York: Norton; 1990. p. 55-64.
13. Safra G. Anotação de Cotta de aula proferida pelo Prof. Dr. Gilberto Safra, no Laboratório de Estudos da Transicionalidade (LET) do Departamento de Estudos Pós-Graduados em Psicologia Clínica da PUC/SP; 2004.
14. Safra G. A face estética do self. São Paulo: Idéias & Letras e Unimarco; 2005.
15. Cotta JAM. Homeless body, homeless soul: a clinical case of failure in the dwelling of the psyche in soma. The European Journal of Bioenergetic Analysis and Psychotherapy. 2004;2(1):99-111.
16. Winnicott DW. Natureza humana. Rio de Janeiro: Imago; 1990.
17. Winnicott DW. Localização da psiquê no soma. In: Natureza humana. Rio de Janeiro: Imago; 1990. p. 143-6.
18. Guntrip H. Schizoid phenomena, object relations and the self. New York: International Universities Press; 1992.
19. Little M. Transference neurosis & transference psychosis. Northvale, NJ: Jason Aronson; 1993.
20. Boadella D. Earth touch. Biosynthesis Training Manual. 1986;1:47.
21. Cotta JAM. The foetal setting or the womb/like therapy. Energy & Character. 1996;27(1):9-18.

Bibliografia

Cotta JAM. Memórias de um desterro: corporeidade na clínica contemporânea [tese de doutorado]. São Paulo: Instituto de Psicologia, Universidade de São Paulo; 2006.

Honeth A. Luta por reconhecimento: a gramática moral dos conflitos sociais. São Paulo: Editora 34; 2003.

Winnicott DW. The concept of a healthy individual. In: Home is where we start from. New York: Norton; 1990. p. 21-38.

Winnicott DW. Playing and reality. New York: Routledge; 1999.

Winnicott DW. Mirror-role of mother and family in child development. In: Playing and reality. New York: Routledge; 1999. p. 111-8.

52 Dependência Química e Psicologia Corporal

Manuel Morgado Rezende, Deborah Galvão Marques e Ronaldo Pereira Beijo

Introdução

A complexa realidade biopsicossocial da dependência de substâncias psicoativas é objeto de estudo especializado em diversas abordagens nas ciências humanas, sociais e biológicas. A produção e a publicação de conhecimentos, classificações e orientações direcionadas para medidas educativas, preventivas e terapêuticas proliferam desde o início do século passado. Graeff[1] comenta que a existência de substâncias que alteram a percepção, o pensamento e o comportamento é conhecida pela maioria das sociedades humanas desde a Antiguidade. O uso de drogas psicoativas aparece, em cada cultura, com uma significação peculiar. Na história da humanidade, tais drogas aparecem ligadas a rituais mágicos ou religiosos e a finalidades médicas. As drogas usadas para tais fins têm sido admitidas pelas sociedades em geral, mas os abusos, geralmente esporádicos, acabam resultando em dependência para alguns indivíduos.

A classificação e a diferenciação farmacológicas dos produtos psicoativos em tóxicos ou fármacos nem sempre estão vinculadas aos conhecimentos e à manipulação dos princípios ativos das substâncias. A dimensão simbólica e cultural do uso, do abuso e da dependência de drogas está presente nos discursos e nas ideologias polarizados de proibição ou de liberação. De um lado, a política de combate às drogas; de outro, a permissão e a descriminalização.

O que há de novo? Entende-se que um fato novo é o consumo de drogas como fenômeno de massa em nossa sociedade, na qual o modismo e as propagandas subliminares e de boca a boca intensificam o número de usuários e abusadores de drogas. Outro fato novo é a poderosa economia ligada ao tráfico, que estimula a produção, a distribuição e o consumo, bem como seu conhecido poder de corrupção das instituições sociais voltadas para o controle e a repressão ao tráfico de produtos de uso ilícito. Também é fato recente a diminuição da faixa etária de início do uso e do abuso de drogas. Nos últimos anos, no Brasil, essa iniciação já vem acontecendo na pré-adolescência e até mesmo na infância. Além disso, a sofisticação tecnológica e industrial possibilitou o aumento e a diversificação de oferta de produtos sintéticos e naturais com maior poder psicofarmacológico.

Segundo a Organização Mundial da Saúde (OMS), mais da metade da população da Europa e das Américas já experimentou álcool alguma vez na vida, e cerca de um quarto é fumante.[2] O consumo de drogas ilícitas alcança 4,2% da população mundial: a maconha é a droga mais consumida, alcançando 114 milhões de pessoas; em seguida, vêm a anfetamina, com 29 milhões de usuários, a cocaína, com 14 milhões, e os opiáceos, com 13,5 milhões de usuários.

O número de serviços de atendimento especializado em dependência química pelo Sistema Único de Saúde (SUS) é insuficiente, embora a prevalência de pacientes tenha aumentado.

Compreende-se a dependência como um contínuo de gravidade, e não como um estado de "tudo ou nada".[3] Nessa concepção, conserva-se o *status* de doença para a dependência, ressaltando-se a multicausalidade e a imbricação entre causas e consequências.

A American Psychiatric Association (APA) estabelece critérios para os diagnósticos de dependência de substâncias, abuso de substâncias, intoxicação por substâncias e abstinência de substâncias.[4] O diagnóstico de dependência de substâncias baseia-se na presença de, no mínimo, três dos seguintes critérios:

- A substância é ingerida em quantidades maiores ou por mais tempo do que a pessoa pretendia

- Desejo persistente, uma ou mais tentativas fracassadas de cessar ou controlar o uso da substância
- Muito tempo gasto em atividades necessárias para obter a substância, usá-la ou recuperar-se dos efeitos dela
- Intoxicações frequentes ou sintomas de abstinência "competindo" com as obrigações da pessoa, também quando o uso da substância é fisicamente perigoso
- Atividades sociais, ocupacionais ou recreativas importantes deixadas de lado ou diminuídas pelo uso da substância
- Uso contínuo da substância apesar do reconhecimento de haver problemas ocupacionais, sociais, psicológicos ou físicos, de maneira persistente ou recorrente, causados ou exacerbados por ela
- Clara tolerância à substância
- Sintomas característicos de abstinência
- Uso da substância para aliviar ou evitar sintomas de abstinência.

Uma das questões centrais no campo da dependência de drogas reside na abordagem terapêutica. No Brasil, predomina o modelo de tratamento tradicional, orientado pela meta da abstinência absoluta. As propostas e os modelos de tratamento para dependentes químicos, em geral, são procedimentos ecléticos de ações médicas, psicológicas, sociais e religiosas. É pouco comum encontrar modelos puros. Nas últimas décadas, instalou-se uma panaceia de abordagens, um verdadeiro vale-tudo para se obter a abstinência de drogas. A meta da abstinência, como um fim, é a justificativa para a adoção dos meios mais variados, como: desintoxicação com ou sem manutenção farmacológica; psicoterapia; catequização religiosa; intimidação policial; agressões físicas; laborterapia; internação psiquiátrica; internação em clínicas especializadas; programas de narcóticos anônimos (NA); programas residenciais dirigidos por ex-dependentes e ambulatórios com equipe multiprofissional e enfoque interdisciplinar.[3]

O modelo de redução de danos de Marlatt[5] causa debates apaixonados entre defensores e opositores. Identifica-se que, nesse modelo, a redução de danos valoriza todos os passos dados para alcançar o menor risco. Assim, ele tem a abstinência como meta preventiva e terapêutica desejada, em um largo espectro de possibilidades, porém se distancia dos modelos tradicionais marcados pela rigidez, que estabelecem a abstinência como pré-requisito de tratamento.

A dependência de fumo e o alcoolismo representam um imenso desafio para a saúde coletiva. A política do Ministério da Saúde do Brasil inclui em suas metas a expansão da rede de Centros de Atenção Psicossocial (Caps). Álcool e drogas aditivas são dispositivos institucionais presentes na legislação em saúde mental, que tem o objetivo de evitar a dependência e tratar e reabilitar os dependentes.[6]

Neste capítulo, delimita-se a abordagem terapêutica da dependência química no contexto de demanda e adesão a um processo psicoterápico. Os apontamentos serão restritos aos fundamentos teóricos da psicologia corporal reichiana e à orientação psicoterápica da vegetoterapia caracteroanalítica, sistematizada por Navarro.[7]

Aspectos teóricos da psicologia corporal reichiana

A psicoterapia corporal deve muito aos estudos de Wilhelm Reich, membro da Sociedade Psicanalítica de Viena (1919-1934), que chegou a ser diretor do seminário de técnica psicanalítica. Assim, sua base teórica partiu da teoria freudiana da personalidade.

Reich[8] relacionou como o material reprimido, portanto inconsciente, não só aquele do âmbito psíquico, mas também o do corpo, onde aparece cravado. Investigou profundamente a conexão entre o traço do caráter psicológico e a manifestação corporal.

O conceito básico do pensamento reichiano é a unidade funcional (Figura 52.1), em que a alteração da pulsação energética tem repercussão simultânea tanto no físico quanto no psíquico. Essa energia, que ele chamou orgone, representa o que é anterior ao nível atômico (energia < átomo < moléculas < células < tecidos < órgãos < sistemas < organismo) e tem propriedades específicas, por não apresentar massa.

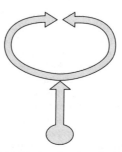

Figura 52.1 Unidade funcional. Fonte: Reich, 1978.[10]

Navarro[9] nomeou as concepções dinâmicas de Reich[10] como somatopsicodinâmica e pontua que a desordem no funcionamento energético do indivíduo se expressa em aspectos físicos (somáticos) e psíquicos, sem privilegiar um em detrimento do outro.

Em *A função do orgasmo*, Reich[10] enfoca e amplia o conceito da manifestação dessa energia (orgone), no universo e no organismo, com a fórmula dos quatro tempos: tensão mecânica > carga energética > descarga energética > relaxação mecânica, que são o ritmo característico da matéria viva. Quando não há descarga completa dessa energia, a energia estagnada pode alimentar as neuroses.

Reich[8] situou, no corpo, a manifestação dessa pulsação energética no sistema nervoso vegetativo (vísceras – meio interno – relacionadas ao temperamento) e no sistema nervoso somático (musculatura estriada esquelética – meio externo – relacionada aos traços de caráter).

O sistema nervoso vegetativo é dividido em sistema nervoso simpático e parassimpático.[11] O sistema nervoso simpático está relacionado ao mecanismo de defesa do organismo (luta/fuga), que, do ponto de vista da psicodinâmica, pode significar possibilidade de enfrentamento ou de transformar a situação. É mediado pela epinefrina e acelera todas as funções do corpo, principalmente o aparelho cardiocirculatório, e praticamente não interfere no aparelho gastrintestinal, que é regido pelo parassimpático. Por isso, em uma situação de estresse, apresentamos taquicardia, broncodilatação, midríase (dilatação das pupilas), sudorese fria, constipação intestinal, entre outros sintomas.

O sistema nervoso parassimpático está relacionado ao metabolismo, principalmente à digestão (absorver os alimentos, que são os materiais para a construção do corpo) e ao sono (quando reconstruímos o que foi lesado). O relaxamento é fundamental para comer e dormir.

Em uma situação que é sentida como estresse intenso ou crônico, esse sistema cria um segundo mecanismo de defesa, pelo qual o organismo tenta poupar energia: uma reação parassimpaticomimética, ou seja, que imita a parassimpático-relaxação, mas que, do ponto de vista da psicodinâmica, significa desistência ("não dou conta"). Esse mecanismo é mediado pelo sistema neuroendócrino imunológico (SNEI), cujo hormônio predominante é o cortisol.[12] Por isso, a sintomatologia do paciente traduz a sua sensação.

O sistema nervoso somático, por meio da musculatura estriada esquelética, sobre a qual temos controle voluntário, possibilita a relação e está envolvido na gênese da estruturação do eu e dos traços de caráter (Figura 52.2).

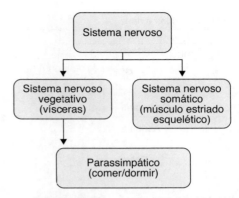

* Reação parassimpaticomimética (desistência)

Figura 52.2 Sistema nervoso.

Reich[8], em *Análise do caráter*, retrata como as estruturas caracteriais (o jeito de ser do indivíduo) agem sobre o corpo e como devem se flexibilizar os traços de caráter mais externos para os mais internos, até chegar ao cerne, fazendo uma analogia com remover as várias camadas de uma cebola. Se pularmos etapas, aparecem as resistências.

Do ponto de vista da psicoterapia corporal, essa intervenção nas couraças musculares é feita por meio de *actings* (exercícios com ab-reações, ou seja, expressões emocionais), porque a memória emocional está ancorada no aparelho neuromuscular, enquanto a memória intelectual está ligada à própria célula nervosa.

O desenvolvimento neuropsicológico é craniocaudal, por isso a criança primeiro tem controle do pescoço, depois da cintura escapular, depois da cintura pélvica e, por último, anda.

Reich[8] dividiu o corpo em sete níveis (Figura 52.3): olhos, ouvidos e nariz; boca; pescoço; tórax; diafragma; abdome; e pelve.

Independentemente da estrutura psicopatológica do toxicômano (psicose, *borderline* ou neurose), há sempre um traço de oralidade caracterizado pela depressão. Pode-se dividir didaticamente em dois períodos:[9,13]

- Primeiro período: os quatro primeiros meses de amamentação, caracterizados como posição esquizoparanoide, para Klein, e oral insatisfeita, para Navarro
- Segundo período: do quarto ao oitavo mês de amamentação, caracterizados como posição depressiva, para Klein, e oral reprimida, para Navarro.

É difícil encontrar um indivíduo que tenha superado plenamente a fase oral (2º nível – boca) e as relações idealizadas de dependência com um

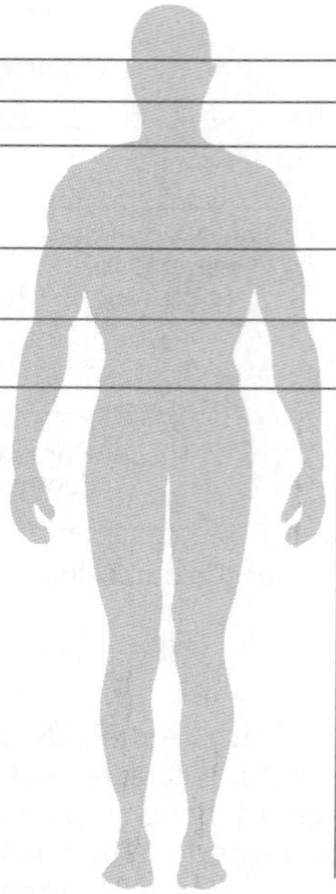

Olhos, ouvidos e nariz	Discriminar	Medo
Boca	Satisfação	Depressão
Pescoço	Disponibilidade	Humilhação/narcisismo
Tórax	Identidade	Ambivalência
Diafragma	Paciência	Ansiedade (sadomasoquismo)
Abdome	Trocas	Perdulário retentivo (transtorno obsessivo-compulsivo)
Pelve	Alegria	Histeria

Figura 52.3 Níveis corporais.

seio mágico e inesgotável de recursos afetivos e nutricionais. Situações de depressão, de frustração e de perda afetiva podem mobilizar traços orais. Assim, a insatisfação ligada ao aleitamento ou ao desmame prematuro e a relativa perda do seio materno podem fixar o indivíduo na oralidade por toda a vida.

O indivíduo com traço oral insatisfeito teve um bloqueio por volta dos quatro primeiros meses de amamentação (p. ex., por não ter sido amamentado) e apresenta pouca referência identificatória e neuromuscularidade insuficiente para se defender da realidade. Fica com a boca sem tônus, na atitude de espera como um bebê (ego-ideal). Defende-se dessa frustração, que o levaria à depressão, compensando com alimento, álcool, fumo, drogas ou qualquer outro substituto que possa lhe dar satisfação. Nos casos mais graves da personalidade oral insatisfeita, encontra-se a estrutura *borderline*, que, para evitar a depressão, pode voltar a uma fase anterior ao desenvolvimento neuropsíquico, relacionada aos núcleos da base; estruturas que garantem a sobrevivência podem desencadear manifestações psicóticas.

Em contrapartida, o caráter oral reprimido sofreu um bloqueio, provavelmente, a partir do quarto mês de amamentação (p. ex., desmame brusco), que pode ter antecipado o uso da função muscular da mandíbula, ainda imatura. Tal condição pode levar a uma tensão crônica dos músculos masseteres, expressando-se por fala entre os dentes. Esses indivíduos se defendem da depressão negando-a de modo raivoso e mordaz. Como tiveram mais referenciais identificatórios e maior desenvolvimento da neuromuscularidade, ainda que incompletos, esses indivíduos se defendem, tornando-se grandes "fazedores". Por exemplo: "já que não vão me dar, eu não preciso e vou buscar sozinho". A compensação, nesse caso, é o comprometimento do terceiro nível: pescoço enrijecido, em um ideal de ego, isto é, narcisismo secundário.

A partir dessas considerações, é possível, de maneira esquemática, correlacioná-las com os níveis corporais.

Psicoterapia corporal e a dependência de drogas

Por meio da psicoterapia verbal, acessam-se os seguintes subsistemas: neocortical, relativo a funções cognitivas; límbico, relacionado à afetividade; e reptiliano, ligado ao temperamento e às funções básicas que garantem a sobrevivência. Por meio deles, pode-se chegar aos subsistemas neuroendócrino, neurovegetativo e neuromuscular, enquanto na abordagem corporal, além dessa via, tem-se acesso direto aos subsistemas neuroendócrino-muscular e vegetativo.[14]

A psicoterapia corporal contempla o sujeito humano na sua totalidade, e não como a somatória das esferas biológica, psíquica, cultural e política; o desafio é compreender o processo funcional humano na sua globalidade. Para isso, mediante a anamnese, pesquisa-se a dimensão do desenvolvimento genético e psicossocial desde a concepção, passando pela vida intrauterina, pelo nascimento e pelas etapas de crescimento e maturação. Na dependência de drogas, a amamentação, o desmame e a interação dos vários aspectos do desenvolvimento possibilitam traçar a linha do tempo do temperamento, dos traços de caráter e da personalidade de base, ou seja, como a pessoa se formou e se transformou até o presente.

Abordar o paciente na totalidade de sua vida, e não apenas abordar o consumo de drogas, é o foco do atendimento, indicado, no mínimo, 2 vezes/semana. O vínculo deve ser cuidado e analisado tanto na transferência quanto na contratransferência. São pacientes de difícil adesão, que usam de múltiplas estratégias para abandonar o processo psicoterápico. É frequente a solicitação de maternagem ou mesmo a busca de contato fusional e simbiótico. O psicoterapeuta precisa estar atento para dosar a medida de suas intervenções de aproximação (simbiose) e de afastamento (autonomia) para que o paciente possa contar com um vínculo acolhedor e estruturante que favoreça a discriminação da realidade psicológica capaz de causar transformações da base caracterial.

Para confirmar o diagnóstico de dependência de drogas e elaborar um projeto terapêutico, considera-se, além da droga utilizada, a relação funcional e os significados que o indivíduo estabelece com ela. Investiga-se qual o nível do corpo usado para o consumo da droga – nariz (primeiro nível), boca (segundo nível), veia (sexto nível – primeira grande boca, isto é, cordão umbilical) –, bem como onde houve perda do movimento da pulsação energética, com a consequente busca da homeostase pelo uso de uma substância psicoativa.

A vegetoterapia (sistema neurovegetativo) caracteroanalítica (análise do caráter – sistema somático) trabalha com os *actings* sistematizados por Navarro[7], exercícios que criam um estresse até que surja uma ab-reação. Se há bloqueio do nível, haverá uma reação simpaticotônica. Com a repetição dos *actings*, a tendência é de relaxamento daquele nível, ou seja, parassimpaticotonia, visando restabelecer a unidade funcional somatopsíquico-dinâmica.

A execução do *acting* tem como função liberar o estresse e, junto com este, lembranças de situações que a pessoa vivencia com aquela dinâmica. Seguem-se, desse modo, a partir da verbalização das sensações provocadas, emoções, imagens, recordações e significados que o paciente tem, relacionando-os com seu momento atual.

Por isso, nessa metodologia, não se flexibilizam as tensões de maneira aleatória. Na prática, é obedecida a mesma ordem em que se constituíram no decorrer do desenvolvimento do paciente, portanto, craniocaudal.

Na dependência de drogas, o trabalho corporal deve compreender, no mínimo, até o quarto nível – tórax, não excluindo o trabalho com os outros níveis.

No presente capítulo, não é enfocada a técnica dos *actings* (que necessita de formação teórica e didática), mas a psicodinâmica e o *como* se deu a maturação dos quatro primeiros níveis como responsáveis pela formação da dependência.

Como já mencionado, o principal bloqueio dos dependentes de drogas está na fase oral, caracterizada pela negligência ou, muito frequentemente, pela superproteção, que dificulta o desenvolvimento da autoconfiança e da autorregulação.

O dependente substitui o leite pela droga e geralmente apresenta, na sua psicodinâmica, dispersão e falta de foco e de referências identificatórias. Chama por atenção o tempo todo, coloca-se como vítima e transfere a responsabilidade para outros (familiares, pares, terapeutas). Estabelece contatos fusionais simbióticos ou predatórios. É ambivalente, em um incessante movimento de começar e desistir, em todos os âmbitos da vida. Procura situações acima de suas possibilidades e logo perde o entusiasmo inicial, pressionado pelo imediatismo na obtenção de satisfação. Repete o consumo de substâncias psicoativas para aliviar e justificar a angústia da frustração.

Diante dos apontamentos teórico-técnicos da vegetoterapia caracteroanalítica apresentados e dos aspectos clínicos da dependência química, destaca-se a somatopsicodinâmica dos quatro primeiros níveis corporais:[15]

Primeiro nível (olhos, ouvidos e nariz). Esses três grandes telerreceptores estão relacionados à interpretação da realidade. Há, em seu desenvolvimento e em sua maturação, quatro momentos: a) o primeiro corresponde aos dez dias iniciais de vida – transição do meio aquático para o aéreo –, no qual começa a acontecer a estigmatização, isto é, o foco; b) o segundo é relacionado ao período da amamentação, quando há a identificação do eu e do outro; c) o terceiro está ligado à questão do desmame e à mudança do campo materno para o campo familiar, podendo causar sentimentos de desconfiança, para, finalmente; d) o quarto momento, que vai, até o final da adolescência, relacionar a tridimensionalidade espaço-tempo, em que surge a possibilidade de se constituir como sujeito histórico.

Segundo nível. A boca é o eixo da vida emocional, nossa primeira referência objetiva de prazer, satisfação e desprazer, frustração sentida pela relação com a mãe durante a amamentação. Observam-se quatro momentos: inicialmente, a abertura da boca, a fim de se disponibilizar para receber, é uma atitude de espera. Segue o movimento da sucção, que está relacionado à participação ativa do bebê. O estabelecimento da mastigação propicia a finalização do desmame e representa um importante marco de autonomia. Por último, a apresentação da arcada dentária, principalmente da inferior, sinaliza a condição de se defender.

Terceiro nível (pescoço e tórax alto). Nível onde se encontram os instintos de preservação, conservação e disponibilidade. Há aqui a integração da cabeça (racional) com o peito (emocional). É o lugar da humildade e do respeito.

> O bloqueio do pescoço provoca um corte entre a cabeça – cérebro, intelecto, teoria – e o corpo-víscera, sentimento, práxis. Torna o indivíduo racional capaz de justificar qualquer coisa, mas não razoável capaz da humanidade. Faz com que ele privilegie o papel social em detrimento da função existencial, a ideia de viver para os outros, e não com os outros, chegando à pretensão de ser imortal.[15]

Quarto nível. O tórax é a sede da identidade do eu individual, onde residem o amor e o ódio (ambivalência), por isso a funcionalidade torácica é determinante no amadurecimento caracterial. Trabalha-se o "Eu" intrapsíquico, afirmando a própria identidade biológica e, depois, o "Eu" interpsíquico, ou seja, o eu social, o papel.

Considerações finais

Considera-se a intervenção com o enfoque apresentado uma alternativa para tratar a dependência e estruturar a personalidade do indivíduo, propiciando condições de saída do curto-circuito aprisionador do prazer efêmero, que fomenta a onipotência e a recusa à realidade.

A crescente possibilidade de o paciente se encontrar com uma nova percepção da realidade, até então evitada por meio da repetição maníaca de consumo da substância psicoativa, pode substituir, gradualmente, a impostura psicofarmacológica.

Cabe ao processo psicoterápico estabelecer um contato sistemático com a capacidade do paciente para tolerar frustrações e complexidades pessoais, familiares e sociais. Desse modo, o imperativo da atuação – drogar-se – poderá ceder lugar aos recursos criativos de pensar, sentir e agir – portanto, libertar-se.

Referências bibliográficas

1. Graeff FS. Drogas psicotrópicas e seu modo de ação. São Paulo: EPU/EDUSP; 1984.
2. Organisation Mondiale de la Santé. Rapport sur la santé dans le monde 2002: réduire les risques et promouvoir une vie saine. Genève: Organisation Mondiale de la Santé; 2002.
3. Rezende MM. Efetividade de tratamentos de dependentes de drogas. In: Jesus SN, Oliveira VB, Siqueira MMM, organizadores. Psicologia da saúde: teoria e pesquisa. São Bernardo do Campo: Universidade Metodista de São Paulo; 2008. p. 231-42.
4. American Psychiatric Association. Manual Diagnóstico e Estatístico de Transtornos Mentais (DSM-IV-TR). Porto Alegre: Artmed; 2014.
5. Marlatt GA. Redução de danos: estratégias para lidar com comportamentos de alto risco. Porto Alegre: Artes Médicas; 1999.
6. Brasil. Legislação em saúde mental: 1990-2004. 5. ed. Brasília: Ministério da Saúde; 2004. [Acesso em 2 out 2016]. Disponível em: http://bvsms.saude.gov.br/bvs/publicacoes/legislacao_mental.pdf.
7. Navarro F. Metodologia da vegetoterapia caractero-analítica. São Paulo: Summus; 1996.
8. Reich W. Análise do caráter. São Paulo: Martins Fontes; 1995.
9. Navarro F. Caracterologia pós-reichiana. São Paulo: Summus; 1995.
10. Reich W. A função do orgasmo. São Paulo: Brasiliense; 1978.
11. Machado A. Neuroanatomia funcional. Rio de Janeiro: Atheneu; 2000.
12. Douglas CR. Tratado de fisiologia aplicada às ciências médicas. Rio de Janeiro: Guanabara Koogan; 2006.
13. Segal H. Introdução à obra de Melaine Klein. Rio de Janeiro: Imago; 1975.
14. Ferri G, Cimini G. Psicopatologia e carattere: una letura reichiana. Roma: Anicia; 1992.
15. Navarro F. A somatopsicodinâmica: sistemática reichiana da patologia e da clínica médica. São Paulo: Summus; 1995.

Bibliografia

Albina JL. La terapia psicocorporal según Reich: homenaje a Federico Navarro. In: International Federatión of Orgonomic Colleges (IFOC). Valencia: Publicaciones Orgón de la Escuela Española de Terapia Reichiana; 2007.

Rezende MM. Formação e experiência de profissionais que tratam de dependentes de drogas. Rev Psicol Clin. 2005;17(1):191-8.

# 53 Transtorno de Estresse Pós-Traumático na Visão da Psicologia Corporal

Périsson Dantas do Nascimento

Introdução

A relevância do estudo da temática deste capítulo está conectada com a crescente tendência, em nível internacional, do interesse em pesquisar e tratar os efeitos do trauma no funcionamento psicossomático do ser humano. Pesquisadores em neuropsicologia têm desenvolvido pesquisas comprovando as mudanças cerebrais e psicofisiológicas nocivas que eventos traumáticos podem ocasionar, acarretando sintomas como: ansiedade generalizada, isolamento social, fobias, alucinações, transtornos psicossomáticos, entre outros.[1-3] Alterações da memória, mudanças distorcidas na fisiologia cerebral e falta de controle emocional são efeitos frequentes do choque traumático nos seres humanos, que dificilmente são acessados por meio de intervenções verbais. Decorre desse fato, então, a necessidade de desenvolver estratégias de cuidados que envolvam uma intervenção psicossomática, partindo da memória implícita das sensações corporais, conforme noção desenvolvida por Damasio.[4]

Nesse sentido, as psicoterapias corporais, como será descrito adiante, têm um corpo teórico e técnico que possibilita uma metodologia de ação terapêutica para o tratamento dos sintomas decorrentes de eventos traumatizantes. O trabalho com o estresse pós-traumático pode apontar, conforme relata Tonella[5], para um novo paradigma para compreender o indivíduo contemporâneo, tendo em vista que a sociedade atual propicia uma série de situações de insegurança, instabilidade, violência e falta de referências que sobrecarregam o sistema de respostas do organismo. Como nos diz Bauman[6], o ser humano atual está imerso em um ritmo frenético e alucinante de mudanças advindas das transformações vertiginosas do sistema capitalista, que exige uma prontidão contínua para superar desafios, deixando-o em um estado subjetivo de hiperativação e fragmentação. Some-se a isso a exposição a eventos invasivos, como violência, abusos, catástrofes naturais, acidentes, entre outros.

Breve histórico da abordagem do tema

Podemos considerar Reich[7], na psicoterapia corporal, como um precursor do estudo dos efeitos dos eventos traumatogênicos na constituição da personalidade. A estrutura psicológica de cada indivíduo é determinada pelas frustrações traumatizantes que o sujeito, no decorrer do seu desenvolvimento, vivencia no tocante à falta de satisfação de suas necessidades, ocasionando a formação de um complexo sistema psicossomático de defesas – o caráter, no eixo psicodinâmico, e a couraça, no eixo corporal. Lowen[8] aprofunda esse raciocínio elaborando uma extensa descrição dos traumas do desenvolvimento como fatores etiológicos decisivos para a formação do caráter, que é entendido como uma maneira neurótica e insatisfatória de estar no mundo. Assim, no trabalho psicocorporal clássico, até os anos 1970, os traumas eram compreendidos como eventos que impediam o desenvolvimento psicossexual pleno da personalidade, fixando os pacientes energeticamente em necessidades infantis pré-edípicas que deveriam ser devidamente interpretadas.

O trabalho corporal, nesse sentido, visava romper as barreiras e as tensões musculares que serviam de base energética estásica para a manutenção da neurose. Para alcançar esse objetivo, como descreve Klopstech[9], os terapeutas deveriam incentivar os clientes à expressão dos sentimentos aprisionados, muitas vezes por meio de exercícios e técnicas que promovessem catarses emocionais poderosas e impressionantes. Gritos, choros, expressões de raiva, chutes, socos, mordidas e toques fortes na musculatura tensa tinham o propósito de relaxar a armadura da couraça para promover uma entrega, segundo o princípio de estimular o estresse muscular, carregando o organismo para uma posterior entrega à descarga e para o relaxamento das defesas. No entanto, Klopstech[9] e Koemeda-Lutz[10] afirmam que esses procedimentos, muito mais que tratar, retraumatizavam os clientes, deixando-os em um estado de descarga hiperexcitada sem possibilidade de elaboração. Além disso, esse momento da psicoterapia corporal ocasionou uma grande resistência por parte de outras escolas de psicoterapia, por ser considerado extremamente agressivo, invasivo e com pouca capacidade de propiciar efeitos terapêuticos que pudessem ser internalizados e metabolizados pelos pacientes.

Foi no final dos anos 1970 que a psicoterapia corporal começou a exibir mudanças nesse modo de pensar o tratamento do trauma. Na análise bioenergética, Lewis[11] começou a elaborar uma série de estudos sobre o choque encefálico – um funcionamento mental hiperativado devido a falhas primárias no desenvolvimento do psiquismo, na relação mãe-bebê que foi vivida de modo ansioso ou desvitalizado. Um falso *self* adaptativo é estruturado, é um *self* no qual o sujeito prematuramente desenvolve suas funções cognitivas para satisfazer a mãe narcísica ou deprimida, expresso somaticamente nas tensões na base do crânio e no segmento ocular. Nesses estudos, o autor já aponta para a necessidade de construção de um vínculo de reparação não invasivo, de modo a propiciar um ambiente seguro para a elaboração das angústias de aniquilamento e dissociação vividas muito precocemente no seu desenvolvimento primitivo. Na Europa, Boadella e Specht[12] desenvolvem a biossíntese, também enfatizando a necessidade de compreender os traumas vividos nas primeiras relações objetais, levando em consideração aspectos da vida intrauterina, com métodos e técnicas que enfatizam a suavidade, a ressonância e o encontro legítimo que podem existir entre cliente e terapeuta. Outro autor importante é Keleman[13-14], com sua psicologia formativa, que, a partir de um estudo profundo sobre a repercussão dos eventos estressantes na anatomia e na fisiologia humanas, desenvolveu uma metodologia de trabalho que leva em consideração os padrões de forma que os tecidos, órgãos e sistemas produzem para enfrentar o trauma – adensamentos, colapsos, inchaços, rigidez. Pode-se também citar a psicologia biossistêmica, criada por Jerome Liss e Maurizio Stupiggia[15], que trata o trauma em uma abordagem terapêutica elaborada a partir do diálogo entre a filosofia fenomenológica, conhecimentos em neurociências e a teoria sistêmica, trabalhando suavemente a relação terapêutica a partir da empatia e da construção, com o paciente, do gesto/palavra-chave.

A partir da década de 1980, com o desenvolvimento das atividades do Instituto Internacional de Análise Bioenergética e da *Revista Científica de Artigos e Pesquisas*, vários autores passaram a discorrer mais especificamente sobre o transtorno de estresse pós-traumático (TEPT) em uma compreensão bioenergética. Podem ser citados como representantes: Finlay[16], que desenvolveu uma metodologia própria para o tratamento bioenergético do transtorno; Boggio[17], que elaborou um estudo extensivo sobre a temática em uma perspectiva latino-americana; Lewis[18], que, além de elaborar reflexões clínicas sobre o estresse traumático na análise bioenergética, elaborou artigos contrapondo e criticando perspectivas teóricas de outros autores; Tonella[19], que afirma que o estudo sobre o trauma consiste em um novo paradigma norteador de uma práxis bioenergética voltada para uma atuação psicocorporal suave e restauradora, promotora de resiliência para enfrentar as demandas do mundo contemporâneo; e Berceli[20], que desenvolveu uma metodologia, a partir de reformulações dos exercícios de bioenergética, para tratar o TEPT por meio de intervenções somáticas que estimulam correntes vibratórias no corpo, revertendo os efeitos paralisantes do trauma.

Por fim, uma corrente contemporânea que merece destaque é a experienciação somática (*somatic experiencing*) criada por Levine[21], que, a partir de estudos sobre a psicofisiologia do estresse e do trauma, desenvolveu uma metodologia e uma postura terapêuticas que buscam suscitar as respostas de enfrentamento ao trauma que foram impedidas de ser expressadas no momento em que o estresse aconteceu. O autor parte de uma perspectiva etológica, comparando as respostas do trauma humano com as reações exibidas por animais que vivem em situação de ameaça à sua sobrevivência. Vários autores da análise bioenergética, como Eckberg[22], fazem referência direta a esse trabalho, discutindo a sua importância no desenvolvimento de um protocolo de atendimento do trauma que atente para as invasões do cotidiano que são vividas de maneira sofrida por todos nós, bem como para uma relação terapêutica de respeito e não repetição da hiperativação traumática no contato com o paciente.

Fundamentos teóricos

As psicoterapias corporais concebem o estresse como um fenômeno pertencente à ordem natural da vida, já que o organismo humano está continuamente submetido a responder a estímulos, sejam eles do mundo interno (pulsões, fantasias, memórias, excitações) ou do mundo externo (mundo físico, familiar, social e relacional). Em uma interpretação reichiana, o estresse pode ser compreendido a partir da fórmula do orgasmo, isto é, o efeito de um estímulo ocasiona no organismo um estado mecânico de tensão, seguido de uma crescente carga bioenergética, processos regulados pela ação do sistema nervoso autônomo simpático que têm a função de ativar o organismo e deixá-lo de prontidão para a resposta de enfrentamento, seja fuga ou luta.[7] Em seguida, o sistema nervoso parassimpático se encarrega de realizar um processo de descarga energética (p. ex., a expressão de uma emoção), que significa o clímax do circuito, o desfecho necessário para o posterior relaxamento biomecânico, representado por um estado de hipoativação e descanso mediante o esforço anteriormente realizado. Para Reich[7], o esquema *tensão biomecânica – carga bioenergética – descarga bioenergética – relaxamento biomecânico* é definido como a *fórmula do orgasmo*, inerente à fisiologia e ao comportamento de todos os seres viventes.

Apesar de ser um componente intrínseco da relação do organismo com o ambiente, o estresse pode tomar dimensões patológicas. Situações repentinas e interpretadas como ameaça à sobrevivência acarretam uma sobrecarga reativa no sistema nervoso simpático, que dispara uma série de neuro-hormônios no organismo, alterando o processo de homeostase. Quando o sujeito interpreta que não tem capacidade de enfrentar o desafio imposto pelo ambiente de maneira eficaz, surge um padrão de distresse, isto é, uma transformação psicossomática profunda e desequilibrada expressa pela perda gradativa da forma e da função dos tecidos e dos sistemas do corpo. O distresse, no sentido atribuído por Uchitel[23], é o trauma inscrito no corpo – trauma aqui entendido como um fenômeno disruptivo, que sobrepujou as possibilidades de resposta do organismo, levando-o a um estado de dissociação, fuga da realidade, perda do senso de si mesmo, embotamento afetivo e pensamentos recorrentes, causando considerável sofrimento.

Um ponto importante a ser considerado diz respeito à descoberta da influência do sistema nervoso polivagal, a partir das contribuições de Porges[24], na resposta de estresse traumático. Diferentemente das reações do sistema nervoso autônomo de fuga/luta, que promovem uma resolução para a situação desafiadora, no trauma há uma resposta de congelamento/imobilidade neuromuscular. De acordo com Levine[21], essa é uma resposta muito antiga em termos filogenéticos, típica dos mamíferos: em situações de impossibilidade de fugir de um predador, o corpo libera uma série de neurotransmissores para anestesiar as sensações, deixando o animal em um estado de dissociação. Em condições normais, quando afastados do perigo, os animais retomam o movimento natural do corpo, por meio de contrações generalizadas no organismo – algo que pode ser impedido no ser humano, em condições de estresse traumático crônico, tornando a resposta de congelamento um registro psicossomático de memória.

É necessário, então, considerar uma diferença crucial entre traumas decorrentes do processo de desenvolvimento e traumas de choque. Finlay[16] e Lewis[11] apontam que, no decorrer do desenvolvimento psicológico, o ser humano vivencia, em maior ou menor grau, uma série de eventos que podem deixar marcas que definem a estrutura defensiva de nossa personalidade. Podem-se citar como exemplos de eventos traumáticos: negligência nos cuidados da mãe na sua relação com o bebê no primeiro ano de vida; desmame realizado de maneira abrupta; treinamento rígido de toalete; repressão à masturbação infantil; vivência ou testemunho de violência doméstica, seja de forma física ou sexual; *bullying* (humilhação vivida nas relações com outras crianças na escola ou em outros contextos sociais), entre outros.

O sofrimento decorrente desses eventos na infância e na adolescência configura uma série de defesas caracterológicas e de couraça, com o objetivo de defender e proteger o *self* adulto de reviver as ameaças do passado. Para efeito de diagnóstico, Reich[7] aponta que é importante compreender em que fase do desenvolvimento aconteceu o evento traumático, com que frequência, qual a intensidade e qual o principal agente frustrador, pois a complexidade na configuração desses fatores determina a particular constituição caracterológica de cada paciente.

Como se viu anteriormente, o trabalho com os incidentes do desenvolvimento que constituíram a solução neurótica como sintomas de caráter foi o principal foco de compreensão diagnóstica e intervenção das psicoterapias corporais. Finlay[16] aponta, como consequências do trauma precoce, os seguintes sintomas, relatados pelos pacientes quando adultos: pensamentos paranoides; angústia inibitória nas relações sociais; ansiedade; evitação de emoções e situações que possam relembrar o trauma; confusão cognitiva; desconfiança e isolamento; mecanismos de defesa e enfrentamento enfraquecidos ou superativados; percepção distorcida de si mesmo e do mundo.

Diferentemente dos sintomas advindos de traumas do desenvolvimento, que têm uma relação direta com a linha do tempo da história de vida, o TEPT decorre de um evento ameaçador circunscrito, que deixou o sujeito em estado de choque e congelamento. Muitos desses eventos podem ser experienciados no cotidiano, como: violência urbana (assaltos, sequestros, estupros etc.), desastres naturais, acidentes de carro, guerras civis, situações de abuso moral ou sexual; enfim, fatos que despertam uma reação emocional intensa de horror, terror ou pânico, conforme explicitado por Eckberg.[22] Levine[21] amplia esse espectro de fatores traumáticos acrescentando a essa lista qualquer experiência que tenha sido vivida como ameaçadora para o sujeito e tenha repercutido no sistema nervoso com respostas de sobrecarga e ativação do padrão de congelamento e terror, como cirurgias e procedimentos médicos invasivos, receber o comunicado do diagnóstico de uma doença terminal, desemprego repentino ou falência, perda repentina ou suicídio de um ente querido.

A partir do exposto, o diagnóstico diferencial do TEPT, de acordo com Boggio[17] e Lewis[18], está relacionado à presença de três principais tipos de sintomas:

- Re-experimentação do fato traumático de maneira involuntária, sentida por meio de memórias intrusivas, pesadelos, pensamentos recorrentes e intensas reações emocionais a eventos e situações, com alterações fisiológicas
- Evitação de sensações, pessoas e lugares que lembrem o fato traumático ou embotamento afetivo e isolamento social
- Hiperativação do organismo, manifestada por respostas de sobressalto, irritação, dificuldade de concentração etc.

Em termos bioenergéticos, os autores argumentam que os sintomas citados são resultantes de um corte no fluxo de energia, ou seja, o organismo acumulou uma carga psicossomática/neuroendócrina de medo, colapsando a resposta natural de fuga/luta responsável pela descarga energética e deixando um resíduo estásico simpaticotônico: uma energia paralisada, não metabolizada, inscrita nas tensões musculares e nos padrões neuronais de sobressalto e pânico, conforme a noção de estase em Reich.[7,16-20] No processo terapêutico da abordagem corporal, utilizando diversos recursos, objetiva-se a mobilização somática para que a estase possa ser processada e descarregada na forma de vibrações involuntárias na musculatura estriada, que, para Levine[21] e Berceli[20], são respostas naturais e instintivas do organismo para a metabolização do trauma. Assim, busca-se a recuperação da vitalidade e da pulsação do corpo que foi colapsado pelo trauma, bem como sua consequente elaboração e interpretação.

Nesse sentido, é importante ressaltar a compreensão analítica do trauma no processo psicoterapêutico. Como bem lembra Uchitel[23], o trabalho com o trauma mobiliza angústias de estados primitivos do ego e conclama o terapeuta a entrar em contato com o irrepresentável, com estados de cisão e fragmentação egoica profundos. Os sentimentos e os conteúdos relativos ao trauma encontram-se geralmente fora da área do ego, dificultando a sua elaboração psíquica por trazerem em suas memórias um grande fluxo de excitação e terror. Apesar disso, no trabalho com esse material, de acordo com Neto[25], após o estabelecimento de um vínculo seguro, o terapeuta deve estar preparado para lidar com os aspectos sombrios na transferência, como angústia, estupor mental, paralisia afetiva, alterações fisiológicas e sintomas psicossomáticos, repetição compulsiva do acontecimento traumático em sonhos e *acting-outs*, entre outros. A emergência de elementos do inconsciente traumático acarreta uma série de defesas muito primárias, que clamam para ser enterradas na resistência, que deve ser acolhida, suportada e interpretada pelo psicoterapeuta. Assim, o trabalho visa oferecer condições para que o paciente possa suportar a angústia antes irrepresentável, nomeá-la e, a partir daí, ressignificá-la, dando a ela um lugar psíquico na sua história de vida e no seu destino.

Quanto mais cedo os sintomas do TEPT forem tratados, maiores as chances de revertê-los e evitar recaídas. Pode ser aplicado um procedimento de psicoterapia breve individual associado a grupos de movimento de mobilização corporal, como será tratado mais adiante. Já os sintomas decorrentes de traumas do desenvolvimento requerem uma psicoterapia de médio a longo prazo, pois estão relacionados a déficits na constituição egoica do paciente, que devem ser devidamente cuidados e reestruturados. Apesar da diferença apontada, vale ressaltar que a propensão à vulnerabilidade de os pacientes exibirem sintomas do TEPT está intimamente relacionada com o histórico anterior de traumas do desenvolvimento. Assim, o terapeuta, no tratamento desse transtorno, deve realizar uma anamnese minuciosa da história de vida do paciente, a fim de compreender sua estrutura caracteriológica e de que modo as defesas presentes servem como empecilhos ou recursos para o enfrentamento e a elaboração dos sintomas decorrentes de eventos traumáticos circunscritos.

Princípios

De acordo com a literatura pesquisada, podem-se citar como princípios centrais de compreensão e tratamento do trauma, seja de desenvolvimento ou TEPT:

O tratamento do trauma está intimamente relacionado à atenção e à intervenção nos sinais e comportamentos não verbais do sujeito. Como afirmam as atuais pesquisas da neurociência, os efeitos do choque traumático são produzidos e regulados por estruturas subcorticais (sistema límbico, cérebro reptiliano e sistema nervoso autônomo), de maneira que uma psicoterapia estritamente verbal mostra-se insuficiente e pouco eficaz, pois trabalha com elaborações de pensamento que ativam estritamente áreas do neocórtex.[1-4] Nessa perspectiva, métodos e técnicas que mobilizem o campo somático são imprescindíveis para reativar e processar as respostas de estresse traumático congeladas na musculatura e nos tecidos, possibilitando a expressão emocional necessária para o estabelecimento de novas conexões cerebrais e a modificação dos sintomas psicossomáticos associados ao TEPT.

O trabalho corporal deve centrar-se em uma atitude oposta à análise do caráter. Tonella[5] e Lewis[11] enfatizam que a relação terapêutica deve primar por cuidado, segurança e vínculo, com atenção aos movimentos espontâneos surgidos do corpo do paciente, proporcionando-lhe experiências reparadoras sem reativar o núcleo traumático. Assim, deve-se trabalhar na perspectiva da construção e da reconfiguração de defesas de um ego frágil em substituição à atitude clássica de confrontar e dissolver a estrutura rígida de caráter.

Os sintomas defensivos devem ser encarados como os recursos possíveis que o paciente conseguiu configurar para sobreviver ao trauma. Na maioria dos casos, os autores argumentam que atitudes como relutância, dissociação, evitação do contato e faltas não se referem à resistência transferencial clássica, mas à desconfiança e ao medo que os pacientes sentem de ser novamente expostos ao trauma na relação terapêutica.[15,19] Em contrapartida, com o estabelecimento de uma relação de confiança e o andamento do processo psicoterápico, o terapeuta precisa atentar-se para a dificuldade que os pacientes mostram de manter o padrão de melhora, por estarem apegados à estase energética e, conforme Lowen[8], ao medo de vivenciar a vida em sua excitação corporal. É imprescindível que o terapeuta propicie ao paciente a contenção e o reforçamento das sensações de prazer que possam advir dos trabalhos corporais.

O ser humano tem um potencial inato para resolver o trauma. O terapeuta deve acreditar nos recursos psicossomáticos internos de que o paciente dispõe para curar-se do trauma e encará-lo como um processo de aprendizado e evolução da capacidade de enfrentar os desafios do mundo. Levine[21] e Berceli[20] afirmam categoricamente que o organismo tem uma sabedoria fisiológica de retorno ao equilíbrio homeostático e, nesse sentido, o terapeuta deve assumir o papel de facilitador desse processo, cujo tempo e cuja gradação acontecem de maneira singular para cada paciente. O terapeuta, nesse sentido, precisa acreditar no pressuposto reichiano[7] da *autorregulação*, no qual a ação terapêutica deve facilitar o reequilíbrio natural do organismo, de modo a propiciar uma circulação energética que foi estagnada pelo evento traumático. Assim, a unidade psicossomática que ficou congelada no estado de tensão e carga (regulado pelo sistema nervoso simpático), causando os sintomas decorrentes da estase energética, deve ser mobilizada para a descarga energética e o relaxamento mecânico (regulados pelo sistema nervoso parassimpático), dando lugar a uma pulsação, um maior contato com as forças internas egoicas e uma melhor elaboração/superação do trauma.

Fases do tratamento, relação terapêutica e técnicas utilizadas

Boggio[17] estabelece três fases importantes para o tratamento do TEPT no enfoque da psicologia corporal, que requerem do terapeuta diferentes habilidades e competências relacionais, as quais serão discutidas com a contribuição de outros autores pesquisados. As fases aqui descritas não acontecem sequencialmente, em uma ordem estabelecida – em uma sessão, podem surgir aspectos de várias dessas etapas, os quais devem ser tratados de acordo com a evolução e a demanda específicas de cada paciente.

Estabelecimento de um vínculo seguro que garanta contenção, estabilização e educação sobre os sintomas

Nesse momento do processo, logo após ser realizado um diagnóstico cuidadoso do quadro de TEPT, o principal foco de trabalho consiste no estabelecimento de um clima de confiança e de um vínculo seguro entre terapeuta e paciente. Finlay[16] define esse processo de vínculo como "habitação" (indwelling), ou seja, o processo de acolhimento e postura empática do terapeuta para com as demandas e sensações do paciente, sem muitas intervenções. Por meio da relação com o terapeuta, o paciente adquire gradualmente a capacidade de focar sua atenção nas suas sensações corporais, nomeando as angústias/emoções inicialmente difusas e hiperativadas, de modo a lidar com o impacto energético advindo das lembranças associadas aos eventos traumáticos. Para alcançar esse fim, é importantíssimo atentar-se para o tripé terapêutico apontado por Boadella e Specht:[12] o centramento (centering), focado no trabalho com a respiração, que propicia maior atenção às emoções e às propriedades relaxantes; o enraizamento (grounding), para propiciar uma sensação de segurança corporal a partir de exercícios realizados sentindo os suportes somáticos (pernas, costas, braços); e o contato ocular (facing) com o terapeuta, propiciando a comunicação de pensamentos e sentimentos em uma conexão com o outro.

Outro ponto a ser trabalhado nessa fase é a construção de limites, já que o trauma consiste em um evento que invadiu a dinâmica psicossomática do paciente e o deixou impossibilitado de reagir. Isso pode ser trabalhado a partir do exercício de distância física, possível de ser experimentada na relação intersubjetiva com o terapeuta, na qual o paciente pode propor, a cada sessão, que o terapeuta se aproxime ou se afaste de acordo com seu estado subjetivo no momento. O trabalho de conscientização e expansão dos micromovimentos, conforme relatado por Resneck-Sennes[26] e Eckberg[22], definido por Stupiggia[15] como construção do gesto-chave, também suscita o desencadeamento de respostas de fuga/luta, como chutes, socos e empurrões, que devem ser associados à expressão vocal por meio de sons, gritos ou consígnias como "sai", "não", entre outros. O princípio de "dosificação" criado por Levine[21] serve como uma guia de cautela que o terapeuta deve seguir para propor esses procedimentos. Como na química, a experiência emocional deve ser modulada de modo que desprenda a energia congelada pelo trauma sem, no entanto, ocasionar uma explosão catártica retraumatizadora.

A educação sobre os sintomas do TEPT também deve ser alvo de ações terapêuticas, pois tanto a superexcitação como o congelamento do sistema nervoso faz com que os pacientes interpretem os sintomas como corpos estranhos, intrusivos e ameaçadores, geralmente associados a emoções de medo de enlouquecer ou morrer, de acordo com Lewis.[11] Dessa maneira, uma atitude de contenção das intensidades emocionais do paciente deve servir como um marco cognitivo de desidentificação das experiências negativas que ficaram no passado e que não retornarão no momento (aqui-e-agora) da sessão. Finlay[16] argumenta que esse objetivo é possível quando o terapeuta usa uma medida certa entre compreensão empática e confrontação, entre toque e interpretação, de modo a não infantilizar o paciente e a garantir a ele o desenvolvimento/restabelecimento de seus recursos internos para desintensificar os sintomas que desestruturam seu senso de autorregulação.

Integração do self por meio de renegociação, rememorização e reorganização do material traumático

Após a fase inicial de construção de suportes internos para compreender e lidar com os sintomas advindos do trauma, a tarefa terapêutica centra-se na conscientização e na elaboração das memórias traumáticas. Esse processo implica uma corporificação dos efeitos do trauma por meio do método de educação somática proposto por Keleman[13,14], que tenta compreender como o corpo responde ao estresse utilizando mudanças formativas: os tecidos se transformam para se adaptarem à situação ameaçadora por contração, inchaço, congelamento, adensamento ou colapso. Na terapia, o paciente é convidado a entrar em contato, a partir do relato de suas memórias traumáticas, com as reações corporais que surgem – uma tensão nos ombros, uma respiração presa, uma falta de energia nas pernas, uma sensação de aperto na garganta ou no peito, por exemplo. O terapeuta, a partir disso, convida o paciente a exagerar essas reações somáticas para intensificar o desencadeamento emocional e o processo de atribuição cognitiva do sentido, para, posteriormente, solicitar que o paciente gradativamente desmanche o padrão intensificado de resposta. A intenção terapêutica consiste em dar condições ao paciente de controlar conscientemente a modulação do padrão hiperativado de resposta ao evento traumático, educando-o para a possibilidade de novas respostas a partir das mudanças psicossomáticas vividas com o desmanchar do padrão intensificado.

Outro conceito importante elaborado por Keleman[13,14] é o de *middle ground*, que significa o momento da transição, um tempo necessário entre o trabalho de mobilização terapêutica/emocional e a possível transformação do padrão e da forma psicossomáticos. Consiste no silêncio, no espaço potencial em que as emoções decorrentes do trauma podem ser contidas, suportadas e corporificadas. Esse processo pode ser definido como o espaço da presentificação da angústia, da incerteza sobre como superar os sintomas e realizar algo novo, para que a criatividade possa despontar e nascer. Assim, a tarefa do terapeuta é propiciar a conscientização e o fortalecimento psicossomático desse organismo que se fragmentou com o distresse decorrente do evento traumático (expresso por afrouxamento da forma dos tecidos, colapso das funções orgânicas e cognitivas, baixa energia e metabolismo lento) para dar condições ao ego de regular as emoções e criar novas possibilidades de viver.

Finlay[16], Boggio[17] e Berceli[20] acreditam que é possível, a partir do estabelecimento de um vínculo seguro, propor exercícios e técnicas vivenciais mais ativos ao paciente, com a finalidade de potencializar a corrente de vibrações involuntárias em todo o corpo, considerada um sinal de descongelamento da energia paralisada na musculatura e uma condição indispensável para a cura psicossomática do trauma. Os procedimentos incluem:

- Técnicas de mobilização da tensão ocular (pois os olhos ficam tensionados de medo, expressando uma fixação na memória visual do evento traumático)
- Massagens na face e na nuca (com a finalidade de dissolver a tensão na cabeça, resultante do choque encefálico)
- Exercícios bioenergéticos de *grounding* e alongamento, para estimular a vibração no músculo psoas (que, de acordo com Berceli[20],

está envolvido com as respostas instintivas de fuga/luta)
- Procedimentos de desbloqueio dos anéis de couraça, principalmente o torácico e o diafragmático, por meio de movimentos expressivos e massagens.

Klopetsch[9] alerta para a sensibilidade que o terapeuta deve ter ao propor os procedimentos citados em momentos durante os quais eles possam fazer sentido no processo terapêutico, obedecendo sempre a observação do padrão emocional do paciente no decorrer da sessão. Os trabalhos não devem ser realizados de maneira mecânica ou forçada, pois, muitas vezes, o paciente os realiza assim, sem sentido, somente para agradar o terapeuta, o que ocasiona o fenômeno, citado por Finlay[16], da *síndrome de Estocolmo*: a reedição de um vínculo abusivo com o agressor na relação transferencial.

Com esses procedimentos, o propósito central volta-se para o desenvolvimento de um vórtice curativo (como definido por Levine[21]) que, por meio de experiências e memórias reparadoras propiciadas no decorrer das sessões, possa dar condições ao paciente de negociar cognitiva e emocionalmente com os sintomas negativos resultantes do TEPT. Surge, em decorrência disso, uma maior sensação de autoconfiança, uma avaliação positiva dos recursos de enfrentamento de futuros eventos estressores, uma maior segurança interna e atitudes positivas perante a vida.

Restabelecimento da capacidade de expansão e prazer na vida cotidiana

Na última etapa do tratamento, a principal meta é recuperar o poder do paciente de viver seu cotidiano com prazer, integrando seu potencial expansivo e estimulando projetos para o futuro. Boggio[17] relata que o estado inicial de hiperativação simpaticotônica decorrente do TEPT inviabiliza a experiência de prazer e de sentir-se capaz de estabelecer um relacionamento afetivo gratificante e realizar uma atividade laboral com identificação e prazer. Cabe ao terapeuta ajudar o paciente a desinvestir no papel de vítima ou sobrevivente do trauma, com o qual esteve identificado e teve ganhos secundários, para dar lugar a um posicionamento proativo em direção à responsabilidade pelas mudanças em sua vida e seus relacionamentos. Tal atitude torna-se viável, segundo Lewis[11] e Finlay[16], quando o terapeuta reforça a autovalorização positiva e o aprendizado que o paciente obteve tanto ao vivenciar a situação traumática quanto ao tratá-la com a psicoterapia. É incentivada a postura de autodefesa e fortalecimento dos limites egoicos ao mesmo tempo em que é estimulada uma maior abertura para novas conexões com as pessoas e expansão de interesses e projetos de vida.

Falando em uma linguagem bioenergética, o paciente é incentivado a restabelecer a capacidade pulsatória entre contração (estando consigo mesmo, em uma capacidade avaliativa e reflexiva) e expansão (ir em busca do outro, do ambiente para satisfazer as suas necessidades, estar em relação). Assim, Boggio[17] discorre sobre a importância de recuperar o potencial de sexualidade do paciente, fechando o ciclo de descarga energética para a pélvis, considerada por Reich[7] como potencial de saúde. Para isso, os exercícios clássicos de bioenergética propostos por Lowen[8] (alongamento no banco bioenergético, todos os tipos de *grounding* e exercícios de mobilização pélvica) são indicados.

Perfil do paciente que se beneficia da abordagem corporal

Para se submeter ao tratamento em abordagem corporal, o paciente deve ter um nível cognitivo adequado para o estabelecimento de uma relação com o terapeuta, em termos de comunicação e orientação no tempo e no espaço, e uma estruturação egoica que possibilite a abertura para a reflexão e o comprometimento com o processo de tratamento. A disponibilidade e a motivação para se submeter a um método que utiliza intervenções corporais são consideradas fatores importantes que facilitam o desenvolvimento da relação terapêutica. Pacientes psicóticos, obsessivo-compulsivos e com déficits cognitivos graves se beneficiam pouco desse tipo de tratamento, que ainda está em fase experimental com pacientes que apresentam tais problemáticas.

Considerações de diversidade

As psicoterapias corporais têm peculiaridades em seu método e em suas técnicas (uso do toque e da massagem, ênfase na expressão das emoções, atenção aos sinais e movimentos que surgem espontaneamente no corpo etc.) que são muito bem recebidas por pacientes oriundos de culturas que valorizam a linguagem corporal como modo de comunicação. Por exemplo, Nickel[27] e Boggio[17] relatam em seus estudos a grande receptividade da análise bioenergética nas culturas latino-americanas e com pacientes turcos, enfatizando a facilidade e o despojamento que essas populações exibem na execução dos exercícios e na expressividade emocional e a espontaneidade no contato afetivo e sexual. Na Europa e nas culturas anglo-saxônicas que têm um caráter mais introvertido nas relações sociais, as abordagens psicocorporais que enfatizam a suavidade e a ressonância na relação, por meio do uso de técnicas sutis e meditativas, são mais bem recebidas. Tal fato corrobora com as reflexões de Tonella[5] de que o contexto social e histórico configura diferentes maneiras de atuar terapeuticamente, exigindo mudanças paradigmáticas que correspondam às demandas de cada lugar e tempo.

Em termos de gênero, as pesquisas apontam para uma prevalência de mulheres na busca por ajuda psicoterápica com abordagem corporal, muitas exibindo sintomas de TEPT associados à violência física e doméstica, ao abuso sexual e a agressões vividas no ambiente social.[28-30] No tocante à idade, Rocha[31] e McCarthy[32] desenvolveram metodologias específicas para o trabalho bioenergético com crianças e adolescentes, apontando recursos lúdicos para trabalhar traumas do desenvolvimento, e Weigand[33] desenvolveu uma importante pesquisa avaliando os efeitos dos exercícios de bioenergética com idosos, que apresentou resultados muito significativos.

Locais e contextos de atendimento

O tratamento do TEPT pela psicoterapia corporal é realizado preferencialmente em sessões individuais com duração que varia de 50 a 90 min, com uma frequência semanal de um ou dois encontros. Esse é o procedimento considerado padrão, mas que pode variar conforme a demanda e a sintomatologia apresentadas por cada paciente. Pesquisas realizadas em nível internacional mostram que a duração média do processo terapêutico chega a 70 sessões.[28-30]

É importante, nesse aspecto, ressaltar que essa média pode ser significativamente alterada com a participação do paciente, concomitantemente às sessões individuais, em grupos de movimento focados no tratamento corporal do trauma. Nesses grupos, que congregam de 10 a 16 participantes, os pacientes realizam exercícios específicos de consciência corporal, percepção e construção de limites, desbloqueio das tensões musculares dos olhos, desbloqueio das tensões do músculo psoas (envolvido nas respostas de congelamento traumático) e fortalecimento do *grounding*. O encaminhamento de pacientes para o trabalho em grupo obedece a alguns critérios, como a disponibilidade do paciente para compartilhar suas experiências com outras pessoas e o nível de gravidade dos sintomas de terror e hiperativação emocional. Berceli[20] e Levine[21] apontam para o benefício da execução dos exercícios em grupo no contexto comunitário como modo de elaboração dos traumas cotidianos, prevenção e melhora das condições de enfrentamento dos eventos estressores.

Evidências de eficácia

Pesquisas sobre a eficácia da psicoterapia corporal têm sido desenvolvidas e estimuladas pelas associações nacionais e internacionais que regulamentam o ensino e a formação de terapeutas na área, como maneira de legitimar cientificamente seus pressupostos teórico-metodológicos e submeter os resultados a um maior diálogo com a academia, outros profissionais de saúde e psicoterapeutas de outras abordagens.[27-30] Koemeda-Lutz et al.[28] desenvolveram estudos longitudinais, utilizando metodologias quantitativas e qualitativas, com terapeutas e pacientes, avaliando os efeitos de diversas escolas de psicoterapia corporal na Europa, e constatou que essas abordagens apresentam excelentes resultados com pacientes que sofrem de transtornos neuróticos (de acordo com o enquadramento F4 da Classificação Internacional de Doenças – CID-10, que corresponde a fobias, transtornos de ansiedade, depressivos, psicossomáticos etc.). Resultados semelhantes foram encontrados em estudos específicos que recolheram dados de pacientes e terapeutas em análise bioenergética em nível internacional, confirmando a hipótese de que psicoterapias que envolvem técnicas corporais exercem um efeito positivo em pacientes que sofrem sintomas de ansiedade como o TEPT.[29,30]

Contraindicações

A literatura consultada é enfática ao contraindicar a utilização prematura de técnicas catárticas e expressivas para o tratamento de pacientes que sofrem de sintomas associados a traumas. Podem-se listar como procedimentos não recomendáveis: *kicking* (chutar o colchão na posição deitada, como birra ou protesto), socos com os punhos ou raquetadas em almofadas, pressão forte nos músculos contraídos, provocar gritos na *stool* (cadeira bioenergética), interpretações confrontativas de combate às defesas, uso de psicodrama reeditando a cena traumática, exercícios de entrega e perda do controle. Ou seja, é consenso entre os autores o aspecto iatrogênico da indução do estresse e da quebra dos recursos defensivos do paciente traumatizado.[16-20] Tais atitudes podem reativar os estados de terror, desconexão e hiperativação que configuraram os sintomas traumáticos, sobrecarregando o organismo e inundando o paciente de emoções que não podem ser devidamente metabolizadas.

Considerações finais

O estudo sobre os traumas e suas repercussões psicossomáticas no ser humano configurou um novo paradigma para as abordagens corporais, que estão revisando seus fundamentos conceituais para responder às demandas da clínica contemporânea, marcada pela presença constante de transtornos de ansiedade, distúrbios na estruturação egoica (*borderlines*, esquizoidias) e quadros narcísicos. Seja no decorrer do processo do desenvolvimento ou decorrente de situações ameaçadoras vividas repentinamente no cotidiano, a experiência traumática deixa marcas que se inscrevem no corpo, acarretando modificações nas estruturas cerebrais e, consequentemente, em todo o funcionamento somático, cognitivo e emocional. Nesse contexto, as psicoterapias corporais apontam para caminhos inovadores e criativos no tratamento do trauma, a partir de um sólido arcabouço teórico e técnico, propondo-se a cuidar das feridas a partir de uma relação intersubjetiva, empática e que respeita os limites próprios da singularidade de cada paciente.

Referências bibliográficas

1. Van der Kolk B. Uncovering secrets: the problem of traumatic memory. In: The body keeps the score: brain, mind and body in the healing of trauma. New York: Penguin; 2014. p. 171-83.
2. Schore AN. Relational trauma and the developing right brain: an interface of psychoanalytic self psychology and neuroscience. In: The science of the art of psychotherapy. New York: W.W. Norton; 2012. p. 52-70.
3. Peres J. Trauma e superação: o que a psicologia, a neurociência e a espiritualidade ensinam. São Paulo: Roca; 2009.
4. Damasio A. E o cérebro criou o homem. São Paulo: Companhia das Letras; 2011.
5. Tonella G. Novos paradigmas para a análise bioenergética ao alvorecer do século XXI. Bioenergetic Analysis. 2008;18:27-60.
6. Bauman Z. A cegueira moral: a perda da sensibilidade na modernidade líquida. Rio de Janeiro: Zahar; 2014.
7. Reich W. Análise do caráter. São Paulo: Martins Fontes; 2002.

8. Lowen A. O corpo em terapia: a abordagem bioenergética. São Paulo: Summus; 1990.
9. Klopetsch A. Catharsis and self-regulation revisited: scientific and clinical considerations. Bioenergetic Analysis. 2005;15:101-32.
10. Koemeda-Lutz M. Is there healing power in rage? The relative contribution of cognition, affect and movement to psychotherapeutic processes. Bioenergetic Analysis. 2006;16:53-77.
11. Lewis R. Bioenergética em busca de um self seguro. Bioenergetic Analysis. 2007;17:185-228.
12. Boadella D, Specht S. Depth-psychological roots of biosynthesis. Energy and Character: International Journal of Biosynthesis. 2005;34:9-12.
13. Keleman S. A biological vision. USABPJ. 2007;6(1):10-4.
14. Keleman S. The methodology and practice of formative psychology. USABPJ. 2007;6(1):15.
15. Stupiggia M. O corpo violado: uma abordagem psicocorporal do trauma do abuso. Natal: EDUFRN; 2010.
16. Finlay D. Energetic dimensions on trauma treatment. Bioenergetic Analysis. 2007;17:11-51.
17. Boggio L. El cuerpo en la psicoterapia: nuevas estrategias clínicas para el abordaje de los síntomas contemporáneos. Montevideo: Psicolibros; 2008.
18. Lewis R. Robert Scaer's neurobiological model for PTSD and psychosomatic illness. Psychotherapy conference, Mount Sinai/NYU Medical Center. 2007. [Acesso em 13 out 2016]. Disponível em: http://bodymindcentral.com/pdf/pubs/LewisPub_Scaer_PTSD.pdf.
19. Tonella G. Trauma et résilience: le corps convoqué. In: Aïn J, dir. Résiliences: réparation, élaboration ou création? Paris: Éditions Érès; 2007. p. 55-91.
20. Berceli D. Neurogenic tremors: a body-oriented treatment for trauma in large populations. Trauma und Gewalt. 2010;4(2):148-156.
21. Levine P. Uma voz sem palavras: como o corpo libera o trauma e restaura o bem-estar. São Paulo: Summus; 2012.
22. Eckberg M. Victims of cruelty: somatic psychotherapy in the treatment of posttraumatic stress disorder. Berkeley: North Atlantic Books; 2000.
23. Uchitel M. Neurose traumática. São Paulo: Casa do Psicólogo; 2007. (Coleção Clínica Psicanalítica).
24. Porges SW. Teoria polivagal: fundamentos neurofisiológicos das emoções, apego, comunicação e auto-regulação. Rio de Janeiro: Senses; 2012.
25. Neto O. A concepção psicanalítica da neurose e o TEPT. In: Neto O, Vieira CM, organizadores. Transtorno de estresse pós-traumático: uma neurose de guerra em tempos de paz. São Paulo: Vetor; 2005. p. 147-78.
26. Resneck-Sannes H. Un modelo para trabajar con trauma por shock: un acercamiento etológico y bioenergético. Montevideo: Taller de Estudios y Analisis Bioenergetico; 2004. [Acesso em 2015 maio 10]. Disponível em: https://www.yumpu.com/es/document/view/14251540/un-modelo-para-trabajar-con-trauma-por-shock-clinica-bioenergetica/3.
27. Nickel M, Cangoez B, Bachler E, Muehlbacher M, Lojewski N, Mueller-Rabe N, et al. Bioenergetic exercises in inpatient treatment of Turkish immigrants with chronic somatoform disorders: a randomized, controlled study. J Psychosom Res. 2006;61(4):507-13.
28. Koemeda-Lutz M, Kaschke M, Revenstorf D, Scherrmann T, Weiss H, Soeder U. Evaluation of the effectiveness of body-psychotherapy on out-patient settings: a multi-centre study in Germany and Switzerland. Psychother Psychosom Med Psychol. 2006;56(12):480-7.
29. Gudat U. Efficacy of bioenergetic therapies as a method of psychotherapy. Bioenergetic Analysis. 2002;13:21-56.
30. Ventling C. Efficacy of bioenergetic therapies and stability of the therapeutic result: a retrospective investigation. Bioenergetic Analysis. 2002;13:57-76.
31. Rocha B. Brinkando com o corpo: técnicas de terapia corporal com crianças e adolescentes. São Paulo: Arte e Ciência; 2014.
32. McCarthy D. Helping children discharge negative aggression. Bioenergetic Analysis. 2009;19:85-100.
33. Weigand O. Grounding e autonomia: a terapia corporal bioenergética revisitada. São Paulo: Plexus; 2006.

Sites recomendados

- Centros de estudos internacionais sobre o trauma: www.traumacenter.org; www.traumasoma.com
- Somatic experiencing: www.traumahealing.com; www.traumatemcura.com.br
- Exercícios de liberação do trauma (David Berceli): www.traumaprevention.com; Análise bioenergética: www.bioenergetic-therapy.com; www.bioenergetica.com.br; www.analisebioenergetica.com
- Biossíntese: www.biosyntesis.org; www.biossintese.com.br

54 Transtorno Alimentar | Obesidade na Visão Bioenergética

Álvaro Soares Pinto Fernandes

Introdução

Venho acompanhando pacientes obesos ao longo dos últimos 25 anos como analista bioenergético. No início da década de 2010, desenvolvi um trabalho experimental de acompanhamento individual e em grupo com indivíduos obesos, juntamente com a nutricionista Regina Sarmento, no Rio de Janeiro. Atualmente, no âmbito da clínica da Sociedade Brasileira de Análise Bioenergética de São Paulo (SOBAB-SP), vem sendo desenvolvido o Projeto Obesidade, com a proposta de aprofundar os estudos sobre o tema e de montar grupos de apoio a obesos em busca de um emagrecimento consciente e mais consistente. O trabalho que segue é fruto da experiência adquirida ao longo desses anos.

Obesidade

A população mundial está ficando obesa. A Organização Mundial da Saúde (OMS) estima em mais de 700 milhões o número de obesos, e os dados indicam uma curva de crescimento vertiginosa. Mesmo os países asiáticos, que até recentemente registraram poucos casos, têm apontado aumento alarmante do número de pessoas acima do peso ou obesas, à medida que suas populações vão sendo influenciadas pelos valores e pelo modo de vida ocidental.

Vivemos em uma cultura em que o *ter* se sobrepõe cada vez mais ao *ser*, em que "tempo é dinheiro", e essas exigências da modernidade nos tornam cada vez mais estressados. Nesse contexto, sem tempo para nos dedicarmos à arte de cozinhar, o alimento nos tem sido oferecido cada vez mais pobre em valores nutricionais e cada vez mais rico em praticidade, aparência e paladar. Tudo muito bem embalado, com muito açúcar, muito sal e muita gordura. Além disso, não temos mais tempo para desfrutar daquilo que Leonardo Boff chama comensalidade.[1] Salvo raras exceções, a família não se senta mais à mesa. Alimentamo-nos cada vez mais rapidamente, sozinhos, em pé, nos transportes coletivos, na frente da TV ou do computador. Tudo muito rápido, tudo muito prático. E engordativo.

As estatísticas referentes à obesidade no Brasil, mesmo que ainda não apresentem resultados tão alarmantes como os dos países desenvolvidos, também são preocupantes. Segundo dados divulgados pelo Instituto Brasileiro de Geografia e Estatística (IBGE), em 2015, 56,9% das pessoas com mais de 18 anos tinham excesso de peso, ou seja, tinham um índice de massa corporal (IMC) igual ou maior que 25. Além disso, 20,8% das pessoas eram classificadas como obesas, por terem IMC igual ou maior que 30.[2]

Meu interesse pelas questões relativas à obesidade na clínica psicoterápica surgiu a partir da observação de que pacientes gordos ou obesos dificilmente traziam como queixa seu estado corporal. Falavam de isolamento, solidão e dificuldades de se relacionar afetiva e sexualmente, mas omitiam o que seu corpo "dizia". Tratar diretamente a obesidade produzia fortes resistências e até abandono do tratamento. A estratégia, então, era trabalhar com suas queixas até que eles conseguissem estabelecer a relação entre elas e seu esquema corporal. Isso demorava.

Nos últimos anos, com a exposição cada vez maior na mídia das questões relativas à obesidade, esse quadro foi se modificando. A preocupação com as doenças associadas a ela fez com que as pessoas começassem a trazer seu corpo obeso para o foco do processo terapêutico. De alguma maneira, elas entendiam que havia um componente emocional que boicotava suas tentativas de manter o peso que perdiam em seus programas de emagrecimento. Mas as dificuldades para trabalhar com elas não diminuíram. Como veremos adiante, por mais sincero que seja o desejo de emagrecer, abrir mão da camada de gordura que as envolve e dos hábitos que a sustentam é por demais ameaçador.

Obesidade e bioenergética

A obesidade é definida como uma doença na qual a reserva natural de gordura aumenta até o ponto em que passa a estar associada a certos problemas de saúde ou ao aumento da taxa de mortalidade. É determinada por uma combinação de vários fatores, e o tratamento adequado deve incluir acompanhamento multiprofissional, com médico, nutricionista, preparador físico e psicoterapeuta atuando em conjunto, sempre que for possível.

Para Belmonte[3], endocrinologista, a obesidade deve ser entendida como uma questão psicológica, corporal, social e energética. A autora sustenta que o emagrecimento só será uma consequência se o paciente abandonar as propostas mágicas que envolvem as dietas em geral, o uso indiscriminado de medicamentos e as promessas de felicidade das cirurgias bariátricas e assumir seu próprio processo. É nesse contexto que a análise bioenergética pode ajudar o indivíduo obeso em sua busca por uma vida mais saudável e prazerosa.

A análise bioenergética é uma técnica terapêutica desenvolvida por Alexander Lowen[4], baseada na *Analisis del carater*, de Wilhelm Reich[5], de quem foi paciente e aluno na década de 1940. Nela, Reich propunha haver uma identidade funcional do caráter de uma pessoa com sua atitude corporal ou couraça muscular, entendida como um padrão geral das tensões musculares crônicas do corpo e erguida para proteger a pessoa contra experiências emocionais dolorosas e ameaçadoras.

A análise bioenergética combina o trabalho do corpo com a mente, utilizando a técnica analítica, procedimentos de manipulação e exercícios especiais. Para Lowen, os processos energéticos do corpo determinam o que acontece na mente da mesma maneira que determinam o que acontece no corpo.[4]

Bioenergeticamente, a obesidade pode ser definida como um distúrbio da relação carga *versus* descarga do organismo. A equação é simples: entra mais do que sai. A pessoa obesa absorve mais do que gasta/elimina. O que é excedente, no caso do alimento, se deposita no corpo na forma de gordura. Emocionalmente, esse distúrbio é manifestado pela dificuldade que a pessoa tem de expressar seus sentimentos, pela sua agressividade precária e pela voracidade com que ela "engole sapos", como veremos mais adiante.

O indivíduo obeso tem, predominantemente, o traço de caráter oral em sua personalidade.[4] A experiência básica do caráter oral é a carência afetiva, que ele procura preencher apoiando-se nos outros e, no caso dos obesos, substituindo em parte o contato com os outros pela comida.

Embora Lowen[4] afirme que o indivíduo oral tenda a ter um corpo esguio e fino, com musculatura subdesenvolvida, a constituição do corpo obeso pode ser entendida a partir da observação de que, em certas pessoas, a tendência a depender pode aparecer disfarçada por atitudes conscientemente compensatórias, como, neste caso, a ingestão constante de alimentos.

A personalidade oral contém muitos traços típicos da primeira infância. Esses traços se tornam claros nos obesos quando se observa que os corpos do homem e da mulher perdem em parte as características sexuais secundárias que se desenvolvem a partir da puberdade e em muito se assemelham ao corpo de um "bebê fofinho". O nível de excitação genital é reduzido e se evidencia pelo fato de que a busca pelo prazer ainda está em parte ancorada no ato de se alimentar.

Embora a obesidade possa vir a se manifestar somente anos mais tarde, é a partir da relação mãe-filho, no período da amamentação, que ela tem origem.

Montagu[6], analisando a qualidade do contato entre mãe e filho, sustentava que uma relação íntima é tecida entre comer e amar na primeira infância, e que comer pode se tornar uma satisfação substituta para o amor. A obesidade seria, então, a evidência de uma frustração amorosa.

A ausência da amamentação ou o desmame precoce parecem ser determinantes da obesidade. Dois estudos sustentam essa hipótese:

- Siqueira e Monteiro[7], ao analisarem a associação entre o aleitamento materno na infância e a obesidade na idade escolar em crianças e adolescentes de famílias brasileiras de alto nível socioeconômico, concluíram que as que nunca haviam recebido aleitamento tinham maior ocorrência de obesidade. Os resultados da pesquisa apontam risco de obesidade duas vezes maior na ausência de aleitamento
- Balaban e Silva[8] fizeram uma revisão da literatura sobre a hipótese de que o aleitamento materno tivesse um efeito protetor contra a obesidade. Como a maioria dos estudos revisados relatou efeito protetor, concluíram que o aleitamento parecia proteger as crianças da

obesidade, embora tenham sugerido uma investigação mais profunda do caso.

Entre as várias questões relativas à obesidade que podem ser trabalhadas na análise bioenergética, duas serão vistas aqui; elas dizem respeito à mastigação e ao comer compulsivo.

Mastigação

Nossa digestão começa pela boca. Mastigar bem os alimentos, triturá-los e misturá-los à saliva é o início do processo digestivo. O alimento desce, então, já preparado para ser metabolizado pelo organismo. Ora, o obeso mastiga muito pouco, praticamente engole o alimento inteiro. Isso sobrecarrega o processo digestivo, que se torna mais lento e favorece uma absorção maior, pelo organismo, do bolo alimentar. O estômago se dilata para conter tantos "pedaços" do alimento mal processado.

Mas por que o obeso mastiga pouco? A resposta a essa questão remete à relação mãe-filho na época da amamentação. Uma mãe "suficientemente boa", como diria Winnicott, ao amamentar seu filho, está oferecendo dois elementos essenciais à vida dele: o nutricional (leite) e o afetivo (contato, calor, amor). Um distúrbio grave nessa relação provoca uma forte reação de defesa por parte do bebê, que, ameaçado por um colo frio de uma mãe desconectada ou ausente da relação, pode responder, por exemplo, mordendo-lhe o seio. O ato de morder diante de uma ameaça é comum a toda espécie animal, inclusive entre os humanos, pelo menos nos primeiros anos de vida. Basta uma visita a uma creche ou a uma classe de pré-escola para que se observe que, muitas vezes, os conflitos entre as crianças são resolvidos com mordidas.

Se a reação da mãe à mordida de seu filho for agressiva e raivosa, o bebê se sentirá ainda mais ameaçado e, culpabilizado, para sobreviver, congelará sua raiva (e o morder). A amamentação pode ter continuidade, mas tenderá a ser destituída do elo afetivo que unia mãe e filho. O bebê, tendo perdido o alimento-afeto, passará a investir no alimento-leite, em uma busca desesperada por amor. Já não reclamará e não mais morderá. Esse pode ser um dos fatores que levam ao desmame precoce.

Como o ato de morder e o de mastigar são semelhantes e envolvem os mesmos músculos e articulações em torno da boca, se o morder está reprimido, a mastigação fica comprometida, e assim o processo digestivo como um todo.

A análise bioenergética dispõe de uma gama de exercícios que estimulam o morder e a expressão da raiva reprimida. Uma toalha de rosto torcida colocada em frente à boca é um deles. Pede-se ao paciente, deitado no colchão e com os joelhos flexionados, que experimente morder a toalha por alguns minutos, cada vez com mais força e procurando emitir um som enquanto morde. Certa vez, uma paciente, ao realizar esse exercício, foi tomada por um sentimento intenso de raiva. Ao ser encorajada a expressar em palavras o que estava sentindo, ela começou a gritar: "Por que você não olha pra mim? Olha pra mim!" Ao final do exercício, relatou uma lembrança em que ela, pequena, esperava pela atenção da mãe, que nunca vinha. Completou dizendo que sua mãe ainda não costumava olhá-la nos olhos quando falava com ela. Certamente, também não olhava para ela quando lhe dava a mamadeira.

O comer compulsivo

Todo obeso sofre de compulsão por comer: ingere alimentos em uma quantidade muito maior que a necessária para seus gastos energéticos. Apesar disso, ele parece "precisar" de toda essa comida. De onde vem essa necessidade e para que ela serve?

A resposta para a primeira pergunta já foi dada: o obeso come em busca do amor perdido. Ele se enche de comida na tentativa de preencher o vazio afetivo que sente. Quanto à segunda pergunta, a observação do mundo animal pode ajudar a encontrar a resposta.

Nas regiões polares, o comportamento alimentar dos animais está diretamente associado às duas estações do ano: o verão e o inverno polar. É no verão, com a fartura de oferta, que os grandes predadores se alimentam. Comem o máximo que podem. Sua dieta altamente calórica faz com que uma espessa camada de gordura se forme em torno de seus corpos. Eles precisam dessa gordura para sobreviver ao inverno, quando cessa a oferta de alimentos e o frio é rigoroso. E, então, eles hibernam. Toda a gordura adquirida ajuda-os a atravessar esse período. Protege-os do frio intenso e vai sendo, pouco a pouco, queimada pelo organismo.

Dada a sua estrutura de caráter predominantemente oral, o indivíduo obeso tem fome: fome de amor, de calor humano, de ternura, do aconchego perdido. Interiormente, ele sente frio.

Indagados sobre seus hábitos alimentares, muitos pacientes afirmavam que não comiam muito nas refeições, que não deveriam ser gordos assim. Um exame mais detalhado, porém, desmascarava esse discurso: ao longo do dia, entre as principais refeições, eles beliscavam, e muito. *Snacks*, salgadinhos, bolachas, doces, tudo o que estivesse ao alcance das mãos. Tudo altamente calórico. Esse hábito, que muitas vezes passava despercebido por eles mesmos, ajudava a aquecê-los internamente, pois mantinha o aparelho digestivo funcionando ininterruptamente e, como uma máquina, produzindo calor.

O comer compulsivo pode se manifestar também no popular "ataque noturno à geladeira". Na "calada da noite", quando cessam as exigências do dia a dia, o indivíduo é tomado por uma necessidade incontrolável de comer tudo o que estiver ao seu alcance, até se "entupir" de comida. Parece claro que essa ação tem por objetivo "calar" os anseios que tendem a vir à tona naquele momento em que a quietude favorece um contato mais profundo consigo mesmo e, então, com o vazio que carrega dentro de si.

Os obesos tendem, também, a evitar a sensação física de fome. Procuram se antecipar a ela. O contato com a fome os remete à perda, ao desamparo, ao frio. Então, ficam beliscando o tempo todo.

Pode ser essa a causa de tantos fracassos que esses indivíduos experimentam ao tentar emagrecer. Geralmente, toda dieta começa bem-sucedida, mas chega um ponto em que a camada de gordura que os envolve se afina tanto que eles se sentem fortemente ameaçados. Essa situação só pode ser resolvida com o retorno à compulsividade.

Todo corpo obeso envolve um corpo emocionalmente esquálido, desnutrido de afeto, de calor humano. Envolve e protege, mas também isola. A gordura impede que eles façam contatos, impede que sejam verdadeiramente tocados e vistos. Diante disso, tendem a construir uma imagem que os faça serem aceitos por todos. Tornam-se simpáticos, brincalhões, prestativos, "boas praças". Manter essa imagem, porém, tem seu preço. Certa vez, uma paciente desabafou: "Meus amigos se divertem comigo, me acham uma pessoa feliz. Eles não sabem o que eu sinto".

Na análise bioenergética, o trabalho corporal com pacientes obesos deve ser iniciado concomitantemente com exercícios de respiração e *grounding*.

Respiração

A respiração do obeso é sempre curta, superficial. Para Lowen[4], a carência sofrida durante a fase oral reduziu a força do impulso de sugar, e uma boa respiração depende justamente da capacidade de sugar o ar. Pode-se sustentar também que, mais adiante, venha a afetar a capacidade de mastigar, em razão da hipotonia dos músculos da região da boca. Além disso, dado que o oxigênio é fundamental para a metabolização do alimento ingerido, sua carência provoca perda energética, que pode ser compensada com a ingestão de quantidades cada vez maiores de alimento.

Na terapia bioenergética, incentiva-se uma respiração cada vez mais profunda com o objetivo de aumentar a carga energética. Pousar a mão no tórax e/ou no abdome os ajuda a sentir os movimentos de expansão, na inspiração, e de recolhimento, na expiração. Pressões com as pontas dos dedos ou com os punhos podem ser necessárias para mobilizar a musculatura contraída do peito e do abdome e possibilitar um movimento respiratório mais profundo. Essas pressões podem provocar dor; nesses casos, pede-se para que eles expressem a dor com um som durante a expiração.

Uma respiração cada vez mais profunda permite um contato maior com o corpo e com o que acontece nele. Energiza o corpo. Pode provocar formigamentos, movimentos involuntários, vibrações. Sentimentos podem ser mobilizados. O terapeuta, ao seu lado, deve incentivar o paciente a colocar para fora o que está sentindo, dando o suporte necessário para que as emoções possam fluir. Ao final do exercício, pede-se ao paciente para que relate o que foi vivenciado, para que se possa elaborar a experiência vivida e reinseri-la em sua história de vida.

Possibilitar ao paciente obeso um fluxo respiratório mais profundo é uma maneira de conscientizá-lo de que ele não necessita de tanta comida para se energizar. Na verdade, nossa maior fonte de energia é o oxigênio. Podemos sobreviver semanas sem alimentos, mas não mais que alguns minutos sem respirar.

Certa vez, após um exercício em que sua respiração foi altamente aprofundada, um paciente relatou uma sensação incômoda na região do abdome. Sentia-se enjoado. Na sessão seguinte, relatou que, naquela noite, como a sensação de enjoo não havia cessado, ele se levantou e foi ao banheiro disposto a induzir o vômito, para eliminar o desconforto que sentia. Ao provocar o vômito, foi tomado por uma intensa onda de tristeza, que culminou em um choro convulsivo como ele nunca havia experimentado antes. Seu diafragma havia sido liberado.

O diafragma, um extenso músculo situado entre o tórax e o abdome, quando cronicamente contraído, aprisiona nossas emoções, impedindo-as de virem à tona. Os exercícios respiratórios atuam no sentido de mobilizar o diafragma e os outros músculos envolvidos no ato de respirar. As tensões musculares vão sendo dissolvidas, possibilitando uma respiração mais profunda e um contato maior da pessoa com suas sensações e seus sentimentos.

A partir desse episódio, esse paciente começou a se conscientizar de quanto ele havia reprimido seus sentimentos, de quanto ele os "engolia". De imediato, reconheceu a expressão "engolir sapos" como uma atitude muito comum ao se confrontar com situações difíceis de sua vida. "Engolir sapos" e "pôr para dentro" são expressões comuns que, quando não descritas, são imediatamente reconhecidas pelos obesos. Outra paciente, em tom de brincadeira, disse que precisaria eliminar os sapos de sua alimentação se realmente quisesse emagrecer.

A análise bioenergética ajuda os obesos a reconhecer essa atitude básica que construíram para lidar com as questões de sua vida e oferece instrumentos para a construção de uma nova postura diante delas. Mas essa nova postura necessita de um suporte, uma base sólida que a sustente.

Grounding

Grounding é um conceito fundador da análise bioenergética.[4] Estar *"grounded"* é estar enraizado, embasado na sua realidade. É o oposto de estar "andando nas nuvens" ou "de ponta-cabeça".

O exercício básico para aprofundar o *grounding* é feito de pé, com os pés paralelos e afastados cerca de 25 cm, e se pede ao paciente que "destranque" seus joelhos, flexionando-os.[9] Essa flexão faz com que o corpo deixe de se apoiar nos joelhos e passe a ser apoiado pelos seus pés em contato com o chão. Pede-se, então, para que ele permaneça nessa posição o tempo que for suportável, respirando profundamente. Podem ser feitas variações dessa postura básica, mantendo as pernas na mesma posição, mas arqueando o corpo para trás ou fazendo-o se inclinar para a frente até que os dedos das mãos toquem o chão. O incômodo e a dor, se surgirem, devem ser expressados com um som na expiração. Com o tempo, os pés podem começar a formigar e as pernas, a vibrar involuntariamente, sinal de que a energia começa a fluir. Os relatos da experiência vão desde a sensação de profundo contato com a terra até a angústia e o medo de que suas pernas não suportem o peso do corpo, falhem e eles caiam.

Cair, na bioenergética, tem o sentido de abandonar as defesas, de se entregar aos sentimentos, de fazer contato com a realidade.[4] No cotidiano, usamos esse sentido quando dizemos que "caímos de amores", "caímos na real" ou "caímos no sono", por exemplo. O medo de cair evoca o medo de perder o controle e, em última instância, o medo de morrer ou de enlouquecer.

Fazer exercícios de *grounding* com pacientes obesos costuma produzir efeitos intensos. Eles deparam com a real dimensão de seu problema e literalmente sentem seu peso. Podem se sentir sem apoio, o que evoca o desamparo que experimentaram na infância, e têm medo de cair. Podem perceber o verdadeiro esforço que fazem para se sustentar. Essas sensações e esses sentimentos vão sendo trabalhados, então, no contexto de suas histórias.

A partir daí, de posse de um fluxo respiratório mais profundo e com a sensação de estar sobre as próprias pernas, o obeso se sente em condições de confrontar suas dificuldades, em busca de uma nova maneira de lidar com seus desejos mais profundos e com as demandas do mundo externo. A terapia prosseguirá até que ele se sinta em condições de assumir verdadeiramente seu processo de emagrecimento, deixando de depositar nos outros a responsabilidade por aquilo que somente ele pode alcançar. Cabe ao terapeuta acompanhá-lo nessa jornada, consciente de que o processo não é linear, de que haverá recaídas e de que elas não devem desanimá-lo, pois, se isso acontecer, ele estará cedendo à resistência do paciente, levando-o, mais uma vez, a repetir a sua história de abandono.

Considerações finais

Fiel à sua origem reichiana, a análise bioenergética atua, também, em uma dimensão política. Afinal, de que adianta trabalhar pela transformação do indivíduo sem que seja construída uma consciência crítica do mundo em que ele está inserido, que busca negar a expressão da individualidade em nome de uma normatização dos modos de ser? O trabalho com pacientes obesos deve lhes garantir, antes de tudo, o direito de ser como eles são. Emagrecer deve ser um ato de desejo, em alguns casos uma necessidade, mas nunca a imposição de uma estética dominante que segrega aqueles que dela se afastam.

Em torno do obeso, um grande mercado floresce e enriquece. De um lado, as promessas sedutoras de emagrecimento garantido. A oferta é enorme e variada: nos *spas*, nos livros de dietas, nas drogarias, sempre há uma novidade. Em 2007, o Brasil era o terceiro país do mundo com maior uso de inibidores de apetite.[10] A cirurgia bariátrica vem sendo feita descumprindo a minuta do Ministério da Saúde, que lista as condições necessárias para sua realização.[11] Obesos se submetem a dietas calóricas para alcançarem o peso mínimo necessário para serem operados. As complicações pós-cirúrgicas (depressão, substituição da compulsão) estão sendo criminosamente subestimadas.[12]

Do outro lado, a indústria alimentícia vende o prazer a cada gole, a cada mordida. A propaganda é perniciosa e as crianças são as maiores vítimas de seus apelos, ou melhor, de suas apelações. Estão sendo formadas novas gerações de obesos. Para exemplificar, o que dizer da frase colocada logo abaixo da logomarca de uma famosa multinacional de *fast-food*: "amo muito tudo isso"? A relação entre comer e amar está presente, induzindo ao consumo de um alimento de pobre valor nutricional, mas extremamente calórico.

Refém desse mercado, a única certeza que o obeso pode ter é a de que seu bolso, este sim, emagrecerá.

Não conscientizar os pacientes obesos do lugar em que são colocados por esse mercado, com certeza, coloca em risco todos os esforços terapêuticos. Não alertá-los para essa realidade é, mais uma vez, abandoná-los à própria sorte.

A análise bioenergética busca conscientizar o indivíduo obeso de que a obesidade é o sintoma de uma defesa estruturada e, mais que isso, atua para que ele possa construir novos instrumentos que tornem possível lidar de uma maneira mais efetiva, saudável e prazerosa com seu corpo, com seus sentimentos e com os desafios que se lhe apresentam.[13]

Referências bibliográficas

1. Boff L. Comensalidade: refazer a humanidade. 2008. [Acesso em 28 set 2016]. Disponível em: http://www.leonardoboff.com/site/vista/2008/abril18.htm.
2. Rodrigues M, Lenharo M. 56,9% dos brasileiros têm excesso de peso, diz pesquisa de saúde do IBGE. 2015. [Acesso em 28 set 2016]. Disponível em: http://g1.globo.com/bemestar/noticia/2015/08/569-dos-brasileiros-tem-excesso-de-peso-diz-pesquisa-de-saude-do-ibge.html.
3. Belmonte T. Emagrecimento não é só dieta. 4. ed. São Paulo: Ágora; 1986.
4. Lowen A. Bioenergética. São Paulo: Summus; 1975.
5. Reich W. Analisis del caracter. 5. ed. Buenos Aires: Paidós; 1975.
6. Montagu A. Tocar: o significado humano da pele. 2. ed. São Paulo: Summus; 1988.
7. Siqueira RS, Monteiro CA. Amamentação na infância e obesidade na idade escolar em famílias de alto nível socioeconômico. Rev Saúde Pública. 2007;41(1):5-12.
8. Balaban G, Silva GAP. Efeito protetor do aleitamento materno contra a obesidade infantil. Jornal de Pediatria. 2004;80(1):7-16.
9. Lowen A, Lowen L. Exercícios de bioenergética: o caminho para uma saúde vibrante. São Paulo: Ágora; 1985.
10. Escritório das Nações Unidas sobre Drogas e Crimes – UNODC. Relatório mundial sobre drogas WDR 2009. [Acesso em 15 fev 2017] Disponível em: http://www.unodc.org/documents/lpo-brazil//Topics_drugs/WDR/2009/WDR_2009_Referencias_ao_Brasil.pdf.
11. Brasil. Ministério do Trabalho. Lei n. 3.268/57, de 30 de setembro de 1957. Dispõe sobre os Conselhos de Medicina, e dá outras providências. 1957.
12. Bernardi JLD. Você tem fome de quê? Revista Viver Mente e Cérebro. 2005;10:47-50.
13. Loli MSA. Obesidade como sintoma: uma leitura psicanalítica. São Paulo: Vetor; 2000.

55 Transtorno de Déficit de Atenção com Hiperatividade na Abordagem da Psicoterapia Corporal

Cândido Fontan Barros

Introdução

Neste capítulo, discorrerei sobre a clínica da abordagem corporal do transtorno de déficit de atenção (TDA; subtipos desatento e hiperativo – TDAH) em crianças, adolescentes e adultos. Esse tema foi abordado de maneira escassa na literatura das psicoterapias reichiana e neoreichiana até a atualidade.

Na Sexpol, projeto reichiano de clínicas de saúde psicológica e sexual na Alemanha, Wilhelm Reich envolveu-se intensamente na prevenção das neuroses junto a crianças e adolescentes. Contudo, o próprio Reich não atendeu, diretamente, crianças em psicoterapia, apesar de curiosamente, de acordo com sua biografia, utilizar um tipo de "ludoterapia" com seu filho Peter, lidando com a expressão emocional e o fluxo de energia por meio de contato, jogos corporais e movimento muscular.[1] De modo geral, a psicoterapia corporal com crianças e adolescentes conta com poucas publicações nacionais e internacionais. A obra de Rocha[2], apesar do seu pioneirismo no Brasil, tem sérios problemas conceituais e metodológicos, adotando, ao meu ver, um paradigma funcionalista de corpo. Já Ventling[3], na análise bioenergética com crianças e adolescentes, descreve preliminarmente uma tentativa de padronização da técnica para aplicação infantojuvenil, em que, inclusive, há relatos de casos de TDAH com intervenção bioenergética com influência também winnicottiana.

No panorama geral, um aspecto que cria dificuldades à clínica desse transtorno é a sua comorbidade com transtorno de conduta e de aprendizagem, transtorno de ansiedade e do humor. Além disso, vê-se uma intensa medicalização do TDAH acompanhada de uso indiscriminado de medicamentos psicoestimulantes (metanfetaminas, como o metilfenidato), o que também ocorre, sem dúvida, quando tais diagnósticos comórbidos não são claramente identificados. Comumente, por exemplo, encontra-se a comorbidade com o transtorno de ansiedade generalizada e o transtorno depressivo com características peculiares, a depender da presença mais predominante de uma dinâmica depressiva ou ansiosa. Biederman (*apud* Silver)[4] apontou que de 7 a 18% dos adultos diagnosticados com TDAH preenchem critérios de transtorno de personalidade. Tenho observado na clínica que muitos adultos com personalidade narcísica ou *borderline* se autodenominam hiperativos ou tomam medicamentos psicoestimulantes. Há aspectos ideológicos preocupantes nesse panorama contemporâneo que critico, assim como Pundik[5], que denomina tais medicamentos *cocaína pediátrica*.

A gênese do TDAH pode ser explicada por uma multifatorialidade, desde o orgânico ao psicodinâmico e ao sistêmico, o que vem a tornar necessária a abordagem multiprofissional. Apesar do investimento atual na medicalização e da ênfase excessiva a fatores orgânicos, a corporeidade mostra-se um aspecto crucialmente imbricado nessa psicopatologia e no seu tratamento. Discorrerei a seguir sobre princípios, técnicas corporais e o processo terapêutico.

Fundamentos teóricos

O enfoque que proponho e que utilizo na clínica é o da análise bioenergética, contando, adicionalmente, com uma influência psicodinâmica winnicottiana. Comentarei, neste capítulo, alguns aspectos corporais do TDA/TDAH na bioenergética, enriquecida com outras abordagens neoreichianas, como a biossíntese, a biodinâmica e a educação somático-existencial de Stanley Keleman, além da filosofia da subjetividade de Deleuze e Guattari, as quais também fizeram parte da minha formação.

Esse tipo de compreensão psicodinâmica é influenciada pelo estudo das relações objetais e da intersubjetividade de Winnicott, Fairbairn e Guntrip. Esses autores propiciaram uma mudança paradigmática, ultrapassando o antigo paradigma das pulsões e do Édipo – tão fortes em Reich e Freud – e adotando o paradigma das relações objetais. A visão do corpo e da intersubjetividade em Winnicott despertou aportes contemporâneos em um marxista da teoria crítica, Axel Honneth[6], que concebe a constituição do sujeito em suas relações de reconhecimento. "O homem é necessariamente reconhecido e é necessariamente reconhecente" (Hegel apud Honneth[6]).

Princípios

As terapias corporais constituem uma abordagem de forte influência psicodinâmica, ou seja, não diretiva, não centrada no sintoma e voltada para o *insight*. Para fundamentar a participação dos fatores corporais e inconscientes na gênese do TDA/TDAH em crianças, adolescentes ou adultos, os conceitos clássicos de Wilhelm Reich (descarga pulsional de prazer, curva orgástica e classificação de tipos de caráter) podem mostrar-se insuficientes, pois falta, em muitos desses clientes, a constituição de um *self* corporal. Nesses sujeitos, as vivências provêm de um *self* precário ou reativo que fixou uma destrutividade defensiva como modo de se manter em relação com o objeto.

Está fracamente constituído um *self* corporal que não se configurou devido a fatores ambientais, marcadamente porque faltaram relações de reconhecimento. Apesar de isso não invalidar as hipóteses biológicas do TDAH, nessa visão da corporeidade a partir da obra de D. W. Winnicott, o ambiente seria de atuação crucial.

Em uma abordagem psicanalítica do TDAH, O'Brien[7], por exemplo, parece conceber os fatores internos biológicos sempre como primários, e só secundariamente os pais reagiriam às incapacidades internas biológicas. Já Pundik[5], um lacaniano espanhol, utilizando abundantes fontes de dados e pesquisas atuais, desconstrói a importância exclusiva dos fatores internos no TDA/TDAH, apontando para fatores ambientais, como escolaridade retrógrada e as angústias familiares ("toda família esconde um cadáver"). Correlaciono o que ele chama "escolaridade retrógrada" ao que Reich[8] descreveu na personagem Professora Barril.*

Entretanto, mesmo havendo multifatorialidade nesse distúrbio, deve-se considerar a ocorrência de uma falha ambiental, a qual repercute em uma construção mútua de um vínculo inseguro ou de intrusão, que não permitirá que a criança tenha relações ou interesses em que possa fixar-se ou envolver-se. Soifer[9] foi uma importante autora da psicanálise de crianças que observou que, no TDAH ou na hipercinesia, a atividade lúdica encontra-se inibida: "[...] na verdade estas crianças não sabem brincar com brinquedos e seu brinquedo preferido é o movimento em si mesmo".

O terapeuta constrói suas hipóteses para sustentar qual o motivo dinâmico para esse tipo de estruturação de defesas. Psicodinamicamente, uma estrutura frágil com defesas *borderline* pode estar presente em alguns pacientes com TDA/TDAH. Portanto, neste trabalho, não faz sentido utilizar um "velho paradigma" da terapia corporal centrado em conceitos de carga/descarga de pulsão agressiva, curva orgástica ou tipologias. As bases winnicottianas para entender a corporeidade e a formação do sentido da existência mostram-se um sólido suporte para dar conta das questões clínicas corporais contemporâneas, como o TDAH.

É forte a presença, nas linhas corporalistas, do antigo paradigma pulsional da descarga da sexualidade e da agressividade, o "fazer birra" de Reich e Lowen. Autores corporais têm feito reflexões winnicottianas questionando esse modelo.[10,11] Sabe-se que Reich não acreditava na existência da pulsão de morte e na agressão inata da mesma maneira que Winnicott . Mas Reich ficou excessivamente ligado à teoria dos instintos sexuais de modo funcionalista, ou seja não fundamentado em relações de objeto.

No paradigma freudiano, concebe-se agressão como naturalmente *dada*. Na psicanálise infantil, Soifer[9] vê a agressão pelo modo kleiniano, ou seja, ligado a pulsões *dadas*, o que difere de Winnicott, Fairbairn e Guntrip. Segundo essa autora, crianças/adolescentes com TDAH "constantemente temem a solidão e o abandono, por seu modo de relacionar-se, invasor e agressivo", "despertam rejeição nos outros" e "passam facilmente

---

* Trata-se de uma alegoria usada por Wilhelm Reich para retratar um educador autoritário que dissemina a Peste Emocional junto aos seus alunos.

da palhaçada, que utilizam abundantemente, à agressão clara. Costumam fazer birras e crises coléricas".[9] Soifer fala do intenso sadismo muscular que seria compreendido kleinianamente como pulsão agressiva inata.

A visão winnicottiana não concebe agressão como pulsão inata, ou seja, não é um fator interno primário. Atribui o seu surgimento ao momento em que, na separação do objeto, a criança o ataca como modo de se constituir separada, elaborando a dependência absoluta para viver uma transição à dependência relativa. A agressão deve ser considerada em uma transicionalidade e como "uso do objeto".[12] Objetivo transicional é aquele de apego do bebê (ursinho, paninho), que representa a transição entre o Eu e Não Eu na elaboração da separação materna. Assim, agressão não tem a ver com uma descarga primária de uma pulsão natural – como veem Klein ou Freud. Com tudo isso exposto, pode-se concluir que o temor da solidão e do abandono que mencionou Soifer[9] pode ser mais primário no paciente com TDA/TDAH e advindo da dificuldade de separação e de sentimentos de não existência. Como colocou Guntrip[13], "[...] a destrutividade não caracteriza, de fato, os seres humanos não ansiosos e maduros. É produto do medo e um sinal de fraqueza".

O que ocorre, primariamente, no TDA (do tipo desatenção) é o não fixar-se ou envolver-se em atividades ou vínculos, pois a transicionalidade está comprometida, provavelmente, por falhas ambientais diante das quais podem se mobilizar angústia e medo primários. Faltou a provisão ambiental da mãe suficientemente boa para que ela pudesse brincar e esboçar o gesto criativo. O paciente se adapta por meio do gesto ansioso, superficial ou maníaco, para evitar cair nessas angústias impensáveis. O vínculo deixa de fazer sentido e o indivíduo vive uma desistência – de si, do brincar com significado e da existência. Daí provém a sua desatenção – as atividades culturais (escolares ou laborais) e de interação que antes eram saudáveis, deixam de importar frente à falta de um sentido de existência como pessoa global. A sua palhaçada, do mesmo modo, provém do seu falso *self* adaptativo.

Já no TDAH, a agressão como sintoma surge a partir de um *self* reativo, pois agredir passa a ser uma maneira de controlar o objeto e adaptar-se para não cair em angústias primitivas de não existir.

Não estou afirmando que aspectos edípicos ou orais agressivos não devam ser trabalhados, quando presentes, nessa clientela. Entretanto, coube a Fairbairn[14] reformular as hipóteses analíticas do complexo de Édipo em uma nova ótica de relações objetais precoces no desenvolvimento, que *não* tem a ver com Édipo precoce. Assim, discordo da visão de Soifer[9], que, partindo de Klein, aponta a importância nesses clientes: do casal combinado (*pareja combinada*, no idioma espanhol), ou seja, Édipo precoce; do traço masoquista prototípico e da inibição da fase oral canibalística, com fixação no costume de morder; e da evacuação de pulsões pelo ego. Em relação a isso, comento que, para que haja evacuação de conteúdos pelo ego, *deve existir um ego* – o que, muitas vezes, *não* se vê nesses clientes. O que proponho, junto com outros autores, é desconstruir, nas terapias corporais, essa visão funcionalista e naturalista do corpo e do gesto, que parte da visão de ego autoconstituído, hipervalorizando forças edípicas.[10]

A visão winnicottiana enriquece e embasa a clínica corporal de maneira mais consistente e útil. Winnicott e alguns de seus interlocutores contemporâneos[6,15] pensam na constituição de *self* corporal nas relações de reconhecimento mútuo. Considero que esses autores pensam em um corpo *construído* em relações com o objeto, e não em um corpo *dado a* partir de pulsões ou em zonas erógenas de maneira preestabelecida. Pode-se, aqui, fazer um paralelo com o termo de que se utiliza a abordagem sistêmica construcionista – que fala de uma coconstrução. Essa visão sistêmica mais contemporânea (ou coconstrucionismo) teve precursores filósofos, como Gaston Bachelard (*apud* Japiassu e Marcondes)[16] – "porque nada é dado, tudo é construído".

Fases do tratamento

O tratamento requer, a depender da sintomatologia e do grau da desadaptação do TDAH, em algumas ocasiões, acompanhamento farmacológico. É quase sempre necessário indicar acompanhamento escolar ou psicopedagógico específico, já que existe grande comorbidade desse transtorno com os transtornos de aprendizagem (de aritmética ou de leitura – ou dislexia).

A família deve ser trabalhada pelo profissional que atende a criança ou o adolescente hipercinético em uma periodicidade a ser estipulada de acordo com a demanda específica de cada caso. Nas orientações à família, demonstra-se mais útil uma abordagem não diretiva. Trata-se de "orientações" mais ou menos voltadas para o *insight*: "sempre evitei dar conselhos", afirmou Winnicott.[17]

Há terapeutas que incluem a própria criança nessas sessões de atendimento familiar, o que se mostra rico, ao meu ver, para elucidar como ocorrem as relações e também para intervir terapeuticamente no próprio contexto. Assim, pode ser terapêutico fazer sessões familiares sem a presença da criança nos casos de exceção, como atendimento a crianças muito pequenas, assuntos de orientação familiar mais íntimos ou temas delicados, como relação dos pais, separação etc. Se necessário, pode-se indicar terapia individual de um dos pais ou do casal, ou mesmo familiar. Pfiffner et al.[18] mostraram que o envolvimento dos pais é vital para o desenvolvimento de habilidades sociais no TDAH. Trabalhar os fatores ambientais e familiares não significa culpabilizar os pais. O problema real da "doença mental", segundo Guntrip[13],

> é o fracasso do ambiente humano em habilitar a criança a desenvolver a base de uma personalidade estável, nos primeiros anos da infância. A responsabilidade disso não pode ser atribuída apenas aos pais, pois eles próprios são também o produto das mesmas causas gerais, que estão na origem de suas limitações.

Os pais, muitas vezes, ao buscarem ajuda, encontram-se, sem um *grounding* seguro ou uma capacidade de se constituírem, pois não vivenciaram o enraizamento nas suas relações de reconhecimento.

De acordo com Lowen[19], "crianças saudáveis são o produto de pais amorosos. Mas não basta que os pais amem os filhos; o mais importante é que amem um ao outro. São pais que sexualmente se satisfazem um com o outro". O paradigma da sexualidade e de Édipo parece crucial aos olhos desse autor. Entretanto, deve-se ampliar a bioenergética por meio de um novo paradigma mais intersubjetivo. No cliente e em sua família, é mais concernente o *como* se dão essas relações de mútuo reconhecimento, o que não tem a ver apenas com a vida sexual dos pais, mas também com sutilezas da construção ampla da subjetividade, simbolizadas e corporificadas.

O terapeuta será, por vezes, também solicitado a ter contato com a escola ou o trabalho do portador de TDA/TDAH, o que pode ser enriquecedor para ambos.

Pensando-se em termos da biossíntese, o processo terapêutico no TDA/TDAH requer a criação de um vínculo para que se estabeleça ressonância com a parte não nascida do eu e para que se contacte o eu regredido.[10,13,20]

É por baixo da máscara de desatenção, agressividade ou palhaçadas que se encontram o medo do abandono e as angústias da não existência desse indivíduo. Conforme Guntrip[13], "a destrutividade não caracteriza, de fato, os seres humanos não ansiosos e maduros", que só surgiriam como produto do medo e da fraqueza. Na terapia no TDAH, está envolvido um processo de caírem máscaras de desatenção/inquietação. O'Brien[7], na abordagem analítica desse transtorno, coloca que, "após a raiva e a frustração da criança com TDA serem expressadas, a tristeza surge" (tradução nossa). Nesses pacientes existe, muitas vezes, uma máscara sedutora ou de controle pela mania e pela manipulação. O cliente ora resistirá a passar pela sombra e mostrar o terror do abandono, ansiedades de fraqueza e desintegração, ora resistirá a mostrar-se vulnerável pelo retraimento, pelo alheamento ou pela superficialidade. Alternará instantes de extrema dependência e máscara de pseudoindependência defensiva.

Caso clínico

Atendi Fred, com TDAH e dislexia, dos 7 aos 13 anos. Fora encaminhado por ser "criança problema" em uma escola privada. Preferi medicá-lo com Buspirona, um ansiolítico não benzodiazepínico, apesar das pressões de um pediatra e da escola para que tomasse medicação psicoestimulante. Os pais mostraram-se participativos, fazendo suas terapias pessoais em paralelo, com outros terapeutas, e alguns períodos de terapia de casal. A dependência de Fred em relação a mim alternava-se: ora tinha rompantes de ira defensiva (excluindo-me de brincadeiras ou em oposição silenciosa), ora mostrava-se angustiado, inseguro ao cortar papel com a tesoura – pedindo-me sempre que cortasse para ele. Durante anos, lidei com esses pedidos sem aceitá-los de antemão, mas sempre conversando com Fred sobre o que representava a "insegurança de cortar", correlacionando-a em seus aspectos dependentes à mãe – nitidamente *borderline* – e à família (que tinha características confusionais e conflitos conjugais constantes diante dos filhos). Sua insegurança e sua dependência se expressavam na escola na dificuldade para ler e na angústia, na inquietação e na agressividade com colegas. Ele provavelmente se angustiava pelas relações de não reconhecimento no seu ambiente e, ao mesmo tempo, reproduzia situações de exclusão e abandono. Tinha autoestima baixa por se achar gordo e impopular; sofria *bullying* de alguns colegas, mas reproduzia o *bullying* em outros (o que é comum nesses casos). Quase uma vez ao mês, realizávamos atendimento com ele junto aos pais, em que eram trabalhados aspectos das suas habilidades sociais.

Considero a abordagem das estratégias sociais um ponto fundamental do trabalho nesse tipo de caso. Pfiffner et al.[18] realizaram valoroso estudo behaviorista sobre a importância do treino social de habilidades da criança com TDAH. Apesar de eu não trabalhar no modelo de gratificação behaviorista como esses autores, discuto ativamente essas habilidades sociais ou as dramatizo em *role playing* com o paciente e a família, buscando elucidar as estratégias de convivência por meio do *insight* e em situações úteis e com sentido para o paciente.

Na perspectiva da análise bioenergética, a processualidade do tratamento junto ao cliente deve seguir um movimento pendular: regressão-progressão.[21] Regressão e progressão devem ser trabalhadas em um bom senso clínico, o que requer respeito ao *timing* e às características das defesas desse cliente, assim como da sua família. Para um trabalho mais eficaz e profundo, o paciente deverá contactar o seu eu regredido, o que não significa, no entanto, deixá-lo desintegrado no caos ou na cólera.

Uma terapia, nesses casos, pode ter a duração prolongada por anos, na presença de dinâmica mais *borderline*, pois se acredita haver falha da constituição do ser em etapas iniciais do desenvolvimento. (Nessa eventualidade, a formação de um ego é o objetivo que norteia tempo e foco terapêutico.)

Desse modo, o parâmetro para alta do processo terapêutico não é apenas sintomático, mas avalia o todo cliente/família/escola. O'Brien[7] aponta que a criança com TDAH deve fazer o luto da perda de uma imagem idealizada e substituí-la por uma mais realista. Acrescento que a família e o paciente, muitas vezes, estão identificados com a imagem (poder e narcisismo) e desconectados da gestualidade espontânea e vital. Em relação ao cliente, consideraremos alta quando houver maior maturidade do *self* e restituição do gesto e do brincar criativo, com pulsação mais harmônica do corpo e do ser.

Processo terapêutico e relação terapêutica

Wilhelm Reich se opôs à assepsia do método freudiano, pois acreditava em uma técnica psicanalítica ativa. Para ele, a terapia é uma relação em que a corporeidade do terapeuta está envolvida, ocorrendo, na contratransferência, aquilo que chama de identificação vegetativa. Dolto[22] também afirma: "No tratamento, o corpo do analista é constantemente exposto à fala do outro e extremamente sensível à sua presença. [...] A imagem do corpo do analista constitui um dos lugares de consolidação da transferência".

Com o paciente com TDAH, pode haver intensa sensação contratransferencial física: de cansaço, confusão ou ofuscamento em acompanhar seu turbilhão lúdico; impotência, raiva ou certa fragmentação – e medo de viver a fragmentação junto com a desordem lúdica na sessão.

É importante que o terapeuta corporal referencie constantemente os seus sentimentos e a sua imagem inconsciente do corpo, formando as suas hipóteses internas, e, eventualmente, devolvendo-as de maneira compreensível ao cliente, para aproveitá-la em sua processualidade.

A relação terapeuta-cliente é fundamental para que ocorra a constituição do ser. Ela traz a possibilidade de que o paciente, pela experiência, configure uma busca objetal, revivendo e remodelando mecanismos de dependência.

Técnicas principais e específicas

Reich descreveu dois tipos de técnica no seu trabalho: a análise de caráter e a vegetoterapia caractero-analítica, sendo o primeiro mais próximo das interpretações psicanalíticas e, o segundo, mais voltado para intervenções energéticas corporais.

No trabalho com crianças e adolescentes, não costumo fazer leitura corporal com classificação em tipos de caráter, como Rocha[2], pois considero uma distorção. Contudo, a leitura corporal acontece de modo mais sutil, continuamente, nas minhas hipóteses. O que coloco nas interpretações para os clientes pode ser definido mais como *metáforas do corpo*, sobre as quais investigo o que o próprio paciente associa ou verbaliza. Em muitos momentos, permaneço em atitude silenciosa de leitura da energia, sem me preocupar com fases do desenvolvimento preestabelecidas (oral, anal ou fálica). Penso em como o paciente está constituindo seu ser, penso no corpo construído entre nós dois, um corpo coconstruído (e não dado ou autoconstituído em fases ontogenéticas). Em vez de pensar em diagnósticos de caráter ou leitura da couraça na sua concretude, estou o tempo todo pensando em *estilos de ser* ou em como o cliente expressa sua subjetivação no corpo vivo ou bloqueado, sem preocupações classificatórias ou saberes prévios diante daquele corpo e da sua hiperatividade. O corpo ali é um cenário do inconsciente com o qual interagir, e do qual espero que meu cliente possa, ele mesmo, falar e simbolizar – brincando, pintando, modelando, dramatizando ou fazendo exercícios corporais e brincadeiras. A leitura do corpo não é passiva, pois já acontece intervindo – o brincar é um toque. A fala e o olhar do terapeuta/ambiente são um toque.[23] No brincar, o terapeuta empresta seu *self* corporal. As afetações mútuas entre o terapeuta e o cliente são toques ressonantes em que se constituirá uma existência com vitalismo e reconhecimento. Nesse brincar criativo se dá a integração de camadas embriológicas – endo, ecto e mesoderma – e o paciente passa a formar a noção de existência corporal.

Na terapia infantil, a imagem inconsciente do corpo se mostra um fenômeno crucial à constituição da sua subjetividade durante o processo terapêutico e, desse modo, a sua corporeidade aparece constantemente no *setting* terapêutico.[22,27] No próprio brincar, análise do caráter e exercícios bioenergéticos tecem uma rede simbólica com fios inseparáveis e interpenetrantes. Propriamente, não há necessidade de exercícios clássicos, sugeridos explicitamente pelo terapeuta na maioria dos momentos. Halsen[1] afirmou, em um artigo sobre a análise bioenergética, que raramente se deve forçar a criança a fazer exercícios na sessão, mas que se pode usar pressão e persuasão suaves no caso de crianças/adolescentes com autoconfiança baixa e que em geral dizem não a tudo.

Em comparação à ludoterapia psicanalítica mais clássica, a técnica neoreichiana, como uma técnica analítica ativa, se caracteriza por momentos em que o terapeuta *propõe* intervenções energéticas (para desbloquear estases nas quais a expressividade do cliente está impedida). Isso implica, neste trabalho, a alternância de duas atitudes:

- Terapeuta "segue o fluxo" do corpo no brincar, sem intervir
- Momentos em que o terapeuta, diante de algum movimento apenas parcialmente expresso, propõe que o cliente "deixe vir", ou seja, que ele intensifique em graus de expressão o movimento já nascente.

Nos estudos bioenergéticos com crianças publicados por Halsen[1], às vezes eram utilizadas sessões de 10 a 15 minutos. Wills[24] e sua equipe, em uma enfermaria psiquiátrica, faziam suas intervenções lúdicas, dentro de uma técnica mista behaviorista-bioenergética (com uma bola azul), em poucos minutos. Wills recomendava que a intervenção fosse seguida de uma conversa de 5 minutos – com um nível fácil de compreensão pela criança –, tempo durante o qual ela receberia *holding and soothing* (contato ou abraço, suporte; e colo, acalento) do profissional. Em nosso meio, em consultórios ou instituições, e no meu próprio modelo, trabalha-se com sessões de ludoterapia corporal durante 50 minutos, uma ou duas vezes por semana, mesclando o verbal e os exercícios físicos.

A maneira de interpretar psicodinamicamente o movimento e os conteúdos simbolizados na sessão depende das referências teóricas de cada terapeuta. Psicodinamicamente, há terapeutas corporais infantis:

- Mais influenciados por Klein, com interpretações imediatas e sistemáticas, centradas nas fantasias e pulsões (fatores internos) e na neutralidade da interação
- Mais winnicottianos, com poucas ou suaves interpretações acerca da transicionalidade (terapeuta ambiente ou fatores externos) e uma interação mais livre e mais preocupada com a constituição do ser.

O exercício de *grounding* é um excelente recurso para um cliente acelerado e desfocado, como o portador de TDAH. Ele propicia uma maneira de desacelerá-lo e conectá-lo com seu chão e sua realidade. Os portadores de TDAH, em geral, são estruturas corporais *underbound*, ou seja, têm poucos limites corporais na ação e na gestualidade e pouca ou nenhuma noção de contornos.

Essa falta de limites corporais pode ser mais ou menos acentuada, dependendo da existência ou não de características clínicas *borderline* incipientes em crianças e adolescentes.

Para trabalhar a terapia de pacientes *underbound* como o TDAH, adota-se o princípio de que necessitam desenvolver limites na corporeidade. Os movimentos de descarga motora ocorrem facilmente, e há tendência ao caos com pouca ou quase nenhuma elaboração por um ego insuficiente.

Exercícios expressivos clássicos da bioenergética – como *kicking* (espernear, bater perna) ou bater a raquete etc. – podem ocorrer na sessão, mas devem ser empregados com cautela para não se incorrer em grito ou choro catárticos despropositados, que terão pouco ou nenhum efeito terapêutico. De acordo com Boyesen[23],

> o grito, enquanto descarga de dor física, do stress da couraça muscular, não tem nenhum efeito terapêutico; pelo contrário, ele é antiterapêutico [...] Reina uma verdadeira confusão sobre a intervenção manipuladora do terapeuta nos meios reichianos e bioenergéticos.

Quando a criança com TDAH esboça *acting outs* agressivos na sessão, o terapeuta pode oferecer o recurso de algum objeto intermediário como maneira não perigosa de descarga em uma perspectiva de transicionalidade. A depender da situação e do grau da impulsividade violenta na sessão, o terapeuta terá que contornar fisicamente os movimentos do cliente (p. ex., interpondo uma almofada ou um colchonete, se o paciente estiver golpeando algo). Poderá mesmo ter que relembrar a regra fundamental da terapia e interromper a sessão – em caso de extrema necessidade, o que é raro.

Wills[24], entre os seus três exemplos clínicos de intervenção hospitalar com crianças, relatou o caso de uma menina de 10 anos, Tanya, com comorbidade de TDAH, transtorno de ajustamento (misto de emoções e conduta) e transtorno de estresse pós-traumático (TEPT). Nessa paciente, o autor relatou surgimento de movimento regressivo: som de bebê e se embalando (*babyish sound and soothing herself*, no original). No relato da intervenção de Wills com essa menina, ele não interrompe seu movimento regressivo (*babyish*). Entretanto, por meio de uma brincadeira sugerida com bola, ele vai conduzindo a garota a um momento de *reframing* (reenquadramento, reemolduramento) das suas ações de um jeito positivo. Nesse reenquadramento, o terapeuta dialoga verbalmente com Tanya fazendo perguntas como "O que você aprendeu?", "O que você viu (na sessão de hoje)?".

Esse parece um relato interessante de uma pequena intervenção, ilustrativo do manejo de movimentos regressivos espontâneos na criança com TDAH. Como comentário meu, parece ser notável, nessa intervenção no caso Tanya, a "dança" entre regredir e progredir (o que Lowen[21] chama de movimento pendular). O terapeuta deve estar preparado para receber e integrar o movimento regressivo, o qual, muitas vezes, faz parte das porções mais *borderline* do *self* regredido do cliente.[13] O movimento pendular em direção a um mais progressivo acontecerá quando o cliente tiver estruturado uma continuidade do seu ser e um *self* corporal mais seguro e integrado, à medida que possa confiar e depender do *self* do terapeuta.

Wills[24] e Halsen[1] lidaram com crianças com fortes tendências regressivas que se devem a patologias *borderline* ou à presença de traumas, como abuso.

Nos movimentos com o paciente com TDAH, é válido trabalhar a percepção de *processo*, que seria análogo ao exercício do *como* de Keleman.[25] Para essa finalidade, acredito que o terapeuta deva manter a atitude de demonstrar ao cliente sua formatividade somática continuamente, ajudando-o a perceber *como* reage – focando ou desfocando, envolvendo-se ou não se envolvendo, interagindo ou se retraindo – nos diversos contextos. Formatividade somática é o processo corporal das formas da experiência e da emoção. O encontro lúdico da sessão implica dois corpos intersubjetivamente se relacionando e fornece informação útil ao cliente para que, por meio da consciência do seu *self* corporal, possa sustentar o foco e, quando vivenciar situações de dependência/independência, compreenda processualmente suas defesas e seu movimento.

Comentarei, a seguir, técnicas acessórias diversas, provenientes de outras abordagens de ludoterapia que se enriquecem pelo olhar criativo da terapia corporal.[26]

Nas técnicas de desenho livre ou quando sugiro que o paciente com TDA/TDAH desenhe o corpo e a figura humana, ele está fazendo, espontaneamente, um tipo de somagrama (desenho do corpo com referências a padrões somáticos da emoção).[25] Camadas emocionais, tubos, câmaras e padrões somáticos internos e externos serão expressados. No desenho, seguirei mais as pistas do que a própria criança associa livremente a este – explorarei o desenho em uma atitude de curiosidade afetiva, sem buscar interpretações corporais essencialistas, mas coconstruindo *insights*. Podem ser exercícios interessantes com esse tipo de paciente: desenhar seu corpo quando se sente forte/frágil; ou atento/desatento; ou quando se sente excluído/popular. Esses pacientes são comumente impopulares, invasivos e ressentidos disso, com autoestima baixa. Partindo dessas polaridades contidas nos desenhos corporais e livres, o terapeuta pode realizar exercícios corporais criativos, inspirando-se no sanfonar de Keleman[25], por exemplo. Sanfonar ("exercício da sanfona" ou dos "cinco passos") é uma técnica de percepção de posturas e padrões emocionais e de distresse.

Outro tipo de técnica de percepção corporal, útil para esses pacientes, consiste em pedir que desenhem contornos do seu corpo: desenhar contornos das próprias mãos e/ou pés (e das do terapeuta) e colori-las; se houver um espelho grande na sala, deitar-se sobre ele e tentar desenhar e preencher sua própria silhueta com caneta hidrocor lavável; fazer o mesmo com uma folha de papel grande (do tamanho da sua estatura) no chão –, desenhando vísceras ou sensações internas etc. O jogo do rabisco de Winnicott ("*Squiggle*") também enriquece o trabalho com desenhos.

Com meus clientes com TDA e disléxicos, trabalho com contos de fada ou livros de literatura infantil que tenham sentido simbólico. "Desse ponto de vista, um conto é um objeto transicional, tanto quanto um cobertor", afirmou Dolto.[27]

Hoje, como parte da clínica do contemporâneo, os clientes com TDAH, espontaneamente, trazem jogos eletrônicos ou *notebooks* para a sessão e, nesse contexto, tenho trabalhado a interação de maneira útil. Somente sinalizo interpretando, se necessário, os excessos ou as atitudes de isolamento, o que raramente tem acontecido. Procuro incentivar aos pais que, em casa, selecionem *videogames* temáticos de contos infantis ou adaptados de filmes mitológicos e simbólicos. A tecnologia de informação que pode motivar o paciente com TDAH pode ser bem-vinda tanto pedagógica como terapeuticamente, e não considero que o distancie do seu psiquismo ou do corpo saudável quando utilizada em contextos significativos de interação.

Para trabalhar a noção de enraizamento, já tive a ideia de plantar uma semente de feijão em algodão e observá-la, a cada sessão, com a criança, comentando associações do que seja relevante e útil para ela. A partir disso, juntos podemos trabalhar com massageadores ou bolinhas de tênis nos pés, realizando posturas de *grounding* ou arco.

Cadeira vazia ou *role playing* (conversa com almofada ou fantoches) podem ser úteis para representar alguma criança com quem o paciente tenha problemas de convivência ou alguma figura de autoridade (na escola ou na família). A escultura familiar também pode ser construída e trabalhada desse modo.

O trabalho com água ou em uma piscina é um tipo de técnica que utilizo que se presta a uma vivência prazerosa e rica em sentidos simbólicos de *setting* fetal.

Oferecer algumas atividades com descarga de agressão pode facilitar a transicionalidade: massinha de modelar e massa de farinha, picar papel e depois amassá-lo em grandes bolas, "pondo imagens e sonorizando", brincar com argila etc. Com pacientes com TDAH, evito "guerra de almofadas" caótica, mas sugiro uma adaptação com mais sutilezas: jogar almofadas com intensidades/sonorizações diferentes – associando diversas imagens (das prazerosas a desprazerosas) e explorando gradações de afetos os mais distintos. Com esses pacientes, prefiro os exercícios de raiva menos provocadores de catarse vigorosa: torcer toalha, percebendo gradações mais toleráveis de raiva sem desorganização, "cabo de guerra" com a toalha (como maneira de sentir seu próprio tônus sem provocar cólera excessiva). As intensidades devem ser experimentadas dentro do bom senso clínico, sem conduzir à desintegração psíquica. Como regra geral para os exercícios de expressão, considero que é bastante libertador expressar sentimentos em uma terapia que respeite o fundamental sentido da existência, o que não tem a ver com catarse infundada.

Perfil do paciente

A abordagem psicocorporal pode beneficiar crianças, adolescentes ou adultos com déficit de atenção como maneira de integrá-los física e emocionalmente. As vivências desse cliente, muitas vezes, o colocam em um turbilhão, não contando com foco emocional algum, o que tem correspondentes corporais análogos.

Nesse tipo de paciente, a respiração é superficial e o ritmo da fala é acelerado, com tendência comportamental da passagem ao ato (ou *acting out*), trocando, muitas vezes, de atividades, sem fixar-se. A sensação corporal de falta de graciosidade chama a atenção nesses clientes, nos quais os movimentos podem ser impulsivos e descoordenados, parecendo desajeitados. O corpo hiperativo pode ser um corpo mais carregado na periferia, com esvaziamento energético no seu centro. Seu jeito de sentir excitação momentânea pode ser observado, corporalmente, em uma gestualidade desfocada, não criativa. Nessa patologia, são frequentes a tendência ao caos e a falta de sentido da ação.

Não é incomum também que haja *acting outs* de aspecto agressivo, inclusive, no próprio consultório. Entretanto, crianças com TDAH em situação estruturada, como na hora lúdica diagnóstica e nos primeiros encontros terapêuticos, podem não apresentar agitação psicomotora.

Locais e contexto de atendimento

Na interação na sala de terapia corporal com a criança ou o adolescente, haverá colchonetes, almofadas, *bioball* (bola grande para exercícios de fisioterapia, postura, respiração etc.), *stool* (banquinho de posturas e respiração), raquete, bolas massageadoras, jogos e brinquedos compatíveis com a idade e escolhidos também pelo cliente (com temas relacionados às diferentes fases de desenvolvimento), material gráfico para pintar, modelar, colar etc. O *setting* terá o sentido de ambiente onde o cliente "passará a existir" na sua corporeidade. Esses objetos concretos serão compreendidos na dimensão de transicionalidade.

As técnicas corporais podem ser aplicadas em grupos de crianças, adolescentes ou adultos também com TDAH. Os grupos podem ser psicoterapêuticos ou de movimento (ou classes de exercício). Esses trabalhos são úteis em contexto institucional e comunitário, o que se tem pesquisado nos trabalhos das clínicas sociais no Brasil e em outros países, apesar de não haver relatos específicos sobre esse transtorno.

Evidências de eficácia

Geralmente, as psicoterapias esbarram na questão da quantificação de resultados como parâmetro comparativo de eficácia em relação a outras modalidades de tratamento. Adota-se, na maioria das abordagens, a utilização de estudos qualitativos (do tipo estudo de caso) como referenciais de eficácia das técnicas. Existem dois estudos dedicados à quantificação de resultados da análise bioenergética com adultos em geral que mostram evidências consistentes de eficácia, apesar de não estarem voltados ao TDAH.[28,29] Em relação à bioenergética infantil, existe apenas um relato qualitativo de intervenção com essa técnica em três crianças especificamente diagnosticadas com TDAH, internadas em unidade psiquiátrica de agudos.[24]

Contraindicações

É um mito pensar que o portador de TDAH se tornaria ainda mais agitado com as técnicas corporais. Ao contrário, ele se beneficiaria do seu uso, já que a expressividade lúdica saudável está inibida em detrimento das descargas na hiperatividade, que representam uma desconexão do sentido, da expressividade e da criatividade. As técnicas corporais não têm contraindicação, exceto na presença temporária de patologias da motricidade que implicam restrições específicas de movimento (p. ex., lesões ortopédicas ou patologias clínicas que exijam repouso). No estudo americano da bioenergética com três crianças com TDAH, Wills[24] evitou "intervenções mais radicais". Não estão especificamente contraindicados os exercícios expressivos clássicos ou *actings* da análise bioenergética. Eles podem ser propostos, porém com precisão e cautela, evitando descarga desordenada que não resultaria terapêutica, como já foi referido.

Considerações finais

A energia necessária ao terapeuta que atende corporalmente pacientes com TDAH é tão grande quanto é o desafio dessa tarefa, em que o mais importante não é a técnica, mas a *confiabilidade* que se constrói. Os aspectos da imagem inconsciente do corpo são evidenciados, prioritariamente, como modo de ajuda para esse transtorno. Qualquer reflexão ideológica caberá, em publicações posteriores, para criticar a ênfase exclusiva ao uso de medicamentos psicoestimulantes na contemporaneidade. Trata-se de uma cultura descorporificada da qual se exclui, por via de excessiva medicalização, toda pessoa singular com as características corporais que a constituem na sua diferença.

Referências bibliográficas

1. Halsen AV. Bioenergetic work with children: experience from a child psychiatric unit. In: Ventling CD, editor. Childhood psychotherapy: a bioenergetic approach. Basel: Karger; 2001. p. 41-52.
2. Rocha BS. Brinkando com o corpo: técnicas de terapia corporal com crianças e adolescentes. São Paulo: Arte e Ciência; 2014.
3. Ventling CD, editor. Childhood psychotherapy: a bioenergetic approach. Basel: Karger; 2001.
4. Silver LB. Attention-deficit/hyperactivity disorder in adult life. Child Adolesc Psychiatr Clin N Am. 2000; 9(3):511-23.
5. Pundik J. El niño hiperactivo, déficit de atención y fracaso escolar: guía para padres y docentes. Madrid: Filium; 2006.
6. Honneth A. Luta por reconhecimento: a gramática moral dos conflitos sociais. São Paulo: Editora 34; 2003.
7. O'Brien JD. Children with attention-deficit hyperactivity disorder and their parents. In: O'Brien JD, Pilowski DJ, Lewis OW. Psychotherapies with children and adolescents: adapting the psychodynamic process. Washington, DC: American Psychiatric Press, Inc.; 1992. p. 109-24.
8. Reich W. Escute, Zé-Ninguém! 10. ed. São Paulo: Martins Fontes; 1982.
9. Soifer R. Psiquiatria infantil operativa. 3. ed. Porto Alegre: Artes Médicas; 1992.
10. Cotta JAM. O alojamento da psique no soma, segundo Winnicott [dissertação de mestrado]. São Paulo: Pontifícia Universidade Católica de São Paulo; 2003.
11. Hilton RM. The passion and the person: Reich meets Winnicott. Bioenergetic Analysis. 1999;10(2):1-16.
12. Safra G. A face estética do self: teoria e clínica. São Paulo: Unimarco; 1999.
13. Guntrip H. A cura da mente enferma. Rio de Janeiro: Zahar; 1967.
14. Fairbairn WRD. Estudio psicoanalítico de la personalidad. 3. ed. Buenos Aires: Hormé SAE; 1970.
15. Bezerra Jr. B, Ortega F, organizadores. Winnicott e seus interlocutores. Rio de Janeiro: Relume Dumará; 2007.
16. Japiassu H, Marcondes D. Dicionário básico de filosofia. 2. ed. Rio de Janeiro: Zahar; 1991.
17. Winnicott DW. A família e o desenvolvimento individual. 3. ed. São Paulo: Martins Fontes; 2005.

18. Pfiffner LJ, Calzada E, McBurnett K. Attention-deficit/hyperactivity disorder. Child Adolesc Psychiatr Clin N Am. 2000;9(3):689-709.
19. Lowen A. Amor, sexo e seu coração. São Paulo: Summus; 1990.
20. Boadella D. Correntes da vida. 3. ed. São Paulo: Summus; 1992.
21. Lowen A. Bioenergética. São Paulo: Summus; 2005.
22. Dolto F, Nasio JD. A criança no espelho. Rio de Janeiro: Zahar; 2008.
23. Boyesen G. Entre psique e soma: introdução à psicologia biodinâmica. 3. ed. São Paulo: Summus; 1992.
24. Wills T. The blue ball intervention: integrating bioenergetics into a children's acute care psychiatric unit. In: Ventling CD. Childhood psychotherapy: a bioenergetic approach. Basel: Karger; 2001. p. 32-40.
25. Keleman S. Corporificando a experiência. São Paulo: Summus; 1995.
26. Oaklander V. Descobrindo crianças: a abordagem gestáltica com crianças e adolescentes. São Paulo: Summus; 1980.
27. Dolto F. Dialogando sobre crianças e adolescentes. Campinas: Papirus; 1989.
28. Gudat U. the efficacy of bioenergetic analysis as a method of psychotherapy. Bioenergetic Analysis. 2002;13:21-56.
29. Ventling CD. The efficacy of bioenergetic therapies and stability of the therapeutic result. Bioenergetic Analysis. 2002;13:57-76.
30. Lowen A. Alegria: a entrega ao corpo e à vida. São Paulo: Summus; 1997.

56 Perdas e Lutos sob o Olhar da Psicoterapia Corporal

Ana Lucia Rocha

Quando o finito dilacera modos de viver

Em certo momento de nossas vidas, o "como éramos", que até então nos particularizava e proporcionava um funcionamento próprio e costumeiro de estar no mundo, não tem mais condições de prosseguir do modo conhecido e contínuo – isso pode suceder quando nos deparamos com finalizações que atravessam de diversas maneiras as nossas vidas. Vivenciamos o corte das conexões que produziam um modo de existir no mundo e nos arremessamos e somos arremessados para zonas erráticas, ambíguas e mescladas de dor, de supetão, de desconhecido, de irresolução, de indecidível ou, ainda, de desembaraços, de desejos ou de revigoramento.

Finalizar entrelaça dois campos de acontecimentos e experimentações: o campo da despedida de alguém ou de algo, que geralmente implica múltiplos desdobramentos e separações, e um segundo campo, em que vivemos a experiência do morrer de nós mesmos, quando experimentamos modos de ser, de conectar e de viver se alterarem ou se dissolverem.

Percebemos os efeitos das finalizações em nossas vidas também quando, em inúmeros episódios, nos damos conta de quanto os territórios de vida que nos constituíam foram abalados em movimentos de desterritorialização ou reterritorialização, ou então quando constatamos territórios existenciais que se esgarçaram porque não têm mais conexões para continuar tecendo-se e sustentando-se.

Paul Auster[1], em seu livro *A invenção da solidão*, narra o que lhe sucedeu com a experiência da morte súbita de seu pai. Nos deparamos com uma narrativa contundente e franca, escrita a partir da terceira semana da perda. Nesse relato, ele descreve desde o recebimento da notícia da morte até as tarefas de decidir o que fazer com a casa do pai e com seus objetos junto com a família. Destaca-se aqui um trecho dessa narrativa, quando ele desocupa a casa do pai:

> Se houve um único momento pior para mim ao longo desses dias, foi quando caminhei através do gramado da frente. Debaixo de chuva, para despejar um monte de gravatas do meu pai na caçamba de um caminhão da Legião da Boa Vontade. Devia ter mais de cem gravatas, e muitas delas eu recordava da infância; os desenhos, as cores, os feitios que ficaram impregnados na minha consciência mais tenra, tão nitidamente quanto o rosto do meu pai. Ver a mim mesmo me desfazendo dessas gravatas como se fossem lixo era algo intolerável para mim, e foi aí, no exato instante em que as despejei no caminhão, que cheguei mais perto das lágrimas. Mais do que ver o caixão ser baixado na terra, o ato de jogar fora aquelas gravatas me pareceu personificar a ideia do sepultamento. Afinal compreendi que meu pai estava morto.

Dar-se conta de fins não é resultado linear de um bloco de compreensão formulado e absorvido nos eventos que socialmente demarcam o que ocorreu. Provavelmente consistirá em uma sequência descontínua de ações e momentos vividos, de natureza inusitada, pequena e subjetiva, em que se tece um campo de compreensão do fim que nos aconteceu.

Fernando Pessoa[2], relatando a saída do "moço do escritório", salienta essas três camadas presentes nas finalizações, ou seja, a despedida, um certo morrer de si e os movimentos de desterritorialização:

> Foi-se hoje embora, diz-se que definitivamente, para a terra que é natal dele, o chamado moço do escritório, aquele mesmo homem que tenho estado habituado a considerar como parte desta casa humana, e, portanto, como parte de mim e do mundo que é meu. Foi-se hoje embora. No corredor, encontrando-nos casuais para a surpresa esperada da despedida, dei-lhe eu um abraço timidamente retribuído, e tive contra-alma bastante para não chorar, como, em meu coração, desejavam sem mim meus olhos quentes.

Cada coisa que foi nossa, ainda que só pelos acidentes do convívio ou da visão, porque foi nossa se torna nós. O que se partiu hoje, pois, para uma terra galega que ignoro, não foi, para mim, o moço do escritório: foi uma parte vital, porque visual e humana, da substância da minha vida. Fui hoje diminuído. Já não sou bem o mesmo. O moço do escritório foi-se embora.
Tudo que se passa no onde vivemos é em nós que se passa. Tudo que cessa no que vemos é em nós que cessa. Tudo que foi, se o vimos quando era, é de nós que foi tirado quando se partiu. O moço do escritório foi-se embora.

Os processos das finalizações são experiências plurais, caóticas e multidirecionais: diversas sensações, estados sentimentais mutantes, vertigens, hesitações, densidades, espaços e tempos compostos de vácuos, lascas imaginativas, pensamentos díspares, enroscos ou esboços heterogêneos para serem ditos no acontecimento, variações na potência de agir, zonas ora resolutas ora inconstantes de desejos, intenções e ações. Lufadas de dor e lufadas de vida.

Nas finalizações, somos também provocados e incitados a fazer mudanças; nesses polos e nas suas passagens, fervilha outra gama de percepções, de experiências e de eventos internos e externos que virão a constituir-se na matéria-prima para a vida-em-nós se metamorfosear e, se possível, prosseguir.

Usaremos uma analogia para ajudar a visualizar o que acontece na experiência das finalizações. Vamos nos imaginar dirigindo um carro em uma estrada com intensa neblina. Não conseguimos olhar à distância; teremos de diminuir a velocidade e identificar, passo a passo, onde estamos e o que fazer. Não adianta querer ver ao longe ou acender o farol alto para ver mais. Isso acaba remetendo a uma sensação de impotência, porque não conseguimos alcançar maior clareza do que é possível no momento. Só temos acesso ao que está muito próximo de nós. Também não nos serve contar apenas com os conhecimentos prévios dessa estrada, porque isso não garante o que está acontecendo nela e ao nosso redor neste momento. Dirigir na neblina exige a disposição de fazer a experiência no presente puro e sem poder convocar um modo habitual de dirigir nas estradas. Dirigir na neblina é uma ação constante em que vamos decifrando, a cada passo, as condições do caminho, interagindo com o que é possível perceber e, assim, avançando mais um pouco.

Este texto está sendo escrito visando às situações de finalização que podemos acessar e trabalhar em nós, pois sabemos que, quando anunciamos para nós mesmos que estamos lidando com finalizações, significa que muitos outros aspectos já foram encarados e incorporados.

Em um primeiro momento do texto, apresentam-se alguns aspectos reflexivos relacionados ao assunto proposto; em seguida, uma metodologia trazida por Stanley Keleman nos ajuda, em momentos de transição de vida, a fazermo-nos boa companhia e a exercermos ações que colaborem no prosseguimento da vida se constituindo em nós.

Uma cartografia conceitual

A vida se autoconstruindo nos encontros

Diz Clarice Lispector:[3] "Eu costumava pingar limão em cima da ostra viva e via com horror e fascínio ela contorcer-se toda. [...] Não gosto é quando pingam limão nas minhas profundezas e fazem com que eu me contorça toda. Os fatos da vida são o limão na ostra?".

O árduo e o fascínio de nossas trajetórias de vida é que elas vão se construindo, se tecendo e se modificando no interjogo com o acaso dos acontecimentos que atravessam inexoravelmente nossos modos e mundos.

Em um aspecto, nós não temos escolha: não podemos escolher não ser afetados por aquilo que atravessa e modifica as nossas vidas. Mas receber as lascas do desconhecido e do novo ativadas pelos acontecimentos pressupõe uma escolha: um corpo que possibilite ir além das identidades e dos territórios já existentes e demarcados e que dê suporte às percepções mutantes que irrompem na experiência do inédito.

Para Stanley Keleman:[4]

> *Experiências mutantes são processo – elas expandem ou explodem o mundo, ou encolhem e cortam o contato com ele. Uma percepção mutante não é um sinal de doença ou insanidade. [...] Mas o que posso vir a ser pode não caber na definição cultural da normalidade ou usualidade. A cultura nos diz como enganchar nossas vidas na memória e na projeção. Assim, nos agarramos ao passado ou ao futuro e os comparamos com o presente. A experiência diz que minha vida é processo.*

Se consideramos possível nos desalojar de nós mesmos, no modo como nos reconhecemos, podemos experienciar o efeito das percepções mutantes em nossas vidas. Nessa experimentação ativa, exploraremos essas percepções, de inúmeras maneiras e em diferentes matizes, até que, na continuidade desse exercício, caso componha conosco aumentando a nossa potência, cheguemos ao ponto de incubar outros jeitos de ser, outros modos de compor com os outros e de habitar o mundo.

A experiência de ser afetado e ver abismarem certos modos de ser e viver não é nada pacífica. Configura-se em uma zona de turbulências e desassossegos, em que ora pendemos na direção das diferenças que vão brotando e nos transformando, ora pendemos para nos cobrir com o manto das certezas e dos lugares do passado, tomados pelo amor próprio depositado naquilo que já havíamos sido e construído.

Em certo momento, essa delicada experiência que vai sendo feita no próprio cotidiano, em que continuaremos sendo afetados pelos outros encontros e seus efeitos, pode ter a indicação de que certo limiar de resistência diminuiu ou foi rompido. Produzem-se fissuras: fissuras no pensamento, na imaginação, nas atitudes ou nas ações.

Esse trânsito intenso e tencionado, indo na direção do próximo passo, é bem descrito por Lispector:[3]

> Que Deus me ajude: estou sem guia e é de novo escuro.
> Terei que morrer de novo para de novo nascer? Aceito.
> Vou voltar para o desconhecido de mim mesma e quando nascer falarei em "ele" ou "ela". Por enquanto o que me sustenta é o "aquilo" que é um "it". Criar de si próprio um ser é muito grave. Estou me criando. E andar na escuridão completa à procura de nós mesmos é o que fazemos. Dói. Mas é dor de parto: nasce uma coisa que é. É-se. [...]
> Não vê que isto é como filho nascendo? Dói. Dor é vida exacerbada. O processo dói. Vir-a-ser é uma lenta e lenta dor boa. É o espreguiçamento amplo até onde a pessoa pode esticar. E o sangue agradece. Respiro, respiro.

Morrer de novo para de novo nascer não são campos de experiência estanques. Constituem um imbricado e entrelaçado campo de subjetivação no qual as fissuras que nos habitam, reverberando em nós, podem ganhar força, engendrando estados inéditos de pensamento, atitude ou ação que modificam certa composição da subjetividade para si e no mundo. Tais composições vão constituindo um presente que, simultaneamente, nos despoja e nos diferencia do passado.

Essa experiência sempre inaugural de habitar as diferenças que nos lançam, de limiar em limiar, a estados inéditos, requer um estatuto. O estatuto de que somos de natureza processual, seres em autoconstrução que, como tudo no mundo, se encontram sempre na beirinha do presente, em uma incessante produção de si e de mundos.

Nesse estatuto, o que constitui nossa experiência de existir é ser esse processo ininterrupto de autoconstrução, produzindo-se no entrecruzamento dos acontecimentos internos e externos, em um mix daquilo que já nos constitui e pela fragilidade do novo que vai se formando.

Mudando destinos de vida

Roland Barthes[5] redige, ao longo de um tempo após a morte de sua mãe, o *Diário de luto*. No dia 13 de junho de 1978, em torno de oito meses após o início da experiência de luto, ele escreve:

> Não suprimir o luto (a dor) (ideia estúpida do tempo que aboliră), mas mudá-lo, transformá-lo, fazê-lo passar de um estado estático (estase, entupimento, recorrências repetitivas do idêntico) a um estado fluido.

As novas configurações, o que vai nascendo-em-nós e nos constituindo, e ainda os territórios existenciais que vão ganhando consistência e imprimindo outros jeitos de circular no mundo, não substituirão o que já vivemos anteriormente. O que está se configurando também não tem a missão de apagar ou reconstruir as conexões do passado, nem de tirar o mérito do que já vivemos. Freud[11] relembra a morte de sua filha ao escrever a Ludwig Binswanger quando este vive o luto de seu filho:

> Sabemos que depois de tal perda, o luto agudo vai se atenuar, mas continuamos sempre inconsoláveis, sem encontrar substituto. Tudo que ocupa esse lugar, ainda que o ocupe inteiramente, continua sendo sempre outra coisa. E, no fundo, é bom que seja assim. É o único meio de perpetuar esse amor que não se quer abandonar por preço algum.

A natalidade do novo só se tornará possível se formos construindo a possibilidade de nos diferir em nós mesmos, tornando-nos outros, desdobrando nós mesmos. Quem sabe seja esse o nosso destino: encarnar as diferenças, instaurando outros valores e outras maneiras de ser e viver. Sempre mais outra coisa... Experiência da multiplicidade e das diversidades ao longo da jornada humana.

Francisco Ortega[7] desenvolveu a ideia de "pensar sem corrimãos". Tomo a liberdade de adaptar esse conceito à experiência do processo de existencialização: viver sem corrimãos é abrir-se "ao acontecimento e ao contingente, desenvolver um pensar intempestivo, criativo e inovador, passível de fazer da experimentação seu *modus operandi*".

Viver sem corrimãos, sem balizas fixas, é pôr em experimentação tanto o pensar como o viver.

É pedir ao conhecimento que não se oponha à vida, que não a meça e que não a ordene. É pedir a suspensão do julgamento, é hesitar diante dos protocolos e das convicções estabelecidas, é inibir a ação de um certo juiz-em-nós viciado em valorizar aquilo que deveria ser, ou viciado em só reconhecer aquilo que já tem validade e reconhecimento no quadro de referências.

Viver sem corrimãos é acionar um conhecimento que possa aprender a dizer-se a partir do que é, do que se está vivendo, ou seja, um pensamento que afirme a vida em seu presente. Deleuze[8], na interface com Nietzsche, afirma que "pensar significaria o seguinte: descobrir, inventar novas possibilidades de vida". E Deleuze traz, na sequência, uma citação de Nietzsche quando analisa a vida dos pensadores:

> O que essas vidas possuem de surpreendente é que dois instintos inimigos, que apontam para sentidos opostos, parecem ser forçados a andar sob o mesmo jugo: o instinto que tende para o conhecimento é constantemente constrangido a abandonar o solo onde o homem costuma viver e lançar-se no incerto, e o instinto que quer a vida vê-se forçado a procurar incessantemente, tateando, um novo meio onde possa estabelecer-se.

Pensamento e vida em uma ação conjunta que nos convoca a desprender-nos de nós mesmos para prosseguir formando a vida no que ela enfrenta. Pensamento e vida se fazendo companhia para ultrapassar os limites que lhe são próprios: o conhecimento associando-se ao incerto, àquilo que ainda não tem código, e a vida associando-se aos movimentos do vir-a-ser, indo além das condições instaladas da vida até então.

Nessa maneira de encarar a vida, em que se põem em movimento o pensar e os modos de viver, também cabe desenhar uma identidade, que, no entanto, será desenhada sempre a lápis, pois inúmeras configurações serão feitas ao longo da vida.

Na fotografia | Clique – "Isto foi"

Após o clique de uma máquina fotográfica, um instante fica presentificado em uma foto. Mas é uma presentificação estranha, pois, apesar de o clique acontecer em um átimo de tempo, a fotografia sempre é passado.

Barthes[9], no livro *A câmara clara*, diz sobre fotografia: "O nome do noema da Fotografia será então 'Isto-foi', ou ainda, o Inacessível. [...] Esteve lá e, contudo, imediatamente separado; esteve absolutamente, indesmentivelmente presente, e, todavia, já diferenciado".

O "Isto-foi" de Barthes se refere ao tempo vivido muito além do tempo do relógio. O noema/sentido da fotografia só é despertado quando, longe de um olhar banal, somos tocados sensivelmente por uma fotografia, e aí podemos nos deparar com o próximo/distante/não é mais do "Isto-foi".

A fotografia pode ser uma estratégia forjada para suspender o tempo, para ultrapassar a intermitência do tempo, para manter interminável algo significativo. Mas a mínima ação do clique fotográfico corta o tempo, "Isto-foi", inacessível e já diferenciado.

É fundante nas finalizações demarcar a experiência do "Isto-foi" quando ensinamos a nós mesmos que o tempo existencial não é de natureza linear, contínua, uniforme. No tempo existencial, as finitudes sempre se apresentam, ajudando-nos a reconhecer a tarefa permanente de transformar nossas vidas.

Vivemos uma época com muitos recursos de instantaneidade, de informação e de previsibilidade. Vivemos também em uma sociedade que almeja o cuidado para a manutenção da saúde e que, entre as suas ações, divulga cartilhas que ditam uma série de práticas e cuidados que devem ser cumpridos por todos. O empenho nesses recursos, cuidados e práticas evidencia um ambiente que busca o controle do futuro, que procura antecipar ao máximo o que pode acontecer na tentativa de neutralizar o impacto dos acontecimentos, esvaziando a eclosão do imprevisível, desconhecido e incontrolável. Nesse sentido, pode-se pensar que se pretende uma espécie de "presente eterno", definitivo e liso, sem inesperados, sem descontinuidades e sem fragilidades.

As finalizações, quando ressoam em nossas vidas, rompem essa sensação de segurança do tempo almejada por nossa cultura e nos lançam em um tempo restituído na sua força de acontecimento e de intempestividade.

Como o clique fotográfico ("Isto-foi") que diferencia um tempo do outro, assim são os acontecimentos quando atravessam nossos modos de viver. Dá-se um corte na continuidade e no conhecido, rompe-se a temporalidade como é vivida, escapa uma história e se instauram um "novo" passado e um "novo" presente de alguma coisa – e aquelas identidades escritas a lápis começam novamente a se mover.

O ato de demarcar o "Isto-foi" no processo das finalizações envolve dar conta de uma ausência, que pode ser transmutada em memória, experiência que acontece quando vamos dissolvendo o medo de esquecer ou de negligenciar o que vivemos e podemos tecer a memória de um tempo vivido. A convivência, no presente, com um tempo vivido. Memória que, assim constituída, ajuda a consentir que a vida prossiga para outras direções, dando passagem para novos estágios.

Para Keleman,[4]

> podemos conceber nossa vida como acontecimento. Podemos nos tornar parte do processo de vida em termos de coisas acontecendo, os eventos e suas expressões. Acontecimentos ocorrem sem um começo ou um fim, e podem nos levar a um nível de existência inteiramente diferente. Assim, posso falar desta ou daquela ocorrência em minha vida [...] como um estágio da minha vida. Minha personalidade está intimamente ligada à continuidade. O conceito de acontecimento permite abrir mão do tempo da cultura e ganhar nosso próprio espaço-tempo, um ambiente onde viver nosso processo.

Cantarolar um ritornelo e finalizações

Ao reler o que tinha escrito até aqui, dei-me conta de que o texto poderia soar um pouco repetitivo; ideias já apresentadas eram novamente introduzidas com outras ligações ou dimensões. Então comecei a pensar se teria sentido tal escrita e se esse tipo de escrita tinha algo a ver com o que é próprio do tema das finalizações. Ao intensificar em mim mesma essas percepções, com o mote das perdas e dos lutos, fui sendo povoada por lembranças, episódios da minha vida e cenas de clientes no consultório. Veio à memória uma palavra-conceito usada por Deleuze e Guattari[10] – ritornelo –, e isso me ajudou a entender a direção que estava tomando no texto.

O ritornelo faz parte do universo musical. É uma repetição, um retorno, a reiteração de um som, a recorrência ou a retomada de um trecho musical. Deleuze traz três exemplos mostrando três facetas do efeito de cantarolar um ritornelo no encontro com as forças do caos. Esses exemplos não são graus de enfrentamento do caos e do estranho, mas três diferentes funções.

Uma criança no escuro, tomada pelo medo, tranquiliza-se fragilmente cantarolando. A canção que ela repete produz no meio do caos um centro estabilizador. Ela canta e dá passos, às vezes acelera e às vezes diminui a velocidade. Deleuze afirma: "a própria canção já é um salto: a canção salta do caos a um começo de ordem no caos, ela [a criança] arrisca também deslocar-se a cada instante".

Uma dona de casa liga o rádio e cantarola. Para dar cabo de seus afazeres, faz um muro sonoro com a canção para que tudo que está além, no caos, fique além do "em casa". Essa função é diferente da da criança, que cria um centro; aqui o ritornelo é convocado para que "as forças do caos fiquem mantidas no exterior tanto quanto possível, e o espaço interior protege as forças germinativas de uma tarefa a ser cumprida, de uma obra a ser feita".[10]

No terceiro exemplo, vai-se além de manter as forças do caos para fora. Nesse exemplo o autor nos inclui: criamos um círculo que tinha por função fazer fronteiras com as forças do caos e, durante o trabalho de lidar com essas forças, entreabrimos esse círculo em uma nova direção, como que nos abrindo para ir na direção das forças do futuro. Fazemos essa saída "cantando uma cançãozinha", arriscando, estremecendo e improvisando. Essa musiquinha pode ser como carregar um pouco do "em casa", algo que reconhecemos e que nos garante enquanto fazemos essas tentativas, meio errantes a princípio, de um trajeto que se principia.

Pode-se associar esse funcionamento do uso de ritornelos com o que se vive nas finalizações. Episódios são lembrados, contados e recontados; sensações e sentimentos muito similares afloram e irrompem novamente em inúmeras situações; lascas de imagens e pensamentos se repetem em diferentes tons, matizes e intensidades; pequenas atitudes são esboçadas inúmeras vezes antes de vingarem como gestos e ações no mundo. É como cantarolar ritornelos, que ora organizam um centro no meio das forças do caos, ora estabelecem um campo onde se experimenta certo conforto e se faz fronteira com o caos, deixando-o o máximo possível para fora desse campo, e ora fazem pequenos gestos ou ações inaugurais. Às vezes, inclusive, repetir um ritornelo evocando o tema da própria perda é um modo de ir se aproximando e constituindo um pensamento em que o impensável possa, com um tempo, surgir e transitar.

Como registra Barthes[5] em seu *Diário de luto*: "Minha tristeza é *inexprimível* mas, apesar de tudo, *dizível*. O próprio fato de que a língua me fornece a palavra 'intolerável' realiza, imediatamente, certa tolerância".

Não se lida com as finalizações em uma sequência evolutiva. Ora é um imergir em um cotidiano sem sentido, ora germinam, rompem ou saltam lascas, traçados e possibilidades até então inauditos. Lidar com as finalizações é deparar-se com componentes de passagem e de alternância, componentes ativos e heterogêneos de densificações, de desapegos, de intensificações, de dor, de eliminações, de esgarçamentos, de descobertas, de amplificações, de aprendizagem, de balbucios.

E vai e volta e acelera e para e retoma e inaugura, fica forte e fica tênue, e por um fio se esboça novamente, e vai e volta... É como um refrão que se repete em uma canção, mas que nunca é igual. É uma repetição, que, no entanto, vai produzindo novas conexões e se diferenciando, visto que cria outros estados de intensidade, outras bifurcações, outras associações, outras composições, outros significados, outros acontecimentos.

Estágios da experiência nas mudanças de vida

A vida é produzida em uma série diversificada e imbricada de transições. Experimentamos algumas dessas transições de modo gradual, como a passagem entre o final da adolescência e a germinação do mundo adulto, ou como as transições enfrentadas por um casal quando os filhos deixam de morar em casa: esse casal começa a ensaiar outros tipos de relação entre si, bem como a dissolver maneiras habituais de relação com os filhos, inventando novas. Outras transições são mais repentinas, como a morte de uma pessoa significativa, uma mudança brusca na área profissional, uma doença ou uma guinada amorosa que resulta em separação.

Podemos viver essas situações de mudança como fatalidades que imprimem em nós destinos e papéis sociais pré-definidos e fechados ou como zonas de experimentação ativa nas quais procuramos lidar com o que nos acontece. Podemos viver a vida, nos processos de mudança, como vítimas, escravos, copiadores de estereotipias ou desbravadores. Keleman[11] afirma:

> É importante que você se identifique com o processo de suas transições. Como você influiu na sua mudança ou foi vítima dos processos que o forçaram a mudar? E de que modo você pode participar do processo de autoformação, permitindo que o crescimento ocorra com você tendo um papel ativo?

Exercer atividade nesses processos é cotidiano na microatitude, na micropolítica, diferentemente de privilegiar *insights* generalistas: "O *insight* pode ser importante, mas saber não é tudo. Alterar sua situação de vida é ser capaz de mudar seu funcionamento. Isso não significa apenas modificar sua mente, mas o modo como você usa a si mesmo".[11]

Nos processos de mudança, podemos experienciar nós mesmos, captar e ganhar intimidade com as dimensões bioquímicas, emocionais, físicas e sociais que se produzem. Essa intimidade abre o campo para o manejo de si, possibilitando influenciar na trajetória de nossas vidas.

Keleman, ao focar o manejo de si nas situações de transição, cartografa três estágios de como as mudanças funcionam em nós: *endings*, *middle ground* e *forming*.* Cada um desses estágios é constituído por uma composição própria de qualidades emocionais, ritmos, sensações corporais, atividades mentais, problemas e desafios específicos. Conhecer esses estágios e o que eles produzem, sintonizando-os com o que acontece particularmente em nós, pode ser um bom instrumento para o automanejo nas situações de mudança.

Vale assinalar que, quando estamos lidando com mudanças abrangentes de vida, como é o caso das perdas e dos lutos, esses três estágios não funcionam como experiências gerais ou únicas. O que está sendo vivido apresenta inúmeros elementos e facetas; cada uma delas será descoberta, acionada e trabalhada em pequenos trechos moleculares ou fragmentos. Podemos estar no estágio de *ending* em um fragmento de vida atual e no estágio de *forming* em outra porção da vida.

Cada um desses fragmentos apresenta necessidades, ritmos e graus de maturação próprios. Cada um deles será ativado em diferentes espaços e momentos, irá disparar intencionalidades e disposições particulares e produzirá diversas composições afetivas. Muitas vezes, esses trechos de vida ressoam uns nos outros ou demarcam diferenças. Ora incentivam uns aos outros, ora algum deles incita outros para uma nova trajetória, ou dão *inputs* para algo que germina. Às vezes, certos trechos são vividos na sua particularidade; em outras, fragmentos se conectam, produzindo composições mais amplas.

Endings

Os *endings* interrompem o que estava estabelecido como sequencial e ordenado. Se partes da nossa vida ficaram obsoletas, não há condições de prosseguir como se configuravam. *Endings* são uma desconfiguração, um processo emocional de distanciamento, um retraimento. Não podemos mais agir como agíamos, algo está se extinguindo, relações estão se modificando.

---

* Respectivamente: finalizações, terreno de transição e estágio de formação. Conforme nota de tradução em Keleman:[11] "*Endings* não apenas significam finalizações dos múltiplos elementos de um processo existencial, mas a ponta do fio de acontecimentos. *Middle ground* se refere a um terreno de transição, informe, pleno de potencialidades".

Nossas edificações identitárias se corroem, a vida prévia de nosso corpo está ameaçada e invalidada, e não é à toa que somos tomados por ondas de tristeza e medo. Percebemos vácuos e lacunas tanto nos mundos que até então nos constituíam como em nós mesmos. Constatamos vazios e vácuos nos estados emocionais, nas sequências rotineiras de comportamentos ou mesmo nas sequências cognitivas. Experimentamos sustos, apreensões, confusões e variadas velocidades de ansiedade.

Experimentamos uma tristeza que ultrapassa nossa compreensão; experimentamos desconforto físico e emocional, um estranhamento em nós. Experimentamos lascas soltas de excitação e sentimento sem foco, que não têm como se direcionar aos corpos e mundos presentes. Algo escapa.

É um momento de nos encarar como desconhecidos e conviver com o desconhecido que se faz ao nosso redor. Mundos anteriormente codificados, com rotas e destinos tão familiares, apresentam-se estranhamente desconfortáveis e sem direção.

Uma cliente, depois de uma separação amorosa, dizia algo assim durante a sessão:

> É a mesma casa, o mesmo quarto, a mesma padaria, mas não é. Está tudo diferente; é outra padaria, é outra sala para ver televisão, nem sei ficar na mesa da sala sozinha, fico fumando no terraço quando agora posso fumar por toda a casa. Fui fazer compras no supermercado e fiquei perdida, errei nas quantidades e no que comprar, comprei pepino e não gosto.

O passado que fomos pede para dar um jeito de reverter o quadro, para voltarmos a ser como nos reconhecíamos. E, paradoxalmente, o presente nos mostra que a vida está seguindo. Imperiosamente prosseguimos para frente – a vida não para! A vida quer viver, e esse impulso básico também remete a encarar o que é destituído de previsibilidade.

Conseguirmos nos sustentar na experiência das finalizações não significa que já conseguimos encontrar uma fonte forte de motivação para dar sentido ao que enfrentamos, ou que vivemos algo de natureza tão agradável que nos faz ter novamente ânimo para prosseguir. Nuno Ramos[12] escreve um diário sobre a convivência com a sua mulher quando ela estava em um quadro de depressão grave. Em um momento do relato, ele descreve o que seria para ele a cura de Sandra:

> A cura não é o raio de sol depois da tempestade, nem uma lufada de ar no quarto pestilento, mas haver o quarto, e o sol como o conhecemos, e o vento como desde que somos pequenos. É o mundo ser redondo e o oceano ser salgado. Isso é a cura, o tédio bem-vindo.

Essa expressão do "tédio bem-vindo" é interessante no árduo processo das finalizações, quando quase tudo é vivido com dimensões extras de sensações, memórias e irritabilidades. Acordar com o despertador, tomar o café da manhã e ler o jornal durante alguns minutos ou interagir com os que estão à volta, tratando de banalidades – é esse o tédio bem-vindo. Olhar pela janela para ver como está o dia para escolher a roupa no armário para ir ao trabalho. E olhar pela janela só para isto mesmo – ver o tempo; e abrir o armário para escolher a roupa só para isto mesmo – ir para o trabalho. Viver o tédio bem-vindo.

Endings não significam apagar, desconectar. Ao longo da experiência com os *endings* descobrimos que os sentimentos, as formas de ligação, não se exterminam, mas se transformam, se desdobram. Não rompemos conexões; mudamos direções, formas e destinos.

Em Berkeley, em uma sessão de psicoterapia com Stanley Keleman, vi-me tomada por uma onda de desmanche e tristeza, e falei para ele que não sabia como iria aproveitar o *workshop*, que seria com o próprio Keleman, e os dias que o antecediam, estando naquele estado. E ele falou algo assim: "Vá passear tristemente, vá fazer compras tristemente, experimente (*let's play*)…".

A minha tristeza foi uma estranha e boa companhia. Ela me territorializou, pois assim pude habitar a minha realidade somática e emocional, um jeito não costumeiro de estar em mim e encarar o que me acontecia. Pude ir vivendo a minha realidade existencial sem me desconectar do mundo. Convivi com velocidades, ritmos, temperaturas, vontades, fantasias e estados musculares diferenciados que se apresentavam em mim, e comecei a modular esses estados em outras maneiras de funcionamento.

Na volta ao cotidiano, em São Paulo, aquela experimentação ressoava. E, às vezes, quando batia aquele desassossego, repetia um ritornelo para mim mesma: vá ao cinema tristemente, vá ver sua mãe tristemente. Ao longo de um tempo, pude ir me desapegando de um modo de família nuclear que não existia mais. A razão dessa tristeza e dessa preocupação era que a minha mãe havia adoecido gravemente, e pude, aos poucos, engendrar novas maneiras de relação com ela e com a minha irmã.

Os *endings* nos lançam um problema que pode se transformar em um desafio: viver afirmativamente os estados emocionais, quaisquer que sejam, e autorizar o que nos acontece para que a vida-em-nós possa continuar se formando, ou seja, manejando nossos corpos em novos modos de funcionamento para corporificar a nossa realidade existencial presente.

Middle ground

Reconhecemos que uma passagem está acontecendo; estamos em transição; algo acontece em nós; algo impreciso, sem contornos, sem nomes. No *middle ground*, essa experiência pode ser sustentada por nós e ter maior duração no tempo e no espaço.

Estamos em um "entre" germinativo, entre dois mundos, nem um nem outro: entre modos de agir em dado campo, entre modos de funcionar em uma relação, entre modos de ser em um mundo social, entre modos de encarar um fundamento de vida. Momentos de produção, recepção e incubação, lugares onde coisas podem vir a ser, e profundamente nos toca estar nesse ambiente de nascedouro.

Nesse estágio, controlamos menos o que experienciamos de diferente e podemos conviver mais de perto com o estranho-em-nós. Um estado que acolhe o que se produz e que está intumescendo e fazendo ligações. Os blocos do passado não estão mais tão apegados nem tão nítidos; temos menos a sensação de navegar internamente entre blocos e vácuos e mais a sensação interna de fluidez, marés viscerais com diversas temperaturas, consistências e ondulações. Podemos, nesse momento, endossar o que nos acontece na sua qualidade de informe, de incondicionado, de fora de sequência, de "não sei bem o que é, mas é".

No trecho já citado de Clarice Lispector, ela escreve: "Vou voltar para o desconhecido de mim mesma e quando nascer falarei em 'ele' ou 'ela'. Por enquanto o que me sustenta é o 'aquilo' que é um 'it'". Nos estados de *middle ground*, somos como esse pronome em inglês que designa coisas, objetos, ou que é utilizado para o impessoal. Nesse momento, não somos um eu constituído, um eu sujeito; é um certo mundo-em-nós sem sujeito*, sem linguagem. Emergem de nós mundos híbridos, marés intensas e singulares, é algo que germina em nós.

No *middle ground*, vivemos o ambiente dos sonhos nos momentos mais inesperados. O tempo se apresenta na dimensão de acontecimento; o que acontece no tempo vivido está fora do curso ordinário. É a experiência de um tempo vivo em zigue-zague, traçado pelas sensações, pelos pulsos e pelas percepções. Estados intensos que, no tempo do relógio, foram somente segundos, ou então produzimos ondas imensas, levamos até um susto, as horas passaram sem notarmos.

Brotam em nós movimentos nítidos compostos por sensações, pensamentos, sentimentos, hipóteses imaginárias, nuvens de intuição, espaços que se abrem. Um tumulto que pode ser habitado na sua qualidade de criação, um caos que pode ser vivido na sua dimensão de anunciar outro futuro que nos difere do que fomos até então; estamos nos dispondo a fazer novas conexões.

Podemos intensificar essas experiências do *middle ground* sugerindo a nós mesmos que sigamos as trilhas das imagens, das sensações, dos sentimentos, dos pensamentos que se produzem em nós. E nesses estados mutantes e sensíveis, podemos captar o mundo-em-nós de outras maneiras; podemos ordenar o "desregramento de todos os sentidos"**, podemos criar um artifício para poder captar tanto o mundo como nós mesmos, com outros tatos, com outros ouvidos, com outros olhos, com outros pensamentos.

Nas palavras de Keleman[11], o *middle ground* "é como um oceano transbordante de imagens, sensações, sentimentos e necessidades entrando em cena, ensaiando no campo da consciência, antes de passar para o mundo social".

Esse ensaio será possível se exercermos a capacidade de aproveitar o que se produz em nós. Keleman se utiliza de um exemplo que indica uma atitude: fazer um silêncio interior, como o da escuta de um som.

A chave do aproveitamento do *middle ground* está em como apurar essa atitude de captar o que se passa em nós. Pausar em si mesmo para captar-se. Receber a si mesmo, mergulhar ativamente em como estamos, disponibilizando sensores e pensamentos para saborear o que está acontecendo em nós naquele instante. O que se passa aqui? Como é? Como funciona? Por onde circula? Por onde me toma? Para onde me lança? Onde começa a se perder? Como retomo? Como interrompo? Como prolongo? O que conecta?

---

* "Deixar de pensar-se como um eu para viver-se como um fluxo, um conjunto de fluxos, em relação com outros fluxos, fora de si e dentro de si."[13]

** "Chegar ao desconhecido pelo desregramento de todos os sentidos [...] um longo, imenso e raciocinado desregramento de todos os sentidos" (Rimbaud *apud* Deleuze[13]).

Que imagens aparecem aqui? E se experimento um pouco mais, surgem conexões?

No meio das marés profícuas do *middle ground*, nesse tempo vivido em zigue-zague intensivo e em um clima onírico, corre-se um risco: o de querer que logo irrompa uma resposta, um *insight* ou uma ação no mundo. O risco é que, nessa vertigem, almejando sair desse estado intenso e que pede passagem, podemos instantaneamente acionar pensamentos e ações estereotipadas ou tentar nomear genericamente o que se passa. Essa saída acelerada e sobrecodificada possibilita uma conexão fraca com o que de fato nos singulariza naquele momento. Inibir-nos, desacelerar a ação imediata no mundo, pesquisando melhor o que nos acontece, possibilita a zona da natalidade. Parece paradoxal: inibir para criar, inibir para ser espontâneo.

> *Inibição é uma forma de câmera lenta, alterando o ritmo do metabolismo, a velocidade de uma ação e a direção de uma emoção. Paradoxalmente, inibição é espontaneidade. Parar estimula a emergência de outras ações e outros impulsos, a oportunidade de refletir sobre uma situação. Podemos ensaiar outras possibilidades.[14]*

Forming

Na vivência do *middle ground*, ao ensaiarmos essas novas possibilidades, somos surpreendidos por novas composições de nós mesmos. Elas evidenciam outros modos singulares de usarmos nós mesmos, dando direção ao que nos acontece. Descobrimos assim aspectos diferentes em nós, configuramos novas necessidades e imaginamos novas maneiras de estar no mundo.

Ultrapassamos o estágio do *middle ground* quando essas composições internas pedem passagem, desejam ganhar mundo. Nesse instante, tomamos posse do que estamos descobrindo, comprometemo-nos com o que estamos experimentando e, assim, autorizamo-nos a entrar em uma zona de ação e de testes no mundo.

Com a matéria-prima das novas possibilidades germinadas no *middle ground*, modulamos, no *forming*, nós mesmos na direção de novas formas. Usamos nessa modulagem tanto a engenharia e a plasticidade de nossos tecidos, imagens, sentimentos e pensamentos quanto a combinação de trechos e fragmentos dos nossos comportamentos conhecidos.

No *forming*, em um mesmo movimento, modulamos nós mesmos procurando dar passagem às intensidades e criamos sentidos que efetuam e endossam essa passagem. Novas formas, novos modos de ser, novos modos de dizer, novos modos de constituir territórios existenciais.

Essa modulação de si, que dá vida a novas formas, não se produz em uma redoma, mas é operada no interjogo do pessoal e do social, do mundo de dentro e do mundo de fora. É uma complexa operação porque, usando os nossos corpos-formas cambiantes, provocamos variadas sensações, sentimentos e respostas, tanto em nós mesmos como nos outros, e a partir do efeito dessa experimentação novamente remodulamos a nós mesmos.

Keleman afirma que a chave é praticar, muitas e muitas vezes, de diferentes modos, até estabilizarmos um novo funcionamento de nós mesmos. Ao longo do tempo, ao explorar, repetir e recombinar uma nova forma, vamos descobrindo novos modos de navegação emocional, aprendendo novos graus de intencionalidade muscular e tatuando e fortalecendo conexões neurais.

O *forming* é um estágio que se caracteriza pela prática e pela aprendizagem. É um momento de rascunhos de comportamento, hesitações, tentativas e invenções. É uma fase de convivência com êxitos e fracassos. Momentos de assertividade para tomar e retomar o novo que estamos corpando no embate e no diálogo com os hábitos automáticos.

Keleman extrai do cotidiano uma experiência prosaica que evidencia como o *forming* se produz: é como aprender a andar de bicicleta. Há, no início, desajeitamentos, dificuldades e pequenas sequências de coordenação. Não se começa com grandes curvas ou descidas íngremes; escolhem-se lugares que apresentam menores dificuldades. Depois, são possíveis desafios para sequências de ações mais complexas e longas, quando também acontecerão novos tropeços, inadequações, descobertas e aprendizagens, até que, ao longo do tempo, a nova habilidade se instaura e se estabiliza.

As novas formas e os novos territórios existenciais que se constituem não se opõem às formas anteriores e não são substituições. No *forming*, experimentamos a multiplicação de nós mesmos. Somos uma assembleia de corpos sem lugares fixos ou hierarquia; essa assembleia não tem configuração definitiva e procura estar aberta a novos membros. Criar novos graus na forma do enternecer-se com o outro não significa abrir mão das formas do enfrentamento. Se estivermos criando formas de independência, de sermos sozinhos, não estaremos negligenciando as formas do compartilhar e do depender.

Quanto maior for o nosso repertório de formas, em diversos graus, maior será a possibilidade de darmos conta do que nos acontece nos processos de vida. No *forming,* temos a nítida experiência do vivo-em-nós, que pode prosseguir formando frente ao que lhe acontece quando não submetido à perenidade de uma identidade demarcada.

Nesse estágio, precisamos conviver muitas vezes com o "começar outra vez". Como exemplo, lembro de um alto executivo que, detendo um conhecimento técnico especializado com reconhecimento internacional, foi convidado por outra empresa para ocupar um cargo bastante semelhante ao que ocupava até então. Ele aceitou o desafio. Em relação ao objeto de trabalho, atores e práticas de mercado e muitas outras esferas, ele pôde se experimentar em um lugar habitual, maduro e com autoridade. Em outras áreas, como relacionamento com os colaboradores e instâncias de decisão, ou situações corriqueiras, como a circulação física entre os ambientes ou ainda o *timing* de operação da empresa, ele teve de aceitar ser um aprendiz e perceber que, apesar da sua notoriedade naquele campo de trabalho, naquele momento e em uma série de situações, ele era um iniciante na nova empresa. Teve que lidar consigo mesmo, com seus anseios e com as expectativas da empresa, aceitando o tempo existencial para decifrar e transitar em um novo universo; um tempo para estabelecer novas conexões, fazer novas alianças, incorporar novos ambientes e outras maneiras de produzir, para, a partir dessa artesania, se perceber tecendo novos territórios existenciais.

Podemos ver também esse estado embrionário nas relações afetivas, por exemplo, quando um viúvo, depois de um longo casamento amoroso, profícuo e sólido, inicia uma nova relação amorosa. Acostumado a uma relação estável e de grande partilha, vê-se ora apreciando fazer uma nova ligação, ora considerando restrita uma relação tão incipiente, em que a partilha é muito tênue e o repertório em comum é tão pequeno.

Às vezes, faz gestos em direção à nova companheira que depois percebe que não cabem nessa relação embrionária – pois tais gestos foram acessados do repertório de marido da relação anterior. Outras vezes, vê-se desajeitado, pois não imaginava que voltaria a viver o terreno do namoro, como se namorar fosse um estágio de uma idade fixa. Às vezes, ainda, vive a dor do modo da relação anteriormente vivida que não tem como de reabitar, ou se experimenta nessa nova companhia, descobrindo novos sentidos e significados para estar junto com alguém que quer bem.

Se aceitarmos ser embriões nas mais diversas faixas de idade e maturidade, no *forming* teremos a experiência de poder ser outros, de poder incorporar outras maneiras de ser, viver e nos relacionar. Podemos fazer novas ligações, tecer e cuidar de novas redes afetivas e de pertinência, implantar-nos em outros lugares, criar outros papéis, outras funções e outros modos no mundo. Podemos construir territórios de vida com outros roteiros, outras vizinhanças, outras conexões, outras satisfações, outros sentidos e outras valências.

Para finalizar, um trecho de um artigo de Jeanne Marie Gagnebin:[15]

> Em suma: a filosofia não pode nos consolar. Poderia, talvez, nos ajudar a viver uma "vida sem consolação", para retomar a expressão de Camus no Mito de Sísifo. Esse belo ensaio defende um "pensamento do absurdo" (porque não se encontra um "sentido" último), mas não uma filosofia niilista ou desesperada.
> [...] Camus, pelo contrário, insiste no esplendor da vida, justamente porque ela é efêmera e mortal, devendo ser vivida plenamente em cada presente. O filósofo cita em epígrafe os versos de Píndaro:
> "Oh, cara alma, não aspire à vida imortal, Mas saiba esgotar o campo do possível!"

Referências bibliográficas

1. Auster P. A invenção da solidão. São Paulo: Companhia das Letras; 1999.
2. Pessoa F. Livro do desassossego. São Paulo: Companhia das Letras; 1999.
3. Lispector C. Água viva. 5. ed. Rio de Janeiro: Nova Fronteira; 1980.
4. Keleman S. Viver o seu morrer. São Paulo: Summus; 1997.
5. Barthes R. Diário de luto: 26 de outubro de 1977 – 15 de setembro de 1979. São Paulo: WMF Martins Fontes; 2011.
6. Roudinesco E. Athos, Porthos, até logo –, Aramis, para sempre, adeus! Psicol Rev. 2005;11(17):115-25.
7. Ortega F. Para uma política da amizade: Arendt, Derrida, Foucault. 2. ed. Rio de Janeiro: Relume Dumará; 2000.
8. Deleuze G. Nietzsche e a filosofia. Porto: Rés-Editora; 2001.
9. Barthes R. A câmara clara. Lisboa: Edições 70; 1980.
10. Deleuze G, Guattari F. Mil platôs: capitalismo e esquizofrenia. v. 4. São Paulo: Editora 34; 1997.
11. Keleman S. Realidade somática. São Paulo: Summus; 1994.
12. Ramos N. Ensaio geral: projetos, roteiros, ensaios, memórias. São Paulo: Globo; 2007.
13. Deleuze G. Crítica e clínica. São Paulo: Editora 34; 1997.

14. Keleman S. Corporificando a experiência: construindo uma vida pessoal. São Paulo: Summus; 1995.
15. Gagnebin JM. Uma vida sem consolação. Cult. 2010;143:62-5.

Bibliografia

Carneiro MC. Luto e escritura em A câmara clara de Roland Barthes [dissertação de mestrado]. Rio de Janeiro: Universidade Federal do Rio de Janeiro; 2007.

Keleman S. O corpo diz sua mente. São Paulo: Summus; 1996.

Passos E, Barros RB. O que pode a clínica? A posição de um problema e de um paradoxo. In: Fonseca TM, Engelman S, organizadoras. Corpo, arte e clínica. v. 1. Porto Alegre: UFRGS; 2004. p. 275-86.

Passos E, Benevides R. Passagens da clínica. In: Maciel A, Kupermann D, Tedesco S, organizadores. Polifonias: clínica, política e criação. Rio de Janeiro: Contracapa; 2006. p. 89-100.

Perbalt PP. A nau do tempo-rei: sete ensaios sobre o tempo da loucura. Rio de Janeiro: Imago; 1993.

Rolnik S. Cartografia sentimental: transformações contemporâneas do desejo. São Paulo: Estação Liberdade; 1989.

Wolff F. Devemos temer a morte? In: Novaes A, organizador. Ensaios sobre o medo. São Paulo: Senac São Paulo, Sesc SP; 2007. p. 16-38.

57 A Sexualidade e o Corpo

Lorene Gonçalves Soares

Desenvolvimento da teoria reichiana

Quando Reich começa a estudar Psicanálise, em 1920, cursando o penúltimo ano do curso de Medicina, a maioria dos conceitos psicanalíticos já está bem desenvolvida, assim como a técnica da livre associação já ocorre tal qual a conhecemos atualmente. O acolhimento, por parte da psicanálise, às questões sexuais foi o que mais interessou Reich nesses estudos. Em seus estudos anteriores à psicanálise, havia buscado guarida para suas dúvidas sobre a importância da sexualidade na formação do psiquismo. Entretanto, não encontrou nada que o satisfizesse. Ingressou então no seleto grupo de estudos de Freud e passou a trabalhar como psicanalista.

Pensar na sexualidade é pensar nas diferentes maneiras de vivenciar o prazer. A libido na psicanálise tem conotação de energia sexual, ligada às pulsões sexuais, como energia buscando fluxo, buscando um caminho de resolução. Freud definiu a pulsão como um fluxo contínuo, uma força constante interna ao organismo, da qual não se pode escapar. Reich seguiu esse mesmo caminho e desenvolveu sua teoria da análise do caráter tomando o conceito de libido como energia sexual. No primeiro momento, a teoria reichiana se chamava economia sexual.

No decorrer de sua prática clínica, Reich encontrou grandes dificuldades para a aceitação da regra básica da psicanálise: a livre associação. Alguns pacientes seguiam essa regra e faziam associações valiosas para o processo analítico. A maioria, contudo, não o fazia e apresentava forte resistência, o que, para Reich, significava resistência à eliminação do recalque e que ele chamou de "contrainvestimento" do ego (uma força inconsciente que se opõe ao desejo de análise).

Exatamente sobre essas dificuldades é que Reich desenvolve a técnica da análise das resistências e, como consequência, a teoria da análise do caráter. É no desenrolar da prática que ele verifica a limitação da técnica de livre associação. Busca, assim, outra solução para a prática clínica, que denomina análise do caráter.

A teoria da libido foi para Reich o grande ponto de apoio para a teoria da análise do caráter. No desenvolvimento libidinal, ele encontrou também o estabelecimento e a estruturação do caráter, ou seja, o caráter teria sua formação nas diferentes fases do desenvolvimento libidinal, de acordo com as experiências vividas.

O desenvolvimento da criança ocorre tanto do ponto de vista fisiológico como do ponto de vista psicossexual. O desenvolvimento psicossexual é iniciado com o autoerotismo (gratificação direta das pulsões parciais), quando a criança tem o próprio corpo como objeto; nesse momento, o pequeno busca gratificação imediata, tocando e chupando diferentes partes do corpo no momento em que se sente excitado para isso. Depois, passa pelo narcisismo primário, quando ocorre o surgimento da estrutura psíquica conhecida como ego, e, por fim, direciona-se a um objeto externo, caminhando em direção ao amor objetal. Isso acontece no momento em que as pulsões parciais se submetem ou são submetidas à primazia da genitalidade.

Para a psicanálise, o relacional é um acontecimento entre sujeito e objeto. O objeto de amor de uma criança, na fase fálica, é incestuoso, dependendo do contexto cultural – é o amor pela mãe ou pela irmã, pelo pai ou pelo irmão.

Segundo Reich, Freud vê em Édipo o complexo nuclear das neuroses. O autor justifica isso apontando que, no desenvolvimento infantil, a criança necessariamente fica com a resolução libidinal comprometida para seu primeiro objeto de desejo, assim como tem de se subjugar à vontade/autoridade do pai, ficando impedida, nesse momento, de direcionar a libido para um objeto sexual externo. Tanto para Freud como para Reich, o complexo de Édipo se apresenta como estrutural para o psiquismo e desempenha um papel fundamental também na estruturação do desejo.

É o momento definitivo para a futura organização psicossexual, em que as pulsões parciais dão lugar à prioridade da zona genital. Do ponto de vista do direcionamento da libido, há uma primazia para os órgãos genitais. Nessa fase, manifestam-se os rudimentos da futura organização sexual, na qual a busca pelo prazer envolverá o todo e não apenas o prazer do órgão, assim como a preocupação com o prazer do outro, não apenas o próprio. Esse assunto é muito complexo e envolveria muito mais que a simples noção mencionada aqui.

A grande questão, para Reich, é que esse pai ou essa mãe está ali como representante da cultura, ou seja, é a proibição como uma resolução da cultura, e não como um determinismo biológico. Nessa medida, o complexo de Édipo pode ser visto como uma formulação repressiva da cultura, e não como algo da natureza do psiquismo. Reich vê na opressão da cultura a origem das dificuldades que impedem o ser humano de se desenvolver livremente, e não algo inscrito de modo determinista em seu psiquismo.

A repressão da sexualidade entraria como um componente fundamental na formação do caráter.

Do ponto de vista do desenvolvimento psicossexual, antes da fase fálica, o prazer que o bebê sente ao sugar o leite da mãe é socialmente aceito porque é visto como necessidade de se alimentar; assim como, na fase anal, o prazer da criança ao defecar ou fazer a sua "obra" também é socialmente aceito – diz respeito à higiene, sendo ignorado como zona erógena. Na fase fálica, porém, isso não está mais escondido. O prazer de órgão está voltado para os genitais. A sexualidade fica explícita, uma vez que a criança, que se expressa livremente, antes de introjetar a repressão da cultura, o faz em relação ao seu genital.

É nesse momento que a repressão sexual também se explicita. E, no conflito com seu meio, o pequeno ser acaba estruturando sua maneira defensiva, isto é, seu caráter.

A repressão provém da memória de experiências dolorosas vividas anteriormente e que agora não podem chegar à consciência. O que causa a repressão é uma impossibilidade de elaboração psíquica para determinada situação.

Então, a condição básica para a repressão é a presença de um conteúdo não elaborado que traz angústia e que é mantido, então, sem representação simbólica.

Reich segue dizendo que o que decorre da insatisfação libidinal é a frustração. O efeito patogênico da frustração ocorre quando há um único objeto de desejo ou uma única maneira de gratificação. Quando é possível uma compensação por meio de outro tipo de gratificação, tem-se a sublimação. Nesse caso, os objetivos sociais estão acima dos sexuais.

Ocorre que as pessoas têm capacidade limitada de sublimar. Também a satisfação fica presa a um pequeno número de objetos e fins. Isso interfere na mobilidade da libido. Em suma, na etiologia da neurose, a fixação libidinal – fixação em uma fase do desenvolvimento psicossexual – apresenta-se como fator interno, e a frustração, como fator externo. Ambos são igualmente preponderantes na causa das neuroses.

Reich conclui, assim, que há três fatores na etiologia das neuroses: a frustração, a fixação da libido que busca um caminho de escoamento e a tendência ao conflito entre as forças do ego e a energia libidinal – ou seja, a frustração à realização do desejo sexual; a fixação da libido em um momento do desenvolvimento que procura apenas esse tipo de gratificação; e o conflito entre as estruturações defensivas do ser e a energia libidinal que pede passagem.

Da mesma maneira como a libido percorre essas fases, sofrendo intervenções e influências do contato com o meio, também o caráter tem sua formatação de acordo com o grau, maior ou menor, de fixação em cada um desses momentos.

A base da formação do caráter está na maneira como o sujeito dá uma resolução para a situação enfrentada, isto é, na consolidação de um jeito particular de lidar e funcionar com/em situações que venham a reproduzir os sentimentos daquele primeiro momento. É uma resposta defensiva vivida pelo consciente como algo constitucional, e não fruto de uma fixação neurótica. A formação do caráter ocorre no conjunto de mecanismos de defesa que se repetem a cada nova situação; há um investimento em defesa, e não na busca de vivenciar o prazer.

Os mecanismos de defesa passam a ser preponderantes, independentemente do conteúdo. E a finalidade desses mecanismos seria preservar o ego das exigências internas e externas. Seria o caráter o defensor do ego quanto às solicitações do id e às restrições do superego.

Os mecanismos de defesa utilizam-se da energia disponível para obter não prazer, mas tranquilidade. É um investimento energético em paralisia, em conter o fluxo, em permanecer estático para não sofrer. Os mecanismos de defesa nos protegem na angústia. Com eles, perdemos parte de nossa vida psíquica, embora o restante continue funcionando. Mas há uma perda na capacidade de usufruto da vida.

Reich denominou a formação do caráter encouraçamento, por essa formação restritiva da mobilidade do psiquismo como um todo. Os fluxos vitais espontâneos se detêm diante da rigidez da couraça. O autor observou que, ao enrijecimento no psiquismo, corresponde um enrijecimento no corpo, ou seja, as tensões que objetivam defender o corpo das vicissitudes da vida se cronificam. Assim, o corpo não perde a estrutura defensiva mesmo que não esteja ameaçado. As tensões crônicas enrijecem o corpo, que, assim como está defendido de receber sensações prazerosas, tende a respostas automáticas e percepção reduzida. A couraça limita a mobilidade e diminui a amplitude das sensações.

Há um estancamento da energia vital, limitando o seu fluxo e a vitalização do organismo. A energia da qual estamos falando é a energia vital, aquela que qualquer ser vivo tem enquanto está vivo. Sobre isso, Lowen[1] afirma: "a energia está envolvida em todos os processos da vida, nos movimentos, nos sentimentos e pensamentos, e os mesmos chegariam ao fim se a fonte de energia para o organismo se esgotasse". Essa energia advém dos alimentos, da respiração e dos processos metabólicos vivenciados por cada ser vivo. Ela produz o calor que aquece os corpos e possibilita os movimentos corporais, o metabolismo e os processos mentais. A disponibilidade de energia que cada ser tem e a maneira como a utiliza determinam os seus processos tanto fisiológicos como mentais e emocionais.

Não se pode pensar em energia sem pensar em carga e descarga dessa energia. A vida necessita de um equilíbrio entre carga e descarga. Na psicoterapia corporal, o principal modo de trabalhar com a carga é por intermédio da respiração, mas se trabalha também com exercícios e massagem.

Pensar em energia leva também a pensar em seu fluxo. É o fluxo da energia vital que dá a qualidade de vivo; o fluxo como circulação da energia, como movimento. A maneira mais ilustrativa de se falar em fluxo é fazer uma analogia com o fluxo sanguíneo, que percorre todas as células do organismo vivo, levando nutrientes e oxigênio para a combustão em cada célula e recolhendo detritos que não mais são necessários ao seu funcionamento.

A circulação da energia vital deveria ser constante e fluida, mas não é sempre assim. À medida que o organismo interage com o meio, desenvolve o que Reich chamou de couraça. Existe uma couraça muscular, que são os mecanismos de defesa organizados como contração crônica, e existe também uma couraça caracterológica, que se refere ao conjunto de mecanismos de defesa atuando no sistema emocional. Assim, o psíquico é indivisível; atua tanto no corpo como na mente com a mesma energia.

É exatamente esse conjunto de mecanismos de defesa, atuando tanto no corpo como nos psiquismos, que aumenta ou diminui o fluxo de energia vital no organismo. Na medida em que o indivíduo entra em contato com as suscetibilidades da existência, arma-se ou desarma-se inconscientemente, diminuindo ou aumentando a circulação da sua energia vital.

Sexualidade na psicoterapia corporal

Embora este capítulo trate da sexualidade, é necessário esclarecer que a psicoterapia corporal trata o paciente como um todo, não apenas as suas questões sexuais. A psicoterapia corporal se atém a todas as possibilidades de liberação de fluxo para uma vida mais afirmativa.

No século 20, ocorreu uma verdadeira revolução sexual, mas essa mudança teve uma característica quantitativa, e não qualitativa. A repressão sexual é um fator frequentemente limitador da expressão da sexualidade até hoje, ainda que, depois de mais de 100 anos da invenção da psicanálise, tenha passado por muitas modificações. Já não se encontram mais as mesmas manifestações histéricas que levaram ao surgimento da psicanálise, mas outras manifestações da repressão sexual estão atualmente presentes.

Nunca ocorreu tanta exacerbação do corpo e de apelos sobre a sexualidade por intermédio da mídia e das manifestações de valores. Isso, no entanto, não corresponde a uma libertação sexual; ao contrário, é até um indicador de que novos tabus foram e estão sendo criados.

Se, no passado, os sentimentos sexuais tinham de ser reprimidos por uma moral vigente que ditava os "bons costumes", agora uma moral diz de que maneira o sexo e a sexualidade têm de ser vividos. Não parece existir nenhuma liberdade nisso. Continua sendo criada uma ideia exterior ao desejo sexual que comanda como o sexo deve ser feito, ditando maneiras e objetivos a serem alcançados para se obter sucesso sexual. Isso mantém a ideia de tabu, apenas deslocando-o do lugar de "pouco ou nenhum sexo" para o lugar de "como o sexo deve ser feito".

Há uma primazia da quantidade em detrimento da qualidade da experiência sexual, uma vez que a maneira de vivê-la é determinada por fatores externos.

Não se deve desconsiderar que alguns ganhos ocorreram ao longo dos últimos anos, quando alguns adventos da cultura mudaram para sempre a maneira de as pessoas se relacionarem sexualmente – fatores como a entrada definitiva da mulher no mercado de trabalho e a consequente independência econômica que lhe possibilita escolher se quer ou não permanecer com um parceiro e também quando o quer, bem como o surgimento da pílula anticoncepcional, que propiciou um grau muito maior de liberdade no sentido de a sexualidade ser vivida com prazer, sem o risco de engravidar.

À medida que essas possibilidades aumentaram e que, a partir das décadas de 1960 e 1970, foi se tornando mais possível viver a era do "amor livre", na década de 1980 surgiu outro fator de repressão muito poderoso: a AIDS. A partir desse momento, a pílula já não era mais tão segura para garantir o prazer.

Os preservativos, que já existiam antes, passaram a ser regra para o sexo seguro naquele momento. Mais uma vez, o lugar da experimentação sexual estava ameaçado.

Com o passar do tempo, o pavor inicial foi diminuindo. Hoje a AIDS já não mata como no começo, e o jovem não se sente tão ameaçado pelos seus horrores. A dinâmica dos amores contemporâneos é outra. O casamento não é mais indissolúvel. As pessoas se casam e se divorciam, e vivem juntas sem a regulamentação de um contrato que lhes assegure a continuidade do vínculo. Já não é necessário estar casado nem mesmo namorando para fazer sexo com alguém. Um encontro fortuito e casual pode levar os parceiros a se relacionarem sexualmente; não é mais necessário estar casado ou sequer apaixonado para fazer sexo. O sexo parece estar sendo vivido bem distante do envolvimento amoroso que se pregava algumas décadas atrás. Aos poucos, os encontros sexuais deixam de ser tabus e as pessoas passam a experimentar o amar de maneira mais ampla, sem tantas restrições. É inegável, todavia, que ainda há muito preconceito, o que pode ser um fator altamente repressor ao desenvolvimento da sexualidade.

De qualquer maneira, a repressão que antes limitava a expressão livre do desejo sexual parece hoje vigorar em outro sentido. A repressão de hoje guarda uma exigência de desempenho qualitativo pré-formatado – é necessário ter um corpo tal, gostar de um corpo tal, gozar de tal maneira etc. – e até mesmo de desempenho quantitativo – tantas vezes, com tantas pessoas etc. Isso frequentemente desencadeia dificuldades na entrega aos sentimentos sexuais. Assim, o desejo sexual fica aprisionado na forma e não ganha a expressão e o fluxo que poderiam proporcionar um prazer sexual mais genuíno.

E onde tudo isso está acontecendo? Nas relações. Nas relações entre os corpos. Os corpos dos amantes... Sejam fortuitos ou comprometidos com a continuidade.

Ao escrever a teoria da análise do caráter, Reich pensava nesses mecanismos de defesa organizados por cada um desde as primeiras relações, desde os primeiros contatos. Caráter era entendido como conjunto de características com manifestações no psiquismo como um todo e presente em cada célula dos organismos. Assim como são contidas as formas de expressão verbal a partir desses mecanismos de defesa, também as expressões corporais estão amarradas em condições crônicas que emitem respostas repetitivas. Raramente é possível dar passagem a um livre fluxo de energia sexual.

Também a energia sexual se encontra em todo o corpo, não apenas nos genitais ou nas zonas erógenas. Então, toda a pele é um tecido excitável, assim como qualquer parte do corpo que possa ser excitada.

Quando escreveu *A função do orgasmo*, em 1932, Reich introduziu o conceito de potência orgástica como a "capacidade de abandonar-se, livre de quaisquer inibições, ao fluxo de energia biológica; a capacidade de descarregar completamente a excitação sexual reprimida, por meio de involuntárias e agradáveis convulsões do corpo" – isso no abraço genital.[2] Para Reich, a potência orgástica está comprometida para todos os sujeitos neuróticos, ficando a entrega e as sensações sexuais apenas parciais.

Reich chegou a esse conceito depois de anos de observação e tentativas de trabalhar dentro do método da psicanálise. Em centenas de casos que tratou ao longo desses anos, diz nunca ter encontrado uma mulher que não tivesse uma perturbação orgástica vaginal, e que isso estava presente na origem de todas as doenças; e, mais que a perturbação genital, era um importante sintoma da neurose. Embora Reich tivesse 100% de resultados positivos para essa afirmação em relação às mulheres, com os homens isso não era tão frequente. Nesse momento, ele buscava a fonte de energia das neuroses e parecia-lhe que a repressão sexual era a explicação. Considerava-se que um homem era potente se conseguisse ter uma relação sexual, e ainda mais potente se conseguisse fazê-lo várias vezes seguidas. Para Reich, entretanto, nenhum paciente teria a capacidade de sentir uma satisfação genital plena. Mesmo homens que apresentavam potência eretiva experimentavam pouco ou nenhum prazer nas relações sexuais. Ele concluiu que nenhum neurótico é plenamente potente orgasticamente.

Para recuperar a total potência orgástica, é necessário trabalhar com as neuroses do paciente de modo a liberar o fluxo vital energético que possibilite a ele usufruir plenamente de sua vida. Como afirma Reich[2], a "convulsão bioenergética involuntária do organismo e a completa solução da excitação são as características mais importantes da potência orgástica". Nesse caso, deve-se trabalhar para restabelecer o fluxo bioenergético, possibilitando maior troca com o meio por meio do uso pleno das suas funções vitais.

Paradoxos do amor na contemporaneidade

Ainda que amor e sexo nem sempre andem juntos, desfrutaremos mais e plenamente quando pudermos ter sexo com quem amamos. Para Lowen[3],

> a satisfação resulta de uma entrega total do si-mesmo para o parceiro no ato sexual. Sem essa entrega, a satisfação sexual não pode ser alcançada. Somente quando fazer amor é de todo coração, ou não antes de o coração estar unido aos genitais no ato sexual, é que é possível alcançar a realização orgástica no amor sexual.

Para o autor, sexo e amor são indissociáveis no incremento das possibilidades de prazer no encontro afetivo-sexual. Ele postula que é necessária uma conexão física/energética entre os genitais e o coração para que a pessoa tenha uma entrega plena aos sentimentos e às sensações sexuais. Para isso, é necessária uma diminuição da couraça que inibe a livre passagem da energia vital que pode vir a integrar as sensações.

Por outro lado, vivemos uma era de estimulação ao individualismo e à autonomia, que, em sua exacerbação, leva os indivíduos a viverem isolados, no máximo buscando comunicar-se virtualmente. Já nem se escuta mais a voz do interlocutor, apenas se leem mensagens que podem ser enviadas a qualquer momento, sem interromper ou sermos interrompidos em nosso individualismo. Lowen[3] observa ainda que "Se a felicidade sexual é relativamente rara em nossa cultura, é porque as pessoas perderam a capacidade de se darem completamente umas às outras". Quanto maior for a entrega aos sentimentos e às sensações, maior a possibilidade de satisfação sexual. E, em tempos de individualismo exacerbado e encontros fugazes, diminui a possibilidade de que possamos desenvolver vínculos minimamente confiáveis para amar e nos entregar.

Também é fato que as amplas maneiras de amar são mais toleradas em nossos dias. Isso deveria ampliar as possibilidades de vínculo, mas a pressa e a variedade de estímulos, a crescente oferta de parceiros e o medo de ser invadido ou invasivo novamente dificultam que desfrutemos de conquistas da liberdade sexual obtidas nas últimas décadas.

Ainda somos presas de modos de subjetivação que preconizam, de maneira idealística, que tipo de escolhas afetivo-sexuais temos que fazer para estarmos incluídos e aceitos dentro dos padrões. É então que o papel do psicoterapeuta pode ser significativo para levar o indivíduo a uma possibilidade de entrega a si e a quem ama.

São muitos os paradoxos presentes nos diferentes vínculos amorosos, que podem tanto facilitar quanto dificultar o encontro. Se, por um lado, temos a possibilidade de amar mais e intensamente, dificilmente mantemos a intensidade de um vínculo. Porque as exigências são sempre por mais e maior satisfação. Como diz Bruckner:[4] "O que mata as uniões, atualmente, não é o egoísmo, é a busca da paixão permanente como cimento da união. É a intransigência louca dos amantes ou cônjuges que não querem nenhum compromisso: ou o fervor, ou a fuga". Vivemos tempos em que o valor está na intensidade, e não na construção. Isso reforça o paradoxo de que ansiamos por segurança e vínculos confiáveis, mas, ao mesmo tempo, desejamos vínculos passionais, nos quais a essência é o próprio risco.

O trabalho psicocorporal

Em psicoterapia corporal, trabalha-se a partir dos pontos de vista verbal e corporal. Fazem parte desse tratamento a técnica da associação livre, na qual o paciente traz os conteúdos que o perpassam no momento da sessão, e a da associação que o psicoterapeuta faz com seus processos energéticos e corporais, assim como exercícios ou toques que possam favorecer o desbloqueio da couraça.

A análise do processo histórico do paciente, sempre de acordo com o que está presente no momento da psicoterapia, complementa-se com o entendimento energético organísmico do que está sendo contado e como isso está sendo vivido.

O corpo tem uma linguagem chamada não verbal. O tom de voz, o ritmo da fala e o olhar, muitas vezes, dizem muito mais que o conteúdo das palavras. A maneira de caminhar e a postura com que o paciente chega à psicoterapia dizem muito sobre como ele está no momento. A interação do corpo do próprio terapeuta, sua postura e a energia que despende na sessão também são informações passadas ao paciente por meio da linguagem não verbal. Reações na face, como franzir a testa, arregalar os olhos etc. diante de alguma fala são formas de expressão que devem ser consideradas pelo terapeuta ao comunicar-se com o paciente.

A psicoterapia corporal trabalha com a possibilidade de carga e descarga de energia. Para Lowen[1], "o organismo vivo só pode existir se houver um equilíbrio entre a carga e a descarga de energia". De acordo com o seu momento de vida, o indivíduo consome, carrega ou descarrega mais ou menos energia. Uma criança em fase de crescimento necessita consumir mais energia, assim como alguém que esteja convalescente de alguma enfermidade. Para Reich, o indivíduo se abastece de mais energia do que consome e, no orgasmo, tem a regulação da sua energia, equilibrando o organismo.

O trabalho corporal se atenta e trabalha para restabelecer o fluxo dessa energia, que, como já mencionado, fica comprometida na medida em que a neurose se organiza em mecanismos de defesa. Esse trabalho tem como objetivo potencializar o paciente para que ele desfrute da vida e a afirme da maneira mais real possível. Os exercícios dessas práticas corporais tentam promover a autoexpressão e a sexualidade, assim como favorecer a graça e a coordenação dos movimentos.

Um dos pontos de enfoque inicial para o trabalho corporal é a consciência do próprio corpo. De maneira geral, as pessoas têm pouca noção do próprio corpo e a imagem corporal que cada um tem de si nem sempre corresponde ao que é visto de fora. O trabalho corporal compreende maior percepção de si, dos sentidos e de como eles se manifestam no corpo, da respiração, da distribuição de energia, das tensões etc. É possível que a desconexão com o corpo seja resultado do medo de entrar em contato consigo mesmo e com suas emoções. À medida que o indivíduo toma mais consciência de si, também é possível tomar mais posse de suas emoções e mais consciência de sua potência de agir, pensar e sentir. Nesse caso, ele deixa de suprimir sentimentos e emoções quanto aos quais se sentiria ameaçado, conseguindo expressá-los no momento em que estão ocorrendo e tornando-se, assim, mais vitalizado e expressivo. Quanto à sexualidade, ao ter consciência do corpo, o paciente pode ter mais consciência do seu desejo sexual. As reações diante dessa consciência podem ser favoráveis ou desfavoráveis, agradáveis ou desagradáveis, dependendo do nível de repressão vivido por cada um.

Para tanto, os exercícios não são formalizados, mas construídos junto com as necessidades do paciente e do momento que ele está vivendo. Não existem fórmulas prontas a serem aplicadas de acordo com o caso. Cada caso, cada momento requer determinada dinâmica que vai sendo montada de acordo com o andamento da sessão.

O tratamento procura restabelecer a condição mais natural e espontânea, que foi perdida ao longo da vida. Conforme a cultura tende a afastar o humano de sua força mais primitiva, impondo modos de ser e de agir mais dóceis e cordatos com o sistema vigente, vamos perdendo a força da nossa natureza animal. Para Lowen[1,3], "o organismo vivo só pode existir se houver um equilíbrio entre a carga e a descarga de energia" e "o sexo faz parte da natureza animal do homem". O sexo está ligado aos instintos e ao que se tem de mais primitivo. A educação tende a diminuir a força de tudo que é primitivo em nós. Por meio de uma sexualidade vivida plenamente, podemos nos apoderar de nossa força mais vital e nos tornar mais espontâneos na busca da satisfação do nosso desejo.

O sexo é uma experiência de encontro. Ao se excitar, o que cada um deseja é estar mais próximo de alguém, geralmente alguém "em especial". Como afirma Lowen[3]: "Sensação sexual é o desejo de proximidade e de união entre dois corpos". A intensidade do contato é proporcional à excitação. Contudo, estar *com* o outro não significa estar *para* o outro.

Não é possível a ninguém satisfazer o outro. No máximo, pode-se estimular as sensações no outro. A satisfação sexual é algo que depende de cada um: depende da entrega que cada um se permite às suas sensações, às suas emoções, ao seu corpo, ao seu desejo.

Muitas das dificuldades sexuais – como impotência masculina ou frigidez feminina, duas das maiores para se relacionar sexualmente – estão presentes no momento do encontro. É frequente que essas pessoas consigam se excitar sozinhas, mas encontrem dificuldades com o outro.

Assim, é possível que se atribua ao outro tais dificuldades, e não a si próprio. Mas, como afirma Costa[3], "a verdadeira impotência é a afetiva". Ou seja, a dificuldade está na entrega ao outro. Está em não se permitir abrir o coração, ou esperar que o outro lhe satisfaça as fantasias para poder se entregar. É necessário que cada um se implique com o próprio desejo, assim como com as próprias dificuldades.

Em uma relação sexual, na maior parte do tempo, os movimentos são voluntários, e ganham intensidade à medida que a excitação cresce. Somente no instante final do orgasmo é que os movimentos do corpo se tornam involuntários, tomando conta do corpo por inteiro. Então, a vontade de cada um, com a consequente participação ativa, é necessária para que ocorra o encontro sexual profundo.

Por isso é tão importante que cada um participe por inteiro de uma relação. Só assim é possível tomar posse de todos os sentimentos e sensações, entregando-se à experiência para desfrutá-la plenamente.

Considerações finais

A psicoterapia corporal não trabalha com estímulos à excitação. Isso é pertinente ao encontro que cada paciente fará com seu parceiro sexual. Trabalha, no entanto, com a possibilidade de diminuir os mecanismos de defesa que impedem a pessoa de se entregar afetivamente. Trabalha na direção de diminuir os bloqueios e as tensões crônicas que desvitalizam o organismo e o defendem de experimentar mais plenamente as sensações. Desenvolve um trabalho na direção de possibilitar uma vida mais afirmativa do desejo, para que o paciente possa tomar consciência dos seus próprios valores, obtendo alguma libertação dos padrões ditos ideais e impostos por valores externos a si.

O trabalho pretende potencializar o indivíduo para a sua vida como um todo, e não apenas para a sexualidade. É possível observar, contudo, que alguém sexualmente satisfeito, que pode experimentar o prazer de um encontro com entrega a si e ao outro, pode ser mais assertivo nas diferentes direções de sua vida: amorosa, profissional, familiar e social.

Referências bibliográficas

1. Lowen A. Bioenergética. 9. ed. São Paulo: Summus; 1982.
2. Reich W. A função do orgasmo. 19. ed. São Paulo: Brasiliense; 1995.
3. Lowen A. Amor e orgasmo. 2. ed. São Paulo: Summus; 1988.
4. Bruckner P. La paradoja del amor. Buenos Aires: Tusquets Editores; 2011.
5. Costa M. Sexo: o dilema do homem. São Paulo: Gente; 1993.

Bibliografia

Boadella D. Nos caminhos de Reich. São Paulo: Summus; 1985.

Costa M. Mulher: a conquista da liberdade e do prazer. Rio de Janeiro: Ediouro; 2004.

Deleuze G, Guattari F. O anti-Édipo: capitalismo e esquizofrenia. São Paulo: Editora 34; 2010.

Deleuze G, Guattari F. Mil platôs. São Paulo: Editora 34; 1995.

Foucault M. História da sexualidade. 12. ed. Rio de Janeiro: Graal; 2007.

Foucault M. Os anormais. São Paulo: Martins Fontes; 2010.

Gonçalves Boggio L. El cuerpo en la psicoterapia: nuevas estrategias clínicas para el abordaje de los síntomas contemporáneos. 2. ed. Montevideo: Psicolibros Universitario; 2010.

Guattari F, Rolnik S. Cartografias do desejo. Petrópolis: Vozes; 1999.

Hard M. O trabalho afetivo. In: Núcleo de Estudos da Subjetividade. O reencantamento do concreto. Cadernos de Subjetividade. São Paulo: Hucitec/Educ; 2003. p. 143-57.

Lowen A. Alegria: a entrega ao corpo e à vida. São Paulo: Summus; 1997.

Lowen A. El gozo: la entrega al cuerpo y a los sentimientos. Buenos Aires: Era Naciente; 1994.

Lowen A. Medo da vida: caminhos da realização pessoal pela vitória sobre o medo. 5. ed. São Paulo: Summus; 1986.

Lowen A. Uma vida para o corpo. São Paulo: Summus; 2005.

Najmanovich D. El juego de los vínculos: subjetividad y redes: figuras en mutación. Buenos Aires: Biblios; 2005.

Ortega F. O corpo incerto: corporeidade, tecnologias médicas e cultura contemporânea. Rio de Janeiro: Garamond; 2008.

Reich W. Análisis del carácter. 3. ed. Buenos Aires: Paidós; 1986.

Rolnik S. Cartografia sentimental: transformações contemporâneas do desejo. Porto Alegre: Sulina/UFRGS; 2006.

Rolnik S. "Fale com ele" ou como tratar o corpo vibrátil em coma. São Paulo: Pontifícia Universidade Católica de São Paulo; 2003. [Acesso em 4 out 2016]. Disponível em: http://www.pucsp.br/nucleodesubjetividade/Textos/SUELY/falecomele.pdf.

Soares LG. É necessário dois para bailar um tango. 2. ed. Recife: Libertas; 2014.

Soares LG. Ritmos e conexões: dançando com Reich, Deleuze e Guattari [dissertação de mestrado]. São Paulo: Pontifícia Universidade Católica de São Paulo; 2003.

58 Terapia Corporal Infantil

Cristina Telles Assumpção

Introdução

A importância do trabalho corporal infantil foi primeiro ressaltada por Wilhelm Reich[1], que, após investir toda a vida na reflexão, na pesquisa e no desenvolvimento da análise do caráter, concluiu que somente por meio do cuidado com as crianças e seus cuidadores seria possível construir uma sociedade mais saudável. Apesar das colocações enfáticas de Reich acerca da necessidade do trabalho corporal preventivo, muito pouco se fez até o momento.

A literatura é realmente bastante escassa, o que induz a pensar que muito pouco se tem pesquisado no campo da terapia corporal infantil. É com o intuito de contribuir com a reflexão acerca do tema que este capítulo foi construído.

O embasamento teórico para o desenvolvimento do trabalho com crianças consiste, na verdade, em uma adaptação da fundamentação da terapia corporal para adultos e dos estudos acerca do psicodesenvolvimento infantil provenientes de outras abordagens psicossociais. Vale mencionar que a adaptação referida ocorre mais no âmbito da prática que no da teoria.

Diante dessa aridez de fundamentação específica, o objetivo aqui será compartilhar uma experiência clinica de mais de 25 anos de atendimentos a crianças sob a ótica da análise bioenergética, buscando sempre incorporar as enormes contribuições que essa abordagem, criada por Alexander Lowen, trouxe e continua trazendo para o entendimento do ser humano em sua totalidade. Por meio da compreensão da dinâmica energética de cada indivíduo, a análise bioenergética trabalha no sentido de resgatar a autorregulação do organismo e a integração dos aspectos físicos, psíquicos, emocionais e espirituais do ser humano.

A grande validade, a justificativa e a eficácia da terapia corporal infantil encontram-se no fato de o trabalho corporal ser a abordagem que mais se ajusta à maneira de a criança funcionar, interagir e se relacionar com o mundo, ou seja, com seu corpo.[2]

Considerações gerais

Alguns importantes aspectos devem ser considerados no trabalho corporal infantil: o primeiro deles refere-se ao fato de o desenvolvimento psíquico estar em andamento e o caráter ainda estar em formação. Isso implica em um importante cuidado, isto é, procurar promover condições efetivas para que o desenvolvimento da autorregulação e da integração ocorra de maneira consistente e bem estruturada, pois, caso contrário, corre-se o risco de sintomas inicialmente apresentados se transformarem em sintomas diferentes, mas expressivos de uma mesma questão emocional. O organismo infantil ainda tem grande plasticidade e possibilidade de adaptação. Além disso, não houve uma sedimentação da estrutura de caráter em razão do tempo e da repetição de experiências de vida.

Outro aspecto fundamental a ser lembrado é que o processo terapêutico deve sempre estar embasado nos recursos de cada criança. Deve ser adequado à faixa etária, ao desenvolvimento psicossocial, motor e cognitivo e à linguagem verbal e não verbal. Essa parece ser uma consideração um tanto básica, porém frequentemente tentamos, enquanto adultos, entender as crianças a partir de um referencial e de uma lógica adultos. O grande desafio da terapia infantil é entender a criança sob uma lógica distinta da lógica adulta. Essa condição é essencial para a construção do vínculo terapêutico, indispensável para a evolução do processo.

No trabalho com crianças, é fundamental desenvolver a postura do não saber, isto é, da curiosidade. Precisamos ouvir e enxergar as crianças e questioná-las sobre o que suas expressões realmente significam. Exemplo disso é que de nada adianta falarmos para uma criança que tem muito medo de monstros que monstros não existem. Precisamos, sim, entender o significado desses medos para elas, e o que elas acreditam que precisam desenvolver para superá-los. As alternativas adultas, muitas vezes, não se mostram eficientes para superar algumas das tensões infantis. E algumas soluções infantis jamais serviriam para um adulto.

Maturana[3] oferece uma importante contribuição ao tema com sua reflexão sobre a relação da criança com seus pares. Segundo ele, "a criança aprende a aceitar-se e respeitar a si mesma ao ser aceita e respeitada em seu ser, porque assim aprenderá a respeitar e aceitar os outros". Assim, a relação terapêutica é, acima de tudo, uma relação de respeito, e não de imposição de uma lógica própria em nome do saber e da ajuda ao outro. É preciso acreditar que diferenças são riquezas que ampliam as possibilidades de relações e de aprendizado de novas maneiras de se posicionar no mundo.

É importante lembrar que a terapia com crianças não se limita ao atendimento clínico, sendo muito mais ampla. Ela engloba o desenvolvimento de parcerias entre o terapeuta e a família, entre o terapeuta e a escola e com outras relações significativas que a criança porventura venha a ter. Entende-se por parceria um pensar e atuar conjunto, colaborativo e alinhado em prol de uma vida mais saudável para as crianças. Isso exige grande disponibilidade do terapeuta, uma vez que, em muitos casos, o estabelecimento dessas parcerias colaborativas representa um enorme desafio, pois nem sempre é claro para os pais que o bom andamento do processo demanda esse olhar e esse empenho conjuntos.

Princípios básicos sobre a criança

O Referencial Curricular Nacional para a Educação Infantil afirma que a "concepção de criança é uma noção historicamente construída e consequentemente vem mudando ao longo dos tempos, não se apresentando de forma homogênea nem mesmo no interior de uma mesma sociedade e época". Atualmente, acredita-se que

> as crianças possuem uma natureza singular, que as caracteriza como seres que sentem e pensam o mundo de um jeito muito próprio [...] Compreender, conhecer e reconhecer o jeito particular das crianças serem e estarem no mundo é o grande desafio da educação infantil e seus profissionais [...] Embora tenham algumas características comuns de ser das crianças, elas permanecem únicas em suas individualidades e diferenças.[4]

Diante da multiplicidade de concepções de criança, consideraremos crianças, neste capítulo, todos os seres humanos entre 18 meses e 12 anos de idade. A infância compreende o período de 0 a 12 anos, sendo que todos aqueles entre 0 e 18 meses serão chamados de bebês.

Sob uma perspectiva construtivista e construcionista social, acredita-se que a criança percebe e constrói sua visão de mundo, reflete, tem opinião e participa da vida familiar, escolar e social. Mas precisa ser cuidada e ouvida, fundamentalmente aceita e respeitada como um indivíduo que acaba de iniciar sua formação por meio de suas relações e experiências de vida.

Nem todas as famílias funcionam conforme esse enfoque e essa concepção. Metaforicamente, diz-se que as posturas familiares se espalham por um eixo contínuo entre dois polos, onde, em um extremo, encontram-se aqueles pais que não pressupõem que as crianças construam sua visão de mundo antes de certa idade. Decidem, pensam e falam por elas. No outro extremo, estão aqueles pais que delegam à criança responsabilidades e decisões além de suas possibilidades, acreditando que crianças vêm prontas e não precisam passar por processos de aprendizagem. Entre esses dois polos, encontram-se muitos pontos, e há pais que podem oscilar conforme a situação.[5] Transitam da "ilusão do filho incapaz à ilusão do filho pronto". Portanto, refletir conjuntamente com a família sobre suas crenças e concepções de criança deve fazer parte do processo terapêutico.

Fases do tratamento

Em geral, as crianças chegam à terapia corporal por três derivações. A mais comum delas é a indicação da escola ou de algum outro profissional que a acompanha. Não menos frequente é a procura de algum dos pais em decorrência de dificuldades que a criança está vivendo. A menos comum das buscas por terapia infantil é por solicitação da própria criança. Nesse último caso, é bastante comum que ela esteja em grande sofrimento.

Conforme o caso e a idade da criança, faz-se um conjunto de entrevistas com os pais ou com os pais junto com a criança. É importante respeitar o desejo dos pais e da criança nesse primeiro momento: se eles preferirem uma entrevista sem a criança, ou se esta não tiver intenção de participar no primeiro momento, é importante que isso seja considerado. As crianças com menos de 6 anos muitas vezes demandam bastante atenção individual, o que deve ser atendido; portanto, nesses casos, o melhor pode ser fazer as entrevistas iniciais somente com os pais, a fim de colher importantes informações e aprofundar dados significativos para entender a criança. Não há um número preestabelecido de entrevistas iniciais com os pais, mas, na maioria dos casos, duas são suficientes para dar início ao processo terapêutico.

Em seguida, são propostos encontros individuais com as crianças e/ou sessões conjuntas com os pais e irmãos. A decisão sobre quem vai participar deve ser bastante refletida e bem fundamentada e, o foco, estar sempre voltado para os benefícios à criança. O objetivo desses encontros é conhecer a criança e estabelecer um vínculo colaborativo e construtivo entre ela e o terapeuta. Mais adiante, serão abordados os procedimentos e as atividades desses encontros.

Após essas sessões, uma nova reunião é agendada com os pais, para que todos pensem juntos sobre o que se tem a propor para ajudar a criança. Novamente, deve-se priorizar o desejo de cada um de participar ou não do encontro.

Uma vez que se decida por dar início à terapia, é fundamental que se faça um contrato verbal de sigilo e confidencialidade bastante cuidadoso com a criança. Os pais devem ser avisados sobre esse contrato e sobre sua importância no estabelecimento e na manutenção de um vínculo de confiança entre o terapeuta e a criança. Isso não significa que não acompanharão o processo terapêutico, mas que a criança deve saber e deve estar de acordo com o conteúdo dos diálogos com os pais. Também será informado tanto aos pais como à criança que, se o terapeuta entender que esta corre algum risco, todos serão avisados. Nas situações em que a criança não concordar que os pais sejam informados de algum assunto, isso será avaliado e ponderado pelo profissional de maneira responsável e transparente, até que ele e a criança cheguem a um consenso. Nos casos de crianças muito pequenas, que não tenham condições de participar dessas decisões, o bom senso e o respeito do profissional é o que deve valer.

Embora não se possa estimar o tempo de duração de um processo de terapia corporal, deve-se cuidar para que ele não seja abruptamente interrompido, isto é, o encerramento e o desligamento devem acontecer de maneira gradual, respeitando-se o ritmo individual de cada um. Esse é um aspecto particularmente importante nos processos infantis, pois a criança precisa sentir e saber que, sempre que desejar, poderá ter o apoio necessário de seu terapeuta. Em outras palavras, que o terapeuta está lá e que ela poderá contatá-lo sempre que quiser.

Processo terapêutico

A busca da terapia

Após longos anos de atendimento clínico a crianças, foi possível realizar um levantamento dos principais motivos que os levaram à terapia corporal, conforme cada faixa etária. A busca de terapia corporal para bebês não é nada frequente, mas, quando acontece, normalmente está relacionada às alterações das funções fisiológicas básicas. A partir dos 2 anos, já começam a aparecer com mais frequência variados tipos de medos, com diversas intensidades. E algumas famílias buscam auxílio em razão de alterações de comportamento, como intolerância à frustração, manifestada em birras e atitudes bastante agressivas, ou mesmo o inverso, ou seja, crianças muito apáticas, que quase não reagem a estímulos externos, tanto prazerosos como de desprazer. Por volta dos 4 anos, além das questões anteriormente mencionadas, também se observa a busca justificada pela dificuldade de inserção social, que se mantém como um fator importante até o final da infância e mesmo da adolescência.

Em qualquer época do desenvolvimento infantil, podem surgir alterações cognitivas, mas em torno dos 6 anos de idade, pais e escola não querem mais "esperar para ver" se haverá uma evolução espontânea. O mesmo vale para a enurese noturna. A Tabela 58.1 e a Figura 58.1 apresentam resumos dos principais motivos de busca por terapia de acordo com a faixa etária.

As entrevistas iniciais

No primeiro momento, o foco do processo terapêutico é o levantamento da história da criança, colhendo informações que vão desde a gestação até o momento da procura por terapia, incluindo aspectos do desenvolvimento motor, cognitivo e da linguagem – social e emocional. Procura-se conhecer diversos aspectos familiares, como a composição familiar, a dinâmica entre os membros e o contexto de vida da família. Além disso, não se pode deixar de compreender a dinâmica relacional da criança em casa, na escola e em outros ambientes significativos.

À medida que o diálogo entre os participantes das entrevistas se desenvolve, inicia-se a construção de um vínculo de confiança entre eles.

Os dados levantados nesse primeiro momento serão associados à leitura corporal a ser realizada na etapa seguinte, assim como à dinâmica relacional estabelecida com a criança.

Leitura corporal

Contato inicial. A leitura corporal de crianças é muito similar à leitura realizada em adultos. Com as crianças, inicialmente, procura-se estabelecer um olhar atento ao primeiro contato, isto é, como é a qualidade do contato que ela estabelece com o terapeuta – se olha, se conversa, se toca –, bem como com outras pessoas e objetos. Por meio da observação da qualidade do contato inicial, obtêm-se ricas informações relacionais. Maior riqueza ainda é obtida se for realizada uma observação progressiva, ou seja, de como o contato evolui ao longo do tempo.

Funções expressivas. São as formas por meio das quais cada um de nós expressa seus pensamentos, sentimentos e emoções para o mundo. É pela comunicação e pela interação com pares que a criança desenvolve seu senso de realidade (*grounding*) e pertencimento. Algumas dessas funções já estão instaladas desde muito cedo, como o choro, a expressão de sons, a movimentação corporal, a expressão facial e o sorriso. A observação da frequência, do vigor e da espontaneidade com que ocorrem tem uma importante finalidade diagnóstica. As crianças muito expostas a repetidas situações dolorosas tendem a reduzir suas expressões emocionais, protegendo-se do contato com os sentimentos causadores de dor e sofrimento. A inibição das funções expressivas reduz a mais poderosa forma de descarga energética infantil.[2]

Respiração. É de fundamental importância a leitura do ritmo, da intensidade e da profundidade respiratórias. Como afirma Lowen[6], as ondas respiratórias percorrem todo o nosso corpo. Nas crianças, elas podem ser facilmente observadas. Para ele, "respirar profundamente é sentir profundamente". Portanto, se a respiração não se apresenta livre, ritmada e profunda, estamos diante de um bloqueio energético que indica uma impossibilidade de contato e de livre expressão de algum ou de alguns sentimentos.

Leitura energética. A maneira mais eficiente de realizar uma leitura energética é a observação atenta da coloração, da temperatura, do tônus e da postura corporal. Quanto à coloração e à temperatura, uma região com baixa carga energética apresenta-se pálida e fria, enquanto uma região hipercarregada mostra-se avermelhada e quente. A coloração rosada acompanhada de uma temperatura morna indica um equilíbrio energético, enquanto uma energia estagnada em algum ponto apresenta uma coloração escura, geralmente em algum tom de marrom. No que se refere ao tônus muscular e à postura, uma região hipotônica e caída denota uma baixa carga energética, ao contrário de uma contração muscular excessiva acompanhada de elevação postural (uma região que facilmente ilustra isso é a região dos ombros).[2]

Tabela 58.1 Principais motivos de busca por terapia de acordo com faixa etária.

Faixa etária	Motivo de busca
0 a 2 anos	Alteração das funções básicas: • Sono • Alimentação • Respiração • Função gastrintestinal
2 a 4 anos	Alteração comportamental: • Agressividade excessiva • Apatia • Ansiedade • Baixa tolerância à frustração (birra e irritabilidade) • Medos • Fantasias • Pesadelos
4 a 6 anos	Alteração social: • Timidez • Agressividade • Relação individual vs. grupal
6 a 8 anos	Alteração cognitiva: • Enurese noturna
8 a 12 anos	Dificuldade de transição: • Medo de crescer • Regressões • Dificuldades de inserção social

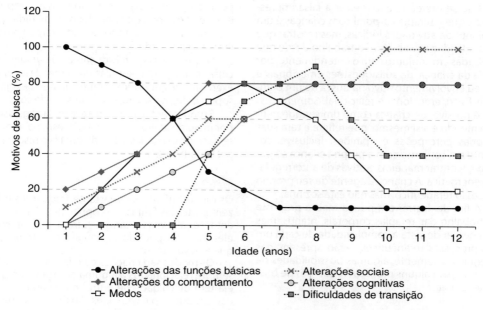

Figura 58.1 Relação entre faixa etária e motivo de busca da terapia.

Graça e espontaneidade. Finalmente, devemos dar especial atenção à graça e à espontaneidade de uma criança, pois são indicadores do quanto ela está emocionalmente saudável. Uma criança que brinca de modo livre e espontâneo e apresenta naturalidade está em contato com a vida, com a realidade e com seus sentimentos, sendo admiravelmente graciosa. No entanto, é bastante fácil perceber quando uma criança já perdeu parte de sua espontaneidade e de sua suavidade, pela formação de determinados bloqueios e tensões corporais. Se, por um lado, os bloqueios e as tensões protegem as crianças de seus medos e de suas angústias, por outro lhe roubam sua graça e sua espontaneidade.

Proposta de trabalho

A partir de uma correlação entre a análise da história de cada criança e a leitura corporal realizada, é possível formular uma proposta de trabalho para cada uma, visando à autorregulação energética do organismo físico e psíquico como uma unidade. Para tal, é preciso trabalhar no reconhecimento das tensões, no desbloqueio delas por meio da expressão de sentimentos ali reprimidos, na elaboração de angústias e no entendimento dos medos, ou melhor, do que cada medo representa.

Lowen[7] ensina que o processo terapêutico da análise bioenergética está embasado em um tripé que compreende autopercepção, autoexpressão e autopossessão de sentimentos e emoções. No trabalho corporal infantil, procura-se, com atividades lúdicas e diálogo apropriado, ajudar as crianças a perceberem seu corpo, suas tensões e suas emoções. Promovem-se atividades que facilitem a autoexpressão e, assim, ajuda-se a criança a desenvolver maior autopossessão.

As atividades lúdicas referidas podem ser as mais diversas, algumas desenvolvidas pelos terapeutas e outras criadas pelas próprias crianças. É importante que se tenha em mente o que se quer trabalhar, e que não se perca o foco no decorrer da atividade. Por exemplo, se a proposta é trabalhar com aumento de carga energética por meio de exercícios respiratórios, pode-se brincar de encher bexigas, soprar bolhas de sabão, soprar bolinhas de isopor em uma corrida ou para um gol, e assim por diante. Se o objetivo é promover maior fluxo descendente de energia por meio do *grounding*, a brincadeira de goleiro, pular em pés alternados, a cama elástica, o salto em distância, entre outras, são bastante eficientes. Se a ideia é trabalhar foco, a atividade de atirar dardos em um alvo é bastante útil.

O Quadro 58.1 apresenta um breve resumo de atividades bastante utilizadas na terapia corporal infantil, embora os recursos lúdicos sejam bem mais amplos.

Não se pretende aqui deixar a falsa impressão de que a terapia corporal com crianças é um conjunto de atividades lúdicas, mas mostrar que essas atividades viabilizam o trabalho desde que realizadas em conjunto com o entendimento, por parte da criança, de suas questões emocionais e de seu envolvimento ativo na busca de um bem-estar físico, emocional e relacional. Somente assim é possível de criança como um ser que pensa o mundo e a si mesmo, que reflete e tem suas próprias percepções e opiniões. Inclusive, somente em conjunto com a própria criança se podem encontrar maneiras efetivas de autorregulação energética. A criança é agente de seu próprio processo terapêutico, mas não está sozinha.

A fim de ilustrar um pouco mais a proposta de trabalho das terapias corporais infantis, mas sem perder de vista a complexidade de cada um dos processos terapêuticos, serão apresentadas a seguir, brevemente, algumas possibilidades de trabalho para alguns motivos frequentes de busca de terapia.

Depressão

A depressão é bastante frequente em todas as etapas de vida, podendo estar presente desde os primeiros meses de vida. Lowen[8] vê a depressão como uma diminuição do impulso de ação.

Em geral, crianças com depressão têm carga energética bastante baixa e pouca disposição para ação e movimento, cansando-se muito rapidamente. É muito comum apresentarem uma postura corporal característica – cabeça baixa, ombros caídos, tensão na região da pélvis e pernas pouco ágeis. Muitos apresentam baixa autoestima e relacionam-se preferencialmente com apenas um ou dois amigos.

O objetivo principal do trabalho é aumentar a carga energética pelo desbloqueio das tensões que comprometem o fluxo energético necessário para a realização das ações de busca, luta pelos próprios desejos, contato com as próprias emoções e livre expressão delas. À medida que a criança se sente mais fortalecida, também melhora sua autoestima.

Os principais exercícios são os de *grounding*, como bater pernas e pular na cama elástica; os exercícios respiratórios, como encher bexiga e soprar bolha de sabão; e a expressão de sons.

É fundamental trabalhar a expressão agressiva por meio de atividades com bola, espada, raquete, saco de pancadas, cabo de guerra e rasgar papel (Quadro 58.1).

Medos

Os medos infantis são bastante frequentes e fazem parte das fantasias próprias da infância. No entanto, algumas crianças sofrem demais com eles, por um período prolongado de tempo, o que as leva à terapia.

Os medos são criações da criança, mas estão sempre relacionados a alguma emoção com que ela tem dificuldade de entrar em contato ou lidar. Em outras palavras, eles são representativos. Costumam se instalar depois de algum filme, alguma cena, alguma história de medo ou mesmo em situações de elevada intensidade emocional. Em geral, ficam mais acentuados entre os 4 e os 8 anos de idade.

Em um primeiro momento, o medo deve ser abordado como real, pois é assim que a criança o considera. Devem-se trabalhar simultaneamente alguns aspectos: o fortalecimento da criança, para que se sinta mais "poderosa" que o personagem temido, a destruição da figura temida e a construção de dados de realidade. Isso pode ser feito através de desenhos, exercícios de *grounding*, expressão agressiva e perguntas reflexivas, como: o que combate o seu medo? Do que o personagem temido tem medo? Onde você já viu algo assim? Era real? O que acontece com ele no final?

O trabalho só será efetivo quando for analisado o que o medo representa na dinâmica

Quadro 58.1 Exemplos de atividades da terapia corporal infantil.

Grounding	Respiração	Limites	Descarga agressiva	Foco	Outros
Goleiro Pular sobre almofadas Pular corda Cama elástica Contato pé com pé Andar de diferentes maneiras	Encher bexiga Bolha de sabão Corrida de sopro Língua de sogra *Stool* (banco bioenergético) *Bioball*	Amarrar-se com corda e soltar-se Sair de baixo do colchão Empurrar ou puxar Construir bases Desenhar o contorno do corpo Rolar no chão	Espada Vai e vem Raquete Bater pernas Socar Rasgar revista	Tiro ao alvo Zarabatana Equilíbrio de bolinha com bambu Arco e flecha Gol Basquete	Rodar até cair Cabo de guerra Cambalhota Caretas Dramatização Argila

emocional da criança e quando ela puder reconhecer a função que o medo tem em sua dinâmica emocional.

Agressividade

O comportamento agressivo é pertinente em todas as idades, dependendo da intensidade e do contexto em que ocorre. Assim, não se pode analisar a agressividade de maneira descontextualizada. Outro fator importante é com que frequência ela ocorre no dia a dia de uma criança, e se esse é o padrão predominante de relação que ela estabelece com seus pares.

A agressividade infantil pode ser verbal, física ou uma combinação das duas. Pode ser explícita ou velada. Há casos em que a criança agressiva é muito agitada, mas há também aqueles em que a agressividade ocorre de modo explosivo. Em ambos há muito pouca capacidade de contenção. E, normalmente, as crianças muito agressivas acabam tendo problemas sociais.

Fundamentalmente, o trabalho terapêutico deve promover a descarga agressiva conjuntamente com a regulação da contenção.

É essencial que se verifique se a agressividade está encobrindo alguma emoção como tristeza, medo, ansiedade ou solidão. Outro aspecto importante é analisar a tolerância à frustração dessas crianças. Procura-se promover ao máximo a utilização da comunicação verbal como forma de expressão associada à expressão corporal, ou em substituição aos rompantes agressivos, bem como trabalhar o fluxo descendente de energia.

Uma ressalva é necessária: quando se inicia um trabalho de descarga agressiva, é preciso permanecer atento para até que ponto a expressão da agressividade tem uma função de liberação de tensão e emoção reprimidas. Pois, em determinado momento, a criança pode entrar em processo destrutivo, com baixa possibilidade de reconstrução. Então, depois de trabalhar a descarga e, até certo ponto, alguma ação bem cuidada de destruição, é preciso trabalhar muito bem a reconstrução de objetos, ações e relações sob novas bases.

Medo de crescer

Pode estar presente em toda a infância, mas é mais frequente a partir dos 6 anos de idade. Em geral, está relacionado à dificuldade de separação e de autonomia do filho em relação à mãe ou ao pai, e/ou o inverso, dos pais em relação ao filho.

Algumas crianças com medo de crescer também têm dificuldades para lidar com situações novas ou desafiadoras. São pouco arrojadas. Nem sempre enfrentam a situação, optando pela birra como modo de obter o que querem, ou pelo recolhimento, para se sentirem protegidos.

O medo de crescer pode ter uma relação com a questão edipiana e com o suporte de alta carga energética. Às vezes, esse medo, quando não trabalhado, se mantém até a idade adulta.

A proposta de trabalho inclui exercícios de *grounding* e movimentação de pernas, trabalho com limites e foco, atividades desafiadoras que ajudam a promover a autoconfiança, aumento e sustentação de carga energética por meio da respiração e da expressão agressiva. Deve-se trabalhar com o conflito crescer *versus* não crescer, expressando verbalmente ou com dramatizações as vantagens, as desvantagens e os medos de cada situação. É importante despedir-se de objetos e comportamentos relevantes do passado.

Considerações finais

Embora o trabalho corporal infantil tenha sido aqui descrito de maneira breve e sequencial, ele não deve ser encarado como uma proposta fácil e simplista, mas extremamente desafiadora e muitas vezes bastante complexa. Tão desafiadora quanto gratificante, pois ajudar uma criança a retomar sua autorregulação energética enquanto ainda está em desenvolvimento representa uma perspectiva de vida bem melhor para ela. Primeiro porque não sedimentará uma tensão de maneira crônica ao longo da vida, reprimindo a expressão de emoções e sentimentos tão importantes para o bem-estar e a integração pessoal. Em segundo lugar, porque possibilitará o aprendizado da utilização de seus próprios recursos para lidar com possíveis medos, ansiedades, disfunções e dificuldades relacionais em situações futuras.

Trabalhar a partir dos recursos e das qualidades da criança é ao mesmo tempo valorizar sua autonomia e ampliar sua autoestima, aspectos indiscutivelmente importantes para um desenvolvimento psicossocial saudável.

Dada a importância que a infância representa para a vida de todo indivíduo, e considerando que é por meio do corpo e de sua linguagem que a criança sente e se relaciona com o mundo ao seu redor, maior atenção deveria ser investida em pesquisas e publicações sobre o tema. Infelizmente, muito se descreve sobre o comportamento da criança, mas pouco se discute sobre o trabalho corporal em si. É como se a criança se comportasse de outra maneira que não com seu corpo. Ou talvez como se, para ajudá-la, fosse importante observar seu corpo, mas não fosse preciso trabalhar no nível da vitalidade energética desse corpo.

Enfim, trabalhar em nível corporal durante os primeiros anos de vida é utilizar um dos mais importantes recursos de funcionamento no mundo que a criança tem, o corpo, e mantê-lo disponível para a própria criança ao longo de sua vida.

Referências bibliográficas

1. Reich W. Crianças do futuro. Curitiba: Centro Reichiano de Psicoterapia Corporal; 1983.
2. Meirelles CTA. Leitura corporal nos primeiros anos de vida. Revista Reichiana. 1999;8:74-85.
3. Maturana H. Emociones y lenguaje en educación y política. 5. ed. Santiago: Hachette/CED; 1992.
4. Brasil. Ministério da Educação. Referencial Curricular Nacional para Educação Infantil. 1. ed. v. I, II e III. Brasília: Ministério da Educação e do Desporto; 1998.
5. Meirelles CTA, Grimaldi S. A construção do processo reflexivo na terapia de famílias com crianças [trabalho de conclusão de curso]. São Paulo: Instituto Familiae; 2001.
6. Lowen A. A espiritualidade do corpo: bioenergética para a beleza e a harmonia. 10. ed. São Paulo: Cultrix; 1990.
7. Lowen A. Joy: the surrender to the body and to life. New York: Penguin Arkana; 1995.
8. Lowen A. O corpo em depressão. São Paulo: Summus; 1983.

Parte 6

Terapia Familiar Sistêmica

Coordenadora: Roberta Payá

Terapia familiar sistêmica

A terapia familiar sistêmica nasceu nos EUA, em Palo Alto, Califórnia, na década de 1950, orientando-se principalmente pela teoria dos sistemas, e chegou ao Brasil na década de 1970. Teve como referenciais conceitos de outras ciências, como a biologia, a física e a química, entre outras áreas do saber, e também de outras teorias, como a cibernética, a teoria da comunicação e a teoria sistêmica – daí o nome terapia familiar sistêmica ou, como alguns a nomeiam, terapia sistêmica ou terapia familiar.

Durante as décadas de 1960 e 1970, quando várias escolas já tinham se consolidado e uma nova revolução sexual acontecia na sociedade, as situações de recasamento e de casais homossexuais tornaram-se visíveis a partir dos debates do movimento feminista. Uma nova interpretação sobre a ligação entre os membros da família e o sistema social mais amplo foi oferecida pela terapia familiar feminista, que, questionando a família nuclear centrada no casal heterossexual e na criação de filhos, aponta outras organizações: famílias monoparentais, famílias compostas de homossexuais e seus filhos etc.[1,2]

A teoria dos sistemas e a terapia familiar diferem em muitos pontos das outras teorias e terapias.[3] Mais que levantar hipóteses sobre como o comportamento humano é influenciado pela cognição, por caminhos internos ou influências ambientais, o foco da terapia familiar sistêmica é voltado para o modo pelo qual o funcionamento da família se dá em termos das relações que se estabelecem, de maneira que estas possam influenciar os membros a desenvolver padrões específicos de comportamento. Esses padrões são mantidos porque adquirem caráter de função para o sistema familiar, mesmo que sejam prejudiciais aos membros.

Muitas vertentes da teoria dos sistemas elaboradas ao longo das últimas décadas são pautadas pela diferenciação de hipóteses sobre o desenvolvimento do problema nos indivíduos e nas famílias. Pakman[4] define as terapias sistêmicas como um conjunto de práticas não uniformes que, embora em contínua evolução, adquiriram regularidade suficiente para serem recortadas como um território, assim como um conjunto de noções (fundamentalmente cibernéticas) que realimentam e que são realimentadas por essas práticas. Apesar da diversidade encontrada nas hipóteses e nos estilos terapêuticos, tais vertentes compartilham vários conceitos-chave, entre os quais o entendimento da família como uma unidade de análise, como um sistema aberto que passou a oferecer importante contribuição na história do processo terapêutico.

História da teoria dos sistemas

O pensamento sistêmico teve grande impulso a partir do biólogo Ludwig von Bertalanffy, que considerou o organismo um sistema físico e publicou seu primeiro trabalho sobre o tema em 1940. Em 1968, publicou o livro *Teoria geral dos sistemas*, considerado sua principal obra, no qual anuncia uma nova visão de mundo. Bertalanffy[5] considerou que a distinção dos organismos vivos está associada com o seu grau de organização e procurou separar os sistemas em abertos e fechados. Em 1940, ele definiu sistema aberto como aquele que importa e exporta matéria, energia e informação. Considerou também que os organismos não se comportam como sistemas fechados, onde os componentes imutáveis alcançam um estado de equilíbrio, mas como capazes de alcançar um estado que depende de trocas contínuas com o ambiente.

Paralelamente, se desenvolvia uma nova ciência, a cibernética.[6] Ela se ocupava, originalmente, dos processos de comunicação e controle tanto nos sistemas naturais quanto nos artificiais. O surgimento da teoria sistêmica, desenvolvida por Bertalanffy, e da cibernética, proposta por Wiener como uma nova ciência, configurou uma nova lógica em termos de possibilidade de aplicação dessas teorias para o trabalho psicoterapêutico, que atendia às demandas daquele momento histórico. A cibernética possibilitou que os profissionais fossem além das abordagens tradicionais da psicologia, que tinha o foco no indivíduo e nos processos intrapsíquicos.

Importantes contribuições para a história da terapia familiar e para o entendimento dado ao funcionamento do sistema familiar na relação com o sistema terapêutico surgiram a partir desse momento. Há dois tipos possíveis de *feedback* cibernético: o *feedback* negativo familiar (morfoestase), responsável pela manutenção da estabilidade familiar em termos de seus padrões de interação e funcionamento, e o *feedback* positivo (morfogênese), que responde pelos processos de mudança que se instauram. Mais tarde, dois terapeutas familiares, Lynn Hoffman (1971) e Albert Speer[8] (1970), assumiram a posição de que era preciso algo além do *feedback* negativo e da homeostase para descrever sistemas em mudança, como famílias e sistemas sociais. Assim, a partir dos novos trabalhos desenvolvidos sobre o conceito de mudança e terapia breve focada no problema, mais uma vez, o grupo de Palo Alto desenvolveu a premissa de que era o *feedback* positivo (ampliador do desvio), e não o *feedback* negativo (homeostase), a base da formulação e da manutenção do problema.

Desse modo, a patologia que incluía algum tipo de defeito na "estrutura familiar" passou a não ser mais considerada uma condição para que comportamentos problemáticos pudessem se desenvolver, e os sintomas deixaram de ser vistos como tendo alguma função no sistema familiar. Novamente, era necessário repensar o objetivo da psicoterapia e o papel do psicoterapeuta, bem como a gênese dos problemas do comportamento humano.

Acompanhando o reconhecimento de que os sistemas cibernéticos podiam ser informados por *feedback* tanto positivo quanto negativo, surgiu outra distinção que refletia desafios semelhantes nas ciências – Bohm, Einstein e Prigogine – e na filosofia – Derrida, Gadamer, Heidegger, Husserl, Merleau-Ponty, Rorty, Wittgenstein –, o que constituiu um desafio ao empirismo lógico, fundamentado em dados objetivos, existentes e reais, e um desafio à ideia do dualismo sujeito-objeto.

O desenvolvimento das ideias contidas nas teorias quânticas e da relatividade de Einstein, por exemplo, defende o posicionamento de que a observação sempre molda o que é observado. Aquele que observa influencia e interpreta sempre aquilo que é passível da sua própria observação. Então, ao estudar determinado fenômeno, o cientista influencia sempre a visão daquilo que é o foco de sua investigação. Não existe, assim, cisão entre sujeito e objeto. Quaisquer distinções possíveis não estão lá fora, no objeto: é o próprio observador que impinge tais atributos àquilo que observa. Desse modo, não se considera mais o observador como fora do sistema observado. O que se acreditava serem sistemas independentes do observador passou a ser entendido como dependente dele, ou o que o cibernético Heinz von Foerster[9] chamou de *sistema observante*. Observante define o observador como um processo reflexivo em que, a todo instante, se põe em questão a ideia de realidade objetiva.

No campo da terapia familiar, o desenvolvimento dessas ideias passou a ser conhecido como *Cibernética de Segunda Ordem* ou cibernética da cibernética.

A cibernética de segunda ordem, assim como os desafios filosóficos e científicos, concentrava-se no observador, na forma circular de relacionamento observador-observado e na premissa de que o que é observado pelo grupo familiar ou entre o terapeuta e o cliente é resultado da coconstrução ou da criação do que é observado.

Ao longo do processo de descoberta, de evolução e de construção da teoria dos sistemas, a terapia familiar passou a fortalecer o trabalho terapêutico a partir dos *processos de interação*, evoluindo da visão linear para a da *causalidade circular*. Essa aplicação à prática da psicoterapia deve seus méritos principalmente a Gregory Bateson, antropólogo britânico, e a Donald Jackson,

Jay Haley e John Weakland, do Instituto de Pesquisa Mental de Palo Alto, Califórnia.[3] Eles partiram do campo de pesquisa sobre a comunicação esquizofrênica sem colocar o foco nos comportamentos passados, considerando os episódios ocorridos na história pessoal de seus clientes, as características pessoais de cada um e os processos psíquicos nos comportamentos interpessoais atuais das pessoas no contexto em que elas estavam vivendo (a família). Foi a partir daí que concluíram que *todo comportamento tem valor de comunicação* e que as famílias funcionavam por *homeostase*, se organizavam e se governavam por meio de *regras* e funcionavam como sistemas fechados que faziam as informações retornarem para si. Assim, criaram um contexto de coerência para a aplicação das formulações das teorias sistêmicas e cibernéticas para a prática clínica.

Ao longo do tempo, o estudo das famílias incorporou temas e conceitos com forte ênfase social, como o feminismo e as redes sociais. A leitura sistêmica da família ressalta mais o conjunto e menos as partes. Alguns temas sociais, como a atenção às relações de gênero, vieram valorizar essas partes e os indivíduos com posições sociais diferentes dentro do todo. O papel da mulher, o patriarcado, os condicionamentos sociais da maternidade e da paternidade passaram a receber estudos particularizados. Com esse avanço, foram trazidos para a leitura das relações familiares temas como a submissão da mulher, a vitimização de mulheres e crianças e a responsabilidade social e ética decorrente dessas observações, bem como a questão do poder diferenciado entre homens e mulheres e entre adultos e crianças e/ou adolescentes em uma sociedade machista.[10,11]

Os estudos acerca da linguagem tiveram influência sobre a intervenção com famílias, configurada no surgimento da abordagem narrativista.[12] Essa abordagem reflete as construções teóricas ditas pós-modernas e se preocupa com o processo da construção da história e da "verdade" familiar e com o modo como esses significados são construídos. Para a configuração da abordagem narrativa, conceitos advindos da biologia, na interface com os processos comunicacionais, e a inseparabilidade entre o observador e o observado foram incorporados, passando-se a atenção aos processos cognitivos presentes nas interações familiares.[13,14] Duas correntes teóricas forneceram subsídios para essa abordagem: o construtivismo e o construcionismo social.

O construtivismo propôs a redescoberta do processo libertador do diálogo.[15] A abordagem narrativista visa a que a família explore novos significados e sentidos para os fatos em andamento, constituindo-se como um avanço muito grande e crítico em relação à observação privilegiada do comportamento, característica das abordagens anteriores. A partir do narrativismo, toma-se a direção da percepção e da interpretação dos fatos e do sofrimento inerente pela ótica de todos da família. A percepção é recíproca e a linguagem cria soluções.[16]

Parte do desenvolvimento e da história da teoria sistêmica foi descrito magnificamente por Costa[10] em seu artigo "A perspectiva sistêmica para a clínica da família". Além disso, a autora propõe um diálogo didático pelas décadas que compõem esse trajeto teórico: 1970 e 1980 – aparecimento de escolas de terapia familiar, com ênfase na Escola Estratégica e na Escola de Milão; década de 1990 – novos enfoques interpretativos e discursivos; década de 2000 – terapia familiar voltada para a família na relação com sistemas mais amplos. Sem dúvida, pode-se afirmar que permanece, em todos esses períodos, a primazia do pensamento circular para a compreensão e a intervenção do jogo relacional.

Aplicabilidade da teoria sistêmica

A terapia familiar sistêmica trouxe uma importante contribuição teórica para o tratamento das famílias, atuando no contexto mais imediato do sujeito e podendo ser definida como uma "técnica de intervenção terapêutica que tem como foco principal a alteração das relações que se passam no sistema familiar, com o objetivo de alívio dos sintomas disfuncionais".[17]

A teoria geral dos sistemas é a denominação dada a uma nova estrutura conceitual ou um quadro de referência do processo de pensamento, fundada em uma concepção essencialmente processual e dinâmica da realidade, no nível dos fenômenos da natureza, da sociedade, das experiências humanas ou do próprio processo de construção do conhecimento.

Enquanto o pensamento tradicional focaliza a análise das partes, o pensamento sistêmico empenha-se em obter sínteses dialógicas a partir da totalidade das interações entre as partes para a existência de um "todo", considerando inclusive os aspectos de contradições, conflitos e paradoxos que comportam os fenômenos. Trata de questões que envolvem vários fatores ou variáveis, que originam as características e as propriedades de entidades globais a partir de padrões organizados de interações. Assim, na perspectiva da abordagem sistêmica, diz-se sempre que "o todo é maior que a soma das partes".

Partindo da conceituação de Vasconcellos[18] a respeito de uma visão de mundo sistêmica, na qual os pressupostos da complexidade, da instabilidade e da intersubjetividade constituem o novo paradigma da ciência, considera-se que cada experiência é única, contextualizada em seu meio social e cultural, em tempo e espaço determinados, e circularmente influenciada por todas as pessoas envolvidas; consequentemente, essas experiências não são passíveis de generalizações.

Para a teoria sistêmica, a identidade é uma construção prioritariamente familiar, em que a família é compreendida como a "matriz de identidade", envolvendo os processos de separação e pertencimento ao longo do ciclo de vida familiar e da história transgeracional.[19-24] Para a abordagem sistêmica, o sintoma de um dos membros da família é compreendido como um fenômeno relacional, que tem uma função no e para o sistema, funcionando como seu regulador, tentando superar a crise sem que nenhuma mudança real ocorra.[21,25-27] Mas o sintoma, ao mesmo tempo que regula o sistema, também evidencia suas dificuldades de enfrentar crises específicas. Para os terapeutas familiares pós-modernos, o significado de um sintoma estava relacionado à estrutura do sistema familiar que serviu para manter a homeostase do sistema atual: seu *status*, sua estrutura e sua organização; sua estabilidade, sua continuidade e a definição de relacionamento. Essa metáfora cibernética da homeostase – incluindo as ideias centrais de equilíbrio, *feedback* negativo, resistência à mudança, mudança contínua, funcionalidade do sintoma e defeito estrutural – se tornou básica ao entendimento tanto saudável como da organização da família patológica.[28]

A família como sistema

Na visão sistêmica, famílias representam sistemas abertos em interação com o meio em que estão inseridas. Baseiam-se em questões econômicas e de propriedade, permeadas por afetos e sentimentos. Assumem, portanto, as funções de proteção de seus membros, bem como a de transmissão à sua prole de padrões culturais da sociedade da qual fazem parte. A constituição da família quando começou a ser estuda em meados da década de 1960 e era compreendida como um modelo de família nuclear, tendo o casal como o centro (com maior centralidade que na sociedade tradicional), que tinha a função de constituir um núcleo em torno dos filhos. Esse modelo, característico da modernidade, tem sido questionado em sua forma nuclear, preservando-se algumas características, como a intimidade e a privacidade. Nesse sentido, para a terapia familiar, foi necessário, ao longo de sua história, posicionar-se de modos diferentes em relação à configuração familiar, constituindo o contexto da intervenção terapêutica em estreita relação com as transformações histórico-sociais.

Independentemente da diversidade de configurações familiares existentes e além das múltiplas vertentes teóricas que asseguram a complexidade do funcionamento do sistema familiar, apresentam-se a seguir alguns conceitos fundamentais elaborados em diferentes contextos teóricos que figuram no rico cenário interventivo sistêmico.

Impossibilidade de soma ou não somatividade. A família como unidade é mais que a soma de suas partes e não pode deixar de ser assim considerada. É inadequado tentar descrever a família usando a adição das características de cada membro. É importante observar os padrões de relacionamento que formam a estrutura e o todo da organização familiar. A análise de uma família não é igual à soma das análises dos seus membros individualmente. Existem características do sistema, padrões de interação, que transcendem as finalidades de cada um dos seus membros (individuais).

Globalidade ou causalidade circular. Todas as pessoas da família se relacionam de alguma maneira e interagem de modo interdependente com os outros membros da família, afetando-se mutuamente. Os relacionamentos têm um impacto multidimensional. Uma modificação em um membro da família (ou do casal) repercute nas demais pessoas (subsistemas), modificando o sistema como um todo.

Homeostase. Todas as famílias em relação devem se caracterizar por determinada homeostase (via *feedback* negativo), a fim de suportar as tensões, as trocas e as novas e diferentes variáveis impostas pelo meio e por seus membros individuais. Diz-se que as famílias são particularmente sensíveis e resistentes a mudanças, afastando do sistema qualquer possibilidade de transformação. Isso implica dizer que algumas forças dentro do sistema buscam manter o *status quo* e são, portanto, resistentes a qualquer tendência de mudança que ameace o equilíbrio existente. Qualquer diferença extrema no modo de funcionar preferido pela família é abafada e são tomadas medidas repressivas para preservar a tradição, a situação social, a estabilidade e a coesão familiar, por mais disfuncionais que sejam.

Morfogênese. Apesar da homeostase, a necessidade e o desejo de crescimento e de mudança nos membros individuais dos sistemas humanos, combinados com as forças externas que causam a urgência ou a necessidade de mudança, equilibram o impulso homeostático e proporcionam ao sistema uma qualidade dinâmica. A flexibilidade e a adaptabilidade são características dos sistemas familiares sadios no que se refere a tendências de mudança tanto internas quanto externas. "Contraordens" ou modificações das regras resultam necessárias sempre que os membros da família estão em transição de uma fase desenvolvimental para outra, pois as tarefas e os comportamentos apropriados dessa fase devem ter como objetivo desenvolver um novo conjunto de opções e de padrões modificados.[29,30] Portanto, morfogênese opõe-se a homeostase.

Comunicação ou linguagem. Continuamente, são transmitidas mensagens comportamentais, tanto verbais como não verbais. As mensagens são sinais interpessoais e contêm: a) conteúdo de informação importante sobre acontecimentos, pensamentos ou sentimentos; e b) intenção: as metamensagens específicas que podem ser ou não congruentes com o conteúdo e que têm como objetivo definir a natureza da interação relacional. As mensagens podem ser claras ou codificadas, direitas ou enganosas, e abertas a respostas ou ordens diretas que requerem ser acatadas – não discutidas. A teoria da comunicação considera as pessoas a partir de seu nexo social, em interação com os outros seres humanos, e postula a comunicação como veículo dessa interação.

Retroalimentação ou *feedback*. Essa é a característica dos sistemas que garante seu funcionamento circular. Os mecanismos de *feedback* garantem a circulação da informação entre os componentes do sistema. Enquanto o *feedback* negativo funciona para manter a homeostase sistêmica, o positivo responde pelas mudanças sistêmicas ou pela morfogênese.

Equifinalidade. Essa premissa considera que o mesmo acontecimento ou fonte pode ter resultados diferentes e que o mesmo resultado pode ser proveniente de diferentes fontes ou origens. Considera também que diferentes condições iniciais causam os mesmos resultados, da mesma maneira que os mesmos resultados podem ser alcançados pela mesma "causa".

Então, organizada em torno desses conceitos, a terapia familiar sistêmica considera a família um sistema aberto, que mantém interdependência entre seus membros (globalidade) e com o meio no que diz respeito a trocas de informações, usando recursos de retroalimentação para manutenção de sua estabilidade (organização). Pode-se dizer que uma homeostase familiar, obtida por meio de regras, governa as interações da família. Assim, as regras familiares são as normas e as expectativas abertas ou ocultas que regem o comportamento e contribuem para determinar o estilo de vida familiar. As famílias diferem em relação ao que é e ao que não é permitido e em relação aos procedimentos positivos e negativos utilizados para se chegar a um consenso.

Outro aspecto importante a ser considerado é que sistemas de tipos diferentes têm características singulares e se organizam por meio de conexões e padrões repetitivos. Isso é muito importante quando se aplicam as ideias sistêmicas à compreensão das pessoas. Pessoas ou subgrupos de pessoas dentro do sistema familiar reforçam a importância de também se ampliar uma compreensão da presença de subsistemas, da maneira como eles se influenciam mutuamente e de que todo sistema passa por períodos de estabilidade e mudança.

A fase de vida de cada pessoa (subsistema) e o momento do ciclo de vida familiar também são fatores relevantes para a compreensão do que ocorre com as pessoas, em termos de suas crises existenciais, e com a família, quanto às crises evolutivas que atravessa. Isso evidencia que os acontecimentos da vida do sujeito em sua singularidade e da vida familiar são mutuamente influenciáveis. Tais considerações são muito importantes no que diz respeito à história de adaptações, enfrentamentos e superações por que passam cada pessoa e a família ao longo de seus percursos geracionais e intergeracionais.

Ressignificação do sintoma na ótica sistêmica

Vale ressaltar que toda formulação teórica sistêmica inicial tem grande influência sobre a interpretação da dinâmica familiar, que é a função do sintoma. O surgimento de um sintoma em um membro da família pode ter uma função estabilizadora de um movimento de mudança iminente, restabelecendo uma homeostase anterior. O sintoma teria uma função homeostática. Essa compreensão fez com que se buscasse olhar o sintoma muito além da queixa individual.

Pode-se dizer que o sintoma beneficiaria a interação familiar.

Embora seja necessário historiar a construção do entendimento do sintoma para o leitor, é importante salientar que, atualmente, tal perspectiva conceitual está bastante desgastada em virtude de o estabelecimento de uma relação causal e competitiva entre o aparecimento do sintoma e sua função reguladora poder levar a uma posição antagônica do terapeuta e da família. O terapeuta, hoje, está mais preocupado em alcançar uma relação mais colaborativa com o sistema.

A construção do entendimento do sintoma

O desenvolvimento inicial da teoria familiar sistêmica foi influenciado por duas pesquisas de relevância.[3] A primeira foi o estudo de Kurt Lewin, em 1951, no qual se percebeu que um grupo de pessoas ou pacientes funcionava como uma entidade, tendo personalidade própria e indo muito além da soma das partes, das pessoas. Isso possibilitou a visão do todo, pela coletividade que hoje é tão bem empregada no olhar sistêmico oferecido às pessoas, suas relações e suas composições.

Um segundo estudo de contribuição valiosa para o pensamento sistêmico foi sobre a etiologia da esquizofrenia, em 1950, período em que os tabus diante do tema da "loucura" eram enormes; seu tratamento e suas causas eram ainda incompreendidos e a medicação era restrita para boa parte dos membros familiares que apresentavam o sintoma. Por isso, muitos desses pacientes ora moravam com suas famílias, ora permaneciam em instituições psiquiátricas que tinham o intuito de ajudá-los a enfrentar os sintomas psicóticos por meio da internação. No entanto, entre internações e altas, foi possível notar que, no período de retorno aos lares, os problemas familiares tornavam-se maiores e os conflitos provenientes da tentativa de adaptação dos membros ampliavam os problemas de convivência familiar. Nessa interação "disfuncional", o paciente voltava a ficar perturbado, de modo que a remissão de alta se tornava necessária.

Mesmo que as famílias desejassem ver a melhora de seus membros, com frequência apresentavam um tipo de agonia ao recebê-los. Forças que ninguém entendia pareciam conduzir as famílias a engajar-se em comportamentos que asseguravam o comportamento do membro/paciente com esquizofrenia. Tal pensamento levantou a hipótese de que ter um familiar com esquizofrenia tornara-se tão importante para essas famílias que seus membros passavam a funcionar de modo a reforçar a manutenção do transtorno. Assim, o comportamento de um membro da família poderia ser substancialmente influenciado pelas necessidades do sistema familiar.

Nessa visão, não se procuram as causas dos fenômenos em uma relação direta de tipo linear, estímulo-resposta (causa e efeito), justamente pelo fato de que, se todas as coisas são vistas em inter-relação, considera-se tal atitude uma simplificação inaceitável para a compreensão da complexidade da realidade.

Por essa razão, fala-se em uma causalidade circular em que tudo está relacionado a tudo, na medida em que todas as conexões entre fenômenos têm dupla direção, sendo, ao mesmo tempo, causa e sujeito da influência de uns sobre os outros. Nesse sentido, é importante assimilar também que o contexto em que as situações ocorrem é indispensável para a sua compreensão. Como dizia Bateson[31], "nada tem sentido fora do contexto em que ocorre".

Tratando-se de sistemas sociais e humanos, portanto abertos e em constantes trocas com o meio, é necessário assinalar sua autonomia, sua flexibilidade e sua capacidade de auto--organização até a transcendência em situações de aprendizagem, criatividade, evolução ou desenvolvimento.

Assim, os sistemas mudam, se auto-organizando para se manterem funcionando, tanto de modo a manter sua estrutura o mais estável possível – inclusive incorporando e adaptando seu funcionamento aos distúrbios e às oscilações resultantes de suas trocas com o meio – quanto criando novas estruturas e maneiras de funcionar quando o desequilíbrio causado pelas trocas é muito intenso.

A direção de tais mudanças é imprevisível, e por isso é fundamental, nesse movimento, a influência do acaso, causando ocorrências inesperadas, mais ou menos aproveitadas em função das necessidades do sistema no momento em que acontecem.

Portanto, paradoxalmente, os sistemas devem funcionar com certa instabilidade para se manterem estáveis, sem se tornarem estáticos, rígidos.

Nesse sentido, ao enfocar um transtorno qualquer em um membro de um grupo, o modo mais adequado de compreendê-lo é considerá-lo na complexidade das relações indivíduo-meio, especificamente o microsistema indivíduo-família.

Como diz Vasconcellos[18], a abordagem sistêmica preserva o espaço das partes (indivíduos) e de soluções mais concretas para dificuldades inerentes às condições atuais de inserção dos indivíduos nos sistemas.

Ao trabalhar uma pessoa com problemas no sistema mais adequado a que pertence, de acordo com o pensamento sistêmico, o que estará em pauta serão os processos, dado que a forma se torna associada ao processo, a inter-relação à interação e os opostos são unificados, tornando-se polos do mesmo *continuum* pela oscilação.[32] Ao aplicar tais conceitos à saúde e à doença, pode-se dizer que esta seria uma desarmonia no nível individual e/ou social. Um desequilíbrio para o qual o sistema não conseguiu encontrar resposta nova, criativa o suficiente para modificar-se, enrijecendo-se, perdendo a espontaneidade e a capacidade de encontrar a melhor adaptação entre as partes para conseguir um equilíbrio, uma harmonia que possibilite ao sistema funcionar como vinha funcionando.[5]

Para ser saudável, um sistema deve ser flexível, capaz de encontrar o maior número de alternativas para responder ao meio.

Um organismo (subsistema) doente pode ser visto como incapaz de integrar-se: há o enfraquecimento da tendência autoafirmativa e da adaptação integrativa com os demais subsistemas (família) ou com os sistemas maiores (meio social).

A doença seria, então, a maneira de solucionar as dificuldades encontradas na vivência integrativa das partes de um sistema, seja no nível do indivíduo (organismo), seja no nível dos grupos a que ele pertence. Portanto, pode-se dizer que "o sintoma fala", comunica, expressa um sentido simbólico. Observa-se que o sintoma "reúne em si", recompõe, sintetiza o sentido comunicativo, porém esse sentido somente pode ser percebido dentro do contexto em que o paciente vive.

Quando se modificam modelos interacionais significativos da família, produzem-se mudanças significativas nos sintomas das doenças. O observador precisa, então, perceber o emaranhado de relações entre o acontecimento e a matriz em que este se verifica, entre um organismo e seu ambiente.[33] E, quando observado dentro do contexto de relações e de comunicações em que se manifesta, o sintoma psicossomático se converte em um comportamento comunicativo, já que está dentro de uma sequência de comunicações de que participa, adaptando-se às regras comunicativas da família e reforçando-as. Por isso, pode-se afirmar que, no contexto, o corpo do paciente "comunica": justamente porque a mensagem que provém do corpo por intermédio do sintoma é colocada em circulação dentro dos canais comunicativos familiares, sendo esta também influenciada sobre e pelos sintomas. Assim, caso se tenha a disponibilidade e/ou dedicação de buscar esses canais e esses nexos, descobre-se que o corpo do paciente e a família em torno dele falam a mesma língua.[34] Assim, o sintoma poderá ser "relido" com maior plenitude de significados à luz das relações que unem circularmente os diversos membros do sistema, das quais o modelo sistêmico possibilita uma leitura e propõe um modo diferente de observar.

Sobre os capítulos que compõem esta seção

Esse histórico é pertinente para a introdução desta seção, pois é na diversidade de abordagens sistêmicas que o entendimento dá ao sintoma e aos padrões relacionais promotores e mantenedores do problema que o diálogo colaborativo irá emergir, considerando a família um sistema em potencial para produzir mudanças e novos sentidos do sintoma. Assim, este módulo sistêmico se constitui por diversas narrativas e práticas clínicas.

No capítulo intitulado "A Depressão do Ponto de Vista Sistêmico | Uma Abordagem Relacional", João Laurentino dos Santos aborda e descreve alguns caminhos percorridos na construção dos significados da depressão a partir do atendimento de casos clínicos fundamentados no pensamento sistêmico.

"Fobia e Pânico | Uma Conversação Transformativa", de Adriana Savio, apresenta uma revisão do entendimento médico dado ao problema em intersecção com o processo dialógico que os terapeutas pós-modernos oferecem como possibilidade de mudança no processo terapêutico.

Contribuições das primeiras escolas de teoria dos sistemas, como a estrutural de Minuchin e outras, contemplam o funcionamento do sistema familiar mediante o diagnóstico do transtorno de personalidade descrito pelos colaboradores Valéria Meirelles, Rafael Zeni e Marcos Naime Pontes no capítulo "Transtornos de Personalidade na Abordagem Sistêmica".

No capítulo "Abuso e Dependência de Substâncias na Visão Sistêmica", conceitos norteadores para o diagnóstico familiar são apresentados como ferramentas interventivas no entendimento sistêmico da família, que, ao mesmo tempo que apresenta o desafio do comportamento dependente, se expressa por sua resiliência e suas potencialidades.

"Transtorno de Estresse Pós-Traumático | Terapia Sistêmica com o Paciente e sua Família", revisado por Claudia Bruscagin, aborda o fenômeno como algo pertencente ao contexto socioeconômico atual em que vivemos, mostrando a vulnerabilidade do sistema familiar perante os diversos episódios traumáticos existentes.

Em "Transtornos Alimentares", Rosa Maria Macedo descreve atualizações do entendimento sistêmico dado aos transtornos alimentares no sistema família.

Ana Lucia de Moraes Horta e Celina Daspett trazem para esta segunda edição evidências e apontamentos da prática clínica que atuam para "Morte e Luto no Contexto Familiar".

O tema da sexualidade foi revisado no capítulo de Ana Cristina Canosa Gonçalves. Sob a perspectiva da família, ela passa pelas fases do ciclo familiar.

"Perspectiva Sistêmica de Intervenção na Violência contra Crianças e Adolescentes" foi revisado por Maria Aparecida Penso e Liana Fortunato Costa, que constatam a importância do trabalho multifamiliar como via de acesso ao fenômeno sociocultural e familiar da violência.

O tema da terapia familiar com crianças foi revisado sob uma perspectiva colaborativa e narrativa, evidenciando a importância da família para o tratamento dessa população, com a participação de Rafael Zeni. O capítulo sobre terapia de casal também reforça a importância das práticas pós-modernas para o entendimento das dinâmicas maritais.

Para esta segunda edição, dois capítulos novos foram inseridos, contemplando a contribuição sistêmica: "Transtorno de Impulso na Visão Sistêmica", por Flavia Jungerman, que divide conosco o trabalho ambulatorial com famílias que deparam com essa questão; e, para o diálogo voltado à população adolescente, contamos com a participação de Marianne Ramos Feijó, Ulisses Herrera Chaves e Nelson Iguimar Valerio.

Todos esses temas ainda não esgotam a amplitude da teoria dos sistemas. Havíamos refletido anteriormente que, em um contexto diferente, tais temas e diagnósticos receberiam novos significados, o que de fato se pode ver nesta edição. Mas vale repetir que o pensamento sistêmico terá sempre um lugar de transição entre os padrões de comportamento novos e antigos dos membros familiares, e que cabe a nós, terapeutas sistêmicos, seguir dialogando.

Referências bibliográficas

1. Perelberg RJ. Igualdade, assimetria e diversidade: sobre as conceitualizações dos sexos. In: Perelberg RJ, Miller AC, organizadores. Os sexos e o poder nas famílias. Rio de Janeiro: Imago; 1994. p. 47-67.
2. Goodrich TJ, Rampage C, Ellman B, Halstead K. Terapia feminista da família. Porto Alegre: Artes Médicas; 1990.
3. Nichols MP, Schwartz RC. Terapia familiar: conceitos e métodos. 3. ed. Porto Alegre: Artmed; 1998.
4. Pakman M. Una actualización epistemológica de las terapias sistémicas. Buenos Aires: Psyche; 1988.
5. Bertalanffy LV. Teoria geral dos sistemas. Petrópolis: Vozes; 1975.
6. Wiener N. Cibernética. São Paulo: Polígono e Universidade de São Paulo; 1970.
7. Hoffman L. Deviation amplifying processes in natural groups. In: Haley J, editor. Changing families: a family therapy reader. New York: Grune & Stratton; 1971. p. 285-311.
8. Speer A. Inside the Third Reich. New York: Simon & Schuster; 1997.
9. Von Foerster H. Observing systems. Seaside: InterSystems; 1982.
10. Costa LF. A perspectiva sistêmica para a clínica da família. Psicologia: Teoria e Pesquisa. 2010;26(esp):95-104.
11. Saffioti HIB. No fio da navalha: violência contra crianças e adolescentes no Brasil atual. In: Madeira FR, organizadora. Quem mandou nascer mulher? Rio de Janeiro: Rosa dos Tempos; 1997. p. 135-213.
12. White M. Guias para una terapia familiar sistémica. Buenos Aires: Paidós; 1997.
13. Romesín HM. Da biologia à psicologia. Porto Alegre: Artes Médicas; 1998.
14. von Foerster H. Construyendo una realidad. In: Watzlawick O, organizador. La realidad inventada: ¿cómo sabemos lo que creemos saber? Barcelona: Gedisa; 1988. p. 38-56.
15. Anderson H, Goolishian H. O cliente é o especialista: a abordagem terapêutica do não-saber. In: McNamee S, Gergen KJ, organizadores. A terapia como construção social. Porto Alegre: Artes Médicas; 1998. p. 34-50.
16. Nichols MP, Schwartz RC. Terapia familiar: conceitos e métodos. 7. ed. Porto Alegre: Artes Médicas; 2007.
17. Tondo CT. Terapia familiar: bases, caminhos percorridos e perspectivas. In: Souza YS, Nunes MLT, organizadoras. Família, organizações e a aprendizagem: ensaios temáticos em psicologia. Porto Alegre: PUC-RS; 1998.
18. Vasconcellos MJE. Pensamento sistêmico: o novo paradigma da ciência. Campinas: Papirus; 2002.
19. Bowen M. Theory and practice of psychotherapy. In: Guerin PJ, editor. Family therapy: theory and practice. New York: Gardner Press; 1976. p. 42-90.
20. Bowen M. De la familia al individuo: la diferenciación del sí mismo en el sistema familiar. Buenos Aires: Paidós; 1991.
21. Fishman HC. Tratando adolescentes com problemas: uma abordagem da terapia familiar. Porto Alegre: Artes Médicas; 1996.
22. Minuchin S. Famílias: funcionamento e tratamento. Porto Alegre: Artes Médicas; 1982.
23. Minuchin S, Fishman HC. Técnicas de terapia familiar. Porto Alegre: Artes Médicas; 1990.

24. Rosset MS. Pais e filhos: uma relação delicada. Curitiba: Sol; 2003.
25. Miermont J, organizador. Dicionário de terapias familiares: teoria e prática. Porto Alegre: Artes Médicas; 1994.
26. Ausloos G. Adolescence, délinquance et famille. Annales de Vaucresson. 1977;14:80-7.
27. Samaniego M, Schürmann AM. L'écoute des familles face à la menace de toxicodépendance de l'adolescent. Thérapie Familiale. 1999;20(1):39-49.
28. Anderson H. Conversação, linguagem e possibilidades: um enfoque pós-moderno da terapia. São Paulo: Roca; 2009.
29. Carter B, McGoldrick M. As mudanças do ciclo de vida familiar. Porto Alegre: Artes Médicas; 1995.
30. McGoldrick M. Novas abordagens da terapia familiar. São Paulo: Roca; 2005.
31. Bateson G. Steps to an ecology of mind. San Francisco: Chandler; 1972.
32. Capra F. O ponto de mutação. São Paulo: Cultrix; 1982.
33. Watzlawick O, organizador. La realidad inventada. Como sabemos o que creemos saber? Barcelona: Gedisa; 1988.
34. Onnis L. Terapia familiar de los trastornos psicosomaticos. Buenos Aires: Paidós; 1990.

Bibliografia

Wiener N. Cibernética e sociedade: o uso humano de seres humanos. São Paulo: Cultrix; 1984.

59 Práticas Pós-Modernas | Que Lugar Ocupa o Diagnóstico?

Marilene A. Grandesso

> *A coisa mais importante sobre as pessoas não é o que elas têm dentro delas, mas o que transpira entre elas.*
> Edward E. Sampson[1]

Introdução

Ao escolher essa frase de Sampson para abrir este capítulo, estou dando destaque ao pressuposto que irá norteá-lo: a crença de que os problemas que as pessoas vivem não são inerentes a elas, nem restritos aos diagnósticos que lhes são atribuídos, mas construídos e desenvolvidos nos contextos da vida e das relações. Para refletir sobre o lugar do diagnóstico no contexto das práticas pós-modernas, optei por tomar a terapia familiar como lugar de referência. Isso porque, historicamente, a terapia familiar despontou entrelaçada aos desafios envolvidos nos tratamentos dos chamados "pacientes portadores de doenças mentais resistentes aos tratamentos da época", levando à desesperança famílias e sistemas de saúde vigentes.

Do ponto de vista teórico, a terapia familiar, apoiada no pensamento sistêmico e na cibernética como eixos norteadores, despontou em meados do século 20, convidando a uma ampliação do olhar para além dos indivíduos. Assim, tomando o que se passava entre os participantes de uma família, todo e qualquer entendimento enfatizava a consideração da eventualidade dos contextos, a transitoriedade dos processos em evolução e a importância de se ampliar o olhar para o sistema mais amplo em que a família se inseria.[2,3] O olhar e o exercício da terapia familiar, desde os seus primórdios, apresentando-se como um salto paradigmático, impulsionou as práticas dos terapeutas a colocar no centro das atenções o que pessoas fazem juntas nas suas relações, tanto nas condições propiciadoras de bem-estar como nas que resultavam em restrições existenciais e sofrimento, nas suas mais distintas apresentações. Contrariamente ao discurso individualista, que localizava as manifestações das pessoas dentro delas mesmas, a tradição iniciada pela terapia familiar envolveu, assim, colocar o foco nas relações, com ênfase no que se processa entre todos os membros que participam de um mesmo sistema, sejam eles parte de uma família, de uma organização ou de uma comunidade. Iniciadas pela investigação nos campos da delinquência e da esquizofrenia, as primeiras abordagens de terapia familiar no início da década de 1950 ampliaram seu alcance para incluir as famílias no contexto das perturbações anteriormente localizadas exclusivamente no indivíduo:

> Os teóricos familiares utilizaram as teorias dos sistemas complexos, a cibernética e as teorias da comunicação para explorar o papel da dinâmica familiar na produção e manutenção da psicopatologia nos seus membros.[4]

Muito se produziu no campo da nova prática que nasceu da interdisciplinaridade dos pioneiros da época: Gregory Bateson, Don Jackson, Jay Haley, John Weakland, Virginia Satir, Murray Bowen, entre outros. Conceitos como o de duplo vínculo impulsionaram o campo da terapia familiar, que, rizomaticamente, como diz Lynn Hoffman[5], espalhou-se por todo o território americano e pela Europa, construindo modelos e modos de intervenção sistêmica.[6]

Assim, toda e qualquer manifestação humana, de acordo com essa perspectiva, em um salto qualitativo caracterizado pela epistemologia sistêmica, passou a ser vista como parte de um processo que só poderia ser compreendido a partir do contexto que dava inteligibilidade às relações entre os envolvidos, incluindo, portanto, a família e seus territórios de vida. Cada modelo de terapia familiar sistematizado pelos pioneiros do campo colocou seu foco sistêmico sobre um dos aspectos das relações, conduzindo o diagnóstico em uma direção que passava também a orientar sua estratégia de intervenção. Os problemas de comunicação constituindo o problema; os problemas decorrendo das tentativas de solução; as estruturas familiares mal adaptadas com o problema; organizações disfuncionais de poder criando o problema; os problemas decorrendo de tentativas de solução para problemas maiores; problemas como resultantes da incapacidade de diferenciação em relação à família de origem: estas e outras maneiras de compreensão moldaram o olhar sistêmico dos pioneiros do campo e conduziram suas ações diagnósticas e suas intervenções. Colocando-se no lugar de especialistas, os novos terapeutas, orientados por conceitos sistêmicos e da Cibernética de Primeira Ordem, desenvolviam sua prática de um lugar de poder, buscando soluções para famílias em sofrimento como se fossem análogas a uma máquina cibernética em avaria.[7,8] Embora considerada, na época, uma prática inovadora, a terapia familiar, predominantemente até a década de 1970, respondia aos princípios do pensamento da modernidade, de acordo com os fundamentos da ciência empírica, colocando nas mãos do terapeuta o poder de diagnosticar com objetividade e intervir na família como um especialista. Um bom terapeuta deveria, portanto, saber o que não ia bem na família e quais mudanças seriam necessárias para seu bom funcionamento. Assim, para os propósitos deste capítulo, considero importante refletir um pouco sobre o contexto histórico no qual a terapia familiar surgiu e se desenvolveu, tendo como referência o tema do diagnóstico.

A cultura que herdamos do século 20 transporta uma proliferação de discursos sobre patologia, derivados de várias disciplinas, orquestradas pela psiquiatria.[4] Embora na virada do século o sistema de classificação dos distúrbios mentais fosse rudimentar e pouco aceito, Gergen et al.[9] ressaltam o crescimento exponencial da terminologia que descrevia déficits mentais, resultando em uma ampliação da linguagem popular para se referir aos problemas humanos. O conceito de diagnóstico ocupa um lugar de importância na clínica tradicional, baseada nos princípios de uma ciência pautada pela busca da objetividade, da previsão e do controle. Diagnosticar implica, nesse contexto, pautar-se pela observação de sintomas de modo a classificá-los e ordená-los em quadros clínicos que não apenas descrevem as doenças mentais, mas prescrevem tratamentos por profissionais especializados, na busca, se não da cura, pelo menos do controle sobre os sintomas.

Contudo, quando nos organizamos por uma posição pós-moderna e um discurso construcionista social, adotamos como um dos pressupostos que a linguagem constrói a realidade. E qual ou quais as realidades que vêm sendo construídas no campo da prática da terapia e dos assuntos a ela relacionados? Acompanhando o desenvolvimento do campo da saúde mental, podemos dizer que o século 20 teve seu universo ampliado, no que se refere às disciplinas que têm como objeto de estudo o humano e suas questões de saúde, ao incluir novas descrições de identidade de pessoas comprometidas com distintos distúrbios mentais. Constantemente surgem novos nomes, aumentando a terminologia existente para compreender e explicar certas formas de funcionamento humano por meio de rótulos diagnósticos. Alguns termos diagnósticos são tão populares e tão incorporados na linguagem cotidiana que traduzem um senso comum, quase dispensando qualquer explicação entre pessoas em conversação. Dizer que uma criança tem transtorno de déficit de atenção e hiperatividade (TDAH), que uma pessoa tem depressão, que tem transtorno bipolar, que sofre de esquizofrenia ou sociopatia ocorre constantemente fora dos contextos dos especialistas, servindo não apenas como explicação para os problemas de um indivíduo como inerentes à sua pessoa, mas resultando também em uma frequente estigmatização dos contextos mais amplos de sua vida. Tanto a linguagem diagnóstica como distintos modos de tratamento já caíram no domínio público, fazendo parte de uma espécie de psicologia popular incentivada pela mídia. Muitas famílias procuram por terapia já apresentando um diagnóstico que elas mesmas construíram por meio de leituras de revistas populares, programas de televisão e pesquisas na internet, trazendo como pedido que o terapeuta desenvolva o tratamento x ou y. Usados como escudos, os diagnósticos passam a ser justificativas conclusivas e suficientes para condutas excepcionais, reduzindo o sentido de agência. Usados como explicações causais, muitas vezes aliviam culpas, especialmente dos pais, quando problemas acontecem com seus filhos. Não é incomum que, quando crianças apresentam problemas, os pais se sintam culpados e falhando em relação às suas responsabilidades parentais. Assim, encontrar um diagnóstico pode ser alentador.

Por outro lado, ao se aplicar a uma pessoa um dos rótulos constantes nos manuais de classificação de transtornos mentais, fica implícito que ela deve procurar ajuda de profissionais especializados, geralmente apoiados na localização do transtorno no indivíduo, compreendido como uma doença, deixando de considerar, muitas vezes, outras variáveis envolvidas, como as decorrentes do macrocontexto socioeconômico e cultural. Anderson e Goolishian[10] consideram que diagnósticos, oficiais ou não, frequentemente concretizam identidades que limitam as pessoas, criam caixas pretas com poucas e obscuras saídas e colocam obstáculos para definições de self mais viáveis e libertadoras.

Contudo, conforme já mencionado, os sistemas de diagnóstico têm legitimado e favorecido uma condição de segurança e previsibilidade para as pessoas, suas famílias e os profissionais envolvidos em algum problema desafiador qualquer, rotulado como doença mental. Nesse sentido, Anderson ressalta:[9]

> Tanto na psicoterapia como na cultura mais ampla, um diagnóstico implica que o objeto e o método de investigação estão baseados em suposições estáveis como aquelas do domínio biomédico. Ele opera como um código profissional que tem a função de obter, analisar e ordenar dados esperando-para-serem-descobertos. Conforme similaridades e padrões são encontrados, os problemas são então colocados num sistema de categorias baseado em déficits.

Obviamente, tais conjuntos de suposições só têm sentido se assumirmos como pilares de sustentação do conhecimento os princípios da objetividade, da neutralidade e da previsibilidade da ciência tradicional. Não é esse o caso das práticas pós-modernas que se estruturam em torno de outros pressupostos: o da complexidade dos fenômenos humanos, o da imprevisibilidade resultante dos sistemas que elas formam e que se auto-organizam e se constroem na linguagem e nas relações e o da intersubjetividade, que postula sempre a presença do observador na descrição dos fenômenos que descreve.[11] No entanto, quando dispomos de um diagnóstico, supomos que tais condutas que fundamentaram sua proposição referem-se a casos-padrão, descritos nos manuais de diagnósticos, bem conhecidos, compreendidos e efetivamente tratáveis.[9]

Um referencial pós-moderno para a terapia

Como terapeuta de família, trabalhando em um enfoque pós-moderno e orientada pelas práticas narrativas de Michael White e David Epston e pelas colaborativas-dialógicas de Harlene Anderson e Harold Goolishian, proponho-me a refletir sobre o uso de diagnósticos em psicoterapia, seu significado e sua utilidade dentro dos marcos do pensamento pós-moderno construcionista social. Assim, não estou incluindo aqui uma descrição dos distintos modelos da terapia familiar nem da maneira como construíram seus diagnósticos sistêmicos com base nas suas compreensões dos problemas e de suas teorias de mudança.

Quando se assume uma posição pós-moderna e construcionista social para compreender os dilemas humanos e desenvolver práticas de terapia, transita-se em um contexto distinto, no qual não cabem diagnósticos essencialistas e centrados no indivíduo. Se, conforme von Foerster[12] ressalta, acreditar é ver, quando assumimos um diagnóstico qualquer, estamos postulando a existência de um problema em termos concretos, descrevendo assim uma realidade que existe como tal, independente do observador. O transtorno existe como uma realidade a ser descoberta por um especialista e, geralmente, medicalizada, além de ter um plano de tratamento derivado do diagnóstico em questão. Se uma família, por exemplo, vem lutando com dificuldades que uma criança apresenta na escola, um diagnóstico de TDAH, apesar de referente a um transtorno, acaba resultando em certo alívio, por apresentar uma compreensão plausível para a conduta e as dificuldades da criança, além de favorecer diretivas para o terapeuta e a família.[13] Ainda nesse sentido, Strong e Busch[14] consideram que, quando as famílias vão para a terapia, geralmente levam a expectativa de um foco nos sintomas que as preocupam. Assim, uma abordagem focada na solução de problemas ou nos aspectos contextuais/sistêmicos para compreender o dilema que trouxe a família à terapia poderia soar irrelevante ou secundária. Os autores afirmam que, se o terapeuta não diagnostica a pessoa, a família acaba fazendo isso por si mesma.

Contudo, quando um problema é definido como um transtorno mental localizado em um indivíduo, cada movimento que essa pessoa faz é considerado uma disfunção, configurando o que Gergen et al.[9] denominam tirania do diagnóstico. Isso faz recordar uma família que atendi há muitos anos, cuja mãe havia tentado o suicídio e acabava de deixar um hospital onde estivera internada para tratamento de depressão. Ao longo do processo terapêutico, uma das grandes dificuldades que encontrou foi desenvolver a confiança das filhas e do marido para que pudesse retomar coisas que gostava de fazer, por exemplo, cozinhar. Eles sempre temiam que ela fosse novamente tentar o suicídio, mantendo-a em um esquema de constante vigilância que acabava resultando em um desnorteamento não só para a família, mas também para ela mesma. Situações como essa nos ajudam a compreender os estigmas e até mesmo os preconceitos que pessoas diagnosticadas sofrem em nossa cultura e em nossa sociedade, bem como o dilema dos familiares entre proteger e, de certa maneira, limitar ou incentivar a autonomia longe da vigilância atenta.

Contudo, em uma perspectiva pós-moderna construcionista social, todo conhecimento sobre pessoas, comportamentos e relações vem a ser compreendido de acordo com uma abordagem sócio-histórica. Ou, para falar em linguagem wittgensteiniana, a compreensão de um fenômeno humano decorre dos jogos de linguagem de distintas comunidades linguísticas que, abandonando a dicotomia indivíduo-relacionamento, constroem seu entendimento em torno do binômio indivíduo-em-relacionamento (Anderson *apud* Gergen et al.[9]).

Assim, de acordo com esse posicionamento, os diagnósticos nas suas distintas categorias são compreendidos como construções sociais de uma cultura profissional centrada no modelo médico. Anderson (*apud* Gergen et al.[9]) considera o diagnóstico um acordo na linguagem para dar sentido a algum comportamento ou evento segundo determinada maneira de pensar. Nesse sentido, a autora levanta uma série de questionamentos, entre os quais destacam-se alguns considerados de suma importância para um terapeuta pós-moderno. Partindo da indagação quanto a que questões um diagnóstico responde, que informações entende ganhar e o que se propõe a comunicar e para quem, Harlene se pergunta:

- Como envolver o cliente em um processo de diagnóstico, uma vez que se compreendem o conhecimento e o conhecedor como interdependentes? Esse questionamento traz implícito que, ao se falar em diagnóstico em uma perspectiva pós-moderna, ingressa-se em um território de investigação compartilhada de mútua descoberta. Nesse sentido, os clientes passam a ser envolvidos tanto no processo de seu próprio diagnóstico como na decisão dos rumos e do tipo de seu tratamento
- Como trabalhar com distintas maneiras de pensar e descrever e, ao mesmo tempo, respeitar e trabalhar em diferentes construções de realidade? Em uma posição construcionista social, lidamos com múltiplas possibilidades de descrições e, nesse sentido, cada experiência é singular. Diferentemente, os vocabulários profissionais, por serem baseados em um pré-conhecimento advindo de definições nosológicas, veiculam narrativas universais e estáveis sobre problemas, diagnósticos e perspectivas comuns de tratamento
- Por outro lado, como cada caso é único, seria possível considerar múltiplos diagnósticos? A complexidade dos fenômenos humanos é tão imensa que seria limitante pensar em enquadrá-los em categorias, como argumenta Gergen et al.[9]
- Como podemos desenvolver uma maneira para que multiversos possam coexistir? Gergen et al.[9] ressaltam que, como os relacionamentos são sujeitos a múltiplas interpretações, as mesmas ações e descrições podem ter significados distintos em diferentes contextos e, assim, consequências distintas.

Tais perguntas desafiam a visão do conhecimento do profissional como um *expert*, compreendendo a terapia como uma parceria colaborativa entre terapeutas e clientes. Nessa perspectiva, a exploração e a busca de "soluções" para problemas e a tomada de decisões sobre tratamentos são parte de uma investigação compartilhada. Nesse sentido, podemos dizer que, ainda que as descrições diagnósticas sejam universais, descrições de problemas decorrem do campo da experiência singular dos envolvidos, ou seja, não são fixas. Assim, as descrições dos problemas podem mudar conforme falamos sobre eles e, no decorrer de um processo de terapia, problemas podem ser reformulados e se dissolver no tempo.

Uma vez que, independentemente do significado atribuído a eles, diagnósticos fazem parte das comunidades linguísticas formadas pelos profissionais e pelas instituições de saúde, exige-se que os terapeutas sejam conhecedores tanto dessa linguagem como das categorias diagnósticas. Gergen et al.[9], no entanto, argumentaram contrariamente à proposta de Kaslow[15], que se empenhou na busca de sustentação para se construir um diagnóstico relacional sistêmico. Kaslow, mobilizada por várias razões, buscando a credibilidade das terapias sistêmicas no meio profissional, bem como a possibilidade de reconhecimento desse tipo de terapia pelos seguros-saúde, argumentou a favor da adesão dos terapeutas familiares para a formulação de uma linguagem e de uma tipologia sobre definições dos problemas que levavam as famílias à terapia. Kaslow era favorável à definição de critérios estabelecidos para a identificação e o tratamento dos problemas humanos que pudessem ser utilizados com alto grau de consenso. Era seu interesse que tais diagnósticos relacionais pudessem ser baseados em resultados de pesquisas confiáveis, desenvolvidas por terapeutas familiares vindos de muitas disciplinas e posições teóricas. O objetivo de Kaslow era definir uma nosologia de perturbações emocionais. Obviamente, tal classificação envolveria definições fixas e universais, muito distintas das descrições localmente situadas propostas pelo construcionismo social. Pode-se compreender, portanto, que Gergen, Anderson e Hoffman, como adeptos das sensibilidades construcionistas sociais e pós-modernas, posicionaram-se não favoravelmente à classificação.

Gergen et al.[9] argumentam que termos diagnósticos induzem a pensar que se está lidando com um mesmo fenômeno, o que é um falso sentido de segurança. Ressaltam ainda que, mesmo que assumíssemos uma posição essencialista, os fenômenos definidos pelos diagnósticos não são passíveis de observações e avaliações objetivas, resultando muito mais de suposições hipotéticas dos especialistas inferidas a partir da ocorrência de determinados comportamentos. Assim, mesmo buscando-se diagnósticos objetivos, o estado de uma mente disfuncional não é observado, mas inferido, uma vez que não se tem acesso direto ao que está sendo compreendido. Por outro lado, o atributo disfuncional traz implícito, em termos derridarianos, a postulação de um território objetivo de funcionalidade, independente de contextos e circunstâncias, o que é questionado por uma epistemologia pós-moderna que considera a impossibilidade de um conhecimento universal, sobretudo a respeito da normalidade. Assim, em vez de uma descrição normativa, Hoffman (apud Gergen et al.[9]) considera que há tantas definições de um problema e soluções possíveis quantas forem as pessoas envolvidas em conversação em torno dele. Para ela, um problema pode ser compreendido como um sistema de significados organizados pelo sofrimento, para o qual contribuem todos os envolvidos.[16] Se pensarmos assim, não faz sentido buscar definições a priori fora dos contextos locais das vidas das famílias e das pessoas que buscam terapia.

Diagnóstico | Considerações sobre uma prática

Na medicina, diagnosticar uma preocupação significa seguir um bom caminho. Dar nomes a ou diagnosticar os problemas dos clientes, em termos de sintomas ou déficits internos, é uma promessa de cura médica ou de bom gerenciamento da saúde pública.

Herança de nossas práticas de saúde, diagnosticar em termos de sintomas e déficits internos, de acordo com Strong e Busch[14], é compreendido como estar no caminho para a cura médica ou para um bom gerenciamento da saúde. No entanto, muitos profissionais da área da saúde têm se preocupado com o uso indiscriminado e totalizante dos diagnósticos. Tomm[17] afirma que "as pessoas são patologizadas pela rotulação, totalização e segregação". Tendo como referência sua formação como psiquiatra, o autor se preocupou muito com a inadvertida influência patologizante que os documentos psiquiátricos, como os manuais de diagnósticos, por exemplo, o DSM, acabam tendo em nossa cultura. Assim mobilizado, Tomm desenvolveu uma crítica ao DSM com a intenção de desafiar práticas que decorrem de maneira automática de sua autoridade inquestionada. Imbuído desse propósito, Tomm fez uma retrospectiva crítica da história dos DSM desde o seu aparecimento, que será considerada a seguir.

O primeiro manual de diagnóstico, o DSM-I, foi proposto em 1952, visando estabilizar uma nomenclatura psiquiátrica para que pudesse tornar mais claras as descrições das síndromes mentais. O princípio básico que orientava a prática psiquiátrica da época era investigar as fronteiras entre o normal e o doente; e nada melhor que basear-se em dados empíricos que possibilitassem classificações diagnósticas. Em 1968, veio o DSM-II, que, entre outras coisas, passou a definir as síndromes mentais como doenças, alinhando-as com a CID-8 (Classificação Internacional de Doenças, 8. ed.). Já o DSM-III, proposto em 1980, trouxe muitas mudanças e categorias adicionais de doenças. Tomm[17] destaca, entre elas, a preocupação com a precisão e a exatidão dos diagnósticos com base no pressuposto de que para "planejar um programa de tratamento deve-se começar com uma avaliação diagnóstica precisa". De enorme influência, esse manual foi adotado pelas companhias de seguros, tendo sua confiabilidade advinda mais dos resultados de pesquisa que da experiência clínica. Na sua reflexão crítica, Tomm se pergunta sobre o rumo que teríamos seguido caso esse DSM tivesse tido outras suposições norteadoras, por exemplo, humanísticas, enfatizando uma relação terapêutica orientada pela empatia e pela compaixão. Em 1987, o DSM-III passou por uma revisão (DSM-III-R), que, da mesma maneira que a versão anterior, primou pela precisão, definindo-se como abordagem ateórica e descritiva, localizando as perturbações mentais no indivíduo. Contudo, no DSM-IV (1994), alguns anos depois, Kutchin e Kirk[18] consideraram a presença norteadora de outras influências que não as científicas. No entendimento desses autores, mais que as questões científicas, as decisões políticas é que abriram o caminho, por exemplo, para que a homossexualidade fosse excluída do quadro das doenças mentais. Tal posicionamento acabou trazendo à tona uma indagação contundente: de que natureza são as decisões diagnósticas? O que elas privilegiam e o que restringem ao serem usadas como critérios classificatórios de exclusão e de inclusão em dada categoria?

Nesse contexto, surgiu o DSM-5, que, de acordo com Strong e Busch[14], veio com a proposta de se dirigir às inquietações humanas de acordo com os princípios da ciência, sustentando em evidências os diagnósticos identificados. Contudo, Strong e Busch afirmam que as evidências são apresentadas "por vocábulos, métodos e formas de referência humanamente construídos" e, indo além, consideram que fatos científicos têm uma trajetória humana bem longa e metamorfoseada com políticas e valores. Buscando descrições objetivas, muito do sofrimento humano foi medicalizado, assim como a tristeza e o luto, segundo os autores. Contudo, ainda que se apoiar em evidências possa aumentar a credibilidade de um diagnóstico, favorecendo os financiamentos para pesquisa e práticas, quanto mais objetivamente ele for descrito e os tratamentos forem prescritos, mais distantes estarão dos contextos da vida das pessoas. Citando Rose (1990), Strong e Busch[14] vão ainda mais longe ao afirmar que:

> Localizar os problemas no interior dos clientes, como déficits ou sintomas a serem tratados, pode obscurecer ou transformar os terapeutas em cúmplices das injustiças sociais e realidades culturais que fazem nascer tais déficits ou sintomas.

Strong e Busch[14] apontam para as controvérsias e polêmicas entre os profissionais da saúde levantadas em relação ao DSM-5 como uma vertente medicalizadora baseada em evidências.

Ainda em uma vertente crítica e reflexiva, Tomm[17] considera que o DSM veio a se tornar a "Bíblia" da psiquiatria, religiosamente aplicada pelo fiel. Nesse sentido, Strong e Busch[14] ressaltam que o DSM, quando surgiu, no início da década de 1950, propunha-se a configurar um discurso sobre sintomas médicos para pesquisadores. Contudo, avançando para outros territórios além dos laboratórios, passou a integrar os contextos discursivos de setores administrativos, médicos e populares. Os autores se preocupam com o fato de que o DSM tenha se desenvolvido como um documento de autoridade para classificar e rotular pessoas com problemas mentais, indiscriminadamente. Consideram que há pouca discussão sobre quanto tal prática de rotular tem patologizado pessoas que já estavam psicológica e socialmente traumatizadas. Embora o DSM considere que classificar perturbações não significa classificar indivíduos, Tomm ressalta que não é isso que temos observado na prática. Uma pessoa diagnosticada como portadora de esquizofrenia, por exemplo, passa a ser considerada uma "esquizofrênica" – primeiro pelo profissional, depois pela família, pelos amigos, por colegas e, por fim, por ela própria. Tal prática favorece que possamos receber famílias que se apresentam dizendo que procuraram terapia porque um de seus membros "é" *borderline*, por exemplo. É como se o diagnóstico falasse por si. Strong e Busch[14] consideram, nesse sentido, o quão difícil tem se tornado para terapeutas deixar de fazer referências ao DSM, uma vez que os clientes apresentam suas inquietações usando termos do DSM e buscam e acumulam informações da internet ou de outras mídias, além de fazer exigências baseadas em procedimentos administrativos apoiados nas categorias diagnósticas do DSM ou da CID. A rotulação, contudo, inicia padrões de estigmatização permanentes pelos quais a pessoa passa a ser tratada diferentemente nas relações sociais em sua rede de relacionamentos. As pessoas passam a vê-la de outra maneira, e assim como ela mesma. Apoiados no pressuposto de que a perturbação é da pessoa, clínicos, pesquisadores, políticos e agentes de seguros organizam suas práticas e ações. Embora, adverte Tomm[17], os efeitos patologizantes do DSM sejam inadvertidos e não intencionais, isso não os torna menos danosos, trazendo lamentáveis consequências para as pessoas e seus relacionamentos sociais. Strong e Busch[14] consideram que "os discursos de resolução de problemas existenciais ou normais são inconsistentes com um discurso psiquiátrico que simplesmente localiza as inquietações do cliente como déficits ou patologias nascidas no seu *interior*".

Contudo, em outra vertente, Drewery et al.[19] ressaltam que as práticas modernas de saúde mental têm contribuído para o bem-estar de pessoas comprometidas com sintomas aflitivos em todas as comunidades do mundo. Medicações antipsicóticas e antidepressivas, produtos da ciência tradicional, a classificação dos transtornos de ansiedade, mudanças de humor bipolar, respostas fóbicas, dificuldades de aprendizagem e transtornos invasivos, ressaltam eles, têm promovido assistência a famílias em sofrimento. Apresentar uma base biológica alivia, conforme mencionado anteriormente, a culpa de famílias que lutam contra sintomas antes incompreensíveis, além de indicar uma linha de tratamento possível.[13,20] No entanto, mesmo quando a medicação parece indicada, entende-se que deve haver cautela para que não se deixe as condições da pessoa inteiramente sob o regime dos medicamentos e da *expertise* do psiquiatra. Nesse sentido, Strong e Busch[14] advertem que:

> O impulso humano de usar a linguagem para traduzir todas as coisas arrasta um custo que alguns chamam de "captura discursiva" (Massumi, 2011) ou "cilada narrativa" (Shotter, 1993). O conceito moderno é que os nomes científicos refletem os fenômenos "como eles são", de maneiras universalmente classificáveis e aplicáveis.

Diagnóstico e terapias pós-modernas | Um encontro possível?

Uma prática pós-moderna de terapia, independentemente de qual seja a sua abordagem (narrativa, colaborativa-dialógica ou outra), envolve sempre um processo de ação conjunta em que clientes e terapeutas coconstróem o que vem a ser compreendido como problema e o que pode ser considerado um caminho possível para a solução desejada.[7,8,21,22] Uma terapia assim definida caracteriza-se como um processo conversacional e dialógico no qual, se resolvermos falar em diagnóstico, teremos que compreendê-lo como parte desse processo de construção de sentido pertinente aos envolvidos na conversação em torno das demandas por terapia. Tal posicionamento, no campo da terapia, envolve um questionamento dos pré-conceitos, colocando o terapeuta em uma postura de não-saber e de curiosidade genuína para se deixar conduzir pelo cliente conforme ele lhe apresenta suas inquietações e relata suas histórias.

O espectro das terapias familiares pós-modernas, como a terapia narrativa de Michael White e David Epston e a terapia colaborativa-dialógica de Anderson e Goolishian, abordagens contempladas neste capítulo, tem deixado de lado a busca das causas dos problemas, a menos que estas façam parte das conversações dos clientes.[10,23-33] Wajss[13], estudando o significado do diagnóstico do TDAH em crianças, destacou como muitos pais procuram pelo psiquiatra ou pelo psicólogo já com uma opinião formada sobre o diagnóstico de seus filhos, muitas vezes com narrativas sobre transmissões intergeracionais que servem de argumento para a busca de soluções precisas. As vertentes pós-modernas da terapia familiar convivem lado a lado com uma visão mais tradicional baseada em uma teoria evolutiva sobre disfunções e curas, que procura localizar o "real" problema, suas causas e suas estruturas determinantes, visando desenvolver uma prática que possa ter seus resultados avaliados.[34] Embora possa parecer difícil imaginar que uma psicoterapia possa ser útil se não tiver seu foco orientado para o problema, a terapia focada na solução de De Shazer e a terapia narrativa de Michael White, por exemplo, apresentam-se como modelos terapêuticos com ênfase na construção de histórias alternativas orientadas para o futuro.[35] Possibilidades mais amplas e libertadoras derivam dessas práticas, transitando por territórios distantes de problemas e diagnósticos. Da mesma maneira, a terapia colaborativa mantém um foco generativo que, partindo de uma postura do terapeuta de *estar com* os clientes e as famílias que atende, tem a conversação como uma produção idiossincrática de cada encontro terapêutico. As conversações construídas nesses contextos locais e, portanto, singulares, são tanto organizadoras como dissolvedoras dos problemas que levam pessoas a buscarem terapia.[27] Nos dizeres de Shotter (*apud* Anderson[36]), a terapia colaborativa é voltada "não para solucionar o que tem sido visto como um problema, mas para desenvolver a partir de novas reações, novas formas socialmente inteligíveis de seguir adiante em que os velhos problemas tornam-se irrelevantes".

Transitando também por esse território, McNamee[37] considera que o diagnóstico é desprovido de sentido em uma vertente construcionista social que, em vez de focalizar sua atenção em déficits, organiza suas conversações sobre os recursos e as possibilidades de pessoas em relacionamentos. Ao definir-se como pós-moderna, uma prática de terapia enfatiza sobremaneira os processos sociais de construção de significados, evitando, portanto, as implicações estigmatizantes dos diagnósticos psicológicos e o poder concentrado nas mãos dos especialistas. Neimeyer e Raskin[38] consideram, nesse sentido, que as psicoterapias pós-modernas têm em comum:

> [...] a convicção de que psicoterapia que produz mudanças é definida como a arte de ter conversações profundas e transformadoras, sendo menos determinada pela sua extensão do que

pelas habilidades e disposição dos terapeutas para se engajar profundamente em matrizes (inter)pessoais de significados que oprimem seus clientes como uma pré-condição para expandir tais significados.

Críticos pós-modernos consideram que nosologias psiquiátricas existentes não especificam como o terapeuta deveria atuar em relação aos problemas definidos pelas categorias diagnósticas.[38] Assim, terapeutas pós-modernos tendem a favorecer espaços de conversação em que pessoas definidas como portadoras de sintomas e suas famílias possam experimentar um sentido de agência. Esse é o caso dos terapeutas narrativos, que procuram metáforas que tenham conotações poderosas na vida da pessoa e que ofereçam forte convite para um posicionamento ativo em relação aos problemas. Assim, o processo de compreensão de um problema se caracteriza como um processo em aberto e não reificado, em que o cliente é ouvido e colocado em uma posição colaborativa. Outro aspecto importante a ser considerado é o uso de uma linguagem cotidiana e próxima da experiência em vez de categorias científicas. Antes de se buscar estabilidade e validação, tais descrições construídas na linguagem comportam contínua possibilidade de mudança, conforme essas descrições se mostrem mais úteis. Drewery et al.[19] consideram que a saúde tem mais a ver com a capacidade de agência que com a ausência de doença.

Diagnóstico e terapias pós-modernas | Seriam eles necessários?

Enquanto prática social, em um recorte pós-moderno, a terapia se apresenta como uma ação sócio-política, situada no mundo, que tem consequências tanto na construção de identidades como na ampliação e na restrição de possibilidades na própria cultura e na sociedade em que se desenvolve. Tal entendimento tem levado alguns terapeutas, como Michael White e David Epston, a se colocarem como ativistas sócio-políticos, questionando as histórias culturais dominantes, opressoras dos *selves* e das relações.[39] Apoiados em Foucault, White e Epston ressaltam como a busca pela "verdade" do *self* e por um ideal de vida e estado de normalidade são produtos de valores e crenças impostos pelos contextos socioculturais em que estamos envolvidos:

O objeto de todos esses empreendimentos concernentes à loucura, à doença, à delinquência, à sexualidade e àquilo de que lhe falo é mostrar como o par "série de práticas/regime de verdade" forma um dispositivo de saber-poder que marca efetivamente o que existe no real e submete-o legitimamente à demarcação do verdadeiro e do falso.[40]

De acordo com a tradição pós-moderna, mais que conversações para esmiuçar um problema, o terapeuta desenvolve conversações que possam favorecer seguir adiante quando um problema surge. Uma instância pós-moderna construcionista social, ao questionar a existência de problemas independentes dos tipos de interpretação, considera que "não são os 'problemas do mundo' que determinam nossa forma de falar, [...] mas é através das convenções linguísticas que determinamos algo como sendo um problema".[34] Assim, em vez de se nortearem por categorias diagnósticas, terapeutas familiares pós-modernos definem sua conduta como local e socialmente situada, evitando as reificações e desenvolvendo uma prática organizada por um discurso sobre potencialidades, ações e experiências que possam ajudar as pessoas a seguirem adiante com ampliadas possibilidades.

Mesmo que seja importante e relevante o uso de descrições diagnósticas nos processos de terapia, o uso de uma linguagem próxima da experiência da pessoa em questão favorece a condição de agência conforme se desenvolve o processo terapêutico. Um terapeuta narrativo, nesse sentido, procura formas de falar que abram opções de autoria para as pessoas, maneiras respeitosas que lhes possibilitem contribuir para a conversação e fazer uma diferença no processo como um todo.[19] Assim, os autores afirmam:

Lançar um diagnóstico, seja ele mental, como a esquizofrenia, ou físico, tal como câncer, como se ele fosse uma descrição completa da pessoa, é suprimir as possibilidades daquela pessoa para um envolvimento ativo na produção de sua saúde, e, portanto, de sua vida.[19]

Assim, para evitar incorrer em padrões de estigmatização e de culpabilização das pessoas, desempoderando-as diante de desordens inerentes ao seu ser, por meio dos discursos de doenças mentais, Gergen e McNamee[41] propõem a metáfora do diálogo, enfatizando a consideração da multiplicidade como abertura possível para conversações transformadoras. Partindo da suposição de que todo discurso convida a uma forma de vida enquanto desencoraja outras, indagam-se quanto aos valores veiculados pelo discurso da doença mental, bem como pelas tradições sustentadas, ou seja, quais as vozes mantidas e quais as suprimidas por esse discurso.

Ao lado dessas considerações teórico-filosóficas, há outras a serem destacadas do ponto de vista ético. Nesse sentido, um dos relatos mais contundentes sobre o fechamento dos profissionais para o conhecimento *insider* da família foi apresentado por Harlene Anderson.[29] Em uma consultoria na Suécia, Anderson deparou com uma família com duas irmãs adolescentes com diagnóstico e em tratamento para anorexia. No início da consultoria, a mãe leu para Harlene uma carta intitulada "Por que a terapia de família não tem nos ajudado". Entre as muitas queixas e reivindicações, a mãe afirmou:

> Os métodos que estão sendo utilizados com as nossas filhas para fazê-las comer melhor têm sido enganosos, mal orientados, em algumas ocasiões piores do que estavam antes. Eles nos causam tanta frustração, desespero, angústia e resignação, que a terapia na maior parte do tempo tem lidado com estas questões enquanto outros aspectos têm sido negligenciados. [...] Nós temos a sensação de que eles [a equipe terapêutica] tinham uma teoria e queriam nos encaixar nela, não se importando com como isso se aplicava a nós, e da mesma forma com o método que eles tentaram, com poucas alterações, quando repetidamente se mostrava inadequado. Procurem nos ouvir (os pais). [...] nós conhecemos nossas filhas mais do que qualquer outra pessoa. Nós conhecemos suas reações e seus sentimentos... nós sabemos quando elas podem ser confiáveis melhor do que qualquer outra enfermeira ou médico.[29]

Essas queixas e denúncias apontam para uma situação de insatisfação da família, colocada à margem em um tratamento em que exclusivamente o diagnóstico acabou ditando o que era ou não relevante. Diferentemente, na posição pós-moderna da terapia colaborativa desenvolvida por Harlene Anderson e Harold Goolishian, o terapeuta se une ao cliente em uma investigação compartilhada e na mútua exploração de quais vêm a ser seus problemas e as compreensões possíveis.[10] E, não importa se trata-se de terapeutas, famílias ou quaisquer pessoas nas suas distintas organizações; o modo como se experimenta o mundo depende das distintas maneiras de compreendê-lo. Assim, uma psicoterapia pós-moderna, antes de se apoiar em diagnósticos e buscar compreensões objetivas, apoia-se nos significados atribuídos à experiência, entendidos como construídos nos contextos de vida de pessoas em relacionamento e na linguagem. Anderson[32] ressalta que o cliente é colocado no centro da conversação terapêutica, considerado como pessoa, evidenciando não apenas o seu lado humano, mas também o do terapeuta, como ser humano que está ali *com* e para o cliente, e não como um técnico:

> [...] "uma forma de estar" em relacionamento e conversação: uma forma de pensar com, de experimentar com, de estar em relação com, agir com e responder para com as pessoas, que encontramos em terapia.

No entanto, ao se questionar as suposições dadas como certas, uma posição pós-moderna para a terapia não implica que se abandone o uso de categorias diagnósticas tradicionais. Conforme enfatizado aqui, o que se questiona é a sua compreensão como descrições totalizantes, estáveis e aculturais. Seu uso depende muito mais de sua função no caso em questão.[19]

A partir dessas considerações, cujas implicações éticas apelam para nossa responsabilidade relacional, conforme definem McNamee e Gergen[42] enquanto terapeutas*, cabe perguntar: seria necessário partir de um diagnóstico para desenvolver uma prática de terapia familiar pós-moderna? Seria o diagnóstico a porta de entrada necessária para um processo terapêutico? Ou, colocado de outra maneira, seria possível desenvolver uma prática de terapia familiar pós-moderna sem nos apoiarmos nas categorias diagnósticas?

Considerações finais

Tais questionamentos remetem-me à minha prática clínica enquanto psicoterapeuta há mais de 40 anos. Muitas vezes, diante de situações difíceis, encaminhei pacientes para tratamento psiquiátrico, e constantemente recebo indicações de famílias, casais e indivíduos que estão envolvidos em tratamento psiquiátrico, derivados para um processo de terapia pelo próprio psiquiatra que os atende. Várias vezes, tenho visto uma evolução na terapia com algum cliente em processo terapêutico comigo, após o início de um tratamento psiquiátrico paralelo. Da mesma maneira, recebo devolutivas de psiquiatras em relação à evolução de um atendimento de algum cliente em comum, sobre os ganhos no tratamento associados por eles ao processo de psicoterapia. Isso me leva a pensar na importância do duplo atendimento – psiquiátrico e psicoterápico – para algumas das situações problemáticas que afligem as pessoas. Evidentemente, não encaminho todos os clientes

---

* McNamee e Gergen[42] compreendem como responsabilidade relacional o comprometimento da pessoa, no caso o terapeuta, para refletir sobre as implicações de suas crenças e ações sobre a vida das pessoas que atende.

que vejo para consultas com psiquiatras, e também sei que nem todo paciente psiquiátrico é encaminhado para psicoterapia por psiquiatras que valorizam tal prática. Essa situação, tomando especialmente a mim como referência, faz-me pensar na complementaridade dessas duas práticas no que se refere ao benefício para alguns clientes.

No entanto, quando desenvolvo minha prática clínica, dentro dos marcos referenciais pós-modernos, nos enfoques narrativo e colaborativo-dialógico, ter um diagnóstico psiquiátrico de depressão, de transtorno bipolar, de TDAH ou qualquer outro não toma o centro da conversação, a menos que este seja o tema de interesse do cliente. Cada história é única, e o diagnóstico jamais falará pelo cliente. O diagnóstico que a pessoa traz para a terapia tem uma história desde que lhe foi outorgado, envolvendo as ações por ele organizadas e restringidas. Interessa-me, nesses casos, mais que aquilo que o diagnóstico diz por si, o que dizem os clientes sobre a existência desse diagnóstico. Como é, para eles, ter esse diagnóstico? Que implicações esse diagnóstico traz para a maneira como descrevem a si próprios, suas relações e as perspectivas de futuro? Isso tem sido útil e facilitador de sua existência, ou, por outro lado, tem restringido e limitado suas possibilidades de ir e vir em busca de seus sonhos e projetos de vida?

Como terapeuta narrativa e colaborativa-dialógica, tenho trabalhado na organização de conversações externalizadoras, tendo como função, como o próprio nome sugere, metaforicamente, uma espécie de exorcismo psicológico que separa a pessoa do problema, no caso, o diagnóstico.[24,26]

> Começando pelo mapeamento dos efeitos do problema sobre a vida da pessoa, as relações, as perspectivas de futuro e a visão de si mesma, o terapeuta desenvolve uma conversação especial que promove o resgate das identidades dos domínios do problema, bem como a memória de que os problemas são construídos nos contextos das experiências vividas. A proposta das conversações externalizadoras, situando a pessoa e o problema como entidades distintas, contribui para desessencializar o self, ao tornar conhecidos os contextos organizadores das narrativas opressoras das quais as pessoas constroem empobrecidas visões de si mesmas e restritas possibilidades existenciais.[22]

Ou seja, tais conversações tendem a ajudar a construir uma narrativa organizadora da compreensão da pessoa em seu momento de vida, mais que seu rótulo diagnóstico. O diagnóstico não fala pela pessoa. Jamais um diagnóstico será suficiente como contexto de compreensão das idiossincrasias de cada existência. Quando uma pessoa usa um diagnóstico para justificar suas impossibilidades, tenho visto, muitas vezes, certa acomodação diante da perspectiva de enfrentamento de situações desafiadoras. Usando o diagnóstico como escudo, muitas pessoas tendem a se sujeitar a situações que lhes são limitantes e até mesmo não dignas, "porque sou bipolar", "porque tenho depressão", como tenho ouvido. Situações como essas são apontadas por Drewery et al.[19] como conduzindo a profecias que se autocumprem, conforme previsões de ações possíveis passam a ser associadas a determinadas situações geradoras de estresse e de desafios para pessoas portadoras de um diagnóstico. Gergen[44] se refere, nesse sentido, a um tipo especial de aprisionamento, conforme a pessoa se insere e/ou é inserida pelos demais em determinado tipo de patologia.

Por outro lado, quando um cliente compreende uma voz interna como vinda de um lado seu que tende a ver o mundo à sua volta como ameaçador, pode buscar dentro de sua própria história outras vozes que lhe foram úteis no passado e que podem ajudá-lo a administrar sua ação mais sob o comando de sua escolha. Um terapeuta narrativo convida os clientes a buscarem metáforas que tenham implicações libertadoras em suas vidas, convidando a um posicionamento ativo diante da vida.[24,26,45] Se, por alguma razão, um terapeuta pós-moderno aceitar um convite para fazer uma espécie de avaliação diagnóstica, seu modo de realizar essa tarefa começará por colocar a pessoa no centro da conversação, em um lugar de agente, cuja voz será ouvida e tomada como guia para a compreensão dos dilemas que ela está vivendo. Assim, em um processo terapêutico caracterizado como colaborativo, aberto e construído na linguagem comum, o terapeuta tenderá a favorecer descrições que se apoiem na construção de possibilidades de vida aumentadas. Considerando que saúde tem muito mais a ver com a capacidade de agência que com a ausência de doença, Drewery et al.[19] ressaltam o cuidado do terapeuta em abandonar a busca por estabilidade e também descrições oficiais que tenderiam a definições de estados internos totalizantes que passariam a compreender a pessoa a partir de seu diagnóstico, suprimindo dela uma existência moral. Consideram que, além de não ser útil, isso não seria ético.

Portanto, mais que ter ou não ter um diagnóstico, em um processo de terapia pós-moderna o terapeuta se coloca como um "arquiteto do diálogo", conforme dizem Anderson e Goolishian[27], trabalhando a serviço da autoria e creditando a pessoa como um agente moral, capaz de fazer escolhas e de se responsabilizar individual e relacionalmente por elas.[43] Assim, constantemente, esse terapeuta deve se perguntar sobre outras compreensões possíveis, uma vez que, conforme afirmava Sluzki[46], os clientes tendem a apresentar os problemas em cuja existência o terapeuta acredita, ou seja, as preferências teóricas do terapeuta constroem seu entendimento do que vem a ser ressaltado como seu problema. Drewery et al.[19] ressaltam ainda que os terapeutas buscam encontrar as condições referentes às suas imagens preferidas segundo seus modelos de compreensão. Assim, o que é descrito como existente, seja uma doença mental ou outra coisa qualquer, envolve o compartilhamento de significados com uma comunidade que pratica os mesmos campos de sentido. Um terapeuta pós-moderno opera, conforme observam Gergen e Warhuus[34], contra a tendência de essencializar a linguagem em que descrições são tratadas como se fossem mapas ou réplicas de realidades existentes, independentes daqueles que as interpretam.

O eixo norteador de uma psicoterapia pós-moderna são os significados atribuídos à experiência, entendidos como construídos nas relações. Assim, mesmo que um diagnóstico seja atribuído a uma pessoa individual, no mundo das relações, os problemas e dilemas que uma pessoa vive organizam seu modo de vida, cabendo, portanto, as perguntas próprias da terapia colaborativa: *a quem diz respeito essa situação? Quem está envolvido com quem em conversação em torno desse problema ou dessa dificuldade?* Ao responder a perguntas como essas, geralmente com a ajuda dos que procuram terapia, organiza-se o sistema terapêutico, ou seja, define-se quem serão os convidados a participar do processo terapêutico. Diante dessa maneira de desenvolver a terapia, diagnósticos podem ser úteis, mas jamais são suficientes para apresentar as histórias vividas e configurar perspectivas possíveis. Se uma pessoa, uma família ou uma comunidade encontram-se em uma condição de existência moralmente enfraquecida, para a qual um diagnóstico poderia ser útil, Drewery et al.[19] consideram responsabilidade do profissional de saúde mental trabalhar a serviço do automonitoramento e do julgamento independente, de modo a evitar produzir, mesmo que impensadamente, desamparo moral. Para eles, ser agente na própria vida é ser um ser moral.

De acordo com uma perspectiva pós-moderna, portanto, problemas não são vistos como possessões das pessoas, desprovidos de contextos relacionais, históricos e culturais. Assim, como um especialista em conversação, o terapeuta pós-moderno tende a agir como um facilitador cujas ferramentas são funcionais para potencializar mudanças produtivas, procurando, para isso, acolher e reconhecer a legitimidade da voz dos clientes por meio da escuta de suas histórias, em uma coreografia coletiva em que, *junto com* os clientes, possa abrir espaço para outros mundos possíveis. Para terminar, faço minhas as palavras de Bakhtin:[47]

> As ciências exatas são uma forma monológica de conhecimento: o intelecto contempla uma coisa e pronuncia-se sobre ela. Há um único sujeito: aquele que pratica o ato de cognição (de contemplação) e fala (pronuncia-se). Diante dele, há a coisa muda. Qualquer objeto do conhecimento (incluindo o ser humano) pode ser percebido e conhecido a título de coisa. Mas o sujeito como tal não pode ser percebido e estudado a título de coisa porque, como sujeito, não pode, permanecendo sujeito, ficar mudo; consequentemente, o conhecimento que se tem dele só pode ser dialógico.

Referências bibliográficas

1. Sampson EE. Celebrating the other. Boulder: Westview Press; 1993.
2. von Bertalanffy L. Teoria geral dos sistemas. Petrópolis: Vozes; 1975.
3. Wiener N. Cybernetics or control and communication in the animal and the machine. Cambridge: MIT Press; 1961.
4. Geogarca E. O discurso da psicopatologia: uma abordagem crítica ao dispositivo teórico da psiquiatria. In: Gonçalves MM, Gonçalves OF, coordenadores. Psicoterapia, discurso e narrativa: a construção conversacional da mudança. Coimbra: Quarteto; 2007. p. 331-74.
5. Hoffman L. The art of "withness": a new bright edge. In: Anderson H, Gehart D, editors. Collaborative therapy: relationships and conversations that make a difference. New York: Routledge; 2007. p. 63-80.
6. Bateson G. Steps to an ecology of mind. Chicago: The University of Chicago Press; 2000.
7. Grandesso MA. Sobre a reconstrução do significado: uma análise epistemológica e hermenêutica da prática clínica. 2. ed. São Paulo: Casa do Psicólogo; 2006.
8. Grandesso MA. Dialogando sobre teorias: metáforas teóricas da terapia familiar. Nova Perspectiva Sistêmica. 1997;VI(10):18-23.
9. Gergen KJ, Hoffman L, Anderson H. Is diagnosis a disaster? A constructionist trialogue. In: Kaslow FW, editor. Handbook of relational diagnosis and

dysfunctional family patterns. New York: Wiley & Sons; 1996. p. 102-18.
10. Anderson H, Goolishian H. The client is the expert: a not-knowing approach to therapy. In: McNamee S, Gergen KJ, editors. Therapy as social construction. London: Sage; 1992. p. 25-39.
11. Vasconcelos MJE. Pensamento sistêmico: o novo paradigma da ciência. 6. ed. Campinas: Papirus; 2007.
12. von Foerster E. Construyendo una realidad. In: Watzlawick P, editor. La realidad inventada: ¿Cómo sabemos lo que creemos saber? Barcelona: Gedise; 1988. p. 41-61.
13. Wajss C. O significado do diagnóstico do transtorno do déficit de atenção e hiperatividade (TDAH) em crianças no contexto familiar e escolar [monografia]. São Paulo: Núcleo de Família e Comunidade da Pontifícia Universidade de São Paulo; 2008.
14. Strong T, Busch R. DSM-V and evidence-based family therapy? Australian and New Zealand Journal of Family Therapy. 2013;34(2):90-103.
15. Kaslow FW, editor. Handbook of relational diagnosis and dysfunctional family patterns. New York: Wiley & Sons; 1996.
16. Hoffman L. Beyond power and control: forward a "second order" family systems therapy. Family Systems Medicine. 1985;3:381-96.
17. Tomm K. A critique of the DSM. Dulwich Centre Newstetter. 1990;3:5-8.
18. Kutchin H, Kirk SA. Making us crazy. DSM: the psychiatric bible and the creation of mental disorders. New York: Free Press; 1997.
19. Drewery W, Winslade J, Monk G. Resisting the dominating story: toward deeper understanding of narrative therapy. In: Neimeyer RA, Raskin JD, editors. Constructions of disorder: meaning-making for psychotherapy. Washington, DC: American Psychological Association; 2000. p. 243-63.
20. Moraes LS. O significado do diagnóstico compreendido pelo olhar do paciente, do familiar e do psiquiatra [monografia]. São Paulo: Núcleo de Família e Comunidade da Pontifícia Universidade Católica de São Paulo; 2008.
21. Grandesso MA. Terapias pós-modernas: um panorama. Sistemas Familiares. 2002;18(3):19-27.
22. Grandesso MA. Desenvolvimentos em terapia familiar: das teorias às práticas e das práticas às teorias. In: Osório LC, Valle MEP, organizadores. Manual de terapia familiar. Porto Alegre: Artmed; 2008. p. 104-18.
23. White M. Narrative practice and exotic lives: resurrecting diversity in everyday life. Adelaide: Dulwich Centre Publications; 2004.
24. White M. Maps of narrative practice. New York: W. W. Norton; 2007.
25. White M, Epston D. Narrative means to therapeutic ends. New York: W. W. Norton; 1990.
26. Grandesso MA. Família e narrativas: histórias, histórias e mais histórias. In: Cerveny CMO, organizadora. Família e...: narrativas, gênero, parentalidade, irmãos, filhos nos divórcios, genealogia, história, estrutura, violência, intervenção sistêmica, rede social. São Paulo: Casa do Psicólogo; 2006. p. 13-29.

27. Anderson H, Goolishian H. Human systems as linguistic systems: preliminary and evolving ideas about the implications for clinical theory. Family Process. 1988;27:371-93.
28. Anderson H. Rethinking family therapy: a delicate balance. Journal of Marital and Family Therapy. 1994;20:145-50.
29. Anderson H. Conversation, language, and possibilities: a postmodern approach to therapy. New York: Basic Books; 1997.
30. Anderson H. Becoming a postmodern collaborative therapist: a clinical and theoretical journey. Part I. Journal of the Texas Association for Marriage and Family Therapy. 2000;5:5-12.
31. Anderson H. Becoming a postmodern collaborative therapist: a clinical and theoretical journey. Part II. Journal of the Texas Association for Marriage and Family Therapy. 2001;6:4-22.
32. Anderson H. The heart and spirit of collaborative therapy: the philosophical stance. "A way of being" in relationship and conversation. In: Anderson H, Gehart D, editors. Collaborative therapy: relationships and conversations that make a difference. New York: Routledge; 2007. p. 43-59.
33. Anderson H, Gehart D, editors. Collaborative therapy: relationships and conversations that make a difference. New York: Routledge; 2007.
34. Gergen KJ, Warhuus L. Terapia como construção social: características, reflexões e evoluções. In: Gonçalves MM, Gonçalves OF, coordenadores. Psicoterapia, discurso e narrativa: a construção conversacional da mudança. Coimbra: Quarteto; 2007. p. 29-65.
35. Gonçalves, M. Terapia centrada nas soluções. Braga: Psiquilibrios, 2008.
36. Anderson H. Collaborative practices in organization, therapy, education and research contexts. Social construction: relational theory and transformative practices. [Material cedido pela autora, Sarasota, Florida, 2008.]
37. McNamee S. The social construction of disorders: from pathology to potential. In: Raskin JD, Bridges SK, editors. Studies in meaning: exploring constructivist psychology. New York: Pace University Press; 2002. p. 143-68.
38. Neimeyer RA, Raskin JD. On practicing postmodern therapy in modern times. In: Neimeyer RA, Raskin JD, editors. Constructions of disorder: meaning-making for psychotherapy. Washington, DC: American Psychological Association; 2000. p. 3-14.
39. Monk G, Gehart DR. Sociopolitical activist or conversational partner? Distinguishing the position of the therapist in narrative and collaborative therapies. Family Process. 2003;42:19-30.
40. Foucault M. Discipline and punish: the birth of the prison. Middlesex: Peregrine Books; 1979.
41. Gergen JK, McNamee S. From disordering discourse to transformative dialogue. In: Neimeyer RA, Raskin JD, editors. Constructions of disorder: meaning-making for psychotherapy. Washington, DC: American Psychological Association; 2000. p. 333-49.

42. McNamee S, Gergen K. Relational responsibility: resources for sustainable dialogue. California: Sage; 1999.
43. Grandesso MA. Viver em família: que tipo de futuro nós terapeutas familiares podemos ajudar a construir? In: Macedo RMS, organizadora. Terapia familiar no Brasil na última década. São Paulo: Roca; 2008. p. 6-16.
44. Gergen KJ. Therapeutic professions and the diffusion of deficit. The Journal of Mind and Behavior. 1990;11(3/4; special issue):353-67.
45. Monk G, Winslade J, Crocket K, Epston D, editors. Narrative therapy in practice: the archeology of hope. San Francisco: Jossey-Bass Publishers; 1997.
46. Sluzki C. Transformations: a blueprint for narrative changes in therapy. Family Process. 1992; 31:217-30.
47. Bakhtin M. Estética da criação verbal. São Paulo: Martins Fontes; 1992.

Bibliografia

Anderson H, Goolishian H, Winderman L. Problem determined systems: towards transformation in family therapy. Journal of Strategic and Systemic Therapies. 1986;5:1-14.

60 A Depressão do Ponto de Vista Sistêmico | Uma Abordagem Relacional

João Laurentino dos Santos

Introdução

O presente capítulo tem o objetivo de apresentar uma aproximação ao significado do fenômeno depressivo a partir de uma visão sistêmica. Para isso, serão apresentados exemplos dos contextos do problema (depressão) com o objetivo de situar o leitor e facilitar a compreensão das circunstâncias de vida em que a depressão acontece, explicitando como os fatores presentes nos relatos trazidos se relacionam entre si, a fim de apreender seu sentido sistêmico a partir dos possíveis entrelaçamentos em termos das relações interdependentes que se estabelecem entre eles. Nomes, datas e locais foram alterados para preservar a identidade das pessoas.

Neste início de milênio, o grande desafio é compreender os muitos problemas que os novos tempos apresentam para pessoas, grupos sociais, famílias, organizações e instituições, a partir de uma visão de globalidade e complexidade para o entendimento das mudanças que têm ocorrido. O maior de todos os desafios é a construção de um modo de pensar adequado às novas realidades que vão se desdobrando a cada instante em função da velocidade de transformação nunca vista antes.

Compreender os fenômenos humanos a partir de uma visão relacional implica adotar uma atitude que proporcione uma maneira mais global de pensar o mundo, considerando as diversas interdependências implicadas no modo como os fenômenos se organizam e no modo como os compreendemos. Isso exige de cada um o esforço para a construção de um novo quadro de referência conceitual, a fim de lidar com as transformações e a complexidade.

Esse novo quadro referencial é proposto pela teoria geral dos sistemas (ou pensamento sistêmico), que emergiu como um novo paradigma da ciência na metade do século 20 e começou a se constituir como movimento no âmbito da ciência em consequência de três mudanças fundamentais associadas à sociedade industrial, consolidadas ou ocorridas durante aquele século: a emergência de uma nova percepção e compreensão da natureza em razão dos desdobramentos da ciência; os desenvolvimentos tecnológicos impulsionados pela Segunda Guerra Mundial; e a necessidade de administrar estruturas organizacionais cada vez mais complexas, especialmente a partir do pós-guerra.

Enquanto o pensamento tradicional focaliza a análise das partes, o pensamento sistêmico empenha-se em obter sínteses dialógicas, a partir da totalidade das interações entre as partes, para a existência de um "todo", considerando inclusive os aspectos de contradições, conflitos e paradoxos que comportam os fenômenos. Esse pensamento trata de questões que envolvem vários fatores ou variáveis, que originam as características e propriedades de entidades globais a partir de padrões organizados de interações. Assim, na perspectiva da abordagem sistêmica, diz-se sempre que "o todo é maior que a soma das partes".

No entanto, em função das relações e das interdependências que se fazem cada vez mais presentes na emergência dos fenômenos de qualquer natureza, nos últimos anos tem-se apresentado a crescente necessidade de um corpo sistemático de construções teóricas que trate das relações gerais do mundo empírico. Esse é o objetivo da teoria geral dos sistemas. Ela não procura estabelecer uma única e completa "teoria geral de todas as coisas" que substitua todas as teorias especiais das disciplinas particulares, mas espera desenvolver algo semelhante a um "espectro" de teorias – um sistema de sistemas que possa desempenhar a função de uma *Gestalt* na construção teórica a partir de um diálogo entre os diferentes paradigmas e/ou disciplinas. A teoria objetiva evitar uma visão fragmentada da realidade e a compreensão das crises emergentes como algo catastrófico ou apocalíptico, patológico ou anormal.

"Crise", "mudança", "interdependência", "incerteza" e "imprevisibilidade" são algumas palavras que expressam a realidade do mundo contemporâneo. Para alguns, trata-se de um universo de novas possibilidades. Para outros, essas palavras adquirem o significado de ameaças, o que cria insegurança nas pessoas na medida em que impõe novas demandas em todos os segmentos da sociedade, desde os aspectos mais íntimos da vida das pessoas até as instituições e organizações, sejam elas públicas ou privadas.

Então, o ser humano se vê diante de um fenômeno relacional em que há um enlace sistêmico, na medida em que crises originam mudanças e mudanças originam crises. Assim, as mudanças têm estado no centro das preocupações contemporâneas. Até antes da década de 1950, o ritmo das transformações era mais lento, possibilitando a sua assimilação de um modo mais brando e tranquilo e favorecendo a adaptação de pessoas, grupos e outras organizações da sociedade. Atualmente, em virtude da aceleração das modificações tecnológicas e sociais, sobretudo depois do fenômeno da globalização, lidar com as rápidas mudanças tem sido muito difícil, criando muitas vezes problemas graves, que acentuam ainda mais as crises. É na base dessas transformações em ritmo acelerado, em todos os níveis da cultura e da sociedade, com desdobramentos muito diversificados em termos de valores, crenças e atitudes, e com a emergência de novos estilos de vida, que se inscreve o fenômeno da depressão.

É necessário fazer uma abordagem compreensiva da pessoa que se deprime, buscando uma visão mais global do fenômeno, de maneira a explicitar as diversas dimensões envolvidas e como elas se relacionam, abarcando o máximo possível os níveis de complexidade implicados na vivência da depressão. Entre muitos outros significados, o que a depressão tem anunciado é que, em qualquer dimensão da vida contemporânea, o ambiente ficou mais largo onde se esperava que fosse mais estreito, mais complexo onde se esperava mais simplicidade, menos previsível e mais turbulento.

O quadro geral descrito evidencia, cada vez mais, que muitos dos problemas que surgem e precisam ser enfrentados não podem mais ser tratados parcialmente, como se fossem problemas isolados. Mesmo a depressão precisa ser compreendida em termos ecológicos, não somente considerando o microssistema em que a pessoa vive, mas outros níveis que compõem o sistema maior.

Em nível macrossistêmico, pode-se apontar como exemplos os macroproblemas que desafiam a humanidade neste início de milênio: a administração da economia globalizada, a superpopulação, o colapso das infraestruturas urbanas, a delinquência e a criminalidade, a poluição ambiental, o superaquecimento e a possibilidade de catástrofes ecológicas que ameaçam a vida no planeta. Além disso, também é possível apontar a diversificação de valores e estilos de vida e o problema da ética, que apontam para a necessidade de se questionar o padrão sociocultural e a lógica do pensamento linear, fragmentado, que se mantém até agora.

Assim, a modificação mais importante que deve ter lugar para se compreender e agir nos contextos de crise, complexidade e mudança é a alteração do próprio modo de pensar acerca dessas categorias apontadas. Em última instância, isso requer uma mudança no modo de entender o mundo e, mais profundamente, no modo de conceber a natureza e os fenômenos humanos, tanto em seus contextos locais quanto nos globais.

Este capítulo se insere nessa perspectiva, no sentido de compreender a depressão a partir de uma lógica global, considerando as pessoas em relação e os aspectos de interdependência que se estabelecem a partir das relações entre diferentes fatores, sobretudo aqueles presentes nos microcontextos dos indivíduos que se dizem deprimidos.

Considerações sobre etapas e processos de desenvolvimento do paradigma sistêmico

Bertalanffy[1] considerou que a distinção dos organismos vivos está associada ao seu grau de organização, e procurou separar os sistemas em abertos e fechados. Em 1940, ele definiu *sistema aberto* como aquele que importa e exporta matéria, energia e informação. Considerou também que os organismos não se comportam como *sistemas fechados*, em que os componentes imutáveis alcançam um estado de equilíbrio, mas sendo capazes de alcançar um estado que depende de trocas contínuas com o ambiente.

Os sistemas fechados são aqueles em que não existem trocas. Neles, parece não haver outro caminho a não ser seguir em direção ao aumento da desordem. Um sistema fechado é influenciado por seu próprio comportamento passado, em função de uma estrutura de elo fechada que traz os resultados da ação passada de volta, para controlar a ação futura.[2]

Os sistemas podem apresentar ainda retroalimentação positiva ou negativa. Na retroalimentação negativa, há uma busca por um objetivo que, quando não é alcançado, torna o sistema instável e passível de entrar em crise.

Capra[3] afirmou que os sistemas vivos são totalidades integradas cujas propriedades não podem ser reduzidas a partes menores, ou seja, as propriedades sistêmicas surgem da organização do todo e são destruídas quando o sistema é desmembrado em elementos isolados.

Paralelamente, se desenvolvia uma nova ciência, a cibernética.[4] Ela se ocupava, originalmente, dos processos de comunicação e controle tanto nos sistemas naturais quanto nos artificiais. O surgimento da teoria sistêmica, desenvolvida por Bertalanffy, e da cibernética, proposta por Wiener como uma nova ciência, configurou uma nova lógica em termos de possibilidade de aplicação dessas teorias para o trabalho psicoterapêutico, que atendia às demandas daquele momento histórico.

A cibernética possibilitou que os profissionais fossem além das abordagens tradicionais da psicologia, que tinha o foco no indivíduo e nos processos intrapsíquicos. Desde então, foi possível realizar o trabalho terapêutico a partir dos processos de interação, evoluindo da visão linear para a da causalidade circular.

Essa aplicação à prática da psicoterapia deve seus méritos principalmente a Gregory Bateson, antropólogo britânico, e Donald Jackson, Jay Haley e John Weackle, do Instituto de Pesquisa Mental de Palo Alto, Califórnia.[5] Eles partiram do campo de pesquisa sobre a comunicação esquizofrênica sem direcionar o foco para os comportamentos passados, considerando os episódios ocorridos na história pessoal de seus clientes, as características pessoais de cada um e os processos psíquicos nos comportamentos interpessoais atuais das pessoas no contexto em que elas estavam vivendo (a família). Foi a partir daí que concluíram que todo comportamento tem valor de comunicação e que as famílias funcionavam por homeostase, se organizavam e se governavam por meio de regras e funcionavam como sistemas fechados que faziam as informações retornarem para si. Assim, criaram um contexto de coerência para a aplicação das formulações das teorias sistêmicas e cibernéticas para a prática clínica.

No entanto, a família como sistema ainda era vista como um tipo de servomecanismo funcionando por meio de energia cibernética e sistemas de *feedback* homeostático como reguladores do sistema que protegia o padrão e evitava mudanças. De acordo com essa visão, um sistema que tivesse essas características se tornaria incapaz de mudar, e a emergência do sintoma adquiriria um sentido dentro do sistema familiar, sinalizando a expressão do contexto global da família.

Assim, o sintoma perderia seu *status* de distúrbio individual de um membro familiar e passaria a ser compreendido como um sinal de que a família estava apresentando dificuldades no enfrentamento dos estresses ou na adaptação a mudanças, ou ainda dificuldades nos momentos normais de transição em algum ponto do ciclo evolutivo da vida. Como elucida Anderson:[6]

> *O significado de um sintoma estava relacionado à estrutura do sistema familiar que serviu a função de manter a homeostase do sistema atual: seu status, estrutura e organização; sua estabilidade, continuidade e a definição de relacionamento. Essa metáfora cibernética da homeostase – incluindo as ideias centrais de equilíbrio, feedback negativo, resistência à mudança, mudança contínua, funcionalidade do sintoma e defeito estrutural – tornou-se básica para o entendimento da organização saudável ou patológica da família.*

Esse novo paradigma fundamentado na cibernética influenciou as práticas psicoterapêuticas e o papel do psicoterapeuta de maneira muito significativa, embora, naquele momento, esse profissional ainda ocupasse um lugar de destaque na relação com as famílias, porque o objetivo da terapia era interromper a homeostase e promover a mudança. Isso implicou a utilização de novas e diferentes técnicas, e o terapeuta passou a figurar como aquele que sabia qual peça do sistema deveria ser ajustada e como fazê-lo para que a família finalmente pudesse enfrentar o estresse e atender a suas demandas. Cabia a ele ajudar as famílias a identificar e compreender os pontos de transição e os estágios de desenvolvimento familiar para que elas pudessem realizar as mudanças necessárias. Esse momento de desenvolvimento dos conceitos cibernéticos denominou-se *cibernética de primeira ordem*.

Boa parte dos terapeutas que trabalhavam com famílias continuou concordando com os paradigmas cibernéticos mecanicistas, mas outra parcela começou a questioná-los. As discordâncias referiam-se aos princípios e às contradições da homeostase, uma vez que esta explicava a não mudança e deixava de fazer referência às mudanças quando elas ocorriam.

Ao contrário do que se afirmava na primeira cibernética, que as famílias eram consideradas sistemas fechados, agora elas passavam a ser consideradas como outros sistemas vivos incapazes de evitar o crescimento e a mudança.

No campo da terapia familiar, o desenvolvimento dessas ideias passou a ser conhecido como *cibernética de segunda ordem* ou *cibernética da cibernética*.

A cibernética de segunda ordem, assim como os desafios filosóficos e científicos, concentrava-se no observador, no modo circular de relacionamento observador-observado e na premissa de que o que é observado pelo grupo familiar ou entre o terapeuta e o cliente é resultado da coconstrução ou da criação do que é observado.

Sabe-se que a construção do conhecimento é contínua e dinâmica e se transforma a cada instante, o que torna impossível aos humanos acompanhar *just in time* sua evolução. Nesse sentido, o construtivismo ressurgiu intimamente ligado à cibernética de segunda ordem. Ele consiste em uma teoria filosófica do conhecimento diretamente ligada aos trabalhos de Giambattista Vico (historiador do século 18), David Hume, Immanuel Kant, George Kelly e Jean Piaget, entre outros.[6]

O ponto de vista construtivista desafia a maneira cartesiana de ver o mundo e questiona o paradigma tradicional que afirma existir uma realidade que é alcançável e palpável, externa à realidade do observador, e que pode ser conhecida e descrita. O construtivismo contesta a posição de que o que se conhece pode ser representado e, como tal, reflete a realidade e a veracidade do mundo. Para o construtivismo, não existe uma realidade externa que seja objetiva e capaz de ser conhecida. A realidade e tudo que se sabe sobre ela seriam tão somente uma adaptação funcional do ser humano. Na medida em que experienciam o mundo, os humanos tecem uma construção e interpretam esse mundo vivido. Segundo Maturana[7], a memória constrói ou "cria". E, ao construir ou fazer uma observação, o observador está criando. Nesse sentido é que o posicionamento construtivista afirma que conhecer é uma atividade adaptativa e que o conhecimento é a totalidade de conceitos e ações que se descobriu serem bem-sucedidos dados os propósitos tidos em mente.[6] Ou seja, o mundo em que vivemos é um mundo inventado, não um mundo descoberto. Desse ponto de vista, tudo que se comunica sobre o mundo é, na verdade, a comunicação e o entendimento de uma construção interpretativa realizada pelo ser humano a respeito daquilo que é experienciado.

Por último, apresenta-se aqui outra tendência evolutiva em termos do modo sistêmico de pensar a família, que Lynn Hoffman[8] chamou desenvolvimento do "paradigma evolutivo". Esse movimento distanciou-se cada vez mais de conceber a família e a compreensão de sua dinâmica a partir dos conceitos de homeostase e de causa linear e circular. Passou a ser visto como um sistema com redes de trabalho autorrecursivas, não lineares, sem equilíbrio e que evoluem a partir de um estado constante de mudança descontínua.[6] Desse ponto de vista, toda mudança que vier a ocorrer no sistema será considerada aleatória, imprevisível e descontínua e, por isso mesmo, levará o sistema a funcionar com níveis maiores de complexidade.

A complexidade pode ser definida como a rede de eventos, ações, interações, retroações, determinações e acasos que constitui nosso mundo fenomênico.[9] Ela se apresenta, assim, sob o aspecto perturbador da perplexidade, da desordem, da ambiguidade, da incerteza, ou seja, de tudo aquilo que é e se encontra emaranhado, inextricável.

O paradigma dos sistemas evolutivos dá mais ênfase ao processo que à estrutura e maior valor à flexibilidade e à mudança que à estabilidade. Nessa visão, o processo determina a estrutura. Outro aspecto importante foi combinar seus novos conceitos com a linguagem – aquela conceituada pelas teorias construtivistas e hermenêuticas. Os sistemas humanos passaram a ser conceituados como sistemas linguísticos, "sistemas fluidos e evolutivos de comunicação que existem na linguagem".[6] A linguagem não é vista como simples mediadora simbólica, ou um código que seja o reflexo de regularidades cognitivas ou da realidade, à semelhança de um espelho. É vista, sim, como uma atividade recorrente, recursiva e consensual entre seres que têm um modo de vida centrado na cooperação e no entrelaçamento do linguajar e do emocionar-se, no qual trazem à luz distintos domínios da realidade.[7]

Para finalizar este tópico, é importante explicitar que, diferentemente do que aconteceu na psicanálise ou nas diferentes psicologias, em que existe um fundador, a teoria e a prática sistêmicas remetem a diferentes áreas do conhecimento e a grupos distintos que marcam a presença da interdisciplinaridade, principalmente no campo da terapia familiar. Elas foram desenvolvidas a partir de "redes de eventos" que foram criando espaços e dando lugares a outras, em um processo generativo muito rico e dinâmico. Dessas redes surgiram grupos heterogêneos de pesquisadores que trabalharam em contextos bastante diferenciados e com objetivos diversos.

Além disso, há diferentes escolas no campo da terapia familiar sistêmica (processos grupais e análise de comunicação estrutural, estratégica, narrativa e colaborativa), fruto do próprio processo de desenvolvimento histórico das práticas e das teorias sobre a família e os fenômenos que dela emergem. Cada uma dessas escolas desenvolveu um conjunto de temas, conceitos e práticas, mas não é o objetivo deste capítulo apresentá-los e discuti-los. Acredita-se que isso tenha favorecido um diálogo a partir de múltiplas perspectivas e, como sugere McNamee, é muito mais útil engajar-se em diálogos espontâneos que seguir modelos.[10,11] A intenção deste texto é adotar uma postura em que os conceitos presentes nos modelos desenvolvidos em cada momento histórico da terapia familiar possam ser utilizados como recurso de elucidação e compreensão da depressão como fenômeno relacional. É essa posição que será adotada na apresentação das ideias sobre depressão no escopo deste capítulo.

Família | Uma difícil conceituação

A família contemporânea ocidental passou por numerosas e profundas transformações a partir da década de 1960. Pode-se dizer que o modelo até então vigente, que era o da família formada pelo casal legalmente constituído, com pai, mãe e filhos, em relacionamentos estáveis, começa a se transformar. O pai deveria ser o provedor e a mãe, a dona de casa e a responsável pelo cuidado e pela educação dos filhos. Esse modelo começa a perder o vigor e declina ainda mais à medida que as mulheres se inserem no mercado de trabalho, tendo de conciliar a atividade profissional com a responsabilidade familiar. Além disso, o advento da pílula anticoncepcional, que deu mais poder às mulheres para realizar o controle da fecundidade por meio da contracepção, e a legalização do divórcio, com consequente aumento do número de separações, uniões livres e recomposições familiares, são outros marcadores de contextos que influenciaram profundamente a emergência de novas e diferentes configurações familiares.

É importante explicitar que os antigos e os novos modelos convivem, formando um rico panorama que revela o movimento dinâmico das transformações sociais com consequentes mudanças nas maneiras de viver e se relacionar em família. Para desenvolver as sessões seguintes, serão utilizados alguns marcadores conceituais para que seja possível compreender o desenvolvimento das ideias sobre família que seguem.

Padrões familiares

Referem-se às maneiras específicas e singulares de interações recorrentes e previsíveis que se estabelecem entre os membros de cada família. Refletem as filiações, tensões e hierarquias importantes que estão presentes nas sociedades humanas e que têm significado para o comportamento e os relacionamentos dentro do sistema familiar.

Esses padrões podem se traduzir de diferentes maneiras. Na maioria das famílias, há padrões múltiplos de alianças envolvendo pessoas que são emocionalmente próximas e que se apoiam mutuamente.

Outros tipos de padrões muito comuns à maioria das famílias são aqueles por meio dos quais se organizam as hierarquias de poder. Eles definem o território de alcance de cada um na família e os caminhos utilizados para a tomada de decisão e o controle do comportamento dos membros familiares. Os padrões de autoridade são aspectos fundamentais quando se pensa na organização e no funcionamento do sistema familiar. Carregam em si o potencial tanto para a harmonia como para o conflito, e são cada vez mais desafiados à medida que os membros da família crescem e se diferenciam. Por isso, acredita-se que os padrões de autoridade devem ser claros e flexíveis, sobretudo para assegurar um bom funcionamento familiar, principalmente quando a família está na fase adolescente, em que as fronteiras entre cada subsistema, o controle e o monitoramento dos filhos precisam ser mais flexíveis, e as regras, renegociadas. Os padrões familiares carregam em si a expressão das regras implícitas, definindo as expectativas e os limites.

Subsistemas familiares

Subsistema, termo oriundo da escola estrutural, é outra metáfora narrativa utilizada em terapia familiar. Há muitos subsistemas dentro do sistema familiar, assim como na maioria dos sistemas complexos. Na família, a idade, o gênero, os papéis e outros fatores criam subsistemas familiares.

Nesse sentido, o conceito de fronteira pode ser importante para nos referir-mos aos lugares que ocupamos dentro da família e para analisar e compreender as conexões que são estabelecidas. Ele ajuda a criar uma lógica para olhar os subsistemas se relacionando, bem como a família como sistema maior. As fronteiras são invisíveis, mas, como afirmam Minuchin et al.[12], "assim como o vento, sabemos que existem devido à maneira de como as coisas caminham".

Na dinâmica do relacionamento familiar, as fronteiras marcam certos limiares que não devem ser ultrapassados e, de certa maneira, revelam as condições nas quais elas são mais permeáveis. Essa permeabilidade expressa os níveis das realidades familiares que podem ser compartilhados pela existência de intimidade e aquelas áreas que têm seu acesso impedido pela presença da privacidade. As fronteiras entre os subsistemas familiares variam muito em função do estilo particular de funcionamento de cada sistema familiar, reflexo de sua história, sua cultura, suas heranças e muitas outras variáveis de contexto.

O membro familiar como unidade menor do sistema

Considera-se a pessoa como a menor unidade do sistema familiar. Embora muitas vezes se faça referência a uma pessoa com seus problemas, suas queixas e suas necessidades, não se pode esquecer que ela é uma parte do todo. Em uma abordagem sistêmica, entende-se que cada pessoa contribui para a formação de padrões familiares, mas também que sua personalidade e seu comportamento são influenciados pelo que a família espera e possibilita.

Desse modo, ao se pensar a pessoa como parte de um sistema, tem-se uma visão de como seu comportamento é controlado e de como ela forma sua autoimagem. A maneira como cada um dos membros desempenha o seu papel tem um efeito na maneira como cada um se vê e imagina que é visto pela família, o que, ao mesmo tempo, influencia sua maneira de se comportar naquele sistema. Uma vez que seja assim, a partir disso definem seus valores, suas crenças e suas atitudes diante dos fatos e dos eventos familiares. Desse modo, se estabelece um tipo de lógica interna no sistema familiar que adquire o caráter de profecia autorrealizadora, na medida em que ocorre uma síntese de comportamentos familiares que influencia cada um de maneira singular no que diz respeito à maneira como constrói sua autoimagem dentro da família.

Do ponto de vista sistêmico, o comportamento é compreendido como tendo uma dimensão de corresponsabilidade. Essa responsabilidade compartilhada, a partir dos modos específicos de se comportar que formam os padrões familiares, desencadeia e mantém as ações de cada pessoa dentro do sistema familiar. O processo é circular e os comportamentos tendem a se complementar, o que significa dizer que todos os participantes colaboram para a manutenção do comportamento. Nesse sentido, é preciso considerar como a pessoa deprimida reflete os padrões relacionais do sistema familiar do qual pertence. Também é importante olhar como tal pessoa, com sua depressão, influencia a família como um todo e vice-versa. É fator fundamental compreender até que ponto, a partir do significado construído pela pessoa e pela família, a depressão é da pessoa ou em que momento passa a ser *também* da família.

A sintomatologia depressiva pode variar muito conforme a pessoa e influenciar as famílias a partir de uma enorme gama de possibilidades. Para entender melhor a complexidade criada a partir dessas diferentes maneiras pelas quais os sintomas depressivos podem aparecer, propõe-se o seguinte raciocínio: imagine que, entre as pessoas, a depressão seja como um "porre" ou uma "bebedeira", em que cada alcoolizado se comporta de um jeito: alegre, triste, irritado, engraçado, sonolento, solto, extrovertido, libertino... O que todos teriam em comum seria o fato de estarem sob efeito do álcool, todos sonsos, com os reflexos diminuídos etc. Em relação à atitude geral em resposta ao alcoolismo, contudo, cada um estaria de um jeito – do *seu* jeito. De maneira semelhante, quando a pessoa está com depressão, sua personalidade se manifestará de maneira muito singular. Em outras palavras, a face apresentada pela depressão depende da singularidade de cada pessoa, de como ela se relaciona com o mundo que a circunda e do significado que atribui às suas experiências. Logicamente, isso inclui a família.

Os fatores que desencadeiam a depressão em algum momento específico são diferentes em cada pessoa. Consequentemente, o modo como ela afeta o sistema familiar e o tipo de tratamento serão diferenciados para cada um. Nesse sentido, tratar a depressão de maneira adequada implica que ela seja compreendida sob a luz do contexto de vida geral de cada sujeito, bem como do momento de transição pelo qual a família está passando.

Em geral, observa-se a existência de três características depressivas básicas, as quais dão origem a variadas manifestações de sintomas. Essa tríade da depressão é composta por:

- Sofrimento moral: a pessoa vive em constante conflito ou dilema, em que fica avaliando certos fatos e acontecimentos de sua vida

– passada ou presente – em termos de certo ou errado, perdas e danos, sendo possível haver profundos sentimentos de culpa em função dos julgamentos morais que realiza. Do ponto de vista do sistema familiar, pode ocorrer uma abordagem moralizadora da depressão, muitas vezes pelo fato de não haver conhecimento ou compreensão de que determinados comportamentos fazem parte do quadro depressivo, ou ainda por não haver entendimento de que certos comportamentos tidos como inadequados ou moralmente errados são reflexos de um padrão circular presente na família, que explicita a fraqueza dos membros familiares e põe em risco seu sentido de segurança
- Inibição global: a pessoa com depressão mostra-se em um movimento de encolhimento, um processo crescente de retirada do mundo, isolando-se e restringindo cada vez mais sua rede de relacionamentos até chegar a uma situação em que passa a experimentar profundo sentimento de solidão. Do ponto de vista familiar, tende cada vez mais a distanciar-se. A comunicação fica cada vez mais escassa. Pouco se fala sobre o que acontece
- Estreitamento vivencial: há uma tendência à predominância do sentimento de diminuição das possibilidades de realização de determinados sonhos, desejos, projetos e até mesmo algumas necessidades básicas, como alimentação, hidratação, sono, higiene etc. Do ponto de vista somático, esse significado se inscreve no corpo por meio das sensações de aperto no peito, sufocamento, falta de ar, medo de lugares fechados etc.

É importante considerar que essas características podem aparecer em seu oposto, como modo de a pessoa se proteger ou negar a situação por dificuldade de aceitar sua condição momentânea de estar depressiva. Então, é importante observar o grau de congruência entre o modo de existência que a pessoa está levando e o sentimento de satisfação com a vida que relata.

A tendência é realizar uma avaliação isolada de cada um desses sinais. No entanto, do ponto de vista sistêmico, compete ao profissional ter sensibilidade para fazer abordagens apreciativas, relacionando sentimentos, comportamentos e pensamentos como um todo da expressão pessoal da existência de cada um. Também é relevante observar a maneira como a pessoa é afetada e como afeta suas relações com aqueles que estão no seu entorno. É importante averiguar como a pessoa se relaciona consigo mesma, já que a ligação entre mente e corpo é bidirecional, fazendo com que nossos sentimentos (afetos) possam nos deprimir.

Reitera-se que a abordagem sistêmica da depressão se baseia no exame e no tratamento do problema em seus contextos sociais e relacionais. Isso implica olhar para os vários sistemas que influenciam a vida de uma pessoa deprimida, incluindo sua família, seu trabalho e, ainda, seu sistema biológico, os sistemas culturais e as redes de relação interpessoal das quais participa.

É consenso entre a maioria dos profissionais que a depressão também está ligada a outras questões além da química do cérebro. Está superada a visão da depressão como uma doença de origem bioquímica que deve ser curada por medicamentos antidepressivos, excluindo-se os elementos psicológicos e culturais, desligada dos acontecimentos da vida e das circunstâncias humanas. A depressão deixou de ser reduzida a um mero defeito genético.

A partir daí, passa-se a ter uma visão da pessoa deprimida como alguém envolvido em contextos cognitivos (crenças e valores), emocionais, comportamentais e ambientais, além dos estilos relacionais erroneamente utilizados para se lidar com ela, que muitas vezes reforçam os ciclos de padrões relacionais que mantêm a depressão. Isso significa que, do ponto de vista familiar, a depressão se mantém pela sequência de interações entre seus membros. Pode, inclusive, funcionar como um tipo de homeostase familiar, porque se tem a visão de que, se tal pessoa não fosse deprimida ou se não houvesse alguém doente no sistema, este se transformaria, tornando-se diferente do que é. Poderia acontecer uma mudança muito abrupta que resultaria em uma situação muito difícil de aceitar, por vezes pela própria pessoa e pela própria família ou grupo de pertença.

Um olhar sistêmico sobre a depressão | Vidas contadas e histórias vividas

O caso de Kely e o segredo de seus pais

Um exemplo que ilustra esse tipo de situação é o de Kely, uma adolescente de 16 anos que dizia estar deprimida havia 6 meses. Quando interrogada sobre se acontecera algo em sua vida que poderia tê-la deixado deprimida, relatou que sua mãe começara a trabalhar e ficar até mais tarde no trabalho. Disse também que começara a sentir vertigem, sufocamento, tonturas, vômitos e dores de cabeça, reflexo do estreitamento vivencial que começara a sentir. Depois de muitos exames clínicos e laboratoriais, constatou-se que seus sintomas não tinham a ver com sintomas orgânicos. Kely relatava que eles ficavam mais intensos nos dias em que a mãe trabalhava até mais tarde.

Ela começava a passar mal todos os dias por volta das 18h. Ficou impossibilitada de frequentar a escola, onde cursava o Ensino Médio no horário noturno, apresentando crescente grau de inibição global. Então, ligava para a mãe, desesperada, solicitando-lhe que viesse lhe acudir das crises. Decorrido certo tempo no processo terapêutico, a adolescente revelou que guardara um grande segredo que tinha a ver com sua mãe e que, se fosse revelado, poderia resultar na desagregação de sua família. Sofria muito por saber que a mãe tinha um amante e traía o pai, uma pessoa que tanto amava e admirava. Por conta do agravamento da depressão, a mãe parou de fazer horas extras e passou a acompanhar e monitorar mais de perto sua filha, que saíra da escola, desligara-se de seus amigos, cessara atividades sociais e rompera com o namorado. Nesse sentido, apresenta-se como possibilidade de compreensão o fato de seus sintomas serem um tipo de homeostase que possibilitava recuperar o estado de funcionamento costumeiro da família.

Sua vida ficou muito empobrecida e reduzida a se preocupar com esse problema. Certa vez, a adolescente revelou sentir muita ambiguidade e temor em relação à sua cura, porque tinha medo de que, se ficasse curada, sua mãe ficaria desocupada e, portanto, mais disponível para seguir traindo seu pai, o que poderia culminar em uma separação, algo que temia muito. Todos esses significados foram construídos por ela no processo terapêutico, principalmente a descoberta de que sua depressão tinha a ver, entre outros fatores, com a função de proteger a coesão familiar. A terapia individual se transformou em terapia familiar (parental). A mãe foi incluída no sistema terapêutico e, assim, a filha pôde falar do segredo que guardara em relação a ela. Ambas puderam conversar sobre o assunto, esclarecer fatos e dúvidas, expressar sentimentos e motivos. A filha pôde sair da situação de lealdade parental conflitada em que vivia e se libertar do sentimento de culpa que carregava, porque também sentia que estava traindo seu pai, rompendo uma aliança que era muito significativa para ela. Foi muito importante para o alívio do sofrimento de Kely ouvir de sua mãe que a questão da traição envolvia problemas relacionados a marido e mulher e que, como filha, ela deveria ficar de fora. Isso foi importante porque foi possível discutir questões relacionadas à interação entre os subsistemas parentais e conjugais, bem como o limite existente entre esses dois subsistemas no que se refere à intimidade e à privacidade.

Mãe e filha refletiram e construíram significados com valor de aprendizagem a respeito de separar o que, na vida familiar, era da esfera das relações entre pais e filhos e o que era da esfera das relações conjugais, de homem e mulher. Por decisão de ambas, o pai foi convidado a participar de uma sessão, sendo incluído no sistema terapêutico. De maneira muito espontânea, o segredo foi revelado a ele. Os sintomas depressivos de Kely desapareceram e os pais seguiram em terapia de casal.

Do ponto de vista sistêmico, o tratamento concentrou-se na interrupção dessas sequências e no aumento da capacidade que a pessoa que sofre de depressão tem para lidar com as situações com as quais se depara.

Desse modo, a depressão pode ser vista a partir de uma conotação positiva e de uma visão integrada da pessoa em seus micro e macrocontextos. Os sintomas podem ser compreendidos como mensagens comunicadas, movimentos de homeostase e morfogênese que criam situações antagônicas, contraditórias e, portanto, complexas, com vistas à manutenção da estabilidade e, ao mesmo tempo, da transformação do sistema. Em geral, esses sintomas têm a ver com o fato de que algo na vida da pessoa (e/ou do sistema familiar) está "fora da ordem", porque a engrenagem se desgastou e perdeu o sentido, dadas as necessidades de evolução e crescimento. Assim, a depressão pode aparecer com o significado de que algo deve ser modificado ou transformado na vida da pessoa (ou do sistema familiar), em termos de como ela se relaciona tanto consigo mesma como com outros membros que fazem parte da família ou dos sistemas em seu entorno.

Essas necessidades de transformação anunciadas pelo sintoma da depressão podem estar ligadas a diferentes esferas da vida. Podem estar relacionadas a crises que surgem em função de mudanças nas diferentes fases do ciclo de vida pessoal de cada um ou nas diferentes fases do ciclo de vida familiar. É extremamente importante perceber como as crises pessoais interferem no sistema familiar e vice-versa.

Como uma pedra que cria ondulações quando é jogada na água parada, a depressão pode ser um problema de saúde cujo impacto vai além do indivíduo, tocando nos membros da família. Esse problema de saúde pode limitar a capacidade da pessoa para a realização de suas funções básicas e criar tormento para seus entes queridos.

O caso de Cláudio e Camila | O sistema familiar ampliado

Cláudio e Camila procuraram ajuda por pensarem que ela estava com depressão pós-parto.

Sabe-se que a chegada de um bebê traz novas tarefas e exige que o casal se reorganize enquanto díade. Do ponto de vista existencial, a mulher (mãe) pode reagir com depressão pós-parto, desencadeada por uma série de fatores que podem ser conjugados.

Nesse sentido, a expressão da dor psicológica de Camila estava presente em suas narrativas, em que fazia referência à perda da condição de solteira e do corpo feminino, com todas as consequências estéticas do pós-parto. Também falava da frustração por não atender aos ideais estéticos apresentados e esperados, presentes nas crenças, nos valores e nas ideologias que fazem parte da cultura, refletindo a força do macrossistema na maneira como estava vivenciando seu contexto de vida. Em suas narrativas, pôde-se observar a maneira como se relacionava com sua história familiar, temendo repetir os mesmos padrões que avaliava como negativos. Falava da vivência de temores de não ser uma boa mãe e de repetir determinados padrões de criação trazidos de sua família de origem.

Expressava sentimento de incompetência para dar conta de criar um filho, trabalhar e cuidar da casa e do marido, o que evidenciava o estranhamento de sua nova condição, uma vez que precisava rever a organização da vida familiar com a qual estava acostumada, que percebia não ter mais sentido. Precisava rever seu papel de cônjuge e as regras que anteriormente regiam seu relacionamento conjugal.

Queixava-se da reação ao estresse apresentado pelas circunstâncias de amamentar, dos choros ininterruptos da criança, de ter de acordar a cada duas ou três horas para amamentar e trocar fraldas durante a madrugada. Precisava se adaptar e se acostumar com as novas demandas, mesmo sabendo que elas deveriam passar à medida que o bebê crescesse. Dizia ter sentimentos de inadequação para com o bebê e ausência de interesse sexual pelo parceiro. Foi muito importante trabalhar com o casal as mudanças que foram acontecendo em suas vidas desde quando começaram a namorar, construindo com eles uma linha do tempo da vida a dois. Perceber as mudanças pelas quais passaram, os desafios implicados em cada um desses momentos e os recursos que utilizaram para superá-los foi fundamental para construir no casal novas narrativas, agora menos saturadas de queixa e pessimismo. Isso possibilitou a busca conjunta de novas possibilidades, erigindo uma nova visão positiva da identidade do casal.

Camila tendia a procurar um único fator que pudesse explicar e justificar seu estado depressivo. Ajudou muito o fato de considerar que esses fatores não precisavam ser considerados isoladamente, mas podiam ser mutuamente excludentes, explicitando seu caráter sistêmico na formação de um contexto complexo que dava o tom e os significados do sintoma depressivo que apresentava.

Cláudio, o marido, também relatou sentir-se triste e deprimido em alguns momentos, porque se sentia isolado e periférico em relação ao seu bebê e à cônjuge. Sentiu-se invadido na privacidade do seu lar e do relacionamento conjugal pela presença de sua sogra, que vinha todos os dias cuidar da filha deprimida. Incomodava-se pelo excesso de palpites dela em relação à organização da casa, aos afazeres domésticos e até aos tipos de refeições que preparava. Também relatava sentir-se incomodado pelo fato de a família da mulher frequentar mais a residência do casal que a família dele. Esses temas criaram uma oportunidade para que o casal pudesse rever as relações com suas famílias de origem em termos de como ocorria a interação entre os subsistemas de cada sistema familiar que compunham. Cláudio e Camila conversaram sobre como suas experiências em suas famílias de origem estavam presentes na sua família atual e puderam pensar sobre seus graus de diferenciação familiar e sobre os reflexos no estabelecimento das fronteiras, das regras e dos limites que avaliavam como necessários para o momento que estavam vivendo.

O casal também se queixava de que a frequência das relações sexuais diminuíra, culminando na ausência de desejo entre ambos. Ele disse que começou a ficar desmotivado em voltar cedo para casa, para evitar ao máximo deparar-se com a situação que sabia que teria de enfrentar. Silenciava, pois todas as vezes que expressava sua insatisfação, percebia que Camila parecia ficar mais deprimida. Então concluíram que sua ausência tinha valor de homeostase no sentido de querer manter a paz na família, porque tinha a crença de que, se falasse, começariam a brigar, e isso agravaria ainda mais a situação. Seu silêncio retroagia para a manutenção da depressão de Camila, que, por sua vez, fazia com que Cláudio silenciasse cada vez mais. Segundo os significados que construíram e compartilharam, esse modo de interação colaborava para que a comunicação ficasse cada vez pior, marcada por uma dupla vinculação de intenções e gestos, porque, ao mesmo tempo em que silenciavam para não brigar, acabavam estabelecendo diálogos internos em que contendiam um com o outro, sem, no entanto, explicitar os sentimentos que disso resultavam. Perceberam que essa dinâmica comunicacional do implícito mas não dito se expressava na maneira hostil como se referiam um ao outro, na maneira ríspida e muitas vezes reticente como respondiam às perguntas, esclareciam dúvidas e tentavam realizar outras comunicações. Buscar o significado desse ausente mas implícito foi muito importante para elucidar os valores, as crenças e as atitudes de cada um e, a partir daí, construir um universo em comum em termos desses significados, dessas crenças e desses valores para o casal. Eles entenderam então que o problema não era a sexualidade em si, mas que realmente não era possível se relacionar sexualmente com tantos sentimentos, medos, frustrações e inseguranças silenciados.

Cláudio expressou se sentir, muitas vezes, dominado pela mulher, por se achar no dever de se submeter às ordenanças dela e atender às suas expectativas. Camila reclamava cada vez mais do silêncio, da ausência e da distância física e emocional do marido. Tais comportamentos e atitudes eram interpretados por Camila como falta de interesse do marido pelo filho e rejeição dela como mulher. Cláudio começou a perceber que, nele, esses conflitos ganhavam expressão por meio do desenvolvimento de "bebedeira" (alcoolismo) e outros hábitos que temia estarem se transformando em vício ou algum tipo de compulsão, que envolviam frequentar bingos (jogo), saunas e casas de massagem (sexo), excesso de trabalho etc. Além disso, também relatou uma experiência extraconjugal.

Então, aos poucos, foi-se tecendo um conjunto de compreensões mútuas em que puderam sair de suas posições individuais e rígidas e olhar para a situação do ponto de vista do casal. Pudemos considerar conjuntamente que a depressão poderia estar funcionando como um regulador da intimidade do casal, uma vez que os mantinha distantes, com pouco nível de comunicação e trocas afetivas, embora se queixassem disso e desejassem o contrário. No processo terapêutico, ambos chegaram a um consenso em termos de significados dos sintomas depressivos, no sentido de que estes estavam relacionados com o fato de existirem entre ambos muitos conflitos e insatisfações silenciadas, frustrações e mágoas não comunicadas, interpretações equivocadas etc., e, ao mesmo tempo, o medo da separação. Foram muitos os significados construídos por eles sobre o sentido da depressão de cada um, sobretudo quando fizeram considerações de como se afetou a autoestima pessoal e do casal. Chegaram à conclusão de que a depressão era do sistema familiar, o que possibilitou olharem para o problema redefinindo seu significado. Nesse sentido, pudemos trabalhar os diversos fatores conjugados no sintoma depressivo como metáforas das relações conjugais. Trabalhamos com foco narrativo voltado para a apreciação dos recursos e das forças que cada um trazia para a construção do seu relacionamento. Foram criadas muitas reflexões a partir da pergunta sobre o que fizeram para conseguir chegar até esse momento da vida. Isso foi muito proveitoso para que pudessem resgatar o sentido positivo de identidade do casal, na medida em que puderam reeditar histórias de sucesso, de sonhos que puderam realizar juntos, de momentos difíceis de luta, de lealdade e parceria, de confiança e de esforço. Também pudemos refletir sobre as habilidades de cada um e as habilidades do casal e como elas poderiam ajudá-los a superar esse momento crítico pelo qual estavam passando, bem como sobre as habilidades que estavam desenvolvendo a partir da crise que estavam enfrentando.

Esse exemplo nos situa diante da tese de vários autores da terapia familiar de que existem poucos estudos que estabelecem a relação entre depressão, casamento e gênero. Além disso, considera-se que o acontecimento mais estressante da vida, capaz de desencadear a depressão, é o conflito conjugal, com grandes consequências para a autoestima do casal e do sistema familiar.

O caso de Aracely | A depressão como significado de novas possibilidades

A depressão é universalmente descrita como um profundo transtorno do humor ligado a um senso de valor próprio muito prejudicado, em que a pessoa constrói uma imagem muito negativa de si. É impossível separar a imagem que se tem de si mesmo da própria condição em termos de identidade como homem ou mulher. Foi com esse sentimento de confusão no que se referia à sua identidade que Aracely se apresentou no consultório, pedindo ajuda para a "cura" de sua depressão. Dizia sentir-se sem chão e que tudo havia perdido a cor, a alegria. Já não sentia mais vontade de estar entre as pessoas. Tudo nos outros a irritava ou a remetia a perceber quão inadequada se notava. Sentia-se cada vez mais distante dos filhos e do cônjuge, o que acentuava sua sensação de solidão. Havia muitas insatisfações na relação conjugal, mas ela tinha de silenciá-las, porque, para seu companheiro, estava "tudo bem" e ele não via problemas. Também dizia estar cansada de não ser ela mesma. Sentia-se obrigada e pressionada por si mesma a satisfazer as expectativas de todos por conta do medo que sentia em relação ao que podiam pensar dela e aos consequentes julgamentos. Temia muito os comentários maldosos que pudessem surgir caso viesse a tomar alguma atitude que não agradasse. Sentia-se cada vez mais vazia de si, perdendo os contornos de sua identidade.

O *self* não existe no vácuo, mas nos contextos sociais, culturais e relacionais. Para Grandesso[10], ele não ocupa lugares internos, estáveis e únicos nas pessoas. Sua proposta é a de compreendê-lo como um processo em aberto, construído dentro dos espaços relacionais. Nesse sentido, o *self* é profundamente influenciado por normas, regras de conduta, expectativas de desempenho e outras exigências relativas ao gênero, que determinam como as pessoas devem se comportar como homens ou mulheres. Era nesse emaranhado confuso que Aracely dizia se sentir aprisionada.

Embora muitas transformações venham ocorrendo, sabe-se que a autoestima da mulher está construída com base na sua capacidade de se relacionar e de se vincular, tanto na vida profissional quanto na vida doméstica. Seu sentido de valor próprio ainda está muito associado à sua responsabilidade em relação aos outros (maternagem) e à sua capacidade de se doar.

As mulheres frequentemente se deprimem quando ocorrem perdas por rompimentos definitivos ou momentâneos nos relacionamentos íntimos. Em geral, suas narrativas são organizadas de modo que se dá a impressão de um *self* fragmentado: um *self* exterior, passivo, complacente e pacificador, e um *self* interior secreto, que é tirano e esmagador, que sente raiva, revolta e ressentimentos. São mulheres que tendem a silenciar suas vozes para evitar exprimir sua raiva, fazendo com que seus companheiros não tenham consciência da origem dos reais motivos para se encontrarem deprimidas.

Acredito que as mulheres silenciam suas vozes e se deprimem não por serem fracas, passivas e dependentes, mas porque, em algum momento da vida, encontram-se em condições nas quais não confiam em suas próprias percepções e nos próprios sentimentos. Têm medo do isolamento e da represália que podem resultar de sua franca expressão. É o caso de Aracely.

Seu problema (queixa) era um quadro depressivo em que sentia fortes crises de ansiedade, aperto no peito, sensação de sufocamento e fraqueza física. Relatava ser tomada por forte sentimento de insegurança, raiva e, às vezes, impulsos destrutivos acompanhados de desejo de agredir o marido e a si própria, mais ainda. Isso alimentava um ciclo de culpa que a abatia e a fazia ter a sensação de não poder cuidar das mínimas coisas. Religiosa, valia-se muito das orações, mas estas não surtiam os efeitos desejados. Foi ao psiquiatra e este lhe receitou Aprosolan® 5 mg e paroxetina 20 mg.

Perguntei então o que a deixava mais ansiosa. Em atitude muito reticente, Aracely fez referência ao trabalho. Perguntei-lhe: como vai o trabalho? Ela respondeu que sempre teve muito prazer em trabalhar, mas agora percebia que não estava mais sentindo isso. Ao explorar sua relação com o trabalho, percebi que Aracely desistiu da profissão, mas permaneceu no posto de trabalho. Sentia-se emocionalmente exausta porque sentia que realizava um enorme esforço e gastava muita energia para ficar em seu posto. Além disso, sentia-se despersonalizada, porque olhava para o trabalho que estava realizando e percebia que ele não dizia mais do seu ser, de suas escolhas, de suas possibilidades. Tinha de se transformar em algo que não era para poder aguentá-lo. Então perguntei o que precisava acontecer para que isso pudesse ser diferente, e ela respondeu: "Isso só vai ser diferente quando eu me encontrar".

Essa foi uma pista "metafórica" que Aracely forneceu para que pudéssemos construir e aprofundar o significado de seu estado depressivo. Perguntei em relação a quê ou a quem ela sentia que havia se desencontrado nesse momento da vida. "Minha família", respondeu ela, passando a enumerar uma série de fatores:

- Solidão do marido e os filhos não dependendo mais dela
- Filhos namorando e sentimento de vazio quanto ao seu papel de mãe
- Necessidade de mudar a sensação de que era responsável por tudo
- Os pais não foram modelo positivo e ela construiu a vida sozinha por meio do uso de contramodelos.

Fiz uma outra pergunta: "O que precisa acontecer para que você comece a se encontrar novamente em relação a esses itens que enumerou?"

- Conversar com o marido
- Definir o que vai fazer com relação ao trabalho
- Buscar alguma atividade que lhe dê prazer.

Então, eu disse: "Sei que todos esses itens são importantes para você. Tem algum que seja sua prioridade?", ao que ela respondeu: "Sim. Conversar com o marido. Preciso me preparar para isso. Preciso criar coragem. Criar oportunidade e pensar muito em como falar com ele sobre as coisas que me incomodam".

À medida que o processo terapêutico foi se desenvolvendo, pudemos construir significados que foram tornando mais claro para Aracely o que estava acontecendo. Ela chegou à conclusão de que precisava redefinir e dar novo significado à sua vida. Para isso, precisava rever seus valores, avaliar melhor suas crenças e mudar seu comportamento no concernente aos papéis que exercia na vida, pois sentia que havia muito tempo todos esses fatores foram construídos e mantidos com base na suposição das expectativas dos outros e em memórias do passado de sua família de origem.

Entendeu o grau de corresponsabilidade em relação a boa parte de suas frustrações, que refletiam o quanto se relacionava consigo mesma com altas expectativas e alto grau de exigência. Compreendeu que também fazia isso com os outros. Por isso, o cônjuge reclamava que ela nunca estava contente com nada, pois queria dos outros a perfeição que buscava em si. Também começou a rever suas expectativas em relação aos filhos, bem como a prestar mais atenção e a cuidar de quanto podia de fato estar disponível para eles. Disse sentir que os filhos haviam crescido, mas que continuava cuidando deles como se ainda fossem pequenos. Daí sua constante sensação de falta, de carência e de que todos tinham dívidas com ela. Compreendeu que, no fundo, tinha uma grande dívida existencial com ela mesma. Essa compreensão também possibilitou uma abertura para que pudesse rever sua relação com o tempo. Disse que sempre pulou ou atropelou etapas na vida, deixando de viver momentos importantes. Mencionou que nunca viveu o momento: ou ficava muito presa ao passado ou ficava antecipando o futuro. Atribuiu a isso o significado de sua ansiedade ser uma forma de linguagem que comunicava sua maneira de se relacionar com o mundo.

Sentiu que sua depressão começou a diminuir à medida que rompeu o silêncio na relação conjugal e começou a dizer coisas que nunca havia dito. Ficou mais atenta e sensível quanto às suas atitudes em relação ao cônjuge e como estas se refletiam na relação do casal, bem como na sua visão de si mesma e da interação conjugal.

Entre outros fatores, o caso de Aracely ilustra o que muitas vezes acontece na família quando esta passa por um período de transição. Os filhos estavam crescendo e se diferenciando. Essa transformação dos filhos adolescentes constitui um grande desafio para os pais, pois eles têm de rever seu papel parental.[13] Além disso, precisam flexibilizar e renegociar as regras, o que se reflete no padrão de autoridade que irão exercer doravante. Também sentem intensamente o vazio que se instaura, que muitas vezes compromete o sentido de identidade. Na fase em que os filhos são pequenos, o foco familiar tende a ser mais voltado para o cuidado deles que para o casal. Na entrada para a adolescência, esse sentimento de ser cuidador se transforma e é intensamente vivido pelos pais, em especial pelas mães.

Esse momento de transição traz como nova demanda transformar o modo de cuidar dos filhos. Eles precisam ser cuidados, mas não mais como vinham sendo até então. Nova transição, novas necessidades e novas oportunidades para pais e mães. Rever a relação conjugal pode ser uma trabalhosa, mas bela e rica oportunidade. Parece ser o que aconteceu com Aracely.

Outro aspecto importante foi o fato de ter podido pensar sobre as perdas e os ganhos que as mudanças estavam proporcionando para aquele momento de sua vida. Compreendeu então que refletir sobre essas perdas era um movimento saudável dentro do sistema familiar, que implicava um processo adaptativo, porque novos caminhos estavam sendo abertos e novas estratégias estavam sendo construídas e tentadas. Assim, novas opções começavam a ser construídas, tanto para modificar o exercício de suas funções parentais quanto para rever seu papel como mulher, filha, irmã, tia etc. e para rever sua vida profissional. Aracely foi tecendo a compreensão de que sua depressão anunciava a oportunidade de buscar outros significados para a sua vida por meio das dificuldades que estavam sendo vividas.

Foi muito importante para a sua desculpabilização descobrir que, em qualquer alteração ou circunstância da vida, a família, assim como os outros subsistemas, pode enfrentar um período de desorganização. Os padrões familiares e a maneira de cada um se comportar inadequadamente e ir em busca de novas maneiras de ser, que podem ainda não estar disponíveis, necessitam ser construídos por todos.

Houve um valor e um efeito positivo que foram fundamentais no que se refere à sua autoimagem: desconstruir a visão de que era deprimida e compreender que as dificuldades de comportamento durante períodos de transição não são necessariamente patológicas ou permanentes.

É preciso entender e tomar muito cuidado com a maneira como abordamos o tema da depressão com nossos clientes, pois quando um conceito, uma ideia ou uma visão de algo vira senso comum, as pessoas começam a se apresentar pelo sintoma, que, em suas acepções, parece ser a identidade delas.

Considerações finais

A depressão precisa ser compreendida a partir da exploração das infinitas e múltiplas possibilidades de significados, evidenciando seu caráter de complexidade.

Nunca se sabe o que vai acontecer nessa proposta sistêmica de atendimento terapêutico, uma vez que o processo ocorre pela interação, que não é previsível. Não há certezas nem se trabalha com metas fixas.

Outro fator importante a ser considerado é que o processo relacional é coconstruído pela intersubjetividade das pessoas em relação. Nesse sentido, é muito importante uma visão sistêmica, porque o modo de atuar do terapeuta explicita, na relação com o cliente, a mudança de foco do indivíduo para o sistema, bem como a mudança de foco do fenômeno para o significado atribuído à experiência. A meu ver, essa postura ajuda, e muito, a desconstruir a visão rotulada e estigmatizada com que as pessoas chegam aos consultórios.

Não quero dizer com isso que devemos desprezar os diagnósticos, pois a visão médica é muito importante pelo benefício da medicação, fundamental em muitos casos. Além disso, o diagnóstico tem como base a pesquisa epidemiológica e farmacológica.

No entanto, acredito que, no contexto terapêutico, podemos construir com o cliente uma outra visão do diagnóstico a partir das relações que vão se construindo em torno dos temas trazidos em relação à depressão.

Trabalhar sistemicamente implica uma relação em que cliente e terapeuta constroem em conjunto os significados a respeito de como os fenômenos narrados são experienciados. Pressupõe uma relação simétrica, isto é, não linear, em que o cliente é o autor e o sabedor de sua vida, e em que o problema que está trazendo tem em si a solução. Portanto, constitui uma relação de colaboração entre ambos.

A terapia constitui um espaço de diálogos e o terapeuta é parceiro nas conversações que se estabelecem. O indivíduo, o casal ou a família falam de si ou entre si de uma maneira nunca antes experimentada. Em geral, quando perguntamos aos clientes sobre o significado de determinado encontro, eles respondem que pensaram nas dificuldades e nos problemas como nunca antes e que foi possível fazer perguntas que nunca foram feitas antes. Entendo que um dos fatores que facilita esse processo é a escuta generosa do terapeuta, que demonstra se importar com a pessoa que está ali, diante dele, com toda a disposição para ouvir e construir histórias positivas sobre sua identidade, o que facilita significativamente a superação do sofrimento que vivencia.

A depressão não é um fato, uma situação ou um sintoma tão simples e tão fácil de ser tratado ou compreendido. A maneira sistêmica e construtivista de abordar os fenômenos humanos vê o ser humano organizado dentro de um sistema que se define de maneira contínua na relação com o contexto com base nas vivências, que são compartilhadas e organizadas pela linguagem.

Nesse sentido, a pessoa com depressão estabelece relações cujas narrativas são construídas a partir de uma vivência cujo princípio é o não ser, o fechamento de possibilidades, o estreitamento vivencial, o fechamento para a vida. Então a pessoa constrói a realidade a partir dos aspectos negativos e da negação de si.

É importante considerar que existe a singularidade pessoal de cada um, influenciada pelo sistema no qual está inserida, afetando o modo de funcionar desse sistema, que por sua vez retroage sobre a pessoa. Assim, do ponto de vista das narrativas originadas, é fundamental considerar o que acontece, em termos relacionais, dentro do sistema familiar, visto que a depressão costuma ter o efeito de ser um regulador tanto da distância quanto da proximidade entre as pessoas, bem como dos subsistemas presentes na família.

Desse modo, ampliar o contexto e buscar alternativas na direção esperada, considerando o que é possível em função das possibilidades do momento, torna-se de fundamental importância no sentido de minimizar o sofrimento da pessoa ou dos membros da família no que se refere à depressão.

O grau de linearidade da escrita, bem como os limites do tempo e do espaço, faz escapar a amplitude de dimensões alcançadas tanto pelo cliente como pelo terapeuta em um processo como este, em que buscamos transmitir ideias e conceitos tão amplos, complexos e, muitas vezes, difíceis.

Como afirma Anderson[6], escrever com palavras sobre experiências, ideias e significados que não são lineares é uma tarefa desafiadora tanto para quem escreve quanto para quem lê. Espero que a leitura deste capítulo possa se constituir em uma experiência compartilhada entre nós, uma experiência colaborativa entre autor e leitor no sentido de uma nova tentativa e um novo esforço na construção de uma nova possibilidade de compreender esse complexo e difícil fenômeno que é a depressão. Espero que o compartilhamento dessas ideias tenha sido uma rica experiência.

Referências bibliográficas

1. Bertalanffy L. Teoria geral dos sistemas. Petrópolis: Vozes; 1975.
2. Forrester JW. Industrial dynamics: a major breakthrough for decision makers. Harvard Business Review. 1968;36(4):37-66.
3. Capra F. A teia da vida: uma nova compreensão científica dos sistemas vivos. São Paulo: Cultrix/Amana-Key; 1996.
4. Wiener N. Cibernética. São Paulo: Polígono/Universidade de São Paulo; 1970.
5. Nichols MP, Schwartz RC. Terapia familiar: conceitos e métodos. 3. ed. Porto Alegre: Artmed; 1998.
6. Anderson H. Conversação, linguagem e possibilidades: um enfoque pós-moderno da terapia. São Paulo: Roca; 2009.
7. Maturana H. A ontologia da realidade. Belo Horizonte: UFMG; 2002.
8. Hoffman L. Foundations of family therapy: a conceptual framework for systems change. New York: Basic Books; 1981.
9. Morin E. O método 5, a humanidade da humanidade: a identidade humana. Porto Alegre: Sulina; 2002.
10. Grandesso M. Sobre a reconstrução do significado: uma análise epistemológica e hermenêutica da prática clínica. São Paulo: Casa do Psicólogo; 2000.
11. McNamee S. Seguir modelos ou engajar-se em diálogos espontâneos? Curso realizado pelo Núcleo de Família e Comunidade da Pontifícia Universidade Católica de São Paulo. São Paulo: Nufac/PUC-SP; 2005.
12. Minuchin P, Colapinto J, Minuchin S. Trabalhando com famílias pobres. Porto Alegre: Artes Médicas; 1999.
13. Cerveny CMO, Berthoud CME. Visitando a família ao longo do ciclo vital. São Paulo: Casa do Psicólogo; 2002.

Bibliografia

Wiener N. Cibernética e sociedade: o uso humano de seres humanos. São Paulo: Cultrix; 1984.

McGoldrick M. Novas abordagens da terapia familiar. São Paulo: Roca; 2005.

61 Fobia e Pânico | Uma Conversação Transformativa

Adriana Valeria Savio

Introdução

Longe de serem novidades em nosso meio, fobia e pânico têm aparecido com muita frequência nos consultórios psiquiátricos e psicológicos. Nos últimos 15 anos, estudos de diversos campos teóricos, de entendimentos tanto da psicologia como da psiquiatria, consideram um aumento substancial de queixas nos consultórios. O pânico é um dos transtornos classificados como de ansiedade. Segundo a Organização Mundial da Saúde (OMS), a ansiedade é uma das responsáveis por metade das doenças mentais existentes no mundo, e prevê-se que em 2020 seja a segunda maior causa de incapacitação. O transtorno de pânico afeta de 2 a 4% da população mundial, de acordo com a OMS. Congressos e simpósios recentes tratando desses dois tipos de transtornos concentraram suas discussões e seus debates em uma preocupação com o aumento dos casos e em uma visão voltada às relações interpessoais de competitividade, às cobranças familiares e à insegurança como fatores desencadeantes de muitas doenças psíquicas, entre as quais os dois tipos tratados neste capítulo.

Considerações sobre a conceituação de fobia e pânico

Afinal, do ponto de vista descritivo teórico, de que estamos falando? Trata-se do medo patológico, que se diferencia do medo normal por não ter causa objetiva e por provocar uma ansiedade descontrolada. Medo e ansiedade são comportamentos normais e importantes para a nossa sobrevivência. Ter medo é guardar uma expectativa negativa daquilo que está para acontecer, um sentimento de preocupação mais forte, que se expressa por uma intensa sensação de apreensão. Ocasionalmente, a ansiedade pode se unir a uma determinação por vencer algum obstáculo, o que se chama coragem. Medo, ansiedade e coragem são manifestações psíquicas encontradas em situações normais de frustação e perigo. O sentimento de medo, acompanhado pela ansiedade e por outros sentimentos, como temor, receio, desamparo, abandono e rejeição, constitui um dos comportamentos mais antigos do ser humano. A questão é: quando esses sentimentos/comportamentos extrapolam o controle e passam a dominar, como intrusos, a vida das pessoas, o que se deve fazer?

Fobia e pânico são classificados como transtornos ansiosos na conceituação específica da Classificação Internacional de Doenças (CID-10), de 1993, por F40, transtornos fóbico-ansiosos, e F41, outros transtornos de ansiedade (inclui transtorno de pânico). Já de acordo com o *Diagnostic and Statistical Manual of Mental Disorders, 5th Edition* (DSM-5), de 2013, os transtornos de ansiedade têm todos os seus critérios para diagnóstico incluindo as fobias específicas.[1,2] Esses dois manuais, seguidos mundialmente, são modos de entender a nosologia desses dois transtornos, e podemos ao menos considerá-los, na prática clínica, como aliados descritivos, servindo para o entendimento de diagnósticos como maneira de compreendê-los conjuntamente com os demais campos teóricos.

Em 1952, a American Psychiatric Association (APA) publicou a primeira edição do *Diagnostic and Statistical Manual of Mental Disorders (Manual Diagnóstico e Estatístico de Transtornos Mentais)* (DSM-I), e as edições seguintes, publicadas em 1968 (DSM-II), 1980 (DSM-III), 1987 (DSM-III-R) e 1994 (DSM-IV), foram revistas, modificadas e ampliadas. O DSM-III foi o mais revolucionário de todos e tornou-se um marco na história da psiquiatria moderna. Novas categorias diagnósticas foram descritas; a neurose de angústia foi subdividida em transtorno de pânico com e sem agorafobia e transtorno de ansiedade generalizada; a fobia social tornou-se uma entidade nosológica própria; entre outras modificações. Na última atualização, o DSM-5 (2013) separou o transtorno de pânico e a agorafobia em diagnósticos independentes, reconhecendo a existência de casos nos quais a agorafobia ocorre sem a presença de sintomas de pânico.

Entendem-se por fobias específicas: medo de escuro, medo de altura, medo de animais, entre outras; e como fobia social: medo de assinar cheques em público, medo de falar ou comer na frente de outras pessoas etc. O pânico é caracterizado como uma crise terrível de sintomas ansiosos sem nenhuma explicação sobre o que de fato ameaça.

O transtorno de pânico tem início, em geral, por volta do fim da adolescência e é prevalente entre homens e mulheres, sendo as pessoas do sexo feminino as mais acometidas. Portanto, a maioria das pessoas que têm pânico são jovens e se encontram na plenitude da vida, o que é uma preocupação nos meios acadêmicos, pois cada vez mais jovens têm apresentado sintomas que impossibilitam um dia a dia normal.

A identificação dos problemas e os objetivos terapêuticos constituem uma fase de importância primordial, pois o tratamento e os procedimentos a serem empregados dependem do levantamento feito nesse momento.

Diferenças entre fobia e pânico

Fobia

Fobia, do grego *phobos*, significa medo, temor ou aversão exagerada a certos lugares, situações, animais etc. E qual a diferença entre o medo normal e a fobia? O medo é uma reação psicológica e fisiológica normal em resposta a alguma ameaça ou perigo ou à antecipação de um deles. A fobia é um medo excessivo e irracional, desencadeado pela exposição a/ou pela antecipação de determinada situação ou objeto. As pessoas com fobias específicas percebem que seu nível de medo é excessivo, mas, mesmo assim, evitam qualquer exposição ao objeto ou à situação temida. Essa hesitação leva à ansiedade, e esses dois fatores causam grande impacto na vida do indivíduo.

Há três tipos de fobia:

- Fobia específica ou fobia simples: é o tipo mais comum de fobia. Caracteriza-se por um medo real e concreto, por exemplo: a pessoa pode temer animais (como cachorros, gatos, aranhas ou cobras), pessoas (como palhaços, dentistas ou médicos), ambientes (lugares escuros, tempestades, lugares altos etc.) ou situações (viajar de avião ou de trem, por estarem em um espaço limitado). Embora a causa das fobias específicas permaneça um mistério, essas condições são, pelo menos em parte, genéticas (herdadas), e parecem ocorrer em alguns membros da mesma família
- Fobia social ou desordem de ansiedade social: caracteriza-se pelo medo de situações sociais em que a pessoa possa ser humilhada, envergonhada ou julgada pelos outros. Ela fica particularmente ansiosa quando pessoas pouco conhecidas estão envolvidas na situação. O receio pode ser mais generalizado, de modo que a pessoa fóbica evita muitas situações sociais, como comer em público ou usar um sanitário público. A fobia social também aparece em mais de um membro da mesma família. Pessoas que foram tímidas, solitárias ou que têm uma história de experiências sociais infelizes ou negativas na infância parecem ter propensão a desenvolver essa desordem
- Agorafobia: medo de estar em lugares públicos dos quais é difícil sair subitamente.

O critério para a realização do diagnóstico exige um objeto claramente identificável, que, sempre que apresentado, desencadeia uma forte reação de medo, ansiedade ou mal-estar no paciente, que pode chegar a uma crise semelhante à crise de pânico. Os adultos e adolescentes reconhecem que esse medo é exagerado, mas as crianças nem sempre têm essa capacidade de percepção. Pelo critério norte-americano, o diagnóstico só pode ser feito quando o objeto fóbico interfere na rotina do indivíduo, alterando-a. Em geral, as fobias provocam arritmias cardíacas, sudorese, tensão ou dores musculares, respiração ofegante, tonturas, desmaio, indigestão, diarreia etc. Psicologicamente, provocam sintomas de ansiedade, como preocupação constante, cansaço, incapacidade de concentração, irritação, nervosismo, dificuldades do sono etc. Esses sintomas surgem apenas perante as situações particulares que causam fobia no indivíduo, e não em outras.

Alguns exemplos de fobias:

- Aerofobia: medo de vento, de engolir ar ou de aspirar substâncias tóxicas
- Ancraofobia: medo de correntes de ar
- Astrofobia: medo de trovões e relâmpagos
- Ombrofobia: medo de chuva
- Antlofobia: medo de enchentes ou inundações
- Hodofobia: medo de atravessar estradas
- Estenofobia: medo de lugares ou coisas estreitas
- Gefirofobia: medo de cruzar pontes

- Cromatofobia: medo de cores
- Distiquifobia: medo de acidentes
- Ligirofobia: medo de barulhos
- Motorfobia: medo de automóveis
- Ocofobia: medo de veículos.

Pânico

A palavra "pânico" deriva do grego *panikos* e significa "o que assusta sem motivo". O transtorno de pânico é caracterizado pela recorrência de ataques de pânico: crises espontâneas, mal-estar súbito, sensação de perigo ou morte iminente. Os ataques são acompanhados de múltiplos sintomas e sinais de alerta e hiperatividade autonômica (taquicardia, taquipneia, aumento do peristaltismo, sudorese etc.), além de sintomas psíquicos (tensão, mal-estar, insegurança, dificuldade de concentração, sensação de desrealização e despersonalização etc.). O transtorno de pânico pode apresentar ou não agorafobia, de acordo com o DSM-5. A palavra também deriva do grego e é a junção de *ágora* – praça pública – e *phóbos* – medo. Assim, é entendida como medo/receio de estar/ficar sozinho em lugares abertos ou espaços vazios.

O pânico tem como consequência, quando não tratado, a cronificação, com o surgimento de comorbidades (agorafobia, depressão, abuso de substâncias, entre outras), o que leva ao uso excessivo do sistema de saúde e à incapacitação da pessoa para o desempenho de atividades sociais, como trabalho, lazer, compras etc. Um dos motivos que dificultam o diagnóstico e o tratamento adequado é que a maioria desses pacientes é avaliada em serviços de pronto-atendimento, por médicos generalistas, não preparados para a hipótese de ataque de pânico com sintomas comuns a outros tipos de doença. Os sintomas somáticos podem ser semelhantes ou iguais aos de doenças cardíacas comuns, levando à solicitação de exames subsidiários e, na maioria das vezes, desnecessários (eletrocardiograma, tomografia, ecocardiograma), que podem ser repetidos inúmeras vezes até que se chegue ao diagnóstico de transtorno de pânico, após o encaminhamento a um profissional da área.

Freud[3] foi o primeiro a descrever e a classificar os ataques de pânico. Ele criou o termo "neurose de ansiedade" e descreveu um quadro de irritabilidade, expectativa ansiosa, parestesia, espasmos cardíacos, sudorese e dispneia, podendo ser crônica ou manifestar-se com ataques distintos. Somente no DSM-III (1980), no entanto, é que esse transtorno foi reconhecido como um problema de ansiedade distinto.

A principal característica de um ataque de pânico é um período de desconforto ou medo intenso acompanhado de pelo menos quatro de um conjunto de treze sintomas somáticos ou cognitivos. Para o diagnóstico do pânico, é necessário que os quatro sintomas se desenvolvam abruptamente e alcancem um pico em até 10 minutos. Eles são frequentemente acompanhados por uma sensação de perigo ou catástrofe iminente e por um impulso para a fuga imediata do local.

Sintomas mais comuns:

- Palpitação ou taquicardia
- Sudorese
- Tremores ou abalos musculares
- Sensação de sufocamento ou falta de ar
- Sensação de asfixia
- Dor ou desconforto torácico
- Náuseas ou desconforto abdominal
- Tontura, instabilidade, vertigem ou desmaio
- Sensação de desrealização (irrealidade) ou despersonalização (distanciamento de si mesmo)
- Sensação de morte iminente
- Medo de "ficar louco" ou perder o autocontrole
- Parestesia
- Ondas de calor ou calafrios.

Teoria sistêmica | O referencial construcionista social

A teoria sistêmica, desenvolvida a partir dos estudos de dois grandes teóricos do século 20 – o biólogo Ludwig von Bertalanffy, com a teoria geral dos sistemas, e Wiener, com a cibernética –, possibilitou uma nova maneira de compreender o ser humano. A partir da visão e da conceituação teórica deles, puderam ser observadas grandes mudanças na terapia familiar.

Segundo Anderson e Goolishian[4], sistemas humanos são criados pela linguagem e, simultaneamente, são criadores de significados. Seus significados e sua compreensão são socialmente e intersubjetivamente construídos. Por meio do diálogo, sistemas humanos desenvolvem mutuamente sua própria linguagem e confirmam seu significado. Este é criado dentro de determinado contexto, que se desenvolve pelo processo social dinâmico do diálogo e da conversação. Vivemos nos relacionando uns com os outros, e toda interação ocorre na linguagem. Anderson e Goolishian[6] apontam que é

> *pela linguagem que mantemos contato significativo uns com os outros e através dela partilhamos a realidade. A linguagem também é uma ferramenta que tem um uso específico e não pode ser utilizada ou compreendida fora do seu contexto.*

Para Savio[5], compreender a abordagem linguística dos sistemas é um componente necessário para a terapia, pois os sistemas humanos funcionam pela via da comunicação. A linguagem é um sistema flexível: certos sinais, símbolos, gestos e palavras podem ter um significado conotativo que é específico para um grupo ou uma família, além de seus significados simbólicos.

Nessa linha de pensamento, o referencial construcionista social proporciona o pensar dialógico, ou seja, trata-se de uma maneira de pensamento que vislumbra a possibilidade de aproximar conceitos que, em algum momento da história, foram opostos.[6] Conversar com diferentes áreas do saber, promovendo um espaço dialógico, possibilita ampliar o foco sem necessariamente eleger uma só visão. Focam-se as trocas entre as pessoas e nas relações. A linguagem emerge das práticas culturais que dão molde às interações humanas, possibilitando, por intermédio da conversação, criar novos significados. A linguagem constrói o significado dos pensamentos, dos sentimentos e dos comportamentos produzidos, os quais, por estarem sempre inseridos dentro de um contexto histórico e cultural, não podem ser tomados como únicos nem como verdade absoluta. Justamente nesse aspecto entra o entendimento do trabalho desenvolvido com os transtornos ansiosos – fobia e pânico.

Um olhar pós-moderno

A teoria construcionista social, que tem em Kenneth Gergen um de seus principais teóricos, na virada pós-moderna, se caracteriza basicamente por enfatizar a sociedade, as relações sociais e a linguagem como constituintes do humano. Portanto, prioriza a troca entre as pessoas, sendo focada nas relações. Segundo Grandesso[6], o construcionismo social se baseia em três grandes pressupostos: 1) a realidade é dinâmica, não tendo qualquer tipo de essência ou leis mutáveis; 2) o conhecimento é somente uma construção social baseada em comunidades linguísticas; 3) o conhecimento tem consequências sociais, que determinam se ele é válido ou não.

Autores como Kenneth Gergen, Tom Andersen, Harlene Anderson, Harold Goolishian, Lynn Hoffman, David Epston, Michael White, entre outros, denominam os construcionistas sociais "sócios da conversação". Dentro desse enfoque, do qual compartilho, o terapeuta, em uma atitude de "não saber", propicia espaços para a criação de múltiplas perspectivas, com a finalidade de originar novos significados, mas sem intenções intervencionistas. A ênfase é sobre a postura curiosa do terapeuta para aprender mais sobre os significados culturais ligados ao comportamento humano. O cliente é convidado a falar sobre aquilo que o incomoda e encorajam-se as trocas de ideias para expandir e oferecer novas possibilidades. A construção do diálogo pelos clientes abre espaço para novos pensamentos, emoções e ações em relação ao problema. Por meio desse processo contínuo, a situação problema se "dissolve". O construcionismo social pod cómo e ser entendido em duas linhas teóricas norteadoras: a terapia narrativa de Michael White e David Epston e a terapia colaborativa de Harlene Anderson e Harold Goolishian, ambas tendo a conversação como pilar de sustentação.

Savio[5] diz: "entendo que a compreensão que se possa ter de mudança não é senão a transformação da história atual por meio do diálogo e da construção de novas histórias". Já Grandesso[6] afirma que "as linguagens são, essencialmente, atividades compartilhadas". Essas percepções têm grande importância para a compreensão do "fazer" psicoterapia. As mudanças em nosso papel, enquanto terapeutas pós-modernos, nos afastaram totalmente da concepção tradicional e nos elevaram a um nível de desenvolvimento tal que nossa visão é de terapeutas integrados a um sistema intersubjetivo, fluido, de construção de significados. Fazemos parte do sistema, o modificamos e somos modificados por ele.

O sistema terapêutico | Terapeuta e cliente

O lugar do terapeuta, como o concebemos, é de um coconstrutor que, ao lado do cliente, tem nas ideias um facilitador da conversação terapêutica. O diálogo é construído por uma sucessão de histórias que são encadeadas por outras histórias de nosso passado, de nossa vida. Portanto, não podemos agir como meros observadores, como especialistas com uma visão privilegiada. Nossas ideias são compartilhadas, externalizadas e experimentadas junto com as de nossos clientes. Temos uma posição de respeito às singularidades de cada cliente que nos procura, e não podemos nos apoiar na segurança de um conhecimento objetivo, essencialista e universal, conforme Grandesso[6] tão bem coloca. O processo é uma coconstrução mútua, na qual terapeuta e cliente são convidados a, em uma interação dialógica, promover transformação e abrir novas perspectivas.

O cliente tem um espaço construído para colocar aquilo que de fato o aflige: suas histórias são contadas e trabalhadas com o objetivo de minimizar seu sofrimento. A terapia considera o que é chamado de quadro, ou seja, a história será sempre aquela que está pintada, o que ajudamos a reconstruir são as molduras. Assim, considera-se que nossas histórias são respeitadas, independentemente de fazerem sentido ou não, seja pela nossa escuta enquanto profissionais, seja pelo próprio cliente – que, com frequência, por vergonha do que sente, acaba minimizando suas dores.

Muitas vezes, o cliente já chega ao consultório com o diagnóstico feito. Portanto, já há o problema definido e a pessoa diagnosticada com o tipo de transtorno "a" ou "b". Assim, nosso foco norteador será o envolvimento em uma ação conjunta, em que cliente e terapeuta construirão juntos uma compreensão do que é o problema e possíveis caminhos para a minimização de suas dores e seus sofrimentos. A terapia é conduzida em um processo dialógico, em que tentamos deixar de lado o diagnóstico, procurando apenas compreendê-lo como parte do processo, inserido em um contexto mais amplo de vida, que é deixar de lado a busca das causas do problema.

Caso clínico 1

Uma mulher adulta, casada, mãe de um filho adolescente, é encaminhada ao consultório pelo médico psiquiatra, com diagnóstico de pânico. Após uma rápida conversa ao telefone para tratar do horário e outras dúvidas, chega o dia do encontro. Ela se atrasa 20 minutos e envia uma mensagem pelo celular explicando que estava muito difícil achar um lugar para parar o carro. O prédio, no entanto, tem estacionamento, a rua normalmente tem uma rotatividade grande por conta do sistema de Zona Azul, e há ruas próximas que costumam ter vagas também. Finalmente, chega ao consultório bastante confusa, suando muito e com taquicardia. Começa justificando que a situação a deixou assim: "Sempre acontecem comigo estas coisas quando tenho que ir a um lugar diferente, que não conheço. É um verdadeiro terror".

A sessão inicial, basicamente, foi para tentar acalmá-la, com uma postura acolhedora e de entendimento com o que se passava. Ao final, parecia mais calma, mas ainda pedindo muitas desculpas pelo ocorrido. Ela pediu outro horário na mesma semana. Na segunda sessão, já foi possível termos uma conversa mais tranquila. Ela explicou que, apesar da medicação, as sensações desagradáveis sempre a acompanhavam. Em diversas ocasiões, ia embora do local ou até mesmo arrumava desculpas para não ir. Sua vida estava muito difícil com o marido e com o filho, e até as amizades já estavam sendo afetadas pelas constantes desculpas dadas para evitar a vida social. Contou que, diversas vezes, quando era convidada para qualquer evento para acompanhar o marido, inventava uma doença para ficar em casa. Ou seja, estava capturada por sensações e sentimentos que simplesmente a incapacitavam de qualquer reação mais ampla. O fato de ter enfrentado com muita coragem a ida ao consultório e rompido esse obstáculo foi colocado como exemplo nas sessões seguintes. As cobranças em relação a si mesma, a visão de ter que controlar tudo à sua volta e a incapacidade de tolerar erros começaram a mostrar, em nossas conversas, um lado que até então não era claro para ela.

Após 4 meses de terapia, a paciente já conseguia ter um controle maior sobre as emoções e os comportamentos que afloravam quando se deparava com o desconhecido. O "problema" não era ela, mas o que estava se criando e se nomeando como tal. Como ensina Michael White[7], a ideia é retirar o problema e dar um novo formato a ele, ou seja, um formato menos ameaçador, menos agressivo, mais benevolente. Seu marido foi convidado a participar de algumas sessões e, a partir de uma nova contextualização do que de fato era o "problema", conseguimos diminuir o controle exigido, a perfeição cobrada, o ser "politicamente correto" em tudo. Ela conseguiu, mesmo que ainda apresentando os sintomas e as dificuldades em lidar com o desconhecido, sair com o marido, que, por sua vez, assumiu um lugar de protetor para ela, posição que até então ninguém ocupava. Aos poucos, a paciente foi ampliando o leque de conquistas e conseguindo dar passos importantes na busca de uma nova maneira de enxergar a vida.

Caso clínico 2

Uma senhora de 53 anos, casada, mãe de dois filhos, foi encaminhada ao consultório com o diagnóstico de pânico.

Lembro-me de que ela mal conseguia sair de casa e, nas poucas vezes em que o fazia, era acompanhada pelo marido ou pelo filho mais novo. Entrar em elevadores, ônibus, metrô, *shopping centers*, restaurantes, aviões... nem pensar. Ou melhor, só de pensar ela já precisava ser levada para o hospital. "Suas crises eram terríveis e levavam todos à loucura", relatou o marido.

Ela chegou ao consultório acompanhada do marido e passando mal por conta dos 15 andares entre o térreo e meu consultório. Vencida essa etapa, demos início à sessão. Por várias sessões, ela só se fixava no "tal do pânico". O marido esperava, enquanto "o pânico era a estrela". Eu sempre procurava escutar outras histórias sobre sua infância, seus pais, sua casa etc. Após 3 meses, ela começou a melhorar. Já se aventurava pela rua, ia até a farmácia sozinha e arriscava ir ao *shopping*. As histórias agora eram sobre sua mãe, seu pai e seus irmãos. De sete filhos, ela era a caçula e teve uma vida difícil. Chorava ao contar sobre as dificuldades de relacionamento com a mãe, que havia tido um derrame e era "muito malvada", segundo ela. Tinha sofrido muito ao lado da mãe, e a raiva e o ódio começavam a sair. Ao mesmo tempo, a perda do pai e o sofrimento pela sua ausência se somavam a outras narrativas. Sua angústia era terrível, a dor a violentava, fazendo eclodirem os sintomas que caracterizam o transtorno de pânico. Quando, de fato, pôde tomar conta da dor e revivê-la, passando inclusive pelo perdão à mãe, a angústia começou a diminuir. Seu diálogo, agora permeado por uma nova visão, mostrava que a raiva e o ódio podiam ser transformados entender uma mulher que também sofreu muito. Tomava contato com a história de uma mãe que, até então, não era considerada. A transformação que menciono, baseada no referencial construcionista social, começava a surtir efeitos surpreendentes. Ela já ia sozinha à terapia, ia passear pelas redondezas, ia ao *shopping center*, e começavam os primeiros planos para viajar. Seu marido, seus filhos e seus netos nem acreditavam que aquela senhora era a mesma de 8 meses antes.

Hoje, 1 ano e meio depois, ela continua com as sessões duas vezes por mês e está viajando para a Europa com as amigas. Segundo o marido, "é difícil segurá-la em casa".

Considerações finais | Revendo a concepção das molduras diagnósticas

Nossas histórias são carregadas dos conteúdos significativos de nossas vidas. O que passamos na vida não pode, em hipótese alguma, ser desconsiderado, e aquilo que somos precisa ser elevado ao grau máximo de respeito e consideração. Ao nos depararmos com qualquer tipo de diagnóstico, devemos, antes de tudo, olhar para a pessoa como um ser que sofre e que, muitas vezes, não é escutado naquilo que realmente importa. Devemos ouvir suas narrativas, e não apenas seus sintomas ou quantas vezes foram para o hospital e escutam que aquilo era apenas "um chilique ou uma crise histérica". Os significados construídos são únicos, e nosso foco, enquanto profissionais da área de saúde mental, está em proporcionar junto ao cliente uma reconstrução e uma revisão de suas dores e angústias. Não importa qual referencial adotemos, todos merecem respeito, e o único ponto que de fato importa é que a pessoa que está à nossa frente está sofrendo, e esse sofrimento precisa de uma escuta acolhedora.

Referências bibliográficas

1. Organização Mundial da Saúde. Classificação de transtornos mentais e de comportamento da CID-10. Porto Alegre: Artes Médicas; 1993.
2. American Psychiatric Association. Diagnostic and Statistical Manual of Mental Disorders: DSM-5. 5. ed. Washington: APA; 2013.
3. Freud S. Edição standard brasileira das obras completas de Sigmund Freud. v. 8. Rio de Janeiro: Imago; 1974. p. 107-37.
4. Anderson H, Goolishian H. Human systems as linguistic systems: preliminary and evolving ideas about the implications for clinical theory. Fam Process. 1988;27(4):371-93.
5. Savio A. O sistema terapêutico: uma interlocução através das ressonâncias [monografia]. São Paulo: Núcleo de Família e Comunidade, Pontifícia Universidade Católica; 2006.
6. Grandesso MA. Sobre a reconstrução do significado: uma análise epistemológica e hermenêutica da prática clínica. São Paulo: Casa do Psicólogo; 2000.
7. White M. Maps of narrative practice. New York: W. W. Norton; 2007.

Bibliografia

Anderson H, Goolishian H. O cliente é o especialista: uma abordagem para a terapia a partir de uma posição de não saber. Nova Perspectiva Sistêmica. 1993;2(3):8-23.

Anderson H. Conversation, language, and possibilities: a postmodern approach to therapy. New York: Basic Books; 1997.

Gergen K, McNamee S. From disordering discourse to transformative dialogue. In: Neimeyer RA, Raskin JD, editors. Constructions of disorder: meaning-making frameworks for psychotherapy. Washington, DC: American Psychiatric Association; 2000.

Grandesso MA. Família e narrativas: histórias, histórias e mais histórias. In: Cerveny CMO, organizadora. Família e...: narrativas, gênero, parentalidade, irmãos, filhos nos divórcios, genealogia, história, estrutura, violência, intervenção sistêmica, rede social. São Paulo: Casa do Psicólogo; 2006. p. 13-29.

Lecrubier Y. Comorbidity in social anxiety disorder: impact on disease burden and management. J Clin Psychiatry. 1998;59(Suppl 17):33-8.

White M, Epston D. Narrative means to therapeutic ends. New York: W. W. Norton; 1990.

62 Transtornos de Personalidade na Abordagem Sistêmica

Rafael Zeni, Valéria Maria Meirelles e
Marcos Naime Pontes

> *Nossa prisão reside na unicidade do caminho que se perfila diante de nós;*
> *Nossa liberdade pode ser formulada como uma abertura de outras vias*
> *possíveis e nosso dever de indivíduos é procurar ter acesso a essa liberdade.*
> Mony Elkaïm

Introdução

O presente capítulo foi escrito por profissionais que acreditam no pensamento sistêmico aplicado ao tratamento e ao acompanhamento de pessoas acometidas por transtornos psiquiátricos. A visão sistêmica possibilita considerar os transtornos de personalidade como manifestações "porta-vozes" de dificuldades tanto pessoais como familiares, que podem ser compreendidas por meio das relações estabelecidas em determinado contexto relacional.

Quando o caminho terapêutico se dá por meio da busca de ajuda em razão da presença de sintomas diagnosticados clinicamente como transtornos de personalidade em um ou mais componentes da família, o profissional oferece ajuda no sentido de ampliar o olhar terapêutico e das pessoas envolvidas, a fim de construir alternativas relacionais mais favoráveis ao desenvolvimento dos indivíduos. Isso porque, uma vez que o sistema familiar esteja envolvido e comprometido no tratamento, também passará por mudanças que o auxiliarão em sua evolução, tanto no contexto individual como no grupal.

É neste movimento que consiste o trabalho do terapeuta: a construção de um novo olhar, que parte de um lugar seguro oferecido por um nome dado cientificamente, o diagnóstico, para chegar a outra compreensão que vise à ressignificação da manifestação, na qual a família pode ser cuidada de modo a participar ativamente, em conjunto, da busca ampliada por novos padrões de funcionamento.

Breve histórico

Ao refletir sobre a história da assistência em psiquiatria, é possível perceber que a atenção dedicada à família é relativamente recente. A terapia familiar nasceu como uma possibilidade diante das limitações apresentadas pelos tratamentos individuais das pessoas que sofrem com algum tipo de desequilíbrio emocional.

> A história da Terapia Familiar Sistêmica é relativamente curta, mas ao mesmo tempo, intensa, apaixonante e cheia de esperanças em um futuro mais humano para a compreensão e tratamentos dos transtornos inerentes ao próprio fato de viver.[1]

Com o término da Segunda Guerra Mundial, muitas foram as transformações sofridas pela sociedade, incluindo o olhar psiquiátrico sobre as doenças mentais. Aspectos sociais e familiares começaram a receber maior atenção, e "com os movimentos mundialmente conhecidos de análise e crítica anti-institucional em países ocidentais, surgiram modelos de intervenção que visavam reduzir ou eliminar a utilização dos hospitais psiquiátricos trazendo, entre outras consequências, a família para o cenário da assistência".[2]

A ciência paradigmática positivista tem como objetivo a busca de uma realidade final, uma fonte dotada de um poder de transformação dentro da raiz e da realidade última, inviolável e verdadeira. Esse paradigma tão precioso deu conta, até principalmente meados do século 20, da maior parte da demanda científica existente. É uma ciência que tem produzido muito ao longo dos séculos e que nos ajudou a chegar até aqui.

Contudo, com a crescente evolução das descobertas realizadas, a robótica e a linguagem computadorizada, a biologia, a ecologia, a teoria da relatividade, entre tantas outras áreas da ciência, necessitaram de um novo meio de compreensão, principalmente no campo das condutas humanas, cuja complexidade passava a ser vista pelo avanço do trabalho com seres humanos.

Desse modo surgiu a visão sistêmica, que postula a interdependência e a interligação entre os fenômenos, com uma nova proposta apoiada na teoria da comunicação e na cibernética, ampliando olhares principalmente no campo da psicoterapia, inclusive familiar.

Privilegiando processos, a visão sistêmica nasceu da necessidade de compreender fenômenos que apareciam somente em relações específicas, como pessoas agindo de maneira mais infantil na presença de seus pais, mesmo sendo adultos, ou sendo pais em suas próprias famílias. Da necessidade de compreensão de comportamentos considerados patológicos, que se verificavam apenas quando certo observador se via presente no universo apreendido como objeto de estudo. De como a presença de sintomas psicóticos em pacientes portadores de esquizofrenia se acentuava na presença de familiares e diminuía, chegando quase a desaparecer quando os pacientes estavam em grupo com outros indivíduos portadores de esquizofrenia ou com os terapeutas.

Tais observações foram feitas nos anos 1940, quando o Grupo de Palo Alto começou a desenvolver métodos e teorias ricos ainda hoje, pois deram origem a muitas maneiras de pensar por meio das escolas de terapia familiar. Dentre elas, a escola estrutural de Salvador Minuchin[3] desenvolveu uma maneira de pensar que descreve a estrutura familiar com seus mitos, seus limites e sua hierarquia. Essa linha contribuiu e ajudou muitos terapeutas a olharem de modo sistematizado para algumas famílias, além de ter aberto portas para outros pensadores que formaram novas concepções a partir do lugar que ocupavam como terapeutas e como indivíduos que fizeram sua trajetória como terapeutas inclusive em suas próprias famílias.

As estratégias em terapia familiar surgiram e trouxeram prescrições de tarefas, formulações paradoxais e intervenções tão ousadas que acabaram inspirando novas maneiras de ver as relações familiares. Foram realizadas e estudadas pelos terapeutas, que se utilizavam de um pensamento que chamado estratégico, pois, na concepção deles, o terapeuta era um interventor "neutro" que deveria agir do mesmo modo independentemente de que assumisse o papel, e cuja tarefa terapêutica poderia ser descoberta a partir de estudos detalhados da família.

A contribuição desses pensadores foi grande, e suas ideias foram incorporadas aos estudos para a formação de novos terapeutas, a fim de integrar em seus conhecimentos a história e a sua evolução. Na terapia familiar sistêmica de hoje, a postura do terapeuta é extremamente valorizada, pois é a partir da concepção que o olhar do terapeuta, ao se encontrar com a família, abre possibilidades de trabalhar com maior eficiência.

Fundamentos teóricos

Abordar o tratamento familiar como uma forma evolutiva e contínua é fundamental, pois é nessa concepção que se baseia a possibilidade do "descongelamento" de um rótulo que indica com eficiência uma maneira de se relacionar com o mundo. Porém, corre-se o risco de unir o rótulo a outros sintomas já instalados e reduzir as possibilidades de transformação e saídas criativas para o descongelamento.

Pensar que todos os seres humanos têm maneiras criativas de viver e modos de encontrar a criatividade nas relações pode ser reconfortante, sobretudo se pudermos contar com a transformação de várias pessoas de uma mesma família simultaneamente e em tempos separados, o que aumenta a quantidade de soluções possíveis.

Como terapeutas, trabalhamos com o que Grandesso[4] chama de transformação coletiva de significados, fazendo parcerias com a família e nos colocando como parte do sistema atendido, pois, segundo Colombo:[5]

> Esse lugar liberta-o do poder sobre o outro e da terrível posição de saber mais do outro que ele mesmo (que para mim parece um alívio), mas traz uma complexidade (para mim muito bem vinda) em que a responsabilidade do caminho a ser construído pertence a todos os envolvidos, com seus diferentes saberes e compromissos.

Afinal, de acordo com Neill e Kniskern[6], "o anormal é apenas uma variação do normal". Portanto, deve-se compreender o que é "normal" e o que é "anormal" dentro do sistema familiar e, a partir daí, buscar na prática psicoterápica novos caminhos, construídos por muitas mãos. Isso não simplifica as coisas nem minimiza a gravidade das alterações apresentadas, mas ajuda na possibilidade de construção de saídas com criatividade e muita mão de obra.

O terapeuta familiar não considera apenas o paciente e portador do sintoma em sua análise. Seu trabalho tem como objetivo restabelecer o fluxo relacional familiar, almejando uma estrutura de funcionamento mais adequada ou mesmo o retorno da homeostase perdida que ocasionou o desenvolvimento de um ou mais sintomas sobre um ou mais indivíduos do sistema familiar. É extremamente importante reconhecer as capacidades de autorregulação de todo o sistema, a partir de seus próprios recursos, para encontrar um novo equilíbrio e compreender melhor a dinâmica familiar.

> A terapia familiar busca primordialmente liberar as possibilidades não utilizadas [pelo] grupo familiar. [...] é a procura do que não se conhece [...], mas que já estava lá desde antes. O terapeuta familiar é um facilitador para a família. Um profissional que se compromete com o problema que provoca o sofrimento de um conjunto de pessoas que se relacionam entre si e que tenta, com a colaboração de todos, ultrapassar um caminho muito doloroso para ser usado diariamente.[1]

Transtornos de personalidade

De acordo com Ballone[7], os transtornos de personalidade "seriam modalidades incomuns de o indivíduo interagir com sua vida, de se manifestar socialmente, de experimentar sentimentos (ou não experimentá-los)". O autor sugere que as características de personalidade por si só não caracterizam um transtorno de personalidade; elas são traços, ou seja, padrões duradouros de percepção, relação e pensamento acerca do ambiente e de si mesmo, e são exibidas em uma ampla faixa de contextos sociais e pessoais importantes. Somente quando as características de personalidade são inflexíveis e desadaptadas, causando um comprometimento significativo no desempenho da pessoa, é que elas podem se constituir em transtornos da personalidade.

Respeitando a CID-10 e essas "modalidades incomuns", buscamos, com os clientes, ir além das descrições propostas, entendendo-as como um conjunto de comportamentos que aparece em um momento da vida do cliente e de sua família.

Conforme abordado anteriormente, a visão sobre a psicopatologia passou por mudanças após a criação do modelo sistêmico: a enfermidade deixou de ser apenas uma expressão individual do sintoma e passou a ser também uma sinalizadora da perturbação coletiva. Assim, começou a ser vista a partir do pensamento circular, que determina não haver causa ou efeito, mas sistemas de influências recíprocas.

De acordo com Osório[8], a teoria sistêmica considera que o indivíduo acometido pela doença é responsável pela representação do conflito no sistema, originado a partir das relações inadequadas existentes no grupo. Diante da patologia, a situação do sistema se modifica, a fim de se adaptar aos novos padrões de convivência. Andolfi[9] considera que se passa do diagnóstico ao estudo sistêmico do comportamento perturbado. Há uma mudança do paradigma mecanicista causal linear para o holístico e circular; e a análise sai do significado individual em função da dinâmica interativa. Há uma descentralização do sintoma para focalizar as interações e a rede de acontecimentos presente entre os membros. De acordo com Andolfi et al.:[10]

> O sintoma apresentado por um paciente ou por uma família pode tornar-se uma metáfora de um problema de relação, uma tentativa de conciliar necessidades contraditórias por meio de um símbolo capaz de refletir significados múltiplos.

Assim, é preciso buscar o significado interativo desse sintoma e suas implicações na família e no contexto social em que aparece. Tomemos como exemplo o caso a seguir.

Caso clínico

Paulo (nome fictício) era um cliente adulto, na faixa dos 50 anos, diagnosticado como portador de transtorno compulsivo, cujas manifestações consistiam em gastos intermináveis. Empresário bem-sucedido, ele não tinha problemas iniciais em obter dinheiro para compras, mas passou a ficar atento quando sua esposa percebeu o quadro e pelo excessivo volume de gastos mensais com os mais variados itens, a grande maioria supérflua.

Logo que foi alertado, Paulo se recusou a aceitar ajuda, mas depois acabou cedendo, pois, para alguém que havia crescido ouvindo dos pais sobre a importância da parcimônia e do cuidado com o dinheiro, aquele comportamento soava dissonante. Ele então procurou um tratamento psicoterápico.

Ao investigarmos seu histórico familiar, pudemos observar que era o irmão mais velho de quatro irmãs, o único homem. Filho de imigrantes, sempre ajudou o pai na empresa, que funcionava também aos finais de semana, "sacrificando sua adolescência e juventude". Seria ele a se responsabilizar pela família e a assumir o lugar do pai caso este viesse a falecer, cabendo-lhe o legado de guardião da toda a família. Segundo ele, foi o "vice-pai" daquele sistema.

Paulo não cursou a faculdade que queria, mas aquela mais adequada aos negócios da família, diferentemente das irmãs, que puderam escolher a própria profissão e "seguir sua própria vida".

Ele se casou com uma mulher de seu grupo de relações e com ela teve dois filhos, que estavam seguindo seus passos na empresa da família. Tudo parecia ir bem, até que ele começou a comprar tudo que lhe parecesse interessante e prazeroso, independentemente do que fosse.

A psicoterapia consistiu em ajudar Paulo a perceber o quão saturado estava das histórias familiares e o quanto queria sair da posição de responsável por tudo e por todos, permitindo-se viver uma vida mais leve.

Ao ser indagado sobre o "para quê" de tantas compras e o "lugar" que queria ocupar na sua própria vida e na da família, Paulo pôde entender que o comportamento compulsivo foi uma maneira de comunicar a si mesmo e às famílias, principalmente a de origem (pais e irmãs), que precisava se diferenciar e viver sua própria história, experienciando o prazer no lugar da responsabilidade e dando voz ao desejo, algo que tinha podido fazer poucas vezes na vida. Ao se considerar a história da família, foi possível compreender a relação que havia sido mantida dentro do sistema, que era indicativa do sintoma. No estudo familiar, o sofrimento passou a ser entendido como sintoma de uma perturbação mais ampla, que afeta e é afetada por outros fatores. Assim, procuramos o significado interativo desse sintoma e suas implicações na família e no contexto em que apareceu.

Buscamos ampliar seu olhar e ver os comportamentos exagerados de compras não como uma doença, mas como a maneira que Paulo havia encontrado para ser ele mesmo, com seus gostos e desejos. Assim, conseguiria se diferenciar da família de origem (seu pai, principalmente), deixando de ser leal aos princípios que nortearam toda a história familiar e a sua própria história. A partir daí, buscamos, juntos, ampliar as possibilidades do existir e pertencer sem ser pelo consumo excessivo e sem controle, de modo que ele pudesse alcançar esse objetivo sem sofrer maiores consequências. Isso levou a uma "pequena revolução na família", que, em médio prazo, trouxe a Paulo e aos demais membros outras possibilidades de vida (um dos filhos, por exemplo, deixou a empresa), mais próximas dos desejos e das singularidades de cada membro daquele sistema.

O processo de resolução do conflito tornou-se evidente quando Paulo assumiu a necessidade dos próprios desejos. E, por meio da ação de um dos membros, os outros puderam tomar iniciativas e passaram a também participar do novo processo, produzindo, assim, um sistema de cooperação, transparência e novos padrões de convivência. Há agora um sistema familiar funcionando autonomamente, mas que também interage, sem deixar que haja total influência do todo sobre as partes. O espaço pessoal foi descoberto, e a identidade, preservada em todos os membros.

Ao se reconhecer o valor da família (e a sua história) durante o processo terapêutico, a dinâmica até então atuante e a sua relação com o sistema, pôde-se pensar em uma melhoria na qualidade de vida, tanto para Paulo, que estava acometido pelo transtorno, como para aqueles que estavam ao seu redor. A mudança é um processo que cria a necessidade de adaptação, e assim a família pode criar um novo contexto de coesão, tornando possível o crescimento psíquico dos seus membros.

A terapia familiar é considerada por muitos autores o tratamento de escolha para pacientes diagnosticados com transtornos psiquiátricos por conta de intensas dificuldades relacionais experimentadas por esses pacientes e suas famílias.[11,12] Gunderson et al.[13] apontam que pacientes institucionalizados, acometidos pelo transtorno de personalidade *borderline* e que não receberam acompanhamento familiar apresentaram uma piora significativa em seu estado clínico.

Certos aspectos devem ser levados em consideração ao se trabalhar com famílias com um membro ou mais com transtornos de personalidade. Os sintomas relacionados ao diagnóstico podem ser desafiadores aos familiares, aos profissionais envolvidos no tratamento e ao próprio paciente. Em um estudo realizado por Pereira[2], identificaram-se quatro categorias relacionadas às dificuldades encontradas por familiares no convívio com pacientes psiquiátricos: descompasso temporal, culpa, desavenças/conflitos na família e perdas.

Não é apenas o paciente que prova de cansaço e isolamento ao experimentar os sintomas dos transtornos de personalidade. A família também vivencia tais sensações (frustração, impotência e angústia), que se intensificam com a permanência dos sintomas e fracassos ligados à vida social do paciente. A rotina familiar torna-se nervosa, repetitiva, fazendo com que os membros entrem em contato com sentimentos conflitantes e que produzem tensão. É como se todos estivessem em "tempos e espaços" distintos. Silveira[14] destaca a importância de fazer investigações que considerem e explorem o espaço e o tempo interiores. O tempo subjetivo, para o autor, estagna-se a partir de experiências e situações afetivas intensas. Tais fatores contribuem para uma comunicação falha, o que compromete a interação e leva ao sentimento de impotência diante desse descompasso, produzindo inúmeros desgastes relacionais entre os envolvidos.

Outro ponto que merece atenção diz respeito à culpa. A experiência da doença mental pode trazer consigo o abatimento e o abalo moral da família, e, ao doente, o papel de representante das falências do sistema familiar. Muitas são as indagações sobre a responsabilidade pela origem e pelo surgimento do quadro. "Muitas vezes um jogo de culpas vai se delineando, na busca de possíveis causas para o desencadeador da doença".[2] O desconhecimento a respeito da doença pode ser também um fator de culpa para os familiares, de modo que se faz necessária uma ressignificação das crenças e dos pensamentos que permeiam os transtornos de personalidade.

Desavenças e conflitos na família são comuns em sistemas afetados pelos transtornos de personalidade. Comentários críticos, intenso envolvimento pessoal e hostilidades são fatores que podem intensificar os sintomas. De acordo com Pereira e Pereira Jr.[2], uma redução na intensidade de expressão desses fatores pode possibilitar maior estabilidade emocional, contribuindo para a diminuição dos conflitos que circulam no interior da vida familiar. Aqui, novamente, a falta de compreensão sobre a doença mental é um elemento de desavença e de aumento da sobrecarga para os familiares. Assim, a informação sobre a natureza dos sintomas e sobre o tratamento pode melhorar a compreensão e a estabilidade emocional no contexto familiar.

As perdas também merecem um olhar mais aproximado ao se trabalhar com famílias acometidas por transtornos psiquiátricos. O impacto causado pelo adoecimento de um dos membros do sistema familiar leva os demais a viverem um "processo compulsório" de reorganização de suas dinâmicas.[2] O sentimento de perda persiste, trazendo consigo o desgaste emocional e o aumento do sofrimento psíquico, de modo a reduzir as possibilidades de trocas afetivas que propiciem interlocuções construtivas. Ao profissional, cabe lidar com as questões inerentes ao convívio com a pessoa com transtorno mental, o que pode auxiliar na determinação da dinâmica familiar.

> A falta de orientação às famílias pode fazer com que eclodam conflitos e descompassos entre o paciente e a dinâmica familiar, com prejuízos para o processo terapêutico. [...] O convívio com o portador de transtorno mental impõe aos seus familiares a vivência de sentimentos e emoções que, consciente ou inconscientemente, são difíceis de elaborar ou entender. Isto evidencia a grande necessidade de intervenções que acolham o sofrimento apresentado, considerando a subjetividade das pessoas e favorecendo a dinâmica de ajuda mútua.[2]

Considerações finais

O presente capítulo teve por objetivo apresentar aspectos gerais do transtorno de personalidade e suas repercussões no papel do terapeuta a partir da visão sistêmica. Um convite a uma perspectiva para além do diagnóstico: um olhar humano, com suas dores, suas angústias, suas alegrias, uma complexidade que não se reduz a rótulos. "O homem visto a partir da ótica sistêmica se flexibiliza, ganhando em complexidade e transpondo visões estáticas que o definam, o que se aplica ao uso clássico do diagnóstico."[15]

O diagnóstico, de acordo com Ravazzola[16], ao centrar a pessoa na sua dificuldade, implica uma definição de ser, uma identidade, supondo características próprias da essência do outro as quais se cristalizam no tempo, na medida em que o sujeito aceita o rótulo como constitutivo do seu ser. Os teóricos sistêmicos, ao falarem de relação, contexto e comunicação, incluíram o observador e resgataram sua responsabilidade no processo terapêutico, aspectos que necessitam ser integrados na noção do diagnosticar.

O terapeuta familiar é um facilitador para a família. É o profissional que se compromete a compreender o sintoma que causa o sofrimento de um conjunto de pessoas que se relacionam entre si e busca liberar as possibilidades não utilizadas pelo grupo familiar: procura o que não se conhece, mas que já estava lá anteriormente ao processo terapêutico. O que o terapeuta faz é acionar os mecanismos que já se encontravam no próprio sistema. De acordo com Bertalanffy[17], o movimento de ampliação do foco de análise para a família encontra respaldo na ideia de tratar os fenômenos da vida e, mais especificamente, o ser humano como detentores das características de um sistema, ou seja, um conjunto de elementos interligados para formar um todo com características próprias que não são encontradas em nenhum dos elementos isolados.

Em uma família "saudável", o processo de mudança é constante e a evolução é dinâmica. De acordo com Brendler[18], criar novas maneiras de interação representa ajudar a família a explorar e consolidar novos padrões de interação que surgirão pela recuperação do equilíbrio das relações. O processo de resolução do conflito é possível a partir do momento em que a família percebe que seu sistema está alterando, e assim busca um norte: a noção de que os sintomas dos indivíduos "doentes" estão refletidos em suas relações sociais. Assim, a doença mental passa a ser uma expressão das relações do indivíduo com o seu ambiente.

A proposta, no decorrer deste capítulo, foi convidar o leitor a sair do desconforto de premissas predefinidas e limitantes ao tratar indivíduos que sofrem com males tão estigmatizantes e se lançar, junto ao cliente (seja ele indivíduo, casal ou família), em um caminho construído a várias mãos.

Como colocado no início do capítulo, buscamos nossa liberdade abrindo outras e diferentes vias de acesso ao cliente e tendo como base o respeito ao ser humano e ao diferente.

Acabamos por "nos oferecer" para ouvir suas histórias a partir de um lugar mais próximo. Incluímo-nos como parte do sistema, ampliando olhares e procurando juntos novas possibilidades e inter-relações.

Isso porque acreditamos que limitar o fazer terapêutico, aceitando a unicidade e a "verdade" de um diagnóstico, em um primeiro momento, até pode ser fácil, prático e rápido, mas jamais nos libertará nem libertará o cliente da prisão que é a falta de alternativas.

Como ensinam Minuchin e Nichols:[19]

> Esta é a marca da terapia familiar: tratar ao mesmo tempo da individualidade e das conexões, e saber ampliar as histórias individuais mudando a perspectiva da família. Quando os membros da família param de dar ênfase ao comportamento frustrante dos outros e começam a ver a si mesmos como interligados, eles descobrem novas opções de relacionamento.

Foi isso que fomos buscar enquanto terapeutas sistêmicos e é o que levamos aos nossos clientes e compartilhamos com você, colega leitor, esperando que possamos ter ajudado a construir novos, diferentes e desafiadores caminhos.

Referências bibliográficas

1. Trillas CT. A terapia familiar sistêmica: em sintonia com o mundo. Psicologia Médica. 1998.
2. Pereira MAO, Pereira Jr. AP. Transtorno mental: dificuldades enfrentadas pela família. Rev Esc Enfermagem USP. 2003;37(4):92-100.
3. Minuchin S. Famílias: funcionamento e tratamento. Porto Alegre: Artes Médicas; 1990.
4. Grandesso M. Sobre a reconstrução do significado: uma análise epistemológica e hermenêutica da prática clínica. 2. ed. São Paulo: Casa do Psicólogo; 2000.
5. Colombo FC. O papel do terapeuta em terapia familiar. In: Osório LC, Valle MP. Manual de terapia familiar. v. 1. São Paulo: Artmed; 2009. p. 443-61.
6. Neil JR, Kniskern DP. Da psique ao sistema: a evolução da terapia de Carl Whitaker. Porto Alegre: Artes Médicas; 1990.
7. Ballone GJ. Transtornos da personalidade. PsiqWeb. [Acesso em 11 out 2016]. Disponível em: http://www.psiqweb.med.br/site/?area=NO/LerNoticia&idNoticia=180.
8. Osório LC. Família hoje. Porto Alegre: Artes Médicas; 1996.
9. Andolfi M. A terapia familiar: um enfoque interacional. Campinas: Psy; 1996.
10. Andolfi M, Angelo C, Menghi P, Nicolo-Corigliano AM. Por trás da máscara familiar: um novo enfoque em terapia da família. Porto Alegre: Artes Médicas; 1984.
11. Brown SL. Family therapy and the borderline patient. In: Grotstein JS, Solomon MF, Lang JA, editors. The borderline patient: emerging concepts in diagnosis, psychodynamics, and treatment. v. 2. Hillsdale, NJ: The Analytic Press; 1987.
12. Solomon MF. Therapeutic treatment of borderline patients by non-analytic practitioners. In: Grotstein JS, Solomon MF, Lang JA, editors. The borderline patient: emerging concepts in diagnosis, psychodynamics, and treatment. v. 2. Hillsdale, NJ: The Analytic Press; 1987.
13. Gunderson JG. Borderline personality disorder. Washington, DC: American Psychiatric Press; 1984.
14. Silveira N. O mundo das imagens. São Paulo: Ática; 1992.
15. Lopes EJ, Lopes RF, Lobato GR. Algumas considerações sobre o uso do diagnóstico classificatório nas abordagens comportamental, cognitiva e sistêmica. Psicologia em Estudo. 2006;11(1):45-54.
16. Ravazzola MC. Acerca del "diagnosticar". Sistemas Familiares. 1997;13(2):98-101.
17. Bertalanffy LV. Teoria geral dos sistemas. Petrópolis: Vozes; 1975.
18. Brendler J. Doença mental, caos e violência: terapia com famílias à beira de uma ruptura. Porto Alegre: Artes Médicas; 1994.
19. Minuchin S, Nichols MP. A cura da família: histórias de esperança e renovação contadas pela terapia família. Porto Alegre: Artes Médicas; 1995.

Bibliografia

Lincoln YS, Guba EG. Controvérsias paradigmáticas, contradições e confluências emergentes. In: Denzin NK, Lincoln YS. O planejamento da pesquisa qualitativa: teorias e abordagens. Porto Alegre: Artmed; 2006. p. 169-92.

63 Abuso e Dependência de Substâncias na Visão Sistêmica | Contribuições das Escolas Modernas e Pós-Modernas

Roberta Payá

Introdução

A dependência do álcool e de substâncias ilícitas afeta diretamente o relacionamento entre os membros de uma família ou de um casal, e, para o entendimento sistêmico, as condições desses relacionamentos afetam o quadro do abuso e/ou da dependência de alguma substância.

Nesses sistemas, percebe-se que, geralmente, existe uma relação pouco saudável entre o membro que é usuário e o resto da família, o que causa danos a ele e a outras pessoas. A família, que procura ajudar, acaba corroborando para o agravamento do quadro, por conta de sua própria dinâmica. Essa relação revela-se, então, parasitária, um lado se alimentando dos esforços emocionais do outro. Essa relação pode se prolongar por anos, a ponto de ser considerada "normal" por aqueles que a vivem.[1]

Na prática clínica, pessoas que apresentam diferentes tipos e graus de problemas com álcool ou drogas são encaminhadas para tratamento e terapias. A inclusão da família no tratamento de dependentes químicos tem sido consideravelmente estudada, e a literatura tem concluído que famílias que realizam terapia familiar e de casal obtêm melhores resultados que famílias que não são incluídas no tratamento.[2,3] Embora não exista uma única proposta de tratamento a ser utilizado, o modelo sistêmico familiar, que ganhou importância de 1970 até 1980, recebeu destaque por dois fatores importantes:[4,5]

- A maneira como apresenta uma conceituação dos problemas associados ao abuso ou à dependência de substâncias que não foca o usuário, mas "as relações" e "nas relações" do seu universo. Entende-o como um ser em constante afinidade com seu meio, e o meio, por sua vez, em contínua interação com as condições culturais, sociais, religiosas, étnicas, de idade, de gênero, de tempo etc.
- A diversidade de abordagens e técnicas contempladas, que sustentam sua aplicabilidade como uma intervenção de eficácia, incluindo uma prática colaborativa por parte do terapeuta, em que a parceria na conversa entre terapeuta e cliente dá ênfase aos processos reflexivos e à abertura das palavras para os significados por eles construídos.[6]

Schenker e Minayo[7] revisaram os principais modelos de tratamento para as famílias inseridas nesse contexto, e entre os de destaque encontra-se a abordagem familiar multissistêmica, um dos modelos de tratamento mais eficazes entre os disponíveis para dependentes químicos adolescentes.[8,9] A abordagem multissistêmica divide-se em: Treinamento de Reforço da Comunidade (CRT, do inglês, *Community Reinforcement Training*), Treinamento de Família e Reforço da Comunidade (CRAFT, do inglês, *Community Reinforcement and Family Training*), Terapia Familiar Unilateral (UFT, do inglês, *Unilateral Family Therapy*), e Identificação do Membro Motivado. Essas abordagens se mostraram muito eficazes nos seguintes aspectos: como intervenção terapêutica, incluindo o trabalho da rede social; na redução do consumo de drogas; na melhoria de problemas de comportamento relacionados ao consumo de drogas; na melhoria do funcionamento familiar de modo geral; e na prevenção de recaídas.

Modelo sistêmico e dependência química

Modelos pautados em fatores isolados com relação aos problemas do abuso ou da dependência de álcool ou drogas ilícitas, que oferecem explicações de vulnerabilidade genética, processos biológicos, experiências de socialização precoce e traços de personalidade relacionados, acontecimentos estressantes, processos intrapsíquicos e padrões de interação social fornecem contribuições importantes para a compreensão da etiologia e da permanência da dependência química. Entretanto, modelos integradores do uso de substâncias, que levam em consideração os padrões de comportamento nos quais acontece o consumo problemático e os sistemas de crenças que sustentam esses padrões, somados aos fatores de predisposição constitucional, sociocultural e de desenvolvimento, oferecem uma estrutura sistêmica sobre a qual é possível conduzir a terapia de família e de casal.[10-18]

Dependência química no entendimento sistêmico

Também conhecida como abordagem causal, a teoria sistêmica acredita que a patologia não existe dentro do indivíduo, mas dentro do sistema familiar, expressando a causa do problema, ou, ainda, mantendo a dependência da pessoa. Essa teoria entende o fenômeno da dependência química como um sintoma da disfunção familiar que expressa um conjunto de comportamentos que decorrem do funcionamento estabelecido nas interações relacionais dos membros e dos contextos em que o sistema como um todo está inserido. Assim, analisa o paciente/usuário, a família e a dependência como sistemas em constante relação. Essa abordagem crê na mudança indo além do modelo de doença bastante empregado no entendimento da dependência química, uma vez que a mudança, assim como o tratamento, é compreendida dentro de um processo de construção e colaboração entre as partes envolvidas, incluindo o sistema terapêutico. Por isso, o foco de uma abordagem sistêmica não visa apenas à abstinência, mas também às condições de interação entre membros diante do fenômeno.

Em uma leitura das práticas mais colaborativas, advindas das escolas pós-modernas, a intervenção familiar com o membro dependente entende que "o processo de terapia é a conversação terapêutica na qual o terapeuta é um participante ativo e 'arquiteto do diálogo'".[19]

> O diálogo é considerado uma forma de conversação na qual o terapeuta e o cliente participam do co-desenvolvimento de novos significados, novas realidades e novas narrativas, a partir de uma postura terapêutica de genuíno não-saber.[20]

Assim, o papel de membro doente ou incapaz, creditado pelo usuário e reforçado, contraditoriamente ou não, pela família, é desconstruído à medida que se abre um espaço colaborativo em que todos os participantes da conversa podem expressar suas ideias e perspectivas. A linguagem do sistema familiar é validada por todos, inclusive pela realidade dos membros que atuam como porta-vozes do sintoma ou da disfuncionalidade.

Esse entendimento integrativo será apresentado neste capítulo a partir dos conceitos sistêmicos que reforçam a composição do problema, da queixa. Entre eles, serão destacados conceitos das escolas modernas e das pós-modernas. Essa composição tem sido usada tanto na prática clínica como na formação de profissionais em cursos de intervenção familiar, a fim de se explorar a família como um todo para a promoção da saúde, tendo como base as metas do trabalho familiar nesse contexto, segundo Smith e Meyers.[21] São elas:

- Motivar membro usuário para o tratamento
- Enquanto a busca por tratamento não ocorre, auxiliar o membro a reduzir os danos do uso e das consequências relacionadas a seu uso
- Colaborar com o familiar para a promoção de mudanças positivas nos padrões de comportamento e dinâmica emocional do membro, independentemente do engajamento ou não dele.

A partir dessas metas, a composição que facilita a exploração familiar como um todo engloba conceitos como: homeostase familiar; ciclo de vida familiar; padrões de comportamento; sistemas de crenças; fatores geracionais e fatores predisponentes constitucionais, socioculturais e de desenvolvimento; conexão com as redes; e resiliência familiar. Tais conceitos servem como instrumentos diagnósticos, pois são amplificadores das dinâmicas inter-relacional e intrarrelacional dos três (ou mais) sistemas envolvidos: o usuário, a família e a substância. Servem, então, como "instrumentos diagnósticos" que podem abrir reflexões como:

- Quais são os padrões de interação que afetam a família?

- Quais são as atitudes tomadas em relação ao problema da dependência ou do abuso?
- Quem é o especialista no problema?
- Qual é o membro mais preocupado com o problema?
- Como essa preocupação é expressada nessa família?
- O que ocorre quando retiramos o foco do problema da substância para cada membro?
- Quem seria o porta-voz se não fosse este membro atual?

Além disso, identificar como a organização (estrutura)* familiar foi estabelecida, por meio das fronteiras entre subsistemas, coalizões/alianças e hierarquias**, e identificar o padrão de comunicação, buscando entender quem fala por quem e a congruência da comunicação verbal com a não verbal, tornam-se recursos valiosos para um diagnóstico familiar.

Diagnóstico familiar

O diagnóstico empregado por um discurso médico dominante é bastante discutido dentro da terapia sistêmica. Com o pensamento pós-moderno terapêutico, o diagnóstico poderia ser compreendido como algo que limita a pessoa a mudar, uma vez que define uma estrutura fixa do ser, como Marilene Grandesso descreve no Capítulo 59 (Práticas Pós-Modernas | Que Lugar Ocupa o Diagnóstico?)".

Assim, o que é aqui nomeado "diagnóstico familiar" representa um conjunto de perguntas, hipóteses, observações e reflexões construídas e compartilhadas na relação do sistema familiar e do sistema terapêutico. Novas possibilidades de conduta, funcionamento e dinâmica familiar, então, são oferecidas dentro de um contínuo processo colaborativo. O diagnóstico da dependência nessa perspectiva é recebido como algo passível de ser desconstruído, não pertencendo ao membro "dependente", pois este atua no papel de porta-voz do funcionamento familiar no momento. Pontua-se o tempo uma vez que, no decorrer do curso de vida familiar, outros membros podem atuar como protagonistas – sinalizadores de que algo não vai bem, assumindo a incumbência do problema, ora pela combinação de aspectos individuais (características pessoais que podem ser entendidas como fatores de risco para o desenvolvimento de um comportamento dependente, p. ex., baixa autoestima), ora pela produção de sintomas advindos da organização familiar.

Além disso, vale acrescentar que, do ponto de vista sistêmico, o uso indevido de drogas pode ser concebido como um sintoma ou uma expressão de crise. Desse modo, o comportamento desviante de um filho adolescente, por exemplo, representa uma função dentro do sistema familiar.[24,25] Para Ausloos[26], o sintoma pode ser visto como uma tentativa de o sistema mostrar uma mudança, sem que, de fato, alguma mudança ocorra. É um sinal de advertência de que não há soluções nas modalidades habituais de interação que o sistema apresenta.

Homeostase familiar | A produção da dependência química como componente estabilizador e/ou desestabilizador do sistema familiar

O modelo sistêmico considera que famílias com problemas de dependência química mantêm um equilíbrio dinâmico entre o uso de substâncias e o funcionamento familiar. Na perspectiva sistêmica, um dependente químico exerce uma importante função na família, pois esta se organiza de modo a alcançar uma homeostase dentro do sistema, mesmo que, para isso, a dependência química faça parte do seu funcionamento e, muitas vezes, a sobriedade passe a afetar tal homeostase.

No entendimento da homeostase da Primeira Cibernética, também conhecida como homeostase negativa, a permanência e o surgimento da dependência química são formas de não mudança, maneiras de o sistema voltar a ser o que era antes, no sentido de autorregulação.[27] Autorregulação refere-se à capacidade de o próprio sistema corrigir desvios em sua trajetória, de modo a garantir sua estabilidade. Esse dilema familiar poderia ser mais facilmente entendido pelo paradoxo presente entre família e usuário: "Como ajudar aquele que ajuda a família a se manter?".

---

* O entendimento de estrutura familiar e o conceito de fronteira são especificamente sistêmicos, amplamente empregados por Minuchin e Fishman.[22] Referem-se ao fato de que, dentro do sistema familiar, há subsistemas, e entre eles há fronteiras mais ou menos rígidas ou mais ou menos permeáveis. As maneiras como a fronteira com o mundo externo e a fronteira interna entre os subsistemas se apresentam podem fazer com que haja famílias mais ou menos vulneráveis quanto à produção de condutas problemáticas.

** Haley[23] escreveu que todas as famílias, como toda organização, necessitam de hierarquias claras para um bom funcionamento. E, quando isso não ocorre, é porque as hierarquias não estão sendo respeitadas. P. ex.: filho que confronta e desafia o pai.

No entanto, na homeostase da Segunda Cibernética*, ou homeostase positiva, o equilíbrio leva à permanência ou ao surgimento da dependência química como forma de mudança. Nessa perspectiva, não há mais, como modelo, um sistema resistente, "paralisado" em seu movimento, mas um sistema que, inevitavelmente, muda para novas coerências e no qual o sintoma não é mais um "mecanismo homeostático" que impede a família de mudar ou de sucumbir a uma crise, mas uma alternativa amplificada, a solução possível naquele momento para aquele sistema.

A exemplo disso, Guimarães et al.[29] descrevem a perspectiva sistêmica sob o dinamismo do abuso ou do desenvolvimento da dependência de alguma substância como aquela que sublinha a dimensão essencialmente relacional do processo de individuação do filho adolescente. Antes de tudo, é preciso entender que quem se separa se separa de algo ou de alguém. Por isso, tornar-se autônomo pressupõe a existência de um vínculo anterior de dependência, sendo apenas possível deixar um contexto a que se pertenceu. Esse processo é vivido por toda a família, às vezes com grande sofrimento, e pode estar relacionado à dificuldade de o sistema realizar as mudanças que a individuação requer.[30] Como maneira de manter o equilíbrio da organização familiar (homeostase), esse filho pode se tornar prisioneiro dela.

Vale apontar, conforme Grandesso[31] descreve, que o pensamento pós-moderno na prática clínica se reflete na mudança das metáforas teóricas que os terapeutas usam, indo das metáforas organizadas em torno do conceito de homeostase da Cibernética de Primeira Ordem e das metáforas bélicas do grupo de Milão para as ecológicas, em torno dos conceitos de co-evolução, co-criação e co-participação.[32,33]

Curso de vida familiar | Os ciclos da vida do sistema familiar e da dependência química

A noção do ciclo de vida familiar revolucionou a visão da família. Antes, entendia-se que o percurso da vida familiar seria esperado, aconteceria de modo organizado, por exemplo, a formação de um casal e a continuidade de sua família ao gerarem seus filhos, que por sua vez estenderiam o modelo de seus pais. Com o passar do tempo e frente às diversas configurações familiares existentes na atualidade, tal conceito foi se modificando. Segundo Torrado[34], a vida familiar forma-se em um curso implicado em um conjugado de variáveis. Nas famílias originadoras de condutas dependentes, observa-se que as mudanças do curso de vida se transformam muitas vezes em crises de vida. Ou seja, nas transições durante o curso de vida, que requerem negociações de regras, papéis e adaptações dos e entre os membros, a família apresenta maior vulnerabilidade para um dos membros iniciar ou agravar o abuso de uma substância.

A visão da família como um sistema movendo-se através do tempo traz a noção de processo para o campo de análise do terapeuta familiar.[35] Muitos autores da terapia familiar correlacionam a drogadição com o ciclo de vida familiar.[24,36,37] Isso significa que o abuso de drogas por parte de um adolescente deve ser visto em termos de seus processos de crescimento, de experimentação, de autoafirmação, de ampliação de sua rede de relações e de afastamento da família.[24] A adolescência em si representaria então uma das fases da vida familiar complexa, rica pela sua necessidade de renegociação de papéis, regras e limites.

O modelo de ciclo de vida é clinicamente relevante para o tratamento de dependência de substâncias, pois é na intersecção do que ocorre na vida familiar, do que ocorre no desenvolvimento dos membros e do que acontece na fase de desenvolvimento do problema com substâncias que se amplia o entendimento da disfunção. O abuso ou a dependência de substâncias pode tanto interromper a realização das tarefas desenvolvimentais como ser uma resposta ao estresse imposto pelas fases de desenvolvimento específicas. O momento no qual a droga ou o álcool passa a existir dentro de um sistema familiar está fortemente ligado ao próprio ciclo de vida em família. Steinglass et al.[38] referem, em seu trabalho, que o ciclo familiar vital serve como parâmetro para a identificação de variáveis relacionadas aos problemas de abuso de álcool e drogas, para determinar a direção do tratamento. As fases do processo histórico familiar podem ser compreendidas dentro do amplo conceito do ciclo de vida familiar, e tais fases expressariam ou apresentariam mais fatores de risco que proteção para a produção da dependência química.[5,35]

Assim, a determinação do estágio, o processo de avaliar e definir os aspectos de disfunção

---

* Heinz von Foerster[28], ao considerar o observador não mais fora do sistema observado, passou a conceituar o que chamamos de sistema observante. Observante define o observador como um processo reflexivo em que todo instante põe em questão a ideia de realidade objetiva. No campo da terapia familiar, o desenvolvimento dessa ideia passou a ser conhecido como *cibernética de segunda ordem*, ou cibernética da cibernética.

relacionados com a fase e seu tratamento, é crucial para o tratamento de qualquer problema, e esse processo é particularmente complexo em um sistema criador de comportamentos dependentes. Tal complexidade relaciona-se com o fato de ocorrerem duas sequências interatuantes de eventos – a progressão desenvolvimental da própria família e a do problema.

A presença de abuso ou dependência na família – em qualquer geração – dificulta a tarefa de diferenciação para todos os membros. As fronteiras familiares geralmente são rígidas ou difusas demais, os papéis costumam estar trocados ou de alguma maneira inadequados, e triângulos disfuncionais são ativados e modificados, dependendo de o sistema estar em uma fase de abstinência ou de intoxicação.

Para cada estágio também é possível agregar dados que tragam prevalências de consumo. Evidências apontam, por exemplo, que entre os maiores de 18 anos a prevalência de dependentes ou consumidores abusivos de bebida alcoólica chega a 5%.[39] Dados nacionais apontam o comportamento de abuso cada vez mais precoce em adolescentes e crianças.[40] Tais informações ressaltam a importância de se compreender o momento de vida do indivíduo, dando destaque à fase adolescente, como um período em si extremamente vulnerável para o consumo de alguma substância.

Dados do NIDA[41] apontam que quanto mais precoce a experimentação ou o abuso de alguma substância, maiores serão as chances de a pessoa desenvolver um padrão dependente. Assim, o momento de vida individual, assim como o momento de vida familiar, merecem atenção por também revelarem dados relevantes à compreensão da etiologia da dependência e do funcionamento e da dinâmica familiares.

Padrões de comportamento | Rastreamento da relação do casal com a substância

O uso abusivo de bebidas alcoólicas ou de substâncias acontece em um contexto de padrões de comportamento que o mantêm. Esses padrões, também entendidos como de interação, fornecem a sequência de comportamentos estabelecida entre os membros.

Problemas com abuso de drogas podem ter como gatilho: um alívio para o tédio; redução de ansiedade, depressão ou raiva; ou, mais adiante, alívio para sintomas de abstinência. Inevitavelmente, os problemas com abuso de drogas criam dificuldades para o usuário e para aqueles que convivem com ele. Muitas vezes, na tentativa de fazer alguma coisa para reduzir as consequências negativas do problema, o parceiro acaba mantendo o padrão do problema com a bebida. Por exemplo, levar o cônjuge embriagado para casa, acobertá-lo caso ele falte ao trabalho no dia seguinte, conseguir uma bebida logo cedo ou permitir que ele sempre tenha dinheiro para custear "rodadas" futuras são atividades comuns, que fazem com que o problema com a bebida permaneça.

Por isso, as conexões causais entre o abuso de substâncias e a discórdia nos relacionamentos são complexas e recíprocas. Casais em que um dos parceiros abusa de drogas ou álcool normalmente também apresentam grandes problemas de relacionamento, com risco de separação ou divórcio, abuso físico e verbal, bem como problemas de ajustamento dos filhos. Os efeitos negativos do abuso de substâncias (p. ex., mentir para encobrir o uso de drogas do cônjuge no trabalho) criam problemas de relacionamento. O estresse desses problemas, por sua vez, torna-se mais um gatilho para o abuso de substâncias. O abuso e os problemas de relacionamento criam um ciclo destrutivo, em que um induz ao outro. Essa relação complementar entre o parceiro que não abusa de substâncias e o que tem o problema apresenta a questão adicional de tornar muito difícil para o casal atender adequadamente às necessidades dos níveis desejados de intimidade e autonomia. Dados de pesquisa revelaram que a falta desses dois aspectos foi definida como um dos principais problemas de casais não estressados.[42]

Quando as necessidades de intimidade e autonomia são frustradas, um consumidor problemático de bebida alcoólica pode se utilizar disso para superar essas necessidades não atendidas. Ele pode se sentir impotente em relação ao controle da deterioração de seu relacionamento e ao aumento da distância de seu parceiro. Aqueles que não têm problemas com bebida, ao contrário, podem se sentir desamparados devido ao problema incessante de consumo de bebida alcoólica por seu parceiro, mesmo com todo o apoio que oferecem. Eles também podem experimentar um distanciamento crescente na relação.

O parceiro sóbrio pode lidar com essa frustração criticando, reclamando, se distanciando e punindo seu parceiro pelo fato de ele beber. Em resposta a isso, o parceiro pode passar a beber ainda mais. Quando as necessidades de intimidade e autonomia são frustradas, os cônjuges que bebem tentam superá-las aumentando ainda mais o consumo de bebida, o que pode até desencadear agressões físicas e verbais durante os períodos de embriaguez. Após esses acontecimentos, normalmente os cônjuges que bebem adormecem e, quando acordam, expressam profundo remorso. Nos casos em que o parceiro que não tem problemas com bebida perdoa aquele que tem, e ele promete que irá mudar, ambos sentem uma profunda sensação de alívio e intimidade psicológica. Essa consequência, altamente recompensadora para todo o ciclo, pode ser um incentivo para repeti-lo.

Em casais em que ambos os parceiros bebem, os "ataques de alcoolismo" têm o "custo" de criar um sentimento de coesão e conectividade. Beber em conjunto pode fazer com que o casal evite resolver os difíceis e complexos problemas familiares, como desemprego e cuidados com as crianças. Quando um membro de um casal apresenta dependência, ou ambos, a dificuldade pode conduzir os dois a se isolarem da sociedade à medida que o problema com a bebida alcoólica ou o abuso de substâncias piora progressivamente, fato que pode tornar os padrões de manutenção do problema mais rígidos.[43]

Sistemas de crenças

No aspecto familiar, para avaliar e intervir na dependência química "sistemicamente", é necessário considerar as expectativas familiares. Reforçar a quebra de preconceitos e trabalhar com crenças moralistas e culpas quanto à questão da dependência proporciona o resgate da autonomia de cada um dos membros, buscando, principalmente, a mudança de padrões familiares estabelecidos.

Os problemas comportamentais nos quais a dependência química está inserida podem ser sustentados por uma série de sistemas de crenças. Para o parceiro que bebe, o comportamento pode ser sustentado pelo fato de ele negar que o problema existe, ou mesmo por aceitar que existe, mas acreditar que é incontrolável. Para o parceiro que não bebe de modo problemático, um comportamento permissivo pode ser sustentado pelo fato de ele acreditar que apoiar o parceiro que bebe pode, eventualmente, levá-lo a cessar o consumo de bebida alcoólica. Pode ser escorado também por ele acreditar que, retirando o apoio, o parceiro que enfrenta o problema com bebida alcoólica possa ter queda de produtividade, levando à perda do emprego, entre outras consequências negativas, ou mesmo se tornar agressivo, se autoflagelar ou apresentar comportamentos suicidas.

Há também consequências negativas para o membro que não bebe, caso o comportamento dependente do outro mude. No mínimo, isso denotaria uma alteração na rotina do relacionamento. Entretanto, também significaria alterações na maneira como o casal atende às suas necessidades por níveis desejados de intimidade e autonomia. O cônjuge que não bebe, que geralmente tem muito poder e muita autonomia, pode achar que seu poder estará reduzido quando seu parceiro estiver sóbrio. O cônjuge que não suporta um nível elevado de intimidade pode descobrir que, na verdade, teme a recuperação do parceiro problemático porque isso pode significar um aumento no nível de intimidade da relação. As crenças relacionadas a essas consequências negativas podem manter o comportamento permissivo do membro que não bebe ou usa drogas. Muitas vezes, quando o usuário busca ajuda, a interação do casal já se tornou tão intensamente focada no abuso de substâncias que, apesar de já ter cessado, o uso do álcool ou da droga não foi de modo algum esquecido. O cônjuge tem um grande ressentimento em relação ao uso da bebida ou da droga no passado, assim como medo e desconfiança em relação a um possível retorno ao abuso no futuro. O membro dependente, apesar de se sentir culpado pelos problemas causados pelo uso de álcool ou drogas no passado, deseja que o cônjuge reconheça seus esforços de mudança.[43]

Fatores geracionais | Mitos do ambiente familiar de dependentes químicos

Explorar os aspectos geracionais significa ir além da genealogia da família, incluindo relações, acontecimentos, vínculos e padrões familiares. Para a perspectiva sistêmica, é importante explorar todos esses elementos para poder conceituar o abuso e a dependência como "transtornos" de impacto intergeracional. A ocorrência de um problema com o álcool em algum ponto da estrutura trigeracional da família nuclear imediata que se apresenta para o tratamento afeta significativamente os padrões comportamental e emocional da família. Daí a necessidade de o terapeuta avaliar o efeito em gerações anteriores, reconhecendo-o na sua relevância para as questões atuais de diferenciação entre as partes e o sistema familiar.

Em geral, os problemas com bebida alcoólica se desenvolvem gradualmente. Porém, eles podem ser exacerbados significativamente por um acúmulo de eventos estressantes ou pela identidade familiar construída ao longo das transições no ciclo de vida.

Alguns autores generalizam o conceito de identidade pessoal para a família, definindo-a como um constructo subjetivo que se refere àquilo que a família representa para si mesma e a respeito de seus membros. A identidade familiar, segundo Benett et al.[44], é:

> o sentido subjetivo dado por parte da família de sua própria continuidade ao longo do tempo, é a situação presente de suas características, isto é, a Gestalt de qualidades e atributos que a tornam uma família particular e que a diferenciam de outras famílias.

A identidade familiar é transmitida principalmente por meio de rituais e mitos. Os rituais são os comportamentos, as atitudes de uma vida em família, as celebrações, as tradições e os padrões rotineiros: "[...] rituais são versões condensadas da vida em família enquanto um todo, seu desempenho clarifica os papéis, delineia as fronteiras e define as regras".[44] Os mitos são criados pela família e definem sua história factual e seu folclore: "Os mitos que emergem são uma amálgama de fatos e fantasias, incorporação de eventos cruciais, pessoas importantes, os heróis e os culpados e os principais temas da história da família".[44]

A manutenção ou não dos rituais e dos mitos de uma geração para outra irá delinear a transmissão ou a modificação da identidade familiar. A transmissão acontecerá caso se mantenham, pelo menos, alguns rituais e mitos da família de origem. Se, por algum motivo, nenhum dos rituais e mitos sobreviver, não se repetindo na geração seguinte, haverá uma ruptura na identidade familiar. Tratando-se do fenômeno da dependência química, além de o meio familiar ser analisado por meio dos fatores de risco e de proteção existentes, sabe-se que um filho de alcoolista pesado tende a repetir exatamente o padrão ou seguir o antimodelo do vivenciado, tornando-se completamente abstêmio.[45] Para a teoria sistêmica, tal fenômeno pode ser analisado na perspectiva intergeracional, que aponta como problema o alcoolismo ou a drogadição presentes em algum ponto da estrutura trigeracional da família.[46]

Conforme Krestan e Bepko[47] propuseram, não é possível trabalhar com um jovem adulto que mostre típicos problemas de separação/diferenciação sem compreender a influência particular que seu avô alcoolista pode ter tido sobre os atuais padrões interacionais da família. Quer a família defina o alcoolismo nas gerações passadas como um problema, quer não, ele deve ser avaliado como um sistema que também exerce influência sobre o atual funcionamento da família.

Essa suposição sistêmica tem sido identificada em outras pesquisas. Em um estudo com 105 mulheres dependentes de *crack*, observou-se evidente associação entre a condição de dependência e o histórico familiar de drogas de cada usuária, bem como outros fatores de risco.[48]

Como exemplo disso podemos observar, no genograma da família de Fabiano e Camila, filhos de pais dependentes de *crack* e álcool, ambos adolescentes assistidos em um serviço especializado* em prevenção na região do Jardim Ângela, em São Paulo, a presença do abuso ou da dependência por substâncias em diferentes gerações de uma mesma família:

- Fabiano é o único filho entre quatro irmãs (Figura 63.1). Sua mãe está desempregada e lhe pede para ajudar nas responsabilidades da casa. Fabiano gosta de ir à escola, mas diz que muitas vezes acaba faltando. Gosta de rap e futebol. Deseja sair do local onde mora, pois diz que a própria família do pai (que mora próximo) incomoda e serve de mau exemplo a suas irmãs. Ocupa seu tempo na escola e com seus amigos
- Camila, adolescente, também é filha de pais humildes (Figura 63.2). Tem seis irmãos. Ela é a filha mais velha e se ocupa das responsabilidades da casa. Descreve que discute muito com os irmãos por isso, pois eles não a aceitam como autoridade. Cuida da irmã caçula e da mãe, que bebe. Seu sonho profissional é ser babá ou professora. Tem como passatempo os momentos em que vai à igreja. Frequenta o Cuida desde janeiro de 2002.

Além do padrão de abuso e dependência ser evidente entre as gerações das famílias apresentadas, os componentes que constituem tal identidade familiar também podem ser descritos pelas condições em que os filhos de dependentes químicos podem, de modo geral, reconhecer a dependência de seus pais e identificá-la como um problema, à medida que crescem. Embora isso não ocorra em um tempo cronológico específico, o fenômeno é percebido inclusive como algo muito grave, responsável por discussões, brigas e desentendimentos. As noções dos cuidados dos pais ficam abaladas, uma vez que a dependência

---

* Centro Utilitário de Intervenção e Apoio aos Filhos de Dependentes Químicos (Cuida), localizado na região do Jardim Ângela, distrito do Campo Limpo, município de São Paulo.[49]

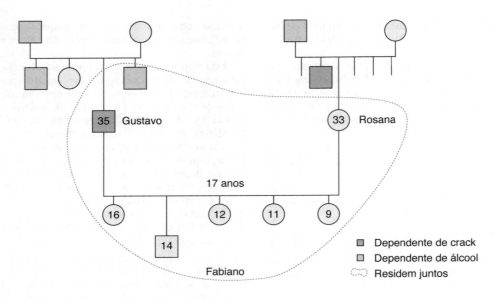

Figura 63.1 Genograma familiar de Fabiano.

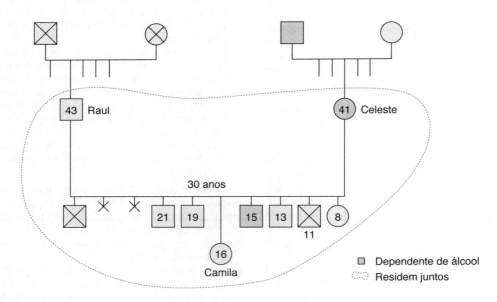

Figura 63.2 Genograma familiar da Camila.

destes, sendo de álcool ou de droga, cria um distanciamento entre pais e filhos. Desse modo, o que era esperado, como a introdução de regras, o cumprimento de necessidades básicas e, principalmente, a troca de carinho e afeto, fica longe de ser vivenciado por esses adolescentes. Como Camila disse: "Poucas vezes minha mãe faz carinho. Agride sempre em palavras".

Pelo tempo que os membros ou os pais permanecem usando alguma substância ou pelo tempo que perdem na recuperação dos seus efeitos, a presença física e emocional fica restrita. Por sua vez, infelizmente, a falta de convívio acarreta nos filhos ou em outros membros a forte sensação de não serem reconhecidos ou de serem pouco observados por seus pais.

Outra situação séria é quando a falta de cuidados interfere diretamente na formação de identidade dos filhos – e, em geral, o modelo esperado de pai fica comprometido pelo uso de drogas. Exemplo disso é a fala de Fabiano: "Outro dia, ele escutou minha mãe falando da minha certidão, porque tá perdida, né? Aí ele falou que eu não precisava porque eu não existia". Talvez tais necessidades não sejam supridas ou levem um tempo para ser compreendidas. Mas a questão é que o próprio filho, ao longo de seu desenvolvimento, vai solicitando reações diferentes de seus pais, e essa troca pode deixar de existir ou pode ser insuficiente em razão da ausência ou da hostilidade estabelecida. Podemos dizer, portanto, que a dependência química colabora para que:

> Os pais acabem impondo regras, que não podem explicar no momento ou que explicam inadequadamente, ou consideram as razões para as regras como evidentes por si mesmas, quando não são autoevidentes para os filhos. À medida que têm mais idade, podem não aceitar as regras. Os filhos comunicam suas necessidades com graus variáveis de nitidez e fazem novas exigências aos pais, tais como de mais tempo e mais comprometimento emocional.[50]

Fatores constitucionais, socioculturais e de desenvolvimento | O contexto, o processo e o que constitui o processo da dependência química

O comportamento dependente não se desenvolve em um vácuo, e sim em um contexto que inclui família, pares, vizinhança e aspectos culturais que definem regras, valores e comportamentos. Por isso, as influências sociais devem ser entendidas como aspectos de grande impacto na vida do membro que apresenta problemas com álcool ou drogas desde a infância.

Fatores constitucionais

Os fatores constitucionais podem tornar as pessoas vulneráveis aos problemas com álcool ou drogas, na medida em que um pequeno subgrupo de pessoas que enfrenta esse tipo de problema está geneticamente vulnerável ao desenvolvimento de uma dependência. Deve-se enfatizar, entretanto, que, ao contrário da crença popular, esse é apenas um pequeno subgrupo, e não são exclusivamente os fatores genéticos que causam seus problemas de consumo abusivo. Isso significa que os fatores genéticos tornam alguns indivíduos vulneráveis ao desenvolvimento de dificuldades relacionadas ao consumo de álcool ou drogas. Porém, para essas pessoas vulneráveis, o uso abusivo é iniciado e mantido por outros fatores.

Contexto familiar

Esse é o primeiro contexto em que a criança se desenvolve e aprende. Os fatores de desenvolvimento e as experiências de origem familiar são, provavelmente, os mais importantes. Indivíduos provenientes de famílias em que a dependência do álcool já existe podem desenvolver padrões de comportamento similares aos de seus pais, até porque se sabe que o modelo parental representa uma variável de fator de risco direta para o desenvolvimento desse tipo de comportamento.[5]

Quando os pais se utilizam do álcool para encarar o estresse, lidar com as mudanças do ciclo da vida, reduzir os níveis de ansiedade, tolerar uma depressão ou gerenciar conflitos relacionados a alcançar os níveis de intimidade e autonomia necessários, os outros membros ficam vulneráveis a seguir seus passos como meio de resolver problemas futuros.[51]

Experiências de vida precoces, que tornam as pessoas vulneráveis ao desenvolvimento de ansiedade, depressão por dificuldade matrimonial e outras dificuldades, podem torná-las também vulneráveis ao desenvolvimento de problemas relacionados ao consumo de bebida alcoólica ou drogas ilícitas, na medida em que as substâncias passam a ser usadas para enfrentar outros tipos de problema.

Se, por um lado, o membro pode desenvolver um problema com consumo de bebida alcoólica assim como seu familiar, ele pode, por outro, escolher um parceiro que tem problemas com bebida alcoólica e adotar um papel semelhante ao do seu familiar que precisava aceitar a dependência do cônjuge.

Contexto sociocultural

A mesma relação que o adolescente tem com sua escola a família tem com a comunidade. Os desafios presentes são a disponibilidade de substâncias, a criminalidade, o isolamento social etc. Os fatores socioculturais podem tornar as pessoas vulneráveis ao desenvolvimento da dependência, na medida em que algumas culturas apoiam níveis mais elevados de consumo de bebida alcoólica ou toleram o uso de determinada droga mais que outras. Por exemplo, um nível elevado de consumo de bebida alcoólica é tolerado nos países nórdicos, mas não nos países orientais. Fatores no sistema social mais amplo, como altos níveis de estresse e baixos níveis de apoio advindos de limitações básicas de saúde e educação em determinada região, também podem tornar as pessoas mais vulneráveis ao desenvolvimento de problemas com bebida alcoólica, principalmente se a distribuição e a venda de alguma substância estiverem presentes como meio de sobrevivência.

Ainda nessa linha de pensamento e construindo um raciocínio sobre o abuso de drogas ilícitas, Olivenstein et al.[52] contribuem de maneira decisiva ao apontar a trilogia do comportamento dependente como algo que inevitavelmente precisa ser abordado a partir do "encontro de um produto com um indivíduo em um momento sociocultural". Ou seja, a droga existe com ou sem o usuário, e oferece diferentes efeitos. O usuário reage de diferentes maneiras a seu uso, conforme sua ideologia, seu lugar de pertencimento, sua história pessoal e seu momento sociocultural; e o momento social e histórico no qual a substância é consumida condiciona reações diferentes por parte de cada usuário, de acordo com sua vulnerabilidade social.[29] Tal entendimento, em tempos atuais, é bastante pertinente, principalmente se pensarmos no *crack* e em seus efeitos avassaladores; o quanto ele representa um produto de nossa condição sociocultural e econômica, que certamente amplia os desafios para qualquer intervenção familiar, uma vez que a vivência do "não pertencimento" dentro dos lares brasileiros e da sociedade é cada vez mais frequente na vida dos usuários.

A rede social para a família e para o membro que abusa da substância

Atualmente, tem-se como aspecto bem estabelecido a convivência direta do membro usuário com seus familiares, no Brasil e no resto do mundo. Os novos arranjos e composições familiares retratam acordos em que cada vez mais, ora pelas necessidades econômicas e sociais, ora por circunstâncias da história familiar, a permanência dos filhos em casa é estendida, levando o sistema como um todo a compor-se de várias pequenas famílias em momentos de vida diferentes. Tais configurações refletem uma arena de negociações de papéis, de intercâmbios de gerações, de gênero e de culturas em que, muitas vezes, na não efetivação das adaptações esperadas para uma convivência harmoniosa ou na promoção de relações interdependentes entre os membros, surge o problema do abuso de substâncias.

Em uma perspectiva sistêmica, a reconstrução da rede social tanto para a família como para o membro usuário pode ser a via de fortalecimento do processo. A rede é também uma estratégia de gestão de riscos aos quais estão expostos os setores mais vulneráveis da sociedade, como o risco de contato com substâncias psicoativas. Ela pode funcionar como um instrumento para o conjunto das políticas de controle e de ordenação social.

Famílias que apresentam maior vulnerabilidade para o abuso e a dependência expressam um "debilitamento" da rede social, que alimenta um ciclo, de modo que segredos, isolamento, indiferença e esquecimento das próprias raízes familiares se perpetuem. Neste desencadeamento de laços afetivos e sociais, há o que Sudbrack[25] referiu como o desenraizamento de códigos que impedem as famílias de saber com quem se pode contar, de quem se pode receber ajuda, com quem é possível unir-se para resolver um problema comum.

A compreensão dessa perspectiva condiz com resultados encontrados em um estudo comparativo entre 310 famílias com pais dependentes de álcool, com membros dependentes de substâncias ilícitas e sem a presença da dependência; famílias com problemas de dependência revelaram ter menor apoio de sua rede social quando comparadas com o grupo familiar sem dependência:[5]

- Alguns familiares e amigos naturalmente se distanciam
- Esposas, maridos ou parceiros tendem a se separar quando estão convencidos de que a pessoa não vai mudar, o que acarreta a quebra da rede de amigos – e uma curiosidade observada é o fator de gênero presente no tempo de convívio, uma vez que esposas tendem a permanecer por mais tempo em uma relação como membro de apoio em comparação com os maridos de mulheres dependentes
- Ao longo do tempo, usuários transitam em outras redes de usuários e amigos não usuários tornam-se estranhos
- Dependentes de álcool tendem a formar uma rede com outros dependentes de álcool, assim como dependentes de drogas tendem a formar uma rede com outros dependentes de drogas

- Mulheres, com certa frequência, são apresentadas a drogas por seus parceiros e, geralmente, maridos de mulheres dependentes de álcool também apresentam elevado consumo alcoólico
- Usuários de famílias com maior facilidade para mudanças tendem a melhores desfechos
- Indivíduos com melhores condições de enfrentamento e menores condições de estresse tendem a ter uma rede social maior
- A inabilidade de oferecer suporte por parte dos usuários tende a restringir o tamanho da rede social, logo, indica maior situação de isolamento.

Resiliência familiar | Imunidade psicológica do indivíduo para toda a família

A resiliência caracteriza-se pela capacidade de o ser humano responder de maneira positiva às demandas da vida cotidiana, apesar das adversidades que enfrenta ao longo de seu desenvolvimento. Trata-se de um conceito que comporta um potencial valioso em termos de prevenção e promoção da saúde das populações. Segundo Silva et al.[53], autores que utilizam o conceito de família resiliente partilham da ideia de que esta característica se constrói em uma rede de relações e de experiências vividas no decorrer do ciclo vital. Ao longo das gerações, emerge então na família a capacidade de reagir de modo positivo às situações potencialmente provocadoras de crises, superando essas dificuldades e promovendo sua adaptação de maneira produtiva ao próprio bem-estar.

De modo geral, esses autores ressaltam que tal conceito tem como foco a família como um todo, em vez de se restringir ao indivíduo dentro da família, mesmo que as facetas da resiliência individual sejam incorporadas à noção de família resiliente, como a ênfase em um processo desenvolvimental, e não em um fenômeno estático, e a importância do momento em que o sujeito e a família se encontram quando se deparam com a adversidade.[54,55]

Outro aspecto importante a ser destacado é que o conceito de resiliência pressupõe a presença de circunstâncias de vida adversas quando o ser humano é confrontado com desafios, os quais colocam à prova sua capacidade de enfrentá-los. Nesse sentido, refere-se a um paradoxo, uma vez que é justamente na vigência de situações adversas que o ser humano revela potencialidades extraordinárias. Desse ponto de vista, a resiliência traduz uma dimensão de positividade inserida nas reações dos sujeitos diante de desafios que, inegavelmente, aporta uma perspectiva promissora em termos da saúde e do desenvolvimento humano, principalmente junto às populações que vivem em condições psicossociais desfavoráveis. Quanto ao contexto de abuso e dependência de alguma substância, a resiliência representaria um importante fator de proteção para a família, para a criança e para o usuário.

Investigar tal conceito em famílias com e sem a presença do abuso de alguma substância foi um dos objetivos de um estudo nacional com 305 famílias entrevistadas no serviço de prevenção mencionado anteriormente.[5] Resultados desse estudo revelaram que famílias que apresentam a problemática do álcool são mais resilientes que famílias que não apresentam nenhum tipo de problema com alguma substância. Quanto mais resiliente a família for, menos vulnerável a criança ou o adolescente estará a desenvolver algum tipo de problema emocional ou de comportamento. Conforme as dimensões da escala familiar de resiliência, foi possível observar que tanto as famílias com problemas de dependência do álcool como aquelas com problemas com substâncias psicoativas revelaram ter índices mais elevados para tensões e desconforto familiares. Assim, foi possível compreender que a presença do abuso de uma substância remete o sistema familiar a uma maior instabilidade, o que cria um contexto de adversidade, tornando os membros mais resilientes. Desconforto e tensões familiares são importantes fatores de risco para o sistema, segundo a amostra estudada, mas, como Walsh[55] ressaltou, um sistema saudável não é isento de problemas, mas tem potencial suficiente para encontrar alternativas que tragam soluções para os conflitos e que reduzam comportamentos nocivos.

Considerar a resiliência familiar um aspecto que desafia o impacto do uso e do abuso de substâncias psicoativas reforça o enfoque nas habilidades familiares e nas competências dos sistemas familiares, indo contra medidas que focam os déficits ou que reforçam um sistema público como um todo que perpetua na institucionalização de crianças e de adolescentes, sistema que, contraditoriamente, reforça a não competência familiar.

Considerações finais

Para que se atinja compreensão da complexidade do abuso e da dependência de substâncias, é preciso ter um olhar global para os aspectos que se transpõem e que formam um contexto familiar.

A família é um sistema dinâmico, configurado na diversidade e na multiplicidade de valores, crenças e mitos familiares e sociais. Cada aspecto aqui apresentado como instrumento diagnóstico pode ser empregado para a construção do entendimento do funcionamento familiar, além de ser elemento relevante para o processo de mudança do usuário, da família e do sistema terapêutico.

Os conceitos sistêmicos apresentados neste capítulo (homeostase familiar; ciclo de vida familiar; padrões de comportamento; sistemas de crenças; fatores geracionais, fatores predisponentes constitucionais, socioculturais e de desenvolvimento; importância da rede para família; e resiliência familiar) não definem a completa tradução da teoria dos sistemas, mas o bom uso deles se faz a partir da relação que estabelecem entre si diante da identidade familiar. O ciclo de vida familiar, portanto, não exclui o sistema de crenças organizador da família, assim como os padrões de comportamento não sobrepõem os fatores geracionais. Cada conceito representa uma parte da totalidade que compõe não apenas a configuração de um sistema familiar, mas também a relação que essa configuração estabelece diante de situações de crise, de transições ou de adaptações naturais ao percurso de vida.

Em uma perspectiva integrativa sistêmica, o sentido social e cultural implícito no comportamento de abuso de substâncias não deve jamais ser negligenciado, nem os níveis de gravidade de determinadas substâncias e/ou os fatores pessoais de um dos membros da família. Por isso, a premissa de tratamento da dependência química, já bem estabelecida com intervenções medicamentosas, abordagens grupais e individuais, deve ser levada em consideração e em conjunto com a intervenção familiar, assim como a valiosa contribuição do fator motivacional, dada pela abordagem da entrevista motivacional e pelo reconhecimento da recaída como um estágio de mudança pertinente ao processo terapêutico e de tratamento.

A intervenção familiar sistêmica e colaborativa, seja oferecida a um membro da família, ao casal, ao grupo de familiares ou, ainda, a todo o sistema, se mantém fiel à crença de que a família é uma estrutura de relevância pelo seu papel de coautora tanto do surgimento do abuso de drogas como da possibilidade de saúde para os seus membros. Além disso, é importante reforçar que, para o trabalho com famílias que vivenciam esses desafios, o terapeuta deve ser um facilitador no processo, a partir de uma posição não hierárquica e de não saber, convocando múltiplas perspectivas em uma conversa para promover um inquérito compartilhado a respeito dos dilemas da família e do membro usuário, e criando um espaço rico de diálogo e conversação, independente do *setting* de atendimento ou do modelo de serviço.

Referências bibliográficas

1. Lourenço RA. Como superar a co-dependência? V Congresso Nacional de Amor Exigente de Goiânia; 2001.
2. O'Farrel TJ, Cutter HSG, Choquette KA, Floyd FJ, Bayog RD. Behavioral marital therapy for male alcoholics: marital and drinking adjustment during two years after treatment. Behav Therapy 1992;23(4):529-49.
3. Stanton MD, Shadish WR. Outcome, attrition, and family/couples treatment for drug abuse: a meta-analyses and a review of controlled, comparative studies. Psychol Bull. 1997;122(2):170-91.
4. Payá R. Terapia familiar. In: Cordeiro D, Figlie NB, Laranjeira RR. Boas práticas no tratamento do uso e dependência de substâncias. São Paulo: Roca; 2007.
5. Payá R, Figlie NB. Impact of addiction on family members: children of addicted parents [tese de doutorado]. São Paulo: Departamento de Psiquiatria, Universidade Federal de São Paulo; 2013.
6. Grandesso MA. Viver em família: que tipo de futuro nós terapeutas familiares podemos ajudar a construir? In: Macedo RMS, organizadora. Terapia familiar no Brasil na última década. São Paulo: Roca, 2008. p. 6-16.
7. Schenker M, Minayo MSC. A importância da família no tratamento do uso abusivo de drogas: uma revisão da literatura. Cad Saúde Pública. 2004;20(3):649-59.
8. Cormack C, Carr A. Drug abuse. In: Carr A, editor. What works with children and adolescents? A critical review of psychological interventions with children, adolescents and their families. London: Routledge; 2000. p. 155-77.
9. Rowe CL, Liddle HA. Substance abuse. Journal of Marital and Family Therapy. 2003:29;97-120.
10. Berg I, Miller S. Working with the problem drinker: a solution focused approach. New York: Norton; 1992.
11. Epstein E, McCrady B. Couple therapy in the treatment of alcohol problems. In: Gurman AS, Jacobson NS, editors. Clinical handbook of couple therapy. 3. ed. New York: Guilford; 2002. p. 597-628.
12. Finney J, Moos R. Psychosocial treatments for substance alcohol use disorders. In: Nathan PE, Gorman JM, editors. A guide to treatments that work. 2. ed. New York: Oxford University Press; 2002. p. 157-68.
13. Hester R, Miller W. Handbook of alcoholism treatment approaches: effective alternatives. 3. ed. Boston: Allyn & Bacon; 2002.
14. Kaufman E, Kaufman P. Family therapy of drug and alcohol abuse. 2. ed. Boston: Allyn & Bacon; 1992.

15. McCrady B. Alcohol and other substance problems. In: Carr A, McNulty M, editors. Handbook of adult clinical psychology: an evidence-based practice approach. 2. ed. London: Routledge; 2016.
16. O'Farrell TJ. Treating alcohol problems: marital and family interventions. New York: Guilford; 1993.
17. O'Farrell T, Fals-Stewart W. Alcohol abuse. In: Sprenkle DH, editor. Effectiveness research in marital and family therapy. Alexandria: American Association for Marital and Family Therapy; 2002. p. 123-62.
18. Steinglass P, Bennett L, Wolin S, Reiss D. The alcoholic family. New York: Basic Books; 1987.
19. Anderson H, Goolishian HA. Human systems as linguistic systems: preliminary and evolving ideas about the implications for clinical theory. Fam Process. 1988;27(4):371-93.
20. Grandesso MA. Sobre a reconstrução do significado: uma análise epistemológica e hermenêutica da prática clínica. São Paulo: Casa do Psicólogo; 2000.
21. Smith JE, Meyers RJ. Motivating substance abusers to enter treatment: working with family members. New York: Guilford Press; 2004.
22. Minuchin S, Fishman C. Técnicas de terapia familiar. Barcelona: Paidós; 1992.
23. Haley J, editor. Advanced techniques of hypnosis and therapy: the selected papers of Milton H. Erickson. New York: Grune & Stratton; 1980.
24. Stanton MD, Todd TC. El modelo terapéutico. In: Stanton MD, Todd TC. Terapia familiar del abuso y adicción a las drogas. Buenos Aires: Gedisa; 1988. p. 101-33.
25. Sudbrack MFO. Da falta do pai à busca da lei: o significado da passagem ao ato delinqüente no contexto familiar e institucional. Psicol Teor Pesqui. 1992;8(supl):447-57.
26. Ausloos G. Adolescence, délinquance et famille: expériences de thérapie familiale. Annales de Vaucresson. 1976/1977;14:1976-7.
27. Wiener N. Cybernetics or control and communication in the animal and the machine. Cambridge: MIT Press; 1961.
28. Von Foerster H. Observing systems. Seaside: Intersystem Publications; 1982.
29. Guimarães FL, Costa LF, Pessina LM, Sudbrack MFO. Famílias, adolescência e drogadição. In: Osório LC, Valle MEP. Manual de terapia familiar. Porto Alegre: Artmed; 2009. p. 350-65.
30. Marcelli D, Braconnier A. Manual de psicopatologia do adolescente. Porto Alegre: Artmed; 1989.
31. Grandesso MA. Terapias pós-modernas: um panorama. Sistemas Familiares. 2002;18(3):19-27.
32. Cecchin G. Construcción de posibilidades terapéuticas. In: McNamee S, Gergen KJ, editores. La terapia como construcción social. Barcelona: Paidós; 1996. p. 111-20.
33. Freedman J, Combs G. Narrative therapy: the social construction of preferred realities. New York: W. W. Norton; 1996.
34. Torrado S. Historia de familia en la Argentina moderna (1870-2000). Buenos Aires: Ediciones de La Flor; 2003.
35. Carter B, McGoldrick M. As mudanças no ciclo de vida familiar: uma estrutura para uma terapia familiar. 2. ed. Porto Alegre: Artes Médicas; 1995.
36. Fishman HC. Tratamiento de adolescentes con problemas: un enfoque de terapia familiar. Buenos Aires: Paidós; 1989.
37. Penso MA, Sudbrack MF. Envolvimento em atos infracionais e com drogas como possibilidade para lidar com o papel do filho parental. Psicologia USP. 2004;15(3):29-54.
38. Steinglass P, Weiner S, Mendelson JA. International issues as determinants of alcoholism. Am J Psychiatry. 1971;128:275-80.
39. American Psychiatric Association. Diagnostic and statistical manual of the mental disorders. DSM-IV-TR. Washington, DC: APA; 2000.
40. Secretaria Nacional Antidrogas. I Levantamento Nacional sobre os Padrões de Consumo de Álcool na População Brasileira em parceria com a Unidade de Pesquisa em Álcool e Drogas (Uniad) do Departamento de Psiquiatria da Universidade Federal de São Paulo (Unifesp). Brasília, DF: Senad; 2007.
41. National Institute on Drug Abuse. The science of drug abuse and addiction: the basics. [Acesso em 23 out 2016] Disponível em: https://www.drugabuse.gov/publications/media-guide/science-drug-abuse-addiction-basics.
42. Gurman AS, Jacobson NS. Clinical handbook of couple therapy. 3. ed. New York: Guilford; 2002.
43. Carr A. Family therapy: concepts, process and practice. 2. ed. New Jersey: Wiley; 2006.
44. Benett A, Wolin SJ, McAvity K. Family identity, ritual and mith: a cultural perspective on life cycle transitions. In: Falicov CJ, editor. Family transitions: continuity and change over the life cycle. New York: Guilford Press; 1988. p. 211-34.
45. Edward G, Marshall EJ, Cook CCH. O tratamento do alcoolismo: um guia para profissionais da saúde. Porto Alegre: Artmed; 1999.
46. Hudak J, Krestan J, Bepko C. Alcohol problems and the family life cycle. In: Carter B, McGoldrick M, editors. The expanded family life cycle: individual, family, and social perspectives. 3. ed. Boston: Allyn & Bacon; 1999. p. 455-69.
47. Krestan JMA, Bepko CMSW. Problemas de alcoolismo e o ciclo de vida familiar. In: Carter B, McGoldrick M. As mudanças no ciclo de vida familiar: uma estrutura para uma terapia familiar. Porto Alegre: Artmed; 2001.
48. Boyd CJ. The antecedents of women's crack cocaine abuse: family substance abuse, sexual abuse, depression and illicit drug use. J Subst Abuse Treat. 1993;10(5):433-8.
49. Figlie N, Fontes A, Moraes E, Payá R. Filhos de dependentes químicos com fatores de risco bio-piscossociais: necessitam de um olhar especial? Revista Psiquiatria Clínica, v. 31, n. 2, p. 53-62, 2004.
50. Minuchin S. Famílias: funcionamento e tratamento. Porto Alegre: Artes Médicas; 1982.
51. Liddle HA, Hogue A. Multidimensional family therapy for adolescent substance abuse. In: Wagner EF,

Waldron HB, editors. Innovations in adolescent substance abuse interventions. London: Elsevier; 2001. p. 229-61.
52. Olivenstein C, organizador. A clínica do toxicômano: a falta da falta. Porto Alegre: Artmed; 1989.
53. Silva MRS, Lunardi VL, Lunardi Filho WD, Tavares KO. Resiliência e promoção da saúde. Texto e Contexto: Enfermagem. 2005;14(spe):95-102.
54. Rutter M. Resilience: some conceptual considerations. J Adolesc Health. 1993;14(8):626-31,690-26.
55. Walsh F. A family resilience framework: innovative practice applications. Family Relations. 2002;51(2):130-7.

Bibliografia

Payá R. Abordagem familiar em dependência química. In: Figlie NB, Bordin S, Laranjeira R. Aconselhamento em dependência química. São Paulo: Roca; 2015. p. 299-317.

Payá R. Filhos de dependentes químicos. In: Figlie NB, Bordin S, Laranjeira R. Aconselhamento em dependência química. São Paulo: Roca; 2015. p. 266-78.

Sudbrack MFO. Diga SIM à vida: curso de prevenção do uso de drogas. Brasília, DF: Senad; 2001/2002.

Zaluar A. A integração perversa: pobreza e tráfico de drogas. Rio de Janeiro: FGV; 2004.

64 Transtorno de Estresse Pós-Traumático | Terapia Sistêmica com o Paciente e sua Família

Claudia Beatriz Stockler Bruscagin

Introdução

A proposta da terapia familiar sistêmica implica uma mudança paradigmática que enfatizou a importância do contexto para a compreensão dos problemas do ser humano, que está em constante inter-relação com o outro. A organização da prática clínica se faz em torno do conceito de causalidade circular, e não mais linear, de causa e efeito. Portanto, entende-se que os seres vivos organizam seus comportamentos em uma trama de relações. E o terapeuta também faz parte do sistema terapêutico; na posição de observador-participante, ele não é aquele que sabe tudo ou que sabe o que é melhor para os clientes, mas um facilitador, cujo conhecimento, como qualquer outro, está livre de um *status* privilegiado e é autorreferencial.

A terapia familiar propõe que o cliente seja o especialista nele mesmo e em sua história, o que quer dizer que ele sabe sobre sua própria vida e sobre os motivos que o trouxeram para a terapia, enquanto o terapeuta é o especialista no processo, sendo capaz, por sua especialidade, de criar um contexto seguro e facilitador para uma conversação que possibilite a reconstrução dos significados da história de vida do cliente. Nesse sentido, também o sistema terapêutico deixa de ser a família e passa a ser composto por aqueles que estão envolvidos em conversação em torno de um problema. Esses sistemas não são determinados por sua estrutura ou seu papel social, mas por uma dinâmica relacional que se organiza em torno dos significados compartilhados, nos quais estão os problemas que levam as pessoas a buscarem terapia. Tal concepção, em primeiro plano, coloca ênfase sobre a linguagem e a pessoa do terapeuta, e, em segundo, possibilita que se estenda o território da terapia sistêmica, originalmente uma terapia da família como um sistema, para além das fronteiras, ao incluir o indivíduo, as comunidades e outras organizações sociais envolvidas em uma trama significativa.

A terapia familiar pode ser vista como um espaço para a construção de um contexto colaborativo que possibilite à família rever versões de histórias de vida saturadas de problemas e dificuldades e trabalhar na construção de alternativas vivenciadas como libertadoras e transformadoras.

Terapeuta e cliente tornam-se coautores de um trabalho, sem a ilusão de uma única verdade conhecida apenas pelo terapeuta. Este é especialista em enxergar várias facetas das situações: sabe acompanhar a família em seu trajeto na busca de outras versões e de outros recursos que eles podem já ter, mas que não estão acessando, e que tornem possíveis resoluções inéditas para os seus estresses – seja nas mudanças, nas transições de ciclo vital, nos padrões de relacionamento e funcionamento familiar ou nos contextos sociais, políticos e econômicos que afetam a todos ao longo da vida.

Vivemos em um mundo cada vez mais violento, instável e inseguro. A todo momento, cada um de nós vive, vê, lê, ouve, assiste ou fica sabendo de situações de assalto à mão armada, agressões no trânsito, violência doméstica e sexual, abuso de poder, corrupção, injustiças, impunidade, sequestros, ataques terroristas, catástrofes climáticas etc. As pessoas têm vivido essas situações diárias que causam medo e ansiedade com sensação de vulnerabilidade, desesperança e horror. Algumas passam a vê-las como parte do cotidiano da sociedade, afirmando que violência e catástrofes sempre estiveram presentes na história da humanidade e que a diferença agora estaria na rapidez da informação e na possibilidade de se acompanhar tudo em tempo real. Outros tentam se proteger das mais diferentes maneiras: com carros e casas blindadas e à prova de "tudo", com a mudança para condomínios fechados ou cidades menores, com a contratação de seguranças pessoais, ou a proteção de santos e demais divindades e amuletos. Outros, ainda, procuram viver normalmente, tomando as medidas razoáveis de autoproteção.

Quando em uma ocasião real de vulnerabilidade, na vivência de uma situação traumática, as pessoas sofrem e podem desenvolver ou não sintomas ou distúrbios relacionados a ela. Muitas vezes, a situação pode ser de tal magnitude que ultrapassa o limite de tolerância de uma em relação àquilo que foi vivido. Isso significa que a pessoa viveu um grande estresse naquele tipo de acontecimento, de modo que, após aquilo ter passado, a reação não se desfaz e a pessoa não volta ao seu estado habitual. Com a onda de violência em constante crescimento, nós enquanto terapeutas, precisamos lidar e trabalhar com uma questão cada vez mais frequente: o estado das vítimas de situações de violência e o de suas famílias após uma situação traumática.

As situações traumáticas e seus impactos sobre os indivíduos a elas expostos tornaram-se foco da atenção da comunidade científica a partir das duas Guerras Mundiais, principalmente em relação à reação dos sobreviventes do holocausto e dos prisioneiros de guerra. Nos EUA, os estudos foram impulsionados pelas necessidades criadas com o acolhimento de veteranos da guerra do Vietnã, em meados da década de 1970. Com o surgimento de outras situações, esse tipo de trauma, que a princípio parecia estar relacionado somente a situações de guerra, mostrou-se muito mais amplo e inespecífico.

Em decorrência disso, outros fenômenos traumáticos com sintomas semelhantes passaram a ser estudados, e chegou-se ao que hoje se denomina Transtorno de Estresse Pós-Traumático (TEPT): termo médico usado para descrever um conjunto de sinais e sintomas que afetam sobreviventes de acidentes de avião, trem ou trânsito, de ataques terroristas, de sequestros, de estupros, de assaltos ou de catástrofes da natureza.

A literatura atual tem sugerido que o desenvolvimento do TEPT não depende somente da gravidade do trauma em si.[1,2] "Estudos evidenciam que 40 a 70% dos indivíduos vivenciaram pelo menos um trauma maior ao longo da vida, mas nem todos desenvolveram sintomas de Transtorno de Estresse Pós-Traumático."[1] Isso sugere que o desenvolvimento do transtorno tem uma etiologia multifatorial, em que fatores constituintes do indivíduo e socioculturais também estão envolvidos, além da magnitude do trauma, parecendo evidente que as experiências subjetivas sejam tão importantes quanto as características objetivas do trauma. O significado emocional do trauma para a pessoa engloba todo o universo subjetivo dela. Alguns fatores podem predispor um indivíduo a ser mais ou menos vulnerável ao desenvolvimento do TEPT. Entre esses fatores, podem ser citados: existência de traumas de infância; apoio externo inadequado; antecedentes de doenças psiquiátricas; mudanças de vida recentes e estressantes; consumo recente e excessivo de álcool.[2]

Os critérios para avaliar a presença de TEPT incluem a existência de uma situação traumática claramente reconhecível, como um atentado à integridade física, própria ou alheia, que tenha sido experimentada direta ou indiretamente pela pessoa afetada e que lhe provoque angústia ou horror. A pessoa revive repetidamente o trauma em pesadelos, sensações ou pensamentos recorrentes e intrusivos (flashbacks), além de evitar qualquer situação ou estímulo que lembre o trauma. Com frequência, ocorre bloqueio emocional e indivíduo também evita seus próprios sentimentos. Há a perda do interesse em atividades comuns ou significativas, especialmente se, de alguma maneira, tiverem relação com a situação traumática. Distúrbios de sono, dificuldades de concentração, hiperatividade, irritabilidade, sensação de alheamento, entre outros sintomas, também podem estar presentes.[3]

Após estudos sobre o assunto, Ballone[2] organizou os dados estatísticos obtidos, os quais apontam a frequência da incidência dos sintomas em portadores de TEPT (Quadro 64.1).

A condição de TEPT pode se manter por meses sem ajuda externa, e frequentemente é uma situação muito frustrante para a família. As pessoas com TEPT podem ter problemas de autoestima e fortes sentimentos de insegurança; não lidam bem com o estresse e podem se sentir culpadas por terem sobrevivido à situação traumática enquanto outros não, ou por "não terem feito o suficiente" quando o trauma originalmente ocorreu.

Nas famílias, raramente se fala sobre o TEPT. A pessoa pode ser percebida pela família como mal-humorada, deprimida, agressiva ou alheia a tudo e a todos; frequentemente, se torna usuária

Quadro 64.1 Quadro clínico de transtorno de estresse pós-traumático.[2]

TEPT – sintomas	%
Tensão no corpo	95
Mal-estar em situações que lembram o trauma	90
Sentimentos depressivos	90
Frequentes mudanças de humor	90
Dificuldades para conciliar ou manter o sono	88
Sobressaltos com ruídos ou movimentos imprevistos	88
Irritação ou enfado com mais facilidade	82
Tendência ao isolamento dos demais	81
Sonhos desagradáveis ou pesadelos sobre o trauma	69
Sentimentos de culpa, autoacusações	39
Sintomas e condutas de re-experimentação do trauma	**%**
Mal-estar ao se expor a estímulos que fazem recordar o trauma	86
Reação fisiológica a estímulos que fazem recordar o trauma	79
Sonhos desagradáveis e recorrentes sobre o ocorrido	67
Lembranças desagradáveis e intrusivas do ocorrido	65
Sentimentos como se o fato ocorresse de novo	51
Sintomas e condutas de evitação	**%**
Evitação de atividades, lugares ou pessoas	85
Evitação de pensamentos, sentimentos ou conversas	64
Incapacidade para recordar aspectos importantes do ocorrido	50
Diminuição do interesse por coisas ou atividades significativas	86
Sensação de um futuro curto	82
Limitação da capacidade afetiva (incapacidade de querer)	74
Distanciamento ou estranheza a respeito dos demais	71
Sintomas e condutas de hiperativação	**%**
Dificuldades para conciliar ou manter o sono	92
Dificuldades de concentração	90
Resposta de sobressalto ou alarma incrementada	86
Hipervigilância (hiperalerta)	82
Irritabilidade (explosões de ira)	81
Transformação persistente da personalidade	**%**
Isolamento social	90
Sentimento constante de vazio e desesperança	85
Sentimento permanente de estar em perigo ou ameaçado	77
Estranheza de si mesmo e apatia afetiva	74
Atitude permanente de hostilidade e desconfiança	74

de álcool ou drogas. A família, em geral, fixa seus cuidados na tentativa de controlar os comportamentos do membro com TEPT, em vez de procurar entender a situação de maneira mais ampla. Se deixado sem tratamento, o indivíduo com TEPT pode desenvolver um quadro crônico de instabilidade do humor e abuso verbal ou físico, junto com a exacerbação de qualquer adicção já presente ou a aquisição de algum tipo de dependência química. Suicídios são frequentes nesse grupo, em razão da extrema angústia causada pela sensação de risco iminente nesses indivíduos.

Reflexos na relação familiar

Pesquisas abordando o relacionamento interpessoal de pessoas diagnosticadas com TEPT foram realizadas com veteranos de guerra do Vietnã e seus familiares.[4-6] Jordan[4] observou que veteranos do Vietnã e suas parceiras apresentavam maior incidência e problemas mais graves de relacionamento. Havia dificuldades aumentadas no cuidado e na educação dos filhos e, em geral, mais problemas de ajustamento em comparação com os veteranos sem TEPT e suas parceiras. A pesquisa também aponta para maior índice de violência entre casais no ano anterior à pesquisa, em comparação aos veteranos sem TEPT. Outros pesquisadores descrevem índices maiores de violência e hostilidade em famílias de veteranos do Vietnã com TEPT comparadas àquelas de veteranos sem TEPT, e verificaram que a gravidade do comportamento agressivo estava associada à gravidade dos sintomas do TEPT.[6-8] Também constataram que veteranos do Vietnã com TEPT tinham maiores dificuldades de comunicação, de ser abertos ou autorreveladores com seus companheiros, assim como também eram mais ansiosos em relação à intimidade que os veteranos sem TEPT.

O sociólogo familiar Reuben Hill foi um dos primeiros a reconhecer a transmissão do legado traumático de um membro da família para outro, como bem descreve em seu livro *Families under stress* (1949). Hill[9] estudou veteranos de guerra ao retornarem para casa e viverem o processo de readaptação à vida, particularmente no impacto sobre as famílias. Desse trabalho surgiu o conceito de estresse familiar, e Hill foi o primeiro a sugerir que o sistema familiar é muito afetado por crises como guerras e desastres da natureza. William Waller[10], contemporâneo de Hill, também apontou para os efeitos da guerra na família quando do retorno dos membros que dela haviam participado diretamente: eles estavam felizes pela volta, mas amargos por sentirem falta de tantas coisas que as famílias haviam vivido enquanto eles estavam longe; era como se estivessem voltando "como imigrantes psicológicos" em sua própria terra.

Figley[5] pesquisou os efeitos da Guerra do Golfo nas famílias dos militares. Para isso, usou o conceito de "traumatização secundária" para os parceiros daqueles com TEPT.

> Por traumatização secundária entende-se que o trauma experienciado por um dos parceiros é transmitido ao outro através do conhecimento do trauma e dos cuidados dedicados a ele, ou por se colocar no lugar do parceiro traumatizado.

Segundo esse autor, uma possível consequência da traumatização secundária pode ser o desenvolvimento de sintomas de TEPT no parceiro.

Sabe-se que a família tem um papel muito importante na manutenção da saúde de seus membros, na adaptação às mudanças, nas decisões sobre os tratamentos e nos cuidados a serem tomados. No trabalho da conexão entre as experiências da pessoa traumatizada e as de seus familiares com a experiência indireta do evento traumático, a intervenção terapêutica no sistema familiar é fundamental para a recuperação de todos.

Sofrimento em família

Um trauma pode repercutir na família de diferentes modos e causar inúmeros sentimentos e reações. Foa et al.[11] descreveram como reações mais comuns nas famílias com membros com TEPT os sentimentos de pena, culpa e vergonha, depressão, frustração, desesperança, impotência, medo, preocupação excessiva e raiva, que adicionam mais dificuldades para o enfrentamento do problema; podem acontecer também reações sintomáticas em um ou vários membros da família, ocasionalmente tão intensas que torna-se necessário algum tipo de intervenção terapêutica.

Como os sintomas do TEPT afetam o modo como o sobrevivente sente e age, isso inevitavelmente também irá afetar todos os membros da família, bem como outras pessoas próximas, como amigos e colegas de trabalho, principalmente se as pessoas ao redor de quem tem TEPT não têm conhecimento dos efeitos do trauma e das respostas adequadas aos sintomas, se negam a ver o TEPT, ou se o sobrevivente não está sob nenhum tipo de tratamento. Isso desencadeia grandes dificuldades à família.

Pensando-se sistemicamente, entende-se que a violência sofrida e o transtorno de estresse pós-traumático não são experimentados apenas pela pessoa que sofreu o trauma e pode desenvolver o quadro, mas por todos os membros do sistema familiar, que, de algum modo, estão vivendo nesse sistema-problema, afetando-o e sendo afetados por ele.

Desastres que afetam a família inteira

Grande parte da teoria, das pesquisas e dos tratamentos desenvolvidos para o TEPT foca mais o indivíduo, suas reações neuropsicofisiológicas e suas características de personalidade para direcionar o tratamento individual. No entanto, tem havido um crescente interesse em compreender as questões interpessoais e do TEPT em situações traumáticas que afetam a família toda. Muitos desastres naturais de grandes proporções (tsunami, furacão Katrina, enchentes, desmoronamento de barrancos sobre casas, incêndios etc.) afetaram não só famílias inteiras e seu funcionamento básico, mas também comunidades, cidades inteiras que precisaram de intervenções em diversos níveis, além dos cuidados emocionais.

Nessas situações, as vítimas podem desenvolver diversas respostas emocionais esperadas ao devastador estresse vivido. Essas respostas não são sinais de doença mental nem significam que são pessoas fracas ou que estão ficando loucas. Esses sintomas podem ser aflitivos para quem os vive, mas podem ser parte do processo de adaptação pelo qual passam para se recuperarem do abalo físico e do impacto emocional do acontecimento. Muitas das intervenções realizadas nessas situações são concentradas em ajudar as pessoas a compreender e "normalizar" seus sentimentos, a fim de impedir que tais sentimentos ruins se instalem, enraizando-se, de modo a, mais tarde, dar lugar a depressões graves, ansiedade generalizada ou TEPT. Muitas famílias, pela necessidade de se reerguer, de refazer suas casas e suas vidas, se envolvem com essas atividades, deixando os sentimentos de lado e inibindo o processo desencadeado pelo impacto do desastre. Assim, os efeitos emocionais só aparecem muito tempo depois – às vezes, de 3 a 5 anos após o evento traumático. Estímulos associados aos traumas podem trazer de volta memórias, *flashbacks*, sensação de futuro incerto, hipervigilância e apatia afetiva, sintomas do TEPT que podem acometer um ou vários membros da família.

Na intervenção com as famílias vítimas de calamidades, o trabalho visa ajudá-las a retomar suas vidas, por mais gravemente que tenham sido afetadas pelo ocorrido, ou seja, auxiliá-las a não considerar o trauma como a única experiência em suas vidas, mas como *uma das* suas experiências.

Quando todos no grupo familiar e/ou na comunidade são envolvidos pela catástrofe, as perdas têm dimensões muito maiores. Perdem-se casas, documentos, fotografias, lembranças, brinquedos das crianças, roupas, local de emprego, escola, igreja etc. É como se todo o mundo pessoal desaparecesse. Os efeitos dessas situações têm uma longa duração e causam problemas de ordem física, emocional e financeira. O apoio da rede social e de trabalhos em grupo, nessas situações, é fundamental:

> existe forte evidência de que uma rede social pessoal estável, sensível, ativa e confiável protege a pessoa contra doenças, atua como agente de ajuda e encaminhamento, afeta a pertinência e a rapidez da utilização de serviços de saúde, acelera os processos de cura, e aumenta a sobrevida, ou seja, é geradora de saúde.[12]

Terapia familiar ou de casal

Depois de uma situação traumática, a maior parte das pessoas fica abalada temporariamente, mas consegue recuperar suas habilidades de superação e resiliência.

As situações que causam o TEPT podem paralisar relacionamentos durante a vida toda e até mesmo afetar gerações futuras.[13] Vale salientar que a maior parte dos tratamentos para TEPT é feito individualmente, não inclui as famílias. Esses tratamentos esquecem que o paciente volta para casa e lá tem uma vida com outras pessoas, que não sabem como acolher ou como se relacionar de modo que todos possam ficar bem depois do trauma vivido direta ou indiretamente. Bentovim[14] assinala que não só o indivíduo é vítima de um abuso (tema tratado pelo autor), mas todo o sistema familiar, a partir do ocorrido, está organizado em torno do trauma. Ele propõe que se trabalhe com o que denominou "sistemas organizados por traumas", que possibilitam

> aos especialistas pensar acerca do modo em que os acontecimentos se conectam com os vários níveis existentes, desde o individual, familiar, profissional, até o nível social e cultural. O planejamento de intervenções adequadas se vê facilitado mediante a observação dos fatos dentro de um marco coerente.

O que acontece na vida das pessoas cria histórias segundo as quais elas vivem, agem, interagem, mantém relações e se desenvolvem.[14] Na terapia familiar ou de casal, o terapeuta trabalha com a narrativa de cada membro do sistema sobre a experiência do trauma vivido e com a repercussão na vida dele próprio, na vida de cada membro e na família como um todo, dando significado às experiências, pois o evento em si e o trauma podem ser únicos em suas definições, porém cada pessoa os vivencia de maneira particular. É nessa perspectiva de que a família e seus membros estão em constante troca e interação que a terapia acontece, possibilitando construir histórias e dar outros significados às experiências.[15]

Nas situações de terapia individual ou familiar com pacientes com TEPT, a segurança é um tema fundamental. Bentovim[14] e grupos que trabalham com pessoas e famílias vítimas de violência afirmam a necessidade de reviver a experiência em um ambiente seguro e apoiador, e também demonstram que, se sentindo seguras, apresentam uma mudança nas falas, que antes eram queixosas e repetitivas, e passam a ser clamantes por justiça.

Vários autores assinalam que um dos primeiros passos da terapia familiar é tanto a família como o paciente terem acesso a informações sobre o que é o TEPT e quais os seus efeitos na vida deles.[5,14,16] Bentovim[14] afirma que "é necessário tratar esses processos [entende-se sintomas], o que significa conhecê-los, conversar sobre eles, ensaiá-los de diversos modos dentro de um contexto em que se ofereça contenção".

O entendimento das reações

Pensamentos e lembranças sobre o evento traumático podem invadir a mente com facilidade. Muitas coisas podem provocar os sintomas, como certas palavras, sons, cheiros ou cenas. Quando isso ocorre, a pessoa com TEPT pode parecer alheia ou desconcentrada, ou se sentir incomodada, triste, irritada. Para a pessoa com TEPT, as situações de ansiedade e agonia surgem sem qualquer aviso.

Algumas pessoas com TEPT agem como se estivessem revivendo o evento traumático. Elas também podem passar a se relacionar com os familiares de uma maneira totalmente diferente de como agiam anteriormente. Quando isso acontece, a pessoa com TEPT não está necessariamente consciente do que está fazendo, pois se encontra no que é denominado estado dissociado.

O indivíduo com TEPT pode passar a evitar certas pessoas, lugares ou atividades, não porque não esteja mais interessado nesses contextos, mas porque, de alguma maneira, isso traz a ele pensamentos e memórias sobre o evento traumático. Muitas vezes, pode parecer para a família que a pessoa não a ama mais, pois se mostra distante e fria. Isso não é uma escolha pessoal, faz parte da consequência do trauma: ela fica como que congelada, sem conseguir sentir certas emoções, o que pode interferir na capacidade de experienciar amor e alegria.

A pessoa com TEPT pode sentir que ela mesma ou a família estão em constante perigo, e pode permanecer em estado de alerta e, assim, ficar mais irritadiça. Algumas podem achar que determinados lugares ou situações são perigosos, e passar a evitá-los e a tentar fazer com que os membros de sua família também os evitem.

Sem entender esses componentes do TEPT, fica muito difícil conviver com o membro traumatizado. É importante compreender que esse comportamento não indica necessariamente seus verdadeiros sentimentos. Ele quer sair com a família, com os amigos, quer ir aos lugares, mas o medo de reviver o trauma e as lembranças é muito maior. Assim, é importante que a família compreenda os sintomas e o impacto deles sobre o comportamento do indivíduo.

Ela também precisa saber o que pode provocar esses sintomas (noticiário da noite, barulho de sirene, cheiro de queimado, ventania etc.) e procurar estar junto da pessoa para que ela se sinta protegido, ou buscar desviar sua atenção com outra atividade.

Os membros da família, muitas vezes, querem evitar falar sobre o trauma ou sobre os problemas relacionados a ele até mesmo com amigos. Pensam que, se não falarem sobre, ele irá sumir. Também temem que, se falarem sobre o problema a outras pessoas, elas não entendam ou os julguem. Se o evento traumático estiver relacionado com vergonha, como um estupro, os membros da família evitarão falar no assunto pelas "regras sociais", que dizem não ser apropriado fazê-lo. A família também pode não querer falar sobre isso na intenção de proteger o sobrevivente do trauma de mais dor. Nas conversações terapêuticas, esses temas serão abordados, assim como cada membro da família será encorajado a contar a sua visão do evento traumático e a entender como cada um foi afetado. O terapeuta procura tirar o foco da vítima e direcioná-lo à compreensão do impacto que o evento provocou na família como um todo. Busca reconhecer, explorar e superar os sentimentos de culpabilização da vítima. Quando consequências positivas (p. ex., maior valorização da vida e da família) surgem na fala dos membros, elas são reforçadas.

Depois de as diferentes histórias terem sido trabalhadas, terapeuta e família irão trabalhar juntos no sentido de tornar as diferentes visões coerentes com a reautoria das histórias anteriormente narradas. O objetivo é encontrar um consenso sobre o que aconteceu no passado e ter otimismo em relação à capacidade futura de lidar com situações estressantes, para assim desenvolver maior coesão familiar. Novas realidades são integradas a concepções preexistentes sobre a vida. Os membros da família aprendem a enfrentar e a superar as situações juntos e a apoiar uns aos outros.

Para o terapeuta familiar que atenda membros de uma família que tenham vivido um trauma juntos (enchente, terremoto, situação de reféns etc.), isso pode ser um pouco mais complicado, pois cada um tem a sua própria experiência subjetiva do que vem a ser segurança, e cada um vai atuá-la na sessão terapêutica. O terapeuta terá que estar atento para identificar como cada membro do sistema exibe os sintomas pós-traumáticos (hipervigilância, pensamentos e memórias intrusivas, dissociação, regressão) quando se sente vulnerável ou sobrecarregado. Além disso, irá ajudar cada membro do sistema a reconhecer os seus sintomas e a compreender como eles emergem quando está se sentindo inseguro ou ameaçado. A família precisa compreender a diferença entre se *sentir* seguro e *estar* seguro no ambiente terapêutico e também dentro do contexto familiar.

É importante que cada membro da família possa partilhar a sua história de como viveu a situação, para discutir semelhanças e diferenças entre suas lembranças. Esse diálogo aberto possibilita reformular tal experiência. Figley[17] sugere cinco perguntas para cada um responder individualmente e desenvolver suas próprias "teorias de cicatrização":

- O que aconteceu?
- Por que aconteceu?
- Por que eu agi da maneira como agi durante o evento?
- Por que estou reagindo dessa maneira desde que ocorreu o evento traumático?
- Como vou agir se algo semelhante acontecer no futuro?

A teoria de cura emerge para cada membro da família quando, simultaneamente, eles se apoiam e se comunicam abertamente sobre o evento traumático. O terapeuta está junto deles nesse processo conversacional de desenvolver um novo sentido para suas vidas. Os membros se sentem empoderados ao encontrarem seus próprios recursos para assumir o controle sobre suas vidas e seu futuro. O compartilhar individual se transforma em uma conversação terapêutica entre todos os membros e dentro da família, e essa conversação culmina com a cocriação de uma teoria familiar de cicatrização. Esse processo pode ser longo e é importante que o terapeuta seja paciente ao possibilitar o processo de compreensão e de busca de recursos da família. É preciso considerar também que o tratamento não é feito apenas por meio de terapia: com frequência, um ou mais membros da família estarão sob medicação e acompanhamento psiquiátrico, e o trabalho deve ser conjunto.

Considerações finais

A teoria e a clínica de terapia familiar partindo da abordagem sistêmica constituem ferramentas fundamentais à compreensão e à intervenção em fenômenos relacionais e sociais contemporâneos. Dentre esses fenômenos, destaca-se a construção da identidade pessoal e social em um mundo marcado pela globalização, pelas novas tecnologias, pelo individualismo e pela violência. É preciso entender o impacto desses processos na saúde mental e na saúde relacional para que seja possível desenvolver ações de promoção e prevenção.

A abordagem sistêmica tem sido empregada com sucesso para a compreensão da vida conjugal e familiar em suas mais distintas manifestações. Ela tem se mostrado eficaz nas intervenções em situações de crise, na mediação de conflitos, no trabalho com instituições e comunidades, na área de saúde e nos contextos de violência, e também poderá ser útil se mais trabalhos e pesquisas forem realizados com pacientes com TEPT e seus familiares.

Referências bibliográficas

1. Halpern S, Soares AM, Dellazzana LL, Kreischmann M, Hauck S, Ceitlin LH, et al. Perfil social de familiares de pacientes com transtorno de estresse pós-traumático: um estudo exploratório. Pensando Famílias. 2005;7(8):45-55.
2. Ballone GJ, Moura EC. Estresse pós-traumático e violência urbana. 2008. [Acesso em 3 mar 2017] Disponível em: http://www.psiqweb.med.br/site/?area=NO/LerNoticia&idNoticia=69
3. American Psychoanalytical Association. DSM-IV. Diagnostic and Statistical Manual of Mental Disorders. 4. ed. New York: APA; 1994.
4. Jordan BK, Marmar CR, Fairbank JA, Schlenger WE, Kulka RA, Hough RL, et al. Problems in families of male Vietnam Veterans with posttraumatic stress disorder. Journal of Consulting and Clinical Psychology. 1992;60:916-26.
5. Figley C.R. Coping with stressors on the home front. Journal of Social Issues. 1993; 49(4):51-71.
6. Riggs DS, Byrne CA, Weathers FW, Litz BT. The quality of the intimate relationships of male Vietnam veterans: problems associated with posttraumatic stress disorder. Journal of Traumatic Stress. 1998;11(1):87-101.
7. Byrne CA, Riggs DS. The cycle of trauma: relationship aggression in male Vietnam veterans with symptoms of posttraumatic stress disorder. Violence Vict. 1996;11(3):213-25.
8. Glenn DM, Beckham JC, Feldman ME, Kirby AC, Hertzberg MA, Moore SD. Violence and hostility among families of Vietnam veterans with

combat-related posttraumatic stress disorder. Violence Vict. 2002;17(4):473-89.
9. Hill R. Families under stress: adjustments to the crises of war separation and reunion. New York: Harper; 1949.
10. Waller W. The veteran comes back. New York: Dryden; 1944.
11. Foa EB. Psychosocial treatment of posttraumatic stress disorder. J Clin Psychiatry. 2000;61(Suppl 5):43-8.
12. Sluzki C. A rede social na prática sistêmica. São Paulo: Casa do Psicólogo; 1997.
13. Boss P, Mulligan C, editors. Family stress: classic and contemporary readings. Thousand Oaks (CA): Sage Publications; 2003.
14. Bentovim A. Sistemas organizados por traumas: el abuso físico y sexual en las famílias. Buenos Aires: Paidós; 2000.
15. Fiel M. Sequestro relâmpago: o sistema familiar organizado pelo problema [monografia]. São Paulo: Núcleo de Família e Comunidade da Pontifícia Universidade Católica de São Paulo; 2006.
16. Figley CR, Barnes M. External trauma and families. In: McKenry PC, Price SJ, editors. Families and change: coping with stressful events and transitions. 3. ed. Los Angeles: Sage; 2005. p. 379-402.
17. Figley CR, editor. Helping traumatized families. San Francisco: Jossey-Bass; 1989.

Bibliografia

Barnes M, Figley CR. Family therapy: working with traumatized families. In: Lebow JL, editor. Handbook of clinical family therapy. New York: John Wiley & Sons; 2005. p. 309-28.

Jordan BK, Marmar CR, Fairbank JA, Schlenger WE, Kulka RA, Hough RL, et al. Problems in families of male Vietnam veterans with posttraumatic stress disorder. J Consult Clin Psychol. 1992;60(6):916-26.

Mauro MR. O fim do silêncio: as dinâmicas relacionais e a reconstrução das famílias com vítimas de sequestro [dissertação de mestrado]. São Paulo: Pontifícia Universidade Católica de São Paulo; 2007.

Monson CM, Taft CE. PTSD and intimate relationships. PTSD Research Quarterly. 2005;16(4):1-7.

65 Transtornos Alimentares | Uma Abordagem Sistêmica

Rosa Maria Macedo

Introdução

As profundas e céleres transformações que vêm ocorrendo no mundo nas últimas décadas podem ser percebidas em todos os setores da organização social, em todas as dimensões da vida das pessoas, em termos de valores, crenças, padrões de comportamento, hábitos e costumes, na produção de conhecimento e no progresso tecnológico.

Na área da saúde, ficamos surpresos com a rapidez com que novos transtornos são diagnosticados, novos remédios são produzidos, novos tratamentos são criados e novas explicações produzem mudanças na compreensão das doenças.

Um aspecto importante dessas transformações é a concepção de saúde e doença do ponto de vista sistêmico, segundo a qual a vida humana é um tecido sem emendas, feito de fios biológicos, psicológicos, sociais e culturais. As pessoas são corpos e mentes, sentimentos, padrões de interação e sistemas de crenças construídos no seio da família, na sociedade a que pertencem, de acordo com a cultura que as caracteriza.[1]

Isso significa que não há distúrbios biológicos sem implicações psicossociais e vice-versa.

No caso dos transtornos de alimentação, essas inter-relações são reconhecidas hoje pela maioria dos estudiosos, sobretudo no que diz respeito aos aspectos socioculturais.

Comumente, se reconhece que problemas de controle e autonomia em relação aos alimentos só se colocam quando estes existem em abundância. Não há indícios de anorexia ou bulimia nos países mais pobres, onde a obesidade, em geral, não é considerada um transtorno, mas um sinal de *status*.[2]

Assim, é nas sociedades opulentas do Ocidente, que se caracterizam pelo consumo exagerado, que se verifica a ocorrência cada vez maior de transtornos alimentares, influenciados por contradições: de um lado, a oferta excessiva de produtos alimentícios, entre outros, e grande estímulo para consumi-los; de outro, a exortação constante, divulgada com igual frequência e valor, ao exercício de autocontrole e autonomia ante os excessos de consumo, entre os quais a comida.

Viver esse paradoxo dificulta a construção da identidade dos membros dessa sociedade, que recebem ininterruptamente estímulos ao consumo de alimentos ricos em calorias e muito atraentes do ponto de vista da satisfação pessoal, ao mesmo tempo que são pressionados a uma elegância corporal representada por esbeltez e aptidão, o que demanda dietas e restrições alimentares, além de exercícios físicos, que são responsáveis por maior atratividade pessoal e aceitação social.

Não é de se estranhar que, com exceção da obesidade, a anorexia e a bulimia sejam mais frequentes entre as mulheres, na medida em que, entre todas as transformações sociais da contemporaneidade, elas foram o segmento da sociedade responsável por protagonizar a maioria das mudanças em termos de *status*, papéis sociais e participação socioeconômica e política. Ao sair da posição secularmente consagrada de "rainha do lar", que lhe era exclusiva, para a de um membro da sociedade com os mesmos direitos que o homem, a mulher ficou sujeita a injunções complexas para sua autorrealização. Pode-se dizer que sobrepôs as tarefas de mulher-mãe às de mulher-profissional, mulher atraente e sexualmente desejável, tudo isso de acordo com expectativas implícitas ou explícitas conforme padrões preestabelecidos de feminilidade, maternagem, profissionalismo e beleza.

Nesse *continuum* de transformações sociais, do ponto de vista sistêmico, recursivamente, só se poderia esperar que a posição social hegemônica de poder conquistada pelos homens fosse afetada. No assunto específico deste capítulo, tais transformações se manifestam por meio de mudanças na distribuição da frequência dos distúrbios alimentares, como será visto adiante: aumento do número de homens com problemas alimentares, sobretudo de anorexia e bulimia.

Seriam tais fenômenos produtos da nossa época, resultantes das pressões contraditórias da moderna sociedade industrial que oferece mais do que nunca oportunidades de autorrealização ao mesmo tempo que impõe modelos de sucesso? Como fica, em termos da subjetividade do sujeito, dessa liberdade, a construção de sua identidade?

Por outro lado, se pensamos prioritariamente nos aspectos sociais, devemos nos lembrar que seu impacto, em termos de transtornos na área da alimentação, abrange uma porcentagem muito pequena da população, embora crescente.

A pergunta, então, como dizem Stierlin e Weber[2], é: que fatores são necessários para que os aspectos sociais conduzam a casos concretos de anorexia ou bulimia?

Tal questão leva, necessariamente, em primeiro lugar, ao contexto pessoal, ao mundo experienciado por homens e mulheres: de que ponto de vista percebem os desafios e vivenciam as contingências da época em que se encontram? Como significam as ocorrências de seu dia a dia e que impactos psicossociais e emocionais essas ocorrências têm na construção de seu mundo, de suas crenças, de seu modo de agir?

Embora não haja respostas a essas perguntas, há consenso, na área de estudo, de que o processo de globalização, a mudança dos padrões de beleza e as exigências de uma sociedade perfeccionista contribuem para a manutenção dos transtornos alimentares. Para o jovem de hoje, na cultura ocidental que supervaloriza o corpo ao mesmo tempo que idealiza a magreza, corresponder a esse padrão social de beleza representa ter autocontrole, competência e atratividade sexual.

Além da sociedade como sistema amplo, é preciso necessariamente focalizar nossa atenção na família, primeiro subsistema social no qual as pessoas são cuidadas e socializadas, em que apreendem os primeiros valores, expectativas, modelos e contradições da sociedade a que pertencem, de maneira específica, filtrada, modificada pela história própria de cada família.

Por tudo isso, propomos considerar, neste capítulo, o fenômeno dos transtornos alimentares do ponto de vista de várias dimensões: como fenômeno clínico complexo em suas peculiaridades nosográficas, em contexto, e como comportamento resultante do fenômeno humano das inter-relações pessoa-mundo (particularmente pessoa-família e suas peculiaridades).

Isso significa que partimos de uma concepção sistêmica novo-paradigmática que propõe ser a realidade construída nas vivências de cada um, a partir das quais todos constroem os significados que os orientam nas suas inter-relações. Não há como entender tais transtornos fora de contexto e sem considerar sua constituição complexa.

A história

O fenômeno da bulimia é conhecido desde a Antiguidade Clássica (século 4º a.C.), de acordo com Casper[3], quando era chamado *bulimos* ("fome de boi" ou "fome para comer um boi"), referindo-se a um apetite interminável relacionado a falta de energia, fraqueza e desmaios.[4] Outra expressão usada por volta do ano 300 a.C. descreve uma fome insaciável que levava a devorar comida sem o sentimento de satisfação e, eventualmente, vomitando: era a *kynorexia* ou "fome canina". Algumas vezes, ambos os termos eram combinados na expressão "bulimia canina".[3]

Por sua vez, a anorexia é conhecida na medicina desde o século 13, tendo sido discutida pela primeira vez em um manual médico publicado em 1689, por Morton. O termo "anorexia nervosa" foi cunhado em 1868, por *sir* William Gull, sendo descrito em 1873 por Lasègue[5] como "anorexia mental", denominação ainda hoje utilizada na França. Chamou a atenção de Lasègue a indiferença demonstrada pelas pacientes quanto ao estado crítico de seu corpo, apesar da manutenção de sua lucidez mental.

Entre os séculos 5º e 13, o jejum ou a inanição imposta voluntariamente apareceu na literatura teológica como possessão demoníaca ou milagre divino.[6] O livro *Holy anorexia* documenta historicamente a vida de 260 santas e endemoniados da Igreja Católica desde o século 13, sendo Santa Catarina de Siena a mais conhecida.[7] O jejum e a negação das necessidades corporais por essas mulheres eram prova de devoção a Deus, significando terem encontrado outras maneiras de se alimentar: a eucaristia e a oração.

Tais práticas eram encorajadas pela Igreja Católica até que, com a Reforma, passaram a ser consideradas "do demônio" e não meios de santificação das praticantes.

Dizia Gull[8] a respeito de suas pacientes com anorexia nervosa: "Elas não se queixam de dor ou qualquer doença, mas frequentemente apresentam-se inquietas e obstinadas se a prostração não atingiu seu ponto extremo".

Já Lasègue[5], na França, descrevia assim uma de suas pacientes: "Ela sofre de alguma emoção que evita... no começo ela não se sentia à vontade com a comida... a paciente sente que o melhor remédio para este mal-estar indefinido e doloroso seria diminuir sua comida". Lasègue já enfatiza os aspectos emocionais da doença e características de insegurança pessoal, negação e contribuição da família para manter os sintomas.

Tendo em vista as características por ele descritas, de intensa perda de peso, amenorreia, constipação intestinal, inquietação, edema e hipotermia, sem patologia definida, Gull preconizava que o tratamento deveria consistir no seguinte: alguém que tivesse ascendência moral sobre elas deveria persuadi-las a comer, sendo amigos e familiares os menos indicados.

Lasègue, por sua vez, indicava parentectomia, ou seja, a separação dos pais, concordando com Gull sobre a ascendência moral dos envolvidos no tratamento.

Com a descoberta do importante papel dos hormônios nos processos fisiológicos, chegou-se a atribuir a anorexia a distúrbios glandulares, procedendo-se a tratamentos com extratos glandulares ou mesmo, em alguns casos, implantação da pituitária.[3] A tentativa biológica para tratamento, no entanto, não foi bem-sucedida, visto que tais estudos não foram comprovados.[9]

A psicanálise também se ocupou do assunto: há uma referência de Freud[10] em *Carta a Fliess*, de 1899, à anorexia nervosa, vista como uma melancolia da puberdade, cuja causa seriam conflitos sexuais reprimidos. Para Freud, baseado em seu conceito de histeria, a anoréxica sentia aversão à comida porque ela simbolizava impulsos que, uma vez reprimidos, eram convertidos para o corpo como sintomas físicos.

Freud, porém, foi prudente em relação ao tratamento, reconhecendo que a Psicanálise não seria adequada para a remoção rápida dos perigosos sintomas no caso de anorexia nervosa. No campo psiquiátrico, em 1889, Charcot, segundo Habermas[11], foi o primeiro a apontar a "ideia fixa de obesidade" como motivo principal do fenômeno, controlado concretamente por uma paciente que não podia passar da medida de uma fita cor-de-rosa, amarrada em sua cintura, para não se igualar à mãe. De acordo com Brumberg[12], Pierre Janet foi outro psiquiatra que tratou anoréxicas, distinguindo um tipo obsessivo de um tipo histérico, cujas diferenças se referem à manutenção do apetite no primeiro e à falta de apetite no segundo, com sintomas somáticos, como sensações estranhas na boca e na garganta, e com vômitos e regurgitações, não relatados no tipo obsessivo, apenas no histérico.

No entanto, para Janet (*apud* Brumberg[12]), o medo de engordar se relacionava ao desejo de estagnar o crescimento, retardando a maturidade sexual ao se manter o corpo malnutrido, magro e pouco desenvolvido.

As teorias psicológicas para explicar a anorexia nervosa só ressurgiram a partir de 1940, influenciadas pelo olhar psicanalítico que buscava motivações inconscientes para os sintomas, com duas tendências básicas:

> Focalizar o significado simbólico do componente oral do distúrbio, seu principal sintoma.
> Focalizar os transtornos das funções do ego e das relações interpessoais na personalidade do paciente.[13]

É conhecida, também, a tentativa de Palazzoli[14], na década de 1960, de explicar a anorexia por meio de problemas de relação objetal.

Hilde Bruch[13] contribuiu com várias publicações que orientaram a clínica psicológica individual, resultantes de pesquisas sobre a obsessão pela magreza, concluindo que há nela falhas no senso de identidade e autonomia por deficiência do ego e da personalidade influenciada pelos fatores pré-edípicos. Crisp[15] reforça essas conclusões quando afirma que a "fobia de peso" protege as pacientes de demandas psicológicas e biológicas do desenvolvimento, mantendo-as em um estado pré-puberal no qual as pressões da maturação do corpo e os conflitos da sexualidade e de separação próprios da adolescência são menores e menos sentidos.

Todas essas tentativas de explicação e de tratamentos de pontos de vista específicos (biológico, psicológico etc.), ao se provarem ineficazes, abriram o campo para uma visão mais ampla, multifatorial, incluindo os fatores sociais.

Como vimos, porém, na introdução deste capítulo, se o contexto sociocultural, hoje, tem grande importância na produção desses distúrbios, não só da anorexia, ele também não é suficiente para explicar o problema. Como observam Casper[16] e Russell[17], apoiando Stierlin[2], a psicopatologia da anorexia nervosa mudou entre 1870 e 1960, e desde 1950 tem se observado uma transformação nas características da doença, que é responsável pelo aumento de sua incidência e, muito possivelmente, pelas grandes mudanças socioculturais do pós-Segunda Guerra Mundial.

Essas mudanças ficam evidentes quando se analisam comparativamente os motivos da "anorexia santa" na Idade Média (ficar mais próximo de Deus) e os da anorexia moderna (fobia de engordar).

Hoje, portanto, a anorexia deve ser entendida na dimensão biopsicossocial, incluindo, na parte social, sobretudo a família, responsável pela matriz de identidade das pessoas e transmissora de valores, expectativas e tudo que a cultura representa.

Concordamos, porém, com Schomer[18], ao citar Russell, quando afirma que tal maneira de ver a questão não se aplica aos diagnósticos de pacientes de outras épocas, já que os fatores socioculturais têm uma influência "patoplástica" na anorexia, mudando sua forma e seu "colorido".

No entanto, os três critérios diagnósticos sugeridos por Russell, em 1970, para a anorexia nervosa, são válidos até hoje:

- Comportamento dirigido a produzir perda de peso
- Medo mórbido de engordar como característica central
- Distúrbio endocrinológico: amenorreia em mulheres e perda de potência sexual em homens, secundariamente.

Quanto à bulimia, também há a primeira descrição médica feita por Gull em 1868.[8] No entanto, segundo Casper[16], o caso mais bem documentado de bulimia, que sugere ser uma síndrome, é da paciente de Biswanger[19], Ellen West, com episódios de compulsão alimentar e estratégias para perder peso, com vômitos provocados.

Com a publicação de Russell[20], em 1979, denominando a bulimia nervosa uma variante sinistra da anorexia nervosa, a síndrome obteve descrição mais acurada, com base no tratamento de 30 pacientes. O autor percebeu que todas elas estavam determinadas a perder peso, como as anoréxicas, porém tendiam a apresentar mais sobrepeso, a ser mais ativas sexualmente, a ter ciclo menstrual regular e a se manter férteis. O que as caracterizava podia ser percebido principalmente por:

- Impulso irresistível para comer excessivamente
- Busca por evitar os efeitos engordativos da comida, abusando de laxativos e/ou induzindo vômito
- Medo mórbido de engordar.

A partir de 1980, a Organização Mundial da Saúde incluiu, na terceira edição do Manual Diagnóstico e Estatístico de Transtornos Mentais (DSM-III), esse transtorno alimentar, não utilizando, no entanto, o termo sugerido por Russell, "bulimia nervosa", mas critérios diagnósticos mais amplos, que enfatizavam, sobretudo, a compulsão alimentar em vez dos mecanismos para controle de peso, cuja inadequação constituía o maior problema para a saúde. Nas publicações que vieram em seguida (DSM-III-R, DSM-IV e DSM-IV-R), os critérios classificatórios foram se aproximando cada vez mais dos sugeridos por Russell, com pequenas alterações, ficando consagrada a denominação "bulimia nervosa". Atualmente, os transtornos de alimentação constam dos manuais classificatórios tanto internacionais (DSM) como nacionais (CID), com exceção da obesidade crônica.

Em relação a esta última, desde 1985 tem havido tentativa de inclusão no DSM, principalmente nos EUA, porém ainda não houve consenso para fazê-lo. Um dos critérios empregados para seu diagnóstico é o da CID-10 (1999). Nela, distinguem-se cinco categorias de obesidade:

- Devida a excesso de calorias
- Induzida por drogas
- Extrema com hiperventilação alveolar
- Outra
- Não especificada.

Há ainda outras classificações: obesidade exógena ou endógena, primária ou secundária, e extrínseca ou intrínseca. Para as três diferenciações, no primeiro caso, há excesso de calorias e/ou diminuição de gasto energético, e no segundo, preexistência de uma doença.

Seja qual for a classificação da obesidade, o importante é que ela não pode ser tratada como uma doença única, pois, do ponto de vista fisiopatogênico, há uma série de fatores que a fazem variar enormemente de um caso para outro, além do acúmulo do tecido adiposo, que é comum a todas.

Além disso, há uma diferença fundamental entre a obesidade e a anorexia e a bulimia. O obeso reconhece que está gordo e pode ou não procurar se tratar; porém, quando o faz, sabe que está em uma dieta e se submete à restrição alimentar controlada. Na obesidade, não há alterações perceptivas em relação ao corpo, como na anorexia e na bulimia.

Nesse sentido, é importante que as peculiaridades e as variações da obesidade sejam tratadas à parte, especificamente.

Cabe, neste capítulo, no entanto, chamar a atenção para os casos em que, por problemas emocionais, a compulsividade no comer inibe o controle e dificulta o emagrecimento por meio de tratamentos.

Nesses casos, deve-se dar ênfase ao tratamento psicológico, de nosso ponto de vista, incluindo a família, de acordo com as diretrizes epistemológicas que serão apresentadas para o tratamento da anorexia e da bulimia.

Diagnóstico dos transtornos alimentares

Todos os esforços para encontrar uma causa para qualquer um dos transtornos alimentares apontam sua natureza complexa, produzida por múltiplos fatores, cujo peso varia em função das contingências contextuais implícitas no processo de desenvolvimento do transtorno em cada caso.

Por essa razão, a postura adequada é buscar a compreensão dos múltiplos fatores que interagem na produção do transtorno e dos significados que lhe são atribuídos pelo seu portador e pelos que com ele compartilham o cotidiano.

Os critérios estabelecidos pela Organização Mundial da Saúde são descritores úteis para o reconhecimento do problema, constituindo um horizonte comum para o diálogo entre diferentes profissionais sobre o significado dos comportamentos apresentados por seus clientes, de acordo com o paradigma que embasa sua epistemologia e, consequentemente, sua prática profissional.

Critérios diagnósticos para anorexia nervosa segundo a CID-10

Várias são as caraterísticas apontadas pela CID-10 como fatores presentes no diagnóstico da anorexia. Entre elas:

- O peso corporal é mantido, pelo menos, 15% abaixo do esperado ou do índice de massa corporal de Quételet (peso sobre altura ao quadrado = 17,5 ou menos). Pacientes pré-púberes podem apresentar falhas em alcançar o ganho de peso esperado durante o período de crescimento
- A perda de peso é autoinduzida por abstenção de "alimentos que engordam" e por um ou mais dos que se seguem: vômitos autoinduzidos, purgação autoinduzida, exercício excessivo, uso de anorexígenos e/ou diuréticos
- Há distorção da imagem corporal como psicopatologia específica, por meio da qual o pavor de engordar persiste como uma ideia intrusiva e sobrevalorizada e o paciente impõe um baixo limiar de peso a si próprio
- Transtorno endócrino generalizado envolvendo o eixo hipotalâmico-hipofisário-gonadal se manifesta em mulheres como amenorreia e em homens como perda de interesse e potência sexuais. Pode haver, também, níveis elevados de hormônio do crescimento e de cortisol, alterações no metabolismo periférico do hormônio tireoidiano e anormalidades de secreção de insulina
- Se o início é pré-puberal, a sequência de eventos da puberdade é demorada ou mesmo detida (o crescimento cessa; nas garotas, os seios não se desenvolvem e há amenorreia primária; nos garotos, os genitais permanecem juvenis). Com a recuperação, a puberdade é, com frequência, completada normalmente, porém a menarca é tardia.

Critérios diagnósticos para bulimia nervosa segundo a CID-10

Em relação à bulimia, são apontadas as seguintes características:

- Há preocupação persistente com o comer e o desejo irresistível por comida; o paciente sucumbe a episódios de hiperfagia, nos quais grandes quantidades de alimento são consumidas em curtos períodos de tempo
- O paciente tenta neutralizar os efeitos "de engordar" dos alimentos por meio de um ou mais dos que se seguem: vômitos autoinduzidos, abuso de purgantes, períodos alterados de inanição, uso de drogas, como anorexígenos, preparados tireoidianos ou diuréticos. Quando a bulimia ocorre em pacientes diabéticos, eles podem escolher negligenciar seu tratamento insulínico
- A psicopatologia consiste em pavor mórbido de engordar e o paciente estabelece para si mesmo um limiar de peso nitidamente definido, bem abaixo de seu peso pré-mórbido, que constitui o peso ótimo ou saudável na opinião do médico. Há, quase sempre, história de um episódio prévio de anorexia nervosa, com variação de poucos meses a vários anos de intervalo entre os dois transtornos. Esse episódio prévio pode ter sido completamente expressado ou pode ter assumido uma forma "disfarçada" menor, com perda de peso e/ou uma fase transitória de amenorreia em mulheres.

As abordagens familiares

Em Cobelo[21], o papel que a família desempenha nos transtornos alimentares foi descrito como algo em destaque permanente para as inúmeras publicações do campo, em que ela não é mais considerada um obstáculo para o tratamento, mas um importante instrumento terapêutico. A maioria dos trabalhos publicados enfatiza a importância do estudo da dinâmica familiar e de suas relações não somente como fator contribuinte, mas de modo relevante na manutenção do quadro alimentar.[22]

A origem atual dos tratamentos familiares para os transtornos alimentares foi influenciada por vários trabalhos realizados no Maudsley Hospital, em Londres. Dos mais relevantes, vale citar o de Dare e Eisler[23] propondo a integração da terapia familiar na abordagem multidisciplinar. Segundo esses autores, embora esse recurso terapêutico seja fundamental para todos os pacientes, seus resultados mais efetivos ocorrem em adolescentes em fase inicial do quadro de anorexia nervosa. De acordo com Eisler[24], enquanto nos primeiros modelos teóricos de tratamento da anorexia e da bulimia o foco era centrado na etiologia do quadro, os modelos mais atuais englobam a compreensão da dinâmica e da organização da família frente ao problema de ter um dos membros com algum transtorno alimentar.

Transtornos alimentares do ponto de vista sistêmico

O observador, quando amplia sua lente, pode se dar conta da função protetora do sintoma na família para evitação de conflito. O transtorno de um membro da família é argumentação suficiente para se "colocar entre parênteses" qualquer outro problema que possa estar implícito nas relações familiares. A aparição de qualquer tensão, a exteriorização de desacordos e a alusão a qualquer possibilidade de discussão são vistas como extremamente perigosas e sentidas como ameaçadoras para a integração familiar. Esse "mito" de família harmoniosa e feliz precisa ser mantido a qualquer preço. O paciente e sua família se influem e se reforçam nas redes do mesmo sofrimento, de maneira absolutamente circular.[25]

Assim como o sintoma é ativado pelos estresses emocionais relacionados a certos modelos de interação familiar, também estes são influenciados, orientados e amplificados retroativamente pelo surgimento do transtorno do paciente; isso significa que o sintoma não somente atua como estabilizador do sistema, mas, justamente por isso, condiciona e potencializa certas características familiares, por exemplo, pela "superproteção" em resposta a um inevitável requerimento de proteção por parte do paciente.[26]

Liberar o paciente de seu sintoma e do risco de cronicidade significa, portanto, intervir sobre o sistema interpessoal completo para liberar este sistema de sua rigidez, mudando modalidades interativas que favoreçam o sintoma e promovendo modelos de interação mais adequados. Para isso, são finalidades terapêuticas a individualização e o reforço de cada um dos membros e dos subsistemas da família, modificando suas características aglutinadoras e superprotetoras e reforçando a autonomia de cada um.

A condição *sine qua non* das famílias que apresentam transtornos alimentares é a dificuldade crônica para tolerar, promover e integrar as diferenças individuais dentro da família nuclear como um todo.[27]

Os transtornos alimentares tornam-se um segredo do relacionamento porque a família tenta evitar aquilo que, em sua opinião, piora as tensões e os sintomas. A harmonia familiar é, na verdade, mantida puramente mediante a evitação.[27]

O processo que nos leva a "perceber como as coisas são", como diz Sluzki[28], é construído, desde que nascemos, por meio de consensos no ambiente em que vivemos.

São justamente os processos de procura de consenso e sua manutenção que possibilitam que a realidade tenha um certo grau de estabilidade coletiva e, portanto, também individual.

É o ato de compartilhar sentidos e mapas comuns que dá às pessoas o senso de fazer parte de um coletivo, pois esse ato está na base de toda a experiência de pertencer.[28]

É na família que se observa o sentimento de pertencimento no máximo de sua intensidade, visto que ela é o agente socializador por excelência dos seus membros e, portanto, onde ocorre o grande volume de mapas compartilhados e de sentimentos de confirmação mútua dos pontos de vista compartilhados. Por sua vez, a pertinência a redes interpessoais mais extensas pode ser vista como um compartilhar de mapas em menor escala que na família.

Desse ponto de vista, pode-se perceber uma progressão de encaixes ou compartilhamentos decrescentes de mapas na medida em que se fala de pertencimento a sistemas mais amplos, como comunidade, religião, cultura e espécie.[28]

Por essa razão, a família adquire uma importância tão grande que se torna um diferencial no tratamento de pessoas com transtornos alimentares.

A sensação de consenso, de realidade compartilhada, é ativada por cada uma das famílias mediante as ações por elas empreendidas.

Os comportamentos sintomáticos incorporam-se à realidade da família com muita rapidez, dado que os sintomas são eventos da vida cotidiana amplificados e mantidos com a coparticipação de todos os que fazem parte da rede significativa.

O que transforma um comportamento em sintoma é a estabilidade das suas características, que, apesar de não serem muito bem vistas, acabam sendo envolvidas pelos padrões interativos da família e assim mantidas repetidamente como respostas nessas interações.

Assim, as histórias que as famílias trazem são acordos acerca da construção da realidade. São bastante maleáveis e organizadas conforme os valores representativos e as necessidades das famílias, com base nos acordos atuais sobre a realidade compartilhada.

Assim, podem ser organizadas em torno de sucessos ou de comportamentos sintomáticos ou não sintomáticos.

Minuchin foi o primeiro a afirmar que certos padrões de interação, que chamou de disfuncionais, tinham papel importante no desenvolvimento de sintomas psicossomáticos em jovens, particularmente na anorexia nervosa.[29]

Com base em seus estudos, Minuchin et al.[29] publicaram um livro que se tornou clássico pelo pioneirismo: *Psychosomatic families*, com destaque para a anorexia nervosa, no qual descrevem as características das famílias psicossomáticas. Segundo eles, são famílias com um enorme desejo de união; são aglutinadas, entrelaçadas, cujas fronteiras são difusas não só entre os membros, mas entre gerações; são superprotetoras, rígidas e com forte tendência à evitação de conflito.

São famílias cujos membros têm enorme sensibilidade para com os problemas emocionais uns dos outros, enquanto se fecham para todas as novidades do mundo exterior que representem ameaças para sua coesão e estabilidade. Portanto, são famílias que afastam qualquer coisa que possa desencadear a diferenciação e a coevolução dos seus membros.

É muito feliz a metáfora evocada por Stierlin[2] segundo a qual a família psicossomática seria como uma casa em que todos os quartos se intercomunicam, todas as portas estão abertas e não há chaves para trancá-las. Qualquer um entra no quarto do outro sem bater, a qualquer momento, inclusive no quarto dos pais, que, com frequência, fica aberto.

Minuchin et al.[29] também apontam a falta de definição clara da hierarquia e a ausência de uma estrutura de liderança, apesar da estabilidade apresentada por tais famílias.

Tais características ficam claras quando, em situações de crise que clamam por mudança, os pais ficam paralisados, sabotando-se ou criticando-se mutuamente, sobretudo quanto à criação dos filhos. Palazzoli[30] também observou esse padrão, como Minuchin, e aponta o seguinte: o resultado desses confrontos são cenas de choro ou gritos quando um dos pais exige algo do filho e é imediatamente acusado pelo outro de estar sendo muito grave ao esperar mais do que o filho pode dar.

Outra consequência das características dessas famílias quanto à hierarquia e à liderança é que a luta pelo poder pode se desenrolar subterraneamente, regida por regras que correspondem a valores e normas estabelecidos pelas famílias. Uma das mais comuns é o mandamento de abnegação. Pode mais o membro da família que dá mais, que se sacrifica mais, que satisfaz menos seus desejos pessoais. Portanto, há uma rivalidade entre os membros da família em torno não só de quem dá mais, mas de quem se controla melhor, de quem reprime suas necessidades de maneira mais eficaz. Resultado: nesse cenário, qualquer tentativa de autonomia e autorrealização é vista como egoísta; aquele que é mais dado a buscar prazeres pessoais é visto como dominado pelas emoções.

Palazzoli et al.[31] concordam que há uma verdadeira competição sobre a capacidade de sacrifício e o autossacrifício idealizados. Nesse contexto, a desunião, a traição, a fuga e o egoísmo tornam-se altamente temidos e, por outro lado, muito tentadores.

É de extremo valor e de muita utilidade a compreensão da dinâmica familiar de pacientes com transtornos alimentares, sendo as contribuições da escola de Heidelberg extremamente valiosas nesse sentido.

A partir de seus estudos, Stierlin[2] mostra, primeiro, quantas características comuns são percebidas nas famílias com anorexia e com bulimia:

- São sistemas extremamente fechados
- Bloqueiam a individuação e a evolução de todos os membros da família
- Têm fatores similares que reforçam os vínculos familiares, como a evitação de conflitos, o autocontrole, o forte sentimento de justiça, a abnegação e a superproteção centrada principalmente na comida, nas funções corporais e na aparência
- Em ambas as famílias, há grande valorização das realizações pessoais dirigidas, em geral, por ideias convencionais
- Em ambas, encontram-se posições polarizadas quanto a sentimentos, expressões e avaliações
- Desse modo, ou se controla o corpo ou se é controlado por ele; ou se realizam grandes conquistas ou se é um "nada", um fracassado; ou se está intimamente ligado à família ou se está totalmente divorciado dela.

Enfim, são posições rígidas extremas, sem a mínima possibilidade de uma terceira opção em que ambas as alternativas possam combinar-se.

Talvez isso ajude a compreender o fato de as bulímicas lutarem para obter uma figura esbelta e atraente e de as anoréxicas parecem ter certa satisfação em exibir seus corpos esqueléticos.

Nas famílias com anorexia e em muitas com bulímicos, segundo Beavers[32], todas as tendências caóticas, excêntricas ou destrutivas permanecem sob a superfície, mantidas sob controle rígido e restritivo, porém eficaz.

Quanto às diferenças, Stierlin[2] aponta o seguinte:

- A idade em que mais frequentemente aparecem os sintomas – mais cedo na anorexia e mais tarde na bulimia
- Ligação mais forte com a família na anorexia, talvez pela idade menor
- Ingestão compulsiva de alimentos; vômitos e uso de laxantes alcançam maior automatismo na bulimia que na anorexia
- Na bulimia, a luta por autonomia e controle e o sentimento de vergonha e fracasso alcançam não só o contexto da família de origem, mas também o grupo de pares e os companheiros de trabalho
- Ainda que a família seja o cenário principal das bulímicas, elas tendem a apresentar maior instabilidade emocional e a exibir mais comportamentos negativos (raiva, inveja, rivalidade, ódio), que são logo reprimidos pela vergonha que causam
- O desenvolvimento psicossexual é maior nas bulímicas que nas anoréxicas, sendo mais comum uma sexualidade mais madura
- A separação ou o divórcio dos pais é mais comum entre as bulímicas mais sujeitas a intenso ressentimento, manifestado nos ataques à geladeira em uma luta aberta pelo poder, refletida também no simbolismo do sintoma "vômitos".[33]

Desde a perspectiva da influência sociocultural, é possível pensar que mãe e filha são mulheres sujeitas à intensa pressão social de serem magras. Além disso, a mãe exerce importante papel como modelo de aparência e de comportamento, inclusive alimentar, para a filha.[34,35]

Enquanto as anoréxicas se empenham em contradizer e resistir à mãe e na rivalidade com as irmãs, as bulímicas competem com a mãe a atenção do pai. Estas costumam ter uma relação confidencial com a mãe, que consideram submissa ao pai. Daí o conflito entre conquistar o pai, por um lado, e ajudar a mãe a enfrentá-lo, por outro.

As bulímicas costumam se mostrar submissas ou rebeldes e tímidas, descartando, com ansiedade, o contato com os demais; por sua vez, as anoréxicas preferem se retrair e prosseguir com sua greve de fome.

A Tabela 65.1, resultado de 10 anos de estudos clínicos multifatoriais com cerca de 80 famílias de pacientes com distúrbios alimentares no Instituto de Heidelberg (apud Stierlin et al.[36]), sintetiza com precisão tais características de anoréxicas e bulímicas em suas variações. Ela constitui um excelente guia para o trabalho com os portadores desses problemas, orientando o terapeuta quanto ao tipo de intervenção cabível em cada caso, conforme a combinação de fatores apresentada pelas famílias em consulta e o estilo do profissional.

Uma observação importante refere-se à média de idades apresentadas pelos autores: as pesquisas epidemiológicas mais recentes indicam uma variação para baixo em relação a esse dado em todos os transtornos, isto é, o aparecimento cada vez mais precoce dos referidos comportamentos sintomáticos.

Outros estudos enfatizando a característica multifatorial do tema mencionam fatores de predisposição na história familiar de transtornos alimentares, além de baixa autoestima, perfeccionismo e dificuldade em expressar emoções.[38]

Como fatores precipitantes, são citados: dietas, separação e perda; alterações da dinâmica familiar; expectativas irreais na escola e proximidade da menarca. Como fatores mantenedores: alterações neuroendócrinas; distorção da imagem corporal; distorções cognitivas; práticas purgativas e dificuldades no relacionamento familiar. A mídia e os amigos também são considerados fatores importantes para o desencadeamento e a manutenção dos transtornos alimentares.

Enfim, desde o trabalho de Minuchin et al.[29], passando pela escola de Milão – por Palazzoli e Cecchin –, pela escola de Heidelberg – por Stierlin e Weber –, até as propostas de Tom Andersen e Michael White e os resultados de pesquisadores não terapeutas, os descritores dos transtornos alimentares se confirmam em linguagens diferentes, enfatizando aspectos diversos, porém sempre em torno do caráter multifatorial do fenômeno, da importância das relações com a família e com a rede social e da importância de valores e crenças construídos em cada grupo familiar de acordo com os sistemas de valores, costumes e modismos de determinada sociedade, em determinados tempo e lugar.

Tabela 65.1 Tipos de interação encontrados em famílias com membros com comportamento anoréxico, bulímico anoréxico e bulímico nervoso.

	Anorexia nervosa	Bulimia/anorexia	Bulimia nervosa
Coesão	Predominante centrípeta	Predominante centrípeta	Centrípeta com tendências centrífugas
Fronteiras	Intrafamiliares fracas; extrafamiliares impermeáveis	Divisão clara entre os subsistemas; algum membro excluído; fronteiras extrafamiliares mais permeáveis	Demarcação clara entre os membros da família, fronteiras extrafamiliares muito permeáveis
Relacionamento do paciente identificado com a mãe	Outrora confidente da mãe; mais tarde, desapontamentos mútuos e luta por diferenciação	Ambivalente; tentativas de diferenciação com fortes conflitos de lealdade	Relação fraca
Relacionamento do paciente identificado com o pai	Em geral, distante com pouco contato emocional. Se existe algum relacionamento, o paciente funciona como um "empregadinho" do pai	Paciente identificado tende a ser o "filhinho do papai"; durante a adolescência, a relação é perturbada por um clima incestuoso entre pai e filha	Paciente identificado é ainda mais "filhinho do papai"; frequentemente se identifica com pai ausente. Oscila entre grande distanciamento e grande proximidade
Relacionamento com os avós	A relação costuma ser muito próxima com os avós; ao mesmo tempo, há conflitos de lealdade	Pai quase sempre desligado de seus pais, enquanto a mãe mantém contato próximo com os seus. Paciente identificado às vezes vacila entre os dois conjuntos de avós	Frequentemente afastado dos avós
Relacionamento com os amigos	Frequentemente há uma amiga íntima antes do aparecimento do sintoma; depois, relações rompidas com os amigos	Predominância de relacionamentos íntimos com várias amigas; frequentemente mantém contato distante com elas enquanto dura o sintoma	Muitos relacionamentos com amigos, em geral superficiais e muito mutáveis
Relacionamento com os irmãos	Com frequência, há uma ou duas irmãs próximas em idade. Com uma ou com ambas, rivalidade forte e às vezes encoberta	Poucos irmãos; frequentemente luta aberta pela posição de filho preferido	Frequentemente cooperativo em aventuras com irmãos; existe, então, receio no sentido de suportar uma frágil segurança
Desenvolvimento psicossexual	Nível "pré-genital"; nega ou dissocia qualquer interesse na sexualidade (fica pouco atrativo, sem formas)	Frequentemente nenhuma ou pouca experiência sexual, embora interessado em tê-la	Comum; experiências sexuais frequentes, ocasionalmente promíscuo
Relacionamento entre os pais	Frequentemente relações socialmente estáveis; há uma divisão muito convencional de papéis; tensão encoberta (insatisfação, geralmente da esposa)	Predomina relação relativamente estável socialmente; há maior expressão e percepção de perigo de conflito aberto; relação tensa e conflituosa	Frequentes e ferozes conflitos abertos; relação marital ameaçada ou em dissolução
Enfrentamento dos conflitos	Evitação maciça de conflitos, tensões encobertas para contornar conflitos sobre o comportamento alimentar do paciente identificado	Alternância entre expressão aberta e evitação de conflito	Fortes conflitos às vezes abertos e perigosamente agressivos, assassinos (agressão, violência e, às vezes, suicídio)

(continua)

Tabela 65.1 (*Continuação*) Tipos de interação encontrados em famílias com membros com comportamento anoréxico, bulímico anoréxico e bulímico nervoso.

	Anorexia nervosa	Bulimia/anorexia	Bulimia nervosa
Significado interacional do comportamento sintomático	Muito grande (simetria tensa; grande força na luta pelo poder)	Muito grande (simetria gritante pode se manifestar, por exemplo, em batalhas relativas à geladeira)	Significado interacional indefinidamente baixo (com frequência, comportamentos secretos); sintomas geralmente automatizados (vomita duas vezes/semana, por exemplo)
Situações ameaçadoras	Perda, ameaças à coesão familiar (separações), desapontamentos; experiências de traição; primeira manifestação do sintoma entre 13 e 18 anos	Mudança na profissão e/ou residência dos pais, mudança nos relacionamentos; pressões para tomar decisões; sintomas geralmente aparecem entre 15 e 19 anos	Sentimentos de solidão; situações que requerem tomada de decisão independente; sintomas costumam aparecer entre 17 e 22 anos
Construções da realidade, valores e normas familiares	Evita sobressair-se; realizações têm o propósito de satisfazer expectativas; cuidado é equivalente a amor	Similar à anorexia; grande importância dada à aparência	Aparência é muito importante; batalha por prestígio social

Fonte: Stierlin e Weber.[38]

Assim, os terapeutas sistêmicos são unânimes em recomendar vivamente um tratamento multidisciplinar que coordene a complexidade dos fatores envolvidos com métodos específicos, que incluem os aspectos físicos e mentais: médico clínico, nutricionista, terapeuta ocupacional, fisioterapeuta, psiquiatra, terapeuta familiar e equipe de enfermagem, quando o suporte hospitalar for necessário, como em casos de perigo de morte por desnutrição e perda de peso excessiva, seja em ambulatório ou internação.

Terapia de famílias com membro portador de transtorno alimentar

A terapia de famílias com membro portador de transtorno alimentar é muito menos uma questão de modelo terapêutico específico que de paradigma.

Sendo o transtorno, como se apontou, um fenômeno complexo, multifatorial e de acordo com o paradigma da construção da realidade, o tratamento não pode ser focado apenas no indivíduo sem que haja um sério problema de simplificação inadequada da questão em estudo, que, nesse caso, pressuporia uma estrutura estática, possibilitando a observação objetiva e a interação mais instrutiva, com orientações referentes ao comportamento e recomendações de regras visando ao desaparecimento do sintoma. Caso se utilize esse enfoque, será feita uma abordagem típica do paradigma positivista tradicional e objetivista da ciência, que, aplicado a várias oportunidades no decorrer da história dos transtornos alimentares, não foi suficiente para resolver o problema.

Por essa razão, a visão sistêmico-cibernética de acordo com o paradigma subjetivista da construção da realidade, conforme bem apresentado por Vasconcellos[39], é, a nosso ver, a que melhor se aplica ao tratamento do transtorno.

Essa crença fundamenta-se em uma abordagem que prioriza a visão da complexidade, ou seja, o enfoque no maior número de situações e alternativas possíveis implicadas no fenômeno; no estado atual do problema, em função de suas circunstâncias, de seu contexto e de toda a imprevisibilidade nele contida; na impossibilidade de prever acontecimentos, planejar sessões, considerar imprevistos e acasos; além de se considerar a multiplicidade possível de significados atribuídos ao problema pela construção conjunta de todos os envolvidos, recursiva e circularmente – paciente, médicos, família, amigos, redes sociais e institucional –, que seria o aspecto da intersubjetividade.

Portanto, a inclusão da família no tratamento com qualquer modelo é condição básica de melhor resultado. De nosso ponto de vista, porém, a terapia familiar sistêmico-cibernética novoparadigmática é a que fornece os recursos mais adequados para o tratamento de tais pacientes.[39]

Nesse sentido, algumas notas sobre o processo terapêutico podem ser úteis para auxiliar o terapeuta sistêmico a se conduzir de acordo com os princípios mais gerais dessa epistemologia, tendo como base o paradigma da construção da realidade, adequando a essas linhas básicas seu estilo pessoal de trabalho:

- Em primeiro lugar, é importante destacar que o essencial do processo terapêutico sistêmico é abrir ou criar realidades que aumentem as alternativas disponíveis e, assim, assinalem novas vias de desenvolvimento para o indivíduo e a família como um todo
- Desempenham papel fundamental nessa construção o contexto terapêutico e a relação terapeuta-sistema, que é o objeto de tratamento, visto que, como princípio, não há uma realidade independente do observador
- Nesse sentido, o problema é qualquer coisa que uma pessoa ou um grupo de pessoas define como dificuldade. É lícito perguntar: que pessoas fazem parte do sistema definido pelo problema?[40] É possível trabalhar em terapia apenas com as pessoas da família mais envolvidas no problema (p. ex., aquelas que mais diretamente, por palavras e ações, contribuem para a manutenção do problema, como pais e irmãos)?
- As ideias sobre a realidade costumam ser confirmadas, recebidas ou modificadas recursivamente. Assim, quanto mais drásticos forem os métodos de controle de uma filha anoréxica, mais drástico e desafiante pode se tornar o seu comportamento.

Tais princípios são responsáveis pelo direcionamento sistêmico do trabalho terapêutico.

A percepção dos comportamentos de modo inter-relacional possibilita ao terapeuta compreender como eles se influenciam mutuamente, evitando que se estabeleçam cadeias unilaterais, lineares, de causa e efeito, que contribuem para que as pessoas se agarrem ao problema, atribuindo-o à responsabilidade única e exclusiva do paciente identificado (PI), causando culpa.

A conduta humana inter-relacional acarreta pautas, está sujeita a regras e, como observa Bateson[41,42], só pode ser compreendida no contexto em que ocorre.

Daí a grande utilidade do conceito de circularidade, segundo o qual uma cadeia de causas e consequências é recursiva em termos da produção do comportamento em questão.

Portanto, uma conduta anoréxica rotulada como defeito, como doença, só pode ser compreendida quando se considera como as inter-relações que a produzem são reguladas, por quais regras, quais as pautas e as sequências que a produzem no sistema, que significados têm nesse sistema.

Essa recursividade não impede que o terapeuta sistêmico acredite que um membro do sistema tenha capacidade de tomar decisões e assumir responsabilidades individualmente. Ao contrário, já que a rotulação do anoréxico como doente pode dar à família a noção de que a anorexia não é responsabilidade ou culpa de ninguém, podendo servir como pretexto para sua manutenção, o terapeuta sistêmico supõe que cada pessoa seja, em parte, artífice de sua própria condição, e não vítima de uma enfermidade. Nesse sentido, em lugar de perguntar: "quando Maria se tornou anoréxica?", seria melhor perguntar a um membro da família, por exemplo: "quando acredita que Maria resolveu fazer greve de fome?" ou "se matar de fome?".

No processo terapêutico sistêmico, as hipóteses, a exploração da dinâmica das relações e as intervenções ocorrem simultaneamente.

As hipóteses são construídas a cada momento pelo terapeuta em função dos comportamentos e dos relatos dos participantes. Consequentemente, as observações da situação levantam questões ao profissional, que procura respondê-las, fazendo perguntas aos membros do sistema, com finalidade não de obter respostas, mas de oferecer oportunidades a eles de encontrar maneiras diversas para descrever o problema e levantar novas possibilidades à medida que as perguntas introduzem novidades.

A maneira de contar os fatos carregados de problemas a que a família está acostumada recebe uma nova versão, que pode modificar aquela que trouxeram.

Por essa razão, perguntas circulares, esclarecedoras e reflexivas são indispensáveis ao processo terapêutico. Se a informação é considerada "uma diferença que faz a diferença", então ela só pode ser criada por um processo de diferenciação[41]; isto é, o terapeuta seleciona certos fenômenos e formula questões em que faz relações, comparações, diferenciações. O objetivo das perguntas é modificar a formulação rígida trazida pela família, colocar as condutas no contexto das relações, que se modificam no espaço e no tempo, e estimular os recursos do sistema para descobrir novas opções para a maneira de pensar e significar tais condutas.

No exemplo anterior, quando se pergunta sobre a anorexia como "greve de fome" ou desejo de "se matar de fome", produz-se um choque de significados que, para ser respondidos, devem ser pensados nesses termos, e não nos da forma anterior (doença). Além disso, se introduz a crença de que o anoréxico pode influir sobre sua "doença", ter o controle, na medida em que o comportamento ganha uma conotação de voluntário.

Por mais que haja protestos contra essa ideia, ela cria paradoxalmente no sistema a visão de que se trata de algo para que há uma saída, e estimula o interesse do grupo familiar em compartilhar a busca de soluções.

Considerações finais

Em resumo, considerando as características encontradas nas pesquisas clínicas, sobretudo as da escola de Heidelberg, o desafio do terapeuta, ao trabalhar, principalmente, com sistemas aglutinados e rígidos (centrípetos, segundo Stierlin), está em:

- Possibilitar a diferenciação que é evitada
- Fortalecer a diferenciação dos membros quando a autonomia é considerada nociva; no entanto, valorizar a lealdade
- Induzir um intercâmbio e comunicações abertas, pois elas são evitadas nesses sistemas
- Suavizar, com redefinições, conotação positiva e visões alternativas, a construção da realidade, a fim de flexibilizar os princípios rígidos que tentam manter tudo como está. Por exemplo, em vez de má ou teimosa, como é vista pelo pai, a anoréxica poderia ser apontada pelo terapeuta como "desobediente, rebelde ou desafiadora".[2,29]
- Falar sobre as relações. Apresentar definições claras para apontar violações não percebidas do código "moral" ou de "justiça" da família que afirma, por exemplo:
  - Nas palavras de uma mãe: "amo todos os meus filhos igualmente", quando está claramente mais ligada à anoréxica
  - Nas palavras de um pai: "todos queremos viajar juntos", sem nunca ter perguntado se algum filho não queria ir.

A mitologia da justiça da família harmoniosa proíbe as distinções; o "nós" substitui o "eu" e não permite respostas que se desviam do credo familiar básico. Daí que se consegue uma abertura das fronteiras externas da família, pois o mundo externo é visto como hostil.

Para lidar com tais desafios com sucesso, será necessário ter habilidade terapêutica, sensibilidade, postura acolhedora e compreensiva, criatividade, capacidade de lidar com a imprevisibilidade, enfim, toda a "arte" do terapeuta para produzir contextos que possibilitem o desenvolvimento da coconstrução de novos significados no encontro das subjetividades de todos os envolvidos.

Referências bibliográficas

1. Capra F. O ponto de mutação. São Paulo: Cultrix; 1982.
2. Stierlin H, Weber G. Que hay detras de la puerta de la familia? Barcelona: Gedisa; 1990.
3. Casper RC. The so called eating disorders. Chicago: University Chicago Press; 1987. (Progress; v. 2).
4. Ziolko HU. Hyperorexia nervosa. Istambul: International Conference of Psychosomatic Medicine; 1983.
5. Lasègue CH. De l'anorexie hystérique. Arch Gen Med. 1873;1:835.
6. Skrabanek P. Notes towards the history of anorexia nervosa. Janus. 1983;70:109-28.
7. Bell R. Holy anorexia. Chicago: University of Chicago Press; 1985.
8. Gull WW. The address in medicine. Lancet. 1868;2(2345):171-6.
9. Cordás TA, Salzano FT, Rios SR. Os transtornos alimentares e a evolução no diagnóstico e no tratamento. In: Alvarenga M, Phillip ST, organizadores. Transtornos alimentares: uma visão nutricional. Barueri: Manole; 2004. p. 39-62.
10. Freud S. Edição Standard Brasileira das Obras Psicológicas Completas de Sigmund Freud. v. 1. Rio de Janeiro: Imago; 1977. Carta a Fliess. Publicações pré-psicanalíticas e esboços inéditos (1886-1889).
11. Habermas T. The psychiatric history of anorexia nervosa and bulimia nervosa: weight concerns and bulimic symptoms in early case reports. Int J Eat Disord. 1989;8(3):259-73.
12. Brumberg JJ. Fasting girls: the history of anorexia nervosa. New York: Penguin; 1989.
13. Bruch H. Eating disorder: obesity, anorexia nervosa and the person within. New York: Basic Books; 1973.
14. Palazzoli MS. La familia con paciente anorexica: un sistema modelo. In: Selvini M, compilador. Crónica de una investigación: la evolución de la terapia familiar en la obra de Mara Selvini Palazzoli. Buenos Aires: Paidós; 1990. p. 50-8.
15. Crisp AH. Anorexia nervosa: let me be. New York: Grune and Stratton; 1980.
16. Casper RC. On the emergence of bulimic nervosa syndrome: a historical view. Int J Eat Disord. 1983;2(3):3-16.
17. Russell B. The analysis of mind. London: Routledge; 1995.

18. Schomer EZ. Um por todos e todos por um: um estudo sobre as possíveis contribuições e vivências de um grupo reflexivo de familiares de pacientes homens com transtornos alimentares [monografia]. São Paulo: Pontifícia Universidade Católica de São Paulo; 2008.
19. Biswanger L. The case of Ellen West. New York: Simon and Schuster; 1952.
20. Russell GFM. Bulimia nervosa, an ominous variant of anorexia nervosa. Psychol Med. 1979;9(3):429-48.
21. Cobelo AW. Insatisfação com a imagem corporal e sintomas de transtorno alimentar, em mães de adolescentes com transtornos alimentares [dissertação de mestrado]. São Paulo: Faculdade de Medicina da Universidade de São Paulo; 2008.
22. Cobelo AW. O papel da família no comportamento alimentar e nos transtornos alimentares. In: Alvarenga M, Philippi ST, organizadores. Transtornos alimentares: uma visão nutricional. Barueri: Manole; 2004. p. 119-129.
23. Dare C, Eisler I. Family therapy for anorexia nervosa. In: Garner D, Garfinkel P. Handbook of treatment for eating disorders. New York: The Guilford Press; 1997. p. 307-24.
24. Eisler I. The empirical and theoretical base of family therapy and multiple family day therapy for adolescent anorexia nervosa. J Fam Therapy. 2005;27(2):104-31.
25. Minuchin S. The plight of the poverty-stricken family in the United States. Child Welfare. 1970;49(3):124-30.
26. Onnis L. Terapia familiar de los transtornos psicosomáticos. Buenos Aires: Paidós; 1990.
27. Roberto LG. Transtornos alimentares como segredos de família. In: Imber-Black E, organizadora. Segredos na família e na terapia familiar. Porto Alegre: Artes Médicas; 1994. p. 166-81.
28. Sluzki CE. A rede social na prática sistêmica. 2. ed. São Paulo: Casa do Psicólogo; 2003.
29. Minuchin S, Rosman BL, Baker L. Psychosomatic families: anorexia nervosa in context. Cambridge: Harvard University Press; 1978.
30. Palazzoli MS. Self-starvation: from the intrapsychic to the transpersonal approach to anorexia nervosa. New York: Jason Aronson; 1974.
31. Palazzoli MS, Boscolo L, Cecchin G, Prata G. Paradox and counterparadox: a new model in the therapy of the family in schizophrenic transaction. New York: Jason Aronson; 1978.
32. Beavers WR. Successful marriage: a family systems approach to couples therapy. New York: W. W. Norton; 1985.
33. Johnson C, Flach A. Family characteristics of 105 patients with bulimia. Am J Psychiatry. 1985;142(11):1321-4.
34. García de Amusquibar AM, De Simone CJ. Some features of mothers of patients with eating disorders. Eat Weight Disord. 2003;8(3):225-30.
35. Benninghoven D, Tetsch N, Kunzendorf S, Jantschek G. Body image in patients with eating disorders and their mothers, and the role of family functioning. Compr Psychiatry. 2007;48(2):118-23.
36. Stierlin H, Weber G, Schmidt G, Simon FB. Features of families with major affective disorders. Family Process. 1986; 25(3):325-36.
37. Stierlin H, Weber G. Ideal types of interactional patterns found in families with anorectic and bulimic behaviors. In: Interfas: contribuiciones de la escuela de Heidelberg. Buenos Aires; 1991.
38. Fairburn CG, Wilson GT. Binge eating: nature, assessment and treatment. New York: The Guilford Press; 1993.
39. Vasconcellos MJE. Pensamento sistêmico: o novo paradigma da ciência. Campinas: Papirus; 2002.
40. Anderson H, Goolishian HE, Windermand L. Problem determined systems: towards transformation in family therapy. Journal of Strategic and Systemic Therapies. 1986;5(4):1-13.
41. Bateson G. Steps to an ecology of mind. San Francisco: Chandler; 1972.
42. Bateson G. Mind and nature. New York: E. P. Dutton; 1979.

Bibliografia

Bertalanffy L. Teoria geral dos sistemas. Petrópolis: Vozes; 1968.
Bruch H. Anorexia nervosa: therapy and theory. Am J Psychiatry. 1982;139(12):1531-8.
Bruch H. The golden cage: the enigma of anorexia nervosa. Cambridge: Harvard University Press; 1978.
Casper RC, Eckert ED, Halmi KA, Goldberg SC, Davis JM. Bulimia: its incidence and clinical importance in patients with anorexia nervosa. Archives of General Psychiatry. 1980;37(9):1030-5.
Cordas TA, Claudino AM. Transtornos alimentares: fundamentos históricos. Rev Bras Psiquiatr. 2002;24(Suppl 3):3-6.
Freud S. Um caso de histeria, três ensaios sobre a sexualidade e outros trabalhos (1901-1905). Rio de Janeiro: Imago; 1972. (Edição Standard Brasileira das Obras Psicológicas Completas de Sigmund Freud; v. 7).
Garner DM. Individual psychotherapy for anorexia nervosa. J Psychiatr Res. 1985;19(2-3):423-33.
Habermas T. In defense of weight phobia as the central organizing motive in anorexia nervosa: historical and cultural arguments for a culture-sensitive psychological concepcion. Int J Eat Disord. 1996;19(4):317-34.
Herscovici CR, Bay L. Anorexia nerviosa y bulimia: amenazas a la autonomia. Buenos Aires: Paidós; 1990.
Hoek HW, Van Hoeken D, Katzman MA. Epidemiology and cultural aspects of eating disorders: a review. In: Maj M, Halmi K, López-Ibor JJ, Sartorius N, editors. Eating Disorders. New York: John Wiley & Sons; 2003. p. 75-104.
Lasègue C. De l'anorexie hystérique. Journal Français de Psychiatrie. 2009;32:3-8.
McDaniel S, Hepworth J, Doherty W. Terapia familiar médica. Porto Alegre: Artes Medicas; 1994.
Minuchin S. The use of an ecological framework in child psychiatry. In: Anthony J, Koupernik C, editors. The child in his family. v. 3. New York: John Wiley & Sons; 1970.

Organização Mundial da Saúde. CID-10. Classificação Estatística Internacional de Doenças e Problemas Relacionados à Saúde. 10. ed. Porto Alegre: Artmed; 2003.

Palazzoli MS, Boscolo G, Cecchin G, Prata G. Paradoja y contraparadoja: um nuevo modelo en la terapia de la familia de transaccion esquizofrénica. Buenos Aires: Paidós; 1988.

Rosman BL, Minuchin S, Liebman R. Family lunch session: an introduction to family therapy in anorexia nervosa. Am J Orthopsychiatry. 1975;45(5):846-53.

Russell GFM. Anorexia nervosa and bulimia nervosa. In: Russell GFM, Hersov L, editors. Handbook of psychiatry. v. 4. Cambridge: Cambridge University Press; 1983.

Stierlin H. Delegation und Familie. Frankfurt: Suhrkamp; 1978.

Watzlawick P. Patterns of psychotic communication. In: Doucet P, Laurin C. Problems of psychosis. Amsterdam: Excerpta Medica; 1971. p. 44-53.

White M. Anorexia nervosa: a transgenerational systems perspective. Fam Process. 1983;22(3):255-73.

66 Morte e Luto no Contexto Familiar | Uma Visão Sistêmica

Ana Lucia de Moraes Horta e Celina Daspett

> *Ninguém tem coragem ou palavras para, de mãos dadas comigo, falar sobre a minha morte. Bom seria se, depois de anunciada, ela acontecesse de forma mansa e sem dores, longe dos hospitais, em meio às pessoas que se ama, em meio a visões de beleza.*
> Rubem Alves

Por que falar de morte e luto no contexto familiar?

A morte idealizada por Rubem Alves aproxima-se daquela esperada por muitos de nós: sem dor, sem sofrimento, em meio às pessoas que amamos.

Entender a morte como um fenômeno biológico, psicológico, social, cultural e espiritual sempre foi um desafio em nossa sociedade. Para tentar compreendê-la, buscamos referenciais em várias áreas do conhecimento, como biologia, filosofia, antropologia, psicologia, mitologia e tanatologia.

Vivemos em uma sociedade ocidental, pós-moderna, que busca a vitalidade e a longevidade, e pouco nos preparamos para perdas, como a nossa própria morte ou a do outro. Por isso, vislumbrar a perda de um familiar ou ente querido ainda é uma das experiências mais angustiantes que podemos ter.

As perdas e, principalmente, a morte vêm desafiar nossas convicções, nossas ideologias, nossos valores e nossas referências. Colocam-nos diante de nossa finitude, de nossa total falta de controle dos fatos da vida.

Vivemos em tempos em que o conhecimento é globalizado, em que a tecnologia possibilita que nos comuniquemos com pessoas do outro lado do mundo e em que, aos poucos, criamos a falsa ilusão de que podemos "ter" tudo. Se podemos "ter", evitamos pensar em perder, e o potencial de conquista é estimulado e reforçado. Ensinamos a criança a querer, mas não a perder, e nesse contexto a perda provoca sentimentos de frustração, medo, raiva, impotência e culpa. Silva[1] comenta que vivemos como se não perdêssemos nada ou como se não fôssemos morrer. Isso dificulta o processo de luto, no qual pessoas da família sentem que precisam reagir e buscar energias, não estando autorizadas a chorar, ter saudade, ter raiva, ou ter sentimentos de impotência.

Se voltarmos nosso olhar para a história da humanidade, perceberemos que a morte e a perda nunca estiveram tão distantes do ser humano quanto nos tempos atuais. O indivíduo contemporâneo, particularmente da família ocidental, não sabe qual o lugar da morte nem o que fazer com ela. Vivemos tentando ignorar sua proximidade como se ela "batesse na casa do vizinho, mas nunca na nossa casa".

Em tradições milenares, a morte e o processo de morrer eram vistos como fenômenos naturais, honrados com atenção e muito cuidado, com rituais vivenciados por toda a comunidade. Hoje, são muitas vezes ignorados ou se tornaram sinônimos de fracasso.

Com o aumento da expectativa de vida, a morte está sendo postergada e afastada do cotidiano, retirada do seio da família para ficar no anonimato. Ao nos darmos conta da morte do outro, enfrentamos nossa própria morte.

A negação da sua existência modificou os rituais, que cada vez se tornam mais curtos ou inexistentes; em alguns casos os velórios são instalados em regiões nobres de cidades, com o objetivo de possibilitar que as pessoas se despeçam do seu ente querido em um lugar sofisticado, aconchegante e centralizado, sem precisar gastar muito tempo para se locomover. Os serviços funerários, por vezes, podem restaurar o corpo a uma aparência "quase viva", graças à mágica da maquiagem funerária, dos perfumes e da iluminação, o que leva ao clichê dito pelos familiares e amigos: "Ele (ou ela) parece estar tão bem, sem sofrimento, está dormindo!" Assim, a sociedade tenta dar à morte um rosto mais aceitável e menos amedrontador.

Ariano Suassuna[2], em *O Auto da Compadecida*, retrata esta fatídica constatação:

> Cumpriu sua sentença e encontrou-se com o único mal irremediável, aquilo que é a marca de nosso estranho destino sobre a terra, aquele fato sem explicação que iguala tudo o que é vivo num só rebanho de condenados, porque tudo o que é vivo morre.

Segundo Morin[3], é nas atitudes e nas crenças sobre a morte que o ser humano exprime o que a vida tem de mais fundamental. A morte permanece um grande mistério para ele, que prefere ignorá-la ou contemplá-la, sempre indo ao seu encontro.

Independentemente da fase do ciclo vital em que se encontra a família, a perda de algo ou alguém amado sempre causa dor e a tristeza é inevitável. Sanders[4] explicita isso da seguinte maneira:

> A dor de uma perda é tão impossivelmente dolorosa, tão semelhante ao pânico, que têm que ser inventadas maneiras para se defender contra a investida emocional do sofrimento. Existe um medo de que, se uma pessoa alguma vez se entregar totalmente à dor, ela será devastada – como que por um maremoto enorme – para nunca mais emergir para estados emocionais comuns outra vez.

Se tudo o que é vivo morre, e se entendemos a morte como um processo natural, do desenvolvimento humano, o luto se apresenta também como um processo inevitável, natural, reativo e necessário frente a qualquer perda significativa, seja ela real ou simbólica. Forma-se um vazio que, no decorrer do processo, pode voltar a ser preenchido, respeitando-se as fases para que isso aconteça.

A vivência de perder alguém querido é muito dolorosa. Cada membro da família reagirá de determinada maneira, e as reações consequentemente repercutirão nos demais familiares, em virtude da sequência circular presente no sistema. Espera-se que tais eventos ocasionem uma crise no sistema familiar, uma desestabilização que criará a necessidade de novos ajustes, que acontecerão de acordo com a história, as crenças, os valores e a resiliência presentes no contexto familiar.

Minuchin e Fishman[5] ressaltam que qualquer mudança causada pelo desenvolvimento dos eventos pode desestabilizar a estrutura da família, que reagirá de diferentes maneiras.

Fundamentos teóricos sobre a morte e o processo de luto

A família tem as funções de dar sentido às relações entre os indivíduos e de servir de espaço para elaboração de experiências vividas. Como ela é um sistema complexo, deve-se conhecer o contexto, o processo vivido e as inter-relações, sendo necessário considerar as crenças, os valores, a cultura, os mitos e os rituais relacionados aos momentos de enfrentamento de crises e às etapas do ciclo vital. Deve-se também considerar, no trabalho com famílias, como comenta Vasconcellos[6], a complexidade, levando em conta a contextualização e as relações causais recursivas; a instabilidade, que implica indeterminação, imprevisibilidade, irreversibilidade e incontrolabilidade; e a intersubjetividade, que é a objetividade "entre parênteses".

Um dos primeiros autores sistêmicos a abordar questões relacionadas às perdas no contexto familiar foi Bowen[7], para quem a morte ainda não está integrada na vida das pessoas e das famílias como uma etapa da vida, mas ainda é vista como um "tabu", causador de ansiedade e desequilíbrio do sistema familiar. Outros autores ampliaram essa discussão referindo-se à morte como um processo transacional que envolve o morto e os sobreviventes em um ciclo de vida comum, que reconhece tanto a finalidade da morte como a continuidade da vida.[8,9]

O modelo de atendimento a famílias enlutadas de Shapiro[10] pauta-se em ver o luto da família como um processo de transição no ciclo familiar que se entrelaça com a história, a circunstância e a cultura da família, que rompe a estabilidade e busca estratégias de enfrentamento; que vê o luto individual como interdependente e negociado para alcançar crescimento, promovendo estabilidade. Além de ser um processo adaptativo, é uma etapa organizada com recursos e estressores múltiplos, e não existe um só caminho para lidar com ela, pois há transformações ao longo da vida que interferem nessa jornada de enfrentamento.

Como mencionado anteriormente, a perda causa uma fratura no sistema familiar que levará em conta o contexto social e étnico da morte; o histórico de mortes anteriores; a fase de desenvolvimento do ciclo vital; a natureza da morte ou da doença; a posição e a função da pessoa na família; e a abertura do sistema familiar para possibilidades de enfrentamento e reorganização de uma nova etapa.

A família precisa repensar o papel do morto, as atribuições de cada um, as mudanças nos cômodos da casa, as finanças, o reajuste de papéis e valores, a perda da unidade familiar intacta e a perda de esperanças e sonhos por tudo o que poderia ter sido feito, ou seja, muitas outras perdas se seguem à primeira, e, quanto maiores as perdas, maior a possibilidade de haver complicações para a elaboração do luto.

Por isso, pode-se pensar que cada família vivenciará o luto de maneira única, uma vez que está inserida em um contexto social e cultural com o qual interage.

Quanto maior o investimento afetivo, maior a energia necessária para o desligamento, ou seja, só é possível sentir dor e vivenciar um processo de luto porque existe vínculo. Podemos até nos sensibilizar pelos fatos trágicos que são mostrados cotidianamente nos meios de comunicação, mas não necessariamente sofremos por eles.

O luto, conjunto de reações que segue uma perda significativa, surge sempre que termina uma forma de vida ou de relacionamento, e apresenta diversas fases.

Ao se abordar questões referentes ao luto, fala-se de um processo individual que tem começo, meio e fim e depende da qualidade do vínculo afetivo das pessoas envolvidas, da consideração a adaptações prévias, de níveis de diferenciação e do sistema de comunicação entre os membros.

Vários são os modelos e as teorias que definem e explicam o processo de luto a partir de uma compreensão evolutiva e etológica, conceitualizando-o em termos de fases e estágios.[4,11-13] Na Tabela 66.1, são descritos aqueles que parecem fundamentais por sua abordagem histórica e também por serem considerados primordiais no entendimento do luto.

Integrando elementos das teorias citadas, Stroebe e Schut[14] elaboraram o seu próprio modelo do luto e propuseram o processo dual de lidar com ele. Nesse processo, coexistem três dimensões ou componentes: orientação para a perda; orientação para o restabelecimento; e orientação para a oscilação. Cada uma dessas orientações contempla uma resposta aos estressores que surgem com a perda: por um lado, estressores da própria perda, da quebra dos laços com o ente querido, e, por outro, estressores ligados ao restabelecimento, à resposta aos desafios para prosseguir com a vida individual sem o ente querido. Cada indivíduo pode escolher confrontar ou evitar esses estressores, de onde surge o conceito de oscilação, que é a dimensão mais distintiva desse modelo relativamente aos demais.

É importante reafirmar que o luto não é um processo linear, mas um complexo processo de adaptação a uma nova realidade. O modo como cada membro desenvolve esse processo influencia a interação e a relação familiares. O luto só é resolvido quando a pessoa perdida, em vez de esquecida, é internalizada pelo enlutado.

De acordo com Shapiro[10], o impacto da perda é mediado por relacionamentos, recursos sociais, contextos e significados. O luto intensifica o fardo da família ao lidar com emoções intensas, reorganizar interações diárias, redefinir o senso de *self* individual e coletivo, interferindo em emoções, interações, papéis sociais e significados. "Não existe um caminho único para atravessar o luto, o importante é ter como meta a restauração da estabilidade da vida cotidiana", segundo o autor.

Quando as reações são muito diferentes ou muito mais intensas que as descritas anteriormente e na Tabela 66.1, a família ou os indivíduos dessa família podem vivenciar um processo de luto complicado/prolongado.

Perdas e luto no ciclo vital familiar

Considerando-se que as perdas e, consequentemente, os processos de luto são inerentes à existência humana, que, por sua vez, tem uma natureza desenvolvimental, serão exploradas as possibilidades de o processo de luto ter sentidos e significados diversos em diferentes momentos do ciclo vital, originando desafios distintos nas famílias nesses momentos.

Tendo como referência os modelos de desenvolvimento de ciclo vital familiar de Carter e McGoldrick[8] e de Cerveny[15], a sequência deste texto será dividida em: perdas gestacionais; perdas durante a infância e a adolescência; e perdas durante a vida adulta, focando principalmente em figuras parentais, filhos e cônjuges. Optou-se por esse modelo pois, na vivência clínica das autoras, percebe-se que estas são as perdas que mais mobilizam as pessoas a buscarem apoio para vivenciar o luto.

Tabela 66.1 Fases do luto.

Fases	Bowlby	Worden	Sanders (teoria integrativa)	Rando
1ª	**Choque ou torpor** Tem duração de algumas horas ou semanas. Pode vir acompanhado de manifestações de desespero ou raiva	**Aceitar a realidade da perda** A pessoa morreu e não voltará mais. É possível a negação da perda. A crença e a descrença se alternam. Apesar de levar tempo, os rituais tradicionais, como o funeral, ajudam muitos enlutados a avançarem na aceitação da perda	**Choque** O enlutado se movimenta em um estado confuso de descrença e está em intenso estado de alarme. Vivencia uma espécie de anestesia dos sentimentos, que o protege de experimentar a dor intensa que está por vir	**Reconhecimento da perda** Conhecimento e compreensão sobre a morte
2ª	**Anseio e protesto** Fase da saudade e do desejo de buscar e recuperar o ente querido. Pensa ver ou ouvir a pessoa; começa a sentir a realidade do ocorrido e a raiva pode estar presente. Pode durar meses ou anos	**Trabalhar a dor advinda da perda** Experiências de dor física, emocional e comportamental associadas à perda	**Consciência da perda** O enlutado confronta-se com a perda que ocorreu. A ansiedade da separação se torna predominante; há esgotamento nervoso. Os sentimentos de perigo predominam e parece não haver lugar seguro	**Reação à separação** Vivencia a dor sentindo, identificando, aceitando e dando alguma forma de expressão a todas as reações psicológicas da perda. Identificação e enlutamento por perdas secundárias
3ª	**Desorganização e desespero** As manifestações mais frequentes são choro, raiva, acusações, afastamento de pessoas e atividades, apatia, depressão. Uma profunda tristeza é sentida quando ocorre a constatação da perda como definitiva, podendo surgir a sensação de que nada mais tem valor	**Ajustar-se a um ambiente em que o falecido está ausente** Ajustamentos externos (funcionamento diário no mundo), ajustamentos internos (sentido do *self*) e ajustamento de crenças (valores, considerações sobre o mundo)	**Conservação retirada** Essa fase se parece com a depressão. Há grande fadiga, com dificuldade de executar até mesmo a mais simples das tarefas. Período aparentemente debilitante, mas com valor libertador. Percepção da necessidade de uma nova vida construída	**Recordações** Revive o morto e o relacionamento; tem revisão e lembranças realísticas
4ª	**Recuperação e restituição** Aceitação da perda e constatação de que uma nova vida precisa ser iniciada, retomando as atividades	**Transferir emocionalmente o falecido e prosseguir com a vida** Não se perdem as memórias da relação significativa. O enlutado deixa de ter necessidade de reativar a representação do falecido com intensidade exagerada no cotidiano	**Cura** Há uma mudança gradual de atitude; período de perdoar e deixar ir, não sugerindo que as memórias serão apagadas, mas que os pensamentos e os sentimentos serão guardados apropriadamente no "coração" da pessoa	**Abandono assumido dos apegos antigos referentes ao morto e ao velho mundo**
5ª	—	—	**Renovação** A dor diminui em grande parte; os aniversários e outras datas especiais continuam a ser difíceis. Começa a criar um estilo de vida em que as necessidades pessoais são satisfeitas	**Reajuste** Adapta-se a um mundo novo sem esquecer o velho. Revisa o mundo antigo; desenvolve um novo relacionamento com o morto; forma uma nova identidade
6ª	—	—	—	**Reinvestimento**

Perdas gestacionais

A família começa pela formação de um casal. Constituem-se sonhos, estratégias e metas a serem alcançadas para a conjugalidade e para a possível parentalidade.

A perda de um filho na fase gestacional, natimorto ou por aborto, traz a dor daquele que não chegou. O casal sente-se triste e vulnerável, precisa lidar com essa ausência, com o enxoval preparado, com os questionamentos e com a continuidade que deixa de existir.

Muitas vezes, essa perda não é reconhecida pela rede familiar e social, e intervenções sugerindo uma nova gravidez são comuns, assim como o casal se sentir temeroso; a alegria de uma nova gravidez pode vir acompanhada de muita ansiedade e medo.

A perda do cônjuge nessa fase gestacional também deve ser estudada, pois, além dos sentimentos considerados comuns em um processo de luto, soma-se o fato de ter que desenvolver a maternidade sozinha ou vivenciar um duplo luto. "Minha vida está um lixo, eu estou perdido, sem saber o que fazer." A declaração é de um homem de 28 anos que vivenciou a morte da esposa grávida de nove meses.

Perdas durante a infância e a adolescência

Quando um filho adoece ou sofre um acidente, o sistema familiar adoece, conforme aponta Silva.[1] Os pais se sentem impotentes, incapazes, e frequentemente atribuem a si próprios a causa do ocorrido. A morte de um filho inverte a pseudo-ordem da vida, fere um padrão estabelecido, é encarada como injustiça, como perder um pedaço de si, compromete a continuidade da família. Muitos casais não são capazes de continuar unidos, o que os leva a optar pelo divórcio.

As reações de pais que perdem filhos assemelham-se às de outros tipos de perda: o que varia é a intensidade da angústia, da dor, da agressividade, da necessidade de isolamento social.[9,13,16]

Por sua vez, o desenvolvimento emocional e cognitivo da criança e o grau de envolvimento com o falecido são fatores preponderantes para as suas reações frente à perda de um dos genitores. Entre as reações possíveis, o rol de comportamentos pode variar da tristeza absoluta até aparente indiferença. São comuns também atitudes de isolamento, comportamentos agressivos, apatia, surgimento de sintomas psicossomáticos e dificuldades acadêmicas. Para os adolescentes, representa uma quebra na sua onipotência.

Normalmente, nessa fase, eles referem suas dificuldades para lidar com as necessidades de adaptação com as quais se deparam diariamente. Comumente, expressam ansiedade, confusão e o sentimento de que ninguém os entende. Paralelamente, sobrevém a angústia de estar só e de ser incapaz de decidir corretamente seu futuro. Tendem a viver a morte de modo privado e denotam maior dificuldade em expressar emoções, mesmo em situações protegidas. Alguns questionam o significado e as implicações da morte em termos de justiça. A dor, o desamparo e a solidão são muito intensos.

Entre os fatores que influenciam o luto dos adolescentes e das crianças, destacam-se o conhecimento que eles têm das causas e circunstâncias da perda, especialmente o que lhes é dito sobre a perda e as oportunidades que têm de compartilhá-la; os padrões anteriores de relacionamento familiar; e a mudança desses padrões e as reestruturações do sistema familiar em consequência da perda, nos casos em que o falecido é um dos pais.[16]

A perda do cônjuge nessa fase do ciclo vital, com crianças e adolescentes, torna-se também um desafio, pois, além de ter de lidar com o luto individual, é necessária a reestruturação familiar para lidar com a ausência de um dos progenitores. O temor é que, uma vez que a responsabilidade aumenta, não se poderá dar conta da continuidade da família.

Perdas na idade adulta

Perda de pais

Logo que iniciamos nossas atividades no Programa de Intervenção e Estudos sobre Perda e Luto, chamou nossa atenção a demanda de adultos acima de 30 anos que vinham buscar ajuda para lidar com a perda de um dos pais e, algumas vezes, pela perda dos dois. Pudemos voltar nosso olhar para queixas relacionadas ao vazio; insegurança em relação ao futuro; culpa por ter falhado em determinados momentos; arrependimento por acreditar que a relação poderia ter sido melhor; além da perda da rotina de cuidados.

Frases como "Quando eu perdi minha mãe, senti a dor na alma, me enfraqueceu"; "Eu queria ele [pai] aqui perto de mim, sentir o cheiro dele, abraçar, eu não quero pensar nele morto, me dói pensar que eu nunca mais vou vê-lo" exemplificam essas queixas.

Perda de filhos

"Quando acho que tenho todas as respostas, vem a vida e muda todas as perguntas." Essa frase de

Luiz Fernando Veríssimo foi citada por uma mãe que perdeu seu filho de 27 anos.

A perda de um filho afeta os pais em quatro dimensões da vida – individual, conjugal, familiar e social –, o que os deixa mais vulneráveis e necessitados de um pouco mais de tempo para lidar com a perda.[17]

As causas mais frequentes de mortes de filhos na vida adulta são doenças, acidentes ou suicídios. Iniciam-se nos pais reações mais intensas de desespero, tristeza, raiva e somatizações.

Quando se fala de filhos adultos, é necessário lembrar que, muitas vezes, os pais já estão vivenciando ou próximos de vivenciar a terceira idade, e uma das perdas secundárias vivenciadas por eles é a ausência daquele que lhes proviria cuidados.

Perda do cônjuge

A morte da pessoa amada é uma experiência extremamente dolorosa. Não é necessariamente uma prerrogativa dos idosos, e impõe ao sobrevivente uma reconfiguração da sua identidade social: deixa de ser esposo(a), passa a ser viúvo(a) e precisa enfrentar o vazio deixado por essa ausência. Em relacionamentos de longa duração, essa sensação pode ser intensificada. A expectativa de vida da mulher é maior que a do homem, o que explica o número maior de viúvas do que viúvos.

Viúvos mostram maior incidência de doenças físicas e mentais, deficiências, morte e suicídio que viúvas. Enquanto mulheres que perderam os maridos frequentemente dizem se sentir abandonadas, os viúvos tendem a experimentar a perda como um desmembramento, como se eles houvessem perdido algo que os mantinha inteiros e organizados.[16]

Para a mulher na vida adulta, a viuvez desorganiza papéis e padrões da vida, com estresse físico maior. A solidão é involuntária, ela apresenta dificuldade em lidar com a independência adquirida e, em alguns casos, a possibilidade de novos relacionamentos encontra obstáculos nos valores e nas crenças sociais e familiares.

Processo terapêutico

O trabalho desenvolvido na Universidade Federal de São Paulo (Unifesp) por meio do Programa de Intervenção e Estudos sobre Perda e Luto caracteriza-se inicialmente por um atendimento em que os indivíduos, o casal ou a família comparecem ao serviço para uma triagem, momento em que são ouvidos no sentido de identificar a demanda e a possibilidade de prosseguir com o serviço.

Realizamos atendimentos individuais, familiares, grupais e na comunidade para pessoas e familiares que vivenciam luto antecipatório, pacientes sem possibilidade de cura e pessoas enlutadas. Pela observação desses atendimentos, percebemos que as maiores demandas são de pais que perderam filhos e de filhos que perderam pais.

Desses encontros, surgiu a ideia de oferecer sessões semanais para essas pessoas que vivenciaram perdas significativas, ou seja, pais e filhos enlutados, dando crédito à força do grupo e podendo verificar sua repercussão na elaboração do processo de luto. Apesar de a morte de um filho ser considerada uma das perdas mais difíceis, pois é vista como "fora de lugar" no ciclo da vida familiar, nossa experiência tornou possível perceber que a morte do pai ou da mãe também tem sido abordada como de difícil aceitação, enquanto a de avós e avôs é percebida como algo mais razoável, de acordo com a ordem natural da vida.

Assim, o encontro com essas pessoas enlutadas tem possibilitado um espaço de escuta para o participante poder reconhecer e nomear os sentimentos presentes e reviver os acontecimentos com os esclarecimentos e a continência do grupo, o que favorece lidar com o luto e detectar fatores de risco, possibilitando a reorganização emocional para a retomada da vida cotidiana. O trabalho com grupos é uma técnica utilizada para criação e fortalecimento de vínculos, estabelecimento de rede social, criação de um espaço de identificação entre pessoas e construção de novas estratégias de enfrentamento de conflitos.

Nesse grupo, a rede específica pretende possibilitar que os recém-chegados se sintam acolhidos, entre iguais, e ouçam relatos de outros enlutados (às vezes, com histórias mais dolorosas). Apesar da dor evidente, é possível compartilhar angústias e tristezas e, ao mesmo tempo, descobertas de ganhos possíveis a partir da perda, bem como ter contato com recursos usados por outras famílias vivendo processos semelhantes.

Utilizamos alguns instrumentos de trabalho com famílias, como genograma, linha do tempo, técnicas de escultura familiar e, principalmente, técnicas narrativas de reconstrução dos significados, considerando as etapas do ciclo de vida familiar na relação de entendimento de situações que requerem compreensão do processo vivido e adaptações. Entendemos que a família, nesse processo de adaptação do vivido, necessita de espaços que favoreçam o reconhecimento compartilhado da realidade da morte, a posterior reorganização do sistema familiar e o reinvestimento em si e em outras relações e projetos de vida. Considera-se que esse processo pode se alterar conforme o tipo de morte (repentina, perda ambígua ou morte violenta), o tipo de rede familiar e social, a coesão familiar e a diferenciação dos membros, a flexibilidade do sistema, o tipo de comunicação, os segredos, a disponibilidade de recursos, o momento do ciclo vital e o legado familiar multigeracional de perdas e estratégias de enfrentamento de crises. Entende-se que viver a terminalidade ou o luto é um processo independente do tempo cronológico.

Desses participantes, 40% apresentaram perdas tanto de pais como de filhos ou cônjuges por violência urbana (atropelamento, desastre, homicídio, suicídio). Os temas das sessões foram: a paralisação da vida; a dificuldade de compreender o que não se compreende; a busca por justiça para lidar com a indignação; a necessidade de ser escutado em sua dor; as diferenças de gênero para a elaboração do luto; e a resiliência. Concluímos que os impactos causados pela violência comprometem a saúde física e emocional das famílias, e que as sessões de grupo favorecem a fala, os encontros, o estabelecimento de uma nova rede social e a retomada da vida cotidiana.

O trabalho de luto é pautado na premissa de ouvir de maneira sensível o discurso dos enlutados, na tentativa de compreender a dor da perda. Para isso, consideram-se, em cada história, o tipo e a circunstância da perda, a relação com a pessoa que faleceu, o papel social que ela exercia dentro do sistema familiar, o contexto social, as crenças, os valores, os aspectos religiosos, as características pessoais de identidade e de gênero, as estratégias de enfrentamento de outras perdas e a busca de entendimento de sinais e sintomas relacionados ao luto prolongado.

Cabe ressaltar que é necessário um espaço para psicoeducação que enfoque as fases do processo do luto, em que algumas características e situações são esperadas considerando o momento vivido e a experiência de cada um.

A comunicação familiar é estimulada tanto nas sessões quanto em casa e nos encontros possíveis durante o percurso de adaptação à perda. Na sessão, a proposta é não impedir a expressão do sofrimento da pessoa enlutada, mas acolher sua dor. Exercita-se a tolerância do modo como cada um vivencia a própria experiência no sentido de respeitar a partir do entendimento da dor do outro.

Valoriza-se a busca pela formação de novos vínculos e pelo apoio da rede social, comunitária, partindo para a busca de autonomia e para a evitação de situações de solidão. Outro aspecto importante no trabalho é a conscientização para a necessidade de autocuidado.

A realização de rituais é também um instrumento importante, uma vez que legitima e delimita a perda a partir dos seus símbolos, propiciando abordar temas de acordo com crenças, valores e mitos. Ritualizar não é uma condição de manter a dor ou paralisar o enlutado, mas de possibilitar concretizar o ocorrido e buscar transformações. É também um momento de expressão da memória do falecido, de admitir a perda como definitiva e de compartilhamento do sofrimento, da dor e de estratégias de enfrentamento em busca de novos significados para a vida, em que o morto continua emocionalmente presente de uma maneira que não paralise os membros da família, facilitando contatos de afeto e conforto.

Todo esse trabalho tem sido possível pelo empenho da equipe não só em seu desenvolvimento pessoal, mas também no cuidado emocional de cada um e da equipe após o término de cada sessão, compartilhando conhecimento e ressonâncias e criando novas possibilidades terapêuticas a partir das experiências vividas.

Cabe destacar a necessidade do aprimoramento de técnicas relacionadas à escuta terapêutica, do uso de técnicas narrativas e de estratégias de como lidar com pessoas e famílias em situações traumáticas, além de um olhar atento para os cuidadores e os profissionais que cuidam de pessoas que já faleceram ou de pacientes crônicos em situação de cuidados paliativos, ampliando assim o processo de trabalho com perdas, morte e luto. Inclui-se aqui o trabalho com famílias em situação de luto antecipatório, utilizando o modelo proposto por Rando[13], que possibilita compreender a realidade da perda gradualmente, com o passar do tempo; trabalhar questões pendentes com as pessoas envolvidas com expressão de sentimentos; perdoar e ser perdoado; além de ajudar a iniciar mudanças na visão de mundo e se permitir fazer planos sem se sentir traindo a pessoa doente ou a família.

Para integrar o trabalho do processo de luto familiar, utilizam-se as estratégias propostas por Shapiro[10] e apresentadas anteriormente.

Assim, consideram-se estruturas importantes: promoção de saúde; ecologia do desenvolvimento humano; sistema familiar visto de maneira holística e multissistêmica, com recursos de suporte para metas adaptativas positivas;

perspectivas baseadas na competência, e não na falta, como neutralizadores de estresse e práticas colaborativas.

A proposta de trabalho de Shapiro estabelece o relacionamento colaborativo e a investigação. A terapia torna-se um novo recurso designado a ajudar famílias a encontrarem suas próprias metas de desenvolvimento; cria um "contrato" de intervenção, dirigindo-se aos problemas como vistos por todos os membros da família; esse "contrato" enfatiza metas positivas para compartilhar o desenvolvimento, e a avaliação oferece oportunidades para redefinições positivas e significados nos quais a comunicação é realçada e valorizada. Assim, busca avaliar a cultura familiar e as crenças espirituais e práticas, tendo "benevolência de ajuste" para normas culturais; avalia múltiplos domínios, contribuindo para o estresse e o enfrentamento; destaca a importância dos estressores realísticos e os recursos possíveis; e avalia o significado e as circunstâncias da perda para a família.

As intervenções de Shapiro[10] estão pautadas em atender ao contexto e à necessidade dos enlutados, valorizando o tempo de enlutamento e as preferências da família para decidir quem deve participar e estabelecer prioridades; em fortalecer relacionamentos e significados, mobilizando motivações positivas e forças; em criar "espirais ascendentes" de realizações de autorreforço (expressão de afeto); e em reduzir "espirais descendentes", amplificando a problemática ou as respostas negativas (violência). Assim, o trabalho é realizado a partir da complexidade e da diversidade das respostas ao luto, nas quais os participantes ensinam sobre suas vivências, considerando-se que a família é a perita em sua experiência, suas necessidades e suas soluções. A meta é restaurar o morto como parte da família, em congruência cultural e de maneira significativa.

Em relação aos cuidados paliativos, concordamos com Kovács[18], que diz que, quando o cuidador é informado de que a doença não tem cura e de que o estado não poderá ser revertido, inicia-se um processo de sofrimento e dor intensa, acompanhado pelo medo da morte, sendo comum o comentário de que preferem que o paciente morra a ter que continuar a vê-lo sofrer.

Em relação a mortes traumáticas ou situações de estresse pós-traumático (TEPT) decorrente de perda, utiliza-se a terapia sistêmica familiar associada à técnica de dessensibilização e reprocessamento por movimentos oculares (do inglês, *eye movement desensitization and reprocessing* – EMDR) criada por Shapiro *et al.*[18]

Considerações finais

A tolerância é necessária não só para diferentes respostas na mesma família, mas também para a probabilidade de os familiares terem diferentes estratégias e estarem em diferentes fases, podendo ter experiências únicas no significado da relação com o ente perdido.

Acreditamos que o terapeuta de família pode ser um facilitador na busca por significados e experiências da família frente às perdas, ajudando-a a resgatar a resiliência familiar, facilitando o processo de comunicação, enfatizando o respeito pelas diferenças e reforçando a capacidade de se encontrar um lugar significativo para o falecido como parte integrante da família.

A família que vivencia esse processo precisa olhar para o modo como lida com a morte e transforma o espaço entre mortos e vivos. Os terapeutas, por sua vez, precisam buscar entendimento sobre crenças, valores, mitos e histórias familiares, alertando para aquilo que já têm como referencial e experiência de vida. Nesse caminho, é preciso entender que a morte faz parte do ciclo de vida e necessita ser cuidada com todo o respeito, como um processo que inclui pessoas, contextos e relações que se complementam de uma maneira não estática. O terapeuta não deve buscar, na relação com as famílias, respostas prontas e gerais, situações de causa e efeito, mas ter a preocupação de atentar para a individualidade e a privacidade de cada família com a qual se propuser a trabalhar.

Destaca-se ainda a importância de continuar estudos que relacionem a prática terapêutica no trabalho de luto, avaliando riscos, vulnerabilidades e fatores protetores e promotores, incluindo os que envolvem o estresse nessa etapa do ciclo vital, experiências positivas de enfrentamento do luto e o desenvolvimento da dinâmica familiar.

Referências bibliográficas

1. Silva DR. Famílias e situações de luto. In: Osorio LC, Valle MEP, organizadores. Manual de terapia familiar. Porto Alegre: Artmed; 2009. p. 376-98.
2. Suassuna A. O auto da compadecida. Rio de Janeiro: Nova Fronteira; 2014.
3. Morin E. L'homme et la mort. Préface à la deuxième èdition. 10. ed. Paris: Seuil; 1970. (Col. Point).
4. Sanders C. Grief: the mourning after: dealing with adult bereavement. 2. ed. New York: John Wiley & Sons; 1999.
5. Minuchin S, Fishman HC. Técnicas de terapia familiar. Porto Alegre: Artmed; 2003.
6. Vasconcellos MJE. Cibernética e terapia familiar: que relação distinguimos hoje? In: Osorio LC, Valle MEP, organizadores. Manual de terapia familiar. Porto Alegre: Artmed; 2009. p. 150-63.

7. Bowen M. Family reaction to death. In: Guerin P. Family therapy: theory and practice. New York: Gardner Press; 1976. p. 335-6.
8. Carter B, McGoldrick M. As mudanças no ciclo de vida familiar. Porto Alegre: Artmed; 1995.
9. Walsh F, McGoldrick M. Morte na família: sobrevivendo às perdas. Porto Alegre: Artmed; 1998.
10. Shapiro ER. Grief as a family process. New York: Guilford Press; 1994.
11. Bowlby J. Formação e rompimento dos laços afetivos. São Paulo: Martins Fontes; 1990.
12. Worden JW. Grief counseling and grief therapy: a handbook for the mental health practitioner. 2. ed. London: Routledge; 1991.
13. Rando T. Grief, dying, and death: clinical interventions for caregivers. Champaign: Research Press; 1986.
14. Stroebe M, Schut H. The dual process model of coping with bereavement: rationale and description. Death Stud. 1999;23(3):197-224.
15. Cerveny CMO, Berthoud CME, organizadoras. Família e ciclo vital: nossa realidade em pesquisa. São Paulo: Casa do Psicólogo; 1997.
16. Parkes CM. Luto: estudos sobre a perda na vida adulta. São Paulo. Summus; 1998.
17. Kovács MJ. Pacientes terminais e a questão da morte. f Kovács MJ, organizadora. Morte e desenvolvimento humano. São Paulo: Casa do Psicólogo; 1992. p. 188-203.
18. Shapiro F, Kaslow FW, Maxfield L, editores. Handbook of EMDR and family therapy process. New Jersey: John Wiley & Sons; 2007.

67 Sexualidade na Visão Sistêmica

Ana Cristina Canosa Gonçalves

Introdução

A sexualidade vem sendo cada vez mais estudada no Brasil de maneira multidisciplinar, por estar presente em cada indivíduo em suas várias dimensões: naquilo que lhe faz corpo biológico (nascer macho, fêmea ou intersexo); no que lhe compete reconhecer-se como homem ou mulher (identidade de gênero: sentir-se homem ou mulher); na sua interação com o meio sociocultural (papel de gênero: feminino e masculino); e no desenvolvimento da orientação sexual (desejo sexual: hétero, homo ou bissexual). Como, até o final do século 20, a sexualidade dita "normal" era aquela expressa pelo casal adulto jovem, comprometido em matrimônio, com pretensão de procriação, heterossexual e monogâmico, para muitos ainda soa um tanto absurdo referir-se atualmente à existência de "onze sexos" (ou mais), como sugere Ronaldo Pamplona da Costa.[1] A "ordem" estabelecida para mulheres seria nascer fêmea, sentir-se mulher, ser feminina como os padrões sociais exigem e ter desejo por homens. No entanto, essa ordem não é comum a todas as pessoas, o que não constitui doença ou perversão: é possível nascer fêmea, sentir-se mulher, ser feminina e ter desejo por outra mulher (homoerótico) ou nascer fêmea, sentir-se mulher, ser feminina com traços do "masculino" e desejar um homem ou, ainda, seguir o mesmo caminho e desejar prevalentemente um homem, mas também desejar uma mulher episodicamente. Ou, então, nascer fêmea e sentir-se homem, como no caso dos transexuais, que apresentam o que é chamado de disforia de gênero, por isso a possibilidade de fazer a cirurgia de mudança de sexo a fim de que seu corpo biológico esteja compatível com seu "corpo emocional" (identidade de gênero).

As mesmas possibilidades ocorrem com o sexo masculino; por isso, as combinações foram agrupadas nos "onze sexos", segundo Costa.[1] Tomando como exemplo seu esquema, conclui-se que, atualmente, é impossível rotular alguém simplesmente como hétero ou homossexual, pois desejos homoafetivos podem ser episódicos na vida das pessoas sem que isso caracterize uma orientação sexual definida para toda a existência. Diagnosticar um transexual a fim de lhe possibilitar melhora em sua vida com a cirurgia para adequação genital é tarefa das mais complexas e responsáveis. Para tanto, os serviços sérios contam com profissionais de psicologia, psiquiatria, serviço social, ginecologia, urologia, endocrinologia, cirurgia e direito. A diversidade pode "pregar peças": é possível um travesti se confundir em seu sentimento de adequação genital. São precisos cautela, tempo e acompanhamento terapêutico antes de uma mudança corporal tão importante; é necessário que o corpo, o psiquismo e a representação social estejam razoavelmente equilibrados para não haver sofrimento. Os profissionais da saúde, da educação e da assistência social têm papel importante na transformação de uma sociedade que possibilite incluir a diversidade sexual de nossa cultura como atitude de cidadania, com a intenção de evitar a barbárie. O bárbaro não reconhece a humanidade do outro, ele o aniquila; sua ação, a barbárie, é a violência com finalidade de destruir o diferente.

Em tempos de muitas descobertas no campo da sexualidade, da quebra de crendices e tabus sexuais, da mudança nos papéis de gênero, na desconstrução do mito do amor eterno, nas "novas" configurações familiares e modelos de relação amorosa, é imperativo que se garantam o respeito e a não violência. São tantas as novas concepções a entender e a aceitar que muitos, a fim de conservar o *sistema* preexistente, encontram na barbárie uma maneira de "corrigir o desvio". Muitos casos de violência sexual contra a mulher são tentativas de manutenção da submissão; outros tantos atos de violência contra homossexuais e travestis são maneiras de "manter a ordem".

A teoria sistêmica aplicada à terapia familiar, por exemplo, propõe que o terapeuta faça parte do sistema familiar, auxiliando na mudança e na estabilidade, sendo essas duas dinâmicas igualmente importantes. Acredita-se que, quando um casal ou uma família consegue se transformar, sua interação com o meio ambiente promoverá, a longo prazo, uma transformação social. Assim, um casal que lida bem, por exemplo, com um filho homossexual, proporciona que outras famílias possam refletir sobre conflitos da mesma natureza, que busquem ajuda para aceitar uma alteração no sistema anterior, e assim sucessivamente.

Algumas considerações sobre a teoria sistêmica e a sexualidade

A teoria sistêmica pode ajudar muito na compreensão ampla de que a sexualidade necessita, seja em sua dimensão pessoal ou relacional, seja no processo social ou da educação, seja aplicada à clínica ou à ação comunitária, na terapia de casal ou de família. Aliada a outras práticas, ela é, em si, um sistema que não rejeita outros.

A teoria sistêmica não se ocupou de aprofundar as queixas sexuais; no entanto, ela está presente a todo momento na percepção do terapeuta diante do sistema disfuncional do casal e da família. Para buscar um referencial teórico para o entendimento dos processos de desenvolvimento psicossexual, os terapeutas sistêmicos podem se basear em teorias psicanalíticas, já que a sexualidade foi amplamente estudada pela psicanálise, sendo fonte de pressupostos teóricos importantes para o entendimento de sintomas de toda ordem e da relação que o indivíduo estabelece com o outro. A psicoterapia comportamental e, posteriormente, a teoria cognitiva, que propuseram importantes avanços em criar e adaptar técnicas terapêuticas para a resolução de queixas sexuais, também são consideradas para o terapeuta sistêmico. A terapia comportamental sugere que sintomas sexuais, como disfunções de ejaculação e de ereção podem ser fruto de hábitos adquiridos por aprendizagem e, portanto, o foco do trabalho baseia-se em nova aprendizagem para aliviar o sintoma. Enquanto o relato da experiência sexual do paciente favorece, para os cognitivistas, que pensamentos e crenças sobre as experiências sexuais capazes de influenciar no transtorno e promover uma distração cognitiva durante a resposta sexual sejam revelados e trabalhados com novos condicionamentos, tais crenças podem ser exploradas sistemicamente entre terapeuta e família, terapeuta e casal e/ou terapeuta e indivíduo.

Helen S. Kaplan[2], William Masters e Virginia Johnson[3] foram pioneiros em tratar disfunções sexuais. Foram os estudos da sexualidade pautados na resposta sexual humana (desejo, excitação, orgasmo e resolução) que possibilitaram que os terapeutas caracterizassem e classificassem as disfunções sexuais segundo as fases da resposta sexual e propusessem técnicas com o objetivo de suprimir a disfunção, criando o que hoje é chamado de terapia sexual, assunto que será abordado adiante com mais profundidade.

Independentemente da teoria para diagnóstico e da técnica que se possa adotar no tratamento das queixas sexuais, é quase unânime a ideia de que a sexualidade humana é composta de três dimensões básicas: a biológica, a psicológica e a sociocultural (podendo-se somar outras, como a dimensão ético-religiosa), e não é possível dissociá-las. Dessa maneira, partindo do conceito principal da teoria sistêmica, não seria difícil compreender a sexualidade também como um sistema que se desenvolve no indivíduo e funciona a partir da conjunção de suas partes. Portanto, o comportamento sexual pode ser compreendido como resultante de um sistema que parte do sujeito e tem funcionamento autônomo, e é na relação com o outro que um novo sistema se estabelece. O prazer ou o desprazer, o bom funcionamento da resposta sexual ou sua disfunção, as práticas sexuais que se tornam desviantes ou se adaptam certamente são resultantes de como a autonomia do sistema individual tem maior ou menor capacidade para negociar com outros sistemas independentes. E essa maneira de compreender é sem dúvida, sistêmica.

O ciclo vital da família e a sexualidade

Quando a questão sexual é individual, o terapeuta sistêmico se utiliza dos pressupostos teóricos/técnicos/clínicos da terapia relacional sistêmica, compreendendo o indivíduo como um sistema em relação.[4] Tomando consciência de seu funcionamento e suas dificuldades, pode treinar novos comportamentos, atitudes e sentimentos, a fim de desenvolver um programa de mudanças. Segundo Rosset[4], o foco é o processo de autonomia, que engloba o pertencer/separar-se, o desenvolvimento da consciência, a assunção de responsabilidades e a ampliação do leque de estratégias de funcionamento.

Já na terapia familiar, o conceito de ciclo vital da família compreende muitos fenômenos ligados à sexualidade e muitos desafios se apresentam. É sobre eles que o próximo tópico tratará.

É chamada de "ciclo vital" uma sequência de eventos que tanto o indivíduo como a família apresentam no seu desenvolvimento. Alguns episódios são considerados esperados para cada estágio e outros são imprevisíveis. Segundo Vieira e Rava[5], atualmente algumas mudanças podem ser observadas no ciclo evolutivo da família brasileira, decorrentes da crise de valores e ideologias presentes nas diversas instituições. Entre elas, pode-se observar índices menores de natalidade, expectativa de vida mais longa, aumento no número de divórcios e recasamentos, além da diferenciação nos papéis de gênero. Desse modo, o ciclo vital familiar correspondente às gerações passadas necessita de novas leituras e adaptações em algumas de suas fases.[6-8]

Tratando-se das mudanças diante do entendimento da sexualidade e do comportamento afetivo-sexual das pessoas, eventos que poderiam ser encarados como "não normativos" (imprevisíveis) há décadas já não o são do ponto de vista conceitual. Carter e McGoldrick[6], por exemplo, observando o desenvolvimento da família do ponto de vista histórico, afirmam que, diante do número de divórcios que ocorrem na sociedade norte-americana, ele (divórcio) pode ser compreendido como um evento normativo em razão de sua alta incidência. Claro que o fato de uma situação de divórcio acontecer em um contexto no qual seja encarada como "usual" não minimiza sofrimentos emocionais de ordem individual e familiar, mas pode favorecer que o evento seja menos rechaçado pela rede de apoio familiar e social.

Outra questão importante é considerar que outras configurações familiares impõem desafios para todos os envolvidos. Embora o casamento antes considerado "normativo", baseado na relação monogâmica de amor e sexo entre um homem e uma mulher, com fins procriativos e de formação da chamada família nuclear, possa ainda ser um modelo vivido por alguns e considerado o único possível por grupos extremamente conservadores, não o é para boa parte da população brasileira, que, se não vive, ao menos apoia outras possibilidades de relação de compromisso. Têm-se as famílias com base em união livre, famílias monoparentais, famílias divorciadas originando novas uniões, famílias recompostas e mulheres com filhos sem companheiro estável. Ainda há as relações que se estabelecem entre pessoas do mesmo sexo, entre pessoas do mesmo sexo em recasamento com filhos legítimos do primeiro relacionamento heterossexual; com filhos adotivos, sem filhos adotivos, sem filhos biológicos, gerados por "barrigas solidárias", e assim por diante.

Féres-Carneiro e Ponciano (apud Vieira e Rava[5]) apontam o sentimento de amor, a realização pessoal na convivência com o outro de modo significativo e, por consequência, a formação da identidade humana por meio da filiação e da transmissão intergeracional, como outro tipo de família determinada por valores. Essas autoras observam ainda que, "embora o modelo nuclear tenha sido questionado, a família não foi substituída por nenhum outro grupo ou instituição social". Também a estrutura familiar tem se modificado para uma tendência igualitária, na qual há equidade na divisão de tarefas e no fortalecimento do papel profissional feminino. É importante destacar que, embora haja modificações na estrutura da família, sua função se mantém: cuidados essenciais, educação, transmissão de valores e continência afetiva.

> Finalmente, pode-se compreender a família como uma organização de pessoas com laços consanguíneos ou por afinidade, que compartilham o mesmo local de moradia, ou se sentem afetivamente ligados uns aos outros, não sendo um fenômeno natural, e sim uma convenção social que varia através da história, apresentando formas e finalidades diversas, numa mesma época e lugar, de acordo o grupo social.[5]

A formação do par

Tratando-se da formação do par, a primeira etapa do ciclo vital da família, muitos fatores interferem na escolha amorosa: uma paixão pouco explicável, o reconhecimento (muitas vezes inconsciente) de um modo de funcionamento conhecido ao de um membro da família de origem ou seu totalmente oposto, alguém para solucionar carências afetivas ou aquelas da vida prática (financeira, por exemplo). Cada casal tem uma história motivada pelo encontro de duas subjetividades.

Hanns[9] afirma que ainda não se percebe como é complexo o atual projeto de casamento, já que não houve preparação para ele. Igualitário, voltado à felicidade pessoal e ao amor eterno, ele carrega a herança do século 19 (amor romântico), no qual se acreditava que o amor resolve tudo, ao mesmo tempo que carece de lidar com o bom senso dos novos tempos, o que também não é suficiente para conter frustrações emocionais. É preciso lidar com as novas competências matrimoniais que até então nem sequer se imaginavam necessárias. O autor cita seis dimensões importantes no ajuste do convívio a dois para que o casal queira permanecer junto e tenha satisfação em fazê-lo: compatibilidade psicológica; saber conviver a dois; graus de consenso; atração e vida sexual; ciclos de vida, pressões e frustrações externas; vantagens de permanecer casado. As seis se complementam, estão interligadas, podendo uma afetar todas as outras a ponto de inviabilizar a relação, bem como ser suplantada pelo fortalecimento de outras, favorecendo o equilíbrio.

Uma consideração importante é a de que a precariedade que rege a vida contemporânea, no conceito de Bauman (*apud* Zanetti e Gomes[10]), treina homens e mulheres a apreender o mundo por meio da relação com objetos descartáveis, que se estende para as trocas entre seres humanos, a que ele chama de relações líquidas. As oportunidades não podem ser perdidas e qualquer compromisso pode ser um obstáculo para outra oportunidade de amanhã, o que não favorece que as relações se aprofundem. Quanto mais leves e superficiais, menos riscos de prejuízo profissional.

> Assim, a política da precarização acaba sendo apoiada e reforçada pela política da vida, ainda que adotadas por falta de alternativa, levando ao enfraquecimento dos laços humanos, das comunidades e das parcerias. Em outras palavras, afirma Bauman (2001), os laços hoje são vistos e tratados como coisas a serem consumidas, e não produzidas.[10]

Também, há que se reforçar que atualmente vivemos, nos grandes centros urbanos, uma explosão máxima da erotização. Com a informação, a quebra de barreiras e a liberdade sexual, as pessoas são acompanhadas de uma sensação de buscar sempre mais, explorar todos os sentidos, vivenciar todas as suas fantasias, o que pode ir na contramão de uma relação de compromisso baseada na monogamia. Também, nem sempre esse tipo de disposição é compartilhada pela parceria amorosa, o que causa conflitos para os casais. A seguir, será explorada a relação do par e a sexualidade com profundidade nos tópicos "O amor e o sexo na conjugalidade", "Transtornos da sexualidade" e "Procedimentos terapêuticos no atendimento de casais" que abordarão não só os conflitos, mas também como o terapeuta sistêmico trabalha na terapia de casal.

A decisão de ter filhos

Assim como o casamento não é mais um "imperativo" para uma relação de compromisso se estabelecer – embora continue presente no projeto de vida de muitas pessoas –, ter filhos também não o é. Atualmente, muitos casais decidem não ter filhos sem que isso seja encarado como um problema. Outro fenômeno da pós-modernidade é que as mulheres estão sendo mães cada vez mais tarde porque decidem privilegiar a carreira profissional e a vida pessoal. Ter um filho em um momento no qual já se tem autonomia e maior estabilidade tem suas vantagens; contudo, quanto mais tardia é a gravidez, maiores são os riscos de ter que recorrer a tratamentos de fertilização, menor o número de filhos e menos tempo de convivência com possíveis netos.

Tratando-se de infertilidade, seja motivada pela idade da mulher, seja por outro problema de saúde que provoque também a infertilidade masculina, alguns conflitos podem surgir. Para aqueles casais que tentam, mas demoram muito a engravidar, a prática sexual pode se tornar mecânica, previsível e cheia de tensão, já que se adotam estratégias de fomento do coito no período fértil feminino. Embora os casais possam aproveitar o prazer que o encontro sexual proporciona, muitas vezes o homem tem um sentimento de que não é verdadeiramente desejado, mas somente a sua função reprodutiva. Fazem comparações com outros períodos da relação a dois, nos quais o desejo feminino estava no envolvimento com eles, e não com a possibilidade de terem um filho. Um processo muito demorado para ocorrer uma gravidez por via da relação sexual pode destituir o erotismo e provocar desajustes.

Segundo Weiss[11],

> a infertilidade é uma das mais difíceis experiências de um casal, uma notícia que abala os alicerces do relacionamento, envolvendo não só um novo status – ter de lidar com seu desejo e sua dificuldade de ter filhos e constituir família – mas toda a rede relacional, como família e amigos, que esperam que o casal gere filhos.

Quando se opta pela reprodução assistida, muitas mulheres, além de atravessarem momentos de angústia emocional, sofrem problemas em sua resposta sexual; em decorrência do acúmulo de medicações hormonais, sentem-se menos atraentes e descrevem falta de desejo e vida sexual empobrecida. Já quando o problema é a infertilidade masculina, muitos homens podem ter uma sensação de impotência, fragilidade e pouca virilidade, desvalorizando-se como pessoa, já que se apoiam na qualidade biológica alicerçada ao papel de gênero masculino. Em outras palavras, se não podem engravidar uma mulher, se sentem "menos machos". Muitas vezes, o banco de sêmen é um meio utilizado, geralmente em silêncio, por casais heterossexuais que não desejam revelar a infertilidade masculina. Já nos casais de lésbicas, o recurso é explicitado, pois não altera a imagem social do casal.

O processo da gravidez também pode influenciar na vivência emocional e sexual do casal, questão que abrange o desejo pela gestação e a maturidade do casal para as mudanças que estão por vir, sendo a gestação a primeira delas e também a presença ou não de informação adequada sobre a vivência da sexualidade nessa fase da vida.

Grosso modo, boa parte das mulheres sentirão alguma alteração no seu erotismo e na maneira como viverão sua sexualidade, influenciadas pelas alterações hormonais, corporais e principalmente pela construção da identidade materna. Quanto mais difícil é o processo gestatório, do ponto de vista físico, emocional e relacional, provavelmente menor será a disposição para o sexo. Algumas mulheres percebem um incremento da libido durante a gestação ocasionada pelo aumento dos derivados androgênicos de maior circulação sanguínea na região genital, o que facilita a excitação e maior lubrificação, principalmente quando estão vivenciando uma gestação tranquila, sem desconfortos.[12] De qualquer modo, se há diminuição ou aumento de desejo, nem sempre os(as) companheiros(as) conseguem acompanhar essa variação, o que pode causar conflitos. É possível também que haja uma regressão bastante grande, não só da mulher, que solicitará aumento da demanda de atenção, mas também da parceria, que pode se sentir rejeitada, colocada "de lado", não suportando que as atenções não recaiam sobre ela, e sim sobre a mulher e o bebê. Alguns casos de infidelidade conjugal aparecem em decorrência dessa fase e da dificuldade individual para lidar com a mudança de papéis. Trataremos da infidelidade no tópico "O amor e o sexo na conjugalidade".

Ter filhos é sempre uma decisão que envolve variados aspectos. É importante ter em mente que muitas vezes o casal e a família criam expectativas sobre o sexo do bebê para que ele cumpra determinados desejos familiares, geralmente associados aos papéis de gênero – uma menina para fazer balé, um menino para gostar de futebol e acompanhar o pai. Quanto maior a expectativa sobre a criança, maior é a tendência familiar de orientar o comportamento dela, rejeitando manifestações que não sejam identificadas pelo sonho construído. Isso origina na criança um sentimento de inadequação, de raiva e rejeição, que para algumas pode ser bastante devastador. Tratando-se da dimensão sexual, ter comportamentos ditos femininos quando se é um menino ainda é considerado um "desajuste" para a grande maioria das famílias.

Os filhos pequenos

O maior problema que um casal enfrenta, nesse período, é o cansaço e a atenção que uma criança demanda, principalmente para aqueles que têm que dividir seu tempo com o trabalho e não dispõem de uma rede de apoio próxima ou condições de contratação de babás para facilitar que ambos possam manter certa autonomia e buscar prazer em outras dimensões de suas vidas. Viver exclusivamente a maternidade e a paternidade é bastante satisfatório, mas também cansativo, e pode, ao longo do tempo, tornar-se limitante.

Para que a prática sexual de um casal se reestabeleça, é necessário que se mantenha certa intimidade e que isso seja valorizado por ambos. É comum acontecerem dois fatores que interferem diretamente: quando a mulher mergulha na maternidade e não consegue retomar componentes importantes de sua identidade erótica, como o cuidado com o corpo, o olhar para o mundo, as realizações pessoais, ou seja, a vontade de desejar o outro ou as outras coisas, que não seja o filho; e quando o parceiro homem só consegue ver a mulher como "mãe", afastando seu desejo por ela e não auxiliando no resgate da sensualidade do casal.

Enquanto os filhos são "bebês", até mais ou menos os 3 anos de idade, não há grandes questões ligadas à sexualidade da criança que não dizem respeito aos cuidados com a higiene, o treinamento dos esfíncteres para a retirada da fralda, a exploração do ambiente e a socialização da criança com o restante da família e outras crianças, na creche ou na escolinha. Alguns problemas podem ocorrer com questões de manipulação genital que algumas crianças apresentam já na retirada da fralda, pois "descobrem" os genitais e têm acesso a eles. É importante averiguar se a manipulação é intensa ou se é apenas uma fase de descoberta, como o que motiva a criança a repetir o comportamento de maneira constante. Pode ser uma irritação local, ansiedade ou dificuldade de internalizar, aos poucos, regras de socialização com extremo envolvimento nesse momento de prazer. Algumas vezes, infelizmente, a criança está sendo vítima de abuso sexual. É importante lembrar que muito do que se acredita ser "masturbação compulsiva" não o é, e que os pais ficam extremamente constrangidos quando isso acontece com uma filha pelas questões de gênero que envolvem repressão do comportamento sexual feminino. O terapeuta sistêmico deve estar atento para explorar e identificar como cada genitor enxerga os papéis de gênero a partir de sua experiência pessoal e herança familiar.

Enquanto as crianças vão crescendo, seu *locus* de relacionamento se amplia, da mesma maneira que o dos pais. As crianças passam a explorar não só o seu corpo, mas também o corpo dos colegas, se interessa pela diferença entre o corpo de machos e fêmeas, pela gravidez e pelo nascimento. Brincam de casinha, de "namorados", querem dar beijo na boca. Elas imitam os pais e familiares e, a partir dessa imitação, são uma importante fonte de informação sobre o comportamento deles, o que auxilia muito o trabalho com famílias. Um conflito também frequente é a descoberta do chamado "troca-troca", quando meninos tentam a penetração anal nos seus jogos infantis. Assustados com a possibilidade de ter um filho gay, os pais procuram o terapeuta familiar para que ele dê uma espécie de "atestado de heterossexualidade", como se isso fosse possível. Embora algumas crianças tenham um comportamento mais afeminado (meninos) ou masculinizado (meninas) segundo os códigos culturais, a orientação sexual (heterossexualidade, bissexualidade e homossexualidade) só acontecerá a partir da puberdade, quando os hormônios sexuais começarem a ser produzidos. Na infância, o que pode acontecer é um certo interesse pelo mesmo sexo ou pelo sexo oposto ou por ambos, em fases distintas. Entrar em contato com o corpo dos colegas não tem relação direta com a orientação sexual; por isso, meninos que brincam de "troca-troca", boa parte das vezes, o fazem por mera curiosidade e experimentação. Claro que é preciso cuidado para avaliar situações nas quais há uma diferença de idade entre as crianças, principalmente quando as mais velhas submetem as menores a práticas de natureza erótica, dessa vez perdendo o caráter de curiosidade e jogo, o que merece atenção especial. Também é possível que isso aconteça entre primos, o que costuma preocupar e desestabilizar famílias. Quando se fala que a sexualidade deve ser encarada como natural, não significa que não deve haver limites nem cuidados especiais.

Como já abordado, a sexualidade não é só genital, ancora-se também no afeto para buscar sua expressão. Ela é primeiro sensação (prazer corporal) para depois ser emoção (como cada um decodifica emocionalmente esse prazer e essa satisfação) e, por último, razão (como cada um entende esse processo), mediando expectativas, aprendizados e adequações ao meio. Só recentemente, em nossa cultura, passou a haver o entendimento de que as sensações de prazer são naturais em crianças, jovens, adultos e velhos, homens e mulheres. A orientação para a sexualidade tem proposto justamente que não se aliem, à descoberta do prazer, emoções negativas, como algo que seja sujo, feio ou pecaminoso. Muito mais rapidamente que as crianças do século 20, as do século 21 traduzem suas sensações e emoções para um pensamento racionalizado, comparando com o que veem na mídia ou escutam na escola. São novos valores, paradigmas, uma nova maneira de percorrer o caminho. Quanto mais a família se instrumentaliza para orientar sexualmente seus filhos, por meio de modelo de comportamento afetivo, com informações adequadas à faixa etária, trocando ideias com outros pais e educadores, mais fácil é para a criança se desenvolver, compreendendo a sexualidade como uma dimensão importante de sua vida.

Os filhos adolescentes

A adolescência é uma fase reconhecidamente difícil, já que o grupo assume importância fundamental em detrimento da figura dos pais. Destituídos da posição de "heróis", os pais sentem o afastamento dos filhos, que questionam regras e valores, comparam comportamentos de outras famílias, buscam independência e, na ânsia por novos padrões, muitos acabam modificando tudo: cortes de cabelo, roupas, atitudes, linguajar. O sistema familiar precisa ser flexível para contemplar as mudanças e a inclusão de outros participantes, como os amigos e namorados, negociando regras e limites. Aceitar e interagir com as escolhas afetivas dos filhos é uma questão que pode incomodar, principalmente quando essas escolhas não convergem aos ideais familiares, seja nos valores identificados, seja nas diferenças relacionadas a raça, credo, orientação sexual e situação socioeconômica.

No Brasil, a iniciação sexual acontece entre 13 e 16 anos.[13] Os adolescentes fazem sexo com outros de mesma idade ou idade aproximada. Têm suas primeiras grandes paixões, que frequentemente se sobrepõem à vontade de estudar, suas primeiras frustrações e dores do amor. Eles vivem relações afetivas e sexuais sem compromisso, se comunicam por meio de dispositivos móveis, mudam de interesse com muita rapidez. São plurais.

A exuberância dos adolescentes, sua energia e sua intensidade podem ser difíceis de digerir, principalmente quando os pais estão em fase inversa, sofrendo conflitos pela sensação de não serem mais tão sensuais, por viverem relações mornas, por não se sentirem felizes amorosamente. Quando isso acontece, muitas vezes observa-se que criticam demasiadamente o comportamento dos filhos e tendem a não permitir que vivam o lazer e as relações afetivas. Em contrapartida, os adolescentes se rebelam, transgridem ou acabam se deprimindo. Alguns pais, com dificuldade de reconhecer a autonomia dos filhos, mantêm-se no controle, fomentando a dependência dos filhos para com eles. Na tentativa de "salvá-los" dos perigos do mundo, não os deixam crescer, tornando-os inseguros e despreparados para a vida.

No sentido oposto, há os pais que "largam" os filhos, pois se sentem impossibilitados para enfrentar os desafios, o que certamente pode causar muitos problemas, como falta de limites, violência, uso abusivo de drogas e álcool. Se, mesmo participando o mais próximo possível da vida dos filhos, não há garantias de que não se metam em encrencas, quiçá aqueles que se colocam distantes e que deixam de fazer um papel importante, e chato, que é o de alertar, a todo momento, sobre limites e possíveis problemas.

Há na adolescência uma tendência ao retraimento e à preservação da intimidade corporal, o que precisa ser compreendido pela família. No entanto, é papel do adulto mostrar-se sempre aberto ao diálogo, interessado pela vida do adolescente, curioso sobre seus amigos e interesses cotidianos.

Observa-se que os pais que, desde a infância, são abertos a uma conversação positiva sobre sexualidade, conseguem ter acesso mais fácil à vida de seus filhos adolescentes, ajudando-os em suas descobertas. Não é fácil mudar o corpo, encontrar equilíbrio sobre desejo e dever, aprender a seduzir, ser aceito pelo grupo, enfrentar as primeiras relações sexuais. Como são tomados por onipotência e senso de urgência, com frequência se descuidam de práticas de prevenção a IST e gravidez indesejada. A gravidez na adolescência é uma questão complexa, que envolverá duas famílias, com maneiras às vezes diferentes de pensar sobre esse assunto.

O ninho cheio

Vieira e Rava[5] chamam de *ninho cheio* a permanência dos filhos adultos jovens na casa dos pais, prolongando a convivência parental; fenômeno observado no Brasil, principalmente nas classes mais favorecidas economicamente e também em outros países. Segundo Cerveny e Berthoud[7], "81% das famílias paulistanas possuem pelo menos um filho adulto jovem em casa". O Instituto Brasileiro de Geografia e Estatística (IBGE) já contabilizava, no ano de 2009, mais de oito milhões de pessoas entre 25 e 40 anos morando na casa parental, número que pode ter aumentado nos últimos cinco anos.[10]

Algumas nomenclaturas são utilizadas para designar essa geração que se mantém na casa dos pais, como "adultescentes" ou geração-canguru, o que supõe uma relação de dependência dos pais, financeira ou emocional, quando não as duas coisas.

A independência profissional e, consequentemente, financeira, é uma dimensão importante da vida adulta. Ter uma identidade profissional reconhecida socialmente reforça a autoestima, o que favorece ingressar na vida adulta de maneira mais estável e segura.

No entanto, no Brasil, a crise econômica não favorece que jovens adultos conquistem e consigam manter seu espaço. O alto índice de desemprego ameaça o esquema e não são poucos os casos de filhos que regressam a casa dos pais, muitas vezes com filhos e também parceiros (ou sozinhos), incapacitados que estão de manter um padrão de vida independente. Em casos de divórcio, quando há uma quebra financeira do casal, esse fenômeno é ainda mais observado.

Outro fator que se soma é a exigência educacional cada vez maior para que se consiga bons empregos e salários. Então, o jovem adulto e sua família retardam a decisão de sair de casa para que ele possa ser auxiliado pela família enquanto se aprimora, padrão bastante observado em alguns países europeus. Então, cria-se uma ideia nas famílias de classe média e acima de que o interessante é auxiliar o jovem adulto até que ele tenha terminado todas as suas especializações, o que pode ser algo bastante extenso.

Mas essa não é a realidade de todos. Segundo Vieira e Rava[10],

> entretanto, muitos jovens não conseguem conciliar a escola e o trabalho e é cada vez mais frequente a simultaneidade das atividades, devido à entrada precoce no mercado de trabalho (Guimarães, 2006). Madeira (2006) observa que a realidade no Brasil é dicotômica: de um lado uma pequena parcela da população detém os maiores rendimentos e níveis de escolaridade e apresenta um comportamento bem próximo ao dos países desenvolvidos; por outro lado, uma grande parcela da população faz uma transição antecipada e condensada, devido à gravidez na adolescência e à baixa escolaridade, e, entre os jovens que permanecem na escola, há ainda um alto nível de evasão escolar (Camarano et al., 2004).

No entanto, é importante salientar que, mesmo nas classes menos favorecidas, a parentalidade também está se tornando um relacionamento "longa-vida", que acontece mais por questões de apoio financeiro, quando os filhos se veem às voltas com uma gravidez não planejada. É comum os lares nos quais os filhos moram, com seus companheiros e bebês, "no quintal" da casa dos pais, em algum anexo possível de construção. Essa aproximação pode causar dificuldades no gerenciamento do casal, na maneira de educar e cuidar do filho, nos problemas de relacionamento afetivo-sexual que frequentemente "vazam" aos ouvidos da família.

Outro fenômeno social importante que fomenta o ninho cheio é a supervalorização da juventude como a melhor etapa da vida. A todo o tempo e por todo lado, as mensagens sobre a juventude convergem para a ideia de prazer e de gozo.

Pensando assim, os jovens fomentam o conceito de "aproveitar a vida", no que tange a viagens e a lazer, até que tenham se estabilizado profissionalmente. Esse tipo de vivência é muito diferente do das gerações anteriores, nas quais o jovem era preparado para adentrar o mundo adulto já bem cedo (o que ainda acontece nas classes menos favorecidas) e a sociedade o acolhia com respeito, fornecendo-lhe segurança. Hoje é a insegurança que rege o futuro de profissionalização e projeto familiar. É interessante observar que esse conflito geracional entre os padrões familiares demonstra que os filhos não realizam o mesmo caminho dos pais ou dos avós, mas o caminho oposto. Muitas vezes é a própria família que fomenta a ideia de "dar aos filhos o que os pais não puderam lhe oferecer", estendendo sua permanência na casa, provendo suas despesas. Os adultos melancolicamente aconselham os filhos a "viver a vida", a não se comprometer com relações estáveis, como se assumir compromissos fosse uma má ideia. Esse movimento produz na família novas crenças e vai alterando o ciclo vital.

Outra questão que ajuda na permanência dos filhos na casa dos pais é o acesso à intimidade sexual. Antigamente, casar ou ir morar sozinho era uma maneira de desfrutar a relação sexual com liberdade. Hoje, para muitas famílias que acolhem a ideia dos namorados de filhos jovens dormirem juntos, sair da casa dos pais já não é uma necessidade também nessa esfera. Embora o fato de viabilizar o prazer sexual dos filhos com seus parceiros dentro da casa seja "acolher" a sexualidade deles, legitimando-a como parte integrante de suas vidas e quebrando assim um tabu, pode, contudo, em alguns casos, mantê-los dependentes e acomodados.

É possível também encontrar famílias monoparentais com filhos adultos. Nesses casos, quando a mãe ou pai são divorciados ou viúvos, podem transferir para o filho a responsabilidade por sua saúde emocional, transformando-os em "companheiros". Principalmente quando sofrem de depressão ou alguma outra doença crônica e debilitante, os filhos se sentem responsáveis e têm muita dificuldade em romper o vínculo, sentindo como se fossem "abandonar" os pais ou traí-los.

Salvo situações nas quais a permanência dos filhos na mesma casa dos pais é fundamental, em outras, quando a situação é visivelmente emocional, a vida afetivo-sexual desses filhos tende a ser conflitiva, já que os pais, movidos pelo medo da perda, normalmente encaram o parceiro amoroso do filho como rival. O fenômeno do ninho cheio, nessas situações é, na verdade, movido pela síndrome do *ninho vazio*, quando a dificuldade de deixar os filhos se tornarem independentes é grande. O interessante a observar é que, mesmo que os irmãos "critiquem" essa postura, dizendo que eles devem seguir a própria vida, acham bom o fato de ter alguém da família fazendo esse papel. Isso mostra que a síndrome do ninho vazio não é vivenciada somente pelos genitores, mas também pelos filhos que às vezes não conseguem estimular os pais a se aventurarem pelo mundo, por medo de que possam sofrer algum problema ou por ciúmes (que passem a se interessar por outras pessoas), perdendo seu lugar na vida emocional deles.

Mas nem todas as famílias que enfrentam o ninho cheio revelam conflitos. A cumplicidade entre pais e filhos pode diminuir as ansiedades de ambos. Enquanto os primeiros postergam a angústia do ninho vazio, os segundos retardam assumir, por completo, o gerenciamento da própria vida, já que isso significa diminuir o padrão financeiro a que se está acostumado.

O ninho vazio

Essa etapa diz respeito ao momento em que os filhos "vão embora", ou porque "se casaram" ou porque decidiram morar sozinhos. Inicia-se com a partida do primeiro filho e estende-se até a do último. Quanto mais um ou ambos os genitores se dedicaram exclusivamente ao cuidado com eles, mais sentirão esse afastamento. É caracterizada pelo sentimento de tristeza, vazio, irritação e depressão. Como tentativa da manutenção do vínculo estreito, mesmo a distância, alguns conseguem manter certo domínio na vida dos filhos, lançando mão de um "discurso" somático para sensibilizá-los a estar sempre por perto. Outros tentam dominar a vida dos filhos se fazendo presentes e desrespeitando seu espaço. Os tão conhecidos problemas com sogras e sogros podem ter nesse fenômeno a sua maior motivação.

Espera-se que, aos poucos, as pessoas se adaptem à ausência dos filhos e comecem a desenvolver outras atividades e estabelecer novos afetos. O problema está quando o sentimento de saudade acaba tomando proporções prejudiciais, pois é acompanhado por crises de ansiedade e angústia. Acontece com maior frequência com as mulheres, por viverem a maternidade em contato afetivo mais intenso com os filhos e priorizarem essa função; no entanto, isso pode também acometer os pais.

A síndrome do ninho vazio pode ser temporária, quando os filhos viajam para estudar fora ou se ausentam de casa por algum motivo em período determinado, com a intenção de regresso. Nesses casos, os genitores podem sentir essa "perda" também de maneira enlutada.

O ninho vazio pode culminar em fases já reconhecidamente difíceis, como o climatério nas mulheres (dos 40 aos 65 anos) e a andropausa nos homens, nas quais as alterações hormonais podem afetar o humor e desequilibrar a consciência corporal, além de provocar mudanças na resposta sexual. No aspecto social, algumas modificações no *status* profissional, como a aposentadoria com consequente diminuição no equilíbrio financeiro, podem prejudicar ainda mais a autoestima daqueles que se veem, agora, desprovidos de suas funções. Alguns pesquisadores argumentam que a ansiedade e a depressão no climatério não ocorrem motivadas pelas flutuações hormonais, mas pelas modificações no sistema familiar, como a separação, doenças ou morte de familiares, diminuição de renda e a síndrome do ninho vazio.[14]

Embora a medicina e os avanços tecnológicos ajudem as mulheres a enfrentar o climatério e a menopausa com menos impacto em sua sexualidade, ainda assim ele marca o fim da fertilidade biológica. Pellegrini Jr. (*apud* Siqueira e Pereira[15]) aponta que a menopausa tem, para a maioria das mulheres, um sentido de envelhecimento permeado por mitos sobre a sexualidade na maturidade, como o de que as sensações e experiências sexuais cessam nessa fase da vida. Para as mulheres que construíram sua autoimagem ao redor da função materna, além de se depararem com a "impossibilidade" de procriar, ainda têm que suportar a saída dos filhos da casa, o que favorece o clima de finitude e a vivência da síndrome do ninho vazio (Maldonado *apud* Siqueira e Pereira[15]).

Os filhos ocupam uma boa parte da vida emocional e prática de um casal. Eles têm um espaço na casa, mesmo que estejam constantemente entrando e saindo. A sexualidade de um casal é afetada por esse espaço onde todos transitam; manter a intimidade sexual requer, dos adultos, uma tranquilidade em considerar o sexo uma parte importante da vida, passando aos filhos a ideia de que os pais fazem sexo e devem ser respeitados nessa questão.

Mas boa parte dos casais não consegue separar a vida familiar da vida conjugal. Segundo Brandemberg[16], em uma enquete realizada pelo site Clic Filhos com 194 homens e 128 mulheres, a maioria dos casais com filhos declarou fazer menos sexo; quanto menores, pior fica a frequência. A falta de privacidade foi uma justificativa para o resultado.

Então, era de se esperar que, no momento em que eles se vão, o casal poderia se reaproximar sexualmente, gozando da liberdade no ambiente privado. O mesmo sucederia com aqueles que são viúvos ou divorciados, que agora podem abrir sua intimidade para parceiros sexuais. No entanto, sabe-se que essa "matemática" não é simples. Ela depende do quanto o casal se afastou durante o longo período no qual a vida familiar e o trabalho ocuparam boa parte de sua atenção. Maldonado (*apud* Siqueira e Pereira[15]) aponta que a monotonia sexual é uma constante nos casamentos duradouros e que manter um certo encanto e revitalizar o erotismo são facilmente suplantados pela construção de um relacionamento fraterno que sofre o desgaste do tempo e das tensões do dia a dia.

Indivíduos que têm a vida ativa e prazerosa, permeada pela satisfação de interesses relacionados à vida social, emocional e física, inclusive sexual, têm maiores chances de restaurar a intimidade sexual, seja no casamento, seja nas novas experiências amorosas. São as redefinições de metas de vida e as novas vivências positivas que trarão sentido para o viver. O ingresso nas universidades abertas à maturidade, os centros de convivência, as viagens etc. têm dado novo colorido à vida de muitas pessoas, que se viram diante do espaço vazio que os filhos deixaram.

A velhice

Envelhecer é um processo natural caracterizado por mudanças físicas, psíquicas e sociais, que será vivenciado para cada pessoa de maneira particular. A idade cronológica é um importante marco para caracterizar a velhice, mas não o único. Para fins de políticas de seguridade social, é convencional considerar que a senescência se inicia aos 65 anos. Neugarten (*apud* Youmans[17]) estabeleceu duas categorias de velhice: os "jovens-idosos" (*young-old*), dos 55 aos 75 anos; e os "idosos-idosos" (*old-old*), dos 75 anos em diante. No entanto, é o autoconceito que organizará os dados da experiência de vida, agindo na elaboração do conhecimento, atribuindo significado à informação proveniente do meio ambiente. "É definido como a percepção que cada indivíduo tem de si e está ligado ao bem-estar, o que no idoso tem particular importância pois, de certo modo, condiciona o processo de envelhecimento."[18]

Rocha[18] afirma ainda que a preservação da própria identidade está relacionada ao autoconceito que, com a autoestima, auxilia na adaptação ao envelhecimento. "Acreditar e gostar de nós mesmos torna-nos mais felizes, pessoal e profissionalmente, e mais resistentes à rejeição."[19]

A sexualidade é parte constitutiva da vida da pessoa e, por isso, compreender as mudanças que acontecem na resposta sexual, bem como outros fatores que interferem no pleno exercício da sexualidade, se faz necessário para que a velhice não seja encarada como uma etapa exclusivamente marcada por perdas.

Segundo Araújo[20],

> [...] as atividades físicas, a boa nutrição, o gerenciamento de estresse, a satisfação pessoal, o prazer vivenciado nas mais diferentes formas, o contato social e profissional, o lazer, a vida afetiva e a vivência da sexualidade criam condições para que o idoso viva de forma mais harmoniosa em termos pessoais e no grupo.

No entanto, sabe-se que, inseridos em um contexto cultural que privilegia a juventude como a melhor época da vida, sendo suas características alardeadas por todos os lados, não é fácil manter-se positivo e confiante.

Maldonado (*apud* Siqueira e Pereira[15]) afirma que as mulheres que apoiam sua autoestima na beleza do corpo jovem enfrentarão ansiedade no climatério e terão que, a despeito do alívio que a terapia de reposição hormonal (TRH) pode trazer ao minimizar os sinais do envelhecimento, trabalhar outros parâmetros de sedução e descobrir a beleza de um corpo maduro e da própria existência.

A resposta sexual na chamada "terceira idade" se modifica, tornando-se mais lenta. Nas mulheres, por ocasião da diminuição da produção hormonal durante a menopausa, baixa de desejo e excitação mais lenta, com menor lubrificação, são mudanças observáveis em boa parte da população. Em decorrência principalmente da diminuição na lubrificação, algumas mulheres podem sofrer de dispareunia (dor durante a penetração vaginal), já que a parede vaginal fica mais fina e há redução do pregueamento; sem o uso de um lubrificante, a dor é quase inevitável, o que pode provocar afastamento sexual. Queixas de dificuldades para alcançar o orgasmo também são comuns. Já para os homens, embora não tenham um fenômeno físico similar ao da menopausa, também sofrem com a diminuição gradual na produção da testosterona, além de outros problemas de saúde associados. Baixa de desejo e maior dificuldade para obtenção e manutenção da ereção são os problemas mais comuns que interferem muito no autoconceito masculino.

É fato que as últimas décadas têm trazido muitos benefícios para minimizar os problemas sexuais, em especial os que acontecem por causa do envelhecimento: a medicação oral para ereção, a terapia de reposição hormonal, os avanços das técnicas para fisioterapia urogenital, o desenvolvimento da "cosmética íntima" (lubrificantes, óleos). Também os produtos desenvolvidos para obtenção de prazer à venda no mercado erótico auxiliam pessoas de todas as idades e também aos idosos.

Segundo Vargas[21], o estímulo é muito importante para manter a atividade sexual, principalmente da mulher idosa. Observa-se que a morte ou separação do parceiro, desfazendo-se a unidade conjugal, são fatores importantes para a diminuição da prática sexual, embora persistam sonhos orgásticos e atividades masturbatórias. A autora acredita que, desde que o idoso não apresente doenças degenerativas, vasculares ou metabólicas, sua frequência sexual será normal e esta não será afetada pela idade, mas pela condição de solidão (falta de estímulo). Em um trabalho que conduziu no Núcleo de Estudos de Sexologia e Geriatria com um grupo de 150 mulheres da região Sul do Brasil, casadas há mais de 15 anos, com idades variando entre 30 e 70 anos, Vargas verificou que as mulheres com idade média de 40 anos faziam sexo 12 vezes ao mês. Já para aquelas entre 40 e 70 anos que estavam em segundo matrimônio, a frequência subia para 17 vezes ao mês. Outros índices também surpreendem: a latência orgástica da mulher idosa é de 30 s a 7 min, enquanto a das mulheres jovens é de 5 a 30 min, além de as mulheres com idade acima de 40 anos terem orgasmos múltiplos com maior frequência. É importante ressaltar que Vargas preconiza a terapia de reposição hormonal como um fator imprescindível para a manutenção da resposta sexual nessa fase da vida. Mas nem todos os profissionais concordam com os números de Vargas. O andrologista Mario Sister, por exemplo, acha extremamente improvável que um casal de mais de 60 anos tenha 17 relações sexuais por mês:

> Eu atendi cerca de quatro mil pacientes em 12 anos de consultório. A maioria dos homens com mais de 60 anos vem aqui justamente com problemas de impotência. Esta é a idade da descida da serra do homem. Com quem estas mulheres vão ter tantas relações? Não deve ser com o parceiro. O pique sexual do homem e da mulher não é o mesmo depois dos 60. Talvez em intensidade seja possível, porque já estão com os filhos criados, uma vida estável, sem os fantasmas da gravidez, mas frequência eu duvido.[22]

Em um levantamento realizado por Crema e Tílio[23] com dez idosos frequentadores da Universidade Aberta à Terceira Idade (UATI) em uma cidade do Triângulo Mineiro, constatou-se que as experiências e significados sobre sexualidade no grupo estudado estão relacionados às concepções tradicionais de gênero, à heteronormatividade e à dupla moral sexual. Os homens idosos concebem a relação sexual como necessária e prazerosa; já a maioria das mulheres que responderam à pesquisa considerou a sexualidade negativa e desnecessária, porém obrigatória.

Em um levantamento com 187 pessoas, entre 52 e 90 anos, gozando de boa saúde física e mental para uma comparação transcultural entre Brasil e Portugal, o interesse por sexo nas duas amostras mostrou-se elevado.[24] A grande maioria afirmou ainda que a idade não modifica a aptidão para ter orgasmos, nem os desejos, nem os sentimentos, nem a intensidade das sensações. Entretanto, variações intergêneros e interculturas foram observadas: 24% das mulheres brasileiras, 38% das portuguesas e 75% dos homens portugueses mantêm relações sexuais pelo menos 1 vez/mês; aproximadamente 20% das mulheres brasileiras e portuguesas e 46% dos homens brasileiros e portugueses têm relação pelo menos 1 vez/semana; mais de 40% das mulheres e de 90% dos homens gostariam de ter relações ao menos 1 vez/semana. De acordo com as estatísticas demográficas, é maior o número de homens com parceria do que solteiros, o que facilita a prática de atividade sexual. Oitenta por cento das brasileiras, 57% das portuguesas e 96% dos portugueses consideram a satisfação sexual importante para o sucesso do casamento, mas cerca da metade se considera satisfeito na relação, o que confirma a ideia de que saúde e oportunidade são indispensáveis, mas não suficientes para assegurar uma vida sexual com qualidade. Para os autores do estudo, é preciso levar em conta alguns fatores básicos para compreender a problemática da sexualidade de pessoas de todas as idades: saúde física; preconceitos sociais; autoestima; conhecimentos sobre a sexualidade e *status* conjugal.

Tavares (*apud* Araújo[20]) constatou, em pesquisa com mulheres que faziam parte de um projeto social em Niterói (RJ), que a percepção sobre a vivência da sexualidade, assim como a frequência de relações sexuais, mostrava-se muitas vezes incompatível com seus desejos e níveis de satisfação pessoal, em razão de vários fatores sociais e psicológicos presentes em suas vidas, e não apenas devido às alterações hormonais do climatério ou menopausa. Algumas estavam casadas com homens muito mais velhos, impotentes ou doentes, outras estavam divorciadas, algumas relatavam dificuldade para encontrar parceiros por diversos problemas,

> [...] desde a autoimagem até falta de oportunidades sociais. A autora observou que as representações sociais sobre o envelhecimento, assim como as várias perdas que incluem desde a aparência jovial até a dificuldade para encontrar parceiros adequados, contribuem para afetar a autoestima, a confiança pessoal e, por sua vez, a receptividade sexual. É importante ressaltar que as mulheres ainda não estavam na terceira idade e já se percebiam com inúmeros problemas associados à perda da juventude.[20]

Outra questão importante a considerar diz respeito à atitude da família frente à sexualidade do idoso. Muitas famílias desconsideram a falta de uma parceria afetiva-sexual para aqueles que são viúvos, solteiros ou divorciados. Ao mesmo tempo que desejam que a pessoa tenha sua autonomia para que não fique na dependência dos filhos, esperam também que não se envolvam com alguém, pois isso ameaça a disponibilidade que muitas vezes o idoso tem para a família (por exemplo, cuidar de netos). Quando há bens envolvidos, esse temor aumenta, pois uma nova relação pode significar uma ameaça para a herança. Tratando-se de resistência familiar, também há uma diferença baseada no gênero, sendo a dificuldade de aceitação relacionada muito mais às mulheres que aos homens. Por questões socioculturais, pensar que a pessoa idosa deseja ter intimidade sexual é ainda distante para muitos. Idosos que moram sozinhos em imóveis nos quais foram criados os filhos, por exemplo, frequentemente não são questionados sobre a preservação de sua intimidade, quando os filhos desejam colocar o imóvel a venda e inseri-los na casa deles, em uma casa de repouso ou similar, negando-lhes a chance de expressarem suas ideias sobre essa dimensão importante da vida.

Dificuldades geracionais se apresentam principalmente quando o idoso convive na mesma casa com filhos e netos. O comportamento sexual atual vivido pelos jovens é bastante diferente, o que pode originar incômodos e discussões.

Quanto mais nos aprofundamos no estudo da sexualidade na terceira idade, percebemos que a dimensão biofisiológica é importante para a manutenção da atividade sexual, porém não é suficiente, na medida em que tantos outros fatores intervêm. A afetividade é essencial para que o indivíduo se relacione com a família, com parceiros(as), com amigos(as) e para que alimente seu autoconceito. Não sendo a sexualidade sinônimo de genitalidade, a capacidade de dar e receber afeto, de se reafirmar como pessoa, dotada de desejos e emoções, ajuda na legitimidade de ser respeitado como um ser sexual, mesmo que já não se faça sexo com outra pessoa.

Embora seja totalmente possível ter uma vida sexual de qualidade na velhice, também se torna negativa uma erotização demasiada, promovida pela mídia para fins de consumo ou mesmo por profissionais bem-intencionados a motivar o sexo entre os idosos. Quando uma sociedade dá um salto entre uma imagem assexuada para muito sexualizada, sem que essa mudança acompanhe um processo evolutivo e educativo, não se leva em conta as vicissitudes de cada história, além de estimular, para boa parte das pessoas, um sentimento de inadequação. Nesse grupo, encontram-se os que estão doentes, os que perderam movimentos ou os que não têm parceiros. Os que tiveram uma história sexual ruim, repleta de violência e insatisfação. Os que vivem uma realidade dura, com privação econômica e que estão muito distantes da imagem do idoso sarado, em uma praia do Caribe. Ao reafirmarmos que a energia sexual é uma benesse da existência, não se pode negar a finitude e o processo que nos leva a ela.

Como se pode perceber, as famílias são fortemente influenciadas pela herança geracional, pelos movimentos de seus membros e na interação com o que advém do meio. Questões sobre a sexualidade perpassam a genitalidade, os papéis sexuais e os afetos. Pensando que o casal é o principal agente das produções afetivas de uma família, compreender como eles percebem e vivem as várias dimensões da sexualidade é um trabalho importantíssimo na terapia familiar e de casal. Por isso, o enfoque do próximo tópico será na vivência do amor e do sexo na conjugalidade.

O amor e o sexo na conjugalidade

Na terapia de casal, é perceptível que cada elemento vai para a relação com paradigmas próprios sobre a relação de compromisso. Esses são fruto de sua vivência pessoal com as famílias de origem e o meio social. Quando do momento simbiótico do apaixonamento, esses padrões são misturados e vivenciados como um só. À medida que o casal retoma a necessidade de manter uma autonomia, os paradigmas sobre a relação tendem a retomar e buscar um espaço de legitimidade. Conflitos dessa ordem estão presentes o tempo todo.

Sexo e amor são dois conceitos totalmente diversos. O primeiro diz respeito ao prazer corporal; o segundo, à relação de compromisso. A energia sexual é criativa, agressiva, curiosa, nasce no corpo da pessoa e nele mesmo pode ser satisfeita; já o amor nasce na relação com o outro (interpessoal), tem como objetivo querer o bem e emana sensações de aconchego.

Ao longo da História, a relação amorosa e sexual entre as pessoas assumiu diversas maneiras. As uniões baseadas em acordos políticos e econômicos não precisavam ser acompanhadas por afeto e o sexo era realizado para fins procriativos, o que tornava as relações extraconjugais, movidas pelo amor, pelo sexo ou por ambos, bastante comuns. Em outros tempos, o amor tornou-se uma aspiração idealizada sem necessidade de concretude física; o amor platônico era visto como um sentimento sublime e o sexo uma prática carnal de menor valia. Vainfas (*apud* Scorsolini-Comin e Santos[25]) lembra que o chamado "amor verdadeiro", "construído" a partir dos séculos 12 e 13, foi aquele disciplinado pelo casamento, com tentativas de supressão da diferença, eliminação da alteridade entre os esposos e reprovação da discórdia no interior do casal. Após a onda de racionalismo que invadiu a Europa no início do século 18, na qual o amor estava "fora de moda" e o prazer sexual era efetivamente uma busca de homens e mulheres, o chamado amor romântico tomou forma a partir do final do século 18: a ordem para a melhor organização social e convivência, para uma plena satisfação emocional e sexual era vivenciar amor e sexo com uma única pessoa, dentro do matrimônio monogâmico, para todo o sempre, visando à formação familiar.

É importante reforçar que a ideia de funcionalidade de um casal, para muitos teóricos sistêmicos, esteve ancorada no formato do amor romântico ocidental. A exemplo disso, a maneira como a infidelidade conjugal foi entendida como "um problema" no casamento; "um problema" do infiel por imaturidade emocional; uma dificuldade que pode acontecer, mas deve ser repelida; algo que comumente acontece, mas deve ser revelado para que se estabeleça novamente a confiança entre o par.[26] O trauma de uma transgressão à monogamia, quando supervalorizado, deixa de lado os dilemas humanos e a infinidade de forças emocionais envolvidas na experiência amorosa. Desta feita, o terapeuta, influenciado pela avaliação moral sobre a vivência do desejo e do afeto fora do casamento, será impelido a procurar o "problema" na desigualdade entre os cônjuges, na falta de reciprocidade e de solidariedade e acabará sendo iludido pela ideia de que os parceiros são capazes de satisfazer as suas necessidades, sendo os melhores amigos, melhores pais, melhores amantes, o par intelectual e a companhia emocional e ele, o melhor terapeuta na reconstrução do "casamento ideal". Só mais recentemente é que a dificuldade em manter o desejo e a afeição pela mesma pessoa nas relações de compromisso vem sendo encarada como uma situação mais comum, menos afeita a problemáticas individuais e relacionais, e a prática do terapeuta sistêmico tem se modificado diante de algumas crises.

Muitos casos extraconjugais têm a realização do desejo como fator motivador. O desejo pode ser por determinado tipo de ligação emocional, por novidade, por curiosidade, por autodescoberta. Pode estar ligado a um processo de individuação, a uma maneira de preencher o vazio ou a uma experiência de limitação. Um caso extraconjugal pode estar ligado a alguma vulnerabilidade experimentada em determinada fase do ciclo vital; pode ser produto de um merecimento relacionado ao papel de gênero (eu sou macho e todo macho trai) ou mesmo de uma dúvida sobre a orientação sexual; pode estar ligado a questões da família de origem, ser motivado por fantasias e ilusões e ainda por raiva e vingança.[26]

O formato do amor conjugal é definido por Furtado[27] como entrega apaixonada de si, desejo sexual e amizade seletiva. Segundo Féres-Carneiro[28], todo fascínio e dificuldade do casal reside no fato de ser dois em um: duas individualidades e uma conjugalidade. Dois estranhos que se encontram e se redefinem. E essa reconstrução é principalmente baseada em uma conversação conjugal.

> Na conversação conjugal, a realidade subjetiva do mundo é sustentada pelos parceiros, que confirmam e reconfirmam a realidade objetiva internalizada por eles. O casal constrói assim não somente a realidade presente, mas reconstrói a realidade passada, fabricando uma memória comum que integra os dois passados individuais.[29]

É na conjugalidade que duas dimensões se apresentam importantes. Uma diz respeito à aliança, um sistema de trocas baseado na reciprocidade, a forças que se unem não para competição, mas para a coesão; a outra diz respeito à sexualidade, ao mundo dos prazeres do corpo, dos afetos, do amor. Quando se pensa nas uniões pós-modernas, é importante ter em mente que o amor e o sexo são cada vez mais fonte de satisfação individual. Diferentemente da constituição do amor romântico, na qual a satisfação amorosa estava intimamente atrelada ao matrimônio, ao sexo monogâmico e à constituição familiar, o amor no século 21 não tem acessórios. Em outras palavras, não é preciso casar para viver o amor e o sexo, não é preciso morar junto, não é preciso ter filhos. O amor e o sexo são vividos com uma expectativa grande, como se eles pudessem, sozinhos, aplacar toda a angústia dos novos tempos, muito mais individualista. As pessoas esperam demais das outras e, por isso, se frustram com maior rapidez.

> Então, aqui estamos, destinados a buscar uma completude ilusória claramente impossível de se atingir, pressionados por desejos insatisfazíveis, com nossos parceiros coitados designados como os bodes expiatórios convenientes para impossibilidades não exatamente criadas por eles...[30]

Para Perlin e Diniz (apud Scorsolini-Comin e Santos[25]), os casais sofrem com uma contradição: se, por um lado, tentam manter valores e padrões morais tradicionais, valorizando a parentalidade e a efetivação do matrimônio, por outro têm que se adaptar às transformações sociais, como as exigências do mercado de trabalho, a valorização do crescimento individual, da flexibilidade dos papéis de gênero, da independência financeira e da busca de prazer sexual, cada vez mais estimado. Bozon[31] afirma que o papel essencial que assume a sexualidade e os domínios e interesses individuais dos que se unem caminham ao lado de um domínio conjugal em decadência.

Idealizações amorosas continuam existindo, mas já se delineiam novas maneiras de relacionamento muito mais flexíveis e compatíveis, a meu ver, com a personalidade de cada pessoa. Há as que se casam, as que vivem juntas sob o mesmo teto ou em casas separadas, as que permanecem solteiras, as que se separam, as que mantêm a virgindade até o casamento. O rabino Nilton Bonder[32] aponta, com sabedoria, que não há tradição sem traição; a transgressão é o que move a criatividade e estimula uma sociedade a se desenvolver. Mas que, também, sem a tradição, a sociedade não se mantém; o grande desafio do ser humano contemporâneo é, na visão dele, aceitar a tensão inerente entre o bom (transgressão) e o correto (tradição). E assinala: aqueles que somente vivem o correto (incorporação sem questionamento de valores morais sociais) acabam tolos e os que optam por sempre viver o bom (desejos) se tornam perversos. O interessante é observar esse conflito no comportamento de adolescentes: transgressores por "natureza", desfrutam da liberdade sexual sem necessidade de compromisso; no entanto, quando questionados sobre relações amorosas, é a fidelidade e o compromisso que elegem como aspiração de relacionamento.[33]

Dissociando amor e sexo na conjugalidade, tem-se a possibilidade de compreender melhor as necessidades individuais nas duas dimensões, reconhecendo e combatendo papéis de gênero estereotipados; por sua vez, quanto mais dissocia-se uma coisa da outra, mais difícil é viver a relação a dois, já que a falta fica cada vez mais presente. É possível representar esse conflito na solução que algumas pessoas têm encontrado: o poliamor. Diferentemente da poligamia, na qual há o casamento com mais de uma pessoa, geralmente uma possibilidade aplicada culturalmente aos homens (poliginia), no poliamor não há necessidade de casamento nem coabitação. A possibilidade de se abrir para um novo companheiro não é uma exclusividade masculina, além de não direcionar que as relações sejam somente heterossexuais. Assim, uma relação poliamorosa é aquela que possibilita que um ou ambos do casal, ao mesmo tempo ou não, estejam abertos para vivenciar o amor e o sexo com outras pessoas. É diferente das relações abertas, nas quais o amor é permitido somente entre o par conjugal, podendo só o prazer sexual ser obtido em relações extraconjugais. O poliamor também não pode ser confundido com a prática do *swing*, em que a troca de parceiros deve reconhecidamente acontecer na presença de ambos, evitando-se também a relação amorosa fora do laço conjugal. No poliamor, amplia-se a possibilidade de viver o apaixonamento por terceiros, sem que isso seja entendido como traição e sem que a conjugalidade seja desfeita. A conjugalidade é vista como uma construção e um fenômeno em permanente mudança.[25] De acordo com Diniz Neto[34],

> [...] não parece que a instituição casamento esteja agonizante, mas que provavelmente estamos, também, em busca de padrões mais satisfatórios e funcionais de relacionamento amoroso, que propiciem melhores condições para o processo de diferenciação e desenvolvimento psicológico e emocional dos parceiros.

Aqui aparece a capacidade do casal de criar novas maneiras de negociação entre o repetir e o criar, o manter e o mudar. É nesse momento que o terapeuta favorece a externalização do problema, por meio da linguagem ou de jogos dramáticos, para que ele seja entendido como uma construção do casal e que se criem maneiras de enfrentá-lo. Na teoria sistêmica, o terapeuta tem a importante função de criar um espaço de conversação. Tratando-se de sexualidade, tema muitas vezes revestido de vergonha e silêncio, favorecer que se possa conversar sobre esse assunto de maneira natural já tem seu efeito terapêutico. No entanto, é preciso ter em mente que o universo sexual individual é bastante vasto e muitas pessoas guardam "segredos sexuais" que não querem compartilhar com seus parceiros.

É bastante comum que as questões afetivas do compromisso estabelecido no sistema do casal migrem para o sistema sexual, dando origem a uma disfunção sexual. Isso porque, como já apontado anteriormente, o sistema tanto procura a mudança quanto a estabilidade, e as questões sobre autonomia sexual na relação de compromisso da família judaico-cristã são pouquíssimo tratadas pelo casal. Como já diziam Goolishian e Winderman[35], não são os sistemas que produzem os problemas, mas é o linguajar a respeito dos problemas é que constitui sistemas. O construtivismo aplicado à teoria sistêmica vem justamente revelar que a função importante do terapeuta é entender como a comunicação sobre problemas constitui um sistema. Aplicado à sexualidade, um problema na esfera sexual (genital ou emocional) não falado transforma-se em um sistema disfuncional como maneira de expressão. A falta de desejo sexual, a disfunção erétil, a anorgasmia secundária, entre outras, podem ser causadas pela falta de comunicação sobre o assunto. E, claro, a incapacidade de dizer "não estou me satisfazendo sexualmente" é por si uma maneira de perceber como a pessoa lida com conflitos nos quais sua autonomia deveria ter importância.

Contudo, muitos problemas sexuais, principalmente os que se referem ao desejo e à excitação, podem não ser produzidos pelo casamento, mas principalmente pela relação desejo × casamento duradouro. Muitos autores que estudam o amor e o sexo nas relações de compromisso chamam atenção para o fato de que é difícil manter o desejo em relacionamentos a longo prazo.[36-38] Mitchell[36] nos lembra que o ser humano gosta tanto de segurança quanto de aventura; do familiar e do novo e, por nos puxar em direções opostas, esse equilíbrio pode ser apenas transitório:

> Antes do casamento, casais muitas vezes se consideram livres, brincalhões, aventureiros, espontâneos. No casamento, eles procuram estabilidade e permanência. [...] A segurança total, a previsibilidade e a uniformidade permanentemente estabelecidas rapidamente se tornam limitantes [...] A sexualidade é perfeitamente designada para uma rebelião contra tais contratos, precisamente porque a resposta sexual não pode ser nem comandada nem controlada intencionalmente. A excitação sexual é incontrolável e imprevisível; ela acarreta vulnerabilidade e risco; ela desmascara ilusões de segurança e controle.

Transtornos da sexualidade

De modo geral, pode-se referir que os transtornos sexuais compreendem: inadequações, desvios, práticas sexuais específicas (parafilias) e disfunções sexuais. As inadequações referem-se ao sentimento de estranhamento com o corpo, parte dele ou a função sexual. Alguns exemplos são acreditar que o pênis é pequeno demais, que se é pouco sexualizado. Já os desvios dizem respeito a práticas sexuais e a comportamentos que rompem com as normas legais e sociais: pedofilia, abuso sexual, violência sexual. Já as parafilias são práticas sexuais *exclusivas* para obtenção de prazer: sadomasoquismo, voyeurismo, entre tantas outras. Disfunções sexuais dizem respeito a problemas com a função sexual genital, tema que será abordado a seguir.

Disfunções sexuais

Os terapeutas sexuais tendem a adotar uma associação das propostas de Masters e Johnson[3] e de Kaplan[2] para o entendimento da resposta sexual humana, compreendida por quatro fases, a saber: fase do desejo, fase da excitação, fase do orgasmo e fase da resolução. Rosemary Basson[39] incorporou ao entendimento da resposta sexual feminina um modelo de cinco etapas, considerando que as mulheres não seguem o mesmo padrão de resposta sexual que os homens. Partindo da observação de que muitas não apresentam desejo sexual espontâneo, mas que, no decorrer do ato sexual, acabam responsivas ao estímulo, a resposta sexual feminina seria excitação subjetiva com resposta física desencadeada pela receptividade aos estímulos eróticos; percepção do desejo durante a relação sexual; aumento da excitação; resposta orgástica (ou não); satisfação física e emocional.

Entende-se por disfunção sexual alguma perturbação clinicamente significativa na capacidade de uma pessoa responder sexualmente ou experimentar prazer sexual alterado em uma ou mais das fases do ciclo de resposta sexual saudável (desejo, excitação, orgasmo e resolução), bem como dor associada ao ato sexual. O *Diagnostic and Statistical Manual of Mental Disorders* (DSM) apresenta um capítulo específico para as disfunções sexuais, além de mais dois: disforias de gênero e transtornos parafílicos.[40] No capítulo sobre disfunções sexuais, são classificadas como transtorno do interesse/excitação sexual feminino; transtorno do desejo sexual masculino hipoativo; ejaculação retardada; ejaculação prematura/precoce; transtorno erétil; transtorno do orgasmo feminino; transtorno da dor genitopélvica/penetração; disfunção sexual induzida por substância/medicamento; outra disfunção sexual especificada; disfunção sexual não especificada.

Para um bom diagnóstico diante de uma queixa sexual, há que se investigar causas orgânicas (alterações hormonais, doenças preexistentes, uso de medicação, drogas, entre outras) antes de se adotar qualquer procedimento psicoterapêutico. É claro que uma disfunção sexual de causa orgânica pode provocar uma série de problemas emocionais, como baixa autoestima e dificuldades de relacionamento afetivo, principalmente quando a disfunção já está presente há algum tempo na vida da pessoa e do casal. Portanto, mesmo que a disfunção possa ser resolvida com a administração de medicamentos, muitas vezes o apoio psicoterapêutico se faz necessário. Na verdade, é bastante comum que psicólogos que trabalham com terapia sexual tenham relação com médicos urologistas, ginecologistas, psiquiatras e clínicos, pois a avaliação das causas orgânicas e psicológicas é necessária e dificilmente uma não afeta a outra em maior ou menor grau. Por isso, muitos terapeutas sexuais chamam a disfunção sexual de psicogênica. Embora não haja consenso nem determinação específica dos Conselhos Federais de Medicina e de Psicologia sobre quais profissionais poderiam se especializar em sexualidade para se intitularem terapeutas sexuais, indiscutivelmente, é importante ter amplo conhecimento da *função sexual* e dos diversos fatores que podem interferir no seu desempenho saudável, bem como afinidade com o tratamento terapêutico.

É importante determinar, também, se o problema sexual está presente desde as primeiras experiências sexuais ou se ele se desenvolveu após um período de função sexual relativamente normal, e ainda se a dificuldade sexual é generalizada, ou seja, não se limita a certo tipo de estimulação, situação e parceiro, ou se ela ocorre somente com determinado tipo de estimulação, situação ou período. Assim, como exemplo, um homem pode estar sofrendo recentemente de disfunção erétil (antes tinha boa ereção e agora a está perdendo), mas só em algumas situações, por exemplo, diante da parceira, no momento da penetração; quando pratica a masturbação, tem boa ereção. Também, essa ereção pode ser total no momento em que se encontra excitado, mas pode perdê-la aos poucos quando se aproxima a penetração. Vê-se a importância de uma boa investigação diagnóstica que pesquise não só a queixa sexual, mas a relação do paciente com a(o) parceira(o), o momento da vida, questões financeiras, de produtividade, fantasia em relação à expectativa do outro, estresse, autoestima, relação com o sintoma, entre outros.

Já que se entende o comportamento sexual como resultante de várias dimensões da pessoa, pode-se dizer que a sexualidade humana é propriamente um *sistema* auto-organizado e, portanto, autônomo.

Segundo Packman[41], "os sistemas auto-organizadores estão formados por elementos em fluxo permanente, circularmente enlaçados entre si, que geram como emergente em nível global um padrão estável que é o que reconhecemos como sistema autônomo".

Procedimentos terapêuticos no atendimento de casais

Há que se iniciar esclarecendo alguns pontos. Primeiro, que a teoria sistêmica tem algumas vertentes: os construtivistas trabalham com base no significado e na sua ressignificação. Uma questão importante seria, por exemplo, *qual é o significado do sexo* para cada um e para o casal. Como percebem as práticas sexuais, as questões de gênero, o erotismo, a resposta sexual e uma possível disfunção sexual. Já os terapeutas sistêmicos da primeira cibernética de primeira ordem, para além do significado, lançam mão de "tarefas" que os casais podem realizar fora do contexto terapêutico, trabalhando os resultados nas sessões. Para queixas sexuais, os terapeutas que seguem a cibernética de primeira ordem podem utilizar técnicas da terapia sexual com base na terapia cognitiva, a fim de trabalhar não somente o sistema do casal e os conflitos intrapsíquicos, mas também propor treinamento de aprendizagem sexual. Principalmente para queixas sexuais como ejaculação precoce e disfunção erétil, as técnicas para controle ejaculatório a serem treinadas pelo paciente e, posteriormente, com sua(seu) parceira(o) são extremamente eficazes. No entanto, outras disfunções, como o transtorno de interesse/excitação sexual feminino, têm pouca resposta somente com técnicas de autofocagem:* muitos conflitos intrapsíquicos podem estar envolvidos no sintoma e o terapeuta deve se debruçar sobre eles. É certo que os "puristas", tanto da abordagem sistêmica quanto da cognitiva, podem não gostar dessa associação, mas é difícil imaginar que todas as queixas sexuais se resolvam com técnicas e exercícios, tampouco que só uma ressignificação ajude um homem a controlar sua ejaculação.

A terapia sexual aplicada à abordagem sistêmica procura sempre tratar o casal, embora não se descarte a importância do trabalho individual concomitante. Elementos teóricos importantes da teoria sistêmica contribuem para a melhor compreensão da disfunção sexual como efeito no casal. A *homeostase*, que se refere ao processo de autorregulação para a estabilidade de um sistema, a *morfogênese*, como capacidade de mudar e adaptar, bem como a *circularidade*, como a influência da mudança de um elemento nos demais, ajudam a avaliar o quanto a disfunção reforça ou não outros elementos da vida emocional. Então, é importante que o terapeuta tenha em mente que, mesmo que a disfunção se apresente em uma pessoa, o(a) parceiro(a) pode reforçar o sintoma sem perceber. Aliás, na maioria das vezes, é isso que ocorre, principalmente quando a queixa é recorrente e está instalada no

---

* As técnicas para terapia sexual podem ser encontradas em Instituto Paulista de Sexualidade[42] e Oliveira.[43]

casal há algum tempo. Quanto mais rapidamente o par busca ajuda para uma queixa sexual, menos o sistema do casal fica comprometido e maior é a chance de sucesso rápido com a intervenção da psicoterapia.

Um estudo transgeracional se faz importante para que o terapeuta consiga perceber como cada um internalizou os modelos femininos e masculinos de sua família, da relação amorosa e da sexualidade. Muitas vezes, os parceiros desconhecem a estrutura familiar do seu par e também percebem pouco sobre a influência da sua história familiar na maneira de processar expectativas e frustrações na relação amorosa. Ao ouvir a história do outro, é possível compreender muitos comportamentos e negociar (o casal) modificações. A bem da verdade, muitas pessoas são influenciadas em sua vida adulta não só pelo histórico familiar que lhes acompanha, mas também pela concretude dos laços familiares que não foram transformados para que assumissem novos papéis, agora como companheiros. Famílias com sistemas fechados e inflexíveis aprisionam seus membros e atrapalham na formação do sistema próprio do casal. Frequentemente, as pessoas até mesmo almejam atitudes diferentes das dos pais e irmãos e conseguem em seu sistema social e amoroso estabelecer novas maneiras de se relacionar, porém, ao estarem em família, regridem ao modelo do sistema familiar, sentindo-se impotentes para posicionar-se de maneira diferente, expondo ideias e comportamentos já assumidos em outras realidades. Essa compreensão sistêmica é fundamental no trabalho com sexualidade.

Os estudos transgeracionais podem ser feitos por meio de elaboração de genograma familiar com o casal e construção de escultura da família de ambos os cônjuges ou com seleção de fotografias familiares escolhidas por cada um, que representem como percebem os pais, os momentos da infância e adolescência, os irmãos e outros membros importantes. É muito importante a percepção do terapeuta ao avaliar como cada um "ocupa" um lugar nas fotos, a postura em relação aos outros, a proximidade dos pais, os afastamentos, a afetividade etc. Essas sessões podem ser muito proveitosas e também surpreendentes. Traumas na infância e na adolescência, como ocorrência de abuso e violência sexual, são uma surpresa para muitos parceiros em processo terapêutico, cujas companheiras apresentam disfunções sexuais que impedem a penetração, ou ejaculação retardada, no caso dos homens, só para citar exemplos de experiência clínica. Ouvir o trauma clarifica e retira do(a) parceiro(a) parte de sua corresponsabilidade na disfunção. Mas é também a revelação de um segredo como este que dá dicas ao terapeuta sistêmico de como cada um do par acolhe sua intimidade e a divide, a capacidade de serem continentes ao sofrimento um do outro ou de se responsabilizarem mutuamente pelo sistema do casal, quando disfuncional.

Obter o histórico sexual dos parceiros pode ser um processo individual ou de casal. Propõe-se que questões importantes sobre primeiras lembranças eróticas da infância, educação sexual recebida pela família, percepções sobre sexo, primeira menstruação, primeira vez de cada um, experiências sexuais anteriores à união atual, manipulação genital, conhecimento do corpo, entre outras, possam ser verbalizadas em casal, para que ambos conheçam o histórico de cada um. Arcelloni e Ferrero[44] sugerem que se realize o duograma, uma série de perguntas relacionadas à representação subjetiva das relações amorosas que a pessoa teve ao longo de sua vida, desde aqueles de quando era criança, adolescente e adulto, inclusive as que foram fantasiadas e nunca realizadas, ou porque não foram correspondidas ou porque ficaram em segredo.

> Los enamoramientos de los niños y las historias de amor imaginadas pueden marcar la vida de una persona menos dramáticamente respecto a un divorcio o a una traición pero, en una buena lectura sistémica y relacional, todas las vicisitudes tienen el mismo peso y tienen que interesar en cuanto "experiencias de relación", sean esas fantásticas o vividas. También el recuerdo de un rechazo recibido cuando chico lleva consigo una serie de emociones, significados y vivencias que contribuirán en el tiempo a la definición de ideas y prejuicios sobre el amor y sobre la pareja.[44]

As perguntas do duograma envolvem as características dos parceiros: físicas, de caráter, costumes e desejos; as características da relação: conflitos, relação com dinheiro, sexualidade, divisão de papéis, profissão, regras, ritos; confrontos e conexões entre: relações e emoções, prejuízos e estereótipos; fantasias: imagens, metáforas e mitos; perguntas hipotéticas: possíveis alternativas (e se fosse de outra maneira...). Confrontando o duograma com o genograma, é possível perceber semelhanças e diferenças entre estilos de casal com temas que aparecem de maneira recorrente ou novos, regras e costumes que se fixam ou se modificam com o tempo, identificar prejuízos e estereótipos sobre amor e união. Além disso, todas as questões de gênero, que envolvem os papéis sexuais, questões de poder, dinheiro e trabalho aparecem confrontadas, especificamente sobre sexo, sedução e prazer, mitos e tabus que se perpetuam por gerações. O duograma pode ser realizado em terapia individual ou de casal e envolve perguntas de fluidificação (excêntricas), circulares (hipotéticas sobre o parceiro – *o que isso significa para você?*), perguntas-milagre, perguntas sobre recursos e perguntas sobre melhoras.

Oferece-se, também, uma sessão individual com cada pessoa, a fim de que, sozinhos com o terapeuta, possam revelar questões que tenham vergonha de dizer ou que prefiram manter na intimidade individual. No entanto, é importante reforçar que, para um trabalho de casal e resgate da função sexual, guardar alguns "segredos" que impliquem contrariamente aos objetivos da terapia pode ser bastante difícil para a prática do terapeuta. Por isso, alguns profissionais optam por esclarecer, antes que a sessão individual aconteça, que não guardarão segredos, reforçando, ainda, que é possível, caso um segredo apareça, que o terapeuta ajude a revelá-lo ao outro, se parecer imprescindível para o funcionamento do sistema conjugal e objetivo da terapia. Sabendo, no entanto, por experiência, que muitas vezes o desejo da continuidade de uma relação, como também da melhora do erotismo, pode vir só de "uma parte" das pessoas envolvidas, a possibilidade de revelação de segredos é grande. Por vezes, é uma relação extraconjugal que está sendo experienciada por alguém, noutras o desejo de rompimento revestido pelo medo e pela culpa de assumi-lo, ou um desejo homoerótico para quem é heterossexual ou vice-versa. É possível, por exemplo, que uma disfunção sexual "garanta" a sobrevivência do sistema sexual do par quando há uma relação extraconjugal vivida com paixão e desejo. O afastamento sexual de quem vive outra relação amorosa fica encoberto pela disfunção sexual (desejo hipoativo, disfunção erétil, transtorno do orgasmo etc.), não sem tornar a relação fonte de sofrimento para um ou ambos. Esses segredos não podem ficar "guardados" pelo terapeuta sob o pretexto do sigilo, não por sua qualidade, mas porque andam na contramão da terapia que visava, inicialmente e aparentemente, ao resgate da função sexual do casal. Há terapeutas que preferem não correr o risco, esclarecendo o não partilhamento de segredos; outros não arriscam sessões individuais. Mas, ao tornar claros os limites do partilhar segredos, é possível que a sessão individual dê espaço para que uma verdade apareça, sendo tarefa do terapeuta ajudar para que ela seja revelada por aquele que a guarda e trabalhar os conflitos do sistema do casal, que certamente serão abalados, redirecionando a terapia. Para isso ser possível, é necessário o estabelecimento de um contrato prévio entre paciente e terapeuta de que qualquer segredo só será guardado se não prejudicar (no sentido de falsear) o objetivo da psicoterapia. A fim de auxiliar o entendimento do casal e do terapeuta, quando há impasses na comunicação de fatos, sentimentos e emoções, podem-se aplicar técnicas de avaliação de intimidade com base no psicodrama. Cada um avança até onde se sente íntimo em direção ao corpo do outro: as percepções de avançar mais ou menos, de se sentir ou não invadido e da expectativa do caminhar do outro em sua direção ajudam na compreensão do "sistema sexual" do casal.

Outras técnicas

Podem ser aplicadas na tarefa de compreender e elucidar a interação *afeto-regulatória* do casal: posturas, movimentos, expressões faciais, gestos e componentes afetivos do discurso. Segundo Heiman[45], nas interações sexuais predominam as interações afeto-regulatórias, que podem ser descritas como quatro: as interações de conexão, que se focam em estabelecer, preservar e intensificar o laço afiliativo entre os indivíduos; as interações exploratórias, que focalizam a familiaridade pelo contato sensorial; as interações territoriais, que se focam na aquisição, no gerenciamento e na defesa da propriedade sobre posses psicológicas e materiais e, por fim, as interações de classificação, que se focalizam na aquisição e na defesa da posição social e do *status*, tendo como evidências visíveis as questões de domínio e submissão. "Os padrões de regulação afetiva podem tanto melhorar quanto desacreditar as interações sexuais."[45]

Outros níveis de interação são valiosos no diagnóstico da interação sexual do casal. A *simbólica* refere-se à troca de palavras, ideias e gestos que podem ou não ser compreendidos facilmente por um dos pares. Quando o casal tem referências culturais distintas, a interpretação dos símbolos afetivos pode ser muito diferente, como mandar flores, contato visual durante o sexo e até mesmo o significado da palavra "casamento". Não são questões de concordância, mas de compreensão compartilhada de significados. As *trocas sensíveis* referem-se aos padrões sensoriais, às respostas neurofisiológicas e aos reflexos motores que cada parceiro obtém do outro, sendo importante serem avaliadas.

Muitas vezes, os terapeutas sexuais pedem para o casal evitar a relação sexual até que possam, por meio de exercícios, se aproximar gradativamente do ato sexual. Isso se deve ao fato de que a "cena sexual" é justamente motivo de ansiedade e angústia. Para a terapia cognitiva, as distrações influenciam o transtorno: pensamentos como "de novo vou perder a ereção", "novamente não vou ter um orgasmo" e "ela vai recusar minha intenção sexual" precisam ser identificados como crenças com significados emocionais: "não sou um homem competente!", "sou um fraco", "sou uma mulher incapaz de dar prazer ao meu companheiro", "ele me sufoca", "ele espera que eu seja como sua ex-namorada" etc. Abster-se do ato sexual desobriga o casal de passar pelas angústias já habituais e reforçar crenças e pensamentos condicionados. Assim, há tempo para que essas crenças sejam reveladas e algumas etapas sejam trabalhadas antes que se avance na terapia para a transformação do sistema.

As técnicas de desenvolvimento de autonomia sexual apoiam-se na terapia sexual: banhos com toques no corpo, investigação de fantasias sexuais por meio de literatura erótica e filmes e práticas de masturbação.[46] As técnicas vão sendo escolhidas pelo terapeuta, dependendo da disfunção sexual apresentada e discutidas nas sessões. Esses momentos são extremamente ricos para que o terapeuta perceba se há o aparecimento de outra disfunção sexual, agora na outra pessoa do par, que é complementar à primeira queixa. Muitas vezes, um homem que apresenta ejaculação precoce pode ter uma parceira com desejo sexual hipoativo; no entanto, a responsabilidade pela insatisfação sexual é atribuída ao homem, que assume esse papel. À medida que sua autonomia sexual é desenvolvida na terapia, como pensar em seu próprio desejo, focar o pensamento em sua resposta sexual, percebendo o momento pré-ejaculatório na masturbação a fim de controlá-lo, muitas parceiras passam a boicotar o tratamento. Reclamam da prática masturbatória do companheiro, colocam empecilho para ir à terapia ou, ainda, desdenham dos avanços do outro. Na verdade, o que temem é que o parceiro tenha finalmente um desempenho satisfatório durante a penetração e sinta-se mais seguro para investir no erotismo do casal e na frequência do coito: afinal, essas parceiras não gostam de sexo, não têm desejo por esse parceiro ou não aprenderam também a desenvolver boa autonomia sexual, mas nunca o revelaram. Aqui, o sistema disfuncional é descoberto e deve ser tratado pelo terapeuta, pois as pessoas costumam se sentir traídas por aquele que as responsabilizou boa parte da vida conjunta, sendo, em verdade, coparticipantes e reforçando a disfunção do outro a fim de se eximir. Por sua vez, o recém-descoberto se sente traído pelo terapeuta que revela a coparticipação. Esse, certamente, é um momento crucial da terapia; fazendo parte do sistema, o terapeuta deve estar muito atento às suas questões pessoais para compreender boicotes, desejos de conluio, retaliações etc.

A proximidade sexual do casal terá maior êxito se eles conseguirem trabalhar sua autonomia sexual, aceitando negociar com a do(a) parceiro(a), e se estiverem, ambos, desejosos de manter o compromisso da escolha amorosa. Arriscaria dizer que até aqui as etapas descritas foram as mais difíceis de todo o tratamento.

Técnicas de massagem e descoberta dos pontos erógenos do corpo de cada um, troca de carinhos, comunicação de fantasias sexuais e realização de algumas que sejam possíveis para o casal vão paulatinamente servindo como reaproximação conjugal para além da sexual. O erotismo deve ser valorizado como objetivo a ser conquistado pelo casal, assim como tantos outros o são no sistema conjugal.

Assim que outras técnicas específicas (controle ejaculatório, manutenção da ereção, orgasmo etc.) forem bem coordenadas pelas pessoas e recuperarem a função sexual, o casal pode começar a vislumbrar o momento da relação sexual.

Considerações finais

É importante lembrar que o terapeuta sistêmico que trabalha com a sexualidade de uma pessoa, casal, família ou comunidade deve estar atento para seu sistema sexual, a fim de coordená-lo a favor do trabalho, evitando colaborar com posturas preconceituosas ou que firam pressupostos éticos. É importante perceber quando os pacientes depositam, no terapeuta, suas idealizações eróticas, e quando elas estão a serviço da manutenção do transtorno, e não para sua solução. Ocupar o lugar de objeto de desejo do paciente na relação terapêutica revela o quanto a pessoa do terapeuta necessita, em terapia pessoal, amadurecer sua autonomia sexual.

Referências bibliográficas

1. Costa RP. Os onze sexos. 4. ed. São Paulo: Kondo; 2005.
2. Kaplan HS. A nova terapia do sexo. 3. ed. Rio de Janeiro: Nova Fronteira; 1977.
3. Masters WH, Johnson VE. A resposta sexual humana. São Paulo: Roca; 1984.
4. Rosset SM. Terapia sistêmica individual. [Acesso em 16 nov 2016] Disponível em: http://www.srosset.com.br/textos/terapia_sistemica_individual.html.
5. Vieira ACS, Rava PGS. Ninho cheio: uma nova etapa do ciclo vital familiar? Barbarói. 2010;33:118-34.
6. Carter B, McGoldrick M. As mudanças no ciclo de vida familiar. Porto Alegre: Artmed; 1995.
7. Cerveny CMO, Berthoud CME, organizadoras. Família e ciclo vital: nossa realidade em pesquisa. São Paulo: Casa do Psicólogo; 1997.

8. Cano DS, Gabarra LM, Moré CO, Crepaldi MA. As transições familiares do divórcio ao recasamento no contexto brasileiro. Psicol Reflex Crit. 2009;22(2):214-22.
9. Hanns L. A equação do casamento: o que pode (ou não) ser mudado na sua relação. São Paulo: Paralela; 2013.
10. Zanetti SAS, Gomes IC. Vínculos amorosos contemporâneos frágeis. Omnia Saúde. 2013;10(1):36-45.
11. Weiss TK. O impacto da infertilidade e seu tratamento nos casais. In: Melame RMM, Quayle J, organizadoras. Psicologia em reprodução assistida: experiências brasileiras. São Paulo: Casa do Psicólogo; 2006. p. 105-20.
12. Oliveira M, Oliveira SID, D'Angelis CEM, Silva PLN, Oliveira VV. Percepção das gestantes em acompanhamento pré-natal sobre sexo durante a gravidez. Revista Eletrônica Gestão & Saúde. 2015;6(1):336-48.
13. D'Elboux Y. Jovens começam a vida sexual cada vez mais cedo; veja como agir. UOL [internet]. 19 maio 2015. [Acesso em 16 nov 2016] Disponível em: http://mulher.uol.com.br/gravidez-e-filhos/noticias/redacao/2015/05/19/jovens-comecam-vida-sexual-cada-vez-mais-cedo-veja-como-agir.htm.
14. Li Y, Yu Q, Ma L, Sun Z, Yang X. Prevalence of depression and anxiety symptoms and their influence factors during menopausal transition and postmenopause in Beijing city. Maturitas. 2008;61(3):238-42.
15. Siqueira TCB, Pereira ABM. Terceira idade e sexualidade: um encontro possível? Fragmentos de Cultura. 2007;17(2):271-7.
16. Brandemberg F. Filhos atrapalham a intimidade do casal? Blog Sexo e Prazer [internet]. 12 set 2013. [Acesso em 16 nov 2016] Disponível em: http://www.folhavitoria.com.br/entretenimento/blogs/sexo-e-prazer/2013/09/12/filhos-atrapalham-a-intimidade-do-casal/.
17. Youmans EG. Attitudes: young-old and old-old. The Gerontologist. 1977;17(2):175-8.
18. Rocha APMF. O autoconceito dos idosos [dissertação de mestrado]. Lisboa: Faculdade de Medicina de Lisboa, Universidade de Lisboa; 2007.
19. Lima MP. Posso participar? Actividades de desenvolvimento pessoal para idosos. Porto: Âmbar; 2004.
20. Araújo MLM. Envelhecimento: afetividade, sexualidade e qualidade de vida. Revista Brasileira de Sexualidade Humana. 2009;20(1);150-4.
21. Vargas MC. Estímulo é essencial para manter a libido da mulher. Sexo e Comportamento. Folha de Londrina [internet]. 30 ago 2012. [Acesso em 16 nov 2016] Disponível em: http://www.bonde.com.br/?id_bonde=1-27--194-20120830.
22. Ramos E. Orgasmo na velhice. Saúde em destaque [internet]. 3 maio 1999. [Acesso em 16 nov 2016] Disponível em: http://www1.unimed.com.br/nacional/bom_dia/saude_destaque.asp?nt=104.
23. Crema IL, Tílio R. Sexualidade no envelhecimento: percepções e vivências de frequentadores da Universidade aberta à terceira idade. XV Congresso Brasileiro de Sexualidade Humana; 2015.
24. Vasconcellos D, Novo RF, Castro OP, Vion-Dury K, Rushel A, Couto MCPP, et al. A sexualidade no processo do envelhecimento: novas perspectivas – comparação transcultural. Estud Psicol (Natal). 2004;9(3):413-9.
25. Scorsolini-Comin F, Santos MA. Casamento e satisfação conjugal: um olhar da psicologia positiva. São Paulo: Annablume; FAPESP; Brasília: CNPq; 2011.
26. Scheinkman M. Para além do trauma da traição: reconsiderando a infidelidade na terapia de casais. Family Process. 2005;44:227-44.
27. Furtado JL. Amor. São Paulo: Globo; 2008.
28. Féres-Carneiro T. Casamento contemporâneo: o difícil convívio da individualidade com a conjugalidade. Psicol Reflex Crit. 1998;11(2):379-94.
29. Berger P, Kellner H. Marriage and the construction of reality. In: Dreitzel PH, editor. Recent sociology. New York: The Mac Millow Company; 1993. p. 2038.
30. Kipnis L. Against love: a polemic. New York: Pantheon Books; 2003.
31. Bozon M. Sexualidade e conjugalidade: a redefinição das relações de gênero na França contemporânea. Cad Pagu. 2003;20:131-56.
32. Bonder N. A alma imoral. 2. ed. São Paulo: Rocco; 2008.
33. Buchalla AP. A juventude em rede. Veja. 2009;2100:84.
34. Diniz Neto O, Féres-Carneiro T. Psicoterapia de casal na pós-modernidade: rupturas e possibilidades. Estud Psicol (Campinas). 2005;22(2):133-41.
35. Goolishian H, Winderman L. Constructivismo, autopoiesis y sistemas determinados por problemas. Sistemas Familiares. 1989;5(3):19-29.
36. Mitchell SA. Can love last? The fate of romance over time. New York: W. W. Norton; 2002.
37. Perel E. Sexo no cativeiro. Rio de Janeiro: Objetiva; 2007.
38. Lins RN. A cama na varanda. Rio de Janeiro: BestSeller; 2007.
39. Basson R. Human sex-response cycles. J Sex Marital Ther. 2001;27(1):33-43.
40. American Psychiatric Association. Diagnostic and Statistical Manual of Mental Disorders (DSM-5-TR). 5. ed. Arlington, VA: American Psychiatric Association; 2013.
41. Packman M. Una actualización epistemológica de las terapias sistémicas. Buenos Aires: Psyche; 1988.
42. Instituto Paulista de Sexualidade. Aprimorando a saúde sexual: manual de técnicas de terapia sexual. São Paulo: Summus; 2001.
43. Oliveira J. Relacionamento, sexo e ejaculação. São Paulo: Iglu; 2006.
44. Arcelloni T, Ferrero G. El duograma en la formación sistémica: los terapeutas y sus relaciones de pareja. Psicoperspectivas. 2009;8(1):195-227.
45. Heiman JR. Orgasmic disorders in women. In: Leiblum SR, editor. Principles and practice of sex therapy. 4. ed. New York; London: The Guilford Press; 2007. p. 84-123.
46. Brendler J. Cardápio sexual: um novo tratamento baseado no "pensar em sexo" para mulheres com desejo sexual hipoativo (HSDD). Revista Brasileira de Sexualidade Humana. 2005;16(1):91-104.

Bibliografia

Féres-Carneiro T. Terapia de casal: ruptura ou manutenção do casamento? Temas Psicol. 1994;2(2):37-52.

Leiblum SR, editor. Principles and practice of sex therapy. 4. ed. New York; London: The Guilford Press; 2007.

68 Perspectiva Sistêmica de Intervenção na Violência contra Crianças e Adolescentes

Maria Aparecida Penso e Liana Fortunato Costa

Introdução

Este capítulo é o resultado de um projeto de pesquisa-ação que durou de 2001 a 2010 e apresenta a proposta de atendimento a crianças e adolescentes vítimas de violência e suas famílias, especificamente aqueles acometidos por abuso sexual.[1] Seu objetivo é apresentar os fundamentos teóricos que orientam o trabalho e descrever a metodologia de atendimento a essa clientela. As características dessa metodologia foram desenhadas para que possa ser adotada/adaptada por instituições públicas e para proporcionar um acolhimento focal, ou seja, mais econômico e realista diante das grandes dificuldades que, em geral, as famílias das vítimas apresentam para comparecer a atendimentos de natureza psicossocial.[2-4]

Fundamento teórico

O trabalho com a temática da violência contra crianças e adolescentes na família ou nas relações próximas requer a compreensão de três perspectivas complementares: uma perspectiva histórica que analise as diferentes maneiras de resolução de conflitos violentos adotadas por cada época; uma perspectiva política que dê ênfase a programas de prevenção; e uma perspectiva compreensiva que enfatize uma ação em direção à intimidade da família ou da pessoa.[5]

Nossa proposta de trabalho se insere nessa terceira perspectiva, na qual acreditamos que podemos intervir. Em uma abordagem sistêmica, buscamos identificar valores, regras, papéis e outros aspectos que são transmitidos horizontalmente, envolvendo a aprendizagem no tempo de uma geração, e verticalmente, envolvendo várias gerações. Portanto, nosso trabalho se baseia na compreensão dessa família ao longo de seu ciclo de vida, bem como na reconstrução e na compreensão da sua história transgeracional.[6,7] Nesses dois níveis de funcionamento, é possível identificar a influência da família atual e de origem na construção identitária de cada um de seus membros, bem como os mitos familiares, o sistema de comunicação e as delegações – "ordens" passadas sutilmente, de geração a geração, e percebidas como impossíveis de não ser cumpridas.[8,9]

Ao longo da história, a família sempre foi considerada um espaço de proteção, o primeiro grupo de pertencimento, socialização e continência para as ansiedades e as emoções. Mas é preciso reconhecer que ela também pode se constituir em um espaço de perigo no qual é necessário atuar para que ela volte a ser um espaço de proteção. Como espaço de proteção, oferece cuidados, educa, socializa e sustenta os seus membros. Também os nutre de afeto, carinho e amor. Dá continência para os erros e acertos dos seus componentes, ampara, orienta, perdoa. É o símbolo de ligações eternas, de presença constante, de perenidade. Porém, muitas vezes, a família pode se apresentar como contexto de risco, com fatores que comprometem o desenvolvimento psicossocial de seus membros. A existência de violência, de abandono, de desorganização familiar, de abuso ou de dificuldades financeiras traz obstáculos à subsistência das pessoas e indica a necessidade de atenção especial.

Segundo Perrone e Nannini[10], existem quatro premissas básicas nessa perspectiva de entender a violência das relações familiares:

1. A violência não é um fenômeno individual, mas a manifestação de um fenômeno interacional.

2. Todos que participam dessa interação acham-se implicados e são responsáveis, mesmo que em medidas diferentes. Aqui é importante frisar que estamos apontando uma responsabilidade interacional, e não legal.
3. Toda pessoa com capacidade de viver de modo independente deve garantir sua segurança. Se não assume essa responsabilidade, estimula os aspectos incontrolados e agressivos de outra pessoa, isto é, a interação se organiza de modo a deixar aparecer a violência.
4. Qualquer pessoa pode chegar a ser violenta em diferentes contextos. Isso não quer dizer que o indivíduo seja em si violento, mas que pode manifestar violência em razão do contexto em que está imerso em suas interações.

Ainda segundo esses autores, a violência é um ato repetitivo, que está organizado dentro de uma sequência previsível do padrão de relação comunicacional que as pessoas envolvidas estabelecem. Ou seja, existe um padrão de comunicação repetitivo, estereotipado, em que as sequências de violência sempre aparecem.

No que diz respeito à dinâmica de funcionamento das famílias que maltratam e/ou abusam, Cirillo e Di Blasio[11] descrevem jogos relacionais específicos. Segundo esses autores, nas famílias que maltratam, há dois grupos de jogos relacionais: os que desembocam em um sintoma psiquiátrico do filho e os que desencadeiam o comportamento de maltrato.

No grupo de famílias que expressam o primeiro jogo relacional, mais que o maltrato, está presente o descuido com os filhos, fruto de uma incapacidade do genitor de fazer frente ao dever de criar e de cuidar da prole. Essa incapacidade geralmente é uma mensagem dirigida ao outro genitor: a criança é usada para atingir o companheiro.

O segundo grupo de famílias é aquele em que ocorre o maltrato, e que pode ser dividido em dois subgrupos: aquele no qual ocorre a violência física contra os filhos e aquele no qual ocorre a violência sexual.[11] Nas famílias em que há violência física, o conflito conjugal explode de modo violento e manifesto. As coalisões familiares são claras, explicitadas de maneira provocativa, até que seja desencadeada a violência de um dos pais contra um filho que esteja em "território" contrário. Nessa situação, existe uma sequência clara de comportamentos que vão se sucedendo até caracterizarem o maltrato físico: primeiro, o casal explode em conflito, em seguida há a inclinação dos filhos em direção a um dos pais, e assim tem início uma coalizão ativa do filho com esse pai/mãe. Por fim, há uma instrumentalização das respostas emotivas da criança, ou seja, ela começa a tomar o partido do pai ou da mãe, de maneira explícita, desencadeando a violência do outro cônjuge.

Por sua vez, nas famílias em que ocorre violência sexual contra crianças, a dinâmica familiar apresenta fronteiras intergeracionais rompidas em certas áreas do funcionamento familiar e intactas em outras. Há inversão da hierarquia familiar entre pais e filhos, o que é desorientador para a criança. Em termos de dependência emocional, o pai geralmente está em um nível de imaturidade semelhante ao da criança.[12]

Observa-se uma confusão entre conflitos nos níveis emocional e sexual: a criança busca um cuidado emocional e recebe uma resposta sexual. O casal torna-se incapaz de admitir seus problemas sexuais e a confusão entre eles e os problemas emocionais produz solo fértil para a manutenção do abuso sexual da criança por longo tempo na família. A criança, em um processo secundário que continua mantendo o abuso, fica prisioneira do pai ou da mãe por temer as ameaças físicas ou emocionais. Os sentimentos de culpa de ambos e o medo da punição impedem a revelação por parte de qualquer um deles. Ao mesmo tempo, os sentimentos de culpa e de rejeição permeiam a relação entre mãe e filha, impedindo uma real aproximação entre elas. Como pano de fundo, estabelece-se o segredo, unido a toda confusão hierárquica e de papéis existente na família.

Não se pode deixar de discutir os aspectos sociais e econômicos que estão presentes na violência intrafamiliar e que também configuram os jogos relacionais das famílias. Martins e Bucher-Maluschke[13] mostram como a violência física de pais para com seus filhos está ligada à necessidade dos adultos de expressar controle, dominação e força, como em um esforço para demonstrar uma autoafirmação social. A violência física ganha sentido na medida em que é por meio dessas ações que os pais mostram rigor e autoridade na educação dos filhos, e assim esperam ser obedecidos e manter a relação de dominação-submissão necessária para um bom resultado, ou seja, filhos que serão "adultos de bem" mais tarde. Aliás, é preciso dizer que esse jogo, que tem suas origens na luta por sobrevivência social e econômica, também se mostra na intimidade da família, e é expresso em vários níveis no ambiente social, ainda marcando as relações homem-mulher.[14]

Em um trabalho em parceria com os Fóruns de duas regiões administrativas do Distrito

Federal, Ramos et al.[15] oferecem grupos conversacionais a mulheres vítimas de violência conjugal. Nesses grupos, as autoras resgatam os processos de acomodação que essas mulheres fazem ao se "adaptarem" à violência física, emocional ou sexual com justificativas de problemas de ordem financeira ou por quererem desculpar/perdoar as agressões, por conta de definirem seus companheiros como "impulsivos e não violentos". Ainda é bastante delicado o processo decisório para se fazer uma queixa de crime por violência ou para se admitir frente a outras mulheres e/ou famílias as agressões sofridas.

Adotamos aqui a perspectiva sistêmica que proporciona um enfoque de maior avanço em relação à visão de vítima e vitimizador.[16] Não só porque as famílias de baixa renda são elas próprias vítimas de um sistema injusto de distribuição de renda, mas também pelo resgate da circularidade na compreensão do processo de expressão da violência na família.[5]

Metodologia dos grupos multifamiliares

É a partir dos conceitos e da compreensão das relações familiares apresentadas que se dá a nossa experiência de construção de uma metodologia de grupo multifamiliar. Essa metodologia é uma adaptação de um modelo de grupo multifamiliar para um contexto de famílias com violência envolvendo abuso sexual contra crianças e adolescentes, que são encaminhadas pelos serviços psicossociais da Justiça, em circunstâncias nas quais já foi realizada uma avaliação (estudo psicossocial) solicitada pelo juiz.[2] Essa avaliação ocorre para melhor compreensão da dinâmica familiar e maior eficácia de encaminhamento do problema. Nossa experiência tem se passado em parceria com várias instituições de saúde (Centro de Orientação Médico-Psicopedagógica – COMPP), de assistência social (Centro de Referência Especializada em Assistência Social – CREAS) e da Justiça (Tribunal de Justiça do Distrito Federal e Territórios – TJDFT).[3,17,18]

As famílias encaminhadas para atendimento, nesses contextos, não apresentam demandas, não têm condições econômicas para se locomover até consultórios e/ou instituições, e estão traumatizadas, buscando mais esconder os acontecimentos que os expor. Além disso, são famílias "obrigadas" a procurar um terapeuta, fato que tem sido alvo de muitas críticas por profissionais que desconhecem as especificidades do atendimento psicossocial com famílias envolvidas em situações de conflito. Muitas são as questões críticas que necessitam de respostas nesse processo de encaminhamento e atendimento. Nosso desafio tem sido buscar algumas respostas para todos os profissionais que, como nós, se interessam em compreender as implicações teóricas e metodológicas que envolvem o atendimento a essa clientela, com base em nossa prática de pesquisa-intervenção.[19]

Em linhas gerais, os atendimentos do grupo multifamiliar fundamentam-se nos seguintes aportes teóricos:

- Psicologia comunitária, visando ao trabalho em equipe com diferentes saberes, científicos e populares, e o enfoque na psicologia social crítica e histórica, percebendo o ser humano em construção, que é constituído e que constitui o meio em que se insere[20]
- Terapia familiar, tendo a visão de família como sistema, com a relação como o ponto focal do trabalho, priorizando o interpsíquico mais que o intrapsíquico e utilizando recursos sistêmicos como a circularização e a provocação[8]
- Sociodrama, em que o grupo é o protagonista e as famílias têm objetivos comuns, além de se identificarem mutuamente[21]
- Teoria das redes sociais, que enfoca a interação humana com a troca de experiências, desenvolvendo a capacidade autorreflexiva e autocrítica.[22]

O primeiro desafio do nosso trabalho é a construção do vínculo com as famílias, que começa a se constituir a partir do encaminhamento judicial, que pode ser realizado por diferentes atores do sistema de garantia de direitos de crianças e adolescentes, desde o juiz até o conselheiro tutelar. Esse encaminhamento é feito quando se percebe ser necessária a continuidade de um atendimento a essas famílias, e essa conclusão é dada no parecer do caso. A nosso ver, o encaminhamento judicial tem papel fundamental no atendimento a essas famílias, pois as intima e recomenda o prosseguimento da intervenção. Nesse momento, a figura da Justiça, encarnada em seus representantes, simboliza a autoridade, a força e a lei frente às famílias, asseverando a importância do trabalho.[2]

O grupo multifamiliar tem início com uma entrevista na qual cada família é chamada a comparecer, e nessa ocasião se constrói um conhecimento dos membros da família, da situação socioeconômica, da moradia, se a família é extensa, se há outras pessoas morando na casa, qual a situação da violência etc. Após todas as famílias terem sido entrevistadas individualmente, se forma o grupo multifamiliar. Em termos metodológicos, nossa proposta de grupo multifamiliar recebeu o formato de cinco a seis sessões com duração de três horas cada uma. O grupo é constituído por até dez famílias e tem os seguintes recursos de registro quando ocorre em ambiente clínico: sala com espelho unidirecional, gravação e filmagem. No entanto, temos conduzido grupos em ambiente comunitário, no qual podemos contar apenas com uma ou duas salas ou até mesmo com o pátio da instituição. A equipe de atendimento é formada por professores supervisores, alunos de pós-graduação e graduação do curso de Psicologia da Universidade Católica de Brasília e/ou da Universidade de Brasília, psicólogos e assistentes sociais voluntários que desejam ser treinados nessa metodologia. Em uma perspectiva ideal, solicitamos que existam duas ou três salas auxiliares a nosso dispor, durante o atendimento, para divisão do grupo multifamiliar em pequenos subgrupos.

Os temas dos encontros buscam apresentar desafios e proposições para o avanço das questões relacionadas à proteção e ao cuidado com as crianças, restabelecer a autoestima dos membros das famílias, trabalhar a dimensão transgeracional da violência e a responsabilização dos pais e adultos, bem como oferecer um espaço de expressão do sofrimento para que haja mudanças na interação intrafamiliar, possibilitando um projeto de compromisso futuro que garanta proteção e cuidado para crianças e adolescentes.

O grupo multifamiliar se desenvolve com ênfase no aspecto lúdico, com jogos dramáticos[23,24] por meio dos quais os dramas concretos são intermediados, produzindo a vivência sensibilizada; com uma preocupação com o enfoque de responsabilização pela presença da violência na família; com maior atenção à voz e à vez das crianças, entendendo que todos participam do grupo e, portanto, também produzem situações novas e reproduzem outras antigas, bem como as compartilham. Além disso, procuramos enfatizar o papel de cuidadora da mãe, pois na maioria dos casos é ela que está mais presente no cotidiano doméstico e assume cuidados diretos com as crianças.

Os encontros são uma adaptação da sessão psicodramática, que se desenvolve em três etapas bem definidas.[23] A primeira consiste em um momento de aquecimento no qual todas as famílias estão juntas e o objetivo é alcançar uma melhor integração grupal, bem como aquecer todos para o aprofundamento do tema específico daquele dia (p. ex., dar proteção e pedir proteção). Esse aquecimento é realizado por meio de jogos dramáticos.

A segunda etapa é aquela na qual se busca maior aprofundamento de um dos objetivos do grupo por meio da subdivisão em subgrupos de adultos, adolescentes e crianças (em função da distinção das faixas etárias). A atividade acontece com jogos, dramatizações e discussões, conforme a adequação ao subgrupo, sendo que, ao final dessa etapa, cada subgrupo prepara um informe de sua produção para ser apresentado aos demais. Essa maneira de trabalhar torna possível a discussão dos temas dentro de subsistemas de modo bem específico. Assim, é possível agrupar as mulheres adultas ou as crianças, ou os adolescentes, ou ainda o subsistema feminino ou o subsistema masculino, conforme as necessidades de trabalhar o tema do dia de modo mais pertinente à dinâmica de cada grupo multifamiliar.

A terceira etapa consiste na reunião de todos os participantes novamente, a fim de que compartilhem essa produção variada, visando a que todos tenham conhecimento do que cada um pensa sobre os temas daquele dia. É o momento também para que os pais possam falar aos filhos e os filhos aos pais, ou para que adultos e crianças emitam suas opiniões ao coletivo e sejam escutados. O grupo multifamiliar se encerra com um ritual no qual se privilegia um compromisso com o tema desenvolvido no dia: por exemplo, todos se comprometem a prestar mais atenção à proteção das crianças e essas, por sua vez, se comprometem a pedir ajuda aos pais quando se sentirem ameaçadas.

O desenrolar da metodologia do grupo multifamiliar é ativado a partir da ênfase na dimensão lúdica, como já foi dito, com uma preocupação com a responsabilização de todos em relação aos membros violentados na família e com maior atenção à voz e à vez das crianças em cada sessão. Procuramos, todo o tempo, enfatizar o papel de cuidadora da mãe ou de algum substituto dela, mobilizando-os diante dos temas relacionados.

Eficácia da metodologia dos grupos multifamiliares

Três anos após o início da experimentação dessa metodologia, procedemos a uma avaliação envolvendo os atores da Justiça e da Psicologia. Por meio de questionários, buscamos conhecer a percepção dos ganhos e dos limites da metodologia com todos os envolvidos no oferecimento dos grupos multifamiliares: famílias, alunos, profissionais do serviço psicossocial forense e professores. Esses resultados já estão publicados sob uma forma mais didática, focando prioritariamente as reflexões dos atores, em um livro. Mas também nos preocupamos em encaminhar para publicação os resultados discutidos sob uma forma mais acadêmica, com ênfase maior nos procedimentos da pesquisa.[17,18,25-28]

É importante iniciar a exposição do que as famílias nos disseram sobre sua participação nos grupos multifamiliares com o apontamento de seus sentimentos e de suas angústias. As famílias mostram-se bastante submissas, aceitando as decisões dadas pelos juízes ou conselheiros tutelares como se a discriminação do que é certo e errado estivesse nas mãos desses atores do sistema de garantia de direitos, e a elas só restasse esperar. É necessário refletir sobre as condições de cidadania tutelada para essa população. Por sua vez, as mães apontaram para a existência de muito sofrimento e sentimentos ruins na ocasião em que ingressavam no grupo multifamiliar. Mesmo naqueles casos em que o processo judicial já havia terminado e o abusador estava preso, as mães indicaram a existência de tristeza, vergonha, angústia, desproteção, falta de apoio, medo, preocupação, dor e aflição, muito mais que sentimentos de alívio, justiça, segurança, alegria, vida nova ou a fantasia de vingança realizada. Nesse conjunto de revelações, chama a atenção o fato de a família, como um todo e por intermédio da expressão materna, ainda se sentir, desprotegida e vulnerável a outros abusos e violências, não apenas a criança ou o/a adolescente.

No que diz respeito ao aproveitamento da oportunidade de estarem no grupo multifamiliar, os comentários foram desde muita dificuldade inicial frente às demais famílias e aos profissionais até uma apresentação tranquila, sem qualquer mal-estar. As relações grupais, que se estabeleceram inicialmente pelo fato de unirem pessoas (adultos, crianças e adolescentes) com vivências e sentimentos semelhantes, ou mesmo que se constituíram a partir do fato de estarem em copresença de famílias com igual perfil socioeconômico e cultural, bem como com problemas similares, foram apontadas como vantagens para o desenvolvimento das atividades. Percebemos que a oportunidade de as mulheres falarem entre si tem um poder de apoio e reforço para uma série de iniciativas e decisões necessárias que a fase da vida pós-denúncia exige. Existe uma unanimidade entre autores (p. ex., Cantelmo e Costa[29] e Santos e Dell'Aglio[30]) que apontam a importância de ajudar tanto a mãe da criança abusada sexualmente quanto a própria criança a cumprir compromissos e enfrentar autoridades e principalmente o agressor.

Um ponto enfatizado pelas mães foi o valor da intervenção clara e precisa realizada pelos profissionais que coordenam o grupo. Isso quer dizer a necessidade de que a intervenção (resposta do profissional a uma fala de um participante) seja potente, objetiva e contenha uma reinterpretação que mobilize sua emoção e ao mesmo tempo ofereça elementos para reflexão.

Muitas dificuldades também foram apontadas pelos participantes. Uma se refere ao aspecto financeiro. Surgiram muitas queixas de não possuírem recursos suficientes para o deslocamento ou de não serem compatíveis os horários do grupo com os das escolas das crianças/adolescentes e os dos trabalhos das mães e dos pais. Para fazer frente a estes empecilhos, a equipe buscou recursos com a assistência social para o transporte.

As mães indicaram suas observações de que as mudanças se deram exatamente no âmbito dos relacionamentos, por intermédio de maior contato físico e afetivo com as crianças, de poderem conversar mais, de receberem conselhos das profissionais e, assim, mudarem condutas e pensamentos. Apontaram, também, para maiores aproximação e união tanto com a família como com o filho que sofreu o abuso, ou mesmo uma vontade recíproca de se aproximarem mais, o que resultou em momentos mais frequentes de lazer com a criança/adolescente e de atenção para ouvi-la. Resumiram os ganhos como "buscar mais diálogo", o que lhes trouxe o importante aprendizado de conseguir uma maneira diferente de se dirigir à criança e, enfim, ter mais cuidado e respeito com e por ela.

Finalmente, foram apontados ouvir e ser ouvido, o que evidencia a necessidade de se oferecer uma escuta clínica (precisa e compreensiva) e um espaço de reformulação da proteção dada à criança e ao adolescente até aquele momento, seja com ênfase na relação mãe/filho, seja no acionamento de uma rede familiar extensa/comunitária protetiva em torno da criança, seja pela ação da Justiça interpondo uma medida protetiva prevista no Estatuto da Criança e do Adolescente (ECA).

Considerações finais

Devemos ter em conta que são muitos os aspectos a serem considerados no enfrentamento da violência:
- O contexto em que vivemos e o contexto específico em que ocorre a violência

- O trabalho fundamental com a família enquanto agente de proteção e cuidado
- O sentido e o significado da violência nas relações em que ocorre
- A função mediadora que a violência pode ter na capacidade de comunicação da família, por mais absurdo que isso pareça
- As limitações, as irritações e a agressividade dos profissionais que lidam com esse tipo de problema
- As situações sociais de impunidade que funcionam como propiciadoras de violência[31]
- As situações sociais de promoção de violência que também funcionam assim.[32]

Ravazzola, em discussão com Loketek, chama atenção para um ponto que não deve ser subestimado, que é a justificativa para a violência.[32] Não deve haver justificativa para a violência, porque não há explicação cabível para ela. Não pode haver a pergunta: "Por quê? Por que você me bateu? O que eu fiz de mal? Qual foi meu erro?". Não pode haver espaço para perguntas como essas porque a resposta incluiria uma explicação coerente e razoável, e assim a violência seria plenamente justificável.

Queremos ainda acrescentar que nossa experiência tem sido construída em situações de atendimento direto a famílias com relações violentas, em situação de litígio e também com adolescentes envolvidos em atos infracionais e com drogas; bem como em situações de oferecimento de supervisão a grupos de profissionais que se disponham a reformular suas abordagens e ferramentas para o atendimento a famílias encaminhadas pelos diferentes órgãos da Justiça. Na maioria das vezes, são famílias de baixa renda, moradoras de periferia, com grandes lacunas de escolarização e dificuldades de locomoção, e dependentes de programas de melhoria de renda do governo. Assim, buscamos organizar nossa inserção na comunidade considerando as condições socioeconômicas das famílias, a natureza dos conflitos, o envolvimento com instituições (de assistência social, de saúde ou da Justiça) e a possibilidade de estabelecer uma parceria mais ampla que somente a prestação do serviço, como a realização de pesquisa conjunta/publicação de resultados/divulgação da experiência/treinamento de profissionais.

Assim, já sistematizamos conhecimento sobre a intervenção psicossocial no *contexto comunitário* considerando a ocorrência de violência na comunidade. Os temas abordados nos grupos multifamiliares, sempre em parceria com uma instituição local, são: família, violência, escolarização/profissionalização, drogas, entre outros.[33] Ainda com relação à metodologia dos grupos multifamiliares descrita neste capítulo, é importante informar que esses grupos podem ser planejados a partir de encaminhamentos após avaliações mais criteriosas, como é o caso do encaminhamento proveniente do serviço psicossocial forense e de encaminhamentos em caráter de urgência feitos diretamente pelo Instituto Médico Legal (IML), por delegacias especializadas ou por unidades hospitalares, sem que a família tenha passado por nenhuma avaliação ou recebido informações sobre as consequências da experiência traumática ou sobre a violação dos seus direitos.[34] Esse formato da proposta compreende que o contexto seja de crise e apresenta adaptações para essa condição.

Outra experiência na qual atendemos as famílias é o contexto de adolescente em cumprimento de medida socioeducativa. Nessas situações, temos feito intervenções que se dirigem às famílias com todos os seus membros e também intervenções que se dirigem mais especificamente aos adolescentes, porém com grande participação das famílias.[35] Nos grupos multifamiliares com adolescentes que cumprem medida socioeducativa, os temas discutidos são: família, adolescência, drogas, escola, significado da medida socioeducativa, papéis e regras familiares e relação com o sistema judicial. Nas oficinas de ideias, nome dado à modalidade de intervenção com os adolescentes, os temas propostos para o trabalho são: relações familiares, presença ou falta do pai, violência do dia a dia, papel das drogas para lidar com as dificuldades, função do juiz na execução da medida socioeducativa, sentidos atribuídos à medida socioeducativa, escola que exclui e a importância da expectativa de conseguir uma atividade laborativa que gere alguma renda.

Além dessas experiências, já está sistematizada e no prelo outra adaptação para essa metodologia, o grupo multifamiliar para adolescentes ofensores sexuais. Essa experiência ocorre em parceria com uma instituição pública que atende crianças vítimas de violência sexual, famílias e abusadores sexuais. A inovação está em não apenas elaborarmos o planejamento do grupo, convidando famílias e sua rede de relacionamento, mas em incluirmos também a rede de pares dos adolescentes. Os temas previstos para discussão são: já posso proteger outras crianças, mas ainda preciso de proteção; sexualidade que desabrocha; o abuso sexual contra crianças é um crime e uma violência; a violência nas histórias das famílias; projeto de namoro futuro.[36]

Finalmente, gostaríamos de enfatizar nossa grande motivação para avançarmos nesta empreitada de enxergar os contextos não clínicos como contextos de possibilidade terapêutica.[37] De acordo com Cirillo[37], buscamos visualizar as "franjas", que são áreas de possível intervenção que nos escapam porque estamos condicionados aos contextos terapêuticos formais. O sofrimento das famílias com recursos na Justiça ou das famílias empobrecidas financeiramente são nosso principal mote para a criação de possibilidades terapêuticas em contextos não necessariamente clínicos.

Referências bibliográficas

1. Barbier R. A pesquisa-ação. Brasília: Plano; 2002.
2. Costa LF, Penso MA, Almeida TMC. Intervenções psicossociais a partir da Justiça: garantia de direitos humanos para crianças e adolescentes vítimas de violência sexual. In: Maluschke G, Bucher-Maluschke JSNF, Hermans K, organizadores. Direitos humanos e violência. Fortaleza: Fundação Konrad Adenauer; 2004. p. 259-72.
3. Costa LF, Penso MA, Almeida TMC. O grupo multifamiliar como um método de intervenção em situações de abuso sexual infantil. Psicologia USP. 2005;16(4):121-46.
4. Costa LF, Penso MA, Almeida TMC. Famílias com abuso sexual infantil: o dilema entre a mudança e a cristalização de influências transgeracionais. In: Cerveny CMO, organizadora. Família em movimento. São Paulo: Casa do Psicólogo; 2007. p. 203-26.
5. Costa LF, Penso MA, Junqueira EL, Meneses FFF, Stroher LMC, Bravin CS. Atendimento às famílias em contexto de grande complexidade. In: Seixas MRD, Dias ML, organizadoras. A violência doméstica e a cultura da paz. São Paulo: Roca; 2013. p. 125-35.
6. Carter B, McGoldrick M. As mudanças no ciclo de vida familiar: uma estrutura para a terapia familiar. In: Carter B, McGoldrick M, organizadoras. As mudanças no ciclo de vida familiar: uma estrutura para a terapia familiar. 2. ed. Porto alegre: Artes Médicas; 1995. p. 7-29.
7. Bowen M. De la familia al individuo. Buenos Aires: Paidós; 1991.
8. Minuchin S, Nichols MP, Lee W-Y. Famílias e casais: do sintoma ao sistema. Porto Alegre: Artmed; 2009.
9. Prieur B. Que recebemos das famílias? In: Prieur B, coordenador. As heranças familiares. Lisboa: Climepsi; 1999. p. 19-25.
10. Perrone R, Nannini M. Violencia y abusos sexuales en la familia: un abordaje sistémico y comunicacional. Buenos Aires: Paidós; 1997.
11. Cirillo S, Di Blasio P. Niños maltratados: diagnóstico y terapia familiar. Buenos Aires: Paidós; 1991.
12. Sanderson C. Abuso sexual em crianças: fortalecendo pais e professores para proteger crianças de abusos sexuais. São Paulo: MBooks; 2005.
13. Martins MAF, Bucher-Maluschke JSNF. Bater para educar ou maltratar? In: Costa LF, Almeida TMC, organizadoras. Violência no cotidiano: do risco à proteção. Brasília: Líber Livros/Universa; 2005. p. 59-73.
14. Segato LR. Crimes de gênero em tempos de "paz" e de "guerra". In: Stevens C, Brasil KCT, Almeida TMC, Zanello V, organizadoras. Gênero e feminismos: convergências (in)disciplinares. Brasília: ExLibris; 2010. p. 49-62.
15. Ramos ME, Santos C, Dourado T. Violência intrafamiliar: desvelando a face (oculta) das vítimas. In: Lima FR, Santos C, coordenadores. Violência doméstica: vulnerabilidades e desafios na intervenção criminal e multidisciplinar. Rio de Janeiro: Lumen Juris; 2008. p. 147-56.
16. Figueiredo DG, Penso MA, Almeida TMC. Violência conjugal sob a ótica de mulheres no Itapoã – DF. In: Penso MA, Almeida TMC. Direitos e conflitos psicossociais: ações e interfaces disciplinares. São Paulo: Roca; 2012. p. 57-74.
17. Costa LF, Penso MA, Almeida TMC, Ribeiro MA. "A justiça é demorosa, burra e cega": percepções de famílias sobre a dimensão jurídica dos crimes de abuso sexual. Boletim de Psicologia. 2008;58(128):85-102.
18. Costa LF, Penso MA, Almeida TMC, Ribeiro MA. Grupo multifamiliar: espaço para a escuta das famílias em situação de abuso sexual. Psicologia em Estudo. 2009;14(1):21-30.
19. Costa LF, Penso MA. A dimensão clínica das intervenções psicossociais com adolescentes e famílias. In: Marra MM, Costa LF, organizadoras. Temas da clínica do adolescente e da família. São Paulo: Ágora; 2010. p. 201-14.
20. Costa LF, Brandão SN. Abordagem clínica no contexto comunitário: uma perspectiva integradora. Psicol Soc. 2005;17(2):33-41.
21. Moreno JL. Psicoterapia de grupo e psicodrama. 2. ed. Campinas: Psy; 1993.
22. Sluzki CE. Violência familiar e violência política: implicações terapêuticas de um modelo geral. In: Schnitman DF, organizadora. Novos paradigmas, cultura e subjetividade. Porto Alegre: Artes Médicas; 1996. p. 228-43.
23. Monteiro RF, organizadora. Técnicas fundamentais do psicodrama. São Paulo: Brasiliense; 1993.
24. Motta JMC, organizadora. O jogo no psicodrama. São Paulo: Ágora; 1995.
25. Ribeiro MA, Costa LF, Penso MA, Almeida TMC, Nogueira HF. O grupo multifamiliar em parceria com a ação psicossocial forense. Interação em Psicologia. 2010;14(1):73-82.
26. Costa LF, Ribeiro MA, Penso MA, Almeida TMC. O desafio da supervisão e pesquisa-ação em casos de abuso sexual: os professores e suas questões. Paidéia. 2008;18(40):355-70.
27. Penso MA, Costa LF, Ribeiro MA, Almeida TMC, Oliveira KD. Profissionalização de psicólogos para atuação em casos de abuso sexual. Psico. 2008;39(2):211-8.

28. Penso MA, Costa LF, Almeida TMC, Ribeiro MA. Abuso sexual intrafamiliar na perspectiva das relações conjugais e familiares. Aletheia. 2009;30:142-57.
29. Cantelmo CA, Costa LF. Gênero e proteção nos crimes de violência sexual infantil. Nova Perspectiva Sistêmica. 2009;(35):82-94.
30. Santos SS, Dell'Aglio DD. Revelação do abuso sexual infantil: reações maternas. Psic Teor Pesq. 2009;25(1):85-92.
31. Ravazzola MC. Violencia familiar: el abuso relacional como un ataque a los derechos humanos. Sistemas Familiares. 1997;23:29-42.
32. Loketek A, Ravazzola MC. La violencia y los vínculos. Sistemas Familiares. 1997;13(3):91-106.
33. Costa LF. Reuniões multifamiliares: condição de apoio, questionamento e reflexão no processo de exclusão de membros da família. Ser Social. 1998;3:245-72.
34. Costa LF, Penso MA, Legnani VN, Antunes C. O grupo multifamiliar com famílias de crianças e adolescentes vítimas de abuso sexual no contexto da crise. In: Costa LF, Almeida TMC, organizadoras. Violência no cotidiano: do risco à proteção. Brasília: Liber Livro/Universa; 2005. p. 87-106.
35. Penso MA, Conceição MIG, Costa LF, Carreteiro TCO. Jovens pedem socorro: o adolescente que praticou ato infracional e o adolescente que cometeu ofensa sexual. Brasília: Liber Livro; 2012.
36. Costa LF, Ribeiro A, Junqueira EL, Meneses FFF, Stroher LMC. Grupo multifamiliar com adolescentes ofensores sexuais. Psico. 2011;42(4):450-6.
37. Cirillo S. El cambio en los contextos no terapéuticos. Buenos Aires: Paidós; 1994.

69 Terapias Narrativa e Colaborativa com Crianças

Roberta Payá e Rafael Zeni

Introdução

A amplitude do contexto infantil na terapia familiar revela hoje um dos maiores ganhos obtidos no campo. A diversidade encontrada na terapia familiar para crianças reflete, em parte, a variedade de configurações familiares presentes em nosso momento. Assim, terapeutas familiares trabalham com famílias com crianças pequenas, adolescentes, filhos de famílias reconstituídas, filhos adotivos, famílias monoparentais, famílias compostas apenas de irmãos e muitos outros tipos.

Terapeutas de crianças argumentam que as abordagens de terapia familiar falham em atender adequadamente a questões de desenvolvimento e conflitos intrapsíquicos da criança como cliente. Terapeutas familiares (das escolas modernas), em oposição, mantêm a premissa de que os sintomas das crianças indicam uma disfunção familiar, como estruturas patológicas e padrões mal-adaptativos de interação.[1-3]

Para os terapeutas familiares pós-modernos, o significado de um sintoma está relacionado à estrutura do sistema familiar que serve à função de manter a homeostase do sistema atual.[4] Nesse sentido, o comportamento da criança expressa uma estabilidade para a estrutura e a organização da família. Os sintomas da criança, no entendimento de White[5] e Epston[6], são mantidos pelo condicionamento das histórias dominantes embutidas em crenças e histórias opressivas trazidas pela família. No enfoque pós-moderno, que também conduziu o processo terapêutico com a família apresentado neste capítulo, os significados dados pela família ao dilema vivido são entendidos como fruto de uma construção de linguagem, tornando tanto a história como a família singulares.

Inclusão da criança como parte do processo histórico da terapia familiar

Alguns pressupostos teóricos foram de suma importância no percurso do movimento de orientação à criança. Freud foi o primeiro a indicar que os transtornos começavam na infância. Posteriormente, movimentos históricos propiciaram a abertura de institutos que ofereciam avaliação diagnóstica e tratamento para a população infantil. No decorrer da prática clínica e de pesquisa, percebia-se que o problema real não era aquele óbvio que havia levado a criança para a terapia, mas as tensões familiares. A partir disso, o pensamento de culpabilizar os pais, em especial as mães, tomou força.[7] A mãe passou a ser assistida secundariamente, pois a família ainda era encarada como extensão da criança, e não o contrário. As intervenções eram oferecidas separadamente para as crianças e seus pais. Durante as décadas de 1940 e 1950, os pesquisadores tenderam a se concentrar na psicopatologia dos pais.[8] Posteriormente, Fromm-Reichmann[9] introduziu o conceito da mãe esquizofrenizante e dominadora e, obviamente, as consequências de tais crenças perduraram ao longo do processo interventivo com crianças e famílias. Mais tarde, o entendimento da patologia se deslocou dos pais e ela passou a ser entendida como algo inerente às relações familiares e sociais. Esse marco representou uma mudança significativa, pois o problema não estava mais na criança ou nos pais, mas na natureza da interação. Em vez de tentar separar as crianças de seus pais, os terapeutas passaram a validar a importância de oferecer apoio às famílias e a seus filhos.[10]

No campo da terapia familiar, os precussores trabalhavam conversando com as crianças e seus pais de maneira a incluir todos. Embora nem sempre tenha sido assim, a inclusão dos pais no atendimento às crianças refletiu um importante ganho na prática.[11] Aqueles que desenvolveram práticas a partir de sua clínica com crianças expõem modos específicos de incluí-las nas conversações terapêuticas. Salvador Minuchin efetivava as relações sentando-se na mesma altura que as crianças, afastando-as ou aproximando-as de seus pais, e as promove a adultos, dando-lhes um metro a mais de altura sobre uma mesa ou solicitando que seus pais fiquem de joelhos.[12] No trabalho da abordagem narrativa, White[5] elucidou um dos primeiros problemas a serem externalizados, que se referia à história de um menino de 6 anos que apresentava encoprese. Chamando as fezes de "caca-travessa", White pôde envolver o garoto em uma discussão sobre a esperteza dessa "caca", que, mostrando-se mais rápida que ele, sujava sua roupa antes que ele pudesse colocá-la no seu devido lugar, atrapalhando assim a sua vida e a possibilidade de conviver com as outras crianças. Esse exemplo clássico da terapia familiar com crianças sobre o uso da externalização serve para envolver a criança na busca de soluções para seu problema. Nesse tipo de prática, a criança pode experimentar um sentido de competência à medida que experimenta a possibilidade de atuação em relação ao seu problema, favorecendo assim perceber-se agente da mudança.

As abordagens narrativas e colaborativas

As abordagens pós-modernas apresentaram uma nova dinâmica ao "ensinar o cliente a linguagem do terapeuta para ensinar ao terapeuta a linguagem do cliente".[13] "Essa mudança tanto metafórica como literal de deixar-se conduzir pelo cliente, aprendendo e falando sua linguagem, foi central para as novas metáforas teóricas que passaram a organizar as terapias pós-modernas."[14]

De acordo com Grandesso[15], as abordagens narrativas pressupõem

> que as pessoas vivem suas vidas através de histórias; que as histórias organizam e dão sentido à experiência e que os problemas existem na linguagem, sendo capturados nas histórias dominantes, coautorizadas nas comunidades linguísticas das pessoas, tendo uma dimensão canônica.

A mesma autora pontua que "a forma pela qual atribuímos significado aos eventos afeta a maneira de nos construirmos como pessoa, de nos conduzirmos em relação aos contextos de nossa existência e de percebermos os outros e de nos comportarmos em relação a eles".[15] Assim, o sistema problema – ou queixa familiar – passa a ser entendido como um sistema linguístico constituído por aqueles que estão envolvidos na conversação sobre o problema.[4,16-18]

O entendimento trazido pela teoria do construcionismo social dá a referência de que o desenvolvimento da identidade é pautado nas histórias que contamos sobre nós mesmos e nas histórias contadas sobre nós por outras pessoas que fazem parte do nosso meio. Algumas histórias dominantes que temos sobre nós não nos ajudam e podem nos levar a sentir nossas vidas como dramas. Em geral, as famílias chegam com suas histórias organizadas sob uma narrativa dominante que invariavelmente carrega a mensagem da não mudança. Narrativas saturadas de problemas exercem impacto significativo sobre as percepções das pessoas envolvidas.[19,20]

Assim, a linguagem dada à história pessoal e familiar passa a ser o pressuposto da abordagem narrativa. Grandesso[15] ainda afirma que as histórias não só descrevem, mas também moldam as vidas das pessoas. Tais histórias, que constroem nossa identidade, são na verdade coconstruídas ao longo do intercâmbio social e nas trocas com os outros significativos: nossa família, os amigos e os pares. Por isso, a inclusão das crianças em um processo de terapia familiar é tão fundamental, pois, sem a presença delas, teríamos uma história narrada "pela metade".

Terapia narrativa infantil

Terapeutas que trabalham com narrativas em uma abordagem colaborativa com crianças e famílias incorporam alguns pressupostos da teoria construcionista, que descreve as narrativas como maneiras de construirmos nossas identidades. Burr[21] diz que todos os modos de entendimento são histórica e culturalmente relativos, ou seja, são particulares quanto ao seu contexto tanto histórico quanto cultural. Assim, o conhecimento de nós mesmos e de outros é sustentado por processos sociais e as múltiplas versões de conhecimento são construídas ao longo de nossas vidas. Como diz Cattanach[22], "fazemos uso de palavras em conversações para dar *performance* a ações dentro de um universo moral". Nesse contexto, a criança, a família e o terapeuta estão juntos para construir um espaço e um relacionamento nos quais a criança e a família possam negociar uma identidade tanto social como pessoal por meio de histórias que as descrevam, assim como o mundo vivido por elas. Se a queixa familiar revela o significado "meu filho é um problema", o enfoque narrativo colabora para a criação de um sistema-cenário que passa a revelar que não há problemas com a criança nem com o sistema, mas talvez haja na maneira como as partes dialogam entre si.

A parceria acordada entre criança/família e terapeuta dá significado para o brincar conforme ele acontece. As histórias que as crianças narram em terapia são expressões imaginárias sobre como se sentem no mundo real e imaginário.[22] O mundo das histórias pode ser medido pelo terapeuta, que pode ajudar a "organizar" alguns aspectos presentes nas brincadeiras. Por vezes, há um processo de re-historiar, no qual a criança pode tentar explorar novos aspectos dela mesma atuando em papéis e personagens imersos nessa dimensão do brincar. O componente em questão, na construção do brincar, é a constante afirmação entre a criança e o terapeuta de que a brincadeira é apenas uma maneira de historiar, e que a história criada/construída a partir desse diálogo não precisa, necessariamente, ser vivida no mundo real.

Esse processo de contar experiências e de recontá-las é o que a terapia narrativa explora. Le Vay[23] descreveu a expressão de identidade narrativa como o processo fundamental no decorrer da brincadeira terapêutica, uma vez que esse processo possibilita à criança e ao terapeuta explorarem relações por meio de metáforas e símbolos imaginários coconstruídos durante o brincar. Todos nós temos uma inclinação natural a contar experiências pessoais, e a riqueza de simbolismos e metáforas nesse processo é incorporada na relação entre criança e terapeuta. Assim, abordagens narrativas são construídas e possibilitam que a criança comece a dar sequência, ordem, predizendo e dando sentido às emoções complexas que emergem a partir de suas experiências.

Le Vay[23] acredita que as pessoas se dão conta delas próprias ao historiarem suas narrativas para si próprias e para os outros. As palavras que articulamos, as sequências que construímos e os eventos que incluímos ou omitimos contribuem para a construção da identidade narrativa, a qual recebe sentido e ordem a partir do momento em que vivenciamos experiências relacionais.

Por isso, segundo Grandesso[15], para poder conduzir uma prática como essa, o terapeuta necessita se inserir diretamente no mundo da criança, fazendo perguntas e comentários diretos e francos. O terapeuta que trabalha nesse enfoque narrativo desenvolve um estilo particular de conversação, caracterizada ao mesmo tempo como externalizadora (conforme objetiva o problema, separando-o da pessoa) e desconstrutiva (uma vez que favorece o questionamento das narrativas tidas como certas).

Lax[24] afirmou que é na interação entre as pessoas que o texto existe e, no percurso deste, emergem narrativas do dia a dia ou da vida. Esse desdobramento ocorre com todos nós e, no processo terapêutico, os clientes desenrolam suas histórias em conjunto com seus terapeutas. O terapeuta é sempre o coautor do desdobramento desse processo. O resultado disso não advém da história do cliente nem da do terapeuta, mas de um diálogo criado que resulta na coconstrução de ambas as histórias.

A conversa externalizadora

Lax[25] define que o terapeuta narrativo é alguém que assiste a pessoas deliberarem determinados problemas por meio do fortalecimento dado ao longo do processo conversacional criado entre cliente e terapeuta. Ao desconstruírem os significados da realidade de suas vidas e de seus relacionamentos, passam a discernir a diferença entre a realidade e as histórias internalizadas. A terapia narrativa encoraja os clientes a historiarem suas próprias vidas de acordo com as histórias alternativas e predominantes da identidade do *self*. A expressão "a pessoa não é o problema, o problema é que é o problema" define o contexto no qual se desenvolve a conversação externalizadora, uma prática linguística usual na terapia narrativa e proposta por Michael White, já mencionada neste capítulo.[18,26-29] Tal prática identifica o problema como distinto da pessoa, e não como inerente a ela. A externalização, uma espécie de exorcismo psicológico, segundo Grandesso[18], desconstrói os discursos em torno de possíveis culpados pelos problemas, diminuindo o sentimento de falha ou fracasso da família, além de possibilitar a construção de uma nova visão sobre o problema, promovendo um envolvimento colaborador em torno de uma causa comum.[19,26,28]

Para Grandesso[15], no trabalho com crianças, a conversação externalizadora possibilita a criação de um contexto lúdico, favorecendo a motivação para encarar e enfrentar suas dificuldades. Ao se definir o problema separadamente da criança, como uma espécie de outro que interfere em sua vida, em seus relacionamentos e na visão de si mesma, as práticas externalizadoras convidam a criança a tomar uma postura mais reflexiva e crítica em relação ao problema, promovendo a inventividade ao lidar com ele, bem como a responsabilidade, a escolha e a autoria pessoal.[30] É mais provável conseguir a participação da criança se realizamos uma investigação sobre o problema, e não sobre a criança.

A abordagem narrativa também dialoga com outras abordagens, que têm em comum o respeito pelo cliente e o conhecimento da importância do contexto, da interação, da ligação e do significado das construções sociais. Para a terapia narrativa, terapeuta e cliente podem explorar papéis, identidade e eventos da vida a fim de dar sentido às experiências. Isso possibilita uma infinidade de atividades e de material lúdico e criativo para as sessões com crianças.

As narrativas resultantes podem ser do mundo real ou imaginário. É por meio de histórias e narrativas que a criança e o terapeuta encontram temas comuns e importantes para a criança organizar suas experiências. Na terapia narrativa com crianças, todas as histórias contadas são exploradas. A diferença entre uma narrativa e uma história, nesse contexto, é que a narrativa é incorporada a uma conversação ou comunicação entre pessoas, e não necessariamente experienciada como uma história apenas daquele que escuta ou discursa. A narrativa é sequenciada no tempo e transmite um significado. De acordo com Bruner[31], as narrativas são constructos da realidade e são essenciais para vivermos em nossa cultura. Para o autor, toda história se organiza em torno de uma estruturação narrativa, havendo o personagem, uma ação, um cenário, um tempo e as consequências morais e éticas. Nesse contexto, a dramatização, o brincar com bichos e fantoches, possibilita à criança viver e reviver sua história.

A abordagem colaborativa

A terapia colaborativa originou-se na década de 1970 em Galveston, Texas, com uma equipe interdisciplinar liderada por Harry Goolishian. Naquela época, os membros do grupo de Galveston estavam interessados no trabalho do grupo MRI em Palo Alto, Califórnia, especialmente pela importância dada à linguagem e por sua recomendação de que os terapeutas utilizassem a linguagem dos clientes. Originalmente, a equipe de Galveston queria entender a linguagem dos clientes para planejar estratégias terapêuticas mais eficazes, porém ficavam muito presos ao que os clientes lhes contavam e deixavam de planejar uma intervenção.[32] Eventualmente, perceberam que o próprio diálogo tinha um impacto sobre os clientes. Assim, surgiu uma maneira de trabalho que concebe a terapia principalmente como um processo de conversação e diálogo.

Anderson e Goolishian[16] ofereceram ao mundo da terapia familiar uma nova perspectiva para se pensar os sistemas. Eles propuseram que os sistemas humanos são "sistemas geradores de linguagem e de significados". Os sistemas de linguagem são constituídos pelas pessoas que dialogam em torno de determinada demanda. A composição desses sistemas não é necessariamente determinada por papéis sociais ou laços familiares: isso depende de quem está falando com quem, envolve uma questão que seja importante para todas as partes. "Esta abordagem terapêutica é organizada em torno da definição dos sistemas humanos como sistemas linguísticos, geradores de linguagem e significado, organizadores e dissolvedores de problemas. A prática dessa terapia define-se como relacional e dialógica."[14]

O modo como uma história é contada ou debatida tem impacto sobre as possibilidades de mudança ou sobre as decisões que a pessoa possa vir a tomar. Conforme exposto por Grandesso[14], ao compreender o diálogo como uma conversação transformadora, a terapia apresenta-se como uma conversação de duas mãos de trocas colaborativas, em que o cliente é o especialista. "O processo de terapia é a conversação terapêutica na qual o terapeuta é um participante ativo e arquiteto do diálogo."[16] "O diálogo é considerado uma forma de conversação na qual o terapeuta e o cliente participam do codesenvolvimento de novos significados, novas realidades e novas narrativas, a partir de uma postura terapêutica de genuíno não saber."[33] Uma parte importante da terapia é abrir um espaço colaborativo em que todos os participantes da conversa possam expressar suas ideias e perspectivas. Assim, a prática colaborativa é em si construída a partir das impressões e das manifestações infantis. A linguagem do sistema familiar é validada por todos, inclusive pela realidade das crianças presentes.

Os objetivos da terapia colaborativa são definidos pelo cliente, geralmente por meio da conversa com o terapeuta, e não são estáticos. Afinal, crenças e entendimentos podem mudar conforme o caminhar do processo terapêutico.

> A terapia colaborativa organizada como uma prática de parceria na conversação entre terapeuta e cliente coloca sua ênfase nos processos reflexivos e na abertura das palavras para os significados por elas construídos, bem como no processo de questionamento como contexto generativo em relação à mudança.[14]

De acordo com Anderson e Gehart[13], a terapia colaborativa abrange as seguintes premissas: o terapeuta é um facilitador para o processo a partir de uma posição não hierárquica e de não saber; ele convoca múltiplas perspectivas em uma conversa para promover um inquérito compartilhado a respeito dos dilemas do cliente; e cria um espaço rico de diálogo e conversação, tanto dentro quanto fora do consultório.

Terapia colaborativa infantil

Ao se trabalhar com crianças, é preciso encontrar novas maneiras de conversar. Como foi apontado, as crianças constroem os significados de maneira distinta da maioria dos adultos. Em vez de se apoiarem em palavras e nuances de significado, elas preferem fazer, tocar, agarrar, sentir e experimentar o mundo para dar sentido a ele. Os significados que os adultos comumente atribuem aos eventos são diferentes das interpretações que as crianças dão a eles.

O diálogo com crianças, normalmente, não envolve palavras, e o sentido deve ser criado por meio da brincadeira, do movimento, da arte e de outras atividades. O diálogo com crianças também requer mais que apenas o conteúdo literal da mensagem falada e depende de aspectos não verbais, como timbre da voz e expressões faciais e de emoção. Entretanto, o diálogo com crianças envolve a troca e a criação mútua do sentido.

A criação de um espaço físico amigável é importante. Para a criança se sentir aberta ao diálogo, um espaço físico que reflita a compreensão do mundo a partir de uma perspectiva infantil pode ajudar. Ao se considerar um *setting* terapêutico com brinquedos e jogos, decorado com motivos infantis, cria-se uma conexão quase imediata com as crianças e suas famílias. Esse arranjo do espaço físico comunica à criança que a sua voz e a sua visão de mundo serão respeitadas e compreendidas dentro daquele espaço. Por exemplo, fantoches e brinquedos facilmente acessíveis convidam crianças e adultos a entrarem em contato com o seu lado lúdico de maneira espontânea.

As certezas do mundo adulto também precisam ser revistas ao se trabalhar com crianças. Nossa mente, acostumada a objetivar e racionalizar, exige um esforço para ir além do que é dito e observado e se permitir levar pelo pensamento infantil. Um terapeuta colaborativo assume uma postura de não saber com todos os seus clientes, inclusive com crianças. Essa postura os convida a explorar a situação de maneira curiosa, incentivando um processo de construção mútuo. Respeita-se o tempo do cliente e permite-se que as ideias surjam por meio do diálogo, que pode ser um tipo de jogo. Essa postura implica que o terapeuta evite certezas a respeito da experiência do cliente e esteja aberto a novas perspectivas.

O que acontece normalmente é que os pais e os terapeutas acreditam que conhecem mais sobre as crianças e suas perspectivas do que realmente conhecem. O desafio começa por suspender o que se sabe, pelo menos temporariamente, e entrar no mundo da criança, que é mágico, no sentido de que convoca novas conexões, novos significados e novas possibilidades que a mente adulta nunca imaginou. O "mágico", de acordo com Gehart[34], é uma declaração que tem mais a ver com a visão de mundo do adulto que com a da criança. Segundo o autor,

> entrar no mundo de uma criança exige, muitas vezes, encarar realidades que podem ser facilmente descartadas e negligenciadas pelo profissional "bem treinado"; no entanto, essas outras realidades muitas vezes fornecem recursos inigualáveis para a mudança. Essas situações também podem deixar o terapeuta com um saudável senso de mistério e uma nova e mais humilde apreciação do não saber [tradução nossa].[34]

Na terapia colaborativa, entende-se por curiosidade o desejo do terapeuta de compreender a perspectiva e a visão de mundo do cliente. "O terapeuta deve ver o cliente, mesmo uma criança, como um 'expert' de sua própria história."[34] A criança é protagonista de suas experiências, seus pensamentos e seus sentimentos, portanto não há ninguém melhor que ela para informar sobre os seus conflitos. Acessar o mundo infantil exige do terapeuta colaborativo a curiosidade sobre como a criança cria sentido para as suas experiências individuais e familiares. Além disso, é preciso assegurar que as palavras usadas durante o processo sejam compreendidas pela criança.

De acordo com McDonough e Koch[35], os comentários do terapeuta colaborativo devem ser "adequadamente incomuns", a fim de facilitar a reflexão e novos entendimentos. Comentários muito habituais ou muito incomuns são complicadores à tentativa de se criar novos significados. Ao trabalhar com crianças, os terapeutas devem se atentar para o que é "normal" para o pequeno cliente e se comunicar de maneira adequadamente incomum, com reflexões que terão significado para a criança e sua família. Uma resposta adequadamente incomum pode não ser verbal quando se trabalha com crianças. Em vez de responder com palavras, por vezes desenhar, escrever, falar com um fantoche ou usar o lúdico pode auxiliar no diálogo.

Essa múltipla perspectiva de compreensão do significado é amplamente utilizada pelos terapeutas colaborativos. A terapia infantil tem muitas maneiras criativas de criar novas perspectivas que não necessariamente envolvem o uso de palavras: arte, movimento e expressão criativa são exemplos. Um desenho ou uma imagem de um evento podem oferecer uma perspectiva que as palavras não poderiam retratar da mesma maneira. Portanto, todos os tipos de arte e brincadeiras fornecem descrições alternativas, as quais, normalmente, as crianças consideram mais úteis.

Diálogo entre as partes | Pais e filhos na intervenção familiar

Várias abordagens sustentam a importância de brincar, criar e jogar em terapia com crianças como maneira de auxiliá-las a expressar suas dificuldades. Contudo, é importante ressaltar que uma terapia eficaz com crianças deve garantir o suporte parental ou do cuidador, esclarecendo seu papel para a família e possibilitando que ele se torne, por vezes, o coterapeuta domiciliar.

Há décadas, terapeutas de crianças e de família têm debatido com vigor quais intervenções se adaptam melhor às crianças, argumentando que o comportamento infantil e as dificuldades emocionais são causados pela falta das funções parentais, o que implicaria conflitos intrapsíquicos. Para Grandesso[15], é fundamental, na terapia familiar com crianças, o envolvimento dos pais como colaboradores ativos do processo, pois são, na verdade, "bons companheiros para abrir e revirar o baú de histórias da família de modo que resgatem episódios de competências e esperanças".

Para Cruz[10], se o paciente apresenta algo definido como perturbação ou sofrimento quando está sob cuidados familiares, a busca da terapia envolve mais alguém além dele. Nesse sentido, para a proposta de terapia familiar, a criança e seus pais (ou aqueles que são representados como pais) configuram a identidade do problema juntos, do mesmo modo que, por meio de um processo colaborativo, estarão juntos e aptos a reconstruir outra identidade familiar sem que o problema seja o protagonista.

Dependendo do modelo teórico usado, o terapeuta familiar pode enfatizar como prioridade crenças antigas que são mantidas pelos pais sobre a criança, alterando os padrões de interações familiares que podem estar sustentando a manutenção do problema. Alguns terapeutas familiares dão maior ênfase à mudança dos pais, dedicando bem menos tempo a interagir com a criança.

A fim de encontrar respostas para os efeitos da educação familiar na vida das crianças, várias pesquisas em psicologia têm sido feitas enfatizando a importância das práticas educativas utilizadas pelos pais no desenvolvimento de crianças e adolescentes. As práticas educativas (explicações, punições ou recompensas) são as estratégias utilizadas pelos pais para educar seus filhos segundo a expectativa de se alcançarem determinados objetivos em diferentes circunstâncias e contextos.[36] Os estilos parentais dizem respeito aos padrões de interação dos pais com os filhos, aprendidos e reproduzidos conforme o significado atribuído aos intercâmbios geracionais. Nessa perspectiva, a participação dos pais e o trabalho de coautoria construído com eles facilitariam o processo narrativo. Além disso, os pais, por viverem com seus filhos, os conhecem melhor que ninguém, inclusive que o terapeuta. Assim, o envolvimento dos pais no processo terapêutico os coloca como possíveis agentes de mudança, em conjunto com os outros sistemas de criança e terapeuta.

Essa construção pode ser observada no decorrer do processo terapêutico com a mãe do caso apresentado neste capítulo. Thais, que apresentaremos no caso clínico a seguir, muitas vezes, ocupou o lugar de conhecimento e de propriedade no processo. Tal lugar fora validado com frequência pelo sistema terapêutico (terapeutas e equipe), explorando suas potencialidades e oferecendo a confirmação de quanto ela havia sido resiliente para manter a estrutura de sua família e a educação de suas filhas. Seu lugar de mãe não capaz, acometida pelo drama conjugal vivido no passado, era seu discurso dominante. Foi por meio da participação no processo, como protagonista e, por vezes, como coterapeuta (como a porta-voz das crianças), que Thais teve seu lugar validado como mulher, mãe e profissional. Assim, o enfoque narrativo contribuiu para a construção de uma nova história familiar, incluindo as crianças nesse processo de mudança entre as partes: mãe e filhas/filhas e pais/família e sistema terapêutico.

Uso ou não do diagnóstico no atendimento de famílias com crianças

Na perspectiva pós-moderna, o diagnóstico seria expresso como narrativa dominante, a qual normalmente apresenta uma lógica constitutiva de seu dilema de modo invariante e sem perspectivas de mudança. Embora seja de suma relevância desconstruir o significado de qualquer diagnóstico para as abordagens narrativa e colaborativa, validando que o problema é apenas o problema, e não a criança, a maior parte da literatura referente ao trabalho com crianças explora o entendimento do diagnóstico.

Atualmente, a diferenciação entre "crianças" e "adultos" é entendida como algo bastante complexo e bem documentado. Em psicopatologia, esforços seguem para definir, identificar e tratar transtornos mentais previamente descritos no conteúdo do adulto e que atuam de modo diferente no contexto infantil.

O desafio diante das complicações encontradas para um diagnóstico diferencial com crianças é frequente.[37,38] Um sintoma comum de comportamento em uma "criança problema" passa por conceitos diagnósticos, levando a um tipo de conduta interventiva. Determinadas questões se tornam pertinentes, como: o humor da criança expressa um sinal de déficit de atenção ou de hiperatividade? Para entender uma criança, precisa-se de um diagnóstico? O sintoma apresentado pelo comportamento da criança revela um conflito marital ou habilidades parentais limitadas?

Para alguns autores, em qualquer situação, o diagnóstico, quando necessário, deve ser feito com intenso cuidado, em uma perspectiva de construção, envolvendo fatores biológicos, sociais e psicológicos. Enquanto uma abordagem biopsicossocial enriquece investigações quanto aos transtornos com crianças ou adultos, não se pode subestimar a importância de investigar as questões familiares. Estrada e Pinsof[39] pontuaram a crescente influência da visão sistêmica sobre a criança e a família:

- A importância de os transtornos infantis ou da família serem compreendidos em inter-relação, como parte da constelação de sistema e subsistemas
- A necessidade de considerar toda a situação familiar quando se investiga o impacto de qualquer variável isolada
- A ideia de que um comportamento pode ser resultado de um conjunto de diferentes fatores iniciais
- O reconhecimento de que uma intervenção implica resultados múltiplos, incluindo reajustes dos relacionamentos no sistema familiar
- A noção de que o sistema familiar e seus subsistemas têm dinâmicas próprias e que se modificam ao longo do tempo.

Nesse sentido, é importante mencionar que dados da literatura sugerem que o desenvolvimento de problemas em crianças e adolescentes não ocorre em um vácuo, pois é, na verdade, fortemente influenciado por situações ou características maritais e/ou familiares.[40,41] Fatores como discórdia conjugal, psicopatologia parental, déficits sociocognitivos de membros familiares, desvantagens socioeconômicas, relação pai-filho destrutiva, falta de suporte social e isolamento social são variáveis que influenciam diretamente no surgimento ou no desenvolvimento de um transtorno infantil. Nesse sentido, tais afirmações justificam ainda mais a necessidade de se oferecer uma investigação sistêmica sobre a vida da criança e de sua família.

Segundo Patterson et al.[42], os transtornos comuns e recorrentes na infância seriam: déficits de atenção e hiperatividade; transtorno de conduta; autismo; transtornos de ansiedade (associados a experiências vividas por medo limitado, como dormir na cama de um amigo); e problemas de aprendizado. Muitas vezes, o diagnóstico dado pode ser a única via de acesso ao mundo da criança e familiar, possibilitando ao terapeuta locar-se entre a curiosidade e a neutralidade necessárias para explorar tópicos ainda não abertos nas narrativas apresentadas. O uso do diagnóstico expressaria, então, a possibilidade de se adentrar o universo da família e da criança, sem perder o norte de que os sintomas estariam vinculados a certas narrativas evocativas de determinado discurso social de poder, e que tais sintomas (diagnóstico) poderiam desaparecer ao serem externalizados, dando lugar a outras narrativas alternativas não relacionadas ao problema.[43]

Nesse sentido, é totalmente compreensível que muitas crianças não queiram ir à terapia, sobretudo se seus pais e/ou a escola as enquadram em um diagnóstico, patologizando todas as maneiras de elas interagirem e restringindo a função do encontro terapêutico como algo que serve apenas para consertar o comportamento problemático infantil. Fantasias quanto a receber cuidados, sensações de que serão corrigidas, investigadas ou ainda de que alguém poderá ler suas mentes podem resultar em uma desmotivação para a criança atender à terapia. Isso, por si só, pode ter impacto suficiente na criança e causar má compreensão dos adultos, levando tudo a ser compreendido como resistência.[44]

Naturalmente, diante desse quadro, reforçado por um discurso dominante de doença ou de algo disfuncional no comportamento da criança, ela tenderá a apresentar, no mínimo, algum tipo de tensão. É por isso que, com frequência, o terapeuta que trabalha com crianças precisa ser sensível o suficiente para preservá-las de maiores exposições ou constrangimentos. Grandesso[15] ressalta que, muito provavelmente, a criança identifica a terapia como um processo "coisificado" que, com certa frequência, não se organiza de modo a alcançar a linguagem pertencente ao mundo infantil.

Embora se possa dizer, como uma espécie de consenso entre terapeutas familiares, que a criança deve participar da terapia, muitos continuam criando situações embaraçosas, tendo dificuldade para falar com crianças e, de acordo com Cederborg (apud Chang[45]), muitas vezes supondo conhecer as necessidades da criança sem sequer terem falado com ela. Isso sugere que, entre muitos terapeutas, parece vigorar a ideia de que as crianças devam ser "vistas" em terapia, e não "ouvidas".

À medida que as crianças Lorena e Lia, também apresentadas no caso clínico a seguir, foram recebendo a garantia de não serem vistas ou entendidas como o problema, o processo de vinculação terapêutico se fortificou. Conforme o processo se fortalecia, o comportamento indisciplinado relatado pela mãe das meninas reduzia-se como protagonista das reações de brigas e conflitos entre as gerações, abrindo espaço para que tal comportamento fosse entendido como uma expressão da condição de enfrentamento e de comunicação do sistema familiar.

Caso clínico

O caso clínico apresentado neste capítulo caracteriza-se como uma reflexão sobre parte de um processo terapêutico realizado ao longo do curso de Especialização em Terapia Familiar e de Casal do Núcleo de Família e Comunidade da Pontifícia Universidade Católica de São Paulo (NUFAC/PUC-SP).

Tivemos, como base do trabalho, um enfoque narrativo e uma epistemologia construtivista/construcionista social. As sessões foram conduzidas por uma dupla de terapeutas* além da equipe reflexiva, conforme proposto por Tom Andersen em uma adaptação do modelo do teatro de fantoches reflexivo de Johannesen, Rieber e Trana.[46]

Foram realizadas 17 sessões, em duas das quais a mãe e as crianças foram atendidas separadamente. O caso era o de uma família – composta de uma mãe sozinha e duas filhas, de 9 e 7 anos – desorganizada por um processo de divórcio destrutivo decorrente de um contexto de violência conjugal. A separação ocorrera havia 5 anos, solicitada pela mãe. Na época, as crianças tinham 4 e 2 anos. Thais (a mãe) preferiu a escassez de recursos materiais e a ausência de apoio de uma rede familiar a viver sob violência física e discussões, inclusive diante das crianças.

A queixa foi apresentada pela avó paterna, que, ao procurar a clínica, alegou abuso físico por parte da mãe, principalmente contra Lia, a filha mais velha. Ao longo do processo, foram observadas questões como: separação versus união por conflitos; organização do cotidiano versus horário de trabalho das crianças; e ausência de lazer. Tudo era comentado na frente das crianças, em um processo reverberativo que se autoperpetuava: brigas constantes entre Lia e Lorena, Thais versus Lia, contexto conturbado versus afeto, além dos sintomas físicos.

Construção da mudança terapêutica

A construção da conversação terapêutica procurou legitimar os recursos e as competências das três. Dar voz à mãe e às crianças na expressão de seus sentimentos foi um dos maiores ganhos desse processo. A diferenciação entre o sistema mãe e o sistema filhas pôde ser construída por meio de conversações privadas versus conversações públicas. À medida que a mãe foi retomando uma posição de fortalecimento, recuperando sua autoestima e seus valores, também foi se tornando possível legitimar o lugar do pai para as crianças.

Metáforas infantis como recursos utilizados

A construção do significado é descrita pelos construtivistas sociais como dependente das palavras e da linguagem verbal. No entanto, as crianças são menos dependentes das palavras para construir seus significados que os adultos. Anderson e Gehart[13] apontam dois conceitos que são particularmente úteis ao definir como as crianças constroem o significado: a ação conjunta ou coordenada e o conhecimento do senso comum.

Para os adultos, a "ação coordenada" quase sempre envolve a linguagem verbal. Já as crianças dependem mais da ação que das palavras para coordenar o significado. Antes de sequer serem capazes de falar, as crianças aprendem o que sua cultura e sua família querem dizer com "sim" ou "não" por meio de suas ações, e nessas interações elas aprendem a se relacionar com o mundo social. Em contraste com os pais e os terapeutas, as crianças frequentemente estão mais confortáveis e familiarizadas com a ação que com as palavras. Portanto, quando trabalham com elas, os terapeutas precisam se reconectar com

---
* Ana Carolina Westphal e Roberta Payá, que, na época, eram especializandas do curso de Terapia Familiar e de Casal na PUC-SP, sob a supervisão de Marilene Grandesso.

tipos de significado que são menos dependentes da linguagem verbal.

As crianças são menos adeptas das palavras; por isso, estão no processo de desenvolvimento do "senso comum" e se familiarizando com os discursos dominantes em nossa cultura. Essa é, muitas vezes, fonte de estresse para os adultos, que se queixam de que seus filhos "não entendem". No entanto, essa falta de "bom senso" também pode ser utilizada como um recurso para se explorar significados e possibilidades que a mente adulta não consegue enxergar por conta da maneira habitual como o adulto vê, descreve e conta suas experiências. Assim:

> trabalhar com crianças, por vezes, requer abandonar o "senso comum" e, em vez disso, abraçar a maravilha e o mistério de ver o mundo pelos olhos de uma criança [tradução nossa].[47]

Por meio de jogos infantis e desenhos, é possível acessar conflitos familiares que, em geral, são menos acessíveis que pela comunicação verbal.[48] Muitas vezes, brincadeiras, jogos e desenhos de criança são metáforas de como elas próprias se veem na família e de como entendem o lugar dos outros membros. *Feedbacks* dados pelos pais e irmãos sobre os desenhos ou as criações de uma criança pequena podem abrir caminhos que desafiam antigas crenças familiares e dispensáveis interações de pais e filhos. Keith e Whitaker[49] mantêm que jogar é a medida, "o ponto" para expandir a realidade familiar. O brinquedo, o desenho e a literatura atuam nesse processo como meios de comunicação em que a criança e o terapeuta procuram se relacionar com o real, construindo e recriando essa realidade.[50] Para tanto, o terapeuta também precisa estar atento a alguns indicadores dos comportamentos da criança, a fim de administrar sua interação com o brincar. Esses indicadores são a maneira como a criança se aproxima dos brinquedos, sua atitude, sua localização e como ela se relaciona com o espaço.[51]

Crianças pequenas injetam espontaneidade e ludicidade nas sessões familiares e atuam como coterapeutas que ensinam seus pais a brincar novamente. A presença de crianças pequenas em sessões familiares confirma a oportunidade de os terapeutas agirem positivamente, dialogando com o lúdico e brincando com as interações paternas.

Teatro de fantoches

Para o processo terapêutico do caso clínico deste capítulo, o uso de bonecos e fantoches, tanto pela equipe reflexiva como pela própria família – que tornou possível a construção de valores de pertencimento e de diferenciação dos contextos presentes (mãe e filhas) –, contribuiu para que uma variedade de recursos fosse explorada. Entre os que foram utilizados, o teatro de fantoches teve destaque na construção da linguagem entre equipe e crianças/família. Com base no trabalho de teatro de fantoches de Johannesen, Rieber e Trana, a inclusão da equipe reflexiva apresenta-se como um elemento diferencial para o processo de mudança e de reconstrução da unidade familiar. Segundo as autoras, a equipe comunica suas reflexões atuando no teatro, em lugar de fazê-lo da maneira habitual. Elas afirmam que seu teatro de marionetes evita que as crianças tenham de "se elevar" ao nível dos adultos e que o desafio de se colocar no nível delas é tanto do terapeuta como dos pais, trazendo um benefício adicional: procedimentos como esses colaboram para nos "tirar da cadeira do *expert*".[10]

O primeiro passo do teatro consiste em criar um relato que contenha alguns dos problemas apresentados pela família. A partir disso, algumas hipóteses são colocadas sobre a percepção que a criança tem de si própria e de sua família. O relato apresentado no teatro de fantoches pode ter como objetivo transmitir à criança que ela não é a única pessoa passando por um problema desse tipo. O diálogo promovido compõe-se de desafios, mas também de soluções. Ao se obter uma solução ou mostrar que alguém consegue êxito, transmite-se à criança e a seus pais a esperança de que é possível mudar.

Esse resultado foi encontrado no processo de Lia e Lorena. Por intermédio dos bonecos, a equipe pôde criar um diálogo que, primeiro, expressava possíveis medos e anseios e, posteriormente, seus desejos, entre os quais o de poderem conviver harmonicamente com ambos os pais.

Como resposta ao processo de reflexão, a família também dialogava por meio dos bonecos. Os fantoches escolhidos pela família deram voz às crianças e, na maioria dos casos, eram personagens que representavam os papéis reais da configuração familiar: duas meninas, uma mulher (mãe) e um homem (pai). As figuras de animais também são bastante estimuladas pelas criadoras desse recurso. As autoras afirmam que o animal cria a distância necessária para que o relato não se torne excessivamente realista.

Desenhos

A questão da separação e seus vestígios também foi explorada por meio de desenhos, e o símbolo mais significativo criado e recriado pelas crianças foi o desenho do coração. Isso serviu como metáfora dos espaços, tanto do que ficara vazio como do que estava preenchido nas relações das três. A metáfora do coração contribuiu para que ambas as filhas ressignificassem a importância de legitimar o pai, abrindo espaço para uma convivência, sem que precisassem criar um contexto de brigas com a mãe ou vice-versa.

Para Bateson[52], "a metáfora mantém inalterada a relação que ilustra, mas substitui os termos relacionados por outras coisas e pessoas". É a possibilidade de dar voz, ao mesmo tempo direta e indiretamente, a algo que precisa ser dito.

Almeida[53], que contribui fortemente para a validação do recurso metafórico e terapêutico bastante conhecido no meio da terapia familiar, "A nossa casa", pontua que a metáfora abre espaço à criação de uma imagem das emoções ou do comportamento das pessoas e de suas relações com o outro. A situação dramatizada funciona como fotografia da realidade, na qual se pode, virtualmente, vivenciar algo que não está acontecendo naquele momento. Nesse sentido, o desenho do coração expressava-se como uma nova possibilidade de convivência familiar, impulsionando novas versões de relacionamento nas quais a relação entre os papéis de cada membro, assim como todos os papéis, poderia ser mantida, uma vez que os papéis fossem recolados de acordo com as condições afetivas de cada um.

A imagem do desenho do "Cor-Ação" tornou-se o foco, o eixo do trabalho terapêutico, que funcionou, segundo Almeida, como ponto de partida e de referência para a família e para toda a equipe no decorrer do processo.

Dramatização

Selekman[54] reforça a importância e a contribuição das metáforas como modo de acessar o mundo da criança e da família por meio do brincar. Outra metáfora significativa que também foi empregada no processo dessa família foi a dramatização. Na dramatização da terapia narrativa, terapeuta e crianças podem descobrir maneiras de alterar e expandir aspectos da identidade por meio da exploração de papéis e modos de ser ao brincar, sabendo que as crianças não têm de assumir tais experiências em suas vidas reais.

Contar histórias e brincar de contar histórias por meio de dramatizações pode servir como meio de atinar o mundo e o que acontece conosco. Para uma criança fragilizada, isso pode ser uma experiência enriquecedora, pois ela pode ser "a rainha do castelo" sem temer as consequências de sua própria realidade. O uso de histórias e narrativas na terapia com crianças pode ajudá-las a aprender a desenvolver empatia ao imaginar como outros personagens se sentem, indo além da percepção de seu próprio personagem. Trabalhar com histórias e narrativas significa criar uma colaboração entre a criança e o terapeuta, e o que acontece nas sessões são co-construções de ambos.

A dramatização auxilia a explorar o plano criativo da criança, levando-a a vivenciar o imaginário. Na literatura, há indícios que ressaltam a importância do imaginário, uma vez que crianças criativas tendem a ter melhor concentração, criando melhores condições para solucionar um problema e dispondo de mais autocontrole.[55]

Esse recurso possibilitou dar voz às crianças Lia e Lorena, que, com certa frequência, expressavam seus desejos, receios e sentimentos por meio da dramatização. Por sua vez, Thais também foi beneficiada por esse recurso, pois, por intermédio dele, permitiu-se sair de seu lugar de autoridade, ora colocando-se no lugar de suas filhas, ora dando voz a seus próprios medos e sentimentos.

Considerações finais

Entre tantos aspectos encontrados nas abordagens familiares sistêmicas, este capítulo debruçou-se sobre as práticas narrativas e colaborativas como vias amplamente enriquecedoras e viáveis para o trabalho com crianças.

O desenvolvimento infantil faz parte de um sistema maior, de um todo, que não pode ser analisado isoladamente. Todos nós vivemos em um tempo e em uma cultura particulares, que influenciam nossa maneira de ver. Para a construção desse tipo de colaboração, a criança pode brincar com pequenos brinquedos e objetos, criar uma peça de teatro, desenhar imagens, dar corpo à massa de argila e amplificar seus recursos discursivos criando e recontando histórias sobre o que está sendo construído.

O papel terapêutico é dar escuta, acolher a criação, se permitir entrar nesse universo colorido; talvez indagar a história narrada e recordá-la, reescrevendo-a para a criança; fazer parte da história do teatro criado; compartilhar uma vivência que seja congruente com a da criança ou que sirva para aprofundar o relacionamento terapêutico pelo compartilhamento de experiências e na busca da validação dialógica. Por isso, alternativas que levam a explorar as conversações entre os sistemas foram também exemplificadas neste capítulo, com a apresentação de um caso clínico e técnicas infantis.

Por fim, vale ressaltar que o sistema terapêutico e familiar cria experiência, e não obtém informação. E, quando criam experiências sobre realidades preferidas, as questões podem ser terapêuticas em si mesmas, e sobretudo reelaboradas.

Referências bibliográficas

1. Haley J. Problem-solving therapy. 2. ed. San Francisco: Jossey-Bass; 1987.
2. Madanes C. Strategic family therapy. San Francisco: Jossey-Bass; 1981.
3. Minuchin S. Families and family therapy. Cambridge: Harvard University Press; 1974.
4. Anderson H. Conversação, linguagem e possibilidades: um enfoque pós-moderno da terapia. São Paulo: Roca; 2009.
5. White M. Maps of narrative practice. New York: Norton; 2007.
6. Epston D. Catching up with David Epston: collection of narrative-based papers, 1991-1996. Adelaide: Dulwich Centre; 1999.
7. Burgum M. The father gets worse: a child guidance problem. American Journal of Orthopsychiatry. 1942;12(3):474-85.
8. Levy D. Maternal overprotection. New York: Columbia University Press; 1943.
9. Fromm-Reichmann F. Notes on the development of treatment of schizophrenics by psychoanalytic psychotherapy. Psychiatry. 1948;11(3):263-73.
10. Nichols MP, Schwartz RC. Family therapy: concepts and methods. 10. ed. Boston: Pearson; 2012.
11. Cruz HM. Papai, mamãe, você... e eu?: conversações terapêuticas em famílias com crianças. 2. ed. São Paulo: Casa do Psicólogo; 2002.
12. Minuchin S, Fishman HC. Family therapy techniques. Cambridge, MA: Harvard University Press; 1981.
13. Anderson H, Gehart D, editors. Collaborative therapy: relationships and conversations that make a difference. New York: Routledge; 2007.
14. Grandesso MA. Desenvolvimentos em terapia familiar: das teorias às práticas e das práticas às teorias. In: Osorio LC, Valle MEP, organizadores. Manual de terapia familiar. Porto Alegre: Artmed; 2008. p. 104-18.
15. Grandesso MA. Terapias pós-modernas: um panorama. Sistemas Familiares. 2002;8(3).
16. Anderson H, Goolishian H. Human systems as linguistic systems: preliminary and evolving ideas about the implications for clinical theory. Fam Process. 1988;27(4):371-93.
17. Anderson H, Goolishian HA, Winderman L. Problem determined systems: towards transformation in family therapy. Journal of Strategic and Systemic Therapies. 1986;5(4):1-14.
18. Grandesso MA. Sobre a reconstrução do significado: uma análise epistemológica e hermenêutica da prática clínica [tese de doutorado]. São Paulo: Pontifícia Universidade Católica de São Paulo; 1999.
19. White M, Epston D. Narrative means to therapeutic ends. New York: Norton; 1990.
20. Tomm K. Externalización del problema e internalización de la posición como agente. In: White M. Guias para una terapia familiar sistémica. Barcelona: Gedisa; 1994.
21. Burr V. Social constructionism. London: Routledge; 2003.
22. Cattanach A. Brief narrative play therapy with refugees. In: Webb NB. Play therapy with children in crisis: individual, group, and family treatment. 3. ed. London/New York: The Guilford Press; 2015.
23. Le Vay D. The self is a telling. In: Cattanach A, editor. The story so far: play therapy narratives. London: Kingsley; 2002.
24. Lax W. Post-modern thinking in a clinical practice. In: Gergen K, McNamee S, editors. Therapy as social construction. London: Sage; 1992.
25. Lax W. Definitions of narrative therapy. Dulwich Centre Conference on Narrative. Adelaide: 1999.
26. White M. The process of questioning: a therapy of literary merit? Dulwich Center Newsletter. 1988:8-14.
27. White M. Pseudo-encopresis: from avalanche to victory, from vicious to virtuous cycles. Family Systems Medicine. 1984;2(2):150-60.
28. White M. Deconstruction and therapy. Dulwich Centre Newsletter. 1991;(3):21-40.
29. Freedman J, Combs G. Narrative therapy: the social construction of preferred realities. New York: Norton; 1996.
30. Freeman J, Epston D, Lobovits D. Playful approaches to serious problems: narrative therapy with children and their families. New York: Norton; 1997.
31. Bruner J. The culture of education. Cambridge: Harvard University Press; 1997.
32. Anderson H. Becoming a postmodern collaborative therapist: a clinical and theoretical journey. Part I. Journal of the Texas Association for Marriage and Family Therapy. 2000;5:5-12.
33. Grandesso M. Terapia colaborativa: uma prática organizada pelo diálogo. Interfaci [internet]. s.d. [Acesso em 21 nov 2016] Disponível em: http://www.interfaci.com.br/index.php/blog/70-terapia-colaborativa-uma-pratica-organizada-pelo-dialogo.
34. Gehart D. Creating space for children's voices: a collaborative and playful approach to working with children and families. In: Anderson H, Gehart D, editors. Collaborative therapy: relationships and conversations that make a difference. New York: Routledge; 2007. p. 183-97.
35. McDonough M, Koch P. Collaborating with parents and children in private practice: shifting and overlapping conversations. In: Anderson H, Gehart D, editors. Collaborative therapy: relationships and conversations that make a difference. New York: Routledge; 2007. p. 167-82.
36. Cunha G, Guimarães ESC, Mourão R. Resgatar a autoridade parental: educar pais e filhos. In: Macedo RM. Terapia familiar no brasil na última década. São Paulo: Roca; 2008.

37. Costello EJ, Mustillo S, Erkanli A, Keeler G, Angold A. Prevalence and development of psychiatric disorders in childhood and adolescence. Arch Gen Psychiatry. 2003;60(8):837-44.
38. Hofstra MB, Van der Ende J, Verhulst FC. Continuity and change of psychopathology from childhood into adulthood: a 14-year follow-up study. J Am Acad Child Adolesc Psychiatry. 2000;39(7):850-8.
39. Estrada AU, Pinsof WM. The effectiveness of family therapies for selected behavioral disorders of childhood. Journal of Marital and Family Therapy. 1995;21(4):403-40.
40. Achenbach T. Assessment, diagnosis, nosology, and toxonomy of child and adolescent psychopathology. In: Hersen M, Gross AM, editors. Handbook of clinical psychology: vol. 2 – children and adolescents. Hoboken: Wiley; 2008.
41. Essex MJ, Kraemer HC, Armstrong JM, Boyce WT, Goldsmith HH, Klein MH, et al. Exploring risk factors for the emergence of children's mental health problems. Arch Gen Psychiatry. 2006;63(11):1246-56.
42. Patterson J, Williams L, Edwards TM, Chamow L, Grauf-Grounds C. Essential skills in family therapy: from the first interview to termination. 2. ed. New York: The Guilford Press; 2009.
43. White M, Epston D. Medios narrativos para fines terapéuticos. Buenos Aires: Paidós; 1993.
44. Campbell D, Draper R, editors. Systemic thinking and practice series. London: Karnac; 1998.
45. Chang J. Children's stories, children's solutions: social constructionist therapy for children and their families. In: Hoyt MF, editor. The handbook of constructive therapies: innovative approaches from leading practitioners. San Francisco: Jossey-Bass; 1998.
46. Johannesen TL, Rieber H, Trana H. O teatro de fantoches reflexivo. In: Cruz HM. Papai, mamãe, você... e eu?: conversações terapêuticas em famílias com crianças. 2. ed. São Paulo: Casa do Psicólogo; 2002. p. 29-54.
47. Anderson P. What is web 2.0? Ideas, technologies and implications for education. 2007. [Acesso em 25 abr 2017] Disponível em: http://www.ctliteracy.info/rf.pdf/web2.0_research.pdf.
48. Bailey CE, editor. Children in therapy: using the family as a resource. New York: W. W. Norton; 2000.
49. Keith DV, Whitaker CA. Play therapy: a paradigm for work with families. In: Schaefer C, Carey L, editors. Family play therapy. Northvale: Jason Aronson; 1994.
50. Góis CA. Uso da narrativa e do lúdico para a identificação e tratamento do estresse infantil. In: Macedo RM. Terapia familiar no Brasil na última década. São Paulo: Roca; 2008.
51. Cunha JA. Psicodiagnóstico V. São Paulo: Artmed; 2000.
52. Bateson G. Vers une écologie de l'esprit 2. Paris: Seuil; 1977.
53. Almeida T. A nossa casa: uma sessão estruturada na terapia de famílias com crianças. In: Cruz HM. Papai, mamãe, você... e eu?: conversações terapêuticas em famílias com crianças. 2. ed. São Paulo: Casa do Psicólogo; 2002. p. 55-76.
54. Selekman MD. Collaborative brief therapy with children. New York: The Guilford Press; 2010.
55. Bodrova E, Leong DJ. Tools of the mind: the vygotskian approach to early childhood education. 2. ed. New York: Pearson; 2007.

70 Terapia de Casal Sistêmica

Roberta Payá e Ana Paula Sodero Saccani

Introdução

Diversas são as razões que podem levar um casal a buscar ajuda na terapia. Alguns estão claramente no limite. Outros, por uma discussão violenta, um caso extraconjugal, um evento inesperado que desestabiliza a relação, enfrentam a decisão de um dos parceiros de se separar, o que ameaça desmoronar toda a relação. Outros o fazem por estar, gradativamente, caminhando para o "limite" – por exemplo, parceiros que sentem ter pouco em comum e que temem finais de semana prolongados quando as crianças estão fora, quando têm de se deparar com a casa vazia. Há também aqueles que questionam a ideia da terapia em si, mas acabam procurando porque um médico os encaminhou ou o professor da escola dos filhos sugeriu, até mesmo porque não raro há casos nos quais a terapia começa em razão do comportamento inadequado de um dos filhos e, ao longo do processo, configura-se a necessidade de o casal não só avaliar o papel da unidade parental, mas também perceber que, como casal, há algo que não flui e, por conta disso, outras consequências na dinâmica da família podem emergir.

Para Taibbi[1], seja qual for o motivo, o objetivo inicial é sempre o mesmo: proporcionar um espaço seguro, literal e psicologicamente, para os parceiros explorarem a si mesmos e a relação com o outro. Muito possivelmente, nesse processo e no decorrer da construção da relação terapêutica, cada cônjuge estará procurando algo a mais – o pai ou a mãe ideal, que ouvirá o seu lado da história e o ajudará a colocar um fim na discussão, ou o juiz que dirá quem está certo e quem está errado, quem precisa mudar e se as coisas são impossíveis. Aquele que tem um pé para fora pode estar procurando permissão para colocar o outro pé e fechar a porta na saída. Um parceiro pode querer que o terapeuta "conserte" o outro – que faça com que ele fale e se comprometa, que faça com que ela queira sexo ou pare de ser ranzinza.

O casal pode estar procurando tudo ou nada disso, mas o fato é que terapia de casal não é o mesmo que mediação de casal. O interesse não é apenas ajudá-los a entrar em um acordo, como a que horas a filha deve ir para a cama ou com que frequência eles devem ter relações sexuais, se podem acabar com a frustração ou "tirar o parceiro das costas". O objetivo é ajudá-los a "pensar grande", definir o que eles idealizam, como gostariam que fosse seu relacionamento e como eles mesmos gostariam de ser. A terapia de casal pode ajudá-los a ver como certas ações e reações se encaixam e são complementares para formar o que eles chamam de "o problema". É possível que se mude o clima emocional no espaço e entre eles; contudo, em vez de dar a eles a simplicidade do preto e branco por que anseiam, é fundamental fornecer-lhes uma oportunidade de lutar contra seus problemas e descobrir quais lições e aprendizados podem oferecer para si e para ambos. A terapia de casal é um processo de construção e de criação no qual o espaço deve ser suficientemente seguro para que eles possam, paradoxalmente, não sentir o risco e, assim, crescer.

Para Osório e Valle[2,3], é fundamental catalisar, durante o processo terapêutico, a maior transparência possível entre os membros do casal. Por isso, é preciso que o terapeuta seja igualmente espontâneo nas atitudes e nas intervenções que faz e, sempre que possível, busque surpreendê-los ao não se conduzir segundo o que se espera da cartilha de terapeutas. Segundo Taibbi[1], é necessário dar a devida atenção ao equilíbrio, ao processo, às habilidades e à capacitação de cada um, aspectos que são como princípios e que, metaforicamente, podem ser percebidos como o lastro de um navio, ajudando o terapeuta e a terapia a permanecerem centrados e focados.

Pode-se definir terapia de casal como um modelo de intervenção que envolve ambos os membros de uma díade, cujos focos são o padrão de funcionamento, o modo e a qualidade da interação do casal. Para Glick et al.[4], a terapia de casal ou marital centra-se na díade dos aspectos íntimos emocionais e sexuais do casal, enquanto a terapia familiar geralmente se concentra em questões que envolvem o comportamento de uma criança ou adolescente e as interações entre pais e filhos. Na terapia familiar, é possível discernir triângulos envolvendo vários membros da família, como pai/mãe/filho (implicando, necessariamente, um membro de diferente posição hierárquica, que nesse caso é o filho, perante a posição de poder dos pais), ao passo que, no trabalho com casais, as triangulações devem ser inferidas no aqui-agora, pois nessa interação quem está diretamente envolvido é o terapeuta (que reflete a posição do outro na já composta posição de dois outros membros presentes).

Quanto ao formato, as sessões de terapia de casal geralmente são atendidas apenas pelos cônjuges, embora os filhos possam ser convidados durante a avaliação inicial ou posteriormente para questões específicas. Glick et al. ainda indicam que a terapia de casal deve manter questões presentes do compromisso, bem como nutrir o cuidado para atender às questões de gênero que são pertinentes às dinâmicas de papéis, posições, crenças e regras preestabelecidas pelo casal. Tais aspectos refletem, na verdade, o resultado da dinâmica e do funcionamento marital, mas também devem ser identificados como os mesmos componentes que organizam e dão forma ao sistema marital e, por conseguinte, ao sistema familiar.

Na arte interventiva de autores nacionais das terapias de casal e familiar, há diversos aspectos já abordados em muitas publicações que preenchem um rico cenário de possibilidades para um destino positivo na vida dos membros que constituem um sistema marital.[5,6] Vale ressaltar que o que nomeamos como *positivo* não quer dizer bem-sucedido, pois o resultado do trabalho interativo entre casal e terapeuta não presume o final da história. Metaforicamente, seria possível pensar no arremesso de uma pedra contra uma janela de vidro. O vidro certamente rachará com o impacto desse arremesso. No entanto, as rachaduras, as linhas riscadas na superfície do vidro tomarão uma direção inesperada, mesmo que previamente tensionada. Nesse sentido, o que se pode entender é que o resultado partirá de ações que produzem outra ação, a da mudança, do movimento, mesmo que este não tenha direção definida.

Tendo como base esse pensamento, para este capítulo o enfoque sistêmico é explorado a partir da óptica de três tipos de abordagem: a da solução de problemas; a da terapia narrativa; e as abordagens colaborativas. Todas elas focam a mudança como um processo possível, advindo da reconstrução de significados e da apropriação de escolhas positivas e modificadoras da identidade das partes e do casal como um sistema, como unidade que se relaciona e interage com o processo de intervenção terapêutica.

Alguns dos muitos aspectos abordados na diversidade do tema são pontuados neste capítulo. Aspectos que devem ser entendidos como componentes naturais da relação marital foram associados às questões presentes na relação de Helena e Thiago, e é esta a história que contaremos agora, para que o leitor acompanhe nossas reflexões.

História da terapia de casal

Diversos autores da terapia de casal tendem a dizer que, na história conceitual, pelo menos quatro fases metodológicas e conceituais são predominantes.[7-9] A primeira fase (1930-1960) iniciou-se com a abordagem do aconselhamento matrimonial, que se orientava por teorias psicológicas ecléticas e indiferenciadas. A segunda fase (1940-1960) caracterizou-se pela aplicação do método e de teorias psicanalíticas à terapia de casal, sobrepondo-se parcialmente à primeira fase e influenciando fortemente o pensamento dos teóricos de aconselhamento de casal. A terceira fase (1960-1985) foi marcada pela introdução do enfoque sistêmico familiar, que predominou na abordagem de casais e famílias até a metade da década de 1980. Na quarta fase, com a diversificação de modelos e abordagens, surgiram esforços de articulação entre os diferentes enfoques.[7]

Caso clínico | A história de Helena e Thiago

Helena, 37 anos, e Thiago, 36, casados há 8 anos, procuraram terapia porque não estavam mais certos de que ainda formavam um casal. A relação desgastada pelas discussões e a falta de intimidade entre eles reforçavam um cenário de distanciamento para ambos. Segundo eles, estavam havia quase 1 ano sem manter relações sexuais, o que os fazia pensar o quanto não eram mais um casal.

Helena, filha única, sofrera episódios de abandono e rejeição pela mãe e, posteriormente, pelo pai. Aprendeu a conviver com seus tios e familiares, o que favoreceu para que se tornasse independente, profissionalmente ativa e socialmente articulada. Thiago, filho caçula de uma família com sete irmãos, teve como referência positiva a relação de cuidado estabelecida pela mãe. A figura materna era vista como forte e dominadora, apesar de contraditoriamente ter sofrido abusos de seu marido, que bebia em excesso. Foi com base em suas experiências familiares e culturais que o processo terapêutico começou.

As narrativas dominantes, que expressavam a dificuldade de ambos de se autovalorizarem e se perceberem como pessoas qualificadas, corroboravam para o sentimento de insatisfação constante na relação. Mantinha-se o pensamento de que as coisas nunca estavam bem, como se sempre faltasse algo ora de um lado, ora de outro.

A partir disso, serão compartilhados a seguir alguns dos aspectos trabalhados ao longo das sessões com os conceitos apresentados pelas abordagens que conduziram o pensamento terapêutico oferecido.

O enfoque sistêmico

A teoria sistêmica, a qual contempla abordagens que enfatizam comunicação, reflexões e significados entre os membros de uma família, engloba diversas teorias e práticas.

Os teóricos sistêmicos utilizam conceitos sistêmicos como integridade, causalidade, circularidade, homeostase, *feedback* negativo e positivo e padrões de interação familiar. Interação, a noção central da teoria sistêmica, pode ser considerada uma explicação para os conflitos conjugais. Casais em conflito comunicam, em seus relatos, contradições entre diferentes níveis de mensagens que são, na verdade, a raiz do comportamento sintomático da relação.

Em Sholevar e Schwoeri[10], pode-se ver que os teóricos sistêmicos têm diferentes pontos de vista quanto ao que conceitualizam como problemas conjugais. Para Haley (*apud* Sholevar[11]), o foco central do conflito conjugal é a luta pelo poder entre os cônjuges, sendo o processo terapêutico um modo de se trabalhar abertamente os acordos comuns sobre questões que não foram discutidas anteriormente. Para Watzlawick (*apud* Sholevar[11]), a maior dimensão problemática seria um problema de base cognitiva em que cônjuges falham por não diferenciarem dificuldades comuns de problemas de ordem mais séria.

Estratégias terapêuticas incluem redefinir os problemas do casal pelo uso da ressignificação e da aplicação de tarefas paradoxais que ajudam a mudar a perspectiva das partes envolvidas e, portanto, suas experiências subjetivas. O uso de tarefas paradoxais ou a prescrição do problema baseiam-se na noção de que as normas ou realidades são relativas e, quando o terapeuta permite ou incentiva o comportamento sintomático, o paciente tende a eliminá-lo. Estratégias aplicadas à terapia de casal deram origem às abordagens pós-modernas mais recentes associadas ao construtivismo social, como a terapia de solução de problemas e a terapia narrativa de casais.[12,13]

Solução de problemas

A abordagem de solução de problemas, baseada no trabalho de De Shazer *et al.*[14,15], desloca o foco da terapia para enfatizar as soluções dos problemas na busca de exceções que emergem a partir da descrição do problema atual. Trata-se de uma abordagem que enfatiza a força do casal e suas competências. Com o casal Helena e Thiago, havia a possibilidade de trilhar um raciocínio que explorasse apenas as limitações e falhas originadas como tentativa de solucionar seus conflitos; no entanto, optamos por explorar suas competências e validar ações que os ajudassem a se sentir unidos como casal. Para ser desenvolvido, tal aspecto exigiu tempo e dedicação de ambos, pois muitas vezes Helena vivia seu mundo à parte de Thiago, ora em horas a fio na internet, ora nos cursos variados em que se inscrevia. Tudo demonstrava ser mais fascinante que ficar em casa e oferecer companhia ao marido. Thiago, por sua vez, procurava compreendê-la e se adaptar ao que chamava de "individualismo inato de Helena". Muitas vezes, chegou a se esforçar para acompanhá-la e, com frequência, mostrava-se bastante servil. Nesse sentido, um dos primeiros aspectos a ser ressignificado foi validar sua relação como casal, como unidade, e não como duas partes independentes uma da outra.

O trabalho com casais como uma unidade

Mais que focar as partes, uma abordagem alternativa para trabalhar com casais faz do relacionamento o principal foco. Segundo Williams *et al.*[16], em uma terapia com casais, é essencial ir além da relação pessoal terapeuta-cliente, uma vez que o terapeuta assume uma posição de orquestrar a construção de novas narrativas, papéis e comportamentos entre os parceiros. Muito da terapia de casal, em especial com qualquer enfoque psicoeducacional ou que se proponha a explorar habilidades do casal como unidade, toma essa postura triádica. Habilidades e experiências de interações positivas são necessárias para criar e manter um novo sistema marital.

Na prática sistêmica, é bem-vinda a combinação de técnicas ou abordagens a fim de ampliar as possibilidades de conexão e intervenção com as partes da relação. Por exemplo, Helena e Thiago chegaram à terapia apresentando brigas, parte das quais acontecia em decorrência de problemas financeiros e da insatisfação de ambos quanto aos seus cargos de trabalho. O terapeuta tem a possibilidade de construir inúmeras alternativas para explorar a problemática em si, além de se posicionar de modo a investigar apenas os recursos de habilidades e questões que tenham sido bem-sucedidas em torno do tema. A partir disso, optamos por analisar diversas potencialidades com base na abordagem da solução de problemas, cujo foco é a solução. No conjunto de narrativas e percepções trazidas pelos membros, é possível optar por identificar apenas quando eles "não brigam" e oferecer a possibilidade de ambos descreverem essas interações sem brigas em detalhes. Pode-se explorar a dinâmica e o funcionamento de tais interações, como investigar quando essas brigas são menos destrutivas para a relação, ou encorajar o casal a pensar em como eles funcionam quando tudo está bem, disponibilizando uma condição nova de avaliarem os conflitos e discussões de maneira menos intensa em torno do dinheiro e da família.

Outro componente importante da relação construída entre terapeuta e casal é o humor, a diversão, o lazer partilhado. Para a abordagem de solução de problemas, rastrear momentos de diversão compartilhados favorece um tom melhor, de mais suavidade, para discutir as questões em torno do dinheiro, por exemplo. Nesse sentido, o terapeuta optaria por focar o desenvolvimento dos novos padrões de relacionamento que passam a dissolver os problemas apresentados para ambos. Experiências individuais são menos enfatizadas e o terapeuta é mais objetivo e considera o funcionamento do casal uma unidade.

A postura terapêutica esperada nessa posição triádica possibilita o reconhecimento de um trabalho de colaboração. Para Williams et al.[16], o terapeuta pode pronunciar e/ou significar, por exemplo, que tenta estabelecer "um novo tipo de relacionamento, em que preocupações e necessidades podem ser honradas. Mais que viver juntos como oponentes, trabalha-se com todos do mesmo lado, para estar na mesma equipe". Pode-se dizer ainda que trabalhar em parceria para solucionar um problema e um conflito entre os membros do casal pode ser uma experiência nova, com a qual nem sempre se sabe lidar, pois muitos casais contraditoriamente aprendem a funcionar com mais facilidade ou frequência em torno dos conflitos e problemas que com seus próprios recursos. Ainda assim, caso uma das partes não se comprometa com a mudança ou não se envolva no processo terapêutico, como apontam Gottman e Notarius[17], é bem provável que um dos cônjuges tenha desistido do parceiro ou da relação.

Daí a relevância de convidar os casais a um olhar prospectivo sobre sua relação, em que possam avaliar não só os objetivos compartilhados, mas também se seus objetivos pessoais são compatíveis, pois uma parceria satisfatória não pode ser obtida às custas do sacrifício de uma das partes para atender aos desejos do outro – sendo o tempero de tudo isso, nos dizeres de Zanonato e Prado[6], o amor e o prazer da convivência.

O terapeuta como "tradutor" para o casal

Em uma posição triádica, o terapeuta pode ter de gerir de modo eficaz o processo terapêutico do casal, assumindo um papel de intérprete ou de tradutor. Com esse foco, ele funciona como alguém que entende os comportamentos de cada parceiro, bem como as percepções e as experiências que influenciam o funcionamento do casal. O terapeuta cria novos caminhos para o casal se entender, muitas vezes oferecendo um reenquadramento das posições. Por exemplo, casais normalmente entram em "batalhas" porque, possivelmente, cada um está tentando recriar sua família de origem no novo relacionamento. Muitas vezes, ambos os parceiros querem voltar para sua própria maneira de entender suas maneiras culturais e familiares de fazer as coisas. Diante disso, o terapeuta precisa manter em mente que o casal está em um processo de criação de um "novo sistema" de relação um com o outro. Interações que respeitem a combinação de um pouco da história de cada parte e seus valores podem ajudar a criar esse novo sistema. Sem essa nova perspectiva de um novo sistema, o casal continuará a brigar. Portanto, o terapeuta poderá facilitar a criação de um novo sistema ajudando cada parceiro a compreender melhor seu companheiro.

Nos dizeres de Osório e Valle[2,3], a possibilidade de criação parte de um contexto de confiança, indispensável em qualquer terapia. A partir disso, deve-se buscar desestabilizar os estereótipos criados pelo casal ao longo de sua relação, estimulando os cônjuges a reinventarem as modalidades de se comportar em sua vida cotidiana como casal. Nessa mesma linha, o trabalho do terapeuta deve ser pautado pela busca da desculpabilização, pois esta só leva a um sofrimento desnecessário, sem construir nada de positivo no relacionamento. Culpa e ressentimentos devem ser constantemente traduzidos e ressignificados.

De acordo com Williams et al.[16], para ser um "tradutor" para o casal, é preciso, basicamente, compreender que cada pessoa deve ser reconhecida como diferente. Essas diferenças podem promover a saúde, promover um sistema diferenciado ou desintegrar-se em um jogo de poder mantido pelo parceiro que queira ganhar o controle da relação. O terapeuta, em vez de tomar partido, reforçando aspectos individuais, promove uma relação baseada na união do casal. A partir disso, simultaneamente traduz e verbaliza como cada parceiro se coloca na relação, em diferentes maneiras de ser, entender, perceber ou fazer.

Ao manter, por exemplo, o entendimento da dinâmica de um casal perante o conflito financeiro, deve-se partir do ponto de suas origens até que se tenham mais instrumentos que preencham um panorama do funcionamento de cada um, bem como dos significados criados em torno das questões de poder, como, no caso apresentado, o dinheiro. Um exemplo seria um casal composto de um parceiro que vem de uma família estruturada, em que o dinheiro é cuidadosamente administrado, enquanto a família do outro parceiro permite que todos os membros gastem o dinheiro como queiram. Cada parceiro defende o seu "caminho certo" para supervisionar o orçamento familiar e pode vir a criticar o outro por ser econômico ou irresponsável demais. O terapeuta pode, primeiro, reconhecer os pontos fortes e as possíveis responsabilidades da família de origem de cada parceiro e suas lições sobre o dinheiro. Depois, pode ressignificar a batalha do casal como "muito saudável – a qual apresenta que cada parceiro tem uma experiência diferente, podendo beneficiar o relacionamento uma vez que ambos precisam ser ouvidos".[16] Por isso, o terapeuta pode e deve refletir acerca de suas impressões para, então, poder traduzir esse questionamento como uma pergunta ao casal sobre a possibilidade de encontrarem uma maneira de abraçar a experiência de cada um e, assim, fortalecerem o casamento. Assim, o terapeuta estaria primeiro traduzindo, para depois mediar a relação do casal.

Terapia narrativa

A abordagem narrativa pauta-se na busca da ressignificação para ambos os cônjuges compreenderem sua situação, para se separarem de seus problemas e serem coautores de uma nova narrativa que se cria por meio de diálogos conversacionais entre e com o terapeuta.[12,13,18] A nova narrativa pode se basear em como o casal gosta de se ver e de ser visto por outras pessoas, uma vez que perguntas que proporcionem reflexão perspectiva (ou seja, transpor ideias ou crenças) são frequentemente apresentadas. De qualquer modo, a maneira como o casal gosta de se ver é, em geral, muito diferente do problema saturado presente ou de como se viam quando chegaram à terapia.

A terapia narrativa, de acordo com Freedman e Combs[19], é um crescente corpo de ideias e práticas que nasce do trabalho de Michael White e David Epston.[12,18,20-23] O primeiro trabalho publicado de White[24] baseou-se nos estudos de Gregory Bateson[25], que lhe deu alguma sobreposição teórica com estratégias e abordagens cibernéticas à terapia. Epston[26,27], que havia encontrado a metáfora narrativa ao estudar antropologia, e Cherryl White, "que tinha entusiasmo por essa analogia de suas leituras vindas do feminismo", encorajaram Michael White a usar a "analogia da história" – a noção de que o significado é constituído pelas histórias que ouvimos e contamos sobre nossas vidas.[12] Seus conselhos mostraram-se úteis, tanto que, desde o início da década de 1990, a narrativa tem sido a metáfora da organização central para essa abordagem terapêutica.

Terapeutas que começaram a usar a metáfora narrativa ao modo de White e Epston experimentaram grande mudança em suas visões de mundo. Em vez de tentarem resolver problemas, começaram a focar de maneira colaborativa o enriquecer das narrativas de vida das pessoas, trabalhando para produzir e desenvolver "descrições densas" ou histórias ricas e significativas dos aspectos da narrativa de vida das pessoas que estão fora da influência de problemas.[28,29] Por meio dessas histórias alternativas, as pessoas podem viver novas identidades, novas possibilidades para relacionamentos e novos futuros. Na abordagem narrativa, trabalha-se para ajudar as pessoas a encontrarem novos significados em suas vidas por meio da vivência, contando e recontando histórias de aspectos ainda não relatados.

No enfoque narrativo, a mudança ocorre por meio do processo vivencial pelo qual as pessoas recuperam, revivem e refazem os significados de suas histórias, acrescentando novas possibilidades para suas vidas. A terapia de casal é também um processo em que os parceiros testemunham mutuamente suas histórias de eventos alternativos. O mecanismo de mudança na terapia narrativa é contar, recontar, expressar e vivenciar as múltiplas histórias que viveram.

White[30] descreve o papel do terapeuta nesse trabalho não como algo central, mas como algo, uma forma, um componente que exerce influência em outros aspectos da relação, uma vez que ele ocupa o lugar de copesquisador de um novo projeto. As narrativas de vida das pessoas são condensações e abstrações: elas contêm apenas uma pequena porção de eventos e circunstâncias de suas vidas. Dos inúmeros eventos que ocorrem durante o dia, poucos são os relatados e aos quais se atribui significado. Quando casais vão à terapia, suas considerações a respeito da relação costumam já estar comprometidas e no limite. Isso tem a ver, pelo menos em parte, com uma vasta bagagem cultural de histórias ou discursos que sustentam conjuntos de histórias específicos, enquanto outros não o fazem. A experiência das pessoas do significado de suas vidas e suas relações muda com as transformações em suas narrativas de vida. À medida que a narrativa de uma pessoa muda, as coisas que ela faz e o modo como percebe o mundo também mudam. O processo é facilitado por perguntas para destacar eventos ainda não relatados e incentivar significados em torno desses eventos, de modo a atrelar sentidos de ações e contextos memoráveis.

Identidade relacional

Quando os parceiros começam a contar os problemas na terapia, não é incomum que cada um descreva o problema como se estivesse dentro do outro e faça descrições muito fixas ou rígidas, como: "Ele é uma pessoa fria e que critica demais". Esse tipo de descrição e a percepção na qual se baseia originam culpa, remorso, ressentimento e desesperança. Ao conseguir resistir à influência dos discursos que sustentam as identidades e pensar alternativamente que essas podem ser histórias múltiplas e em constante construção, somos muito mais livres para perceber a diferença em nossos parceiros, em nossos relacionamentos, em nós mesmos, e constatar o que contribui para essas diferenças.[31]

Para Freedman e Combs[19], ao se pensar na identidade como algo que se desenvolve no relacionamento, questiona-se que diferença faria se, em vez de perguntar "será que meu parceiro tem essas qualidades?", indagássemos "quem eu tenho de ser quando estou com meu parceiro?" ou "estou mais satisfeito comigo ao passar mais tempo com meu parceiro?". Esses são questionamentos úteis. Ao respondê-los, as pessoas muitas vezes reconhecem que, embora possam estar com alguém que tem todas as "qualidades" que procuram, não estão satisfeitas consigo mesmas quando estão com essa pessoa. Quando se muda o foco do casal de "essa pessoa corresponde ao que imagino para meu parceiro?" para "quem eu devo ser quando estou com essa pessoa?", os resultados são alegres e maravilhosos de se contemplar. Essa mudança de foco muitas vezes ajuda as pessoas a deixarem de lado a ideia de mudar seus parceiros e as faz trabalhar em prol de construir maneiras de evidenciar e apreciar um ao outro.

Conversações externalizadoras

White[32-34] e Epston[35] introduziram a ideia de que o problema não é a pessoa; o problema é o problema. A prática narrativa da externalização põe essa ideia em prática, uma vez que passamos a escutar o problema como algo separado, à parte da pessoa, o que cria um poderoso efeito desconstrutivo.

Nas conversações externalizadoras, estamos interessados, particularmente, em ouvir as descrições dos efeitos dos problemas. Daí a possibilidade de perguntarmos sobre o efeito do problema para ambos os parceiros, para sua relação e em suas vidas. Isso reforça positivamente a ideia de mantermos separado o problema de um dos parceiros (quando se tem claramente um deles ocupando o lugar do problema), o que contribui para a construção de uma possível aliança entre os parceiros perante o problema. Ou seja, se antes tínhamos Helena contra Thiago e vice-versa, passamos a ter Helena e Thiago contra o problema.

Terapias colaborativas

Tanto as terapias narrativas como as terapias colaborativas foram desenvolvidas por meio de pensamentos similares situados dentro das perspectivas pós-modernas. No entanto, diferenciam-se no modo de atuação do terapeuta, do ponto de vista da organização do contexto relacional e da orientação do terapeuta no contexto conversacional dialógico.[36] No âmbito das abordagens colaborativas, compreende-se o diálogo como uma conversação transformadora de duas mãos de trocas colaborativas, em que o cliente é o especialista, e o terapeuta um "arquiteto do diálogo", que mantém uma postura de curiosidade, de explorar o ainda não dito, de desejar saber mais sobre o casal, criando um espaço facilitador para o diálogo.[37]

A postura colaborativa do terapeuta o coloca em uma posição igualitária, e não hierárquica, que estabelece uma relação recíproca, de troca e colaboração, por meio do diálogo. Segundo London et al.[38], "é por meio da colaboração que surgem novas ideias e padrões, resultantes das conversações e relações". Ao assumir uma postura colaborativa, o terapeuta partilha suas ideias, seus conhecimentos, suas experiências ou seus sentimentos com o cliente/casal, tornando públicos seus pensamentos, estabelecendo "uma maneira de pensar *com*, agir *com* e responder para *com* as pessoas que se encontram em terapia" e conduzindo à criação de uma nova linguagem e de significados diferentes, novas narrativas e novas perspectivas.[39] Os terapeutas colaborativos mantêm sua atenção no modo como o cliente compreende seu problema, vivenciado pelo diálogo no momento em que se desenvolve a terapia, e não tanto nas informações de suas pré-compreensões, favorecendo o processo de mudança e a criação de novos conhecimentos.[40]

Essa abordagem, segundo Féres-Carneiro e Diniz-Neto[5], tem criado novas alternativas de experiências criativas, auxiliando a construção de novos significados para a identidade nuclear de casais e levando a eles oportunidades de mudança e renovação.

Para o psicólogo Daniel Wile[41], que desenvolveu a terapia colaborativa para casais, as brigas entre os casais tendem a ocorrer quando os parceiros não se sentem "ouvidos" e também não estão dispostos a ouvir, e esse impasse faz com que acabem por agir um contra o outro. O medo e a insatisfação reduzem a possibilidade de proximidade e confiança e inibem a capacidade dos parceiros de falar sobre os desafios do relacionamento. Assim, um "ambiente" colaborativo produz no casal a confiança para expor seus conflitos com o terapeuta, que, por sua vez, auxiliará naquele momento para que os conflitos deixem de representar confrontos e passem a atitudes colaborativas. Nesse ciclo, como descreve Wile, "cada parceiro admite, reconhece, ouve, conforta, estende a mão, sintoniza-se com o outro, baseia-se no que o outro diz, torna-se conciliador, olha as coisas por outro ponto de vista, faz piadas e ri junto". Os parceiros passam a compreender que um relacionamento saudável é aquele em que os casais podem discutir (dialogar) de maneira segura, reconhecer suas divergências e transformar o desejo de se defender em oportunidade de crescimento e em confiança no outro.

Para que isso ocorra, o trabalho do terapeuta baseia-se em praticar e promover empatia ao ajudar o casal a transformar os conflitos em oportunidades de maior proximidade. O terapeuta auxilia o casal no discurso de seus sentimentos e favorece a partilha, o aumento da confiança e um ambiente em que cada parceiro se sinta ouvido e acolhido.

Portanto, nessa relação triangular, todos tornam-se parceiros e aprendizes em busca de novas alternativas para a construção de novas histórias, e o terapeuta torna-se responsável por sustentar e promover uma conversação respeitosa, deixando de lado as intervenções terapêuticas e diagnósticas e valorizando uma relação de igual para igual.

A necessidade de oferecer segurança e confiança

A postura colaborativa dessas abordagens promove uma parceria entre os membros em que a questão do "poder terapêutico" inexiste, pois, segundo essas abordagens, não se deve assumir o lugar de *expert*. No entanto, nos dizeres de Taibbi[1], terapia de casal não é para terapeutas tímidos, pois casais que chegam emocionalmente esgotados ou atolados na ambivalência precisam de energia e direção para tirá-los de sua lentidão. Casais em crise, que estão com raiva ou que têm personalidade forte, precisam que o terapeuta se torne uma poderosa força contrária, ou é provável que o casal acabe fazendo exatamente o que já faz em casa, saindo com o mesmo sentimento com o qual chegou – raiva, frustração ou solidão. Eles pensarão, legitimamente, que poderiam ter ficado em casa e feito a mesma coisa de graça. Estamos falando de um lugar de responsabilidade, que exige bom senso, criatividade e sensibilidade constantemente. Muitos autores dizem que a terapia só funciona quando o espaço terapêutico está seguro. Thiago pôde se perceber mais confiante e seguro nas sessões para trazer temas de conflito que normalmente não mencionaria em casa. Questionado por Helena sobre o motivo de isso ter se tornado habitual, ele respondeu que era ali, na sessão, que ele tinha a garantia de um comentário não se tornar um problema.

O que se espera é que ambos saibam que o terapeuta está lá para não deixar que as coisas saiam do controle, para protegê-los de retaliações e para evitar que caiam no mesmo padrão familiar. Por isso, é importante que ele demonstre liderança e permaneça encarregado do processo no ambiente. Isso não quer dizer que tenhamos de ser subgerentes, sempre no controle. Para Taibbi[1], liderar é criar equilíbrio:

> Como um maestro de uma orquestra, conduzir a conversação, os anseios e as reflexões para que se desenrolem de modo diferente e produtivamente, ao contrário de modelos destrutivos que até então eram muito frequentes.

Com a liderança, casais podem se mover, juntos e individualmente, em direção a novas emoções e comportamentos dos quais poderiam estar com medo ou incapazes de se aproximar até então.

A liderança é, no caso do terapeuta, para perder. Como profissional, um indivíduo fora da relação, suas observações e sugestões carregam um peso. Se, inicialmente, os cônjuges podem ver o terapeuta como juiz, mediador ou sábio, é porque esperam que algo de diferente e eficaz venha da parte dele. O objetivo central da liderança é ajudá-los a ver o problema de uma nova maneira ou, simplesmente, a ter seu lado da história ouvido, bem como ajudá-los a permanecer em um lugar e a ver como estavam agindo.

Ressignificação da comunicação

Muitos casais precisam de ajuda para desbravar novos terrenos emocionais. O processo disfuncional não é assim apenas por ser abusivo, defensivo ou vago, mas também por ser repetitivo, restritivo e familiar. O trabalho deve ser, então, modificar a comunicação, agitar o pote emocional, ir em direção aos buracos, buscando aquilo que eles não falam. Descobrindo novas emoções, não apenas modificaremos o clima emocional, mas também passaremos a ajudar os casais a experimentarem algo novo, que, por sua vez, pode abrir as portas para novos comportamentos. Para que tornemos a linguagem mais específica e completa, devemos observar a construção de linguagem e a comunicação do casal. Harlene Anderson[42] usa o conceito de linguagem familiar e de casal como algo que descreve a própria identidade familiar.

Termos vagos e sentenças incompletas são, muitas vezes, proteções inconscientes contra emoções fortes que estão escondidas. Ao pedirmos aos clientes para serem mais precisos em sua linguagem, eles geralmente se tornam mais claros em suas emoções, o que, por sua vez, cria mais intimidade com suas histórias e, logo, com o sentido delas.

Para Osório e Valle[2,3], é preciso escutar atentamente sons internos porque, na prática, quando atendemos casais, estamos metaforicamente auscultando seus corações, tentando entender suas emoções, ou seja, entrando em contato com sua intimidade.

Há momentos em que é útil reafirmar o que um parceiro está dizendo e incluir clareza e assertividade nas declarações, de modo a modificar o clima emocional, fornecer um resumo e modelar uma melhor comunicação. Se a raiva de Helena é sobre o descuido de Thiago com o dinheiro, por exemplo, poderíamos intervir e quebrar o ciclo dizendo coisas como: "Helena, eu me pergunto: se o Thiago viesse até você e dissesse que está realmente preocupado com o orçamento e a dívida de seus cartões de crédito, o que você diria?" ou "Thiago, se Helena falasse para você 'Thiago, toda vez que você fala de dinheiro e contas, eu começo a me sentir reprimida e me sinto como uma criança', o que você diria?".

Assim, interrompe-se o padrão, demonstrando a possibilidade de construir uma comunicação mais eficaz e mudando o clima emocional, com palavras e tom colocados de modo novo. Ao sermos claros e assertivos e ao deixarmos a emoção de lado, podemos criar outras observações e reflexões, as quais serão manifestadas, por exemplo, como respostas: "Seria ótimo se ele dissesse isso" ou "É assim que você se sente – você está preocupado?" ou "Isso é verdade? Você se sente como se eu estivesse te reprimindo?". A conversa sai da rotina defensiva e possibilita que as questões subjacentes venham à superfície.

Considerações finais

Prado[43] sugere a importância de observar os aspectos essenciais dos múltiplos vínculos que os casais acabam estabelecendo. Tais aspectos podem ser analisados por meio de componentes inerentes à relação, como a amizade e o companheirismo entre o casal; o respeito e a admiração mútuos; a capacidade de ouvir um ao outro com o coração, de expressar sentimentos e compartilhar ideias; o equilíbrio de valor entre os parceiros, que deve estar presente, mesmo que como diferentes qualidades; a existência de afinidades de valores e crenças fundamentais sobre os vários aspectos da vida; a capacidade de apoio mútuo em momentos de dificuldades emocionais e de ajuda em atividades ou projetos de vida; a qualidade de carinho e do sexo, em seus diversos aspectos – desejo, desempenho e prazer; o humor da relação; a aceitação mútua e o respeito pela individualidade de cada um; e a comunicação entre o casal, em especial a capacidade de resolverem problemas e negociarem diferenças. Todos esses componentes descrevem o funcionamento de um casal como um todo e qualquer um deles, quando acessado terapeuticamente, pode representar a porta de entrada para o processo terapêutico.

Optamos, neste capítulo, por elucidar alguns princípios de duas abordagens sistêmicas, da solução de problemas, da terapia colaborativa e da abordagem narrativa, além de apresentar alguns tópicos que consideramos importantes facilitadores nas conversações da relação do casal, mas que certamente não esgotam a magnitude do tema.

Por isso, finalizamos este capítulo convictas de que estas páginas representam uma reflexão, e de que há múltiplas maneiras de adentrar o universo marital. Uma boa opção é estar vestido do não saber e da empatia, para que, em coconstrução com o casal, forme-se um sistema terapêutico colaborativo.

Referências bibliográficas

1. Taibbi R. Doing couple therapy: craft and creativity in work with intimate partners. New York: The Guilford Press; 2011.
2. Osório LC, Valle MEP, organizadores. Manual de terapia familiar. v. 1. Porto Alegre: Artmed; 2009. Casais recasados. p. 423-30.
3. Osório LC, Valle MEP, organizadores. Manual de terapia familiar. v. 2. Porto Alegre: ArtMed; 2011. Intervenções familiares em psicoterapias individuais e intervenções individuais em terapias de famílias. p. 113-20.
4. Glick ID, Ritvo EC, Melnick I. Couples and family therapy. In: Hales RE, Yudfsky SC, Gabbard GO, editors. American psychiatric press textbook of psychiatry. 5. ed. Arlington, VA: American Psychiatric Publishing Inc.; 2008. p. 1303-28.
5. Féres-Carneiro T, Diniz-Neto O. De onde viemos?: uma revisão histórico-conceitual da psicoterapia de casal. Psicologia: Teoria e Pesquisa. 2008;24(4):487-96.
6. Zanonato AS, Prado LC. Terapia de casais com enfoque cognitivo-comportamental. In: Osório LC, Valle MEP, organizadores. Manual de terapia familiar. v. 1. Porto Alegre: Artmed; 2009. p. 164-83.
7. Gurman AS, Fraenkel P. The history of couple therapy: a millennial review. Fam Process. 2002;41(2):199-260.
8. Gurman AS, Jacobson NS, editors. Clinical handbook of couple therapy. 3. ed. New York: The Guilford Press; 2002.
9. Johnson S, Lebow J. The "coming of age" of couple therapy: a decade review. J Marital Fam Ther. 2000;26(1):23-38.
10. Sholevar GP, Schwoeri LD. Textbook of family and couples therapy: clinical applications. Washington, DC: American Psychiatric Publishing; 2003.
11. Sholevar GP. Couples therapy: an overview. In: Sholevar GP, Schwoeri LD. Textbook of family and couples therapy: clinical applications. Washington, DC: American Psychiatric Publishing; 2003. p. 417-38.
12. White M, Epston D. Narrative means to therapeutic ends. New York: W. W. Norton; 1990.
13. Eron J, Lung T. Narrative solution in brief therapy. New York: The Guilford Press; 1996.
14. De Shazer S. Keys to solution in brief therapy. New York: W. W. Norton; 1985.
15. De Shazer S, Berg IK, Lipchik E, Nunnally E, Molnar A, Gingerich W, et al. Brief therapy: focused solution development. Fam Process. 1986;25(2):207-21.
16. Williams L, Edwards TM, Patterson J, Chamow L. Essential assessment skills for couple and family therapists. New York: The Guilford Press; 2011.
17. Gottman JM, Notarius CI. Marital research in the 20th century and a research agenda for the 21st century. Fam Process. 2002;41(2):159-97.
18. White M, Epston D. Experience, contradiction, narrative, and imagination. Adelaide: Dulwich Centre Publications; 1992.
19. Freedman J, Combs G. Narrative couple therapy. In: Gurman AS, editor. Clinical handbook of couple therapy. 4. ed. New York: The Guilford Press; 2008.
20. Brown C, Augusta-Scott T, editors. Narrative therapy: making meaning, making lives. Thousand Oaks, CA: Sage; 2007.
21. Freeman J, Epston D, Lobovits D. Playful approaches to serious problems: narrative therapy with children and their families. New York: W. W. Norton; 1997.
22. Morgan A. What is narrative therapy?: an easy-to-read introduction. Adelaide: Dulwich Centre Publications; 2000.
23. White M. Maps of narrative therapy. New York: W. W. Norton; 2007.
24. White M. Narrative explanation, restraint and double description: a template for family therapy. Fam Process. 1986;25(2):169-84.
25. Bateson G. Steps to an ecology of mind. New York: University of Chicago Press; 1972.
26. Epston D. Collected works. Adelaide: Dulwich Centre Publications; 1989.
27. Epston D. Catching up with David Epston: a collection of narrative practice-based papers published between 1991 & 1996. Adelaide: Dulwich Centre Publications; 1998.
28. Geertz C. The interpretation of cultures. New York: Basic Books; 1978.
29. Ryle G. Collected papers: critical essays and collected essays 1929-68. Bristol: Thoemmes Press; 1990.
30. White M. Reflections on narrative practice: essays and interviews. Adelaide: Dulwich Centre Publications; 2000.
31. Combs G, Freedman J. Narrative, poststructuralism, and social justice: current practices in narrative therapy. The Counselling Psychologist. 2012;40(7):1033-60.
32. White M. Family therapy and schizophrenia: addressing the in-the-corner lifestyle. Dulwich Centre Newsletter. 1987:14-21.
33. White M. The process of questioning: a therapy of literary merit? Dulwich Center Newsletter. 1988:8-14.

34. White M. Pseudo-encopresis: from avalanche to victory, from vicious to virtuous cycles. Family Systems Medicine. 1984;2(2):150-60.
35. Epston D. Internalizing discourses versus externalizing discourses. In: Gilligan S, Price R, editors. Therapeutic conversations. New York: W. W. Norton; 1993. p. 161-80.
36. Grandesso M. Terapias pós-modernas: um panorama. Sistemas Familiares. 2001;18(3):19-27.
37. Anderson H, Goolishian H. Human systems as linguistic systems: preliminary and evolving ideas about the implications for clinical theory. Fam Process. 1988;27(4):371-93.
38. London S, St. George S, Wulff D. Guides for collaborating. International Journal of Collaborative Practices. 2009;1(1):1-8.
39. Anderson H. The heart and spirit of collaborative therapy: the philosophical stance – "a way of being" in relationship and conversation. In: Anderson H, Gehart D, editors. Collaborative therapy: relationships and conversations that make a difference. New York: Routledge; 2007. p. 43-62.
40. Grandesso MA. Desenvolvimentos em terapia familiar: das teorias às práticas e das práticas às teorias. In: Osório LC, Valle MEP, organizadores. Manual de terapia familiar. v. 1. Porto Alegre: Artmed; 2009. p. 104-18.
41. Wile DB. Collaborative couple therapy: turning fights into intimate conversations. In: Carson DK, Casado-Kehoe M, editors. Case studies in couples therapy: theory-based approaches. New York: Routledge; 2011. p. 303-16.
42. Anderson H. Conversação, linguagem e possibilidades: um enfoque pós-moderno da terapia. São Paulo: Roca; 2009.
43. Prado LC. O ser terapeuta. Porto Alegre: UFRGS; 2002.

Anexo

A seguir, disponibilizamos alguns modelos que podem auxiliar o terapeuta nas conversações com casais.

Perguntas para reflexão

Freedman e Combs[1] sugerem um exercício que acreditamos ser um valioso instrumento para a prática terapêutica com casais. Por isso, optamos por descrevê-lo neste capítulo. Ele foi desenvolvido para dar às pessoas a oportunidade da prática do questionamento, mais propriamente do questionamento da identidade relacional. Sugere-se que se escolha um relacionamento significativo com outra pessoa, não necessariamente uma relação de casal. Pode ser uma amizade ou algum outro relacionamento importante.

Ao considerar as seguintes perguntas reflexivas, é importante observar que são perguntas que deslocam ideias preestabelecidas e que criam, em sua reflexão, a possibilidade de movimento na percepção de cada um, de seu lugar e do lugar que o outro ocupa como parceiro e coautor da relação.

- Nessa relação, você se tornou (ou se sente) diferente do que era antes? Essa diferença tem valor para você? Focando particularmente na diferença, como você descreveria o "você" que começou a conhecer nessa relação?
- O que existe na relação que favorece essa diferença?
- Essa diferença se relaciona com algo que você defenda ou a que dê valor? Se sim, você poderia nomear ou dizer algo sobre isso?
- Como seu parceiro (ou amigo) contribui para você ter se tornado assim, conhecer a si mesmo dessa maneira ou ser capaz de tomar essa posição?
- Que experiências ele pode relatar, caso questionado, sobre os momentos em que ele apreciou esse novo e diferente você?
- Há algum momento específico que você possa nos contar em detalhes? De que maneira experiências como essa podem contribuir para a vida de seu parceiro ou amigo?
- Como você tem sido valorizado por essa nova expressão do seu self, do seu "eu"?
- Há algo sobre essa nova versão da sua identidade que seu parceiro (ou amigo) ainda não tenha aprovado, que você deseja que ele valorize mais? Que diferença isso trará para você se acontecer?
- O que pode ter se perdido para você, para seu parceiro e na relação se você ainda não se tornou a pessoa que vem descrevendo?
- Imagine que seu parceiro (ou amigo) pode ouvir tudo que você tem dito tomando uma posição aberta, receptiva. Como você acha que tem sido para ele? O que ele poderia valorizar mais de tudo o que você disse?

Jogo reflexivo

Entre outras práticas colaborativas e comunicacionais, há o trabalho de Monica Galano[2], que desenvolveu o jogo reflexivo do casal. Esse jogo cria um espaço para que o terapeuta auxilie o casal, facilitando o diálogo, e para que, a partir do diálogo, haja a possibilidade de trabalharem situações hostis, conflitos, diferenças e acordos. O jogo possibilita o diagnóstico da situação relacional do casal, tomando como princípios norteadores os axiomas da comunicação. Com essa prática, é possível detectar os padrões de comunicação do casal, o nível de clareza e o grau em que os assuntos são tratados direta ou indiretamente.

Trata-se de um jogo com 50 cartas-questões, 15 cartas-questões extra, 10 cartas-crise, 5 cartas-crise extra e 5 cartas-tarefa. De maneira lúdica e dinâmica, o material pode proporcionar importantes reflexões.

Perguntas da terapia colaborativa de casal por Daniel Wile

A terapia colaborativa de casal descrita por Wile[3] tem como enfoque questões inerentes ao dilema a dois. A condição do casal, de como os parceiros enfrentam seus conflitos ao longo dos ciclos da relação, será entendida como a qualidade de vida que assumem e como a manterão. A premissa colaborativa do terapeuta é ampliar reflexões que tornem possível que o casal se depare com poder e querer estar junto sem alimentar as posições de adversários, movendo-se para a posição de colaboradores de suas vidas.

O autor sugere algumas perguntas estratégicas, algumas já familiares e outras nem tanto, para a intervenção colaborativa:

- Elabore perguntas que busquem o cerne do conflito, auxiliando as partes a não confundirem queixas com problemas reais. Perguntas que enfatizem as palavras usadas e que expressem a preocupação de um devem ser refeitas para que a outra parte acesse o sentido. Por exemplo: "João, você disse que ela estava brava. Você poderia estar preocupado por ela estar tão brava?"
- Legitime o processo de cada membro como algo que existe a partir do que ele verbaliza com significados e afetos. Faça perguntas que busquem normalizar a emoção sentida. Por exemplo: "João descreveu essa situação, mas me pergunto o que você estava sentindo ao passar por isso... eu, no seu lugar, poderia estar me sentido de tal maneira também?"
- Demonstre como cada posição dos membros faz sentido, ao contrário de iluminar o que não faz sentido. Use perguntas que ofereçam acolhimento, e não crítica a alguns padrões de comportamento. Por exemplo, em vez de dizer para Regina que ela está pescando coisas no passado e repetindo a mesma queixa várias vezes, seria possível reformular a pergunta como: "Regina, como você nos trouxe essa questão novamente, me pergunto: o que eu e seu marido não estamos conseguindo ouvir ou compreender?"
- Colabore para organizar reflexões e falas de cada parte. Tornar-se tradutor do que cada uma demanda não é necessariamente iluminar o conflito. Organizar e traduzir a queixa pode auxiliar o casal a refletir e ampliar a condição de escuta e entendimento. Por exemplo: "Regina, você está nos trazendo que o João falha por não colaborar em casa. João, você está nos dizendo que a Regina se queixa exageradamente de tudo". Assim, o terapeuta pode colaborar para que o casal verbalize o que, às vezes, não consegue ou não se permite dizer
- Crie um *metalevel* na relação entre os membros, ou seja, auxilie para que ambos se tornem cúmplices do conflito de ambos. Em sessões mais difíceis, em que o terapeuta percebe que o conflito está amplificado, é indicado aplicar perguntas que levem os parceiros para uma reflexão maior, fora do contexto presente. Por exemplo: "Regina e João, fico me perguntando: como será sair daqui e voltar para casa? Ao chegarem em casa, o que cada um vai fazer? E nos próximos dias?"
- Aplique a função de guardião da conversação. Faça perguntas que ampliem o ressignificado e que também organizem as conversações, possibilitando que o terapeuta interaja de modo colaborativo. Por exemplo: "João, você hoje trouxe a questão dos filhos, do seu cansaço e da sua preocupação com dinheiro. Deixa eu dizer como entendo que você tem administrado essas questões..."
- Personifique perspectivas com compaixão para o casal. Intervenções que acolham, organizem e traduzam para cada membro o que está sendo conversado são o objetivo desse tópico. Ao repetir e listar o que cada um expressou, amplia-se a oportunidade de colaboração e reflexão de um para o outro. Em vez de manter a ideia de cobrança ou queixa, é o momento de ressignificar, junto ao casal, o dilema e a possibilidade de, juntos, o dissolverem.

Segundo Wile, por mais estranhas que algumas dessas elaborações de perguntas possam ser, acabam sendo um meio de aprofundar a condição de colaboração para o casal.

Referências bibliográficas

1. Freedman J, Combs G. Narrative couple therapy. In: Gurman AS, editor. Clinical handbook of couple therapy. 4. ed. New York: The Guilford Press; 2008.
2. Galano MH. Jogo reflexivo do casal. São Paulo: Casa do Psicólogo; 2005.
3. Wile DB. Collaborative couple therapy. In: Gurman AS, Jacobson NS, editors. Clinical handbook of couple therapy. 3. ed. New York: The Guilford Press; 2002. p. 281-307.

71 Terapia Sistêmica em Diálogo com os Adolescentes

Marianne Ramos Feijó, Nelson Iguimar Valerio e Ulisses Herrera Chaves

Introdução

Independentemente da idade, todo ser humano é parte de um processo histórico e social no qual está imbricado seu próprio desenvolvimento – que, por sua vez, é contínuo e complexo. Isso significa que todas as pessoas, especialmente os adolescentes, devem ter constantes oportunidades de desenvolvimento e, portanto, acesso a relações, serviços e recursos que lhes proporcionem bem-estar, saúde e ampliação de perspectivas, sejam elas ligadas ao aprendizado, ao convívio, à expressão, às decisões ou à concretização de sonhos.

São muitas as questões que têm causado sofrimento aos jovens, como a violência, a falta de estímulo para estudar, a dependência de substâncias psicoativas, as pressões e os desejos relacionados ao consumo e às escolhas futuras, as dificuldades familiares e os vínculos afetivo-sexuais e de amizade. Tais questões estão frequentemente associadas entre si, são mantidas em contextos nos quais prevalece a cultura do consumo e são agravadas pela desigualdade na oferta de serviços de saúde e educação.[1]

A prática psicoterapêutica no contexto brasileiro – em que a desigualdade social e a diversidade de condições e de maneiras de viver estão presentes – deve ter como objetivo o atendimento das demandas daqueles que a procuram, como o fortalecimento e o cuidado com as relações significativas e a atenção aos meios pelos quais é possível reduzir vulnerabilidades que prejudiquem o desenvolvimento individual e social. É importante quebrar preconceitos e reduzir a discriminação e os estigmas, e, consequentemente, aumentar a autonomia e o respeito à diversidade humana, que não podem sair de pauta.[2]

A autonomia, mesmo que relativa, quando se considera o viver em sociedade, é fundamental para a saúde do indivíduo e, de maneira recursiva, afeta e é afetada por aspectos psíquicos, físicos e sociais. Isso significa que práticas promotoras de saúde não alcançam o fortalecimento do indivíduo a despeito de suas relações e não podem ser pensadas de maneira descontextualizada.

As práticas sistêmicas, como a psicoterapia, vêm sendo cada vez mais utilizadas e diversificadas.[3] Assim, o psicoterapeuta deve incluir aspectos relacionais e culturais em suas práticas e, no atendimento, em colaboração com o indivíduo, construir e desconstruir ideias sobre si mesmo, sobre a relação com aqueles que lhe são significativos, sobre suas escolhas e sobre sua inserção social.

Famílias e profissionais que convivem ou trabalham com jovens podem se beneficiar de práticas sistêmicas desde que não sejam enfocados alguns aspectos em detrimento de outros, por exemplo, atenção ao físico sem considerar o psíquico (pensar, sentir), o social (relações familiares, de amizade e suporte) e a inserção com equidade (acesso a serviços de qualidade para desenvolvimento, saúde e bem-estar).

Cuidar de jovens implica também promover a saúde de seus principais cuidadores. No caso do atendimento a grupos de profissionais, que podem ser professores de jovens, a prática sistêmica novo-paradigmática não será psicoterapêutica, mas poderá ter efeito terapêutico na medida em que, por meio de questionamentos, reflexões e construções conjuntas, possa melhorar o trabalho do profissional, algum aspecto de sua vida e, principalmente, a relação com o jovem no contexto educacional.

Por todos esses motivos, a família e a escola não podem ser entendidas como aspectos coadjuvantes ou externos ao processo psicoterapêutico, mas como fontes importantes de fortalecimento, formação, socialização, apoio e desenvolvimento para o indivíduo. Dificuldades, estigmas e rompimentos do jovem em relação a cuidadores e à escola devem ser trabalhados prioritariamente. Deve-se dar atenção à abordagem com jovens, especialmente ao suporte social e emocional, na continuidade dos estudos e nas escolhas presentes e futuras, que podem ser motivadoras de aflição.[4-6]

Processos psicoterapêuticos individuais com jovens podem ser benéficos ao tratar de processos internos e intergeracionais que conectem o jovem com seus desejos e ampliem o autoconhecimento, o conhecimento sobre padrões e repetições familiares e a diferenciação do jovem. Reflexões acerca do comportamento do jovem, de seus familiares e seus pares podem contribuir para o desenvolvimento de habilidades sociais e para o enfrentamento de conflitos e de questões que muito o afetem. Esses e outros tipos de trabalho individual podem operar mudanças no indivíduo.

Do ponto de vista sistêmico, sentir, pensar e agir estão interligados, influenciam-se recursivamente e podem modificar relações. Defendem-se, porém, um olhar mais ampliado do profissional, o cuidado com as relações e uma atitude transformadora em relação às questões sociais. O trabalho sistêmico implica atualmente uma visão integrativa, novo-paradigmática e complexa.[7] Pressupõe que a interrupção de ciclos repetitivos, mudança nos modelos de comportamento e nas relações desiguais e violentas presentes nos relacionamentos, seja preventiva em relação às gerações futuras.[8,9] Assim, a alternância entre atendimentos familiares e individuais, quando aceitos por todos, pode contribuir sobremaneira para que sejam enfocados aspectos em relação a si mesmo, aos amigos e às demais relações sociais, alternando com dificuldades e eventuais sofrimentos para o jovem.

Há questões que demandam ações integradas, portanto, além da prática sistêmica voltada para o cuidado com as relações e para a transformação de contextos de vida, é indicado atendimento multiprofissional. Nesses casos, uma equipe alinhada, que trabalha em conjunto, para a promoção da saúde, do desenvolvimento, do suporte social e da autonomia do jovem, com intervenções em diferentes campos e especialidades pode trazer melhores resultados. É o que se chama de trabalho transdisciplinar ou integrativo, realizado por uma equipe formada por diferentes profissionais que têm objetivos comuns. Jovens acima do peso considerado saudável, por exemplo, podem ser cuidados por psicólogos, endocrinologistas, nutricionistas e educadores físicos interessados em seus hábitos, habilidades, gostos, relações e rotinas de alimentação e significados atribuídos à comida etc. Desse modo, os profissionais fortalecem as decisões e escolhas do jovem, aproximando-o da qualidade de vida que deseja.[7]

De acordo com o posicionamento descrito, a adequação do trabalho psicoterapêutico às demandas dos indivíduos atendidos deve ser vista de maneira mais complexa e integrativa na compreensão do ser humano, incluindo aspectos sociais.

Práticas sistêmicas novo-paradigmáticas, especialmente as narrativas, são apresentadas neste capítulo como ricas possibilidades de trabalho, sejam individuais, familiares ou de grupo, em que se consideram questões sociais e individuais imbricadas na construção e na desconstrução de narrativas.

O jovem, a família e a escola na atualidade

Na literatura, há divergências sobre o conceito de adolescência e, mais que isso, alertas de que, por ser uma categoria socialmente construída, vem carregada de conotações negativas e preconceitos. Além disso, diferenças regionais, culturais, históricas e socioeconômicas tornam difícil a tarefa de delimitar a fase adolescente. No Estatuto da Criança e do Adolescente (ECA), são identificadas como adolescentes as pessoas entre 11 e 18 anos.[10] O termo *jovem*, além de mais abrangente e menos envolto por estereótipos, foi adotado neste capítulo para se referir a pessoas em fase de transição da vida infantil para a vida adulta, com idade aproximada de 12 a 21 anos, que provavelmente já vivenciaram a puberdade e que ainda não finalizaram as três etapas de formação escolar (ensino infantil, médio e profissionalizante).

O jovem, apesar de ser singular como pessoa, em sua maneira de viver e de se relacionar, tem em comum com a maioria de seus pares, atualmente, o acesso a uma grande quantidade de informações. Espaços para uma boa formação pessoal e relações permeadas de afeto, aceitação e construção de possibilidades não são parte do dia a dia de todos os jovens, o que demanda cuidado e atenção nas escolas e nas famílias.

O sistema educacional brasileiro é heterogêneo e espelha a elevada desigualdade social. Há escolas com poucos recursos materiais e com limites sérios que impedem a oferta de atividades e meios de o jovem se desenvolver, se relacionar e aprender. Muitos jovens apresentam desinteresse e descrédito das perspectivas que o processo formal de educação lhes possa trazer, o que é um dos fatores graves de vulnerabilidade e de risco à saúde.[11]

Em um contexto socioeconômico com maiores possibilidades, escolas e alunos são munidos de recursos como os da tecnologia da informação, voltados para o acúmulo de conteúdos e dependentes da manutenção de ideologias que contribuem para as desigualdades e para a violência. A escola de elite no Brasil está engessada e com pouca oferta de perspectivas aos jovens. Parte deles se mostra cada vez mais competitiva, intolerante com o diferente e vítima de tal intolerância. Quando não estimulam a competição, algumas escolas abordam um pensamento crítico e ensinam a colaborar, mas não sustentam suas regras e seus valores voltados a formação integral, respeito às diferenças, inclusão com equidade e abertura à participação de todos em seus processos decisórios. O vestibular frequentemente é o foco das atividades pedagógicas dos jovens, especialmente no ensino médio.

Na família – um espaço que pode ser de troca de afetos, legitimação, apoio e construção de parâmetros e valores com os jovens –, pais têm procurado meios para sobreviver e estabelecer trocas com um jovem bem informado e com necessidades próprias ao seu ciclo vital, ao mesmo tempo que lidam com suas necessidades e conflitos, geralmente pertinentes à maturidade.

Os desencontros são muitos no campo social (escola e família) e afetam sobremaneira o jovem e sua formação de identidade, que se origina também na sua família e em outros grupos significativos. Além disso, o jovem precisa enxergar perspectivas futuras que façam sentido para ele.

Psicoterapeutas devem levar em consideração que famílias, escolas e jovens devem ser cuidados e compreendidos em suas necessidades para que suas práticas tenham relevância e se sustentem fora dos consultórios.

Quando o jovem apresenta sofrimentos advindos de dúvidas ou dificuldades relacionais e escolares, ele vivencia pressões e pode adoecer. Por isso, nesse momento, deve ser encaminhado a profissionais que o compreendam em suas relações e seus contextos, isto é, como alguém que é parte de um processo de desenvolvimento individual, familiar, histórico e social.[12] A prática oferecida por tais profissionais deve ser delineada pelas demandas do jovem e pode se associar a outras práticas, tratamentos e recursos que favoreçam a saúde e a autonomia. Atendimentos médicos ou psiquiátricos, processos de orientação profissional, tratamento de desintoxicação química, projetos sociais e aprendizado em campos de interesse do jovem podem ser importantes meios de alcance conjunto do bem-estar. Concomitantemente, de modo subsequente ou, em alguns casos, como alternativa à psicoterapia, tais atendimentos podem ser parte de um trabalho em equipe, multifocal, multiprofissional e integrativo.[13]

Nas escolas, grupos reflexivos com educadores podem ser organizados para que, com eles, sejam pensados melhores caminhos para o desenvolvimento e a formação do jovem. A parceria família-escola, o cuidado com as condições de trabalho do professor e com as condições de estudo do jovem, a prevenção e a intervenção relacionadas à violência e outros meios de promoção do convívio entre diferentes são ações socioeducacionais que poderão reduzir a vulnerabilidade juvenil.

No contexto da psicoterapia com jovens e suas famílias, são frequentes as seguintes demandas:

- Dificuldades sociais de integração relacionadas à violência. Dúvidas, angústias e pressões ligadas às questões de identidade sexual, à orientação do desejo e ao comportamento sexual
- Concentração excessiva em uma atividade ou excesso de uso de tecnologia. Uso nocivo, uso abusivo e dependências químicas e não químicas
- Estresse e adoecimento ligados ao enfrentamento de angústias, perdas e pressões (por consumo, para o atendimento a padrões de beleza, por desempenho escolar e social e por pressões relacionadas ao vestibular, à escolha de curso profissionalizante e à entrada no mercado de trabalho); a sobrecarga de tensões e de cobranças; e a diagnósticos de transtornos mentais e de outras doenças
- Falta de energia e de motivação; apatia e isolamento; episódios e sintomas depressivos e/ou compulsivos
- Exposição excessiva a riscos e à violência (protagonizada e/ou imposta)
- Questões familiares, parentais e de conjugalidade que afetam o jovem.

Breve histórico das práticas sistêmicas com e para jovens

Há mais de 50 anos pesquisadores e terapeutas sistêmicos enfocam as relações familiares e as colocam como prioritárias na formação da identidade do indivíduo.[14] Questões contextuais e de inserção social mais ampla vêm sendo mais bem compreendidas e trabalhadas desde a década de 1980. A terapia familiar, que costumava ser preponderante quando se tratava da aplicação do pensamento sistêmico à prática psicoterapêutica com jovens, hoje tem importante papel como possibilidade nos atendimentos individuais sistêmicos e narrativos aos jovens e nas práticas narrativas e colaborativas com jovens e suas famílias, grupos e comunidades.

De acordo com a visão sistêmica e complexa – identificada por alguns como sistêmica novo-paradigmática, pautada em uma epistemologia pós-moderna –, o que deve nortear o processo psicoterapêutico é a necessidade apresentada por quem o procura, sempre atrelada às suas relações e aos seus contextos de vida, uma vez que a construção da visão de si mesmo, de suas necessidades e de suas dificuldades, bem como de melhores possibilidades de vida, se dá em tais relações e contextos.[3]

Fundamentos teóricos das práticas sistêmicas novo-paradigmáticas

Compreende-se como pensamento sistêmico novo-paradigmático a inclusão de aspectos relacionais, contextuais e processuais em influência recursiva e que tornam mais ampla a nossa compreensão sobre o ser humano. Estamos em constante troca com os demais e com o meio, e nossa identidade é continuamente construída durante toda a vida.[14,15]

Considera-se também a intersubjetividade na construção da realidade de acordo com as histórias e os contextos vividos. Portanto, nossa compreensão deve ser vista como mais uma, e não como a única sobre a realidade. Estão implicados nossas relações, nossos contextos e nossos processos vivenciais, bem como nossa interpretação da realidade. É importante olhar para a busca de uma compreensão global de seres que são parte de relações e contextos e, ao mesmo tempo, são um todo, pessoas cujos aspectos psíquicos, somáticos, cognitivos e sociais interagem constantemente. Seres cuja identidade (visão de si mesmo) é construída na relação com o mundo, especialmente nas relações mais significativas, por meio da linguagem.[14-16]

De acordo com tal visão, não se deve pensar em termos essencialistas a respeito da identidade, como se houvesse uma personalidade fixa, previamente moldada, comportamentos previsíveis e, a partir disso, sentimentos conhecidos. Pensar, sentir e agir são processos interligados, recursivos entre si, e estão em relação com outras pessoas e com o meio. A mudança em um elemento, seja ele cognitivo, emocional, comportamental, relacional, socioeconômico ou cultural, pode mudar todos os outros. Pessoas e relações não são previsíveis nem estáticas; devem ser vistas de maneira sistêmica, sem premissa de previsibilidade, e, portanto, com o pressuposto da equifinalidade.[15,16]

Os princípios básicos da psicoterapia com enfoque sistêmico novo-paradigmático são: fortalecimento individual e social; ampliação da autonomia; ampliação das possibilidades de escolha, qualidade de vida; e conexão de valores e necessidades construídos nas relações e por meio da linguagem do indivíduo.

Fases do processo terapêutico e relação terapêutica

O trabalho psicoterapêutico inicia com o acolhimento e a organização do espaço físico, que deve ser protegido de barulho. A psicoterapia deve possibilitar integração e bem-estar e garantir o sigilo. Apresentações do(s) participante(s) e do(s) terapeuta(s) são importantes e favorecem a integração, que, especialmente no início, deve ser incentivada.

Em seguida, abre-se espaço para a compreensão das demandas, que é como são chamados os motivos pelos quais os participantes procuram o processo psicoterapêutico. A construção de uma proposta inicial de trabalho depende da discussão sobre necessidades, problemas, sofrimentos e expectativas. Para estimular a discussão, podem ser utilizados técnicas dramáticas, gráficas e outros tipos de expressão não verbal.

O contrato de trabalho deve ser explicitado e incluir a afirmação da manutenção do sigilo por parte do profissional, além de aspectos como honorários, horário, periodicidade, entre outros. Quando o profissional tem como rotina alternar entre atendimentos individuais e familiares ou entre atendimentos grupais e individuais, deve incluir tais dados no contrato e discutir a manutenção do sigilo, que, em situações de risco de vida, pode ser quebrado.

Após adquirir boa compreensão das demandas e de seus contextos, que podem estar relacionados a aspectos de apoio e inclusão social, eventos potencialmente estressores – como migração –, etapas de ciclo vital individual e familiar, questões étnicas e materiais, o profissional propõe atividades, questões e reflexões sobre a identidade de cada participante: quem é, o que quer, o que sente, com quem conta. São narrativas que, se exploradas de maneira legitimadora, curiosa, relacional e contextual, originam novas possibilidades de reflexão sobre o problema vivido pela família ou pelo indivíduo.[14,17]

Segundo a proposta aqui exposta, pautada na epistemologia construtivista, em teorias construcionistas sociais e em práticas narrativas – coerentes com as atuais maneiras de aplicação do pensamento sistêmico novo-paradigmático –, devem ser constantes a revisão e a desconstrução de narrativas e de significados em torno de si mesmo, de suas dificuldades, de suas possibilidades e de suas redes de apoio, para que os diálogos, além de transformadores, sejam fortalecedores. Deve-se incentivar a construção e a manutenção de vínculos de suporte social.[12,14,16,18]

A mediação e as tentativas de aproximação do(s) atendido(s) a sistemas mais amplos podem ser necessárias, mas alguns cuidados devem ser tomados. Se o profissional optar por convidar parte da rede social e pessoal de representantes de serviços (educacionais e de saúde) a participar de diálogos ou de sessões, além de precisar do consentimento do atendido, deve objetivar o incremento do apoio, da companhia social e da troca, sem comprometer a autonomia ou a expressão dos envolvidos.

Há aspectos específicos na prática sistêmica novo-paradigmática, como o fato de, na terapia de família e nos grupos, ser necessário ouvir todos os envolvidos equitativamente, sem culpabilização ou tentativa de redução de diferenças, sendo essas atitudes por parte do profissional fundamentais desde o início do processo. A integração deve ser promovida a partir do primeiro encontro. Todas as práticas devem ter espaço para revisão do andamento e para avaliação dos benefícios alcançados durante e no final do processo.

No presente capítulo, não foi incluído um item específico sobre o perfil daqueles que se beneficiam dos diálogos sistêmicos novo-paradigmáticos com finalidade psicoterapêutica justamente porque jovens e seus familiares ou grupos de jovens devem aderir à proposta por vontade própria, com expressão de seus pedidos e necessidades e constante revisão dos benefícios de sua participação.

Técnicas

Os processos reflexivos permeiam todo o trabalho segundo as premissas teóricas apontadas. Assim, além da legitimação por meio da escuta atenta, compreensiva e curiosa, o profissional tem como principais ferramentas o questionamento, as metáforas e a exploração de diferentes pontos de vista construídos por diferentes atores em diferentes tempos, lugares e relações.[16,17]

O questionamento reflexivo contribui para o diálogo e a ampliação das narrativas sobre si mesmo e sobre as dificuldades vividas; portanto, sobre as histórias que moldam as vidas das pessoas, e cuja desconstrução parcial tende a criar novas alternativas de escolhas a partir de ressignificações e de recontextualizações.[16-18] Perguntas sobre sentimentos, comportamentos e pensamentos diante das dificuldades apresentadas pela família são importantes e devem ser conectadas a questões sobre valores, desejos e como gostariam de reagir e enfrentar tais adversidades.

O *genograma* – representação gráfica da família – possibilita compreender comportamentos, expectativas e a história familiar contextualizados em legados, repetições e delegações que perpassam gerações.[8,19] Tende a ser um importante recurso para produzir diferentes narrativas, especialmente quando construído pelo jovem e por sua família durante as sessões.

Considerações sobre diversidade

As questões relacionadas às construções sociais em torno dos gêneros raramente são deixadas de lado em processos psicoterapêuticos, especialmente quando diferenças são transformadas em desigualdades, conflitos e violência e afetam indivíduos, famílias e as demais relações sociais.

Os jovens podem vivenciar conflitos relacionados a escolhas profissionais e amorosas, identidade e orientação sexual, comportamentos e relacionamentos, pressionados por ideais hegemônicos a respeito dos papéis da mulher e do homem em nossa sociedade. As questões materiais e as diferenças de classes sociais são temas constantes e emergem nos discursos dos jovens. Em razão dos preconceitos, atos de discriminação devem ser discutidos nos atendimentos psicoterápicos. Racismo, classismo, machismo e homofobia são temas importantes e podem ser discutidos quando trazidos à psicoterapia para que as narrativas sejam ampliadas e, consequentemente, as escolhas dos envolvidos no processo psicoterapêutico também o sejam.

Os estudos sistêmicos integrativos de Breulin et al.[7] resultaram na organização de alguns norteadores para as práticas sistêmicas de promoção de saúde e são pautados em abordagens vigentes, sem exclusão do intrapsíquico. Chamados de *metaconceitos*, enfatizam temas como sequências, organização, desenvolvimento, cultura, gênero e processos internos.

Para a abordagem dos metaconceitos, é importante compreender processos internos a respeito de questões que afetam as pessoas e abordar questões ligadas às relações pessoais e ao contexto social, o que facilita o trabalho terapêutico. Novas possibilidades de exercício dos papéis a serem desempenhados na família e na sociedade e implicações ligadas a etnia e gênero são ricas portas de entrada para a conversação transformadora, que podem ser abertas por um desses temas e conectar-se aos demais. Também são importantes as implicações relacionadas ao ciclo vital individual e familiar e ao cruzamento e à sobreposição de demandas e de estressores internos e externos à família (desemprego, adoecimento, perda). Essas implicações podem ser compreendidas como iniciadores de reflexões sobre a própria identidade e sobre como se relacionar e viver segundo os próprios parâmetros e raízes culturais.[7]

Contexto de atendimento

Consultórios, escolas, serviços sociais, saúde e comunidade são alguns dos principais locais nos quais se realizam práticas sistêmicas voltadas ao desenvolvimento humano e social, inclusive com jovens, suas famílias e aqueles que com eles interagem de maneira significativa.

Atendimentos individuais e grupais têm dinâmicas diferentes, mas podem se basear nos eixos propostos no item "Fases do processo terapêutico e relação terapêutica" deste capítulo: quem são, o que sentem, o que querem e com quem contam. Em grupos reunidos para melhorias institucionais, de relações de trabalho e de ações educativas voltadas a jovens, o ciclo dos 4 D proposto por Cooperrider et al.[20], sobre a *investigação apreciativa*, tende a ser uma sequência exploratória interessante e coerente com as ideias novo-paradigmáticas: **d**escobrir – o que dá vida, o que é apreciado; **d**esejar ou sonhar – com o que pode vir a ser; **d**esenhar o que é ideal; e **d**estinar – criar maneiras sustentáveis de colocar em prática. A investigação apreciativa (do inglês, *appreciative inquiry*) também pode ser traduzida por "exploração apreciativa", uma vez que no Brasil o termo *investigação* pode ser associado à busca de culpados, o que não deve ser feito em práticas sistêmicas.[20]

Benefícios e riquezas de atendimentos individuais e em grupo são, em parte, diferentes. O grupo possibilita a troca e a reflexão sobre diversos pontos de vista, com elevado potencial de desenvolvimento do senso crítico e de experimentação da socialização ao longo do processo e de acordo com mudanças sentidas. Individualmente, é possível cuidar de algumas feridas e de temas de maneira mais profunda e menos exposta. A demanda apresentada e a vontade do jovem ou da família que procura a psicoterapia devem nortear a escolha do modo de atuação.

Questões de sigilo, de exposição e de possíveis prejuízos à autonomia devem ser sempre observadas. Famílias e jovens precisam se fortalecer e, de maneira autônoma, vivenciar suas escolhas e seus papéis. Os participantes devem apontar a importância e a eficácia do trabalho para eles. Se esse trabalho não lhes fizer sentido, deve ser revisto ou interrompido.

Considerações finais

Qualquer processo que vise ao atendimento a pessoas e à promoção e ao cuidado de saúde, segundo o enfoque proposto, deve seguir os pressupostos integrativos e, portanto, considerar as relações em parte e no todo. O jovem é parte da família, que, por sua vez, é parte de grupos sociais maiores, todos imersos em contextos que os afetam e que são por eles afetados. Ao se modificar uma parte, inicia-se uma transformação maior.

Retomando o exposto neste capítulo, a psicoterapia com jovens no enfoque novo-paradigmático, sistêmico e complexo pode ser realizada individualmente, em família ou com alternância entre sessões familiares e sessões com o jovem. Práticas sistêmicas com grupos de jovens também cumprem o objetivo terapêutico quando planejadas conforme as demandas e necessidades dos participantes.

O processo psicoterapêutico deve se alinhar, portanto, aos desejos dos participantes e à possibilidade de pertencer e de se sentir legítimo, com suas diferenças, nos grupos e espaços que lhes sejam importantes. Direciona-se a terapia, portanto, ao fortalecimento de indivíduos e de suas relações, de maneira que ela favoreça escolhas, iniciativas e ações transformadoras, mas ao mesmo tempo conscientes de sua corresponsabilidade em relação aos demais e ao mundo em que vivem.

Glossário

Os conceitos expostos a seguir estão resumidos com a intenção de situar o leitor quanto aos significados atribuídos a eles ao longo do capítulo. São citadas também referências que devem ser consultadas pelo leitor que pretenda usá-los em outros estudos e contextos.

Autonomia. Possibilidade de um jovem, de sua família ou de seu grupo de escolher e de se desenvolver segundo seus valores e suas expectativas; inclusão em redes de pessoas significativas com legitimação da identidade; pertencimento com possibilidade de ser, em parte, diferente.[11]

Dependência de substâncias. Necessidade de uso repetido da substância associada a falta de controle diante das sensações ruins que a falta dela acarreta (sintomas cognitivos, comportamentais e psicológicos), apesar das consequências negativas do uso. Há critérios para o diagnóstico da dependência de substâncias psicoativas.[21]

Estigma. Processo social por meio do qual uma pessoa é rotulada e lhe são atribuídas características indesejáveis e estereotipadas, de acordo com preconceitos construídos em determinados contextos sócio-históricos e culturais.[22]

Estresse. Reação intensa do organismo diante de eventos e de circunstâncias que demandam adaptação e mudança. O estresse pode resultar em reações psicossomáticas e adoecimento, especialmente quando alcança a fase de exaustão e quando associado a afetos negativos.[23,24]

Protagonismo. Busca ativa do bem-estar; ação sobre determinado contexto, com força para transformá-lo de maneira ativa e participativa; participação social.[11]

Risco. Probabilidade de ocorrerem danos e perdas como resultado de interações entre um perigo e condições de vulnerabilidade.[21]

Uso de substâncias. Pode indicar o tipo de uso (recreativo, medicamentoso) e a frequência (na vida, no ano, no mês, na semana ou no dia) com que a pessoa usa determinada substância. Uso de risco é aquele que pode trazer danos à saúde de quem o faz. Uso prejudicial é o que causa prejuízos à saúde. Uso indevido é a utilização de substâncias ilegalmente ou sem indicação médica.[21]

Vulnerabilidade. Suscetibilidade; exposição a fatores físicos, sociais e econômicos que tornam a pessoa vulnerável.[11]

Referências bibliográficas

1. Feijó MR, Amato TC, Gebara CF, Noto AR. Vulnerabilidades, violência entre casais e dependência de álcool. In: Silva EA, Moura YG, Zugman DK, organizadores. Vulnerabilidades, resiliência e redes sociais: uso, abuso e dependência de drogas. São Paulo: Livraria Médica Paulista; 2015. p. 157-70.
2. Macedo RM, Bruscagin C, Feijó MR. Terapia de família com filhos adolescentes: abordagem sistêmica. In: Castanho GMP, Dias ML, organizadoras. Terapia de família com adolescentes. São Paulo: Roca; 2014. p. 64-78.
3. Feijó MR, Macedo RM. Família e práticas para o desenvolvimento humano e social. In: Cerveny CMO, organizadora. Família e... intergeracionalidade, equilíbrio econômico, longevidade, repercussões, intervenções psicossociais, o tempo, filhos cangurus, luto, cultura, terapia familiar, desenvolvimento humano e social, afetividade, negociação. São Paulo: Casa do Psicólogo; 2012. p. 237-53.
4. Imber-Black E. Familias y sistemas amplios. El terapeuta familiar en el laberinto. Buenos Aires: Amorrortu; 2000.
5. Sousa RJG, Feijó MR, Camargo ML, Campos DC, Goulart Junior E, Cardoso H. Projeto de extensão universitária em orientação profissional (OP) para jovens: uma parceria entre universidade e instituição formadora de aprendizes. Raí Rum. 2014;2(1):1-11.
6. Amazarray MR, Dutra-Thomé L, Seibel BL. Orientação de projetos profissionais na adolescência: a importância do contexto. In: Habigzang LF, Diniz E, Koller SH, organizadoras. Trabalhando com adolescentes: teoria e intervenção psicológica. Porto Alegre: Artmed; 2014. p. 224-48.
7. Breulin D, Schwartz R, Kune-Karrer BM. Metaconceitos: transcendendo os modelos de terapia familiar. 2. ed. Porto Alegre: Artes Médicas; 2000.
8. Cerveny CMO. A família como modelo: desconstruindo a patologia. São Paulo: Livro Pleno; 2011.
9. Tondowski CS, Feijó MR, Silva EA, Gebara CFP, Sanchez ZM, Noto AR. Padrões intergeracionais de violência familiar associada ao abuso de bebidas alcoólicas: um estudo baseado em genogramas. Psicologia Reflexão e Crítica. 2014;27(4):806-14.
10. Brasil. Lei 8.069, de 13 de julho de 1990. Estatuto da Criança e do Adolescente. Brasília: Ministério da Justiça, 1990.
11. Feijó MR. A família e os projetos sociais voltados para jovens: impacto e participação [tese de doutorado]. São Paulo: Pontifícia Universidade Católica; 2008.
12. White M. Maps of narrative practice. New York: W. W. Norton; 2007.

13. Silva EA. Avaliação do funcionamento de famílias com dependentes de drogas por meio da Family Assessment Measure-III (FAM-III) [tese de doutorado]. São Paulo: Universidade Federal de São Paulo; 2011.
14. Sluzki CE. A rede social na prática sistêmica: alternativas terapêuticas. São Paulo: Casa do Psicólogo; 1997.
15. Vasconcelos MJE. Pensamento sistêmico: o novo paradigma da ciência. Campinas: Papirus; 2002.
16. Grandesso MA. Diagnóstico e terapia familiar: considerações a partir de uma epistemologia pós-moderna. In: Payá R, organizadora. Intercâmbio das psicoterapias: como cada abordagem terapêutica compreende os transtornos psiquiátricos. São Paulo: Roca; 2011. p. 476-86.
17. Feijó MR, Marra C. Mapa das redes culturais: um instrumento para o trabalho com famílias e casais em contexto de migração. Família e Comunidade. 2004;1(2):26-42.
18. Payá R. Terapia narrativa com crianças. In: Payá R, organizadora. Intercâmbio das psicoterapias: como cada abordagem terapêutica compreende os transtornos psiquiátricos. São Paulo: Roca; 2011. p. 576-84.
19. Feijó MR. Genograma no trabalho terapêutico com jovens. In: Cerveny CMO, organizadora. O livro do genograma. São Paulo: Roca; 2014. p. 37-43.
20. Cooperrider DL, Sorensen PF Jr, Yaeger TF, Whitney D, editors. Appreciative inquiry: foundations in positive organization development. Champaign: Stipes; 2005.
21. Galduróz JC. Uso, abuso e dependência de drogas. In: Silva EA, De Micheli D, organizadores. Adolescência, uso e abuso de drogas: uma visão integrativa. São Paulo: Fap-Unifesp; 2012. p. 93-100.
22. Goffman E. Estigma: notas sobre a manipulação da identidade deteriorada. Rio de Janeiro: LTC; 1975.
23. Frade IF, Suchecki D. Estresse e uso de substâncias na adolescência: fatores de proteção e risco. In: Silva EA, De Micheli D, organizadores. Adolescência, uso e abuso de drogas: uma visão integrativa. São Paulo: Fap-Unifesp; 2011. p. 417-38.
24. Calais SL, Andrade LMB, Lipp MEN. Diferenças de sexo e escolaridade na manifestação de stress em adultos jovens. Psicologia Reflexão e Crítica. 2003;16(2):257-63.

72 Transtorno de Impulso na Visão Sistêmica

Flavia Serebrenic Jungerman

Introdução

A impulsividade é um traço de personalidade implicado em um número variado de comportamentos normais e patológicos.[1] É caracterizada por um comportamento sem o devido pensamento; é a tendência a se comportar com menos pensamento prévio que a maior parte das pessoas ou a predisposição a reações rápidas, não planejadas, frente a estímulos internos e externos, sem a preocupação com consequências negativas.

Como ponto de partida, a impulsividade é considerada um fenômeno primário de desinibição do comportamento, caracterizado por atos realizados subitamente, sem planejamento, ou sob a pressão de um desejo irreprimível. Isso inclui perda de controle sobre comportamentos agressivos contra si mesmo ou contra outros, comportamento transgressivo e antissocial, comportamento errático por déficit de atenção ou instabilidade afetiva e as chamadas compulsões químicas e não químicas (compras, comida, sexo, jogo, internet etc.).[2]

Os transtornos do impulso compartilham as características de incapacidade de resistir a impulsos para praticar um comportamento prejudicial, aumento da tensão ou da excitação precedendo o ato e gratificação ou alívio na sua realização.[3]

Para este capítulo, serão incluídos em transtornos do impulso:[4]

- Jogo patológico: caracteriza-se por um comportamento mal adaptativo, recorrente e persistente, relacionado a jogos de azar e apostas
- Cleptomania: caracteriza-se por um fracasso recorrente em resistir a impulsos de roubar objetos desnecessários para o uso pessoal ou em termos de valor monetário
- Tricotilomania: caracteriza-se pelo ato de puxar de modo recorrente os próprios cabelos por prazer, gratificação ou alívio de tensão, acarretando uma perda capilar perceptível
- Transtorno de acumulação: caracterizado como um distúrbio psíquico cujo portador apresenta um padrão exagerado de coleta e armazenamento de diversos itens, em geral, sem utilidade prática, como papéis, panfletos, jornais, lixo, restos de alimentos, embalagens utilizadas, resíduos etc.
- Compulsão sexual: urgência crescente de pensamentos e comportamentos sexuais
- Dependência de internet: uso excessivo e prejuízos por meio da internet, incluindo falar, jogar, surfar, explorar pornografia, entre outros
- Oniomania ou compras compulsivas: urgência irresistível de comprar, mesmo quando os produtos não são necessários ou quando não se tem dinheiro
- Piromania: urgência impulsiva e repetida de começar incêndios
- Transtorno explosivo intermitente (TEI): episódios agressivos recorrentes que são fora de proporção a determinado estressor
- Escoriação (*skin picking*): casos em que o indivíduo faz escoriações em sua própria pele, provocando lesões, mas, apesar do sofrimento causado por essa ação, não consegue parar de repeti-la.[5]

Mudanças do DSM-IV para o DSM-5

Em termos de classificação, houve mudanças com a introdução do DSM-5, o critério classificatório norte-americano atualizado. Na quarta edição do DSM, jogo patológico era apresentado como parte dos Transtornos do Controle dos Impulsos Não Classificados em Outro Local, bem como a maioria dos demais quadros descritos no item anterior. As crescentes evidências de que alguns comportamentos, como jogos de azar, atuam sobre o sistema de recompensa com efeitos semelhantes aos de drogas de abuso motivaram o DSM a incluir o transtorno de jogo entre os Transtornos Relacionados a Substâncias e Adição.[6]

Alguns diagnósticos antes classificados como Transtorno do Controle dos Impulsos Não Classificados em Outro Local passaram para a categoria de Transtornos Obsessivos Compulsivos, entre eles a tricotilomania e o transtorno de escoriação (*skin picking*).[5]

O transtorno de acumulação (*hoarding disorder*) agora é um diagnóstico separado no DSM-5. O DSM-IV o listava como um sintoma de TOC. Porém, encontraram-se evidências de funcionamento neurobiológico único associado a prejuízos significativos.

Ainda entre os transtornos obsessivos compulsivos específicos e inespecíficos e os transtornos relacionados estão os transtornos de comportamento repetido relacionados ao corpo que não são de cabelo nem *skin picking* (como roer unha, morder lábio e mastigar bochecha), além de ciúme obsessivo.[6]

Ainda estão dentro da categoria Transtornos Disruptivos, do Controle de Impulso e de Conduta os seguintes transtornos: piromania, TEI e cleptomania.

Os transtornos a seguir mudaram de Não Classificados de Outra Forma para Não Classificados em Outro Local: compulsão sexual, dependência de internet e oniomania.

Terapia sistêmica

Neste capítulo, parte-se da ideia de que a terapia sistêmica se baseia na linguagem como relacional, intersubjetiva. O mundo interno é considerado, mas apenas como parte das relações. Na terapia, o que se observam são as relações e o indivíduo em contexto.[7] Entendendo a família como um sistema, formam-se padrões de interação que podem causar sofrimento e que o terapeuta busca identificar primeiro, para então reformulá-los com a família.[8]

A abordagem sistêmica propõe uma contextualização dos fenômenos: amplia-se o foco para compreender de que maneira os eventos ocorrem no contexto e nas inter-relações existentes.[9]

Andolfi e Ângelo[10], referindo-se ao jogo terapêutico, lembram que uma das funções da terapia (familiar) sistêmica, especificamente do jogo como ferramenta terapêutica, é levar todo o sistema a passar da compressão inicial sobre o paciente identificado para a descompressão sucessiva, retirando-o do centro e promovendo redistribuição dos sintomas no sistema, ampliando a fluência e diversificando as direções na família, objetivando o resgate do tempo evolutivo não somente do paciente, mas também de todos os membros do sistema familiar. Ainda, segundo Watzlawick *et al.*[8],

[...] nosso ponto principal é que os sistemas interpessoais – grupos de estranhos, pares conjugais, famílias, relações psicoterapêuticas ou até internacionais etc. – podem ser encarados como circuitos de retroalimentação, dado que o comportamento de cada pessoa afeta e é afetado pelo comportamento de cada uma das outras pessoas.

Esse processo de retroalimentação será bastante útil na compreensão do funcionamento da família nos transtornos do impulso.

Terapia sistêmica para transtornos do impulso

Ainda há pouca literatura sobre a aplicabilidade da terapia sistêmica aos transtornos de impulso em geral.

Sabe-se que a família fica abalada quando um de seus membros apresenta um transtorno de impulso. Mesmo para quadros recentes, como a acumulação, já existe literatura mostrando o efeito nos familiares.[11] O que aparece com frequência é o envolvimento da família no tratamento de um membro com esse transtorno e, então, um olhar sistêmico sobre esse grupo.[12] E, em seguida, aparecem estudos pontuais que falam da aplicação de conceitos sistêmicos em indivíduos com transtorno do impulso.

Compras compulsivas

Um estudo sobre terapia familiar em compradores compulsivos trata das razões de busca por terapia:[13]

- Conflitos familiares e falta de controle
- Alguém na família tentando tirar vantagem do comportamento compulsivo do parceiro
- Necessidade de manter o *status* de provedor da família
- Dependência de substância de algum membro da família
- Falta de interação social
- Inabilidade de lidar com crises ou estados negativos (p. ex., perda de emprego)
- Sentimento de culpa após compra compulsiva.

De qualquer maneira, sempre vem à tona a relação do comprador com a família, o que confirma a influência da estrutura familiar no próprio comprador.[14] Percebe-se que o comportamento de comprar não é um sintoma isolado e que ele pode ser reflexo de um sistema estabelecido há anos ou uma possibilidade de reorganizar o sistema de uma maneira diferente.[13]

Em casos de oniomania, a terapia de casal pode ser muito importante.[15-17] Mellan[18] sugere que se trabalhe o casal para desconstruir comportamentos que parecem colaborativos, mas causam problemas.

A terapia de casal tem a intenção de desconstruir ideias engessadas que acabam por manter determinados comportamentos. Porém, poucos trabalhos estudaram essas intervenções de maneira sistemática.[9] A partir disso e de uma perspectiva sistêmica, Guimarães estudou casais em que um dos pares tinha o diagnóstico de oniomania, avaliando três âmbitos: contexto, processo e relação. Olhar para a oniomania de maneira sistêmica também é, de acordo com Guimarães, olhar para a intergeracionalidade, ou seja, os padrões passados de uma geração a outra.[19] No estudo sobre casais com um cônjuge com oniomania, Guimarães mapeou padrões de interação, com foco na comunicação.[8,20,21] Apareceram quatro padrões: o simétrico com disputas e brigas com interação patológica e escalada; o simétrico com disputas e brigas com escalada só em situações de estresse; o complementar rígido, quando ocorre submissão de um dos pares da díade; e o simétrico com aceitação e capacidade de lidar com as diferenças. A comunicação ainda é brusca e agressiva, perpetuando possíveis padrões de relação anteriores da família de origem. Daí o estudo explicitar a necessidade de grupos de casais para ressignificar a comunicação e construir novas maneiras de convivência com o fenômeno.

Jogo patológico

A disfunção marital entre jogadores patológicos foi reconhecida já na década de 1980, e se tem assumido que o *status* conjugal e a satisfação com a vida familiar estão positivamente correlacionados à abstinência do jogo.[22-24]

Em uma revisão de 2011, Stea e Hodgins[25] mencionam a terapia familiar como uma das abordagens utilizadas no tratamento do jogo patológico. A inclusão dessa categoria de tratamento na revisão se deve ao fato de os autores considerarem que o jogo patológico é um transtorno que afeta todo os membros da família.

Eles mencionam três abordagens:

- *Community reinforcement and family therapy* (CRAFT): programa inicialmente desenvolvido para uso de substâncias, foi adaptado ao jogo e envolve o treinamento de membros da família dos jogadores para reforçar comportamentos de não jogar. O objetivo é aumentar habilidades de enfrentamento e também o funcionamento do sistema familiar. Outro objetivo é a família estimular o jogador a se engajar no tratamento[26]
- *Coping skills training* (CST) ou treinamento de habilidades: desenvolvido para parceiros de jogadores patológicos. Ao contrário do CRAFT, esse programa não foca em engajar o jogador no tratamento, mas em enfatizar um modelo de enfrentamento do estresse que busque explicar o comportamento do jogo como uma maneira de aliviar emoções negativas que advêm de uma relação familiar tensa. Portanto, a família, de certa maneira, mantém esse comportamento. Então, o programa auxiliaria os parceiros em técnicas mais adaptativas de resposta para minimizar o estresse e, consequentemente, diminuir o comportamento do jogo[27]
- Terapia de congruência do casal (*congruence couple therapy* – CCT): desenvolvida por Lee[28,29], é um modelo humanista sistêmico para o tratamento do jogo patológico. Do ponto de vista da autora, o jogo é um sintoma de estresse que compromete o cliente quanto a suas habilidades. A abordagem é multidimensional e breve, de modo a facilitar as reconexões entre os casais em quatro dimensões: interpessoal, intrapsíquica, intergeracional e universal-espiritual. O objetivo vai além da abstinência ou da redução do comportamento de jogar. Do ponto de vista sistêmico, a CCT origina mudanças na comunicação, na autoestima e na autopercepção de possíveis feridas. Mais estudos são necessários para validar a efetividade do modelo.[12] Em um estudo posterior, Lee e Awosoga[30] constataram a melhora em termos de estresse mental, funcionamento familiar e sintomas do jogo nos casais submetidos a CCT por 12 semanas, em comparação com o grupo-controle, que recebeu uma microintervenção.

As evidências, apesar de limitadas, mostram que as três intervenções são efetivas e promissoras.[25]

Um estudo recente exibiu uma intervenção via internet para suporte a companheiros de jogadores patológicos.[31] A queixa mais comum é estresse emocional seguido de problemas na relação, reforçando mais uma vez a ideia da família como sistema e a necessidade de inclusão dos membros no tratamento.

Acumulação

Ainda existe pouca literatura sobre a utilização de intervenções familiares em pessoas com transtornos de acumulação. Um estudo de 2014 revisou a intervenção familiar nesses pacientes e constatou que tem sido realizadas abordagens que estimulam o engajamento do próprio paciente no tratamento, como o CRAFT ou mesmo "consultas com famílias de pessoas que recusam a se tratar" (*Consultation to Families of Treatment-Refusers*).[11,32-35] Ambos buscam habilitar as famílias a lidarem com a ambivalência de seus entes queridos.

Esse mesmo estudo propôs um programa de empoderamento de familiares desses indivíduos denominado *Family-as-Motivators* (FAM) *Training* ou Treinamento para família-como-motivadora. O programa consiste em 14 sessões distribuídas em 4 módulos: psicoeducativo, motivacional, redução de danos e acomodação familiar.[36] Apesar de preliminares, os resultados se mostram promissores e vão ao encontro de um esforço recente de incluir a família também no processo de tratamento da acumulação.

Apesar de não aplicarem diretamente técnicas sistêmicas no tratamento, essas abordagens têm como fundamento a ideia da família como sistema.

Tricotilomania

Embora sejam poucos, alguns estudos já têm mostrado a importância do envolvimento da família no tratamento de indivíduos com tricotilomania (TTM). Questiona-se se o estresse familiar é causa ou consequência da TTM e, para confirmar, estudos longitudinais seriam necessários.[37]

Aplicações da teoria sistêmica em diferentes modelos para transtornos do impulso

Terapia multissistêmica

A terapia multissistêmica (do inglês, *multisystemic therapy* – MST) é uma abordagem específica para trabalhar com jovens em situação de risco e suas famílias na comunidade. A equipe vai até onde vivem os jovens, suas famílias, seus amigos, seus professores e sua comunidade em geral e trabalha intensamente durante 3 a 5 meses, ficando disponível 24 horas por dia. A MST se baseia em anos de estudo de diferentes abordagens, entre as quais terapia comportamental, terapia cognitivo-comportamental e terapia familiar estrutural, levando em consideração o quanto o que rodeia o indivíduo, de alguma maneira, também o constitui.[38]

Os principais objetivos dessa abordagem são:

- Oferecer instrumentos para pais e cuidadores dos jovens em risco para que saibam lidar com esses comportamentos
- Aumentar o engajamento e o sucesso desses jovens na educação e no treinamento
- Promover atividades positivas para os jovens e suas famílias
- Diminuir os comportamentos antissociais dos jovens
- Melhorar as relações familiares
- Identificar outros problemas nos jovens ou nos pais, como uso de substâncias.

Terapia sistêmica breve

A terapia sistêmica breve (TSB; do inglês, *brief systemic therapy*) começou em Palo Alto, na Califórnia, nos anos 1970. Trata-se de um grupo de técnicas focadas no contexto interpessoal dos problemas e de suas soluções, promovendo uma atitude colaborativa entre seus membros. De uma perspectiva histórica, a TSB está entre duas grandes tradições: de um lado, integra as abordagens da cibernética (a teoria sistêmica e a pragmática da comunicação humana) e, de outro, a tradição da terapia breve de Milton Erickson, que visa a utilizar as fontes do próprio indivíduo para causar mudanças.

Em 2009, Cottencin et al.[39] publicaram um estudo sobre a aplicação dessa abordagem no tratamento das compulsões. Sugere-se que ela estimule a motivação, pois empodera paciente e família nas decisões. Os autores sublinham dois elementos dessa abordagem: "sistêmica" significa interação entre terapeuta e cliente, com ou sem a família. E "breve" não significa curta, mas "com foco", que será definido pelo cliente com o terapeuta e a família. Acredita-se que seja essencial esclarecer quem busca o tratamento, bem como qual é o problema, para, a seguir, buscar modos alternativos de lidar com a compulsão.[39]

Modelo integrativo sistêmico

Baseou-se na teoria sistêmica, que, na época, revolucionou o modo de pensar científico com duas grandes mudanças: de linear, a etiologia das doenças passou a ser vista como circular; e houve também a mudança de um modelo moral para um mais integrativo. Criado na década de 1970 e adotado, no início, na terapia familiar em geral, foi, mais tarde, adaptado a famílias de jogadores patológicos. O objetivo desse modelo de tratamento é definido entre terapeuta e cliente e pode variar desde abstinência total até jogo controlado. Como, em geral, o jogador chega ao tratamento desmotivado, no início ele é acolhido e, uma vez mobilizado, as ações passam a ser mais confrontativas. Esse modelo é a junção de uma abordagem multissistêmica, representa a integração entre terapia familiar e terapia cognitivo-comportamental com traços de psicodinâmica, existencial e farmacoterapia.[40]

Esse modelo se baseia em diferentes níveis de sistemas (contexto social, família de origem, casal e individual) e explica o problema do jogo como uma perturbação nas funções vitais do subsistema conjugal (poder e controle), oferecendo evidências teóricas de uma intervenção sistêmica no jogo patológico.[41]

Terapia familiar estratégica breve

Do inglês *brief strategic family therapy*, elaborada por Szapocznik e Kurtines[42], essa intervenção se articula em três constructos centrais: o sistema, a estrutura/padrões de interação e a estratégia das partes independentes ou inter-relacionadas. Uma família é um sistema composto de indivíduos cujos comportamentos necessariamente afetam os outros membros da família. Os membros da família se habituam a esses comportamentos, que se repetem muitas vezes, e esses comportamentos trabalham sinergeticamente para organizar um sistema familiar, o primeiro constructo.

Uma característica central do sistema é que ele é composto de partes que interagem entre si. O conjunto de padrões repetidos de interação, que são idiossincrasias da família, é chamado de estrutura familiar, que seria o segundo constructo central. O terceiro constructo seria elaborar intervenções que auxiliem a modificar esses padrões de funcionamento.

Os objetivos principais da abordagem são: cuidar do jovem em risco, ou seja, "foco no sintoma"; e trabalhar as relações familiares, ou "foco no sistema".

Essa abordagem foi bastante estudada para transtornos por uso de substâncias em adolescentes e outras complicações (p. ex., HIV), mas sua aplicabilidade em outros transtornos ainda é incipiente. Porém, demonstra ser uma abordagem bastante promissora para os transtornos do impulso, por conta das similaridades entre uso de substâncias e impulsividade.

Sistema de engajamento estratégico estrutural

O sistema de engajamento estratégico estrutural (*Strategic Structural-Systems Engagement* – SSSE) seria uma vertente da estratégia anterior, focada nos primeiros contatos, que tem como meta principal intervir nas interações que possam bloquear a adesão ao tratamento.[43] Em contraste com a terapia familiar, que foca em modificar as interações familiares que mantêm e encorajam o uso da droga, essa intervenção foca em modificar as interações e encoraja a resistência ao tratamento. Isto é, a terapia familiar foca em modificar as interações entre os membros que possam estimular o uso, enquanto o SSSE concentra em modificar as interações que impedem o engajamento no tratamento.

Considerações de diversidade | Jovens e prevenção

Uma população que merece especial atenção são os adolescentes. Muito se estuda sobre o papel essencial da família no tratamento de jovens em risco em geral. Os programas preventivos com famílias têm o objetivo de estimular resultados positivos e a resiliência, minimizando fatores de risco.[44] Nesses programas, a finalidade é promover o desenvolvimento positivo dos jovens, instalando relações parentais boas e que estimulem bom vínculo, boa comunicação e monitoramento efetivo.

Essas intervenções familiares têm se mostrado bastante eficazes ao longo das últimas décadas, além de apresentarem boa relação custo-benefício.[45-47]

Em revisão de 2014 sobre programas de prevenção familiar para moças com transtornos por uso de substância e de impulso, Kumpfer[48] menciona Bowen como um dos precursores das intervenções familiares, com a ideia de que a família é um sistema funcional, mais que um simples apanhado de indivíduos. Ele postulava que a família só poderia ser compreendida quando se olhassem as relações entre membros e com o contexto mais geral.[49]

Entre os princípios que regem essas intervenções, está o de que nenhum programa é o melhor, pois isso sempre dependerá da população.[50] Quanto mais particularizado for para a população e quanto mais focado em desenvolver os laços familiares e mudanças significativas na dinâmica familiar, mais efetivo será o programa. Entre os programas que se mostraram efetivos, está o Programa Fortalecendo Famílias (PFF) (*Strengthening Families Program*) desenvolvido por Kumpfer.[49] Trata-se de um programa multifamiliar de 7 a 14 semanas, altamente estruturado, baseado em treinamento de habilidades, mas que apresenta a ideia da família como sistema. O sucesso do programa se deve justamente ao fato de todos os membros da família estarem juntos. Na maior parte da literatura que mostra efetividade ele foi aplicado para uso de substância, porém o programa já foi testado para problemas de delinquência e HIV, e parece bastante promissor para os transtornos de impulso, que compartilham muitos aspectos com esses quadros. Também se investe no recrutamento e na retenção das pessoas no programa, buscando eliminar barreiras para a adesão.

Considerações finais

Pouco se estudou sobre a aplicabilidade da terapia sistêmica nos transtornos de impulso. Entretanto, o que já se pode perceber é que a visão da família como um sistema e como parte essencial do tratamento de indivíduos com esses transtornos já está bem estabelecida: a família, ao mesmo tempo que se afeta com o comportamento impulsivo de seu membro, também influencia o comportamento impulsivo, seja o mantendo ou o evitando.

Muitos tratamentos aplicados aos transtornos por uso de substâncias vêm sendo testados nos transtornos do impulso por semelhanças de quadro clínico, e alguns deles se mostram promissores.

Trata-se, portanto, de um campo ainda bastante fértil de estudo e pesquisa.

Referências bibliográficas

1. International Society for Research on Impulsivity [internet]. [Acesso em 20 jun 2015] Disponível em: http://www.impulsivity.org/.
2. Abreu CN, Tavares H, Cordás TA, organizadores. Manual clínico dos transtornos do controle dos impulsos. Porto Alegre: Artmed; 2008.
3. Hodgins DC, Peden N. Tratamento cognitivo-comportamental para transtornos do controle do impulso. Rev Bras Psiquiatr. 2008;30(Supl I):31-40.
4. Dell'Osso B, Altamura AC, Allen A, Marazziti D, Hollander E. Epidemiologic and clinical updates on impulse control disorders: a critical review. Eur Arch Psychiatry Clin Neurosci. 2006;256(8):464-75.
5. Araújo AC, Lotufo Neto F. A nova classificação americana para os transtornos mentais: o DSM-5. Rev Bras Ter Comport Cogn. 2014;16(1):67-82.
6. American Psychiatric Association. DSM-5: Manual diagnóstico e estatístico de transtornos mentais. 5. ed. Porto Alegre: Artmed; 2014.
7. Rapizo R. Terapia sistêmica de família: da instrução à construção. 2. ed. Rio de Janeiro: Instituto Noos; 2002.
8. Watzlawick P, Beavin JH, Jackson DD. Pragmática da comunicação humana. São Paulo: Cultrix; 1981.
9. Guimarães CMB. Um minuto para comprar e uma vida para pagar: padrões de interação em casais nos quais um dos membros é comprador compulsivo [tese de doutorado em Psicologia Clínica]. São Paulo: Pontifícia Universidade Católica; 2013.
10. Andolfi M, Angelo C. O jogo em terapia. In: Tempo e mito em psicoterapia familiar. Porto Alegre: Artes Médicas; 1984.
11. Büscher TP, Dyson J, Cowdell F. The effects of hoarding disorder on families: an integrative review. J Psychiatr Ment Health Nurs. 2014;21(6):491-8.
12. McComb JL, Lee BK, Sprenkle DH. Conceptualizing and treating problem gambling as a family issue. J Marital Fam Ther. 2009;35(4):415-31.
13. Bonfanti K, Matos CA, Falcão LT. A family therapy approach for studying compulsive buyers: an exploratory study. 4. Encontro de Marketing da ANPAD; 2010. Florianópolis: ANPAD; 2010.
14. Rindfleisch A, Burroughs JE, Denton F. Family structure, materialism, and compulsive consumption. Journal of Consumer Research. 1997;23(4):312-25.
15. South SC, Turkheimer E, Oltmanns TF. Personality disorder symptoms and marital functioning. J Consult Clin Psychol. 2008;76(5):769-80.
16. Black DW. A review of compulsive buying disorder. World Psychiatry. 2007;6(1):14-18.
17. Black DW. Compulsive buying disorder: a review of the evidence. CNS Spectr. 2007;12(2):124-32.
18. Mellan O. Overcoming overspending in couples. In: Besson AL, editor. I shop therefore I am: compulsive buying and the search for self. Northvale, NJ: Jason Aronson; 2000. p. 341-66.
19. Cerveny CMO, organizadora. Família e... intergeracionalidade, equilíbrio econômico, longevidade, repercussões, intervenções psicossociais, o tempo, filhos cangurus, luto, cultura, terapia familiar, desenvolvimento humano e social, afetividade, negociação. São Paulo: Casa do Psicólogo; 2012.
20. Walsh F. Casais saudáveis e casais disfuncionais: qual a diferença? In: Andolfi M, organizador. A crise do casal: uma perspectiva sistêmico-relacional. Porto Alegre: Artmed. p. 13-28.
21. Maldonado M. O desafio da comunicação: caminhos e perspectivas. São Paulo: Palas Athena; 2005.
22. Ciarrocchi JW, Hohmann AA. The family environment of married male pathological gamblers, alcoholics, and dually addicted gamblers. J Gambl Stud. 1989; 5(4):283-91.
23. McCown WG, Chamberlain LL. Best possible odds: contemporary treatment strategies for gambling disorders. New York: Wiley; 2000.
24. Grant-Kalischuk R, Nowatzki N, Cardwell K, Klein K, Solowoniuk J. Problem gambling and its impact on families: a literature review. Int Gambl Stud. 2006;6(1):31-60.
25. Stea JN, Hodgins DC. A critical review of treatment approaches for gambling disorders. Curr Drug Abuse Rev. 2011;4(2):67-80.
26. Miller WR, Meyers RJ, Tonigan JS. Engaging the unmotivated in treatment for alcohol problems: a comparison of three strategies for intervention through family members. J Consult Clin Psychol. 1999;67(5):688-97.
27. Rychtarik RG, McGillicuddy NB. Preliminary evaluation of a coping skills training program for those

with a pathological-gambling partner. J Gambl Stud. 2006;22(2):165-78.
28. Lee BK. Well-being by choice, not by chance: An integrative, system-based couple treatment model for problem gambling. Final Report: Prepared for the Ontario Gambling Research Centre. Guelph, Ontario: OPGRC; 2002.
29. Lee BK. Congruence Couple Therapy for pathological gambling. International Journal of Mental Health and Addiction. 2009;7:45-67.
30. Lee BK, Awosoga O. Congruence couple therapy for pathological gambling: a pilot randomized controlled trial. J Gambl Stud. 2015;31(3):1047-68.
31. Dowling NA, Rodda SN, Lubman DI, Jackson AC. The impacts of problem gambling on concerned significant others accessing web-based counselling. Addict Behav. 2014;39(8):1253-7.
32. Tompkins MA. Working with families of people who hoard: a harm reduction approach. Journal of Clinical Psychology. 2011;67(5):497-506.
33. Tompkins MA, Hartl TL. Digging out: helping your loved one manage clutter, hoarding & compulsive acquiring. Oakland, CA: New Harbinger Publications; 2009.
34. Pollard CA. Helping the families of treatment-refusers: a new option for clinicians and consumers. Symposium conducted at the meeting of the Anxiety and Depression Association of America; 2013; La Jolla, CA.
35. VanDyke M, Pollard CA. Brief consultation for families of OCD treatment-refusers: preliminary results. Symposium conducted at the meeting of the Obsessive Compulsive Foundation; 2005; San Diego, CA.
36. Chasson GS, Carpenter A, Ewing J, Gibby B, Lee N. Empowering families to help a loved one with hoarding disorder: pilot study of family-as-motivators training. Behav Res Ther. 2014;63:9-16.
37. Franklin ME, Zagrabbe K, Benavides KL. Trichotillomania and its treatment: a review and recommendations. Expert Rev Neurother. 2011;11(8):1165-74.
38. Henggeler SW, Clingempeel WG, Brondino MJ, Pickrel SG. Four-year follow-up of multisystemic therapy with substance-abusing and substance-dependent juvenile offenders. J Am Acad Child Adolesc Psychiatry. 2002;41(7):868-74.
39. Cottencin O, Doutrelugne Y, Goudemand M, Consoli SM. Addiction and brief-systemic therapy: working with compulsion. Encephale. 2009;35(3):214-9.
40. Mladenović I, Lažetić G, Lečić-Toševski D, Dimitrijević I. Treatment of pathological gambling: integrative systemic model. Psychiatr Danub. 2015;27(1):107-11.
41. Cunha D, Relvas AP. Pathological gambling and couple: towards an integrative systemic model. J Gambl Stud. 2014;30(2):213-28.
42. Szapocznik J, Rio A, Murray E, Cohen R, Scopetta M, Rivas-Vazquez A, et al. Structural family versus psychodynamic child therapy for problematic Hispanic boys. J Consult Clin Psychol. 1989;57(5):571-8.
43. Szapocznik J, Perez-Vidal A, Brickman AL, Foote FH, Santisteban D, Hervis O, et al. Engaging adolescent drug abusers and their families in treatment: a strategic structural systems approach. J Consult Clin Psychol. 1988;56(4):552-7.
44. Kumpfer KL, Alvarado R. Family-strengthening approaches for the prevention of youth problem behaviors. Am Psychol. 2003;58(6-7):457-65.
45. Foxcroft DR, Ireland D, Lister-Sharp DJ, Lowe G, Breen R. Longer-term primary prevention for alcohol misuse in young people: a systematic review. Addiction. 2003;98(4):397-411.
46. Foxcroft DR, Tsertsvadze A. Universal alcohol misuse prevention programmes for children and adolescents: Cochrane systematic reviews. Perspect Public Health. 2012;132(3):128-34.
47. Miller TA, Hendrie D. Substance abuse prevention: dollars and cents: a cost-benefit analysis. DHHS Pub. No. (SMA) 07-4298. Rockville, MD: Center for Substance Abuse Prevention, Substance Abuse and Mental Health Services Administration; 2008.
48. Kumpfer KL. Family-based interventions for the prevention of substance abuse and other impulse control disorders in girls. ISRN Addiction. 2014.
49. Bowen M. Family therapy in clinical practice. Northvale, NJ: Jason Aronson; 1985.
50. Nation M, Crusto C, Wandersman A, Kumpfer KL, Seybolt D, Morrissey-Kane E, et al. What works in prevention: principles of effective prevention programs. Am Psychol. 2003;58(6-7):449-56.

Bibliografia

Braun B, Kraus L, Sleczka P, Bühringer G. Factors contributing to treatment retention and drop-out in pathological gamblers: who is going to stay? In: 1. International Conference on Behavioral Addictions; 2013; Budapest, Hungary. Journal of Behavioral Addictions. 2013;2(Suppl. 1):1-50.

Cowlishaw S, Merkouris S, Dowling N, Anderson C, Jackson A, Thomas S. Psychological therapies for pathological and problem gambling. Cochrane Database Syst Rev. 2012;11.

Lee BK, Rovers M. Bringing torn lives together again: effects of the first congruence couple training application to clients in pathological gambling. Int Gambl Stud. 2008;8(1):113-29.

Rodrigues AG. As diferentes faces da impulsividade: impulso sexual excessivo... não é uma delícia! [on-line]. 2007. [Acesso em 7 mar 2017] Disponível em: https://www.yumpu.com/s/5WqMq8283Lm7e0iZ.

Wright A, Rickards H, Cavanna AE. Impulse-control disorders in Gilles de la Tourette syndrome. J Neuropsychiatry Clin Neurosci. 2012;24(1):16-27.

Yip SW, Potenza MN. Treatment of gambling disorders. Curr Treat Options Psychiatry. 2014;1(2):189-203.

Parte 7

Terapia Cognitivo-Comportamental

Coordenadoras: Neliana Buzi Figlie e Neide A. Zanelatto

O que perturba os homens não são as coisas, e sim as opiniões que eles têm em relação às coisas. A morte, por exemplo, nada tem de terrível, senão tê-lo-ia parecido assim a Sócrates. Mas a opinião que reina em relação à morte, eis o que a faz parecer terrível a nossos olhos. Por conseguinte, quando estivermos embaraçados, perturbados ou penalizados, não o atribuamos a outrem, mas a nós próprios, isto é, às nossas próprias opiniões.
Epicteto (55-135)

Terapia cognitivo-comportamental

A terapia cognitiva, também conhecida como terapia cognitivo-comportamental, é uma abordagem estruturada, diretiva, ativa e de prazo limitado. Fundamenta-se na racionalidade teórica de que o afeto e o comportamento são determinados pelo modo como a pessoa pensa (cognições). As cognições baseiam-se em atitudes ou pressuposições desenvolvidas ao longo do histórico de vida. A terapia cognitiva se ocupa das cognições que causam ansiedade ou depressão e que são oriundas de crenças disfuncionais, e a melhora resulta na modificação de tais crenças.

A terapia cognitiva vem ampliando sua área de atuação e ganhando novos adeptos desde que foi introduzida, na década de 1960. O que torna essa metodologia atraente tanto para clientes quanto para profissionais é o fato de ela ser pragmática, com foco específico e altamente colaborativa, de modo a auxiliar na formulação de planos de tratamento junto com o cliente, com vistas a aumentar a eficácia da intervenção proposta.

Fundamentos teóricos

Aaron Beck[1,2] elaborou e desenvolveu a teoria e a metodologia da terapia cognitiva. Originariamente, a terapia cognitiva recebeu influência da filosofia, principalmente dos filósofos estoicos, cuja doutrina afirma que todo o universo é corporal e governado por um *logos* divino. Também foi influenciada pelo taoísmo e pelo budismo, nos quais a cognição é considerada uma força primária na determinação do comportamento humano.[3]

No entanto, uma das influências mais relevantes foi a psicanálise.[4] Inicialmente, Beck, de formação psicanalítica, tinha como objetivo aplicar o modelo psicanalítico da depressão por meio da análise dos sonhos. No entanto, deu-se conta de que seus estudos falharam em confirmar o modelo da agressão retroflexa (do indivíduo contra si mesmo, em uma tentativa de autopunição) e, intrigado com suas observações na prática clínica, propôs o modelo cognitivo da depressão.

Beck descreveu a depressão como resultante de crenças negativas sobre si mesmo, sobre o mundo e sobre o futuro (a tríade cognitiva). Essas crenças negativas influenciariam a maneira como a pessoa deprimida perceberia e processaria informações. Nesse contexto, Beck apontou a cognição, e não a emoção, como fator essencial na depressão, conceituando-a como um transtorno de pensamento e não como um transtorno emocional.[5] Beck admitiu a noção de inconsciente, embora propusesse, diferentemente da psicanálise, que seria possível acessar conteúdos inconscientes em condições especiais. O autor enfatiza a influência de experiências passadas no desenvolvimento de sistemas de esquemas cognitivos do indivíduo, com variáveis presentes que reforçam a crença disfuncional.[5]

Pensamentos automáticos, erros cognitivos e esquemas baseados no processamento disfuncional de informações manteriam as crenças disfuncionais e, por conseguinte, a depressão. Em 1979, em sua obra *Terapia cognitiva da depressão*, Beck et al.[6] sistematizaram a nova abordagem, cuja aplicabilidade foi subsequentemente expandida para o tratamento de outros transtornos. As teorias e os métodos descritos por Beck e colaboradores estenderam-se a uma variedade de quadros clínicos, incluindo depressão, transtorno de ansiedade, transtornos alimentares, esquizofrenia, transtorno bipolar, dor crônica, transtorno de personalidade e abuso de substâncias.[7]

Esse modelo de tratamento enfatiza um relacionamento terapêutico ativo e colaborador, no qual profissional e cliente trabalham juntos para identificar os processos cognitivos e comportamentais associados aos problemas, a fim de melhorar ou desenvolver habilidades de enfrentamento e diminuir o risco de recaída.

Princípios

Segundo Judith Beck[8], dez princípios norteiam o trabalho com todos os clientes. A terapia cognitiva:

1. Baseia-se em uma contínua formulação do cliente e de seus problemas em termos cognitivos. Conceitua as dificuldades a título de pensamento, emoção e comportamento; identifica os fatores precipitantes e levanta hipóteses sobre eventos-chave do desenvolvimento e padrões duradouros de interpretação.
2. Requer uma aliança terapêutica sólida, que inclua cordialidade, empatia, atenção, respeito genuíno e competência.
3. Enfatiza a colaboração entre profissional e cliente e a participação ativa de ambos no processo clínico.
4. É orientada por metas e focada em problemas. Nas sessões iniciais, listam-se os problemas, bem como as metas e as submetas específicas para a resolução de cada um deles.
5. Enfatiza o presente. A atenção volta-se para o passado em três circunstâncias: quando o cliente mostra forte predileção; quando o trabalho voltado para os problemas atuais produz pouca ou nenhuma mudança cognitiva; e quando o profissional julga importante compreender como e quando ideias disfuncionais se originaram e como mantêm o problema no presente.
6. Tem um sentido didático: visa ensinar o cliente a ser seu próprio profissional e foca em evitar a recaída. O terapeuta estimula o cliente a registrar ideias importantes e o ensina a estabelecer metas, identificar e avaliar pensamentos e crenças e planejar mudanças comportamentais.
7. Tem duração breve, objetivando tornar o cliente autônomo para a prática independente das habilidades adquiridas no menor prazo possível.
8. Tem sessões estruturadas independentemente do diagnóstico ou do momento do tratamento. Seguir um formato estabelecido torna o processo mais compreensível para o cliente e aumenta a probabilidade de que ele seja capaz de generalizar os ganhos terapêuticos e de fazer autoterapia no futuro.
9. Ensina os clientes a identificar, avaliar e responder a seus pensamentos e suas crenças disfuncionais por meio do questionamento socrático.
10. Utiliza uma variedade de técnicas para mudar pensamento, humor e comportamento. Embora o questionamento socrático e a descoberta guiada sejam centrais, técnicas de outras orientações (comportamental ou *Gestalt*) são também utilizadas se apropriadas aos objetivos terapêuticos.

Os próximos capítulos têm a intenção de compartilhar com os leitores temas de interesse clínico pautados na riqueza da teoria e da experiência de seus autores, que conferem à terapia cognitiva o reconhecimento de uma intervenção psicoterapêutica validada e eficaz no tratamento de problemas psicológicos e de saúde mental.

No capítulo "Conceitos Básicos na Terapia Cognitiva", são descritas as técnicas a partir da compreensão dos conceitos norteadores do pensamento cognitivo. A riqueza e a diversidade de sua aplicabilidade merecem um capítulo à parte nessa seção do livro, que se dedica a oferecer ao leitor dados objetivos sobre os transtornos do comportamento, desde aqueles mais comumente tratados até os que, em função do momento cultural vivido, começam a surgir como um desafio para os clínicos, como o uso patológico da internet, entre outros.

A cada capítulo, os autores, especialistas nos assuntos abordados, partem da conceituação do transtorno e apresentam os critérios diagnósticos para melhor compreensão do tema, de modo que o planejamento da intervenção seja o mais adequado para cada caso estudado. São ainda apresentados os dados epidemiológicos que auxiliam a compreender como cada transtorno está inserido em nossa realidade, e as comorbidades e os riscos associados.

Os autores apresentam com maestria as principais técnicas cognitivo-comportamentais utilizadas para o alcance do tratamento ideal de cada transtorno específico, sendo que, em alguns capítulos, uma apresentação de caso elucida como a intervenção pode ser realizada.

A expectativa é oferecer aos leitores uma visão o mais completa possível, dentro dos limites permitidos nesta obra, de como o modelo cognitivo-comportamental compreende e intervém no tratamento dos transtornos do comportamento, de modo a proporcionar àqueles que têm esses diagnósticos uma vida com mais qualidade.

Referências bibliográficas

1. Beck AT. Thinking and depression I: Idiosyncratic content and cognitive distortions. Arch Gen Psychiatry. 1963;9:324-33.
2. Beck AT. Thinking and depression II: theory and therapy. Arch Gen Psychiatry. 1964;10:561-71.
3. Beck AT, Rush AJ, Shaw BF, Emery G. Cognitive therapy of depression. New York: Guilford Press; 1979.
4. Salkovskis PM. Terapia cognitiva e Aaron T. Beck. In: Salkovskis PM, organizador. Fronteiras da terapia cognitiva. São Paulo: Casa do Psicólogo; 2004. p. 455-60.
5. Serra AM. Estudo da terapia cognitiva: um novo conceito em psicoterapia. Psicologia Brasil. 2006;4(31): 19-26.
6. Beck AT, Rush AJ, Shaw BF, Emery G. Terapia cognitiva da depressão. Porto Alegre: Artmed; 1997.
7. Butler AC, Beck JS. Cognitive therapy outcomes: a review of meta-analyses. J Norweg Psycholog Assoc. 2000;37:1-9.
8. Beck JS. Terapia cognitiva: teoria e prática. Porto Alegre: Artmed; 1997.

73 Conceitos Básicos na Terapia Cognitiva

Neliana Buzi Figlie e Neide A. Zanelatto

Introdução

Neste capítulo, serão descritos alguns conceitos básicos que fazem parte da metodologia da terapia cognitiva, bem como algumas técnicas. O capítulo não se propõe a esgotar o tema, mesmo porque existe uma ampla variedade de técnicas. O objetivo principal é fornecer ao leitor a definição de alguns conceitos-chave que embasam a prática, com vistas a obter a melhora das habilidades do cliente na solução de problemas, foco central da terapia cognitiva.

Esquemas cognitivos, crenças e pensamentos automáticos

Fundamentais para o modelo são os construtos conhecidos como esquemas cognitivos, crenças centrais e pensamentos automáticos.[1] Esquemas são definidos como superestruturas cognitivas que organizam nossa percepção do real. Crenças são definidas como ideias tomadas pelo sujeito como verdades absolutas. Pensamentos automáticos refletem, em nível pré-consciente, a representação esquemática do real pelo sujeito.[2,3]

Os pensamentos automáticos podem se manifestar verbalmente ou como imagens. Caracteristicamente, refletem uma avaliação de eventos, de qualquer perspectiva de tempo (passado, presente ou futuro), tida como a representação factual da realidade; por isso, sua validade raramente é questionada.[2]

Clark et al.[4] descreveram o termo *pré-consciente* ao abordar os pensamentos automáticos, uma vez que essas cognições podem ser trazidas ao nível consciente se reconhecidas e compreendidas. Todas as pessoas têm pensamentos automáticos. Vale ressaltar que eles podem ser verdadeiros e podem representar uma percepção adequada da realidade. No entanto, a terapia cognitiva tem interesse nos pensamentos automáticos disfuncionais, que geralmente envolvem temas de desesperança, baixa autoestima e fracasso. Alguns exemplos de pensamentos automáticos estão apresentados na Tabela 73.1.

Os pensamentos automáticos são fundamentais para compreender os esquemas utilizados pelo cliente. Esquemas são definidos como matrizes ou regras essenciais para o processamento de informações que estão abaixo dos pensamentos automáticos no plano inconsciente.[5,6]

Os esquemas são princípios duradouros de pensamento que se originam na infância e são continuamente influenciados por experiências da vida; são estruturas de cognição com significado

Tabela 73.1 Exemplos de pensamentos automáticos.

Situação	Pensamentos automáticos	Emoção/reação fisiológica	Comportamento
O cliente está aguardando resultados de exames médicos no consultório	"O pior vai aparecer!"	Ansiedade Palpitação	O cliente fuma em demasia e não consegue se manter sentado
O marido pergunta à esposa como foi seu dia	"Por que falar? Ele não se importa!"	Tristeza Irritação	A esposa responde de maneira vaga e fria
Momento de pegar o elevador	"O elevador pode cair!"	Medo/ansiedade Tensão	O indivíduo não pega o elevador; em vez disso, sobe as escadas

determinado. Os seres humanos desenvolvem tais esquemas para lidar com as informações ao longo da existência e, assim, poder tomar decisões e gerenciar a vida. As crenças centrais são aquelas que uma pessoa tem a respeito de si mesma, dos outros e do mundo, e que são originadas na infância. A maioria das pessoas forma crenças centrais aos pares, como "eu sou forte" e "eu sou fraco". Apenas um dos pares é ativado por vez. Em situações de vulnerabilidade, geralmente a crença disfuncional é ativada e, quando isso acontece, é vivenciada como uma verdade absoluta e altamente carregada de afeto.[7]

Às vezes, as pessoas não desenvolvem crenças centrais aos pares em todos os domínios. Seja por circunstâncias adversas em seu desenvolvimento, por eventos traumáticos ou por fatores biológicos, algumas pessoas têm crenças centrais fortemente desenvolvidas que não são equilibradas por uma crença central alternativa.[8]

Sob influência das crenças centrais, são desenvolvidos os pressupostos subjacentes, que têm por finalidade manter as crenças centrais, oferecendo explicações e regras de vida em consonância com estas, bem como proteger a pessoa do afeto negativo associado à ativação das crenças centrais. Os pressupostos são intermediários porque se situam entre as crenças centrais, que são absolutas, e os pensamentos automáticos, que são específicos das situações.

Finalmente, a pessoa elabora as estratégias compensatórias, que funcionam como um termostato afetivo quando seu estado emocional interno se desregula.[7] Em linhas gerais, essas estratégias funcionam como uma defesa e/ou uma autoproteção com vistas a encobrir ou compensar as crenças negativas.[9]

A Tabela 73.2 exemplifica crenças centrais, pressupostos e estratégias compensatórias.

Conceitualização de caso

É um processo em que profissional e cliente trabalham em colaboração para, primeiro, descrever e, depois, explicar os problemas que o cliente apresenta na terapia. Sua função primária é guiar a terapia, de modo a aliviar o sofrimento e desenvolver resiliência no cliente.

O processo de conceitualização de caso combina as dificuldades e as experiências que o cliente apresenta com a teoria e a pesquisa da terapia cognitiva para a elaboração de uma nova compreensão da dinâmica de funcionamento do cliente. Os princípios-chave da conceitualização de caso são:[7]

- Empirismo colaborativo entre profissional e cliente: calor humano, empatia e colaboração na relação terapêutica asseguram uma compreensão compartilhada do caso, embasada nas experiências do cliente, em teoria e em pesquisa. Vale ressaltar que a capacidade de empatia se baseia, em parte, na disposição do profissional para vivenciar as situações como outros seres humanos as experienciam. Isso requer um esforço deliberado para adotar temporariamente um modo de pensar não familiar, de outra pessoa. O Quadro 73.1 expõe os cinco segredos da comunicação eficaz de um Programa de Treinamento em Empatia (PTE), que auxiliam a melhorar a comunicação do profissional
- Níveis de conceitualização: fatores predisponentes e protetores atuam em nível longitudinal no sentido de compreender os problemas apresentados pelo cliente nos âmbitos cognitivo e comportamental, por meio de uma descrição dos problemas e dos modelos explanatórios (como são mantidos os sintomas). Partindo da perspectiva transversal, cliente e profissional explicam como

Tabela 73.2 Exemplos de crenças centrais, pressupostos e estratégias compensatórias.

Crenças centrais	Pressupostos	Estratégias compensatórias
Crenças de desamor: "eu não sou bom o suficiente" (digno de ser amado)	"Se eu me esforçar muito para agradar os outros, as pessoas se aproximarão de mim"	Colocar sempre as necessidades dos outros em primeiro lugar em relação às suas necessidades
Crenças de desvalor: "eu não sou bom, eu sou desrespeitado"	"Se eu for autoritário, as pessoas não conseguirão me dominar"	Ter postura autoritária, evitando contatos que possam evidenciar qualquer possibilidade de ser dominado
Crenças de desamparo: "sou incapaz, inferior: um perdedor"	"Se eu não for um sucesso completo, então sou um fracasso"	Ter um alto nível de exigência consigo mesmo em relação ao seu desempenho

Quadro 73.1 Os cinco segredos da comunicação eficaz.

Ferramentas de escuta
Técnica do desarmamento: você acha a verdade no que o cliente está dizendo, mesmo que pareça totalmente distorcido e não razoável
Empatia: você se coloca no lugar do cliente e tenta ver o mundo pelos olhos dele • Empatia de pensamento: você parafraseia as palavras do cliente • Empatia de sentimento: você reconhece como o cliente provavelmente está se sentindo • Questionamento: você faz perguntas suaves e encorajadoras, a fim de aprender mais sobre o que o cliente está pensando e sentindo
Ferramentas de autoexpressão
Afirmações do tipo "eu sinto" para manter a credibilidade e a veracidade se for atacado. Evite afirmações que comecem com "você"
Afago: você encontra algo genuinamente positivo para dizer e transmite uma atitude respeitosa, mesmo que a intenção possa parecer confrontativa ou tensa

Fonte: Auerbach e Burns, 2004.[10]

as dificuldades atuais são desencadeantes e mantidas, usando a teoria da terapia cognitivo-comportamental. Por fim, um terceiro nível de conceitualização pode ser desenvolvido para explicar como se originaram as dificuldades atuais. Esse nível descreve os fatores históricos predisponentes e os fatores protetores em termos cognitivo-comportamentais. Em geral, esse terceiro produto é uma conceitualização longitudinal que proporciona um contexto histórico para a compreensão dos problemas apresentados. Em suma, a terapia cognitivo-comportamental começa com níveis descritivos, caminha para explicações desencadeantes e fatores de manutenção e, quando necessário, considera fatores que predispõem as pessoas ao desenvolvimento de transtornos em saúde mental e as protegem das situações atuais. Nem todos os casos requerem esse terceiro nível. Para alguns clientes, o primeiro nível será suficiente

• Incorporação dos pontos fortes do cliente: aumenta a possibilidade de que o resultado seja o alívio do sofrimento e o desenvolvimento da resiliência. A conceitualização identifica e incorpora ativamente os pontos fortes do cliente, com o objetivo de aplicar os recursos existentes nele às suas dificuldades atuais e fortalecer sua consciência, bem como utilizar esses pontos fortes ao longo do tempo, desenvolvendo sua resiliência.

A terapia tem dois objetivos abrangentes: aliviar o sofrimento e desenvolver a resiliência. A conceitualização de caso na terapia cognitiva ajuda a alcançar esses dois objetivos quando a intervenção preenche as funções descritas no Quadro 73.2.

Judith Beck[9] propôs o diagrama da conceituação cognitiva, que ajuda a organizar a quantidade de dados que o profissional coleta sobre o cliente (Quadro 73.3). O diagrama auxilia a:

• Identificar crenças centrais, pressupostos (regras) e estratégias comportamentais dos clientes

Quadro 73.2 Funções da conceitualização de caso na terapia cognitivo-comportamental.

1. Sintetiza a experiência do cliente, a teoria e a pesquisa em terapia cognitivo-comportamental
2. Normaliza os problemas apresentados e é validante
3. Promove o engajamento do cliente
4. Torna problemas complexos mais tratáveis
5. Orienta a escolha, a sequência e o foco das intervenções
6. Identifica os pontos fortes do cliente e sugere maneiras de desenvolver a resiliência
7. Sugere intervenções mais simples e com maior custo-benefício
8. Antecipa e aborda os problemas na terapia
9. Ajuda a entender a não resposta na terapia e sugere rotas alternativas para a mudança
10. Possibilita uma supervisão de alta qualidade

Fonte: Kuyken et al., 2010.[7]

Quadro 73.3 Diagrama da conceituação cognitiva.

História infantil relevante		
M. teve uma educação rígida e era constantemente comparada às primas em relação ao desempenho escolar e às tarefas em casa		
Crença central		
Inferioridade: sou inferior, não sou como os outros Os outros são melhores que eu		
Pressupostos		
Se eu não me mostrar, não serei criticada Se eu me esquivar das situações, não serei criticada		
Estratégias compensatórias		
Esquiva, não enfrentamento de situações sociais Comer quando se sente inferior ou incapaz		
Situação		
Acordou triste	M. não foi a uma festa da família	O filho ficou gripado e a avó cuidou dele
Pensamento automático		
Meu chefe sempre critica o meu trabalho	Vão falar que estou gorda	Não consigo cuidar bem do meu filho
Emoção		
Angústia Tristeza	Tristeza	Tristeza Ansiedade
Comportamento		
Não foi trabalhar e passou a maior parte do dia na cama	Comer compulsivamente	Telefonar várias vezes durante o dia para saber se ele havia melhorado Comer

- Entender por que os clientes desenvolvem essas crenças extremas sobre si, sobre os outros, sobre suas vidas e sobre o mundo que os cerca
- Entender como as estratégias compensatórias estão conectadas às crenças centrais
- Decidir quais crenças e estratégias disfuncionais serão trabalhadas no primeiro momento
- Entender por que os clientes geralmente reagem de uma maneira particular: como as crenças influenciam suas percepções das situações atuais e como essas percepções influenciam suas reações emocionais, comportamentais e fisiológicas.

Na terapia cognitiva, uma construção cuidadosa e acurada da conceituação cognitiva possibilita ao profissional desenvolver hipóteses a respeito do esquema e das crenças disfuncionais do cliente, o que fundamentará uma estratégia de tratamento apropriada e orientará a intervenção.[3]

A reestruturação cognitiva, ou seja, a substituição de um sistema de crenças disfuncional por um sistema funcional, reflete o objetivo central da terapia cognitiva. Provido de uma estrutura cognitiva funcional, o indivíduo estará mais capacitado a modular emoções e comportamentos, como fazem os indivíduos que, mesmo diante de problemas, perdas e dificuldades, não desenvolvem um transtorno emocional.[2,3]

Formulação de caso

É uma ferramenta importante para todas as psicoterapias, inclusive a terapia cognitivo-comportamental, que ultrapassa a conceituação cognitiva apresentando uma compreensão do caso de maneira contextualizada ao longo do tempo, a partir da qual se levantam hipóteses sobre o desenvolvimento do funcionamento cognitivo e os problemas deste funcionamento, bem como sobre como foram e como estão sendo mantidos. É a ponte que faz a ligação entre a avaliação e o tratamento, e a partir dela são estabelecidas metas e planejamento do tratamento, bem como a escolha das estratégias que serão utilizadas para viabilizar as mudanças necessárias e desejadas.[11]

Sem essa ferramenta, o processo terapêutico corre o risco de se tornar vago e impreciso, sem que se saiba exatamente para onde será direcionado.

A formulação de caso é realizada durante as primeiras sessões, e vista e revista ao longo da terapia. Podem ser necessárias várias sessões antes que esteja completa de maneira satisfatória. Não existe um modelo único a ser utilizado para elaborar a formulação (p. ex., um formulário específico): diferentes autores apresentam diferentes diagramas com enfoques específicos, mas a maioria das análises compartilha elementos-chave.

Persons et al.[12] indicam que essa formulação pode ocorrer em três níveis: o caso, a síndrome ou problema e a situação. A formulação no nível do caso pretende compreendê-lo como um todo, particularmente as relações entre os problemas que o cliente apresenta e os esquemas que são ativados. A formulação no nível da síndrome ou do problema concentra-se em quais sintomas ou problemas o cliente apresenta. No terceiro nível, a formulação é focada na situação e na informação particulares acerca dos componentes cognitivos, comportamentais e de humor, bem como na maneira como o cliente reage a determinadas situações.

O modelo básico para a formulação de caso, a partir das informações sobre o cliente e sobre os problemas que ele tem como queixas principais, se ocupa de relacionar esses problemas às crenças e aos pressupostos do paciente, aos incidentes críticos e aos fatores de vulnerabilidade ou às experiências tardias, bem como aos gatilhos atuais e modificadores e aos processos de manutenção desses problemas. Pode-se pensar em uma sequência de perguntas que auxiliem na compreensão mais integralizada do problema e de seus gatilhos e que levarão ao plano de tratamento: O que está acontecendo? Em que tipo de situação isto costuma acontecer? Isto sempre aconteceu ou só está acontecendo agora? Qual o evento que desencadeou este sintoma? E desde esse evento, estes problemas aconteceram sempre com a mesma intensidade? Quais crenças podem estar sendo ativadas nestas situações? Como esta vulnerabilidade foi desenvolvida? Quais mecanismos são responsáveis pela manutenção desta situação da maneira como está?

A formulação do caso tem como benefícios, além de possibilitar uma visão ampla do funcionamento do cliente, permitir o estabelecimento de uma relação terapêutica positiva, facilitando a adesão ao tratamento.[13]

Reestruturação cognitiva

A estratégia geral da reestruturação cognitiva é identificar pensamentos automáticos e crenças disfuncionais nas sessões de psicoterapia, de modo a ensinar habilidades para mudar cognições e fazer com que os clientes realizem exercícios planejados para expandir os aprendizados da terapia às situações do mundo real. Normalmente, é necessária a prática repetitiva até que os clientes possam modificar as crenças disfuncionais.

A seguir serão descritas algumas técnicas utilizadas na terapia cognitivo-comportamental para a reestruturação cognitiva.

Registro de pensamentos

O pressuposto fundamental que orienta a terapia cognitiva é que a interpretação que um indivíduo faz de um evento determina como ele se sente e se comporta. O registro de pensamentos normalmente é apresentado na fase inicial da terapia, com o propósito de ajudar os clientes a aprender a reconhecer como seus pensamentos e seus sentimentos estão relacionados. Nesse contexto, vale a pena considerar que pensamentos e sentimentos são fenômenos distintos e que pensamentos provocam sentimentos e comportamentos.

Conforme o estado de humor (sentimento), o cliente pode tratar seus pensamentos como se fossem fatos. Inicialmente, os clientes precisam aprender a identificar seus pensamentos em relação aos fatos e suas consequências. A fim de distinguir pensamentos, sentimentos e situações, os profissionais podem solicitar aos clientes o registro de pensamentos, com o objetivo de reconhecer como um evento ou uma situação pode levar a diferentes crenças (pensamentos) e consequências (sentimentos e comportamentos) (Quadro 73.4).[14] Esse registro é feito incialmente em um formulário com três colunas (situação, pensamento e sentimento) e, depois, expandido para um formulário com cinco colunas (situação, pensamento, sentimento, pensamento alternativo e resultado final após o questionamento).

Identificação de erros cognitivos

Beck et al.[1] teorizaram que existem equívocos característicos na lógica dos pensamentos automáticos. Distorcer constantemente os pensamentos de maneira similar, concluir antecipadamente, personalizar eventos ruins ou rotular-se como um fracasso são padrões comum às pessoas que estão deprimidas ou ansiosas. O modelo

Quadro 73.4 Formulário de registro de pensamentos automáticos.

Situação (O que eu estava fazendo no momento do registro do pensamento? O que estava acontecendo?)	Pensamentos automáticos (O que passou pela minha cabeça? Como interpretei a situação? Qual imagem veio à minha mente?)	Emoção/sentimento (O que eu senti naquele momento?)
Descreva o que estava acontecendo no momento em que você identificou o pensamento	Quais foram os pensamentos automáticos que passaram pela sua cabeça? Quanto você acredita em cada um deles (de 0 a 100%)?	Que emoção você sentiu (tristeza, medo, ira etc.)? Qual a intensidade dessa emoção (de 0 a 100%)?
Situação	**Pensamentos automáticos**	**Emoção**	**Pensamento alternativo (após o questionamento)**	**Resultado após o questionamento (emoção)**
Descreva a situação real	Quais foram os pensamentos automáticos que passaram pela sua cabeça? Qual o nível de crédito que você atribui a cada um deles (de 0 a 100%)?	Que emoção você sentiu (tristeza, medo, ira etc.)? Quão intensa era essa emoção (de 0 a 100%)?	Quais são suas respostas racionais frente aos pensamentos automáticos? Qual o nível de crédito que você atribui a cada uma delas (0 a 100%)?	Quanto você acredita agora em cada pensamento automático (de 0 a 100%)? Quais as emoções e qual a intensidade delas agora (de 0 a 100%)? O que você fará?

Adaptado de Beck, 1997.[15]

cognitivo propõe que as emoções desagradáveis estejam vinculadas a essas distorções de pensamento, também denominadas erros cognitivos. Vale ressaltar que pode ocorrer superposição de erros cognitivos e que o objetivo mais importante é simplesmente reconhecer que se está cometendo um erro cognitivo, e não identificar todo e qualquer erro de lógica.

O Quadro 73.5 apresenta as definições e exemplos das seis principais categorias de erros cognitivos. Esse formulário pode ser apresentado ao cliente de modo a facilitar a identificação das distorções cognitivas mais frequentes.

Exame de evidências

O profissional solicita ao cliente que liste as evidências contra e a favor de sua crença disfuncional. Depois, pede a ele que atribua porcentagens às evidências, dividindo 100 pontos entre as duas categorias. Por fim, cliente e profissional discutem a conclusão e a proporção encontrada (Tabela 73.3).[15]

Por vezes, o cliente pode criar muitas evidências a favor da crença disfuncional, por se tratar de um esquema disfuncional arraigado por muito tempo e geralmente reforçado em seu histórico de vida. O Quadro 73.6 apresenta algumas sugestões que podem ser aplicadas no exame de evidências.

Questionamento socrático

Um dos principais objetivos da terapia cognitiva é ajudar o cliente a reconhecer e a modificar esquemas disfuncionais. O método mais utilizado para isso é o questionamento socrático. O profissional faz ao cliente perguntas de final aberto, que são formuladas para avaliar e examinar objetivamente a relação entre crenças, pensamentos automáticos, emoções e comportamentos. O importante não é responder às perguntas corretamente, mas estimular um processamento mais preciso e realista, bem como o autoconhecimento e o pensamento independente. Por meio da descoberta orientada, o cliente pode explorar hipóteses formuladas durante a conceituação cognitiva do caso.[16]

As perguntas constituem uma importante e poderosa ferramenta para identificar, avaliar e corrigir pensamentos e crenças. Se não forem utilizadas adequadamente, o cliente poderá se sentir em um interrogatório ou colocado em uma armadilha. O processo de questionamento deve ser diretivo e empático, encorajando a exploração de pensamentos automáticos e erros cognitivos e originando tipos alternativos de pensamento em resposta a estímulos ativadores. É importante tentar extrair *o que o cliente está pensando*, e não *o que se acredita que ele esteja pensando*.[1]

Seguem algumas sugestões para a realização do questionamento socrático:[17]

Quadro 73.5 Lista de verificação de distorções cognitivas/erros cognitivos.

Abstração seletiva (às vezes chamada de *ignorar as evidências* ou *filtro mental*)

Chega-se a uma conclusão depois de examinar apenas uma pequena porção das informações disponíveis. Os dados importantes são descartados ou ignorados, a fim de confirmar a visão tendenciosa que a pessoa tem da situação. *Exemplo:* um homem deprimido, com baixa autoestima, não recebe um cartão de Boas Festas de um velho amigo. Ele pensa: "estou perdendo todos os meus amigos; ninguém se importa mais comigo". Ele ignora as evidências de que recebeu cartões de vários outros amigos, de que seu velho amigo tem lhe enviado cartões todos os anos nos últimos 15 anos, de que seu amigo esteve muito ocupado no ano anterior com uma mudança e um novo emprego e de que ele ainda tem bons relacionamentos com outros amigos

Inferência arbitrária

Chega-se a uma conclusão a partir de evidências contraditórias ou na ausência de evidências. *Exemplo:* solicita-se que uma mulher com medo de elevador preveja as chances de um elevador cair com ela dentro. Ela responde que as chances são de 10% ou mais de o elevador cair até o chão e ela se machucar. Muitas pessoas já tentaram convencê-la de que as chances de um acidente catastrófico com um elevador são desprezíveis

Supergeneralização

Chega-se a uma conclusão sobre um acontecimento isolado e, então, a conclusão é estendida de maneira ilógica a amplas áreas. *Exemplo:* um universitário deprimido tira nota B em uma prova. Ele considera isso insatisfatório e supergeneraliza quando tem pensamentos automáticos como: "estou com problemas nessa aula; estou ficando para trás em todas as áreas da minha vida; não consigo fazer nada direito"

Maximização e minimização

A relevância de um atributo, um evento ou uma sensação é exagerada ou minimizada. *Exemplo:* uma mulher com transtorno de pânico começa a sentir tonturas durante o início de um ataque de pânico. Ela pensa: "vou desmaiar, posso ter um ataque cardíaco ou um derrame". A partir de uma avaliação de si mesmo ou de outrem, tende-se irracionalmente a maximizar o aspecto negativo e a minimizar o aspecto positivo, por exemplo: uma aluna que tem uma crença de incapacidade, quando recebe uma prova com determinada nota, pensa: "receber uma nota medíocre prova o quão inadequada eu sou, e obter notas altas também não significa que eu seja inteligente"

Personalização

Eventos externos são relacionados a si próprio quando há pouco ou nenhum fundamento para isso. Assume-se responsabilidade excessiva ou culpa por eventos negativos. *Exemplo:* houve um revés econômico e um negócio anteriormente bem-sucedido passa por dificuldades para cumprir o orçamento anual. Pensa-se em demissões. Uma série de fatores levou à crise no orçamento, mas um dos gerentes pensa: "é tudo culpa minha; eu deveria saber que isso iria acontecer e deveria ter feito alguma coisa; falhei com todos na empresa"

Pensamento absolutista (*dicotômico* ou do tipo *tudo ou nada*)

Os julgamentos sobre si mesmo e as experiências pessoais ou com os outros são separados em duas categorias (p. ex., totalmente mau ou totalmente bom, fracasso total ou sucesso, cheio de defeitos ou completamente perfeito). Exemplo: David, um homem com depressão, compara-se com Ted, um amigo que parece ter um bom casamento e cujos filhos estão indo bem na escola. Embora o amigo seja muito feliz em sua casa, sua vida está longe do ideal. Ted tem problemas no trabalho, restrições financeiras e dores físicas, entre outras dificuldades. David está se envolvendo em um pensamento absolutista quando diz para si mesmo: "tudo vai bem para Ted; para mim, nada vai bem"

Leitura mental

Tem-se a impressão de que se sabe o que os outros estão pensando, desconsiderando evidências que favoreçam esse raciocínio. Por exemplo: durante uma entrevista de emprego, quando falo sobre minha experiência anterior de trabalho para o entrevistador, penso: "ele não está gostando de mim, está achando que tenho pouca experiência e que não sirvo para o cargo"

Fonte: Wright *et al.*, 2008.[6]

Tabela 73.3 Formulário de exame de evidências.

Crença: "Sou inferior, não sou igual aos outros"	
Evidências a favor	**Evidências contra**
Sempre sou criticada	Sempre elogiam a minha criatividade
Não sou uma boa mãe	Eu me sustento
Não desempenho meu trabalho tão bem quanto meus colegas	Estou empregada
Não consegui terminar meus estudos	Não terminei meus estudos porque engravidei
	Meu filho gosta de mim
	Meus amigos gostam de mim
A favor (35%)	Contra (65%)
(Subtrair: % contra − % a favor)	
Conclusão: 35% de evidências que contrariam a crença de inferioridade	

Quadro 73.6 Como examinar as evidências dos esquemas.

Explique rapidamente o procedimento antes de começar o exame de evidências
Utilize uma abordagem empírica. Envolva o cliente no processo de olhar com honestidade para a validade do esquema
Peça que o cliente escreva as evidências em uma folha. Pode funcionar melhor se, na primeira vez, você mesmo escrever as evidências. Transfira, assim que possível, a responsabilidade de escrever ao cliente
O trabalho pode ser iniciado na sessão e, depois, completado como tarefa de casa, deixando o cliente totalmente envolvido no processo de criação e registro das evidências
Geralmente, as evidências que confirmam os esquemas são absolutistas e endossadas por erros cognitivos e outros processamentos de informações disfuncionais. Ajude os clientes a identificar esses erros de raciocínio
Quando houver evidências de que os clientes tiveram problemas recorrentes com relacionamentos, aceitação, competência, habilidades sociais ou outras funções-chave, utilize as informações para elaborar estratégias de intervenção. Por exemplo, uma pessoa com crenças nucleares negativas sobre sua competência social pode ser ajudada por métodos comportamentais que rompam os padrões de evitação e ensinem habilidades necessárias para ser adequada em ambientes sociais
Seja criativo na criação de evidências contra crenças nucleares desadaptativas. Faça um questionamento socrático que estimule diferentes maneiras de ver a situação. Como os clientes podem ter uma visão negativa fixa de si mesmos, sua energia e sua imaginação são importantes para ajudá-los a encontrar motivos para mudar
Colha o máximo possível de evidências contra esquemas disfuncionais. Essas informações ajudarão os clientes a refutar crenças nucleares, além de proporcionar abertura importante para outras intervenções cognitivo-comportamentais
Utilize o método de exame de evidências como uma plataforma para ajudar os clientes a fazer modificações específicas nas crenças nucleares. Depois de examinar as evidências com os clientes, peça-lhes para refletir a respeito de possíveis mudanças que levarão a regras mais saudáveis de pensamento. Escreva essas ideias na folha de exame de evidências e faça o acompanhamento com outras técnicas da terapia cognitivo-comportamental
Desenvolva uma tarefa de casa para aumentar o sucesso do exercício de exame de evidências. As possibilidades podem incluir: acrescentar mais evidências na folha, identificar erros cognitivos, pensar em crenças alternativas ou sugerir uma tarefa comportamental para praticar uma maneira nova que seja consistente com a crença modificada

- Desenvolva uma formulação para mostrar sua linha de questionamento, de modo a ser colaborativo, e não competitivo
- Utilize perguntas para ajudar o cliente a identificar contradições no modo de pensar dele
- Faça perguntas de modo a estimular o cliente a reconhecer crenças disfuncionais
- Evite fazer perguntas fechadas
- Lembre-se de que perguntas que ativam emoções podem aumentar o aprendizado
- Faça perguntas que sirvam como trampolim para a implementação de outros métodos de modificação de esquemas.

Reatribuição | Modificação do estilo atributivo

Atribuições são os significados que as pessoas dão aos eventos em suas vidas. Existem três dimensões de atribuições distorcidas:[6]

- Interno *versus* externo: pessoas deprimidas tendem a internalizar a culpa ou a responsabilidade por resultados negativos, ao passo que pessoas não deprimidas fazem atribuições equilibradas ou externas
- Geral *versus* específico: na depressão, as atribuições tendem a ser devastadoras e globais em vez de específicas a um defeito, uma falha ou um problema
- Invariável *versus* variável: pessoas deprimidas fazem atribuições que são invariáveis e preveem pouca ou nenhuma chance de mudança. Em contraste, pessoas não deprimidas têm mais probabilidade de pensar que a situação pode mudar.

Um padrão cognitivo comum envolve atribuir incorretamente a si mesmo a culpa ou a responsabilidade por eventos adversos. A técnica da reatribuição é particularmente útil com clientes propensos à autoincriminação excessiva e/ou que assumem a responsabilidade por qualquer ocorrência adversa. O profissional pode questionar as cognições do cliente de várias maneiras: revisando os "fatos" que resultam em autocrítica, demonstrando os diferentes critérios que o cliente utiliza para atribuir responsabilidade a si mesmo e aos outros (padrão duplo de julgamento; p. ex., ser rigoroso consigo e condescendente com o outro) ou contrapondo a crença de que o cliente é inteiramente responsável por quaisquer consequências negativas. O termo *desresponsabilizar* também foi relacionado a essa técnica. O ponto não é absolver o cliente de toda a responsabilidade, mas definir a infinidade de fatores que contribuem para uma experiência adversa. Com objetividade, além de o cliente tirar de si o peso da autoincriminação, ele também poderá buscar modos de resgatar situações ruins e evitar a recorrência.[1]

Solução de problemas

As habilidades de solução de problemas normalmente são aprendidas durante a infância e aprimoradas no início da idade adulta, quando se está lidando com as transições da vida e os estressores psicossociais. Se tiver tido bons exemplos, a pessoa provavelmente terá aprendido vendo os outros lidarem sistematicamente com problemas e criarem soluções. Além disso, se teve experiências iniciais nas quais foi capaz de resolver problemas de maneira eficaz, pode ter desenvolvido a autoconfiança e a competência necessárias para enfrentar dificuldades futuras. Infelizmente, os clientes podem não ter adquirido habilidades eficazes de solução de problemas – por ausência de exemplos eficazes, por terem sido excessivamente protegidos pelos pais ou por estarem deprimidos demais quando estavam crescendo para desenvolver essas habilidades.[6]

Se o cliente teve experiências limitadas de lidar com problemas de maneira eficaz, a terapia cognitivo-comportamental pode ser usada para ensinar habilidades básicas de solução de problemas.

Um modo útil de ajudar os clientes a adquirir essas habilidades é mostrar o modelo de estratégias de solução de problemas nas sessões. Por exemplo, as etapas listadas no Quadro 73.7 podem auxiliar os clientes a organizar um plano para enfrentar uma das dificuldades em sua lista de problemas. A estrutura sugerida ajuda-os a organizar seus pensamentos, a abordar o problema de modo objetivo e a encontrar soluções.

Ensaio cognitivo

O ensaio cognitivo é normalmente introduzido em uma sessão depois de o cliente já ter realizado algum trabalho prévio com outras técnicas para modificar pensamentos automáticos. Essas experiências preparam o cliente para criar uma resposta adaptativa a uma situação potencialmente estressante.

A seguir, são descritas algumas orientações dadas aos clientes:[6]

- Pense sobre a situação com antecedência
- Identifique possíveis pensamentos automáticos e comportamentos
- Modifique os pensamentos automáticos fazendo um registro de pensamento disfuncional ou aplicando outra intervenção da terapia cognitivo-comportamental

Quadro 73.7 Etapas para a solução de problemas.

Acalme-se e tente discernir
Escolha um alvo
Defina o problema de modo preciso
Crie soluções
Escolha a solução mais razoável
Implemente o plano
Avalie o resultado e repita as etapas, se necessário

Fonte: Wright *et al.*, 2008.[6]

- Ensaie o modo mais adaptativo de pensar esse comportamento em sua mente
- Implemente a nova estratégia.

Isso, em geral, ajuda a treinar os clientes em métodos que os auxiliem a aumentar as chances de alcançar seus objetivos.

Experimento comportamental

O experimento comportamental pode ser definido como uma atividade experiencial planejada, objetivando testar a validade das crenças centrais e das crenças desenvolvidas a partir das experiências que o indivíduo tenha tido durante a vida. Sabe-se que aquilo que se vivencia com os sentidos e com a experiência tende a ser interiorizado de maneira mais plena e duradoura. Portanto, auxilia de modo importante na construção e/ou no teste de novas crenças mais adaptativas e contribui para o desenvolvimento e a verificação da conceituação cognitiva. Parecido com a técnica de exposição aos estímulos da teoria comportamental, o experimento comportamental abrange não só a mudança do comportamento, mas fundamentalmente a mudança da crença que determina esse comportamento. O experimento comportamental é utilizado no teste de crenças disfuncionais presentes nos variados transtornos psiquiátricos e apresenta resultados positivos quando praticado.[18]

Ao planejar o experimento comportamental, deve-se considerar os seguintes itens:

- O propósito do experimento precisa estar claro: a questão é testar a crença disfuncional e desenvolver uma crença mais realista, uma resposta mais adaptativa
- Qual é o pensamento ou crença que será testado? (De 0 a 100%, quanto se acredita na validade do pensamento ou da crença)
- Qual é a crença alternativa, mais funcional, que pode ser construída após o experimento?
- Ao desenhar o experimento, ser o mais específico possível para auxiliar na compreensão do processo pelo cliente
- Começar sempre por projetos mais simples, respeitando o estágio, o momento do cliente.

Ao avaliar o experimento comportamental, deve-se:

- Conduzi-lo conforme planejado
- Anotar pensamentos, sentimentos e comportamentos
- Considerar as evidências contra e a favor da previsão original
- Perguntar ao cliente:
  - O que você poderia dizer em relação à sua predição negativa?
  - O que você aprendeu?
- Pedir ao cliente que escreva quanto se sente fortalecido em relação à sua crença anterior e em relação à sua crença mais adaptativa, construída após o experimento (de 0 a 100%, quanto acredita na validade do pensamento ou da crença).

Importante:

- O experimento comportamental deve ser conduzido quando o cliente já estiver em um estágio mais avançado do tratamento, embora alguns autores afirmem que pode ser usado em qualquer momento do tratamento
- A exposição deve ser gradual, começando por desafios menores
- Cada passo deve ser consolidado antes de se passar para o próximo
- A mudança cognitiva pode depender de várias replicações de um mesmo experimento comportamental.

Processo terapêutico | Tratamento

A estrutura é essencial na terapia cognitiva. A primeira sessão tem como objetivos:

- Definição da agenda
- Verificação objetiva do humor
- Revisão do problema apresentado
- Identificação de áreas de problemas do cliente e definição de metas terapêuticas
- Educação do cliente sobre o modelo cognitivo e seu papel na terapia
- Levantamento e correção das expectativas que o cliente tem em relação à terapia
- Definição da tarefa de casa
- Resumo final da sessão
- Solicitação de *feedback* ao cliente.

A estrutura da segunda e das demais sessões é um pouco mais simples: verificação objetiva do humor; resumo da sessão anterior; revisão da tarefa de casa; definição e discussão dos itens da agenda, com resumos periódicos; definição de nova tarefa de casa; resumo final pelo profissional e *feedback* dado pelo cliente.[3,16] Os elementos que compõem a estrutura das sessões em terapia cognitiva estão brevemente apresentados a seguir.[6,16]

Definição da agenda

O primeiro passo de uma sessão de terapia cognitiva é a definição colaborativa da agenda da sessão. Uma agenda é uma lista finita de tópicos que serão abordados durante essa sessão. Sem ela, a discussão provavelmente seria improdutiva. Ela encoraja o cliente a uma colaboração ativa e contribui para a criação de um senso de controle e bom gerenciamento do tempo terapêutico. Também contribui para ajudar o cliente a aprender a identificar e a priorizar seus problemas e suas metas, fazendo a lista de problemas e metas (LPM). É preciso estar atento às dificuldades do cliente em relação ao estabelecimento da agenda e encorajá-lo a contribuir. Se a dificuldade em contribuir com tópicos para a agenda persistir, a origem e a natureza da dificuldade podem ser incluídas como itens da agenda e abordadas com o cliente em uma tentativa de superá-la de maneira colaborativa. O profissional competente saberá acolher empaticamente as sugestões do cliente e, ao mesmo tempo, incluir ele próprio assuntos relevantes para o caso.

Verificação objetiva do humor

A avaliação do humor tem como objetivo ajudar o profissional a ter uma rápida ideia de como o cliente se sentiu na semana anterior à sessão, bem como de seu progresso clínico à medida que o processo evolui. A avaliação objetiva do humor pode ser feita por meio de uma lista de emoções (Quadro 73.8) em que o cliente assinala aquelas que melhor descrevem como ele se sentiu na semana, ou ainda oferecer uma maneira subjetiva de classificar a intensidade das emoções, por exemplo, em uma escala de 0 a 100% ou em notas de 0 a 10. Outro método para avaliar o humor é administrar o inventário de Beck e reavaliá-lo durante a psicoterapia. O inventário de Beck é composto de: Inventário de Depressão (BDI), Inventário de Ansiedade (BAI), Escala de Desesperança (BHS) e Escala de Ideação Suicida (BSI). O BDI mede a intensidade da depressão, e o BAI, a intensidade da ansiedade. A BHS é uma medida de pessimismo e oferece indícios sugestivos de risco de suicídio em sujeitos deprimidos ou que tenham história de tentativa de suicídio. Por fim, a BSI detecta a presença de ideação suicida, mede a extensão da motivação e identifica se há planejamento de um comportamento suicida. Todas as escalas são apropriadas para pacientes psiquiátricos e não psiquiátricos com faixa etária de 17 a 80 anos.[17]

Revisão do problema apresentado

A breve revisão do problema presente e a obtenção de uma atualização desde a avaliação são feitas apenas na primeira sessão. O relato inicial do problema é revisado por ambos. Nesse momento, é útil ajudar o cliente a focalizar e a decompor seus problemas em segmentos mais tratáveis.

Na segunda e nas demais sessões, faz-se um resumo da sessão anterior, o que também é chamado de "ponte" entre as sessões. O propósito desse item é uma breve verificação da percepção e do entendimento do cliente a respeito da sessão anterior. Saber que será indagado motiva o cliente a se preparar para a sessão, refletindo sobre a terapia durante a semana. O cliente pode ser incentivado a anotar resumidamente aspectos relevantes do conteúdo das sessões. A "ponte" provê continuidade e ajuda o cliente a assegurar-se de que pontos importantes não estão sendo esquecidos; por exemplo, pode-se perguntar apenas o que o cliente considerou relevante na sessão anterior ou de que maneira ele utilizou sua conceituação cognitiva. Assuntos importantes que surgirem nesse momento e que demandarem maior discussão poderão ser colocados na agenda.

Revisão da tarefa de casa

Esse item é verificado em todas as sessões. Estudos sugerem que os clientes que fazem a tarefa de casa regularmente melhoram mais que clientes que não a fazem.[19] Revisar a tarefa reforça os ganhos terapêuticos e o envolvimento do cliente com o processo clínico. Se não for revisada, o cliente pode acreditar que ela não é importante. Se algum tópico relevante surgir a partir da verificação da tarefa, deverá ser incluído na agenda.

Quadro 73.8 Lista de estados de humor.

Deprimido	Ansioso	Zangado	Culpado	Envergonhado
Triste	Constrangido	Excitado	Apavorado	Irritado
Inseguro	Orgulhoso	Furioso	Em pânico	Frustrado
Nervoso	Aborrecido	Magoado	Alegre	Desapontado
Irado	Assustado	Feliz	Amoroso	Humilhado
Outros:	Outros:	Outros:	Outros:	Outros:

Fonte: Greenberger e Padesky, 1999.[14]

Identificação de problemas e estabelecimento de metas

Na primeira sessão, dois itens da agenda (trazidos pelo profissional) são a identificação de problemas e o estabelecimento de metas (lista de problemas e metas – LPM).[2] De maneira colaborativa, com base na queixa principal e em todos os demais dados coletados sobre o cliente, o profissional e o cliente definem as áreas de problemas que serão objetos de intervenção e que sugerem objetivos terapêuticos a serem alcançados. O profissional incentiva a participação ativa do cliente e promove a aquisição de habilidades de solução de problemas.

Discussão dos itens da agenda

Na maioria das vezes, o profissional pergunta ao cliente qual item gostaria de discutir primeiro, o que lhe dá a oportunidade de ser mais ativo e assertivo e de assumir maior responsabilidade pela condução do processo. Quando o profissional julgar, com base em objetivos terapêuticos, que uma ordem de prioridade diferente daquela sugerida pelo cliente será mais funcional, poderá sugerir.[16] Priorizar os itens da agenda segundo a estratégia de intervenção adotada pelo profissional garante que os mais importantes sejam discutidos.

Resumos periódicos

O profissional deve fazer um breve sumário cada vez que ele e o cliente finalizarem alguma parte da sessão (agenda, verificação do humor, discussão do primeiro item etc.) ou quando terminarem uma intervenção, a fim de que ambos possam entender claramente o que acabaram de realizar. O profissional pode ainda resumir a essência das declarações de ambos, assegurando-se de que identificou corretamente o aspecto problemático e utilizando, sempre que possível, as palavras do cliente.[16]

Orientação do cliente sobre o modelo cognitivo

O objetivo é oferecer ao cliente uma ideia da aplicação do modelo cognitivo e da relação entre cognições, emoções e comportamentos. Conhecer o modelo cognitivo contribui para instilar esperança, incentivando o cliente a ser um colaborador ativo e a compreender e a manejar seus processos cognitivos e comportamentais.[16]

Identificação de expectativas do cliente em relação à terapia

Muitos clientes iniciam uma terapia com expectativas e crenças infundadas a respeito do processo. Acreditam, por exemplo, que terapia não funciona, que se falará primordialmente sobre o passado, que será um monólogo, que levará muito tempo para surtir efeito ou que se trata de um processo miraculoso e incompreensível. O profissional deve, então, enfatizar que esse tipo de terapia é objetivo e estruturado, um processo por meio do qual os clientes melhoram porque aprendem sobre si mesmos, adquirem habilidades para resolver seus problemas de modo independente e aprendem estratégias que podem aplicar para melhor gerenciar, superar, enfrentar ou evitar situações adversas em suas vidas.[16]

Educação do cliente sobre seu transtorno

A maioria dos clientes deseja conhecer seu diagnóstico geral e saber se seu terapeuta já atendeu outros clientes com problemas semelhantes aos seus. O profissional deve evitar diagnósticos rotuladores e explicar ao paciente a natureza de seus problemas em linguagem comum e livre de jargões.[3] É também desejável dar ao cliente alguma informação inicial sobre o transtorno, a fim de que ele possa começar a atribuir alguns de seus problemas ao transtorno e, assim, reduzir a autocrítica.[16]

Resumo final

Assim como os breves resumos que o profissional deve fazer ao final de cada item, o resumo final da sessão reforça os pontos importantes que foram abordados. À medida que a psicoterapia progride, o profissional deve encorajar o cliente a participar ativamente do resumo final da sessão.

Estabelecimento das tarefas de casa

Essas tarefas devem ser expressas em termos comportamentais, ser claras, objetivas e mensuráveis, ter por base a problemática do cliente e estar relacionadas a os itens discutidos durante a sessão. Elas oferecem oportunidades para o cliente reforçar aspectos abordados e testar novas habilidades. É importante que o profissional explique o sentido das tarefas, pois, quanto mais o cliente compreendê-las, mais investirá nelas. Também é importante evitar atividades muito extensas ou cansativas. Um exemplo de tarefa comumente sugerida é o registro de pensamentos automáticos.

Obtenção de feedback

Pedir *feedback* ao cliente fortalece o *rapport* e transmite a mensagem de que o profissional se importa com aquilo que ele pensa. Também é uma oportunidade para o cliente se expressar e mencionar possíveis obstáculos ou mal-entendidos. Perguntar ao cliente se houve algo que o incomodou oferece a ele a oportunidade de se expressar e, ao profissional, a chance de tirar conclusões.[1]

É importante solicitar *feedback* ao cliente em vários momentos da sessão, com vistas a verificar a compreensão que ele tem dela. Tão importante quanto pedir, contudo, é dar *feedback* ao cliente. O Quadro 73.9 fornece dicas para fazê-lo.

Contexto de atendimento

Tradicionalmente, a terapia cognitivo-comportamental tem sido amplamente descrita e praticada em formato individual. A terapia cognitiva em grupo foi proposta inicialmente no final da década de 1970. Além do argumento da eficácia da abordagem grupal, a consideração da relação custo-benefício para a saúde viabiliza sua implantação.[20]

O sucesso aparente da abordagem grupal na terapia cognitiva, com base na eficácia e na relação custo-benefício, sugere que, ao longo do tempo, vários transtornos poderão ser tratados nessa modalidade, inclusive problemas específicos, como depressão, fobia, pânico, obesidade, transtornos alimentares, transtornos dissociativos e transtorno do déficit de atenção e hiperatividade, em idosos, mulheres, pacientes em ambientes de hospitalização e pais em treinamento.[21]

Considerações finais

Evidências científicas atestam a eficácia da terapia cognitivo-comportamental no tratamento de idosos, crianças e adolescentes, para transtorno de ansiedade, depressão, transtornos alimentares, transtorno obsessivo-compulsivo, suicídio, abuso de substâncias, transtorno bipolar, esquizofrenia, dependência de internet e de jogos eletrônicos e transtorno de personalidade.[22-32]

Entre as vantagens da terapia cognitiva como um sistema de psicoterapia, destacam-se a integração entre teoria, pesquisa e técnica, o caráter breve, a eficácia e o caráter estruturado do modelo, que favorece o treinamento de profissionais.

Quadro 73.9 Dicas para dar *feedback* na terapia cognitivo-comportamental.

Forneça *feedback* que ajude os clientes a se manter nos itens da agenda. Você pode fazer comentários como: "acho que estamos nos desviando do assunto" ou "você começou a falar de outro problema; antes de falarmos disso, vamos parar para pensar sobre como queremos usar o resto de nosso tempo hoje"
Dê *feedback* que melhore a organização, a produtividade e a criatividade da sessão de terapia. Identifique digressões, mas também preste atenção se uma descoberta inesperada ou não planejada parecer promissora
Seja verdadeiro. Estimule, mas não ultrapasse os limites ao elogiar o cliente
Tente fazer comentários construtivos que identifiquem os pontos fortes ou os ganhos e também possam sugerir maiores oportunidades de mudança. Tenha o cuidado de evitar dar *feedback* que possa fazer com que os clientes pensem que você os está julgando negativamente ou que não está feliz com seus esforços na terapia
Você pode fazer um resumo dos principais pontos da sessão como meio de dar *feedback*. No entanto, pode se tornar chato você, o tempo todo, resumir o conteúdo da sessão. Em geral, é suficiente fazer um pequeno resumo uma ou duas vezes por sessão
Utilize o *feedback* como uma ferramenta de ensino. Seja um bom treinador e avise os clientes quando estiverem desenvolvendo *insights* ou habilidades valiosas. Pode utilizar comentários como "agora estamos chegando lá" ou "você realmente fez essa tarefa de casa valer a pena" para ressaltar progressos ou aprendizados que espera que eles retenham

Fonte: Wright *et al.*, 2008.[6]

Referências bibliográficas

1. Beck AT, Rush AJ, Shaw BF, Emery G. Terapia cognitiva da depressão. Porto Alegre: Artmed; 1997.
2. Serra AM. Estudo da terapia cognitiva: um novo conceito em psicoterapia. Psicologia Brasil. 2006;4(31):19-26.
3. Serra AM. Fundamentos da terapia cognitiva. Revista Psique. 2007;1(3). Edição especial.
4. Clark DA, Beck AT, Stewart B. Cognitive specificity and positive-negative affectivity: complementary or contradictory views on ansiety and depression? J Abnorma Psycho. 1990;99(2):148-55.
5. Wright JH, Beck AT, Thase M. Cognitive therapy. In: Hales RE, Yudofsky SC. The American Psychiatric Publishing textbook of clinical psychiatry. 4. ed.

Washington: American Psychiatric Publishing; 2003. p. 1245-84.
6. Wright JH, Basco MR, Thase ME. Aprendendo a terapia cognitivo-comportamental. Porto Alegre: Artmed; 2008.
7. Kuyken W, Padesky CA, Dudley R. Conceitualização de casos colaborativa: o trabalho em equipe com pacientes em terapia cognitivo-comportamental. Porto Alegre: Artmed; 2010.
8. Beck AT, Freeman A, Davis DD, organizadores. Terapia cognitiva dos transtornos da personalidade. 2. ed. Porto Alegre: Artmed; 2005.
9. Beck JS. Terapia cognitiva para desafios clínicos: o que fazer quando o básico não funciona. Porto Alegre: Artmed; 2007.
10. Auerbach A, Burns DD. Empatia terapêutica em terapia cognitivo-comportamental: realmente faz diferença? In: Salkovskis PM, organizador. Fronteiras da terapia cognitiva. São Paulo: Casa do Psicólogo; 2004. p. 127-50.
11. Dobson D, Dobson KS. A terapia cognitivo-comportamental baseada em evidências. Porto Alegre: Artmed; 2009.
12. Persons JB, Davidson J, Tompkins MA. Essential components of cognitive-behavior therapy for depression. Washington, DC: American Psychological Association; 2001.
13. Araújo CF, Shinohara H. Avaliação e diagnóstico em terapia cognitivo-comportamental. Interação em Psicologia. 2002;6(1):37-43.
14. Greenberger D, Padesky CA. A mente vencendo o humor. Porto Alegre: Artmed; 1999.
15. Leahy RL. Técnicas de terapia cognitiva: manual do terapeuta. Porto Alegre: Artmed; 2006.
16. Beck JS. Terapia cognitiva: teoria e prática. Porto Alegre: Artmed; 1997.
17. Cunha JA. Escalas Beck: manual. São Paulo: Casa do Psicólogo; 2001.
18. Bennett-Levy J, Butler G, Fennell M, Hackmann A, Mueller M, Westbrook D, editors. Oxford guide to behavioural experiments in cognitive therapy. New York: Oxford University Press; 2008.
19. Carroll KM, Nich C, Ball SA. Practice makes progress? Homework assignments and outcome in treatment of cocaine dependence. J Consult Clin Psychol. 2005;73(4):749-55.
20. Bieling PJ, McCabe RE, Antony MM, organizadores. Terapia cognitivo-comportamental em grupos. Porto Alegre: Artmed; 2008.
21. White JR, Freeman AS. Terapia cognitivo-comportamental em grupo para populações e problemas específicos. São Paulo: Roca; 2003.
22. Adamek ME, Slater GY. Depression and anxiety. J Gerontol Soc Work. 2008;50(Suppl 1):153-89.
23. Muñoz-Solomando A, Kendall T, Whittington CJ. Cognitive behavioural therapy for children and adolescents. Curr Opin Psychiatry. 2008;21(4):332-7.
24. Smits JA, Berry AC, Tart CD, Powers MB. The efficacy of cognitive-behavioral interventions for reducing anxiety sensitivity: a meta-analytic review. Behav Res Ther. 2008;46(9):1047-54.
25. Ekers D, Richards D, Gilbody S. A meta-analysis of randomized trials of behavioural treatment of depression. Psychol Med. 2008;38(5):611-23.
26. Hay PP, Bacaltchuk J, Stefano S, Kashyap P. Psychological treatments for bulimia nervosa and binging. Cochrane Database Syst Rev. 2009;7(4):CD000562.
27. Cordioli AV. Cognitive-behavioral therapy in obsessive-compulsive disorder. Rev Bras Psiquiatr. 2008;30(Suppl 2):S65-S72.
28. Tarrier N, Taylor K, Gooding P. Cognitive-behavioral interventions to reduce suicide behavior: a systematic review and meta-analysis. Behav Modif. 2008;32(1):77-108.
29. Waldron HB, Turner CW. Evidence-based psychosocial treatments for adolescent substance abuse. J Clin Child Adolesc Psychol. 2008;37(1):238-61.
30. Butler AC, Chapman JE, Forman EM, Beck AT. The empirical status of cognitive-behavioral therapy: a review of meta-analyses. Clin Psychol Rev. 2006;26(1):17-31.
31. Abreu CN, Karam RG, Góes DS, Spritzer DT. Dependência de internet e de jogos eletrônicos: uma revisão. Rev Bras Psiquiatr. 2008;30(2):156-67.
32. Davidson K, Norrie J, Tyrer P, Gumley A, Tata P, Murray H, et al. The effectiveness of cognitive behavior therapy for borderline personality disorder: results from the borderline personality disorder study of cognitive therapy (BOSCOT) trial. J Pers Disord. 2006;20(5):450-65.

Bibliografia

Serra AMM, Nicoletti EA. Conceituação cognitiva de casos clínicos. In: Serra AM. Terapia cognitiva e construção do pensamento. Revista Psique Ciência e Vida. 2007;1(3):13-16.

74 Transtorno Afetivo Bipolar na Visão Cognitiva

Karina Barros Pellegrinelli Guedes, Erika Leonardo de Souza e Danielle Soares Bio

Caracterização do transtorno bipolar

As mudanças de humor ocorrem em condições normais na vida de todos os indivíduos, que podem sentir tristeza, alegria, raiva, ódio, irritação, entre outras emoções. Assim, queixas ou sentimentos isolados de alegria, tristeza ou irritabilidade não são suficientes para diagnosticar um transtorno psiquiátrico. No transtorno bipolar (TB), essas emoções são encontradas como sintomas e sinais que compõem os chamados episódios depressivos ou maníacos/hipomaníacos e persistem na maior parte do tempo (horas, dias, semanas ou meses); duram pelo menos 15 dias, no caso do episódio depressivo, ou de 4 a 7 dias ou mais, no caso do episódio maníaco/hipomaníaco; causam prejuízo no funcionamento global habitual do paciente e sofrimento; e geralmente as mudanças de comportamento são percebidas pelas pessoas à volta do paciente. O TB é uma doença que causa importante impacto na vida do paciente, de sua família e da sociedade, acarretando prejuízos frequentemente irreparáveis à sua saúde e/ou sua reputação, suas finanças e/ou às da família, além de sofrimento psicológico a todos os envolvidos. O TB pode criar conflitos em relacionamentos familiares, sociais, conjugais e com amigos ou no trabalho.[1]

Segundo a quinta edição do *Manual diagnóstico e estatístico de transtornos mentais* (DSM-5), os critérios diagnósticos para os episódios depressivos e maníacos/hipomaníacos são os apresentados nos Quadros 74.1 a 74.3.

Quadro 74.1 Critérios diagnósticos de depressão segundo o DSM-5.

A. No mínimo cinco dos sintomas seguintes estiveram presentes durante o mesmo período de 2 semanas e representam uma alteração a partir do funcionamento anterior; no mínimo um dos sintomas é (1) humor deprimido ou (2) perda de interesse ou prazer.
Obs.: não incluir sintomas nitidamente devidos a uma condição médica geral ou delírios e alucinações incongruentes com o humor.
(1) Humor deprimido na maior parte do dia, quase todos os dias, indicado por relato subjetivo (p. ex., diz sentir-se triste, vazio) ou observações feitas por terceiros (p. ex., chora muito). Obs.: em crianças e adolescentes, pode ser humor irritável.
(2) Acentuada diminuição do interesse ou prazer em todas ou quase todas as atividades diárias, na maior parte do dia, quase todos os dias (indicada por relato subjetivo ou observações feitas por terceiros).
(3) Perda ou ganho significativo de peso sem estar em dieta (p. ex., mais de 5% do peso corporal em 1 mês) ou aumento ou diminuição do apetite quase todos os dias. Obs.: em crianças, considerar incapacidade de apresentar os ganhos de peso esperados.
(4) Insônia ou hipersônia quase todos os dias.
(5) Agitação ou retardo psicomotor quase todos os dias (observáveis pelos outros, não meramente sensações subjetivas de inquietação ou de estar mais lento).
(6) Fadiga ou perda de energia quase todos os dias.
(7) Sentimentos de inutilidade ou culpa excessiva ou inadequada (que pode ser delirante) quase todos os dias (não meramente autorrecriminação ou culpa por estar doente).
(8) Capacidade diminuída de pensar ou se concentrar ou indecisão quase todos os dias (por relato subjetivo ou observação feita pelos outros).
(9) Pensamentos de morte (não apenas medo de morrer), ideação suicida recorrente sem um plano específico, tentativa de suicídio ou plano específico de cometer suicídio.

Fonte: APA, 2014.[2]

Quadro 74.2 Critérios diagnósticos de mania segundo o DSM-5.

A. Um período distinto de humor anormal e persistentemente elevado, expansível ou irritável, com duração mínima de 1 semana (ou qualquer duração se a hospitalização for necessária).
B. Durante o período de perturbação do humor, 3 (ou mais) dos seguintes sintomas persistiram (4 se o humor for apenas irritável) e têm estado presentes em grau significativo:
- Autoestima inflada ou grandiosidade
- Redução da necessidade de sono (p. ex., sente-se refeito depois de apenas 3 h de sono)
- Mais loquaz que o habitual ou sente pressão por falar
- Fuga de ideias ou experiência subjetiva de que os pensamentos estão "correndo"
- Distraibilidade (i.e., a atenção é desviada com excessiva facilidade para estímulos externos insignificantes ou irrelevantes)
- Aumento da atividade dirigida a objetivos (socialmente, no trabalho, na escola ou sexualmente) ou agitação psicomotora
- Envolvimento excessivo em atividades prazerosas com alto potencial para consequências dolorosas (p. ex., surtos incontidos de compras, indiscrições sexuais ou investimentos financeiros insensatos).

Fonte: APA, 2014.[2]

Quadro 74.3 Critérios diagnósticos de hipomania segundo o DSM-5.

A. Um período distinto de humor persistentemente elevado, expansivo ou irritável durando todo o tempo ao longo de um período mínimo de 4 dias, nitidamente diferente do humor habitual não deprimido.
B. Durante o período da perturbação do humor, 3 (ou mais) dos seguintes sintomas persistiram (4 se o humor é apenas irritável) e estiveram presentes em grau significativo:
- Autoestima inflada de modo significativo
- Redução da necessidade de sono (p. ex., sente-se refeito depois de apenas 3 h de sono)
- Mais loquaz que o habitual ou sente pressão por falar
- Fuga de ideias ou experiências subjetivas de que os pensamentos estão "correndo"
- Distraibilidade (i.e., atenção é desviada com demasiada facilidade por estímulos externos insignificantes ou irrelevantes)
- Aumento da atividade dirigida a objetivos (socialmente, no trabalho, na escola ou sexualmente) ou agitação psicomotora
- Envolvimento excessivo em atividades prazerosas com alto potencial para consequências dolorosas (p. ex., envolver-se em surtos desenfreados de compras, indiscrições sexuais ou investimentos financeiros insensatos).

Fonte: APA, 2014.[2]

De acordo com a Organização Mundial da Saúde (OMS), o TB é a sexta maior causa de incapacidade e a terceira entre as doenças psiquiátricas, após depressão unipolar e esquizofrenia.[3] A idade média de início dos primeiros sintomas do TB é 20 anos; no entanto, 69% dos pacientes não são diagnosticados corretamente, consultando cerca de quatro médicos antes de receber o diagnóstico adequado, e mais de um terço espera 10 anos ou mais até receber o diagnóstico correto.[4] O estudo de Murray et al.[3] mostrou que apenas 35% dos pacientes com transtorno bipolar são tratados em países desenvolvidos. Esse número cai para 15% na América Latina e no Caribe e para irrisórios 5% na África Subsaariana. No Brasil, o estudo epidemiológico de uma área de captação do município de São Paulo mostrou que apenas 13,7% dos sujeitos com TB I se consultaram e somente 8,1% tomaram medicação.[5]

Evidências epidemiológicas mostram que a prevalência do TB nos EUA varia em torno de 0,4 a 1,6%.[6] Na cidade de São Paulo, a prevalência é de 1%.[7] Em outro estudo brasileiro, a prevalência, ao longo da vida, de TB, incluindo o espectro bipolar, foi de 8,3%. No TB II, se forem considerados estudos recentes de validação diagnóstica utilizando uma definição mais ampla, encontra-se uma prevalência cumulativa de 10,9%.[8]

O tratamento principal do TB é farmacológico. Apesar disso, nos últimos anos, o impacto desse transtorno na qualidade de vida e no funcionamento social, cognitivo e ocupacional dos pacientes vem sendo estudado, promovendo novo foco ao tratamento dos pacientes que sofrem desses transtornos, ou seja, além da recuperação sintomática, objetiva-se a recuperação funcional.[9]

Abordagens psicossociais do transtorno bipolar

Qualquer tipo de abordagem psicossocial do TB tem como principais objetivos:

- Controle de fatores de risco associados à ocorrência e à recorrência de episódios
- Diminuição dos prejuízos e das consequências psicossociais causados pelo transtorno que não melhoram apenas com a redução da sintomatologia.

As abordagens mais utilizadas no tratamento de bipolares são: terapia cognitivo-comportamental (TCC), psicoeducação, terapia interpessoal e de ritmos circadianos e terapia focada na família. Como será discutido ao final deste capítulo, já é possível observar alguns indícios de eficácia comprovada por estudos controlados no que diz respeito à prevenção de hospitalização, recorrência ou comportamento suicida quando essas abordagens são associadas à farmacoterapia. Entre todas essas abordagens, a psicoeducacional combinada a técnicas cognitivo-comportamentais, em grupo ou individualmente, ainda demonstra ser a mais promissora.

Uma vez que o intuito deste capítulo é abordar a TCC, e não ser um manual de tratamento psicológico do TB, as demais abordagens serão descritas apenas brevemente, para que o leitor tenha uma ideia de como elas se aplicam ao TB.

Psicoeducação

Apresentadas por Miklowitz et al.[10], as intervenções psicoeducacionais têm demonstrado bons resultados quando associadas à farmacoterapia como modo de aumentar a adesão ao tratamento, evitar recaídas e auxiliar o paciente a lidar com os sintomas e os prejuízos psicossociais causados pelo transtorno.[11] As abordagens psicoeducacionais são intervenções de caráter educativo e psicológico que visam a orientar pacientes e/ou familiares sobre a doença e o tratamento. Entretanto, não se trata apenas de atividades informativas; lidam também com o impacto dessas informações, discutindo a maneira de colocá-las em prática, propiciando a troca de experiências e aumentando o senso de pertencimento a um grupo. A psicoeducação visa a instrumentalizar o paciente para compreender e lidar com a doença e suas consequências, e assim possibilitar que colabore com o médico em prol do tratamento.[12]

Assim, pode-se definir psicoeducação como a tentativa de implementar, no paciente, nos familiares e nos profissionais, recursos para lidar com a doença, por meio do compartilhamento bidirecional de informações relevantes. Vale lembrar que essa intervenção pode ser aplicada individualmente, em família ou em diversos tipos de grupos, sendo combinada ou não à psicoterapia formal.

Terapia focada na família

Proposta por Miklowitz e Goldstein[13,14], a terapia focada na família (TFF) ocorre basicamente em três fases, com sessões direcionadas ao paciente e a seus familiares. Na primeira fase, são trabalhados tópicos de psicoeducação sobre a doença, sua evolução e seu tratamento; na segunda, utilizam-se técnicas de melhora da comunicação interpessoal; na terceira, aplica-se uma técnica para resolução de problemas interpessoais.

Terapia interpessoal de ritmos circadianos

Utilizada no tratamento da depressão, a terapia interpessoal (TIP) foi adaptada por Frank para o tratamento do TB. Tem duas fases:
- Estratégia para regulação do ciclo circadiano e estabilidade de hábitos sociais
- Psicoeducação com estratégias para manejo e resolução de conflitos interpessoais.

O controle dos ritmos biológico e social é feito por meio de um diário no qual o paciente registra as principais atividades do dia e a presença ou não de outras pessoas nessas atividades e avalia o quanto elas foram "estimulantes". As atividades incluem acordar, fazer refeições e outras que possam ajudá-lo a manter uma rotina estável.

Terapia cognitiva do transtorno bipolar

A TCC teve sua eficácia comprovada no tratamento de diversos transtornos psiquiátricos e, recentemente, tem desenvolvido técnicas específicas para o tratamento do TB. Utiliza as mesmas técnicas da psicoterapia para depressão: identificação e manejo de pensamentos disfuncionais; planejamento das atividades cotidianas realizadas pelo paciente; e desenvolvimento de habilidades sociais para melhorar a capacidade de obter os reforços de que necessita, bem como de lidar com experiências aversivas ou de estresse que possam manter o quadro clínico. Entretanto, na psicoterapia de bipolares, o planejamento de atividades e o treino de habilidades estão centrados no controle do ritmo biológico e social do paciente, que é um importante fator de risco para a ocorrência de novos episódios. Além disso, inclui-se o treino para a identificação de sinais prodrômicos de recaídas, bem como o desenvolvimento de estratégias para lidar com eles.

Ressalta-se a importância do levantamento dos dados históricos e clínicos do paciente, para que seja realizada uma conceitualização de caso em colaboração com ele e, consequentemente, para que a decisão sobre as técnicas escolhidas seja particularizada ao caso em atendimento. Os protocolos da terapia cognitivo-comportamental, como o apresentado a seguir, só são úteis nesse contexto.

O tratamento cognitivo-comportamental de pacientes bipolares deve envolver:

1. Apresentação do modelo de tratamento ao paciente (modelo cognitivo-comportamental).
2. Psicoeducação sobre o transtorno bipolar.
3. Regulação dos ritmos biológicos e desenvolvimento de hábitos saudáveis.
4. Reestruturação cognitiva de pensamentos e crenças disfuncionais.
5. Moderação da mania e da hipomania.
6. Controle da depressão, da desesperança e de tendências suicidas.
7. Reconhecimento de sinais iniciais de mania/hipomania e depressão (para evitar episódios).
8. Desenvolvimento de estratégias de resolução de problemas.
9. Manejo do estresse.
10. Uso de técnicas de automonitoramento.

Início da terapia | Apresentação do modelo cognitivo-comportamental e psicoeducação sobre o transtorno bipolar

Como em qualquer terapia cognitivo-comportamental, a psicoeducação sobre o modelo cognitivo deve ocorrer desde os primeiros contatos com o paciente. Em seguida, inicia-se a educação do paciente a respeito da doença e do tratamento, discutindo-se:

- O que são mania, hipomania, depressão e estado misto (sintomas mais frequentes)
- O que é o TB (natureza biológica, epidemiologia, preconceitos, tipos da doença)
- O que é o gráfico do humor ou afetivograma
- Quais os possíveis gatilhos para uma crise
- Importância da adesão à farmacoterapia
- Cuidados com o uso da medicação
- Gravidez e aconselhamento genético
- Substâncias psicoativas
- Importância da participação da família.

Vale ressaltar que a psicoeducação a respeito do transtorno bipolar não precisa ter um período específico, podendo se prolongar por toda a terapia ou de acordo com a necessidade do paciente.

Estrutura da sessão

- Revisão do humor (sintomas apresentados durante a semana; olhar a lista de sinais e sintomas)
- Adesão à medicação
- Eventos importantes
- Tarefa de casa (se houver)
- Construir agenda da sessão com o paciente
- Direcionar para os tópicos escolhidos
- Concluir retomando os tópicos discutidos
- Nova tarefa de casa.

Regulação dos ritmos biológicos e desenvolvimento de hábitos saudáveis

Sono regular é uma das bases da estabilidade do humor e tem função dupla no TB: informar o início de um episódio de mania/hipomania ou depressão e usar essa informação para evitar um novo episódio.

Um adulto necessita de 7 a 9 h de sono, sem interrupções e à noite, para se sentir bem no dia seguinte. O sono ideal é aquele em que há manutenção da regularidade das horas dormidas durante a semana, evitando dormir tarde inclusive aos finais de semana. Ficar mais de 1 dia sem dormir (para sair ou trabalhar, por exemplo) está fora de questão para pacientes bipolares, já que eles podem iniciar um episódio maníaco. Se saem e chegam de madrugada, devem dormir pelo menos 8 h para repor, e isso deve ser exceção, não regra. Durante o dia, aconselha-se dormir, no máximo, 30 min após o almoço, se houver o hábito e se isso não "estragar" o sono da noite.

São dicas para uma boa higiene do sono:

- Usar a cama somente quando se estiver realmente cansado
- Evitar ver televisão, usar o computador e consumir alimentos "pesados" perto do horário de dormir
- Manter uma temperatura agradável no quarto
- Evitar chocolate e café à noite
- Fumar o último cigarro no mínimo 1 h antes de dormir
- Se o paciente trabalhar à noite, deve ser orientado a gastar pelo menos 1 h antes de dormir com atividades relaxantes
- Evitar aborrecimentos e discussões antes de dormir
- Evitar usar relógios muito iluminados no quarto, pois o paciente pode voltar a atenção para a passagem do tempo, o que pode piorar o sono e aumentar a ansiedade
- Evitar trabalhar em horário noturno (se necessário, trocar de turno ou pedir ao médico uma solicitação para isso).

A rotina regular é outra base da estabilidade do humor; por isso, vale construir uma tabela (como a Tabela 74.1) para cada paciente em que ele possa registrar seus hábitos diários e, se necessário, com o tempo, modificá-los.

Reestruturação cognitiva de pensamentos e crenças disfuncionais

A reestruturação cognitiva deve ser feita ao longo da psicoterapia. A ficha ABC (Tabela 74.2) com as anotações do paciente deve ser levada para as sessões e discutida. É interessante ressaltar a ligação entre o evento (A), o pensamento automático (B) e a emoção ou o comportamento (C). O pensamento disfuncional deve ser questionado em sua veracidade e confrontado com dados da realidade e outras possibilidades de interpretação do mesmo evento. Mudando-se a interpretação, mudam a emoção e o comportamento. Assim, é possível propiciar pensamentos automáticos e crenças mais saudáveis e funcionais; por exemplo: "será que, realmente, ninguém gosta de você?".

Paciente e terapeuta conversam por meio do questionamento socrático, que consiste em interrogações que desafiam e questionam os pensamentos e as crenças distorcidas do paciente, a fim de que ele possa reelaborá-los e torná-los menos disfuncionais. Por meio das próprias respostas e reflexões, ele chega às suas conclusões. A solução do tema em questão é derivada do próprio paciente, não do terapeuta. Deve-se iniciar com diálogo livre e evoluir para o questionamento socrático. Essa técnica também é válida para as sessões com a família.

Moderação de mania e hipomania

A observação clínica confirma o que mostra a literatura: como é difícil usar intervenções psicoterapêuticas nessa fase do transtorno bipolar, na qual a maioria dos pacientes precisa de ajustes

Tabela 74.1 Exemplo de tabela de ritmo de vida.

Atividade	Seg (/)	Ter (/)	Qua (/)	Qui (/)	Sex (/)	Sáb (/)	Dom (/)
Sair da cama (horário)							
Tomar café da manhã (horário)							
Atividade matinal (qual?)							
Lanche (horário)							
Continuação da atividade matinal (qual?)							
Almoço (horário)							
Atividade da tarde (qual?)							
Lanche (horário)							
Continuação da atividade da tarde (qual?)							
Jantar (horário)							
Atividade noturna (qual?)							
Lanche (horário)							
Atividade relaxante (qual?)							
Ir para a cama (horário)							

Adaptada de Miklowitz, 2012.[15]

Tabela 74.2 Exemplo de ficha ABC.

A	B	C
Ativador	**Pensamento automático**	**Emoção ou comportamento**
Briguei com um colega	Ninguém gosta de mim	Tristeza
Não tomei lítio	Gosto de ficar eufórico	Preocupação
Recebi uma proposta de emprego	Até que enfim consegui um emprego	Alegria

Fonte: Gonçalves et al., 2009.[16]

na medicação e maior supervisão por parte de seus terapeutas.

Nessa fase da doença, é útil fazer o teste de realidade de pensamentos e crenças hipervalentes, utilizando o registro de pensamentos automáticos (modelo ABC). Na mania, o paciente tende a não ter crítica, a superestimar suas capacidades, a confiar excessivamente na sorte, a subestimar os riscos, a minimizar os problemas e a supervalorizar gratificações imediatas. O objetivo do teste de realidade não é fazê-lo sentir tristeza, mas ajudá-lo a ponderar os eventos de sua vida com mais cuidado e, principalmente, buscar *feedback* externo antes de agir de acordo com suas crenças.

Uma pessoa de confiança deve ser coadjuvante no tratamento (regra da segunda opinião), já que os pacientes acreditam ser capazes de realizar novos planos que são rentáveis e de sucesso garantido. Nesse contexto, assumem riscos excessivos, e a técnica de classificação de potencial produtivo *versus* destrutivo deve ser utilizada.

A terapia cognitiva também é útil na redução da impulsividade e da imprudência, ajudando os pacientes a desacelerarem e pensarem antes de agir. Tem destaque a regra de esperar 48 h antes de agir. Nesse intervalo, o paciente deve obter a opinião de duas pessoas sobre o que pretende fazer. Prever consequências negativas por meio de imagens mentais; programar atividades com o paciente com o objetivo de priorizar e, consequentemente, diminuir essas atividades; aumentar o ato de sentar e escutar; e usar o controle de estímulos ajudam na redução da impulsividade. Técnicas de relaxamento e respiração são utilizadas para desacelerar mente e corpo.

A aplicação dessas técnicas nessa fase só é possível com muito trabalho e com psicoeducação, construídos principalmente em momentos de estabilidade da doença (ver item "Processo terapêutico e relação terapêutica", mais adiante).

Desenvolvimento de estratégias de resolução de problemas

Existem dois tipos principais de problemas que pacientes bipolares devem aprender a prever e a resolver com antecedência: estressores ambientais e primeiros sinais de um episódio de mania/hipomania ou depressão.

As estratégias de resolução de problemas envolvem alguns passos. O terapeuta deve inibir a tendência do paciente de responder impulsivamente a um problema. Decisões importantes devem ser tomadas devagar, sem pressa nem impulsividade. Em seguida, devem-se reunir informações importantes sobre o problema e entender o conflito: onde estou e para onde quero ir? Quais são as condições para mudar? Quais obstáculos vou encontrar? Incentiva-se o paciente a criar, por meio de *brainstorming*, o maior número possível de respostas: levantar todas as possíveis soluções, adiar o julgamento. Assim, é possível escolher a solução mais apropriada, com maior benefício e menor custo, que seja eficaz para atender ao objetivo e cuja realização seja possível.

Essa técnica deve ser aplicada algumas vezes com papel e caneta até ser integrada como parte do funcionamento diário.

Controle do estresse

O estresse é uma resposta automática do corpo a qualquer mudança do ambiente. Essa resposta prepara o corpo para lidar com as possíveis demandas criadas pela situação nova, o que implica significativo aumento do nível de ativação fisiológica, motora e cognitiva. Falar em público ou dirigir, por exemplo, podem ser tarefas tranquilas ou extremamente estressantes.

A ativação envolvida no estresse é positiva e capacita a pessoa a responder à demanda do ambiente. A ativação crônica e sustentada pode resultar em problemas físicos e mentais: hipertensão, asma, insônia, problemas gástricos, ansiedade, depressão, fadiga e/ou tremores.

Como lidar com o estresse:

- Racionalização de problemas: enfrentar os problemas de modo a entendê-los sob uma perspectiva racional. Por exemplo, "o mundo não vai acabar se eu não passar na prova ou se perder uma promoção no trabalho"
- Relaxamento: deve ser usado de maneira contínua, tendo eficácia para ansiedade e situações estressantes; pode ser aplicado quando necessário
- Controle da respiração: aprende-se a controlar a respiração diafragmática e, com isso, a reduzir o nível de estresse.

Técnicas de automonitoramento

Um dos objetivos da terapia cognitivo-comportamental é ajudar os pacientes a se tornarem observadores mais objetivos de seu próprio funcionamento. No transtorno bipolar, a terapia aumenta a conscientização dos pacientes sobre seus sintomas, seu funcionamento geral e seus progressos. Entre as técnicas de automonitoramento, destacam-se o gráfico do humor, o afetivograma, a lista de gatilhos e a detecção precoce dos episódios.

Gráfico do humor e afetivograma

O gráfico do humor é uma maneira de representar graficamente o humor do paciente ao longo da vida (Figura 74.1). Além de proporcionar melhor visualização da oscilação do humor, o gráfico identifica com facilidade possíveis gatilhos, mantenedores e consequências das crises vividas. Ele deve começar a ser construído com o terapeuta e, se possível, o paciente o leva para casa a fim de pedir ajuda a amigos e parentes. A partir disso, o paciente deve ser preparado para criar recursos para evitar as crises e lidar com os gatilhos. É uma técnica delicada, pois faz com que o paciente se lembre dos piores momentos da sua vida; por isso, indica-se que ele esteja estável e disposto.

O afetivograma tem as mesmas funções do gráfico do humor e também pode ser utilizado para o monitoramento dos sintomas durante o tratamento (Tabela 74.3).

Detecção precoce dos episódios

O controle dos sintomas da mania/hipomania e depressão deve ocorrer na fase prodrômica do episódio. Essa fase é, em geral, definida como o período que vai do reconhecimento dos primeiros sintomas até aquele em que os sintomas alcançam sua gravidade máxima. Esse período pode durar de 1 ou 2 dias até 1 ou várias semanas. Durante essa fase, os sintomas serão provavelmente leves e não necessariamente causarão problemas ao indivíduo. Se forem detectados nesse momento, pode-se evitar que o paciente tenha um episódio, evitando perdas no funcionamento psicossocial e a cronificação da doença.

Os principais sinais prodrômicos de mania/hipomania são: diminuição no número de horas de sono, sentimento de "tempo perdido" em relação às horas gastas com sono, impaciência, irritabilidade ou aumento no número de desentendimentos ou discussões, aumento do nível de energia, novos interesses ou retomada de interesses antigos (p. ex., ouvir músicas que costumava ouvir há 15 anos), fala mais rápida, direção mais rápida, início de novos projetos, aumento do desejo sexual, mudança do estilo de vestimenta. Outros sinais podem ser: mudanças no comportamento (maquiagem, para mulheres), distorções sutis nas cores (perceber as cores mais brilhantes e nítidas), atenção demasiada a luminosos, mudanças súbitas de preferência (marca de cigarro, tipo de jornal, posição no futebol, caminho para ir ao trabalho, livros, comida), sensações corporais diferentes (sentir o sangue borbulhar, a cabeça explodindo ou quente) etc.

O que se deve fazer quando um episódio é detectado? O primeiro passo é retomar os sintomas de mania e de depressão. A partir daí, deve-se construir uma lista com os sintomas do paciente. A partir dessa lista, deve-se pensar se esses sintomas dão sinais antes de serem sintomas. Por exemplo:

- Sintoma: insônia; sinal: diminuição de 1 h no sono
- Sintoma: irritabilidade; sinal: impaciência incomum.

Constrói-se, então, uma lista de sinais para cada sintoma. O paciente pode pedir ajuda a um familiar ou amigo próximo na identificação precoce dos sintomas de TB. Essa pessoa deve ser de confiança e o paciente a ensinará sobre os seus sintomas

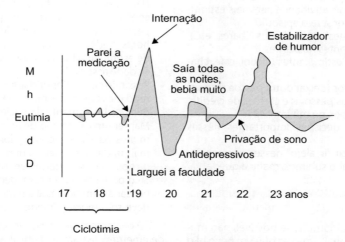

Figura 74.1 Exemplo de gráfico do humor. Adaptada de Colom e Vieta, 2006.[12]

Tabela 74.3 Exemplo de afetivograma.

Data	10 de abril
Humor	2*
Evento importante	Aumento de salário
Lítio: 4 comprimidos à noite	Esqueceu-se de tomar hoje
Adesão aos medicamentos	OK
Efeitos colaterais dos medicamentos	Não apresenta
Regularidade nas refeições	Incompleta
Café da manhã	Não tomou
Almoço	15 h
Jantar	Não realizou
Horário em que foi dormir	2 da manhã
Quanto tempo até adormecer	3 h
Horário em que acordou	6 da manhã

*1 = eutimia; 2 = euforia; 3 = depressão; 4 = ciclagem do humor; 5 = sintomas psicóticos.

Fonte: Gonçalves et al.[16]

precoces do TB a fim de que ela possa ajudar a identificar com clareza o início de uma crise.

Medidas terapêuticas para uma crise de mania/hipomania

- Procurar o psiquiatra
- Aumentar o número de horas de sono (mínimo de 10 h)
- Estabelecer as atividades essenciais e se é necessário pedir ajuda
- Atividades estimulantes não devem durar mais de 6 h/dia
- Não curar a impulsividade com exercícios físicos; quanto mais atividade fizer, mais estimulado ficará e pior será o episódio
- Evitar ambientes estimulantes (bares etc.); procurar ambientes relaxantes
- Evitar bebidas estimulantes (álcool, café, chá-preto etc.)
- Limitar os gastos (deixar outra pessoa responsável por contas pessoais e cartões de crédito, por exemplo) por, no mínimo, 48 h
- Nunca tomar decisões importantes nesses momentos
- Não se permitir "ir além" nesses momentos; "quanto mais alto subimos, maior a queda".

Medidas terapêuticas para uma crise depressiva

- Procurar o psiquiatra (e, se possível, não mudar de profissional, uma vez que um novo não conhece o histórico do paciente)
- Nunca se automedicar
- Dormir 8 h/dia é o ideal nesse momento (pode ser útil agendar atividades pela manhã para despertar); dormir mais que o habitual pode piorar a depressão; deve-se evitar "sonecas" durante o dia
- Não desistir das atividades habituais; tentar segui-las normalmente, ainda que não seja essa a sua vontade
- Exercícios físicos são essenciais nessa fase
- Não tomar decisões importantes nesse período, pois estas podem ser influenciadas pelo estado depressivo
- Não consumir substâncias como álcool, maconha ou cocaína, as quais podem deixar o paciente ainda mais deprimido após algumas horas. Pode-se beber café pela manhã, a fim de estimular o humor, desde que não haja ansiedade associada
- Pessimismo e inferioridade são resultado de mudanças *químicas* no cérebro e não dependem exclusivamente do paciente
- Manter um calendário de atividades regulares: muitos pacientes acabam dormindo cada vez mais tarde, por se sentirem melhor no período da noite. Deve-se dormir em horários regulares
- Se o paciente estiver com ideias de suicídio ou pensando em fazer mal a si mesmo ou a outros, deve-se comunicar imediatamente o psiquiatra.

O paciente deve construir seu próprio cartão de emergência para ser consultado nos momentos mais críticos (Figura 74.2).

Psiquiatra: Dr. Watson
Telefone: (11) 5555-8888
Hospital das Clínicas
Emergência
102

Posto de Saúde
Vila Jequitinhonha
(11) 6767-8888

Amigos próximos
Cleidson (11) 4566-7766
Luana (17) 7678-8654

Pai
(11) 78676777
Mãe
(12) 9898-9865

Dicas:
Altos
Dormir 10 horas
Evitar café
Evitar excesso de atividades estimulantes

Baixos
Dormir máx. 8 h dia
Ligar para Cleidson
Jogar futebol

Figura 74.2 Exemplo de cartão de emergência.

Processo terapêutico e relação terapêutica

Beck propõe que, em TCC, uma boa relação terapêutica é uma condição necessária, embora não suficiente, para a mudança terapêutica. No TB, é fundamental saber em que fase da doença o paciente está, pois, se estiver em depressão, não adiantará insistir em discussões profundas. O paciente deprimido não consegue raciocinar nem memorizar direito e não tem energia nem disposição para mudar sua conduta diante de conclusões que exijam uma reação ou uma atitude. Tal insistência só piorará sua autoestima, por não conseguir fazer o que deveria. Nessa fase, a terapia deve dar apoio e estímulo e organizar ações que possam reverter a inação e a angústia do paciente (respeitando sempre as limitações de cada caso; por exemplo, quando o paciente deprimido não consegue sair da cama, a família não deve insistir para que ele vá a uma festa).

Já em uma fase maníaca, o paciente não aceita nenhuma orientação e sempre tenta se impor, podendo se irritar com facilidade. O terapeuta deve procurar construir ou reforçar o vínculo terapêutico e apontar sintomas como sinais de mania (se houver vínculo), evitando sempre confrontos desnecessários, além de avisar ao médico e, quando possível, à família se o paciente estiver eufórico.

É interessante ressaltar que atender um paciente bipolar tende a ser bastante intenso, por seu histórico de problemas em diferentes áreas da vida (amor, trabalho, vida social e familiar). Isso exige maior preparação do terapeuta para manter um ambiente adequado, estável, seguro e de suporte para o paciente durante as sessões.

Deve-se evitar a contaminação dos familiares pela carga emocional do paciente, por mais difícil que isso seja em alguns momentos.

Locais de atendimento e contexto de atendimento

A TCC pode ser aplicada individualmente no consultório. Nesse caso, o trabalho é mais personalizado e todas as questões pessoais envolvidas podem ser trabalhadas com prioridade. A TCC pode também ser aplicada em um grupo fechado de aproximadamente dez pacientes. O objetivo de absorver a informação e adquirir instrumentos para usá-la em benefício próprio passa a ser do grupo, e não mais do indivíduo.

Comumente, é necessário tratar o impacto psicológico que essas informações podem causar. O fato de o grupo ser pequeno e de as pessoas envolvidas serem sempre as mesmas favorece a formação de um vínculo entre os pacientes e o terapeuta.

Existe também o trabalho de encontros de psicoeducação abertos à comunidade, como citado anteriormente. As sessões de grupo são estruturadas, mensais, com um tema apresentado e discutido pelo grupo em cada dia. Em grupos maiores como esse (200 pacientes por encontro), questões individuais têm menos espaço e o caráter é prioritariamente informativo.

Evidências de eficácia da terapia cognitivo-comportamental no transtorno bipolar

Seis revisões recentes da literatura, realizadas por Miklowitz[17,18], Picardi e Gaetano[19], Hofmann et al.[20], Hollon e Ponniah[21] e Bond e Anderson[22] avaliaram o sucesso das abordagens psicossociais associadas à farmacoterapia no tratamento de bipolares. Entre os estudos controlados apresentados, destacam-se sete (Tabela 74.4).

Lam (2005).[23] O autor relatou os resultados no seguimento adicional de 18 meses do seu estudo anterior, ou seja, 30 meses após o término da TCC. O tempo para recaída é maior no 1º ano após a TCC em relação aos 18 meses finais, e sua duração é menor no 1º ano em relação aos 18 meses finais do seguimento. Esse resultado sugere a necessidade de sessões de manutenção. A TCC também foi eficaz na melhora do humor, do funcionamento social e da identificação de sinais prodrômicos ao final do seguimento total.

Tabela 74.4 Revisão de estudos controlados de terapia cognitivo-comportamental no transtorno bipolar.

Estudo	N	Duração da terapia	Tipo de controle	Seguimento	Resultados
Lam (2005)[23]	103	4 meses	Tratamento farmacológico	2 anos	↓ número e duração de episódios; melhora no humor e no funcionamento social
Scott et al. (2006)[24]	253	6,5 meses	Tratamento farmacológico	11,5 meses	↑ tempo para episódio em pacientes com menos de 12 episódios anteriores
Ball et al. (2006)[25]	52	6 meses	Tratamento farmacológico	12 meses	↑ tempo para recaídas depressivas
Zaretsky et al. (2007; 2008)[26,27]	79	5 meses	7 sessões individuais de psicoeducação	7 meses	↓ número de dias de depressão; mais eficaz na depressão que na mania
Miklowitz et al. (2007)[28]	293	9 meses	3 sessões de psicoeducação Tratamento farmacológico TFF* TIRS**	3 meses	↓ duração da crise depressiva ↑ funcionamento global, funcionamento interpessoal e satisfação de vida
Isasi et al. (2010)[29]	20	5 meses	Tratamento farmacológico	12 meses	↓ sintomas depressivos ↓ número de hospitalizações ↓ sintomas de mania ↓ sintomas de ansiedade ↑ adaptação social
Castle et al. (2010)[32]	84	6 meses	Tratamento farmacológico	12 meses	↑ tempo para novos episódios

*TFF: terapia focada na família.
**TIRS: terapia interpessoal e do ritmo social.

Scott et al. (2006).[24] 253 bipolares tipos I e II, com sintomas ativos atuais e comorbidades associadas, foram distribuídos entre apenas farmacoterapia e associação de TCC e farmacoterapia. Foram 22 sessões de TCC, embora os pacientes tenham, em média, comparecido a apenas 14 sessões. Os resultados iniciais foram negativos; pacientes em TCC não diferiram dos pacientes em apenas farmacoterapia no tempo para o episódio, na duração dos episódios nem nos escores médios de intensidade dos sintomas. Análise posterior revelou, no entanto, que a TCC foi mais eficaz para postergar recaída em pacientes que tiveram menos de 12 crises anteriores.

Ball et al. (2006).[25] 52 bipolares tipos I e II, em remissão completa ou parcial de sintomas, foram randomicamente distribuídos entre associação de TCC (22 sessões) e farmacoterapia e apenas farmacoterapia. Os resultados revelaram, com a TCC, maior tempo para recaídas depressivas, diminuição dos sintomas depressivos nos primeiros 6 meses (mas não nos 18 meses), maior eficácia na depressão que na mania, menos atitudes disfuncionais e menos desabilidades sociais nos primeiros 6 meses (mas não nos 18 meses). Isso sugere, mais uma vez, a necessidade de sessões de manutenção para que os ganhos sejam mantidos.

Zaretsky et al. (2007; 2008).[26,27] 79 bipolares tipos I e II, em remissão completa ou parcial, participaram desse estudo. Todos receberam 7 sessões individuais de psicoeducação do manual da TCC e metade recebeu mais 13 sessões de TCC. Não foram encontradas diferenças nos índices de recaída e internação, mas os pacientes que receberam as 20 sessões tiveram 50% menos dias de depressão e a dosagem de antidepressivos diminuiu durante o ano do estudo.

Miklowitz et al. (2007).[28] 293 bipolares tipos I e II, em episódio agudo de depressão, foram randomicamente distribuídos entre farmacoterapia ou algum dos tratamentos psicossociais baseados em evidências: 30 sessões de terapia focada na família (TFF), terapia interpessoal e do ritmo social (TIRS), TCC e 3 sessões de psicoeducação. Após 1 ano, qualquer uma das três psicoterapias estava associada a um índice de recuperação mais rápido da fase aguda de depressão em relação às 3 sessões de psicoeducação. Houve também 1,58 vez mais probabilidade de os pacientes estarem bem em qualquer mês do estudo. O índice de recuperação entre as três psicoterapias não diferiu significativamente. Os pacientes de qualquer uma das psicoterapias testadas também tiveram ganho maior no seu funcionamento, incluindo relacionamento interpessoal e satisfação de vida. Possivelmente, os ingredientes comuns a essas psicoterapias (p. ex., ensino de técnicas de regulação do humor e de resolução de problemas interpessoais e familiares) contribuem para recuperação mais rápida e melhor após um episódio depressivo.[17]

Isasi et al. (2010).[29] Após um estudo inicial testando uma adaptação do protocolo proposto por Lam et al.[30], com pequena amostra (n = 20), estes autores espanhóis aplicaram uma intervenção estruturada de 20 sessões em 20 pacientes medicados com TB I ou II, em fase eutímica ou com sintomas subsindrômicos de depressão que foram comparados a um grupo-controle, com igual número de participantes, mantido apenas sob uso de medicação.[31] É importante destacar que uma porcentagem grande de pacientes (70%) apresentava sintomas residuais de depressão. Após 12 meses do fim da intervenção, o grupo que participou das sessões de TCC apresentou um número significativamente menor de novas internações hospitalares, menor escore de depressão, mania e ansiedade ao longo de todo o período de seguimento e um aumento significativo em uma escala que media adaptação social.

Castle et al. (2010).[32] Esse grupo australiano desenvolveu um protocolo próprio de intervenção em grupo, com 12 sessões, com base em elementos-chave que já haviam demonstrado ser benéficos para pessoas com TB.[33] Utilizando esse protocolo, um estudo incluiu 84 pacientes com TB I e II que foram selecionados de modo aleatório para condição-controle, que envolvia tratamento medicamentoso padrão e contato telefônico semanal, ou para condição experimental, definida como tratamento medicamentoso padrão e intervenção psicoterápica em grupo. A análise de sobrevivência conduzida nos 9 meses pós-tratamento mostrou que os pacientes que participaram da intervenção em grupo permaneceram significativamente por mais tempo sem novos episódios de humor. Contudo, não houve diferença significativa nas escalas que aferiram humor em nenhum dos intervalos observados.

Os efeitos da TCC na depressão bipolar parecem mais robustos que os efeitos da TCC na mania, com exceção dos estudos em que o foco inclui a adesão ao tratamento medicamentoso.[18] Daí a importância de priorizar sempre esse tema na TCC.

Além disso, três estudos brasileiros recentes merecem destaque, pois buscaram avaliar a efetividade de uma intervenção cognitivo-comportamental em grupo para pessoas com TB (Tabela 74.5).[34]

O primeiro estudo publicado foi desenvolvido pelo Programa de Transtorno Bipolar (PROMAN) do IPq-HCFMUSP e baseado em parte na intervenção proposta por Scott.[38] Nesse estudo, 50 pacientes com TB I e II foram aleatoriamente selecionados para serem mantidos em tratamento-padrão medicamentoso ou em tratamento medicamentoso somado a uma intervenção cognitivo-comportamental em grupo com 18 sessões, por um período total de 6 meses.[35] Todos os pacientes estavam em eutimia ao entrar no estudo (YMRS ≤ 6

Tabela 74.5 Estudos brasileiros controlados de terapia cognitivo-comportamental no transtorno bipolar.

Estudo	N	Duração da terapia	Tipo de controle	Seguimento	Resultados
Gomes et al. (2011)[35]	50	6 meses	Tratamento farmacológico	1 ano	↑ tempo para novo episódio
Costa et al. (2011)[36]	41	14 sessões	Tratamento farmacológico	–	↓ sintomas depressivos, maníacos, de ansiedade e de desesperança
Barros Pellegrinelli et al. (2012)[37]	55	16 sessões	Tratamento farmacológico + 16 sessões placebo sem TCC	1 ano	Quanto ↑ funcionamento global, ajustamento social, sociabilidade e clínica global, ↑ adesão ao tratamento

e HAM-17 ≤ 7). Após 12 meses de seguimento, não foram observadas diferenças entre os grupos para tempo até um novo episódio de humor nem na proporção de pacientes que apresentaram episódios. Contudo, o tempo até o primeiro episódio de humor foi significativamente maior entre os pacientes do grupo de TCC.

O segundo estudo foi desenvolvido no Instituto de Psiquiatria da UFRJ. O protocolo aplicado consistiu em 14 sessões de TCC de 2 h cada, utilizando como base o protocolo proposto por Basco e Rush.[39] Foram incluídos 41 pacientes com TB I ou II que estavam em eutimia ou levemente sintomáticos e em uso de um estabilizador de humor por pelo menos 1 mês antes do início do estudo. Os pacientes de ambos os grupos foram avaliados com escalas que medem sintomas depressivos, maníacos, de ansiedade e de desesperança em três momentos: no início, no meio e após o término da intervenção. Os autores observaram uma redução significativa em todas as escalas dentro do grupo que participou da intervenção experimental.[36]

Já o terceiro estudo foi desenvolvido pelo Programa do Grupo de Estudos de Doenças Afetivas (PROGRUDA) do IPq-HCFMUSP, com base na intervenção proposta por Colom e Vieta[12], que utiliza, majoritariamente, técnicas da TCC.[40] Participaram desse estudo 55 pacientes com TB I ou II em eutimia (YMRS ≤ 6 e HAM-17 ≤ 7) e em tratamento medicamentoso, que foram distribuídos aleatoriamente para receber 16 sessões de TCC (grupo experimental) ou 16 sessões placebo sem TCC (grupo-controle). Os grupos foram avaliados antes, no meio e ao final das intervenções e, depois, no seguimento de 6 meses e 1 ano. Apesar de não terem sido encontradas diferenças significativas entre os grupos em relação às variáveis avaliadas (sintomas de humor, de funcionamento e de qualidade de vida), foram encontradas diferenças significativas para a melhora clínica geral. Ambos os grupos mostraram uma tendência para a melhora clínica global e para mais qualidade de vida. Não foram observadas redução dos sintomas do humor nem melhora no funcionamento psicossocial. Porém, pacientes com melhores escores de funcionamento global, ajustamento social, sociabilidade e clínica global aderiram melhor ao tratamento da TCC.

Considerações finais

Com base nos estudos revisados, é possível afirmar que a TCC (assim como TIRS, TFF e psicoeducação) associada à farmacoterapia é eficaz para prevenção de recaída e estabilização do humor de pacientes bipolares. Apesar de ainda faltarem estudos, pacientes que passaram por essas intervenções psicossociais tiveram melhores escores de qualidade de vida em relação aos outros que não o fizeram, no período de 2 anos após o término do tratamento. Tratamentos estruturados com 12 ou mais sessões tiveram desempenho melhor em relação àqueles com três ou menos sessões.[17] Pacientes sem comorbidades com transtornos do eixo II respondem melhor à TCC em relação àqueles que apresentam tais comorbidades.[41]

Estudos futuros devem:

- Esclarecer quais populações são mais suscetíveis a se beneficiar de quais estratégias
- Identificar possíveis mecanismos de ação
- Avaliar sistematicamente os custos, os benefícios e a generalização
- Registrar os efeitos adversos.

A aplicação de intervenções psicossociais para populações jovens merece um estudo mais aprofundado.

Glossário

Comorbidade. Associação de outras patologias.
Espectro bipolar. Nuances, diferentes formas que o TB pode apresentar.
Eutimia. Estado do humor considerado estável, ou seja, em remissão completa ou parcial dos sintomas.
Recaída. Episódio de humor após recuperação completa dos sintomas.
Sinais prodrômicos. Sinais precoces de sintomas.

Referências bibliográficas

1. Moreno RA, Moreno DH, Bio DS, David DP, organizadores. Aprendendo a viver com o transtorno bipolar: manual educativo. Porto Alegre: Artmed; 2015.
2. American Psychiatric Association. Manual Diagnóstico e Estatístico de Transtornos Mentais: DSM-5. 5. ed. Porto Alegre: Artmed; 2014.
3. Murray I, Wilcock A, Kobayashi L. Obstetrical patient satisfaction. J Health Care Mark. 1996;16(3):54-7.
4. Hirschfeld RM, Calabrese JR, Weissman MM, Reed M, Davies MA, Frye MA, et al. Screening for bipolar disorder in the community. J Clin Psychiatry. 2003;64(1):53-9.
5. Moreno DH, Andrade LH. Latent class analysis of lifetime composite international diagnostic interview version 1.1 manic and depressive symptoms in the sample of the São Paulo epidemiologic catchment

area study (Brazil). Bipolar Disorders Supplement. 2005;7:79.
6. Bourdon KH, Rae DS, Locke BZ, Narrow WE, Regier DA. Estimating the prevalence of mental disorders in U.S. adults from the Epidemiologic Catchment Area Survey. Public Health Rep. 1992;107(6):663-8.
7. Andrade L, Walters EE, Gentil V, Laurenti R. Prevalence of ICD-10 mental disorders in a catchment area in the city of São Paulo, Brazil. Soc Psychiatry Psychiatr Epidemiol. 2002;37(7):316-25.
8. Angst J, Gamma A, Bennazi F, Ajdacic V, Eich D, Rössler W. Toward a re-definition of subthreshold bipolarity: epidemiology and proposed criteria for bipolar-II, minor bipolar disorders and hypomania. J Affect Disord. 2003;73(1-2):133-46.
9. Roso MC, Moreno RA, Costa ES. Psychoeducational intervention on mood disorders: the experience of GRUDA. Revista Brasileira de Psiquiatria. 2005;[carta].
10. Miklowitz DJ, Frank E, George EL. New psychosocial treatments for the outpatient management of bipolar disorder. Psychopharmacol Bull. 1996;32(4):613-21.
11. Gonzalez-Pinto A, Gonzalez C, Enjuto S, Fernandez de Corres B, Lopez P, Palomo J, et al. Psychoeducation and cognitive-behavioral therapy in bipolar disorder: an update. Acta Psychiatr Scand. 2004;109(2):83-90.
12. Colom F, Vieta E. Psychoeducation manual for bipolar disorder. New York: Cambridge University Press; 2006.
13. Miklowitz DJ, Goldstein MJ. Bipolar disorder: a family-focused treatment approach. New York: Guilford Press; 1997.
14. Miklowitz DJ, Goldstein MJ. Behavioral family treatment for patients with bipolar affective disorder. Behav Modif. 1990;14(4):457-89.
15. Miklowitz DJ. The bipolar survival guide: what you and your family need to know. New York: Guilford; 2002.
16. Gonçalves DM, Santin A, Kapczinski F. Tratamento psicoterápico do transtorno bipolar. In: Kapczinski F, Quevedo J, organizadores. Transtorno bipolar: teoria e clínica. Porto Alegre: Artmed; 2009.
17. Miklowitz DJ. Adjunctive psychotherapy for bipolar disorder: state of the evidence. Am J Psychiatry. 2008;165(11):1408-19.
18. Miklowitz DJ, Scott J. Psychosocial treatments for bipolar disorder: cost-effectiveness, mediating mechanisms, and future directions. Bipolar Disord. 2009;11(Suppl 2):110-22.
19. Picardi A, Gaetano P. Psychotherapy of mood disorders. Clin Pract Epidemiol Ment Health. 2014;26(10):140-58.
20. Hofmann SG, Asnaani A, Vonk IJJ, Sawyer AT, Fang A. The efficacy of cognitive behavioral therapy: a review of meta-analyses. Cognit Ther Res. 2012;36(5):427-40.
21. Hollon SD, Ponniah K. A review of empirically supported psychological therapies for mood disorders in adults. Depress Anxiety. 2010;27(10):891-932.
22. Bond K, Anderson IM. Psychoeducation for relapse prevention in bipolar disorder: a systematic review of efficacy in randomized controlled trials. Bipolar Disord. 2015;17(4):349-62.
23. Lam DH, Hayward P, Watkins ER, Wright K, Sham P. Relapse prevention in patients with bipolar disorder: cognitive therapy outcome after 2 years. Am J Psychiatry. 2005;162(2):324-9.
24. Scott J, Paykel E, Morriss R, Bentall R, Kinderman P, Johnson T, et al. Cognitive-behavioural therapy for severe and recurrent bipolar disorders: randomised controlled trial. Br J Psychiatry. 2006;188:313-20.
25. Ball JR, Mitchell PB, Corry JC, Skillecorn A, Smith M, Malhi GS. A randomized controlled trial of cognitive therapy for bipolar disorder: focus on long-term change. J Clin Psychiatry. 2006;67(2):277-86.
26. Zaretsky AE, Rizvi S, Parikh SV. How well do psychosocial interventions work in bipolar disorder? Can J Psychiatry. 2007;52(1):14-21.
27. Zaretsky AE, Lancee W, Miller C, Harris A, Parikh SV. Is cognitive-behavioural therapy more effective than psychoeducation in bipolar disorder? Can J Psychiatry. 2008;53(7):441-8.
28. Miklowitz DJ, Otto MW, Frank E, Reilly-Harrington NA, Kogan JN, Sachs GS, et al. Intensive psychosocial intervention enhances functioning in patients with bipolar depression: results from a 9-month randomized controlled trial. Am J Psychiatry. 2007;164(9):1340-7.
29. Isasi AG, Echeburúa E, Limiñana JM, González-Pinto A. How effective is a psychological intervention program for patients with refractory bipolar disorder? A randomized controlled trial. J Affect Disord. 2010;126(1-2):80-7.
30. Lam DH, Jones SH, Hayward P, Bright JA. Cognitive therapy for bipolar disorder: a therapist's guide to concepts, methods and practice. Chichester: Wiley; 1999. (Wiley Series in Clinical Psychology).
31. González-Isasi A, Echeburúa E, Mosquera F, Ibáñez B, Aizpuru F, González-Pinto A. Long-term efficacy of a psychological intervention program for patients with refractory bipolar disorder: a pilot study. Psychiatry Res. 2010;176(2-3):161-5.
32. Castle D, White C, Chamberlain J, Berk M, Berk L, Lauder S, et al. Group-based psychosocial intervention for bipolar disorder: randomised controlled trial. Br J Psychiatry. 2010;196(5):383-8.
33. Castle D, Berk M, Berk L, Lauder S, Chamberlain J, Gilbert M. Pilot of group intervention for bipolar disorder. Int J Psychiatry Clinical Practice. 2007;11(4):279-84.
34. Bio D, Gomes BC. Abordagens psicossociais. Revista Debates em Psiquiatria. 2011;1(5):38-51.
35. Gomes BC, Abreu LN, Brietzke E, Caetano SC, Kleinman A, Nery FG, et al. A randomized controlled trial of cognitive behavioral group therapy for

bipolar disorder. Psychother Psychosom. 2011; 80(3):144-50.
36. Costa RT, Cheniaux E, Rosaes PA, Carvalho MR, Freire RC, Versiani M, et al. The effectiveness of cognitive behavioral group therapy in treating bipolar disorder: a randomized controlled study. Rev Bras Psiquiatr. 2011;33(2):144-9.
37. Pellegrinelli KB, de O Costa LF, Silval KID, Dias VV, Roso MC, Bandeira M, et al. Efficacy of psychoeducation on symptomatic and functional recovery in bipolar disorder. Acta Psychiatr Scand. 2013;127(2):153-8.
38. Scott J. Cognitive therapy as an adjunct to medication in bipolar disorder. Br J Psychiatry. 2001;178(41):S164-8.
39. Basco MR, Rush AJ. Cognitive-behavioral therapy for bipolar disorder. 2. ed. New York: Guilford Press; 2005.
40. de Barros Pellegrinelli K, de O Costa LF, Silval KI, Dias VV, Roso MC, Bandeira M, et al. Efficacy of psychoeducation on symptomatic and functional recovery in bipolar disorder. Acta Psychiatr Scand. 2013;127(2):153-8.
41. Driessen E, Hollon SD. Cognitive behavioral therapy for mood disorders: efficacy, moderators and mediators. Psychiatr Clin North Am. 2010;33(3):537-55.

Bibliografia

Goldstein MJ, Miklowitz DJ. The effectiveness of psychoeducational family therapy in the treatment of schizophrenic disorders. J Marital Fam Therapy. 1995;21(4):361-76.

Klerman GL, Weissman MM, Rounsaville BJ, Chevron ES. Interpersonal psychotherapy of depression: a brief, focused, specific strategy. New York: Basic Books; 1984.

Murray CJ, Lopez AD. Global mortality, disability, and the contribution of risk factors: Global Burden of Disease Study. Lancet. 1997;349(9063):1436-42.

75 Terapia Cognitivo-Comportamental do Transtorno Obsessivo-Compulsivo

Analise de Souza Vivan e Juliana Braga Gomes

Introdução

O transtorno obsessivo-compulsivo (TOC) é caracterizado pela presença de obsessões e/ou compulsões. Obsessões são pensamentos, impulsos ou imagens recorrentes e persistentes, que ocorrem de maneira intrusiva e são percebidos como indesejáveis pelo indivíduo, causando ansiedade ou sofrimento. Compulsões são comportamentos repetitivos ou atos mentais adotados para aliviar o desconforto causado pelas obsessões ou para evitar algum evento ou situação temidos. Além disso, para o diagnóstico de TOC, os sintomas devem ocupar tempo e causar sofrimento ou prejuízo na vida do indivíduo.[1]

O TOC é considerado um transtorno mental de curso crônico, com frequente flutuação na intensidade dos sintomas, sendo a possibilidade de remissão sem tratamento extremamente baixa. Geralmente, inicia na adolescência e, muitas vezes, ainda na infância, com poucos casos novos após os 30 anos.[2] No entanto, apesar do início precoce, do curso crônico e do impacto na vida, a busca de tratamento pode demorar a acontecer. Um estudo multicêntrico verificou que o tempo médio entre o início dos sintomas e a busca de tratamento chega a 18,1 anos.[3] A demora em buscar auxílio especializado pode acontecer pelo receio que muitos pacientes apresentam de expor seus sintomas em razão da vergonha, na tentativa de evitar possíveis humilhações. Além disso, Torres e Lima[4] acrescentam outros fatores, como a crença que muitos pacientes têm de que, ao verbalizarem suas obsessões, elas possam se tornar realidade. Ou, ainda, em caso de obsessões de conteúdo sexual ou agressivo, de que possam ser vistos como loucos ou perigosos pelos outros.

Breve histórico da terapia cognitivo-comportamental para o TOC

Até a década de 1960, o principal modelo para o tratamento do TOC era baseado na teoria psicanalítica. A neurose obsessiva, como era conhecida até então, era avaliada como uma manifestação dos conflitos inconscientes relacionados à fase anal do desenvolvimento. No entanto, apesar da formulação teórica proposta por Freud por meio do caso "O Homem dos Ratos", o TOC ainda se mostrava bastante resistente a tratamentos disponíveis na época. Foi a partir da década de 1960 que surgiram as primeiras tentativas do uso da abordagem comportamental para o tratamento de obsessões e compulsões, por meio dos trabalhos de Meyer, que utilizou a técnica de dessensibilização sistemática proposta por Wolpe. Posteriormente, a partir dos anos 1970, outros estudos foram realizados e vêm comprovando a eficácia clínica da abordagem comportamental no tratamento do TOC, utilizando, sobretudo, as técnicas de exposição e prevenção de respostas (EPR). No entanto, apesar das evidências a favor da terapia de EPR, existem algumas limitações desse modelo, principalmente no que se refere ao tratamento de pacientes com obsessões puras ou compulsões mentais. Assim, mais recentemente, vem sendo estudado o papel das cognições no entendimento dos sintomas do TOC, enfatizando a avaliação das crenças distorcidas e propondo a terapia cognitivo-comportamental (TCC) para o tratamento do transtorno.

Fundamentos teóricos

Modelo comportamental

O modelo comportamental do TOC baseia-se no modelo dos dois fatores de Mowrer, pelo qual a origem e a manutenção dos sintomas são explicadas em duas etapas. A primeira etapa, de aquisição dos sintomas, ocorre por meio do condicionamento clássico, enquanto a segunda, de manutenção do transtorno, tem o condicionamento operante para sua explicação.

- Aquisição de sintomas por condicionamento clássico: estímulos neutros são pareados a estímulos incondicionados e tornam-se estímulos condicionados, passando a provocar as mesmas respostas que os estímulos incondicionados. Ou seja, estímulos anteriormente neutros (p. ex., banheiros públicos, maçaneta de portas, números, cores, pensamentos), após pareados, passam a provocar respostas como ansiedade, medo ou nojo (Figura 75.1)
- Manutenção de sintomas por condicionamento operante (reforço negativo): o indivíduo aprende que, ao executar alguns rituais (compulsões) ou evitar o contato com alguns objetos, situações ou pessoas (evitações), consegue reduzir ou eliminar o desconforto, ainda que temporariamente. Desse modo, como as obsessões presentes no TOC são recorrentes e intrusivas, não podendo ser evitadas, esse estímulo desagradável é eliminado por meio das compulsões e/ou evitações, que acabam funcionando como reforçadores dos referidos sintomas, perpetuando o transtorno.

Apesar de apresentar evidências para o entendimento da aquisição e da manutenção dos sintomas do TOC, o modelo comportamental deixa algumas lacunas, tendo em vista que não oferece explicação para questões como a refratariedade de certos pacientes ao tratamento comportamental. Além disso, o referido modelo é de difícil aplicação quando o paciente apresenta predominantemente obsessões. Dessa maneira, o modelo cognitivo surge como complementar ao modelo comportamental.

Modelo cognitivo

O modelo cognitivo é considerado um modelo integrador, na medida em que engloba outros fatores, como os neurobiológicos e os ambientais, que podem interferir na vulnerabilidade do indivíduo ao TOC. Além disso, valoriza o papel dos pensamentos e das crenças disfuncionais no que se refere ao surgimento e à manutenção dos sintomas. A hipótese defendida por Rachman[5] é que as interpretações errôneas são as responsáveis pelo fato de determinados pensamentos intrusivos assumirem um significado especial para o indivíduo. A maioria das pessoas tem pensamentos impróprios de caráter agressivo, obsceno ou sexual semelhantes aos de indivíduos com TOC; no entanto, não dão importância a tais pensamentos. Ou seja, os pensamentos intrusivos que causam desconforto em indivíduos com TOC também estão presentes na população geral, porém sem que sejam transformados em obsessões.

No entanto, a teoria de Rachman não explica o porquê de certos indivíduos atribuírem significados especiais aos pensamentos e outros não. Salkovskis et al.[6] apresentam um modelo cognitivo ampliado, em que consideram o excesso de

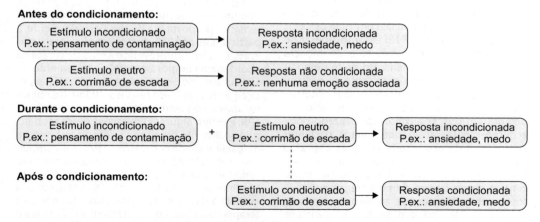

Figura 75.1 Aquisição de sintomas do TOC por meio de condicionamento clássico.

responsabilidade como a questão central para a origem das obsessões. Indivíduos hipersensíveis em razão de genética, neurobiologia ou fatores ambientais apresentariam uma maior predisposição a fazer interpretações catastróficas relacionadas à questão da responsabilidade.

Com base nas crenças disfuncionais descritas por diferentes autores e no quanto elas estariam contribuindo para o agravamento e a manutenção dos sintomas, um grupo de especialistas se reuniu e apresentou uma relação das principais crenças presentes no TOC, definidas como:[7]

- Responsabilidade exagerada: tendência a sentir-se responsável por causar dano para si ou para outros, mesmo em eventos sobre os quais não se tenha controle. Rituais de verificações, repetições e lavagens excessivas podem estar relacionados a esta crença. P. ex.: verificar o gás diversas vezes, com medo de ser responsável por um incêndio
- Importância exagerada dos pensamentos: é a crença de que a simples presença de um pensamento indica que ele é importante. Caracteriza-se pela fusão do pensamento e da ação, na qual se acredita que pensar em um evento perturbador aumenta as chances de que ele venha a acontecer e, ainda, que pensar equivale a agir, ou seja, ter um pensamento de conteúdo repugnante equivale moralmente a praticá-lo. Essas crenças podem originar excesso de culpa e a realização de rituais de verificação ou outras manobras de neutralização. P. ex.: após ter um pensamento sobre morte, ligar para a mãe para verificar se está bem
- Importância de controlar os pensamentos: acredita-se que é necessário ter controle total sobre pensamentos, imagens e impulsos intrusivos. Ocorre em decorrência da crença anterior, de valorizar de maneira excessiva o poder do pensamento. P. ex.: "preciso controlar meus pensamentos e afastar estes pensamentos ruins da minha cabeça, ou é sinal de que sou uma pessoa má e irei para o inferno"
- Superestimar o risco: tendência a exagerar a gravidade do dano ou a probabilidade de que eventos negativos aconteçam. Pode desencadear rituais de limpeza, verificações e evitações. P. ex.: "posso contrair o vírus HIV ao pisar com sapatos em uma mancha de sangue"
- Intolerância a incerteza: necessidade de ter certeza absoluta, levando a dificuldades nas tomadas de decisões. Esta crença está relacionada a obsessões de dúvida, ruminações, repetições e verificações. Pode estar relacionada ao perfeccionismo, acreditando-se que, tendo certeza, falhas não serão cometidas. P. ex.: "preciso ter certeza absoluta, pois assim não errarei"
- Perfeccionismo: tendência a adotar um padrão elevado de exigências, não tolerando falhas ("falhas são imperdoáveis"). Esta crença costuma estar por trás de compulsões relacionadas a ordem, simetria, alinhamento e verificações. P. ex.: ler e reler um e-mail inúmeras vezes para garantir que está perfeito.

Heterogeneidade do TOC

O TOC é considerado um transtorno mental heterogêneo, com grande diversidade em termos de apresentação de sintomas, gravidade da doença e resposta ao tratamento.[8] Essa variedade de manifestações tem estimulado uma divisão dimensional de sintomas do TOC. Acredita-se que, definindo grupos mais homogêneos de pacientes, pode-se contribuir para o desenvolvimento de tratamentos mais eficazes tanto do ponto de vista farmacológico quanto psicoterápico.

Apesar de ainda não haver um consenso universal quanto às dimensões de sintomas, a divisão mais consistente inclui:

- Obsessões de contaminação e compulsões de lavagem/limpeza
- Obsessões sobre responsabilidade por causar prejuízos ou erros e compulsões de checagem
- Obsessões sobre ordem e simetria e compulsões de ordenamento e arranjo
- Pensamentos obsessivos repugnantes sobre sexo, religião e violência com rituais mentais e outras estratégias de neutralização.

O colecionismo, vivenciado por uma parcela dos pacientes com TOC, foi classificado na quinta edição do *Manual Diagnóstico e Estatístico de Transtornos Mentais* (DSM-5) como um transtorno distinto (transtorno de acumulação), recebendo critérios diagnósticos específicos.[1]

Tratamento

O tratamento do TOC na abordagem cognitivo-comportamental é um processo estruturado e focado, tendo como objetivo a eliminação dos sintomas, incluindo a correção de pensamentos e crenças disfuncionais. O processo terapêutico é realizado durante as etapas a seguir.

Avaliação

A primeira etapa do tratamento cognitivo-comportamental consiste na avaliação do paciente, quando são investigados os sintomas do TOC e as comorbidades associadas, além de outros aspectos relevantes, como história psiquiátrica e tratamentos realizados anteriormente. Nesse momento, pode-se propor ao paciente a participação de um familiar para complementar a avaliação, podendo o paciente concordar ou não com isso. No caso de sintomas graves e incapacitantes ou quando o paciente é criança ou adolescente, é recomendável a participação do familiar não só na avaliação, mas também em todas as etapas do tratamento.

Participação dos familiares no tratamento

A participação dos familiares no tratamento possibilita ao terapeuta psicoeducá-los, transmitindo informações sobre o transtorno e treinando-os para que auxiliem ao longo da terapia. É muito comum os familiares se manifestarem frente aos sintomas do paciente: opõem-se de modo intransigente às suas exigências ou cedem às suas demandas. Assim, algumas famílias podem se tornar "divididas", com um familiar criticando o paciente enquanto outro está engajado na participação nos rituais. Outros familiares oscilam entre esses dois tipos de resposta.[9,10]

A maioria dos familiares não sabe como manejar os sintomas apresentados pelo paciente, reforçando frequentemente os comportamentos e prejudicando o progresso do tratamento. É muito comum os familiares apoiarem a execução dos rituais (p. ex., ajudando nas verificações de gás, portas, janelas etc.) e modificarem seus hábitos e rotinas, acomodando-se aos sintomas e às exigências do paciente.[11] A acomodação familiar é altamente prevalente entre as famílias de pacientes com TOC, com taxas variando entre 88,2 e 98,2%.[11,12]

Em um estudo realizado por Van Noppen et al.[13], pacientes que tiveram a intervenção familiar no tratamento mostraram melhoria continuada, enquanto aqueles tratados individualmente não alcançaram alguns ganhos, sugerindo que a participação da família no tratamento pode ser especialmente útil. Um recente ensaio clínico randomizado que avaliou o efeito da terapia cognitivo-comportamental em grupo (TCCG) para o TOC com duas sessões destinadas à família (com foco na redução da acomodação familiar) encontrou melhoria significativa nos sintomas do paciente e também na acomodação familiar após o tratamento no grupo-intervenção, quando comparado ao grupo-controle.[14] Portanto, intervenções específicas para abordar o envolvimento da família nos sintomas do TOC podem contribuir para a melhoria do paciente, bem como do próprio funcionamento familiar.[15]

Psicoeducação

Após a confirmação do diagnóstico de TOC, inicia-se a psicoeducação sobre o transtorno, em que o terapeuta fornece informações relevantes para o paciente, como possíveis causas do TOC, curso e prognóstico, heterogeneidade do transtorno e alternativas de tratamentos. Além disso, essa etapa fornece ao paciente informações sobre a abordagem que será utilizada, educando sobre o modelo cognitivo-comportamental e a aplicabilidade deste para a redução dos sintomas obsessivo-compulsivos.

Outro fator importante a ser trabalhado é a motivação do paciente. É necessário que seja avaliado o quanto ele está disposto a engajar-se no processo. Nessa etapa, o estabelecimento de um bom vínculo terapêutico poderá contribuir para a adesão ao tratamento.

É fundamental que, antes de iniciar propriamente o tratamento, o paciente tenha claro o que são obsessões, compulsões e evitações. Para isso, o terapeuta deve trabalhar usando como base os sintomas do próprio paciente.

Elaboração da lista de sintomas

A lista de sintomas consiste na identificação detalhada de obsessões, compulsões e evitações apresentadas pelo paciente. Esse material será a base do tratamento, pois, por meio dele, organizam-se os sintomas e planeja-se o tratamento. A lista de sintomas é preenchida pelo paciente (que pode contar com o auxílio do terapeuta e/ou de familiares) e hierarquizada em sintomas de intensidade leve, moderada, grave ou muito grave. Recomenda-se que se iniciem as exposições pelos sintomas que causam menor desconforto.

Medidas de avaliação

Para a avaliação da gravidade e da intensidade dos sintomas, é frequentemente utilizada a Escala Obsessivo-Compulsiva de Yale-Brown (Y-BOCS).[16] Essa escala apresenta 10 questões, sendo 5 para a avaliação das obsessões e 5 para as compulsões. Os escores vão de 0 (nenhum sintoma) a 4 (sintomas graves), com escore máximo de 40 pontos. Os itens abordados são: tempo, interferência, sofrimento, resistência e grau de controle sobre os sintomas. É importante que o terapeuta faça a aplicação da Y-BOCS em diferentes momentos do processo terapêutico, a fim de avaliar o progresso do paciente.

Outro instrumento utilizado é o inventário obsessivo-compulsivo revisado, composto de 18 questões divididas em seis subescalas que avaliam a intensidade dos sintomas obsessivo-compulsivos.[17]

Para avaliar a frequência da participação e a modificação da rotina dos familiares frente aos sintomas do paciente, é utilizada a Escala de Acomodação Familiar (FAS-IR).[18,19] A aplicação desse instrumento compreende duas etapas: na primeira, o entrevistador avalia os tipos de sintomas que o paciente apresentou na última semana na percepção do familiar; na segunda, verifica o grau de acomodação familiar, por meio de 12 questões que avaliam a frequência da participação do familiar nos sintomas do paciente, bem como a modificação na rotina, entre outros aspectos.

Por meio dos instrumentos, o terapeuta pode compreender melhor a frequência e a intensidade dos sintomas, bem como o grau de envolvimento familiar, o que será fundamental para a elaboração do plano terapêutico.

Sessões da terapia

As sessões da terapia são estruturadas e focadas nos sintomas do paciente. Elas ocorrem de maneira colaborativa, envolvendo a realização de tarefas conjuntamente com o terapeuta, além de tarefas de casa e registro de situações. O terapeuta começa a sessão fazendo a verificação dos sintomas, que é seguida da revisão e da discussão das tarefas de casa. Por fim, estabelece as tarefas de casa para a próxima semana.

O tratamento, normalmente, inicia com as técnicas comportamentais e, aos poucos, o terapeuta vai trabalhando as cognitivas. Por serem mais complexas, as técnicas cognitivas são apresentadas para o paciente quando ele já identifica as obsessões, os rituais e as manobras de neutralização. Segundo Cordioli[20], há alguns conceitos importantes a serem esclarecidos nessa etapa: o modelo cognitivo-comportamental, as crenças e as interpretações errôneas mais comuns e o papel das manobras de neutralização, além do fato de que a terapia é uma descoberta guiada, em que o paciente buscará substituir conclusões ilógicas ou irracionais por pensamentos baseados em evidências.

Quando o paciente já tiver eliminado a maioria dos sintomas, o tratamento estará se encaminhando para as sessões finais, nas quais são trabalhadas estratégias para prevenção de recaídas. Nessa etapa, são propostos o espaçamento das sessões e, posteriormente, a alta. Além disso, mesmo após a alta, podem ser marcadas sessões de acompanhamento, em que se verificam a manutenção dos progressos e o fortalecimento das estratégias aprendidas.

Relação terapêutica

É fundamental que se estabeleça uma boa relação entre terapeuta e paciente, pois, durante o tratamento, a ansiedade do paciente será elevada e a confiança no terapeuta poderá auxiliar no processo terapêutico. Segundo Franklin e Foa[21], os pacientes podem oscilar entre a colaboração e a resistência ao tratamento, e o terapeuta deve saber quando pressionar, quando enfrentar e quando ser mais flexível.

Durante todo o tratamento, é necessário que haja uma combinação sobre os passos a serem tomados. O terapeuta não deve forçar o paciente a entrar em contato com algo temido sem que haja prévia combinação, mas trabalhar o seu fortalecimento para enfrentar os sintomas de maneira gradual.

Técnicas principais

Técnicas comportamentais

Exposição

Contato direto ou imaginário com objetos e situações temidos pelo paciente, mas que não são perigosos. Provoca um aumento instantâneo da ansiedade, que pode ser bem elevada nas primeiras exposições, mas vai diminuindo com o passar do tempo. Os exercícios devem ser diários e durar, no mínimo, de 15 a 30 min ou até a ansiedade desaparecer por completo, sendo repetidos o maior número de vezes possível.[20]

Um exemplo de exercício de exposição para pacientes que apresentam obsessões de contaminação pode ser tocar em uma maçaneta ou dinheiro, sentar em um banco de ônibus ou usar o corrimão da escada.

Prevenção de resposta

Consiste em deixar de executar um ritual, uma compulsão mental ou qualquer manobra destinada a aliviar ou neutralizar a ansiedade ou os medos associados às obsessões. Como na exposição, a prevenção de resposta provoca um aumento inicial da ansiedade. Essa ansiedade vai desaparecendo com o passar dos minutos, reduzindo, assim, a intensidade do impulso de realizar rituais e sua frequência.[22] Ou seja, a cada exercício, os níveis de ansiedade e a necessidade de realizar os rituais são menores.

Um exemplo da técnica aplicada a pacientes com obsessões de contaminação pode consistir em o paciente não lavar as mãos após tocar em dinheiro. Outras tarefas, a serem definidas conforme os sintomas, consistem em não fazer verificações ou alinhamentos, não tentar afastar pensamentos "ruins" etc.

Modelação

Esta técnica consiste na realização de exercícios por parte do terapeuta, com o objetivo de estimular o paciente a reproduzir o comportamento. O terapeuta pode ter em seu consultório diversos objetos usados, considerados "sujos" pelos pacientes (escova, esponja, materiais de limpeza) para fazer demonstrações (p. ex., tocar nos produtos de limpeza e não lavar as mãos depois). A ansiedade do paciente se elevará inicialmente, mas, no decorrer da sessão, tende a diminuir, ocorrendo o fenômeno da habituação.

Técnicas cognitivas

Identificação de pensamentos automáticos e crenças disfuncionais

É a identificação de pensamentos automáticos catastróficos ou negativos que acompanham as obsessões e das crenças associadas. Algumas perguntas auxiliam nessa identificação, como: "o que passou pela cabeça na ocasião?", "o que sentiu?" ou "como interpretou?". Também pode ser utilizado o registro de pensamentos disfuncionais (RPD).

Questionamento socrático

O objetivo desse questionamento é fazer o paciente modificar o modo de pensar irracional por um raciocínio lógico, colocando em dúvida suas convicções. Ele deve ser estimulado a pensar sobre as evidências a favor e contra o que acredita e avaliar se existem explicações alternativas. Questionar seus pensamentos e não mais aceitá-los como verdade absoluta. Algumas perguntas importantes são: "que evidências tenho de que o que passa pela minha cabeça é verdade, e que evidências são contrárias ao que pensei?", "existe uma explicação alternativa para isso?", "meus medos têm base em alguma prova real ou ocorrem porque tenho TOC?" e "que provas tenho de que, porque eu pensei, acontecerá?".

Técnica das duas alternativas

É uma técnica utilizada para que o paciente construa e teste uma explicação alternativa para as obsessões, que seja menos aflitiva e busque a lógica. Tem o objetivo de corrigir as crenças erradas presentes no transtorno. O paciente é estimulado a avaliar duas teorias alternativas, conforme exemplo a seguir:[6]

- Teoria A: eu estou contaminada e posso ficar doente ou prejudicar meus familiares caso não lave minhas mãos
- Teoria B: sou uma pessoa sensível ao medo de ser contaminada em virtude do TOC.

Pode-se perguntar em seguida: "qual dessas duas alternativas é a mais provável?", "você já tentou lidar com esse problema de acordo com a segunda teoria, ou seja, como se fosse um problema de preocupação ou medo excessivo, e não uma possibilidade real?" etc.

Técnica da torta ou pizza da responsabilidade

Muitos pacientes têm a tendência de achar que são os únicos responsáveis pelas coisas que acontecem. Essa técnica pode ser útil para corrigir crenças distorcidas relacionadas ao excesso de responsabilidade, comuns aos pacientes que têm obsessões de dúvidas seguidas de rituais de verificações. Cada fatia da torta ou pizza representa o percentual de responsabilidade atribuído a si próprio e a outros fatores.[23,24] O paciente deve listar todos os fatores que podem influenciar para que a situação ocorra (incêndio, assalto, doença etc.), atribuindo percentuais a cada um deles e, por último, o percentual da própria responsabilidade. É um exercício que ajuda o paciente a se dar conta de que existem muitos outros fatores que contribuem para que algo aconteça e que não estão sob seu controle.

Por exemplo, uma mãe que, na volta da escola do filho, percebe que ele está resfriado. O primeiro pensamento pode ser sentir-se culpada, pois não o agasalhou bem para ir à escola, atribuindo a si mesma 100% da responsabilidade pela situação. Contudo, outros fatores podem ter colaborado para tal desfecho, como haver colegas resfriados na escola, a professora não ter aberto as janelas da sala de aula, a criança ter suado durante as brincadeiras no recreio e permanecido assim até o final da aula etc. Ao pensar nessas outras possibilidades, deve-se elaborar o gráfico em pizza (Figura 75.2), atribuindo a porcentagem ou o tamanho de cada fatia a esses outros fatores e, por último, estimar sua própria porcentagem de responsabilidade.

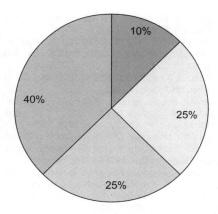

Meu filho está resfriado porque:
- ■ Existiam colegas resfriados na escola
- □ A professora não abriu as janelas da sala de aula
- □ Suou brincando no recreio e permaneceu com a mesma roupa
- ■ Eu não agaselhei meu filho suficientemente

Figura 75.2 Pizza da responsabilidade.

Experimento ou teste comportamental

É um exercício que visa a corrigir as crenças distorcidas, testando-as na prática. O paciente deve se expor a algo que evita ou teme, como deixar a torneira pingando por algumas horas e, depois, verificar se o banheiro ficou inundado. Depois do experimento, paciente e terapeuta farão uma comparação entre o que o paciente imaginou que fosse acontecer e o que de fato ocorreu.

Perfil do paciente que se beneficia

O paciente deve ter motivação para se beneficiar do tratamento cognitivo-comportamental. O que ocorre é que, muitas vezes, chega ao consultório levado por seus familiares, pois não quer desagradá-los ou porque é forçado a tal; contudo, nessas condições, os pacientes acabam não aderindo ao tratamento. Precisam estar motivados para suportar a aflição causada pelos exercícios de EPR e, assim, obter sucesso com o tratamento.

Considerações sobre diversidade

O início dos sintomas costuma acontecer na adolescência e, muitas vezes, ainda na infância, com idade média de início das obsessões e das compulsões de 13,6 e 13,2 anos, respectivamente.[4] Quanto à diferença de prevalência entre os sexos, na idade adulta, o TOC aparece em igualdade entre homens e mulheres; no entanto, em relação ao início dos sintomas, ocorre mais precocemente nos homens. Dessa maneira, a prevalência em crianças e adolescentes pode apresentar números superiores em meninos.

Quanto aos aspectos transculturais, pesquisas epidemiológicas apontam consistência em termos de taxas de prevalência, idade de início e comorbidades. A sintomatologia apresentada também demonstra similaridade em diferentes países, sem interferência de fatores como posicionamento geográfico, cultura, etnia ou classe social.

Contexto de atendimento

A TCC para o tratamento do TOC mostra-se eficaz tanto na modalidade individual quanto na em grupo.[25] O tratamento em grupo pode trazer alguns benefícios específicos, como a possibilidade do estabelecimento de novos vínculos, tendo em vista o déficit nas habilidades sociais muitas vezes evidenciado por pacientes com TOC. Além disso, a característica de universalidade e a possibilidade de acompanhar os avanços dos pares em relação aos exercícios de EPR podem servir para melhorar a adesão ao tratamento. No entanto, quando o TOC não é o diagnóstico principal ou quando existem comorbidades que podem interferir na adaptação do paciente ao grupo, o tratamento individual pode ser mais indicado.

Evidências de eficácia

Diversos ensaios clínicos realizados, tanto individuais como em grupo, comprovaram a efetividade da TCC na redução dos sintomas do TOC de crianças, adolescentes e adultos.[26,27] A TCC é efetiva em aproximadamente 70% dos pacientes que aderem ao tratamento.[25] Cerca de 25% dos pacientes com TOC recusam-se a participar da terapia comportamental; entretanto, aqueles que aderem e se expõem às situações ansiogênicas, sem executar rituais até que sua ansiedade diminua, apresentam diminuição dos sintomas.[28]

Quando comparadas a TCC em grupo e a desenvolvida individualmente, os resultados positivos foram semelhantes nas duas modalidades de tratamento.[26] Um estudo que acompanhou, por 2 anos, 42 pacientes que realizaram TCCG verificou que os ganhos obtidos ao final do tratamento se mantiveram ao longo do tempo.[29] Outro estudo que comparou a TCCG ao tratamento utilizando apenas sertralina revelou que ambos os tratamentos se mostraram eficazes. Contudo, a taxa de redução dos sintomas, a redução da intensidade das compulsões e a porcentagem de pacientes que obtiveram remissão completa foram significativamente maiores nos pacientes tratados com TCCG.[30] Esses resultados reforçam a efetividade da TCC no tratamento do TOC.

Contraindicações

A presença de algumas comorbidades pode interferir no processo de terapia, havendo um comprometimento significativo dos resultados. Em algumas situações, como depressão grave ou ansiedade intensa e sintomas obsessivo-compulsivos muito graves, que impeçam a realização da EPR, a associação de um tratamento medicamentoso à TCC é indicada para auxiliar no processo terapêutico.

Considerações finais

Entre as abordagens psicoterápicas, a TCC vem demonstrando bons resultados para o tratamento do TOC, sendo considerada a terapia de primeira escolha no tratamento do transtorno. Os modelos comportamental e cognitivo oferecem uma boa compreensão dos sintomas e também possibilitam o desenvolvimento de estratégias que, além de aumentarem a adesão do paciente ao tratamento, reduzem os sintomas na maioria dos casos, podendo alcançar a remissão completa. Para resultados ainda mais efetivos, tendo em vista a heterogeneidade do transtorno e a grande diversidade de apresentações clínicas, estudos que definam grupos mais homogêneos poderão contribuir para o desenvolvimento de tratamentos específicos, em que serão utilizadas técnicas cognitivas e comportamentais focadas no problema em questão, garantindo maior eficácia do processo terapêutico.

Referências bibliográficas

1. American Psychiatric Association. Manual diagnóstico e estatístico de transtornos mentais (DSM-5). 5. ed. Porto Alegre: Artmed; 2014.
2. Ruscio AM, Stein DJ, Chiu WT, Kessler RC. The epidemiology of obsessive-compulsive disorder in the National Comorbidity Survey Replication. Mol Psychiatry. 2010;15(1):53-63.
3. Miguel EC, Ferrão YA, Rosário MC, Mathis MA, Torres AR, Fontenelle LF, et al. The Brazilian research consortium on obsessive-compulsive spectrum disorders: recruitment, assessment instruments, methods for the development of multicenter collaborative studies and preliminary results. Rev Bras Piquiatr. 2008;30(3):185-96.
4. Torres AR, Lima MCP. Epidemiologia do transtorno obsessivo-compulsivo: uma revisão. Rev Bras Psiquiatr. 2005;27(3):237-42.
5. Rachman S. A cognitive theory of obsessions. Behav Res Ther. 1997;35(9):793-802.
6. Salkovskis PM, Forrester E, Richards C. Cognitive-behavioural approach to understanding obsessional thinking. Br J Psychiatry Suppl. 1998;(35):53-63.
7. Obsessive-Compulsive Cognitions Working Group. Cognitive assessment of obsessive-compulsive disorder. Behav Res Ther. 1997;35(7):667-81.
8. Markarian Y, Larson MJ, Aldea MA, Baldwin SA, Good D, Berkeljon A, et al. Multiple pathways to functional impairment in obsessive-compulsive disorder. Clin Psychol Rev. 2010;30(1):78-88.
9. Steketee G, Van Noppen B, Lam JN, Shapiro L. Expressed emotion in families and the treatment of obsessive-compulsive disorder. Psychother Pract. 1998;4(3):73-91.
10. Renshaw KD, Steketee G, Chambless DL. Involving family members in the treatment of OCD. Cogn Behav Ther. 2005;34(3):164-75.
11. Calvocoressi L, Lewis B, Harris M, Trufan SJ, Goodman WK, McDougle CJ, et al. Family accommodation in obsessive-compulsive disorder. Am J Psychiatry. 1995;152(3):441-3.
12. Gomes JB, Van Noppen B, Pato M, Braga DT, Meyer E, Bortoncello CF, et al. Patient and family factors associated with family accommodation in obsessive-compulsive disorder. Psychiatry Clin Neurosci. 2014;68(8):621-30.
13. Van Noppen B, Steketee G, McCorkle BH, Pato M. Group and multifamily behavioral treatment for obsessive compulsive disorder: a pilot study. J Anxiety Disord. 1997;11(4):431-46.
14. Gomes JB. Avaliação das propriedades psicométricas da escala de acomodação familiar para transtorno obsessivo-compulsivo – versão pontuada pelo entrevistador (FAS-IR) e do impacto da terapia cognitivo-comportamental em grupo na acomodação familiar [tese]. Porto Alegre: Universidade Federal do Rio Grande do Sul; 2015.
15. Lebowitz ER, Panza KE, Su J, Bloch MH. Family accommodation in obsessive-compulsive disorder. Expert Rev Neurother. 2012;12(2):229-38.
16. Goodman WK, Price LH, Rasmussen SA, Mazure C, Delgado P, Heninger GR, et al. The Yale-Brown Obsessive Compulsive Scale: II: validity. Arch Gen Psychiatry 1989;46(11):1012-6.
17. Souza FP, Foa EB, Meyer E, Niederauer KG, Cordioli AV. Psychometric properties of the Brazilian Portuguese version of the Obsessive-Compulsive Inventory – Revised (OCI-R). Rev Bras Psiquiatr. 2011;33(2):137-143.
18. Calvocoressi L, Mazure CM, Kasl SV, Skolnick J, Fisk D, Vegso SJ, et al. Family accommodation of obsessive-compulsive symptoms: instrument development and assessment of family behavior. J Nerv Ment Dis. 1999;187(10):636-42.
19. Gomes JB, Calvocoressi L, Van Noppen B, Pato M, Meyer E, Braga DT, et al. Translation and adaptation into Brazilian Portuguese of the Family Accommodation

Scale for Obsessive-Compulsive Disorder – Interviewer-Rated (FAS-IR). Rev Psiquiatr Rio Gd Sul. 2010;32(3):102-12.
20. Cordioli AV, organizador. Manual de terapia cognitivo-comportamental para o transtorno obsessivo-compulsivo. 2. ed. Porto Alegre: Artmed; 2014.
21. Franklin ME, Foa EB. Transtorno obsessivo-compulsivo. In: Barlow DH, organizador. Manual clínico dos transtornos psicológicos: tratamento passo a passo. 4. ed. Porto Alegre: Artmed; 2009.
22. Rachman S, de Silva P, Röper G. The spontaneous decay of compulsive urges. Behav Res Ther. 1976;14(6):445-53.
23. Van Oppen P, Arntz A. Cognitive therapy for obsessive-compulsive disorder. Behav Res Ther. 1994;32(1):79-87.
24. Salkovskis P. Understanding and treating obsessive-compulsive disorder. Behav Res Ther. 1999;37(Suppl 1):S29-52.
25. Cordioli AV. Cognitive-behavioral therapy in obsessive-compulsive disorder. Rev Bras Psiquiatr. 2008;30(Suppl 2):65-72.
26. Jónsson H, Hougaard E, Bennedsen BE. Randomized comparative study of group versus individual cognitive behavioural therapy for obsessive compulsive disorder. Acta Psychiatr Scand. 2011;123(5):387-97.
27. Prazeres AM, Souza WF, Fontenelle LF. Cognitive-behavior therapy for obsessive-compulsive disorder: a systematic review of the last decade. Rev Bras Piquiatr. 2007;29(3):262-70.
28. Steketee G, Pigott T. Transtorno obsessivo-compulsivo: as mais recentes estratégias de avaliação e tratamento. 3. ed. Porto Alegre: Artmed; 2009.
29. Braga DT, Cordioli AV, Niederauer K, Manfro GG. Cognitive-behavioral group therapy for obsessive-compulsive disorder: a 1-year follow-up. Acta Psychiatr Scand. 2005;112(3):180-6.
30. Souza MB, Isolan LR, Oliveira RR, Manfro GG, Cordioli AV. A randomized clinical trial of cognitive-behavioral group therapy and sertraline in the treatment of obsessive-compulsive disorder. J Clin Psychiatry. 2006;67(7):1133-9.

76 Transtornos de Ansiedade na Visão Cognitiva

Hewdy Lobo Ribeiro e
Ana Carolina Schmidt de Oliveira

Histórico da abordagem cognitiva nos transtornos de ansiedade

A partir da década de 1960, o esforço de pesquisadores como Aaron Beck e Michael Mahoney fez a terapia cognitiva dar passos efetivos para a abordagem da depressão por meio dos aspectos cognitivos. Depois, houve a extensão para indicação da terapia cognitiva para outros transtornos mentais, como os transtornos de ansiedade: transtorno de ansiedade generalizada, agorafobia, fobia social, fobias específicas e pânico.[1]

Os trabalhos pioneiros de Aaron Beck[2] na década de 1960 possibilitaram uma fundamentação empírica e conceitual da terapia cognitiva nos EUA.

A terapia cognitiva e a terapia cognitivo-comportamental (TCC), abordagem combinada com a terapia comportamental, no tratamento dos transtornos de ansiedade, são bem descritas na literatura internacional, tendo sua eficácia estabelecida.

Fundamentos teóricos

Transtornos de ansiedade

Os transtornos de ansiedade (TA) são os mais prevalentes transtornos mentais na população mundial. Quando se leva esse panorama em consideração, somando-se o fato de que sintomas ansiosos em si, mesmo que não caracterizem um transtorno, causam sofrimento, o estudo dessa temática torna-se essencial para qualquer profissional da saúde, que, certamente, se deparará com pacientes com quadro de TA na prática clínica e deverá saber manejá-lo minimamente. Infelizmente, o que se observa é que, em geral, os TA são subdiagnosticados, mal diagnosticados e não são tratados adequadamente.

A ansiedade é caracterizada como universal, sendo identificada desde textos mitológicos gregos (Deus Pan) e pesquisada por meio das mais novas tecnologias da neurobiologia, tendo o ser humano sempre buscado o alívio desse sentimento.[3]

Os sintomas de ansiedade são identificados pelos aspectos a seguir, entre outros:

- Físicos: taquicardia, sensação de formigamento, tremores, boca seca, hiperventilação, sudorese
- Comportamentais: agitação, insônia, medos, evitação, fuga
- Cognitivos: apreensão, preocupação, irritabilidade, desatenção.[4]

A ansiedade é considerada positiva diante da detecção de ameaças, funcionando como um agente motivador para a solução de um problema. Apenas passa a ser patológica quando seus impactos são muito intensos, prolongados ou desproporcionais a situações externas, causando intenso sofrimento e prejuízo para o indivíduo. Os profissionais da saúde realizam o diagnóstico do tipo de TA a partir das manifestações predominantes no caso.[4]

De acordo com a *São Paulo Megacity*, pesquisa apoiada pela Organização Mundial da Saúde (OMS) que levantou a prevalência de transtornos mentais na população da região metropolitana de São Paulo e em mais 30 países participantes, a prevalência de TA na vida dos paulistanos foi de 28% e, no último ano, de 20%, o que representa uma das maiores prevalências do mundo.[5]

O estudo de Gonçalves et al.[6], realizado entre 2009 e 2010 nas capitais Rio de Janeiro, São Paulo, Fortaleza e Porto Alegre, verificou prevalência de ansiedade em 37,6% da amostra. Os autores refletem que essa alta prevalência se deve à violência urbana, à situação socioeconômica, à poluição ambiental e sonora e à falta de áreas recreacionais do país.

Transtorno de ansiedade generalizada

O transtorno de ansiedade generalizada (TAG) é caracterizado por sintomas de ansiedade presentes na maior parte do tempo e dos dias do indivíduo, durando de meses (mínimo 6 meses) a anos. Comumente, o paciente relata sempre ter sido ansioso, nervoso ou tenso. A pessoa fica constantemente apreensiva ou preocupada de maneira excessiva, em várias situações.[7,8] Além de achar difícil lidar com a preocupação excessiva, pelo menos três dos seguintes sintomas devem estar presentes nesses casos: inquietude, cansaço, dificuldade de concentração, irritabilidade, tensão muscular e insônia. Os sintomas apresentados pelo indivíduo com TAG têm impactos importantes na vida cotidiana, são duradouros e causam sofrimento significativo.[8]

Segundo Oliveira[9], indivíduos com TAG comumente cometem erros do pensamento pela dificuldade de raciocinar de acordo com a realidade, aumentando a proporção das situações, exagerando seus efeitos, destacando os aspectos negativos e ignorando os positivos, catastrofizando e causando preocupações excessivas. Esses pensamentos dificultam a tomada de decisões e a solução de problemas. Essa persistência dos sintomas cognitivos e autonômicos os torna profundamente enraizados nos hábitos e no modo de pensar do indivíduo, que tende a generalizar situações negativas, usando expressões como "sempre", "nunca", "totalmente", "certamente", referindo-se sempre ao todo, e não às partes.[4]

Diante desse cenário, a terapia cognitiva poderá trabalhar no sentido de: realizar psicoeducação sobre o transtorno e sobre o tratamento; identificar as situações causadoras de ansiedade; identificar os sintomas de ansiedade; identificar pensamentos automáticos e crenças; realizar reestruturação cognitiva; e aplicar técnicas de manejo desses sintomas, como treinamento de habilidade de solução de problemas.[4,9]

O tratamento tem como maior objetivo ajudar o paciente a adquirir autonomia para a solução de problemas e realizar escolhas de maneira menos rígida e mais consciente e segura.[9]

Agorafobia

O indivíduo que apresenta agorafobia vivencia um medo intenso, que causa sofrimento e prejuízos significativos, associado a estar em locais públicos dos quais considere ser difícil sair ou onde ache difícil obter ajuda caso tenha um ataque de pânico ou outro quadro incapacitante, apresentando um comportamento de esquiva. Esse quadro limita muito suas atividades, pois, em geral, evita as situações que teme, como usar transporte público, estar em espaços abertos ou lugares fechados, fazer parte de filas ou multidões ou sair sozinho.[8] Também são comuns comportamentos "adaptados", como sair apenas acompanhado, sair com remédios para ansiedade ou fazer rotas que passem por serviços de saúde.[4] As pessoas com agorafobia sentem persistentemente medo ou ansiedade desproporcional diante dessas situações citadas.[8]

Fobia social

O transtorno de ansiedade social (TAS) ou fobia social é um dos transtornos mentais mais prevalentes, estando presente em 5 a 13% da população geral. É caracterizado pelo medo intenso e persistente durante situações sociais ou de desempenho. Este medo do julgamento, da avaliação negativa e de possíveis críticas do outro limita a vida do indivíduo, que teme ser ridicularizado, humilhado ou sentir muita vergonha e, assim, evita situações de exposição. O TAS pode ser incapacitante e impacta negativamente na vida profissional, educacional, pessoal, familiar e social.[10] Tendo em vista que, em geral, o TAS tem início antes dos 18 anos (entre 10 e 13 anos), a qualidade de vida do indivíduo pode ficar extremamente comprometida.[11]

Segundo Chagas et al.[11], vivenciar situações sociais que envolvam exposição é extremamente penoso e desconfortável para a pessoa com TAS, e, por isso, ela as evita a todo custo. Os pacientes relatam tanto sintomas físicos (p. ex., rubor, coração acelerado, tremores, sudorese, tensão muscular, boca seca e outros) como sintomas emocionais (p. ex., medo, dificuldade de concentração, angústia, entre outros).

Os profissionais de saúde devem avaliar a presença ou não de TAS sempre que o paciente demonstrar ser reticente ou tímido, e sempre que for feita uma avaliação de saúde mental. Em geral, a situação mais temida é o falar em público, mas pode ser qualquer outra que a pessoa tema ser inadequada e que envolva interação, como: alimentar-se ou beber publicamente; digitar ou escrever com alguém olhando; tocar um instrumento musical; usar o banheiro público; encontros em festas, de negócios ou afetivo-sexuais; dialogar com autoridades; entre outros.[8,11] Durante a avaliação, deve-se investigar quais áreas são afetadas e o nível de ansiedade em cada uma delas.[11]

A terapia cognitiva deve ajudar o paciente a identificar as situações fóbicas, os pensamentos automáticos e as crenças, e as emoções associadas ao seu medo de desempenhar inadequadamente. Uma das crenças que deve ser trabalhada é a de que os outros estão constantemente avaliando seu desempenho e que está transparecendo ansiedade. Em terapia, por meio de técnicas cognitivas, o indivíduo modificará seus pensamentos distorcidos e, a partir de técnicas cognitivo-comportamentais, desenvolverá habilidades para relacionamentos interpessoais.[12]

A partir da revisão sistemática da literatura sobre TAS, Levitan et al.[13] verificaram que as principais técnicas utilizadas são: psicoeducação, relaxamento muscular progressivo, treinamento de habilidades sociais, exposição imaginária e ao vivo, *feedback* em vídeo e reestruturação cognitiva.

Apesar de pesquisas demonstrarem alguns benefícios da TCC em grupo (como a possibilidade de exposição ao vivo a situações ansiogênicas), a individual é reconhecida como mais eficaz no tratamento do TAS por oferecer um ambiente menos amedrontador.[13]

Segundo Mululo et al.[12], a partir da revisão bibliográfica sobre terapias cognitivo-comportamentais, terapias cognitivas e técnicas comportamentais para TAS, são eficazes as seguintes abordagens: reestruturação cognitiva; técnicas comportamentais, como exposição, treino em habilidades sociais e em tarefa de concentração; grupo de relaxamento; TCC via realidade virtual; tarefa de casa auxiliada pelo computador; terapia individual (superior à em grupo); e intervalo menor que 1 semana entre as sessões.

Fobias específicas

Representam ansiedade ou medo intenso, desproporcional e persistente relacionado a uma situação ou um objeto, que faz o indivíduo evitar ou suportar com grande sofrimento a exposição.[8]

O *Manual Diagnóstico e Estatístico de Transtornos Mentais* (DSM-5) classifica os tipos de fobias específicas: animais, como aranha ou cachorro; ambiente natural, como altura ou trovões; sangue, injeção e ferimentos, como agulhas ou procedimentos médicos invasivos; situacional, como aviões e elevadores; entre outros.[8]

Nos casos de fobia específica, os pensamentos distorcidos giram em torno da avaliação de situações específicas como mais ameaçadoras do que realmente são e da crença de incapacidade de enfrentamento, que é o que causa as emoções de ansiedade e medo (entre outras) e o comportamento de evitação e esquiva. Segundo Araújo[14], essa evitação faz com que não seja possível checar a validade das crenças e, assim, estas são reforçadas.

De acordo com Lotufo Neto[15], o tratamento da fobia específica deve ser composto por psicoeducação sobre o transtorno e sobre o tratamento, reestruturação cognitiva, dessensibilização sistemática e exposição ao vivo.

A dessensibilização sistemática tem como objetivo aumentar gradativamente as respostas mais adaptativas da pessoa por meio da exposição gradativa ao objeto ou à situação inicialmente fóbicos. Para tanto, são ensinadas técnicas de relaxamento e respiração diafragmática para aplicação durante a exposição gradual. Essa exposição pode iniciar por meio da imaginação de situações. Posteriormente, a exposição ao vivo é aplicada para expor o paciente à situação fóbica real (quando possível, sem riscos) com a aplicação das técnicas de relaxamento e respiração aprendidas anteriormente. Todo esse processo é gradual. São identificadas com o paciente as situações fóbicas e a exposição deve iniciar pela situação menos fóbica até chegar à mais temida. O paciente deve se manter em cada situação um tempo mínimo para que possa sentir, manejar e aliviar a ansiedade com as técnicas aprendidas. É muito importante não queimar etapas, sendo a exposição, de fato, gradual, para que o paciente seja capaz de lidar com a situação, e cada *feedback* do exercício deve ser trabalhado na sessão.[14]

Transtorno de pânico

O transtorno de pânico (TP) é caracterizado no DSM-5 como ataques de pânico recorrentes e inesperados. Essas crises de pânico incluem um período distinto de intenso medo ou desconforto, que inicia abruptamente e alcança um grau máximo em minutos.[8]

A pessoa deve, ainda, apresentar quatro dos seguintes sintomas para o diagnóstico de um episódio de pânico: palpitações ou taquicardia; sudorese; tremores; sensações de falta de ar ou sufocamento; sensações de asfixia; dor ou desconforto torácico; náuseas ou desconforto abdominal; sensação de tontura, instabilidade, vertigem ou desmaio; desrealização ou despersonalização; medo de perder o controle ou enlouquecer; medo de morrer; parestesias; calafrios ou ondas de calor.[8]

O diagnóstico de TP exige que pelo menos um dos ataques seja seguido por, no mínimo, 1 mês de preocupação ou alteração comportamental, com preocupação de novos episódios.

No modelo de raciocínio clínico médico, qualquer hipótese diagnóstica psiquiátrica, como o TP, depende da exclusão prévia de outras causas dos sintomas analisados, como doenças clínicas, uso de substâncias e condições reativas. A exclusão depende de história clínica completa, exame físico minucioso, avaliação psíquica detalhada e dados complementares laboratoriais e de imagem.

Em São Paulo, a prevalência de TP é de 1,6% ao longo da vida e de 1% no último ano. Pesquisas mostram que o TP é cerca de duas vezes mais comum em mulheres e, em geral, começa no final da adolescência ou no início da vida adulta. Vale ressaltar que o profissional de saúde sempre deverá verificar transtornos mentais associados, pois quase todos os pacientes com TP apresentam comorbidade psiquiátrica.[16]

Diante de uma crise de pânico, o manejo ocorre no sentido de tranquilizar o paciente, lembrando-o de que seus sintomas se devem à ansiedade, e não a uma condição que represente um risco de vida, e que serão passageiros, durando entre 10 e 30 min. Deve-se orientar que a pessoa respire pelo nariz, tentando controlar a respiração, evitando, assim, a hiperventilação. Para aqueles que já aprenderam, deve ser instruído o uso da respiração diafragmática, lentamente, e de técnicas de relaxamento, como o relaxamento dos diferentes grupos musculares mentalizando um cenário tranquilo.[16]

Durante um ataque de pânico, uma orientação possível é respirar dentro de um saquinho de supermercado, porque se estará respirando um ar rico em gás carbônico, o que normaliza o teor deste gás no sangue, que é a causa dos sintomas da hiperventilação. As sensações desagradáveis costumam passar.

O tratamento com TCC para TP se dá por meio de psicoeducação; treinamento da respiração diafragmática; treinamento de relaxamento muscular; reestruturação cognitiva; exposição interoceptiva (lidar com sintomas físicos); e exposição ao vivo.[4]

Princípios básicos

A avaliação e a condução terapêutica do paciente na abordagem cognitiva incluem uma conceituação cognitiva precoce, para iniciar o conhecimento adequado do cliente, por parte do terapeuta, para melhor atender às suas necessidades.[2]

Procuram-se respostas para as perguntas:
- Qual é o diagnóstico do paciente?
- Quais são os problemas atuais e como foram desenvolvidos e mantidos?
- Quais pensamentos e crenças disfuncionais estão associados?
- Há estressores que contribuem para os problemas psicológicos?

Neste capítulo, a resposta à primeira pergunta, por questões didáticas, é um diagnóstico de transtorno ansioso, cujos critérios diagnósticos de cada tipo já foram descritos.

Os problemas individuais devem ser perguntados diretamente para o paciente, uma vez que o mesmo transtorno, em pessoas diferentes, leva a graus diferentes de sofrimento e maneiras variadas de entendimento e interpretação dos sintomas.

As respostas para as perguntas de pensamentos e crenças disfuncionais devem estar embasadas no raciocínio clínico do modelo cognitivo, que levanta a hipótese de que as emoções e os comportamentos analisados são influenciados pela percepção e pela interpretação individual dos eventos causadores do sofrimento.

Os pensamentos associados com a queixa principal devem ser investigados quanto à maneira como o indivíduo faz a avaliação rápida por meio dos pensamentos denominados automáticos, que ocorrem instantaneamente frente a uma situação e não são decorrentes de adequada deliberação e raciocínio prévio.

Na avaliação clínica, um dos focos é a exploração das crenças individuais sobre si mesmo, sobre as pessoas e sobre o mundo. Esses entendimentos são pessoais e adquiridos desde a infância. O indivíduo tende a interpretar todas as situações vividas por meio dessa visão, que pode ser disfuncional e nem sempre percebida criticamente.

A presença de causas estressoras interferindo na situação avaliada deve ser perguntada ativamente, abordada em suas circunstâncias e verificada quanto à opinião que o indivíduo tem sobre a intensidade desta como causadora de seus sofrimentos.

Após as perguntas anteriores terem sido respondidas, pode-se organizar um esquema do funcionamento cognitivo a ser trabalhado com o paciente. Isso inclui estabelecer as crenças centrais, as crenças intermediárias e os pensamentos automáticos.

O terapeuta cognitivo frente ao paciente com TA priorizará o registro das crenças disfuncionais e a meta do processo psicoterapêutico será valorizar o desenvolvimento de novas crenças, embasadas na realidade e funcionais, que serão desenvolvidas e aprendidas durante a psicoterapia, de maneira estruturada e objetiva.

Nesse sentido, Beck et al.[17] ressaltam que pacientes com distúrbios psicológicos apresentam pensamentos disfuncionais ou distorcidos. Dessa maneira, o foco do terapeuta cognitivo-comportamental será obter mudanças cognitivas por meio de uma avaliação realista da situação e da modificação do pensamento, produzindo, consequentemente, uma melhoria no humor e no comportamento dos clientes. Beck[2] ressalta que as mudanças emocionais e comportamentais serão duradouras se resultarem da modificação de crenças disfuncionais básicas dos pacientes.

Fases do tratamento

As estruturas da primeira sessão e das demais têm diferenças metodológicas e estruturais.

O terapeuta tem como objetivo primordial, na primeira sessão, o papel pedagógico de esclarecer para o paciente o que é o TA específico e como ocorrerá o processo terapêutico, as etapas sistematizadas, as metas previstas e as tarefas complementares.

O esforço do terapeuta para o estabelecimento do *rapport* na primeira sessão é fundamental para estabelecer o vínculo terapêutico, coletar informações adicionais e conhecer as expectativas do cliente.

Uma estrutura recomendada por Beck[2] para a sessão inicial abrange a meta de organizar um roteiro que estabeleça:

- Agenda do tratamento estruturado
- Checagem de sintomas depressivos e ansiosos
- Revisão dos sintomas do transtorno
- Conhecimento das expectativas e estabelecimento de metas exequíveis
- Orientação sobre o que é o TA e como ocorrerá o processo terapêutico cognitivo
- Proposta de tarefa de casa
- Provisão de um resumo da sessão
- *Feedback* do paciente.

A segunda sessão e as posteriores seguem um formato parecido e repetido com: atualização dos sintomas desde a última terapia; ponte com a sessão anterior; roteiro de acordo com as demandas e as prioridades do dia; revisão da tarefa de casa e estabelecimento de novos objetivos para o próximo encontro; discussão do cumprimento do roteiro estabelecido no início; resumo final; e *feedback* da sessão em questão.

Logicamente, apesar de estruturada, a sessão deve ter flexibilidade para a assistência contextualizada do cliente, mesmo em transtornos ansiosos. Isso depende da sensibilidade do terapeuta em entender demandas emergentes e que mereçam prioridade.

O paciente, durante o processo pedagógico da terapia cognitiva, é orientado a identificar os pensamentos automáticos negativos, os quais serão analisados posteriormente. Depois desse aprendizado, é orientado a anotar os seus pensamentos negativos toda vez que ocorrerem e fazer um diário, para, depois, questioná-los e, com isso, modificá-los para pensamentos racionais e funcionais.[18]

Como já foram descritos, os sintomas de TA incluem algumas possíveis distorções cognitivas contextuais, que podem ocorrer durante uma crise. No ataque de pânico, por exemplo, o paciente pode relatar: "Vou morrer agora"; "Estou tendo um infarto fulminante"; "Estou ficando louco"; ou "Estou saindo de mim mesmo".

O processo terapêutico inclui uma reconstrução cognitiva iniciada com o reconhecimento dos pensamentos e dos sentimentos que ocorrem durante e após as crises, o registro destes, o posterior questionamento de sua veracidade e, finalmente, a sua substituição por interpretações mais racionais e verdadeiras.

Ao descrever as fases do tratamento, é importante dividir o primeiro momento com ênfase nos pensamentos automáticos negativos; posteriormente, deve-se verificar os esquemas cognitivos, que são as crenças que a pessoa formou sobre si mesma ao longo de sua vida, principalmente aquelas que são inadequadas e disfuncionais.

No primeiro momento, é preciso educar o paciente sobre o TA, por exemplo, no caso do TP, assegurar que, apesar do desconforto intenso, ele não morrerá nem perderá o controle. Em segundo lugar, é necessário que ele aprenda as técnicas recomendadas, por exemplo, a de relaxamento dos grupos musculares e as práticas de respiração diafragmática, e que faça os exercícios de exposição.[18]

A respiração diafragmática é feita a partir do abdome (sem movimentar o peito) e deve ser realizada de maneira pausada e lenta. Essa modalidade ajuda o paciente a diminuir a intensidade da ansiedade e evita a hiperventilação.

Processo terapêutico e relação terapêutica

O processo terapêutico inicia quando o paciente busca o terapeuta de maneira espontânea ou por indicação médica e há adequação entre as demandas desse paciente e as possibilidades da abordagem, que apresenta limitações.

Os esclarecimentos da primeira sessão são fundamentais para o terapeuta estabelecer *rapport* e ter o *feedback* do cliente em todas as sessões.

O terapeuta deve perguntar sobre o uso de medicação e, em caso positivo, confirmar que os tratamentos farmacológico e psicoterapêutico não são excludentes, mas complementares. É importante que médico e psicólogo tenham contato para discussão ética do caso clínico. Isso é habitual nos ambientes acadêmicos, mas, infelizmente, pouco frequente na prática clínica diária. O ideal é que essa interação sempre ocorra e tenha retorno para o cliente.

A relação terapêutica deve ser baseada na clareza das metas e das possibilidades terapêuticas que a abordagem oferece no manejo do TA. O número limitado de sessões deve motivar o cliente a participar ativamente do processo, tendo como finalidade tornar-se seu próprio terapeuta e seguir funcionalmente e independente de intervenções prolongadas.

O paciente precisa ter reconhecimento pleno de que os resultados dependerão do cumprimento das tarefas de casa e da disposição em ser sujeito ativo do processo. Isso desmistifica a magia que alguns pacientes procuram no processo terapêutico.

Técnicas principais e específicas

O tratamento dos TA pela terapia cognitiva ou por sua combinação com a abordagem comportamental pode ser feito para ensinar o paciente a lidar com a ansiedade paroxística, com o temor permanente de novas crises e com as distorções cognitivas.

A ênfase da terapia cognitiva é levar o paciente à compreensão de como os pensamentos e o diálogo consigo mesmo podem influenciar suas emoções. O paciente é estimulado a aprender, identificar e monitorar os pensamentos automáticos, de preferência com o registro destes em diário para posterior discussão terapêutica. Isso facilita as técnicas de enfrentamento e a descatastrofização dos eventos.[18]

A exploração de alternativas para interpretar o conteúdo catastrófico de seus pensamentos automáticos com outros entendimentos possíveis que não os essencialmente negativos deve ser motivada desde o início da terapia. A análise dos pensamentos como hipóteses, e não como fatos acabados e que precisam ser investigados, deve ser incentivada nos pacientes. A discussão pormenorizada de entendimentos e fatores temidos pelo paciente com o objetivo de levar em conta nossas considerações mais assertivas sobre conclusões inadequadas é uma meta primordial.

Outra proposta terapêutica é a autossugestão para melhorar a maneira como a pessoa enfrenta seus medos e suas crenças por meio do aprendizado de formular frases que melhorem seu autocontrole.

Outra estratégia é a interrupção do pensamento e as técnicas de focalização. Essas técnicas têm por objetivo aumentar o controle sobre os pensamentos negativos com a imaginação da palavra *pare* ou de um sinal vermelho à frente. Não há problemas em vivenciar as emoções da ansiedade, o importante é lidar com os pensamentos irrealistas substituindo-os por outros mais funcionais.

Para descatastrofizar o pensamento disfuncional, pergunta-se ao paciente sobre a consequência de acontecer o pior durante a crise. Algumas vezes, pioram os sintomas ansiosos iniciais, mas, depois, começam a se abrir alternativas para perceber que as consequências podem ser viavelmente manejadas, suportáveis e limitadas no tempo.[19]

Mindfulness

O *mindfulness* vem recebendo crescente atenção no meio acadêmico e científico. É uma prática de origem budista que Jon Kabat-Zinn incorporou, inicialmente, à medicina comportamental em seus projetos de redução de estresse e manejo de dores crônicas. O *mindfulness* é caracterizado como uma prática meditacional que envolve prestar atenção no momento presente e em tudo que aparece interna ou externamente, sem julgamentos, originando, assim, uma consciência sincera e intencional ao que está acontecendo de momento a momento. Simplificando, o *mindfulness* é "estar no aqui e agora". Sua eficácia está estabelecida para o tratamento de diversos transtornos mentais, muitas vezes associado à terapia cognitiva. No caso dos TA, o *mindfulness* está associado à diminuição na angústia e no relato de sintomas físicos, por auxiliar no foco em um elemento em um dado momento, ajudando no controle e no alívio de emoções intensas. A técnica é ensinada na sessão e deve ser treinada constantemente.[20]

Treinamento de habilidades sociais

O treinamento de habilidades sociais (THS) é chave no tratamento dos TA. Envolve a discussão e a prática de habilidades que estão em déficit no paciente. O treinamento é iniciado na sessão com o terapeuta ou com outros pacientes no contexto grupal, devendo ser extrapolado para fora da sessão, no dia a dia do paciente. Algumas habilidades que podem ser trabalhadas são as seguintes:

conversar com pessoas do sexo oposto, falar para um pequeno grupo, resolver problemas, lidar com a raiva, entre outras. É muito importante que os pacientes pratiquem as habilidades treinadas entre as sessões, devendo, inclusive, ser uma tarefa de casa a ser registrada em diário.[21]

Resolução de problemas

Uma das principais habilidades a serem treinadas é a de resolução de problemas. O paciente exercitará o seguinte fluxo: definir o problema; propor soluções alternativas; escolher uma das alternativas; colocar em prática a solução escolhida; avaliar os resultados; e finalizar o processo se o resultado for alcançado ou, caso contrário, escolher outra alternativa e continuar o fluxo.[9]

Perfil do paciente

A terapia cognitiva tem característica didática e, por isso, o paciente precisa assumir uma postura ativa para que, ao longo do processo, se torne seu próprio terapeuta. Desde o início, há a necessidade de o paciente ter claro que essa proposta terapêutica específica precisa da disponibilidade permanente e ativa para obter êxito. A realização de diários e tarefas para casa também exigem a disponibilidade do paciente, além do encontro periódico com o terapeuta.

As funções cognitivas de inteligência, memória, atenção e concentração devem estar preservadas para o aproveitamento dessa proposta terapêutica.

Locais e contexto do atendimento

A formação do terapeuta cognitivo deve ser formal, de preferência na modalidade de pósgraduação *lato* ou *stricto sensu*. Infelizmente, os cursos de graduação em Psicologia e as residências médicas em Psiquiatria não oferecem formação adequada para a abordagem cognitiva.

Os primeiros atendimentos devem ser supervisionados por professor com habilidades didáticas e no contexto acadêmico.

Os atendimentos devem ser, preferencialmente, individuais e realizados em consultórios. A supervisão didática pode ser abandonada somente quando o psicólogo estiver devidamente autorizado para isso. A supervisão clínica e as discussões multidisciplinares devem ser mantidas sempre que o psicólogo decidir sobre a sua relevância e sempre em benefício do paciente.

É importante que o profissional nunca deixe de priorizar o paciente em detrimento da preocupação com a aplicação de técnicas.

Evidências de eficácia

Há um alto índice de eficácia da abordagem cognitiva no tratamento dos TA. Apesar de alguns pacientes não responderem a essa abordagem, ela deve ser divulgada e aplicada para o benefício de um notável número de pacientes.[22]

Terapias estruturadas, como a terapia cognitiva, são eficazes em pacientes com TA, e isso é mais evidente quando são usadas as estratégias psicológicas focadas nos sintomas por meio de: técnicas de relaxamento, controle da respiração, reestruturação cognitiva e exposição gradual.[23]

Pensamentos catastróficos, crenças e regras disfuncionais aprendidos por condicionamentos sociais, baixa autoestima e pouca autoconfiança podem ser tratados de modo benéfico por meio da terapia cognitiva.[23]

Considerações finais

A psicoeducação sobre o TA é necessária sempre, pois facilita a cooperação e traz alívio ao paciente. Para os pacientes que objetivam aliviar os sintomas, os exercícios de relaxamento e respiração diafragmática podem contribuir, bem como o *mindfulness*.

Entre as técnicas mais reconhecidas no tratamento dos TA, estão o treinamento de habilidades sociais, principalmente de resolução de problemas, e a exposição gradual a situações que reconhecidamente causam os sintomas desconfortáveis.

O modelo cognitivo tem importância reconhecida na melhoria de pensamentos catastróficos, crenças e regras disfuncionais que se acumularam longitudinalmente por condicionamentos sociais, baixa autoestima e falta de oportunidade psicoterapêutica adequada.

Esse modelo cognitivo pode ser explicado como tendo as crenças centrais que influenciam as crenças intermediárias, que se refletem em pensamentos automáticos, os quais recebem influência de determinada situação de vida. Os pensamentos automáticos repercutem na emoção, no comportamento e nas reações fisiológicas.

O processo terapêutico na abordagem cognitiva tem como um dos objetivos centrais buscar modificar o pensamento automático e, em consequência, a emoção, o comportamento e as respostas fisiológicas mórbidas. Isso tudo possibilita acessar as crenças que nem sempre estão aparentes, apesar de sua importância na estrutura da psicopatologia.

A terapia cognitiva no tratamento psicoterápico dos TA é efetiva para um número significativo de pacientes com ou sem tratamento medicamentoso, apesar de ter algumas limitações, que podem ser melhoradas com novas pesquisas; portanto, deve ser sempre recomendada no tratamento dos transtornos de ansiedade.

Glossário

Cognição. O conteúdo do pensamento e os processos envolvidos no ato de pensar; é o modo como o indivíduo avalia ou entende uma situação.

Comorbidade. Ocorre quando uma entidade clínica distinta adicional ocorreu ou vem a ocorrer durante a evolução de um paciente cuja doença esteja sob estudo.

Crenças. Pensamentos que se tornaram profundos e enraizados. As pessoas, geralmente, não as percebem voluntariamente. Ocorrem em um nível mais profundo que os pensamentos automáticos.

Desrealização. Sensação de que o ambiente, antes considerado familiar, pareça estranho, diferente e não familiar.

Despersonalização. Sensação de que a cabeça está leve e o corpo, estranho; perda de controle e estranhamento de si mesmo.

Parestesias. Sensações cutâneas, subjetivas, percebidas espontaneamente na ausência de estimulação direta externa.

Pensamentos automáticos. Pensamentos breves e involuntários que surgem de modo inesperado. Muitas vezes, a pessoa não os percebe, tendo apenas conhecimento da emoção que se segue a eles. O conteúdo, geralmente, é distorcido, catastrófico, negativo, autorreferente e considerado inútil.

Reestruturação cognitiva. Identificação de pensamentos distorcidos e das evidências contrárias a esses pensamentos, tendo em vista substituí-los por outros mais positivos e adaptativos.

Referências bibliográficas

1. Abreu CN. Introdução às terapias cognitivas. In: Abreu CN, Guilhardi HJ, organizadores. Terapia comportamental e cognitivo-comportamental: práticas clínicas. São Paulo: Roca; 2004. p. 286-99.
2. Beck JS. Terapia cognitiva: teoria e prática. Porto Alegre: Artmed; 1997.
3. Nardi AE, Fontenelle LF, Crippa JA. New trends in anxiety disorders. Rev Bras Psiquiatr. 2012;34(Suppl 1):S5-6.
4. Ramos RT. Transtornos de ansiedade. Rev Bras Med. 2009;66(11).
5. Viana MC, Andrade LH. Lifetime prevalence, age and gender distribution and age-of-onset of psychiatric disorders in the São Paulo Metropolitan Area, Brazil: results from the São Paulo Megacity Mental Health Survey. Rev Bras Psiquiatr. 2012;34(3):249-60.
6. Gonçalves DA, Mari JJ, Bower P, Gask L, Dowrick C, Tófoli LF, et al. Brazilian multicentre study of common mental disorders in primary care: rates and related social and demographic factors. Cad Saúde Pública. 2014;30(3):623-32.
7. Versiani M. Transtornos de ansiedade: diagnóstico e tratamento. São Paulo: Associação Brasileira de Psiquiatria; 2008.
8. American Psychiatric Association. Manual diagnóstico e estatístico de transtornos mentais (DSM-5). 5. ed. Porto Alegre: Artmed; 2014.
9. Oliveira MIS. Intervenção cognitivo-comportamental em transtorno de ansiedade: relato de caso. Rev Bras Ter Cogn. 2011;7(1):30-4.
10. Martinez AS, Oliveira AM, Badaró AC, Gomes DAG, Peres FS, Tavares FS, et al. Periódicos da CAPES: perspectiva das dissertações e teses sobre transtorno de ansiedade social/fobia social. Interação Psicol. 2012;16(2):283-92.
11. Chagas MHN, Nardi AE, Manfro GG, Hetem LAB, Andrada NC, Levitan MN, et al. Diretrizes da Associação Médica Brasileira para o diagnóstico e diagnóstico diferencial do transtorno de ansiedade social. Rev Bras Psiquiatr. 2010;32(4):444-52.
12. Mululo SCC, Menezes GB, Fontenelle L, Versiani M. Terapias cognitivo-comportamentais, terapias cognitivas e técnicas comportamentais para o transtorno de ansiedade social. Rev Psiquiatr Clín. 2009;36(6):221-8.
13. Levitan MN, Chagas MHN, Crippa JAS, Manfro GG, Hetem LAB, Andrada NC, et al. Diretrizes da Associação Médica Brasileira para o tratamento do transtorno de ansiedade social. Rev Bras Psiquiatr. 2011;33(3):292-302.
14. Araújo NG. Fobia específica: passo a passo de uma intervenção bem-sucedida. Rev Bras Ter Cogn. 2011;7(2):37-45.
15. Lotufo Neto FL. Fobias específicas. In: Rangé B, organizador. Psicoterapias cognitivo-comportamentais: um diálogo com a psiquiatria. Porto Alegre: Artmed; 2011. p. 299-310.
16. Salum GA, Blaya C, Manfro GG. Transtorno do pânico. Rev Psiquiatr RS. 2009;31(2):86-94.
17. Beck AT, Rush AJ, Shaw BF, Emery G. Terapia cognitiva da depressão. Porto Alegre: Artmed; 1997.
18. Lotufo Neto FL, de Barros Neto TP. Curso de terapia cognitivo-comportamental: introdução à terapia comportamental cognitiva do transtorno de pânico

e da agorafobia. In: Brasil MAA, Botega NJ. Programa de Educação Continuada. Rio de Janeiro: Guanabara-Koogan; 2004. p. 149-56.
19. Lotufo Neto FL, Ito LM. Transtorno de pânico com agorafobia. In: Ito LM, organizador. Terapia cognitivo-comportamental para transtornos psiquiátricos. Porto Alegre: Artmed; 1998. p. 13-26.
20. Lopes RFF, Castro FS, Neufeld CB. A terapia cognitiva e o mindfulness: entrevista com Donna Sudak. Rev Bras Ter Cogn. 2012;8(1):67-72.
21. D'El Rey GJF, Beidel DC, Pacini CA. Tratamento da fobia social generalizada: comparação entre técnicas. Rev Bras Ter Comport Cogn. 2006;8(1):1-12.
22. Corchs FAF. Ansiedade e transtornos ansiosos. In: Alvarenga PG, Andrade AG. Fundamentos em psiquiatria. Barueri: Manole; 2008. p. 89-116.
23. Rangé B, Bernik MA, Borba AG, Melo NMM. Transtorno de pânico e agorafobia. In: Rangé B, organizador. Psicoterapias cognitivo-comportamentais: um diálogo com a psiquiatria. Porto Alegre: Artmed; 2001. p. 269-98.

Bibliografia

Levitan MN, Chagas MHN, Linares IM, Crippa JA, Terra MB, Giglio AT, et al. Brazilian Medical Association guidelines for the diagnosis and differential diagnosis of panic disorder. Rev Bras Psiquiatr. 2013;35(4):406-415.

77 Terapia Cognitivo-Comportamental para os Transtornos de Personalidade

Gildo Angelotti e Marisa Fortes

Introdução

O termo *personalidade* é utilizado de diversas maneiras, muitas vezes no senso comum acompanhado de adjetivos como "forte" ou "fraca" para tentar definir alguém. De fato, essa palavra pode servir para determinar o conjunto de características de uma pessoa, que se refletem no modo como ela pensa, vê o mundo e se comporta.

Quando o comportamento de um indivíduo foge muito do que se espera em termos culturais e socialmente aceitáveis, definidos como "normais", esse indivíduo se destaca das demais pessoas e quase sempre se torna alvo de julgamentos, críticas e comentários, para o bem ou para o mal. Assim, características como timidez, extroversão, comunicabilidade, agressividade, desconfiança e sensibilidade ganham uma nova dimensão ao serem associadas a alguém para definir o que o indivíduo demonstra em termos de identidade, ou seja, quem ele é e o que representa para si e para seus pares.

Tendo como base essa premissa, há pessoas que parecem não se encaixar em qualquer padrão, que vivem atormentadas e que têm dificuldades para se relacionar com os outros, aquelas que demonstram infelicidade e insatisfação ou, em geral, "dão o que falar" com suas peripécias e seus eventuais deslizes. Para que se caracterize o transtorno de personalidade (TP), é necessário que esse comportamento desviante ocorra com frequência, independentemente do local ou das circunstâncias de vida do indivíduo, e não como episódios isolados ou espaçados, passíveis de serem cometidos por qualquer um. Além disso, deve-se levar em conta os aspectos culturais e suas implicações políticas, religiosas ou comportamentais, bem como condições médicas.

A terapia cognitiva tem como propósito ensinar o paciente a identificar, avaliar e corrigir suas crenças decorrentes do binômio percepção-decodificação dos fatos, ou seja, o modo como o indivíduo avalia determinado estímulo (interno ou externo) e o interpreta. Essa maneira de julgar os acontecimentos e lhes dar um significado – de valoração positiva ou negativa – é muito influenciada por eventuais transtornos psicológicos. Todas as terapias com enfoque cognitivo-comportamental (TCC) têm um arcabouço teórico que conceitua o modelo de determinada psicopatologia, relacionando-a aos sintomas e ao foco de tratamento correlato, utilizando-se de técnicas cognitivas e comportamentais em busca da melhora da problemática como objetivo final.

Assim, os protocolos de tratamento em TCC para os TP são criados de acordo com a ampliação da experiência clínica nessa categoria que, inclusive, apenas recentemente começou a receber um olhar mais acurado dos profissionais dessa abordagem. Em 1961, Albert Ellis[1] publicou o artigo intitulado "O Tratamento da Psicopatia com a Terapia Racional" e, duas décadas depois, a psiquiatria contemplou o conceito de TP na terceira edição do *Manual Diagnóstico e Estatístico de Transtornos Mentais* (*Diagnostic and Statistical Manual of Mental Disorders* – DSM-III). Em 1990, Beck e Freeman[2] desenvolveram um modelo cognitivo para a compreensão do tratamento dos TP. Linehan[3], em 1993, propôs a terapia comportamental dialética e, na mesma década, Young[4] indicou um modelo mais abrangente com a terapia do esquema.

Classificação e epidemiologia

Os TP são descritos pelo DSM-5 como "um padrão persistente de experiência interna e comportamento que se desvia acentuadamente das expectativas da cultura do indivíduo, é difuso e inflexível, começa na adolescência ou no início da fase adulta, é estável ao longo do tempo e leva a sofrimento ou prejuízo".[5] O manual lista, ainda, tipos de transtorno dentro desse espectro divididos em três grupos de acordo com suas semelhanças descritivas (Tabela 77.1).

Na formulação da quinta edição do DSM, além da seção II, que é a atualização do texto referente aos critérios diagnósticos de TP do DSM-IV-TR, de 2002, o grupo de trabalho da personalidade e dos transtornos da personalidade propôs a seção III, que apresenta um modelo alternativo multidimensional do funcionamento e dos traços da personalidade. Trata-se de um modelo de pesquisa para o diagnóstico e a conceitualização dos TP, apresentando uma nova abordagem de entendimento que pretende discutir os pontos frágeis do modelo atual, como o paciente que atende aos critérios para um transtorno específico e tem também traços de outros transtornos.

O DSM-5 traz também dados epidemiológicos dos TP em que se estima uma taxa de prevalência de 5,7% para o grupo A, 1,5% para o grupo B e 6% para o grupo C. Além disso, os TP, de maneira geral, ocorrem em 9,1% da população, o que indica a presença de transtornos de grupos diferentes em um único indivíduo. Cabe também ressaltar que muitos procuram ajuda após anos de sofrimento, o que dificulta o estudo da evolução dos sintomas. Inclusive, dependendo do tipo de transtorno de personalidade, muitas pessoas acabam se isolando, cometendo suicídio ou desenvolvendo estratégias compensatórias de convívio com o problema (como o consumo de álcool e drogas) e nunca chegam a um tratamento adequado.

Critérios gerais de diagnóstico segundo o DSM-5

O diagnóstico de um transtorno de personalidade deve satisfazer os seguintes critérios, com os critérios específicos do transtorno em consideração:

A) Um padrão persistente de experiência interna e comportamento que se desvia acentuadamente das expectativas da cultura do indivíduo. Esse padrão se manifesta em duas (ou mais) das seguintes áreas:
   1. Cognição (isto é, modo de perceber e interpretar a si mesmo, outras pessoas e eventos).
   2. Afetividade (isto é, variação, intensidade, labilidade e adequação da resposta emocional).
   3. Funcionamento interpessoal.
   4. Controle de impulsos.
B) O padrão persistente é inflexível e abrange uma faixa ampla de situações pessoais e sociais.
C) O padrão persistente provoca sofrimento clinicamente significativo e prejuízo no funcionamento social, profissional ou em outras áreas importantes da vida do indivíduo.
D) O padrão é estável e de longa duração e seu surgimento ocorre pelo menos a partir da adolescência ou do início da fase adulta.
E) O padrão persistente não é mais bem explicado como uma manifestação ou consequência de outro transtorno mental.
F) O padrão persistente não é atribuível aos efeitos fisiológicos de uma substância (p. ex., droga de abuso, medicamento) ou a outra condição médica (p. ex., traumatismo cranioencefálico).

Avaliação dos transtornos de personalidade

Dado o caráter "engessado" e pouco flexível da dinâmica de pensamento e comportamento dos que sofrem de transtorno de personalidade, seu funcionamento pode ser permeado de distorções cognitivas de difícil manejo que obliteram

Tabela 77.1 Tipos e classificação dos transtornos.

Grupo	Características	Transtornos de personalidade
A	Excêntricos/esquisitos	Paranoide Esquizoide Esquizotípica
B	Dramáticos/emotivos/erráticos	Antissocial *Borderline* Histriônica Narcisista
C	Ansiosos/medrosos	Esquiva Dependente Obsessiva-compulsiva

as novas oportunidades de aprendizado e limitam a adesão ao tratamento por falta de motivação. Além disso, os comportamentos disfuncionais, como a interpretação errônea dos fatos (distorção cognitiva), podem provocar atitudes (comportamentos) fora dos padrões e ocasionar reações de repúdio da comunidade, o que contribui para intensificar o problema.[6]

Quando da coleta do histórico do paciente com familiares, é comum ouvir frases como "desde criança ele faz essas coisas" ou "ele sempre foi assim", ou seja, trata-se de uma característica muito marcante do indivíduo, um traço que se manifestou desde cedo em sua vida. Em termos do trabalho psicoterápico em si, os pacientes são resistentes, muitas vezes não acreditam que precisam mudar e só frequentam a terapia para fazer frente às exigências familiares ou legais, o que dificulta o processo.

Há controvérsias sobre diagnosticar ou não transtornos de personalidade na infância. Argumentos contrários apontam que a personalidade não está totalmente formada e muito menos cristalizada e, além disso, esta sempre se encontra em rápido desenvolvimento e os padrões observados podem se modificar de um momento para o outro. Além disso, há o problema do estigma, que pode fazer com que os profissionais envolvidos no tratamento desistam da criança e, também, aspectos culturais, que podem enviesar a avaliação. A favor do diagnóstico na infância está o argumento de que uma detecção precoce favorece o tratamento e o prognóstico da criança, uma vez que se torna possível limitar os efeitos da sintomatologia do transtorno, bem como envolver os pais no sentido de colaborar com a intervenção no ambiente doméstico.[7]

Ao discorrer sobre as limitações dos meios de avaliação dos transtornos de personalidade, inclusive aqueles baseados no autorrelato, por não serem capazes de estabelecer diferença entre traços ou comportamentos acentuados e patológicos, Nunes et al.[8] sugerem que se usem como parâmetro, de maneira conjunta, "diferentes métodos de avaliação, levando em consideração as características socioculturais dos indivíduos (como sexo, idade, escolaridade, entre outros) e o tempo do quadro". Deve-se também investigar o histórico médico do indivíduo.

Terapia cognitivo-comportamental | Modelos e tratamento

O pressuposto básico das TCC é o de que pensamentos suscitam comportamentos e, portanto, se for possível promover uma reestruturação de cognições disfuncionais, haverá uma melhora do sintoma sob a forma de modificação nas ações que prejudicam a qualidade de vida do indivíduo. Esse tipo de abordagem é focado no problema em si e tem por objetivo sua resolução, de preferência da maneira mais rápida e eficaz possível. Além disso, uma das vantagens desse modelo de atuação é a premissa de que, com o tempo e a experiência, a própria pessoa possa aprender a identificar seus pensamentos e alterá-los, sendo um agente ativo de seu aperfeiçoamento como indivíduo, sempre priorizando o bem-estar físico e, especialmente, o mental.

Terapeutas cognitivo-comportamentais acreditam que os transtornos psicológicos são ocasionados em grande parte por perturbações de pensamento que, por sua vez, podem ser classificadas em três categorias. De acordo com Sudak:[9]

- Pensamentos automáticos: são o primeiro nível de identificação de crenças, surgem espontaneamente e são, na maioria das vezes, falsos ou parcialmente verdadeiros
- Crenças intermediárias ou condicionais: são o segundo nível, em que o terapeuta procura fazer uma inferência, levando o paciente a confirmar ou não a hipótese estabelecida. As crenças intermediárias também podem atuar, na medida em que a crença central é dolorosa demais para ser percebida e analisada, como uma blindagem que ajuda o indivíduo a lidar com ela
- Crenças centrais ou esquemas: último nível de compreensão sobre a crença, são um modelo de entendimento de como as crenças centrais foram desenvolvidas a fim de auxiliar a compreensão da problemática atual do indivíduo. O objetivo primordial das TCC é sugerir ao paciente a alteração dessa crença para uma mais adaptativa.

Em termos de TP, a adesão ao tratamento é, de maneira geral, um assunto complexo, pois as crenças envolvidas nesse tipo de psicopatologia são tão rígidas que há enorme dificuldade em abrir espaço para acessar, trabalhar e reestruturar os padrões cognitivos, comportamentais e emocionais estabelecidos.

As dificuldades interpessoais presentes nos portadores de TP, bem como o repertório de habilidades limitado e os padrões disfuncionais rígidos, tornam-se um entrave para a TCC em termos de processo terapêutico, uma vez que seus pressupostos se fundamentam na consciência e na identificação de sentimentos e na consciência, identificação, compreensão e motivação para alterar distorções cognitivas e pensamentos.[6]

Ao versar sobre o tratamento de pacientes altamente reativos, em especial os que satisfazem os critérios para TP do grupo B (*borderline*, histriônico, antissocial e narcisista), Dattilio *et al.*[10] enfatizam que, normalmente, os indivíduos procuram psicoterapia por causa dos quatro D: desconforto (descontentamento e angústia geral); disfunção (modos de funcionamento em todas as instâncias da vida); descontrole (sensação de não conseguir controlar os acontecimentos da vida); e desorganização (dificuldade de estabelecer e alcançar objetivos para a vida). No caso dos pacientes chamados de alta reatividade, não houve apenas um fato que desencadeou a crise, mas um padrão de comportamento disfuncional (errático, dramático e emotivo) que os faz sentir incapacitados de enfrentar os obstáculos do dia a dia.

Ainda sobre a questão da ajuda que a psicoterapia proporciona ao indivíduo com TP, apesar de todo o arsenal técnico de que um terapeuta dispõe, um fator importantíssimo pode determinar o tempo e as chances de uma empreitada como essa ser bem-sucedida: a prontidão do paciente para a mudança que, como explicam Dattilio *et al.*[10], significa "uma combinação de motivação para mudar esquemas relacionados à mudança e habilidades necessárias para efetuá-la".

Algumas técnicas

Como já exposto, a reestruturação cognitiva é um aspecto fundamental para o tratamento de TP e base das TCC. Assim, ao trabalhar uma percepção mais próxima da realidade, bem como ao enfocar aspectos fortalecedores de recursos que o indivíduo já tem em seu repertório, é provocado um processo de reestruturação cognitiva, ou seja, a mudança de uma crença irracional sugerindo outra em que o paciente sofra menos com as consequências de seus atos. Como técnicas que podem ser de grande valia no tratamento, há alguns recursos possíveis de utilização nesses casos:

Psicoeducação. Para Savoia e Vianna[11], a psicoeducação se caracteriza como a transmissão ao paciente de informações básicas sobre o transtorno, incluindo natureza, tratamento e prognóstico. Dessa maneira, ele poderá participar mais ativamente de seu próprio processo, estando ciente do curso do trabalho psicoterápico e de suas possibilidades de atuação dentro dele. Além disso, a relação terapêutica é fortalecida diante de uma troca de ideias franca e aberta sobre o transtorno e suas especificidades.

Modificação do componente afetivo. Além da perturbação em si, o componente afetivo que ela carrega consigo, sob a forma de medo e vergonha do seu problema, faz com que, em alguns casos, o indivíduo fique bastante inseguro quanto à reação das pessoas que o cercam perante seu descontrole. O papel do terapeuta é fazê-lo ver que, ao aceitar seu transtorno e assumir as rédeas de seu tratamento com o terapeuta, ele poderá se sentir mais confortável e tranquilo. Trata-se, portanto, de retirar o afeto impregnado ao tema e olhá-lo de modo mais realista e menos emotivo.

Descatastrofização. Como o próprio nome diz, é uma busca por uma maneira menos dramática de encarar seus próprios medos, sobretudo quando estes parecem absolutamente improváveis. Uma vez identificada a cena catastrófica imaginada pelo paciente, uma série de perguntas baseadas no chamado questionamento socrático pode ser proposta pelo terapeuta, como: "O que pode acontecer de mais terrível?"; "Quais as sensações corporais que você experimenta enquanto imagina tal coisa?"; "Caso isso ocorresse, como você lidaria com isso?"; "Quais seriam as medidas mais eficazes que você proporia para resolver isso, caso ocorresse?". Após essa reflexão profunda sobre seu temor, procura-se mostrar a ele que as coisas não são tão terríveis e irremediáveis quanto pareciam em um primeiro momento. Além do mais, caso seja inevitável a ocorrência de tal fato, não há nada que ele possa fazer em relação a isso e, portanto, não adianta se preocupar, pois "temos o controle do nosso universo, e não do universo como um todo".[12]

Treino de habilidades sociais. Uma vez que, no TP, não é incomum que o paciente se isole, dado que esses transtornos atuam de maneira preponderante nos relacionamentos interpessoais, considera-se que o treino de habilidades sociais também pode ser de grande valia em determinado momento do tratamento, no sentido de ajudá-lo a reconstruir suas relações de maneira mais saudável e menos perturbadora para todos. A ideia central do tratamento é promover um aumento de possibilidades de atuação presentes no arcabouço comportamental do paciente, no intuito de atenuar suas dificuldades no âmbito de relacionamentos sociais.

Para tanto, é preciso treiná-lo incrementando seu desempenho interpessoal e buscando minimizar seu desconforto ao lidar com as pessoas. Trata-se, fundamentalmente, de ensiná-lo a como agir em situações críticas, em especial quando da expressão de algum comportamento disfuncional e das possíveis e esperadas reações negativas do meio.[12] Caballo[13] apresenta um modelo de procedimento que se inicia com a definição, em conjunto com o paciente, de uma lista de situações específicas de maior dificuldade. Em seguida, uma análise das causas que levam o paciente a se comportar de modo socialmente inadequado deve ser realizada. Como passo seguinte, pode ser citada a eleição de uma situação que desperte o menor grau de ansiedade como ponto de partida para o trabalho, analisando-a e explorando comportamentos alternativos com o paciente. Deve-se considerar, distinguir e debater respostas assertivas, não assertivas e agressivas. As tarefas de casa também são fundamentais, a fim de que ele possa estender os efeitos da terapia e integrá-los em seu dia a dia, assumindo uma postura de terapeuta de si mesmo fora do ambiente do consultório. Pode-se pedir registros diários de situações ocorridas e uma descrição do que aconteceu, relacionada a elementos discutidos em sessão; por exemplo, modos de enfrentamento, pensamentos e sensações percebidas.[12,14]

Agenda ou diário de terapia. Uma ferramenta importante para auxiliar o indivíduo a extrair o máximo de benefícios da psicoterapia é, entre as várias técnicas da TCC, o estabelecimento de uma agenda ou "diário da terapia", em que ele poderá registrar o andamento das sessões e o trabalho realizado fora do consultório. Especificamente para os transtornos de personalidade, é fundamental que se possa planejar as sessões e que o paciente possa enxergar concretamente sua evolução ao longo do tempo e se motivar com seus sucessos.

Grupo A | Excêntricos/esquisitos

Os pertencentes a este grupo podem passar a vida toda sem um diagnóstico, dependendo da gravidade do transtorno. Isso porque todos nós conhecemos, seja pessoalmente, seja por meio da mídia, aquela figura considerada excêntrica, capaz de atitudes arrojadas ou extremamente diferenciadas que, quase sempre, causam estranheza aos demais. Os paranoides e esquizotípicos acreditam que acontecimentos sem sentido se referem apenas a eles, enquanto os esquizoides demonstram embotamento afetivo e forte isolamento social. Todos são, de maneira geral, autocentrados e pouco empáticos.

Transtorno de personalidade paranoide

> *Tentei me matar porque não concebia a ideia de viver em um mundo onde todos querem me prejudicar, puxar o meu tapete... Quando tudo começa a dar certo, sempre vem alguém para tramar contra mim, até mesmo gente da minha família. Isso dói muito, por isso é que não me envolvo e nem confio em ninguém. (José H.)*

Desconfiadas em excesso, essas pessoas sempre temem ser passadas para trás ou ser vítimas de conspirações, o que, na maioria das vezes, pode originar comportamentos hostis. Por causa da desconfiança que nutrem de tudo e de todos, são distantes, emocionalmente frias e de difícil convívio. Rotulam as pessoas que as cercam de maldosas e, apesar de nada apontar para isso, acham que são enganadas e prejudicadas quando menos esperam. Esse transtorno pode ser confundido com esquizofrenia.

O modo como a pessoa lida com o transtorno pode variar, ou seja, apresentar comportamentos diversos, porém sempre influenciados pelo transtorno. Por exemplo, ela pode ser bastante tranquila, porém desconfiada com a aproximação dos outros ou, ainda, agressiva e mordaz. De qualquer maneira, a maioria delas é bastante suscetível a críticas e avaliações e, além disso, procuram "se virar sozinhas", demandando pouca ajuda, uma vez que, em seu pensamento, o que vier dos outros será prejudicial. Por isso mesmo, é muito difícil que um portador do transtorno de personalidade paranoide aceite tratamento e se submeta às sessões de psicoterapia. Isso pode acontecer por conta de algum outro problema derivado, como crises depressivas, de ansiedade ou, ainda, questões legais.

O foco do tratamento é buscar a redução da angústia que as crenças perturbadoras de ameaças normais e delírios de perseguição provocam. Há dois tipos principais de conceituações cognitivo-comportamentais para os delírios de perseguição:

- A crença paranoide do indivíduo tem sua gênese nos processos de aprendizagem social, originando respostas exageradas a situações ameaçadoras
- Essa crença é uma adaptação à ameaça social e uma resposta à depressão ou à baixa autoestima.[15]

Esses indivíduos dificilmente estabelecem novos laços de amizade e tendem ao isolamento por crerem que correm o risco de ser passados para trás ou intencionalmente prejudicados pelos outros. Portanto, após identificar as crenças disfuncionais, a maioria delas ligadas à possibilidade de traição, é preciso investigar quais circunstâncias favoreceram o estabelecimento dessas crenças e as mantêm. Técnicas de testagem de hipóteses e questionamento socrático no desafio das crenças podem ser bem-sucedidas, desde que tenham potencial para manter o contato com a realidade de que nem todos querem prejudicá-lo o tempo todo.

Transtorno de personalidade esquizoide

> Quando meu filho nasceu, eu achei muito exagerada aquela celeuma toda. Nasceu e pronto, até hoje me dá trabalho e despesa. Acho que minha vida é um saco, na maioria do tempo me sinto vazio e impaciente com essa coisa toda de trabalho, compromissos sociais... Detesto conversar e prefiro a minha companhia a qualquer outra. Podemos encerrar agora? (Thomas L.)

Pessoas com esse transtorno são vistas como emocionalmente independentes, são isoladas socialmente, indiferentes, incapazes de experimentar ou expressar emoções como alegria ou raiva. São frias em termos emocionais e não fazem questão de manter laços afetivos com outras pessoas, o que pode ser confundido com depressão.

A base desse transtorno é a incapacidade de se apegar emocionalmente às pessoas, seja em que nível de intimidade social for. Essa postura inerte diante de qualquer estímulo gregário é acompanhada de retraimento e do refúgio em um mundo inacessível de fantasia. Técnicas psicoterápicas de confronto não são recomendadas, pois potencializam uma ansiedade que já é grande em situações de trocas sociais.

Essa tendência ao isolamento é difícil de ser combatida. Essas pessoas não costumam continuar casadas por muito tempo, quando casam, pois a convivência com o portador deste tipo de transtorno é extremamente frustrante e empobrecida. O próprio meio acaba por se afastar dele, dada a pouca ou nula reciprocidade no interesse por trocas pessoais. Uma boa palavra para definir seu comportamento talvez seja indiferença, cuja interpretação, às vezes, é pior que emoções com valor positivo e negativo pelos que os rodeiam.

Nesse quadro, o que leva o indivíduo a buscar ajuda é algum tipo de crise, como o fracasso em algum projeto que dependa dos outros ou, ainda, alguma demanda médica, como um episódio depressivo. É fundamental o contato com a família, uma vez que esta pode contribuir com o trabalho psicoterápico, com base no treino de habilidades sociais – aspecto mais prejudicado pelo transtorno – e na tentativa de estabelecer a consciência de que os relacionamentos interpessoais são importantes e necessários.[15]

Transtorno de personalidade esquizotípica

> Eu conhecia aquele mendigo desde criança, ele foi meu colega no ginásio. Está bem diferente, mas eu reconheci. Peguei, trouxe para casa e dei um banho, ele estava imundo. Depois soltei de novo, assim como a Cruz Vermelha ou a ONU, simples assim. Agi errado, é claro, porque não podia imaginar que ele ia ficar me perseguindo para eu dar banho de novo todos os dias. (André M.)

Pacientes com o transtorno de personalidade esquizotípica exibem comportamento excêntrico, com déficits sociais e interpessoais, e se sentem bastante desconfortáveis em estabelecer trocas afetivas ou relacionamentos íntimos. Ocorrem distorções da percepção ou da cognição. Esse transtorno pode ser confundido com esquizofrenia.

A sensação de não pertencer a este mundo é uma das características mais marcantes desse quadro. Comportamentos de evitação para combater a ansiedade diante de fortes emoções são comuns, fazendo o esquizotípico se concentrar em aspectos subjacentes da vida, dando a impressão de excêntrico. Quanto mais estressados, maiores as chances de esses pacientes passarem por episódios psicóticos breves. Por estarem afetivamente mais disponíveis que os esquizoides, têm mais chances de obter algum progresso na psicoterapia, mas, ainda assim, os registros de resultados eficazes são escassos.[15]

Os esquizotípicos comumente se sentem dentro de experiências perceptivas fantásticas que podem explicar como intuição, mas que podem ser categorizadas como ilusões. Um exemplo é a clara sensação de que estão na companhia de alguém quando, na realidade, estão sozinhos no recinto ou, ainda, a crença de que são capazes de adivinhar quando alguém vai ligar e de quem se trata. A desconfiança dos outros também é uma característica a ser combatida, uma vez que provoca o isolamento social.

Uma possibilidade psicoterapêutica é realizar o treino de habilidades sociais e a ampliação do repertório de aptidões interpessoais concomitantemente aos desafios das crenças literalmente irracionais de cunho paranoico (perseguição) e das ilusões mais ligadas ao aspecto psicótico, bem como testes de realidade com ideias e conceitos ilógicos trazidos para a sessão.

Grupo B | Dramáticos/emotivos/erráticos

O grupo B reúne indivíduos que não conseguem perceber que as respostas que o ambiente lhes dá são reativas ao seu comportamento e tendem a culpar o mundo, que classificam como maléfico e cheio de armadilhas. Em sua concepção, seus problemas têm fontes externas, ou seja, não lhe dizem respeito diretamente e, em geral, são tomados de surpresa quando eclode a crise.[10]

Transtorno de personalidade antissocial

> *Eu via aquele corpo ensanguentado caído no chão e para mim não significava nada, eu continuava batendo. Era como um boneco de trapos que eu ia destruindo, destruindo... Lembro que ficava pensando se algum médico no mundo conseguiria dar jeito em tantos ossos quebrados e ria, não sei por quê, mas aquilo me parecia engraçado... (Laércio J.)*

Pacientes com transtorno de personalidade antissocial são pessoas que não se importam com os outros e seus direitos e buscam benefício próprio a qualquer custo, ainda que para isso seja necessário prejudicar alguém. São insensíveis, egoístas, mentirosos, frios, agressivos, manipuladores e desprovidos de remorso. Também chamados de psicopatas ou sociopatas, cometem crimes e delitos sem sentir culpa e, especificamente aqui, pode ser ressaltada neles a ausência de ansiedade e depressão, dois aspectos que estão presentes no comportamento da maioria das sessões quando cometem atos antissociais.

Há controvérsias em torno da base genética para a ocorrência do transtorno de personalidade antissocial, mas, de qualquer maneira, a maioria dos estudos concorda que há na etiologia do transtorno uma combinação de fatores que vão desde o aspecto genético até o psicossocial, como a exposição a um ambiente favorecedor de sua eclosão. Do mesmo modo, Vasconcelos et al.[16] apontam que há consenso de que as condutas desviantes são multidimensionais com influências de fatores "estruturais, culturais, institucionais, políticos, econômicos, sociais, históricos, psicológicos, biológicos, entre outros".

A perturbação eclode, muitas vezes, na adolescência, sob a alcunha de transtorno de conduta. Por isso, muito se discute sobre a especial vulnerabilidade dessa fase do desenvolvimento *versus* os aspectos familiares favorecedores ou não do aparecimento dos sintomas do transtorno de personalidade antissocial. Muitos estudos são conduzidos tendo a adolescência como tema e há evidências consistentes da importância da influência familiar no desenvolvimento de seus integrantes, em especial os adolescentes.[17]

Mais do que nunca, tratando-se de pacientes que sofrem do transtorno de personalidade antissocial, um vínculo terapêutico sólido e bem construído – se é que isso é possível, tratando-se de pessoas que não conseguem sentir empatia – é determinante para se obter algum sucesso nessa empreitada. Limites também: é preciso estabelecer um enquadre muito bem definido, de preferência com o que foi acordado em registro por escrito (dias, horários, feriados, duração das sessões, remuneração, entre outros). Além disso, Gabbard[18] apresenta seis pontos que todo terapeuta que trabalha com antissociais deveria levar em conta:

- Ser incorruptível, estável e persistente
- Estar disposto a confrontar a negação ou minimização dos pacientes
- Ajudar o paciente a conectar seus atos com seus estados internos (ligados a emoções/atitudes)
- Confrontar comportamentos no aqui e agora
- Monitorar a contratransferência para evitar respostas inadequadas
- Evitar expectativas excessivas de melhora.

Dependendo da gravidade do transtorno, o antissocial pode chegar bastante vulnerável a críticas, dada a vergonha de sua condição ou de alguma atitude condenável. O resultado é um rebaixamento na autoestima que pode culminar em um comportamento desafiador ou pouco colaborativo. Reagindo a isso, o terapeuta pode se sentir constantemente avaliado, desconfiando que o paciente sempre está à espera do momento de apanhar o terapeuta em contradição e "encostá-lo na parede".

No caso dos antissociais, a disfunção comportamental e afetiva está ligada à maneira como o indivíduo percebe, interpreta e atua diante de determinados estímulos. A longo prazo, o tratamento cognitivo-comportamental prevê a identificação e modificação de crenças fundamentais que propiciem manutenção ao comportamento não adaptativo. Há maior ênfase na história do indivíduo, uma vez que esta ajudará a chegar a uma formulação cognitiva coerente de seus problemas, parte fundamental para o progresso do trabalho psicoterápico.[15]

Transtorno de personalidade *borderline*

Foi em uma madrugada, após horas ligando para o número do meu ex e desligando na cara dele, que tive o insight de que nunca o deixei realmente fazer parte da minha vida porque estava muito ocupada exigindo que ele provasse que me amava acima de tudo e de todos. (Anne B.)

Pessoas com o transtorno de personalidade *borderline* são instáveis em relacionamentos interpessoais, em relação à autoimagem e a afetos, além de demasiadamente impulsivas. São intolerantes à solidão, têm medo do abandono e da rejeição, tendem a terminar relacionamentos de modo raivoso. São intensas e extremistas, amam ou odeiam com facilidade e são extremamente reativas a mudanças e a tudo que perturbe a "ordem" a que estão acostumadas. São carentes e raivosas e exigem muito dos que convivem com elas, podendo apresentar tendências suicidas se contrariadas, além de comportamentos compulsivos, como a automutilação. O transtorno de personalidade *borderline* pode ser confundido com transtorno afetivo bipolar.

Ao avaliar um transtorno de personalidade *borderline*, após constatada sua presença, há que se contemplar a gravidade do caso a fim de estabelecer o planejamento dos atendimentos em termos de número de sessões semanais e quantidade de tarefas de casa. Normalmente, na abordagem cognitivo-comportamental, é recomendada uma sessão por semana; porém, em casos mais graves, podem ser propostas duas sessões semanais até obter alguma melhora. De acordo com Barlow[19], uma das maiores preocupações dos terapeutas diante desse tipo de transtorno é a alta taxa de comportamento suicida ou automutilador da população afetada, sendo necessária, portanto, uma criteriosa avaliação dos riscos. A gravidade pode ser relacionada à quantidade de critérios do DSM-5 preenchidos pelo indivíduo, devendo-se investigar alguma eventual comorbidade.

Ao versar sobre a terapia do esquema no transtorno de personalidade *borderline*, Young[20] esclarece que esquemas desadaptativos remotos são as memórias, emoções, sensações corporais e cognições vinculadas aos aspectos destrutivos na infância e organizadas em padrões repetitivos ao longo da vida. Para o manejo de pacientes *borderline*, dada a rápida mudança de um estado afetivo para outro e a enorme quantidade de esquemas cristalizados, foi necessário criar uma estratégia diferenciada de tratamento.

De acordo com a teoria do esquema, o paciente *borderline* é, psicologicamente, uma criança abandonada, tremendamente vulnerável, em busca de reparação parental e, que, provavelmente, sofreu abandono emocional e/ou maus-tratos quando criança. Esses pacientes são carentes e, em geral, exigem do terapeuta mais do que este pode e deve dar, esboçando verdadeiras crises de "birra" caso se sintam postos de lado ou com menos atenção do que gostariam (e toda a atenção do mundo sempre será insuficiente). O terapeuta, por sua vez, pode se frustrar e pensar que está diante de um desafio muito grande para a sua capacidade, fechando-se ou, ainda, retaliando o comportamento do paciente. O conselho do autor para quando isso acontecer é: olhar para o paciente como se este fosse, de fato, uma criança abandonada, com todas as atitudes típicas de alguém nessa situação, e tentar ganhar novamente sua confiança, restabelecendo o vínculo terapêutico.

Outro olhar sobre o problema, proposto por Ventura[21], aponta que os esquemas se referem às necessidades básicas das pessoas, sendo mantidos e desenvolvidos por meio das relações interpessoais. Além disso, podem ser definidos como "estruturas cognitivas que organizam a experiência e o comportamento"; os portadores de TP convivem com esquemas disfuncionais que causam comportamentos desadaptativos que os fazem sofrer, bem como os que convivem com ele.

O objetivo do trabalho psicoterápico é proporcionar ao paciente a chance de crescer e se desenvolver a partir do ponto em que estancou na infância, tornando-se independente e maduro. O terapeuta funciona como um modelo de adulto saudável a ser seguido, bem como aquele que realizará a reparação parental tomando, em certa medida, o lugar dos pais e encorajando-o a amadurecer. Nesse processo, deve-se estabelecer limites para comportamentos impulsivos e inadequados, ensinando-o a se expressar – inclusive emocionalmente – de maneira adequada. No meio do caminho, será necessário combater e eliminar o modo pai/mãe punitivos e proporcionar a segurança necessária para seguir em frente.

Mantendo a premissa de uma relação terapeuta-paciente bem construída, Gabbard *et al.*[15] esclarecem que a terapia cognitivo-comportamental para pacientes *borderline* consiste em identificar as crenças básicas e suas relações mais intrincadas entre afetos, cognições, motivações e ações, investigando o contexto em que as crenças se desenvolveram tendo como base a história de vida do paciente. São exemplos de crenças extremas: "não presto pra nada"; "não se pode confiar nas pessoas"; "sou especial"; "não valho nada"; "sou inteligente". A proposta é considerar os efeitos do afeto e da cognição sobre autorregulação, motivação e ação do indivíduo em uma análise funcional que servirá de bússola para o tratamento que, aliás, é longo (de 2 a 3 anos, em média).

Importante frisar que, como uma das estratégias psicoterápicas da terceira onda em terapia cognitiva (abordagens contemporâneas com inovações), está a terapia comportamental dialética (TCD), desenvolvida pela psicóloga norte-americana Marsha Linehan no início dos anos 1990 e considerada estratégia de grande eficácia para o tratamento de quadros do transtorno de personalidade *borderline*. O pressuposto básico para o entendimento do transtorno é o de que a desregulação emocional dos indivíduos afetados seria a base do processo consequente de desregulação cognitiva, emocional, comportamental e também interpessoal. Utilizando estratégias baseadas no treino de habilidades em áreas deficitárias e elementos como validação de emoções disfuncionais e uso da dialética como estratégia de promoção de flexibilidade na interpretação de eventos, a TCD tem se mostrado um caminho possível no tratamento desse quadro considerado altamente refratário às abordagens psicoterapêuticas convencionais.

Transtorno de personalidade histriônica

> Sempre "chegava chegando" nos lugares, me vestia de modo extravagante, falava alto e chamava a atenção. Às vezes, armava barracos homéricos e perdi a conta de quantos homens se apaixonaram pelo meu jeito expansivo para, após algum tempo, me deixarem de lado. E eu simplesmente não conseguia entender o porquê daquilo tudo. (Vanda D.)

Pacientes com transtorno de personalidade histriônica são indivíduos hipersensíveis e muito emotivos, altamente exigentes e carentes de afeto e atenção. Apresentam reações exageradas e imaturas, como crises de choro ou agressividade, por motivos injustificados; são dramáticos, exagerados, vaidosos, sensíveis a críticas, superficiais e emocionalmente instáveis. Podem ser manipuladores e buscar o controle de pessoas e situações, inclusive utilizando apelos sexuais, a fim de obter atenção geral e irrestrita. Esse transtorno pode ser confundido com transtorno afetivo bipolar.

A base dos relacionamentos sociais, para quem sofre de transtorno de personalidade histriônica, é ser o centro das atenções. Superficiais em suas trocas emocionais, costumam ficar abalados quando imaginam que possam ser rejeitados ou postos de lado. As crenças disfuncionais típicas dos que sofrem do transtorno de personalidade histriônica, formuladas por Beck e citadas por Gabbard *et al.*,[15] são:

- "Devo ser notado e admirado para ser feliz."
- "Devo ser divertido, amável e interessante."
- "Se eu não conseguir divertir as pessoas, elas me abandonarão."
- "A menos que eu cative as pessoas, não serei nada."
- "Se os outros não cuidarem de mim, ficarei abandonado(a)."
- "As pessoas não têm o direito de me negar nada."
- "Se as pessoas não respondem do jeito de que eu preciso, elas são más."

Assim, a percepção distorcida dos fatos faz com que o indivíduo acredite que a atenção e a aprovação dos que o cercam são fundamentais para que ele possa viver e dar conta de suas tarefas cotidianas. O terapeuta precisa fazer a pessoa histriônica se sentir acolhida sem, contudo, estimular seu comportamento disfuncional. A confecção e a manutenção da agenda de tarefas e do registro de comportamentos disfuncionais são importantes para direcionar o processo, que, aliás, deve conter sempre novos desafios para procurar manter o indivíduo interessado e envolvido no trabalho.

A postura do psicoterapeuta deve ser empática, tranquila e alerta, uma vez que podem ocorrer reações de desagrado por parte do paciente caso este se sinta pressionado ou desvalorizado demais. Outro aspecto é que, como é bastante possível, o indivíduo histriônico pode atribuir ao terapeuta sentimentos ou atitudes que ele absolutamente não experimentou, apenas por uma mudança no tom de voz ou alguma expressão que ele interprete como fora de contexto.

A reestruturação cognitiva deve ser realizada tendo como apoio a análise dos testes comportamentais realizados no cotidiano do indivíduo, revendo as respostas ocorridas e as alternativas possíveis ao comportamento eliciador. Além disso, as crenças principais podem ser desafiadas por meio do questionamento socrático com o intuito de promover uma mudança cognitiva duradoura e eficaz.

Transtorno de personalidade narcisista

> Me lembro que não achava justo quando me deixavam esperando na fila da entrada de uma boate da moda e ficava indignada. Se chegava alguém famoso ou amigo do segurança e ele passava a pessoa na frente, então... Como aqueles idiotas tinham coragem de fazer aquela atrocidade com alguém como eu?! (Amanda C.)

Indivíduos com o transtorno de personalidade narcisista necessitam ser admirados e se sentem mais importantes que o "resto" das outras pessoas, são arrogantes e demonstram falta de empatia. No ambiente social, aparentam ser antipáticos, egocêntricos e egoístas, não se importando com sentimentos alheios, além de emocionalmente frios e muito vaidosos. Podem ser surpreendidos pela falta de reconhecimento de sua superioridade por seus pares e anseiam por privilégios e vantagens não acessíveis aos "pobres mortais".

Um conflito entre as expectativas grandiosas e o que o "mundo real" está disposto a dar a este indivíduo é uma das frustrações constantemente experimentadas por quem sofre do transtorno de personalidade narcisista e provoca verdadeiros "buracos" em sua autoconfiança e em sua autoestima. Ao cuidar desses "buracos", o terapeuta precisa ter o cuidado de achar o equilíbrio, pois, se for estimulado demais em seu sentimento de superioridade, o indivíduo poderá ter as características do transtorno potencializadas e "o tiro sairá pela culatra". Trata-se, portanto, de uma abordagem diferenciada do problema e inversa à maioria dos outros transtornos nos quais a busca é por um acréscimo de valorização de si mesmo. Nesse caso, a medida certa é a adequação de uma tendência absolutamente prejudicial ao indivíduo que fica exposto e vulnerável a cada expectativa exagerada que cai por terra, em uma autêntica montanha-russa de sentimentos.

No trabalho com as crenças básicas do narcisista, pode-se promover uma reestruturação cognitiva, focando a busca por um conceito mais realista de si mesmo. Técnicas como a dramatização, análise de *feedback* social e testagem de hipóteses podem dar bons resultados. Em relação ao sistema distorcido de crenças dos narcisistas, Gabbard et al.[15] citam Beck, que enumerou pelo menos três pensamentos disfuncionais típicos dessa categoria:

- "Sou superior aos outros e eles devem reconhecer isso."
- "Estou acima das regras."
- "Como eu sou especial, mereço atenção, privilégios e prerrogativas especiais."

Como se vê, há algo "desregulado" na instância da autoimagem do indivíduo na medida em que ele se enxerga como alguém privilegiado e singular dentro de todo um universo de pessoas normais. Caso fracasse ou sofra uma humilhação pública, o golpe é duplicado, dada sua condição, e ele pode até mesmo cair em depressão. Outra instância bastante afetada nesse quadro é a gregária, uma vez que, com o tempo, aqueles que o cercam se fartam de seu comportamento arrogante ou, ainda, passam a perceber que ele não se envolve verdadeiramente e de maneira desprovida de interesse com ninguém. Mas ele mesmo não se dá conta de disso e, em meio a uma distorção dos fatos a seu favor, crê piamente que tudo é justificável por conta de sua peculiar perfeição.

Grupo C | Ansiosos/medrosos

O grupo C concentra pessoas que pautam suas vidas em sentimentos de inadequação, ligados a aspectos ansiosos que se refletem em seu comportamento. Inflexíveis e com um arcabouço pobre em resolução de problemas, sentem dificuldades em usar soluções imaginativas para eventuais problemas, sendo bastante refratárias a mudanças e tradicionalistas ao extremo.

Transtorno de personalidade evitativa

> Eu tinha a sensação de estar em uma plateia assistindo passivamente ao que me acontecia enquanto deixava a vida passar totalmente inerte, vazia. (Maria C.)

Pessoas extremamente tímidas, sensíveis a críticas e que têm fortes sentimentos de inadequação social pertencem a essa classificação. O isolamento social pode ocorrer por medo de avaliações negativas em contrapartida a um grande anseio de contato com as pessoas, o que causa sofrimento. O comportamento evitativo é uma característica marcante desse transtorno, na medida em que há necessidade premente de não se expor e correr o risco de chamar a atenção ou ser ridicularizado, dada a sua imaginária inadequação. Esse transtorno pode ser confundido com depressão nervosa, fobia social ou transtorno de ansiedade generalizada.

Pessoas retraídas e pouco autoconfiantes fazem uso da esquiva como maneira de lidar com situações de pressão e, assim, podem magoar e decepcionar os que estão à sua volta. Ou seja, esse tipo de transtorno pode afetar os relacionamentos interpessoais do indivíduo, atrapalhando-o. Porém, o que pode ser um agravante é que não é só desse tipo de situação de exposição que ele foge; também evita tomar contato consigo mesmo e com estímulos que provoquem emoções fortes ou violentas, distanciando-se de suas sensações e da oportunidade de desenvolvimento pessoal.

A forte resistência a tudo o que é novo, ao risco e às mudanças – sejam elas de relacionamento, casa, emprego, modo de vida e até mesmo de seu modo de ser – também é um entrave em uma sociedade que privilegia o acompanhamento do rápido desenvolvimento de novas tecnologias e cobra isso das pessoas. Assim, o indivíduo com o transtorno de personalidade esquiva pode ser tachado como aquele que "parou no tempo", pois a sua necessidade de manter o que é conhecido e seguro faz essa oposição ao que é novo entrar em choque com a tendência de toda uma geração moderna que valoriza a evolução a qualquer custo.

Para um melhor entendimento da problemática do transtorno de personalidade esquiva, Gabbard et al.[15] apresentam as crenças disfuncionais típicas dessa afecção específica segundo Beck:

- "Não consigo tolerar sentimentos desagradáveis."
- "Se as pessoas se aproximarem de mim, descobrirão meu eu 'real' e me rejeitarão."
- "É melhor não fazer nada que tentar algo que possa fracassar."
- "Se eu ignorar um problema, ele passará."
- "Sou inábil do ponto de vista social e indesejável em situações sociais ou de trabalho."
- "Se eu mantiver minhas expectativas baixas, nunca me decepcionarei."
- "É bom manter as coisas para mim mesmo. Falar sobre elas só causa problemas."

Após anamnese básica e coleta de dados complementares, a análise em conjunto das crenças anteriormente mencionadas é uma boa pista para iniciar o trabalho psicoterápico, de modo a entender o modelo de funcionamento daquele indivíduo. Na verdade, o ganho com a terapia pode ser o de ajudá-lo a combater a ansiedade no processo de aquisição e reforço das habilidades que lhe faltam, como confiança em si mesmo, assertividade, proatividade, tranquilidade na tomada de decisões e maior aceitação das mudanças, fazendo-o entender que estas fazem parte da vida e podem ser positivas.

Dada toda a problemática desse transtorno específico, não devem ser surpresas a dificuldade de adesão à psicoterapia nem a resistência em discutir aspectos particularmente difíceis durante o tratamento. Além disso, atividades propostas fora do consultório podem ativar as crenças disfuncionais de certeza de críticas, incompetência ou medo de fracasso. Não é incomum que o paciente sinta vontade de não comparecer após uma sessão, e isso deve ser exposto no começo do trabalho para que ele, se possível, possa externar quando acontecer e tratar do assunto no *setting* terapêutico.

Também o exame de situações em que há um claro comportamento de esquiva pode ajudar na medida em que se oferece ao indivíduo a oportunidade de pensar em respostas alternativas e suas possíveis consequências positivas. Nesse momento, o reforço de alguma conquista conseguida deve ser proporcionado firmemente, uma vez que eles tendem a tirar de si a responsabilidade do sucesso, muitas vezes creditando o fato a "sorte" ou "um feliz acidente", sem a possibilidade de ser repetido. A ideia é propiciar uma sensação mais duradoura de bem-estar ligada ao fato de "ter feito algo direito" e, com isso, mantê-lo motivado para novas realizações.

Transtorno de personalidade dependente

> *A primeira vez que fui ao cinema sozinho e consegui me divertir, sem me sentir o último dos seres ou me preocupar com o que os outros iam achar, percebi o quanto estive doente esse tempo todo. (Antonio M.)*

Como o próprio nome diz, os indivíduos com esse transtorno são extremamente dependentes emocional e fisicamente de outras pessoas, necessitando de companhia constante para realizar atividades do dia a dia. Temem a solidão e buscam sempre alguém a quem se ligar de maneira submissa, tornando-se necessários e indispensáveis por temerem o abandono e a solidão. Podem demonstrar empatia ou altruísmo para com o outro em detrimento de seu próprio bem-estar ou de sua vontade, tornando-se cronicamente tristes e eternamente insatisfeitos, o que pode ser confundido com o transtorno distímico.

Uma característica do ser humano, ao contrário de muitas outras espécies na natureza, é a sua dependência absoluta ao nascer. O amadurecimento humano é paulatino e se baseia muito na aprendizagem por meio da observação e da interação com seus pares, que funcionarão como modelo. O modo como é interpretada e estimulada a busca pela independência, inerente ao ser, pode determinar sua maneira de lidar com isso no futuro. Por exemplo, crianças superprotegidas tendem a lutar contra isso ou se render e se tornar adultos inseguros.

O transtorno de personalidade dependente (TDP) está bastante associado a ambientes em que os conceitos de autonomia e dependência são tratados de maneira exagerada em termos de estímulo, punição, desencorajamento ou, simplesmente, ignorados. Assim, o que deveria ser um desenvolvimento saudável, fundamentado em saber negociar a ajuda dada ou recebida em um exercício de construção de autonomia, torna-se uma configuração de comprometimento da normal e desejável interdependência adaptativa.[15]

A expressão do TDP nas mais variadas instâncias da vida – profissional, familiar, afetiva, social – pode prejudicar de maneira grave o indivíduo, sobretudo se ele encontrar em seu caminho pessoas dispostas a abusar dessa característica. Uma conceituação cognitiva para o tipo dependente de TP, proposta por Beck, esclarece o assunto na medida em que afirma que as crenças do indivíduo se baseiam em duas premissas básicas que ele tem como verdadeiras: "Sou incompetente e inadequado e o mundo é um lugar frio, solitário e perigoso"; "A melhor estratégia para enfrentar isso é encontrar alguém que seja capaz de lidar com o mundo e me proteger".[15]

O desafio da psicoterapia com esse tipo de paciente é estimular a independência do indivíduo sem, contudo, fazer com que se sinta desprezado pelo terapeuta. A ansiedade de separação, comum nesses casos, pode fazer com que o temor de ser abandonado dificulte o tratamento e a alta. Além disso, o indivíduo pode também apresentar um comportamento insinuante ou subserviente, a fim de conquistar a confiança e amizade de seus pares, e isso pode se aplicar também ao terapeuta, que precisa saber identificar essa situação e decodificá-la adequadamente.

O desafio das crenças disfuncionais ligadas à dependência, especialmente as que se referem a incompetência e medo do abandono, pode ser articulado com o diário de pensamentos automáticos negativos. Boas alternativas de manejo podem ser os treinos de assertividade e resolução de problemas em conjunto com exercícios de *role playing*, focados em reconstruir, de outra maneira, situações que tenham sido identificadas pelo paciente como emblemáticas de sua problemática.

Transtorno de personalidade obsessivo-compulsiva

Todos à minha volta me achavam muito exigente e arrogante, mas, na verdade, por dentro eu sofria muito por não conseguir deixar de ter um medo profundo de errar e decepcionar as pessoas importante para mim. (Marcos S.)

A necessidade de perfeição, organização e controle mental e interpessoal é a tônica das pessoas que pertencem a essa categoria. São excessivamente organizadas e vivem para manter a ordem, muitas vezes deixando de lado o lazer e os relacionamentos. Não acreditam que outra pessoa fará determinada tarefa melhor do que elas próprias e frequentemente evitam erros por meio de intermináveis verificações, sem se dar conta do aborrecimento que causam aos outros. Priorizam os detalhes e podem deixar o mais importante de lado, obsessivamente preocupados em não incorrer em erro. Dão a impressão de pessoas um pouco distantes ou isoladas, aparentando frieza emocional, dada a dificuldade de relaxar e aproveitar os prazeres da vida. Isso pode ser confundido com o transtorno obsessivo-compulsivo.

Há uma discussão em torno do quanto a nossa sociedade ocidental estimula comportamentos perfeccionistas por conta da competitividade cada vez mais exacerbada, em especial no que se refere ao nosso futuro profissional. Dependendo de como a pessoa percebe e interpreta esses estímulos, pode acabar desenvolvendo comportamentos controladores e propensos a dúvidas excruciantes, desencadeados pela baixa tolerância à possibilidade de fracasso. Aliás, a extrema atenção aos detalhes na execução de uma tarefa é processada como maneira de não incorrer em erro. Isso, com o tempo, pode causar rigidez excessiva no modo de pensar e atuar no mundo, causando enorme sofrimento ao indivíduo, dada a sua dificuldade em ser flexível e aceitar mudanças repentinas no rumo dos acontecimentos.

Os relacionamentos interpessoais também são prejudicados, pois é difícil para os outros entender essa dinâmica e a pessoa, muitas vezes, acaba tachada de "cansativa", "chata" e "neurótica". O cerne do tratamento cognitivo-comportamental, tendo sempre em vista a proposta da abordagem, é fazer com que o indivíduo identifique as crenças que dão manutenção ao transtorno e perceba o quão disfuncionais elas são, ou seja, o quanto atrapalham a sua vida. Com o exame de cada uma delas, por meio de questionamentos e com a ajuda do psicoterapeuta, será possível ampliar o repertório de comportamentos funcionais diante das situações cotidianas e reforçá-los paulatinamente, utilizando a melhora evidente em sua qualidade de vida e de relacionamentos.

Gabbard *et al*.[15] citam crenças não adaptativas específicas do transtorno da personalidade obsessivo-compulsiva, que, observadas clinicamente por Beck, compreendem:

- "É importante fazer tudo perfeitamente."
- "Qualquer falha ou deficiência no desempenho pode levar a uma catástrofe."
- "As pessoas devem fazer as coisas à minha moda."
- "Os detalhes são extremamente importantes."

Ao desafiar suas crenças limitantes, o indivíduo poderá estabelecer um novo padrão de pensamento e ser menos exigente consigo mesmo, podendo até mesmo aceitar que todos erram e errarão ocasionalmente, ele inclusive, e que isso é normal no mundo real. Outro aspecto importante é trabalhar na identificação e na interpretação dos pensamentos automáticos, ou seja, o que vem à cabeça do indivíduo imediatamente antes de ele executar o comportamento disfuncional e trabalhar esse pensamento no sentido de lhe propor alternativas, sem acusá-lo de estar errado ou querer estabelecer opções como melhores. A ideia é fazer com que ele mesmo encontre novas maneiras de pensar e agir em prol de sua qualidade de vida.

Considerações finais

Muitos psicoterapeutas "passam adiante" os casos de transtorno de personalidade que chegam a suas mãos, muito pela dificuldade acima da média que esses casos representam em termos globais e também pela alta taxa de resistência à terapia e pelo alto risco de suicídio que esse tipo de paciente apresenta. Entretanto, para os dispostos a encarar o desafio, a recompensa é a sensação de ter vencido barreiras aparentemente intransponíveis, além do enorme ganho em experiência profissional que, inclusive, ajudará nos casos de pacientes menos comprometidos. Para esses, são recapituladas algumas observações importantes para incrementar as possibilidades de sucesso nessa jornada:

- O vínculo com o paciente é fundamental e deve ser trabalhado desde o início. Vale lembrar que o paciente deve confiar no terapeuta e tê-lo como uma fonte firme de orientação e amparo
- Manter uma postura calma e tranquila, expressar-se com firmeza; colocar limites claros e mantê-los; evitar a expressão – inclusive e principalmente a facial – de emoções violentas (aversão, crítica, julgamento, surpresa, dúvida, entre outros); manter-se atento e alerta para evitar contradições (no discurso ou no comportamento); concentrar-se no paciente e nas nuances de seus gestos; fazer anotações ao finalizar as sessões do que de fundamental foi trabalhado
- Colher um histórico detalhado do paciente, incluindo dados familiares e fazê-lo saber que, se necessário, você poderá chamar alguns deles para esclarecimentos ou, ainda, proporcionar outra perspectiva da situação (o terapeuta deve fazer essa comunicação com cuidado para evitar que ele se sinta traído ou exposto)
- Se possível, pedir o telefone do psiquiatra responsável pelo caso, entrar em contato e solicitar um breve histórico médico, algum eventual detalhe relevante que ele queira comunicar e a medicação atual prescrita
- Colocar-se à disposição do paciente e oferecer maneiras de entrar em contato, inclusive fora das sessões e do consultório (e-mail e celular, por exemplo). Dada a alta probabilidade de automutilação, quem trabalha com esse tipo de transtorno deve ser "localizável" em eventuais crises. Se viajar ou estiver fora de alcance, deixar um colega de confiança de sobreaviso como alternativa em caso de emergência
- Avaliar a situação atual e elaborar um plano de tratamento a ser discutido com o paciente, esclarecendo os pontos de maior dificuldade e pedindo sua colaboração para identificar os problemas específicos a partir das pistas ambientais que conseguir perceber, como possíveis reações das pessoas próximas a certos comportamentos disfuncionais
- Não tentar "retirar" um comportamento sem ter em mente que este, na verdade, precisará ser substituído por outro mais assertivo e que isso deverá ser comprovado pela análise completa de situações específicas. Quanto maior o foco em cada um dos problemas, ainda que maior o trabalho, maiores e mais eficazes serão os resultados obtidos. Esses novos comportamentos, mais funcionais e comprovadamente bem-sucedidos, deverão ser reforçados sempre que possível
- Realizar periodicamente a manutenção do plano de tratamento, avaliando se as metas foram alcançadas e se os recursos possíveis de enfrentamento do paciente estão atuando em seu favor. Caso necessário, refazer a mobilização do repertório de habilidades de que ele dispõe (as básicas e as desenvolvidas em conjunto ao longo da terapia) e recolher exemplos de situações ansiógenas em que esse arsenal poderá ser utilizado (p. ex., eventos familiares futuros ou entrevista de emprego).

Referências bibliográficas

1. Ellis A. The treatment of a psychopath with rational psychotherapy. J Psychology. 1961;51:141-50.
2. Beck AT, Freeman A. Cognitive therapy of personality disorders. New York: Guilford Press; 1990.
3. Linehan MM. Cognitive-behavioral treatment of borderline personality disorder. New York: Guilford Press; 1993.
4. Young JE. Cognitive therapy for personality disorders: a schema-focused approach. Sarasota: Professional Resources Press; 1990.
5. American Psychiatric Association. Manual diagnóstico e estatístico de transtornos mentais (DSM-5). 5. ed. Porto Alegre: Artmed; 2014.
6. Bieling PJ, McCabe RE, Antony MM. Terapia cognitivo-comportamental em grupos. Porto Alegre: Artmed; 2008.
7. Freeman A, Rigby A. Transtornos de personalidade entre crianças e adolescentes: é um diagnóstico improvável? In: Reinecke MA, Dattilio FM, Freeman A. Terapia cognitiva com crianças e adolescentes: relatos de casos e a prática clínica. São Paulo: Livraria Médica Paulista; 2009. p. 499-532.
8. Nunes CHSS, Nunes MFO, Hutz CS. Uso conjunto de escalas de personalidade e entrevista para identificação de indicadores de transtorno anti-social. Aval Psicol. 2006;5(2):171-8.
9. Sudak DM. Terapia cognitivo-comportamental na prática. Porto Alegre: Artmed; 2008.
10. Dattilio FM, Freeman A. Estratégias cognitivo-comportamentais de intervenção em situações de crise. Porto Alegre: Artmed; 2004.
11. Savoia MG, Vianna AM. Especificidades do atendimento a pacientes com transtorno de ansiedade. In: Savoia MG, organizadora. A interface entre psicologia e psiquiatria: novo conceito em saúde mental. São Paulo: Roca; 2006. p. 78-101.
12. Angelotti G, organizador. Terapia cognitivo-comportamental para os transtornos de ansiedade. São Paulo: Casa do Psicólogo; 2011.
13. Caballo VE. Manual de técnicas de terapia e modificação do comportamento. São Paulo: Santos; 1996.
14. Angelotti G. Tratamento cognitivo-comportamental da depressão. In: Camon VAA, organizador. Depressão e psicossomática. São Paulo: Pioneira; 2001. p. 147-77.
15. Gabbard GO, Beck JS, Holmes J. Compêndio de psicoterapia de Oxford. Porto Alegre: Artmed; 2002.
16. Vasconcelos TC, Gouveia VV, Pimentel CE, Pessoa VS. Condutas desviantes e traços de personalidade: testagem de um modelo causal. Estud Psicol. 2008;25(1):55-65.
17. Pratta EMM, Santos MA. Família e adolescência: a influência do contexto familiar no desenvolvimento psicológico de seus membros. Psicol Estud. 2007;12(2):247-56.
18. Gabbard GO. Psychodynamic psychoterapy in clinical pratice. Washington, DC: American Psychiatric Press; 1994.
19. Barlow DH, organizador. Manual clínico dos transtornos psicológicos. Porto Alegre: Artmed; 1999.
20. Young JE, Klosko JS, Weishaar ME. Terapia do esquema: guia de técnicas cognitivo-comportamentais inovadoras. Porto Alegre: Artmed; 2008.
21. Ventura P. Transtorno de personalidade limítrofe (borderline). In: Rangé B, organizador. Psicoterapias cognitivo-comportamentais: um diálogo com a psiquiatria. Porto Alegre: Artmed; 2001. p. 372-82.

Bibliografia

Barlow DH, Durand VM. Psicopatologia: uma abordagem integrada. 4. ed. São Paulo: Cengage Lerning; 2008.

Blonigen DM. Explaining the relationship between age and crime: contributions from the developmental literature on personality. Clin Psychol Rev. 2010;30(1):89-100.

Caballo VE. Manual para o tratamento cognitivo-comportamental dos transtornos psicológicos. São Paulo: Santos; 2003.

Del-Ben CM. Neurobiologia do transtorno de personalidade anti-social. Rev Psiquiatr Clín. 2005;32(1):27-36.

Dobson KS, Franche R. A prática da terapia cognitiva. In: Caballo V, organizador. Manual de técnicas de terapia e modificação do comportamento. São Paulo: Santos; 1996. p. 441-70.

Feijó MC, Assis SG. O contexto de exclusão social e de vulnerabilidades de jovens infratores e de suas famílias. Estud Psicol. 2004;9(1):157-66.

Franulic A, Carbonell CG, Horta E, Maturana R, Scherpenisse J. Trastorno orgánico de personalidad post TEC (TOP): factores anatómicos cognitivos y psicosociales. Bol Cient Asoc Chil Segur. 1999;1(1):72-5.

Holmes DS. Psicologia dos transtornos mentais. 2. ed. Porto Alegre: Artmed; 1997.

Organização Mundial da Saúde. Classificação de transtornos mentais e de comportamento da CID-10. Porto Alegre: Artmed; 1993.

Pereira FS, Aparício MAM, Felício JL, Bassitt DP. Transtorno de personalidade na terceira idade. Rev Psiquiatr Clín. 2007;34(1):18-22.

Porto JB, Tamayo A. Influência dos valores laborais dos pais sobre os valores laborais dos filhos. Psicologia: Reflexão e Crítica. 2006;19(1):151-8.

Prust LW, Gomide PIC. Relação entre comportamento moral dos pais e dos filhos adolescentes. Estud Psicol. 2007;24(1):53-60.

Schmitt R, Pinto TP, Gomes KM, Quevedo J, Stein A. Personalidade psicopática em uma amostra de adolescentes infratores brasileiros. Rev Psiquiatr Clín. 2006;33(6);297-303.

Vasconcellos SJL, Gauer GJC. A abordagem evolucionista do transtorno de personalidade anti-social. Rev Psiquiatr Rio Gd Sul. 2004;26(1):78-85.

78 Dependência Química na Visão Cognitiva

Selma Bordin

Histórico da abordagem

Embora a humanidade sempre tenha recorrido ao uso de substâncias psicoativas para diversas finalidades, o aumento de seu consumo nas últimas décadas se tornou um grande problema de saúde pública. O II Levantamento Nacional de Álcool e Drogas (LENAD), realizado pela Unidade de Pesquisas em Álcool e Drogas (UNIAD) da Universidade Federal de São Paulo (Unifesp) e pelo Instituto Nacional de Ciência e Tecnologia para Políticas Públicas do Álcool e Outras Drogas (INPAD), publicado em 2014, refere que 10,48% da população brasileira masculina e 3,63% da feminina são dependentes de álcool e que a população que consumiu álcool na forma *binge* (5 ou mais doses para homens e 4 ou mais para mulheres) aumentou de 45% para 59% de 2006 para 2012.[1] Segundo o mesmo levantamento, 16,9% da população é fumante, 3,4% dos adolescentes e 2,5% dos adultos haviam fumado maconha no último ano, 1,6% dos adolescentes e 1,7% dos adultos haviam utilizado cocaína no último ano e 1,4% dos adolescentes e 6% dos adultos haviam utilizado tranquilizantes no último ano.

Para a Organização Mundial da Saúde (OMS), droga é qualquer substância não produzida pelo organismo que atue sobre um ou mais de seus sistemas, produzindo alterações em seu funcionamento. Drogas psicotrópicas (trópico vem de tropismo e significa atração) são aquelas que agem no sistema nervoso central produzindo alterações de comportamento, humor e cognição, com grande potencial de levar à dependência, em virtude de suas propriedades reforçadoras.

Essas substâncias podem ser classificadas de várias maneiras. Uma delas é em relação aos efeitos sobre a atividade mental: as depressoras, como o álcool, os sedativos, os tranquilizantes, os inalantes e os opioides (heroína e morfina), diminuem a atividade mental; as estimulantes aumentam a atividade mental: cocaína, *crack*, nicotina, anfetaminas, *ecstasy*; e as perturbadoras alteram a sensopercepção e o pensamento: a maconha e os alucinógenos. É muito importante que o terapeuta disposto a tratar de dependentes químicos conheça as particularidades e os efeitos agudos e crônicos específicos de cada substância psicoativa*, o que não está no escopo deste capítulo.

Segundo os critérios diagnósticos do DSM-5, transtornos de abuso ou dependência de substâncias se caracterizam pelo padrão de uso disfuncional, levando ao comprometimento ou ao desconforto clinicamente significativo, ocorrendo durante qualquer tempo, no período de 12 meses, cuja gravidade dependerá de quantos dos 11 critérios-sintomas a seguir são atendidos:[2]

- Presença de 2 a 3 sintomas: transtorno leve.
- Presença de 4 ou 5 sintomas: transtorno moderado.
- Presença de 6 ou mais sintomas: transtorno grave.

Os critérios-sintomas são os seguintes:

1. A substância é frequentemente consumida em grandes quantidades ou por um período maior que o pretendido.
2. Há um desejo persistente ou esforços malsucedidos para interromper ou controlar o uso.
3. Grande parte do tempo é gasta em atividades necessárias para obter a substância, usá-la ou se recuperar de seus efeitos.
4. Presença de fissura ou forte desejo ou urgência em relação ao uso da substância.
5. Uso recorrente da substância, resultando na falha no cumprimento de obrigações importantes do trabalho, da escola ou do lar.

---

* Efeitos do uso agudo: ocorrem logo após o uso da substância e são os que interessam ao usuário. O álcool, por exemplo, traz um ligeiro efeito eufórico seguido de relaxamento. A cocaína traz euforia e sensação de vigor. Efeitos do uso crônico: são os mais nocivos e decorrentes do uso prolongado; por exemplo, cirrose hepática (decorrente do uso prolongado do álcool), enfisema pulmonar (do uso de tabaco) ou problemas sociais (de cocaína).

6. Uso contínuo da substância, apesar de problemas interpessoais ou sociais causados ou exacerbados por conta do uso.
7. Atividades sociais, ocupacionais ou recreacionais importantes são abandonadas ou reduzidas em função do uso da substância.
8. Uso recorrente da substância em situações em que há prejuízo físico.
9. A substância é continuamente utilizada apesar do conhecimento da existência de problemas físicos ou psicológicos recorrentes ou persistentes, são causados ou exacerbados por seu uso.
10. Tolerância*, definida por qualquer dos seguintes critérios:
    – Desejo por quantidades marcadamente maiores para que a intoxicação se manifeste ou para a obtenção dos efeitos desejados
    – Diminuição clara dos efeitos observados ainda que se use a mesma quantidade da substância.
11. Síndrome de abstinência**, manifestada por qualquer dos seguintes aspectos:
    – Sinais e sintomas característicos da síndrome de abstinência da substância de abuso
    – Uso da mesma substância (ou outra bastante parecida) para aliviar ou evitar os sintomas de abstinência.

Os termos terapia cognitiva (TC) e terapia cognitivo-comportamental (TCC) são utilizados com frequência para descrever as abordagens psicoterapêuticas baseadas no modelo cognitivo. Também se encontra o termo TCC utilizado de maneira mais ampla, indicando um grupo de técnicas que combinam as abordagens ou simples técnicas cognitivas e comportamentais.[3]

As primeiras publicações relevantes em TC começaram a aparecer na década de 1970. A pesquisa de Bandura[4] sobre modelos de processamento de informações e aprendizagem levantou questões sobre as limitações do modelo comportamental tradicional para explicar o comportamento humano. A partir de então, um número crescente de teóricos começou a se identificar como "cognitivos-comportamentais", tendo como principais representantes Beck, Ellis, Cautela, Meichenbaum e Mahoney.[3]

Fundamentos teóricos

Embora chamada de cognitiva, a TC enfatiza a interação entre ambiente, história do desenvolvimento, biologia, afeto, comportamento e cognição. Tem como principal hipótese a primazia das cognições, segundo a qual são as cognições que exercem influência sobre as emoções e os comportamentos do indivíduo. Se as cognições mudarem, mudarão também o estado emocional e a resposta comportamental.

Cognições são processos de pensamento que avaliam e interpretam os diversos fenômenos, sejam eles passados, presentes ou futuros, reações físicas ou emocionais, fantasias etc. Ou seja, não é somente a situação que influencia os sentimentos e comportamentos do indivíduo, mas, antes, a *interpretação* que se dá a ela.[5,6] Assim, por exemplo, se uma taquicardia ou uma dor de cabeça for interpretada como risco de morte iminente (típico da síndrome do pânico), o indivíduo evoluirá com uma forte ansiedade/medo (resposta emocional) e com mais descarga de epinefrina (resposta comportamental), que aumentará ainda mais a taquicardia. Outros indivíduos atribuirão a dor de cabeça à tensão do dia e não apresentarão qualquer resposta emocional ou comportamental.

O terapeuta cognitivo está particularmente interessado em determinado tipo de pensamento que opera simultaneamente com o nível mais óbvio e superficial. Enquanto se lê este livro, por exemplo, utiliza-se alguns níveis de pensamento: um presta atenção ao texto, outro tenta entender e integrar as informações. Existe outro, ainda, que faz avaliações rápidas, como "não estou entendendo nada", "isso tudo é ridículo" ou "faz sentido".[6] Denomina-se esse tipo "pensamento automático": ele surge repentinamente, é rápido, breve e não decorre de deliberação ou raciocínio.[5]

Os pensamentos automáticos representam a manifestação superficial de outros tipos de fenômenos cognitivos mais duradouros, fundamentais, globais, rígidos e generalizados: as crenças. Na infância, inicia-se o desenvolvimento de crenças sobre nós mesmos, sobre os outros

---

* Tolerância: a exposição cerebral às substâncias causa uma necessidade de adaptação chamada tolerância. Por exemplo, a primeira tragada de um cigarro provoca mal-estar, tontura, tosse e até mesmo vômitos. A persistência no uso, contudo, faz com que o cérebro se "acostume" a essa toxicidade. Para experimentar novamente os mesmos efeitos – sejam os desagradáveis, sejam os agradáveis –, o cérebro precisará de uma dose maior. Logo, tolerância é a necessidade de doses maiores para obtenção dos efeitos originalmente causados por doses menores.
** Sintomas de abstinência: decorrem da tentativa do cérebro de adaptar-se no sentido contrário: à ausência ou à diminuição do uso da substância. Assim como a dependência, a síndrome de abstinência pode ser classificada como leve, moderada ou grave. Cada substância produz uma sintomatologia de abstinência específica. A abstinência do álcool, após uso importante e prolongado, por exemplo, causa tremores, aumento da sudorese, náuseas ou vômitos e inquietude.

e sobre o futuro. Uma pessoa que não acredita que possam gostar dela interpretará a negação a um convite como rejeição pessoal, ficará triste e poderá se isolar. Outra que não tenha essa crença poderá entender que o outro já tinha um compromisso assumido. Determinada crença poderá ser "ativada" em certas situações ou permanecer ativa a maior parte do tempo. Quando ativa, faz o indivíduo interpretar as situações com base nela, como se enxergasse através de uma lente, embora possa ser uma inverdade. Existe uma tendência a focalizarmos seletivamente as informações que confirmam nossas crenças, desconsiderando ou descontando aquelas que sejam contrárias. Desse modo, a crença se mantém, mesmo sendo imprecisa e disfuncional.[5,6]

Modelo cognitivo do desenvolvimento do abuso de substâncias

O modelo cognitivo para abuso de substâncias foi desenvolvido após numerosas observações e discussões com pacientes. Muitos estudos foram feitos até que se chegasse à hipótese cognitiva de abuso de substâncias. Aqui e na discussão sobre o modelo cognitivo do desenvolvimento do abuso de substâncias, o trabalho de Liese e Franz[7], sintetizado na Figura 78.1, foi utilizado como base.

Os ambientes familiares, sociais, culturais e financeiros da primeira infância são centrais na formação das crenças. Experiências negativas (um ambiente em que o consumo de álcool ou substâncias psicoativas prevaleça, por exemplo) levam a crenças negativas, que tornam o indivíduo vulnerável aos problemas com substâncias, enquanto as positivas aumentam sua resistência.

Inicialmente, as crenças não estão relacionadas às substâncias, e sim à visão de si mesmo, do mundo, do outro e do futuro. Depois, formam-se as crenças relacionadas às substâncias psicoativas. O uso se inicia como uma estratégia compensatória (modo encontrado para "resolver" o problema). Por exemplo, a crença básica "a vida é um tédio" pode ser associada a: "tomar uns tragos afasta esse tédio". Uma crença básica positiva como "meu futuro é promissor", que se associa a

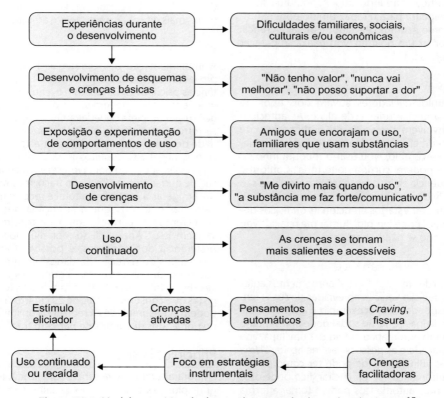

Figura 78.1 Modelo cognitivo do desenvolvimento de abuso de substâncias.[6,7]

"as substâncias psicoativas levam à derrocada", fortalece a resistência do indivíduo ao uso.

Vir a ter problemas com substâncias psicoativas requer, obviamente, exposição e experimentação. A decisão de se engajar ou não receberá influências das crenças do indivíduo. Assim, um jovem inseguro está mais vulnerável à pressão dos colegas e ao "poder" falsamente oferecido pelas substâncias para melhorar suas habilidades.

Com o uso continuado, as crenças relacionadas às substâncias psicoativas se tornam mais arraigadas, salientes e acessíveis. Vão sendo ativadas por um número sempre crescente de estímulos e se tornando cada vez mais disponíveis e automáticas. Os indivíduos dependentes são apanhados por um círculo vicioso de uso de substâncias psicoativas e crenças reforçadoras que agravam cada vez mais a dependência.

Estímulo eliciador

O estímulo eliciador "dispara" crenças ou pensamentos automáticos relacionados às substâncias psicoativas, levando ao *craving* ou à fissura, e é muito particular ao indivíduo. Assim, uma situação de paquera para o rapaz tímido poderá funcionar como estímulo eliciador e ativar a crença: "se eu tomar um golinho, vou relaxar e parecer mais interessante".

Crenças ativadas

Os estímulos eliciadores ativam dois tipos de crenças: antecipatórias e de alívio. As antecipatórias envolvem previsões de gratificações, de aumento de eficácia e de exaltação da sociabilidade; por exemplo, "vou usar um pouquinho de cocaína e poderei curtir a noite toda". Conforme a dependência se instala, as crenças de alívio são desenvolvidas, envolvendo expectativas de diminuir ou afastar estados emocionais ou físicos desagradáveis; por exemplo, "fumar me relaxa", "vou ficar nervoso se não beber".

Pensamentos automáticos

A ativação de crenças "dispara" pensamentos automáticos, que são versões abreviadas de suas crenças correspondentes. Por exemplo, o indivíduo cuja crença é de inadequação social pode apresentar o pensamento automático: "se eu der um 'tapa', vou ficar engraçado e as pessoas vão me aceitar". Uma crença de vulnerabilidade pode ter como pensamento automático: "se eu cheirar, fico poderoso". Pensamentos automáticos podem tomar a forma de imagens mentais e levar ao *craving*.

Craving

Craving, ou fissura, se manifesta como sensação física, similar à fome ou sede, e sua intensidade é variável. Quanto mais pensamentos sobre o uso, mais a fissura aumenta.

Crenças facilitadoras

Crenças facilitadoras são permissões para o uso e envolvem a minimização das consequências e justificativas; por exemplo, "um único cigarro não vai me matar" (minimização); "tive um dia duro, mereço um gole" (justificativa). Essas crenças minam a habilidade de tolerar a fissura. Quanto mais forte a crença facilitadora, maior a probabilidade de sucumbir à fissura. Crenças facilitadoras "fracas" mantêm maior resistência ao *craving*.

Foco em estratégias instrumentais

Um plano de ação é essencial para conseguir substâncias psicoativas. Depois da permissão para o uso, a atenção se volta para consegui-las. As estratégias são variadas e dependem da substância e do indivíduo. Conseguir tabaco requer uma estratégia simples: "vou à padaria comprar cigarros". Obter substâncias psicoativas ilícitas requer estratégias mais difíceis, complicadas e arriscadas.

Uso continuado ou recaída

A implementação das estratégias instrumentais provavelmente levará o indivíduo a utilizar substâncias psicoativas. Os lapsos – eventos isolados e independentes – podem variar de um único "trago" a uma completa bebedeira. Qualquer uso pode se tornar um estímulo eliciador para a continuidade do próprio uso, por deflagrar estados emocionais negativos, conflitos intra e interpessoais ou pressão social, ou por favorecerem a confirmação de outras crenças ("sou um fraco, mesmo").

Em geral, a abstinência total é recomendada. Pacientes que conseguem alcançá-la desenvolvem crenças de controle como "eu consigo passar sem isso". Apesar disso, por dificuldade ou preferência dos pacientes, é possível trabalhar com metas de redução de danos em um *continuum*, em um processo de "degrau a degrau" em vez de "tudo ou nada". Assim, por exemplo, tabagistas que consomem mais de 20 cigarros por dia podem ser estimulados a reduzir o consumo diário por alguns dias antes de pararem totalmente.

Princípios básicos

Embora a terapia deva ser personalizada, alguns princípios estão por trás do trabalho com todos os pacientes.[5] A TC:

- Baseia-se em uma contínua formulação do paciente e de seus problemas em termos cognitivos
- Requer uma aliança terapêutica segura
- Enfatiza colaboração e participação ativa
- É orientada em metas e focalizada em problemas
- Enfatiza o presente
- É educativa e enfatiza a prevenção de recaída
- Visa a ter um tempo limitado
- É estruturada: tem começo, meio e fim
- Ensina a identificar, avaliar e responder aos pensamentos e às crenças disfuncionais
- Utiliza uma variedade de técnicas para mudar o pensamento, o humor e o comportamento, inclusive de outras abordagens.

Processo terapêutico e relação terapêutica

Terapeutas geralmente julgam difícil trabalhar com dependentes químicos em razão dos riscos de abandono e baixo comprometimento. Muitas intervenções da TC visam a aumentar a colaboração e diminuir tais riscos. Uma das mais importantes barreiras são as crenças e os pensamentos automáticos do próprio terapeuta que o levam a ter sentimentos negativos, como "usuários de substâncias psicoativas são todos iguais", "recaídas são catastróficas", "todos recaem sempre", "ele nunca vai mudar". É fundamental para a construção da aliança e o sucesso do tratamento que o terapeuta reconheça e trabalhe tais pensamentos.[6,7]

Conceituação cognitiva do caso

A conceituação cognitiva do caso é a base sobre a qual o terapeuta planeja o tratamento: integra informações sobre o indivíduo, seu desenvolvimento, crenças básicas, gatilhos para o uso, crenças relacionadas às substâncias psicoativas, pensamentos automáticos e crenças facilitadoras.

Estrutura

Usuários de substâncias psicoativas com vida instável se beneficiam da estrutura da TC. A entrevista inicial tem como objetivo explorar os motivos para a busca da terapia e as várias áreas de funcionamento, aferir expectativas e informar sobre o modelo. A primeira sessão é focada na definição dos problemas a serem abordados na terapia e as metas a serem alcançadas. A segunda e as demais sessões seguem uma mesma estrutura: verificação do humor; resumo da sessão anterior; definição dos itens a serem discutidos na sessão; revisão da tarefa de casa; discussão dos itens definidos com resumos periódicos; definição de nova tarefa; resumo final; e *feedback*.[5,6]

Técnicas

Na TC de abuso de substâncias, a principal meta é minar as crenças relacionadas às substâncias psicoativas e substituí-las por crenças de controle. A maioria dos pacientes é ambivalente quanto ao uso de substâncias psicoativas: quer e não quer parar, ou seja, tem crenças de controle que contradizem as crenças relacionadas ao uso. As crenças de controle reduzem a probabilidade do uso; por exemplo, "fumar e beber está me matando", "eu preciso parar de beber", "eu não preciso de drogas para me divertir". Na fase ativa do uso, as crenças de controle não são suficientemente fortes para predominar sobre as outras.[6,7] A seguir, serão descritas algumas das principais técnicas para essa população.

Descoberta orientada ou questionamento socrático

São perguntas de final aberto, formuladas para examinar objetivamente a relação entre crenças, pensamentos automáticos, emoções e comportamentos. O objetivo é estimular o autoconhecimento e o pensamento independente, além de explorar hipóteses formuladas durante a conceituação cognitiva do caso.[6,7] As perguntas constituem poderosa ferramenta, mas, se utilizadas inadequadamente, podem causar a sensação de interrogatório.[8] Um exemplo:

> *Cliente: Essa semana eu fumei um baseado. Afinal, ninguém vai me dar emprego, já que eu não sei fazer nada.*
> *Terapeuta: O que tem feito para conseguir um emprego?*
> *C: Tenho enviado e também preenchido currículos em sites da internet. É um outro problema: eles sempre me perguntam que experiência eu tenho em marketing e eu não tenho nenhuma.*
> *T: E o projeto que desenvolveu para a empresa X sobre o qual me contou na semana passada?*
> *C: Aquilo era trabalho para o curso de pós-graduação!*
> *T: E se você tivesse sido contratada e paga pela empresa X?*

C: É, eu teria feito o mesmo trabalho...
T: E aí então consideraria uma experiência em marketing?
C: Tem razão. Acho que eu posso colocar isso como experiência.
T: É possível que tenha mais competências que não esteja conseguindo enxergar devido à sua crença de incapacidade?

Identificação de crenças relacionadas ao uso e de crenças de controle

É oferecido aos pacientes o modelo cognitivo do abuso de substâncias para que, com o terapeuta, sejam preenchidos os espaços em branco com estímulos ativadores, crenças, pensamentos etc. Alcançando-se um bom entendimento do uso que ele faz de substâncias, é possível pedir a ele que use o mesmo processo para identificar crenças de controle, pensamentos e comportamentos, utilizando o modelo cognitivo de controle (Figura 78.2).

Identificação de distorções cognitivas

Distorções cognitivas são erros sistemáticos no pensamento que mantêm a crença do paciente na validade de seus conceitos negativos, apesar da presença de evidências contraditórias.[6,8] Sua identificação é altamente eficaz para a compreensão e a intervenção adequadas. As principais são:

- Supergeneralização: refere-se ao padrão de extrair uma regra geral ou conclusão com base em um incidente isolado e aplicá-la indiscriminadamente; por exemplo, "se eu escorreguei e dei um trago, não serei capaz de evitar novamente"[8,9]
- Abstração seletiva: consiste em focalizar um detalhe extraído do contexto, ignorar outras características mais salientes da situação e conceituar a experiência toda com base nesse fragmento; por exemplo, o cliente que julga que seu consumo de álcool não é prejudicial por não ficar totalmente embriagado, mas que desconsidera os problemas com a esposa, o diabetes e as provas de função hepática alteradas[8]
- Catastrofização: consiste em erros de avaliação da importância ou da magnitude de um evento.[8] Com esse erro, os pacientes esperam e antecipam sempre o pior; por exemplo, o indivíduo que decidiu voltar a beber porque "tudo estaria perdido", uma vez que não alcançou uma meta no trabalho
- Pensamento dicotômico: tendência de colocar todas as experiências entre duas categorias opostas: tudo ou nada, sempre ou nunca, péssimo ou excelente, santo ou pecador.[8] Esse paciente ora julga que está fazendo "tudo" pela abstinência, ora que não está fazendo "nada". Ele é perfeito ou, então, uma catástrofe.

Reatribuição

Um padrão cognitivo comum envolve atribuir incorretamente a si mesmo a culpa ou responsabilidade por eventos adversos. A técnica da "reatribuição" é particularmente útil com pacientes propensos à autoincriminação excessiva e com aqueles que assumem responsabilidade por qualquer ocorrência adversa. O terapeuta pode eleger combater as cognições do paciente de várias maneiras:

- Revisando os "fatos" que resultam em autocrítica
- Demonstrando os diferentes critérios que utiliza para atribuir responsabilidade a si mesmo e aos outros (duplo padrão)
- Desafiando a crença de que o paciente é totalmente responsável por quaisquer consequências negativas.

O termo "desresponsabilizar" também foi aplicado a essa técnica. O ponto não é absolver o paciente de toda a responsabilidade, mas definir a infinidade de fatores que contribuem para uma experiência adversa.[8] Por exemplo:

Cliente: Acho que não tem jeito, o fulano não quer mais contato comigo. Tentei falar várias vezes, mas ele não retorna minhas ligações.

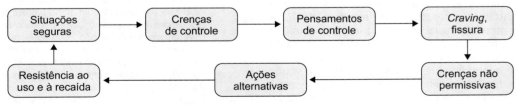

Figura 78.2 Modelo cognitivo de controle.[6,7]

Revisando os fatos:

> Terapeuta: E por que ele não iria mais querer contato com você?
> C: Porque ele me pediu para ficar com os filhos dele na semana passada e eu não pude. Tive uma crise de dor na coluna e precisei ir ao hospital. É óbvio que ficou chateado comigo.

Demonstrando os diferentes critérios que utiliza (duplo padrão):

> T: Chateado porque você disse não.
> C: Com toda razão.
> T: Como você julga as pessoas que não podem atender a um pedido seu quando apresentam um motivo justo?
> C: ... Eu entendo os problemas delas.
> T: As pessoas eventualmente têm problemas e por isso não podem ajudar outras pessoas e você as compreende. Quando você tem problemas, nem você mesma pode se compreender e se sentir digna de dizer um não. É catastrófico dizer um não, mas não ouvi-lo.

Desafiando a crença de que é totalmente responsável pelas consequências negativas:

> C: Quando digo não, deixo as pessoas chateadas.
> T: E, chateadas com você, vão te abandonar e a amizade terminará.
> C: Isso.
> T: É correto então dizer: as amizades só podem durar quando não se diz não?
> C: Não parece certo. Uma amizade verdadeira teria que suportar.
> T: Talvez então ele não tenha retornado suas ligações por outro motivo!

Avaliação de prós e contras

A avaliação de prós e contras é uma importante ferramenta para tomada de decisões quando o cliente está em dúvida sobre usar ou não usar a substância. Essa técnica tem como objetivo possibilitar ao paciente uma visão e uma comparação entre os efeitos positivos e negativos do uso. Muitas vezes, essa análise motiva o paciente para a abstinência; outras vezes, não.[5-7] Se o cliente está determinado a seguir com o uso ou se já tomou a decisão de parar, o emprego dessa técnica tem baixo impacto. Outros aspectos importantes a se considerar são que as vantagens não necessariamente representam o inverso das desvantagens e que os quadrantes devem ser pensados individualmente. Por exemplo, é comum tabagistas terem no cigarro uma "companhia" (vantagem do uso). A "solidão" raramente é expressa como desvantagem da abstinência. O Quadro 78.1 apresenta um exemplo dessa ferramenta.

Utilizando a descoberta orientada, o terapeuta ajuda o paciente a preencher o quadro e se mantém atento à possibilidade de o paciente sub ou superestimar as desvantagens de parar, com perguntas como: do que você gosta na substância psicoativa? Do que não gosta? Do que você gosta em você usando a substância psicoativa? E não usando? Do que você não gosta em você quando usa? E quando não usa? Que consequências negativas (e positivas) o uso traz para a família? E para o trabalho? E para sua saúde? E para o relacionamento com amigos? Ao término, ajuda-se o paciente a atribuir peso a cada item e a tirar conclusões.[6]

Quadro 78.1 Avaliação de prós e contras.

	Uso de tabaco	Abstinência de tabaco
Prós	• É prazeroso • O cigarro é um companheiro • "Me ajuda a relaxar" • "Me ajuda a me concentrar" • "Me ajuda a socializar"	• Não ser dependente de nada • Ter mais tempo • Não precisar parar para fumar • Economizar dinheiro direta e indiretamente • Ter bom hálito e cheiro bom • Não me sentir culpado • Melhorar a aparência • Ter vida mais saudável
Contras	• Culpa • Piora da saúde • Tosse e bronquite • Gasto financeiro • Incômodo para a família • Cheiro ruim • Precisar sair do ambiente para fumar e acabar perdendo coisas importantes	• Engordar • Ficar ansioso e irritado • Parece que a vida vai ficar um tédio

Adaptado de Bordin al., 2015.[6]

Registro de pensamentos disfuncionais

Tal registro ajuda o paciente a analisar objetivamente os pensamentos e os sentimentos que têm o potencial de levá-lo ao uso de substâncias psicoativas.[7] É um formulário com cinco divisões: situação, pensamento automático, emoção, resposta adaptativa e resultado (Quadro 78.2). Os pacientes tendem a utilizá-lo quando é adequadamente apresentado, demonstrado e praticado, o que é feito em duas etapas:[5] na primeira, ele é

Quadro 78.2 Registro de pensamentos disfuncionais.*

Situação

• Que evento real, fluxo de pensamentos, devaneio ou recordação levou à emoção desagradável?
  – Ele disse que ligaria e não ligou.
• Qual (se houver) sensação física aflitiva você teve?
  – Nenhuma.

Pensamento automático

• Que pensamento ou imagem passou pela sua cabeça?
  – Ele não gosta de mim.
• Quanto você acredita nele no momento?
  – 90%.

Emoção

• Que emoção ou emoções – tristeza, ansiedade, raiva etc. – você sentiu no momento?
  – Tristeza.
• Quão intensa (de 0 a 100%) foi sua emoção?
  – 70%.

Resposta adaptativa

Use as perguntas para compor uma resposta ao pensamento automático
• Evidências a favor do pensamento automático:
  – Nem sempre ele me dá atenção.
  – Várias vezes ele fica de ligar e não liga.
• Evidências contra:
  – Muitas vezes ele me dá atenção.
  – Mais cedo ou mais tarde, ele acaba ligando.
  – Muitas vezes me convidou para sair.
• Explicação alternativa:
  – Ele pode não ter conseguido ligar por algum problema.
• Pior coisa que pode acontecer:
  – Ele não gostar de mim e não nos vermos mais.
• Melhor coisa que pode acontecer:
  – Ele ligar e dizer que me adora.
• Avaliação mais realista:
  – Ele deve ter tido algum problema e mais cedo ou mais tarde acabará ligando.
• Efeito de mudar o pensamento:
  – Fico aliviada.
• O que deveria fazer em relação a isso?
  – Não pensar mais ou telefonar para ele.
• O que diria a um amigo ou amiga na mesma situação:
  – Para ligar para ele!

Resultado

• Quanto você acredita agora no pensamento automático?
  – 20%.
• Que emoção ou emoções você sente agora? Quão intensa (de 0 a 100%) é a emoção?
  – 0.
• O que você fará (ou fez)?
  – Esperarei mais 1 dia e depois telefonarei.

* Instrução: quando perceber seu humor piorando, pergunte a si mesmo: "O que está passando pela minha cabeça agora?" e, assim que possível, anote o pensamento ou a imagem mental no item "pensamento automático".
Adaptado de Beck, 1997.[5]

auxiliado a identificar a situação, o pensamento, a emoção e o comportamento; na segunda, ajuda-se o paciente a desafiar o pensamento.

Uma situação pode ser um fato (uma pessoa o convida para usar substância psicoativa), um pensamento (preciso dormir), uma recordação ou uma sensação física. O pensamento automático pode ocorrer na forma de palavras ou imagens. Por exemplo, a situação é o pensamento: "Preciso dormir e não quero beber". O pensamento automático nessa situação é: "E se eu não conseguir dormir sem um drinque?". A emoção é ansiedade.

Quando o paciente conclui de maneira satisfatória as primeiras três colunas, com pouca ou nenhuma assistência na sessão terapêutica, passa-se para a segunda etapa para ajudá-lo a avaliar seu pensamento automático utilizando as seguintes perguntas:[5,6]

- Quais são as evidências de que o pensamento automático é verdadeiro?
- Quais são as evidências de que ele não é verdadeiro?
- Existe uma explicação alternativa?
- Qual é a pior coisa que poderia acontecer? Você poderia superar isso?
- Qual é a melhor coisa que poderia acontecer?
- Qual é a avaliação mais realista?
- Qual seria o efeito de mudar o pensamento?
- O que você deveria fazer em relação a isso?
- O que você diria a um amigo que estivesse na mesma situação?

Monitoramento de atividades e agendamento

Esse instrumento visa a prover os pacientes com uma agenda na qual deve registrar suas atividades semanais e examinar esse calendário com relação às situações de alto risco. Também é utilizado para planejar atividades futuras, maximizando as situações de baixo risco e auxiliando na reestruturação de um estilo de vida mais saudável.

Solução de problemas

Muitos pacientes têm dificuldades para solucionar problemas e se beneficiam de instruções sobre como especificar um problema, como projetar soluções, como selecionar dentre as soluções, como implementá-las e como avaliar sua eficácia. Um instrumento é o relatório de resolução de problemas.[5,6] Uma vez encontradas as soluções, elas deverão se tornar tarefas de casa, escritas em termos comportamentais e checadas na sessão posterior. O Quadro 78.3 apresenta um modelo preenchido com um exemplo.

Cartões de enfrentamento

Podem assumir várias formas e são utilizados para ajudar o paciente a enfrentar situações específicas. São preparados anteriormente e o paciente os mantêm consigo e é encorajado a lê-los regularmente (três vezes/dia, ou sempre que for necessário) para assimilação de seu conteúdo.[5] O Quadro 78.4 mostra um exemplo.

Exposição graduada

Focalizar o próximo passo é mais fácil que focalizar o caminho todo. Uma representação gráfica dos passos a serem dados tranquiliza o paciente. Em geral, deve-se sugerir que comece com uma atividade mais simples, associada a baixa ansiedade, e que pratique esse passo até que a ansiedade tenha se reduzido significativamente. Quando isso ocorrer, o passo seguinte na hierarquia poderá ser tentado, até que se possa realizá-lo com tranquilidade e, assim, sucessivamente.

É muito importante ter em mente que se deve sempre facilitar as chances de sucesso do paciente,

Quadro 78.3 Relatório de resolução de problemas.

Nome do paciente: A. A. A.
Data: 11/02
Problema: abordar uma garota
Significado especial: pensamentos automáticos e crenças: "Ela não vai gostar de mim, só serei legal se estiver 'louco'"
Resposta ao significado especial: "Sou interessante o suficiente para agradar uma garota. Só saberei do interesse dela se me aproximar. Mesmo que ela não se interesse, o que isso pode significar? Ela não é a última mulher sobre a Terra e já vivi sem ela. Posso fazer isso de cara limpa."
Soluções possíveis: aproximar-me passo a passo; conversar com outros amigos para obter dicas; treinar com garotas que não me interessam tanto

Fonte: Beck[5] e Bordin et al.[6]

pois isso contribuirá muito para sua motivação e autoeficácia. Essa técnica poderá ser utilizada em muitas situações "gatilho" para o comportamento de uso. O rapaz que tinha medo de se aproximar das garotas, por exemplo: uma das soluções apontadas no relatório de resolução de problemas (Quadro 78.4) foi a de se aproximar gradualmente. A Figura 78.3 exemplifica como isso poderia ser feito.

Role playing (dramatizações)

As dramatizações podem ser utilizadas para muitos propósitos, incluindo identificação de pensamentos automáticos, desenvolvimento de respostas, modificação de crenças e aprendizado e prática de habilidades sociais.[5] Normalmente, o terapeuta participa da dramatização, representando algum papel no drama.

Considerações finais

Neste capítulo, pretendeu-se elucidar o histórico da abordagem, seus fundamentos teóricos e os princípios básicos aplicados ao abuso de substâncias. Foram apresentados o modelo cognitivo de abuso de substâncias e o modelo de controle, de Liese e Franz, além de outras técnicas.

Como foi visto, a prevalência do uso problemático de substâncias é alta e se fazem necessários modelos de atuação eficazes junto a essa clientela. A TC é um deles. Apesar da simplicidade e da clareza de seus conceitos, não se pode subestimar a importância do treinamento adequado do profissional que pretende utilizá-la, pois as técnicas se mostram eficazes quando empregadas adequadamente.

Quadro 78.4 Cartão de enfrentamento.

Pensamento automático: eu não consigo parar de fumar
Resposta adaptativa: eu posso pensar que não consigo ficar sem fumar, mas isso pode não ser verdade. Muitas vezes, consegui ficar sem fumar: quando fiquei no hospital, no escritório, em voos longos, em locais em que não é permitido fumar. Isso significa que posso não fumar esse cigarro também. É prazeroso fumar. Mas também é muito bom olhar para mim mesmo e dizer: "Consegui!". É bom sentir-me limpo e saudável. Sinto-me mais forte e motivado a cada cigarro que não fumo. Além disso, tantas pessoas conseguiram parar; por que *eu* não conseguiria? Elas não são melhores que eu! Pensamentos negativos apenas abalam minha convicção

Adaptado de Beck[5] e Bordin et al.[6]

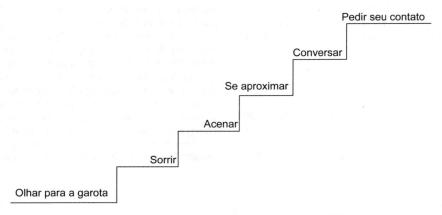

Figura 78.3 Técnica da aproximação gradual.[5,6]

Referências bibliográficas

1. Laranjeira R. II Levantamento Nacional de Álcool e Drogas (LENAD) – 2012. São Paulo: Instituto Nacional de Ciência e Tecnologia para Políticas Públicas de Álcool e Outras Drogas (INPAD), UNIFESP; 2014.
2. Figlie NB, Zanelatto NA, Bordin S, Grandi CG, Laranjeira R. Sistemas diagnósticos em dependência química: conceitos básicos e classificação geral. In: Figlie NB, Bordin S, Laranjeira R, organizadores. Aconselhamento em dependência química. São Paulo: Roca; 2015. p. 3-12.
3. Knapp P, Beck AT. Fundamentos, modelos conceituais, aplicações e pesquisa da terapia cognitiva. Rev Bras Psiquiatr. 2008;30(Suppl 2):S54-64.
4. Bandura A. Social foundations of thought and action: a social cognitive theory. Englewood Cliffs, NJ: Prentice Hall; 1986.

5. Beck JS. Terapia cognitiva: teoria e prática. Porto Alegre: Artmed; 1997.
6. Bordin S, Figlie N, Laranjeira R. Terapia cognitiva. In: Figlie NB, Bordin S, Laranjeira R, organizadores. Aconselhamento em dependência química. São Paulo: Roca; 2015. p. 162-82.
7. Liese BS, Franz RA. Treating substance use disorders with cognitive therapy: lessons learned and implications for the future. In: Salkovskis PM, editor. Frontiers of cognitive therapy. New York: Guilford Press; 1996. p. 470-508.
8. Beck AT, Rush AJ, Shaw BE, Emery G. Terapia cognitiva da depressão. Porto Alegre: Artmed; 1997.
9. Reinecke MA, Dattilio FM, Freeman A. Terapia cognitiva com crianças e adolescentes: manual para a prática clínica. Porto Alegre: Artmed; 1999.

79 Transtorno de Estresse Pós-Traumático na Visão Cognitiva

Renato Maiato Caminha, Vinícius Guimarães Dornelles e Marina Gusmão Caminha

Introdução

O transtorno de estresse pós-traumático (TEPT) começou a ser pesquisado de modo mais sistemático na segunda metade da década de 1960, tendo como objeto de estudo principalmente os veteranos de guerra.

Somente na década de 1980, na terceira edição do *Manual Diagnóstico e Estatístico de Transtornos Mentais* (DSM-III), ele foi incluído como uma nova classificação de transtorno mental.

O DSM-III considerava evento traumático algum acontecimento que fugisse do espectro do habitual, ou seja, algo totalmente fora da experiência do dia a dia das pessoas – eventos como guerras, catástrofes terroristas de grande impacto, cataclismos, holocaustos ou acidentes de grandes proporções. A importância da ocorrência física de um evento era privilegiada, em contrapartida à percepção que o sujeito tinha acerca do ambiente onde vivia.

Atualmente, o interesse científico volta-se não apenas a veteranos de guerra ou sujeitos expostos a eventos de grande impacto coletivo, mas também a eventos cotidianos e à percepção que cada sujeito tem acerca do ambiente no qual está inserido.

Há a possibilidade de que alguns sujeitos desenvolvam o que se chama de trauma por iminência, ou seja, alguém que vive em um local altamente perigoso e sob a iminência de ser vitimado pode desenvolver TEPT mesmo que sequer tenha estado próximo da possibilidade de ser concretamente vitimado.

Apesar da estimativa de que, pelo menos uma vez na vida, 60 a 90% das pessoas serão expostas a experiências potencialmente traumáticas, isso não quer dizer, factualmente, que todos esses indivíduos acabarão desenvolvendo o quadro de TEPT.[1] O que vem sendo observado é que tão somente 25% (em média) dos indivíduos que sofrem uma experiência potencialmente traumática acabarão desenvolvendo o quadro de TEPT. Dados epidemiológicos atuais apontam que, após exposição a um evento traumático, a possibilidade de desenvolvimento de transtorno depressivo maior é quase a mesma que de TEPT, ou seja, ser exposto a um evento traumático não origina tão somente TEPT – pode desencadear outras reações psicopatológicas.

Os estudos epidemiológicos atuais sugerem que a prevalência de TEPT gira em torno de 6,8% da população geral.[2]

Se forem levadas em conta as estarrecedoras taxas de violência doméstica e de violência nos grandes centros urbanos, provavelmente lidaremos com a previsão de altos índices de TEPT. Dessa maneira, países com menores condições de oferecer recursos para as vítimas – característica dos países em desenvolvimento – podem apresentar aumentos mais substanciais na prevalência de TEPT.[3]

O TEPT é considerado um transtorno primário, ou seja, após sua ocorrência, há um disparo de comorbidades de eixo I, envolvendo humor e ansiedade. Dessa maneira, por ser um transtorno primário, pode ser facilmente confundido por terapeutas inexperientes com outras condições clínicas: o terapeuta pode estar avaliando apenas as reações secundárias do trauma sem levar em conta o principal fator desencadeante.[2]

Critérios diagnósticos

O TEPT é uma condição clínica que decorre de uma vivência ambiental muito bem circunscrita. Os critérios do DSM-5, apresentados a seguir, aplicam-se a adultos, adolescentes e crianças acima de 6 anos de idade:

A. Exposição a episódio concreto ou ameaça de morte, lesão grave ou violência sexual em uma (ou mais) das seguintes formas:

1. Vivenciar diretamente o evento traumático.
2. Testemunhar pessoalmente o evento traumático ocorrido com outras pessoas.
3. Saber que o evento traumático ocorreu com família ou amigo próximo. Nos casos de episódio concreto ou ameaças de morte envolvendo um familiar ou amigo, é preciso que o evento tenha sido violento ou acidental.
4. Ser exposto de forma repetida ou extrema a detalhes aversivos do evento traumático (p. ex., socorristas que recolhem restos de corpos humanos; policias repetidamente exposto a detalhes de abusos infantis).
Nota: O critério A4 não se aplica à exposição por meio de mídia eletrônica, televisão, filmes ou fotografias, a menos que tal exposição esteja relacionada ao trabalho.

B. Presença de um (ou mais) dos seguintes sintomas intrusivos associados ao evento traumático, começando depois de sua ocorrência:

1. Lembranças intrusivas angustiantes, recorrentes e involuntárias do evento traumático.
Nota: Em crianças acima de 6 anos de idade, podem ocorrer brincadeiras repetitivas nas quais temas ou aspectos do evento traumático são expressos.
2. Sonhos angustiantes recorrentes nos quais o conteúdo e/ou o sentimento do sonho estão relacionados ao evento traumático.
Nota: Em criança, pode haver pesadelos sem conteúdo identificável.
3. Reações dissociativas (p. ex., *flashbacks*) nas quais o indivíduo sente ou age como se o evento traumático estivesse ocorrendo novamente. (Essas reações podem ocorrer em um *continuum*, com a expressão mais extrema na forma de uma perda completa de percepção do ambiente ao redor.)
Nota: Em crianças, a reencenação específica do trauma pode ocorrer na brincadeira.
4. Sofrimento psicológico intenso ou prolongado ante a exposição a sinais internos ou externos que simbolizem ou se assemelhem a algum aspecto do evento traumático.
5. Reações fisiológicas intensas a sinais internos ou externos que simbolizem ou se assemelhem a algum aspecto do evento traumático.

C. Evitação persistente de estímulos associados ao evento traumático, começando após a ocorrência do evento, conforme evidenciado por um ou ambos dos seguintes aspectos:

1. Evitação ou esforços para evitar recordações, pensamentos ou sentimentos angustiantes acerca de ou associados de perto ao evento traumático.
2. Evitação ou esforços para evitar lembranças externas (pessoas, lugares, conversas, atividades, objetos, situações) que despertem recordações, pensamentos ou sentimentos angustiantes acerca de ou associados de perto ao evento traumático.

D. Alterações negativas em cognições e no humor associados ao evento traumático começando ou piorando depois da ocorrência de tal evento, conforme evidenciado por dois (ou mais) dos seguintes aspectos:

1. Incapacidade de recordar algum aspecto importante do evento traumático (geralmente devido a amnésia dissociativa, e não a outros fatores, como traumatismo craniano, álcool ou drogas).
2. Crenças ou expectativas negativas persistentes e exageradas a respeito de si mesmo, dos outros e do mundo (p. ex., "Sou mau", "Não se deve confiar em ninguém", "O mundo é perigoso", "Todo o meu sistema nervoso está arruinado para sempre").
3. Cognições distorcidas persistentes a respeito da causa ou das consequências do evento traumático que levam o indivíduo a culpar a si mesmo ou os outros.
4. Estado emocional negativo persistente (p. ex., medo, pavor, raiva, culpa ou vergonha).
5. Interesse ou participação bastante diminuída em atividades significativas.
6. Sentimentos de distanciamento e alienação em relação aos outros.
7. Incapacidade persistente de sentir emoções positivas (p. ex., incapacidade de vivenciar sentimentos de felicidade, satisfação ou amor).

E. Alterações marcantes na excitação e na reatividade associadas ao evento traumático, começando ou piorando após o evento, conforme evidenciado por dois (ou mais) dos seguintes aspectos:

1. Comportamento irritadiço e surtos de raiva (com pouca ou nenhuma provocação) geralmente expressos sob a forma de agressão verbal ou física em relação a pessoas e objetos.
2. Comportamento imprudente ou autodestrutivo.
3. Hipervigilância.
4. Resposta de sobressalto exagerada.

5. Problemas de concentração.
6. Perturbação do sono (p. ex., dificuldade para iniciar ou manter o sono, ou sono agitado).

F. A perturbação (Critérios B, C, D e E) dura mais de um mês.
G. A perturbação causa sofrimento clinicamente significativo e prejuízo social, profissional ou em outras áreas importantes da vida do indivíduo.
H. A perturbação não se deve aos efeitos fisiológicos de uma substância (p. ex., medicamento, álcool) ou a outra condição médica.

Deve-se especificar se o transtorno é agudo (duração dos sintomas inferior a 3 meses), crônico (duração dos sintomas superior a 3 meses) ou com início tardio (início dos sintomas pelo menos 6 meses após o evento estressor).[4]

Fundamentos teóricos

A terapia cognitivo-comportamental (TCC) tem como uma de suas premissas básicas a busca de explicação e predição dos fenômenos psicológicos por meio do processamento cognitivo. Esses fenômenos podem ser tanto aspectos do cotidiano que tragam algum grau de disfuncionalidade ou sofrimento ao paciente quanto psicopatologias.

Dessa maneira, a TCC sempre buscou produzir modelos teóricos que explicassem a formação e a manutenção do TEPT. Inicialmente, esses modelos tinham uma vertente comportamental proeminente, trabalhando o TEPT dentro da noção de condicionamento clássico e operante. Já os modelos mais atuais têm como característica central a interface, em seus princípios teóricos, de diferentes abordagens teóricas, como a base comportamentalista, a base neurobiológica, a base neuropsicológica e a base cognitiva.[5]

Um dos primeiros modelos explicativos foi a teoria dos dois fatores de Mowrer[6], publicada em 1947. Esse autor propôs que a origem do TEPT estaria atrelada à noção de condicionamento clássico, em que ocorreriam pareamentos de estímulos entre o evento traumático e os demais estímulos presentes no ambiente. Isso explicaria a reatividade fisiológica comum do transtorno mediante estímulos associados ao evento traumático. Entretanto, a manutenção do transtorno ocorreria via condicionamento operante, pois, a partir do momento em que o paciente passasse a se esquivar das situações temidas, ele reforçaria o pareamento de estímulos que ocorrera previamente, perpetuando, desse modo, o TEPT.[7]

Outro modelo que se propõe a explicar o TEPT é o do desamparo aprendido, elaborado por Seligman. Esse modelo explicaria a formação de respostas de TEPT, uma vez que, para a teoria, a apresentação de estímulos aversivos é seguida de respostas de desamparo, o que causaria um déficit na consolidação de novas aprendizagens e, consequentemente, a evocação de novos padrões de respostas. A partir da óptica desse modelo, seria possível explicar os sintomas depressivos que comumente acompanham pacientes que sofrem com TEPT.[2]

É notório que os modelos comportamentais citados são fundamentais para compreender a formação do TEPT, bem como o funcionamento pós-traumático. Entretanto, esses modelos acabam não explicando o TEPT de maneira global, pois um dos aspectos mais importantes, que é o da cognição – em especial o funcionamento da memória traumática –, acaba não sendo contemplado por eles.

Diferentes modelos cognitivos de entendimento do TEPT têm sido elaborados nas últimas décadas, cada um buscando responder a alguma questão que o outro possa ter deixado em aberto, mas esse movimento começa a surgir na década de 1970. Um dos primeiros modelos será o psicodinâmico de Horowitz. Esse teórico propõe que a adaptação do paciente ao evento traumático depende diretamente dos esquemas preexistentes a este e da formação de novos esquemas. Para essa teoria, a adaptação perante a situação traumática ocorre pelo processamento adequado da informação.

Outro modelo de importância central para o entendimento do TEPT foi elaborado por Lang, em 1979, e recebeu a denominação de teoria do processamento emocional. Para essa abordagem, as crenças prévias sobre o evento traumático, as informações prévias que os pacientes tenham sobre o evento e o padrão de respostas previamente esperado para o evento traumático seriam as bases da formação do quadro de TEPT.[2]

Um modelo mais contemporâneo foi elaborado por Creamer et al.[8] Este tem como axioma central que a plena adaptação da exposição a um evento traumático ocorre pela integração do evento com os esquemas mentais já existentes, ou seja, quanto mais flexíveis forem as estruturas cognitivas dos pacientes, maior será o poder de adaptação a situações potencialmente traumáticas.

Jones e Barlow[9] propõem como modelo explicativo para o TEPT a noção de que esses pacientes teriam algum grau de vulnerabilidade biológica, o que acarretaria uma tendência de respostas de hiperexcitação autonômica mediante estressores. Essa vulnerabilidade biológica implicaria predisposição psicológica para a ansiedade e, em especial, para os transtornos de ansiedade. Assim, pessoas com essa vulnerabilidade teriam menor propensão a fazer a integração dos conteúdos pós-traumáticos e, desse modo, seriam mais suscetíveis ao TEPT.

Outros autores, como Caminha, apontarão a fundamental importância do apoio social tanto na recuperação como na formação do TEPT. Quanto maior a rede social do paciente, maior a sua "plasticidade social" – termo cunhado por Caminha[5] –, ou seja, maior a sua capacidade de usar sua rede social como fator de amparo e adaptação a situações potencialmente estressoras. Assim, pode-se concluir que, quanto mais hábil socialmente for o paciente, menor a probabilidade de ele sofrer com o impacto dos eventos estressores e maior a possibilidade de reabilitação e resposta ao tratamento.

Entre os modelos de entendimento biológico do TEPT, pode-se destacar algumas alterações apontadas por diferentes estudos de neuroimagem. São elas a clara superestimulação da amígdala, o aumento da perfusão sanguínea no tálamo e a diminuição da perfusão sanguínea no hipocampo (muitas vezes com redução de volume) e, como consequência, o aumento significativo das memórias amígdala-dependentes, em detrimento das memórias hipocampo-dependentes. Isso explica os sintomas de revivência, hipervigilância e hiperatividade autonômica e as esquivas cognitivas, emocionais e comportamentais tão comuns ao TEPT. Outras alterações residem na diminuição da perfusão sanguínea na área de Broca, no hemisfério esquerdo, relacionada à diminuição de narrativas que o paciente costumava fazer antes do TEPT, e, por fim, na diminuição da perfusão sanguínea no córtex pré-frontal, o que está relacionado aos déficits executivos presentes no TEPT.[2]

Diferenças de gênero

Aspectos relativos às diferenças de gênero quanto ao TEPT são ainda exploratórios, ou seja, as pesquisas não apontam dados plenamente conclusivos sobre esse tema. Entretanto, alguns resultados chamam a atenção e merecem ser refletidos. Um desses achados versa sobre uma maior exposição de homens a eventos traumáticos. Em contrapartida, observa-se que as mulheres teriam maior propensão ao desenvolvimento do TEPT.[10] Uma das prováveis explicações para tal resultado poderia ser a natureza do evento estressor, pois experiências traumáticas como estupros tendem a acontecer mais com mulheres que com homens.

Outra explicação versa pela via evolucionista. Como a maior parte dos estressores envolve violência e cenas de forte impacto emocional, os homens teriam, em razão do processo de evolução, um cérebro menos sensível a esse tipo de cenário. A dessensibilização masculina seria oriunda da exposição a cenas de violência promovidas pelo ato de caçar.

Um estudo realizado na Austrália, com 10.641 participantes, demonstrou diferenças de prevalência entre os gêneros, mas de maneiras diversas quando utilizados os critérios diagnósticos do DSM-IV e quando utilizados os critérios diagnósticos da *Classificação Internacional de Doenças* (CID-10) para o diagnóstico de TEPT nos últimos 12 meses. Com relação à prevalência média de TEPT, de acordo com os critérios do DSM-IV, foram obtidos índices de 1,2% para homens e de 1,4% para mulheres. Já conforme os critérios diagnósticos da CID-10, a taxa de prevalência girou em torno de 2,3% em homens e de 4,2% em mulheres. Esses resultados demonstram que, valendo-se dos critérios diagnósticos do DSM-IV, não se encontram diferenças significativas entre os índices de prevalência de TEPT em homens e mulheres. No entanto, ao serem adotados os critérios diagnósticos da CID-10, verifica-se que as mulheres apresentam índices muito próximos ao dobro dos encontrados nos homens. Tais resultados são atribuídos à estrutura das normas diagnósticas dos dois manuais, que acarretariam essa divergência. O principal motivo dessa diferença reside nos critérios C – esquiva persistente de estímulos associados com o trauma e entorpecimento da reatividade geral (não presente antes do trauma) – e F – perturbação causa sofrimento clinicamente significativo ou prejuízo no funcionamento social ou ocupacional ou em outras áreas importantes da vida do indivíduo – presentes no DSM-IV, mas não na CID-10.[11]

Outra pesquisa tentando investigar as diferenças entre os gêneros no diagnóstico de TEPT foi conduzida em Israel, avaliando a prevalência de TEPT em 2.999 adolescentes homens e mulheres após passarem por ataques terroristas. Verificou-se, nesse estudo, que as mulheres apresentaram maiores taxas de TEPT que os homens. Entretanto, os homens apresentaram até o dobro da intensidade de sintomas em relação às mulheres.[12]

Tratamento

A TCC apresenta como característica central a busca de estudos de eficácia para seus mais diferentes algoritmos de tratamento. Com relação ao TEPT, tal característica torna-se extremamente evidente, sendo referendada como abordagem psicoterápica de escolha para o tratamento desse transtorno.[2]

As intervenções psicoterápicas, no modelo cognitivo-comportamental para o TEPT, têm como cerne a alteração da valência emocional da memória traumática, já que o TEPT é, essencialmente, uma psicopatologia da memória. Dessa maneira, as técnicas utilizadas nas diferentes abordagens de TCC para TEPT têm por finalidade atenuar os efeitos aversivos de memória traumática. Assim, pode haver diversas abordagens e técnicas para o trabalho em TCC com o TEPT, mas todas costumeiramente ligadas pela premissa básica da importância do trabalho de voltar a valência da memória traumática aos níveis basais.

Um dos modelos psicoterápicos mais sólidos na intervenção do TEPT é o modelo integrado, proposto por Caminha.[5] Esse modelo visa a integrar as técnicas já validadas em ensaios clínicos, agrupando-as em uma sistematização do processo terapêutico. Além disso, o próprio autor criou novas técnicas que foram incorporadas a esse modelo. O modelo integrado está em consonância com os principais achados neurobiológicos e neuropsicológicos sobre o TEPT, como memória, envolvendo recuperação imediata de informações, atenção verbal, atenção visual, funções executivas e fraca integração de memória autobiográfica.

O roteiro do modelo integrado para TEPT obedece a uma organização de 8 a 12 sessões, sendo dividido em três fases: sessões iniciais, sessões intermediárias e sessões finais.

Com relação às sessões iniciais, o clínico deve se assegurar de que o paciente não esteja mais exposto ao agente estressor traumático. Outro detalhe importante é a utilização dos elementos componentes da entrevista motivacional para a eliciação de uma aliança terapêutica afetiva e sólida, enfocando temas como: "como eu era?", "como estou agora?", "o que perdi?", "o que ganhei?" e "como posso e quero estar no futuro?". Assim, nessa fase de tratamento, é fundamental que se faça uma psicoeducação quanto ao TEPT e aos modelos cognitivos. Também é importante realizar uma avaliação global do paciente por meio de instrumentos psicométricos, como escalas de ansiedade, de estresse e de saúde geral, que sirvam como medidas de desfecho ao término do tratamento. Por fim, torna-se essencial nessa fase a utilização do registro de pensamentos disfuncionais (RPD) e de "afetivogramas", tendo como principal objetivo estabelecer relações entre a oscilação das emoções dos pacientes e as memórias traumáticas (aspecto de grande dificuldade para pacientes com TEPT).

Nas sessões intermediárias, o tratamento passará à verificação das crenças pré e pós-evento traumático. Esse estágio é fundamental porque os pacientes costumam apresentar grande variação da intensidade das crenças sobre o evento em si, bem como sobre si mesmos e o mundo; desse modo, criam-se bases para enfrentamentos cognitivos a respeito dessa discrepância entre a intensidade pré e pós-evento traumático. Outro estágio crucial nessa fase de tratamento é a abordagem da culpa e da raiva, muito comuns em pacientes com TEPT. Essa abordagem deve ser dividida em duas grandes frentes, ou seja, a culpa e a raiva que o paciente tem de si e dos outros. Por fim, nessa fase, faz-se a abordagem da memória traumática. Para tanto, é crucial elaborar o mapa de memória traumática, técnica igualmente desenvolvida por Caminha et al.[2], evidenciando claramente, no caso do paciente, os estímulos pareados em níveis I, II e III (quando presentes). Nessa fase do tratamento, aplicam-se as técnicas psicoterápicas propriamente ditas, como o treinamento de inoculação de estresse, o treinamento de autoinstrução, as técnicas de respiração de relaxamento e a dessensibilização sistemática, para que seja possível parear as memórias de diferentes valências emocionais dos pacientes. Da mesma maneira, é fundamental realizar treinamentos de exposição a situações ansiogênicas, promovendo, em conjunto com as exposições, o treinamento de habilidades sociais.

Na terceira e última fase de tratamento, ou seja, nas sessões finais, é fundamental que se promova uma generalização de tudo que se aprendeu durante o processo terapêutico, eliciando uma "superaprendizagem". É crucial, nessa etapa do tratamento, promover uma aliança com amparo social. Por fim, elabora-se a prevenção da recaída com os pacientes.

Sobre o tratamento do TEPT, Knapp e Caminha[13] colocam que as principais técnicas utilizadas no tratamento desse transtorno seriam:

- Treinamento de inoculação e estresse
- Treinamento de autoinstrução
- Treinamento de habilidades sociais
- Relaxamento respiratório
- Relaxamento muscular progressivo
- Dessensibilização sistemática
- Prevenção da recaída.

Outra perspectiva interessante de tratamento proposta por Caminha et al.[14] é um *software* chamado "caixa de memória". As pesquisas realizadas com esse instrumento demonstram validade para o tratamento infantil; em adultos, entretanto, tal ferramenta ainda se encontra em estudo experimental.

A "caixa de memória" surge como método sistemático para explicar, de modo concreto, o funcionamento da memória traumática para crianças que possam ter sido vítimas de situações potencialmente traumáticas.

Assim, a "caixa de memória" é uma grande caixa virtual subdividida em gavetas, as quais fazem uma analogia direta com o funcionamento da nossa memória. Dessa maneira, ensina-se para as crianças que a nossa memória funciona similarmente a gavetas que armazenam informações e que seria possível alterar o significado dessas lembranças, promovendo uma melhoria global do quadro de TEPT delas.

A "caixa de memória" funciona do seguinte modo: cria-se, no computador, uma série de categorias de memórias que possam envolver o material traumático ou não. No *software*, a gaveta vermelha tem ligação indireta ou direta com a memória traumática, sendo capaz de ativar a síndrome pós-traumática. Para criarem-se os conteúdos da gaveta vermelha dentro da "caixa de memória", é necessário que o terapeuta faça a construção do mapa de memória tal o que é feito no modelo integrado.

As gavetas vermelhas são ativadas sob o comando do terapeuta ou aleatoriamente. Assim que essas gavetas são acionadas, o terapeuta estimula a criança a produzir narrativas detalhadas sobre o tema da gaveta. O tempo das narrativas acontece conforme o terapeuta achar interessante. Passada essa fase, mensuram-se os níveis emocionais e, por fim, solicita-se à criança que aperte um botão, o qual fica acima das gavetas, o que será chamado aqui de ativação metacognitiva. Por fim, pede-se ao paciente que escolha uma gaveta colorida (cores diferenciadas da vermelha) com conteúdo de memória hipocampo-dependente de valência positiva, para que, dessa maneira, se diminua a valência pós-traumática nesses pacientes.

Eficácia da TCC para tratamento e prevenção do TEPT

Uma revisão sistemática da literatura tentou apontar diferença de eficácia de tratamento entre a TCC e outras abordagens terapêuticas. Dos 23 estudos selecionados, de uma amostra inicial de 298, quatro utilizavam intervenções de TCC breve (4 sessões ou menos), 17 usavam abordagens de TCC mais longas (mais de 4 sessões), um utilizou tão somente TCC em grupo e um valeu-se da TCC em grupo, mas com duas sessões individuais ao longo do tratamento. As comparações de eficácia aconteceram entre TCC *versus* EMDR, TCC *versus* terapia de apoio, TCC *versus* terapia de exposição e TCC *versus* terapia cognitiva. Na comparação entre TCC e EMDR, encontrou-se diferença estatisticamente significativa, demonstrando que a TCC tem maiores índices de eficácia na redução de sintomatologia pós-traumática que o EMDR. Já com relação à comparação entre TCC e terapias de apoio, evidenciou-se que a TCC foi mais eficaz que as terapias de apoio. No entanto, a comparação entre TCC e terapias de exposição não demonstrou diferenças estatisticamente significativas quanto aos seus resultados de eficácia. Do mesmo modo, a comparação entre TCC e terapia cognitiva não apresentou diferenças estatísticas acerca da eficácia do tratamento.[15]

Já outra revisão sistemática investigou 25 estudos sobre a TCC focada no trauma *versus* outra intervenção psicológica ou lista de espera, 20 estudos comparando EMDR com outras intervenções psicológicas ou lista de espera, sete estudos comparando a terapia de manejo do estresse com outras intervenções psicológicas ou lista de espera, seis estudos comparando diversas abordagens psicoterápicas com outras intervenções psicológicas ou lista de espera e quatro estudos comparando a terapia comportamental em grupo com outras intervenções psicológicas ou lista de espera. Com a análise desse material, verificou-se que a TCC focada no trauma, a terapia de manejo do estresse, a TCC em grupo e o EMDR são abordagens eficazes no tratamento de TEPT crônico.[16]

Um estudo de metanálise comparou a eficácia da TCC focada no trauma e do EMDR no tratamento do TEPT. Para tanto, foram selecionados oito estudos. Os resultados demonstraram não haver quaisquer diferenças estatísticas quanto à redução de sintomas de TEPT ao se comparar TCC focada no trauma e EMDR, mas verificou-se que ambas as abordagens são eficazes no tratamento do TEPT.[17]

Um ensaio clínico investigou alterações da atividade elétrica cerebral em pacientes sobreviventes de acidentes automobilísticos com TEPT ou TEPT subclínico por meio do exame de eletroencefalograma (EEG) antes e depois da aplicação de um protocolo de tratamento psicoterápico utilizando a TCC. O estudo envolveu 17 participantes submetidos à TCC e 18 submetidos à lista de espera. O procedimento de EEG foi aplicado antes e depois da intervenção (psicoterápica ou fila de espera), procurando avaliar a atividade elétrica cerebral dos hemisférios esquerdo e direito das porções anteriores e posteriores do encéfalo. O critério que definiu o TEPT subclínico foi a apresentação de apenas duas dimensões do transtorno, ou seja, não foi preciso apresentar as três dimensões (evitação, excitabilidade e revivência), mas tão somente qualquer combinação de duas delas. Dessa maneira, dos 17 pacientes submetidos à TCC, dez tinham o diagnóstico efetivo de TEPT e sete apresentavam manifestações subclínicas de TEPT. Já a lista de espera era composta de sete participantes efetivamente com TEPT e 11 com TEPT subclínico.

O protocolo de tratamento utilizado foi de 8 a 12 sessões de TCC, sendo as sessões realizadas semanalmente, com duração de 1,5 h cada. As principais técnicas utilizadas foram exposição escrita, exposição imagística prolongada, exposição in vivo, reestruturação cognitiva e treinamento de relaxamento. Os participantes submetidos à lista de espera não obtiveram quaisquer tratamentos psicoterápicos no prazo de 3 meses no qual o estudo ocorreu. A avaliação dos sintomas de TEPT, bem como dos sintomas clínicos de depressão e ansiedade, foi feita em dois tempos, antes e depois da intervenção (TCC ou lista de espera). Do mesmo modo, a avaliação com EEG foi realizada em dois tempos, antes e depois da intervenção (TCC ou lista de espera). Durante a avaliação com EEG, foram mostradas quatro figuras: uma de valência emocional neutra; outra de valência emocional positiva; uma de valência emocional negativa; e, por fim, uma relacionada ao trauma – em geral, uma foto do acidente.

Os resultados demonstraram que existe significativa diferença na redução dos sintomas de TEPT no grupo submetido à TCC em relação ao grupo da lista de espera. Verificaram-se também alterações significativas da atividade elétrica cerebral do hemisfério direito na porção anterior (decréscimo de atividade) nos participantes submetidos à TCC quando comparados aos da lista de espera nos momentos antes e depois do tratamento. O estudo demonstra, ainda, correlação direta entre o decréscimo da atividade elétrica na porção anterior do hemisfério direito e a diminuição da intensidade de sintomas de TEPT.[18]

Uma maneira de avaliar a eficácia da TCC para o TEPT é utilizar ensaios clínicos em conjunto com exames de neuroimagem, para que, desse modo, seja possível dizer quais áreas do cérebro sofreram alterações na avaliação pré e pós-tratamento, além de correlacionar a diminuição dos sintomas pós-traumáticos com regiões cerebrais envolvidas com o TEPT.

Assim, Peres et al.[19] elaboraram uma pesquisa no Brasil utilizando essa tecnologia, na qual foram avaliados 27 participantes com o diagnóstico de TEPT mediante tomografia por emissão de fóton único (SPECT, single-photon emission computed tomography), nas condições pré e pós-tratamento. Para executar a avaliação de SPECT, pedia-se que os participantes realizassem uma evocação de memória traumática durante o exame. Os participantes desse estudo foram alocados em dois grupos distintos. Um grupo recebeu intervenção de TCC para o TEPT (16 participantes) – esta moldada, basicamente, por técnicas de exposição imagística e de reestruturação cognitiva – e outro grupo ficou submetido à lista de espera (11 participantes). Os resultados demonstraram que os participantes submetidos à TCC apresentaram aumento significativo de atividade no córtex pré-frontal, no tálamo, no lobo parietal, na área de Broca e no hipocampo. Também se verificou diminuição de atividade da amígdala (esta profundamente relacionada à memória emocional). Outro resultado relevante do estudo é que os participantes alocados no grupo que recebeu a intervenção com TCC obtiveram redução significativamente maior de sintomas pós-traumáticos que os participantes da fila de espera.[19]

Além da avaliação da eficácia do tratamento para TEPT, é importante que se observem os resultados de eficácia de ensaios clínicos que tentem evitar a formação do quadro de TEPT.

Um desses estudos tentou comparar a terapia por exposição imagística e in vivo com a terapia por reestruturação cognitiva e a lista de espera na eficácia do tratamento do transtorno de estresse agudo (TEA). Para tanto, desenhou-se o ensaio clínico em três grupos, cada um com 30 participantes. Cada grupo recebeu tão somente uma abordagem de intervenção, seja ela terapia por exposição imagística e in vivo ou terapia por reestruturação cognitiva ou lista de espera. Dessa maneira, todos os participantes que estivessem alocados nos grupos de intervenção (exposição ou reestruturação cognitiva) receberam 5 sessões de intervenção, sendo a periodicidade de cada sessão semanal e com tempo definido de 90 min de duração. Já os participantes alocados na lista de espera foram avisados, no começo do estudo, de que seriam reavaliados ao final de 6 semanas. Os resultados desse estudo indicam que a terapia por exposição imagística e in vivo é mais eficaz na redução dos sintomas de TEA e, consequentemente, na prevenção de TEPT (índice de sintomas pós-tratamento de 33%) que a terapia por reestruturação cognitiva (índice de sintomas pós-tratamento de 63%) e mais eficaz que a lista de espera (índice de sintomas pós-traumáticos de 77%).[20]

Entretanto, nem todas as intervenções com cunho preventivo ao TEPT produzem o resultado esperado. Por exemplo, o *debriefing* compulsório de pacientes com trauma proposto por Mitchel,[2] chamado DICE, parece ser exemplo de técnica de prevenção secundária contraproducente, uma vez que, no seguimento de 1 ano do tratamento com o *debriefing*, observou-se suspeita de que essa técnica pudesse estar aumentando o risco para o desenvolvimento de TEPT.[21]

Indicações e contraindicações

Nem sempre o fato de uma abordagem de tratamento ser altamente eficaz para uma condição clínica faz com que todos os pacientes com essa condição se beneficiem desse tratamento. Com relação ao TEPT, existe a possibilidade de nem todos os pacientes serem beneficiados por esse modelo terapêutico. Pessoas com deficiências cognitivas ou retardo mental com TEPT podem não responder tão bem às técnicas cognitivas. Desse modo, esses pacientes, provavelmente, seriam muito beneficiados pela utilização de técnicas comportamentais. Contudo, se se elencarem as principais contraindicações à TCC para o TEPT, serão encontrados pacientes com *delirium*, transtornos mentais orgânicos e quadros de demência.[2] Entretanto, se o paciente apresentar uma doença grave, as técnicas básicas previstas para o caso merecem ser adaptadas a essa condição patológica grave.

Os principais cuidados que o terapeuta deve ter com pacientes com TEPT, para verificar se estes podem ou não receber tratamento plenamente satisfatório, são os seguintes: o evento traumático continua ocorrendo? Existe uma rede de suporte no tratamento que garanta acesso do paciente a tratamento psiquiátrico, se necessário? O paciente tem comorbidades? Quais? Com essas questões em mente, fica muito fácil estabelecer um plano de tratamento adequado e eficaz para esses pacientes. Já em relação às comorbidades, estas deverão ser abordadas levando em conta sua intensidade. Assim, definem-se quais seriam os principais focos de tratamento em termos de comorbidades com TEPT.

Um grande risco para a adesão ao tratamento é a ambivalência de alguns pacientes entre o interesse na terapia e o medo de se expor e enfrentar as memórias traumáticas. Para tanto, é crucial todo o processo psicoeducativo para que o paciente perceba a importância dos exercícios de exposição.[2]

Considerações finais

Como se pôde ver no decorrer deste capítulo, a TCC é uma abordagem terapêutica que apresenta resultados muito animadores, tanto com relação ao tratamento do TEPT quanto na prevenção secundária do transtorno.

Esses resultados animadores são consequência não só de um método de tratamento sistemático e eficaz, com técnicas planejadas e aplicadas em momentos certos no tratamento desse transtorno, mas, principalmente, do esforço cada vez maior de buscar explicações para o funcionamento, seja ele comportamental, cognitivo ou biológico, de nossas funções cognitivas após serem submetidas a experiências potencialmente traumáticas. Esses dados fornecem bases de como esse sistema complexo (que é o sistema pós-trauma) se organiza e se sustenta e, assim, fornecem as diretrizes algorítmicas de tratamento para essa psicopatologia.

O capítulo também tentou demonstrar algumas diferenciações de como os funcionamentos cognitivos masculino e feminino reagem mediante as experiências potencialmente traumáticas, para que, dessa maneira, seja possível avaliar se existem diferenças entre os gêneros com relação a esse diagnóstico.

Por fim, apresentou-se o modelo integrado como uma alternativa muito interessante para o tratamento dessa psicopatologia, sumarizando-o em suas etapas, e abordaram-se alguns detalhes sobre uma ferramenta terapêutica que vem se mostrando extremamente útil no tratamento dessa psicopatologia: a "caixa de memória".

Referências bibliográficas

1. Creamer M, Burgess P, McFarlane AC. Post-traumatic stress disorder: findings from the Australian National Survey of Mental Health and Well-Being. Psychol Med. 2001;31(7):1237-47.
2. Caminha RM, Kristensen CH, Dornelles VG. Terapia cognitivo-comportamental no transtorno de estresse pós-traumático. In: Cordioli AV, organizador. Psicoterapias: abordagens atuais. 3. ed. Porto Alegre: Artmed; 2008.
3. Kar N, Bastia BK. Post-traumatic stress disorder, depression and generalised anxiety disorder in adolescents after a natural disaster: a study of comorbidity. Clin Pract Epidemiol Ment Health. 2006;26(2):17-24.

4. American Psychiatric Association. DSM-5: manual diagnóstico e estatístico de transtornos mentais. 5. ed. Porto Alegre: Artmed; 2014.
5. Caminha RM, organizador. Transtornos do Estresse Pós-traumático (TEPT): da neurobiologia à terapia cognitiva. São Paulo: Casa do Psicólogo; 2005.
6. Mowrer OH. On the dual nature of learning: a re-interpretation of "conditioning" and "problem-solving". Harvard Educ Rev. 1947;17:102-48.
7. Astin MC, Resick PA. Tratamento cognitivo-comportamental do transtorno de estresse pós-traumático. In: Caballo VE. Manual para o tratamento cognitivo-comportamental dos transtornos psicológicos: transtornos de ansiedade, sexuais, afetivos e psicóticos. São Paulo: Santos; 2003.
8. Creamer M, Burgess P, Pattison P. Reactions to trauma: a cognitive processing model. J Abnorm Psychol. 1992;101(3):452-59.
9. Johnson DR, Feldman SC, Lubin H, Southwick SM. The therapeutic use of ritual and ceremony in the treatment of post-traumatic stress disorder. J Trauma Stress. 1995;8(2):283-98.
10. Breslau N, Kessler RC, Chilcoat HD, Schultz LR, Davis GC, Andreski P. Trauma and posttraumatic stress disorder in the community: the 1996 Detroit Area Survey of Trauma. Arch Gen Psychiatry. 1998; 55(7):626-32.
11. Peters L, Issakidis C, Slade T, Andrews G. Gender differences in the prevalence of DSM-IV and ICD-10 PTSD. Psychol Med. 2006;36(1):81-9.
12. Laufer A, Solomon Z. Gender differences in PTSD in Israeli youth exposed to terror attacks. J Interpers Violence. 2009;24(6):959-76.
13. Knapp P, Caminha RM. Terapia cognitiva do transtorno de estresse pós-traumático. Rev Bras Psiquiatr. 2003;25(Supl I):31-6.
14. Caminha RM, Schaffer JL, Galarraga V. O desenvolvimento e o uso do software "CM" na reestruturação da memória pós-traumática. In: Brandão Z. Sobre comportamento e cognição. v. 13. São Paulo: ESETEC; 2003.
15. Mendes DD, Mello MF, Ventura P, Passarela CM, Mari JJ. A systematic review on the effectiveness of cognitive behavioral therapy for posttraumatic stress disorder. Int J Psychiatry Med. 2008;38(3):241-59.
16. Bisson JI, Ehlers A, Matthews R, Pilling S, Richards D, Turner S. Psychological treatments for chronic posttraumatic stress disorder. Systematic review and meta-analysis. Br J Psychiatry. 2007;190:97-104.
17. Seidler GH, Wagner FE. Comparing the efficacy of EMDR and trauma-focused cognitive-behavioral therapy in the treatment of PTSD: a meta-analytic study. Psychol Med. 2006;36(11):1515-22.
18. Rabe S, Zoellner T, Beauducel A, Maercker A, Karl A. Changes in brain electrical activity after cognitive behavioral therapy for posttraumatic stress disorder in patients injured in motor vehicle accidents. Psychosom Med. 2008;70(1):13-9.
19. Peres JF, Newberg AB, Mercante JP, Simão M, Albuquerque VE, Peres MJ, et al. Cerebral blood flow changes during retrieval of traumatic memories before and after psychotherapy: a SPECT study. Psychol Med. 2007;37(10):1481-91.
20. Bryant RA, Mastrodomenico J, Felmingham KL, Hopwood S, Kenny L, Kandris E, et al. Treatment of acute stress disorder: a randomized controlled trial. Arch Gen Psychiatry. 2008;65(6):659-67.
21. Davidson JR. Long-term treatment and prevention of posttraumatic stress disorder. J Clin Psychiatry. 2004;65(Suppl 1):44-8.

80 Transtornos Alimentares na Visão Cognitiva

Maria de Fátima Gaspar Vasques, Maria Olimpia Jabur Saikali e Juliane Haddad Fonseca

Terapia cognitiva

A terapia cognitiva (TC) foi desenvolvida por Aaron T. Beck, no início da década de 1960, como uma terapia breve, estruturada, orientada para o presente, para a depressão, direcionada a resolver problemas atuais e a modificar pensamentos e comportamentos disfuncionais.[1] Vem sendo aplicada atualmente como tratamento único ou terapia complementar em uma variedade de transtornos psiquiátricos.

Segundo Beck, o que determina o que as pessoas sentem não é a situação, mas o modo como interpretam a realidade à sua volta. Assim, o modelo de psicoterapia cognitiva parte do pressuposto de que as emoções e seus comportamentos são influenciados pela maneira como o indivíduo interpreta e pensa sobre a situação.[1]

Na concepção cognitivista, a psicopatologia será sempre considerada o resultado de crenças excessivamente disfuncionais ou de pensamentos distorcidos que, em atividade, influenciariam o humor e o comportamento, enviesando sua percepção da realidade.

A terapia cognitiva identifica três níveis de cognição: os pensamentos automáticos; as crenças intermediárias; e as crenças centrais. Os pensamentos automáticos são, com frequência, breves e rápidos, não decorrem de raciocínio lógico e parecem surgir automaticamente. Esses pensamentos estão em nível pré-consciente e não são acessíveis à consciência humana, mas podem ser identificados a partir de treinamento adequado. As crenças intermediárias influenciam a visão de uma situação e, consequentemente, a maneira como o indivíduo pensa, sente e se comporta. Essas crenças consistem em atitudes, regras e suposições.[1] As crenças centrais constituem o nível mais profundo da estrutura cognitiva: são rígidas, globais e absolutistas, e são aquelas que um indivíduo tem sobre si mesmo, sobre o mundo e sobre o futuro (tríade cognitiva). Essas crenças são formadas na infância.

Com base nessa concepção, o sistema de crenças dos indivíduos com transtornos alimentares determina sentimentos e comportamentos desencadeados por pensamentos disfuncionais acerca do peso, do formato corporal, da alimentação e do valor pessoal. A crença, por exemplo, de que ser magro está associado diretamente a autocontrole, competência e superioridade, interfere diretamente na autoestima de um indivíduo.[1]

Transtornos alimentares

Os transtornos alimentares (TA) caracterizam-se por graves perturbações no comportamento alimentar, comprometendo significativamente a saúde física e psicossocial. São multifatoriais e resultam da interação de fatores socioculturais, biológicos, genéticos, psicológicos e familiares.

São quadros psiquiátricos que levam a grandes prejuízos biopsicossociais, associados a grande morbidade e mortalidade.

Serão discutidos a seguir os principais transtornos alimentares: anorexia nervosa, bulimia nervosa, transtorno da compulsão alimentar, transtorno de pica, transtorno da ruminação e transtorno alimentar restritivo/evitativo.

Anorexia nervosa

Apresenta três características essenciais: restrição persistente da ingesta calórica; medo intenso de ganhar peso ou de engordar ou comportamento persistente que interfere no ganho de peso; perturbação na percepção do próprio peso ou da própria forma. O indivíduo mantém um peso corporal abaixo daquele minimamente normal para a idade, o gênero, a trajetória do desenvolvimento e a saúde física.[2]

O diagnóstico de anorexia nervosa pode ser dividido em dois subtipos:

- Restritivo: apresentações nas quais a perda de peso é conseguida essencialmente por meio de dieta, jejum e/ou exercício prolongado[2]
- Compulsão alimentar purgativa: nos últimos 3 meses, o indivíduo se envolveu em episódios recorrentes de compulsão alimentar purgativa (vômitos autoinduzidos ou uso de laxantes, diuréticos ou enemas).[2]

Na terapia cognitivo-comportamental (TCC), o aspecto central da anorexia nervosa está na manutenção do sistema de crenças disfuncionais a respeito do formato do corpo e do peso corporal. Os indivíduos associam magreza a competência, sucesso e superioridade, os quais, consequentemente, levam a uma distorção na avaliação do valor pessoal. Esses pacientes avaliam seu desempenho na vida com base em seu formato corporal, em seu peso, em seus hábitos alimentares e na sua habilidade de controlá-los.[3]

Esses sistemas de crenças podem se perpetuar em decorrência de tendências disfuncionais de raciocínio, por exemplo, pensamento dicotômico ou polarizado ("ou sou magro, ou sou gordo") ou abstração seletiva (atentar para informações que confirmam as crenças, ignorando dados que poderiam modificá-las).[3]

Os modos disfuncionais de processar informações formam um viés que confirma o sistema de crenças, impedindo a mudança, já que os dados que poderiam modificá-lo são ignorados ou distorcidos.

A melhora do quadro clínico ocorre a partir da modificação das expectativas associadas à aparência e dos modos de raciocínio disfuncionais.

A Figura 80.1 apresenta o modelo de manutenção da anorexia nervosa, a base para o entendimento do terapeuta e para sua atuação. Por meio do modelo cognitivo de manutenção, o paciente consegue ressignificar seus pensamentos automáticos disfuncionais e construir um novo paradigma pessoal.[4]

Bulimia nervosa

Existem três aspectos essenciais na bulimia nervosa: episódios recorrentes de compulsão alimentar; comportamentos compensatórios inapropriados recorrentes para impedir o ganho de peso, como vômito autoinduzido, uso indevido de laxantes, diuréticos ou outros medicamentos, jejum ou exercício em excesso; e autoavaliação indevidamente inapropriada pela forma e pelo peso corporal. Para se qualificar ao diagnóstico, a compulsão alimentar e os comportamentos compensatórios inapropriados podem ocorrer, em média, no mínimo 1 vez/semana durante 3 meses.[2]

Na TCC, o aspecto central da bulimia nervosa está na tendência em raciocinar de maneira dicotômica, em termos absolutos e extremos. Esse tipo de pensamento dicotômico contribui para os episódios de compulsão alimentar, incentivando a adoção de regras dietéticas cada vez mais extremas. Em função da rigidez desse pensamento, pequenos lapsos no comportamento alimentar são vistos como recaída, levando o indivíduo ao entendimento de perda de controle e, consequentemente, de incapacidade de manter a dieta.[6]

O sistema de crenças da bulimia nervosa é muito semelhante ao da anorexia nervosa, com tendências disfuncionais de raciocínio em relação ao peso e ao formato corporal, e supervalorização da magreza, associando-a à alta autoestima.

Outros sintomas, como humor depressivo e ansiedade, ocorrem de modo secundário ou associados ao quadro clínico, além da presença de baixa autoestima, isolamento social, alteração da concentração e intensas dificuldades de relacionamento familiar e interpessoal.[4]

A Figura 80.2 apresenta o modelo de manutenção dos sintomas da bulimia nervosa, a base para a atuação do terapeuta, seguindo as mesmas fases da anorexia nervosa.[4]

Transtorno da compulsão alimentar

A característica essencial do transtorno de compulsão alimentar são episódios recorrentes de compulsão que devem ocorrer, em média, ao menos 1 vez/semana durante 3 meses. Um "episódio de compulsão alimentar" é definido como a ingestão, em um período determinado, de uma quantidade de alimento definitivamente maior do que a maioria das pessoas

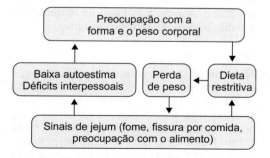

Figura 80.1 Modelo cognitivo da manutenção da anorexia nervosa. Adaptada de Kleifield et al., 1996.[5]

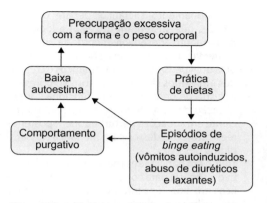

Figura 80.2 Modelo cognitivo de manutenção de sintomas da bulimia nervosa. Adaptada de Fairburn, 1985.[6]

consumiria no mesmo período, sob circunstâncias semelhantes.[2]

Os episódios de compulsão alimentar estão associados a três ou mais dos seguintes aspectos:

- Comer mais rapidamente que o normal
- Comer até se sentir desconfortavelmente cheio
- Comer grandes quantidades de alimento na ausência da sensação física de fome
- Comer sozinho por vergonha de quanto se está comendo
- Sentir-se desgostoso de si mesmo, deprimido ou muito culpado em seguida.[2]

Sabe-se que a TCC é a abordagem de escolha para pacientes portadores de transtorno da compulsão alimentar periódica (TCAP), combinada ou não com abordagem psicofarmacológica e/ou nutricional. Alguns estudos randomizados controlados demonstram que a TCC é efetiva na redução dos episódios de compulsão alimentar.[3]

O programa de TCC para o TCAP foi desenvolvido a partir do modelo utilizado para a bulimia nervosa, tendo sido necessárias algumas adaptações às diferenças entre essas duas síndromes. Os objetivos terapêuticos no TCAP incluem o desenvolvimento de estratégias para o controle de episódios de compulsão alimentar, a modificação de hábitos alimentares, o desenvolvimento de estratégias para adesão ao exercício físico e a redução gradual do peso, quando há obesidade associada.[7] A TCC sugere, também para esses casos, a abordagem da autoestima, a redução da ansiedade associada à aparência e a modificação do sistema de crenças disfuncionais, realizada nos moldes já descritos para a anorexia nervosa.[8]

Transtorno de pica

O nome *pica* vem do latim e significa "pega", um pássaro do hemisfério norte conhecido por comer quase tudo o que encontra pela frente. O transtorno de pica pode ser observado em qualquer idade.

A característica essencial da pica é a ingestão de uma ou mais substâncias não nutritivas e não alimentares, de maneira persistente, durante um período mínimo de 1 mês, sendo grave o suficiente para merecer atenção clínica. As substâncias típicas ingeridas tendem a variar com a idade e a disponibilidade, e podem incluir: papel, sabão, tecido, cabelo, fios, terra, giz, talco, tinta, cola, metal, pedras, carvão vegetal ou mineral, cinzas, detergente, gelo, entre outros. O termo "não alimentar" está incluso pois o diagnóstico de pica não se aplica à ingestão de produtos alimentares com conteúdo nutricional mínimo. Em geral, não há aversão a alimentos em geral. Sugere-se uma idade mínima de 2 anos de idade para o diagnóstico de pica, de modo a excluir a exploração, com a boca, de objetos que acabam por ser ingeridos, o que é normal no desenvolvimento de crianças pequenas.[2]

Transtorno de ruminação

A principal característica do transtorno de ruminação é a regurgitação repetida de alimento depois de ingerido durante um período mínimo de 1 mês. O alimento previamente deglutido, que já pode estar parcialmente digerido, é trazido de volta à boca sem náuseas aparentes, ânsia de vômito ou repugnância. O alimento pode ser remastigado e, então, ejetado da boca ou novamente deglutido. A regurgitação no transtorno de ruminação é frequente, ocorrendo pelo menos várias vezes por semana, em geral todos os dias.[2]

As principais complicações médicas podem ser: desnutrição, perda de peso, alterações de equilíbrio hidreletrolítico, desidratação e morte. A desnutrição também pode ocorrer em adolescentes e adultos.

Transtorno alimentar restritivo/evitativo

A principal característica diagnóstica do transtorno alimentar restritivo/evitativo é a esquiva ou a restrição à ingestão alimentar, manifestada por fracasso clinicamente significativo em satisfazer às demandas de nutrição ou por ingestão energética insuficiente por meio da ingestão oral de alimentos. Um ou mais dos seguintes aspectos-chave deve(m) estar presente(s): perda de peso significativa, deficiência nutricional significativa (ou impacto relacionado à saúde), dependência de alimentação enteral ou suplementos nutricionais orais ou interferência marcante no funcionamento psicossocial.[2]

A evitação e a restrição alimentar desenvolvem-se mais comumente na fase de lactente ou na primeira infância, mas podem persistir na fase adulta.[2]

Tratamentos

O tratamento para anorexia nervosa, bulimia nervosa e transtorno da compulsão alimentar deve ser feito por uma equipe multiprofissional, composta por psicólogo, nutricionista e psiquiatra. Tem como objetivos restabelecer os padrões normais de alimentação, promover uma autorregulação do peso corporal, reduzir ou eliminar atitudes purgativas, reduzir ou eliminar as compulsões alimentares e criar motivação para a mudança. É importante ressaltar que pacientes com anorexia nervosa apresentam pouca ou nenhuma vontade de colaborar com o tratamento, pois são conscientes de que, com o tratamento de seus pensamentos e dos sentimentos relacionados à sua imagem corporal, terão ganho de peso, e saber disso os leva, muitas vezes, à evasão do tratamento.

Os pacientes, no início do tratamento, se beneficiam das técnicas comportamentais, pois estas contribuem para a redução dos comportamentos de restrição alimentar, dos comportamentos purgativos (indução de vômitos, diuréticos, laxantes e enemas), dos exercícios físicos exacerbados e do comportamento de compulsão alimentar.

Após a modificação dos comportamentos disfuncionais, as técnicas cognitivas ganham importância, pois ajudam os pacientes a identificar os pensamentos automáticos que desencadeiam preocupação com o peso e o formato do corpo, modificando suas crenças e, consequentemente, seu paradigma pessoal, o que é chamado de reestruturação cognitiva.

As principais técnicas utilizadas são:

- Automonitoramento do diário alimentar: instrumento de autoavaliação em que é solicitado do paciente oferecer uma visão de sua ingestão alimentar (quantidade, qualidade e horários), dos mecanismos de controle compensatórios, das cognições e dos afetos relacionados. Deve ser preenchido à medida que as refeições são realizadas, a fim de retratar o padrão alimentar o mais exatamente possível[9]
- Questionamento socrático: debate das evidências que sustentam (ou não) a lógica do pensamento, desenvolvimento de interpretações alternativas e "investigação empírica", pela qual pensamentos automáticos e crenças dos indivíduos são tomados como hipóteses[1]
- Registro de pensamentos disfuncionais: identificação de pensamentos e emoções do paciente em situações perturbadoras e posterior reestruturação destes para mudança do paradigma pessoal
- Treino em habilidades sociais: tem como objetivo a eficácia para conseguir objetivos específicos em situações interpessoais, para manter ou melhorar a relação com outras pessoas e para manter a autoestima e o autorrespeito, uma vez que grande parte dos transtornos alimentares está mesclada com situações de falta de habilidade para se posicionar. Assim, essas premissas facilitarão o trânsito dos pacientes nas situações de tensão, tornando-os mais hábeis na expressão de sentimentos, atitudes, desejos, opiniões e direitos[10]
- Resolução de problemas: ensinamento aos pacientes de maneiras adequadas de enfrentamento de situações da vida real. A técnica disponibiliza para o paciente uma série de respostas possíveis para lidar de modo eficaz com uma situação problemática.[10]

O tratamento para pica deve ser multiprofissional, incluindo médicos, psicólogos e nutricionistas. A suplementação nutricional, a orientação alimentar e o tratamento psicológico devem ser combinados a fim de alcançar os melhores resultados. Ainda há muito a ser estudado nesse transtorno, em virtude dos prejuízos ao desenvolvimento das crianças e à saúde dos indivíduos.

O tratamento para ruminação envolve acompanhamento clínico das complicações e tratamento psicoterápico na abordagem comportamental, bem como orientação familiar.

Processo terapêutico

De acordo com a TCC, o processo terapêutico que se desenvolve no tratamento do paciente com transtorno alimentar tem como um de seus pontos fundamentais a legitimação como agente das mudanças. A partir dessa postura, as práticas terapêuticas a serem consideradas ao longo do tratamento psicoterápico são autorizadas pelo paciente e validam sua dignidade e sua autonomia.[11]

Outro aspecto significativo está na construção dos vínculos de confiança e de colaboração entre paciente e terapeuta, os quais são construídos gradualmente.

Como mencionado anteriormente, os transtornos alimentares são multideterminados e, portanto, exigem uma equipe multiprofissional que sustente a orientação cognitivo-comportamental em todos os processos terapêuticos introduzidos no protocolo de tratamento.[12]

As técnicas e os procedimentos que todos os profissionais envolvidos utilizam devem manter coerência e consistência com as metas definidas pela equipe com cada paciente.

Os principais objetivos a serem alcançados, em qualquer um dos transtornos alimentares descritos, são: recuperar padrões alimentares considerados normais do ponto de vista nutricional e psíquico (critérios específicos para cada transtorno); retomar o desempenho de papéis sociais e afetivos funcionais; além de criar e manter a motivação para enfrentar as mudanças comportamentais e cognitivas necessárias.[13]

A utilização de técnicas cognitivo-comportamentais possibilita abordar pensamentos distorcidos e crenças disfuncionais que o cliente verbaliza ao longo das sessões e que vão passando do monitoramento do terapeuta para o automonitoramento.[13]

Com essa conquista, podem ser desencadeadas outras mudanças específicas para cada um dos transtornos alimentares, sobretudo com relação ao resgate da autoestima, à verbalização de emoções relacionadas à autoimagem e à percepção de outros erros cognitivos presentes no funcionamento desses pacientes.[14]

O processo terapêutico que se desenvolve no tratamento da anorexia tem como metas básicas a diminuição da restrição alimentar, a redução dos exercícios físicos e a alteração de crenças disfuncionais. No entanto, a colaboração do paciente é quase inexistente, pois o medo intenso de engordar se interpõe aos ganhos cognitivos e afetivos que o processo terapêutico pode promover. Como consequência, o processo terapêutico torna-se longo e extenuante e impõe a todos os demais procedimentos terapêuticos uma constante revisão das metas definidas com o paciente e sua família.[13]

Na bulimia, os relatos de emoções e, sobretudo, os pensamentos indicam que os pacientes acreditam que as práticas purgativas ou as dietas restritivas compensarão os períodos de intensa compulsão, e que um corpo magro e estético será construído sem qualquer prejuízo para sua saúde física, cognitiva e afetiva. Os conflitos intensos que se manifestam ao longo do processo terapêutico impõem a necessidade de um grupo terapêutico coeso e de constante mediação com a família do paciente.[15]

O portador do transtorno de compulsão alimentar, em geral, apresenta intensa dificuldade para desempenhar papéis sociais em consequência das alterações físicas que o ganho de peso significativo promove. Ao longo do processo terapêutico, o desenvolvimento frequente de obesidade altera tanto a saúde física quanto a emocional, causando grande desconforto com sua autoimagem e comprometimento em suas relações afetivas, o que impõe um curso mais longo ao tratamento psicoterápico.[16]

Como o transtorno restritivo evitativo, em geral, tem início na primeira infância e/ou na adolescência, impõe ao processo terapêutico um formato específico, no qual toda a família deve estar presente desde o início, e as técnicas e os procedimentos serão construídos e implantados com os pais. Nos pacientes adultos em quem persiste esse transtorno, o processo terapêutico, geralmente, ocorre por meio do atendimento individual, com a revisão das crenças e dos pensamentos disfuncionais que causaram e que mantêm o comportamento alimentar restritivo.[2]

O processo terapêutico que se estabelece no atendimento de indivíduos com transtorno de pica tem características diversas dependendo da idade em que o transtorno começou. Na infância, em que os relatos de casos são mais frequentes, a família se torna elemento imprescindível para a elaboração de uma anamnese precisa. Com esses dados, além de exames laboratoriais e radiográficos, iniciam-se a reorganização de rotinas alimentares e a construção de limites e acordos com a criança e/ou o adolescente.[2]

Em adultos, a presença do transtorno de pica está associada a outros transtornos mentais e/ou deficiência intelectual, o que impõe ao processo terapêutico um curso mais psicopedagógico, e a presença da família do paciente também deve ser significativa. É importante ressaltar que esse transtorno é comum no período gestacional, e o tratamento psicoterapêutico torna-se um instrumento fundamental para manter a gestante saudável física e emocionalmente. A aplicação de técnicas cognitivas, como a avaliação de pensamentos ou crenças disfuncionais, é uma prática frequente que contribui para que as condutas sejam extintas.[2]

Como o transtorno de ruminação ocorre, comumente, em lactentes, na infância e na adolescência, a família desempenha papel fundamental no processo terapêutico, construindo programas sistemáticos com a equipe multiprofissional a fim de corrigir a rotina alimentar desses indivíduos. Outro aspecto importante a ser abordado é a reconstrução das práticas relacionais do paciente com seus familiares que se apresentam negligenciadas, criando um repertório social e afetivo pobre, sobretudo quando o transtorno alcança a fase adolescente ou de adulto jovem.[2]

Considerações de diversidade

Cultura e religião

Os transtornos alimentares estão intimamente relacionados a aspectos culturais, inclusive a práticas religiosas, estéticas e éticas. Assim como o corpo humano, as roupas e os adereços revelam informações e mensagens sobre a sociedade e a cultura, e as noções de beleza, tamanho e formas ideais do corpo são definidas culturalmente.[17]

Em diferentes partes do mundo, em algumas comunidades, a ingestão de terra, urina e outras substâncias não nutritivas é considerada de valor espiritual e medicinal, além de ser socialmente aceita. Nesse caso, o diagnóstico de pica não pode ser aplicado. Todavia, no período gestacional, a ingesta de alimentos "estranhos" e por vezes pouco nutritivos, apesar de ser vista popularmente como conduta comum e até mesmo aceita socialmente, é caracterizada como transtorno alimentar quando há "fissuras" específicas por substâncias não alimentares (p. ex., giz ou gelo).[2]

O transtorno restritivo evitativo ocorre em diversos países do mundo ocidental e, segundo a quinta edição do *Manual Diagnóstico e Estatístico de Transtornos Mentais* (DSM-5), não deve ser diagnosticado quando a evitação da ingesta alimentar estiver relacionada a práticas religiosas ou culturais.

Tanto a anorexia quanto a bulimia ocorrem em diversas populações com culturas diferentes e, atualmente, apesar de a prevalência ainda ser maior entre pessoas de origem caucasiana, é importante considerar o viés estabelecido pela menor procura ou acesso aos serviços de saúde mental pelos indivíduos dos demais grupos étnicos. A intensidade da apresentação de preocupações a respeito do peso entre os portadores desses dois transtornos alimentares também varia entre diferentes contextos culturais.[18]

Culturas, contextos e ocupações que incentivam a magreza apresentam maior prevalência de ambos os transtornos. Segundo o DSM-5, a ausência de medo de ganhar peso parece ser mais comum em populações na Ásia, onde a justificativa de restrição dietética costuma estar relacionada a uma queixa mais culturalmente sancionada, como desconforto gastrintestinal.[2]

Com relação ao transtorno de compulsão alimentar, sua ocorrência é constatada nos países industrializados e a prevalência é significativa entre indivíduos de origem caucasiana. Nos EUA, de acordo com o DSM-5, esse transtorno está presente, de modo comparável, entre brancos não latinos, latinos, asiáticos e afro-americanos.[2]

A prevalência do transtorno ruminativo ainda é inconclusiva, sendo, no entanto, observada em grupos mais vulneráveis e menos privilegiados no tocante a serviços de saúde e oportunidades socioculturais.[2]

Gênero

O transtorno de pica pode ocorrer em ambos os sexos, inclusive em grávidas. Não existem estudos elucidativos sobre o período pós-parto.[2]

O transtorno restritivo evitativo está igualmente presente em ambos os gêneros na fase de lactente e na primeira infância, mas, quando comórbido com o transtorno do espectro autista, é mais comum no sexo masculino. Na idade adulta, é encontrado em ambos os gêneros.[2]

Pelo DSM-5, anorexia e bulimia ainda são mais encontradas no gênero feminino; no entanto, desde 2005, o número de homens portadores de ambos os transtornos vem apresentando crescimento significativo.[19]

A prevalência do transtorno de compulsão alimentar é simétrica entre os gêneros, e é tão observada entre indivíduos de minorias étnicas quanto entre caucasianos. Parece comum em famílias, indicando predisposição genética.[2]

O transtorno ruminativo é observado em ambos os gêneros, e, até o momento, não se encontram estudos mais amplos nessa área.[2]

Idade

A manifestação inicial do transtorno de pica pode ocorrer em qualquer faixa etária, mas os relatos de casos são encontrados com mais frequência na infância.[2]

O transtorno alimentar restritivo/evitativo é mais comumente encontrado em crianças e pode haver um intervalo de tempo grande entre a manifestação inicial e a apresentação clínica do quadro.[2]

A anorexia nervosa manifesta-se, em geral, na adolescência ou no adulto jovem, mas casos de início tardio e precoce já foram relatados.[8] Assim como a anorexia, a bulimia começa na adolescência ou na idade adulta jovem e persiste por longo tempo em uma porcentagem alta de casos clínicos.[20]

Para o transtorno ruminativo, a manifestação inicial pode ocorrer em lactentes, na infância ou na adolescência. Nos lactentes, bem como em indivíduos adultos com deficiência intelectual ou transtornos de neurodesenvolvimento, o comportamento de regurgitação e ruminação parece ter uma função calmante e estimulante, semelhante à de outros comportamentos motores repetitivos, como balançar a cabeça ritmicamente.[2]

Considerações finais

Os transtornos alimentares apresentados neste capítulo são caracterizados pela persistência de comportamentos disfuncionais relacionados à alimentação, no que se refere tanto à quantidade quanto ao que é ingerido pelo indivíduo.

Os critérios diagnósticos considerados no DSM-5 para cada um dos transtornos são necessariamente excludentes, o que se explica em razão das diferenças no curso clínico, nas necessidades de tratamento e nas conclusões. Um diagnóstico de transtorno de pica, todavia, pode ocorrer na presença de qualquer um dos demais transtornos relatados.

A terapia cognitiva vem se mostrando, nos últimos anos, o processo mais eficaz no tratamento dos transtornos alimentares, buscando a ressignificação do comportamento alimentar e de crenças e pensamentos automáticos relacionados à imagem corporal, à autoestima e à alimentação.

Referências bibliográficas

1. Beck J. Terapia cognitiva: teoria e prática. Porto Alegre: Artmed; 1997.
2. American Psychiatric Association. Manual Diagnóstico e Estatístico de Transtornos Mentais: DSM-5. Porto Alegre: Artmed; 2013.
3. Duchesne M. Tratamento do transtorno do comer compulsivo: abordagem cognitivo-comportamental. J Bras Psiq. 1995;44(Supl I):S50-5.
4. Guimarães SDB. Transtornos alimentares. In: Abreu CN, Roso M, organizadores. Psicoterapias cognitiva e construtivista: novas fronteiras da prática clínica. Porto Alegre: Artmed; 2003. p. 113-21.
5. Kleifield EI, Wagner S, Halmi KA. Cognitive-behavioral tratament of anorexia nervosa. The Psychiatric Clinics of North America. 1996;19:715-37.
6. Fairburn C. Overcoming binge eating. New York: Guilford Press; 1995.
7. Eldredge KL, Agras WJ. Weight and shape overconcern and emotional eating in binging eating disorder. Int J Eat Dis. 1996;19(1):73-82.
8. Duchesne M, Almeida PEM. Terapia cognitivo-comportamental. Rev Bras Psiquiatr. 2002;24(Supl III):49-53.
9. Cordás TA, Cobelo A, Fleitlich B, Guimarães DSB, Schomer E. Anorexia e bulimia: o que são? Como ajudar? Porto Alegre: Artmed; 1998.
10. Rangé B. Psicoterapias cognitivo-comportamentais: um diálogo com a psiquiatria. Porto Alegre: Artmed; 2001.
11. Grandesso MA. Sobre a reconstrução do significado: uma análise epistemológica e hermenêutica da prática clínica. São Paulo: Casa do Psicológo; 2000.
12. Nunes MAA, Pinheiro AP. Risco e prevenção em transtornos do comportamento alimentar. In: Nunes MAA, Appolinário JC, Abuchaim ALG, Coutinho W, organizadores. Transtornos alimentares e obesidade. Porto Alegre: Artmed; 2002. p. 123-9.
13. Cangelli Filho R, Vasques F. Transtornos alimentares na visão cognitiva. In: Payá R, organizadora. Intercâmbio das psicoterapias. São Paulo: Roca; 2011. p. 674-8.
14. Salzano F. Cordás TA. Transtornos da alimentação. In: Abreu CN, Salzano F, Vasques F, Cangelli RF, Cordás TA. Síndromes psiquiátricas: diagnóstico e entrevista para profissionais de saúde mental. Porto Alegre: Artmed; 2006. p. 111-7.
15. Azevedo AMC, Abuchaim ALG. Bulimia nervosa: classificação diagnóstica e quadro clínico. In: Nunes MAA, Appolinário JC, Abuchaim ALG, Coutinho W, organizadores. Transtornos alimentares e obesidade. Porto Alegre: Artmed; 2002. p. 31-9.
16. Coutinho W, Póvoa LC. Comer compulsivo e obesidade. In: Nunes MAA, Appolinário JC, Abuchaim ALG, Coutinho W, organizadores. Transtornos alimentares e obesidade. Porto Alegre: Artmed; 2002. p. 203-6.
17. Nakamura E. Representações sobre o corpo e hábitos alimentares: o olhar antropológico sobre aspectos relacionados aos transtornos alimentares. In: Busse SR, organizador. Anorexia, bulimia e obesidade. São Paulo: Manole; 2004. p. 13-29.
18. Striegel-Moore RH, Smolak L. Gender, ethnicity and eating disorders. In: Fairburn CG, Brownell KD, editors. Eating disorders and obesity. New York: Guilford Press; 2002. p. 251-5.
19. Andersen AE. Eating disorders in males. In: Fairburn CG, Brownell KD, editors. Eating disorders and obesity. New York: Guilford Press; 2002. p. 188-92.
20. Beumont PJV. Clinical presentation of anorexia nervosa and bulimia nervosa. In: Fairburn CG, Brownell KD, editors. Eating disorders and obesity. New York: Guilford Press; 2002. p. 162-70.

Bibliografia

Abreu CN, Roso M. Psicoterapias cognitiva e construtivista: novas fronteiras da prática clínica. Porto Alegre: Artmed; 2003.

81 Transtorno de Déficit de Atenção/Hiperatividade

Denise Leite Vieira e Hamer Nastasy Palhares Alves

O transtorno de déficit de atenção/hiperatividade (TDAH) está entre os transtornos mais estudados no campo da psiquiatria, é um dos mais comuns em crianças e, embora frequentemente persista até a idade adulta[1-3], é subdiagnosticado em adultos.[4] De fato, trata-se do segundo transtorno mental mais prevalente entre adultos.[5]

Sua primeira descrição na literatura médica foi publicada no periódico *Lancet*, em 1902, pelo pediatra George Still, muito antes de ter a nomenclatura atual; já recebeu as denominações lesão cerebral mínima (década de 1940), disfunção cerebral mínima (anos 1960) e reação hipercinética da infância (DSM-II). Na Classificação Estatística Internacional de Doenças e Problemas Relacionados à Saúde (CID-10)[6], os distúrbios da atividade e atenção estão descritos na seção dos transtornos hipercinéticos com critérios diagnósticos semelhantes aos do DSM-IV, descritos no capítulo Transtornos Geralmente Diagnosticados pela Primeira Vez na Infância ou na Adolescência[7]; no DSM-5[8], os critérios estão no escopo dos Transtornos do Neurodesenvolvimento.

Os critérios do DSM-IV-TR ainda se referiam ao diagnóstico em crianças, pois, por muito tempo, o TDAH foi tido como um transtorno infantil com remissão até a adolescência – seu enfoque estava nos sintomas de hiperatividade, que diminuem com a idade, negligenciando sintomas de desatenção, os quais podem permanecer ao longo da vida do indivíduo e causar prejuízos nas esferas social, profissional e acadêmica. Em grande parte dos casos de TDAH (32,8 a 84,1%), os sintomas persistem e são debilitantes na idade adulta.[1,2] O TDAH em adultos é reconhecido pela American Psychiatric Association (APA) desde 1980, com critérios adequados para essa faixa etária, haja vista que a manifestação dos sintomas em adultos é diferente. Os critérios, no entanto, somente foram incluídos na quinta edição do DSM, publicada em 2013.

A síndrome é caracterizada pela presença de sintomas nucleares de desatenção (inconstância da atenção e dificuldade na manutenção e no direcionamento da atenção) e/ou hiperatividade (inquietação motora ou sensação subjetiva) e impulsividade (baixo controle inibitório)[9], porém os sintomas secundários, muitas vezes, são mais proeminentes. Disfunções executivas estão presentes em 30 a 50% dos casos, mas não constituem critérios diagnósticos. A apresentação clínica do TDAH é bastante variada conforme a faixa etária, as apresentações (que substituíram os subtipos no DSM-5), as trajetórias de desenvolvimento, os domínios de comprometimento e as comorbidades.[10]

O diagnóstico pode ser complexo, pois vários sintomas de TDAH são comuns a outros transtornos; além disso, tais manifestações podem ser resultantes de temperamento, estilos e contingências de vida ou de relacionamento; assim, pessoas com instabilidade emocional, ansiosas, estressadas, entediadas, deprimidas ou que não dormem bem, por exemplo, podem apresentar problemas de memória, oscilação da atenção, dificuldade de concentração, impaciência ou inquietação, o que não significa que preencham critérios para diagnóstico de TDAH.

Para que o diagnóstico de TDAH seja realizado corretamente, é fundamental que os sintomas não sejam considerados isoladamente, mas contextualizados na história de vida do indivíduo, levando em consideração o número, a duração, a frequência e a intensidade dos sintomas, assim como sua persistência em diferentes contextos ao longo do tempo e o comprometimento funcional clinicamente significativo.[7] A observação por terceiros (parentes, cônjuges, pais, professores, colegas de trabalho e supervisores) pode ser fundamental.

Recursos de neuroimagem têm sido utilizados em pesquisas sobre o transtorno, evidenciando alterações temporais do neurodesenvolvimento, as quais podem alcançar déficit de até 3 anos na maturação de áreas frontais e pré-frontais.[11] Contudo, não há exames padronizados para atestar a presença de TDAH, pois não há sinal patognomômico.

As escalas e avaliações neuropsicológicas são coadjuvantes no processo diagnóstico, pois não têm bom valor preditivo.[12] Portanto, o diagnóstico de TDAH é essencialmente clínico, com base em diretrizes claras e bem definidas, realizado por profissional por meio de observação e coleta de informações durante anamnese detalhada com o paciente e entrevistas com e/ou relatos de colaterais; pais e professores, por exemplo, no caso de crianças e adolescentes; e cônjuges, pais, filhos, amigos e outros, no caso de adultos. Ainda no caso de adultos, o uso de escalas pode ser útil para aferir sintomas e subtipos, haja vista a variedade da apresentação dos sintomas. Aconselha-se a utilização de escalas para quantificação dos sintomas, e, para tal finalidade, devem ser utilizadas ao final da entrevista clínica, após descartar outros diagnósticos, para não induzir o paciente. As escalas ASRS-18 (para adultos) e SNAP-IV (para crianças e adolescentes) encontram-se no final deste capítulo e também estão disponíveis no site da Associação Brasileira do Déficit de Atenção (ABDA): www.tdah.org.br.

Segundo o DSM-5, há três subtipos de TDAH considerando-se o padrão sintomático dominante nos últimos 6 meses:

- Apresentação combinada: se tanto o critério A1 (desatenção) quanto o critério A2 (hiperatividade/impulsividade) são preenchidos nos últimos 6 meses
- Apresentação predominantemente desatenta: se o critério A1 (desatenção) é preenchido nos últimos 6 meses, mas não o critério A2 (hiperatividade/impulsividade)
- Apresentação predominantemente hiperativa/impulsiva: se o critério A2 (hiperatividade/impulsividade) é preenchido nos últimos 6 meses, mas não o critério A1 (desatenção).

O Quadro 81.1 apresenta os critérios diagnósticos para transtorno de déficit de atenção/hiperatividade do DSM-5.[8]

Quadro 81.1 Critérios diagnósticos para transtorno de déficit de atenção/hiperatividade do DSM-5.

A. Um padrão persistente de desatenção e/ou hiperatividade-impulsividade que interfere no funcionamento e no desenvolvimento, conforme caracterizado por (1) e/ou (2)

1. Desatenção: seis (ou mais) dos seguintes sintomas persistem por pelo 6 meses em grau que é inconsistente com o nível de desenvolvimento e têm impacto negativo diretamente nas atividades sociais e acadêmicas/profissionais:
Nota: os sintomas não são apenas uma manifestação de comportamento opositor, desafio, hostilidade ou dificuldade para compreender tarefas ou instruções. Para adolescentes mais velhos e adultos (17 anos ou mais), pelo menos cinco sintomas são necessários

a. Frequentemente não presta atenção em detalhes ou comete erros por descuido em tarefas escolares, no trabalho ou durante outras atividades (p. ex., negligencia ou deixa passar detalhes, o trabalho é impreciso)
b. Frequentemente tem dificuldade de manter a atenção em tarefas ou atividades lúdicas (p. ex., dificuldade de manter o foco durante aulas, conversas ou leituras prolongadas)
c. Frequentemente parece não escutar quando alguém lhe dirige a palavra diretamente (p. ex., parece estar com a cabeça longe, mesmo na ausência de qualquer distração óbvia)
d. Frequentemente não segue instruções até o fim e não consegue terminar trabalhos escolares, tarefas ou deveres no local de trabalho (p. ex., começa as tarefas, mas rapidamente perde o foco e facilmente perde o rumo)
e. Frequentemente tem dificuldade para organizar tarefas e atividades (p. ex., dificuldade em gerenciar tarefas sequenciais; dificuldade em manter materiais e objetos pessoais em ordem; trabalho desorganizado e desleixado; mau gerenciamento do tempo; dificuldade em cumprir prazos)
f. Frequentemente evita, não gosta ou reluta em se envolver em tarefas que exijam esforço mental prolongado (p. ex., tarefas escolares ou lições de casa; para adolescentes mais velhos e adultos, preparo de relatórios, preenchimento de formulários, revisão de trabalhos longos)
g. Frequentemente perde coisas necessárias para tarefas ou atividades (p. ex., materiais escolares, lápis, livros, instrumentos, carteiras, chaves, documentos, óculos, celular)
h. Com frequência é facilmente distraído por estímulos externos (para adolescentes mais velhos ou adultos, pode incluir pensamentos não relacionados)
i. Com frequência é esquecido em relação a atividades cotidianas (p. ex., realizar tarefas, obrigações; para adolescentes mais velhos e adultos, retornar ligações, pagar contas, manter horários agendados)

(continuação)

Quadro 81.1 (*Continuação*) Critérios diagnósticos para transtorno de déficit de atenção/hiperatividade do DSM-5.

A. Um padrão persistente de desatenção e/ou hiperatividade-impulsividade que interfere no funcionamento e no desenvolvimento, conforme caracterizado por (1) e/ou (2)
2. Hiperatividade e impulsividade: seis (ou mais) dos seguintes sintomas persistem por pelo 6 meses em grau que é inconsistente com o nível de desenvolvimento e têm impacto negativo diretamente nas atividades sociais e acadêmicas/profissionais: **Nota:** os sintomas não são apenas uma manifestação de comportamento opositor, desafio, hostilidade ou dificuldade para compreender tarefas ou instruções. Para adolescentes mais velhos e adultos (17 anos ou mais), pelo menos cinco sintomas são necessários a. Frequentemente remexe ou batuca as mãos ou os pés ou se contorce na cadeira b. Frequentemente levanta da cadeira em situações em que se espera que permaneça sentado (p. ex., sai do lugar em sala de aula, no escritório ou em outro local de trabalho ou em outras situações que exijam que se permaneça no mesmo lugar) c. Frequentemente corre ou sobe nas coisas em situações em que isso é inapropriado (**Nota:** Em adolescentes e adultos, pode se limitar a sensações de inquietude) d. Com frequência é incapaz de brincar ou se envolver em atividades de lazer calmamente e. Com frequência "não para", agindo como se estivesse "com o motor ligado" (p. ex., não consegue ou se sente desconfortável em ficar parado por muito tempo, como em restaurantes, reuniões; outros podem ver o indivíduo como inquieto ou difícil de acompanhar) f. Frequentemente fala demais g. Frequentemente deixa escapar uma resposta antes que a pergunta tenha sido concluída (p. ex., termina frases dos outros, não consegue aguardar a vez de falar) h. Frequentemente tem dificuldade para esperar a sua vez (p. ex., aguardar em uma fila) i. Frequentemente interrompe ou se intromete (p. ex., mete-se nas conversas, jogos ou atividades; pode começar a usar as coisas de outras pessoas sem pedir ou receber permissão; para adolescentes e adultos, pode intrometer-se em ou assumir o controle sobre o que outros estão fazendo)
B. Vários sintomas de desatenção ou hiperatividade-impulsividade estavam presentes antes dos 12 anos de idade
C. Vários sintomas de desatenção ou hiperatividade-impulsividade estão presentes em dois ou mais ambientes (p. ex., em casa, na escola, no trabalho; com amigos ou parentes; em outras atividades)
D. Há evidências claras de que os sintomas interferem no funcionamento social, acadêmico ou profissional ou de que reduzem sua qualidade
E. Os sintomas não ocorrem exclusivamente durante o curso de esquizofrenia ou outro transtorno psicótico e não são mais bem explicados por outro transtorno mental (p. ex., transtorno do humor, transtorno de ansiedade, transtorno dissociativo ou um transtorno da personalidade, intoxicação ou abstinência de substância)

Fonte: APA, 2014.[8]

Após a análise dos critérios, deve-se especificar se:

- Em remissão parcial: quando todos os critérios foram preenchidos no passado, nem todos os critérios foram preenchidos nos últimos 6 meses, e os sintomas ainda resultam em prejuízo no funcionamento social, acadêmico ou profissional.

E especificar a gravidade atual:

- Leve: poucos sintomas, se algum, estão presentes além daqueles necessários para fazer o diagnóstico, e os sintomas resultam em não mais que pequenos prejuízos no funcionamento social ou profissional

- Moderada: sintomas e prejuízos entre "leves" e "graves" estão presentes
- Grave: muitos sintomas além daqueles necessários para fazer o diagnóstico estão presentes, ou vários sintomas particularmente graves estão presentes, ou os sintomas podem resultar em prejuízo acentuado no funcionamento social ou profissional.

Prevalência

O TDAH afeta de 3 a 7% das crianças em idade escolar, sendo o transtorno mais comum entre crianças e adolescentes, com uma proporção entre meninos e meninas de 3:1 em amostras comunitárias; de 6:1 e 9:1 em amostras clínicas;

de 2:1 em estudos populacionais de crianças em idade escolar; e de 1:1 entre adolescentes; já a proporção entre adultos jovens se inverte, sendo dois casos do gênero feminino para um do gênero masculino.[13-15] O subtipo hiperativo é mais comum entre os meninos, e, provavelmente por apresentarem comportamento disruptivo (p. ex., atrapalham a aula), é mais facilmente reconhecido e encaminhado para tratamento. Comparando-se meninos e meninas com TDAH, as meninas apresentam níveis mais baixos de hiperatividade e menos diagnóstico de transtorno de conduta, mas maior prejuízo intelectual.[14] O subtipo desatento, mais comum entre as meninas, é menos evidente e muitas vezes passa despercebido, pois elas tendem a ser mais quietas e a causar menos queixas comportamentais, o que resulta em diagnóstico tardio (muitas vezes, na idade adulta), quando aumentam as exigências e responsabilidades e diminui a supervisão de pais e professores, tornando os comprometimentos mais evidentes.[12] Os sintomas de hiperatividade/impulsividade diminuem de maneira significativa até o início da idade adulta, enquanto os de desatenção tendem a permanecer ao longo da vida.[9,16]

A prevalência média em adultos é de cerca de 4%, segundo o DSM-IV[17], mas pode variar muito dependendo dos critérios usados. Por exemplo, em estudo publicado em 2005, Faraone e Biederman realizaram entrevistas por telefone com 966 adultos randomicamente selecionados. Destes, 2,9% satisfaziam os critérios do DSM-IV para diagnóstico na infância e na idade adulta, e a taxa saltou para 16,4% quando o critério passou a ser menos restrito, subliminar.[18] Um estudo com 1.830 crianças brasileiras mostrou epidemiologia semelhante à apontada pela literatura internacional (por volta de 5,3%), e essas crianças apresentavam maior índice de sintomas comportamentais; o diagnóstico correlacionou-se com o nível educacional materno e o nível econômico.[19] A mesma variação ocorre em estudos sobre a taxa de persistência de TDAH em adultos. Dados de metanálise de estudos de seguimento apontam para taxa de cerca de 15% de persistência sindrômica aos 25 anos, isto é, satisfazem o mesmo número de critérios diagnósticos exigidos para crianças: seis ou mais sintomas de desatenção e/ou seis ou mais sintomas de hiperatividade/impulsividade (observe-se que o número de critérios exigidos para o diagnóstico em adultos foi reduzido para 5 no DSM-5). A taxa sobe para 65% quando é considerada a persistência sintomática, ou seja, não apresentam seis ou mais sintomas de desatenção e/ou hiperatividade/impulsividade, porém esses sintomas residuais acarretam comprometimento funcional significativo.[2]

Um estudo realizado em dez países mostrou que de 32,8 a 84,1% (em média 50%) dos casos de crianças com TDAH continuavam a satisfazer os critérios da síndrome na idade adulta.[1] Vários estudos apontam que os critérios diagnósticos do DSM-IV para TDAH são muito graves para adultos, sugerindo um ponto de corte mais baixo.[9] Segundo Kessler et al., potenciais preditores de persistência do TDAH na idade adulta incluem: fatores sociodemográficos; gravidade do transtorno na infância; tratamento do TDAH na infância; adversidades na infância; e comorbidades psiquiátricas na infância e/ou na adolescência.[20]

Estudos recentes que avaliaram a prevalência de TDAH comparando os critérios do DSM-IV e os do DSM-5 mostram que há um aumento da prevalência quando usados os critérios do DSM-5. Entre os fatores que contribuem para a elevação na identificação dos casos de TDAH estão: idade de início, que passou de 7 para 12 anos; critérios de desatenção; adequação e redução do número dos sintomas para satisfazer critério diagnóstico em adultos.[21-24]

Comorbidade

Há alta taxa de comorbidade associada ao TDAH (de 50 a 75%), com incidência de diagnóstico na vida de transtorno desafiador opositivo (30 a 60%), transtorno de conduta (9 a 19%), transtorno de ansiedade (43 a 52%), transtorno do humor, incluindo depressão (18 a 60%), abuso ou dependência de substâncias (de 9 a 40%) e transtornos da aprendizagem (10 a 90%).[7,25-27] Biederman et al., em estudo de seguimento de 10 anos, compararam jovens adultos com TDAH e controles e observaram maiores taxas de prevalência de outros transtornos psiquiátricos na vida entre os indivíduos com TDAH, com risco relativo de 6,1 para transtornos do humor e psicose; 5,9 para transtornos antissociais (transtornos de conduta, de oposição desafiadora e de personalidade antissocial); 2,5 para transtornos do desenvolvimento; 2,2 para transtornos de ansiedade; e 2,0 para dependência de substâncias (álcool, drogas e tabaco).[28]

A suspeita de comorbidade exige maior cuidado na avaliação, pois o diagnóstico diferencial pode ser difícil por fatores comuns entre transtornos. A presença de patologias concomitantes também acarreta implicações ao tratamento e ao prognóstico.[9] Sugere-se uma ordem no tratamento das condições, a começar pela abordagem do uso problemático de substâncias, passando ao tratamento dos quadros de humor (transtorno bipolar e depressão maior) e dos transtornos ansiosos e, finalmente, chegando à abordagem do TDAH. Tal sequência costuma facilitar o diagnóstico preciso da gravidade dos déficits e evitar efeitos indesejados do tratamento com estimulantes (p. ex., piora do quadro de humor em paciente bipolar não estabilizado).[29]

Consequências

Indivíduos com TDAH apresentam taxas mais altas de diagnóstico de outro(s) transtorno(s) psiquiátrico(s) na vida. São quatro vezes mais propensos a ter infecções sexualmente transmissíveis (IST); são três vezes mais propensos a estar desempregados; têm probabilidade duas vezes maior de já terem se divorciado e duas vezes maior de já terem sido presos; são cinco vezes mais propensos a ter a carteira de habilitação suspensa; além de ser 78% mais provável que sejam dependentes de tabaco.[30,31] Comparando adultos com e sem TDAH, os primeiros apresentam maior risco para uso de substâncias, níveis educacionais mais baixos, mais problemas de relacionamento interpessoal, percepções e pontos de vista mais negativos e níveis maiores de pessimismo. Profissionais adultos com TDAH têm salários mais baixos, são menos pontuais, entram mais em conflito com seus supervisores e são mais propensos a serem advertidos por superiores, além de produzir trabalho de qualidade inferior e ter escores mais baixos nas avaliações de desempenho.[32]

O TDAH é definido como um transtorno neurocomportamental cujo custo social é bastante alto, pois resulta em muitos gastos com medicamentos, consultas e tratamentos, seguro-saúde, além do impacto econômico decorrente de desemprego, mudanças de emprego frequentes, criminalidade e acidentes de trânsito.[33] Nos EUA, o custo social por ano é de mais de 50 bilhões de dólares, similar ao de depressão maior e doenças cerebrovasculares.[34] A Resolução 370 reconheceu oficialmente o TDAH como um importante problema de saúde pública nos EUA devido a seu alto custo social, declarando o dia 7 de setembro de 2004 como o *National Attention Deficit Disorder Awareness Day* (Dia Nacional da Consciência sobre o Transtorno de Déficit de Atenção).[35]

Sintomas em crianças e adultos

Crianças com TDAH se distraem com facilidade, parecem viver no "mundo da lua", ficam "viajando", cometem erros por distração, protelam o início e muitas vezes não terminam tarefas, parecem não ouvir quando estão falando diretamente com elas. Muitas, por exemplo, do subtipo predominantemente hiperativo, apresentam comportamento inquieto, têm dificuldade em ficar paradas, são suscetíveis a acidentes (machucam-se com mais frequência), falam demais, interrompem e se intrometem em conversas e brincadeiras alheias, respondem antes de ouvir o final da pergunta e têm dificuldade para esperar sua vez, inclusive em atividades lúdicas.

O Quadro 81.2 apresenta os principais sintomas do TDAH em adultos.

Tratamento

O tratamento e o prognóstico dependem, entre outros fatores, da presença de comorbidades, da gravidade dos sintomas e do comprometimento funcional, além da adesão ao tratamento e do suporte social.

Apesar de o tratamento do TDAH ser primordialmente medicamentoso, sendo os psicoestimulantes (metilfenidato e derivados anfetamínicos) os fármacos de primeira escolha, seguidos de outras classes de medicamentos, como antidepressivos (bupropiona e tricíclicos) e medicamentos não estimulantes, como atomoxetina, e alfa-agonistas, como guanfacina e clonidina, o uso de medicação pode não ser suficiente, indicando o tratamento múltiplo (medicamento + intervenção psicológica e/ou social) como a estratégia mais eficaz para crianças e recomendada para adultos.[7,36-38] O tratamento multimodal para indivíduos com TDAH tem mostrado impacto positivo no desempenho acadêmico a longo prazo.[39]

O tratamento farmacológico apresenta algumas limitações: de 20 a 30% das crianças não respondem aos estimulantes e há grande variação no tamanho e na topografia da resposta ao medicamento entre os 70 a 80% que têm benefícios: a medicação melhora alguns domínios do funcionamento, mas não outros. Poucas são as crianças que apresentam melhoras suficientes de comportamento para terem padrão equivalente às sem TDAH. Alguns motivos apontados pelos estudos são: presença de efeitos colaterais que limitam seu uso, falha na administração da medicação (muitos pais interrompem antes do indicado) e da dosagem correta, falha de monitoramento das tomadas (principalmente fora de casa, na escola, por exemplo), além de permanência de efeitos desejáveis apenas enquanto da

Quadro 81.2 Manifestações comuns dos sintomas em adultos.

Atenção
• Má administração do tempo • Falta de planejamento e organização • Dificuldade para iniciar/completar tarefas, mudar para outra tarefa quando solicitado e realizar várias tarefas ao mesmo tempo • Dificuldade para manter o foco • Procrastinação • Evita ou adia tarefas que exigem atenção • Comportamento adaptativo – estilo de vida, equipe de apoio
Hiperatividade
• Comportamento adaptativo – trabalha por muitas horas, escolhe várias atividades, tem outros empregos ou um emprego bastante ativo (*workaholic*) • Evita situações monótonas porque se entedia com facilidade • Sintomas são mais sentidos que manifestos (inquietação subjetiva) • Fala muito
Impulsividade
• Baixa tolerância à frustração – abandona empregos, termina relacionamentos, perde o controle ("pavio curto") • Dirige em alta velocidade • Toma decisões por impulso, sem pensar • Interrompe os outros

ação da medicação, geralmente de 3 a 10 ou 12 h, dependendo da preparação.[37]

Em relação aos adultos, de 20 a 50% são considerados não respondentes à medicação, devido à pouca redução dos sintomas nucleares e à baixa tolerância aos efeitos colaterais; entre os respondentes, há relatos de baixa correlação entre a melhora dos sintomas e a redução dos prejuízos.[40]

A falta de evidência de benefícios no longo prazo é uma das limitações das intervenções não medicamentosas, as quais são custosas, difíceis e demandam mais tempo e esforço, o que dificulta a adesão, principalmente no caso de pais de crianças e adolescentes com TDAH que precisam ser treinados para seguir as recomendações e monitorar seus filhos e as mudanças ambientais.[37] Entretanto, o treinamento de pais é a intervenção com melhor evidência empírica de eficácia para melhorar sintomas e comportamentos das crianças, e são utilizados recursos de privilégios, elogios, incentivos, limites e disciplina.

Intervenções psicossociais para crianças

A detecção e a intervenção precoce têm sido salientadas na literatura médica. Um estudo mostrou benefícios a partir de atividades focadas no aprimoramento de funções executivas para crianças com e sem TDAH aos 5 anos de idade.[41] Para facilitar a detecção precoce, é importante melhorar o entendimento de pais e professores.[42]

Em relação às intervenções não medicamentosas para crianças, as que têm apresentado maior evidência de resultado são as abordagens comportamentais e cognitivo-comportamentais, além de abordagens psicoeducativas, intervenções no ambiente (escola, casa) e treinamento de professores e pais.[6]

As intervenções comportamentais para crianças são viáveis e eficazes, baseiam-se na teoria da aprendizagem e incluem condicionamento operante (antecedentes e consequências dos comportamentos para inibir comportamentos indesejados e estimular comportamentos desejados), condicionamento clássico, teoria cognitivo-comportamental e abordagem de aprendizagem social. Essa abordagem envolve treinamento de pais e professores para trabalharem com contingências comportamentais em diversos ambientes (casa, escola e recreação).[34] Na terapia cognitivo-comportamental, as crianças aprendem a usar *self-talk* (pensar em voz alta) ou autoinstrução, automonitoramento e sistema de recompensa como estratégias para desenvolver o autocontrole e aumentar a motivação.[43]

Autoinstrução

O treinamento de autoinstrução, especialmente utilizado com crianças, consiste em dizer a si mesmo os passos que devem ser seguidos para realizar determinada tarefa (em voz alta ou silenciosamente, quando o processo já é internalizado). O terapeuta inicia esse treinamento falando em voz alta as etapas para realizar determinada tarefa, enquanto o paciente apenas observa. Em seguida, o paciente realiza a mesma tarefa utilizando a autoinstrução em voz alta. O terapeuta novamente realiza a tarefa sussurrando as instruções, e o paciente faz o mesmo. Por último, o terapeuta repete a tarefa silenciosamente, mas utilizando a linguagem corporal; finalmente, o paciente realiza a tarefa silenciosamente, com as instruções internalizadas.[44]

Automonitoramento

O automonitoramento é uma estratégia bastante útil para desenvolver e aprimorar a autopercepção e a percepção sobre o comportamento, além de ajudar a mapear a frequência com que os sintomas ocorrem. O paciente é orientado a registrar seu comportamento em um diário ou uma planilha. Para crianças mais velhas, adolescentes e adultos, solicita-se que anotem informações relevantes sobre seus pensamentos e sentimentos.[44]

Abordagem de incentivo e recompensa

A abordagem de incentivo e recompensa tem como objetivo aumentar a motivação para a realização de tarefas e para comportamentos adequados, premiando comportamentos esperados. Para crianças e adolescentes, é usado o sistema de fichas ou pontos, que são acumulados quando eles têm comportamento esperado, a partir de uma lista de problemas, e trocados por recompensas previamente listadas (p. ex., doces, tempo para jogar videogame, sair com amigos). As tarefas têm pontuações diferentes de acordo com o grau de dificuldade, assim como as recompensas devem ter valores diferentes.[44]

O treinamento de habilidades sociais, incluindo gerenciamento da raiva e estratégias de resolução de problemas, auxilia a criança a desenvolver comportamentos socialmente aceitáveis e melhorar o relacionamento com os amigos.

A intervenção com pais e professores inclui psicoeducação (com informações sobre o transtorno e treinamento para implementação do sistema de pontos e fichas, no qual as crianças ganham pontos por comportamento adequado (seguir as regras, realizar tarefas, prestar atenção) e perdem pontos por comportamento inadequado (provocação, desobediência) ao longo do dia (ou da semana). Os pontos ganhos são trocados por prêmios.[45] Cabe considerar que, dada a herdabilidade, não é incomum que os pais de crianças com TDAH tenham também o transtorno, cabendo adequações no treinamento comportamental parental.[46]

As intervenções na escola incluem determinação do lugar na sala de aula (p. ex., sentar perto da professora, longe da janela) e promoção de estrutura e rotina das atividades na classe, nos intervalos e nas atividades recreativas. Assim como para adultos, na "quebra de tarefas" (dividir grandes tarefas em uma série de tarefas menores), estabelecer metas facilmente alcançáveis pode ter efeitos positivos na autoestima da criança.

Intervenções psicossociais para adultos

Estudos têm mostrado resultados promissores, embora ainda haja poucas evidências empíricas que apoiem a eficácia das intervenções psicossociais para adultos, como abordagem psicoeducativa, terapia cognitivo-comportamental, treinamento de habilidades e de autogerenciamento, psicoterapia individual, psicoterapia de família ou de casal, aconselhamento vocacional e *coaching*.[9,38]

Psicoeducação

A psicoeducação deve ser o ponto de partida do tratamento, pois ajuda o indivíduo com TDAH (e colaterais, como pais e cônjuges) a entender sua condição. Fornece informações sobre o transtorno e o tratamento e oferece a oportunidade de tirar dúvidas, o que auxilia a lidar com o diagnóstico e a definir estratégias de abordagem personalizadas.[47]

Terapia cognitivo-comportamental (TCC)

Para Beck, a maneira como as pessoas pensam e interpretam os fatos em uma situação é que determina o que elas sentem, e não a situação em si.[48] O pensamento influencia as emoções e isso é refletido no comportamento. Em situações novas, o pensamento tenta identificar padronizações de eventos passados e transforma tudo o que é parecido em padrões gerais de interpretação, construindo as crenças, que regem o processo de percepção, atribuição de significados e interpretação de experiências. A terapia cognitiva tem como objetivo modificar crenças e pensamentos problemáticos (ajuste cognitivo) com o intuito de transformar as maneiras de pensar, sentir e agir.

Essa abordagem é considerada adequada para tratar adultos com TDAH (individualmente ou em grupo), possibilitando-lhes entender como o transtorno afeta suas vidas e desenvolver e implantar estratégias para lidar com as dificuldades e os problemas funcionais, como procrastinação, desorganização e mau gerenciamento do tempo, bastante comuns nessa população, além de aumentar a resiliência, a autoestima e o bem-estar.[38,49] As exigências das funções executivas aumentam com a idade, já que adultos têm mais responsabilidades e afazeres, como trabalho, família, finanças e tarefas. Muitos adultos com TDAH desenvolvem crenças mal-adaptativas e pensamentos negativos, apresentando visões distorcidas a respeito de si mesmos e do mundo, os quais interferem na efetividade das estratégias de enfrentamento.[38] Treinamento de métodos de organização e planejamento, administração do tempo, "quebra de tarefas", autoinstrução, automonitoramento, resolução de problemas e habilidades de comunicação (treinamento de assertividade) são focos essenciais do treinamento para adultos com TDAH.

Resolução de problemas

Essa estratégia consiste em identificar o problema, pensar em possíveis alternativas, avaliar as consequências de cada alternativa para escolher a mais adequada e, finalmente, examinar os resultados obtidos com a alternativa escolhida.[44]

Habilidades de autogerenciamento e reestruturação ambiental

As estratégias de autogerenciamento e a reestruturação do ambiente ajudam a pessoa com TDAH a ter um dia a dia mais estruturado, incorporando uma rotina e mais organização e planejamento ao seu estilo de vida.[47] Elas auxiliam a identificar e evitar distrações, a organizar o espaço físico e a definir locais para guardar objetos e contas, por exemplo, de modo funcional.[50] A estruturação da rotina, o uso de uma agenda e a implantação de atividades com horários marcados são acessórios importantes para seu melhor funcionamento e aplicáveis a crianças.

Organização, planejamento e administração do tempo

Os indivíduos com TDAH tendem a administrar mal o tempo, esquecer compromissos, sobrepor agendamentos (ou seja, marcar mais de um compromisso no mesmo horário ou em horários muito próximos, sem considerar o deslocamento), ter uma estimativa irreal da quantidade de tempo necessária para determinada atividade, entre outros. O uso correto de uma agenda (de papel ou eletrônica) é uma estratégia importante para facilitar o planejamento e a administração do tempo. "Visualizar" o quanto seu tempo está tomado com compromissos evita o agendamento de outros nos mesmos horários. Recursos como alarmes de agendas eletrônicas e on-line costumam ser úteis.

Aconselhamento vocacional/orientação profissional

O aconselhamento profissional também pode auxiliar a pessoa com TDAH a identificar suas habilidades e limitações para diminuir as dificuldades no trabalho e/ou encontrar o tipo de ocupação mais adequado ao seu perfil.[38]

Coaching

É um recurso mais pragmático que a terapia convencional, no qual o *coach* (treinador, ou técnico, em inglês), com conhecimento sobre o transtorno, em parceria com a pessoa com TDAH, traça um projeto personalizado para identificar e solucionar problemas e conflitos, com ênfase no estabelecimento de metas do paciente e no desenvolvimento de estratégias para alcançá-las.[51]

Outras intervenções

O *biofeedback* ou *neurofeedback* é um tratamento natural e não invasivo que se baseia no modelo biológico do TDAH como um transtorno de regulação neural e baixa responsividade. O modelo de *biofeedback* propõe que essas deficiências são passíveis de mudança com métodos de condicionamento operante da neurorregulação bioelétrica, para que o indivíduo consiga utilizar ondas cerebrais preferencialmente de determinados tipo e frequência, mas é preciso que o treinamento seja realizado repetidamente por um período para que os resultados sejam percebidos e mantidos. O indivíduo recebe um *feedback* positivo quando as sinapses acontecem mais rapidamente. Embora careça de mais estudos, pesquisas recentes sobre *neurofeedback* como modo de tratamento para TDAH, seja combinado com intervenção medicamentosa ou de maneira isolada, mostram resultados promissores, com melhora dos aspectos cognitivos e comportamentais em crianças, adolescentes e adultos e com eficácia equivalente à do metilfenidato, e poderia ser uma opção de tratamento para os que não desejam tomar esse medicamento, para os não respondentes a ele ou para os que sofrem com efeitos colaterais.[52-55]

Mindfulness

As técnicas de atenção plena (atenção intencional no momento presente, de maneira não julgadora) incluem práticas de *mindfulness* formais (meditação ou escaneamento corporal – *body scan*) e exercícios informais que consistem na vivência de modo plenamente consciente das situações cotidianas, nas quais a atenção está focada no que está acontecendo, sem julgamento. As técnicas de *mindfulness*, assim como as terapias baseadas no cérebro que também utilizam a atenção focada de maneira não julgadora, como o *brainspotting* e a EMDR (*Eye Movement Desensitization and Reprocessing* ou Dessensibilização e Reprocessamento por Movimentos Oculares), têm sido utilizadas para diversos transtornos mentais e clínicos com boa aceitação e relativo grau de sucesso.

Alguns estudos recentes têm mostrado como promissora a aplicação de técnicas de atenção plena no campo de tratamento do TDAH, seja para redução de estresse dos pais, seja para melhora da qualidade de vida, do humor e da atenção de adultos com o transtorno.[56-59]

A prática de meditação e ioga tem sido relatada como uma possibilidade auxiliar no tratamento do TDAH, por seus resultados positivos, como melhora da concentração e diminuição da ansiedade e de sintomas de hiperatividade.[60]

Aconselhamento específico quanto à importância de evitar o consumo de álcool e outras drogas, uma vez que podem influenciar a evolução do transtorno e a resposta medicamentosa, é obrigatório. Sabe-se que adolescentes com TDAH não tratado têm maiores riscos de desenvolver quadros de uso nocivo e dependência de substâncias. Particularmente, sujeitos com TDAH que permanecem com elevado índice de *sensation seeking* (busca de sensações)"* revelam maior propensão para evolução à dependência de cocaína.[61] Nesses casos, a abordagem integrada é a mais indicada, tomando-se especial cuidado com o risco de abuso de psicofármacos. Salienta-se, nesses indivíduos, a importância do tratamento farmacológico, que pode reduzir o índice de recaídas e melhorar a adesão ao plano global de tratamento.[62]

Caso clínico

J., gênero masculino, 42 anos, casado, professor universitário, buscou atendimento por se queixar de não conseguir aproveitar as oportunidades que lhe apareciam, o que o fazia se sentir estagnado em sua vida. Não estava clinicamente deprimido, ou seja, não se queixava de tristeza, tinha boa capacidade de relaxar e sentir prazer com suas atividades habituais. No entanto, reclamava que a vida poderia ser mais gratificante e que poderia estar mais satisfeito consigo mesmo caso conseguisse cumprir as tarefas a que se propunha. Relatou ansiedade em situações em que se sentia avaliado e já tinha passado por uma consulta com um clínico, que desconfiou que J. tivesse fobia social. Reavaliando sua vida, reconheceu que perdeu várias oportunidades de ascensão em sua carreira por conta de seu estilo ansioso e da evitação de exposição social, como dar palestras, apesar de se sentir tecnicamente capaz. No entanto, é visto como uma pessoa confiável e pouco ambiciosa, o que lhe confere um *status* de segurança em seu meio profissional, isto é, sente-se à margem e, em suas palavras, "fora do alcance da competitividade e da fogueira das vaidades".

Ressentia-se por se perceber bastante aquém de seu potencial criativo e produtivo. Sua queixa principal era a grande dificuldade de atenção em reuniões prolongadas, bem como em leituras, e de manter, de modo tenaz, o foco e a motivação em projetos que demandavam continuidade, como os afazeres para a conclusão de seu doutorado. Vivia procrastinando seus compromissos e suas tarefas até o último minuto e, frequentemente, tinha que "varar algumas noites" trabalhando sob pressão máxima, momentos nos quais sentia "o cérebro funcionar um pouco melhor".

Não reconhecia fatores que justificassem seu sentimento de descontentamento em relação à vida: estava no segundo casamento havia 4 anos e tinha uma filha de 1 ano, "a grande alegria de sua vida". O casamento estava bem e raramente tinha discussões com sua esposa, uma arquiteta bem-sucedida.

Sentia que seu desempenho era arraigadamente deficitário em várias áreas da vida: no trabalho, nos estudos e mesmo nas relações familiares, em relação às quais se descreveu como distanciado.

Sempre se considerou desligado e desatento, e era motivo de chacota durante a infância e a adolescência por estar sempre "viajando, no mundo da Lua". Nega impulsividade, agitação ou inquietação e nega períodos de depressão acentuada ou humor elevado em qualquer fase de sua vida.

Relatou uso "social" de álcool, restrito aos finais de semana. Durante um período da juventude, fumou maconha quase diariamente e, atualmente, fuma uma ou duas vezes por semana, quando está com alguns amigos do futebol.

Respondeu a uma escala de avaliação de TDAH que mostrou pontuação elevada, especialmente para os domínios de desatenção (*Adult*

---

* "[...] um traço que descreve a tendência para procurar sensações e experiências novas variadas, complexas e intensas, e a disposição para correr riscos com a finalidade de satisfazer tais experiências" (Zuckerman *apud* Gouveia et al.[63]).

ADHD Self-Report Scale – ASRS-v1.1). Como tinha lido bastante material sobre o assunto na internet, já desconfiava de que seu problema fosse mesmo desatenção. Contudo, não observava nem relacionava o uso de álcool ou maconha com piora do desempenho cognitivo. Negava qualquer problema clínico relevante, cirurgias ou uso de medicamentos. Os resultados de exames laboratoriais revelaram-se normais, especialmente quanto a função tireoidiana, função hepática, hemograma e função renal.

Como os sintomas de ansiedade social eram mais intrusivos e recorrentes do que J. pudera avaliar, em uma entrevista mais profunda, optou-se pelo uso de um antidepressivo, inicialmente. Paralelamente, J. começou com sessões semanais de psicoterapia voltada para resolução de problemas, enfrentamento de situações sociais que levavam à ansiedade e treinamento de habilidades sociais.

Inicialmente, realizaram-se sessões de psicoeducação para que J. compreendesse as hipóteses diagnósticas aventadas pela equipe terapêutica, a saber, TDAH, fobia social e uso nocivo de *cannabis*. Não foram preenchidos critérios diagnósticos para uso nocivo ou dependência de álcool. A partir da compreensão inicial do quadro global pelo paciente, e de como tais transtornos interfeririam em sua produtividade e em sua satisfação com a vida, foram sugeridas sessões semanais com foco na organização da rotina, no treinamento de habilidades sociais e na prevenção de recaídas em relação à maconha.

A psicoterapia desenvolveu-se paralelamente ao tratamento farmacológico, sendo que os profissionais responsáveis mantinham contato constante para discussão do caso. A psicoterapia foi importante para melhorar a adesão ao tratamento farmacológico, uma vez que J. pensava em parar o uso do antidepressivo por ter efeitos colaterais como cefaleia e redução da libido, que melhoraram espontaneamente após o 1º mês de uso do psicofármaco.

J. foi estimulado a organizar seus horários com o apoio de um programa de computador e a realizar uma lista de prioridades de assuntos a serem resolvidos durante o dia. No início, considerou aquele tipo de atividade bastante difícil, pois demandava um planejamento que, a princípio, não se sentia capaz de alcançar. Percebeu-se que tinha uma crença negativa sobre si mesmo e que se julgava incapaz de obter sucesso e de ser organizado. Pensava que o ambiente competitivo da universidade era algo que não desejava, apesar de, ambiguamente, sentir-se tentado pela possibilidade de um maior reconhecimento de seu trabalho. Tendo em vista tais dificuldades, a terapeuta realizou atividades voltadas para a melhor autopercepção de objetivos e crenças, mantendo o foco em suas prioridades e em suas metas de curto e médio prazo, ou seja, até 6 meses. Tal abordagem o ajudou a melhorar sua autoeficácia e a passar a se sentir mais preparado para desafios e situações em que, anteriormente, sentia-se ameaçado ou desafiado.

Observou, após 40 dias, melhora significativa de sua ansiedade com o uso de antidepressivo (venlafaxina 75 mg/dia), especialmente em momentos de avaliação, como apresentações em eventos, congressos e entrevistas, nos quais passou a ser entusiasticamente elogiado. Com o uso da medicação, a desatenção, no entanto, teve melhora muito discreta, o que motivou o psiquiatra a prescrever, em seguida, metilfenidato de liberação controlada, em dose inicial de 18 mg/dia, até chegar à dose de 54 mg/dia. Com a introdução do metilfenidato e o acompanhamento psicoterápico, no qual desenvolveu estratégias para lidar com suas dificuldades, obteve melhora bastante relevante dos sintomas de procrastinação, perda de foco e oscilação da motivação.

O uso da maconha foi contraindicado pela equipe profissional e J. apresentava-se motivado a parar de consumi-la. Levando-se em conta as dificuldades que J. tinha em simplesmente dizer não ao grupo de amigos, foi proposta a realização de uma balança decisória. Com o emprego dessa técnica, J. percebeu que o uso da maconha poderia interferir na resposta terapêutica tanto às medicações quanto ao aproveitamento das sessões psicoterapêuticas. Conseguiu se abster do uso após 2 meses de terapia, apesar da pressão do grupo de amigos. Com 3 meses de abstinência, surpreendeu-se com a melhora do desempenho cognitivo, especialmente no que tange à redução da procrastinação e ao aumento da assertividade.

Com a melhora do desempenho em diversas áreas de sua vida, bem como do aproveitamento do tempo, conseguiu passar a realizar mais tarefas e a participar mais ativamente da vida acadêmica. Também passou a aproveitar com mais eficiência seu tempo livre, tendo voltado a estudar piano com regularidade e obtendo alto índice de satisfação nessa tarefa. Percebia que sua capacidade de assimilação de novos conteúdos estava maior e que conseguia focar na leitura tanto de livros técnicos quanto de partituras musicais como em nenhuma outra época.

Após 1 ano do uso de antidepressivo, não relatava mais sintomas ansiosos e essa medicação foi descontinuada. O uso de metilfenidato foi mantido visando à manutenção dos benefícios alcançados.

Considerações finais

O TDAH é um transtorno neurobiológico crônico e o tratamento de referência é multimodal. Quando a abordagem é apenas farmacológica, grande parte dos indivíduos tratados com medicação continua a apresentar sintomas residuais e prejuízos em várias áreas do funcionamento. Segundo o Dr. Steven Safren, que tem como foco de pesquisa a intervenção cognitivo-comportamental, "os medicamentos são muito eficazes em 'abaixar o volume' dos sintomas de TDAH, mas eles não ensinam habilidades às pessoas".[64]

As intervenções apresentadas neste capítulo têm entre seus objetivos desenvolver habilidades, implementar estratégias para lidar com as dificuldades e com os problemas funcionais (como procrastinação, desorganização, distração, mau gerenciamento do tempo etc.) e aumentar resiliência, autoestima e bem-estar, o que tende a melhorar o funcionamento geral e a qualidade de vida.

As intervenções não medicamentosas têm apresentado efeitos positivos quando combinadas ao tratamento farmacológico e, embora haja muitos estudos com resultados promissores sobre o assunto como alternativa para aqueles que não querem ou não podem tomar medicação, ainda faltam evidências consistentes sobre sua eficácia. O tratamento combinado tem se mostrado mais eficaz que qualquer intervenção isolada, seja farmacológica ou psicossocial.

Referências bibliográficas

1. Lara C, Fayyad J, de Graaf R, Kessler RC, Aguilar-Gaxiola S, Angermeyer M, et al. Childhood predictors of adult ADHD: results from the WHO World Mental Health (WMH) Survey Initiative. Biol Psychiatry. 2009;65(1):46-54.
2. Faraone SV, Biederman J, Mick E. The age-dependent decline of attention deficit hyperactivity disorder: a meta-analysis of follow-up studies. Psychol Med. 2006;36(2):159-65.
3. Asherson P, Adamou M, Bolea B, Muller U, Morua SD, Pitts M, et al. Is ADHD a valid diagnosis in adults? Yes. BMJ. 2010;340:c549.
4. Valdizán JR, Izaguerri-Gracia AC. Attention deficit hyperactivity disorder in adults. Rev Neurol. 2009;48(Suppl 2):S95-9.
5. Merikangas KR, Akiskal HS, Angst J, Greenberg PE, Hirschfeld RM, Petukhova M, et al. Lifetime and 12-month prevalence of bipolar spectrum disorder in the National Comorbidity Survey replication. Arch Gen Psychiatry. 2007;64(5):543-52.
6. World Health Organization. The ICD-10 Classification of Mental and Behavioural Disorders: clinical descriptions and diagnostic guidelines. Geneva: WHO; 1992. [Acesso em 14 mar 2017] Disponível em: http://apps.who.int/iris/bitstream/10665/37958/8/9241544228_eng.pdf.
7. Rohde LA, Halpern R. Recent advances on attention deficit/hyperactivity disorder. J Pediatr (Rio J). 2004;80(2):S61-70.
8. American Psychiatric Association. Manual diagnóstico e estatístico de transtornos mentais: DSM-5. 5. ed. Porto Alegre: Artmed; 2014.
9. Davidson MA. ADHD in adults: a review of the literature. J Atten Disord. 2008;11(6):628-41.
10. Ramsay JR, Rostain AL. Adult ADHD research: current status and future directions. J Atten Disord. 2008;11(6):624-7.
11. Shaw P, Eckstrand K, Sharp W, Blumenthal J, Lerch JP, Greenstein D, et al. Attention-deficit/hyperactivity disorder is characterized by a delay in cortical maturation. Proc Natl Acad Sci USA. 2007;104(49):19649-54.
12. Mattos P, Palmini A, Salgado CA, Segenreich D, Grevet E, Oliveira IR, et al. Painel brasileiro de especialistas sobre diagnóstico do transtorno de déficit de atenção/hiperatividade (TDAH) em adultos. Rev Psiquiatr Rio Gd Sul. 2006;28(1):50-60.
13. American Psychiatric Association. Diagnostic and statistical manual of mental disorders: DSM-IV-TR. 4. ed. Washington, DC: American Psychiatric Association; 2000.
14. Gaub M, Carlson CL. Gender differences in ADHD: a meta-analysis and critical review. J Am Acad Child Adolesc Psychiatry. 1997;36(8):1036-45.
15. Biederman J, Faraone SV, Spencer T, Wilens T, Mick E, Lapey KA. Gender differences in a sample of adults with attention deficit hyperactivity disorder. Psychiatry Res. 1994;53(1):13-29.
16. Millstein RB, Wilens TE, Biederman J, Spencer TJ. Presenting ADHD symptoms and subtypes in clinically referred adults with ADHD. J Atten Disord. 1997;2(3):159-66.
17. Kessler RC, Adler L, Barkley R, Biederman J, Conners CK, Demler O, et al. The prevalence and correlates of adult ADHD in the United States: results from the National Comorbidity Survey Replication. Am J Psychiatry. 2006;163(4):716-23.
18. Faraone SV, Biederman J. What is the prevalence of adult ADHD? Results of a population screen of 966 adults. J Atten Disord. 2005;9(2):384-91.
19. Arruda MA, Querido CN, Bigal ME, Polanczyk GV. ADHD and mental health status in Brazilian school-age children. J Atten Disord. 2015;19(1):11-7.
20. Kessler RC, Adler LA, Barkley R, Biederman J, Conners CK, Faraone SV, et al. Patterns and predictors of attention-deficit/hyperactivity disorder persistence into adulthood: results from the national comorbidity survey replication. Biol Psychiatry. 2005;57(11):1442-51.

21. Vande Voort JL, He JP, Jameson ND, Merikangas KR. Impact of the DSM-5 attention-deficit/hyperactivity disorder age-of-onset criterion in the US adolescent population. J Am Acad Child Adolesc Psychiatry. 2014;53(7)736-44.
22. Sibley MH, Yeguez CE. The impact of DSM-5 A-criteria changes on parent ratings of ADHD in adolescents. J Atten Disord. 2014.
23. Matte B, Anselmi L, Salum GA, Kieling C, Gonçalves H, Menezes A, et al. ADHD in DSM-5: a field trial in a large, representative sample of 18- to 19-year-old adults. Psychol Med. 2015;45(2):361-73.
24. van de Glind G, Konstenius M, Koeter MWJ, van Emmerik-van Oortmerssen K, Carpentier P-J, Kaye S, et al. Variability in the prevalence of adult ADHD in treatment seeking substance use disorder patients: results from an international multicenter study exploring DSM-IV and DSM-5 criteria. Drug Alcohol Depend. 2014;134:158-66.
25. Wiener JM, American Academy of Child and Adolescent Psychiatry. Textbook of child & adolescent psychiatry. 2. ed. Washington, DC: American Psychiatric Press; 1997.
26. Biederman J, Faraone SV, Spencer T, Wilens T, Norman D, Lapey KA, et al. Patterns of psychiatric comorbidity, cognition, and psychosocial functioning in adults with attention deficit hyperactivity disorder. Am J Psychiatry. 1993;150(12)1792-8.
27. Furman LM. Attention-deficit hyperactivity disorder (ADHD): does new research support old concepts? J Child Neurol. 2008;23(7):775-84.
28. Biederman J, Monuteaux MC, Mick E, Spencer T, Wilens T, Silva JM, et al. Young adult outcome of attention deficit hyperactivity disorder: a controlled 10-year follow-up study. Psychol Med. 2006;36(2):167-79.
29. Goodman D. Treatment and assessment of ADHD in adults. In: Biederman J, editor. ADHD across the lifespan: an evidence-based understanding from research to clinical practice. Hasbrouck Heights, NJ: Veritas Institute for Medical Education; 2006. p. 227-69.
30. Barkley RA, Fischer M, Smallish L, Fletcher K. Young adult outcome of hyperactive children: adaptive functioning in major life activities. J Am Acad Child Adolesc Psychiatry. 2006;45(2):192-202.
31. Biederman J, Faraone SV, Spencer TJ, Mick E, Monuteaux MC, Aleardi M. Functional impairments in adults with self-reports of diagnosed ADHD: a controlled study of 1001 adults in the community. J Clin Psychiatry. 2006;67(4):524-40.
32. Barkley RA, Murphy KR, Fischer M. ADHD in adults: what the science says. New York: Guilford Press; 2008.
33. Matza LS, Paramore C, Prasad M. A review of the economic burden of ADHD. Cost Eff Resour Alloc. 2005;3:5.
34. Fabiano GA, Pelham Jr WE, Coles EK, Gnagy EM, Chronis-Tuscano A, O'Connor BC. A meta-analysis of behavioral treatments for attention-deficit/hyperactivity disorder. Clin Psychol Rev. 2009;29(2):129-40.
35. United States of America. S.Res. 370 (108th): a resolution designating September 7, 2004, as "National Attention Deficit Disorder Awareness Day". www.GovTrack.us [internet]. [Acesso em 20 dez 2016] Disponível em: https://www.govtrack.us/congress/bills/108/sres370.
36. Bello NT. Clinical utility of guanfacine extended release in the treatment of ADHD in children and adolescents. Patient Prefer Adherence. 2015;9:877-85.
37. Pelham WE, Gnagy EM, Greiner AR, Hoza B, Hinshaw SP, Swanson JM, et al. Behavioral versus behavioral and pharmacological treatment in ADHD children attending a summer treatment program. J Abnorm Child Psychol. 2000;28(6)507-25.
38. Barkley RA. Attention-deficit hyperactivity disorder: a handbook for diagnosis and treatment. 3. ed. New York: Guilford Press; 2005.
39. Arnold LE, Hodgkins P, Kahle J, Madhoo M, Kewley G. Long-term outcomes of ADHD: academic achievement and performance. J Atten Disord. 2015.
40. Gordon M, Antshel K, Faraone SV, Barkley R, Lewandowski L, Hudziak JJ, et al. Symptoms versus impairment: the case for respecting DSM-IV's Criterion D. J Atten Disord. 2006;9(3):465-75.
41. Re AM, Capodieci A, Cornoldi C. Effect of training focused on executive functions (attention, inhibition, and working memory) in preschoolers exhibiting ADHD symptoms. Front Psychol. 2015;6:1161.
42. Mohr-Jensen C, Steen-Jensen T, Bang-Schnack M, Thingvad H. What do primary and secondary school teachers know about ADHD in children? Findings from a systematic review and a representative, nationwide sample of Danish teachers. J Atten Disord. 2015.
43. Purdie N, Hattie J, Carroll A. A review of the research on interventions for attention deficit hyperactivity disorder: which treatment works best? Review of Educational Research. 2002;72(1):61-99.
44. Rohde LA, Mattos P, organizadores. Princípios e práticas em transtorno de déficit de atenção/hiperatividade. Porto Alegre: Artmed; 2003.
45. Raggi VL, Chronis AM. Interventions to address the academic impairment of children and adolescents with ADHD. Clin Child Fam Psychol Rev. 2006;9(2):85-111.
46. Babinski DE, Waxmonsky JG, Waschbusch DA, Pelham Jr WE. Behavioral observations of parents with ADHD during parent training. J Atten Disord. 2015.
47. Murphy K. Psychosocial treatments for ADHD in teens and adults: a practice-friendly review. J Clin Psychol. 2005;61(5):607-19.
48. Beck AT. Thinking and depression. II. Theory and therapy. Arch Gen Psychiatry. 1964;10:561-71.
49. Ramsay JR, Rostain AL. Cognitive-behavioral therapy for adult ADHD: an integrative psychosocial and medical approach. New York: Routledge; 2008.
50. Faraone SV. ADHD in adults: a familiar disease with unfamiliar challenges. CNS Spectr. 2007;12(12 Suppl 23):14-7.
51. Favorite B. Coaching for adults with ADHD: the missing link between the desire for change and achievement of success. ADHD Report. 1995;3:11-2.

52. Toplak ME, Connors L, Shuster J, Knezevic B, Parks S. Review of cognitive, cognitive-behavioral, and neural-based interventions for attention-deficit/hyperactivity disorder (ADHD). Clin Psychol Rev. 2008;28(5):801-23.
53. González-Castro P, Cueli M, Rodríguez C, García T, Álvarez L. Efficacy of neurofeedback versus pharmacological support in subjects with ADHD. Appl Psychophysiol Biofeedback. 2016;41(1):17-25.
54. Duric NS, Aβmus J, Elgen IB. Self-reported efficacy of neurofeedback treatment in a clinical randomized controlled study of ADHD children and adolescents. Neuropsychiatr Dis Treat. 2014;10:1645-54.
55. Duric NS, Assmus J, Gundersen D, Elgen IB. Neurofeedback for the treatment of children and adolescents with ADHD: a randomized and controlled clinical trial using parental reports. BMC Psychiatry. 2012;12:107.
56. Cassone AR. Mindfulness training as an adjunct to evidence-based treatment for ADHD within families. J Atten Disord. 2015;19(2):147-57.
57. Schmiedeler S. Mindfulness-based intervention in attention-deficit-/hyperactivity disorder (ADHD). Z Kinder Jugendpsychiatr Psychother. 2015;43(2):123-31.
58. Anderson SB, Guthery AM. Mindfulness-based psychoeducation for parents of children with attention-deficit/hyperactivity disorder: an applied clinical project. J Child Adolesc Psychiatr Nurs. 2015;28(1):43-9.
59. Bueno VF, Kozasa EH, da Silva MA, Alves TM, Louzã MR, Pompéia S. Mindfulness meditation improves mood, quality of life, and attention in adults with attention deficit hyperactivity disorder. Biomed Res Int. 2015;2015:1-14.
60. Jensen PS, Kenny DT. The effects of yoga on the attention and behavior of boys with attention-deficit/hyperactivity disorder (ADHD). J Atten Disord. 2004;7(4):205-16.
61. Ballon N, Brunault P, Cortese S. Sensation seeking and cocaine dependence in adults with reported childhood ADHD. J Atten Disord. 2015;19(4):335-42.
62. Bihlar Muld B, Jokinen J, Bölte S, Hirvikoski T. Long-term outcomes of pharmacologically treated versus non-treated adults with ADHD and substance use disorder: a naturalistic study. J Subst Abuse Treat. 2015;51:82-90.
63. Gouveia VV, Pimental CE, Gouveia RSV, Freires LA, Athayde RAA, Araújo RCR. Inventário de Arnett de Busca de Sensações (AISS): testando diferentes modelos fatoriais. Psico-USF. 2010;15(2):181-91.
64. Safren SA, Sprich S, Perlman CA, Otto MW. Dominando seu TDAH adulto: guia do terapeuta. Porto Alegre: Artmed; 2008.

Bibliografia

Barkley RA, Murphy KR, Fischer M. TDAH em adultos: o que a ciência diz. São Paulo: Roca; 2013.
Camargos Jr W, Hounie AG, organizadores. Manual clínico do transtorno de déficit de atenção/hiperatividade. Belo Horizonte: Info; 2005.Hallowell EM, Ratey JJ. Tendência à distração. Rio de Janeiro: Rocco; 2000.
Knapp P, Rohde LA, Lyszkowski L, Johannpeter J. Terapia cognitivo-comportamental no TDAH: manual do paciente. Porto Alegre: Artmed; 2002.
Kolberg J, Nadeau K. ADD-friendly ways to organize your life. New York: Brunner-Routledge; 2002.
Mattos P. No mundo da lua: perguntas e respostas sobre transtorno do déficit de atenção com hiperatividade. São Paulo: Lemos; 2001.
Rohde LA, Mattos P, organizadores. Princípios e práticas em TDAH: transtorno de déficit de atenção/hiperatividade. Porto Alegre: Artmed; 2002.

Anexos

A seguir, são apresentadas as escalas ASRS-18, para adultos, e SNAP-IV, para crianças e adolescentes, disponíveis no site da ABDA (www.tdah.org.br).

ASRS-18 para adultos

O questionário a seguir é denominado ASRS-18 e foi desenvolvido por pesquisadores em colaboração com a Organização Mundial da Saúde (OMS). Esta é a versão validada no Brasil.

Lembre-se de que o diagnóstico definitivo só pode ser fornecido por um profissional.

Por favor, responda às perguntas da Tabela 81.1 avaliando de acordo com os critérios do lado direito da página. Após responder a cada uma das perguntas, circule o número que corresponde a como você se sentiu e se comportou nos últimos 6 meses.

Como avaliar

Se os itens de desatenção da parte A (1 a 9) E/OU os itens de hiperatividade-impulsividade da parte B (1 a 9) têm várias respostas marcadas como *frequentemente* ou *muito frequentemente*, há chances de o indivíduo ser portador de TDAH (pelo menos 4 em cada uma das partes). O questionário ASRS-18 é útil para avaliar apenas o primeiro dos critérios (critério A) para fazer o diagnóstico. Existem outros critérios que também são necessários.

Importante: não se pode fazer o diagnóstico de TDAH apenas com os sintomas descritos na Tabela 81.1. Veja a seguir os demais critérios:

- Critério A: sintomas ver Tabela 81.2.
- Critério B: alguns desses sintomas devem estar presentes desde antes dos 7 ou 12 anos
- Critério C: existem problemas causados pelos sintomas em pelo menos dois contextos diferentes (p. ex., no trabalho, na vida social, na faculdade e no relacionamento conjugal ou familiar)
- Critério D: há problemas evidentes por conta dos sintomas
- Critério E: se existe outro problema (como depressão, deficiência mental, psicose etc.), os sintomas não podem ser atribuídos exclusivamente a ele.

SNAP-IV para crianças e adolescentes

O questionário a seguir (Tabela 81.2) é denominado SNAP-IV e foi construído a partir dos sintomas listados no DSM-IV. A criança também pode imprimir e levar para o(a) professor(a) preencher na escola. Esta é a tradução validada pelo Grupo de Estudos do Déficit de Atenção (GEDA) da Universidade Federal do Rio de Janeiro (UFRJ) e pelo Serviço de Psiquiatria da Infância e da Adolescência da Universidade Federal do Rio Grande do Sul (UFRGS).

Lembre-se de que o diagnóstico definitivo só pode ser fornecido por um profissional.

Como avaliar

- Se existem pelo menos seis itens marcados como "bastante" ou "demais" de 1 a 9: existem mais sintomas de desatenção que o esperado em uma criança ou adolescente
- Se existem pelo menos seis itens marcados como "bastante" ou "demais" de 10 a 18: existem mais sintomas de hiperatividade e impulsividade que o esperado em uma criança ou adolescente

O questionário SNAP-IV é útil para avaliar apenas o primeiro dos critérios (critério A) para fazer o diagnóstico. Existem outros critérios que também são necessários.

Importante: não se pode fazer o diagnóstico de TDAH apenas com o critério A. Veja a seguir os demais critérios:

- Critério A: sintomas (ver Tabela 81.2)
- Critério B: alguns desses sintomas devem estar presentes antes dos 7 anos de idade
- Critério C: existem problemas causados pelos sintomas em pelo menos dois contextos diferentes (p. ex., na escola, no trabalho, na vida social e em casa)
- Critério D: há problemas evidentes na vida escolar, social ou familiar por conta dos sintomas
- Critério E: se existe outro problema (como depressão, deficiência mental, psicose etc.), os sintomas não podem ser atribuídos exclusivamente a ele.

Tabela 81.1 Escala ASRS-18 para adultos.

	Nunca	Raramente	Algumas vezes	Frequentemente	Muito frequentemente
Parte A					
1. Com que frequência você comete erros por falta de atenção quando tem de trabalhar em um projeto chato ou difícil?					
2. Com que frequência você tem dificuldade para manter a atenção quando está fazendo um trabalho chato ou repetitivo?					
3. Com que frequência você tem dificuldade para se concentrar no que as pessoas dizem, mesmo quando elas estão falando diretamente com você?					
4. Com que frequência você deixa um projeto pela metade depois de já ter feito as partes mais difíceis?					
5. Com que frequência você tem dificuldade para fazer um trabalho que exige organização?					
6. Quando você precisa fazer algo que exige muita concentração, com que frequência você evita ou adia o início?					
7. Com que frequência você coloca as coisas fora do lugar ou tem dificuldade de encontrar as coisas em casa ou no trabalho?					
8. Com que frequência você se distrai com atividades ou barulho à sua volta?					
9. Com que frequência você tem dificuldade para se lembrar de compromissos ou obrigações?					
Parte B					
1. Com que frequência você fica se mexendo na cadeira ou balançando as mãos ou os pés quando precisa ficar sentado(a) por muito tempo?					
2. Com que frequência você se levanta da cadeira em reuniões ou em outras situações onde deveria ficar sentado(a)?					
3. Com que frequência você se sente inquieto(a) ou agitado(a)?					
4. Com que frequência você tem dificuldade para sossegar e relaxar quando tem tempo livre para você?					
5. Com que frequência você se sente ativo(a) demais e necessitando fazer coisas, como se estivesse "com um motor ligado"?					
6. Com que frequência você se pega falando demais em situações sociais?					
7. Quando você está conversando, com que frequência você se pega terminando as frases das pessoas antes delas?					
8. Com que frequência você tem dificuldade para esperar nas situações onde cada um tem a sua vez?					
9. Com que frequência você interrompe os outros quando eles estão ocupados?					

Fonte: Mattos P, Segenreich D, Saboya E, Louzã M, Dias G, Romano M. Adaptação transcultural para o português da escala Adult Self-Report Scale para avaliação do transtorno de déficit de atenção/hiperatividade (TDAH) em adultos. Rev Psiquiatr Clín. 2006;33(4):188-94.

Tabela 81.2 Escala SNAP-IV para crianças e adolescentes.

	Nem um pouco	Só um pouco	Bastante	Demais
1. Não consegue prestar muita atenção a detalhes ou comete erros por descuido nos trabalhos da escola ou em outras tarefas.				
2. Tem dificuldade de manter a atenção em tarefas ou atividades de lazer.				
3. Parece não estar ouvindo quando se fala diretamente com ele(a).				
4. Não segue instruções até o fim e não termina deveres de escola, tarefas ou obrigações.				
5. Tem dificuldade para organizar tarefas e atividades.				
6. Evita, não gosta de ou se envolve contra a vontade em tarefas que exigem esforço mental prolongado.				
7. Perde coisas necessárias para atividades (p. ex., brinquedos, deveres da escola, lápis ou livros).				
8. Distrai-se com estímulos externos.				
9. É esquecido(a) em atividades do dia a dia.				
10. Mexe com as mãos ou os pés ou se remexe na cadeira.				
11. Sai do lugar na sala de aula ou em outras situações em que se espera que fique sentado(a).				
12. Corre de um lado para outro ou sobe demais nas coisas em situações em que isso é inapropriado.				
13. Tem dificuldade para brincar ou se envolver em atividades de lazer de maneira calma.				
14. Não para ou frequentemente está "a mil por hora".				
15. Fala em excesso.				
16. Responde às perguntas de maneira precipitada, antes de elas terem sido terminadas.				
17. Tem dificuldade de esperar sua vez.				
18. Interrompe os outros ou se intromete (p. ex., intromete-se em conversas, jogos, etc.).				

82 Luto e Perdas | Uma Visão Cognitiva

Neide A. Zanelatto e Guilherme Alves da Silva Bueno

> *Quando pensamos em perda, pensamos na perda, por morte, das pessoas de quem gostamos. Mas a perda é um tema bem mais presente na nossa vida. Não perdemos apenas através da morte, mas também partindo e vendo outros partirem, quando mudamos e quando nos deixamos ficar. As nossas perdas incluem não apenas as nossas separações e partidas para longe daqueles de quem gostamos, mas as nossas perdas de sonhos, expectativas impossíveis, ilusões de liberdade e poder, ilusões de segurança – e a perda do nosso eu jovem, o eu que se julgava para sempre imune às rugas, invulnerável e imortal.[1]*

> *Quando o luto acontece, não é só a pessoa que morre que é perdida, mas todo o universo interno da pessoa identificada fica destruído.[2]*

Introdução

A perda pode ser definida como ato ou efeito de perder; ser privado de algo que é possuído; privação de alguém com quem se vivia ou trabalhava; e, por derivação de sentido, morte de ente querido ou, ainda, ser derrotado ou impedido de ganhar.[3]

O luto seguido da perda proveniente da morte é considerado uma reação normal do ser humano, cujo processo e intensidade variam de indivíduo para indivíduo.[4] Não é um tema exclusivo dos tempos contemporâneos: atravessa toda a história, uma vez que o ser humano é o único ser consciente de sua finitude.

Os primeiros trabalhos sobre o assunto foram apresentados, em 1911, por Karl Abraham, seguidos pelos de Sigmund Freud (1917) e complementados por Erich Lindemann (1944), com predominante orientação psicanalítica. John Bowlby (1960-1980), em suas publicações, agrega a essa abordagem conceitos da etologia, da teoria do controle e da teoria cognitiva.[5] Na ultima década, considerável atenção tem sido dada aos processos cognitivos decorrentes do luto. Desenvolve-se uma concepção de que, no processo de perda, os indivíduos são forçados a reestruturar e a reconstruir suas crenças a respeito de si mesmos e do mundo.[6] Estima-se que de 6 a 15% das pessoas que enfrentam uma perda significativa desenvolvam luto patológico.[7]

Estudos recentes têm apontado a eficácia de tratamentos realizados sob a óptica da abordagem da terapia cognitivo-comportamental (TCC), sendo, portanto, a apresentação desses conceitos e estudos o objetivo deste capítulo.

Definições

Conforme o *Manual Diagnóstico e Estatístico de Doenças Mentais* (DSM-5), o luto, caracterizado como um transtorno de humor, a partir de um período de 2 semanas sem melhora significativa, deve ser diferenciado de um episódio depressivo maior, considerando-se que, no luto, o afeto tende a incluir sentimentos de vazio e de perda, enquanto, no transtorno depressivo maior, predominam o humor deprimido e a incapacidade de antecipar sentimentos de felicidade ou de prazer.[8] Podem ainda aparecer no processo de luto: insônia, apetite reduzido e perda de peso. No luto, a disforia pode ter sua intensidade diminuída ao longo de dias e semanas, aparecendo "em ondas" que são conhecidas como "dores do luto", desencadeadas por cognições (pensamentos ou lembranças) cujo conteúdo sempre tem o foco no ente querido perdido (p. ex., algo que deveria ter sido feito e não foi). A autoestima tende a estar mais preservada que no episódio depressivo maior.

Na quinta edição do manual, no entanto, é possível aplicar esse diagnóstico mesmo àqueles que vivenciaram a perda de um ente querido há menos de 2 anos, pois os casos de luto podem alcançar uma gravidade significativa se não tratados. O luto é um fator estressor forte e pode desencadear transtornos mentais graves, portanto, mesmo que considerado uma reação comum, pode ser experimentado de modo patológico. O DSM-5, na seção "Condições para Estudos Posteriores", define quadros de "Luto Complexo Persistente" quando o indivíduo, após a perda de um ente querido, apresenta ao menos um dos sintomas que seguem por 12 meses para adultos e 6 meses para crianças:

- Saudade persistente do ente perdido
- Intenso pesar e dor emocional em resposta à morte
- Preocupação com a pessoa falecida
- Preocupação com as circunstâncias da morte.

E apresenta ao menos seis dos sintomas em grau clinicamente significativo, também por um período de 6 e 12 meses, respectivamente, para crianças e adultos enlutados:

- Acentuada dificuldade em aceitar a morte
- Experiência de incredulidade ou entorpecimento emocional em relação à perda
- Dificuldade com memórias positivas a respeito do ente falecido
- Sentimento de raiva ou de amargura em relação à perda
- Avaliações mal adaptativas sobre si mesmo em relação ao ente falecido ou à perda
- Excessiva evitação de lembranças da perda
- Desejo de morrer para estar com a pessoa falecida
- Dificuldade em confiar em outras pessoas desde a experiência da perda
- Sensação de estar sozinho ou isolado dos outros desde o evento
- Sensação de que a vida não tem sentido sem a pessoa que faleceu ou de que não consegue seguir vida normal sem o falecido
- Sentimento de confusão em relação ao próprio papel desempenhado na vida ou quanto à própria identidade
- Dificuldade quanto à busca de atividades prazerosas ou no planejamento do futuro após a perda do ente querido.

Assim, a inclusão desse quadro nessa seção possibilita que pessoas que estejam passando por um sofrimento psíquico grave, decorrente de perda, recebam atenção adequada, incluindo farmacoterapia quando necessário.

Aproximadamente 40% dos enlutados preenchem critérios para transtorno depressivo, principalmente durante o 1º mês após a perda de um ente querido. Após 1 ano, essa porcentagem cai para 15% e, ao final de 2 anos, 7% das pessoas ainda apresentam sintomas de depressão.[9] Ainda assim, é muito importante distinguir o luto complicado da depressão, pois a intervenção adequada terá um modelo diferenciado.[10] No primeiro caso, o foco estará no questionamento das crenças a respeito de si, dos outros e do mundo e na reconstrução da autoestima, normalmente afetada pela depressão, enquanto no luto patológico a atenção se concentrará mais nos pensamentos disfuncionais, visando à aceitação da realidade da perda: os fatos que a envolveram, seu significado e a questão da irreversibilidade.[11]

O trabalho de luto também pode ser entendido como uma visão da cognição humana marcada por uma competência associativa, em que poderão estar ausentes processos superiores de consciência, volição e interesse, constituindo-se em um processo de orientação cognitiva para a perda.[12]

É definido ainda como um processo cognitivo que leva a pessoa a se confrontar com sua perda, lidando com os acontecimentos anteriores à perda e os vividos durante esta, restabelecendo um contato com as memórias relativas ao ente perdido e, por fim, encarando a vida sem a presença deste.[11]

Stroebe e Schut[13] definem o termo como um processo duplo no qual há orientação tanto para a perda quanto para o restabelecimento. O sucesso do processo dependerá da natureza oscilatória entre essas duas orientações.

Do ponto de vista cognitivo, a perda vivenciada pela morte é um evento adverso sobre o qual o indivíduo não tem controle, mas, apesar disso, muda o sistema de crenças deste indivíduo e, consequentemente, suas emoções e seus comportamentos. O luto visto dessa maneira não se constitui somente em um processo emocional, mas também em uma adaptação cognitiva e comportamental às consequências da perda.[4]

Abordagem cognitivo-comportamental

De acordo com Boelen et al.[14], as variáveis cognitivas, significativamente relacionadas à gravidade dos sintomas presentes no processo de luto complicado, causadoras de sintomas de ansiedade da separação (saudade, procura, preocupação com o ente perdido que origina incapacidade funcional) e angústia traumática (entorpecimento, amargura, falta de confiança em outrem) podem ser categorizadas da seguinte maneira:

- Crenças centrais negativas a respeito de si mesmo, da vida e do futuro: "não sou capaz de

ficar sozinha", "a vida não terá mais sentido se eu ficar sozinho"
- Cognições causadoras de autoculpabilização: pensamentos frequentes relacionados ao que poderia ter sido feito para evitar a perda. Por exemplo: "se eu tivesse ido ao encontro dele, ele não teria morrido", "se eu o tivesse impedido de viajar, talvez o pior não tivesse acontecido"
- Cognições negativas acerca das respostas de outras pessoas após a perda: tendência a questionar a posição de outrem a respeito da situação da perda, como o paciente que não se conforma com o fato de as demais pessoas agirem com normalidade diante da perda após um tempo. "Ninguém mais pergunta nada" ou "parece que todos já esqueceram"
- Cognições negativas a respeito das reações em relação ao próprio processo de luto: por exemplo, aumentando a dor emocional a fim de manter o laço com o ente perdido. Essa condição pode ser evidenciada quando se observa que a pessoa mantém fotos ou lembranças espalhadas pela casa, como se quisesse alimentar o pensamento durante todo o tempo.

Essas cognições parecem ter importância significativa no estabelecimento de um quadro em que se torna complicado lidar com a perda, quando comparadas a contextos nos quais variáveis como o tipo de morte e o grau de parentesco estejam diretamente relacionadas.[14]

Processo de luto

Nas terapias tradicionais, o foco da intervenção sempre esteve baseado na dimensão emocional. Tanto uma resposta emocional exagerada quanto a ausência de emoções ou a evitação dessas expressões pontuavam a existência de um processo de luto complicado.[4]

No modelo cognitivo-comportamental, o comportamento é explicado como determinado por pensamentos (funcionais ou disfuncionais) que estabelecem também reações fisiológicas e emocionais, que se assentam sobre crenças nucleares de determinado indivíduo.[15] Crenças nucleares de desamparo e desamor podem ancorar pensamentos disfuncionais relacionados à perda. Esse modelo teórico pressupõe que o pensamento pode ser monitorado e alterado e que a mudança do comportamento pode ser afetada a partir da reestruturação cognitiva.

Albert Ellis[16], a partir do modelo ABC, no qual os acontecimentos (A, do inglês *activating event*) estão relacionados às crenças (B, do inglês *beliefs*) e às consequências comportamentais (C, do inglês *consequences*), afirma que crenças disfuncionais podem ser efetivamente questionadas e desafiadas (D, do inglês *dispute*) a partir de técnicas específicas. E, assim, explica o modelo cognitivo da perda (Figura 82.1).

A perda (especialmente aquela súbita ou uma morte não esperada) será, portanto, o evento externo que, decodificado a partir do sistema de crença de determinado indivíduo, afetará suas emoções e seus comportamentos. Há uma interação cíclica entre o evento e as crenças a respeito deste e as consequências emocionais e comportamentais, segundo Malkinson.[17]

Worden[11] postula que alguns pensamentos, comuns nas etapas iniciais do processo de luto ou perda, desaparecem após um curto período. Alguns persistem e consequentemente desencadeiam

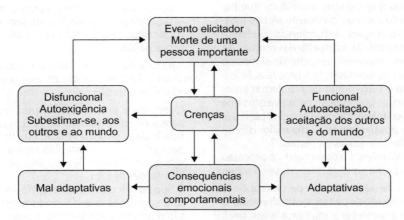

Figura 82.1 Modelo ABC do luto e da perda. Fonte: Malkinson, 2007.[17]

sentimentos que conduzem à depressão ou à ansiedade. A incredulidade, "isto não aconteceu, deve haver um engano", geralmente quando a perda é inesperada, leva à sensação de presença da pessoa falecida (contraparte cognitiva do sentimento de ansiedade), causando dificuldade de colocar as ideias em ordem em razão de que os pensamentos ficam concentrados na pessoa que morreu. A obsessão com pensamentos a respeito do ente ou objeto perdido causa preocupação. A presença destes pode, inclusive, conduzir a experiências alucinatórias, tanto visuais como auditivas.

Esses pensamentos conduzem a uma gama de sentimentos: tristeza (pela perda em si, revelada por meio do choro); raiva (advinda de duas fontes: impotência por não ter evitado a perda e a incapacidade de existir sem o outro); culpa e autocensura (também relacionadas à impotência da evitação da perda e tendem a desaparecer quando confrontadas com a realidade); ansiedade (pode variar desde a insegurança ao pânico); solidão e desamparo (principalmente nos casos de perda do cônjuge em que a relação era íntima e diária); e emancipação e alívio (quando existia opressão na presença do ente perdido).

Vazio no estômago, aperto no peito, nó na garganta, hipersensibilidade ao barulho, sensação de despersonalização, falta de ar ou fôlego, fraqueza muscular, falta de energia e boca seca podem ser considerados reações fisiológicas comuns decorrentes dos pensamentos relativos à perda.

As reações comportamentais incluem: distúrbios do sono e do apetite, isolamento social, sonhar ou chamar a pessoa falecida, apresentar-se "aéreo", entre outros.

Um estudo que analisou indivíduos que haviam terminado um relacionamento afetivo mostra que interpretações disfuncionais, preferencialmente catastróficas a respeito das reações do outro, crenças negativas a respeito de si mesmo e cognições de autocensura, têm uma relação importante com o surgimento de problemas emocionais.[18] Crenças que apoiam pensamentos que refletem baixa tolerância à frustração parecem relacionar-se positivamente a uma maior dificuldade para lidar com possíveis perdas.[19]

Segundo Worden,[11] o desenrolar do processo do luto ou da perda envolve quatro fases, a saber:

1. Aceitação da realidade da perda: supõe o questionamento do pensamento, alterando-o de modo a favorecer a mudança emocional. Muitas vezes, o indivíduo guarda pertences do ente perdido como se ele pudesse regressar ou mesmo distorce o pensamento em relação ao objeto ou pessoa perdida, minimizando os efeitos da dor. Aceitar a irreversibilidade da perda é parte fundamental nesta fase.
2. Trabalhar a dor advinda da perda: muitas vezes, os pensamentos são evitados para que a disforia associada à perda não seja sentida. É comum a ocorrência de pensamentos agradáveis acerca da pessoa falecida, como proteção do mal-estar provocado pelos pensamentos mais realistas. Evitar a dor prolongará o processo de luto, de modo que a negação dos sentimentos, a não confrontação com a perda e a idealização do que foi perdido não contribuem para a consecução desta segunda etapa.
3. Ajustar-se em um ambiente no qual o ente perdido está ausente: contempla-se a possibilidade de ressignificação da perda em que esta é tida como ganho (p. ex., quando se consegue fazer algo que nunca se havia feito e que era realizado por outrem). É importante desenvolver estratégias para levar ao ajustamento externo (atividades diárias), ajustamento interno (relativas à pessoa em si) e ajustamento cognitivo (crenças e valores).
4. Transferir emocionalmente o objeto (ente) perdido e prosseguir com a vida: existem indivíduos que não se vinculam mais emocionalmente, mantendo um vínculo disfuncional com o objeto perdido. Para algumas pessoas, esta é uma tarefa difícil, visto que algumas têm a sensação de que sua vida parou no momento da perda. De acordo com Walsh e McGoldrick[20], pensamentos disfuncionais impedem esse processo, como a superidealização da pessoa falecida, um sentimento de deslealdade ou o medo catastrófico de uma nova perda.

Outro aspecto abordado por Worden[11] diz respeito a fatores específicos que permeiam o processo de luto. São eles:

- Quem era a pessoa que morreu: importante para a conceitualização do luto, qual a identidade da pessoa e a relação que tinha com o paciente à nossa frente. Diferentes pessoas e diferentes tipos de relação levarão a diferentes reações de luto
- O tipo de vínculo existente: tanto a força quanto a segurança que o vínculo proporcionava são relevantes, assim como a ambivalência e os conflitos originados nesse vínculo

- O tipo de morte: considerar a proximidade (geográfica), se foi repentina ou não, traumática ou violenta, com múltiplas perdas (mais de um ente querido falecido no mesmo evento), estigmatizada (p. ex., AIDS) ou, ainda, quando se apresenta de maneira ambígua pela falta do corpo, em caso de acidentes naturais, ou quando o corpo não é encontrado apesar da morte presumida
- Antecedentes históricos: como as pessoas lidaram com as perdas anteriores. É importante levar em conta antecedentes psicopatológicos, como a existência de uma depressão prévia ou mesmo a existência de uma história psiquiátrica familiar importante
- Variáveis da personalidade: são características que influenciarão o modo de lidar com a perda, devido a questões culturais etc. São elas: idade e gênero, habilidades de enfrentamento para lidar com situações adversas, capacidade de resolução de problemas, estilo de vinculação, autoestima e autoeficácia e crenças e valores a respeito de si, do mundo e dos outros
- Variáveis sociais: de que apoio a pessoa dispõe, quão satisfeita está com essa rede de apoio, qual o nível de envolvimento em papéis sociais e quais recursos religiosos têm à disposição
- Fontes concomitantes de estresse: as mudanças e as crises que ocorrem após uma perda também se constituem em fatores que podem influenciar o luto.

TCC aplicada ao luto patológico

A terapia do luto patológico se traduz em um processo multifacetado que objetiva que o paciente enlutado consiga lidar com o estresse que se segue à perda, reestruturando-se cognitivamente, de modo que a relação com o ente perdido seja o mais racional e equilibrada possível, facilitando a obtenção de uma vida saudável que segue após a perda.[17,21]

É importante, portanto, focar na resolução dos conflitos da separação, promovendo melhor adaptação do indivíduo à perda do ente querido. A resolução desse conflito exige que o paciente experimente (vivencie) os pensamentos e sentimentos que têm sido evitados. Alguns pacientes se forçam a viver como "se nada tivesse acontecido". Por exemplo, uma mãe se encaminha para a terapia, alguns meses após a morte súbita de seu filho de 18 anos. De acordo com ela, a decisão de procurar terapia aconteceu quando ela não conseguiu cumprir com sua meta de que levaria a vida em frente como se nada tivesse acontecido. Segundo ela, alcançar essa meta se tornou difícil, doloroso e, por fim, impossível.

> Paciente: Eu não entendo o que está acontecendo comigo. Eu tenho dificuldades em me concentrar no trabalho e em casa. Tenho me forçado a funcionar, mesmo quando não tenho trabalho para fazer, mas não tenho conseguido...
> Terapeuta: O que você fala para você mesma a respeito de não conseguir se concentrar?
> Paciente: Eu falo que devo me concentrar, pois eu prometi a mim mesma que minha vida iria continuar como se nada tivesse acontecido. Eu odeio me sentir incapaz de me controlar. Eu me sinto uma pessoa terrível, não tenho comido direito e não consigo dormir.[4]

É importante que a aliança terapêutica seja efetiva, e uma das maneiras de alcançar esse objetivo é a partir da postura do terapeuta que reconhece e reafirma para o paciente o quão difícil é para as pessoas em geral enfrentar situações como esta. A resistência em acessar os pensamentos e sentimentos é proporcional ao conflito existente no paciente.[11]

Nas primeiras sessões, é importante que se faça paralelamente, com a coleta da história clínica do paciente, uma análise da percepção deste em relação à perda, com o fim de determinar os rumos do processo terapêutico. Esse também é o momento de realizar a conceituação cognitiva.

A exploração da história da morte em detalhes trará informações relevantes sobre os pensamentos disfuncionais. A identificação do sentido da perda ("ela era toda a minha vida", "minha vida perdeu o sentido sem ele") e do significado que a pessoa perdida tem para o paciente são fundamentais.[4]

A aplicação de escalas específicas pode agregar dados significativos para a conceituação do caso de modo geral.[22] Entre as mais comuns aplicadas a este transtorno, estão: Escala do Impacto do Evento – Revisada (autoaplicativa, com 15 itens, já traduzida para a língua portuguesa)[23], *The Texas Revised Inventory of Grief*, com duas subescalas (na primeira, oito itens focam no impacto que teve a perda sobre o comportamento do paciente e, na segunda, 13 itens contemplam os sentimentos vividos no momento, buscando avaliar as respostas emocionais indicativas do luto patológico)[24] e o Inventário do Luto Patológico (as duas últimas ainda não foram validadas para a nossa população).[25]

Um segundo passo, após a análise funcional, é a explicação do modelo cognitivo do luto, evidenciando que os comportamentos são consequência dos pensamentos. A este passo seguem-se sessões estruturadas, nas quais o terapeuta auxiliará e treinará com o paciente a prática de respostas cognitivas, emocionais e comportamentais mais saudáveis (funcionais). O objetivo final dessa etapa é fornecer ao paciente instrumentos para que ele possa monitorar seus pensamentos automáticos negativos, reconhecer o quanto seus pensamentos (cognições) determinam seu afeto e comportamento, examinar as evidências a favor e contra seu pensamento automático, substituindo cognições tendenciosas por interpretações mais orientadas para a realidade e, consequentemente, aprender a identificar e alterar as crenças disfuncionais que acabam por predispor uma distorção das suas percepções.[26] Dirtorções cognitivas do tipo "eu poderia ter impedido [o acontecimento]" após o questionamento podem ser alteradas para "é doloroso, mas não havia nada que eu pudesse fazer".

O número de sessões deverá ser estabelecido entre terapeuta e paciente, existindo tratamentos que se apresentam eficazes com duração entre 8 e 10 sessões.[11] Segundo o autor, as sessões, após aquelas já citadas, podem incluir os seguintes temas centrais: reviver memórias do ente falecido, aceitar a realidade da perda, lidar com a dor da perda, encontrar um sentido na perda, lidar com o afeto ou com a falta de afeto, neutralizar objetos que trazem lembranças significativas, construir uma nova vida e cultivar novas relações e lidar com a resolução do luto.

A terapia cognitiva-comportamental, que se define como um modelo em que a reestruturação cognitiva é alcançada por meio de técnicas tanto do referencial cognitivo quanto do comportamental pode ser utilizada com eficácia no tratamento do luto patológico, utiliza ferramentas existentes nos dois modelos. Na prática clínica[4] e na revisão da literatura sobre o assunto, algumas das técnicas mais utilizadas são:

- Descoberta orientada, questionamento ou diálogo socrático: o terapeuta, em vez de confrontar ou debater com o paciente acerca de determinado tema (expresso pelo pensamento), formula questões que orientam a atenção do paciente no sentido de que este possa rever o significado atribuído a determinado assunto e quais as consequências emocionais e comportamentais de manter esse pensamento. O objetivo é que o paciente treine a flexibilidade cognitiva, buscando crenças e pensamentos mais funcionais e menos rígidos, como observado na Tabela 82.1[21]
- Técnica da cadeira vazia: técnica originada no modelo da Gestalt, em que se pede ao paciente que sente em frente a uma cadeira vazia e imagine que ela está ocupada por uma pessoa significativa para ele. Nessa situação, o paciente se dirige ao ocupante da cadeira vazia e apresenta sua demanda (pedido, queixa etc.). No momento seguinte, troca de cadeira e o paciente, agora ocupando o lugar da pessoa importante, dirige-se à cadeira vazia anteriormente ocupada por ele (e dá sua resposta à demanda inicial). Faz-se a troca quantas vezes forem necessárias, até que o paciente sinta sua demanda atendida
- Parada de pensamento: técnica que envolve concentração nos pensamentos indesejáveis, seguida de uma súbita interrupção, esvaziando a mente. Utilizando a ordem "pare", objetiva-se interromper os pensamentos desagradáveis. Essa ordem pode servir como punição (inibindo no futuro o pensamento) ou atuar como uma distração, pois pensamentos obsessivos não combinam com autoinstrução. A prática dessa técnica pelo paciente possibilita a ação assertiva, substituindo pensamentos

Tabela 82.1 Flexibilidade cognitiva na transformação das crenças disfuncionais em funcionais.

Crenças disfuncionais	Crenças funcionais
Com uma avaliação rígida e extrema dos acontecimentos: "A vida é horrível sem ele."	Com avaliação flexível dos acontecimentos: "Minha vida mudou para sempre."
Inconsistente com a realidade: "É intolerável, horrível, não posso pensar em ficar sem ela."	Consistente com a realidade: "A vida é difícil sem ela."
Não aceitando a vida sem ele: "É muito ruim pensar nele, eu evito sempre que posso."	Aceitando a vida sem ele: "Sempre que penso nele, me sinto triste e angustiada, eu o perdi."
A vida está estagnada e perdeu o sentido: "A vida não tem mais sentido para mim sem ela."	Seguindo na busca de um sentido para a vida: "Eu penso em maneiras de me lembrar dela."

desconfortáveis por afirmações de autoaceitação e de acolhimento[27]
- Uso de imagens ou imaginação dirigida: tem como objetivo modificar crenças negativas e auxiliar a redução da ansiedade e/ou depressão. O paciente é estimulado a imaginar a cena na qual apresenta dificuldade, procurando encontrar respostas alternativas para o final catastrófico previsto. O treino também pode ser feito pedindo-se para o paciente imaginar-se 6 meses adiante, posteriormente, 1 ano e 2 anos, experimentando, no futuro, uma sensação de perda (no nosso tema) menor que aquela vivida no momento presente[28]
- Cartões de enfrentamento: objetivando o treino do paciente no desenvolvimento de recursos de automonitoramento, a técnica de confecção de cartões de enfrentamento auxilia a buscar a identificação de pensamentos automáticos e de respostas alternativas. Suposições mais saudáveis são escritas em cartões, que são carregados com o paciente
- Técnicas de relaxamento: fundamentando-se na premissa de que o corpo responde com tensão muscular aos pensamentos provocadores de ansiedade, e que esta, por sua vez, aumenta a experiência subjetiva dessa sensação, sugere-se que o paciente experimente um relaxamento progressivo de toda a musculatura. O relaxamento muscular profundo reduz a tensão fisiológica e é incompatível com a ansiedade; desse modo, a presença de uma condição (relaxamento) impede a ocorrência da outra (ansiedade).

É consenso entre os autores que a prática das habilidades treinadas durante a sessão seja replicada como uma tarefa de casa. Assim, o benefício de uma sessão única semanal se estende entre os atendimentos e o processo psicoterápico ganha em efetividade e com a otimização do tempo investido pelo paciente (torna-se mais breve). Como tarefa de casa, além dos diários de automonitoramento para registro de pensamentos automáticos, o paciente pode escrever cartas, que serão lidas e discutidas nas sessões, fazer o treino de relaxamento com vistas à redução da ansiedade e ao manejo do sono etc. O terapeuta deve ser cuidadoso no sentido de pedir uma tarefa que seja viável no estágio em que se encontra o paciente e nunca se esquecer de cobrar os resultados da tarefa, pois o paciente pode desacreditar da importância do exercício e não se envolver.

O treinamento do terapeuta nessa área específica, bem como o conhecimento e a prática na aplicação das técnicas sugeridas, é de relevante importância para o sucesso do tratamento.

Estudos recentes têm mostrado a importância da abordagem cognitiva-comportamental no tratamento das questões relativas à perda e ao luto patológico. Groot et al.[29] salientam que, apesar de a TCC não reduzir o risco do aparecimento dos sintomas de luto complicado, em pessoas que estão em vias de perder um ente querido ajuda a evitar reações mal adaptativas e percepções distorcidas sobre a perda. Boelen et al.[30], em um estudo com 43 pacientes com diagnóstico de luto patológico encaminhados para terapia cognitivo comportamental, visando a evidenciar a eficácia dessa abordagem, bem como o quanto a melhora dos sintomas e a ausência de cognições negativas estavam relacionadas à adesão ao tratamento, mostram que os resultados são piores quando a escolaridade é baixa e o ente perdido é uma criança. O abandono do tratamento parece estar relacionado à falta de motivação dos pacientes e sintomas graves de luto. No entanto, os resultados mostram que, quando as cognições eram menos negativas, melhores eram os desfechos.

Outros trabalhos de pesquisa apontam maior eficácia da TCC quando comparada a técnicas de aconselhamento, principalmente ao incluir técnicas de terapia de exposição e reestruturação cognitiva.[31] Resultados semelhantes são observados ao associar à terapia o apoio tecnológico (corresponder-se com o terapeuta por e-mail).[32]

Outras perdas significativas

Indivíduos que passam por um processo de mudança e adotam um novo estilo de vida vivenciam a perda de certos prazeres que antes faziam parte de sua vivência diária. É fundamental que se desenvolvam, portanto, habilidades no indivíduo de modo que ele possa tolerar as sensações de aborrecimento e vazio decorrentes do processo da perda de prazer.[33]

Quando as pessoas estão angustiadas ou deprimidas por grandes períodos, é comum que pensamentos negativos surjam com bastante frequência, levando a uma condição de falta de motivação e incapacidade de reação. A identificação e o desafio desses pensamentos são fundamentais para a mudança desse estado. Boelen[34] mostra em seu estudo que, quanto maior a frequência de pensamentos funcionais em enlutados, menores os sintomas de depressão, ansiedade e luto complicado. Habilidades adequadas visando a encontrar um significado na perda e pensamentos funcionais a este respeito estão associados a menor estresse emocional após o luto.

A perda em indivíduos com esquemas de abandono

Segundo Young,[35] os indivíduos cujas necessidades emocionais não foram satisfeitas na infância desenvolvem esquemas desadaptativos, os quais originarão respostas igualmente mal adaptativas, repetidas ao longo da vida. Dos principais listados pelo autor, um deles é o de abandono/instabilidade. Nesse caso, os indivíduos têm uma expectativa constante de que podem perder as pessoas mais próximas a eles e receiam que isso ocorra em razão de abandono, serem trocados por outrem, doença ou morte. Ansiedade crônica em relação à perda, tristeza ou depressão na presença de perda real e raiva daqueles que as deixaram são emoções normalmente presentes nesses indivíduos.

É importante que o paciente seja auxiliado para alterar visões exageradas da separação, bem como modificar expectativas fora da realidade (de que nunca serão abandonados, em hipótese alguma). Devem ser ajudados a aceitar que os outros têm direito a ter seus limites estabelecendo espaços próprios.

Caso clínico | TCC em luto persistente

C. tem 47 anos, é casada, dona de casa, perdeu o filho D. há 3 anos em um acidente automobilístico – ele era motorista de ônibus e houve colisão frontal com um caminhão. Poucos dias após o acidente, C. passou por internação psiquiátrica por verbalizar ideação suicida e apresentar graves sintomas de humor logo após a perda. Desde então, em acompanhamento psiquiátrico, inclusive com uso regular de medicação antidepressiva, evoluiu com parcial melhora do humor e não houve recorrência de pensamentos suicidas graves; no entanto, manteve importante prejuízo funcional.

Em avaliação inicial, foram identificadas queixas da paciente quanto à sua dificuldade em lidar com a perda: "não consigo aceitar que meu filho morreu"; "se eu tivesse rezado mais, ele não teria morrido"; "eu o incentivei a ser motorista, a culpa é toda minha".

Havia ainda dificuldades em relação ao convívio familiar: distanciamento afetivo em relação à sua filha S., hoje com 15 anos; diz a paciente: "gostaria que ela tivesse ido no lugar de meu filho".

C. se queixa de persistente tristeza, desânimo, abandono de atividades prazerosas e de lazer, como seu trabalho, que tanto lhe dava prazer – vendia cosméticos e produtos de beleza femininos para vizinhos em sua casa. Foram relatadas importante restrição de socialização e a seguinte regra: somente poderia sair de casa com uma camiseta que tivesse estampado um retrato de seu filho; como consequência, elementos da vaidade feminina, antes tão importantes e motivo de orgulho, foram deixados de lado.

Nessa primeira sessão, foi dada atenção especial para a coleta de dados com perguntas abertas, como acolher e ouvir o sofrimento da paciente, visando a estabelecer aliança terapêutica. A paciente disse não ter grandes expectativas de melhora com a terapia por não se imaginar feliz uma vez que seu filho morrera; no entanto, se parte de seu sofrimento diminuísse, seria de grande valia – nesse momento, considerou-se apropriado instaurar a esperança e a visão otimista do terapeuta, com frases do tipo: "Acredito que juntos podemos fazer parte desse sofrimento diminuir, C.". A conceituação cognitiva de C. pode ser exemplificada conforme a Figura 82.2.

Primeira sessão

Ocorreu em situações atípicas e exigiu improviso do terapeuta. Foi combinado contato em unidade de saúde próxima à casa da paciente; no entanto, ela não compareceu. Estabeleceu-se

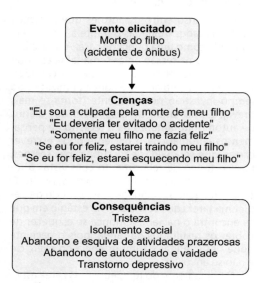

Figura 82.2 Conceituação cognitiva de C.

contato telefônico e C. dizia estar muito triste e indisposta para se locomover até a unidade; no entanto, concedeu-nos autorização para visitá-la. Foi entregue um presente: a data em questão era seu aniversário e flores foram compradas (fora identificado em avaliação inicial que cuidar de flores era seu passatempo favorito, o qual fora interrompido após a morte do filho); a paciente ficou bastante comovida e surpresa com o gesto.

Após entrar na residência, logo começou a contar como se sentia triste e desanimada nessa data, uma vez que o filho falecido sempre a cumprimentava carinhosamente e fazia questão de agradá-la de modo especial no aniversário. A paciente foi ouvida por alguns minutos, descrevendo todas as qualidades de seu filho D. Seguem trechos da conversa:

> C.: Meu filho, D., logo que dava meia-noite, já me dava os parabéns. Minha filha S. não fez isso. Ela não se importa comigo.
> Terapeuta: Certo. Então você me diz que como S. não lhe cumprimentou à meia-noite, você pensou: "ela não se importa comigo". Como isso a faz sentir?
> C.: Triste, muito triste. Acredito que nunca mais vou ser feliz de novo.
> Terapeuta: Imagino como seus dias têm sido difíceis. Vamos tentar uma coisa diferente agora. Após a morte de D., a senhora teve algum momento de felicidade? Algum dia em que mesmo por alguns instantes foi feliz?
> C.: [Sorriu] Sim. Há 2 anos eu estava muito triste com tudo que aconteceu. Meu marido e minha filha organizaram uma festa surpresa para mim e convidaram alguns vizinhos e minha família. Eu me senti bem. Mas o D. não estava lá. Eu não me senti inteiramente bem.
> Terapeuta: Entendo. Qual foi a participação de S. nessa festa?
> C.: Muita. Ela organizou quase tudo sem eu perceber.
> Terapeuta: Há mais alguma coisa que S. fez recentemente por você?
> C.: Sim. Mesmo eu sendo contra, ela gastou boa parte do salário dela em um presente para mim. E hoje, assim que ela se lembrou do meu aniversário, me ligou do trabalho para me dar os parabéns.
> Terapeuta: Por que a senhora acha que ela fez tudo isso?
> C.: Ela gosta de mim. Mas não como o D.
> Terapeuta: Acredito que isso faz muito sentido. Podemos anotar isso juntos? A senhora me disse que não se sentiu inteiramente bem na festa surpresa que S. e seu marido organizaram. Você poderia me falar um pouco mais sobre isso?
> C.: Se eu for feliz, sinto que estarei traindo e abandonando meu filho.
> Terapeuta: Entendi. Imagino que isso deve perturbá-la. Vamos examinar melhor isso. A senhora me disse ser católica. No que a senhora acredita em relação à vida após a morte?
> C.: Acredito que existe vida após a morte. E que quem morreu consegue ver o que está acontecendo por aqui.
> Terapeuta: Ok. Imaginemos que D. estivesse observando sua festa surpresa. E pudesse ver aquele seu momento de felicidade. Como ele ficaria?
> C.: Ele ficaria muito feliz em me ver feliz. Ele sempre gostou de me ver bem. Talvez ele gostasse que eu me arrumasse e cuidasse melhor da minha aparência.
> Terapeuta: O que podemos concluir?
> C.: Que eu me sentir feliz não é uma traição ao D.

Por fim, tal pensamento foi anotado e a paciente teve como tarefa procurar e anotar comportamentos e evidências de que sua filha S. se preocupa e a considera importante.

Segunda sessão

C. estava mais animada e receptiva nesse encontro. Foi programada a construção da Lista de Dificuldades e Metas (LDM), assim como a dedicação de um bom tempo à psicoeducação do modelo cognitivo. Em relação à primeira meta, encontrou-se uma nova situação que exigiu flexibilidade: apesar de reconhecer diversas dificuldades em diferentes áreas de sua vida (não cozinhar nada diferente, não sair de casa, não sair de casa sem a camiseta do filho), C. não parecia disposta a encontrar estratégias para alcançar suas metas mesmo quando estimulada; quando sugeridas estratégias, não manifestou interesse ou possibilidade de colocá-las em prática.

Percebeu-se que a construção colaborativa e o questionamento socrático não estavam surtindo resultado; optou-se por dedicar a sessão a explicar o modelo cognitivo (desde conceitos e exemplos do que são pensamentos automáticos e como eles influenciam as emoções até desenhar e explicar o modelo cognitivo do luto patológico de modo colaborativo) por meio de técnicas de entrevista motivacional para lidar com ambivalências, evitando confronto. Outra estratégia foi construir a Lista de Dificuldades e Metas de acordo com a demanda espontânea da paciente e diluída em diversas sessões.

Planejou-se como tarefa de casa o registro de pensamentos disfuncionais.

Quinta sessão

Passaram-se 3 semanas; a paciente já estava engajada no tratamento e evoluía com progressiva melhora do humor. Nesse encontro, no entanto, percebeu-se importante piora: apresentava-se bastante ansiosa e mais triste que em outros dias. Ao elaborar a agenda do dia, um evento modificador foi identificado: ela e seu marido descobriram que sua filha, S., tinha interesse em namorar e isso não era bem visto pelos pais. Nesse ponto, a paciente iniciou uma reaproximação afetiva com sua filha e vieram à tona dificuldades e crenças disfuncionais associadas ao luto. Segue um trecho da conversa:

> C.: O D. disse em vida que ela (S.) só poderia namorar após completar 18 anos. Tenho medo de ela namorar alguém que use drogas ou que se aproveite dela e ela engravide antes da hora.
> Terapeuta: Acho que entendi. Você parece ter diversas preocupações com S. Há algo que a incomode em especial?
> C.: A gravidez. Acho que não é hora de ela engravidar. Ela é muito nova.
> Terapeuta: Certo. S. já disse alguma vez que tem desejo de engravidar? Há alguma evidência disso?
> C.: Não. De maneira alguma. É que eu gostaria que ela casasse virgem. Como eu.
> Terapeuta: Entendo. Então S. casar virgem é algo que lhe deixaria feliz. E não casar virgem parece ser um problema no seu entendimento. Você conhece pessoas que se casaram sem ser virgens?
> C.: Pensando por esse lado, sim, conheço.
> Terapeuta: E como são o casamento e a vida dessas pessoas?
> C.: Tem pessoas que são felizes e vivem muito bem. Hoje em dia muitos homens não ligam tanto para isso. Conheço pessoas que se casaram virgens e viveram muito infelizes.
> Terapeuta: Ok. O que podemos concluir?
> C.: É possível ser feliz mesmo sem ter se casado virgem.
> Terapeuta: Parece que você ainda está incomodada. Estou correto?
> C.: Sim. Agora me veio a ideia de que S. pode arrumar alguém e me abandonar. Nunca mais me ver.
> Terapeuta: A ideia de ser abandonado costuma ser bastante desagradável. Pelo que você conhece de sua filha, o que você acha que acontecerá depois que ela estiver com um namorado?
> C.: Não sei ao certo.
> Terapeuta: Podemos olhar melhor para isso. Existem evidências de que ela não abandonaria a senhora ou seu marido mesmo após o casamento?
> C.: Sim. Ela é muito carinhosa e sempre fala que nos quer por perto. Ela tem sido uma companhia importante nesses dias e tem falado que fica contente em me ver melhor.
> Terapeuta: Ok. E há alguma evidência de que S. planeja abandoná-los?
> C.: Sim. Às vezes, ela fala isso.
> Terapeuta: Em quais situações isso aconteceu?
> C.: Somente quando ela fica brava. Quando a proibimos de sair. Mas, pensando bem, acho que ela não fala isso a sério. Deve ser porque fica muito brava.
> Terapeuta: A senhora ficou incomodada ao imaginar a possibilidade de S. abandonar você e seu marido. Como está esse pensamento agora?
> C.: Me sinto melhor. Acho pouco provável.

Considera-se o *feedback* ao término da sessão bastante interessante: "Me senti bem, pude me abrir e você me ouviu com atenção. Acho que minha filha pode me fazer feliz".

Décima sessão

Passou-se cerca de 1 mês e meio em que foram trabalhados diversos pensamentos disfuncionais e houve evolução favorável: C. retomou o cuidado com as flores, assim como a venda de produtos e uma melhora da socialização, voltou a ver familiares e recebeu de bom grado uma homenagem no dia das mães realizada por um vizinho. Após algumas semanas de melhora, C. apareceu entristecida e abatida. Estabeleceram-se como agenda conflitos com sua vizinha, que tanto a incomodava. O diálogo a seguir ilustra como foi o encontro:

> C.: Estou muito triste, pois a minha vizinha novamente me provocou e me ofendeu. Ela falou bem alto para eu ouvir que eu mereço passar por isso e que eu consegui o que queria – meu filho morreu na estrada. Disse ainda que o D. não me prestou ao menos para deixar um neto. [Observação: verificou-se com familiares e moradores locais; realmente a vizinha disse tais ofensas e parece ser portadora de transtorno mental, porém sem tratamento.]
> Terapeuta: Sinto muito por você ter ouvido tudo isso. Imagino como deve ser difícil passar por uma situação dessas. Como você se sentiu?
> C.: Triste. E com muita raiva. Não consigo entender. O D. a ajudou tanto em vida. No enterro, ela chorou bastante e dizia que somente Deus poderia pagar tudo o que D. fez por ela.
> Terapeuta: Isso parece um pouco confuso. Há alguma outra explicação para sua vizinha lhe ofender dessa maneira?

C.: Sim. Ela sempre teve bastante inveja pelo fato de o D. ser trabalhador e responsável, assim como S. não sair à noite. Ela tem muitas dificuldades com os filhos dela.
Terapeuta: Parece que encontramos algumas coisas novas aqui. Há algo mais que ainda incomoda sua vizinha?
C.: Depois que o D. faleceu, ele me deixou uma série de coisas: carro, moto e um seguro de vida em meu nome que eu nem sabia existir. Recebo ainda todo mês o salário do D.
Terapeuta: Entendo. Estávamos falando sobre as provocações de sua vizinha e você me contou sobre algumas questões que você recebeu após a morte de D. – o carro, a moto e o seguro. Estou curioso para entender um pouco mais sobre isso.
C.: Eu me sinto suja por ter recebido tudo isso. Eu nem encosto no dinheiro. Ele cai direto em uma conta. Estou guardando para os estudos de S., para quando ela quiser fazer faculdade. O que mais me incomoda é a vizinha dizer que nós nos aproveitamos da morte dele.
Terapeuta: Acho que estou entendendo melhor o que lhe incomoda. Quando a vizinha a acusa de ter se aproveitado da morte de D., isso parece chateá-la bastante. Em seu ponto de vista, essa opinião da vizinha revela alguma coisa?
C.: Que eu sou culpada pela morte de D.
Terapeuta: Ok. Vamos explorar isso um pouco melhor. De que modo você foi a culpada pela morte dele?
C.: Porque eu o deixei trabalhar. Eu deveria ter percebido de algum jeito o que ia acontecer. Se eu tivesse dito para ele não trabalhar naquele dia, ele não teria ido.
Terapeuta: A senhora sabia que o acidente iria acontecer?
C.: Não. De maneira alguma. Se eu soubesse, o não teria deixado trabalhar.
Terapeuta: Certo. Então, se a senhora soubesse antes do ocorrido que haveria um acidente, tentaria evitá-lo. O que a senhora acha que provocou o acidente?
C.: Disso eu sei. O motorista do caminhão estava bêbado, perdeu o controle do caminhão e, para não cair de um barranco, jogou o caminhão de uma vez contra o ônibus que meu filho dirigia.
Terapeuta: A senhora teve alguma participação nisso?
C.: Não. Nenhuma. Mas, às vezes, penso que, se eu tivesse rezado mais, isso não teria acontecido. Eu falhei porque não rezei o suficiente.
Terapeuta: A senhora me disse ter conversado sobre isso com um padre. Como foi a conversa?
C.: Ele me explicou que, se fosse por falta de oração, nenhum padre morreria.
Terapeuta: Certo. E como fica essa informação?
C.: Acho que está difícil entender o que aconteceu.

Terapeuta: Gostaria agora de aproveitar para lhe explicar algumas coisas que talvez ajudem. Após um evento difícil de ser entendido, como um acidente envolvendo a perda de uma pessoa muito querida, nossas mentes ficam confusas, tentando encaixar tudo que aconteceu; no entanto, essas explicações que nossa mente encontra muitas vezes podem ser equivocadas e causar muito sofrimento. A senhora diz que, após seu filho ter sofrido o acidente, você vem se recriminando bastante, pois deveria ter evitado a tragédia. Isso aparentemente parece ter lógica, uma vez que quando e de que maneira a morte aconteceu são coisas conhecidas agora. No entanto, como a senhora me disse há pouco, não tinha essas informações na época do acidente. [Observação: aqui, houve ênfase nos termos "agora" e "na época do acidente" a fim de reforçar a diferença temporal.] Por fim, podemos cometer um erro de atribuição ou aumento da relevância de elementos que, naquele momento, não tinham tanta relevância – é muito comum, após acidentes, as pessoas entenderem como sinais premonitórios ações rotineiras e corriqueiras como se despedir, orar ou fazer uma ligação. Isso pode causar a falsa impressão de que o acidente poderia ser evitado. Isso faz sentido?
C.: Sim. Bastante.
Terapeuta: Parece que trabalhamos bastante hoje. O que a senhora conclui?
C.: Que eu não sou culpada pela morte de D. Eu não podia fazer nada, pois não sabia que o acidente ia acontecer. Que o que minha vizinha fala não é verdade, ela ficou revoltada com os bens que ele me deixou; prova disso é que antes ela o elogiava bastante. Que todo mundo morre um dia e que não temos como evitar que alguns acidentes aconteçam.

A partir dessa sessão, observou-se uma significativa melhora do humor e da esperança quanto ao tratamento e à possibilidade de lidar com a perda do filho. C. ainda segue em acompanhamento semanal – no momento, realiza-se uma dessensibilização sistemática para que ela retome atividades de vaidade e consiga sair de casa sem a camiseta de seu filho. A reformulação cognitiva de C. está exemplificada na Figura 82.3.

Como ganhos terapêuticos, houve importante reaproximação com sua filha, ressocialização com familiares (conseguiu, após meses sem sair, ir à casa da mãe e conviver com irmãs) e retomada dos cuidados da casa e da atividade de venda de cosméticos.

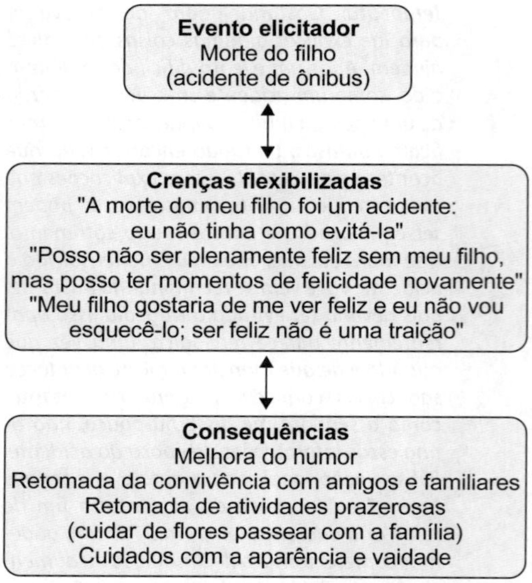

```
┌─────────────────────────────┐
│      Evento elicitador      │
│        Morte do filho       │
│    (acidente de ônibus)     │
└─────────────────────────────┘
               ↕
┌─────────────────────────────────────────┐
│         Crenças flexibilizadas          │
│ "A morte do meu filho foi um acidente:  │
│    eu não tinha como evitá-la"          │
│ "Posso não ser plenamente feliz sem meu filho, │
│ mas posso ter momentos de felicidade novamente" │
│ "Meu filho gostaria de me ver feliz e eu não vou │
│  esquecê-lo; ser feliz não é uma traição" │
└─────────────────────────────────────────┘
               ↕
┌─────────────────────────────────────────┐
│             Consequências               │
│           Melhora do humor              │
│ Retomada da convivência com amigos e familiares │
│    Retomada de atividades prazerosas    │
│   (cuidar de flores passear com a família) │
│     Cuidados com a aparência e vaidade  │
└─────────────────────────────────────────┘
```

Figura 82.3 Reformulação cognitiva de C.

Considerações finais

Não há um jeito dito normal de lidar com a perda de um ente querido ou com algo significativo na vida de um indivíduo. Esse processo, conforme apresentado em vários estudos, varia de indivíduo para indivíduo, entre as culturas, nos sintomas apresentados, em sua intensidade e em sua duração.

Considerando a necessidade de sobrevivência um instinto básico do ser humano, o luto pode ser visto não somente como uma reação natural à perda, mas também como um momento crítico, o qual, por força das circunstâncias, acaba encaminhando o indivíduo para uma revisão de aspectos cognitivos que levam a uma reestruturação maior, que aumenta a resiliência e o capacita mais estruturalmente para seguir em frente.

Referências bibliográficas

1. Viorst J. Perdas necessárias. São Paulo: Melhoramentos; 2004
2. Simon R. Introdução à psicanálise: Melanie Klein. São Paulo: EPU; 1986.
3. Houaiss A, Villar MS. Dicionário Houaiss da Língua Portuguesa. Rio de Janeiro: Objetiva; 2001.
4. Malkinson R. Cognitive behavioral therapy of grief: a review and application. Research on Social Work Practice. 2001;11(6):671-98.
5. Rando TA. Treatment of complicated mourning. Champaign, IL: Research Press; 1993.
6. Matthews LT, Marwit SJ. Complicated grief and the trend toward cognitive-behavioral therapy. Death Stud. 2004;28(9):849-63.
7. Genevro JL, Marshall L, Miller T. Report on bereavement and grief research. Death Stud. 2004;28(6):491-575.
8. American Psychiatric Association. Diagnostic and statistical manual of mental disorders: DSM-5. Porto Alegre: Artmed; 2014.
9. Hensley PL. Treatment of bereavement-related depression and traumatic grief. J Affect Disord. 2006;92(1):117-24.
10. Ogrodniczuk JS, Piper WE, Joyce AS, Weideman R, McCallum M, Azim HF, et al. Differentiating symptoms of complicated grief and depression among psychiatric outpatients. Can J Psychiatry. 2003;48(2):87-93.
11. Worden JW. Grief counselling and grief therapy: a handbook for the mental health practitioner. 4. ed. Hove: Brunner-Routledge; 2009.
12. Alves JF, Silva MDF. Orientações para a perda e para o restabelecimento em narrativas de luto: contributos para uma abordagem narrativa ao processo dual de lidar com o luto. Revista Psychologica. 2006;42:147-55.
13. Stroebe M, Schut H. The dual process model of coping with bereavement: rationale and description. Death Stud. 1999;23(3):197-224.
14. Boelen PA, van den Bout J, van den Hout MA. The role of cognitive variables in psychological functioning after the death of a first degree relative. Behav Res Ther. 2003;41(10):1123-36.
15. Beck JS. Terapia cognitiva: teoria e prática. Porto Alegre: Artmed; 1997.
16. Rangé B. Homenagem a Albert Ellis. Revista Brasileira de Terapias Cognitivas. 2007;3(2).
17. Malkinson R. Cognitive grief therapy: constructing a rational meaning to life following loss. New York: W. W. Norton; 2007.
18. Boelen PA, Reijntjes A. Negative cognitions in emotional problems following romantic relationship break-ups. Stress and Health. 2009;25(1):11-9.
19. Boelen PA, Kip HJ, Voorsluijs JJ, van den Bout J. Irrational beliefs and basic assumptions in bereaved university students: a comparison study. Journal of Rational-Emotive and Cognitive-Behavior Therapy. 2004;22:111-29.
20. Walsh F, McGoldrick M. A family systems perspective on loss, recovery and resilience. In: Sutcliffe P, Tufnell G, Cornish U, editors. Working with the dying and bereaved. London: Macmillan; 1998. p. 1-26.
21. Malkinson R, Shapel B. Cognitive-behavioral grief therapy: the ABC model of rational-emotion behavior therapy. Psychological Topics. 2010;19(2):289-305.
22. Rubin SS, Nadav OB, Malkinson R, Koren D, Goffer-Shnarch M, Michaeli E. The two-track model of bereavement questionnaire (TTBQ): development and validation of a relational measure. Death Stud. 2009;33(4):305-33.
23. Horowitz M, Wilner N, Alvarez W. Impact of event scale: a measure of subjective stress. Psychosom Med. 1979;41(3)209-18.

24. Faschingbauer T, Zisook S, DeVaul R. The Texas revised inventory of grief. In: Zisook S, editor. Biopsychosocial aspects of bereavement. Washington, D.C.: American Psychiatric Press; 1987. p. 111-24.
25. Prigerson HG, Maciejewski PK, Reynolds CF 3rd, Bierhals AJ, Newsom JT, Fasiczka A, et al. Inventory of complicated grief: a scale to measure maladaptive symptoms of loss. Psychiatry Res. 1995;59(1-2):65-79.
26. Beck A. Terapia cognitiva da depressão. Porto Alegre: Artmed; 1979.
27. Davis M, Eshelman ER, McKay M. Manual de relaxamento e redução do stress. São Paulo: Summus; 1996.
28. Falcone EO. Imaginação dirigida. In: Abreu CN, Guilhardi HJ. Terapia comportamental e cognitivo-comportamental: práticas clínicas. São Paulo: Roca; 2004. p. 365-70.
29. de Groot M, de Keijser J, Neeleman J, Kerkhof A, Nolen W, Burger H, et al. Cognitive behaviour therapy to prevent complicated grief among relatives and spouses bereaved by suicide: cluster randomised controlled trial. BMJ. 2007;12(334):962-3.
30. Boelen PA, de Keijser J, van den Hout MA, van den Bout J. Factors associated with outcome of cognitive behavioural therapy for complicated grief: a preliminary study. Clin Psychol Psychother. 2011;18(4):284-91.
31. Boelen PA, de Keijser J, van den Hout M, van den Bout J. Treatment of complicated grief: a comparison between cognitive-behavioral therapy and supportive counseling. Journal Consult Clin Psychol. 2007;75(2):277-84.
32. Wagner B, Knaevelsrud C, Maercker A. Internet-based cognitive-behavioral therapy for complicated grief: a randomized controlled trial. Death Stud. 2006;30(5):429-53.
33. Kouimtsidis C, Reynolds M, Drummond C, Davis P, Tarrier N. Cognitive-behavioural therapy in the treatment of addiction: a treatment planner for clinicians. New Jersey: Wiley; 2007.
34. Boelen PA, van den Bout J. Positive thinking in bereavement: is it related to depression, anxiety or grief symptomatology? Psychol Rep. 2002;91(3 Pt 1):857-63.
35. Young JE, Klosko JS, Weishaar ME. Terapia do esquema: guia de técnicas cognitivo-comportamentais inovadoras. Porto Alegre: Artmed; 2008.

Bibliografia

Boelen PA, de Keijser J, van den Hout MA, van den Bout J. Factors associated with outcome of cognitive behavioural therapy for complicated grief: a preliminary study. Behav Res Ther. 2006;44(11):1657-72.

Lotufo Neto F, Araújo AC. A nova classificação americana para os transtornos mentais: o DSM-5. Rev Bras Ter Comport Cogn. 2014;16(1):67-82.

83 Sexualidade na Visão Cognitiva

Margareth de Mello Ferreira dos Reis

*A liberdade sexual não existe.
Ou bem estamos sujeitos à interdição
ou ao imperativo de transar.*
Catherine Millot

Introdução

Durante muito tempo, a moral religiosa exerceu forte influência sobre as pessoas, legitimando o sexo unicamente com a finalidade de procriação. As fantasias e a prática sexual assumiam caráter pecaminoso, causando culpa e medo de punição. Homens e mulheres, então, conquistaram mais liberdade no que se refere às suas expressões mais íntimas, mas também passaram a viver no ritmo acelerado das transformações e dos valores sociais atuais muito antes que pudessem estabelecer novos parâmetros que os orientassem a direções satisfatórias. Além disso, o cenário que envolve a sexualidade atual encoraja a busca pela satisfação a qualquer preço. Esse padrão de comportamento pode fazer com que o desempenho sexual masculino e feminino seja vivido repleto de insegurança, podendo surgir problemas de relacionamento e quadros de disfunções sexuais. Estudos epidemiológicos realizados em diferentes países apontam as disfunções sexuais como importante questão de saúde pública, levando em consideração sua alta prevalência na população geral.[1,2]

O tratamento das disfunções sexuais tem uma vasta trajetória, que serviu de campo de testes para as terapias cognitivo-comportamentais.[3] Entretanto, as bases empíricas do tratamento cognitivo-comportamental para disfunções sexuais foram constituídas pela pesquisa e pelos escritos de Kinsey et al.[4,5] e Masters e Johnson.[6,7] O campo da terapia sexual se firmou e vem prosperando desde a publicação de *Inadequação sexual humana* (*Human sexual inadequacy*), por Masters e Johnson.[7] Um modelo mais atual para o tratamento das disfunções sexuais utiliza as técnicas de Masters e Johnson aperfeiçoadas, com ênfase nos aspectos cognitivos do tratamento.[8]

Terapia cognitivo-comportamental sexual

A terapia cognitiva teve início no começo da década de 1960, como resultado das pesquisas de Aaron Beck sobre a depressão. Inicialmente psicanalista, Beck fez observações clínicas de pacientes deprimidos e examinou seus sonhos e o conteúdo de seus pensamentos de acordo com os princípios da psicanálise tradicional. No entanto, o que Beck constatou foi uma tendência negativa no processo cognitivo dos indivíduos deprimidos. Posteriormente, ele delineou o modelo cognitivo da depressão.[9] Desde então, a terapia cognitiva vem sendo constantemente aperfeiçoada em pesquisas científicas por meio de estudos de efetividade e eficácia para um conjunto extraordinariamente diverso de populações e desordens psiquiátricas.[10]

O pressuposto básico da terapia cognitiva é que as emoções e os comportamentos são influenciados pela percepção que as pessoas têm dos acontecimentos.[10] O que determina o que as pessoas sentem não é uma situação por si só, mas o modo como elas interpretam os acontecimentos. A maneira como uma pessoa avalia um acontecimento depende das crenças relevantes subjacentes, que estão integradas em estruturas mais ou menos estáveis, denominadas esquemas. As cognições (eventos verbais ou pictóricos em seu curso consciente) fundamentam-se em atitudes ou pressuposições (esquemas) edificadas a partir de experiências anteriores.

Os esquemas, considerados unidades fundamentais da personalidade, são as estruturas cognitivas que organizam a experiência e o comportamento. As crenças representam os conteúdos dos esquemas, regulando o conteúdo do pensamento, o afeto e o comportamento.[11] Produtos do esquema que influencia as respostas emocional, comportamental e fisiológica imediatas são os pensamentos automáticos (decorrentes da interpretação rápida de um evento, e não do evento em si), que surgem espontaneamente, sem embasamento em reflexão ou deliberação.[10] Esses pensamentos são experiências comuns a todas as pessoas, mas aquelas com transtornos psicológicos, muitas vezes, interpretam de maneira errônea acontecimentos neutros ou até mesmo positivos, tornando seus pensamentos automáticos tendenciosos.

Do ponto de vista da terapia sexual cognitivo-comportamental (TSCC), a disfunção sexual está frequentemente associada a sentimentos e pensamentos negativos globais em relação ao sexo, à pessoa em si ou ao casal.[3] Como o comportamento sexual abrange fundamentalmente um objeto, a ocorrência de dificuldades no desempenho sexual deve considerar sempre a relação entre duas pessoas. Mesmo que apenas uma apresente a disfunção, a outra também estará envolvida nessa problemática.[12]

Classificação das disfunções sexuais

A quarta edição do Manual Diagnóstico e Estatístico de Transtornos Mentais (DSM-IV, *Diagnostic and Statistical Manual of Mental Disorders IV*)[13], publicada em 1994, caracterizou uma disfunção sexual pela deteriorização ou perturbação de uma ou mais fases do ciclo da resposta sexual ou pela experiência de dor em qualquer momento da atividade sexual. Abalizado na combinação dos modelos de Masters e Johnson[6] e Kaplan[14], o DSM-IV considerou a resposta sexual um conjunto de quatro fases consecutivas:

- Desejo: motivação ou apetite para ter atividade sexual
- Excitação: sentimento subjetivo de prazer sexual acompanhado de alterações fisiológicas, sendo as principais: no homem, tumescência e ereção penianas e, na mulher, vasocongestão pélvica, lubrificação e expansão vaginal e turgescência da genitália externa
- Orgasmo: clímax do prazer sexual, com descarga da tensão sexual e contração rítmica dos músculos perineais, do esfíncter anal e dos órgãos reprodutores; no homem, ocorre uma sensação de inevitabilidade ejaculatória acompanhada de ejaculação de sêmen e, na mulher, manifestam-se contrações da parede do terço inferior da vagina
- Resolução: sensação de relaxamento muscular e bem-estar geral, em que os homens ficam fisiologicamente refratários a outra ereção e a outro orgasmo por um período variável de tempo, enquanto as mulheres têm a capacidade de responder quase prontamente a uma estimulação adicional.

O DSM-IV apresentava critérios diagnósticos específicos para nove disfunções sexuais:

- Transtorno de desejo sexual hipoativo: ausência de fantasias sexuais e interesse pelo sexo
- Transtorno de aversão ao sexo: fobia em relação ao contato ou à ideia de contato sexual com uma parceria sexual*
- Transtorno de excitação sexual feminina: incapacidade persistente ou recorrente de obter ou manter resposta de excitação sexual adequada de lubrificação-turgescência até a conclusão da relação sexual
- Transtorno erétil masculino: incapacidade de obter ou manter ereção suficiente até a conclusão da relação sexual
- Transtorno do orgasmo feminino: demora ou ausência persistente ou recorrente de orgasmo, após uma fase normal de excitação sexual
- Transtorno de orgasmo masculino: demora ou ausência persistente ou recorrente de orgasmo, após uma fase normal de excitação sexual
- Ejaculação precoce: início persistente ou recorrente de orgasmo e ejaculação antes que o indivíduo deseje, podendo ocorrer antes, durante ou logo após a penetração, com estimulação sexual mínima
- Dispareunia: dor genital associada à relação sexual, podendo ocorrer antes, durante ou depois do intercurso sexual
- Vaginismo: espasmo involuntário, recorrente ou persistente, dos músculos do períneo próximos ao terço inferior da vagina, diante da tentativa de penetração vaginal com pênis, dedo, tampão ou espéculo.

Conforme o DSM-IV, cada uma das disfunções caracteriza-se por subtipos que visam a indicar:

- O início:
  - Tipo ao longo da vida: a disfunção está presente desde o início do funcionamento sexual

---

* A categoria "Transtorno de aversão ao sexo" foi eliminada, e as categorias "Dispareunia" e "Vaginismo" sofreram modificações na quinta versão do DSM, o DSM-5, publicado em 2013, conforme será visto adiante no capítulo.

- Tipo adquirido: a disfunção foi desenvolvida depois de um período de funcionamento normal
- O contexto:
  - Tipo generalizado: a disfunção ocorre em todas as situações, com todos os parceiros
  - Tipo situacional: a disfunção se limita a determinados tipos de estimulação, situações ou parceiros
- Os fatores etiológicos associados à disfunção: se é devida a fatores psicológicos ou a uma combinação de fatores psicológicos com uma doença médica ou o abuso de substâncias psicoativas.

Ainda de acordo com o DSM-IV, o diagnóstico de qualquer uma das disfunções sexuais só deve ser feito caso ela se constitua em fonte de sofrimento ou dificuldade interpessoal.

Basson[15] descreveu um modelo alternativo de funcionamento sexual feminino por considerar que o modelo tradicional do ciclo da resposta sexual, representado por desejo, excitação, orgasmo e resolução[6,14], funciona para os homens, mas não para a maioria das mulheres. Para a autora, o desejo sexual nas mulheres não ocorre de maneira espontânea, como nos homens, pois, diferentemente deles, em que uma fantasia sexual ou os estímulos visuais são potenciais para desencadear a libido, elas precisam da sensação de intimidade, de acolhimento e de carinho para responder ao sexo. Com exceção do início de um novo relacionamento, em que o desejo sexual pode ter a mesma intensidade para ambos os gêneros, após o período da paixão, a motivação sexual feminina passa a depender de gratificações que não são sexuais, mas que superam a importância do desejo ou da necessidade biológica de ter sexo. Nesse novo modo de compreensão da resposta sexual feminina, proposto por Basson, a ausência do desejo espontâneo no começo do ciclo não é considerada uma disfunção, uma vez que os componentes não sexuais, como intimidade emocional, compromisso, cumplicidade, confiança e carinho mútuos, são os estímulos efetivamente potenciais para a maioria das mulheres se sentir motivada para o sexo.[15] O novo modelo de resposta sexual feminina, conhecido como "modelo circular"[16], estabelece que a mulher pode apresentar várias motivações para o envolvimento e que o desejo pode não ser necessariamente despertado por excitação.

Essa revisão de Basson e o desenvolvimento da pesquisa internacional fizeram com que fossem implantadas modificações no DSM, o que resultou no DSM-5, publicado em 2013. Na quarta versão, as disfunções eram descritas como dores ou distúrbios em uma ou mais fases do ciclo de resposta sexual, conforme descrito anteriormente. Porém, pesquisas sugerem que a resposta sexual não é sempre um processo linear e uniforme e que a distinção entre uma fase e outra pode ser artificial (p. ex., desejo ou excitação). Portanto, no DSM-5, disfunções sexuais específicas para cada gênero foram adicionadas e, para o sexo feminino, as disfunções do desejo e da excitação foram combinadas em uma só: a disfunção de interesse/excitação femininos.[17]

Além disso, para aumentar a precisão quanto à duração e à gravidade e a fim de reduzir a chance de "superdiagnóstico" (ou seja, de diagnosticar como disfunção algo que não é uma disfunção), todas as disfunções sexuais listadas no DSM-5 (exceto as relacionadas com uso de medicamentos ou substâncias) devem estar presentes por um tempo mínimo de 6 meses para serem caracterizadas, e com critérios mais específicos. Essas modificações forneceram limiares úteis para fechar o diagnóstico e distinguir dificuldades sexuais transitórias de disfunção sexual propriamente dita, mais persistente.[17]

O DSM-5 também trouxe novos diagnósticos. Uma nova afecção listada é o distúrbio da dor à penetração genital/pélvica, o qual representa uma fusão das categorias anteriores de vaginismo e dispareunia, muito frequentemente concomitantes e difíceis de distinguir. O transtorno de aversão ao sexo foi eliminado como categoria do DSM-5, por ser muito raro e porque estava sendo utilizado sem base em evidências científicas.[17]

O DSM-5 eliminou a categoria "devido a fatores psicológicos ou a fatores combinados" e manteve apenas os seguintes subtipos ou diferenciações dos transtornos sexuais: "adquirido" ou "presente ao longo da vida" e "generalizado" ou "situacional". A categoria foi suprimida após descobertas de que a apresentação clínica mais frequente é aquela em que ambos os fatores psicológicos e biológicos contribuem para o transtorno. No entanto, o texto agora indica que se descrevam fatores que dizem respeito à parceira ou ao parceiro, fatores sobre o relacionamento com a parceira ou o parceiro, fatores de vulnerabilidade individuais, fatores culturais ou religiosos e fatores médicos.[17]

Causas de disfunções sexuais

A disfunção sexual é mais provável entre homens e mulheres com pior saúde física e/ou emocional; está associada a várias características demográficas, incluindo idade e nível educacional, e também a experiências negativas nos relacionamentos sexuais e no bem-estar geral.[1] Embora as dificuldades sexuais possam ocorrer em homens e mulheres de qualquer idade ou região do mundo, em um estudo realizado em 29 países com homens e mulheres entre 40 e 80 anos, Laumann et al.[2] mostraram que os problemas sexuais tendem a estar mais associados com saúde física ruim e envelhecimento nos homens que nas mulheres. O que se contempla com o avanço da idade são os riscos de os indivíduos contraírem enfermidades, tornando a função sexual vulnerável às alterações dessa natureza.

Os primeiros resultados do Estudo Populacional do Envelhecimento (EPE)[18], realizado com 10.161 indivíduos (56,6% homens e 43,4% mulheres), habitantes de 18 capitais brasileiras, com idade igual ou superior a 40 anos (com 82,3% dos homens entre 40 e 60 anos), mostraram que o envelhecimento masculino no Brasil conduz a prejuízo da função sexual, sintomas geniturinários e síndrome metabólica. Cabe destacar que 16,2% dos homens da amostra total eram obesos e 50,3% tinham sobrepeso.

Conforme relatam Fleury e Abdo, a expressão sexual de indivíduos mais velhos e saudáveis é menos conhecida que o impacto negativo que as doenças causadas pelo envelhecimento trazem à sua função sexual, bem como seus tratamentos. Atualmente, são mais estudados os aspectos biológicos do envelhecimento que os fatores psicológicos e psicossociais envolvidos com a disfunção sexual em idosos. Entretanto, se, por um lado, as doenças prejudicam a função, por outro, disfunções como a erétil podem ser indicadores de problemas subjacentes a serem investigados clinicamente.[19] Assim, a investigação das causas de disfunções sexuais deve ser multidisciplinar. Um impacto sexualmente negativo para o homem também ocorre no período entre os 40 e os 60 anos, quando ele "descobre" que seu pênis não terá mais a mesma capacidade de se enrijecer como quando era um jovem de 25 anos.[20] Para a mulher, esse impacto ocorre quando ela enfrenta uma série de mudanças (primordialmente hormonais) por volta dos 50 anos, em consequência do climatério e da ocorrência da menopausa (que determina o fim da atividade ovariana). Os sintomas que anunciam e acompanham essas mudanças são diferentes para cada mulher e também podem comprometer a sexualidade feminina.[21]

Há também grande interação entre os fatores biológicos, culturais, psicológicos e de estilo de vida no surgimento e na manutenção das disfunções sexuais.[2,16,21] As disfunções sexuais representam marcadores de saúde por indicarem algum sofrimento físico e/ou emocional (Quadros 83.1 e 83.2), ou seja, por indicarem a interferência negativa de algum fator (ou da combinação de alguns fatores) na atividade sexual humana.

Barlow[22] demonstrou cinco fatores que parecem diferenciar indivíduos sexualmente funcionais dos disfuncionais:

- Indivíduos sexualmente disfuncionais evidenciam de modo consistente o afeto negativo no contexto sexual, ao passo que os indivíduos sexualmente funcionais exibem afeto mais positivo
- Indivíduos disfuncionais subestimam de modo consistente seus níveis de excitação sexual e, em geral, evidenciam percepções de pouco controle sobre a excitação
- Os homens disfuncionais não são distraídos por estímulos não relacionados ao desempenho sexual e não evidenciam nenhuma diminuição na resposta erétil, ao passo que indivíduos sexualmente funcionais são distraídos e mostram decréscimos na resposta sexual (ao contrário dos indivíduos sexualmente

Quadro 83.1 Principais causas orgânicas de disfunções sexuais.

Medicamentos	Doenças clínicas
• Álcool • Drogas psiquiátricas: antidepressivos, carbonato de lítio, neurolépticos • Anti-hipertensivos: metildopa, propranolol, bloqueadores adrenérgicos, alfabloqueadores • Diuréticos • Hormônios: corticoides e estrógenos • Antiácidos: cimetidina	• Cardiovasculares: arteriosclerose, hipertensão arterial, infarto do miocárdio • Endócrinas: diabetes melito, hipogonadismo, hiperprolactinemia • Geniturinárias em homens: doença de Peyronie, prostatite • Geniturinárias em mulheres: vaginite e outras inflamações pélvicas • Neurológicas: epilepsia, esclerose múltipla • Cirurgias: ressecção retal, prostatectomia, ooforectomia, mastectomia

Fonte: Tess e Pugliese.[8]

Quadro 83.2 Principais causas psicológicas de disfunções sexuais.

Fatores predisponentes (que tornam a pessoa vulnerável ao desenvolvimento de disfunção sexual)	Fatores precipitantes (que favorecem a ocorrência de disfunção sexual)	Fatores mantenedores (reações à disfunção sexual que levam à manutenção do problema)

• Educação rígida
• Relações familiares conflituosas
• Informação sexual inadequada
• Experiências sexuais traumáticas
• Insegurança quanto ao papel sexual
	• Partos
	• Problemas conjugais
	• Infidelidade
	• Disfunção sexual do parceiro
	• Falhas ocasionais
	• Reação a fatores orgânicos
	• Idade
	• Depressão e ansiedade
	• Experiência sexual traumática
		• Ansiedade de desempenho
		• Antecipação do fracasso
		• Culpa
		• Perda de atração sexual entre os parceiros
		• Comunicação deficiente entre os parceiros
		• Problemas conjugais
		• Medo da intimidade
		• Autoimagem distorcida
		• Informação sexual inadequada
		  – Falta de preâmbulos sexuais
		  – Transtornos psiquiátricos

disfuncionais, os sexualmente funcionais acham sua excitação sexual facilitada por estados cognitivos relacionados a desempenho e expectativas sexuais, mas são distraídos por estímulos de autofoco não relacionados ao desempenho sexual ou por estímulos neutros)
• Os homens disfuncionais são distraídos por estímulos sexuais relacionados ao desempenho, ao passo que a excitação sexual de homens sexualmente funcionais é aumentada
• A ansiedade inibe a excitação em indivíduos disfuncionais, mas a facilita em indivíduos funcionais.

De acordo com Barlow[22], o processo de interferência cognitiva que interage com a ansiedade é responsável pela disfunção sexual, especificamente a excitação sexual inibida em homens e mulheres e, possivelmente, por outros tipos relacionados de disfunção sexual. A natureza desse processo cognitivo em indivíduos disfuncionais parece orbitar, em grande parte, em focalizar ou voltar a atenção para um contexto de tarefas irrelevantes. Esse foco é então dirigido pelos aspectos fisiológicos da excitação aos quais os clínicos mais geralmente se referem como ansiedade, que, por sua vez, resulta em deterioração adicional do desempenho sexual. Por outro lado, o foco de indivíduos sexualmente funcionais aponta para os estímulos eróticos e os processa sem dificuldade.

Tratamento das disfunções sexuais

Considerando-se que múltiplos fatores biológicos, psicológicos e sociais interferem na resposta sexual e no desencadeamento de disfunções, é necessário que a terapêutica aborde esses fatores e se oriente ao prazer dos parceiros, não somente do indivíduo (posto que os problemas de um afetam o outro).[16] A abordagem diagnóstica multidisciplinar possibilita identificar os componentes psicológicos, relacionais e biológicos da disfunção, que, por sua vez, torna possível prover o encaminhamento para o especialista adequado, seja o médico, o psicólogo ou mesmo o fisioterapeuta. O tratamento poderá ter caráter educativo e deverá abordar as influências contextuais na resposta sexual, como idade (estabelecendo-se metas realistas), problemas sociais (de trabalho, desemprego e outros) e médicos (como as disfunções provocadas por problemas físicos).[16] Assim, mesmo que encaminhem os pacientes para a terapia, também o médico, o fisioterapeuta e outros profissionais de saúde devem ser capazes de identificar o sofrimento causado pela disfunção sexual e introduzir o tema em seu atendimento.

A terapia cognitivo-comportamental valoriza o desenvolvimento de um plano de tratamento para as disfunções sexuais a partir de uma avaliação cuidadosa que aponte o diagnóstico, possibilite a formulação do caso e o planejamento do tratamento e inclua o acompanhamento do curso da intervenção ou a medida contínua da eficácia da terapia.[3]

O psicólogo especialista no tratamento das disfunções sexuais não trata dos aspectos orgânicos das disfunções; contudo, ao cuidar da estrutura emocional do indivíduo, precisa considerar que a função sexual normal é um processo biopsicossocial fundamentado no equilíbrio dos fatores psicológicos, endócrinos, vasculares e neurológicos, sendo a abordagem multidisciplinar (que inclui a avaliação de um ou mais especialistas médicos, como urologista, ginecologista, psiquiatra etc.) imprescindível para melhor compreender a queixa sexual e definir uma conduta terapêutica adequada para cada caso. Em relação à disfunção erétil, por exemplo, estudos sugerem que os fatores psicológicos estão envolvidos isoladamente ou em combinação com causas orgânicas em um número significativo de casos.[23-25]

Desde o surgimento de um medicamento oral eficaz para a disfunção erétil, em 1998 – o citrato de sildenafila (Viagra®), que atua como facilitador do processo de ereção ao provocar o relaxamento da musculatura lisa dos corpos cavernosos –, as terapêuticas combinadas (psicoterapia e medicamentos pró-eréteis) têm mostrado relevância no tratamento dessa condição.[25-27] A eficácia do tratamento combinado (psicoterapia e agentes farmacológicos, como inibidores seletivos de recaptação da serotonina, clomipramina, inibidores da fosfodiesterase tipo 5 e anestésicos tópicos) também se estende para outros problemas sexuais, como se observa no tratamento da ejaculação precoce.[28,29] Como o ciclo feminino da resposta sexual segue rumos diferentes do ciclo masculino, até recentemente não havia um medicamento oral eficaz para as mulheres, como o Viagra® para a população masculina.[15,30] Em 2014, no entanto, o Food and Drug Administration (FDA) aprovou o medicamento flibanserina, imediatamente apelidado pela mídia de *pink viagra*, o primeiro tratamento farmacológico para o desejo hipoativo feminino. A pesquisa conseguiu, portanto, preencher uma lacuna de alternativas para as mulheres com um medicamento não hormonal. O FDA permitiu a venda nos EUA, contanto que houvesse cuidado com efeitos colaterais, como queda da pressão arterial, tontura e desmaios.[31] Em alguns estudos clínicos, a pílula obteve pequeno efeito no tratamento do desejo hipoativo feminino em mulheres pré e pós-menopausa, agindo ao corrigir um desequilíbrio em neurotransmissores como a dopamina e a norepinefrina, ambas envolvidas na resposta sexual, e diminuindo a serotonina, que inibe a função sexual. Os resultados dos estudos clínicos foram medidos em termos de número de eventos sexuais satisfatórios ao mês e por escores de desejo sexual, e as mulheres que tomaram flibanserina foram comparadas com outras que tomaram placebo. O medicamento, no entanto, pode ser insuficiente para os casos em que a falta de desejo

esteja relacionada a problemas emocionais ou relacionais. Além disso, ainda é necessário tempo para que o medicamento seja aprovado para uso no Brasil.[32-36]

Independentemente da causa do problema sexual, a farmacoterapia atenua os sintomas e possibilita ao paciente ter uma experiência íntima mais satisfatória, enquanto a psicoterapia o auxilia no discernimento dos fatores que favorecem sua autoconfiança no desempenho sexual. No caso da disfunção sexual de origem psicogênica, os agentes farmacológicos são utilizados em conjunto com a psicoterapia somente pelo tempo necessário para o paciente perceber e utilizar seus próprios recursos para ter uma vida sexual satisfatória. No caso do paciente que apresenta falência definitiva da função sexual, a psicoterapia auxilia no processo de aceitação e adaptação às opções disponíveis para a preservação da vida sexual (medicamento oral, prótese etc.).

A meta do tratamento sexual cognitivo-comportamental é facilitar a supressão do transtorno do paciente e prepará-lo para resolver eventuais problemas futuros. O terapeuta ensina o paciente a testar e a fortalecer suas próprias habilidades, e o auxilia em uma trajetória em que oscilações ou retrocessos temporários podem ser enfrentados por ele com confiança, para lidar com eles por conta própria.[9]

Carey[3] descreve os seguintes eixos norteadores do tratamento cognitivo-comportamental das disfunções sexuais: educação; reestruturação cognitiva; treinamento em habilidades; treinamento em comunicação; roteiros sexuais; e prevenção de recaídas.

Os procedimentos da terapia sexual cognitivo-comportamental se aplicam a homens, mulheres, casais hétero e homossexuais e a grupos cujo objetivo esteja focado na sexualidade. A eficácia da terapia sexual cognitivo-comportamental no tratamento dos problemas sexuais tem sido comprovada em vários estudos.[37-39] Em casos de problemas relacionados a ingestão de álcool ou drogas, transtorno psiquiátrico ou problemas conjugais graves, é mais eficaz focar primeiro no tratamento desses problemas antes de propor um programa para as disfunções sexuais.[3] Em relação à frequência, as sessões semanais são mais indicadas porque visam a estender as oportunidades para a mudança cognitiva e comportamental, com a prática de tarefas de casa ao longo da semana do paciente.[10]

Educação

No sentido de melhorar o conhecimento acerca da sexualidade, a educação é considerada o procedimento mais frequente na terapia sexual. Oferecem-se informações básicas, por exemplo, sobre o ciclo da resposta sexual e as diferenças de gênero nas experiências e preferências sexuais, sobre as mudanças normais nos funcionamentos feminino e masculino em decorrência do envelhecimento, e sobre doenças crônicas, o uso de medicamentos e doenças sexualmente transmissíveis (DST). A falta de informação adequada (que inclui preconceitos e tabus sexuais) representa importante fator de risco para as disfunções sexuais. Por exemplo, homens mais idosos possivelmente são mais vulneráveis ao aparecimento da disfunção erétil porque outras condições relacionadas à idade aumentam a probabilidade da sua ocorrência: presença de doenças sistêmicas, uso de medicamentos que afetam a função erétil e declínio normal do funcionamento sexual com o envelhecimento (*presbyrectia*).[40-42]

A partir de sua experiência clínica, Kaplan[42] definiu a *presbyrectia* como a diminuição, com a idade, da pressão intracavernosa do pênis, acarretando menor rigidez. Além disso, a *presbyrectia* também se caracteriza por: diminuição do tempo de manutenção da ereção, com tendência à sua perda com preliminares prolongadas, sendo necessária estimulação tátil da genitália masculina para manter o pênis ereto; maior rapidez ejaculatória e perda parcial progressiva do controle ejaculatório; aumento do tempo para obter uma segunda ereção; necessidade de maior estimulação local física e de maior estimulação psicológica para atingir a ereção, em razão da diminuição da capacidade sensorial; e maior suscetibilidade da resposta sexual à ansiedade.

Um psicoterapeuta bem informado é capaz de orientar o paciente sem a pretensão de normatizar o sexo e de indicar leituras que elucidem os temas que representam as dificuldades que o levaram a procurar psicoterapia, com o objetivo de ampliar a discussão dos conteúdos problemáticos durante as sessões.

Reestruturação cognitiva

A reestruturação cognitiva visa à superação de sentimentos perturbadores que acompanham o paciente. Para alcançar uma vida sexual satisfatória, é necessário estabelecer alguns objetivos preliminares que servem como "trampolins" para o objetivo mais avançado, como estar à vontade com a própria sexualidade, reservar mais tempo para a expressão sexual ou eliminar as pressões da atuação que podem interferir na resposta sexual. De acordo com a abordagem cognitivo-comportamental, as emoções e os comportamentos são influenciados pela percepção que as pessoas têm dos acontecimentos.

A expressão da sexualidade é resultado de uma complexa interconexão do indivíduo com tudo que gravita em torno de sua vida (e, portanto, uma vivência que difere de pessoa para pessoa em seus relacionamentos).[43] Assim, é imprescindível identificar e ajudar o paciente a reformular crenças desadaptativas, como pensamentos mágicos sobre "curas" milagrosas ou expectativas fantasiosas sobre os deleites eróticos descritos na ficção popular, ideias errôneas sobre prazer sexual e orientação sexual que podem causar dificuldades ainda maiores, pensamentos automáticos tendenciosos que podem preceder ou ocorrer durante as relações sexuais e diminuir a excitação, bem como mitos culturais amplamente difundidos que costumam deteriorar o funcionamento sexual saudável e comprometer a satisfação sexual.

As disfunções sexuais também podem estar associadas a algum trauma sexual anterior, como é comum nos casos do distúrbio da dor à penetração genital/pélvica, classificação precedente ao DSM-5 para o vaginismo e a dispareunia (embora essas disfunções também possam estar associadas a mensagens negativas assimiladas como verdadeiras). A reformulação cognitiva das crenças disfuncionais ou de experiências sexuais traumáticas do passado capacita o paciente a um funcionamento sexual positivo. Uma vez que o paciente se mostre capaz de reconhecer o processo de interpretação sexual que pode favorecer sua satisfação em seus relacionamentos, os exercícios de aquisição de habilidades sexuais devem ser o próximo passo do tratamento.

Treinamento em habilidades

O treinamento em habilidades tem como objetivo a diminuição da ansiedade ante a atuação sexual. Exemplos são as técnicas de *focalização sensorial não genital e genital*, consideradas úteis para todas as disfunções sexuais e em associação com técnicas específicas. Desenvolvidos por Masters e Johnson[7] e aperfeiçoados por vários autores, os exercícios de focalização sensorial consistem em aproximações sexuais graduais não ameaçadoras que visam ao desenvolvimento de uma expressão sexual mais ampla, criativa e prazerosa na vida do casal. Carícias e massagens são realizadas sem expectativa de ereção, lubrificação vaginal, ejaculação ou orgasmo, primeiro sem incluir as áreas genitais e posteriormente incluindo os toques genitais, até chegar à relação com penetração.

O treinamento em masturbação é um exemplo de técnica específica utilizada para despertar o desejo e a segurança sexual. Para a mulher que ainda não viveu a experiência de orgasmo, o treinamento em masturbação pode propiciar uma vivência positiva dessa sensação por meio das descobertas que ela faz consigo mesma sobre como obter esse tipo de prazer, e, a partir disso, ela irá se sentir mais à vontade para ensinar sua parceria como ela deve tocá-la para elevar sua excitação até o clímax sexual.[44] A diminuição do desejo sexual feminino não é um fenômeno relativo somente ao envelhecimento: o desejo sexual pode estar diminuído mesmo em mulheres jovens, por interferência de fatores emocionais, ambientais, comportamentais, socioculturais e, principalmente, relacionais. O conhecimento dos fatores de risco para essa condição ajuda no tratamento clínico, que é importante, já que o problema causa sofrimento não apenas para a mulher, mas também para a parceria.[45]

Para o homem que apresenta demora ou ausência persistente ou recorrente de orgasmo, o treinamento em masturbação é indicado com o objetivo de propiciar a generalização do tempo de ejaculação na masturbação para a relação com penetração. A sequência do treinamento envolve: o homem se masturbar na presença da parcerria; ser masturbado pela parceria somente quando percebe as sensações premonitórias ao orgasmo; ser masturbado somente pela parceria até o orgasmo; ser masturbado pela parceria até as sensações premonitórias ao orgasmo, partindo para a penetração para que o orgasmo ocorra no coito; fazer a penetração gradualmente mais antecipada; e fazer penetração livre de masturbação até o orgasmo.[12]

Em outro extremo, o homem que não consegue segurar a ejaculação pelo tempo que deseja pode recorrer à técnica de compressão, inicialmente desenvolvida por Semans[46] e posteriormente adotada por Masters e Jonhson.[7] Essa técnica, praticada durante a masturbação, é específica para o aprendizado do controle da ejaculação. Nesse exercício, o homem é instruído a se masturbar até sentir os sinais de inevitabilidade ejaculatória. Nesse momento, interrompe a masturbação e, com os dedos, faz uma pressão firme na base da glande por aproximadamente 10 s. As várias repetições desse procedimento antes que a ejaculação aconteça e por uma série de vezes propicia o controle da ejaculação.

Com base no exercício de Semans[46], Kaplan[47] descreve três passos para o controle ejaculatório. No primeiro, diante das respostas satisfatórias de adiamento da ejaculação nos exercícios masturbatórios, o paciente pode aplicar géis lubrificantes no pênis nas próximas vezes em que se masturbar para simular o ambiente genital. Após tentativas bem-sucedidas de controle ejaculatório durante a masturbação, o paciente pode alternar entre comprimir o pênis e apenas parar de se estimular e reiniciar, até quando desejar alcançar o orgasmo. O segundo passo consiste na masturbação na presença e com a participação da parceira; o paciente deve praticar o controle enquanto está sendo manualmente estimulado por ela. Os jogos sexuais são exercícios com a parceira até que ocorra uma boa ereção. Nesse momento, o homem deita de costas, com os olhos fechados, enquanto a parceira estimula manualmente seu pênis. Ao sentir a proximidade do orgasmo, ele pede à parceira que interrompa o movimento. Diante da cessação da inevitabilidade ejaculatória, ele pede à parceira que reinicie a manipulação no pênis. A ejaculação deve acontecer após repetir esse procedimento por, pelo menos, quatro vezes. Esse procedimento será repetido utilizando géis lubrificantes após as respostas bem-sucedidas de adiamento do orgasmo. A partir disso, o casal pode partir para o terceiro passo, que envolve a relação sexual. Nesse estágio, o homem deve penetrar o pênis na mulher, estando ela na posição superior. Segurando os quadris da parceira com as mãos, o homem poderá movimentá-la para cima e para baixo até sentir a inevitabilidade ejaculatória. Nesse momento, ele deve cessar os movimentos até sentir passar a urgência ejaculatória, reiniciando então os movimentos. Na quarta repetição, o homem pode fazer movimentos mais intensos e alcançar o orgasmo. Nas próximas vezes, o homem pode arremeter cada vez mais, variando as posições. A posição por cima da mulher deve ficar por último, por ser considerada a mais difícil do ponto de vista do controle ejaculatório.

As técnicas específicas para as mulheres que apresentam vaginismo ou dispareunia (distúrbio da dor à penetração genital/pélvica) visam a elevar o nível de relaxamento vaginal e preparar progressivamente para a penetração a partir das seguintes etapas: exercícios com os músculos pélvicos, com o propósito de a paciente desenvolver o discernimento e o controle dos músculos pubococcígeos; inserção vaginal progressiva com dilatadores de espessuras graduadas ou com os próprios dedos, e de preferência com o uso de géis lubrificantes; e inserção gradual do dedo do parceiro por uma série de sessões até que o casal se sinta confortável para passar à penetração pelo pênis, sempre com a recomendação do uso de géis lubrificantes.

O propósito das técnicas é ampliar as possibilidades de expansão da autoconfiança do paciente em suas experiências íntimas e diante de novos estímulos perturbadores, quando ocorrerem. No entanto, como o psicoterapeuta não é um mero aplicador de técnicas, sua atenção e sua intervenção devem estar sempre voltadas para cognições negativas, fatores de risco psicossociais, de estilo de vida ou de saúde, além de outros problemas de relacionamento associados ao problema sexual do paciente. O processo de tratamento bem-sucedido inclui percepção apurada do psicoterapeuta sobre os meios que podem auxiliar o paciente (ou o casal) a ter uma experiência sexual positiva, de acordo com suas circunstâncias particulares.

Treinamento em comunicação

O treinamento em comunicação (que deve ocorrer durante todo o processo de terapia) compreende o desenvolvimento da intimidade do casal para falar sem constrangimentos sobre os problemas comuns. É possível que os problemas na vida sexual do casal sejam silenciados por dificuldades de comunicação, comprometendo todas as experiências compartilhadas. Os ruídos que se instalam na vida a dois podem se transformar em filtros que distorcem tudo que um fala para o outro. Por meio de escuta ativa e manifestação de empatia, o psicoterapeuta deve estimular o paciente (ou o casal) a expressar os sentimentos, experimentando os seguintes passos: estabelecer um diálogo descontraído das expectativas que um nutre em relação ao outro; desenvolver a capacidade de identificar os sinais de estresse no relacionamento a dois; aprender a falar das insatisfações sem cobranças e/ou acusações; avaliar as alternativas para sair das situações que dividem o casal; e decidir de comum acordo. Essa experiência pode evidenciar o potencial do paciente (ou casal) de sair de uma situação de comunicação disfuncional com o entusiasmo renovado para investir na consolidação da intimidade.

Roteiros sexuais

Referem-se à avaliação dos desencontros nas preferências sexuais que interferem negativamente na satisfação do casal. As restrições, a repetitividade ou a inflexibilidade na abordagem íntima do casal e as diferenças na disposição sexual entre os membros do casal, seja nas preferências eróticas ou nas necessidades de cada um, podem reduzir a excitação ou ocasionar insatisfações nas expectativas do encontro íntimo. As frustrações sexuais podem acontecer no início do relacionamento ou após o período de idealização que costuma acontecer no começo de um envolvimento apaixonado. Assim como as preferências em relação às atividades gerais da vida de um casal costumam ser mais facilmente reconhecidas e administradas durante a convivência, o paciente (ou casal) deve ser estimulado a identificar suas motivações sexuais e comunicá-las de modo eficaz na relação a dois. A avaliação do roteiro sexual do casal (e sua renovação sempre que necessário) é um estímulo para expressar preferências e negociar compromissos que sejam aceitáveis para ambos.

Prevenção de recaídas

Visa a preparar o paciente (ou o casal) para o futuro a partir de estratégias que o ajudem a se sentir mais seguro e satisfeito com seu estilo sexual.[48] Contratempos sexuais podem ocorrer na vida de qualquer casal; no entanto, para aqueles mais vulneráveis, por conta de uma história de disfunções, as interpretações tendenciosas podem apontar um sinal de fracasso. Além disso, os membros do casal mudam em virtude das circunstâncias da vida, ou podem ter que priorizar outras demandas. Por isso, proporcionar várias diretrizes específicas e fomentar a generalização dos benefícios obtidos durante o tratamento eleva a probabilidade de que as melhorias terapêuticas se mantenham ao longo do tempo.

Considerações finais

Em tempos hipermodernos, o hipercapitalismo, a hiperpotência, o hiperindividualismo e o "hipertudo" expõem uma modernidade elevada à potência superlativa. Nesse contexto, delineia-se uma tendência ambígua: de um lado, os indivíduos exageram nos cuidados com o corpo, são aficionados por higiene e saúde e se rendem às determinações médicas e sanitárias; de outro, proliferam as patologias individuais e o anarquismo comportamental. Essa hipermodernidade democrática e mercantil está apenas no começo da sua aventura histórica...[49]

Na esteira das transformações sociais, as expectativas (hipervalorizadas) em relação aos gêneros ficam muito evidenciadas nos seguintes padrões: a beleza assume papel muito mais relevante para a mulher, uma vez que o homem tende a ser mais valorizado por suas capacidades. Ou seja, da mulher é exigido ser eternamente bela, magra e jovem; do homem, comportar-se sexualmente como se tivesse 25 anos de idade.[50] É nesse cenário que a expressão da sexualidade exibe seus propósitos.

As finalidades do sexo natural são o prazer e a procriação por meio do contato com um adulto humano vivo. Tendo em vista que as disfunções sexuais podem decorrer de uma complexa interação entre fatores de risco orgânicos, psíquicos, socioculturais e de estilo de vida, suas causas e os fatores responsáveis pela sua manutenção devem ser cuidadosamente considerados para que os tratamentos sejam eficazes para cada caso.

Referências bibliográficas

1. Laumann EO, Paik A, Rosen RC. Sexual dysfunction in the United States: prevalence and predictors. JAMA. 1999;281(6):537-44.
2. Laumann EO, Nicolosi A, Glasser DB, Paik A, Gingell C, Moreira E, et al. Sexual problems among women and men aged 40-80 y: prevalence and correlates identified in the Global Study of Sexual Attitudes and Behaviors. Int J Impot Res. 2005;17(1):39-57.
3. Carey MP. Tratamento cognitivo-comportamental das disfunções sexuais. In: Caballo VE, organizador. Manual para o Tratamento Cognitivo-comportamental dos Transtornos Psicológicos. São Paulo: Santos; 2003. p. 267-98.
4. Kinsey AC, Pomeroy WB, Martin CE. Sexual behavior in the human male. Philadelphia: Saunders; 1948.
5. Kinsey AC, Pomeroy WB, Martin CE, Gebhard PH. Sexual behavior in the human female. Philadelphia: Saunders; 1953.
6. Masters WH, Johnson VE. Human sexual response. Boston: Little, Brown; 1966.
7. Masters WH, Johnson VE. Human sexual inadequacy. Boston: Little, Brown; 1970.
8. Tess V, Pugliese V. Disfunções sexuais. In: Ito LM, organizadora. Terapia cognitivo-comportamental para transtornos psiquiátricos. Porto Alegre: Artes Médicas; 1998. p. 123-33.
9. Beck AT. Thinking and depression: II: theory and therapy. Arch Gen Psychiatry. 1964;10:561-71.
10. Beck JS. Terapia cognitiva: teoria e prática. Porto Alegre: Artes Médicas; 1997.
11. Beck AT, Rush J, Shaw BF, Emery G. Cognitive therapy of depression. New York: Guilford Press; 1979.
12. Rangé B, Conceição DB. Disfunções sexuais. In: Rangé B, organizador. Psicoterapia comportamental e cognitiva de transtornos psiquiátricos. v. 2. Campinas: Livro Pleno; 2001. p. 219-30.
13. American Psychiatric Association. Manual Diagnóstico e Estatístico de Transtornos Mentais (DSM-IV-TR). 4. ed. Porto Alegre: Artmed; 2002.
14. Kaplan HS. A nova terapia do sexo. 3. ed. Rio de Janeiro: Nova Fronteira; 1977.
15. Basson R. Human sex-response cycles. J Sex Marital Ther. 2001;27(1):33-43.
16. Fleury HJ, Abdo CHN. Tratamento psicoterápico para disfunção sexual feminina. Diagn Tratamento. 2012;17(3):133-7.
17. American Psychiatric Association. Manual Diagnóstico e Estatístico de Transtornos Mentais. 5. ed. Porto Alegre: Artmed; 2014.
18. Abdo CHN, Afif-Abdo J. Estudo populacional do envelhecimento (EPE): primeiros resultados masculinos. Rev Bras Med. 2007;64(8):379-83.
19. Fleury HJ, Abdo CHN. Envelhecimento, doenças crônicas e função sexual. Diagn Tratamento. 2012;17(4):201-5.
20. Kusnetzoff JC. O homem sexualmente feliz: do mito à verdade científica. 4. ed. Rio de Janeiro: Nova Fronteira; 1987.
21. Abdo CHN. Descobrimento sexual do Brasil: para curiosos e estudiosos. São Paulo: Summus; 2004.
22. Barlow DH. Causes of sexual dysfunction: the role of anxiety and cognitive interference. J Consult Clin Psychol. 1986;54(2):140-8.
23. Ackerman MD, Carey MP. Psychology's role in the assessment of erectile dysfunction: historical precedents, current knowledge, and methods. J Consult Clin Psychol. 1995;63(6):862-76.
24. Rosen RC. Psychogenic erectile dysfunction: classification and management. Urol Clin North Am. 2001;28(2):269-78.
25. Althof SE. When an erection alone is not enough: biopsychosocial obstacles to lovemaking. Int J Impot Res. 2002;14(Suppl 1):S99-104.
26. Sharlip ID. Evaluation and nonsurgical management of erectile dysfunction. Urol Clin North Am. 1998;25(4):647-59.
27. Banner LL, Anderson RU. Integrated sildenafil and cognitive-behavior sex therapy for psychogenic erectile dysfunction: a pilot study. J Sex Med. 2007;4(4 Pt 2):1117-25.
28. Althof S. The psychology of premature ejaculation: therapies and consequences. J Sex Med. 2006;3(Suppl 4):324-31.
29. Barnes T, Eardley I. Premature ejaculation: the scope of problem. J Sex Marital Ther. 2007;33(2):151-70.
30. Levine LA. Diagnosis and treatment of erectile dysfunction. Am J Med. 2000;109(Suppl 9A):3S-12S.
31. Healy M, Diersing C. FDA panel backs 'pink Viagra' for sexual dysfunction in women. Los Angeles Times [internet]. 4 jun 2015. [Acesso em 23 jun 2015] Disponível em: http://www.latimes.com/science/sciencenow/la-sci-sn-female-libido-fda-20150603-story.html.
32. Reviriego C. Flibanserin for female sexual dysfunction. Drugs Today (Barc). 2014;50(8):549-56.
33. Simon JA, Kingsberg SA, Shumel B, Hanes V, Garcia M Jr, Sand M. Efficacy and safety of flibanserin in postmenopausal women with hypoactive sexual desire disorder: results of the SNOWDROP trial. Menopause. 2014;21(6):633-40.
34. Katz M, DeRogatis LR, Ackerman R, Hedges P, Lesko L, Garcia M Jr, et al. Efficacy of flibanserin in women with hypoactive sexual desire disorder: results from the BEGONIA trial. J Sex Med. 2013;10(7)1807-15.

35. Lodise NM. Hypoactive sexual desire disorder in women: treatment options beyond testosterone and approaches to communicating with patients on sexual health. Pharmacotherapy. 2013;33(4):411-21.
36. Jayne C, Simon JA, Taylor LV, Kimura T, Lesko LM; SUNFLOWER study investigators. Open-label extension study of flibanserin in women with hypoactive sexual desire disorder. J Sex Med. 2012;9(12):3180-8.
37. Barnes MF. Sex therapy in the couples context: therapy issues of victims of sexual trauma. Am J Fam Ther. 1995;23(4):351-60.
38. McCabe MP. Evalution of a cognitive behavior therapy program people with sexual dysfunction. J Sex Marital Ther. 2001;27(3):259-71.
39. Meston CM, Hull E, Levin RJ, Sipski M. Disorders of orgasm in women. J Sex Med. 2004;1(1):66-8.
40. National Institutes of Health. Consensus development panel on impotence. Impotence. JAMA. 1993;270(1):83-90.
41. Kaplan HS. The sexual desire disorders: dysfunctional regulation of sexual motivation. New York: Routledge; 1995.
42. Kaplan HS. The concept of presbyrectia. Int J Imp Res. 1989;1:59-65.
43. Goffi JR. Comorbidade entre transtornos sexuais e outras ocorrências psiquiátricas. In: Abdo CHN, organizadora. Sexualidade humana e seus transtornos. 2. ed. São Paulo: Lemos; 2000. p. 157-65.
44. LoPiccolo J, Heiman JR. Descobrindo o prazer: uma proposta de crescimento sexual para a mulher. São Paulo: Summus; 1992.
45. Fleury HJ, Alves MBL, Abdo CHN. Desejo sexual em mulheres jovens em relacionamentos estáveis. Diagn Tratamento. 2014;19(3):144-7.
46. Semans JH. Premature ejaculation: a new approach. South Med J. 1956;49(4):353-8.
47. Kaplan HS. Manual ilustrado de terapia sexual. São Paulo: Manole; 1978.
48. McCarthy BW. Relapse prevention strategies and techniques in sex therapy. J Sex Marital Ther. 1993;19(2):142-6.
49. Lipovetsky G. Tempo contra tempo, ou a sociedade hipermoderna. In: Lipovetsky G, Charles S. Os tempos hipermodernos. São Paulo: Barcarolla; 2004. p. 49-104.
50. Reis MMF. Mulher: produto com data de validade. São Paulo: O Nome da Rosa; 2002.

84 Psicoterapia Cognitiva para Crianças e Adolescentes

Renato Maiato Caminha, Marina Gusmão Caminha e
Jaqueline Andréa Malheiros da Silveira

Introdução

A década de 1960 foi palco do surgimento de novas modalidades de psicoterapia, as psicoterapias cognitivo-comportamentais. Uma das características mais importantes dessa nova abordagem de transtornos mentais é sua capacidade integrativa.

Beck e Alford[1] reforçam a ideia do forte componente interacionista das psicoterapias cognitivas. Tal componente, entretanto, não significa que essas psicoterapias sejam "colchas de retalhos" teóricos; pelo contrário, elas têm, conforme Dobson et al.[2], um constructo paradigmático constituído da seguinte maneira: a cognição afeta o comportamento; a cognição pode ser monitorada e alterada; e pode-se alterar o comportamento por meio da mudança cognitiva.

Sem dúvida, uma das escolas que mais influenciaram a psicoterapia cognitiva foi a escola comportamentalista, por trabalhar com técnicas derivadas do laboratório para a clínica e por sua capacidade de apresentar modelos de intervenção clínica replicáveis, características fundamentais de um paradigma que pretendia ser a ciência do comportamento humano.

O início do paradigma cognitivo é fortemente marcado pelos nomes de Aaron Beck e Albert Elis, havendo derivações de seus modelos: Beck é conhecido por uma escola mais racionalista, e Elis, pela abordagem denominada terapia racional emotiva e comportamental (TREC).[3]

Ambas as escolas iniciaram seus trabalhos enfaticamente voltadas à população adulta. Os primeiros impulsos da prática cognitiva voltada à infância aconteceram no final da década de 1970 e no início da década de 1980, ainda com forte conotação comportamental.[4]

O atraso na clínica infantil ocorreu em razão da ideia de que as crianças necessitavam de desenvolvimento cognitivo pleno para a aplicação das intervenções propostas pela terapia cognitiva, o que ainda é aceito hoje por muitos praticantes da psicoterapia cognitiva.[5]

A passagem do tempo trouxe grande alteração a essa crença, o que se evidencia pelo elevado número de livros e artigos científicos voltados à prática clínica infantil, em especial na década de 2000.[6]

No Brasil, Caminha e Caminha[5] organizaram a primeira publicação em língua portuguesa especificamente sobre terapia cognitiva, reunindo à época autores e pesquisadores que estavam desenvolvendo trabalhos de referência em âmbito nacional.

Beck[7], ao traçar a retrospectiva dos 40 anos de existência da psicoterapia cognitiva, pouco menciona sobre sua aplicabilidade a crianças e adolescentes. Beck[8] lamenta ainda a escassez de fontes relativas à clínica com a população infantil, embora crianças e adolescentes se mostrem, muitas vezes, mais sensíveis ao uso das técnicas.

Safran[9], um dos vários autores que subsidiam teoricamente a possibilidade de se praticar a psicoterapia cognitiva com crianças, identifica que, embora sejam mais flexíveis que os adultos, as crianças apresentam funcionamento baseado em esquemas, com as mesmas premissas contidas no funcionamento esquemático adulto, quais sejam: crenças centrais, crenças intermediárias, pensamentos automáticos e registros emocionais, comportamentais e fisiológicos.

O autor também afirma que delineamentos precoces de estilo atributivo já podem ser percebidos em crianças a partir dos 9 anos de idade.[9]

Nessa lógica, praticar uma modalidade de psicoterapia que disponha de excelentes resultados em inúmeros transtornos e ainda seja cientificamente apontada como psicoterapia de primeira escolha para os transtornos de Eixo I na quarta edição do *Manual Diagnóstico e Estatístico de Transtornos Mentais – Texto Revisado*

(DSM-IV-TR, *Diagnostic and Statistical Manual of Mental Disorders IV – text revision*)[10] é promover resiliência e saúde mental na infância.

Uma das maiores vantagens de intervir precocemente é oferecer a possibilidade de evitar sofrimento desnecessário em muitos casos que, com frequência, podem se arrastar por décadas na vida adulta.

Princípios da psicoterapia cognitiva

A psicoterapia cognitiva é considerada uma modalidade terapêutica com base em evidências.[2] Dispõe de modelos de intervenção replicáveis e sessões estruturadas conforme cada modelo específico.

Sob uma ótica mais superficial, esse seria outro fator de crítica da aplicação com crianças. Na verdade, a estrutura da psicoterapia cognitiva não precisa ser modificada para atender à população infantil; apenas os instrumentos de acesso à criança é que precisam ser desenvolvidos, de modo criativo, a fim de contemplar um modelo estruturado ao funcionamento infantil.

Assim, aspectos considerados fundamentais na estrutura da psicoterapia cognitiva ficam igualmente preservados na prática infantil. Conforme Beck[8], os elementos fundamentais são:

- Estrutura da primeira sessão: estabelecer confiança e *rapport*, socializar o paciente no modelo da terapia cognitivo-comportamental (TCC), educá-lo paciente quanto ao transtorno ou problema, regularizar suas dificuldades e estabelecer confiança, avaliar e corrigir (se necessário) suas expectativas com relação à terapia, coletar informações adicionais sobre o paciente e seus problemas e estabelecer metas
- Metas: posteriormente, estabelecer a agenda (com sequência lógica a partir da descrição do paciente); checar humor, incluindo escores objetivos com instrumentos devidamente adaptados; revisar brevemente o problema e obter atualizações sobre ele; identificar outros problemas e estabelecer metas; educar quanto ao modelo cognitivo; avaliar expectativas do paciente; educar quanto ao transtorno; estabelecer tarefa de casa; promover um resumo do ocorrido na sessão; obter *feedback* do paciente
- Elementos que deverão estar presentes nas sessões seguintes e que compõem o eixo norteador das sessões: breve atualização e verificação do humor, ponte com as sessões anteriores, estabelecimento do roteiro de trabalho, revisão de experimentos anteriores ou tarefas previamente propostas, discussão de tópicos do roteiro, estabelecimento de nova tarefa de casa ou experimento, resumos periódicos, resumo final e *feedback*.

Conceitualização cognitiva

Um dos aspectos mais importantes para o bom desfecho de uma psicoterapia cognitiva é a técnica chamada conceitualização ou conceituação cognitiva.

Conceitualizar um caso é, conforme Rangé[4], elaborar um modelo, uma representação esquemática do problema do paciente e de suas consequências diretas e indiretas, sendo essa coleta de dados para a formulação do modelo feita, preferencialmente, com a família, a escola e a criança.

Caminha e Caminha[5] sugerem que a formulação do caso seja realizada diante do comportamento problemático e do diagnóstico do problema apresentado pela criança, considerando suas relações com a família e os demais ambientes nos quais está inserida.

Assim como no processo de psicoterapia de adultos, o diagnóstico denominado ateórico, ou seja, aquele que descreve os critérios diagnósticos como um *checklist*, conforme o DSM-IV-TR, também tem importância fundamental no trabalho com crianças.

Modelo de aliança terapêutica com crianças

Uma boa aliança terapêutica é a base para que mudanças significativas ocorram no processo de psicoterapia. Na clínica com crianças, a função de estabelecer a aliança terapêutica demanda muito mais trabalho e investimento por parte do terapeuta. O profissional deve estabelecer uma sólida aliança terapêutica não só com a criança, mas também com seus familiares; caso contrário, o desfecho clínico poderá não ser bem-sucedido.

Diferentemente dos adultos, com quem se parte de uma base diádica, a aliança terapêutica na prática infantil parte de uma base triádica, podendo evoluir para a desejável situação de um quarto elemento de grande auxílio clínico – a escola, conforme ilustra a Figura 84.1.

O tratamento infantil inicia-se pelo contato primário que o terapeuta estabelece com os pais da criança, mais comumente com a mãe. Nesse contato inicial, o terapeuta colhe os dados relacionados às queixas dos pais, da escola ou de ambos, como é frequente no atendimento infantil.

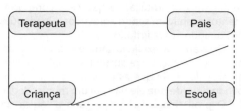

Figura 84.1 Esquema de relação terapêutica.

A relação terapêutica começa nesse contato primário. Todos os princípios que constituem uma boa aliança terapêutica devem ocorrer entre o terapeuta e os pais e entre o terapeuta e a criança, formando uma triangularidade, conforme demonstrado na Figura 84.1.

Seria bastante desejável também que a escola, na figura do professor ou do orientador educacional, conseguisse fazer parte do programa terapêutico da criança. Em inúmeras situações isso é impossível; em outras, pode ser possível e os resultados são bastante interessantes.

Intervenções e técnicas utilizadas com crianças

Para Reinecke et al.[11], crianças em fase escolar são incapazes de responder a técnicas utilizadas com adultos, como registros de pensamentos disfuncionais, em vista da dificuldade de identificar seus pensamentos e acessar seus estados emocionais específicos, ou mesmo do treinamento de relaxamento progressivo, já que o tempo dispensado para o exercício, bem como os grupos musculares envolvidos, dificultam o acompanhamento da criança. Os autores sugerem simplificar as intervenções proporcionalmente às habilidades dessa população.

Segundo Stallard[12], crianças mais jovens poderiam se beneficiar das TCC, desde que os métodos sejam simplificados e adaptados ao seu funcionamento.

Diante dessa realidade, diversos autores desenvolveram estratégias a fim de que as técnicas, tanto comportamentais como cognitivas, alcancem a linguagem infantil, promovendo o acesso a emoções, cognições e comportamentos, bem como uma reestruturação destes.

Resumidamente, é possível elencar algumas intervenções que podem facilitar a compreensão do caso e o consequente plano terapêutico, assim como as principais técnicas utilizadas com crianças na TCC.

Monitoramento

Acessar as emoções

Com o objetivo de acessar as emoções da criança, via pela qual a TCC inicia o processo terapêutico infantil, Renato e Marina Caminha[13] desenvolveram um instrumento chamado "baralho das emoções". Nele, o terapeuta dispõe de 20 cartas de meninos e 20 cartas de meninas com 20 emoções distintas, além de duas cartas com o termômetro que objetiva medir a intensidade de cada emoção. A proposta inicial do instrumento é facilitar o acesso às emoções da criança e ajudar a monitorar suas principais emoções no decorrer das semanas. Além disso, serve como uma ferramenta para acompanhar o processo terapêutico, dando pistas de quanto a criança consegue aumentar seu repertório de emoções, pensamentos e comportamentos, bem como diminuir a intensidade daquelas emoções que lhe causam sofrimento significativo.

Com a utilização do baralho, também é possível esquematizar com a criança o chamado registro de pensamentos disfuncionais (RPD), que facilita a construção de uma conceitualização cognitiva (Figura 84.2).

Nessa lógica, é possível propor ao paciente, a partir da carta selecionada (p. ex., "irritado"), o que aconteceu antes para que se sentisse desse modo (os antecedentes), o que passou por sua cabeça nessa hora (balão do pensamento) e, por último, o que aconteceu depois (consequências).

Acessar as cognições

Por meio dos registros de emoções adaptados às crianças, pode-se alcançar os principais padrões

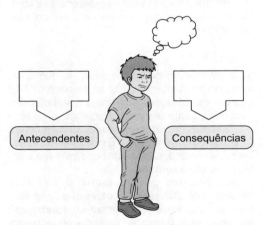

Figura 84.2 Registro de pensamentos disfuncionais com crianças.

de pensamento, as principais distorções e até mesmo as crenças centrais dos pacientes. Diante da dificuldade, em geral, de identificação dos pensamentos, os autores sugerem que, em vez do questionamento "no que você estava pensando?", seja utilizado "o que estava passando por sua cabeça?" ou "o que você disse para si mesmo?" ou ainda "o que pipocou em sua cabeça?", tornando possível acessar uma linguagem mais adequada a essa etapa. Stallard[12] sugere, como alternativa no processo educativo, abordar com as crianças o que os outros podem estar pensando, facilitando o acesso às cognições. Criar desenhos de animais ou pessoas com balões de pensamento ou selecionar ilustrações de revistas com expressões que indiquem alguma ideia a ser descoberta (como um balão de pensamento) são possíveis caminhos lúdicos para trabalhar o acesso ao pensamento. A Figura 84.2 apresenta uma sugestão de como abordar tal balão a partir do "baralho das emoções".

Psicoeducação

Marcada como a etapa de aquisição de habilidades, a psicoeducação busca ensinar conceitos de maneira gradual às crianças e a seus familiares. No modelo cognitivo-comportamental (independentemente da faixa etária do paciente), busca-se educar quanto ao transtorno e quanto ao modelo de tratamento da psicoterapia cognitiva, mostrando, principalmente, a ligação entre as maneiras de pensar, sentir e fazer.

A psicoeducação também se concentra na questão diagnóstica. Livros criados especificamente para a psicoeducação com o público infantil apresentam uma linguagem clara, didática e específica para essa etapa, ensinando-as a identificar seus principais sintomas e a enfrentá-los no cotidiano.

Caso clínico

M. é um menino de 5 anos de idade que apresenta comportamento desafiador opositivo. Não cumpre combinações nem limites estabelecidos pelos pais, tampouco pela professora.

Durante o monitoramento das suas emoções, M. escolheu o menino com o rosto irritado várias vezes na semana, em horários que envolviam estar na escola ou em casa.

No processo psicoeducativo, o terapeuta mostrou a M. que, todas as vezes que tinha esse sentimento, tendia apresentar comportamentos agressivos, brigando, batendo ou gritando. Explicou que ele não *era* briguento, mas que *estava* briguento em razão da ativação de seu sentimento de irritação, e que seus comportamentos acabavam sendo agressivos e inadequados quando ficava irritado.

O terapeuta explicou também que o sentimento de irritação era sustentado pelos pensamentos de M. de que as pessoas estavam zombando dele, de que ele não era um menino legal.

O profissional esclareceu toda a lógica do comportamento de M., educando-o quanto ao seu funcionamento esquemático e quanto às consequências diretas e indiretas, nas pessoas, de seus comportamentos agressivos.

Explicou também que os comportamentos agressivos ocorreriam a partir de pensamentos que não necessariamente tinham total razão, e que o sentimento de irritação é experimentado por todas as pessoas; que muitas são as razões pelas quais uma pessoa pode ficar irritada, mas que as manifestações da irritação podem se dar por falas ou comportamentos que não agridam nem assustem os outros.

M. também foi psicoeducado quanto às possibilidades de a terapia lhe ensinar maneiras de controlar as emoções e interpretar adequadamente os fatos ocorridos.

Treinamento de pais

O treinamento de pais consiste, resumidamente, em um trabalho voltado aos familiares da criança que apresenta problemas de comportamento.

Desde a década de 1960, quando Williams publicou suas intervenções junto a pais de bebês e crianças pequenas, comprovando a eficácia de apenas 10 sessões para diminuição significativa de um comportamento problemático, mais atenção vem sendo dada a essa prática. Visto por alguns como uma técnica e por outros como uma intervenção que, por si só, pode trazer excelentes resultados, o treinamento de pais tem ganhado espaço na clínica, nas pesquisas e na mídia, com ênfase crescente, sobretudo, no que diz respeito ao tratamento dos transtornos disruptivos.

Propostas de protocolos voltados para os pais têm sido alvo de pesquisas, tendo por objetivo psicoeducá-los, treiná-los para identificar comportamentos desadaptativos e corrigi-los e também identificar e reforçar os comportamentos desejáveis.

O treinamento de pais pode ser, então, uma técnica que se encaixa em um programa de tratamento com a criança ou, por si só, uma intervenção junto aos pais, sem que necessariamente inclua a criança.

Na modalidade de grupo, isso significa multiplicar uma aprendizagem, por vezes bastante deficitária, na tarefa de educadores/cuidadores que esses pais devem ter junto a seus filhos. Ressalta-se, porém, a necessidade de agrupar pais de crianças ou adolescentes da mesma faixa etária ou com os mesmos problemas ou transtornos específicos.

Quando o foco é individual, vale considerar que, muitas vezes, pode ser interessante para os resultados clínicos que avós e babás participem do programa.

Uma das grandes vantagens do treinamento de pais é que a intervenção possibilita que eles revejam suas próprias condutas; modificando-as, torna-se possível uma relação mais saudável com toda a família, já que o efeito é estendido a irmãos e familiares.

Caso clínico

Um grupo de mães de pré-adolescentes com idades entre 11 e 13 anos, todos com diagnóstico de transtorno de déficit de atenção e hiperatividade (TDAH), fez parte de um trabalho de treinamento de pais com 12 sessões de 1 h 30 min de duração cada.

As mães pertenciam a um grupo religioso que pregava valores familiares e espirituais. No entanto, usavam de muita punição física e tinham grande dificuldade de atribuir características positivas a seus filhos. Como elas mesmas ressaltaram, era fácil lembrar o que eles faziam de errado, mas difícil ressaltar seus comportamentos saudáveis. Em outras palavras, eram mães que tinham grande dificuldade para salientar e reforçar os comportamentos adaptativos dos filhos. Assim, o treinamento de pais concentrou-se em conceitos como reforço, comportamentos assertivos, extinção de punição física e construção de punições adequadas à idade e aos comportamentos desses pré-adolescentes.

Orientação para solução de problemas

Proposta por D'Zurilla e Goldfried[14], a solução de problemas surge como abordagem específica no tratamento clínico com enfoque cognitivo. Segundo Braswell e Kendall[15], independentemente das estratégias específicas a serem treinadas, a solução de problemas caracteriza a orientação geral do terapeuta que trabalha com crianças não somente diante da queixa apresentada, mas também para lidar com uma série de dilemas que podem surgir no decorrer do tratamento.

A intervenção torna-se rica quando pode contar com um grupo familiar em vez de um único indivíduo, já que a interação de mais membros da família pode despertar soluções alternativas e criativas para o problema.

É importante lembrar que a técnica, quando utilizada com crianças, deve ser incrementada com figuras, painéis, recortes, desenhos etc. Pode-se propor desenhar, em cartolina, uma estrada da qual surgem vários caminhos. Em cada caminho, descreve-se a alternativa sugerida pela criança para o problema, podendo-se também escrever as vantagens e desvantagens daquele caminho. Ou, como sugere Stallard[12], pode-se trabalhar com o sistema de semáforos, em que o vermelho simboliza parar, o amarelo equivale a planejar e pensar sobre o que fazer, e o verde, a prosseguir.

No desfecho, ao se trabalhar prazos ou metas com as crianças, deve-se considerar a noção temporal que elas conseguem alcançar. De toda maneira, é adequado trabalhar com dias que somem, no máximo, 1 semana, para que a criança não se atrapalhe.

Treinamento de relaxamento e respiração

O relaxamento, técnica comumente utilizada em situações de ansiedade, requer um treinamento diferenciado quando adaptado à infância. Alguns autores sugerem trabalhar com poucos grupos musculares, tornando as sessões de relaxamento mais breves para esses pacientes.

A utilização de balões, além de ter um componente lúdico, auxilia no controle da respiração, podendo ser ainda uma aliada na prática do relaxamento. O balão pode também servir como exemplo do diafragma sendo cheio e depois esvaziado.

Dessensibilização sistemática

Utilizada principalmente em situações ansiogênicas, a técnica da dessensibilização sistemática requer o conhecimento de todos os aspectos do medo da criança. Diante disso, o trabalho do terapeuta é dividir os principais componentes do medo para então hierarquizá-los e classificá-los seguindo uma pontuação estabelecida junto ao paciente. Sugere-se trabalhar com pontuações de 1 a 5 ou 1 a 10 nas escalas de classificação dos medos. Criam-se, então, repertórios com valências positivas, fazendo o pareamento desses estímulos. Novamente, a criança é estimulada a desenhar, ilustrando fichas tanto dos estímulos negativos quanto dos positivos. Caso exista resistência a desenhar, utiliza-se o *role playing,* interpretando as situações de modo a revivê-las.

Caso clínico

A., 6 anos de idade, tinha medo de dormir sozinha. Todas as noites, quando seus pais iniciavam a rotina para dormir, ela já começava a chorar e propunha dormir na cama dos pais. Estes, muitas vezes cansados de uma rotina plena de trabalho, cediam aos pedidos dela, permitindo que a menina adormecesse em seu quarto. No momento, o casal espera um bebê e está muito assustado com a ideia de que A. ainda não aprendeu a dormir sozinha em seu quarto.

No mais, A. é uma menina bastante saudável, alegre e comunicativa.

No trabalho de dessenssibilização sistemática, A. pontuou seus medos de 1 a 5, fazendo a seguinte lista: medo de ficar sozinha no quarto: 4; medo de ficar sozinha no escuro: 5; medo de monstro: 5; medo de ladrão: 4.

Depois, A. criou um repertório com valências positivas e pensamentos que acalmam, sendo: presença dos pais: 5; ursinho de pelúcia na cama: 3; e histórias engraçadas: 4.

O terapeuta pediu então que A. desenhasse todas esses medos, elaborando cartões de enfrentamento que ele poderia carregar sempre junto de si. O trabalho terapêutico iniciou-se pela abordagem do medo de ladrão, escolhida em acordo entre A. e seu terapeuta. Assim, cada vez que o medo de ladrão fosse acionado, a paciente era convidada a buscar um dos cartões e seguir o combinado conforme o desenho, tentando sentir-se mais segura e buscando dominar o medo.

Além disso, de modo complementar, acionava pensamentos "calmantes", e utilizava-se de respiração diafragmática e relaxamento muscular progressivo.

Treinamento de habilidades sociais

Assim como a psicoeducação, o treinamento de habilidades sociais requer um papel de instrutor do terapeuta. Basicamente, segundo Caballo[16], esse treinamento concentra-se na aprendizagem de um novo repertório de respostas, composto principalmente a partir da modelação, do ensaio comportamental e do reforçamento. O terapeuta trabalha com o paciente no sentido de ensiná-lo a ser assertivo, utilizando componentes que vão desde o olhar, passando pela expressão facial, pelo tom da voz e pela postura do corpo até o tipo de conteúdo que pode empregar na comunicação de ideias. Isso tem o objetivo ajudar o paciente a encontrar uma maneira socialmente habilidosa de se expressar diante de uma situação ansiogênica.

O treinamento ocorre à medida que a habilidade é ensinada, inicialmente por meio dos materiais de psicoeducação e depois com *role playing*, *feedback* e aprimoramento da habilidade a ser adquirida pela criança.

Caso clínico

J., 10 anos, chegou ao consultório por indicação da escola. Conforme a orientadora educacional e sua professora, J. é muito tímida, retraída e tem dificuldade para comunicar-se com os colegas e professores. Fala muito baixo e seu corpo se retrai quando está interagindo com as pessoas. Ela se curva, olha para baixo, se expressa de modo pouco assertivo e, na maior parte das vezes, não é compreendida.

Com a família, J. se comunica bem, segundo relato dos pais e irmãos mais velhos. Contudo, nas situações em que deveria se posicionar, normalmente chora muito, ficando por vezes calada e outras vezes agressiva, chegando a gritar com os pais.

Casos como o de J. se beneficiam muito do treinamento de habilidades sociais. Nesse trabalho, o terapeuta utiliza-se da modelação, apresenta vídeos nos quais pessoas ou personagens conversam e pede que a criança observe a postura, o olhar e a maneira de falar dessas pessoas. Com crianças menores, é interessante utilizar trechos de desenhos, histórias em quadrinhos já prontas ou criadas junto com o terapeuta, mostrando eficácia de comunicação. Vale escolher trechos nos quais os personagens se beneficiam do modo como estão se comunicando, por exemplo, pedindo para brincar junto, comprando um sorvete ou, ainda, compartilhando um brinquedo no parque, dizendo não e dando limites às pessoas que não o respeitem.

Dessa maneira, as crianças percebem o reforço diante do comportamento desejado. Além de vídeos, o terapeuta propõe o *role playing*, invertendo papéis, e aproveita a família para intensificar a modelação. Exercita postura corporal, olho no olho e expressão facial e verbal.

Economia de fichas

Para alcançar comportamentos desejados, a intervenção por economia de fichas reforça, por meio da premiação, atitudes adequadas das crianças. Quando os comportamentos são os esperados, a criança recebe as fichas (dadas na terapia), e, quando o comportamento é inadequado, as fichas são retidas. Essa combinação é feita conforme uma lista de comportamentos aceitos e não aceitos, definida pela família.

As crianças precisam de estímulos, pois, muitas vezes, só a motivação intrínseca não funciona.

No início, é necessário o estímulo externo da família, até o momento em que a criança percebe que tem benefícios ao cumprir as tarefas e ao se sentir capaz de executar o comportamento adaptativo que causa orgulho nela e na família.[17]

Esse paciente definirá, em terapia com os pais, a sua recompensa por juntar as fichas (ter os comportamentos esperados). Com determinado número de fichas, poderá escolher um presente mais elaborado pela família, com o consentimento dela, pois é importante que a criança se sinta recompensada por ter escolhido agir de maneira diferente e mais aceita pelos pais.

As técnicas aqui sugeridas são apenas um esboço do que é mais citado e utilizado por autores que trabalham com crianças. Quase todas as técnicas cognitivas utilizadas com adultos podem ser adaptadas para crianças. O campo da psicoterapia infantil é um fértil terreno para quem tem criatividade e bom senso na aplicação.

Confiabilidade do tratamento em TCC

A psicoterapia cognitivo-comportamental apresenta, em estudos controlados, alto nível de eficácia para diversos transtornos, como depressão unipolar, transtorno do pânico com e sem agorafobia e transtorno de estresse pós-traumático (TEPT). Tais resultados são aplicados tanto no trabalho com adultos como no trabalho com crianças.

Em casos específicos de estudos não controlados, alguns trabalhos também citam o benefício da psicoterapia cognitiva, por exemplo, no tratamento da esquizofrenia e, ainda, da bulimia nervosa.[18]

No caso específico do transtorno obsessivo-compulsivo (TOC), a psicoterapia cognitiva mostrou-se tão eficaz quanto o uso de inibidores seletivos de recaptação de serotonina (ISRS), com menores taxas de recaídas passados 6 meses após o tratamento.

Em uso combinado de psicoterapia cognitiva e ISRS, encontraram-se resultados decorrentes do efeito sinergístico ocasionado pela combinação de fármaco e psicoterapia.[19-21]

Demais estudos demonstram o quanto a TCC na infância é benéfica pela possibilidade de intervenção precoce, uma vez que é nesse período que têm início os sintomas que podem evoluir para algum transtorno. Uma criança extremamente tímida, por exemplo, poderá, mais tarde, manifestar fobia social. Portanto, o cuidado em diferenciar os sintomas do transtorno é fundamental porque, em geral, a fobia social começa na infância. Dessa maneira, a terapia é um consenso geral na literatura e ganha cada vez mais espaço para os aspectos relevantes nessa fase da vida.[22]

É importante que, para a definição do diagnóstico, as crianças tenham seus quadros clínicos bem descritos, com avaliação cuidadosa e sistematizada de todos os sintomas, e que a frequência e o grau de comprometimento de cada sintoma sejam verificados. Para isso, podem ser utilizados instrumentos de apoio ao diagnóstico.[23]

Um dos principais pontos quanto à avaliação dos transtornos do humor em crianças é a dificuldade dos terapeutas em diagnosticar o transtorno bipolar do humor (TBH) na infância.

Da mesma maneira que nos adultos, a presença de comorbidades é muito comum na população de crianças bipolares, o que dificulta seu diagnóstico. A prevalência estimada de comorbidade do TBH com transtornos psiquiátricos é de 49 a 87% com TDAH, 8 a 39% com abuso de substâncias, 44% com TOC, 19 a 26% com transtorno do pânico, 19% com transtorno de ansiedade generalizada, 40% com fobia social, 75% com transtorno desafiante de oposição e 12 a 41% com transtorno de conduta.[23]

As taxas de comorbidade variam de acordo com a idade, ou seja, crianças com TBH apresentam mais comorbidade com o TDAH que adolescentes, os quais, por sua vez, apresentam mais comorbidade com abuso de substâncias.[24]

Evidência de eficácia

Para demostrar a eficácia da TCC, pode-se falar do tratamento desenvolvido por Pavuluri et al.[25], chamado terapia cognitivo-comportamental focada na família e na criança (TCC-FFC). Esse tratamento exemplifica o quanto é benéfico o uso das técnicas desenvolvidas em um programa que envolva sessões entre pais e filhos para crianças de 8 a 12 anos com TBH que inclui os componentes psicoeducação, comunicação e solução de problemas. Trata-se de um protocolo com base na TCC que, por meio da "estratégia RAINBOW"*, mostra evidências de que pacientes

---

* *Sigla em inglês ("arco-íris") cujas letras significam: R = importância da rotina, incluindo higiene do sono (Routine); A = regulação do afeto/controle da raiva (Anger); I = autoinstruções positivas do tipo "eu posso fazer isso" (I can do it); N = nenhum pensamento negativo (No negative thoughts); B = seja bom e amigável (Be a god friend); O = Oh, como "nós" podemos resolver isso? (Oh, how can "we" solve it?); W = maneiras de pedir e obter ajuda (Ways to ask and get support).

que tiveram essa intervenção ficaram satisfeitos com a experiência. Além disso, evidências preliminares demonstraram redução nos sintomas de problemas de atenção, agressividade, mania, psicose, depressão e distúrbios do sono, e aumento do funcionamento global após a intervenção. A intervenção também resultou em aumento significativo no relatório de habilidades de enfrentamento dos pais para com seus filhos, diminuição do estresse dos pais, aumento do conhecimento e de autoeficácia destes para lidar com o transtorno, bem como diminuição dos sintomas de mania após o tratamento relatado pelos pais.[26] Apesar desses ganhos de incentivo inicial, os autores colocam que, a partir de sua experiência clínica, essas melhorias precisam ser sustentadas com tratamento de manutenção contínua. Assim, eles realizaram estudo de um modelo de manutenção do TCC-FFC compreendendo sessões de reforço das intervenções psicossociais e otimizando a farmacoterapia.[27]

Outro artigo importante, escrito por Hoagwood[28], mostra a aplicabilidade de protocolos de TCC em diferentes culturas. Segundo ele, a TCC tem grande aceitabilidade pelos terapeutas, assim como pelos familiares e pacientes que se submetem a esse modelo de tratamento. Por ter inúmeros protocolos e escalas traduzidas, ela não perde sua eficácia e é aplicada em diversas culturas, mostrando-se cada vez mais eficaz.

Considerações finais

No Brasil e no mundo, não há dúvida de que a terapia cognitiva de Beck representa uma mudança teórica, alterando os modos de tratamento de transtornos mentais. Quarenta anos após a publicação da teoria cognitiva da depressão, a terapia cognitiva tornou-se a abordagem com melhor validação científica.[29] É possível ter novas indicações da terapia cognitiva, pois estudos mostram o quanto o uso dessa abordagem tem sido importante para variadas condições médicas e psicológicas.

Ainda há muitos estudos e protocolos a serem utilizados na clínica infantil, mas a área se encaminha para um futuro promissor, no qual estarão disponíveis cada vez mais aplicabilidades e benefícios para crianças e familiares que buscam a terapia cognitiva e tornam essa abordagem possível.

Referências bibliográficas

1. Beck AT, Alford BA. O poder integrador da terapia cognitiva. Porto Alegre: Artmed; 2000.
2. Dobson KS, organizador. Manual de terapias cognitivo-comportamentais. 2. ed. Porto Alegre: Artmed; 2006.
3. Rangé B. Relação terapêutica. In: Rangé B, organizador. Psicoterapia comportamental e cognitiva de transtornos psiquiátricos. Campinas: Workshopsy,1995. p. 43-61.
4. Rangé B, Silvares EFM. Avaliação e formulação de casos clínicos adultos e infantis. In: Rangé B, organizador. Psicoterapias cognitivo-comportamentais: um diálogo com a psiquiatria. Porto Alegre: Artmed; 2001. p. 79-100.
5. Caminha RM, Caminha MG. A prática cognitiva na infância. São Paulo: Roca; 2007.
6. Caminha RM. Educar crianças: as bases de uma educação socioemocional – um guia para pais, educadores e terapeutas. Novo Hamburgo: Sinopsys; 2014.
7. Beck AT. The current state of cognitive therapy: a 40-year retrospective. Arch Gen Psychiatry. 2005;62(9): 953-9.
8. Beck JS. Terapia cognitiva: teoria e prática. Porto Alegre: Artmed; 1997.
9. Safran JD. Ampliando os limites da terapia cognitiva: o relacionamento terapêutico, a emoção e o processo de mudança. Porto Alegre: Artmed; 1995.
10. American Psychiatric Association. Manual Diagnóstico e Estatístico de Transtornos Mentais. DSM-IV-TR. 4. ed. rev. Porto Alegre: Artmed; 2000.
11. Reinecke MA, Dattilio FM, Freeman A. Aspectos gerais. In: Reinecke MA, Dattilio FM, Freeman A. Terapia cognitiva com crianças e adolescentes: manual para a prática clínica. Porto Alegre: Artmed; 1999. p. 91-104.
12. Stallard P. Bons pensamentos – bons sentimentos. In: Manual de terapia cognitivo-comportamental para crianças e adolescentes. Porto Alegre: Artmed; 2004. p. 163-79.
13. Caminha R, Caminha MG. O baralho das emoções: acessando a criança no trabalho clínico. Porto Alegre: Sinopsys; 2009.
14. D'Zurilla TJ, Goldfried MR. Problem-solving and behavior modification. J Abnorm Psychol. 1971;78(1): 107-26.
15. Braswell L, Kendall PC. Terapia cognitivo-comportamental para jovens. In: Dobson KS, organizador. Manual de terapias cognitivo-comportamentais. 2. ed. Porto Alegre: Artmed; 2006. p. 195-228.
16. Caballo VE. Treinamento em habilidades sociais. In: Caballo VE. Manual de técnicas de terapia e modificação do comportamento. São Paulo: Santos; 1996. p. 399-422.
17. Zambom LF, Oliveira MS, Wagner MF. A técnica da economia de fichas no transtorno de déficit de atenção e hiperatividade. Psicologia.com.pt [internet]. 10 out 2006. [Acesso em 8 jan 2016] Disponível em: http://www.psicologia.pt/artigos/textos/A0306.pdf.
18. Cordioli AV, Knapp P. A terapia cognitivo-comportamental no tratamento dos transtornos mentais. Rev Bras Psiquiatr. 2008;30(Supl 2):S51-3.
19. Asbahr FR. Transtornos ansiosos na infância e adolescência: aspectos clínicos e neurobiológicos. J Pediatr. 2004;80(2):S28-34.

20. Cordioli AV. Como atuam as psicoterapias. In: Cordioli AV, organizador. Psicoterapias: abordagens atuais. Porto Alegre: Artmed; 1998. p. 42-57.
21. Rosário-Campos MC. Peculiaridades do transtorno-obsessivo compulsivo na infância e na adolescência. Rev Bras Psiquiatr. 2001;23(Supl 2):24-6.
22. Ito LM, Roso MC, Tiwari S, Kendall PC, Asbahr FR. Terapia cognitivo-comportamental da fobia social. Rev Bras Psiquiatr. 2008;30(Supl 2):S96-101.
23. Fu-I L. Epidemiologia e fatores clínicos dos transtornos afetivos na infância e adolescência. In: Assumpção Jr B, organizador. Transtornos afetivos da infância e adolescência. São Paulo: Lemos; 1996. p. 12-34.
24. Rohde LA, Tramontina S. O tratamento farmacológico do transtorno bipolar na infância e adolescência. Rev Psiq Clin. 2005;32(Supl 1):117-27.
25. Pavuluri M, Naylor M, Janicak P. Recognition and treatment of pediatric bipolar disorder. Contemp Psychiatry. 2002;1(1):1-10.
26. Pavuluri MN, Graczyk PA, Henry DB, Carbray JA, Heidenreich J, Miklovitz DJ. Child- and family-focused cognitive-behavioral therapy for pediatric bipolar disorder: development and preliminary results. J Am Acad Child Adolesc Psychiatry. 2004;43(5):528-37.
27. West A, Henry DB, Pavuluri MN. Maintenance model of integrated psychosocial treatment in pediatric bipolar disorder: a pilot feasibility study. J Am Acad Child Adolesc Psychiatry. 2007;46(2):205-12.
28. Hoagwood KE, Kelleher K, Murray LK, Jensen PS; Integrated Services Program Task Force. Implementation of evidence-based practices for children in four countries: a project of the World Psychiatric Association. Rev Bras Psiquiatr. 2006;28(1):59-66.
29. Knapp P, Beck AT. Cognitive therapy: foundations, conceptual models, applications and research. Rev Bras Psiquiatr. 2008;30(Suppl 2):S54-64.

Bibliografia

Fu-I L. Transtorno afetivo bipolar na infância e na adolescência. Rev Bras Psiquiatr. 2004;26(Supl III):22-6.

85 Terapia Cognitiva para Casais

Ana Maria Martins Serra

Introdução

Dificuldades conjugais constituem problemas que podem variar em gravidade e, se extremas, podem ter efeitos devastadores sobre a qualidade do ambiente familiar, a qualidade de vida dos membros da família e, nos casais com filhos, o desenvolvimento de crianças e adolescentes. Casais em crise representam, portanto, uma fonte de grande preocupação para profissionais de saúde e uma área de difícil abordagem, dada a validade insatisfatória dos modelos tradicionais de tratamento. Estes, sobretudo em decorrência de sua habitual longa duração, frequentemente não atendem ao caráter emergencial das crises domésticas.[1] Nesse contexto, a terapia cognitiva, de tempo curto e limitado, representa um recurso valioso e inovador que pode ampliar a eficácia dos programas de tratamento.[2]

Várias abordagens psicoterápicas propõem a cognição como um construto mediador entre o real e as respostas emocionais e comportamentais dos indivíduos. A aplicação de princípios cognitivos à psicoterapia com casais em dificuldades teve início na década de 1960, quando Albert Ellis[3] apontou o papel dos processos cognitivos nas dificuldades conjugais, enfatizando crenças e expectativas não realistas como origens de emoções e comportamentos disfuncionais. A denominação "terapia cognitiva", no entanto, é habitualmente empregada em referência à abordagem desenvolvida por Aaron Beck et al.[2]

Este capítulo priorizará o modelo conceitual e clínico da terapia cognitiva aplicado ao tratamento de casais e focalizará técnicas e estratégias de intervenção que adotam o modelo cognitivo como enquadre teórico e clínico.

Terapia cognitiva e abordagem sistêmica

Terapeutas sistêmicos destacam a utilidade de abordar a família como um sistema, defendendo uma causalidade circular para os problemas conjugais, em oposição ao uso de princípios de aprendizagem social pela terapia comportamental, modelos que os sistêmicos consideraram lineares demais para explicar a complexidade das interações familiares. Contudo, as diferentes teorias reconhecem o importante papel de uma multiplicidade de fatores intra e interpessoais, além de sociais e culturais, que atuam nas famílias e sobre as famílias.

A teoria sistêmica aplicada às dificuldades conjugais e familiares pode ser considerada um enquadre segundo o qual casais e famílias são observados e abordados como um sistema, que é mais que a simples soma de seus componentes. Por sua vez, o modelo cognitivo de personalidade e de instalação e manutenção das psicopatologias e dificuldades relacionais reflete prioritariamente um modelo de funcionamento humano. A combinação de ambas as teorias – o enquadre sistêmico e o modelo cognitivo de funcionamento humano – reflete uma parceria de sucesso na abordagem das dificuldades de casais e famílias. Esse é o modelo que, aplicado às dificuldades conjugais, orienta a elaboração deste capítulo.

Terapia cognitiva

A terapia cognitiva se fundamenta em uma ampla teoria de personalidade que enfatiza as cognições como origem dos transtornos emocionais e comportamentais.[2] O modelo adota uma teoria de processamento de informação que propõe a primazia das cognições sobre as emoções e os comportamentos, hipótese segundo a qual a qualidade e a intensidade das emoções e a forma dos comportamentos são resultantes da maneira como o indivíduo processa o real. Nesse sentido, a depressão e a ansiedade são conceituadas como transtornos cognitivos, e não como transtornos emocionais. Do mesmo modo, dificuldades comportamentais seriam originárias de formas disfuncionais de processamento do real.

Refletindo sua natureza essencialmente construtivista, o modelo da terapia cognitiva propõe que, ao processarem o real, os indivíduos, na realidade, constroem seu próprio real.[4] Em decorrência de experiências relevantes de vida e de exposição a padrões disfuncionais de processamento de informação exibidos por outros significativos – por exemplo, os pais –, portadores de transtornos emocionais e comportamentais seriam aqueles que perderam o que se convencionou chamar de "flexibilidade cognitiva", ou seja a capacidade de processar situações com realismo e explorar automaticamente formas alternativas de representação do real, a fim de modular emoções e comportamentos.[5-7] Além disso, portadores de dificuldades, incluindo dificuldades relacionais, adquiririam, por meio de suas experiências de vida, a chamada "vulnerabilidade cognitiva", segundo a qual habitualmente cometem erros básicos de processamento de informação que, em conjunto, explicariam a instalação e a manutenção de seus transtornos.[2,6,8]

Fundamentais ainda para o modelo são construtos conhecidos como esquemas cognitivos, crenças e pensamentos automáticos.[2,8] *Esquemas* são superestruturas cognitivas que operam no nível inconsciente ou da memória implícita e permitem ao indivíduo organizar os elementos de processamento sensorial. *Crenças* refletem a representação verbal do significado geral do esquema e a forma segundo a qual cada esquema opera. *Pensamentos automáticos* referem-se a inúmeros fluxos paralelos de processamento automático, pré-consciente, cujos conteúdos refletem a nossa representação do real ou o significado que inconscientemente atribuímos ao real por intermédio do processamento esquemático.

Da perspectiva aplicada, no estágio inicial do processo clínico – estágio de intervenção funcional –, o psicoterapeuta intervém nos pensamentos automáticos, buscando restaurar a flexibilidade cognitiva, que possibilitará a modulação de emoções e comportamentos.[6,8] Subsequentemente, predomina a intervenção estrutural ou reestruturação cognitiva – a substituição do sistema disfuncional de esquemas e crenças do indivíduo por um sistema mais funcional. E, aliada à restauração da flexibilidade cognitiva e à reestruturação cognitiva, utiliza-se a denominada "abordagem de resolução de problemas", por meio da qual se procura desenvolver no indivíduo habilidades para solucionar seus problemas com eficiência, visto que portadores de transtornos afetivos e dificuldades comportamentais apresentam um déficit de tais habilidades.[9] A combinação dessas estratégias principais resume o objetivo central do processo terapêutico em terapia cognitiva e orienta sua utilização com casais e famílias.

Terapia cognitiva aplicada a casais

O modelo cognitivo, inicialmente proposto por Beck para a depressão, foi mais tarde adaptado para o tratamento da ansiedade e de outros problemas psiquiátricos, originando o modelo cognitivo aplicado à terapia conjugal. A terapia cognitiva reflete um modelo estruturado e limitado no tempo, aplicável individualmente e em grupo, e, portanto, particularmente adequado para a abordagem clínica de casais e famílias.

O processo clínico da terapia cognitiva com casais baseia-se em uma formulação de seus problemas segundo o modelo cognitivo de instalação e manutenção das psicopatologias. Enfatiza as dificuldades de processamento cognitivo dos membros do casal ou da família, suas estruturas cognitivas disfuncionais, suas dificuldades objetivas, como déficits em habilidades de resolução de problemas, e fatores precipitantes e protetores, além de levantar hipóteses, segundo o modelo cognitivo, sobre eventos-chave do desenvolvimento de cada integrante do casal ou da família, que explicariam as dificuldades observadas.

O processo clínico é orientado com base nas áreas de problemas identificadas e nas metas terapêuticas definidas pelos pacientes em conjunto com o terapeuta. O processo tem caráter didático e objetiva tornar o casal autônomo para a aplicação, independentemente das habilidades adquiridas, no menor prazo possível. Além disso, utiliza uma variedade de técnicas para mudar cognições e normalizar humor e comportamento. Embora o questionamento socrático, a flexibilidade cognitiva, a reestruturação cognitiva e o desenvolvimento de habilidades de resolução de problemas sejam centrais para o modelo, técnicas de outras orientações teórico-clínicas também são utilizadas, conforme sejam apropriadas aos objetivos terapêuticos.

Segundo a terapia cognitiva, o que determina o que as pessoas sentem não é uma situação, mas o modo como elas interpretam tal situação, o que, por sua vez, é resultado de seu sistema de esquemas cognitivos. Considere-se a seguinte situação: um cônjuge falha em chegar do trabalho no horário combinado. Aquele que aguarda pode representar essa situação de diferentes formas, o que implicará diferentes respostas emocionais e comportamentais, conforme esquematizado na Tabela 85.1.

Tabela 85.1 Princípio cognitivo básico.

Cognição	Emoção	Comportamento
"Ele não se importa comigo."	Tristeza	Cala-se
"O que será que aconteceu?"	Ansiedade	Olha frequentemente o relógio
"Como ele se atreve a me fazer esperar?! Ele que me aguarde!"	Raiva	Aborda o cônjuge agressivamente
"Deve ter tido algum problema."	Emoção inalterada	Comportamento inalterado

Fonte: Serra.[6,7]

O indivíduo que pensa "ele não se importa comigo" poderia ter a crença "as pessoas não gostam de mim", ou o que se refere como um esquema de não estima ou não amabilidade. Todavia, quem pensa "o que será que aconteceu?" ou "como se atreve a me fazer esperar?!" poderia ter uma crença de que coisas ruins podem ocorrer (um acidente ou a afronta do outro) e que eles não têm os recursos para evitar ou contornar essas ocorrências, ou o que se refere como um esquema de vulnerabilidade. O último exemplo, por sua vez, reflete flexibilidade cognitiva e, até prova em contrário, uma forma mais realista de processar informação. As crenças disfuncionais podem ser ativadas somente em determinadas situações ou na maior parte do tempo. Quando ativadas, fazem o indivíduo interpretar as situações segundo essas crenças, embora tais interpretações possam ser flagrantemente falsas.

Em terapia cognitiva, é necessária a construção cuidadosa e precisa do que se denomina conceituação cognitiva – hipóteses desenvolvidas pelo terapeuta a respeito do sistema de esquemas e crenças disfuncionais dos integrantes do casal que os levam a interpretar o real de maneira rígida, exageradamente negativa e não realista.[2,10] A conceituação cognitiva, aliada à definição de áreas de problemas e metas terapêuticas, fundamenta a formulação de uma estratégia de tratamento que orientará a intervenção.

Questões intra e interindividuais

Ao abordar casais e famílias em psicoterapia, têm-se como alvo de intervenção questões intra e interindividuais. A intervenção cognitiva se concentra nesses dois conjuntos de questões, enfatizando a inter-relação entre eles. O sucesso da intervenção depende prioritariamente da abordagem estratégica da inter-relação entre as questões intra e interindividuais. O terapeuta, no início, atua sobre cada membro do casal, concentrando a intervenção em suas dificuldades intraindividuais, em especial a estrutura esquemática e o déficit de habilidades para a resolução dos problemas apresentados por cada um. Em um segundo momento, quando os cônjuges tiverem progredido individualmente em direção a uma funcionalidade maior, o terapeuta concentrará a intervenção nas dificuldades interindividuais ou do casal.

A seguir, serão abordadas as dimensões do relacionamento conjugal que envolvem questões intra e interindividuais, cuja avaliação indicará ao terapeuta a natureza e o grau das dificuldades do casal, visando à elaboração de um plano de intervenção.

Questões intraindividuais

Conteúdo cognitivo

Em relação ao conteúdo cognitivo, os membros de um casal que necessita de atenção psicoterápica frequentemente têm cognições disfuncionais associadas aos três vértices da denominada tríade cognitiva, os quais dizem respeito:[2]

- A si: "não tenho valor", "não sou capaz", "não mereço ser amado" etc.
- Ao mundo interpessoal: "outros não me amam", "não me compreendem", "olham-me como inferior", "exigem demais de mim"
- Ao futuro: "minhas dificuldades vão perdurar no futuro", "o futuro será ainda pior que o presente", "se tentar resolver problemas, causarei ainda mais problemas" etc.

Estruturas cognitivas

Em relação a estruturas cognitivas, casais em dificuldade tendem a ter:

- Esquemas de não estima: cujas crenças podem ser "eu não sou amado" ou "eu não reúno os requisitos para merecer ser amado"
- Esquemas de inadequação: cujas crenças podem ser "não sou atraente ou bonito", "sou inferior aos outros" ou "minha imagem social é negativa"

- Esquemas de incapacidade ou incompetência: cujas crenças podem ser "sou incapaz", por exemplo, como esposo (portanto, "minha esposa me abandonará"), ou como profissional (portanto, "não oferecerei à minha família o que esperam"), ou intelectualmente ("minha esposa é mais inteligente que eu"), ou como pais ("sou incompetente como mãe, meu marido e meus filhos não me respeitam")
- Esquemas de vulnerabilidade: cujas crenças refletem dois erros básicos de processamento: a superestimação de perigos e ameaças e a subestimação dos próprios recursos de enfrentamento, resultando na experiência de ansiedade ou de irritação e raiva.

Processamento de informação

Integrantes de casais disfuncionais costumam ter padrões distorcidos de processamento de informação e tendem a cometer erros cognitivos que ocasionam ou agravam suas dificuldades. Rotular distorções recorrentes facilita sua identificação e, portanto, seu desafio. Os erros cognitivos típicos podem ser rotulados segundo determinadas classificações, entre as quais se destacam:

- Catastrofização: baseia-se na crença de que "o pior vai acontecer e não tenho recursos para evitar", ou "o casamento está acabado e não há nada que eu possa fazer a respeito", o que pode ocasionar ansiedade, depressão e desmotivação para a ação
- Descontando o positivo: por exemplo, "ele cuida bem de nossos negócios, e daí? Não faz mais que a obrigação"
- Supergeneralização: caracteriza-se pela tendência a usar termos como todos/ninguém, nunca/sempre, tudo/nada. Por exemplo: "ninguém me compreende", "tudo está perdido"
- Pensamento dicotômico, extremista, do tipo "tudo ou nada": por exemplo, "se não consigo ter o casamento dos meus sonhos, então não vale a pena mantê-lo"
- Abstração seletiva: caracteriza-se pela abstração de evidências que confirmam a hipótese inicial, ao mesmo tempo que se descartam evidências contrárias; por exemplo, "você só me traz problemas"
- Tirar conclusões precipitadas ou insuficientemente fundamentadas: por exemplo, "outro atraso: não quer me ver", "não chegou a tempo na festa do filho: não ama a família"
- Leitura mental: atribuir pensamentos ou intenções a outro; por exemplo, "sei que está pensando em se separar de mim", "fala como se eu nunca fizesse nada por ela"
- Julgamentos globais: por exemplo, "outro conflito, o casamento está acabado"
- Personalização: acreditar que eventos, sinais e falas neutros se referem a si; por exemplo, "estão conversando em voz baixa; já sei, estão falando de mim", "ele se atrasa somente quando eu o estou esperando".

Quadros de sintomas

Observamos com frequência que membros de casais em dificuldades apresentam sintomas de transtornos afetivos, como depressão, transtorno de ansiedade, dependência química, ideação ou comportamentos suicidas, transtornos de personalidade, entre outros, como causa ou consequência das dificuldades conjugais.[2,5,7,11-13] Esses quadros requerem tratamento individual a fim de que as dificuldades do casal possam ser tratadas com sucesso posteriormente.

Questões interindividuais

Há várias dimensões do relacionamento conjugal – as questões interindividuais – nas quais os casais podem apresentar problemas. Na fase de avaliação, sugere-se que o terapeuta se baseie nos critérios a seguir, que se mostram indicativos seguros para explorar a qualidade geral do relacionamento conjugal e poder estabelecer a real necessidade de atenção profissional. Conforme será visto adiante neste capítulo, essas dimensões orientam a avaliação do casal, sugerindo aspectos que potencialmente requererão intervenção terapêutica.

Padrões de solução de conflitos

Conflitos nas interações humanas são esperados. O que diferencia casais funcionais de casais disfuncionais é o nível de habilidades para a resolução de seus conflitos. Casais em dificuldade frequentemente apresentam padrões de resolução de conflitos disfuncionais ou incompatíveis: um ou ambos são fechados, ou se exasperam com facilidade, ou um agride e o outro se cala de modo submisso etc. Caso se identifiquem padrões disfuncionais, uma das áreas de intervenção terapêutica será desenvolver nos parceiros habilidades para a resolução funcional dos conflitos. Em paralelo, a terapia atuará sobre as cognições e os esquemas disfuncionais, a fim de restaurar a chamada "flexibilidade cognitiva", que possibilitará ao casal a modulação de emoções e comportamentos, o que, por sua vez, contribuirá para a resolução funcional dos conflitos.

Expectativas realistas

São as expectativas que cada cônjuge tem do outro em termos de aportes de atenção, carinho ou dedicação, ou ainda em relação ao próprio relacionamento, à família ou às famílias de origem etc. Muitas vezes, a origem do conflito remete a expectativas não realistas que um cônjuge possa ter do outro, as quais serão desafiadas pelo terapeuta cognitivo, objetivando adequá-las à realidade e à real capacidade de cada cônjuge.

Identidade de interesses e companheirismo

Diz respeito ao grau no qual os parceiros têm interesses em comum, quanto apreciam atividades de lazer e cultura compatíveis, quanto apreciam e se sentem relaxados na companhia um do outro, em atividades estruturadas ou não estruturadas ou mesmo nos momentos de descanso, em que, embora próximos fisicamente, podem estar envolvidos individualmente em diferentes atividades, como estudar, ler, assistir à televisão etc. Os integrantes do casal podem, por exemplo, não apreciar atividades sociais, culturais ou de lazer semelhantes ou compatíveis, ou não se sentir confortáveis na presença um do outro, ou continuamente necessitar de outras pessoas ao seu redor, ou, tendo diferentes atividades de lazer, desfrutar de pouco tempo juntos etc. Essa dimensão do relacionamento tem grande importância para os esforços terapêuticos, dela dependendo a normalização de um relacionamento conjugal satisfatório.

Comunicação eficiente

Considera o grau em que o casal apresenta habilidades e conforto para comunicar desejos, expectativas e preferências, o grau em que os parceiros se comunicam com eficiência, sensibilidade e empatia e em que têm motivação para a conversação comum. Déficits e constrangimento em comunicar desejos, expectativas e preferências são comuns em casais em dificuldades. Podem lhes faltar habilidades e/ou motivação para conversas rotineiras, o que tende a provocar o distanciamento e a desmotivação para o relacionamento. Eles podem, ainda, se comunicar de modo disfuncional, com agressividade, ironia, descaso etc.

Comunicação afetivo-sexual

Refere-se ao grau em que os membros de um casal sentem-se confortáveis para esperar ou oferecer carinho verbal e físico ou ao grau de satisfação com a qualidade e a frequência da atividade sexual, ou ainda o conforto com que comunicam expectativas, desejos e preferências. A dimensão afetivo-sexual representa uma dimensão definidora do relacionamento conjugal, cuja natureza o diferencia das demais relações afetivas que os membros do casal podem ter, por exemplo, com filhos, família de origem ou amigos próximos, representando, portanto, uma importante área de intervenção para o terapeuta cognitivo.

Planos futuros em comum

Referem-se ao grau em que os cônjuges têm planos futuros semelhantes, compatíveis ou complementares, fator necessário para garantir a estabilidade do relacionamento. Relacionamentos conjugais podem se tornar instáveis, com prejuízos graves à possibilidade de continuidade e permanência, quando os cônjuges têm planos futuros incompatíveis de médio e longo prazo; por exemplo, um está engajado e planeja crescer dentro da empresa de um ex-professor, enquanto o outro é aceito para um programa de estudos no exterior.

Modelo cognitivo de intervenção com casais

A partir de 1980, clínicos que já estavam envolvidos com a terapia cognitiva aplicada individualmente começaram a aplicar os princípios, técnicas e estratégias cognitivos, derivados do modelo da terapia cognitiva individual, a casais em dificuldades. Os aspectos principais do modelo aplicado são apresentados a seguir.[2,6,8,14]

Relação entre pensamentos automáticos, emoções e comportamentos

Inicialmente, recomenda-se a socialização do casal no modelo cognitivo, a fim de que reconheçam a associação entre o conteúdo de seus pensamentos automáticos pré-conscientes, a qualidade e a intensidade de suas emoções e a forma de seu comportamento. A expectativa é motivá-los para a flexibilidade cognitiva como um meio para modular emoções negativas (tristeza, raiva, medo, desmotivação) e comportamentos disfuncionais (conflitos, distanciamento, submissão ou agressão).

Identificar e desafiar pensamentos automáticos disfuncionais

Com o objetivo de modular emoções e comportamentos que conduzirão à realização de suas metas, os casais necessitam identificar seus pensamentos automáticos diante de problemas, dificuldades relacionais e conflitos. A identificação de pensamentos automáticos pré-conscientes pode ser obtida, por exemplo, por meio da reencenação mental da situação em que ocorreu o fluxo de pensamentos. Os padrões de processamento de informação, se disfuncionais, devem ser alvos de intervenção. O objetivo terapêutico é a restauração da flexibilidade cognitiva por meio do desafio socrático das cognições distorcidas e da geração de representações e interpretações mais realistas e racionais mediante a utilização de várias técnicas possíveis: teste de realidade (avaliar evidências pró e contra, testar previsões ou hipóteses negativas durante ou fora da sessão); criação de novas perspectivas (reenquadramento ou mesmo evento visto de outra perspectiva); busca de interpretações alternativas; reatribuição ou atribuição de eventos a possíveis causas alternativas; identificação de padrões duplos de avaliação, por exemplo, julgar-se rigorosamente, mas ser leniente com outros ou vice-versa; decatastrofização (explorar quão efetivamente negativa é a situação, explorar o que poderia acontecer de pior); desafio pragmático (prós e contras, vantagens e desvantagens, custo-benefício de determinada escolha ou comportamento); exploração de possíveis consequências da interpretação distorcida ou exageradamente negativa; *role playing*; e outras.[2,15]

Como visto anteriormente, sugere-se a rotulação de distorções recorrentes, os chamados "erros cognitivos típicos", o que pode facilitar a identificação de distorções e seu desafio.

Os parceiros podem também ser incentivados a acionar técnicas de distanciamento e deslocamento de atenção a fim de modular emoções e, consequentemente, comportamentos. Essas técnicas podem ser, entre outras, distração, relaxamento, fixação nos estímulos que incidem sobre os sentidos no aqui-agora e, assim, uma pausa em suas ruminações.

Imagens intrusivas também podem estar associadas a emoções fortes e comportamentos inadequados; nesse caso, também necessitariam ser abordadas. Imagens podem ser acessadas e exploradas pela mesma técnica de reencenação mental utilizada no caso dos pensamentos automáticos. Por meio do desafio socrático de seu conteúdo e de sua representação pelo indivíduo, a valência emocional da imagem traumática pode ser reduzida. Técnicas que podem auxiliar na normalização da experiência de uma imagem intrusiva são, por exemplo: interrupção da imagem, distração quando a imagem ocorrer, exposição repetida, decatastrofização, mudança do conteúdo da imagem por meio do exagero ou da neutralização do aspecto ameaçador, entre outras.

A tarefa de restauração da flexibilidade cognitiva, por meio de identificação e desafio socrático de distorções cognitivas, pode requerer um trabalho inicial individual, a fim de, subsequentemente, possibilitar um trabalho conjunto com o casal.

Identificar e mudar crenças e esquemas disfuncionais e expectativas não realistas

Membros de casais em dificuldades muitas vezes têm crenças disfuncionais a respeito de si próprios, do parceiro e do relacionamento conjugal, além de expectativas não realistas. Tais crenças podem ter sido herdadas de outros significativos – por exemplo, das famílias de origem – ou ser social e culturalmente reforçadas. O terapeuta cognitivo assume a tarefa de identificar crenças e esquemas disfuncionais, que serão alvos de intervenção ao longo do processo terapêutico. Alerta-se, contudo, para o risco de resistência do casal, caso em que as crenças e os esquemas devem ser abordados com cautela e a resistência, quando ocorrer, deve ser contornada. Questões transferenciais somente serão abordadas quando representarem um obstáculo ao progresso clínico.

Questões e conteúdos frequentes na intervenção cognitiva

A seguir, apresentam-se algumas questões comuns na psicoterapia com casais, que necessitam ser abordadas utilizando-se princípios e técnicas comuns da terapia cognitiva, derivados do modelo de intervenção individual.

"Tirania dos deveres"

Derivada de expectativas não realistas, observa-se o que se convencionou chamar de "tirania dos deveres". Um ou ambos os cônjuges têm regras, originadas na cultura ou nas famílias de origem, sobre quais são os "deveres" de cada um: dar atenção em todos os momentos, ser incondicionalmente honesto, sempre cumprir o que promete, jamais ficar mal-humorado, amar incondicionalmente em todos os momentos, dar prioridade ao cônjuge sempre e em relação a todas as pessoas, alinhar-se sempre com a opinião do outro, por exemplo, na educação dos filhos, etc. Reconhece-se que todos esses deveres são muito mais facilmente ditos do que cumpridos na prática. O que agrava o quadro é que os cônjuges frequentemente parecem supor que essas são regras universais, "em que todos acreditam e que todos seguem"; e que, se o outro cônjuge falha ou parece falhar em segui-las, isso é interpretado como negligência, falha de caráter ou, pior, falta de dedicação e amor. O terapeuta cognitivo tratará de desafiar socraticamente tais regras, substituindo-as por expectativas realistas a fim de evitar conflitos improdutivos.

Distorções cognitivas típicas

As distorções cognitivas típicas são desafiadas socraticamente pelo terapeuta. Distorções cognitivas podem conduzir a estados afetivos negativos que interferem na comunicação funcional, na comunicação afetivo-sexual, no companheirismo, na resolução de conflitos etc. O método do desafio socrático das cognições distorcidas é derivado do modelo de terapia cognitiva individual.[2] No início, o terapeuta desafia cognições distorcidas a fim de, pela flexibilidade cognitiva, buscar interpretações alternativas e, em consequência, modular emoções e comportamentos. Depois, gradualmente, passa a estimular o casal a incorporar a flexibilidade cognitiva à sua rotina, individualmente e em conjunto, oportunidade em que um membro incita o outro a desafiar suas cognições ou ambos o fazem em conjunto. Uma vantagem adicional é que, no caso de casais com filhos, essa iniciativa do casal os beneficiará ao incentivá-los a processar o real flexivelmente e a manter ou restaurar sua flexibilidade cognitiva e, assim, modular funcionalmente emoções e comportamentos.

Atribuições incorretas

As atribuições incorretas representam outra fonte comum de dificuldades conjugais. Casais podem tirar conclusões precipitadas por conta de atribuições incorretas; por exemplo, "ele chegou tarde porque não queria me ver"; "ele se esqueceu de nosso aniversário de casamento porque não gosta mais de mim"; "ele não buscou as crianças na escola porque se recusa a partilhar tarefas comigo". De modo semelhante à intervenção cognitiva individual, o terapeuta cognitivo desafia socraticamente as atribuições incorretas do casal, objetivando flexibilizá-las e incentivar atribuições mais realistas. Isso reduz o nível de tensão no casal, favorecendo o diálogo, a comunicação afetivo-sexual, o ajuste de diferenças, a negociação de acordos etc.

Déficit em habilidades de resolução de problemas

Outra causa comum de dificuldades conjugais é o déficit de habilidades de resolução de problemas. O treinamento em habilidades de resolução de problemas também é derivado do modelo cognitivo individual. Estudos demonstram que portadores de transtornos afetivos e de dificuldades interpessoais habitualmente têm um déficit em habilidades de resolução de problemas. O processo de resolução de problemas pode ser decomposto nos seguintes passos: identificação de um problema, definição de uma meta, geração de estratégias alternativas de resolução, seleção de uma estratégia, implementação da estratégia selecionada e monitoramento de resultados. Se a meta for alcançada, encerra-se o processo; se não, retorna-se ao segundo passo, isto é, verificação da meta, redefinição de estratégias etc. Observa-se que pessoas com déficit em habilidades de resolução de problemas têm dificuldades até mesmo para identificar ou reconhecer seus problema. Aqueles que, por sua vez, conseguem identificar seu problema – por exemplo, um afastamento gradual entre os integrantes do casal –, na maioria das vezes, não conseguem definir uma meta clara e objetiva – por exemplo, a reaproximação –, perdendo-se em metas gerais como "ficar bem novamente". A maioria das pessoas com déficits não apenas não consegue gerar estratégias de resolução – por exemplo, reservar durante a semana espaços de tempo para os dois sem a interferência de outros; programar passeios que antes apreciavam fazer; estimular o diálogo sem recriminações, mas seguindo as regras básicas de etiqueta nas conversações; redescobrir o conforto na troca afetivo-sexual etc. –, tampouco consegue reconhecer estratégias válidas e potencialmente eficientes quando estas lhes são apresentadas, por exemplo, pelo terapeuta conjugal. A este cabe um retreinamento dos membros do casal em habilidades de resolução dos problemas que foram identificados colaborativamente entre os três (marido, esposa e terapeuta).

Interações destrutivas

As interações destrutivas ou interações entre esquemas disfuncionais são, muitas vezes, identificadas no casal pelo terapeuta e constituem fontes de dificuldades mais graves. Por interações destrutivas entende-se a presença, nos membros do casal, de comportamentos disfuncionais, que ativam ou agravam mutuamente os comportamentos disfuncionais no outro; por exemplo, um membro do casal que provém de uma família que empregava padrões agressivos diante de conflitos e que, em consequência dos conflitos observados, tornou-se especialmente sensível a agressões, em interação com outro membro, originário de uma família com alto nível de emoção expressa e que percebe com normalidade ou indiferença a troca de insultos ou elevação do tom de voz. A interação nessa díade pode se tornar destrutiva para o primeiro, que se percebe agredido, e para o segundo, que se percebe injustamente acusado e criticado, provocando angústia no casal. Interações negativas entre esquemas disfuncionais podem ser, por exemplo, o que se convencionou chamar de "esquemas complementares". Um exemplo clássico refere-se à complementaridade entre um membro com tendência ao sadismo e um membro com tendências masoquistas. Eles se complementam, podem até mesmo se assemelhar a um casal sem conflitos, mas não deixam de ter um relacionamento disfuncional. Outro exemplo, menos grave: um membro do casal é autoritário e centralizador, enquanto o outro é submisso e dependente; ambos parecem se compreender bem, o que, porém, não impede que um ou ambos sofram grave desconforto. Nesses casos, cabe ao terapeuta cognitivo, por meio da intervenção derivada do modelo cognitivo individual, atuar primeiro sobre cada membro, buscando a substituição dos esquemas disfuncionais por esquemas mais funcionais, e, em estágios mais adiantados, atuar em conjunto sobre o casal, a fim de promover formas mais funcionais de interação.

Comunicação disfuncional

A comunicação disfuncional também é comum entre casais, e a forma de intervenção segue o padrão do modelo cognitivo individual. Certas regras devem ser observadas para a promoção de um diálogo produtivo entre o casal. Em virtude da importância do tema para a promoção de interações conjugais saudáveis, esse aspecto será abordado separadamente, mais adiante, neste capítulo.

Ainda com relação a questões interindividuais e focalizando a família de uma perspectiva sistêmica, destaca-se a necessidade de avaliar as relações dentro da família em vários níveis: relações adulto-adulto, relações adulto-criança e relações criança-criança. Cada um desses níveis de relações familiares tem particularidades próprias e, portanto, requer análises específicas a fim de possibilitar a formulação de um plano de intervenção com chances de êxito.

As dimensões do relacionamento conjugal devem orientar tanto os esforços de avaliação das dificuldades e planejamento da intervenção quanto a condução da intervenção, ao indicarem ao terapeuta as áreas que merecerão sua atenção, bem como em que grau e em que ordem deverão ser abordadas.

Prevenção e tratamento

Na abordagem de casais e famílias, a terapia cognitiva pode atuar tanto na prevenção como no tratamento de dificuldades. Na prevenção, pode ser empregada para desenvolver flexibilidade cognitiva e esquemas cognitivos funcionais nos membros de um casal, prevenindo, assim, a instalação de disfuncionalidades que possam ameaçar a continuidade do relacionamento. No tratamento, a terapia cognitiva é empregada para alcançar objetivos clínicos sempre que transtornos e dificuldades já houverem se instalado. A terapia cognitiva atua em cada indivíduo no sentido de capacitá-lo: para a resolução de problemas, por meio do desenvolvimento de habilidades; para a resolução de conflitos, com o desenvolvimento de habilidades de comunicação eficaz; para a modulação do humor, pela flexibilidade cognitiva; para o processamento funcional do real, por meio da reestruturação cognitiva; para a modulação da motivação, para desenvolver o relacionamento e prevenir dificuldades etc. Todas essas estratégias serão desenvolvidas detalhadamente mais adiante.

Tanto na prevenção quanto no tratamento das dificuldades conjugais e familiares, a terapia cognitiva atua sobre fatores cognitivos e comportamentais, com a finalidade de obter mudanças cognitivas e comportamentais. Atua ainda na interação entre fatores cognitivos e comportamentais, por exemplo, no desenvolvimento de habilidades de comunicação. O senso de proficiência na comunicação, experienciado pelos cônjuges como resultado do emprego das habilidades recém-adquiridas, pode resultar em mudanças cognitivas, reforçando o esquema de adequação de um ou de ambos e possibilitando-lhes modular emoções, reduzindo, assim, a ocorrência de depressão ou ansiedade.

A arte da comunicação

A comunicação ineficiente é comum nos relacionamentos e constitui fonte frequente de dificuldades conjugais. Os parceiros, com origens culturais diversas e/ou matrizes esquemáticas disfuncionais, chegam ao relacionamento conjugal com padrões de comunicação distintos e, muitas vezes, incompatíveis. Cabe ao terapeuta auxiliá-los a desenvolver padrões funcionais de comunicação segundo alguns princípios, entre os quais se destacam os que se seguem.

O primeiro objetivo é identificar problemas na comunicação de maneira objetiva e que possam ser abordados terapeuticamente. Fontes comuns de problemas, que necessitarão ser avaliadas e demandarão intervenção terapêutica, são descritas a seguir.

Os mitos da honestidade e da espontaneidade incondicionais

Problemas comuns podem advir de falta de honestidade. Porém, da mesma forma, excessos de honestidade, por conta da crença culturalmente difundida de que a honestidade total – o chamado "mito da honestidade incondicional" – é condição para o sucesso de relacionamentos, também podem se tornar fontes potenciais de prejuízos à comunicação. A honestidade entre os parceiros deve estar sujeita a metas específicas para a situação e o momento, bem como a avaliações pragmáticas, por exemplo, de custo-benefício ou de vantagens e desvantagens. De modo semelhante, casais devem ser advertidos contra excessos de espontaneidade que, igualmente, podem dificultar a comunicação. Na realidade, poucos relacionamentos resistiriam à honestidade e à espontaneidade incondicionais. Embora pessoas consideradas "totalmente sinceras e honestas" sejam, algumas vezes, vistas com certa admiração, é inegável que essas pessoas têm como custo prejuízos em suas relações afetivas, familiares e sociais.

Civilidade

Alguns núcleos familiares e sociais adotam a crença culturalmente reforçada de que a civilidade nas relações humanas "acaba na porta de entrada" dos lares. Valores como diplomacia, tato, etiqueta, respeito, delicadeza e educação são considerados dispensáveis nos relacionamentos em que há intimidade. Vê-se, por exemplo, o caso de parceiros que declaram não necessitar desses valores na intimidade de suas casas, pois têm o direito de ser espontâneos quando em família. Eles se defendem alegando que normas de boa educação e etiqueta são necessárias apenas no convívio social formal. Os relacionamentos, obviamente, sofrem em decorrência dessa distorção. Nesse aspecto, cabe também a intervenção do terapeuta cognitivo, que busca substituir essas falsas crenças por outras mais funcionais, ampliando a competência dos parceiros para a comunicação.

Sensibilidade

A sensibilidade é outro requisito importante para a boa comunicação, sendo necessária para compreender a essência da comunicação do outro, bem como para perceber o estado mental do outro e empatizar com seus sentimentos, o que possibilita ao primeiro reagir adequadamente e de modo a facilitar e promover a comunicação eficiente. Todavia, deve-se notar que o grau de capacidade para a sensibilidade e a empatia varia naturalmente entre as pessoas. A sensibilidade figura entre as variáveis inespecíficas que não são facilmente "treináveis" ou não são passíveis de serem desenvolvidas naqueles que não as têm. Apesar dessa dificuldade, é possível ao terapeuta promover, em certo grau, a sensibilidade de um parceiro na comunicação com o outro ou, pelo menos, aumentar o grau em que ele reconhece a importância da sensibilidade para a boa comunicação e a valoriza em seu relacionamento, embora, para algumas pessoas, em grau menor do que seria desejável.

Motivação

A comunicação competente depende da motivação dos parceiros para o diálogo. Dependendo de diferentes estruturas de personalidade, o grau de motivação para a comunicação varia entre as pessoas. Alguns são considerados mais reservados ou "fechados"; outros são mais expressivos, mais competentes em se revelar, emitir opiniões e negociar condições e soluções. A motivação para a comunicação competente, então, torna-se um dos primeiros objetivos terapêuticos no processo clínico. O terapeuta cognitivo, conduzindo planos individuais de intervenção, busca desenvolver motivação para o diálogo por meio de intervenções comportamentais, como o desenvolvimento de habilidades para a comunicação; intervenções cognitivas, como a flexibilidade cognitiva, que possibilita aos parceiros modularem sua ansiedade diante do diálogo; a reestruturação cognitiva por meio da atuação sobre esquemas que fundamentam o autoconceito dos parceiros, dotando-os da segurança de que são hábeis para o diálogo; e a neutralização de esquemas de vulnerabilidade, levando-os a reconhecer que a comunicação não representa perigo ou ameaça e que ele tem recursos para dar conta da comunicação com o outro.

Etiqueta na conversação

Este aspecto é, inquestionavelmente, um pré-requisito para a comunicação eficiente. O terapeuta, por meio de intervenções cognitivas conduzidas de forma socrática, primeiro individualmente e mais tarde com ambos, busca motivar os parceiros a emitirem: sinais de sintonia com aquele que fala e com o conteúdo de sua fala; sinais não verbais de *feedback*, como balançar a cabeça afirmativamente; e sinais verbais, como "sim", "compreendo" ou um simples "ã-hã", que podem incentivar aquele que fala a prosseguir, expressando-se de forma tranquila. É importante também que quem fala possa fazê-lo sem interrupções. As perguntas daquele que ouve devem ser precisas, feitas com diplomacia e tato, de modo a contribuir para o entendimento mútuo e o esclarecimento das posições de cada um em direção a uma solução negociada.

Satisfazendo as necessidades do parceiro

Uma fonte comum de dificuldade dos casais são os déficits de comunicação de necessidades por parte de cada um dos parceiros. É interessante notar que é culturalmente difundida a crença de que as necessidades dos parceiros de um casal são universais, isto é, de que todos os que estão envolvidos em um relacionamento afetivo têm as mesmas necessidades. Essa crença remete a outra, igualmente falsa, de que, sendo as necessidades universais, cada parceiro conhece naturalmente as necessidades do outro, não sendo, portanto, requerida dos parceiros a comunicação de suas reais necessidades. Esse quadro resulta em os parceiros oferecerem ao outro aquilo que eles mesmos esperam, o que não é necessariamente adequado. E mais: quando um parceiro falha em satisfazer as necessidades do outro, isso é entendido como negligência, não como possível desconhecimento. No consultório, são comuns declarações como "se ele me amasse, satisfaria as minhas necessidades", implicando que, se o outro não satisfaz suas reais necessidades, não é porque não as conhece, mas porque não ama ou está sendo negligente. Outra declaração comum: "se eu tiver de pedir, então o outro fazer já não terá validade". Em outras palavras, isso reflete a suposição de que o outro conhece suas necessidades e, se verdadeiramente se importasse, iria satisfazê-las espontaneamente. Todavia, cada pessoa, dependendo de sua história pregressa, chega ao relacionamento com necessidades particulares e com ideias próprias sobre quais serão as necessidades de seu parceiro, que não necessariamente refletem a realidade. Alguns têm grande dificuldade não apenas em satisfazer as necessidades do parceiro, mas também simplesmente de compreender quais são suas próprias verdadeiras necessidades.

Harley[16] publicou, em 1986, uma obra interessante que trata das necessidades dos casais, sugerindo que ambos as compreendam e se disponham a preenchê-las mutuamente. Nessa obra, ele publica uma escala de satisfação das necessidades do parceiro, enumerando as necessidades mais comuns e que foram identificadas em seus estudos. Essa escala mostra-se muito útil ao terapeuta cognitivo de diversas formas. Primeiro, oferece ao casal a possibilidade de demonstrar que eles podem desconhecer as reais necessidades do outro, bem como em que grau esse desconhecimento ocorre. Segundo, a escala pode ser usada para que cada parceiro assinale e informe suas reais necessidades ao outro. Terceiro, havendo identificado suas necessidades e conhecendo as necessidades do parceiro, tais dados podem orientar a intervenção pelo terapeuta. Harley destaca a necessidade, para o sucesso do relacionamento, de que cada um se empenhe, neste caso com a ajuda do terapeuta, em satisfazer as necessidades do outro.

Segundo os estudos de Harley, as necessidades mais comuns de casais são:

- Expressões verbais e físicas de afeto
- Satisfação sexual: com relação à qualidade, compatibilidade e frequência com que as necessidades sexuais são vivenciadas no casal
- Conversação: o quanto os parceiros necessitam de comunicação sobre temas que vão desde os rotineiros até os mais sérios
- Companheirismo e recreação: intensidade e frequência de interação, compatibilidade de interesses, grau de satisfação na companhia do outro e grau em que um parceiro é "o melhor amigo" do outro
- Honestidade e abertura: quanto cada um confia no outro e sente que pode ser aberto, espontâneo e sentir-se seguro
- Grau de atração (física, de personalidade) que um parceiro atribui ao outro e o quanto um necessita que o outro seja atraente
- Apoio financeiro: o grau de segurança com a situação financeira que o parceiro proporciona e o grau em que cada um possibilita ao casal viver com conforto
- Apoio doméstico: o grau de colaboração espontânea nas tarefas domésticas rotineiras e, no caso de casais com filhos, o quanto os

parceiros compartilham responsabilidades no cuidado com os filhos
- Compromisso com a família: grau de compromisso refletido na escolha de atividades, na expressão de dedicação e no lugar da família na escala de prioridades de cada um
- Admiração: o quanto um parceiro é admirado pelo outro, o grau de importância atribuído por cada um à possibilidade de se orgulhar do outro.

Harley apresenta dois tipos de questionários: o Questionário de Necessidades Emocionais e a Escala de Necessidades Emocionais. O questionário, mais longo, contém cada uma das necessidades listadas anteriormente e requer que cada parceiro avalie, primeiro, o grau em que necessita de cada item e, segundo, o grau em que, em sua avaliação, o parceiro satisfaz aquela necessidade. A escala, por sua vez, apenas lista as dez necessidades e requer que cada parceiro assinale as cinco mais importantes e as classifique em grau de importância.

A Escala de Necessidades Emocionais cumpre uma utilidade adicional. Primeiro, solicita-se que cada parceiro indique suas cinco necessidades mais importantes e as classifique por ordem de importância. Em seguida, pede-se a cada parceiro que, de posse de uma nova escala em branco, preencha as cinco mais importantes necessidades que atribui ao parceiro, isto é, que acredita que ele tem, e as classifique por ordem de importância. Posteriormente, as necessidades que cada parceiro assinalou para si próprio são comparadas com as que ele atribuiu ao outro. Cada acerto recebe um ponto, acrescido de mais um ponto se a classificação por ordem de importância também corresponder. Dessa forma, o exercício, além de alcançar o objetivo de cada parceiro informar ao outro suas necessidades, serve a um objetivo adicional de ilustrar em que grau cada um conhece as necessidades reais do outro e ainda demonstra que as necessidades não são universais. O preenchimento dessa simples escala é extremamente ilustrativo. Bem administrado pelo terapeuta, pode se tornar um exercício interessante, que cumpre o propósito de avaliar a compatibilidade do casal e orientar a intervenção, com o objetivo de promover a satisfação das suas necessidades. Reflete ainda uma forma rápida e eficaz de promover a comunicação funcional do casal.

A arte de resolver problemas e conflitos conjuntamente

Conforme visto, os casais podem ter problemas e conflitos a solucionar. Porém, as habilidades para a sua resolução podem variar. São enumeradas a seguir algumas estratégias cognitivas que podem facilitar esse trabalho. Elas devem, inicialmente, ser modeladas pelo terapeuta em sessão; porém, assim que possível, o casal deve ser incentivado a experimentá-las de modo independente.

Esclarecendo e resolvendo diferenças. Primeiro, o casal é incentivado a avaliar objetivamente o grau de importância do desacordo diante do qual está. Muitas vezes, podem concluir que o ponto de desacordo é tão pouco importante que, na realidade, não justifica o esforço requerido para sua resolução. Outro aspecto importante é esclarecer a natureza das diferenças, que podem ser: desejos, gostos, sensibilidades, atitudes, filosofia ou personalidade.

Uso do questionamento. O casal é orientado ao autoquestionamento e ao questionamento do outro. São incentivados a evitar padrões rígidos de avaliação e interpretação, bem como regras absolutas, adotando, ao contrário, a flexibilidade, que pode resultar na modulação emocional e comportamental e gerar atitudes mais conciliatórias. Devem também ser auxiliados a neutralizar medos e vulnerabilidades, em si e no outro, facilitando, dessa forma, a resolução do conflito.

Acordos e compromissos. Estes são muito mais facilmente propostos e aceitos que cumpridos, requerendo grande habilidade do terapeuta para decompor o acordo ou compromisso em passos, que gradualmente aumentarão em dificuldade; deve-se manter o acordo ou compromisso sob verificação a cada sessão, visando a um acompanhamento próximo, a fim de possibilitar a continuidade no cumprimento do acordo; e usar de flexibilidade para ajustar os acordos a novas demandas ou dificuldades para seu cumprimento. Deve-se notar que, ao contrário do que muitos acreditam, a acomodação pode representar uma estratégia viável para a resolução de um conflito. Não deve ser vista apenas como fuga do processo de resolução. Possivelmente, em decorrência de uma análise pragmática, por exemplo, de custos e benefícios, a acomodação pode se demonstrar como a alternativa mais viável, pelo menos temporariamente. Em um momento posterior, pode ser renegociada uma nova solução.

Prioridades. Quando um casal apresenta uma lista extensa de dificuldades, muitas vezes é necessário estabelecer prioridades, ou seja, que áreas deverão ser abordadas inicialmente ou mais adiante no processo clínico. A definição de prioridades pode ser feita conforme os seguintes critérios: no início do processo clínico, são abordadas as questões emergentes, as de mais fácil resolução e as que demandarão muito tempo para sua resolução. Nas sessões intermediárias, são abordadas questões cuja resolução depende da resolução de questões da fase inicial ou aquelas que requerem um grau maior de proficiência em flexibilidade cognitiva, modulação emocional e comportamental, avanços em reestruturação cognitiva, competência no uso do questionamento etc. E, na fase final, serão abordadas questões referentes à terminação e à manutenção dos ganhos que foram acumulados durante o processo de intervenção com o casal.

Padrões de resolução de conflitos

No processo de resolução de conflitos, algumas regras podem ser observadas, conquanto facilitarão seu sucesso:[14,17,18]

- Esclarecer diferenças: não ser defensivo e esclarecer precisamente o que fez ou o que acredita que o outro tenha feito; a fim de indicar entendimento, resumir a essência da queixa do parceiro que traz uma questão para a resolução conjunta; procurar entender genuinamente a perspectiva do parceiro
- Programar sessões de diálogo ou de resolução de conflitos: esta é uma alternativa interessante. Os cônjuges, em vez de recriminações a cada ocorrência de um problema, podem programar sessões de diálogo ou de resolução de conflitos. Os parceiros são encorajados pelo terapeuta a anotar as questões ou queixas que emergirem, reservando-as para serem abordadas durante as sessões de diálogo agendadas. As sessões devem ser marcadas para datas e horários convenientes, evitando-se momentos de cansaço ou estresse ou momentos em que estarão sob a pressão de tempo ou outros compromissos. As sessões devem ainda ocorrer em momentos em que o casal não será interrompido. O casal necessitará ser orientado pelo terapeuta com respeito ao que fazer e ao que evitar durante as sessões. E é recomendável que ambos já estejam mais hábeis em flexibilidade cognitiva, ou seja, em sua capacidade de modular cognitivamente suas emoções e moderar o nível emocional do diálogo.

Durante as sessões, o casal deve ser orientado a observar algumas regras:[18]

- Regras para quem fala: ser breve e específico; expressar-se sem insultos, rótulos ou afirmações absolutas; fazer afirmações positivas; confirmar inferências
- Regras para quem ouve: ouvir com atenção; dar sinais verbais e não verbais de *feedback*; focalizar a essência da fala do parceiro, evitando o foco em questões periféricas; esclarecer seu comportamento, sem dar desculpas ou contra-atacar; procurar pontos de acordo; desculpar-se; dar resumos do que ouve, confirmando seu entendimento
- Para ambos os parceiros: devem traduzir queixas em pedidos e evitar pedidos contaminados por agressão.

Lidando com a raiva do parceiro

A violência doméstica, verbal e física, infelizmente, é uma realidade. Independentemente de variáveis como nível educacional e socioeconômico, pode ser observada em todas as camadas da população. Em casais que têm experiências de agressão e violência, entre si e envolvendo os filhos, é necessário que essa questão se torne objeto de intervenção e de resolução. Alguns pontos a destacar seriam:

- Esclarecer o problema: diante da raiva do parceiro, sugere-se que o cônjuge tente resumir e esclarecer o problema
- Acalmar o parceiro: caso não consiga progresso em direção ao objetivo anterior, o cônjuge pode tentar acalmar o parceiro, minimizando o grau do conflito
- Focalizar a solução do problema: o cônjuge pode propor uma solução, mesmo que paliativa, e sugerir a conciliação
- Distrair a atenção do parceiro: caso não tenha sucesso, pode recorrer à fuga, sugerindo o adiamento do processo de resolução do conflito e propondo um tema alternativo para a conversa. Pode ainda propor alguma atividade incompatível com o conflito, por exemplo, que envolva outros ou uma situação em público, como um restaurante
- Risco de violência doméstica: os cônjuges com histórico de episódios de agressão e violência são orientados a, por exemplo, evitar conflitos em situações arriscadas, por exemplo, ao dirigir um veículo. O cônjuge que já foi vítima de violência pelo parceiro deve ser orientado a se afastar diante da raiva do parceiro, a abandonar o ambiente e, se necessário, a casa. De modo interessante, alguns agressores relatam, após episódios de violência, que, na realidade, pediram

à vítima que se afastasse, mas sem sucesso. Note-se ainda que o agressor ressente a vítima, distorcidamente atribuindo a ela parte da responsabilidade pela violência, e argumentando que ela poderia, por exemplo, ter se esquivado da discussão antes que o nível emocional alcançasse uma intensidade ameaçadora ou ter deixado o local quando o agressor pediu.

Considerações finais

A intervenção em terapia cognitiva com casais atua em múltiplos níveis e nas dimensões cognitiva, emocional e comportamental. A avaliação das necessidades do casal e o planejamento da intervenção são instrumentais para o sucesso do processo. Conforme visto neste capítulo, o planejamento envolve inclusive a decisão do terapeuta de como abordar o casal, o mais comum sendo um trabalho terapêutico individual com cada parceiro, em que as necessidades de cada um são abordadas, seguido de uma fase em que as dificuldades do casal se tornam alvo de intervenção conjunta.

Há aspectos adicionais que configuram tópicos especiais e que podem requerer a atenção do terapeuta cognitivo, como a ocorrência de envolvimentos extraconjugais, diferenças culturais, casais do mesmo sexo com ou sem filhos ou, ainda, questões de controle e disputas de poder. Finalmente, entre os obstáculos para o progresso clínico, deve-se sempre atentar para dificuldades advindas do próprio terapeuta, como questões transferenciais e contratransferenciais.

O objetivo deste capítulo foi apresentar resumidamente aspectos fundamentais da intervenção cognitiva com casais. Incentivamos o psicoterapeuta – cognitivo ou de outras abordagens – interessado na aplicação de técnicas cognitivas ao tratamento de casais a se aprofundar e explorar a literatura especializada, que oferece alternativas promissoras e guias seguros para conduzir casos clínicos a termo e com sucesso.

Referências bibliográficas

1. Dattilio F, Freeman A. Intervenções cognitivo-comportamentais em situações de crise. Porto Alegre: Artes Médicas; 2003.
2. Beck AT, Rush AJ, Shaw BF, Emery G. Terapia cognitiva da depressão. Porto Alegre: Artes Médicas; 1996.
3. Ellis A, Harper RA. A guide to a successful marriage. North Hollywood: Wilshire Books; 1961.
4. Castañon G. O que é cognitivismo. São Paulo: EPU; 2008.
5. Salkovskis PM, organizador. Fronteiras da terapia cognitiva. São Paulo: Casa do Psicólogo; 2004.
6. Serra AMM. Apostila do curso de especialização em terapia cognitiva. São Paulo: Instituto de Terapia Cognitiva; 2002.
7. Serra AMM. Fundamentos da terapia cognitiva. In: Terapia cognitiva e a construção do pensamento. Revista Psique Ciência e Vida. 2007;1(3). Edição especial.
8. Serra AMM. Introdução à terapia cognitiva. Revista Psicologia Brasil. 2006;2(29). Edição especial.
9. Nezu AM, Nezu CM, Perri MG. Problem-solving therapy for depression: theory, research, and clinical guidelines. New York: Wiley; 1989.
10. Serra AMM, Nicolet EA. Conceituação cognitiva de casos clínicos. In: Serra AMM. Terapia cognitiva e construção do pensamento. Revista Psique Ciência e Vida. 2007;1(3). Edição especial.
11. Maiocchi LCC, Serra AMM. Dependência química: transtorno ou sintoma? In: Serra AMM. Terapia cognitiva e construção do pensamento. Revista Psique Ciência e Vida. 2007;1(3). Edição especial.
12. Bordin S, Serra AMM, Figlie NB, Laranjeira R. Terapia cognitiva. In: Figlie NB, Bordin S, Laranjeira R, organizadores. Aconselhamento em dependência química. São Paulo: Roca; 2010. p. 218-48.
13. Beck AT, Freeman A. Terapia cognitiva dos transtornos de personalidade. Porto Alegre: Artes Médicas, 1997.
14. Dattilio FM. Cognitive-behavioral therapy with couples and families: a comprehensive guide for clinicians. New York: Guilford; 2010.
15. Beck JS. Terapia cognitiva: teoria e prática. Porto Alegre: Artes Médicas; 1996.
16. Harley JR. His needs, her needs, building an affair-proof marriage. Fleming H. Revell: Grand Rapids, MI; 1986.
17. Beck AT. Love is never enough. New York: Harper & Row; 1988.
18. Dattilio FM, Padesky CA. Terapia cognitiva com casais. Porto Alegre: Artes Médicas; 1995.

Bibliografia

Serra AMM. Introdução à teoria e prática da terapia cognitiva (material em CD). São Paulo: ITC; 2005.

86 Transtorno Depressivo na Visão Cognitiva

Ilana Andretta, Jéssica Limberger e Jaluza Aimèe Schneider

Fundamentos teóricos da terapia cognitiva

Os modelos cognitivos e comportamentais vêm se desenvolvendo e se difundindo de maneira consistente por meio dos estudos de efetividade e da subsequente produção de conhecimento em livros e artigos. Expressivamente, as áreas da psicologia que vêm se dedicando a esses estudos têm trazido avanços à ciência principalmente no campo da saúde mental, em diversos contextos, mas ainda há diversas lacunas que precisam ser mais bem estudadas e investigadas nos campos de atuação e com modelos combinados para tratamento.

A terapia cognitiva foi originalmente desenvolvida por Aaron Beck, na década de 1960, a partir da fundamentação conceitual e empírica dos trabalhos em estudos para tratamento de pacientes com depressão. Para Beck, as explicações teóricas existentes sobre o comportamento humano eram insatisfatórias para o que acontecia com pacientes deprimidos.[1] Na época, os quadros depressivos eram vistos como transtornos de caráter afetivo, com pouca ênfase na cognição. A partir de seus estudos empíricos, Beck descreveu a depressão como um transtorno de humor influenciado pelo conteúdo dos pensamentos, iniciando um dos princípios da terapia cognitiva: a cognição como um importante elemento dos transtornos psicológicos.[2]

O modelo cognitivo básico pressupõe que haja conexão entre os pensamentos, as emoções, os comportamentos e os aspectos fisiológicos.[1] Essa conexão acontece na medida em que todos esses preceitos se retroalimentam: pensamentos negativos originam emoções negativas, que influenciam respostas fisiológicas negativas, que originam comportamentos ligados à anedonia e à procrastinação, reforçando os pensamentos negativos novamente. De acordo com o modelo cognitivo, são considerados três níveis de processamento: os pensamentos automáticos (PA, fluxos de ideias mais periféricos, do processamento acessível à consciência, que evidenciam a crença central), as crenças intermediárias (ideias como proposições condicionais que têm por objetivo reforçar a crença central) e as crenças centrais (ideias centrais de esquemas sobre si, sobre o mundo e sobre o futuro, generalizadas e absolutistas). Os PA são os níveis mais superficiais da cognição e representações mentais armazenadas por meio de palavras ou imagens ou de modo proposicional, que surgem rápida e espontaneamente em decorrência de uma situação específica. Tais pensamentos são de fácil acesso e podem ter uma lógica verdadeira a partir de uma percepção adequada ou não da realidade.[3] Entretanto, nas perturbações psicológicas, os PA são, na maioria das vezes, falsos ou parcialmente verdadeiros, pois há distorções cognitivas (operações cognitivas de filtragem da realidade para confirmação das crenças centrais) na avaliação das situações, resultando em respostas emocionais negativas e comportamentos disfuncionais.[1] Essas distorções têm a função de manter as crenças intermediárias e centrais, reforçando a visão negativa que o sujeito tem de si, do mundo e do futuro. A seguir, serão apresentados alguns exemplos de distorções cognitivas comuns nos quadros depressivos.

- Pensamento dicotômico: presença unicamente da interpretação dos fatos polarizados, sem possibilidades intermediárias. Por exemplo: "todos se importam comigo" ou "ninguém me ama"
- Catastrofização: previsibilidade exagerada de desfecho negativo. Por exemplo: "Se eu perder meu emprego, minha vida acaba e vou morrer de fome!"
- Minimização do positivo/maximização do negativo: ocorre quando os acontecimentos positivos assumem uma valência emocional e cognitiva muito menor que os negativos.

Por exemplo: "Conheci uma pessoa legal, mas ele(a) não vai se interessar por mim; tive sorte e ele(a) não tinha ninguém mais interessante com quem conversar."
- Leitura mental: crença de que se sabe o que o outro está pensando. Por exemplo: "Tenho certeza que serei demitida, pois meu chefe passou por mim hoje e não me cumprimentou!"
- Rotulação: rotular a si ou a outrem com o objetivo de fechar as possibilidades de outras ocorrências. Por exemplo: "Tenho *dedo podre* para escolhas afetivas, em um raio de 6 km vou escolher a pior possibilidade. Sou um perdedor!"
- Supergeneralização: quando não há a discriminação da leitura das situações e a identificação de diferenças. Por exemplo: "Já tentei todos os tipos de tratamento e nenhum deu resultado! Não acredito que eu tenha solução!"
- Personalização: interpretação de que os acontecimentos e fatos são de sua inteira responsabilidade. Por exemplo: "Jamais vou me perdoar por estar viajando e meu filho ter ficado doente e ter morrido. Deveria ter sido mais cuidadosa..."
- Vitimização: culpabilização do outro por suas próprias escolhas, retirando de si a responsabilidade sobre seus atos. Por exemplo: "Casei com ele por culpa da minha mãe! Ela praticamente me expulsou de casa e sabia que ele não era o amor da minha vida!".

As crenças intermediárias, por sua vez, são regras implícitas que o indivíduo cria ao longo da vida e que devem ser cumpridas para evitar problemas, ao mesmo tempo mantendo na confirmação da crença central. São afirmações condicionais, do tipo *se-então*, que repercutem na regulação emocional e na autoestima.[3]

Já as crenças centrais são as cognições mais profundas de um indivíduo, consideradas verdades absolutas, que acabam por influenciar o desenvolvimento das crenças intermediárias e dos PA.[4] Elas se concentram nas temáticas de desamor, no sentido de falta de afeto verdadeiro ou de pessoas com quem se relacionar; de desvalor, no sentido de avaliação de capacidade ou de reconhecimento por parte do outro; e de desamparo, como não ter com quem contar ou não ter rede de apoio. São estruturas que vão se formando desde a infância não só a partir da interpretação dos fatos, mas também influenciadas por características de personalidade e temperamento.

As crenças centrais são de difícil acesso e vistas pela pessoa como verdades sobre si, sobre o mundo (outras pessoas) e sobre o futuro; quanto mais temáticas repetidas nos esquemas que o indivíduo desempenha, maiores o sofrimento e o nível de disfuncionalidade em que ele se encontra. Uma pessoa que se vê "incapaz" como profissional, amigo, pai, filho, marido etc. é alguém que apenas se vê como incapaz e não consegue perceber ou identificar situações de desempenho positivo, retroalimentando sua crença negativa e reforçando os sintomas depressivos.

Pela perspectiva cognitiva, há esquemas de pensamentos que se referem a padrões característicos e sistemáticos na interpretação e na resposta aos eventos vivenciados. Tais esquemas podem ser disfuncionais e são desenvolvidos por meio da aprendizagem e da interação com o ambiente, formando uma estrutura conceitual que molda suas cognições. Assim, o modelo cognitivo propõe que o acontecimento em si não determina a maneira de o indivíduo sentir e agir, mas como ele significa o evento.

A partir da avaliação e de modificações dos PA, é possível verificar alterações nos comportamentos e nas emoções, que resultam em melhora dos sintomas e, no longo prazo, em modificações das crenças intermediárias e centrais que atuam de maneira disfuncional nos pacientes.[4] Nessa perspectiva, Beck[5] se refere à depressão como um conjunto de interpretações negativas da vida, cujos comportamentos e sentimentos são reforçados e mantidos por PA negativos e disfuncionais.

Depressão na visão cognitiva

O transtorno depressivo é um problema de saúde pública em nível nacional e global, que causa grande impacto no funcionamento do indivíduo com depressão. Em um estudo epidemiológico com apoio da Organização Mundial da Saúde (OMS), realizado em 18 países, o Brasil aparece como o país em desenvolvimento com a maior prevalência de depressão.[6] Os transtornos depressivos, de acordo com a quinta edição do Manual Diagnóstico e Estatístico de Transtornos Mentais (DSM-5), se caracterizam pela presença de humor triste e/ou irritável, além de importantes mudanças físicas e cognitivas, descritas a seguir.[7]

A. Cinco (ou mais) dos seguintes sintomas estiveram presentes durante o mesmo período de duas semanas e representam uma mudança em relação ao funcionamento anterior onde pelo menos um dos sintomas é humor deprimido ou perda de interesse ou prazer.

1. Humor deprimido na maior parte do dia, quase todos os dias, conforme indicado por relato

subjetivo ou por observação feita por outras pessoas.
2. Acentuada diminuição do interesse ou prazer em todas ou quase todas as atividades na maior parte do dia, quase todos os dias.
3. Perda ou ganho significativo de peso sem estar fazendo dieta, ou redução ou aumento do apetite quase todos os dias.
4. Insônia ou hipersonia quase todos os dias.
5. Agitação ou retardo psicomotor quase todos os dias.
6. Fadiga ou perda de energia quase todos os dias.
7. Sentimentos de inutilidade ou culpa excessiva ou inapropriada quase todos os dias.
8. Capacidade diminuída para pensar ou se concentrar, ou indecisão, quase todos os dias.
9. Pensamentos recorrentes de morte, ideação suicida recorrente sem um plano específico, uma tentativa de suicídio ou plano específico para cometer suicídio.
B. Os sintomas causam sofrimento clinicamente significativo ou prejuízo no funcionamento social, profissional ou em outras áreas importantes da vida do indivíduo.
C. O episódio não é atribuível aos efeitos fisiológicos de uma substância ou a outra condição médica.
D. A ocorrência do episódio depressivo maior não é mais bem explicada por transtorno esquizoafetivo, esquizofrenia, transtorno esquizofreniforme, transtorno delirante, outro transtorno do espectro da esquizofrenia e outro transtorno psicótico especificado ou transtorno da esquizofrenia e outro transtorno psicótico não especificado.
E. Nunca houve um episódio maníaco ou um episódio hipomaníaco.

Atualmente, existe um consenso sobre a relevância da cognição nos quadros depressivos. Em pacientes depressivos, estão presentes estados de humor negativo, com conteúdo de desânimo, irritação, tristeza, culpa e solidão. Na visão cognitiva, tais estados de humor relacionam-se com o conteúdo dos pensamentos, pois as cognições negativas causam sentimentos negativos.[8] A depressão envolve importantes distorções cognitivas, com PA de conteúdo negativo, centrando-se em temas de desesperança, baixa autoestima e fracasso. Tais PA são provenientes de crenças disfuncionais do indivíduo, formados por esquemas cognitivos desadaptativos.

O paciente depressivo tende a apresentar padrões cognitivos rígidos e negativos específicos, que podem ser avaliados pela tríade cognitiva sobre a visão de si mesmo, do mundo e do futuro.[8] Nessa perspectiva, percebe-se um julgamento negativo desses pacientes em relação a suas interações com o mundo externo, com pensamentos de conteúdo derrotista ("eu não consigo ser um bom marido, não adianta tentar"), privação ("estou perdendo a chance de conhecer pessoas novas insistindo neste casamento") ou depreciação ("ela deve estar pensando que eu sou um inútil"). Também apresentam tendência a se sentir inadequados perante os outros, com intensa visão negativa de si mesmos ("eu sou um marido terrível") e uma ideia negativa sobre o que vai acontecer no futuro, envolvendo conteúdo de desesperança ("nunca vou conseguir ser um bom companheiro, logo ela vai se separar de mim e vou ficar sozinho para sempre").

O conteúdo dos pensamentos é a principal configuração do esquema, podendo ocorrer como generalização, como nos quadros depressivos, ou como uma visão negativa em relação às situações em que se encontra.[8] As cognições presentes nessa população, em geral, envolvem questões sobre incapacidade pessoal, pessimismo e falta de esperança, resultando em resposta emocional negativa, baixa motivação e ideias suicidas. O paciente depressivo tem uma tendência à autoatribuição de culpa por diferentes eventos negativos, além de generalizar sua vida por eventos negativos isolados e acreditar que estes são imutáveis, sem enxergar perspectiva de melhora futura.[3] Percebe-se que, independentemente da realidade, o padrão esquemático negativo da depressão reforça a interpretação errônea sobre a situação vivenciada, reforçando as crenças negativas sobre si, sobre o mundo e sobre o futuro.[9]

Tratamento cognitivo para depressão

Algumas questões centrais trabalhadas na terapia cognitiva são essenciais para intervenções com pacientes depressivos, como a empatia, o vínculo e o empirismo colaborativo (norteador da relação terapêutica baseada na testagem de experimentos). Para isso, são considerados os fatores cognitivos, emocionais e comportamentais. A empatia pode ser entendida como a função de "se colocar no lugar do outro", podendo se distanciar quando exigido pela técnica. O vínculo pode ser entendido como um elemento tácito de construção de relação, em que o paciente se sente confiante e acolhido pelo terapeuta. Já o empirismo colaborativo é visto como elemento técnico, específico do referencial em que a dupla (terapeuta e paciente) experimenta hipóteses ou alternativas de solução que serão testadas pelo paciente em seu cotidiano a partir do processo terapêutico.

O terapeuta estimula o envolvimento ativo do paciente durante todo o tratamento, objetivando a igualdade de papéis por meio de um diálogo socrático, sem relação de autoridade. O empirismo possibilita a experimentação do conhecimento técnico do terapeuta aplicado ao caso específico do paciente; em conjunto, a dupla fará uma avaliação dos resultados da experiência. Para que isso se torne efetivo, um bom relacionamento entre paciente e terapeuta é imprescindível. Além de promover a colaboração, a qualidade da relação terapêutica tem sido evidenciada como um fator positivo do processo de mudança em pacientes com depressão, melhorando seu prognóstico.[9] O paciente deprimido que apresenta sintomatologia emocional grave pode não estar disponível para a realização de técnicas cognitivas, sendo papel do terapeuta ter uma escuta empática para respeitar as limitações do paciente, sem que isso repercuta em um problema na vinculação.[8]

Quando o paciente vai ao encontro de um profissional de saúde mental pedindo ajuda por estar deprimido, provavelmente está lutando diariamente contra emoções negativas, contra seus próprios pensamentos, mas principalmente contra a desesperança frente a tudo isso. Essa sensação aparece no *setting*, desacreditando o terapeuta, o modelo de tratamento e as intervenções propostas. Para que isso apareça no *setting*, o vínculo terapêutico deve ser muito forte, muitas vezes sendo responsável pela luta pela vida do paciente. Portanto, desde a fase inicial, deve-se tentar reinstaurar a esperança e, após o vínculo estar estabelecido, deve-se iniciar a fase de avaliação do caso para, posteriormente, utilizar as estratégias terapêuticas adequadas.

A avaliação é uma das principais etapas do tratamento, pois tem o objetivo de colher informações atuais sobre o paciente, histórico de sintomas psicopatológicos, aspectos do seu desenvolvimento e a motivação para o tratamento.[10] A partir de uma formulação detalhada, são consideradas as questões cognitivo-comportamentais, interpessoais, biológicas e sociais do paciente.[3] Por meio do conhecimento de tais informações, o terapeuta pode realizar a conceitualização cognitiva inicial, isto é, a maneira estrutural de mapeamento e organização sistematizada de processamento da informação, que tem como objetivo mapear o modo de processamento cognitivo do paciente, proporcionando estrutura para o entendimento cognitivo e o planejamento terapêutico.[4]

A avaliação inicial também contempla a realização do diagnóstico e o conhecimento dos principais sintomas apresentados pelo paciente, podendo utilizar, além da entrevista inicial, instrumentos padronizados de avaliação psicológica. Os principais sintomas que necessitam ser investigados em quadro depressivos são: desânimo, tristeza, angústia, choro com facilidade, falta de vontade e anedonia. Também merecem atenção alterações no sono, no peso e no apetite, agitação ou lentidão psicomotora e diminuição da libido.[11,12] Outro fator de extrema importância que deve ser monitorado durante todo o processo terapêutico é o risco de suicídio pelo paciente deprimido. Essa possibilidade deve ser conversada de maneira direta e constante com o paciente, sem tabus ou medos, de maneira receptiva e acolhedora e deixando claro que, em situações de risco, o terapeuta primará pela vida do paciente, inclusive rompendo com o sigilo, se necessário. Em caso de risco de suicídio, depressões graves, resistentes ou crônicas, deve-se solicitar uma avaliação psiquiátrica e, dependendo da gravidade ou do risco dos sintomas, a possibilidade de internação será considerada.

Os objetivos e as metas são claros, e tanto paciente quanto terapeuta têm posturas ativas para o sucesso do tratamento.[13] O papel do terapeuta cognitivo compreende auxiliar os pacientes no entendimento de que os significados que atribuem para suas experiências advêm das próprias percepções idiossincráticas.[1] Assim, a condução do tratamento é desenvolvida com vistas a ensinar o paciente que suas interpretações negativas da realidade podem ser falsas, identificando tais pensamentos para reestruturar e ressignificar as situações vivenciadas. O paciente vai aprendendo a pensar sobre seus próprios pensamentos e, a partir de seus questionamentos, modifica padrões negativos de humor e comportamento característicos da depressão.[14] Ao final do processo de avaliação, a formulação de caso, entendida como um instrumento norteador do processo, deve estar clara para o terapeuta e para o paciente. Nesse instrumento, existe a organização das informações acerca do caso, desde os dados de vida do paciente, recursos e fragilidades, metas, hipótese diagnóstica, medidas de instrumento e riscos, até a conceitualização cognitiva e o modelo teórico que proporcionará o entendimento e o embasamento das intervenções para que o terapeuta siga com o processo.

A segunda etapa do tratamento diz respeito às intervenções que contribuirão para a mudança cognitiva, a partir da flexibilização do pensamento e das crenças do paciente.[4] O objetivo dessa fase é lançar dúvidas acerca do processamento arraigado de informação do paciente, para que ele possa contemporizar sua maneira de interpretação. Para que o tratamento tenha efetividade, são importantes a avaliação constante do paciente sobre o entendimento conceitual e a aplicabilidade no dia a dia do que foi trabalhado em sessão, podendo o terapeuta pedir *feedback*.[8] Nessa fase, o paciente já conhece sua maneira de pensar e está apto a identificar os PA e as distorções, podendo colocá-los em dúvida.

Ao longo da etapa de intervenção, o terapeuta utiliza diferentes técnicas, de acordo com a necessidade do paciente, visando alcançar os objetivos e metas traçados pela formulação de caso. Algumas técnicas cognitivas e comportamentais utilizadas com pacientes depressivos estão descritas a seguir.

Psicoeducação

A terapia cognitiva visa a que seu paciente aprenda maneiras de ser seu próprio terapeuta durante o tratamento.[4] Nessa perspectiva, educar o paciente sobre o modelo cognitivo, ou seja, ensinar os pressupostos básicos sobre a relação da cognição com as reações emocionais e comportamentais e sobre a importância de nossos PA, faz com que o paciente prossiga na terapia de maneira colaborativa. Também é importante que o terapeuta eduque seu paciente em relação à sintomatologia da depressão e a como ela é percebida no modelo cognitivo, possibilitando a diferenciação, pelo indivíduo, dos sintomas do transtorno e de suas características pessoais. As informações sobre tais aspectos podem ser levadas pelo terapeuta por meio de vídeos, livros, *folders* informativos, entre outras matérias pertinentes que possam auxiliar no esclarecimento dos conceitos para o paciente.[15] Apesar de a psicoeducação ser desenvolvida ao longo de todo o processo terapêutico, o foco principal ocorre durante as primeiras sessões, possibilitando a familiarização do paciente com o modelo cognitivo.

Cartão de enfrentamento

A partir de questões discutidas em sessão, são desenvolvidos pequenos cartões que o paciente pode levar consigo na carteira ou ter em um lugar de fácil acesso, com o objetivo de recordar o que foi concluído em terapia. Os conteúdos dos cartões podem ser referentes à resposta adaptativa de um pensamento automático negativo identificado como recorrente e/ou a escrita de estratégias de enfrentamento funcionais e instruções motivacionais.[4]

Registro de pensamentos disfuncionais (RPD)

A identificação dos PA é parte essencial da terapia cognitiva, e o RPD é uma das principais técnicas utilizadas para tal objetivo.[2,16] O RPD pode ser utilizado em sessão para que o paciente aprenda a fazer, mas também como tarefa de casa. Os pacientes são instruídos a descrever situações nas quais são evidenciados seus sintomas depressivos, registrando a situação em si, a emoção, o comportamento e os pensamentos que surgiram diante de tal evento.[17,18] Na sessão seguinte, terapeuta e paciente abordam o conteúdo do RPD, possibilitando a discussão sobre seus erros cognitivos e as consequências emocionais e comportamentais decorrentes. À medida que o paciente vai automatizando a execução, é possível avançar nos conteúdos a serem monitorados, como o tipo de distorção realizada e o pensamento alternativo após a checagem de evidências.

Checagem de evidências

Após o paciente aprender que seus pensamentos são interpretações e não a realidade absoluta, o terapeuta busca testar junto dele a validade de seus PA identificados previamente, como pelo RPD, objetivando a reestruturação cognitiva. Por meio de questionamento socrático, busca-se a avaliação sobre a veracidade do conteúdo de seus pensamentos e de hipóteses alternativas. O paciente tende a aprender que suas ideias não devem ser aceitas sem a existência de evidências objetivas. Essa técnica visa a que o paciente, em vez de analisar de maneira dedutiva, comece a fazê-lo de maneira indutiva.[8] Essa estratégia é de extrema importância para o modelo cognitivo, pois visa, por meio da metacognição (isto é, da cognição da "cognição", entendida como estratégia reguladora dos processos mentais), alcançar a flexibilidade cognitiva. Entretanto, ela deve ser realizada com a monitoração do humor do paciente, pois o afeto permeia a capacidade de criar alternativas ao pensamento lógico. Quando o humor está mais positivo, há um êxito maior e, para isso, utilizam-se estratégias comportamentais que aceleram o processo de "sentir-se melhor".

Programação de atividades prazerosas

Pacientes depressivos tendem a ter dificuldades para identificar situações prazerosas no dia a dia, reforçados pela desesperança de um futuro positivo. Nessa perspectiva, durante a sessão, o terapeuta pode ajudar o paciente a organizar uma programação semanal com atividades que proporcionem prazer. Geralmente, pela metacognição da depressão, a evocação de atividades prazerosas não acontece, e o paciente fica ainda mais triste por não se lembrar do que lhe dá prazer em atividades. Nesses casos, incentiva-se que o paciente faça o que ele acha possível para que, ao menos, consiga sair da inanição. Em casos menos graves, essa programação pode partir de atividades já realizadas, até alcançar um nível ótimo no julgamento do paciente. Para auxiliar na visualização do impacto da programação, pode-se solicitar que o paciente registre, em um formulário de monitoramento, quais foram as atividades realizadas e que ele dê uma nota de 0 a 10 para a intensidade do prazer envolvido em sua prática.[3]

Resolução de problemas

Pacientes deprimidos, em geral, têm dificuldades para resolver problemas cotidianos, pois tendem a ter pensamentos antecipatórios negativos de que a decisão para solucionar o problema será errada e levará ao arrependimento.[8] Nessa perspectiva, é essencial ensinar ao paciente os passos necessários para resolver problemas de modo eficaz. Inicialmente, o terapeuta auxilia na construção de uma lista dos principais problemas atuais. Para cada problema definido, incentiva-se o paciente a descrever diferentes situações de soluções possíveis. Para cada solução elucidada pelo paciente, realiza-se a checagem de vantagens e desvantagens, discutindo sobre o custo-benefício de cada uma das alternativas e buscando a melhor opção para tomada de decisão de como resolver o problema. Depois de realizar isso em sessão, o terapeuta incentiva e propõe como tarefa de casa que o paciente utilize tais etapas para diferentes problemas do seu dia a dia.

Treinamento de habilidades sociais (THS)

A diminuição de interesse e satisfação pelo envolvimento em situações sociais percebida em pacientes depressivos pode causar comportamentos interpessoais inadequados. No tratamento, o THS para pacientes deprimidos tem o objetivo de auxiliar na retomada de relações sociais saudáveis que foram afetadas pelo seu estado de humor negativo. Nessa perspectiva, o THS em quadros de depressão visa aprimorar ou desenvolver habilidades de conversação e de expressão de sentimentos positivos, que normalmente não são realizadas por tal população; desenvolver o aumento da autonomia e a percepção de adequação; e abordar aspectos sobre a defesa de seus direitos e interesses, além de comportamentos assertivos.[19]

A partir do desenvolvimento dessas estratégias e dependendo da avaliação do paciente, podem ser utilizadas outras, de acordo com cada caso. Com o passar do tempo, as medidas de avaliação tanto de sintoma como de humor devem estar melhores e o terapeuta deve reavaliar constantemente a conceitualização cognitiva, verificando se houve flexibilização e modificação das crenças disfuncionais.

A última etapa do tratamento é destinada para prevenção à recaída, que objetiva a avaliação da melhora dos sintomas do paciente e a revisão das estratégias aprendidas durante a terapia.[2,18] Durante essas últimas sessões, deve-se encorajar o paciente a ter mais autonomia frente às situações identificadas, enfatizando o objetivo de cada um ser seu próprio terapeuta, enfrentando as situações de maneira independente. Também é importante educar o paciente para a possibilidade de um retorno dos sintomas da depressão e identificar possíveis novas situações de risco para trabalhar o enfrentamento. O objetivo final é que o paciente se torne seu próprio terapeuta e possa se automonitorar, isto é, identificar pensamentos automáticos constantemente para evitar a constituição rígida de esquemas latentes novamente. Ter alta da terapia não significa que o paciente está imune a ficar triste novamente ou a ativar crenças disfuncionais, mas que ele está apto a refletir sobre seu processamento cognitivo e que aprendeu técnicas de autorregulação para lidar com situações adversas. A prevenção à recaída tem alta relevância no processo terapêutico baseado na terapia cognitiva, sendo considerada uma etapa fundamental para a manutenção de ganhos terapêuticos em transtornos de humor, como a depressão.[17]

Características dos pacientes

No processo terapêutico, é essencial compreender as particularidades dos pacientes, considerando questões como o gênero, a idade e o grupo etário. A teoria de Beck sobre a depressão foi desenvolvida a partir de pacientes adultos, mas os padrões esquemáticos de pensamento, com foco nos eventos negativos, são desenvolvidos a partir de eventos da infância e da adolescência, criando uma vulnerabilidade a quadros depressivos.[9] Nessa perspectiva, intervenções nas fases da infância e da adolescência podem ter caráter preventivo ao desenvolvimento de quadros patológicos graves de depressão.

Os estudos de efetividade da terapia cognitiva para pacientes deprimidos são prevalentes na população adulta.[14] Atualmente, percebe-se que a realização de diagnósticos de depressão e intervenção em crianças e adolescentes tem sido discutida. Os sintomas de depressão devem ser avaliados de acordo com a faixa etária do paciente, sendo que a perda de interesse, por exemplo, segundo Beck e Alford[8], se reflete em situações específicas: na criança, em desinteresse em brincar; no adolescente, em tédio e desânimo; e no adulto, em desinteresse pelas atividades sexuais. As características depressivas da criança diferem, em alguns aspectos, das encontradas nos adultos, observando-se, na população infantil, a dificuldade de reconhecimento e de expressão de reações afetivas negativas, que se manifestam em outros sintomas, como dificuldade de aprendizagem, transtorno de déficit de atenção e hiperatividade, enurese, encoprese, distúrbio de sono, irritabilidade, tristeza, entre outros.[2,20]

Estudos têm apresentado resultados positivos com a intervenção da terapia cognitivo-comportamental (TCC) em adolescentes, tratando-se de prevenção primária e secundária. Uma pesquisa randomizada verificou efeitos positivos de diminuição de incidência de sintomas depressivos em intervenção grupal com uma amostra significativa de adolescentes, utilizando técnicas de reestruturação cognitiva de identificação e checagem de evidências de pensamentos negativos, além de resolução de problemas.[21] Em um estudo londrino com avaliação pré e pós-tratamento, 31 adolescentes com idade entre 16 e 18 anos participaram de sessões grupais de TCC em um período de 4 meses. Os resultados indicaram melhora na ansiedade, na depressão e na autoestima.[22]

Conforme dados nacionais e internacionais, a faixa etária predominante de indivíduos com depressão é entre 18 e 34 anos.[6,23] Por isso, pesquisas sobre a efetividade da TCC em adultos com depressão são muito relevantes. Em um recente estudo de metanálise, foram analisados 18 estudos randomizados e controlados, totalizando 1.153 participantes. Os resultados indicam que a TCC foi significativamente mais efetiva quando comparada a nenhum tratamento.[24] Também se percebe que a terapia cognitiva tende a possibilitar menor incidência de recaída a sintomas depressivos pós-tratamento que o uso isolado de medicação antidepressiva.[14]

As mulheres apresentam uma probabilidade de diagnóstico de depressão duas vezes maior que os homens.[6] Porém, percebe-se que estes têm maior resistência na identificação de seus sintomas depressivos, utilizando tipos de enfrentamento desadaptativos, como álcool, em vez de algum tipo de tratamento alternativo à psicoterapia. Alguns estudos apontam diferenças entre a depressão em homens e em mulheres, que devem ser observadas e levadas em consideração para garantir um tratamento eficaz. Entre essas diferenças, percebe-se que a população feminina tende a ter seu primeiro episódio depressivo mais cedo, além de apresentar maior sintomatologia depressiva típica em conjunto com sintomas chamados atípicos (fadiga, fome e sono em excesso) que a população masculina.[25,26]

A TCC também beneficia a população idosa com sintomas de depressão. Uma meta-análise de intervenções para tal faixa etária demonstrou efetividade da TCC quando comparada à lista de espera para tratamento e tratamentos de suporte social.[27] Algumas particularidades do paciente da terceira idade devem ser consideradas, diferenciando características da idade dos sintomas da depressão. Por exemplo, a perda de satisfação em atividades cotidianas pode ser considerada um sintoma depressivo, porém, quando se trata de um indivíduo idoso que tenha limitações físicas, a diminuição da satisfação pode acontecer pela dificuldade fisiológica de realizar as mesmas atividades. Idosos podem apresentar pensamentos disfuncionais, como "já vivi tudo que tinha para viver, agora é esperar a morte", que resultam em comportamentos de isolamento. Nesse sentido, a TCC pode auxiliar o indivíduo a ressignificar essa fase da vida, modificando o conteúdo cognitivo pessimista. O trabalho terapêutico em grupos é uma alternativa válida para pacientes da terceira idade, podendo auxiliar na modificação de seus pensamentos disfuncionais a partir das vivências de outros, e também incentivando novos relacionamentos interpessoais.

Considerações finais

A alta prevalência de depressão no Brasil requer dos profissionais da saúde intervenções empiricamente embasadas que deem conta de tal demanda. Conforme apresentado neste capítulo, diversos estudos nacionais e internacionais evidenciam a utilização e a eficácia da TCC para o tratamento da depressão, enfatizando a importância de considerar as cognições como importantes elementos nos transtornos psicológicos. A TCC é uma abordagem relativamente nova se comparada a outras, como a psicanálise, e começou a ser estudada com pacientes depressivos. Atualmente, no entanto, vem sendo utilizada para diversos outros transtornos e contextos. A ideia da modificação cognitiva a partir da identificação de distorções é a base da teoria, mas utilizar a mudança de comportamentos para facilitar essa modificação também é um aspecto central e contribui para o entendimento da perpetuação dos sintomas.

Nesse processo, percebe-se que, a partir da compreensão dos pensamentos automáticos, das crenças intermediárias e das crenças centrais, terapeuta e paciente trabalham ativamente em uma relação empática e colaborativa. Assim, as temáticas de desamor, desvalor e desamparo deixam de ser reforçadas, e passam a ser utilizadas técnicas como psicoeducação, cartão de enfrentamento, registro de pensamentos disfuncionais, checagem de evidências, programação de atividades prazerosas e treinamento em habilidades sociais. Conhecer, por meio da psicoeducação, sua própria conceitualização cognitiva faz com que o paciente possa entender a maneira como ele se vê, como vê o mundo e como vê o futuro, evitando recaídas e melhorando a qualidade de vida. Assim, o autoconhecimento atua como estratégia reguladora, fundamentando os ganhos pós-terapia, e o automonitoramento serve como sinalizador de possíveis estratégias corretivas de distorções. As estratégias ensinadas aos pacientes já foram descritas pela literatura, mas também podem ser adaptadas de acordo com cada realidade e preferência.

Cabe salientar que deve haver cuidados especiais no tratamento de pacientes deprimidos, como a prevenção ao suicídio, a adequação das técnicas à faixa etária e o tratamento com grupos. Fica evidente a importância da compreensão do modelo teórico para a utilização das técnicas, a fim de que elas sejam inseridas de acordo com as necessidades apontadas no processo terapêutico. Não foram encontradas contraindicações do modelo a pacientes depressivos, mas é necessário avaliar a indicação de tratamento combinado, principalmente em pacientes de risco. Sabe-se que, de maneira geral, pacientes com maior capacidade cognitiva e maior motivação têm maior adesão ao modelo e terão mais ganhos em um menor tempo de processo. No entanto, ainda são necessárias mais pesquisas de efetividade da TCC em outros contextos que não sejam os consultórios privados e o ambiente de internação, principalmente no campo da saúde pública.

Referências bibliográficas

1. Sudak DM. Terapia cognitivo-comportamental na prática. Porto Alegre: Artmed; 2008.
2. Andretta I, Oliveira MS. Manual prático de terapia cognitivo-comportamental. São Paulo: Casa do Psicólogo; 2011.
3. Wright JH, Basco MR, Thase ME. Aprendendo a terapia cognitivo-comportamental: um guia ilustrado. Porto Alegre: Artmed; 2008.
4. Beck JS. Terapia cognitiva: teoria e prática. Porto Alegre: Artmed; 1997.
5. Beck AT. Cognitive models of depression. In: Leahy RL, Dowd ET, editors. Clinical advances in cognitive psychotherapy: theory and application. New York: Springer; 2002. p. 29-61.
6. Bromet E, Andrade LH, Hwang I, Sampson NA, Alonso J, Girolamo G, et al. Cross-national epidemiology of DSM-IV major depressive episode. BMC Medicine. 2011:9-90.
7. American Psychiatric Association. Manual diagnóstico e estatístico de transtornos mentais. DSM-5. 5. ed. Porto Alegre: Artmed; 2014.
8. Beck AT, Alford BA. O poder integrador da terapia cognitiva. Porto Alegre: Artmed; 2000.
9. Leahy RL, organizador. Terapia cognitiva contemporânea: teoria, pesquisa e prática. Porto Alegre: Artmed; 2010.
10. Kuhn RP, Andretta I. Formulação de caso. In: Andretta I, Oliveira MS. Manual prático de terapia cognitivo-comportamental. São Paulo: Casa do Psicólogo; 2011. p. 163-77.
11. Rodrigues V, Horta R. Modelo cognitivo-comportamental da depressão. In: Andretta I, Oliveira MS. Manual prático de terapia cognitivo-comportamental. São Paulo: Casa do Psicólogo; 2011. p. 235-48.
12. Endler NS, Rutherford A, Denisoff E. Beck depression inventory: exploring its dimensionality in a nonclinical population. J Clin Psychol. 1999;55(10):1307-12.
13. Freitas PB, Rech T. O uso da terapia cognitivo-comportamental no tratamento do transtorno depressivo: uma abordagem em grupo. Barbaroi. 2010;32:98-113.
14. Rupke SJ, Blecke D, Renfrow M. Cognitive therapy for depression. Am Fam Physician. 2006;73(1):83-6.
15. Canals AA, Figueiredo AL, Souza S, Argimon IL. Modelo cognitivo-comportamental do transtorno distímico. In: Andretta I, Oliveira MS. Manual prático de terapia cognitivo-comportamental. São Paulo: Casa do Psicólogo; 2011. p. 249-61.
16. Greenberger D, Padesky CA. A mente vencendo o humor. Porto Alegre: Artmed; 1999.
17. Clark DA, Beck AT. Terapia cognitiva para os transtornos de ansiedade. Porto Alegre: Artmed; 2012.
18. Powell VB, Abreu N, Oliveira IR, Sudak D. Terapia cognitivo-comportamental da depressão. Rev Bras Psiquiatr. 2008;30(Supl II):S73-80.
19. Caballo VE. Manual de avaliação e treinamento em habilidades sociais. São Paulo: Santos; 2003.
20. Schwan S, Ramires VRR. Depressão em crianças: uma breve revisão de literatura. Psicol Argum. 2011;29(67):457-68.
21. Garber J, Clarke GN, Weersing VR, Beardslee WR, Brent DA, Gladstone TR, et al. Prevention of depression in

at-risk adolescents: a randomized controlled trial. JAMA. 2009;301(21):2215-24.
22. Sclare I, Michelson D, Malpass L, Coster F, Brown J. Innovations in practice: DISCOVER CBT workshops for 16-18-year-olds: development of an open-access intervention for anxiety and depression in inner-city youth. Child and Adolescent Mental Health. 2005;20(2):102-6.
23. Andrade LH, Wang YP, Andreoni S, Silveira CM, Alexandrino-Silva C, Siu ER, et al. Mental disorders in megacities: findings from the São Paulo megacity mental health survey, Brazil. PLoS One. 2012;7(2):e31879.
24. Honyashiki M, Furukawa TA, Noma H, Tanaka S, Chen P, Ichikawa K, et al. Specificity of CBT for depression: a contribution from multiple treatments meta-analyses. Cogn Ther Res. 2014;38(3):249-60.
25. Wilhelm KA. Men and depression. AFP. 2009;38(3):102-5.
26. Smith DJ, Kyle S, Forty L, Cooper C, Walters J, Russell E, et al. Differences in depressive symptom profile between males and females. J Affect Disord. 2008;108(3):279-84.
27. Gould RL, Coulson MC, Howard RJ. Cognitive behavioral therapy for depression in older people: a meta-analysis and meta-regression of randomized controlled trials. J Am Geriatr Soc. 2012;60(10):1817-30.

87 Terapia Cognitivo-Comportamental para Transtornos do Impulso

Tatiana Zambrano Filomensky, Renata Fernandes Maransaldi e Marcelo Peixoto Gonçalves

Introdução

Desde o século 18, a literatura relata pessoas que apresentavam comportamentos relacionados à perda de controle. Um exemplo é o caso de Maria Antonieta[1], última rainha da França antes da Revolução Francesa de 1789, descrita como uma figura caprichosa que gastava de maneira extravagante; existe também o relato de Hipócrates, que descreveu o primeiro caso de um jovem que arrancava os próprios cabelos.[2]

Na literatura médica, o primeiro autor a providenciar um enquadre nosológico para comportamentos relacionados à perda de controle, classificados atualmente como Transtornos do Controle do Impulso (TCI), foi Esquirol (1838)[3], com o termo *monomania*, que descreve pacientes que apresentavam um transtorno focal da mente, que, em todos os outros aspectos, encontrava-se intacta. A síndrome estava subdividida em três tipos: instintiva, delirante e raciocinante. As duas últimas são referências clássicas de dois diagnósticos atuais, respectivamente: transtorno delirante não esquizofrênico e transtorno obsessivo-compulsivo (TOC). Mas o conceito de monomania foi abandonado por ser muito abrangente, reunindo ao mesmo tempo síndromes psicóticas e não psicóticas.

O termo *klopemania* foi utilizado pela primeira vez em 1816 pelo psiquiatra suíço André Matthey para descrever os ladrões que roubavam impulsivamente itens desnecessários devido à insanidade.[4]

No início do século 20, os psiquiatras Bleuler e Kraepelin escreveram sobre compra compulsiva (oniomania). Segundo Bleuler[5],

> o elemento particular na oniomania é a impulsividade; eles não podem evitá-la, o que algumas vezes se expressa inclusive no fato de que, a despeito de ter uma boa formação acadêmica, os pacientes são absolutamente incapazes de pensar diferente e de conceber as consequências sem sentido de seu ato e as possibilidades de não o realizar.

Foi somente em 1980 que os TCI passaram a fazer parte da nosografia psiquiátrica, nomeados no DSM-III como Transtornos do Controle do Impulso Não Classificado em Outros Lugares. No DSM-IV-TR, os TCI têm uma classificação específica, que engloba jogo patológico, transtorno explosivo intermitente, piromania, cleptomania e tricotilomania. Os demais transtornos são incluídos na categoria residual para TCI sem outra especificação, que engloba dependência de internet e videogame, compra compulsiva, comer compulsivo, impulso sexual excessivo, dermatotilexomania, automutilação recorrente, amor patológico e ciúme patológico.[6]

É importante destacar que a característica essencial dos TCI, segundo o DSM-IV-TR, é o fracasso em resistir a um impulso ou à tentação de executar um ato perigoso para si próprio ou para terceiros. Na maioria dos TCI, o indivíduo sente uma crescente tensão ou excitação antes de cometer o ato e, então, experimenta prazer, gratificação ou alívio no momento de cometê-lo, podendo ou não haver arrependimento, autorrecriminação ou culpa.[7] A impulsividade é descrita como característica do comportamento marcada por reações rápidas e não planejadas, em que a avaliação das consequências é parcial ou inexistente, focando-se preferencialmente em aspectos imediatos em detrimento das consequências de longo prazo.[3]

A partir do DSM-5[8], os TCI passaram para a categoria nomeada Transtornos Disruptivos, do Controle de Impulsos e da Conduta. Com essa mudança, a categoria passou a agrupar os seguintes quadros: transtorno explosivo intermitente; cleptomania; piromania; transtorno desafiador de oposição; transtorno de conduta; e transtorno antissocial. Tricotilomania e transtorno de escoriação (skin picking) foram transferidos para a categoria diagnóstica de TOC e transtornos associados; e o transtorno de jogo patológico passou para a categoria dos Transtornos Relacionados a Substâncias e Transtornos Aditivos.

A categoria dos Transtornos Disruptivos, do Controle de Impulsos e da Conduta contém também a classificação: Outro Transtorno Disruptivo, do Controle de Impulsos ou da Conduta Não Especificado, em que estão enquadrados os outros transtornos do impulso que ainda não têm classificação própria, como dependência de tecnologia; impulso sexual excessivo, amor patológico, ciúme patológico; compras compulsivas; e automutilação.

Segundo o DSM-5, "os transtornos disruptivos, do controle de impulsos e da conduta incluem condições que envolvem problemas de autocontrole, de emoções e de comportamentos". Enquanto outros transtornos do DSM-5 também podem envolver problemas na regulação emocional e/ou comportamental, os transtornos incluídos neste capítulo são exclusivos, no sentido de que se manifestam em comportamentos que violam os direitos dos outros (p. ex., agressão, destruição de propriedade) e/ou colocam o indivíduo em conflito significativo com normas sociais e figuras de autoridade.[8]

Fundamentação teórica

O comportamento impulsivo dos TCI é um fenômeno multidimensional caracterizado pela desinibição comportamental e pode ser atribuído a diferentes origens, envolvendo: instabilidade afetiva com perda da ação reguladora dos afetos sobre o comportamento; instabilidade cognitiva por debilidade dos sistemas atencionais e perda de foco; deficiência de empatia que impede a regulação do comportamento pelo contexto social; desejos imperiosos que não admitem adiamento de gratificação, como os observados nas dependências e na dificuldade de contenção de impulsos agressivos.[9]

Tavares[10] propõe a divisão didática dos fenômenos impulsivos em seis categorias:

- Avidez (impulsividade motivada): associada ao sistema de gratificação cerebral, relaciona-se a afetos positivos previamente experimentados ou provocados pela antecipação dos efeitos de um estímulo potencialmente gratificante
- Instabilidade afetiva: associada à volatilidade afetiva, caracterizada por rápida alternância de afetos, reações catastróficas a ameaças de abandono reais ou imaginadas, sensação crônica de vazio interior e prejuízo de identidade
- Instabilidade cognitiva: associada a déficits cognitivos e de funções executivas, como desatenção e dificuldade de concentração
- Irritabilidade: apresenta-se mais comumente quando o indivíduo se depara com um obstáculo que impede seu acesso ao objeto de desejo, podendo até mesmo apresentar uma conduta mais agressiva
- Deficiência empática e conduta antissocial: está relacionada à falta de estabilidade afetiva e ao agravante da falta de tolerância para com o próximo
- Descontrole e perturbação de impulsos primários: instintos, como sexo, comida etc.

Estima-se que 8% da população apresente algum TCI, excluindo dependências químicas e outros transtornos psiquiátricos que envolvem sintomas de impulsividade.[9]

Os TCI têm início em geral na adolescência ou no princípio da vida adulta, resultando em problemas ocupacionais, legais, interpessoais e financeiros.

A seguir, estão descritos os diferentes TCI com seus respectivos critérios diagnósticos.

Amor patológico

Alguns autores defendem que amor patológico (AP) e dependência de álcool e outras drogas apresentam características semelhantes. A partir dessa comparação e da experiência no Ambulatório Integrado dos Transtornos do Impulso (PRO-AMITI – IPq-HC-FMUSP), foram verificados pelo menos seis critérios em comum:[11]

- Há sinais e sintomas de abstinência. Quando o(a) parceiro(a) está distante (física ou emocionalmente), ou perante ameaça de abandono, podem ocorrer: insônia, taquicardia, tensão muscular, alternando-se períodos de letargia e imensa atividade. O caráter temporal está em discussão
- O ato de cuidar do(a) parceiro(a) ocorre com maior frequência do que gostaria
- Há tentativas frustradas de diminuir ou interromper a atenção dada ao/à companheiro(a)
- É despendido muito tempo para controlar as atividades do(a) parceiro(a)

- Há o abandono de interesses sociais e atividades antes valorizadas. Como o indivíduo passa a viver em função dos interesses do(a) parceiro(a), as atividades propiciadoras da realização pessoal e profissional são deixadas de lado, como cuidado com os filhos, atividades profissionais, convívio com colegas etc.
- O AP mantém-se, apesar dos problemas pessoais, familiares e profissionais. Mesmo consciente dos danos advindos desse comportamento para a qualidade de vida, persiste a queixa, por parte do paciente, de não conseguir controlar tal conduta.

Ciúme patológico

O ciúme patológico (CP) é descrito como uma suspeita infundada de infidelidade do(a) parceiro(a), que modifica pensamentos, sentimentos e comportamento; o paciente pode interpretar incidentes irrelevantes como evidência conclusiva de traição, enquanto se recusa a mudar seus pontos de vista, mesmo quando confrontado com informações conflitantes.[12]

O paciente pode apresentar sentimentos de raiva, medo, culpa e tristeza, acarretando muitas vezes violência verbal ou física contra o(a) parceiro(a) ou terceiros. Os pensamentos relacionados às suspeitas da infidelidade são irracionais. Esses pensamentos e comportamentos provocam angústias e prejuízos nos relacionamentos emocionais, sexuais e sociais.

O ciúme pode afetar ambos os sexos. Entretanto, muitos pesquisadores acreditam que as mulheres estão mais preocupadas com a infidelidade emocional, enquanto os homens, com a infidelidade sexual. Baixa autoestima está muitas vezes relacionada a ciúme patológico.

Automutilação (autolesão não suicida)

Pode ser definida como qualquer comportamento intencional envolvendo agressão direta ao próprio corpo sem intenção consciente de suicídio. Esse comportamento é repetitivo, podendo chegar a mais de 100 vezes em um período de 12 meses.[13]

Os critérios diagnósticos para autolesão não suicida, de acordo com o DSM-5, são:[8]

- No último ano, o indivíduo se engajou, em 5 ou mais dias, em dano intencional autoinfligido à superfície de seu corpo, provavelmente induzindo sangramento, contusão ou dor (p. ex., cortar, queimar, fincar, bater, esfregar excessivamente), com a expectativa de que a lesão levasse somente a um dano físico menor ou moderado (i. e., não houve intenção suicida)
- O indivíduo se engaja em comportamento de autolesão com uma ou mais das seguintes expectativas:
    - Obter alívio de um estado negativo de sentimento ou de cognição
    - Resolver uma dificuldade interpessoal
    - Induzir um estado de sentimento positivo
- A autolesão intencional está associada a pelo menos um dos seguintes:
    - Dificuldades interpessoais ou sentimentos ou pensamentos negativos, como depressão, ansiedade, tensão, raiva, angústia generalizada ou autocrítica, ocorrendo no período imediatamente anterior ao ato da autolesão
    - Antes do engajamento no ato, um período de preocupação com o comportamento pretendido que é difícil de controlar
    - Pensar na autolesão que ocorre frequentemente, mesmo quando não praticada
- O comportamento não é socialmente aprovado (p. ex., *piercing* corporal, tatuagem, parte de um ritual religioso ou cultural) e não está restrito a arrancar cascas de feridas ou roer unhas
- O comportamento ou suas consequências causam sofrimento clinicamente significativo ou interferência no funcionamento interpessoal, acadêmico ou em outras áreas importantes
- O comportamento não ocorre exclusivamente durante episódios psicóticos, *delirium*, intoxicação por substâncias ou abstinência de substâncias. Em indivíduos com transtorno do neurodesenvolvimento, o comportamento não faz parte de um padrão de estereotipias repetitivas. O comportamento não é mais bem explicado por outro transtorno mental ou condição médica.

Cleptomania

A cleptomania caracteriza-se pela falha recorrente em resistir ao impulso de furtar objetos desnecessários para uso pessoal ou destituídos de valor monetário.

Os critérios diagnósticos para cleptomania, de acordo com o DSM-5, são:[8]

- Falha recorrente em resistir aos impulsos de roubar objetos que não são necessários para uso pessoal ou por seu valor monetário
- Sensação crescente de tensão imediatamente antes de cometer o furto
- Prazer, gratificação ou alívio no momento de cometer o furto

- O ato de furtar não é cometido para expressar raiva ou vingança e não ocorre em resposta a um delírio ou a uma alucinação
- O ato de roubar não é mais bem explicado por transtorno da conduta, por um episódio maníaco ou por transtorno da personalidade antissocial.

Indivíduos com cleptomania geralmente tentam resistir ao impulso de roubar e têm consciência de que estão fazendo algo errado e sem sentido.[8] Sua prevalência varia entre 4 e 24% dos indivíduos presos por furtos em lojas e entre 0,3 e 0,6% da população em geral. Ocorre com três vezes mais frequência em mulheres que em homens.

Piromania

Não existem dados epidemiológicos para a piromania, pois sua incidência é muito rara. Entretanto, tende a ocorrer mais em homens que em mulheres.

Os critérios diagnósticos para piromania, de acordo com o DSM-5, são:[8]

- Incêndio provocado de maneira deliberada e propositalem mais de uma ocasião
- Tensão ou excitação afetiva antes do ato
- Fascinação, interesse, curiosidade ou atração pelo fogo e seu contexto situacional (p. ex., equipamentos, usos, consequências)
- Prazer, gratificação ou alívio ao provocar incêndios ou quando testemunhando ou participando de suas consequências
- O incêndio não é provocado com fins monetários, como expressão de uma ideologia sociopolítica, para ocultar atividades criminosas, para expressar raiva ou vingança, para melhorar as circunstâncias de vida de uma pessoa, em resposta a um delírio ou alucinação ou como resultado de julgamento alterado (p. ex., no transtorno neurocognitivo maior, na deficiência intelectual – transtorno do desenvolvimento intelectual –, na intoxicação por substâncias)
- A provocação de incêndios não é mais bem explicada por transtorno de conduta, por um episódio maníaco ou por um transtorno de personalidade antissocial.

Compra compulsiva

É caracterizada por um excesso de preocupações e desejos relacionados à aquisição de objetos e por um comportamento incapaz de controlar os gastos. Os critérios propostos por McElroy[14] são os mais usados na atualidade, na medida em que o transtorno da compra compulsiva representa uma categoria residual dentro dos Transtornos do Controle do Impulso, carecendo ainda de classificação diagnóstica mais precisa. Os critérios diagnósticos são:

- Preocupação, impulsos ou comportamentos mal adaptativos envolvendo compras, como indicado por, ao menos, um dos seguintes critérios:
  - Preocupação frequente com compras ou impulso de comprar irresistível, intrusivo ou sem sentido
  - Comprar mais do que pode, comprar itens desnecessários ou por mais tempo que o pretendido
- A preocupação com compras, os impulsos ou o ato de comprar causam sofrimento marcante, consomem tempo significativo e interferem no funcionamento social e ocupacional ou resultam em problemas financeiros
- As compras compulsivas não ocorrem exclusivamente durante episódios de hipomania ou mania.

É fundamental reforçar que o diagnóstico não se baseia na quantia de dinheiro gasta em compras, mas em como o dinheiro é gasto e na angústia causada por tal comportamento.

Em recente metanálise, Maraz et al.[15] indicam que a prevalência da compra compulsiva na população está em torno de 5%.

Dependência tecnológica (DT)

Young[16], que vem desenvolvendo muitos estudos nesta área, observou inicialmente que as características da dependência química serviriam também para o diagnóstico de DT. Entretanto, após 2 anos e algumas pesquisas, a autora modificou seus parâmetros e passou a utilizar alguns critérios descritos no DSM-IV para jogo patológico.

Os critérios indicativos de dependência tecnológica são:[17]

- Preocupação excessiva com a internet
- Necessidade de aumentar o tempo conectado para ter a mesma satisfação
- Exibir esforços repetitivos para diminuir o tempo de uso da internet
- Apresentar irritabilidade e/ou depressão
- Quando o uso de internet é restringido, apresentar labilidade emocional (internet como modo de regulação emocional)
- Permanecer mais tempo conectado que o programado
- Ter o trabalho e as relações familiares e sociais em risco pelo uso excessivo
- Mentir a respeito da quantidade de horas conectadas.

Jogo patológico

O ato de jogar envolve arriscar algo valioso na esperança de obter um resultado mais valioso ainda. Em diversas culturas, os indivíduos apostam em jogos e eventos, e a maioria o faz sem problemas. Contudo, algumas pessoas desenvolvem um comprometimento considerável com seu comportamento de jogo. A característica essencial do transtorno do jogo é o comportamento de jogo desadaptativo, persistente e recorrente, que perturba os objetivos pessoais, familiares e/ou profissionais.[8]

Os critérios diagnósticos para jogo patológico, de acordo com o DSM-5, são:[8]

- Comportamento de jogo problemático, persistente e recorrente, levando a sofrimento ou comprometimento clinicamente significativo, conforme indicado pela apresentação de quatro (ou mais) dos seguintes critérios em um período de 12 meses:
  - Necessidade de apostar quantias cada vez maiores a fim de obter a excitação desejada
  - Inquietude ou irritabilidade quando tenta reduzir ou interromper o hábito de jogar
  - Esforços repetidos e malsucedidos no sentido de controlar, reduzir ou interromper o hábito de jogar
  - Preocupação frequente com o jogo (p. ex., apresenta pensamentos persistentes sobre experiências de jogo passadas, avalia possibilidades ou planeja a próxima quantia a ser apostada, pensa em modos de obter dinheiro para jogar)
  - Frequentemente joga quando se sente angustiado (p. ex., sentimentos de impotência, culpa, ansiedade, depressão)
  - Após perder dinheiro no jogo, frequentemente volta outro dia para ficar "quite" ("recuperar o prejuízo")
  - Mente para esconder a extensão de seu envolvimento com o jogo
  - Prejudicou ou perdeu um relacionamento significativo, o emprego ou uma oportunidade educacional ou profissional em razão do jogo
  - Depende de outras pessoas para obter dinheiro a fim de saldar situações financeiras desesperadoras causadas pelo jogo
- O comportamento de jogo não é mais bem explicado por um episódio maníaco.

Na população geral, a taxa de prevalência ao longo da vida para jogo compulsivo é estimada entre 0,2 e 1%, sendo de 0,2% para mulheres e de 0,6% para homens.

Impulso sexual excessivo

O impulso sexual excessivo é caracterizado por fantasias sexuais e comportamentos (p. ex., masturbação excessiva, uso excessivo de pornografia, múltiplos parceiros sexuais casuais) que aumentam em intensidade e frequência ao longo do tempo e que levam a prejuízos pessoais, interpessoais e profissionais.[18]

Os critérios diagnósticos para impulso sexual excessivo são baseados nos critérios do DSM-IV para dependência de substâncias, devido às semelhanças observadas entre os quadros:[18]

- Padrão mal adaptativo de comportamento sexual que leva a prejuízo clinicamente significativo nos últimos 12 meses, caracterizado por três ou mais dos seguintes itens:
  - Tolerância
  - Abstinência
  - Impulso sexual frequente
  - Esforços malsucedidos para controlar o impulso sexual
  - Gasto significativo de tempo se preparando para o impulso sexual
  - Redução de atividades sociais ou profissionais em função do impulso sexual
  - O impulso sexual continua apesar das consequências negativas.

Não existem dados epidemiológicos sobre impulso sexual excessivo no Brasil, mas estimativas nos EUA apontam para incidência de cerca de 5% da população adulta, com proporção de 8 homens para cada mulher que busca tratamento.[19]

Transtorno explosivo intermitente (TEI)

A característica básica do TEI é a incapacidade de controlar comportamentos agressivos em resposta a provocações vivenciadas subjetivamente (i. e., estressores psicossociais) que, em geral, não resultariam em explosões agressivas; essas explosões duram menos de 30 min. Sua prevalência anual nos EUA é de 2,6%.[20]

Os critérios diagnósticos para o transtorno explosivo intermitente, de acordo com o DSM-5, são:[8]

- Explosões comportamentais recorrentes, representando falha no controle de impulsos agressivos, conforme manifestado por um dos seguintes aspectos:
  - Agressão verbal (p. ex., acessos de raiva, lesões, discussões ou agressões verbais) ou agressão física dirigida a propriedade, animais ou outros indivíduos, ocorrendo em média 2 vezes/semana, durante um período

de 3 meses. A agressão física não resulta em danos ou destruição de propriedade nem em lesões físicas em animais ou em outros indivíduos
- Três explosões comportamentais envolvendo danos ou destruição de propriedade e/ou agressão física envolvendo lesões físicas contra animais ou outros indivíduos ocorrendo dentro de um período de 12 meses
• A magnitude da agressividade expressa durante as explosões recorrentes é grosseiramente desproporcional em relação à provocação ou a quaisquer estressores psicossociais precipitantes
• As explosões de agressividade recorrentes não são premeditadas (i. e., são impulsivas e/ou decorrentes de raiva) e não têm por finalidade alcançar algum objetivo tangível (p. ex., dinheiro, poder, intimidação)
• As explosões de agressividade recorrente causam sofrimento acentuado ao indivíduo ou prejuízo no funcionamento profissional ou interpessoal ou estão associadas a consequências financeiras ou legais
• A idade cronológica é de pelo menos 6 anos (ou um nível de desenvolvimento equivalente)
• As explosões de agressividade recorrente não são mais bem explicadas por outro transtorno mental (p. ex., transtorno depressivo maior, transtorno bipolar, transtorno disruptivo da regulação do humor, transtorno psicótico, transtorno da personalidade antissocial, transtorno da personalidade borderline) e não são atribuíveis a outra condição médica (p. ex., traumatismo craniano, doença de Alzheimer) ou aos efeitos fisiológicos de uma substância (p. ex., droga de abuso, medicamento). No caso de crianças com idade entre 6 e 18 anos, o comportamento agressivo que ocorre como parte do transtorno de adaptação não deve ser considerado para este diagnóstico.

Tricotilomania

A característica essencial da tricotilomania é arrancar o próprio cabelo de maneira recorrente. Esse comportamento pode ocorrer em qualquer região do corpo em que crescem pelos; os locais mais comuns são o couro cabeludo, as sobrancelhas e os cílios. Na população em geral, a estimativa de prevalência de 12 meses em adultos e adolescentes é de 1 a 2%, sendo mais frequente no sexo feminino, em uma razão de 10:1.[8]

Os critérios diagnósticos para tricotilomania, de acordo com o DSM-5, são:[8]

• Arrancar o próprio cabelo de modo recorrente, resultando em perda de cabelo
• Tentativas repetidas de reduzir ou parar o comportamento de arrancar cabelo
• O ato de arrancar cabelo causa sofrimento clinicamente significativo ou prejuízo no funcionamento social, profissional ou em outras áreas importantes da vida do indivíduo
• O ato de arrancar cabelo ou a perda de cabelo não se deve a outra condição médica (p. ex., uma condição dermatológica)
• O ato de arrancar cabelo não é mais bem explicado pelos sintomas de outro transtorno mental (p. ex., tentativas de melhorar um defeito ou uma falha percebida na aparência, no transtorno dismórfico corporal).

Transtorno de escoriação (skin picking)

A característica essencial do transtorno de escoriação é o beliscar recorrente da própria pele. Os locais mais comumente beliscados são rosto, braços e mãos, porém muitos indivíduos beliscam múltiplas partes do corpo.[8]

Os critérios diagnósticos para o transtorno de escoriação, de acordo com o DSM-5, são:[8]

• Beliscar a pele de maneira recorrente, resultando em lesões
• Tentativas repetidas de reduzir ou parar o comportamento de beliscar a pele
• O ato de beliscar a pele causa sofrimento clinicamente significativo ou prejuízo no funcionamento social, profissional ou em outras áreas importantes da vida do indivíduo
• O ato de beliscar a pele não se deve aos efeitos fisiológicos de uma substância (p. ex., cocaína) ou a outra condição médica (p. ex., escabiose)
• O ato de beliscar a pele não é mais bem explicado pelos sintomas de outro transtorno mental (p. ex., delírios ou alucinações táteis em um transtorno psicótico, tentativas de melhorar um defeito ou uma falha percebida na aparência, no transtorno dismórfico corporal, estereotipias no transtorno de movimento estereotipado ou intenção de causar danos a si mesmo na autolesão não suicida).

Na população em geral, a prevalência em adultos é de 1,4% ou um pouco mais, sendo as mulheres a maioria.[8]

Princípios da terapia cognitivo-comportamental

A terapia cognitiva (TC) teve início entre o fim da década 1960 e início dos anos 1970, sendo desenvolvida por Aaron Beck. É uma psicoterapia breve e estruturada para depressão, com o foco principal no presente. Antes mesmo do desenvolvimento das estratégias terapêuticas, o fundador da TC preocupou-se em formular uma base teórica coerente: as diretrizes para desenvolver e avaliar o novo sistema de psicopatologia e psicoterapia de modo a construir uma teoria abrangente de psicopatologia que dialogasse bem com a abordagem psicoterápica, além de pesquisar as bases empíricas para a teoria e conduzir estudos empíricos para testar a eficácia da terapia.[21]

A terapia cognitivo-comportamental baseia-se na formulação do desenvolvimento do paciente, focalizando seus problemas. Inicialmente, enfatiza o presente e requer participação e colaboração ativas; visa a um tempo determinado; suas sessões são estruturadas; é educativa; enfatiza a prevenção de recaída; requer uma aliança terapêutica segura; e ensina os pacientes a identificarem, avaliarem e responderem a seus pensamentos e crenças disfuncionais.

Embora esses princípios norteiem sua prática, para o tratamento dos TCI, alguns aspectos devem ser ressaltados, em razão das características específicas, da gravidade e das particularidades de cada um dos transtornos dessa categoria. Segundo Beck:[22]

- A terapia cognitiva baseia-se em uma contínua formulação do paciente e de seus problemas em termos cognitivos. Conceitua as dificuldades de pensamento, emoção e comportamento, identifica os fatores precipitantes e levanta hipóteses sobre eventos-chave do desenvolvimento e padrões duradouros de interpretação
- A terapia cognitiva requer uma aliança terapêutica sólida, que inclui cordialidade, empatia, atenção, respeito genuíno e competência
- As sessões de terapia são estruturadas independentemente do diagnóstico ou do momento do tratamento. Seguir um formato estabelecido torna o processo mais compreensível para o cliente e aumenta a probabilidade de que ele seja capaz de generalizar os ganhos terapêuticos e de fazer autoterapia no futuro
- A terapia ensina os clientes a identificarem, avaliarem e responderem a seus pensamentos e suas crenças disfuncionais por meio do questionamento socrático.

Uma vez que os pacientes com TCI com frequência encontram-se ambivalentes com a possibilidade de mudança, têm um reforçador positivo para a manutenção do comportamento e apresentam altos índices de abandono precoce do tratamento, são necessários cuidado e atenção especiais a esses princípios da terapia cognitiva para aumentar as probabilidades de êxito terapêutico.

Fases do tratamento

- Avaliação do quadro, consequências, fatores predisponentes, fatores mantenedores e recursos do paciente para lidar com a situação
- Promoção de aliança terapêutica
- Aumento da motivação para a mudança e trabalho com a ambivalência
- Enfrentamento/diminuição do comportamento-alvo
- Modificação das situações predisponentes e desenvolvimento de habilidades de enfrentamento
- Identificação de gatilhos e situações de risco e prevenção de recaídas.

Processo terapêutico

Como afirmado anteriormente, nos TCI, os papéis do terapeuta e da relação terapêutica têm fundamental importância, sendo necessário, em muitos momentos, estimular e promover o aumento da motivação para a mudança, a flexibilidade para lidar com a ambivalência e a criatividade para ajudar a promover estratégias de prevenção de recaídas.

Outro ponto crucial está na manutenção de uma postura empática que possibilite a vinculação do paciente. Como muitos dos TCI envolvem comportamentos socialmente condenáveis, eles tendem a desencadear sentimentos intensos de vergonha, arrependimento ou autocrítica exagerada nos pacientes, contribuindo para a dificuldade de procurar ajuda ou de conseguir se manter no tratamento.

Pacientes com TCI, com frequência, não seguem as recomendações ou não mantêm a adesão ao tratamento, apresentando altas taxas de abandono precoce. Isso pode ocorrer por dois motivos:[23]

- Os pacientes com frequência acreditam que estão melhores do que estão de fato, quando ocorre alguma melhora e, portanto, passam a perceber o tratamento como desnecessário
- Os pacientes não apresentam melhora instantânea e, portanto, abandonam o tratamento.

Esses dois aspectos podem ser minimizados com uma psicoeducação detalhada acerca das características da doença, das expectativas para o tratamento e da necessidade de permanecer em tratamento até o final.

A entrevista motivacional (EM) tem sido utilizada também antes de iniciar o processo terapêutico em TCC com o objetivo de preparar o paciente para o estágio de mudança, no qual ele reconhece o problema, percebe que o problema está atrapalhando sua vida e pensa em mudar esse comportamento. A EM recebeu influências de várias abordagens, como a terapia cognitiva, a teoria sistêmica e a psicologia social, mas é baseada na terapia centrada no cliente, desenvolvida por Carl Rogers e proposta inicialmente em 1983, por William Miller e Stephen Rollnick, para os transtornos aditivos. A terapia centrada no cliente vem sendo largamente estudada para diferentes patologias que exigem mudanças de comportamento.

Muitas das características presentes nos TCI podem contribuir para a falta de motivação para mudar ou interromper os comportamentos. Esses comportamentos têm uma característica hedônica (os indivíduos acham que são recompensadores ou estimulantes em alguma medida) e, em muitos casos, o desejo real é de poder evitar as consequências negativas do comportamento, e não o comportamento em si.[23]

Em razão da gravidade dos TCI, pode ser importante informar e combinar com o paciente a necessidade de se incluir a família ou outra pessoa importante para ele no processo terapêutico, como maneira de potencializar o trabalho terapêutico.

Técnicas cognitivo-comportamentais aplicadas ao tratamento de TCI

Dessensibilização progressiva por meio de imagens mentais

A dessensibilização sistemática é uma técnica terapêutica derivada de procedimentos de aprendizagem. A dessensibilização é um procedimento de contracondicionamento no qual são apresentados estímulos reforçadores e aversivos simultaneamente.[24] O resultado obtido é uma diminuição da frequência das respostas de esquiva e de ansiedade, mesmo na presença de um estímulo com propriedades aversivas.

A técnica consiste em levar o cliente a desenvolver respostas contrárias às de ansiedade, em uma primeira etapa, e, posteriormente, colocá-lo em situações gradualmente controladas em que a estimulação aversiva esteja presente.

Sensibilização encoberta

Segundo Caballo[24], essa técnica comportamental é semelhante à punição direta e objetiva a diminuição da probabilidade de ocorrência de um comportamento por meio da apresentação de um estímulo aversivo imaginado imediatamente após a ocorrência (imaginada) de um comportamento (não desejado). A técnica é indicada em todos os comportamentos de aproximação que são desadaptativos e tem sido utilizada para problemas de alcoolismo, obesidade, comportamentos antissociais e comportamentos obsessivos.

Manejo de contingências

O manejo de contingências envolve um conjunto de técnicas comportamentais que derivam diretamente da teoria do condicionamento operante. Na linguagem comportamental, a relação funcional que existe entre o comportamento e as consequências originadas por ele é chamada de contingência. Algumas consequências, chamadas reforçadoras, aumentam a probabilidade de que determinado comportamento se repita.[25]

Seguindo esse raciocínio, uma maneira de motivar os pacientes para a mudança de comportamentos que trazem problemas é introduzir fortes reforçadores de comportamentos diferentes, comportamentos que sejam incompatíveis com o comportamento anterior. Assim, pode-se dizer que o manejo de contingências é um tratamento comportamental que visa a mudar o repertório do indivíduo, diminuindo ou extinguindo os comportamentos indesejáveis e promovendo comportamentos saudáveis.[25]

Um aspecto importante que deve ser levado em consideração ao se aplicar essa técnica é o *timing* entre a ocorrência do comportamento desejado e o reforço dado. Quanto menor o tempo entre o comportamento e a apresentação do reforço, maior o efeito reforçador. Diversos comportamentos apresentados por pacientes impulsivos, por serem prazerosos, também têm importantes efeitos reforçadores. Por isso, os reforçadores de outros comportamentos devem ter força o bastante para se sobreporem ao reforço produzido pelos comportamentos impulsivos.

Resolução de problemas

Segundo Jacob[26],

> o treino de resolução de problemas é uma técnica que tem sido aplicada como intervenção de tratamento em uma variedade de transtornos clínicos, em situações que requerem que o indivíduo treine suas habilidades de solução de problemas sociais e interpessoais.

Nezu e Nezu[27] definem "solução de problemas sociais" como "o processo metacognitivo pelo qual os indivíduos compreendem a natureza dos problemas da vida e dirigem seus objetivos à modificação do caráter problemático da situação ou mesmo das suas reações a ela".

Na técnica de resolução de problemas, são trabalhados o planejamento e o controle inibitório. O planejamento de respostas frente à situação-problema auxilia na diminuição de respostas impulsivas e também contribui para a regulação emocional, na medida em que a pessoa passa a desenvolver uma postura que valoriza a resolução dos problemas e não fica presa apenas às consequências emocionais desencadeadas pelo problema.

Em linhas gerais, o processo de resolução de problemas segue uma estrutura lógica, que é ensinada e praticada junto com o paciente até ele aprender a realizá-la sozinho:

- Identificação do problema
- Definição e formulação do problema
- Levantamento de alternativas para solução do problema
- Levantamento de prós e contras de cada alternativa
- Escolha da melhor solução
- Prática da solução
- Avaliação de resultados e correções necessárias.

Treinamento de habilidades sociais

O treinamento de habilidades sociais (THS) é uma das técnicas de terapia comportamental mais utilizadas atualmente. É baseado nos princípios da aprendizagem, em especial da modelação.

Podem-se definir habilidades sociais como "a existência de diferentes classes de comportamentos sociais no repertório do indivíduo para lidar de maneira adequada com as demandas das situações interpessoais".[28]

Uma interação social pode ter diversos objetivos, como: comunicar conhecimentos e informações; solicitar mudança de atitudes, comportamentos e reações aos outros; obter algo; orientar outras pessoas; ou simplesmente manter uma boa conversação.

Segundo Del Prete[28], nem sempre é possível alcançar esses objetivos e, embora isso seja uma medida de interação social, não pode ser visto isoladamente, pois é possível não alcançar um objetivo e ainda assim ser considerado socialmente competente, ou, ao contrário, alcançá-lo e não ser considerado competente, por exemplo, sendo agressivo, intimidador ou manipulador, modos de interação que prejudicam a qualidade da relação a curto e médio prazo.

De acordo com o exposto, é necessário considerar o conceito de *desempenho socialmente competente*, que pode ser compreendido como "aquele que é fundamentado na coerência entre pensamento, afeto e ação", que expressa uma leitura adequada do ambiente social, ou seja, decodifica corretamente os desempenhos esperados, valorizados e efetivos para o indivíduo em sua relação com os demais.

As interações interpessoais que podem ser consideradas socialmente competentes são as que buscam atender aos critérios de: consecução dos objetivos da interação; manutenção e/ou melhora da autoestima; manutenção e/ou melhora da qualidade da relação; maior equilíbrio de ganhos e perdas entre os parceiros da interação; e respeito e ampliação dos direitos humanos básicos.[28]

As habilidades sociais podem ser classificadas em: habilidades sociais de comunicação (verbal e não verbal); habilidades sociais de civilidade; habilidades sociais assertivas ou de direitos e cidadania; habilidades sociais empáticas; habilidades sociais de trabalho; e habilidades sociais de expressão de sentimentos positivos.[28]

Pacientes com TCI com frequência apresentam dificuldades em habilidades sociais como consequência de seu funcionamento impulsivo, podendo apresentar tanto dificuldades na expressão pessoal (comportamento passivo) como dificuldades de regulação das expressões (comportamento agressivo), o que traz extensas dificuldades interpessoais, pessoais e profissionais.

Psicoeducação

Judith Beck[22] ressalta a importância da psicoeducação do paciente sobre o modelo de terapia cognitivo, ou seja, a maneira como os pensamentos influenciam os sentimentos e como, juntos, determinam o comportamento, bem como a psicoeducação do paciente sobre o modelo cognitivo-comportamental de sua patologia. Essa educação, por si só, já tem um efeito importante, auxiliando o paciente na compreensão daquilo que vive e contribuindo para motivá-lo a assumir a responsabilidade pela mudança.

Automonitoramento

O automonitoramento de comportamentos impulsivos é a estratégia fundamental para propiciar o aumento de consciência sobre o comportamento-alvo, com identificação dos estímulos desencadeantes do comportamento (situações, locais, pessoas) e, principalmente, dos pensamentos e emoções associados ao comportamento impulsivo. O exercício de automonitoramento possibilita ao paciente manter a atenção ao comportamento impulsivo durante toda a semana.

Considerando as interações com o ambiente social, pode-se conceber o automonitoramento como uma habilidade metacognitiva e afetivo-comportamental pela qual a pessoa observa, descreve, interpreta e regula seus pensamentos, sentimentos e comportamentos em situações sociais.[28]

Essa habilidade possibilita melhora no reconhecimento das próprias emoções e das dos outros; experiência direta da relação emoção-pensamento-comportamento; maior probabilidade de sucesso no enfrentamento de situações complexas.

Reestruturação cognitiva

Pode ser considerada um dos objetivos principais da terapia cognitivo-comportamental, pois possibilita reavaliar as crenças que os pacientes têm a respeito de si, dos outros e do mundo, crenças que estão intimamente relacionadas às experiências pessoais e à manutenção dos TCI.

Para auxiliar o paciente a observar pensamentos que ocorrem em certas situações e que têm relação com a crença em questão, a reestruturação cognitiva utiliza diversas técnicas, como: registro de pensamentos distorcidos (RPD), questionamento socrático, flecha descendente, identificação de erros cognitivos, exame de evidências, entre outras. No RPD, solicita-se ao paciente que registre as situações em que ocorrem os pensamentos e também os pensamentos em si e as emoções decorrentes desses pensamentos. Depois, podem-se utilizar algumas das seguintes questões como modo de facilitar a reestruturação cognitiva:

- Quais as evidências de que o pensamento automático é verdadeiro?
- Há uma explicação alternativa?
- O que de pior poderia ocorrer?
- Eu poderia suportar isso?
- O que de melhor poderia acontecer?
- Qual é o resultado mais realista?
- Qual o efeito da minha crença nos pensamentos automáticos?
- Qual poderia ser o efeito se eu mudasse meu pensamento?
- Se outra pessoa estivesse na situação e tivesse esse pensamento, o que eu diria a ela?

Solicita-se ao paciente que volte para o registro, compare-o com os questionamentos feitos e, depois, registre a nova emoção experimentada decorrente do novo pensamento.

Treino em habilidades de enfrentamento

Vários teóricos postulam que pessoas que têm déficits em habilidades pontuais de enfrentamento em seu repertório reagem de maneira mal adaptativa diante de tensões e estressores nas demandas cotidianas da vida, do trabalho e das relações interpessoais, sociais e acadêmicas.[29]

Pacientes com TCI com frequência apresentam déficits em habilidades de enfrentamento, necessitando que essas lacunas sejam objeto de atenção e de treinamento durante o processo terapêutico, visando ao auxílio nas mudanças de comportamento necessárias ao tratamento. Entre as habilidades que podem ser foco de atenção, é possível citar: auto-organização e gestão de tempo; organização e planejamento financeiro, hábitos de lazer e entretenimento; habilidades profissionais etc.

O treinamento dessas habilidades possibilita que o indivíduo se mostre capaz de apresentar uma resposta adaptável a uma situação com a qual se defronte. O desenvolvimento de habilidades de enfrentamento não é adquirido como mágica, e muitas vezes pode não ocorrer de modo natural. É algo que precisa ser praticado com persistência. Portanto, há necessidade de envolvimento, treino e reforço positivo.[29]

Um ponto importante dessa intervenção é que o paciente deve praticar essas habilidades entre as sessões, e seu acompanhamento é feito a cada encontro, reforçando-se os ganhos e o esforço apresentados. É importante ressaltar que as habilidades treinadas no ambiente real têm maiores chances de ser generalizadas para a vida diária do paciente.

Prevenção de recaídas

A recaída tem sido definida por alguns teóricos como o retorno dos sintomas após um período de remissão e, por outros, como qualquer retomada dos comportamentos disfuncionais. As causas de recaída vêm recebendo mais atenção desde o fim da década de 1980 e, assim, têm sido desenvolvidos modelos terapêuticos para a sua prevenção, uma vez que a incidência é bastante alta.[30]

A prevenção de recaída está baseada na ideia de que, a partir da identificação das situações de risco, o paciente tem a oportunidade de treinar estratégias de enfrentamento para lidar com situações semelhantes no futuro.

A prevenção de recaída tem como objetivos centrais:[30]

- Conscientização do problema: reconhecer quais as vulnerabilidades internas e externas

que estão relacionadas e/ou que predispõem situações de alto risco. Estão envolvidas nesse processo a noção de autoeficácia e as expectativas de resultado dos comportamentos impulsivos
- Treinamento de habilidades de enfrentamento: o paciente desenvolve e treina habilidades com o objetivo de construir um leque maior de ações que possibilitem o enfrentamento de situações de alto risco
- Modificação do estilo de vida: auxiliar o paciente a estabelecer um novo estilo de vida, com maior equilíbrio entre fontes de estresse e seus recursos para lidar com as demandas da vida.

A prevenção de recaídas para os TCI tem como objetivos principais: manter a mudança de comportamento; possibilitar o reconhecimento das fragilidades, facilitando a identificação das situações de alto risco e o desenvolvimento de comportamentos de autovigilância para evitar recaídas; criar estratégias para enfrentar as situações de alto risco; e identificar quais características do estilo de vida precisam de mudanças.

Características dos candidatos ao tratamento

Entre os TCI, o índice de risco de suicídio é alto, assim como a presença de comorbidades. Entre as mais frequentes, estão transtorno de humor, ansiedade, uso de substâncias e outros TCI.

Os pacientes com TCI apresentam instabilidade afetiva e dificuldade para sustentar a atenção, avaliar as consequências, reconhecer e cumprir regras, além de desorganização, precipitação e espontaneidade.

No campo dos tratamentos, não há estudos comparando diferentes abordagens psicoterápicas, mas há revisões que sugerem efeitos superiores para intervenções psicoterápicas quando comparadas a tratamentos farmacológicos.

Existem, na literatura, diversos estudos de caso utilizando a TCC com pacientes que apresentam TCI e abordando sua eficácia.[31] Alguns deles sugerem que a TCC associada à medicação é mais eficaz que a medicação isoladamente.

Em razão do interesse relativamente recente pelos TCI e apesar do aumento no número de pesquisas a partir da década de 1990, ainda não se dispõe de pesquisas sobre eficácia de tratamento para muitos desses transtornos. Em uma revisão publicada por Grant e Odlaug[23], foram encontradas evidências de resultados da terapia cognitivo-comportamental para tricotilomania, compras compulsivas, cleptomania, transtorno explosivo intermitente, transtorno de escoriação (*skin picking*) e jogo patológico. Entre os transtornos do impulso, o jogo patológico é o que tem maior número de estudos sobre eficácia de tratamento.[31]

É importante ressaltar que, mesmo com um programa preestabelecido, com técnicas para obter sucesso no tratamento, o terapeuta precisa realizar uma avaliação detalhada para fazer o diagnóstico por meio de uma lista de problemas e queixas trazidos pelo paciente. Com esses dados, será possível elaborar uma hipótese de trabalho e desenvolver um plano de tratamento.

Locais e contexto de atendimento

Embora todas as atividades descritas neste capítulo possam ser realizadas individualmente, o trabalho com grupos de pacientes possibilita ganhos importantes ao promover a identificação com outras pessoas que possam ter as mesmas dificuldades; oferece aos pacientes alívio da vergonha, da culpa e do sofrimento causados pela patologia, ao poderem trocar informações com outras pessoas que passam pelo mesmo problema; e possibilita reforço mútuo, além do aumento e da manutenção da motivação para a mudança pelo grupo. O Programa Ambulatorial dos Transtornos do Impulso do Instituto de Psiquiatria do Hospital das Clínicas da Faculdade de Medicina de São Paulo (PRO-AMITI – IPq-HC-FMUSP) realiza atendimento gratuito para os diversos TCI, tanto em grupo como individualmente.

Faz parceria com o ambulatório na formação de profissionais em TCI a Associação Viver Bem, uma associação sem fins lucrativos, constituída por profissionais da saúde e áreas afins, que tem como objetivo difundir a qualidade de vida e o bem-estar para os portadores de transtornos do impulso, suas famílias e a comunidade geral.

Grupos de anônimos também são uma possibilidade de ajuda e identificação com outras pessoas que apresentam o mesmo problema. É importante lembrar que são grupos de autoajuda, liderados por participantes em recuperação, com regras de participação e sigilo. Alguns exemplos: jogadores anônimos (JA), devedores anônimos (DA), mulheres que amam demais anônimas (MADA), dependentes de amor e sexo anônimos (DASA) e neuróticos anônimos (N/A).

Considerações finais

Apesar de os TCI serem conhecidos há muito tempo, somente a partir da década de 1990 vêm sendo estudados mais intensamente e têm ganhado relevância clínica. Devido à sua prevalência, sua diversidade e sua extensão de prejuízos, os TCI se configuram como um desafio ao clínico, que deve estar preparado para identificar sinais, evitando a interpretação errônea dos sintomas, uma vez que a impulsividade se mostra presente em diversos quadros psicopatológicos.

Somente a boa compreensão de seus mecanismos e características possibilitará identificar qual técnica deve ser utilizada e qual o melhor momento de utilização para um tratamento eficaz. A TCC vem se mostrando eficaz e com resultados promissores nesses quadros, que estão cada vez mais frequentes na clínica atual.

Referências bibliográficas

1. Filomensky TZ, Tavares H, Cordás TA. Compras compulsivas. In: Abreu CN, Tavares H, Cordás TA, organizadores. Manual clínico dos transtornos do controle dos impulsos. Porto Alegre: Artmed; 2008. p. 121-36.
2. Toledo EL, Cordás TA. Tricotilomania. In: Abreu CN, Tavares H, Cordás TA. Manual clínico dos transtornos do controle dos impulsos. Porto Alegre: Artmed; 2008. p. 63-79.
3. Tavares H, Alarcão G. Psicopatologia da impulsividade. In: Abreu CN, Tavares H, Cordás TA, organizadores. Manual clínico dos transtornos do controle dos impulsos. Porto Alegre: Artmed; 2008. p. 19-36.
4. Grant JE. Kleptomania. In: Hollander E, Stein DJ. Clinical manual of impulse-control didorders. Washington: American Psychiatric Publishing; 2006. p. 175.
5. Tavares H, Lobo DSS, Fuentes D, Black DW. Compras compulsivas: uma revisão e um relato de caso. Rev Bras Psiquiatr. 2008;30(Supl 1):S16-23.
6. Filomensky TZ, Tavares H, Zilberman ML. Transtornos do impulso no sexo feminino. In: Rennó J Jr, Ribeiro HL, organizadores. Tratado de saúde mental da mulher. São Paulo: Atheneu; 2012. p. 249-62.
7. American Psychiatric Association. Manual diagnóstico e estatístico dos transtornos mentais (DSM-IV-TR). 4. ed. rev. Porto Alegre: Artmed; 2012.
8. American Psychiatric Association. Manual diagnóstico e estatístico dos transtornos mentais (DSM-V). 5. ed. Porto Alegre: Artmed; 2014.
9. Tavares H. Impulsividade e transtornos do controle do impulso. In: Forlenza OV, Miguel EC, organizadores. Compêndio de clínica psiquiátrica. São Paulo: Manole; 2012. p. 432-43.
10. Tavares H. A neurobiologia dos transtornos do impulso. In: Busatto Filho G, organizador. Fisiologia dos transtornos psiquiátricos. São Paulo: Atheneu; 2006. p. 207-26.
11. Sophia EC, Crescente JAB Jr, Zilberman ML, Cordás TA. Amor patológico. In: Abreu CN, Tavares H, Cordás TA, organizadores. Manual clínico dos transtornos do controle dos impulsos. Porto Alegre: Artmed; 2008. p. 201-14.
12. Costa AL, Sophia EC, Sanches C, Tavares H, Zilberman ML. Pathological jealousy: romantic relationship characteristics, emotional and personality aspects, and social adjustment. J Affect Disord. 2015;174:38-44.
13. Giusti JS, Garreto AKR, Scivoletto S. Automutilação. In: Abreu CN, Tavares H, Cordás TA, organizadores. Manual clínico dos transtornos do controle dos impulsos. Porto Alegre: Artmed; 2008. p. 181-200.
14. McElroy SL, Keck PE Jr, Pope HG Jr, Smith JM, Strakowski SM. Compulsive buying: a report of 20 cases. J Clin Psychiatry. 1994;55(6):242-8.
15. Maraz A, Griffiths MD, Demetrovics Z. The prevalence of compulsive buying: a meta-analysis. Addiction. 2016;111(3):408-19.
16. Young KS, Abreu CN, organizadores. Dependência de internet: manual e guia de avaliação e tratamento. Porto Alegre: Artmed; 2011.
17. Dependência de internet [homepage da internet]. [Acesso em 21 jul 2015]. Disponível em: http://www.dependenciadeinternet.com.br.
18. Scanavino MT, Ventuneac A, Abdo CHN, Tavares H, Amaral MLS, Messina B, et al. Compulsive sexual behavior and psychopathology among treatment-seeking men in São Paulo, Brazil. Psychiatry Research. 2013;209(3):518-24.
19. Tavares H, Abreu CN, Seger L, Mariani MMC, Filomensky TZ, organizadores. Psiquiatria, saúde mental e a clínica da impulsividade. São Paulo: Manole; 2015.
20. Andrade LH, Wang YP, Andreoni S, Silveira CM, Alexandrino Silva C, Siu ER, et al. Mental disorders in megacities: findings from the São Paulo megacity mental health survey, Brazil. PloS One. 2012;7(2):e31879.
21. Knapp P, Beck AT. Fundamentos, modelos conceituais, aplicações e pesquisa da terapia cognitiva. Rev Bras Psiquiatr. 2008;30(Supl II):S54-64.
22. Beck JS. Terapia cognitiva: teoria e prática. Porto Alegre: Artmed; 1997.
23. Grant JE, Odlaug BL. Impulse control disorders. In: McKay D, Abramowitz JS, Taylor S. Cognitive-behavioral therapy for refractory cases: turning failure into success. Washington, DC: American Psychological Association; 2010. p. 231-54.
24. Caballo VE, Buela-Casal G. Técnicas diversas em terapia comportamental. In: Caballo VE, organizador. Manual de técnicas de terapia e modificação do comportamento. São Paulo: Santos; 2011. p. 685-718.
25. Miguel AQC. Manejo de contingência. In: Diehl A, Cordeiro DC, Laranjeira R, organizadores. Dependência química: prevenção, tratamento e políticas públicas. Porto Alegre: Artmed; 2011. p. 311-18.
26. Jacob LS. Treino de resolução de problemas. In: Abreu CN, Guilhardi HJ. Terapia comportamental e cognitivo-comportamental: práticas clínicas. São Paulo: Roca; 2004. p. 344-51.
27. Nezu AM, Nezu CM. Treinamento em solução de problemas. In: Caballo VE, organizador. Manual de técnicas de terapia comportamental e modificação de comportamento. São Paulo: Santos; 1999. p. 471-93.
28. Del Prette A, Del Prette ZAP. Psicologia das relações interpessoais: vivências para o trabalho em grupo. Petrópolis: Vozes; 2007. p. 30-45.

29. Zanelatto N, Sakiyama HMT. Terapia cognitivo-comportamental das habilidades sociais e de enfrentamento. In: Diehl A, Cordeiro DC, Laranjeira R, organizadores. Dependência química: prevenção, tratamento e políticas públicas. Porto Alegre: Artmed; 2011. p. 288-300.
30. Zanelatto N. Prevenção de recaída. In: Diehl A, Cordeiro DC, Laranjeira R, organizadores. Dependência química: prevenção, tratamento e políticas públicas. Porto Alegre: Artmed; 2011. p. 278-87.
31. Hodgins DC, Peden N. Cognitive-behavioral treatment for impulse control disorders. Rev Bras Psiquiatr. 2008;30(Suppl 1):S31-40.

Bibliografia

Ferraz MRP. Dessensibilização sistemática por imagens. In: Abreu CN, Guilhardi HJ, organizadores. Terapia comportamental e cognitivo-comportamental: práticas clínicas. São Paulo: Roca; 2004. p. 177-85.

Índice Alfabético

A

Aberrações sexuais, 59
Abordagem(ns)
- causal, 604
- cognitiva, 759
- colaborativa, 678, 680
- narrativas, 678
- psicossociais, 736
- sistêmica, 597, 599
Abstinência, sintomas de, 784
Abstração seletiva, 727, 788, 868
Abuso na visão sistêmica, 603
Ação *après-coup*, 4
Aceitação, 14, 15, 427
Acolhimento, 492
Aconselhamento vocacional, 820
Acoplamento sensorimotor com o ambiente, 482
Acumulação, 711
Administração do tempo, 820
Admiração, 875
Adoecimento, 179
Adolescência, 321, 654
- fim da, 325
Aerofobia, 592
Afetividade, 161
- fenômeno obsessivo-compulsivo, 214
Afetivograma, 741
Afeto, 161
Agenda de terapia, 773
Agorafobia, 592, 760
Agressividade, 32, 117, 131, 132
- articulada, 199
- infantil, 199, 551
Álcool, 80
Alcoolismo, 133, 494
Alegria maníaca, 164
Alteração(ões)
- alimentares, 159
- de humor, 164
- do tempo, 164
Alteridade, 315, 322
Amor, 7, 111
- falta de, 111
- na conjugalidade, 660
- na contemporaneidade, 541
- patológico, 890

Análise, 235
- bioenergética, 435, 464
- - depressão na, 438
- - medo, 466
- fenomenológica, 167
- psico-orgânica, 435
Ancraofobia, 592
Angústia, 7, 151, 215
- automática, 42
- real, 42
- sinal de, 6
Aniquilamento, 42
Anorexia(s), 33, 120, 279, 379
- nervosa, 121, 376, 805
- - critérios diagnósticos para, 629
- psicanálise e, 124
Ansiedade, 43, 759
- primitivas, 116, 117
Ansiosos, 778
Antissociais, 775
Antlofobia, 592
Antropologia do corpo, 101
Apetite, falta de, 279
Apoio, 141
- doméstico, 874
- financeiro, 874
- interpessoal, 422
Aproximação interpretativa, 228
Aquecimento, 360, 362, 364, 388
Arquétipo, 301
- da criança divina, 274
- do herói, 274
Assentamento (*grounding*), 453
Associação livre, 142
Astrofobia, 592
Ataque de pânico, 593, 762
Atenção, 477
Átomo social, 369, 396, 426
- no papel, 370
Atos compulsivos, 213
Atribuições, 729
- incorretas, 871
Aulagnier-Spairani, 113, 117
Autismo
- conceito, 309
- de Kanner, 311
- dinamismos
- - matriarcais, 311

- - patriarcais, 314
- ponto de vista simbólico-arquetípico, 311
- prática psicoterapêutica e orientação à família, 317
- prevalência do, 310
- processo de individuação peculiar, 311
- psicologia analítica e, 309
- psicoterapia, 316
Autoagressividade, 201
Autoculpabilização, 831
Autoerotismo, 27, 60
Autoestima, 281
Autogerenciamento, 820
Autoinstrução, 818
Autolesão não suicida, 891
Automonitoramento, 819, 897
- do diário alimentar, 808
Automutilação, 891
Autonomia, 707
Avaliação
- do humor, 731
- dos transtornos de personalidade, 770
- psicodrama e, 365
Avidez, 890

B

Barganha, 14, 15
Binswanger, Ludwig, 225
Biodinâmica, 435
Bioenergética, 446
- obesidade e, 510
- transtorno bipolar na, 445
Biografia, 178
Biossíntese, 435
Bipolaridade, 250, 348
Bloqueios somestésicos, 476
Borderline, distúrbio, 485
Bromialgias, 33
Bulimia, 33, 120, 279, 285, 377, 379
- história, 626
- nervosa, 376, 806
- - critérios diagnósticos para, 629
- psicanálise e, 124

C

Caráter, tipos de, 465
Cartão de enfrentamento, 791, 792, 883
Casal perverso, 118
Castração, 113, 143
Catarse, 422
Catastrofização, 788, 868, 879
Causalidade descendente, 476
Cefaleias, 33
Checagem de evidências, 883
Choque, 427
- psicodramático, 359, 362
Choro fácil, 161
Cibernética, 579, 580
- de primeira ordem, 579
- de segunda ordem, 554, 580
Ciclicidade, 250
Ciclo
- libidinal, 474
- vital da família e a sexualidade, 650
Ciclotimia, 446
Ciúme patológico, 891
Civilidade, 873
Clavreul, Jean, 114
Cleptomania, 709, 891
Clínica psicossomática, 74
Coaching, 820
Cognição, 766
- acessar, 857
- causadoras de autoculpabilização, 831
- negativas, 831
Comer compulsivo, 511
Community Reinforcement and Family Therapy (CRAFT), 711
Comorbidade, 746, 766
- de papéis, 371
Companheirismo, 869, 874
Compartilhamento, 360
Complexidade, 580
Complexo
- de castração, 29, 63
- de Édipo, 30, 61, 70
- e trauma, 282
Compras compulsivas, 709, 710, 892
Compreensão, 169, 211
Compromisso com a família, 875
Compulsão
- à repetição, 8
- - de modo diferente, 32
- sexual, 709
Comunicação, 557
- afetivo-sexual, 869
- disfuncional, 872
- eficiente, 869

Conceitualização cognitiva, 856
Conclusões precipitadas, 868
Concretização, 419
Condição depressiva, 160
Conduta antissocial, 890
Consciência, 168, 169
- e embriaguez, 184
- transcender a, 79
Conscientização do problema, 898
Conserva cultural, 350
Construção da vítima, 87
Consultórios na rua (CR), 80
Contato interpessoal na mania, 163
Contexto
- dramático, 417
- grupal, 417
- psicodrama e, 360, 417
- social, 417
Controle, 116
- do estresse, 740
- dos pensamentos, 751
Convalidação existencial, 426
Conversa externalizadora, 679
Conversação(ões), 874
- externalizadoras, 694
Coping skills training (CST), 711
Corpo, 101
- alimentação e questões emocionais, 104
- criatividade e, 105
- na psicanálise segundo Freud, 102
- sexualidade e, 537
Corporeidade, 189, 488
Crack, 80
Craving, 786
Crenças, 766
- ativadas, 786
- centrais, 771
- - negativas, 830
- condicionais, 771
- disfuncionais, 754
- facilitadoras, 786
- intermediárias, 771
Criança(s)
- agitada, 195
- agitadas e agressivas, 200
- agressiva, 198
- com depressão, 550
- com transtorno de ansiedade, 197
- enlutadas, 430
- hiperativas, 197
- processo histórico da terapia familiar e, 677
Criatividade, 105, 106, 350, 377, 396
- psíquica, 107

Crise, 578
- de mania/hipomania, 742
- de pânico, 762
- depressiva, 742
- do comer compulsivo, 279
- e trauma, 270
Critérios diagnósticos, 376
- para anorexia nervosa, 629
- para bulimia nervosa, 629
Cromatofobia, 593
Crueldade, 117
Cura pela fala (talking cure), 22
Cura-tipo, 1

D

Daseinsanalyse, 226
Decisão de ter filhos, 652
Defesa maníaca, 255
Deficiência empática, 890
Déficit em habilidades de resolução de problemas, 871
Demência senil, 206
Dependência
- de fumo, 494
- de substâncias, 707
- - ilícitas, 603
- do álcool, 603
- química, 261
- - contexto, 611
- - diagnóstico familiar, 605
- - e psicodrama, 369
- - e psicologia corporal, 493
- - modelo de ciclo de vida, 606
- - na visão
- - - cognitiva, 783
- - - sistêmica, 603
- - no entendimento sistêmico, 604
- - padrões de comportamento, 607
- - processo, 611
- - psicoterapia corporal e, 496
- - segundo a psicologia analítica, 261
- - sistemas de crenças, 608
- tecnológica, 892
Depressão, 14, 15, 33, 154, 427, 447
- cartografia psicopatológica da, 240
- como estratégia evolutiva, 238
- como morte
- - física, 245
- - simbólica, 245
- e sistemas arquetípicos, 241
- modalidades de intervenção, 244
- na análise bioenergética, 438
- na contemporaneidade, 437

Índice Alfabético 905

- na dinâmica
- - de alteridade, 242
- - de totalidade, 243
- - matriarcal, 241
- - patriarcal, 242
- na visão
- - analítica, 237
- - cognitiva, 880
- - fenomenológica, 147
- - sistêmica, 577
- psicologia corporal, 437
- tratamento cognitivo para, 881
Desafetação, 75
Desagregação social, 393
Desamparo, 7, 139
Descatastrofização, 772
Descoberta orientada, 787
Descontando o positivo, 868
Descontrole de impulsos primários, 890
Desejo, 98, 844
Desenhos, 685
Desesperança, 326, 427
Desigualdade social, 395
Desilusão, 70
Desordem de ansiedade social, 592
Desorganização, 390, 427
Despersonalização, 766
Desprezo, 116
Desrealização, 766
Desresponsabilizar, 788
Dessensibilização
- progressiva por meio de imagens mentais, 896
- sistemática, 761, 859
Desvelar o sentido, 150
Detecção precoce dos episódios, 741
Diagnóstico, 562, 567
- dos transtornos alimentares, 629
- e terapias pós-modernas, 569, 570
Diário de terapia, 773
Dimensão
- afetiva, 160
- corporal, 155
Dinâmica relacional, 476
Dioniso, 255
Direitos humanos, 393
Diretor, 359
Disfunção(ões)
- do eixo ego-self, 256
- sexuais, 663
- - causas de, 845
- - classificação das, 844
- - tratamento das, 847
Dispareunia, 844
Distiquifobia, 593

Distorções cognitivas, 788, 871
Doença mental e transtorno bipolar, 345
Dor, 7
Drama, 349
Dramáticos, 775
Dramatização(ões), 353, 360, 686, 792
- da vivência traumática, 421
Drogas, 79, 80
Dualidade pulsional, 76
Duplo, 358, 378, 387

E

Economia de fichas, 860
Efeito "après-coup", ou "a posteriori", 4
Ego, 32, 302
Egocídio, 245
Egos-auxiliares, 359
Ejaculação precoce, 844
Elaboração imaginativa, 103
Elemento alfa, 55
Embriaguez, 186
- deformação essencial, 190
- espacialidade, 186, 189
- fenomenologia, 183
- função da, 185
- interpessoalidade, 191
- temporalidade, 186, 187
- tipos ideais, 185
Emergentismo, 477
Emoções, acessar, 857
Emotivos, 775
Encefalização, 478
Endings, 530
Endógeno, 196
Ensaio cognitivo, 729
Entendimento do sintoma, 558
Entorpecimento, 427
Envelhecimento
- e fenomenologia, 203
- normal, 204
- patológico, 206
Episódio
- de mania, 446
- depressivo, 446
- - maior, 237
Equifinalidade, 557
Erráticos, 775
Erros cognitivos identificação de, 725
Escola(s), 702, 703
Escolha de objeto, 61
Escoriação, 709
Escuta clínica, 70
Esmaecimento da catexia, 427

Espacialidade
- da embriaguez, 186, 189
- do fenômeno obsessivo, 215
- no estado borderline na adolescência, 219
Espaço
- claro, 164
- na mania, 163
- social, 164
Espectro bipolar, 348, 746
Espelho, 358, 378, 387
Espiritualidade, 316
Espontaneidade, 332, 350, 377, 396, 873
Esquemas, 771
Esquisitos, 773
Estado(s)
- borderline em adolescentes, 217, 218
- - espacialidade no, 219
- - identidade no, 221
- - interpessoalidade no, 219
- - temporalidade no, 221
- co-consciente, 426
- co-inconsciente, 426
- de vacuidade, 107
- misto depressivo, 252
Estenofobia, 592
Estigma, 707
Estímulo eliciador, 786
Estranho familiar, 95
Estreitamento vivencial, 583
Estresse, 162, 269, 413, 414, 707
- e trauma, 274
- fisiológico, 269
Ética ontológica, 167
Etiqueta na conversação, 874
Euforia, 447
Eurritmia, 464
Eutimia, 746
Evento traumático, 271
- na infância, 181
Exaltação, 188, 190, 191
- eufórica, 186
Excêntricos, 773
Excessos, 8
Excitação, 844
Exibicionismo, 37
Expectativas realistas, 869
Experienciação somática, 500
Experimento comportamental, 730, 755
Exposição, 753
- graduada, 791
Extremo desamparo, 3

F

Fala no grupo, 142
Família, 63, 65, 398, 702, 703
- como sistema, 556

- contemporânea ocidental, 581
- humana, 64
- matriz transgeracional, 395
- psicanálise e, 63
Fármacos, 79
Fatalismo, 326
Feedback, 557
Fenômeno(s)
- do traumatismo, 5
- obsessivo-compulsivo, 211, 212, 214
- - afetividade, 214
- - aproximação psicoterápica, 216
- - espacialidade e temporalidade do, 215
- - personalidade, 214
- - situação, 214
- psicossomático, 73, 75, 76
- - e transtornos de sintomas somáticos, 289
Fenomenologia, 145
- como escola filosófica, 167
- da mania, 163
- e infância, 195
- e psicanálise, 225
- heideggeriana, 226
Fetichismo, 112, 117
Filhos
- adolescentes, 654
- pequenos, 653
Filiação, 64
Fissura, 786
Fobia(s), 33, 41, 409, 463, 467
- aspectos culturais, de gênero e de idade, 172
- características do paciente, 172
- conceituação de, 591
- considerações de diversidade, 172
- contextos de atendimento, 172
- contraindicações, 174
- específica(s), 592, 761
- evidências de eficácia, 173
- fases do tratamento, 170
- fenomenologia, 167
- locais de atendimento, 172
- pânico e, 592
- perfil do paciente, 172
- processo terapêutico, 171
- psicologia corporal e, 463
- relação terapêutica, 171
- simples, 592
- social, 411, 592, 760
Fome, 104, 279
Formação do par, 651
Forming, 533
Freud, Sigmund, 117

Frigidez, 33
Função
- alfa, 51
- materna, 6
Fusão patológica, 118

G

Gefirofobia, 592
Gênero, 86
Genitalidade, 27
Gráfico do humor, 741
Grau de atração, 874
Grounding, 513
- invertido, 453
Grupo(s)
- à hipótese do inconsciente, 141
- acesso, 10
- de apoio mútuo, 349
- familiar, 141
- importância na atualidade, 143
- multifamiliares, 671

H

Herói
- assassinato dos pais e, 324
- reparação maníaca e, 325
Heteroagressividade, 199, 201
Heterossexualidade, 65
Hipnose, 22, 25
Hipocondria, 291
Hipomania, 454, 739
Histeria, 22, 23, 485
- de angústia, 24, 32, 33, 43
- de conversão, 24, 33
- formação dos sintomas, 31
- masculina, 37
Hodofobia, 592
Homeostase, 556
- familiar, 605
Homossexualidade, 65
Honestidade, 873
- e abertura, 874
Hostilidade, 32
Humor, verificação objetiva do, 731
Husserl, Edmund, 167

I

Identidade, 61
- de interesses, 869
- no estado *borderline* na adolescência, 221
- relacional, 694
Imediatismo, 143
Imprevisibilidade, 578
Impulsão libidinal, 474

Impulsividade, 709
- motivada, 890
Impulso sexual excessivo, 893
Incentivo, 819
Incerteza, 578
Incesto, 133, 136
Inconsciente, 70
Individuação, 311
Infância, fenomenologia e, 195
Inferência arbitrária, 727
Influência mútua, 397
Inibição, 533
- global, 583
Instabilidade
- afetiva, 890
- cognitiva, 890
Interação(ões)
- destrutivas, 871
- intersubjetiva, 483
Interdependência, 578
Interdiscursividade, 142
Interpessoalidade, 182
- no estado *borderline* na adolescência, 219
Intolerância a incerteza, 751
Intuição, 169
Inversão, 378
- de papéis, 359
Irritabilidade, 890
Irritação, 161
Isolamento, 14, 427

J

Jogo
- patológico, 709, 711, 893
- reflexivo, 698
Jovem, 702
Julgamentos globais, 868
Jung, Carl, 233, 234

K

Kaës, René, 141
Klein, Melanie, 115, 117

L

Lanteri-Laura, Georges, 114
Leitura mental, 727, 868, 880
Liberdade, 151, 153
Libido, 233
- diminuição da, 161
Ligirofobia, 593
Linguagem, 557
Lista de sintomas, 752
Luta pela separação, 322

Índice Alfabético 907

Luto, 7, 13, 179, 274
- e psicoterapia corporal, 525
- fases do, 427, 642
- fundamentos teóricos, 640
- no ciclo vital familiar, 641
- no contexto familiar, 639
- patológico, 427
- persistente, 836
- processo de, 831
- traços mentais que aparecem no, 13
- visão cognitiva, 829

M

Maconha, 79
Manejo de contingências, 896
Mania, 345, 447, 449, 454, 739
- contato interpessoal na, 163
- espaço na, 163
- tempo na, 163
Maníaco-depressivo, 250
Masoquismo, 88
Massagem reichiana, 435
Mastigação, 511
Matriz de identidade, 377
Maximização, 727
- do negativo, 879
Medo(s), 409, 463
- análise bioenergética, 466
- da loucura, 42
- de crescer, 551
- do colapso, 42, 48
- infantis, 550
Medrosos, 778
Melancolia, 345, 439
Membrana plasmática, 473
Membro familiar, 582
Metáfora(s)
- da mordida da maçã, 286, 287
- infantis, 684
- somáticas ativadoras ou invariantes do comportamento emocional humano, 478
Método
- catártico, 121
- fenomenológico, 168
- verbal de sugestão, 22
Metodologia de grupo multifamiliar, 671
- eficácia da, 672
Middle ground, 532
Milner, Marion, 105
Mindfulness, 764, 820
Minimização, 727
- do positivo, 879
Modelação, 754
Modelo
- cognitivo, 750
- - de intervenção com casais, 869
- - do desenvolvimento do abuso de substâncias, 785
- comportamental, 750
- de aliança terapêutica com crianças, 856
- integrativo sistêmico, 712
- sistêmico e dependência química, 604
Modificação
- do componente afetivo, 772
- do estilo de vida, 898
Monismo impulsional, 473
Morfogênese, 557
Morte, 16, 274, 428
- fundamentos teóricos, 640
- no contexto familiar, 639
Motivação, 873
Motorfobia, 593
Mudança, 578

N

Não somatividade, 556
Narcisismo, 70, 87, 140
- infantil, 140
- primário, 28
Necessidades do parceiro, 874
Negação, 14, 427
Negociação, 427
Neurodinâmica, 471, 473
Neurose(s), 30, 112, 113
- de angústia, 33
- nutricional, 121
- obsessiva, 91, 92
Ninho
- cheio, 655
- vazio, 656
Normalidade, 30, 70
Nutrição tóxica, 105

O

Obesidade
- e bioenergética, 509
- e riscos, 280
- mórbida, 119, 279, 280
- - psicanálise e, 121, 123
- na visão analítica, 279
Objeto(s)
- em psicanálise, 140
- sexuais primários, 30
Obsessão
- compreensão fenomenológica da, 212
- primária, 212
- secundária, 212
Obsessivo, 93

Ocofobia, 593
Olhar, 142
Ombrofobia, 592
Oniomania, 709
Opressão, 86
Organização
- anal ou sádico-anal, 28
- do tempo, 820
- modos de, 390
Orgasmo, 844
Orgonoterapia, 435
Orientação
- para solução de problemas, 859
- profissional, 820
Oscilação, 475
- de humor, 447

P

Pacto, 427
Padrões familiares, 581
Palco, 359
Pânico, 593
- aspectos culturais, de gênero e de idade, 172
- características do paciente, 172
- conceituação de, 591
- considerações de diversidade, 172
- contextos de atendimento, 172
- contraindicações, 174
- evidências de eficácia, 173
- fases do tratamento, 170
- fenomenologia, 167
- fobia e, 592
- locais de atendimento, 172
- perfil do paciente, 172
- processo terapêutico, 171
- psicodramáticos, 379
- psicologia corporal e, 463
- psicossomáticos, 379
- relação terapêutica, 171
- sociais, 332, 379
Papel, 333, 379, 386
Parestesias, 766
Passividade, 117
Patologia(s), 70
- da embriaguez, 187
Pensamento(s)
- absolutista, 727
- automáticos, 754, 766, 771, 786
- dicotômico, 788, 868, 879
- disfuncionais, 790
- importância exagerada dos, 751
- obsessivos, 214
- operatório, 74

Perda(s)
- de filhos, 643
- de interesse pelas atividades habituais, 161
- de pais, 643
- do cônjuge, 644
- durante a infância e a adolescência, 643
- em indivíduos com esquemas de abandono, 836
- gestacionais, 643
- na idade adulta, 643
- no ciclo vital familiar, 641
- psicoterapia corporal e, 525
- significativas, 835
- visão cognitiva, 829
Perfeccionismo, 751
Perguntas para reflexão, 698
Periculosidade, 134
Perigo da perda do objeto, 7
Persona, 302, 303
Personalidade, 180, 769
- estruturas e dinâmicas da, 302
- fenômeno obsessivo compulsivo, 214
Personalização, 727, 868, 880
Perturbação de impulsos primários, 890
Perversão, 30, 111, 113, 118
- do instinto, 59
Pica, 376, 807
Piromania, 709, 892
Planejamento do tempo, 820
Plateia, 359
Polaridade, 250
Posição diagnóstica, 71
Possibilidades, 149
Potencial de individuação, 275
Prazer, princípio do, 122
Pré-consciente, 720
Processo
- criativo, 107
- de luto, 831
Programação de atividades prazerosas, 883
Proibição, 98
Projeto Tutor, 18
Proporção, 185
Propriedades emergentes, 477
Protagonismo, 707
Protagonista, 349, 359, 362
Psicanálise, 1, 71
- anorexia, 124
- bulimia, 126
- e a sexualidade, 59
- e família, 63
- e violência doméstica, 129
- fenomenologia e, 225
- na instituição, 9

- obesidade mórbida e, 121, 123
- toxicomania e, 81
Psicodrama, 331, 349, 356, 371, 377, 385
- com uma paciente bipolar, 351
- dependência química, 369
- didático, 359
- e fobia, 409
- e luto, 425, 426
- estrutura da sessão de, 360
- familiar, 359
- fundamentos teóricos do, 350
- instrumentos do, 418
- interno, 371
- mecanismos de cura do, 360
- na enfermaria psiquiátrica, 361
- na reabilitação psicossocial, 363
- no Brasil, 332
- no tratamento
- - de trauma, 414, 415, 417, 419
- - dos transtornos alimentares, 382
- sessão na enfermaria, 361
- técnicas do, 358
- violência familiar e, 397
Psicoeducação, 349, 737, 752, 772, 819, 858, 883, 897
Psicograma, 359
Psicologia
- analítica, 233, 235
- - autismo, 309
- - dependência química, 262
- corporal, 435
- - dependência química e, 493
- - reichiana, 494
- - transtorno de estresse pós-traumático e, 499
- da compreensão, 253
- da velhice, 204
- formativa, 435
Psiconeurociências, 273
Psicopatologia, 147
Psicose, 51, 53
- cotidiano dos atendimentos clínicos, 51
- maníacodepressiva, 253
- método psicodramático, 356
- perspectiva bioniana, 53
Psicossomática
- junguiana, 294, 295
- psicanalítica, 74
Psicoterapia, 169, 244
- cognitiva
- - para crianças e adolescentes, 855
- - princípios da, 856
- com adolescentes em estado *borderline*, 221

- corporal, 525
- - dependência de drogas e, 496
- - lutos, 525
- - perdas, 525
- - sexualidade na, 539
- - transtorno de déficit de atenção com hiperatividade e, 515
- da relação, 387, 388
- de casais, 299
- de grupo, 139
- embriaguez e, 192
- fenomenologia e, 145
- na mania, 165
- neurodinâmica, 472
- - nos transtornos de personalidade, 471
- - protagonistas e, 480
- princípios básicos, 227
- psicodramática, 356, 403
- - de grupo, 420
- reichiana, 435
- transtorno de estresse pós-traumático e, 181
Psique, 233
Psiquiatria fenomenológica, 147
Psiquismo, 70, 355
- perverso, 115, 116
Pulsação, 475
Pulsão, 59, 60, 70
- agressiva, 130
- de autoconservação, 27
- parcial, 60
- sexual, 27, 28, 31

Q

Qualidade de vida, 203
Questionamento socrático, 754, 787, 808

R

Radix, 435
Raiva, 14, 281, 427, 876
Reabilitação psicossocial, 83
Reação(ões)
- depressiva, 439
- normais ao trauma, 272
- vivencial(is), 179
- - patológica, 179
Realidade
- psíquica, 87, 141
- suplementar, 419, 422
Reatividade, 196
Reatribuição, 729, 788
Recaída, 746, 786, 898
- prevenção de, 851, 898
Recalque, 24, 33, 72
Recompensa, 819

Índice Alfabético

Reconexão com o meio, 427
Recreação, 874
Recuperação, 427
Rede
- de atenção psicossocial (RAPS), 80
- sociométrica, 426
Reestruturação
- ambiental, 820
- cognitiva, 725, 766, 849, 898
Reforço negativo, 750
Registro de pensamentos, 725
- disfuncionais, 790, 808, 883
Regressão simbólica, 275
Regulação organísmica, 482
Relaxação progressiva, 464
Relaxamento, 859
Rematrização, 417
Remédios, 79
Repressão da sexualidade, 538
Reprocessamento cognitivo, 422
Resiliência, 275
- familiar, 613
Resolução, 427, 844
- de conflitos, 876
- de problemas, 765, 808, 820, 884, 896
Respiração, 859
- do obeso, 512
Responsabilidade, 151
- exagerada, 751
Resposta, prevenção de, 753
Ressignificação
- da comunicação, 695
- do sintoma, 557
Restauração regressiva da persona, 275
Retroalimentação, 557
Rêverie materna, 51
Risco, superestimar o, 751
Ritmo circadiano, anormalidades no, 258
Rituais de passagem, 323
Role, 333
- *playing*, 359, 364, 428, 792
Rosenfeld, Herbert, 115
Roteiros sexuais, 851
Rotulação, 880

S

Saciedade, 279
Satisfação sexual, 874
Self, 263
Senilidade, 206
Sensibilidade, 873
Sensibilização encoberta, 896
Separação, 427
Ser-com, 148

Ser-no-mundo, 148
Ser-no-tempo e finito, 151
Sexo, 403
- na conjugalidade, 660
Sexualidade, 27, 70, 322
- e corpo, 537
- infantil, 28, 31
- - polimorfa, 116
- na psicoterapia corporal, 539
- na visão
- - cognitiva, 843
- - sistêmica, 649
- - psicanálise e, 59
- psicodrama, 403
- - aplicação do, 406
- - fases do tratamento, 404
- - perfil do paciente, 406
- - princípios, 404
- - processo terapêutico, 405
- - relação terapêutica, 405
- - técnicas principais e específicas, 405
- repressão da, 538
- teoria sistêmica e a, 650
Símbolo, 234
Sinais prodrômicos, 746
Síndrome
- de abstinência, 784
- de Estocolmo, 134
- de Ganser, 177
- do ninho vazio, 657
- do pânico, 33, 463
Sintoma(s), 72, 73
- conversivo, 72
- de abstinência, 784
- fóbicos, 33
- por condicionamento
- - clássico, 750
- - operante, 750
Sistema(s)
- aberto, 578
- de engajamento estratégico estrutural, 713
- familiar ampliado, 585
- fechados, 578
- nervoso
- - parassimpático, 495
- - somático, 495
- - vegetativo, 495
Sobrepeso, 280
Social Rhythm Metric (SRM), 258
Sociatria, 350
Sociodinâmica, 349
Sociometria, 349, 350
Socionomia, 349, 397, 426
Sofrimento
- em família, 620
- moral, 582
- narcísico, 485

Solilóquio, 359, 387, 419
Solução de problemas, 791
Soma, 556
Somatização, 155, 290
Sombra, 302, 303
Somestesia, 476
Sonhos, 264
- traumáticos, 8
Stein, Edith, 167
Steiner, John, 115
Subsistemas familiares, 581
Substâncias psicoativas, 79, 261
Suicídio, 245
Sujeito
- dividido, 94
- do grupo, 142
- e o outro, 139
Supergeneralização, 727, 788, 868, 880
Surto psicótico, 355
Sustos, 177

T

Taijin kyofusho, 411
Tarefa de casa, 731, 732
Teatro
- da espontaneidade, 331
- de fantoches, 685
Técnica(s)
- da pizza da responsabilidade, 754
- da pressão na fronte, 25
- da torta, 754
- das duas alternativas, 754
- de automonitoramento, 740
- do psicodrama, 357, 358, 359, 418
Temperamentos afetivos, 252
Tempo, 152
- na mania, 163
Temporalidade
- do fenômeno obsessivo, 215
- embriaguez, 186
- no estado *borderline* na adolescência, 221
Teoria
- construcionista social, 594
- da criatividade, 350, 377
- da espontaneidade, 350, 395
- da resistência, 70
- das pulsões, 31
- de Bion, 55
- de papéis, 350
- de Winnicott, 485
- do momento, 416
- do pensar, 56
- do recalcamento, 70
- dos papéis, 303, 379
- dos sistemas, 553
- dos vínculos, 303

- freudiana do inconsciente, 64
- moreniana, 379
- psicodramática, 331
- reichiana, 537
- sistêmica, 593
- - e sexualidade, 650
- sociométrica, 350
Terapia
- cognitiva/cognitivo-comportamental, 717, 805, 819
- - de casais, 865, 866
- - de transtorno(s)
- - - bipolar, 737
- - - de personalidade, 769
- - - do impulso, 889
- - - obsessivo-compulsivo, 749
- - do luto patológico, 833
- - modelos, 771
- - princípios, 718
- - colaborativa, 680, 694
- - infantil, 677, 681
- corporal infantil, 545
- craniosacral, 435
- de casal, 621
- - de congruência, 711
- - história da, 690
- - sistêmica, 689
- familiar, 621, 737
- - com portador de transtorno alimentar, 634
- - estratégica breve, 713
- - sistêmica, 553, 555
- interpessoal
- - de ritmos circadianos, 737
- - do ritmo social (TIPRS), 258
- multissistêmica, 712
- narrativa, 693
- - infantil, 677, 678
- - sexual, 843
- - tratamento, 771
- sistêmica
- - breve, 712
- - em diálogo com os adolescentes, 701
- - para transtornos do impulso, 710
Teste comportamental, 755
Tirania dos deveres, 870
Tolerância, 784
Toxicomania, 79
- e psicanálise, 81
Toxicômano, 81, 82
Trabalho
- corporal, 453
- psíquico, 141
Transexualidade, 65
Transferência, 70

Transformação, 274
Transição, 323
Transtorno(s)
- afetivo bipolar na visão cognitiva, 735
- alimentar(es), 120, 279, 376, 805
- - abordagem sistêmica, 625, 630
- - classificação dos, 346
- - diagnóstico dos, 629
- - e bioenergética, 509
- - na visão cognitiva, 805
- - psicodrama e, 375
- - psicoterapia analítica do, 283
- - restritivo/evitativo, 376, 807
- - terapias, 280
- bipolar do humor, 446
- - caracterização do, 347, 735
- - conceito do, 347
- - diagnóstico, 251
- - doença mental e, 345
- - e psicodrama, 345
- - e transtorno relacionado
- - - devido a outra condição médica, 346
- - - induzido por substância/medicamento, 346
- - - não especificado, 346
- - estados mistos, 251
- - método da amplificação, 253
- - na visão da bioenergética, 445
- - perspectiva(s)
- - - existencial, 254
- - - terapêuticas, 257
- - psicologia analítica e, 249
- - psicopatologia do, 448
- - publicações em psicodrama, 350
- - sinopse histórica do, 345
- - terapia cognitiva do, 737
- - tipo I, 346
- - tipo II, 346
- - tratamento do, 348
- borderline, 217, 485
- ciclotímico, 346
- da compulsão alimentar, 376, 806
- da sexualidade, 663
- das relações conjugais, 299
- - contraindicações, 306
- - fundamentos teóricos, 300
- - indicações, 305
- - princípios básicos, 300
- - processo terapêutico, 304
- de acumulação, 709, 710
- de ansiedade, 759
- - generalizada, 760
- - na visão cognitiva, 759
- - social, 760
- de aversão ao sexo, 844
- de desejo sexual hipoativo, 844

- de escoriação (skin picking), 894
- de estresse pós-traumático, 269, 617
- - aspectos psicodinâmicos arquetípicos, 274
- - critérios diagnósticos, 795
- - curso, 273
- - desenvolvimento, 271
- - diagnóstico, 177, 272, 413
- - fatores desencadeantes, 271
- - fenomenologia, 177
- - na visão cognitiva, 795
- - prognóstico, 273
- - psicodrama e, 413
- - psicologia corporal e, 499
- - reflexos na relação familiar, 619
- - tratamento, 275
- de excitação sexual feminina, 844
- de impulso na visão sistêmica, 709
- de orgasmo masculino, 844
- de pânico, 592, 761
- de personalidade
- - antissocial, 775
- - borderline, 776
- - dependente, 779
- - esquizoide, 774
- - esquizotípica, 774
- - evitativa, 778
- - histriônica, 777
- - na abordagem sistêmica, 597, 599
- - narcisista, 778
- - obsessivo-compulsiva, 780
- - paranoide, 773
- - psicoterapia neurodinâmica nos, 471
- - terapia cognitivo-comportamental para os, 769
- de pica, 807
- de ruminação, 376, 807
- de sintomas somáticos, 292, 293
- - comorbidade com ansiedade e depressão, 292
- - epidemiologia dos, 292
- depressivo
- - na visão cognitiva, 879
- - recorrente, 446
- dismórfico corporal, 291
- do déficit de atenção e hiperatividade (TDAH), 385, 813
- - combinado, 385
- - desatento, 385
- - e psicoterapia corporal, 515
- - hiperativo-impulsivo, 385
- - psicodrama e, 385
- do humor, 446
- - psicologia corporal, 437

- do impulso, 889
- do orgasmo feminino, 844
- erétil masculino, 844
- explosivo intermitente, 709, 893
- mental, 345
- obsessivo compulsivo, 457
- - terapia cognitivo-comportamental do, 749
- - tratamento do, 751
- persistente do humor/distimia, 446
- psicóticos na visão do psicodrama, 355
- somatoformes, 289, 290
Trauma, 4, 269, 413
- complexos e, 282
- crise e, 270
- de guerra, 177
- do nascimento, 6
- e diagnóstico de transtorno de estresse pós-traumático, 177
- estresse e, 274
- material traumático
- - renegociação do, 504
- - reorganização do, 504
- na infância, 181
- precoces do desenvolvimento, 447
- psíquico, 3
Traumático, 5
Traumatismo psíquico, 3
Treinamento
- de habilidades, 711, 849
- - de enfrentamento, 898
- - sociais, 764, 772, 808, 860, 884, 897
- de pais, 858
- de relaxamento e respiração, 859
- em comunicação, 851
Tricotilomania, 709, 712, 894

Tristeza, 154, 447
Triunfo, 116
Troca de papéis, 387
Tutor, 18

U

Unidade(s)
- de acolhimento (UA), 80
- funcional, 494
Uso de drogas/substâncias, 707
- abusivo, 80
- continuado, 786
Útero frio, 489

V

Vaginismo, 844
Vazio psíquico, 491
Vegetoterapia, 497
- caracteroanalítica, 435, 465
Velhice, 657
- demencial, 204
- normal, 204
Vergonha, 281
Vibração, 475
Vínculo, 452
Vingança, 440
Violência, 393
- abordagem psicodramática, 393
- contra crianças e adolescentes, 669
- criminal, 269
- das relações familiares, 669
- doméstica, 129, 269
- - contexto de atendimento, 136
- - fases do tratamento, 134
- - fundamentos teóricos, 130
- - perfil do paciente, 135
- - principais técnicas, 135

- - princípios básicos, 132
- - psicanálise e, 129
- - relação terapêutica, 135
- fenômeno contemporâneo, 394
- física, 876
- verbal, 876
Visão
- analítica
- - depressão na, 237
- - obesidade na, 279
- cognitiva
- - dependência química, 783
- - depressão na, 880
- - luto, 829
- - perdas, 829
- - sexualidade na, 843
- - transtorno depressivo na, 879
- - transtornos alimentares na, 805
- sistêmica
- - abuso e dependência de substâncias na, 603
- - dependência de substâncias, 603
- - sexualidade na, 649
- - transtornos
alimentar, 625, 630
de impulso, 709
de personalidade na, 597, 599
Vitimização, 85, 880
Vivência traumática, 178
Vulnerabilidade, 707

W

Winnicott, Donald W., 103, 105

Z

Zona(s)
- corporal, 60
- erógenas, 60

Cromosete
Gráfica e editora ltda.
Impressão e acabamento
Rua Uhland, 307
Vila Ema-Cep 03283-000
São Paulo - SP
Tel/Fax: 011 2154-1176
adm@cromosete.com.br